HISTOIRE DU THÉATRE

DICTIONNAIRE

DES

Comédiens Français

(CEUX D'HIER)

Biographie, Bibliographie, Iconographie

Ouvrage illustré de nombreux portraits, autographes, vues, scènes, etc.

PAR

HENRY LYONNET

PREMIER VOLUME

A à D

BIBLIOTHÈQUE

de la

Revue Universelle Internationale Illustrée

(14me année)

RUE DE CAROUGE, 17-19

GENÈVE

1912

DICTIONNAIRE DES COMÉDIENS FRANÇAIS

Imprimerie TAPONNIER & SOLDINI, 17-19, rue de Carouge, Genève

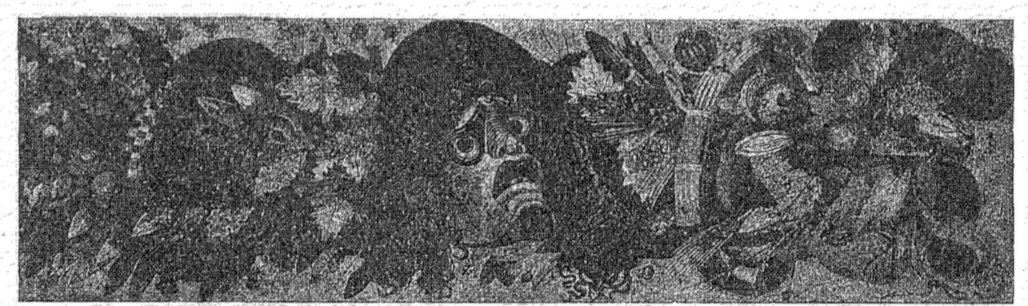

AVANT-PROPOS

M. L. Leloir, l'éminent sociétaire de la Comédie Française et le Vice-Président de la Société des Artistes Dramatiques, écrivait un jour dans le journal l'*Art du Théâtre* : « Qu'est-ce que c'était que Potier ? Cette question m'a été faite bien souvent par des élèves du Conservatoire, et même par des comédiens ! Hélas ! oui, par des comédiens. » Et peu de temps après, M. Gaston Deschamps, commentant dans le *Figaro* l'article cité, ajoutait : « Je viens de relire l'imposant ouvrage que M. Saint-Marc Girardin appela *Cours de littérature dramatique* ou *De l'usage des passions dans le drame*. Ce monument est jonché de cadavres. Ils sont morts les hommes émouvants qui répandaient la terreur dans les âmes et sur les visages en récitant les fureurs d'Oreste ! Elles sont mortes les femmes tragiques dont la voix modula les plaintes d'Iphigénie ou les doléances de Berénice ! Quoi ! voilà ce qui reste de tous ces rois, de toutes ces reines, de ces seigneurs et de ces dames ! Un nom retrouvé par quelque érudit au fond de la poussière des archives... Et c'est peut-être, aussi, tout ce qui restera de quelques-uns et de quelques-unes, parmi ceux et parmi celles qui ont vaillamment contribué, cette année, aux succès de nos principaux théâtres... »

Evidemment oui, *parce qu'il n'existe aucune histoire des comédiens.*

Pourquoi ? Nous allons tâcher de vous le dire.

Si vous voulez connaître les comédiens des temps passés, ceux qui furent les premiers interprètes de Corneille, de Molière, de Racine, de Regnard, de Marivaux, de Beaumarchais, et, même plus près de nous, d'Alexandre Dumas père et fils, de Victor Hugo, d'Emile Augier, de Labiche, les vrais créateurs des rôles — nous dirons plus : ceux pour qui beaucoup de ces rôles ont été écrits, d'après nature et sur mesure — comment ferez-vous ?

Vous irez consulter des Encyclopédies et des Dictionnaires. D'abord, les noms de beaucoup d'entre eux n'y figurent pas. S'ils y figurent, les notices sont courtes, incomplètes, les dates souvent fausses. Avez-vous le temps de contrôler, de de vérifier, de comparer ? Pouvez-vous, ayant un article à écrire au sortir du théâtre, aller dans les bibliothèques publiques ?

Il y a bien les *Galeries dramatiques*... de Bance, de Lacauchie, de Lorsay, de De Manne. Mais quelques-unes — quand on les trouve dans le commerce — sont hors de prix, et toutes ne nous donnent que peu de renseignements sur une série d'artistes d'une même époque. D'autres enfin sont rarissimes.

Commencez-vous à comprendre pourquoi ce genre de recherches finit par lasser bon nombre de curieux ou d'érudits ? D'où cette excuse toute prête, à l'usage des ignorants : « Quand un artiste quitte les planches, à quoi bon s'intéresser, après lui, à son talent ? » Vous entendez, mânes de Baron, de Lekain, de la Clairon, de Talma, de Mlle Mars ou de Rachel !

Il y a encore le monsieur qui viendra dire : « Qu'est-ce que vous voulez que ça me fasse si Frédérick Lemaître, Mélingue ou Madame Dorval jouaient de telle ou telle manière ? » sans même songer qu'en raisonnant ainsi on se prive volontairement de connaître toute une époque de notre histoire littéraire.

Mais passons : les peintres, les sculpteurs, les architectes, les musiciens, les poètes, les généraux, les académiciens — presque tous les corps de métiers — ont leur histoire. Les comédiens n'ont pas la leur. Certes, loin de nous la naïveté de croire que M. Z. ou Mlle X. vont avoir plus de talent parce qu'ils sauront que Lafon, Potier, Brunet et Tiercelin faisaient les beaux soirs du temps de l'Empire. Mais de même qu'un cuisinier qui se pique de savoir son art ne doit pas ignorer Vatel, il nous semble qu'un comédien qui se respecte ne doit pas ignorer Talma.

Cette érudition ne le rendra pas meilleur — peut-être — mais cela ne gâtera rien à son affaire de savoir comment Bocage ou Samson interprétèrent *Tartufe*, le jour où ces grands artistes voulurent s'essayer daus ce rôle, quelle figure Provost faisait dans les financiers, comment Fleury, Armand ou Bressant portait la poudre ou pivotaient sur leurs talons rouges.

Et puis il n'y a pas que les comédiens qu'un semblable ouvrage peut intéresser, il y a les critiques, les journalistes, qui souvent, faute d'être renseignés — où le seraient-ils ? — commettent de grosses erreurs ; il y a les historiens du théâtre, les amateurs, les gens du monde, la légion de tous ceux qui veulent s'instruire.

En France, où le théâtre occupe tant de place, nous n'avons aucune « Histoire du Théâtre ». Or, nous ne pourrons avoir une Histoire du théâtre que le jour où nous connaîtrons :

1. L'Histoire des théâtres (monuments, salles, entreprises, directions).
2. L'Histoire des pièces représentées.
3. L'Histoire des auteurs qui les ont écrites.
4. L'Histoire des comédiens qui les ont jouées.

Quand ces divers travaux auront vu le jour, alors seulement nous aurons une « Histoire du théâtre ».

C'est la dernière de ces quatre études que nous abordons.

Maintenant une « Histoire des comédiens » triplement documentée sous le rapport de la biographie, de la bibliographie et de l'iconographie doit-elle s'occuper de tous les comédiens morts ou retirés, en même temps que de ceux dont la carrière n'est pas encore terminée ?

Nous ne le pensons pas.

Un pareil travail ne doit servir ni de tremplin, ni de réclame aux comédiens « en fonctions ». Ceux-là sont vivants, assez grands pour se présenter tout seuls.

Ceci posé, restait encore à choisir la façon la plus pratique d'utiliser toutes les notes prises.

La première idée, la plus simple en apparence, semblait nous conseiller d'adopter un ordre chronologique. Mais la difficulté de suivre un comédien passant d'un théâtre à l'autre nous fit bientôt renoncer à cette méthode. Si nous voulons étudier la vie d'un artiste, nous devons le prendre à ses débuts, l'accompagner dans ses créations, et ne pas le quitter à chaque instant pour continuer l'histoire du théâtre d'où il sort. Une classification des comédiens par siècle est également impossible. Baron né en 1653 et mort en 1729 appartient aussi bien à l'histoire théâtrale du XVIIme que du XVIIIme siècle. Et, l'ordre chronologique une fois écarté, il ne nous en restait plus qu'un seul à adopter, l'ordre alphabétique, préféré de tous les chercheurs dont le temps est toujours si précieux.

Les comédiens — c'est-à-dire ceux d'entre tous les artistes dont la réputation est la plus éphémère, puisqu'ils ne laissent rien après eux — devaient avoir tôt ou tard leur histoire.

Nous en posons aujourd'hui la première pierre.

Henry Lyonnet.

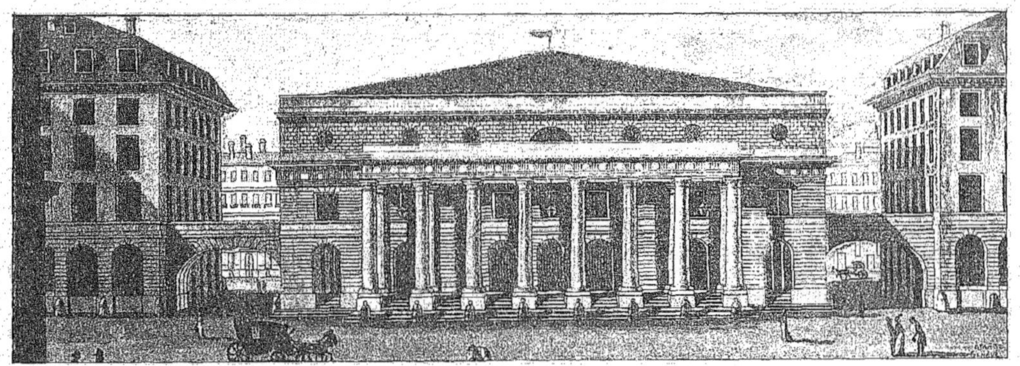

Le Théâtre français (Odéon actuel) à la fin du XVIIIe siècle

LES COMÉDIENS FRANÇAIS

(CEUX D'HIER)

BIOGRAPHIE, BIBLIOGRAPHIE, ICONOGRAPHIE

« Les acteurs n'ont la gloire qu'en viager;
les auteurs ont l'immortalité de la bibliothèque. »
J. CLARETIE.

ABADIE. — Nom d'un acteur qui débuta aux Variétés le 31 juillet 1807, dans une reprise de l'*Oncle et le Neveu*, rôle de Valère. Il avait une assez jolie voix, nous apprend l'*Opinion du Parterre*, mais sa gaucherie était « inexprimable ».

Bibliographie : l'*Opinion du Parterre*, 1808. *Annuaire dramatique* Cavanagh, 1808.

Il y eut aussi un Abadie qui débuta à l'Odéon le 9 mars 1827.

Bibliographie : l'*Odéon*, par P. Porel et G. Monval, t. II.

ABADIE, Jeanne. — Véritable enfant de la balle, elle avait débuté dès l'âge de dix ans au théâtre des Batignolles. Elle passa par le Vaudeville et les Variétés (1875). Puis la paralysie saisit ses membres, sa jeunesse, sa beauté, et brisa sa carrière. Un jour — en 1901 — on la rencontra se traînant péniblement dans l'avenue de Clichy, étalant par terre de petites poupées. Elle demeurait alors 38, rue Nollet, avec sa mère âgée de quatre-vingts ans, et les deux femmes touchaient 10 francs par mois de l'Assistance. La mère mourut et la pension fut réduite à 3 francs! M. Louis Roche, directeur de l'œuvre des Cours gratuits fit appel à la charité publique. Son appel fut entendu, et grâce à la protection de Mme Réjane, la pauvre Abadie fut admise à l'Hôpital Bichat.

Bibliographie : *Almanach des spectacles* Soubies, 1875, le *Figaro*, 3 mai et 1er juin 1901.

ABEILLE, Scipion. — Neveu de l'académicien, exerça la profession de comédien, surtout en province. Il fit représenter une comédie en trois actes au Théâtre français, intitulée la *Fille Valet* (1712), mais sans grand succès. Il était également l'auteur d'un *Crispin jaloux* qui ne fut jamais représenté. C'est par erreur que certains biographes ont attribué ces ouvrages à son oncle, Gaspard Abeille (1648-1718).

Bibliographie : Les *Anecdotes dramatiques*, 1775, t. III.

ABEILLE, Mlle. — Fille du précédent, débuta au Théâtre français le 11 octobre 1742, par les rôles de Cléanthis, dans *Démocrite* et de Mathurine, dans *Colin-Maillard;* elle ne fut pas reçue.

Bibliographie : Les *Anecdotes dramatiques*, 1775, t. III.

ABEL, Mme. — Etoile du Théâtre du Panthéon, vers 1835-1837. Les critiques du temps la représentent comme une femme de manières distinguées, mais timides. Mme Abel se signala dans plusieurs créations dramatiques. Les journaux ne parlent plus d'elle à partir de 1840. Belleville, 1848.

Iconographie : Bibl. nat. Catalogue Duplessis, n° 59, en pied, de 3/4 à droite, costume de théâtre, grav. par Canu (1836).

ABEL. — Jeune premier du Vaudeville qui, en 1873, reprit le rôle de Maxime dans le *Ro-*

man d'un jeune homme pauvre, « le plus jeune de nos jeunes premiers, disait-on alors, un *jeune homme pauvre* qui a trouvé quinze mille livres de rentes dans un *feuillet* signé Carvalho. Talent d'avenir ». Malheureusement ce comédien ne semble pas avoir tenu ce qu'il promettait. Nous retrouvons son nom au Vaudeville avec les rôles de Robert de l'*Oncle Sam* (novembre 1873), Octave dans *Aline*, Des Grieux dans *Manon Lescaut* (reprise 4 février 1875); au Châtelet, Warwick de *Cromwell* (24 avril 1875); au Gymnase, dans *Marthe* (11 août 1877), la *Belle Madame Donis* (29 déc.), la *Cigarette* (20 avril 1878), *Froufrou* (reprise), rôle de Sartorys (29 août); à l'Ambigu, Ladislas de la *Princesse Borowska* (6 déc.), Robert de *Turenne* (27 janv. 1880).

Bibliographie : *Almanach théâtral* H. Tessier et L. Marcel, 1874. — *Almanachs des spectacles* Soubies.

ABEL, le petit. — Rôle d'enfant, Théâtre du Châtelet, 28 février 1865, *Marengo*.

ABEL, acteur au Théâtre Déjazet, 1874.

Bibliographie : *Almanach théâtral* H. Tessier et L. Marcel, 1874.

ABIGDON, Mlle. (Abigdon Legaigneur, Louise, Charlotte, dite.) — Fille d'un artiste de province, elle fit ses premières armes au Vaudeville, dans la *Petite Couronne*, joua dans *Michel Perrin*, à côté de Bouffé, passa aux Bouffes parisiens, où elle se fit remarquer dans les *Trois baisers du Diable* (1857) et partit en Italie avec une troupe dirigée par Brindeau. 1862-63 La Haye. Le 8 décembre 1865 elle crée au Théâtre du Châtelet, dans la *Lanterne magique*, le rôle d'Eve. Jolie personne, Mlle Abigdon avait la spécialité de faire voir de très belles épaules. 1868 Strasbourg. 1871-73 Rio de Janeiro.

Iconographie : L'*Encyclopédie théâtrale* (inachevée) a donné un portrait en pied de Mlle Abigdon dans le rôle d'Eve du *Déluge universel* (Th. du Châtelet).

ABIT AINÉE, Mlle Louise, Constance. — Pensionnaire de la Comédie française le 1er avril 1837, morte à Rouen le 13 décembre 1846.

ABIT, Mme Léonie, Cécile, Françoise. — Bonne actrice de drame, avait passé par le Théâtre du Panthéon où elle joua en 1838 dans *Paul Jones*, pièce tirée du *Capitaine Paul*, d'Alex. Dumas. Vers 1844, elle faisait les belles soirées du Théâtre de la Gaîté. Théophile Gautier lui reproche un peu trop d'emportement : « Mme Abit fait une Elisabeth bien épileptique », écrit-il à la date du 18 mai 1846, en rendant compte d'une représentation de *Philippe II* à ce théâtre. Mme Abit parut encore au Théâtre historique. Nous retrouvons son nom à la Gaîté (1849-51), à la Porte St-Martin (53), à la Gaîté (1854-55), au Hâvre (57), à Toulouse (59), à Rouen (1861-64), à Lyon (1866). Elle mourut dans cette ville vers 1879. (Rapport Assemblée des artistes, 21 juin 1880).

Bibliographie : *Encyclopédie théâtrale* (inachevée), *Histoire de l'Art dramatique*, par Th. Gautier. *Annuaires des artistes*.

Iconographie : Bibl. nat. catalog. Duplessis n° 88, en pied, de face, cost. de th., lith. par Vor Dolet (1846).

ABLINE, Mlle Joséphine-Marie-Irénée. — Née à Paris le 5 avril 1842, pensionnaire à la Comédie française en 1870, morte le 7 mars 1872.

ABOLARD, Mlle Lucile. — V. Mme Lacressonnière II.

ACELLY, acteur au Théâtre Cluny en 1873-1874; ne manquait pas de tenue, mais on lui aurait voulu plus de feu. Acelly joua dans la *Maison du Mari*. Il parut à Beaumarchais en 1877 et revint à Cluny en 1878.

Bibliographie : *Almanachs des spectacles* Soubies; *Almanach théâtral* H. Tessier et L. Marcel 1874.

ACHARD, Pierre-Frédéric ° (1808-1856). — Achard arriva de province à Paris en 1834. C'était alors un gros garçon joufflu, la face largement épanouie, qui venait pour débuter au Théâtre du Palais Royal, où sa voix fraîche et sympathique, son jeu franc et comique, sa verve et sa rondeur lui assignèrent de suite une des premières places.

Achard était né à Lyon le 4 novembre 1808; son père était un ouvrier tisseur de soie et lui-même avait été *canut*. Après s'être essayé sur divers théâtres de province, à Grenoble, Saint-Etienne, Lyon, Roanne, Clermont-Ferrand, Lyon (trois ans), sa bonne étoile lui fit rencontrer Déjazet au Théâtre des Variétés, à Bordeaux (1833). C'est alors qu'il se hasarda à venir tâter le public parisien. Il avait vingt-six ans. Ce début eut lieu le 10 juillet 1834, dans *Lionel* ou *Mon Avenir*.

Voulant perfectionner sa voix et sa méthode, il suivit les cours du Conservatoire, fut élève de Bordogni et de Nourrit et imagina d'égayer les entr'actes du Palais-Royal par des intermèdes de chant, en alternant avec son camarade Levassor. « Il n'y a pas d'acteur à Paris qui chante le couplet avec plus de volubilité », écrit son biographe Eug. Guinet.

Achard se fit applaudir au Palais-Royal, notamment dans :

Le Commis et la Grisette (reprise) 17 juillet 1834.
La France pittoresque, 24 septembre 1834.
Le Ramoneur, 26 novembre 1834.
Frétillon, 13 décembre 1834.
1834 et 1835, 28 décembre 1834.
Farinelli, 17 février 1835.
Fich-Tong-Khan, 3 mars 1835.

La prova d'un' opera seria, 4 juillet 1835.
Un mariage en province, 28 août 1835.
L'Aumônier du Régiment, 1er octobre 1835.
La Tirelire, 5 novembre 1835.
Léona, 14 janvier 1836.
L'Enfant du Faubourg, 31 mars 1836.
Le Colleur, 20 août 1836.
Théodore, 17 octobre 1836.
Riquiqui, 11 mars 1837.
Bruno le fileur, 31 août 1837.
Le Café des Comédiens, 4 novembre 1837.
Ma Maison du Pecq, 14 novembre 1837.
L'île de la Folie, 1er janvier 1838.
Frascati, 13 février 1838.
La Maîtresse de langues, 21 février 1838.
Les Enfants du délire, 24 avril 1838.
Le Tireur de cartes, 25 mai 1838.
Rothomago, 1er janvier 1839.
Pascal et Chambord, 2 mars 1839.
La famille du fumiste, 5 février 1840.
Indiana et Charlemagne, 26 février 1840.

Les frères Cogniard, Théodore et Hippolyte, étaient devenus ses auteurs. *Indiana et Charlemagne*, pièce à deux personnages, écrite pour lui et pour Déjazet, acquit à ces artistes une popularité considérable.

Ses *chansonnettes*, dont il mit le genre à la mode, *Petit-Pierre*, le *Moutard de Paris*, *Fleur des Champs*, la *Montagnarde*, etc., ne lui valurent pas moins de succès.

Th. Gautier, qui s'est souvent occupé d'Achard, lui reprochait de brûler les planches : « *Le Tireur de cartes*, écrivait-il en mai 1838, a été très adroitement escamoté. Achard, pressentant l'arrivée de quelque feuilletonniste au dîner succinct, mettait les paroles doubles et s'étranglait à force de volubilité. Il y avait autrefois des messes dites de *chasseurs*, qui duraient à peine un quart d'heure ; les capucins surtout étaient renommés par la vélocité avec laquelle ils dépêchaient l'office divin. Ce vaudeville pourrait s'appeler un vaudeville de chasseurs, car Achard l'expédie en douze ou quinze minutes. Remercions Achard et votons-lui une chose quelconque. »

Du même critique, en mai 1840 : on avait donné au Palais-Royal la *Famille du fumiste* : « Achard a joué avec cet entrain turbulent, cette volubilité de moulin à vent qui le caractérisent ; on dirait qu'il s'est donné pour tâche de débiter le plus de paroles possible en un temps donné. »

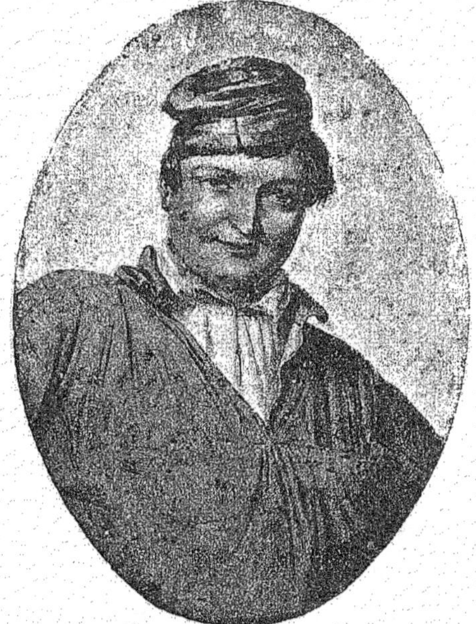
Pierre-Frédéric ACHARD, d'après A. Lacauchie

Achard quitta le Palais-Royal pour le Gymnase, où il se trouva déplacé. Il y parut dans la *Morale en actions* (janvier 1845), le *Petit homme gris* (mars) : « Achard donne à ce personnage, écrit encore Th. Gautier, la volubilité tourbillonnante et l'activité de toupie qui en font un des acteurs les plus assourdissants de l'univers. »

Puis vinrent : le *Marchand de marrons* (décembre), le *Mardi-gras* (février 1846), où il se montre « d'une folie étourdissante ». Il faisait alors de nombreuses et fructueuses excursions en province.

Le 17 octobre 1850, Achard rentra au Palais-Royal dans les *Deux aigles*, puis joua encore dans *Une femme qui perd ses jarretières* (8 février 1851), la *Vie en partie double* (15 mars), les *Crapauds immortels* (10 décembre). Il mourut subitement à Paris, le 13 août 1856, âgé seulement de 48 ans.

En dehors du théâtre, ce gai compagnon, qui fut l'acteur le mieux rétribué du Palais-Royal, était un paisible bourgeois, un bon père de famille et un excellent garde national, comme on disait alors. Il habita longtemps rue Neuve-Coquenard (rue Rodier), où il cultivait un petit jardin de dix pieds carrés, voisinant avec Duvert, le vaudevilliste.

Achard laissa plusieurs fils ; l'un d'eux, Léon Achard, né à Lyon en 1831, fut le chanteur de talent que l'on applaudit à l'Opéra-Comique et à l'Opéra ; un autre, Charles, fut nommé directeur du Conservatoire de Dijon ; un autre s'adonna au commerce : c'est le père de M. Pierre Achard, le jeune premier du Gymnase. M. Frédéric Achard, le créateur de *M. Alphonse* et l'organisateur depuis 20 ans de tournées dramatiques en Europe, est le frère des précédents, mais eut pour mère Mme Désirée. Il est né à Paris le 4 octobre 1848.

Biographie : *Achard*, par Eug. Guinot, *Galerie Lacauchie*. — Notice biographique dans l'*Annuaire dramatique* de Delhasse, 1840. — *Complément de la troupe de Nicolet*, par E.-D. De Manne et C. Ménétrier.

Bibliographie : *Histoire de l'art dramatique*, par Th. Gautier.

Iconographie : Bibl. nat. Catalogue Duplessis, n° 132 :

1. En pied, de ³/₄, à droite, costume de théâtre, lith. par Benjamin.

2. A mi-corps, assis, de face, costume de théâtre, lith. par Brunet fils, 1850.

3. En pied, de face, caric., lith. par E. Carjat.

4. En pied, de ³/₄ à droite, costume de théâtre, gravé par H. Faxardo, d'après Lacauchie.

5. En buste de ³/₄ à droite, lith. par J. P., 1847.

6. En buste de ³/₄ à dr., lith. de Gubian, 1838.

7. En buste, de face, grav. par Harent, 1841.

8. En pied, de face, costume de théâtre, lith. par A. Lacauchie.

9. A mi-corps, assis, de ³/₄ à gauche, lith. par Menut Alophe, 1838.

Dantan fit un buste en plâtre d'Achard, le représentant dans son costume de l'*Enfant du faubourg*.

L'*Encyclopédie théâtrale* (inachevée) a donné aussi un portrait d'Achard dans *Indiana et Charlemagne*.

ACHILLE. — Sous ce nom, nous trouvons :

Achille, acteur à la Porte St-Martin en 1820-1822.

Achille, mime au théâtre acrobate Saqui, en 1822.

Achille, acteur de la troupe Seveste, à la banlieue, 1825.

Achille, acteur au Cirque olympique, 1826 à 1828.

Bibliographie : *Annuaires dramatiques*, 1822-1828.

ACHILLE. (Bougnol dit.) — Une des célébrités du boulevard, le *Fredérick Lemaître* du Petit Lazari vers 1842, et sans doute le même qui avait paru au théâtre de la Porte Saint-Antoine (1840). C'est Achille qui interrompait une tirade à effet pour crier à un spectateur qui faisait du bruit ou qui troublait la scène, par un lazzi inopportun : « A la sortie, je te moucherai, toi ! » — ou encore : « Je te collerai un coup de pinceau dans la giberne ! »

C'est encore Achille qui, après avoir récité une tirade à effet, entrait chez le marchand de vins en disant : « Refilez-moi un guindal ; quand Frédérick l'enverra comme ça, celle-là, il pleuvera du boudin grillé ! » — Achille passa deux ans aux Funambules, puis entra au Théâtre du Luxembourg vers 1845. Il y recueillit quelques succès, mais s'étant brouillé avec Tournemine, le directeur, il partit pour la province et mourut à Marseille vers 1853.

Bibliographie : *Théâtre des Funambules*, par L. Péricaud, les *Grands jours du Petit Lazari*, par un de ses artistes, 1871, *Annuaire Delhasse*, 1840.

Iconographie : Bibl. nat. Catalogue Duplessis, n° 140.

1. En pied, de ³/₄ à droite, costume de théâtre, lith. de Didion (1837). Sur cette planche, se trouve le portrait de Mlle Esther.

2. En pied, de ³/₄ à droite, costume de théâtre, lith. par V. Dollet (1842).

ACHILLE, comédien qui fit d'assez beaux débuts à l'Odéon vers 1842, notamment une création remarquable, le rôle de Caïus, dans l'*Agrippine*, de La Rochefoucault-Liancourt. Achille joua également à ce théâtre dans le *Maréchal de Montluc* (12 février 1842), *Rodogune*, avec Mlle George (6 juin). Chaleur, débit, qualités physiques, rien ne lui manquait... que l'occasion de percer. Achille devait être régisseur du théâtre de Lille vers 1865.

Bibliographie : l'*Odéon*, par P. Porel et G. Monval, t. II.

ADALBERT, Auguste Wagner, dit. — Porte Saint-Antoine 1840, Ambigu 1848, Batavia 1851. Vivait encore en 1866.

Bibliographie : *Annuaire Delhasse*, 1840. *Annuaires* de la Société des artistes.

ADALBERT, Mme, Marie, Albertine Richer, femme Wagner, dite. — Porte Saint-Antoine 1840, Ambigu 1849, Batavia 1851-1853, pensionnaire de la Société des artistes en 1875, morte vers 1882 à 68 ans.

Bibliographie : *Annuaire Delhasse*, 1840. *Annuaires de la Société des Artistes.*

ADAM. — Sous ce nom nous trouvons :

Adam, acteur à la Gaîté en 1810 et à l'Ambigu en 1811, 1812, 1814, 1816.

Adam Mlle, actrice à l'Ambigu en 1819-1824.

Adam Mme, troupe Seveste, à la banlieue, 1825-1827.

Adam M. et Mme, théâtre des Célestins à Lyon, en 1825-1827. Le mari tenait l'emploi de jeune premier et sa femme celui des ingénuités et des jeunes premières.

Adam Mme, soubrette au Gymnase, à Lyon, 1840.

Adam Mme, théâtre du Panthéon. 1840.

Bibliographie : *Annuaires dramatiques*. — *Petite biographie dramatique*, 1821. — *Annuaire Delhasse*, 1840.

Iconographie : Bibl. nat. Catal. Duplessis n° 173. A mi-corps, assise de face, lith. par J.-R. Laurasse (1839). Ce portrait doit probablement s'appliquer à Mme Adam du théâtre du Panthéon.

ADÉLAIDE, Mlle. — V. Mme Bras.

ADÈLE, Mlle. — Nom porté par un grand nombre d'actrices, parmi lesquelles nous distinguerons :

Mlle Adèle, Théâtre des jeunes artistes, 1803 : « Cette jeune personne promet beaucoup ; son talent est même au-dessus des louanges, elle a la voix douce et agréable. »

Bibliographie : Le *Tribunal volatile*, *an* XI.

Mlle Adèle, actrice au théâtre de l'Impératrice, rue de Louvois, en 1805-1806.

Bibliographie : *Annuaires dramatiques.*

Mlle ADÈLE, Théâtre des jeunes artistes, 1807.

Bibliographie : *Annuaires dramatiques.*

Mlle ADÈLE, ingénuité à la Porte Saint-Martin, 1806-1807, puis à l'Ambigu. A ce dernier théâtre, elle débuta le 16 septembre 1807 par le rôle d'Amanda, dans la pièce de ce nom, et continua par celui de Napoline dans les *Suites d'un duel* (29 oct.).

Bibliographie : *Opinion du Parterre*, 1806-1808.

Mlle ADÈLE, qui n'avait jamais paru sur aucun théâtre, débuta au Vaudeville par le rôle de Corinne de la *Matrone d'Ephèse*. On l'y revit la même année dans le *Prix*.

Bibliographie : *Opinion du Parterre*, 1811.

Mlle ADÈLE, qui débuta au Théâtre de l'Impératrice le 21 février 1812 par le rôle de Lisette de *Guerre ouverte*. Elle figurait encore sur le tableau de la troupe, en 1815-1818, comme sociétaire.

Bibliographie : *Opinion du Parterre*, 1813. – L'*Odéon*, par P. Porel et G. Monval, tome I.

Mlle ADÈLE, artiste du théâtre des Variétés en 1814, 1817-1819.

Bibliographie : *Annuaires dramatiques.*

Mlle ADÈLE, théâtre de la Gaîté, rôle de Lady Arthur du *Mouchoir*, 12 avril 1817.

Bibliographie : *Annuaires dramatiques.*

Mlle ADÈLE, mars 1819, Porte Saint-Martin, *Paméla mariée.*

Mlle ADÈLE, théâtre des Funambules, 1822.

Bibliographie : *Annuaires dramatiques.*

Mlle ADELE, ex-danseuse au Panorama dramatique; elle débuta avec quelque succès comme comédienne dans l'*Homme gris*, à la Porte-Saint-Martin, le 15 mars 1824.

Bibliographie : *Dictionnaire théâtral* de Harel, 1825.

Mlle ADÈLE, Théâtre du Vaudeville 1826; cette actrice joua le 21 juillet 1827, à ce théâtre, le rôle de Kettly et de Betsy, dans le *Mariage extravagant.*

Bibliographie : *Annuaires dramatiques.*

Mlle ADÈLE, Théâtre des Nouveautés, place de la Bourse. 1827.

Bibliographie : *Annuaires dramatiques.*

Mlle ADÈLE, Troupe Seveste, à la banlieue, 1828.

Bibliographie : *Annuaires dramatiques.*

Mlle ADÈLE, Palais Royal : 6 avril 1833, *Maclou* (reprise); 30 décembre, la *Révolte des Femmes.*

Bibliographie : le *Théâtre du Palais-Royal*, par Eug. Héros.

Mlle ADÈLE, Folies dramatiques et Délassements comiques, 1852. Devenue Mme Cuinet, actuellement encore au Théâtre Cluny. Ne peut prendre place ici en qualité d'actrice en activité.

Mlle ADÈLE DÉSIRÉE. — V. Mlle Désirée.

ADELINE, Mlle. — Nouveau Théâtre de Marseille, 1792.

ADELINE, Mlle. — Fut engagée par Picard au Théâtre de la rue de Louvois, en 1801. — On lit dans l'*Almanach des spectacles pour l'an X* : « Sortie du théâtre des jeunes élèves où elle remplissait le rôle de « mères », elle a paru à quinze ans sur une scène plus grande, et dans les rôles d'ingénuité. Elle s'en est acquittée avec le plus grand succès... Sans être jolie, elle a une physionomie aimable et dont la candeur est le caractère principal; sa taille est avantageuse, son organe a quelque chose de doux et de naïf. »

Mlle Adeline, devenue actrice de l'Odéon — temporairement Théâtre de l'Impératrice — parut notamment dans le *Portrait du Duc* (21 mai 1805), l'*Avare fastueux* (27 novembre), les *Marionnettes* (14 mai 1806), *M. Beaufils* (16 octobre), *Bon naturel et Vanité* (8 avril 1808), le *Valet de sa femme* (14 novembre). Elle prit sa retraite en 1809 et reparut sept ans après, le 1er janvier 1816, dans le rôle de Lucile du *Dépit amoureux;* elle fut reçue d'emblée comme sociétaire à 3/4 de part, et créa la même année le rôle de Mme de Ste-Alverte dans le *Chevalier de Canolle*. Son nom figure encore sur les listes de troupe de 1816 à 1819. Elle se retira alors avec pension.

Bibliographie : l'*Almanach des spectacles* pour l'an X. — L'*Opinion du Parterre*, an XIII. — L'*Odéon*, par P. Porel et G. Monval, tome I. — *Annuaires dramatiques.*

Iconographie : Planche 436 de la collection Martinet, rôle de Mme de Ste-Alverte dans le *Chevalier de Canolle.*

ADELINE, Mlle. — Actrice de la Gaîté en 1818 et de l'Ambigu en 1819. — En 1821, la *Petite Biographie dramatique* mentionne une demoiselle Adeline à la Porte St-Martin, et Harel dans son *Dictionnaire théâtral* (1825) en parle comme d'une actrice médiocre, sortie de la Porte St-Martin pour entrer au Gymnase, puis partie en Angleterre.

Sur l'*Almanach des théâtres* de Barba, Mlle Adeline, habitant d'abord rue Meslée, 61, puis Faubourg Poissonnière, 32, figure comme actrice de la Porte St-Martin (1822), puis du Théâtre de Madame (1824-1828).

Bibliographie : *Petite biographie dramatique*, 1821. — *Dictionnaire théâtral* de Harel, 1825. — *Almanach des théâtres* de Barba.

ADELINE, Mlle, Théâtre du Palais-Royal : l'*Ile de la Folie* (1er janvier 1838), la *Maîtresse de langues* (21 fév.), les *Deux Pigeons* (5 juin), *Coylin* (2 juillet).

Bibliographie : le *Théâtre du Palais-Royal*, par Eug. Héros.

ADNET. — Brazier, dans son *Histoire des Petits Théâtres*, vol. I, page 56, mentionne cet acteur comme ayant fait partie de la troupe du Théâtre patriotique du sieur Sallé (continuation du Théâtre des Associés), vers 1792. Le 27 frimaire, an V, nous le retrouvons comme « jeune premier rôle et fort second » sur le tableau de la troupe de l'Odéon, en vue de l'ouverture qui eut lieu le 8 avril 1797. L'entreprise ne dura pas. Il fit encore partie de la nouvelle combinaison, le 17 août suivant.

En 1803, il est au théâtre de l'ancien Opéra (salle de la Porte St-Martin), en qualité de « premier rôle ». Le *Tribunal volatile* rapporte qu'il « a tenu cet emploi chez Ribié, à Louvois et à l'Odéon, et depuis en province, d'où il en a rapporté tout le caractère et la morgue ; à ce théâtre, il faut jouer le mélodrame, genre qu'il a adopté, et non le glorieux. »

En 1805, Adnet, administrateur et acteur du Théâtre de la Porte St-Martin, demeurait faubourg du Temple. Il conserva ces fonctions en 1805-1807, et vint alors demeurer 15, rue de Bondy.

« Adnet est le héros du mélodrame, lisons-nous dans l'*Opinion du Parterre* de 1806; il a de l'aplomb, beaucoup de chaleur, une grande habitude de la scène et de la noblesse (pour le boulevard). Il joue assez bien Dorval du *Bourru bienfaisant*, Dorante des *Jeux de l'amour et du hasard*, M. de Senneville de la *Fausse marquise*, et surtout Antoine des *Intrigants.* »

Adnet écrivit une comédie en un acte et en vers, en collaboration avec Dejarre. Cette comédie fut donnée à l'Odéon et reprise le 4 septembre 1808 au Théâtre de l'Impératrice.

Bibliographie : *Hist. des Petits Théâtres*, de Brazier, vol. I. — L'*Odéon*, par P. Porel et G. Monval, vol. I. — Le *Tribunal volatile*, an XI. — *Annuaires dramatiques*. — L'*Opinion du Parterre*, 1806, 1807.

ADOLPHE débuta à l'Odéon le 25 avril 1816 par le rôle de Beauval des *Voyageurs*. En 1816-1817 il passe à l'Ambigu. Le 16 février 1818, il reparaît à l'Odéon dans le rôle d'Olivier du *Capitaine Belronde*. Il se maintient à ce théâtre comme pensionnaire en 1818-1819. En 1824, il y a un Adolphe au Cirque Olympique. De 1826 à 1828, ce nom apparaît aussi à la banlieue. Le 4 mai 1826, nouvelle tentative de début à l'Odéon.

Bibliographie : l'*Odéon*, par P. Porel et G. Monval, vol. I. — *Annuaires dramatiques.*

ADOLPHE, Mme, actrice du Théâtre de la Gaîté, de 1816 à 1827. Ses contemporains louaient son jeu piquant, sa gentillesse. Elle excellait surtout dans le vaudeville et son nom suffisait à attirer la foule. Mariée à un artiste dramatique, la pauvre femme ne trouva, paraît-il, dans cette union, que chagrins et douleurs.

Le 4 décembre 1825, pendant une représentation de la *Salle de Police*, à la Gaîté, elle tomba dans une trappe avec deux de ses camarades et fut blessée. Lequien, moins heureux encore, se cassa l'épaule.

En 1832, il y avait une Mme Adolphe à l'Odéon.

En 1836, une Mme Adolphe créa le rôle de Térésina dans *Don Juan de Marana*, à la Porte St-Martin.

Bibliographie : *Petite biographie dramatique*, 1821 (long article). — L'*Odéon*, par P. Porel et G. Monval, vol. II. — *Annuaires dramatiques.*

Iconographie : Bibl. nat., Catalogue Duplessis no 245, à mi-corps, assise, de 3/4 à gauche, lith. par Léon Noël 1833.

ADOLPHE. — Nom d'un débutant à l'Odéon, dans *Zaïre*, 2 mars 1851.

Bibliographie : l'*Odéon*, par P. Porel et G. Monval, tome II.

ADRIAN, Mlle. — Débuta à l'Odéon le 15 octobre 1852.

Bibliographie : l'*Odéon*, par P. Porel et G. Monval, t. II.

ADRIEN. — Nom porté par divers acteurs qui pourraient bien ne faire qu'une seule et même personne.

Un débutant au Vaudeville, le 16 avril 1817, rôle de Félix d'*Amour et Mystère*.

Un débutant au Gymnase en 1822.

Un débutant à l'Odéon, 20 juin 1824.

Un premier rôle à Strasbourg, 1826.

Un acteur aux Variétés, rôle de Pistol dans *Kean*, 1836.

Un acteur à la Renaissance, rôle d'un alguazil dans *Ruy-Blas*, 1838.

Bibliographie : *Annuaires dramatiques*, l'*Odéon*, par P. Porel et G. Monval, t. II.

ADRIENNE, Mme. — Tragédienne dans la troupe Seveste, à la banlieue, 1826.

Bibliographie : *Annuaires dramatiques*.

ADRIENNE, Mlle. — Actrice du Théâtre du Palais-Royal. *Amour et Pruneaux* (11 nov. 1857), les *Vaches landaises* (12 déc.), l'*Omelette du Niagara* (24 déc. 1859).

Bibliographie : le *Théâtre du Palais-Royal*, par Eug. Héros.

AGAR, Mme. — Marie-Léonide Charvin, femme Nique, puis femme Marye dite, (1832-1891.) — Une des plus grandes tragédiennes du XIXme siècle. — Aucun état civil ne fut plus difficile à débrouiller que celui-ci. Nous laisserons la parole à M. Paul Guillemin, qui fut le premier à apporter un peu de lumière au milieu de tant d'affirmations différentes :

« Agar (Marie-Léonide Charvin, dite), née à Sedan (Ardennes) le 18 septembre 1832, morte à Mustapha (Algérie) le 15 août 1891 ; fille de Pierre Charvin, né à Faramans (Isère) le 27 Messidor an VII, et de Marie Fréchuret, née à Vienne (Isère) le 14 juillet 1815.

« Ce n'est pas sans quelque satisfaction que je place en tête de cette notice, après des recherches longues et multipliées, le véritable état civil d'Agar, et que je mets ainsi fin à des légendes sans base et à de prétendus mystères ; l'histoire est amusante.

« Il est faux que le père et la mère d'Agar fussent israélites et nés dans l'Arabie ; il est faux qu'elle soit née hors du mariage, faux que sa naissance n'ait pas été déclarée. Agar n'est pas née en 1829, comme le croit sa famille, ni en 1836, comme l'indiquent Vapereau et Larousse, ni en 1837 comme le portent les registres de l'Association des artistes dramatiques ; il est faux qu'elle eût droit aux prénoms de Léontine ou Florence, ou au nom de Chalvin, faux encore qu'elle soit morte à Alger et un 16 août. Elle n'a pas été servante dans une auberge de Vaugneray, ni modèle chez Delacroix, et ne s'est jamais appelée Mme Bibort.

« Il n'est pas vrai davantage qu'elle soit née: 1 à Valence ; 2 à Vienne ; 3 à St-Claude ; 4 à Bayonne ; 5 à Beaurepaire ; 6 en Algérie ; 7 à Chasse ; 8 à Annonay ; 9 à Faramans ; 10 à Lons-le-Saulnier ; 11 en Tunisie ; 12 dans la Loire ; 13 à Gray ; 14 à Sainte-Colombe.

« Sa naissance ne cache aucun mystère, comme on s'est plu à l'écrire, comme Agar s'est, elle-même, amusée à le laisser entendre. Mais, comment a-t-elle pu tromper jusqu'à la fin ses amis les plus intimes, M. Savigné, Mme Pauline Savari ? Quelle histoire a-t-elle contée à Amédée Julien, ce charmant littérateur dauphinois qui, sous le pseudonyme de Raymond Laire, a écrit sa notice biographique en 1878 ? Dans cette plaquette Julien dit : « Nous pourrions soulever le voile qui entoure les origines de Mlle Agar, donner son acte de naissance et son nom de jeune fille. Mais de quel droit ? Est-ce que l'artiste ne saurait garder par devers soi un réduit inviolé ? »

« L'explication est bien simple. Lorsque Ricourt eut découvert Agar dans un « beuglant » parisien, il lui conseilla de se rajeunir, ce qu'elle fit ; pour mieux entretenir la supercherie et rendre les recherches difficiles, elle s'attribua et se laissa attribuer maints lieux et dates de naissance, et bravement, elle s'inscrivit elle-même à l'Association des artistes dramatiques comme née à Bayonne, le 15 septembre 1837, pendant que Larousse la faisait naître à Saint-Claude, et Vapereau à Valence, en 1836. »

M. Arthur Pougin se rangea de l'avis de Vapereau, et M. G. Monval mit en avant le nom de Sedan, mais en maintenant la date du 18 septembre 1837.

La filiation d'Agar a été établie par les soins de M. Henri Meyer, juge d'instruction à Paris, et de M. Sachet, président du Tribunal de Vienne.

Voici l'acte de naissance *in extenso :*

« *L'an mil huit cent trente-deux, le dix huit septembre, les trois heures de relevée, par devant nous, Charles-François Franquet-Chayaux, maire et officier de l'Etat civil de Sedan, est comparu Pierre Charvin, maréchal des logis au huitième régiment de chasseurs à cheval, en garnison à Sedan, âgé de trente-deux ans, lequel nous a présenté un enfant du sexe féminin, né aujourd'hui à une heure de l'après-midi, au dit Sedan, de lui déclarant et de Marie Fréchuret, son épouse, âgée de dix-sept ans, et auquel il a déclaré vouloir donner les prénoms de Marie-Léonide ; les dites déclaration et présentation faites en présence d'Alexandre Demarée, maréchal des logis au susdit régiment de chasseurs, âgé de vingt-sept ans, et de Jean-Baptiste Varlet, brigadier au même régiment, âgé de vingt-neuf ans, tous deux en garnison à Sedan ; et ont, le père et les témoins, signé avec nous le présent acte, après que lecture leur en a été faite.* »

Pierre Charvin, le père d'Agar, était né à Faramans (Isère) le 27 Messidor an VII. Il épousa en premières noces Marie Fréchuret, à Vienne, le 13 septembre 1830, et en secondes noces, en 1851, Marguerite Bonneton. Il fut décoré en octobre 1848, et mourut d'une paralysie à Vienne (Isère), le 18 décembre 1865.

Marie Fréchuret, mère d'Agar, naquit à Vienne (Isère), le 14 juillet 1815, et mourut le 11 mai 1848 à Lyon, rue Bourgchanin n° 20, chez un logeur nommé Antoine Seppe, alors que son mari était en garnison à Limoges.

Le drame intime est ainsi révélé. Il nous est confirmé par la lettre suivante que Mme Savari, l'amie intime d'Agar, adressa à M. Paul Guillemin déjà cité :

« Pierre Charvin, sous-officier, épouse Marie Fréchuret en 1830 ; il suit son régiment ; la femme suit le mari, et c'est ainsi qu'Agar vient au monde à Sedan. La vie de garnison continue pour le jeune ménage, puisque le métier des armes en était un alors, et était celui des Charvin. Mais la mère s'épuise ; elle meurt promptement. La fillette est confiée à ses grands parents de Faramans. Son enfance s'écoule heureuse ; c'est le seul temps heureux de sa vie si tourmentée ; elle m'en parlait toujours avec émotion.

« Plus tard, les hasards de la vie militaire ramenèrent le soldat à Vienne ; il épouse Marguerite Bonneton. Agar était jeune ; imaginez quelle devait être sa beauté ; vous reconstituerez le drame : la belle-mère, aussi jeune, mais vulgaire, devant la marâtre ! La jeune fille, avec une résolution de Dauphinoise, de fille des montagnes, se révolte, et, plus faible, s'exile au bras du premier épouseur... M. Nique.

« Mais ce n'est pas, la liberté encore, car le mari est plus mauvais que la belle-mère. Ici, quatre ou cinq années obscures que, par délicatesse, elle n'a dévoilées à personne que je sache.

« Mme Elise Millereau, veuve du fabricant d'instruments de musique, se rappelle que le ménage Nique aurait tenu un café à Châlon-sur-Saône, en ces temps lointains. Enfin, la pauvre Agar échappe à son mari et vient à Paris avec l'espoir d'y être à jamais perdue pour le bourreau de sa belle jeunesse. »

Cette arrivée à Paris semble remonter à l'année 1853. La jeune femme connaissait la musique et le piano ; elle en donna des leçons pour vivre. Puis elle essaya de chanter dans les cafés-concerts, au *Géant*, au *Cheval Blanc* (1857), sous le nom de Mme Lallier, gagnant d'abord cinq francs par soirée, puis quinze.

Elle a dit elle-même, dans ses *Mémoires*, la crainte qu'elle avait toujours d'être reconnue par un spectateur dauphinois qui révélerait sa présence à Paris. C'est ce qui arriva un beau jour, et l'on assure que le compatriote involontairement mal avisé fut... François Ponsard.

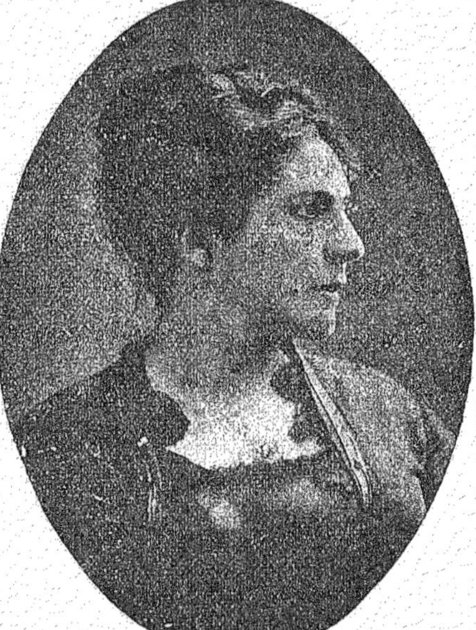
Mme AGAR. (Cliché Carrette)

On la voit, en 1858, au Théâtre Beaumarchais, où elle tient le rôle... du dieu Mars, dans une Revue de Roger de Beauvoir, *Madame la Comète*, et comme l'année suivante, ce petit théâtre s'était mis en frais d'une cantate pour célébrer les victoires de Magenta et de Solferino, l'on chercha une muse et ce fut elle qu'on choisit.

Le teint mat, les yeux noirs, le regard plein d'expression, les traits réguliers, le maintien sculptural, la débutante avait, au physique, tout ce qu'il faut pour faire une tragédienne. On lui conseilla d'aller demander des leçons au vieux Ricourt qui flaira de suite en elle un *sujet* : « Quand on joue la tragédie, lui dit-il, on ne s'appelle pas Charvin. Il y a eu Rachel ; c'est un beau nom biblique. Eh ! bien, tu t'appelleras Agar. »

Ainsi fut baptisée Mlle Charvin.

Le 18 décembre 1859, Mlle Agar débuta à l'Ecole lyrique de la rue de la Tour-d'Auvergne, dans le rôle de Maritana de *Don César de Bazan*. Le 6 mars 1860, elle paraît encore dans deux actes de *Phèdre*. L'histoire de ces débuts se retrouve, dans la petite brochure les *Mystères de l'Ecole lyrique*, p. 31, 32, 70.

C'est alors que Ricourt conseilla à son élève de se rajeunir, ce qu'elle fit. Seul, Francisque Sarcey ne fut pas dupe, comme le prouverait ce passage d'un curieux article de journal écrit par lui en 1888 :

« Je me défiais des toquades de Ricourt. Je l'avais vu si souvent forcené et trépidant, que j'avais pris le parti d'accueillir ses fureurs d'admiration avec un sourire d'indulgent scepticisme. Mais il revint si souvent à la charge, qu'un jour je me laissai conduire à sa classe, pour voir la merveille dont il s'était fait le précurseur.

« C'était Mlle Agar.

« Elle était superbe, avec ce beau visage de marbre, cette épaisse chevelure noire, lourdement massée sur le cou, sa poitrine déjà opulente, sa taille majestueuse et cette voix grave à laquelle son timbre voilé donnait je ne sais quoi de mystérieux... C'était quelqu'un !

« Elle débuta assez tard, car elle avait déjà passé l'âge où l'on est élève quand elle recevait encore les leçons de Ricourt. Ricourt m'avait dit avec aplomb qu'elle n'avait que quinze ans. Je lui en donnais bien vingt à vue de pays... »

Agar entra à l'Odéon en 1862 *(Phèdre, Horace)*, puis à la Porte Saint-Martin (Windha des *Etrangleurs de l'Inde*), et à la Comédie française (mai 1863). Delaunay a dit dans ses *Souvenirs* (p. 295), à propos de ce premier début dans la maison de Molière :

« Faut-il rappeler ses débuts sous l'Empire dans la maison qu'une malveillance obstinée lui fermait ? Pourquoi Thierry ou son entourage ne voulait-il pas d'Agar ? Il fallut que l'empereur, l'entendant dans un concert, s'*étonn-*

nât qu'elle ne comptât pas encore au nombre de ses comédiens ordinaires. »

Hélas! Mme Guyon ne voulait pas qu'elle eût du succès, les répliques lui étaient données avec mauvaise grâce, et l'on persécutait cette pauvre femme qut ne savait pas se défendre.

Bref, le succès dans *Andromaque* et Clytemnestre d'*Iphigénie* ne répondant pas à l'attente, elle quitta la rue Richelieu pour l'Ambigu, où elle remplaça Marie Laurent dans la *Sorcière*. Nous la retrouvons ensuite à la Porte Saint-Martin, engagée spécialement pour la *Faustine* de Louis Bouilhet (1864), à la Gaîté (la *Tour Nesle*, le *Fils de la Nuit*, rôle de Ghébel), à l'Odéon (la Reine mère dans la *Conjuration d'Amboise*, 29 octobre 1866), le *Roi Lear*, *Jeanne de Lignères*, (3 septembre 1868). Mais il fallait la belle création de Sylvia dans le *Passant* de Fr. Coppée (janvier 1869) pour la mettre vraiment en évidence, en même temps que sa partenaire, Sarah Bernhardt. De ce jour seulement ces deux artistes furent classées; Mme Agar rentra la même année à la Comédie française comme pensionnaire.

Dans l'intervalle, le mari avait reparu, mais la tragédienne refusa de reprendre la vie commune.

« Elle voulut conserver une indépendance qu'elle avait bien gagnée et que, d'ailleurs, elle continua de payer, nous apprend Mme Pauline Savari, car le misérable Nique a été jusqu'au bout à la charge d'Agar qui n'obtenait son éloignement qu'en en faisant les frais. Emile, le concierge de l'Odéon, récemment admis à la retraite, se rappelle l'individu à allures louches qui venait de temps en temps attendre l'artiste à la sortie du théâtre, pour obtenir le peu d'argent que la pauvre femme avait gagné! »

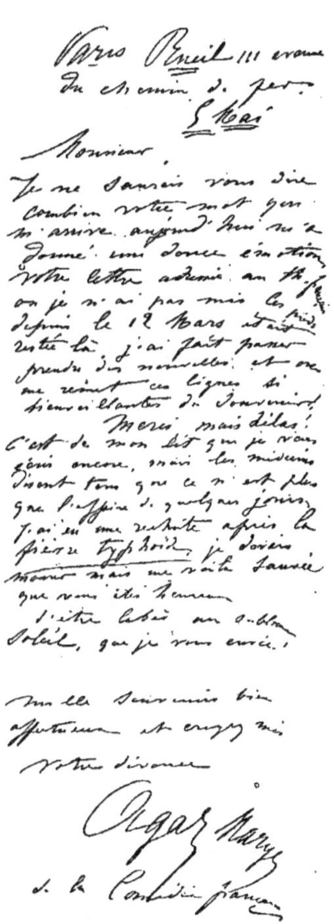

Paris Rueil 111 avenue du chemin de fer.
5 Mai

Monsieur,

Je ne saurais vous dire combien votre mot qui m'arrive aujourd'hui m'a donné une douce émotion. Votre lettre adressée au th. français où je n'ai pas mis les pieds depuis le 12 Mars est restée là; j'ai fait passer prendre des nouvelles et on me remet ces lignes si bienveillantes de souvenir!

Merci mais hélas! C'est de mon lit que je vous écris encore, mais les médecins disent tous que ce n'est plus que l'affaire de quelques jours. J'ai eu une rechute après la fièvre typhoïde, je devais mourir mais me voilà sauvée. Que vous êtes heureux d'être là-bas au [illegible] soleil, que je vous envie!

Mille souvenirs bien affectueux et croyez moi votre dévouée

Agar Marye
de la Comédie française

Autographe de Mme Agar

Et ce chantage ne devait prendre fin que lorsque, devenue la pensionnaire de M. Georges Marye, Agar entreprit ses tournées du répertoire classique, car Nique ne mourut qu'en 1879, ce qui permit à l'artiste d'épouser M. Marye en 1880.

Malheureusement, Mme Agar fut toujours de celles qui n'ont pas de chance. Au moment où elle allait enfin faire valoir son talent de tragédienne sur notre première scène, la guerre franco-allemande éclata; on la retrouva.... à l'ambulance.

Le 18 juillet 1870, elle déclame superbement la *Marseillaise* entre deux actes du *Lion amoureux*, ainsi que dans la mémorable soirée du 6 août, au bénéfice de la Caisse des secours et dons patriotiques pour les blessés. Elle la redit ainsi quarante-quatre fois jusqu'à la fermeture.

En 1871, le 6 mai, le gouvernement de la Commune organisa un concert aux Tuileries, au profit des veuves et des orphelins des fédérés, et sollicita de la Comédie française le concours d'une artiste pour réciter la *Marseillaise*. M. Ed. Thierry, alors administrateur et gardien du Théâtre français, lui conseilla, dit-on, d'accepter. Il désirait ainsi écarter de son théâtre les foudres de Raoul Rigault (consulter, sur ce sujet, un article de M. Raymond Laire, paru dans la *Revue du Dauphiné et du Vivarais*, Vienne, Isère, 1878). Ce concert eut lieu, au jour indiqué, dans la Salle des Maréchaux, aux Tuileries. Les uns disent qu'elle se contenta d'y réciter des vers et qu'aux trois mille spectateurs qui réclamaient la *Marseillaise*, elle déclara qu'elle l'avait oubliée depuis qu'on ne se battait plus contre les Prussiens; d'autres croient qu'elle en dit quelques strophes. Quoiqu'il en soit, on fit de cette soirée un crime à la pauvre artiste qui, pour toute défense, se contentait de répondre invariablement: « Je suis partout où je puis être en aide aux malheureux. » Il n'en fallut pas plus pour que la situation de Mme Agar devînt impossible à la Comédie française qu'elle quitta en 1872 pour entreprendre de longues et pénibles tournées en province.

« Ne la suivons pas, la pauvre tragédienne, écrit encore Delaunay (p. 297-298 des *Souvenirs*), errant de chef-lieu en chef-lieu, courant après la fortune qui lui échappait toujours, ne se fixant nulle part, en proie à d'éternels besoins d'argent. Une fièvre de spéculation l'avait prise, et elle achetait des terrains sans être en mesure de payer aux échéances... »

En 1875, nous la voyons reparaître à Paris aux matinées littéraires de Ballande — Porte Saint-Martin, 28 mars, Agrippine de *Britannicus*; 4 août, *Iphigénie en Aulide;* Renaissance, 19 décembre, les *Horaces*. Le reste du temps se passait en excursions dirigées par M. Marye.

Le 6 avril 1877, elle joue les *Horaces* à l'Ambigu, puis la Comédie française lui rouvre ses portes. Pour sa rentrée, le 8 avril 1878, elle y crée le rôle de Mme Bernard dans les *Fourchambault* d'Emile Augier et y obtient un grand succès, joue *Athalie* le 16 avril, Agrippine de *Britannicus* le 18 juillet, reprend des rôles dans le *Village* (8 août) et les *Ouvriers* (10 novembre). Ce n'est déja plus la « muse immortelle et sacrée » qu'a célébrée Armand Silvestre en des strophes pieuses, ni cette « guerrière aux noirs cheveux des batailles lyriques » que devait louer — trop tard — Catulle Mendès! Elle était déjà vouée aux mères à cheveux blancs!

Cependant, n'ayant pas été nommée sociétaire à la fin de l'année, l'artiste se dépita et reprit encore une fois la clé des champs.

Ces tournées en province, ces déplacements, ces fatigues continuelles devaient altérer sa voix, jusque là fort belle. Paris ne la revoit plus désormais que par intervalles; en novem-1882, elle crée à l'Ambigu le rôle de la comtesse Boleska dans les *Mères ennemies*, où elle fut superbe, de l'avis unanime de la critique, puis le rôle de Marie dans *La Glu* (27 janv. 1883).

Les années suivantes se passent encore en voyages à l'étranger, en Espagne, et le 1er septembre 1885, l'enfant prodigue rentre au bercail, c'est-à-dire rue de Richelieu, où on ne l'admet toujours que comme pensionnaire.

De Rueil, où elle demeurait, elle écrit à M. Estival, le 18 octobre 1886, une lettre : Mounet est admirable dans *Hamlet*, Reichenberg adorable dans *Ophélie*, mais on lui a donné un rôle infâme. « Je suis un peu destinée à ces rôles, ajoute-t-elle avec quelque amertume ; quoiqu'il en soit, le théâtre encaisse chaque soir près de 8000 francs et la pièce fait grand effet. C'est tout ce que je demande ». Elle espère encore être nommée sociétaire à la fin de l'année. (Autographe, *Catalogue Charavay*, no 316, février 1902).

La maladie, la fatigue, le découragement guettaient la pauvre artiste vieillie et brisée. Dès lors, elle remplit le monde des lettres de ses doléances et de ses requêtes, la *vaincue*, comme elle s'appelait elle-même, et il faut lire les épîtres désolées, datées de quelques années avant sa mort, lettres que publia par la suite M. Gauthier-Villars dans la *Revue hebdomadaire*. Dans l'une, du 14 février 1888, elle rappelle « ses sept années perdues au Théâtre français », ajoutant : « En 1878, on me fait perdre quatre-vingt mille francs pour en gagner sept mille pendant l'Exposition, et me forcer à partir au bout de l'année après m'avoir promis la place de Mme Guyon que je venais de remplacer. »

Elle écrit aussi à Delaunay (*Souvenirs de Delaunay*, p. 299). Elle se plaint de Mlle Dudlay, elle se plaint de l'injustice de Sarcey. Et cependant, quand la vraie détresse est venue, quand Sarah Bernhardt essaie le sauvetage, elle ne peut s'empêcher de dire, en parlant de son ancienne « ennemie jurée » : « Elle a été admirable pour moi ».

Agar a beau écrire à propos de la Comédie française : « Nous ne parlerons plus de ce théâtre qui a été le but de ma vie, que je révère et dont il faut m'éloigner... », elle n'abandonne jamais son rêve, alors même que par besoin d'argent elle vient jouer à Montmartre, aux Gobelins, aux Batignolles, et ainsi jusqu'à la paralysie finale qui s'empara d'elle un soir qu'elle déclamait le *Cimetière d'Eylau*.

Mme Louise France a raconté comment elle avait retrouvé Agar à Nice, en 1890, tout un côté du corps inerte : « Je me regarde mourir », disait-elle. Puis, avant de partir pour l'Algérie, où elle devait succomber, elle chargea sa camarade d'un dernier souvenir pour Sarah qui, chaque fois qu'elle avait été malheureuse, était venue à elle les bras tendus.

Le 14 août 1891, elle cessait de souffrir, à Mustapha, près Alger. Mais il était dit que la malechance s'acharnerait encore après sa dépouille.

Le 18 août, la Comédie française avisée de ce décès, fit parvenir au mari de la tragédienne, M. Marye, mille francs pour ramener le corps à Paris. M. Marye accompagna les restes de sa femme jusqu'à Lyon, où il tomba malade, et l'on dut laisser le corps en dépôt. Pendant ce temps, la Comédie française faisait rechercher partout ces dépouilles. Finalement elles arrivèrent à la gare de Lyon, d'où elles furent conduites à Paris, sans pompes, par suite de ce malentendu, au cimetière Montparnasse où elles reposent.

Le *Figaro* du 11 juillet 1900 annonça à son tour la mort de M. Georges Marye, conservateur du Musée des antiquités africaines, à Alger, décédé à Auteuil, à l'âge de 58 ans — 17, rue Chanez. — L'inhumation eut lieu dans le tombeau de Mme Agar. Sur ce tombeau, le statuaire Henry Cros a placé la reproduction d'un buste qu'il avait fait de la tragédienne dans sa jeunesse et dans sa beauté. L'original était la propriété de M. Georges Marye, qui le destinait à la Comédie française, de même qu'il destinait à Carnavalet un grand portrait en pied d'Agar, signé Grellet.

« Après la mort de son mari, directeur du musée lapidaire à Alger, lisons-nous dans l'*Intermédiaire des chercheurs et des curieux* (20 mars 1902), on a vendu aux enchères publiques tout ce qui avait appartenu à cette artiste. Cela faisait peine, on vendait à vil prix. Un portrait d'elle, sur toile, splendide, fut adjugé ainsi à un prix ridicule : il reviendra, dit-on, à la Comédie française. »

Lorsque le buste d'Agar fut inauguré au cimetière, François Coppée qui se souvenait de la Sylvie du *Passant*, récita ces vers sur la la tombe :

D'autres rappelleront que ton sort, pauvre femme,
Fut rigoureux, malgré tant de soirs éclatants,
Qu'on disputa son trône à la Reine du drame
Et qu'un injuste oubli l'exila trop longtemps.

Que, dans les durs wagons, la généreuse artiste
Reprit les longs chemins où roulèrent jadis
. . . .
Le coche de Molière et le char de Thespis.

Et que donnant partout un admirable exemple,
Prêtresse du grand art et du rythme immortel,
D'une grange enfumée elle faisait un temple
Et, devant trois quinquets, allumait un autel...

Biographie : Bibl. nat., Ln 27, 120, *Notice sur Mlle Agar*, signée Mac-Lenor, Paris, P. Dupont, 1863. — *Revue encyclopédique* no 21. — *Paris-Théâtre* no 11, 1872, notice par Félix Jahyer. — *Mémoires d'Agar*, dans la *Revue Parisienne* du 10 mars au 10 octobre 1893. — *Le Dauphiné et les Dauphinois dans la charge et la caricature*, notice biographique par Paul Guillemin, 1897.

Bibliographie : Les *Petits Mystères de l'Ecole lyrique*, la *Revue du Dauphiné et du Vivarais* (Raymond Laire), Vienne, Isère, 1878, le *Figaro*, 11 juillet 1900, les *Souvenirs de Delaunay*, les *Ephémères M'as-tu vu*? par Louise France.

Iconographie : Bibl. nat. Catalogue Duplessis no 290.

1. En buste, de profil à droite, dans un ovale, phot. anonyme.

2. En buste, de profil à droite, photogr. Berthaud, 1870.

3. En buste, de profil à droite, dans un médaillon rond. Imp. Cadart et Luce.

4. En buste, de 3/4 à droite, grav. par Ph. Cattelain (1887).

Un grand portrait en pied, par Grellet ; un buste par Henry Cros.

AGLAE, Mlle. — Sous ce nom :

Mlle Aglaé, Porte Saint-Martin 1824.

Mlle Aglaé, Palais-Royal 1831, 6 décembre, *Feu Monsieur Mathieu ;* 1833, 6 novembre, *Forêt à vendre*.

Mlle Aglaé, Larché dite. — Pensionnaire à la Comédie française, 1835-1841.

AGNAN. — Comédien de l'Hôtel de Bourgogne, mort avant 1615. Tallemant des Réaux assure que ce fut le premier comédien qui ait eu de la réputation à Paris.

Bibliographie : *Historiette de Mondory*. — Le *Cabinet satyrique*, de Bouteroue. — Les *Contemporains de Molière*, par V. Fournel, t. I, p. 32.

AGOUST, Henri Laurent dit, mime. — Né vers 1839, mort à l'âge de 62 ans à Mourmelon-le-Grand, où il fut inhumé le 7 septembre 1901. Agoust se fit surtout connaître dans le *Voyage en Suisse*, aux Variétés, vers 1879. En 1900, il était encore aux Folies Marigny. C'était le premier jongleur du monde. En Angleterre, il avait fait la connaissance des frères Hanlon et s'était associé avec eux. C'est aussi avec eux qu'il avait paru dans le *Voyage en Suisse*. Ernest Blum qui l'a beaucoup connu affirme qu'Agoust était parisien, tandis que les frères Hanlon étaient irlandais.

Bibliographie : les *Mémoires des Hanlon-Lee*. Le *Gaulois* du 30 septembre 1901 (Journal d'un vaudevilliste, par E. Blum).

AGUILLON. — Acteur du Théâtre Beaumarchais, vers 1866. Les critiques de l'époque lui reprochent un fort accent auvergnat.

AGUILLON, Mme, Marthe Léocadie Baumann. — Actrice de la Gaîté, 1861-1862, de la Porte Saint-Martin, 1862-1863, de Beaumarchais, 1864-1866, de la Gaîté, 1872-1873, pensionnaire de la Société des Artistes dramatiques depuis 1890, avait 73 ans en 1900.

Bibliographie : *Annuaires* de la Société des des Artistes.

AHN. — Mime aux Jeux gymniques (Porte Saint-Martin) en 1812. Acteur au Cirque olympique en 1816-1818-1822 à 1828.

Bibliographie : *Annuaires dramatiques*.

AIGLEMARE (d') Mme. — Débuta le 6 mars 1825 à l'Odéon, par le rôle de Clytemnestre d'*Iphigénie en Aulide*. On la disait veuve d'un auteur mort en Amérique. Le 10, elle joua *Sémiramis ;* le 22, Jocaste d'*Œdipe*, mais sans succès.

Bibliographie : l'*Odéon*, par P. Porel et G. Monval.

AIMÉ, Mme. — Porte Saint-Martin, *Don Juan de Marana*, 1836.

AIMÉ, Michel-Gibert dit. — Acteur de l'Odéon en 1845 puis à Grenoble 1853, à Liège 1855, Aimé revint à l'Odéon en 1857-59. Puis, après un court séjour à Beaumarchais, 1864-66, il se fixa définitivement à son ancien théâtre comme régisseur et reprit son nom de Gibert. Il exerça ces fonctions depuis 1869 jusqu'à sa mort survenue en 1887. Il était pensionné de la Société des Artistes depuis 1875, et mourut à 77 ans. Ce fut un homme sympathique, un bon camarade, toujours prêt à rendre service, et il ne laissa que des regrets.

Bibliographie : *Annuaires* de la Société des Artistes.

AIMÉE, Mlle Aimée Tronchon, dite. — Divette d'opérette, qui créa l'un des principaux rôles dans les *Brigands* aux Variétés (10 déc. 1869). Très connue surtout en Amérique Mlle Aimée vécut longtemps à Rio de Janeiro et à New-York. Le 19 octobre 1875 on la revit aux Variétés dans *La Boulangère a des écus*, puis elle repartit en Amérique. Elle mourut à Auteuil le 2 octobre 1887 et laissa l'usufruit de sa fortune, assez considérable, à une personne désignée, pour qu'à la mort de celle-ci l'orphelinat des Arts en profitât.

Bibliographie : *Annuaires* de la Société des artistes.

Iconographie : Bibl. nat. Catalogue Duplessis, n° 384.

1. En buste de 3/4 à gauche, lith. d'après Reutlinger, procédé héliogr. du Dr Lœwe.

2. En pied de face, costume de théâtre, lith. par Théo (1869). V. aussi portraits Bouffar (Zulma).

ALAINVAL (d'). — V. Dalainval.

ALAINVILLE (d'). — V. Dalainville.

ALAVOINE, dit aussi St-Albin. — acteur du Théâtre français, comique et lyrique, rue de Bondy, 1792.

ALBÉRIC, Mme. — Actrice de l'Odéon, 1847-1848. Elle joua dans l'*Homme propose et Dieu dispose*, 1847. *Un Hidalgo du temps de Don Quichotte*, 1848, l'*Hôtel César*, 1848.

Bibliographie : l'*Odéon*. par P. Porel et G. Monval. t. II.

ALBERT. — Théâtre du Vaudeville, 1800-1801. Avait un filet de voix qu'il conduisait avec goût.

Bibliographie : *Almanach pour l'an X*.

ALBERT, Rodrigues, dit. — Né vers 1797, élève du Conservatoire, puis jeune premier rôle au grand Théâtre de Bordeaux en 1822. C'est dans cette ville qu'il épousa sa camarade, Mlle Thérèse Vernet, devenue célèbre sous le nom de Mme Albert.

En 1825, Albert quitta Bordeaux pour Paris, et débuta sans succès à l'Odéon dans le rôle de Valère de l'*Ecole des Maris* (5 mai). Le 11 avril 1827, un Albert débuta au Vaudeville dans le rôle de Senneville de *Ketly*. La même année, Albert Rodrigues est engagé avec sa femme au Théâtre des Nouveautés récemment ouvert. Il mourut à Paris le 20 (ou 22) février 1845, à l'âge de 48 ans.

Bibliographie : *Almanach des spectacles*. — *Annuaires dramatiques Delhasse*, 1846. — L'*Odéon*, par P. Porel et G. Monval, t. II.

Iconographie : Bibl. nat. Catalogue Duplessis, n° 462. Albert (M. et Mme), acteurs de Bordeaux, à mi-corps, lith. par J. Philippe. — Nous pensons qu'il s'agit du couple Albert Rodrigues, ce qui demanderait cependant d'être vérifié.

ALBERT, Arthur, Albert Thierry, selon M. G. Monval, ou Auguste, François Thiry, selon Larousse (1811-1866), naquit à Reims. Son père était officier. Boursier au collège de cette ville, puis expulsé pour avoir chansonné les jésuites, le jeune Albert vint à Paris afin d'y chercher une place dans le commerce. Protégé par F. Soulié et par Cartigny, il prit des leçons de diction de celui-ci et débuta à l'Odéon a l'âge de 19 ans, sous le nom d'*Albert* dans les *Comédiens*, de Casimir Delavigne (rôle de Victor, 25 juillet 1830). Ce début ne fut pas heureux. Le jeune homme ne se découragea pas, cependant, et se représenta l'année suivante dans la *Tireuse de Cartes*, au Théâtre Molière. Nous retrouvons ses traces comme pensionnaire à la Comédie française (1831-1834), à l'Ambigu, à la Porte Saint-Martin (*Don Juan de Marana*, 1836). Partout il fait preuve d'un talent souple et vigoureux.

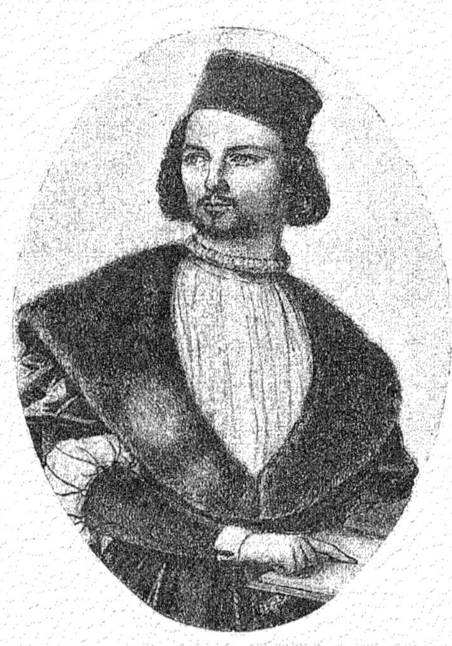

ALBERT (Thiry ou Thierry) dans le rôle d'Abélard, d'ap. A. Lacauchie

En 1834, en collaboration avec Labrousse et Brot, il écrit une pièce, *Juliette*, et, la même année, avec Labrousse : *Prêtez-moi cinq francs*. En 1835, il signe avec le même *Toniotto* ou le *Retour de Sibérie*, et cumule dès lors les attributions d'auteur et d'acteur. Il donne successivement le *Corsaire noir*, à l'Ambigu, avec Labrousse (1837), joue dans l'*Elève de St-Cyr* au même théâtre, pièce dans laquelle « il prend à lui tout seul la ville de Tarragone » dit plaisamment Th. Gautier (février 1838) — dans *Gaspard Hauser* « canard de M. Méry, dit le même, pris au sérieux par Albert et Saint-Ernest. » (Ambigu, juin 1838). — La même année, il signe le *Chevalier du Temple* avec Labrousse. Les journaux du temps lui font une réputation de faire rouler les rrr et siffler les sss, conséquence du genre auquel il s'était adonné.

En 1839 (mai), à l'Ambigu, il crée un rôle important dans le *Naufrage de la Méduse*.

En 1840, il écrit le *Mari de la Reine*, pièce en un acte.

En 1841, il joue, à l'Ambigu toujours, dans

Fabio le Novice. Th. Gautier, à propos de cette pièce, appelle Albert le « Dieu de l'Ambigu ».

En 1847, il collabore avec B. Gastineau pour l'*Orpheline de Waterloo*, drame en trois actes.

En 1850, il devient régisseur du Théâtre du Cirque, où il donne *Bonaparte*, pièce militaire, en collaboration avec Labrousse.

En 1852, il écrit la *Prise de Caprée* en collaboration avec le même; *Pougatscheef*, le *Consulat et l'Empire*. Il passe comme régisseur général à l'Odéon.

En 1854, il donne la *Guerre d'Orient*, pièce en 20 tableaux, avec Lustières; en 1855, le *Drapeau d'honneur* avec le même.

En 1850, il était régisseur général de la scène de l'Ambigu.

« C'est un homme très précieux pour une administration, écrivait-on de lui en 1861; son zèle, sa connaissance du théâtre, son expérience administrative, sont d'un grand secours pour un directeur. »

Il avait reparu avec succès dans Rennepont du *Juif-Errant*.

Albert mourut le 10 août 1865, selon Vapereau; en 1866, selon G. Monval.

Le 7 juin 1865, la Société des Artistes lui avait accordé 200 fr. de pension. Il eut à peine le temps d'en profiter. Voici comment Omer s'exprimait dans son rapport du 28 mai 1866 (assemblée générale annuelle) : « Disons d'abord adieu à cette tête ardente, à ce cœur généreux, à cet esprit fin, à cette âme de feu : à notre ami Albert ». Puis il rappelait comment, en 1840, alors que les comédiens français vivaient sans aucun lien, Albert fut de cette vaillante phalange qui résolut de réunir en un seul corps les membres épars de cette grande famille. Son nom se trouve l'un des premiers au bas de l'acte fondamental de l'association, où il s'inscrivit sous le n° 5. Sociétaire dévoué, il fit partie du Comité jusqu'à sa mort. Moreau et Samson prononcèrent des discours sur sa tombe.

En 1900, l'on apprit que Mme Vve Albert Thiry (Mme Nevers, née Broux), née en 1822, résidant à Versailles, avait fait une fondation de 600 fr. à la Société des artistes dramatiques.

Biographie : Notice par L. Couailhac dans la *Galerie Lacauchie*.

Bibliographie : *l'Odéon*, par P. Porel et G. Monval, tome II.

Iconographie : Bibl. nat. Catalogue Duplessis n° 463.

1. En pied, de 3/4 à droite, costume de théâtre, lith. par Alfred Albert, 1836.
2. A mi-corps, de 3/4 à gauche, costume de théâtre, lith. par A. Lacauchie, 1841, 2 états.
3. En pied, de 3/4 à droite, cost. de théâtre, lith. par A. Lacauchie.
4. A mi-corps, assis, de face. Lith. par Léon Noël, 1833.

ALBERT, Mme Marie, Charlotte, Thérèse Vernet, dame Albert Rodrigues, puis dame Bignon, mais plus connue au théâtre sous le nom de «Madame Albert» (1815-1860). La biographie de cette artiste a été souvent erronée. Les uns la font naître Caroline Boisseau, d'autres fixent la date de sa naissance à 1813. Voici un passage de l'extrait des actes de la Municipalité de la ville de Toulouse, cité par E. De Manne et C. Ménétrier :

« *Marie-Charlotte-Thérèse, fille de Jean-Nicolas Vernet, artiste dramatique et d'Angélique Crescent, mariés, est née le 28 vendémiaire an quatorze* (20 octobre 1805) *de la République française, rue St-Rome.* »

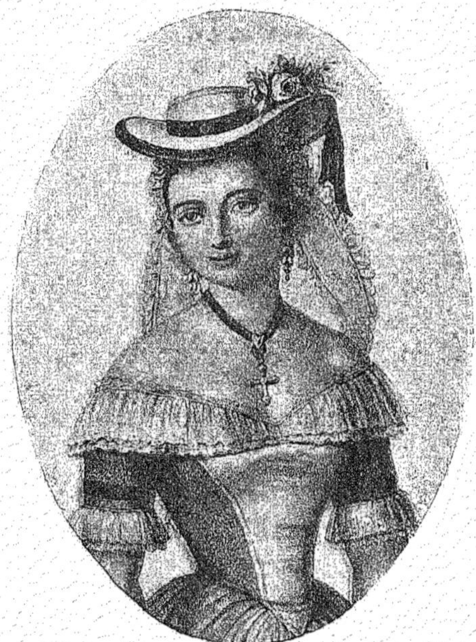

Mme ALBERT, dans *La Camargo*, d'après A. Lacauchie

Elle était donc parente de Monrose (le père), dont la mère était une Crescent.

Celle qui devait s'appeler Mme Albert débuta à l'âge de quatre ans. Après avoir joué le vaudeville à Montpellier, Nîmes, Perpignan, etc., villes où elle tint avec succès les rôles créés par Léontine Fay, elle s'essaya dans l'opéra, à Toulouse, et s'y fit applaudir, car elle possédait une très jolie voix. En 1821, Thérèse Vernet quitta Toulouse pour Bordeaux, et resta six ans dans cette dernière ville, fort bien accueillie du public. C'est alors qu'elle épousa Albert Rodrigues, jeune premier attaché au Grand Théâtre, et ne fut plus désignée que sous le nom de « Madame Albert ».

Le 4 mai 1825, Mme Albert débuta dans la troupe lyrique de l'Odéon, en chantant *Blaise et Babet*, puis le 31 octobre suivant la *Dame du lac* « opera seria ». Mais elle abandonna bientôt ce genre pour entrer au Théâtre des Nouveautés, place de la Bourse, où elle débuta le 27 mars 1827. Bérard, son directeur, lui doubla ses appointements le soir même.

Bouffé a rappelé dans ses *Souvenirs* (page 115) combien elle fut charmante comme comédienne et comme chanteuse dans *Gillette de Narbonne*. Dans le *Coureur de Veuves*, elle n'avait pas moins de succès. Tous les chroniqueurs qui ont parlé de Mme Albert l'ont représentée comme une actrice nerveuse, dramatique, sentimentale. En 1829, le Théâtre des Nouveautés ayant voulu inaugurer le « vaudeville naturaliste », on vit même Madame Albert jouer le rôle d'une femme enragée et, dans *Valentine* ou la *Chute des Feuilles*, mourir sur la scène en avalant une tasse de bouillon d'escargots.

Madame Albert se fit applaudir dans *Caleb*, les *Trois Catherine*, la *Fiancée du Fleuve*, la *Poitrinaire*, mais prévoyant les tristes destinées de ce théâtre, elle passa au Vaudeville, rue de Chartres, le 9 novembre 1830. Dès lors, elle modéra sa manière, se mit au diapason de la comédie, tout en conservant ses qualités dramatiques, et fit des créations charmantes dans *Léontine*. *Un duel sous le Cardinal Richelieu*, la *Camargo*, *Arthur*, la *Femme de trente ans*, *Un Secret de famille*, la *Dame de l'Empire*, *Madame Dubarry*, l'*Ami Grandet*, les *Pages de Bassompierre*, *Madame Grégoire*, le *Troisième Mari*, etc. En 1838, elle perdit une partie de sa garderobe dans l'incendie du Vaudeville. Après cette catastrophe, le théâtre de la Renaissance se l'attacha. Elle y créa pour son début (9 février 1839) le beau rôle de *Diane de Chivry*. Mais la malechance de cette entreprise la força à repartir pour la province et pour l'étranger.

En 1845, elle devint veuve et en 1846, elle rentra à son ancien théâtre, le Vaudeville, où elle joua le *Gant et l'Eventail*, mais très aimée en province, elle y retournait fréquemment et attirait toujours le public. Th. Gautier semble cependant la trouver trop nerveuse; il écrit à propos du rôle de Charlotte, dans la *Charlotte*, imitée de Gœthe (Vaudeville, juillet 1846) : « Mme Albert a joué le rôle de Charlotte, avec ces effets nerveux et ces crispations qui font beaucoup d'effet sur un certain public, et qui provoquent à coup sûr les applaudissements. » En septembre, à ce même théâtre, elle joua la *Nouvelle Héloïse*.

Mme Albert ne fut pas qu'une femme de talent : ce fut une personne excellente et une honnête femme. Bonne épouse, elle soigna son mari, Albert, avec un dévouement sans bornes. Veuve, elle se remaria avec L. T. Bignon, l'acteur de drame. Atteinte bientôt d'un cancer au sein, elle dut quitter la scène pour se faire opérer. Quand elle fut rétablie, elle reparut à la Gaîté dans *Monte-Christo*, à côté de son mari. Ce fut son dernier effort. Bignon vint à mourir le 6 décembre 1856, à l'âge de 42 ans, et son mal, à elle, augmenta. Sur les conseils de son médecin, elle se retira à Chartres dans une maison de santé tenue par des Religieuses. Elle y vécut jusqu'au 24 mars 1860, dans d'horribles souffrances. Ses restes mortels furent ramenés à Paris et déposés dans un caveau de famille à Montmartre.

Mme Albert eut un frère (Vernet), comédien de grand talent, qui passa une partie de sa vie théâtrale à St-Pétersbourg, où il était très aimé.

MM. De Manne et Ménétrier ont publié une lettre curieuse de Mme Albert (19 mars 1859) où elle s'étonne que le *Dictionnaire de la Conversation* se soit tant de fois trompé sur son compte. Elle relève les erreurs de *Rouen* pour Toulouse (sa ville natale), de *Caroline Boisseau*, au lieu de Thérèse Vernet, et elle insiste sur ce qu'elle n'a jamais fait partie de la Chapelle de Charles X, ni figuré au procès Beauvallon, ni joué en 1856 le rôle de Catherine de Médicis dans *Henri III*, ainsi que l'affirmait ce trop confiant dictionnaire.

Biographie : Notice par H. Lucas, dans la *Galerie dramatique* de Lacauchie. — Notice par E.-D. De Manne et C. Ménétrier dans le *Complément à la Troupe de Nicolet*.

Bibliographie : l'*Odéon*, par P. Porel et G Monval, t. II. *Annuaire dramatique Delhasse* 1841. — *Souvenirs de Bouffé*.

Iconographie : Bibl. nat. Catalog. Duplessis, nº 473.

1. En buste, de 3/4 à droite, lith. par C. Brandt.
2. En buste, de face, lith. par H. Grevedon, 1829.
3. En buste, de 3/4 à droite, lith. de Gubian, Lyon 1837.
4. En pied, de 3/4 à droite, lith. par H. Lecomte, 1828.
5. En buste, de 3/4 à gauche, lith. par Léon Noël, 1837.

V. aussi Bibl. nat., portraits Volnys (Léontine Fay).

Mme Albert, en pied, de face, lith. de A. Lacauchie.

Mme Albert, en buste, de face, eau forte par J.-M. Fugère.

ALBERTI, Mme. — Variétés 1836, *Kean*.

ALBERTINE, Mlle. — Gaîté 1811.

ALBOUIS ou **ALBOUY**. — V. Dazincourt.

ALBOUY, les sœurs. — Gaîté 1874.

ALBRECHT, Mme. — Accessit de chant au Conservatoire, artiste de l'Opéra-Comique, puis soubrette de comédie au Gymnase en 1861.

Bibliographie : les *Acteurs et les Actrices de Paris*, par Em. Abraham, 1861.

ALCIDE. — V. Tousez Alcide.

ALCIPE, Delomé. — Cirque Olympique 1822.

ALDEGONDE, Mlle. — Petite actrice agaçante du Théâtre des jeunes Elèves, rue Dauphine, mettant beaucoup d'esprit dans son jeu (1805-1806). Elle demeurait alors rue des Ménétriers. En 1806, elle joua la comédie au Théâtre Molière qui s'appelait alors Théâtre des Variétés étrangères, et elle annonçait tant de dispositions qu'on l'appelait « la petite Mars du quartier St-Martin ». Mlle Aldegonde débuta aux Variétés le 8 octobre 1808 dans *Nitouche*. On la trouvait jolie et son talent était qualifié d'agréable. Elle y tint pendant de longues années l'emploi des villageoises et des grisettes (1808 à 1812 — 1816 à 1819 — 1822 à 1827). Harel, dans son *Dictionnaire théâtral*, lui donnait 39 ans en 1825. On lui reconnaissait un esprit vif, une physionomie spirituelle, un œil lascif, une voix un peu dure.

Bibliographie : *Opinion du Parterre*, *Annuaires dramatiques*, *Petite biographie dramatique* 1821, *Dictionnaire théâtral* 1825.

Iconographie : Collection Martinet, pl. 230, dans le rôle de Rosine de *M. Grégoire*.

ALERME, Mme. — Actrice de l'Ambigu comique 1805-1807-1808, et de la Gaîté 1809.

Bibliographie : *Annuaires dramatiques*. — *Opinion du Parterre* 1810.

ALERME fils, Etienne. — Troisième amoureux à Bruxelles, 1839, deuxième amoureux au Grand Théâtre de Marseille 1840, puis acteur à St-Péterbourg jusqu'en 1853, et au Vaudeville 1854-1859. En 1862, Etienne Alerme fils, âgé alors de 53 ans, reçut une rente de 200 fr. de la Société des artistes dramatiques pour ses 33 années de services.

Eug. Garraud, rapporteur de la Société, annonça la mort d'Alerme dans les termes suivants, à l'assemblée du 26 juin 1882 :

« Etienne Alerme, un homme discret, aimable et bienveillant, à Paris comme en Russie, dont il fut l'hôte pendant de longues années ; il n'a laissé que d'excellents souvenirs. »

Bibliographie : *Annuaires dramatiques Delhasse*, *Annuaire* de la Société des Artistes.

Iconographie : Bibl. nat. Catalog. Duplessis n° 608, à mi-corps, de 3/4 à gauche, lith. par L. G., 1841.

ALEXANDRE. — Acteur du Théâtre Patriotique en 1792, et du Théâtre du Palais-Variétés en 1793. Il demeurait alors 12, rue Croix-des-Petits-Champs. Le 5 Messidor an VIII (fin juin 1800), un citoyen Alexandre, acteur du Théâtre Montansier, donna aux Troubadours un *Prétendu de Givors*.

Bibliographie : *Almanach Duchesne*, *Almanach Dupont pour l'an IX*.

ALEXANDRE, Mme. — Femme du précédent, actrice du Théâtre patriotique en 1792.

Bibliographie : *Almanach Duchesne*.

ALEXANDRE. — Sous ce nom :

ALEXANDRE, acteur de la Gaîté, 1818.

ALEXANDRE, mort en juillet 1824. Ancien acteur de l'Odéon et ancien directeur de théâtre en Belgique.

ALEXANDRE, imitateur, physionomane et ventriloque, qui débuta au Théâtre de Madame le 26 juillet 1826 par les *Ruses de Nicolas*, pièce traduite de l'anglais, où il jouait tous les personnages, continuant ainsi les traditions de Thiémet, Fitz-James, Volange, Comte, Leclercq, etc.

ALEXANDRE (Blanchard), qui débuta aux Variétés le 25 juillet 1827 par le rôle d'Adolphe d'*Angeline*.

ALEXANDRE, Louis, pensionnaire à la Comédie française le 1er avril 1831.

ALEXANDRE (le jeune), enfant qui faisait partie de la troupe connue sous le nom de « Gymnase Castelli » et joua à l'Odéon *Une maîtresse femme*, le 29 décembre 1836, alors que cette compagnie enfantine y donnait des représentations.

Bibliographie : *Album Castelli*, un vol. petit in-4° avec figures, Paris 1837. — L'*Odéon*, par P. Porel et G. Monval, t. II.

ALEXANDRE, premier rôle au Théâtre des Arts à Rouen, aux appointements de 5,500 fr. 1832-1833.

Bibliographie : *Hist. des Théâtres de Rouen*, par S. E. B. t. III.

ALEXANDRE, jeune premier au Théâtre du Gymnase à Lyon, 1840.

Bibliographie : *Annuaire dramatique Delhasse*.

ALEXANDRE, Firmin Celle ou Celles, pensionnaire à la Comédie Française en 1841, parti pour San Francisco vers 1853, pensionné de la Société des artistes (200 fr.) en 1863, revenu à Paris vers 1875, mort en 1879 à 78 ans.

Bibliographie : *Annuaire* de la Société des artistes.

ALEXANDRE, pensionnaire à la Comédie française en 1841.

ALEXANDRE, premier rôle de province, Bruxelles 1844. Dans cette ville il créa, le 29 décembre 1848, le rôle d'Agneessens dans le *Bourgeois des Métiers*. Il vint le 15 mai 1849 jouer cette pièce à l'Odéon, et y fut applaudi bien que jugé un peu emphatique. Il y resta au moins une année, et parut encore le 5 octobre dans *Evelyne* et la *Farnesina* et le 14 novembre dans *Raymond Varnet*.

Bibliographie : *Annuaire dramatique Delhasse* 1844. — L'*Odéon*, par P. Porel et G. Monval, t. II.

Iconographie : Il existe à la Bibl. nat. catal. Duplessis n° 623, le portrait en pied de 3/4, à droite, costume de théâtre, lith. par G. Morris, d'un acteur nommé Alexandre. Reste à savoir s'il s'agit de ce dernier?

ALEXANDRE, Mme. — Sous ce nom :

Mme ALEXANDRE qui débuta au Vaudeville le 19 mars 1827, dans *Victor*.

Mme ALEXANDRE, pensionnaire à la Comédie française en 1836.

Mme ALEXANDRE, née Louise Mayer, à St-Pétersbourg 1848-1855.

Bibliographie : *Annuaires* de la Société des artistes dramatiques.

Mme ALEXANDRE, Virginie, actrice du Gymnase 1866-69. — *Les Idées de Mme Aubray*. — *Nos bons Villageois*.

Iconographie : Bibl. nat. pour le portrait de portrait de Mme Alexandre(?)actrice, v. portrait de Dauvergne.

ALEXANDRE, Augustin, dit Guillemet. — Né à Paris en 1814, comédien de banlieue, soldat au 31me de ligne, artiste à l'Ambigu, au Théâtre historique, à la Gaîté, à la Porte St-Martin, au Châtelet, etc. A la ville, un bon bourgeois, l'air triste ; un homme serviable, adorant sa famille, et n'ayant songé toute sa vie qu'à avoir de petites rentes pour être tranquille. Son père, ancien soldat de la République et de l'Empire était perruquier. Il est assez probable que son fils unique eût embrassé la même profession si, orphelin à l'âge de cinq ans, le jeune Alexandre n'avait fait connaissance avec le rabot, pour cette raison que le second mari de sa mère était fabricant de meubles.

Il existait alors (vers 1830), rue Lesdiguières, un petit théâtre de société à l'usage des bourgeois du quartier de l'Arsenal, et où un brave et digne homme, nommé Thierry, avait la spécialité de former des élèves. C'est dans cette troupe minuscule qu'Alexandre voulut débuter par les rôles de traîtres qu'il dut bientôt quitter pour l'emploi des comiques.

Après avoir joué à la banlieue dans la troupe Cabot, Alexandre fut appelé par la conscription. Incorporé au 31me de ligne, à Briançon, Alexandre revint à Paris au bout de trois ans avec les galons de sergent. Entré à l'Ambigu, il devint régisseur sous la direction d'Antony Béraud. Après la clôture de ce théâtre, Alexandre passa au Théâtre historique, où il créa avec goût le rôle du vieil employé dans le *Chevalier d'Harmenthal*. Toutefois, ce n'est qu'à la Gaîté, où il suivit Hostein, qu'il prit tout à fait possession de son public. Les rôles de Fouinard, du *Courrier de Lyon*, de Lafourade, dans *Vautrin*, de Malagutti, dans *Chodruc Duclos*, de Macarol, dans *Paris qui rit*, de Caussade, dans *Marie Rose*, de Valentin, dans *Georges et Marie*, de Panel, dans les *Cosaques*, et surtout de la Mère Moscou, dans la *Fille des Chiffoniers*, en firent le comique aimé des boulevards.

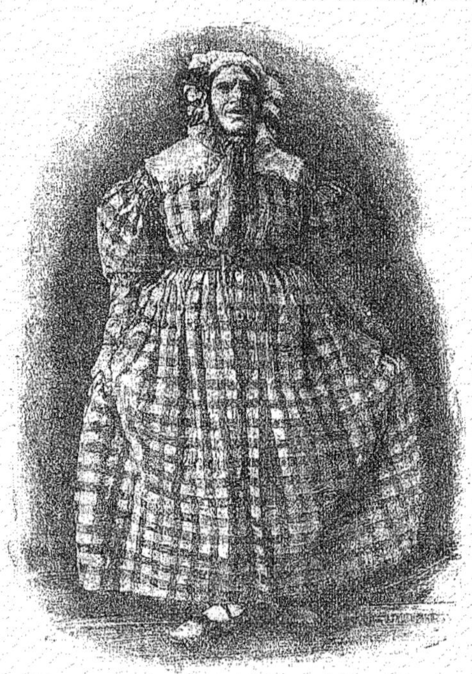

ALEXANDRE (Guillemet), rôle de la Mère Moscou dans la *Fille des Chiffonniers*, par E. Pennuille (1869)

Louis Judicis publia vers 1854 une biographie d'Alexandre dans les *Théâtres de Paris* et Eustache Lorsay dessina son portrait dans les *Cosaques*.

Depuis ce temps, Alexandre a encore fourni une longue carrière à la Gaîté, à la Porte Saint-Martin, au Châtelet. Nous citerons entr'autres créations ou reprises :

1867, 20 juin, Gaîté, Polonius dans *Hamlet*.

1867, Gaîté, 14 mai, Boby dans le *Testament d'Elisabeth*.

1874-75, Porte Saint-Martin, rôle de Passe-Partout dans le *Tour du Monde en 80 jours*, puis au Châtelet 1876.

1876, 25 février, Grimaut de *Vingt ans après*.

1876, 4 novembre, Pelure d'oignon des *Bohémiens de Paris*.

1877, 29 décembre, Ambigu, Hally de la *Case de l'Oncle Tom*.

Bref, Alexandre fit son service jusqu'en 1884, et nous le voyons encore remplir un rôle (le magistrat), dans une reprise du *Tour du Monde*, au Châtelet, le 11 juillet 1896.

Pensionnaire de la Société des artistes dramatiques depuis 1884 (500 fr. de rente), officier d'académie depuis 1897, le brave père Alexandre, âgé aujourd'hui de 89 ans, se repose en songeant à ses beaux succès d'autrefois.

Biographie : Notice par Louis Judicis dans la *Galerie Lorsay*. Notice dans *Paris-Portrait*, n° 360.

Bibliographie : *Almanachs* Soubies. — *Annuaires* de la Société des artistes.

Iconographie : Lith. d'après un dessin d'Eust. Lorsay dans les *Cosaques*. — Photographie-médaillon dans *Paris-Portrait*, n° 360.

ALEXANDRINE, Mme. — Sous ce nom :

Mme ALEXANDRINE, actrice au Théâtre français comique et lyrique de la rue de Bondy, 1792.

Bibliographie : *Almanach Duchesne*.

Mme ALEXANDRINE, troisième amoureuse au Grand Théâtre de Toulouse en 1793.

Bibliographie : *Almanach Duchesne*.

Mme ALEXANDRINE, Théâtre des jeunes élèves 1807. Cette actrice débuta au Vaudeville le 3 juillet 1808, par le rôle de Mme Richelieu, mais sans succès.

Bibliographie : *Opinion du Parterre*.

Mme ALEXANDRINE, troisième amoureuse au Grand Théâtre de Bordeaux, en 1825, et deuxième amoureuse au même théâtre, en 1827.

Bibliographie : *Almanach Barba*.

Mme ALEXANDRINE, soubrette à Dijon en 1856, et à Genève 1857.

Bibliographie : *Histoire du Théâtre à Genève*, par Besançon.

Mme ALEXANDRINE, Gymnase, 16 juillet 1868, *Les Maris sont esclaves*.

ALEXIS. — V. Pastelot.

ALEXIS, Louis-François, rôles de financiers à Gand en 1842, Rouen 1848-49, Bordeaux 1851-1854, Nîmes 1858, Toulouse 1859, Porte Saint-Martin 1861-1869, pensionnaire de la Société des artistes dramatiques en 1866 (300 fr.), mort vers 1871 à 73 ans.

Bibliographie : *Annuaires* de la Société des artistes.

ALEXIS, Mme, Clémence Bury, femme d'Auguste (dit Alexis) Pastelot. — Naquit vers 1808-1809, à Paris, et eut pour parents des commerçants. Amie d'enfance de Mme Suzanne Brohan, elle entra au Conservatoire où elle partagea, en 1825, le second prix (il n'y eut pas de premier prix) avec Mlle Despréaux qui devint plus tard Mme Allan. — Engagée à l'Odéon, Clémence Bury y joua les rôles d'ingénuités et doubla Mlle Anaïs Aubert. On l'y vit le 28 avril 1826 dans le rôle de Marianne de *Tartufe*, le 20 juin, dans *Vauban à Charleroy*, le 16 décembre, dans le *Cachemire*.

Elle ne resta qu'un an à ce théâtre, passa aux Nouveautés qui venaient de s'ouvrir (1827) puis s'en fut trois ans à Nantes, avant d'aller à Bordeaux. Là, son succès fut si grand qu'elle resta *dix-huit années* dans cette ville, tour à tour ingénue, jeune première, forte jeune première, premier rôle. Elle ne s'absenta que deux ans pour venir à Paris jouer à l'Ambigu comique.

Ce fut à Bordeaux que Mlle Clémence Bury se maria avec son camarade Auguste (dit Alexis) Pastelot, et changea son nom de théâtre en celui de Mme Alexis.

En 1834, le jeune ménage était au théâtre des Arts à Rouen, Mme Alexis comme jeune première.

Bouffé fait mention dans ses *Souvenirs* (p. 319, 327, 328) de la rencontre qu'il fit à Bordeaux de M. et Mme Alexis Pastelot en 1838 et 1839 : « Je retrouvais aussi deux excellents camarades, M. et Mme Alexis Pastelot, avec lesquels j'avais joué plusieurs pièces à la Gaîté et aux Nouveautés... » Il dit encore l'année suivante : « Mais je savais retrouver mes amis Pastelot, chez lesquels nous logeâmes pendant notre séjour, ainsi qu'ils nous l'avaient fait promettre à notre précédent voyage. Ces chers amis habitaient une charmante petite maison avec jardin, située dans un des faubourgs de la ville, et peu éloignée du théâtre... Mais ce qui complétait notre bonheur, c'étaient la présence et les jeux de leurs deux jeunes enfants qui, nous rappelant les nôtres, nous mettaient la joie au cœur.

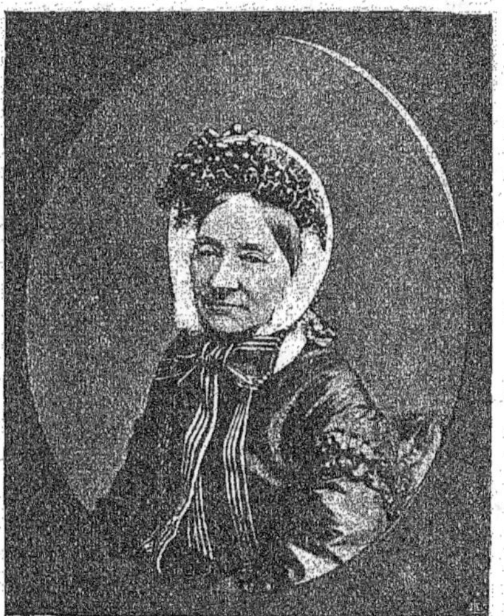

Mme ALEXIS, photogr. Franck

« Mme Alexis tenait l'emploi de jeune première au Grand Théâtre, où elle obtenait de légitimes succès. Je l'y ai vu jouer Célimène du *Misanthrope* et Elmire de *Tartufe*, d'une façon remarquable ; son jeu, sa diction sentaient la bonne école... Pastelot, son mari, jouait les jeunes premiers au Petit Théâtre. Il ne manquait certes pas d'intelligence, mais il était loin d'avoir le talent de sa femme. »

Le 10 janvier 1840, Suzanne Brohan qui se charge de tenir son amie au courant de tout ce qui se passe à Paris, écrit à Mme Alexis « artiste au Grand Théâtre de Bordeaux » : « M. Trubert (directeur du Vaudeville) galoppe *(sic)* après Mme Albert qu'il veut engager absolument. Mlle Fargueil tient bon et ne veut pas démordre de ses prétentions. Les procès vont toujours leur petit chemin. M. Trubert dit qu'il voudrait bien, mais qu'il n'a pas le temps d'aller te voir à Bordeaux. » Collect. d'autogr. A. Bovet, n° 1387.

En 1841, Laugier signale le début dans la comédie au Théâtre français de Mme Pastelot. En 1852-53, nous retrouvons son passage à Périgueux comme premier rôle. Mais ce n'est définitivement qu'en 1858, après un séjour d'un an à Lyon, et de deux ans à Rouen, que Mme Alexis revint à Paris pour s'y fixer, et entra au Vaudeville comme « mère-noble » afin d'y remplacer Mme Chambéry. Elle créa de suite le rôle de la portière dans le *Roman d'un jeune homme pauvre*, la Vaneine dans la *Pénélope* d'Alphonse Daudet, et un rôle dans la *Poule et ses Poussins*.

En 1864, elle fut prêtée à l'Ambigu pour y créer le rôle de l'*Aïeule*, de d'Ennery. Elle y fut très remarquable. Lorsque Mme Lambquin quitta le Vaudeville, en 1867, Mme Alexis prit l'emploi de première duègne. Nous citerons parmi ses créations ou reprises à ce théâtre :

1866, 31 août, le *Nouveau Cid*.

1866, 3 déc., *Maison Neuve*, Bastienne.

1867, nov., les *Faux Bonhommes*, Mme Dufouré.

1868, 27 fév., les *Rivales*, Mme Tarpan.

1868, 27 mai, l'*Abîme*.

1868, 28 octob., les *Femmes d'emprunt*, Mme Robillard.

1868, 6 nov., l'*Enfant prodigue*, Mme Bernardin.

1869, le *Sacrifice*.

Dans la plupart de ces rôles, elle montrait une rare science de composition.

Mme Alexis fit l'ouverture de la nouvelle salle du Vaudeville, Chaussée d'Antin, le 21 avril 1869, avec le *Contrat;* s'y montra dans *Tamara*, la *Soupe aux choux*, les *Pattes de Mouche* (24 février 1870). 1875, 11 avril, *Ce que femme veut* (reprise), Amaranthe.

1875, 19 juin, le *Procès Veauradieux*, Mme Laiguisier.

1875, 4 sept., *Madame Lili*, Artémise.

1875, 15 nov., les *Scandales d'hier*, la duchesse.

1876, 17 avril, les *Dominos roses*.

1877, 22 janv., *Dora*, la marquise.

1877, 19 sept., les *Vivacités du Capitaine Tic*.

1878, 1er mars, les *Bourgeois de Pont-Arcy*, Mme Cotteret.

1878, 24 nov., la *Poule et ses poussins* (reprise) Mme de Bernac.

Avec Delannoy, Parade et Saint-Germain, Mme Alexis représentait l'élément comique au Vaudeville, et cependant elle ne dessinait que des portraits qu'il ne faut pas confondre avec des caricatures. Sa diction était mordante, son naturel exquis, sachant allier la bonhomie à la finesse.

Mme Alexis avait un fils officier supérieur dans l'armée, et habitait Belleville. Paisible bourgeoise, bonne grand'mère, on la voyait tricoter des bas de laine pour ses petits enfants, dans le foyer du Vaudeville, en attendant la réplique pour entrer en scène.

Voici en quels termes St-Germain annonça la mort de Mme Alexis à l'assemblée générale des artistes dramatiques, le 17 juin 1895 :

« C'est à l'Ambigu, je crois, qu'elle débuta en sortant du Conservatoire. Elle jouait alors les jeunes premiers rôles de drame. Elle quitta Paris pour la province, et les villes qui eurent le bonheur de la posséder constatèrent toutes sa valeur. Paris la revit en 1858. Elle avait complètement changé d'emploi... Simple, touchante et vraie, l'artiste de race s'imposait à l'attention. L'année suivante, je devenais son camarade, et, pendant dix-sept ans, nous avons combattu côte à côte, des *Honnêtes femmes* et de la *Poule et ses poussins*, au *Procès Veauradieux*, car ce n'est que, prêtée à son premier théâtre, l'Ambigu, elle y a été créer si magistralement l'*Aïeule* de d'Ennery.»

Biographie : Notice par Félix Jahyer, dans *Paris-Théâtre* (octobre 1876).

Bibliographie : l'*Odéon*, par P. Porel et G. Monval. — L'*Hist. des Th. à Rouen*, tome IV. — *Souvenirs de Bouffé*.

Iconographie : Bibl. nat. Catal. Duplessis n° 661. En buste, de face, lith. pr L.-M.-D. Guillaume, 1840. — *Encyclopédie théâtrale*, portrait de Mme Alexis dans le rôle d'Adolphine de la *Famille Benoîton*. — Médaillon photogr. *Paris-Théâtre*, octob. 1876.

ALFORT (d') Marie-Sénéchal de La Grange, actrice au Troisième théâtre français (1878).

ALFRED. — Nom d'un acteur qui débuta au Gymnase en 1822, puis au Panorama dramatique en 1823. Le 3 mars 1824, il tint le rôle de St-Charles dans l'*Amour et l'Appétit*, à la Porte St-Martin.

Iconographie : Bibl. nat. Catalog. Duplessis n° 671. En buste, de 3/4 à gauche, lith. par Astoin, 1824.

En 1825, il y avait un Alfred à la banlieue.
Le 2 octobre 1827, les Variétés annoncent le début d'un Alfred, rôle de St-Léon de *Matin et Soir*.

On trouve encore :

Alfred, Porte St-Martin 1830, *Don Juan de Marana*.

Alfred, Renaissance 1838, Gudiel de *Ruy-Blas*.

Alfred, Luxembourg 1852.

ALFRED (dit le Petit Alfred), du Théâtre Comte. Il y resta toujours attaché, en jouant les premiers rôles dans cette troupe d'enfants, car l'exiguité de sa taille l'empêcha d'aborder de plus grandes scènes. Son jeu était étudié, étonnant de vérité et de souplesse, sa diction parfaite. Aussi était-il fort connu et fort aimé.

Quand M. Comte céda son théâtre à Offenbach, le petit Alfred se trouva sans emploi. Le duc de Morny lui fit obtenir une place d'inspecteur du balayage à la préfecture de police. Il mourut fort âgé, vers 1895 (?). Certains journaux lui firent des articles nécrologiques.

ALHAIZA, Charles-Paul. — Comédien et directeur, Alger 1855, Versailles 1856, Angers 1857, Amiens 1859, théâtre de la Gaîté 1861-1863, rôle de Barthélemy dans *Christophe Colomb* (30 août 1861), Mexico 1864. A la mort de son frère Marcelin, en 1866, il reprit après lui la direction du théâtre de la Nouvelle-Orléans. Une circonstance fortuite le fit seul échapper au naufrage de l'*Evening Star*, dans lequel périrent tous les malheureux artistes qu'il avait engagés.

Nous retrouvons son nom à la Nouvelle-Orléans en 1866, au Gymnase 1869, à Alger 1872, à Odessa 1873, à Athènes 1874, à Alger 1875-1876, à Santiago 1877-1878, à New-York 1879-1880, à Bruxelles 1881-1883.

Bibliographie : *Annuaires* de la Société des artistes.

ALHAIZA, Mme Aline, née Lambelé. — Alger 1872, Odessa 1873, Athènes 1874, Alger 1875, Santiago 1877-1878, New-York 1879-1880, Bruxelles 1881-1887.

Bibliographie : *Annuaires* de la Société des artistes.

ALHAIZA, Marcelin. — Comédien et directeur, Agen 1852, Besançon 1853, Toulon 1859, Nantes 1861, La Martinique 1862-1864. Mort à Paris en 1866, au moment où il allait prendre la direction du théâtre de la Nouvelle-Orléans, direction que continua son frère Paul.

Cette version est celle qui figure en ces termes dans le rapport de la Société des Artistes dramatiques (27 mai 1867), bien que M. G. Monval persiste à croire que cet artiste ait péri dans le naufrage de l'*Evening Star*, en octobre 1866. (V. *Intermédiaire des Chercheurs et Curieux*, n° 967, col. 698.)

Bibliographie : *Annuaires* de la Société des artistes.

ALHAIZA, Alfred-Alexandre-Paul, comédien et directeur, Vienne 1864, Nouvelle Orléans 1866, Bruxelles 1883-1900, officier d'Académie depuis 1886, chevalier de l'ordre du Christ du Portugal depuis 1894, pensionnaire de la Société des artistes dramatiques, 36 ans de théâtre et 60 ans d'âge. Vit à Uccle, près Bruxelles.

A cette famille se rattachent Mlle Alhaiza, Césarine, Léa, Aimée Laurin, qui parut au Palais Royal (1873-1876) et Mlle Alhaiza, Gabrielle, actrice à Bruxelles (1896-1899).

Bibliographie : *Annuaires* de la Société des artistes.

ALICE, Mlle. — Actrice au Palais-Royal, 12 décembre 1857, les *Vaches landaises*.

Bibliographie : le *Théâtre du Palais-Royal*, par Eug. Héros.

ALIGNIER, Mlle. — Débuta le 9 mai 1822 à l'Odéon par le rôle d'Eriphyle.

Bibliographie : l'*Odéon*, par P. Porel et G. Monval, t. II.

ALINE, Mlle. — Artiste Porte St-Martin 1807.

Bibliographie : *Opinion du Parterre*.

ALINE, Mlle. — Débuta au Vaudeville le 21 avril 1825 dans le *Marin* et *Encore une folie*. Elle avait seize ans. On la jugea « incolore ». Le 31 août suivant, elle se présenta au Gymnase dans le rôle d'Auguste de la *Carte à payer*.

Iconographie : La planche 439 de la collection Martinet représente une demoiselle Aline de la Porte St-Martin, dans le *Sergent polonais*.

ALISON, ou Alizon. — Comédien au Théâtre du Marais (avant décembre 1634), puis de l'Hôtel de Bourgogne. Alison s'était acquis une célébrité dans les rôles de servantes et de nourrices, rôles qu'il jouait sous le masque, selon l'usage italien, à une époque où les femmes ne paraissaient pas encore sur la scène. Cette coutume se conserva assez longtemps encore pour les rôles de duègnes. Hubert, camarade de Molière, Beauval qui ne se retira qu'en 1704, jouaient les vieilles femmes et les caricatures. Ce furent Mmes Champvallon et Desbrosses, dont le physique était approprié à cet emploi, qui les premières osèrent jouer sur le théâtre, les rôles dits de caractère.

Quant à Alison, ce fut, dit-on, au Marais qu'il fut amené par la représentation de la *Galerie du Palais*, à renoncer à ses rôles habituels de nourrices.

ALIX, Mlle. — Continuait ses débuts au Théâtre de la Gaîté le 15 janvier 1810, par le rôle de Rose du *Billet de logement*.

Bibliographie : *Opinion du Parterre*.

ALIX. — V. Duon.

ALIX, Henri-Auguste. — Théâtre des Variétés 1852, mort vers 1855.

ALLAN, Louis-Philippe. — Mari de Mme Allan-Despréaux (1832), mort en 1878. — Allan avait fait longtemps partie d'une troupe ambulante dirigée par Luguet, père de René Luguet et de Mme Marie Laurent ; engagé tout d'abord aux Variétés, il y avait débuté les 11 et 13 avril 1825, avec quelque succès. En avril 1828, il passa au Gymnase pour jouer les rôles de fats, emploi dans lequel il déployait une certaine élégance. En 1832, il épousa sa camarade, Mlle Despréaux, et l'accompagna en 1836 à St-Pétersbourg pour y tenir les premiers rôles.

Allan revint à Paris, passa les dernières années de sa vie à Nancy et mourut à Cannes, croyons-nous, en 1878. Sa femme devenue une des plus brillantes pensionnaires de la Comédie française, était morte en 1856.

Bibliographie : *Souvenirs de Bouffé*, p.154. — *Annuaires* de la Société des artistes. — *Almanachs* Soubies 1878.

ALLAN. — Sous ce nom, nous trouvons :
Un premier rôle à Reims en 1840.
Un acteur à la Porte St-Martin en 1841.
Un acteur-directeur à Genève en 1841-1843, 1848.

Ce dernier passait pour « très entendu » et avait pour associé un nommé Léon.

Bibliographie : *Annuaire Delhasse* 1840. — *Histoire du théâtre de Genève* par Besançon.

ALLAN-DESPRÉAUX, Mme Louise-Rosalie Ross, dite Mlle Despréaux, puis Mme Allan, femme d'Allan Auguste-Louis-Philippe, artiste dramatique, naquit le 20 février 1810, à Mons (Belgique) où son père était directeur de spectacle.

« Dans une de ses tournées en province, lisons-nous dans une lettre de Théodore de Banville, publiée dans la *Galerie dramatique* Geoffroy, Talma refusait de jouer *Athalie* parce qu'il craignait de ne pas trouver un enfant assez intelligent pour réciter le rôle de Joas. Pourtant on lui amena une petite fille dont il fut tout de suite émerveillé, si émerveillé qu'il la demanda à son père, l'amena à Paris, la fit élever avec ses propres enfants, et dirigea lui-même, aidé de Mlle Mars, ses premières études théâtrales. Cette petite fille, c'était Mlle Despréaux. »

Ceci se passait en 1820, et Talma ne voulut pas avoir d'autre « petit Joas » à Anvers et à Bruxelles. Puis il engagea ses parents à l'amener à Paris. Le 14 décembre 1820, elle parut sur la scène française, dans *Athalie*, et son succès fut égal à celui qu'elle avait obtenu en Belgique. Le 2 janvier 1821, on lui fit jouer, à Feydeau, le rôle de l'enfant dans *Camille* ou le *Souterrain*. Un mois plus tard, le 2 février, ayant été admise au Conservatoire, elle y reçut les leçons de Michelot et ne quitta cet établissement qu'au 31 décembre 1827.

En 1825, elle obtint un second prix de comédie (il n'y eut pas de premier prix) qu'elle partagea avec Mlle Bury, devenue depuis Mme Alexis ; puis le 14 août 1826, le premier prix. Pendant le cours de ses études, elle avait été autorisée à jouer à la Comédie française le petit rôle de Flavien, dans les *Quatre âges* (19 août 1822). Mais son véritable début n'eut lieu que le 3 septembre 1826, dans les rôles de Sophie de la *Mère rivale* et de Jenny de l'*Hôtel garni*. Elle fut admise comme pensionnaire aux appointements de 2000 francs.

Mlle Mars, qui avait passé le cap redoutable de la cinquantaine, ne semble pas avoir été toujours très serviable à l'égard de la débutante : « Mlle Mars, raconte Alexandre Dumas dans ses *Mémoires*, voulait Mme Menjaud dans le rôle du page (d'*Henri III et sa cour*) ; moi, je voulais Louise Despréaux. Mme Menjaud était une femme d'un grand talent ; mais elle n'était ni assez jeune, ni assez jolie pour remplir le rôle du page, et c'était justement pour cela que Mlle Mars, âgée de cinquante et un ans à cette époque, la voulait avoir près d'elle ; un jeune et frais visage la gênait. »

Pendant les cinq ans qu'elle passa — pour la première fois — à ce théâtre, Mlle Despréaux fut cependant chargée de nombreux rôles : Georgette des *Trois Quartiers* (1827), Lucrèce de la *Mort de Tibère*, Thécla de *Walstein* (1828), le petit page Arthur de *Henri III*, Édouard du *Complot de famille*, Arva ou Arved de *Christine de Suède*, Marie dans le *Protecteur ou le Mari*, la comtesse de Suffolk dans *Elisabeth d'Angleterre* (1829), Jacquez de *Hernani*, Junie de *Junius Brutus*, Élisa de la *Dame et la Demoiselle* (1830), un rôle dans les *Intrigants*, etc.

En 1831, n'ayant pas voulu subir une amende de 200 francs pour une absence illégale, rebutée aussi par les taquineries mesquines qu'elle trouvait à chaque pas sur sa route, Mlle Despréaux quitta brusquement la Comédie française pour le Gymnase, où elle débuta avec un très grand succès le 16 mai par les rôles de Clarence de la *Favorite* et de Rose de *Jeune et Vieille*. En août 1832, elle épousa son camarade Allan, et se fit appeler Mme Allan-Despréaux.

De 1831 à 1836, ce fut l'amoureuse élégante et applaudie du Gymnase, Mathilde de *Toujours*, Mme de Thorigny des *Malheurs d'un amant heureux*, Zoé du *Gardien*, Mina du *Lorgnon*, Caroline de la *Lectrice*, Clotilde d'*Etre aimé et mourir*, Adèle de la *Pensionnaire mariée*, etc. Elle demeurait alors (1834) 40, rue d'Enghien. En 1836, elle partit à St-Pétersbourg avec son mari, et resta dix ans en Russie.

Presque oubliée des Parisiens, Mme Allan-Despréaux se consolait de son éloignement en jouissant d'une grande faveur à la Cour du Tsar. Admise dans la plus haute société russe, elle avait pris le ton du grand monde. Un jour, ayant assisté à la représentation d'une comédie en un acte, dans un petit théâtre, elle trouva la pièce et un rôle à son gré, et demanda une traduction française. Or, il se trouva que cette pièce n'était autre que le *Caprice* d'Alfred de Musset, traduit en Russe. Mme Allan-Despréaux joua le *Caprice* devant la Cour, et l'on trouva la Comédie charmante.

Ces faits étaient encore ignorés à Paris, lorsque la comédienne, traitant par correspondance de sa rentrée au Théâtre français, demanda à jouer le rôle de Mme de Léris du *Caprice* et celui de Célimène, ce qui fit écrire à Th. Gautier : « Elle apporta de St-Pétersbourg dans son manchon, Alfred de Musset inconnu en France comme auteur dramatique. » Cependant cette innovation n'alla pas sans quelque scandale. « Rebonsoir ! » s'écriait Samson en faisant allusion à un mot de la pièce, « en quelle langue est cela ? » — Le *Caprice* fut représenté à Paris le 27 novembre 1847. Ce fut un événement littéraire.

Comédienne de premier ordre, pleine d'esprit, de finesse, possédant le ton du monde, Mme Allan-Despréaux ne se contenta pas au Théâtre français de ces jolis *riens*, de ces marivaudages où elle retrouvait ses triomphes de la Russie. Elle aborda avec une autorité incontestable les rôles de *jeunes mères*.

« Mme Allan, a dit Bouffé dans ses *Souvenirs* (p. 154), était tout simplement une grande comédienne, douée d'un joli physique et d'un charmant organe. Avec quel charme elle joua d'abord plusieurs rôles d'ingénues, au Gymnase ! Mais ce fut au Théâtre français qu'elle arriva à l'apogée de son talent. La mère dans la *Joie fait peur*, le *Caprice*, la fermière de *Par droit de conquête*, le *Chandelier*, *Bataille de dames*, toutes physionomies différentes, tous caractères opposés, gais ou dramatiques, et, là-dedans, toujours distinguée, vraie, naturelle, au point de faire croire qu'elle était là chez elle et parlait de ses petites affaires. »

Voici la liste de ses créations depuis son retour de Russie :

1847

Mme de Léris, *Un caprice*.

1848

Corinne, *le Puff*.
Mlle de Brié, *Le roi attend*.
La Comtesse, *Il faut qu'une porte soit ouverte ou fermée*.
Fernande, *Les frais de la guerre*.

1849

La Marquise, *L'amitié des femmes*.
Honesta, *La paix à tout prix*.
La Duchesse de Bouillon, *Adrienne Lecouvreur*.
La Comtesse, *On ne saurait penser à tout*.
Adrienne, *Gabrielle*.

1850 Mme Dulistel, *Les deux célibats*.
— Jacqueline, *Le chandelier*.

A ce propos, Delaunay raconte dans ses *Souvenirs* (p. 86) : « Madame Allan, que Musset déclarait d'abord trop mûre pour Jacqueline, trouva dans ce rôle, dont sa finesse fit passer les côtés scabreux, un éclatant succès. » Aveu précieux à recueillir de la bouche même de Fortunio.

1851 La Comtesse d'Autreval, *Bataille de dames*.

Elle s'y montrait tout à fait charmante, ajoute le même témoin, « avec son fin marivaudage, ses réticences, sa manière bien à elle de laisser deviner la fin des phrases sans les annoncer complètement. »

1851 La Marquise, *C'est la faute du mari*.
1852 Mme de Panges, *La diplomatie du ménage*.
1853 La Comtesse de Clermont, *Lady Tartufe*.
— La Margrave, *La pierre de touche*.
1854 Mme Desaubiers, *La joie fait peur*.

« Là, elle était émouvante au possible... déclare encore Delaunay qui jouait dans la même pièce. Après la résignation, les reprises d'espoir, puis le découragement... Enfin la scène vraiment belle où elle retrouve ce fils qu'elle a perdu et dont on doit lui cacher le retour pour ne pas la tuer. Ce n'était dans l'auditoire qu'un long sanglot... Madame Allan était une grande, grande artiste, je ne le répéterai jamais assez. »

1854

Mme de Parabère, *Mlle Aïssé*.
Mme de Beaupré, *Les ennemis de la maison*.

1855

Mme de Vitré, *Péril en la demeure*.
Mme Georges, *Par droit de conquête*.

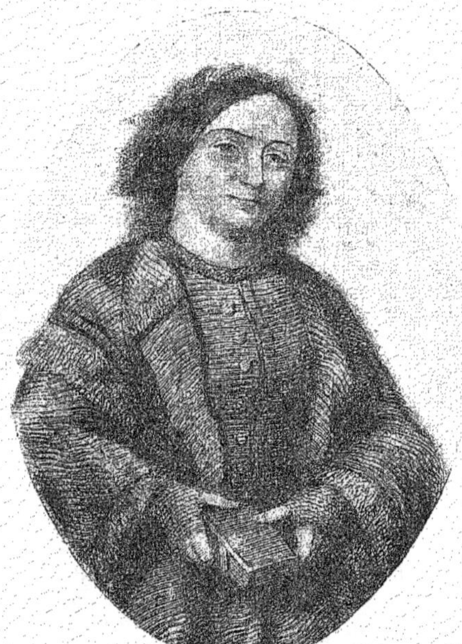

Mme ALLAN-DESPRÉAUX, dans *la Joie fait peur*
par Ch. Geoffroy

Mme Allan-Despréaux, type de la comédienne naturellement élégante, distinguée par essence, sans coquetterie, et d'une simplicité rare, succomba le 22 février 1856, à neuf heures du soir, à l'âge de quarante-cinq ans. L'on apprit sa mort pendant une représentation de *Bertrand et Raton*, et ce fut une consternation générale au Théâtre où tous aimaient cette comédienne accomplie qui parvenait à l'apogée de son talent. Elle allait jouer le *Village* et on l'y disait merveilleuse. Les obsèques eurent lieu le 25 février à 9 heures du matin à Notre-Dame de Lorette. Samson prononça un discours sur sa tombe, et le Théâtre français, l'assimilant à une sociétaire — qu'elle n'avait jamais été — fit relâche le soir.

Bibliographie : Notice par Th. de Banville, *Galerie Geoffroy*. — Notice par E. D. De Manne et Ménétrier dans le *Complément de la troupe de Talma*.

Biographie : *Souvenirs de Bouffé* — *Souvenirs de Delaunay*.

Iconographie : lith. par Ch. Geoffroy, de face, en pied, dans la *Joie fait peur* — Buste, eau forte, de Fugère — un portrait dans l'*Encyclopédie théâtrale*, (inachevée) — un portrait dans l'Album de musique *Décameron*, publié par J. Offenbach, au Ménestrel, 1855, avec ce quatrain de Camille Doucet :

Qu'elle sourie ou pleure, à la fois fine et tendre,
Le parterre s'émeut sous son charme vainqueur ;
C'est Contat qu'il croit voir, c'est Mars qu'il croit entendre,
Tant son cœur a d'esprit et son esprit de cœur !

ALLAN fils. — Courte apparition au Théâtre français, 1854-1855.

ALLAN-DORVAL, Mme. — V. Mme Dorval.

ALLANT ou ALLAND, M. et Mme. — Comédiens de province à Clermont-Ferrand en 1825, dans la Vienne et dans la Charente en 1826. Le mari jouait les premiers rôles, et sa femme les amoureuses.

ALLAR. — Nom d'un Comédien qui débuta chez Doyen.

ALLARD. — Acteur du Palais royal, dont on retrouve le nom dans les pièces suivantes :

1831 3 septembre, *Rabelais*.
— 12 novembre, *Scaramouche*.
1832 31 mars, *Bonardin, directeur de spectacle*.
— 19 mai, *Franklin à Passy*.
1841 26 août, *Mon ami Pierrot*.
1842 8 juillet, *Du haut en bas*.
— 13 octobre, *La Dragonne*.
1853 12 mai, *Le Bourreau des Crânes*.

A partir de 1857, le nom d'Allard disparut de l'affiche de ce théâtre.

En 1859, il obtint une pension de 200 francs de la Société des artistes dramatiques, et mourut vers 1867 ou 1868, âgé de 67 ans.

Bibliographie : Le *Théâtre du Palais royal* par Eug. Héros.
Annuaires de la Société des artistes dramatiques.

ALLARD, acteur français à Batavia en 1849.

ALLARD, Mme Rosalie-Augustine, théâtre du Prince Impérial, 1867.

ALLART, Charles. — Jouait les seconds comiques à Déjazet en 1864 ; on lui reprochait alors d'imiter Lassouche et de forcer ses effets. En 1865, il passa à l'Ambigu où il remplit entr'autres le rôle de Fritzen dans la *Czarine* (30 mai 1868). En 1875, il est en représentation à Beaumarchais, le *Donjon des étangs*, puis on le vit pendant plusieurs années à l'Athénée — les *Boniments de l'année*, (28 déc. 1877) Gonzalès de l'*Article 7* (8 nov. 1880). — Il finit sa carrière à Cluny : Abricotarès de la *Tournée Ernestin* (15 octobre 1892), Cantin dans le *Voyage Corbillon* (30 juin 1896).

Voici en quels termes St-Germain annonça la mort d'Allard dans son rapport à la Société des artistes le 26 juin 1897 :

« Allard, un artiste de talent, qui avait passé par plusieurs théâtres de Paris pour se fixer définitivement au théâtre Cluny, où il est mort ; il était toujours pour moi l'artiste de l'Ambigu, digne successeur des heureux comiques qui l'avaient précédé, regretté et pleuré par le public et par tous ses camarades. Je salue au passage l'acteur joyeux et original dont je n'ai gardé que de bons souvenirs. »

Bibliographie : *Almanach des spectacles* Soubies ; *Annuaires de la Soc. des artistes*.

Iconographie : Il existe une gravure représentant Allart dans le rôle de l'Evènement au Th. Déjazet, dans l'*Encyclopédie théâtrale* (inachevée) vers 1866.

ALLART, Mme, Clar.-Thérèse-D., née Gavard, Le Hâvre 1867, Roubaix 1868, Cherbourg 1869.

Bibliographie : *Annuaires* de la Société des artistes.

ALLART, Mme. — Théâtre Cluny, 1875.

Bibliographie : *Almanach des spectacles* Soubies, *Annuaires de la Soc. des Artistes*.

ALLEAUME. — Mime au Théâtre des acrobates Saqui en 1822.

Bibliographie : *Almanach des spectacles* Barba.

ALLENBACH, Mme Adèle, Folies dramatiques 1848-1850.

Bibliographie : *Annuaires* de la Société des artistes.

ALLENBACH, Ambroise, Clamecy 1851, Châlon s/Saône 1853-1856, Dunkerque 1857-1858, Arras 1859-1860, Evreux 1861-1863, La Rochelle 1868-1865, Napoléon-Vendée 1866, Théâtre Déjazet 1867-1868, Charleville 1873-1875, Reims 1877-1881, Folies dramatiques 1882-1884. En 1888, Allenbach, qui avait alors 60 ans et 48 ans de théâtre, obtint une pension de 500 francs de la Société des artistes. Vivait en 1900 à Paris.

Bibliographie : *Annuaires* des artistes dramatiques.

ALLENBACH, Mme, née Irma Cendrier, Arras 1859-1860, Evreux 1861-1863, La Rochelle 1864-1865, Napoléon-Vendée 1866, Théâtre Déjazet 1867-1868, Charleville 1873-1875, Reims 1877, Folies dramatiques 1882-1884. En 1890, Mme Allenbach, qui avait alors 61 ans et 45 ans de théâtre, obtint une pension de 500 francs de la Société des artistes. Sa mort fut annoncée dans le Rapport de l'année 1895.

Bibliographie : *Annuaires* de la Société des artistes.

ALLIÉ ou ALLIEZ. — Amoureux à Anvers en 1844, puis au Théâtre du Vaudeville à Bruxelles en 1845. Pourrait bien être le même que le suivant.

Bibliographie : *Annuaire Delhasse* 1845-1846.

ALLIÉ, Ernest-Joseph-Alfred-Félix, acteur du Vaudeville 1851-1857, Rochefort 1858-1861, La Rochelle 1862, Angers 1863-1865, Nîmes 1866-1876, Avignon 1877, Nîmes 1878, Amiens 1879-1881, Toulouse 1882-89, Nîmes 1890-1897. Pensionné de 500 francs par la Société des artistes dramatiques depuis 1889. Allié mourut à 78 ans, en 1897.

Bibliographie : *Annuaires* des artistes dramatiques.

ALLIX. — Nom d'un acteur qui débuta à la Gaîté le 26 septembre 1827, par le rôle de l'Etabli dans la *Mauvaise langue*.

Bibliographie : *Almanach des spectacles* Barba.

ALORY. — Acteur de Palais Royal : 1842 (13 mars) la *Chasse aux ours*, *Du haut en bas* (8 juillet).

ALPHONSE. — Sous ce nom :

ALPHONSE, acteur au Théâtre Montansier, 1805-1806.

ALPHONSE, acteur au Théâtre des jeunes élèves, 1807.

ALPHONSE, qui débuta à l'Odéon le 2 mai 1816 dans le rôle de Valcour du *Déserteur ;* pensionnaire en 1817 ; nouveau début en 1819.

Bibliographie : L'*Odéon*, par P. Porel et G. Monval, tomes I et II.

ALPHONSE (Cadot), qui débuta au Théâtre français le 10 décembre 1819 par le rôle d'Oreste dans *Andromaque*, et fut reçu comme pensionnaire, 1820-1822.

Bibliographie : *Annuaires dramatiques*.

ALPHONSE, comédien à Varsovie, au service du duc Constantin, 1821-1822.

Bibliographie : *Almanach des spectacles* Barba.

ALPHONSE, comédien au Hâvre, 1822.

Bibliographie : *Almanach des spectacles* Barba.

ALPHONSE, Odéon 1822, 26 avril, *Attila ;* pensionnaire en 1823 ; 1826, 20 janvier, *Rienzi*.

Bibliographie : L'*Odéon*, par P. Porel et G. Monval, tome II.

ALPHONSE (Chapuis), mime, puis acteur comique, très connu à Bruxelles, où il jouit pendant 15 ans de la faveur du public. Se pendit à Bruxelles le 3 septembre 1838, par chagrins d'amour. Le clergé lui ayant refusé la sépulture, ses camarades l'enterrèrent avec pompe.

Bibliographie : *Annuaire Delhasse*.

ALPHONSE, utilité au Gymnase, 1868-1876.

ALPHONSINE, Mme, soubrette à Perpignan, 1825.

Bibliographie : *Almanach des spectacles* Barba.

ALPHONSINE, Mlle, actrice du Gymnase en 1821, joua dans *Une Française* et dans *Caroline*.

Bibliographie : *Annuaire dramatique*.

ALPHONSINE, Mlle, débutante aux Nouveautés le 17 avril 1827, dans le *Retour de la ferme*.

Bibliographie : *Almanach des spectacles* Barba.

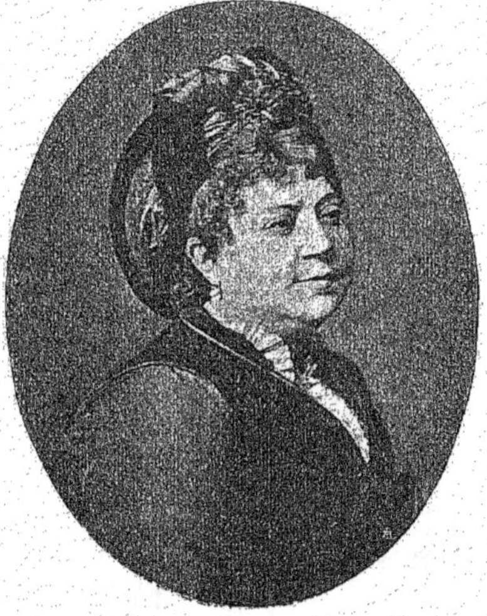

Mlle ALPHONSINE, photogr. Ulrich Grob.

ALPHONSINE, Mlle, Jeanne Benoît ou Benoist, femme Margaine, dite. — Certains biographes l'appellent aussi Mlle Fleury. — Félix Jahyer démolit la légende d'après laquelle elle aurait été recueillie par une marchande d'oranges qui l'éleva et l'adopta. Il prétend, au contraire, qu'elle était fille de Mme Benoît, bouquetière à l'Opéra.

La biographie Dechaume l'appelle Benoist.

Quoiqu'il en soit, Alphonsine naquit à Paris en 1829, et débuta en 1835, âgée de six ans, dans un tout petit théâtre appelé le Gymnase enfantin, passage de l'Opéra.

Demoiselle de comptoir dans un magasin de jouets d'enfants, chez M. Miette, rue des Gravilliers, 33, la jeune Alphonsine ne pouvait oublier ses premiers succès.

A quinze ans, nous la voyons déjà en possession des premiers rôles au Petit Lazari dont elle devint l'étoile ! Engagée aux Délassements Comiques, Alphonsine y débuta dans la *Bouquetière du Marché des Innocents*, vaudeville en trois actes. Ce premier pas franchi, grâce à son esprit, à sa verve, à son originalité, Alphonsine ne tarda pas à retrouver aux Délassements ses succès du Petit Lazari. On la vit successivement dans *Ah ! que l'amour est agréable*, les *Fifres de Beaujolais*, le *Château Rouge*, *Claude le Riboteur*, la *Fille du Diable*. Une petite pièce à deux personnages, *Polkette et Bamboche*, affirma sa personnalité. Ce fut aussi le beau temps des Revues des *Délass'*

Com's : Gâchis et Poussière (24 décembre 1850), *Voilà l'plaisir, Mesdames !* (24 décembre 1851). Alphonsine avait joué dans la pièce de début de Lambert Thiboust : *Aux innocents les mains pleines*.

Après une courte apparition au théâtre de la Porte St-Martin (rôle de Pomponnette dans les *Sept Merveilles du Monde*, voir les *Théâtres de Paris*, 1854, lith. d'après un dessin d'Eustache Lorsay), la jeune artiste passa à la Gaîté, pour créer un rôle dans les *Cinq cents Diables* et y resta quelque temps avec succès. Enfin, elle rentra aux Variétés dont, pendant dix années, elle fut la première actrice. Là, ses triomphes comme comédienne de talent ne se comptent plus : la *Médée de Nanterre*, où elle parodiait Mme Ristori, dans la *Médée* de Legouvé, les *Amours de Cléopâtre*, les *Bibelots du Diable*, les *Mousquetaires du Carnaval*, l'*Infortunée Caroline*, les *Deux chiens de faïence*, les *Enfants terribles*. En lui envoyant la brochure de cette dernière pièce, Lambert Thiboust traça sur le dos de la couverture les vers suivants qui sont comme le reflet de la muse de Murger :

Petite chanson sans air

Te souviens-tu, dis, Alphonsine,
D'un petit théâtre, un boui-boui,
Où ta verve fraîche et mutine
Charmait le folâtre titi ?

Rêvant de succès fantastiques,
Nous luttions gaîment et voici
Qu'aujourd'hui je te dis : merci,
Comme aux Délassements Comiques.

Là, tu m'as joué plus d'un rôle ;
Là, venant me porter bonheur,
Ma mère disait au contrôle :
Je suis la mère de l'auteur.

Quelles premières magnifiques !
Doux bruits de bravos disparus ;
Les claqueurs n'applaudissent plus
Comme aux Délassements Comiques.

Je t'apportais de la galette
Dans les entr'actes : quel bon temps !
Hélas ! Ce matin, sur ma tête
J'ai cueilli dix-sept cheveux blancs !

On a des chagrins domestiques,
On travaille, on se fait vieux ;
Puis, on n'est pas toujours joyeux
Comme aux Délassements Comiques.

Tu ne fus jamais ma maîtresse,
Je ne fus jamais ton amant,
Car nous nous serions, par tendresse,
Brouillés inévitablement.

Pourquoi des chaînes tyranniques ?
L'amitié vaut bien les amours ;
Notre amitié dure toujours
Comme aux Délassements Comiques.

Et toi, depuis sept ans, sois franche,
As-tu fait fortune, voyons,
As-tu vingt-cinq Nord sur la planche ?
As-tu des obligations ?

As-tu des mobiliers féeriques,
N'as-tu, sœur de Mimi-Pinson,
Que ton bonnet et ta chanson,
Comme aux Délassements Comiques ?

Et quoi ! vraiment, toujours la même,
Pas de duc, de marquis ? Tant mieux.
Murger, refaisant sa bohême,
Te saluerait : ô Mimi Deux.

Calèches aristocratiques,
Roulez-en d'autres ; Frétillon
Promène à pied son cotillon
Comme aux Délassements Comiques.

Travaille, et bon succès, ma chère,
Ton soleil monte à l'horizon.
Bilboquet, dit-on, fut ton père,
Et te voilà dans sa maison.

Que la muse des excentriques
Bénisse ton talent moqueur,
Et reste un brave petit cœur
Comme aux Délassements Comiques.

En même temps, Lambert Thiboust la félicitait de son mariage ; elle avait épousé un artiste-peintre, M. Margaine, homme très sympathique, avec qui elle resta étroitement unie, car, sortie du théâtre, Alphonsine vivait comme une bonne bourgeoise, indulgente, d'excellent caractère, adorant pêcher à la ligne à Joinville-le-Pont ou à Asnières, endroits qu'elle habita tour à tour.

Aux Variétés, elle créa encore le *Meurtrier de Théodore*, le *Mari dans du coton*, avec José Dupuis, l'*Homme n'est pas parfait*, pièce dans laquelle sa belle humeur, sa gaîté communicative, son comique sans exagération, son brio et une pointe de sensibilité la mirent tout à fait hors de pair. L'embonpoint était seulement venu la contrarier.

En 1867, elle quitta les Variétés pour le Châtelet où elle apparut dans le *Voyage de Gulliver*. Mais sa joie épanouie, son originalité pimpante, ses réticences significatives, ses réflexions étonnantes, ses petites mines, son ronron amusant, pelotonnement où la chatte domine la femme, ne convenaient guère à ce grand cadre. De 1868 à 1873, elle tâta du Palais royal où l'on put la voir dans une reprise des *Diables roses*, le *Château à Toto* (6 mai 1868), le *Carnaval d'un merle blanc* (30 décembre), *Gavaut, Minard et Cie* (17 avril 1869), les *Echos de Paris* (7 avril 1873).

Là, son jeu ne parut pas assez en dehors ; Alphonsine, fine et spirituelle, n'était pas une grotesque, loin de là. Et puis Dormeuil ne sut guère l'employer. L'envoyant tantôt à Bruxelles, tantôt à Spa, tantôt à Monaco, il lui fit surtout reprendre son répertoire des Variétés.

Elle se dépitait donc quand on vint lui offrir le rôle de Madame Guichard pour le Gymnase, la Madame Guichard de *M. Alphonse*, rôle qui fut le couronnement de sa carrière. Et, à ce propos, l'on raconte que Dumas fils et Montigny cherchaient un nom pour leur personnage : « Eh ! bien, puisque c'est mon homme, s'écria Alphonsine, appelez-le M. Alphonse. »

Alphonsine fut une Madame Guichard idéale (1873), et l'on ne parla alors rien moins que d'un engagement à la Comédie française. Mais, depuis ce jour encore, elle chercha sa voie sans pouvoir la trouver. Sur les instances d'Hostein, elle accepta de jouer dans *Giroflée-Girofla*, la reine de la *Reine Indigo* (27 avril 1875), Lucrezia de la *Petite Mariée* (20 déc.), mais l'opérette, pas plus que les rôles de duègnes excentriques, n'étaient son affaire.

Alphonsine mourut à Asnières le 12 juillet 1883, laissant la réputation d'une excellente femme, et d'une beauté bourgeoise un peu *popotte*, comme disait Siraudin.

Biographie : Notice par Ed. Rigo dans la *Galerie Lorsay*. — Notice par Félix Jahyer dans le nº 92 de *Paris-Théâtre*.

Bibliographie : Les *Petits mystères de la vie théâtrale*, par A. Lemonnier. — *Almanachs* Soubies.

Iconographie : Bibl. nat. Catalogue Duplessis nº 808.

1. En pied, de face, lith. par A. Darjou, (1862).

2. En pied, de ³/₄ à gauche, lith. par E. Helle, d'après E. Lorsay.

L'*Encyclopédie théâtrale* (inachevée) a publié une gravure (vers 1865) représentant Alphonsine dans le *Royaume des femmes*.

Le *Paris-théâtre* a publié (nº 92 et 92 bis) deux bonnes photographies Ulrich Grob : l'une en médaillon, l'autre en pied.

ALSÈRE. — Bon second régisseur aux Variétés en 1861 ; jouait quelquefois. Avait été précédemment aux Folies dramatiques.

Bibliographie : Les *Acteurs et les actrices de Paris*, par Em. Abraham.

ALZAL, Mme R. d'. — Th. Beaumarchais, 1861.

Bibliographie : Les *Acteurs et les actrices de Paris*, par Em. Abraham.

AMABLE. — Acteur au Cirque Olympique (1818-1819). Mime au théâtre acrobate Saqui (1822). Le rôle du marquis de Priego dans *Ruy-Blas*, fut créé par un Amable au théâtre de la Renaissance, 1838.

Bibliographie : *Annuaires dramatiques*.

AMAND, Ch. — Théâtre du Gymnase, 1878 ; créa le colonel de l'*Age ingrat*, (10 décembre).

Bibliographie : *Almanachs* Soubies.

AMANT, Mlle Adèle. — Morte jeune encore, en novembre 1839 ; elle avait débuté avec quelques succès à l'*Odéon* dans les *Deux Anglais* et dans *Tartufe*. Elle suivit Harel à la Porte St-Martin, où elle joua les ingénues et les jeunes premières, puis passa aux Folies dramatiques, où elle se trouvait au moment de sa mort, et où elle était fort estimée.

Bibliographie : *Annuaire Delhasse*, 1840, (art. nécrologique).

AMANT, Marguet Amant dit, — né à Paris, fut tout d'abord destiné à l'état de bijoutier. Après s'être essayé sur des théâtres de société et chez Doyen, comme il hésitait encore à se livrer tout entier à l'art dramatique, il partit pour Rome. Mais la passion du théâtre n'était qu'assoupie en lui. De retour à Paris, en 1829, il se fit engager pour l'emploi de laruette par Seveste père qui dirigeait alors les théâtres de Montmartre et de Belleville où il passa deux années. En 1831, il se fit remarquer par le directeur des Folies dramatiques qui lui facilita un début à son théâtre dans la *Cocarde tricolore* (rôle de Chauvin).

Amant joua également Zozo dans la *Maison isolée*, Fabio dans *Camille ou le Souterrain*, le Major dans le *Siège du Clocher*. Il chantait, en outre, fort agréablement.

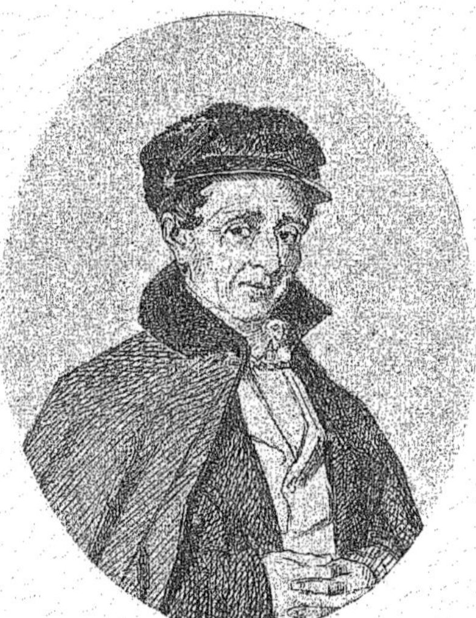

Marguet AMANT, d'après Eust. Lorsay, dans *la Femme aux œufs d'or*.

En 1833, il quitta les Folies dramatiques pour le Hâvre, où il resta deux ans. Il fit si bien valoir le rôle du Père Sournois dans les *Petites Danaïdes*, qu'il le joua trente fois de suite. Vers la fin de 1834, il revient à Paris, débute au Vaudeville de la rue de Chartres par le rôle de Boisseau dans *Mademoiselle Marguerite*. Mais n'ayant pu résilier son engagement au Hâvre, il dut rester dans cette ville jusqu'en 1835. Au Vaudeville, il joua successivement Théobald du *Pont-Cassé* (rôle créé par Arnal), puis dans *Mathilde ou la Jalousie*, les *Mémoires du Diable*, *V'la c'qui vient de paraître* (1846), *Place Ventadour* (1846). — Au départ de Bernard Léon, il hérita de ceux du Marquis dans plusieurs de ses rôles, tels *Faublas*, Touchard dans les *Femmes d'emprunt*, Boulian dans *Père et Parrain*. Lorsque Lepeintre jeune se cassa la jambe, ce fut encore Amant qui le remplaça momentanément. Plus tard, quand cet artiste passa aux Variétés, il prit tout à fait possession de son emploi.

Pendant un séjour de dix années au Vaudeville, Amant joua des vieillards, des bourgeois, des marquis, des ouvriers. Mais, à sa louange, on ne lui vit jamais refuser un rôle, étant de ceux qui prétendent qu'il n'y a pas de mauvais rôles.

Amant entra au Palais-Royal et y débuta le 2 juin 1848 :

1848 2 juin, le *Démon familier*.
— 2 septembre, la *Dame de l'Empire*.
1850 10 mai, *Un Garçon de chez Véry* (Galimard).
— 17 octobre, *Deux aigles*.

1851 9 avril, *Mam'selle fait ses dents.*
— 17 août, *Le Chapeau de paille d'Italie.*

rôle de Vésinet : « Le petit père Amant qui fut le sourd idéal », disait Francisque Sarcey de souvenir.

1851 10 décembre, *Les Crapauds immortels.*
1852 16 octobre, *Edgard et sa bonne* (Veauvardin).
1853 16 décembre, *L'Esprit frappeur.*
1854 23 décembre, *Les Binettes contemporaines.*
1859 24 décembre, *L'Omelette du Niagara.*

Sans parler de bien d'autres rôles dans les *Parades de nos pères* (Cassandre), la *Perle des servantes*, les *Folies dramatiques*, le *Terrible Savoyard*, etc.

Lorsque Sainville fut atteint du mal qui devait l'emporter, et ne put continuer son service à la troisième représentation de la Revue les *Lampions* (décembre 1848), Amant reprit son rôle au pied levé et sauva la pièce.

Amant, dont le genre n'était pas tout à fait celui du Palais-royal, ne fut pas un acteur à charge, ni un grotesque ; son jeu, de bon goût, était plein de finesse, son naturel admirable. Il excellait à reproduire le type du petit bourgeois, de la *ganache*. Ce fut un artiste consciencieux, soigneux, exact, méticuleux, à tel point que Coupard, son régisseur, avait coutume de dire : « Amant ! la pendule du foyer se régle sur son chronomètre. »

Homme très estimable dans la vie privée, il fut le secrétaire et l'archiviste de l'association des artistes dramatiques, dont il fut aussi un des membres les plus dévoués, et sergent-major de la garde nationale. Instruit, il possédait une bibliothèque curieuse et une belle collection d'autographes. Il mourut, regretté de tous ses camarades, en 1860.

Biographie : Notice par Coupard, *galerie Lorsay.*

Bibliographie : Le *Théâtre du Palais royal*, par Eug. Héros.

Iconographie : Bibl. nat. Catalogue Duplessis n° 882.

En pied, de 3/4 à droite, lith. par V. Dollet, 1842.

Lithographie sur un dessin d'Ernest Lorsay, dans la galerie de ce nom, en pied, dans la *Femme aux œufs d'or.*

AMANT, Mme, Pauline-Marie-Caroline, actrice de la Porte-St-Martin, 1849, débuta à l'*Odéon*, le 21 septembre 1851, dans *Andromaque.*

Bibliographie : L'*Odéon* par P. Porel et G. Monval, t. II.

AMBRE, Mme, qu'il ne faut pas confondre avec Mme Emilie Ambre, la chanteuse ; actrice au théâtre de la *Renaissance*, en 1877.

Bibliographie : *Almanachs* Soubies.

AMBROISE, Théodore. — Elève de l'école de danse du Panorama dramatique, avait figuré tout enfant encore, le 13 septembre 1822, dans la *Petite Lampe merveilleuse*, à ce théâtre, au milieu de toute une armée de petits tambours, soldats et musiciens. Puis il se fit chanteur d'opéra-comique et partit pour Lyon où nous le retrouvons premier comique (1840-1847). Revenu à Paris, il entra tout d'abord au Vaudeville (1848), puis à la Porte St-Martin (1854). A ce théâtre, il obtint un grand succès dans les *Sept Merveilles du Monde.* C'est alors qu'il fut engagé aux Variétés, sous la direction Cogniard (1855-1860), théâtre qu'il ne quitta que pour un court passage à l'Opéra-Comique. Malheureusement, sa voix n'était plus celle d'autrefois. Il revint donc aux Variétés, où il trouva un de ses bons rôles dans les *Bibelots du Diable.* Le 8 décembre 1865, il passa au Châtelet, où il créa un rôle de compère de revue dans la *Lanterne magique*, et finit sa carrière comme régisseur au Vaudeville.

En 1875, Ambroise avait 66 ans et habitait Bois-Colombes où il était propriétaire. Il obtint alors une pension annuelle de 500 francs de la Société des artistes dramatiques dont il faisait partie depuis la fondation (1840) et dont il fut toujours un des membres les plus actifs. Il mourut à l'âge de quatre-vingt sept ans, et Saint-Germain annonça sa mort dans les termes suivants à la Société des artistes dramatiques le 26 juin 1897 :

« Ambroise, rentré dans la vie privée depuis quelques années, avait surtout brillé au théâtre du Vaudeville dont il fut en 1848-49-50, un des véritables soutiens ; artiste du théâtre des Célestins de Lyon, où il était adoré, il avait été jadis engagé au Gymnase que dirigeait M. Poirson ; c'était le beau temps du Théâtre de Madame ; c'est là qu'il débuta avec succès, puis il s'éclipsa pendant un certain temps, et reparut à la fin de la révolution de 1848 au Vaudeville où il resta jusqu'à sa retraite, malgré une fugue aux Variétés d'Hippolyte Cogniard et une autre à la Porte St-Martin où il compte de nombreux succès, notamment dans la *Bête du Bon Dieu, Frère Tranquille*, les *Sept Merveilles du Monde*, le *Comte de Lavernie* ; Ambroise est surtout connu comme le créateur d'Adam, de la *Propriété c'est le vol.* C'était alors un acteur agréable, plein de verve, chantant bien, de belle prestance et d'aimable physionomie, mais l'artiste valait mieux que cela, quand la politique quitta les théâtres pour reprendre son véritable terrain et que le vaudeville réintégra son aimable domaine. Ambroise se montra acteur varié et comédien distingué. Il n'était plus que régisseur lors de sa retraite, que nous avons retardée autant que possible. Je lui adresse mes regrets dans de bons et sympathiques souvenirs.

« Ambroise était aussi chansonnier et *Titi à Robert le Diable*, un des triomphes de Levassor, n'est pas le seul succès qu'il compte à son actif. »

Bibliographie : *Souvenirs de Bouffé*, p. 52 — *Annuaire Delhasse*, 1840, — l'*Ancienne place des Célestins*, par Armand Victorin, 1887. *Annuaires* de la Société des artistes dramatiques.

Iconographie : Bibl. nat. Catalogue Duplessis, n° 909.

1. En pied, de 3/4 à droite, costume de théâtre, lith. par A. Collette, 1855, d'après Antoine Roy.

2. En pied, de 3/4 à gauche, costume de théâtre, lith. de Gubian, 1838.

3. En buste, de 3/4 à gauche, lith. par L. G. 1839.

L'*Encyclopédie théâtrale* (inachevée) a donné un portrait d'Ambroise « artiste du Châtelet », vers 1865.

AMBROISE, Alphonse Vieux dit. — Acteur à Rio-de-Janeiro, 1867, à l'Opéra comique 1876, petits rôles aux Variétés 1878 et aux Folies dramatiques 1884.

Bibliographie : *Annuaires* de la Société des artistes.

AMBROISINE, Mlle. — Rôles d'enfants, Ambigu-comique, 1819-1820.

Bibliographie : *Annuaires dramatiques.*

AMÉDÉE, acteur du Théâtre des jeunes artistes 1805-1806, et des jeunes élèves 1807.

AMÉDÉE, élève de Dupont, ex-sociétaire de la Comédie française, débuta sans succès à l'*Odéon* le 24 octobre 1820, puis le 3 novembre (Hyppolite de *Phèdre*). L'année suivante, un Amédée se présente au Vaudeville dans le *Comte Ory* (6 juin 1821). Il n'y resta pas. En 1822, nous le retrouvons aux Variétés dans le rôle d'Alfred d'*Angeline* ; il s'y fait remarquer. Ce théâtre se l'attache pour les rôles de petits amoureux (1823-1824). A l'ouverture des Nouveautés (1827) un Amédée figure sur le tableau de la troupe.

Bibliographie : *Annuaires dramatiques.* — *Almanach des spectacles* Barba. — *L'Odéon*, par P. Porel et G. Monval, t. II.

AMÉLIE, Mlle. — Sous ce nom :

Mlle Amélie, actrice de l'Ambigu comique, 1792.

Bibliographie : *Almanach Duchesne.*

Mlle Amélie, Théâtre des jeunes artistes, 1805-1807, élève de Corlange, dont le *Tribunal volatile* de l'an XI disait :

« Elle a de la voix et du jeu ». Cette artiste continua sa carrière sous le nom de Mme Dorgebray. V. ce nom.

Bibliographie : le *Tribunal volatile* an XI.

Mlle Amélie, actrice au Palais Royal, 2 mars 1844, *Parlez au portier.*

Bibliographie : le *Théâtre du Palais Royal* par Eug. Héros.

Mlle Amélie (Evrard), Théâtre du Luxembourg, 1852.

AMÉNAIDE, Mlle. — Cette « tragédienne de société bourgeoise » qui se montra néanmoins sur quelques théâtres payants, ne nous est guère connue que par Ch. Maurice. Nous savons, par exemple, qu'elle dut à la rotondité de sa taille le rôle de la Déesse de la Raison dans les fêtes publiques en 1793. Il dit l'avoir « assez connue pour l'entendre parler de cette échappée » et rappelle le temps où, du haut de son char, elle partageait le vin, la bière ou les échaudés de la Fraternité avec la *Tyrannie* ou le *Fanatisme* enchaînés à ses pieds.

Bibliographie : Ch. Maurice, *Hist. anecdotique du Théâtre*, t. I, p. 37.

AMICLE. — Acteur du théâtre de l'Egalité (Odéon), jouait un rôle dans l'*Anniversaire du 10 Août* (11 août 1794).

Bibliographie : l'*Odéon*, par P. Porel et G. Monval, t. I.

AMIEL, mort le 28 décembre 1807. — En octobre 1772, un Amiel figurait dans la troupe Raparlier à Lille. Celui qui devait devenir un des associés des Variétés parut, fort jeune encore, au Théâtre de Versailles, alors dirigé par Mlle Montansier. Dès lors il suivit cette femme singulière dans presque toutes ses entreprises, et c'est ainsi qu'il fut amené, vers 1800, à une association au Théâtre Montansier-Variétés, où il se charge encore « comme il y a vingt ans » nous dit l'*Almanach pour l'an X*, de tout ce qu'on veut lui faire jouer, depuis la parade jusqu'à l'opéra-bouffon. » — Amiel demeura successivement 4, rue des Bons-Enfants (1793), et 35, rue de la Loi (1805-1806). — Sa voix n'était pas agréable, mais c'était un comédien de beaucoup d'âme, de fermeté et d'intelligence. Co-directeur depuis 10 ans, il avait renoncé tout à fait à la scène vers 1802. On lui pardonnait son air sévère, même brusque, en faveur de sa probité et de sa générosité. Un autre Amiel — son fils probablement — lui succéda dans la codirection des Variétés.

Bibliographie : le *Théâtre à Lille avant la Révolution*, par G. Lhotte. — l'*Almanach pour l'an X.* — L'*Annuaire dramatique* pour 1808 (courte notice, p. 237).

AMIOT, Emile. — Folies dramatiques, 1854-1856.

AMPHOUX. — Modeste artiste qui devint souffleur à l'Ambigu en 1821 et au Cirque Olympique en 1824.

Bibliographie : *Annuaires dramatiques.*

AMY Dieu, Hippolyte. — Frère du général Dieu qui mourut de ses blessures à la suite de la guerre d'Italie (1859). Acteur du Gymnase sous la direction Poirson, il fut remplacé à ce théâtre par Pastelot et René Luguet qui se partagèrent son emploi, puis entra à la Gaîté (vers 1840) où son succès lui fit offrir un engagement pour Saint-Pétersbourg. Après avoir passé de longues années en Russie, à Moscou et à Saint-Pétersbourg, le temps nécessaire pour obtenir la pension, il revint en France et se fixa à Arcueil; il fut nommé adjoint au maire (1858), puis maire (1864) et enfin officier d'académie (1867). Vers 1858, il avait reparu à l'Odéon.

En 1870, Amy âgé alors de 61 ans, et ayant 38 ans de services, reçut une pension de 500 francs de la Société des artistes dramatiques dont il avait été un des plus ardents promoteurs. Elu membre du comité, il y tint une place honorable pendant 12 ans. Amy Dieu mourut à 81 ans et sa mort fut annoncée à la Société dans le rapport de l'année 1891.

Bibliographie: *Annuaire Delhasse*, 1840. *Annuaires* de la Société des artistes dramatiques.

Iconographie: Bibl.nat., Catalog. Duplessis nº 996. En buste, de face, lith. par Et. Ch. 1838.

AMY Dieu, Mme Caroline, Marie, née Membrard. — Femme du précédent, suivit la carrière théâtrale de son mari. Gaîté 1840, Moscou 1849, 1852, St-Pétersbourg 1855-56, Odéon 1858, morte vers 1860-61.

Bibliographie: *Annuaires* de la Société des artistes dramatiques.

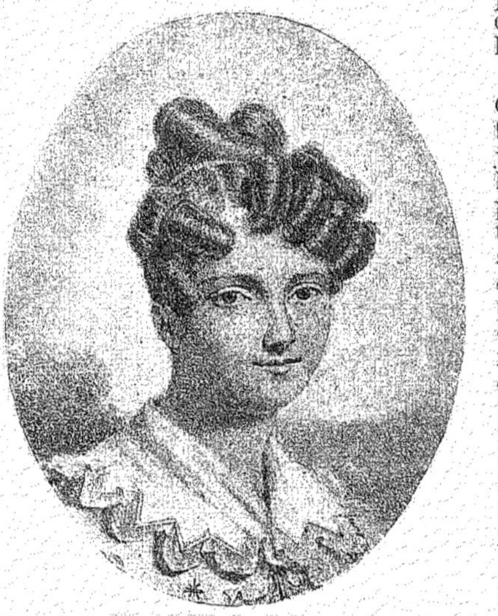

ANAÏS, Mlle. — Anaïs, Pauline, Nathalie Aubert dite (1802-1871), naquit à Paris le 22 juin 1802, dans le huitième arrondissement, bien que Larousse et Vapereau désignent comme endroit de sa naissance Toury (Eure-et-Loire) où avaient habité précédemment ses parents, Pierre Aubert et Emilie Grenet, son épouse. Un petit établissement fondé par eux à Paris, dans le quartier du Marais, n'ayant pas prospéré, le père en mourut presque de chagrin, laissant sa femme et son enfant sans ressources. C'est alors que Corsse, directeur de l'Ambigu et ami de la famille, trouvant à la jeune fille de la gentillesse et des dispositions, la recommanda à Baptiste cadet qui lui donna des leçons de déclamation — on ne disait pas encore « de diction ».

A peine âgée de quinze ans, grâce à son professeur et à la bienveillance du duc de Duras, chargé des théâtres royaux, la jeune Anaïs débuta à la Comédie française le 10 juin 1816 (et non le 10 novembre) dans l'emploi d'ingénue, rôles d'Eugénie de la *Femme jalouse* et d'Angélique dans l'*Epreuve*. La réussite fut complète, mais il fallait compter avec le mauvais vouloir de Mlles Volnais et Bourgoin, les chefs d'emploi. C'est pourquoi Mlle Anaïs préféra quitter la Comédie sans *achever ses débuts*, et partit pour Londres avec une troupe française dirigée par Laporte, le fils du célèbre Arlequin du Vaudeville, et placée sous la haute protection du duc de Wellington. A Londres, comme à Paris, Mlle Anaïs charma son auditoire.

De retour en France, elle se présenta de nouveau à la Comédie Française où on l'admit à l'essai, aux appointements de 1,500 francs pour jouer les rôles d'*amoureuse*, quelque peu importants que fussent ceux-ci (1er avril 1817); cet essai ne dura qu'une année, et le 1er avril 1818, la jeune ingénue prit son vol pour Bordeaux où, pendant deux ans, elle joua le grand répertoire.

Sur ces entrefaites, le Gymnase ouvrit ses portes. Le 23 décembre 1820, jour de son inauguration, Mlle Anaïs parut dans le prologue, où l'on avait intercalé, à son intention, la scène principale de l'*Ecole des Femmes*. Mais incapable de chanter le moindre couplet, elle dut tourner ses vues vers l'Odéon, devenu le second Théâtre français (nouvelle direction Gentil). Elle y débuta le 17 mai 1821 (et non le 17 septembre) par le rôle d'Eugénie de la *Femme jalouse*.

Mlle ANAÏS, d'après Vigneron

Elle y parut successivement dans :

1822, 28 janvier, le *Père et le Tuteur*.

1822, 14 juin, les *Machabées*, avec Mlle George (succès).

1822, 8 juillet, *M. Tourniquet*.

— 9 nov., *Saül* (direction De Gimel).

— 16 déc., *Le Célibataire et l'Homme marié*.

1823, 1er mars, *Mon ami Listrac*.

— 30 juin, *L'Innocence de la campagne*.

— 24 sept., *Le Frère et la Sœur*.

— 25 nov., *Guillaume et Marianne*, succès.

1823, 16 déc., *Une journée de Vendôme*, succès.

1823, 20 déc., *Le Siège de Gènes*.

1824, 17 janv., *Luxe et Indigence* (200 représentations).

1824, 11 mars, *Léonie*, chute.

— 11 mai, *Ourika*, chute.

— 29 juillet, l'*Ecolier d'Oxford*, succès.

1824, 27 sept., *Le Maréchal de Biron*, succès.
— 27 oct., *Le Veuvage et les Fiançailles*, chute.
1824, *L'Officier de fortune*, chute.
1824, 13 déc., *L'Enfant trouvé*, succès.
1825, 10 févr., *Roman à vendre*, succès.
— 25 avril, l'*Indiscret*, chute.
— 27 juin, les *Nouveaux Adelphes*.
— 16 juillet, les *Deux Annette*, chute.
— 7 sept., les *Trois Cousins*, succès.
— 8 sept., le *Mort dans l'embarras*, demi-succès.
— 13 déc., les *Surfaces*, succès contesté.
1826, 21 févr., *Amour et Intrigue*, succès.
— 29 mai, *Héritage et Mariage*, succès.
— 8 juin, *Agamemnon*, succès. (Direction Frédéric du Petit-Méré).
1826, 29 août, l'*Ecole des Veuves*, succès.
— 16 nov., *La Nièce et la Pupille*, succès contesté.
1827, 17 janv., *Louise*, succès.
— 2 févr., l'*Amant de sa femme*, chute.
— 19 févr., l'*Homme habile*, succès d'argent.
1827, 27 mars, le *Généreux par vanité*, chute.
1827, 30 avril, l'*Oncle Philibert*, succès douteux.
1827, 28 août, la *Première Affaire*, grand succès (direction Th. Sauvage).
1827, 25 octobre, l'*Homme du monde*, grand succès.
1827, 15 nov., la *Sœur*, chute.
— 4 déc., l'*Important*, succès.
1828, 13 févr., *Amy Robsart*, chute.
— 19 févr., les *Ephémères*, demi-succès.
— 4 mai, *Deux mots*, opéra-comique.
— 10 juin, *Roméo et Juliette*, grand succès personnel.
1828, 6 nov., l'*Appartement*, où Mlle Anaïs fut charmante dans un rôle de jockey. (Direction Lemétheyer).
1828, 6 déc., l'*Espion*, succès.

La direction de l'Odéon allant de mal en pis, Mlle Anaïs « le bijou de la rive gauche » signa un engagement avec la Comédie française, bien qu'Harel, dans son *Dictionnaire théâtral* (1825) se contentât de dire en parlant d'elle : « Jolie petite femme qui a un joli petit talent ».

Cette rentrée rue Richelieu n'eût pourtant lieu que le 12 avril 1831, année pendant laquelle elle créa divers rôles dans *Charlotte Corday*, *Naissance*, *Fortune et mérite*, *Dominique le Possédé*, les *Préventions*, *Jacques Clément*, la *Reine d'Espagne*, la *Fuite de Law*.

Le 1er avril 1832, elle fut nommée sociétaire.

Sans renoncer aux rôles d'ingénues, surtout dans l'ancien répertoire où elle se distingua dans Chérubin du *Mariage de Figaro*, Henriette des *Femmes savantes*, Marianne de *Tartufe*, Victorine du *Philosophe sans le savoir*, Mlle Anaïs créa pendant vingt ans une foule de rôles où elle se montra toujours jeune, gentille, toute gracieuse. Voici les noms de quelques-unes de ces pièces :

1832 : le *Prince et la Grisette*, *Louis XI*, le *Mari de la Veuve*, le *Roi s'amuse* (Blanche), *Henriette et Raymond*.

1833 : le *Presbytère*, les *Enfants d'Edouard* (le Duc d'York).

Entre temps, elle faisait quelques excursions en province, et cette année nous avons relevé son passage à Genève.

1834 : *Une liaison*, *une Aventure sous Charles IX*, *Heureuse comme Princesse*.

1835 : *Charlotte Brown*, *Don Juan d'Autriche* (Pablo).

1836 : *Lord Novart*, le *Testament*, la *Première affaire Marie*.

1837 : la *Camaraderie* (Zoé), le *Chef d'œuvre inconnu*.

1838 : l'*Attente*, le *Ménestrel*, les *Adieux au pouvoir*.

1839 : *Il faut que jeunesse se passe*, le *Susceptible*.

1840 : l'*Ecole du monde*, la *Calomnie* (Herminie).

1841 : le *Second mari*, le *Conseiller rapporteur*, *Un mariage sous Louis XV* (Marton), les *Prétendants*.

1843 : les *Demoiselles de St-Cyr* (Louise).

1846 : *Une Nuit au Louvre*, le *Nœud gordien*, *Un coup de lansquenet*, *Notre fille est princesse*..

1848 : *Le Roi attend*, les *Frais de la guerre*, le *Vrai club des Femmes*.

1849 : *La double leçon*, *Louison* (Louison).

Tous les critiques du temps vantent sa grâce, son jeu naturel, son élégance. On lui reproche, il est vrai, sa petite taille. Mais c'est à cause de sa figure presque enfantine que celle qu'on appelait la « Déjazet de Casimir Delavigne » paraissait encore jeune à quarante ans. Telle est peut-être aussi la raison pour laquelle elle ne réussit que médiocrement dans les rôles de Mlle Mars :

« Les rôles de l'emploi de Mlle Mars ! s'écrie Jules Janin. Ainsi nous avons vu par hasard et *pour de rire*, comme disent les enfants, une comédienne intelligente à coup sûr, habile et bien posée, aborder le rôle de Sylvia. Mlle Anaïs était cette comédienne habile. En vain, elle se cachait sous les habits de Sylvia ; en vain sous les habits de Lisette ; la supercherie était évidente ; un bout de ruban, un coin de sourire, un accent de la voix, un geste, un mot, que sais-je ? Et la ruse aussitôt sautait aux yeux des spectateurs les moins prévenus. »

Voici, d'autre part, un jugement de Th. Gautier sur cette comédienne, à l'occasion de *Un mariage sous Louis XV* (juin 1841) : « Mlle Anaïs a peut-être mis trop de rondeur et d'effronterie dans le rôle de Lisette ; elle a fait plutôt une servante délurée et hardie à la façon de Molière qu'une femme de chambre précieuse et maniérée à la façon de Marivaux. »

Ce fut à Mlle Anaïs, à la physionomie touchante, au parler languissant, petite et bien faite, possédant une intelligence hors ligne de la scène, que fut confié le rôle de Louison, dans la *Louison* d'Alfred de Musset, d'un succès contesté, mais qui valut à l'interprète ce rondeau de l'auteur :

Que rien ne puisse en liberté
Passer sous le sacré portique,
Sans être quelque peu heurté
Par les bornes de la critique,
C'est un axiome authentique.

Pourquoi tant de sévérité ?
Grétry disait avec gaîté :
« J'aime mieux un peu de musique
Que rien. »

A ma Louison ce mot s'applique.
Sur le théâtre elle a jeté
Son petit bouquet poétique.
Pourvu que vous l'ayez porté,
Le reste est moins, en vérité,
Que rien.

Mlle Anaïs aurait pu encore prolonger sa carrière ; mais dès l'année 1847, elle manifesta le désir de se retirer. Cette retraite eut lieu le 1er avril 1851, après vingt ans de services. Nous trouvons trace de deux représentations de retraite : la première, le 22 mars 1849 ; elle parut dans le 3me acte de *Don Juan d'Autriche*, et joua le rôle d'Elise de la *Critique de l'Ecole des Femmes*. Mme Ugalde chanta l'air du *Caïd*, et Rachel dit des scènes de *Phèdre* et joua pour la première fois le *Moineau de Lesbie*, d'Armand Berthet. La recette s'éleva à 9,901 fr.

La seconde, le 8 mai 1851, avec la *Gageure imprévue*, le 3me acte de *Marie Stuart* et le *Philosophe sans le savoir*.

Mlle Anaïs habita successivement rue de Richelieu, 28 (1818), rue d'Enghien (1821), rue de Seine, 64-66 (1824-1826). Elle se retira dans une jolie propriété qu'elle possédait à Louveciennes (S. et O.), près de la forêt de St-Germain, et y mourut le 25 juillet 1871. (Vapereau dit avril).

Biographie : Notice par E.-D. De Manne et Ménétrier dans la *Galerie historique de la Comédie française*, complément à la troupe de Talma.

Bibliographie : *Annuaires dramatiques*, *Almanachs Barba*, l'*Odéon*, par P. Porel et G. Monval, t. II, *Histoire de l'Art dramatique*, par Th. Gautier.

Iconographie : Bibl. nat. Catalog. Duplessis n° 1007.

1. A mi-corps, de ³/₄, à droite, lith. par H. Grevedon, 1837.

2. A mi-corps, de ³/₄, à gauche. Imp. Lemercier, 1839.

3. En pied, de face, costume de théâtre, lith. par L. Marius, 1824.

4. En buste, de face, dans un ovale, lith. par Singry.

En buste, collection du *Corsaire*, n° 36 (Journal des spectacles), dessin de Vigneron, lith. de C. de Lasteyrie.

En buste, eau forte de Fugère, complément à la troupe de Talma.

En buste, journal le *Théâtre*, n° 78 (mars 1902).

ANAÏS, Mlle. — Actrice au Théâtre des Nouveautés, 1827 (ouverture).

ANAÏS, Mlle Jeanne. V. Mme Bondois Eugène.

ANASTASIE, Mme Brunot. — Actrice de la Gaîté, 1809.

Bibliographie : *Opinion du Parterre*, 1810.

ANATOLE, Victor, Alexandre, Caillet d'Englem. — Débuta aux Variétés le 22 août 1827 dans le *Chiffonnier*. En 1834, il y avait un Anatole au Palais-Royal :

1834, 18 janvier, *Un Scandale*.
— 31 janvier, *La Femme, le Mari et l'Amant* (reprise).
1834, 13 mars, *Les Quatre âges du Palais royal*.
1834, 5 mai *Camerani*.
— 15 mai, *Le Triolet bleu*.
— 10 juillet, *Lionel*.
— 28 octobre, *La Filature*.

Après s'être fait appeler pendant vingt-cinq ou trente ans « Anatole » tout court, ce comique jugea à propos d'ajouter à ce nom celui « d'Englem ». Plein de rondeur, mais possédant un profil de mouton, Anatole joua à Montparnasse, aux Folies (1849), à la Porte St-Martin (1852-1856), à Bobino (1857-1862), à Beaumarchais (1863-1865), et vivait encore en 1868.

Bibliographie : le *Théâtre du Palais-Royal*, par Eug. Héros. — *Annuaires des Artistes*, v. Caillet.

ANCET, Mme, Eugénie, Marie. — Débuta à l'Odéon en octobre 1846, dans *M. de Crac*. Mons, 1854.

Bibliographie : l'*Odéon*, par P. Porel et G. Monval, t. II.

ANCILLON, Mathieu, Ed. Jaume dit. — Besançon 1853, Alger 1861-62, Genève 1863-68.

Bibliographie : *Annuaires* de la Société des artistes.

ANCILLON, Mme, née Héloïse Loddé. — Besançon 1853, Alger 1861-62, Genève 1863-65, Lyon 1867, Genève 1868-72, Sens 1873-78, La Chaux-de-Fonds 1880, Louviers 1882, Roubaix 1883, Beauvais 1884 ; en 1885, Mme Ancillon a 66 ans, 27 ans de théâtre ; elle est veuve et reçoit une pension annuelle de 400 francs de la Société des artistes ; sa mort fut annoncée dans le Rapport de l'année 1894.

Bibliographie : *Annuaires* de la Société des artistes.

ANCOURT (d'). — V. Dancourt.

ANDAFF ou Andaffe. — Le 1er juin 1765, Mlle *Andaffe* débuta à la Comédie française par le rôle d'Amenaïde dans *Tancrède*. En 1793, il y avait une *Citoyenne Andaff*, actrice au Théâtre Molière.

Bibliographie : *Almanachs Duchesne* 1766 et 1793.

ANDOUX. — Jouait de petits rôles à la Comédie française en 1852.

Bibliographie : *Foyers et Coulisses*, par J. Arago, 1852.

ANDRAL, André Boutereau dit. — Comédien à Bordeaux 1884, Nancy 1885, Londres 1886, Lyon 1888, Liège 1889, Bruxelles 1890, épousa Mlle Leclert, dite Mme Andral, et devint directeur du théâtre du Gymnase à Liège. Il mourut jeune encore en 1895.

Bibliographie : *Annuaires* de la Société des artistes.

ANDRÉ, Mlle. — Jeune première à la Gaîté, an l'an XI (1803). « Cette actrice est bonne musicienne, nous dit un critique du temps, mais elle a peu de moyens et possède un physique mort et insignifiant. »

Bibliographie : le *Tribunal volatile*, an XI.

ANDRÉ, Nicolas, Jean-Baptiste Fouet dit. — Exerça la profession d'artiste dramatique en province et à l'étranger pendant 48 ans, et se retira du théâtre en 1847. Le 1er août 1858, la Société des artistes dramatiques lui accorda une pension annuelle et viagère de 300 francs. Il demeurait alors aux Batignolles. Son nom figure pour la dernière fois sur l'annuaire de 1862, Il avait 82 ans et avait été se fixer à La Rochelle.

Bibliographie : *Annuaires* de la Société des artistes dramatiques.

ANDRÉ, Eugène Fouet dit. — Sans doute fils du précédent, fit aussi sa carrière en province et à l'étranger, Nantes 1850, Toulon 1852-53, Marseille 1854, Pau 1855, Toulon 1856, Grasse 1857, Madrid 1859-60, Amsterdam 1861, Rouen 1862, Valenciennes 1863, Poitiers 1864, Metz 1865, Poitiers 1867, Calais 1868, Amiens 1869, Gand 1870, Clermont 1872, Brest 1873, Angers 1874, Chambéry 1875, Versailles 1876, Mulhouse 1877 ; en 1879, André Fouet demeurait à Paris, avait 60 ans et 40 ans de théâtre. La Société des artistes dramatiques lui servit une pension annuelle de 500 francs et sa mort fut annoncée dans le Rapport de l'année 1897.

Bibliographie : *Annuaires* de la Société des artistes dramatiques.

ANDRÉ, Mme Fouet, née Charlotte Dangremont. — Se trouvait à Grasse en même temps que le précédent, en 1857.

Bibliographie : *Annuaires* de la Société des artistes dramatiques.

ANDRÉ, Mlle, Camille, Marie, Eugénie. — Actrice de l'Odéon 1866-72. Juliette dans la reprise de *Kean*, 17 février 1868.

ANDRÉE, Mme. — V. Jeanne Andrée.

ANDRIVEAU, Marie, femme Gastineau. — Rôles d'ingénues, Moulins 1852, Nantes 1853, Lyon 1854-57, Angers 1858-60. Habitait Paris en 1889.

Bibliographie : *Annuaires* de la Société des artistes.

ANGELE, Mlle. — Actrice vers 1840.

Samson, dans son Rapport à la Société des artistes (1843), mentionne que Mlle Angèle du Théâtre de la Porte Saint-Martin ayant intenté et gagné un procès en diffamation, fit don à la Société de cinq cents francs, montant des dommages-intérêts que le tribunal lui avait alloués.

Bibliographie : *Collection des Rapports de Samson.*

Iconographie : Bibl. nat. Catalog. Duplessis n° 1140 : Mlle Angèle, *actrice*, à mi-corps, de 3/4 à gauche, lith. par Victor Dollet, 1840.

ANGÈLE, Mlle. — D'origine bordelaise, à en croire H. Burguet, venait du Théâtre du Château-d'Eau lorsqu'elle apparut à la Gaîté, en 1874. On y jouait alors la féerie, et comme Mlle Angèle était fort belle personne, on la destina tout d'abord à l'emploi des Vénus, comme dans la reprise d'*Orphée*. Après avoir encore rempli le rôle de Brigitte dans *Geneviève de Brabant*, elle fut engagée aux Variétés où elle débuta le 5 décembre 1875 dans une reprise de la *Vie parisienne*. Puis elle joue le 4 février 1876 dans les *Dumacheff* et le 30 sept. dans une reprise de la *Belle Hélène* (rôle d'Oreste). En 1877, nous la retrouvons aux Menus Plaisirs (7 déc.), dans les *Menus Plaisirs de l'année*, et le 15 nov. 1878, aux Variétés, dans la *Revue des Variétés*.

Bibliographie : *Almanach* Teissier 1874. — *Almanachs* Soubies. — *Foyers et Coulisses* (la Gaîté, t. II), par H. Burguet.

Iconographie : Bibl. nat. Catalog. Duplessis, n° 1141, à mi-corps, de 3/4, à droite, phot. Mandar, 1876.

ANGELIER. — V. Angellier.

ANGELINA, Mlle. — Débuta aux Variétés, le 15 septembre 1807, dans *Il ne faut pas condamner sans entendre*, par le rôle de Lisbeth. Elle possédait une voix charmante, mais elle avait encore beaucoup à faire.

Bibliographie : *Opinion du Parterre*, 1808.

ANGÉLINA, Mlle (Legros). Fut une réputation des Délassements comiques et des Folies dramatiques (1852-1861). Dans ce dernier théâtre, dans la revue *Allons-y tout d'même*, elle remplissait plusieurs rôles différents avec beaucoup d'entrain, et dans les *Vilains Bonhommes*, elle jouait une vieille portière de la façon la plus cocasse.

Bibliographie : les *Acteurs et les Actrices de Paris*, par Emile Abraham, 1861.

ANGÉLIQUE, Mlle. — Actrice du Théâtre, sans prétention, 1807.

ANGELLÉ. — V. Saint-Ange.

ANGELLIER. — Débuta au Théâtre de l'Impératrice, le 2 août 1808, par le rôle de Pierre dans le *Menuisier de Livonie*, et par celui de Molière dans *Molière chez Ninon*, puis le 6 août par les rôles de Fellamar dans *Tom Jones* et de Lamorlière dans la *Manie de briller*. Cet acteur, qui venait de province (Rouen 1806), en avait, paraît-il, toutes les habitudes. Assez grand, mais de formes grêles, il avait un organe voilé. Plus tragédien que comédien, il ne produisit aucun effet.

Bibliographie : *Opinion du Parterre*, 1809.

ANGELO, Mlle, Marie-Anne-Valentine. — Née aux Batignolles le 26 mai 1847. Grande et belle jeune fille, elle suivit les cours du Conservatoire dans la classe de Regnier, se présenta en 1864 au concours dans le rôle de Rosine, charmant tout le monde par une grâce peu commune, et n'obtint rien. Cette même année, on lui donna un accessit de tragédie. Ce petit échec fut vite réparé. L'année suivante, Mlle Angelo, premier prix de comédie et second prix de tragédie, entrait de droit à la Comédie française où elle débuta le 31 octobre 1865, puis créa le petit rôle de Margait dans le *Lion amoureux* (18 janvier 1866). A vrai dire, Mlle Angelo végéta à la Comédie. Elle en partit au bout de deux ans et signa un engagement avec le Gymnase, scène où elle devait pendant huit ans faire valoir ses avantages physiques et sa suprême distinction.

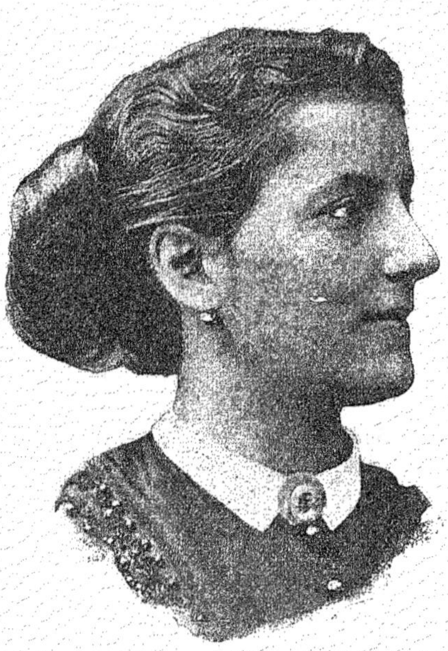

Mlle ANGELO (Photogr. Pierre Petit)

Mlle Angelo ne s'imposa jamais, mais elle plut toujours. Ce fut une des belles actrices de son époque, une de celles sachant le mieux s'habiller. La liste des pièces dans lesquelles elle parut au Gymnase, de 1867 à 1874, est fort longue. Nous citerons les principales : *Comme elles sont toutes*, les *Grandes demoiselles*, *Fanny Lear* (13 août 1868), *Le Monde où l'on s'amuse* (11 nov.), *Séraphine* (29 nov.), le *Filleul de Pompignac* (1869), *Andréa* (1873), sans compter de nombreuses reprises : les *Jurons de Cadillac*, *Je dîne chez ma mère*, le *Serment d'Horace*, l'*Autographe*, *Diane de Lys*, *Fernande*, *Froufrou* (la baronne), la *Princesse Georges* (la baronne), l'*Héritière* (en matinée, 1873).

Dès lors cette charmante femme abandonna tout à fait la carrière théâtrale, voulant sans doute laisser intact son renom de jeunesse, d'élégance et de beauté. Mlle Angelo protégea tout particulièrement Mlle Réjane à ses débuts.

Biographie : Notice de Fél. Jahyer dans le n° 175 de *Paris-Théâtre* (sept. 1876).

Bibliographie : Long article dans *Foyers et Coulisses*, Gymnase, IIme vol., p. 119 (1874).

Iconographie : Bibl. nat. Catalog. Duplessis n° 1152. A mi-corps, de 3/4, à droite, imp. Cadart et Luce, 1870. — Portrait-médaillon, phot. Pierre Petit, *Paris-Théâtre*, n° 175.

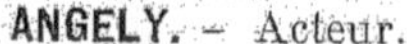

ANGELY. — Acteur.

Iconographie : Bibl. nat. Catalog. Duplessis n° 1158. En pied, de 3/4, à droite, lith. anonyme. Sur cette planche se trouve le portrait de Rösicke.

En 1878-1880, il y avait aux Variétés un acteur du nom d'Angely (petits rôles).

Bibliographie : *Almanachs Soubies*.

ANGERANT. — V. Orphée.

ANGLAIRE. — Parti comme jeune premier à la Nouvelle-Orléans, 1825-1826, il y créa une maison de bijouterie et se fixa dans cette ville, 1827.

ANGO ou Angot. — V. Bertin.

ANGUINET. — Acteur aux Jeux forains, salle Montancier, 1812.

Bibliographie : *Annuaires dramatiques*.

ANIEL, Pierre-Jean. — Né à Paris le 25 novembre 1797, exerçait déjà la profession d'artiste dramatique depuis 43 ans à Paris, en province et à l'étranger, lorsqu'il reçut le 1er août 1860 une pension annuelle de 300 francs de la Société des artistes dramatiques. Il demeurait alors cours Morand, 6, à Lyon, et ses appointements ne dépassaient pas 800 francs.

Bibliographie : *Annuaires* des artistes dramatiques.

Iconographie : Bibl. nat. Catalog. Duplessis n° 1268. En pied, de 3/4, à droite, costume de théâtre, lith. par C. Fauconnier.

ANNA, Mme. — V. Pluche.

ANNA, Mme. — Actrice des Délassements comiques, 1861.

Bibliographie : les *Acteurs et les Actrices de Paris*, par Em. Abraham.

ANNE, Mlle. — Présumée comédienne de province au XVIIIme siècle, dont Molière tint l'enfant sur les fonts baptismaux, à Narbonne, le 10 janvier 1850.

ANNÉE, Alfred. — Comédien de province, Sedan 1849, Nantes 1850-53, Bordeaux 1854, Avignon 1856-57, Langres 1858, Verviers 1861, Versailles 1862, Montpellier 1865, Bordeaux 1873, pensionnaire de la Société des artistes dramatiques en 1882 (65 ans d'âge et 38 ans de services), domicilié à Argenteuil. Son nom ne figure plus à l'annuaire à partir de l'année suivante.

Bibliographie : *Annuaires* des artistes dramatiques.

ANNÉE, Mme, née Gallois. — Sedan 1849, Nantes 1850.

Bibliographie : *Annuaires* des artistes dramatiques.

ANNET. — Tint le rôle de Peter du *Courtisan dans l'embarras*, le 10 mai 1820, au Vaudeville.

Pourrait bien être le même qui dirigeait une agence dramatique en 1849.

ANNET-Gillon, Mme, née Fr.-V. Destieux. — Veuve en 1850, actrice et directrice du théâtre de Troyes pendant presque toute sa vie qui fut longue, très dévouée à la Société des artistes dramatiques dont elle fit partie 57 ans, et à laquelle elle ne cessa d'envoyer des dons. Elle en reçut une pension de 500 francs en 1871. Elle avait alors 61 ans d'âge et 50 ans de services. Voici en quels termes Louis Péricaud annonça sa mort à la Société (Rapport du 18 avril 1898) :

« La bonne et honnête dame qui vient doucement de s'éteindre au grand âge de 89 ans, nous laisse par testament une somme de 8000 francs nette de tous frais, et désire que la pension qui sera créée avec ce don porte son nom. Celui ou celle qui la touchera saura qui bénir.

« La longue carrière de Mme Gillon, comme artiste, comme directrice et comme femme, doit être un exemple pour tous. Artiste de grand mérite, dans l'emploi des soubrettes-Déjazet, directrice dont l'intégrité était devenue proverbiale dans le monde des théâtres de son époque, — on l'appelait : Honnête Gillon. — D'une bonté incomparable, elle a voulu perpétuer cette vertu jusqu'au delà de sa vie ; car, indépendamment du legs qu'elle nous a fait, elle a laissé à la ville de Troyes un certain nombre de grandes partitions, en stipulant que les indemnités payées par les directeurs pour la représentation de ces ouvrages seraient attribuées pour un tiers au bureau de bienfaisance, un tiers aux ouvreuses, et un tiers à l'employé du théâtre le moins rétribué, c'est-à-dire au *souffleur*. De telles pensées généreuses au moment de la mort, disent ce qu'avait été la femme. »

Bibliographie : *Annuaires* des artistes dramatiques.

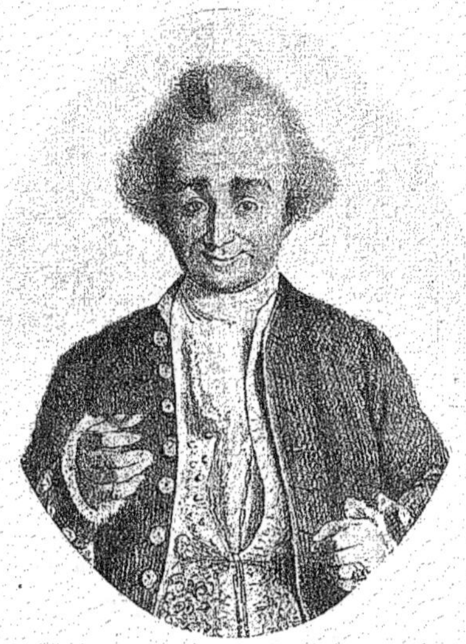
Jean-Baptiste ANSELME, lith. par O. Jabyer, 1851

ANNETTE, Mlle. — Sous ce nom :

Mlle ANNETTE, actrice au Cirque olympique, 1819.

Mlle ANNETTE, utilité au Panorama dramatique, 1821.

Mlle ANNETTE (Lavaquerie), Lisette de l'*Amour médecin*, au Gymnase (4 juin 1821).

Mlle ANNETTE, Th. du Palais-Royal, l'*Esprit frappeur* (16 déc. 1853).

Bibliographie : *Annuaires dramatiques*, le *Théâtre du Palais-Royal*, par Eug. Héros.

ANNITA, Mlle. — Sous ce nom :

Mlle ANNITA, Turin 1852-54.

Mlle ANNITA, Th. du Palais-Royal, l'*Omelette du Niagara* (24 déc. 1859).

Bibliographie : le *Théâtre du Palais-Royal*, par Eug. Héros.

ANOUBA, Mlle Elisa Granger, dite. — Actrice du Palais-Royal : les *Lampions de la veille et les Lanternes du lendemain*, 19 déc. 1848, Vaudeville 1850, Bruxelles 1852, Folies 1853.

Bibliographie : le *Théâtre du Palais-Royal*, par Eug. Héros. *Annuaires* de la Société des artistes.

ANSELIN, Mlle. — V. Mlle Valérie.

ANSELME, Jean-Baptiste, Eugène Bert dit. — (1820-1858). Cet artiste naquit à Charolles

(Saône-et-Loire) le 23 février 1820, selon M. G. Monval (et non 1821). Il fit ses études au collège de Lyon, et vint à Paris en 1840. Elève de Michelot au Conservatoire, il prit l'emploi des comiques, puis des *manteaux;* deux ans plus tard (1842), il débuta à l'Odéon, où il joua notamment dans les *Contrastes* (10 avril 1843) et les *Prétendants* (17 avril). Mais il quitta bientôt tout à fait ce théâtre, et sembla avoir renoncé à la carrière dramatique.

En 1846, Anselme dont le rêve était d'entrer à la Comédie française, obtint une audition, mais sans résultat. Nous le retrouvons à Nantes, puis à l'Odéon, toujours dans l'emploi des grimes et des financiers. Voici quelques-unes des pièces (indépendamment de celles du répertoire), où il parut :

1847, *Faute d'un pardon.*
1848, *Un Hidalgo du temps de Don Quichotte.*
1848, *Les Femmes fortes.*
— *Les Convenances d'argent.*
1849, *Le Héros imaginaire.*
— *Les Viveurs de la Maison d'or.*
— *Sans le vouloir.*
— *La Famille.*
1850, *Une Nuit blanche* (rôle de Faustin).
— *Vous n'êtes que marquis.*
— *Planètes et Satellites.*
— *Un Valet sans livrée.*
1851, *Pierrot.*

C'est alors qu'il vit s'ouvrir pour lui les portes de la Comédie française où il devait succéder à Micheau et doubler Provost. Il y débuta le 2 juin 1851, et s'y fit remarquer dans le rôle de Sganarelle de l'*Ecole des Maris*, d'Orgon de *Tartufe* et d'Arnolphe de l'*Ecole des Femmes.*

Anselme joua encore les rôles de Thomassin dans le *Sage et le Fou*, Sanders dans *Sullivan*, Sandoval dans *Murillo*, Babenhausen dans *Romulus*, Rigaud dans les *Jeunes Gens*. Elu sociétaire le 1er janvier 1856, il mourut prématurément à Auteuil le 18 ou le 19 juillet 1858.

Biographie : *Liste alphabétique des Sociétaires* (de la Comédie française) par G. Monval.

Bibliographie : l'*Odéon*, par P. Porel et G. Monval.

Iconographie : Bibl. nat. Catalog. Duplessis n° 1326.

En pied, de face, lith. par O. Jahyer, 1851.

ANTHEAUME, Mlle Hortense (ou Prudence), Louise, femme Pichonnière. — Soubrette à Rouen en 1834, à 3300 francs d'appointements, et pensionnaire à la Comédie française le 1er avril 1837. Débute à l'Odéon en octobre 1846 dans Sophie des *Originaux*. Joue encore dans une *Aventure de Panurge*, 1847, le *Tyran d'Yvetot*, 1849. En 1848, Mlle Antheaume fut nommée sociétaire à demi-part. En 1852, elle parut à la Porte St-Martin. Le nom de cette actrice figurait encore sur l'*Annuaire des artistes dramatiques* en 1867.

Bibliographie : *Hist. des Théâtres de Rouen*, t. III, p. 502 ; l'*Odéon*, par P. Porel et G. Monval, t. II.

ANTHIOME, Jean-Baptiste. — Sortit de l'Opéra-Comique en 1849 pour courir la province. Anvers 1850, La Haye 1852-53, Rouen 1854, Nantes 1855, Bouffes-Parisiens 1856, Bordeaux 1857-59. Anthiome revenu à Paris obtint en 1876 une pension annuelle de 300 fr. de la Société des artistes. Il fut nommé officier d'académie vers 1885, se retira à Versailles et mourut à 82 ans. (Rapport annuel de la Société, 1897, où il est qualifié « artiste d'une valeur réelle »).

Bibliographie : *Annuaires* de la Société des artistes.

ANTIGNY (d'). V. Dantigny.

ANTOINE, Mme. — V. Mme Dangeville III.

ANTOINE, l'aîné. — Comédien de S. A. S. Electorale Palatine, auteur d'une comédie en un acte en vers, le *Retour de Lindor* ou le *Nouvel Heureusement* (de 1743 à 1770).

ANTOINE, Nicolas Ancelin dit. — En 1846, Antoine qui avait alors 69 ans et 43 ans de services, obtint 120 fr. de pension de la Société des artistes. Il habitait Amiens. Il mourut en 1853, à 75 ans.

Bibliographie : *Annuaires* des artistes dramatiques.

ANTOINE. — Acteur des Funambules, joua les rôles de Cassandre de *Pierrot valet de la Mort* (1846) et du juge dans la *Reine des Carottes* (23 sept. 1848).

Bibliographie : *Souvenirs des Funambules*, par Champfleury.

ANTOINE, Mme. — V. Victor-Antoine.

ANTONIA, Mlle Satiot de Sary, Mathilde, dite. — Banlieue, Ecole lyrique, Variétés (1857), Déjazet (1861).

Bibliographie : les *Acteurs et les Actrices de Paris*, par Em. Abraham.

ANTONIE, Mlle. — Actrice de l'Odéon (1847-1849), parut dans le *Dernier Banquet*, revue, 1847, les *Pâques véronaises*, la *Mort de Strafford*, 1849.

Bibliographie : l'*Odéon*, par P. Porel et G. Monval, t. II.

ANTONIN. — Sous ce nom :

Antonin, acteur et régisseur au Théâtre des Batignolles en 1852.

Antonin, utilité au Gymnase et deuxième régisseur, 1847-1861.

Bibliographie : les *Acteurs et les Actrices de Paris*, par Eug. Abraham.

ANTONIN, Pommier, Simon, dit. — Acteur au Cirque impérial, le *Chevalier d'Assas* (6 nov. 1859), Porte St-Martin (1861-1873), Gaîté (1874-1886). Retiré à Beaune et pensionné à 500 francs, 1893.

Voici en quels termes St-Germain annonça sa mort dans le Rapport à la Société des artistes, le 17 juin 1895 : « Connu sous son prénom d'Antonin, vingt ans au moins il a fait partie de la troupe du théâtre de la Porte St-Martin ; il était de ces artistes de second ordre dont la correction, la tenue, attirent l'attention du public, et qu'on s'étonne de ne pas voir au premier plan. » Il avait 65 ans.

Bibliographie : *Annuaires* de la Société des artistes.

ANTONINE, Mlle. — Actrice aux Variétés en 1819, 1820, 1825, amoureuse à St-Pétersbourg 1826-1827.

Une Mlle Antonine (Muller) débuta à l'Odéon le 28 avril 1826 dans Dorine de *Tartufe*.

Bibliographie : *Annuaires dramatiques*, *Almanach* Barba, l'*Odéon*, par P. Porel et G. Monval.

ANTONINE, Mlle Pelissié, Marie dite. — S'essaya au petit théâtre de la Tour d'Auvergne, débuta fort jeune, et se fit remarquer vers 1860 au Gymnase où elle tenait l'emploi des ingénues. Depuis lors le Gymnase, le Vaudeville et l'Odéon la possédèrent tour à tour.

Premier passage au Gymnase (créations) :

1860, 16 mai, Marthe, les *Pattes de mouche*.

1860, 27 oct., Emma, le *Capitaine Bitterlin*.

1861, 14 février, Laure, le *Sacrifice d'Iphigénie*.

1861, 1er mai, Francine, la *Vertu de Célimène*.

1861, 8 sept., Eulalie, l'*Argent fait peur*.

1862, 12 avril, Sara, la *Perle noire*.

— 15 mai, Fernande, les *Illusions de l'Amour*.

1862, 15 mai, Céline, le *Premier pas*.

Reprises : les *Faux Bonhommes* (Emmeline), le *Paratonnerre*, l'*Autographe* (Julie), le *Canotier* (Hortense), *Je dîne chez ma mère* (Sophie Arnould), *Malvina* (Marie), le *Roman d'un jeune homme pauvre* (Christine), l'*Etourneau* (Anita). Elle brillait alors par son élégance, sa vivacité, son intelligence.

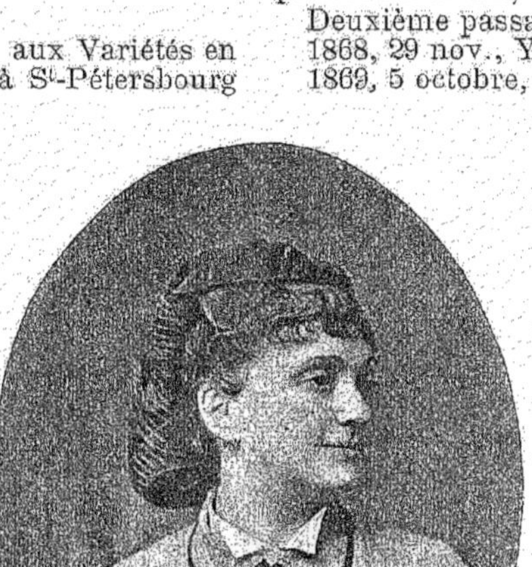

Mlle ANTONINE, cliché Mulnier

De 1863 à 1865, on la perd de vue.

En juin 1866, elle joue à la Gaîté dans *Jean la poste*.

En 1866-1868, elle est à l'Odéon où elle crée :

1866, 1er sept., Henriette, le *Maître de la maison*.

1867, 14 mai, Claire, les *Deux jeunesses*.

1868, 10 janv., Lucie, *Didier*.

Le 19 sept. 1867, elle avait repris le rôle de Lauriane dans les *Beaux messieurs de Bois-Doré*, et entre temps ceux de Diane du *Marquis de Villemer*, sans oublier le répertoire : Henriette des *Femmes savantes*, Rosine du *Barbier de Séville* (rôle qu'elle affectionnait particulièrement).

Deuxième passage au Gymnase :

1868, 29 nov., Yvonne, *Séraphine*.

1869, 5 octobre, Cléanthis, la *Matrone d'Ephèse*.

1870, 8 mars, Fernande, *Fernande*, rôle qui mit le sceau à sa réputation.

Après avoir été l'ingénue du théâtre de V. Sardou, Antonine aborda l'emploi des jeunes premières ; ses débuts eurent lieu au Vaudeville le 15 septembre 1871.

1871, 15 sept., le *Roman d'un jeune homme pauvre* (reprise).

1872, 1er février, Eva, *Rabagas*.

1872, 23 nov., Raoul, le *Péché véniel*.

1873, 25 juillet, Maria, *Ange Bosani*.

1873, 22 sept., Juliette, la *Chambre bleue*.

C'est à cette époque qu'Henri Tessier faisait d'elle le portrait suivant :

> Des pieds de petit Chinois,
> La musique d'une voix,
> Des mains dont on pourrait dire
> Qu'un baiser les ganterait,
> Trente-deux perles de lait
> Dans l'écrin d'un frais sourire !
> De l'esprit, de la gaîté,
> Un talent fin, très goûté,
> Telle est cette blonde actrice,
> Qui pendant longtemps pleura
> — Comme Calypso — l'ingrat
> Ulysse !...

Allusion, disait-on, à l'amitié d'un auteur célèbre. — Mais, passons ! — Puis elle rentre à l'Odéon par son rôle favori de Rosine du *Barbier de Séville*. A l'Odéon, toujours :

1874, 14 mars, superbe création du duc d'Anjou dans la *Jeunesse de Louis XIV*.

1875, 15 janv., Jean-Baptiste Poquelin, le *Docteur Sans pareil*.

1875, 12 févr., Odette, les *Trois larrons*.

1876, 8 janv., la princesse Lydia, les *Danicheff*.

1876, 22 déc., la *Belle Saïnara*.

Ce fut, croyons-nous, une de ses dernières créations éclatantes. On la vit dans une reprise de *Mauprat* (1877), dans l'*Hetman*, dans *Blackson père et fils*. Elle était encore à l'Odéon en 1878. Quelques années plus tard, elle créa le principal rôle de la *Parisienne* de Becque, à la Renaissance.

Mlle Antonine sut, par sa vive intelligence, faire valoir une quantité de rôles où l'on vanta son élégance, sa grâce et son esprit. Son nom figure sur l'*Annuaire des artistes dramatiques* de 1900, comme sociétaire, depuis l'année 1860.

Biographie : Notice par Félix Jahyer, dans *Paris-Portrait* (20 juin 1878). — *Foyers et Coulisses*, par H. Burguet (Vaudeville) 1874.

Iconographie : Photographie en buste, *Paris-Portrait*, n° cité plus haut.

ARALDI, Mlle, Marie-Louise, Bettoni dite. — Naquit à Milan le 25 octobre 1825 de François Bettoni et de Vittoria Sterchele, qui tenaient dans cette ville un magasin de modes des mieux achalandés. A quatre ans et demi, elle fut confiée à Salvator Taglioni, oncle de Marie Taglioni, qui, ayant cru découvrir dans cette jeune enfant des dispositions chorégraphiques, voulut en tirer parti. Elle parut pour la première fois dans le ballet *Pelia e Mileto*, et la *Gazette de Milan* de l'époque ne tarit pas en éloges sur le compte de la jeune Marie-Louise.

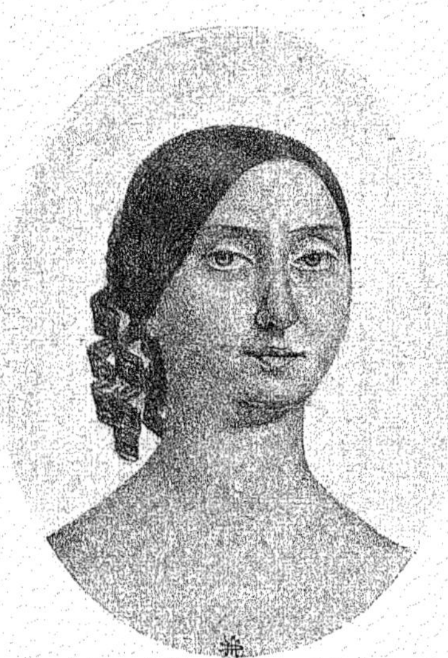

Mlle Marie-Louise ARALDI

On vit le petit prodige tour à tour à Bologne, Gênes, Parme, Florence, Mantoue, Rome et Naples. En 1830, la jeune Marie-Louise vint en France. En 1833, elle parut sur la scène du Gymnase.

« Dans la représentation extraordinaire donnée hier au Gymnase, lit-on dans le *National* du 8 décembre 1833, une petite merveille dansante, Mlle Marie-Louise Bettoni, a excité par sa grâce et sa légèreté, l'étonnement du public qui a beaucoup applaudi cette jolie et précoce Taglioni. »

Cette carrière chorégraphique devait encore se continuer plusieurs années. — Théâtre Nautique, 1834 — Gênes, Londres, etc., jusqu'au jour où, ayant assisté à une représentation d'*Andromaque*, la jeune fille décida de renoncer à la danse pour embrasser la carrière tragique.

Elève de Samson et de Beauvallet, Marie-Louise Bettoni, qui ne se fera plus appeler désormais que Mlle Araldi, obtint une audition au Théâtre français et un début. Celui-ci eut lieu dans les premiers jours d'octobre 1843, par le rôle d'Eryphile dans *Iphigénie en Aulide*, puis par ceux d'Emilie de *Cinna* et d'Aménaïde de *Tancrède*. Elle fut engagée le 30 du même mois comme pensionnaire, aux appointements de quatre mille francs et joua le rôle d'Agrippine dans *Tibère* (reprise) le 15 décembre. La nouvelle venue était douée de belles qualités, mais c'était le temps de la toute puissance de Rachel. Il fallut quitter la partie.

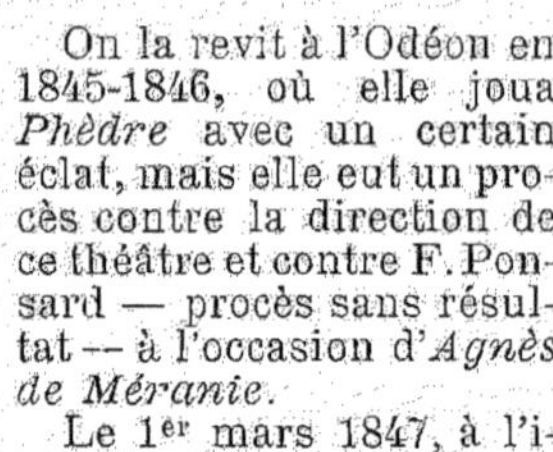

On la revit à l'Odéon en 1845-1846, où elle joua *Phèdre* avec un certain éclat, mais elle eut un procès contre la direction de ce théâtre et contre F. Ponsard — procès sans résultat — à l'occasion d'*Agnès de Méranie*.

Le 1er mars 1847, à l'inauguration de la direction Bocage, elle parut encore dans *Horace*, et le 16 dans *Alceste*, tragédie grecque. Mais c'est surtout en province que Mlle Araldi attirait la foule, à Reims, Troyes, Lyon, Compiègne, Soissons, avec *Horace*, *Virginie*, *Andromaque*, *Lucrèce* et *Phèdre*. En 1852, elle jouait encore *Adrienne Lecouvreur* à Genève.

A partir de cette époque, nous perdons les traces de celle qui fut un moment la rivale de Rachel, nous demandant cependant s'il ne faudrait pas reconnaître Mlle Marie-Louise Bettoni dite Araldi, dans Mlle Marie-Louise Betton, artiste à Bordeaux 1855, Strasbourg 1856, Nantes 1857-1858, Bruxelles 1859, Nantes 1860-64, Bordeaux 1865.

Biographie : *Biographie de Mlle Araldi*, par P. Cœuret, Lyon 1845. — Notice dans l'*Annuaire* Delhasse, 1846.

Bibliographie : Muret, *Histoire par le Théâtre*, t. I ; l'*Odéon*, par P. Porel et G. Monval.

Iconographie : Bibl. nat. Catalog. Duplessis, 1456,

1. En buste, de 3/4 à droite, Imp. Lemercier (1848).

2. A mi-corps, de face, Imp. Lemercier (1848).

ARCHIMBEAU. — Acteur au Théâtre de Lyon en 1792.

Bibliographie : *Almanach* Duchesne.

ARGA, Mlle Anna, Elisabeth, dite aussi *Adam.* — Gand 1848, Strasbourg 1852, Florence 1853, Turin 1857-58, Milan 1859-62.

Bibliographie : *Annuaires* des artistes.

ARIEL, Mlle. — Jouait le 8 avril 1848 à l'Odéon dans *Van Dyck à Londres.*

Bibliographie : l'*Odéon*, par P. Porel et G. Monval, t. II.

ARISTE, Auguste, J.-B.-Marie dit. — Pensionnaire à l'Odéon en 1858-1859 et à la Comédie française le 1er juin 1860. En 1863-1868, il était entré au Vaudeville, et on lui reprochait de dire faux et d'avoir une figure de cire. En 1873, il faisait partie de la troupe du Théâtre Cluny. Ariste avait commencé à jouer sur des théâtres de société, puis en province. Après un an passé à l'Odéon, où il fut remarqué dans *Un Parvenu*, il était arrivé jusqu'à la Comédie française où il débuta dans l'*Ecole des Maris*, *Tartufe* et le *Dépit amoureux*. Mais on dut bientôt renoncer à l'espoir qu'on avait formé de le voir doubler Delaunay.

Bibliographie : *Almanach* Tessier 1874. — *Annuaires* de la Société des Artistes.

ARISTIDE. — Sous ce nom :

Aristide, au Cirque olympique, vers 1824.

Aristide, au Th. Cluny, les *Inutiles*, 24 septembre 1868.

ARISTIPPE, Bernier de Maligny dit. — Naquit vers la fin du XVIIIme siècle, et passa la plus grande partie de sa vie à s'honorer du titre « d'élève de Talma », ayant eu l'occasion d'accompagner le tragédien dans quelques-unes de ses tournées. A Paris, on le vit sur la scène de la Comédie française le 12 septembre 1818 (Servilius de *Manlius*), puis à l'Odéon (1819). Enfin il fut reçu comme pensionnaire au Théâtre français en 1822-23. Il ne devait pas y rester. Il demeurait alors 71, rue Richelieu.

Très passionné pour son art, Aristippe publia l'*Art du Comédien*, principes généraux, Ch. Raymond, correspondant des spectacles, rue des Deux-Ecus, 35 (1819).

« Ce tableau, lisons-nous dans un compte-rendu de l'époque, imaginé par M. Aristippe B***, pensionnaire du Théâtre Français, est un résumé synoptique de ce qui a été écrit de plus important sur les déclamations.... » Puis il fit paraître la *Théorie de l'art du Comédien* ou *Manuel théâtral*, Paris, Leroux, 1825, in 8°.

Malheureusement, Aristippe fut de ceux pour qui la théorie l'emporte sur la pratique. Devenu vieux, sans engagement, sans élèves, le pauvre artiste tomba dans une misère affreuse. Un jour, enfin, on le trouva expirant sur un grabat, dans un hôtel garni de la banlieue. Transporté à l'hôpital Beaujon, il y mourut en octobre 1864, dit Larousse, ou en 1865, dit M. G. Monval. Le pauvre artiste avait déjà perdu un œil et était menacé d'une cécité complète.

Bibliographie : *Annuaires dramatiques*, l'*Odéon*, par P. Porel et G. Monval.

ARMANCE (d'). — V. Darmance.

ARMAND, François, Armand Huguet dit. — (1699-1765), né à Richelieu, en Touraine, le 1er juin 1699.

> Sitôt qu'on voit Armand paraître,
> Le plaisir s'empare des cœurs ;
> Il faut, pour plaire aux spectateurs,
> Qu'un bon valet soit un grand maître.
>
> (*Nouveau Calendrier des Spectacles*, 1753).

Lemazurier, dans sa *Galerie historique des acteurs du Théâtre français*, a consacré une longue notice à Armand. Il le fait tenir sur les fonts baptismaux au nom du Duc, depuis Maréchal de Richelieu, puis le représente enfant de chœur à la paroisse St-Paul, à Paris, et clerc de notaire. Après une foule d'aventures qui n'ont rien à voir avec le théâtre, il lui fait jouer la comédie dans le Languedoc avec Dominique et Paghetti, qui passèrent depuis au théâtre italien.

Armand débuta le 2 mars 1723 au Théâtre français par le rôle de Pasquin de l'*Homme à bonnes fortunes*, et remplit pendant quarante ans les emplois de *Scapin* et de *Crispin*. Lekain lui-même fit son éloge, lui conseillant toutefois de ne pas viser à la charge « d'être toujours vrai, de parler à son acteur, et de ne jamais adresser les plaisanteries au public, usage de l'ancienne comédie qu'il faut bien se garder de suivre. »

Sociétaire le 30 octobre 1724, Armand créa le rôle de Lubin dans la *Surprise de l'Amour*, de Timantoni, dans le *Faux Savant*, de Fabrice de l'*Ecossaise*, pièce dans laquelle il avait un véritable succès dans l'imitation du *Pantalon*, de la Comédie italienne (Pietro Alborghetti) qui était le premier à s'en divertir.

Par suite de la retraite du dernier Lathorillière (1759), il devint le doyen de la Comédie. Voici comment Dorat caractérisa son genre de talent :

> L'ingénieux Armand, ce Nestor du théâtre,
> Oublié par le temps était encor folâtre.
> Que j'aimais son adresse et sa naïveté!
> Son œil étincelait du feu de la gaîté ;
> Mais rempli de l'objet qu'il avait à nous peindre,
> Sous un flegme éloquent il savait se contraindre ;
> Au plaisir qu'il donnait il savait se borner,
> Et sans montrer le sien le laissait soupçonner.

De Manne — après Lemazurier — dit dans une note :

« Il se retira le 7 mars 1765, et mourut le 26 novembre de la même année ». Il avait eu la pension de 1500 livres. L'*Almanach* Duchesne pour 1767 donne aussi cette date du 26 novembre et ajoute : « La taille, la santé, la vigueur agile, et surtout la gaité libre et naturelle de cet acteur, l'avaient rendu un des plus agréables comiques de son temps ». Nous ignorons pourquoi M. G. Monval donne pour date de sa mort le 26 décembre. Armand demeurait à cette époque Grande rue Taranne (à la longue allée).

L'anecdote dite des bossus est la plus célèbre de celles concernant cet acteur. Un petit bossu placé d'habitude dans une loge près du théâtre ne cessait de déconcerter Armand en scène par ses réflexions caustiques. Celui-ci avisa au moyen de lui faire quitter la place. Un soir, il fit louer la loge et en distribua sept billets (sur huit) à sept bossus. Puis il prévint l'ouvreuse de laisser entrer son bossu (huitième). Tous les bossus arrivèrent donc les uns après les autres, à la grande joie de la salle, et son farouche ennemi n'osa plus se montrer dans sa loge de prédilection. (*Almanach* Duchesne, 1792, p. 105).

Biographie : *Galerie historique* de Lemazurier, *Liste alphabétique des Sociétaires*, par G. Monval.

Bibliographie : *Anecdotes dramatiques*, t. III, *Almanachs* Duchesne.

Iconographie : Il a été gravé un portrait d'Armand dans le rôle de Carondas, dans la comédie *Les Philosophes*, au moment où il vole son maître par un malentendu de philosophie.

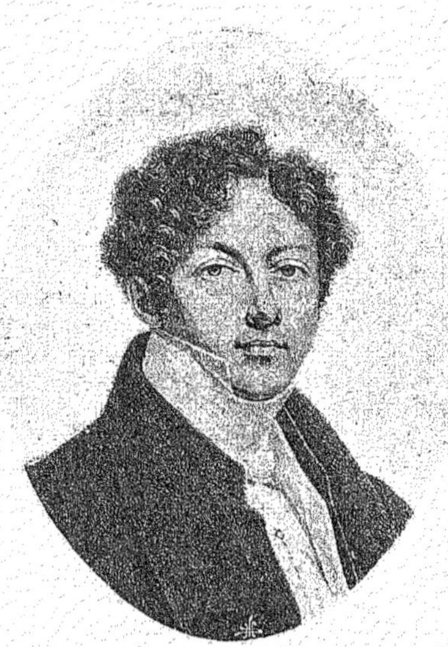

Armand ROUSSEL (Biblioth. Nat.)

ARMAND, aîné, Huguet, fils du précédent. — Débuta à la Comédie française le jeudi 31 mai 1759, dans la *Coquette*, par le rôle de Pasquin, et dans l'*Usurier gentilhomme*, par le rôle de Frontin ; artiste et auteur apprécié, il avait partagé deux ans avec Chambot l'emploi des premiers comiques dans la troupe de Lorville, « du temps du maréchal de Saxe », puis il joua à Amiens avec Desroziers. Il fit ensuite partie d'une des troupes de Mlle Montansier, en province.

Bibliographie : *Almanach* Duchesne, 1760 ; le *Théâtre à Lille avant la Révolution*, par G. Lhotte, p. 54.

ARMAND jeune, Huguet. — Frère du précédent, débuta sur le théâtre où avait brillé son père, le 3 mai 1770, par le rôle de Clystorel dans le *Légataire universel*. Il fut admis comme pensionnaire et son nom figure en cette qualité en 1771 et 1773. Il habitait alors rue des Cordeliers. En 1774, il passa à Lille, où l'avait placé son frère aîné. On lit dans une lettre datée de Lille, le 30 avril 1775 : « Pour l'emploi de Poisson, second comique et marquis ridicule, nous avons le *dernier fils* du fameux Armand, de Paris, jeune et petit à la vérité, mais charmant, plein de feu et de bon sens. Je crois qu'il chasse de race ; il a très bien réussi ».

Bibliographie : *Almanachs* Duchesne 1771-1773. Le *Théâtre à Lille avant la Révolution*, par G. Lhotte, p. 53.

ARMAND, Armand, Benoît Roussel, dit. — (1773-1852). Fils d'un conseiller du roi, receveur des finances. Né à Versailles le 20 novembre 1773, il avait eu pour parrain Emmanuel-Armand Duplessy, duc d'Aiguillon, pair de France, et pour marraine haute et puissante dame Bénédicte, comtesse Du Barry (extrait de baptême publié par De Manne, *Troupe de Talma*). Tout faisait supposer qu'il succéderait à son père dans les fonctions de celui-ci, quand les évènements politiques de la fin du XVIIIme siècle vinrent ruiner sa famille et déranger ses projets. Venu à Paris, il s'essaya d'abord comme amateur sur quelques théâtres privés où sa distinction naturelle le fit vite remarquer parmi ses camarades, notamment à la salle Mareux.

A ce moment, plusieurs comédiens du Théâtre français, Molé, Fleury, Mlle Contat, avaient été emprisonnés comme suspects de royalisme. Une fois remis en liberté, ils donnèrent des représentations au Théâtre Feydeau (6 février 1795) en alternant avec la troupe de l'Opéra-Comique. C'est en ces circonstances que fut engagé Armand qui débuta par le rôle de Germeuil des *Femmes*, le 28 décembre 1795.

S'étant réunis à leurs anciens camarades, au théâtre de la rue Richelieu, le 16 février 1798, ils emmenèrent Armand avec eux, et celui-ci fut nommé sociétaire à la réunion générale de 1799.

Armand qui avait pour spécialité de représenter les fats, les aimables du jour, les papillons de boudoir et les oracles de salon, tint pendant plus de trente ans l'emploi des amoureux et des jeunes premiers. A la retraite de Fleury, il se partagea avec Damas la dépouille de celui-ci.

Voici la longue liste des rôles créés par Armand, d'après Ed. De Manne :

1797, les *Trois fils de la Veuve*, rôle de Benjamin.
1798, l'*Amour et la Raison*, rôle d'Auguste.
— les *Projets de Mariage*, rôle de Belmont.
1798, *Michel Montaigne*, rôle de St-Quentin.
1799, les *Tuteurs vengés*, » Belval.
1800, le *Lord impromptu*, » Richard.
— les *Deux Poëtes*, » Damis.
— les *Mœurs du Jour*, » Florel.
— le *Mariage supposé*, » Célicourt.
— les *Calvinistes*, » Charles.
1801, l'*Intrigant dupé*, » Valville.
— le *Confident par hasard*, rôle de Floricourt.
1802, *Edouard en Ecosse*, rôle d'Argyll.
— l'*Ami vrai*, » Justin.
1803, le *Séducteur amoureux*, rôle de Melcour.
1803, *Siri-Brahé*, rôle de Gustave-Adolphe.
— le *Veuf amoureux*, rôle de Benjamin.
— *Herman et Vernet*. » Charles.
— la *Boite volée*, » Dermance.
— la *Dédaigneuse*, » Marsange.
1804, *Guillaume le Conquérant*, rôle de Damon.
1804, la *Fausse Honte*, rôle de Delcourt.
1805, le *Tyran domestique*, rôle de Charles.
— le *Tartufe de mœurs*, » Florville.
— *Madame de Sévigné*, » Sévigné.
1806, les *Français dans le Tyrol*, rôle d'Ernest.
1806, le *Politique en défaut*, rôle de Paul.
— la *Jeunesse d'Henri V*, rôle d'Edouard.
— la *Capricieuse*, » Merval.
— les *Faux Somnambules*, rôle de Gustave.
1807, les *Projets d'Enlèvement*, rôle de Valbelle.
1807, le *Paravent*, rôle d'Alonzo.
1808, *Plaute*, » Leucippe.
— l'*Assemblée de Famille*, rôle de Valère.
1808, l'*Homme aux Convenances*, rôle de Victor d'Olbreuse.
1808, la *Suite du Menteur*, rôle de Cléandre.
— la *Réconciliation*, » Raimond.
1809, le *Chevalier d'Industrie*, rôle de Belman.
1809, le *Secret du Ménage*, rôle de Dorbeuil.
— les *Capitulations de Conscience*, rôle de Charles.
1809, l'*Enthousiaste*, rôle de Florimon.
1810, la *Mère confidente*, rôle de François.
— le *Vieux Fat*, rôle de Linant.
1811, *Un lendemain de Fortune*, rôle de Jules.
1811, les *Deux jeunes Amis*, rôle de Félix.
— l'*Heureuse Gageure*, » Julien.
— l'*Auteur et le Critique*, rôle de Valcour.
1812, le *Ministre anglais*, rôle de Lord Spencer.
1812, *Mascarille*, rôle d'Ergaste.
— la *Lecture de Clarisse*, rôle de Frédéric.
1812, l'*Indécis*, rôle de Damis.
1813, l'*Avis aux Mères*, rôle d'Armand.
— la *Suite d'un Bal masqué*, rôle de Versac.
1813, la *Nièce supposée*, rôle de Dermont fils.
1814, *Fouquet*, rôle du marquis de Gesvres.
1815, les *Deux Voisines*, rôle de Charles.
— *Un Retour de Jeunesse*, rôle du Chevalier.
1815, la *Méprise*, rôle de Verseuil.
1816, le *Mariage de Robert de France*, rôle de Robert.
1816, la *Pensée d'un bon Roi*, rôle d'Henri IV.
— *Laquelle des Trois?* » Alphonse.
— la *Fête d'Henri IV*, » Bastien.
— l'*Anniversaire*, rôle du duc de Montfort.
1816, les *Deux Seigneurs*, rôle de Don Fernand.
1818, la *Réconciliation par ruse*, rôle de Charles.
1818, l'*Ami Clermont*, rôle d'Alfred.
— *Partie et Revanche*, rôle de Charles.
— la *Fille d'Honneur*, rôle de Ch. de Rosenthal.
1819, les *Deux Méricourt*, rôle de Méricourt aîné.
1820, le *Folliculaire*, rôle de Belval.
— l'*Amour et le Procès*, rôle de Dermont fils.
1821, *Jeanne d'Albret*, rôle de Fernand.
— l'*Heureuse Rencontre*, rôle de Derval.
— le *Retour*, rôle de Charles Valcour.
1822, le *Ménage de Molière*, rôle de l'auteur.
— *Une Aventure de Grammont*, rôle de Merville.
1822, l'*Amour et l'Ambition*, rôle de Verner.
— *Valérie*, rôle d'Ernest.
1823, le *Laboureur*, rôle de Robert.
— l'*Ecole des Vieillards*, rôle du duc de Delmar.
1823, la *Route de Bordeaux*, rôle de St-Ernest.
1824, *Marie*, rôle de Charles.
1825, la *Correspondance*, rôle de Belval.
— l'*Héritage*, rôle du Cte d'Estanges.
— le *Château et la Ferme*, rôle de Saint-Ernest.
1825, le *Roman*, rôle d'Henri.
— le *Veuvage interrompu*, rôle d'Eugène.
1825, le *Béarnais*, rôle d'Aubigné.
— la *Princesse des Ursins*, rôle de Destouches.
1826, la *Petite Maison*, rôle de Lord Derby.
— l'*Intrigue et l'Amour*, rôle du major.
— le *Portrait d'un Ami*, rôle du colonel.
— le *Spéculateur*, » Alexis.

1826, *Une Aventure de Charles V*, rôle de Charles V.
1826, *Le Tasse*, rôle du duc de Ferrare.
1827, *Lambert Simnel*, rôle de Lord Straford.
— *Emilia*, » Leycester.
— l'*Ami de Tout le Monde*, rôle de Sinval.
1828, *Chacun de son côté*, » du baron.
— la *Princesse Amélie*, » Alphonse.
— les *Intrigues de Cour*, rôle de Don Juan.
1828, l'*Espion*, rôle de Dundwoods.
1829, les *Inconsolables*, rôle de Bussières.

Voici quelques jugements portés sur Armand à différentes époques de sa carrière :

« Une figure fort jolie, une tournure élégante, sont un grand avantage sans doute dans l'emploi des amoureux. Mais, faut-il cependant être depuis plusieurs années au théâtre pour n'avoir encore que le physique de son emploi? Ce reproche s'adresse directement à cet acteur, d'autant plus inexcusable, que placé vis-à-vis d'un excellent modèle (Fleury), il ne tiendrait qu'à lui de profiter de ses exemples et de ses leçons; mais, semblable à la plupart des comédiens, Armand s'endort dans le sein de la paresse, leur divinité chérie, et ne s'aperçoit pas qu'il perd les plus belles années de sa vie... Armand qui joue très souvent, ne s'est encore fait remarquer que dans Lindor d'*Heureusement* et le Derval de *Rivaux d'eux-mêmes*. Il joue avec assez de chaleur ces deux jolis rôles. »

Opinion du Parterre, Germinal, an XI.

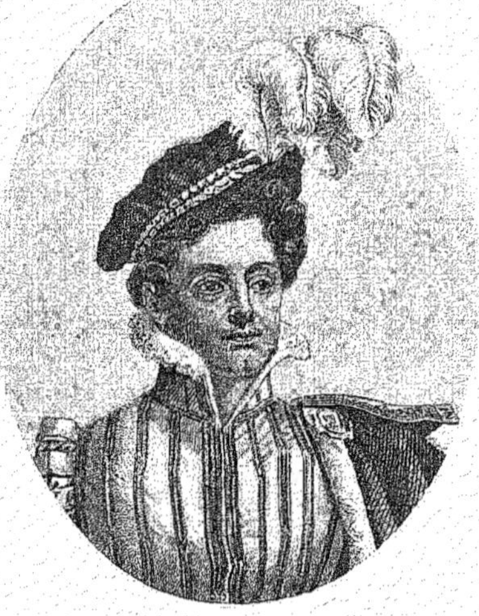

ARMAND, rôle d'Almaviva, du *Barbier de Séville* (dessin de A. Lacauchie)

« Ce qu'il y a de sûr, c'est qu'il ne sort pas d'une classe voisine de la médiocrité, dans laquelle il s'est constamment tenu depuis son admission. L'extrême difficulté de trouver des sujets pour son emploi l'encourage sans doute à la paresse... Sa figure est fort agréable, sa taille et sa tournure convenables à son emploi; mais il est pourtant bien peu de rôles que l'on puisse citer dans le grand nombre de ceux qu'il remplit. Un des plus passablement rendus, c'est peut-être le marquis de l'*Homme singulier*... C'est donc du travail qu'il faut exiger d'Armand. »

Opinion du Parterre, Germinal, an XII.

« Le public commençait à se désespérer de lui, mais il a secoué les pavots de Morphée, et son réveil n'a pas été sans gloire. Je me plais à lui rendre justice, d'autant plus qus je l'avais, à dessein, traité trop sévèrement l'an dernier. Il est certain que ses progrès ont été réels. — Il joue beaucoup mieux ses anciens rôles, et il a établi avec un succès très distingué ceux de Florville dans le *Tartufe de Mœurs* et du *Marquis de Sévigné* dans la pièce de M. Bouilly, mais surtout le premier. Il serait difficile d'y porter plus de gaîté, d'étourderie aimable et d'esprit. C'est bien là l'original du jeune homme de famille que ses parents peignent en deux mots quand ils disent : Mauvaise tête et bon cœur. Armand a joué aussi d'une manière fort agréable le rôle de Terville dans la *Mère jalouse*. »

Opinion du Parterre, février 1806.

Le 24 avril de cette année il jouait le rôle d'Alceste dans le *Misanthrope*, au palais de St-Cloud. Dès lors, ses progrès vont aller s'accentuant de jour en jour.

« Sans avoir autrement le don de prophétie, écrit l'auteur déjà cité, j'avais annoncé que ce jeune acteur n'avait qu'à le vouloir pour devenir très intéressant... Le public l'accueille actuellement avec une bienveillance marquée, et chaque jour il s'en montre plus digne..... Armand a fait beaucoup de plaisir dans le rôle du *Sage étourdi*, lors de la reprise de cette comédie; il a satisfait également le public dans celui d'Eraste de l'*Ecole des Maris*, d'Auguste dans l'*Amour et la Raison*, de Valère dans l'*Esprit de Contradiction*, de Dorante dans la *Métromanie*, etc. »

Opinion du Parterre, février 1807.

Il semble désormais qu'il ait conquis sa véritable place.

« Chaque fois qu'il paraît dans un rôle nouveau, lisons-nous en 1808, les applaudissements prouvent qu'il a profité des avis utiles. Avec ses qualités physiques, Armand doit aspirer aux plus hautes destinées; il ne lui manque plus que de savoir régler son organe, dont la volubilité dégénère quelquefois en bredouillement... Dans le rôle du comte Almaviva du *Barbier*, dans celui du marquis de l'*Ecole des Mères*, Armand a fait voir des progrès sensibles. »

Opinion du Parterre, janvier 1808.

Ces éloges se reproduiront chaque année.

En 1813, Armand fit partie du voyage de la Comédie française à Dresde. Pendant plus de vingt ans, il fut le partenaire de Mlle Mars dans presque toutes les pièces ; leurs jeux s'harmonisaient ensemble, surtout dans le Marivaux. Les premiers rôles lui convenaient moins. Il dut se cantonner dans les amoureux.

Après de longs états de services pendant lesquels il avait essayé de rappeler Fleury, sans jamais l'égaler, Armand donna sa représentation de retraite le 1er avril 1830 ; il s'y montra dans trois de ses rôles les plus brillants, c'est-à-dire dans *Edouard en Ecosse*, l'*Ecole des Bourgeois* et les *Suites d'un Bal masqué*. En 1833, il fit encore partie d'une tournée avec Mlle Mars dans l'est de la France. Lorsque cette grande comédienne mourut, elle le désigna pour son exécuteur testamentaire.

Celui qui fut le type de l'élégance et des bonnes manières, après avoir habité quelque temps Versailles, vint se fixer définitivement à Paris où il mourut le 19 juin 1852, à 78 ans et demi. Il avait habité précédemment rue St-Thomas du Louvre (1805-07), 24 rue Richelieu (1814-19) et 8, même rue (1822-26).

Biographie : Notice par Ed. De Manne, *Troupe de Talma*.

Bibliographie : *Années Théâtrales* 1800, 1802. — *Opinion du Parterre* an XI, an XIII, 1807, 1808 et suiv.

Iconographie : Collection Martinet, pl. 84. — Rôle du marquis de Sévigné dans *Mme de Sévigné*. — Pl. 323, dans la *Jeunesse d'Henri V*. — Bibl. nat. Catalog. Duplessis, 1632, en pied, de ¾ à droite, grav. publ. par Remoissenet et Bance. — *Troupe de Talma*, en buste, de ¾ à gauche, eau-forte par Fréd. Hillemacher.

ARMAND. — Sous ce nom (de 1792 à 1806) :

ARMAND. — Acteur à Lyon en 1792.

ARMAND. — Premier comique au Théâtre français de Rouen, en 1796.

ARMAND, M. et Mme. — Théâtre de la Cité, an XI, lui, un « niais froid », elle, disant juste, mais « un peu trop langoureuse » dans ses rôles. — Théâtre des jeunes artistes, 1805-06.

Bibliographie : *Tribunal volatile*, an XI.

ARMAND, Alexandre, Michel Dailly dit. — Voici une biographie qui donna lieu à d'assez nombreuses erreurs, cet artiste s'étant fait appeler *Armand* pendant la première partie de sa carrière, et *Armand Dailly* pendant la seconde. Ce qui fit que certains historiens de théâtre ont cru qu'il s'agissait de deux personnalités différentes.

Armand Dailly naquit le 17 octobre 1777. Il était fils d'un orfèvre-joaillier qui demeurait rue Saint-Louis, à Paris, et son extrait de baptême (paroisse Saint-Barthélemy) fut publié par De Manne. Doué d'un talent naïf et narquois, comédien de charmante humeur, Armand débuta chez Doyen, puis chez Mareux. A la formation du Conservatoire, il fut un des premiers élèves admis, et lorsqu'il le quitta, il entra au théâtre des Troubadours quand cette entreprise vint s'installer salle Louvois.

Nous empruntons à son biographe l'anecdote suivante : « Au moment de l'attentat du 3 nivôse, an X, cet acteur se trouvait en scène, lorsque l'explosion de la rue Saint-Nicaise vint à retentir. A peine rentré dans la coulisse, il prend à part le régisseur et lui dit : On vient de tirer le canon ; c'est sans doute à l'occasion de quelque victoire dont le gouvernement aura reçu la nouvelle et qu'il célèbre par des salves d'artillerie ; il faut l'annoncer au public, cela produira un très bon effet. Le régisseur fit bien quelques observations, mais notre comédien, n'en tenant nul compte, s'avança et après les trois saluts d'usage : « Messieurs, nous nous empressons de faire connaître au public que le gouvernement a reçu la nouvelle d'une victoire remportée par l'armée française. Cette victoire, dont les résultats sont incalculables, est annoncée à ce moment à la population par le canon des Invalides. »

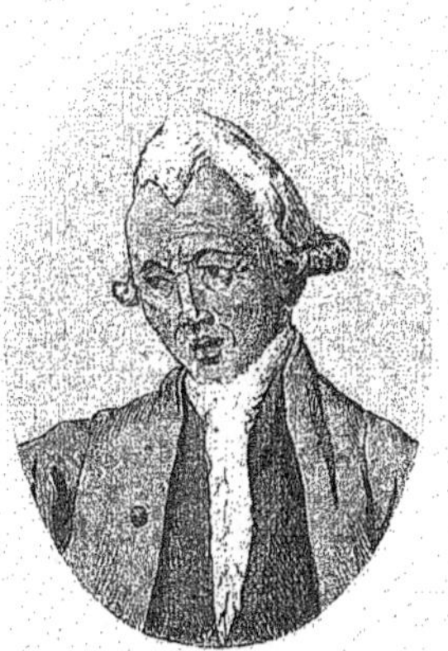

ARMAND (Dailly)
Rôle de M. Lamentin

Cette bévue assez lourde et à laquelle la circonstance donnait une étrange portée, motiva naturellement l'arrestation du trop zélé orateur. Il fut le lendemain écroué à la Force, et ce ne fut qu'avec beaucoup de peine qu'il put prouver qu'il n'était pour rien dans le complot de la machine infernale. »

Puis, lorsque Picard devint directeur du théâtre Louvois, il enrôla dans sa troupe son ancien camarade, pour tenir l'emploi des *seconds et troisièmes comiques*, dans lequel il se fit bientôt remarquer.

On lit à son sujet dans l'*Opinion du Parterre*, an XIII, p. 254 : « Ce jeune homme fera quelque chose ; il a une figure spirituelle et de l'intelligence. Dans les *niais* et quelques *valets* d'une médiocre importance, il a fait beaucoup rire, et c'est un vrai succès, tant parce que le rire est une excellente chose en lui-même, que parce que ses camarades n'ont pas tous le talent de l'exciter. Le *Vieux Comédien*, le *Tambour nocturne*, la *Comtesse d'Escar-*

bagnas, l'*Amour médecin*, contiennent des rôles où il est fort plaisant, et il jouait mieux qu'on ne l'a dit l'Arlequin des *Trois Jumeaux vénitiens*, mais on voulait toujours se rappeler Carlin. »

Nous trouvons des jugements semblables dans différents ouvrages de critique de la même époque. Il semble cependant qu'on ne l'emploie pas assez : « Armand, second ou troisième comique de ce théâtre (théâtre Louvois devenu théâtre de l'Impératrice), lisons-nous dans l'*Opinion du Parterre* de 1807, p. 187, a des intentions plaisantes dans des rôles peu considérables ; il pourrait aspirer à un emploi plus étendu. »

Dans un rapport sur le personnel de sa troupe, adressé par Picard au surintendant des spectacles, le directeur s'exprime ainsi sur le compte de son pensionnaire :

« Talent très agréable et très aimé du public, pour les *comiques*, les *niais* et les *caricatures*. Il en a moins, mais il en montre encore dans les rôles plus importants. C'est, parmi les sociétaires de mon théâtre, celui qui fait le mieux que l'intérêt individuel se trouve dans l'intérêt général et qui n'hésiterait pas à sacrifier son intérêt particulier au bien de tous, s'il le jugeait utile. Il n'y a que des éloges à donner à son service ; mais peut-être serait-il à désirer qu'il travaillât un peu plus chez lui, surtout pour les rôles en vers. » (*Archives nationales*).

Le 15 juin 1808, Armand, à la suite de son chef, émigra au faubourg Saint-Germain, où le théâtre de l'Impératrice allait continuer ses représentations dans la salle de l'Odéon. Il devait y rester seize ans. Il en devint même un des administrateurs en 1812. Il joua dans *Jeunesse et Folie*, 31 juin 1810. — Le 5 septembre de cette même année, il figure en tête de la troupe ; le 21 février 1811, il joue dans le *Prologue* et adresse, un an après, une requête au ministre de l'Intérieur (en qualité d'administrateur avec Chazel fils et Clozel) pour demander que la Comédie fût séparée de l'Opéra qui occupait la salle de l'Odéon trois fois par semaine.

En 1815, lorsque ce théâtre se trouva dans un état de dépérissement absolu, Armand, avec ses deux collègues cités plus haut, au milieu d'une revue de la garde nationale, présenta à S. A. R. Monsieur, une pétition pour redemander Picard comme directeur.

Le 1er janvier 1816, Armand figura encore dans le *Prologue* et, en juillet de cette année, il est nommé sociétaire à 3/4 de part. En 1818, il est membre du Comité de lecture. Il quitte alors la rue Villedot, n° 4, pour aller s'installer le 1er avril 1819 rue d'Enfer, 91.

Armand joua notamment le 6 janvier 1820 dans les *Comédiens* et en 1821 dans le *Voyage à Dieppe*. Lorsque Picard donna sa démission (1821), il dirigea provisoirement l'Odéon avec Lafargue et Samson. Il était alors vice-doyen. Son emploi était toujours celui de comique et de valet : Dubois des *Fausses Confidences*, M. Coquart de la *Cousine Albert*, M. Desmazures de la *Fausse Agnès*. Il avait de plus la réputation (fort à la mode alors) de mystifier ses amis et les inconnus.

En 1824, le second Théâtre français ayant été assimilé à une scène de province par l'annexion de l'Opéra, Armand le quitta pour le Gymnase où n'était pas sa véritable place. Aussi n'y fit-il pas un long séjour. C'est alors qu'il obtint un ordre de début à la Comédie française, comme le prouve la pièce suivante :

A M. Delestre-Poirson,

« Monsieur, j'ai l'honneur de vous informer que, par arrêté en date du 11 février, M. le duc de Duras, usant du droit accordé par le privilège du Gymnase dramatique, a appelé M. Armand Dailly à débuter à la Comédie française.

« J'envoie, en conséquence, à cet acteur, l'ordre nécessaire, dont je vous engage à faciliter l'exécution par tous les moyens en votre pouvoir ».

(signé) : Le baron de La Ferté. »

(*Archives nationales*).

Le directeur du Gymnase fit bien observer que cette notification aurait dû lui être faite six mois à l'avance, mais il fallait obéir aux ordres de l'autorité.

Ce fut à partir de ce jour, afin d'éviter une confusion avec son homonyme de la Comédie française, qu'Armand ajouta à son prénom son nom patronymique, et devint sur l'affiche *Armand Dailly*.

Armand Dailly débuta donc le 2 mars 1824 à la Comédie française, par le rôle de Pourceaugnac, dans lequel il obtint un succès de fou rire. Il fut nommé sociétaire le 1er avril 1831. Pendant dix-huit ans, cet acteur a été vu avec plaisir. Loin de vouloir aborder les premiers rôles de l'emploi, pour lesquels il n'était pas fait, il eut la sagacité de se borner à certains personnages où il était inimitable : Grippe-Soleil du *Mariage de Figaro*, Lubin de *Georges Dandin*, Alain de l'*Ecole des femmes*. De Manne a dressé la longue liste des rôles secondaires créés par cet artiste de 1824 à 1842. La goutte seule le força à prendre sa retaite (1843), et il ne fut pas remplacé. Le 27 novembre 1846 eut lieu sa représentation à bénéfice. On donna *Phèdre* avec Rachel, une pièce du Gymnase et un vaudeville du Palais-Royal. La recette s'éleva à 8252 fr. 50. Il vécut avec une pension de 5000 fr., et mourut à Paris le 10 septembre 1848, âgé de près de 71 ans.

Bibliographie : Notice par E.-D. De Manne et C. Ménétrier, *Galerie historique de la Comédie française* (complément à la troupe de Talma).

Bibliographie : *Almanach des spectacles* 1801-1802, *Opinion du Parterre*, 1805-1813. Hist. de l'*Odéon*, par P. Porel et G. Monval, t. I.

Iconographie : Collection Martinet : pl. 106, rôle de M. Lamentin ; pl. 111, Lafleur de la *Tapisserie*; pl. 191, Leffilé des *Oisifs*; pl. 450, dans les *Deux Philibert*. En buste, eau-forte de Fugère dans l'ouvrage de De Manne cité plus haut.

ARMAND, acteur du Vaudeville de 1799 à 1826. Demeurait Cloître Honoré, puis rue St-Louis-St-Honoré.

Bibliographie : *Almanachs des spectacles*, *Opinion du Parterre*, *Annuaires dramatiques*.

Iconographie : Coll. Martinet, pl. 204, rôle d'Eric dans les *Pêcheurs danois* et pl. 300, rôle du Prince royal dans l'*Exil de Rochester*.

ARMAND, acteur du théâtre de Bordeaux qui débuta le 7 mai 1808 aux Variétés dans le rôle de Jacquinet de la *Famille des Innocents*. Au théâtre des Arts, à Rouen, où il joua du 18 janvier au 22 février 1816, il s'intitulait « Comique des Variétés dans le genre Brunet. »

Bibliographie : *Opinion du Parterre*, t. IV, 1809. *Histoire des théâtres de Rouen*, t. II, p. 498.

ARMAND, Sous ce nom (1820 à 1898) :

ARMAND, Mme. — Actrice genevoise, qui jouait sur le théâtre de sa ville natale en 1820.

ARMAND, nom d'un acteur qui débuta fort honorablement au Gymnase, 1823-24.

ARMAND, acteur au théâtre des Nouveautés, 1827. Venait de la troupe Seveste à la banlieue.

ARMAND, Alfred-Léon, deuxième amoureux au théâtre des Arts à Rouen, 1200 francs d'appointements, 1834.

Bibliographie : *Histoire des théâtres de Rouen*, 4me vol., p. 40.

ARMAND, Henri-César-Gabriel. — Niort 1849, Théâtre Historique 1850, avait 79 ans en 1865. La Société des Artistes dramatiques lui servait depuis 1855 une pension annuelle de 300 fr. Son nom cessa de paraître sur l'Annuaire en 1866.

Bibliographie : *Annuaires* de la Société des artistes dramatiques.

ARMAND, Mme, née Burette-Devienne Emilie. — Poitiers 1849, 1852, Mons 1853, Lisbonne 1856, Boulogne 1857-58, 1861, Valenciennes 1859-60, St-Omer, 1862, Clermont 1863, Tulle 1864, Le Puy 1865, Lyon 1867. Vivait à Paris en 1876.

Bibliographie : *Annuaires* de la Société des artistes.

ARMAND, François-Christophe. — Délassements comiques 1850-53 et 1857-58 ; régisseur général.

Bibliographie : *Annuaires* de la Société des artistes.

ARMAND, Mme, Elisa. — Femme Richault, Vaudeville 1855-56, Odéon 1857-62 ; reçut vers 1875 une médaille d'encouragement au bien. Vivait à Paris en 1881.

Bibliographie : *Annuaires* de la Société des artistes.

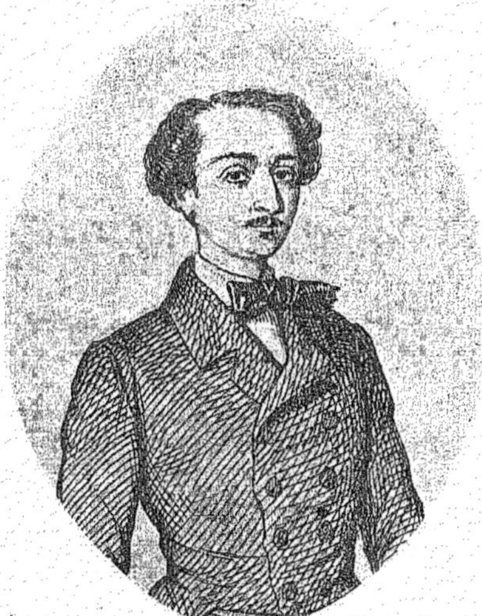
François ARMAND (Gorce), d'après Eustache Lorsay

ARMAND, Eugène. — Palais-Royal 1861-1870.

ARMAND-FONTAINE, Mme, Marie-Cécile, née Fontaine. — Hombourg 1864, Tournay 1865, Béziers 1867, Calais 1868-69, Angoulême 1870, Bourges 1873, Roubaix 1877, St-Germain 1878, Beauvais 1880, Sedan 1881-1882, Le Mans 1888. En 1892, âgée de 63 ans, avec 43 ans de services, Mme Armand-Fontaine reçut de la Société des artistes une pension annuelle de 500 fr. Sa mort fut annoncée dans le rapport de 1898.

Bibliographie : *Annuaires* de la Société des artistes.

ARMAND, François Gorce dit, né à Paris en 1827. — Privé très jeune de l'appui de ses parents, Armand fut mis en apprentissage chez un joaillier, puis reçu au Conservatoire en 1847. Il s'y fit remarquer de suite par sa bonne tenue, sa diction juste, son air séduisant. Il en sortit avec deux seconds prix, tragédie et comédie. Fechter lui déconseilla d'entrer aux Français, et lui fit avoir un engagement pour le Gymnase.

Les débuts d'Armand eurent lieu dans les *Mémoires d'un Colonel* et la *Haine d'une Femme*. Il fut encore le vicomte de Mongeron dans le *Collier de perles*, Karl dans les *Philosophes*, le chevalier dans la *Bossue* de Bayard, rôle difficile et rempli de nuances, parut dans *Maurice* ou l'*Amour à vingt ans* ; d'autres pièces, telles que *Mademoiselle de Liron*, des reprises heureuses de la *Marraine*, les *Couleurs de Marguerite*, *Diviser pour régner*, le rôle de l'amoureux dans la *Partie de Piquet*, lui donnèrent l'occasion de se produire avec avantage (1850-57). Puis, du Gymase, Armand passa à l'Odéon où il débuta dans *Louise Miller*. A l'Ambigu (1859-60) on le vit encore dans *Fanfan la Tulipe* où il montra des qualités dramatiques qu'on ne soupçonnait pas en lui. En 1861, il revint à l'Odéon, mais à partir de 1863 son nom disparut des affiches. Le rapport de la Société des artistes dramatiques pour l'année 1866-67 annonce sa mort prématurée. Il n'avait pas encore 40 ans.

Biographie : Notice par Armand Blanquet dans les *Théâtres de Paris* (1854).

Bibliographie : *Annuaires* de la Société des artistes dramatiques.

Iconographie : Bibl. nat. catalog. Duplessis n° 1634, en pied, de 3/4 à droite, lith. par A. Collette (1854) d'après Eustache Lorsay.

ARMAND, Mme, Bellemin, née Rose Heurtel. — Batavia 1852-54.

Bibliographie : *Annuaires* de la Société des artistes dramatiques.

ARMANDE, Mlle. — Vaudeville 1848-49, Gymnase 1850, Palais-Royal 1851, 10 déc. les *Crapauds immortels*, 1852, 10 avril *Une rivière dans le dos*.

Bibliographie : *Annuaires* de la Société des artistes dramatiques. Le *Théâtre du Palais-Royal*, par E. Héros.

ARMANDINE, Mme. — Th. Lazari 1852.

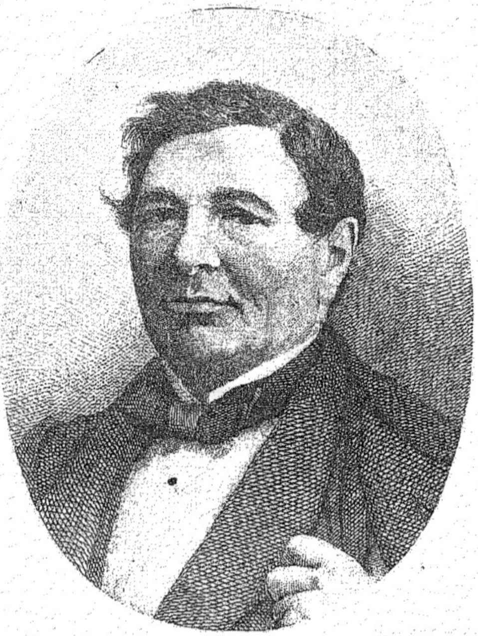

Etienne ARNAL, d'après Nargeot

ARNAL, Etienne. — 1794-1872, naquit à Meulan (S.-et-Oise), le 2 février 1794.

Extrait du registre des actes de naissance de la commune de Meulan pour l'an II : « Aujourd'hui 14 pluviôse, an deuxième (2 février 1794) de la République Française, est né *Etienne*, fils de Joseph Arnal, épicier à Paris, quartier St-Etienne du Mont, et de Catherine Lesclauze, fille de François Lesclauze, chirurgien à Meulan.»

Cité par E.-D. De Manne et C. Ménétrier. *(Supplt de la troupe de Nicolet.)*

Dans son *Epître à Bouffé*, parue en 1840, il a pris soin de nous renseigner lui-même sur son origine.

Ne va pas m'en vouloir ni me déprécier :
Je suis tout simplement le fils d'un épicier.
Mon père, si j'en crois les gens du voisinage,
Faisait avec ma mère un fort mauvais ménage ;
L'un de l'autre un beau jour voulut prendre congé ;
Dans le lot maternel je me vis adjugé.
. . . .
Elevé pauvrement, loin des murs du collège...

En 1812 le jeune Arnal entra dans les pupilles de la garde, puis passa successivement aux 12e, 13e et 14e régiments de la jeune garde. C'est ainsi qu'il fit la campagne de France et participa à la défense de Paris en 1814, ce qui lui valut plus tard la médaille de St-Hélène. Rentré dans la vie civile à la conclusion de la paix, il travailla d'abord dans les ateliers d'un fabricant de boutons, nommé Hesse, puis poussé par le démon dramatique, s'essaya chez Doyen, rue Transnonain dans..... les rôles tragiques où il eut un succès de fou rire tel qu'il se voua sur le champ à l'emploi des comiques !

L'effet produit par moi dans [les rôles tragiques
Semblait me destiner à l'em- [ploi des comiques....

Brunet qui était allé le voir jouer l'engagea dans les chœurs aux Variétés (1817) ; quelque temps après on lui confia des rôles d'amoureux, mais il s'y montra tout aussi fort que dans les rôles tragiques.

Bien d'autres eussent renoncé à la lutte ; Arnal végéta ainsi pendant dix ans, gagnant tout au plus 900 fr. par an.

Ce qui faisait dire à Harel en 1825 (*Dictionnaire théâtral*, p. 30) :

« Il joue de petits rôles, où il a de petits succès. Il fait de petits vers, qu'il imprime dans de petits journaux. Il a du zèle, de l'intelligence ; un jour il aura peut-être du talent.»

En 1827, l'horizon sembla s'éclaircir pour lui : On lui proposa un engagement au Vaudeville, 1800 fr. la première année, 2000 fr. la seconde. C'était le Pactole ! De plus, au Vaudeville, Arnal allait pour son bonheur rencontrer un compère qui semblait avoir été mis au monde tout exprès pour lui envoyer la réplique, un bon gros homme dont l'abdomen laissait à peine apercevoir la pointe des pieds. Il avait, de plus, trouvé deux auteurs qui se mirent à écrire spécialement pour lui. Le compère en question s'appelait Lepeintre jeune et les deux auteurs : Duvert et Lauzanne.

Les débuts d'Arnal au Vaudeville eurent lieu le 27 avril 1827, dans l'*Amour et la peur*, au bénéfice de Mlle Minette, mais la pièce fut sifflée. Ce qui n'empêcha pas Arnal de devenir, pendant nombre d'années, l'acteur préféré du Vaudeville :

Le *Malade par circonstance*, une *Passion*, *Harnali* (parodie d'*Hernani*), un *Bal du grand monde*, *Un de plus*, le *Cabaret de Lustucru*, les *Malheurs d'un joli garçon*, *C'est encore du bonheur*, *Un monsieur et une dame*, *Pécherel l'empailleur*, l'*Humoriste*, *Un premier amour*, le *For l'Évêque*, *Mademoiselle Marguerite*, *M. Galochard*, le *Mari de la dame de chœurs*, l'*Humoriste*, les *Cabinets particuliers*, les *Gants jaunes*, le *Poltron*, *Passé minuit*, l'*Homme blasé*, *Riche d'amour*, *Robinson*, lui fournirent l'occasion de se faire applaudir. Arnal avait créé un genre.

Lorsque le feu eut détruit le théâtre du Vaudeville dans la nuit du 17 au 18 juillet 1838, Arnal suivit ses camarades dans l'installation provisoire du boulevard Bonne Nouvelle, dans un étroit local occupé précédemment par un café-concert. C'est là qu'il créa *Passé Minuit*, pièce dont le succès fut étourdissant, puis le *Plastron*.

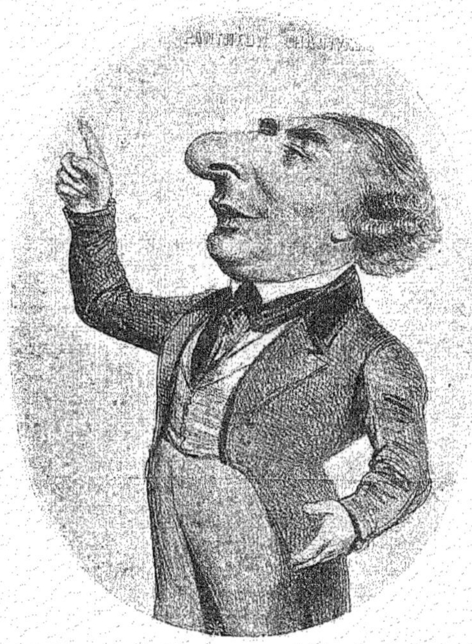
Etienne ARNAL (Panthéon charivarique)

On retrouve des traces de ce *Passé minuit* dans le *Figaro* du 13 juin 1839 : un admirable dessin de Daumier représente Bardou devant la fenêtre ouverte, et Arnal-Chaboulard effaré dans son lit. « On n'avait depuis longtemps autant ri », ajoute le chroniqueur.

Septembre 1837 : « Lepeintre jeune sans Arnal, c'est Odry sans Vernet, » écrit Th. Gautier.

Octobre 1837 : « Il y a les gilets en poil de chèvre, queue de serin pâmé d'Arnal. » Le même.

Juin 1838, Variétés : « *Mathias l'invalide*. Arnal joue le rôle de Gambillard. La pièce, c'est Arnal. » Le même.

Mars 1841, Vaudeville : « *Un monsieur et une dame*, sujet bâti sur une pointe d'aiguille joué par Arnal et Mlle Brohan. » Le même.

Février 1842, Vaudeville : « Le *Grand Palatin!* C'est Arnal, Arnal en habit de velours pailleté et brodé, en bas de soie à coins d'or, en perruque poudrée. » Le même.

Décembre 1842, Vaudeville : « Le *Magasin de la graine de lin*. Le comique consiste dans cette pièce à faire d'Arnal un garçon grainetier. » Le même.

Janvier 1843, Vaudeville, *Derrière l'alcôve*, monologue par Arnal.

Février 1845, Vaudeville : Les *Mystères de ma femme*.

Novembre 1845, Vaudeville : *Riche d'amour*, par Duvert et Lauzanne, « les fournisseurs brevetés d'Arnal. »

« Arnal a joué ce désopilant vaudeville, écrit Th. Gautier, avec une verve étonnante ; c'est assurément, depuis *Passé minuit*, le plus grand succès qu'il ait obtenu. »

C'est pendant les représentations de cette pièce qu'il se brûla une partie du visage en versant de l'esprit de vin dans une lampe dont la mèche était allumée, accident qui le força à interrompre le cours de ses succès.

Février 1846, Vaudeville : *Carlo Beati*.

Juin 1846, Vaudeville : Les *frères Dondaine*.

Novembre 1846, Vaudeville : Le *Capitaine de voleurs*.

Succès de fou rire.

D'une humeur difficile, peu liant avec ses camarades, autoritaire, tyrannique, ses rapports furent des plus pénibles avec ses directeurs de 1840 à 1847, et notamment avec Ancelot. Une rupture était inévitable et elle eut lieu. C'est alors que les Variétés et le Gymnase se le disputèrent. Il y eut même procès, et, en définitive, c'est au Gymnase que l'acteur fut adjugé ; mais il n'était pas là sur son terrain. Il revint au Vaudeville qu'il quitta de nouveau pour les Variétés où il créa en 1851, une *Queue rouge*, un *Monsieur qui prend la mouche*, le *Pont cassé* ; en 1852, Variétés, en 1854, *M. de la Palisse*, un *Mari qui ronfle* ; en 1855, le *Diable*, le *Massacre d'un innocent*, les *Erreurs du bel âge* (avec Numa), *M. Beauminet*, le *Royaume du Calembour*.

En 1856, il entra au Palais-Royal :

14 nov. 1856, *Mesdames de Montenfriche*.

1 janvier 1857, l'*Homme blasé* (reprise).
7 décembre 1858, *Riche d'amour*.

Bref, dans l'espace de trois ans, il établit dans ce théâtre six à sept pièces, entre autres l'*Affaire de la rue de Lourcine* et la *Sensitive*.

En 1865 — pour mémoire — il passa encore par les Bouffes Parisiens, où il joua *Passé Minuit* mis en opérette et *Roland de Rongevaux*, parodie. Mais Arnal avait terriblement vieilli, et ce n'était plus le niais ahuri, le sot en gants jaunes, le fou excentrique des beaux jours. Le Gymnase le reprit, pour mettre son nom sur l'affiche et lui confier quelques rôles de grimes :

1866, 20 janvier, *Héloïse Paranquet*, Avertin.
1866, 16 mars, les *Idées de Mme Aubray*, Barantin.
1866, 8 mai, le *Tourbillon*, le baron Lazare.
— 4 octobre, *Nos bons villageois*, Floupin.
1867, 3 décembre, *Miss Suzanne*, Tavernier.

Albert Vizentini (*Derrière la toile*, 1868), a laissé ce portrait d'Arnal vieilli :

« Théâtre du Gymnase. Loge nº 9 — Arnal. Jadis quinteux, tâtillon, maniaque, méticuleux, se brouillant vingt fois par jour avec le directeur et envoyant tout le monde au diable. Aujourd'hui, le diable s'est fait ermite, et nous avons un Arnal doux, gentil, complaisant, aimable; un Arnal à l'eau de rose, d'agréables relations, qui n'a qu'une inquiétude au monde, c'est de manquer l'omnibus de Passy. Toujours la finesse, la vérité, l'ingénuité, le naturel, l'adresse, le relief comique et original des anciens jours. »

Puis on le vit enfin au théâtre du Vaudeville de la Chaussée d'Antin dans les *Femmes d'emprunt*, le *Petit voyage*, le *Choix d'un gendre*. Ce fut, croyons-nous, son dernier effort. Grognon, misanthrope, il s'en alla habiter Genève (où il ne connaissait personne), le 16 septembre 1871, il y mourut le 10 décembre 1872, dans l'isolement le plus absolu, après une maladie d'un mois. Il avait donc 78 ans et neuf mois.

Voici le résultat de nos recherches à Genève :

Le *Journal de Genève* du 12 décembre 1872, après avoir rappelé en quelques lignes ce que fut Arnal, conclut ainsi :

« Arnal habitait Genève depuis deux ans ; il y menait une existence fort retirée, et peu de personnes connaissaient sa présence au milieu de nous. Il n'a pas joui longtemps de cet intermède de repos succédant à une vie si agitée, car la mort est venue le surprendre dans la nuit de mardi à mercredi (10 au 11) sans que rien n'ait annoncé comme si prochaine la chute du rideau. »

Voici, d'autre part, l'avis mortuaire publié dans le même numéro (4e page) :

« Et. Arnal, ancien artiste dramatique, pensionnaire du Palais-Royal, est mort à Genève le mardi 10 décembre à 1 heure du matin. L'ensevelissement partira vendredi, de l'hôpital, à 9 heures, et l'honneur se rendra à l'avenue du Cimetière. »

Cette petite trouvaille nous permet de rectifier la *Grande Encyclopédie* qui le fait mourir le 7 décembre.

Son décès, comme on le prétendit, n'eut pas lieu à l'hôpital, mais dans la maison Domenjoz, où il prenait pension, et où il occupait une chambre ayant vue sur le lac. Sa maladie consistait en un ramollissement cérébral ; il s'était affaibli, avait peur de l'obscurité, et il lui fallait toute la nuit des lampes et des bougies. Il mourut ainsi, sans se plaindre. Son corps fut transporté à la morgue de l'hôpital cantonal, et le surlendemain, 12 décembre, il fut enterré au cimetière catholique du lazaret. Le Département de la police et de la justice survint aux frais de l'inhumation qui s'élevèrent à 31 fr. 50.

M. Henri Bordier, bibliothécaire honoraire du Département des manuscrits de la Bibliothèque Nationale, se mit un jour à la recherche de cette tombe. On lui montra un simple talus de terre avec un petit bâton fiché et un numéro.

Arnal avait gagné beaucoup d'argent, mais l'avait dépensé avec facilité ; il mit tout ce qui lui restait en viager, vendit un chalet qu'il avait fait construire près de Brienz (Berne), plaça le capital à fonds perdus, mais n'eut pas le temps d'en toucher les premiers arrérages, étant mort trois semaines avant le terme fixé.

Il est regrettable de dire que cette gaité si originale, si spirituelle, cette verve si entraînante, n'étaient pour lui qu'un masque qu'il déposait en sortant de scène. Arnal restait l'homme atrabilaire, maniaque, vaniteux, insociable. Ce qui n'empêchait pas les femmes de raffoler d'Arnal, qui, avec sa figure grêlée, était loin d'être un Apollon.

Arnal avait été marié. Il avait épousé, en effet, le 21 juillet 1821, Adèle-Victoire Duflost, âgée de 20 ans, fille du perruquier du Vaudeville, mais le ménage avait été peu de temps uni. Une fille naquit de cette union, et mourut jeune. Adèle Duflost mourut à Paris le 5 avril 1848.

Plus tard, Arnal ramena de Birmingham, du consentement de sa famille, une jeune anglaise qu'il prit d'abord pour sa gouvernante, puis qu'il adopta. Cette jeune fille mourut chez lui, à Paris, le 20 octobre 1868.

La Société des artistes dramatiques faisait une pension de 300 fr. de rente à Arnal depuis 1863. Voici en quels termes le rapporteur, Eug. Moreau, annonça son décès à l'assemblée générale annuelle du 7 juillet 1873 :

« Arnal, comique fin, distingué, diseur irréprochable, comédien au tact exquis, mais aussi esprit inquiet et morose, qui n'a pas voulu s'éteindre au milieu de nous. Il est allé mourir sur une terre étrangère, tout exprès pour que son dernier vœu fût exaucé : s'en aller seul, et pas un ami à son convoi. Quitter Paris, quitter la France, était le seul moyen d'en arriver à l'accomplissement de ce fantastique souhait, maintes fois exprimé. Qui de nous n'en eût regardé la violation comme un devoir? Oublions l'humoriste, et ne nous souvenons que de l'artiste dont la place fut si belle dans le théâtre contemporain. »

Arnal auteur :

Arnal publia dans les numéros des 26 avril, 7 et 28 mai 1829 du *Journal des Comédiens* des articles assez érudits pour défendre la profession du comédien. Il inséra également dans le nº du 12 avril du même journal, une chanson devenue assez rare et intitulée : *Vive le Théâtre!*

On connaît encore de lui :

Les *Gendarmes*, poëme épicé en deux chants, 1826, in-32, 3ᵉ édit. 1829.

Les *Acteurs et les prêtres*, facétie en vers, 1830 ou 1831, in-8°.

Epître à Bouffé, artiste du théâtre du Gymnase, sorte d'autobiographie en vers, 1840, in-8°.

Boutades en vers, 1 vol. chez Lévy.

On trouvera, en outre, dans la *Collection d'autographes A. Bovet*, p. 509, nº 1379, l'extrait d'un très curieux document, où Arnal donnait sa biographie. Il y déclare être né à Paris, le 31 décembre 1798 (ce qui est en contradiction absolue avec les registres de la Commune de Meulan déjà cités — 2 février 1794) et être entré en 1812 aux pupilles de la garde d'où il sortit en 1814. Il exprime, en huit vers, les raisons qui lui ont fait quitter le service. Puis il raconte qu'il entra alors chez un fabricant de boutons, nommé Hesse, et qu'en même temps il s'exerçait à jouer au théâtre Doyen. Il cite à ce sujet un passage de son épître en vers à Bouffé, et termine en disant qu'il entra au Vaudeville en 1827.

Biographie : *Arnal, Et.* Publication de « la Renommée », notice biographique de M. Arnal par Eug. d'Auriac, Paris 1841, in-8°, pièce Bibl. nat. Ln²⁷ 623. — Le « Biographe universel » Arnal, sign. L. Boivin, Paris 1841, in-8° pièce, Bibl. nat. Ln²⁷ 624. — *Annuaire Delhasse* pour 1839, longue notice, pages 102 à 106. — Notice par Eug. Briffault, galerie Lacauchie. — Notice par Th. Nézel, dans la galerie Lorsay. — Biographie d'Arnal dans le *Supplément de la troupe de Nicolet*, par E.-D. De Manne et C. Ménétrier.

Iconographie : Bibl. nat., catalog. Duplessis nº 1659.

1. En pied, le profil à gauche, caricature. Imp. de Aubert et Cⁱᵉ (1841).

2. En pied, de ³/₄ à gauche, sur un piédestal, caricature. Imp. Chanoine, Lyon, 1849.

3. En pied, de ³/₄ à gauche (costume de théâtre), lith. par A. Collette, d'ap. Eust. Lorsay.

4. En pied, caricature, lith. par E. Durandeau.

5. En pied, de ³/₄ à droite (costume de théâtre), lith. par Alex. Lacauchie, 1836.

6. En pied, de ³/₄ à gauche (costume de théâtre), lith. de Vᵉ Legé (1847).

7. A mi-corps, assis, de ³/₄ à droite, lith. par A. Menut.

8. A mi-corps, assis, de ³/₄ à gauche, lith. par Menut-Alophe (1838).

9. En buste, de ³/₄ à gauche, lith. par P. B., 1838.

10. En buste, de ³/₄ à gauche, dans un ovale, lith. par Jules Vernet.

V. aussi Bibl. nat., Hugo (Victor) et Lablache (Louis), pour les portraits d'Arnal.

Gavarni a dessiné un portrait d'Arnal dans sa jeunesse (avec lunettes). — Ce portrait, avec un autre (gravure de Nargeot) a été publié dans le *Monde Illustré* de 1872, 2ᵐᵉ sem., p. 396.

Il existe aussi une eau-forte de Fugère dans le livre de De Manne cité plus haut.

ARNAL, Mᵐᵉ Médarine. — Nancy 1890-93. Le rapport de la Société des Artistes en 1894, annonce sa mort.

Bibliographie : *Annuaires* de la Société des artistes.

ARNAUD, Lyon 1792.

Bibliographie : Almanach Duchesne.

ARNAUD. — Originaire de Marseille, premier comique sur les théâtres de Bordeaux, puis de Toulouse, était déjà signalé en 1806 comme « grand, jeune, actif » et un des meilleurs comiques de province, malgré son accent méridional.

En 1808 il parut à Paris, et voici l'ordre de ses débuts à la Comédie française :

8 juin Sganarelle du *Festin de Pierre*.
8 — Labranche de *Crispin rival*.
10 — Hector du *Joueur*.
10 — Scapin des *Fourberies*.
12 — Scapin des *Fourberies*.
12 — Pasquin, l'*Homme à bonnes fortunes*.
15 juin Pasquin, l'*Homme à bonnes fortunes*.
17 juin Mascarille de l'*Etourdi*.
20 — Valentin des *Menechmes*.
20 — Labranche *Crispin rival de son maître*.
25 juin Frontin, le *Muet*.
26 — Sosie, *Amphytrion*.
28 — Labranche *Crispin rival de son maître*.
29 juin Scapin des *Fourberies*.
30 — Carlin, le *Distrait*
1 juillet Crispin, le *Légataire universel*.
1 — M. Desmazures, la *Fausse Agnès*.
4 — Sosie, *Amphytrion*.
12 — l'Intimé, les *Plaideurs*.
13 — Frontin, le *Muet*.
13 — Labranche, *Crispin rival*.

Et si nous avons prolongé à dessein ces citations, c'est à seule fin de faire voir ce que l'on exigeait d'un débutant — non engagé — en l'an de grâce 1808.

Voici le petit article que lui consacre l'*Opinion du Parterre* : « Arnaud a débuté avec succès dans tous les grands rôles de son emploi. Sa taille est haute, son masque convenable. Il est encore jeune, possède toute la vivacité nécessaire aux comiques, a l'habitude des planches, de l'aplomb, du nerf, et une grande connaissance de la scène. On voit qu'il a longtemps joué la comédie, et l'on ne peut lui reprocher que de n'avoir pas assez de gaîté, de force comique, et d'être sujet à s'enrouer. Ce dernier défaut, tenant à son organisation physique, pourrait être insurmontable ; quant aux qualités morales qui lui manquent, elles peuvent s'acquérir... On assure qu'Arnaud sera reçu en 1809, et qu'il n'est retourné en province que pour y finir son engagement. »

Et, en effet, reçu aux appointements à Pâques 1809, pour doubler Thénard, on le vit reparaître à la Comédie française le 17 avril. Moins de trois mois après il demanda et obtint son congé, mais cette seconde apparition avait suffi pour porter atteinte à la réputation dont il jouissait en province ; on le trouvait froid, et c'est le plus grand défaut pour un comique.

Est-ce le même Arnaud que nous retrouvons débutant à l'Odéon comme premier comique dans les *Fausses confidences* le 9 septembre 1817 ? Il arrivait alors de Nantes, et nous n'avons nulle raison pour ne pas croire qu'il ne s'agisse de cet artiste, lequel tint plus tard une agence dramatique, rue St-Nicaise n° 3 (1819).

En 1818, il était sociétaire de l'Odéon, et l'on retrouve ses traces à ce théâtre jusqu'en 1826. Ayant une fois remplacé Samson dans *Preciosa*, le 17 novembre 1825, il dut quitter la scène devant le mécontentement du public qui réclamait son acteur favori. Mais nous ne nous expliquons guère pourquoi, appartenant à ce théâtre depuis 1817, il fut forcé de débuter à nouveau le 16 avril 1822 dans le rôle Bernadille de la *Femme juge et partie*.

Bibliographie : *Opinion du Parterre*, tomes III, VI, VII. *Annuaires dramatiques*. Histoire du théâtre de l'*Odéon* par P. Porel et G. Monval.

ARNAUD. — Sous ce nom :

Arnaud, Baptistin. — Marseille 1848-1863.

Arnaud aîné, Jacques-J.-B.-André. — Marseille 1848-1864, Bruxelles 1867-68, Marseille 1870-79. En 1869, Arnaud aîné qui avait 69 ans d'âge et 49 ans de théâtre, reçut de la Société des artistes dramatiques une rente annuelle de 300 francs. Sa mort fut annoncée en 1880.

Bibliographie : *Annuaires* des artistes.

Arnaud, Gabriel. — Marseille 1850, Caen 1852, Avignon 1853-59, Aix 1860, Avignon 1861-82. En 1874, Arnaud, Gabriel avait 62 ans et 32 ans de théâtre. Il reçut de la Société des artistes une pension annuelle de 500 francs, et habita Avignon jusqu'à sa mort annoncée en 1883.

Bibliographie : *Annuaires* des artistes.

Arnaud-Brunet. — Constantine 1856-59.

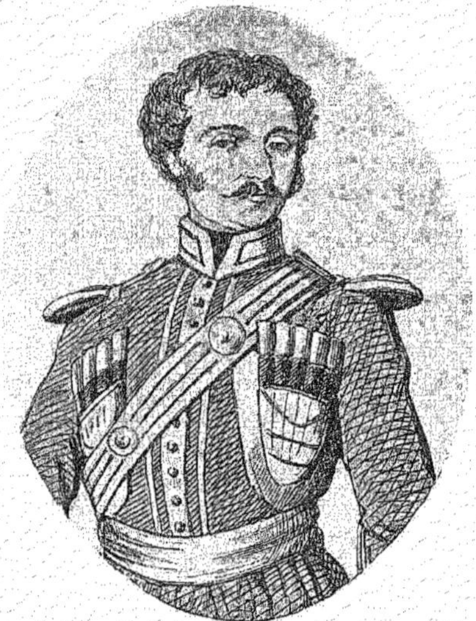

ARNAULT, dans les *Cosaques*, d'après Eust. Lorsay

ARNAUD, Mlle. — V. Le Bon.

ARNAULT, Mme, Marie-Louise. — Bayonne 1850-52, Dunkerque 1853-54.

ARNAULT, François-Alphonse. — Ses biographes le font naître le 14 juillet 1819. A l'âge de treize ans il partit de Montreuil-Bellay (Maine-et-Loire), ne sachant qu'un peu d'orthographe et ses quatre règles. Il devait apprendre tout par lui-même ; ce fut le fils de ses œuvres. Commis-voyageur sans enthousiasme, il prit quelques leçons de déclamation de Tillet, ancien artiste de l'Odéon, puis se présenta en 1843 au Conservatoire où il resta deux ans. Il en sortit avec le deuxième prix de tragédie (1845).

Arnault débuta à l'Odéon en 1846, et épousa peu de temps après la jolie Mlle Naptal, qui devint de ce fait Mme Naptal-Arnault. Après une excursion des deux jeunes époux à Bruxelles, nous les retrouvons à l'Ambigu où Arnault créa successivement Reynold dans le *Fils du Diable*, Philippe III dans *Piquillo*, Claude Frollo dans *Notre-Dame de Paris*, Guillaume de Poitou dans un *Mystère*, de Morcerff et le comte de Villefort dans les deux *Monte-Cristo*, Raphaël de la *Peau de chagrin*, un rôle dans le *Vampire*, créations qui le classèrent comme un des rares premiers rôles de l'époque.

Après la dissolution de la Société de l'Ambigu, Arnault passa à la Gaîté (1852-57) où il joua Satan dans les *Œuvres du démon*, Picherie de l'*Ane mort* et Manzaroff des *Cosaques*, éclatant succès. Vers 1855 il fut attaché un moment au théâtre de la Porte Saint-Martin.

Arnault écrivit seul *Chatterton mourant*, un acte en vers, Odéon, 1846 ; et en collaboration avec Louis Judicis, les *Pâques Véronaises*, drame en quatre actes, Odéon, 13 mai 1848, retiré après la troisième représentation, et porté à l'Ambigu le 4 avril 1852 ; *Sur la gouttière*, vaudeville en un acte ; *Constantinople*, pièce à grand spectacle en 5 actes, Cirque Olympique, 1853 ; les *Cosaques*, le grand triomphe du boulevard ; les *Aventures de Mandrin*, 1856.

En 1857, il partit avec sa femme pour Saint-Pétersbourg, et mourut dans cette capitale dans les derniers jours de 1860.

Le frère aîné de cet artiste fut Lucien Arnault, né en 1816 (et non 1846 comme dit Vapereau !), fondateur et directeur de l'Hippodrome construit aux environs de la place de l'Etoile vers 1850, incendié en 1869. Il mourut le 3 novembre 1871.

Biographie : Notice par Louis Judicis, dans les *Théâtres de Paris* (1854).

Iconographie : Son portrait en costume de théâtre dans les *Cosaques*, d'après un dessin d'Eustache Lorsay, même ouvrage déjà cité.

Un portrait dans l'*Encyclopédie théâtrale* (inachevée).

ARNAULT, Mme, Gabrielle, Geneviève Planat, dite Naptal. — Femme du précédent, naquit en 1823. Son père était un homme de lettres doublé d'un peintre de talent. Elevée dans un milieu artistique, la jeune Gabrielle Planat vit chez son père des illustrations telles que Michelot, Saint-Aulaire, les époux Menjaud. M. Planat fut même chargé, par les sociétaires de la Comédie française, de faire une adaptation du *Don Sanche d'Aragon*, de Corneille.

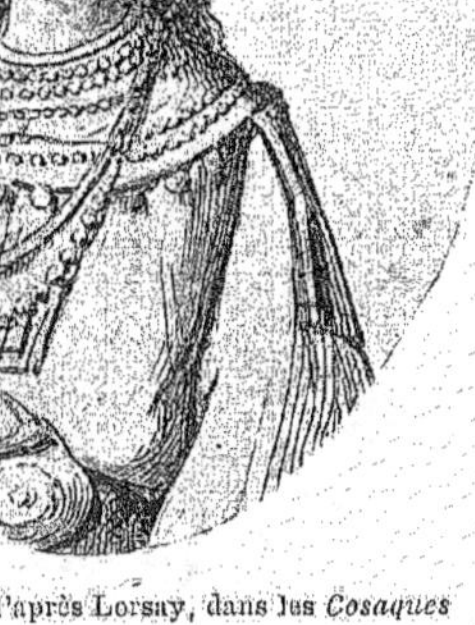

Mme ARNAULT, d'après Lorsay, dans les *Cosaques*

Prenant l'anagramme de son nom pour en faire *Naptal*, Mlle Planat fut trois ans l'élève de Michelot, puis débuta à la Comédie française en 1844. Valérie, Chimène, Emma de la *Fille d'honneur*, Madame de Clairville de la *Gageure imprévue*, Henriette des *Femmes savantes*, tels furent les rôles qui la firent connaître et aimer. Elle était gracieuse, élégante, distinguée. Des intrigues, trop fréquentes hélas ! au théâtre, la forcèrent cependant de partir à Rouen, d'où elle revint pour entrer à l'Odéon, où elle créa, avec un talent qui la plaça au premier rang la *Jeanne Gray*, d'A. Soumet, et la *Comtesse d'Altenberg*. Un nouvel engagement à la Comédie française ne fut pour elle d'aucun profit. On ne lui donna pas de rôle dans le répertoire nouveau, et elle reprit son vol vers l'Odéon, où elle se fit applaudir dans Thérèse de *l'Ingénue à la cour*, Rose des *Touristes*, la Duchesse dans *Echec et Mat*. Entre temps, la charmante demoiselle Naptal était devenue la femme de son camarade Arnault et prenait, au théâtre, le nom de Mme *Naptal-Arnault*.

Un rôle donné puis retiré (*Agnès de Méranie*) fut la cause du départ de l'Odéon du couple Arnault. Elle suit son mari à l'Ambigu (1848-1852), où elle joue dans *la Closerie des genêts*. Toutes ses créations, au boulevard, sont désormais des triomphes : la Reine Hortense de *Napoléon et Joséphine*, Jocelyne du *Pardon de Bretagne*, Madame de Valory du *Drame de famille*, la Mayeux, la Esmeralda, Bruyère, Haydée, Valentine, Alice de *Sarah la Créole*.

A la Gaîté (1853-57), Pauvrette de la *Bergère des Alpes*, Jeanne de *la Boisière*, Henriette de l'*Ane mort*, Marie de *Georges et Marie*, Olga des *Cosaques*. En 1855, elle avait passé, avec son mari, par la Porte St-Martin. En 1857, elle le suivit à St-Pétersbourg et y devint veuve vers la fin de 1860. A partir de cette date, Mme Naptal-Arnault resta en Russie jusqu'en 1884 — soit vingt-quatre ans de séjour. Elle revient alors à Paris où son nom est presque oublié. Elle a 60 ans (1885), 31 ans de théâtre, et la Société des Artistes lui accorde une pension annuelle de 500 francs. Désormais elle se fixe à Paris et son nom figure sur l'*Annuaire* de 1901.

Biographie : Notice, par Louis Judicis, dans les *Théâtres de Paris* (1854).

Bibliographie : *Annuaires* de la Société des artistes.

Iconographie : Son portrait en costume de théâtre, dans *les Cosaques*, d'après un dessin de Lorsay, même ouvrage cité plus haut. — Un portrait dans l'*Encyclopédie théâtrale* (inachevée).

ARNOULD, François. — V. Poisson, François.

ARNOULD, Mlle. — Femme du précédent. V. Poisson, Fr., Mlle.

ARNOULD, Jean, François Mussot, dit. — Plus connu comme auteur dramatique que comme comédien (Besançon 1743, Paris 1795). Fils d'un avocat au Parlement, s'engagea dans la troupe particulière du prince de Conti et y tint l'emploi d'amoureux. Ce fut dans cette troupe qu'il connut Audinot, et quand celui-ci fonda l'Ambigu-Comique, il entra chez lui commme metteur en scène, avant de devenir co-directeur (1775-1795). Beuchot a reconstitué, dans la *Biographie universelle*, la liste des ouvrages dramatiques d'Arnould, d'après l'exemplaire incomplet qu'il possédait du rarissime *Calendrier historique et chronologique des théâtres forains* (1773-1787), 8 ou 9 vol. in 24°. On n'en connaît pas de collection sans lacune et on en attribue la paternité, selon toute vraisemblance, à Arnould-Mussot, qui mourut fort oublié.

Et, cependant, ce grand fournisseur des pièces de l'Ambigu-Comique, fut, avec Audinot, le véritable créateur du *mélodrame*, que l'on appelait alors « pantomime dialoguée ». Il faut lui savoir gré aussi d'avoir relevé le niveau de ce théâtre essentiellement populaire.

Bibliographie : Pour l'énumération d'une partie des ouvrages, *Anecdotes dramatiques*, t. III, p. 16.

ARNOULD-PLESSY, Mme, Jeanne-Sylvanie-Sophie Plessy, dame Arnould (1819-1897). — Naquit à Metz le 4 septembre 1819, d'une famille originaire de Bordeaux. Son père était un obscur comédien de province. A l'âge de neuf ans, on lui fit réciter, devant Cherubini, un morceau d'*Iphigénie*. Trop jeune encore pour entrer au Conservatoire, elle prit quelques leçons de Michelot jusqu'au jour où elle fut presque adoptée par Samson dont elle devint l'élève favorite. Elle jouait alors tous les dimanches, sur un petit théâtre installé rue de Lancry, la salle Génard. C'est là que l'entendirent M. Thiers et M. Cavé qui lui firent obtenir la pension d'encouragement pour le Conservatoire.

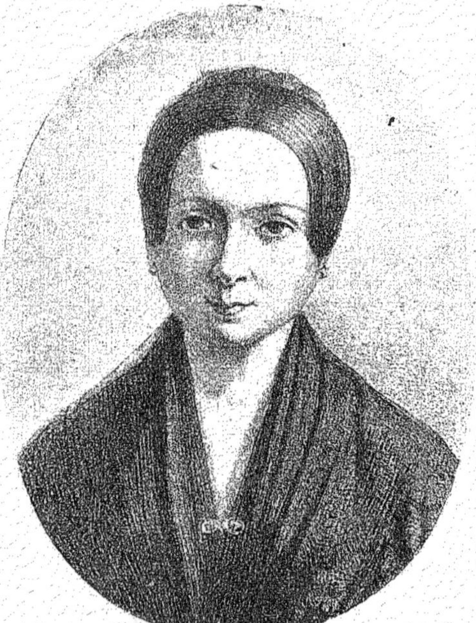

Mlle PLESSY, d'après Menut-Alophe

Le 10 mars 1834, elle débuta aux Français, dans le rôle d'Emma de la *Fille d'honneur*, de Duval, et le lendemain dans une *Passion secrète*, de Scribe. Elle subjugua tout le monde par la souplesse de son talent, son sentiment délicat des situations, les inflexions variées de sa voix, la grâce de son jeu, l'harmonie de sa diction. Le 1er avril 1836, Mlle Plessy fut nommée sociétaire à l'unanimité.

La première période de la vie dramatique de Mlle Plessy se compose de onze années, pendant lesquelles on la vit dans l'*Ecole des femmes*, le *Festin de Pierre*, le *Misanthrope*, *Tartufe*, les *Femmes savantes*, le *Barbier de Séville*, le *Mariage de Figaro*, le *Philosophe sans le savoir*, les *deux Frères*, les *Jeux de l'amour et du hasard* le *Legs*, l'*Epreuve*, etc., etc., et dans le répertoire moderne, *Don Juan d'Autriche*, la *Marquise de Senneterre*, la *Popularité*, l'*Ecole des Vieillards*, le *Verre d'eau*, *Mademoiselle de Belle-Isle*, et comme créations, la *Calomnie* (1840), *un Mariage sous Louis XV*, *une Chaîne*, les *Demoiselles de St-Cyr* (1843), la *Camaraderie*, *une Famille au temps de Luther*, etc.

A la date du 12 juillet 1845, le registre journalier de la Comédie française porte la mention suivante : « On apprend aujourd'hui que Mlle Plessy, sociétaire, est partie subrepticement pour Londres et qu'elle y a contracté un engagement pour le théâtre de St-Pétersbourg ».

Ce fut un coup de foudre, d'autant plus que les motifs de cette « fuite » échappaient aux plus avisés. Les biographes, avec ou sans intentions, glissèrent légèrement sur ce point délicat ; personne ne crut devoir soulever un coin du voile et, en vérité, il s'agissait non d'affaires de théâtre, mais d'affaires de cœur.

M. Georges d'Heilly a fourni, à son tour, les détails extérieurs de l'incident en publiant la très intéressante correspondance échangée entre Mlle Plessy et la Comédie française. Mais personne, pas même Samson, ne put intervenir avec succès. « Ce ne fut pas avec la Comédie française que rompit Mlle Plessy, écrivit M. Charles de La Rounat, un de ses biographes, c'est un autre genre de rupture qui la jeta à l'étranger. » La femme avait nourri longtemps de légitimes espérances, éprouvait l'impérieux besoin de voir se régulariser une situation intime et, au moment où tout s'écroulait, il lui fallait oublier la vie de chaque jour, fuir les personnes qu'elle avait connues, oublier le passé, changer d'air. Il est évident que la Comédie française ne pouvait pas entrer dans ces détails.

Mlle Plessy demandait deux ans de congé, renonçant à tous les avantages que lui eût valu sa présence ; la Comédie répondit par un refus absolu et, quelques jours après, Mlle Plessy quittait Londres pour Saint-Pétersbourg, au bras du mari qu'elle avait choisi, M. Arnould, littérateur modeste, mais non sans mérite, qui avait fait représenter, quelques mois auparavant, au Théâtre français, une comédie en un acte, *Une bonne réputation*, où elle avait rempli le principal rôle.

La Russie fit un splendide accueil à l'artiste (1846) et la Comédie française, poursuivant ses droits, la fit condamner à 100000 francs de dommages et intérêts et à sa déchéance de sociétaire.

Le 12 avril 1853, Samson donnait sa représentation de retraite à la Comédie. Mme Arnould-Plessy offrit son concours au bénéficiaire et l'on ne mit aucun obstacle à ce désir. C'était un acheminement vers la réconciliation. On annonça donc que Mme Arnould-Plessy remplirait le rôle d'Araminte dans les *Fausses Confidences*, avec cette mention prudente : « Pour cette fois seulement ».

L'effet produit par Mme Arnould-Plessy, dans cette représentation, fut immense ; non seulement elle avait conservé tout son talent, mais elle rapportait encore des qualités nouvelles qui touchaient à la perfection. Aucune comédienne, depuis Mlle Mars, dont elle avait les traditions, ne joua jamais les rôles d'amoureuses et de grandes coquettes avec un art si achevé ; aucune ne sut détailler les rôles du répertoire avec une si étonnante précision, rendant les nuances les plus fines et les plus fuyantes.

Mme Arnould-Plessy resta dix ans en Russie. Devenue veuve en 1854, elle revint en France, fut reçue comme « pensionnaire » à la Comédie française le 1er septembre 1855 et se présenta au public le 17 du même mois, dans le rôle d'Elmire de *Tartufe*, et dans une petite comédie de Marc Monnier, *la Ligne droite*. Il n'y eut qu'une voix pour célébrer ce retour, mais la nouvelle enfant prodigue, en punition de sa faute, ne devait plus jamais porter ce titre de « sociétaire ». C'est ainsi qu'elle garda, pendant 21 ans encore, celui de « pensionnaire », situation mitigée, il est vrai, par des appointements de 25000 francs.

Toujours belle, élégante, femme savante et charmante, parlant plusieurs langues, Mme Arnould-Plessy aborda tout, osa tout, reprenant même à son compte deux importantes créations de Rachel, *Adrienne Lecouvreur* et *Lady Tartufe*. Nous citerons encore : *Joconde* (1855), *Péril en la demeure*, une reprise de *Chatterton* (décembre 1857), où elle ne semble avoir réussi qu'à moitié :

« La reprise de *Chatterton*, écrit Ch. Monselet dans ses *Premières représentations célèbres*, a été *mûrie* encore, mais dans des proportions moindres, par la présence de Mme Plessy dans le rôle de Ketty Bell. Malgré tous ses efforts pour entrer dans le drame, nous croyons cette belle actrice condamnée à rester

Voilà la vérité, mon ami —
Je voudrais être telle que
Vous me voyez — Cela n'est
pas — Croyez moi bien —
C'est l'unique raison pour
laquelle il me faut refuser,
à grand regret, l'honneur,
le véritable honneur que vous
voulez me faire —
Voulez vous que je
vous parle sincèrement ?
Je suis sure que oui —
Vous êtes brave et vous faites
le bien — Acceptez mes vœux et
mes amitiés — Arnould Plessy

Autographe de Mme ARNOULD-PLESSY
Fin d'une lettre à Ballaude qui lui avait demandé de faire une conférence sur Molière.

éternellement sur le seuil. Elle a exagéré la simplicité de la jeune et adorable puritaine au point d'en faire une automate et une somnambule; sa diction, monotone et musicale jusqu'à la langueur, tombait, syllabe par syllabe, sur le public, comme les gouttes de pluie des branches d'un saule. »

C'est que Mme Arnould-Plessy, comme Mlle Mars, sa devancière, péchait par le manque de sensibilité, mais l'on ne saurait trop en exiger d'une coquette.

Nous retrouvons le nom de cette grande artiste dans les *Effrontés* (1861), le *Fils de Giboyer* (1862), la *Maison de Penarvan* (1863), *Maître Guérin* (1864), *Henriette Maréchal* (1865), *Un Cas de conscience* (1867), *A deux de jeu* (1868), le *Post-scriptum*, l'*Autre Motif*, *Nany*, *la Grand'maman* (1875), *Petite pluie* (1875). Bref, le total des rôles joués par Mme Arnould-Plessy s'élève au chiffre de 133, dont 53 créations et 80 reprises.

Mme Arnould-Plessy donna sa représentation de retraite après 32 années de service, le 8 mai 1876. Le spectacle se composait des trois premiers actes de l'*Aventurière*, le 2me et le 3me actes du *Misanthrope*, le 2me acte de *Don Juan*, avec Delaunay, Got, Coquelin, Mlles Reichenberg et Jeanne Samary, et enfin le *Legs*, où Coquelin joua pour la première fois le rôle du marquis. *Les Adieux*, poésie de Sully-Prud'homme furent dits par Mme Arnould-Plessy en présence de toute la troupe.

Francisque Sarcey écrivit : « Je crains bien que Mme Arnould-Plessy ne soit la dernière expression d'une tradition désormais épuisée. Elle emporte, en s'en allant, un certain nombre de rôles qui ne trouveront plus d'interprètes. »

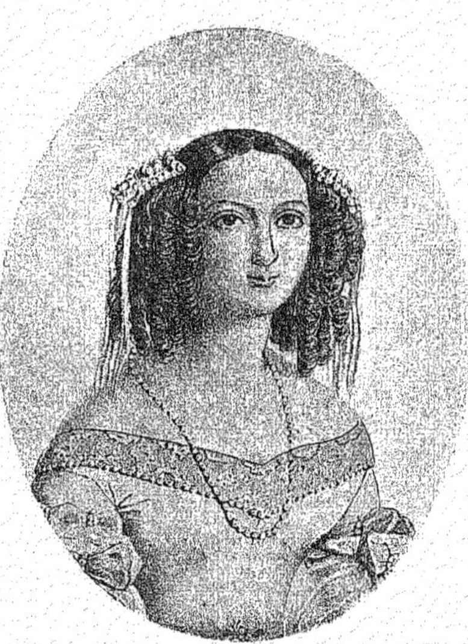
Mlle PLESSY, d'après Al. Lacauchie

Et, en effet, elle fut avant tout *l'actrice de Marivaux*. Cette afféterie, ce maniérisme ne sont plus dans nos mœurs. C'était cet art composite et savant que l'on admirait chez Mme Plessy, et voilà pourquoi elle n'a pas eu d'imitatrice.

On pourra lire des jugements portés sur l'interprétation de différents rôles par Mme Arnould-Plessy dans *Quarante ans de théâtre*, par Fr. Sarcey : rôle d'Elmire, t. I, p. 152 et suiv. rôle de Sylvia, t. I., p. 288. Et à propos de la reprise d'*une Chaîne* : « Comme Mme Arnould-Plessy était belle et vraiment grande dame! s'écrie le critique. Quelle coquetterie altière avec des retours de tendresse humiliée! Quelle ardeur de passion! Quelle résignation touchante et fière! Comme elle occupait la scène et ramenait à elle tout le drame! »

Après avoir habité Paris jusqu'en 1890, Mme Arnould-Plessy se retira à l'Abbaye du Quartier, par Courtivron (Côte d'Or), où elle mourut le 30 mai 1897. Sa dernière pensée avait été une bonne action pour la Société des artistes dramatiques, dont elle était pensionnaire depuis 1880 (500 fr.) et à qui elle laissait une somme relativement considérable, — 79,714 francs, — dans le but de créer cinq fondations de 500 fr. chaque — soit 2,500 — pour venir en aide à des artistes malheureux.

Mme Arnould-Plessy était la belle-sœur de sa camarade Emilie Guyon, remariée en secondes noces à Eug. Mathieu-Plessy, le fabricant d'encres bien connu.

Biographie : *Mme Arnould-Plessy*, par Jules Maret-Leriche, 1857, in-8°, Bibl. nat., Ln27 667. — *Mme Arnould-Plessy*, par de Mirecourt, 1858. — *Mme Arnould-Plessy, 1834-1876*, par Georges d'Heylli, in-12, 1876. — *Comédiens et Comédiennes*, par Fr. Sarcey, in-8°, 1879. — *Liste alphabétique des Sociétaires*, par G. Monval.

Bibliographie : *Les premières représentations célèbres*, par Ch. Monselet. — *Le Théâtre en robe de chambre*, par Yveling Ram Baud et E. Coulon, 1866. — *Quarante ans de théâtre*, par F. Sarcey. — *Souvenirs de Delaunay*, p. 266. — *Les secrets des Bonaparte*, par Ch. Nauroy, p. 304. — Koning, *Coulisses parisiennes*, p. 117, etc.

Iconographie : Bibl. nat. Voir Plessy. — (Catalogue Duplessis, inachevé.)

ARNOULT, Mlle. — Actrice du Théâtre Montansier, 1792-93.

Bibliographie : *Almanach Duchesne*.

ARONDEL, Charles-Stanislas. — Acteur de drame qui, après avoir couru longtemps la province, arriva à se faire une petite situation au boulevard, où il jouait les pères nobles : Abbeville 1849, Dieppe 1852, Grenoble 1853-54, Belfort 1855, Troyes 1856, Théâtre du Cirque Impérial 1858-62 (la *Prise de Pékin*, 27 juillet 1861), Théâtre du Châtelet 1863-70 (Duroc de *Marengo*, 28 février 1863) ; Archibald Floyd du *Secret de Miss Aurore* (3 juillet 1863), la *Lanterne magique* (8 déc. 1863).

C'était un bel homme et un acteur intelligent. En 1872, il passa à l'Ambigu (1872-78), fit quelques excursions à Belleville et termina sa carrière au Théâtre du Château d'Eau (1879-82). C'était le temps où le drame se mourait et les emplois devenaient rares.

Voici en quels termes Eug. Garraud annonça la mort d'Arondel, dans son rapport de 1883, à la Société des artistes dramatiques : « Un artiste honorable et un très bon sociétaire. Quoique dans une gêne profonde, sa fierté naturelle l'empêchait, paraît-il, de réclamer l'appui de de l'association ; en cela, il avait tort ; il n'y a rien d'humiliant, nous l'avons déjà fait remarquer, à demander des secours à la Société... Les artistes du Château d'Eau, connaissant les sentiments de leur vieux camarade, ont eu la généreuse pensée de se cotiser pour ne le laisser manquer de rien : aussi sommes-nous heureux de leur adresser aujourd'hui les remerciements qui leur sont dus. Notre collègue Latouche, qui s'était beaucoup occupé d'Arondel pendant sa maladie, a prononcé les adieux suprêmes. »

Bibliographie : *Annuaires* de la Société des artistes dramatiques.

ARONDEL, Mme, née Zulmé Bénard. — Dieppe 1852, Grenoble 1853-54, Belfort 1855, Troyes 1856, Théâtre du Châtelet 1867-70, Ambigu 1872-73. Son nom disparaît de l'annuaire l'année suivante.

Bibliographie : *Annuaires* des artistes dramatiques.

ARQUET, Jean-Eugène. — Théâtre Comte 1849-54, Bouffes Parisiens 1855-57. Habitait Paris en 1865.

Bibliographie : *Annuaires* des artistes dramatiques.

ARRÈNE, Mlle, Louise, élève de Beauvallet, premier prix de comédie au Conservatoire en 1852, débuta à l'Odéon par le rôle de Sylvia des *Jeux de l'amour et du hasard*. Après être restée deux ans à ce théâtre (1855-56) et avoir rempli aux Variétés un engagement de courte durée (elle créa un rôle dans les *Trois Sultanes*), Mlle Arrène fit partie de la troupe du Vaudeville (1857-64). Elle reparut aussi à l'Odéon (1861). C'était une jolie femme, fort gracieuse.

Bibliographie : *Les Acteurs et les Actrices de Paris*, par Emile Abraham, 1861.

ARSÈNE, Mlle — On la disait sœur de Mlle Betzi. C'était une fort jolie personne qui se fit d'abord remarquer au Théâtre des jeunes élèves, rue Dauphine, avant de passer au Vaudeville de la rue de Chartres où elle resta de 1805 à 1819. Nous donnons ici son portrait dans la *Belle au bois dormant*, vaudeville en deux actes de Bouilly et Dumersan (20 février 1811). Mlle Arsène demeurait avec sa sœur, également actrice du Vaudeville, rue de l'Echelle (1805-14) et rue Chabannais (1815-19).

Bibliographie : *Annuaires dramatiques*.

Iconographie : Bibl. nat. Catalogue Duplessis, no 1748. En pied, couchée sur un lit de parade, costume de théâtre, publié par Mme Masson. — Collect. Martinet, pl. 221, Mariette des *Sabotiers béarnais* — pl. 261-262, Perette de *Cendrillon* — pl. 415, Isaure de *Robert le Diable*.

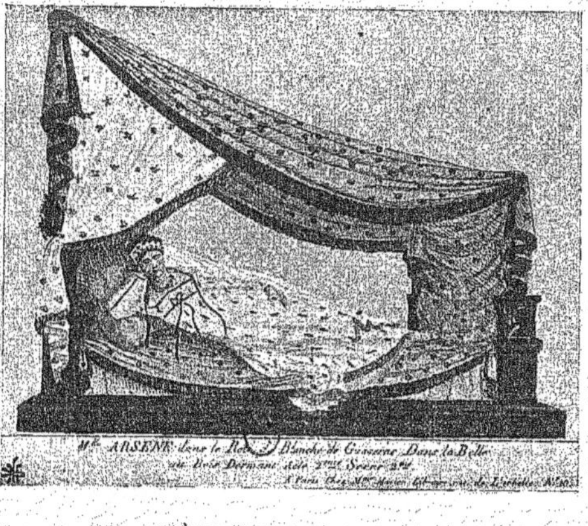

Mlle ARSÈNE, Théâtre du Vaudeville (1811)

ARSÈNE, qui jouait les rôles de confidents à l'Odéon vers 1830, n'eut guère qu'un succès dans sa vie : Au lendemain de la Révolution de juillet, le 26 ou 28 août 1830, l'on donnait à ce théâtre *Jeanne la folle*, pièce dans laquelle Arsène chargé de représenter un roi faible et vieux, craignant la mort, se fit la tête de Charles X. Arsène était encore à l'Odéon en 1832.

Bibliographie : L'*Histoire par le Théâtre*, par Th. Muret, t. III, p. 34.

ARSÈNE, Mlle, Marie-Félix Floquet dite. — Pensionnaire à la Comédie française le 15 octobre 1832. Odéon 1842.

ARTHUR, Joseph-Gaspard, Turlier dit. — Bruxelles 1850, Marseille 1852-69, Amiens 1870. Sa femme était connue sous le nom de Mme *Placide*.

Bibliographie : *Annuaires* des artistes dramatiques.

ARTHUR, Emmanuel-François, Désert dit. — Porte-St-Martin 1852, Berlin 1853, Lisbonne 1854, Nice 1855-57, Barcelone 1858, Bukarest 1859, Théâtre St-Marcel 1860, Turin 1861. A partir de cette époque Arthur se fixa à Paris. En 1889, il avait 64 ans et touchait une pension de 500 francs de la Société des artistes. Sa mort fut annoncée au Rapport de 1897 ; il y est qualifié en outre de « très honorable correspondant ».

Bibliographie : *Annuaires* des artistes dramatiques.

ARTHUR, Louis-Etienne Durand dit. — Porte-St-Martin 1852 (ne pas confondre avec le précédent), Cirque impérial 1853-56, Beaumarchais 1857, Porte-St-Martin 1860-68.

Bibliographie : *Annuaires* des artistes dramatiques.

ARTIGUENAVE, Joseph, acteur du théâtre de la Porte-St-Martin en 1805-06. « Artiguenave, lisons-nous dans l'*Opinion du Parterre* de 1806, est un jeune homme dont les dispositions donnent beaucoup d'espoir, mais qui se trouve déplacé sur un théâtre du boulevard, où d'ailleurs il ne joue que de très petits rôles. Néanmoins l'observateur attentif a pu démêler qu'il avait une chaleur véritable, de la sensibilité et de l'intelligence. Dans la comédie, il porte bien l'épée et l'habit brodé, et copie avec succès les manières des petits-maîtres et des marquis d'autrefois. Il a joué avec beaucoup de succès le très mauvais rôle de Don Sanche à la représentation du désastreux M. Maurin. Ou je me trompe, ou ce jeune acteur peut aller loin, du moment où il aura réformé son accent gascon encore trop sensible. »

Engagé pour l'Italie par Mlle Raucourt, Artiguenave, qui se faisait aussi appeler *D'Artiguenave*, débuta à Milan le 12 mai 1811. Le *Corriere Milanese* (14 mai) et *Il Poligrafo* (19 mai) nous laissent entendre que le nouveau venu, jeune, d'un extérieur avantageux, d'une physionomie agréable, se montre avec succès dans le rôle du *Menteur* et celui du Marquis de la *Pupille*. Quelques jours plus tard *Il Poligrafo* lui reproche seulement une tendance à déclamer.

De retour en France, Artiguenave se présenta à la Comédie Française le 17 juin 1813 dans le rôle de Curiace des *Horaces*. Nous ignorons à la suite de quelles désillusions ce jeune homme quitta prématurément les planches. Quoiqu'il en soit, Artiguenave figure bien encore en 1816 sur le tableau de la Comédie, mais avec le modeste emploi de deuxième souffleur.

Bibliographie : *Opinion du Parterre*, 1806, t. III, p. 365. — Les *Comédiens français du Prince Eugène*, par H. Lyonnet, Bulletin de la Société de l'histoire du théâtre, n° 2. — — *Annuaires dramatiques*.

ARTIGUES (d'), Mlle. — V. Mlle Bressant.

ASCO (d'), Mlle. — V. Dasco.

ASPASIE, Mlle, Laverge, actrice du Gymnase. — 1821, 17 janvier, Sophie du *Charlatan*. 7 juin, Henriette de *Monsieur Sans-Gêne*.

Bibliographie : *Annuaires dramatiques*.

ASPASIE, Mlle, dite « la belle ». — Actrice qui débuta le 10 mai 1849 à l'Odéon dans les *Folies amoureuses*.

Bibliographie : *L'Odéon*, t. II, par P. Porel et G. Monval.

ASSENAC, Jean-Baptiste, premier comique. — Débuta à Bruxelles par le rôle de *Casimir* ou le *Commis voyageur* dans la pièce de ce nom, et par celui de Guillaume Mongeron dans *Trianon* (10 mai 1844). Il était encore dans cette ville en 1849. Puis nous le trouvons : à Toulouse 1852-58, Lyon 1859-67, Bordeaux 1870-72. En 1870, il avait 62 ans, 33 ans de services, et reçut une pension de 500 francs de la Société des artistes dramatiques. Il se retira à Pian-sur-Garonne où il passa le reste de ses jours. Sa mort fut annoncée dans le Rapport de la Société de l'année 1887, et l'on rappela à cette occasion, en faveur de la mutualité, que ce modeste artiste avait versé 460 francs et touché 8208 fr. 53.

Bibliographie : *Annuaire Delhasse*, 1846. — *Annuaires* de la Société des artistes dramatiques.

ASTRAUDI. — Théâtre de Lyon, 1792, où sa femme ou sa sœur chantait l'opéra. En 1822, un artiste dans l'infortune nommé Astraudy (?) « dont la probité et la moralité étaient reconnues » demandait des secours à Vanhove, directeur du théâtre des Arts à Rouen. Astraudi eut son bénéfice en mars.

Bibliographie : *Almanach Duchesne*, 1792. — *Histoire des Théâtres de Rouen*, t. III, p. 127.

ASTRUC, Jean. — Théâtre des Jeunes artistes 1807, Jeux forains, Salle Montansier 1812. Rôles de Trial et de Dozainville à Rouen en 1825, aux appointements de 4000 francs. C'est vers cette époque qu'il épouse Mlle Fitzelier, connue ensuite au théâtre sous le nom de Mme Astruc. Mais les succès de la femme semblent avoir éclipsé ceux du mari. Nous retrouvons son nom à Strasbourg, 1849, et au théâtre Beaumarchais en 1859-62. Il vivait encore à Paris en 1863.

Bibliographie : *Histoire des Théâtres de Rouen*, t. III, p. 200.

ASTRUC, Mme, née Henriette-Eugénie Fitzelier, femme Astruc. — Avait paru chez Doyen sous le nom de Mlle Fitzelier. Premier prix de comédie au Conservatoire en 1819, elle débuta le 27 juin 1820 à la Comédie Française dans les rôles de Martine des *Femmes savantes* et de Lisette des *Folies amoureuses*. Le 10 octobre de la même année elle se présenta à l'Odéon dans le rôle de Finette du *Dissipateur*. Bien accueillie à ce théâtre, surtout dans la Dorine de *Tartufe* (11 avril 1821), elle fut engagée dans la troupe, parut encore dans le *Père et le Tuteur* (28 janvier 1822) et partit pour Rouen, afin d'y tenir l'emploi des soubrettes aux appointements de 4000 francs par an. C'est vers cette époque, 1823-25, qu'elle se maria avec un de ses camarades, Jean Astruc, et prit le nom de *Mme Astruc*.

Revenue à Paris, Mme Astruc voulut se représenter à la Comédie Française. Elle y fut reçue comme pensionnaire le 1er avril 1830. Nous retrouvons son nom plus tard au Théâtre des Nouveautés, puis à la Porte-St-Martin, où son jeu mordant, sa franchise lui attirèrent de nombreuses sympathies. Elle jouait d'une façon remarquable la scène de l'éventail dans *Don Juan de Marana* (1836); on la vit encore dans la *Guerre des servantes*, l'*Enfant de giberne*, etc. En 1839 elle entra au Gymnase pour y tenir l'emploi des Déjazet, et y joua Miss Annette dans *Riche et Pauvre*.

En 1848, elle est au boulevard du Temple, joue dans *Premier amour* et le *Voyage en Icarie* aux Délassements-Comiques, puis passe au Théâtre historique. Mais une de ses créations, qui comptèrent le plus dans sa carrière, fut celle de Prudence de la *Dame aux Camélias*, au théâtre du Vaudeville de la place de la Bourse (1852). Elle y fut effroyablement vraie.

Mme Astruc qui possédait une voix un peu forte, bourrue et comique quand elle voulait, se fit applaudir encore sur divers théâtres dans les *Sept merveilles du monde*, les *Mémoires de Richelieu* (Perrine), le *Comte de Lavernie* (Marie), les *Nuits de la Seine* (Catherine), le *Gamin de Paris* (Mme Meunier), la *Fille de l'Avare* (Manon), *Jane Osborne* (Christmas), etc. Vaudeville 1852, Porte-St-Martin 1853-57, Vaudeville 1858. Sa mort fut annoncée dans le Rapport à la Société des artistes en 1859. « Peu de duègnes, écrivait J. Arago en 1852, peuvent rivaliser avec Mme Astruc. »

Bibliographie : *Annuaires dramatiques*. — *L'Odéon*, par P. Porel et G. Monval. — *Histoire des Théâtres de Rouen*, t. III, p. 199.

ASTRUC, Henri-Achille. — V. Fitzelier.

ATALA, Mlle. — V. Beauchêne.

ATHALIE, Mme. — Jeux gymniques (Porte-St-Martin) 1812.

ATHALIE, Mlle. – Nom d'une débutante à l'Odéon en janvier 1846, dans les *Jeux de l'amour et du hasard*.

ATHALIS. — Porte-St-Martin 1868. (*Nos ancêtres*).

ATRUX, Alph. — Né en 1790, artiste à l'Odéon, premier rôle à St-Pétersbourg, 1826-28, premier rôle dans plusieurs grandes villes de province, mort à Belleville (Seine), le 26 septembre 1843.

Bibliographie : *Annuaire Delhasse*, 1844.

ATRUX, Mme Vve. - V. Bertrand.

AUBÉ, Mlle, Félicie. -- Actrice du Vaudeville, des Nouveautés, de l'Odéon (1828), des Variétés, décédée à Paris en octobre 1840.

Bibliographie : *Annuaire Delhasse*, 1841.

AUBER, Honoré-Louis-Pierre-Baptiste. — Théâtre Déjazet 1865-69.

AUBERD, Mme. — Actrice du Théâtre Molière à Bordeaux en 1793.

AUBERT, Mlle. — Ne nous est guère connue que parce que son nom figure sur la *Liste des sociétaires de la Comédie française*, dressée par M. G. Monval. Elle débuta à ce théâtre, le 13 juin 1712, par le rôle de Cléopâtre de *Rodogune*, fit de nouveaux débuts le 31 mai 1717, fut nommée sociétaire le 27 mai 1721, et prit sa retraite le 19 mai 1722 (congédiée selon Lemazurier), pour une cause que le Chevalier de Mouhy n'a point voulu répéter comme étant trop ridicule.

Bibliographie : *Galerie historique* de Lemazurier. — *Liste alphabétique des sociétaires*, par M. G. Monval.

AUBERT. — Acteur célèbre à Genève vers 1782. Il jouait alors dans la salle provisoire du Jeu de Paume de St-Gervais, et excellait dans les rôles de valet, spécialement dans le Marivaux. On lui reprochait seulement de trop charger.

Bibliographie : *Histoire du Théâtre à Genève*, par Besançon.

AUBERT. — Acteur au Théâtre de Marseille en 1792. Pourrait bien être le même que le précédent.

AUBERT, Mme. — Théâtre de la rue de Louvois 1792.

AUBERT, Mlle. — Actrice du Vaudeville en 1799-1800; doublait les soubrettes. Pourrait bien être la même que la précédente.

Bibliographie : *Almanach des spectacles*, 1800.

AUBERT. — Acteur et secrétaire du théâtre de la Porte-St-Martin, 1814.

AUBERT, Mlle, Anaïs. — V. Mlle Anaïs.

AUBERT, Charles. — V. Charles Aubert.

AUBERT, Fortuné-Jullien-Adolphe. — Avignon 1872, Lille 1873, Montpellier 1874, Alger 1875, Bordeaux 1876-78, Nancy 1879-80, Lyon 1881-82, Bordeaux 1883-84.

Bibliographie : *Annuaires* de la Société des artistes dramatiques.

AUBERT, Georges-Louis Baraban, dit. — Théâtre du Châtelet 1879-83.

AUBERTIN. — Acteur du Théâtre Montansier-Variétés, de 1801 à 1817, et de la Porte-St-Martin jusqu'à sa mort, survenue le 15 novembre 1825. Voici l'article nécrologique que lui consacra Harel dans le Supplément de son *Dictionnaire théâtral* (2me édition), Paris, Barba, 1825, p. 10 : « Aubertin fut longtemps aux Variétés le compère de Potier ; c'est le seul emploi dont il sut passablement s'acquitter. Ce comédien ne manquait ni d'esprit, ni d'instruction ; il composa plusieurs pièces de théâtre, et fut attaché à la rédaction de quelques feuilles publiques. Aubertin fut présenté et admis à l'église ; son camarade, Philippe, n'avait pas obtenu le même honneur ; Aubertin était un des rédacteurs de la *Quotidienne*. »

Aubertin s'était surtout fait connaître à la Salle Montansier (Palais Royal) par sa création du jardinier de *Monsieur Girafe* (vers 1806). L'*Opinion du Parterre* nous apprend qu'il était « décent et agréable » dans l'emploi des amoureux. — « Aubertin joue les amoureux avec aisance, parce qu'il les joue depuis longtemps », écrit le même critique en 1811. Dans le théâtre de Désaugiers, Aubertin créa St-Rémy de *Monsieur Vautour* (13 juin 1805), et Pierrot de *Cadet-Roussel esturgeon* (22 février 1813).

D'un esprit doux, cultivé, Aubertin écrivait aussi des pièces de théâtre et signa *Monbar l'exterminateur*, la *Suite du Diable couleur de rose*, avec Bosquier-Gavaudan, la *Petite Zoé*, avec Dumersan, etc., etc. Ce fut Mme Potier, la veuve du comique, qui paya les frais d'inhumation de Mme Vve Aubertin, dont elle secourait la misère (1846).

Bibliographie : *Opinion du Parterre*, 1806, 1809, 1810. — *Dictionnaire théâtral*, de Harel, 1825. — *Rapport de Samson* à la Société des artistes, 1847.

AUBERTIN. — Mort en mars 1840. Avait passé par l'Ambigu Comique, la Porte St-Martin et la province, où il tenait les premiers rôles, Nîmes et Marseille.

Bibliographie : *Annuaire Delhasse*, 1841.

AUBERVAL (d'). — V. Dauberval.

AUBÉRY, Charles. — Théâtre des Funambules, 1858-59, Beaumarchais, 1875-76, 1881-82.

AUBIN. — Grime à Montpellier en 1840, cité par Delhasse.

AUBLANC, Mlle N. — Ambigu, 1874, Théâtre lyrique dramatique de la place du Châtelet, 1875.

AUBOURG, Mlle. — Ambigu Comique, 1811.

AUBRÉE, Charles. — Calais, 1849 ; Rouen, Théâtre des Arts, 1850 ; Gaîté, 1852 ; Vaudeville, 1854-55 ; Gaîté, 1856-60 ; Vaudeville, 1860-62 ; Rouen, 1865-69 ; Toulouse, 1870 ; Rouen, 1872-77. — Habitait Paris en 1882.

Bibliographie : *Annuaires* des artistes dramatiques.

AUBRÉE, Mlle, Caroline, femme Avette. — Anvers, 1854-55 ; Tours, 1856 ; Bukarest, 1857-58 ; Turin, 1859 ; Bruxelles, 1860-61 ; Nice, 1862. Devenue Mme Avette, cette artiste habita Nice où elle vivait encore en 1873.

Bibliographie : *Annuaires* de la Société des artistes.

AUBRY, Mlle. — V. Béjart, Geneviève.

AUBRY. — Petit acteur au Théâtre des Arts, à Rouen, 1804.

Bibliographie : *Histoire des Théâtres de Rouen*, t. II, p. 120.

AUBRY, Irma, Mme, Marie-Pauline Albaret, dite. — Débuta au Palais-Royal avec succès, dans l'*Ecole buissonnière*, de Lefranc et Labiche. En 1849, elle était à St-Pétersbourg et, en 1853, au Théâtre des Variétés de Toulouse. Mais dès lors, il devient très difficile de suivre cette actrice dans ses déplacements, car pendant plus de vingt-cinq ans, elle cessa de faire partie de l'Association des artistes. En 1876, elle reparaît au théâtre Cluny et se fait une bonne place dans l'emploi des duègues sur les théâtres secondaires : Nouveautés, 1878, 12 juin, Mme Bondoneau de *Coco*; 7 déc., Mme Chiffard, de *Fleur d'oranger*. Vers 1882, elle quitte les Nouveautés pour rentrer à Cluny. Puis disparaît à nouveau vers 1885.

Bibliographie : le *Théâtre du Palais-Royal*, par Eug. Héros. — *Almanachs* Soubies.

AUBRY, Eugène Pigneaux, dit. — Acteur du boulevard : Gaîté, 1852-60 ; Théâtre Impérial du Cirque, 1861-62 (1er mars), *Rothomago* ; Théâtre du Châtelet, 1863 (28 fév.), *Marengo* ; (3 juillet), le *Secret de Miss Aurore* ; 1865 (8 déc.), la *Lanterne magique*. Il était encore à ce théâtre en 1873. Son nom disparaît de l'annuaire l'année suivante.

AUBRY, Boniface-Félix. — Rouen, 1854-57 ; Bruxelles, 1874-77 ; Avignon, 1878 ; Poitiers, 1879 ; Rochefort, 1880 ; Le Mans, 1881 ; Orléans, 1883 ; Douai, 1884 ; Orléans, 1885-90 ; Tours, 1891-93. Sa mort fut annoncée dans le Rapport à la Société des artistes, en 1894.

Bibliographie : *Annuaires* de la Société des artistes.

AUBRY, Mlle, Brigitte. — Toulouse, 1856-58 ; Porte St-Martin, 1864 ; Palais-Royal, 1865-69 ; St-Pétersbourg, 1872-75.

Bibliographie : *Annuaires* de la Société des artistes.

AUBRY, Eugène-Joachim. — Nantes, 1868-69 ; Valence, 1870 ; Lisieux, 1872.

AUDCENT, Prosper. — Théâtre du Palais-Royal, 1853-55. Habitait Paris en 1861.

AUDE. — Théâtre des Jeunes Elèves, 1805-06.

AUDEVILLE. — Théâtre sans prétention, 1807.

AUDIBERT. — Acteur au Théâtre National de Marseille, en 1793.

AUDIBERT. — Mime aux Jeux gymniques (Porte St-Martin), 1812.

AUDINOT, Nicolas-Médard. — Né à Bourmont, dans le duché de Bar, le 7 juin 1732, mort à Paris le 21 mai 1801. Audinot était le fils d'un chantre du chapitre de sa ville natale. Venu fort jeune à Paris, où, dit le *Chroniqueur désœuvré*, il commença à raser la pratique chez un frère aîné, perruquier faubourg St-Honoré, il se fit recevoir en 1758 au Théâtre de l'Opéra-Comique de la foire. Il y remplit avec succès les rôles de *tabliers*, ce qui lui valut d'être conservé lors de la réunion de l'Opéra-Comique à la Comédie italienne, en 1762.

Déjà il s'était fait connaître comme auteur et compositeur, comme le prouve son petit opéra-comique, le *Tonnelier*, représenté à la foire St-Laurent, le 28 septembre 1761, et dans lequel il jouait le rôle principal.

Comédien du prince de Conti qui donnait à son château de l'Ile Adam des représentations régulières, Audinot ne revint à son ancien théâtre, la Comédie italienne, que le 3 janvier 1764, où il joua pour sa rentrée le *Maréchal* et *Blaise le savetier*. Mais il ne devait pas y rester ; froissé de ce que ses camarades refusaient d'admettre sa fille Eulalie, sorte d'enfant prodige, il partit cette fois pour toujours et commença par diriger le Théâtre de Versailles, grâce à la protection du prince de Conti.

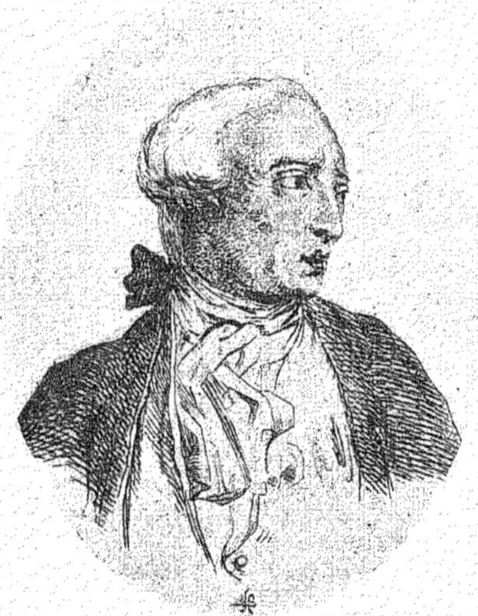

Nicolas-Médard AUDINOT
d'après la gravure de Fr. Hillemacher

Mais il avait juré de se venger ; deux ans plus tard il ouvrit à Paris, à la foire St-Germain, un spectacle de marionnettes, qu'il appela *Bamboches*, comédiens de bois dont chaque personnage représentait un acteur de la Comédie italienne et où il ne s'était pas lui-même oublié. Cette satire fit courir tout Paris, malgré et peut-être à cause des réclamations des comédiens, et, à la clôture de la foire, Audinot se transporta, le 9 juillet 1769, boulevard du Temple, dans une salle jadis occupée par Nicolet.

Telle fut l'origine de l'Ambigu comique, où les acteurs de bois furent bientôt remplacés par une troupe d'enfants. Vinrent ensuite les pantomimes, montées avec un grand luxe de costumes, de décors et de musique.

En 1772, Mme Dubarry fit venir Audinot à Choisy-le-Roi avec ses jeunes artistes *(Mémoires de Bachaumont)*. Lui-même avait inscrit sur son rideau :

Sicut infantes audi nos,

et l'abbé Delille écrivait :

« Chez Audinot, l'enfance attire la vieillesse ».

Audinot s'associa avec Arnould-Mussot (v. Arnould); ce furent à eux deux les vrais créateurs du mélodrame, sous le nom de « pantomime dialoguée ». Sa troupe se composait alors de Picardeaux, St-Aubin, Thomassin, Lebel, Cardinal, Dufresnoy, Lafitte, Mlles Langlade, Rigoleau, Simonet, Rochetin, sans oublier Bordier qui jouait à la perfection les petits maîtres et les abbés.

Les enfants avaient peu à peu disparu. Audinot, dont les affaires prospéraient, avait compté toutefois sans la jalousie des autres comédiens. Tout d'abord, on lui imposa pour les pauvres un impôt du quart de la recette ; ensuite, il lui fallut payer une forte redevance à l'Académie royale de musique. Et comme il tenait toujours debout en 1784, l'Opéra se fit adjuger le privilège des petits théâtres du boulevard, sans tenir aucun compte des directeurs en exercice.

En d'autres termes, Audinot se voyait dépouillé de tout ce qu'il possédait et du théâtre qu'il avait fondé, au profit de Gaillard et Dorfeuille, déjà propriétaires des Variétés Amusantes, lesquels s'engageaient à prendre pour quinze ans et pour 15000 livres annuelles, l'Ambigu Comique (consulter les *Mémoires du temps* au sujet de cette expropriation arbitraire).

Après avoir joué quelques mois sur un petit théâtre au Bois de Boulogne, Audinot s'entendit avec Gaillard et Dorfeuille pour une rétrocession de leur bail. C'est ainsi qu'il rentra en possession de son théâtre, dont il fit rebâtir la salle qu'il ouvrit le 30 novembre 1786.

D'autre part, Audinot et son associé Arnould avaient relevé le niveau du répertoire et, lorsque la Révolution éclata, apportant avec elle la liberté des théâtres, il en profita pour adapter à son cadre les pièces qui lui convenaient. Chez lui, notamment, débutèrent Damas et Michot.

En 1795, Arnould-Mussot, malade, se retira. Audinot le suivit dans la retraite et l'entreprise fut laissée aux artistes en société, dirigés par Picardeaux. Le théâtre ne prospéra pas.

Au 1er janvier 1800, Audinot redevenait seul propriétaire. Mais riche, vivant une partie de l'année dans sa propriété de Cernay, près d'Eaubonne, le vieux comédien-directeur ne songeait plus guère à la lutte. Il céda son théâtre à Corsse, comédien intelligent et honnête, qui fit revenir les beaux jours de l'Ambigu.

Audinot mourut subitement le 1er prairial, an IX (21 mai 1801). Son fils, Audinot-Daussy (Nicolas-Théodore), propriétaire de la salle et du privilège, dirigea plus tard ce théâtre avec Mme de Puysaye (1818-1826). Il mourut à 48 ans, le 14 juillet 1826, au moment où il venait d'apprendre qu'il avait perdu 300,000 francs par suite de la disparition de son agent de change. Il avait épousé Mlle Henriette de Puysaye.

Biographie : Notice par E.-D. De Manne, *Troupe de Nicolet*.

Bibliographie : *Mémoires de Bachaumont, Anecdotes dramatiques*, t. III.

Iconographie : Bibl. nat. Catalogue Duplessis no 1977. En buste, de profil, à droite; grav. par Fr. Hillemacher, 1860.

AUDOIRD (d'). — V. Daudoird.

AUDRY, Mlle. — Actrice de la Salle Chantereine (1821), à laquelle la *Petite biographie* prête des allures d'homme.

AUERBACH, Mme, Charlotte. — Variétés, 1849.

AUFRESNE, Jean Rival, dit (1728-1804). — Naquit à Genève en 1728. C'était le fils d'un horloger nommé Daniel Rival, dont J.-J. Rousseau parle, dans ses *Confessions*, comme d'un homme d'esprit et de goût. Venu jeune en France, Aufresne chercha à substituer à la déclamation, si fort en vogue à cette époque, une diction simple et naturelle, ce qui lui valut de nombreux ennemis. Après un début en Normandie, en 1757, Aufresne entra à la Comédie française le 30 mai 1765 (Auguste dans *Cinna)*. Il fut reçu comme sociétaire le 29 juin de la même année; mais, ne pouvant faire accepter sa méthode, il préféra s'en aller le 23 novembre suivant. Vers 1768, nous retrouvons ses traces à Genève, où il joua avec Lekain au théâtre provisoire de Châtelaine, celui de Genève ayant été incendié.

Cet artiste, qui devait posséder un assez beau talent, parut sur toutes les premières scènes de l'Europe et notamment à Berlin. Attiré en Russie par Catherine II, il y resta jusqu'à sa mort, survenue à St-Pétersbourg le 4 juillet 1804. Frédéric II, dans sa *Correspondance,* fait un grand éloge de son jeu « noble, simple et vrai ». En 1776, ayant eu l'occasion de jouer dans une tragédie de Voltaire, à Ferney, en présence du grand philosophe, celui-ci lui dit après la représentation : « Vous me prêtez, par votre jeu, plus d'esprit que je n'en ai ».

Bibliographie : *Gazette de Lausanne*, 1804. — Sardet, *Dictionnaire des familles genevoises*. — Golowskin, *Lettres diverses recueillies en Suisse*. — *Nouvelle biographie générale*. — Sayous, *Le XVIIIme siècle à l'étranger*. — Montet, *Dictionnaire des Genevois*. — *Almanach des spectacles*, 1766, p. 134.

AUGÉ, François (1733-1783). — Naquit à La Ferté-sous-Jouarre le 31 décembre 1733. Son acte de baptême, extrait de l'église paroissiale de St-Etienne de La Ferté-sous-Jouarre, a été reproduit deux fois par E.-D. De Manne *(Troupe de Voltaire* et *Troupe de Talma*). Dès 1750, il parcourait déjà les provinces en la compagnie d'acteurs ambulants, et il arrivait de Vienne (Autriche), puis de Lyon où il tenait l'emploi de *grande casaque*, lorsqu'il se présenta à la Comédie française. Il y avait été demandé par un ordre de début reçu à Lyon le 18 janvier 1763, et Armand l'avait signalé comme le seul comédien digne de lui succéder dans les valets. Mlle Clairon, qui l'avait également entendu, n'était pas moins affirmative.

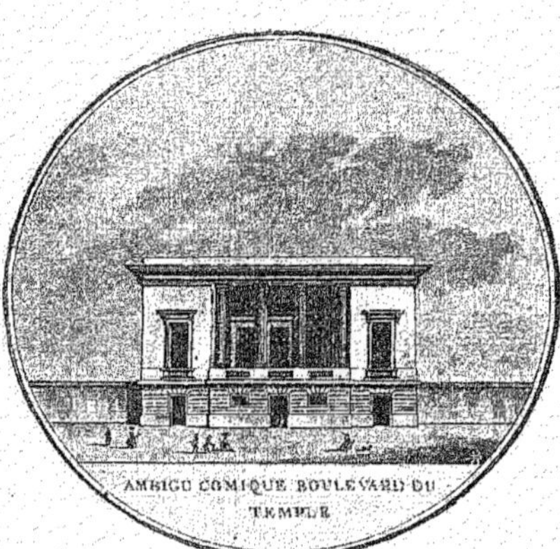

Vue du Théâtre d'Audinot

Augé débuta donc à la Comédie le 14 avril 1763, par le rôle de Dave dans l'*Andrienne* et par celui de Labranche dans *Crispin rival de son maître*. Sa figure, sa voix, son geste prompt lui assurèrent une réussite complète. Les rôles de Mascarille de l'*Etourdi*, de Merlin dans les *Trois frères rivaux*, de Frontin du *Muet* confirmèrent cette première impression favorable. Aussi les Gentilshommes de la Chambre l'admirent aux grands appointements de 2000 livres, qu'ils portèrent le mois suivant à la demi-part. Un quart en plus lui fut attribué le 4 avril 1767. On lui reprocha seulement de charger quelquefois certains passages de ses rôles pour mettre les rieurs du parterre de son côté.

Lekain se montra dur pour Augé : «Il fait, disait-il dans un mémoire adressé au duc de Duras, des fautes terribles contre la langue française dont il méconnaît les principes, la prosodie et la prononciation ». Et dans le même écrit : «M. le Maréchal rendrait service à la Comédie s'il daignait faire dire au sieur Augé qu'il faut savoir ses rôles pour les réciter ».

Quoiqu'il en soit, Augé ne cessa d'être goûté du public pendant 19 ans, excellant dans les *Crispin*, les *Frontin,* Basile du *Mariage de*

Figaro. Ses essais dans la tragédie (15 février 1768) l'engagèrent à y renoncer. Très économe, Augé songea à quitter le théâtre d'assez bonne heure, en 1782, avec une pension de 2500 livres. Sur ses économies, il acheta une maison rue de Valois, au Roule, mais la ruine du prince de Guéménée, chez qui il avait placé la plus grande partie de sa fortune, l'entraîna dans le même désastre. Le chagrin qu'il en éprouva fut si violent qu'il en mourut le 27 février 1783, ce qui fit dire à Grimm : « Un Crispin n'est pas tenu d'avoir plus de courage qu'un philosophe ». Une vieille tante qui avait cessé de le voir depuis qu'il était comédien hérita de 50,000 écus qu'Augé possédait encore, à la charge de faire une rente viagère de 3000 livres à une amie qui l'avait entouré de ses soins.

Augé créa, entre autres, les rôles de un gascon dans la *Manie des arts*, le commandeur dans le *Père de famille* de Diderot (1763), La Fleur dans l'*Epreuve indiscrète* (1764), L'Olive de l'*Orpheline léguée*, un valet dans le *Philosophe sans le savoir*, Pasquin de la *Bergère des Alpes* (1765), Drinck dans *Eugénie* de Beaumarchais (1767), La Fleur des *Valets maîtres*, Dubois de la *Gageure imprévue* (1768), un menuisier dans l'*Orphelin anglais* (1769), Gersal de la *Mère jalouse* (1771), l'Hôte des *Amants généreux* (1774), Basile du *Barbier de Séville* (1775), un valet de l'*Impatient* (1778), St-Germain de *Clémentine et Désormes* (1780).

Augé a toujours passé pour un des meilleurs interprètes de *Tartufe*. Malheureusement, un passage des *Mémoires de Fleury* (t. II, p. 317) nous ébranle dans cette conviction, car il nous laisse entendre que dans le moment où le protégé d'Orgon s'approche d'Elmire, Augé qui ne pouvait résister aux charges de mauvaise compagnie, n'hésitait pas à aller jusqu'à l'indécence. Quant à la prosodie, il paraît qu'il était terriblement brouillé avec elle, puisque l'on retrouve chez tous ses biographes la même histoire :

C'est à Augé, veut la tradition, qu'il est arrivé, en jouant l'Intimé des *Plaideurs*, de dire ainsi :

...Et si dans la province
Il se donnait en tout vingt coups de nerf de bœuf,
Mon père, pour sa part, en emboursait *dix-huit*.

La vérité est que cet acteur, sans instruction, ignorant de la vie élégante et des usages du monde et s'étant fait une loi de circonscrire son univers du trou du souffleur aux limites de la toile de fond, eut des débuts qui suscitèrent l'enthousiasme, car il succédait au vieil Armand et l'on s'imaginait alors qu'il le surpasserait.

C'est pour lui que Dorat avait fait ces deux vers :

On voit étinceler dans son regard mutin
Et l'amour de l'intrigue et la soif du butin.

« En effet, lisons-nous encore dans les *Mémoires de Fleury*, grand, bien fait, découplé, d'une figure non pas maigre, mais emmaigrie et qui laissait à découvert tout le jeu du masque le plus mobile, personne, plus qu'Augé, n'eut l'apparence scénique d'un fripon. »

Mais le même auteur fait cette remarque assez judicieuse que si cette qualité de physionomie est excellente pour jouer les *Dave* et les *Scapin*, peut-être en avait-il une dose trop forte, car si un personnage veut inspirer toute confiance il n'est pas bon que la personne prise pour dupe puisse lire à l'avance sur le visage du fripon ses intentions.

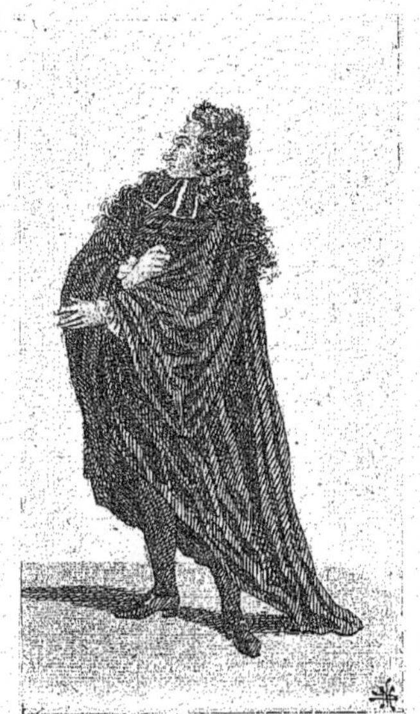

François AUGÉ
Rôle de Maître Brigandeau dans le *Mercure galant*.

Augé avait été le second témoin de Dazincourt dans le duel que celui-ci eut avec Dugazon (V. Dazincourt). Il habita successivement rue d'Anjou ; faubourg St-Germain, 1765 ; rue des Cordeliers, 1768 ; rue Mazarine, 1772 ; rue Guénégaud, 1778 ; rue Barrière de *Mousseau (sic)*, 1781 ; rue Barrière de Courcelles, 1782.

Biographie : *Galerie historique des acteurs du Théâtre français*, par Lemazurier. — *Troupe de Voltaire*, par E.-D. De Manne. — *Troupe de Talma*, par E.-D. De Manne. — *Liste alphabétique des Sociétaires*, par G. Monval.

Bibliographie : *Almanachs* Duchesne : 1764, p. 149 ; 1769, p. 154. — *Mémoires de Fleury*, t. II, p. 315 et suiv.

Iconographie : Bibl. nat., *Auger*, voir portraits de Préville. — Eau-forte de H. Lefort, en buste, *Troupe de Voltaire*. — Eau-forte de Fr. Hillemacher, en buste, *Troupe de Talma*.

AUGÉ, Mme. — De tous les documents que nous avons consultés, il résulte que le comédien Augé vécut et mourut célibataire. Néanmoins, en 1797, une dame Augé, qualifiée « femme du comédien de ce nom », se trouve sur la liste des artistes de l'Odéon (caractères ridicules, mères *décrépites) (sic)*. L'entreprise ne réussit pas. Il s'agit donc, selon toute apparence, de la femme d'un comédien du nom d'Augé (?), lequel n'a rien à faire avec le précédent.

Bibliographie : l'*Odéon*, par P. Porel et G. Monval, t. I.

AUGÉ, Mme, Eugénie. — Moscou 1849, St-Pétersbourg 1850.

AUGÉ, Ch.-Auguste. — Angoulême 1878-79.

AUGÉ, Mlle, Marie. — Bruxelles 1885-88, Gymnase 1891-96.

AUGER, Mlle. — Théâtre des Troubadours, 1800. C'est à cette actrice que l'on faisait dire : « Mais oui, j'ai du naturel, de la vérité, assez de voix pour les petits couplets que je ne dis pas mal, une physionomie tant soit peu friponne, et si je travaillais... ».

Bibliographie : *Almanach des spectacles*, 1800.

AUGER, Mme, Louise. — Porte St-Martin 1849.

AUGER, Victor. — Alger 1849.

AUGER, Alexis-Antoine-Marie. — Funambules 1849-52. Reparaît sous le nom d'*Auger de Beaulieu* (Al.-Ant.-Marie), à Belleville 1867-70, et Bruxelles 1872, 1876-77, 1880. Sa mort fut annoncée au Rapport de la Société des artistes, en 1881.

Bibliographie : *Annuaires* des artistes.

AUGUSTA, Mlle. — Vaudeville 1806-07.

Bibliographie : *Opinion du Parterre*, t. V, p. 171.

AUGUSTA, Mme. — Mime au Théâtre des acrobates Saqui, 1822.

AUGUSTA, Mlle. — Premier rôle jeune au Théâtre français de Rouen, 1832-33.

AUGUSTA, Mlle. — Au mois d'avril 1858, le théâtre de la Gaîté donnait *Germaine*, drame en cinq actes et huit tableaux, tiré d'un roman d'Ed. About par d'Ennery et Hector Crémieux.

« Après Lafont, écrivait Monselet, nous nous faisons un plaisir de nommer une jeune personne, qui a trouvé dans *Germaine* un rôle à sa physionomie, à ses moyens et, comme qui dirait, à son tempérament, car elle s'est évanouie en scène lors de la première représentation. »

La pauvre jeune fille devait avoir, en effet, une santé bien délicate car, à peine engagée au Gymnase, elle retombe gravement malade.

Nous lisons dans le Rapport de la Société des artistes (année 1859) : « M. Montigny (directeur du Gymnase) vient encore de donner une preuve récente de l'excellence de son cœur. Une des nouvelles pensionnaires du Gymnase, Mlle Augusta, venait à peine de terminer ses débuts, lorsqu'elle fut arrêtée au milieu de ses succès par une cruelle maladie qui la forçait à quitter pour un long temps le théâtre et à chercher loin de la France le rétablissement d'une santé gravement compromise. Les médecins ne pouvant préciser l'époque de retour de cette jeune artiste, son engagement devenait résiliable par le fait de la cessation complète de son service. C'était le droit du directeur ; mais M. Montigny n'use de son droit que pour faire le bien. Il donna un congé illimité à la jeune malade, maintint son engagement et son traitement ».

La mort de Mlle Augusta fut annoncée dans le Rapport de la Société des artistes (1861), qui vota des remerciements au docteur Campardon qui soigna la jeune malade sans vouloir accepter aucune rémunération.

Bibliographie : les *Premières représentations célèbres*, par Ch. Monselet, p. 106. — *Annuaires* de la Société des artistes.

AUGUSTE. — Sous ce nom :

Auguste, amoureux au Théâtre des Arts, à Rouen, 1805.

Auguste. Th. des jeunes Artistes, 1805-06.

Auguste. Porte St-Martin, 1805-07.

Auguste. Th. du Vaudeville, 1807-08.

Iconographie : Coll. Martinet, pl. 126, Auguste dans le rôle d'Alexis de la *Chaumière Moscovite* (vers 1808).

Auguste. Nom d'un acteur qui débuta au Théâtre de l'Impératrice, le 24 décembre 1811, dans le rôle d'Auguste de l'*Amour et la Raison*. Le 26, il joua le rôle de Zanetto dans les *Trois jumeaux vénitiens*.

Bibliographie : *Opinion du Parterre*, t. IX, 1812.

Auguste (le tragédien), débuta à la Comédie française, le 12 octobre 1816, dans *Polyeucte*. Est-ce le même qui paraît sur l'affiche de l'Odéon le 3 juin 1817 (Lamartellière du *Voyage interrompu*) et le 5 dans l'*Honnête criminel ?* Quoiqu'il en soit, le tragédien que l'on a vu au Théâtre français se présenta à l'Odéon, le 1er février 1820, dans Achille d'*Iphigénie en Aulide*.

La *Petite Biographie* (1821) ne nous en a pas laissé un portrait trop flatteur : « Parcourons l'énumération de tous les vices du comédien et, les inscrivant après le nom de M. Auguste, nous lui aurons rendu justice pleine et entière ».

Auguste, néanmoins, resta huit ans attaché à ce théâtre. Le 28 septembre 1821, il joue le mari dans *Un moment d'imprudence* et, le 9 mai 1825, il a un rôle dans la *Mort de César* qui fit une chute retentissante. En 1826-27, il figure en tête des artistes de tragédie. Le 23 août 1827, il crée un rôle dans la *Prison de*

Pompéia, et le 13 février 1828, un autre dans *Amy Robsart*, de Victor Hugo et de Paul Foucher, mais signé de ce dernier seul. La pièce tomba et le manuscrit a disparu. Auguste demeurait 20 rue de Seine (1823-26).

Voici comment Harel (*Dict. théâtral*, 1825) jugeait Auguste, de l'Odéon : « On l'applaudirait quelquefois s'il ne criait pas presque toujours. Peut-être ne se livre-t-il à cette habitude que pour faire la cour à Joanny, son chef d'emploi. Ne désespérons pas, Auguste a de la jeunesse et de l'intelligence ».

En 1836, nous voyons un *Auguste* (Houllevigne), ex-artiste de l'Odéon, pensionnaire à la Comédie Française. Il s'agit évidemment du même artiste qui passa aussi à la Porte-St-Martin. Nous croyons le retrouver encore à Bruxelles en 1842, où il tient l'emploi de père noble : Don Louis du *Festin de pierre* (10 mai), Derbain du *Tyran domestique* (27 mai), Michel d'un *Chef-d'œuvre inconnu* (6 juin).

Auguste Houllevigne mourut en décembre 1852.

Bibliographie : L'*Odéon*, par P. Porel et G. Monval. — *Annuaires dramatiques*. — *Petite biographie*, 1821. — *Dictionnaire théâtral*, de Harel, 1825. — *Annuaire Delhasse*, 1843.

AUGUSTE. — Variétés, 1818-19.

AUGUSTE. — Gymnase, 1820. Géronte du *Trésor supposé*, 13 septembre 1821.

AUGUSTE. — Premier rôle du Panorama dramatique, 1822.

AUGUSTE. — Mime au Théâtre acrobate Saqui, 1822.

AUGUSTE. — Comique, débute à la Comédie Française dans Crispin du *Légataire universel*, le 31 mai 1823.

AUGUSTE. — Jeune premier à Gand, 1825.

AUGUSTE. — Banlieue, troupe Seveste, 1825-28.

AUGUSTE. — Acteur au Théâtre des Célestins, Lyon, 1826.

AUGUSTE. — Acteur du Palais Royal, à l'ouverture.

1831. 6 juin. L'*Audience du prince*.
— 21 juin. Le *Comte de Saint-Ronan*.
1832. 31 mars. *Bonardin directeur de spectacle*.
— 20 juin. La *Cheminée de 1748*.
— 4 août. Le *Conseil de révision*.
— 23 août. *Jacques*.
— 9 oct. Le *Mariage impossible* (reprise).
1833. 6 avril. Les *Locataires et les portiers*.
— 6 avril. *Maclou* (reprise).

Bibliographie : Le *Théâtre du Palais Royal*, par Eug. Héros.

AUGUSTE. — Acteur au Gymnase, 1840.

AUGUSTE, Claude-Jacques-Gabriel Débonnaire, dit. — Agé de 71 ans en 1858, ayant exercé pendant 40 ans la profession de comédien en province et à l'étranger, retiré et pensionné de 300 francs par la Société des artistes dramatiques. Mort vers 1863.

Bibliographie : *Annuaires* des artistes.

AUGUSTE, Ovide-Gaspard Laignier, dit. — Ambigu 1858.

Agé de 52 ans en 1858, ayant exercé la profession d'artiste dramatique à Paris pendant 38 ans, et gagnant moins de 800 francs par an, Auguste Laignier reçut de la Société des artistes une pension de 200 francs, ainsi que sa femme Jeanne-Pierrette Dispot. Bien que soigné avec autant d'empressement que de désintéressement par M. le Docteur Campardon, Auguste Laignier s'éteignit en 1864 (Rapport 1865).

Bibliographie : *Annuaires* des artistes.

AUGUSTE, Jean-Baptiste Baumas, dit. — Marseille 1859-65.

AUGUSTE. — Théâtre du Châtelet 1863 (28 février), *Marengo*.

AUGUSTE, Mme. — Premier rôle, Amiens 1825.

AUGUSTIN, Dogemonot. — Acteur du Palais-Royal :

1846. 11 déc. La *Poudre coton*.
1847. 21 déc. Un *Banc d'huîtres*.
1848. 19 déc. Les *Lampions de la veille et les lanternes du lendemain*.
1849. 18 déc. Les *Marraines de l'an III*.
1850. 17 oct. *Deux aigles*.
1851. 14 août. Le *Chapeau de paille d'Italie*.
— 10 déc. Les *Crapauds immortels*.

Augustin, modeste serviteur, fut attaché au Théâtre du Palais-Royal jusqu'à sa mort, annoncée dans le Rapport de 1857 à la Société des artistes.

Bibliographie : Le *Théâtre du Palais-Royal*, par Eug. Héros.

AUGUSTIN. — Acteur des Folies Marigny, 1865, 15 décembre, *Bu qui s'avance*. Excellait dans les rôles de ganaches et de vieux concierges.

AUGUSTINE, Mlle. — Vaudeville 1793.

AUGUSTINE, Mlle. — Gaîté 1812.

AUGUSTINE, Mme. — Actrice du Palais-Royal :

1833. 10 mai. Le *Camarade de lit*.
— 30 mai. La *Chipie*.
— 30 déc. La *Révolte des femmes*.
1834. 21 févr. Le *Remplaçant*.
— 13 mars. Les *Quatre âges du Palais-Royal*.
— 11 avril. Un *Bal de domestiques*.

1834. 22 août. Les *Deux borgnes*.
1835. 6 juin. L'*Ombre du mari*.
— 4 juillet. La *Prova d'un' opera seria*.
— 17 oct. Le *Testament de Piron*.
1836. 14 janv. *Léona*.
— 9 févr. Les *Chansons de Désaugiers*.
— 19 mars. *Actéon*.
— 8 juin. L'*Oiseau bleu*.
— 10 juillet. Les *Misères d'un timbalier*.
1837. 11 mars. *Riquiqui*.
— 30 oct. Le *Bal champêtre* (reprise).
— 4 nov. Le *Café des comédiens*.

Bibliographie : Le *Théâtre du Palais-Royal*, par Eug. Héros.

AUJAC, Jean. — Comédien et trial. Bruxelles 1850-66, Strasbourg 1867, Bruxelles 1868, New-York 1869, Bruxelles 1872, Rio-Janeiro 1875-76. A cette époque Aujac vint se fixer à Paris qu'il habita pendant 18 ans. En 1881, il avait 61 ans, 37 ans de services, et recevait une pension annuelle de 500 francs de la Société des artistes. Vers 1895, il alla se fixer à Braine-le-Comte (Belgique). Le rapport de 1900, qui annonce sa mort, en parle comme d' « un trial souvent apprécié ».

Bibliographie : *Annuaires* de la Société des artistes.

AULAIRE. — V. St-Aulaire.

AUMALE (d'), Mlle. — Théâtre français comique et lyrique de la rue de Bondy, 1792.

AUMONT, Mme, Irma. — Rouen 1854, Versailles 1855, Valenciennes 1856, La Haye 1857-58, Reims 1859, Liége 1860-61, Lyon 1862, Aix 1863, Versailles 1865, Amiens 1867-68, Limoges 1869-70, Versailles 1872-74, Limoges 1875-79.

Bibliographie : *Annuaires* de la Société des artistes.

AUMONT, Mme, Maria. — La Haye 1857-58, Reims 1859-63.

AUMONT, Mme, Eugénie-Alexandrine. — Nice 1863-65.

AUMONT, Mme, Céline. — Théâtre lyrique-dramatique, devenu Théâtre historique, 1875-79.

AUMONT, Mme, Suzanne-Elisabeth-Louise. — Châtelet 1879, où elle entra à l'âge de cinq ans pour jouer Eva dans les *Pirates de la Savane*. Fit ensuite partie de la tournée Sarah Bernhardt en Angleterre, Belgique, Danemark. De retour à Paris, créa le petit Raoul de Hun, dans la *Princesse de Bagdad* à la Comédie française; y joua Louison, du *Malade imaginaire*, l'enfant du *Supplice d'une femme ;* parut ensuite dans *Madame Thérèse* au Châtelet, dans un *Patriote* à la Gaîté. Après avoir étudié pendant trois ans, Mme Aumont sembla abandonner le genre grave pour le genre léger : elle entra aux Nouveautés, y remplaça Mily Meyer dans la *Demoiselle du Téléphone*, et créa plusieurs rôles, notamment dans *Me-na-ka* et dans *Champignol malgré lui* (1892). Après avoir repris les *28 jours de Clairette* aux Folies Dramatiques et créé *Mlle ma femme* aux Menus Plaisirs, Mme Aumont abandonna le théâtre pour le concert et les soirées mondaines.

Bibliographie : *Nos Artistes*, par J. Martin, 1901.

AUPY, Mme, Louise-Claire Fleury, née Vial. — Lille 1856-61.

AURAT, Mme, Clara Baës, dite. — Gaîté 1889-93.

AURÈLE, Adrien Dupin. — Jouait à Rochefort en 1858, fut engagé au Théâtre Montparnasse, puis au Théâtre du Luxembourg. En 1861, il trouva une petite place aux Variétés. En 1863, il passa par l'Ambigu, puis revint aux Variétés où il reprit, après Grenier, le rôle du Prince Paul dans la *Grande Duchesse*. Il était encore à ce théâtre en 1868.

AURELLE, Mlle. — Nom d'une tragédienne qui débuta à la Comédie Française en 1832.

AURORE, Mlle. — Jouait la tragédie et chantait l'opéra à Rouen, en août 1786. Bien qu'elle appartînt à l'Académie royale de musique, elle voulut jouer le rôle de *Sémiramis*, dans la tragédie de Voltaire. Ce qui fit dire à Duverger, comédien-poète :

Des bras du vieux Tithon tu t'échappes à peine,
Et ton nom, belle Aurore, est chanté dans ce jour
Au temple d'Apollon, au temple de l'Amour
Ainsi qu'aux rives de la Seine.
Tu fais succéder tour à tour
Les accents de ton luth, les chants d'une sirène
Aux fiers accents de Melpomène
Et de Thalie encor tu vas grossir la cour ! *etc.*

Ce qui valut à l'auteur cette réponse de la tragédienne improvisée qui jurait, mais un peu tard, qu'on ne l'y prendrait plus :

Votre muse légère, aimable,
Cherche à dissiper mes ennuis,
Et par un prestige agréable
Espère calmer mes soucis.
Malgré votre douce harmonie
Et votre augure trop flatteur
L'espoir ne séduit pas mon cœur
Et mon âme est anéantie.
Mon luth glacé, mes tristes chants
N'ont sur les cœurs aucun empire.
Melpomène semblait sourire
Aux faibles et premiers accents
Que pour elle formait ma lyre,
Mais le sourire était trompeur,
La gloire paraissait aisée,
Je reconnais ma folle erreur
Et suis enfin désabusée.

Bibliographie : *Histoire des Théâtres de Rouen*, t. I, p. 120-122.

AUROUX, Mme, née Zévaco. — Bruxelles 1850-52.

AUSOU ou **AUSOULT.** — V. Auzoult.

AUTEUIL (d'). — Porte-St-Martin 1814-15.

AUTHEMAN, Jean. — Lyon 1852-55.

AUTHIER, Paul. — Gand 1857-59, Marseille 1860-61, Angers 1862-63, Toulon 1864, Nantes 1865-67.

AUVILLIERS (d'). — V. Dauvilliers.

AUVRAI. — Nom d'un débutant à la Comédie Française le 20 août 1782 : « Le sieur Auvrai a débuté par le rôle du Comte de Tuffière dans le *Glorieux* et d'Alcandre dans le *Babillard;* ensuite par celui d'Achille dans *Iphigénie en Aulide*, de Damis dans la *Métromanie*, de Dorante dans le *Somnambule*, d'Ariste dans le *Philosophe marié*.

Bibliographie : *Almanach Duchesne*, 1783.

AUVRAY, élève de Talbot, qui remplaça Gil-Naza dans Coupeau de l'*Assommoir* pendant 150 représentations. Joua dans une reprise de *Paillasse*, le Chevalier de Rollac ; dans *Turenne* créa Exili. On lui promettait un brillant avenir en 1876.

Bibliographie : *Foyers et Coulisses, Ambigu* 1880.

AUXAIGNEAUX, M. et Mme. — Porte-St-Martin 1814-15.

AUXJOYAUX, Charles-Prosper. — Rennes 1876, Verviers 1877, Liège 1878, Versailles 1879.

AUZET, M. et Mme. — Premiers rôles de province. Montpellier 1825. Le mari tenait encore les premiers rôles à Nîmes en 1840.

AUZILLON (Marie Dumon ou Dumont), veuve de Dorimond, puis femme Auzillon. — Actrice au Théâtre du Marais en 1668, puis au Théâtre Guénégaud, 1673, « à la recommandation d'une personne qualifiée », et congédiée à l'unanimité le 13 avril 1679, avec 750 livres de pension à la mort de son protecteur. Elle fit un procès à la Société et obtint 250 livres de plus, soit 1000 livres de rente, dont elle jouit jusqu'à sa mort, survenue le 6 juin 1693, selon G. Monval, ou le 8 juillet suivant, selon V. Fournel.

Son second mari, Pierre Auzillon, n'était pas comédien, mais guidon de la Compagnie du Prévost de l'Ile-de-France. Mais on l'appelait couramment Mlle l'*Oisillon* (Chapuzeau, Lagrange, Robinet), comme il résulte surtout de la lettre en vers de ce dernier, en date du 8 mars 1670.

Mlle l'*Oisillon*, nous dit-il, est une actrice

Ayant fort la gorge selon
Qu'une gorge belle me semble.....

Lagrange, cet honnête homme par excellence, qu'elle fit assigner pour être ouï le 17 mai 1679, au moment de son procès, lui reprocha dans son interrogatoire de n'avoir jamais été utile à la société.

Bibliographie : *Liste alphabétique des Sociétaires*, par G. Monval. — Chapuzeau, Lagrange, Robinet, Lemazurier, V. Fournel, etc.

AUZOULT ou Ausou, ou Ausoult, Jean. — Epoux d'Anne de Crenet, comédien du Roi (hôtel de Bourgogne), demeurant rue de Poitou. Maria sa fille, Jeanne Auzoult, âgée de 16 ans, le 22 avril 1641 à André Boiron. De cette union naquit le grand Baron. — V. Baron.

Bibliographie : *Dictionnaire critique de Jal.*

AVELINE, Mme, Céline. — Turin 1850, Lille 1852, Toulon 1856, Rennes 1857, Reims 1858, Le Hâvre 1865, Reims 1867, Rennes 1868-69, Reims 1870-74. En 1882, Mme Céline Aveline, qui avait 62 ans, habitait Paris. Elle reçut de la Société des artistes dramatiques une pension annuelle de 300 francs. Sa mort fut annoncée dans le Rapport de l'année 1897.

Bibliographie : *Annuaires* de la Société des artistes.

AVENEL, Mlle, Aline-Marie-Naïre. — Née à Elbeuf le 15 août 1824, premier prix au Conservatoire, pensionnaire à la Comédie Française, 1er août 1839-1848. En juin 1848, elle débuta à l'Odéon dans les *Folies amoureuses*. Elle parut la même année à ce théâtre dans les *Femmes fortes*, la *Reine d'Espagne*, les *Convenances d'argent*, et en 1849 dans *Une Orientale* et *Evelyne*. Cette artiste mourut à Paris en mai 1857.

Bibliographie : L'*Odéon*, par P. Porel et G. Monval, t. II.

AVENET, Jacques. — Nom d'un avocat qui jouait en 1634 dans la troupe Mondory, à qui il avait sous-loué le Jeu de Paume de la rue Michel-le-Comte.

Bibliographie : *Chansons de Gaultier Garguille*. Edit. Ed. Fournier, p. 160, note.

AVETTE, Louis-Pierre. — Genève 1853-55, Gand 1857-59, Bruxelles 1860, Nice 1861-76, où il fut longtemps directeur. Avette fut un dévoué protecteur de l'Association des artistes, à laquelle il ne ménageait pas les dons.

Bibliographie : *Annuaires* des artistes.

AVETTE, Mme. — V. Aubrée.

AVISIE. — Odéon 1868.

AVOLIO, Mme, ou Bailli. — Théâtre des Troubadours, 1799, et Théâtre de l'Ancien Opéra (Porte-St-Martin), an XI : « Talent peu remarquable et voix ordinaire. On pourrait lui conseiller de faire moins de grimaces en chantant », dit le *Tribunal volatile*.

AVRIL, Mlle, Mathilde. — Porte-St-Martin 1867, Montmartre 1868-72.

AXÈMUT. — Théâtre Molière, Bordeaux 1793.

AYMAR. — Troisième comique, Théâtre Français, Rouen 1834-35.

AYMÉE, Mme. — Théâtre du Vaudeville 1793.

AZÉMA. — Pensionnaire au Théâtre de l'Impératrice, 1811-12, et de l'Odéon, 1818-19.

AZÉMA, Mme. — Soubrette à Bordeaux, 1825-27. En 1853-57, vivait à Marseille une artiste dramatique appelée Mme Azéma, Désirée-H., née Vaudin.

AZÉMA, Victor. — Artiste dramatique, habita Marseille de 1849 à 1876.

AZÉMA, Louis. — Genève 1852, Brest 1853-54, Amiens 1856, Versailles 1857, Alger 1858, Genève 1860, Tournay 1861-64.

Bibliographie : *Annuaires* des artistes.

AZIMONT, Mlle, Cécile. — Théâtre du Palais-Royal :

1845. 20 déc. Les *Pommes de terre malades.*
1848. 19 déc. Les *Lampions de la veille et les lanternes du lendemain.*
1849. 18 déc. Les *Marraines de l'an III.*
1850. 17 oct. *Deux aigles.*
1851. 14 août. Le *Chapeau de paille d'Italie.*
— 10 déc. Les *Crapauds immortels.*
1853. 2 mars. Les *Folies dramatiques.*
— 16 déc. L'*Esprit frappeur.*
1854. 23 déc. Les *Binettes contemporaines.*

« Pristi, quelle jolie fille ! » s'écrie Jacques Arago en 1852. « Pristi, quel gracieux talent ! Pristi, que vous êtes heureux de *la voir !* Je souligne ces deux derniers mots de peur que le prote n'en fasse qu'un seul, ce qui, du reste, ne changerait pas trop ma pensée. »

Mlle Azimont appartint encore au Théâtre du Palais-Royal pendant plusieurs années. Son nom disparut à partir de 1863.

Bibliographie : le *Théâtre du Palais-Royal,* par Eug. Héros. — *Foyers et Coulisses,* par Jacques Arago.

AZINCOURT (d'). — V. Dazincourt.

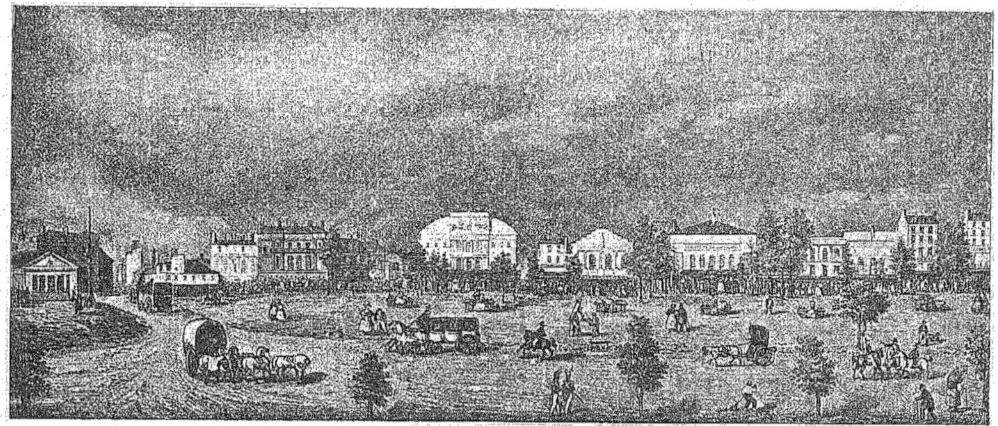

Poste du Château d'eau — Faub. du Temple — Hôtel Foulon — Cirque Franconi — Folies dramatiques — Théâtre de la Gaité — Funambules — Mme Saqui — Lazari

Physionomie du vieux boulevard du Temple de 1825 à 1840

« Il n'est pas bien commode d'avoir, au bout de trois quarts de siècle, des renseignements précis sur le jeu de tel ou tel acteur, et surtout sur l'opinion qu'en avait le public. Les journaux n'entraient pas dans tous ces détails ; j'ai à la maison les feuilletons de Geoffroy, le critique des *Débats*. C'est à peine si de loin en loin on trouve quelque appréciation sommaire sur les comédiens du temps. »

FR. SARCEY.

BABONNEAU. — Nantes 1871-75.

BABOU, Mme Aglaé. — Actrice à Lyon depuis 1847. En 1882, Mme Babou âgée alors de 61 ans, avec 38 ans de services, obtint de la Société des Artistes dramatiques une pension annuelle de 500 fr. Son nom figure toujours à Lyon sur l'annuaire de 1901.

BABOU, Mme Lise. — Lyon 1849.

BAC, Daniel, Emile Louvet dit. — Acteur original et consciencieux, mais de second plan, excellant à se faire des têtes. On affirme, du reste, qu'il est l'inventeur des crayons gras pour le maquillage. Daniel Bac passa par les Menus Plaisirs, 1866-69, puis entra aux Variétés où il resta 26 ans, 1870-96. Il y créa notamment le rôle de Désablettes dans *Niniche*, le 15 février 1878. La même année il fut prêté par les Variétés au théâtre de la Gaîté (le *Chat botté*, 18 mai) et il joua au Vaudeville le rôle de Passajou du *Nabab* (30 janvier 1880). En 1897, Daniel Bac âgé de 66 ans, ayant 35 ans de théâtre, reçut une pension annuelle de 500 fr. de la Société des Artistes dramatiques, et se retira à Saumur où il habitait encore en 1901.

Bibliographie : *Annuaires* de la Société des Artistes. — *Almanachs* Soubies. — *Foyers et Coulisses*, Variétés, p. 70.

Iconographie : Bibl. nat. Catalog. Duplessis no 2306. En pied, de 3/4 à gauche (costume de théâtre), lith. Destouches. V. aussi Berthelier (portraits). — *Journal amusant*, 26 mars 1887, rôle d'un gendarme dans la *Noce à Nini*.

BACH, Charles, Léopold, Alcide. — Le Hâvre 1870-74, Lille 1875-76, Alger 1877-97. Sa mort fut annoncée dans le Rapport à la Société des Artistes, en 1898.

BACHE, Debruille dit. — Ch. Monselet écrivit un jour, en 1860, à propos de cet artiste : « La destinée dramatique de M. Bache est au moins exceptionnelle. Il vient de la Comédie française où il a interprété le grand répertoire ; il vient du Vaudeville où il a créé le *Pierrot posthume* de Th. Gautier, il vient des Bouffes parisiens où il a chanté les couplets du Roi de Béotie de façon à les rendre populaires. Un de ces jours nous retrouverons M. Bache à l'Opéra ou au Cirque Napoléon. »

Toute la critique de la carrière artistique de ce fantaisiste tient dans ces quelques lignes. Aujourd'hui Bache est passé dans la légende, et à quarante ans de distance il est déjà assez difficile de savoir quelque chose d'exact sur sa personnalité.

Bache fut plus connu comme excentrique et comme mystificateur que comme acteur. Prix de violoncelle au Conservatoire, ex-étudiant en médecine, il avait passé par le Vaudeville (1845) et par le Palais Royal (1848, 19 déc., les *Lampions de la veille et les lanternes du lendemain*). Mais Bache avait une idée fixe : entrer à la Comédie française. Il y débuta le 25 avril 1853 par le rôle de Basile du *Barbier*. Reçu comme pensionnaire, il créa Forabosco du *Songe d'une Nuit d'hiver* (12 juin 1854), Rodablas de l'*Amour et son train* (15 septembre 1855), Monocorde de *Guillery* (1er fév. 1856) et un chanteur de *Comme il vous plaira* (12 avril 1856), tous rôles adaptés à sa personne étrange, grande, maigre.

Après quatre années de séjour à la Comédie, Bache passa aux Bouffes parisiens où il créa le rôle de John Styx dans *Orphée aux Enfers* (21 octobre 1858). Les fameux couplets

Quand j'étais roi de Béotie...

le rendirent à jamais célèbre. — Pour quelles raisons, allant de chute en chute, Bache passa-t-il au théâtre Déjazet, voilà ce qu'il serait difficile de dire. Et cependant les choses ne marchèrent pas toutes seules, là encore, car nous apprenons que ce Bache qui était un « singulier corps », d'humeur assez peu commode, eut un procès avec la direction. Déjazet en parle dans sa correspondance; elle écrit, en effet, à Arthur Bertrand, le 26 novembre 1864 : « Le procès de mon fils (Eug. Déjazet, directeur) avec Bache me tourmente plus que je ne puis le dire ; si je suis malade en ce moment, je le dois à mes heures d'inquiétude et à mes nuits sans sommeil. Je fais des vœux pour que mon fils perde, parce qu'alors je n'aurais plus à redouter la vengeance de son ennemi... Bache a pris pour avocat un homme capable de tout pour gagner ses causes, fouillant dans la vie des familles, et s'emparant de tout ce qui peut nuire à son adversaire. Comprenez-vous si je dois craindre les paroles de cet homme, que mon fils a promis de souffleter si l'un de nous est insulté... ». Craintes de mère fort exagérées sans doute, mais qui ne nous font pas voir Bache sous un beau côté.

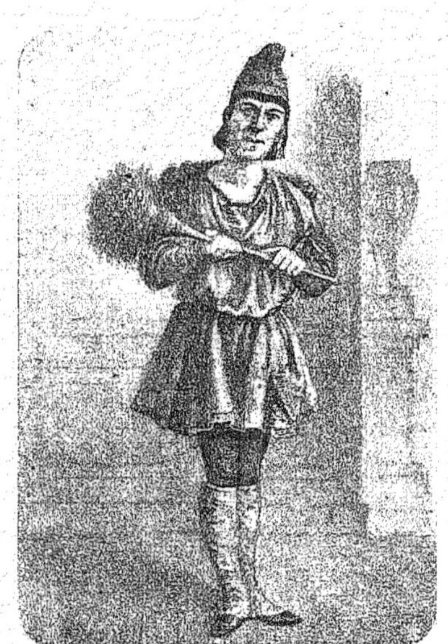

BACHE
rôle de John Styx dans *Orphée aux enfers*

Ceux qui ont connu Bache le représentent comme un type extraordinaire, long, mince, l'air ascétique, toujours revêtu d'une grande redingote noire à petits boutons, fermée jusqu'au col, ajustement qui le faisait prendre pour un séminariste. C'est de lui, cette théorie des cravates : « Moi, disait-il, j'achète deux cravates qui me durent toute l'année : une blanche et une noire. Dans les six derniers mois, c'est la blanche qui est devenue noire, à force d'usage, et la noire qui est devenue blanche à force d'usure. ».

Voici ce qu'en ont dit Yveling Ram Baud et E. Coulon dans leurs *Théâtres de Paris* (1866) : « Avez-vous vu, non pas dans Barcelone, mais boulevard Montmartre, de trois à cinq heures, se promener un long bonhomme, haut de six pieds, roulé, l'été, dans un vaste manteau à l'espagnole qui flotte mélancoliquement autour de ce maigre fantoche, comme une voile le long d'un mât quand le vent est tombé ; des gants de coton blanc ; un pantalon noir étreignant deux tibias qui semblent sortir de la clinique (salle de dissection) et, à la main, un vigoureux gourdin ? Ce bonhomme, dont je semble avoir copié le portrait dans Hoffmann, c'est Bache. A traîné sa maigre personne dans tous les théâtres ; un artiste véritable, faisant d'un rôle de figurant le principal personnage de la pièce (Balandard dans *Choufleury*). Mauvais caractère, se dispute avec tout le monde ; l'homme le plus maniaque de Paris. »

C'est ainsi qu'il allait dîner en ville avec un formidable couteau de cuisine, brillant et affilé, enfermé dans un étui de chagrin noir, prétendant que les couteaux de table ne coupaient pas et qu'il ne pouvait se servir que de celui-là.

Il est arrivé pour Bache comme pour Romieu, Henry Monnier, Vivier et autres mystificateurs. On lui en a prêté beaucoup plus qu'il n'en a fait.

Coquelin cadet, en une heure rabelaisienne, nous a raconté dans son *Livre des Convalescents*, comment Bache se moquait des charcutiers. D'autres ont narré l'anecdote du sacristain. Mais tout ceci n'a rien à voir avec le théâtre. Fort malade en 1866, Bache dut mourir, phtisique sans doute, en 1867.

Bibliographie : *Virginie Déjazet*, par L. Henry Lecomte. — Les *Théâtres de Paris*, par Yveling Ram Baud et E. Coulon, 1866.

Iconographie : Partition d'*Orphée aux enfers*, chez Heugel et Ce, lith. dans le rôle de John Styx. — *Journal amusant* 15 fév. 1862 : Bache, dit le Long, dans M. *Choufleury*, par Marcelin.

BACHELARD. — Acteur du Palais-Royal.
1832, 26 mai. Les *Deux Frères*
— 26 juin. Le *Sylphe*.
— 23 nov. Le *Petit Caporal*.
1851, 14 mai. La *Fée Cocotte*.
— 10 déc. Les *Crapauds immortels*.

Bibliographie : Le *Théâtre du Palais-Royal*, par Eug. Héros.

BACHELET, Mlle Maria. — Actrice des Délassements comiques 1849, des Variétés 1850.

BACHELET, Jacques, Félix. — Acteur du Vaudeville, 1852-60 ; fut de la création des *Faux Bonhommes*.

BACHELOT, Mlle Valentine. — Lyon 1849, Gand 1850-52.

BACHIMONT-Leroy, Mme Clémence, Louise. — Le Hâvre 1862-63, Lyon 1864, Bruxelles 1865, Toulouse 1867, Castres 1868, Théâtre du Châtelet 1869, Dieppe 1870-71, Montévidéo 1872-74, Bordeaux 1875-80, Dijon 1881-82, Bordeaux 1883-1900. Sa mort fut annoncée au Rapport de 1901, à la Société des Artistes.

BACHIMONT, Eugène, Victor. — Reims 1868-71, Oran 1872-73, Béziers 1874-77, Alger 1878, Cahors 1879, Nîmes 1880-81, Marseille 1882-86, Amiens 1887.

BACOFFEN, Mme. — Premier rôle tragique de la troupe de Mme Raucourt, à Milan (octobre 1806). Un de ses meilleurs rôles était celui de *Sémiramis*, mais on lui reprochait de trop déclamer les vers. En 1792, une dame Bacoffe avait chanté l'opéra au Grand Théâtre de Marseille.

Bibliographie : *Mlle Raucourt, directrice des théâtres français en Italie*, par H. Lyonnet, Bulletin de la Société de l'histoire du théâtre, n° 1, 1902.

BACOT, Edmond. — Acteur français à Odessa, 1872-77.

BACQUIE, Guillaume. — La Haye 1872-73, Bruxelles 1874, Marseille 1875-77. Entra à l'Opéra-Comique en 1878 où il resta jusqu'en 1882, puis reprit la route de la province : Genève 1883, Lyon 1884, Toulouse 1885-86. Sa mort fut annoncée dans le Rapport à la Société des Artistes dramatiques en 1887 (sous le nom de *Sacquié*, erreur de composition).

BADE, Mlle. — Th. du Châtelet 1873, Athénée 1876-79.

BADEL, Mme Emilie, Marguerite. — Actrice à Constantinople 1872-74. Habita Paris 1875-84, puis Monaco 1885-98.

BADER, Mme Marie, Caroline. — Passa du Gymnase enfantin aux Délassements, où elle débuta dans *Marceline la Vachère*. Puis elle fut engagée au Vaudeville sous la direction Lockroy, et créa à ce théâtre différents rôles. J. Arago, en 1852, lui reconnaît de l'entrain, de la joyeuseté, de la rondeur. Elle chante le couplet à merveille. Mme Caroline Bader quitta le Vaudeville pour les Variétés (vers 1855) et débuta à ce théâtre dans la *Fosse aux Ours* et les *Petits Mystères de Paris*. Elle y resta plus de vingt ans, jusqu'en 1877, changeant de genre avec les années. En 1887, âgée de 60 ans, ayant 32 ans de services, Mme Caroline Bader obtint une pension annuelle de 500 fr. de la Société des Artistes. Elle tint pendant longtemps un bureau de tabac dans le passage Jouffroy, et habitait Paris en 1901.

Bibliographie : *Foyers et Coulisses*, par J. Arago, 1852.

BADIN, Achille, Pierre. — Cherbourg 1849. Habitait Paris de 1857 à 1868.

BAILA, Mme Caroline. — Narbonne 1849.

BAILLE, César, Hercule, dit aussi *Abelli*. — Rouen 1850, Brest 1859-63.

BAILLET, Auguste, Joseph. — Boulogne-sur-mer 1853-54. Habitait Paris en 1857.

BAILLETTE, M[e], femme Duval. — Douai 1849.

BAILLEUL, Urbain, dit aussi *Evariste*. — Batignolles 1849, Caen 1865, Limoges 1867, Clermont 1868, Lorient 1869-72.

BAILLEUX ou Baillieux, Mme, Adèle. — Première amoureuse à Liège en 1842, Elbeuf 1864-67, Mulhouse 1868, Elbeuf 1869, Bruxelles 1870-1872, Valenciennes 1873-74, Bruxelles 1875-84. Sa mort fut annoncée au Rapport de l'année 1885 à la Société des artistes.

Bibliographie : *Annuaires* des artistes dramatiques.

BAILLY, Charles, Louis, François. — Ambigu 1849. Habita Paris de 1850 à 1864.

BAILLY, Mlle, Henriette. — Palais Royal 1853-57. Joua dans le *Bourreau des Crânes* (12 mai 1853) et l'*Esprit frappeur* (16 déc. même année).

Bibliographie : Le *Théâtre du Palais-Royal*, par Eug. Héros.

BAISSE, Léonce. — Belleville 1849.

BAITTIG, Mme, Irma, Léontine. — Turin 1862-64, Constantinople 1865, Rouen 1867-68, Marseille 1869-70, Turin 1872-74, Reims 1877, Nancy 1878-80. Vint ensuite se fixer à Paris, et son nom figure à l'annuaire de 1901.

Bibliographie : *Annuaire* des artistes dramatiques.

BAJARS-MEUNIER, Mme. — Porte Saint-Martin 1852.

BALAND, Mlle. — Deuxième soubrette à Lille, 1786.

BALDY, Jules. — Né le 8 octobre 1819, jouait les 2es et 3es amoureux à Bruxelles en 1843-44, Il s'y trouvait encore en 1849-50, et passa à Troyes, 1852-53.

Bibliographie : *Annuaire Delhasse,* 1844. — *Annuaires* de la Société des artistes.

BALICOURT, Mlle, Marguerite, Marie, Thérèse, Elisabeth de — (que Larousse écrit *Balicour*). Etait élève de Mlle Desmares et parente de Quinault. Elle débuta à la Comédie française le 29 novembre 1727, dans le rôle de Cléopâtre de *Rodogune*, et fut reçue le 21 janvier 1728. Elle ressuscita par son talent la *Médée* de Longepierre, dédaignée depuis 34 ans, et lui fit obtenir un succès prodigieux (sept. 1728).

Bien faite, possédant un bel organe, intelligente et sensible, Mlle Balicourt n'avait contre elle que sa jeunesse pour l'emploi des reines. Elle joua Cornélie, Agrippine, Clytemnestre, mais n'eut pas le bonheur de rencontrer une tragédie nouvelle qui convint à son genre de talent. Elle joua Eriphyle dans une tragédie de Voltaire qui n'eut point de succès, Léonore dans *Gustave,* Elisabeth dans *Marie Stuart*, Arminie dans *Pharamond*, pièces d'une grande médiocrité, la Reine dans *Inès de Castro* (28 avril 1735). Sa santé, toujours chancelante, la força à prendre sa retraite dans un âge peu avancé, le 22 mars 1738. Elle mourut le 4 août 1743, selon Lemazurier, ou le 7 septembre 1746, selon M. G. Monval.

Mlle Clairon, qui n'avait cependant que quatorze ans au moment de la retraite de Mlle Balicourt, prétend que cette actrice avait « l'air roide et froid ». Mais comment une enfant de cet âge pouvait-elle porter un semblable jugement si contraire à l'opinion des contemporains ? Puis Mlle Dumesnil survint, et Mlle Balicourt fut oubliée.

Biographie : *Agenda historique et chronologique des théâtres de Paris*, 1735. — Lemazurier, *Galerie historique* des acteurs du théâtre français, t. II. — *Liste alphabétique* des sociétaires du th. français, par G. Monval.

Bibliographie : *Mémoires de Mlle Clairon.*

BALLAGNY, Mme, Marie, Louise. — Soubrette au théâtre du Vaudeville 1844-52 et à l'Ambigu 1853-58.

BALLAND, Francis. — Belleville 1849, Amsterdam 1850.

BALLANDE, Jean, Auguste, Hilarion. — Naquit à Cuzorn, canton de Fumel (Lot et Garonne), et, quoique venu fort jeune à Paris, apporta de son pays natal un funeste accent méridional dont il ne put jamais se défaire. Après avoir étudié la pharmacie, Ballande entra au Conservatoire, et débuta à l'Odéon le 7 mai 1843. Nous retrouvons son nom à ce théâtre dans les pièces suivantes où il tenait un rôle :

1843	28 sept.	(réouverture), rôle créé par Bocage dans *Lucrèce.*
1844	10 fév.	le *Vieux Consul*, chute.
1844	18 juin	à son bénéfice : Ballande jouait le même soir, le premier acte du *Misanthrope* (Alceste), les trois premiers actes du *Légataire* (Crispin) et *Hamlet* de Ducis (Hamlet) ! ! !
1844	9 nov.	*Heli le Prophète*, chute.
1845	18 janv.	*Le Lys d'Evreux*, chute.
	23 mars	*Walstein*, succès d'estime.
1847	13 avril	*Le Syrien*, chute.
—	22 mai	*Egmont*, succès.
—	8 juin	*Spartacus*, succès douteux.
—	30 sept.	*Isabelle de Castille*, chute.
1848	17 fév.	le *Collier du roi*, succès.
—	9 mars	la *Fille d'Eschyle*, succès de première.
—	18 juin	*Henri III et sa Cour.*
—	19 août	Le *Doute et la Croyance*, succès.
—	23 oct.	*Macbeth*, grand succès.
1849	3 mars	la *Mort de Stafford*, succès.

Lorsqu'une Société provisoire des comédiens fut constituée pour gérer l'Odéon, Ballande en fut nommé vice-président (1848), et conservé comme sociétaire à part entière. Puis il se porta comme candidat à la direction, en concurrence avec Léon (le futur beau-père de M. Victorien Sardou) et Félix, le père de Rachel. Mais Bocage profita de ces tergiversations pour se présenter à son tour avec succès (1er avril 1849). Ballande qui avait sollicité la direction à ses risques et périls, avec un apport de 25,000 fr., ne pouvait plus guère rester dans la place. Il écrivit à ce sujet un *Mémoire*, 4 p. in-4°, et alla frapper à la porte du Théâtre français qui le reçut comme pensionnaire (1850).

Tragédien médiocre, quoique plein d'ardeur, Ballande ne trouva guère à s'utiliser dans sa nouvelle maison. Il préféra dès lors s'attacher au sort de Mlle Rachel, et parcourut avec elle, dans sa troupe, la province et l'étranger.

A partir de 1857, le nom de Ballande disparait des affiches. Cet homme qui a besoin d'action et ne trouve guère le moyen de percer, veut aborder la politique en combattant la souveraineté du peuple. Il ne réussit pas davantage. Alors il se tourna vers la littérature. On a de lui : les *Châteaux en Espagne*, poème, 1861, in-8° ; la *Parole*, 1865, in-12 ; les *Grands devoirs*, drame en cinq actes, en vers. Cette pièce fut jouée à la Porte-St-Martin en 1876.

Entreprenant, fougueux, intrigant, Ballande cherchait toujours sa voie, Une première fois, en 1867, il crut l'avoir trouvée en créant la *Société de patronage des auteurs dramatiques inconnus*. Il s'agissait de faciliter aux jeunes auteurs la représentation de leurs ouvrages. Une tentative sans lendemain eut lieu à la salle Herz.

En 1869, enfin, Ballande mit à exécution l'idée qui devait illustrer son nom : il fut le fondateur des *Matinées littéraires* du dimanche, qui eurent lieu d'abord au Théâtre de la Gaité (17 janvier 1869) puis à celui de la Porte-St-Martin. .

A cette époque il n'était pas d'usage de jouer dans la journée dans les théâtres. Ballande conçut donc le premier cette idée de faire revivre en matinée tous les dimanches quelque chef-d'œuvre de l'ancien répertoire, et de faire précéder cette représentation par une conférence dans laquelle on parlerait de l'auteur et de la pièce oubliée.

L'entreprise parut hardie, insensée ; tous les critiques de l'époque déclarèrent que c'était une utopie. Sarcey a raconté avec beaucoup de bonne grâce comment, ayant été prié de faire la première conférence, il eut peur et se récusa. Mais Ballande était tenace ; ce diable d'homme qui avait des manières de chanoine, était entêté comme un Auvergnat. A force de pas et de démarches, il groupa autour de lui des artistes tels que Beauvallet père et fils, Brindeau, Berton père, Coquelin aîné, Paul Clèves, Delaunay, Dupont-Vernon, Dumaine, Lafontaine, Laferrière, Maubant, Mounet-Sully, Mélingue, Roger, St-Germain, Talbot, Tallien, Taillade, etc. Mmes Aug. Brohan, Sarah Bernhardt, Bovery, Duguerret, Marie Dumas, Desclée, Jouassain, Alice Lody, Céline Montaland, Elise Picard, Reichenberg, etc. Les conférences furent faites par Bertin, Léo Lespès, Paul Féval, le prof. Talbot, Jules Claretie, Ed. Fournier, Deschanel, Ernest Legouvé, Lapommeraye, Sarcey, etc. Le 8 août 1872, l'Académie française accorda à Ballande un prix de quatre mille francs. Peu de temps avant sa mort (1887), le gouvernement lui décerna les palmes académiques.

Rien n'avait arrêté Ballande dans sa marche. Lorsqu'un artiste faisait faux bond au dernier moment, il le remplaçait au besoin, jouant lui-même le *Cid* ou *Polyeucte*, où il se montrait bien mauvais.

De cette idée première devait naître toutes les *matinées* des théâtres parisiens. Ridicule hier, l'innovation de Ballande semblait aujourd'hui un trait de génie. Tous les directeurs voulurent l'imiter ; ce fut sa perte. Après la guerre, les recettes baissèrent. Ballande voulut alors organiser au Théâtre Ventadour un *Jubilé de Molière* (1873) avec représentations et installation d'un musée. L'affaire ne réussit pas. Il y perdit 20,000 francs.

Désenchanté en face des imitateurs de ses matinées et de la concurrence, Ballande prit en 1876 la direction du Théâtre Déjazet qu'il appela pompeusement « le Troisième Théâtre français » et où il ne parvenait guère à remplir sa salle qu'avec des billets de faveur.

De 1880 à 1883, il devient directeur du Théâtre des Nations (ancien théâtre lyrique, place du Châtelet), passe son temps à vendre son théâtre, à encaisser des dédits, à brocanter de toutes façons, devenant un objet de risée de la part des petits journaux qui le criblent d'épigrammes. En 1885, il reprend une dernière fois cette direction, puis s'en va mourir au Château de Laffinou, près Bergerac, le 26 ou 27 janvier 1887.

Le mercantilisme l'avait perdu. Sous des apparences de « petit manteau bleu », l'emphatique (en apparence), mais le très pratique Ballande (en réalité) ne se souciait plus guère avec le temps des questions d'art ; tout disparaissait chez lui devant la question d'argent ; de telle sorte qu'après avoir eu droit à des louanges, il partit n'emportant que les rancunes des acteurs peu payés ou des jeunes auteurs étrillés qui avaient dû passer par les fourches caudines de ce « grand protecteur » de la littérature et des arts.

Ridicule comme tragédien, ladre comme directeur, Ballande n'en demeurera pas moins comme un type de beau lutteur, ne se décourageant de rien, et la création seule de ses *Matinées littéraires* suffirait à faire vivre son nom. Sarcey a parlé longuement des *Matinées Ballande ;* M. Maret-Leriche a publié des études sur le même sujet.

Eug. Garraud annonça en ces termes la mort de Ballande à l'assemblée des artistes dramatiques en 1887 : « Elève du Conservatoire, après un court séjour à la banlieue il fut engagé à l'Odéon, puis à la Comédie française, mais il se fit plus connaître comme directeur que comme artiste. C'est à lui qu'on doit l'introduction dans nos habitudes, des spectacles en matinée, depuis longtemps en vogue en Angleterre. Grâce à son activité, son intelligence et une économie peut-être exagérée et qu'on lui a souvent reprochée d'ailleurs, il avait amassé de quoi acquérir le domaine et le château de Laffinou, dans le Périgord, où il est décédé presque subitement, le 26 janvier dernier. Nous avons dit plus haut qu'on l'accusait de parcimonie ; nous devons cependant reconnaître que depuis 1883, il pouvait réclamer sa pension et qu'il n'en a rien fait, ce qui nous a donné la latitude d'en faire profiter un moins heureux que lui. »

Bibliographie : *L'Odéon*, par P. Porel et G. Monval. — Fr. Sarcey, *Quarante ans de théâtre*, t. III, p. 151.
Annuaires de la Société des artistes.

BALLARD, Charles, Napoléon. — Bon artiste du Vaudeville. L'emploi de deuxième comique s'étant trouvé libre au théâtre du Parc, à Bruxelles, par suite du décès d'un nommé Alphonse, Ballard débuta sur cette scène le 30 septembre 1838 par les rôles de Pichonneau dans le *Frère de Piron,* et de Freytag dans le *Capitaine Roland,* avec un succès complet. En 1840, nous retrouvons son nom dans la troupe du théâtre du Vaudeville, où il resta jusqu'en 1857. Ballard plaisait au public par sa jovialité, par son franc rire. En 1864, déjà retiré du théâtre, il avait 57 ans, 30 ans de services, et touchait une pension de 200 fr. de la Société des artistes. Plus tard (1879), il toucha encore la moitié du prix Félix, et mourut à l'Asile de St-Mandé, à l'âge de 76 ans.

« C'était un fidèle de nos assemblées, et l'un de nos plus vieux pensionnaires, lisons-nous dans le rapport de 1884 à la Société des artistes. Ballard a touché pendant plus de vingt ans une pension liquidée à 200 francs seulement, et il est bon d'ajouter que pendant quatre ans, il a reçu en outre, la moitié du prix Félix, et que de plus, sur les démarches de M. Halanzier, il avait été admis depuis deux ans à l'Asile de St-Mandé, ce qui lui faisait dire qu'il n'avait jamais été si heureux que sur la fin de sa carrière. »

Bibliographie : *Annuaires* Delhasse, 1839-1840. — *Annuaires* de la Société des artistes.

BALLAURI, Mme, Clotilde, Claudine. — Actrice du théâtre des Célestins à Lyon, 1849-82. En 1874, cette artiste, qui fit toute sa carrière à Lyon, comptait déjà 61 ans d'âge et 41 ans de services. La Société des artistes lui accorda une rente annuelle de 500 francs. Sa mort fut annoncée au Rapport de l'année 1883.

Bibliographie : *Annuaires* des artistes dramatiques.

BALLEAU, Mme, Emilie. — Bayonne 1863-65, Bordeaux 1867.

BALLIESTE (on écrit aussi Balieste et Bailleste). — Jeux forains, salle Montansier 1812, Cirque olympique 1819-28.

BALLY, Mme. — Actrice du théâtre des Troubadours, puis de la Gaîté, 1801.

BALLY, Eugène. — Genève 1852-54, Lyon 1855, Genève 1856-60.

BALTAZAR, Mme Clarisse, Adèle. — Lorient 1856, Dieppe 1857-60, Le Mans 1861-64.

BALTAZAR, Mme, Adèle, Henriette. — Saint-Pétersbourg 1867-83.

BALTHAZAR, Mme. — Fort jolie personne qui faisait partie de la troupe des Folies-Dramatiques en 1831, (*La Cocarde tricolore*, 19 mars), puis passa dans celles des Nouveautés et du Vaudeville (1838-40).

Bibliographie : *Annuaires* Delhasse. — *Foyers et coulisses*, Folies Dramatiques.

BALZA, Mme, Clara, Louise. — Reims 1877-82.

BANÈS. — V. Renaud, Jules.

BANET, Auguste, Edouard. — Acteur du Cirque, 1849-50. Se retira à Cormeilles en 1864, où il habitait encore en 1882.

BANIER, Antoine, André. – Cherbourg 1869, Namur 1870, Lorient 1872, Elbeuf 1873, Tournay 1874, Douai 1875, Belleville 1882, 1885-1892. En 1898, Banier obtint la pension provenant de la fondation Ritt, et en 1899, âgé de 67 ans, avec 48 ans de théâtre, la pension annuelle de 500 francs de la Société des artistes. Son nom figure à l'Annuaire de 1901.

Bibliographie : *Annuaires* de la Société des artistes.

BANIÈRES. — Fleury raconte dans ses *Mémoires* que, dans la belle saison, lorsqu'il n'avait rien à faire, il allait le matin, en compagnie de Dugazon, vers une petite propriété au bas des Prés St-Gervais, où ils étaient reçus par un ami commun, M. Banières. « M. Banières, ajoute-t-il, était de la famille de ce malheureux Banières qui déserta pour jouer la comédie, et *fut fusillé* après ses débuts au théâtre Français ; il avait hérité de l'amour de son parent pour le théâtre, et connaissant particulièrement Dugazon, il me recevait volontiers comme son ami, et aussi comme comédien, état qu'il estimait et qu'il aurait pris, disait-il, sans sa jambe de bois. »

Nous avons recherché dans toute la collection des *Almanachs Duchesne,* mais sans résultat, la trace des débuts de Banières. Il est vrai que les noms des débutants sont désignés quelquefois par des .....

Bibliographie : *Mémoires de Fleury*, t. I, p. 325.

BANVILLE, Louis, Adolphe. — Le Hâvre 1856-58.

BAPTISTE (l'ancien), Joseph, François-Anselme, dit. — Le chef de la grande famille dramatique de ce nom. Joua longtemps en province les premiers comiques, puis se mit violon à l'orchestre, Bordeaux 1761, Grenoble 1765. Il avait épousé à Bordeaux Marie Bourdais, artiste du théâtre de cette ville, très applaudie dans l'emploi des reines, qu'elle quitta plus tard pour l'emploi des duègnes au théâtre de la République. Venu à Paris avec sa très nombreuse famille, au théâtre du Marais (1792-93), Baptiste l'ancien fut tour à tour violon à ce théâtre, puis au théâtre de la République, devenu par la suite Théâtre français (1794-1808). Il était alors qualifié « basse ». Un autre Baptiste, son frère aîné, selon toute apparence, tenait le même emploi de « basse », au même théâtre, sous la désignation de Baptiste aîné l'oncle, tandis que lui restait Baptiste jeune ou Baptiste père.

Du mariage de Baptiste père (l'ancien) avec Marie Bourdais, naquirent : Baptiste aîné, Baptiste cadet (souvent appelé jeune), Baptiste jeune et d'autres enfants. Les talents de Baptiste (l'ancien) et de sa femme avaient été appréciés par Lekain et même par Voltaire qui avaient vu jouer ces artistes à Genève.

Bibliographie : *Almanachs Duchesne.*

BAPTISTE, Mme (mère). — Née Marie Bourdais, d'une famille de comédiens. Bourdais (le jeune) son frère, joua au Th. du Marais en 1793, puis tint l'emploi des valets à la Porte St-Martin. Un autre Bourdais alla en Russie où il tenait l'emploi des financiers. Mme Dorval était une Bourdais. Mariée à Bordeaux avec Joseph, François Anselme dit Baptiste (l'ancien) avant 1761, Mme Baptiste qui jouait les rôles de reines, suivit son mari dans toutes ses excursions dramatiques à travers les provinces, Bordeaux 1761, Grenoble 1765, puis vint à Paris, au théâtre du Marais 1792. Elle suivit son fils aîné au théâtre de la République, puis disparut avant 1799.

Bibliographie : *Almanachs* Duchesne.

BAPTISTE aîné, Nicolas, P. Baptiste Anselme dit. — Fils des précédents, naquit à Bordeaux le 18 juin 1761. Sur l'extrait de baptême de la paroisse St-Seurin, de cette ville (reproduit par De Manne, *Troupe de Talma*), le père de l'enfant est qualifié *musicien* et le parrain, Nicolas Bourdais, imprimeur. Voyageant avec ses parents, nous le retrouvons à Arras, à peine âgé de dix-huit ans, tenant l'emploi de *troisième amoureux,* tragique et comique, puis à Rouen où il resta sept ans (1783-1790) et où il se marie avec Anne-Françoise Gourville, qui devient alors Mme *Baptiste bru*. A cette époque, Baptiste aîné chantait aussi l'opéra comique.

Voici ce que nous relevons sur le tableau de la troupe de Rouen 1787-88 :

« Baptiste l'aîné et son épouse, engagés pour trois ans, jusqu'au samedi des Rameaux 1790, aux appointements de 8500 liv. et deux demi-représentations par année, à la charge en outre de leur faire, dans le cours du carême de chaque année, une avance de 1200 liv. à déduire par portions égales sur les appointements de l'année qui suivra ladite avance. »

Chaque demi-représentation étant évaluée à cette époque, en moyenne, à 400 liv., c'était une position de 9300 liv. pour le jeune ménage.

En janvier 1790, on apprit que Baptiste aîné, premier rôle, devait quitter Rouen à Pâques ; les abonnés écrivirent à Molé, le directeur, le priant de faire tous les sacrifices possibles pour retenir cet artiste. La direction répondit qu'à qu'à son grand regret elle ne pouvait exaucer ce vœu du public, parce que pour cela il eût fallu rompre quatre engagements, tant à Rouen que dans trois autres villes. Il fut remplacé par Boquet.

Enfin, en 1791, toute la famille se décida à venir à Paris; le père et l'oncle jouent du violon, la mère remplit les rôles de duègne, la bru tient les premiers emplois, le fils aîné commence à en imposer par son talent, et, tandis que le cadet s'en est allé momentanément à Montansier, le jeune frère remplit les bouts de rôles. Tout ce monde s'en va débuter au théâtre du Marais, rue Culture Ste-Catherine (aujourd'hui Sévigné), ouvert sous les auspices de Beaumarchais. Ce fut là que Baptiste aîné créa le principal rôle dans *Robert, chef de brigands* (6 mars 1792), avec cette particularité, selon De Manne, que l'acteur qui tenait l'emploi du premier brigand n'était autre que Gouvion Saint-Cyr, le futur maréchal de France, tandis que celui qui faisait le second brigand, Capelle, était celui qui devint préfet sous la Restauration et ministre de Charles X. Nous devons avouer que nos recherches pour contrôler cette assertion un peu aventurée sont demeurées sans résultat.

Ce fut aussi à partir de cette époque que commença la véritable réputation de Baptiste aîné. Le drame, bien que mauvais, fit courir tout Paris, et comme, en ce moment, Beaumarchais chargé de défendre les véritables intérêts des auteurs dans la lutte engagée avec les comédiens français, venait de leur reprendre son drame la *Mère coupable*, il le porta au théâtre du Marais et confia à Baptiste aîné le rôle de Beggears. Cependant les affaires du nouveau théâtre ne prospéraient guère, et Baptiste aîné dût quitter cette scène où le dernier rôle qu'il établit fut le rôle principal dans le *Mari jaloux* ou le *Rival de lui-même*.

Pendant ce temps, Baptiste cadet avait quitté le théâtre Montansier pour passer au théâtre de la République (rue Richelieu) qui faisait alors concurrence au théâtre de la Nation (faubourg St-Germain). Les deux frères se rapprochèrent, et Baptiste aîné engagé à son tour au théâtre de la République, y débuta le 6 mars 1793 avec les grands appointements. Il y joua la *Coquette corrigée*, *Nanine*, l'*Homme singulier*, la *Métromanie*, joignant à une grande intelligence scénique une diction sûre, des façons de bon ton, un accent de vérité. « Baptiste aîné est véritablement un bon acteur » écrivait La Harpe au Grand Duc de Russie (*Correspondance littéraire*). Mais à la clôture de la salle (1er ventôse an VI — 12 février 1798), il lui fallut passer au théâtre Feydeau où il joua notamment le *Glorieux* (17 avril), le *Misanthrope* (19 avril), *Agamemnon* (12 juin), les *Projets de ma Tante* (5 août). — Le 4 septembre, le théâtre Feydeau fut fermé pour deux mois.

Grand, d'allures distinguées, possédant un fort joli talent, Baptiste aîné était mûr pour la Comédie française. Il y fut maintenu sans discussion au moment de la réunion des deux troupes (1799). Mais sa figure sévère, son maintien, le désignèrent plutôt à l'emploi des pères nobles, surtout à la mort de Vanhove dont il hérita d'une partie des rôles.

« C'est le seul talent remarquable dans la nombreuse famille des comédiens de ce nom, qu'un mauvais calembour surnommait les *Anabaptistes*, lisons-nous dans l'*Année théâtrale* pour l'an IX. Il paraît être aujourd'hui tout ce qu'il sera. Son début au Marais avait donné les plus hautes espérances. Ses qualités sont une intelligence parfaite, une tenue noble, une diction juste, un organe pur, un beau caractère de physionomie, un amour passionné pour son art, une juste admiration pour Molé. Ses défauts sont : une taille trop élevée au théâtre, un jeu maniéré, un débit précieux et lent, l'affectation de jouer le mot, de soigner tous les détails ; enfin, il faut le dire, l'absence de la sensibilité.

« ...Dans la comédie, dix ou douze grands rôles lui appartiendront exclusivement après la retraite de Molé ; on sait que déjà il n'a point d'égal dans le *Glorieux*. »

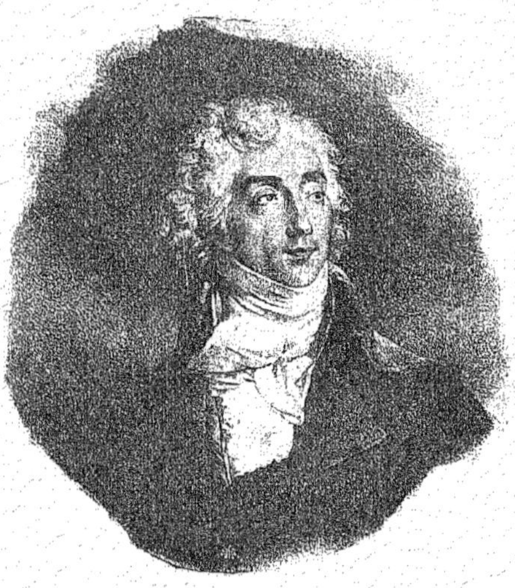

BAPTISTE AÎNÉ
par Isabey en 1808.

En attendant, il cherche sa voie, comme il résulte de cet entrefilet de l'*Année théâtrale* pour l'an X :

« Baptiste aîné a essayé l'emploi des grands confidents et il y a éprouvé, ce que nous avions pressenti d'avance, qu'avec du soin pour corriger quelques vices principaux de sa déclamation, il pourra s'y faire une réputation et se rendre très utile.

« ...Il a rempli avec un plein succès le rôle d'Ulysse, d'Orbesson, et surtout de Polyphonte dans *Mérope*. Trop de recherche, d'affectation, l'ont rendu presque ridicule dans celui de Cassius, et dès lors, il a semblé avoir abandonné cette nouvelle carrière. Il a eu tort de reculer ainsi devant la critique. Cessera-t-il aussi de jouer la haute comédie, si on lui dit que, chargé depuis quelque temps de plusieurs rôles de l'emploi des petits maîtres, il n'y a mis ni le bon ton ni la grâce qu'on était accoutumé à trouver dans Fleury ? Non, sans doute ! Baptiste a trop de bon sens pour ne pas se contenter de briller dans les rôles où son physique et son intelligence le rendent supérieur à tout autre, et trop de zèle pour ne pas se rendre utile en jouant les autres d'une manière distinguée quoique inférieure. »

Nous lisons dans le même ouvrage, mais sous la date de 1802 :

« Les grands caractères sont dévolus de droit à Baptiste ; et s'il veut abandonner les recherches qui lui sont inspirées par un esprit trop difficile à contenter, et qui, lorsqu'il s'efforce à les faire toutes sentir, lui ôtent jusqu'à l'apparence du naturel et de la vérité ; s'il veut se laisser aller davantage à la première conception d'un sens droit... nous ne doutons pas qu'on ne revoie en lui le *Misanthrope*, le *Dissipateur*, l'Alceste d'Eglantine, et tous les autres grands caractères, comme on y a reconnu le *Glorieux* et le fou des *Châteaux en Espagne*. »

L'*Opinion du Parterre* ou *Censure des Acteurs*, par Cl. Courtois (Germinal, an XI) n'est pas tendre pour Baptiste aîné. Aussi ses éloges n'en sont-ils que plus précieux. On lui reproche d'abord sa grande taille :

> « Un jour sur ses longs pieds allait je ne sais où
> Le héron au long bec emmanché d'un long cou.
>
> LAFONTAINE.

« Cet acteur, auquel sa grande taille et ses grands bras ont fait donner le surnom de *Télégraphe*, possède un talent très réel et très estimable, qui ne l'empêche pas d'être déplacé dans plusieurs grands rôles, notamment dans celui du *Misanthrope*... Il joue également fort mal les comtes Almaviva du *Barbier*, du *Mariage* et de la *Mère coupable*. C'est avec aussi peu d'avantages qu'il double Fleury dans le *Tartufe*... Ce n'est pourtant pas faute d'étude ; personne ne travaille plus que Baptiste aîné... Mais il est vrai que c'est le travail même qui le rend aussi mauvais, parce qu'il est trop apparent. Baptiste aîné joue tout, jusqu'aux points et virgules ; aussi parvient-il à détruire toute illusion. Ce sera peut-être ainsi que l'on doit lire un rôle dans un appartement, mais ce n'est pas ainsi qu'il faut le jouer en scène.

« Il serait injuste de croire que cet acteur ne mérite que des critiques ; nous avons commencé par rendre justice à ses talents ; il en a sans doute, et de très réels. Le *Glorieux* lui appartient exclusivement ; personne ne rend mieux que lui le noble orgueil du comte de Tuffières, et peut-être Bellecour, si vanté, n'y était-il pas plus digne d'éloges. Avec quelle vérité d'expression il rend le rôle du capitaine dans les *Deux Frères*, une des pièces les mieux jouées au Théâtre français. »

Et, à ce propos, Kotzebüe ayant vu représenter pendant son voyage à Paris, en 1804, une traduction de son ouvrage les *Deux Frères* — où Baptiste aîné jouait le rôle du capitaine Bertrand — cet auteur déclara publiquement qu'aucun acteur d'outre-Rhin n'avait aussi efficacement contribué à faire valoir son ouvrage que Michot et Baptiste aîné.

Nous revenons à l'*Opinion du Parterre :*

« Baptiste aîné est également bien dans l'Ariste des *Précepteurs*, dans l'*Homme singulier* de Destouches, dans le *Dissipateur*, et passablement dans l'*Abbé de l'Epée*. Baptiste joue aussi dans la tragédie. Il a paru dans l'emploi des rois, des tyrans et dans les grands confidents, mais en général avec moins de succès. Agamemnon, dans la tragédie de Lemercier et Duncan, dans *Macbeth*, étaient représentés par lui fort ennuyeusement, etc. »

En réalité, Baptiste aîné ne parut jamais dans la tragédie que lorsque cela était nécessaire. L'inaction forcée de Monvel, la mort de Vanhove, la retraite de Naudet le forcèrent à rendre ces sortes de services dont on ne lui tint aucun compte, comme il arrive toujours en pareil cas, d'autant plus que, si nous en croyons le critique déjà cité, cet acteur était mal vu du fameux professeur qui s'était érigé en tribunal dramatique et prétendait exercer d'office des fonctions publiques au Théâtre français.

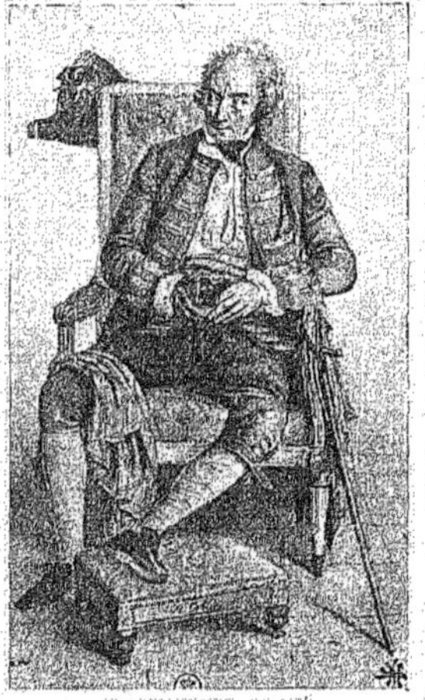
BAPTISTE AINÉ
Rôle du Capitaine dans les *Deux Frères*

Mais Talma, lui aussi, ne fut-il pas en butte aux persécutions de Geoffroy ?

Quoiqu'il en soit, Baptiste fut un excellent De Melcour de la *Mère jalouse*, un très bon Président dans la *Gouvernante*, malgré le souvenir encore récent de Monvel, et son rôle seul dans la *Fausse Honte* soutint pendant longtemps la pièce. Puis, tout à coup, vers 1805-06, il abandonna les premiers rôles pour prendre, bien que jeune encore, l'emploi des pères. Mais il lui fallut attendre six ans pour occuper l'emploi en titre, en concurrence avec Saint-Fal, comme il résulte du document suivant conservé aux *Archives Nationales :*

« Le 19 novembre 1812, le premier chambellan de S. M. l'Empereur et Roi, surintendant des spectacles.

« Arrête ce qui suit :

« L'emploi des *pères nobles* dans la comédie sera rempli à l'avenir par MM. Baptiste aîné et Saint-Fal, qui joueront alternativement.

« M. Baptiste aîné aura la priorité et il jouera seul les rôles de Mélas des *Deux amis ;* d'Argant de l'*Ecole des mères ;* d'Hartley d'*Eugénie ;* d'Orbesson du *Père de famille ;* de Vanderk père du *Philosophe sans le savoir ;* de Simon de l'*Andrienne ;* de Dupuis de *Dupuis et Desronais.*

Signé, Cte de RÉMUSAT. »

L'artiste intelligent et consciencieux avait compris que les rôles de tragédie ne convenaient pas à sa nature, ces rôles où il voulait mettre trop de sous-entendus, ce qui faisait dire plaisamment : « Baptiste aîné toujours grand, toujours long, a donné à son débit ces grands intervalles qui supposent de grandes intentions, et cette grande lenteur qui annonce un grand caractère. »

Dans la comédie, au contraire, il jouait en homme spirituel, instruit, bien élevé : Damis de la *Métromanie*, M. de Clainville de la *Gageure imprévue*, bien d'autres rôles encore où quelquefois ses défauts mêmes lui servaient.

Seul le critique Geoffroy ne désarma pas, et continua à le cribler de ses épigrammes.

A partir de 1810, Baptiste aîné nous semble en pleine possession de son talent. « L'opinion publique place cet acteur en première ligne parmi ceux qui ont le mieux connu cet art si difficile, où la médiocrité présomptueuse ne trouve rien qui l'effraie, lisons-nous dans l'*Opinion du parterre* de 1811. Elle lui rend un autre témoignage, plus rare et plus flatteur encore, en reconnaissant qu'il n'est pas moins estimable dans la société qu'au théâtre. »

Vers cette époque aussi, il fut nommé professeur au Conservatoire (1er août 1809-1er janvier 1828).

« Détracteurs du temps présent, s'écrie le critique déjà cité (1812), vous qui vantez sans cesse les anciens acteurs pour être en droit de critiquer les modernes, allez voir le *Menteur*, remis depuis deux mois au courant du répertoire, que cet excellent ouvrage ne devrait jamais quitter. Suivez Baptiste dans tout le rôle de Géronte et surtout dans la scène admirable du cinquième acte : *Etes-vous gentilhomme ?* etc., et dites si jamais Sarrazin et Brizard, dont le talent fut sublime sans doute, poussèrent plus loin l'éloquente expression de la douleur et de l'indignation qui pénètrent ce vieillard respectable, quand, après avoir appris que son fils le trompe impudemment, il lui reproche ses honteux mensonges. Excellent dans tout le rôle, c'est là que Baptiste aîné devient vraiment admirable ; c'est là qu'il tonne, qu'il foudroie, qu'il pulvérise le jeune imprudent. »

Mlle Demerson, Cartigny du théâtre Français, Mme Boulanger, de l'Opéra-Comique, Mlle Baptiste, sa fille, devenue Mme Desmousseaux, Ponchard, Nourrit fils, Perlet, comptèrent au nombre de ses meilleurs élèves, et profitèrent amplement de ses leçons.

Pendant un congé qu'il méritait bien, car il en sollicitait fort rarement, Baptiste se rendit à Bordeaux où il fut peu goûté dans *Vendôme*. On lui reprocha quelques erreurs dans le choix de ses rôles. Puis il tomba assez gravement malade à Bayonne (1812). C'est alors que son absence se fit vivement sentir au théâtre Français, ce qui amena cet aveu : « Baptiste aîné est encore un des plus grands comédiens que le théâtre Français ait encore possédés. » Son farouche adversaire, Geoffroy, sembla lui-même se radoucir à son égard. Même en 1818, on en trouve qui écrivent : « Baptiste est d'une taille à ne pas se laisser oublier un jour de revue. Il a beaucoup de métier, il a même de l'étude et d'excellents principes...

Oui, mais il veut avoir trop d'esprit dont j'enrage. »

(Le *Rideau levé* ou *Petite Revue des grands théâtres.)*

En 1823 (juillet) il joua encore à Rouen dans la même soirée le *Misanthrope* et les *Deux frères*. Il n'y produisit que peu d'effet et tomba malade d'une jaunisse qui vint fort à propos rompre le contrat.

Baptiste aîné fut un des sociétaires les plus dévoués de la Comédie française ; il en fut le secrétaire et se fit aimer de tous par son affabilité proverbiale ; jamais, pendant sa longue carrière, on ne le vit jaloux du succès d'un camarade. De 1793 à 1828, il créa plus de cent rôles, sans parler de tous ceux qu'il reprit. Cette liste de ses créations, fort longue, a été publiée par Ed. De Manne dans la *Troupe de Talma*. Enfin le 1er avril 1828, après 37 années d'honorables services, Baptiste aîné prit sa retraite avec une pension de 7,400 francs (arrêt du Duc de Duras, 15 avril 1828, *Arch. nationales)*. La représentation à son bénéfice, garantie pour 15,000 francs par la Comédie française, se composa du *Philosophe sans le savoir* et des *Deux frères*. Enfin en 1832, en l'honneur de Mme Rose Dupuis, on remit à la scène le *Philosophe sans le savoir* avec les deux Baptiste sortis de leur retraite, dans les rôles de Vanderk père et d'Antoine.

Baptiste aîné demeura successivement Cour des Fontaines, Palais Egalité n° 1111 (1799), Cour des Fontaines, Palais du Tribunat n° 1118 (1800), rue Saint-Honoré n° 1508 (1805) puis même rue n° 346 pendant plus de vingt ans. Il mourut aux Batignolles le 30 novembre 1835, à la suite d'une longue et cruelle maladie, Il laissait une fille, Mme Desmousseaux (v. ce nom), et un fils qui parut à la Comédie française en 1844, puis à l'Odéon.

Biographie : Notice dans la *Troupe de Talma*, par E.-D. De Manne. — *Liste alphabétique* des sociétaires du Théâtre français, par G. Monval.

Bibliographie : *Almanachs Duchesne*. — *Correspondance littéraire* de La Harpe. — *Hist. des théâtres de Rouen*, t. I, p. 99, 178, 227 ; t. III, p. 182. — Le *théâtre de la Révolution*, par H. Welschinger, p. 75. — L'*Espion des coulisses*, an VIII, p. 31. — L'*Année théâtrale*, almanach pour les années IX, X, XI, XII. — L'*Opinion du parterre*, t. I, p. 19 ; t. II, p. 26 ; t. III, p. 200 ; t. IV, p. 54 ; t. V, p. 51 ; t. VI, p. 61 ; t. VII, p. 66 ; t. VIII, p. 73 ; t. IX, p. 79 ; t. X, p. 130. — Le *Rideau levé* ou *Petite Revue des grands théâtres*, Paris 1818. — *Petite biographie dramatique*, Paris, 1821. — *Dictionnaire théâtral*, par Harel, Paris 1825. — La *Comédie française depuis 1830*, par E. Laugier. Paris 1844, p. 24. — Th. Muret, l'*Histoire par le théâtre*, t. I, p. 237, 345, 346, 347 ; t. II, p. 157.

Iconographie : Bibl. nat. Catal. Duplessis n° 2711.

1. En pied, de 3/4 à droite (costume de théâtre), grav. à l'eau forte, anonyme.
2. En pied, de profil à gauche (cost. de th.), grav. à l'eau forte, anonyme.
3. En pied, portant le manteau de l'Ordre d'Alcantara (cost. de th.). lith. par J. Baptiste.
4. En buste, de 3/4 à gauche, dans un rond, grav. par Bourgeois de la Richardière, d'après A.-P. Vincent.
5. En pied, de 3/4 à droite (cost. de th.), lith. par Ch. Chasselat.
6. En pied, assis, de face (cost. de th.), lith. par A. Colin.
7. En buste, de 3/4 à gauche, lith. par H. Grèvedon 1823, d'après Boilly.
8. En buste de 3/4 à droite, lith. par H. Grèvedon, 1826, d'après Isabey, 1808.
9. En buste, assis, de 3/4 à gauche. Publ. par F. Tomasekiewicz.
10. En buste, de 3/4 à droite, dans une bordure ovale, grav. par Vilrey, d'après Berteaux.

V. aussi Bibl. nat. portraits Corbet et Talma. Eau forte de Fr. Hillemacher, *Troupe de Talma*. Coll. Martinet, pl. 228. M. de Merville du *Vieux fat ;* pl. 258. Le capitaine Bertrand dans les *Deux frères*.

BAPTISTE, Mme, aîné ou bru, née Anne, Françoise Gourville. — Epouse du précédent et comédienne à Rouen, où elle se maria (avant 1785). Nous avons vu plus haut que le jeune ménage, dont le mari et la femme tenaient les premiers emplois, recevait 9300 livres par an (1787-90). Ayant eu l'occasion de jouer le rôle de Claire dans les *Quatre fils Aymon*, un habitant de Rouen lui adressa les vers suivants :

Charmé de tes talents, attendri par tes larmes,
Lorsque je vois lever un glaive menaçant,
Prêt à priver du jour l'objet le plus charmant,
Je tremble et de Renaud partage les alarmes ;

Mais après ce moment d'épouvante et d'horreur,
Quand cet heureux époux contre son sein te presse,
Baptiste, je gémis, éprouvant sa tendresse,
De ne pouvoir aussi partager son bonheur.

En 1791, nous retrouvons Mme Baptiste au théâtre du Marais sous le nom de *Mme Baptiste bru*, pour la distinguer de tous les autres membres de la nombreuse famille de son mari, puis elle passe, avec son mari toujours, au théâtre de la République. Dès lors, elle semble tomber en défaveur auprès du public : « Elle jouait sagement les premiers rôles au Marais, nous dit l'*Almanach pour l'an IX*. Elle dit naturellement le petit nombre de ceux très secondaires qu'on lui laisse au théâtre Français. » Et l'année suivante : « Mme Baptiste paraît réduite aux confidentes tragiques. »

L'*Opinion du Parterre* (germinal an XI), nous signale son départ en des termes peu flatteurs : « La *dernière des confidentes :* elle avait un terrible défaut, c'était de ne pas laisser entendre un seul des vers qu'elle débitait. Jamais elle n'osa regarder le parterre : les yeux fixés sur la coulisse, tout son rôle lui était adressé. On lui a donné sa retraite. »

En 1793, il y eut aussi une dame Baptiste (elle ou sa belle-mère ?) qui passa par la Gaîté.

Bibliographie : *Histoire des Théâtres de Rouen*, t. I, p. 99. — *Almanach* pour l'an IX. — *L'Opinion du Parterre*, an XI. — *Almanach Duchesne*.

BAPTISTE CADET, Paul, Eustache, Anselme dit. — Fils de Baptiste l'ancien et frère de Baptiste aîné, naquit à Grenoble le 8 juin 1765, alors que ses parents étaient attachés au théâtre de cette ville. De Manne *(Troupe de Talma)* a reproduit son extrait de baptême provenant des registres de la paroisse Saint-Hugues. Le père, Joseph, François, Jean-Baptiste Anselme, y est qualifié *musicien*. Bien que ses parents eussent désiré en faire un médecin, le jeune Baptiste voulut suivre l'exemple de son frère aîné ; il étudia le chant, la musique, et quand il fut en âge de voler de ses propres ailes, il partit secrètement pour Marseille où la direction lui donna de suite une place... dans les chœurs.

Au cours de cette vie nomade, Baptiste cadet passa par Reims. En 1786, nous retrouvons ses traces à Rouen, où il avait rejoint son frère aîné. En 1787, il fut réengagé pour trois ans, jusqu'au samedi des Rameaux 1790, aux appointements de 1800 livres pour l'année 1787-88, et de 2000 livres chacune des deux autres années. Mais, comme cette direction appartenait à Neuville, l'associé et l'agent de Mlle Montansier, directrice du théâtre de Versailles, Baptiste cadet passa comme acteur et comme régisseur au théâtre de cette ville, en 1789. C'est ainsi qu'il fut amené à jouer à Paris, lorsque sa directrice prit le théâtre des Beaujolais (salle actuelle du théâtre du Palais royal), dont l'ouverture se fit le 12 avril 1790.

C'est à Rouen que Baptiste cadet eut un duel qui faillit lui coûter la vie. S'étant aperçu que son adversaire n'était pas de sa force, par bravade il passa son épée de la main droite dans la main gauche ; mais, frappé sous l'aisselle droite, il fut traversé de part en part. Ch. Maurice, qui raconte le fait, en avait vu encore les marques le 12 mars 1813.

Le spectacle d'inauguration de la salle Montansier au Palais Royal se composait d'un *Compliment* d'ouverture du Cousin Jacques, des *Epoux mécontents*, opéra comique en trois actes, et du *Sourd ou l'auberge pleine*, comédie en trois actes de Desforges. Cette dernière pièce eut un succès considérable. Assurément le public trouva « la salle trop petite et les acteurs trop grands », si nous en croyons l'*Almanach des spectacles*, mais tout Paris accourut pour voir Baptiste cadet dans le rôle de Dasnières, où il était inimitable. L'*Amateur du théâtre français* nous le peint avec « un long corps, des jambes sans fin, une longue figure et des bras qui n'en finissaient pas ». Deux cents représentations s'en suivirent, et la direction encaissa cinq cent mille francs. Ce succès, elle le dut à Baptiste cadet, alors inconnu à Paris, à Baptiste cadet, curiosité artistique et physique, que chacun s'empressait d'aller voir, et celui-ci, devenu chauve, attribua toujours la chute de ses cheveux à ce succès interminable du *Sourd* en plein été de 1790, et aux effets combinés de la poudre, de la pommade, de la transpiration et des coups d'air.

Grand, maigre, monté sur de longues jambes, Baptiste cadet jouait les niais d'une façon si comique que son nom suffisait à attirer la foule. Il est incontestable que c'est à l'annonce de cette réussite complète que toute sa famille résolut de venir à Paris, comme nous l'avons raconté. (V. Baptiste aîné.) Néanmoins, le 5 mai 1792, il quitta le théâtre Montansier pour aller à l'autre bout de la Galerie, au théâtre de la République, où il continua à exceller dans les caricatures. Ici se place un intermède : le 12 novembre 1792, il alla jouer au camp de Dumouriez, dans la plaine de Jemmapes, le *Désespoir de Jocrisse*.

Le 18 octobre 1793, le théâtre de la République affiche le *Jugement dernier des rois* « prophétie » en un acte par Sylvain Maréchal. Dans cette véritable mascarade, l'on voit paraître tous les monarques avec leurs costumes et leurs ornements distinctifs. Le pape, c'est Dugazon ; l'impératrice Catherine, c'est Michot, et le roi d'Espagne, affublé d'un grand nez, et que l'on appelle *Sire d'Espagne*, ce n'est autre que Baptiste cadet.

Le 16 novembre 1797, on joue encore à ce théâtre les *Modernes enrichis*, comédie en trois actes de Pujoulx. Les époux Truchant ont un grand dadais de fils. Ils l'ont fait venir de leur village, où il était resté jusqu'à ce moment, et le luxe paternel et maternel lui ménage bien des surprises. On sert des glaces, il en goûte, et il trouve qu'elles seraient meilleures si elles étaient chaudes. Il a pris le costume des incroyables, le large habit carré, l'énorme cravate, et il s'étudie à dire avec le grasseyement du bel air : *ma paole d'honneur*. Ce rôle du fils Truchant, c'est encore une création très comique de Baptiste cadet.

Le nom de cet artiste figure sur le tableau de la troupe du théâtre de la République — où l'ont rejoint son frère aîné, sa belle-sœur, sa mère, et dans l'orchestre son père et son oncle — en 1793 comme *acteur-sociétaire-entrepreneur*, alors que ses parents ne sont qu'à titre de gagistes. En 1798, il suivit ses camarades au théâtre Feydeau et fut conservé comme sociétaire à la réunion de 1799.

Toutefois, son genre de comique avait de la peine à s'acclimater dans un milieu aussi sévère que le Théâtre français de cette époque : « Ce comédien a prouvé dans quelques rôles qu'il peut jouer autre chose que M. Dasnières; mais il trouve rarement l'occasion de se placer » lisons-nous dans l'*Année théâtrale* pour l'an IX. Il est bien certain que ce rôle de Dasnières, qui l'avait du coup fait connaître à Paris, était pour lui un bien pesant fardeau. Pour le public, comme il arrive en pareils cas, Baptiste cadet ne pouvait être que Dasnières. On ne laissait passer aucune occasion de le lui rappeler. On le lui reprocha toute sa vie. « Michot et Baptiste cadet, lorsqu'ils travailleront, n'ôteront rien sans doute à l'ensemble, dit le même critique en 1802. Le second l'a prouvé en remplaçant assez habilement le vieux Belmont qu'on applaudissait un peu par habitude dans les *Fausses confidences* ».

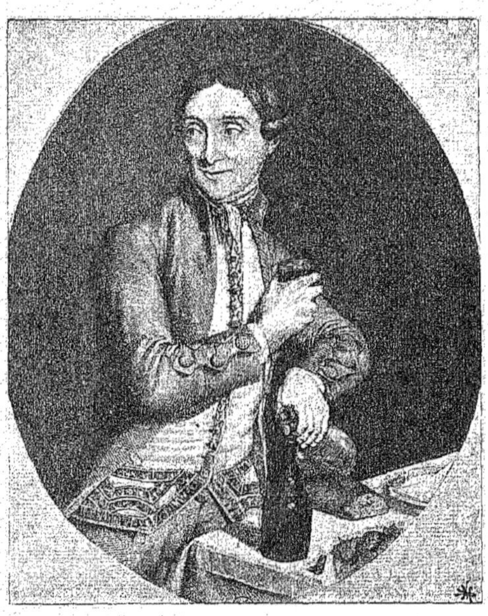

BAPTISTE CADET
d'après Cœuré, dans les *Héritiers* (1796)

Voici le portrait que nous en a laissé l'*Opinion du Parterre* (germinal an XI) :

« Tout ce qu'il vous débite en grimaces abonde.
Molière, le *Misanthrope*.

« Dasnières fit la fortune et la réputation de ce comédien ; n'est-ce pas là un beau titre de gloire ? Aussi par reconnaissance, il conserve dans tous les rôles qu'il joue l'esprit, le ton et les manières de ce rôle favori qu'il ne peut plus jouer. Aussi à combien de lazzis indécents sur la scène française ne se laisse-t-il pas emporter ? Il veut s'y montrer l'égal de Brunet, et ferait beaucoup mieux de rivaliser, s'il lui était possible (avec) Bellemont et Champville dont il réunit les emplois, mais dont il n'approchera jamais, surtout du premier.

« Il fait rire sans doute dans les *Etourdis*, où il joue Michel, dans les *Héritiers*, dans les rôles de Thomas Diafoirus, d'Alain de l'*Ecole des femmes*, de Petit-Jean des *Plaideurs*, de Truffaldin de l'*Etourdi* ; mais que son comique est encore au-dessous de celui de Dugazon, qui paraît souvent si trivial !

« Sa figure le seconde à merveille ; il est de la laideur la plus risible ; grand, mal bâti et chauve ; le rôle de Grippe-Soleil est celui qui lui convient le mieux. »

Tout le monde, heureusement, n'est pas aussi rigide que Clément Courtois. Valleran qui continue la publication de son confrère (Germinal an XIII) est infiniment plus indulgent :

« Baptiste exerce une grande influence sur le parterre : il est sûr de le faire rire aussitôt qu'il paraît. Son jeu est spirituel, quelquefois trop chargé ; mais enfin la gaieté est une chose si rare et si bonne, et son talent pour la produire est si réel et d'un effet si sûr, qu'il faut bien lui passer quelque chose en faveur de cet avantage. »

Le même critique écrit en 1806 : « Cet acteur gagnerait à la reprise des anciennes pièces, il y trouverait bien des rôles appropriés à ses moyens... Il y serait, pour le moins, aussi réellement comique que dans ceux de Thomas Diafoirus, de Pierrot du *Festin de pierre*, et de Dandin des *Plaideurs*. Il joue parfaitement ces trois rôles. »

Le 21 mai 1806, Baptiste cadet donna une représentation à son bénéfice sur le théâtre de la Porte-St-Martin. Il y joua le rôle de Thomas dans l'opéra-comique du *Secret* et ce fameux rôle de Dasnières dans le *Sourd ou l'auberge pleine*, qu'il ne pouvait remplir sur la scène du Théâtre français, mais si cette représentation ne fut pas productive, elle fit prodigieusement rire les spectateurs, et ce fut pour l'artiste un succès énorme.

« Quand on le voit dans les *Héritiers* jouer le rôle d'Alain, valet rusé sous une apparence de niaiserie, lisons-nous dans un auteur de l'époque, quand on l'entend dire : « On se chamaillera, on se querellera, et moi je rirai..... oh ! je rirai !... cela fera du bruit dans Landerneau... » il n'y a qu'un danger à craindre, celui d'étouffer de rire. »

— « Vous jouez bien Alain, lui disait le Marquis de Ximénès, vieil amateur fort original et ancien auteur dramatique ; savez-vous pourquoi ? C'est que vous avez la figure bête, les bras et les mains bêtes, les jambes et les pieds bêtes ; enfin parce que vous êtes bête de la tête aux pieds. »

Il était également fort plaisant dans le rôle de M. Thibaudois de l'*Esprit de contradiction*.

Baptiste cadet fut tour à tour le créancier des *Étourdis*, Agnelet de *Maître Patelin*, Brid'oison du *Mariage de Figaro*, l'huissier de l'*Intrigue épistolaire*, Flamand dans *Turcaret*, Pierrot du *Festin de Pierre*. Un jour, s'étant chargé du petit rôle de Dubois dans le *Misanthrope*, raconte Ch. Maurice, il mit un tel naturel à chercher « le papier » que des personnes encore plus impatientées qu'Alceste le sifflèrent ! Ce fut un triomphe pour l'artiste (31 août 1807).

Désireux d'aborder l'emploi des « manteaux », il s'essaya dans Géronte des *Fourberies*, Antoine dans le *Philosophe sans le savoir*, sur un refus de Michot, et enfin dans *Pourceaugnac* où il échoua. Il était trop grand et trop maigre pour bien représenter un gros et gras Limousin.

Mais cet emploi lui tenait au cœur. Ne répétait-on pas que Dandin n'avait jamais été si bien joué que par lui ? En 1813, il adressa dans ce but au Comité une demande conservée aux Archives nationales. Mais il ne fut autorisé qu'à jouer quelques rôles. Argan, du *Malade imaginaire*, fut un de ceux où on le voyait toujours avec plaisir.

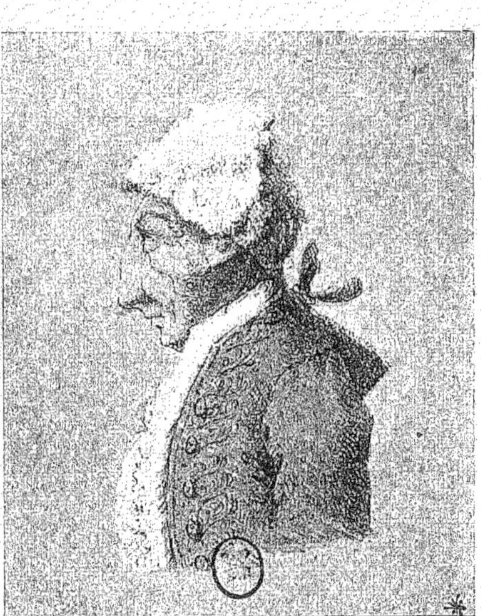

BAPTISTE CADET, lith. de C. Motte dans la *Manie des grandeurs* (1817)

L'Impératrice Joséphine, et plus tard Marie-Louise, se divertissaient beaucoup aux représentations où figurait Baptiste cadet. Cette dernière princesse, surtout, ne pouvait comprimer, au gré de l'étiquette, ses éclats de rire à la vue de cet acteur, et lorsque le premier chambellan lui annonçait pour le soir un spectacle à la Cour, elle ne manquait jamais de demander avec son accent tudesque : « Chouera-t-il, ce crant monsieur si trôle ? » (*Epître à Arnal*, par un *ex-sociétaire de la Comédie française*. Joanny).

Fleury et Talma appréciaient beaucoup leur camarade, mais il n'en était pas de même de Mlle Contat qui, par dédain sans doute, ne l'appelait jamais que M. « de D'Asnières ». (*Histoire anecdotique* par Ch. Maurice.)

Quoiqu'il en soit, pendant trente ans, Baptiste cadet ne cessa d'être aimé du public ; né comédien, il joignait à des dons naturels, peut-être excentriques, l'art de se grimer et de composer une caricature de la façon la plus plaisante. On s'en aperçut bien à son départ, car il ne fut pas facile à remplacer. Sa représentation d'adieux eut lieu le 5 mars 1822, selon De Manne, ou le 1er avril suivant, selon M. G. Monval. On joua *Hamlet*, et pour la première fois une comédie de Mme Sophie Gay, *Une aventure du Chevalier de Grammont*, pièce qui sombra ; le *Sourd ou l'auberge pleine*, cette parade où il se montrait inimitable, termina le spectacle. La recette s'éleva à 11,000 francs.

De Manne nous a donné la liste des 53 rôles nouveaux établis par Baptiste cadet de 1792 à 1822. On ne peut guère citer, à part Dasnières, qu'Alain des *Héritiers* 1796, ou Gaillard de l'*Hôtel garni* 1814. Les autres n'étaient guère que des rôles épisodiques, tandis qu'il était passé maître dans les rôles du répertoire que nous avons mentionnés.

Cependant, celui qui fut sur la scène la « bêtise naïve » parut encore quelquefois en public après sa retraite. C'est ainsi que nous retrouvons les traces de son passage à Rouen, ville où il donna neuf représentations en novembre 1822 ; au théâtre Feydeau (ou Ventadour ?) le 27 mars 1830, dans une représentation au bénéfice de son neveu Ferréol, artiste de l'Opéra-Comique. Il remplit le rôle de Brid'oison, mais parut vieux et cassé ; en 1832, enfin, à la Comédie française, en l'honneur de Mme Rose Dupuis, dans le *Philosophe sans le savoir*. Son frère aîné, retraité aussi, joua le rôle de Vanderck père, et lui se chargea de celui d'Antoine.

Sa fin fut des plus lamentables. Devenu aveugle depuis plusieurs années, il perdit la mémoire, puis la raison, et s'éteignit à Paris le 31 mai 1839.

Baptiste cadet avait habité successivement

rue Croix des Petits-Champs « chez le coffretier » du Roi, 1792 ; rue Traverse St-Honoré n° 3, 1794 ; Cour des Fontaines, Palais Egalité n° 1112, 1799 ; rue de Lille, hôtel de Salm, 1800 ; Barrière Plumet 1807-1819, et Faubourg St-Denis, 65, 1822.

Biographie : Notice par E.-D. De Manne, *Troupe de Talma*. *Annuaire Delhasse* 1840, p. 294. *Liste alphabétique des sociétaires* par G. Monval.

Bibliographie : *Hist. des th. de Rouen*, t. I, p. 178, t. III, p. 151. — *Hist. anecdot. du théâtre*, par Ch. Maurice. — *Hist. du th. du Palais-Royal*, par Eug. Hugot, p. 33. — *Almanachs des spectacles*. — *Souvenirs* par un amateur du th. français. — *Hist. du th. français*, par Etienne et Martinville, Paris, Barba 1802, t. II, p. 218. — *Année théâtrale* pour l'an IX, l'an XI. — *L'Opinion du parterre*, t. I, p. 57, t. II, p. 51, t. III, p. 198, t. IV, p. 52, t. VI, p. 56, t. VII, p. 63, t. VIII, p. 71, t. IX, p. 78, t. X, p. 126. — Le *Rideau levé*, 1818, p. 44. — *Petite biographie dramatique*, 1821, p. 38. — De la *Comédie française*, par Eug. Laugier, p. 24. — *L'Histoire par le théâtre*, par Th. Muret, t. I, p. 87, 173, 346.

Iconographie : Le portrait de Baptiste cadet dans les *Héritiers*, peint en miniature par M. Cœuré, fut exposé au Salon de 1810 sous le n° 176.

Bibl. nat. Catalogue Duplessis.

1. En pied, de profil à gauche (cost. de th.), lith. par F. Demougeot, 1821.

2. En pied, de profil à droite (cost. de th.), gravé par D. B. (Duplessis-Bertaux).

3. A mi corps, de $^3/_4$ à gauche, dans un ovale, (cost. de th.), gravé par Leroy d'après Cœuré.

4. En buste, de profil à gauche, lith. C. Motte. Coll. Martinet : pl. 110, M. Coquelet des *Menechmes*; pl. 235, Jacques Spleen dans le *Conteur* ; pl. 377, Argante dans les *Fourberies de Scapin;* pl. 390, Basile dans le *Barbier de Séville*.

BAPTISTE JEUNE. — Frère des deux précédents, et qu'il ne faut pas confondre avec Baptiste cadet que l'on désigna souvent aussi par le nom de *Baptiste jeune*. Ainsi que ses deux frères, Baptiste jeune avait commencé à suivre la carrière dramatique, et parut au théâtre du Marais en 1792. Devenu soldat, il prit goût au métier, et Ch. Maurice affirme qu'il mourut colonel sous le règne de Napoléon.

Bibliographie : *Almanach Duchesne*. *Hist. anecdot. du théâtre*, par Ch. Maurice.

BAPTISTE, Mlle, Cécile, sœur des précédents. — Actrice du théâtre Feydeau, ne nous est connue que par cette citation de l'*Année théâtrale*, almanach pour l'an IX : « La troupe a perdu aussi Mlle Cécile Baptiste, *sœur du comédien français* de ce nom. Elle n'avait pas à craindre l'écueil ordinaire des jeunes actrices ; le public, loin de la gâter, la recevait toujours très froidement, mais quelques personnes qui l'avaient vue au théâtre de la République, dans plusieurs rôles de la grande comédie qu'elle disait avec intelligence, pensaient que cette rigueur même la conduirait un jour à les bien jouer. »

Cette note pourrait bien cacher une erreur sur la personnalité de Mlle Cécile Baptiste, car nulle part sur les tableaux de troupe du théâtre de la République ou du théâtre Feydeau même, nous n'avons trouvé son nom. En ce qui concerne le théâtre de la République, est-ce une confusion avec Mme Baptiste bru ? Il est à remarquer aussi qu'en 1799 il y avait au théâtre Feydeau un acteur du nom de *Baptiste*, demeurant rue du Mont-Blanc, et qui ne saurait être ni Baptiste aîné, ni Baptiste cadet faisant alors tous deux partie du théâtre de la République et demeurant à d'autres adresses.

Bibliographie : *Année théâtrale*, almanach pour l'an IX, p. 111.

BAPTISTE, Mlle Joséphine, fille de Baptiste aîné. — V. Mme Desmousseaux.

BAPTISTE, Joseph, François Anselme dit. — Fils de Baptiste aîné et frère cadet de Mme Desmousseaux, né le 31 mars 1800, selon les Ephémérides de l'*Annuaire Delhasse* de 1840, eut des commencements assez obscurs, en dépit de l'illustre nom qu'il portait. Son père lui fit faire de brillantes études, et le mit au collège Sainte-Barbe où il entra en même temps qu'Adolphe Nourrit. De là naquit entre ces deux hommes une intimité qui ne s'éteignit qu'avec la triste mort du chanteur. Au sortir du collège, Baptiste fréquenta le Théâtre français, où il allait applaudir son père et son oncle. De tels exemples lui montèrent l'imagination, et il voulut entrer, lui aussi, dans la carrière. Son père s'y opposa ; il lui parla des intrigues, des coteries auxquelles il avait été en butte. Le jeune homme se soumit à contre-cœur et entra dans une maison de commerce où il resta trois ans, mais qu'il ne quitta que pour entrer au Conservatoire, où il se consacra, pendant dix-huit mois, à des études musicales. Mais son père, ne voulant pas le laisser à Paris, lui fit prendre alors un engagement pour la province, où il tint avec succès l'emploi des pères nobles et des premières basses tailles. En 1828, il était au théâtre d'Anvers avec sa femme. Il se rendit ensuite à Lille, puis à Paris, où il se présenta au Gymnase dans l'emploi des Ferville. Ses débuts y furent très heureux, mais la révolution de 1830 ayant amené des changements dans ce théâtre, il retourna à Lille. Il y resta encore deux années ; de là il prit un engagement pour Amsterdam, où il se concilia l'estime générale, et quitta cette ville en 1834 pour venir retrouver sa femme à Bruxelles, où il fut engagé comme père noble, second premier rôle, grand raisonneur, grand troisième rôle dans la comédie, la tragédie et le drame, et comme seconde basse noble, et première basse comique dans l'opéra-comique.

Baptiste débuta donc à Bruxelles le 22 mai 1834, par le rôle de Cléante du *Tartufe,* et le 8 juin suivant par le rôle du marquis Derbon dans *Chacun de son côté*. Il y resta jusqu'en 1840. En 1842, il était à Gand. En 1844, il vient à Paris, débute à la Comédie française, ne peut s'y maintenir, et entre à l'Odéon. Nous retrouvons son nom dans :

1846, octobre, *Echec et mat.*
1847, 21 janv., *Une Année à Paris.*
— 30 sept., *Isabelle de Castille.*
1848, 13 mai, les *Pâques véronaises.*
— 8 août, *Van Dyck à Londres.*
— 23 oct., *Macbeth.*

Cette année, on l'avait conservé comme sociétaire à demi-part, et l'on avait donné, le 27 mai, une représentation à son bénéfice, avec le concours de la Comédie française. (Il avait été blessé par un timon d'omnibus). Nous n'ignorons pas qu'on fait généralement mourir cet artiste en 1848, mais nous retrouvons son nom, à l'Odéon toujours, le 15 mai 1849, dans la distribution du *Bourgeois des Métiers* et le 8 septembre dans le *Trembleur*.

Un *Baptiste* jouait les pères nobles à Genève en 1857-58.

Bibliographie : *Annuaire Delhasse,* 1840, notice p. 195.

Bibliographie : l'*Odéon*, par P. Porel et G. Monval.

Iconographie : Il existe à la Bibl. nat. deux portraits d'un « Baptiste acteur ? » Catalog. Duplessis n° 2710.

1. En pied, de face (cost. de th.) lith. de Canquois et Simon (1839).

2. En pied, de profil à gauche (cost. de th.) lith. de Gubian et Cie, Lyon (1837).

Il serait prudent de s'assurer s'ils se rapportent au fils de Baptiste aîné.

BAPTISTE, Mme Louise Henriette, Emilie Gromez, femme Anselme-Baptiste dite. — Epouse du précédent, naquit à Anvers le 7 juin 1810, selon Delhasse, qui voulut sans doute se montrer galant, comme on le verra plus loin. Ses parents étaient français. Elevée à Bruxelles jusqu'à l'âge de huit ans, Mlle Gromez vint à Paris où elle perdit son père en 1820. Protégée par Mlle Duchesnois, la jeune fille entra au Conservatoire où elle remporta le prix de tragédie en partage avec Adolphe Bouchet. Mais comment admettre, qu'une jeune fille de *treize ans*, ayant déjà terminé ses études au Conservatoire, débute à la Comédie française le 20 juillet 1823, dans Junie de *Britannicus* et dans *Nanine ?* Il nous semble que le trop complaisant biographe est pris ici en flagrant délit d'inexactitude. Et cependant la date du début ne saurait être changée. Jeune amoureuse de tragédie et de comédie, Mlle Gromez joua tour à tour les rôles d'*Iphigénie*, d'*Andromaque*, de Chimène du *Cid*, d'Aménaïde de *Tancrède*, d'Isabelle de l'*Ecole des Maris*, d'Henriette des *Femmes savantes,* d'*Eugénie*, de Sophie de *Tom Jones,* de Charlotte des *Deux Frères*, d'Agnès de l'*Ecole des Femmes*. Talma lui donna la réplique dans *Britannicus* et dans *Andromaque*. Et cependant, en 1826, nous retrouvons son nom à la banlïeue où elle joue la tragédie.

Partie pour la province, Mlle Gromez prit l'emploi des grands premiers rôles qu'elle joua successivement à Anvers et à Lille (pendant quatre ans). Ligier qui vint en représentations dans cette ville l'engagea vivement à demander un nouveau début au Théâtre français. Comme la première fois, elle plut au public, à la presse, aux auteurs, mais M. Jouslin de la Salle, alors directeur de ce théâtre, lui fit des propositions si mesquines que la jeune artiste préféra partir pour Bordeaux, où elle réussit complètement.

C'est dans cette dernière ville que Mlle Gromez, devenue chemin faisant Mme Baptiste, signa un engagement pour Bruxelles où elle débuta avec le plus grand succès le 7 mai 1834 par le rôle de Marguerite dans la *Tour de Nesle*; le 11, par le rôle de Mme Dorsan de la *Femme jalouse,* et le 20, par le rôle de la reine Elisabeth dans les *Enfants d'Edouard.*

« Mme Baptiste, écrit son biographe en 1840, est une artiste pour laquelle on a épuisé déjà toutes les formules d'éloge. Belle, remplie d'âme, de chaleur et de sensibilité, elle joint à une diction parfaite cet entraînement qui charme et qui séduit... Le talent de Mme Baptiste est placé fort haut dans l'estime des Bruxellois, et chacune de ses créations à notre théâtre y est l'objet d'ovations et de bravos universels. »

En 1840, nouvelle apparition à la Comédie française ; mais comment jouer la tragédie à côté de Rachel ?

En 1842, Mme Baptiste est à Gand, où elle joue les premiers rôles marqués, en attendant que l'Odéon lui ouvre ses portes en 1848. Elle y débuta dans *Eugénie*. Nous relevons ensuite son nom dans les pièces suivantes :

1849, 3 mars, la *Mort de Stottford.*
— 5 oct., la *Farnesina.*
1850, 5 avril, le *Martyr de Vivia.*
— 10 février, *Une Nuit blanche*.
— 13 mai, le *Chariot d'Enfant.*

En 1857-58, une dame Baptiste jouait les premiers rôles à Genève.

Mme Baptiste mourut après 1873.

Biographie : *Annuaire Delhasse* 1840, longue notice, p. 196 et suiv.

Bibliographie : l'*Odéon*, par P. Porel et G. Monval.

BAR, Edouard, Joseph Andrès dit. — Théâtre historique 1849. — Odéon 1850-53. — Cet artiste avait débuté à l'Odéon le 7 mai 1849 dans l'*Ecole des Maris* et créé un rôle le 13 du même mois dans le *Chariot d'Enfant*.

Bibliographie : l'*Odéon*, par P. Porel et G. Monval.

BARATAUD, Mlle Juliette, Marie, Joséphine. — Gymnase, rôles d'ingénues, 1866, 16 mars, Lucienne des *Idées de Mme Aubray*.— 6 sept., *L'Amour d'une Ingénue*. Elle sortait à peine du Conservatoire lorsqu'on lui confia un petit rôle dans *Nos bons Villageois*. En 1873, Mlle Barataud passa par le Vaudeville, puis entra au Palais-Royal où elle resta trois ans (le *Panache*, 1875, *Mon Mari est à Versailles*, 1876). En 1879, l'*Annuaire des Artistes* signale sa présence à l'Opéra-Comique, et en 1880 à Genève.

Bibliographie : *Derrière la Toile*, par A. Vizentini, 1868. — *Almanachs* Soubies. — *Annuaires* des artistes.

BARAU, Mme Charlotte. — Bordeaux 1862-63.

BARAU-Rosi. — Bordeaux 1862-63.

BARBA. — Plus connu comme libraire que comme comédien, avait débuté au théâtre de la Cité, vers 1795, par le rôle de Frontin dans *Guerre ouverte*. Mais il quitta bientôt la scène. Barba a lancé dans le monde plus de six millions d'exemplaires de tragédies, comédies, opéras, ballets et pantomimes.

Bibliographie : *Histoire des Petits Théâtres*, par Brazier, t. I, p. 156.

BARBE, dit aussi *Desbirons*. — Vaudeville 1849-53.

BARBE, Adrien. — Dieppe 1852, Calais 1853, Caen 1854, Paris 1855-62, Colmar 1863-64, Cherbourg 1865, Le Hâvre 1867, Cherbourg 1868-69, St-Etienne 1870-72, Bruxelles 1873-74, Roanne 1875, Bruxelles 1876-77. Sa mort fut annoncée dans le Rapport à la Société des Artistes, en 1878.

Bibliographie : *Annuaires* de la Société des Artistes.

BARBE, Mme Cécile, dite aussi *Belval*. — Th. du Luxembourg 1852, Th. du Cirque 1854-56.

BARBE, Lucien, Célestin. — Liège 1867, Reims 1868-69, Caen 1870, Châtelet 1872, Nlle-Orléans 1873, Besançon 1874, Béziers 1875, Lyon 1876, Rochefort 1877-78, Nîmes 1878, Lorient 1880, Agen 1881, Lorient 1882, Verviers 1883-84, Namur 1885, Bayonne 1886. Lucien Barbe mourut d'une méningite à Bayonne, où il était directeur. Sa mort fut annoncée dans le Rapport à la Société des artistes en 1887.

Bibliographie : *Annuaires* de la Société des artistes.

BARBE, Marcelin. — Constantine 1874-77. Sa mort fut annoncée au Rapport de la Société des artistes en 1878.

BARBÉ, Auguste. — Tournay 1864-65, Lorient 1867-69.

BARBERAT, François, Eugène. — Genève 1868-69, La Haye 1870-72.

BARBERY, François. — Bordeaux 1850-60, Marseille 1861-1876. En 1869, Barbery âgé de 66 ans, avec 47 ans de services, reçut une rente annuelle de 300 francs de la Société des artistes, à laquelle il appartenait depuis 1840, date de sa fondation.

BARBET, Louis, Henri. — Bruxelles 1868-70, 1872-74, Marseille 1875, Lyon 1876-78. Sa mort fut annoncée au Rapport de la Société des artistes en 1879.

BARBIER. — Parut sur le théâtre de l'Odéon en 1797 et fit partie, le 27 décembre de cette année, de la distribution de *Maulius Torquatus*. On le vit encore le 28 février 1799 dans les *Deux veuves*. Le théâtre brûla quelques jours plus tard. Barbier suivit alors les destinées de cette troupe au théâtre de la Cité, puis à la Salle Louvois, au théâtre des Arts, au théâtre du Marais, au théâtre Feydeau. On retrouve son nom, notamment salle Louvois, dans les pièces suivantes :

1802 15 oct. *Le Mari ambitieux*.
— 29 déc. *La petite école des pères*.
1803 13 mai *Le Dépit amoureux*, de Molière, rétabli en 5 actes par Calhaiva.
— 1er oct. *La petite guerre*, chute.
1804 28 janv. *Le Trésor*.
En juillet le th. Louvois devient th. de l'Impératrite.
1805 21 mai *Le portrait du Duc*.
— 5 oct. *Le parleur éternel*, seconde pièce de Ch. Maurice. C'est à la fin de cette pièce que Picard, au moment où il se présenta pour annoncer le nom de l'auteur, fut interrompu par le « parleur éternel ».

A cette époque, 1805-08, Barbier demeurait rue Cerutti, 28. Voici ce qu'en disait l'*Almanach pour l'an IX*: Barbier est un « jeune homme bien tourné qui a fait ses premières armes au Faubourg St-Antoine, à la célèbre pépinière Mareux. Dix ans d'habitude de la scène n'ont encore pu le corriger d'une gaucherie. d'une roideur et d'une froideur presque égale. » Cette opinion est encore confirmée en 1802 : « Barbier dit naturellement, mais ce naturel est trop peu vigoureux et paraît froid. »

Ouvrons l'*Opinion du Parterre* (Germinal an XIII) à l'article Barbier « Amoureux en chef du théâtre Louvois ». — « Il est un peu froid, mais toujours décent, et c'est un grand mérite à la scène. Il a corrigé la roideur qu'on lui reprochait avec justice, et je vois avec plaisir qu'il obtient actuellement des succès mérités. Dans l'*Esprit follet*, les *Voyageurs*, le *Premier venu*, la *Mère coquette*, Barbier montre des qualités aimables, et s'il n'est pas un acteur de premier mérite, on peut du moins le placer au-dessus de beaucoup d'autres qui tiennent le même emploi. Son aplomb, l'habitude qu'il a du théâtre, paraissent surtout dans *Malice pour Malice*. C'est, en un mot, un sujet fort utile ».

A citer, parmi ses créations au Théâtre de l'Impératrice :

1805, 11 déc., *Les Filles à marier*.

1806, 16 avril, rôle de Térence dans la *Comédie aux Champs-Elysées*, à propos en l'honneur de Collin d'Harleville qui venait de mourir.

1806, 23 sept., *La Manie de briller*.

— 11 nov., *Le Mari intrigué*, de Désaugiers.

Et sous la direction Alex. Duval :

1808, 26 mars, *Ordre et Désordre*.

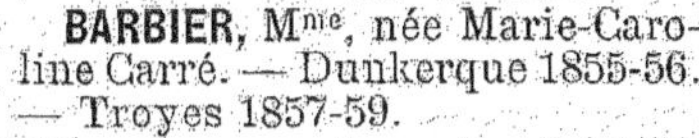

BARBIER
portrait tiré de *l'Oracle des Dames*

Par la retraite de Clozel engagé à St-Pétersbourg, Barbier devenait le premier sujet de ce théâtre, mais il préféra passer à la Comédie française, où il s'offrit pour remplacer Varennes. C'était un fort grand sacrifice, car il ne s'agissait plus que de jouer les confidents et les amoureux, dont Després, Lacave et Michelot ne voulaient plus. Barbier préféra cette vie obscure, mais assurée. Il fut accueilli favorablement.

« Les acteurs qui l'ont remplacé au Théâtre de Louvois, lisons-nous dans l'*Opinion du Parterre* (1811) ne sont pas parvenus à l'y faire oublier ; c'est une justice qu'il faut lui rendre ; et j'ajouterai qu'il efface chaque jour le souvenir de Varennes, son prédécesseur. Les malins prétendront que ce n'était pas difficile ; soit... Barbier n'est pas déplacé dans ses confidents tragiques ; lorsqu'Armand et Michelot ne veulent pas jouer certains amoureux insipides, assez communs dans le répertoire, Barbier s'en charge. Sa tournure et sa figure n'y sont point un contre-sens ; ainsi je conclus qu'il gagne bien ses modestes appointements, et qu'il mérite d'être en paix avec le parterre ».

Barbier remplissait notamment très bien le rôle long et difficile d'Horace de l'*Ecole des Femmes*. « Il remplace tout le monde, joue de tout, n'est déplacé nulle part », lisons-nous en 1813, et cependant les réductions économiques atteignirent ce modeste serviteur. Au retour du voyage de la Comédie française à Dresde, accompli par ordre de l'empereur, Barbier qui demeurait alors rue Batave, 12, contracta une maladie dont il mourut prématurément le 7 septembre 1813.

Bibliographie : *Almanach des spectacles*, 1800, 1802. — *Opinion du Parterre*, t. II à X. — Annuaires dramatiques. — *L'Odéon*, par P. Porel et G. Monval.

Iconographie : Un portrait de Barbier, en buste, dans l'*Oracle des Dames*.

BARBIER. — Acteur de l'Ambigu comique, en 1840.

BARBIER, Mme, femme Millet. — Moscou 1849.

BARBIER, Mme, Antoinette, Marie. — Dijon 1849.

BARBIER, Louis, Henry. — Odéon 1849-50. Bruxelles 1852-63. — La Haye 1864-65. — Châtelet 1867-70. — Marseille 1872.

BARBIER, Mlle Cécile. — Variétés 1850.

BARBIER, Mme, née Marie-Caroline Carré. — Dunkerque 1855-56. — Troyes 1857-59.

BARBRY, Eugène, Edouard. — Bourges 1868-70.

BARBOT, Emile. — Genève 1849.

BARBOT, Gustave, Jean, Joseph, Marie. — Bruxelles 1852-53. — Lyon 1854. — Dijon 1855-56. — Rouen 1861. — Lyon 1862. — Le Hâvre 1863. — Lille 1864-65. — Lyon 1867-75.

BARBOT, Jean-Pierre. — Bayonne 1855-56. — Anvers 1858-62. — Mostaganem 1863. — Bourges 1864. — Mostaganem 1865.

BARBOT, Mme, née M.-L. Pardon. — Bayonne 1855-56. — Anvers 1858-61. — Bourges 1862. — Mostaganem 1863. — Bourges 1864. — Mostaganem 1865.

BARBOT, Albert, Henry. — St-Nazaire 1875-79.

BARCEL, François. — Grenoble 1852. — Ambigu 1853. — Grenoble 1854.

BARD, Pierre. — Ambigu 1850-53.

BARD, Mme, Eugénie, née Legrain St-Romain. — Rouen 1855-56. — Bordeaux 1857-62.

BARDE, Armand, Pierre, Charles. — Limoges 1857.

BARDET, Mme. — Th. Historique 1849-50.

BARDEUX, Mme. — Théâtre des Jeunes Artistes 1807.

BARDIN, Mme, Charlotte, Léontine, dite *Allié*, dite *Derocle*. — Perpignan 1867. — St-Etienne 1868-69. — Grenoble 1870. — Nantes 1872. — Odessa 1873-74.

BARDOU aîné, Noël, Edouard. — Naquit à Montpellier le 25 décembre 1808, selon Vapereau. Il fut d'abord clerc d'avoué chez son frère, à Nîmes. Ayant voulu s'essayer dans des rôles tragiques, sur de petites scènes, il fit rire. Engagé comme seconde basse, il parut à Carcassonne, Pézenas, Béziers, et se décida enfin à aborder le vaudeville; c'est en qualité d'acteur de vaudeville qu'il fut engagé à Bayonne, Anvers, Brest et Toulouse.

En 1835, le Théâtre du Vaudeville lui ouvrit ses portes. On lui donna l'emploi de Bernard Léon. Il parut dans les rôles de Giraudeau de *Pourquoi?* Crochard du *Bal des Ouvriers*, l'*Ami Grandet*, rôle établi par Volnys. Mais tout cela se passa sans grand éclat. *Rigoletti*, *Paris dans la Comète*, le mirent un peu plus en évidence. Il joua ensuite dans *Une Femme raisonnable*, le *Protégé*, l'*Article 960*, le *Frère de Piron*, les *Mémoires du Diable*, les *Petites Misères de la Vie humaine*, *Un Péché de Jeunesse*, *Manche à Manche*, la *Gazette des Tribunaux*, etc.

Dans *Passé Minuit*, le triomphe de sa carrière, son succès égala celui d'Arnal, son partenaire. A propos de *Tout pour mon fils* (Vaudeville 1841), Th. Gautier écrivait : « Derval, bourgeois débonnaire, est délicieusement représenté par Bardou ».

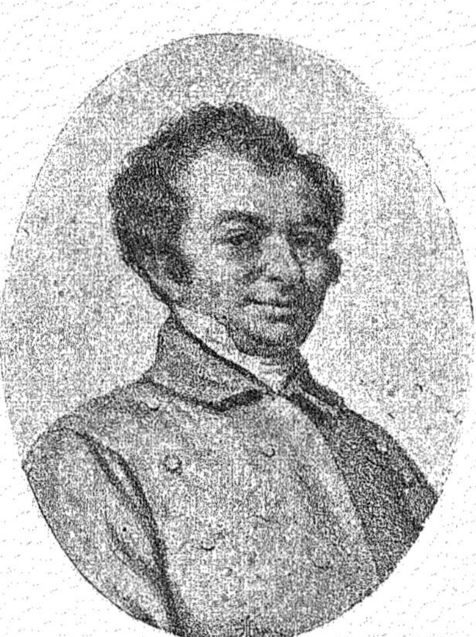

BARDOU AINÉ
d'après A. Lacauchie, dans le *Maître d'Armes*

Aux Variétés, Bardou aîné était toujours rappelé avec Bouffé, après le *Muet d'Ingouville*. Il joua dans les *Chansons de Béranger* et créa le *Maître d'Armes* (Variétés 1850). En 1856, il faisait encore partie de la troupe du Vaudeville. En 1859, il passa par Bordeaux.

Les qualités prédominantes de cet artiste étaient la franchise, le naturel, la vérité. Il excellait aussi à imiter les différents patois. Bardou aîné mourut au commencement d'août 1863 et fut enterré à Neuilly.

Iconographie : Bibl. nat. (sous le nom de Bardou *Oscar*, *François*). Catal. Duplessis n° 2847.

1. En buste, de 3/4 à droite. Imp. Aubert, 1838.
2. A mi-corps, de 3/4 à droite. Imp. Aubert, 1839.
3. En pied, de 3/4 à gauche. Imp. Aubert, 1840.
4. En pied, dans deux costumes différents. Lith. Bertauts, 1851.
5. En pied, de face (cost. de th.), lith. par Bida, 1837.
6. En buste, de 3/4 à gauche, lith. Constantin, 1841.
7. En pied, de face (cost. de th.), par Victor Dollet, 1842.
8. En pied, de face (cost. de th.), lith. par Vict. Dollet, 1843.
9. En pied, de 3/4 à gauche (cost. de th.), lith. par Alex. Lacauchie.
10. A mi-corps, de 3/4 à droite, lith. par Benjamin (Roubaud), 1840.
11. En pied, de face (cost. de th.), lith. par Daniel Vincent, 1842.

V. aussi Bibl. nat., *Hugo* Victor et *Lablache*. Le *Figaro* du 13 juin 1839 a publié un dessin de Daumier, représentant Bardou devant la fenêtre ouverte, et Arnal dans son lit, scène typique de *Passé minuit*.

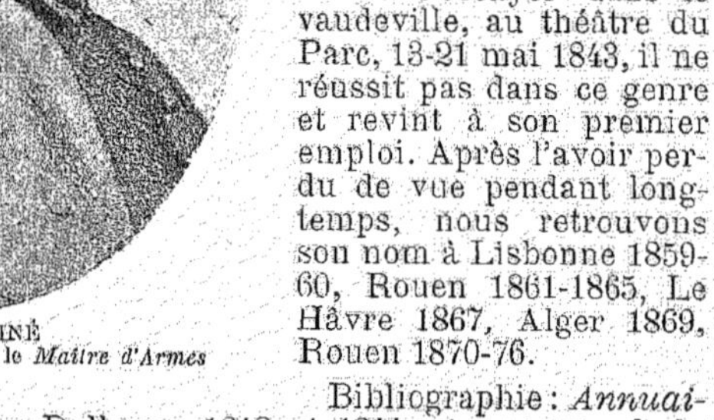

BARDOU, Jules, Louis, né le 14 août 1811, selon les éphémérides de Delhasse (1844), tenait les jeunes premiers rôles à Tournay en 1841, puis à Verviers 1842, à Charleroy 1843, à Bruxelles (th. des Nouveautés) 1844. Ayant voulu s'essayer dans le vaudeville, au théâtre du Parc, 13-21 mai 1843, il ne réussit pas dans ce genre et revint à son premier emploi. Après l'avoir perdu de vue pendant longtemps, nous retrouvons son nom à Lisbonne 1859-60, Rouen 1861-1865, Le Hâvre 1867, Alger 1869, Rouen 1870-76.

Bibliographie : *Annuaires* Delhasse 1842 et 1844. *Annuaires* de la Société des artistes.

BARDOU jeune, César, François. — Variétés 1849-50, St-Pétersbourg 1852, Moscou 1854, Gand 1855, Liège 1856-59, Marseille 1860, Lyon 1861-62, Alger 1864-69.

Bibliographie : *Annuaires* de la Société des artistes.

BARDOU, Auguste, César. — Lyon 1861, Mostaganem 1862, Alger 1863-65, Bordeaux 1867-69, Pau 1870, La Haye 1872, St-Quentin 1873-76, Calais 1877, Réthel 1878. Sa mort fut annoncée dans le Rapport à la Société des Artistes en 1882.

Bibliographie : *Annuaires* de la Société des artistes.

BARDY, Mme, Charlotte, Linda d'Azzo. — Elève de Beauvallet. Ambigu 1867-73, créa le rôle de la comtesse dans la *Czarine*, à l'Ambigu, le 30 mai 1868, Gaîté 1874-80, passa aussi par le th. Cluny 1875 et la Porte St-Martin (la Thénardier des *Misérables*, 21 mars 1870). Depuis 1881, Mme Charlotte Bardy vivait à Paris, éloignée du théâtre. Son nom cesse de figurer à l'Annuaire en 1901.

Bibliographie : *Annuaires* de la Société des artistes.

BARDY, Mme Clémentine, Valentine d'Azzo. — Belleville 1867-74. A partir de ce moment, cette artiste prit le nom de *Lormiani*. Reims 1875, New-York 1876, Odessa 1877-78, Nantes 1879-80, Marseille 1881-84. — Revient à Paris 1885-87, Lyon 1888, Paris 1889-90, Montélimar 1891, Lyon 1892-95, Paris 1896, Meximieux 1898, Chazey 1899. Habitait Lyon en 1901.

Bibliographie : *Annuaires* des artistes dramatiques.

BARET. — Sous ce nom :

Baret, deuxième comique à Bruxelles 1828.

Baret, Auguste, Adolphe. — Troyes 1849.

Baret, Emmanuel, Jean, Joseph. — Comédie française 1852-64. — On lit dans le Rapport à la Société des artistes dramatiques en 1865 : « Le jeune Baret est aussi chez M. Marelle (le Maître de pension)... il répond par son application et son travail aux soins de ses professeurs, à la bonté du chef de l'institution et à la sollicitude du comité. Il a également remporté plusieurs prix. — Le comité du Théâtre français, en *souvenir des bons services rendus par M. Baret père*, a décidé qu'une somme annuelle serait versée pendant trois ans à la caisse de l'Association, pour contribuer aux frais d'éducation de cet enfant. M. Provost a bien voulu plaider la cause de l'intéressant orphelin... »

Bibliographie : *Annuaires* de la Société des artistes.

Baret, Louis, Constant, Emmanuel. — Comédie française 1852, 1854, 1858. A partir de cette époque, Louis Baret se fixe à Paris qu'il habitait encore en 1901. En 1893, âgé de 72 ans, avec 39 ans de services, Louis Baret obtint une pension annuelle de 500 fr. de la Société des artistes.

BARETTA. — V. Barretta.

BARETTI, les sœurs. — Le Caire 1875, Th. des Variétés 1877-79. L'une d'elles, Adolphine-Joséphine, disparut vers 1884. L'autre, Henriette, prit le nom de *Baréty* : Nantes 1886, Rouen 1888-90, Bordeaux 1891, Lille 1892, La Haye 1893-96, Toulouse 1897-98, Montpellier 1899, Toulouse 1900, Montpellier 1901. Mme Henriette Baréty est officier d'Académie depuis deux ou trois ans.

Bibliographie : *Annuaires* de la Société des artistes.

BARILLONET, Mlle. — Cette actrice, qui ne jouait sans doute que des bouts de rôles, figure dans une ancienne collection de portraits, où elle est mentionnée comme ayant fait partie de la troupe de Molière; Fr. Hillemacher grava une eau-forte d'après un ancien portrait à l'aquarelle, sur papier, pour la *Galerie historique* de la *Troupe de Molière*, en rappelant qu'un jeune acteur du même nom représentait un amour dans le ballet de *Psyché*, en 1671. Paul Lacroix suppose que cette demoiselle Barillonnet était une sœur de Mlle de Brie, nommée Jeanne, Françoise Brouard, laquelle épousa le 25 avril 1672 Jean Baraillon ou Barillon, tailleur ordinaire des ballets du roi.

Bibliographie : *Galerie historique* de la troupe de Molière, par E.-D. De Manne. — *Iconographie* molièresque, par P. Lacroix, p. 173. — *Dictionnaire critique* de Jal, p. 282.

Iconographie : Bibl. nat. Catalog. Duplessis n° 2869. En buste, de profil à droite, grav. par Fr. Hillemacher, 1857.

BARIOL, Mme, Mathilde, Eugénie. — L'Annuaire des artistes dramatiques indique cette artiste comme appartenant au Théâtre du Palais royal de 1859 à 1868. En 1864, une dame ou demoiselle Bariol jouait aux Folies Marigny dans *Zut au berger!* (16 déc.).

BARIOT, Francisque. — Alger 1849-74.

BARJON, Victor, Albert. — Liège 1873-76.

BARNAUD ou Bernaut, Mlle. — Débuta à la Comédie française le 26 déc. 1758 dans le rôle de Constance, dans le *Préjugé à la Mode*.

Bibliographie : *Almanach des Spectacles*, 1760.

BARNOLT, Paul Fleuret dit. — Devrait plutôt être rangé parmi les chanteurs que les comédiens, car il rendit de bons et loyaux services au théâtre de l'Opéra-comique pendant trente ans. Et cependant Barnolt débuta aux Folies Marigny, d'où il fut engagé aux Fantaisies parisiennes. C'est à ce titre seulement qu'il nous appartient.

Barnolt naquit à Paris en 1844. Ses premières études furent dirigées vers l'architecture, un art dans lequel son frère aîné, Adrien Fleuret, sut se faire un nom estimé. Doué d'une agréable voix de ténorino, il aimait à soupirer des romances. C'est ainsi que, soldat, il se fit exempter du service pour entrer au Conservatoire où il ne put se maintenir. Il fallut repartir au 15me bataillon de chasseurs à pied, en garnison à Strasbourg. Travailleur, intelligent, se prodiguant dans les concerts, il sut se faire apprécier du commandant qui finit par le renvoyer en congé illimité.

Rentré à Paris, Barnolt débuta aux Folies Marigny, où il eut pour camarades Daubray et Mme Céline Chaumont. Il y joua le vaudeville et l'opérette et parut dans la *Cigale et la Fourmi*, *Euréka*, la *Devinette*, les *Trois Normands*.

Engagé en 1866 au Théâtre des Fantaisies parisiennes (devenu en novembre 1869 l'Athénée), il y resta quatre ans et y trouva définitivement l'emploi qu'il devait tenir à l'Opéra comique : celui de *trial*.

A partir de ce moment, nous ne le suivrons plus comme chanteur. Il débuta à la salle Favart le 23 août 1870, et pendant trente ans ses créations, ou les rôles remplis par lui, furent innombrables. Son jeu naïf et naturel, sa physionomie ouverte, le timbre original de sa voix, lui attiraient la sympathie. En 1889, il fut nommé Officier d'académie.

Ayant prêté son concours à une matinée de bienfaisance, il prit froid en rentrant chez lui, 2, rue Raspail, à Bois-Colombes et succomba à une pneumonie. Il fut inhumé à Bois-Colombes le 17 juin 1900, unanimement regretté.

Biographie : Notice par Félix Jahyer, *Paris-Théâtre* no 188.

Iconographie : Photographie en buste, même journal, même numéro.

BARNOT. — Débuta le 14 janvier 1754 à la Comédie française, par le rôle d'Arnolphe, dans l'*Ecole des Femmes* et continua ses débuts par ceux d'Harpagon, dans l'*Avare*, de Bernardille dans la *Femme juge et partie*, de Mylord Houzei dans le *Français à Londres*, du financier dans le *Philosophe marié* et de *Georges Dandin*.

Bibliographie : *Almanach Duchesne* 1755.

BAROLLIER, Mme. — Bordeaux 1792.

BARON père, André Boyron dit. — Né vers 1600, mort en 1655, fut le père du célèbre Baron. Comédien du Th. du Marais, selon Tallemant, il passa à une date inconnue à l'Hôtel de Bourgogne, où il remplissait les rôles de rois dans la tragédie, et selon l'usage d'alors ceux de paysans dans la comédie. Le 22 avril 1641, il épousa sa camarade Jeanne Auzoult, âgée de seize ans, et sur son acte de mariage, en date du 20, il est qualifié « Comédien du Roy ». La jeune épouse, dont nous parlons plus loin (v. Mlle Baron), excellait dans les premiers emplois de l'un et l'autre genre.

« Le père Boyron, a dit un contemporain, joua plusieurs fois devant le roi Louis XIII qui, par oubli de son véritable nom, ou dans le dessein de le lui changer, l'appela *Baron* ». Le nom lui resta.

Lemazurier prétend qu'il mourut par suite d'un accident. En jouant dans le *Cid* le rôle de D. Diègue, il repoussa du pied l'épée du comte de Gormas et se blessa. Il n'y prit pas garde et le mal s'aggrava. On lui proposa alors de lui couper la jambe, mais il s'y refusa obstinément. Il mourut le 5 octobre 1655.

Bibliographie : *Historiettes* de Tallemant des Réaux. — Lemazurier : *Galerie historique des acteurs du Th. français*. — *Dictionnaire critique* de Jal.

BARON, Mlle, Jeanne Auzoult, femme Boyron dite. — Née en 1625. Jal, dans son *Dictionnaire critique* (1867) a complètement réfuté les assertions de Titon du Tillet, de Moreri, de Lemazurier, etc., au sujet des origines de Baron. Mais s'il excuse Loret et Tallemant des Réaux *(Historiette de Mondory)*, il ne peut pardonner à Lemazurier de ne pas avoir cherché, comme il l'a fait, dans les registres des paroisses.

Mlle Baron, avant son mariage avec *André* (et non Michel) Boiron ou Boyron Ier, se nommait Jeanne Ansoult, ou Auzoult, ou Ausou. On sait qu'à cette époque il arrivait à la même personne d'écrire parfois son nom différemment. Elle était fille de comédiens et faisait partie, ainsi que ses parents, de la troupe de l'Hôtel de Bourgogne. Elle avait pour camarade André Boyron. Celui-ci n'était plus un tout jeune homme. Le mariage eut lieu néanmoins le 22 avril 1641, et Jal a reproduit l'acte inscrit sur le registre de St-Nicolas des Champs. D'où il résulte que le marié avait *quarante ans* et qu'il demeurait rue de Poitou ; que la mariée qualifiée Jeanne Auzoult (avec un z) avait seize ans ; que son père qualifié Jean Ausoult (avec un s) était comédien du Roy ; que sa mère s'appelait Anne de Crenet et que tous deux demeuraient également rue de Poitou ; que le frère d'André Boyron s'appelait Jean Boiron (avec un i) et était marchand « chandellier » rue du Temple, et que son cousin Anthoine Guillot, sieur de Pellegrue, habitait Issoudun et était de passage à Paris.

Ce qui détruit absolument la légende du mercier ou du tanneur d'Issoudun allant à Bourges, devenant amoureux fou d'une actrice qu'il épouse, et embrassant par amour la profession de comédien.

Reste encore à démolir l'histoire des *seize* enfants, mise en avant par Tallemant des Réaux et reproduite pendant deux siècles sans contrôle :

Le premier enfant issu de ce mariage (2 juin 1644) s'appela *Claude*. Une fillette, *Jeanne, Florence*, fut présentée à St-Sauveur le 28 octobre 1646, le jour même où Montfleury fit baptiser une de ses filles. Le troisième enfant fut un garçon. Le registre de St-Sauveur consulté par Jal contenait cette note : « Icy deuait estre escript le baptême de l'enfant de M. Baron, commédien, lequel enfant fut baptisé au Palais Royal. L'on trouuera iceluy escript dans les registres de St-Eustache peut-estre deux jours deuant qu'il n'est icy » (5 nov. 1647). Le registre de St-Eustache contient, en effet, à cette même date « du mardy 5me de novembre 1647 » l'acte que voici : « Fut baptisé au Palais Royal, *Charles*, fils d'honorable homme André Boiron, bourgeois de Paris et de Jeanne Ausou (*sic*). Sa femme demeurant rue des Deux-Portes ; le parrain hault et puissant seigneur Messire Charles de Créquy, prince de Poix, premier gentilhomme de la Chambre du Roy ; la marraine damoiselle Claude-Charlotte de Lignières, damoiselle de Guerchy, fille d'honneur de la Reine Régente, mère du Roy ».

On peut s'étonner de la présence de ces grands seigneurs au baptême de l'enfant d'un comédien. Jal veut y voir la protection de la reine qui avait pris en amitié « la Baron » toute gracieuse, belle et mignonne. Elle avait grand air, beaucoup de charme, de l'élégance et de la noblesse.

Le 11 novembre 1648, c'est encore le baptême de *Hierosme* Baron, puis le 2 juin 1650, de *Nicolas*, et enfin le 8 octobre 1653, à l'église St-Sauveur, celui de *Michel*, qui eut pour parrain Michel Bachelier, bourgeois de Paris, et pour marraine Catherine Yon, femme de Jacques Guilhamar « aduocat en parlement ».

Là, s'arrête cette série, puisque André Baron mourut en 1655. Jeanne Auzoult resta donc veuve à 32 ans, et la *Gazette de Loret* fixe son décès au 6 septembre 1662. Nous voilà loin des *seize* enfants annoncés par Tallemant. Voici comment s'exprime Loret :

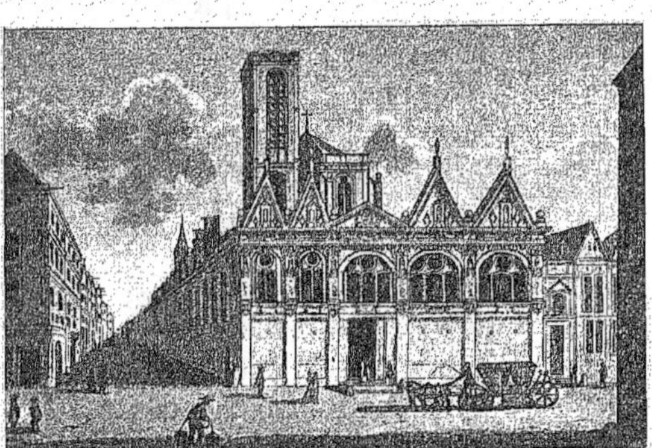

ÉGLISE St-SAUVEUR, où fut baptisé BARON
Cette église, qui fut celle de la plupart des comédiens aux XVIIme et XVIIIme siècles, fut démolie en 1787

« Cette actrice de grand renom
Dont *la Baronne* était le nom,
Cette merveille du théâtre
Dont Paris était idolâtre...
Est depuis deux jours dans la bière,
Et la mort n'a point respecté
Cette singulière » (unique) « beauté...
Approchant ses derniers moments,
Elle reçut les sacrements :
Et comme durant son bel âge
Elle joua maint personnage
Dans des déguisements divers
Voyez son épitaphe en vers :
Icy gît qui fut Indienne,
Bohémienne, Egyptienne,
Athénienne, Arménienne,
Qui fut Turque, qui fut payenne,
Le tout comme comédienne,
Et puis mourut bonne chrétienne. »

Bibliographie : Tallemant des Réaux. — *Muse historique* de J. Loret, lettre du 9 sept. 1662. — *Dictionnaire critique* de Jal.

BARON, Michel Boyron dit. — 1653-1729. Fils des précédents et le plus grand acteur de la fin du XVIIme siècle, le modèle de l'élégance et le prototype de la fatuité, fut baptisé à l'église St-Sauveur, à Paris, le 8 octobre 1653.

« Du 8 octobre 1653, baptême de Michel, fils d'André Boyron, bourgeois de Paris, et Jeanne Ausou, sa femme : le parrain Michel Bachelier, bourgeois de Paris, de la paroisse Saint-Eustache, la marraine Catherine Jon, femme de Jacques Guilhamar, avocat au parlement, de la paroisse Saint-Eustache ».

Le plus jeune des six enfants, il perdit son père et sa mère de fort bonne heure et fut confié à un parent. Son tuteur dissipa ses biens et s'en débarrassa en le faisant entrer dans la troupe des petits comédiens du Dauphin, dirigés par la veuve Raisin. C'est ainsi que Baron, dès l'âge de douze ans, put se faire applaudir par la Cour. Au retour d'une saison à Rouen, il se produisit à Paris. Molière le vit alors, demanda et obtint la permission de le faire passer dans sa troupe, au Théâtre du Palais-Royal. Ses débuts, à ce théâtre, paraissent remonter à 1665. Il avait un peu moins de treize ans et était remarquablement beau. Molière le prit en affection et l'installa chez lui.

« Molière, écrit Voltaire, éleva et forma un homme qui, par la supériorité de ses talents et par les dons singuliers qu'il avait reçus de la nature, mérite d'être connu de la postérité : c'était le comédien Baron, qui a été unique dans la comédie et dans la tragédie ; Molière en prit soin comme de son propre fils ».

On sait si les leçons d'un tel maître devaient profiter à l'élève ! Voulant même qu'il créât dans une de ses pièces un rôle spécialement écrit pour lui, Molière composa alors à son intention la pastorale héroïque de *Mélicerte*, où Baron faisait le rôle de Myrtil. Ce fut cette pastorale qui fut jouée en partie à St-Germain le 2 décembre 1666, encadrée dans le ballet des Muses. Et ce fait est si vrai que Baron ayant quitté la troupe peu de temps après, Molière abandonna son projet et n'acheva pas l'ouvrage.

Malheureusement pour le jeune homme, Mme Molière, la femme du poète, ne vit pas d'un bon œil l'installation du jeune homme au logis et lorsque ce dernier, aidé par Molière, eut acquis la faveur du public, la mesure sembla être à son comble. On raconte même qu'un jour qu'elle était nerveuse, elle se laissa aller aux dernières violences de langage et finalement lui donna un soufflet.

Le jeune homme s'enfuit chez la Raisin,

obtint du roi la permission de se retirer et se mit à courir la province avec son ancienne directrice qui, grâce à son nouveau pensionnaire, gagna beaucoup d'argent mais ne sut pas en profiter. Fatigué de cette vie de désordre, Baron passa dans une autre troupe de campagne à laquelle appartenait la Beauval. C'est ainsi qu'on le vit, de 1667 à 1670, sur des théâtres secondaires de Languedoc, de Provence, de Dauphiné, à Lyon et enfin à Dijon. Quand il fut dans cette dernière ville, une correspondance suivie s'établit entre lui et son ancien maître qu'il n'avait jamais oublié, et une note du Registre de Lagrange nous apprend de quelle façon la paix fut faite : « En 1670, dit-elle, quelques jours après Pâques, M. de Molière manda de la campagne le sieur Baron, qui se rendit à Paris après avoir reçu une lettre de cachet et eut une part ».

Grimarest, qui écrivit une partie de sa *Vie de M. de Molière* en se servant des souvenirs de Baron lui-même, nous a laissé le récit de cette rentrée au bercail : « Baron ne fut point moins vif que Molière sur les sentiments du retour : il part aussitôt qu'il a reçu sa lettre, et Molière occupé du plaisir de revoir son jeune acteur quelques moments plus tôt, fut l'attendre à la Porte St-Victor le jour qu'il devait arriver. Mais il ne le reconnut point. Le grand air de la campagne et la course l'avaient tellement harassé et défiguré qu'il le laissa passer sans le reconnaître, et il revint chez lui tout triste après avoir bien attendu. Il fut agréablement surpris d'y trouver Baron, qui ne put mettre en œuvre un beau compliment qu'il avait composé en chemin ; la joie de revoir son bienfaiteur lui ôta la parole.

« Molière demanda à Baron s'il avait de l'argent. Il lui répondit qu'il n'en avait que ce qui était resté de répandu dans sa poche, parce qu'il avait oublié sa bourse sous le chevet de son lit à la dernière couchée, qu'il s'en était aperçu à quelques postes, mais que l'empressement qu'il avait de le revoir ne lui avait pas permis de retourner sur ses pas pour chercher son argent ; Molière fut ravi que Baron revint touché et reconnaissant. Il l'envoya à la Comédie, avec ordre de s'envelopper tellement dans son manteau que personne ne pût le reconnaître, parce qu'il n'était pas habillé, quoique fort proprement, à la fantaisie d'un homme qui en faisait l'agrément de ses spectacles ; Molière n'oublia rien pour le remettre dans son lustre. Il reprit la même attention qu'il avait eue pour lui dans les mœurs, comme dans sa profession ».

C'est à cette époque qu'il faut rapporter le document suivant conservé jusqu'à nos jours, et signé par Molière, Jean Monchaingre, sieur de Fillandre, Angélique Meunier, sa femme et Charles Rollet, procureur au Parlement de Paris (celui-là même que Boileau a traité de fripon).

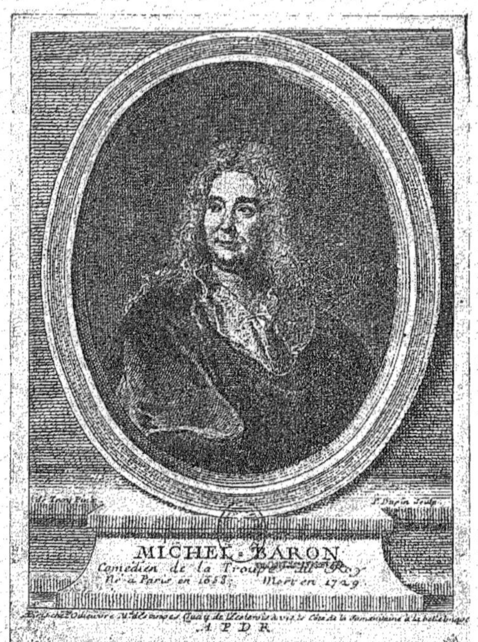

Michel BARON
d'après De Troy

En date du 31 août 1670, Jean Monchaingre et Angélique Meunier, sa femme, reconnaissent avoir emprunté à Charles Rollet, procureur au Parlement de Paris, une somme de trois cents livres remboursables dans le délai de six mois. Ils consentent que ledit créancier touche ladite somme des mains de Michel Baron, comédien de la troupe du Roy, qui leur doit 300 livres pour vente d'habits. Molière se porte garant pour son ami Baron :

« Pourquoy Jean-Baptiste Pocquelin, sieur de Molière, a respondu verbalement et en tant que besoin seroit iceux sieur et damoiselle débiteurs font par ces présentes cession et transport au dit sieur Rollet avecq promesse de garantie, à ce faire estoit présent et intervenant ledit sieur Poquelin, sieur de Molière, demeurant rue Saint-Thomas du Louvre, paroisse de Saint-Germain l'Auxerrois, lequel a promis et s'est obligé et oblige envers ledit sieur Rollet, solidairement pour et avec lesdits sieur et damoiselle de Filandre, etc. »

Par un second acte en date du 3 juin 1673, Rollet reconnaissait avoir reçu de Michel Baron la somme de trois cents livres mentionnée dans l'acte précédent, plus les intérêts de ladite somme et les dépenses qui lui ont été adjugées par sentence du Châtelet rendue à l'encontre de la veuve de Molière.

Baron avait donc gardé cette quittance.

La pièce signée par Molière, provenant de la vente Fossé-Darcosse où elle avait été payée 400 fr. fut acquise à la vente A. Bovet (nº 678) moyennant 2500 francs, par Al. Dumas fils qui en fit hommage à la Comédie française.

La rentrée de Baron au Théâtre du Palais Royal fut triomphale. Il joua le rôle de Domitien, qui eut du succès malgré la mauvaise tragédie *Tite et Bérénice* (1670), et fut couvert d'applaudissements dans *Psyché*. Ce fut au mois de janvier 1671 qu'il créa dans cette pièce le rôle de l'Amour, lorsque cette tragédie-ballet de Molière et de Corneille fut représentée sur le Théâtre des Machines du Palais des Tuileries devant toute la Cour. Sa jeunesse, sa beauté, sa taille lui conquirent tous les suffrages. La pièce, transportée au Théâtre du Palais Royal le 24 juillet suivant, eut trente-huit représentations consécutives, chiffre considérable pour l'époque.

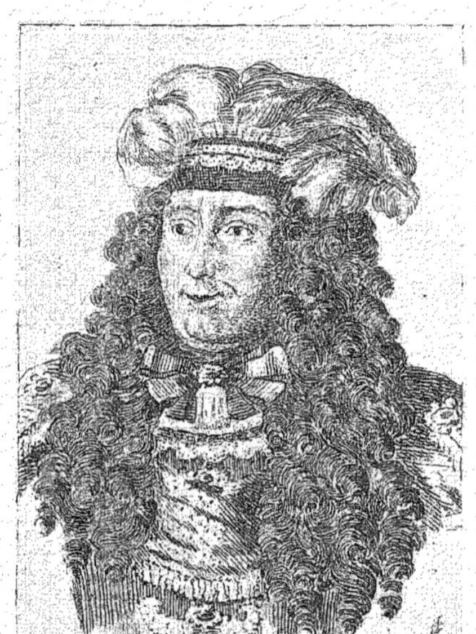

Michel BARON
d'après Des Rochers, grav. par Fr. Hillemacher

C'est à cette date qu'il faudrait aussi rapporter une intrigue amoureuse qu'aurait eue Baron avec la femme de Molière, d'après le pamphlet de la *Fameuse Comédienne*. Taschereau nous laisse entendre que les remords de Baron détournèrent le protégé de Molière d'une si noire action. Nous ne demandons pas mieux que de croire comme lui. Quoiqu'il en soit, en dépit du pamphlet, le rapprochement de Molière et de sa femme, après quelques brouilles, était un fait accompli vers la fin de cette année 1671.

Le 24 mai de cette même année, Baron joue le rôle d'Octave des *Fourberies de Scapin*. Puis nous le retrouvons encore dans un rôle de berger dans la pastorale de la *Comtesse d'Escarbagnos* (1671-72). Il crée encore dans le répertoire du maître, Ariste des *Femmes savantes* (11 mars 1672) et chaque rôle est un nouveau succès pour ce jeune homme aux allures distinguées, à la figure noble et belle.

On a raconté maintes fois comment Baron assista Molière à ses derniers moments. C'est lui qui envoya chercher les porteurs pour le ramener du théâtre ; il ne quitta point sa chaise de peur qu'il ne lui arrivât quelque accident du Palais Royal à la rue de Richelieu où il demeurait, et ce fut pendant qu'il allait prévenir sa femme qui logeait à l'étage au-dessous, que Molière expirait entre les bras des deux religieuses auxquelles il donnait l'hospitalité (17 février 1673). Le lendemain, Baron se rendit à St-Germain pour annoncer cette triste nouvelle au roi qui en fut touché.

Molière mort, Baron passa de suite dans la troupe de l'Hôtel de Bourgogne où sa réputation grandit encore, et c'est ainsi qu'après avoir été l'interprète de Molière, il devint celui de Racine, créant l'Achille d'*Iphigénie* (1674) et l'Hippolyté de *Phèdre* (1677).

Le 1er septembre 1675, il avait épousé sa camarade Charlotte Lenoir de la Thorillière (v. Mlle Baron), puis il se mit à écrire pour le théâtre.

Doué d'un visage noble, d'une taille élevée, possédant une voix sonore, harmonieuse, une grande distinction, Baron fut le premier de son temps dans la tragédie et dans la comédie. « Pour vous, M. Baron, lui disait Racine après avoir donné des conseils aux autres comédiens, je vous livre à vous-même; votre cœur vous en apprendra plus que mes leçons ». — Ce qui faisait dire à Baron, dans son orgueil incommensurable : « Tous les cent ans on peut voir un César, mais il en faut mille pour produire un Baron ! »

Toutefois, il convient de se méfier des anecdotes sans nombre mises sur le compte de Baron. Ce que l'on ne saurait nier, c'est sa fatuité sans égale, ses réparties hardies, et au besoin même ses insolences. En 1680, à la réunion des troupes, Baron passa au Théâtre Guénégaud.

Après avoir prêté un lustre éphémère aux rôles d'Alamir, dans *Zaïde* de La Chapelle, et de Pilade, dans l'*Oreste* de Boyer et Leclerc (1681), Baron joua encore Alcibiade, dans la tragédie de Campistron(1685), de Moncade et d'Eraste, dans ses propres comédies de l'*Homme à bonnes Fortunes* (1686) dans laquelle chacun voulut reconnaître le portrait de l'auteur, et de la *Coquette* (17 déc. 1687). Régulus dans la tragédie de Pradon (1688) et Tiridate dans la tragédie du même nom (1691) furent encore deux de ses bons rôles.

Comme auteur, Baron avait donné à la Comédie française :

1685, 3 mars, le *Rendez-vous des Tuileries* ou le *Coquet trompé*, 3 actes en prose.

1685, 6 juillet, les *Enlèvements*, un acte en prose.

1686, 30 janv., l'*Homme à bonnes fortunes* 5 actes en prose, son chef-d'œuvre.

1687, 17 déc. la *Coquette* ou la *Fausse Prude*, 5 actes en vers.

1689, 11 mai, les *Fontanges maltraités* ou les *Vapeurs*, 1 acte en prose (non imprimé),

1689, 10 juillet, la *Répétition*, 1 acte en prose (non imprimé).

1689, 8 déc., le *Débauché*, 5 actes en prose.

En 1691, la gloire du comédien était à son comble, lorsque l'on apprit soudain que « l'honneur et la merveille » du Théâtre français avait manifesté le désir, à peine âgé de quarante ans, d'abandonner sa profession. Résolution d'autant plus inexplicable que Baron n'était pas riche, qu'il avait quatre enfants et qu'il s'était ruiné par son goût de dépenses. Les uns prétendirent qu'il sollicitait une place de valet de chambre du roi et qu'il ne put l'obtenir; les autres, et M. Ch. Gueullette est du nombre, croient qu'il était mécontent de ce que Louis XIV lui eût refusé la régie de la Comédie française.

Le monarque, qui n'aimait pas le caractère de l'homme, mais qui rendait justice au génie de l'artiste, conçut d'abord quelque humeur à la nouvelle de ce départ prématuré : « Songez bien à ce que vous demandez, lui dit-il, si vous quittez le théâtre, vous n'y rentrerez pas tant que je régnerai ». Baron, qui avait lu *Tartufe*, allégua des motifs religieux. Il voulait rentrer en grâce avec l'Eglise en renonçant à une profession répudiée par elle. Et voilà comment Baron parut pour la dernière fois sur le théâtre de Fontainebleau dans le rôle de Ladislas de la tragédie de Rotrou, *Venceslas* (octobre 1691).

Autographe de BARON

On se figure difficilement un homme comme Baron, habitué au faste, vivant avec les mille livres de rente accordées par la Comédie. Il y a là évidemment un mystère dont la clé nous échappe, et cependant il est bien avéré que six ans plus tard, Baron se trouvait dans une gêne extrême, comme en fait foi le document suivant, en date du 9 décembre 1697 :

« Brevet de 1500 l. de pension en faueur du s[r] Boyron dit Baron, cy-devant l'un des acteurs dans la troupe des comédiens françois, en considération de ce qu'il a quitté cette profession et qu'il se trouve à présent sans subsistance ». — (*Archives nationales*, Secrétariat 1697 ; E. 3383 ; fol. 183). — Ce serait donc par erreur que Lemazurier évaluait cette pension du roi à 3000 livres.

En échange, Baron se montrait encore quelquefois dans les représentations données par le roi, dans ses appartements ou chez Mme de Maintenon. Il était en même temps professeur et donnait d'utiles conseils aux comédiens. Voici, à ce propos, ce qu'on lit dans les *Mémoires de Saint-Simon :*

« L'année (1702) commença par des bals à Versailles ; il y en eut quantité en masques... Le Roy vit, en grand particulier (sans qu'il y eut des invités) mais souvent, et toujours chez Mme de Maintenon, des pièces saintes, comme *Absalon, Athalie*, etc. Mme la Duchesse de Bourgogne, M. le Duc d'Orléans, le Comte et la Comtesse d'Ayen, le jeune Comte de Noailles, Mlle de Melun, poussée par les Noailles, y faisaient les principaux personnages, en habits de comédiens fort magnifiques. Le vieux Baron, excellent acteur, les instruisait et jouait avec eux et quelques domestiques de M. de Noailles ».

C'est ce qui explique sans doute le titre d'*histrion honoraire* que lui gratifie Lesage dans son *Gil-Blas* où il le malmène assez vertement (ch. IX à XII du IIIme livre) ainsi que les comédiens en général, se vengeant de l'accueil dédaigneux qu'il avait reçu de ces « Messieurs ». Le nom du comédien manque seul au bas du portrait. Voici un des passages les plus saillants : « Premièrement c'est un homme qui a été comédien ; il a quitté le théâtre par fantaisie et s'en est depuis repenti par raison. As-tu remarqué ses cheveux noirs ? Ils sont teints, aussi bien que ses sourcils et sa moustache ; il est plus vieux que Saturne ; cependant, comme au temps de sa naissance ses parents ont négligé de faire inscrire son nom sur le registre de sa paroisse, il profite de leur négligence et se dit plus jeune qu'il ne l'est de vingt bonnes années pour le moins... Il a passé les douze premiers lustres de sa vie dans une ignorance crasse ; mais pour devenir plus savant, il a pris un précepteur qui lui a appris à épeler en grec et en latin. Au reste, on dit que c'est un grand acteur, je veux le croire pieusement. Je t'avouerai toutefois qu'il ne me plait point... »

On le voit ; le jugement des autres contemporains que nous citons plus haut rectifient heureusement celui-ci, en ce qui concerne, du moins, le talent.

Le 16 novembre 1703, Baron donne encore à la Comédie française l'*Andrienne*, et le 3 janvier 1705 les *Adelphes*, deux pièces en cinq actes, en vers, imitées de Térence, et que l'on attribue, à tort ou à raison, au Père de la Rue qui ne s'en défendait pas. D'Allainval qui n'est pas tendre pour Baron-auteur, nous laisse comprendre que celui-ci mettait d'ordinaire fort peu de scrupules à s'approprier les œuvres des autres. Sur ce point délicat il serait bien difficile de conclure.

Donc, Baron était retiré du théâtre depuis vingt-neuf ans pendant lesquels il ne parut guère que quelquefois et à titre privé, chez la Duchesse du Maine, à Sceaux et à Clagny, chez le Roi, à Versailles et à Marly, chez Mme de Maintenon ou chez d'autres grands personnages, lorsque le 16 mars 1720, à la représentation de clôture annuelle au Théâtre français, le comédien La Thorillière fils, chargé du compliment d'usage, vint annoncer que Baron reparaîtrait le mercredi 10 avril, au Palais Royal, par le rôle de *Cinna*. « Ce lieu retentit encore des applaudissements qu'il a reçus, ajoutait l'orateur. Nous espérons que l'exécution répondra à votre attente. Je crois que son nom suffit, Messieurs, sans vous faire un plus long discours ».

Cette rentrée attira une affluence de public extraordinaire; le Régent même voulut assister à cette soirée, et ceux d'entre les spectateurs qui l'avaient pu entendre autrefois, remarquèrent que pendant une inaction de trente années, cet homme étonnant n'avait rien perdu de ses talents. De tous ses anciens camarades, aucun, si ce n'est La Thorillière fils, ne faisait plus partie de la Société. Tous étaient morts ou retirés. Beaubourg avait quitté la scène deux ans auparavant et Dufresne n'était pas encore ce qu'il devint.

Baron joua successivement les premiers rôles tragiques et comiques, et cette variété d'emplois est vraiment surprenante pour un homme de soixante-sept ans : Sévère dans *Polyeucte*, *Horace* dans la tragédie de ce nom, Néron dans *Britannicus*, Ulysse dans *Pénélope*, *Nicomède*, Rodrigue dans *Le Cid*, Achille dans *Iphigénie en Aulide*, Antioche dans *Rodogune*, César dans la *Mort de Pompée*, Pompée dans *Sertorius*, Ladislas dans *Venceslas*, Œdipe dans l'*Œdipe* de Corneille, *Don Sanche d'Aragon*, le *Comte d'Essex*, *Scévole*, rôles qui appartiennent tous au premier emploi.

Mithridate, Joad d'*Athalie*, Acomat, Don Diègue, Créon dans *La Thébaïde* de Racine, que l'on comprend dans celui des pères nobles.

Pyrrhus dans *Andromaque*, Xipharès dans *Mithridate*, Andronic, rangés dans la classe des jeunes premiers.

Et dans la comédie : Alceste du *Misanthrope*, *Amphytrion*, Moncade de l'*Homme à bonnes fortunes*, Dorante dans le *Menteur*, Eraste dans la *Coquette*, premiers rôles.

Horace de l'*Ecole des Femmes*, Pamphile dans l'*Andrienne*, jeunes premiers; et même le rôle de Jupiter dans *Amphytrion*.

Bien plus, Baron destiné à étonner tout son siècle et la postérité, trouva encore moyen, à cet âge avancé, d'établir douze rôles nouveaux au nombre desquels les suivants ne méritaient guère la peine qu'ils lui coûtèrent : Annibal dans l'*Annibal* de Marivaux; Cambyses dans *Nitétis* de Danchet; Thyeste dans l'*Egysthe* de Seguineau et Pralard ; Hérode dans la *Marianne* de l'abbé Nadal ; Polémont dans l'*Œdipe* de Lamotte.

Mais le talent sublime de Baron ne pouvait leur prêter qu'une vie éphémère. Ses peines furent moins infructueuses dans les rôles suivants : Hérode dans la *Marianne* de Voltaire, Glaucias dans le *Pyrrhus* de Crébillon, Alphonse dans *Inès de Castro*, Tatius dans *Romulus* et Misaël dans les *Machabées*.

Esther, première tragédie sacrée de Racine, n'avait jamais été jouée par les comédiens français. Ils la donnèrent en 1721 ; mais quoique le rôle d'Assuérus fût rempli par Baron, et que le grand acteur s'y montrât digne de lui-même, la pièce n'eut guère de succès.

Par sa simplicité, son naturel et sa noblesse, Baron confirma les vrais principes qu'il avait reçus de son maître, et l'on peut dire à l'occasion de cette rentrée tardive, que l'influence de l'école de Molière se fit sentir à la Comédie française cinquante ans après sa mort. Beaubourg et Mlle Duclos avaient outré la déclamation monotone et chantante que Mlle Champmeslé avait prise aux anciens acteurs de l'Hôtel de Bourgogne, dont Molière se moquait si fort à propos dans son *Impromptu de Versailles*. Baron confirma donc dans les vrais principes Mlle Lecouvreur que la contagion du mauvais goût eût pu séduire; il fit ouvrir les yeux sur les défauts de Mlle Duclos et empêcha que Mlle Balicourt n'en fût atteinte. Enfin, en paraissant dans tous les emplois et même dans celui des manteaux (rôle d'Arnolphe de l'*Ecole des Femmes*), Baron prouva qu'un talent comme le sien ne connaissait point de bornes.

S'était-il rendu compte de la marche des années? Il est fort permis d'en douter. De ce côté, sa dignité en reçut une grave atteinte toutes les fois qu'il ne se résignait pas à prendre au moins le rôle d'un homme mûr, et l'on se figure difficilement un vieillard de soixante-huit ans dans le rôle de Misaël des *Machabées* avec une toque d'enfant et des manches pendantes.

« Quoiqu'on fût persuadé, écrit d'Allainval, que personne n'était capable d'y mettre autant de naturel, autant de vivacité et de noblesse, l'imagination la plus charmée ne put tenir contre une voix cassée qui disait, dans le *Cid* :

> Je suis jeune, il est vrai, mais aux âmes bien nées
> La valeur n'attend pas le nombre des années.

et dans le *Menteur* :

> Ne vois-tu rien en moi qui sente l'écolier ?

on éclata ».

Nouveaux rires quand, une débutante, Mlle Balicourt-Cléopâtre, le 29 novembre 1727, disait à Antiochus-Baron âgé de 74 ans, et à Mlle Duclos-Rodogune, âgée de 57 ans :

> Approchez, mes enfants, etc.

Le grand artiste qui était encore incomparable dans les rôles en harmonie avec sa vieillesse, manquait absolument de tact, sous ce rapport, et l'on vit, en 1728, deux valets de théâtre venir relever sur la scène ce Rodrigue suranné prosterné aux pieds de Chimène. En 1729, l'hilarité fut telle devant un Britannicus de soixante-seize ans, que le spectacle fut interrompu. Pénétré de douleur, le vieux comédien s'avança, raconte-t-on, près de la rampe et dit, en poussant un soupir : « Ingrat parterre que j'ai élevé! » puis il continua son rôle. Baron ne pensait peut-être pas en cet instant que les spectateurs qui remplissaient la salle n'étaient pas ceux précisément qui l'avaient applaudi dans *Psyché*.

Les épigrammes ne manquèrent point, à commencer par celle-ci :

Le vieux Baron, pour l'honneur d'Israël,
Fait le rôle enfantin du jeune Misaël,
Et pour rendre la scène exacte,
Il se fait raser à chaque acte.

Et cette autre :

. . . .
Tu n'as plus cette grâce, aimable enchanteresse,
Ce geste libre, aisé, que donne la jeunesse ;
Malgré tous tes efforts et tes soins superflus,
On cherche en toi Baron, que l'on n'y trouve plus.
. . . .
On rit en te voyant, suranné Bajazet,
Sentir pour Atalide un amour indiscret,
Et flatter tes désirs de l'espérance vaine
D'attendrir Andromaque ou de plaire à Chimène.

(*Epitre à Baron*, fragment tiré des œuvres de M. Lebrun, imprimées chez Prault, en 1736).

Cette résurrection de Baron est bien l'exemple le plus curieux en ce genre que l'on puisse citer dans toute l'histoire du théâtre et l'on vit pendant neuf ans cet homme extraordinaire dont les forces semblaient se multiplier, avec une souplesse de talent admirable, faire passer sous les yeux du public non seulement tous les rôles tragiques et comiques de son répertoire, mais encore des personnages qui n'avaient jamais appartenu à son emploi.

Déjà, en 1728, Baron avait failli succomber à l'asthme dont il était atteint. Le 3 septembre 1729, comme il jouait le rôle de Venceslas, il fut pris d'un étouflement. Son camarade, Quinault-Dufresne, qui faisait Ladislas, l'emporta hors de la scène où il ne devait plus remonter. Il mourut dans sa maison, place de Fourcy, sur les fossés de l'Estrapade, le 22 décembre de cette même année, après avoir reçu les Sacrements et fut enterré, non à St-Jacques, comme le crût M. Campardon, d'après Léris (*Dict. portatif des th.*, p. 387), mais dans la nef de St-Benoît. Cette église, aujourd'hui démolie, se trouverait dans la topographie actuelle, à l'angle de la rue St-Jacques et de la rue des Ecoles, en face du collège de France. C'est dans cet édifice que fut installé plus tard (1832) le théâtre du Panthéon.

Voici quelques fragments de son testament, reproduit par G. Monval, dans le *Bulletin du Bibliophile* (15 fév. 1898) à la suite du répertoire de la Bibliothèque du comédien :

« Au nom du Père, du Fils et du St-Esprit.

« J'ay soussigné, Michel Boyron, dit Baron, estant aussi certain de la mort qu'incertain de son heure, craignant d'en estre surpris sans avoir disposé des biens qu'il a plu à la divine Providence de me donner...

« Premièrement, je veux estre enterré dans le cimetière de l'église de St-Benoist, ma paroisse, où il sera dit cent messes pour le repos de mon âme aussitost mon décès, lors duquel il sera remis à Monsieur le curé la somme de deux cens livres pour estre distribuée selon sa prudence aux pauvres qu'il connoîtra les plus nécessiteux. Je donne et lègue à chacun des domestiques qui seront à mon service quand je mourray la somme de cent livres...

« J'institue mes héritiers universels Charles Boyron dit Baron, mon fils... et Catherine Boyron dite Baron, ma fille, laquelle rapportera à ma succession ce que je luy ay donné en mariage. A l'égard des enfans de feu Estiene Boyron dit Baron, mon fils aîné, je les réduis à leur simple légitime et, pour exécuter mon présent testament, je nomme damoiselle Charlotte Lenoir, ma chère épouse, que je prie d'en prendre la peine...

« Fait à Paris ce douzième aoust mil sept-cent vingt deux ».

Signé : Michel Boyron dit **Baron.**

Voici son acte d'inhumation :

« Le 23 décembre, M. Michel *Boiron* âgé de soixante-seize ans, pensionnaire du Roy, décédé le jour précédent en sa propre maison, place de Fourcy, a esté inhumé dans la nef de la paroisse, en présence de M. Charles Boiron, son fils, et de M. Philippe Gaye, son petit-fils, qui ont signé : Gaye. Boyron. » *(Registres de St-Benoit).*

Les gens d'Eglise parlèrent d'un grand repentir manifesté par le comédien à son lit de mort. Nous savons qu'une première démarche en vue d'une soi-disant conversion avait déjà été tentée quelques années auparavant par M. de la Marre, curé de St-Benoît (1702-1747). M. de la Marre était venu voir le comédien pendant une maladie et l'avait exhorté à renoncer au théâtre. « Baron, dit la *Chronologie historique de MM. les curés de St-Benoit*, fit envisager à M. de la Marre l'impossibilité où il était de renoncer au théâtre. Ces difficultés n'arrêtèrent point ce zélé et charitable ministre. Il s'offrit de payer les dettes de son paroissien. Il voulut contracter avec lui des engagements qui pussent opérer son repos et son salut. Mais l'heure du Seigneur n'était pas encore arrivée. Baron, guéri, remonta sur le théâtre; mais il ne laissa ignorer à personne les avances que lui avait faites son pasteur ».

(*Intermédiaire des chercheurs et des curieux* XXV, 259-260, sous la signature G. Monval).

Voltaire, dans le *Siècle de Louis XIV*,

écrivit : « Baron mourut en protestant qu'il n'avait jamais eu le moindre scrupule d'avoir déclamé devant le public des chefs-d'œuvre de génie ou de morale des grands auteurs de la nation, et que rien n'est plus impertinent que d'attacher de la honte à réciter ce qu'il est glorieux de composer ».

J.-B. Rousseau écrivit ce quatrain pour être mis au bas de son portrait :

Du vrai, du pathétique, il a fixé le ton ;
De son art enchanteur l'illusion divine
Prêtait un nouveau charme aux beautés de Racine,
Un voile aux défauts de Pradon.

Assurément il est difficile de nous faire aujourd'hui une idée exacte du talent de Baron. Le mieux est, croyons-nous, de nous en rapporter à Marmontel : « Baron parlait en déclamant, nous dit-il, pour parler le langage de Baron lui-même, car il était blessé du seul mot de déclamation. Il imaginait avec chaleur, il concevait avec finesse, il se pénétrait de tout l'enthousiasme de son art, montrant les ressorts de son âme aux tons des sentiments qu'il avait à exprimer. Il paraissait, on oubliait l'acteur et le poète ; la beauté majestueuse de son action et de ses traits répandait l'illusion et l'intérêt. Il parlait, c'était Mithridate ou César ; ni ton, ni geste, ni mouvement qui ne fût celui de la nature. Quelquefois familier, mais toujours vrai... Enfin il fit connaître la perfection de l'art : la simplicité et la noblesse réunies ».

« Quand je l'ai vu, dit Collé dans ses *Mémoires*, il avait déjà soixante-douze ou soixante-quinze ans, et à cet âge, on pouvait bien lui pardonner de ne pas entrer aussi vivement dans la passion que l'eût pu faire un acteur de trente ans. Il suppléait du reste à ce défaut par une intelligence, une noblesse et une dignité que je n'ai vues qu'en lui ; il excellait surtout dans les détails d'un rôle ».

Depuis 1696, Baron avait le droit de porter des armoiries « d'argent à un chevron d'azur et un chef de gueules chargé de trois étoiles d'or ». L'*Armorial de Paris* (Bibl. nat. ms.) nous apprend ce détail, mais nous savons aussi que Baron n'avait eu garde d'oublier de passer au bureau de taxe de son quartier pour y verser les 20 livres tournois nécessaires pour obtenir cette autorisation.

Le *Théâtre de Baron* « augmenté de deux pièces qui n'avaient point encore été imprimées » fut publié à Paris en 1759, 3 vol. in-12. Cette édition est considérée comme la meilleure.

Biographie : Lemazurier, *Galerie historique des acteurs du Th. français*. — Soleirol, la *Troupe de Molière*. — De Manne, *Galerie historique des Comédiens de la Troupe de Molière*. — Ch. Gueullette, *Acteurs et actrices du temps passé*. — A. Copin, *Histoire des comédiens de la Troupe de Molière*.

Bibliographie : *Dictionnaire critique* de Jal. — *Vie de M. de Molière*, par Grimarest. — *Mémoires de Saint-Simon*. — Lesage, le *Diable boiteux*, *Gil-Blas*. — *Mémoires de Collé*. — *Lettre à Mylord* ***, par George Wink (D'Allainval) — Marmontel. — Voltaire, le *Siècle de Louis XIV*. — *Epître à Baron*, dans Œuvres de M. Lebrun, 1736. — *Mémoires de Dangeau*, vol. 16. Bibl. nat. — *Mémoires de* Mlle *Clairon*. — *Chronologie Moliéresque*, par G. Monval, 1897. — *Un Comédien amateur d'art*, par G. Monval (l'*Artiste*) *Un comédien bibliophile*, par G. Monval (*Bulletin de bibliophile*, 15 févr. 1898).

Collection autographe A. Bovet, n° 1340. L. A. S. à Jean-Baptiste Rousseau, à Bruxelles, 30 déc. 1728. *Intermédiaire des chercheurs et des curieux*, xxv, 259-260.

Iconographie : Bibl. nat. Catalog. Duplessis n° 2921. 1. En buste, de 3/4 à gauche dans un ovale, grav. à l'eau forte, anonyme.

2. A mi-corps, de 3/4 à droite, par J. Daullé 1732, d'après de Troy.

3. En buste, de 3/4 à gauche, dans un ovale, gravé par Delvaux d'après de Troy, 2 états.

4. En buste, de 3/4 à droite, dans une bordure ovale, grav. par Desrochers, 1740.

5. En buste, de 3/4 à gauche, dans une bordure ovale, grav. par P. Dupin, d'après de Troy, 2 états.

6. En buste, de 3/4 à droite. Gravé par Fr. Hillemacher, 1857.

7. En buste, de 3/4 à gauche, gravé au trait sous la direction de Landon, d'après de Troy.

8. En buste, de 3/4 à gauche, gravé par Pigeot fils, d'après Devéria.

Comédie française (les *Collections*, par G. Monval, 1897) :

N° 5. Buste en marbre, h. 0,85cm, par A. Fortin, 1802, exposé au Salon de 1812, n° 1080.

N° 151. Portrait. Peinture sur toile, h. 1m26, larg. 0,95cm, par J.-F. de Troy, gravé par J. Daullé (1732) et à l'eau-forte, par Fr. Courboin pour l'*Artiste*, déc. 1892.

BARON, Mlle, Charlotte Le Noir de La Thorillière, femme Boyron Michel dite. — 1661-1730. Naquit à Paris en avril 1661. Elle était fille du célèbre La Thorillière, bon gentilhomme et capitaine de cavalerie qui avait quitté l'armée pour s'engager dans la troupe de Molière où il jouait dans la perfection les rois et les paysans (V. La Thorillière). Elle-même joua d'abord les rôles d'enfants dans la troupe du Palais Royal. A la mort de Molière (1673) elle passa avec son père à l'Hôtel de Bourgogne et épousa Michel Baron le 1er septembre 1675, à l'église St-Sauveur. Elle avait donc quatorze ans et le fiancé en avait vingt-deux. Le curé dissimula ou omit la profession des jeunes époux dans l'acte (*Dict. critique* de Jal, p. 113). Le contrat de mariage entre Michel Boyron et Charlotte Le Noir est conservé aux Archives nationales Y 231.

On connait quatre enfants nés de cette union : Etienne-Michel, baptisé à St-Sauveur le 25 juillet 1676 (né le 22) et dont nous nous occupons plus loin; Charles, qui figura à la mort de sa mère (1730); une fille, Catherine, qui épousa un musicien; François, né le 13 octobre 1687, baptisé le 16 à St-Sulpice, ayant pour parrain Florent Carton, sr Dancourt, « avocat en parlement » et pour marraine « damoiselle Estienne des Urlis *(sic)* veuve de feu Guillaume Marcoureau, vivant officier du Roy » (au théâtre Brécourt. — V. ce nom). Le père est qualifié « Michel le Boiron *(sic)* escuier, officier du Roy ». Mais l'acte ajoute ; « le père absent ». En effet, sa signature ne figurait pas sur l'acte.

Mlle Baron avait une sœur, Thérèse, qui devint Mlle Dancourt, et un frère, Pierre, que nous retrouverons au nom de La Thorillière fils.

Mlle Baron fit peu parler d'elle au théâtre; elle abandonna la Société en même temps que son mari, le 9 avril 1691, rentra avec lui pour la forme — sans jouer — le 17 avril 1720, et prit sa retraite le 22 décembre 1729 — à la mort de son mari.

Mlle Baron, mourut à Paris le 24 novembre 1730, non dans la maison qu'elle avait habitée avec son mari, mais rue de Condé « chez Guillaume Bernard, me cordonnier ». Son acte d'inhumation retrouvé par Jal fut inscrit à St-Sulpice. Charles Boiron, son fils, Charles-Etienne Boiron, md épicier, son petit-fils, Jean De Brie Desbrosses, son petit gendre, tous trois bourgeois de Paris assistèrent, à son enterrement.

Biographie : *Galerie historique des acteurs du Th. français*, par Lemazurier.

Bibliographie : *Dictionnaire critique* de Jal. — *Nouvelles pièces sur Molière*, par Campenon. — *Acteurs et actrices des temps passés,* par Ch. Gueullette.

BARON fils, Etienne, Michel Boyron dit. — 1676-1711. Fils des précédents, né à Paris le 22 juillet 1676, baptisé à St-Sauveur le 25 du dit mois (*Dict. critique* de Jal, p. 113-115), joua les rôles d'enfants dès l'âge de dix ans, comme celui du petit chevalier, qu'il remplissait dans l'*Homme à bonnes fortunes* (30 janvier 1686). Il débuta le 25 mai 1695, fut reçu le 23 décembre de la même année, et n'avait pas encore vingt ans quand il s'éprit d'une jeune fille fort belle, qui avait pour mère la veuve d'un directeur de spectacle, ayant loge aux foires St-Germain et St-Laurent, où il s'était rendu célèbre sous le nom de Maurice. Mais son véritable nom était Moritz Von der Beek. Il était allemand et sauteur de corde, le plus fort élève du fameux Allard. Il avait épousé une danseuse de corde, Jeanne Godefroy qui, après sa mort, continua de donner des représentations à la foire.

Le mariage d'Etienne-Michel Boyron, dit Baron, fut célébré à St-Nicolas-des-Champs, le vendredi 2 mars 1696. Le marié est qualifié sur l'acte « Officier du Roy », âgé de 21 ans — c'est 19 ans 1/2 qu'il eût fallu dire. — Ses parents demeurent rue Aumaire. La fiancée est qualifiée « Dlle Catherine Vuandebec (*sic*) » âgée de 18 ans, fille de Maurice « Vuandebec, officier du Roy en la Capitainerie de Fontainebleau ». Elle demeure chez sa mère, rue des Gravilliers.

Cet acte, soit dit en passant, contredit une assertion des *Spectacles de la Foire* (2 vol. in-12, 1743), disant que Maurice — ou Moritz — avait passé un contrat en décembre 1696 et ouvert un théâtre à la foire St-Germain en 1697. La date probable est 1686. Le document précédent établit qu'il était mort avant le 2 mars 1696.

Le premier enfant d'Etienne Baron fut un garçon, né en avril 1697, baptisé sous le nom de *Louis*, mort le 24 juillet 1698, enterré à St-Sulpice le lendemain. Le 23 février 1699, Catherine donna à son mari une fille qui fut nommée *Jeanne, Catherine*, baptisée à Saint-Sulpice le 1er mars. Etienne Baron demeurait alors rue des Quatre-Vents. Il prend le titre d' « Officier du Roy ».

Etienne Baron eut encore de son mariage : *François* (V. Baron, François), dont on n'a pas retrouvé l'acte de naissance ; *Maximilien*, né rue des Quatre-Vents, chez M. Isabeau, procureur à la Cour et baptisé le 10 février 1700, et *Catherine, Charlotte,* née le 18 février 1701, rue de Condé, baptisée le 20 (V. Mlle Desbrosses).

Peu ordonné dans ses affaires, Etienne Baron faisait des dettes et ses créanciers le gênaient souvent dans l'exercice de sa profession. C'est ainsi qu'il arriva une fois que le secrétaire d'Etat de la Marine, le comte de Pontchartrain, fut obligé d'intervenir pour qu'il pût paraître devant Louis XIV qui se faisait donner la comédie. Une lettre du comte à M. d'Argenson, le lieutenant civil (reproduite par Jal, *Dict. critique,* p. 115), en date du 19 novembre 1703, nous révèle cette circonstance.

« Etienne *Boiron*, dit Baron, officier du Roy, asgé de trente-cinq ans » décéda « rue du Four, en sa maison », dit l'acte du 9 décembre 1711, et fut inhumé le 20. A son enterrement assistèrent deux de ses fils, nommés l'un et l'autre Charles Boiron, et son oncle « Florent Carton d'Ancourt ».

On a prétendu que, comme acteur, le défaut d'Etienne Baron était d'être un peu froid en scène. Pour un amoureux, le reproche est grave. Il n'en fit pas moins de nombreuses conquêtes, parait-il, et Lemazurier attribue sa fin prématurée à l'abus des plaisirs.

Il joua d'original Damon dans le *Flatteur* (1696), le chevalier dans le *Distrait,* Agélas dans *Démocrite*, Dorante dans le *Double Veuvage* (1702), Pamphile dans l'*Andrienne* (1703).

Le *Nouveau Calendrier des Spectacles de Paris* pour 1753, nous apprend dans sa *Chronologie des spectacles de la Foire St-Laurent* ce que devint sa veuve. Nous lisons, en effet, sous la date de 1710 : « Madame Baron, fille de Madame Maurice, veuve de Baron fils, comédien françois, et qui épousa en secondes noces M. Chartier de Bérune, conseiller au Châtelet, fit bâtir une Loge dans l'emplacement où est présentement (1753) l'Opéra Comique, et elle prit la troupe de Dominique. »

A la date de 1713 : « Cordon fit bâtir une petite Loge à côté de celle de l'Opéra Comique, où est présentement (1753) le petit jardin. Elle fut occupée par la troupe de la dame Baron ».

A la date de 1714 : « Permission d'un Opéra comique accordé au sieur et dame de Saint-Edme et à la dame Baron. Il fut représenté dans la Loge de ce nom que Cordon acheta de la dame Maurice ».

Biographie : *Galerie historique des acteurs du Th. français*, par Lemazurier.

Bibliographie : *Dict. critique* de Jal. — *Almanach des spectacles* 1753, p. 145-146.

BARON, Antoine Boyron dit. — Né vers 1690. Ce comédien n'est connu que par un acte inscrit à St-Sulpice, sous la date du 9 août 1713. C'est le baptistaire d'Antoine « fils d'Antoine *Boiron*, officier du Roy et de Marie Dupuis », né à 8 heures du matin chez Mme Lejeune, sage-femme, au coin de la rue St-André-des-Arcs.

Bibliographie : *Dict. critique* de Jal.

BARON, Mlle Jeanne, Catherine Boyron dite, — Fille d'Etienne Baron et de Catherine Von der Beek, son épouse, naquit le 23 février 1699 et prit au théâtre le nom de La Traverse. (V. ce nom).

BARON, Mlle Catherine, Charlotte Boyron dite. — 1701-1742. — Fille d'Etienne Baron et de Catherine Von der Beek, son épouse, femme de Jean de Brye Des Brosses, comédiens, naquit à Paris, rue de Condé, le 18 février 1701. Belle, mais comédienne médiocre, elle ne débuta au Théâtre français que le 19 octobre 1729. Reçue le 31 décembre de cette année, quelques jours après la mort de son grand-père, Michel Baron, elle en partit le 3 mai 1730, y rentra le 12 décembre 1736, mourut à Paris le 16 décembre 1742, rue des Fossés St-Germain et fut inhumée le 17. A son convoi assistèrent « François Boyron, bourgeois de Paris; son frère, François Boyron, son neveu, et Louis Laurent D'Auvilliers, intéressé dans les affaires du Roi, aussi son neveu ».

Biographie : *Liste alphabétique* des sociétaires du Th. français, par G. Monval.

Bibliographie : *Dict. critique* de Jal.

BARON, François Boyron dit. — Frère des deux précédentes, né vers 1703; son acte de baptême n'a pas été retrouvé. Fut comédien, mais la tradition ne lui donne aucun mérite.

Bibliographie : *Dict. critique* de Jal.

BARON (petit-fils), François Boyron dit. — Désigné comme neveu d'Etienne Baron, mort en 1778. On pourrait hésiter un instant en se demandant s'il ne faudrait pas le confondre avec le précédent. Mais, d'une part, il est bien prouvé que François Baron Ier se qualifiait sur les actes « frère de Catherine », bourgeois de Paris, tandis que d'autre part François Baron II ne débuta qu'en 1741. S'il s'agissait du premier, il faudrait donc supposer qu'il ait attendu l'âge de 35 à 40 ans pour se présenter au Théâtre français, puisque les sœurs de François Baron Ier sont nées en 1699 et 1701 et leur père mort en 1711. Ce début tardif serait une chose assez peu vraisemblable dans une famille de comédiens comme celle des Baron.

Quoiqu'il en soit, Baron François, dit *Baron petit-fils* débuta le 8 juillet 1741, au Théâtre français, par le rôle d'Agamemnon d'*Iphigénie en Aulide*, fut reçu le 15 septembre suivant, mais en fut bientôt réduit à jouer les notaires et les exempts; il se retira le 12 décembre 1754 avec une pension de 500 livres, pour devenir le caissier de la Comédie.

Il garda cet emploi jusqu'en 1765 et mourut le 23 juin 1778.

Biographie : *Galerie historique* des acteurs du Th. français, par Lemazurier. — *Liste alphabétique* des sociétaires, par G. Monval.

Bibliographie : *Almanach des spectacles*, 1754, p. 74. — *Mémoires de Collé* cités par l'*Opinion du Parterre*, t. III, p. 42.

BARON, Mlle (arrière-petite-fille). — On lit dans l'*Almanach des spectacles* de 1769, p. 153 : « Le 15 du même mois (décembre 1767), Mlle Baron, arrière-petite-fille du célèbre comédien de ce nom, a débuté dans les rôles de soubrette, par celui de Dorine dans le *Tartufe*, etc. »

Bibliographie : *Almanach des spectacles*, 1769.

BARON, Mlle. — Soubrette et amoureuse, Th. de Monsieur, 1791.

BARON, Mme Em. - Jeux forains, salle Montansier 1812. — Cirque olympique 1819-26.

BARON, Joseph, Victor. — Agé de 70 ans en 1852, avec 36 ans de services, reçut une pension de 186 fr. de la Société des artistes. Sa mort fut annoncée au Rapport de 1857. — Troyes 1850, Besançon 1852, Vienne 1853.

BARON, Jean, Jacques, Auguste Fay dit. — On le disait fils de comédiens du Théâtre Feydeau, peut-être bien de cette dame ou demoiselle Baron citée plus haut, soubrette au Th. de Monsieur (devenu Th. Feydeau). Soldat, puis sous-lieutenant du train des équipages, Auguste Baron embrassa la carrière théâtrale à la chute de l'Empire, joua à Genève 1820, au th. de l'Ambigu 1821-27, où il créa Alphonse de *Jean de Calais* (7 juillet 1821), au Th. français de Berlin, à Bruxelles 1839, à l'Odéon 1841-42, à Bruxelles 1849-58, Spa 1859, Bruxelles 1860-62. En 1863, Baron avait 71 ans, 43 de services, et la Société des artistes lui accorda une pension de 300 fr. dont il n'eut guère le temps de profiter, car il mourut à Nice en 1864. Auguste Baron avait excellé dans les rôles de financiers.

Bibliographie : *Annuaires dramatiques* de la Société des artistes.

BARON, Vincent, Alfred. — Naquit à Meximieux (Ain) le 11 juin 1820. Son père, peintre de panoramas (c'est à lui que la Russie doit un panorama de Moscou à vol d'oiseau), vint se fixer à Paris en 1835, avec sa famille, pour y exercer son talent. Le jeune Alfred suivit deux ans les cours gratuits de l'Ecole de dessin, puis entra comme élève à l'Ecole des Beaux-Arts, et fréquenta l'atelier du sculpteur Georges Jacquot. En 1840, il entra au Conservatoire et débuta à l'Odéon le 28 octobre 1841, jour de l'ouverture, dans l'*Actionnaire*, et depuis lors on retrouve son nom, à ce théâtre, dans la distribution des pièces suivantes :

27 décembre 1841, *Une Charge à payer*.

5 février 1842, l'*Avocat de sa cause*.

26 février 1842, *Cédric le Norvégien*.

9 avril 1842, le *Comte de Bristol*.

14 avril 1842, le *Voyage à Pontoise* (rôle d'Alb. Thierry.

15 octobre 1842, le *Poète*.

3 nov. 1842, le *Bourgeois grand seigneur*.

24 décembre 1842, la *Main droite et la Main gauche*.

9 février 1843, *Delphine*.

26 » » le *Capitaine Paroles*.

27 mars » *Un Tour de roulette*.

10 avril » les *Contrastes*.

17 » » les *Prétendants*.

9 novembre 1843, les *Moyens dangereux*.

5 décembre » les *Réparations*.

28 février 1844, *Lucile*.

11 mars » la *Comtesse d'Altemberg* (le chevalier).

13 avril 1844, *Trois Femmes*.

12 mai » les *Caprices de la Marquise*.

16 juin » l'*Ecole d'un fat*.

22 octobre 1844, le *Comte d'Egmont*.

18 janvier 1845, le *Lys d'Evreux*.

15 janvier 1847, *Le 15 Janvier*.

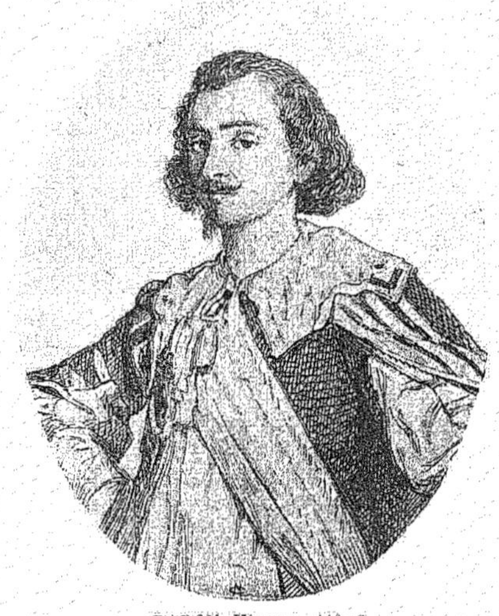

BARON, Vincent, Alfred
d'après Eust. Lorsay (La *Jeunesse des Mousquetaires*

De l'Odéon, Baron passa à l'Ambigu comique où il se fit remarquer dans les *Mousquetaires* d'Al. Dumas (rôle d'Aramis) et dans le *Marché de Londres* (Edgar Mortimer).

En 1847, il est pensionnaire de la Gaîté, crée le rôle de Couriol dans le fameux *Courrier de Lyon*, puis celui du docteur Appiani de *Marie-Jeanne*.

En 1848, il part en tournée avec Rachel, parcourt la Belgique, la Hollande, la Suisse, le midi de la France, tenant l'emploi de jeune premier rôle de tragédie.

Puis, lorsqu'en 1851, le théâtre de la Porte-St-Martin annonça sa réouverture, Alfred Baron prit rang dans la nouvelle troupe de Marc Fournier, son beau-frère, et devint en même temps chef du matériel. Il créa tour à tour à ce théâtre : Gaston de la *Poissarde*, Lucien des *Nuits de la Seine*, Ascanio de *Benvenuto Cellini*, de Montbrillant de la *Faridondaine*, Paul de Chennevières de l'*Honneur de la Maison* (grand succès) et reprit le rôle de Buckingham dans les *Mousquetaires*, où il avait jadis tenu celui d'Aramis. Dans *Paris*, il tint six rôles.

Actif, très intelligent, Baron fut, en outre, un sculpteur apprécié, comme le prouve l'article que lui consacra Félix Pyat dans le *Charivari* du 6 octobre 1848. Il exposa aux Salons 1848-49, laissa des bustes estimés de Fréd. Soulié et de Deburcau et un grand nombre de médaillons. Dans un autre ordre d'idées, il fonda des journaux illustrés.

Puis, lorsque sa sœur, Mme Delphine Baron, femme de Marc Fournier, eût renoncé à son art pour diriger une maison de costumes de théâtre, bd Montmartre 21, Alfred Baron la suivit. En 1882, âgé de 62 ans, il fit valoir ses 25 ans de services, et obtint une pension annuelle de 400 fr. de la Société des artistes dramatiques. A cette occasion, il fit don à l'Association d'un médaillon de Pierre-Alexis Singier qui en fut un des fondateurs, et aussi le beau-père de M. Halanzier. (Voir sa lettre au Rapport de 1883, p. 22).

Alfred Baron, homme instruit, aimable, affable, sculpteur émérite et artiste regretté, mourut à Paris le 6 mai 1892. Voici en quels termes Eugène Garraud annonça sa mort à ses camarades le 20 juin suivant : « Vincent, Alfred Baron, frère de Mme Delphine Baron, la costumière, aussi universellement connu des gens du monde que des gens de théâtre, Alfred

Baron avait primitivement étudié la sculpture à l'Ecole des Beaux-Arts, mais possédé, lui aussi, de l'irrésistible envie de jouer la comédie, il entra au Conservatoire, d'où après y avoir fait de bonnes études, il fut engagé à l'Odéon, puis à l'Ambigu, à la Gaîté et à la Porte St-Martin où il fit son plus long séjour sous la direction de Marc Fournier, son beau-frère.

Pendant son passage dans ces différents théâtres, il créa avec succès beaucoup de jolis rôles dans une foule de pièces. Voici les titres de plusieurs d'entre elles : le *Marché de Londres*, le *Vieux Caporal*, la *Poissarde*, l'*Honneur de la Maison*, les *Nuits de la Seine*, *Benvenuto Cellini*, la *Faridondaine*, les *Mousquetaires*, etc.; et si nos souvenirs ne nous trompent pas, nous croyons que sa dernière création fut celle de Bonaparte dans les *Compagnons de Jéhu*.

« Malgré son actif service au théâtre, il n'avait jamais cessé de travailler la sculpture; aussi a-t-il laissé des œuvres fort appréciées... Lorsqu'il prit sa retraite pour donner tous ses soins à l'entreprise commerciale de sa sœur, Alfred Baron, qui était un homme de bonne compagnie, se créa de si nombreuses et amicales relations que, si toutes les personnes auxquelles il avait inspiré de la sympathie s'étaient donné rendez-vous à ses obsèques, l'église eût été trop petite pour les contenir; c'est le plus bel éloge que nous puissions faire de lui. »

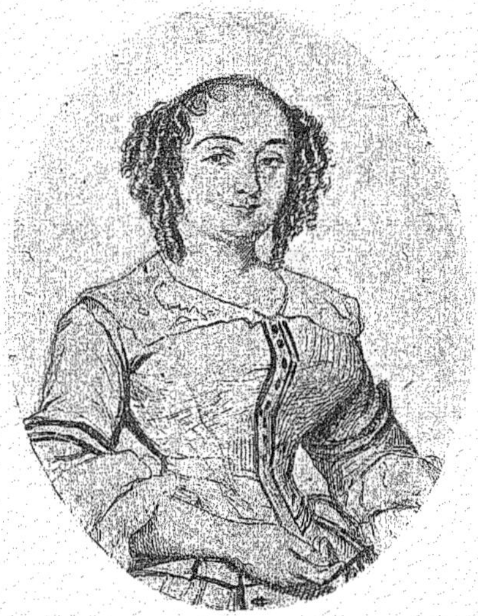

Biographie : Notice par Emile Dufour, dans les *Théâtres de Paris* 1854.

Bibliographie : *L'Odéon*, par P. Porel et G. Monval. — *Annuaires* de la Société des artistes.

Iconographie : Bibl. nat. Catalog. Duplessis n° 2909. En pied, de ³/₄ à gauche, lith. par A. Collette (1854) d'après Eustache Lorsay.

Mme Delphine BARON
d'après Eust. Lorsay (*La Jeunesse des Mousquetaires*)

BARON, Mme Delphine, femme Marc Fournier et sœur du précédent. — Naquit à Lyon vers 1828, reçut des leçons de dessin de son père et apprit la gravure sur bois. C'est ainsi que l'on peut retrouver la signature « Delphine B. » dans le *Diable à Paris* et dans la *Grande Ville*. En 1843, la jeune fille venue à Paris avec sa famille, entra au Conservatoire où elle obtint une pension. En 1844, l'Odéon où se trouvait déjà son frère Alfred, l'engagea pour les rôles de soubrettes. Elle y débuta le 14 septembre de cette année et créa un rôle dans la *Mouche du Coche* le 31 décembre suivant. Peu de temps après elle épousa Marc Fournier, auteur-directeur, et entra au théâtre de la Porte Saint-Martin. Elle y créa le rôle du page dans la *Belle aux Cheveux d'Or*, puis celui d'Agnèle dans les *Libertins de Genève*, pièce signée de son mari.

Marc Fournier ayant pris la direction de ce théâtre, Mme Delphine Baron se trouva donc chez elle, mais, en femme d'esprit, ne voulut pas profiter de cette situation nouvelle pour s'imposer. Elle se contenta de se faire applaudir dans les rôles de genre et les ingénuités comiques, comme dans l'*Imagier de Harlem*, pièce d'ouverture, Manon de la *Poissarde*, Marcotte du *Vieux Caporal*, Nicotte de la *Faridondaine*, le Dauphin de *Louis XI*, Mme Bonacieux de la *Jeunesse des Mousquetaires*, etc.

Les affaires de la Porte S[t]-Martin n'allant guère bien, Mme Delphine Baron se sépara judiciairement de son mari en 1856, puis alla jouer à Bruxelles. Plus tard, ayant quitté tout à fait le théâtre, elle fonda un magasin de costumes, 21, b[d] Montmartre, avec la collaboraration de son frère Alfred.

Biographie : Notice par Emile Dufour, dans les *Théâtres de Paris* 1854.

Bibliographie : l'*Odéon*, par P. Porel et G. Monval.

Iconographie : Bibl. nat. Catalog. Duplessis n° 2913. En pied, de ³/₄ à droite. Lith. par A. Collette 1854, d'ap. Eust. Lorsay.

BARON, Mme Vve Marie, née Corioux St-Romain. — Nantes 1854-55. — Vivait à Paris en 1862.

BARON, Mlle Clara. — Turin 1855-57. — Valenciennes 1858-59. — Lorient 1860-65.

BARON, Mlle Julia, Marie. — Née à Paris vers 1836, joua d'abord de petits rôles sans importance et ne se fit connaître que lors de la reprise de la *Biche au Bois*, à la Porte Saint-Martin (rôle de Giroflée) 23 mai 1865. Le succès de cette pièce dura plus d'une année, jusqu'à la fin du mois de mai 1866.

Engagée aux Bouffes parisiens, après cette campagne, Julia Baron y créa le rôle de l'année 1866, dans *Suivez-moi*, revue de fin d'année en trois actes et sept tableaux où elle chantait avec un entrain endiablé la ronde : « *Suivez-moi, jeune homme!* » Dans la reprise d'*Orphée aux Enfers* (26 janvier 1867), elle fut chargée du personnage de Junon, mais une création excentrique devait bientôt la rendre populaire. Hervé l'avait choisie pour jouer dans son *Œil crevé* le rôle de Fleur de Noblesse (Folies dramatiques, 12 octobre 1867). Jamais le « compositeur toqué » ne trouva une interprète aussi parfaite pour ce rôle ultra-fantaisiste, où Julia Baron savait garder une aisance bouffonne, sans tomber dans une charge déréglée.

Un pareil succès lui ouvrit les portes du Palais Royal, en 1868. Tout d'abord elle apparut dans deux reprises : la *Vie parisienne* où elle joua le rôle de Métella, et les *Diables roses* où elle reprit le rôle créé par Mlle Schneider.

Voici la liste de ses créations à ce théâtre :

1868, 30 déc., le *Carnaval d'un Merle blanc*, rôle de Castagnette.

1869, 23 nov., la *Vie de Château*, Porphyre.

1870, 16 avril, *Vinciguerra le bandit*, Béatrix.

1870, 17 mai, *Fernandinette*, Fernandinette.

1871, 15 juillet, le *Sapeur et la Maréchale*, la duchesse.

1871, 9 sept., les *Bêtises du Cœur*, Catherine.

1871, 6 déc., *Tricoche et Cacolet*, Fanny Bombance.

1872, 20 déc., *Doit-on le dire?* Blanche.

1873, 7 avril, les *Echos de Paris*, Mlle Angot.

1873, 12 sept., le *Hussard persécuté*, Fleur de Bruyère.

1873, 15 nov. le *Chef de division*, Dindonnette.

1874, 14 janv., le *Magot*, Tulipia.

Elle reprit aussi, en octobre 1869, le rôle de la baronne dans la *Vie parisienne*, pièce dans laquelle elle avait précédemment joué le rôle de Métella.

Puis, vers 1875, Mlle Julia Baron renonça tout à coup au théâtre et rentra dans la vie privée.

Biographie : Notice par Félix Jahyer, Paris, dans *Paris-Théâtre*, n° 121.

Bibliographie : *Foyers et coulisses*, Palais royal, p. 69.

Iconographie : Bibl. nat. Catalog. Duplessis n° 2920. En pied, de 3/4 à droite (cost. de th.). Imp. Bertauts 1867. — *Paris-Théâtre*, photog. en buste, cliché Franck.

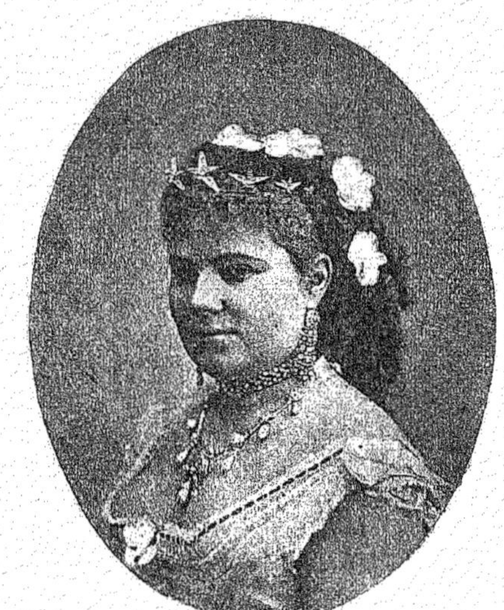

Mlle Julia, Marie BARON
Cliché Franck

BARON, Mlle Jenny, Ernestine. — Th. du Châtelet 1869-72, Variétés 1873.

BARONE, Marius, Etienne. — Niort 1879-82.

BAROTEAU (on a écrit aussi *Baroto* et *Barotteau*), Jean, Pierre, Nicolas. — Né en 1743, mort après 1800; MM. E. De Manne et C. Ménétrier ont publié l'extrait de baptême de Baroteau — Registres de la paroisse de St-Pierre aux Bœufs. — « Le seize mars mil sept cent quarante et trois, a été nommé Jean-Pierre-Nicolas, né d'hyer, fils de Joseph-Marcel Baroteau, bourgeois de Paris, et de Madeleine-Françoise Deschamps, son épouse ».

Baroteau fit partie de la troupe de Nicolet, presque dès l'origine. Il remplissait les rôles de *pierrot* dans les pantomimes, avec une bêtise naturelle qui fit sa réputation. Il demeurait alors faubourg du Temple, chez le sieur Raymond, marchand de rouge végétal à l'usage des actrices du boulevard, et il était membre d'une loge maçonnique dont les assemblées se tenaient chez lui, et dont faisaient partie également Constantin et Sallé.

A la mort de Taconet, il lui succéda dans les rôles de *savetiers* et d'*ivrognes*. En 1780, il laissa Nicolet et débuta le 8 avril aux Variétés amusantes, où il remplaça Volange passé à la Comédie italienne. Il reprit alors le rôle de Janot dans les *Battus paient l'amende*, et trouva moyen d'y être amusant, même après le créateur du rôle qui avait fait courir tout Paris. Il suivit cette entreprise au Palais Royal et ne la quitta que lorsque Gaillard et Dorfeuille changèrent leur genre. En 1792, son nom figure sur l'*Almanach Duchesne* comme faisant partie du théâtre de la rue Richelieu, et en 1793, du théâtre du Palais-Variétés. Il demeurait alors rue de la Barillerie. On le vit aussi au Théâtre de la Cité, où il joua les niais, les comiques et les utilités, et notamment le 3 juillet 1797, dans *Turlututu Empereur de l'île verte*. Il y était encore en 1800, fort cassé, bien que n'ayant alors que cinquante-sept ans.

Biographie : Notice dans la *Galerie historique des acteurs français, mimes et parodistes*, par Ed. De Manne et Ménétrier, 1877.

Bibliographie : *Almanachs des spectacles* 1792-1793-1799. *Hist. du th. du Pal. Royal*, par Eug. Hugot, p. 110.

BAROYE, Mme. — Actrice du Théâtre Molière, à Bordeaux, en 1793. — Pourrait bien être la suivante, Mme Baroyer, dont la présence cependant nous est signalée cette même année, à Paris, rue d'Argenteuil.

BAROYER, Mme Marie-Madeleine Barbet, dite *Sénédor*, femme Baroyer. — Naquit le 4 février 1757, à Paris, rue de la Petite-Truanderie, où son père exerçait la profession de cordonnier. A douze ans, elle jouait chez Doyen le rôle de Lindane dans l'*Ecossaise*, en présence de Préville qui lui reconnaissait de grandes dispositions. A peine âgée de quinze ans, elle était engagée par Mlle Montansier, sous le nom de *Sénédor* et débutait à Versailles le 17 septembre 1772 dans le *Sorcier* où elle remplit le rôle de Justine ; puis elle donna la réplique à Mlle Raucourt dans un rôle de confidente, et joua avec Préville la *Femme juge et partie*.

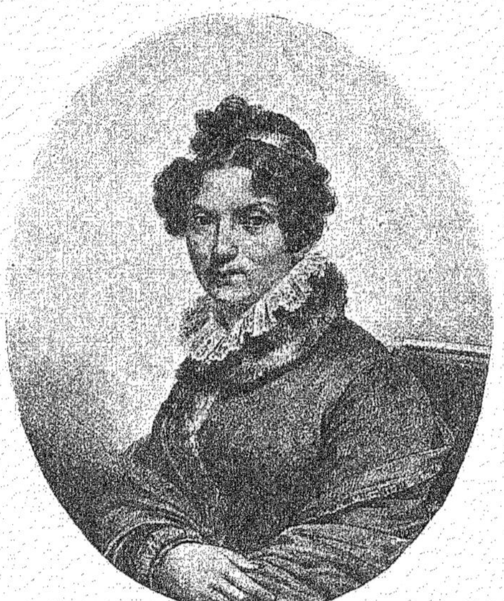

Mme Marie-Madeleine BAROYER
d'après Vigneron

Un ouvrier ciseleur, maître Cyr Baroyer, s'éprit de cette piquante brunette et l'épousa le 11 avril 1774. Au bout d'un an, elle avait fait de son mari un comédien. Le jeune couple courut la province, jouant tour à tour sur les théâtres de Caen, du Hâvre, d'Angers, de Rennes, d'Amiens, d'Orléans et de Brest (1782). C'est dans cette dernière ville qu'elle perdit son mari. Elle y resta deux ans encore. Entre temps, elle avait fait la connaissance de la famille des Baptiste.

La fin de l'année 1784 la ramène à Paris où elle retrouve son ancienne directrice, Mlle Montansier, qui l'engage à nouveau pour jouer les soubrettes de comédie et les confidentes de tragédie.

Ces nouvelles excursions en province devaient aussi la rapprocher de Mme Mars et de ses deux filles. On dit même qu'elle donna des conseils et des leçons à la plus jeune, Hippolyte, dont elle entrevoyait déjà le bel avenir.

En 1789, elle est à Orléans, puis elle revient encore à Paris pour faire partie de la nouvelle combinaison Montansier (salle du Palais Royal) avec Grammont, Damas et Mlle Sainval. En 1792, elle demeure rue Traversière, hôtel de Provence ; en 1793, rue d'Argenteuil. Nous avons signalé plus haut une dame *Baroye* au Th. Molière, à Bordeaux, cette même année. En 1796-97 elle est engagée à Rouen comme jeune première. Ce n'est qu'à partir de cette époque qu'elle aborda l'emploi des duègnes qui devait mettre le sceau à sa réputation au théâtre Montansier-Variétés, suivant cette entreprise du Palais-Egalité à la Cité, et de la Cité au boulevard Montmartre.

Les *Chevilles de Maître Adam, Quinze ans d'absence, Colalto, Comme ça vient, comme ça passe*, la *Famille des Innocents*, la *Servante justifiée*, *M. Girafe*, la *Fille mal gardée*, la *Rosière*, etc., furent pour elle autant de triomphes.

« Mlle Barroyer *(sic)* qui s'était fait une certaine réputation dans les soubrettes, y tient encore cet emploi (au th. Montansier), lisons-nous dans l'*Année théâtrale, Almanach pour l'an IX*; elle l'a renforcé de quelques rôles poissards ».

« Mme Baroyer doit être placée à la tête des actrices » (du th. des Variétés). *Opinion du Parterre*, 1809.

« Mme Baroyer est la meilleure comédienne de ce théâtre ». *Opinion du Parterre*, 1811.

« La verveuse Mme Baroyer qui fut une des meilleures duègnes de la capitale », écrivit plus tard Brazier.

« La plus ardente et la meilleure duègne qu'on ait eu à Paris pendant vingt ans ». A. de Rochefort, *Mémoires d'un vaudevilliste*.

Les ans passent, mais son talent ne passe pas.

« On la voit toujours avec plaisir, déclare un chroniqueur en 1821. La voix est juste, le jeu animé. Elle doit avoir une soixantaine d'années ». — Elle en avait bien soixante-quatre.

« Elle n'était pas jolie, a dit Mlle Flore qui fut son élève, mais elle était séduisante par le talent ; elle jouait les rôles marqués et les caractères en femme qui connaissait toutes les ressources de l'art dramatique ».

Harel dit à son tour dans son *Dictionnaire théâtral* (1825) : « Cette actrice achève une carrière marquée par des succès de plus d'un genre. C'est encore une excellente duègne ; l'esprit, la vivacité, le naturel sont le cachet de son talent. Pour connaître les détails biographiques relatifs à Mme Baroyer, il faut lire l'*Espion anglais*, année 1777, tome II, article *Brest* ».

Un bénéfice donné en son honneur le 29 avril 1824 aux Variétés, avec le concours de Mazurier, avait rapporté 5000 francs.

L'âge venait et le théâtre des Variétés, malgré ses trente ans de services, osa lui proposer une diminution d'appointements. Blessée dans son amour-propre, elle s'en alla. On lui alloua une pension de neuf cents francs de rente. Mais une femme aussi active et aussi bien portante ne pouvait rester sans rien faire, même à soixante-quatorze ans. C'est ainsi que nous retrouvons son nom sur l'affiche du Théâtre du Palais Royal, à la réouverture du 6 juin 1831. Là, malgré son âge avancé, Mme Baroyer montra une ardeur peu commune pendant six ans encore, donnant la réplique à Lepeintre aîné, Regnier, Sainville, Déjazet.

1831, 6 juin, *Ils n'ouvriront pas.*
— 8 juin, *Voltaire à Francfort.*
1832, 22 avril, le *Bénéficiaire* (reprise).
— 26 décembre. *M. Duroseau.*
1833, 23 février, le *Cadet de Famille.*
1835, 28 avril, les *Comptes de Tutelle* (reprise).

Agée de quatre-vingts ans, après plus de soixante ans de services, la pauvre femme qui n'avait jamais eu de gros appointements ne pouvait guère subvenir à ses modestes besoins. Elle se retira d'abord à Batignolles, puis à la Chapelle, et nous avons connaissance de cette note, rédigée pour le Ministre de l'Intérieur : « Des secours sont accordés de temps à autre à Mme Baroyer, ancienne actrice des Variétés. Elle est plus qu'octogénaire et sa position malheureuse est digne d'intérêt... 3 juillet 1838 ». Puis en marge : « Accordé 150 francs »

Signé M.

Qu'était devenue la pension des Variétés?

Mme Baroyer mourut à la Chapelle le 11 juin 1844, âgée de quatre-vingt sept ans passés. Voici en quels termes Samson rend compte de cette mort, dans son rapport à la Société des Artistes, en 1845. Après avoir rappelé que Mme Baroyer fut une excellente duègne, longtemps et justement aimée du public « le Comité, dit-il, qui l'a acompagnée jusqu'à la dernière demeure, lui a fait préparer à l'instant même une sépulture particulière. Il n'a pas voulu qu'une artiste aussi distinguée fût jetée dans la fosse commune ».

Mme Baroyer habita successivement rue Traversière, hôtel de Provence 1792, rue d'Argenteuil, nos 19 et 20, 1793, rue Coquillière, no 8, 1798-99, rue Coquillière, 1805-06, rue Lepelletier, no 1, 1807-08, rue des Martyrs, no 15, 1812, rue Montholon, no 26, 1814-15, rue de Bellefond, no 21, 1816-26.

Biographie : Notice dans la *Troupe de Nicolet,* par Ed. De Manne et C. Ménétrier.

Bibliographie : l'*Espion anglais*, 1777 ; *Hist. des Th. de Rouen*, vol I, p. 388 ; *Almanach des Spectacles*, 1799, p. 7, 1800, p. 130 ; *Opinion du Parterre,* 1809, 1811 ; *Hist. des petits Théâtres,* par Brazier ; *Mémoires d'un Vaudevilliste*, par A. de Rochefort ; *Petite Biographie dramatique*, 1821 ; *Dictionnaire théâtral.* par Harel, 1825 ; *Mémoires de Mlle Flore ; Collection des Rapports*, par Samson ; *Histoire du Théâtre du Palais Royal*, par Héros.

Iconographie : Bibl. nat. Catalog. Duplessis no 297.

1. En pied, de face, donnant le bras à Brunet (cost. de th.) grav. à l'eau forte anonyme.
2. En pied, de profil à droite (cost. de th.) grav. à l'eau forte, d'après Joly.
3. En buste, de 3/4, à droite, dans un ovale, lith. par Jules Vernet.
4. En buste, de 3/4, à droite, dans un ovale, lith. par Jules Vernet.
5. A mi-corps, assise de 3/4 à gauche, dans un ovale, lith. par Vigneron.

Coll. Martinet, pl. no 30, rôle de la Mère Billaut, dans les *Chevilles de Maître Adam,* pl. no 118, dans M. et Mme Denis.

En buste, eau forte de Fr. Hillemacher dans la *Troupe de Nicolet.*

BARQUI, Pierre, Brutus. — Acteur très aimé au théâtre des Célestins, à Lyon, ville dans laquelle il fit presque toute sa carrière. En 1825-27, il y tenait l'emploi des amoureux, il y était encore en 1850. Vers 1852, il parut à la Porte-St-Martin, puis retourna à Lyon. En 1858, Pierre Barqui, âgé de soixante-quatre ans, ayant exercé la profession d'artiste dramatique pendant cinquante-trois ans en province, et définitivement retiré du théâtre depuis 1857, reçut une pension de 300 francs de la Société des artistes. Son nom figure encore comme résidant à Lyon en 1870. Ses deux fils occupèrent un poste élevé dans l'architecture lyonnaise.

Voici ce qu'en dit Jacques Arago dans *Foyers et Coulisses* (1852) : « Bonjour, Barqui, si tu n'es que régisseur, je blâme Fournier, tu vaux mieux ; si tu cumules, je félicite Fournier, car je te connais, je sais ce que tu peux, et Lyon le sait comme moi ; à l'œuvre, Barqui ! »

Bibliographie : l'*Ancienne place des Célestins,* par Armand Victorin. — *Annuaire* de la Société des artistes.

Iconographie : Bibl. nat. Catalog. Duplessis no 2925, en buste, de 3/4 à gauche, lith. Béraud, Lyon 1839.

BARQUI, Mme. — Femme du précédent, née Pélagie Delamare, artiste au théâtre des Célestins, à Lyon. Sa mort fut annoncée au Rapport de la Société des artistes, 1861.

Bibliographie : *Annuaires* de la Société des artistes.

BARRADE. — Acteur au théâtre du Marais, en 1792.

BARRAGE, Mme M. L. P. Valentine. — Laval 1864-65, Anvers 1867-68, Liège 1869-72, Boulogne-sur-Mer 1873, Toulouse 1874-80, se trouvait à Paris en 1881-82.

BARRAL, Mme. — Théâtre du Vaudeville 1793.

BARRÉ. — Premier comique au Th. des Arts, à Rouen, 1796.

BARRÉ, Léopold, Pierre, Jean, dit *Léopold.* — (1819-1899), un des meilleurs financiers que possédât jamais la Comédie française, naquit à Paris, rue du Roi de Sicile, le 14 avril 1819. Son père, qui faisait le commerce de la librairie, le mit au séminaire de Plombières-lès-Dijon. Entraîné par une vocation irrésistible... vers le théâtre, le jeune Barré laissa là la soutane et débuta en 1839 au théâtre du Panthéon, après s'être exercé quelque temps chez les frères Seveste, à la banlieue. Au théâtre du Panthéon, Barré joua les grimes et les comiques, se fit aimer du public et créa un rôle important dans une pièce appelée la *Poudre de Perlinpinpin.*

Le 17 novembre 1841, l'Odéon remit à la scène le *Don Juan* de Molière, abandonné depuis 1677 pour le *Festin de Pierre*, en vers, de Thomas Corneille. Cette reprise, due à l'initiative de Robert Kemp, servit à Barré de début dans le rôle de Pierrot où il se fit de suite remarquer. Il joua successivement à ce théâtre dans les pièces suivantes :

1842, 23 janv., les *Philanthropes.*
— 26 fév., *Cédric le Norvégien.*
— 7 mai, le *Tribun de Palerme.*
— 29 sept., l'*Héritage du Mal.*
— 3 nov., le *Bourgeois grand seigneur.*
1843, 9 mars, le *Succès.*
— 17 avril, les *Prétendants.*
— 29 sept., l'*Ecole des Princes.*
— 3 nov., le *Despote.*
— 9 nov., les *Moyens dangereux.*
— 22 déc., la *Duchesse de Châteauroux.*
— 27 déc., *André Chénier.*
1844, 10 fév., le *Vieux Consul.*
— 18 fév., la *Famille Cochois.*
— 13 avril, *Trois Femmes* (grand succès personnel).
1844, 16 juin, l'*Ecole d'un Fat.*
— 15 oct., le *Bachelier de Ségovie* (rôle de D. Guzman, succès).
1845, 23 mars, *Walstein.*
— 19 avril, l'*Eunuque.*
— 29 avril, *Camoëns.*
1846, 6 janv., *Diogène.*
— 3 mars, *Un Rêve.*

Les affaires de l'Odéon marchaient alors assez mal; c'était l'époque où Alex. Dumas devenu le roi de Saint-Germain-en-Laye avait pris le théâtre de cette ville avec le dessein d'essayer quelques-uns des drames qu'il destinait au Théâtre historique. Sa création du boulevard du Temple, *Hamlet*, fut la première pièce représentée dans ces conditions à St-Germain, et Barré qui jouait Polonius présenta ce personnage d'une façon toute nouvelle. C'est ainsi qu'il fut engagé d'emblée dans la troupe en formation.

Le Théâtre historique ouvrit ses portes au public le 20 février 1847. Barré y déploya un zèle à toute épreuve : il fut le baron de Kalb dans *Intrigue et Amour*, Polonius dans *Hamlet*, Agésilas dans le *Chevalier de Maison rouge*, Godard dans la *Marâtre* de Balzac, Pénélon dans *Monte-Christo*, Planchet dans la *Jeunesse des Mousquetaires*, le mendiant Gorgo de *Catilina*, Pompée de la *Guerre des Femmes*, un bûcheron des *Frères corses*, le garde-chasse Wildmann dans le *Comte Hermann*, autant de créations originales, marquées au coin du comique le plus communicatif et le plus fin. Dans le *Chevalier d'Harmenthal*, il avait repris le rôle de Buvat laissé par Numa.

Les qualités maîtresses de Barré furent la naïveté, la bonhomie, le naturel.

Le Théâtre historique fermé, Barré trouva un engagement à la Porte St-Martin où il créa Ronciat de la *Claudie* de George Sand, le 11 janvier 1851, et d'autres rôles dans la *Fiancée du Bengale* et les *Trois Voisins*, puis entra aux Folies dramatiques (1852) où il parut dans la *Chanvrière* et une *Bonne pâte d'Homme*. Lorsque Alph. Royer revint à l'Odéon (1853) il y appela Barré. Celui-ci devait encore y faire d'importantes créations :

Daniel dans *Que dira le Monde?*
Jourdain dans *Molière enfant.*
Carrion dans l'*Oncle de Sicyone.*
Keller dans *Maître Favilla.*
Le marquis dans la *Revanche de Lauzun.*
Bernard dans la *Bourse* de Ponsard, création superbe de franchise et de bonne humeur.
Pierre dans le *Tasse à Sorrente.*
Richebourg dans *André Gérard*
Guiole dans le *Rocher de Sisyphe.*

Dans l'ancien répertoire, il joua : Laflèche de l'*Avare*, Sganarelle de *Don Juan*, Brid'oison du *Mariage de Figaro*, Agnelet de *Maître Pathelin*, Alain de l'*Ecole des Femmes*, Diafoirus père du *Malade imaginaire*, Dandin de *Georges Dandin*, Argante des *Fourberies de Scapin*, etc., et eut surtout un succès remarqué en 1857 dans Orgon du *Tartufe*, lors de la reprise de ce chef-d'œuvre avec Fechter dans le rôle principal. Telle fut la première partie de la carrière de Barré.

Le 1er juin 1858, Barré entra comme pensionnaire à la Comédie française, où il débuta le 21 du même mois dans le rôle de Pierrot de *Don Juan* et le 25 dans *Georges Dandin;* nul mieux que lui n'était préparé à jouer l'ancien répertoire qu'il connaissait sur le bout du doigt. Avec le temps, il avait abordé l'emploi des financiers; il y fut admirable de naturel et d'aisance. Il faudrait citer tous les rôles de cet emploi dans le répertoire de Molière, de Regnard, de Beaumarchais, pour rappeler ses succès auxquels il ajouta encore les rôles de Dubois du *Philinte de Molière*, de Fabre d'Eglantine, d'Orgon de *Crispin rival de son maître*, de Lucas de l'*Esprit de contradic-*

tion, d'Antoine du *Philosophe sans le savoir*. Dans ce dernier rôle, il fut sublime.

Et dans le répertoire moderne : *Don Juan d'Autriche*, la *Considération*, *On ne badine pas avec l'amour* (Bridaine 1861), la *Jeunesse*, le *Village* (reprise, un de ses meilleurs rôles), le *Mariage de Victorine*. Parmi les créations : Marteau dans le *Luxe*, Valette du *Duc Job*, le général des *Effrontés*, Bruel de *Jean Baudry* (1863), Epictète du *Lion amoureux* (1866), Simon de *Gringoire* (1866), Tricoche dans le *Fils* (1866), Pompée dans *Galilée* (1867), Desroches dans *Mme Desroches* (1867). En 1871, il fit partie du voyage de la Comédie française à Londres. A propos de la *Cigale chez les Fourmis*, Delaunay, dans ses *Mémoires*, dit de son camarade : « Barré, en Chameroy, représentant bien le bourgeois naïf dans sa prétention, brave homme au fond et facile à leurrer ». Et, à propos des *Corbeaux*, le même : « Barré tout à fait petit fabricant, travailleur, honnête homme, un peu apoplectique et vulgaire ».

Barré fut nommé sociétaire le 26 mai 1876 ; en 1883, il était officier d'Académie ; en 1889, il reçut la pension de 500 francs de la Société des artistes ; il avait alors 70 ans et 50 ans de théâtre.

Il avait marqué tous ses derniers rôles d'une empreinte inoubliable : Pierre du *Marquis de Villemer* (4 juin 1877), Fourchambault des *Fourchambault* (8 avril 1878), Verdellet du *Gendre de M. Poirier*, Verdelin de *Mercadet* furent aussi parmi ses bons rôles, et c'est lui qui disait à sa camarade Pauline Granger : « Ma pauvre amie, c'est au moment où l'on commence à savoir quelque chose dans ce diable de métier qu'il faut songer à se retirer ». Tout le caractère de l'homme est dans ces paroles : modeste, travailleur, consciencieux.

Une maladie des yeux l'obligea, en effet, à prendre sa retraite le 1er janvier 1889, et il écrivit, lorsqu'il quitta le théâtre, une lettre qui montre bien l'excellent homme qu'il était. Cette lettre, il l'adressait à un critique, M. Adrien Bernheim, devenu depuis commissaire des théâtres subventionnés :

« Mon cher ami,

« Merci de votre insistance à me faire accepter l'offre si gracieuse de M. Claretie et de mes camarades du comité de me retenir encore parmi eux ; mais, comme on l'a vu récemment à cette représentation de *Il ne faut jurer de rien*, dont je conserverai un bien doux souvenir, mes forces ne me permettent plus de remplir sérieusement les devoirs que le public est en droit d'attendre de moi.

« J'ai du moins cette consolation que j'abandonne le théâtre de mon plein gré. La constante indulgence de la presse et du public à mon égard, les nouvelles démarches de mes camarades, tout cela était bien fait pour me détourner de mon projet, mais c'est fini. Je ne me sens même pas le courage de donner une représentation de retraite. J'ai bientôt soixante-dix ans et je ne pourrais supporter, vous le comprendrez facilement, vous qui me connaissez, les émotions de ces adieux en public. Je ne quitte le théâtre qu'avec un chagrin profond mais bien compréhensible, et avec la conviction d'avoir fait tous mes efforts pour servir honnêtement cette grande maison que j'aime tant.

« Merci encore, mon cher ami, et croyez toujours aux sentiments bien affectueux de

« Votre dévoué,

L. Barré,

Sociétaire de la Comédie française. »

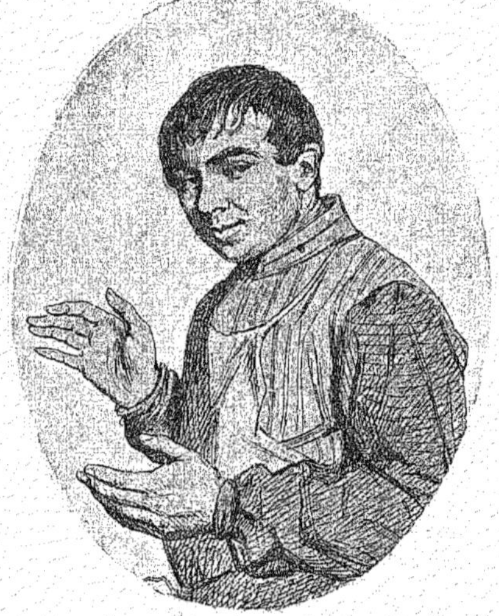

BARRÉ, en 1854
d'ap. Eust. Lorsay, dans *Que dira le monde ?*

Barré se retira donc sans bruit, après trente et un ans de services, dans cette dernière « maison » et mourut fin décembre 1899, à 80 ans, dans son domicile 97, boulevard St-Michel. Il fut enterré le dimanche 31 décembre, regretté de tous ceux qui le connurent et, après un service religieux à Saint-Jacques du Haut-Pas, inhumé au cimetière Montparnasse.

Par son testament, Pierre-Jean Barré (dit Léopold) léguait sa propriété de Viry-Châtillon à un de ses cousins, et une somme de 38,000 fr. à sa gouvernante Mariette « à titre de reconnaissance et pour le dévouement et les bons soins qu'elle lui avait prodigués ».

— « Je lui confie en outre, disait-il encore, la garde de mon petit chien Kaff, et j'ajoute pour cela au legs que je lui fais la somme de 2000 francs, ce qui, joint aux sommes précédentes, donnera à Mariette pour son héritage la somme ronde de 40,000 francs.

« ...Au moment où j'écris ces lignes, ma petite fortune, faite de mes économies, se monte à 5000 francs de rente, en 3 ½ %, en titres au porteur. J'espère que Me Donon, mon exécuteur testamentaire, aura largement de quoi distribuer tous les legs précédents à mes héritiers.

« Fait et écrit de ma main en mon domicile 97, boulevard St-Michel ».

Pierre-Jean Barré,
Sociétaire retraité de la Comédie française.
18 mars 1896.

« Quand on honore une profession comme le fit Barré, écrivait M. Jules Claretie au lendemain de sa mort, la vie d'un homme est saluée partout... Il fut un bourgeois du pays de France et, jusqu'à la fin de sa carrière — jusqu'à sa dernière représentation dans *Il ne faut jurer de rien*, le 5 décembre 1888, il resta tel que George Sand le caractérisait en 1855, lorsqu'elle disait — et l'éloge d'un tel écrivain est un titre définitif : « Barré a la rondeur et la bonhomie avec la finesse d'un esprit chercheur et amoureux de détail ; chacun de ses mots a une portée vive et franche, et il lui faut souvent de généreux efforts pour ne pas absorber tout l'intérêt d'une scène, même dans le silence, tant sa physionomie est vraie et comiquement attentive ».

Mais comme Barré était un modeste, il attendit dix-huit ans le sociétariat et indéfiniment la croix.

M. Leloir, en qualité de vice-président de la Société des artistes dramatiques, entouré de toute la Comédie française, prit la parole après M. Claretie sur la tombe de l'excellent Barré :

« Messieurs, dit-il, la Société des artistes dramatiques ne pouvait pas laisser partir un de ses plus anciens et illustres sociétaires sans un dernier adieu. Léopold Barré appartenait, en effet, à notre Association depuis soixante ans. Il était de la fondation. Le modeste artiste du théâtre du Panthéon avait compris l'idée généreuse du baron Taylor et avait été un des premiers à répondre à son appel... Dernier représentant de la simple et belle école de la nature, sans éducation dramatique, Barré, par sa patience et son travail, était arrivé au plus haut degré de son art ».

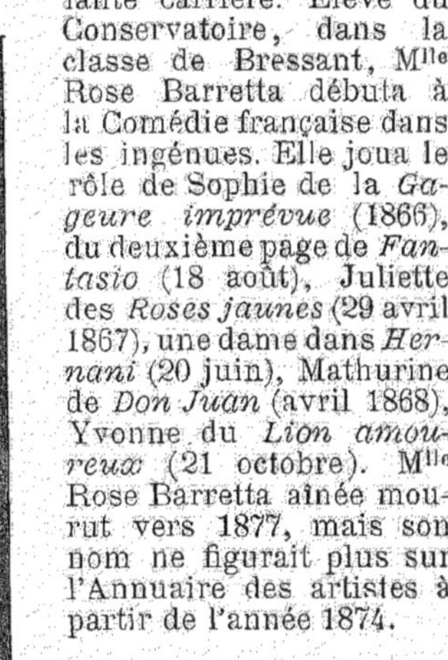

BARRÉ, en 1874
phot. de Nadar

Biographie : Notice par Alb. Blanquet dans les *Théâtres de Paris* (1854). — Notice par Félix Jahyer dans *Paris-Portrait*, no 336, 23-29 octobre 1879.

Bibliographie : *L'Odéon*, par P. Porel et G. Monval. — *Foyers et Coulisses*, Com. franç., t. II, p. 137 et suiv. — Coll. de l'*Année littéraire et dramatique*, par G. Vapereau. — *Quarante ans de théâtre*, par Sarcey. — *Mémoires de Delaunay*. — *Profils de Théâtre*, par J. Claretie, p. 232 et suiv. — Rapport de la Société des artistes, 1900, p. 43, etc.

Iconographie : Bibl. nat., Catal. Duplessis no 2940.

En pied, de 3/4 à gauche (cost. de th.), lith. par Gerfaud, 1858. — Lith. d'après Lorsay (cost. de th.) dans *Que dira le Monde*, 1854. — Photographie de Nadar (buste, cost. de th.) dans le no 336 de *Paris-Portrait*.

BARRETTA, Mlle aînée, Rose. — Pensionnaire à la Comédie française, 1864-68. « Il y avait une fois (ceci n'est pas un conte), écrit M. J. Claretie dans ses *Profils de Théâtre*, deux jeunes filles, deux avignonnaises, venues à Paris et demeurant faubourg St-Honoré ». — Ces deux sœurs étaient les deux demoiselles Barretta, dont la seconde fit une si brillante carrière. Elève du Conservatoire, dans la classe de Bressant, Mlle Rose Barretta débuta à la Comédie française dans les ingénues. Elle joua le rôle de Sophie de la *Gageure imprévue* (1866), du deuxième page de *Fantasio* (18 août), Juliette des *Roses jaunes* (29 avril 1867), une dame dans *Hernani* (20 juin), Mathurine de *Don Juan* (avril 1868), Yvonne du *Lion amoureux* (21 octobre). Mlle Rose Barretta aînée mourut vers 1877, mais son nom ne figurait plus sur l'Annuaire des artistes à partir de l'année 1874.

BARRETTA, Mme cadette, Blanche, Marie, Rose, Héloïse, femme Worms. — Naquit à Avignon (Vaucluse) le 22 avril 1855, dans la chambre même où fut assassiné le maréchal Brune. M. Barretta, le père, tenait là un hôtel, l'*Hôtel du Palais Royal*, tristement historique depuis le massacre, et la fillette se rappelle avoir vu, au-dessus de son lit, dans la muraille, les trous des balles tirées sur le maréchal.

Gracieuse, possédant, disait M. de Pontmartin, son compatriote, la finesse aiguisée et la séduction alerte de ces jolies payses de Villeneuve-lès-Avignon, Mlle Blanche Barretta voulait suivre les traces de sa grande sœur, déjà pensionnaire à la Comédie française. Ses parents s'opposaient à cette vocation naissante, tout en la laissant jouer, dans le *Supplice d'une Femme*, à la Comédie française même, le rôle de la petite fille qui traverse le drame en montrant son gentil sourire. Puis Mlle Barretta entra au Conservatoire où Regnier la regarda de suite comme une de ses élèves qui lui feraient le plus d'honneur : « Console-toi, mon enfant, lui disait-il, alors qu'elle n'avait obtenu qu'un second prix, c'est l'avenir qui te donnera ce prix-là, et sous une autre forme ! »

Mlle Barretta entrée au Conservatoire en octobre 1868, obtint un premier accessit en 1870 et le second prix le 30 juillet 1872, *ex æquo* avec Mlle Maria Legault et Mlle Geslin. Elle fut engagée à l'Odéon, où elle débuta par le rôle de Marthe dans la *Salamandre* d'Ed. Plouvier; elle montra encore la grâce et la mutinerie d'une toute jeune fille dans *Gilbert* de Paul Ferrier ; elle fut fort remarquée dans le *Petit Marquis*, dans l'*Aïeule* (reprise). Th. Barrière la demanda pour sa comédie *Dianah*, au Vaudeville, où elle alla provisoirement. Son succès y fut très vif. Rentrée à l'Odéon, elle aborda le rôle d'Agnès de l'*Ecole des Femmes*, au moment où Mlle Reichenberg en faisait une éclatante reprise à la Comédie française, et Mlle Legault au Gymnase. Les revues de fin d'année s'en mêlèrent et firent voir les *Trois Agnès* lorsqu'arrivait l'acte des théâtres. La critique donna la palme à Mlle Reichenberg, mais Mlle Barretta avait séduit par son air futé et narquois qui donnait une note nouvelle à la tradition. *Geneviève* et la *Demoiselle à marier* furent pour la comédienne deux autres succès. « Mlle Barretta, écrivait alors M. Jules Claretie, a cela de très séduisant qu'elle est vraiment sur la scène, non pas une actrice, mais une jeune fille ». C'est ce charme spécial qui lui donna pendant toute sa carrière une physionomie artistique particulière.

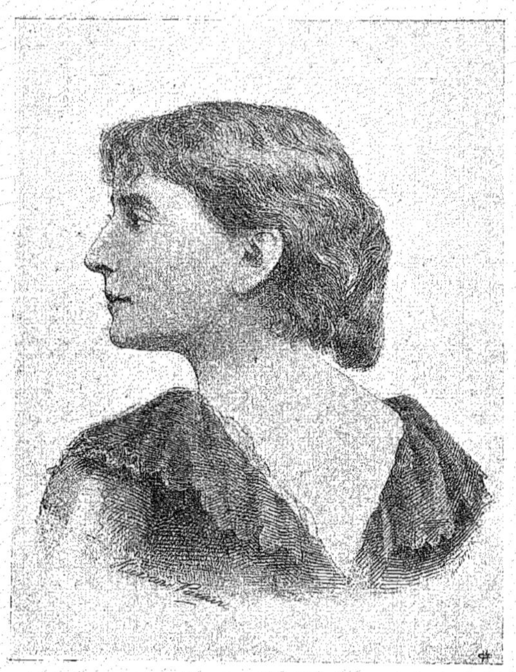

Mme BARRETTA-WORMS
d'après Richard Paraire

A l'Odéon, Mlle Barretta joua Clinon du *Docteur Gorgibus*, Georgette de la *Jeunesse de Louis XIV*, reprit le rôle de Diane dans le *Marquis de Villemer*, et dans le répertoire classique : Marianne de *Tartufe*, Henriette des *Femmes savantes*, Isabelle de l'*Ecole des Maris*, Fanchette du *Mariage de Figaro*, Zacharie d'*Athalie*, Sophie des *Héritiers*. — Geneviève dans la *Maîtresse légitime*, Madeleine Béjart dans le *Docteur sans pareil*, sont encore des rôles qu'elle créa. Mais la Comédie française la guettait. Elle y fut engagée le 1er juin 1875 et y débuta le 17 du même mois pour devenir sociétaire le 1er juillet 1876. Son rôle de début fut celui d'Henriette des *Femmes savantes*.

L'actrice a raconté à M. Albert-Emile Sorel l'histoire de ce début : « ...Vers la même époque, je jouai à l'Odéon la *Jeunesse de Louis XIV ;* c'est Dumas fils qui dirigeait les répétitions. Il m'intimidait avec sa façon de regarder, d'écouter, de marcher, les mains derrière le dos ; je pensai lui déplaire très fort... Et cependant, sans m'en rien dire, il alla trouver M. Perrin et lui demanda de m'engager tout de suite : je restai, de la sorte, un an à l'Odéon, en faisant déjà partie — sans que personne le sût — de la Comédie française ».

A la Comédie, son succès fut aussi très vif dans Angélique du *Malade imaginaire :* « Mlle Barretta a très gentiment joué, avec son charme tendre et pénétrant, le rôle d'Angélique » écrivait Fr. Sarcey le 5 juillet 1875.

Mais où elle devait définitivement prendre possession du terrain, et victorieusement, c'est dans le *Philosophe sans le savoir* et le *Mariage de Victorine*. Voici d'abord la lettre de George Sand :

« A mademoiselle Blanche Barretta, à Paris.

Nohant, 9 mars 1876.

« Je vous remercie de me remercier, car c'est moi votre obligée et si j'ai été pour vous l'occasion d'un triomphe, j'en suis si heureuse que je suis récompensée au centuple de ma confiance en vous. Tous mes amis m'écrivent que vous avez été adorable et M. Perrin déclare que ce succès vous place au premier rang. Je vous l'avais bien dit, au foyer de l'Odéon, que vous iriez loin ! »

George Sand.

. . . .

Il 'agissait du *Mariage de Victorine*. « Voilà le premier grand succès que Mlle Barretta obtient à la Comédie française » écrit Fr. Sarcey le 13 mars 1876. Elle fut rappelée après chaque acte.

M. J. Claretie écrit, même date (dans la *Presse*) : « Mlle Blanche Barretta a obtenu dans le rôle de Victorine un double succès. Mme George Sand avait trouvé jadis Rose Chéri pour le jouer au Gymnase ; Mlle Barretta l'a traduit, à la Comédie française, avec une naïveté et une sincérité ravissantes ! On l'a fort applaudie quand elle pleure : elle *pleure bien*, en effet, mais je la trouve supérieure encore dans les mots les plus simples qu'elle dit avec un naturel, une vérité infinis ». Meissonnier voulait la peindre, lorsqu'elle sort, à la fin du quatrième acte de la pièce de Sedaine, en se retournant naïvement et coquettement, pour regarder l'effet que produit, derrière elle, la jupe de sa robe rose. Le mouvement, l'expression, la pantomime, ajoute M. J. Claretie, tout cela était d'une fillette du XVIIIme siècle : un Moreau le jeune ou un Eisen.

Un jour, elle reçoit d'un inconnu un mignon volume de maroquin rouge aux initiales B. B. Ce sont les *Poésies de Sully Prudhomme*, et le donateur anonyme a écrit des vers sur les feuillets de garde. En voici les deux dernières strophes :

. . . .

Et moi qui ne suis pas marqué du même signe,
Moi que vous n'entendrez seulement pas nommer,
Moi, de votre jeunesse admirateur indigne,
Qui suis, à vingt-deux ans, découragé d'aimer,

Je ne puis que vous dire : « Enfant, soyez bénie
« Pour le bonheur furtif que j'ai pris dans vos yeux.
« Si ce soir je désire un peu de ce génie,
« C'est que j'aurais voulu vous remercier mieux ».

3 février 1877. L. G...x.

Dans sa loge, à la Comédie, l'artiste a suspendu une jolie aquarelle fleurie formant éventail, et peinte par Eugène Morand, fort habile en ce genre, et relevée de deux poésies d'Armand Sylvestre et de Morand.

D'abord, de celui-ci, ce quatrain :

Dans ce champ, pour vous, je cherche, Madame,
Une fleur éclose au creux d'un sillon :
Vous êtes artiste et vous êtes femme,
Double étoile au ciel et double rayon.

D'Armand Sylvestre :

Que cet éventail, s'il se joue
Au caprice de votre main,
De ses roses, à votre joue,
Rajeunisse le pur carmin.

Si son aile en passant vous touche,
Papillon semblant voltiger,
Que ses roses à votre bouche
Empruntent leur souffle léger;

Et que, palpitant au zéphire
Où se rafraîchit leur satin,
Ses roses, à votre sourire,
Prennent les perles du matin.

Le 17 janvier 1883, Mlle Blanche Barretta épousa son camarade Gustave Worms, sociétaire de la Comédie française, et devint Mme Barretta-Worms.

La liste des rôles créés ou repris par Mme Barretta durant les vingt-six ans et demi passés à la Comédie est fort longue ; nous ne rappellerons que les principaux : Camille dans *Paul Forestier* (31 oct. 1876), Casilda de *Ruy-Blas*, Hyacinthe des *Fourberies de Scapin* (29 janvier 1878), Hermine du *Fils naturel* (reprise, 2 déc.), Rosette dans *On ne badine pas avec l'amour* (24 déc.) ; des rôles dans la *Galathée* de Mme Edmond Adam, le *Luthier de Crémone*, *Barberine* (1882), les *Portraits de la Marquise* (20 mai 1883), les *Corbeaux* (14 sept.). « Le rôle de Marie Vigneron était agréable et joué d'une façon charmante par Barretta » a écrit Delaunay dans ses *Souvenirs ; Antoinette Rigaud* (1885), le *Flibustier*, l'*Etrangère*, le *Gendre de M. Poirier*.

« Mme Barretta-Worms, écrivait Fr. Sarcey le 1er juin 1885, à propos d'une reprise de l'*Ecole des Femmes*, est peut-être plus petite fille que ne le comporte le rôle, mais elle a un naturel délicieux et un aimable ton de gaîté piquante. Elle y manque, à mon sens, de profondeur et de sensibilité ».

Et le même critique écrit le 28 mars 1887, un long article à l'occasion d'une représentation du *Barbier de Séville*. Nous n'en détacherons que cette phrase : « Elle est (Mme Barretta) dans le rôle difficile de Rosine la perfection même : c'est l'idéal ».

Peu de temps après la retraite de son mari, l'aimable artiste, bien que jeune encore, manifesta le désir de se retirer. Elle s'en alla sur un triomphe, la *Conscience de l'Enfant*, laissant, a dit M. Jules Claretie, le souvenir de la plus remarquable des comédiennes et de la plus admirable des femmes. « Elle me semble, non pas une sociétaire à la retraite, mais une artiste en congé ».

Cette représentation de retraite eut lieu le 25 janvier 1902, avec la *Grammaire*, les *Femmes savantes* (1er acte, fragments), la *Conscience de l'Enfant* (3me acte), *Intermèdes*, le *Mariage de Victorine* (1er et 2me actes, fragments), *Hernani* (5me acte).

Mme Barretta-Worms est officier d'Académie.

Biographie : Notice par Félix Jahyer, dans *Paris-Théâtre*, n° 90, 4-10 février 1875. — *Profils de Théâtre*, par J. Claretie, p, 75 et suiv. — *Liste des sociétaires de la Comédie française*, par G. Monval.

Bibliographie : *Quarante ans de Théâtre*, par Fr. Sarcey. — *Correspondance de G. Sand*, p. 390. — *Souvenirs de Delaunay*. — Feuilletons de la *Presse*, J. Claretie. — Le *Figaro*, Albert-Emile Sorel, 21 janv. 1902. Id. 24 et 25 janv. 1902.

Iconographie : *Paris-Théâtre*, n° 90 (1875), phot. cliché Em. Tourtin. — Un bronze de M. de Saint-Marceaux, éveillé et jeune, buste coiffé d'un chapeau. — Une peinture de Mme Abbema, vivante, pimpante, vibrante comme le modèle.

BARREYRE, Mme, Marie, Clémentine, née Bole. — Liège 1867-68, Lyon 1869-70, Angoulême 1872, Niort 1873, Paris 1874-79, Châteauroux 1880, Roanne 1881, Fourmies 1882, Paris 1883, Tours 1884-86, Châteauroux 1887, Paris 1888-93. — Sa mort fut annoncée au Rapport de la Société des artistes en 1895.

BARRIELLE AINÉ, Louis Bonvoux dit. — Lyon 1849, Anvers 1850, Marseille 1858, Bruxelles 1854-60, passa par l'Opéra comique 1861-64, Lyon 1865-73, Angoulême 1875-78. En 1880, Barrielle aîné âgé de 65 ans, avec 45 années de services, obtint une pension de 500 francs de la Société des artistes. Il se retira d'abord à Limoux 1883-86, puis à Villefranche où il mourut à 72 ans. Sa mort fut annoncée au Rapport de la Société des artistes en 1888.

BARRIELLE JEUNE, Alexandre, Maximin Bonvoux dit. — Bordeaux 1850, Anvers 1852-54, Bruxelles 1856-57, Anvers 1858-77.

BARRIÈRE, Mlle. — V. Mme Ménier.

BARRIÈRE, Mlle Hélène, Malvina. — Bordeaux 1852-53, Genève 1854, jeune premier rôle, Toulouse 1855, Montpellier 1856-58 — prend le nom de *Cazaux* — Lyon 1859-61, Paris 1862-65, Bordeaux 1867.

BARRIÈRE, Paul-J.-B. — Alger 1862-64.

BARROUX, Jules. — Lorient 1849.

BARROYER, Mme. — V. Mme Baroyer.

BARSAGOL, Jean. — Dijon, 1849, Rouen 1850, Pau 1852, Paris 1853, La Rochelle 1854, Tournay 1855, Perpignan 1856-57, Grenoble 1858, Verviers 1859, Dijon 1860-61, Toulouse 1862, Nancy 1863, Bourges 1864-65, 1867, Paris 1868-73, Th. de la Gaîté 1874-79, Toulouse 1880-82, Paris 1883, Toulouse 1884-90, Paris 1891-1901. Jean Barsagol, âgé de 61 ans en 1885, avec 35 ans de services, obtint une pension de 500 fr. de la Société des artistes. Son nom figure à l'Annuaire de 1901, avec lieu de résidence, Paris.
Bibliographie : *Annuaires* de la Société des artistes.

BARSAGOL, Mme Marie, Augustine, née Carante, dite aussi *Coste*. — Dijon 1853, La Rochelle 1854, Tournay 1855, Perpignan 1856-57, Grenoble 1858, Verviers 1859, Dijon 1860-61, Toulouse 1862, Nancy 1863, Bourges 1864-65, Rhodez 1867, Paris 1868-73, Th. de la Gaîté 1874-79, Toulouse 1881-92, Paris 1893-96. En 1894, Mme Barsagol, âgée de 60 ans, avec 28 ans de services, obtint une pension de 400 francs de la Société des artistes. Sa mort fut annoncée dans le Rapport de 1897.
Bibliographie : *Annuaires* de la Société des artistes.

BARTHELEMY. — Acteur de l'Ambigu comique, de 1801 à 1824.
Bibliographie : *Almanach des Spectacles* an IX. — *Annuaires dramatiques*.

BARTHÉLEMY, Etienne, Toussaint. — Fils du précédent, débuta à l'Ambigu comique vers 1819. Il demeurait alors chez son père, faubourg St-Denis, 34. En 1828, il y avait un Barthélemy à la banlieue, dans la troupe Seveste. Entré au Palais Royal, nous trouvons son nom dans les pièces suivantes (grimes et utilités) :

1833, 30 déc., la *Révolte des Femmes*.
1836, 21 juin, *Voltaire en vacances*.
— 26 déc., *Mme Favart*.
1837, 11 mars, *Riquiqui*.
— 14 nov., *Ma maison du Pecq*.
1838, 25 mai, le *Tireur de cartes*.
— 5 juin, les *Deux Pigeons*.
1839, 1er janvier, *Rothomago*.
— 3 déc., les *Premières armes de Richelieu*.
1840, 16 mai, les *Diners à 32 sous*.
1842, 8 juillet, *Du haut en bas*.
— 8 déc., le *Capitaine Charlotte*.

En 1849-50, Barthélemy faisait partie de la troupe des Délassements comiques.
Bibliographie : *Annuaires dramatiques*. — Le *Th. du Palais Royal*, par Eug. Héros.

BARTHOLOMIN, Victor, Claude. — Lyon 1849, Alger 1850, Amsterdam 1852-53, Paris 1854, Bruxelles 1855, Bordeaux 1856-58. Sa mort fut annoncée au Rapport de la Société des artistes, en 1860.

BARTHOLOMIN, Mme, née Léa Caen. — Lyon 1849, Alger 1850, Amsterdam 1852-53, Paris 1854, Bruxelles 1855, Bordeaux 1856-57, Paris 1858, Bordeaux 1859-80. Reprend parfois son nom de *Léa Caen* en 1861. — En 1864, âgée de 64 ans, avec 40 ans de services, Mme Bartholomin Léa, née Caen, reçut une pension de 300 francs de la Société des artistes. Sa mort fut annoncée dans le Rapport de 1881.
Bibliographie : *Annuaires* de la Société des artistes.

BARTHOLY. — St-Omer 1849, Montauban 1850, administra pour son compte le théâtre Beaumarchais en 1861. « Le théâtre Beaumarchais, écrit Emile Abraham, est administré par M. Bartholy, ancien directeur de province et comique amusant. M. Bartholy *fait* de l'argent à Beaumarchais. De l'argent à Beaumarchais ! Cela semble incroyable ! Cela est pourtant ».
Bibliographie : Les *Acteurs et les Actrices de Paris*, par Em. Abraham.

BARTHOLY, Jean, François. — Lille 1875, Yvetot 1876, Vire 1877, Bordeaux 1878-80, Périgueux 1883, Tours 1884-86, Paris 1887-92.

BARY, Paul. — Turin 1862-65.

BASNAGE, Jean, Nicolas. — (1790-1821). Naquit à Beauvais en 1790, et son acte de baptême a été reproduit dans le *Supplément de la Troupe de Nicolet*. Son père était colporteur. Après avoir fait partie, encore très jeune, de la troupe du théâtre Mareux, de la troupe d'enfants à l'ancien couvent des Capucines, du théâtre d'élèves de la rue de Thionville, et de celui des Jeunes artistes où il resta jusqu'à la suppression de 1807, Basnage passa à Versailles et revint à Paris en 1810, époque où il entra au théâtre de la Gaîté. Ses débuts eurent lieu le 5 juin de cette année par le rôle de Griffon de la *Ville au Village*. Il devait y rester onze ans, jusqu'à sa mort.

Basnage se fit connaître par les rôles de M. Mouton-Dupré, dans les *Roses du bon Seigneur*, M. Adverbe dans la *Famille Sirven*, Don Mesquinos de la *Citerne*, Florville de l'*Héritage de Jeannette*, le matelot de la *Femme à vendre*, *Fanfan la Tulipe*, etc. Tous ses contemporains se plaisent à reconnaître son comique franc, naturel, plein de chaleur. Mais son manque d'ordre, ses dettes, ses fâcheries avec sa maîtresse l'amenèrent au suicide. Déjà, une première fois, Marty l'avait empêché de se brûler la cervelle dans le bois de Vincennes. Le 3 mars 1821, il renouvela sa tentative à Versailles en se tuant d'un coup de pistolet au bord de la pièce d'eau des Suisses où il tomba. L'évêque de Versailles autorisa ses camarades à lui faire dire un service dans la chapelle de l'hospice où son corps avait été déposé.

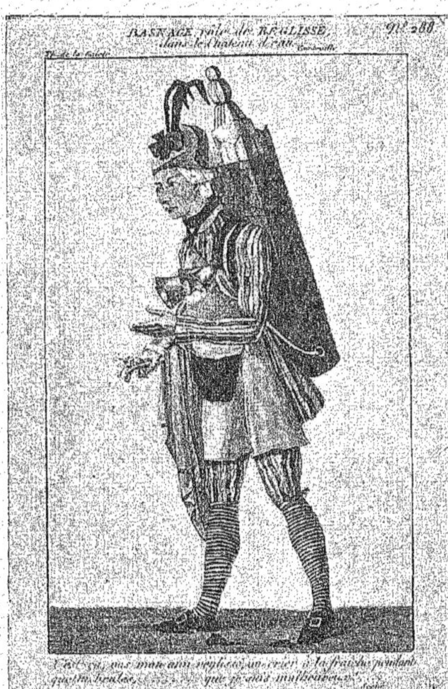

BASNAGE, Jean-Nicolas
rôle de Réglisse dans le *Château d'eau*

Il fut enterré au cimetière de cette ville, et l'on plaça sur sa tombe cette épitaphe :

« Ici repose — J.-N. Basnage — âgé de trente et un ans — né à Beauvais — en 1790 — mort le 2 mars 1821.

Sous cette pierre un ami dort en paix.
De l'amitié si tu goûtes les charmes,
A nos regrets, passant, mêle les larmes...
Qui le connut ne l'oubliera jamais ! »

Une souscription ouverte en faveur de sa mère produisit 2478 francs. Basnage qui demeura rue d'Angoulême (1815), rue du faubourg du Temple, 18 (1817-18), rue des Francs-Bourgeois, 24 (1820), laissa la réputation d'un bon fils et d'un loyal ami.

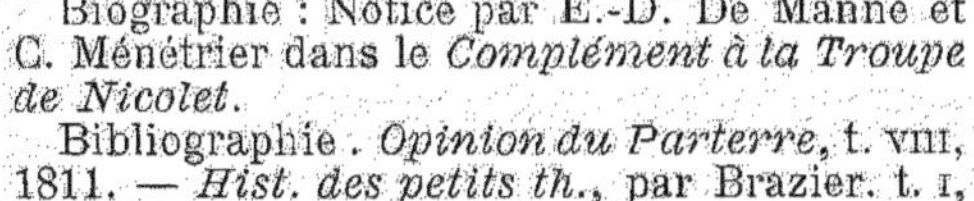

Biographie : Notice par E.-D. De Manne et C. Ménétrier dans le *Complément à la Troupe de Nicolet*.

Bibliographie. *Opinion du Parterre*, t. VIII, 1811. — *Hist. des petits th.*, par Brazier. t. I, p. 23 et suiv. — *Annuaires dramatiques*. — *Petite biographie dramatique*, 1821.

Iconographie : Coll. Martinet, pl. 48, rôle de Dodinot dans la *Famille Vénitienne*, th. des Jeunes artistes. — Pl. 288 dans le *Château d'Eau*, th. de la Gaîté. — Pl. 290, rôle de Carle dans *Joseph-Léopold*, même théâtre. — Eau forte de Fugère, en buste, de profil, à droite, dans le *Complément à la Troupe de Nicolet*.

BASQUI. — Acteur qui joua au Vaudeville le 13 mai 1817, le rôle de Prosper des *Deux Pères*.

BASSAN, Mardochée. — Marseille 1849, Lille 1850, 1853, Alger 1854-56. Sa mort fut annoncée au Rapport de la Société des artistes en 1857.

BASSIN. — Th. des Jeunes artistes 1807. — En 1815, il y avait au Cirque Olympique *Bassin père* et *Bassin fils*.

BASSIN, Mme. — Th. du Cirque 1849.

BASSIN, Mme Laura, Antoinette. — Saint-Pétersbourg 1857-72.

BASTA, Mme Marie. — Madrid 1860-61, Variétés 1862-64, Marseille 1865-1868, Nantes 1869, La Haye 1870-74, Lausanne 1875-76, Oran 1877-80, Châteauroux 1881, Brest 1882-83, Paris 1884-95, Malakoff 1896-97. — En 1890, Mme Basta âgée de 70 ans, avec 50 ans de services, obtint une pension de 500 fr. de la Société des artistes. Sa mort fut annoncée au Rapport de l'année 1898.

Bibliographie : *Annuaires* de la Société des artistes.

BASTARD, Mme, née Zoé Darnaud. — Lyon 1849.

BASTIEN, Sébastien Monard dit. — Beaumarchais 1849. Tint les petits emplois au Vaudeville de 1850 à 1865.

BATEL, Mme Betzy, Rosalie. — Gaîté 1852-53.

BATON, Mlle. — Lorsque Voltaire, sur la prière de Lekain (1749-50), voulut faire jouer la comédie devant quelques amis, dans son hôtel de la rue Traversière, il chargea son fidèle Longchamp de réunir quelques comédiens amateurs. Celui-ci s'adressa à la troupe Mandron dont l'ingénue était Mlle Bâton, une jeune fille de quinze ans, dont la figure et le zèle plurent de suite au poète. On apprit la tragédie de *Mahomet* et Voltaire lui-même fit répéter les néophytes. Mlle Bâton, qui jouait le rôle de Palmire, ne pouvait encore, vu son jeune âge, débiter avec assez de force et d'énergie les imprécations qu'elle devait vomir contre le tyran. Voltaire le lui fit observer :

« Mademoiselle, lui disait-il, figurez-vous que Mahomet est un imposteur, un fourbe, un scélérat, qui fait poignarder votre frère, qui vient d'emprisonner votre père, et qui, pour couronner ses bonnes œuvres, veut absolument coucher avec vous. Si tout ce petit manège vous fait un certain plaisir, ah ! vous avez raison de le ménager comme vous faites ; mais pour le peu que cela vous répugne, voilà comme il faut vous y prendre... ». Et l'auteur de *Zaïre*, joignant l'exemple au précepte, récite d'une voix terrible les imprécations de Palmire devant la pauvre innocente rouge de honte et tremblante de peur.

Sur le même théâtre, dans la *Rome sauvée*, Mlle Bâton joua le rôle d'Aurélie.

Bibliographie : *Mémoires de Lekain*. — Longchamp et Wagnière, *Mémoires sur Voltaire*, Paris 1826, t. II, p. 271 et suiv. — Jean-Jacques Olivier, *Voltaire et les Comédiens*, Paris 1900, p. 176 et suiv.

BATON. — Acteur au th. de Lyon en 1792, jouait les pères nobles au th. des Arts, à Rouen, en 1808-09.

BATREAU, Mlle. — Lille 1718.

BAUBÉ, Mme. — Ambigu comique 1840.

BAUBET. — Jouait les rôles de confidents à Marseille en 1825.

BAUBET-TOUSSAINT, Pierre. — Rouen 1855-78.

BAUCHAINE, Mlle. — Porte St-Martin 1828. S'il s'agit d'une enfant pourrait bien être Atala Beauchêne, âgée alors seulement de onze ans. V. Beauchêne.

BAUCHAMP. — Premier rôle à Marseille, en 1825.

BAUCHAMP, Mme. — Femme du précédent, jouait les caractères et les confidentes à Marseille en 1825.

BAUCHER, François. — Cirque impérial 1853-55.

BAUCHERON, Guillaume-Tell, Achille. — Fit partie du comité de la Société des artistes en 1843. Th. français 1849-50, Odéon 1852-53, Délassements comiques 1854, Vaudeville 1855-61, Versailles 1862, Lille 1863, Bruxelles 1864, Lille 1865, Bruxelles 1867-74. — Agé de 78 ans en 1872, Achille Baucheron obtint une pension de 500 fr. de la Société des artistes dramatiques.

BAUCHERON, Angeline, Mme, née Gerpon ou Guerpont. — Liège 1839, Bruxelles 1850-57, Ile Maurice 1858-60, Rouen 1861-63, Bruxelles 1864-74, Saintes 1875-78, Paris 1879-86. Agée de 67 ans en 1872, Mme Baucheron obtint une pension de 500 fr. de la Société des artistes. Le Rapport de 1887, qui annonce sa mort, fait remarquer en faveur de la mutualité, qu'elle toucha ainsi 7250 fr. en échange de 482 fr. de cotisation.

Bibliographie : *Annuaires* de la Société des artistes.

BAUD, Mlle. — Petits rôles à la Gaité 1799. Demeurait « rue Mêlée, au coin de celle du Temple ».

BAUD, Mme Philomène. — Gaité 1891-94.

BAUDE. — Acteur des Funambules 1822.

BAUDHUIN Esther, Marie née Mondoré. — Lausanne 1886-87, Le Mans 1888, Bordeaux 1889-91, Reims 1892-95, Cannes 1896, Paris 1897, retirée à Monte-Carlo 1898-1901.

BAUDIER, Mlle. — Le journal *Le Bouffon* 5 janvier 1868 a publié une caricature de Mlle Baudier dans le rôle de *Geneviève de Brabant* (Th. des Menus plaisirs).

BAUDIN, Mme. — Débuta à l'Odéon le 3 novembre 1820.

BAUDIN, Mlle. — Soubrette au Gymnase 1852.

BAUDIN, Mlle Emilie, Anastasie, Georgette. — Qui pourrait bien être la même que la précédente. Variétés 1857-65.

BAUDOIN. — Rôles secondaires, th. des Arts à Rouen, 1799.

BAUDOIN, Mlle Henriette. — Premier rôle jeune, Gand 1842.

BAUDOIN, Mlle Louise. — V. Beauchêne Atala.

BAUDOIN, Mme Marie, Emma. — Toulouse 1852-54, Bordeaux 1855-58.

BAUDOIN, Jacques-Marius. — Marseille 1873-78.

BAUDON, Mlle. — V. Meryss Rose.

BAUDOT. — Cirque Olympique 1815, Porte St-Martin 1819.

BAUDRIER, B. Osseman dit. — Débuta à la Comédie française le 27 juin 1811, par le rôle de Francaleu de la *Métromanie* et celui de Rémi des *Fausses Confidences;* le 26 juillet il termina ses épreuves par *Turcaret* et l'*Ecole des Maris* (Sganarelle). Il fut reçu comme pensionnaire le 3 août.

Baudrier, qui était fort connu à Nantes, s'était vu appeler au Théâtre français par un ordre de début pour l'emploi des *financiers* et des *manteaux*. Voici comment le juge l'*Opinion du Parterre* de 1812 : « Baudrier est jeune pour son emploi, puisqu'il ne paraît pas avoir plus de quarante ans. C'est un homme assez grand, un peu gros, mais bien fait et d'une belle figure; on ne peut désirer pour ce genre un extérieur plus favorable que le sien. Son organe est franc et sa prononciation correcte.

« Considéré sous les rapports moraux, c'est un acteur fait; il ne peut acquérir que ce qui distingue les comédiens de Paris de ceux de la province, dont au reste il n'a pas les mauvaises habitudes... Baudrier est un sujet fort estimable; il a du sens, une connaissance exacte de l'emploi et la grande habitude des planches. Son jeu n'est nullement dépourvu de comique, de naturel et de chaleur... »

Le 12 août 1811, il joua encore Bernardille de la *Femme juge et partie*, rôle où il eut à lutter contre le souvenir de Dugazon qui y était admirable. On remarqua qu'il joua à genoux toute la scène du 4me acte. Cette manière lui était particulière.

Malheureusement Baudrier ne pouvait guère, comme double, faire valoir ses qualités. A part les rôles de l'*Avare*, de Géronte du *Légataire*, de *Georges Dandin* et de Démophon des *Ménechmes*, il se voyait réduit à une inaction presque complète. Reçu sociétaire en 1816 — ou le 1er avril 1817 — il mourut le 13 octobre suivant, à 8 heures du soir. Il fut inhumé au Père Lachaise. Ses camarades donnèrent le 17 un bénéfice au profit de sa veuve, à la Comédie française, et Talma joua *Manlius*.

Biographie: *Liste alphabétique* des sociétaires, par G. Monval.

Bibliographie : *Opinion du Parterre*, t. IX (1812), p. 155, t. X (1813) p. 208.

BAUDY, Jean, François. — Limoges 1858, Châlons 1859, St-Etienne 1860-61, Reims 1862, Bruxelles 1863-68, Paris 1869-70, Toulouse 1872-74, Le Caire 1875, Paris 1876-79, Charleville 1880. Sa mort fut annoncée au Rapport de la Société des artistes en 1881.

BAUGÉ, Mme Renée, Louise, née Roux. — Nantes 1850-82.

BAUGÉ. — On écrit aussi Beaugé. Acteur de drame, directeur en province et aux colonies, puis directeur du th. du Prince impérial (Château d'Eau) en 1868-69. C'était un homme bâti en hercule et qui devint d'un embonpoint excessif. Le th. de la rue de Malte périclita et Baugé devint directeur de la scène au Châtelet. Il cessa alors de jouer. Il s'associa même avec un certain Fischer pour diriger cette dernière scène (fin décembre 1874). L'entreprise ne dura que quelques mois. Baugé resta alors attaché au Châtelet comme metteur en scène, fonction qu'il conserva jusqu'à sa mort. Il avait épousé une demoiselle Comte et habitait Vincennes.

BAUGÉ, Mlle Suzanne, Renée. — Châtelet 1875-83.

BAUGEAN (ou Baujean), Louis, Mathieu. — Marseille 1849, Lille 1850-52, Reims 1853, Nouvelle-Orléans 1854-56, Barcelone 1857-58, Amiens 1859-60, Nouvelle-Orléans 1861, Dijon 1862, Rouen 1863-67.

BAUGRAND. — Jeune premier comique à Namur 1839.

BAUSSET. — Lorsque M. De Gimel prit, en 1822, la direction de l'Odéon, il était obligé de servir une pension à divers artistes, dont une à *Bausset*.

BAYER-FOURNIER, Mme, Vve Fournier. — Avait 70 ans en 1846 et 60 ans de théâtre. La Société des artistes, alors à ses débuts, lui accorda une pension annuelle de 120 francs. Le Rapport de l'année 1859 annonce sa mort.

BAYLE. — Porte St-Martin 1811-19, Ambigu comique 1819.

BAYRET, Louis. — Lille 1853, Nantes 1854-56.

BAZIN, Mme Héloïse. — Valenciennes 1849, Alger 1850, Versailles 1852-54, Nantes 1855, Versailles 1856-64, Pont St-Maxence 1865-83. En 1882, Mme Héloïse Bazin, âgée de 75 ans, ayant 32 ans de théâtre, reçut une pension annuelle de 500 fr. de la Société des artistes. Sa mort, survenue à Pont St-Maxence, fut annoncée au Rapport de l'année 1884.

BAZIN, Jules. — Th. des Funambules, th. du Luxembourg 1852, Cirque Impérial 1854, Folies dramatiques 1855. Bazin débuta alors comme amoureux comique aux Variétés où il se maintint jusqu'en 1867. — Th. du Prince impérial 1868-70.

BAZIN, Mme Marie. — V. Mme Durand-Bazin.

BAZIN, Adrien. — Ile de la Réunion 1863-64, Batavia 1865, Manille 1867-68.

BAZIN, Thomas, Charles. — Le Caire 1872, Perpignan 1873, Athénée 1874-76, Bordeaux 1877-79, Rennes 1880, Douai 1881-82, Verdun 1883, Paris 1884, Guatemala 1885-86, Lyon 1887, Brest 1888-90, Paris 1891-92, Namur 1893.

BAZIN, Emile, Léon. — Province d'Oran 1884, Mostaganem 1885-86, Mascara 1887-90. Sa mort fut annoncée au Rapport de la Société des artistes en 1892.

BAZIRE, Mme Florine. — Débuta à la Comédie française le 24 août 1808. Elle était élève de Dugazon. Son premier pas dans la carrière fut hardi : elle joua *Phèdre*, sans s'inquiéter, paraît-il, de la concurrence redoutable de Mlle Duchesnois. La débutante était belle, mais elle parut encore fort novice, ce qui ne l'empêcha pas d'être applaudie par de nombreux partisans. Voici l'ordre de ses débuts :

24 août, *Phèdre*.
26 août et 6 sept., les *Horaces* (Camille).
31 août et 15 sept., *Andromaque* (Hermione).
3 et 9 sept., *Tancrède* (Aménaïde).
18 sept., *Iphigénie en Aulide* (Eriphyle).

Le départ de la tragédie pour Erfurt interrompit les débuts de cette actrice. A son retour, ils ne furent pas continués.

Nous avons cherché à savoir s'il n'existait pas quelque rapport entre cette tragédienne, prématurément disparue, et la compagne des dernières années de Talma, la mère des « fils de Talma », laquelle n'était pas au théâtre, et qui s'appelait Bazire. Nos recherches sont restées jusqu'ici infructueuses.

Bibliographie : *Opinion du Parterre*, t. VI, p. 3 et 128. — *Almanach des Spectacles* 1815, p. 170.

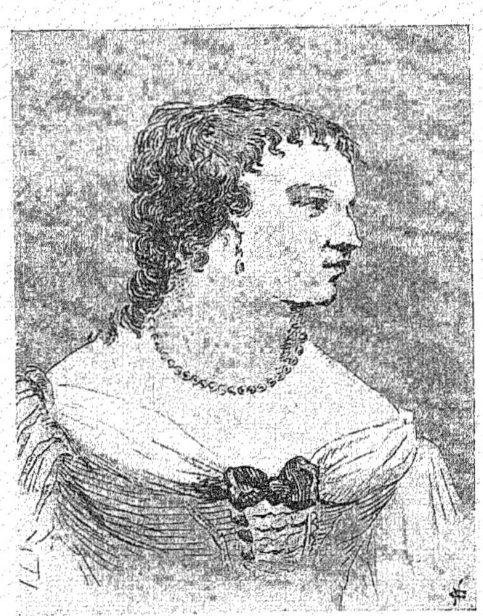

Mlle Louise BEAUBOUR
d'après Fr. Hillemacher

BAZIRE, Mme Hélène. — Actrice qui tenait l'emploi des mères nobles au Grand Théâtre de Bruxelles en 1845.

BAZIRE, Mme Françoise, femme Thiéry. — Domiciliée à Paris et âgée de 51 ans en 1858. Retirée du théâtre depuis 1855, avec 38 ans de services. Pensionnaire de la Société des artistes dramatiques (200 fr.).

BÉATRIX, Mlle Teston. — Ingénue, danseuse et Colombine au th. des Funambules, était « remplie de grâce et de légèreté », dit L. Péricaud. Elle avait débuté au th. Comte, à l'âge de cinq ans. Aux Funambules, elle joua notamment dans les pièces de Champfleury. *Pierrot valet de la mort* (1846), la *Reine des Carottes* (23 sept. 1848).

Bibliographie : Champfleury, *Souvenirs des Funambules*. L. Péricaud, le *Th. des Funambules*.

BÉATRIX, Mlle. — Odéon 1862, *Misanthropie et Repentir* (décembre), Vaudeville 1863, *Les Ressources de Quinola* (12 oct.).

BEAU. — Acteur au théâtre du Palais-Royal, au moment de l'ouverture du 6 juin 1831. Le *Philtre Champenois* (19 juillet). En 1849, un Beau, Jean, Joseph, était acteur à St-Pétersbourg. On retrouve sa présence à Meulan 1852-63, à Tours 1864-67, à Paris 1868-73.

BEAU, Mlle Julienne, Stéphanie, Marie. — Vaudeville 1862-68.

BEAUBET. — Th. de Marseille 1826.

BEAUBOUR, Pierre Trochon, sieur de. — (1662-1725). Naquit en 1662, débuta à la Comédie française le 17 décembre 1691 par le rôle de *Nicomède* ; il y fut reçu le 17 octobre 1692. Ayant hérité d'une partie de la succession de Baron, qui s'était alors retiré du théâtre, Beaubour démontra d'excellentes qualités, bien qu'on l'accusât parfois d'exagération ou de manque de goût.

Sans être beau ni bien fait, a dit Lemazurier, son biographe, Beaubour avait l'air noble.

Son visage était susceptible de grandes expressions. Mais succédant à Baron, parvenu au comble de sa gloire, la tâche était lourde pour un acteur aux gestes forcés et à la déclamation outrée. Et cependant le public le supporta, pour cette raison sans doute qu'on n'avait personne à lui opposer. Beaubour joua supérieurement Valère du *Joueur*, Léandre du *Distrait*, *Rhadamite*, *Absalon*, Joad d'*Athalie*, Agénor dans la *Sémiramis* de Crébillon. Il se retira le 3 avril 1718 et obtint la pension ordinaire de 1000 livres. Il mourut le 28 décembre 1725 ; il avait eu le temps, dans sa retraite, d'assister à la rentrée triomphale de Baron qui ne mourut que quatre ans après lui.

Beaubour avait épousé une fille des Beauval (v. Mlle Beaubour), mais comme cette union n'eût lieu que trois ans et demi après ses débuts, elle ne pût influencer en rien sa réception, comme le crut Lemazurier. Ce fut plutôt le contraire qui eut lieu.

Biographie : Lemazurier, *Galerie historique*. G. Monval, *Liste alphabétique* des sociétaires.

BEAUBOUR, Mlle, Louise Pitel, femme Bertrand, femme J. Desbaies, femme Trochon dite. — (Vers 1665-1740). Etait fille de Pitel de Beauval et de Jeanne Olivier Bourguignon, sa femme (v. Beauval). Née à Lyon, vers 1665, elle avait débuté le 10 février 1673, dans la troupe de Molière, par le petit rôle de Louison du *Malade imaginaire*, puis une seconde fois à la Comédie française, en août 1684, mais elle ne fut reçue qu'en juin 1694.

Veuve en premières noces de Jacques Bertrand, maître perruquier, la jeune Louise, âgée seulement de vingt ans, s'en laissa facilement conter par Jacques Deshaies « ayant charge à la cour ». C'est ce qui ressort d'un document conservé aux Archives Nationales (Y 13,032) : « Plainte de Beauval contre Jacques Deshayes *(sic)* qui avoit commencé par enlever sa fille Louise, avant de l'épouser », 2 novembre 1685. Dans cette pièce, Beauval se qualifie « Officier du Roy » demeurant rue Mazarini. Le séducteur est qualifié « bourgeois de Paris », même rue. L'enlèvement avait eu lieu en juin et le mariage le 27 octobre, à St-Eustache, à l'insu du père. La plainte venait donc un peu tard.

Devenue veuve une seconde fois, elle se remaria une troisième le 14 juin 1694 avec son camarade Beaubour, dont elle porta le nom au théâtre. Sa réception définitive coïncida d'ailleurs avec ce mariage.

Intelligente, mais nullement belle, Mlle Beaubour se retira en même temps que son mari, le 3 avril 1718, et mourut, veuve encore, à Paris le 6 juin 1740. Elle avait obtenu la pension ordinaire de 1000 livres, bien méritée sans doute par la patience qu'elle montra pendant 34 ans dans les rôles de confidentes.

Biographie : Lemazurier, *Galerie historique*, E. D. De Manne, *Troupe de Molière*, G. Monval, *Liste alphabétique* des sociétaires.

Bibliographie : Campardon, *Pièces nouvelles sur Molière*, Jal, *Dictionnaire critique*, p. 158.

Iconographie : Bibl. nat., Catal. Duplessis n° 3496. En buste, de profil à droite, gravé par Fr. Hillemacher, 1857.

BEAUBRILLANT. — Débuta le 2 novembre 1757 à la Comédie française, par le rôle de Ramir dans le *Duc de Foix*.

Bibliographie : *Almanach des spectacles* 1758.

BEAUCE, père.— Th. des Jeunes élèves 1827.

BEAUCE. Henry, Léon de Winter. — Lausanne 1874-79.

BEAUCERVOISE, Mlle, ou Boicervoise, ou Boiscervoise, Marie, Rosalie. — Originaire du département de la Seine, obtint le premier prix de tragédie au concours du Conservatoire, en 1810. Elle reçut un ordre de début à la Comédie française, et s'y présenta pour y tenir l'emploi des reines tragiques, le 9 mai 1811 (Clytemnestre d'*Iphigénie*). Elle n'avait encore paru sur aucun théâtre. Elle joua encore le 11 et le 15 Agrippine de *Britannicus* et le 19 et le 24 *Athalie*.

L'*Opinion du Parterre* (1812) a consacré à cette artiste éphémère une notice (p. 162). Le critique s'étonne d'abord, en note, que l'on ne puisse fixer l'orthographe des noms propres. L'affiche, dit-il, ne se paie pas d'exactitude, quoiqu'elle soit sur papier timbré comme un acte de notaire. Elle écrit diversement le même nom, d'où cette réflexion : « On semble attacher peu d'importance à ces erreurs ; mais que feront un jour les annalistes du théâtre? Quelles tortures ne leur préparez-vous pas? »

Mlle Beaucervoise (adoptons cette orthographe) était élève de Lafon. Elle eut le premier prix et voulut débuter. On trouva qu'elle se conformait exactement aux données de son professeur ; qu'elle avait appris tout ce que l'on peut apprendre ; que sans avoir une beauté remarquable ni une taille bien élevée, son extérieur était passablement approprié aux rôles de reines-mères ; mais que, pour l'inspiration du talent véritable, la chaleur et l'énergie qui résultent du foyer intérieur, il n'y fallait pas compter. Elle ne parut donc que cinq fois rue Richelieu.

A Milan, nous avons retrouvé ses traces en 1814 ; elle jouait alors la tragédie au théâtre de la Canobiana, dans la troupe dirigée par Mlle Raucourt et que les évènements politiques ne tardèrent pas à disperser.

Bibliographie : *Opinion du Parterre* 1812, p. 162. *Almanach des spectacles* 1815, p. 172. Les *Comédiens français du Prince Eugène* par H. Lyonnet. Bulletin de la Société de l'Hist. du Théâtre.

BEAUCHAMP (de). — V. Beauchamps.

BEAUCHAMP. — Premier rôle de province, fut engagé à Rouen, au th. des Arts, pour doubler Granger qui cumulait les fonctions de premier rôle et de directeur. Il resta dans cette ville de 1805 à 1813. Une dame Beauchamp, sa femme probablement, joua des petits rôles au même théâtre en 1808-09. Un sieur Beauchamps *(sic)* débuta à Paris le 13 avril 1812, au théâtre de l'Impératrice, par le rôle de Charles dans le *Menuisier de Livonie*. — En 1814, Beauchamp donnait la réplique dans la tragédie à Mlle Georges, à Bordeaux.

Bibliographie : *Hist. des th. de Rouen*, t. II, p. 148. — Detcheverry, *Hist. des th. de Bordeaux*, p. 199. — *Opinion du Parterre*, t. x, p. 441.

BEAUCHAMPS, Jean Uscet de. — Samuel Chappuzeau nous signale un « de Beauchamp » comédien de la troupe française entretenue par le Duc de Savoie, Charles-Emmanuel, et le place à la tête des acteurs qui jouaient à Turin pendant les hivers (1673). Jal, de son côté, ayant découvert que Molière et Mlle Beauval tinrent sur les fonts baptismaux, à St-Sauveur, le 11 février 1673, Jeanne Uscet, fille de Beauchamps et de Claudine Mallet, sa femme, s'imagina qu'il s'agissait de l'enfant du comédien de Turin, de passage à Paris. Beauchamp et Beauchamps sont, à notre avis, deux personnes différentes : 1° de Beauchamp, comédien à Turin.

2° Beauchamps, maître de ballet et danseur au th. du Palais Royal (Troupe de Molière).

C'est Beauchamps qui composa les danses du *Mariage forcé* donné au Louvre le 29 janvier 1664.

C'est Beauchamps qui tint le rôle de Pluton dans le Ballet royal de la *Naissance de Vénus* au Palais Royal (26 janvier 1665).

C'est Beauchamps qui composa les ballets du *Malade imaginaire* (10 février 1673).

Il est donc tout naturel que le lendemain de cette *première*, Molière tint sur les fonts baptismaux l'enfant de son collaborateur (pour les ballets). La particularité de cette signature relevée par Jal sur les registres de St-Sauveur, c'est qu'elle fut la dernière, ou l'une des dernières données par le poète, exactement six jours avant sa mort.

M. G. Monval inscrit dans sa *Chronologie molièresque*, à la date du samedi gras 11 février 1673 : « Molière et Mlle Beauval tiennent, à St-Sauveur, une fille de J. *Biet* de Beauchamp et de Claudine Mallet. Pourquoi Biet au lieu d'*Uscet* qu'avait lu Jal?

Bibliographie : Chappuzeau, le *Théâtre françois*. — Jal, *Dict. critique*. — G. Monval, *Chronologie molièresque*.

BEAUCHATEAU, François, Chastelet de. — Débuta à l'hôtel de Bourgogne en 1633. Il joua le *Cid* (dans lequel probablement il doublait Floridor) et tint des seconds rôles. S'il créa le rôle d'Alcippe du *Menteur*, comme on le croit généralement, ç'aurait été au th. du Marais, en 1642. Beauchâteau jouissait cependant d'une certaine renommée encore vingt ans plus tard, puisque Molière, dans son *Impromptu de Versailles* fait allusion à la façon prétentieuse dont il débitait les fameuses stances, tandis qu'en novembre 1663, Montfleury le mettait directement en scène, sous son nom, dans l'*Impromptu de l'Hostel de Condé*. Beauchâteau mourut le 7 septembre 1665 (Registres de la paroisse de St-Sauveur, dépouillés par Jal).

Le gazetier Du Lorens, dans ses vers sur la mort de ce comédien parodié par Molière, insinue assez méchamment à l'adresse de ce dernier :

> C'est en vain que Molière tâche à jouer son rôle ;
> Avant que d'égaler un tel original,
> Il iroit longtemps à l'école.

D'où nous pouvons conclure que, malgré ses défauts, Beauchâteau n'était pas dénué de talent.

Beauchâteau avait épousé sa camarade Madeleine du Pouget, dont nous nous occupons plus loin (v. Mlle Beauchâteau). Il en eût au moins trois enfants baptisés à St-Sauveur :

Edme, François, le 25 mars 1643.

Etienne, à l'âge de neuf mois et demi, le 28 août 1644.

François, Mathieu, le 5 mai 1645.

Sur les actes, Beauchâteau est qualifié quelquefois de « noble homme François Chastellet *(sic)*, comédien du Roy ».

De ces enfants, François, Mathieu, dont il existe deux portraits à la Bibl. nat. (Catal. Duplessis n° 3502) devint un petit prodige. A onze ans, il parlait plusieurs langues, composait des poésies ; il fut présenté à la Cour, à Compiègne, le 1er juin 1656, puis à Cromwell, et partit pour la Perse. On a de lui la *Lyre du jeune Apollon* ou la *Muse naissante* (du petit de Beauchâteau, âgé de 11 ans), in-4°.

Le frère de Beauchâteau, Hippolyte, mort en 1680, fut tour à tour frère, trappiste, puis ministre protestant.

Biographie : Lemazurier, *Galerie historique*. — Jal, *Dictionnaire critique*.

BEAUCHATEAU, Mlle, Madeleine du Pouget (et non Dubouget). — Femme du précédent, était comédienne au th. du Marais en 1636. Scudéry, dans ses *Observations sur le Cid*, nous apprend qu'elle jouait dans cette pièce le rôle de l'Infante : « Doña Urraque n'y est que pour faire jouer la Beauchâteau » — p. 19 de l'édit. en 43 pages. Elle fut une des bonnes actrices de son temps pour tenir les rôles de princesses tragiques et d'amoureuses dans la comédie ; on lui prêtait de la beauté et de l'esprit.

Molière, dans ses imitations de l'*Impromptu de Versailles*, ne l'épargna pas plus que son mari et railla sa déclamation ampoulée et chantante, si fort à la mode alors à l'Hôtel de Bourgogne. Il contrefit plaisamment sa manière de débiter la fameuse scène de Camille avec Curiace (les *Horaces*) :

> Iras-tu, ma chère âme, etc.

mais il remarqua, en elle, un défaut plus grand encore : celui d'avoir sur la figure une expression toute contraire à celle que la situation aurait dû lui faire prendre : « Voyez comme cela est naturel et passionné ? Admirez ce visage riant qu'elle conserve dans les plus grandes afflictions ! »

Le 10 mars 1659, se rendant au château de Rueil, chez Mme d'Aiguillon, où M. de Richelieu recevait le roi et lui donnait la comédie, Mlle Beauchâteau fut victime d'un accident de carrosse avec la Baron.

Le 18 janvier 1663, elle joua dans la *Sophonisbe* de P. Corneille, à l'Hôtel de Bourgogne.

En 1674, Chappuzeau la place encore à la tête de la troupe de ce théâtre, mais il est à remarquer qu'à la réunion de 1680, son nom ne figure plus sur la liste des comédiens. Elle était, en effet, retraitée avec 1000 livres de pension, et nous savons par le *Registre* de Lagrange qu'elle mourut à Versailles le 6 janvier 1683.

Bibliographie : Scudéry, *Observations sur le Cid*. — Molière, l'*Impromptu de Versailles*. — Chappuzeau, le *Théâtre françois*. — le *Registre* de Lagrange. — G. Monval, *Chronologie molièresque*.

Iconographie : Un portrait peint (présumé) de Mlle Beauchâteau figurait dans le catalogue de la collection Soleirol, sous le nº 38 (1868).

BEAUCHÊNE, Louise Beaudoin, dite Atala. — Naquit à Evreux le 8 mai 1817 et débuta, tout enfant encore, le 13 octobre 1827, dans la *Petite Somnambule*, au th. de la Porte Saint-Martin. Vers 1828, elle jouait au th. Comte, sous le nom de la *petite Atala*. Engagée à la Comédie française pour les rôles de son âge, elle parut sur cette scène le 23 janvier 1830 dans *Gustave-Adolphe*, tragédie de Lucien Arnault.

Le 5 décembre 1832, au Vaudeville, elle joue le rôle de la comtesse Glaris dans *Reine, Cardinal et Page* d'Ancelot, puis successivement elle paraît dans les *Femmes d'emprunt*, la *Peur du mal*, le *Prix de vertu* (1833). Elle demeurait alors 3, rue Monsigny.

Passée aux Variétés, elle se fait applaudir dans l'*Aiguillette bleue, Deux de moins* (1834), le *Père Goriot* (1835), rôle de Victorine; le *Barbier du roi d'Aragon, Kean* (1836), rôle d'Anna Damby.

Elle était alors conseillée par Frédérick Lemaître, avec qui elle parcourait la province, et ce fut à ses côtés qu'elle parut dans la soirée d'inauguration du théâtre de la Renaissance (salle Ventadour), le 8 novembre 1838. Elle fut la reine de *Ruy-Blas*, et pour cette circonstance elle avait repris son nom de famille : Louise Beaudoin.

« La reine, a écrit V. Hugo, à propos de cette inoubliable représentation, la reine est un ange et la reine est une femme. Le double aspect de cette chaste figure a été cependant reproduit par Mlle Louise Beaudoin avec une intelligence rare et exquise. Au cinquième acte, Marie de Neubourg repousse le laquais et s'attendrit sur le mourant; reine devant la faute, elle redevient femme devant l'expiation. Aucune de ces nuances n'a échappé à Mlle Beaudoin. Elle a eu la pureté, la dignité, le pathétique. »

Atala Beauchêne — ou Louise Beaudoin — créa encore sous le nom de Beaudoin, et avec succès, en 1839, la Maddalena de l'*Alchimiste*, d'Al. Dumas. Elle fit sa rentrée au même théâtre Ventadour, le 14 novembre, par le rôle de Jeannette dans la reprise des *Deux jeunes Femmes* et resta jusqu'à la clôture de cette salle, en avril 1840.

Nous la retrouvons en 1842 au Vaudeville, où elle joue dans la *Grisette et l'Héritière;* en 1843, au Cirque national, elle tient le rôle de Joséphine dans le *Prince Eugène* et l'*Impératrice Joséphine;* en 1844, elle rentre au Vaudeville avec un *Mystère*, un *Ange tutélaire*, les *Mystères de ma Femme*, l'*Amour dans tous les Quartiers*, un *Bal d'Ouvriers* (1845), *Beaugaillard* (1846), les *Gants jaunes*, *For l'Evêque*.

Le 20 février 1847, Al. Dumas inaugure le Théâtre historique. Le rôle de Mme de Sauve (puis plus tard celui de Marguerite) de la *Reine Margot* est tenu par Mlle Atala Beauchêne (Louise Beaudoin). Quelque temps après, au même théâtre, elle sera encore Geneviève Dixmer du *Chevalier de Maison-Rouge*. Laferrière a dit, dans ses *Mémoires*, avec quelle passion contenue et quelle poésie elle sut incarner l'héroïne des Girondins. Après 1848, elle obtint le même succès à Londres, à Drury Lane, où la troupe du Th. historique était alors en représentations.

Est-ce l'ancienne reine de Ruy-Blas qu'il faut reconnaître dans l'actrice vieillie se promenant de ville en ville sous le nom de *Louise Beaudoin ?* Evreux 1857-59, Auxerre 1860, La Rochelle 1861-62, Nevers 1863, Valenciennes 1864, Mâcon 1865, Rouen 1867-68, Le Hâvre 1869-70, Lyon 1872-77, Nice 1878-79, Reims 1880-82, Marseille 1883.

En 1884, Mme *Louise Beaudoin*, âgée de 67 ans — l'âge exact qu'aurait eu Atala Beauchêne, née en 1817 — obtient de la Société des artistes une pension de 500 francs. Une seule chose nous fait hésiter : ce sont les 36 ans de services portés à l'annuaire. A moins que Louise Beaudoin eût quitté le théâtre depuis longtemps et voyageât à la suite d'une autre personne.

Bref, Mme Louise Beaudoin se fixe à Lyon en 1885, puis à Villeurbanne 1891-93, et sa mort est annoncée au Rapport de la Société des artistes en 1894.

Bibliographie : *Biographie des acteurs* 1831-1833. V. Hugo, Préface de *Ruy-Blas*. — Laferrière, *Mémoires*. — *Annuaires* de la Société des artistes.

BEAUCHÊNE, Mme Maria. — Délassements comiques 1849.

BEAUDOIN, Jacques. — Toulouse 1849, Bordeaux 1850, mort cette année à l'âge de 80 ans. Comptait à son actif 48 ans de théâtre. Recevait 150 fr. de pension de la Société des artistes.

BEAUDOIN, Louise. — V. Beauchêne Atala.

BEAUDOIN, Henriette. — Toulouse 1849.

BEAUFOUR. — Variétés 1873.

BEAUGÉ, Mme, née Louise Roux. — V. Mme Baugé.

BEAUGÉ. — V. Baugé.

BEAUGRAND fils. — Débuta à la Comédie française le 16 mars 1775 par le rôle du chevalier dans le *Distrait* et celui de Lindor dans *Heureusement*.

BEAUGRAND, Marc, Auguste. — La Rochelle 1850, Pau 1852-53, Colmar 1854, Pau 1855-56.

BEAUGRAND, Mme, née M.-A. Carante. — Colmar 1852-57.

BEAUJARD. Mlle Elise, Alphonsine. — Le Caire 1874-77.

BEAUJEAN. — Jeune premier rôle à Anvers 1842. — Premier rôle et directeur à Reims 1853.

BEAUJEAN, Mme — Duègne à Anvers 1846.

BEAULIEU. — Comédien de l'Hôtel de Bourgogne mort avant 1673. Le père de Brécourt (v. ce nom) avait joué sous le nom de Beaulieu et demeurait, en 1639, rue de Poitou, au Marais.

BEAULIEU, Jean-François de Brémond de la Rochenard dit. — Né à Paris le 4 janvier 1751, mort le 26 septembre 1806. Faisait partie vers 1785 de la troupe du Théâtre des Variétés amusantes, où il tenait les rôles de niais en compagnie de Volange et de Bordier qui fut pendu à Rouen. Capitaine de la garde nationale, Beaulieu se fit remarquer à la prise de la Bastille. Quelque temps après, les deux frères Agasse ayant été condamnés à mort pour la fabrication de faux assignats, Beaulieu donna sa démission de capitaine afin de faire nommer à sa place le jeune frère des deux coupables et de prouver ainsi que le préjugé qui pesait sur la famille d'un condamné n'existait plus, grâce à la Révolution. Il demeurait alors (1793) place du Palais.

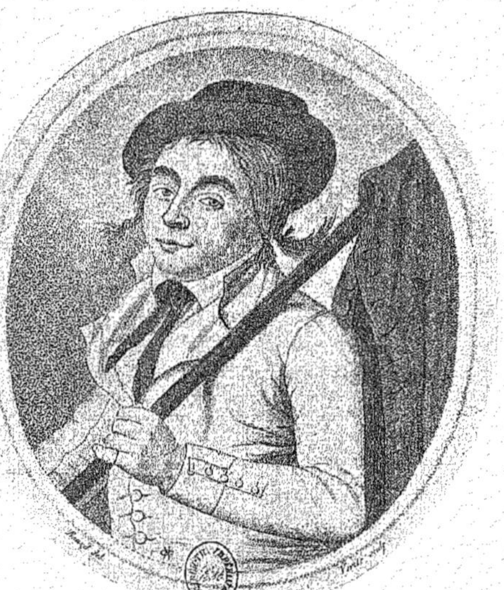
Jean-François BEAULIEU
d'après Bauzil, rôle de Nicolas Ricco

On affirme que ce fut lui qui, le premier, créa avec succès au théâtre de la Cité, le type de *Cadet Roussel* popularisé ensuite par Brunet. *Cadet Roussel au café des Aveugles* (20 février 1793) fut le premier de la série. On raconte que Beaulieu ayant baissé le ton de sa voix pour le besoin de la scène qu'il jouait, un spectateur lui cria : « Plus-z-haut! » — « Je ne peux pas, citoyen, répondit le comique, je suis-t-empoisonné ». La plaisanterie fit fortune et il fallut la renouveler tous les soirs.

Puis Beaulieu disparut tout d'un coup; il partit jouer en province, fréquenta les clubs, prononça à Metz des discours énergiques et revint à Paris vers 1802 où on le vit au Théâtre Olympique. Mais le créateur de *Cadet Roussel*, de l'*Enrôlement supposé* et du fameux *Ricco*, se figurait, bien à tort, que le public se souvenait encore de lui. Pendant qu'il vieillissait, la vogue était allée à Brunet.

Associé vers 1803 avec le général Thuringue et Lebel, acteur de l'Ambigu, il essaya d'abord de rouvrir les Délassements comiques, fermés depuis deux ans; mais l'entreprise ne prospéra guère.

Quittant alors le boulevard, il résolut de ressusciter les beaux jours du théâtre de la Cité (1805). Brazier raconte à ce propos qu'il dit à ses amis : « Je brûle mes vaisseaux; si je ne réussis pas, je me brûle la cervelle ».

Par suite de quelle aberration l'ancien « niais » de la Cité conçut-il le projet de se montrer dans le tragique? Voilà ce qu'il serait difficile d'expliquer. Et cependant on lut cet avis dans Paris, un beau matin : « *Mahomet*, tragédie de Voltaire, dans laquelle le citoyen Beaulieu remplira le rôle de Mahomet, suivi de l'*Enrôlement supposé*, comédie de Guillemin, dans laquelle le citoyen Beaulieu remplira celui de Guillaume ».

Brazier nous a laissé le récit de cette soirée :

« A cinq heures du soir, une foule immense assiégeait les portes du Théâtre de la Cité. Sept heures sonnent, la toile se lève, Beaulieu paraît, ceint du turban, le poignard à la hanche gauche; un silence profond règne dans la salle, on avait peur de respirer. Pendant la première scène, l'acteur étonne par quelques éclairs; une tirade débitée avec chaleur entraîne les applaudissements; mais bientôt le naturel revient; l'acteur s'intimide, s'embarrasse, quelques gestes grivois trahissent le niais par excellence, et avant la fin du troisième acte, Mahomet est forcé de quitter la scène; la veste de laine remplace le dolman damassé, une perruque rousse succède au turban, la prose de Guillemin tue les vers de Voltaire et le public, tout triste d'avoir affligé un acteur qu'il avait tant aimé, le redemande après la petite pièce ».

Mais le coup était porté, et le 26 septembre 1806, Beaulieu mettait fin à ses jours. Brazier a raconté aussi cette fin tragique. Beaulieu demeurait alors au deuxième étage de la maison du café, à côté du Théâtre de la Cité. Brazier l'ayant vu à sa fenêtre lui fit un signe auquel Beaulieu répondit. Mais, rentrant aussitôt dans la chambre, il se fit sauter la cervelle.

On trouva sur sa table cette lettre qui fut insérée dans le *Courrier des Spectacles :*

« Je meurs volontairement, personne n'a attenté à ma vie, je ne me connais pas un ennemi.

« Je donne ma vie pour sauver ma famille, et j'ai la douce espérance que mes enfants hériteront de l'estime qu'on portait à leur père. J'invite le magistrat à prendre toutes les précautions pour que mes effets qui sont le gage de mes créanciers ne soient point *violée (sic)*, il sera je crois nécessaire, en attendant le retour de ma bien-aimée, que l'on mette des planches aux croisées, tant dans la salle que sur le derrière de la cuisine ; les deux toits que l'on vient de construire pourraient donner de la facilité aux malveillants de s'introduire.

« Je viens d'acheter deux pitons que je désire que l'on pose à la porte d'entrée avec le cadenas que vous trouverez sous votre main.

« J'ai apprêté un mauvais drap qui sera plus que suffisant pour m'ensevelir. Quant au reste, je ne demande que quelques pelletées de terre qui me *soit (sic)* jetées civilement et sans autres frais que ceux absolument nécessités. Ce serait aux *dépents (sic)* de mes créanciers et de quelques livres de pain *qu'on* ferait tort à mes enfants.

Recevés mes adieux *éternelles*.

« Je vais mourir ».

BEAULIEU.

Biographie : De Manne, Notice dans *la Troupe de Nicolet*.

Bibliographie : Brazier, *Histoire des petits Théâtres de Paris*. — Ch. Simon, *Paris de 1800 à 1900*, t. I, p. 130. — *Almanach des Spectacles*, 1815, p. 59.

Iconographie : Bibl. nat. Catalog. Duplessis n° 3527.

1. En buste, de profil à droite, dans une bordure ovale, grav. par Vérité, d'ap. Bauzil.

2. En buste, de 3/4 à gauche, dans une bordure ovale, gravé par Vérité, d'ap. Bauzil.

BEAULIEU. — Sous ce nom :

BEAULIEU, Th. de la Renaissance 1838. Rôle de l'alcade de *Ruy-Blas*. Pourrait bien être le même que :

BEAULIEU, Pierre Leprêtre dit. — Th. historique 1849-50, Th. du Cirque 1852-55, Porte St-Martin 1856-57, Paris 1858-79. En 1879, Leprêtre-Beaulieu âgé de 75 ans, ne pouvant plus exercer sa profession, partagea le prix Félix Cellerier de 1000 fr. avec Ballard. En 1880, cette allocation fut échangée contre une à vie de 500 fr. de la Société des artistes qui lui tenait compte de ses trente ans de théâtre. Sa mort fut annoncée au Rapport de 1882.

BEAULIEU. — Th. du Luxembourg et Th. National 1852 (sans doute le même que le précédent.)

BEAULIEU, M. et Mme. — Th. Beaumarchais 1876.

BEAUMANOIR. — Acteur du Th. Montansier 1792-93. Demeurait rue Ste-Anne, 99.

BEAUMÉNARD. — Très médiocre comédien de province qui se faisait passer pour le père de Mlle Beauménard, devenue Mlle Bellecour. Venu à Paris vers 1743, Beauménard fit débuter sa soi-disant fille, alors âgée de 13 ans, sur le théâtre de l'Opéra-comique de la foire Saint-Germain. Monnet, l'entrepreneur de ce spectacle, engagea la jeune fille qui attirait le public, puis aussi sa famille d'occasion : le père comme acteur, la mère comme buraliste. Malheureusement, Beauménard ne fut pas à la hauteur des circonstances. Ayant été chargé de doubler dans un rôle le sieur de l'Ecluse, il le fit si maladroitement qu'on ne lui en confia plus aucun autre. Ses appointements lui furent payés, grâce au talent de la jeune Beauménard, puis en 1744 il reprit le chemin de la province.

BEAUMÉNARD, Mlle. — V. Mme Bellecour.

BEAUMONT, Mme. — Th. de la rue de Louvois 1792.

BEAUMONT, Mlle Cornélie. — Elève de Joanny, débuta le 8 septembre 1821 à l'Odéon, dans le rôle d'Emilie de *Cinna*. On la jugea timide. Le 24 du même mois, elle se présenta à la Comédie française dans Aménaïde de *Tancrède*. Elle avait peu de prétentions. Le 9 août 1823, nouveau début à la Comédie dans Emilie de *Cinna*. En 1828, elle jouait à la banlieue, chez Seveste.

Bibliographie : *Annuaire dramatique* 1821-22, p. 321.

BEAUMONT, Mlle. — Soubrette à Tournay 1842. Berlin 1883.

BEAUMONT, Louis, Noël Barbier dit. — Débuta à l'Odéon le 27 avril 1849, en même temps que Mme Sarah Félix, dans *Tartufe*. Le 15 mai de la même année il faisait partie de la distribution du *Bourgeois des Métiers* à ce théâtre. — Lille 1849, Gaîté 1850, Bordeaux 1852, Bruxelles 1853, Madrid 1854, Valenciennes 1855-56, Troyes 1857-58, Gand 1859, Vaudeville 1860-63, Evreux 1864-65, Avignon 1868-69, Paris 1870-78. En 1875, Barbier-Beaumont comptait 64 ans d'âge et 32 de théâtre. Il obtint la pension de 500 fr. de la Société des artistes. Sa mort fut annoncée au Rapport de 1879.

Bibliographie : P. Porel et G. Monval, l'*Odéon*, t. II. — *Annuaire* de la Société des artistes.

BEAUPRÉ, Mlle. — Une des premières femmes qui aient osé en France paraître sur le théâtre. Son nom figure dans la *Comédie des Comédiens* de Gougenot, en 1633 (hôtel de Bourgogne) et sur la liste publiée sur la *Gazette* du 15 décembre 1634.

C'était, au dire de Segrais, une excellente comédienne qui joua jusqu'au moment où Corneille conquit sa grande réputation. Lemazurier qui lui a consacré une petite notice, prétend, d'après Segrais, qu'elle avait l'habitude de dire que ce grand homme « avait gâté le métier ». — « Avant M. Corneille, disait la Beaupré, nous avions dee pièces pour trois écus; on nous les faisait en une nuit, le public y était accoutumé et nous gagnions beaucoup... Actuellement, les pièces de M. Corneille nous coûtent bien de l'argent et nous gagnons peu de chose ».

Mlle Beaupré faisait partie de la troupe de l'Hôtel de Bourgogne. Voici en quels termes Tallemant des Réaux rend compte d'une aventure qui se passa, dit-on, sur la scène du Th. du Marais :

« Il arriva une assez plaisante chose à la Beaupré, vieille et laide. Sur le théâtre, elle et une jeune comédienne se dirent leurs vérités. — Hé bien! dit la Beaupré, je vois bien, Mademoiselle, que vous voulez me voir l'épée à la main. — Et en disant cela, c'estoit à la farce, elle va quérir deux espées point espointées. La fille en prit une, croyant badiner. La Beaupré, en colère, la blessa au cou, et l'eust tuée si l'on n'y eust couru. Cette Beaupré quitta le théâtre il y a six ans, et présentement elle joue en Hollande ».

Sauval, qui rapporte aussi le fait, nous donne le nom de la rivale : Mlle Catherine des Urlis.

M. V. Fournel croit, et non sans raison, qu'il peut y avoir confusion entre cette actrice, sa nièce connue sous le nom de *Marotte*, et une troisième demoiselle Beaupré. Nous y reviendrons au nom de *Marotte*.

Biographie : Lemazurier, *Galerie historique*.

Bibliographie : Tallemant des Réaux, *Historiettes*. Sauval, Fr. Hillemacher, *Troupe de Molière*.

BEAUPRÉ, Mlle. — Débuta à la Comédie française par le rôle de Dorine de *Tartufe*, en octobre 1758. Elle continua ses débuts par Claudine de *Colin-Maillard*, Marton de l'*Homme à bonnes fortunes*, Lisette des *Folies amoureuses*, et des rôles de suivante dans l'*Enfant prodigue*, le *Préjugé à la mode*, le *Triple Mariage*, le *Galant Jardinier*. Elle n'y resta pas.

Le 7 septembre 1763, une demoiselle Beaupré « ci-devant actrice de la troupe de Compiègne » débuta à la Comédie italienne par le rôle de Ninette de *Ninette à la Cour*. Elle joua successivement la *Servante Maitresse*, Lise dans le *Maitre en droit*, Annette dans *Annette et Lubin* et partit pour Rouen. Revenue à la Comédie italienne (1764-77), cette actrice demeura successivement rue du Petit Lion (1764-1766), rue Mauconseil (1767-1776), rue Neuve St-Nicolas F. S. M. (1777).

Bibliographie : *Alm. des Spectacles* 1759-1764 et suiv.

BEAUPRÉ, Mme. — Sous ce nom :

Mme Beaupré. actrice au Th. Molière en 1792 et au Th. français, comique et lyrique, de la rue de Bondy.

Mme Beaupré, actrice à Metz et à Nancy, 1822, Th. des Nouveautés, 1827, premier rôle à Londres, 1829-30, Nîmes 1838.

Mlle Beaupré, ingénuité, Lille 1829, Metz 1831.

BEAUPRÉ, Ant.-Ph. Victor, Bonnard dit. — Lyon 1849-52, St-Etienne 1853, Oran 1854, Anvers 1855-56.

BEAUQUESNE, Félix, Auguste. — Comique à Liège 1846-50, La Haye 1852, Lille 1853-55, le Hâvre 1856, Nantes 1857, Montpellier 1858, La Haye 1859-62, Metz 1863-65, Hombourg 1867, Metz 1868-73, Besançon 1874-76, Metz 1877. — En 1878, Beauquesne âgé de 68 ans, ayant 38 ans de services, reçut une pension de 500 fr. de la Société des artistes. Sa mort fut annoncée, à Metz, au Rapport de 1884.

Iconographie : Bibl. nat. Catalog. Duplessis, n° 3569. — « Beauquesne acteur? ». — En pied, de 3/4 à gauche, cost. de th., lith. J. Verronnais.

BEAURAIN. — Th. du Vaudeville et Th. des Nouveautés à Bruxelles 1845-46.

BEAUREGARD, Mlle Eva. — Bordeaux 1872-74, Reims 1876-82. Habitait Paris en 1901.

BEAUSÉJOUR. — Nom fictif d'un comédien de la troupe de Mondory, et qui figure dans la *Comédie des Comédiens* de Scudéry, donnée au Th. du Marais en 1634. En effet, comme dans cette même pièce Mondory paraissait sous le nom de *Blandimare*, il est assez vraisemblable que ce nom de *Beauséjour* ne soit pas un nom véritable, mais qu'il désigne seulement un comédien inconnu de cette compagnie.

BEAUSOLEIL. - Même cas que pour *Beauséjour* (v. ci-dessus).

BEAUVAIS, Mlle Cécile. — Ingénuité à Brest 1828, jeune première à Limoges 1829, débuta le 6 mars de cette année au Vaudeville, par le rôle de *Kettly*.

BEAUVAIS, Mme Amélie. — Bordeaux 1865, Turin 1867-70, Marseille 1872, Nouvelle-Orléans 1873, Bruxelles 1874, Th. lyrique, dramatique, historique 1875-79, Th. Déjazet 1876, Th. Beaumarchais 1877, Th. du Châtelet 1880-81. Habitait Paris en 1901.

BEAUVAL, Jean Pitel, sieur de. — Né en Picardie vers 1635, serait sans doute toujours resté dans l'ombre s'il n'avait pas eu la chance de rencontrer sur son chemin Jeanne Olivier, dite Bourguignon, dont on trouvera plus loin l'histoire (v. Mlle Beauval). L'ex-moucheur de chandelles, le simple gagiste de la troupe de Paphetin, à Lyon (1665-66), en épousant une des premières actrices de la compagnie, montait au grade de comédien. Il s'associa donc à la fortune de sa femme, la suivant à Paris lorsque celle-ci y fut appelée par ordre du Roi. Voici cet ordre :

« De par le Roy, Sa Majesté voulant toujours entretenir les troupes de ses comédiens complètes, et pour cet effet, prendre les meilleurs des provinces pour son divertissement, et estant informée que la nommée de Beauval, l'une des actrices de la troupe des comédiens qui est présentement à Mascon, a toutes les qualités requises pour mériter une place dans la troupe de ses comédiens qui représentent dans la salle de son Palais-Royal, Sa Majesté mande et ordonne à la dicte Beauval et à son mary de se rendre incessamment à la suite de sa cour pour y recevoir ses ordres ; veut et entend que les comédiens de la dicte troupe qui est présentement à Mascon, ayant à les laisser seurement et librement partir, sans leur donner aucun trouble ny empeschement, nonobstant toutes conventions, contratz et traitéz avec clause de desdit qu'ils pourraient avoir fait ensemble, dont, attendu qu'il s'agit de la satisfaction et du service de Sa Majesté, elle les a relevés et dispensés ; enjoint à tous ses officiers et sujets qu'il appartiendra, de tenir la main à l'exécution du présent ordre.

« Fait à St-Germain-en-Laye le 31 juillet 1670 ».

LOUIS.

COLBERT.

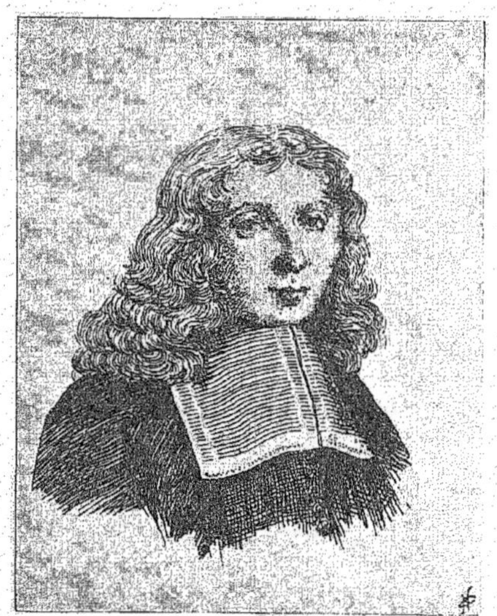
Jean PITEL, Sieur de Beauval d'après Fr. Hillemacher

Beauval, en recevant cet ordre, ne pouvait ignorer qu'il était motivé plutôt par le talent de sa femme que par le sien. Mais que lui importait ? Voici comment Lagrange annonce dans son *Registre* l'arrivée des deux nouvelles recrues :

« Quelques jours après qu'on eut recommencé, après Pâques 1670, M. de Molière manda de la campagne le sieur Baron, qui se rendit à Paris après avoir reçu une lettre de cachet, et eut une part. Et deux mois après, M. de Molière manda de la même troupe de campagne M. et Mlle de Beauval, pour une part et demie, à la charge de payer cinq cents livres de pension au sieur Béjart et trois livres chaque jour de représentation, à Châteauneuf, gagiste de la troupe ».

D'où il résulte que, selon toute apparence, c'était Baron qui avait désigné sa camarade Beauval à l'attention de Molière.

On connaît la suite : le profond observateur qui savait tirer parti de tout étudia les faibles moyens de Beauval : il en fit Bobinet de la *Comtesse d'Escarbagnas* (1672) et Thomas Diafoirus du *Malade imaginaire* (10 février 1673). N'est-ce pas Beauval lui-même que Molière a visé quand il fait dire à Diafoirus le père :

« Monsieur, ce n'est pas parce que je suis son père ; mais je puis dire que j'ai sujet d'être content de lui, et que tous ceux qui le voient en parlent comme d'un garçon qui n'a point de méchanceté. Il n'a jamais eu l'imagination bien vive, ni ce feu d'esprit qu'on remarque dans quelques-uns ; mais c'est par là que j'ai toujours bien auguré de sa judiciaire, qualité requise pour l'exercice de notre art, etc. »

— Vous nous tourmentez tous, disait Mlle Beauval à Molière, alors que, dans la même pièce elle répétait le rôle de Toinette, et vous ne dites rien à mon mari !

— J'en serais bien fâché, répliqua le grand homme, je lui gâterais son jeu : la nature lui a donné de meilleures leçons que les miennes pour ce rôle.

Six jours avant la mort de Molière, Mlle Beauval tint *avec lui* sur les fonts baptismaux, à l'église St-Sauveur, l'enfant d'Uscet de Beauchamp (11 fév. 1673).

Après la mort de Molière, Beauval et sa femme passèrent à l'Hôtel de Bourgogne. Ils furent conservés à la réunion des troupes, en 1680.

Beauval, malgré ses faibles moyens, plut toujours au public dans les rôles de valets, de niais, de vieilles ridicules. Dans ce dernier emploi, tenu encore à cette époque par des hommes, il succéda en 1685 à Hubert. Il ne quitta le théâtre qu'à l'âge de 69 ans, avec la pension de 1000 livres, le 8 mars 1704, et vécut encore six ans dans la retraite, aimé de ses enfants — dont nous parlons plus loin à l'article de Mlle Beauval — et de ses camarades. Ce fut le type de l'honnête homme, du bon mari, de l'acteur modeste et non sans talent. — Il mourut le 29 décembre 1709. On lit sur les Registres de St-Sulpice (cités par Jal) : « Le 31 décembre 1709, convoy et enterrement de Jean Pitel, sr de Beauval, bourgeois de Paris, aagé de soixante et quatorze ans, décédé le 29 du présent mois, dans sa maison, quay Malaquay ; et y ont assisté Philippe, Pierre et Charles Pitel, ses fils, et Pierre Trochon de Beaubourg, officier du Roy, son gendre ». Suivent les signatures.

Il faut donc en conclure que Jean Pitel était né vers 1635, six ans après son frère Henri.

Le sort de Beauval étant intimement lié à celui de sa femme, on trouvera le complément des renseignements qui le concernent dans l'article suivant. Toutefois, nous ne pouvons passer sous silence les documents cités par M. Campardon *(Pièces nouvelles sur Molière)*, lesquels suffiraient à nous prouver que, cédant sans doute à l'humeur batailleuse de sa femme, il ne dédaignait pas les procès :

a) Sentence des requêtes de l'Hôtel réglant une contestation élevée entre Beauval, sa femme et les comédiens de la troupe de Monsieur le Prince (Arch. nat. V4, 381).

Cette requête avait pour but de faire rompre le contrat qui les engageait, 26 mars 1667.

b) Plainte de Beauval contre Jacques Deshayes « qui avait commencé par enlever sa fille Louise, avant de l'épouser ». (Arch. nat. Y 13,032 — 2 novembre 1685.

A noter que cette fille était déjà veuve en premières noces. Beauval se qualifie dans cette pièce de « Officier du Roy », demeurant rue Mazarini. Son gendre est qualifié bourgeois de Paris, même rue (v. Mlle Beaubour).

c) Plainte de Beauval contre une servante voleuse, 13 août 1692 (Arch. nat. Y 14,500).

d) Plainte de Beauval contre des individus qui avaient coupé du seigle lui appartenant dans une pièce de terre attenant à sa maison de Monceaux, 4 juillet 1694 (Arch. nat. Y 13,180).

e) Plainte de Beauval contre une servante ivrognesse et voleuse, 25 août 1695 (Arch. nat. Y 13,181).

Biographie : Lemazurier, *Galerie historique*. — Fr. Hillemacher, *Galerie historique des portraits des Comédiens de la Troupe de Molière*. — A. Copin, *Histoire des Comédiens de la Troupe de Molière*.

Bibliographie : *Registre* de Lagrange. — Jal, *Dict. critique*. — G. Monval, *Chronologie molièresque*.

Iconographie : Bibl. nat. Catalog. Duplessis, 3584. En buste, de 3/4, à droite, grav. par Fr. Hillemacher 1857, d'après un portrait à l'aquarelle, sur vélin (?).

BEAUVAL, Mlle, Jeanne Olivier dite Bourguignon, dame Pitel de. — Était née en Hollande vers 1648-49. On prétend qu'elle fut exposée à la porte d'une église, puis élevée par une blanchisseuse jusqu'à l'âge de 12 ans. C'est alors qu'elle suivit une troupe de comédiens dirigée par Jean-Baptiste Monchaingre, dit Filandre, honnête homme qui la traita comme sa fille. Cette troupe était celle qui s'intitula plus tard « Troupe de M. le Prince de Condé », et que M. Chardon, du Mans, croit être celle décrite par Scarron dans le *Roman comique* en 1651.

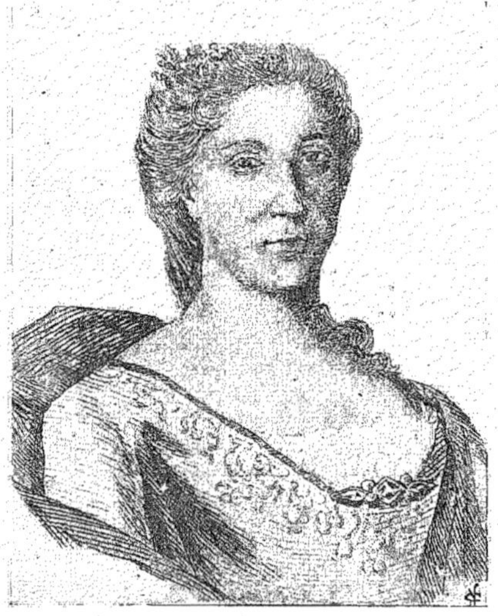

Mlle BEAUVAL
d'après Fr. Hillemacher

Après avoir parcouru la Hollande et la Flandre, Filandre vint à Lyon. C'est dans cette ville qu'elle connut Jean Pitel, sieur de Beauval, modeste gagiste et... moucheur de chandelles, dit-on. Elle s'en éprit, l'épousa et le fit passer au rang de comédien. Nous avons dit plus haut (v. Beauval) comment un ordre de la cour appela le ménage Beauval de Mâcon à Paris (31 juillet 1670). Cet ordre, que nous avons reproduit textuellement, a été retrouvé par Jal, à la page 269 V°, d'un registre de la Secrétairerie d'État pour l'an 1670. (Bibl. nat. Départ. des Manuscrits, suppl^t français, 2771 — I).

Mlle Beauval était grande, bien faite, mais nullement jolie ; sa voix, un peu aigre, devint même enrouée vers la fin de sa carrière, mais ce qui la singularisait, c'était un rire presque continuel dont Molière allait tirer parti dans les rôles de soubrette. Le premier qu'il lui confia fut celui de Nicole dans le *Bourgeois gentilhomme*, joué pour la première fois à Chambord, devant le Roi, le 14 octobre 1670.

« Vendredi troisième octobre, la troupe est partie pour Chambord, par ordre du Roi ; on y a joué, entre plusieurs comédies, le *Bourgeois gentilhomme*, pièce nouvelle de M. de Molière. Le retour a été le vingt-huitième du dit mois. Reçu de part pour nourriture et gratifications 600 livres 10 sols ».

Mlle Beauval ne plut pas au Roi tout d'abord, mais ce qu'on oublie de dire, c'est que cette actrice était alors enceinte de huit mois, puisqu'elle accoucha à Paris le 15 novembre. Il demanda même à Molière qu'on lui ôtât le rôle dans la pièce nouvelle, et la raison que nous venons d'expliquer nous semble avoir été la déterminante dans l'opinion du monarque. Mais l'auteur-directeur n'avait personne sous la main pour remplacer sa soubrette. Il plaida si bien la cause de Mlle Beauval qu'il la gagna.

On n'eut pas à regretter ce maintien, si nous en croyons Robinet qui a vu Molière et sa troupe à Chambord :

> Avec sa ravissante troupe
> Qui si fort a le vent en poupe
> Et même où, par ordre royal,
> On voit depuis peu la Beauval,
> Actrice d'un rare mérite,
> Qui de bonne grâce récite,
> Ainsi qu'avecque jugement,
> Et qui bref est un ornement,
> Le plus attrayant sur la scène,
> C'est une vérité certaine.

Au sortir de la représentation, le roi dit à Molière : « Je reçois votre actrice ».

Mlle Beauval fut le type de la servante à la gaîté communicative, habituée à parler haut et ferme dans la maison, et comme elle a le tic de rire presque continuellement en parlant, comme ce tic peut déplaire au roi, on sait comment Molière l'utilise :

> M. Jourdain. — Nicole!
> Nicole. — Plait-il?
> M. Jourdain. — Ecoutez.
> Nicole. — Hi! Hi! Hi! Hi! Hi!
> M. Jourdain. — Qu'as-tu à rire?
> Nicole. — Hi! Hi! Hi! Hi! Hi!
> M. Jourdain. — Que veut dire cette coquine-là?
> Nicole. — Hi! Hi! Hi! Comme vous voilà bâti! Hi! Hi! Hi!

Ainsi de suite. De même pour le rôle de Zerbinette des *Fourberies de Scapin* (acte 3, scène III); de même pour la Toinette du *Malade imaginaire*. Ces rôles avec ceux de Cidippe dans *Psyché* (1671) et de Julie dans la *Comtesse d'Escarbagnas* sont les créations de Mlle Beauval dans le répertoire de Molière.

Passée à l'Hôtel de Bourgogne, avec son mari, après la mort du poète, elle joua d'original le rôle d'Œnone dans la *Phèdre* de Racine (1677). A la réunion des troupes (1680) elle fut conservée. Elle créa encore :

1686, Marton de l'*Homme à bonnes fortunes* et Marton de la *Coquette*.
1691, Catau du *Grondeur*.
Marine du *Muet*.
1696, Justine du *Flatteur*.
Nérine du *Joueur*.
Lisette du *Distrait*.
1700, Cléanthis de *Démocrite*.
1702, Frosine du *Double Veuvage*.
Mysis de l'*Andrienne*.
1704, Lisette des *Folies amoureuses*.

Ainsi, Mlle Beauval fut la soubrette idéale de Molière, de Regnard, de Brueys, de Baron, de Palaprat! Ce qui ne l'empêchait pas, selon l'usage alors admis, de représenter les reines dans la tragédie : Fatime dans *Zaïde*, Orithie dans l'*Oreste* de Boyer et Leclerc, etc. Sa réputation, comme caractère, est moins bonne. On lui prête une humeur acariâtre à la ville, et peu conforme avec son rire éternel.

Dans les *Folies amoureuses*, Regnard avait écrit un prologue que l'on ne joue plus, et où il mettait en scène Mlle Beauval sous son propre nom :

> MADEMOISELLE BEAUVAL
> Qui? moi, chercher querelle? Eh bien! la médisance!
> Parce que naturellement,
> Avec simplicité je dis ce que je pense;
> Que j'avertis le public bonnement...
> DANCOURT
> Oui, vous êtes tout à fait bonne!
> MADEMOISELLE BEAUVAL
> Eh bien! monsieur, pourquoi me chagriner?
> Vraiment, je vous trouve admirable!
> On me fait passer pour un diable,
> Moi, qui comme un mouton, suis facile à mener.

Et la scène se prolonge ainsi.

Dans *Démocrite*, de Regnard, Mlle Beauval et La Thorillière avaient inventé un jeu de scène (déclaration amoureuse et reconnaissance de Strabon qui rencontre sa femme Cléanthis après 15 à 20 ans). Ce fut le succès de la pièce.

Mais si pendant les trente-quatre ans que cette actrice passa au théâtre, ses camarades eurent souvent à se plaindre de son caractère acariâtre, ils ne purent que se louer de son exactitude à remplir les devoirs de sa profession, car elle ne s'absenta jamais, à intervalles, que pendant dix ou douze jours au moment de ses couches, qui furent, à la vérité, assez nombreuses.

A ce propos, on a écrit que Beauval et sa femme avaient eu *vingt-huit* enfants! Les recherches de Jal nous ont démontré qu'il fallait considérablement en rabattre, comme si dix enfants en 19 années ne suffisaient pas.

Nous connaissons :

1. *Louise Ire*, née à Lyon.
2. *François*, qui mourut à Paris rue du Chantre, au Louis d'Or, le 31 octobre 1670, âgé de trois ans et demi. (Reg. de St-Germain l'Auxerrois).
3. *Philippe Ier*, qui assista aux funérailles de son père et de sa mère.
4. *Jeanne, Catherine*, née le 15 novembre 1670, baptisée le même jour à St-Germain l'Auxerrois, et tenue sur les fonts baptismaux par Molière et Mlle De Brie.
5. *Marguerite, Jeanne, Henriette*. Lagrange dit dans son *Registre :* « Vendredy, 26 août 1672, néant (relâche). Mlle Beauval est accouchée. » Cette enfant ne fut baptisée que le 4 septembre à St-Eustache, ses parents demeurant alors rue St-Honoré. Elle mourut le 10 septembre 1678.
6. *Philippe II*. Le 25 juin 1675, Beauval présenta à l'église St-Sauveur un garçon qui fut baptisé sous le nom de Philippe, ayant

pour parrain le prince Philippe de Lorraine.

7. *Elisabeth, Julie*, née le 21 juillet 1676, baptisée le 22 à l'église St-Sauveur, décédée le 9 avril 1678.

8. *Louise II*, baptisée à l'église St-Sauveur le 2 juin 1679, décédée le 17 novembre 1684.

9. *Pierre, César*, né le 15 février 1687, baptisé le 16 à St-Sulpice.

10. *Charles*, né le 23 juillet 1689, baptisé le 25 à St-Sulpice. Ce dernier eut pour parrain Lagrange.

En 1684, au moment du décès de la petite Louise, âgée de 5 ans 1/2, les Beauval demeuraient rue Mazarine, vis-à-vis le jeu de paume des Deux Aigles. De tous ces enfants, une seule fille, Louise Ire, embrassa la carrière dramatique. (V. Mlle Beaubour.)

Mlle Beauval ayant appris un jour que Mlle Desmares, qui avait joué à Versailles avec quelque succès, venait de recevoir un ordre du Dauphin pour apprendre ses rôles et la doubler : « Je vois bien que cet ordre est pour me faire entendre que je ne suis plus capable de remplir mon emploi, dit-elle à ses camarades, aussi je me retire. »

Elle demanda son congé, et l'obtint, ainsi que son mari, et tous deux se retirèrent le 8 mars 1704. Elle eut la pension de 1000 livres et ne parut plus que dans quelques fêtes, chez la Duchesse du Maine, à Sceaux.

Nous avons cité à l'article Beauval les plaintes que celui-ci, sur l'instigation de sa femme, sans doute, portait devant les tribunaux. Les Archives nationales en possèdent aussi deux au nom de Mlle Beauval (Y n°s 13188 et 13189) : l'une, contre une servante voleuse qui lui avait donné un soufflet, 13 mars 1702 ; l'autre, « contre un particulier qui avoit proféré contre elle de grossières injures. »

Mlle Beauval mourut quai Malaquais le 21 mars 1720, âgée d'environ 70 ans.

Parmi les personnes qui assistèrent à son enterrement, le 22 mars 1720, l'acte nomme : « Me Philippe Pitel, religieux bénédictin, ancien Prieur de St-Léonard, diocèse de Chartres, fils de la défunte ; Philippe Pitel, bourgeois de Paris, aussi fils ; Pierre Pitel, aussi bourgeois de Paris et fils, et Pierre Trochon, gendre. » Ce dernier signa « Trochon de Beaubourg ».

Biographie : Lemazurier, *Galerie historique*. — Fr. Hillemacher, *Galerie historique des comédiens de la Troupe de Molière*. — A. Copin, *Histoire des Comédiens de la Troupe de Molière*.

Bibliographie : *Registre* de Lagrange. — Jal, *Dict. critique*. — G. Monval, *Chronologie Molièresque*.

Iconographie : Il existe un portrait du temps, peint à l'huile, représentant Mlle Beauval, ou du moins qui fut catalogué comme tel dans la *Galerie théâtrale* de Soleirol, 1861, n° 39. Ce portrait fut acheté 20 francs par M. Fr. Hillemacher, et on le vit exposé en 1873 au Musée Molière (n° 28 du catalogue). M. Fr. Hillemacher grava une eau forte d'après ce portrait. Bibl. nat. Catalogue Duplessis 3585, en buste de 3/4 à droite. — Le dit portrait, hauteur 0,62 cm., largeur 0,46, fut légué en 1884 à la Comédie française, par son possesseur. Il se trouve actuellement (n° 212 du Catalogue raisonné G. Monval) dans le Foyer des travestissements.

BEAUVAL. — Premier rôle au th. de Rouen, 1792-1797. En l'an III touchait 5,500 livres. Le 12 Brumaire an V, il fit représenter au th. des Arts la *Nouvelle de la Paix*, impromptu de circonstance. En 1798, un sieur Bonnet, dit Beauval, est artiste du grand théâtre de Bordeaux. Il fait représenter des pièces de circonstance :

1799. La *Réunion des Muses*, prologue en vers pour la réouverture du Grand Théâtre.

1800. La *Répétition*, pièce d'inauguration du Th. Français.

Bibliographie : *Hist. des th. de Rouen*, t. I, p. 286, 355, 388. — *Le th. à Bordeaux*, par H. Minier, p. 43.

BEAUVAL, Mme. — Utilité puis deuxième soubrette au Th. de Rouen, 1792-1797. En l'an III, touchait 1,500 livres.

Bibliographie : *Hist. des th. de Rouen*, t. I, p. 286, 356, 388.

BEAUVALLET, Pierre, François (1801-1873). — Naquit à Pithiviers (Loiret), le 13 octobre 1801. Il commença par étudier la peinture et fut élève de Paul Delaroche. Doué d'une voix superbe, il se présenta au Conservatoire où on le considéra presque comme un grotesque. Saint Prix fut seul à le protéger. Il en sortit avec un second prix et alla s'essayer chez les frères Seveste, ce qui lui valut le surnom de « Talma de la Banlieue ».

Nous lisons dans la *Grande biographie dramatique* de 1825 (supplément p. 132) : « M. Beauvallet est un de ces artistes qui aiment mieux vivre dans l'obscurité à Paris que d'être en honneur dans les départements. La barrière Rochechouart, celle dite du Mont-Parnasse, le Ranelagh, sont tour à tour le théâtre de ses exploits tragiques. C'est le Talma des Abattoirs, mais le Talma modeste dans ses prétentions. A raison de cinquante-cinq sous par soirée, il se montre sur trois théâtres différents, revêt cinq ou six costumes, débite environ douze cents vers, fait deux lieues dans un entr'acte, à pied, à cheval ou dans la patache du directeur... Cet artiste a de l'intelligence, un organe qu'il nomme *caverneux*, et deux bras remarquables, sinon par leur grâce, du moins par leur longueur. »

Il demeurait alors rue des Boucheries-St-Germain, 34.

Le 4 mai 1825, Beauvallet débuta à l'Odéon dans le rôle de Montfort des *Vêpres Siciliennes*. Il s'y maintint, créant différents rôles dans une foule de tragédies qui tombaient toutes les unes après les autres :

9 mai 1825 *La mort de César*, chute.
28 sept. — *Alain Blanchard*, »
3 déc. — *Camille*, »
20 janv. 1826 *Rienzi*, succès.
9 août — *Baudouin empereur*, sifflé.
9 déc. — *Thomas Morus*, chute.
15 mars 1827 *Françoise de Rimini*.
23 août — *La Prison de Pompéia*, chute.
17 mars 1828 *Shakespeare amoureux*.
6 mai — *Perkins Warbeck*, succès.

Il s'évanouit en scène, au second acte, le jour de la première.

10 juin 1828 *Roméo et Juliette*, rôle de Tamerli, succès personnel.

Puis l'Odéon ferma ses portes, la troupe se dispersa, et Beauvallet alla chercher un refuge à l'Ambigu.

Le 1er septembre 1828, nous le trouvons à ce théâtre dans une reprise de *Cardillac* ; mais les critiques du temps font remarquer que ses défauts — brusquerie, sauvagerie, exagération, voix caverneuse — ne font que s'accentuer dans le mélodrame. Le 14, il joua Bohermann dans *Lisbeth*, un rôle de Frédérick, et créa successivement *Caïn*, le *Forçat libéré*, le *Fou*, *Nostradamus*, *Clarisse*, Conrad du *Félon*, Iwan des *Serfs polonais* et la *France au XVme siècle*.

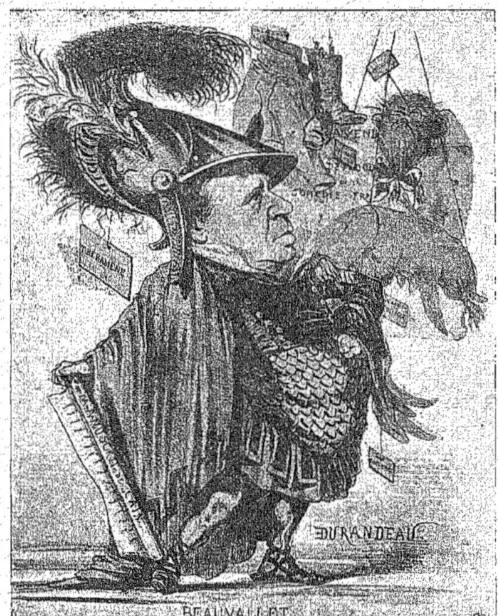

BEAUVALLET (caricature)
par Durandeau, 1863

Le 28 août 1830, assistant à une représentation de l'Odéon, le public qui le reconnut le força à réciter des vers sur la Révolution, sans doute les *Trois jours*, chant dithyrambique, qu'il avait écrit en collaboration avec Davesne, et que l'on récitait chaque soir à l'Ambigu.

Le 3 septembre 1830, il obtient un début à la Comédie française où il se présente dans le rôle d'*Hamlet*. Il y est sévèrement jugé par Ch. Maurice (le *Courrier des Spectacles*), qui lui reproche, entre autres, une voix d'une « grosseur ridicule ». Les débuts se poursuivent dans *Othello*, dans *Macbeth*, et il est enfin engagé comme pensionnaire le 26 avril 1831, puis reçu sociétaire le 1er avril 1832. En 1828, il demeurait 25, faubourg St-Jacques ; en 1829, 15, rue de Malte ; en 1834, 18, rue du Sentier.

On lit dans la *Biographie théâtrale* pour 1829 : « Ce jeune acteur a trouvé le secret de faire oublier son physique repoussant (?) par un jeu correct et animé, par beaucoup d'intelligence, par de la chaleur et un organe magnifique. »

La *Petite Biographie* 1831-32 mentionne ainsi ses débuts à la Comédie française : « Beauvallet a débuté par le rôle d'*Hamlet*. Il joua ce rôle d'une manière originale, et qui lui valut du succès. Il fait à présent partie de notre premier théâtre en qualité de sociétaire à part entière, et il a mérité cette faveur par le talent qu'il a déployé dans les rôles de Marat de *Charlotte Corday*, et de Danton de *Camille Desmoulins*. Beauvallet aspire au titre d'auteur dramatique. »

Evidemment Beauvallet avait encore beaucoup à faire pour se débarrasser de ses façons ultra-romantiques, pour régler ses gestes désordonnés, pour assouplir un organe étrange et violent, car si Ligier était l'acteur classique par excellence, Beauvallet, lui, ne connaissait pas de frein. D'où une grande inégalité dans son jeu. Personne ne pouvait lui contester sa chaleur naturelle, son inspiration, sa diction très pure, mais il avait contre lui sa personne maigre, chétive, petite, une figure longue, osseuse et sévère.

Il n'en fut pas moins, à force de talent, et pendant plus de trente ans, le grand premier rôle du Théâtre français, la colonne du théâtre classique, le soutien du répertoire romantique : dans *Polyeucte* Beauvallet partagea le succès de Rachel. Ce fut le seul *Hernani* d'alors, après Firmin.

A la Comédie française, il joue *Manlius*, *Sylla*, le Cardinal à la reprise de *Charles IX* (15 octobre 1830). Quinze jours après, il crée le rôle principal dans le *Nègre* ; il remplace sans trop de désavantage Joanny dans *Junius Brutus*. Citons encore :

Avril 1831 Marat de *Charlotte Corday*.
Mai — Danton de *Camille Desmoulins*.
17 août 1831 Jacques Clément, le *Bachelier et le Théologien*, grand succès personnel.
1831 Pierre, *Pierre III*.
— Alphonse, *La Prédiction* de Beauvallet.
1832 Franville, *Le duelliste*.
— Saltabadil, *Le roi s'amuse*.
1833 Caïus Gracchus, *Caïus Gracchus*.
1834 Raguenet, *Les dernières scènes de la Fronde*.
1835 Angelo, *Angelo*.

— Montmouth, *Jacques II*.
— Le bohémien, *Lavater*.
1837 Aquila, *Caligula*.
1838 Philippe, *Philippe III*.
— Ismaël, *Le camp des Croisés*.
— Richard Savage, *Richard Savage*.
— Sir Gilbert Lindsey, *La Popularité*.
1839 Lorenzino, *Laurent de Médicis*.
1840 Ordonio Eliséi, *Cosima*, de G. Sand.

« Beauvallet, écrivait à ce propos Th. Gautier, a donné au rôle d'Ordonio une grâce perfide, une tournure mystérieuse, un accent venimeux, tout à fait dans les mœurs de l'aristocratie vénitienne. »

« Cet acteur, disait-il autre part, a du goût, dessine et sait se costumer, quand il veut, d'une façon pittoresque. »

1840 Ben Saïd, *La fille du Cid*.
— Latréaumont, *Latréaumont*.
1841 Narcisse, *Le Gladiateur*.
— Arbogaste, *Arbogaste*,

De cette année date aussi la reprise d'*Hernani*. Beauvallet avec sa tête accentuée, son aspect mâle et presque sauvage, donna à l'amant de Doña Sol une physionomie entièrement nouvelle.

« Beauvallet, déclarait Th. Gautier, qui manque peut-être de suavité dans les portions amoureuses de son rôle, a parfaitement rendu l'âpre mélancolie, la majesté sauvage et l'allure romanesque du chef des montagnards ; il est, sous ce rapport, supérieur à Firmin. »

1842 Lorenzino, *Lorenzino*.
— Cromwell, *Le fils de Cromwell*.
1843 Job, *Les Burgraves*.

Victor Hugo, qui était fort difficile en fait d'acteurs, a tracé de Beauvallet l'éloge suivant : « M. Beauvallet qui a une grande puissance, parce qu'il a un grand talent, a déployé dans Job des *Burgraves* toutes les nuances de son intelligence si riche, si étendue, si complète. Il a été patriarche au premier acte, héros au deuxième, père au dernier. M. Beauvallet a été partout superbe et dramatique ; ajoutons qu'il y a dans le rôle de Job, au deuxième acte, par exemple, des moments de bonhomie et de familiarité que ce rare et excellent acteur a su rendre avec une grâce sénile pleine de grandeur. »

En 1839, Beauvallet avait été nommé professeur au Conservatoire.

On a raconté souvent l'antagonisme qui existait entre Rachel et Beauvallet. Ce dernier était capricieux et despote. Rachel voulait régner en souveraine. Enfin c'était, entre les deux artistes, une lutte de... voix. « Rachel a été méchante ce soir, disait Beauvallet. C'est bien, nous verrons demain. » Et dans toutes les scènes où il se trouvait avec elle, il lançait des accents si puissants et si métalliques, que Rachel s'efforçait de lutter contre ce clavier d'orgue, pour rester au diapason, et s'épuisait en efforts. Elle le détestait profondément.

Il faut rappeler que Beauvallet, souvent cité comme excentrique, à la verve gauloise rudement accentuée, ne passait pas pour un délicat, et ses plaisanteries ou ses vengeances n'étaient pas toujours du meilleur goût.

1843 Holopherne, *Judith*.
1844 Iwan, *Catherine II*.
1844 Diégarias, *Diégarias*.
1845 Guerréro, *Guerrero*,
— Ronati, *Robert Bruce*, de Beauvallet.
1846 Jean, *Jean de Bourgogne*.
— Asdrubal, *La Vestale*.
— Baudouin, *Jeanne de Flandres*.
— Destouches, *Madame de Tencin*.
1847 Sabran, *Le vieux de la montagne*.
— l'Esclave, *Cléopâtre*.
1848 Muscarade, *L'Aventurière*.
— Brute, *Lucrèce*, de Ponsard.
— Molière, *Le roi attend*.
— Bernard, *Blaise Pascal*.
1849 Brutus, *Le testament de César*.
— Séjan, *La chute de Séjan*.
1851 Narcisse, *Valeria*.
— Mathurin, *Mathurin Regnier*.
— l'Amiral, *Les bâtons flottants*.
— Aben Hamet, *Le dernier des Abencérages*, de Beauvallet.
1852 Dumège, *Le cœur et la dot*.
1853 Denys, *Pythias et Damon*.
1854 Didier, *Rosemonde*.
1855 Pierre-le-Grand, *La Czarine*.
1856 Molière, *Le 15 janvier*.

Comme auteur, Beauvallet avait donné pendant le même temps :

1829 Ambigu. *Caïn*, drame en deux tableaux, en prose, en collaboration avec Davesne.
1831 Comédie française. *La Prédiction*, cinq actes, en vers, dont Ch. Maurice donna un compte rendu assez flatteur. La pièce n'a pas été imprimée.
1845 Comédie française. *Robert Bruce*, cinq actes, en vers, succès, malgré le style jugé faible.
1851 Comédie française. *Le dernier des Abencérages*, 3 actes, en vers, pièce sans action qui ne réussit pas.

Beauvallet écrivit en outre des propos en vers pour les anniversaires de Corneille et de Molière, et en 1853 (11 avril) *Aux habitants de Senlis*, compliment en vers récité à Senlis par Mlle Rimblot, de la Comédie française.

En 1861, il manifesta le désir de se retirer, le 1er avril, prétextant qu'on ne le faisait plus assez jouer. Il partit avec une pension de 7,400 francs acquise par 31 ans de service. Un de ses derniers rôles fut celui du Grand Prêtre d'*Athalie*, qu'il tenait avec une autorité incontestable.

Sa représentation de retraite eut lieu le 1er mai 1860 ; elle se composa de l'*Aventurière*, remise en quatre actes, de fragments de *Polyeucte* dont faisaient partie les belles stances débitées par lui.

Dès lors, on le vit « en représentations » à la Porte St-Martin, 1863, à l'Ambigu dans la *Mère et la fille*, à l'Odéon dans *Athalie*, le

Roi Lear. A ce théâtre il récita plus tard la *Grève des forgerons*, de M. Fr. Coppée. En 1865, il fit une fugue à Rouen, où il parut dans Oreste d'*Andromagne*. Au Châtelet, il créa *Théodoros* (23 déc. 1868), et un rôle dans le *Déluge*.

Albert Vizentini a laissé le portrait suivant de Beauvallet à cette époque. (*Derrière la toile*, 1868) : « Grand tragédien breveté pour ses *rrrr* redoutables. Voix de basse-taille mélodramatique, petit mais musculeux et fort ; eût été Bertram et Marcel à défaut de Polyeucte et Théramène ; a le creux, l'ampleur de son emploi ; bon professeur, mais toujours en colère ; dessine non sans mérite ; aime l'histoire, l'archéologie et tout ce qui tient à l'antique ; chez lui ce ne sont que vieux meubles, armes et objets gothiques ; le roi des cascadeurs à froid ; ferait l'impossible en scène avec son toupet sans pareil ; pourquoi donc n'est-il plus aux Français ? ? ? »

Le 1er janvier 1872, Beauvallet prit sa retraite comme professeur au Conservatoire. Il avait eu comme élèves notables Worms, Sénéchal, Mlle Delphine Fix. Il mourut à Passy le 21 décembre 1873, et y fut inhumé le 23. Peu de ses anciens collègues accoururent, et Got lui donna le dernier adieu au nom de la Comédie.

Marié en 1826 à Mlle Desnoyers, sœur de l'homme de lettres, qui fut aussi régisseur de la Comédie française, il eut plusieurs enfants, dont deux fils dont nous nous occupons plus loin.

Voir à l'iconographie, les tableaux signés de lui conservés à la Comédie française.

Biographie : E. D. De Manne et C. Ménétrier, *Galerie historique de la Comédie française*.

Bibliographie : *Grande biographie dramatique*, par l'Ermite du Luxembourg (Maurice Alhoy), supplt 1825. — Ch. Maurice, le *Courrier des spectacles*, 1830. — *Biographie théâtrale* pour 1829, p. 13. - *Petite biographie* des acteurs et actrices, 1831-32, p. 20. — *Petite biographie* id., 1833, p. 23. — *L'Indiscret des coulisses*, 1841. — Th. Muret, *L'Histoire par le théâtre*, t. III, p. 132. — V. Hugo, Préface des *Burgraves*. — Th. Gautier. — *Almanach des spectacles*, de Barba. — Alb. Vizentini, *Derrière la toile*, 1868, p. 86. — *Souvenirs* de Delaunay. — *Le th. en robe de chambre*, p. 257. — P. Porel, et G. Monval l'*Odéon*.

Iconographie : Bibl. nat. Catalogue Duplessis, 3586.

1. En pied, de profil à droite, caricature, lith. par E, Durandeau, 1863.
2. En pied, de face, cost. de th., lith. Engelmann, 1828.
3. En pied, de 3/4 à gauche, cost. de th., lith. par Lacauchie, 1838.
4. En pied, assis, de 3/4 à gauche, cost. de th. Phot. Vallon de Villeneuve, 1853.
5. En pied, de profil à gauche, cost. de th., lith. par Ch. Vernier, 1840.

V. aussi (Bibl. nat.) portrait Lablache (Louis).

Musée de la Comédie française (catalogue G. Monval).

165. Portrait en pied dans le tableau de la comédie en 1840, par Ed. Geffroy. Rôle de Yacoub, dans Charles VII et ses grands vassaux.

401. Un tableau « Le Fossoyeur », peinture par P.-F. Beauvallet. Cloître en ruines. Offert à son ami Védel (1834).

402. Ruines d'abbaye (vue prise à Montmartre), peinture par P.-F. Beauvallet (1834) salon de 1835 (n° 101).

406. Galilée, aquarelle, par Beauvallet, offert à Jouslin de la Salle.

Eau forte par Fugère (en buste) dans la *Galerie historique* de la Comédie française, par De Manne.

BEAUVALLET, Léon. — Né le 22 août 1828 (selon les éphémérides théâtrales de l'Almanach, 1874), fils du tragédien de ce nom, fut plus connu comme auteur fécond que comme acteur. Il avait cependant débuté dans la tragédie, comme son père, et avait été au Conservatoire le camarade de Lambert Thiboust — un autre comédien manqué qui cueillit de beaux succès comme auteur dramatique.

Nous trouvons le nom de Léon Beauvallet à l'Odéon, dans la distribution des pièces suivantes :

8 février 1848 *Le dernier Figaro*.
13 — — *Un Hidalgo du temps de Don Quichotte*.
17 février 1848 *Le Collier du Roi*.
5 mars — *L'Hôtel César*.
7 mai — *Le Billet blanc*.

En avril de cette même année, dans un bénéfice à l'Odéon, on avait récité un à-propos de lui : *A la France !*

Léon Beauvallet suivit Rachel en Amérique et nous lui devons la relation de cette malheureuse odyssée. Ces notes furent insérées d'abord dans le *Figaro*, puis publiées en volume sous ce titre : *Rachel et le Nouveau Monde*, Paris, in-16, A. Cadot 1856. Il était engagé dans la troupe comme jeune premier, aux appointements de 20,000 francs pour tout le voyage. Mais l'on sait comment celui-ci se termina lamentablement à la Havane (V. Rachel).

Revenu en France, Léon Beauvallet se mit à écrire pour le théâtre, et le dictionnaire Larousse (voir aussi supplément n° 1, p. 321), a publié une longue énumération de ses pièces écrites de 1851 à 1885, souvent en collaboration et quelquefois aussi avec son fils Frantz.

Léon Beauvallet mourut à Paris le 22 mars 1885.

Bibliographie : P. Porel et G. Monval, l'*Odéon*. L. Beauvallet, *Rachel et le Nouveau Monde*. *Dictionnaire Larousse* et supplt.

BEAUVALLET, Paul, Victor. — Fils du tragédien et frère du précédent, né à Paris le

28 janvier 1841. Beauvallet fils, comme on l'appelait, joua d'abord à l'Odéon : Lavigne de la *Conjuration d'Amboise*, 29 oct. 1866, le roi de France du *Roi Lear*, 7 avril 1868, et fut reçu comme pensionnaire à la Comédie française en 1875. Mais une affection du larynx le força à abandonner le théâtre. Il devint alors rédacteur à la *France*, publia des « Variétés » sous le pseudonyme de *Mirax* et mourut peu de temps après son frère, le 8 juin 1885. Il passait pour un chercheur et un érudit. Au physique : un Hercule.

BEAUVISAGE. — Fut longtemps le directeur du Théâtre des Associés, qui devint plus tard le théâtre de Mme Saqui. Sa troupe desservait à la fois la foire St-Germain et le boulevard. Chez lui, l'on jouait des comédies et surtout des tragédies. *Zaïre* devenait le *Grand Turc mis à mort;* le *Père de famille* s'appelait les *Embarras de ménage*, et ainsi de suite. Beauvisage ne craignait pas de jouer lui-même le rôle d'Orosmane, après avoir invité, d'une voix enrouée, le public à entrer au spectacle. Ce fut Sallé qui succéda à Beauvisage.

Bibliographie : Brazier, *Hist. des petits théâtres*, t. I, p. 54.

BEAUVOIR, Mme Léocadie, Aimée Doze, dame Roger de. — V. Mlle Doze.

BEAUVOIR, Mme. — Utilités, Variétés, Anvers 1839.

BÊCHE, Mlle Gabrielle. — Fille d'un préposé aux fauteuils d'orchestre du th. du Vaudeville, joua après Mlle Pierson le rôle de Suzette de *Renaudin de Caen* et cela avec un certain mérite.

Bibliographie : les *Th. en robe de chambre*, par Yveling Ram Baud et E. Coulon, 1866.

BÉCHET, Mme, Claire, Constantia. — Bordeaux 1864-68.

BECKERS, Jean, André. — Venait de l'Opéra comique (1856), Lorient 1865, Liège 1867-69, Le Hâvre 1870, St-Pétersbourg 1872, Le Hâvre 1873, Bruxelles 1874-76, Algérie 1877-79, Quenache 1880-83, Paris 1884-92.

BECKERS, Mme, Constance, née Senterre. — Lorient 1865-78, Algérie 1879.

BECQUET. — Acteur des Variétés 1808-1819.

BECQUET, Henry, Philippe. — Lyon 1850, Valenciennes 1852-57, Jemmapes 1858-59, Valenciennes 1861-62. — En 1861, Becquet âgé de 64 ans, avec 30 ans de théâtre, obtint une pension de 200 francs de la Société des artistes.

BECQX, Mme, Elisa. — Lyon 1862-64.

BECRET, Arthur, César, Victor. — Déjazet 1869-73.

BÉDARD, Victor, César, Emmanuel. — Russie et St-Pétersbourg 1850-54, Paris 1855-65, Nantes 1867, Paris 1868-82. En 1882, Bédard âgé de 64 ans, avec 28 ans de théâtre, obtint une pension de 400 fr. de la Société des artistes dramatiques. Paris 1882-1890. Sa mort fut annoncée au Rapport de l'année 1892.

BÉDARD, Mlle. — V. Mme Murray.

BÉDARIDE. — Premier rôle à Namur, 1846.

BEDDAT, Mme, née E. Molurier. — Toulouse 1853-59, Paris 1860, Toulouse 1861-67, Nîmes 1868-70.

BEDEAU, les frères. — V. l'Espy et Jodelet.

BEDUCHARD. — Nancy 1849.

BEER, Mme Blanche de, née Gandon. — Rouen 1884, Paris 1885-88. Sa mort fut annoncée au Rapport de la Société en 1890.

BEFFA, Louis, Joseph. — Calais 1889-90.

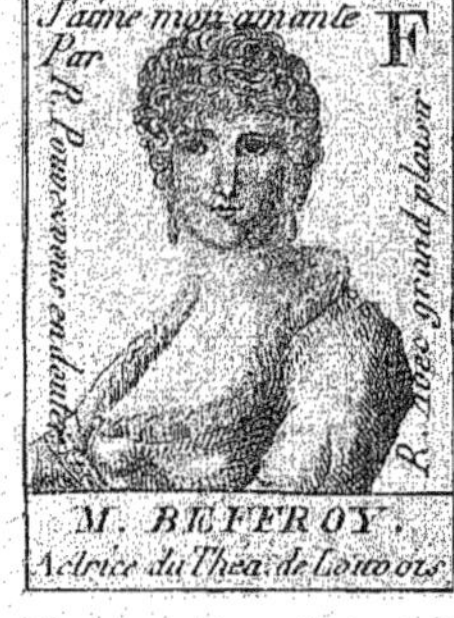

Mlle BEFFROY d'après l'*Oracle des dames*

BEFFROY, Mlle. — Débuta avec succès au Th. français de la rue de Louvois, sous la direction de Mlle Raucourt, le 25 prairial, an V (13 juin 1797) dans l'*Oracle* et dans l'*Ecole des Femmes*, puis suivit cette troupe à l'Odéon :

28 janvier 1798, la *Pupille*.

31 octobre — la *Vengeance* (direction Sageret).

28 décembre — *Misanthropie et Repentir*.

28 février 1799, les *Deux Veuves*.

Après l'incendie de l'Odéon, elle suit la fortune de Picard de salle en salle.

19 sept. 1799 (th. de la Cité) *Séraphine et Mendoce*.

Elle demeure alors rue de la Liberté.

« Mlle Beffroy, qui paraît arrêtée au milieu de sa carrière, lisons-nous dans l'*Almanach* pour l'an IX, et avoir fait avec trop de rapidité des pas qu'elle ne peut continuer. Assez jolie dans les travestissements ». Th. Feydeau (Odéon provisoire) 1800.

11 avril 1803 (salle Louvois), le *Tuteur fanfaron*, pièce où elle se montrait supérieure.

22 déc. 1803, la *Flotille*, divertissement où elle dansait une « allemande ».

Les critiques du temps s'accordent à dire qu'elle était fort jolie, que les travestissements lui allaient à ravir, mais semblent regretter qu'elle ait débuté trop brillamment. En janvier 1809, l'*Opinion du Parterre* écrit même : « On peut reprocher à cette jolie personne de n'avoir pas rempli les espérances que ses débuts faisaient concevoir ».

Le Théâtre Louvois étant devenu le Théâtre

de l'Impératrice, nous relevons le nom de Mlle Beffroy dans les pièces suivantes :

28 janvier 1804, le *Trésor*.

11 déc. 1805, les *Filles à marier*.

Mlle Beffroy demeura 9, rue de Choiseul (1805) et rue St-Honoré, 49 (1808-10) et 89 (1814). A partir de cette époque, on perd ses traces.

Bibliographie : *Almanach des spectacles* 1799, *Almanach pour l'an IX* (1800), l'*Opinion du Parterre*, t. III, IV, V, VI. — P. Porel et G. Monval, l'*Odéon*, t. I.

Iconographie : l'*Oracle des Dames*, en buste *Jeu de cartes* de 1802 (Bibl. de la ville de Paris).

BÉFORT, Louis. — Bourges 1829.

BEGBEDER, Mlle. — Premier rôle de tragédie, débuta à la Comédie française en 1840.

BÉGRAND, Mlle. — Actrice qui créa le rôle de *Suzanne*, dans la pièce de ce nom, à la Porte St-Martin, le 2 janvier 1817. Le 10 avril de cette même année, elle eut, à ce théâtre, un bénéfice. — Voici ce qu'en dit Harel :

« Vingt-huit ans. Tout Paris a vu cette belle et jolie personne, dans le simple appareil d'une femme qui va prendre le plaisir du bain. Ses appâts, que recouvre à peine une gaze légère, ont donné cent représentations au ballet de la *Chaste Suzanne*. Mademoiselle Bégrand est une actrice agréable ; une ophtalmie l'a éloignée du théâtre pendant près de deux ans et a privé le public du plaisir d'admirer cette mime gracieuse. Mademoiselle Bégrand a figuré dans le procès Mathéo. Sa déposition a prouvé que, si le payeur général du trésor avait levé sur les contribuables un impôt forcé de plus d'un million, ce n'avait pas été au profit de l'amour ».

Bibliographie : *Supplément au Dict. th.*, par Harel, 1825, p. 11.

BEGRIE, Mme Louise. — St-Pétersbourg 1873-77.

BEGUET, Jacques. — Lyon 1849-64. Depuis 1851 touchait une pension de 200 fr. de la Société des artistes. Mourut vers 1864, à 75 ans.

BEGUET, Mme, née Julie Montariol. — Lyon 1849-50.

BÉHIER St-AUBERT. — Père noble Grand Th. de Lyon, 1827-29, Anvers 1830, Londres 1831.

BÉJART (ou Béjard), famille. — L'histoire de la famille Béjart est intimement liée à celle de Molière. Aussi l'origine des membres qui la composèrent fit-elle couler des torrents d'encre depuis un siècle. On pourrait citer toute une bibliothèque relative aux ouvrages traitant des rapports de Molière avec la famille Béjart. Nous tâcherons de simplifier ici les découvertes de Jal, d'Eudore Soulié, de Beffara, de Jules Loiseleur et de tant d'autres.

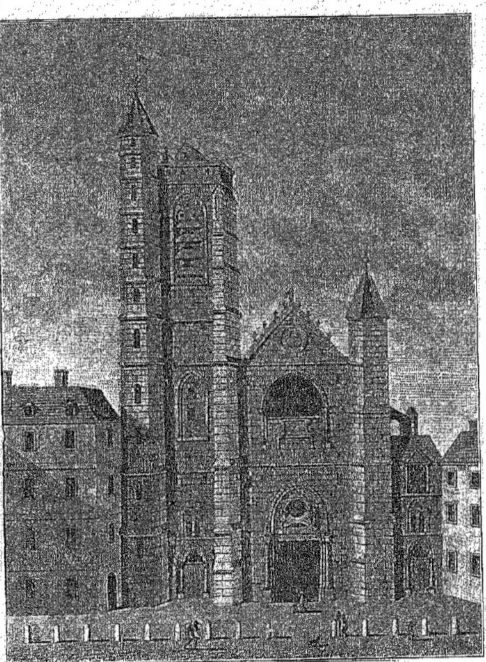

Eglise St-Paul, démolie en 1796
Paroisse et lieu de sépulture de la famille Béjart

Joseph Béjart, qui fut le père de cette tribu, épousa le 6 octobre 1615, à l'église St-Paul, Marie Hervé qui devait avoir alors environ 25 ans, si l'on s'en rapporte à l'âge qu'on lui donna dans son acte d'inhumation. Joseph Béjart demeurait sur la paroisse St-Gervais. Nous savons que trois ans plus tard, au moment de la naissance de sa fille Magdeleine, il était qualifié « huissier au palais », c'est-à-dire huissier audiencier à la grande maîtrise des eaux et forêts.

De cette union naquirent :

1. Un fils (*Joseph ?*) dont le baptistaire ne put être retrouvé par Jal — 1616 à 1617.

2. *Magdeleine*, baptisée le 8 janvier 1618.

3. *Elisabeth*, baptisée le 1er octobre 1620, à St-Paul.

4. *Jacques*, baptisé le 11 février 1622, à St-Gervais.

5. *Anne*, baptisée le 15 mars 1623 à St-Paul. Le père Béjart demeurait alors rue de Jouy.

6. *Geneviève*, baptisée le 2 juillet 1624, Béjart demeurant rue Neuve St-Paul.

De 1624 à 1630, on perd sa trace.

7. *Louis*, baptisé à l'âge de trois semaines, le 4 décembre 1630, à St-Gervais.

8. *Charlotte*, baptisée le 19 août 1632, à St-Gervais.

On perd de nouveau la trace de cette famille jusqu'en 1639.

9, *Bénigne*, Magdeleine, baptisée le 20 novembre 1639, à St-Sauveur, et dont la marraine fut Magdeleine, sa sœur aînée.

D'où il résulte, après les patientes recherches de Jal (v. *Dictionnaire critique, article Béjard*) que Joseph, ou Béjart aîné, le comédien, fut sans doute ce premier enfant né vers 1616-1617, et dont le baptistaire n'a pas été retrouvé, et que sur cette liste ne figure pas la célèbre *Armande*, *Grésinde*, *Claire*, *Elisabeth*, devenue l'épouse de Molière, née selon toute apparence — v. son acte d'inhumation — de 1640 à 1643.

De tous ces Béjart, nous n'aurons à nous occuper ici que de ceux qui prirent le parti du théâtre, c'est-à-dire de Joseph, Magdeleine, Louis et Geneviève. Quant à Armande, nous renverrons pour sa biographie à l'article de Mlle Molière.

Joseph Béjart, le père, mourut en 1643 (vers février?) car peu de temps après, sa veuve renonce à la succession « chargée de grandes dettes » pour elle et ses enfants ainsi désignés : « Joseph, Madeleine, Geneviève et *une petite non baptisée* ». A remarquer que Louis, alors âgé de 12 ans 1/2, est oublié.

En ce qui concerne le décès de Marie Hervé, femme Béjart, mère de ces enfants, voici l'extrait des *Registres de St-Paul* dépouillés par Jal (sous la date du 10 janvier 1670) :

« Le corps de Madame Bejart a esté apporté de Saint-Germain l'Auxer. et inhumé dans les charniers de l'église de St-Paul le mesme jour ».

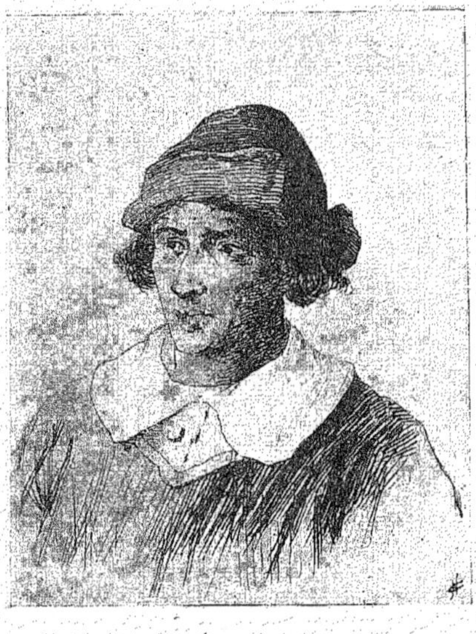

Puis aux *Registres de St-Germain l'Auxerrois* : » Le dict jour (IVe janvier 1670), fut inhumé en l'église de Saint-Paul Marie Hervé, aagée de quatre vingts ans, décédée hier sur les six heures du matin, veuve de Joseph Béjart, bourgeois de Paris, prise rue Frementeau *(sic)*, portée en carrosse en la susd. église par permission *(signé)* Villaubrun son gendre, Louis Béjard, fils de Marie Hervé. »

Le 11 juillet 1638, Marie Hervé avait été marraine à St-Eustache de Françoise, fille illégitime d'Esprit de Rémond de Modène et de Madeleine Béjart, sa fille, née le samedi 3, rue St-Honoré.

M. G. Monval, dans sa *Chronologie Molièresque*, mentionne la mort de Marie Hervé à la date du 9 janvier 1670, l'inhumation à celle du 10, et donne 73 ans (?) à la défunte. L'acte cité plus haut dit 80.

L'église St-Paul, lieu de sépulture de cette famille Béjart, fut démolie en 1796. Mais on peut en voir une vue extérieure dans *Paris à travers les âges*, tome II, quartier de la Bastille, fig. 5. — On y voit également la reproduction de l'ancienne entrée des charniers, fig. 6, de l'intérieur de l'église, fig. 7, et des charniers, fig. 10.

Bibliographie : Jal, *Dict. critique*. — Eud. Soulié, *Recherches sur Molière*. — J. Loiseleur, les *Points obscurs de la vie de Molière*. — G. Monval, *Chronologie Molièresque*.

BEJART, Joseph, l'aîné. (1617-1659). — Fils de Joseph Béjart, huissier audiencier à la grande maîtrise des eaux et forêts et de Marie Hervé, naquit en 1616 ou 1617. Sans pouvoir fixer la date de son début d'une façon précise, l'on peut dire qu'il s'associa à toutes les premières tentatives théâtrales de sa sœur Madeleine. Le 30 juin 1643, sa signature figure au bas du contrat d'association de l'*Illustre théâtre* qui continuait la Troupe des Enfants de famille. Nous savons, à cette date « qu'accord est fait entre Clérin et Joseph Béjard qui doivent choisir alternativement les héros ».

J. BÉJART, l'aîné
d'après Fr. Hillemacher

Il joue donc tour à tour aux Jeux de Paume du faubourg St-Germain, du port St-Paul, de la rue de Bucy. En 1643, son nom se retrouve encore dans un marché passé entre Léonard Aubry, paveur ordinaire des bâtiments du roi et les comédiens de l'*Illustre théâtre*. Et cependant Joseph Béjart bégayait, comme le prouvent divers documents.

C'est d'abord, en date du 14 avril 1644, une promesse d'Alexandre Sorin, médecin de la Faculté d'Angers, à Marie Hervé, de guérir son fils aîné Joseph du bégaiement en 20 ou 24 jours moyennant 200 livres.

C'est ensuite ce passage d'*Elomire*, virulent pamphlet contre Molière :

« Et ne pouvant former une troupe d'élite,
« Je me vis obligé de prendre un tas de gueux
« Dont le mieux était bègue. »

Et ce propos adressé à Madeleine :

« Tes frères ? Qui ? Ce bègue et ce borgne boiteux ».

Cette seconde allusion vise Louis Béjart dont nous nous occuperons plus loin. Il semble donc que le docteur Sorin n'avait pas réussi dans sa cure. Ce défaut le relègua forcément dans les rôles marqués.

Associé à toutes les vicissitudes de la troupe de sa sœur Madeleine et de Molière à travers les provinces, Joseph créa à Lyon le rôle de Pandolfe de l'*Etourdi*. L'année suivante, il profita de la tenue des Etats du Languedoc pour composer un *Recueil des Tittres, qualités, blasons et armes des Seigneurs des Etats généraux de la province du Languedoc, tenus en la ville de Montpellier l'an 1654*. In-f°, Lyon. (L'achevé d'impr. est du 31 juillet.)

Ce livre, qui n'avait d'autre but sans doute que d'attirer la bienveillance sur la troupe dont il faisait partie, fut imprimé à Lyon par Jasserme, et contenait des planches fort coûteuses. Le privilège fut accordé le 14 mai 1655.

Joseph Béjart l'offrit au prince de Conti qui en accepta la dédicace.

Cette même année — 1654 - il joua d'original le rôle d'Eraste dans le *Dépit amoureux*, ce qui lui attira plus tard cette satire dans le pamphlet cité plus haut : Quand on vit

« Mon bègue dédaigneux déchirer les poulets,
« Et ramener chez soi la belle désolée,
« Ce ne fut que... Ah !... Ah ! dans toute l'assemblée. »

Joseph Béjart qui avait réussi avec son premier *Recueil* s'empressa d'en composer un second : c'est le *Recueil des qualités, armes, blasons*, etc., *des Etats généraux tenus à Pézenas en 1655*. Cette fois, nous en connaissons les résultats : le 24 février 1656, il reçut pour cet ouvrage 1,500 livres, et le 16 avril 1657, les Etats du Languedoc lui votèrent encore une somme de 500 livres.

Revenu à Paris avec toute la troupe, il débuta en public dans la grande salle de l'Hôtel du Petit Bourbon, le 2 novembre 1658 (l'*Etourdi*). Mais après avoir été à la peine, il allait disparaître sans assister aux années de gloire. En effet, le samedi 10 mai (et non 11) 1659, Béjart aîné tomba gravement malade. Laissons la parole à Lagrange : La troupe jouant « au Louvre, l'*Estourdy* pour le Roy, M. Béjard tomba malade et acheva son rôle de l'Estourdy (Lélie) avec peyne. » Son mal empira pendant 15 jours, et il mourut le 25, à cinquante et un ans. On l'enterra le 26, à l'église St-Paul. Voici l'acte d'inhumation retrouvé par Jal dans les Registres de St-Germain l'Auxerrois : « Du dict jour (lundi 26 mai « 1659) convoi de cinquante » — prêtres ? — « et quatre » — porteurs — « vespres de Jo- « seph Beygar (*sic*) comédien pris sur le quay « de l'Escholle et porté en carrosse à St-Paul. « Reçu 20 l. »

Le *Registre* de Lagrange nous apprend qu'on fit relâche à cause de cette mort du 21 mai au 2 juin. Molière demeurait alors également sur le quai de l'Ecole, en la maison de l'*Image St-Germain*, celle apparemment où Joseph Béjart mourut.

On fit courir des bruits absurdes sur la fortune laissée en mourant par ce comédien. Ces bruits furent recueillis par Guy Patin qui écrivit à la date du 27 mai : « Il est mort depuis trois jours un comédien nommé Béjar *(sic)* qui avait vingt-quatre mille écus en or. » Ceci est une exagération évidente. Joseph n'avait rien reçu de son père, mort insolvable. Il courait depuis treize ans la province. Mais nous pouvons en déduire que Molière et ses camarades étaient arrivés à Paris en bonne posture et y faisaient honorable figure.

Joseph Béjart, à défaut de richesse, pouvait avoir de sérieuses économies. Ce fut, en tout cas, un honnête homme, un érudit en science héraldique, et un comédien consciencieux.

Mais pourquoi Larousse et le Catalogue Duplessis persistent-ils à l'appeler Jacques ?

Biographie : *Galerie historique des portraits des Comédiens de la troupe de Molière*, par Fr. Hillemacher. — A. Copin, *Histoire des Comédiens de la troupe de Molière*.

Bibliographie : *Lettres* de Guy Patin. — *Elomire Hypocondre*. — *Registre* de Lagrange. — Eud. Soulié, *Recherches sur Molière et sur sa famille*. — Jal, *Dict. critique*. — J. Loiseleur, *Les points obscurs de la vie de Molière*. — G. Monval, *Chronologie Molièresque*.

Iconographie : Bibl. nat. Catalogue Duplessis n° 3802. En buste de 3/4 à gauche, gravé par Fr. Hillemacher, 1857, d'après un petit portrait à l'aquarelle ? — Portrait en buste, peint en grisaille d'après nature ? (n° 6 du Catalogue Soleirol 1861.) Est-il besoin de dire que ces portraits sont d'une authenticité très douteuse ?

BEJART, Madeleine, 1618-1672. — Fille de Joseph Béjart et de Marie Hervé, naquit à Paris sur la paroisse St-Gervais, et fut baptisée le 8 janvier 1618. Elle reçut une éducation assez soignée, mais la famille était nombreuse, les charges lourdes. Elle prit le parti du théâtre. Le 10 janvier 1636 elle achète 4010 livres une petite maison au cul-de-sac Thorigny. Le 28 mai, même année, on achève d'imprimer l'*Hercule mourant* avec un quatrain de Madeleine Béjart.

Le 11 juillet 1638, baptême à St-Eustache de Françoise, fille illégitime « d'Esprit de Rémond de Modène » et de Madeleine Béjart, née le samedi 3, rue St-Honoré. Le parrain : Lhermite de Vauselle ; la marraine : Marie Hervé, mère de Madeleine.

(Esprit Raymond de Moirmoron, (19 nov. 1608-1 déc. 1673,) Comte de Modène, était chambellan du duc d'Orléans, Gaston, frère unique de Louis XIII).

Le 20 novembre 1639, elle est marraine, à St-Sauveur, de sa petite sœur « Bénigne-Madelaine ». L'accord était donc parfait entre Marie Hervé et sa fille Madeleine.

Le 5 juin 1640, marraine encore à St-Sulpice d'un enfant de Robert de la Voypierre, valet de chambre. Ces dates nous permettent de constater sa présence à Paris.

Le 27 janvier 1642, le roi Louis XIII entreprend le voyage de Narbonne où il arrive le

10 février. Une troupe de comédiens donne alors des représentations en Languedoc. Est-ce celle de Madeleine Béjart? Le comte de Modène, compromis dans un complot contre Richelieu, avait abandonné Paris en 1640, pour suivre le duc de Guise.

Est-ce encore en Languedoc que Molière — que l'on suppose avoir suivi le roi à Narbonne en qualité de valet de chambre en remplacement de son père resté à Paris (ce dernier fait est prouvé). — Est-ce en Languedoc que J.-B. Poquelin connut pour la première fois la femme qui devait avoir une si grande influence sur sa destinée ? Pour M. J. Loiseleur qui a étudié à fond ce « point obscur », le voyage de Molière à la suite du roi en 1642, ne fait pas l'ombre d'un doute. Mais il retient aussi que le jeune Poquelin avait déjà connu la famille Béjart à Paris. L'auteur anonyme de la *Fameuse comédienne*, parlant d'Armande Béjart, que le poète épousa le 20 février 1662, ne se gêne pas pour dire « qu'elle était fille de la défunte Béjart, comédienne de campagne, qui faisait la bonne fortune de quantité de jeunes gens du Languedoc dans le temps de l'heureuse naissance de sa fille. »

Le 30 juin 1643, Madeleine Béjart signe devant Me Fieffé, notaire à Paris, l'acte de société qui constitue l' « Illustre théâtre ». — « Madeleine Béjart prendra le rôle qui lui plaira » dit l'acte. Nous rappellerons le nom des dix sociétaires : Denis Beys, Germain Clérin, **J. B. Poquelin,** Joseph Béjart, Nicolas Bonenfant, Georges Pinel, Madeleine Béjart, Madeleine Malingre, Catherine Desurlis, Geneviève Béjart.

Molière demeure rue Thorigny. N'est-ce pas au cul-de-sac Thorigny dans la maison de Madeleine ?

Nous renverrons à l'article *Molière* pour les détails, et nous nous contenterons d'enregistrer ici les lieux de représentations et les dates :

1643 (novembre), Rouen.

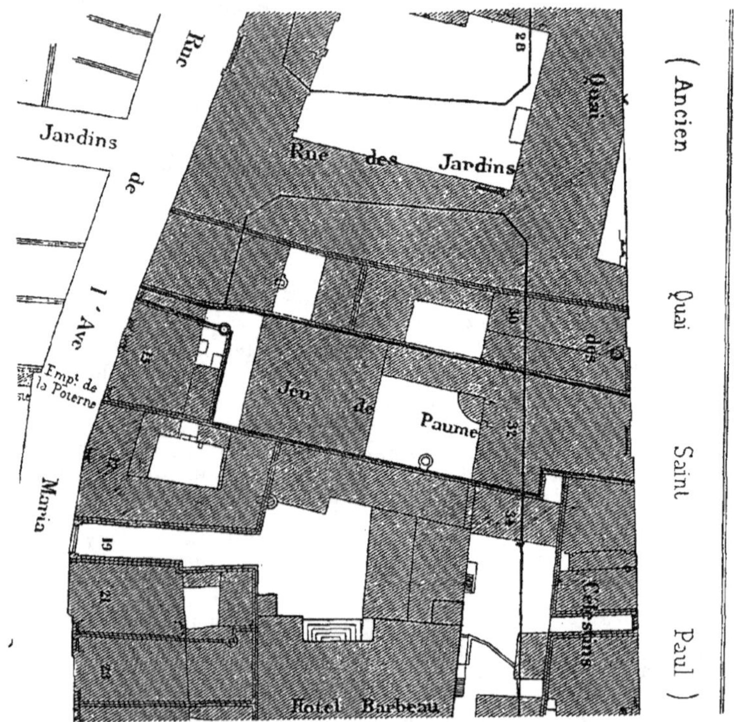

Emplacement du Jeu de Paume de la Croix Noire au Port St-Paul (1645)

1644 Jeu de Paume des Métayers, (faub. St-Germain).

1645 Jeu de paume de la Croix noire (port St-Paul).

1645-46 Jeu de paume de la Croix blanche (rue de Buci).

1648 (avril), Nantes. (Direction Dufresne. Troupe de la Béjart.)

1648 (juin), Fontenay-le-Comte.

1649 (mai), Toulouse.

1649 (26 décembre), Ch. Dufresne et Madeleine Béjart parrain et marraine à St-Paul de Narbonne.

1650 (février), Agen.
1652 (décembre), Lyon.
1653 (février), Lyon.
1653 (septembre), La « troupe de Molière et de la Béjart » étant en Languedoc, est appelée à la Grange-des-Prés, obtient pension et prend le nom de *Troupe de M. le Prince de Conti*.
1653 (10 novembre), Montpellier.
1655 (février), Montpellier.
1655 (14 mars), La troupe reçoit 8,000 livres pour quatre mois de séjour à Montpellier pendant les Etats.
1655 (1er avril), Madeleine Béjart fait un prêt à la province.
1655 (avril), Lyon.
1656 (février), Pézenas. Quittance de 6,000 livres donnée par Molière.
1656 (décembre), Béziers, 1re représentation du *Dépit Amoureux* (rôle de Marinette).
1657 (12 avril), Nîmes. Poursuit le remboursement d'une créance.
1657 (1er juin), Madeleine Béjart cite un sieur Dufort devant la Bourse de Toulouse.
1658 (janvier), Lyon.
— (10 janvier), Dufort paie 3,750 livres à Madeleine Béjart.
1658 (février), Grenoble.
— (1er avril), Dufort se libère totalement.
— (30 avril), Rouen, Jeu de paume des deux Maures.
1658 (10 juillet), Madeleine Béjart, à Rouen, loue pour 18 mois le Jeu de paume des Marais à Paris, et élit domicile à Paris en la maison de Jean Poquelin (père ou frère ?)
1658 (24 octobre), Début au vieux Louvre devant le roi.
1658 (2 nov.), Début en public au Petit Bourbon. On joue les lundi, mercredi, jeudi, samedi.

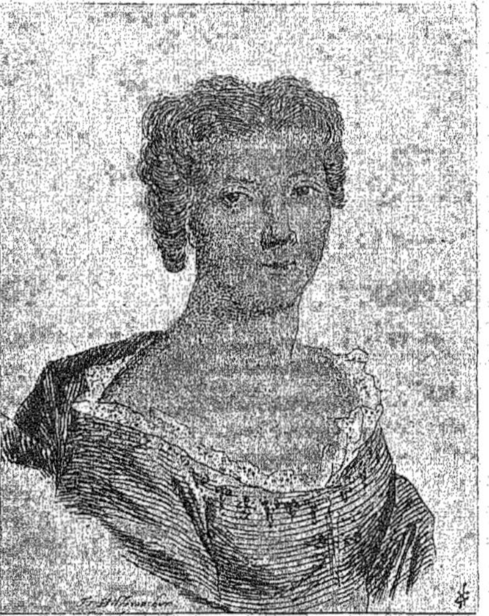

Madeleine BÉJART
d'après Fr. Hillemacher

Qu'était en ce moment « la Béjart ? » Une fort belle femme encore, bien que frisant la quarantaine, rousse de cheveux, tour à tour grave et rieuse.

Grimarest ne la ménage guère : « C'était une femme altière et peu raisonnable lorsqu'on n'adhérait pas à ses sentiments. »

« Vous, lui dit Molière dans son *Impromptu de Versailles*, vous représentez une de ces femmes qui, pourvu qu'elles ne fassent pas l'amour, croient que tout le reste leur est permis ; de ces femmes qui se retranchent toujours facilement sur leur pruderie, regardent chacun du haut en bas, etc. »

La vie de Madeleine Béjart est tellement liée à celle de Molière qu'il est impossible de s'occuper de l'une sans toucher à l'autre ; nous ne voulons cependant mentionner ici que ce qui est plus particulier à la comédienne.

Femme de tête, femme d'affaires, elle le fut depuis le commencement de sa carrière jusqu'à la fin. Quand elle parcourt la province, sa troupe est « la troupe de la Béjart ». Tout disparaît devant elle. Elle est le conseil, le guide de Molière. En toutes circonstances elle tient la caisse. Cependant, depuis Lyon, la jeune Armande (sa fille selon l'opinion publique, sa sœur selon les actes), v. Mlle Molière), accompagne la troupe. Entre temps le poète est devenu amoureux de la Debrie. Et ces trois femmes vivent sous le même toit ! Ce qui fait que Chapelle, écrivant de la campagne à Molière, ne peut s'empêcher de lui donner cet utile conseil, comparant ces trois beautés à Pallas, Junon et Cypris :

Vois par là qu'il n'est pas aisé
D'accorder trois femmes ensemble ?
Fais-en donc ton profit. Surtout
Tiens-toi neutre et tout plein d'Homère,
Dis-toi bien qu'en vain l'homme espère
Pouvoir jamais venir à bout
De ce qu'un grand Dieu n'a su faire.

On peut juger par là des difficultés qu'eut à surmonter le grand homme avant d'épouser Armande. Grimarest, parlant de Madeleine, nous dit : « Elle l'observait de si près qu'il ne put consommer son mariage pendant près de neuf mois. »

L'auteur anonyme de la *Fameuse Comédienne* est d'un avis tout différent. Il nous montre la Béjart déçue dans son amour et poussant Molière à ce mariage par haine de la Debrie, sa rivale.

Fille ou sœur de Madeleine, nous envisagerons plus à fond la question quand nous nous occuperons de *Mlle Molière*. En attendant, constatons qu'Armande reçoit en dot dix-mille livres tournois de la vieille Marie Hervé (qui ne possède pas un sou) et que Madeleine en mourant l'instituera sa légataire universelle.

Reprenons la chronologie :
1660 30 janv. Reprise de *D. Guichot* (Don Quichotte), pièce raccommodée par Mlle Béjart.
1660 28 mai. *Sganarelle* (la suivante).
— 25 juin. Reprise au Petit Bourbon des *Amours de Diane et d'Endymion*, tragédie (rôle de la Lune).
1661 20 janv. La troupe passe au Palais Royal.
1661 4 févr. *Don Garcie de Navarre* (Elise).

1661 7 juin. Achète la Souquette des époux Vauselle 2856 livres.

1661 24 juin. *L'Ecole des Maris* (Lisette).

— 17 août. *Les Fâcheux*, à Vaux.

— 25 » » Fontainebleau.

— 4 nov. » Th. du Palais royal (une naïade).

Si l'on veut savoir à présent comment était Madeleine Béjart à 43 ans, paraissant devant toute la Cour sous le costume d'une naïade, dans le prologue des *Fâcheux*, alors qu'elle sortait d'une coquille au milieu de 20 jets d'eau naturelle, il nous suffira de relire Lafontaine :

> Il en sortit une nymphe gentille
> Qui ressemblait à la Béjart.
> Nymphe excellente dans son art
> Et que pas une ne surpasse.

(Relation d'une fête donnée à Vaux. Lettre à Maucroix, 22 avril 1661.)

L'on a supposé que ce rôle fut tenu par Armande. Mais, outre qu'Armande n'avait pas encore débuté, il eût été difficile de dire d'une jeune fille qu'elle excellait dans son art. Du reste, il suffit de lire les vers suivants et qui se rapportent à la même représentation, pour s'assurer qu'il s'agissait d'une actrice connue et non d'une débutante.

> Peut-on voir nymphe plus gentille,
> Qu'étoit Béjart l'autre jour,
> Lorsqu'on vit s'ouvrir sa coquille
> Tout le monde disait alentour :
> Voici la mère de l'amour.

Et dans la *Vengeance des Marquis :*

— « Il me semble que je suis aux *Fascheux* et que je vois sortir d'une coquille une belle et jeune nymphe.

— « Il me souvient de cette nymphe, répond Ariste : On croyoit tromper nos yeux en nous la faisant voir, et nous faire trouver beaucoup de jeunesse dans un vieux poisson. »

Grâce à cette méchanceté, le doute n'est plus permis.

1661 29 nov. Marraine, avec Molière parrain, de Jeanne, Madeleine, Grésinde Prévost (St-Merry.)

1662 23 janv. Assiste au contrat de mariage d'Armande.

1662 26 déc. L'*Ecole des femmes* (Georgette).

1663 18 oct. L'*Impromptu de Versailles* (Mlle Béjart).

1664 29 janv. *Le Mariage forcé* (1re égyptienne).

1664 20 juin *La Thébaïde* de Racine (Jocaste).

— 9 nov. *La Princesse d'Elide* (Philis).

— 25 nov. Assiste au contrat de sa sœur Geneviève,

1665 4 août. Baptême à St-Eustache d'Esprit Magdeleine, fille de Molière et d'Armande. Parrain : M. de Modène ; marraine : Madeleine Béjart.

1666 2 déc. *Melicerte* (Corinne).

1667 5 août. *Tartufe* (Dorine).

1668 9 sept. *L'Avare* (Frosine).

1669 15 nov. *M. de Pourceaugnac* (Nérine).

1670 4 février, *Les Amans magnifiques* (Cléonice) à St-Germain.

1671 14 févr. Les héritiers de Marie Hervé donnent procuration à Madeleine Béjart.

1671 10 août. Transport de 3.000 livres à Roman Toubel, bourgeois de Paris, prête-nom de Madeleine.

1672 9 janv. Institue par son testament Armande sa légataire universelle.

1672 10 janv. Interruption d'une semaine par suite de sa maladie.

1672 17 févr. Mort de Madeleine Béjart dans sa maison, vis-à-vis le Palais royal. Elle voulut être enterrée à St-Paul près des siens. Nous lisons sur le *Registre* de Lagrange : « Le dix-sept février de la présente année, Mme Béjart est morte pendant que la troupe estoit à Saint-Germain pour le ballet du Roy, où on joua la *Comtesse d'Escarbagnas.* »

Elle fut enterrée, en effet, le 19, sous les charniers de St-Paul. J. B. P. Molière et Béjart cadet, dit l'Eguisé, signèrent l'acte d'inhumation.

Le 12 mars, Molière donna procuration à Armande pour assister à la levée des scellés, et l'inventaire eut lieu du 12 au 17. Un an plus tard, jour du Bout de l'an de Madeleine, Molière mourait.

Englobée dans la gloire de Molière, qui l'effaça, Madeleine Béjart n'a peut-être pas dans l'histoire du théâtre la place qu'elle mérite. Il est certain que sa prodigieuse entente des affaires évita plus d'une fois au poète bien des déboires dès le début de sa carrière. Elle fut le bon génie qui présida à l'éclosion de son œuvre. Femme d'esprit, blessée dans son amour, elle sut encore plus tard faire taire ses rancunes et s'incliner devant le fait accompli. Combien d'autres à sa place n'eussent pas cédé le pas à la jeunesse rivale ! Or bien peu de ses historiens lui ont tenu compte de cette résignation presque surhumaine.

Si nous voulons, à présent bien connaître la femme d'affaires, il nous faut lire ses dernières instructions. Elle veut racheter ses fautes par d'abondantes aumônes et recommande son âme à Dieu. Elle lègue à son frère Louis la moitié d'un terrain situé faubourg St-Antoine, elle lui laisse ensuite, ainsi qu'à Geneviève et à Armande, quatre cents livres de rente viagère ; elle institue cette dernière sa légataire universelle. Pierre Mignard, peintre du roi, est chargé par elle de recueillir ses deniers comptants ; Charles Cardé, trésorier de la chancellerie, est nommé son exécuteur testamentaire. Elle a tout prévu ; elle a indiqué l'endroit de sa sépulture : auprès des siens.

Que laissait-elle ? Outre les propriétés citées, de l'argenterie, des bijoux, des costumes de théâtre et 17,809 livres d'argent comptant, soit environ cent mille francs de notre monnaie.

Biographie : *Galerie historique des portraits des comédiens de la troupe de Molière,* par Fr. Hillemacher. — A. Copin, *Histoire des comédiens de la troupe de Molière*.

Bibliographie : *Elomire hypocondre*. — La *Fameuse Comédienne*. — *Registre* de Lagrange. — La Fontaine, *Relations d'une Fête*, etc. — Paul Lacroix, *Iconographie moliéresque*. — Eud. Soulié, *Recherches sur Molière et sur sa famille*. — Jal. *Dict. critique*. — J. Loiseleur, les *Points obscurs de la vie de Molière*. — G. Monval, *Chronologie moliéresque*, etc.

Iconographie : Il existe un portrait, dit de Madeleine Béjart, ovale, peint en buste, qui fut catalogué dans la Galerie Soleirol sous le n° 41 (1861). Mais l'on sait avec quelle défiance il faut accueillir l'authenticité des portraits provenant de cette collection.

BÉJART, Mlle Geneviève, dite *Mlle Hervé*. — Femme de Loménie de *Villaubrun*, puis femme *Aubry* des Carrières, fut baptisée à St-Paul le 2 juillet 1624. Elle était sœur des précédents. Le 30 juin 1643, sa signature figure au bas du contrat qui nous donne le nom des dix sociétaires qui forment la troupe de l'*Illustre Théâtre*, et par une curieuse coïncidence, ce paveur des bâtiments du roi, Léonard Aubry, qui s'engage à rendre accessible l'entrée du Jeu de Paume où doivent jouer les comédiens, est le même qui, vingt-neuf ans plus tard, assistera au mariage de son fils avec Geneviève Béjart.

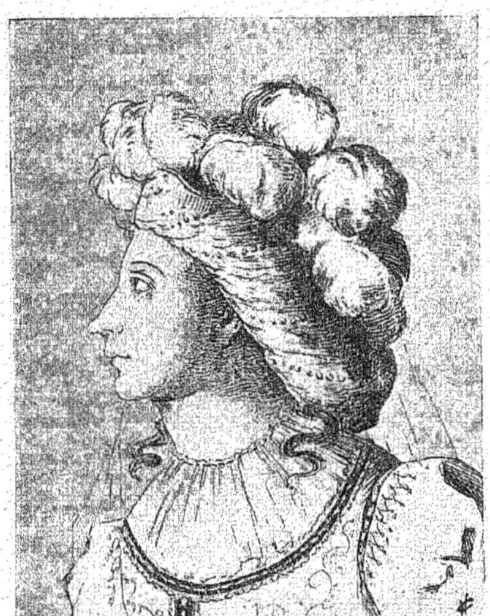

Mlle Geneviève BÉJART, d'après Fr. Hillemacher

A partir de ce moment — 1643 — Geneviève demeura et vécut en commun avec son frère Joseph et sa sœur Madeleine, faisant partie de toutes leurs combinaisons dramatiques, les suivant partout en province. Seulement, pour éviter sans doute la répétition du nom de Béjart, on l'appelle *Mlle Hervé*. C'était, comme on sait, le nom de sa mère. Elle le porte non seulement en province, mais à Paris, où elle vint avec sa famille en 1658, et dans l'*Impromptu* de Versailles (1663), Molière dit très bien en s'adressant à Mlle Hervé : « Pour vous, vous êtes la soubrette de la précieuse, qui se mêle de temps en temps dans les conversations et attrape, comme elle peut, tous les termes de sa maîtresse ».

Le 22 novembre 1664, Mlle Geneviève Béjart, dite Hervé, fit une donation à M. de Loménie et le 25 signa son contrat avec « le sieur Léonard de Loménie », fils d'un bourgeois de la ville de Limoges, qu'elle épousa à St-Germain l'Auxerrois. Ce Léonard demeurait alors rue de la Parcheminerie, paroisse St-Séverin, et Geneviève avec sa famille place du Palais Royal.

Geneviève apporta en dot cinq cents livres tournois en deniers comptants, et trois mille cinq cents livres tournois en habits, linge et meubles. Puis son mari ayant pris le nom de *Villaubrun*, elle fut ensuite désignée sous ce nom.

Ce premier mari mourut vraisemblablement vers la fin de 1671 ou le commencement de 1672, et Geneviève, âgée de 48 ans, signa un nouveau contrat avec J.-B. Aubry des Carrières, fils de ce maître paveur mentionné plus haut. Elle prend alors le nom de *Mlle Aubry*. D'où une grande confusion dans les biographies de cette actrice.

Geneviève Béjart qui s'associa entièrement au sort de sa sœur Madeleine (V. Madeleine Béjart) et à celui de Molière, tant en province qu'à Paris, créa néanmoins peu de rôles dans le répertoire du maître :

Sous le nom de Mlle Hervé : la servante précieuse de l'*Impromptu de Versailles* (1663) et Aristione des *Amants magnifiques* (1670).

Sous le nom de Mlle Villaubrun : Bélise des *Femmes savantes* (11 mars 1672). A partir du 10 janvier 1673, elle toucha une part entière.

Après la mort de Molière, elle passa dans la troupe de Guénégaud, et mourut le 3 juillet 1675.

« Le troisième jour de juillet 1675, nous dit Lagrange, Mme Aubry mourut ; l'on ne joua pas le vendredi cinquième ». D'autre part, le registre mortuaire de St-Sulpice enregistre comme suit son décès : « Le quatrième jour de juillet 1675 a été fait le convoi, service et enterrement de Geneviève Béjart, âgée de quarante-quatre ans, femme du sieur Aubry, paveur ordinaire du roi ». — C'est cinquante et un ans qu'il eut fallu dire. Coquetterie bien excusable chez une femme de théâtre qui avait épousé en secondes noces un mari beaucoup plus jeune qu'elle.

Nous savons, en outre, que ce mari se piquait de littérature, puisqu'il fit représenter les tragédies de *Démétrius* (1689) et d'*Agathocle* (1690). Il mourut en 1692, et se qualifiait de beau-frère de Molière. C'est ainsi qu'il se fit appeler dans la requête signée de lui et adressée à l'archevêque de Paris pour les funérailles du poète. M. Eudore Soulié a découvert, d'autre part, que le 16 août 1673, c'est-à-dire six mois après la mort de Molière, sa veuve, Jean-B. Aubry et Geneviève Béjart avaient loué, pour y demeurer ensemble, une maison sise rue de Seine, appelée Hôtel d'Arras, à côté de la Comédie. C'est là que mourut Geneviève et c'est ce qui explique son convoi à St-Sulpice.

Biographie : Lemazurier, *Galerie historique* (V. Mlle Aubry). — Fr. Hillemacher, *Galerie historique, etc. de la Troupe de Molière.* — A. Copin, *Histoire des Comédiens de la Troupe de Molière.*

Bibliographie : *Registre* de Lagrange. — Jal, *Dict. critique.* — Eud. Soulié, *Recherches sur Molière et sur sa famille.* — J. Loiseleur, les *Points obscurs de la vie de Molière.* — G. Monval, *Chronologie molièresque.*

Iconographie : Eau-forte d'Hillemacher (1868) en buste, de profil à gauche, cost. de th., d'après un ancien dessin au trait? C'est ce portrait que nous reproduisons. Mais, comme pour la plupart des portraits de la Troupe de Molière, il est permis d'en contester les origines.

BÉJART, Louis, le cadet, dit l'*Eguisé*. — Frère des précédents, naquit à Paris en novembre 1630 sur la paroisse St-Gervais (et non St-Merry) où il fut baptisé, âgé de trois semaines (4 décembre). Il rejoignit la troupe de son frère et de ses sœurs, selon toute apparence, dès qu'il fut en âge de rendre des services. On lui confia les troisièmes et quatrièmes rôles tragiques et les rôles de seconds valets. A Lyon, en 1653, c'est lui qui créa le rôle d'Anselme dans l'*Etourdi*, bien qu'il n'eût alors que 23 ans.

A Béziers (1654), il joua le rôle de Valère du *Dépit amoureux*. Il est associé à toutes les entreprises de la troupe (V. Madeleine Béjart) et lorsque Lagrange, dans son *Registre*, fait l'énumération des comédiens qui s'installent au Petit Bourbon (1658), il le désigne par le nom de Béjart cadet, bien qu'il fût connu de préférence sous le surnom de l'*Eguisé*.

Le 6 juillet 1661, il fait baptiser à St-Eustache Dominique, fils de Louis Béjart et de Gabrielle Falletière, rue du Chantre.

Le 28 janvier 1662, il assiste à la signature du contrat de mariage entre Molière et Armande.

Le 25 novembre 1664, il est également présent lorsque Geneviève, sa sœur, signe son contrat avec son premier mari.

Dans la troupe de Molière, il crée d'original :
1663, l'*Impromptu de Versailles*, Béjart.
1664, le *Mariage forcé*, Alcantor.
— la *Princesse d'Elide*, Théocle.
1665, *Don Juan*, Don Luis
1666, le *Misanthrope*, Dubois.
1668, l'*Avare*, La Flèche.
1669, *M. de Pourceaugnac*, Oronte.

En 1668, au moment où il créa le rôle de La Flèche, nous savons qu'il était déjà boiteux : « Je ne me plais point de voir ce chien de boiteux-là » lui dit Harpagon et ceci n'est point une fantaisie, puisque les pamphlets du temps lui reprochent d'être *boiteux* et *borgne !* Cette dernière infirmité est peut-être par dessus le marché. Quoiqu'il en soit, Béjart cadet n'était pas boiteux de naissance, et voici comment l'on raconte la façon dont cet accident lui arriva. Un jour, voulant séparer deux amis qui avaient tiré l'épée sur la place du Palais Royal, il fut blessé à la jambe.

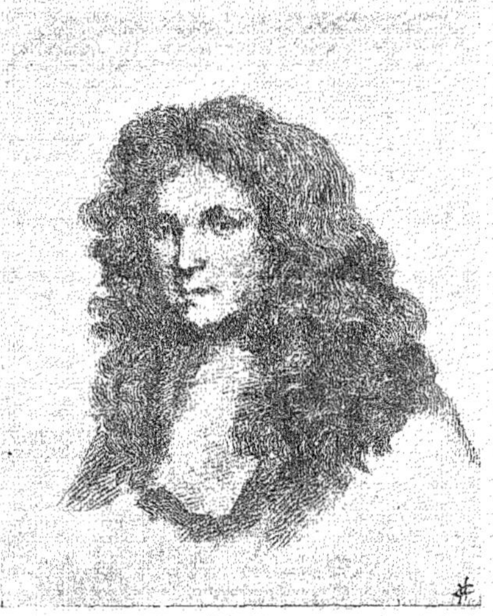
BÉJART le cadet, d'après Fr. Hillemacher

Fort bien. Mais ne serait-ce pas plutôt à la suite d'une aventure beaucoup plus prosaïque, comme il résulte du document suivant retrouvé par M. Campardon : « Plainte de Louis Béjard contre un laquais qui lui avait donné des coups d'épée ». 31 mai 1661. — Arch. nat. Y 13,857. Louis Béjart qui se qualifiait « l'un des comédiens de S. A. Mgr. le duc d'Anjou » avait reçu la veille une blessure à la cuisse droite qu'il avait déjà malade, et le magistrat se rendit pour l'interroger chez « damoiselle Béjard, sa sœur » dans un logis sis au corps de garde, vis-à-vis le Palais Cardinal, où étant monté dans la seconde chambre dépendante du dit logis, il vit Louis Béjart qui lui déclara qu'il avait été frappé par un ancien valet de chambre nommé Gené, dit Grand-Maison, au point de n'avoir pu rentrer chez lui ».

L'aventure perd ainsi en romanesque, mais y gagne en vérité. — D'autres fois, à la suite de ces scènes de désordre si fréquentes au XVIIme siècle, dans les théâtres, il avait des démêlés avec le public, témoin cette autre « plainte de Louis Béjard contre un mousquetaire qui l'avait menacé de son épée ». 23 août 1668. Arch. nat. Y 13,870.

On rapporte à ce propos que Molière ayant obtenu de Louis XIV que les militaires de la maison du roi n'entrassent plus gratis au théâtre, ceux-ci enfoncèrent les portes et assommèrent à moitié les gagistes. Ce fut Louis Béjart qui rétablit le calme. Costumé en vieillard pour jouer dans la pièce qu'on allait représenter : « Eh ! messieurs, s'écria-il, épargnez au moins un pauvre vieillard de soixante quinze ans ! » Et ce trait désarma de suite les forcenés.

Lagrange, dans son *Registre*, ne le nomme jamais que Béjart, mais il est bien certain que ce surnom de *L'Eguisé* lui était resté, comme le prouve le *Registre* de La Thorillière (28 octobre 1663 : « A M. *Lesguisier* (*sic*) du reste d'une *pistolle* fausse, etc. ». Arch. de la Com. fr.

Béjart cadet fut le premier acteur pensionné. « Il y a eu du changement dans la troupe, nous dit Lagrange (clôture de mars 1670) ; le sieur Béjart, par délibération de toute la troupe, a été mis à la pension de 1000 livres, et est sorti de la troupe. Cette pension a été la première établie à l'exemple de celle qu'on donne aux acteurs de la troupe de Bourgogne ; le contrat a été passé par devant Me Le Vasseur, notaire, rue St-Honoré, près la barrière des Sergents, le 16 avril 1670. »

Si l'on ajoute à cette pension de 1000 livres les 400 livres de rente que lui laissa sa sœur Madeleine, et l'argent qu'il put mettre de côté, à l'instar de son frère aîné et de ses sœurs, on peut voir qu'il vivait dans une honnête aisance (soit environ 6000 francs de nos jours). Et cependant à quarante ans, retiré seulement du théâtre à cause de l'accident que nous avons rapporté, Louis Béjart se sentait plein d'activité. Nous savons qu'il demeure alors (1670) rue Richelieu, qu'il a assisté à la signature du contrat (le second) de sa sœur avec Aubry, le 15 sept. 1672 et qu'il s'intitule « ingénieur du Roi ».

A la mort de Molière, il suivit sa famille et alla habiter avec la veuve, sa sœur Geneviève et son beau-frère Aubry, rue de Seine. Mais lorsqu'Armande se remaria avec le comédien Guérin (20 mai 1677) nous ne voyons plus son nom figurer au contrat.

Louis Béjart s'éteignit le 13 octobre 1678. Jal a retrouvé l'acte mortuaire sur les Registres de St-Sulpice : « Louis Béjart, sr de Léguisé, officier au régiment de La Ferté, âgé d'environ quarante-cinq ans, mort le treize, rue Guénégaud, au logis du sr Mécard, marchand chandelier, et ont assisté au dit enterrement Jean-Baptiste Aubry et Isaac-François Guérin, beaux-frères du deffunct. (Signé) Aubry, Guérin ».

Comment un ex-comédien boiteux, et peut-être borgne, pouvait-il être officier au régiment de La Ferté ? N'était-ce pas là un titre honorifique, ou tout simplement un emploi dans les bureaux ?

Biographie : Lemazurier, *Galerie historique*. — Fr. Hillemacher, *Galerie historique, etc. de la Troupe de Molière*. — A. Copin, *Histoire des comédiens de la Troupe de Molière*.

Bibliographie : *Registres* de Lagrange et de La Thorillière. — Eud. Soulié, *Recherches sur Molière et sur sa famille*. — Jal, *Dict. critique*. — Campardon, *Pièces nouvelles sur Molière*.

Iconographie : Bibl. nat. Catalogue Duplessis no 3803, en buste, de 3/4 à gauche, grav. par Fr. Hillemacher, 1857, d'après une miniature du temps. (?)

BÉJART, Mlle, Armande. — V. Mlle Molière.

BEJUY, François. — Turin 1857-64, Bordeaux 1865, Nantes 1867-68, Bruxelles 1869-70, Le Caire 1872-77, Paris 1878, Nantes 1879-80, Paris 1881-82, Bruxelles 1883, Nice 1884, Vichy 1885-86, Oran 1887, Lyon 1888-90, Bordeaux 1891-92, Vaudeville 1893. Sa mort fut annoncée au Rapport de la Société des artistes en 1894. « Artiste très estimé et très apprécié en province, déclara St-Germain, le rapporteur, il a obtenu bien des succès dans des villes de première importance ainsi qu'à l'étranger. A Paris, où il jouait depuis plusieurs années, il n'avait pas eu, par malheur, l'occasion de montrer ses qualités de comédien ; je tenais à le constater. »

Bibliographie : *Annuaires* de la Société des artistes.

BEL, Mme Marie-Louise Baele, dite Marie. — Douai 1878-80, Caen 1881-82, Toulouse 1882-85.

BÉLAMY, Mme. — V. Bellamy.

BELANGER. — Th. des jeunes artistes 1807.

BELCOURT. — Sous ce nom : (on écrit souvent *Belcour*.)

Belcourt aîné, Th. de la Gaîté 1799, puis à Rouen, th. de la République, 19 décembre même année. — Rouen 1800-1802. — Le Hâvre 1802.

Belcourt, jeune, de l'Ambigu comique 1793, en association avec d'autres artistes parisiens, prend la direction du th. de la République à Rouen (1799). Il continue l'entreprise en 1800, et signe les manifestes « Belcourt, Bittmer, Blondin ». La troupe s'intitulait : « Artistes réunis de l'Ambigu comique de Paris. » Mais la salle était mal construite et l'on craignait à chaque instant un incendie. Il y eut des travaux, des visites, des procès-verbaux, des relâches sans fin. Belcourt jeune conserva la direction jusqu'en 1802.

Bibliographie : *Hist. des th. de Rouen*, t. IV, p. 75 et suiv.

Belcourt, Mme, Gymnase 1825. La *Grande*

Biographie dramatique, supplément, n'est pas tendre à son égard. Il la compare à l'éléphant, à la mère Gigogne et au cèdre du Liban du Jardin des plantes. « Le public la supporte et la voit sans plaisir. » Elle remplaçait une excellente duègne, Mme Kuntz. Le Hâvre 1828, th. Seveste 1829, Marseille 1832-33, th. Seveste 1835.

Belcourt, jeune premier rôle, Strasbourg 1825, Dijon 1828, Genève 1829, Dijon 1830, Cirque Olympique 1831, Moulins, Nevers, St-Etienne 1832-33, Perpignan 1835.

Belcourt, Mlle, jeune première. Nîmes 1831.

Belcourt, Chapront, Constant, Joseph dit, âgé de 69 ans en 1863, avec 48 ans de théâtre, reçut une pension de 300 fr. de la Société des artistes. Versailles 1852-64, Tours 1865-70. Ne figure plus à l'annuaire de 1872. Doit être le jeune premier rôle cité ci-dessus.

BELFORT, Burez dit. — Acteur au th. comique et lyrique de la rue de Bondy en 1792 et du th. des Troubadours 1799. Ambigu 1800. Demeurait alors rue Neuve Lepelletier, 2. Agent dramatique. Directeur du th. des Jeunes élèves 1803-06. Ce théâtre donnait ses représentations tantôt rue de Thionville, dans une salle spéciale, tantôt boulevard du Temple, dans la salle des Délassements.

BELFORT. — Sous ce nom :

Belfort, débute au Vaudeville le 11 avril 1817 dans le rôle d'Eugène de la *Partie carrée*.

Belfort, jeune premier rôle dans le mélodrame et le vaudeville, Th. franç. de Bordeaux 1820.

Belfort, premier rôle au Panorama dramatique, 1821. Cette même année (9 mai) joue dans le *Somnambule* à la Porte St-Martin. Gymnase et Porte St-Martin 1822.

Belfort, premier amoureux, Verviers 1825.

Belfort, th. de la banlieue 1826.

Belfort, grandes utilités, Caen, Alençon, Cherbourg 1828.

Belfort, premier comique, Draguignan, Gap, Aix, 1828.

Bellort, premier rôle, Nancy 1829.

Belfort, père noble, Londres 1830, Ambigu comique 1831-32. La *Petite biographie* dit de lui : « Père noble. Met dans la plupart de ses rôles une emphase qui nuit à l'effet qu'il pourrait produire. Il s'est distingué dans celui du marquis de Breteuil du *Collier de la Reine*. » Un acteur nommé Belfort meurt en 1834.

Belfort (ou Béfort), troisième comique, Lille 1832-33.

Belfort. Nouvelle Orléans 1832-33.

Belfort, premier rôle en tous genres, ex-directeur du théâtre de Nîmes, exploitant tous les théâtres libres avec le genre romantique et le vaudeville 1834 ; 1er rôle et directeur th. du Gymnase à Bruxelles 1835.

BELFORT, Mme. — Sous ce nom :

Mme Belfort, jeune première dans le mélodrame et le vaudeville, Bordeaux 1820.

Mme Belfort, actrice du Panorama dramatique, 1821-23. Sous la date de 1824, on lit dans la *Grande biographie dramatique :* « A l'époque où le peintre Allaux avait obtenu un privilège qui l'autorisait à faire, sous le nom de Panorama dramatique, une collection de décors expliqués par deux personnages, il avait choisi Mme Belfort comme capable de remplir avec talent cet emploi important en *chef et sans partage ;* mais, depuis que le privilège a reçu plus d'extension (c'est-à-dire depuis qu'il fut permis de jouer des pièces)..., le directeur a rendu Mme Belfort aux départements qui ne la demandaient pas. »

Mme Belfort, premier rôle, Marseille, 1827-1828.

Mme Belfort, premier rôle, Gap, Draguignan, Aix, 1828.

Mme Belfort, fort premier rôle, Toulouse, 1829.

Mme Belfort, premier rôle, Marseille, 1829.

Mme Belfort, née Delacroix, 1er rôle, troupe ambulante du directeur et acteur Belfort cité plus haut, 1834, et premier rôle au th. du Gymnase, à Bruxelles, 1835.

Il est hors de doute que plusieurs de ces dames Belfort n'en font qu'une seule.

BELFORT-DEVAUX, Pierre, Jean. — Premier rôle de vaudeville aux Funambules, Gaîté 1852-55, Fontainebleau 1856-65. Sa mort fut annoncée au Rapport de 1867 ; le défunt y est qualifié de « doyen des directeurs de la province ».

BELFORT-DEVAUX, Mme. — Gaîté 1852-55, Fontainebleau 1856-59. Ne figure plus à l'Annuaire de 1860.

BELIN, Frédéric. — Premier rôle, mime et grime, régisseur, auteur, th. des Funambules, débuta dans *Jacques trois doigts*.

BÉLISSEN ou Bellissen. — Débuta à la Comédie française une première fois le 18 avril 1757, par le rôle du Grand Prêtre dans *Athalie*, et joua dans *Iphigénie*, *Brutus*, la *Métromanie*, l'*Enfant prodigue*, les *Horaces*, etc., puis le 29 mars 1772 par le rôle d'Arnolphe de l'*Ecole des femmes* et celui d'Oronte de *Crispin rival*. Il joua encore Sganarelle de l'*Ecole des maris*, le 1er avril.

Bibliographie : *Alman. des spect.* 1758 et 1773.

BELLAMY. — Sous ce nom :

Bellamy, rôles de colins, Besançon 1828.

BELLAMY, amoureux à Genève 1829, Douai 1830.

Mme BELLAMY, soubrette à Genève 1829, Douai 1830.

BELLAMY, Mme Maria. — Folies dramatiques 1861, avait été choriste à la Gaîté. Elle se révéla aux Folies dans le rôle d'une poupée dans *Viv' la joie et les pommes de terre*, et de Betzy des *Leçons de Betzy*. On écrivait alors son nom *Bélami*. On lui reconnaissait de la gentillesse, beaucoup d'entrain, une verve incroyable. Elle passa au Châtelet où elle se trouvait en 1863. *(Marengo,* le *Secret de Miss Aurore)*. En 1864, elle se fait appeler *Elisa Bellamy*, reste encore dix ans à ce théâtre et passe à Bruxelles 1874-77.

Bibliographie: Les *acteurs et les actrices de Paris,* par Em. Abraham, 1861.

BELLAMY, Pierre, Eugène, Gustave. — Belleville 1867-69.

BELLANGÉ, Mme. — Actrice à la Porte St-Martin en 1852-53.

BELLANGER. — Acteur à l'Odéon, 1847-48.

BELLANGER, Mlle. — Délassements comiques, 1873.

BELLEAU REMY. — Ne fut pas, à proprement parler, un comédien de profession, mais il figure ici parce qu'il joua dans les pièces de Jodelle. Né à Nogent-le-Rotrou en 1528, il s'attacha à René de Lorraine, marquis d'Elbœuf, le suivit en Italie en 1557, à Naples, etc., fut chargé de l'éducation de Charles de Lorraine, fils de celui-ci. Poète, auteur de deux volumes, Belleau Rémy tint un des premiers rôles dans la *Cléopâtre* de Jodelle, la plus ancienne tragédie classique écrite en français, représentée devant Henri II à l'Hôtel de Reims (1552), puis au Collège de Boncour (v. Jodelle, (de la) Péruse). Belleau Remy mourut à Paris le 6 mars 1577, chez le Duc d'Elbœuf, et fut enterré à l'église des Grands-Augustins. On lui fit cette épitaphe :

Ne taillez, mains industrieuses,
Des pierres pour couvrir Belleau ;
Luy-même a taillé son tombeau
Dedans ses pierres précieuses.

BELLEAVOINE, Mme. — Actrice de la Gaîté en 1803. On lit dans le *Tribunal volatile* de l'an XI : Cette comédienne « a pu avoir quelques succès dans les pièces de l'ancien répertoire qu'elle joue depuis 15 à 20 ans, mais on peut lui conseiller de s'y tenir sans vouloir prétendre briller dans le mélodrame. »

BELLECOUR, Jean, Claude, Gilles, Colson, dit. — (1725-1778), que Larousse appelle *Bellecourt*. Naquit à Paris le 16 janvier 1725. Il était fils de Gilles Colson, peintre de portraits, et de Marthe Duchange, fille du célèbre graveur. Sur l'extrait de baptême tiré des registres de la paroisse St-Etienne du Mont, et reproduit par De Manne *(Troupe de Voltaire)*, le nom est écrit *Colleson*, et la mère qualifiée *Marie*. Après avoir terminé ses études chez les Pères de l'Oratoire, il devint un des bons élèves du peintre Carle Vanloo.

Mais, entraîné par la vocation du théâtre, le jeune Colson dit Bellecour ne tarda pas à partir pour Besançon où il débuta dans une troupe où se trouvait Préville. Fier, orgueilleux, inexpérimenté, le nouveau venu ne doutait de rien. Il se montra en public et fut ridicule. Préville, non sans raison, lui dit quelques vérités assez dures à entendre, et le débutant devint subitement aussi modeste qu'il avait été présomptueux. Il se mit à étudier, acquit la faveur du public, et donna même à Bordeaux une comédie, les *Fausses apparences* (1750). Il se trouvait dans cette ville lorsque Mme de Pompadour et le Maréchal de Richelieu se mirent en tête de le faire venir à Paris et de l'opposer à Lekain, protégé par Voltaire.

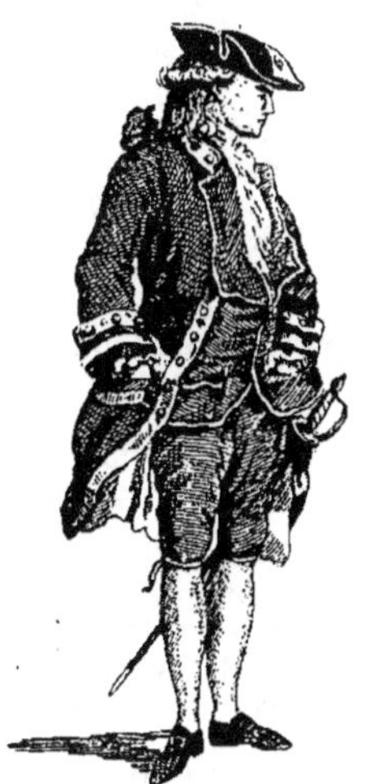
BELLECOUR, Jean
rôle de Valère dans le *Joueur*

Bellecour débuta à la Comédie française le 21 décembre 1750 par les rôles d'Achille d'*Iphigénie en Aulide* et de Léandre dans le *Babillard*. On lui reconnut une jolie figure mais, dans la tragédie notamment, l'échec fut complet, malgré de grandes qualités de diction et d'aisance. L'on décida qu'il avait de « l'intelligence, une expression très pathétique, un geste fort noble, une grande liberté dans les positions de théâtre », mais ces talents étaient balancés par quelques défauts.

Voici en quels termes le *Mercure de France* (février 1751) rendit compte des débuts de Bellecour : « M. de *Belcourt*, acteur de réputation dans la province, débuta à la Comédie française le 21 décembre. Ses rôles de début ont été Achille dans *Iphigénie*, le *Glorieux* (comédie par Destouches) et le *Babillard* (comédie par Boissy); l'*Homme à bonnes fortunes* (comédie par Baron) et le *Français à Londres* (comédie par Boissy); Ariane dans *Mélanide* (comédie par La Chaussée) et Olinde dans *Zénéide* (comédie par Cahusac); le baron dans les *Dehors trompeurs* (comédie par Boissy); son début continue encore.

« On lui a découvert dans la plupart des rôles beaucoup de talent, de finesse, de traits qui lui sont propres. Ce comédien a vingt-quatre ans, une figure charmante, quelques défauts que l'art peut corriger, et beaucoup de dons heureux que la nature seule peut donner et que l'art ne saurait atteindre. Tout Paris court en foule à la Comédie française ; la nouveauté y a sans doute quelque part, mais le talent de M. *Belcour* y en a encore davantage ».

Bellecour, à sa louange, comprit cependant qu'il était insensé de vouloir lutter contre la supériorité de Lekain, dont il devint un des plus fervents admirateurs. Il déclara donc qu'il ne voulait pas être le complice d'une cabale, et fit mine de s'en aller. On le retint. Mais Voltaire ne lui en garda pas moins du ressentiment, et dans sa lettre au comte d'Argental (9 janvier 1751) il constate avec plaisir que Bellecour n'a pas réussi dans la tragédie, malgré « sa belle figure ». Trois ans plus tard, on allait représenter *Nanine;* le duc de Richelieu avait désigné ce comédien pour jouer le comte d'Alban. Voltaire, à cette nouvelle, écrivit immédiatement pour faire retirer le rôle à ce « bellâtre de Bellecour » (10 avril 1754). Le poète, absolument injuste en ce qui concerne Bellecour, n'allait-il pas jusqu'à écrire qu'il ne pouvait concevoir « cette rage de paraître en public quand on déplaît au public » (11 mai 1754). On comprendra pourquoi Bellecour ne fut jamais empressé à accepter un rôle de l'auteur de *Zaïre*, préférant revenir à ses héros préférés, aux marquis de Dancourt, de Sedaine et de Collé.

Bellecour fut reçu à l'essai le 4 novembre 1751, puis nommé sociétaire le 24 janvier 1752. Il était devenu l'ami de Lekain, avait perfectionné ses manières, pris le ton de l'homme de bonne compagnie, et se montrait surtout excellent camarade, n'empêchant pas les autres de faire des effets en scène, et reprenant des rôles au pied levé pour obliger la compagnie. Sa comédie les *Fausses apparences,* dont nous avons signalé plus haut la première à Bordeaux, fut reçue à la Comédie française et convenablement accueillie (un acte en prose, 17 août 1761).

D'une distinction suprême, possédant un geste noble, homme du monde, Bellecour se fit aimer de tous ceux qui l'approchèrent. La Harpe se montra sévère à son égard, tout en reconnaissant ses avantages physiques. Mais on connaît les jugements de La Harpe ! Il lui reproche un jeu sec et froid, une prononciation brusque et dure ; il le compare avec désavantage à Grandval auquel Bellecour avait succédé, et cependant Molé et Fleury, qui s'y connaissaient en ce genre, ne se sont pas montrés si difficiles : « *Bellecourt*, lit-on dans les *Mémoires de Fleury*, exact et épluché, prononçant bien, prosodiant bien, et ne laissant échapper aucun vers incorrect, se serait fait pendre avant de faire rimer un singulier avec un pluriel ; mais il jouait moins ses rôles qu'il ne les dissertait ; en l'écoutant, les artistes avaient plus à profiter que le public à se plaire. Il avait pourtant une excellente qualité que l'on ne saurait trop louer, c'était d'écouter parfaitement et de servir de même le comédien qui se trouvait avec lui en scène. Le premier de tous d'ailleurs, dans une nuance dont on ne peut plus se rendre compte, on ne saurait imaginer de quelle façon noble et élégante Bellecourt abordait et saluait une femme ».

> Dans son rôle, quand Bellecour
> Feint d'être amoureux de l'actrice,
> En secret quelque spectatrice
> Souvent lui promet du retour.

disait l'*Almanach des Spectacles* de l'an 1758.

Pendant une carrière de 28 ans, Bellecour créa, entre principaux rôles, ceux qui suivent :

1754, Dainval dans les *Méprises.*
1755, Mécène dans le *Triumvirat.*
1757, Pylade dans *Iphigénie en Tauride.*
1758, St-Albin, dans le *Père de famille*
1760, Lorédan dans *Tancrède.*
— Le marquis dans les *Mœurs du temps.*
1761, Le marquis dans le *Financier.*
— Cléon dans le *Rival par ressemblance.*
1762, le baron dans le *Tambour nocturne.*
1763, Mylord Brumton, l'*Anglais à Bordeaux.*
1763, Verville, le *Bienfait rendu.*
1764, Antigone, *Olympie.*
— Monck, *Cromwell.*
— Arnold, *Guillaume-Tell.*
— Lord Clarendon, *Eugénie.*
1768, Valsain, les *Fausses infidélités.*
— Le marquis, la *Gageure imprévue.*
1771, Dorval, le *Bourru bienfaisant.*
1774, Sully, la *Partie de Chasse.*
1775, Almaviva, le *Barbier de Séville.*

Et cependant, le créateur d'Almaviva (23 janvier 1775) écrit le 21 août à Grandménil qui se trouvait à Bordeaux : « Avez-vous enfin lu le *Barbier*... Cela m'a paru faible et de mauvais goût ». L'*Amateur d'autographes* n° 264. Il y avait été exquis.

1776, Dépermont, le *Malheureux imaginaire,* etc., sans compter d'importantes reprises, telles que le *Joueur*, le *Distrait,* le *Chevalier à la mode*, le Marquis de *Turcaret*, l'*Aveugle clairvoyant,* etc.

Bellecour, qui était instruit, avait été plusieurs fois chargé par ses camarades de rajeunir quelques pièces du répertoire de Dufresny, Destouches, Baron, Brueys, Hauteroche. Il avait été convenu aussi qu'il répondrait en leur nom, article par article, au *Mémoire des auteurs dramatiques.* (*Mémoires Ms. du sieur de Bellecour en réponse au Mémoire des auteurs*, arch. de l'Etat). Et lorsque Lekain mourut (8 février 1778), au moment même où Voltaire revenait à Paris, après trente ans d'absence, ce fut encore lui qui, devenu le doyen de la Comédie par suite de cette mort, dut prendre la parole et souhaiter la bienvenue au « patriarche de Ferney ». On raconte que l'émotion et les larmes l'empêchèrent de parler : « Monsieur, balbutia-t-il, en faisant allusion à la mort du grand tragédien, vous voyez les restes de la Comédie française ».

Bellecour, pensionné de 1000 livres depuis 1767, avait voulu se retirer en 1769, mais le maréchal de Richelieu s'y était opposé. En septembre 1777, il écrivait une lettre à un sieur Des Entelles (?) où il se plaignait des mauvais procédés de ses camarades, procédés qu'il avait signalés au maréchal de Richelieu. Il ne se dissimule pas que son zèle pour la compagnie et ses sacrifices d'amour-propre sont regardés par les autres artistes comme des preuves de faiblesse et d'imbécillité. « Quand je me prête à faire ce qu'ils ne feroient pas à ma place, c'est par probité que je le fais. Je crois que cent écus de plus à la recepte sont des objets très prétieux pour ceux qui n'ont pas leur part et que c'est un vol que je leur fais lorsque je les prive de ce que cela leur procure. Bête et honnête est un terme sinonime pour bien des gens ». La place de premier qu'il occupe est un objet d'envie et il voit qu'il est temps de la céder. — Cette lettre qui avait fait partie de la collection d'autographes A. Bovet nº 1349, fut remise en vente en 1902 et adjugée 52 francs.

Bellecour mourut le 19 novembre 1778 et Préville, dans une lettre au *Mercure* (18 janvier 1779) apprécia hautement les qualités de son camarade défunt. Il l'avait remplacé comme doyen, fonctions que Bellecour n'avait pu exercer que dix mois.

Bellecour avait épousé Mlle Beauménard (V. Mme Bellecour), le 26 janvier 1761, mais cette union ne fut heureuse que jusqu'en 1769, époque à partir de laquelle les époux vécurent séparés. Vers la fin de sa vie, bien qu'il ne fut plus jeune, il s'était vivement épris de Mlle Vadé, fille du poète de ce nom : « Avant de lui sacrifier sa vie, dit Grimm, il lui avait sacrifié sa fortune, et ne laissa pas même de quoi se faire enterrer. » Mlle Vadé (V. ce nom) qui avait débuté à la Comédie française le 3 mars 1776, mourut le 17 janvier 1780, à l'âge de 22 ans.

Bellecour habita successivement : rue de Tournon, vis-à-vis l'hôtel de Nivernois 1761-1769, au coin de la rue du Petit-Bourbon « dans la maison neuve » 1770 ; au coin de la rue du Braxe, près la foire St-Germain, 1771 ; au coin de la rue du Petit-Bourbon, 1772.

Biographie : Lemazurier, *Galerie dramatique.* — De Manne et Ménétrier, *Troupe de Voltaire.* — G. Monval, *Liste alphabétique des sociétaires.*

Bibliographie : *Mercure de France,* 1751, *Lettres de Voltaire.* — Grimm. — La Harpe. — *Mémoires* de Préville. — *Mémoires* de Fleury, t. I, p. 229. — J.-J. Olivier, *Voltaire et les comédiens.*

Iconographie : Comédie française, nº 204 du catal. de G. Monval, Bellecour dans le *Joueur* (Valère), gouache h. 0,09, l. 0,07, par Fesch, 1776. Nº 429 id., Paulin, Bellecour et Préville (Thibaut, Dorante et Frontin), du *Somnambule,* gouache h. 0,10, l. 0,12 de la suite Fesch-Whirsker.

Une gravure en couleur de la série des Janinet (petits costumes), Bellecour dans le *Retour imprévu,* reproduite presque exactement dans les *Souvenirs et regrets du vieil amateur dramatique.*

Dans cette suite, Fesch, Basle, Whirsker, se trouvent :

Bellecour dans Valère du *Joueur,* déjà cité.
» » Philoctète d'*Œdipe.*
» » Le Marquis, le *Tambour nocturne.*
» » Ariste, le *Procureur arbitre.*
» » Almaviva, le *Barbier de Séville.*

BELLECOUR, Mme, Rose, Perrine (Pétronille sur l'acte mortuaire), Le Roy de la Corbinaye (ou Corbinais), dite *Beauménard* puis dame. — Naquit à Lamballe le 20 décembre 1730 et passa pour être la fille d'un très médiocre comédien, nommé Beauménard (V. ce nom), qui la fit débuter, presque enfant, à la Foire St-Germain, le 31 mars 1743, par le rôle de Gogo dans le *Coq du Village,* de Favart. Cette pièce obtint une vogue extraordinaire, et valut à sa principale interpréte le surnom de *Gogo.* Mais le bail de l'entreprise Monnet ayant expiré en 1744, il fallut reprendre le chemin de la province.

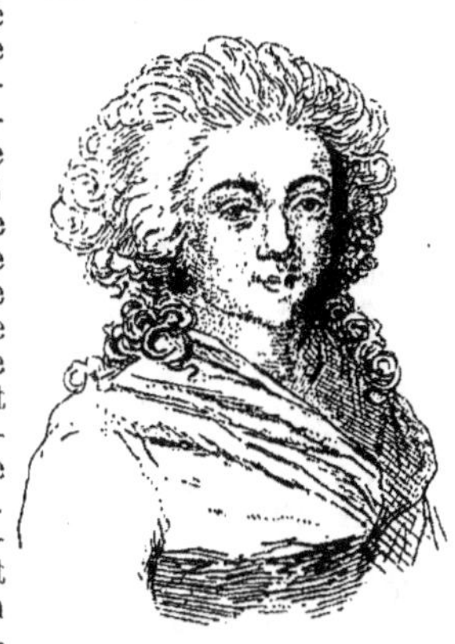
Mme Rose-Perrine BELLECOUR d'après l'eau-forte de Henri Lefort

Et pour en finir avec son origine, nous rappellerons que les registres de la paroisse St-Jean, à Lamballe, la désignent fort bien comme « fille légitime de noble homme François Michel Le Roy, ancien capitaine d'artillerie, et de damoizelle Roze, Françoise Bouillard de Bois-David, sieur et dame de La Corbinais, etc. » Reste à savoir comment cette enfant était venue dans une troupe de comédiens de campagne ?

Après quelques pérégrinations, nous retrouvons Mlle Beauménard dans la troupe dramatique que le Maréchal de Saxe trainait à sa suite dans les camps afin de distraire ses soldats. Puis, après un essai infructueux à l'Opéra, la jeune fille débuta le 11 mars 1749 à Versailles, devant la Cour, dans les rôles de Finette des *Ménechmes* et de Claudine de *Colin-Maillard.* Elle plut, et parut à la Comédie française le 17 avril suivant. Ses rôles de début furent ceux de Dorine de *Tartufe* et de Marton du *Galant jardinier.* Son succès fut très grand, presque unanime, en dépit des sarcasmes que ne lui ménagea pas Collé. Ses contemporains vantent sa figure charmante, ses traits vifs, gais, animés, son organe franc et sonore ; bref, elle sut se faire apprécier, même à côté de Mlle Dangeville.

Clément, dans ses *Nouvelles littéraires*, s'exprime ainsi sur son compte : « On lui reproche de porter une main un peu grosse au bout d'un bras assez long ; mais sa taille est déliée ; de petits yeux ronds, un nez carré, une lèvre relevée et une mine charmante, voilà ce qui fait les grandes passions. » Mlle Beauménard en inspira sans doute beaucoup, si bien que le fermier-général Daugny lui sacrifia une partie de sa fortune. C'est pour elle qu'il fit construire ce magnifique hôtel qui abrite aujourd'hui la mairie du IXme arrondissement, rue Drouot.

Le *Calendrier historique* pour 1753, p. 26, ne peut s'empêcher de s'écrier à son tour :

Toi qui fais si bien la suivante,
Je juge à ton tendre regard
Qu'on te prendrait bien, Beauménard,
Pour une maîtresse charmante.

En 1756, Mlle Beauménard, qui menait un train princier, quitta la Comédie « pour raisons de santé » mais ne sut pas conserver la fortune acquise. Elle fit, dit la chronique scandaleuse, tant d'infidélités à son fermier-général, que celui-ci se sépara d'elle avec éclat. Le 26 janvier 1761 elle épousa son ancien camarade Bellecour et se fit réintégrer à la Comédie le 1er juillet suivant, en tenant compte de son ancienneté (1749), par ordre du Maréchal de Richelieu. C'est alors qu'elle changea son nom de *Beauménard* contre celui de Mlle Bellecour. Elle demeura rue de Tournon avec son mari, mais en 1770, la rupture est déjà un fait accompli. Elle va demeurer rue Traversière, puis rue St-Thomas du Louvre 1771, cul-de-sac St-Thomas id. 1772-73, rue de Richelieu 1774-76, rue de Bellefont 1777-1782. — En 1783 elle revient habiter dans un ancien domicile de son feu mari, rue de Tournon, au coin de la rue du Petit Bourbon, où elle reste jusqu'en 1788. Nous la retrouvons ensuite place du Théâtre français (Odéon actuel), au Pavillon Corneille (1789-1791). Depuis 1781, elle était la plus ancienne actrice de la Comédie et jouissait d'une pension royale de 1,000 livres, portée ensuite à 2,000 et à 3,700 au total, lorsqu'elle se retira le 31 mars 1791. Depuis le 15 avril 1753, elle jouissait aussi d'une singulière faveur : du droit (avec Brizard) de construire des boutiques sous les Galeries de la Comédie française (Odéon actuel). Arch. nat. carton O¹ 1706. Arch. de la Couronne, ancien régime, 9 dossiers. Nous savons également qu'en 1787, Mme Bellecour avait sa loge au premier étage, n° 4.

Mme Bellecour, pendant sa longue carrière, brilla dans quelques rôles comme ceux de la Lisette du *Légataire universel*, de la fausse Comtesse de l'*Epreuve réciproque*, Zerbinette des *Fourberies de Scapin*, Nicole du *Bourgeois gentilhomme*. Son hilarité se communiquait à la salle. Mais les *servantes* de Molière lui convenaient mieux que les *soubrettes* musquées de Marivaux. Elle savait surtout se costumer conformément à l'esprit du rôle, chose assez rare à cette époque. — Grimm et d'autres chroniqueurs prétendent qu'elle collabora d'une façon anonyme à quelques pièces. Elle créa notamment les rôles de Lisette du *Cercle* (1762), Julie de la *Gageure imprévue* (1768), Marton du *Bourru bienfaisant* (1771), Mme de Martigues de l'*Amant bourru* (1777), Marceline du *Mariage de Figaro* (1784).

De mauvais jours guettaient cependant l'artiste vieillie, car la désunion des comédiens français et la chute de la royauté amenèrent la suppression des pensions. Au commencement de l'an VII, Sageret, alors administrateur de la Comédie française, cherchait à attirer la foule. Il demanda à Mme Bellecour de bien vouloir remonter sur la scène. Elle reparut alors au Théâtre Feydeau, le 18 décembre 1798, dans ce rôle de Nicole où elle triomphait vingt ans auparavant ! La déception fut grande. L'âge et les infirmités avaient paralysé la verve de la comédienne, et ces représentations n'eurent pas de suite. Absolument ruinée, ne touchant plus sa pension par suite des évènements politiques, ne subsistant que grâce à quelques secours qu'elle recevait d'un de ses frères qui ne l'abandonna point à son lit de mort, Mme Bellecour succomba dans une humble mansarde de la rue Barbette, le 5 août 1799.

Biographie : *Almanach des spectacles*, 1799, p. 52. — Lemazurier, *Galerie historique*. — E. D. De Manne, *Troupe de Voltaire*. — G. Monval, *Liste alphabétique des sociétaires*.

Bibliographie : *Mémoires* de Collé. — Grimm. — *Almanachs des spectacles*. — P. Porel et G. Monval, l'*Odéon*, t. I.

Iconographie : Comédie française, catalogue G. Monval, n° 130, Mme Bellecour jouant de la harpe. Peinture toile h. 0,67, l. 0,53, auteur inconnu. Offert en février 1818 par Mlle Adèle Pourrier, petite-fille de M. de Cormeille, caissier du théâtre.

Eau-forte, en buste, de H. Lefort, dans la *Troupe de Voltaire*.

BELLECOUR, Mme. — Actrice de grand talent, fut remplacée à Rouen, vers 1816, dans les rôles de duègne, par Mme Bras. En 1831, il y avait au Hâvre une première duègne du nom de Bellecour.

BELLECOUR. — Père noble à Calais en 1838.

BELLECOUR, Etienne Berne dit. — Liège 1853, Bordeaux 1854-58, th. lyrique 1859, Déjazet 1860. Sa mort fut annoncée au Rapport de 1862.

BELLECOUR Mme, Rosine Berne dite. — Ingénue, Liège 1853, Bordeaux 1854-56.

BELLECOURT, Etienne. — Marseille 1849.

BELLEFLEUR. — Surnom d'un comédien de la troupe de Mondory, au Marais.

BELLEFLEUR, Mlle Béatrice. — Bayonne 1877-78, Montauban 1879, Paris 1880, Rouen 1881-83.

BELLEMENT. — Th. des Troubadours 1800, th. de la République, Rouen 1800-01.

BELLEMENT, Mme. — Porte St-Martin 1805-1807. *L'Opinion du parterre* 1806, en parle comme d'une soubrette fort médiocre. En 1812, elle était au Cirque Olympique. Jouait les duègnes en 1832-33.

BELLEMIN, Jean-Pierre. — Alger 1849, Orléans 1850-53, Bruxelles 1859-60, Nancy 1861, Amiens 1862, Reims 1863, Roubaix 1864, Rouen 1865-67, Ile de la Réunion 1868, Port-Louis 1869, Nérac 1870-73, Agen 1874-75, Paris 1876-77. Sa mort fut annoncée au Rapport de la Société des artistes en 1878.

BELLEMIN, Mme née Rose Hurtel, dite aussi *Armand*. — Troyes 1849, Orléans 1850, Batavia 1852-54, Paris 1855-57.

BELLEMONT, J.-B. Colbert de Beaulieu dit. — (1728-1803). Naquit à Breteuil, en Picardie, le 21 juillet 1728, fit ses études, et commença par jouer la comédie en province. Il avait donc près de quarante ans quand il se présenta devant le public de la Comédie française le 14 mars 1765 dans le rôle de Cléante de *Tartufe*, où il fut assez mal accueilli. Sans se décourager, il continua à tenir l'emploi des confidents tragiques et des utilités. En 1770, il reprit la succession de Paulin dans l'emploi des paysans. On le trouva meilleur que son prédécesseur, à cause de son naturel, et dès ce jour il fut classé. Sa naïveté plaisait dans les rôles de Lubin des *Fausses Confidences*, de Pierrot du *Festin de pierre;* il jouait ce dernier rôle encore avec succès à 70 ans. Reçu sociétaire le 1er août 1778, il considéra cette nomination comme une faveur. En 1784 (27 avril), ce fut lui qui créa le rôle d'Antonio du *Mariage de Figaro*.

Lors des divisions intestines qui éclatèrent à la Comédie à l'occasion des représentations de *Charles IX*, Bellemont signa, en qualité de semainier, au bas de la délibération des comédiens et de leur lettre au maire de Paris. Le Comité, persistant dans sa décision de ne plus communiquer avec Talma, ce fut encore Bellemont qui fut chargé avec Vanhove d'aller porter le nouveau refus au Conseil de ville. (*Extrait du Registre du Conseil de ville*, le 24 sept. 1790.) Plus tard, aux moments troublés de la Révolution, alors que, bon citoyen et homme modeste, il eût pu se soustraire à toute poursuite, il réclama pour lui l'honneur d'être emprisonné avec ses camarades. Arrêté le 3 septembre 1793, pour avoir eu l'honneur de faire partie de la Comédie française, il fut enfermé aux Madelonnettes, puis le 25 décembre transféré à Picpus. Il ne fut sauvé, ainsi que la plupart de ses camarades, que par le dévouement de La Bussière (V. Labussière), et ne recouvra sa liberté qu'après le 9 thermidor.

Bellemont prit sa retraite le 4 fructidor an IX (22 août 1801) et mourut à Paris le 23 pluviose an XI (12 février 1803). On cite de lui ce mot à un prêtre qui était venu l'assister : « Nous ne sommes pas bien ensemble ; ce n'est pas que je vous veuille du mal, mais vous m'avez excommunié je ne sais trop pourquoi ; je n'ai fait de mal à personne ; j'ai fait tout le bien que j'ai pu ; voyez, Monsieur, si cela vous convient. »

Bellemont habita successivement : rue des Francs-Bourgeois 1766-1770, rue des Fossés M. le Prince 1771-1775, rue d'Enfer 1776-1779, rue des Saints-Pères, près la Croix Rouge 1780-1782, id. au coin de celle de Grenelle 1783-1787, rue de Grenelle, au coin de celle des Saints-Pères, nº 14, 1788-1800.

L'*Année théâtrale*, almanach pour l'an XII, ajoute à une courte notice le concernant : « Jamais personne ne fut plus exact, plus soigneux dans ses rôles, dont il tirait toujours parti sans les faire sortir de leur place. Ceux qui le connaissent s'accordent à faire l'éloge de sa moralité, de sa probité de sa modestie. »

Biographie : L'*Année théâtrale*, an XII. — Lemazurier, *Galerie historique*.

Bibliographie : L'*Espion des coulisses*, an VIII. — P. Porel et G. Monval, l'*Odéon*, t. I. — A. Pougin, la *Comédie française et la Révolution*, p. 36.

BELLEMONT, acteur à Rouen 1787-89. — Jusqu'au dimanche des Rameaux 1789, aux appointements de 2,000 livres. En 1796-97, il y avait encore un Bellemont, second comique, au th. de la République à Rouen.

Bibliographie : *Hist. des th. de Rouen,* t. I, p. 179, t. IV, p. 52.

BELLEMONT, Mme Sophie. — V. Mme Belmont.

BELLEMONT, Mlle, première soubrette, Grand Théâtre de Marseille 1830.

BELLEMORE. — Surnom d'un comédien du XVIIme siècle, plus connu sous le nom du « Capitan Matamore ». C'est Mondory qui fit venir ce comédien au Marais, d'où il passa, croit-on, à l'Hôtel de Bourgogne, car chaque théâtre avait alors son « Capitan. » En 1633, à l'Hôtel de Bourgogne, figure un « Capitan » dans la *Comédie des Comédiens* de Gougenot. Peut-être fût-il aussi le « Capitan » de l'*Illusion comique* de Corneille. Mareschal, auteur du *Véritable Capitan Matamore* (1637-38) écrit :

« J'ai tâché de peindre au naturel ce vivant Matamore du Théâtre du Marais, cet original sans copie, ce personnage admirable. »

En 1674, selon Chappuzeau (*Th. français* p. 207), Bellemore n'était plus au théâtre et l'avait même quitté depuis assez longtemps (Tallemant des Réaux). Reste à savoir quel était ce Bellemore qui signa comme témoin au mariage d'Etienne-Michel Baron fils, le 2 mars 1696 *(Dict. de Jal)*. M. V. Fournel semble croire qu'il s'agit toujours du même. Il faudrait alors admettre qu'il eût eu plus de 80 ans.

Iconographie : Comédie française. Catalog. G. Monval, 150. Tableau des farceurs en 1670. Le Capitaine Matamore (Bellemore). Fut gravé avec dixain (Huret inv. Rousselet f. Mariette excud.).

BELLE-OMBRE. — Surnom d'un comédien qui figurait dans la *Comédie des comédiens* de Scudéry, donnée au Théâtre du Marais en 1634 (Troupe de Mondory).

BELLERIE, Frédéric. — Jouait dans les scènes dialoguées aux Funambules.

BELLERIVE, Paul. — Amoureux comique, débuta aux Funambules dans le *Chat botté*.

BELLERIVE, Mlle Léontine. — Soubrette aux Funambules.

BELLEROCHE. — V. Poisson père.

BELLEROSE, Pierre Le Messier dit. — Comédien de l'Hôtel de Bourgogne (1629), puis chef et orateur de la troupe; un des meilleurs acteurs tragiques sous Louis XIII. En 1629, Pierre le Messier, dit Bellerose, est un des signataires de la Requête au Roi des comédiens de la troupe royale contre les confrères de la Passion qui « s'attribuent le dict lieu nommé l'Hostel de Bourgogne ».

En 1634, Pierre le Messier est qualifié « comédien du Roy » dans divers actes cités par Jal.

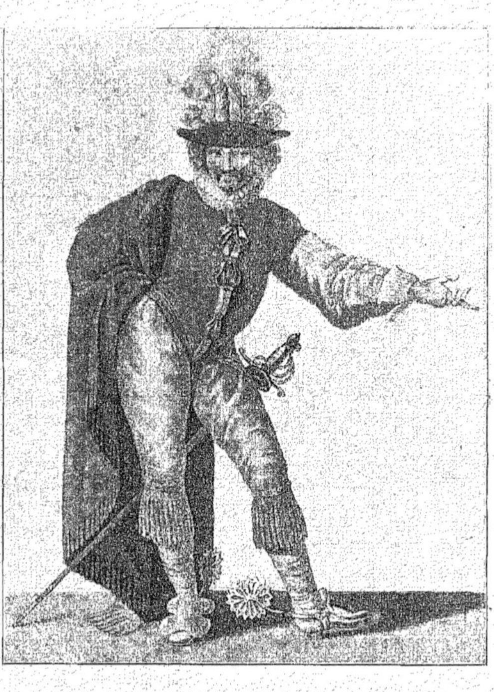

BELLEMORE (Le Capitan Matamore) d'après Huret

Ce Capitan plein de boutades
Estalant en rodomontades
Sa grand-valeur aux assistans
A tant d'artifice et de grâce
Qu'il vous fait en la moindre farce
Rire et trembler en même tems.

L'auteur d'une lettre sur la *Vie et les ouvrages de Molière et les comédiens de son temps* dit que l'on croit qu'il joua d'original le rôle de *Cinna* : « Il étoit, ajoute-t-il, en grande réputation sous le cardinal de Richelieu. On n'avoit encore vu de si parfait comédien de la troupe royale, dont il étoit l'orateur. Il annonçoit de bonne grâce, parloit facilement, et ses petits discours faisoient toujours plaisir à entendre, par les traits nouveaux dont il prenoit soin chaque jour de les orner. Floridor luy succéda dans cet emploi. Il a joué le rôle du *Menteur* d'original. Le cardinal de Richelieu luy avoit fait présent d'un habit magnifique pour le jouer ».

Scarron, dans son *Roman comique*, fait dire à La Rancune que ce comédien était trop affecté.

On lit, d'autre part, dans les *Mémoires du cardinal de Retz*, que Mme de Montbazon ne pouvait se résoudre à aimer M. de La Rochefoucault parce qu'il ressemblait à Bellerose qui avait l'air trop fade. On croit qu'il se retira vers 1643, époque de la venue de Floridor, et cependant son nom figure dans l'*Imprécation comique* (1649) comme s'il était encore à la scène. Il mourut en janvier 1670, fort honoré et fort bon chrétien. Sa sœur avait épousé Ducroisy, le camarade de Molière, dont elle eut deux filles : Angélique Gassaud-Ducroisy, qui devint veuve de Paul Poisson (V. Ducroisy, Poisson) et N. Gassaud-Ducroisy, morte jeune encore, en janvier 1670.

Robinet, auteur de la *Gazette en vers* dédiée à Madame (Henriette d'Angleterre) a parlé de la mort de Bellerose suivie de près de celle de l'une de ses nièces (une des filles de Ducroisy) :

25 janvier 1670.

Mais, hélas ! à propos de rose,
Le célèbre de Bellerose
Qui jadis au fameux hôtel
Fut un si ravissant mortel,

Dedans ses rôles de tendresse,
Où chacun l'admirait sans cesse,
A succombé dessous les traits
De cette Reine des squelets
Mais par d'heureuses destinées
Chargé tout ainsi que d'années,
De tant de mérites chrétiens.
. . . .
J'ajoute, non sans pester fort,
. . . .
Qu'elle (la mort) a même enlevé la niece
Du dit deffunt traitreusement,
En vingt-quatre heures seulement,
Quoiqu'elle fut et jeune et belle,
Et faite d'aimable modèle.
Mon Héroïne (Madame) maintefois
A sa toilette, à haute voix,
L'a mesmement préconisée,
Louée, estimée et prisée,
Et certe elle avait des appàs
Qui valoient bien qu'on en fit cas.

Biographie : Lemazurier, *Galerie historique*.

Bibliographie: les frères Parfaict, *Hist. du Th. français*, t. III, p. 266. — Robinet, *Gazette en vers*. — *Mercure de France*, mai 1740, p. 847.

BELLEROSE, Mme. – Femme du précédent, la meilleure comédienne de son temps, selon Tallemant, ou actrice d'un talent ordinaire, selon d'autres, fut comprise dans le nombre de celles qui restèrent à l'Hôtel de Bourgogne, lors de la réforme de 1634. Elle se retira avec une pension en même temps que son mari, et vivait encore en 1674.

Lemazurier raconte que Benserade, âgé de 23 ans, en devint si éperdument amoureux, qu'il quitta pour elle la Sorbonne où il étudiait, et l'état ecclésiastique auquel ses parents le destinaient. Raymond Poisson était tenu de lui faire une pension annuelle de 1000 livres, on n'a jamais su pourquoi, ce dont il se plaignait en ces termes dans les *Stances au Roi* :

Oui, Sire, donner tous les ans
Mille francs à la Bellerose,
C'est trop pour moi, j'ai six enfants,
Grand Roi, donnez-en quelque chose.

Biographie : Lemazurier, *Galerie historique*, t. II.

BELLERIVE, Mme. — Duègne, Amiens 1828, Bologne 1829-31.

BELLERIVE, Mlle Victorine. — Jeune première, Boulogne 1829, Nord et Pas-de-Calais 1832-34. Un Bellerive était chef d'orchestre dans la même troupe.

BELLERIVE, Mme, Anaïde, Louise Selmy. — Rennes 1849, Gand 1850, Bruxelles 1852-54, Lille 1855-56, La Haye 1857, Genève 1858-59.

BELLERIVE, Mme Léontine Sanse. — Le Mans 1852-53, Gand 1854-55. Toulouse 1856, Tournay 1857-58, Paris 1859-65, Belleville 1867, Th. St-Pierre 1868-76.

BELLET, Emile. — Porte St-Martin 1875-79, Liège 1880-90, Namur 1891-1901. Habitait Namur en 1901.

BELLET, Mme Elisabeth, née Muller. — Namur 1896, Brest 1897-1901.

BELLEVAL, Mme. — Actrice du Th. du Marais 1792-93.

BELLEVAL. — Acteur et régisseur au Th. des Arts, à Rouen 1798-99, premier rôle au Th. de la République, à Rouen 1799.

BELLEVAL, Mlle. — Débuta à l'Odéon le 18 juin 1823.

BELLEVAUT, Gil., Jean, François, Emmanuel. — Après avoir fait trois débuts à la Comédie française en 1842, parut à l'Odéon en février 1846 dans les *Jeux de l'amour et du hasard*, rôle de Pasquin et le *Médecin malgré lui*. En 1852, un Bellevant est premier comique à Mons. En 1855, il est à Bruxelles. C'est alors qu'il fut engagé comme régisseur aux appointements de 15000 francs pour tout le voyage, dans la tournée Rachel en Amérique. Le 30 juillet 1855, il débute avec cette troupe, à Londres, par le rôle de Duroc dans les *Droits de l'Homme*. Nous le retrouvons à Rouen 1859-61, Marseille 1862-70, Egypte 1871, Paris 1873, Marseille 1874, Toulouse 1875-76 (Directeur du Théâtre du Capitole), Nantes 1877, Odéon 1878-80, où il rentra, après trente-six ans comme directeur de la scène, Folies dramatiques 1883, Porte St-Martin 1884-90. — Eug. Garraud lui fit cette belle oraison funèbre dans son Rapport à la Société des artistes, en 1891 : « Jean-François Bellevaut, ancien artiste dramatique, ancien directeur en province, ex-secrétaire de l'Odéon et régisseur général à la Porte St-Martin. Nous offrons à ce vieil ami qui vient de disparaître, l'expression de nos sincères regrets. Son passage dans plusieurs théâtres de Paris fournit à Bellevaut l'occasion de mettre en évidence ses hautes qualités administratives. Tout le monde reconnaissait son mérite et il s'était concilié de nouvelles sympathies par son érudition et sa remarquable intelligence. La nouvelle de sa mort a causé une douloureuse impression dans le Comité, où il ne comptait que des affections. Il y a quelques mois, se sentant très fatigué, il avait été obligé de résilier ses fonctions de régisseur... Bellevaut mort, c'est pour la corporation un homme de cœur et un honnête homme de moins ».

Bibliographie : Léon Beauvallet, *Rachel et le Nouveau Monde*. — P. Porel et G. Monval, *l'Odéon*, t. II. — *Annuaires* de la Société des artistes, 1891, p. 34.

BELLEVAUT, Mme. — Soubrette, Mons 1852.

BELLEVILLE, Henri Le Grand dit — ou *Turlupin* dans la Farce. — Était déjà connu vers 1583. Il commença sa réputation, dit-on, sur les tréteaux de la foire. Sauval dit qu'il porta la farce à un degré où elle ne s'était jamais élevée : « Turlupin, dit-il, a joué la comédie plus de 55 ans. Il était bien fait et bel homme, quoique rousseau. L'habit qu'il portait dans la farce ressemblait à celui de Briguelle qu'on a tant admiré sur le théâtre du Petit-Bourbon. Ils avoient d'ailleurs une ressemblance extraordinaire... »

Belleville — ou Turlupin — excellait à improviser à la façon italienne, et il amusa si fort le cardinal de Richelieu que celui-ci ordonna aux comédiens de le recevoir parmi eux.

C'est alors, selon toute vraisemblance qu'il quitta le nom de Turlupin pour prendre celui de Belleville, beaucoup plus noble pour l'Hôtel de Bourgogne.

« Le Grand surnommé de Belleville, a écrit l'abbé de Marolles, étoit de mes amis et avoit infiniment de l'esprit. Il montoit sur le théâtre sous un nom emprunté, avec Fleschelles et La Fleur, sous le nom de Gaultier et de Guillaume, admirables en leur genre du tems de Mondory, sous la protection de M. le cardinal de Richelieu, et devant même».

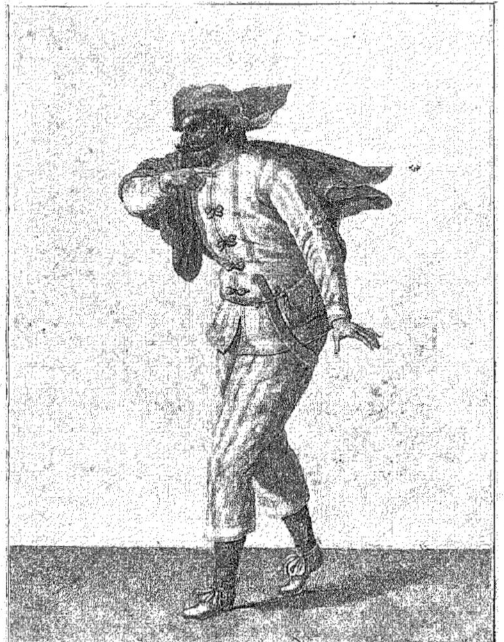

BELLEVILLE (Henry Le Grand), dit Turlupin d'après Huret

En 1622, Belleville ayant été jouer avec ses camarades à l'Hôtel d'Argent — alors que l'Hôtel de Bourgogne était occupé par d'autres comédiens — fut condamné le 16 février à payer, avec les autres, 3 livres tournois aux Confrères de la Passion.

En 1629, il fut un des signataires de la Requête au Roi, adressée par les comédiens de la troupe royale contre les Confrères de la Passion qui, selon la requête, « s'attribuent le dict lieu nommé l'Hôtel de Bourgogne ».

Marié deux fois, Belleville laissa peu de bien à ses enfants qui prirent aussi le parti de la comédie. On croit qu'il mourut en 1634 et sa veuve épousa Dorgemont, le meilleur comédien de la troupe du Marais.

Biographie : Lemazurier, *Galerie historique*.

Bibliographie : Sauval. L'abbé de Marolles, *Dénombrement des auteurs*. — Les frères Parfaict, *Histoire du Théâtre français*, t. III, p. 266, 268.

Iconographie : Costume de Turlupin (Belleville) gravé d'après Huret.

BELLEVILLE. — Acteur du Th. de Rouen en 1792. Pourrait bien être le même que *Belleville*, acteur du Th. de l'Egalité (Odéon), faisant partie de la distribution de *Guillaume-Tell* (1794) et du Théâtre Louvois, direction Raucourt (1797).

BELLEVILLE. — Jeune premier, Th. des Variétés, Bordeaux 1829-30, Th. Molière 1831.

BELLIARD. — Namur 1830, Luxembourg 1831.

BELLIARD fils. — Namur 1830.

BELLIARD, Eugène, Ferdinand. — Comique et grime, Bordeaux 1861-63, Liège 1864, Gymnase 1880, Renaissance (la *Petite Mariée*, reprise) 22 sept. 1880, fort apprécié à Lyon. Voici en quels termes le *Figaro* du 27 octobre 1902 annonça la mort de Belliard :

« Nous apprenons la mort de M. Belliard, un comédien du Théâtre Cluny qui, dans *Niniche*, doublait naguère M. Dorgat. M. Belliard avait été tour à tour directeur du Théâtre des Arts, à Bordeaux et professeur de diction au Conservatoire de Lyon. Et dans ces divers emplois, comme sur les scènes où il avait passé, il s'était fait apprécier. M. Belliard est mort dans une situation de fortune assez précaire. Mais ses camarades et la plupart des artistes qui l'ont connu se sont cotisés pour lui assurer des obsèques convenables ».

Les obsèques de Belliard eurent lieu le 28 octobre, à trois heures, à l'Hôtel-Dieu (*Figaro*).

BELLON. — Douai 1849.

BELLON, Mme Elisa. — Avignon 1849-50.

BELLOTTI, Mme Luce, Jacqueline (ou Louise). — Membre de la Société des artistes depuis 1843, âgée de 67 ans en 1868, avec 43 ans de théâtre, obtint une pension de 300 fr. Son nom ne figure plus à l'Annuaire à partir de 1876. Elle habita le Hâvre de 1868 à 76.

BELLOTTI, Louis, Benoit. — Toulon 1856, Arles 1857, Avignon 1858-59, Toulon 1860, Marseille 1862-63, Liège 1864, Nantes 1865-69, Caen 1870, Toulon 1872-73, Angers 1874, Brest 1875, St-Quentin 1876, Paris 1877-94. En 1886, Louis Bellotti, âgé de 60 ans, ayant 30 ans de théâtre, reçut une pension de 500 francs de la Société des artistes. Sa mort fut annoncée au Rapport de 1895.

BELLOTTI, Mme, née Chenuet, Nicole, Elisa. — Toulon 1856, Arles 1857, Avignon 1858-59, Toulon 1860, Marseille 1862-63, Liège 1864, Nantes 1865-67, Amiens 1868-69, Caen 1870, Toulon 1872-73, Angers 1874, Brest 1875, St-Quentin 1876, Paris 1877-97. En 1886, Mme Bellotti, âgée de 72 ans, ayant 34 ans de théâtre, reçut une pension de 500 francs de la Société des artistes. Sa mort fut annoncée au Rapport de 1898.

BELLOY. — V. De Belloy.

BELMANCE, Louis, Philibert Bemelmans, dit. — Troisième rôle Périgueux 1853, Troyes 1859-60, St-Germain 1861-67, Abbeville 1868, Versailles 1869-72. Médaille d'honneur, Avignon 1873, Nice 1874-76, Tours 1877, Perpignan 1878, Marseille 1879-81, Nice 1882-86, Marseille 1887-88, Paris 1889-91. En 1890, Belmance, âgé de 67 ans, avec 36 ans de théâtre, reçut une pension de 500 francs de la Société des artistes. Sa mort fut annoncée au Rapport de 1892.

BELMONT, Bordeaux dit. — Appartenait à une famille fort honorable, dont un membre était intendant des finances, et un autre ambassadeur. D'abord avocat à Paris, il abandonna le droit pour le théâtre ; sous le nom de *Belmont* il joua les « Manteaux » avec succès, puis quitta le métier d'acteur pour celui de directeur. Le 18 octobre 1760, comme nous l'apprennent les registres de la Juriade de Bordeaux à la date du 9 avril 1763, il obtint le privilège des spectacles de cette ville pour dix années. Protégé par le Maréchal de Richelieu, gouverneur de Guyenne, Belmont donna un certain éclat à la scène bordelaise et fut considéré par ses amis comme bibliophile érudit et écrivain de mérite. Il mourut à Bordeaux en 1792.

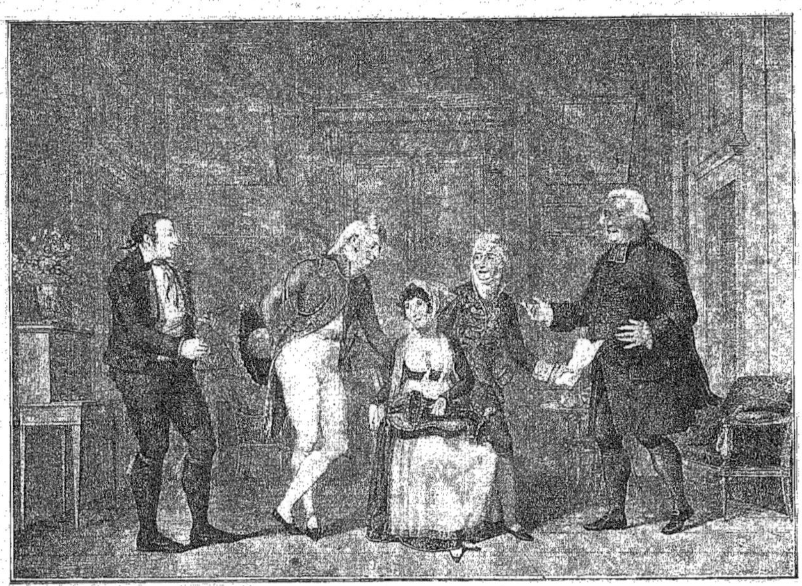

Mme Marie BELMONT
Scène de *Fanchon la Vieilleuse*, d'après le dessin de De la Place.

Bibliographie : *Lettres* de Voltaire (8 nov. 1763, 21 août et 23 déc. 1767). — H. Minier, le *Théâtre à Bordeaux*. -- J.-J. Olivier, *Voltaire et les comédiens*, p. 241 à 243.

BELMONT, Mme Marie, Marguerite Bauret, dite Sophie, femme Henri Leroux *(divorcée)* et femme Dupaty. — La célèbre créatrice du rôle de *Fanchon la Vielleuse*, l'héroïne de MM. Bouilly et Joseph Pain au Vaudeville de la rue de Chartres. Naquit à Givet-St-Hilaire, canton de Givet, et fut baptisée le 8 juillet 1781. Son acte de baptême a été reproduit par MM. E. D. De Manne et C. Ménétrier. Venue de bonne heure à Paris, elle entra sur la recommandation de son compatriote Méhul à l'Ecole dramatique (Conservatoire). Voici ce qu'en dit le Rapport du 16 août 1792 : « Mlle S. Belmont. — Cette élève âgée de onze ans et demi possède une très jolie voix et de très heureuses dispositions. Sujet intéressant. Elle est engagée au Vaudeville. »

Ce fut donc à onze ans et demi, le 12 janvier 1792, jour de l'ouverture du th. du Vaudeville, que Mlle Belmont débuta par un rôle d'enfant dans les *Deux Panthéons*. Puis on lui confia des rôles d'ingénues et d'amoureuses, emploi qu'elle partageait avec Mlle Desmares. On vantait ses grâces personnelles, sa distinction, sa jolie voix. Le 11 août 1798, elle épousa son camarade Henri Leroux, dit Henri, qui jouait les amoureux au même théâtre ; mais les deux époux divorcèrent le 5 mars 1801.

Le rôle de *Fanchon* devait mettre le sceau à la réputation de Mme Belmont : beauté, grâce, sensibilité, éclat, finesse, sourire séduisant, diction juste (17 janvier 1803).

Bouilly avait écrit « une histoire fausse de tous points » dit A. de Rochefort ; mais des couplets extrêmement jolis, habillés d'airs charmants, le jeu de la « belle Madame Belmont », une réunion bizarre de personnages tout à fait disparates, donnèrent à cette macédoine une célébrité inouïe, et tout Paris courut à *Fanchon la Vielleuse*, malgré les vingt articles contraires de l'abbé Geoffroy. « La belle Madame Belmont, dit encore A. de Rochefort, a fait, plus que les auteurs, le grand succès de cette pièce. »

Voici quelques jugements portés sur Mme Belmont (Mme Henry) : « On peut, à peu de choses près, la mettre sur la même ligne que son langoureux mari. Les journalistes, sans doute, lorsqu'ils font son éloge, ne la jugent à coup sûr que sur ses grâces et sa gentillesse : elle donne sans contredit beaucoup d'espérances. » *L'Espion des coulisses*, an VIII, p. 130.

« Dans les petites amoureuses, le public préfère sans doute les beaux yeux, la figure charmante, la taille svelte, la voix fraîche de Mme Henry... » *Année théâtrale*, almanach pour l'an IX, p. 118.

« Mme Henry a fait quelques essais pour parvenir à remplacer Mlle Lescot ; mais peut-être est-elle encore trop jeune... » Id. pour l'an X, p. 92.

En 1802, la jeune femme divorcée a repris son nom de Belmont. A propos de *Sophie* ou la *Malade qui se porte bien* (cette pièce était de Dupaty qui devint plus tard le second mari de Mme Belmont) : « Mme Henry, ou plutôt Mme Belmont, pour respecter la liberté qu'elle s'est hâtée de reprendre... n'a point voulu mourir, et *Sophie*, grâce à ses soins, s'étant trouvée assez forte pour supporter la crise de quelques sifflets, alla le mieux du monde par la suite. » Id. pour l'an XI, p. 219.

En 1803, Mme Belmont qui, entre parenthèses, donne toujours la réplique à son ex-mari Henry, trouve un triomphe sans pareil dans *Fanchon* où « sans la mignardise de Fanchon-Belmont, plus d'une scène eût paru vide ou froide. » Long article sur cette pièce. Id. pour l'an XII, p. 249 et suiv.

Du reste, Mme Belmont semble avoir la spécialité de sauver les mauvaises pièces. Nous lisons dans l'*Opinion du Parterre*, 1807, p. 215, à propos d'*Agnès Sorel* : « Il est impossible de rien comprendre à son succès. L'ouvrage n'est certainement pas bon. S'il faut recourir aux charmes de Mme Belmont, chargée du rôle d'*Agnès* pour expliquer cette réussite singulière, on peut la féliciter d'avoir été si bien partagée par la nature du côté des attraits...

Le 14 septembre 1807, Mme Belmont qui avait quitté le Vaudeville débuta à l'Opéra comique dans *Aline*. Dès lors elle passe au rang des chanteuses et ne nous appartient plus comme comédienne. Elle ne se retira qu'en 1827.

Nous citerons encore quelques appréciations portées sur Mme Belmont vers la fin de sa carrière.

Petite biographie dramatique, 1821 : « Ils sont passés ces jours de fêtes ! Ces temps où le nom seul de Belmont, talisman merveilleux, entraînait chaque soir au portique du Vaudeville des flots d'une jeunesse avide d'admirer... La jolie marmotte de Fanchon est métamorphosée en chapeau de jeune mère, ses jolis doigts ne font plus raisonner la vielle... mais son jeu n'a rien perdu de sa finesse, elle est toujours Mme Belmont sous d'autres traits. »

Dict. théâtral, par Harel, 1825 : « Joua dès son enfance au théâtre du Vaudeville, dont elle fit ensuite la fortune. Tout Paris voulut la voir dans *Fanchon la Vielleuse*, dans la *Leçon de botanique*, et dans une foule d'autres ouvrages où elle déployait un talent véritable, relevé encore par la plus éclatante beauté. Mme Belmont passa en 1807 à l'Opéra-comique où elle se montre rarement. Sa voix agréable et peu étendue convenait surtout au genre de théâtre qu'elle a quitté. Son jeu décent et fin est apprécié des amateurs. Mme Belmont est une comédienne de bonne compagnie ; elle passait pour femme de beaucoup d'esprit dans un théâtre que possédait Mme Gavaudan. »

Emmanuel Dupaty, de l'Académie française, son ex-auteur favori et qui lui avait depuis longtemps offert son cœur, l'épousa sur le tard, le 7 avril 1841. L'époux avait 65 ans, l'épouse 55, mais ce mariage légitimait un fils déjà grand, et récompensait la bonne conduite de la mère. Mme Emmanuel Dupaty mourut, honorée de tous, le 27 décembre 1844.

(La spécialité de Dupaty avait été d'écrire en un jargon précieux des espèces de petits drames parsemés d'ariettes d'opéra-comique à prétention).

Biographie : E. D. De Manne et C. Ménétrier, *Complément à la troupe de Nicolet*.

Bibliographie : *L'Espion des coulisses*, an VIII. — *Année théâtrale*, almanach pour l'an IX, X, XI, XII. — *L'Opinion du parterre*, 1807. — *Petite biographie dramatique*, 1821. — *Grande biographie dram.* 1824. — *Diction. théâtral*, 1825. — *Annuaire* Delhasse, 1845, p. 181.

Icononographie : Bibl. nat. Catal. Duplessis n° 3919.

1. En pied, de 3/4 à gauche (cost. de th.), gravé par (Bagnoy) d'après V. (Horace Vernet.)

2. En pied, de profil à gauche (cost. de th.), gravure à l'eau forte, d'après Horace Vernet.

3. En buste de 3/4 à droite, lith. par L. Chéry (1825).

4. En pied, de face (cost. de th.), grav. par A. G. (Garnerey).

5. En buste, de profil à droite, dans un ovale, grav. par Gautier.

6. En pied, de 3/4 à droite (cost. de th.), gravé par A. G. (Godefroy). V. aussi portraits Firmin.

— *Fanchon la Vielleuse* « à Mme Belmont ». Dessin de La Place, grav. par Schenker, scène principale de *Fanchon*, cinq personnages, h. 0,25, l. 0,35.

BELMONT, Mme, mère. — Emploi de Dugazon, Douai 1828.

BELMONT, Mlle, fille Louise. — 3mes amoureuses, Douai 1828.

BELMONT, Mme. — Soubrette à Nancy, 1831.

BELMONT, Jean, Baptiste, André Pépin dit. — Acteur des Folies dramatiques, se fit connaître dans la *Cocarde tricolore* (19 mars 1831). Nous trouvons son nom sur les états de troupe de ce théâtre depuis cette époque jusqu'en 1860. En 1861, Belmont, âgé de 51 ans, avec 33 ans de théâtre, reçut 200 fr. de rente de la Société des artistes. Son nom disparut de l'Annuaire en 1869.

BELMONT, Mme Anaïs. — Délassements comiques, 1849.

BELMONT. — Gymnase 1852.

BELNIE, Noël, Joseph, Augustin. — Grec d'origine, fit d'abord la guerre avant d'être choriste au th. Feydeau. Il débuta au Gymnase, d'où il revint à l'Opéra-Comique où il doubla Ferréol. — Lille 1849, Nantes 1850-55. Agé de 59 ans en 1858, avec 30 ans de théâtre (retiré en 1856), il reçut une pension de 200 francs de la Société des artistes et se retira à Boissy-St-Léger. Son nom disparut de l'Annuaire en 1872.

Bibliographie : *Dict. théâtral*, 1825. — *Petites biographies*, 1829, 1831, 1833.

BELNIE, Mme Pauline. — Reims, Châlons 1831, La Haye 1835.

BELNIE, Mme Angélique, Charl. A. L. — Madrid 1851-53.

BELONDE, Mlle. — V. Mlle Lecomte.

BELRIVE, Mlle. — Liège 1843.

BELROCHE. — On lit dans le *Théâtre à Lille avant la Révolution*, par Gustave Lhotte, p. 67 : « L'engagement du comédien Lillois Belroche avec Desroziers présente une particularité assez piquante. Il porte un appointement fictif de 3,000 livres quand les honoraires de cet acteur ne dépassent pas 2,400. » L'artiste rehaussait ainsi sa valeur en vue d'engagements futurs. Pour régulariser la convention Belroche reçut 200 livres d'avance et donna reçu de 800 (1774).

BELTON. — Régisseur, père noble, grime, etc. Th. français de Marseille 1828, Grand Th. de Bordeaux et th. Variétés, Bordeaux 1829, Th. Molière, Bordeaux 1829, Nevers, Bourges, Moulins 1830-31, Dieppe 1835, Châteauroux 1838.

BELUT, Anthelme, Félix, A. L. — Touchait déjà une pension de 186 fr. de la Société des artistes, lorsqu'en 1856 (il avait alors 73 ans), cette pension fut portée à 300 francs. Félix Belut habitait Sens, 1849-58. Son nom disparut de l'Annuaire en 1859.

BELVAL. — Sous ce nom :

Belval, acteur au th. Louvois, 1792.

Belval, acteur au th. Molière, à Bordeaux, 1793.

Belval, acteur au Grand th. de Metz, 1793.

Belval, Morin dit. — Acteur de l'Ambigu comique (1799), qui prit avec d'autres artistes de ce théâtre la direction du Th. de la République à Rouen. (Voir dans l'*Hist. des th. de Rouen*, t. I, p. 478-479 : *Première et dernière réponse du citoyen Périaux, correspondant des auteurs dramatiques, au citoyen Belval, artiste de l'Ambigu comique*.) Il s'agit d'une interdiction des auteurs de jouer l'*Abbé de l'Epée* à ce théâtre, et d'une polémique de journaux. Cette entreprise dura de 1799 à 1802. La troupe donnait aussi des représentations au Hâvre.

Bibliographie : *Hist. des th. de Rouen*, t. IV, p. 75.

BELVAL, Mme. — Sous ce nom :

Mme BELVAL, actrice au th. Molière à Bordeaux, 1793.

Mme BELVAL, actrice au Grand théâtre de Metz, 1793.

Mme BELVAL, Th. de la République à Rouen, 1799.

Mme BELVAL, jeune première, Béziers 1838.

Mme BELVAL, première duègne à Gand, 1853.

BEN, Armand, Benoît dit. — Acteur aux Bouffes parisiens où il débuta par le rôle de Barnabé dans la *Timbale d'argent.* Il excellait aussi à jouer les pierrots dans la pantomime grâce à sa physionomie très expressive. Ben resta quelques temps aux Bouffes (1873 et années suivantes), puis quitta le théâtre pour le café-concert, où il joua les « Gommeux », chantant la « Canne à Canada » ou autres inepties de ce genre à l'Alcazar, etc. En 1882, son nom disparut de l'Annuaire des artistes.

BÉNARD. — Sous ce nom :

BÉNARD, premier rôle et second régisseur, Gap, Arles, Aix, 1828.

BÉNARD, père noble, Toulon 1829.

BÉNARD, Christophe, premier rôle et caissier, Agen 1830.

BÉNARD, 3me rôle, La Rochelle 1838.

BÉNARD, Mme. — Sous ce nom :

Mme BÉNARD, soubrette, Gap, Arles, Aix, 1828.

Mme BÉNARD, soubrette, Agen, 1830.

Mme BÉNARD, grand premier rôle, Anvers, 1839.

Mme BÉNARD, Beaumarchais 1853.

Mme BÉNARD. — V. Gilbert.

Mme BÉNARD, Françoise, Variétés 1868-73. Habitait Paris en 1879.

BENEDIT, Mme, Reine. — Colombine et jeune première aux Funambules.

BENENI, Clerto. — Mime qui débuta à l'Ambigu le 2 juillet 1851 dans la reprise de : *Le Monstre et le Magicien.*

BENEYT. — Rôles d'enfants, Amsterdam 1830.

BENEYT, Jean. — Délassements 1853. Sa mort fut annoncée au Rapport de la Société des artistes en 1862.

BENEYT, Louis. — V. Lafaye.

BENIE, Mlle Claire. — Lyon 1849.

BENINI. — Porte St-Martin 1821. Bazile du *Maréchal.*

BENJAMIN. — Sous ce nom :

BENJAMIN, 3me comique, La Rochelle 1838.

BENJAMIN, Emile, 2me comique, Anvers 1841.

BENJAMIN. Odéon 2 sept. 1852, la *Tante Ursule.*

BENJAMIN, Adolphe, Frédéric, Germain dit. — Porte St-Martin 1850-52, Th. du Cirque impérial 1853-61, Luxembourg 1862. Son nom disparaît de l'Annuaire en 1868.

BENJAMIN (dit Meurt-de-soif). Funambules. Cité par L. Péricaud.

BENOIST. - Premier comique, Verviers 1841.

BENOIST. — Th. des Batignolles, 1852.

BENOIT, Mlle Adèle. — Th. Comte 1838.

BENOIT, Mlle. — Deuxième amoureuse, St-Etienne 1838.

BENOIT, Philippe, Jules. — Bordeaux 1859. Soldat médaillé des campagnes de Chine et du Mexique, Le Caire 1874-81. Sa mort fut annoncée en 1882.

BENOIT, Mme Sophie. — Le Hâvre 1887-88.

BEQUET. — Acteur à l'Ambigu comique, s'associa avec plusieurs de ses camarades pour prendre le théâtre de la République à Rouen (1799).

BEQUET, Mme, femme du précédent, Th. de la République à Rouen (1799).

BEQUET. — Acteur des Variétés. V. Becquet.

BEQUET. — Comique à Aix, 1830.

BER. — Th. Cluny, 1875.

BÉRANGER. — V. Perrin.

BÉRANGER, Mlle. — Délassements comiques 1873, Salle Taitbout 1877, Palais royal 1883.

BÉRARD. — Acteur au Th. de Rouen, donna une pièce de lui, l'*Extravagance amoureuse*, le 3 octobre 1785. Le 8 avril 1786, ce fut lui qui fut chargé de prononcer le compliment d'usage pour la clôture de la saison, et le 1er avril 1788, celui d'ouverture. Jusqu'au samedi des Rameaux 1788, ses appointements furent de 5,000 livres, avec droit à une demi-représentation à son bénéfice, soit au total 5,400 livres. En 1795, nous trouvons un Bérard premier comique à Rouen, avec 4,300 livres seulement d'appointements, jusqu'en 1796, époque où ce dernier quitta cette ville. — V. aussi Mlle *Dufresne*, (veuve Bérard) qui pourrait bien avoir quelque rapport avec ce Bérard acteur à Rouen.

Bibliographie : *Histoire des Th. de Rouen*, t. I, p. 108, 113, 178, 188, 355.

BÉRARD, Edouard, Jean, Marie. — Montpellier 1869-70.

BÉRARDIER, Mme Léonie E. D. — Premier rôle au Vaudeville à Bruxelles 1853-56, Amiens 1857-63, Genève 1864-65.

BERCÉ, Mme Adrienne. — Angers 1883-85.

BERCÉ, Mme Anna. — Angers 1883-85.

BERCOUR-LANGLAIS, ou Bercourt. — Débuta aux Variétés le 8 novembre 1825 par le rôle de Florbel dans *Douvres et Calais*, puis au Vaudeville le 7 février 1826 dans *Léonide*. Il fit partie du th. de Madame de 1829 à 1832 (le *Bouffon du Prince)* et partit pour Moscou où il était encore en 1849.

BERCY, Charles, Drouin de. — Débuta à la Comédie française le 8 avril 1728 par le rôle de *Mithridate* et celui de Nicodème dans le *Deuil*, et fut reçu à l'essai le 28 du même mois, puis sociétaire le 28 mars 1729. Il se retira le 11 mai 1733 avec une pension de 500 livres, et mourut le 25 septembre 1760. Son emploi était celui des rois dans la tragédie et des paysans dans la comédie. Il avait joué le rôle d'Albin dans *Brutus* le 12 décembre 1731.

Biographie : Lemazurier, *Galerie historique*. — G. Monval. *Liste alphabétique des sociétaires*.

BERDINCQ, Mme. — Mères, La Rochelle 1830, Besançon 1832-33.

BERDOULET, Mme. — Premier rôle de vaudeville, Nouvelle-Orléans 1831.

BÉRENGER. — V. Perrin.

BERENGER, Mlle. — Que l'on écrit souvent *Béranger*, était une jeune et jolie comédienne qui débuta à l'Odéon le 12 janvier 1828 par le rôle d'Isabelle de l'*Ecole des maris*. Elle y eut du succès, et on la surnomma Mlle Bérenger « la jolie ». On retrouve son nom dans les pièces suivantes :

1828 18 octobre, *Les suites d'un coup d'épée*.
— 13 déc., *Le jeune maire*.
1829 8 fév., *Le Français au Caire*.
1830 26 juin, *Manon Lescaut*.
— 19 août, *Le gentilhomme de la chambre*.
— 20 sept., *Nobles et bourgeois*.
— 1er déc., *La nuit vénitienne*, première pièce d'Alfred de Musset, dont la chute fut retentissante. Paul de Musset a écrit, à propos de cette représentation mémorable, en parlant de Mlle Bérenger, qu'il qualifie d'actrice médiocre mais fort jolie : « Elle jouait le rôle de Laurette dans la *Nuit vénitienne*. Regardant du haut d'un balcon, elle s'appuya sur un treillage vert dont la peinture n'avait pas eu le temps de sécher, et se retourna vers le public toute barriolée de carreaux verts. » Ce petit accident provoqua une hilarité générale qui contribua encore à la chute du premier ouvrage du poète.
1831 11 avril, *Médicis et Machiavel*.
1831 25 avril, *Norma*.
— 6 mai, *1783*.
— 17 — *Kernox le fou*.

Mlle Bérenger demeurait alors 12, rue de Tournon. Elle passa ensuite par le Gymnase, le Vaudeville (1835), et finit par faire partie de la Comédie française de 1837 à 1842 : « Une belle taille, de belles formes, nous dit l'*Indiscret des coulisses* (1841), de belles mains, une belle bouche, de belles dents, le profil de Pallas, déesse de la sagesse, le profil seulement. Pour du talent, à quoi bon ? N'est-elle pas charmante ? »

Bibliographie : P. Porel et G. Monval, l'*Odéon*, Paul de Musset.

BÉRENGER, Mlle Perrin. — Débuta à l'Ambigu le 13 juillet 1830 dans *Clarisse*. Nouvelle-Orléans 1832-35. — V. Perrin.

BÉRENGÈRE, Mlle Adèle Bunau dite. — Née à Paris le 15 mai 1835, fut élevée à Pithiviers où sa mère tenait un petit fonds de commerce. Elève de Beauvallet, dont elle était la compatriote, elle fut reçue au Conservatoire à l'unanimité. Menant une existence pénible, brodant, pour subsister, des ornements d'église et peignant des guirlandes de roses pour les lampes, la jeune fille n'obtint aucun prix au bout de l'année. Engagée au Gymnase à raison de cinquante francs par mois, elle débuta par le rôle de Cécile dans la *Marraine*. Remarquée par Alph. Royer, alors directeur de l'Odéon, elle parut à ce théâtre le 19 septembre 1853 dans le rôle du petit page de *Guzman le brave*, de Méry. Elle interpréta ensuite Rosine du *Barbier de Séville*, Mariette de *François le Champy*, Marianne de *Tartufe*, Agnès de l'*Ecole des femmes* (son triomphe), Henriette des *Femmes savantes*, le petit étudiant de *La Taverne* (1854), Rosine du *Printemps*.

En 1859, elle est au Vaudeville et joue dans les *Honnêtes femmes*, la *Marâtre* (reprise), les *Petites mains* (1860), *la Femme doit suivre son mari*. Son mauvais état de santé la força à abandonner prématurément le théâtre, où elle laissa le souvenir d'une des plus charmantes ingénues que l'on y ait vues. Déjà, en 1852, Jacques Arago constatait ainsi ses absences réitérées : « La faculté est une sotte de ne pas guérir Mlle Bérengère de ses maux de nerfs et de sa mélancolie. On la veut, on la désire, on la cherche, on ne la trouve pas, on ne l'entend pas et l'on s'attriste. » *Foyers et coulisses*, 1852. En 1864, son nom ne figure plus à l'Annuaire.

Bibliographie : P. Porel et G. Monval, l'*Odéon*.

BERG, Mlle Marie de. — Débuta le 1er sept. 1852 à l'Odéon dans les *Filles sans dot*.

BERG, Mlle de. — Salle Taitbout 1876.

BERGAMINE, Mme Marie, Thérèse. — Constantinople 1872-73, Bruges 1874, Clermont 1875-76, Cherbourg 1877, Chaumont 1878, Paris 1879-82, Nancy 1883, Reims 1884, Arras 1885.

BERGAUD, Mme Elise. — Marseille 1856-59.

BERGE. — Th. Montparnasse 1853.

BERGEON, Mme. — Délassements 1849, Folies dramatiques 1850-53.

BERGEON, Mme Fanny. — Turin 1860-64, New-York 1865-69. Pourrait bien être la même que la précédente.

BERGER. — Sous ce nom :

Berger, acteur du Grand Théâtre de Nantes, 1793.

Berger, Th. des jeunes élèves 1827.

Berger, troisième rôle à Versailles 1828-29, 1831.

Berger, Auguste. Th. Comte, 1829-30, 1832.

Berger, troisième rôle à Perpignan 1830.

Berger, Utilités, Liège 1832-33, 1835.

Berger, Verviers 1832-33.

Berger, Utilités, Th. des Arts, Rouen 1833.

Berger, premier amoureux, Anvers 1839, Bruxelles 1840.

Berger, Auguste, Alex., Théod. — Né selon Delhasse, le 29 octobre 1818, et qui pourrait bien être l'enfant du Th. Comte cité plus haut et le premier amoureux d'Anvers et de Bruxelles ; acteur du Palais royal :
8 juillet 1842, *Du haut et bas.*
29 » » *Francine la Gantière.*
14 févr. 1843, *La rue de la lune.*
15 févr. 1844, *Le major Cravachon.*
24 sept. 1844, *L'Oncle rival.*
6 juillet 1847, *Secours contre l'incendie.*
2 sept. 1848, *La dame de l'Empire.*
Son nom ne figure plus à l'Annuaire de 1850.

Bibliographie : Eug. Héros, le *Th. du Palais royal.*

Berger, Marius, 3me comique, Alger 1849-1862.

Berger, Guillaume, Colmar 1850, Versailles 1851-64, Lyon 1865-82. En 1882, Guillaume Berger, âgé de 74 ans, ayant 40 ans de théâtre, reçut une pension de 500 fr. de la Société des artistes. Il vécut à Lyon 1882-83, à Paris 1884-85, à Lyon 1886-90 et à St-Julien 1891-94. Sa mort fut annoncée au Rapport de 1895.

Berger, troisième rôle, Melun 1852.

Berger, V. Montainville.

Berger, Augustin, Montbrison 1856-58, Lyon 1859.

BERGER, Mme ou Mlle, sous ce nom :

Mlle Berger, Anastasie. Th. Comte 1830.

Mlle Berger, Cassan, jeune première, Versailles 1829-31.

Mlle Berger, jeune première, Perpignan 1830.

Mlle Berger, Verviers 1832-33, Liège 1835.

Mlle Berger, jeune première qui remplaça Mlle Nadèje au Th. des Arts à Rouen 1833.

Mlle Berger, Variétés 1838.

Mme Berger, duègne, Verviers 1846.

Mme Berger, première amoureuse, Anvers 1839, Bruxelles 1840.

Mme Berger, née Marie Joseph Labat, femme puis veuve, actrice du Palais royal :
1844 15 nov., *Le Roman de la pension.*
— 14 déc., *La tête du singe.*
1845 13 mars, *Le vieux de la vieille.*
1846 4 sept., *Un cœur de grand'mère.*
1848 19 déc., *Les lampions de la veille et les lanternes du lendemain.*
1849 18 déc., *Les marraines de l'an III.*
1851 14 août, *Le Chapeau de paille d'Italie.*
Après la mort de son mari (V. Berger Auguste), elle quitta le Palais royal : Turin 1854-1855, Le Hâvre 1856-59.

Bibliographie : Eug. Héros, le *Th. du Palais royal.*

Mme Berger, Louis, veuve, comédienne âgée de 60 ans en 1843, infirme et pensionnée de la Société des artistes. Vivait encore en 1849.

Mme Berger, née Stéphanie Neyrinck, Oran 1854, Mâcon 1855, Gand 1856-58, Oran 1859, Londres 1860, Lorient 1861, Bruges 1862-63, Port d'Espagne 1864-65, Port-au-Prince 1867-1868, Rio-de-Janeiro 1869-70, Jersey 1872, Châtelet 1873-75, Oran 1876, Paris 1877-86. En 1886, âgée de 60 ans, avec 36 ans de théâtre, elle reçut une pension de 500 francs de la Société des artistes. Habitait Paris en 1902.

Mlle Berger, Herminie, Colmar 1850.

Mme Berger, Antoinette dite Antonia, Limoges 1859, Toulouse 1860-61, Nantes 1862, La Martinique 1863, Port d'Espagne 1864-65, Rennes 1867-68, Nîmes 1869-72, Marseille 1873-75, Avignon 1876, Arles 1877, Perpignan 1878, Oran 1879-80, Cayenne 1881-82, Angoulême 1883, Bel-Abbès 1884-85, Toulon 1886, Marignane 1887-88, Bergerac 1889-90, Firminy 1891, Romorantin 1892, Auch 1893, Chaslien 1894, Sarlat 1895, Aiguillon 1896-1900, Lavardac 1901. Mme Antoinette Berger, âgée de 60 ans en 1896, fut pensionnée de 500 francs par la Société des artistes, et sa mort fut annoncée au Rapport de 1902.

BERGERON, Mlle Emilie. — Troisième amoureuse, Nantes 1832-33.

BERGERON. — Né en 1819. Acteur au Palais royal 1842, *Du haut en bas* (8 juillet), mort le 7 juillet 1843.

BERGERON, Michel. — Lyon 1853-62.

BERGERONNEAU. — Genève 1830, Nantes 1835, Metz 1838, Anvers 1843, Mons 1844, Liège 1846; était âgé de 68 ans en 1843. Il reçut 200 francs de pension de la Société des artistes et mourut avant 1852.

BERGERONNEAU, Nicolas, Jules. — Reims 1860-61, Gand 1862-64.

BERGUNION. — Nom d'un artiste qui fit un procès à Seveste, directeur des théâtres de la banlieue, en réclamant le droit de jouer les rôles d'amoureux, et qui fut débouté de sa demande et condamné aux dépens (28 oct. 1829).

Bibliographie : *Almanach des Spectacles*, 1830, p. 18.

BERICHON. — Deuxième comique, La Rochelle 1829.

BERICHON, Mme. — Premier rôle, La Rochelle 1829.

BEYAUT, Mme, née Mayeur, femme puis veuve. — Toulouse 1850. Morte à 71 ans avant 1852.

BERLINGARD, Jean-Claude ou Claudius. — Premier comique Agen 1849, Constantine 1852, Lyon 1854-55, Marseille 1856, Limoges 1857, Bruxelles 1858, Toulon 1859, Marseille 1860-1862, Toulon 1863-64, Rouen 1865, Toulouse 1867, Lille 1868, Caen 1869-70, Marseille 1872, Reims 1873, Montevideo 1874, Marseille 1875, Constantinople 1876, Lyon 1877-78, Nantes 1879-80, Paris 1881, Liège 1882, Paris 1883. Jean Berlingard, âgé de 61 ans en 1884, avec 37 ans de théâtre, obtint une pension de 500 fr. de la Société des artistes et se fixa à Paris 1884-93. Sa mort fut annoncée au Rapport de 1894.

BERLINGARD, Mme. — Deuxième amoureuse, Constantine 1852.

BERLY, Mlle. — Ingénuité. Th. français de Marseille 1828.

BERMIN, Mlle. — Th. du Château-d'Eau 1873.

BERNADAC, Louis. — Jeune premier rôle, Agen 1849, Calais 1850-52, Evreux 1853, Calais 1854, Poitiers 1854-56, Caen 1857-59, Madrid 1860, Verviers 1861, Ile de la Réunion 1862-64, Batavia 1865, Bordeaux 1867-78. En 1878, Louis Bernadac, âgé de 62 ans avec 36 ans de théâtre, obtint une pension de 500 fr. de la Société des artistes. Il habita Bordeaux de 1879 à 1883 et Nice de 1884 à 1898. Sa mort fut annoncée au Rapport de 1899.

BERNADAC, Mme Marie, née Monin. — Madrid 1859-60, Verviers 1861, Ile de la Réunion 1862-83, Nice 1884-87. Sa mort fut annoncée au Rapport de 1888.

BERNAGE, Mlle Lucie, Clémentine, Amélie. — Premier accessit de comédie au Conservatoire en 1876, troisième Th. français (Déjazet) 1877, l'*Amour et l'argent* (1er nov.), même théâtre 1878-80, les *Nuits du Boulevard*, Th. des Nations 1883. Mlle Bernage fut surtout connue du public à cause d'une arrestation maladroite faite par un agent des mœurs qui la prit pour ce qu'elle n'était pas. Il y eut l'*affaire Bernage*, le cas *Bernage*.

Au moment où disparut le th. des Nations, Mlle Bernage disparut avec lui. Ce qui faisait dire à Paul Mahalin : « Nous retrouverons ici, ou là, sainte Bernage, vierge et martyre. C'est une opiniâtre. Elle poursuit la popularité avec autant d'ardeur qu'elle a poursuivi son fantastique agent. Aussi un peu avec le même résultat, hélas ! Non pas qu'elle soit laide ou dépourvue de talent. Elle est intelligente ; elle a du sentiment ; elle sait pleurer ; elle intéresse. On lui donnerait un sou sans confession. Ses yeux ont de grands reflets pleins de poésie mélancolique. Sa voix chuchote non sans charme... Oui, mais le reste de sa personne rappelle trop cette page de vers de Glatigny, intitulée : *Maigre vertu.* »

Bibliographie : Paul Mahalin, les *Jolies actrices* de Paris, 4me série, p. 115.

BERNAL. — Financier à Boulogne, 1853.

BERNARD-LÉON, aîné, Jean, Pierre Bernard dit. — Né le 11 avril 1785, rue de l'Egout, au Marais. Son père gérait les affaires particulières de M. Prévost d'Arlincourt, fermier général. Lorsqu'il eut terminé ses études, le jeune Bernard fut placé comme secrétaire auprès de Beaumarchais, devenu aveugle, puis, à sa mort, entra chez un avoué. C'est alors qu'il se fit connaître dans les réunions d'amateurs, notamment au Boudoir des muses, devenu le Théâtre de la rue Vieille du Temple, le 5 juin 1805.

Son père, pour le détourner de la carrière dramatique, le maria à la fille d'un architecte le 26 février 1809. Jean, Pierre Bernard, étudiant en droit et principal clerc chez Maître Rivière-Delisle, devint donc le mari de Mlle Joséphine, Adélaïde Dumont. Cette union fut heureuse, mais le but visé par le père ne fut pas atteint. Dix-huit mois plus tard, rompant avec les deux familles, la sienne et celle de sa femme, Bernard aîné, qui ajouta à son nom le pseudonyme qu'il avait pris jusqu'alors, devint le pensionnaire du théâtre de Versailles sous le nom de Bernard-Léon. Il resta dans cette ville plusieurs années.

En 1820, il jouait les financiers et les paysans au Théâtre français de Bordeaux, lorsque Delestre-Poirson l'engagea au Gymnase, qu'il venait de fonder. Il y débuta le soir de l'ouverture (23 décembre 1820) dans une pièce qui s'appelait le *Boulevard Bonne-Nouvelle*. Doué d'un talent plein de flexibilité et d'enjouement, Bernard-Léon partagea pendant quelque temps la vogue de Perlet. Et cependant il ne gagnait alors que 1,800 francs par an. Un jour son directeur le fit appeler et rompant de lui-même un engagement qui liait encore le comédien pour deux ans et demi, le porta de son propre chef à 6,000.

Bernard-Léon parut avec succès dans le *Comédien d'Etampes*, le *Coiffeur et le Perruquier*, la *Mansarde des artistes*. C'était l'homme de l'entrain, de la désinvolture, un bon gros garçon tout rond, tout jovial, qui était sur la scène comme chez lui. Sa diction était vive, saccadée, sa voix, tantôt grêle, tantôt forte, le servait merveilleusement. Le rôle de Desgouttières dans le *Château de Chambord* (21 mai 1821), ceux de Vatel, Poudret, Bellemain de l'*Intérieur d'un bureau*, Franval de la *Mansarde des artistes*, lui valurent autant de succès. Le 15 janvier 1824, il eut un bénéfice de 6,000 francs avec le concours de Potier, Brunet, Tiercelin et Lepeintre. En août, il alla jouer à Dieppe, devant la Duchesse de Berry, en compagnie des artistes du th. de Madame, Numa, Ferville, Gontier et Madame Théodore.

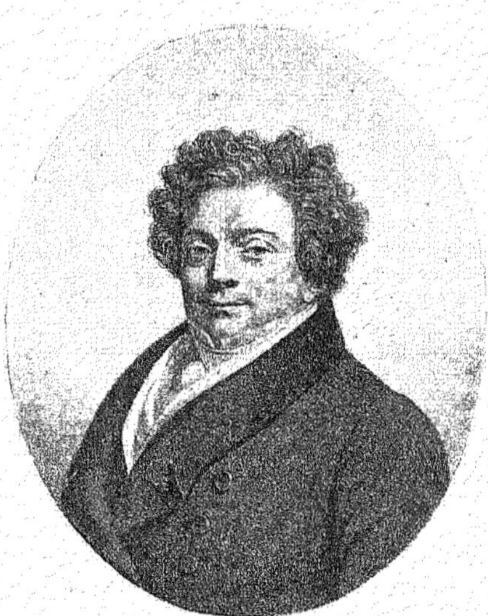

BERNARD-LÉON, d'après Vigneron

En 1824, G. de Pixérécourt, alors directeur de l'Opéra-comique, usant d'un privilège — pour ne pas dire d'un abus, — envoya un *ordre* de début à Bernard-Léon qui parut sur cette scène le 23 mars 1825 dans le rôle de Roch, de l'*Avis au public* et dans celui de Dugravier des *Rendez-vous bourgeois*. Mais on n'improvise pas facilement un comédien chanteur. Le débutant fut tout au plus convenable et reprit bien vite sa liberté pour regagner son cher Gymnase (1er mai 1826).

En janvier 1826, il avait donné des représentations sur le th. des Arts à Rouen.

En 1827, Désaugiers, directeur du Vaudeville, vint à mourir. Le marquis de Guerchy, qui était architecte, voulut reprendre cette succession, et mit Bernard-Léon de moitié dans la combinaison. Ce fut une idée malheureuse. Dégoûté de la direction, et reculant devant des dépenses nouvelles pour monter *Marie Mignot* — qui fut précisément un gros succès, — il donna sa démission de directeur, et resta seulement comme comédien. Après quelques excursions à Londres et en province et des rentrées périodiques au Vaudeville, Bernard-Léon eut encore des velléités de direction. En 1835, la Gaîté était à prendre. Il s'entendit avec Pixérécourt, Dubois et Marty, leur acheta la salle, les bâtiments et le droit à l'exploitation pour 500,000 francs, dit Brazier (Larousse dit 50,000), et prit possession de l'immeuble. Déjà *Monsieur de Latude* ou *Trente-cinq ans de captivité* avait obtenu un succès retentissant lorsqu'un horrible incendie compromit la fortune des anciens directeurs et vint, pour un moment, renverser toutes les espérances.

Une féerie, intitulée *Bijou* ou l'*Enfant de Paris*, avait été montée à grands frais. Cette pièce devait être représentée le lundi 23 février. Le samedi 21, à l'une des dernières répétitions générales, on venait d'essayer une petite machine chargée de figurer les éclairs ; un morceau d'étoupe enflammée mit le feu à une frise. En moins d'un quart d'heure, tout le théâtre était embrasé. « C'était pitié, a écrit Brazier, de voir cet honnête homme et ce bon comédien qui nous a fait tant rire au Gymnase et au Vaudeville, pleurant à son tour sur les ruines de la Gaîté. »

Cependant Bernard-Léon reçut, à cette occasion, des marques d'estime générales. Neuf mois après, le 19 novembre 1835, la salle fut ouverte à la foule des curieux, et lorsque, dans la petite pièce, un *Tissu d'horreur*, Bernard-Léon se montra, les spectateurs éclatèrent en applaudissements. Mais la nouvelle direction avait reçu un coup trop rude pour résister. Endetté, compromis dans son repos, veuf de sa femme qui n'avait pu survivre à cette catastrophe, Bernard-Léon perdit la santé, la bonne humeur ; en 1838, il rentra au Gymnase (la *Cachuca*), passa par le Palais royal (5 juin 1840, *Iphigénie*), et alla échouer aux Folies dramatiques. « Nous avons retrouvé aux Folies dramatiques une ancienne célébrité du Gymnase, Bernard-Léon, jouant nous ne savons plus quel rôle grotesque. »

Menant une existence troublée, tantôt à Gand où était établi son fils, tantôt à Anvers ou à Paris, où ce fils vint, par tendresse, habiter, c'est dans son domicile et entre ses bras que le vieil acteur mourut le 8 mars 1858.

Bernard-Léon écrivit des comédies, monologues, vaudevilles, un opéra-comique, une pantomime (1804-1821) et deux romans : l'*Enfant du Carême*, 1804, 2 vol. in-8° et l'*Enfant des tours Notre-Dame* ou *Ma vie de garçon*, 1825, 3 vol. in-8° avec Fléché et Imbert.

Nous reproduirons ici quelques jugements portés sur Bernard-Léon à différentes époques de sa carrière :

Grande biographie dramatique, 1824 : « Bernard-Léon, Gymnase. Voilà un de ces noms qui, placés sur une affiche, doivent toujours attirer l'amateur curieux d'applaudir une gaieté franche et communicative... Dans le rôle de l'artiste, où Perlet est si plaisant, Bernard-Léon l'emporte peut-être par la comparaison qu'on peut établir. Dans les rôles du *Courtier*, de la *Veuve du Malabar*, dans le *Maître d'école*, qui cite à tous propos des mots latins, dans l'opérateur, dans Monsieur Quinze-seize, dans ce complaisant de maison de l'ordonnateur d'une fête, dans l'*Ecarté*, en un mot à tous les personnages il met ce cachet de vérité qui décèle un tact fin et un grand esprit d'observation. »

Biographie théâtrale pour 1829 : « Bernard-Léon, Vaudeville, rue d'Argenteuil, 34. — Enfin le voilà de retour dans ses pénates. Que diable aussi allait-il faire dans cette maudite galère de la rue des Colonnes ? (Opéra-comique). Son nom sur l'affiche a le privilège d'attirer la foule. Sa gaîté est franche et communicative, sa verve soutenue, sa rondeur placée autre part que dans ses membres. Il est toujours le personnage dont l'auteur lui a mis la copie sous les yeux. Il imprime à tous ses rôles ce cachet de vérité qui décèle un tact fin et un grand esprit d'observation, mais quelquefois aussi voulant frapper trop juste, il frappe trop fort. Bernard-Léon est excellent comédien, mais très mauvais administrateur, selon M. de Guerchy. »

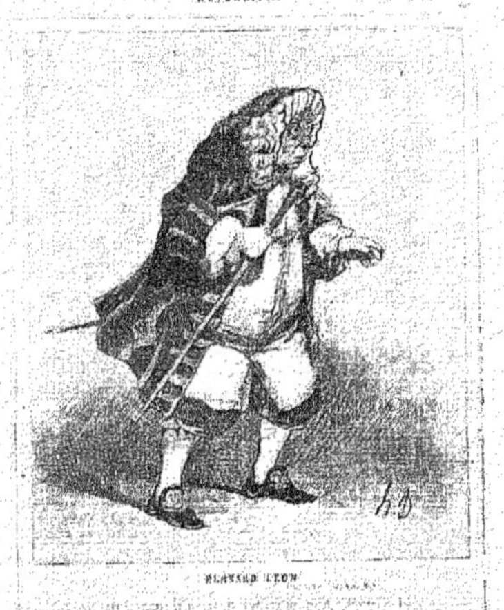
BERNARD-LÉON
Caricature de H. Daumier

Petite biographie, 1833, 5e édit. : « Ce n'est peut être pas un comédien ; mais c'est un bouffon très original, très plaisant, très amusant, et dont la présence seule excite le fou rire. C'est un de ces acteurs comme il en faudrait dans chaque troupe, un *gracioso* qui excelle à désopiler la rate, et qui excite ces éclats de rire bruyants qui absolvent les mauvais ouvrages. Bernard-Léon brûle les planches. Il est fâcheux que sa mémoire infidèle l'empêche quelquefois, à une première représentation, de tirer tout le parti possible de sa verve intarissable, de son inépuisable gaîté. Bernard-Léon est bon à voir à la quatrième représentation d'un joyeux vaudeville. Nous le recommandons aux amateurs dans le *Coiffeur et le Perruquier*, le *Baron d'Hilburgausen*, les *Petites Saturnales*, la *Maison du faubourg*, la *Vie de Molière*, *Pourquoi ? Vive le divorce*, la *Camargo*, le *Père Leleu* et autres joyeux ouvrages, car il faut de la gaieté à cet excellent bouffon. Au Gymnase, il était délicieux dans *Partie et revanche* et le *Comédien d'Etampes*. »

L'*Indiscret des coulisses* (1841) n'est pas si tendre : « M. Bernard-Léon, dit-il en passant en revue les artistes du Palais royal, est un des comiques les plus faux et peut-être les plus assommants de tous les comiques de Paris. Il frappe cette énorme protubérance qu'il a l'excessif amour-propre d'appeler son ventre, pour faire de la rondeur et de la bonhomie ; il rit bruyamment comme ces gros farceurs qui trouvent drôle ce qu'ils ont dit, mais en rient toujours seuls ; il roule de gros yeux d'un gris perle très clair, et chante avec une prétention exorbitante. Tour à tour directeur et comédien, il n'a été heureux nulle part. »

Le comique choyé de 1824 avait passé de mode en 1841. Et cependant nul ne saurait nier sa popularité passagère car peu d'artistes, ainsi qu'on le verra plus bas, n'ont été si souvent portraiturés que Bernard-Léon.

Biographie : E.-D. De Manne et C. Ménétrier, *Troupe de Nicolet*.

Bibliographie : *Grande biographie dramatique*, 1824, *Biographie théâtrale*, 1829, *Biographie des acteurs*, 1833, L. Brazier, *Hist. des petits théâtres*, l'*Indiscret des coulisses*, 1841. *Hist. des th. de Rouen*, t. III, p. 252.

Iconographie : Bibl. nat. Catalogue Duplessis 4279.

1. En pied, de face (cost. de th.), gravé à l'eau forte, anonyme.

2. En buste, de 3/4 à drte. Lith. par A. de V., 1822.

3. En pied, de 3/4 à gauche (cost. de th.), lith. par A. de V., 1824.

4. En pied, de 3/4 à gauche (cost. de th.), lith. par A. de V.

5. A mi-corps, de 3/4 à droite, lith. par Béraud, Lyon 1839.

6. En pied, de 3/4 à gauche (cost. de th.), lith. par Ch. Chasselat.

7. En pied, de ³/₄ à droite (cost. de th.), lith. par C. Constans, 1824. Sur cette planche se trouve aussi le portrait de Numa.

8. En pied, de ³/₄ à droite, caricature lith. par H. D. (H. Daumier), 1844.

9. En pied, de ³/₄ à droite (cost. de th.), lith. Engelmann, 1822.

10. En pied, assis, de ³/₄ à gauche (cost. de th.), lith. par Fauconnier.

11. En pied, de face, tiraillé par l'Opéra-comique et par le Gymnase, lith. de Feillet.

12. En pied, de face (cost. de th.), lith. de Langlumé.

13. En pied, de profil à gauche (cost. de th.), lith. par H. M. (H. Monnier), 2 états.

14. En pied. de façe (cost. de th.), lith. par H. M. (H. Monnier).

15. En pied, de ³/₄ à droite (cost. de th.), lith. par Henri Monnier,

16. En pied, de face (cost. de th.), lith. par Ochard.

17. En pied, de profil à gauche (cost. de th.), lith. par Vincent.

BERNARD-LÉON jeune, frère du précédent. — Né à Paris dans les dix dernières années du XVIIIe siècle, débuta et joua longtemps en province, puis se présenta au Gymnase le 29 juin 1824, dans les *Acteurs à l'essai*, pièce où il remplit le rôle d'un invalide, d'un savetier bossu et d'un improvisateur. Il remplaça son frère dans le rôle du Charlatan, joua celui de l'Eveillé dans la *Chercheuse d'esprit*, mais ne resta que deux ans au Gymnase. Il demeurait alors rue Bleue, 38 (1824) puis rue du Faub. Poissonnière, 10 (1825). Voici ce qu'en disait alors l'*Ermite du Luxembourg* (M. Alhoy 1824 :) « Bernard-Léon, Th. des Célestins à Lyon. — Frère du précédent, Bernard-Léon soutient avec honneur l'homonyme. Il possède toutes les qualités de son frère, dans un degré moins éminent ; il semble avoir fait une étude approfondie de son jeu, qu'il imite souvent à s'y méprendre. »

Nous notons son passage à Amsterdam, 1826-27, Bruxelles 1828, Lyon 1831, Marseille 1838, Versailles 1840, Bruxelles 1842. A Bordeaux, il fit avec Belfort et Aug. Lepeintre jeune un vaudeville qui fut représenté et imprimé sous le titre de : le *Cirque de Bojolay* ou *Pleuvra-t-il ? Ne pleuvra-t-il pas ?*

Biographie : *Grande biographie dramatique*, 1824. — *Almanachs* Barba. — *Annuaire* Delhasse, 1843.

BERNARD Eric. — Elève à l'école de déclamation, avait débuté à la Comédie française le 29 juillet 1816, par le rôle d'Achille dans *Iphigénie en Aulide*, puis, le 5 août 1817, par celui du vieil Horace. Doué d'un physique noble, d'un organe sonore, d'une taille élevée, il fut jugé un peu froid. Il partit alors pour Bordeaux, et revint à Paris pour entrer à l'Odéon qui venait d'être reconstitué sous la direction de Picard. Il habitait rue de Seine, 57.

1819 30 sept. (ouverture), *Venceslas*, succès personnel.
— 28 oct., *Les Vêpres Siciliennes*, grand succès.
1820 1er mars, *Charles de Navarre*.
— 22 avril, *Conradin et Frédéric*.
— 20 déc., *Don Carlos*, demi-succès.
1821 16 juin, *Oreste*, chute.
— 1er déc., *Le Paria*.
1822 26 avril, *Attila*, succès.
— 14 juin, *Les Macchabées*, succès.
1823 12 avril, *Le Comte Julien*, chute.
— 17 mai, Bénéfice d'Eric Bernard avec la première de *Maxime* et le concours de Potier.

Eric Bernard fut alors réengagé comme premier sujet pour une durée de cinq ans.

« Tragédien froid, mais rempli d'intelligence, écrit Harel en 1825. Les amateurs l'estiment, avec raison, plus que Desmousseaux, de la Comédie française, qui joue comme lui l'emploi des rois.»

1824 27 avril, *Les trois genres*.
1825 1er fév., *L'Orphelin de Bethléem*, soirée tumultueuse.
— 14 mars, *Jeanne d'Arc*, grand succès.
— 25 avril, *L'Indiscret*.
— 9 mai, *La mort de César*, chute.
— 28 sept., *Alain Blanchard*, chute.
1826 8 juin, *Agamemnon*, succès.
1829 (ouverture), *Catherine de Médicis aux Etats de Blois*.
1829 1er déc., *Mon oncle bossu*.
— 29 » *Une fête de Néron*.
1830 30 mars, *Christine*, succès.
— 22 juillet, *Guillaume-Tell*.

Cette pièce, qui peut-être eut attiré du monde, fut arrêtée net par la révolution ; Eric Bernard fut alors nommé capitaine de grenadiers dans la Garde nationale. Il demeurait rue St-André des Arts, 74.

1830 19 août, *Le gentilhomme de la chambre*.
— 28 août, *Jeanne la folle*.

Eric Bernard vint chanter la *Marseillaise* dans son costume du rôle de Pontarlier, chevalier breton.

1830 7 octob. *Le roi fainéant*.

Eric Bernard, qui représentait le précepteur de Childebert, fut interrompu au milieu d'une tirade, à la fin du troisième acte, et prié de chanter la *Marseillaise*.

1831 12 mars, *Un changement de ministère*.
— 11 avril, *Médicis et Machiavel*, succès.
— 25 » *Norma*.
— 6 mai, *1783*, chute.
— 28 juillet. A l'occasion de l'anniversaire des trois journées, Eric Bernard vint chanter sur l'air « T'en souviens-tu ? » quatre couplets en l'honneur des Polonais — entre *Othello* et le *Mariage de Figaro*. Puis il lut une lettre annonçant la victoire remportée par

ceux-ci sur les Russes. — Enthousiasme général.

1831 3 nov., *Mirabeau*.

L'Odéon ayant fermé ses portes, Eric Bernard se fit directeur. Il ouvrit le *Théâtre du Panthéon* dans l'ancienne église St-Benoit, la même où avait été enterré le grand Baron. Mais cette malheureuse affaire commencée le 18 mars 1832 se termina, faute de spectateurs, le 24 février 1833. Eric Bernard partit alors pour la Russie où il tint pendant de longues années l'emploi des pères nobles. Une note manuscrite que nous trouvons sur notre exemplaire du *Dict. théâtral* de Harel, nous apprend — sous toutes réserves, bien entendu — qu'il mourut à Cusset, près Vichy, en novembre 1859.

Bibliographie : *Annuaires dramatiques*. — Harel, *Dict. théâtral*. — P. Porel et G. Monval, l'*Odéon*.

Iconographie : Bibl. nat. Catalog. Duplessis nº 4258.

1. En buste, de 3/4 à gauche, lith. par Fauconnier.

2. En buste, de 3/4 à gauche (cost. de th.), lith. par N.-H. Jacob.

3. En buste de face, lith. par Léon Noël, d'après J. David. — Ce dernier portrait est désigné par erreur comme celui d'Eric Bernard qui ne fut jamais *directeur* de l'Odéon, comme il est mentionné. Il est donc celui de Wolf dit *Bernard*.

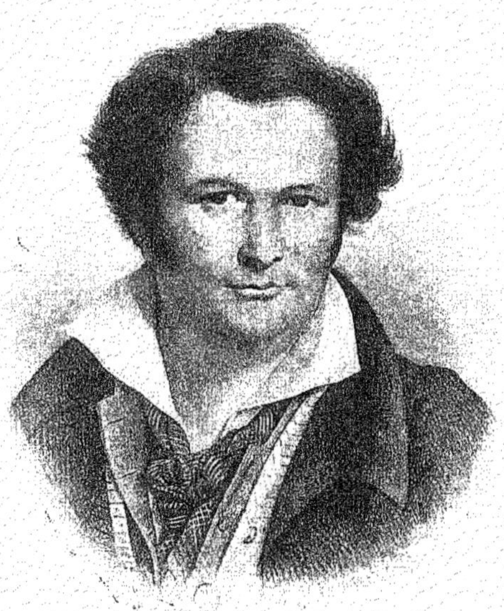

BERNARD (Wolf), acteur et directeur de l'Odéon, d'après J. David

BERNARD, Mme Eric. — Femme du précédent, débuta le 16 mars 1820 à l'Odéon, dans le rôle de Monime de *Mithridate*.

BERNARD, Wolf dit. — Ancien chanteur de province, ancien directeur de Bruxelles, avait débuté au Th. français dans l'emploi des rois (31 mai 1822).

« M. Bernard, directeur des th. royaux de Bruxelles, lisons-nous dans l'*Almanach* pour 1823, débuta par le rôle de Pharasmane (dans *Rhadamiste* et *Zénobie*). Une belle taille, une excellente diction, méritent au débutant les applaudissements du public. Le Théâtre français désire se l'attacher ; mais M. Bernard, qui a le droit de ne pas être traité en commençant, retourne à Bruxelles où les soins de sa direction lui paraissent plus intéressants qu'un noviciat à la rue Richelieu ».

Le 1er juillet 1823, Bernard sollicita la direction de l'Odéon à ses risques et périls, et on s'empressa de la lui accorder le 16 août suivant. C'était un grand débarras pour l'Etat. On lui donna cependant une subvention de 60,000 fr. qui fut portée à 100,000 le 16 novembre 1824.

Intelligent, actif, Bernard s'occupait de tout, remplaçant un acteur au pied levé, chantant s'il le fallait, déclamant des cantates nouvelles. Le public l'appelait en scène pour l'interpeller sur tel ou tel détail du spectacle. « Ce grand et gros homme paraissait, ont écrit P. Porel et G. Monval et, avec quelques gaies paroles débitées d'un ton paternel, calmait la colère ou la susceptibilité d'un public bruyant et peu indulgent peut-être, mais jeune et enthousiaste ».

Les colloques de Bernard avec ses spectateurs devinrent célèbres ; en neuf mois il monta vingt nouveautés, moitié lyriques, moitié dramatiques, et reprit plus de trente pièces. Ce fut lui qui monta — et fort bien — le *Robin des Bois*, musique de Weber. Une des plus fameuses réponses au public fut celle-ci : on réclamait à grands cris le buste de Molière sur la scène : « Messieurs, dit Bernard, vous venez d'entendre le chef-d'œuvre de Molière *(Tartufe)* ; la vue du buste de ce grand homme n'ajouterait rien à sa gloire. Et puis... nous n'en avons pas ! » 21 juin 1825.

Après une direction fructueuse, où il avait fait l'impossible, mais qui sentait la veine épuisée, il vendit en février 1826 la fin de son privilège à Frédéric du Petit-Méré.

Bibliographie : *Almanach* Barba pour 1823. — Harel, *Dict. théâtral*, 1825. — P. Porel et G. Monval, l'*Odéon*, t. II.

Iconographie : C'est par erreur que le catalogue Duplessis a désigné comme étant un portrait d'Eric Bernard la lith. de Léon Noël. L'absence du prénom *Eric* et la désignation « acteur et directeur de l'Odéon » nous confirment dans notre assertion.

BERNARD. — Sous ce nom :

Bernard, premier rôle, élève du Conservatoire, artiste à Rouen vers 1815 (rôles d'Orosmane et du jeune Horace) et troupe de Mlle George dans cette ville du 30 septembre

1817 au 3 novembre suivant. Pourrait bien être soit Eric Bernard, soit Wolf Bernard.

BERNARD, troupe Harel 1829.

BERNARD, premier comique et régisseur, Verviers 1830.

BERNARD, premier comique, Soissons, Compiègne 1831.

BERNARD, Besançon 1831-33.

BERNARD, Jules, comique, Caen 1835.

BERNARD, né en 1803, avait débuté en 1835 sur le théâtre de la ville du Hâvre, dans l'emploi des basses comiques qu'il avait abandonné pour celui des Lepeintre jeune et des financiers. Mort en mars 1843, au Hâvre.

BERNARD, Metz 1838.

BERNARD, acteur du th. de Besançon, mort en cette ville en janvier 1840.

BERNARD Legros, La Rochelle 1849.

BERNARD, Paul, Félix. Nouvelle-Orléans 1849, Luxembourg 1850, Châlons 1853 (jeune premier), Niort 1854-56, Abbeville 1865, Napoléon-Vendée 1867, Dieppe 1868, Nice 1869, Le Hâvre 1870, Verviers 1872-73, Le Mans 1874, Nancy 1875, Rouen 1876-78, Lausanne 1879-80, Clermont 1881, Paris 1882-84, Rochefort 1885-87. Sa mort fut annoncée au Rapport de la Société des artistes en 1888.

BERNARD, Ducor dit. — Strasbourg 1852. Habitait Paris en 1855.

BERNARD, Jules, François, comique, Lisbonne 1853-55.

BERNARD, Louis, Napoléon. — Montpellier 1872-73, Le Hâvre 1874-76, Montpellier 1877-78, Genève 1879-82, Marseille 1883-86, Genève 1887. Il fut frappé d'apoplexie au moment où il allait prendre la gérance du Grand-Théâtre de Marseille. Sa mort fut annoncée au Rapport de 1888.

BERNARD, Antoine, Le Hâvre 1882-83, Rennes 1884-85.

BERNARD, Mme ou Mlle. — Sous ce nom :

Mme BERNARD, Christine Roujon, veuve. — Née en 1772, fille d'un colonel, actrice et directrice du Th. de Toulon (1790 à 1832, puis encore de 1836 à 38). Morte le 5 octobre 1844 à Marseille.

Mlle BERNARD, jeune amoureuse, Th. de Rouen 1790.

Mme BERNARD-Haute, duègne du Th. de la Gaité à Bordeaux 1817-18-1820, 2000 fr. de traitement.

Mme BERNARD, jeune première, Strasbourg 1825.

Mlle BERNARD, Fédora, jeune première, Dijon 1828.

Mme BERNARD, caractères, Grand Th. de Bordeaux 1828, 1830-31, 1835.

Mlle BERNARD, Belleville 1829-30.

Mlle BERNARD, ingénue, Th. Molière 1831.

Mlle BERNARD, Emma, deuxième amoureuse, Tours 1832-33.

Mlle BERNARD, ingénue, Mons 1838.

Mlle BERNARD, Elisa, amoureuse, Liège 1839.

Mlle BERNARD, Jouanna, rôles d'enfants, Liège 1839, jeune premier rôle à Caen 1853.

Mlle BERNARD, amoureuse et rôles travestis, Gand 1842.

Mme BERNARD, Louise, jeune première, th. du Vaud, à Bruxelles 1844.

Mme BERNARD, Th. des Arts à Rouen 1844 à 1851.

Mlle BERNARD, Joséphine, Dijon 1849.

Mlle BERNARD, Virginie, Charlotte, Moulins 1849, Turin 1850, Calais 1851-54, Montpellier 1855-56, Moulins 1857-58, Troyes 1859, Liège 1860-62, Marseille 1863, Rouen 1864, Marseille 1865, Nantes 1867, Bordeaux 1868, Caen 1869-70, Buenos-Ayres 1872-74, Constantinople 1875, Paris 1876-77, Strasbourg 1878, Melun 1879-80, Nice 1881-85. En 1886, Mlle Bernard, Virginie, Charlotte, âgée de 60 ans, avec 37 ans de théâtre, obtint une pension de 500 fr. de la Société des artistes. Elle vécut à Melun de 1886 à 93, et à Nice de 1894 à 97. Sa mort fut annoncée au Rapport de la Société de 1898.

Mlle BERNARD, Marguerite, Emma, Rouen 1851-58.

BERNARDI, Mlle. — Débuta à la Comédie française le 23 mars 1784, par le rôle d'*Iphigénie*, puis joua successivement : Palmire de *Mahomet*, Lucinde de l'*Oracle*, *Zaïre*, Betzi de la *Jeune Indienne*.

Bibliographie : *Almanach des Spectacles* 1785.

BERNARDI. — V. Bernardy.

BERNARDINI, Adrien, Honoré. — Bruxelles 1856-57, Paris 1858, Toulon 1859, Nîmes 1860-62, Rennes 1863-64, Paris 1865, La Haye 1867, Liège 1868-70, Bordeaux 1872-74.

BERNARDINI, Mme, née Juliette, Cécile Neray. — Bruxelles 1856-57, Paris 1858, Toulon 1859, Nîmes 1860-62, Rennes 1863-64, Paris 1865, La Haye 1867, Liège 1868-70, Bordeaux 1872-74.

BERNARDY. — Deuxième comique, Brest 1828.

Iconographie : Bibl. nat. Catal Duplessis n° 4291. « Bernardy acteur? ». En pied, de 3/4 à gauche (cost. de th.) lith. de G. Engelmann (1821),

BERNARDY, Mme. — Deuxième amoureuse, Gand 1825. En 1830, une dame Bernardy ou Bernardi joue les secondes duègnes à Namur et à Verviers. Ce nom se retrouve à Rennes en 1835 et à Béziers en 1838. En 1849-50, l'Annuaire des artistes signale l'existence d'une dame Bernardy née Soude.

BERNAUT, François, Hyacinthe, Guillain Crescent de. — Débuta à la Comédie française le 14 janvier 1754, fit de nouveaux débuts le 24 février 1760 et fut reçu sociétaire le 1er avril de la même année. Retiré le 12 décembre 1762, il fut tour à tour directeur à Rouen, à Caen et à Angers (1763-68), administrateur du Théâtre Beaujolais (1788) et mourut à Paris, 9, rue St-Lazare, le 9 mars 1789.

Lemazurier, qui l'appelle *Barnaud* ou *Bernaud*, nous dit qu'il ne réussit pas dans le rôle d'Arnolphe. Par contre, il plut mieux dans ceux de Harpagon de l'*Avare*, Orgon de *Tartufe*, Géronte du *Philosophe marié* et *Georges Dandin*. Il lui avait fallu une première fois repartir en province, lorsqu'il fut reçu pour doubler Bonneval. On a vu par les dates ci-dessus que son séjour à la Comédie française ne fut pas de longue durée.

Biographie : *Almanach des Spectacles* 1763, — Lemazurier, *Galerie historique*. — G. Monval, *Liste alphabétique des sociétaires*.

BERNAUT, Mlle. — Pensionnaire à la Comédie française en 1760. V. Barnaud.

BERNAUT, Fleuri. — Débuta à la Comédie française par le rôle de l'*Avare*, 21 février 1771.

BERNAY, Jouanny. — Calais 1868-69.

BERNE-BELLECOUR. — V. Bellecour.

BERNEL, Aug. — Troisième amoureux, Vannes 1829.

BERNEL. — Financier, Arras 1838, Mons 1842, Anvers 1852.

BERNEL fils, Charles. — Rôles d'enfants, Arras 1838, Mons 1842, Amsterdam 1850, Gray 1851, Colmar 1853, Troyes 1854-55, Amsterdam 1856, St-Etienne 1857, Oran 1858-59, Paris 1860, St-Etienne 1861-62, Th. Déjazet 1863.

BERNEL, Louis. — Amsterdam 1850-51, Gray 1853, Nice 1854-55, Beauvais 1856-58, Paris 1859-60, Charleroy 1861, Gray 1862-64, Déjazet 1865, Calais 1867, Paris 1868-72.

BERNEL, Mme Clarisse, Thérèse, née Gavard. — St-Etienne 1857, Oran 1858, Paris 1859, Liège 1860, Le Mans 1861, Elbeuf 1862, Angoulême 1863-67.

BERNÈS. — Deuxième amoureux, Th. Cluny 1873, Gymnase 1877-80.

« Bernès, dit A. Laroque (1888), se fit remarquer au Th. Cluny dans quelques heureuses créations ; il fut engagé au Gymnase où il demeura quelques années, tenant avec distinction les rôles de second plan, et particulièrement les personnages de bonne compagnie. Du Gymnase, il est allé au Vaudeville... en passant par St-Pétersbourg où il a laissé de bons souvenirs. Bernès est parent de Worms, de la Comédie française.

Bibliographie : A. Laroque, *Acteurs et actrices* 1888.

BERNET, François, Marie, Xavier. — Lyon 1849-58.

BERNET, Joseph. — Premier rôle, Metz 1853-1855-56.

BERNETTE. — Sous ce nom :

Bernette, père noble, Toulouse 1825, Th. français Marseille 1827-28.

Bernette, comique, Clermont 1830.

Nous trouvons sur cet acteur absolument inconnu la singulière note que voici dans la *Grande biographie dramatique* (1824) : « *Bernette*, Chaumont en Bassigny. — C'est un acteur que l'on compare, dans un rayon de dix lieues, tantôt à Brunet, tantôt à Potier, et que les marchands de couteaux de Langres vantent à tous les voyageurs qu'ils rencontrent. A peine avez-vous fait emplette d'une de ces lames qu'ils fabriquent avec tant d'habileté, que, roulant sur vous un œil entouré d'une auréole ferrugineuse — Et M. Bernette, disent-ils, comme on dirait à Paris, Madame Pasta ou Talma. Et M. Bernette, l'avez-vous vu ? ».

Bernette, Amiens 1831.

Bernette, Louis, membre de la Société des artistes depuis la fondation (1840), âgé de 66 ans en 1859, retiré depuis 1856, domicilié à Marseille et pensionné de 300 francs, avait joué à la banlieue, en province et à Paris. — Toulouse 1849-57, vécut à Marseille de 1858 à 70 et à Alexandrie de 1872 à 76. Sa mort fut annoncée au Rapport de 1878.

Mlle Bernette, troisième amoureuse, Metz 1830.

Mlle Bernette, Rosine, deuxième amoureuse, Amiens 1835.

BERNHARDT, Mlle, Jeanne Bernardt dite. — Sœur de Sarah Bernhardt. Voici un extrait de son acte de naissance : « L'an mil huit-cent cinquante et un, le vingt-deux mars, est née à Paris rue du Marché St-Honoré, n° 32, deuxième arrondissement, Jeanne-Rosine, du sexe féminin, fille de Judith-Julie *Bernardt*, rentière, demeurant rue de Provence, n° 64, etc. » — Le 32 de la rue du Marché St-Honoré était l'adresse de Mme Surville, sage-femme.

Jeanne Bernhardt débuta sous les auspices de sa sœur, à la Gaîté, 1868-70, puis à l'Odéon, 1872-73, et créa un petit rôle au Vaudeville dans l'*Oncle Sam*. Elle parut au Gymnase le 24 mai 1876 dans les *Femmes terribles* (rôle de Delphine) et se maintint quelques années à ce théâtre, avant de partir pour Lyon (1882).

Jeanne Bernhardt accompagna sa sœur en Amérique, mais ne joua jamais qu'un rôle assez effacé dans la troupe. Elle se retira de bonne heure du théâtre et s'en alla vivre à Bruxelles avec une pension que lui faisait Sarah. Elle fut la mère de Mlle Saryta Bernhardt, qui créa le rôle de la princesse dans l'*Aiglon*. Atteinte d'anémie, Jeanne Bernhardt revint à Paris mourir chez sa sœur, 56, boulevard Pereire, et fut inhumée au Père Lachaise le 18 juillet 1900.

Au temps où sa grande sœur avait la toquade des cercueils capitonnés, Jeanne qui ne pouvait rester en arrière en fait d'excentricités, avait fait peindre chez elle des *potences*. On en voyait dans la salle à manger, dans sa chambre à coucher, dans son salon, partout enfin, ce qui faisait dire à un critique : « Elle a l'innocence et la malice. Elle pourrait aussi bien jouer un rôle d'ingénue qu'un rôle de soubrette ; son talent a plusieurs cordes et n'a pas besoin de *celle de pendu*. »

Bibliographie : *Foyers et coulisses*, Vaudeville, p. 109. — Marie Colombier, *Voyages de Sarah Bernhardt en Amérique*. — *Intermédiaire des chercheurs et des curieux*, n° 989, 20 déc. 1902, col. 918.

BERNIER, Mlle. — Soubrette, Grenelle 1852.

BERNIER, Charles, François. — Douai 1860-1861, Mâcon 1865, Tours 1867, Le Puy 1868, Cognac 1869, Fontainebleau 1870, Charleville 1872-73, Versailles 1874-97. Sa mort fut annoncée en 1898.

BERNIER, Mme Cécile, veuve Petit. — Th. historique 1877-78, Châtelet 1880-83, Variétés 1884, Ambigu 1885, Paris 1886-1901. Habitait Paris en 1902.

Voici le portrait qu'en a laissé P. Mahalin : « Brune, gros traits et gros cheveux... Elle a débuté aux Fantaisies Oller où elle était patronnée par un de nos confrères du *Pays*. Engagée ensuite par Castellano au Théâtre-Historique, elle a joué cent fois de suite la cantinière de *Marceau*.

Mme Cécile Bernier faisait, en outre, de la peinture.

BERNONVILLE. — Comique, Liège 1840.

BEROD, Ennemond. — St-Pétersbourg 1873-1874, Strasbourg 1875-79.

BÉROU, Léon. — Gymnase 1849-1859. Avait débuté à l'Odéon en septembre 1848 dans l'*Ecole des femmes*.

BÉROUD, Mme Sophie, Tiennette. — Lyon 1853-55, Le Hâvre 1856, Lisbonne 1857-59.

BERRET, Marius, Alexandre, Alphonse. — Toulouse, jeune premier 1850-51, Le Hâvre 1852, Rouen 1853-57, Folies dramatiques 1858, Ambigu 1859-65, Folies dramatiques 1867-70, Londres 1872.

« Berret, nous dit Abraham (1861), en quittant Rouen, a été engagé aux Folies dramatiques. Il a créé quelques rôles à ce théâtre qu'il a quitté pour l'Ambigu. Berret est un des premiers artistes engagés par M. de Chilly. »

Mais avec le temps, Berret avait changé de genre, il jouait les grimes, et Vizentini (1868) le qualifie de « bonne pâte et de gros naïf ». Sa mort fut annoncée au Rapport de la Société des artistes en 1873.

Bibliographie : *Histoire des th. de Rouen* (1852). — Em. Abraham, *Les acteurs et actrices de Paris*, 1861. — A. Vizentini, *Derrière la toile*, 1868.

BERRIER, Mme Andréa. — Constantinople 1867-70.

BERRY, Pierre, Eugène Breby, dit. — Troisième rôle à Rouen 1849, Pau 1852, Nantes 1853-54, Lille 1855, Toulouse 1856, Lille 1857, Rouen 1858-59, Strasbourg 1860-61, Bruxelles 1862-64, Nantes 1865, Strasbourg 1867-68, Bruxelles 1869-73, Anvers 1874, Rouen 1875, Nantes 1876, Liège 1877, Rouen 1878-79, Bruxelles 1880-81, Rouen 1882-83. Sa mort, survenue à Besançon, fut annoncée au Rapport de l'année 1884.

BERSAC. — Débuta le 17 mai 1756 à la Comédie française par le rôle de *Gustave*, dans la tragédie de ce nom.

Bibliographie : *Almanach des spectacles*, 1757.

BERT. — V. Anselme.

BERT, Paul, Pierre, Franç., Brousse dit. — Toulouse 1883-85.

BERTAL, Marie, Paul, Lucien, Bucquet dit. — Gaîté 1887.

BERTAUD, Mlle. — Th. national 1853.

BERTAUD, Mlle. — V. Berthault.

BERTAUT, Mme. — Variétés 1849.

BERTE, Mlle. — Jeune première au Th. de Brunswick 1852.

BERTEAU, Mme Gabrielle née Lopinot, veuve. — Agée de 64 ans en 1846, domiciliée à Chaillot, reçut de l'Association des artistes dramatiques une pension de 150 francs, qui plus tard fut portée à 300 fr. Vivait encore en 1861.

BERTEAU, Mme Marie, Eugénie, ou Bertaud. — Strasbourg 1856-58.

BERTECHÉ. — Premier comique à Londres 1829, acteur et directeur à Mons 1830, comique à Cambrai 1831, Anvers 1850, Dunkerque 1851-55, Paris 1856-62, Alger 1863-64. En 1865, Berteché, âgé de 66 ans, avec 42 ans de théâtre, reçut une pension de 300 fr. de la Société des artistes.

BERTHAL, Mlle. — Actrice des Variétés, Victoire dans le *Manoir du Pic tordu*, 28 mai 1875. Morte en 1875. On écrit aussi *Berthall*. Elle avait fait ses premières armes aux Folies dramatiques, puis était entrée aux Variétés, où elle remplaça Zulma Bouffar dans les *Brigands*. Elle parut aussi dans une reprise de la *Vie parisienne* et joua sur le théâtre de Monaco.

Bibliographie : *Foyers et coulisses*, Variétés, p. 104.

BERTHAULT. — On écrit aussi *Bertaut*, *Berthaud* et *Berthauld*. Premier comique au th. français d'Amsterdam, débuta à la Comédie française le 10 septembre 1820, dans le rôle de Figaro, puis retourna à Amsterdam, et à La Haye 1822. En 1824-25, il était au Grand Théâtre de Lyon. Voici ce qu'en dit, à cette époque, la *Grande biographie dramatique :* (Grand th. de Lyon). « Du mordant, de la verve, beaucoup de mémoire, encore plus d'aisance sur la scène, mais un organe singulièrement désagréable et qui déchire l'oreille. En résumé, acteur qui ferait plaisir à une assemblée de sourds. » Bruxelles 1828-29, Lyon 1830-31. En 1832, un sieur Berthaut (?) était directeur du Gymnase enfantin, passage de l'Opéra. L'*Annuaire* signale un *Bertault*, François ou Francisque, artiste dramatique, demeurant à Paris 1849-62.

Bibliographie : *Grande biographie dramatique*, 1824. — *Almanachs Barba*.

BERTHAULT, Mlle. — Actrice à l'Odéon en 1841, dont le nom figure dans les pièces suivantes :

1841 28 octobre, *L'Actionnaire*.
— 23 déc., *La vie d'un comédien*.
1842 29 janv., *Le Philanthrope*.
— 5 février, *L'avocat de sa cause*.
— 19 », *Le Veuvage*.
— 1er mars, *Le Mari malgré lui*.
— 14 avril, *Le voyage à Pontoise*.
— 3 nov., *Le Bourgeois grand seigneur*.

« Mlle Berthault est charmante dans le rôle d'Amanda » écrit en novembre 1842 Th. Gautier à propos d'une reprise d'*Henri VIII*, tragédie de Marie-Joseph Chénier.

1842 13 déc., *Les derniers valets*.
1843 9 fév., *Delphine*.
— 10 avril, *Les Contrastes*.
— 22 mai, *Mlle Rose*.
— juin, Bénéfice.
— 6 oct., *Tôt ou tard*.
— 31 », *L'Hôtel d'Alban*.
1843 18 déc., *Le médecin de son honneur*.
1844 18 janv., *Le pseudonyme*.
— 18 fév., *La famille Cochois*.
— 19 mars, *Champmeslé*.
— 15 octob., *Le Bachelier de Ségovie*.
1845 28 mars, *Le Seigneur des broussailles*.
— 19 avril, *L'Eunuque*.
1847 24 avril, Bénéfice avec le concours de Déjazet, Suzanne Brohan et de Mme Doche.

En 1849, l'*Annuaire* des artistes signale une Mme Julie Bertault, femme Beck, artiste au Vaudeville.

Bibliographie : P. Porel et G. Monval, l'*Odéon*, t. II.

BERTHE, Mlle. — Sous ce nom :

Mlle BERTHE, amoureuse, th. du Vaudeville, Bruxelles 1844.

Mlle BERTHE, nom d'une actrice qui débuta à l'Odéon le 27 mars 1847 dans le *Manteau*. Odéon 1849.

Mlle BERTHE, troisième amoureuse, Constantine 1852.

Mlle BERTHE, Armandine Savary dite. Th. français 1852-60. Reprend le nom de *Savary*, Ambigu 1861-62, Lyon 1863-64. Reprend le nom de *Berthe*, Rouen 1865-67, Paris 1868-75.

Mlle BERTHE. Elisabeth, Louise, Jacques dite. Rouen 1857, Lyon 1858-62.

Mlle BERTHE, Eugénie. Anvers 1858-60, Reims 1861, Bruxelles 1862-63, Bordeaux 1864-1868, Lisbonne 1869-70, Bordeaux 1872-76.

BERTHÉ, Mme Célestine, née Bertin. — Moulins 1849, th. Historique 1850, Paris 1851-55, Constantinople 1856-57, Odessa 1858-61, Amsterdam 1862-65.

BERTHÉ, Edouard. — Orléans 1865-69.

BERTHÉ, Mme Marie, Thérèse, Françoise. — Orléans 1868-69.

BERTHELIER, Jean, François, Philibert. — Né à Panissières (Loire) le 14 décembre 1830. Son père, qui était notaire, en voulait faire un avocat, mais il mourut alors que l'enfant avait à peine onze ans. D'abord commis chez un libraire de Lyon, nommé Ponet, qui jouait le soir les troisièmes rôles au théâtre des Célestins, le jeune Berthelier puisa dans cette ville ses premiers goûts pour le théâtre ! Devenu voyageur en imagerie, dans la maison Pintard de Lyon, il charmait chaque soir les convives de la table d'hôte par ses chansonnettes comiques. Bref, en 1849, il trouva un engagement à Poitiers, comme fort premier ténor, et débuta par le rôle de Fernand de la *Favorite*. Mais le théâtre ayant fermé ses portes avant la fin de la campagne, Berthelier n'eut d'autres ressources que le café-concert. Après une foule de déboires, le malheureux jeune homme arriva à Paris avec... vingt-deux sous dans sa poche. Un agent dramatique, Bizot, qui, par hasard fut le professeur de Mlle Frazey, que lui, Berthelier, devait épouser 15 ans plus tard, Bizot lui conseilla de se présenter au Conservatoire, et lui procura, en attendant, un engagement dans un café-concert de la place de l'Observatoire. En 1851, il a son audition au Conservatoire, mais... il est refusé à l'unanimité. Il chante alors au café Charles et au café des Vosges situés tous deux rue St-Denis. Il perd la voix à ce métier, et s'adonne uniquement à la chansonnette. En 1853 et 1854, il chante au *Beuglant*, rue Contrescarpe, avec un succès étourdissant. Bertall qui l'y avait entendu, le présente dans les salons et notamment chez Mme Orfila. A Lyon, sous le nom de *Francisque* (?) il fait fureur avec ses chansonnettes au Cercle musical : le *Boursier*, le *Voyage de Lyon à Paris*, *Qui veut voir la lune?*, un *Jeune homme en loterie*, etc. Mais, malgré les trente francs qu'il gagnait là par soirée, il préfère revenir à Paris où Clapisson lui donne des leçons. C'est alors qu'Offenbach l'engagea aux Bouffes Parisiens, où il resta neuf mois. Voici ses créations à ce théâtre :

1855, 5 juillet (inauguration de la salle des Champs-Elysées). *Les deux aveugles*, rôle de Giraffier, succès colossal.

1855 Juillet, *Une nuit blanche*.

1855, 29 octobre, *Perinette*.

1855 Septembre, *La pleine eau*.

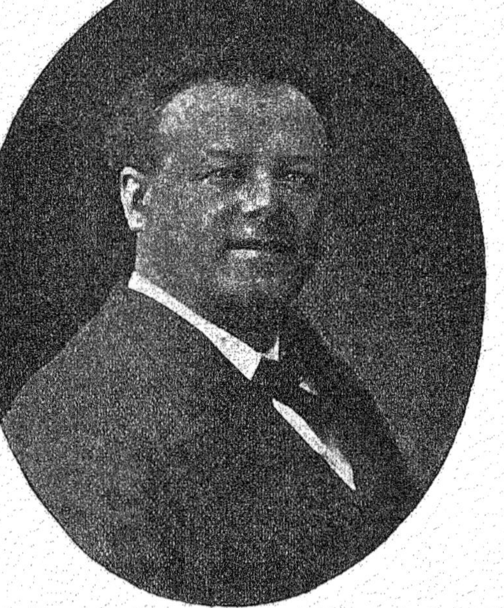

BERTHELIER (cliché Liébert)

1855 Septembre, *Le violoneux*.

— Novembre, *Le duel de Benjamin*.

— 25 décembre (inauguration de la salle du passage Choiseul). *Batakla*n.

Le bruit qui se fit alors autour du nom de Berthelier attira l'attention de M. Perrin qui l'engagea à l'Opéra-comique avec un traité de 7,200 francs. Cette partie de sa carrière (1856-1862) ne nous regarde guère, ne nous occupant pas des chanteurs. Nous rappellerons toutefois qu'elle fût des plus brillantes, et que Berthelier fut un incomparable Aignelet dans *Maître Patelin*. En 1858, il fut prêté cependant au Palais royal, où il parut avec Mlle Schneider dans *Jeune poule et vieux coq* (représentation extraordinaire, 11 septembre).

Le 7 février 1863, Berthelier débuta au Palais royal où il obtint un succès complet dans *Jean Torgnole*. Plus chanteur que comédien, il apportait à la scène de la verve, de l'entrain, un art consommé dans la chansonnette.

1863 16 mai, *L'Oiseau fait son nid*.

— 23 déc., *Le Pifferaro*.

1864 24 déc., *L'Histoire d'une patrouille*.

Mais le genre de ce théâtre ne faisait guère son affaire. On n'y chantait pas assez. Il revint donc aux Bouffes en avril 1864, en même temps que Mlle Frazey *(Avant la noce)*, qu'il épousa le 24 juin suivant et perdit si fatalement le 24 décembre 1865 à la suite d'un accident.

Berthelier créa encore aux Bouffes :

1865 21 sept., les *Refrains des Bouffes*.

1865 11 oct., les *Bergers*.

1865 19 oct., les *Douze innocentes*.

Rentré au Palais royal le 1er février 1867, il remplaça Brasseur dans la *Vie Parisienne*. A l'instar de ses prédécesseurs Achard et Levassor, Berthelier triompha surtout dans la chansonnette, et ne fut jamais qu'un comédien à côté. Le *Baptême du P'tit ébéniste* et 200 autres chansonnettes établirent sa réputation; il composa même la musique de quelques-unes sous le pseudonyme de *Berthal*. C'est ainsi qu'on lui doit, par exemple, l'air de la ronde de *Jean Torgnole*, l'air anglais de l'*Oiseau fait son nid*, l'air de la chanson de l'*Enfant de la Cannebière*, etc. Tous les concerts, tous les salons se le disputaient. Il fut appelé à la Cour, fit les délices des soirées de Vichy. Au théâtre, ce n'était guère — comme Achard — qu'un brûleur de planches, au débit précipité.

Berthelier parut de nouveau sur la scène des Bouffes dans les pièces suivantes :

1868, 30 sept., l'*Ile de Tulipatan*.

— 19 déc., *Petit Bonhomme vit encore*.

1869, 28 oct., la *Revanche de Candaule*.

— 7 déc., la *Princesse de Trébizonde*.

1870, 27 avril, les *Bavards* (reprise).

La guerre venue, Berthelier s'engagea dans les Francs-Tireurs et se battit aux avants-postes de la Folie, près Pantin. Après le siège, on le porta même pour la médaille militaire. Pendant la Commune, il refusa de suivre ses camarades à Londres et se retira dans son pays. Revenu à Paris en juin 1871, il fit sa rentrée aux Bouffes, le jour de la réouverture, le 16 septembre, dans la *Princesse de Trébizonde.* Il créa encore à ce théâtre :

1871, 23 octobre, le *Testament de M. Crac.*
— 14 déc., *Boule de neige.*
1872, 10 fév., le *Docteur Rose.*

Engagé aux Variétés, il y débuta le 13 mai 1872.

1872, 13 mai, les *Cent Vierges.*
— 15 août, *Ne la tue pas!* conférence burlesque.
1872, 22 nov., *La revue n'est pas au coin du quai.*
1873, 29 janv., les *Braconniers.*
— 26 avril, la *Veuve du Malabar.*
1874, 14 déc., les *Prés St-Gervais.*
1875, janv., les *Chapeaux*, conférence.
— 22 janv., les *Trente millions de Gladiator.*
1875, 18 mai, les *Portraits.*
— 27 mai, le *Manoir de Pic Tordu.*
— 30 juin, *Berthelier chez les Mormonnes*, fantaisie à son bénéfice.

Ayant appris les désastres causés par les inondations dans le midi de la France, il abandonna généreusement aux inondés la recette totale de la soirée. Cette belle action lui valut une médaille d'honneur qui lui fut décernée le 27 mai 1877 par la Société d'encouragement au bien.

Voici un jugement porté sur Berthelier en 1866 : « Il est l'exemple le plus frappant de la volonté de parvenir, lisons-nous dans les *Théâtres en robe de chambre;* il est parti de bas, d'un café-concert de la rue Contrescarpe, et en quinze ans, a passé par les Bouffes, le Palais-Royal et l'Opéra comique et a chanté dans tous les salons de Paris et dans toutes les villes d'eau d'Europe. Il est arrivé, à force de travail, à conquérir une belle position. En dehors de son théâtre, il se fait vingt-cinq à trente mille francs par an. Propriétaire de quelques immeubles à Montmartre, il excite la jalousie de quelques-uns de ses confrères... Comme la fourmi, il n'est pas prêteur ».

P. Mahalin (Triolet du *Gaulois*) ne fait que paraphaser ces quelques lignes.

Berthelier passa encore par la Renaissance, les Nouveautés et la Gaîté.

Théâtre de la Renaissance :

1876, 18 oct., *Kosiki*, rôle de Xicoco.
1877, 3 fév., la *Marjolaine*, Palamède.
1878, 25 janv., le *Petit Duc*, Frimousse.
— 20 nov., *La Camargo*, De Pontcalé.

Théâtre des Nouveautés :

1880, 18 déc., les *Parfums de Paris.*
1883, 27 janv., le *Droit d'aînesse*, Tancrède.
— 20 mars, le *Premier baiser*, Zug.
— 26 oct., le *Roi de carreau*, Tirechapp.

Sa dernière campagne fut celle qu'il fit à la Gaîté.

1886, le *Petit Poucet.*
— le *Grand Mogol.*
1887, 22 nov., *Dix jours aux Pyrénées*, Chaudillac.
1888, 19 mars, le *Bossu*, op. comique, Cocardasse.
1887, 31 mai, le *Dragon et la Reine*, Cornensac.

La mort de Berthelier, survenue en septembre 1888, fut annoncée en ces termes, par Eug. Garraud, au Rapport de la Société des artistes, le 24 juin 1889.

« S'il faut juger des sympathies qu'un homme a su conquérir, par la grandeur de l'émotion qui se produit à l'heure de son décès, nous pouvons affirmer que Berthelier jouissait de celle de tous les comédiens de Paris... Berthelier n'était pas seulement un artiste d'un incontestable mérite. C'était aussi un travailleur infatigable, cherchant toujours le mieux, dans le bien... Comme membre du Comité, toutes les fois qu'il eut à manifester son opinion ou ses sentiments sur la façon de secourir une misère intéressante, il nous a montré qu'il avait l'intelligence élevée, le cœur généreux, et une grande entente des affaires, ce qui, dans maintes questions, faisait souvent prévaloir son avis. Pour lui donner un dernier témoignage de leur unanime attachement, tous ceux de ses ex-collègues qui se trouvaient à Paris, assistaient à ses obsèques, et c'est entouré par eux, que le président de l'Association, dans un discours où il avait mis tout son cœur, a longuement retracé les qualités de l'homme et de l'artiste. Pauvre Berthelier! si gai, si bon enfant, c'est au moment où tout lui souriait que l'implacable mort est venue l'enlever à sa femme et à son fils, à ses nombreux amis, en leur laissant à tous d'inconsolables regrets ».

En dehors du théâtre, Berthelier avait été bon fils et brave soldat. Dès qu'il eut quelques sous, il alla chercher sa mère en 1853, et la garda près de lui jusqu'à sa mort, le 7 février 1873. Son concours était d'avance acquis à toutes les œuvres de charité, et son plaisir était de garnir son appartement de tableaux de maîtres. Riche de l'argent gagné par son travail, il faisait bien quelques envieux. De là vient peut-être cette réputation d'économe dont on le gratifia un peu trop.

Berthelier fut nommé officier d'académie en 1888. Il avait été question, vers 1885, de la publication de ses *Mémoires.* L'affaire, croyons-nous, n'eut pas de suite.

Biographie : *Paris-Théâtre*, nº 118, 19-25 août 1875. Longue notice par Félix Jahyer. *Foyers et Coulisses*, les *Variétés*, p. 65 et suiv. — Adrien Laroque, *Acteurs et Actrices*, 1888.

Bibliographie : Yveling Ram Baud et E. Coulon, les *Théâtres en robe de chambre*, p. 225 (1866). — Paul Mahalin, *Au bout de la lorgnette*, p. 237, 1883.

Iconographie : Bibl. nat., Catalog. Duplessis nº 4388.

1. En buste, de face, lith. P. Bedeau, 1876.

Sur cette planche, se trouvent les portraits de Grenier, Lassouche, Fr.-L. Lesueur, Daniel Bac, Brasseur, L. Hyacinthe, Désiré, Menier (Paulin), Milher, Alexandre et Léonce.

2. En buste, de face, grav. par Guillaumet fils. Voir aussi (Bibl. nat.) portraits de Me Thierret.

Phot. Liebert, en buste, *Paris-Théâtre*, n° 118, 1875.

Le *Journal amusant*, 15 février 1873, Berthelier-Lastecouarès dans les *Braconniers*, par Stop.

Le *Journal amusant*, 13 février 1875, Berthelier dans les *Trente millions de Gladiator*, par Stop.

Le *Journal amusant*, 24 février 1877, Berthelier dans la *Marjolaine* (costume), par Grévin.

BERTHELIN. — Ambigu comique, 1799.

BERTHELOT, Léopold, Symphorien. — Montparnasse 1865-68, Montmartre 1879 à 86, 1892 à 1901.

BERTHEM, Mlle. — Jeune première, Tours, Angers 1830.

BERTHET, Mlle Constant. — Jeune première, Grand Th. de Lyon, 1829.

BERTHET, Adrien Blondel dit. — Né vers 1848, appartenait à une famille de magistrats. Secrétaire du préfet de Marseille, chef du cabinet du préfet de l'Aube, décoré de la médaille militaire pour faits d'éclat dans la mobile, autour de Paris, en 1870, Berthet se brouilla avec toute sa famille pour entrer au théâtre. Après quelques essais au cercle Pigalle, il fut engagé à Cluny où il se fit remarquer dans le *Cousin Pons*. Il passa au th. des Arts (Menus plaisirs), 1875, au Th. historique, 1877, aux Nouveautés, 1880-83, St-Quentin 1884-85, Dunkerque 1886-87, Fougères 1888, Marseille 1889-90, fit des tournées à l'étranger et parvint à force de patience et de travail à se faire ouvrir les portes de l'Odéon — le rêve de toute sa vie (1892). Il y débuta, non sans succès, dans le rôle de Sganarelle du *Médecin malgré lui*, et c'est au moment où il touchait au but qu'il fut enlevé par une pneumonie. Sa mort fut annoncée au Rapport de 1896.

BERTHIER, Mme. — Actrice à la Porte St-Martin en 1823, débuta à l'Odéon le 8 septembre 1824 dans Célimène du *Misanthrope* et le 4 octobre suivant dans Lisette du *Glorieux*.

En 1828, une dame Berthier tient les premiers rôles à Metz; 1829, Strasbourg; 1831, Th. Molière; 1831, 11 février, Porte St-Martin (*Rochester*). En 1841, ce nom reparait à l'Odéon. En 1849, l'Annuaire signale à Lyon une Madame Berthier.

BERTHIER, Mlle Joséphine, Jeanne. — Genève 1879, Nice 1880, Liège 1881, Reims 1882-84, Paris 1886, Reims 1887.

BERTHIER, Mlle, Alphonsine Burdet, dite Alice. — Née vers 1860, se fit remarquer aux Nouveautés, aux Menus Plaisirs, à la Renaissance, à la Comédie parisienne, au Châtelet (1883). Voici le portrait qu'en fait Paul Mahalin : « Brune comme une Andalouse, sous sa perruque blonde de *Peau d'Ane*. Très confortable au *recto* et au *verso*. Il y a de *ceci* et de *cela*. Un peu trop de *cela* même. Mais Alice Berthier ne joue pas les Déjazet : elle joue les Léontine, les Desclauzas, les Tassilly ». Alice Berthier est allée en Russie, à Constantinople, en Egypte. Elle mourut à Paris, 8, rue Théodule Ribot, et ses obsèques eurent lieu à St-François de Salles le 1er septembre 1899.

Voici en quels termes M. L. Péricaud annonça la mort de sa camarade au rapport de l'an 1900 : « Une charmante et consciencieuse artiste qui s'était fait remarquer aux Menus-Plaisirs, aux Folies dramatiques, après avoir passé par le café-concert. Dans les derniers instants de sa vie, elle disait à l'ami qui, jusqu'au dernier moment, a pieusement veillé sur elle : « Je ne sais pas où j'en suis de mes redevances à la Société, mais je ne voudrais pas mourir rayée de ses *Annuaires*...» Et quand la mort eut fait son œuvre, l'ami fidèle vint nous trouver et solda les cotisations arriérées de sa chère défunte. »

BERTHOLLET, Auguste, Louis, César. — Th. Historique 1849-51, Cirque Impérial 1853-56, Beaumarchais 1860-64, Marseille 1865, Th. Lafayette 1868-80. Sa mort fut annoncée au Rapport de l'année 1881.

BERTHUE, Mlle. — Ingénue, Tours 1828.

BERTIN. — Acteur du Th. Louvois où il débuta en mai 1801 (direction Vigny). Voici en quels termes en parle l'Almanach pour l'an X : « Jeune homme, doué de beaucoup d'intelligence, d'une tournure gracieuse, d'une physionomie agréable, y est chargé de l'emploi des amoureux; il le remplit d'une manière distinguée ». Il venait de l'Opéra comique et débuta avec succès dans l'*Entrée dans le Monde*, puis joua dans le *Divorce* et *Une heure d'absence*. On lui reprocha seulement de la négligence dans la diction et un organe un peu sourd.

Aux rôles d'amoureux qu'il jouait avec chaleur, il ajouta quelques caricatures, mais la maladie le força à s'éloigner de la scène. Il mourut prématurément le 10 Germinal (31 mars 1802).

Bibliographie : l'*Année théâtrale, Almanach* p. l'an X, p. 59, an XI, p. 102, an XII, p. 286.

BERTIN, Louis, François, Angot dit. — Débuta au th. des Jeunes Elèves sous le nom d'*Angô* ou *Angot*, puis se fit connaître à Bordeaux. En 1821, il fut engagé à Paris au Panorama dramatique.

« Je venais de créer deux rôles importants, dit Bouffé dans ses *Souvenirs* (p. 47)... quand j'appris tout à coup qu'on venait d'engager un artiste nommé Bertin-Angot. Il arrivait de Bordeaux où il avait obtenu de très grands succès à juste titre, car c'était un comédien dans la force du terme. Il prit naturellement une des premières places dans notre troupe... Chose bizarre, Bertin paraissait bien quarante-cinq ans; il était d'une taille au-dessus de la moyenne, et d'un physique convenant plutôt aux rôles du *Ci-devant jeune homme*, du *Bénéficiaire* ou du *Père Sournois* qu'aux jeunes personnages qu'on lui distribuait, tandis que l'on me chargeait de ceux de vieillard ».

Bouffé avoue qu'il eut la faiblesse de bouder son camarade jusqu'au jour où il reconnut que sous une enveloppe assez dure, ce Bertin possédait un cœur excellent, un caractère loyal, et il lui sut gré de lui dire un peu rudement sa façon de penser et de lui donner, à lui, débutant, d'utiles conseils dont il se hâta de profiter.

Bertin créa au Panorama dramatique le rôle d'Aladin dans la *Petite lampe merveilleuse* (13 septembre 1822), tandis que Bouffé jouait à ses côtés le rôle plus à effet de Ababa-Patapouf. « A peine le rideau tombé, dit Bouffé, Bertin me prit dans ses bras, et m'embrassant: « A la bonne heure, me dit-il, je suis content de vous; vous avez été simple, vrai et comique sans charge : marchez dans cette voie, c'est la bonne. A dater de ce jour il devint mon ami ».

Bertin, à qui l'on reconnaissait un jeu naturel, créa encore divers rôles à ce théâtre :

1822, 30 avril, la *Bonne Mère*.
— 6 juin, les *Deux Billets* (Arlequin).
— 27 juin, *Claudinet*.
— 28 juillet, les *Charbonniers de la Forêt Noire*.

On a vu que Bouffé faisait venir Bertin de Bordeaux; Maurice Alhoy le fait venir des Variétés.

« Le bruit des applaudissements que cet acteur recevait, écrit Maurice Alhoy (1824) vint frapper l'écho (?) du Comité administratif du théâtre des Variétés, et Bertin fut bientôt de la troupe joyeuse du directeur Brunet. Artiste laborieux, ami de sa profession, doué d'un naturel et d'un comique toujours soutenus, Bertin ne resta pas aux Variétés. L'administration du Panorama, qui des mains du peintre Allaux était passée dans celles de M. Langlois, se l'attacha et n'eût qu'à s'applaudir d'un tel engagement. La *Bonne Mère* de Florian vint, grâce à Bertin, enrichir le répertoire. Il joua le rôle de Lubin avec une sensibilité qui arracha des larmes. Dans *Trigolini*, il fit beaucoup rire; un rôle de pâtre dans le mélodrame des *Deux Fermiers*, le nègre du *Lutin amoureux*, et César des *Trois Tilby*, prouvèrent la flexibilité de son talent. Enfin le *Pauvre Berger* mit le sceau à sa réputation ».

Le Panorama ferma ses portes et Bertin reprit le chemin de la province. Le 24 avril 1827, on le revit dans le *Pauvre Beger* à la Gaîté. Il demeurait alors rue des Fossés du Temple, 77. Bouffé le retrouva en juillet 1838, régisseur général à Bordeaux. En 1850-53, Angot-Bertin était à Liège, en 1854 à Montpellier. Sa mort fut annoncée au Rapport de la Société des artistes en 1855 : « Le Comité a perdu un de ses meilleurs délégués de province, M. Angot-Bertin... zélé, intelligent. dévoué ». Il laissait un fils qui fut au théâtre (V. Bertin-Angot, Louis).

Bibliographie :. *Souvenirs de Bouffé*. — *Grande biographie dramatique*, 1824. — *Almanach* Barba 1828. — *Th. de Bordeaux* 1820, p. 254.

Iconographie : Bibl. nat. Catalog. Duplessis nº 4416. En pied, de face (cost. de th.), lith. par S. Baptiste, d'après L.-E. Rioult.

Paris de 1800 à 1900, t. I, p. 501, rôle de Zug dans le *Pauvre Berger*.

BERTIN. — Sous ce nom :

Bertin, amoureux, Besançon 1828.

Bertin, utilités, Orléans 1828.

Bertin, deuxième amoureux, Metz 1830.

Bertin, troisième rôle, Auxerre 1830.

Bertin, comique, Boulogne 1830-31.

Bertin, utilités, Liège 1831, Verviers 1835, Metz 1838.

Bertin, Jean, Pierre, grandes utilités, Th. des Arts à Rouen 1832-34, aux appointements de 1300 fr.

Bertin, Hippolyte, élève au th. de la Porte St-Antoine 1838.

Bertin-Angot, Louis, fils de Bertin-Angot du Panorama dramatique (V. plus haut), né le 25 décembre 1819, selon Delhasse, comique à Bruxelles en 1843, Liège 1852, Nîmes 1853, Montpellier 1854, Perpignan 1855, Nîmes 1856, Toulon 1857, Gand 1858, Mons 1859-60, Arles 1862-64. — (V. Mme Bertin-Angot).

Bertin, Stanislas, Odéon 1849, petits rôles à la Comédie française 1852-53.

Bertin, Bertinquioz ou Bertinquiot dit, Jean, Victor, Georges, Beaumarchais 1859-61.

Bertin, Adolphe, Jean, Victor, Besançon 1863-69.

Bertin, Alexandre, Ed., Alb. Elbeuf 1864, Bordeaux 1865, Elbeuf 1867, Paris 1868-74, Marseille 1875-76, Variétés 1877-80, Paris 1881-88.

Bertin, Bouffes parisiens 1873.

Bertin, René, Agen 1874-76.

BERTIN, Mme ou Mlle. — Sous ce nom :

Mlle BERTIN, débute à la Comédie française le 28 août 1813 par le rôle d'Agrippine dans *Britannicus*.

Mlle BERTIN, Léontine, élève de Samson; petits rôles à l'Odéon 1848, le *Doute et la Croyance*, pensionnaire à la Comédie française 1849-50, Variétés, le *Roi de la Mode*, 25 septembre 1852, Vaudeville 1855-59, Odéon 1860-62, l'*Usurier du Village*, rôles de jeunes mères.

Mme BERTIN, née Letur, femme Angot-Bertin dite. Avignon 1850, Marseille 1851, Liège 1852, Nîmes 1853, Montpellier 1854, Perpignan 1855, Nîmes 1856, Toulon 1857, Gand 1858, Mons 1859-61, Arles 1862-64, Bordeaux 1865-69, Nantes 1870, Bordeaux 1872-73, Bruxelles 1874, Marseille 1875, Toulouse 1877, Marseille 1878-80. En 1880, Mme Bertin-Angot âgée de 62 ans, ayant 51 ans de théâtre, obtint de la Société des artistes la pension de 500 francs. — Marseille 1881-90, Bordeaux 1891, Marseille 1892-1901. Sa mort fut annoncée (par erreur, sous le nom de M. Angot-Bertin) au Rapport de l'année 1902.

Mlle BERTIN, Evelina, fille de Joséphine Bromerel, rôles d'enfants, Funambules.

Mlle BERTIN-ANGOT, Louise, Joséphine, fille de Mme Bertin-Angot, Bordeaux 1865-68.

Mlle BERTIN, Alice, Gaîté 1891-93.

BERTINI, Mlle Anna. — Nouvelle-Orléans 1855-65.

BERTINI, Mme Marie Ancelin dite. — Nice 1881-82, Douai 1883, Paris 1884-86, Liège 1887-88, Cherbourg 1889-90, Le Hâvre 1891. Sa mort fut annoncée au Rapport de l'année 1892.

BERTOLETI, Jules, Eugène, Barthalot dit. — Genève 1869-70, Nice 1872-73.

BERTON, Charles, François Montan, dit Francisque. — Naquit à Paris : « Le seize septembre mil huit cent vingt, est né et nous a été présenté un enfant du sexe masculin, issu du mariage de François Montan, dit Berton, et de Marie-Charlotte-Eléonore Bordes, son épouse légitime, et auquel ont été donnés les prénoms de *Charles-François* ». *(Extrait des actes de l'Etat civil)*. La généalogie de cette famille d'artistes est intéressante à connaître :

1° Pierre Montan, dit Berton, compositeur français, né à Paris en 1727, mort à Paris en 1780 (ou 1770?) Chef d'orchestre puis directeur de l'Opéra, surintendant de la musique du roi.

2° Henri Montan, dit Berton, fils du précédent, compositeur français, né à Paris en 1767, mort à Paris en 1844, auteur d'*Aline, Reine de Golconde*.

3° Berton François, fils naturel du précédent et de Mlle Maillard de l'Opéra, compositeur français, né à Paris vers 1784(?), mort à Paris du choléra, en 1832, professeur de vocalisation au Conservatoire.

4° Charles, François Montan, dit Francisque Berton, fils du précédent, celui dont nous nous occupons.

Entré fort jeune au Conservatoire, le 7 octobre 1836, dans la classe de déclamation dramatique de Michelot, il passa dans celle de Samson. Au cours de l'année suivante, il obtenait le premier prix de comédie, n'ayant pas encore dix-sept ans. Il quitta alors l'École et débuta le 12 décembre 1837 dans l'*Ecole des Maris* et le *Mari et l'Amant*, à la Comédie française. Il y fut accueilli comme le rejeton d'une famille d'artistes. Distingué, d'une physionomie agréable, possédant un organe bien timbré et une diction correcte, Francisque Berton aurait dû plaire. Il n'en fut rien. Reçu pensionnaire, grâce à l'influence de Samson qui l'affectionnait particulièrement et lui donna plus tard une de ses filles, il végéta pendant les trois années qu'il resta le pensionnaire de la Comédie, ne créant, dans les ouvrages nouveaux, que les rôles de Thorcy dans *Faute de s'entendre*, Léon dans le *Susceptible*, Gustave dans l'*Ami de la Maison*, un petit rôle dans *Caligula* et le page Edouard dans la *Jeunesse de Henri V*.

C'est alors (1840) qu'il donna sa démission, pour passer au Vaudeville où il débuta dans le *Secret*, avant de créer le rôle d'Alexis dans la *Jolie Fille du Faubourg*, où il réussit. Cependant, le Vaudeville traversait en ce moment une phase malheureuse, et Berton, récemment marié à Mlle Caroline Samson, fille de Samson et femme de lettres, cherchait à se rapprocher de son beau-père. Après avoir suivi les cours de chant au Conservatoire, classe de Duprez (14 déc. 1842-24 mai 1843) il reparut à la Comédie le 4 mai 1843 dans le Chevalier du *Distrait*, Almaviva du *Barbier*, et le 13 dans Dorante du *Menteur*. Il ne fut pas engagé.

Rebuté de toutes parts, il signa en août un engagement avec le théâtre français de Vienne (Autriche) où il resta deux ans, jusqu'à ce qu'il fut appelé à St-Pétersbourg où le poste de jeune premier était devenu vacant par suite du départ de Bressant.

Jouant tous les principaux rôles du répertoire dans le drame, la haute comédie, la comédie de genre, Berton passa neuf ans en Russie, réunissant tous les suffrages, malgré ses fameuses moustaches que l'artiste s'obstinait à ne pas vouloir sacrifier, en dépit des avertissements réitérés de l'administration impériale. La question fut posée jusque devant l'empereur Nicolas, paraît-il, et l'on ferma les yeux sur les belles moustaches de Berton, comme on avait toléré les favoris-côtelettes de Mario.

La position de Berton à St-Pétersbourg était magnifique. Tour à tour Fabrice de l'*Aventurière*, Landry de la *Petite Fadette*, *Sullivan*,

Julien de *Gabrielle, Renaudin de Caen*, il était devenu l'enfant gâté de la Cour et de la ville. Mais la nostalgie s'empara de lui, il eut un procès avec l'administration, quitta brusquement la Russie et revint prendre l'air du boulevard.

Berton, pour ce coup de tête, fut condamné par les tribunaux français à payer 5000 fr. au général de Guédéonoff, représentant l'administration des théâtres impériaux de Russie. Le général fit savoir qu'il faisait don de cette somme à la Société des artistes. Berton s'engagea de son côté à payer par fractions mensuelles. Voici la lettre qu'à ce sujet le général de Guédéonoff adressa au baron Taylor, président de la Société :

« Monsieur le baron,

« J'ai eu l'honneur de recevoir l'office du Comité qui m'apprend l'arrangement qu'il a jugé convenable de faire avec M. Berton, pour le paiement de la somme à laquelle cet artiste a été condamné pour rupture de son engagement. Le Comité ayant exprimé le désir que cet engagement fut ratifié par moi, je m'empresse de vous prier, Monsieur le baron, de lui faire connaître que, n'ayant en vue qu'une réparation morale et légitime, et la somme adjugée par le tribunal ayant été offerte comme don à l'association, je n'ai plus à m'immiscer dans cette affaire, mais je ne puis me refuser au plaisir de faire agréer mes sincères remerciements au Comité pour avoir fait preuve d'humanité en donnant à M. Berton des facilités pour l'acquittement de sa dette ».

A. DE GUÉDÉONOFF.

(Rapport 1856).

Berton arrivait à Paris au moment où Bressant venait de quitter le Gymnase. Il reprend le rôle de Paul Aubry à la 88me représentation de *Diane de Lys*, fait une belle création dans le *Gendre de M. Poirier*, 8 avril 1854, joue le *Demi-Monde*, devient un des premiers artistes du Gymnase.

Jamais, cependant, il n'y eût deux acteurs plus dissemblables que Bressant et Berton : l'aspect un peu farouche de ce dernier, ses longues moustaches, son allure militaire, ses gestes brusques contrastaient avec l'élégance et la tournure aristocratique de celui qu'il avait mission de remplacer partout, aussi bien à St-Pétersbourg qu'à Paris.

En 1862, il voulut s'essayer dans le drame et passa à la Gaîté où il joua le rôle d'André dans la *Fille du Paysan*. Il reprit au même théâtre le rôle d'Espérance créé par Fechter à la Porte St-Martin dans la *Belle Gabrielle*, puis s'en alla à l'Odéon créer le rôle du duc d'Alésia dans le *Marquis de Villemer* (9 février 1864). Nous notons au passage :

1863, 28 nov., Vaudeville, les *Diables noirs*, Gaston de Champlieu.

1864, sept., Porte St-Martin, les *Flibustiers de la Sonore*, pièce où ses gants blancs et ses bottes molles au pays des Incas égayèrent quelque peu le public de la première.

1866, 20 fév., Gaîté, le *Coup de Jarnac*, rôle de Jarnac.

1866, 17 mars, Odéon, la *Contagion*, le baron d'Estrigaud.

1866, 29 octobre, Odéon, la *Conjuration d'Amboise*, le Prince de Condé.

1867, 8 avril, Odéon, la *Vie nouvelle*.

— 19 sept., — les *Beaux Messieurs de Bois-Doré*, Jovelin.

1868, 17 fév., Odéon, *Kean* (reprise), Kean.

1868, 2 juin, Vaudeville, l'*Abime*, Richenbach.

1868, 5 nov., Odéon, le *Drame de la rue de la Paix*.

1869, 18 mars, Porte St-Martin, *Patrie*, rôle de Carlo.

On revit encore Berton père — car les débuts de son fils, Pierre Berton, lui avaient fait donner ce nom — à l'Odéon, dans le *Bâtard* (1869) puis, la guerre venue, et bien que frisant la cinquantaine, il s'engagea dans un régiment de marche et fit la campagne du siège de Paris.

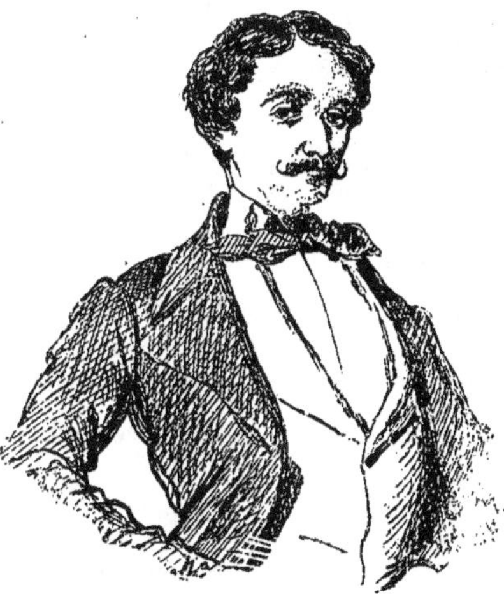

Francisque BERTON
dans le *Piano de Berthe*, d'ap. Eust. Lorsay

A partir de cette époque, on ne le revit plus qu'une seule fois sur la scène, au Théâtre italien, dans les *Deux Reines* de Legouvé, rôle du duc de Nevers. La pièce, malgré les chœurs de Gounod tint peu de temps l'affiche. Il perdit la raison.

Tout d'abord, l'on crut qu'il ne s'agissait que d'un accès passager. Ad. d'Ennery lui donna l'hospitalité dans sa villa d'Antibes, espérant que le grand air et le soleil remettraient ses facultés troublées. Mais les crises se renouvelaient, aiguës, et il fallut bientôt l'enfermer. Il mourut à Paris-Passy, après un an de souffrances, le 17 janvier 1874.

Berton fut le le type du comédien de bonne souche, spirituel, brillant, chaud, d'un naturel parfait. Eust. Lorsay nous a laissé sa silhouette de gentleman dans le *Piano de Berthe*.

« En scène, il est étonnant de jeunesse, lisons-nous dans les *Théâtres en robe de chambre* (1866). A la ville, il a l'air d'un sous-officier en pékin ; de grands gants de luxe; amateur de belles choses et d'objets d'art ».

Albert Vizentini (*Derrière la Toile*, 1868) est à peu près du même avis : « Elégant et distingué, assez sombre, peu causeur, toujours aimable, mise soignée sans suivre la mode, c'est le type du grand seigneur par excellence. Il aurait dû naître avec un million de revenus et sous le bon roi Louis xv. Adore tout ce qui est distingué, les femmes et les fleurs, les armes et les chevaux. Au printemps, sa grande joie est de vivre deux mois de la vie des champs, retiré dans son manoir de St-Avertin, en Touraine, où se trouve un petit vin fort agréable ».

V. Köning écrivait de lui : « Quel charmant comédien que Berton ! Tour à tour plein d'énergie et de tendresse, son jeu est rempli de passion, sa voix est persuasive, etc. ». Il laissait un digne successeur en la personne de son fils Pierre.

Biographie : Notice par Eug. Moreau dans les *Théâtres de Paris*, 1854. — Notice dans la *Galerie historique de la Comédie française*, par E. De Manne et C. Ménétrier.

Bibliographie: Köning, les *Coulisses parisiennes* (1864). Les *Théâtres en robe de chambre* (1866). *Derrière la Toile* (1868).

Iconographie : En pied, par Eust. Lorsay (dans le *Piano de Berthe*). *Th. de Paris*, 1854. Buste (eau forte) par J.-M. Fugère, dans la *Galerie historique* citée plus haut.

BERTON, Mlle. — Mons 1844.

BERTON. — Sous ce nom :

Berton, Alger 1849.

Berton, Mathieu, Dijon 1849-50.

BERTON, Mme ou Mlle. — Sous ce nom :

Mlle Berton, Maria, Délassements 1849.

Mme Berton, Alger 1849-50.

BERTONI, Mme Marie. — Vaudeville 1858-60.

BERTOLLO, Al., Marie, Esprit. — Lyon 1855-56. Joua les Cassandre aux Funambules où il débuta dans la *Corne du Diable*.

BERTRAND. — Sous ce nom :

Bertrand, Th. du Marais, rue St-Antoine, 1807.

Bertrand, utilité, Th. des Arts, Rouen 1808.

Bertrand, Compiègne 1825. On lit dans le Supplt de la *Grande biographie dramatique* : « C'est un jeune premier qui joint à une jolie voix une intelligence profonde. C'est le Gontier de Compiègne ».

Bertrand, utilité, Nîmes 1830.

Bertrand, financier, Clermont 1830.

Bertrand, financier, Aix 1831.

Bertrand, financier, Le Hâvre 1838.

Bertrand, rôles de convenance, Mons 1842.

Bertrand, comédien mort en 1843.

Bertrand, Th. du Vaudeville, à Bruxelles, 1846.

Bertrand, Lyon 1849-50.

Bertrand, Jos., utilité, sauteur grotesque aux Funambules.

Bertrand, Antoine, Laurent, Beaumarchais 1856-59, Béziers 1860, St-Etienne 1861, Bruxelles 1862-67.

Bertrand, Jacques, Bordeaux 1857-60, Lyon 1861-62, Bruxelles 1863-64, Bordeaux 1865, Marseille 1867, Toulouse 1868-70.

Bertrand, Jean, François, Léon. Gaîté 1860-62, Folies 1863-70, Lyon 1872, Bordeaux 1873-74, Luxembourg 1875-77, Folies-Bergère 1878-81, Verdun 1882, St-Dizier 1883-85. — Décédé à Toulon. Sa mort fut annoncée au Rapport de l'année 1886.

Bertrand, Folies-Marigny 1864.

BERTRAND, Eugène. — Né à Paris le 15 janvier 1834, étudia la médecine jusqu'à l'âge de 20 ans. Entré au Conservatoire, il suivit les cours de Provost, débuta au Théâtre des jeunes artistes, rue de la Tour d'Auvergne, puis fut engagé à l'Odéon. En 1859, Eug. Bertrand partit pour l'Amérique, comme acteur. Il y devint directeur d'un petit théâtre. En 1864-65, il était à Port-d'Espagne. Au bout de six ans, il revint en Europe, joua à Bruxelles, au Théâtre du Parc et prit la direction de deux théâtres à Lille. En 1869, Eug. Bertrand prit la direction des Variétés, à Paris; il y resta vingt ans et y fit fortune, avant de passer, toujours comme directeur, à l'Opéra. Son frère Ernest fut un des trois directeurs du Vaudeville, avec Roger et Raymond Deslandes.

Président de la Société des artistes dramatiques, à laquelle il avait voué une affection sans bornes, et où il avait remplacé Ritt (1898), chevalier de la Légion d'honneur — deux jours plus tard il aurait reçu la rosette d'officier — Eugène Bertrand mourut à la fin de décembre 1899. Le 5 janvier il devait réunir à sa table les membres du comité pour commencer gaiement l'année. M. Péricaud prononça son éloge à l'assemblée générale du 9 juin 1900. Nous y relevons ce passage : « La netteté, la pureté, la probité de sa vie, tant comme comédien que comme directeur, peuvent rencontrer leur égale, mais ne peuvent pas être dépassées. Il était né riche, indépendant, il eût pu ne penser qu'à lui, se contenter d'être l'aimable vivant que sont tant d'autres, il voulut être utile ». Ses obsèques furent grandioses; le ministre des Beaux-Arts, M. Leygues, tenait un des cordons du poêle; la messe fut chantée à St-Augustin par les artistes et les chœurs de l'Opéra; Mme veuve Bertrand conduisait le deuil avec ses deux enfants. Des discours furent prononcés au cimetière par MM. Roujon, directeur des Beaux-Arts, Gailhard, co-directeur de l'Opéra, Samuel, directeur des Variétés, Masset, vice-président de la Société des artistes.

Eugène Bertrand laissa une fondation de 500 fr. à la société qu'il avait présidée ; le premier qui en bénéficia fut le comédien Courcelles.

Bibliographie : *Foyers et Coulisses* (Variétés). — *Annuaire* de la Société des artistes, 1900.

BERTRAND, Mme ou Mlle. — Sous ce nom :

Mlle BERTRAND. V. Deshaies et Beaubour.

Mme BERTRAND, jeune mère, Metz 1828, Cambrai, Arras 1831.

Mlle BERTRAND, premier rôle, Nancy 1829.

Mlle BERTRAND, Henriette, Th. Comte 1838, 1849.

Mlle BERTRAND, Emma, jeune première, débuta dans la *Pie Borgne*, aux Funambules.

Mlle BERTRAND, Emma, Troyes 1849-50, Béziers 1856-59.

Mme BERTRAND, Clarisse, Adèle, née Baltazar, dite aussi *Brécourt*. Versailles 1867, Rouen 1868, Troyes 1869-70, Angers 1872-73, Brest 1874, Versailles 1875-80, Palais-Royal 1881-85. En 1886, âgée de 60 ans, avec 30 ans de théâtre, Mme Bertrand obtint la pension de 500 fr. de la Société des artistes. Sa mort fut annoncée au Rapport de 1889. V. Brécourt.

BERTY, Mme Suzanne, femme Georges Courteline-Moineaux. — Décédée en mai 1902, et inhumée à Villette, petit village à huit kilomètres de Mantes, avait épousé le joyeux écrivain connu sous le nom de Courteline et joué de petits rôles sur diverses scènes.

Bibliographie : Le *Figaro*, 8 mai 1902.

BERU, Charles, Marcel. — Dijon 1864-65.

BERVILLE, Bonamy de Preciosi dit. — Commença par jouer de petits rôles au Th. de Monsieur, 1790-91, puis des raisonneurs au Th. Feydeau, 1792. Il passa au Th. de la République, 1793, et fut attaché comme pensionnaire à la Comédie française, 1799. *L'Almanach pour l'an IX* l'appelle « le dernier des confidents ». Berville appartint encore au Th. de la Porte St-Martin en 1805-06. En 1811, il se qualifiait d'ancien acteur du Th. français, et donnait des leçons de déclamation rue Mazarine, 57.

Bibliographie : *Almanachs des Spectacles*. — L'*Année théâtrale* pour l'an IX.

BERVILLE, Mme. — Femme du précédent. Utilité au Th. de Monsieur 1790, Th. Feydeau 1792, Porte St-Martin 1805-06.

Bibliographie : *Almanachs des Spectacles*.

BERVILLE, Mlle Justine. — Fille des précédents. Rôles d'enfants à la Comédie française en 1799. Mlle J. Berville débuta en 1809 au Th. de l'Impératrice, joua le rôle d'Angélique de l'*Epreuve nouvelle* (11 avril) et parut dans le *Menuisier de Livonie* et dans la *Tapisserie* (21 avril). Cette demoiselle Berville pourrait bien être la même que celle qui jouait les premiers rôles mélodramatiques au Th. français de Bordeaux en 1820.

Bibliographie : L'*Opinion du Parterre*, t. VII. Detcheverry, *Hist. des Th. de Bordeaux*, p. 254.

BERVILLE, Frédéric Broussouze dit. — Acteur de la Gaîté 1882-91, Folies dramatiques 1892, Menus Plaisirs 1893. Il avait débuté au Th. des Batignolles. Artiste estimable.

BERYER. — Troisième rôle, Versailles 1852.

BESANCOURT, Joseph. — Lyon 1849, Alger 1850-52.

BESCEUL, Jéhan de. — Le plus ancien comédien français connu : « A Jehan de Besceul, joueur de farsses, pour argent donné a luy par le commandement du Roy, pour foing et auoine à son cheual qui porte son harnois, mercredy, 16e de feurier 1388, le Roy estant au Louure, 64 sols parisis ».

Bibliographie : *Comptes de l'Hôtel du Roy Charles VI*. — Arch. nat. K K 30, fol. 55 v°.

BESCOUR, Mme. — V. Letemple.

BESENGER, Mlle. — Deuxième amoureuse, Alais 1852.

BESISSES, Valentin. — Th. Montparnasse 1864-69.

BESOMBES, Jean, Alexis. — Lorient 1849, premier rôle à St-Brieuc 1852, St-Quentin 1859-60, Clermont 1861, Auxerre 1862-64, Pithiviers 1865-67, Villeneuve d'Agen 1868, Yssengeaux 1869, Annonay 1870-72, Gray 1873-75, Sablé 1876, Nantes 1877-88. Sa mort fut annoncée au Rapport de 1890. Il avait été le premier titulaire de la pension de 500 fr. fondée par M. Ritt.

BESOMBES, Mme, Jeanne, Edmontine, née Gondouin, soubrette à St-Brieuc 1852, Vannes 1853, Clermont 1861, Auxerre 1862-64, Pithiviers 1865, Yssengeaux 1869, Annonay 1870-1872, Gray 1873, Nogent-le-Roi 1874, Sablé 1875-76, Nantes 1877-88, La Rochelle 1889-90, St-Pierre d'Oléron 1891, Opéra-Comique 1892 (selon l'Annuaire), St-Pierre d'Oléron 1893-1901. Pensionnaire depuis 1899 (500 fr.) A cette époque, Mme Besombes comptait 76 ans d'âge et 52 ans de théâtre. Mère de Paul-Eugène Besombes, acteur moderne. — V. aussi Mme Billaud.

BESONNIER, Mlle Armandine, Cécile. — Th. Comte 1829-31, Bruxelles 1852, Rennes 1853, Colmar 1854, Sedan 1855, Mulhouse 1856-57, Colmar 1858-59, Nevers 1860, Sens 1861, Mâcon 1862-63, Bar-sur-Aube 1864, Abbeville 1865.

BESSAC, Ulysse. — Le Hâvre 1864-70, Ambigu comique 1873. Bessac passa successivement par Cluny, par les Menus Plaisirs, puis en 1877, alla jouer les jeunes premiers au Th. du Château-d'Eau. La direction de ce théâtre ayant fait de mauvaises affaires, Ulysse Bessac, en compagnie de Péricaud, de Gravier et de Pougaud (le père) prit le théâtre en Société. Cette Société devint une direction en 1878. Pendant six ans, cette affaire prospéra à ce point que le théâtre fut racheté aux quatre directeurs par M. De La Grenée ; repris par M. Marcel Simond, et enfin retomba aux mains de Bessac seul qui le garda deux ans.

Ulysse Bessac est, à l'heure où nous écrivons ces lignes, administrateur et caissier de son ami M. Hartmann, directeur des Théâtres de Montparnasse, de Grenelle et des Gobelins.

(Renseignements obligeamment fournis par M. L. Péricaud.)

Iconographie : Bessac dans le rôle de St-Just, par Alfred Le Petit, dans *Hoche*.

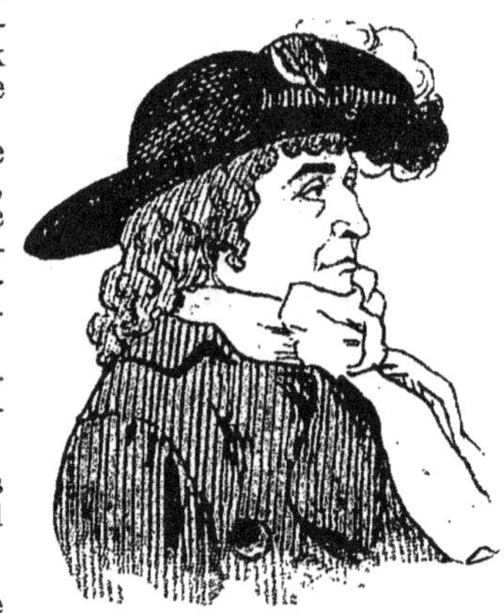

BESSAC, rôle de St-Just dans *Hoche* par Alfred le Petit

BESSE, Mlle. — Jolie actrice à Versailles (fin du XVIIIe siècle), mentionnée par Fleury dans ses *Mémoires*.

BESSE, Mlle Clara. — Décédée en 1888, et dont la mort ne fut pas annoncée.

BESSEMENT, Mme. — Duègne à Moscou 1835-1838.

BESSIÈRE, Jean, Louis. — Rennes 1849, Nouvelle-Orléans 1850, Batavia 1852-1853, Amiens 1854, Lille 1855, Nancy 1856-60, Bayonne 1861, Limoges 1862-64, Besançon 1865-67, Limoges 1868-69, Lille 1870, Limoges 1872, Perpignan 1873, Montpellier 1874-75, Paris 1876-77, St-Etienne 1878. Agé de 73 ans (1878) avec 34 ans de théâtre, Bessière reçut la pension de 500 francs. — Vivait à Paris en 1882.

BESSIÈRES. — Acteur et directeur à Bruges en 1830.

BESSIN, Mme Henriette. — Nouvelle-Orléans 1850.

BESSIN. — Le Hâvre 1853.

BESSON, Jean, Baptiste. — Lyon 1849.

BESSON, Mme, née Duclocher. — Lyon 1849.

BESSON, Georges, François. — Vienne 1865-1867. Il y avait un Besson en 1879 à la Porte-St-Martin.

BESSON, Mme, Julie, Victoire, Inez de Lasnacires. — Florence 1870-73.

BESTEL, Eugène, Léon, Horace. — Bordeaux 1876-79.

BESTIEUX, Mlle. — Verviers 1832-33.

BETOLLE, Henri. — Bordeaux 1864-65.

BETOUT, Louis. — Alger 1856-60, Mostagaganem 1861, Montpellier 1862-64, Nîmes 1865, Constantine 1867, Bône 1868, Constantine 1869-78, Oran 1879-80, Bel-Abbès 1881-82, Cannes 1883, Oran 1884-86. Cet artiste mourut à Oran au moment où une pension de droit venait d'être liquidée en sa faveur (*Rapport* 1887).

BETTON, Mlle Scholastique, Julie. — Alger 1854, Strasbourg 1855, Bordeaux 1856, Nantes 1857-58, Bruxelles 1859, Nantes 1860-64, Bordeaux 1865-73.

BETTON, Mlle Marie, Louise. — Strasbourg 1855, Bordeaux 1856-57, Nantes 1858, Bruxelles 1859, Nantes 1860-64, Bordeaux 1865. V. article *Araldi*.

BETZI, Mlle, ou Betzy. — Sœur de Mlle Arsène (V. ce nom). Débuta au Vaudeville comme choriste vers 1805, puis passa au rang des artistes de ce théâtre où elle resta près de vingt ans, y obtenant des succès assez flatteurs. Mlle Betzi demeura avec sa sœur Arsène rue de l'Echelle 1807-14, rue Chabannais 1816-18. Retirée du théâtre, elle succomba avant 1838 à une maladie longue et douloureuse.

Bibliographie : *Petite biographie dramatique*, 1821.

Iconographie : Collection Martinet (portraits) no 138. Augustina dans l'*Hôpital militaire*, 261-262 Blondine dans *Cendrillon*, 397 Marie dans la *Tour de Witikind*.

BETZI, Mlle Pauline. — Rôles d'enfants, Genève 1829.

BETZI, Mlle Maurice. — Ingénue, Dieppe 1831.

BETZY, Mlle. — Mime et danseuse aux Funambules.

BETZY, Mlle. — Th. National 1853.

BEULÉ, Francis, Joseph. — Angoulème 1867-1868, Le Mans 1869-70, Toulon 1872, Angers 1873, Versailles 1874-75, Reims 1876, Cluny 1877, Nantes 1878, Liège 1879, Genève 1880, Toulouse 1881, Anvers 1882, Lille 1883, Reims 1884, Le Hâvre 1885-86, Lille 1887. Il mourut en 1887 à Liège des suites d'un accident survenu en scène: un coup de pistolet tiré à blanc, mais de trop près, l'avait atteint derrière l'oreille. Il se déclara une maladie dans la tête, et il y succomba. Cet artiste était particulièrement apprécié à Lille.

BEULIN, Mlle Léonie. — Délassements 1849.

BEUREZ. — Premier comique, Reims 1830. Pourrait bien être le suivant.

BEURG. — Rôles d'Odry, Dijon 1828-29, Nancy 1831, Gaîté 1832-33, Cirque Olympique 1835.

BEURG, Mlle. — Utilités, Dijon 1828-29, Reims 1830.

BEURNONVILLE. — Montpellier 1849.

BEURTON. — Un acteur du nom de Beurton mourut en 1846, secouru par le Comité des artistes. En 1849, il y avait un Beurton à Calais.

BEURTON, Mme. — Deuxième duègne, Besançon 1830, Boulogne-sur-Mer 1832-33, 1838.

BEURVILLE, Mme. — Premier rôle Liège 1844.

BEUZEVILLE. — Th. de la Gaîté 1807-1808, Cirque Olympique 1820, mort en 1832.

BEUZEVILLE, Mme Rose. — Soubrette, Moulins, Nevers 1832-34.

Iconographie: Bibl. nat. Catalogue Duplessis no 4592. Mme Beuzeville, actrice. En buste de 3/4 à gauche, lith. par Et. C. (1838).

BEUZEVILLE, Mme Victorine, Adélaïde. — Jeune première, Lyon 1838 et grand premier rôle en province: Lyon 1849, Gymnase de Marseille 1852-53. Aborda l'emploi des duègnes à l'Odéon 1858-62. Mme Pernelle de *Tartufe* fut un de ses bons rôles, et elle joua aussi avec succès la Sévère de *François le Champi*.

BEUZEVILLE. — Lyon 1849, troisième rôle au th. du Gymnase à Marseille 1852-53, th. de la Gaîté 1861 *(Christophe Colomb)*, Vaudeville 1867, le Chevalier des *Souvenirs* (10 avril), de Terville dans les *Rivales*, 27 février 1868, Jean-Marie dans l'*Abîme*, 2 juin, Rosier dans l'*Enfant prodigue*, 6 novembre. Th. historique 1875-77.

BÉVALET, Mlle Céline. — Née à Paris, le 2 décembre 1863, débuta au théâtre tout enfant; joua aux Français dans *Marcel*, et au Gymnase dans les *Idées de Mme Aubray* et dans *Froufrou*. Engagée par Chabrillat à l'Ambigu, elle s'y fit remarquer dans le rôle de la grande Nana de *l'Assommoir*, qu'elle reprit à l'Ambigu après l'avoir joué en province. Son premier succès à l'Ambigu date de *Paillasse* où elle joua Jaquinet d'une façon remarquable. Elle fut désignée pour aller jouer ce même rôle à Lyon à côté d'artistes éminents. Au théâtre Bellecour elle aborda le répertoire par le rôle de Marianne de *Tartufe*.

Que devint la petite Bévalet?

Bibliographie: *Foyers et Coulisses, Ambigu*, p. 98, 1876.

BÉVILLE. — Th. de la Gaîté 1799. Un Béville tenait les troisièmes rôles à Compiègne, 1828.

BÉVILLE, Mlle. — Utilités, Compiègne, 1828.

BEYS, Denis. — Un des premiers camarades de Molière, signataire du contrat d'association de l'*Illustre Théâtre* (30 juin 1643), pour la conservation de la troupe des Enfants de famille. Lorsque Henri de Guise quitta Paris pour suivre Gaston d'Orléans, il distribua ses habits aux comédiens de diverses troupes, et Beys ne fut pas oublié. C'est ce qu'atteste un *Recueil de diverses poésies*, où se lisent des *Stances adressées au Duc de Guise sur les présents qu'il avoit fait aux comédiens de toutes les troupes;* mais il n'en était pas de même pour le poète qui réclama en ces termes:

Déjà dans la troupe royale,
Beauchâteau devenu plus vain,
S'impatiente s'il n'étale,
Le présent qu'il a de ta main.
La *Béjart*, *Beys* et *Molière*,
Brillants de pareille lumière,
N'en paraissent plus orgueilleux;
Et depuis cette gloire extrême,
Je n'ose plus m'approcher d'eux
Si ta rare bonté ne me pare de même.

Denis Beys quitta la troupe de la Béjart après les premiers déboires à Paris, et ne la suivit pas en province.

Dans l'opinion de Eudore Soulié, ce Denis Beys, plus vieux que Molière, et le premier *impresario* de la troupe, serait le même que Charles de Beys, auteur dramatique (1610-53), qui avait été enfermé à la Bastille vers 1639, comme auteur de la satire dirigée contre Richelieu, et intitulée *La Miliade*. Mais en quoi Denis et Charles ne font-ils qu'un seul de Beys? Dans tous les actes relatifs à l'*Illustre Théâtre*, Beys faisait précéder son nom d'un D.

Bibliographie: Eud. Soulié, *Recherches sur Molière*. — Ed. Fournier, *Etude sur les œuvres et la vie de Molière*, p. 13. — Jules Loiseleur, les *Points obscurs de la vie de Molière*. — G. Monval. *Chronologie Molièresque*.

BEYSSON, Henri, Joseph. — Premier comique, Nancy 1853, La Haye 1854-56, Liège 1857, La Haye 1858-59, Alger 1860-64, Marseille 1865, Alger 1867, Le Hâvre 1868, Alger 1869-72, Marseille 1873-77, Constantine 1878, Toulouse 1879-80. Sa mort fut annoncée au Rapport de 1882.

BEYSSON, Mme. — Rôles de convenance, Nancy 1853.

BEYSSON, Charles, Henri Péraut dit. — Alger 1861-64, Toulon 1865, Perpignan 1867-1868, Alger 1869-73, Marseille 1874-88, Le Hâvre 1889-92, Marseille 1893-98, Nîmes 1899-1901. En 1900, Beysson Charles, âgé de 61 ans, avec 42 ans de th., obtint une pension de 500 fr. de la Société des artistes. En 1902, il habitait Paris.

BEZAUD, E. — Financier, Bourges, 1838.

BEZIAT, Dominique. — Perpignan 1856-58, Gaîté 1875-78, Renaissance 1879-83. Habitait Paris 1884-1898. Sa mort fut annoncée au Rapport de 1899.

BEZICOURT. — Débuta le 11 août 1782 par le rôle de Dorimond dans la *Fausse magie* à la Comédie italienne.

BIACABE. Jeune premier, Boulogne 1832-33, Dijon 1835, Boulogne 1838.

BIACABE, Mme. Jeune première, Boulogne 1838, Liège 1839.

BIACABE, Mme. — Mère, grand théâtre de Bruxelles 1845.

BIANCA, Mlle Félicie, Céline Boissart selon G. Monval, ou Blanche Boissard selon Larousse, naquit à Valenciennes vers 1840. — Son père, directeur d'un bureau de poste, fut atteint d'une maladie grave au cerveau, et laissa sa femme dans la nécessité de subvenir elle-même à ses besoins et à ceux de deux enfants, un fils et une fille. Mme Boissart mère vint à Paris où la jeune Bianca débuta dans une Revue de Roger de Beauvoir, à côté de Mlle Agar qui représentait une Minerve. Elle fut engagée à Bruxelles. C'est là qu'elle connût Mme Doche qui la prit en affection et lui facilita, dit-on, son entrée au Vaudeville. Elle y resta douze ans.

Mlle Bianca joua successivement dans *Ce qui plaît aux Femmes;* les *Maris me font toujours rire, Une heure avant l'ouverture, Vingt francs, s. v. p.*, la *Poule et ses Poussins, Au diable les Revues*, le *Cotillon, Un homme de rien*, les *Coups d'épingles, C'était Gertrude, Sous Cloche*, l'*Amour qui dort, Aux Crochets d'un Gendre*, mais son plus franc succès fut le rôle de Nérine, dans les *Fourberies de Nérine* (15 juin 1864) qu'elle alla jouer dans les salons avec St-Germain.

Ce fut à ce professeur hors ligne qu'elle dut plus tard son entrée à la Comédie française ; en effet, celui-ci l'ayant stylée pour le *Florentin, Pierrot posthume* et certains rôles qu'elle tint aux matinées de la Gaîté — Nérine du *Joueur*, Lisette des *Folies amoureuses* — elle fut remarquée par M. Perrin qui songea à l'engager à la Comédie.

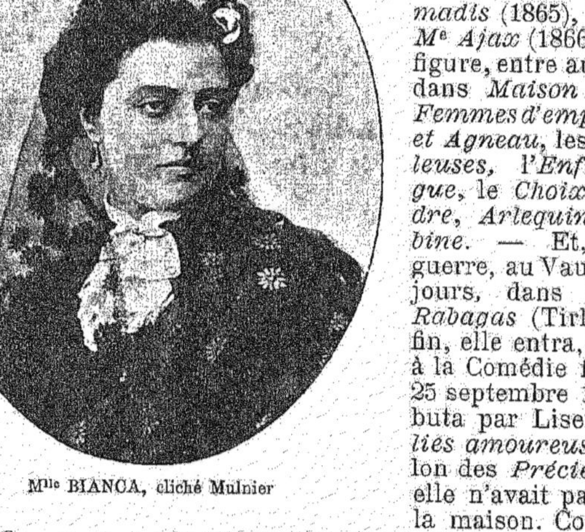
Mlle BIANCA, cliché Mulnier

Parmi les rôles que Mlle Bianca créa encore au Vaudeville, il faut citer Elisa des *Erreurs de Jean*, Florine du *Capitaine Amadis* (1865), Virginie de *Me Ajax* (1866). Son nom figure, entre autres pièces, dans *Maison neuve*, les *Femmes d'emprunt*, *Loup et Agneau*, les *Brebis galeuses*, l'*Enfant prodigue*, le *Choix d'un Gendre*, *Arlequin et Colombine*. — Et, après la guerre, au Vaudeville toujours, dans l'*Ennemie*, *Rabagas* (Tirlirette). Enfin, elle entra, sans bruit, à la Comédie française, le 25 septembre 1872, et débuta par Lisette des *Folies amoureuses* et Madelon des *Précieuses*. Mais elle n'avait pas le ton de la maison. Confinée dans de petits rôles, dans les soubrettes de second plan, Mlle Bianca rendit ainsi beaucoup de services, mais ne brilla jamais d'un vif éclat. L'artiste avait préféré sa tranquillité. Le 1er janvier 1876, elle joua pour la première fois Zerbinette des *Fourberies de Scapin*, et resta comme pensionnaire à la Comédie française jusqu'en 1888. Mlle Bianca habitait Paris en 1902.

Voici quelques jugements portés sur cette artiste : En 1866 : « Se tient en dehors de ses camarades. Mlle Bianca ne dit pas mal les vers ; c'est une soubrette, et au besoin même une Madame Pierrot assez agréable. Dans le drame, manque de tout ».

En 1873 : « Mlle Bianca était très aimée au Vaudeville, où elle a longtemps joué, avant d'entrer à la Comédie française ; c'est une soubrette excellente, vive, spirituelle ; les yeux sont brillants, la physionomie est animée, on ne saurait être plus accorte, plus avenante, et je dirai même... plus vraiment appétissante ».

En 1878 : « Plus gaie que son nom romantique ne le fait supposer... Des cheveux andalous; une bouche charmeresse, des yeux brillants et un peu distraits, qui *regardent vaguement quelque part...* a été fort goûtée au Vaudeville. S'efface aux Français ».

Biographie : Notice par Félix Jahyer, *Paris-Théâtre*, 4-10 sept. 1875.

Bibliographie : Yveling Ram Baud et E. Coulon, les *Th. en robe de chambre*, 1866. — *Foyers et Coulisses*, *Comédie franç.*, t. II (1873). — Paul Mahalin, les *Jolies actrices de Paris* (1878).

Iconographie : Portrait-médaillon, cliché Mulnier, *Paris-Théâtre*, 4-10 sept. 1875.

BIANIC, Mlle, Léonie, Fanny. — Caen 1879-81, Paris 1882-95.

BIARD, Mlle Cécile, Antonia. — Mons 1857-63, Reims 1864, Dieppe 1867, Reims 1868, Mourmelon 1869-70, Rennes 1872, Givet 1873-74, Mézières 1875-82, Paris 1883-94.

BIBARD, René. — Agé de 60 ans, avec 43 ans de th. en 1891, obtint une pension de 500 fr. de la Société des artistes. Il vécut retiré à Paris, et sa mort fut annoncée en 1896. V. René.

BIBARD, Mme Maria, Barbe, René Lemoine.— La Haye 1867-68, Strasbourg 1869, Rouen 1870, Gand 1872, Odessa 1873-75, Tours 1876, Rouen 1877-86, Paris 1887-95, Rouen 1896-1902.

BIBEYRAN, Mamert, René. — Marseille 1859-63, St-Pétersbourg 1873, Lyon 1874-78.

BIDARD, Mlle Aline. — Florence 1850, 1852, Verviers 1854-56.

BIBRE-VADE. — Jeune premier, Th. des Arts à Rouen 1835 36, avec 5000 fr. d'appointements.

BIDAUT, Paul, Armand. — Brunswick 1849, Londres 1850, Paris 1852, Brunswick 1853-56, Variétés 1857-60, était né à Paris le 1er août 1802. Il exerça pendant 37 ans la profession de comédien en province, à Paris et à l'étranger, et obtint, en 1860, la pension Trémont de 300 fr. Il avait perdu la mémoire et restait seul, sans famille.

BIDAULT, Hyacinthe. — Dieppe 1849.

BIDAULT, Martial. — Funambules 1849.

BIDAULT, Mme. — Funambules 1849.

BIDAULT, Mme, née Chevalier. — Dieppe 1849.

BIÉ. — Acteur de Rouen, mort en cette ville le 9 décembre 1837.

Iconographie : Bibl. nat. Catal. Duplessis no 4700. En buste, de 3/4 à droite, dans un ovale. Lith. par E. Bérat, 1824.

BIÉ ou Bied, Mlle, Zelma, Aveline. — Gaîté 1876-79.

BIENFAIT, Ernest, Cyrille. — Débuta au Petit-Lazari à l'âge de 17 ans. Il passa ensuite au Th. de Belleville (1866), d'où il fit un saut à l'Odéon (1867-69). Ramiche dans la *Vie nouvelle* (1867), un petit clerc dans les *Amoureux de Marton* (1868), Pistol dans *Kean* (reprise), le bouffon dans le *Roi Lear* (reprise, 1868), etc.

Il revint bientôt au boulevard — Château d'Eau, 1870-74 — puis quitta le théâtre pour le café-concert. Bataclan 1875-79, la Scala 1880-83, Concert parisien 1884-85. Entre temps, il était devenu le directeur du Café de la Chartreuse, près la Porte St-Denis, où se réunissent les acteurs de province et les artistes de café-concert en quête d'engagements. Cependant le théâtre l'attirait toujours. Il rentra à la Gaîté 1890-96, et mourut en décembre 1899 à La Varenne St-Hilaire, dans un petit établissement qu'il avait créé.

Ernest Bienfait s'était toujours préoccupé de l'avenir de ses camarades ; il était vice-président fondateur de la Société de secours mutuels de la Gaîté, membre de l'Association des artistes dramatiques et des artistes lyriques, etc. En 1896, il reçut une médaille de sauvetage. Ses obsèques eurent lieu le 20 décembre 1899 à La Varenne St-Hilaire, 33, avenue de St-Maur.

M. L. Péricaud, en annonçant la mort de son camarade, dans son Rapport de 1900, raconta ce fait peu connu du commencement de la carrière de Bienfait : « Il avait passé par le Conservatoire et traversé l'Odéon avec succès. Lors de son tirage au sort — on faisait encore sept années de service militaire — sept années de régiment, c'était l'anéantissement complet de sa carrière dramatique, son frère aîné se dévoua pour lui, et bien qu'exempté par le tirage d'un bon numéro, partit à sa place ».

Bibliographie : Le *Figaro*, 19-22 déc. 1899. *Annuaire* des artistes, 1900.

BIENFAIT, Alfred, René. — Bouffes parisiens 1877-82, Bataclan 1887. Sa mort fut annoncée au Rapport de 1891.

BIENVENU, Edouard. — Th. Comte 1838.

BIES, Mlle Mélanie. — Deuxième amoureuse, Nouvelle-Orléans 1853.

BIERNE, de. — V. Nestor.

BIÉTRY, Laurent. — Douai 1854-55, Rouen

1856, Lisbonne 1857. Sa mort fut annoncée au Rapport de 1859.

BIGET, Antoine. — Deuxième père, grime, Bruxelles 1828, Toulouse 1831-33, 1838, 1849. En 1848, Biget se trouvait à Foix. Il avait alors 75 ans, 40 ans de théâtre, et une pension de 120 fr. de la Société des artistes. De 1852 à 1855, il était à Paris. Sa mort fut annoncée au Rapport de 1857.

BIGNON. — Acteur de la Gaîté en 1800. L'*Almanach pour l'an IX* le signale comme un « valet d'un comique froid, mais naturel ». Deux ans plus tard, il figure sur le tableau de la troupe du théâtre de l'ancien Opéra (P. St-Martin). — « Bignon, écrit l'auteur du *Tribunal volatile*, peut tenir la haute livrée, mais il excelle dans les caricatures d'huissiers et de vieux auteurs ». En 1808, il était à Venise, sous la direction de Mme Raucourt. En 1812, premier comique au Théâtre des Arts, à Rouen. Rentré à la Gaîté en 1817, Bignon ne tarda pas — pour parler le langage du temps — à déserter « le temple du mélodrame pour s'enrôler sous l'étendard de Brunet ». En d'autres termes, il entra aux Variétés, où il resta de 1821 à 1828. Il demeurait alors rue Cadet, n° 12. En 1831, lorsque l'on inaugura la salle des Folies dramatiques, on y représenta les *Quatre parties du Monde,* dont l'auteur n'était autre que Bignon « ancien comédien du boulevard ».

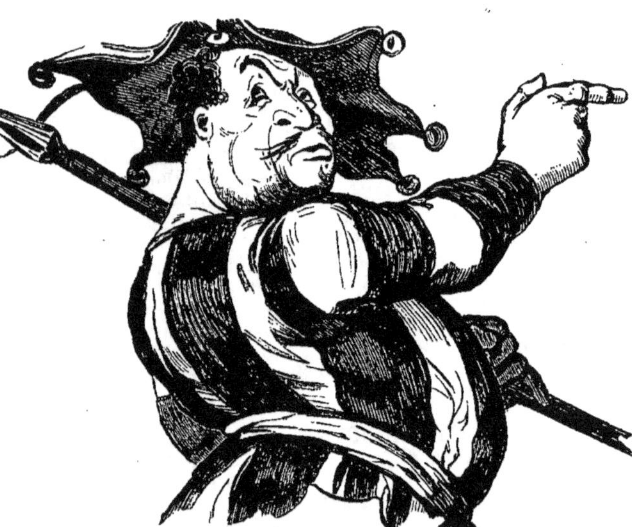

Louis BIGNON, dans *Richard III*, par Marcelin (caricature), 1852

On écrit de lui en 1821 : « Sa gloire fut toujours au même point, mais ses appointements s'élevèrent de quelques degrés. Le parterre l'écoute avec calme ; jamais un sifflet ne prouve à l'artiste qu'il déplaît, jamais un bravo ne lui annonce qu'il est agréable au public; on le voit par habitude ».

Et en 1825 : « Il fut une des gloires du boulevard du Temple ; il est venu enterrer sa réputation au boulevard des Panoramas. Bignon est un honnête homme, sans ambition, qui se contente de l'emploi des compères et qui garde pour lui le secret de son talent ».

Bignon qui semblait déjà vieux à cette époque, vécut longtemps encore. Il fut un des premiers pensionnaires de la Société des artistes, en 1843. En 1845, il est âgé de 80 ans et se trouve dans la plus grande détresse, lui et sa femme. Le rapport de Samson nous apprend, en effet, que sur les instances du baron Taylor, les dames du Bon-Secours envoyèrent gratuitement une sœur pour soigner M. et Mme Bignon. Ces deux vieillards, très dignes d'intérêt obtinrent, grâce aux démarches de Moëssard et de Génard, ce dernier inspecteur du th. de la Gaîté, un logement pour le reste de leurs jours dans une maison de refuge à la disposition du maire du vme arrondissement. Mme Bignon mourut la première, avant 1846, et ses obsèques furent payées par le Comité des artistes ; Bignon mourut quelque temps après — avant 1852.

Bibliographie : *L'année théâtrale*, almanach pour l'an IX. Le *Tribunal volatile.* — H. Lyonnet, *Mlle Raucourt*, directrice des th. français en Italie. — *Hist. des th. de Rouen*, t. II, p. 365. — *Petite biographie dramatique*, 1821. — *Grande biographie dramatique*, 1824. Harel, *Dict. th.*, 1825. — Collection des *Rapports* de Samson, 1845-46.

BIGNON, Louis, Thomas. — Naquit à Paris vers 1812. Apprenti cordonnier, puis sculpteur, Bignon fit ses premiers essais dramatiques sur les théâtres de banlieue, puis se fit recevoir à l'Odéon où il joua les premiers rôles, bien que manquant d'énergie : « Un Hercule en beurre ! » disait de lui son camarade Gil-Pérez qui jouait alors les utilités au même théâtre.

Bignon, taillé en colosse, créa des rôles dans les pièces suivantes, à l'Odéon :

1841 28 oct. *L'actionnaire.*
— 27 nov. *Les enfants blancs.*
1842 12 fév. *Le Maréchal de Montluc.*
— 26 fév. *Cédric le Norvégien.*
— 19 mars. *Les ressources de Quinola.*
— 9 avril. *Le Comte de Bristol.*

1842 7 mai. *Le tribun de Palerme.*
— 29 sept. *L'héritage du mal.*
1845 29 avril. *Camoëns.*

Bignon, qui avait épousé Mme Albert (V. ce nom), s'éprit tout à coup de belles-lettres. Il étudia le grec, le latin, devint auteur dramatique et donna au Vaudeville, en 1845, un drame en trois actes, *Sous les arbres*, qui n'eut qu'un médiocre succès. Il fut engagé au Théâtre historique et devint un de ses soutiens, créant des rôles importants dans la *Reine Margot*, le *Chevalier de Maison rouge*, etc. Malheureusement la Révolution de 1848 tourna un peu la tête de Bignon qui se fit orateur de clubs, et brigua une place de député, mais sans succès. Revenu à la réalité, il débuta à la Comédie française dans *Don Juan*, rôle où il échoua, se relevant bientôt avec une création inoubliable, celle de Danton, dans la *Charlotte Corday*, de Ponsard.

La place de Bignon était au boulevard ; il y revint. Tous ses rôles, la plupart créés ou repris à la Porte St-Martin, furent marqués d'une empreinte personnelle : Raoul de Foulques de *Richard III*, Roncevaux des *Nuits de la Seine*, Frochard du *Vieux Caporal*, Chennevière de l'*Honneur de la Maison*.

« C'est un artiste qui connaît ses planches, écrit J. Arago en 1852, et qui a l'adresse de se faire son public. Taillez un rôle pour Bignon, et vous verrez si l'auteur n'ira pas lui presser les mains par reconnaissance. »

En 1855, il joue Bernard, dans *Mauprat*, à l'Odéon ; en 1856, Pontis, de la *Belle Gabrielle*, à la Porte St-Martin. A la Gaîté, il double Mélingue. Il se fait applaudir encore dans d'Artagnan, des *Mousquetaires* (reprise), Ed. Dantès, de *Monte-Cristo ;* il joue dans le *Médecin des enfants*.

Le 19 mai 1857, Bignon donna à la Gaîté un drame en quatre actes, *Salomon de Caus*, où il jouait le principal rôle. Mais cette tentative n'eut pas grand succès. Il mourut à Paris en 1858, laissant la réputation d'un honnête homme et d'un bel acteur aux formes athlétiques, le Danton rêvé par le poète.

Bignon avait toujours été très dévoué à la Société des artistes dramatiques, et avait fait partie du Comité ; on peut lire dans l'*Annuaire* de 1857 les vers de sa composition qu'il récita au Banquet Molière de cette année. Sa veuve, Mme Albert, qui lui survécut quarante ans, fit un legs à la Société.

Bibliographie : J. Arago, *Foyers et Coulisses*, 1852. — Biog. Gallois, 1854. *Annuaires* de la Société des artistes, 1857-59. — P. Porel et G. Monval, *Hist. de l'Odéon.*

BIGNON, Mme. — V. Mme Albert.

BIGNON, Stanislas, Stéphen. — Nantes 1872-1874.

BILHAUT, Mlle Hélène, Claudine. — Elève de Samson, soubrette intelligente et gaie, débuta dans le répertoire à l'Odéon, le 16 octobre 1850, puis établit des rôles dans les pièces suivantes :

1850 6 déc. *Les ennemis de la maison.*
— 23 déc. *La fin de la Comédie.*
1851 21 mars. *Les Contes d'Hoffmann.*
— 21 oct. *André del Sarto.*
— 29 déc. *Les Marionnettes du docteur.*
1852 8 mars. *Les Cinq minutes du Commandeur.*
— 23 nov. *Grandeur et décadence de M. Prudhomme.*
— 19 déc. *Le loup dans la bergerie.*
— 26 déc. *Le feuilleton d'Aristophane.*
1853 5 juin. *Le roman du village.*

Mlle Bilhaut quitta l'Odéon pour le Vaudeville, 1855, et la Porte St-Martin, 1856-60. En 1861, elle est à Lyon, où elle joue avec succès le rôle du mousse dans les *Canotiers de la Seine*, au th. des Célestins. En 1862, elle entre au Palais royal, en même temps que sa sœur Elisa. On dit alors « les sœurs Bilhaut ». Elles y restèrent de longues années. « Toutes deux brunes, lisons-nous, noires même et velues ; de grands yeux et un excellent caractère. » On les disait originaires des Antilles. Hélène Bilhaut se retira du théâtre avant 1874. Son nom ne figure plus à l'Annuaire en 1878.

Bibliographie : P. Porel et G. Monval, *Hist. de l'Odéon*, t. II. — Yveling RamBaud et E. Coulon, les *Th. en robe de chambre*, 1866. — *Foyers et Coulisses*, Palais Royal, 1874.

BILHAUT, Mlle Elisa, Louise. — Sœur de la précédente, Palais Royal 1862-77, ingénues et utilités.

BILHAUT, Francis, Justin. — Acteur du Gymnase, rôle de Cléry dans le *Mariage à l'enchère*, 6 sept. 1866 ; rôle d'André au Vaudeville dans *Maison neuve*, 3 déc. même année ; Gymnase 1867-70, Bruxelles 1872, Odéon 1873-78. Mort jeune encore à Bruxelles. Sa mort fut annoncée au Rapport de 1879.

BILHAUT-BISSON ou Bilhaut, Louise, Eugénie. — Ambigu 1880-83, Paris 1884-90. Sa mort fut annoncée au Rapport de 1892.

BILLAUD, Mme Adrienne, Agnès, née Besombes (V. Besombes). — Nantes 1879-87, Elbeuf 1888, Orléans 1889-93, Paris 1894-95, La Rochelle 1896, Mirecourt 1897. Sa mort fut annoncée au Rapport de 1898.

BILLEMAZ, Anthelme. — Brest 1861-68, Tournai 1869.

BILLET, Mlle Sylvie. — Deuxième amoureuse, Toul et Lunéville 1835.

BILLON. — Acteur à Lyon en 1792.

BILLON, Mme Arnée. — Actrice à Lyon en 1792.

BILLON, Constant. — Premier rôle au Th. des Célestins à Lyon, 1826-30. Plus tard directeur; habita St-Germain de 1852 à 1857. Ne pas confondre avec Constant Billion, le légendaire directeur des Funambules et du théâtre du Cirque.

BILLY, Mlle. — Folies Marigny 1864, Gabrielle Billy-Collet, Variétés 1875-79.

BINARD, Jules. — St-Pétersbourg 1867-94. Sa mort fut annoncée au Rapport de 1895.

BINDA, Mlle Marie, Béatrix. — Angers 1863, Odéon 1864-65.

BINEAU, Toussaint, Ernest. — Bordeaux 1850, Lyon 1852, Anvers 1853, Nantes 1854, Lille 1855-59.

BINET, Paul. — Jeune premier, Le Hâvre 1852, Aix 1853, th. des Variétés, Bordeaux 1853, Oran 1854-60, Lorient 1861, St-Etienne 1862, Angers 1863-65.

BINET-GALLOT. — La Rochelle 1849.

BINON, Albert. — Th. Comte 1849.

BINON. — Utilités, Limoges 1853.

BIRON, Mlle Eugénie Hannon, dite. — Se fit connaître au Th. du Palais Royal :

1840 16 mai, *Les dîners à 32 sous.*
— 14 août, *La fille de Jacqueline.*
1841 18 mai, *Les secondes noces.*
— 17 juillet, *La sœur de Jocrisse.*
1842 18 mars, *La chasse aux vautours.*
— 8 juillet, *Du haut en bas.*

Puis elle débuta à l'Odéon le 30 avril 1849 dans *Mlle de Belle Isle.* Elle parut encore à ce théâtre le 8 septembre dans le *Trembleur* et le 23 novembre dans *François le Champi.* Le 24 juillet 1852, elle débuta à la Comédie française par le rôle de Dorine, de *Tartufe,* mais elle resta peu de temps à ce théâtre. Elle habitait Paris de 1856 à 1860.

BIRRE, Armand, Pierre. — Genève 1849, Alger 1850, Marseille 1852-53, Le Hâvre 1854-56, Rouen 1857-58, Nantes 1859, Rochefort 1860-61, Avignon 1862, Bayonne 1863, Nice 1864-68, Toulon 1869-70, Avignon 1872-73, Chambéry 1874. En 1875, Birré avait 65 ans et 48 ans de théâtre. La Société des artistes lui accorda une pension de 500 fr. Il se retira à Arles où il mourut à 82 ans. Sa mort fut annoncée au Rapport de 1888.

BISCOP, Mlle Emilie. — Th. Comte 1832-38.

BISSON. — Acteur des Variétés en 1799. Le *Tribunal Volatile,* qui le signale en l'an XI comme appartenant au th. des jeunes artistes, dit de lui : « Bisson jouant les comiques n'est pas du tout plaisant dans ses rôles, malgré qu'il s'efforce de vouloir l'être. »

BISSON, Eugène, Théophile, Léandre. — Valenciennes 1888, Bordeaux 1889-91, Paris 1892-94.

BISSON, Mme Marie, Pauline, née Carpentras. Valenciennes 1888, Bordeaux 1889-91, Paris 1892-93.

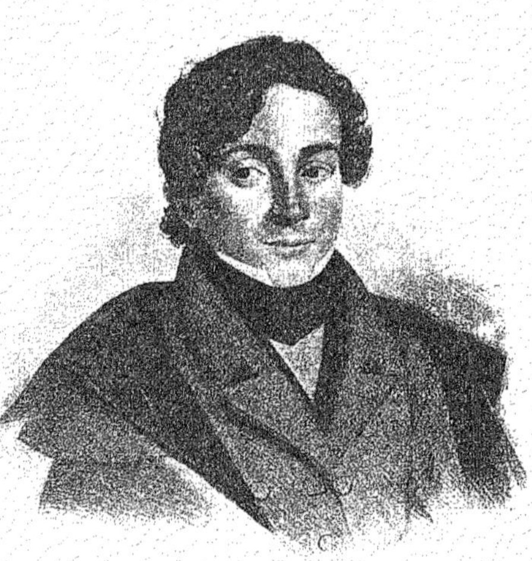

Léon BIZOT (d'après H. Garnier)

BITMER ou Bithmer. — Acteur au th. de la Cité, puis de l'Ambigu comique avant 1798. Il avait joué précédemment (1792) la pantomime au Grand théâtre de Marseille. En 1799, il s'associa avec plusieurs de ses camarades de l'Ambigu pour prendre la direction du théâtre de la République à Rouen.

Biographie : Brazier, *Hist. des petits théâtres.* — *Hist. des Th. de Rouen,* t. IV, p. 75.

BITMER, Mme, ou Bithmer. — Femme du précédent, Th. de la République à Rouen, 1799.

BIZET, Firmin. — Premier rôle, Calais 1849, St-Quentin 1850, Paris 1852, Châlons, Sedan 1853-54, Châlons 1855-62, Sedan 1863-67, Le Hâvre 1868, Orléans 1869-73, Perpignan 1874-75.

BIZET, Mme C. A., née Mazelin, dite Faldony, femme Laoust avant 1855 puis femme Bizet. — Montauban 1853-54, Amsterdam 1855, Poitiers 1856-57, Paris 1858-61, Châlons 1862, Sedan 1863-67, Le Hâvre 1868, Orléans 1869-73, Perpignan 1874-75, Bayonne 1876, Elbeuf 1877-80, Rouen 1881, Angers 1882. Agée de 61 ans en 1882, Mme Bizet-Laoust reçut une pension de 500 fr. de la Société des artistes. Elbeuf 1883-90, Charenton 1891-95. Sa mort fut annoncée au Rapport de 1896.

BIZIEU, Mme. — Premier rôle à Bruxelles et à Liège 1829.

BIZOT, François, Léon. — Acteur de l'Odéon.

Il avait commencé par faire partie à ce théâtre de la troupe d'opéra (1824-26), puis il passa dans la troupe de vaudeville (*Le Concert à la campagne* 23 octobre 1828), car alors on jouait tous les genres. Il y avait un Bizot deuxième amoureux à Gand en 1835 et 1841 et un Bizot deuxième comique à Tournay en 1842. Léon Bizot qui habitait Versailles en 1849, mourut à Paris vers 1858. Sa mort fut annoncée au Rapport de 1859.

Iconographie : en buste, de face, lith. H. Garnier.

BIZOT, Philibert. — Marseille 1849.

BLACHE, Mme. — Grand Th. de Bordeaux 1793. Camille Blache, même théâtre, rôles d'enfants.

BLACHER, Alexandre. — Gaîté 1858-61, Cherbourg 1862, Moscou 1863-64, Namur 1865, Rotterdam 1867, Abbeville 1868-69, Paris 1870, Le Mans 1872-73, Limoges 1874, Odessa 1875, Béziers 1876, Nîmes 1877-79, Bône 1880-81, Paris 1882-83, Lorient 1884, Paris 1885-94. En 1892, Alex. Blacher, âgé de 68 ans, avec 50 ans de th., obtint une pension de 500 fr. de la Société des artistes. Sa mort fut annoncée au Rapport de 1895.

BLAINVILLE, Pierre, Jean, Fromentin de. — Né à Gonesse, puis maître de pension dans cette ville. Débuta à la Comédie française le 3 septembre 1757 par le rôle du Grand-Prêtre dans *Athalie*. Boissy, qui écrivait alors au *Mercure*, affirme qu'on lui trouva de l'âme et de l'intelligence, mais pas assez de noblesse. Reçu à l'essai le 20 octobre suivant, puis sociétaire le 1er avril 1758, Blainville se trouva compromis dans cette sotte affaire qui occasionna le renvoi de Dubois et de Mlle Clairon. Dubois avait affirmé par serment qu'il avait payé son chirurgien en présence de Blainville, puis tous deux s'étaient rétractés. Blainville mis à l'index par ses camarades, se retira le 1er avril 1765 et fut engagé en 1768 par Fierville pour donner des représentations à la Cour du Roi de Prusse, tantôt au Palais de Berlin, tantôt au nouveau Palais de Postdam. Les spectacles publics commencèrent même le 24 mai 1769, mais sans aucun bénéfice. La troupe dissoute, Blainville fut chargé par le Roi de recruter de nouveaux éléments et, en 1771, reprit avec six autres camarades la direction, pour continuer seul avec Mlle Sainte Treuze (nov. 1772). Plus tard, il resta comme artiste. Nous savons qu'il touchait 900 r. th. sur la caisse de l'entreprise, indépendamment de ce qui lui revenait de la caisse royale qui donnait 10.000 r. th. pour toute la troupe. Dans les nombreuses réclamations qu'il adressa au Roi, toujours à cause des comptes, il signait « régisseur-entrepreneur », 6 fév. 1773, et « entrepreneur-régisseur nommé par le Roi », 10 fév. 1773. Il mourut en Prusse avant l'année 1784. Il avait créé le rôle de Hermas dans l'*Olympie* de Voltaire, le 14 mars 1764.

Biographie : Lemazurier, *Galerie historique*. — G. Monval, *Liste alphabétique des sociétaires*.

Bibliographie : *Almanach Duchesne*, 1758. — J.-J. Olivier, *Voltaire et les Comédiens*.— Do *Les Comédiens français à la Cour de Prusse*.

BLAINVILLE fils. — Naquit en 1748 à Paris, sur la paroisse St-Sauveur. Il était fils du précédent, et débuta à la Comédie française en janvier (selon M. G. Monval) ou le 23 février 1765 (selon l'*Almanach des spectacles*) par le rôle de Zamor dans la tragédie d'*Alzire*, trois mois avant le départ de son père. Il avait pris le nom de *Fromentin*. Il réussit assez, malgré une forte cabale montée contre lui, mais ne fut pas reçu.

Bibliographie : *Lettre à M. l'abbé de La M... sur les débuts du Sr. Fromentin*, octobre 1765. — *Almanach Duchesne*, 1766, p. 134.

BLAINVILLE, Mlle Juliette. — Fille d'une artiste de la Porte St-Martin et de l'Ambigu, doubla Paola Marié dans le rôle de Clairette de la *Fille de Mme Angot*, Folies dramatiques 1873.

BLAISE, Alphonse. — Utilités, Grand théâtre Anvers 1839.

BLAISE, Mlle Marie. Nantes 1852-53, ingénue à Limoges 1853.

BLAISOT, Eugène, Alphonse, fils d'un marchand d'estampes, lauréat du Conservatoire, où il avait été le camarade de Delaunay, débuta à l'Odéon en 1845. C'était alors un fringant comique qui donnait de belles espérances... qu'il ne tint pas. A l'Odéon, Blaisot parut dans les pièces suivantes :

1845 décembre, début dans *Le Dépit amoureux*.
1846 6 janv. *Diogène*.
1847 21 » *Une année à Paris*.
— 15 mai. *Au petit bonheur*.
— 15 » *L'Antiquaire*.
— 29 » *Les notables de l'endroit*.

Le 11 septembre 1851, Blaisot débuta au Th. français mais ne s'y maintint pas. Il trouva enfin sa place au Gymnase, où il resta pendant plus de vingt ans, se confinant dans des caricatures qu'il coulait presque uniformément dans le même moule, avec des cols à la M. Prudhomme, et les deux mains jointes sur la poitrine, grotesque, sans finesse, passant presque inaperçu.

La liste des pièces où parut Blaisot, est à peu près celle de toutes les pièces représentées au Gymnase de 1857 à 1882. On peut citer, entre autres : *Montjoye* 1863, le *Wagon des dames*, Mme *Montanbrèche*, le *Mariage à l'enchère*, *Nos bons Villageois* (Tétillard) 1866, la *Victoire d'Annibal*, le *Roman d'une honnête femme*, 1867, le *Comte Jacques*, le *Mur de la vie privée*, le *Monde où l'on s'amuse*, 1868.

« Précieux et grotesque, écrit-on en 1866, il prise comme un vicaire et il a la fureur de vous secouer son mouchoir dans les yeux. » Le reste du portrait n'est pas plus flatteur.

Blaisot était conservé au Gymnase, comme on conserve un meuble ancien. Cet état de choses cessa cependant vers 1882. On le vit alors momentanément à l'Ambigu (1883), mais en perdant le Gymnase, Blaisot avait tout perdu. Sa mort fut annoncée au Rapport de 1886. Garraud fit de lui cette oraison funèbre: « Pendant près de trente ans, Eugène Blaisot fut le pensionnaire du Gymnase, où il créa avec originalité, et souvent avec succès, plusieurs rôles dans le riche répertoire du théâtre, entre autres celui de Thirion des *Pattes de mouche*. Montigny l'aimait beaucoup et faisait grand cas de son intelligence et de la régularité de son service. Outre son mérite de comédien, Blaisot possédait un vrai talent de dessinateur. Il vivait un peu à l'écart, mais il n'en était pas moins un camarade serviable et un très honnête homme. »

Bibliographie : *Les Th. en robe de Chambre*, 1866. — Vizentini, *Derrière la Toile*, 1868. *Foyers et Coulisses*, Gymnase 1875. — *Annuaire* des artistes, 1886.

BLANC, Auguste. — Comique et rôles de convenance, th. des Célestins, Lyon 1828-31. Il habitait Lyon de 1850 à 61 et sa mort fut annoncée au Rapport de 1862.

BLANC, André. — Acteur qui fit toute sa carrière à Lyon. En 1882, André Blanc avait 80 ans et 40 ans de théâtre. La Société des artistes lui accorda une pension de 500 fr. et il mourut en 1886, à Lyon, chez les Petites Sœurs des pauvres. (Rapport 1887).

BLANC, Mlle, Fanny. — Folies dramatiques 1838.

BLANC, Mme. — V. Mme Numa Blanc.

BLANC, Mme Anna, Anne, Aglaé, femme Dupont-Vernon. — Naquit à Valence le 14 septembre 1848. Couronnée au Conservatoire, elle débuta à la Comédie française le 20 septembre 1872 par une importante création dans les *Enfants*. Mariée à son camarade Dupont-Vernon (V. ce nom), elle quitta la Comédie, passa par le Vaudeville où elle joua sous le nom de Mme Dupont-Vernon (rôle de Fernande dans *Jean Nu-Pieds*, 1875), puis se retira prématurément de la scène pour fonder un cours de déclamation et de diction qu'elle continua à diriger après la mort de son mari. Mme veuve Dupont-Vernon habitait Paris en 1902.

Bibliographie : *Foyers et Coulisses, Comédie française*, t. II, 1874.

BLANC, Mlle Marie, Berthe, Céline. — Soubrette au troisième théâtre français (Déjazet) 1877-78, Folies dramatiques 1887. Habitait Paris en 1892.

BLANCHARD. — Sous ce nom :

Blanchard, utilités, Grand Th. de Bordeaux 1817-18, Th. des Variétés, Bordeaux 1830-38, 1852-53.

Blanchard, acteur de la Gaîté en 1820-23, puis de la Porte St-Martin où il débuta, sans grand effet, le 28 septembre 1824, dans les *Deux Sergents*.

Blanchard, deuxième amoureux, 2700 fr. d'appointements, au Th. des Arts, à Rouen, 1829.

Blanchard, le Pierrot de Bobino, en 1826; tambour de la garde nationale le matin, Pierrot le soir. Monta ensuite un spectacle de marionnettes, lequel périclita. Il y eut aussi un Blanchard, Pierrot aux Funambules, cité par L. Péricaud, sans doute le même.

Blanchard, Alexandre, qui débuta le 25 juillet 1828, aux Variétés, dans le rôle d'Adolphe d'*Angeline*.

Blanchard, Liège 1832-33.

Blanchard, Victor, Châteauroux 1832-33.

Blanchard, Douai 1835.

Blanchard, premier rôle, Th. du Gymnase, à Marseille 1835.

Blanchard, jeune premier aux Funambules.

Blanchard, deuxième rôle, Anvers 1852, Strasbourg 1853.

Blanchard, Genève 1856.

BLANCHARD, Mme. — Sous ce nom :

Mme Blanchard, Châteauroux 1832-33.

Mme Blanchard, première duègne, Besançon 1835.

Mme Blanchard, jeune première, Anvers 1852.

Mme Blanchard, premier rôle, Strasbourg 1853.

Mme Blanchard, Marie, Anne, actrice de banlieue, de province et de Paris, retirée à Paris en 1856, âgée de 61 ans en 1859, recevait une pension de 200 fr. de la Société des artistes. Morte vers 1868.

Mme Blanchard, Cécile, née Delaunay, actrice de l'Ambigu en 1861-64. S'était fait connaître à la Porte St-Martin. Son rôle de début à l'Ambigu avait été dans la *Maison du pont Notre-Dame*. Premier rôle en province. Lyon 1865, Lille 1867, Liège 1868, Lille 1869-70, Versailles 1872, Reims 1873, Angers

1874, Genève 1875, Nancy 1876, Clermont-Ferrand 1877-78, St-Germain 1879, Rennes 1880, Boulogne-.s.-Mer 1881, La Rochelle 1882, Clermont-Ferrand 1883, Paris 1884-87, St-Germain 1888, Angers 1889-90, Chatou 1891. A cette époque, Mme Cécile Blanchard avait 65 ans et 51 ans de théâtre. Elle obtint une pension de 500 fr. de la Société des artistes (1892) mais ne put en profiter. Sa mort fut annoncée au Rapport de l'année suivante.

BLANCHE, Louis, Vincent, Alger 1872-74, Nancy 1875-76, St-Quentin 1877, Namur 1878-79, Rennes 1880-82, Roubaix 1883-84, Le Hâvre 1885-87, St-Germain 1888, Paris 1889, Elbeuf 1890, Le Hâvre 1891-93.

BLANCHE, François. — Naquit vers 1850 et fit ses études au Lycée Charlemagne. Maigre, chétif, peu favorisé de la nature, mais travailleur opiniâtre, il s'obstina à faire du théâtre. Il entra au Conservatoire, aborda l'emploi des ganaches, le seul auquel le destinait son physique et obtint un premier accessit de comédie en 1875 et un deuxième prix en 1876. Très intelligent, très consciencieux, il excellait dans les rôles de Lesueur — comme dans la *Partie de Piquet*. Bref, il arriva à se faire une place aux Nouveautés — rôle de Piffard de *Coco,* 12 juin 1878 — faisant toujours des créations originales. Il mourut d'une pneumonie, jeune encore, et sa mort fut annoncée au Rapport de 1889 : « Des amis en foule ont tenu à rendre les honneurs suprêmes à cet homme aimable et sympathique entre tous », lisons-nous. Blanche avait été aussi régisseur aux Nouveautés et à la Gaîté.

BLANCHE, H., Barras Dels'hens de. — Renaissance 1880-83.

BLANCHE, Mlle. — Sous ce nom :

Mlle Blanche, première amoureuse, Gand 1843-44.

Mlle Blanche, Dupont dite, actrice de l'Odéon 1847-48.

1848, 13 fév., *Un Hidalgo du temps de Don Quichotte.*

1848, 7 mai, le *Billet blanc.*

1849, 16 sept. (début?), les *Trois Sultanes.* Gaîté 1852.

Mlle Blanche, salle Bonne-Nouvelle 1852.

Mlle Blanche, Hélène, Folies dramatiques 1853.

Mlle Blanche, soubrette, Troyes 1853.

Mlle Blanche, Beaumarchais 1853.

Mlle Blanche, jeune première aux Funambules.

Mlle Blanche, Variétés 1853-56.

Mlle Blanche, Rose, Palais-Royal 1877.

BLANCHEREAU, Hippolyte, dit Pierre. — Evreux 1855-59, Colmar 1860, Mâcon 1861, Moulins 1862-64, Nevers 1865-72, Cahors 1873, Carcassonne 1874, Uzès 1875, Dié 1876, Pont-de Beauvoisin 1877-78, St-Chamond 1879-82, Avignon 1883, Périgueux 1884. En 1885, âgé de 67 ans, Pierre Blanchereau comptait 43 ans de théâtre. Il obtint une pension de 500 fr. de la Société des artistes. Il habita Albertville 1885-92, Marseille 1895-1901. Il s'y trouvait encore en 1902.

BLANCHEREAU, Mme, née L. Beaudoin. — Evreux 1855-58.

BLANCHEREAU, Mme Eugénie, née Bonnier ou Bozonnat. - Moulins 1862-64, Nevers 1865-69, Tarbes 1870-72, Cahors 1873, Carcassonne 1874, Uzès 1875, Dié 1876, Pont-de-Beauvoisin 1877-78, St-Chamond 1879-82.

BLANCHETEAU, Mme Henriette, femme Legrenay. — Saïgon 1887, Bruxelles 1888-90, Rouen 1891, Paris 1892, Reims 1893-95, Paris 1896. Sa mort fut signalée en 1897 : « Une charmante ingénuité, enlevée en plein talent, en pleine jeunesse ».

BLANCHETEAU, Mlle Pauline, Eugénie. — Bruxelles 1890-91.

BLANCON. — Utilités, Perpignan 1832-33.

BLANDET, Louis. — Moscou 1850-63, Paris 1864-85. Sa mort fut annoncée au Rapport de 1886.

BLANDIMARE. — Nom de théâtre qui figure dans la *Comédie des Comédiens* de Scudéry. On a souvent désigné de ce nom Mondory. (V. ce nom).

BLANDIN, Victor, Honoré. — Acteur et directeur. Amoureux, Sedan 1853, Dunkerque 1854-62, Reims 1863-79, Paris 1880-81, Folies dramatiques 1882, Paris 1883-86, Menus-Plaisirs 1887, Paris 1888-97. Sa mort fut annoncée au Rapport de 1898, en ces termes :

« Blandin, ancien directeur des Folies dramatiques, avait été longtemps comédien, puis directeur en province, notamment à Reims, où il resta de longues années et sut y constituer un théâtre de tout premier ordre, dans lequel il parvint à gagner, après un rude labeur, une fortune des plus honorables et des plus honnêtement acquises. Aucun ne fut aimé comme lui. Ses artistes devenaient ses amis. Nulle signature d'engagement n'était nécessaire avec cet honnête parmi les honnêtes ; sa parole suffisait ».

Bibliographie : *Annuaire* de la Société des artistes 1898.

BLANDIN, Mme Joséphine, née René. — Femme du précédent, ingénue à Sedan 1853, Dunkerque 1854-62, Reims 1863-79, Paris 1880-

81, Folies dramatiques 1882, Paris 1883-86, Menus-Plaisirs 1887, Paris 1888-1901. Sa mort fut annoncée au Rapport de 1902.

BLANGY, Mlle. — V. Mme Boudeville.

BLANSAC ou Blanzac, Mlle Virginie. — Deuxième amoureuse, Verviers 1829.

BLANVALET. — Acteur de la troupe française à Milan, sous la direction Raucourt (1809), se retrouve dix ans plus tard à Rouen, où il joue les troisièmes rôles et les grands raisonneurs, aux appointements de 3000 francs (1819). En 1830, il était chef des comparses à l'Odéon. — Ancien sous-officier de la Garde impériale, on lui avait donné le commandement d'une compagnie de la Garde nationale au moment de la Révolution de juillet.

Bibliographie : H. Lyonnet, *Mlle Raucourt, directrice des Th. français en Italie*. -- *Hist. des th. de Rouen*. — P. Porel et G. Monval, *Hist. de l'Odéon*.

BLARINI, les sœurs Blaringhem dites. — Trois sœurs : Eléonore, Clémence. — Octavie, Tharsille. — Henriette. — Variétés 1867-70.

BLEAU, Claude. — Verviers 1853, Lille 1855, Dunkerque 1856, Montpellier 1857, Rouen 1858, Nantes 1859, Strasbourg 1860-61, Metz 1862, Toulon 1863, Bordeaux 1864, Montpellier 1865, Anvers 1867, Th. du Prince Eugène 1868, Anvers 1869, Troyes 1870, Orléans 1872-73, Calais 1874, Valenciennes 1875, Boulogne 1876, Angoulême 1877-78. Sa mort fut annoncée au Rapport de 1879.

BLEAU, Mme, née Aglaé Mangeot. — Lille 1855, Dunkerque 1856, Montpellier 1857, Rouen 1858, Nantes 1859, Strasbourg 1860-61, Metz 1862, Toulon 1863, Bordeaux 1864, Montpellier 1865, Anvers 1867, Th. du Prince Eugène 1868, Nancy 1870, Orléans 1872, Liège 1873, Calais 1874, Valenciennes 1875, Boulogne 1876, Angoulême 1877-78, Carcassonne 1879, Bastia 1880-82, Folies dramatiques 1883-84. Sa mort fut annoncée sous le nom de *Bleaux*, au Rapport de 1885.

BLÈS. — Sous ce nom :

Blès, second amoureux, Th. Molière 1831.

Blès, acteur à l'Odéon, *Dick Rajah*, 19 mars 1832.

Blès, Gustave, premier comique, La Guadeloupe 1832-33.

Blès, Henri, Bayonne 1852-53.

BLÈS, Mme ou Mlle. — Sous ce nom :

Mlle Blès, deuxième amoureuse, Lille 1830, Grand Th. de Lyon 1832.

Mme Blès, Ambigu comique 1838, morte à Paris en avril 1841. Delhasse dit : « Née en 1821, a joué à l'Ambigu comique et créé à la Porte St-Martin le rôle de *Peau-d'Ane*. »

BLEYE, Mme, ou de Bleye, Caroline-H., née Beaudoin. — Anvers 1864, Gand 1865, Saint-Etienne 1867-68, Amiens 1869, Béziers 1870, Amiens 1872, Le Hâvre 1873, Brest 1874, Liège 1875, Angers 1876, Gand 1877, Genève 1878-79, Lille 1880, Bordeaux 1881, Lyon 1882, Bordeaux 1883-89. Agée de 71 ans en 1886, avec 54 ans de théâtre, Mme de Bleye reçut une pension de 500 fr. de la Société des artistes. Sa mort fut annoncée au Rapport de 1890.

BLICK, John, Pierre, Honoré Brichard dit. — Porte St-Martin 1857-67.

BLIGNY, Mme. — Th. de la Porte St-Antoine 1835, 1838 et de la Porte St-Martin 1852-57. J. Arago disait d'elle en 1852 qu'elle jouait au besoin les Pernelle. Un sieur Bligny avait été co-directeur du Th. des Arts, à Rouen 1798.

BLIN. — Comique et grime, Tours 1828-29, Metz 1831-33.

BLINE, Mlle. — Actrice de la troupe du Maréchal de Saxe, 1746.

BLIVET. — Th. sans prétention, 1799.

BLOCH, Mlle Régine, Rachel. — Gymnase 1858-68. On écrivait d'elle en 1866 : « Elève du Conservatoire. Pas parente du contralto de l'Opéra. Mlle Bloch a joué agréablement un bout de rôle dans le *Passé de M. Jouanne*. Israélite et finement jolie, sa santé laisse beaucoup à désirer ». Se fit remarquer dans les *Toilettes tapageuses*.

Bibliographie : les *Théâtres en robe de chambre* 1866.

BLOCH, Mlle Hélène. — Née à Paris le 7 décembre 1846, pensionnaire à la Comédie française en 1864, Palais-Royal 1870.

BLOCH, Gustave. — Variétés 1867-68, Paris 1869-74.

BLOCH, Mme Jeanne, Désirée, née Boudergue. — Bordeaux 1884-86, Toulouse 1887-91, Angoulême 1892-93. Sa mort fut annoncée au Rapport de 1894.

BLOCHER, Alexandre. — Acteur à Bobino, vers 1861. Débuta dans *M. Joconde*.

BLOCK, Mlle Antonie. — Palais-Royal 1864-70, Le Caire 1872-75.

BLONDEAU. — Acteur de la troupe Dubuisson, jeu de paume des Trois frères, Maëstricht, 14 janvier 1714.

BLONDEAU, Alfred, Alphonse. — Th. Comte

1829-31, 1838, Gymnase 1864-72. En 1858, Blondeau âgé de 55 ans reçut une pension de 200 fr. de la Société des artistes.

BLONDEAU, Mlle Régine. — Vaudeville 1873. Est qualifiée de « Junon géante » dans *Foyers et Coulisses*, 1874. Voulait alors se consacrer à l'opéra.

BLONDEL, Mme. — Banlieue 1826, Mons 1835.

BLONDEL. — Rôles de convenance, Mons 1835.

BLONDEL. — Gymnase 1852. Il y eut deux *Blondel* et tous deux attachés au Gymnase à la même époque, l'un Blondel Tomy, l'autre Antoine Blondel. L'un des deux avait fait partie de la troupe dirigée par Chéri Cizos, père de Rose Chéri. Il entra au Gymnase comme second comique et s'y confina plus de quinze ans dans les petits rôles.

BLONDEL, Mlle. — Ingénue, Nantes 1853.

BLONDELET, Désiré, J.-F. Charles, dit aussi *Charles*, né en 1825, fut d'abord apprenti imprimeur chez Everat, rue du Cadran. Le feu ayant pris dans les ateliers, Blondelet arracha des flammes le fils d'un nommé Florentin, conducteur de machines. Tous les journaux prodiguèrent leurs éloges au jeune sauveteur. Sans emploi, il entra alors comme *jockey* aux Voitures Urbaines où ses uniques fonctions consistaient à ouvrir et fermer les portières. Mais comme il avait ses soirées libres, il en profitait pour aller figurer au Th. du Panthéon. Un jour, il fit la connaissance d'un nommé Leron qui tenait un théâtre de marionnettes; il y fut engagé à raison de cinquante centimes par jour, nourri et couché, et comme il avait reçu de son père, ex-tambour de la garde impériale, quelques leçons de caisse, il utilisait ce talent en faisant des roulements pour attirer la foule, jusqu'au moment où il put entrer au Th. Comte, à condition de vendre des sucres d'orge pendant les entr'actes. Mais un rôle important dans le *Nain jaune* le mit en tête de la troupe.

Son père, qui depuis plusieurs années occupait l'emploi du « Sauvage » au Café des Aveugles, étant venu à mourir, le fils endossa le maillot, la cotte et la coiffure à plumes du défunt. Il composa des scènes dialoguées, inventa des *lazzi* et des calembours, frappa sur la caisse et s'attira la faveur du public.

Mais le théâtre l'attirait. Est-ce à cette époque qu'il faut reporter un début aux Funambules dans *Vingt-cinq minutes d'entr'acte?* Il n'y fut pas engagé, mais vit le théâtre voisin, le petit Lazari, lui ouvrir ses portes, comme acteur et comme auteur. C'est de là qu'il passa aux Délassements Comiques pour jouer les ganaches et les financiers — (1852).

C'est ainsi qu'il créa le rôle du bourgeois Coqueron dans les *Petites misères du Carnaval*, puis il fit partie de la troupe des Folies Dramatiques (1855-57) où il reprit dans *Guzman ne connaît pas d'obstacles* un rôle créé par Heuzey engagé aux Variétés.

A ce dernier théâtre — les Variétés — il resta attaché trente ans — 1858-1888 — n'y tenant qu'un rang secondaire, mais y rendant bien des services. Nous ne pouvons que citer que quelques pièces où il parut. La liste complète en serait interminable, Blondelet fut tour à tour:

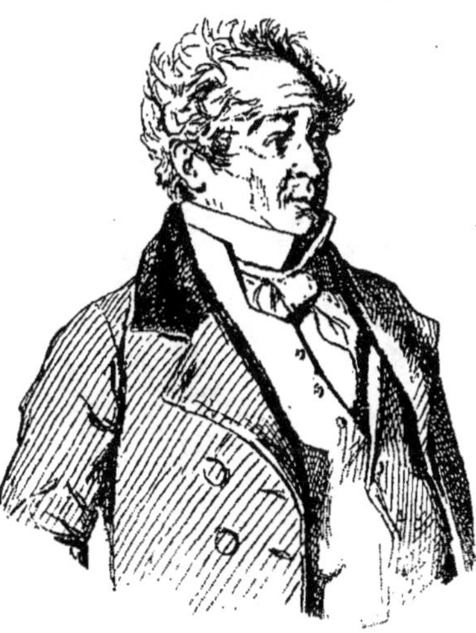

Ch. BLONDELET, dans *Canuche* par Eust. Lorsay, 1854

Duillius dans le *Joueur de flûte*.

Belavoine dans *Quel drôle de monde!*

Poupardet dans la *Boîte au lait* (15 mai 1862).

Dardouillet dans les *Mémoires d'une femme de chambre*.

Durando dans la *Liberté des théâtres* (1864).

Blondelet reprit le rôle de Beaupertuis dans le *Chapeau de paille d'Italie*, parut dans la *Périchole*, dans *Niniche*, fut prêté à la Gaîté, en 1878, pour une reprise des *Brigands*, et en 1882, à la Renaissance *(Mme le Diable)*.

Malheureusement Blondelet avait toujours gardé dans son débit quelque chose du ton des boniments qu'il avait lancés au public dans son enfance. C'était plus un acteur de parade qu'un comédien.

Ch. Blondelet fut surtout connu comme « fabricant de chansonnettes » pour cafés-concerts. Certaines de ces inepties, comme *Ah! il a des bottes, Bastien!* eurent un succès fou. M. L. Péricaud a raconté la façon dont Blondelet « très remuant, hardi comme deux pages... de Berlioz, mais moins savant » travaillait. Dès qu'il concevait une idée, il la portait aussitôt à l'un de ses deux « ouvriers en chambre », Vinet ou Michel Bordet, et trois jours après, l'idée avait pris corps sous forme de pièce ou de chanson, était colportée par Blondelet qui livrait assaut aux directeurs de théâtre ou de café-concert, ne se lassant, ne se rebutant jamais.

« Un acteur très amusant et un homme à tout faire comme Guyon, écrit-on de lui en 1866. Plein d'esprit, a tenu pendant longtemps l'emploi de sauvage au Café des Aveugles du Palais-Royal. Il y jouait admirablement du tambour... Blondelet a tenu une table d'hôte : auteur dramatique, il est entré aux Variétés d'une assez singulière façon. Il devait faire représenter aux Folies une pièce de lui intitulée : *Oh ! hé ! les p'tits agneaux !* Cogniard eut besoin du titre, fit venir Blondelet, et lui demanda les conditions auxquelles il lui cédait. Blondelet répondit : Engagez-moi ; et le tour fut fait... Blondelet amasse un petit pécule : il est propriétaire, et savez-vous où est située la maison de cette personnification du rire ?... Au Père Lachaise ».

Blondelet avait gagné, avant 1867, plusieurs médailles d'honneur. En 1870, il reçut encore une médaille d'or que la Société royale de Belgique lui décerna à titre de sauveteur français (*Rapport des artistes*, 1870, p. 24).

Eug. Garraud annonça ainsi sa mort à la Société des artistes (Rapport de 1889) : « Il avait joué le vendredi dans la *Japonaise* ; le mardi, nous lui rendions les derniers devoirs. La mort précipitée de Blondelet nous a autant affectés que surpris, car quelques jours avant, aux obsèques de Gondinet, nous avions causé longuement avec lui, et il nous avait paru dans un état parfait de santé. Attaché pendant trentre-trois ans au Th. des Variétés, il s'y était fait une place honorable qu'il pouvait occuper longtemps encore, car il était aimé du public et de son administration. On sait que Blondelet avait écrit, non sans mérite, un certain nombre de vaudevilles et beaucoup de petites pièces pour les cafés-concerts. Cependant nous avons le regret de constater que, malgré son triple labeur de comédien, d'auteur et de chansonnier, le pauvre garçon n'avait pas fait fortune, malheureusement pour les siens. Membre du Comité de 1869 à 1874, Blondelet a laissé à ses collègues le souvenir de bonnes et amicales relations. »

Biographie : Notice par Eugène Vachette. dans les *Théâtres de Paris* 1854.

Bibliographie : *Les Théâtres en robe de chambre*, 1866. — *Foyers et Coulisses, Variétés*, 1875. — A. Laroque, *Acteurs et actrices*, 1888. — *Annuaire* de la Société des artistes, 1889.

Iconographie : Lith. en pied, cost. de th., par Eust. Lorsay, dans les *Th. de Paris*, 1854.

BLONDIN, acteur de la Gaîté, 1792-93-1799, habitait alors 15, faubourg du Temple. Il fit aussi partie de l'Ambigu comique. En 1799, il s'associa avec d'autres camarades de l'Ambigu, et devint co-directeur du Th. de la République à Rouen. Pourrait bien être le même que le suivant.

Bibliographie : *Almanachs des spectacles*. — *Hist. des Th. de Rouen*, t. IV, p. 75.

BLONDIN, acteur des Variétés pendant plus de vingt ans, débuta à ce théâtre le 24 avril 1807 par le rôle de Maître Adam dans les *Chevilles de Maître Adam*. Il servit de doublure à Dubois. En 1814, il demeurait rue de Mably, 7. En 1815, rue Rochechouart, 33. En 1826, rue de Buffault, 17.

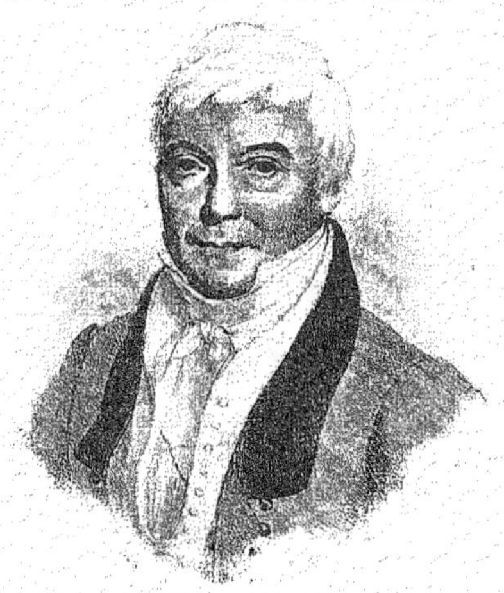
BLONDIN des Variétés d'après Jules Vernet

« Père dindon, écrit-on en 1829, placé sur la limite qui sépare la nullité de la médiocrité. »

« Artiste sans prétention, imprime-t-on en 1831-32, et qui a bien raison de n'en pas avoir. Il a tout juste assez de talent pour jouer les pères dindons, et il ne sort pas de là. C'est un excellent compère dans les jocrisses. »

Bibliographie : *Opinion du parterre*, t. V, p. 187 et suiv. — *Almanachs des spectacles*, 1815.— *Biographie théâtrale*, 1829, p. 15. — *Biographie des acteurs*, 1831-32, p. 58. — *Biographie des acteurs*, 1833, p. 52.

Iconographie : Bibl. nat., Catalog. Duplessis, n° 5072.

1. En pied, de ³/₄ à gauche (cost. de th.). Lith. par H. Monnier.

2. En buste, de ³/₄ à gauche, dans un ovale. Lith. par Jules Vernet.

BLONDIN, Mme. — Th. des Variétés, 1814-15. Demeurait alors rue Feydeau, 25.

BLONDIN, la famille. Th. des Funambules.

BLONVAL, Mme. — Sous ce nom :

Mme Blonval, duègne, à Toulouse 1825-26.

Mme Blonval, Palais Royal, l'*Ogresse*, 12 août 1843.

Mme Blonval, Odéon 1845.

Mme Blonval, Jeanne-Emilie, Boudousse. — Variétés, 1852-56, Bordeaux 1857-70. Il est fort probable que plusieurs de ces *Mme Blon-*

val n'en font qu'une seule. La mort de cette dernière fut annoncée au Rapport de 1862.

BLOSSEVILLE, Mme, Marie-Thérèse Delfosse (1767-1846). — Naquit à Dreux, le 7 mars 1767, et son acte de baptême a été publié dans le *Supplément de la Troupe de Nicolet*. Actrice du Vaudeville, dès son origine, en 1792, elle joua au début de sa carrière les ingénuités et les jeunes premières. Elle avait une figure agréable, gaie, vive, et fut très goûtée du public. C'est expressément pour elle que furent composés les jolis couplets que chantait le jeune amoureux de la *Danse interrompue* et dans lesquels il faisait l'énumération des attraits de la jeune actrice. Mais gagnée par un embonpoint précoce, elle dut adopter l'emploi des soubrettes qu'elle joua avec esprit et talent. Ce fut la Florine de *Fanchon*.

En 1798 (23 août) Mme Blosseville vint en représentations à Rouen. En 1799, elle habitait à Paris, Lycée des Arts, rue St-Honoré.

L'Espion des coulisses (an VIII) nous a laissé d'elle un méchant portrait : « Son mérite n'est pas aussi volumineux que ses appâts. Un faiseur de calembours dira peut-être qu'on peut compter sur sa voix, car elle est sûre; mais je dirai bonnement qu'elle est aigre. Je pense qu'il n'y a que le cit. Barré qui sache apprécier ses talents. »

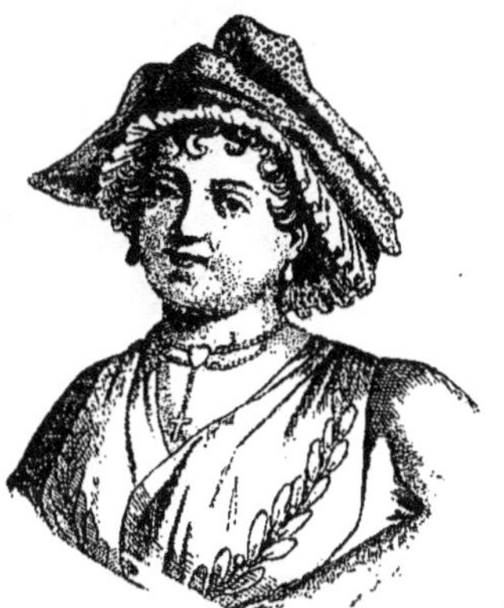
Mme BLOSSEVILLE, d'après Fugère,

Vers 1803, elle est au théâtre Louvois où « elle fait autant de plaisir qu'au Vaudeville où elle était précédemment », dit le *Tribunal volatile*. En 1805, elle est de retour au Vaudeville. En 1808, elle demeure rue St-Thomas du Louvre. Elle finit sa carrière par l'emploi des duègnes, et quitta la scène en 1813.

Mme Blosseville mourut le 25 mars 1846, à Clichy, où elle s'était retirée. Elle avait 79 ans — et non 59 comme on l'a imprimé par erreur dans sa biographie. —

Biographie : *Supplément de la Troupe de Nicolet*.

Bibliographie : *L'Espion des coulisses*, an VIII. — *Le Tribunal volatile*.

Iconographie : Collection Martinet, pl. 200, rôle de Mme Bourdon dans le *Pauvre de Notre-Dame*.

En buste, eau-forte de Fugère, dans le *Supplément de la Troupe de Nicolet*.

BLOT, Alfred-Jean-Jacques. — Grande utilité, Arras 1829; comique, Angers 1832-33, 1835; Nîmes 1838, directeur du Th. St-Antoine, puis en province, à Caen, à Alençon. Il reprit ensuite la carrière d'artiste, Gaîté 1852-53, Paris 1854-56, Gaîté 1857. Alfred Blot tint à la Gaîté les rôles d'Ebrard dans la *Pie voleuse*, de Lambert dans le *Courrier de Lyon*, d'Antonin Perrot des *Deux avocats*, de Plantureux des *Cosaques*, de Fyndley des *Mousquetaires*. La mort d'Alfred Blot fut annoncée au Rapport de 1859.

Bibliographie : Gallois, *Th. de la Gaîté* 1854.

BLOT. — Sous ce nom :

Blot, premier rôle, Liège et Mons 1838, Anvers 1839.

Blot-Dermilly, jeune premier, Moulins 1852.

BLOT, Mlle. — Sous ce nom :

Mlle Blot, utilité, Genève 1831.

Mlle Blot, Louise, Bouffes 1878-79, Contrexéville 1880, Toulouse 1881-84, Paris 1885-88.

BLOUM. — Vaudeville, les *Brebis galeuses*, 27 fév. 1867.

BLOY, Mme. — Lille 1873-74.

BLOY, Mlle, la jeune. — Lille 1873-74.

BLUM. — Sous ce nom :

Blum, Th. Comte 1832.

Blum, Folies-Dramatiques 1838.

Blum, Gymnase 1838.

Blum, premier jeune comique, Th. des Variétés à Anvers 1839, Gand 1840.

Blum, Cerf dit, acteur, membre de la Société des artistes depuis 1840, Paris 1850-59. Sa mort fut annoncée au Rapport de 1860.

Blum, Th. du Vaudeville à Bruxelles 1846.

Blum, Folies dramatiques 1852.

Blum, Joseph, Dublin 1852-55, Paris 1856-57.

BLUM, Mlle Maria Cerf dite. — Elève du Conservatoire, gentille personne, Porte St-Martin 1854, Variétés 1855-56, Gaîté 1862, Ambigu 1863-64, Paris 1865.

BLUNIO, François-Julien Blouin dit. — Th. Montparnasse 1861-64, Amiens 1865-68, Paris 1869-74, Th. lyrique dramatique 1875, Th. historique 1876-80. Sa mort, survenue en 1880, ne fut annoncée qu'au Rapport de 1884.

BOBÈCHE, Jean-Antoine-Anne Mandelart. — Ne figure guère ici qu'à titre de curiosité, car le célèbre compère de Galimafré fut connu surtout comme pître. A Rouen, à Bordeaux, où descendu de ses tréteaux, il essaya de jouer la comédie, il remporta des échecs complets.

Mandelart, dit Bobèche, était le fils d'un tapissier du faubourg St-Antoine. Il naquit le 25 février et fut baptisé à l'église Ste-Marguerite le 12 mars 1791. Tout jeune encore, véritable gavroche, il rencontra sur le boulevard du Temple, devant la parade de la Malaga, un autre gamin à peu près de son âge, Auguste Guérin. Mandelart devint *Bobèche*, Guérin devint *Galimafré*. Or, le premier prairial, an XIII (21 mai 1804), à en croire son biographe, Bobèche revêtu d'une veste jaune, d'une culotte rouge, chaussé de bas bleus, coiffé d'une perruque rousse à queue rouge enrubannée, surmontée d'un chapeau lampion sur lequel était fixé un papillon, fit sa première apparition sur les tréteaux du boulevard du Temple, en compagnie de Galimafré vêtu en paysan normand. Leur succès fut étourdissant et se prolongea ainsi pendant dix ans.

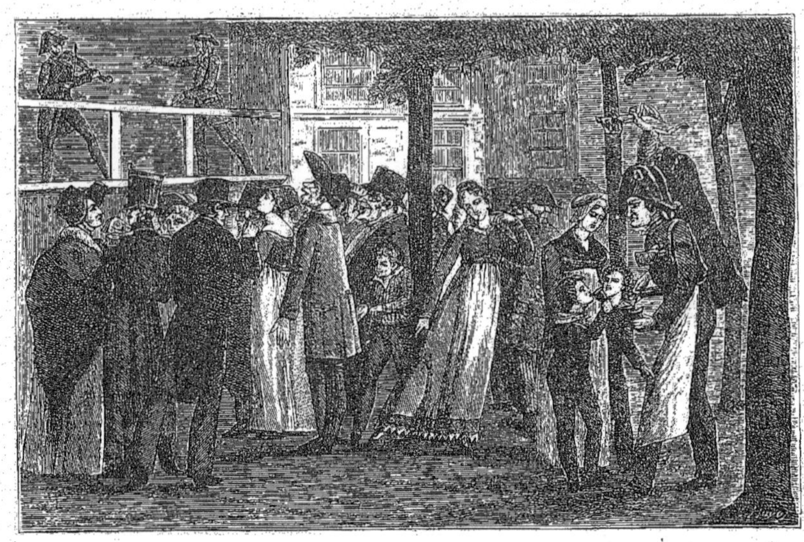

BOBÈCHE ET GALIMAFRÉ au Boulevard du Temple, d'après une gravure anonyme coloriée.

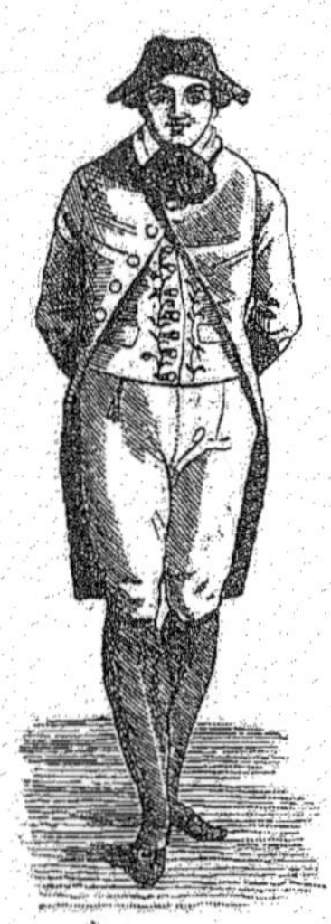

BOBÈCHE, d'après la gravure des *Etrennes de Bobèche au public*. — Paris 1816.

« Bobèche, a dit un chroniqueur, était un type original, tenant le milieu entre Janot et Jocrisse, ces deux excellentes créations de Volange et de Brunet. Il avait le visage assez distingué, l'air timide, mais de cette timidité narquoise qui décèle, ce que l'on appelle un niais de Sologne, c'est-à-dire un gars rusé, finement bonasse et matois... Je vois encore son œil à demi-fermé, son sourire caustique, sa lèvre inférieure se relevant aussitôt pour donner à sa physionomie un air candide et étonné. Il y avait un comédien sous cette veste rouge et sous ce chapeau gris à cornes, surmonté d'un papillon ! »

Bobèche et Galimafré comptèrent parmi les célébrités de la rue pendant le premier Empire et l'on vit plus d'une fois la force armée intervenir pour rétablir la circulation sur le boulevard, tant était compacte la foule devant la parade des deux compères. De fins lettrés comme Nodier, de grands comédiens comme Monvel, ne dédaignaient pas de venir les entendre.

« En 1814, a dit un de leurs historiens, quand les troupes alliées attaquèrent les buttes Chaumont, Bobèche et Galimafré, postés derrière une barricade de la rue de Meaux, un fusil à la main, prouvèrent qu'à l'occasion des paillasses du boulevard savaient faire autre chose que des grimaces. Alors, ne voulant pas faire de parades pour les ennemis, Galimafré quitta le métier, entra comme machiniste à la Gaîté, puis à l'Opéra-comique, où pendant trente ans il garda le côté *Cour*. Aujourd'hui, c'est un paisible rentier de Montmartre, aimé de ses enfants. » Guérin dit Galimafré dut mourir très vieux, vers 1870. Il habita place du Tertre.

Quant à Bobèche, il ne fut pas si sage que son ami. La parade enterrée, il eut la singulière idée de partir pour Rouen où il donna quelques représentations et dirigea même un petit théâtre. On a raconté l'histoire de Bobèche allant inviter Talma, de passage à Rouen, à assister à la représentation et se servant du nom du tragédien comme de réclame, et Talma envoyant son offrande mais refusant de se faire voir dans la petite salle à la façon d'une bête curieuse.

A Bordeaux, la débâcle s'accentua. On le vit alors errer par les rues, misérable, mal vêtu, maladif, se traînant de café en café, râclant un mauvais violon. Puis, tout à coup, il disparut et son ancien compagnon disait de ne plus avoir eu de ses nouvelles depuis 1840 ou 1841.

On attribue à Bobèche : les *Aventures de Bobèche et de la mère Radis*, et les *Amours de la belle Bourbonnaise*. Il a également composé des chansons en l'honneur de Louis XVIII.

Biographie : De Manne et C. Ménétrier, *Troupe de Nicolet*. — A. Pougin, *Dictionn. historique et pittoresque du Théâtre*, art. Bobèche.

Bibliographie : les *Spectacles populaires*, par V. Fournel, Paris 1863.

Iconographie : Biblioth. nat. Catalogue Duplessis 5119.

1. En pied, de profil à gauche, gravé par G. de Galard.

2. En buste, de ³/₄ à droite, gravé par H. Hillemacher, 1860.

Portrait en pied dans les *Etrennes de Bobèche au public*, Paris 1816.

BOCAGE, (du) Mlle. — V. Dubocage.

BOCAGE, Pierre-François Touzé dit. — (1799-1862.) Naquit à Rouen, quartier Martainville, le 11 novembre 1799, ainsi qu'il résulte de son acte de naissance reproduit par MM. E.-D. De Manne et C. Ménétrier, dans le *Supplément de la Troupe de Nicolet*. Son père, marié depuis le 9 mai 1792, y est qualifié toilier et signe Touzé dit *Bocage*.

Parti de la situation la plus humble, ouvrier cardeur à trois francs par semaine, mourant de faim, celui qui devait illustrer son nom au théâtre sous le nom de Bocage, résolut de se faire comédien. Simple et naïf, il vint à Paris, et Félix Pyat a raconté dans la *Revue de Paris* (sept. 1835) toutes les mésaventures du pauvre artiste pour se procurer un habit afin de se présenter au Conservatoire, où d'ailleurs il fut refusé.

Détourné de l'idée du suicide par son frère, il se mit résolument à la recherche d'une position, tour à tour garçon épicier, commis d'agent d'affaires, employé au greffe du Conseil de guerre.

Éconduit même du petit théâtre de Bobino, Bocage s'enrôla dans une troupe nomade ; il y connut toutes les misères. Puis, étant parvenu à attendrir le duc de Duras, gentilhomme de la Chambre, il obtint l'autorisation de débuter à la Comédie française le 24 juin 1821, par le rôle de St-Alme de *l'Abbé de l'Epée*. « De l'âme, de la chaleur, dit l'*Almanach des spectacles*, mais une trop grande taille, peu de soin et d'élégance dans la tenue. Le débutant n'a pas été reçu. »

C'était la continuation du *Roman comique* en perspective. Le 4 mai 1822, nouveau début, à l'Odéon cette fois, dans l'emploi des amoureux : le *Menteur* et Folleville des *Etourdis*. Il s'y maintient.

1822 17 août, *le Pour et le Contre*.
1823 24 sept., *le Frère et la Sœur*.
1824 20 déc., le *Siège de Gênes*.
1824 Grand succès personnel dans la reprise de *Beverley*.

« Bocage, écrit Maurice Alhoy (1824), qui tantôt sous l'habit d'un petit maître ou d'un officier, tantôt sous le manteau espagnol, vient conter fleurette en vers ou en prose aux comtesses, marquises ou ingénues du désert royal de l'Odéon, Bocage, dis-je, mériterait souvent qu'il y eût quelques amateurs dans la salle pour applaudir à son ton décent et à ses manières aisées. »

Non réengagé en 1825, Bocage ne revint que l'année suivante pour remplacer Colson. Mais il passe encore bien inaperçu puisque Harel, dans son *Dictionnaire théâtral*, ne trouve à lui consacrer que ces quatre vers :

Assez bien débuté ;
Mais que font ces longs bras pendant à son côté ?
Le voilà sur ses pieds comme une statue.
Dégourdis-toi. Courage ! Allons, qu'on s'évertue !

1826 9 avril, *Tartufe* (début).
— 11 — *Don Juan*.
— *Le prisonnier de Newgate* (reprise).
— 29 août, *L'école des veuves*.
1827 19 fév., *L'homme habile* (succès).
— 27 mars, *Le généreux par vanité*.
— 16 mai, *Le mariage par procuration*.
— 28 août, *La première affaire*.
— 4 déc., *L'important*.
— 15 déc., *La Sœur*.
— Reprise de *Falkland* (rôle créé par Talma).
1828 10 janv., *Les jeux de l'amour et du hasard* (Dorante).
— 11 mars, *Charles II*.
— 18 oct., *Les suites d'un coup d'épée*.
— 6 nov., *L'appartement*.
— 18 nov., *Marie de Brabant*.
— 22 nov., *Un trait de Cartouche* (pour son bénéfice, 7000 fr. de recette).
— 6 déc., *L'espion*.
1829 31 janv., *Lancastre*.

Mais chez Bocage la force primait la grâce, et il se sentait attiré vers les théâtres de drame. Il commença par la Gaîté. Les rôles de Sir Jack dans *Alice* ou les *Fossoyeurs écossais* (24 octobre 1829), et du Chevalier Wilfrid dans *Newgate* (20 nov.), commencèrent pour lui au boulevard une réputation qui grandit encore l'année suivante au Th. de la Porte St-Martin par des rôles opposés de ton et d'allures, tels que Shylock du *Marchand de Venise*, le sergent Hubert dans *Schœnbrunn et St-Hélène*, le vieux curé dans *l'Incendiaire*.

« C'est le plus intrépide brûleur de planches de la capitale », écrit l'auteur de la *Petite biographie* (1829), qui ne peut le souffrir, « le plus grand distributeur de gestes qui soit au monde ». Voilà qui n'est pas tout à fait de l'avis de Henri Heine qui s'écriait : « Bocage! beau comme Apollon ! »

Nous voici au point culminant de la carrière de Bocage — 1831-32. — L'artiste est dans toute sa vigueur.

Le 3 mai 1831, il sera *Antony*.

Le 11 août, Didier de *Marion Delorme*.

Le 29 mai 1832, Buridan de *la Tour de Nesle*.

« Il luttait de talent avec le génie de Frédérick, la passion de Mme Dorval, la majesté épique de Mlle George, a écrit Th. Gautier (*Histoire du Romantisme*), et il ne fut inférieur à aucun de ses redoutables partenaires. »

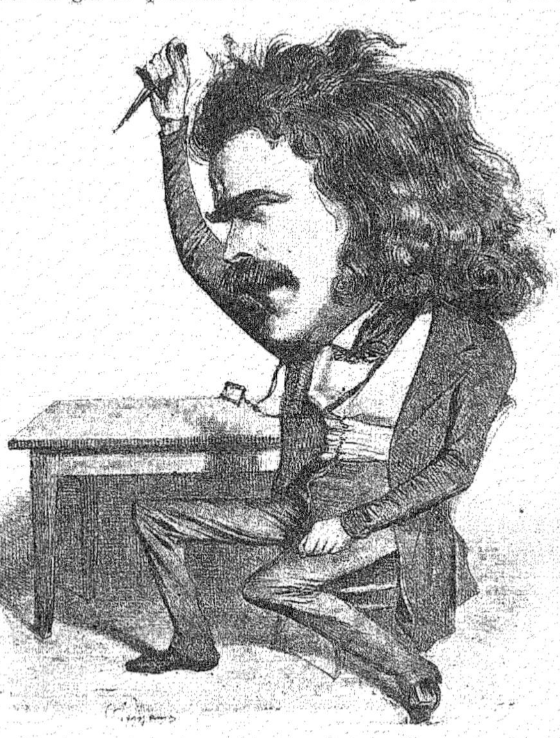

BOCAGE dans *Antony*, par Benjamin (1838).

Antony avait d'abord été reçu à la Comédie française, mais plus le jour de la première représentation approchait, plus l'auteur remarquait de mauvais vouloir chez Mlle Mars et chez Firmin, chargés des rôles principaux. A bout de patience, Dumas reprit son manuscrit et le lut le soir même à Mme Dorval. Le cinquième acte seul sembla mou. Dumas, qui l'avait déjà changé pour Mlle Mars, le refit en une nuit pour Mme Dorval. Mais il fallait un protagoniste de premier ordre, et ce protagoniste fut Bocage.

Bocage fut l'acteur romantique par excellence. De haute taille, tour à tour grave, lyrique, sévère, passionné, Bocage réalisa l'idéal de Victor Hugo et de Dumas. Sombre, mélancolique, mystérieux, amoureux, féroce dans sa passion, sublime dans son dévouement, il donna à la figure d'Antony des proportions gigantesques. C'était la belle époque des batailles contre le classique. Bocage fut proclamé l'acteur du romantisme. L'on ne vit plus que jeunes gens pâles, aux longs cheveux noirs ; chacun voulut copier Antony.

Les cinq cents représentations consécutives de la *Tour de Nesle* vinrent montrer Bocage sous un aspect nouveau et non moins splendide, la rapière toujours hors du fourreau, prête à châtier les traîtres et les lâches. En septembre 1832, l'ancien apprenti cardeur voulut réapparaître dans sa ville natale ; il se rendit à Rouen où il joua la *Tour de Nesle*, *Thérésa* et *Antony*. Cette dernière pièce fut jouée sept fois de suite, mais toujours avec une opposition très forte.

Cette belle série dramatique devait cependant être interrompue par une fugue à la Comédie française. Ce début donna lieu à un véritable scandale et une partie des comédiens protesta contre la décision du Comité qui permettait au romantique Bocage de fouler les planches sacro-saintes de la rue de Richelieu.

Ce début eut lieu cependant par le rôle de Danville de *l'Ecole des Vieillards* (11 Septembre 1832) mais le nouveau venu ne parut pas assez classique pour les habitués de la maison. On le vit encore dans le rôle de Christian, de *Clotilde*, où il fut trouvé bien, dans le *Misanthrope*, où il montra plus d'intelligence que de respect de la tradition, dans *Nicomède*, où on le jugea faible, et créa Lovelace, de *Clarisse Harlowe* (27 Mars 1833). Voici, à propos de cette tentative, ce qu'en pensait M. Th. Muret (*l'Histoire par le Théâtre*, t. III, p. 201) :

« Je confesse que cet acteur m'a toujours paru avoir un défaut radical. Un comédien doit reproduire le mieux possible la nature, et Bocage avait une façon de se tenir et de parler que je n'ai jamais vue à personne dans le monde réel; mais c'est une affaire de goût, et je ne conteste nullement le succès qu'il obtint dans le genre d'ouvrages qui lui convenait. Seulement, il est démontré qu'il aurait mieux valu pour lui ne pas se risquer au Théâtre Français, où il accommoda le *Misanthrope* et *Nicomède* d'une étrange manière. Les trois séjours qu'il y a faits prouvèrent assez que là n'était pas son élément. »

L'auteur de la *Petite biographie* (1833) nous semble donner la note juste : « Bocage, dit-il, serait resté constamment un acteur médiocre si le drame moderne n'était venu révéler les qualités brillantes de cet artiste qui manque d'élégance et de noblesse dans l'ancien genre.

C'est dans l'*Homme du monde*, de M. Ancelot, dans l'*Homme habile*, et surtout dans *Lancastre*, de M. Dépagny, que Bocage a secoué le joug des vieilles traditions et s'est élevé au premier rang des acteurs modernes, par la profondeur de son jeu et le cachet tout à fait original qu'il imprime aux rôles qu'on lui confie. Bocage doit beaucoup à M. Alexandre Dumas : cet écrivain est le seul qui comprenne son talent, et qui sache en tirer un bon parti. *Antony* et Buridan de la *Tour de Nesle* sont des inspirations de l'ordre le plus élevé, et qui ont été admirablement comprises et rendues par l'artiste. Le rôle du vieux curé dans l'*Incendiaire* est une autre création qui atteste l'étonnante flexibilité du talent de Bocage. Il y avait de la maladresse à faire débuter cet acteur à la Comédie française... C'est le drame moderne qu'il faut à Bocage, le drame avec sa fougue, ses passions désordonnées, sa bizarrerie... Bocage n'est pas taillé pour l'ancien genre qui a eu ses grands acteurs. »

Il est certain que Bocage était plus fait pour passer sa main sur son front avec un air fatal.

Fatigué donc en présence des hostilités continuelles de ses camarades, le bel Antony revint au th. de la Porte St-Martin où Harel se désolait de son absence (1833). On put l'y applaudir encore dans *Angèle*, la *Vénitienne*, *Pinto* (reprise), le *Brigand et le Philosophe*.

En 1835, il fit une création importante à l'Ambigu, *Ango*, mais la censure interdit les représentations de cette pièce qui avait pour auteurs Félix Pyat et Aug. Luchet. De retour à la Porte St-Martin, Bocage parut dans les *Sept infants de Lara*, *Don Juan de Marana* (30 avril 1836), *Antoine le Pauvre*. En 1838-1839 il accepta un engagement au Gymnase où il fait l'effet d'un « lion emprisonné » et crée à l'Ambigu *Christophe le Suédois*.

L'*Interdiction*, d'Emile Souvestre, fait salles pleines au Gymnase avec Bocage, et Th. Gautier dit de lui à ce propos (mars 1838) : « Bocage, l'élégant et mélancolique acteur, l'Hamlet en frac, le rêveur ardent et sombre, qui semble avoir été fait exprès pour l'école moderne. »

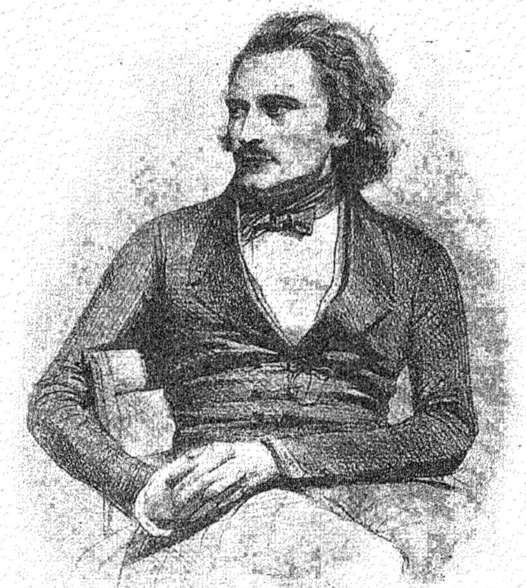

BOCAGE, par Benjamin (1839)

Il écrit en août 1839, au sortir d'une représentation du *Mexicain* au Gymnase : « Bocage, cet artiste d'une passion si âpre et si amère, » et à propos de *Christophe le Suédois* de Bouchardy, à l'Ambigu (nov. 1839) : « Cette verve nerveuse et fébrile, cette poésie à la fois exaltée et concentrée qui distingue son talent. »

En décembre 1841, pour la rentrée de Bocage à la Porte St-Martin, dans *Jeannic le Breton*, Th. Gautier dit encore : « Bocage a un talent remarquable pour composer la physionomie d'un personnage ; personne ne sait mieux que lui changer ses traits, modifier sa tournure selon les besoins d'un rôle : au premier aspect, on a quelquefois peine à le reconnaître, tellement il a pris les allures du personnage qu'il représente. Dans *Jeannic le Breton*, il réalise l'idéal du vieux chouan. »

« M. Bocage parle du nez, lisons-nous dans l'*Indiscret des Coulisses* (1841), M. Bocage a la tête dans les épaules, M. Bocage marche d'une façon déplorable, et tout le monde aime M. Bocage ! — Pourquoi ? — c'est qu'il est artiste, c'est qu'il y a du talent, du feu, de l'âme dans son jeu, c'est qu'il sent réellement et qu'il électrise ses auditeurs... Comme Mme Dorval, Bocage est un acteur nomade, il ne peut et ne veut rester attaché à aucun théâtre. Il devrait pourtant bien poursuivre son système de pérégrination, car le Gymnase le tue et le Vaudeville l'assassine ; il ne devrait jamais quitter Mme Dorval ; ces deux natures sont tellement identiques qu'elles semblent faites pour vivre ensemble, pour être applaudies ensemble. Ceci une fois dit : Nous admirons Bocage sans restriction. »

En dehors du théâtre, Bocage affichait hautement des opinions hostiles soit au gouvernement de la Restauration, soit à celui de Louis-Philippe. Il s'était battu aux journées de juillet, mais il eut le tort de transporter parfois ses opinions — quoique très sincères - sur la scène. Ce qui faisait dire à Harel, toujours aux prises avec ses trois pensionnaires, Frédérick, Lockroy et Bocage : « A Fréderick, je donne un supplément d'appointements, à Lockroy je reçois une pièce, mais au citoyen Bocage je ne peux pourtant pas donner la République ! »

En 1842, Lireux avait repris la direction de l'Odéon. Bocage y rentra le 24 décembre, et fut excellent dans le rôle du major Palmer de la *Main droite et la main gauche*, aux côtés de Mme Dorval avec qui il partageait tous les succès.

Le 20 février 1843, il récite à l'Odéon *Micaël*, monologue composé expressément pour lui par Camille Doucet ; c'est aussi le temps où il va lire la *Lucrèce* de Ponsard dans les cercles académiques.

Le 22 avril 1843, grand évènement littéraire : première représentation de *Lucrèce*. Bocage s'y taille un immense succès dans le rôle de Brute. Puis c'est une reprise d'*Antony* avec Mme Dorval, une apparition dans *Tartufe* et dans *Don Juan*, une reprise de *Clotilde* avec Mme Dorval, *Othello* et le rôle de Créon dans *Antigone*, immense succès (21 mai 1844), qui lui valut d'être réengagé par Lireux à des conditions beaucoup trop onéreuses pour un théâtre en détresse.

Autographe de Bocage, 25 déc. 1851 (coll. Lyonnet)

Après des reprises de *Lucrèce*, de *Riche et pauvre*, de *Thérésa* — ces deux dernières pièces créées à la Porte St-Martin sous la direction Harel — la direction Lireux s'effondra. C'est alors que Bocage se mit sur les rangs afin d'obtenir le privilège de l'Odéon pour cinq ans — du 1er juin 1845 au 31 mai 1850 —. Th. Gautier, dans un de ses feuilletons du lundi, porta cette candidature au septième ciel !

Mais si Bocage était un grand acteur de drame, un bon metteur en scène, un excellent conseiller, il fut un directeur très médiocre. « Ne jamais échouer semble sa devise ; autant vaut dire ne jamais réussir » écrivait Ed. Thierry (Feuilleton théâtral du *Messager)*.

Bocage inaugura donc à l'Odéon une ère d'économies mesquines, voulant être à la fois acteur et directeur, se fatiguant, s'épuisant, au point d'être forcé d'abandonner ce privilège tant souhaité au bout de deux ans, après avoir vu porter sa subvention de 60,000 à 100,000 fr.

Delaunay, qui fit ses premières armes sous cette direction, a raconté dans ses *Souvenirs* (p. 61 et suiv.) les tristes impressions qu'il en avait gardées à plus de cinquante ans de distance. Personne n'était rétribué. « De la gloire et du pain ! » disait avec emphase Bocage à ses jeunes artistes. Les amoureux touchaient 50 francs et les jeunes premières 40 francs par mois : (*L'Odéon*, t. II, p. 245 et suiv.)

C'est Bocage le premier qui voulut mettre à la scène une pièce d'Alfred de Musset — une grande audace pour l'époque. — On choisit même le *Caprice* et Mme Naptal-Arnault apprit le rôle de Mme de Léry, mais l'affaire n'eut aucune suite.

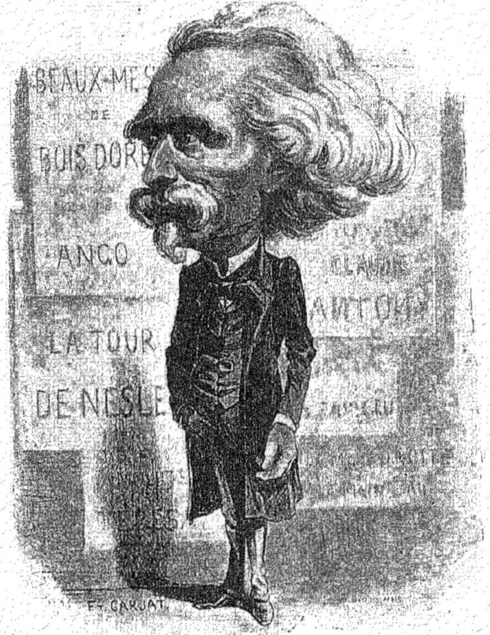

BOCAGE, caricature de E. Carjat (1862)

Nous ne citerons ici que les principales pièces où Bocage parut pendant cette première direction :

1845 17 nov., le *Prologue d'ouverture*, par Th. Gautier.

1845 17 nov., le *Véritable St-Genest*, de Rotrou, pièce non représentée depuis 1646.

1846 6 janv., *Diogène*, de Félix Pyat, succès retentissant selon les uns, chute selon les autres.

1846 22 déc., *Agnès de Méranie*, de Ponsard. Bocage très enroué, dans un rôle interminable, ennuya.

Le 1er mars 1847, Bocage malade transmet son privilège à M. Augustin Vizentini.

Un an se passe, et Bocage éprouve le besoin de faire parler de lui comme politicien. Il publie la *Lettre de Bocage, artiste dramatique, au citoyen Lamartine*.

Le 2 novembre, il reparaît une dernière fois à la Comédie française dans un rôle de Richelieu.

Le 1er avril 1849, la Société du second théâtre français ayant vécu, la direction de l'Odéon se trouva libre encore une fois. Ayant à choisir entre Ballande, Léon, le père de Rachel (Félix) et Bocage, le Ministre pencha pour ce dernier. Que pouvait-on d'ailleurs refuser à ce démocrate de la vieille roche ? — Lire à ce propos dans les *Murailles révolutionnaires*, la proclamation du citoyen Bocage à ses électeurs. L'ami de Félix Pyat en fut, du reste, pour ses frais d'affiches.

Nommé pour trois années directeur de l'Odéon, avec une subvention de 100,000 fr., Bocage s'engagea à ne plus paraître sur la scène. Mais cette fois encore il tomba dans de singuliers errements, introduisant la politique partout, créant des billets à vingt sous, se passant du comité de lecture, donnant des ballets grotesques, et outrepassant les ordres pour une représentation républicaine gratuite — excessivement tumultueuse, — ce qui lui valut 2,000 francs d'amende. L'altier directeur ayant protesté, le *Moniteur Universel* du 27 juillet 1850 annonça sa révocation. De cette seconde et bizarre direction, l'on ne conserve guère que le souvenir de *François le Champi*, succès qui décida George Sand à écrire pour le théâtre.

Chassé de l'Odéon, Bocage commença une vie errante sans paix ni trêve, tantôt dans les départements, tantôt à Paris. A la Gaîté, *Molière* de George Sand, 1851 ; à la Porte St-Martin, *Claudie* du même auteur, 1851 ; au Vaudeville, le *Marbrier*, d'Al. Dumas, mai 1854. En 1855, il remplit à la Porte St-Martin, dans un drame de Paul Meurice, l'*Histoire de Paris*, les rôles de Merlin, d'Abélard et de Molière. En 1857, il crée au Cirque olympique le rôle de l'Amiral Bing dans l'*Escadre bleue*. En décembre 1859, il est enfin directeur du

Théâtre St-Marcel, là-bas, à l'extrémité de Paris, où il crée le *Barde gaulois*, malheureuse entreprise où le vieux comédien acheva d'engloutir ses dernières économies. Camille Doucet le sauva de la faillite en priant Larochelle de joindre ce théâtre aux théâtres suburbains.

Ruiné, malade, vieilli, Bocage en fut réduit à courir le cachet à vingt francs, à Belleville ou autre part. M. Jules Claretie, dans le *Figaro* du 20 février 1903, à propos d'une reprise récente de la *Tour de Nesle,* a laissé de bien vivantes impressions d'une de ces représentations du vieil artiste : « Avoir vécu est un privilège. Je vais bien étonner peut-être en disant, ce qui est très exact, que l'admirable créateur de Buridan, Bocage, joua Buridan sans panache. Il avait la foi, il avait l'étude, il avait l'intelligence profonde de son art, il avait le dévouement à l'œuvre et à l'auteur, il avait la passion contenue, la flamme cachée, je ne sais quoi de concentré et d'irrésistible — il n'avait pas « le panache ». Mais il avait la beauté... Je n'ai vu Bocage que très vieux, mais son apparition m'est demeurée là inoubliable... La *Tour de Nesle* triomphait donc, en ce temps-là, avec Mélingue, et Bocage, vieilli et amer, entendait parler avec tristesse de ce Buridan dont, le premier, il avait fait entendre les tirades et martelé les sarcasmes. Mélingue, le Buridan de 1861, était précisément un acteur à panache.

« — Si je faisais voir pourtant, se disait Bocage, comment j'ai compris, comment j'ai créé Buridan !

« Et c'est ainsi que le vieillard fut amené à donner un soir, sur la scène du théâtre de Belleville, une représentation unique de la *Tour de Nesle*, une représentation destinée à montrer à la génération nouvelle ce qu'avait été le Buridan d'autrefois. Très pauvre, très attristé, très digne, Bocage voulait en un dernier assaut se mesurer avec le public... Ce fut une représentation hors de pair, une incomparable impression d'art. Là, dans cette petite salle fumeuse, où s'encaquaient les spectateurs du quartier mêlés aux boulevardiers accourus ; là, devant ce décor poudreux, entre ces portants déchirés, dans des palais d'un moyen âge douteux... un spectacle sublime nous attendait. Un acteur de génie galvanisait son corps pour atteindre à l'intensité d'émotion qu'il voulait rendre. Son maigre visage s'animait d'une vie extraordinaire. Ses yeux, profonds, allumés d'une flamme sacrée, flambaient dans cette figure émaciée et douloureuse... Et quelle voix ! grave, poignante, déchirante ! »

Ce ne fut pourtant pas le dernier soir de Buridan ; Paul Meurice offrait à Bocage — le 26 avril 1862 — avec les *Beaux messieurs de Bois doré,* — un nouveau et dernier triomphe à l'Ambigu. Chilly lui donnait pour cela cinquante francs par soirée !

« Qui a vu le regard du vieillard en cheveux blancs, écrit encore M. J. Claretie, foudroyant le traître qu'il tient au bout de son épée et qu'il va tuer, peut se vanter d'avoir vu quelque chose de sublime — sans panache... »

Le 30 août suivant, Bocage était enlevé par une affection pulmonaire, et la mort avait raison de cette organisation brisée depuis longtemps par le chagrin.

— Quel âge avez-vous donc ? demandait-il un jour au jeune Victor Koning qui débutait alors dans la carrière de journalisme.

— Vingt ans, répondit celui-ci.

Bocage le fixa un moment : — Vingt ans ! et déjà dans le bagne du théâtre.

Lockroy et Noël Parfait prononcèrent des discours sur la tombe de Bocage. Les principaux artistes de Paris assistèrent à ses obsèques, et l'*Indépendance belge,* sous la signature de Pharès (Fiorentino, croyons-nous), imprimait : « Ce qui m'a frappé au convoi de Bocage, c'est la vraie douleur universellement ressentie, et qui se montrait sur tous ces visages, dans tous ces yeux de comédiens. »

Bocage laissa la réputation d'un artiste supérieur, quoique mal équilibré, et dont le jeu caractérisa une époque. « Son jeu sobre, a dit Delaunay, sa mimique expressive, son verbe moins déclamatoire que celui de ses confrères à panache, ont fait école, et cela, justement ; il obtenait des effets de voix sourde étonnants. » C'est lui aussi qui, le premier, prit l'habitude de lancer des tirades le dos tourné au public.

Paul Bocage, auteur dramatique (1822-1887) et Henri Bocage, né en 1835, ingénieur et auteur dramatique, furent ses neveux. Bocage avait été un des fondateurs de la Société des artistes dramatiques (1840) et fit partie du Comité jusqu'en 1846.

Biographie : *Galerie Lacauchie.* Notice par Félicien Mallefille, 1842. — Notice par A. Blanquet dans les *Th. de Paris*, 1854. — E.-D. De Manne et C. Ménétrier, *Complément de la troupe de Nicolet.* — Mirecourt, *Bocage.*

Bibliographie : M. Alhoy, *Grande biographie dramatique*, 1824. — *Petite biographie,* 1829. — F. Pyat, la *Revue de Paris*, sept. 1835. — Th. Gautier, *Hist. du romantisme.* — Th. Muret, l'*Hist. par le théâtre*, t. II, p. 283, t. III, p. 78, 201. *Petite biographie*, 1833. L'*Indiscret des coulisses*, 1841. — Th. Gautier, *Feuilletons.* — P. Porel et G. Monval, l'*Odéon*, t. II. — Les *Murailles révolutionnaires.* — J. Claretie, *Figaro*, 21 février 1903. — *Histoire des th. de Rouen*, t. III, p. 512, 516.

Iconographie : Bibliot. nat., catalogue Duplessis 5126.

1. A mi-corps assis, de 3/4 à gauche. Lith. Bérau, Lyon 1839.

2. En pied, de 3/4 à gauche, caricature, lith. par E. Carjat (1862).

3. En pied, de face, cost. de th., grav. par Ch. Geoffroy, 1865.

4. En pied, de 3/4 à gauche, sur un socle, lith. par J. R., 1839.

5. A mi-corps, de face, lith. par A. Lacauchie, 1843.
6. En pied, de face, lith. par A. Lacauchie.
7. En buste, assis, de ³/₄ à droite, lith. par Léon Noël.
8. En pied, de face, cost. de th., lith. par Pruche, 1843.
9. A mi-corps, assis, de ³/₄ à gauche, lith. par Benjamin. (Roubaud) 1839.
10. En buste, de ³/₄ à gauche, grav. par Tremelat, d'après R. Julian.
Voir aussi Bibl. nat., portr. Lablache Louis.

BOCQUAY, ou Boquay, acteur français à Maëstricht 1778.

BOCQUAY. — Acteur du Th. du Marais, 1793, auquel Beaumarchais confia le rôle de Begears dans la *Mère coupable*. En 1800, Bocquay remplaça dans l'emploi des pères au th. Feydeau, Degligny parti pour la Russie. L'*Almanach* pour l'an IX qualifie son entrée de « bonne acquisition ».

BOCQUET. — Rouen 1784, 1787, premier rôle 1790.

BOCQUET, Mlle. — Jeune première à Londres 1828, Rouen 1833, Grenoble 1835, Namur 1838.

BOCRIE. — Jeux forains, salle Montansier, 1812.

BODIN, Mlle. — Actrice du Vaudeville de 1792 à 1820, où, fort jeune encore, elle avait tenu l'emploi des duègnes. En 1820 elle débuta à l'Odéon.

Bibliographie : *Petite biographie dramatique*, 1821.

Iconographie : Collection Martinet n° 348, rôle de Mme Winter de la *Belle allemande*, nos 457-458, rôle de Ragonde du *Comte Ory*.

BODIN, Mme. — Gymnase 1852-53.

BOER, Mlle. — Utilités, Gand 1840.

BOGÉ-Villeneuve. — Jeune premier à Paris et en province, mort fou à Bicêtre le 17 juillet 1841. C'est lui qui avait créé le rôle de *Calas* dans le drame de ce nom.

BOGNAIRE, Mlle. — Débuta à la Comédie française le 27 septembre 1809 par le rôle de Dorine dans *Tartufe*. L'*Opinion du parterre* la juge ainsi : « On reprochait à Mlle Dartaux de se faire trop bien entendre; Mlle Bognaire en se présentant aussi pour l'emploi des soubrettes a parfaitement évité de s'attirer une censure pareille. Elle a joué des rôles fort comiques, et jugeant, à ce qu'elle m'a paru, qu'ils étaient de mauvais ton, elle s'est efforcée de les décolorer autant que possible, et n'y a pas mal réussi. Les juges les moins sévères n'ont pu applaudir que ses grâces personnelles. C'est une fort jolie personne. »

Bibliographie : *Opinion du parterre*, t. VII, 1810.

BOHY, Auguste. — Troyes 1849, th. St-Marcel 1859. Petit, tout rond, Bohy qui jouait les premiers rôles n'était pas de la première jeunesse en 1859. Excellent homme, d'ailleurs, et possédant un peu de fortune, il avait été directeur à Issoudun, Vierzon et Chateauroux.
Bibliographie : Alph. Lemonnier, Les *Petits mystères de la vie théâtrale*, p. 81.

BOHY, Mme, née Boutellier. — Troyes 1849.

BOICERVOISE, Mme — V. Beaucervoise.

BOICHERESSE. — Ambigu 1799.

BOIDIN, Mme Rose, née Paravicini. — Gaité 1888-91.

BOIELDIEU, Mlle. —Ingénue, Dieppe 1838.

BOIJAT, Emile. — Th. de la Villette 1869-72, Beaumarchais 1873-74, Ambigu 1875-77.

BOILEAU, François. — Débuta le 20 mars 1842 à l'Odéon. Nous retrouvons son nom dans les pièces suivantes :
1842 30 sept. *Falstaff*.
– octobre. Bénéfice de Boileau.
1843 9 févr. *Delphine*.
— 17 avril. *Les prétendants*.
— juin. Bénéfice de Boileau.
— 31 déc. *La mouche du coche*.
1844 3 mars. Prologue du *Docteur Amoureux*, supercherie littéraire d'Ernest de Calonne.
1844 avril. Bénéfice de Boileau.
Il entra au Théâtre historique. Th. Muret raconte un épisode des journées de juin en 1848, dont Boileau fut le héros involontaire : « Le 23 juin, Boileau passait dans la rue avec sa femme et l'un de ses enfants. Des insurgés voulurent le contraindre à marcher avec eux. Il s'y refusa. Sa femme fut menacée, un pistolet fut appliqué sur la tête de son enfant; mais sa fermeté et son sang-froid ne l'abandonnèrent pas, et en imposèrent à ces misérables qui finirent par lui céder le pas. » Vers 1852, Boileau entra dans la troupe du th. National, devenu bientôt th. du Cirque impérial.
1857 10 févr. Le *Diable d'argent*.
1859 6 nov. Le *Chevalier d'Assas*.
1861 27 juillet. La *Prise de Pékin*.
Lorsque le théâtre fut démoli, il suivit l'entreprise au Châtelet.
1863 28 févr. *Marengo*.
— 3 juillet. Le *Secret de Miss Aurore*.
1865 8 déc. La *Lanterne magique*.
Acteur un peu froid, mais bon diseur, et possédant la science de la scène, Boileau fut

chargé pendant 20 ans de toutes les besognes ingrates, et s'en tira toujours avec honneur. En 1872, Boileau avait 64 ans d'âge. La Société des artistes dramatiques lui accorda une pension de 500 fr. Il quitta le Châtelet vers 1872, pour Bordeaux 1873, et s'en alla habiter Ste-Foix, 1874-75.

Bibliographie : P. Porel et G. Monval, l'*Odéon*, t. II. — Th. Muret, l'*Histoire par le théâtre*, t. III, p. 322.

BOILEAU, Mme, née Louise, Stéphanie Hurpy. — Femme du précédent. Th. du Cirque 1852-1862, Châtelet 1863-72, Bordeaux 1873, Ste-Foix 1874-83, Bordeaux 1884-85. En 1882, Mme veuve Boileau, âgée de 71 ans, ayant 45 ans de théâtre, obtint la pension de 500 francs de la Société des artistes dramatiques ; sa mort fut annoncée au Rapport de 1886.

BOILEAU, Julien, Casimir. — Montluçon 1867-1869.

BOINET, Mme Aglaé. — Jeune première au Th. des arts à Rouen 1813-1817, premier rôle au grand th. de Bordeaux 1821-24 et à St-Pétersbourg 1828-31 et 1838 sous le nom de Mme Boinet-Vival. Voici ce qu'en dit la *Grande biographie* (1824) : « Digne interprète de Corneille, de Voltaire, de Racine, Mme Boinet est une des meilleures tragédiennes du grand th. de Bordeaux. On peut cependant croire qu'elle a plus de talent d'imitation que d'intelligence. Les caractères des anciennes pièces, qui lui sont transmis par la tradition et par les maîtres qui l'auront dirigée dans ses essais, sont mieux retracés par elle que les personnages des ouvrages dramatiques modernes... Nous conseillons à Mme Boinet un petit séjour à Paris. »

Bibliographie : *Hist. des th. de Rouen*, t. II, p. 402. — A. Detcheverry, *Hist. des th. de Bordeaux*, p. 257. — *Grande biographie dramatique*, 1824, p. 44.

BOIRON. — Comique, Vannes 1853.

BOISCERVOISE, Mme — V. Beaucervoise.

BOISEMONT. — Débuta à la Comédie française le 4 juillet 1757 par le rôle principal dans le *Comte d'Essex*. Il continua par ceux d'Olinde dans *Zénaïde* et d'Antiochus dans *Rodogune*.

Bibliographie : *Almanach Duchesne* 1758.

BOISGONTIER, Mlle Geneviève, Elisa. — Née à Paris vers 1817, fille d'une marchande de quatre saisons, l'éclat de rire perpétuel, l'insouciance joviale, la gaîté toujours épanouie, débuta en 1837 au théâtre St-Antoine dans *Zizine* ou l'*Ecole de déclamation*, où elle se fit tout de suite remarquer par la franchise de son jeu. Elle était alors jolie, mais ce fut son embonpoint qui, plus tard, fit le plus pour sa réputation, alors qu'elle devint une des meilleures duègnes des Variétés, bien qu'inférieure à Mlle Flore et à Mme Thierret.

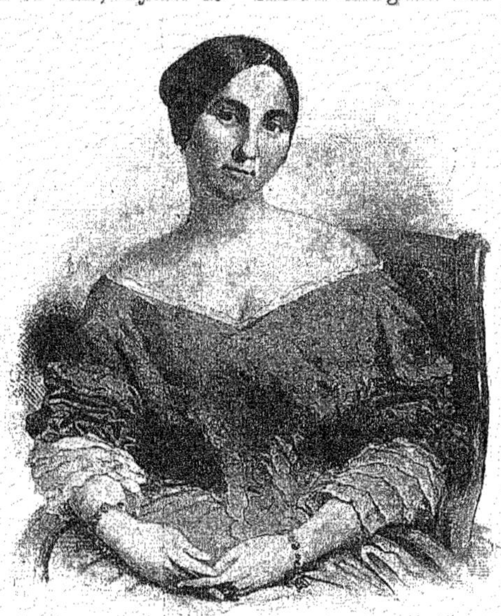

Mlle ELISA BOISGONTIER (1842). — Lith. par Maurin

1839 Th. St-Antoine, les *Belles femmes de Paris*.

1840 Ambigu, la *Grisette au vert*.

1841 9 janv., Variétés, l'*Hospitalité*.

1841 11 mai, Variétés, *Deux aveugles au violon*.

Les critiques du temps s'accordent à dire qu'elle est remplie d'entrain, chante bien le couplet, et ne manque pas d'aplomb.

1842 Variétés. *Un bas bleu*, *Carabin et Carabine*, *Fargeau le nourrisseur*, les *Petits mystères de Paris*.

1843 Variétés. *Boquillon à la recherche de son père*, les *Caravanes de Mayeux*, *Deux hommes noirs*, le *Mariage au tambour*, le *Trombone du régiment*.

1844 Variétés. *Une Séparation*, le *Bal Mabille*, les *Aventures de Télémaque*.

A cette époque, Mlle Boisgontier s'éloigna de la scène pendant quelques années. Elle y reparut après la Révolution de 1848.

1849 Variétés. Les *Beautés de la Cour*.
1850 » Le *Supplice de Tantale*.
1852 » Les *Souvenirs de jeunesse*.

Elle dit le mot cru si naturellement,
Si franchement, si crânement ;
Elle cache si bien ce qu'il offre de louche,
Qu'on irait volontiers le chercher sur sa bouche.

« On rit à voir Boisgontier, on rit à l'entendre : puis on sort en disant : Je suis sûr que c'est là une bonne fille » dit J. Arago.

1853 Variétés, les *Mystères de l'été* (son grand succès).

1854 Variétés, les *Noces de Merluchet*.

1857 Folies dramatiques, la *Vivandière des Zouaves, Un scandale.*
1858 Palais royal, la *Chasse aux biches* (14 février).
— Variétés, *Mon nez, mes yeux, ma bouche* (déc.)
1859 Variétés, le *Petit Poucet.*
1861 » *Une femme aux cornichons.*
— » la *Chasse aux papillons.*

La salle des Variétés ayant été fermée pendant l'été, Mlle Boisgontier passa au Th. Déjazet où brillait encore l'illustre Frétillon qu'elle ne quitta plus, partageant avec elle une bonne partie de ses succès. On la vit dans les *Premières armes de Richelieu*, les *Chevaliers du Pince-Nez*, le *Mari d'une étoile*, les *Prés St-Gervais*, les *Mystères de l'été* (reprise), les *Pantins éternels* (1863), les *Enfants terribles* (1865).

« La Madame Thierret du th. Déjazet, lisons-nous dans les *Th. en robe de chambre* (1866), avec cette différence que la voix de Mlle Boisgontier a les douceurs du hautbois, tandis que celle de sa camarade du Palais royal a les notes graves du basson. Joue avec beaucoup d'entrain, une *brûleuse de planches* en termes de théâtre. Malgré son embonpoint, ne tient pas en place. »

« Mme Boisgontier, écrit Alb. Vizentini (1868), qui possède toujours sa rondeur, sa verve, son entrain d'autrefois, a un faible pour la musique militaire et fume quatre sous de tabac par jour. »

Alph. Lemonnier a raconté comment Boisgontier, pauvre toute sa vie, était devenue un jour la maîtresse d'un gentilhomme mystérieux. Mais cette existence princière dura peu. Le faux gentilhomme, ex-caissier des jésuites, à qui il avait détourné en deux ans près de trois millions, se fit sauter la cervelle chez elle au moment où on venait l'arrêter.

Boibois, comme on l'appelait, alla aussi en Russie, à St-Pétersbourg, 1868-72, d'où elle revint malade, paralysée. Voici comment E. Gouget raconta ses derniers moments (Rapport 1877) : « Le 2 janvier 1877, mourait à la maison de santé de Picpus, dirigée par le Dr Couderc, une de nos sociétaires, Mlle Boisgontier. Les présages sinistres d'une maladie terrible ne lui laissant plus la possibilité de continuer en Russie l'engagement qui l'y avait appelée, elle revint en France où commencèrent pour elle des années de souffrance, des années de tortures. Grâce à la bienveillante direction du th. Michel à St-Pétersbourg, grâce à l'appui fraternel qu'elle trouva auprès de ses amis, de ses camarades de Russie, une somme fut envoyée à votre comité pour être employée par lui aux soins à donner à la pauvre malade. » Cependant les ressources diminuaient chaque mois. C'est alors que le baron Taylor obtint du Ministre des Beaux-arts une pension de 500 fr. en faveur de la pauvre artiste.

« Notre sociétaire, continue Gouget, sentait sa fin approcher et demanda les secours de la religion, et comme on paraissait surpris de cette demande : « Sachez, dit-elle, que dans les années les plus folles de ma vie, je n'ai jamais oublié Dieu. » Une somme de 200 fr., produit d'une souscription faite par M. Alfred Stevens, allait lui être remise. Elle revint dans la caisse de la société comme nous l'apprend la lettre suivante :

Paris 7 janvier 1877.

« Monsieur le baron (Taylor),

« Quelques amis et moi, nous avions réuni une petite somme de 200 fr. destinée à la pauvre et malheureuse Boisgontier, à l'occasion de la nouvelle année. Chargé, à la fin de décembre, de lui apporter, au nom de tous, cette petite somme et nos bons souhaits, je la trouvai préoccupée de sa fin prochaine. Dans l'effusion de sa reconnaissance, elle me dit ces paroles : Je ne verrai pas l'année 1877 ; gardez cette somme quelques jours encore, et si Dieu, comme je l'espère, me rappelle à lui, offrez, je vous prie, cet argent à l'association des artistes dramatiques qui a eu soin de moi dans mon affreuse maladie. Je lui en fis la promesse sans hésitation, etc.

Signé : Alfred Stevens. »

Bibliographie : *Foyers et coulisses*, 1852, p. 43. — *Les th. en robe de chambre*, 1866, p. 221. — *Derrière la toile*, 1868, p. 254. — Alph. Lemonnier, Les *petits mystères de la vie théâtrale*, p. 59. — *Annuaire* de la Société des artistes, 1877.

Iconographie : Bibl. nat., Catalog. Duplessis no 5327.

A mi-corps, assise de face, lith. par Maurin, 1842.

BOISSAC, Mme Désirée, née Léger. — Angoulême 1860-61, Niort 1862-63, Th. St-Pierre 1864, Paris 1865-90. Sa mort fut annoncée au Rapport de 1891.

BOISSARD, Mlle Arthémise. — Soubrette, Berlin 1853.

BOISSEL, Mme Marie-Louise-Céleste. — Dijon 1864-67.

BOISSELOT, Charles-Joseph. — Acteur de l'Ambigu 1814-26, Cirque Olympique 1828-29, Ambigu 1830-31.

« Boisselot, lit-on dans la *Petite biographie dramatique* de 1821, est un trésor pour une administration théâtrale, mélodramatique ; il revêt avec la même facilité la veste d'un meunier saxon ou polonais et la tunique d'un courtisan ; il prend la perruque des tuteurs, le chapeau des marquis ; il dissimule au besoin, il chante, il danse, il espadonne, il tire le mousquet ; en un mot, il est un des plus fermes appuis du temple de l'Ambigu... » Il avait cependant débuté par les grands rôles et les pères nobles. Peu à peu, il tomba au rang des utilités. Boisselot fut frappé d'apoplexie et mourut dans la rue le 17 mai 1851. Il avait 70 ans.

Son descendant Paulin-Louis Boisselot est le comédien actuel (1903).

Bibliographie : *Petite biographie dramatique*, 1821. — *Grande biographie dramatique*. 1824. — *Petite biographie*, 1831-32. — *Almanach des spectacles* pour 1852.

BOISSELOT, Mme, Ire, née Clara Voytot, femme. — Folies dramatiques 1854, Moscou 1855, Paris 1856-57, Folies dramatiques 1858-62. Paris 1863-65, Folies Marigny 1867, Bruxelles 1867, Folies dramatiques 1870.

BOISSELOT, Mme Marguerite, IIe, née MARTHOUD, femme. — Folies dramatiques 1854-60, Th. du Cirque 1861-62, Bruxelles 1863-65, Gymnase 1867-68, Bordeaux 1869, Bruxelles 1870, Variétés 1872-76, Vaudeville 1877-85. Cette artiste qui avait fait toute sa carrière sous le nom de *Marthoud*, prit celui de *Boisselot* en 1886. En 1894, Mme Marguerite Boisselot âgée de 60 ans, avec 36 ans de théâtre, obtint une pension de 500 fr. de la Société des artistes. Sa mort fut annoncée en ces termes en 1900 : « Mme Boisselot, artiste sympathique et charmante, dont la dernière pensée a été pour soulager nos pauvres. »

BOISSIÈRE, Mlle Jenny, puis femme MICHELOT. — Née en 1792, élève de Fleury. Débuta à la Comédie française le 24 juillet 1809 dans l'emploi des soubrettes : Finette du *Philosophe marié*, Lisette des *Folies amoureuses*, et termina cette série par Dorine de *Tartufe* (19 août). *L'Opinion du parterre*, t. VIII, 1811, consacre un très long article à cette jeune artiste, en disant que la nature ne lui a point accordé les moyens nécessaires à l'emploi des soubrettes, mais que sa jolie figure peut la rendre plus convenable dans l'emploi des jeunes amoureuses. La Comédie se rangea également à cet avis et Mlle Boissière reçut ainsi tous les rôles dont Mlles Volnais et Dupuis ne se souciaient plus : Henriette dans l'*Avocat Patelin,* Isabelle du *Légataire,* Lise de *Crispin médecin*, etc. Mais elle échoua dans le rôle de Chérubin du *Mariage de Figaro*. « Elle est jolie, et tout se résume en ces trois mots : Elle est jolie ! » Le plus beau succès de Mlle Boissière fut sans doute son mariage avec son camarade Michelot, en 1814, ce qui lui permit de quitter la Comédie en 1817. Mme Michelot mourut en 1839. (V. Michelot.)

Bibliographie : *Opinion du parterre,* t. VII, p. 118; t. VIII, p. 129; t. IX; t. X, p. 192.

BOISSIGNY, Mme Marie-Louise Bour. — Paris 1879-80, Nations 1881-82, Paris 1884-85, Toulon 1886-93.

BOISSY. — Débuta à la Comédie française le 31 décembre 1783 par le rôle de Joad dans *Athalie*. Joua encore *Mithridate* et Zopire de *Mahomet*.

BOISSY, Mlle Anna. — Funambules 1849.

BOISSY, Mme de. — Grand premier rôle, Grenoble 1853.

BOITEUX, Mme Sophie, Françoise Benoit dite. — Bordeaux 1874-76.

BOITUZET. — Délassements comiques 1852, Th. National 1853.

BOLLYS, Mme Eugénie-Marie Boulleaud. — Lyon 1887-92.

BOLNAY, François - Hyppolite Bounait ou Bounaix. — Annecy 1867-69, Reims 1879-81, Paris 1882-84.

BOLNAY, Mme L.-E., née Goulin, femme Bounait ou Bounaix. — Annecy 1867-69, Liège 1873-75, Avesne 1876-79.

BOLSHEIM, Jeanne-Théobaldie de. — Bruxelles 1884-86.

BOLZAQUET. — Lille 1849.

BOLZÉ, Mlle. — Ambigu 1799-1800. V. Mme Dacosta.

BOLZÉ, Jean-Baptiste-Hippolyte. — Besançon 1849, Dunkerque 1852-55, Lorient 1856-60, Paris 1861-62.

BOLZÉ, Jules-Alexis. — Premier comique, Clermont 1853, Dijon 1854-55, Brest 1856-57, Moulins 1858-59.

BOLZE, Mme. — Jeune première, Clermont 1853.

BOLZÉ, Mme Vve, née Sophie Lecor. — Sans doute la même que la précédente, Nancy 1862-65.

BON. — Gaîté 1811.

BONACINA, Mme Hortense-Eugénie-Elisa. — Châlons 1863, Auch 1864, Dijon 1865, Chambéry 1867-69.

BONAMY. — V. Berville.

BONAVENTURA, Jean - Louis - Napoléon. — Alger 1853-55, Marseille 1856-59, Alger 1860-62.

BONCHANT. — Deuxième comique, Boulogne 1852.

BONCZA, Mlle Wanda-Marie - Emilie Rutkowska, dite de. — Née à Paris le 8 mars 1872 ; étudia d'abord le piano au Conservatoire

(3me médaille en 1889), puis la comédie dans la classe de M. Worms. Elle obtint un premier prix en 1894. Elle débuta à l'Odéon par le rôle de Clélia dans la *Barynia* (sept. 1894), création, puis joua dans *Fiancée* (octobre), ainsi que dans les reprises : *Pour la couronne* (Militza), *le Mariage d'Olympe* (Pauline), *les Danicheff* (Lydia), *le Roman d'un jeune homme pauvre* (Marguerite). Fort remarquée par sa beauté, par son élégance, et aussi par son nom peu banal, Mlle Wanda de Boncza passa à la Comédie française, où elle débuta le 3 novembre 1896 dans Camille de *On ne badine pas avec l'amour*. Elle joue ensuite : Miss Clarkson de *l'Etrangère*, la Princesse d'*Adrienne Lecouvreur*, Dona Sol d'*Hernani*, Hélène des *Fossiles*, etc. ; elle crée ou joue Henriette dans la *Loi de l'homme* (fév. 1897), Erven dans *Tristan de Léonois* (oct. 1897), Christel de *Struensée* (nov. 1898), Emilia d'*Othello* (fév. 1899), la Mère dans *Frêle et forte* (juillet 1899), Eva dans la *Conscience de l'enfant* (déc. 1899), *Alketes* (nov. 1900). Enfin le 7 mars 1901, la « belle Mlle Wanda de Boncza » jouait pour la première fois le rôle de Mme de Laversée dans *Cabotins* et s'attirait cette critique assez juste parce que modérée : « Quel que soit le talent de la jeune artiste, elle ne saurait faire oublier Mlle Brandès, au jeu si moderne et si parisien. Mlle Wanda de Boncza ne vit pas assez ses rôles ; il lui manque ce « je ne sais quoi » qui constitue au théâtre la sincérité ; son tempérament étrange, original, se prête mal aux personnages de premier plan, et sa diction martelée, sifflante, saccadée, manque souvent d'unité pour l'interprétation des sentiments simples et touchants. » Dans le *Marquis de Priola*, sa dernière création, elle se montra excellente et fine.

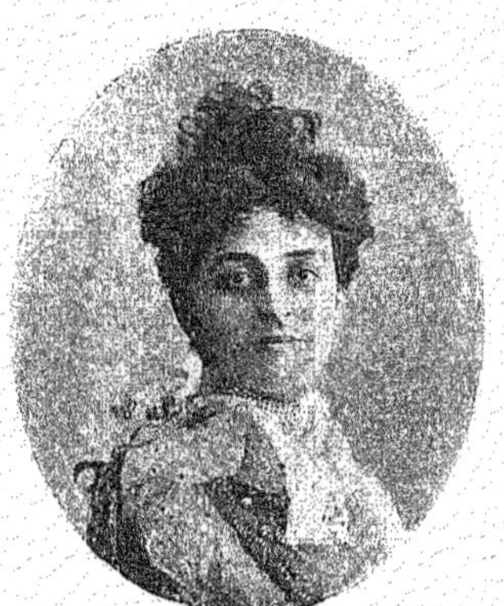

Mlle DE BONCZA (Cliché Reutlinger)

Mais les jours de la pauvre jeune femme étaient comptés. Souffrant de douleurs internes, elle fut envoyée en traitement à Châtel-Guyon. A son retour, les douleurs devinrent plus violentes. L'opération de l'appendicite fut décidée. Elle expira le troisième jour, empoisonnée par les toxines, et cette mort, presque soudaine, survenue le 15 août 1902, fit couler des torrents d'encre dans les journaux : « Son charmant visage, écrit Gaston Davenay, ce visage d'une beauté si régulière et si distinguée, était bien connu des Parisiens. On la voyait passer toujours blottie dans son coupé blanc, comme une perle brune dans un écrin clair. Elle avait de magnifiques yeux noirs, expressifs et rieurs, qui illuminaient toute sa physionomie pleine d'un charme attirant, d'une grâce un peu mélancolique. »

Les obsèques de Mlle de Boncza attirèrent une affluence de monde considérable (18 août). Le cortège, parti de l'avenue Hoche 28, se rendit à l'Eglise Ste-Marie des Batignolles. Le deuil était conduit par MM. Prud'hon, directeur de la scène à la Comédie française, en l'absence de M. J. Claretie, retenu à Besançon par les fêtes du Centenaire de V. Hugo, Paul Mounet et Coquelin cadet. L'inhumation eut lieu au cimetière des Batignolles dans le caveau de la famille Rutkowska-Bojanoski, où reposait le père de Mlle de Boncza, ancien capitaine de cavalerie dans l'armée polonaise. M. Prud'hon lut sur la tombe les pages d'adieu envoyées par M. J. Claretie.

Cependant, on racontait d'étranges histoires : cette jeune et belle femme, vivant dans un luxe princier, bien que morte dans l'isolement le plus complet, aurait été couverte de dettes. Les entrefilets « grandeur et décadence » se succédaient. Ne disait-on pas qu'un couturier impayé avait fait procéder à une saisie au moment de la mise en bière ? Il fallut attendre trois mois l'ouverture du coffre-fort que possédait au Crédit lyonnais la regrettée pensionnaire. On y trouva 275,000 francs en billets de banque et plus d'un million de bijoux pour jeter en pâture aux créanciers qui réclamaient environ 500,000 francs. La vente Wanda de Boncza fut un petit événement boulevardier (3 décembre et jours suivants), et jamais on ne vit pareille affluence à l'Hôtel Drouot. Un collier de quarante-trois perles fut adjugé 234,000 francs, le reste à l'avenant ; bref, cette vente après décès

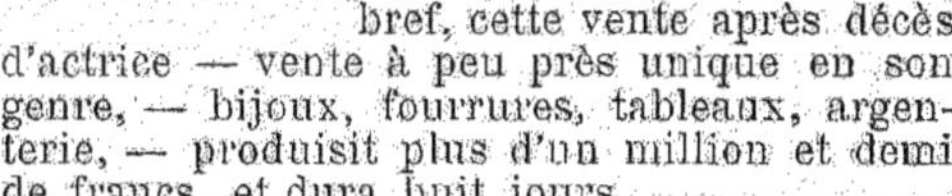

d'actrice — vente à peu près unique en son genre, — bijoux, fourrures, tableaux, argenterie, — produisit plus d'un million et demi de francs, et dura huit jours.

Un joli chiffre pour une pensionnaire de la Comédie !

Bibliographie : Jules Martin, *Nos artistes*. — *L'art dramatique et musical en 1901*, p. 133. — *Le Figaro*, 16, 17, 19 août, 22 nov., 4, 9 déc. 1902. — *Le Matin*, 16, 19 août, 1er oct 1902.

BONDOIS. — Sous ce nom :

BONDOIS, artiste qui débuta à l'Odéon le 9 février 1830.

BONDOIS, A., utilités, Mons 1835.

BONDOIS, joue les pères, à Tournay 1846.

BONDOIS, Mme. — Sous ce nom :

Mme BONDOIS, Mélanie Latreille dite, Artiste en 1850, Rouen 1852. Dite aussi *Paul B.*

Mme BONDOIS, C.-J. Renaudière. Le Hâvre

1849, Nantes 1852-53, Turin 1854-58, Nantes 1859-62.

BONDOIS, Eugène. — Amoureux, Gand 1844, Délassements 1849, Gaîté 1850-54, Vaudeville 1855, Lyon, th. des Célestins, 1856-60, Turin 1861-70, Le Caire 1872-76. S'étant occupé beaucoup d'administration, Eugène Bondois revint à Paris en qualité de régisseur à l'Odéon (1876-77). Sa mort fut annoncée au Rapport de 1878. Il avait épousé la sœur de Mlle Emilie Dubois. (V. ce nom.)

BONDOIS, Mme Eugène, née Jeanne-Anaïs Dubois. — Sœur de Mlle Emilie Dubois et femme du précédent. Odéon 1850-52 (sous le nom d'*Anaïs*), Ambigu 1853-57, Cirque impérial et petits rôles au Th. Français 1859-72.

BONDOIS, Paul, Julien, frère d'Eugène Bondois. — Vaudeville 1849, Lyon 1850-54, th. des Célestins, premier rôle, Genève 1853, St-Pétersbourg 1855-60, Ambigu 1861-67. — Voici ce qu'en disait la critique à cette époque : « Un jeune premier qui nous vient de Russie ; il a eu de grands succès à Rouen et à Lyon. Il a été à l'Ambigu où il débuta dans l'*Ange de minuit*. Entré cette année à l'Odéon pour jouer les premiers rôles, il manque d'ampleur pour cet emploi. » — Lyon 1868-72, Bruxelles 1873-75, Lyon 1876, Marseille 1877, Lyon 1878. Cet artiste laissa d'excellents souvenirs à Lyon, où il était fort aimé. Il mourut peu de temps après son frère, et sa mort fut annoncée en 1879 en ces termes : « Paul Bondois, comédien d'un talent très sympathique ; il obtint des succès à Paris et fut adoré à Lyon où il passa une partie de sa carrière. »

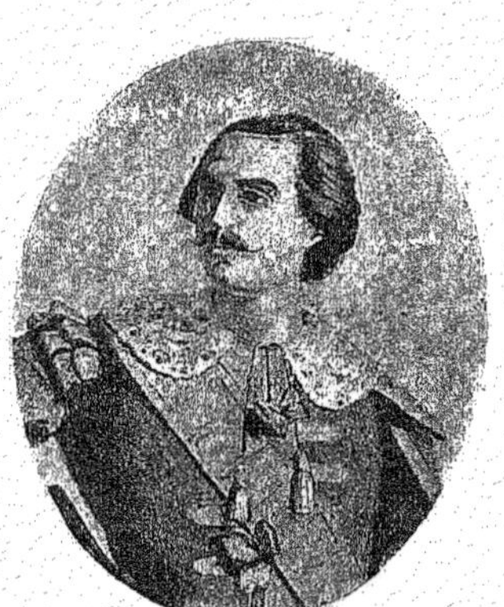

PAUL BONDOIS,
rôle de Nangis dans le *Chevalier d'Essonne*.
Lith. par F. Grobon (1849)

Bibliographie : *Les th. en robe de chambre* (1866).

Iconographie : Bibl. nat. Catal Duplessis 5437. En pied de 3/4 à gauche (cost. de th.) Lith. par F. Grobon (1849).

BONEFOY. — Le Hâvre 1853.

BONELLI, Mlle. — Bouffes parisiens, 1858.

BONELLY, E. V. Bressy dit. — Pau 1869-72, Toulouse 1873. Liège 1874, Constantine 1875-1876, Bayonne 1877, Le Hâvre 1878, Agen 1879-80, Boulogne-sur-Mer 1881-82, Amiens 1883, Dijon 1884, Montpellier 1885-86, Constantinople 1888-91, Valenciennes 1892-1893, Rennes 1894-95, Paris 1896, Nîmes 1897, Cherbourg 1899, Bordeaux 1900. En 1901, Bonelly, âgé de 69 ans, avec 40 ans de th., obtint une pension de 500 fr. de la Société des artistes. Il habitait Paris en 1902.

BONELLY, Mme Léonie, Estelle Bressy dite. — Béziers 1872-74, Constantine 1875-77, Odéon 1878, Agen 1879-80, Lille 1881, Nîmes 1882, Amiens 1883, Dijon 1884-85, Rennes 1886. Une demoiselle *Bonelli* parut à la salle Taitbout en 1875.

BONENFANT, Nicolas. — Un des premiers camarades de Molière, et l'un des signataires du contrat d'association de l'*Illustre théâtre* (30 juin 1643). Nicolas Bonenfant n'accompagna pas la troupe des Béjart et de Molière à travers les provinces. En 1662, il était marié à Louise Duchemin, et demeurait rue des Boucheries, paroisse St-Sulpice. En 1663, rue Sainte-Marguerite, même paroisse.

Bibliographie : G. Monval, *Chronologie Moliéresque*.

BONGARS, Mlle Esther de. — Etait, dit-on, la petite fille très directe du baron de Bongars, général de division, descendant du comte de Bongars qui signa la paix entre la France et la Suède sous Louis XIV. Actrice des Variétés, elle créa le rôle de Zéphirine, à côté d'Odry, dans les *Saltimbanques*, puis partit pour St-Pétersbourg. En 1850 elle était à Moscou. Revenue à Paris, elle se montra fort dévouée pour Mlle Flore, son ancienne camarade, tombée dans le plus profond dénuement, l'assista dans ses derniers moments, mais finit elle-même à 45 ans misérablement, après de nombreuses prodigalités. Sa mort avait été annoncée faussement par un journal, vers 1853. M. Oudinot, du th. de Moscou, qui se trouvait à Paris, alla prier Mlle Esther de Bongars de donner un éclatant démenti au nouvelliste en se montrant au public dans les *Saltimbanques* (avec Lassagne, Mutée, Charrier, Kopp et Megénot). Cette représentation peu banale, donnée aux Variétés, produisit un bénéfice net de 1,156 fr. 17 que se partagèrent les deux Sociétés des artistes et des auteurs. En 1856 le nom de Mlle Esther de Bongars se changea sur l'*Annuaire* en celui de Mme *Hédé* née Esther de Bongars, jusqu'à sa mort annoncée au Rapport de 1862.

Bibliographie : *Annuaire* de la Société des artistes, 1854.

Iconographie : On lit dans le *Rapport* de la Société des artistes (1879) le curieux passage suivant relatif à un portrait de cette actrice : « Un vieil amateur de théâtre, ayant manifesté (à St-Pétersbourg) le désir d'avoir une copie du portrait de Mlle Esther de Bongars, M. Andrieux lui apprit qu'un portrait lithographié existait dans les Archives théâtrales, mais que pour en prendre copie il fallait : 1° obtenir l'autorisation du régisseur et 2° verser 25 roubles au profit de l'Association. Les deux conditions furent remplies. »

BONGARS, Louis, Auguste, *Armand* de. — Moscou 1849-55, Versailles 1856, Paris 1857-1865, Strasbourg 1867, Paris 1868-74. En 1875, Armand de Bongars, âgé de 60 ans avec 34 années de th. obtint la pension de 500 fr. de la Société des artistes. Il vécut à Paris, à Lille 1883, à Paris 1884-89. Sa mort fut annoncée au Rapport de 1890.

BONGARS, Mme Isabelle, *Armand* de, née Fitzelier. — Femme du précédent. Moscou 1849-55, Versailles 1856, Paris 1857-82, Lille 1883, Paris 1884-90, Karatcheff 1891-95. En 1882, Mme de Bongars, née Fitzelier, âgée de 61 ans, avec 46 ans de services, reçut la pension de 500 fr. de la Société des artistes. Sa mort fut annoncée au Rapport de 1896.

BONHEUR, Mlle Mélanie, Rosine. — Châtelet 1863 *(Marengo)*, Ambigu 1868-70.

BONHOMME. — Rôles annexés, Auxerre 1830, Bourges 1831, deuxième père noble 13me arrond. th. 1832-33, accessoires, Clermont, 1838.

BONHOMME, Mme. — Duègne, Niort 1828, Auxerre 1830, Bourges 1831.

BONI, Edouard. — Rouen 1849. Sa mort fut signalée au Rapport de 1861. V. Bony.

BONIER, Mme Caroline. — Ambigu 1850-52, Paris 1853-55, Cirque impérial 1856-62, Paris 1863-65.

BONIFACE. — Personnage de Docteur ou de Pédant, adopté vers 1600 à l'Hôtel de Bourgogne. Deslauriers dit Bruscambille, fut parfois désigné sous ce nom qui dut appartenir, à divers comédiens tenant cet emploi.

BONIFACE, Mme. — Personnage de l'Hôtel de Bourgogne; Mlle Beaupré (V. ce nom) fut ainsi désignée quelquefois.

BONIFACE, Adrien. — Acteur à Versailles. Ayant frappé un jeune homme qui l'avait sifflé, il fut condamné de ce fait à huit jours de prison (1829).

Bibliographie : *Almanach Barba*, 1830, p. 6.

BONIOLI. — Pensionnaire à la Comédie française 1772. Habitait alors rue des Fossés M. le Prince et (1773-74) rue de la Comédie française. Puis il passa par la Comédie italienne 1783-86. En 1799 puis en 1805-07, un Bonioli est acteur aux Variétés-Montansier. Il demeurait en 1799 rue St-Lazare 110.

BONIOLI, Mlle. On écrit aussi Bognioli. — Pensionnaire à la Comédie française 1771-78; elle joua Lucette de *M. de Pourceaugnac* à Versailles (15 fév. 1776). Cette actrice habita rue des Fossés M. le Prince 1771-74, rue des Moulins, Butte St-Roch 1775, rue de Richelieu, au coin de celle des Petits-Champs 1776-78. En 1789, il y avait une première soubrette de ce nom à Gand; en 1792-93, il y avait une dame Bonioli au th. de Nantes et en 1799-1805-07 au th. des Variétés-Montansier. Mlle Bonioli demeurait en 1799 rue St-Lazare, 110.

BONIS (ou Bonnis), Pierre, Ignace. — Jeune premier à Nevers en 1829, Lorient 1830-31, Orléans 1832-33, premier rôle, Besançon 1835, fit presque toute sa carrière à Genève où il était très aimé. Les rôles d'Almaviva du *Mariage de Figaro* et de *Don César de Bazan* furent ses triomphes (1835-47). Il était encore à Genève de 1850 à 54, à Lyon en 1855. Puis avec l'âge, il prit l'emploi des deuxièmes pères nobles. La silhouette du « père Bonis » resta longtemps dans le souvenir des Genevois. Il se fixa définitivement à Genève, où il vivait encore en 1873. En 1864, âgé alors de 67 ans, il obtint une pension de 300 fr. de la Société des artistes.

BONIS, Mlle. — Utilités, Lorient 1831.

BONISSANT (ou Bonissent). — Acteur au Cirque Olympique en 1818, tenait l'emploi des financiers à Gand, 1825, Le Hâvre 1830-31, Calais 1832-33, th. du Panthéon, 1835. Il mourut à 69 ans avant 1852.

BONIT (ou Bonnit), Jean, Louis. — Marseille 1854-63.

BONJARD, Mme Clémentine, Césarine, Antoinette. — Besançon 1863-64.

BONJOUR, Paul. — Comique, qui se fit surtout applaudir dans la chansonnette. En 1842 (14 oct.), Paul Bonjour qui s'intitulait acteur du Vaudeville à Paris, donnait une scène comique-chansonnette avec succès au grand th. de Bruxelles. On lui reconnaissait beaucoup d'entrain et de gaieté. Il passa par les Funambules, où il tenait l'emploi des premiers comiques, et se trouvait à Bordeaux de 1852 à 1865.

BONNAIRE, Mlle. — V. Mme Delvil.

BONNAL, Mlle. — Soubrette, Maëstricht 1762.

BONNAMY, Jean. — Anvers 1850, Nantes 1852-56, La Haye 1857-62.

BONNAND, Henri. — Turin 1856-65.

BONNARD. — Sous ce nom :
BONNARD, Eug., Aix 1838, Amsterdam 1852.
BONNARD, financier et comique marqué. Tournay 1839, Verviers 1841.
BONNARD, th. des Arts à Rouen 1848-49.
BONNARD-Beaupré, Antoine, Philibert, Tlemcen 1863-65.

BONNARD, Mme. — Sous ce nom :
Mme BONNARD-Beaupré, Marie, Victoire, Anastasie Monteil. — Premier rôle et mère noble, Namur 1839. En 1858, Mme veuve Bonnard-Beaupré, âgée de 64 ans avec 42 ans de th., obtint une pension de 300 fr. de la Société des artistes et se retira à Paris.
Mme BONNARD-Sandré, Folies dramatiques 1852-53.

Iconographie : Bibl. nat. Catalogue Duplessis 5500. Mme Bonnard, actrice, en pied, de 3/4 à gauche (cost. de th.), lith. par S. Baptiste.

BONNAUD, Jean-Alphonse. — Brest 1857, Le Hâvre 1858, Tournai 1860-61, Verviers 1862-63, Liège 1864-67.

BONNAUD, Alphonse, Auguste, Elie. — Besançon 1872, Brest 1873-75, Perpignan 1876-78, Dunkerque 1879, Grenelle 1880, Douai 1881-82, Tournai 1883, Avignon 1884, Bordeaux 1885-86, Paris 1887-88, Avignon 1889-91. Samatan 1891, Toulouse 1892-95. Sa mort fut annoncée au Rapport de 1896.

BONNAUD, Mme Zélie, dite aussi *Nief*. — Besançon 1872, Brest 1873-75, Perpignan 1876-78, Dunkerque 1879, Belfort 1880, Anvers 1881, Douai 1882, Angers 1883-84, Rochefort 1885, Tournay 1886-87, Alexandrie 1888, Marseille 1889.

BONNAY, Mme, Delphine, Marie. — Strasbourg 1881-83.

BONNEAU, Mlle Marie — Bruxelles 1882-83.

BONNEFOIX, Mme Marie Buhler dite. — Clermont 1880-83, Brest 1884-86, Paris 1887-94.

BONNEFOY, Mme Elisa. — Montparnasse 1860-65, Roubaix 1867-68.

BONNEFOY, Mme Mathilde, femme Christophe. — Nantes 1868, Perpignan 1869, Nîmes 1870, Lille 1872, Verviers 1873, Bordeaux 1874, Gand 1875, Avignon 1876, Anvers 1877, Paris 1878, Dijon 1879, Paris 1880, Dijon 1881, Limoges 1882. Sa mort fut annoncée au Rapport de 1883.

BONNEFOY, Mme, Amélie, née Guerpon ou Guerpont. — Bruxelles 1852-57, Ile Maurice 1858-60, Rouen 1861-65, Bruxelles 1868-72, Rouen 1873-74. En 1873, Mme Amélie veuve Bonnefoy, âgée de 61 ans, avec 41 ans de services, obtint la pension de 500 fr. de la Société des artistes. Elle vécut à Rouen jusqu'en 1881. Sa mort fut annoncée au Rapport de 1882.

BONNEFOY, Mme Blanche, Emma. — Montparnasse 1865-68, Châlon-sur-Saône 1869, Roubaix 1870, Rouen 1872, Bourges 1873, Dunkerque 1874, Mons 1875-77, Orléans 1878-81, Elbeuf 1882-83, Nantes 1884-85.

BONNEFOY, Mme Christophe. — Artiste dont la mort fut annoncée en 1883.

BONNELIER, Hippolyte. — Romancier médiocre, sous-préfet un mois en 1830, débuta à l'Odéon par le rôle d'Oreste dans *Andromaque*, puis disparut de l'affiche.

Bibliographie : Th. Muret, l'*Hist. par le th.*, t. III, p. 47.

BONNELL, Edmond, Elie Bonneau dit. — Bordeaux 1888-90, Toulon 1891, St-Maixent 1891, Millau 1892-94.

BONNELLE. — Grand Th. de Bruxelles 1743, aux appointements de 700 fl.

BONNELLE, Mlle. — Grand Th. de Bruxelles 1743, aux appointements de 400 fl.

BONNELLY. — Angers 1853.

BONNERY. — Th. Comte 1838.

BONNESSEUR, Charles. — Acteur, chanteur et régisseur. Lyon 1852-53, Le Hâvre 1854, Strasbourg 1855, Nantes 1856-57, Rouen 1858-62, fut ensuite attaché à l'administration de l'Opéra, d'où il passa à celle des Variétés 1880-93. Sa mort fut annoncée au Rapport de 1896. En 1890, âgé alors de 65 ans, avec 41 ans de services, Bonnesseur avait obtenu de la Société des artistes la pension de 500 fr.
« Charles Bonnesseur, a dit St-Germain, ancien membre de notre Comité, sur la tombe de qui notre vice-président Gerpré a prononcé quelques paroles émues, a eu aussi ses heures glorieuses et son nom restera au moins attaché à celui de l'Emir de *Roland à Roncevaux*. Il a été régisseur général au th. des Variétés, où il a rendu de sérieux services. »

BONNET. — Sous ce nom :
BONNET, Cirque Olympique, 1815.
BONNET-BEAUVAL, acteur et directeur du th. de Limoges. Etait correspondant de l'Institut. Il mourut d'apoplexie le 4 juin 1827, et sa famille ne put obtenir l'autorisation de le faire inhumer en terre sainte.

Bibliographie : *Almanach Barba*, 1828.
BONNET. V. Coutard.
BONNET, petits rôles à l'Odéon 1847, th. Historique 1849, Gaîté 1852-54, San Francisco 1855-62.

Bonnet, Hippolyte, Eugène, Marie. — Bruxelles 1859-60. Acteur intelligent et gai. Bonnet vint à Paris et commença à se faire connaître en jouant aux Bouffes parisiens le rôle du compositeur de l'avenir dans le *Carnaval des Revues*. Il chantait très bien la tyrolienne. En 1864 il est aux Folies Marigny, *Zut au berger!* aux Bouffes en 1866, aux Fantaisies parisiennes, à la Gaîté, 1875, à la salle Taitbout 1876, le *Roi d'Yvetot*, aux Bouffes 1878-79, à la Renaissance 1881, *Mme le Diable*, aux Nouveautés 1883. C'était un adroit comédien, excellent dans l'opérette.

« Bonnet, écrivait-on de lui, c'est les Bouffes parisiens, les Bouffes parisiens ce sont Bonnet. Allez donc le revoir dans la *Jolie Parfumeuse!* Les spectateurs se tordent à voir Daubray et Bonnet. Bonnet est doué d'un physique auquel sied très bien le costume féminin. Il a intrigué bien des nourrices alsaciennes dans la *Revanche de Fortunia*. »

Bibliographie : *Foyers et coulisses*, Gaîté, t. II, 1875.

Iconographie : Bibliot. nat. V. les portraits de Mme Thierret.

Journal amusant, 8 mars 1879, Bonnet dans la *Marquise des rues*, caricature.

Bonnet, Jean-Louis, Marseille 1864-67.

Bonnet, Jules-Jean. Nantes 1873, La Haye 1874, Bordeaux 1875, Boulogne 1876, Port-Louis 1877-78, Nancy 1879, Béziers 1880-81, Perpignan 1882-83, Toulouse 1884-85, Bukarest 1886, Constantinople 1887.

Bonnet, J.-Philippe Bonnelly dit. Avignon 1881-84, Paris 1885-86.

BONNET, Mme ou Mlle. — Sous ce nom :

BONNET, Mlle, Elisa. — 2me amoureuse, St-Quentin 1830.

Mme Bonnet. Cirque impérial 1862 (*Rothomago*), Châtelet 1863 (*Marengo*).

Mme Bonnet, Marie-Andréa. Batignolles 1865, Montpellier 1867.

Mme Bonnet, Marie-Madelaine-Anaïs. Carcassonne 1870-73.

BONNETERIE, Mme Adeline. — Artiste morte en 1857.

BONNETY père. — Raisonneur et père noble, Th. des Arts à Rouen 1805-07.

BONNETY fils. — Débuta à Rouen vers 1808, puis tint l'emploi des amoureux au même théâtre en 1814-15, 1819-23. En 1819 il avait 2900 francs d'appointements. Selon toute apparence, c'est le même que nous retrouvons jeune premier à Marseille en 1824. Maurice Alhoy en dit beaucoup de bien. Cependant Bonnety, estimable comédien, voulait aborder la carrière du chant : « Il est possible qu'il y obtienne du succès, ajoute son biographe, non pas comme chanteur, mais comme comédien. M. Bonnety connaît parfaitement la scène, sa tenue est élégante et soignée; il a de la chaleur et de l'entraînement. » En 1849-50, Bonnety était toujours à Marseille, mais le malheureux artiste était devenu aveugle. La Société des artistes, alors à ses débuts, lui faisait une pension annuelle de 186 francs. Il mourut à 67 ans, avant 1852.

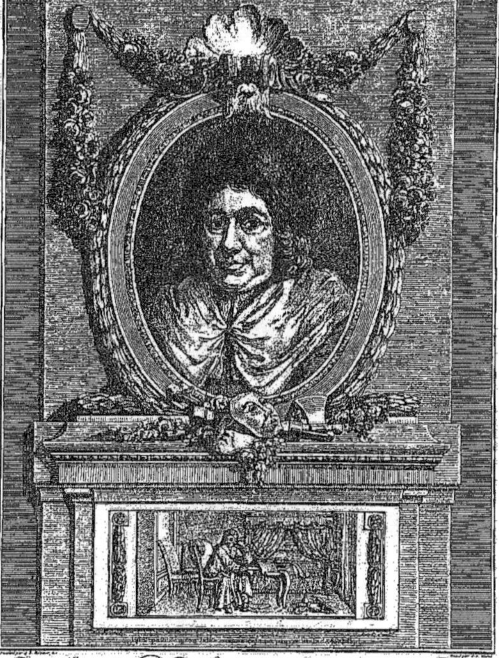

Jean Jacques Gimat de Bonneval, Comedien ordre du Roy, Il debuta pour le Rosle d'Orgon, dans la Comedie du Tartuffe, le 9 Juillet 1741.

BONNEVAL, J.-B.-Jacques Gimat de. — Naquit le 18 juin 1711 et reçut une bonne éducation. Doué d'une face comique, il se décida à embrasser la carrière du théâtre. Il débuta donc à la Comédie française, à trente ans, le 9 juillet 1741, par le rôle d'Orgon de *Tartufe*, et il fallait bien qu'il ne fût pas si mauvais que Collé le dit pour qu'il fût reçu sociétaire le 8 janvier de l'année suivante; il créa le rôle de Cinna dans la *Mort de César*, le 29 avril 1743.

Voici, en effet, le passage de Collé le concernant, mais on sait que personne ne trouvait grâce devant lui : « Bonneval fait tous les rôles à manteau et les confidents dans le tragique, quelques rôles de père et de notaire. Il n'y a point d'expression pour dire à quel point il est froid et mauvais ; il est pourtant facé comiquement et a une des belles voix de la Comédie. » Or Bonneval prêta, pendant trente ans, de bons et loyaux services et laissa une réputation fort honorable dans l'emploi des *grimes* et des *manteaux*. A sa retraite, le 31 mars 1773, il eut, outre la pension de 1500 livres de la Comédie, celle de 500 livres du roi.

Dis-nous, cher Bonneval, par quel art et comment
Un homme tel que toi, doux, complaisant, affable,
Peut d'un vieillard bourru, difficile, intraitable,
Nous rendre les défauts si naturellement?

écrivait l'*Almanach des spectacles* pour l'an 1753.

Bonneval mourut le 3 février 1783.

Biographie : Lemazurier, *Galerie historique*. — G. Monval, *Liste alphabétique des sociétaires*.

Iconographie : Musée de la Comédie française, n° 104 Catal. Monval, peinture toile, ovale, h. 0,75, larg. 0,60, par Th. Decaisne.

En buste, par S.-G. Huquier fils.

BONNEVAL. — Th. de Lille 1787. Sans doute le même : Th. de Rouen 1792.

BONNEVAL, Mme. — Th. de Rouen 1792.

BONNEVART, Mlle. — 2me amoureuse, Nouvelle-Orléans 1835.

BONNEVILLE. — Lorsque le Th. national de la rue de la Loi fut fermé, le 14 nov. 1793, et Mlle Montansier, sa directrice, arrêtée le 15, on ne lui accorda de rouvrir ses portes que quelques jours après avec l'autorisation du Conseil de la Commune, sous la direction de Bonneville et Verteuil, commissaires. Selon toute apparence, ce Bonneville était acteur et directeur du Th. des Célestins à Lyon en 1799, lorsque Bonaparte, retour d'Egypte, s'arrêta dans cette ville et descendit dans un hôtel presque attenant à ce théâtre. Bonneville fit écrire en une nuit le *Héros de retour* ou *Bonaparte à Lyon*, pièce de circonstance dans laquelle il se réserva un rôle, et chargea Mme Hervey (V. ce nom) de réciter une pièce de vers en l'honneur du général. Ch. Maurice a rendu compte de cette soirée. Bonneville fut reçu le lendemain par Bonaparte.

Bibliographie : Ch. Maurice, *Hist. anecdotique du th.*, t. I, p. 57.

BONNEVILLE, Colson, Mme. — Nom d'une débutante à l'Odéon, le 24 mars 1827.

BONNIER, Mlle Elisa. — 2me amoureuse, St-Pétersbourg 1829-31.

BONNIVARD, Mme Adèle. — Nouvelle-Orléans 1853-54, La Martinique 1855-56, Marseille 1857, Paris 1858-59.

BONNY. — Porte St-Martin 1852-53.

BONO, Mme Marceline-Pauline-Marie. — Agen 1884, Rouen 1885.

BONSON. — Acteur de la troupe de Mlle Raucourt (1806) à Milan. — Ne serait-ce pas *Bourson* ?

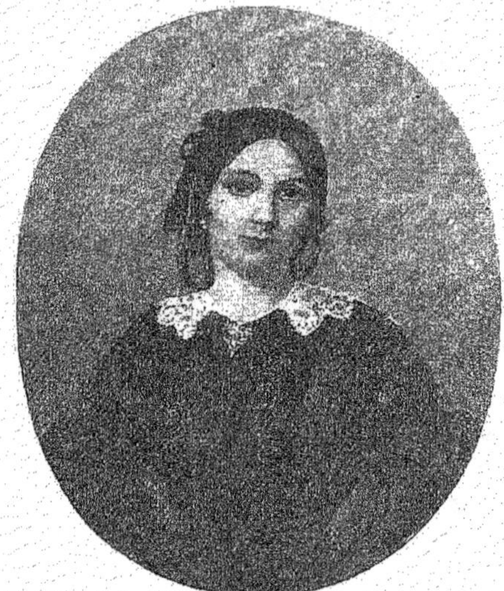

Mme EDMONDINE-CLARISSE BONVAL

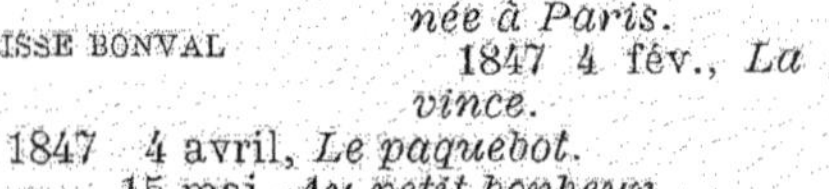

BONVAL, Mme Edmondine-Clarisse, femme Thomassin. — Née à Paris le 26 juin 1826 (et non 1824 comme le dit Larousse). En sortant du Conservatoire, elle débuta à la Comédie française le 2 avril 1843, dans les rôles de soubrette. Elle ne s'y maintint pas. Elle s'en alla jouer à Lyon, puis revint à l'Odéon où elle parut en janvier 1846 dans *Marton et Frontin*.

1846 20 mars, *L'ingénue à la Cour*.

1846 6 avril, *Les touristes*.

1847 21 janv., *Une année à Paris*.

1847 4 fév., *La province*.

1847 4 avril, *Le paquebot*.
— 15 mai, *Au petit bonheur*.
— 15 mai, *L'antiquaire*.
— 29 mai, *Les notables de l'endroit*.

Son nouveau début à la Comédie française eut lieu le 17 juillet 1847. Cette fois, elle fut gardée comme pensionnaire. On la nomma sociétaire le 1er janvier 1852.

Mlle Bonval était une soubrette agréable, le nez au vent, l'œil égrillard, mais que l'on aurait voulu plus hardie. L'embonpoint vint avec l'âge. On la confina dans le répertoire. — Nous lisons, à propos d'une reprise de *Louis XI* en 1863 : « Il y avait derrière Augustine Brohan une sociétaire, sa doublure, la plantureuse et imposante Mlle Bonval, qui faisait depuis longtemps et fort longtemps les jours gris de la Comédie française. Elle réclama le rôle de Marthe, (abandonné par Mlle Aug. Brohan), c'était son droit ; on le lui donna, c'était la règle. Elle apporta au personnage de Marthe tout ce que l'expérience a de plus mûr ; elle dansa son quadrille avec une majesté puissante, et représenta avec le noble embonpoint d'une douairière arrivée au sociétariat, la femme d'Eug. Provost, lequel avait vingt ans dans la pièce et en paraissait bien dix-huit. »

« Mlle Bonval, écrit Ed. Fournier à propos d'une représentation de *Tartufe* (1865) jouait, comme toujours, avec soin et propreté. C'est fort bien pour une servante ordinaire ; ce n'est peut-être pas assez pour Dorine. »

Voici en quels termes en parle A. Vizentini en 1868 : « Mme Bonval, dont l'esprit d'économie est proverbial, a été fort jolie et connaît toutes les traditions de ses rôles. Pourrait poser pour une villageoise de Rubens ; affectionne le cossu en général et les belles pierreries en particulier. »

Mlle Bonval, qui avait épousé un ancien notaire, du nom de Thomassin, fut mise à la retraite au bout de ses vingt années de sociétariat (1er janvier 1872) et mourut à Verneuil-sur-Seine (Seine-et-Oise) le 12 ou 15 août 1878 (et non 1887 comme il a été imprimé par erreur dans la *Liste alphabétique).*

Biographie : G. Monval, *Liste alphabétique des sociétaires.*

Bibliographie : A. Vizentini, *Derrière la toile*, p. 61 (1868).

Iconographie : Musée de la Comédie française. Mlle Bonval en cost. de Toinette du *Malade imaginaire*, figure dans le tableau de Geoffroy : « les sociétaires de la Comédie en 1864. »

Médaillon (en buste) de face, lith. publié dans le *Décaméron dramatique* avec ce quatrain d'Em. Augier :

Soubrette, vive la gaîté,
Et tes allures franches,
Et ton franc rire reflété
De l'œil noir aux dents blanches.

BONVARET, Mme Henriette. – Duègne et mère noble, Bruges 1844.

BONVOUST, Mlle, née Jos. Garnier. — Strasbourg 1850, Gand 1852-53.

BONVOUX jeune. — Anvers 1852.

BONY. — Père noble, 14e arrond. th, 1830, 13e arrond. th. 1832-33, Brest 1835. V. Boni.

BONY, Mlle. — Utilités, 13e arr. th., 1832-33.

BONY, Mme Marie, Rose née Georges ou Gorge. — Porte St-Martin 1853-60, Paris 1861-67, Porte St-Martin 1868.

BOQUAY. — V. Bocquay.

BOQUET. — V. Bocquet.

BOQUESNE (Beauchêne ?). — Grime, Liège 1843.

BORCHART, Mlle Maria. — La Haye 1852, Toulouse 1853, Strasbourg 1854.

BORDAT, Mme Clotilde, dite *Dodette*, femme puis veuve *Chabrillat*, dont la mort fut annoncée au Rapport de 1886. Etait la mère de l'écrivain qui fut pendant plusieurs années directeur de l'Ambigu. Elle avait été une artiste d'un certain mérite. Toulouse 1850-52, St-Etienne 1853, Lille 1854-55, Dijon 1856-57, Strasbourg 1858-59, Marseille 1860-61, Nantes 1862-67, Paris 1868-85. En 1869, Mme veuve Chabrillat, âgée de 56 ans, avec 40 ans de services, obtint une pension de 200 fr. de la Société des artistes. V. Chabrillat.

BORDEAUX. — Arlequin aux Funambules.

BORDÉ, Mlle Lise. — Soubrette, Reims 1830.

BORDÉ, Mlle Jenny. — Second premier rôle, Reims 1830.

BORDES. — Tragédien et chanteur au th. des Arts à Rouen, 1812.

BORDES, Mlle Fanfette ou Fanchette. — La grande biographie dramatique dit d'elle, en 1824 : « Ex-artiste du Panorama. Fanfette Bordes se tressa une petite couronne de lauriers à l'époque où la petite merveille du Gymnase (Jenny Vertpré) mit les acteurs nains à la mode. Le Panorama dramatique chercha à délier la langue à deux ou trois petites poupées que l'affiche et les journaux nommèrent actrices. Fanfette Bordes, âgée de dix à onze ans, amusa les habitués du boulevard du Temple dans le *Petit espiègle*, les *Deux Pensions*, les *Enfants maîtres*, etc. »

Harel écrit l'année suivante : « Mlle Fanchette Bordes, th. de la Porte St-Martin, cinq ans. (Elle allait en rajeunissant !) Ancienne actrice du Panorama dramatique. Du naturel, du comique et de la gentillesse distinguent cette enfant qui chante le vaudeville et figure dans les ballets.

Bibliographie : *Grande biographie dramatique*, 1824. — Harel, *Dict. th.*, 1825.

BORDES, Mlle Charlotte. — V. Mme Dupuis.

BORDES, Mme. — Rôles de convenance, Amsterdam 1832-33.

BORDES, fils. — Deuxième amoureux, Amsterdam 1832-33.

BORDES, Mme Catherine, née Tapprest. — Lorient 1849, Bordeaux 1850.

BORDES, Georges, Joseph, Louis. — Lorient 1849, Bordeaux 1850.

BORDET, Michel, Etienne. — Belleville 1867-76, Bruxelles 1877-80, Paris 1881-90, St-Mandé

1891. Bordet avait reçu une médaille d'honneur. Sa mort fut annoncée en 1892.

BORDIER, Mlle. — Jeune amoureuse, Gand 1767.

BORDIER, François. 1758-1789. — Fut baptisé le 2 août 1758 à l'église de St-Nicolas-des-Champs. Son père était tailleur de pierres. Ayant fait partie dès son enfance de la troupe des jeunes acteurs qui remplacèrent les marionnettes d'Audinot, il s'acquit une réputation dès l'âge de douze ans dans les rôles d'abbés et de petits maîtres, aux côtés de Mayeur, de Varennes, de Talon aîné, de Moreau. En 1781, Bordier quitta l'Ambigu comique pour entrer dans la troupe qui desservait les spectacles du Bois de Boulogne et de St-Cloud. L'entreprise ne réussit pas. Ce fut alors qu'il fut engagé aux Variétés amusantes, au moment même où Volange venait d'en sortir. Il y débuta en 1782 dans *Jacquot et Collas duellistes*, *Oui et non*, le *Devin du village*, reprit des rôles de Volange, le surpassant même quelquefois.

MM. E.-D. De Manne et C. Ménétrier, ses biographes *(troupe de Nicolet)*, le représentent comme un grand garçon de bonne mine, au jeu franc, chantant avec goût, à la physionomie éveillée. On connaît la façon énergique dont il protesta contre le libelle, le *Chroniqueur désœuvré* ou l'*Espion du boulevard du Temple*.

En 1785, le théâtre auquel il appartenait émigra au Palais royal. Avec ce changement de quartier, le genre du répertoire se modifia un peu ; dès lors Bordier cumula l'emploi des niais balourds et prétentieux (le *Ramoneur prince*, le *Prince ramoneur*, Barogo, le *Mariage de Barogo)*, avec celui des valets alertes et fripons, la *Nuit aux aventures*, *Guerre ouverte*.

En 1789, Bordier gagnait douze mille livres par an, chiffre considérable pour l'époque, ce qui ne l'empêchait pas de contracter des dettes pour satisfaire à sa passion du jeu dans les tripots. Les théâtres ayant été fermés à la suite des troubles de juillet, Bordier partit pour Rouen. Comment fut-il mêlé aux émeutes qui éclatèrent dans cette ville, voilà ce qui serait fort difficile de préciser. Quoiqu'il en soit, dans la nuit du 3 au 4 août, Bordier commandait un détachement qui s'était porté à l'Hôtel de l'Intendance. Arrêté, délivré par le peuple, puis repris de nouveau au moment où il s'en retournait à Paris par la diligence, Bordier passa en jugement avec un sieur Jourdain, avocat de Lisieux, et tous deux furent condamnés à mort. Le vendredi 21 août, à quatre heures de l'après-midi, après la lecture de la sentence, les deux condamnés furent conduits au supplice. Bordier, qui avait refusé le secours d'un prêtre, monta dans la charrette, salua les comédiens qui se trouvaient au balcon extérieur de la salle de spectacle, embrassa son compagnon au pied de l'échafaud, et fut pendu le premier. De crainte d'un soulèvement en sa faveur, toutes les troupes étaient sous les armes.

La légende rapporte qu'au moment de se livrer au bourreau, Bordier rééditant une phrase qu'il prononçait dans le *Ramoneur prince*, aurait dit à celui-ci : « Monterai-je t'y, ou ne monterai-je t'y pas ? » Si le fait est vrai, il faudrait lui reconnaître un beau sang-froid. Si la plaisanterie a été faite par un assistant, c'est une lâcheté bien cruelle. Quoiqu'il en soit, en novembre 1793, on rappela au club des Jacobins le sort de Bordier, représenté comme une victime de la Révolution ; on demanda qu'une somme fut prélevée sur les biens de Tarbé, officier municipal de Rouen en 1789, qui s'était distingué par son zèle en cette circonstance, et que celle-ci fut remise au fils de la victime.

Enfin le procès fut revisé, la mémoire des deux condamnés réhabilitée solennellement à Rouen, et Ribié, qui se trouvait en cette ville, mit tout en œuvre pour que cette fête civique fut complète.

Biographie : E.-D. De Manne et Ménétrier, *Troupe de Nicolet*.

Bibliographie : Le *Chroniqueur désœuvré* ou l'*Espion du boulevard du Temple*. — *Mort de Bordier, acteur des Variétés*, par Dumaniant. Paris, imp. de la Porte (s. d.) in-8° pièce. Id. (s. d.) Paris, Lezay, in-8° pièce. Bibl. nat., Ln[27] 2425. — *La mort subite du sieur Bordier*, lettre d'un négociant de Rouen à M. Guillaume, marchand de draps, rue St-Denis, du 22 août 1789. Paris, imp. de Grangé (s. d.) in-8° pièce. Bibl. nat. Ln[27] 2426.

BORDIER, Auguste, Charles, né vers 1790. — Acteur du th. de Madame, devenu le th. du Gymnase, où il resta plus de quarante ans pour tenir les petits emplois (1825-1867).

« Bordier du Gymnase, avenue de la Motte-Piquet, écrit-on en 1829, pacifique individu de cinq pieds huit pouces, que le capitaine recruteur des Cent-Suisses lorgne depuis les cent jours. Ce serait une excellente affaire. La compagnie, le théâtre et le public y gagneraient. Cependant M. Bordier est un des plus honnêtes hommes que nous connaissions ; mais cela ne suffit pas au théâtre. »

En 1833 : « Le Fauré du Gymnase (Faure était l'utilité du th. franç.) Il a l'air d'un paysan endimanché quand il endosse la grosse livrée. »

En 1841 : « Personne mieux que M. Bordier n'apporte une lettre ou range des fauteuils ; il y a cinquante ans qu'il fait ce métier-là, et le fera cinquante ans encore... Amen ! »

En 1866 : « Bordier est au Gymnase depuis quarante ans... A soixante-seize ans, il écrit les billets de répétition d'une main assurée. C'est un meuble du théâtre. »

En 1867, Bordier avait 78 ans et 45 ans de services. La société des artistes lui accorda une pension de 300 fr. dont il ne profita guère. Sa mort fut annoncée au Rapport de 1868.

Bibliographie: *Biogr. th.* 1829. — *Petite biographie* 1833. — l'*Indiscret des coulisses* 1841. — *Les th. en robe de chambre* 1866.

BORDIER. — Premier comique, Toulon, 1838.

BORDIER. — Jeune premier à Genève, 1841-42.

BORDIER, Pierre. — Bourges 1861-62, Rio-de-Janeiro 1863-65, Paris 1873-75, Poitiers 1875, Paris 1876-78, Dieppe 1879-80, Boulogne-sur-Mer 1881, Paris 1882-87.

BORDIER, Alfred, Jacques. — Th. des Variétés 1868-79. — Comme son homonyme du Gymnase, Bordier des Variétés était voué à perpétuité aux domestiques. — « Un jeune Bellevillois, écrit-on en 1873, qui joue assez naturellement les niais et les paysans.» — Sa mort fut annoncée au Rapport de 1880.

Bibliographie : *Foyers et coulisses*, Variétés, 1873.

BORDIER, Mme. — Sous ce nom :

Mme Bordier, Georgette, Th. Comte 1829-30.

Mlle Bordier, Hortense, Th. Comte 1829-30.

Mme Bordier aînée, Folies dramatiques, la *Cocarde tricolore*, 19 mars 1831.

Mme Bordier, Ambigu comique 1838.

Mme Bordier née Amélie de Châteauneuf, Nancy 1849-50.

Mme Bordier, premier rôle, Aix 1852.

BOREL, Mme, née J.-E. Haas, femme puis veuve Barbe dite. — Boulogne-sur-Mer 1867-68.

BOREL, Thérèse, Ant., Lydie, dite aussi *Barelli*, Renaissance 1876-82, Bouffes 1883-87, Paris 1888-91.

« Charmante petite femme, bien faite, écrit-on en 1876; on nous dit qu'elle a fait du café-concert en province... » « Des crépelures d'or filé qui s'embrouillent sur le front, dit P. Mahalin, le nez de Cléopâtre, les bras de Phryné..... Telle est sur les photographies qui se prodiguent à la vitre des marchands d'estampes, Mademoiselle Lydie Borel. » Passa aussi — fort peu — par le Gymnase. Laissa la réputation de jolie femme.

BORER, Mlle, Anna. — Alger 1867-70, Le Hâvre 1872, Athènes 1873, Asnières 1883-85.

BORÈS, Henri. — Toulouse 1867-70, Lille 1872, Toulon 1872, Genève 1874, St-Pétersbourg 1875, Gand 1876, St-Pétersbourg 1877, Avignon 1878, Toulon 1879, Limoges 1880, Yassy 1881-82, Genève 1883, Rennes 1884-86, Bruges 1887, Namur, 1888-90. Mourut subitement, directeur à Tournay en 1891. Il laissa la réputation d'un homme loyal et d'un administrateur de mérite. (Rapport 1892.)

BORGÈS, Eugène, Antoine Borgé. — Tarbes 1884-86.

BORGUÈS. — Rôles de tabliers, Avignon 1828.

BORIE, Joseph, Théodore. — On le disait parent de l'un des quatre sergents de La Rochelle. — Amoureux, Cherbourg 1828, premier rôle et jeune premier, Rouen 1834, Amsterdam 1838, Moscou 1850-55, Paris 1856-62. En 1863, Borie avait 59 ans et 32 ans de théâtre. Il obtint une pension de 200 fr. de la Société des artistes. Bruxelles 1867, Rome 1868-74, Naples 1875-80, Paris 1881, Nice 1883, Paris 1884-87, Montauban 1888, et mourut à 85 ans. Sa mort fut annoncée au Rapport de 1889.

En 1886, il avait laissé à la disposition du Comité pour être distribuée en secours, la pension de 200 fr. qu'il touchait en vertu de son droit, depuis 1863.

BORIS, Mlle, Jeanne Bertin dite. — Renaissance 1888-91.

BORME. — Troisième rôle et grand raisonneur, Délassements com. 1794, et financier au Th. des Arts à Rouen, 1801-05. Après la mort subite de Desroziers, Borme reprit la direction du th. des Arts avec Granger. Il mourut à 42 ans, le 19 avril 1810.

Voici comment il était jugé en 1803 : « Borme a reçu de la nature le masque propre aux rôles de manteaux et aux financiers; l'Harpagon et le Bartholo sont ceux dans lesquels il est le plus applaudi; mais il doit éviter, dit-on, de se confier à sa facilité, et surtout à de certaines habitudes qui pourraient ne pas plaire partout, et qu'un séjour de dix ans, terme de son engagement à Rouen, pourrait par trop fortifier en lui. »

Bibliographie: l'*Année théâtrale*, almanach pour l'an XII ; *Hist. des th. de Rouen*, t. II, p. 178, 289 et suiv.

BORSARY, Mme. — Sous ce nom:

Mlle Borsary. — Deuxième amoureuse, Liège 1841.

Mme Borsary. — Duègne, Mons 1846.

Mme Borsary, Augustine dite aussi *Veniat*. — Moscou et Russie 1849-55, Paris 1856-59. On lit au Rapport de 1864 que M. Borsary, artiste au th. de la Monnaie à Bruxelles (c'est-à-dire artiste lyrique) laissa en mourant une famille qui n'avait que lui pour soutien. Une de ses enfants, intéressante jeune fille, élève du Conservatoire royal de Bruxelles, fut secourue en cette circonstance par le comité qui lui permit de continuer ses études. En 1879, Mme Véniat-Borsary avait 61 ans d'âge et 45 de th. Elle obtint une pension de 500 fr. de la Société. Sa mort fut annoncée en 1895.

Mme Borsary, Louise, Rose, Avignon 1850,

Lyon 1852, Mostaganem 1853-54, Lyon 1855-1862.

BORSAT (ou Borssat), Louis, Hippolyte Borssat de Laverrière, dit. — Débuta le 29 juin 1829 à l'Odéon par le rôle de Pyrrhus dans *Andromaque*. Il partit pour Rouen où il tint l'emploi de 2e et 3e amoureux, 1830-33 avec 3000 fr. d'appointements, puis celui de 1er amoureux, sans augmentation, 1834. Il y était encore en 1840. — Lille 1850. Le 15 juin 1851, nouvelle tentative de début à Paris, au th. Français.—Il échoue, et repart tenir les premiers rôles marqués à Brest 1852-53. Enfin il se casa au Cirque impérial où il tint de petits emplois. — Le *Diable d'argent*, 1857.

Bibliographie: *Almanach Barba*, 1830. — *Hist. du th. des Arts de Rouen* t. III, p. 423, 425; t. IV, p. 2, 40. — *Almanach Palianti*, 1852, p. 13.

BORSAT (ou Borssat) Mlle, Amélie. — Ingénue au Gymase de Liège, 1853.

BORSAT (ou Borssat), Mme de Laverrière née Meunier. — Cirque imp. 1856-57. Odéon 1858. Paris 1859-78. Gand 1879-80. Paris 1881. Gand 1882.

BORY. — Troisième rôle, Montauban 1853.

BORY. — Père noble, Genève 1860-61.

BOSCHER, Henri. Acteur et directeur. Cluny 1880-83, Paris 1884-87, Déjazet 1888-94. Sous sa direction, le th. Déjazet donna les *Femmes collantes*, la *Mariée récalcitrante*, etc. Ayant repris sa vie nomade, Henri Boscher faisait des tournées en province. C'est ainsi que la mort le surprit hôtel de l'Europe, à Avignon (*Figaro*, 12 oct. 1901). Il avait été nommé officier d'académie.

BOSMEL, Auguste, Isidore. — Nantes 1883-84. Paris 1885. Le Mans 1886. Angoulême 1887. Rochefort 1888. Valencienes 1889. Nantes 1890. Sa mort fut annoncée au Rapport de 1891.

BOSQUET, Pierre. — Nevers 1865. Compiègne 1867-72. Beauvais 1873-77. Rouen 1878. Beauvais 1879-80. Orléans 1881-91. Sa mort fut annoncée au Rapport de 1892.

BOSQUET, Mme, Marie, Marguerite, née Vauthier. — Nevers 1865, Compiègne 1867-72, Beauvais 1873-77, Rouen 1878, Beauvais 1879-1880, Orléans 1881-93, Paris 1894-95. En 1895, Mme Bosquet, âgée de 71 ans, avec 30 ans de th., avait obtenu la pension de 500 fr. Sa mort fut annoncée au Rapport de 1896.

BOSQUET, Mme, Césarine Courtois. — Mons, 1876-80. Plutôt chanteuse d'opéra comique que comédienne. Rouen 1886, Paris 1887, Rouen 1888, Paris 1889-92. Sa mort fut annoncée au Rapport de 1893.

BOSQUETTE, Emile. — Th. des Nouveautés 1867, Toulon 1868-72. Paris 1873-74. Doit être le même que Bosquette qui débuta aux Délassements et qui jouait les comiques à Déjazet en 1861. On lui reconnaissait un certain entrain.

BOSQUIER, Gavaudan, Jean, Fulchran, Sébastien Bousquier dit, 1776-1843. — Etait le fils d'un fabricant de bas de soie, et naquit à Nîmes le 20 juin 1776. Envoyé très jeune à Marseille auprès de l'une de ses tantes, la vue de la mer le captiva. A quinze ans il partit comme mousse sur un bâtiment marchand, et visita ainsi les ports de la Turquie, de l'Archipel et de l'Egypte. Les guerres ayant entravé la marine et les transactions commerciales, Bosquier songea à tirer parti de sa voix qu'il avait fort belle. Il s'engagea dans une troupe de campagne, débuta à Nîmes par la suite, et vint en 1798 à Paris où son oncle Pierre Gaveaux, le compositeur (1764-1825), le fit entrer au th. Molière.

Son succès de chanteur dans les *Deux Crispins*, le *Nouveau Don Quichotte*, et surtout dans le rôle de Valogne dans le *Diable couleur de rose*, le mit hors de pair. L'année suivante il entrait comme trial à Feydeau.

Cependant ce n'est pas comme chanteur, mais comme acteur de vaudeville que nous avons à nous en occuper ici. Appelé par la réquisition sous les drapeaux, Bosquier dut un moment abandonner la scène pour devenir timbalier dans le corps de musique des hussards de Berchiny. Dans le même corps servait Jean Brisebarre, le futur tragédien Joanny, alors maréchal des logis.

Envoyé en congé, comme élève du Conservatoire, Bosquier revint à Paris et entra au th. des Troubadours, puis partit à Rouen (1801-02). C'est là que la direction Montansier le découvrit et l'engagea pour le faire débuter sur la scène des Variétés-Montansier (Palais royal) en payant le dédit réglementaire. Il devait faire partie de cette entreprise pendant 33 ans. Son mariage avec la fille d'un des cinq administrateurs de ce théâtre, Laure Henriette Crétu (26 juin 1810) ne fit encore que resserrer ces attaches.

Bosquier Gavaudan partagea la vogue de Brunet et de Tiercelin. C'était, au dire de ses contemporains, « l'homme de France qui a le mieux chanté le vaudeville ».

— « Il avait un talent de chanteur de vaudeville, a dit un autre, comme on n'en retrouvera jamais ».

Tour à tour amoureux, valet, comique, père noble et grime, d'un caractère franc et loyal, toujours prêt à rendre service, d'une humeur enjouée, Bosquier-Gavaudan fut donc associé à la fortune du théâtre Montansier au Palais royal, à la Cité, aux Variétés, devenant même un des co-propriétaires de cette dernière salle. Il fut le Des Essarts dans le *Duel et le Déjeuner ;* Toussaint-Quinet des *Chevilles de Maître Adam;* Bénoni dans le *Bouffe et le Tailleur* avec Brunet (21 juin 1804); Dercour d'*Une heure de folie:* Dermont d'*Angeline ou la Champenoise;* la Morinière de *Quinze ans d'absence;* Benoit de l'inoubliable *Dîner de Madelon;* Préville de *Préville et Taconnet; Colalto* dans la pièce de ce nom. Sa belle voix, son organe agréable, sa verve, sa rondeur lui valurent un succès énorme.

« Après Potier, lisons-nous dans les *Mémoires d'un vaudevilliste*, par A. de Rochefort, Bosquier-Gavaudan, acteur franc, chaleureux, plein d'entrain, possédant une voix sympathique, qui donnait aux couplets un charme infini; il représentait avec une vérité parfaite les hommes de génie du passé qu'on montrait alors en raccourci dans les vaudevilles, tels que Boileau, Buffon, Scarron, Malesherbes, etc. J'ai eu l'audace, continue l'auteur cité, de lui faire jouer un pape, et je déclare qu'il s'en est acquitté avec un goût qui ne laissait rien à désirer ».

Cet artiste eut pourtant ses détracteurs, comme le témoigne ce passage de l'*Opinion du parterre* en 1810: « Bosquier-Gavaudan porte haut ses prétentions; il aspire au nom de comédien et joue les rôles qui demandent tout autre chose que des grimaces, des lazzis, des caricatures ».

Il est vrai que le même ouvrage déclare l'année suivante que Bosquier « plaît aux personnes qui s'avisent d'aller chercher un comédien au théâtre; et qu'il mériterait un meilleur entourage ».

On doit à sa plume, vers le même temps: *Cadet Roussel chez Achmet*, avec Désaugiers, 1804; le *Diable en vacance*, suite du *Diable couleur de rose*, 1805; M. *Désortolans* ou le *Foyer du théâtre*, 1807, et à la Porte St-Martin avec Aubertin, *Montbars l'exterminateur* ou les *Derniers flibustiers*, mélodrame en trois actes, 1807; *Claudinet* ou le *Prémier venu en grève*, avec Dumersan, 1808; les *Bretteurs*, 1810; *Trop tôt*, op. com., avec Aubertin.

Nous retrouvons encore le nom de Bosquier dans la curieuse représentation qui eut lieu à l'Odéon en présence de Louis XVIII et de toute la famille royale, le 21 février 1816, et où chacun des acteurs se parait de son grade dans la milice civique. On y joua *Chacun son tour* avec le concours des artistes de tous les théâtres, et Bosquier y tint le rôle de Gervais, capitaine de chasseurs de la garde nationale.

Le 1er septembre 1821, aux Variétés, première du *Soldat laboureur*, cette pièce typique inspirée par une estampe. Le soldat laboureur, c'est Lepeintre aîné, et le vieux colonel, Bosquier-Gavaudan, qui a aussi ses états de service à rappeler aux moissonneurs:

Moi, j'avais dix-neuf ans à peine
Lorsqu'on me fit sous-lieutenant.
A trente ans j'étais capitaine,
Je suis colonel maintenant.
Croyez-moi, la seule vaillance
Des soldats fait des généraux,
Et plus d'un maréchal de France
Est parti le sac sur le dos.

De tels couplets — on était en 1821 — électrisaient alors une salle.

Bosquier-Gavaudan demeura rue Marivaux, 1 (1805-08), rue Lepeletier, 25 (1810), rue de Clichy, 35 (1814-23), rue de Provence, 69 (1824-1826), rue de Clichy, 48 (1829). Plus tard il se retira aux Batignolles dans une jolie maison qu'il avait amenagée pour ses vieux jours. Mais il y était à peine installé — il avait pris sa retraite en 1835 — qu'il fut atteint d'une maladie longue et douloureuse qui l'emporta le 5 août 1843.

Sa sœur Louise-Elisabeth avait épousé le comédien Gontier.

Biographie: Notice dans l'*Annuaire Delhasse*, 1844, p. 172. — E. D. De Manne et C. Ménétrier, *Troupe de Nicolet.*

Bibliographie: *Opinion du parterre*, 1810, 1811, 1812. *Petite biographie dram.*, 1821, p. 51. *Grande biogr. dram.*, 1824, p. 51. Harel, *Dict. th.*, 1825, p. 47. *Biograph. th.* pour 1829, p. 17. *Petite biographie*, 1831, p. 58, 1833, p. 52. Th. Muret, l'*Hist. par le th.*, t. II, p. 49 et 134. *Hist. des th. de Rouen*, t. II, p. 22.

Iconographie: Coll. Martinet, pl. 5, rôle de Valogne du *Diable couleur de rose*, pl. 112. Turlupin, pl. 391, les *Deux Magots de la Chine*.

BOSQUIER, Mlle Louise-Elisabeth. — Sœur du précédent (v. Mme Gontier).

BOSQUILLON, Mme. — « Une tragédienne, nommée Bosquillon, tenait aux Délassements comiques, vers 1799, l'emploi de Mlle Raucourt et la rappelait quelquefois avec bonheur ». Brazier, *Hist. des petits th.*, t. I, p. 67.

BOSSAN. — Amsterdam, 1850.

BOSSAN, Mme. — Th. du Vaud., Bruxelles, 1846. Amsterdam 1850.

BOSSAN-BRICE, Mme. — D'abord chanteuse puis comédienne à l'Odéon, quand ce théâtre cumulait les deux genres, débuta le 9 septembre 1827 par le rôle de Dorine de *Tartufe*, puis passa aux Nouveautés où on la vit le 28 janvier 1828 dans l'*Anneau de la France.*

Bibliographie: *Almanachs Barba*, 1828 et 1829.

BOSSELET, père, Marin. — Naquit à Soisy-sous-Etioles, près de Corbeil, le 4 août 1774; il fut d'abord destiné à l'état ecclésiastique, mais les projets de ses parents furent renversés par la révolution de 1789. Enlevé par la première réquisition, il servit pendant quatre ans; de retour à Paris il embrassa la carrière dramatique et tint les premiers rôles dans plusieurs grandes villes de la France.

En 1808, il fut engagé à Milan dans la troupe de Mlle Raucourt. Le 25 mai, il jouait avec sa directrice au théâtre de la Canobiana, de cette ville, dans *Rodogune* (rôle d'Antiochus). Les journaux milanais lui reconnaissent de l'intelligence. Peu à peu, il prit l'emploi des raisonneurs. Le 7 mai 1819, il débutait à Bruxelles, ville où il devait rester jusqu'à sa mort, survenue en 1852. Il fut le mari de Mme Bosselet (seconde duègne) et le père de Charles Bosselet, né à Lyon le 27 juillet 1812, élève de l'école royale de musique de Bruxelles, chef d'orchestre à Boulogne-s/Mer, premier prix de composition à Bruxelles en 1836, et professeur d'harmonie en cette ville. Agé de 61 ans en 1873, ce dernier obtint une pension de 500 fr. de la Société des artistes pour 42 ans de services. Sa mort fut annoncée la même année. Un autre Bosselet (Alphonse) figurait comme artiste à Bruxelles, 1849-50, et un sieur H. Bosselet, non artiste, se fit de 1864 à 1885, le bienfaiteur de la société.

Biographie: *Annuaire Delhasse*, 1840, p. 205. H. Lyonnet, les *Comédiens français du Prince Eugène* (Bull. de l'Hist. du th.).

BOSSELET, Mme. — Confidente et seconde duègne, femme de Marin Bosselet. Milan 1808-1811, Lyon 1812, Bruxelles 1819-38. Mme Bosselet cessa de faire partie de la troupe de Bruxelles le 20 avril 1838, et mourut le 25 juillet de la même année.

BOSSET. — D'abord comédien de société, puis au th. de la Cité; grand rôle au th. des Amis des Arts, 1799; th. Molière; débuta dans les amoureux au th. Français, n'y resta pas. En 1801 il figurait dans la troupe de Picard où il tenait l'emploi des raisonneurs. L'*Almanach pour l'an X* nous apprend que sa tenue était bonne, sa diction très soignée, mais qu'il manquait de sensibilité. Bosset « a de la chaleur et de la diction, déclare le *Tribunal volatile*, an XI, mais il lui faut du travail ».

L'*Opinion du parterre* n'est pas si indulgent: « Bosset, autre tasse de glace, qui joua ci-devant les amoureux; ne vaut rien dans les garçons, pas grand'chose dans les pères et les caractères, mais qui fut excellent dans la robe du Commissaire des *Trois jumeaux vénitiens* ».

Bosset fit partie de la troupe du Th. de l'Impératrice de 1805 à 1807. Il demeurait alors 157, rue de Luxembourg.

Bibliographie: l'*Année théâtrale*, almanach p. l'an IX et l'an X. Le *Tribunal volatile* an XI. *Opinion du parterre*, t. II, p. 254, t. III, p. 317, IV, p. 187. P. Porel et G. Monval, l'*Odéon*, t. I.

BOSSET-Delille, Mme. — Actrice à l'Odéon en 1818. En 1826 il y avait une dame Bosset, seconde amoureuse, à Toulouse.

BOSSON, Maurice. — Rouen 1878-79, Toulouse 1881-82, Toulon 1883-86.

BOSSON, Mme Marie Férénoux, femme. — Rouen 1878-79, Toulouse 1881-82, Paris 1883, Toulouse 1884-87. Sa mort fut annoncée au Rapport de 1887.

BOSSY, Mme Amélie, Marie. — Lyon 1891-94.

BOTOT-Dangeville. — V. Dangeville.

BOUABEL, Henry, Martial. — Odéon 1850-52.

BOUBE, Ulysse. — Bastia 1882-84.

BOUCHAUD, comique, Mons 1846.

BOUCHE ou Bouché, Charles, Joseph. Nancy 1853-82.

BOUCHÉ. — Ce nom étant écrit souvent pour les mêmes individus *Bouché* ou *Boucher*, v. Boucher.

BOUCHER. — Sous ce nom:

BOUCHER, acteur du th. fr. de la rue de Richelieu en 1792, devenu le th. de la République, 1793. Ce Boucher est le même qui, sans aucun doute, avait débuté le 25 janv. 1780 à la Comédie italienne, par le rôle de Pasquin dans *Les jeux de l'amour et du hasard* et celui de Frontin dans l'*Amant auteur et valet*.

BOUCHER, jeune premier à Rouen, 1816, puis acteur de l'Odéon en 1817. *Les deux Philibert* (24 mars). Nommé sociétaire, il passa avec la troupe à la salle Favart, après l'incendie de la salle de la rive gauche. Il fit sa rentrée le 14 mai 1818 dans le rôle de Dorsay de *La femme jalouse* et de Dorante des *Jeux de l'amour et du hasard*. En 1819, il demeurait rue d'Amboise. M. de Gimel, en prenant la direction de l'Odéon en 1822, s'engagea à lui servir une pension. On écrit aussi *Bouchez*.

Bibliographie: P. Porel et G. Monval, l'*Odéon*, t. I et II. *Hist. des th. de Rouen*, t. II, p. 511.

BOUCHER, troisième rôle du Panorama dramatique 1821-22.

BOUCHER. — « L'une des pierres angulaires du Grand Th. de Lyon, lisons-nous dans la *Grande biogr. dram.* (1824), où il est cité pour ses beaux costumes, qu'il porte, du reste, avec assez de grâce. Ne parlons pas de lui comme chanteur; comédien, il a de la chaleur, du mordant, beaucoup d'intelligence; il saisit et rend bien un rôle. »

BOUCHER, Adolphe. — V. Bouchet.

BOUCHER, nom d'un débutant aux Variétés, le 3 mai 1829. *Le duel et le déjeuner*.

BOUCHER ou Bouché. — Comique, Mons, 1830.

BOUCHER ou Bouché. — Financier, Montpellier 1852.

BOUCHER, Emile. — Toulon 1850-52, Grenoble 1853, Anvers 1853, Paris 1854. Sa mort fut annoncée à cette époque (1855). Il avait alors 60 ans, et touchait depuis l'année précédente une pension de 186 fr. que lui faisait la Société des artistes.

BOUCHER ou Bouché, Victor. — Angers 1853. Agé de 68 ans, en 1880, avec 34 ans de th., reçut une pension de 500 fr. de la Société des artistes.

BOUCHER, Louis, Simon. — Bruxelles 1862-63, Lille 1864-75.

BOUCHER, Jules, Théophile, né à Troyes (Aube) le 15 sept. 1847. —Elève de Regnier, premier prix de comédie au Conservatoire en 1866, Jules Boucher fut engagé pour l'emploi des jeunes amoureux à la Comédie française le 1er avril de la même année et débuta le 7 septembre. Il devait attendre 22 ans le sociétariat (1er janvier 1888).

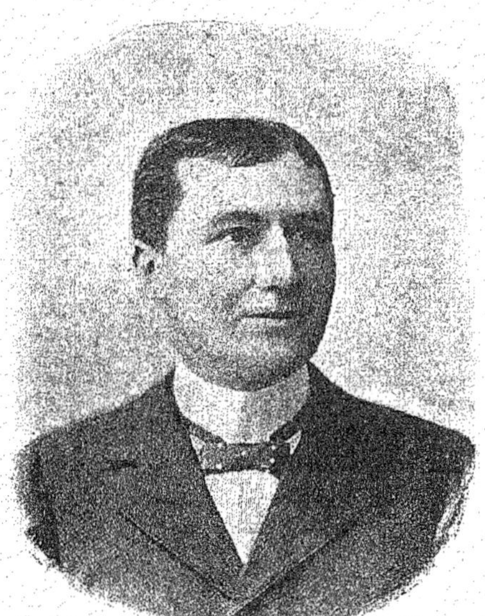

Jules BOUCHER

Boucher fut pendant trente-cinq ans (1866-1901) un des plus sincères et des plus dévoués serviteurs de la Comédie française. Malheureusement son emploi de « petit amoureux » ne le porta jamais au premier rang. D'éducation distinguée, de tournure aimable, de belle diction, Boucher fut, pendant toute sa carrière, Damis de *Tartufe* et Eraste du *Dépit amoureux*, rôles par lesquels il débuta (7 et 15 septembre 1866). Le 8 février 1867, il reprit avec beaucoup de succès le rôle d'Horace dans l'*Aventurière* et créa ensuite de petits rôles dans *Madame Desroches* (18 déc. 1867) et dans *Le coq de Mycille* (27 mai 1868). Il se montra charmant dans *Au printemps* (10 juillet 1869), très chaleureux dans *Phèdre* (rôle d'Hippolyte, 2 sept. 1869) et le jour des débuts de Mlle Croizette dans *Le verre d'eau*, il lui donna la réplique en jouant à ses côtés, avec beaucoup de grâce, le personnage de Masham (7 janvier 1870.)

On eût dit cependant que les rôles du répertoire où on le confinait empêchassent l'administration de lui en donner de plus importants et de plus modernes. Boucher passa une bonne partie de sa carrière à marquer le pas derrière Delaunay — qui ne dit pas un mot de sa doublure dans ses *Mémoires* — et lorsque l'éternel jeune premier quitta la place, les lauriers étaient coupés pour Boucher. Il hérita bien de quelques-uns de ses rôles, notamment dans le *Bonhomme jadis*, *La Joie fait peur*, le *Lion amoureux*, s'en tira assez vaillamment; mais son nom n'arriva jamais jusqu'aux foules. Parmi des rôles nouveaux il faut rappeler ceux qu'il établit dans *Maurice de Saxe* et les *Enfants*. Boucher avait dès la première année, donné tout ce qu'il pouvait et devait donner.

A propos d'une reprise des *Fâcheux*, Sarcey écrit le 5 juillet 1886 : « C'est Boucher qui faisait Eraste. Le rôle est fort long, puisque Eraste est toujours en scène. Très difficile, puisqu'il se trouve toujours dans la même situation... M. Boucher a joué avec beaucoup de convenance; j'aurais souhaité qu'il y mît un peu plus de variété.» Et plus loin: «Ces légères critiques n'empêchent point que M. Boucher n'ait été applaudi, et justement, dans ce rôle. M. Boucher, que M. Perrin avait, je ne sais pourquoi, pris en grippe et écarté de la scène, y reprendra la place qui est due à ses longues études, à sa connaissance approfondie du répertoire et à son talent mûri par l'expérience. »

En 1893, lorsque M. Jules Claretie divisa la troupe en deux bandes, dont l'une porterait Corneille et l'autre Molière à la province, ce fut de concert avec Boucher, « très expert et très ingénieux dans l'organisation de ces tournées » dit encore Sarcey, que l'administrateur de la Comédie arrangea les choses de façon que la troupe comique précédât l'autre dans chaque ville.

Un peu souffrant, un peu découragé aussi peut-être, M. Boucher, officier d'académie depuis 1900, songea à prendre sa retraite, et sa représentation d'adieux fut fixée au 28 décembre 1901. Ce fut à l'impresario Schürmann qu'il confia le soin d'organiser cette soirée. Celui-ci fit appel au concours du grand tragédien néerlandais, Louis Bouwmeester et des artistes du Th. royal, lesquels vinrent interpréter des sélections de *Shylock* et remportèrent un vif succès.

Le bénéficiaire, M. Boucher, se montra dans des fragments du *Joueur* (rôle du marquis) et le public lui témoigna de véritables marques de sympathie. Une comédie inédite, les *Mystiques*, de nombreux intermèdes complétèrent la soirée. La recette atteignit 23,000 francs.

Bibliographie : *Foyers et Coulisses*, Comédie franç. t. II. Fr. Sarcey, *Quarante ans de théâtre*, t. I, p. 323 ; d° p. 64 et suiv. *Figaro* 28 et 29 déc. 1901.

Iconographie : Musée de la Comédie française : les *Sociétaires de la Comédie en 1894*, toile par Louis Béroud : Boucher est représenté dans le rôle d'Alceste du *Misanthrope*.

BOUCHER, Mme ou Mlle. — Sous ce nom :

Mme Boucher, rôles annexés, 1er arr. th. 1829.

Mme Boucher ou Bouché, premier rôle, 3me arr. th. 1829.

Mme Boucher, chanteuse comique, Namur 1830.

Mme Boucher ou Bouché, première duègne, Calais 1838.

Mme Boucher ou Bouché, Caroline, La Rochelle 1850, Nancy 1852.

Mme Boucher, Caroline, Toulon 1850, grande coquette, Brest 1852, Strasbourg 1853.

Mme Boucher, Caroline, Alexandrine, Augustine, Fanny, Anvers 1862-65.

Mme Boucher-Petitbon, Constance, Emilie. — Toulon 1852, Anvers 1853-54, Limoges 1852-57, Ile Maurice 1858-59, Paris 1860.

Mme Boucher, Pauline, Laurence, dite aussi *Laure*. — Metz 1853-55, Strasbourg 1856, Gand 1857-60, Mons 1861, Gand 1862-64, Toulon 1865, Nîmes 1867, Paris 1868-1902. En 1885, Mme Laure Boucher, âgée de 67 ans, avec 32 ans de th., obtint la pension de 500 fr. de la Société des artistes. Habitait Paris en 1902.

Mme Boucher, Louise, Marie Duboucher dite. — Châtellerault 1856, Poitiers 1857-67, Versailles 1868. Habitait Versailles en 1902.

Mme Boucher, Adèle Duboucher dite. — Châtellerault 1856, Poitiers 1857-91. Sa mort fut annoncée au Rapport de 1893.

BOUCHET, Adolphe, Jean, Joseph Boucher dit, 1800-1857. — Bouchet naquit à Poitiers le 5 juillet 1800. Son père était musicien. Reçu au Conservatoire dans la classe de déclamation dramatique le 23 février 1823, il remporta cette même année le second prix de tragédie. Ayant quitté volontairement l'école, il s'engagea dans une troupe volante dirigée par Harel, lequel en parle en ces termes dans son *Dictionnaire théâtral* (1825) : « Ce jeune acteur n'est connu encore qu'en province, par des succès qu'il a su obtenir auprès de Talma et de Mlle George qu'il a plusieurs fois accompagnés dans leurs tournées dramatiques. On lui accorde une grande intelligence, et plusieurs des qualités qui constituent le tragédien. »

Le 4 juin 1828, Bouchet débuta à la Comédie française par le rôle d'Arsace dans *Sémiramis*, et quelques jours après dans *Œdipe*. Engagé comme pensionnaire, Bouchet créa un grand nombre de rôles de 1828 à 1836. MM. E.-D. de Manne et C. Ménétrier en ont donné la liste dans la *Galerie historique* de la Comédie française. Nous y relevons, entre autres, Illo de *Walstein*, Le marquis Adamire des *Intrigues de cour*, Un officier dans le *More de Venise* de de Vigny, Sir Raleigh dans *Elisabeth d'Angleterre*, Eugène des *Intrigants*, De Mornay de l'*Espion du mari*, Gustave du *Duelliste*, Latour-Landry du *Roi s'amuse*, Valère du *Médecin volant*, etc. Voici comment on le juge en 1833 : « Jeune premier qui ne manque ni de chaleur, ni d'intelligence. Physique ingrat. Il remplace Armand ; mois il n'a aucune des qualités de ce charmant comédien qui avait conservé les traditions de Molé et de Fleury, et dont la diction spirituelle faisait si bien valoir le papillotage de Marivaux. »

Ayant brigué le titre de sociétaire sans l'obtenir, Bouchet quitta la Comédie pour venir à Bruxelles au mois de mai 1837. Il se montra tour à tour, pour ses débuts, dans les *Femmes savantes*, le *Mari à bonnes fortunes*, le *Misanthrope*, et *Hamlet*. « Quoique son admission ne fût pas douteuse, écrit Delhasse, ses premiers débuts ne jetèrent pas un grand éclat ; mais à force de zèle, d'application et de progrès, il triompha bientôt des préventions... » Ce qui prouve qu'une diction juste, un jeu sage et consciencieux, un air distingué, une intelligence peu commune ne suffisent pas toujours si la physionomie est peu expressive, en dépit de la correction.

En avril 1840, Bouchet revint à la Comédie française où il reparut dans Rolla du *Chef-d'œuvre inconnu*, et dans *Tartufe*. Mais il retourna en province. L'année suivante, il fut engagé par la direction de la Renaissance. Cette entreprise, inaugurée en 1836 par *Ruy Blas*, cherchait sa voie. Bouchet, de février à avril 1841, tint des rôles importants dans la *Fête des fous*, *Zacharie*, l'*École des jeunes filles*. En 1842, nous le retrouvons à l'Odéon ; *Agrippine*, l'*Héritage du mal*, les *Deux impératrices*, *Molière à Chambord* (rôle de Molière), le *Succès*, les *Contrastes*, *Lucrèce*, la *Jeunesse de Luther* pour son bénéfice, *Pierre Landais*, la *Duchesse de Châteauroux*, sont les pièces où il se produit. Le 15 janvier 1844, à l'occasion de l'inauguration du monument de Molière, rue Richelieu, il lit un discours en vers, très applaudi, de M. des Essarts. Il joue encore — à l'Odéon — la *Comtesse d'Altenberg*, *Sardanapale*, la *Ciguë* (rôle de Clinias), la *Jeunesse de Corneille*, le *Bachelier de Ségovie*, le *Comte d'Aiguemont*.

Mais les directions de l'Odéon étaient changeantes ; Bouchet, qui visait toujours le sociétariat rue de Richelieu, alla frapper pour la troisième fois à la porte de la vieille maison. Il rentre le 18 juillet 1846, dans la *Ciguë*, transportée à ce théâtre, puis dans *Don Juan*. En 1848, on lui confie quelques rôles importants dans les *Aristocraties*, la *Lucrèce* de Ponsard où il reprit, aux côtés de Rachel, le rôle qu'il avait créé à l'Odéon, et enfin joua d'original (23 mars) le beau rôle de Fabrice dans l'*Aventurière*.

En 1851, fatigué d'attendre sa nomination de sociétaire, il retourna à l'Odéon. Ce fut la dernière série. On le vit dans les *Péchés de jeunesse* (28 sept. 1850), *Sapho*, les *Ennemis de la maison*, la *Fin de la comédie;* le 15 janvier 1851 il récita l'*Ode à Molière* de Théodore de Banville. Citons encore: *Don Gaspar le mendiant*, les *Familles*, *Sous les pampres*, les *Cinq minutes du Commandeur*, l'*Exil de Machiavel*, *Marie de Beaumarchais*, *Richelieu*, *le Roman du village* (5 juin 1853).

J. Arago écrivait en 1852, en parlant de cet acteur: « Bouchet est un premier rôle dans toute l'acception du mot; c'est une réputation faite et méritée ».

Bouchet qui avait fait un bon mariage se retira dans une agréable habitation qu'il s'était créée, boulevard Montparnasse, et mourut d'une affection de poitrine en 1857.

Biographie: E. D. De Manne et C. Ménétrier, *Galerie historique*.

Bibliographie: Harel, *Dict. th.*, 1825. — *Almanach Barba*, 1829. — *Petite biogr. dram.*, 1833. — Faber, *Hist. du Th. en Belgique*.

Iconographie: La Bibl. nat. possède un portrait de *Bouché, acteur*, n° 5821 du Catalog. Duplessis, en pied de 3/4 à droite, cost. de th., lith. par A. L. (1852). Nous ignorons si c'est de *Bouchet*, dont il s'agit.

BOUCHET, Mme ou Mlle. — Sous ce nom :

Mlle Bouchet, Ariane, Th. Comte 1838.

Mlle Bouchet, Marie, Rose, deuxième premier rôle, Bruxelles 1844. Cette artiste, dit Delhasse, était née à Marseille le 4 février 1823. Son père, ancien capitaine de l'Empire, la destinait au professorat. Elle opta pour le théâtre. Elève du Conservatoire de Paris, sortie de la classe de Samson, elle était sur le point de débuter au Th. Français, lorsqu'elle vint en représentation à Bruxelles. C'est dans le rôle d'Angélique du *Malade imaginaire*, qu'elle parut pour la première fois (11 mars 1844). Son organe flatteur, son physique gracieux et expressif, son jeu simple et naturel, sa tenue modeste et distinguée lui valurent tous les suffrages. Elle resta donc à Bruxelles où elle se fit aussi apprécier par ses vertus privées, et mourut prématurément dans cette ville, le 10 septembre 1845, entre sa mère et sa grand'mère qui ne l'avaient jamais quittée.

Biographie: *Annuaire Delhasse*, 1846 p., 185.

BOUCHET, Emile, Etienne. — Bayonne 1852, Grenoble 1853-54, Toulouse 1855, Bruxelles 1856, Le Hâvre 1857-58, Berlin 1859, Nantes 1860-61, Bordeaux 1862-63, Rouen 1864, Bordeaux 1865, Hombourg 1867, Bruxelles 1868, th. du Châtelet 1869, Toulouse 1870, Bordeaux 1872-74, Marseille 1875-78, Bruxelles 1879-80, Rouen 1881, Nice 1882-83, Bruxelles 1884, Le Hâvre 1885, Bordeaux 1886, Rouen 1887, Genève 1888, St-Etienne 1889-90, Paris 1891.

M. Bouchet est pensionnaire de la Société des artistes (500 fr.) depuis 1890. Il avait alors 61 ans, et habitait Paris en 1902.

BOUCHET, Mme, née Henriette Huart. — Le Hâvre 1857-58, Berlin 1859, Nantes 1860-61, Bordeaux 1862-63, Rouen 1864, Bordeaux 1865, Hombourg 1867, Bruxelles 1868, th. du Châtelet 1869, Toulouse 1870, Bordeaux 1872-75, Marseille 1876-78, Bruxelles 1879.

BOUCHET, Jules, Louis, Etienne. — Metz 1861-63, Lille 1864-65, Hombourg 1867, Bordeaux 1868, Th. Lafayette 1869, Rouen 1870, Bordeaux 1872-75.

BOUCHET, Mlle, Marie. — Odéon 1892-93.

BOUCHEZ, Charles, François. — Né le 22 mai 1785, selon Delhasse, ne peut être le *Boucher* du th. la République en 1793, mais pourrait fort bien être le *Bouchez*, jeune premier à Rouen en 1816, lequel passa à l'Odéon. Et cependant à l'Odéon, on écrivait *Boucher* (V. Boucher). Quoiqu'il en soit, cet artiste, c'est-à-dire *Bouchez* avec un z, débuta avec succès à Bruxelles le 10 mai 1819 par le rôle de Florville dans le *Tartufe de mœurs* et resta dans cette ville, comme jeune premier, une première fois jusqu'en 1828.

Il donnait également des leçons de déclamation, et Mlle Virginie Maufou, qui débuta le 21 mars 1828, était son élève. Bouchez parut en dernier lieu au Grand Théâtre le 18 avril, dans les *Comédiens*. Le lendemain eut lieu une représentation à son bénéfice, au Théâtre du Parc; il interpréta trois pièces: *Thérèse* ou *l'orpheline de Genève*, mélodrame, *France et Savoie* et l'*Héritière*, vaudevilles.

Bouchez fit sa rentrée l'année suivante, le 25 avril, au Théâtre du Parc, dans M. *Jovial* et le rôle de Gourville de l'*Héritière*. De concert avec Niellon, il fonda une école dramatique où il n'admit que des enfants âgés de 7 à 12 ans, auxquels étaient enseignés gratuitement, outre la déclamation, la géographie, l'histoire, la mythologie, les mathématiques, l'écriture, le dessin, la musique, l'escrime et la danse. Pour s'indemniser de ces frais, les deux directeurs faisaient donner, par leurs élèves, des représentations composées en partie du répertoire du th. Comte. La première eut lieu à la salle de Bavière le 25 oct. 1829.

En 1834, Bouchez rentra au Th. de la Monnaie, mais il avait changé d'emploi; il jouait les financiers et les pères nobles. Il y était encore en 1838-39, Gand 1840, Bruxelles 1842-1844. Il passa par Marseille 1849-50 et revint à Bruxelles 1852-53,

Bibliographie : Fr. Faber, *Hist. du Th. français* en Belgique, t. III. — *Almanachs Barba.*

BOUCHEZ, Mme, Henriette. — Troisième amoureuse. Bruxelles 1838-39.

BOUCHEZ-Bisson, Mme. — Premier rôle. Liège 1839, Marseille 1849-50.

BOUCHEZ, Mlle Caroline. — Deuxième amoureuse. Bruxelles 1844.

BOUCHY. — Liège 1832-33.

BOUCLY-Bellement. — Artiste de l'Ambigu comique (V. Bellement), exploitait avec ses camarades la seconde scène de Rouen, lorsque le 12 nivôse an X, dans une boutique de la rue Cauchoise, il fut frappé de mort subite.

Il était né à Reims, et n'avait que 35 ans. C'était un neveu de Boucly, professeur de l'Université de Paris, et de l'abbé Auger, professeur et traducteur d'auteurs grecs. Il fut inhumé le 13 nivôse dans le cimetière St-Gervais, en présence de tous les artistes des deux théâtres. Cet article complète celui de Bellement.

Bibliographie: *Hist. des th. de Rouen*, t. IV, p. 134.

BOUCQUIN, Mme, Alph. E., née Pineau Stéphane. — Oran 1885, Nîmes 1886, Paris 1887-1894.

BOUDAN, Mme, Maria. — Lisbonne 1868-70.

BOUDEVILLE, Charles, Gustave, Henri. — Mort en 1872. Avait été élève du Conservatoire, puis avait débuté à l'Odéon le 16 janvier 1844 dans les *Folies amoureuses*. Non engagé, il partit pour Bordeaux, et se présenta de nouveau en mai 1846 — à l'Odéon toujours — dans le rôle de Figaro du *Barbier de Séville*, mais sans plus de résultat. Nouveaux débuts le 4 mars 1847 dans les *Jeux de l'amour et du hasard*, et le 30 septembre 1850 dans les *Folies amoureuses*. Cette fois, il est reçu. Nous retrouvons son nom dans les pièces suivantes :

1850	23 déc.	La *Fin de la comédie.*
1851	29 —	Les *Marionnettes du docteur.*
1852	1 sept.	*Marie de Beaumarchais.*
—	23 nov.	*Grandeur et décadence de M. Prudhomme.*
—	19 déc.	Le *Loup dans la bergerie.*
—	26 —	Le *Feuilleton d'Aristophane.*

« Œil vif, bouche spirituelle, Boudeville avait les qualités nécessaires pour faire un excellent valet de répertoire. « Il n'est ni de l'école de Samson, ni de celle de Regnier, ni de celle de Monrose, déclare J. Arago en 1852 ; il est de la sienne, et elle en vaut d'autres, je vous assure. Les comiques de sa trempe ne se trouvent pas dans la rue. »

Tout à coup, cependant, il renonça au théâtre pour se consacrer à l'enseignement et ses cours, soit à l'Ecole lyrique de la rue de la Tour-d'Auvergne, soit dans son modeste appartement du Faubourg-Montmartre, obtinrent le plus légitime succès dû à son excellente éducation, à ses relations mondaines, et enfin à sa méthode très appréciée.

« Les soirées de Boudeville, écrit-on en 1862, sont toujours très courues. Charles Boudeville est le professeur de déclamation à la mode. Henri Monnier a fait de lui une charmante aquarelle. Le Conservatoire l'a imbu d'excellents principes, et l'Odéon se souvient de son succès dans les grandes livrées. Ses cours sont fort suivis ; les plus jolies femmes de Paris semblent s'y donner rendez-vous : le titre d'*élève de Boudeville* est à lui seul tout un certificat... de beauté. On comprend donc l'intérêt qu'offrent les soirées qu'il organise ; elles ont lieu en famille, presque à huis clos... La plus haute aristocratie les honorait de sa présence alors que Juliette Beau préludait à ses tâtonnements soi-disant artistiques, alors que Léonie Leblanc s'apercevait enfin que le talent ne peut pas nuire. Boudeville joint la pratique à la théorie : il joue souvent, toujours dans le *Mari de la veuve*. Il a de l'aisance, trop même. Mademoiselle Marie Garnier, une étoile qui nous est revenue de St-Pétersbourg pour s'éclipser aux Variétés, une femme à la mode aussi belle que spirituelle, est une de ses élèves également, et une de ses meilleures. »

La guerre vint, et Boudeville ne pouvant plus donner de leçons, se trouva sans ressources. A cette époque, la Comédie française qui tenait ses portes toujours ouvertes était passablement dégarnie par l'absence de ses sociétaires et pensionnaires. On se serra un peu pour lui faire une petite place à titre exceptionnel et c'est ainsi qu'il joua Cliton du *Menteur* dans la Maison de Molière. Boudeville, qui avait épousé vers 1846, à Bordeaux sa camarade, Mlle Blangy (v. Mme Boudeville), mourut en 1872.

Bibliographie : P. Porel et G. Monval, *Hist. de l'Odéon*, t. II. J. Arago, *Foyers et coulisses*, 1862. Les *Petits mystères de l'Ecole lyrique*, p. 67, 1862.

BOUDEVILLE, Mme, née Am. Blangy, femme du précédent. — Elle avait pour père l'un des meilleurs choristes de l'Opéra. Elle était, en outre, la sœur de l'une des plus charmantes danseuses de ce théâtre, Mlle Herminie Blangy. En 1842, fort jeune encore, elle s'essaya comme comédienne sur la petite scène de la rue Chantereine et débuta à l'Odéon le 14 novembre 1843. Elle fut engagée à Vienne (Autriche) où se trouvait sa sœur. En 1845, elle est à Nantes où elle tient les premiers rôles ; en 1846, à Bordeaux, où elle épouse son camarade Boudeville. Nous la retrouvons ensuite à Bruxelles, puis à Bordeaux et à Paris.

Mme Boudeville fit d'abord partie du Th. de la Porte St-Martin. On écrivait d'elle en 1850, à propos d'un rôle qu'elle créa dans *Pied-de-fer* : « Mme Blangy-Boudeville a de l'âme et de l'intelligence, et elle traduit avec bonheur les passions jalouses de l'amante abandonnée. » Le 6 septembre 1851, elle débuta à l'Odéon dans les *Familles* : « Mme Boudeville, dit le *Siècle*, est une artiste de talent; elle a du goût, de la mesure, de l'élévation même. Encore deux créations comme celle de Madame de Cerny, et on pourra ne pas regretter autant, à l'Odéon, l'absence de Madame Laurent. »

Le 8 mars 1852, elle jouait encore à ce théâtre dans les *Cinq minutes du Commandeur*. Puis elle passa à la Gaîté au commencement de 1853; elle y créa le rôle de Mme Shelby dans l'*Oncle Tom*, et rentra à l'Odéon: Armande des *Femmes savantes*, la Comtesse des *Mémoires du Diable*, Mme de Cerny dans la reprise des *Familles*, Mme de Sancy dans le *Laquais d'Arthur*, la Reine dans la *Servante du Roi*, pièce où elle fut rappelée par la salle entière. En 1856 elle n'était plus à l'Odéon; en 1857 elle passa par Lisbonne. A partir de 1859 nous perdons ses traces.

Biographie : Gallois, *Th. et artistes dram.*, l'Odéon, 1854.

Bibliographie : J. Arago, *Foyers et coulisses*, p. 31, 3e édit. 1852. — P. Porel et G. Monval, l'*Odéon*, t. II.

BOUDIER, Hector, Théophile. — Variétés 1859, Nantes 1867-68, Marseille 1869, Rome 1870-73, Nice 1874, Rochefort 1875, Liège 1876, Florence 1877, Paris 1878, Odéon 1879-88, Gymnase 1889-98. Hector Boudier, âgé de 72 ans, avec 37 ans de th. en 1898, obtint la pension de 500 fr. de la Société des artistes dramatiques. Habitait Paris en 1902.

BOUDIER, Mme Henriette, *Palmyre* Bazille dite.—Florence 1870-78, Château d'Eau 1879-83, Paris 1884, Château d'Eau 1885-87, Ambigu 1888-92.

BOUDIN, Honoré. — Nom d'un artiste mort en 1846.

BOUDIN, Mlle, Clémentine, Géraldine. — Folies nouvelles 1858-59, Th. Déjazet 1860-61, Bouffes 1862-70.

BOUDOIS. — Nom d'un débutant à l'Odéon le 9 février 1830: rôle de Victor dans les *Comédiens*.

BOUDOU, Gustave. — Gaîté 1849.

BOUE, P. — Salle Taitbout 1875.

BOUFFAR Mlle Zulma, Madeleine Boufflar dite.— Naquit à Nérac le 23 mai 1843 ou 1844. Son père était comédien, musicien et professeur; sa mère jouait aussi.

Enfant de la balle, elle débuta à six ans, ou à peu près, à Marseille, dans la *Fille bien gardée*, et vint à Lyon où elle chanta avec succès. Son père l'amena à Paris, contracta pour elle un engagement avec un café-concert du boulevard de Strasbourg, mais, avant qu'elle ne parut, un décret interdit ces exhibitions d'enfants. Elle partit pour Bruxelles, chanta au Casino des Galeries St-Hubert en même temps que Darcier; quelque temps auparavant au Casino du Marché aux Poulets, elle chantait de petits duos avec Marie Cico, âgée environ de onze ans.

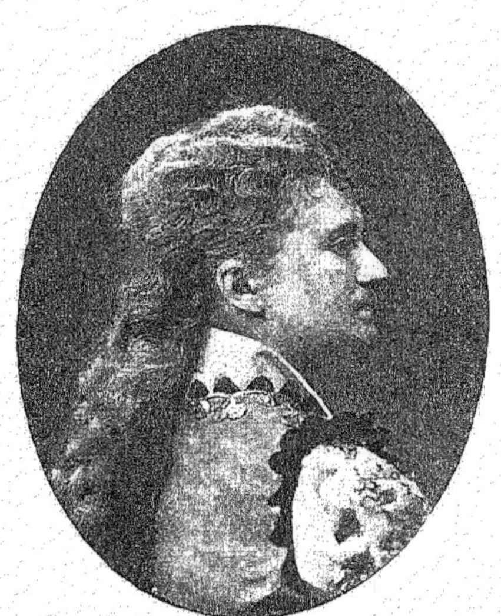

Mlle Zulma BOUFFAR
Cliché Reutlinger (1878)

Elle avait une façon à elle de débiter ses chansonnettes : mais le café-concert ne lui suffisait plus; elle passa à Liège, jouant dans le *Grand-papa Guérin*, et se voyant emportée par Delannoy dans le *Vieux caporal*.

En 1855 — elle n'avait donc pas encore douze ans, — on l'enrégimente dans une troupe allemande qui allait à Cologne ; elle parcourt l'Allemagne, la Hollande, la Suède, le Danemark, chantant toujours en français. Son père meurt à Hambourg. Sa mère était morte depuis longtemps; la voilà orpheline à treize ans. Elle continue ses tournées ; à Rotterdam, elle rencontre Naza, directeur du th. d'Ixelles-Bruxelles. Il la confie aux soins de sa femme, la fait jouer chez lui, deux ans, d'où elle passe à Liège, 1860-62. Elle tient l'emploi des ingénuités, des soubrettes, des déjazets, chante l'opérette et tout le répertoire des Bouffes.

Zulma Bouffar, tant à cause de son jeune âge que de sa gentillesse, était l'enfant gâtée du public. Geoffroy, qui était venu en représentations à Liège, voulut la faire entrer au Palais-Royal ; elle préféra rester en Belgique, et alla jouer aux Galeries St-Hubert. Après une tournée en Hollande, elle vint à Hombourg (1863) où Offenbach l'entendit. Sa figure expressive, sa petite voix juste, décidèrent le maestro à lui confier le rôle de Lischen dans *Lischen et Fritzchen* que l'on donna pour la première fois à Ems. Cette pièce servit de début à l'artiste dans la salle du passage Choiseul dont l'ouverture se fit le 5 janvier 1864.

Jeune, espiègle, spirituelle, elle devait plaire, et elle plut : on la vit tour à tour dans Il *Signor Fagotto*, la *Géorgienne* (janv. 1864), *Jeanne qui pleure et Jean qui rit* (3 nov. 1865), les *Bergers* (rôle d'Eros), *Didon* (5 avril 1866). Elle passa même par les Folies Dramatiques, rôle d'Eolin dans la *Fille de l'air*, et s'essaya au Théâtre lyrique dans la *Flûte enchantée*.

Lorsque les Bouffes fermèrent leurs portes, Zulma Bouffar entra au Palais-Royal où elle créa pour son début le rôle de Gabrielle dans la *Vie parisienne* (31 oct. 1866), ce qui lui valut sur la partition, cette dédicace d'Offenbach : « à Zulma Bouffar, la Patti de l'opérette. »

A partir de cette époque, elle joua de préférence les travestis. On la vit encore dans :

Geneviève de Brabant, Menus Plaisirs (26 déc. 1867), le *Château à Toto*, Palais-royal (6 mai 1868), la *Cour du roi Pétaud*, les *Brigands*, Variétés (10 déc. 1869). Son nom se retrouve dans toutes les entreprises où paraît Offenbach. En 1872, c'est encore lui qui la fait engager à la Gaîté pour créer le rôle de Robin dans le *Roi Carotte* (15 janvier). Le 29 janvier 1873, elle joue dans les *Braconniers* aux Variétés. Après des excursions à Bruxelles, Rouen, Gand, Liège, etc., Mlle Bouffar revint à la Renaissance où elle triompha dans la *Reine Indigo* (mai 1875), toujours grâce à sa verve, à son esprit, à sa voix juste et bien posée, — puis dans *Kosiki* (18 oct. 1876), la *Tzigane* (31 oct. 1877), la *Camargo* (20 nov. 1878).

« C'est, sans contredit, une des actrices les plus agréables de Paris — surtout quand elle « grignote » des couplets d'Offenbach », écrit Paul Mahalin. La singularité de son nom n'avait pas été aussi sans frapper la critique : « *Zulma !... Bouffar !...* Quel singulier assemblage ! s'écriait dans la *Presse* Paul de St-Victor. On dirait d'une plume d'oiseau de paradis sur un bonnet de coton ».

Et Alphonse Daudet rimait dans le *Parnassiculet contemporain :*

> « Plus douce que le nénuphar
> Dans l'eau claire, une aurore blanche
> Baise ton pied rose et ta hanche
> Ivoirine, ô Zulma Bouffar ! »

Mais la hanche ivoirine avait épaissi, et, comme le dit encore Mahalin : « Les tendances regrettables que son nez affichait à « faire carnaval » avec son menton se sont accentuées de plus en plus. On pouvait, en vérité, lui appliquer le mot de Mürger sur Mlle Parent de l'Opéra.

« C'est la fille de l'Amour et de Polichinelle ».

Après s'être retirée du Théâtre, Mlle Zulma Bouffar fit sa rentrée à l'Ambigu, en 1887, dans le drame *Les mystères de Paris*, rôle de Rigoletto ; puis en 1891 succéda à E. Rochard dans la direction de ce théâtre. Elle inaugura sa venue par le *Médecin des folles* (18 sept.), mais sans jouer.

Mlle Zulma Bouffar ne garda que peu de temps cette direction. En 1902, âgée de 59 ans, elle obtint la pension de 500 fr. de la Société des artistes.

Biographie : Félix Savard, les *Actrices de Paris*, 1867. — *Foyers et Coulisses*, Variétés, p. 92, 1873. — P. Mahalin, les *Jolies actrices de Paris*, t. II, p. 93, 1878. — Notice par Fél. Jahyer dans *Paris Théâtre*, n° 108, 10-15 juin 1875.

Bibliographie : Alb. Wolf, les *Mémoires du boulevard*.

Iconographie : Bibl. nat. Catalog. Duplessis 5875.

1. En pied, de profil à droite (cost. de th.), imp. Bertants, 1860.
2. A mi-corps de profil à droite, lith. Théo ; sur cette planche se trouvent les portraits de Grenier et d'Aimée.

Photographie, médaillon, de profil à droite, cliché Reutlinger, *Paris-Théâtre* n° 108, 10-16 juin 1875.

Journal amusant : n° 698, 15 mai 1869, dans la *Cour du roi Pétaud* (travesti) ; n° 859, 15 fév. 1873, dans les *Braconniers*.

BOUFFE, Hugues, Marie, Désiré (1880-1888).

Bouffé naquit à Paris : « Du vingt fructidor an VIII de la République, acte de naissance de Hugues, Marie, Désiré, né le dix-sept du présent mois (4 septembre 1800), à une heure de relevée, rue Cloche-Perce, n° 15, division des Droits de l'homme, fils de Jean Bouffé, peintre-doreur en bâtiments, et de Marie Josin, son épouse, domiciliée susdite demeure, mariés le dix-neuf thermidor an VI, au septième arrondissement de Paris ». *Extrait du registre des actes de naissance du VIIe arrondissement pour l'an VIII*, cité par E. D. De Manne et C. Ménétrier.

Bouffé, à quatre-vingts ans, prit le soin d'écrire ses *Souvenirs*. La tâche ici sera donc facile. Nous nous contenterons seulement d'ajouter aux dates et aux faits les opinions formulées chemin faisant sur son compte par les critiques, ses contemporains.

Les parents de Bouffé, simples ouvriers parisiens, étaient passionnés pour le théâtre. A dix ans, ainsi qu'il l'avoue lui-même, l'enfant avait déjà vu vingt mélodrames, trente vaudevilles, sans compter bon nombre de pièces appartenant à tous les genres. A treize ans il commence son apprentissage de doreur sur bois. Sa mère mourut jeune encore en mettant au monde son vingt-deuxième enfant. Dans ce nombre figuraient trois sourds-muets. L'aîné fut tué en duel à l'âge de vingt-trois ans. Une sœur, sourde-muette, mourut à dix-sept ans.

L'établissement du père, qui occupa jusqu'à trente personnes, fut ruiné en 1814. La misère entra dans la maison. Pendant trois ans, le chef de famille fut incapable de s'occuper de ses affaires, et ce fut une bonne religieuse qui, voyant la mélancolie insurmontable de ce brave homme, donna simplement ce conseil : « Il faut le distraire, le mener voir danser les polichinelles ». Trois fois par semaine, dit Bouffé, j'accompagnais le convalescent au Théâtre des Funambules. C'est ainsi qu'il se rétablit.

Vers 1820, les ouvriers de la maison montèrent « une partie » chez Doyen, rue Transnonin. Bouffé y parut en amateur dans le rôle d'Alain de l'*Ecole des femmes* et de Sganarelle du *Médecin malgré lui*. Sa sœur aînée, Joséphine, figurait dans ces deux ouvrages. Elle était très jolie, possédait du naturel ; elle fut engagée à l'Ambigu (v. Mme Gauthier).

Cette circonstance permit à Bouffé de fréquenter les coulisses de ce théâtre. C'est là qu'il connut une charmante jeune fille, fraîche et blonde, qui devait devenir sa première femme. Mlle Seffert, c'était son nom, orpheline, avait été recueillie et élevée par une famille de menuisiers, les Gilbert. Avec le temps elle était devenue danseuse et mime. L'idée d'épouser cette jolie et sage personne germa dans la tête du futur artiste. Mais il n'avait aucune position. A vingt ans ! Il se mit en quête d'un engagement au Gymnase — qui allait ouvrir ses portes — et fut éconduit par Poirson. Il se rendit alors chez Allaux, directeur du Panorama dramatique que l'on bâtissait sur le boulevard du Temple. Allaux, à en croire Bouffé, avait une singulière méthode pour engager ses artistes. Il les faisait passer sous une toise et, selon la grandeur, les classait dans tel ou tel emploi : premier rôle, jeune premier, amoureux, troisième rôle, premier comique, etc. Hélas ! Bouffé n'atteignait même pas à la hauteur requise pour le dernier numéro : bas comique, grime. Ce ne fut que sur les instances du régisseur Solomé, qu'il fut admis comme « grande utilité » aux appointements de *vingt-cinq francs* par mois !

Bouffé débuta donc au Théâtre du Panorama dramatique le 14 avril 1821 par le rôle d'Abou-Taher, esclave de 30 ans, dans *Ismayl et Maryam*, et y joua vingt-cinq rôles divers (avril 1821, juillet 1823). Il habitait boulevard du Temple, 50, deux chambres qui furent occupées plus tard par le régicide Fieschi, et prenait pension, rue des Fossés du Temple, pour un franc, chez une fruitière, la mère Lecouteux. Il comblait le vide du budget avec ses moulages en plâtre. Au bout de dix mois, il gagnait au théâtre six cents francs par an — puis douze cents — puis quinze cents. C'est alors qu'il se posa comme soupirant officiel à la main de Mlle Charlotte Seffert, déjà nommée.

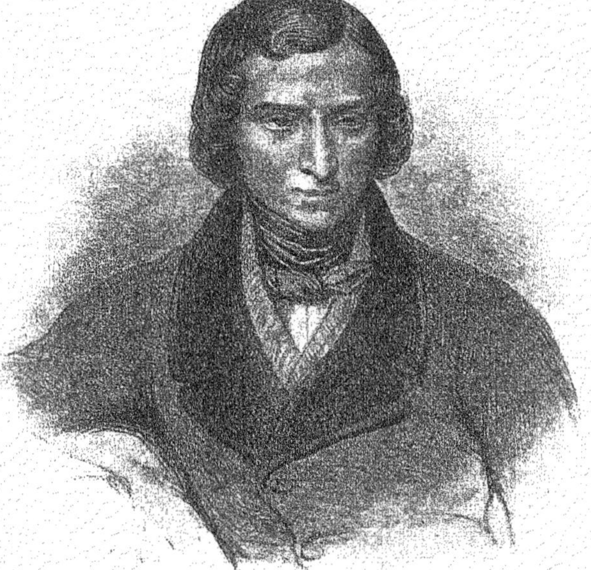
BOUFFÉ, par Julien (1839)

En attendant, Bouffé se prodiguait, jouant les jeunes, les vieux, les caricatures, le comique, le dramatique, dansant (la mère Simonne du ballet *la Fille mal gardée*) ou mimant (le grand cousin dans le *Déserteur*, pantomime). Mais un rôle le mit en évidence : celui de Ababa-Patapouf, vieil empereur chinois, dans la *Petite lampe merveilleuse* (13 septembre 1822). Brunet, Vernet vinrent le féliciter dans sa loge, et M. Chédel, son directeur, annonça au jeune artiste, en leur présence, qu'il portait ses appointements de 1500 à 3000 francs. Pour plus de conscience, Bouffé s'était fait raser la tête pour jouer ce rôle ! Cette tête rasée, qui le rendait momentanément ridicule, n'empêcha pas pourtant son mariage de s'accomplir, le même jour que celui de sa sœur cadette qui épousa le chef des ateliers de son père.

Voici donc le petit ménage installé faubourg du Temple, 7, avec un budget de 4500 francs, y compris les appointements de la jeune femme. Ce fut le moment où le Panorama dramatique ferma ses portes (14 juillet 1823), laissant cent personnes sur le pavé.

Avant de quitter ce malheureux Panorama, Bouffé avait été le héros d'une petite aventure politique. Le 4 mars 1823, le jour même de la célèbre séance de la Chambre des Députés d'où Manuel avait été expulsé par la force armée, le mot « Empoignez-moi cet homme-là! » avait fait fortune. Donc, l'artiste qui jouait ce soir-là le rôle d'Imalcade dans *Tringolini*, s'avisa de remplacer les mots qu'il avait à dire : « Emparez-vous de cet homme-là ! » par : « Empoignez-moi cet homme-là ! ». On devine le tonnerre d'applaudissements que suscita cette boutade. Bouffé, perturbateur de l'ordre — lui le craintif par excellence — fut conduit à la Préfecture de Police, passa la nuit à la salle St-Martin, debout, au milieu des pires vauriens, pour être relâché le lendemain après semonce du substitut.

Sans engagement, Bouffé se remit à gratter ses ornements en plâtre jusqu'au jour où Minette Franconi l'engagea au Cirque olympique pour quelques représentations (*Les Pyrenées*, *Cadix* et les *Champs Elysées*, 12 décembre 1823) en attendant son début à la Gaîté, le 28 février 1824 dans le *Cousin Ratine*, pièce à travestissements et dans laquelle il remplissait les rôles de cinq personnages. Les appointements étaient pour trois ans de 2000, 2200 et 2300 francs.

« Ses premiers essais se firent au Panorama dramatique, déclare la première *Biographie dramatique* qui s'occupe de lui (1824). Son talent pour les caricatures se développa rapidement; c'est un comique que sut apprécier mieux que personne la directrice de la Gaîté (Mme Bourguignon). Bouffé est engagé à son théâtre pour l'année courante; nous lui souhaitons une bonne chance dans l'assaut de charges qui va s'ouvrir entre lui, Mercier, Parent et Dumesnil ».

Harel est moins enthousiaste (1825) : « Plus grotesque que plaisant, dit-il, plus fou que comique ; mais

Un fou, du moins, fait rire et sait nous égayer.
BOILEAU. »

Du 28 février 1824 à février 1827, Bouffé joua dans vingt-huit pièces à la Gaîté, tantôt sous les traits d'un costumier, d'un voleur, d'un propriétaire, d'un caissier, d'un menuisier, d'un maçon, d'un soldat, d'un bossu, d'un nègre, etc., dont les âges variaient de 16 à 70 ans. Dans *Sapajou*, on lui donna même le rôle d'un singe, et l'artiste a raconté que la chaleur était si forte sous son costume — en plein été de 1824 — qu'il croit avoir rencontré là le germe de la maladie qui le frappa plus tard.

Un soir — le 8 novembre 1825. — Bérard, directeur du Théâtre des Nouveautés que l'on construisait place de la Bourse, vit jouer Bouffé dans trois pièces : la *Mauvaise langue du village*, le *Cousin Ratine* et la *Salle de Police*. Il alla le complimenter.

— Quels sont vos appointements ? lui demanda-t-il.

— 2300 francs répondit Bouffé.

— Eh ! bien, je vous engage pour quatre ans à 6000 francs et cinq francs de feux.

Cet engagement coïncidait avec celui de sa femme, à l'Opéra, pour 5000 francs. Le 25 février 1826, la pauvre jeune femme, qui n'avait pas vingt ans, mourut d'une fièvre cérébrale quelques jours après avoir donné naissance à un fils. Bouffé restait ainsi veuf avec deux enfants dont l'aîné n'avait pas deux ans et demi. Il se remaria le 9 novembre 1826 avec Mlle Bitter, et s'en alla 12, rue Lepeletier.

Le timide Bouffé ne quittait pas le boulevard sans appréhension. Il était devenu, depuis son engagement place de la Bourse, « Monsieur Bouffé » pour son public. Il lui fit ses adieux avec la *Mauvaise langue du village*, *Robinson Crusoë*, l'*Héritage de Jeannette*, six actes le même soir. Il avait composé le couplet d'adieux suivant qui ne fait guère regretter ce genre oublié !

Air : *T'en souviens-tu ?*

Puisqu'il me faut quitter cette demeure,
Je dois vous faire mes adieux ;
Depuis longtemps, je redoutais cette heure...
Mais, bien qu'éloigné de ces lieux,
De vos bontés et de votre indulgence
Je garderai l'éternel souvenir,
Car dans mon cœur par la reconnaissance,
Il est gravé pour n'en jamais sortir !

Le Théâtre des Nouveautés s'ouvrit le 1er mars 1827, mais Bouffé n'y débuta que le 25 mai, par le rôle multiple de Julien dans le *Débutant* et de Jacques dans le *Jeu de Cache-cache*, et parut dans cinquante-deux pièces différentes (mai 1827 — janvier 1831). Nous rappelerons *Faust*, rôle de Méphistophélès, Le *Caleb de Walter Scott*, rôle de Caleb, le *Portefeuille*, le *Mariage impossible*, les *Employés*, *Valentine*, les *Suites d'un mariage de raison*, *Pierre le couvreur*, le *Marchand de la rue St-Denis*, la *Chatte blanche* (le clown), les *Trois Catherine*, le *Charpentier*, *Quonians*. Tout marchait à merveille, mais il était dit que ce travailleur infatigable ne pourrait jamais avoir la tranquillité. Le 10 novembre 1828, tandis que l'on donnait la première de *Jean*, comédie en quatre actes tirée d'un roman de Paul de Kock, où il allait jouer l'oncle Rigolard, vieux maître de danse très comique, sa fille Charlotte, âgée de cinq ans, mourait du croup. On lui cacha l'événement.

« J'acquis en entrant en scène, la certitude de mon malheur, a raconté le malheureux père. Au moment où je parus, et avant que j'eusse dit un mot, plusieurs salves d'applaudissements retentirent. Déjazet et Lafont se trouvaient en scène ; pendant le bruit, qui ne me permettait pas de commencer mon rôle, je pris la main de chacun de ces excellents camarades, et, me soutenant à peine, je leur dis : « Ma fille est morte ! » ... Quelle soirée, grand Dieu ! et combien j'ai souffert ! »

D'autre part, son père était ruiné et à la veille de faire faillite. Bouffé dans un bel élan s'engagea à payer en six ans 18.660 francs, en faisant une délégation sur la moitié de ses appointements et souscrivit 74 lettres de change de 250 francs. Cette charge était déjà écrasante pour l'artiste. Elle le fut bien plus lorsqu'on cessa de lui payer ses appointements au théâtre. C'est dans ces circonstances que lui naquit son fils Hippolyte (15 décembre 1829.) Les créanciers de son père, intraitables, firent vendre le mobilier de cet honnête homme.

Une lettre de Ferville, acteur du Théâtre de Madame et directeur d'une agence dramatique, vint alors le prier de passer à son bureau (1er mai 1830). Il s'agissait d'un engagement au boulevard Bonne-Nouvelle.

« C'est une triste chose que la *crainte*, a écrit Bouffé ; elle m'a fait commettre bien des fautes, et la plus grave, sans aucun doute, a été l'engagement que je raconte. » Poirson lui fit signer un traité de dix ans à 500 francs par mois, avec des feux de 5 francs si l'artiste jouait dans deux pièces. C'était pour rien. Mais Bouffé, dans sa détresse aurait accepté tout ce qu'on aurait voulu.

Puis vint la Révolution de 1830 et l'on a maintes fois rapporté son à-propos patriotique dans le *Père Gâcheux* (2 août) pièce où il faisait le rôle d'un manœuvre.

— Dis-donc, Mitouflet, disait-il à son partenaire ; je me suis assis sur le trône.

— Y est-on bien, demandait celui-ci.

— Oh ! Si tu savais comme on enfonce là-dedans !

Ce fut encore Bouffé qui, après les Trois Journées, accompagné de Ch. Desnoyers, porta à Fontan son ordre d'élargissement de Sainte-Pélagie.

Cependant le traité qui le liait aux Nouveautés n'était pas encore expiré. Sur ces entrefaites il trouva un engagement de deux mois pour Londres (février, mars 1831) à raison de mille francs par mois. Le th. des Nouveautés qui lui devait trois mois d'appointements fit faillite cinq semaines plus tard.

C'était une grosse affaire pour un homme aussi tatillon que Bouffé, de partir en chaise de poste et de passer la mer ! Ses débuts eurent lieu au Théâtre français (Hay-Market) de Londres, le 5 février par *Caleb* et le *Marchand de la rue St-Denis*.

Après une série de belles représentations à Londres, Bouffé débuta enfin au Gymnase le 16 avril par deux reprises :

La Pension bourgeoise (rôle d'Oscar), et la *Maison en loterie* (rôle du bossu Rigaudin). « Si vous êtes triste, écrivait J. Janin dans les *Débats*, si vous avez du noir dans l'âme, allez voir ce diable de petit bossu taquin, pétillant, sautillant comme un singe, et je vous défie de ne pas rire. »

Viennent ensuite :

1831 4 mai, *Le Bouffon du prince*.
— 16 *La Favorite*.
— 28 juin, *Le Délai politique*.
— 13 juillet, *Quinze jours de sagesse*.
— 6 sept., *L'Irlandais*.
— 30 sept., *Le Dey d'Alger à Paris*.
— 21 oct., *La plus belle nuit de la vie*.
— 30 nov., *Le soprano*.
— 7 déc., *Le luthier de Lisbonne*.
— 27 déc., *Emmeline*.

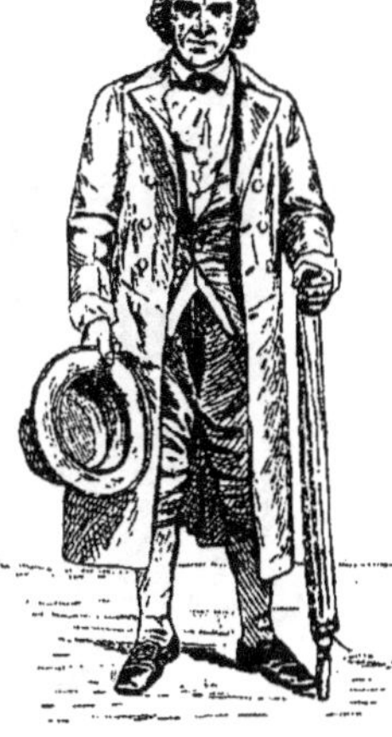
BOUFFÉ, dans *Michel Perrin* d'après A. Blanchard

1832 4 févr., *Le Sénateur*.
— 22 févr., *Le savant*.
— 14 mars, *Le choix d'une femme*.
— 4 juil., *Le Pays latin*.
— 4 août, *Le premier président*.
— 17 sept., *Le paysan amoureux*.
— 29 sept., *La rente viagère*.
— 2 nov., *La grande aventure*.
1833 5 janv., *Les vieux péchés*.
— 16 févr., *Une répétition générale*.
— 9 mars, *La nouvelle Mme Evrard*.
— avril, représentations à Rouen.
— 8 juil., *Le moulin de Javelle*.
— 29 août, *Louis XI en goguette*.
— 12 sept, *Un trait de Paul Ier*.
— 23 oct., *Christophe ou cinq pour un*.
— 7 déc., *Les suites d'une séparation*.

La critique elle-même qui l'avait tenu quelque temps à l'écart, désarme : « Le meilleur comique de la capitale, lit-on dans la *Petite Biographie* de 1833. Ce comédien spirituel a trouvé depuis un an l'occasion de se produire avec tous ses avantages au Gymnase... La santé de Bouffé est malheureusement chancelante, et son engagement avec le directeur du Gymnase lui ôte presque la faculté de prendre du repos. »

1834 6 févr., *Le mari d'une Muse*.
— 19 févr., *Michel Perrin*, son triomphe.

On sait qu'il s'agissait de mettre en scène un curé naïf et bon, qui, par suite d'une méprise du secrétaire de Fouché, est enrégimenté sans s'en douter dans la police secrète, et ne comprend qu'au dénouement l'odieux métier qu'on lui a fait faire. La pièce, véritable chef-d'œuvre du genre est celle que l'acteur italien Ermete Novelli joue encore avec un si grand succès. Rôle facile, si l'on veut, car le principal personnage est toujours sympathique, mais qui exige beaucoup de tact, de délicatesse et d'esprit.

L'auteur envoya à Bouffé la brochure avec cette appréciation :

« Paris, 26 février 1834.

Je n'aurais eu l'idée de faire *Michel Perrin*, mon cher Bouffé, si je n'avais eu sous les yeux votre sensibilité, votre bonhomie inimitable, à la fois si douce et si pénétrante... enfin cet ensemble de qualités si rares et qui constituent le vrai, le grand comédien. Ce rôle est donc, par la manière dont vous l'avez joué, votre conquête et votre propriété.

MÉLESVILLE. »

1834 25 juin, *Les duels*.

— 24 juillet, *Le capitaine de vaisseau*.

1835 7 janvier *La fille de l'avare*, nouveau triomphe.

« Bravo, lui cria son directeur Poirson, bravo mon cher ami ; je ne savais pas que vous jouiez la tragédie ; c'est magnifique ». Et cette admiration se traduisit par le don d'une tasse à bouillon en argent doré! L'administrateur s'en tirait ainsi à peu de frais.

1835 14 avril (à l'Odéon) *La fille de l'avare* au bénéfice de Léon Monval.

1835 12 mai, *Une chaumière et son cœur*.

1835 3 juil., *Le violon de l'Opéra*.

1835 15 sept., *Pauvre Jacques*, triomphe.

1836 30 janv., *Le gamin de Paris*, nouveau triomphe.

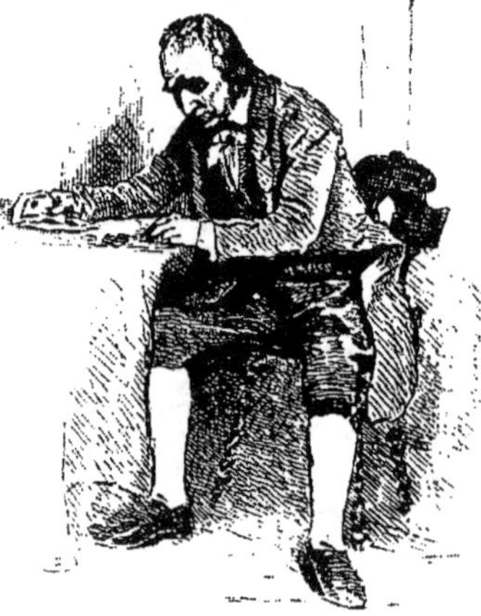

BOUFFÉ, dans la *Fille de l'Avare* d'après Deblois

Nous atteignons ici au comble de la carrière de Bouffé. Et le contraste de ces créations fut d'autant plus frappant que le rôle du *Pauvre Jacques* approche de la cinquantaine, tandis que celui du *Gamin de Paris* n'a que seize ans. Bouffé dans ses *Souvenirs* a raconté la genèse de ces pièces. Il dit avoir donné l'idée du *Gamin* à Vanderbuch. Au Gymnase seulement, de 1836 à 1844, Bouffé le joua 315 fois. A la centième — chose alors inconnue au Gymnase — la direction fit frapper une médaille qu'elle offrit aux principaux interprètes. Vanderbuch, le collaborateur de Bayard, put s'acheter une propriété près d'Orléans, le *Château du gamin de Paris*, avec une partie de ses droits d'auteur.

Bouffé a indiqué lui-même la tradition de ce rôle :

« Ce titre de *Gamin de Paris*, dit-il, a égaré presque tous ceux qui ont interprété le personnage. Et ils ont confondu l'enfant de Paris, léger, joueur, espiègle, mais plein de cœur, adorant sa famille et respectant la mémoire de son père avec le *gavroche*, le *voyou*, l'*ouvreur de portières !*... Qu'on n'oublie pas que Joseph devient *homme* à la fin du premier acte quand il apprend que sa sœur a été indignement trompée. »

Cependant la situation pécuniaire de Bouffé ne s'améliorait guère, et bien que son engagement eût encore cinq ans à courir, on osa lui proposer une prolongation de cinq ans (soit 10 ans) avec trois mois de congé non payés et dix francs de feux au lieu de cinq. Il faut avouer que ce pauvre Bouffé, toujours craintif, n'entendait rien à ses intérêts. Sur la promesse d'engager sa sœur, Mme Gauthier, au Gymnase, pour 3500 fr., il signa de nouveau un pacte de quinze ans! La promesse de Poirson ne fut pas maintenue quant à Mme Gauthier après ses débuts, et le tour était joué quant à Bouffé.

1836 31 août, L'*Hérétique*.

1836 27 nov., *Le Muet d'Ingouville*.

1837 4 mars, *César*.

— juin, représentations à Rouen.

Une lettre de Bouffé, datée de Rennes le 4 juillet, nous laisse entendre que ses relations avec la direction du Gymnase n'étaient toujours pas des plus aimables. En effet, il refuse catégoriquement de jouer un rôle à lui destiné. Trop souvent, dit-il, il a été forcé d'accepter des rôles qu'il ne sentait pas. Cette fois, il veut créer un caractère comique afin de ne pas se fatiguer le sang. Il proteste contre les prétentions de son directeur et se plaint de la persécution dont il est l'objet : « Vous avez le droit de me faire accepter le rôle, conclut-il, mais, je vous le répète, ce sera par la voie des tribunaux » *(Coll. autogr. A. Bovet*, n° 1382).

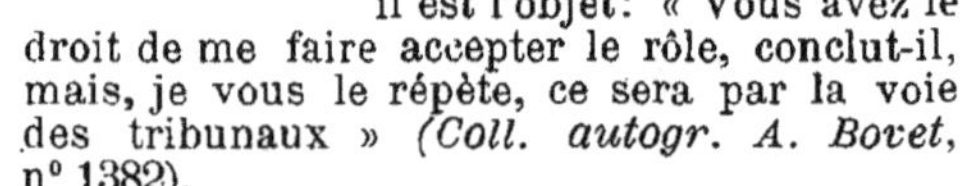

1837 20 oct., *Ce bon M. Blandin*.
— 11 nov., *Le rêve d'un savant*.
— 20 déc., *Le saute-ruisseau*.

1838 30 janv., *Casimir*.
— 30 mars, *Clermont*.
— juin et suiv. Représentations à Nantes, Angers, Rennes, Bordeaux, Lyon.
— 20 oct., *Le grand papa Guérin*.
— 16 déc., *Candinot*, roi de Rouen.

1839 16 fév., *Maurice*.
— 23 avril, *Le Dépositaire*.
— juin et suiv. Représentations à Bordeaux, Lyon, Marseille.

1840 16 janv., *Les enfants de troupe*, grand succès, rôle de Trim, 19 ans.
— 4 mai, *Les merluchons*.

1840 juin et suiv. Représentations à Nancy, Metz, Rouen, Dieppe.
— 24 oct., *Le père Turlututu*, rôle d'un centenaire.
1841 6 janv., *L'abbé galant*.
— 6 mai, *Le conscrit de l'an VIII*.

« Bouffé, écrit-on alors, son nom seul est un éloge pour ceux qui ont vu jouer cet acteur. Il n'en est pas de plus consciencieux, de plus naturel, de plus vrai, tranchons le mot, de plus admirable ».

1842 11 fév., *L'oncle Baptiste*.
— 19 fév., *La nourrice du Roi de Rome*.
— 10 mai, *Chez un garçon*.
— juin et suiv. Londres, Bruxelles.
— 21 oct., *Le Docteur Robin*.
— 10 déc., *Thomas le rageur*.
1843 27 janv., *Le Menuet de la reine*.
— 2 mars, *Bertrand l'horloger*.
— 24 avril, *Jacquard*.
1843 23 oct., *Le capitaine Lambert*.

Le traité des auteurs dramatiques avec le Gymnase expirait fin 1842. Poirson voulut se passer d'eux et commanda des pièces à des auteurs ne faisant pas partie de la Société. C'est alors que Rocheplan, directeur des Variétés, eut l'idée d'attirer à lui Bouffé et son répertoire.

Au retour d'un congé passé à Bruxelles, des pourparlers furent entamés. Il n'y avait plus qu'un obstacle, les cent mille francs de dédit à payer au Gymnase. Qui le croirait? Cette somme fut réunie en peu de temps: d'abord 60,000 francs fournis par Bouffé, toutes ses économies amassées pendant ses congés; ensuite 20,000 francs avancés par le fils de Mlle Bourgoin, banquier, contre une assurance sur la vie. Une autre personne prêta pareille somme, et les cent mille francs furent déposés entre les mains de M. Poirson ébahi d'une telle audace et disposé à déchirer tous les traités pour conserver sa poule aux œufs d'or. C'était trop tard.

Il a été vendu récemment dans une vente d'autographes (27 avril 1903) une lettre de Bouffé au directeur de la *Gazette des théâtres*, en date du 5 février 1843: l'artiste proteste contre un article où on faisait mention des *énormes appointements* qui lui sont payés par le Gymnase. Il déclare que dans les années les plus heureuses, il n'a jamais touché plus de 12.500 francs, fixe et feux.

Quelles compensations Bouffé allait-il donc trouver aux Variétés? Mille francs par mois, cinquante franc de feux (vingt jetons au moins assurés par mois) et le remboursement de ses 60,000 francs par à comptes de 100 fr. sur la recette toutes les fois qu'il jouera. Cet engagement était valable du 1er décembre 1843 au 1er décembre 1851.

Bouffé débuta aux Variétés le 5 novembre 1843 par le *Gamin de Paris* (reprise). Cette année le théâtre se trouvait en déficit de 160,000 francs. Quatre ans plus tard, lorsque Roqueplan passa à la direction de l'Opéra, il avouait avoir gagné 500,000 francs.

L'engagement de Déjazet (24 fév. 1845) était venu compléter celui de Bouffé. Pourtant l'affiche des Variétés compta plus de reprises que de créations.

L'artiste vivait sur son répertoire, d'autant plus que la plupart des pièces nouvelles n'obtenaient qu'un succès d'estime. Au nombre de celles-ci il faut citer:

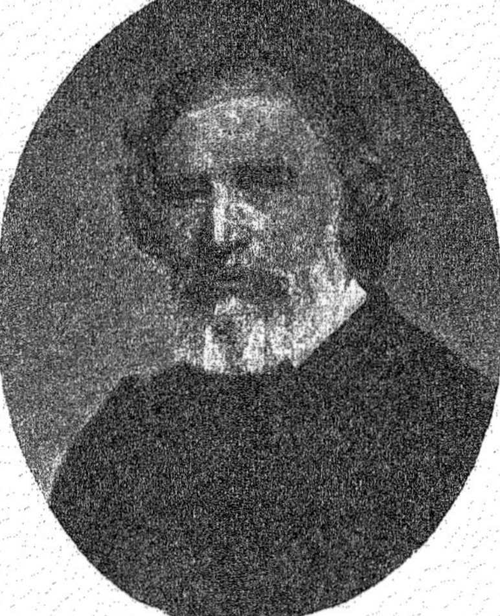
BOUFFÉ, à 75 ans (cliché E. Flamant

1844 28 mai, *Le chevalier de Grignon*.
1845 15 janv., *Boquillon à la recherche d'un père*.
1845 15 mars, *Le garde forestier*.
1845 10 nov., *Deux compagnons du tour de France*.
1846 18 janv., *Le mousse*.
— 2 juin, *La carotte d'or*.
1846 juillet et suiv. Lille, St-Quentin.
1846 21 nov., *Pierre Février*.
1847 12 fév., *Le filleul de tout le monde*.
1847 27 mars (à l'Odéon), *La fille de l'avare* (au bénéfice de Klein).
1847 22 avril, *Léonard le perruquier*.
1847 19 nov., *Jérôme le maçon*.
— 1er déc. Il perd connaissance en scène en jouant dans *Jérôme le maçon*.
1848 22 janv., *Le fils du fermier*.
— 10 mars, *Le pouvoir d'une femme*.
— 20 oct., *Le buveur d'eau*.
1849 6 fév., *Le Berger de Souvigny*.
— 7 avril, *Un vendredi*.

En juin 1848, Bouffé donna des représentations à Nantes où il n'était pas venu depuis 1837. Peu de temps après, fort affligé par le départ de son fils Ernest pour la Californie, il fut frappé d'une maladie nerveuse qui pendant cinq ans l'empêcha de monter sur un théâtre. C'est alors que l'artiste, qui avait habité successivement 5, faub. du Temple, 1822-23, 7, faub. du Temple, 1824-25, 11, rue Folie-Méricourt, 1826, 12, rue Lepeletier, 1826, 100, rue de Cléry, 1828-29, 9 *bis*, boul. St-Denis, 1830, 15, rue Neuve St-Etienne, 1834, etc., vint se fixer au hameau Boulainvilliers, à Passy (1851) où il resta jusqu'à sa mort. Après de cruelles souffrances, qu'il calmait en dirigeant chez lui un petit théâtre d'amateurs, le poète Béranger, son ami, l'adressa à Tours, au docteur Bretonneau. Celui-ci, pour tout remède, lui conseilla de remonter sur la scène, à Tours même, où il parut trois fois, puis à Blois, une fois, enfin à Orléans. C'était toujours *Michel Perrin* ou le *Gamin de Paris* qui faisaient le fond de la représentation.

Qui croirait que le gouvernement impérial empêchait alors de jouer *Michel Perrin*, comme trop révolutionnaire sans doute, à la Porte St-Martin ! Il fallut que Bouffé s'adressât à la princesse Mathilde, puis à l'Empereur lui-même pour faire lever l'interdiction, comme le prouve la lettre suivante :

Paris, 23 octobre 1854.

Monsieur,

« Son Altesse impériale me charge de vous faire savoir que Sa Majesté l'Empereur s'est parfaitement souvenu de la visite du *prince Louis* à votre loge, et qu'il s'est empressé d'apostiller votre pétition. Son Altesse me charge encore de vous dire que vous recevrez avant peu de M. le Ministre l'autorisation de jouer *Michel Perrin*.

Agréez, etc.

FERRENG,
Secrétaire des commandements
de la Princesse Mathilde. »

Les représentations à la Porte St-Martin commencèrent le 14 décembre 1854 avec *Michel Perrin*, *Pauvre Jacques*, *Le gamin de Paris*, *La fille de l'avare*. Elles durèrent jusqu'au 25 février 1855.

Autographe de Bouffé

Au mois de mai il fut appelé aux Variétés par les frères Cogniard, mais sans engagement, l'état de sa santé ne lui permettant d'accepter aucune proposition fixe (juin 1855).

L'année 1857 le retrouve aux Variétés avec *Jean le Toqué* (18 avril) et une reprise des *Enfants de troupe*. Le 17 novembre 1864, il obtient de Napoléon III la salle de l'Opéra pour une représentation de retraite. Il y joua *La fille de l'avare*, encaissa 24,882 francs de recette, se montrant, dit-on, très grincheux quand même — conséquence de son état maladif. L'affiche se composait de l'ouverture de *Guillaume Tell*, du 3me acte de *Moïse*, de *La fille de l'avare*, et du 2me acte du *Mariage de Figaro* ainsi distribué :

Almaviva	MM.	Bressant
Figaro		Coquelin
Antonio		Sainte Foy
Basile		Lesueur
Bartholo		Henri Monnier
Grippe-Soleil		Priston
La Comtesse	Mmes	Madeleine Brohan
Suzanne		Augustine Brohan
Chérubin		Déjazet
Marceline		Alexis

Et à la fin de la représentation, une *Cérémonie* où parurent tous les premiers artistes de Paris.

Chose bizarre ! Bouffé, dans ses *Souvenirs*, ne dit pas un mot de cette inoubliable soirée !

En 1866, il fit une réapparition au Gymnase dans *La fille de l'avare*.

Les événements du siège de Paris étant venus le surprendre dans sa retraite d'Auteuil, il lui fallut se réfugier chez des amis, d'abord Cour du commerce, où les obus vinrent le relancer, puis place Favart. A peine réinstallé à Auteuil, voici la Commune et ses horreurs. Et le vieil artiste émigre, sur une charrette de marchand de légumes et à travers mille périls, rue de la Victoire.

Bouffé devait encore donner quelques représentations au Gymnase, dans les conditions suivantes. En 1875, tous les théâtres de Paris, entraînés par l'exemple de Ballande, annonçaient des *Matinées*. Montigny, bien malgré lui, remonta quelques pièces de l'ancien répertoire. Bouffé reparut donc quatorze fois en 1875, et dix fois en 1876, moyennant un cachet de cent francs *(Pauvre Jacques, La fille de l'avare, Michel Perrin)*. Mais si l'artiste avait conservé toute sa tête, ses mains étaient agitées d'un tremblement continuel.

« J'avais donc gagné la somme de deux mille quatre cents francs dans l'espace de deux années », écrit-il tristement.

Tombé malade — et cela durait depuis 30 ans ! — Bouffé ne reparut que deux fois en public : le jour de la représentation au bénéfice de Laurent, et la seconde et dernière, le 10 janvier 1878, dans une matinée donnée à son bénéfice à l'Opéra Comique, sous le patronage de la Comédie française. Got, qui avait appris le rôle de Menu pour donner la réplique au bénéficiaire dans la *Fille de l'avare*, avait composé ce couplet pour Bouffé :

Air : *Muse des bois*

L'âge et le sort, en dépit de mon zèle,
A la retraite, hélas ! m'avaient réduit ;
J'étais vaincu, mais l'amitié fidèle
Vient pour un jour me tirer de ma nuit.
Témoin passé, compagnon de ma vie,
Public ami, qui de tout me tint lieu,
Faut-il pleurer quand je vous remercie ?...
Faut-il sourire en vous disant adieu ?

En 1880, enfin, Bouffé publia *Mes Souvenirs* un volume in-18°, avec préface de Legouvé, et reçut quelque temps après les palmes académiques puis la rosette en 1887. On lui avait déjà décerné une médaille d'honneur en 1876, au moment de ses noces d'or, et la Société des artistes dramatiques lui servait la pension de 500 francs depuis 1870. Il avait fait partie longtemps du Comité.

Bouffé fut l'acteur du *Drame-vaudeville à couplets*, un genre complètement disparu. C'était l'homme des petits moyens, des petites nuances auxquels le condamnaient sa voix fluette, son corps frèle, sa complexion maladive. Mais quelle vérité, quel naturel, quelle précision dans les moindres détails. « Sous le rapport de l'entraînement et de la sensibilité, il n'est guère possible d'aller au-delà », écrivait Th. Gautier en 1846. Par contre, ce n'est pas l'homme de l'inspiration ni de l'emballement. Au milieu de la scène la plus pathétique il trouvera le moyen de dire à Febvre, qui l'a raconté: « Avancez donc la chaise! » tandis que Frédérick, lui, dans *Paillasse*, pleurait de vraies larmes. Bouffé jouait à la *loupe*, si l'on peut dire. Ce fut le Meissonnier du théâtre. Son naturel, sa simplicité, sa sensibilité apparentes étaient ses seules armes.

Bouffé, qui avait célébré ses noces d'or et ses noces de diamant avec sa seconde femme, mourut à Auteuil à l'âge de 88 ans, et ses obsèques furent célébrées le 29 octobre 1888 à Notre-Dame d'Auteuil au milieu d'une assistance extraordinaire. Le char funèbre était entouré par de jeunes enfants de l'orphelinat dirigé par l'abbé Roussel; l'inhumation eut lieu au Père Lachaise où M. Halanzier prononça le dernier adieu.

Des enfants du premier mariage de Bouffé, Charlotte fut enlevée par le croup le 10 novembre 1828 à cinq ans. Ernest partit pour la Californie où il devint régisseur d'un hôtel français. De son second mariage: Victorine épousa Théodore Haquette, garde à la Manufacture de Sèvres, dont il sauva le Musée en 1871; Hyppolite devint chef de rayon au *Gagne petit;* Pauline épousa un artiste dramatique, Richard (v. ce nom).

Biographie : *Annuaire Delhasse*, 1839, p. 117, 1843, p. 82. — *Galerie Lacauchie*, notice par Eug. Briffault, 1842. — *Bouffé*, Lyon, imp. de Rey, 1847, in-8°, pièce, Bibl. nat. Ln 27, 2578. — Lecomte, *Etude biographique*, in-18, Paris, 1867. — E.-D. De Manne et C. Ménétrier, *Complément de la troupe de Nicolet*, notice. — Bouffé, *Mes Souvenirs*, 1800-1880, in-8°. — Félix Jahyer, notice dans *Paris-Théâtre*, n° 93.

Bibliographie: *Grande Biogr. dram.*, 1824. — *Biogr. th.*, 1829. — *Petite Biogr.*, 1833. — L'*Indiscret des coulisses*, 1841. — A. de Rochefort, *Mémoires d'un vaudevilliste*. — Th. Muret, l'*Hist. par le th.*, III, p. 35, 67, 166, 336. — H. Hostein, *Historiettes et souvenirs d'un homme de théâtre*, in-18, Paris, 1878. — *Hist. des th. de Rouen*, III, p. 513. — P. Porel et G. Monval, l'*Odéon*.

Iconographie: Bibl. nat. Catalog. Duplessis, 5876.

1. En pied, dans divers rôles, lith. par Bouché, 1834.
2. En buste, de 3/4 à gauche, lith. par Bougé, 1833.
3. En pied, de 3/4 à droite, cost. de th., lith. Chanoine, 1848.
4. En buste, de face, lith. Charavel, 1839.
5. A mi-corps, de 3/4 à droite, lith. par Compte Calix, 1839.
6. En buste, de face, lith. par E. L., 1840.
7. En pied, de face, cost. de th., lith. par E. L.
8. En pied, de 3/4 à gauche, cost. de th., lith. par E. M., 1844.
9. En pied, de 3/4 à gauche, cost. de th., gravé par H. Faxardo d'après A. Lacauchie.
10. En buste, de face, lith. par Julien, 1839.
11. En pied, de 3/4 à droite, cost. de th., lith. par A. Lacauchie, 1847.
12. En pied, de face, cost. de th., lith. par A. Lacauchie, deux états.
13. En pied, de 3/4 à gauche, cost. de th., par Alexandre Lacauchie.
14. En pied, de face, cost. de th., lith. par E. de La Michellerie, 1840.
15. En pied, de profil à droite, caricature, lith. par Benjamin (Roubaud), 1842.
16. En pied, de face, cost. de th., lith. par St-Germain, 1840.
17. A mi-corps, de face, lith. par E. V., 1883.

(V. aussi, Bibl. nat., portraits Derval, V. Hugo, L. Lablache).

Médaillon par Edw. A., dans le *Bouffon*, 2 février 1868. — Sa charge par le statuaire Dantan jeune.

Compl. de la troupe de Nicolet, eau forte par J.-M. Fugère.

Mes Souvenirs, 10 portraits à l'eau forte par A. Blanchard, Deblois, Scherper et Carred.

Paris-Théâtre, n° 93, médaillon, cliché E. Flamant, 1875.

BOUFFÉ, Mme Ire, Charlotte Seffert, dite Gilbert, du nom de ses parents d'adoption. — Femme en premières noces du précédent, mime et danseuse à l'Ambigu, puis à la Gaîté. On l'appelait aussi *Lolotte* ou la *jolie blonde*. Elle avait débuté à la Gaîté le 8 mai 1824 dans le ballet le *Tonnelier*.

« Mme Bouffé (de l'Ambigu), écrit Maurice Alhoy en 1824, plus connue des habitués de l'Ambigu sous le nom de la *Jolie Blonde*, est une des nymphes légères qui viennent distraire le spectateur des tristes déclamations d'un tyran ou des sombres projets d'un traître. Sa danse est aussi gracieuse que légère; elle a su se conformer au goût du quartier, et elle tourne sur son talon avec autant d'agilité qu'un tourne-broche sur son pivot. La directrice de la Gaîté la réunit à son mari l'année prochaine, en versant dans la caisse de la communauté cinq mille francs de traitement ».

Mme Bouffé Ire mourut en couches, à 21 ans, le 25 février 1826 (V. Bouffé).

Bibliographie : *Gr. Biogr. dram.*, 1824. — Harel, *Dict. th.*, 1825. — Bouffé, *Mes Souvenirs.*

BOUFLET. — Th. de Belleville, 1832-33.

BOUGÊ, M. et Mme. — Acteurs de la troupe Du Perron qui vint passer trois semaines à Maëstricht, pendant la foire de Saint-Servais, 1728.

Bibliographie : F. Faber, *Th. français en Belgique*, t. I, p. 130.

BOUGET, Alfred, Michel, Prosper. — Bruxelles 1862-63.

BOUGLAINVILLE, Mlle. — Jeune première au Grand-Théâtre de Lyon en 1825. Elle résilia son engagement pour entrer dans un cloître. La *Grande Biographie dram.* de 1824 ne la peint pas sous des traits trop avantageux comme artiste. Elle vante ses charmes, ses grâces, sa jolie figure, mais elle ajoute aussi : « Il faut qu'elle donne plus de mobilité à sa figure, plus de variété à son débit, à son jeu ; qu'elle ne soit pas la veillé ce qu'elle sera le lendemain ; la monotonie ennuie ».

Bibliographie : *Grande Biographie dramat.*, 1824, p. 53.

BOUGNOL. — Sous ce nom :

Bougnol, acteur de l'Ambigu en 1792-93 et du Th. de la République à Rouen 1801. De 1822 à 1828, nous retrouvons un Bougnol au Théâtre des Variétés. La *Biographie théâtrale* pour 1829 se contente de dire : « Acteur de la même force et de la même réputation que son confrère Blondin ».

Et ces deux grands débris se consolent ensemble.

Peut-être bien est-ce encore ce Bougnol qui joue les pères nobles à Tours en 1829 et tient des rôles annexes à Rouen en 1834. Quoiqu'il en soit, en 1843, Bougnol âgé de 82 ans, obtint une petite pension (120 fr.) de la Société des artistes ; il vivait encore en 1846.

Bougnol fils, acteur du Th. des Variétés 1829-30. Le 5 mai 1830 il joua le rôle de Maître Adam dans les *Chevilles de Maître Adam.*

Bougnol, premier comique à Toulouse 1838.

Bougnol, premier comique à Tournay 1839.

Bougnol, Achille, Th. des Funambules. V. Achille.

Bougnol, Antoine, Guill., Joseph. Anvers 1849, Reims 1850, Elbeuf 1852, Douai 1853-54, Bayonne 1855, Tournay 1856, Bayonne 1857, Grenoble 1858, Besançon 1859-60, Béziers 1861, Orléans 1862-63. En 1864, Antoine Bougnol avait 72 ans, dont 58 passés au théâtre. La Société des artistes lui accorda une pension de 300 fr. Il vécut encore à Paris 1867-70, et à Draguignan 1872-73.

Bougnol, Félix, Alexandre. Troyes 1863-64.

BOUGNOL, Mme ou Mlle. — Sous ce nom :

Mme Bougnol, Variétés 1822-28, Th. Montparnasse 1832.

Mlle Bougnol, Adrienne. Troisième amoureuse, Toulouse 1838, Tournay 1839.

Mme Bougnol, duègne et mère noble, Tournay 1839.

Mme Bougnol, Adrienne, née Castel. Anvers 1849, Elbeuf 1850-52, Douai 1853-54, Bayonne 1855, Tournay 1856, Bayonne 1857, Grenoble 1858, Besançon 1859-60, Béziers 1861, Orléans 1862-63, Paris 1864-70. En 1866, Mme Adrienne Bougnol, âgée de 68 ans, avec 47 ans de théâtre, reçut une pension de 300 fr. de la Société des artistes.

Mlle Bougnol, Lucie, premier rôle, Reims 1852.

Mlle Bougnol, jeune première, Perpignan 1853.

BOUILLON, Mlle. — Th. des jeunes élèves 1805-06.

BOUILLON, Mme. — Deuxième jeune mère, Mons 1830.

BOUILLOUD, Jules, Claude. — Roubaix 1867, Rochefort 1868, Genève 1869, Lille 1870, Genève 1872-73, Constantinople 1874, Bruxelles 1875, Paris 1876, Dijon 1877, Amsterdam 1878-80, Paris 1881, St-Pétersbourg 1882, Genève 1883-84, Bruxelles 1885-86, Bordeaux 1887, Le Vigeant 1888, Nice 1889-90, St-Etienne 1891-92, Le Vigeant 1893-1900. En 1896, Bouilloud âgé de 65 ans, avec 42 ans de théâtre, avait obtenu la pension de 500 fr. de la Société des artistes dramatiques. Sa mort fut annoncée au Rapport de 1901.

BOUILLOUX. — Père noble, Sedan 1853.

BOUJAT, Emile. — Mort avant 1866, avait été acteur et directeur du théâtre de la Foire St-Laurent, situé dans un terrain vague, rue Neuve Chabrol (rue de Strasbourg) où il jouait tous les beaux rôles avec *Mme Emile*, sa femme, qui passait pour la Déjazet de l'endroit. Emile Boujat cumulait avec ses fonctions d'acteur et de directeur celles de buraliste, de régisseur, d'allumeur, de municipal. Il parlait au public, mettait à la porte les gavroches quand ils faisaient trop de bruit et troublaient la directrice en scène. Expulsé de son théâtre, il en ouvrit un autre rue St-Pierre-aux-Bœufs, dans l'ancienne église de ce nom, ce qui n'empêcha pas ce pauvre diable de mourir dans la plus affreuse misère.

Bibliographie : H. Hostein, *Historiettes et Souvenirs d'un homme de théâtre*, p. 254.

BOULAIS, Mme Anne. — Th. Montparnasse 1849.

BOULAND, Paul, François, Xavier. — Th. Montparnasse 1859-60, Elbeuf 1861, Hombourg 1862, Bruxelles 1863, Brest 1864, Marseille 1865, Le Hâvre 1867, Lille 1868-69, Toulouse 1870, Lille 1872, Toulouse 1873, Rouen 1874, Anvers 1875, Marseille 1876, Lille 1877, Nantes 1878, Anvers 1879, Odéon 1880, Bruxelles 1881-82, Genève 1883, Bruxelles 1884, Rouen 1885, Bordeaux 1886, Nantes 1887-88, Paris 1889-90, Gaité 1891-95, Amiens 1896. Sa mort fut annoncée au Rapport de l'année 1896.

BOULANGEOT, Mme Laure. — Angers 1854, Nancy 1855, Genève 1856-57, St-Etienne 1858, Béziers 1859-60, Brest 1861, Nantes 1862, Genève 1863, Brest 1864, Besançon 1865-68, Dijon 1869-72, Paris 1873-80, Angers 1881, Dunkerque 1882, Lorient 1883, Verviers 1884-85, Namur 1886-87, Verviers 1888, Paris 1889, Tournay 1890-91. En 1890, Mme Laure Boulangeot, âgée de 62 ans, avec 43 ans de théâtre, obtint la pension de 500 fr. de la Société des artistes. Habite Paris depuis 1892-1902.

BOULANGEOT, Mlle Marie. — Dunkerque 1882, Lorient 1883, Verviers 1884-85, Namur 1886-87, Paris 1888-89, Tournay 1890, Paris 1891-95. Sa mort fut annoncée au Rapport de 1896.

BOULANGER. — Sous ce nom :

BOULANGER père, acteur de la Gaîté 1792-93, 1799.

BOULANGER fils, acteur de la Gaîté 1799. — En 1805-08, 1812-15, à ce même théâtre, nous voyons reparaître ce nom (père ou fils?).

BOULANGER, grande utilité, Genève 1830-31.

BOULANGER, premier comique, Bruges 1832-33, Douai (Boulangé?) 1835.

BOULANGER, Mme ou Mlle. — Sous ce nom :

Mme BOULANGER, Mélanie Longayrou ou Longayroux dite. Soubrette, avait débuté à l'Odéon le 22 juillet 1823. On la retrouve à Gand en 1825 et à Lille en 1826. La *Grande Biographie dramatique* disait d'elle en 1824 : « Mme Boulanger, Londres, soubrette qui n'est pas sans mérite, mais qui est sans beauté ». Décédée vers 1851.

Mme BOULANGER, nom d'une débutante — peut-être la précédente — au th. de Madame (15 mai 1824) dans le rôle de Mimi des *Grisettes*, échec complet.

Mlle BOULANGER, cadette, troisième amoureuse, 1828.

Mlle BOULANGER, Joséphine, soubrette, Genève 1830-31.

Mme BOULANGER, soubrette, Strasbourg 1830.

Mlle BOULANGER, du th. de Lisieux, décédée en 1833.

Mme BOULANGER, Angers 1853.

Mlle BOULANGER, Vaudeville 1878.

Mlle BOULANGER, Elisa, dite aussi *Blanche*. Fantaisies 1881-83, Paris 1884-85. Une dame Boulanger était à la Renaissance en 1882 (*Mme le Diable)*.

Mlle BOULANGER, Augustine. Renaissance 1888-89, Paris 1890, Déjazet 1891-93.

Mme BOULANGER-PETIT, Porte St-Martin 1888. « Belle personne remplissant les rôles secondaires avec goût et avec conscience » dit A. Laroque.

BOULARD. — Débuta le 16 mai 1786 à la Comédie française, par le rôle de Gros René du *Dépit amoureux*, puis dans l'*Avocat Patelin* et le *Légataire* (Crispin). Th. français lyrique et comique de la rue de Bondy 1792.

BOULARD, M. et Mme. — Toulouse 1824.

BOULART, Victor. — Né le 29 janvier 1803, selon Delhasse, acteur au Th. nouveau, à Bruxelles, en 1846. Avait tenu les premiers rôles à Liège en 1843. Vivait en 1849.

BOULÉ père, Augustin, Louis, Désiré. — Ambigu 1849, Variétés 1850-56, Paris 1857-63.

BOULÈGE, Jean. — Angers 1853, Lyon 1855-56, Strasbourg 1857-58, Valenciennes 1859, Marseille 1860-61, Mons 1862, Perpignan 1863-64, Besançon 1865, Toulouse 1867, Orléans 1868, Namur 1869, Chaumont 1876, Namur 1872, Dijon 1873-74, Fontainebleau 1875, Nantes 1876, Paris 1877, Liège 1878, Versailles 1879, Lille 1880, Pau 1881, Perpignan 1882, Pau 1883, Bordeaux 1884-89. Agé de 62 ans en 1889, avec 40 ans de services, Boulège obtint la pension de 500 fr. de la Société des artistes dramatiques. Il habitait Bordeaux en 1902.

BOULÈGE, Mlle. — Angers 1853.

BOULET. — Rôles d'enfants, Cirque Olympique 1828-30.

BOULET, Mlle. — Rôles d'enfants, Cirque Olympique 1831.

BOULET, Jean, Baptiste. — Lyon 1852-54, Nîmes 1855-59, Nantes 1860-74, Nice 1875-77. Sa mort fut annoncée au Rapport de 1878.

BOULNOIS, Mme Marie, Hortense, dite aussi *Maria*. — Funambules 1862-63.

BOULON, Mme E., Antoinette, Emilie, née

Leverrier. — Th. Montmartre 1882-83, Paris 1884-91. Habite Manosque depuis 1892-1902.

BOULOGNE, Mlle. — Th. des jeunes élèves 1803-06. Le *Tribunal volatile* de l'an XI disait d'elle « qu'elle jouait les duègnes, qu'elle avait de la vérité et qu'elle remplissait fort bien les caricatures ». En 1825, il y avait une dame Boulogne à la banlieue.

BOULOY, Paul, Alexandre. — Folies dramatiques 1883-84.

BOUNIOL, Mme Vve Francisque. — Cherbourg 1872-74.

BOUQUEAU de Villeraie, Mlle Marie de. — Rennes 1887-91, Reims 1892.

BOUQUET, Mme Marie, Rose. — Nice 1867-69, Liège 1873, Turin 1874, Paris 1875-76, Mons 1877-78, Nevers 1879-80, Limoges 1881, Bruges 1882, Cette 1883, Boulogne 1884, Pau 1885, Dunkerque 1886. Morte à Tours en 1886.

BOURAGNE, Mlle Marie Bourayn dite. — Batavia 1852, Nîmes 1853, Aix 1854, Saint-Etienne 1855-58, Gand 1859-60. Sa mort fut annoncée sous le nom de *Bouragne* au Rapport de 1862.

BOURASSET. — Grime, Orléans 1852, Caen 1853.

BOURASSET, Mme. — Amoureuse, Orléans 1852, Caen 1853.

BOURBIER, Mlle Marie, Virginie, Catherine Delville. — Elève du Conservatoire en 1821. S'essaya dans les petits théâtres, chez Doyen, puis à Londres, où elle parut avec succès. Elle donnait alors de belles espérances. En 1824, elle est à Marseille : « Cette jeune et jolie élève du Conservatoire, disait-on dans la première édition de la Biographie, qui a déjà cueilli des palmes sur les bords de la Tamise, mérite des encouragements... Qu'elle se défasse de son grasseyement qui, dans les tragédies, blesse les oreilles les moins délicates et détruit l'illusion... Nos présages se sont presque tous accomplis ; Mlle Bourbier n'a pu renoncer entièrement à ce maudit grasseyement, si joli dans le tête-à-tête ; mais l'usage de la scène a développé les talents que nous lui reconnaissions, etc. ». Ainsi s'exprime la *Grande Biogr. dram.* de 1824.

La « très jolie » Mlle Bourbier, comme on l'appelait, fut admise à débuter à la Comédie française le 25 avril 1825 dans *Zaïre*, où elle fut trouvée bien, et dans les *Jeux de l'Amour et du Hasard* (rôle de Sylvia) où elle fut jugée très bien. Elle ne fut cependant reçue comme pensionnaire que le 1er avril 1828 et se retira le 5 octobre 1829. Mlle Bourbier fit partie de la troupe de St-Pétersbourg en 1831-33, 1835-38, et ne revint débuter à la Comédie française qu'en 1841 et à l'Odéon le 17 octobre 1843. Elle joua aux côtés de Bocage dans *Antigone* (21 mai 1844) puis dans *Inez* (9 janv. 1845) Elle vécut à Paris de 1849 à 56 et mourut en mai 1857.

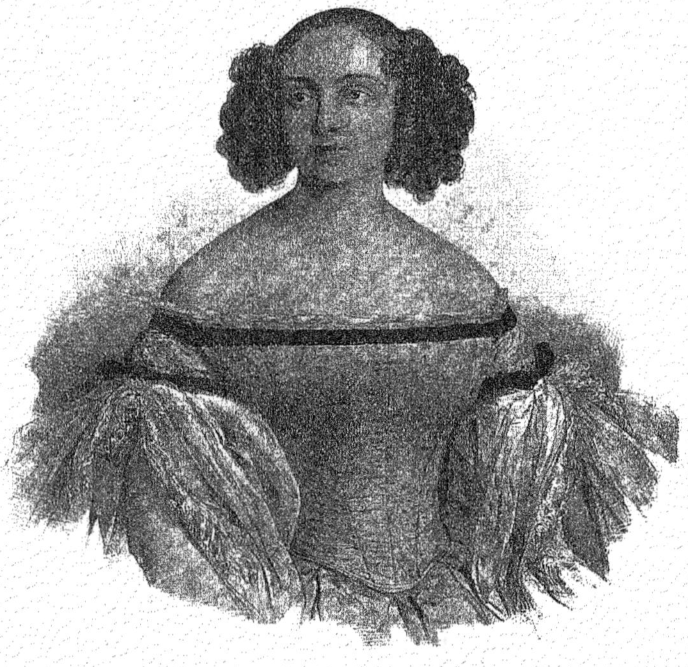

Mlle Virginie BOURBIER, d'après Grevedon

Iconographie : En buste, de face, lith. par H. Grevedon.

BOURCE, Ernest, Etienne. — Vaudeville 1865, Menus-Plaisirs 1867, Vaudeville 1868-85. Bource se confina pendant près de vingt ans à ce théâtre dans les petits rôles. Il habite Nanterre depuis 1886-1902.

BOURCIER, Mlle Julie. — Bruxelles, 1795.

BOURDAIS. — Nom d'une vieille famille de comédiens, à laquelle se rattachent les Baptiste et Mme Dorval (V. ces noms). Sous ce nom :

BOURDAIS, dit Bourdais *jeune*, en 1792, et Bourdais *père*, en 1805 — frère de Marie Bourdais, femme Baptiste l'ancien, et par conséquent oncle de Baptiste aîné et de Baptiste cadet — grand-père maternel de Mme Dorval. Th. du Marais 1792, grime et administrateur à la Porte St-Martin en 1805-07. *L'Opinion du Parterre* laisse entendre qu'il n'avait aucune valeur comme artiste. Bourdais père demeura rue Basse d'Orléans (1805) et rue du Crucifix, 27 (1807).

BOURDAIS fils, premier comique et grande livrée à Marseille, puis à la Porte St-Martin 1806-07. Il demeurait alors rue de Bondy, 15. Voici ce qu'en dit l'*Opinion du Parterre* à cette époque (1806) : « Beaucoup d'audace, d'aplomb, de fermeté, de finesse dans l'œil, et une diction qui sent la bonne école, telles sont les principales qualités de cet acteur consommé, digne de paraître sur notre premier théâtre. Il joue parfaitement Lafleur dans la *Fausse Marquise*, Champagne dans les *Intrigants*, Paul dans les *Ruses déjouées*, Vincent dans la *Forteresse du Danube*, Brillant dans le *Mariage du Capucin*, Labranche dans *Crispin rival*, Latrombe dans *Robinson*. Le seul défaut marquant de cet acteur est son accent provençal : peut-être aussi est-il d'une stature un peu petite ». L'auteur de cet article termine en le désignant à la Comédie française. En 1815, Bourdais figure en tête de la nouvelle troupe de la Porte St-Martin ; puis nous le retrouvons à l'Odéon où il joua pour son début (5 mars 1816) le rôle de Dubois des *Fausses Confidences* et celui de Malinval des *Voisins*. Il fut engagé pour la Russie et mourut à St-Pétersbourg en août 1824. Il était l'oncle maternel de Mme Dorval.

Bibliographie : l'*Opinion du Parterre* 1806. — *Almanachs* des spectacles.

BOURDAIS, Paul, Pierre, comique à Lille 1838 et 1849-50, Strasbourg 1852-53, Rouen 1854, La Haye 1855-56, Strasbourg 1857, Metz 1858, Amiens 1859-60, Nouvelle-Orléans 1861, Douai 1862, Limoges 1863-65, Batavia 1867-68, Paris 1869, La Martinique 1870-72, Québec 1873-74, La Haye 1875, Paris 1876, Cannes 1877, Asnières 1878-92. En 1880, Pierre Bourdais avait 61 ans et 38 ans de théâtre. Il obtint la pension de 500 fr. de la Société des artistes. Sa mort fut annoncée au Rapport de 1893.

BOURDAIS, Mme ou Mlle. — Sous ce nom :

Mme BOURDAIS, actrice à Lille en 1792.

Mlle BOURDAIS, Marie Ire. V. Mme Baptiste l'ancien.

Mlle BOURDAIS, Marie II. Nièce de la précédente, fille de Bourdais père, sœur de Bourdais fils. Elle naquit à Lyon en 1781 et jouait à Lorient en 1798 lorsqu'elle accoucha hors mariage de celle qui devait devenir Mme Dorval. L'enfant fut reconnu par son père Joseph, Charles Delaunay (V. ces noms). En 1805 elle jouait à la Porte St-Martin et demeurait chez son père rue Basse d'Orléans. Les biographes de la fille ont nécessairement fait allusion aux pérégrinations et à la vie de misère de la mère. Elle mourut vers 1813.

Mme BOURDAIS, Porte St-Martin 1816.

Mme BOURDAIS, soubrette, Clermont-Ferrand 1825.

Mme BOURDAIS mère, duègne, Pau, Angoulême 1826, Agen 1828.

Mme BOURDAIS, Joséphine, Morlaix 1849.

Mme BOURDAIS, Charlotte, née Simon, femme Pierre Bourdais (V. plus haut). Lille 1850, Strasbourg 1852-53, Rouen 1854, La Haye 1855-56, Strasbourg 1857, Metz 1858, Amiens 1859-60, Nouvelle-Orléans 1861, Douai 1862, Limoges 1863-65, Batavia 1867-68, Paris 1869, Batavia 1870, La Martinique 1872, Québec 1873-74, La Haye 1875, Paris 1876, Cannes 1877, Asnières 1878-80, puis Paris. Depuis 1884, Mme Charlotte Bourdais, âgée alors de 60 ans, avec 45 ans de théâtre, a touché la pension de 500 fr. de la Société des artistes. Habitait Paris en 1902.

BOURDEAU, Mlle. — Folies dramatiques 1832-33.

BOURDEAU, Mme d'Hervilly. — 1er rôle, 2me arrondissement th., 1835.

BOURDIER, Mme Rognin, Rosa. — Née en 1821, débuta avec quelque succès au Th. français ; parut sur les scènes de Caen, Rouen, Lyon, se fit adopter à Versailles ou elle était très goûtée, et mourut le 11 décembre 1842.

Bibliographie : *Annuaire* Delhasse 1843, p. 249.

BOURDIER, Emile. — Th. National 1850.

BOURDON-Neuville. — V. Neuville.

BOURDON, Mme. — Duègne, 6e arr. th., 1830.

BOURDON. — Rôles de convenance, Nîmes 1828.

BOURDON, Mlle. — 6e arr. th., 1830.

BOURDON, jeune. — Brest 1831.

BOURDON, Georges. — Troyes 1883-84.

BOURDOT, François, Antoine. — Père noble, Châlons 1853, Colmar 1854, Sedan 1855, Mulhouse 1856-57, Belfort 1858-59, Nevers 1860-63.

BOURELLE. — Comique, Le Hâvre 1828.

BOURELLY. — Le Hâvre 1829, Toulouse 1832-33, 1835, 2e comique.

BOURET, Antoine, Claude. — 1732-83. Bouret naquit à Paris le 6 décembre 1732. Son acte de baptême, extrait des registres de la paroisse St-Sulpice, reproduit par De Manne, le qualifie « fils de Claude *Bourré*, marchand, et de Marie Guessard, son épouse, demeurant rue des Fossés St-Germain-des-Prés ». Lemazurier a raconté qu'ayant été chargé par son père de porter à Vadé une gaîne d'épée qu'il lui avait vendue, celui-ci qui travaillait à sa pièce de *Nicaise* s'écria, en voyant l'air du jeune homme et en entendant sa voix de polichinelle : « Voilà mon Nicaise tout trouvé ».

Nicaise, opéra comique en un acte, fut représenté à la Foire St-Laurent le 7 février 1756, et Bouret resta pendant plusieurs années attaché aux théâtres de la foire où il obtenait un très grand succès dans les rôles de niais. La réputation qu'il s'y était acquise lui valut le 12 novembre 1762, un ordre de début à la Comédie française où il parut pour la première fois le 2 décembre. Ses pièces de début furent : *Amphytrion* (Sosie), *Turcaret*, *Crispin rival de son Maître*. Il fut reçu à l'essai le 11, admis aux grands appointements de 2000 livres le 15 janvier 1763, et enfin nommé sociétaire en 1764.

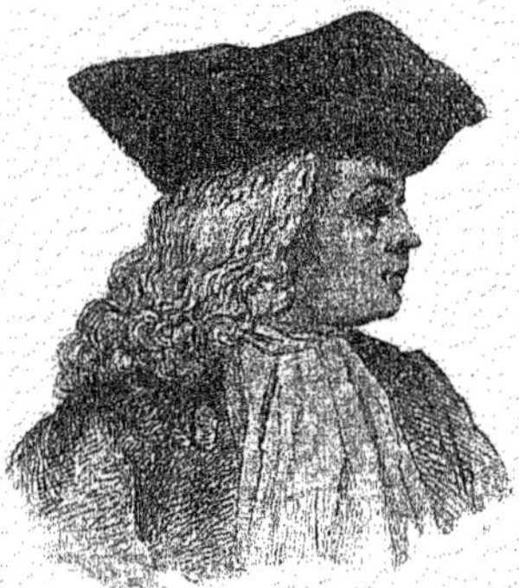
BOURET, d'après H. Lefort

On s'accorde peu sur son talent : « Il joue supérieurement les *ivrognes*, écrit un contemporain, les rôles d'Alain et de Nicaise et les Crispins. Il est petit, mais bien fait : son masque est extrêmement comique et son jeu des plus naturels ». La Harpe, en parlant de sa mort, prétend que c'était « un assez mauvais comédien ». D'autres disent que sur les derniers temps de sa vie, sa prononciation était devenue si vicieuse qu'on ne l'entendait pas.

Bouret créa les rôles de La Brie du *Père de Famille*, 1758, Maître Pierre du *Tambour nocturne*, 1762, La Violette de *Dupuis et Desronais*, 1763, Dumon du *Cercle*, 1764, Dubois de la *Gageure imprévue*, 1768, Un notaire dans le *Barbier de Séville*, 1775, etc. Son dernier rôle fut celui du garçon de café dans *Molière à la nouvelle salle* (12 avril 1782). Les rôles d'Agnelet dans l'*Avocat Patelin*, de Flamand de *Turcaret*, de *M. de Pourceaugnac*, de Mirobolan dans *Crispin médecin* étaient ceux où l'on se plaisait à le voir.

Bouret mourut le 16 septembre 1783, et ses camarades se cotisèrent pour donner à sa veuve une somme de 1000 livres, puis convinrent de pensionner ses deux enfants jusqu'à l'âge de vingt ans. « De mémoire d'homme, lit-on dans les *Mémoires secrets*, on n'a point vu d'enterrement pareil à celui de Bouret, non à raison de la magnificence de la pompe, mais par l'affliction qui régnait sur tous les visages. Tous ses camarades y ont assisté, sauf le sieur Molé qui faisait faire ce jour-là un service pour sa femme, le sieur de la Rive et Préville. Tous les divers officiers, suppôts, valets de théâtre de la Comédie s'étaient fait un devoir de s'y rendre et tous pleuraient et sanglotaient aussi. Le sieur Des Essarts s'est signalé par dessus les autres et a été tellement suffoqué de sa douleur, qu'il s'en est trouvé mal ».

Bouret habita successivement « vis-à-vis la Comédie française » 1765-82, et rue des Fossés St-Germain des Prés, 1783.

Biographie : Lemazurier, *Galerie historique*. — E.-D. De Manne, *Troupe de Voltaire*. — G. Monval, *Liste alphabétique* des sociétaires.

Bibliographie : *Almanachs* Duchesne. — Bachaumont, *Mémoires secrets*, t. XXIII, p. 212.

Iconographie : Bibl. nat. Catalog. Duplessis 6026. En buste, de profil à gauche, gravé par Fr. Hillemacher, 1860.

En buste, de profil à droite, gravé par H. Lefort *(Troupe de Voltaire)*.

BOURET, Isidore. — Deuxième comique d'une troupe ambulante en Provence, 1831.

BOURGAIN, Mme Marie. — La Rochelle 1887-91.

BOURGEAT, Gaston, Benoît, Jean-Baptiste. — Bordeaux 1886-89.

BOURGEOIS. — Sous ce nom :

Bourgeois, acteur au Vaudeville 1792-93.

Bourgeois, Ambigu 1826-31.

Bourgeois, André, comique, troupe ambulante 1828.

Bourgeois, Th. du Luxembourg 1838.

Bourgeois, Alex., deuxième père, Bruges 1838, Tournay 1839.

Bourgeois, Th. Nouveau, Bruxelles 1846.

Bourgeois, Marseille 1849.

Bourgeois aîné, Lazari 1852.

Bourgeois jeune, Lazari 1852.

Bourgeois, deuxième comique, Anvers 1852.

Bourgeois, Lucien, Bernard, Lyon 1853-56.

Bourgeois, Alfred, Pithiviers 1865-69.

Bourgeois, Salle Taitbout 1877.

Bourgeois, Ambigu 1877.

Bourgeois, Maxime, Alphonse, Nouveautés 1879, Genève 1880, Nouvelle-Orléans 1881, Lyon 1882-84.

BOURGEOIS, Mme ou Mlle.

Mlle Bourgeois, Catherine, associée de l'*Illustre théâtre* avec les Béjart et Molière, à

Rouen, en octobre 1643. Elle fut signataire du contrat passé le 28 décembre suivant, joua au Jeu de paume des fossés de Nesle et à celui de la Croix-Noire au Port St-Paul, et s'acquitta le 4 novembre 1646 envers François Pommier de 120 livres pour sa part dans l'obligation du 17 décembre 1644, qu'elle avait souscrite avec les autres comédiens (V. Madeleine Béjart et Molière).

Bibliographie : G. Monval, *Chronologie Molièresque*, 1897.

Mme BOURGEOIS, actrice au Vaudeville, 1792-1793.

Mlle BOURGEOIS-ROUZÉ, Joséphine, Angélique, Fanny, née sur la paroisse St-Merry le 18 août 1784, portait le nom de son père, Rouzé, et celui de l'épouse de celui-ci, Bourgeois, sa mère. Débuta aux Jeunes artistes de la rue de Bondy, où elle joua *Julie* (déc. 1798), puis elle passa à l'Ambigu-comique. Le *Tribunal volatile* (an XI) lui prête les allures d'une *virago*. Nous la retrouvons à la Porte-St-Martin, dans le rôle de la *Femme jalouse* (3 mai 1806), puis à la Gaîté, où elle régna au moins quinze ans, aux appointements de 6000 francs par an. Mais la direction ayant voulu la diminuer, l'actrice préféra s'en aller. Elle se retira sur les hauteurs de Belleville, ouvrit une table d'hôte et un salon de jeu. En 1825, Maurice Alhoy disait d'elle : « Au siècle d'or du mélodrame, il y avait au théâtre de la Gaîté une femme à l'œil vif, au geste expressif, à la démarche altière, qui, tantôt dame châtelaine..., tantôt ange tutélaire..., etc. » Cette femme était Mlle *Rousée (sic)*-Bourgeois. Le critique lui reconnaissait d'ailleurs une tenue noble, une intelligence profonde, une diction pure.

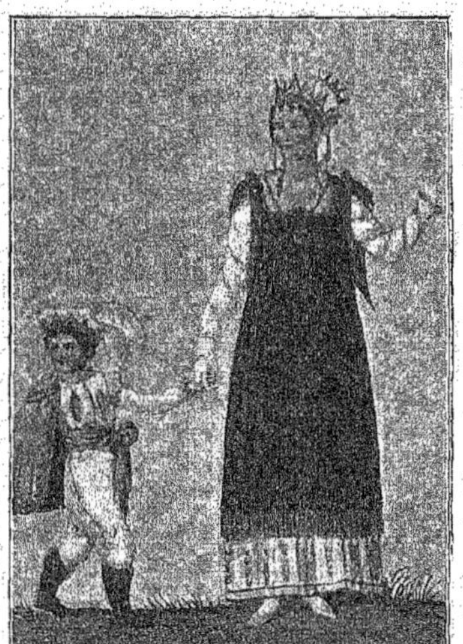

Mlle BOURGEOIS-ROUZÉ, dans *Marguerite d'Anjou* (Th. de la Gaîté) 11 janv. 1810

Le 28 janvier 1828, elle reparut à la Gaîté dans le rôle de duègnes et de mères : la *Robe feuille morte*, la *Muette de la forêt*, *Polder*, le *Jésuite*, la *Vendetta*. Elle demeurait alors boulevard du Temple, aux bains du Belvéder.

Retirée à Passy, elle y mourut à 86 ans, le 24 août 1870.

Biographie : De Manne et Ménétrier, *Complément de la troupe de Nicolet*.

Bibliographie : *Almanach des spectacles*, 1815. — *Almanachs Barba*. — *Petite biographie dram.*, 1821. — *Grande biographie dram.*, suppl. 1825.

Iconographie : Bibl. nat. Catal. Duplessis, nº 6029. En pied, de ¾ à gauche, cost. de th., publié par Mme Masson. — Collect. Martinet, pl. 179.

Mlle BOURGEOIS, Amélie. Th. Comte 1830-31.

Mlle BOURGEOIS, Ernest, soubrette, 7e arrondissement th., 1831.

Mme BOURGEOIS, utilités, Tournay 1839.

Mme BOURGEOIS, nom d'une débutante à l'Odéon dans *Tartufe* (février 1846).

Mme BOURGEOIS, Anna, Marie, Vict. — Tours 1850-58, Rochefort 1859-60, Rouen 1861-64, Dijon 1865-67, Toulouse 1868-69, Strasbourg 1870, Nantes 1872, Bruxelles 1873, Gaîté 1874-1875, Amiens 1876-77, Nancy 1878-79. Sa mort fut annoncée au Rapport de 1880.

Mme BOURGEOIS, Sophie, Ernestine. — Th. du Luxembourg 1850.

Mme BOURGEOIS, Eugénie. — Paris 1855, Orléans 1856-57, Paris 1858-59, Toulouse 1860-1862.

Mme BOURGEOIS, Pierrette, Anne, née Burdet. — Sens 1863-64, Nantes 1865.

Mme BOURGEOIS, Marguerite, née Hugonnier. — Batavia 1858-65, Rio-de-Janeiro 1867-70, Gand 1872-74, Béziers 1875, Nancy 1876, Lille 1877, Toulouse 1878, Montpellier 1879, Liège 1880-81, Rennes 1882, Lille 1884-85, Paris 1885-86, Béziers 1887, Valenciennes 1888, Paris 1889. En 1884, Mme Marguerite Bourgeois, âgée de 60 ans, avec 40 ans de théâtre, reçut une pension de 500 fr. de la Société des artistes. Sa mort fut annoncée deux fois, aux Rapports de 1890 et de 1891.

BOURGET, comique. — Th. du Vaudeville, Bruxelles 1844, Le Hâvre 1852, Rouen 1853.

BOURGET, Jean, Urbain. — Pau 1864, Auch 1865.

BOURGLAIS, Mme. — Gaîté 1808.

BOURGMAYER, Mme Emilie. — Gaîté 1815.

BOURGOIN, Mlle Marie, Thérèse, Etiennette. — 1781-1833. Fille d'Edme *Bourgoing* — dit l'extrait de baptême de la paroisse de St-Sulpice, — maître cordonnier, et de Marie Badois, son épouse, naquit rue des Deux-Anges, à Paris, le 4 juillet 1781. Elle avait à peine six ans quand ses parents voulurent lui faire apprendre la danse avec un danseur de l'Opéra, nommé Seuriot. Dans la suite, elle reçut les leçons d'un sieur Antoine, frère de l'architecte et ancien ami de Lekain. Il lui conseilla d'abandonner la danse, lui fit étudier la tragédie et la comédie, et quand il la jugea assez forte, il la présenta à Mme Vestris et à Dugazon, qui lui facilitèrent un début au théâtre Français.

Le 13 septembre 1799, Mlle Bourgoin parut dans le rôle d'Amélie, de *Fénelon* et celui d'Isabelle, de l'*Ecole des maris*. La débutante avait grand'peur, mais on loua sa diction et sa grâce ; cependant les épreuves furent interrompues. On attribua cette décision à l'apparition d'un pamphlet : *Lettre d'un comédien du théâtre de la République aux demoiselles Gros et Bourgoing*, Paris, Lerouge, an VIII, br. in-8° de 60 pages, attribuée à Palissot. Les comédiens, et principalement Dazincourt, y étaient assez malmenés. Quoiqu'il en soit, ses débuts ne furent repris que le 28 novembre 1801. La jeune actrice avait employé ces deux ans à prendre d'utiles leçons de Mlle Dumesnil, alors octogénaire. Celle-ci écrivait au Ministre de l'Intérieur, en date du 13 vendémiaire, an IX : « J'ai cru reconnaître en cette jeune personne des dispositions très heureuses, et il y a dix-huit mois que, de deux jours l'un, je n'ai cessé de veiller à ses études et de lui donner tous les soins qui peuvent dépendre de mon expérience dans l'art du théâtre. J'ose donc l'annoncer comme mon élève. » En présence des injustices causées à Mlle Bourgoin, elle demandait que les débuts fussent suspendus.

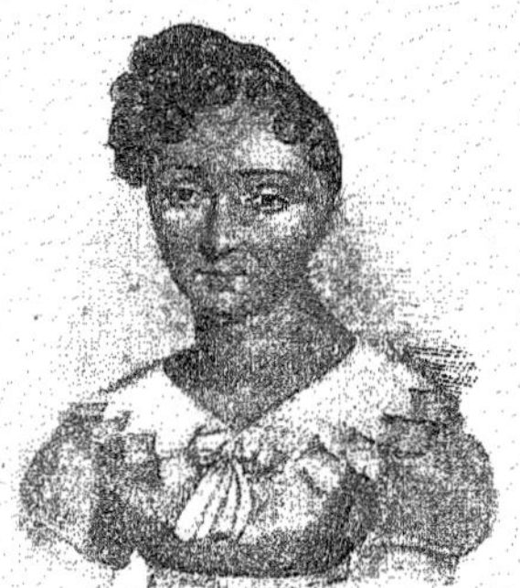
Mlle BOURGOIN
d'après H. Garnier

Mlle Bourgoin intéressa toujours le public par sa jolie figure et l'élégance de sa tournure, mais on la jugea plus propre à la comédie qu'à la tragédie. Ses traits, trop fins, se prêtaient mal aux grands éclats de la passion ; dans les petites bouderies, les scènes de salon, elle était ravissante.

Cependant la Comédie, dans son sein, était partagée en deux camps ; les uns, tels Dazincourt et Florence, tenaient pour Mlle Volnais, sa rivale. Il ne fallut rien moins que la haute protection du ministre Chaptal pour la faire recevoir sociétaire, en mars 1802, et par une faveur exceptionnelle, aux appointements de 7,000 francs. Le 18 novembre 1801, alors qu'elle jouait *Mélanie*, elle avait été redemandée à la fin du spectacle, usage jusqu'alors sans précédent, et qui lui valut encore plus d'ennemis.

« Elle a paru avec tout l'éclat que devait avoir une écolière de la célèbre Mlle Dumesnil, écrit un contemporain. On remarqua comme une singularité qu'avec ce titre elle débuta dans le drame de *Mélanie* et dans l'Agnès de l'*Ecole des femmes*. Mais le succès qu'elle y obtint fit voir qu'elle avait habilement calculé. » On vanta la fraîcheur de son teint, la vivacité de ses yeux, sa voix flexible, douce et sonore. On la proclama l'égale de Sainval et de Dangeville. Elle se montra dans la tragédie : ses admirateurs crièrent à la perfection : des observateurs impartiaux trouvèrent au contraire que la sensibilité et l'intelligence faisaient défaut dans un genre qui exige une si grande expression de visage.

Geoffroy, l'oracle de la critique, qui s'était d'abord montré bienveillant pour elle, la traita durement, lui reprochant une récitation molle, sans couleur. Mlle Bourgoin travailla, et ses progrès furent jugés très sensibles dans la comédie, car pour la tragédie on s'accorda toujours à la trouver froide. Les rôles d'ingénue ou de jeune première, Pauline, de l'*Intrigue épistolaire*, Agathe, des *Folies amoureuses*, Rosine, du *Barbier de Séville*, Fanchette, de la *Belle Fermière*, Angélique, de la *Fausse Agnès*, Roxelane, des *Trois sultanes*, et particulièrement Chérubin, du *Mariage de Figaro*, étaient des rôles qui lui convenaient. Mais Mlle Bourgoin laissa surtout une réputation de femme aimable, spirituelle, originale. Ses bons mots faisaient le tour des boudoirs de Paris, et elle compta des têtes couronnées sur la liste de ses hauts et puissants adorateurs. Au commencement de 1809, par exemple, elle partit pour la Russie, et ce déplacement ne fut pas étranger à sa fortune. Elle revint en France comblée des cadeaux de l'Empereur Alexandre, et lorsque les alliés vinrent à Paris, elle reçut dans son salon l'Empereur de Russie, le Grand Duc Constantin, le Roi de Prusse, etc. Nous parlerons plus loin de son royalisme.

Mlle Bourgoin établit à la Comédie française les rôles suivants :

1802 Eségyle, dans *Isule d'Orovèze*.
1803 Mercure, dans le *Double hommage*.
— Julie, dans *Sir Brahé*.
— Euphrosine, dans le *Veuf amoureux*.
1804 Une jeune fille, dans *Guillaume le Conquérant*.
— Suzanne, dans la *Leçon conjugale*.
1805 Phrosine, dans *Anaximandre*.
1806 Zobéide, dans *Antiochus Epiphanes*.
1807 Iphise, dans *Pyrrhus*.
1808 Thalie, dans *Plaute*.
— Rosine, dans l'*Assemblée de famille*.
— Mandane, dans *Artaxerce*.

En 1808, Mlle Bourgoin fit partie du fameux voyage de la Comédie française à Erfurt, et reçut de ce fait 2,500 fr. de gratification. Son apparition devant « le parterre de rois » ne devait pas être sans fruit pour elle. Elle fut remarquée et demandée — par voie diplomatique sans doute — à St-Pétersbourg.

Le 30 avril 1809, elle joua pour la dernière

fois à Paris avant son départ pour la Russie, le rôle de *Zaïre* et celui de Roxelane, des *Trois Sultanes*. Mais ce congé, qui ne devait être que de six mois, fut en réalité de beaucoup plus, puisqu'elle ne reparut rue Richelieu que le 29 septembre 1810 dans les rôles d'*Eugénie* et d'Angélique de l'*Epreuve nouvelle*. Elle était arrivée à Paris le 1er septembre. L'annonce de cette rentrée, dit l'*Opinion du parterre* « suffisait sans doute pour qu'une affluence prodigieuse se dirigeât vers le théâtre Français, et en assiégeât toutes les avenues : aussi, plus d'une heure avant l'ouverture des bureaux, était-il impossible d'approcher du temple... » La chronique scandaleuse était bien évidemment pour beaucoup dans cette curiosité du public. Que n'avait-on raconté sur les succès de jolie femme de Mlle Bourgoin en Russie ?

« Au lever de la toile, Mlle Bourgoin, jolie comme les amours, levant timidement sur le public ses beaux yeux à demi cachés par un élégant chapeau à l'anglaise, obtint le premier, le plus sûr de tous les succès de la soirée. Pour une jolie femme, paraître, c'est réussir. »

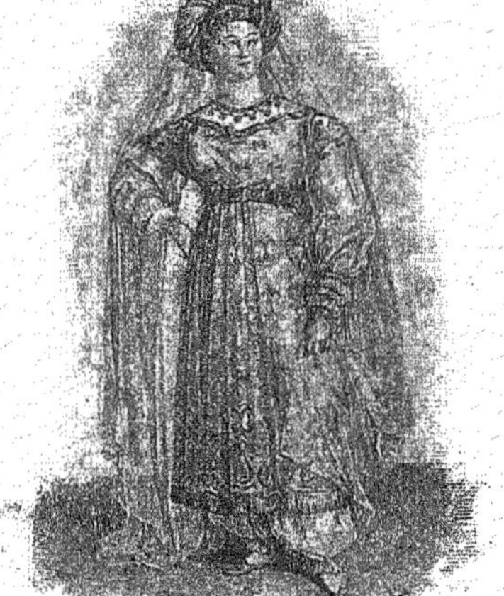

Mlle BOURGOIN, rôle de Roxelane d'après A. Colin

Mlle Bourgoin parut — indépendamment du répertoire — dans un *Lendemain de fortune*, la *Femme misanthrope* (1811), *Mascarille*, la *Lecture de Clarisse* (1812), *Tippo Saëb*, *Ninus II*, la *Nièce supposée* (1813). En 1811, Mlle Bourgoin suivit Talma, Damas et Mlle Duchesnois en Hollande. En 1813, elle fit encore partie du voyage de la Comédie française à Dresde (représentations du 22 juin au 11 août).

Au retour des Bourbons, Mlle Bourgoin, l'amie des rois et des princes, afficha naturellement ses opinions. Mais cette ostentation n'alla pas sans quelques petits désagréments. Tantôt c'est le public qui éclate de rire lorsque, dans le rôle de Junie, de *Britannicus*, elle déclare « qu'elle veut augmenter le nombre de ses vestales » ; tantôt — le 26 avril 1815 — effrayée par la mauvaise humeur du parterre à son égard, elle adresse des gestes méprisants au public, elle s'affole et ne permet pas de finir *Phèdre*, où elle jouait le rôle d'Aricie. Le lendemain, le Comité de la Comédie française prenait la délibération suivante :

« Du jeudi 27 avril 1815.

« Sur la demande que M. le Commissaire impérial fait au nom de M. le Comte Montesquiou, grand Chambellan, surintendant des spectacles, de l'avis du Comité, relativement à la conduite de la demoiselle Bourgoing, pendant la représentation de *Phèdre*, hier 26, et du scandale qui en est résulté, le Comité, considérant que Mlle Bourgoing s'est trop souvent rendue coupable de torts graves depuis qu'elle est au Théâtre Français, et qu'elle a mis le comble en cette dernière circonstance, est unanimement d'avis que le second alinéa de l'article 78 du décret impérial du 15 octobre 1812, ainsi conçu :

« L'expulsion définitive n'aura lieu que dans les cas graves, et après avoir pris l'avis du Comité » est entièrement applicable à Mlle Bourgoing. »

Signé : FLEURY, SAINT-PRIX, TALMA, MICHOT, DAMAS, LACAVE.

Pour copie conforme :
Le Secrétaire du Comité :
LEMAZURIER.
(Arch. nat.)

Mlle Bourgoin voulut s'en tirer en faisant insérer dans les journaux une lettre où elle affirmait son *profond respect pour le public* et en expliquant les choses à sa façon. Mais le Comité protesta encore en envoyant au *Journal de Paris* la note suivante :

« Mlle Bourgoing a adressé à Messieurs les rédacteurs du *Journal de Paris* une lettre où elle prétend qu'elle a *éprouvé* une scène. Mlle Bourgoing se trompe : elle n'a point *éprouvé* de scène ; elle en a *fait* une. »

Signé : FLEURY, SAINT-PRIX, MICHOT, DAMAS, LACAVE.
(Arch. nat.)

Une autre fois, le samedi 22 mars 1817, avait lieu la première représentation de *Germanicus* suivie de l'*Epreuve nouvelle*, où paraissait Mlle Bourgoin. *Germanicus* avait été joué, non sans tumulte, et voici qu'à l'entrée de l'artiste, dans la pièce finale, quelques coups de sifflets sont lancés du parterre. C'est que, lorsque Mlle Mars fut accusée d'avoir arboré la violette napoléonienne, Mlle Bourgoin s'était parée du lis bourbonien. A ce bruit hostile, l'orage, à peine apaisé dans la salle, se réveille. Mlle Bourgoin continue son rôle. Mais à la scène XI, elle perd la tête, s'embrouille et s'enfuit. Elle reparaît enfin tout en larmes, désarme la cabale, et finit la pièce sans encombre.

De 1814 à 1826, Mlle Bourgoin créa encore un bon nombre de rôles dans des pièces complètement oubliées aujourd'hui, et dont De Manne nous a laissé la liste complète, à peu près sans intérêt ; mais, il faut bien le reconnaître, cette actrice fit beaucoup plus parler d'elle à cause de ses aventures galantes que par ses talents. « Candide, timide et innocente, tous les soirs de 7 h. à 11 h. (heure du spectacle), » écrit méchamment un chroniqueur en 1821. Et puis l'on citait les bons mots de Mlle Bourgoin : un des plus célèbres est celui-ci : Comme on causait *finances* à une répétition, Talma dit : « Pour nous, les appointements sont tout ; tandis que vous, Mesdames, vous avez d'autres avantages. — Ah ! mon ami, répliqua l'actrice, pas tant que tu crois, va ! Il y a bien des non-valeurs. — Ch. Maurice, 28 décembre 1817.

Les ans passent et il semble que les critiques ne désarment guère : « Mlle Bourgoin, écrit-on en 1824, touche à une époque où, de toutes les illusions de la vie, il ne lui restera bientôt que celles qui résultent des talents. Il serait heureux pour le public et pour elle que cette réflexion ne fut pas perdue ; mais nous n'osons pas nous en flatter : nous pensons plutôt que les amis de l'art, qui auraient voulu être ceux de Mlle Bourgoin, ont dû renoncer depuis longtemps à toutes les espérances qu'ils avaient conçues de cette jolie actrice, et prendre pour eux cette devise, dont on assure qu'aucun des amants de Mlle Bourgoin n'a longtemps fait la sienne :

L'espoir, il est vrai, nous soulage,
Et nous berce un temps notre ennui ;
Mais, Philis, le triste avantage
Lorsque rien ne marche avec lui !
. . . .
Belle Philis, on désespère
Alors qu'on espère toujours.

Talma, dit-on, lui avait cependant donné d'utiles conseils dont elle aurait du profiter. Peu de temps après la mort de celui-ci (1826), elle manifesta le désir de se retirer. Cette retraite eut lieu le 1er avril 1829, mais elle était déjà atteinte du mal qui devait l'emporter. Elle voulut mourir chrétiennement et fit appeler le curé de St-Roch pour l'assister. Elle succomba le dimanche 11 août 1833 (et non 1834) et ses funérailles se célébrèrent à St-Roch au milieu d'un immense concours de peuple accouru là sans doute dans l'espérance de voir se renouveler le scandale qui s'était produit lors des obsèques de Mlle Raucourt.

Mlle Bourgoin fut inhumée au cimetière du Père Lachaise et son tombeau, que l'on peut voir encore, est surmonté d'un vase cinéraire provenant d'Herculanum, cadeau de l'empereur de Russie Alexandre Ier, alors que l'actrice se trouvait à St-Pétersbourg.

Le *Monde illustré* du 26 octobre 1861, a publié un long article sur Mlle Bourgoin à l'occasion de la mort de son fils. Ce fils, qui était banquier, fut celui qui prêta à Bouffé les 20,000 francs qui l'aidèrent à payer son dédit au Gymnase (*Souvenirs de Bouffé*, p. 221).

Mlle Bourgoin demeura successivement : rue de Bellechasse, no 215 (1804-05), même rue, no 22 (1807-10), rue Ménars, no 10 (1812-22), Allée des Veuves, no 21 (1823-24), rue Lepeletier, no 1 (1825-29).

Dans la collection autogr. A. Bovet, no 1370, figurait une lettre de Mlle Bourgoin à Joséphine Duchesnois avec cette phrase : « Nous sommes bien vengées en ce moment en voyant le pauvre Théâtre français entre les mains de cette médiocrité, et quand ce ne serait que pour les effrayer, entretenons-les dans la crainte où ils sont de notre rentrée sur la scène française ». 22 septembre, sans autre date.

Biographie : E.-D. De Manne, *Troupe de Talma*. — G. Monval, *Liste alphabétique* des sociétaires.

Bibliographie : *Almanach des Spectacles*, 1800, p. 156. — *Année théâtrale*, Almanach p. l'an XI, p. 46 et suiv. — *Opinion du Parterre*, t. II, p. 101, t. III, p. 215, t. IV, p. 71, t. V, p. 56, t. VI, p. 71, t. VII, p. 78, t. VIII, p. 81, t. IX, p. 92, t. X, p. 149. — *Le Rideau levé*, p. 50. — *Petite Biographie dramatique* 1821, p. 56. — *Grande Biographie dramat.*, 1824, p. 55. — Harel, *Dict. théâtral*, p. 48. — *Biographie th.*, 1829, p. 18. — Ch. Maurice, *Hist. anecd. du th.*, t. I, p. 74. — Th. Muret, l'*Hist. par le Théâtre*, t. II, p. 94. — Le *Monde illustré*, 26 oct. 1861.

Iconographie : Bibl. nat. Catalog. Duplessis no 6064.

1. En buste, de face, gravé par Bertonnier, d'après Siccardi.

2. En pied, de 3/4 à droite (cost. de th.), lith. d'après A. Colin.

3. En buste, de 3/4 à droite, lith. de Mlle Formentin, 1827.

4. En buste, de face, gravé par Girard, d'après Marvis.

5. En buste, de face, lith. par H. Grevedon, 1826, d'après Siccardi.

6. En buste, de face, gravé par Paul L., d'après Colin.

7. En pied, de 3/4 à gauche, cost. de th., publ, par Martinet.

8. En buste, de face, gravé par Reveil.

9. En buste, de 3/4 à gauche, dans un ovale, gravé par Roy, d'après Siccardi.

10. En buste, de 3/4 à droite, dans un ovale, lith. par Vigneron.

Voir aussi Bibl. nat. portraits de Mlle George et de Talma.

Collect. Martinet, pl. 392, cost. de th. dans les *Deux Pages*.

Eau-forte d'Hillemacher, en buste (Troupe de Talma).

Un portrait de Mlle Bourgoin, par Hénard, fut exposé au salon de 1808, sous le no 284.

Musée de la Comédie française, catalog. G. Monval.

No 237. Portrait présumé, peinture toile, ovale, h. 0m61, larg. 0m51, attribuée à Mlle Guérard.

No 245. Portrait présumé, buste plâtre h. 0,50, auteur inconnu.

N° 334. Peinture toile, haut. 0,55, larg. 0,42, par Mlle Romance dite Romany, 1834.

N° 471. Lafon (dans Achille) Mlle Bourgoin et Mme Petit, trois dessins à la plume et à l'encre de Chine, haut. 0,19, larg. 0,15, auteur inconnu.

BOURGOIN, Mlle, dite *Lili*. — « Une charmante petite femme », que les uns disent *nièce* et les autres *sœur* de Mlle Bourgoin, mais plutôt nièce que sœur, née vers 1806. Elle montra d'abord son frais minois au théâtre du Panorama; sa taille peu élevée, son âge qu'elle cachait, la firent prendre pour une petite merveille. Elle joua Lucette de la *Bonne Mère* et excita une vive gaîté, « sentiment, ajoute le critique, que Florian ne cherchait sans doute pas à placer dans ce rôle ».

Mlle Lili Bourgoin débuta le 18 janvier 1828 au Vaudeville, par le rôle de Denise dans *Frontin Mari-Garçon*, Alm. sp., p. 154.

Le Gymnase la reçut ensuite, mais sans plus de succès. « Dix-neuf ans, assez jolie, écrit Harel en 1825. Elle avait été au Panorama dramatique où elle ne produisait pas plus de sensation qu'elle n'en produit au Gymnase ». Elle avait quitté son appartement de la rue Grange aux Belles, n° 3, et vivait chez sa tante Allée des Veuves. Elle resta au théâtre de Madame en 1825-26 (3, rue d'Amboise et 9, rue St-Marc), puis parut au Vaudeville le 18 janvier 1827, dans le rôle de Denise de *Frontin garçon*. En 1832, elle est au Palais-Royal : *Crédeville* (6 déc.), *M. Duroseau* (26 déc.), les *Locataires et les Portiers* (6 avril 1833), les *Baigneuses* (27 août). « Le théâtre du Palais-Royal est renommé pour ses jolies femmes. Mlle Bourgoin est de plus une ingénue pleine de gentillesse et de grâce », écrit-on en 1833. On perd ses traces l'année suivante.

Bibliographie : *Grande biograph. dram.*, 1824, p. 61. — Harel, *Dict. théâtr.*, p. 13. — *Petite Biogr.*, 1833, p. 87.

BOURGOIN, Paul. — Deuxième comique, Dieppe 1829.

BOURGOIN, Mlle Justine, Louise. — Moulins 1852-53, Rouen 1854-55.

BOURGOIN. — Jeune premier comique, Reims 1853.

BOURGOIN, Mme. — Deuxième soubrette, Reims 1853.

BOURGOUGNAT, Mme Hélène, Marie. — Menus-Plaisirs 1869-72.

BOURGUIGNON. — Th. des jeunes élèves 1827. Peut être le même que le suivant.

BOURGUIGNON. — Acteur des Délassements comiques à qui Ch. Monselet consacra un joli article dans ses *Premières représentations célèbres* (octobre 1861) : « La dernière nouvelle dont j'ai à vous faire part, et qui ne fera pas détourner la foule, celle-là, est la mort d'un pauvre bouffon, peu connu à présent, mais qui a eu son heure, lui aussi, et qui a passionné le public des petits théâtres du boulevard du Temple. On l'appelait Bourguignon, comme le valet du *Jeu de l'Amour et du Hasard*, avec qui d'ailleurs il n'avait de commun que le nom. Il jouait aux Délassements comiques, à côté de Mlle Alphonsine, qui n'a jamais été plus fantasque et plus éblouissante qu'à cette époque ; et les auteurs du quartier faisaient pour eux des parades intitulées : *Monsieur Vert-Pomme, Adrienne de Cardoville, la Débine*, etc. Bourguignon était d'allure placide; il avait l'œil terne, un petit œil en vrille, la voix cassée à force de rhumes, de bronchites et de verres d'absinthe; on pouvait le prendre pour un figurant au premier aspect, mais il possédait ce qui n'appartient qu'aux grands comédiens : l'imprévu, le sursaut, l'éclair. Grassot avait dû étudier les saccades de Bourguignon; Lassagne avait du copier les pirouettes de Bourguignon, son rire de coq, ses ahurissements de myope condamné à la danse des œufs. Bourguignon s'ignorait, je suis tenté de le croire, mais aucun artiste n'ignorait Bourguignon. — L'homme était pour le moins aussi bizarre que l'acteur. A un certain moment, il avait joint à son art un petit commerce de pâtisserie sur le boulevard du Temple; entre deux actes il s'échappait pour aller couper aux titis un sou de flan ou de galette. Un jour, le directeur de la Porte St-Martin a fait venir Bourguignon et lui a donné un rôle dans les *Sept Merveilles du Monde*. Ce fut son apogée. Depuis lors, on n'a presque plus entendu parler de Bourguignon; il est allé aux théâtres de la banlieue, il a erré, il s'est éteint ».

Bourguignon avait passé par Beaumarchais 1849, les Folies dramatiques 1852, la Porte St-Martin 1854-56.

BOURGUIGNON, Mlle. — Amiens 1830.

BOURJON. — Deuxième rôle dans la troupe Du Vallon à Maëstricht, 17 fév.-29 avril 1737.

BOURLARD, Mlle Rosine, femme puis veuve Hermant. — Pau 1852, Auch 1853-54, Pau 1856, Bagnères 1857-62, Pau 1863-65, Bayonne 1867-1872, Pau 1873-75, Tarbes 1876-77, Pau 1878-1884.

BOURMON, père. — Acteur de la troupe Dourdé. Maëstricht, 28 décembre 1742-7 janvier 1743.

BOURNEL, Mlle Eugénie. — Batignolles 1867.

BOURNEUF, Mlle. — Th. Montansier 1792 (rue St-Thomas du Louvre, Hôtel de la Nation) et 1793 (rue Richelieu, 26).

BOURNONVILLE. — Financier, troupe Du Vallon, Maëstricht, 17 février-29 avril 1737.

BOUROTTE, Pierre, Bourot dit. — Genève 1869-70, Lyon 1872, Tours 1873, Athènes 1874, Lyon 1875, Oran 1877, Beaugency 1879, Grenoble 1880, Bastia 1881, Constantine 1882, Paris 1883-1902. En 1900, Bourotte, âgé de 61 ans, avec 35 ans de théâtre, obtint la pension de 500 francs de la Société des artistes. Habitait Paris en 1902.

BOURQUE. — Nom d'un débutant à la Comédie française le 12 avril 1852 dans les rôles de Francaleu de la *Métromanie* et de Thibaut des *Vendanges*.

BOURQUIN. — Th. Comte 1832.

BOURRELLY. — Deuxième comique et « Poisson » à Marseille, 1825.

Iconographie: Bibl. nat., Catal. Duplessis nº 6095. Bourrelly dit *Armand*. En pied, de face, cost. de th., grav. par Julien.

BOURSAULT-Malherbe, Jean-François, Boursault dit, 1752-1842. — qui descendait, dit-on, non de Malherbe, mais du poète Boursault, était fils d'un marchand de draps du quartier des Innocents. Ayant quitté Paris pour suivre des comédiens ambulants, il s'acquit quelque réputation en province et parvint à débuter à la Comédie française dans le *Philosophe marié* et la *Gageure imprévue*. Acteur à Marseille, directeur de théâtre à Palerme, mais poursuivi par la mauvaise chance, Boursault tenta de se suicider sous les yeux du roi des Deux-Siciles qui lui paya gracieusement ses dettes. Il arriva en France au moment où la Révolution venait d'éclater. C'est alors qu'il se lança dans le mouvement, quitta le nom de Malherbe, reprit le sien, et fit construire entre la rue Saint-Martin et la rue Quincampoix un théâtre auquel il donna le nom de *Théâtre Molière* où Ronsin fit représenter ses pièces révolutionnaires.

Nommé électeur de Paris, puis, en 1793, membre suppléant de la Convention nationale, chargé de missions politiques en province, Boursault, accusé de concussion, était sur le point d'être arrêté lorsqu'il fut sauvé par Collot d'Herbois, son ancien camarade de collège, lequel l'envoya fort à propos acheter des chevaux à Rennes. Quelque temps après, Boursault se trouvait à Avignon. Il y protégea, au péril de sa vie, des prisonniers que la foule en fureur voulait massacrer.

Puis, quittant la scène politique, il revint à Paris et reprit la direction du Théâtre Molière que l'on avait nommé : *Théâtre des Variétés nationales et étrangères*. Il effaça le mot *nationales*, et se mit à jouer des traductions de Calderon, de Lope de Vega, de Schiller, etc., mais l'entreprise ne prospéra pas. Actif, intrigant, spéculateur, Boursault se retourna d'un autre côté. Il obtint l'entreprise du balayage des rues de Paris, et le 12 octobre 1818, moyennant 6,526,000 francs, la ferme des jeux — exploitation des maisons de roulette et de trente et quarante — dont on évaluait le rapport à 600,000 francs net. Il gagna en quelques années une immense fortune.

Possesseur d'une des plus belles galeries de tableaux de l'époque, et d'un jardin botanique qui passait pour contenir les plantes les plus rares d'Europe, Boursault vécut ainsi dans sa maison de la rue Blanche jusqu'au moment où, en 1830, âgé de 78 ans, il acheta la salle Ventadour 3 millions et gagna un million et demi dans cette spéculation. Et cependant son activité était insatiable. Il prend alors la direction de l'Opéra-comique, mais cette fois le succès ne le suit plus. Boursault n'est pas homme à se décourager pour si peu : il rassemble ses artistes et son personnel, leur explique qu'il est à la veille de sombrer, et, au plus fort de sa harangue, tire un rideau et découvre des piles d'or et des liasses de billets de banque : « Voici vos appointements d'une année, leur dit-il ; je vous les abandonne si vous voulez résilier les contrats ». Tout le monde accepte, et Boursault réintègre sa maison de la rue Blanche; il vend sa galerie, démolit son parc, fait construire des maisons de rapport — la rue Boursault. Ce fut sa dernière spéculation.

Boursault, qui mourut à 90 ans, avait écrit l'*Ecole des épouses*, comédie en vers, et le *Bon Tourangeau*, vaudeville.

Mme Antonia Molinos-Lafitte, femme d'un architecte, née vers 1798, auteur de divers albums poétiques et musicaux, était la fille de Boursault.

Bibliographie : *Int. des chercheurs et des curieux*, 30 nov. 1902, col. 809. Notice par Arthur Pougin.

BOURSAULT, Mme. — Première actrice du Th. Molière, 1792.

BOURSIER, Mme. — Gaîté 1792-93.

BOURSIER. — Th. Montparnasse 1853.

BOURSON, Pierre, né à Mâcon en 1780. — Protégé par Larive, il obtint un engagement au Th. des Jeunes Artistes, puis fut engagé à Lorient, à Nantes, à Bordeaux et au Th. français d'Amsterdam. En 1798, il y avait un Bourson à Rouen. Engagé à Bruxelles, le 14 fructidor, an XI (1803), à raison de 240 livres par mois, Bourson tint avec éclat l'emploi des jeunes premiers. Le 8 nivôse suivant, ses appointements furent portés à 3.300 livres par an, puis de 3.600 en 1806-07, de 4.000 en 1809-10. Le 15 mai 1810, en présence de Napoléon et de Marie-Louise, à Bruxelles, Bourson récita une pièce de vers de circonstance qu'il avait composée et reçut de ce fait 3.000 francs de l'Empereur. Bourson était encore dans cette ville en 1814. En 1824, un Bourson père est directeur à Aix en Provence. En 1825, le financier de la troupe de Gand s'appelle Bourson.

Bibliographie : F. Faber, *Histoire du Th. fr. en Belgique*, t. II.

BOURSON, Mme. — Bruxelles 1817-18.

BOURSON, fils. — Rôles d'enfants, Bruxelles 1808-09, premier comique à Gand 1825.

BOURSON, la petite ou Mlle. — Débuta tout enfant à Aix, puis parut le 25 avril 1824 au th. de Madame dans le *Mariage enfantin*. On voulait alors la faire passer pour un petit prodige. « Mlle Bourson est venue s'offrir au Gymnase pour se constituer l'héritière de la jolie Léontine Fay. La direction a refusé avec raison cette petite merveille qui accusait 12 ans et en paraissait avoir au moins 16. Les parents de Mlle Bourson ressemblent tant soit peu aux maquignons qui ôtent toujours un tiers à l'âge de leurs élèves. »

Bibliographie: *Grande Biograph. dram.*, 1824, p. 62. Do Supplt, p. 132.

BOURSONNETTE, Mme. — Odéon, *Guillaume Tell*, 11 août 1794.

BOURVELEC, Mme Eugénie, Armeline Blanzy dite. — Gaîté 1883-85, Paris 1886-91.

BOUSIGNE. — Artiste mort en 1846.

BOUSIGNES, Mme. — Le Hâvre 1849.

BOUSIGUES, ou Bouzigues. — Sous ce nom :

Mme Bousigues, Gabrielle, Nantes 1825, direction Bousigues.

Mme Bousigues, Adèle née Lemonnier, femme de l'ancien directeur de Nantes, avait débuté aux Jeunes élèves, rue Dauphine, joué en province et à Nantes, décédée le 3 janvier 1828.

Bousigues, acteur mort à Lons-le-Saulnier, 1834.

Mme Bousigues, grand premier rôle, Toulouse 1838.

Mlle Bousigues, Henriette, ingénue, Toulouse 1838.

Mme Bousigues, mère noble, Bruxelles 1844.

Mme Bousigues-Thénard, artiste dont la mort fut annoncée au Rapport de 1862, et qu'il ne faut pas confondre avec Mme Thénard, morte à la même époque (V. Mme Thénard).

Bousigues, Montpellier 1867, Lorient 1868, Colmar 1869.

BOUSQUET, Louis, Roch, François. — Acteur de l'Ambigu dont J. Arago disait: « Aimé du parterre et des loges ». Acteur utile, jouant tantôt les comiques, tantôt les caractères. Paris 1853-55, Porte St-Martin 1856-70, Londres 1872, Paris 1873-81, Porte St-Martin 1882-85. Lorsqu'un de ses camarades, Charles Cantru, mourut laissant orphelin à 18 mois un petit enfant déjà privé de sa mère, c'est Bousquet qui se fit l'avocat de cette infortune, et qui parvint à force de démarches à faire adopter l'enfant par l'Association des artistes. Cette bonne action fut consignée au Rapport de 1864. La mort de Bousquet fut annoncée en 1886. Depuis 1878 — il était alors âgé de 61 ans avec 40 ans de th. — il touchait la pension de 500 francs.

BOUSQUET, François, Alexandre. — Toulon 1852, Nantes 1853-54, Grenoble 1855, Metz 1856-58, Nantes 1859-62, Bayonne 1863-64, Agen 1865, Bordeaux 1867-69.

BOUSQUET. — Salle Bonne nouvelle 1852.

BOUSQUET, Jean. — Bordeaux 1862-65, Liège 1867, Le Hâvre 1868-69, Nouvelle Orléans 1870-72.

BOUSQUET, François, Zacharie. — Bordeaux 1862-70.

BOUSQUET, Louis. — Bordeaux 1862-70.

BOUSQUET, Mme. — Salle Bonne nouvelle 1852.

BOUSQUET, Mme Amélie, née Mazier. — Rouen 1862-63.

BOUSQUET, Mme Augustine. — Agée de 60 ans en 1881, avec 43 ans de services, reçut une pension de 500 fr. de la Société des artistes (V. Mme Laprée). Sa mort fut annoncée au Rapport de 1902.

BOUTEILLER, Mlle. — Débuta au Vaudeville le 13 avril 1826 dans le rôle de Lise de *Monsieur Blaise*.

BOUTELOUP, Hugues, Edmond. — Laval 1859, Le Mans 1860, Elbeuf 1861, Chambéry 1862, Châlons 1863-64, Dijon 1865, Chambéry 1867, St-Etienne 1868-69, Lyon 1870, Rouen 1872-77, New-York 1878, Rouen 1879-82.

BOUTET. — V. Monvel et Mlle Mars.

BOUTET, Mlle Victorine. — Jeunes rôles. Anvers 1835, Nîmes 1838.

BOUTHEY, Mlle. — Peut être la même que la précédente. Soubrette, 8e arrt th. 1830, amoureuse, Boulogne 1831.

BOUTIER, Mlle Marie. — Bruxelles 1853-54.

BOUTIN, René, François, 1802-1872. — Enfant de Belleville et ouvrier ciseleur. Il débuta chez Doyen dans le répertoire de Potier, courut la province, et fit partie de la troupe du théâtre de Belleville en 1827. La banlieue, fort bien dirigée alors par les frères Seveste, était la pépinière réelle des scènes parisiennes. Boutin eut des pourparlers avec Brunet (th. des Variétés), mais sans suite. Il gagnait alors cent francs par mois.

En 1831, le théâtre du Palais royal ouvrait ses portes. Boutin y fut engagé et y resta sept ans, sauf une saison passée à Brest. Voici la liste à peu près complète des pièces où il parut:

1831 1er août (début) *Préville et Taconnet* (reprise).
— 12 nov., *Scaramouche*.
1832 13 janv., *La chanteuse et l'ouvrière*.
— 19 mai, *Franklin à Passy*.
— 26 mai, *Les deux frères*.
— 20 juin, *La cheminée de 1748*.
— 26 juin, *Le Sylphe*.
— 15 août, *La moustache de Jean Bart*.
— 3 sept., *La Belle fille*.
1832 9 oct., *Le mariage impossible* (reprise).
1832 25 oct., *La Sentinelle*.
— 3 nov., *Les gens mariés et les garçons*.
1832 9 nov., *Un Antoine de plus*.
1833 4 fév., *Le singe et l'adjoint*.
1833 22 oct., *Le voyage à frais communs*.
1833 6 nov., *Forêt à vendre*.
1833 5 déc., *La danseuse de Venise*.
1833 30 déc., *La révolte des femmes*.
1834 21 fév., *Le remplaçant*.
1834 22 fév., *La chaumière moscovite* (reprise).
1834 13 mars, *Les quatre âges du Palais royal*.
— 11 avril, *Un bal de domestiques*.
— 12 avril, *Les Charmettes*.
— 26 août, *Judith et Holopherne*.
— 9 nov., *La vie de Napoléon*.
— 28 déc., *1834 et 1835*.
1835 17 fév., *Farinelli*.
— 3 mars, *Fich-Tong-Khan*.
— 6 juin, *L'ombre du mari*.
— 20 juin, *On ne passe pas*.
— 28 août, *Un mariage en province*.
— 23 déc., *La fiancée de l'apothicaire*.
1836 30 mai, *Le portrait du diable*.
— 21 juin, *Voltaire en vacances*.
— 2 juillet, *La couronne de diamants*.
— 10 juillet, *Les misères d'un timbalier*.
— 17 oct., *Théodore*.
1837 2 juin, *Le bout de l'an*.
— 9 août, *L'hôtel des haricots*.
1837 19 août, *Le mémoire de la blanchisseuse*.
— 14 nov., *Ma maison du Pecq*.

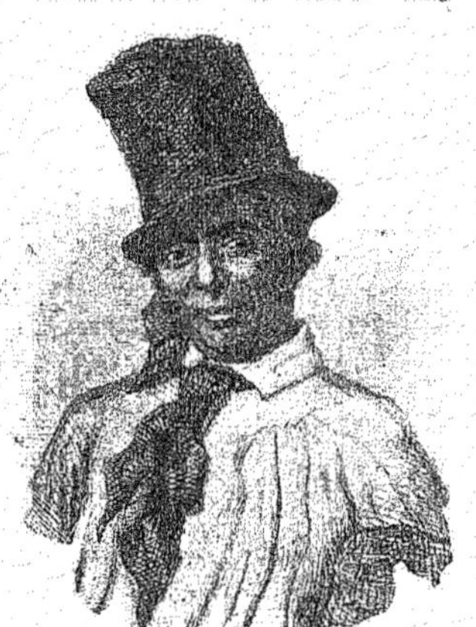
BOUTIN, dans les *Nuits de la Seine* d'après Ch. Geoffroy

Peu satisfait de ses appointements de second comique, Boutin reprit ses outils de ciseleur. De Leuven le fit entrer à l'Ambigu comique où il débuta dans le *Naufrage de la Méduse*. La réussite fut complète, et plus complète encore dans le rôle de Roussillon de l'*Ouvrier* (1840). Il parut ensuite dans les *Garçons de recette*, les *Brigands de la Loire*, les *Pupilles de la garde*, les *Filles de l'Enfer*.

« Boutin a joué le rôle de l'ouvrier en perfection, écrit Th. Gautier en janvier 1840; depuis Frédérick, on n'a rien vu de mieux..... Comme vérité, il n'est guère possible d'aller au-delà... Il s'est montré acteur de premier ordre. »

« Plein d'un comique vrai et populaire, écrit-on en 1841, Boutin fait recette à l'Ambigu; le Palais royal s'en est privé bénévolement; il a eu tort, car Boutin ne peut être remplacé. Depuis qu'il est au boulevard, il a créé des rôles avec une originalité qui lui fait une réputation méritée. »

Et cependant l'Ambigu ne sut point non plus conserver Boutin qui n'était pas bien exigeant. Antony Béraud voulut faire des économies, et Boutin préféra s'en aller plutôt que de consentir à une diminution. Il retourna à sa ciselure. Cette fois, il resta cinq ans éloigné de la scène, jusqu'au moment où Alex. Dumas l'appela au Théâtre historique qu'il venait de fonder. Les débuts de l'artiste ne furent pas heureux. Les longueurs de la *Reine Margot* firent, à la seconde représentation, couper le tableau dans lequel il avait un rôle. Puis vint le *Chevalier de Maison rouge;* Boutin devait représenter le cordonnier Simon; mais on recula devant l'exhibition de cette figure, et Boutin s'appela simplement Rocher. Il trouva enfin le pendant de Roussillon avec sa création de Caderousse de *Monte-Cristo*. *Caligula*, les *Frères corses*, la *Jeunesse des Mousquetaires*, la *Guerre des femmes* lui donnèrent encore l'occasion de se produire. C'est à propos de cette dernière pièce que Boutin avait coutume de dire: « C'est la seule fois de ma vie que j'ai endossé un beau costume.»

Le Théâtre historique ferma ses portes. Boutin reparut à l'Ambigu dans *Monte-Cristo*. Marc Fournier, directeur de la Porte St-Martin, engagea Boutin. On le vit alors à ce théâtre dans la *Poissarde* (30 janv. 1852), les *Nuits de la Seine* (rôle de Poussier), la *Faridondaine* (rôle de Chanterelle), la *Vie d'une comédienne*, *Shakespeare*.

« Toujours vrai sans être canaille, a dit Bouffé dans ses *Souvenirs*, comique sans tomber dans la basse charge, Boutin quelquefois même faisait s'emplir de larmes les yeux des spectateurs ; cela m'arriva en le voyant jouer dans la *Poissarde* où il était vraiment remarquable ».

Après un court séjour à la Gaîté, il alla jouer au Cirque impérial le Cocorico de la *Poule aux œufs d'or* et revint à l'Ambigu où il établit encore nombre de rôles, notamment dans l'*Aïeule* (1863) et le *Comte de Saulles* (1864).

Boutin était un grand comédien auquel la modestie fit du tort. C'est Boutin qui, tout surpris, à chaque grand succès qu'il obtenait, répondait tout confus à ceux qui venaient le féliciter : « Mes bons messieurs, j'ai fait de mon mieux... si j'ai réussi, c'est que le rôle était bon. »

« Quel naturel admirable ! a dit Alph. Lemonnier. Il fallait voir cet acteur dans les *Nuits de la Seine*, la *Faridondaine*, les *Chevaliers du brouillard* et dans la *Poissarde*. Boutin s'ignorait complètement, et il ne lisait même pas les journaux qui le comblaient d'éloges. Aussi cet homme simple ne gagna-t-il jamais la moitié de ce qu'il valait. »

Ce comédien avait le caractère de l'ouvrier honnête, rien de l'artiste : ni vanité, ni besoin de plaisir ou de luxe. Bon mari, excellent père de famille, il avait comme femme une bonne grosse commère bien joyeuse qui l'appelait « papa » et que lui nommait « maman ».

Après sa répétition, il remontait doucement le faubourg du Temple en fumant sa pipe. Près de la barrière, il avait, pour cinq cents francs par an, un petit rez-de-chaussée agrémenté d'un jardin minuscule. En été, on dressait le couvert sous la tonnelle et, au dessert, Boutin décrochait sa guitare et chantait des chansons de son cru au milieu de sa famille ravie.

En 1871, Boutin avait 69 ans et 47 ans de théâtre. La Société des artistes lui accorda la pension de 500 francs. Mais le pauvre homme n'en profita guère car il mourut en juillet 1872. On l'avait vu encore à l'Ambigu, en 1869, dans les *Quatre Henri*. Il avait presque perdu la mémoire, et, pour des appointements dérisoires, jouait des bouts de rôle.

Boutin, grand pêcheur à la ligne et excellent nageur, sauva la vie à onze personnes.

Biographie : *Les Théâtres de Paris*, 1854, notice par Eug. Moreau.

Bibliographie : Eug. Héros, *Le Th. du Palais royal*. — Th. Gautier. — Bouffé, *Souvenirs*, p. 353. — *L'Indiscret des coulisses*, 1841. — Alph. Lemonnier, *Les petits mystères de la vie théâtrale*, p. 225-226. — *Foyers et coulisses*, 1852, 9e tirage, p. 54.

Iconographie : Bibl. nat., Catalog. Duplessis n° 6137.

1. En pied, de 3/4 à gauche, cost. de th., lith. par Tony de Bergue, 1840.

2. En pied, de 3/4 à droite, cost. de th., gravé par A. Collette, d'après Eust. Lorsay.

3. En pied, de 3/4 à gauche, cost. de th., lith. par A. Lacauchie.

4. En pied, assis, de 3/4 à gauche, cost. de th., photolithographie Piallat.

BOUTIN. — Comique, Nouvelle-Orléans 1835.

BOUTIN, Mme. — Palais-Royal 1832. *Bonardin, directeur de spectacle* (31 mars). Gaîté 1835. Décédée vers 1842.

BOUTIN, Mme Marie, Joséphine, Hortense. — Porte St-Martin 1849, Batignolles 1853, Porte St-Martin 1868-69 (*Nos Ancêtres*, *La Czarine*), Lille 1870, Paris 1872-74, Th. lyrique dramatique, Th. historique, Châtelet 1875-81. Sa mort fut annoncée au Rapport de 1883 : « Comme actrice, elle eut son heure de célébrité ; elle se montra avec succès à l'Ambigu, à la Porte Saint-Martin et au Châtelet. Sa dernière création fut la mère Pernelle dans *Madame Thérèse*. Marie Boutin avait manifesté l'intention de léguer le peu qu'elle possédait à l'Association des artistes dramatiques, mais la mort ne lui laissa pas le temps de mettre son projet à exécution ».

Bibliographie : *Annuaire* des artistes, 1883.

BOUTON. — Th. de Gand 1805.

BOUTRAIS, Mme J. — Deuxième amoureuse, Rouen 1825-28.

BOUTRAY. — Jeux forains (salle Montansier) 1812.

BOUVARD. — Sous ce nom :

Bouvard, Th. Louvois 1792, Th. de la République 1793.

Bouvard, Victor, François. Marseille 1853-57.

Bouvard, Adrien. Rouen 1858-60, Toulouse 1861-65, plutôt chanteur que comédien. Th. lyrique 1867, Lille 1869.

Bouvard, Henry. Le Hâvre 1867-68, Valenciennes 1869, Lille 1870.

Bouvard, Charles, Julien. Avignon 1885, Toulouse 1886-88, Genève 1889-90.

BOUVARD, Mme ou Mlle. — Sous ce nom :

Bouvard, Mlle Antonia, artiste connue à Bruxelles et décédée le 23 septembre 1852.

Bouvard, Mlle Louise, Bouffes parisiens 1882-85.

Bouvard, Mme Marie, Sébastienne. Genève 1888-90, La Haye 1891, St-Etienne 1892.

BOUVARET. — Sous ce nom :

Bouvaret, amoureux, 13me arr. th. 1828 et 1er arr. th. 1831, Châteauroux 1832-33, 1er rôle, 1835.

Bouvaret père, financier, 15me arr. th. 1831.

Bouvaret fils, 2me comique, 16me arr. 1831.

Mme Bouvaret, Henriette, soubrette, 15me arr. 1829. Vivait encore en 1849.

Mme Bouvaret, chanteuse comique, Aix 1830.

Mlle Bouvaret, Alexandrine; 3me amoureuse, 13me arr. th. 1828, 16me arr. th. 1831, grandes utilités, Châteauroux 1835.

Mme Bouvaret, Hyacinthe, 1re amoureuse, Kieff 1835, 1838.

Mlle Bouvaret-Sandelion, Metz 1838.

Mme Bouvaret, première duègne, Tournay 1841-43.

BOUVIER, Mlle Jenny. — Jeune actrice dont la mort fut annoncée par l'*Almanach pour l'an X*.

BOUVIER, Mlle Eugénie. — Nevers 1870-72.

BOUYER, Mme Ernestine, Isabelle Jougleux. — Femme de Bouyer, l'artiste contemporain, et dont la mort fut annoncée au Rapport de 1888.

BOUZAC, Xavier. — Dijon 1859-60, Besançon 1861, Nîmes 1862, Strasbourg 1863-64, Toulouse 1865, Lyon 1867, Lille 1868-69, Orléans 1870, Perpignan 1872, Lyon 1873, Béziers 1874, Perpignan 1875, Grenoble 1876, Verviers 1877-80. Sa mort fut annoncée au Rapport de 1881.

BOUZEREAU, aîné. — Troisième rôle, Agen 1853.

BOVERY, Antoine, Nicolas Bovy dit. — Gand 1850, 1852-53, Rouen 1854-55, Folies Nouvelles 1856, Th. du Cirque 1857-61, Alger 1862, Versailles 1863-64, Agen 1865, Versailles 1867.

BOVERY, Mme. — Fille d'une chanteuse, chanteuse elle-même et duègne à Genève 1856-57. Son mari fut chef d'orchestre aux Bouffes parisiens.

BOVERY, Victor. — Douai 1860-61.

BOVERY, Mme. — V. Jovinet.

BOVIER-Lapierre, Louis, Eymard. — Nantes 1854, Nouvelle-Orléans 1855, Strasbourg 1856, Rouen 1857-59, Toulouse 1860-61, Liège 1862-65, Toulouse 1867, Bordeaux 1868-69, Montpellier 1870-72.

BOVY, Jean, Henri. — Nancy 1850-53, Metz 1854-55, Besançon 1856-57, Nancy 1858-59.

BOVY, Léonard, Paul, Florent. — Athènes 1889-91. Sa mort fut annoncée au Rapport de 1892. (Décédé à Athènes).

BOYARTEAUX, Mme Alice. — Délassements 1850-53.

BOYELDIEU, Mlle. — Ingénue, Châlons s/M. 1835, Anvers 1840.

BOYER. — Sous ce nom :

Boyer, Th. Molière 1792.

Mme Boyer, Th. Molière 1792-93.

Mme Boyer, duègne, Th. français Marseille 1828, Célestins, Lyon 1830-31.

Mlle Boyer, amoureuse, 1832-33, Mons 1835.

Mlle Boyer, Anna, Délassements 1849.

Boyer, Léopold, amoureux aux Délassements et assez joli garçon. Ayant pris de l'embonpoint de bonne heure, il se lança dans les directions. Du casino de Bruxelles, il fit le théâtre du Vaudeville, passant l'hiver en Belgique et l'été dans sa jolie propriété de Nogent s/Marne. Associé à Mussay, il devint co-directeur du Palais-Royal (1889-1899).

Boyer, Louis aîné, St-Germain 1878, Clermont-Ferrand 1879, Belfort 1880, Lorient 1881-83.

Mlle Boyer, Mathilde, Gand 1888.

BOYRON, Rosier, Isidore. — Folies dram. 1859-63.

BOZ. — Troisième comique, Mons 1835.

BOZ, Mlle. — Troisième amoureuse, Mons 1835.

BRABANT, Mlle. — Débuta à la Comédie italienne le 13 avril 1777 par le rôle de la mère Agathe dans le *Sorcier*. Jouait aussi l'opéra comique.

BRABANT, Mme. — Caractères, troupe du théâtre français en Allemagne, 1828.

BRACH, Mlle. — Sœur d'une danseuse à l'Opéra; jolie, originale, Variétés 1866.

BRACH, Mlle Emma. — Sœur de la précédente, avait joué à Bordeaux; agréable. Palais-Royal 1866. S'y trouvait encore en 1868 sous le nom de *Brach IIme*.

BRANCHE. — Acteur du Cirque imp. 1859-62 (le *Chevalier d'Assas*, la *Prise de Pékin*, *Rothomago*) et du Châtelet 1862-65 (*Marengo*, la *Lanterne magique*, etc.). Branche était au Th. historique en 1876 (reprise de la *Bergère des Alpes*, 27 avril).

BRANCHU. — Gaîté 1792-93. Il y avait un Branchu dans la troupe de Galler aîné, à Bruxelles, en 1796.

BRANCHU, Mme. — Gaîté 1792-93.

BRANCIARD, Joseph, Auguste. — Bordeaux 1862-63. Un artiste du nom de Branciard débuta aux Folies dramatiques dans le rôle de Pomponnet à la 203me représentation de la *Fille de Mme Angot* (sept. 1873). Son nom ne tint l'affiche que quelques jours. Il s'était essayé aux Bouffes dans la *Petite Reine*, dans de semblables conditions.

BRANDON, Mlle Marguerite. — Gaîté 1895-98.

BRAS, Mme Marie, Amélie Petit, dame Gildebrat dite. — Une des plus célèbres actrices du Vaudeville de la rue de Chartres, où elle jouait les principaux rôles dans les pièces de Désaugiers, Brazier, Gentil, etc. E.-D. De Manne et C. Ménétrier, dans le *Complément de la Troupe de Nicolet*, ont reproduit l'extrait de baptême de Mme Bras. Elle naquit à Lyon le 5 janvier 1779, sur la paroisse St-Martin d'Ainay, et son père, qui était cafetier, s'appelait Petit.

Jeune, jolie, chantant le couplet à merveille, elle parut d'abord à la Gaîté en 1799, puis au Th. Molière, rue St-Martin, en 1801. Vers la même époque, elle joua sous le nom de *Mlle Adelaïde*, le rôle principal dans *Un trait de Fanchon*, au Th. du Marais, rue Culture Ste-Catherine. C'est alors qu'elle écrivait au ministre de la police :

« Citoyen Ministre,

« La citoyenne Adelaïde, artiste du Th. du Marais, demeurant très loin de son théâtre, s'adresse à vous pour obtenir une permission qui lui sera très utile, rapport à son peu de fortune, si ses raisons peuvent vous décider à la lui accorder.

« Elle vous prie donc, en conséquence, citoyen Ministre, de lui accorder la permission de se mettre en homme ; cela lui économiserait l'entretien qui est fort coûteux. Ce dessein peut vous paraître suspect dans ces temps où des intrigues font tout pour perdre notre malheureuse patrie. Mais comme ses intentions sont pures, elle vous prie de vous informer vers le citoyen Dugard, son directeur, qui vous dira que c'est seulement par économie qu'elle sollicite cette permission.

« Salut et fraternité ».

Adelaïde,
Rue de l'Arbre Sec, no 251
chez le papetier.

Réponse : Refus absolu. Les règlements de police s'opposent formellement à ce que les femmes prennent des habits d'homme. Il existe même un décret, non révoqué, qui prononce la peine capitale contre toute infraction à ce règlement. *(Arch. nat.)*

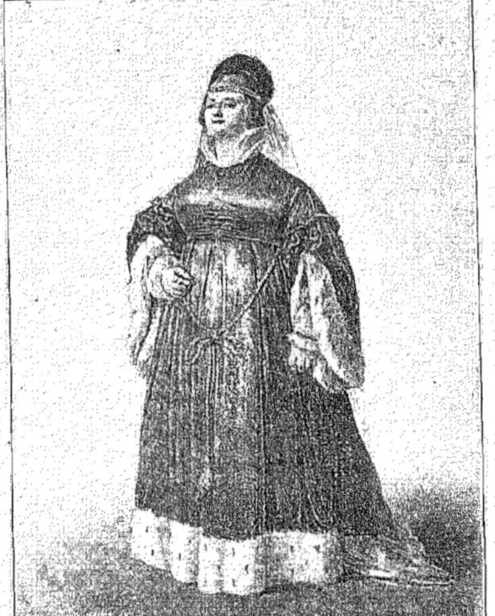

Mme BRAS, en 1823, d'après A. Colin
Rôle de Dame Catherine dans la *Dame des belles cousines*

Au th. Molière, elle avait créé le rôle principal dans la *Petite Revue*. Elle partit pour Marseille, où elle remporta de nombreux succès, puis pour Naples où elle tint les rôles de soubrettes. Mais son embonpoint précoce la força à aborder les rôles de duègnes, d'abord à Rouen, où elle réussit. Elle y remplaça Mme Belcourt. En 1818, Désaugiers, directeur du Vaudeville, l'attira rue de Chartres, pour lui donner la succession de Mme Duchaume qui se retirait.

Mme Bras débuta le 4 mai 1819 par le rôle de la fermière du *Vieux Chasseur*. Elle demeurait alors 25, rue de Chartres.

« Bonne et grosse actrice que Lyon a donnée à la capitale, lisons-nous dans la *Grande biographie dram.*, de 1824. Elle a eu raison de quitter cet ignoble théâtre des Célestins, où son jeu, toujours vrai, toujours naturel, paraissait froid et monotone, où, à moins de hurler, on est sûr d'être sifflé. Mme Bras a une excellente méthode de chant, une grande intelligence, de la verve, un organe pur et sonore, elle est comédienne ».

« Comédienne excellente, écrit Harel en 1825, que le Vaudeville regrettera lorsqu'elle passera au Th. Français où elle est appelée par son talent ».

Le 7 mai 1825, Mme Bras passa à l'Opéra comique, mais pour rentrer bientôt au Vaudeville, le 28 mars 1826, dans *Léonide* ou la *Vieille de Suresnes* (succès). En 1827, enfin, elle accepta les propositions de la Russie, mais eut le tort de partir clandestinement en laissant la direction du Vaudeville dans l'embarras. Le 12 mai elle jouait à Bruxelles.

Mme Bras tint l'emploi des duègnes à St-Pétersbourg pendant dix ans. La « maman Bras », comme on l'appelait, avait une conversation enjouée et spirituelle, et, en dépit de son embonpoint, avait conservé une jolie tête. On dit que le Tzar lui trouvait une ressemblance avec sa mère, l'Impératrice Marie. Un jour, s'étant obstinée à attendre le passage du Tzar dans une toilette trop légère pour la saison, elle prit froid et mourut d'une pleurésie le 11 mars 1837. Laferrière dans ses *Mémoires*, t. I, a longuement parlé de la place inportante tenue par Mme Bras dans la troupe de St-Pétersbourg, et a raconté fort gaiement la visite obligatoire qu'il dut lui rendre à son arrivée en Russie

Mme Bras avait été mariée à Paris, le 13 août 1794, à un imprimeur, Clément, Joseph Gildebrat, né à Besançon le 31 décembre 1765. Ce mariage ne fut pas heureux, et les époux se séparèrent. Cinq enfants étaient nés de cette union. Une seule fille, la dernière, embrassa la carrière dramatique (V. Mlle Suzanne Bras).

Biographie : E. D. De Manne et C. Ménétrier, *Complément de la troupe de Nicolet*, notice.

Bibliographie : *Petite biogr. dram.*, 1821. — *Grande biogr. dram.*, 1824. — *Almanachs Barba*. — Laferrière, *Mémoires*, t. I. — Harel, *Dict. th.*, 1825.

Iconographie : Bibl. nat., Catalog. Duplessis, n° 6452.

1. En pied, de 3/4 à gauche, cost. de th., lith. par A. Colin, 1823.
2. En pied, de profil à droite, cost. de th., lith. par A.-X. Leprince, 1822 Sur cette planche se trouve le portrait de Guillemain.
3. En pied, assise de 3/4 à gauche, cost. de th., lith. par H. Monnier, 1824, deux états.
4. En pied, de profil à droite, cost. de th., lith. par Schmitz, 1823.

Compl. de la troupe de Nicolet. Eau forte, en buste, cost. de th., par Fugère.

BRAS, Mlle Suzanne, Gildebrat dite. — Fille de la précédente, née le 10 juin 1802, actrice au Vaudeville 1822-24. Demeurait alors chez sa mère, rue de Chartres 25 : « Fille légitime de Mme Bras, dit le supplément de la *Grande biogr. dram.* de 1824, une des *grâces* de la rue de Chartres. Amoureuse villageoise, contrastant avec la duègne autant par le talent que par la circonférence ».

Mlle Suzanne Bras suivit sa mère à St-Pétersbourg et fit dans cette ville toute sa carrière, utilité en 1830-31, deuxième amoureuse en 1835-38. Elle était encore dans cette ville en 1868. Agée alors de 66 ans, avec 43 ans de théâtre, elle obtint une pension de 300 francs de la Société des artistes. Nous ignorons pourquoi les biographes de sa mère la font mourir à Melun en 1873 ; sa mort fut annoncée au Rapport de 1887.

Elle habitait *Meulan* depuis près de 20 ans et avait 85 ans.

Bibliographie : *Suppl. de la Grande biogr. dram.*, 1824. — *Annuaire des artistes*, 1887.

BRASSEUR, Jules, Victor, Alex., Dumont dit. — Né à Paris en 1829, était fils d'un marchand de bois. Il fit ses études à l'Institution Jauffret et suivit les cours du Lycée Charlemagne jusqu'en rhétorique, et cependant son biographe Gallois prétend l'avoir vu dès 1843 (?) au Gymnase enfantin du passage de l'Opéra, où il tenait fort bien sa place. Commis-gantier au Magasin de la *Chaussée d'Antin*, Brasseur quitta les gants pour le théâtre en 1847, et débuta à Belleville d'où il passa aux Délassements comiques, puis aux Folies dramatiques, d'où il ne sortit, en 1852, que pour entrer au Palais Royal.

« M. Brasseur, disait de lui en 1851 un journaliste qui l'avait vu jouer un bout de rôle dans une pièce intitulée *Dans une baignoire*, M. Brasseur n'est point du tout un homme vulgaire. L'auteur lui avait donné dix lignes à dire ; il a su de cela se faire un bonhomme complet, dessiné, habillé et mis en scène avec une audace et un bonheur incroyables. C'est bon enfant, c'est lourdaud, c'est aimant, c'est primitif et bête à plaisir. Brasseur de Corbeil élevé à St-Flour, voilà un type, une vérité, un portrait vivant ».

Brasseur débuta au Palais Royal le 19 août 1852 par le rôle de Mâchavoine dans le *Misanthrope et l'Auvergnat*.

« Brasseur, disait le *Siècle* à propos de ce début, est une excellente acquisition ; il s'est placé du premier coup et à la première épreuve en très bonne place dans la très bonne troupe du Palais Royal ». Il arrivait à point pour y remplacer Levassor. Excellent dans les types grotesques, auvergnats, alsaciens, militaires, paysans, dans les excentricités, les caricatures, les imitations d'acteurs, Brasseur fut l'acteur à *transformations*. Très recherché dans les salons, il chantait aussi la chansonnette, et l'été parcourait les provinces avec une troupe à lui. Les pièces dans lesquelles il parut au Palais Royal pendant plus de vingt ans, sont innombrables :

Un merlan à bonnes fortunes (rôle à travestissements), *Habitez donc votre immeuble*, pièce où il remplissait très heureusement cinq ou six rôles à la fois, *Un feu de cheminée*, le *Célèbre Vergeot*, rôle de Vergeot, 3 décembre 1853, *Sur la terre et sur l'onde*, 7 avril 1854, rôle de Sir Muffin, *Le chapeau de paille d'Italie*, rôle d'Achille, *Une charge en douze temps*, scène comique où il imitait Ravel, Sainville, Serres, Numa, Chilly, Neuville, etc. ; *Cerisette en prison*, rôle de Pélopidas, *Voyage autour de ma femme*, rôle de Jarry, le *Sabot de Marguerite*, rôle de Jean.

1854 23 déc., *Les Binettes contemporaines*.
1855 10 fév., *Le roman chez la portière* (Mme Floquet).
— 10 fév., *La perle de la Cannebière* (Godefroy).
— 5 av., *Un bal d'Auvergnats* (Jerôme).
— 11 déc., *Avait pris femme le Sire de Framboisy*.
1857 12 déc., *Les vaches landaises*.
1858 24 déc., *En avant les Chinois !*
1859 24 déc., *L'omelette du Niagara*.
1860 15 mars, *La sensitive*.
— 1er juin, *Les trois fils de Cadet-Roussel*.
1861 2 fév., *La mariée du mardi gras* (succès).
1862 13 janv., *La demoiselle de Nanterre*.
1863 9 mai, *Le Brésilien* (succès).

1864 23 fév., *La Cagnotte*, rôle de Calladan (succès).
1866 1er fév., *La consigne est de ronfler* (succès).
— 31 oct., *La vie parisienne*.

« Brasseur, lisons-nous dans les *Th. en robe de chambre* (1866), est parvenu à prendre une place assez importante parmi les comiques, en singeant les comiques eux-mêmes... Il sait se faire, avec ce talent d'imitation, vingt bonnes petites mille livres de rente en jouant en province. Comme ce roi de la Bible qui vivait des miettes tombées de la table du roi son confrère... »

Quelquefois aussi Brasseur allait jouer à la Cour. C'est ainsi qu'en novembre 1869 il joua la *Consigne est de ronfler* à Compiègne. « Le spectacle marcha très bien, dit Alph. Leveaux qui a publié la nomenclature des spectacles à la Cour; Brasseur fit beaucoup rire ».

Les Transformations de Brasseur

par Grévin

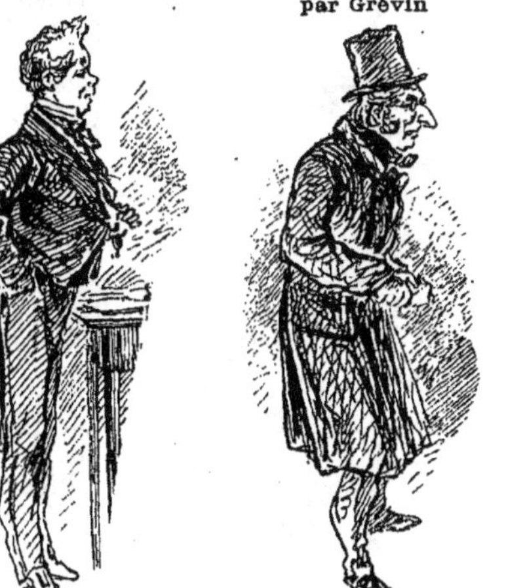

BRASSEUR rôle de M. Tricoche dans *Tricoche et Cacolet*

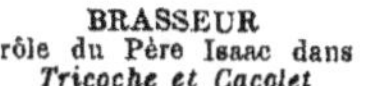

BRASSEUR rôle du Père Isaac dans *Tricoche et Cacolet*

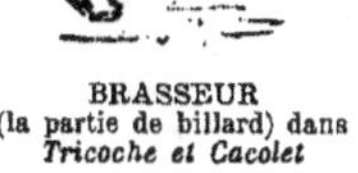

BRASSEUR (la partie de billard) dans *Tricoche et Cacolet*

L'année 1870 commença par un grand succès : *Le plus heureux des trois* (11 janvier) : « Brasseur, écrivit Sarcey, joue un rôle épisodique de domestique alsacien, qu'il baragouine d'une façon bien plaisante ».

1871, 6 décembre, *Tricoche et Cacolet*, pièce à transformations, rôle de Tricoche (succès).
1872, 20 décembre, *Doit-on le dire?* (succès).
1875, 30 avril, *Un mouton à l'entresol*.
— 12 oct., *Le Panache*.
1876, 5 fév., *Le Prix Martin*.
1877, 28 mai, *La Boite à Bibi* (Cassegoul).
— 10 nov., *L'Invité* (Trouillac).

Enfin, après 25 ans de succès continus, Brasseur voulut prendre congé de ce public du Palais Royal qui l'avait tant fêté, par la pièce qui lui avait servi jadis de début : le *Misanthrope et l'Auvergnat* qu'il rejoua quatre fois en novembre.

Non satisfait sans doute de ses 25.000 fr. d'appointements et de ses tournées fructueuses en province, Brasseur voulait devenir directeur et faire débuter son fils Albert — l'acteur actuel des Variétés. — Il fonda dans l'ancienne salle des Fantaisies parisiennes, boulevard des Italiens, le théâtre des Nouveautés, et en fit l'ouverture par *Coco* (rôle de Floridor) le 12 juin 1878, suivi bientôt de *Fleur d'oranger* (rôle de Boucard). Mais la belle époque était passée et l'opérette, genre nouveau adopté aux Nouveautés, ne convenait guère à ces charges qui lui avaient si bien réussies dans les pièces en un acte.

Brasseur se produisit encore dans :
1879 23 nov., *Le mouton à l'entresol* (reprise).
— 15 déc., *Paris en action*.
1880 19 avril, *La Beauté du Diable*, Belphégor.
— 18 déc., *Les parfums de Paris*.
1881 9 mars, *Le Parisien*, Cambusat.
— 18 mai, *La Boite à Bibi* (reprise) Cassegoul.
— 5 nov., *Le Jour et la Nuit*, Pieratès.
1883 26 oct., *Le Roi de Carreau*, la Roche Trumeau.
1884 30 oct., *Le château de Tire Larigot*, le Chevalier.
1885 4 avril, *La Cantinière*. (reprise)
1885 10 oct., *Le petit chaperon rouge*, Bolivot.
1885 28 déc., *Les nouveautés de Paris*.
1886 6 oct., *Adam et Eve*.
1887 25 janv., *L'amour mouillé*, Pompinelli.
1887 6 nov., *La Mariée du mardi gras* (reprise) Groseillon.
1888 15 mars, *Le puits qui parle*.
— 17 oct., *Mimi*.
— 28 oct., *Le Brésilien* (reprise).
— 1er déc., *Paris Boulevard*.
1889 30 janv., *La Vénus d'Arles*.
— 28 fév., *Le Royaume des femmes* (reprise), le Père Prudent.
1890 17 avril, *Les ménages parisiens*, Gatinard.
—26 nov., *Sansonnet*, Sansonnet.

Sa mort fut annoncée en ces termes dans le Rapport de 1891: «...Pendant plus de vingt ans, il ne cessa pas d'occuper une des premières places au milieu des artistes amusants qui composaient alors la troupe du Palais-Royal. Rappeler toutes les créations de Brasseur, c'est-à-dire tous ses succès, nous prendrait dix pages de ce rapport.

« En 1878, il ouvrit, au boulevard des Italiens, le théâtre des Nouveautés, et fut le premier directeur de cette nouvelle scène, sur laquelle il montra derechef qu'il était un des acteurs comiques les plus remarquables de notre temps. Comme le pauvre Berthelier, Brasseur a été enlevé, dit-on, pour avoir pris une boisson glacée. Ses obsèques, auxquelles presque tous les membres du Comité assistaient, ont été célébrées à Maisons-Laffitte, au milieu d'une affluence considérable, où l'on remarquait, parmi différentes sommités, M. G. Larroumet, directeur général des Beaux-Arts. Les couronnes les plus admirées dans l'immense quantité de fleurs qui ornaient le char funèbre, étaient celles des Nouveautés, du Palais Royal, des Folies dramatiques et de l'institution Jauffret. Brasseur avait su inspirer à ses fils une affection si profonde, qu'après la levée du corps, à la sortie de l'église, l'un d'eux fut pris d'une émotion telle qu'il faillit s'évanouir et qu'on dut attendre quelques instants pour qu'il se remit et put suivre à pied le convoi jusqu'au bout.

« Au cimetière, deux touchants discours ont été prononcés, le premier par notre honorable président, M. Halanzier, le second par M. Trussy, maire de Maisons-Laffitte, qui a rappelé le précieux concours que Brasseur n'avait jamais refusé depuis trente ans qu'il habitait la localité, aux œuvres de bienfaisance pour lesquelles on ne cessait de le solliciter ». Eugène Garraud, rapporteur.

Biographie : Gallois, le *Th. du Palais-Royal*, 1855.

Bibliographie : J. Arago, *Foyers et Coulisses*, 1852. — Em. Abraham, *Acteurs et Actrices*, 1861. — Les *Théâtres en robe de chambre*, 1868. — *Foyers et Coulisses*, Palais Royal, 18 . — P. Mahalin, *Au bout de la lorgnette*, 1883. — Ad. Laroque, *Acteurs et Actrices*, 1888. — Eug. Hugot, *Hist. du Th. du Palais Royal*. — Héros, le *Th. du Palais Royal*. — Fr. Sarcey, *Quarante ans de Théâtre*. — *Annuaire* des artistes, 1891.

Iconographie : Bibl. nat. V. portraits Berthelier. — *Journal amusant*, 6 janvier 1872. Brasseur dans *Tricoche et Cacolet*, transformations diverses par A. Grévin. Id. 15 février 1876, Brasseur dans le *Prix Martin*, par Stop.

BRASSINE, Mlle Maria. — Née le 17 janvier 1827, selon Delhasse, élève de M. Morin, parut à quatorze ans au Gymnase enfantin. A dix-huit ans, c'était une grande et belle jeune fille; Ancelot l'engagea au Vaudeville où elle débuta le 9 octobre 1844 dans *Follette*. On trouva qu'elle chantait avec goût et méthode. De 1844 à 1845, elle joua dans *Un mauvais Ménage*, *Un Ange tutélaire*, *Péché et Pénitence*, *Paris à tous les Diables*, revue où elle remplissait le triple rôle de Diane, de Mogador et de la Colère. A propos d'*Un jour de Liberté*, le journal l'*Artiste* écrivait : « Mlle Maria Brassine se contente d'être belle et elle a raison. Avec d'épais bandeaux d'ébène, un front jeune et vermeil, deux lèvres fraiches, des épaules où frissonne la vie, le sein jeté en avant comme un bouquet, la main blanche et fine, on a toujours du talent ».

Au mois de juillet 1845, Mlle Brassine quitta brusquement le Vaudeville, arguant de sa minorité pour faire résilier son engagement, contracté sans l'autorisation de sa mère; M. Ancelot, de son côté, demanda 40,000 fr. de dommages-intérêts contre la belle fugitive. Les tribunaux déclarèrent l'engagement résilié, mais quelque temps plus tard, lorsque celle-ci parut au th. du Palais Royal, le même Ancelot la traita assez durement dans le feuilleton de la *Patrie* : « La figure commune et sans expression, le jeu inintelligent, l'intolérable défaut de prononciation de Mlle Brassine... »

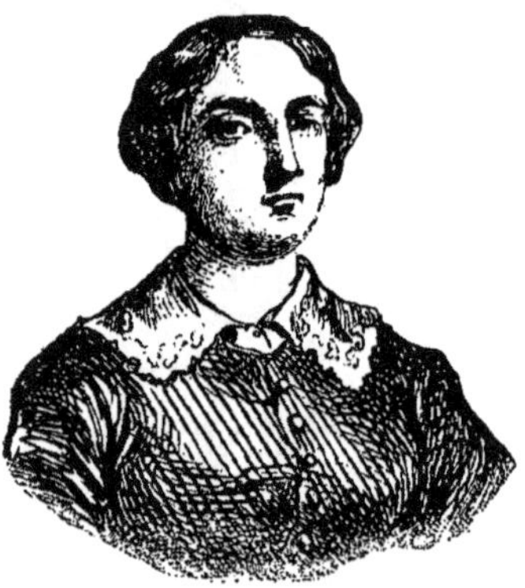
Mlle BRASSINE
par H. Pottin, en 1855

Le 6 juillet 1847, Mlle Brassine débuta, en effet au Palais Royal par le rôle de Clémence de Juvigny dans *Secours contre l'Incendie*. La *Semaine*, qui n'est pas de l'avis de M. Ancelot, écrit à ce propos : « Mlle Brassine vient de nous revenir plus grande, plus forte, plus expérimentée... Elle fait preuve de bonnes manières et d'intelligence. Son organe est agréable et sa diction tout à fait pure ».

Elle parut ensuite dans :

1847, 8 oct., la *Recherche de l'Inconnu*.

1847 21 déc., *Un banc d'Huitres*, *Jacques le Fataliste*, la *Vieillesse de Richelieu*.

1848, 4 août, *Une Chaine anglaise*.

— 17 nov., le *Czar Cornélius*.

— 19 déc., les *Lampions de la veille et les Lanternes du lendemain*.

1849, 19 mai, la *Grosse Caisse*.

— 12 sept., le *Tigre du Bengale* (Mme Pontaux-Choux).

1849, 18 déc., les *Marraines de l'an VI*.

1850, 18 nov., *Un Monsieur qui suit les Femmes*, le *Cabaret de Lustucru* (Clotilde).

1851, 14 août, le *Chapeau de paille d'Italie* (Mme de Champigny).

1852, 16 déc., le *Chevalier des Dames* (Mme de Tirlemont).

1853, 24 mai, *Quand on attend sa bourse* (Mme Dumoncel).

1853, 16 déc., l'*Esprit frappeur* (le printemps), *Deux Princes indiens* (Mina).

1854, 22 avril, *33,333 fr. 33 cent. par jour*.

1854 9 sept., le *Voyage autour de ma Femme* (Amélie).
— 2 oct., les *Bâtons dans les roues* (Julie).

En 1851, Mlle Brassine avait fait une fugue au Gymnase, où elle avait débuté le 18 juin dans la *Dame aux trois couleurs* : « Voici une belle, très belle, extrêmement belle personne, écrit J. Arago, qui dit sérieusement... Les rôles de tenue vont bien à Mlle Brassine qui me semblerait marquise ou duchesse sous la cornette ou le bavolet... » Mais elle revint bientôt au Palais Royal.

En 1856, elle passa au Vaudeville, puis abandonna tout à fait la carrière dramatique quelques années plus tard. Mlle Brassine vécut désormais à Paris, où elle habitait en 1902.

Biographie : Gallois, le *Théâtre du Palais royal*, 1855.

Bibliographie : J. Arago, *Foyers et coulisses*, 1852. — Héros, le *Th. du Palais Royal*.

Iconographie : Demi-corps, de face, dessin de H. Pottin, grav. par Diolot, dans le *Th. du Palais Royal*, par Gallois.

BRAULT. — Th. de Gand 1750.

BRAUX. — Th. de la Porte St-Antoine 1835.

BRAZIER. — Né en 1816, et neveu du vaudevilliste de ce nom. Th. Comte 1832, Porte St-Martin 1839, puis acteur de la Gaîté, mort à Paris le 13 novembre 1845.

Il y eut un Brazier jeune premier aux Funambules.

BREARD, Mme. — Th. des jeunes artistes 1805-06.

BREARD, Edmond, Martinière. — Fantaisies 1879-82.

BRÊBION, Mlle Alice, Hersilie. — Alger 1867-1869, Château d'eau 1870-72, Th. de Belleville 1873, Buenos-Ayres 1873-75, Nantes 1876-78. Sa mort fut annoncée au Rapport de 1880.

BRÉCOUR. — Acteur à Maëstricht, 1674-78. V. Brécourt Guillaume.

BRÉCOURT, père, Pierre. — V. Beaulieu.

BRÉCOURT, Guillaume, Marcoureau, sieur de. — Fils de Pierre Marcoureau qui avait joué sous le nom de Beaulieu (V. ce nom). Naquit à Paris et fut baptisé à l'église St-Gervais le 10 février 1638. Et comme son père avait joué pendant longtemps la comédie en Hollande, on supposa qu'il était Hollandais.

Lemazurier a commis de nombreuses erreurs en ce qui concerne Brécourt, et beaucoup les ont reproduites. Exemple : « Lorsque Molière vint à Paris en 1658, Brécourt le suivit ». La vérité est que Brécourt, qui avait épousé le 18 décembre 1659, à St-Gervais, sa camarade Etiennette Désurlis, quitta la troupe du Marais en 1662 seulement, en même temps que La Thorillière, pour passer dans celle de Molière dont il n'avait jamais fait partie. Ce fut lui qui créa le rôle d'Alain dans l'*Ecole des femmes* (26 déc.), Dorante dans la *Critique* (1er juin 1663), Brécourt dans l'*Impromptu* (Versailles, octobre, et Palais royal, 4 nov.), Pancrace dans le *Mariage forcé* (29 janvier 1664). Le 18 janvier de cette même année, il fit représenter chez Molière une pièce de lui : *Le grand benêt de fils aussi sot que son père*. Il avait donné auparavant, en 1660, *La feinte mort de Jodelet*, com. un acte en vers.

En mars 1664, il quitta le théâtre du Palais royal pour l'Hôtel de Bourgogne où il avait fait engager aussi sa femme.

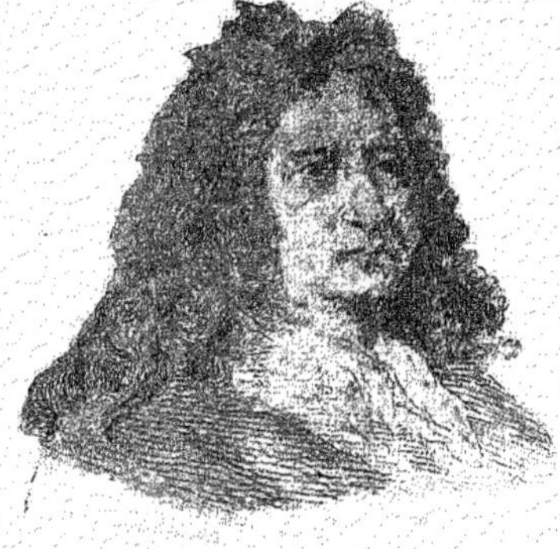
BRÉCOURT
d'après Fr. Hillemacher

Lemazurier pourrait bien encore se tromper lorsqu'il laisse entendre qu'*en 1663* Brécourt eut le malheur de tuer un cocher sur la route de Fontainebleau, ce qui le força à quitter la France pour la Hollande ; en admettant le fait sans discussion, on verra plus loin qu'il faudrait placer cet événement au moins onze ans plus tard pour qu'il fût vraisemblable.

Lagrange est absolument précis sur le motif du départ de Brécourt de la troupe de Molière : « Brécourt, nous dit-il, est sorti de la troupe de Monsieur, pour entrer à l'Hôtel de Bourgogne ».

Lemazurier, qui semble ignorer les services rendus par Brécourt dans la troupe de Molière en 1663, place donc la fuite en Hollande cette année, et termine ainsi son récit : « Pendant son séjour en Hollande, le hasard fit que la Cour de France, pour des raisons d'Etat dont les ministres ne manquent jamais, voulut faire enlever un particulier qui s'y était réfugié. Brécourt, sans cesse occupé des moyens qui pouvaient faciliter son retour dans sa patrie, s'offrit pour cette entreprise dangereuse, et promit d'en rendre bon compte. Elle manqua cependant ; et Brécourt, jugeant que sa vie n'était point en sûreté, après la découverte d'un projet semblable, prit la poste sur le champ et revint en France. Louis XIV, informé de la bonne volonté dont il avait donné des preuves au péril de sa tête, lui accorda sa grâce, et lui permit de rentrer dans la troupe de Molière, etc. ». Tout ceci peut être vrai, mais beaucoup plus tard.

Brécourt excellait dans les deux genres : il jouait les paysans et les rois. Si l'on s'en rapporte au rôle d'Alain que lui confia Molière, et qui fut le premier rôle qu'il créa dans le répertoire du maître — et non Jodelet, comme on l'a dit par erreur, puisqu'il ne faisait pas alors partie de la troupe — Brécourt devait avoir dans le jeu une grande naïveté. D'autre part, il faut bien reconnaître qu'il devait avoir grand et bel air à en juger par ces paroles que lui adresse Molière dans l'*Impromptu:* « Pour vous, vous faites un honnête homme de Cour, comme vous avez déjà fait dans la *Critique de l'Ecole des femmes*, c'est-à-dire que vous devez prendre un air posé, un ton de voix naturel, et gesticuler le moins qu'il vous sera possible ».

Et le même Brécourt jouait Pancrace du *Mariage forcé*, un des rôles les plus difficiles du répertoire comique. Auteur dramatique à ses heures — nous l'avons vu tout à l'heure — Brécourt fit encore représenter à l'Hôtel de Bourgogne : le *Jaloux invisible*, 3 actes en vers, 15 août 1666; la *Noce du village*, 1 acte en vers, même année; l'*Infante Salicoque* ou les *Héros de roman*, 1667, non imprimée; l'*Ombre de Molière*, comédie en un acte, en prose, mars 1674. En 1671, il avait présenté sa *Louange au Roi sur l'Edit des duels* au concours de l'Académie.

En 1678, se trouvant à la chasse du roi, à Fontainebleau, il engagea une lutte avec un sanglier qui l'atteignit à la botte, et parvint non sans peine, à force de sang-froid, à lui enfoncer son épée à travers le corps. Le roi, qui était présent, félicita Brécourt, et raconta le soir l'événement.

A l'Hôtel de Bourgogne, Brécourt devint un des principaux interprètes de Racine. Ce fut lui qui joua Taxile dans *Alexandre*, Chicaneau dans les *Plaideurs* (1668), *Britannicus* dans la pièce de ce nom (1669); Antiochus dans *Bérénice* (1670); Bajazet dans *Bajazet* (1672); Xipharès dans *Mithridate* (1673). Et cependant au moment de la réunion des troupes (1680) le nom de Brécourt manque à l'appel. Il ne serait donc pas improbable que la fuite en Hollande et l'engagement momentané dans la troupe du Prince d'Orange aient eu lieu à cette époque, comme le laisserait entendre la note suivante du *Registre* de Lagrange : « Ce 8 janvier 1682. Ce jourd'hui, Monsieur de Brécourt a été mis dans la Compagnie par ordre du roi sur le pied de demi-part ». Pourquoi cette réintégration ? En janvier et non à Pâques ? Sinon pour la cause que nous avons dite.

Nous mentionnerons enfin, à titre de curiosité, un document produit par M. F. Faber *(Hist. du th. français en Belgique)* et dont aucun auteur français n'a parlé, à notre connaissance, à propos de Brécourt. Après nous avoir dit que les premières traces d'une troupe française à Maëstricht remontent à l'année 1673, M. Faber nous fait savoir que de 1673 à 1678 une troupe française donna des représentations à Maëstricht, et reproduit le tableau de cette troupe sur lequel nous relevons le nom d'un *Brécour*. Or nous n'avons pu dire ce qu'avait fait Brécourt de 1674 (l'*Ombre de Molière)* à 1678 (la chasse du roi). Si ce *Brécour* de Maëstricht est le même que celui qui nous occupe, la clé de l'énigme serait trouvée.

Cette équipée avait-elle corrigé Brécourt ? Le 12 octobre 1682, nous apprend encore Lagrange « M. de Brécourt, arrêté prisonnier pour dettes, est sorti à la garde d'un huissier ». On ne lui fit grâce que le 15 décembre. En attendant mieux, Brécourt caresse toujours la Muse et écrit pour les salons : « Ce même jour (2 mars 1683), à minuit, joué une pièce de M. de Brécourt, intitulée les *Appartements*, chez Mme de Tiange, qui a donné à la troupe trois cent trente livres, donné au sieur de Brécourt, auteur, sept louis d'or! »

Le 19 juin suivant, Brécourt fit encore jouer sur son théâtre (Guénégaud) la *Cassette*. Cette pièce qui ne fut jouée que trois fois, avait nécessité quelques frais. En effet, malgré la recette de la première, laquelle s'éleva à 441 livres 10 sols, les sociétaires ne touchèrent rien, abandonnant leur part pour couvrir les dépenses.

Le 19 juin 1684, Brécourt, qui n'avait touché jusqu'alors que demi-part, fut augmenté à part entière. Mais il ne devait guère en profiter. Le 13 août, ayant fait jouer une pièce nouvelle de lui, *Timon*, un acte en vers, il se rompit, dit-on, une veine par suite d'un effort fait dans le cours des représentations de cet ouvrage, et mourut des suites de cet accident.

Nous ferons remarquer, cependant, que Lagrange inscrivit la dernière représentation de *Timon* le 17 décembre 1684, à Versailles, devant la Cour, et n'enregistra la mort de Brécourt que le 28 mars 1685. Mais ce n'est pas tout.

M. Jal *(Dict. critique)* nous a rendu compte des derniers moments de Brécourt. Se sentant gravement malade, il fit prier le curé de Saint-Sulpice de venir le voir. M. Claude Bottu de la Barmondière se rendit au logis du comédien, rue de Seine, *Aux trois poissons*, le confessa et lui donna les derniers sacrements. Mais il fallut que le moribond signât une rénonciation à son état en présence de trois ecclésiastiques (15 mars 1685, *Registres de Saint-Sulpice)*.

Quelques jours plus tard, un vicaire inscrivait : « Le 29e jour du dit mois (mars 1685) a esté faict le convoy, service et enterrement de Guillaume Marcoureau, comédien de la troupe du roi, qui avait renoncé à la Comédie par acte, dont la copye est ci-dessous, âgé de quarante-huit ans, mort le 28e de mars, demeurant rue de Seine, *Aux Trois Poissons*, et ont assisté au d. enterrement François Du Perrier, son nepveu, André Hubert et autres amis. (Signé) François Du Perrier et Hubert ».

Biographie : Lemazurier, *Galerie historique*. — Fr. Hillemacher, *Troupe de Molière*. —

A. Copin, *Hist. des comédiens de la Troupe de Molière.* — G. Monval, *Liste alphabétique.*

Bibliographie: *Registre,* de Lagrange. — G. Monval, *Chronologie Molièresque.* — Jal, *Dict. historique.*

Iconographie : Bibl. nat. Catalog. Duplessis n° 6507. En buste, de 3/4 à droite, grav. par Fr. Hillemacher, 1857, d'après un portrait en pied à l'aquarelle. (?)

Il existe un autre portrait de lui, dessiné par lui-même, gravé par Le Pautre, dans le cost. du marié villageois et qui servit de frontispice pour sa comédie la *Noce au Village.* On lit au-dessous de la figure :

Auec grande aplication
Le Potre a graué cet ouurage,
J'en ay donné l'inuention,
Je n'en diray pas dauantage.
BRÉCOURT.

BRÉCOURT, Mlle, Etiennette Désurlis. — Femme du précédent, naquit à Montargis vers 1630. Elle appartint d'abord au Th. du Marais et épousa son camarade Marcoureau de Brécourt, à St-Gervais, le 18 décembre 1659. Elle n'appartint jamais à la troupe de Molière, bien que sa sœur Catherine Desurlis ait fait partie jadis de l'*Illustre Théâtre* et que son mari y entrât en 1662. Elle le rejoignit bientôt à l'Hôtel de Bourgogne en 1664, et nous savons qu'elle jouait dans *Pulchérie*, com. héroïque de Pierre Corneille, au th. du Marais, en 1672 (15 nov.). En 1680, au moment de la jonction des troupes, elle était déjà retirée avec une pension de 1000 livres. En 1686, elle était employée au Th. de Guénégaud. Mlle Brécourt survécut 28 ans à son mari et mourut le 2 avril 1713, rue Ste-Marguerite *(Registres de St-Sulpice).* Elle avait 83 ans.

Bibliographie : G. Monval, *Chronologie moliéresque.* — Jal, *Dict. historique.*

BRÉCOURT, Léon Moisson de. — V. Léon.

BRECOURT, Jean, Charles Bertrand. — Odéon 1854, Dieppe 1856-60, Le Mans 1861-65, Versailles 1867, Rouen 1868, Troyes 1869-70, Angers 1872-73, Brest 1874, Versailles 1875-80, caissier au Palais Royal 1881-95. Brécourt qui avait dirigé plusieurs scènes de province finit sa carrière à Paris. En 1894, âgé de 72 ans, avec 31 ans de théâtre, il avait obtenu la pension de 500 fr. de la Société des artistes. Sa mort fut annoncée au Rapport de 1897. « Un bon et honnête homme, estimé et apprécié d'ailleurs comme il méritait de l'être » dit St-Germain, son ancien camarade à l'Odéon. V. Mme Bertrand-Brécourt.

BRÉCOURT, Mme. — Femme du précédent. V. Mme Bertrand.

BRÈGE, Mlle. — Château-d'Eau 1873.

BRÉGI ou Brégy. — Gaîté 1822-27.

« Un acteur intelligent, dit la *Grande Biogr. dram.* supplém., 1825, sait se plier à tous les genres. Brégi, qui longtemps, sous un autre nom, fut dans la province un interprète de Molière, de Regnard, de Destouches, s'est condamné à psalmodier à la Gaîté les phrases redondantes du mélodrame... Cet acteur a le défaut de vouloir être trop utile; malgré sa bonne volonté, il lui est de toute impossibilité de chanter le vaudeville. Il fait souffrir le spectateur. Dans le mélodrame, il rend de véritables services à l'administration... » Le rôle de Montesquieu dans la *Fausse Clé* était un de ses triomphes. — L'autre nom auquel il est fait allusion plus haut était, croyons-nous, celui de *Carnavalis.*

Biographie : *Grande Biogr. dram.*, 1825, suppl.

BRELET, Pierre, Mathurin, dit aussi *Arthur.* — Débuta fort jeune et tint, paraît-il, sous le nom d'*Arthur,* un petit rôle dans la *Grâce de Dieu,* à la Gaîté. Anvers 1848, Lille 1849-50, Th. des Variétés, à Toulouse 1853, Rouen 1856-61, Bordeaux 1862, Versailles 1863-64, Strasbourg 1865, Hombourg 1867-68, Rouen 1869, Château-d'Eau 1870, Ambigu 1872-74, Th. lyrique dramatique et Th. du Châtelet 1875-78, Metz 1879-80, Paris 1881-82, Châtelet 1883-85, Paris 1886-97, Ivry s/Seine 1898. Arthur Brelet, âgé de 67 ans en 1893, avec 44 ans de th., obtint la pension de 500 fr. de la Société des artistes. Il habitait Ivry s/Seine en 1902. Très connu dans les cafés de comédiens, au boulevard, entre le Château-d'Eau et l'Ambigu, Brelet, toujours affable et causeur, était le type du comédien de province racontant ses campagnes. Mme Louise France s'en empara et tourna le pauvre homme tout à fait en ridicule dans les *Ephémères M'as-tu vu?* Tout cela pour avoir eu le travers de se vanter sans cesse d'avoir créé un petit rôle dans la *Grâce de Dieu.* Le modeste Brelet, toujours serviable et bon camarade, ne méritait pas tant d'épigrammes.

Bibliographie : Louise France, les *Ephémères M'as-tu vu?*

BREMENS. — V. Joly.

BRÉMOND, Mlle Angèle. — V. Mme Worms Ire.

BRÉMONT, Charles Lefranc dit. — Débuta à l'Odéon en novembre 1846 dans *Britannicus,* Gaîté 1849, Th. national 1850-52, Cirque impérial 1853-55, Porte St-Martin 1856-61, Hombourg 1862, Reims 1863-64, Montpellier 1865, Gaîté 1867-72.

En 1872, Brémont âgé de 64 ans, obtint la pension instituée par la donation Félix, et écrivit à ce propos au Comité une lettre très digne. Il devait en profiter peu de temps.

Voici en quels termes E. Moreau annonça la mort de Brémont dans son Rapport du 7 juillet 1873 : « Le modeste et consciencieux Brémont, à qui, vous vous en souvenez, avait été attribué le prix Félix, est mort. En nous donnant cette triste nouvelle, le maire de Fleury-les-Taverney, M. Dugit, nous disait que Brémont avait laissé dans le village autant d'amis que d'habitants. »

Bibliographie : *Annuaire* des artistes, 1872-1873, les *Th. en robe de chambre*, 1866, p. 190.

BRÉMONT, Mme. — V. Mlle Marguerite Dupuis.

BREMS. – Petits rôles, Bruxelles 1825-35.

BRENOEL. — Acteur à Auxerre, 1825 : « Il n'arriva jamais par le coche un premier rôle tel que Brenoël. Il joue le mélodrame avec tout le talent requis pour le genre. Frénoy lui-même fatiguerait en vain ses poumons de fer pour le vaincre dans la lutte. *Hariadan Barberousse* est son triomphe ».

Bibliographie : *Grande Biograph. dram.*, 1825, suppl. p. 11.

BRENTA, Mlle Christine, Nina. — Liège 1882-87.

BRÉSIL, Jules, Henri. — En dépit de la date de 1823 donnée par Larousse comme date de naissance de cet artiste, Jules Brésil est né à Paris le 8 mai 1818. Il fit, dit-on, ses études au Lycée Charlemagne et entra au Conservatoire vers 1834, dans la classe de Provost. Il se fit d'abord connaître comme auteur au Th. de la Porte St-Antoine, où il donna un vaudeville intitulé *Une mauvaise Plaisanterie*, lequel eut plus de 100 représentations.

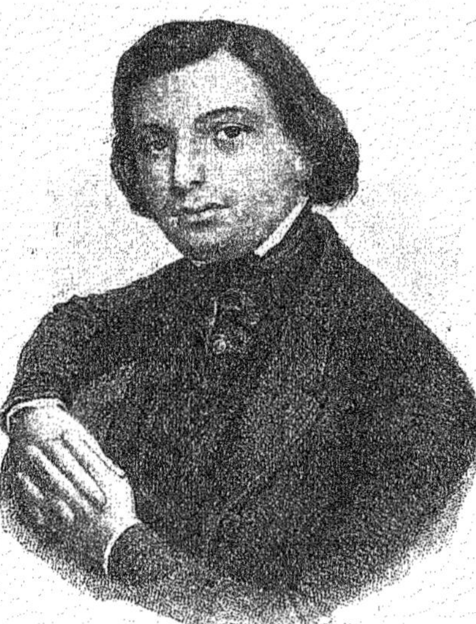

BRÉSIL
par Dévéria, vers 1845

En 1840, au Th. de la Gaîté, il joua le rôle de Jean le Précurseur dans le *Massacre des Innocents*, puis celui du major André dans la *Guerre de l'Indépendance*. Engagé à Bordeaux, il remporta les succès les plus flatteurs dans les rôles de Richelieu de *Mlle de Belle-Isle*, Brolingbroke du *Verre d'Eau*, Canabole du *Mariage sous Louis XV*. Vers le même temps, il donna dans cette ville, comme auteur : *Discours en vers à la mémoire de Molière* (1842); la *Dernière nuit d'un Condamné*, un acte en vers; les *Trois Sœurs*, comédie en cinq actes, en prose.

L'année 1843, nous le retrouvons à Rouen, où il joue, à côté de Rachel, le rôle de Leicester dans *Marie Stuart*. Il part pour la Nouvelle-Orléans, où il fait connaître *Ruy-Blas*, écrit et fait jouer dans cette ville *Coups de baguette et Coups de bâton*, comédie, puis un drame lyrique, les *Orléanais*, et revient en France en 1845. Il fait jouer alors un à-propos en vers au Th. français de Toulouse : *Ouvriront-ils ?*

Les années suivantes, il les passe au Grand Th. de Bruxelles, où il joue le *Misanthrope*, le *Verre d'Eau*, *Ruy-Blas*; à Lyon, au th. des Célestins, il tint l'emploi de grand premier rôle. Il y fit représenter un drame de lui en cinq actes, le *Pacte de Sang*, et le même soir, au Grand Théâtre, les *Moutons de Panurge*, comédie en trois actes, en vers.

De Lyon, Brésil passe comme premier rôle à Lille 1847-48; il y joue entre autres rôles celui créé par Frédérick dans le *Chiffonnier de Paris*, pousse une pointe jusqu'à La Haye et revient à Rouen, 1850-51 (Th. des Arts). Puis, le 16 février 1852, il débute à la Comédie française dans le rôle de Glocester des *Enfants d'Edouard* et de Clinias de la *Cigüe*. Mais la place de Brésil était au boulevard. En 1853, à l'Ambigu, sa création de Harris dans la *Case de l'Oncle Tom* le plaça hors de pair.

Artiste dans toute la force du terme, érudit, chercheur, collectionneur, ayant la passion du théâtre, Brésil se préoccupa toute sa vie de bien jouer et de bien costumer ses rôles. Pendant vingt ans, il fut le « troisième rôle » idéal du boulevard, et déploya dans cet emploi un talent qui ne fut jamais surpassé. De haute stature, les traits réguliers, la voix profonde, jouant souvent avec toute sa barbe, cet artiste possédait au plus haut point la science du costume, faisant de ses personnages de véritables portraits historiques.

A l'Odéon, il crée José de *Gusman le brave* (1853), Bernard Mauprat de *Mauprat ;* à la Porte St-Martin, le comte de Louvois dans le *Comte de Lavernie* (18 nov. 1854); il passe par le théâtre du Cirque impérial 1856-57, où il reprend Coconnas de la *Reine Margot*, revient à la Porte St-Martin, crée Gonzalve de Cordoue dans *Aldarva la Mauresque* (1858), incarne à l'Ambigu, Monsoreau de la *Dame de Monsoreau ;* au th. du Châtelet, il reprend le rôle de Bignon dans les *Nuits de la Seine*, et crée celui de René de Florentin dans la *Jeunesse du roi Henri*.

« Qui ne connaît Brésil ? Homme du monde et homme aimable, lisons-nous dans les *Th. en robe de chambre* (1866); c'est un véritable artiste. Grand, beau, il fut le premier rôle qui a eu le plus de succès en province... Pourquoi n'a-t-il pas réussi comme Mélingue, dont il a au moins le talent? »

Tour à tour à la Gaîté, à la Porte St-Martin (*Cadio* 1868) il joue, à ce dernier théâtre, le rôle de Gubetta dans la reprise de *Lucrèce Borgia* et celui de Lugarto dans celle de *Mathilde* (1870). Il passe l'année terrible à Paris, faisant son service dans la garde nationale, et rentre à la Gaîté par le rôle de Gonzague, créé par Brindeau dans le *Bossu*. Enfin, à la salle Ventadour, il crée le rôle de Philippe-Auguste dans les *Deux Reines*, 1874.

Le 24 décembre de cette année, il est à Bruxelles en représentations (la *Reine Margot*). Nous avons entre les mains une lettre de cet artiste, à cette date, où il discute les conditions d'une rentrée à l'Ambigu avec un rôle dans les *Muscadins*. La combinaison n'aboutit pas, et Brésil renonçant tout à fait au théâtre comme artiste, continua à écrire. Excellent homme, mais d'un caractère austère, Jules Brésil vivait fort retiré dans son appartement de la rue St-Antoine — impasse Guéménée, 2 — dont il avait fait un musée. C'est là qu'il écrivit : *Si j'étais Roi*, dont Adam fit la musique, *Vénus au moulin d'Ampiphros*, tableau mythologique en un acte (Bouffes, 31 mai 1856), la *Parade* (Bouffes, 2 août 1856), les *Orphelines de la Charité*, 5 actes (avec d'Ennery, Ambigu 1857), les *Œuvres du Démon* (Gaîté), le *Martyre du Cœur*, 5 actes (avec Victor Séjour, Ambigu 1858), l'*Escamoteur*, 5 actes (avec d'Ennery, Gaîté), *Silvio Silvia*, opéra comique, 1861, *Entre deux Feux*, comédie, Porte St-Martin, *Marcelle* (th. du Vaudeville), *Diana* (Ambigu), la *Mandragore*, musique de Litolff, Fantaisies parisiennes de Bruxelles 1876, le *Tribut de Zamora*, Opéra, avec d'Ennery, musique de Gounod, l'*Escadron volant de la Reine*, musique de Litolff, Opéra Comique, etc. Dans le journal la *Presse*, il publia un roman : la *Vierge aux deux Amours*.

En 1884, Brésil obtint la pension de 500 fr. de la Société des artistes dramatiques, et quelques mois après, celle de 1.000 fr. des auteurs dramatiques. Atteint de misanthropie, il fit annoncer la vente de tous ses meubles anciens, de toutes ses collections, se retira d'abord à Vincennes, puis à St-Valéry-en-Caux (1891-98) et revint mourir le 22 octobre 1899, à Bois-Colombes, chez son fils.

Lorsque M. L. Péricaud annonça cette mort dans son Rapport de 1900, il salua en Brésil « l'un des derniers acteurs du grand drame » et après avoir retracé rapidement sa carrière, il ajouta : « Souvenir respectueux et regrets sincères à cet honnête homme de talent et de modestie qui, grandement, honora notre profession. Sur la tombe, Bouyer lui a porté nos derniers adieux ».

M. Léon Brésil, notre excellent confrère du *Figaro*, est son fils unique ; Mlle Marguerite Brésil, du Gymnase, des Variétés, est sa petite-fille.

Bibliographie : H. Minier, le *Th. à Bordeaux*, les *Th. en robe de chambre*, 1866, *Annuaires* des artistes. — L. Lefebvre, *Hist. du th. de Lille*.

Iconographie : Bibl. nat. Catalog. Duplessis 6580, à mi-corps, de 3/4 à gauche., lith. par Devéria.

BRESSANT, Jean, Baptiste, *Prospère*. — (C'est ainsi que son état-civil orthographie son dernier nom). Naquit à Châlon s/Saône le 23 octobre 1815. Envoyé de bonne heure à Paris, il entra comme saute-ruisseau chez un avoué, emploi qu'il quitta bientôt pour celui de commis chez un marchand de peintures litho-chromographiques, quai Voltaire.

Le hasard l'ayant mis en rapport avec Casimir Bonjour, celui-ci lui donna une lettre de recommandation pour Michelot : « C'est un futur prince de la comédie que je vous adresse, lui disait-il ; traitez-le avec tous les égards dus à son rang ». Il ne croyait pas si bien dire ; mais le jeune Bressant n'ayant pas l'âge pour être admis à suivre les cours du Conservatoire, dut se contenter d'être auditeur.

En 1832, à dix-sept ans, il débute chez les frères Seveste, au th. de Montmartre. Il était alors si frêle et si délicat qu'il ne pouvait guère paraître que dans les rôles de Mme Thénard ou de Déjazet. A cette époque, remontent les représentations de *Les Jours gras sous Charles IX* et *Antoine ou les Trois Générations*. Dartois, directeur des Variétés, venu là pour entendre Prosper Gothi, engagea Bressant à des conditions fabuleusement modestes.

Un artiste des Variétés, nommé Daudel, était en même temps correspondant dramatique. Il conseilla au jeune Bressant de demander quelques mois de congé pour suivre Perlet dont il organisait la troupe afin de donner des représentations à Londres. Le congé facilement obtenu, Bressant passa six mois à Londres, et comme le jeune premier avait cinquante ans et que cela déplaisait fort à Jenny Colon, celle-ci fit tant que Bressant le remplaça dans presque tous ses rôles. Enfin le 13 avril 1833, n'ayant pas encore dix-huit ans, il parut pour la première fois sur la scène des Variétés dans les *Amours de Paris*. On le jugea « jeune et mauvais ». Nouvelle apparition le 22 août suivant dans la *Salle de bains* où il tenait un bout de rôle. Sur ces entrefaites, Vernet fut pris d'un accès de goutte. Jenny Colon intervint, fit donner à Bressant le rôle de Pippo dans la *Prima Donna*. et l'on put déjà voir percer chez le débutant ces qualités charmantes de tenue et de diction qui devaient établir sa haute fortune au théâtre. Bressant possédait, en outre, une voix charmante, et chantait à ravir le couplet.

Madame d'Egmont (1834), le *Tapissier*, le *Bal des Variétés*, le *Père Goriot* (1835), lui donnent encore l'occasion de se produire ; il devient, en peu de temps, le plus parfait, le plus applaudi des jeunes premiers, et la Comédie française lui propose, dès 1835, un engagement qu'il accepte.

« Mais, écrit Fr. Sarcey dans son *Etude sur Bressant*, une folie de jeune homme se jeta à la traverse. Il s'était marié à la suite de circonstances romanesques dont le détail n'appartient pas au biographe. Ce mariage eut de fâcheuses conséquences. La charmante Dorimène à qui Bressant venait, un peu malgré lui, de donner son nom, était la fille de l'entrepreneur des succès aux Variétés (*vulgo*, chef de claque). Personne n'ignore que ces industriels gagnent de grosses sommes à ce métier aussi lucratif que peu considéré. Bressant craignit, en quittant son théâtre, de compromettre la position de son beau-père. Il était encore mineur quand il avait signé avec les sociétaires de la rue Richelieu ; il argua de ce vice de forme pour faire déclarer nul son engagement, et resta aux Variétés ».

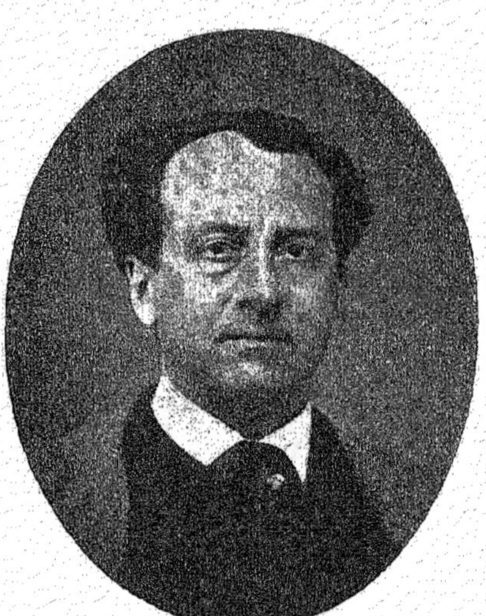

BRESSANT, en 1874
(Cliché Buguet)

Ceci n'est pas tout à fait exact dans les détails, comme le prouve l'extrait de la *Gazette des Tribunaux* du 26 nov. 1836, cité en appendice dans la biographie de M. G. d'Heylli. Il ressort, en effet, de cette pièce, que Bressant voulait rompre avec les Variétés (et non avec la Comédie) en arguant qu'il était mineur lorsqu'il avait souscrit quelques mois auparavant son engagement, sans l'assistance de sa mère, sa tutrice légale. Or, cet engagement était encore valable pour quatre ans et le dédit fixé à 25,000 francs. Le procès entre Bressant et l'administration du th. des Variétés eut lieu devant la première chambre du Tribunal de première instance, et gagné par Bressant. Et cependant la paix fut faite entre les deux parties, puisque, sur les instances de sa nouvelle famille, il renoua de nouveaux liens avec ce théâtre, le jour même et à l'issue de son procès.

Le 13 mars 1836, il crée dans le *Marquis de Brunoy*, le rôle du comte de Provence aux côtés mêmes de Frédérick. Le 10 septembre, il fait merveille dans sa création du prince de Galles de *Kean*. En 1837, nouveau grand succès dans le *Chevalier d'Eon* qu'il joue avec Jenny Vertpré.

L'année suivante, le théâtre de St-Pétersbourg qui cherchait à attirer les meilleurs artistes, fit transmettre à Bressant les offres les plus séduisantes. Il gagnait à Paris 6000 fr. d'appointements et 5 fr. de feux. Le 6 octobre 1838, le th. des Variétés fit constater l'absence illégale de son pensionnaire, lequel fut condamné, à son retour, à payer vingt mille francs (*Gazette des Tribunaux*, 7 avril 1845).

L'élégance de ses manières, le charme de sa voix, sa distinction parfaite, ne tardèrent pas à faire tourner toutes les têtes féminines à St-Pétersbourg, où il resta plus de sept ans et où il parut dans 142 rôles, dont la liste fort complète a été dressée et publiée par G. d'Heylli (drame, vaudeville, comédie, opéra comique). On vendait à ses admiratrices son buste en cire, a raconté Fr. Sarcey ; l'on faisait brûler des cierges à son intention. Et l'idole du jour avait chevaux, donnait des dîners, était de toutes les chasses, jetant sans compter l'argent par les fenêtres. Compromis dans une aventure romanesque — la chronique scandaleuse chuchota le nom d'une très grande dame — le nouveau Don Juan fut « invité » à passer très promptement la frontière russe avant ses dix années réglementaires, ce qui lui valut encore une condamnation à 16,000 francs de dommages-intérêts que lui fit infliger le général Guédéonoff, directeur supérieur du Th. français de St-Pétersbourg. Bressant était resté en Russie six ans et trois mois, du 17 déc. 1838, jour de son premier début, au 27 févr. 1845, jour de sa dernière représentation.

Tout Paris apprit ce retour qui avait fait quelque scandale, et le Th. du Gymnase accueillit l'enfant prodigue qui reparut devant le public parisien le 21 février 1846 dans *Georges et Maurice*. Th. Gautier rend compte, dans les termes suivants, de la réapparition de Bressant (feuilleton du 25 février) :

« La salle du Gymnase était pleine, des baignoires au paradis, ce qui ne lui arrive pas souvent, même les jours de premières représentations. La curiosité était excitée d'une manière assez vive, non par la pièce, mais par l'acteur. Il y a une huitaine d'années de cela, Bressan (*sic*) qui était un très joli jeune premier, fit une pointe vers la Russie où il devint l'objet d'une vogue extraordinaire traduite en appointements de 45,000 francs — des appointements de ténor !... Le voici de retour... Il a évité l'obésité, cet écueil des amoureux de théâtre et, s'il a moins de jeunesse, il a plus de mélancolie, plus de pensée dans le regard. C'est le jeune premier le plus convenable qu'on puisse voir ; il se met bien, sans recherche ridicule, et a tout à fait l'air d'un homme du monde ; sa tenue est parfaite, sa diction juste et chaleureuse quand il le faut, etc. »

Qu'est-ce que l'artiste nommé *Bressan* (on écrivit souvent *Bresson* et *Bressan*) qui débuta sans bruit à l'Odéon en juin 1846? Peu importe. Mais le 5 août de la même année, Bressant obtint au Gymnase un succès considérable dans *Clarisse Harlowe*. Bressant, écrit encore Th. Gautier, « a été vif, hautain, élégant, impétueux, soumis, plein de caresses et de menaces, d'une fatuité superbe, d'une arrogance folle dans la première partie; dans la seconde, il a montré tantôt un désespoir sombre, tantôt une gaîté effrayante... ». Ce rôle de Lovelace fut un des plus beaux de sa carrière. La même année il créa encore le rôle d'Albert de la *Protégée sans le savoir*.

Pendant huit ans, Mme Rose Chéri et Bressant firent courir tout Paris au Gymnase. Nous ne rappellerons que les grands succès personnels à Bressant :

1848 11 sept., la *Comtesse de Sennecey*, le comte.
1848 14 nov., *O Amitié!* Léopold.
1849 2 juin, *Brutus lâche César*, Mornand.
— 27 oct., le *Bal du Prisonnier*, le comte.
1850 5 janv., *Diviser pour régner*, le comte.
1850 19 août, *Faust et Marguerite*, Faust.
— — le *Canotier*, Amilcar.
1851 4 févr., le *Collier de Perles*, Richardson.
1851 12 mars, *Manon Lescaut*, Des Grieux.
— 26 nov., *Le mariage de Victorine*, Alexis.
1852 20 mars, *Le piano de Berthe*, Frantz.
— 25 nov., *Un fils de famille*, Armand.
1853 19 mars, *Philiberte*, le chevalier.
— 13 sept., *Le pressoir*, Valentin.
— 15 sept., *Diane de Lys*, Paul Aubry.

Le succès de Bressant dans le *Fils de famille* avait été considérable. La Russie revint à la charge, et au lieu des 21,000 fr., chiffre des appointements au Gymase, en offrit 70,000 avec des avantages exceptionnels à la fin du traité. C'est alors que le ministre d'Etat, M. Achille Fould, intervint, et lui proposa d'entrer au Théâtre français, d'emblée avec le titre de sociétaire.

« L'engagement de Bressant, écrivit alors M. Ed. Thierry, est l'acte du ministre d'Etat, mais il est l'œuvre de tout le monde... Il ne lui a pas offert les appointements d'une première chanteuse ou d'un premier ténor, il lui a offert tout simplement ce qui était jadis la digne ambition des talents supérieurs, le titre de sociétaire du Théâtre français de Paris, la juste adoption parmi les petits fils de Molière ».

Une pareille admission, sans début préalable, était contraire à tous les règlements; mais il fallut bien se conformer à la décision ministérielle du 31 janvier 1854. Le 6 février suivant, Bressant parut dans Clitandre des *Femmes savantes*. Ce fut une espèce de désillusion, mais le charme de l'homme était si puissant, que presque tout le monde se laissa encore enchanter par l'enchanteur. Paul Foucher raconte que, se trouvant dans la coulisse, il entendit Mme Thénard dire à Bressant : « J'ai vu Fleury, et vous me le rappelez ».

A vrai dire, Bressant avait toujours été Bressant le charmeur. Il avait joué jusqu'ici la comédie sans grande préparation. La « tradition » était lettre morte pour lui. Dans la comédie moderne, il se présentait et conquérait tous les suffrages. Pour aborder le répertoire il lui fallait se mettre à l'étude. Par bonheur, ce premier soir, il réussit admirablement dans une petite comédie, *Mon Etoile*, où il se retrouva dans son élément.

« J'ai appris avec une grande satisfaction le succès de Bressant à la Comédie française, écrit Rachel à sa sœur Sarah (Varsovie, 18 mars 1854), d'abord dans l'intérêt du public, puis aussi pour les jeunes premiers de ce grand théâtre; peut-être ne se pavaneront-ils plus tant de leur fort mérite; il est temps qu'une révolution éclate dans cette grande boutique républicaine qui s'arroge tous les droits, même celui du talent que tous lui refusent ».

Pendant les vingt-trois ans qu'il resta attaché à la Comédie française, Bressant fut toujours le comédien le plus séduisant, le plus captivant, le plus brillant, incomparable dans les rôles appropriés à sa nature, à sa distinction, à son élégance sans affecterie, toujours Bressant, en un mot, dans tous ses rôles, et pour cela même incomplet dans bien des rôles du répertoire, sauf Almaviva du *Barbier*, son triomphe, et *Don Juan* où il fut un gouailleur sceptique de haute allure.

Voici la liste complète des créations et reprises de cet artiste à la Comédie française :

1854 6 fév. (début), *Les femmes savantes*, Clitandre.
— 6 févr., 1re, *Mon Etoile*, Edouard.
— 7 mars, *Le verre d'eau*, Bolingbroghe.
— 21 mars, *Un caprice*, Chavigny.
— 7 juin, *Mlle de Belle Isle*, Richelieu.
1855 15 janv., 1re, *La Czarine*, le Comte.
— 28 mars, *L'Ecole des bourgeois*, Moncade.
— 7 juin, 1re, *Par droit de conquête*, Georges.
— 5 juillet, *Les caprices de Marianne*, Octave.
— 17 sept., *La ligne droite*, Lucien.
— 25 sept., *Les fausses confidences*, Dorante.
— 19 nov., *Joconde*, Lucien.
1856 21 janv., 1re, *Les pièges dorés*, Durantel.
— 19 févr., *Le legs*, le marquis.
— 26 mai, 1re, *Le Bougeoir*, De Lucenay.
— 1er juillet, *Une chaine*, St-Geran.
— 17 sept., 1re, *Fais ce que dois*, François Ier.
— 18 nov., 1re, *Le berceau*, Gaston.
— 27 nov., 1re, *Le pauvre d'esprit*, Prosper.

1857 7 janv., *Le jeune mari*, Oscar.
— 19 janv., *Turcaret*, le marquis.
— 12 mars, 1re, *La Fiammina*, Lord Dudley.
— 16 juin, *Le Barbier de Séville*, Almaviva.

« Jamais, a écrit son biographe M. d'Heylli, jamais personne n'avait interprété comme lui la grande scène du deuxième acte, où il feint l'ivresse avec une grâce si parfaite et sans jamais rien perdre de sa dignité de grand d'Espagne ». Dans ce rôle, il se montra hors de pair.

1857 14 juillet, *Le misanthrope*, Alceste.
— 1er août, 1re, *Philiberte*, De Talmay.
— 30 oct., *La calomnie*, Raymond.
— 23 nov., 1re, *Le fruit défendu*, De Varenne.
1858 23 avril, *Don Juan*, Don Juan.

Nous avons dit plus haut qu'il fit de ce rôle un grand seigneur impertinent et merveilleux de grâce. Son interprétation suscita cependant quelques restrictions. Voici ce que M. Jules Claretie écrivait, à propos de ce rôle, le 24 février 1868: « Bressant est charmant dans Don Juan, mais rien que charmant. Ses costumes sont délicieux, il les porte à ravir; il va et vient avec une aisance et une grâce parfaites. C'est le plus élégant Don Juan qui se puisse imaginer. Je vois bien le séducteur, mais je cherche le penseur. Cette double physionomie du personnage, Bressant ne l'a pas indiquée. Le rôle est composé trop uniformément, et j'y voudrais plus de nuances, plus d'ironie, plus d'accent ».

1858 14 sept., *Il faut qu'une porte soit ouverte ou fermée*, le comte.

Ces proverbes de salon n'ont jamais été joués par personne comme par lui.

1859 15 mars, *Le philosophe marié*, Damon.
— 16 juin, *Le mariage de Figaro*, Almaviva.
— 9 déc., *Le jeu de l'amour et du hasard*, Dorante.
— 13 déc., 1re, *Qui femme a, guerre a*, le comte.
1860 13 mars, 1re, *Le feu au couvent*, D'Avenay.
— 14 juin, *L'annexion*, strophes lues.
— 6 nov., 1re, *La considération*, Armand.
1861 3 avril, 1re, *Un jeune homme qui ne fait rien*, Maurice.
— 21 mai, *Un mariage sous Louis XV*, le comte.
— 21 oct., 1re, *La pluie et le beau temps*, Un inconnu.
1862 6 mars, 1re, *La loi du cœur*, le comte.
1863 2 mars, *Le fils de Giboyer*, le marquis (rôle créé par Samson).
— 12 juin, 1re, *Une loge d'opéra*, Henry.
1864 3 mai, *Le gendre de M. Poirier*, Gaston.
— 15 déc., *Le cheveu blanc*, De Lussac.
1865 18 janv., *Tartufe*, Tartufe.

Ed. Fournier écrit le 23: « Le nouveau Tartufe a pris au mot cette phrase d'Orgon: « Il est bien gentilhomme! » Quand Dorine ajoute de sa bonne et verte langue: « Oui, c'est lui qui le dit! » on est tenté, en regardant Bressant, de croire qu'elle se trompe, et qu'Orgon dit vrai. Une partie du contre-sens dont je parlais est là. Le cuistre n'existant plus, pour faire place à une manière de séminariste gentillâtre, Tartufe disparaît. — C'est Tartufe-Alonzo ».

Ed. Fournier eût pu dire: C'est Bressant.

1865 5 déc., 1re, *Henriette Maréchal*, Un monsieur.
1866 18 janv., 1re, *Le lion amoureux*, Humbert.
— 30 oct., 1re, *Le fils*, Armand.
1867 9 janv., 1re, *Un cas de conscience*, Raoul.
— 8 févr., *L'aventurière*, Fabrice.
— 6 mai, *Le pour et le contre*, le marquis.
— 27 mai, *La critique de l'Ecole des femmes*, Dorante.
— 20 juin, *Hernani*, Don Carlos.
— 18 déc., 1re, *Mme Desroches*, l'amiral.
1868 6 mars, 1re, *Un baiser anonyme*, Gaston.
1869 7 janv., 1re, *Les faux ménages*, M. Ernest.
— 1er mai, 1re, *Le post-scriptum*, De Lancy.
— 6 déc., 1re, *Lions et renards*, le baron.
1870 28 mars, *Dalila*, Carnioli.

Bressant se trouvait à Vichy lors des événements de l'année terrible. Il ne revint à Paris qu'après la Commune, mais il était déjà frappé du mal qui devait l'éloigner de la scène. Il reparut le 25 juillet 1871 dans le rôle d'Alceste du *Misanthrope*, reprit, mais avec certains symptômes de défaillance, Maurice de Saxe d'*Adrienne Lecouvreur* (27 sept.), Clavaroche du *Chandelier* (16 mai 1872), créa Henri de la *Part du roi* (20 juin). Le 10 février 1873 il se montrait encore dans le rôle de Louis XIII de *Marion Delorme* et le 18 avril établissait son dernier rôle, De Solis de l'*Acrobate*. Un mal de langueur, de fatigue, d'épuisement le terrassait. Pendant dix mois il essaya encore de remettre sa santé (1874), rentra dans le *Verre d'eau* le 25 février 1875, puis ne parut plus que dans des pièces en un acte. Le *Post-scriptum* fut la dernière dans laquelle il parut (13 mai 1875). Le Théâtre français voulut quand même lui conserver sa situation, mais au mois de novembre 1876 il demanda lui-même à être mis à la retraite à partir du 1er février 1877, ce qui lui constituait vingt-trois ans de services à la Comédie. Il conservait seulement sa classe au Conservatoire où il avait été nommé professeur. Mmes Croizette, Martin, Samary, Volsy, Marguerite Dupuis, Persoons, Pierski, MM. Mounet-Sully, Baillet, Villain, Amaury, Fréd. Achard, Carré, Bourgeotte, Paul Desclée furent ses élèves.

M. d'Heylli, son biographe, nous dépeint ainsi l'homme privé : « En dehors du théâtre,

Bressant demeurait l'homme du monde, parfait gentilhomme que nous avons connu à la scène. Il avait le goût du grand confortable; il aimait les arts, les tableaux, les chevaux, recevait grandement, avait table ouverte, était généreux et volontiers prodigue. C'était un véritable grand seigneur qui avait le cœur sur la main... Au théâtre il restait éloigné de toutes les coteries et de toutes les intrigues; aussi, comme il ne disait jamais de mal de personne... il était estimé et aimé de tout le monde ».

Sa représentation de retraite, à laquelle il ne put prendre part, vu l'état de sa santé, eut lieu le 27 février 1878: on donna l'*Eté de la Saint-Martin*, les *Caprices de Marianne,* des fragments d'*Othello*, *Mr de Pourceaugnac*. Après la représentation, Got qui jouait Pourceaugnac, lança des troisièmes loges un pli cacheté, et Coquelin, qui l'ouvrit, lut une lettre d'adieu de Bressant en présence de toute la Comédie. La Société des artistes lui accorda la même année la pension de 500 francs.

Frappé de paralysie et d'ataxie, Bressant quitta Passy où il habitait pour St-Pierre-lez-Nemours, où il traîna encore sa triste existence jusqu'au 23 janvier 1886. On trouvera plus loin quelques détails sur sa première femme et sur sa fille (V. Mme Bressant et Mlle Bressant).

Eug. Garraud, son camarade, rapporteur à la Société des artistes (1886) retraça longuement ses obsèques :

« Bressant, dit-il, est mort le 23 janvier à Nemours, dans la petite maison où il s'était retiré en quittant le théâtre. Il a conservé jusqu'à son dernier jour, nous pouvons dire jusqu'à sa dernière heure, la lucidité et la force d'âme qui sont l'apanage des natures supérieures. Ses obsèques ont été célébrées avec une grande simplicité et dans un profond recueillement. Le char funèbre, qui disparaissait sous de magnifiques couronnes de fleurs naturelles, pieux souvenirs d'amis présents et absents, était suivi par un grand nombre d'auteurs, de journalistes et de comédiens venus de Paris pour lui rendre les derniers devoirs ». Au cimetière de Nemours des discours furent prononcés par Got, doyen de la Comédie française, Halanzier, au nom des artistes, Albéric Second, comme ami. « Sa charité était inépuisable », dit, encore Garraud qui l'avait vu à l'œuvre alors que Bressant était membre du Comité des artistes. « Tous ceux qui l'ont connu l'ont aimé ».

En janvier 1875, Bressant avait reçu du roi des Pays-Bas une médaille d'or grand module, d'une valeur de 2000 fr. environ avec une lettre et un diplôme.

Biographie: *Galerie théâtrale,* Libr. de la Porte St-Martin, notice par H. Monnier, 1853. — *Les Théâtres de Paris*, notice par Em. Dufour, 1855. — *Paris-Théâtre* (50e livraison), notice par Félix Jahyer, avril 1874. — *Comédiens et comédiennes* (1re série), par Fr. Sarcey, 1876. — Georges d'Heylli, *Bressant*, Paris 1877.

Bibliographie : Th. Muret, l'*Hist. par le théâtre*, t. III, p. 391. — Le *Nain jaune*, étude sur le talent de Bressant, par J.-M. Leriche, 1869. — Fr. Sarcey, *Quarante ans de théâtre*. — *Foyers et coulisses*, Théâtre français, t. II, p. 110. — Vapereau, l'*Année littéraire*, 1866, p. 136. — G. Duval, l'*Année théâtrale*, t. II, p. 91.

Iconographie: Bibl. nat., Catalog. Duplessis, n° 6583.

1. En pied, de 3/4 à gauche (caricature), lith. par E. Carjat, 1854.
2. En pied, de 3/4 à droite, cost. de th., lith. par A. Collette d'après Eust. Lorsay.
3. En pied, de face, cost. de th., lith. Marie, 1877.
4. A mi-corps assis, de 3/4 à droite, phot. Vallon de Villeneuve, 1854.

V. aussi Bibl. nat. portraits de Lablache.

Musée de la Comédie française:

166. Bressant dans le rôle de *Don Juan* dans le tableau de Geffroy : *Les sociétaires de la Comédie en 1864*.

230. Bressant dans le rôle d'Almaviva du *Barbier de Séville*, scène IV, acte III, à quatre personnages, par Armand Dumaresq.

236. Buste en bronze, h. 0.63, par J. Feuchère, 1845, offert en 1892 par Mme Veuve Bressant.

369. Bressant jeune, peinture toile, h. 1.64, l. 1.08, par Marcel Verdier, exposé au Salon de 1849 (n° 1996), don de Mme Veuve E. Bressant, déc. 1892.

370. Bressant, statuette bronze, h. 0.50.

Galerie théâtrale, portrait gravé sur acier par Geoffroy, représentant Bressant dans *Philiberte*, 1853.

Paris-théâtre, phot. buste, 1874.

Comédiens et comédiennes, eau forte, de Gaucherel, Bressant dans le *Lion amoureux*, 1876.

Bressant, par d'Heylli. Eau forte, buste par Masson.

BRESSANT, Mme, Ire, Elisabeth, Augustine Dupont, femme. — Souvent désignée sous le nom de *Bressan*, était fille du chef de claque des Variétés, et actrice du même théâtre. Bressant avait dix-neuf ans quand il s'éprit d'elle et l'épousa un peu forcément vers 1834. Elle fut la mère d'Alix Bressant (V. Mlle Bressant) mais ne tarda pas à se séparer à l'amiable de son mari pour « incompatibilité d'humeur ». Mme Bressant fit partie de la troupe des Variétés pendant près de vingt ans.

L'*Indiscret des coulisses* écrit en 1841 : « Mme Bressant, jadis Mlle Dupont, avait autrefois le talent de son mari qui parlait pour elle. Voilà Bressant qui a disparu, emportant avec lui toute influence et sa femme reste seule, sans appui. Mme Bressant a de la gentillesse, quelques prétentions nullement fondées au chant et une petite taille; mais le théâtre des

Variétés a besoin de beaucoup de femmes; aussi Mme Bressant est-elle sûre ou à peu près d'y rester; elle fait nombre ».

Dans son compte rendu d'*Halifax,* Th. Gautier, plus bienveillant, dit à la date du 6 décembre 1842: « La jolie Mme *Bressan* a créé le rôle de Jenny avec cette ingénuité charmante et cette grâce enfantine qui n'appartiennent qu'à elle ». Elle est « charmante » dans le *Diable à quatre* (20 oct. 1845); charmante aussi dans *Colombe et Perdreau* (août 1846) « où elle avait une petite grâce rengorgée et rondelette qui lui seyait à ravir ». Malheureusement une obésité précoce la força à quitter prématurément le théâtre. Mme Bressant mourut à Paris le 1er juillet 1869, à l'âge de 51 ans.

Elle demeurait 157, faubourg St-Honoré. Ses funérailles eurent lieu le 3 juillet, à l'église St-Philippe du Roule. La plupart des artistes de la Comédie française y assistèrent. L'année suivante, il y eut un service de bout de l'an, le 1er juillet. Les lettres de faire part mentionnaient, outre son mari, sa fille, son gendre et ses petits enfants. Bressant se remaria peu de temps après sa mort.

Bibliographie : *L'Indiscret des coulisses,* 1841. — Th. Gautier, *Histoire dramat.* — G. d'Heylli, *Bressant.*

BRESSANT, Mlle Alix, femme et princesse Kotchubey, puis femme d'Artigues. — Fille des précédents. Débuta en octobre 1859 au Vaudeville, dans les *Dettes de cœur*. Elle était née à Paris en 1838. On vanta sa grâce, son élégance, sa distinction. Elle passa au Gymnase, 1861-65, et épousa en premières noces le prince russe Michel Kotchubey, dont elle avait quatre enfants vivants en 1869 : les princes Michel et Léon, les princesses Marianne et Nathalie. Devenue veuve, elle épousa en secondes noces (1878) M. d'Artigues, alors préfet de l'Ariège.

Mlle Alix Bressant publia sous son nom de jeune fille *Une Paria,* un vol. in-18 publié à la librairie du *Petit Journal* (1865) et un deuxième roman *Gabriel Pinson,* in-18 (1867); puis sous la signature de la Princesse Kotchubey, le *Manuscrit de Mlle Camille,* in-12, et sous le nom de Madame d'Artigues, *Lettres de femme,* in-12. Elle habitait Paris en 1884.

Bibliographie : G. d'Heylli, *Bressant.*

BRESSARD, Mme Louise, Bourdon. — Troyes 1883-84.

BRESSEAUX, Mlle Rosa. — Th. Comte 1829.

BRESSIANI, Auguste. — Jeune premier, Bruges 1842.

BRESSOLLES, Mme J. — Renaissance 1873, Gaîté 1873.

BRESSON. — Troupe Desroziers, Amiens, Abbeville, Cambrai, Douai, Arras 1773-74. Aux appointements de 2400 francs.

BRESSY-Bonnelly, Edouard, Chevalier d'Isabelle la Catholique avant 1870. — Pau 1870-72, Toulouse 1873, Liège, 1874, Constantine 1875-76, Bayonne 1877, Le Hâvre 1878, Agen 1879-80, Boulogne s/mer 1881-82, Amiens 1883, Dijon 1884, Montpellier 1885, Strasbourg 1886, Verviers 1887, Constantinople 1888-91, Valenciennes 1892-93, Rennes 1894-95, Paris 1896, Nîmes 1897, Gargan 1898, Cherbourg 1899, Bordeaux 1900. Cette année, Bressy-Bonnelly âgé de 69 ans, avec 40 ans de services, obtint 500 fr. de pension sur la fondation Arnould-Plessy. Il habitait alors Bondy-forêt. L'année 1902 il passa à Langeais et reçut la pension de 500 fr. de la Société des artistes.

BRESSY, Mme Marie, Andréa, née Bonnet. — St-Etienne 1864-68, Dijon 1868, Toulon 1870-72, Toulouse 1873-74, Elbeuf 1875-79, Limoges 1880.

BRESSY-Bonnelly, Mme Léonie, Estelle. — Béziers 1873-74, Constantine 1875-77, Odéon 1878, Agen 1879-80, Lille 1881, Nîmes 1882, Amiens 1883, Dijon 1884-85, Rennes 1886.

BRESSY, Mme Jacquette, Philippine, née Bonnet. — Toulouse, 1873-74, Elbeuf 1875-79, Limoges 1880, Paris 1887-95.

BRET. — Débuta à l'Odéon par le rôle d'Arnolphe de l'*Ecole des femmes,* mai 1846.

BRETAN, Mme, mère. — Maëstricht 1673 à 1678.

BRETIGNIÈRE. — Acteur dont il existe un portrait à la Bibl. nat., Catal. Duplessis nº 6618. En pied, de face, cost. de th. lith. par P. Meinier, 1835.

BRÉTIGNY, Mlle. — Château d'Eau 1880.

BRETON. — Sous ce nom :

Breton. — Vaudeville 1807-08.

Breton. — Cirque Olympique 1816, Porte St-Martin 1818-19, Ambigu 1819, Porte St-Martin 1822-23.

Breton, Jules. — Débuta le 21 avril 1828, aux Variétés, par le rôle du Barbier dans la *Carte à payer*. — Odéon 1845-49, Alger 1850-1852.

Breton. — Père noble, Eure-et-Loir et Loiret 1828, 7e arrt th. 1830-31.

Breton, François, Eugène. - Comique, Marseille 1826-27, Th. Fr. Bordeaux 1828, Perpignan 1829, premier comique Variétés Bordeaux 1830, Perpignan 1835. Bordeaux 1835, premier comique Gymnase Lyon 1838, Le Hâvre 1838, Anvers 1843, Bruxelles 1844, résilie à l'amiable son engagement au Th. des Nouveautés à Bruxelles (sept. 1845), financier Anvers 1846 à 1853, Strasbourg 1854, Brest 1855, Angers 1856, Lille 1857, Strasbourg 1858-60, Toulouse 1861-64, Montpellier 1865, Toulouse 1867-69. En 1870, Eug. Breton avait 65 ans et 43 ans de th. Il obtint la pension de 500 fr. de la Société des artistes, et se fixa à Toulouse. Sa mort fut annoncée au Rapport de 1882.

Iconographie : Bibl. nat. Catal. Duplessis, n° 6621.

1. En buste, de ¾ à droite, lith. par P. B. (1838).
2. En pied, de ¾ à droite, cost. de th., imp. Gerente fils, Lyon 1852.
3. En pied, de ¾ à droite, cost. de th., lith. Gubian, Lyon 1838.
4. En pied, de profil à droite, cost. de th., lith. par L. M.
5. En pied, de profil à gauche, cost. de th., lith. par L. Mousquet.
6. En pied, de ¾ à gauche, cost. de th., lith. J.-J. Roux.

Reste à savoir si tous ces portraits se rapportent à Eugène Breton? Ceux de 1838, sans aucun doute. Mais celui de 1852? N'est-ce pas plutôt celui de l'acteur nommé Breton qui jouait alors à Lyon (V. ci-dessous.) Il doit y avoir confusion.

Breton. — Rouen, th. des Arts 1847-49, Lyon 1850-55. V. l'iconographie d'Eugène Breton.

Breton. — Deuxième amoureux, Anvers 1853.

Breton, Mme ou Mlle. — Sous ce nom :

Mme Breton, soubrette, Loiret 1828, 7e arr. th. 1830-31. Jouait aussi les mères nobles.

Mme Breton, Eugène, jeune duègne, Perpignan 1835, deuxième caractère, Le Hâvre 1838.

Mme Breton, première amoureuse, Anvers 1843.

Mme Breton, Laurence née Duprato, femme puis veuve. – Lyon, 1852-80. En 1863, Mme Veuve Breton avait 67 ans et 42 ans de th. Elle obtint une pension de 300 fr. de la Société des artistes, et vécut à Lyon. Sa mort fut annoncée au Rapport de 1881. Elle avait donc 84 ans.

Mlle Breton, coquette, Constantine 1852.

Mlle Breton, jeune premier rôle, Calais 1853.

Mme Breton, Octavie née Démelisse, Burger dite. — Bourges 1850, Lyon 1852-53.

Mme Breton, Rose, Amélie née Guichard. — Anvers 1853, Strasbourg 1854, Brest 1855, Angers 1856, Lille 1857-59. Sa mort fut annoncée au Rapport de 1860.

Mlle Breton, Léonie. — Palais Royal 1863-68, Bouffes 1869-72, Palais Royal 1873-77.

Mlle Edma Breton. — Salle Taitbout 1875-76.

BREUIL (de) Géraud dit, Marie-Dominique, connu aussi sous le nom de *Debreuil.* — Ambigu 1851-54. En 1853, il eut la jambe fracassée. Vaudeville 1855-59, Ambigu 1860-75, Th. lyrique dramat. 1876-77, Châtelet 1878-83, Ambigu 1884-85. Paris 1886-91. Sa mort fut annoncée au Rapport de 1892. En 1884, âgé de 65 ans, avec 48 ans de services, Breuil avait obtenu la pension de 500 fr. de la Société des artistes.

BREUIL, Mme (de) Géraud. – Vaudeville 1855-58, Folies dramat. 1868, Ambigu 1869-75, Renaissance 1873, Th. historique 1876-77, Châtelet 1878-83. Habitait Paris en 1884.

BRÉVAN. — Premier rôle, direction Dourdé, Maëstricht, du 28 décembre 1742 au 7 janvier 1743.

BRÉVANNE, Louis, Eugène. — Pensionnaire à la Comédie française 1837. Débuta à l'Odéon en décembre 1846.

BRÉVANNES-Darcey J.-E. (ou Darcy), dont la mort fut annoncée au Rapport de 1890 avait été décoré de la médaille de Crimée. On relève sa présence à Evreux 1876, Louviers 1877-78, Paris 1879, Bruxelles 1880-81, Reims 1882, Paris 1883-84, Rochefort 1885-86, Paris 1887-88, Rochefort 1889.

BRÉVILLE, Alexandre. — Ambigu 1850. Vivait à Paris en 1859.

BRIAMONT, Mme mère. — Maëstricht 1673-78.

BRIAN, Mlle Marguerite, aînée. — Italie 1872-74, Le Caire 1875-82.

BRIAN, Mlle Jeanne, Marie. — Le Caire 1872-1882.

BRIAND, de Chateaubriand dit. — Avait 68 ans en 1845 et 45 ans de services. C'est à ce titre que la Société des artistes dramatiques, alors à son début, lui accorda 150 fr. de pension. Briand vivait à Limoges en 1847. En 1839, il y avait un Briand à la Gaîté. Un Briand (Emile) mourut en 1843.

BRIAND, Joseph, Louis, de Chateaubriand dit. — Artiste dramatique fixé à Paris et pensionné depuis 1859. Vivait encore en 1866. Sa pension de faveur avait été convertie en pension de retraite (1860).

BRIAND, Pierre, Marie. — Gaîté 1849-50, Paris 1852-54, Gaîté 1855-65, Folies dramatiques 1867, Gaîté 1868-69, Variétés 1870, Agen 1872, Valenciennes 1873, Paris 1874-78. En 1879, Briand âgé de 70 ans, avec 43 ans de services, obtint de la Société des artistes, la pension de 500 fr. Vivait encore à Paris en 1886.

BRIANT, Pierre. Léopold Cannes dit. — Montpellier 1879-80, Pau 1881-83. Sa mort fut annoncée au Rapport de 1887.

BRIANZA, Mme. — Grand Théâtre 1892.

BRIARD, Mlle. — Débuta à l'Odéon dans le *Cid* en décembre 1846, puis une seconde fois le 11 février 1852; elle parut encore cette même année dans *Marie de Beaumarchais* et *Richelieu*. Plus tard elle accompagna Rachel en Amérique en qualité de première confidente (1855). Elle avait un engagement de 12000 fr. pour toute la tournée. En 1861, il y avait une dame Briard au Th. Beaumarchais.

Bibliographie : P. Porel et G. Monval, *l'Odéon*. — Léon Beauvallet, *Rachel et le nouveau monde*.

BRIARD, Mlle Marie. — Lyon 1882-84, Gand 1885-87.

BRICAIRE, Louis. — Belleville 1887, Dijon 1888, Boulogne 1889. Sa mort fut annoncée au Rapport de 1891.

BRICE, Isidore, Royol. — Débuta à Bruxelles le 22 mai 1806 dans le rôle de Dermont de *Maison à vendre*. En 1807-08 il était toujours dans cette ville, en qualité de troisième amoureux, aux appointements de 3000 fr. portés à 3600 fr. l'année suivante, et 5400 fr. en 1810-11, position qu'il conserva plusieurs années, au moins jusqu'en 1817. Directeur à Vienne (Autriche) en 1826-27, il débuta aux Nouveautés le 19 novembre 1827 dans *Morceau d'ensemble*, puis à l'Odéon le 24 sept. 1828. En 1852-61, Brice-Royol habitait Paris. Sa mort fut annoncée au Rapport de 1862.

BRICE, Mme, femme du précédent, jouait les rôles de coquettes et de travestis à Vienne (Autriche), en 1826-27. Son nom figure sur le tableau de la troupe qui fit l'ouverture du th. des Nouveautés en 1827. Nous la retrouvons à Berlin 1830-31, premiers rôles 1832-33, rôles marqués, 1835, 1838, mères et duègnes.

BRICE. — Utilités, Vaudeville 1866.

BRICHARD. — Th. imp. du Cirque 1857.

BRICOURT. — Pensionnaire à la Comédie française, 1852.

BRIDANT. — Dunkerque 1824, organe désagréable, point d'intelligence, peu de mémoire, ainsi le juge la *Grande biographie dramatique*.

BRIDCHELL, Mme Marie Brichet dite. — Nice 1871-73, Reims 1874-77, Rouen 1878-79.

BRIDEN. — Sous ce nom :

BRIDEN. — Ambigu comique 1799.

BRIDEN. — Premier rôle, 16e arr. th. 1828.

BRIDEN, Joseph. — Toulouse 1849-53. Sa mort fut annoncée au Rapport de 1854.

BRIDEN, Mme, née Ursule Sellemer, femme puis veuve. « C'est la meilleure actrice de la troupe de Pau, qui ne vaut pas le diable, écrit Maurice Alhoy en 1824. Elle ne manque pas de sensibilité; son triomphe est le rôle de Valérie dans les *Châteaux en Espagne*. Du reste, la renommée a publié jusqu'à Vic-en-Bigorre les charmes de cette actrice. » En 1845, Mme Briden infirme, âgée de 66 ans reçut une pension de 150 fr. de la Société des artistes. Elle habitait Toulouse, 1845-53. Ses camarades payèrent ses obsèques (1853).

BRIDENET-Fressinet, Mme. — Artiste décédée à Toulouse et dont la mort fut annoncée au Rapport de 1854.

BRIDET. — Vaudeville, 1839.

BRIE (De). — V. De Brie.

BRIEL, Armand. — Premier comique marqué, Gand 1841.

BRIENNE. — Th. de Madame 1827-31. Un acteur du nom de Véron-Brienne mourut en 1837.

BRIÈRE, Mlle Joséphine. — Variétés 1808-10.

BRIÈRE, Eugène. — Odéon 1852, Paris 1853-1873.

BRIÈRE, Mme Amélie Cocquetau ou Coqueteaux. — Soubrette à Gand 1852, Rochefort 1863.

BRIET, Mlle Régine. — Troupe enfantine Castelli à l'Odéon, 1836. *Une maîtresse femme*, 29 déc.

BRIET. — Premier comique, Gymnase à Liège 1853.

BRIET, Mme. — Jeune première, Gymnase à Liège 1853.

BRIET, Mme Régine née de Groot ou Degroote. — (V. ci-dessus Mlle Régine Briet de la troupe enfantine qui pourrait bien être la même.) Dijon 1864-67, Valenciennes 1868, Dunkerque 1869-72, Tours 1873-76, Cherbourg 1877-78, Amsterdam 1879-81, Paris 1882-1901. En 1895, Mme Degroote-Briet, âgée de 68 ans, ayant 41 ans de théâtre, obtint la pension de 500 fr. de la Société des artistes. Sa mort fut annoncée au Rapport de 1901.

BRIEUX, Mme. — Ambigu, comique 1793.

BRIFAUT, père. — Deuxième comique, 15e arr. th. 1830.

BRIFAUT, Mlle ou Briffaut, Jeanne, Nanine. – Jeune première, 15e arr. th. 1830, Besançon 1835, Alger 1850.

BRILLANT, Mlle Marie, Jeanne Le Maignen, femme de Joseph Bureau, hautbois à l'Opéra comique, dite. — Née vers 1724, Mlle Brillant débuta à la Foire St-Germain (Opéra comique) et eut un grand succès dans la *Servante justifiée* et la *Chercheuse d'esprit*. Elle possédait une diction originale, une verve endiablée qui plaisaient. Elle fit partie de ce spectacle jusqu'à sa suppression. Forcée alors de parcourir les provinces, elle figurait parmi les premiers sujets de la Troupe du Maréchal de Saxe lorsque la paix de 1748 obligea celui-ci à licencier ses acteurs. Elle revint à Paris en 1750 et débuta à la Comédie française le 16 juillet par les rôles de Lucinde de l'*Homme à bonnes fortunes* et d'Agathe des *Folies amoureuses*. Le premier de ces rôles, de haut comique, ne lui réussit pas, car on lui trouvait un peu « l'air déterminé que l'on contracté dans les garnisons ». Le Mazurier fait allusion à la protection du Maréchal de Saxe qui assista à ses débuts. Elle fut reçue à demi-part le 28 décembre. L'*Almanach des spectacles* rima en 1752 :

Brillant brille autant par son jeu,
Que par ses grâces et ses charmes:
Qui la voit lui résiste peu,
Et qui l'entend lui rend les armes.

Mlle Brillant excella à la Comédie dans l'emploi des grandes confidentes, et Mlle Clairon elle-même, qui n'avait pas l'éloge facile, a raconté le fait suivant : « Je me souviens qu'étant très malade, écrit-elle, ayant *Ariane* à jouer et craignant de ne pas suffire à la fatigue de ce rôle, j'avais fait mettre un fauteuil sur le théâtre pour m'en aider en cas de besoin. Les forces, en effet, me manquèrent au cinquième acte, en exprimant mon désespoir sur la fuite de Phèdre et de Thésée ; je tombai dans le fauteuil presque sans connaissance. L'intelligence de Mlle Brillant, qui jouait ma confidente, lui suggéra d'occuper la scène par le jeu de théâtre le plus intéressant. Elle vint tomber à mes pieds, prit une de mes mains qu'elle baigna de larmes; ses paroles, lentement articulées, interrompues par des sanglots, me donnèrent le temps de me ranimer; ses regards, ses mouvements me pénétrèrent ; je me précipitai dans ses bras, et le public, en larmes, reconnut cette intelligence par les plus grands applaudissements. Une actrice ordinaire eût répondu tout de suite, et la pièce n'eût point été achevée ».

Mlle Brillant, de taille médiocre, n'était pas belle et avait beaucoup d'embonpoint. Elle se retira le 3 décembre 1758, reparut à l'ouverture du théâtre le 8 avril 1766, par un rôle de confidente dans *Sémiramis*, et mourut en 1767. Elle habitait en 1766 rue Poissonnière.

Biographie : Le Mazurier, *Galerie historique*, t. II. — G. Monval, *Liste alphabétique des Sociétaires*.

Bibliographie : *Almanach des spectacles*. — Mlle Clairon, *Mémoires*.

BRILLANT. — Toulouse 1849.

BRIMET. — Châlons 1877-82.

BRINDEAU, Louis, Paul, Edouard, 1814-1882, naquit à Paris le 29 décembre 1814, et commença ses études à la pension Prosper Goubaux, le même qui fut auteur dramatique sous le pseudonyme de Dinaux. Goubaux conduisait ses élèves aux cours du collège Bourbon. C'est là qu'il se lia d'une vive amitié avec les fils de Talma.

Brindeau avait seize ans lorsque des revers de fortune obligèrent ses parents à lui faire cesser ses études. Il entra alors chez un banquier, mais il avait peu de goût pour les affaires. Il s'engagea dans la troupe des frères Seveste et débuta au théâtre de Belleville. Il avait une jolie voix de *tenorino* et réussissait surtout dans les couplets. Après une apparition au Gymnase, Brindeau prit le chemin de la province en commençant par Dieppe. Revenu à Paris l'année suivante (1834) il fut engagé au Vaudeville où il débuta le 2 mai par le rôle de l'abbé de Gondi dans un *Duel sous le Cardinal Richelieu*. Il était encore fort jeune, fort inexpérimenté, et ne pouvait prétendre qu'à une situation secondaire.

Suzanne Brohan encouragea le débutant, et lui prodigua ses conseils. Le 6 avril 1837 il débuta aux Variétés par le rôle de Léon dans la *Semaine des Amours*. Il y obtint un vif succès. Jeune, bien fait, de tournure distinguée, il avait tout ce qui constitue le jeune premier. Le *Chevalier de St-Georges*, *Mathias l'Invalide*, le *Chevalier du guet* le mirent en lumière, et c'est aux Variétés qu'en 1842, l'administration de la Comédie française vint le chercher.

Renonçant à des avantages pécuniaires bien supérieurs, Brindeau se résigna à entrer comme simple pensionnaire à la Comédie française. Il y débuta le 18 mai 1842 par le rôle de Brolingbroke du *Verre d'eau*. Il y fut jugé mauvais, et Eug. Laugier ne l'épargna guère. Il lui manquait les études préliminaires, l'habitude de cette grande maison, le respect de la tradition. Il lui fallait aussi remplacer Menjaud ! Marcher sur les traces des Molé, des Fleury, des Armand ! C'était trop demander à un jeune homme qui n'avait pour lui que sa bonne tenue et sa bonne mine. Et cependant telle était alors la pénurie de jeunes premiers à la Comédie qu'il fut reçu à 6000 fr. d'appointements et qu'on le nomma sociétaire le 1er avril 1843, à la simple majorité des voix, il est vrai.

Pendant douze ans, Brindeau fit de louables efforts pour se rendre digne de la situation qu'il occupait. Il s'essaie dans le répertoire, crée le rôle de Robert de Bréhant dans le *Dernier marquis* et celui de Raoul d'Estouville dans le *Portrait vivant* (17 oct. 1842). Le

27 janvier 1843, il aborde enfin un des personnages les plus difficiles à interpréter de son emploi, le rôle du chevalier dans le *Chevalier à la mode* de Dancourt. Il y réussit.

Nous ne citerons que les principales créations :

1843 19 avril, *L'Art et le métier*, Jacobus.
— 25 juillet, *Les Demoiselles de St-Cyr*, le duc d'Anjou.
— 4 nov., *Eve*, Ronsemberg.
— 27 nov., *La Tutrice*, Léopold.
1844 3 juin, *Le mari à la campagne*, César.
1845 30 avril, *Une soirée à la Bastille*, Richelieu.
— 31 juillet, *Une confidence*, le marquis.
— 1er sept., *L'Enseignement mutuel*, Rodolphe.
1846 1er avril, *Une fille du Régent*, Gaston.
— 8 août, *Madame de Tencin*, Tencin.
— 22 sept., *Don Gusman*, Gusman.
1847 16 avril, *Un poète*, Murray.
— 27 nov., *Un caprice*, Chavigny.

C'était la première pièce de Musset représentée à la Comédie française. Mme Judith lui donnait la réplique dans le rôle de Mathilde, et Mme Allan-Despréaux débutait dans celui de Mme de Léry.

1848 22 janv., *Le Puff*, Maxime.
— 27 févr., *La Marseillaise*.

La foule réclamait à grands cris *La Marseillaise*, au cours d'une représentation donnée au bénéfice des blessés de février. Personne au théâtre ne la savait. Brindeau s'offrit à la déclamer, le livret à la main. Il indiqua seulement le rythme et le ton de chaque couplet, et deux fois encore, les 28 février et 2 mars il dut la redire. Rachel ne la dit, à son tour, que le 6 mars.

1848 10 mars, *Le dernier des Kernox*, de Rostan.
— 7 avril, *Il faut qu'une porte soit ouverte ou fermée*, le comte.
— 28 avril, *La marquise d'Aubray*, le vicomte.
— 22 juin, *Il ne faut jurer de rien*, Valentin.
— 27 juillet, *Les Portraits*, le marquis.
1849 10 févr., *L'amitié des femmes*, Bargy.
— 22 févr., *Louison*, Le Duc.
— 22 mars, *Le moineau de Lesbie*, Piso, avec Rachel.
1849 1er mai, *Compter sans son hôte*, le marquis.
— 15 août, *Passe-temps de Duchesse*, le comte.
— 25 oct., *Deux hommes*, Gaston.
1850 13 mars, *Le carrosse du St-Sacrement*, le vice-roi.
— 29 mai, *La Queue du chien d'Alcibiade*, Nelson.
— 19 juin, *Horace et Lydie*, Horace, avec Rachel.
— 29 juin, *Le Chandelier*, Clavaroche.
— 21 sept., *Un mariage sous le Régence*, Henri.

Le 5 juin 1850, Rachel avait joué à la Porte St-Martin *Adrienne Lecouvreur* au bénéfice de Brindeau.

1851 31 mai, *La Fin du Roman*, Vaudreuse.
— 14 juin, *Les Caprices de Marianne*, Octave.
— 25 oct., *Les derniers adieux*, Henry de Villiers.
1852 22 janv., *Le Pour et le contre*, le colonel.
— 19 février, *Diane*, de Piennes.
— 11 nov., *Sullivan*, Sullivan.
1853 18 octobre. *Murillo*, Murillo.

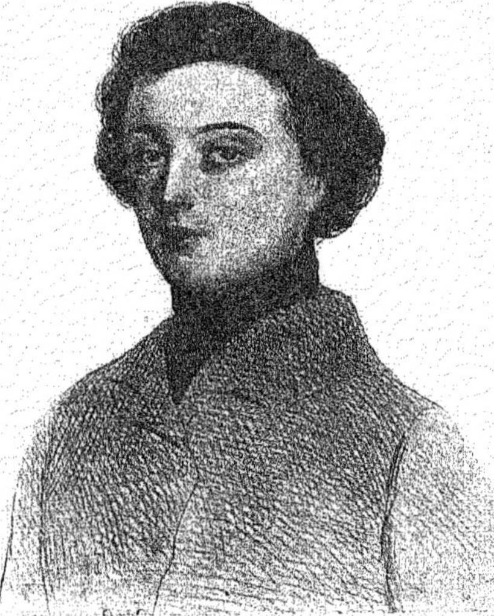
BRINDEAU, en 1840
(Bibl. nationale)

Dans cette pièce qui devait être sa dernière création à la comédie, Brindeau réussit tout autant comme chanteur que comme comédien en chantant un boléro dont Meyerbeer avait composé la musique.

C'est alors que vint s'agiter la question de l'entrée de Bressant à la Comédie française. Brindeau avait la taille élevée, un visage agréable, la diction juste ; mais sa distinction était une distinction bourgeoise qui ne pouvait lutter avec les manières aristocratiques de Bressant. Brindeau à qui l'on retirait ses meilleurs rôles pour les donner au nouveau venu, comprit de suite la nouvelle situation qui lui était faite. Il jugea plus digne de se retirer le 1er août 1854. Ce ne fut que cinq ans plus tard qu'il obtint la représentation de retraite à laquelle il avait droit (26 février 1859). Il reparut ce soir-là dans Alceste du *Misanthrope* et dans Vaudreuse de *La Fin du Roman*. La recette fut de 5713 francs.

A partir de ce moment, Brindeau devait mener une vie nomade qui ne cessa que vingt-huit ans plus tard, à sa mort. Le 31 août 1854 il débute au Vaudeville dans le *Fauconnier*.

La pièce tombe. Il prend sa revanche le 3 octobre suivant avec la *Maitresse du mari*. En compagnie de Delvil, qui fit plus tard sa fortune au Théâtre du Parc à Bruxelles, il monte une troupe très convenable et, l'un des premiers, entreprend des tournées en province, dans le nord de la France et à Lyon. En 1857, il donne des représentations à Vienne (Autriche) où il reçut le plus bel accueil. En 1858, il fait une campagne malheureuse en Italie, ce qui le força à jouer au cachet à l'Ambigu (*Angèle*). Puis il rentre au Vaudeville — la *Seconde Jeunesse*, les *Lionnes pauvres*, *Rédemption* — passe à l'Odéon, où le 3 mai 1862 il reprend le rôle de Desgenais dans les *Parisiens*, et le 8 septembre suivant crée le rôle de Gonzague dans le *Bossu* à la Porte St-Martin. Entre deux séries de représentations de cette pièce il reprit *Don Juan de Marana* avec Mélingue.

En mai 1864, il est à Bruxelles; en octobre il reprend à l'Odéon le rôle du Duc d'Aléria du *Marquis de Villemer*. « Brindeau, écrit-on en 1866, ne fait partie d'aucune troupe. Il joue en représentation. Celui qu'on appelait le beau Brindeau est devenu le gros Brindeau. C'est un fort gaillard qui se porte bien, trop bien peut-être pour les personnages qu'il représente. Il est plein de vigueur et en abuse quelquefois. C'est un tort. »

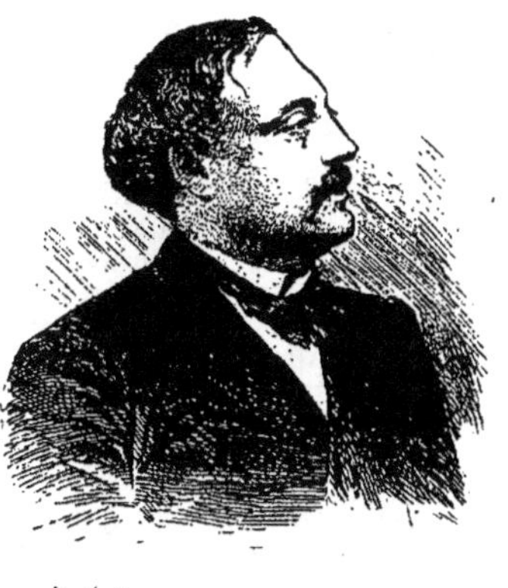
BRINDEAU
d'après Ad. Lalauze

Il est désormais très difficile de le suivre, car il joue sur tous les théâtres, abordant les rôles les plus divers.

Salle Ventadour, *Madame de Chamblay*, rôle d'Alfred de Senonches (4 juin 1868).

Vaudeville, les *Pattes de mouche* (reprise) (1869). Représentations à Londres (1871).

En 1873, Brindeau est administrateur et directeur de la scène de l'Odéon. — En 1874, directeur du théâtre de Liège où il perd tout ce qu'il possède. En 1879, engagement à St-Pétersbourg qu'il ne peut remplir jusqu'au bout pour cause de santé. En 1880, engagement au Gymnase où il reprend le rôle du grand marquis dans le *Mariage d'Olympe* (30 nov.). Démoralisé, ruiné, malade, Brindeau végéta toute l'année 1881 et mourut le 9 mars 1882 dans les bras de son gendre et de sa fille, M. et Mme Frédéric Febvre.

Febvre a écrit dans son *Journal d'un Comédien* : « Si l'on n'a pas rendu à Brindeau toute la justice à laquelle lui donnait droit un talent qui lui valut d'être choisi par Musset, il me semble que la seule bonne fortune d'être le créateur, sur une scène comme celle de la Comédie française, de ce merveilleux écrin du *Poète des Poètes*, est la preuve la plus éclatante de son incontestable autorité. » Et, à ce propos, on raconte que Brindeau ayant eu une altercation assez vive avec Musset pendant les répétitions du *Chandelier*, une rencontre devait avoir lieu entre les deux hommes. Mais Brindeau vit entrer chez lui Musset qui lui dit simplement : « Ma mère qui est au courant de ce qui s'est passé hier, m'a donné tort, et je viens, de sa part, vous tendre la main ! » Ces détails ont été fournis par M. Guillard, alors archiviste de la Comédie française, et qui était un des témoins constitués par Brindeau.

Brindeau, dont la carrière fut brisée par l'arrivée de Bressant, n'a pas été toujours jugé comme il le méritait, et cependant c'est de lui qu'Alex. Dumas disait, dans sa préface de *Mme de Chamblay* : « Il est impossible de mêler plus de tenue à plus de désinvolture, et plus d'abandon à plus de dignité. »

Alb. Vizentini écrivait vers la même époque : « Le meilleur des Bolingbroke, le plus brillant des jeunes premiers, est aujourd'hui (1868) un bon garçon, franc du collier, rond d'allures, très gai, très jeune, riant et chantant, dansant et disant des bêtises, portant le costume en vrai comédien, et excellant dans les rôles de tenue. Au surplus, habite Champs-sur-Chelles, adore la campagne et a des enfants splendides. »

Victor Koning dans les *Coulisses parisiennes* (1864) a raconté ses démêlés avec Brindeau. Aurélien Scholl en a également parlé dans *Le Figaro* du 29 mars 1863. V. Koning, alors tout jeune, avait appelé l'artiste « l'énorme Brindeau », dans un journal. Brindeau, taillé en hercule, alla saisir le journaliste au Café de la Porte St-Martin et le roula par terre. Envoi de témoins éconduits par Brindeau, et nouveau choc dans un restaurant où Koning frappa Brindeau de sa canne. L'affaire se termina au tribunal où Me Carraby défendait Koning, tandis que Me Lachaud plaidait pour Brindeau. Koning fut condamné à un mois de prison, peine qui fut commuée en dix jours.

En 1877, Brindeau âgé de 62 ans, avec 40 ans de théâtre, obtint la pension de 500 fr. de la Société des artistes dramatiques. Sa mort fut annoncée en ces termes par Eug. Garraud : « Talent plein de souplesse, nous rappelons seulement qu'il eut la bonne fortune de créer très remarquablement sur la scène française différents rôles dans les œuvres de Musset. Pendant son séjour en Russie, Brindeau avait contracté une maladie de foie à laquelle il a malheureusement succombé. Ses obsèques ont eu lieu le 11 mars dernier. Avec une extrême satisfaction, nous y avons constaté, malgré l'heure matinale, non seulement la présence d'une foule compacte d'auteurs, de journalistes, de parents et d'amis, mais encore une affluence considérable d'artistes dramatiques. »

Brindeau laissa deux filles qui se firent une place au théâtre : Marie Brindeau devenue Mme Febvre. (V. Mme Brindeau Marie) et Mlle Jeanne Brindeau.

Biographie : Georges d'Heylli, *Brindeau*, sociétaire retiré de la Comédie française, 1882.

Bibliographie : *L'Indiscret des coulisses*, 1841, p. 108. — Laugier, la *Comédie française*, 1841. — Delhasse, *Annuaires*, 1840-1846. — J. Arago, *Foyers et coulisses*, 1852. — *Le Figaro*, 29 mars 1863. — V. Koning, *Les coulisses parisiennes*, 1864. — Yveling, Ram Baud et E. Coulon, les *Th. en robe de chambre*, 1866. — Alb. Vizentini, *Derrière la toile*, 1868. — Fr. Febvre, *Journal d'un Comédien*, t. II, 1896.

Iconographie : Bibl. nat. Catal. Duplessis, n° 6726. 1. A mi-corps, de 3/4 à gauche, imp. Aubert, 1840.

2. A mi-corps, de 3/4 à gauche (caricature), lith. par Et. Carjat, 1862.

3. A mi-corps, de 3/4 à gauche, phot. de Vallon de Villeneuve.

— En buste, eau-forte, de profil à droite, grav. par Ad. Lalauze (1882).

— Musée de la Comédie française (Catal. G. Monval) n° 76. Brindeau figure dans l'esquisse *Comédiens* et *Comédiennes* de Faustin Besson.

BRINDEAU, Mme Marie, Pauline, femme Luquin dit Harville, puis femme F. Febvre, fille du précédent, née en 1836, et deuxième prix du Conservatoire. — Mlle Marie Brindeau débuta en 1854 à l'Odéon dans l'emploi des ingénues, parut dans le *Vicaire de Wakefield*, les *Châteaux en Espagne*, le *Barbier de Séville*, *Mauprat* (reprise). Elle épousa alors Gaspard Luquin, dit Harville, artiste à ce théâtre, dont la mort fut annoncée en 1880.

Mme Marie Brindeau, fort jolie femme, mais d'un talent discret, passa par le Vaudeville, où elle se montrait rarement, mais se fit surtout connaître en jouant dans les villes d'eaux et dans les salons, le plus souvent avec Febvre, qu'elle devait épouser plus tard. On la vit encore à l'Odéon, à l'Ambigu, au Châtelet, dans le *Juif errant*, dans la *Maison du Baigneur*, et à la Gaîté 1875. Elle accompagna enfin son second mari dans ses grandes tournées en Europe, lui donnant partout la réplique. Mme Marie Brindeau reçut en 1892 de la main du roi de Roumanie la médaille de 1re classe des Bene-Merenti, et fut nommée Officier de l'Instruction publique en 1897.

Bibliographie : *Les th. en robe de chambre*, 1866. — *Foyers et Coulisses*, la Gaîté, t. II, 1875. — F. Febvre, *Journal d'un Comédien*, 1896.

BRINGUIER, Mme Victoria, Marie, née Légrand. — Bordeaux 1883-84, Béziers 1885, Bukarest 1886-87, Alexandrie 1888. Sa mort fut annoncée au Rapport de 1889.

BRINTZ. — Batignolles 1852, Beaumarchais, 1853.

BRIOL, J. — Turin 1850.

BRION (Du). — Troupe Dourdé à Maëstricht, 28 déc. 1742, 7 janv. 1743.

BRION, Mlle. — Th. Beaujolais 1785-86, joua le rôle d'Aminte dans le *Pouvoir de la nature*.

BRION. — Premier rôle à Bruxelles en 1802, aux appointements de 4500 fr., Porte St-Martin 1805-06. Appelé pour remplacer Varennes à la Comédie française en 1809 il ne joua qu'une seule fois le rôle très modeste d'Eurybate dans *Iphigénie en Aulide*, et disparut.

Bibliographie : *Opinion du parterre*, t. VII, p. 135.

BRION, Mlle. — Pensionnaire à la Comédie française, 1852-53.

BRION-Dorgeval, Edouard, Barthélemy. — Bruxelles 1863-65, Nantes 1867, Gand 1868, Lille 1869-72, Tournay 1873, La Haye 1874, Rouen 1875, Bukarest 1876, Amiens 1877-80, Paris 1881-93. Sa mort fut annoncée au Rapport de l'année 1894.

BRIONNE de, Amélie Bouchard, dite. — Liège 1890-91.

BRIOTTE, Jean, Baptiste, Jules, Joseph. — Mons 1853-59.

BRIOU, Mlle. — Débuta à l'Odéon le 18 nov. 1814 par le rôle d'Honorine dans la *Claudine* de Florian.

BRIOUSE, Mme Elise. — Constantinople 1890, Athènes 1891-94.

BRISEDOU, Mme Caroline, née Leporati, ex-élève du Th. Comte. — Paris 1861-65, Valence 1863-67, Paris 1868-81. Sa mort fut annoncée au Rapport de 1883.

BRISSE. — Rouen 1789. Débuta dans l'*Ami de la maison*.

BRISSON. — Troupe Parmentier en Belgique.

BRISSON, Mme Ernest. — Première amoureuse, Toulon 1835.

BRISSON, Charles. — Porte St-Martin 1869-1872.

BRIZARD, Jean, Baptiste Britard dit (1721-1791). — Naquit à Orléans le 7 avril 1721, et sur l'extrait de baptême des registres de la paroisse St-Victor, reproduit par De Manne *(Troupe de Voltaire)*, son père est qualifié « d'honnête personne François Britard, bourgeois d'Orléans. » Envoyé fort jeune à Paris pour y apprendre la peinture, le futur père noble de la comédie devint élève de Carle Vanloo, premier peintre du Roi. Un hasard décida sa vocation.

Etant allé pour se divertir à Valence, en Dauphiné, où l'on avait formé un « camp de plaisance » et où l'on jouait la tragédie devant l'Infant d'Espagne, il remplaça au pied levé un acteur absent sur le désir manifesté par Mlle Destouche, directrice de spectacle. Le public lui fit une telle ovation qu'il ne retourna plus à l'atelier.

Engagé dans la troupe de Lyon, Brizard fut longtemps sans paraître à Paris. Ce n'est qu'en 1757, après avoir parcouru la province, qu'il consentit, sur les sollicitations de Mlles Dumesnil et Clairon, à venir débuter à la Comédie française dans l'emploi des rois et des pères nobles qui allait se trouver vacant par le départ de Sarrazin.

Brizard parut le 30 juillet dans le rôle d'Alphonse d'*Inès de Castro*, puis joua successivement les rôles de *Brutus* et de *Mithridate*. Le 24 novembre suivant, pour ses débuts à la Cour, il joua le rôle du Vieil Horace. Le 1er avril 1758, il fut reçu sociétaire.

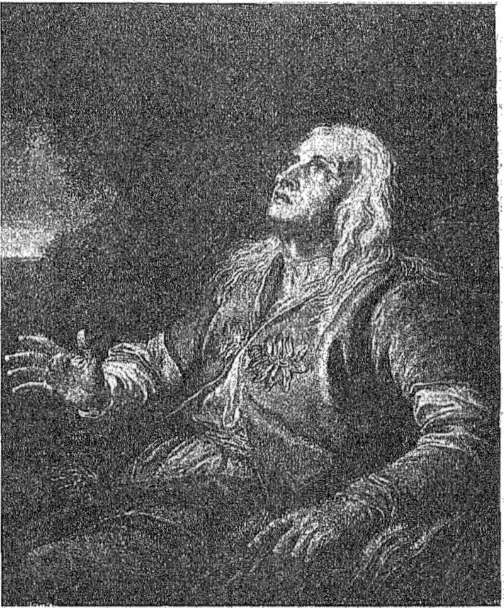

BRIZARD, Jean-Baptiste, dans le *Roi Lear* d'après Mme Guiard

Pendant vingt neuf ans, cet acteur éminent joua dans presque toutes les tragédies nouvelles, sans parler de celles du répertoire. Dans la comédie, il jouait avec non moins de supériorité des rôles tels que le *Père de Famille*, le *Philosophe sans le savoir*, Henri IV de la *Partie de chasse*, rôle qui lui attira un jour cette réflexion de Louis XVI : « Monsieur Brizard, vous avez été si vrai, que vous venez d'opérer une conversion; vous venez de me faire aimer le trône. »

Brizard devait au naturel de son jeu les grands effets qu'il produisait, principalement dans la tragédie. Il avait pour lui la véritable grandeur, une figure imposante et vénérable, une taille élevée, un débit simple. Son profil était d'une impeccable pureté, ses yeux admirables; sa chevelure, blanchie de bonne heure, achevait de donner à sa physionomie cette noblesse, et en même temps cette douceur que l'on remarque dans les têtes de vieillards peints par Greuze. Il n'y a guère que La Harpe qui, jetant comme toujours une note discordante parmi les critiques bienveillantes du temps, écrit dans sa correspondance en parlant de Brizard que cet acteur « a toujours été faible d'intelligence et que ses cheveux blancs sont la moitié de son talent. »

Dans les tragédies de Voltaire, Brizard créa :

1760 3 sept., *Tancrède*, rôle d'Argire.
1764 14 mars, *Olympie*, le Hiérophante.
1774 15 janv., *Sophonisbe*, Lélie.
1779 30 mai, *Agathocle*, Idasan.

Dans *Tancrède*, il parut froid à côté de Mlle Clairon ; dans *Olympie* l'on vanta la noblesse de son jeu ; et cependant Voltaire se croyait supérieur à Brizard dans les rôles de père qu'il avait la faiblesse de jouer lui-même en petit comité, et où il est avéré, au dire des intimes de Ferney, qu'il était outré et ridicule. C'est ainsi que se comparant à son interprète, à propos d'*Olympie*, il écrivait à d'Argental, des Délices, mardi 23 septembre, 9 heures du soir, 1760 : « Brizard est un cheval de carrosse ; je ne suis qu'un fiacre, mais je fais pleurer. » Et toujours à propos du même rôle, à Thiriot : « Je vous ferai plus d'impression que Brizard ; je suis un excellent bonhomme de père. »

Le 11 mars 1764, il écrit encore au comte d'Argental : « Votre Brizard est un prêtre à la glace, il n'attendrira personne. Je n'ai jamais conçu comment l'on peut être froid ; cela me passe. »

Ce qui n'empêcha pas, lorsque l'on reprit en mars 1778 les principales œuvres du maître, celui-ci de dire à Brizard : « Monsieur, vous me faites regretter la vie. Vous m'avez fait voir dans *Brutus* des beautés que je n'avais pas aperçues en le composant. » *(Mémoires de Préville.)*

A la sixième représentation d'*Irène*, le 30 mars 1778, ce fut Brizard qui, sur la scène, couronna le buste du poète en présence de Voltaire lui-même; ce fut encore lui qui le jour anniversaire de la mort de Voltaire, l'année suivante, prononça avec une sincère émotion l'éloge du grand homme avant la première représentation d'*Agathoclè*.

Diderot qui avait trouvé dans Brizard un interprète hors ligne pour son *Père de famille*, loua toujours celui-ci sans réserve, et nous nous rangeons volontiers de l'avis de M. J.-J. Olivier (*Voltaire et les comédiens*, p. 306) lorsqu'il écrit : « Brizard fut un des acteurs auxquels Voltaire ne rendit jamais justice ; à quoi attribuer ce manque d'équité ? Ne proviendrait-il pas de ce que l'auteur de *Zaïre* qui jouait à Ferney les mêmes rôles que Brizard remplissait à Paris, sentait sa vanité de comédien blessée... » Il y eut toujours chez Voltaire, certains côtés de cabotin.

Brizard fut encore un de ceux qui — malgré son peu d'intelligence, au dire de La Harpe — travaillèrent le plus pour la réforme du costume, entreprise par Lekain et Mlle Clairon, ce qui n'a rien d'étonnant de la part d'un ancien élève de Carle Vanloo. C'est ainsi qu'il refusa de jouer *Œdipe chez Admète* à la Cour avec un costume de soie bleue que le roi lui avait donné, et revêtit la robe de laine d'un figurant (1778). Arnault, le vieil amateur dramatique, louant le tragédien de son bon sens, ajoutait à ce propos avec une délicieuse naïveté : « Un habit de satin bleu à Œdipe proscrit, aveugle, accablé de maux, c'est insensé ! Un habit de satin feuille morte, à la bonne heure ! »

Estimé de tous, Brizard, après avoir mené une vie irréprochable, prit congé du public le 1er avril 1786 avec les *Horaces*. On raconte que le soir de sa retraite, un notable bourgeois de Paris, ancêtre sans doute de M. Prud'homme, lui amena son fils, en disant : « Saluez en Monsieur Brizard l'homme de bien, dont la vie a combattu le préjugé attaché à sa profession, et qui saura compenser, dans la société, le vide que sa retraite va laisser au théâtre. »

De Manne, dans la *Troupe de Voltaire* a laissé la liste complète des 63 rôles établis par cet artiste.

Brizard se retirait donc avec 2175 livres de pension de la Comédie, 2000 livres du Roi dont la moitié lui avait été accordée en 1770, l'autre en 1783, et 500 livres de traitement comme professeur au Conservatoire. En 1783 (15 avril) il avait obtenu, en outre, en même temps que Mme Bellecour, le droit de construire des boutiques sous les galeries de la Comédie (Odéon actuel). — Arch. nat. carton O1 1706, arch. de la Couronne anc. régime, 9 dossiers.

Brizard avait habité successivement : rue de la Comédie, au Mogol, 1761, rue de la Clef, faubourg St-Marceau, 1762-64, rue d'Enfer, vis-à-vis le Luxembourg, 1765-66, rue de Condé, 1767-70, rue de Bourbon, 1771-75, rue St-Honoré près les Capucins, 1776-81, rue St-Dominique au Gros Caillou, 1782-86.

Il mourut à Paris le 30 janvier 1791, et Ducis, qui fut son ami, composa pour lui cette épitaphe qui peut passer pour le modèle du style de l'époque :

CI GIT

JEAN BAPTISTE BRITARD, DIT BRIZARD

Né à Orléans le 7 avril 1721 :
L'un des Electeurs de cette Ville, (de Paris)
Capitaine des Grenadiers de la Garde nationale,
Marguillier de sa paroisse, et pensionnaire du Roi,
Bon mari, bon père, bon ami,
Vertueux et courageux patriote,
Après avoir joui longtemps de la gloire mondaine
Qu'une sensibilité profonde,
Jointe à tous les dons extérieurs de la nature,
Lui avait acquise sur la scène française,
Il préféra aux vains applaudissements des hommes
La satisfaction de la conscience
Et le bonheur d'une fin chrétienne ;
Et tournant ses derniers regards
Vers une gloire impérissable,
Et vers la véritable patrie,
Il décéda le 30 janvier, l'an second de la liberté,
Emportant l'estime publique,
Les regrets de tous ceux qui l'avaient connu,
Et la reconnaissance des pauvres.
Sa veuve inconsolable et ses enfants
Lui ont érigé ce monument.

Ducis avait accompagné l'envoi de cette épitaphe à la veuve de Brizard d'une lettre reproduite par Lemazurier. Il y rappelait que leurs deux âmes « s'étaient unies sur la scène » et que Brizard avait été pour lui un *Œdipe* et un *Roi Lear* inimitables.

Les frères de Goncourt, dans leur *Société française sous le Directoire*, d'après les *Semaines critiques*, vol. II, racontent que cette pierre du tombeau de Brizard se trouvait chez un marbrier à la barrière St-Jacques avec les cippes, colonnes et dépouilles des cimetières des églises, pendant la Révolution.

Ayant posé une question à ce sujet dans l'*Intermédiaire des chercheurs et curieux*, voici ce qu'il nous fut répondu (XLVIII, 187) :

« Cette tombe consistait en une pyramide de pierre sur laquelle furent appliqués l'épitaphe composée par son ami Ducis et un médaillon-portrait gravé par Foucou. Renversée peu après sa pose, cette pyramide a été trouvée chez un marbrier par Alexandre Lenoir et placée au musée des Petits-Augustins en 1798. Plus tard, vers 1840, la pyramide passa au cimetière de St-Denis où elle est sans doute encore (?), mais le médaillon et l'épitaphe sur marbre noir en étaient détachés ; ils ont été perdus dans les décombres de l'ancien musée des Petits-Augustins.

« C'est d'ailleurs ce que rapporte M. de Guilhermy dans le premier vol. (p. 792 et suiv.) des *Inscriptions du diocèse de Paris*. »

Biographie : Lemazurier, *Galerie historique*. — E.-D. De Manne, *Troupe de Voltaire*. — G. Monval, *Liste alphabétique des sociétaires*.

Bibliographie : le *Mercure*, sept. 1757. — *Lettres de Voltaire* à d'Argental. — Mlle Clairon, *Mémoires*. — Arnault, les *Souvenirs et les Regrets du vieil auteur dramatique*. — Em. Vingtrinier, le *Th. à Lyon au XVIIIe siècle*. — J.-J. Olivier, *Voltaire et les comédiens*. Ce dernier ouvrage résume à peu près tout ce qui a été dit sur Brizard.

Iconographie : Bibl. nat., Catalog. Duplessis, nº 6781.

1. En buste, de profil à droite, dans une bordure ovale, grav. à l'aquatinte, anon.

2. En buste, de profil à droite, grav. au pointillé, anon.

3. En buste, de profil à gauche, grav. par J. Adam, d'après Devéria.

4. A mi-corps, assis, de profil à gauche, grav. par J.-J. Avril, d'après Mme Guiard.

5. En buste, de profil à gauche, grav. par Georges Cook, d'après Mme Guiard.

6. En buste, de 3/4 à gauche, grav. par Fr. Hillemacher, 1858.

7. En pied, de 3/4 à gauche, grav. par Janinet, d'après Duplessis-Bertaux, 1786.

8. En pied, de 3/4 à gauche, grav. par le même, d'après Dutertre.

9. En pied, de profil à droite, grav. par La Fosse, d'après L.-C. de Carmontelle.

10. En buste, de profil à gauche, grav. au trait, sous la direction de Landon, d'après Mme Guiard.

Musée de la Comédie française : (Catal. G. Monval.)

209. Brizard et Lekain (Eust. de St-Pierre et Edouard III) dans le *Siège de Calais*, gouache ; h. 0.08, l. 0.06, par Fesch (1776).

333. Brizard dans *Œdipe chez Admète*, peinture toile mi-corps h. 1.05, l. 0.87, par Louis Ducis.

On lit ces vers sur un cartouche au bas du tableau :

Aux yeux d'un peuple qu'il enchante,
Brizard sous ces traits imposants
Rend le malheur auguste et la vertu touchante.
Il puise dans son cœur ces tragiques accents.
Une heureuse nature a dans son caractère
Mis son talent et son bonheur.
Pour en faire un sublime acteur,
Elle l'a fait tendre époux et bon père.

Ce portrait fut légué à la Comédie par Mme Veuve Brizard en 1819.

428. Brizard et Lekain. (Agamemnon et Achille d'*Iphigénie en Aulide*), gouache de la suite Fesch-Whirsker, h. 0.10, l. 0.12.

434. Lekain, Brizard et Molé (Pharnace, Mithridate et Xipharès de *Mithridate*), idem.

— Un portrait de Brizard, par Pasquier, fut exposé au Salon de 1773.

— Mme Guiard avait exposé au Salon de 1783 (nº 123) un portrait de Brizard dans le *Roi Lear*. C'est celui que nous avons indiqué plus haut gravé par J.-J. Avril. Il appartenait à Mme la comtesse d'Angiviller.

BRIZARD, Oscar Tronquet dit. — Troisième rôle de comédie et de tragédie, Odéon 1861-62, Montparnasse 1863-67, Marseille 1868, Strasbourg 1869, Le Caire 1870, Buenos-Ayres 1872-76, Rio de Janeiro 1877, Nice 1878, Paris 1879-80. Sa mort fut annoncée au Rapport de 1881.

BROCARD, Mlle Suzanne, femme Chedel, puis femme Alex. de Longpré. — Née à Chaumont s/Marne le 5 mars 1798, deuxième accessit de comédie au Conservatoire, débuta au Th. de l'Impératrice le 20 octobre 1812 par Angélique de *l'Epreuve* et Rosine de la *Tapisserie*. Après avoir fait partie de ce théâtre en 1814 et 1816, elle se présenta à la Comédie française le 15 juillet 1817 dans les *Femmes savantes* (Henriette) et l'*Ecole des maris* (Isabelle). Engagée le 31 octobre, elle resta trois ans à ce théâtre et partit pour Rouen. Une cruelle épigramme de la *Petite Biographie dramatique* nous laisse entendre que son départ n'était pas regretté. Rentrée à l'Odéon le 6 avril 1820, son nom figure dans le *Voyage à Dieppe* (1er mars 1821), le *Présent du Prince* (15 mai), le *Père et le Tuteur* (28 janv. 1822).

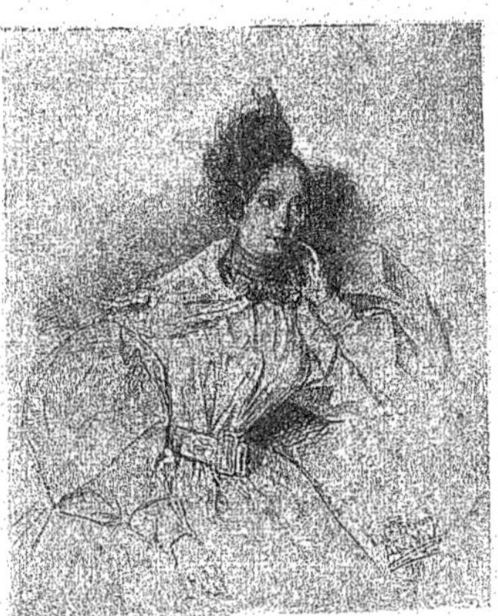

Mlle Suzanne BROCARD
d'après Léon Noel

Le 10 avril de cette année, nouveaux débuts à la Comédie française (*Britannicus*, le *Barbier de Séville*). Mlle Brocard était d'une beauté ravissante, pleine de douceur ; son organe était agréable. Elle était de celles dont les charmes font oublier les légers défauts de l'artiste. Elle fut admise au sociétariat le 1er avril 1828 et remplit avec distinction de nombreux rôles de tragédie, de drame et de comédie. MM. E.-D. De Manne et C. Ménétrier ont publié la liste des 61 rôles créés par cette artiste à la Comédie française. (*Galerie historique*, Complt de la Troupe de Talma).

Les petits pamphlets lui reprochent ses robes transparentes, et surtout celle qui fit fureur dans le *Paria* à l'Odéon (rôle de la jeune prêtresse). « Depuis, écrit-on en 1833, elle passa au Théâtre français où elle tient aujourd'hui, en partage avec Mlles Anaïs et Noblet, l'emploi des ingénues... Mlle Brocard a créé avec talent plusieurs rôles importants dans des comédies et des drames modernes. »

Mlle Brocard brillait surtout dans les rôles de Mme de St-Léger du *Mari et l'amant*, Lucie de *Guerre ouverte*, Mme de Valmont du *Jaloux malgré lui*, Clémence de la *Femme jalouse*,

Clara du *Jeune mari*, Henriette du *Spéculateur*. En 1831 (23 avril) elle avait créé une *Charlotte Corday*. Mais la pièce tomba. Sans jamais s'imposer au public, Mlle Brocard laissa cependant un souvenir aimable et doux. Nous avons entre les mains une curieuse lettre d'elle, où elle se plaint amèrement de la situation qui lui est faite :

A Monsieur le Comte de Montalivet,
Ministre de l'Intérieur.

Monsieur le Ministre,

Je viens d'être frappée d'un coup aussi cruel qu'inattendu. Après avoir, aux trois quarts, parcouru ma carrière dramatique, créé nombre de rôles qui m'avaient assigné un rang distingué dans ma Société, je me vois, en un instant, descendue au dernier degré d'humiliation. Ayant bien mérité de mon administration, l'ayant même servie de toutes mes forces, aux jours de désastres, ayant toujours fait preuve de zèle et quelquefois de talent, n'ayant jamais offensé personne, supérieurs ou égaux, je cherche en vain ce qui a pu m'attirer une telle disgrâce. Je comptais sur l'héritage de Mademoiselle Dupuis qui m'avait été formellement promis, lorsque la nouvelle de ma ruine m'est arrivée. Je suis déclarée inutile, et traitée comme telle; j'espérais pourtant avoir prouvé que j'étais loin d'être ce qu'on m'a jugée : on a remis dernièrement *Andromaque* et *Zaïre*, c'est moi qu'on a désignée; dans *Georges Dandin* je me suis laissé dire par la presse que j'avais eu le bonheur de plaire à la masse comme à l'élite du public; dans la *Critique de l'Ecole des femmes*, Elise a été aussi bien accueillie qu'aucun des autres personnages de cet ouvrage. En dehors même de mon emploi, j'ai été assez heureuse pour rendre à mon théâtre et à Monsieur Scribe un service qu'on a bien voulu faire valoir encore plus qu'il ne valait réellement; quoiqu'il en soit, Marie-Julie a contribué, pour sa part, au brillant et lucratif succès de *Bertrand et Raton*. Ma désillusion a été bien grande, Monsieur le Ministre, car le parterre, les loges, l'orchestre m'ont toujours payé leur tribut de bienveillance, sans ovations, sans couronnes, il est vrai, mais tout aussi flatteur ; enfin, je me croyais bien de la Comédie française, et cette vanité me consolait des chagrins inséparables de ma profession.

Il me répugne sous le poids d'une pareille douleur d'amour-propre blessé, de vous parler de la médiocrité du traitement auquel on m'a réduite : deux cents *(sic)* cinquante francs par mois, car les parts sont illusoires en été et éventuelles en hiver! Le mois dernier, pour *Zaïre* et *Andromaque*, j'ai dépensé huit cents francs... quoique inutile, on aura encore besoin de moi, on m'appellera, à moins de vouloir se faire une règle de ce qui n'a été, j'ose l'espérer, qu'une erreur. Comment ferai-je alors? Vous me viendrez en aide avant ce temps, Monsieur le Ministre, vous réparerez le tort qui m'est fait, vous me rendrez mon rang, ma subvention ; vous ne voudrez pas qu'après avoir toujours honorablement, quelquefois brillamment, parcouru presque toute ma carrière, je la termine malheureuse et déconsidérée ; j'espère qu'un mot de bonté, de votre part, ne se fera pas attendre longtemps et fera cesser mon angoisse.

Je suis avec un profond respect, Monsieur le Ministre,

Votre très humble
et très obéissante servante
S. Brocard,
Sociétaire de la Comédie française.

6 mai 1837.

Mlle Brocard avait épousé en secondes noces l'auteur dramatique, Alex. Lemercier de Longpré dont elle créa un bon nombre de rôles. Admise à la retraite le 1er avril 1839, elle mourut à Chaunes, arr. de Melun, le 24 mars 1855, dans une belle propriété qu'elle habitait toute l'année avec son mari. Ses deux sœurs aînées avaient été danseuses à l'Opéra, à la suite de la mort de leur père qui avait été inspecteur des vivres à l'armée du Rhin.

Biographie : E.-D. De Manne et C. Ménétrier, *Galerie historique*, complt de la Troupe de Talma. — *L'Opinion du Parterre*, t. x, 1813.

Bibliographie : *Petite Biographie dram.*, 1821. — *Grande Biographie dram.*, 1824, et *Supplément*, 1825. — *Biographie th.*, 1829. — *Petite Biographie*, 1833.

Iconographie : Demi-corps, de 3/4 à gauche, par L. Noël, 1833, — reprod. en eau-forte, L. Digues, édit. Paris.

— En buste, cost. de th., gravé par Fugère pour le *Complt de la Troupe de Talma*.

— Musée de la Comédie française. Catalogue G. Monval, no 213, dans les *Deux Cousines* avec d'autres personnages, no 302, portrait présumé, peinture toile 1.20 × 0.90.

BROCARD, Mlle Léontine, Félicie. — Th. du Châtelet 1889-92.

BROCHARD. — Bordeaux 1792 et acteur et directeur th. Molière, Bordeaux 1793. Ses enfants, M. Brochard et Honorine Brochard jouaient de petits rôles appropriés à leur âge. — En 1803, un Brochard tient les rôles de Crispins et de marquis ridicules à Bruxelles, et reçoit 4000 fr. d'appointements, réduits à 3000 en 1804-05, et reportés à 4000 en 1806-07. En 1809, de passage à Rouen, où il était connu comme ayant appartenu au th. des Arts, il donna treize représentations dont deux à son bénéfice. Nous avons tout lieu de croire que c'est le même que nous trouvons désigné sous le nom de Brochard père, à Bruxelles, en 1817.

BROCHARD, fils. — Th. Molière, Bordeaux 1793.

BROCHARD, Mme ou Mlle. — Sous ce nom :

Mlle Brochard, Bordeaux 1793.

Mlle Brochard, ingénue, Amsterdam 1827-1828.

Mlle Brochard, Céline, 8e arr. th. 1829, et grande utilité, Genève 1830.

Mlle Brochard, deuxième rôle, 6e arr. th. 1830.

Mlle Brochard, Gabrielle, deuxième amoureuse, Th. des Arts à Rouen 1832-48, aux appointements de 2300 et 2500 fr. Mourut dans cette ville en juin 1848.

Mme Brochard, duègne, Gand 1835.

Mlle Brochard, amoureuse, Gand 1846.

Mlle Brochard, Augustine, soubrette, La Haye 1852, Lille 1853-56.

BROCHETIN ou Brochtin, Mme. — Th. de la Monnaie, Bruxelles 1795.

BROGNARD, Mlle. — Débuta le 27 sept. 1809 à la Comédie française par les rôles de Dorine et d'Elise, dans le *Tartufe* et les *Rivaux d'eux-mêmes.*

BROHAN, Mlle Suzanne, Augustine (1807-1887). — Naquit à Paris le 29 janvier 1807, et entra au Conservatoire à l'âge de 12 ans. Elle y obtint le deuxième prix de comédie en 1820 et le premier en 1821. Mais n'ayant pu trouver un engagement à Paris, sans doute à cause de son jeune âge, elle commença par jouer les soubrettes en province, à Orléans, à Tours, à Angers, et débuta à l'Odéon le 30 mai 1823 dans *Tartufe*, bien que l'on puisse se figurer difficilement une Dorine de seize ans, ce qui est un contre-sens absolu. Ce début fut complété par le rôle de Lisette des *Folies amoureuses*, et dès lors ce fut l'idole du parterre. « C'est la femme qui rit le mieux de tout Paris » disent les journaux de l'époque. Les uns vantent sa tournure aisée, sa vivacité, sa physionomie moqueuse, son air provoquant, mais par dessus tout sa diction franche et nette.

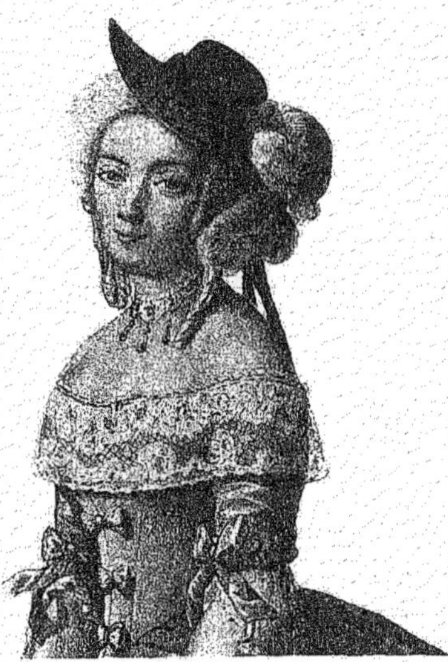

Mlle Suzanne BROHAN d'après Lacauchie

« Son organe, écrit Maurice Alhoy en 1825, n'a pas non plus acquis le degré de force et de mordant qu'exige son emploi — à 17 ans ! — mais sa prononciation qui est d'une pureté parfaite, se prête naturellement à une grande volubilité ; du reste, et cela est le plus important, les nuances de son débit sont justes, et l'on y distingue une finesse, une variété d'intention qui ne laissent aucun doute sur sa vocation pour la comédie. »

A l'Odéon, Mlle Suzanne Brohan parut dans :

1823 5 nov., *La maison à deux portes.*
— 16 déc., *Une journée de Vendôme.*
— 20 déc., *Le siège de Gênes.*
1824 4 janv., *Molière au théâtre.*
— 27 avril, *Les trois genres.*
— 27 oct., *Le veuvage et les fiançailles.*

Malheureusement pour elle le th. de l'Odéon devint alors un théâtre à musique. Elle partit pour Rouen comme première soubrette aux appointements de 4000 francs (1825-26).

1827 1er avril, brillante rentrée à l'Odéon.
— 16 mai, *Le mariage par procuration.*
— 25 oct., *L'homme du monde.*
— 4 déc., *L'important.*
1828 14 fév., *Les Ephémères.*

Entrée au Vaudeville : début :

1828 23 septem., *Frontin mari garçon* (rôle de Denise).

Elle devait rester cinq ans à ce théâtre :

« Il est difficile, écrit-on en 1833, d'être plus piquante et plus spirituelle dans les rôles de *Marion Delorme*, de *Marie Mignot*, plus agaçante dans le *Cousin Frédéric*, dans la *Camargo*, dans *Pourquoi ?* dans tous les ouvrages enfin où elle joue. » Piquante, originale, franchement comique, c'était, en effet, l'une des comédiennes les plus brillantes de cette époque.

La Comédie française la guettait. Elle y débute le 15 février 1834 par le rôle de Madelon des *Précieuses ridicules* et celui de Suzanne du *Mariage de Figaro*. Ce fut un triomphe. Elle joua encore d'une façon supérieure Lisette des *Jeux de l'amour et du hasard*, Mme de Senneville de la *Petite ville*, mais en butte à des rivalités dont elle s'exagéra peut-être l'importance, elle quitta subitement la Comédie française pour rentrer au Vaudeville.

Madame Duchâtelet, le *Régent*, *Reine, Cardinal et page*, la *Demoiselle majeure*, le *Bal d'ouvriers*, *Pierre le rouge* (trois rôles), lui donnèrent l'occasion de se faire valoir. Le Vaudeville de la rue de Chartres brûla, et passa place de la Bourse. Là, on la vit encore dans la *Nuit au Sérail*, et dans *Un monsieur et une dame.* »

« Mlle Brohan, écrit l'*Indiscret des coulisses* en 1841, est une de ces actrices dont le talent, le jeu fin et spirituel, le ton de bonne comédie font maugréer contre la Comédie française. On ne conçoit en vérité pas comment MM. les sociétaires n'ont pas su approprier à leur théâtre les qualités de cette charmante actrice. »

Modeste, aimant peu le bruit, Mlle Brohan se consacrait surtout à l'éducation de ses deux filles dont elle préparait les débuts. A trente-cinq ans, elle quitta tout à coup le théâtre; on parla de raisons de santé, d'une affection au larynx? Elle laissait la réputation d'une femme d'esprit. C'est à elle, dit-on, qu'un dandy — style de l'époque — disait un jour : « Mademoiselle, faites-moi l'aumône d'un baiser. — Je ne puis pas, Monsieur, répondit la spirituelle actrice, j'ai mes pauvres. »

Dernièrement l'on a mis en vente (18 janv. 1902) une lettre qu'elle écrivait à Mme Alexis Pastelot, à Bordeaux, le 10 janvier 1840. (Coll. A. Bovet.) Cette lettre donnait en termes piquants des nouvelles du Th. du Vaudeville et de son directeur qui perdait beaucoup d'argent : « M. Trubert, lisons-nous, galope après Mme Albert qu'il veut engager absolument. Mme Fargueil tient bon et ne veut point démordre de ses prétentions. Les procès vont toujours leurs petits chemins... On dit tout bas, et ceci entre nous seulement, que ce bon M. Trubert est déjà bien embarrassé de sa conquête, que deux ou trois bailleurs de fonds, qui devaient le suivre, se sont arrêtés en route, et qu'une dizaine de mille francs qu'il possédait en tout sont déjà mangés. »

Mlle Suzanne Brohan, fière à juste titre des succès de ses deux filles, se confina dans sa propriété de Fontenay aux Roses où elle vécut jusqu'au 14 août 1887. Elle avait alors 80 ans, et avait quitté le théâtre depuis 45 ans.

« La « belle vieille », ainsi que nous l'appelions, nous, les très jeunes, a écrit M. J. Truffier, est restée jusqu'à la fin pleine de verve et de poésie. Ce qu'elle a écrit de jolies lettres est incalculable ! »

« Les portraits de Suzanne et de Madeleine Brohan, a écrit Delaunay en tête de ses *Souvenirs,* sont accrochés aux murs de mon cabinet de travail : Suzanne, en tenue de ville, une simple lithographie, du temps où elle était déjà malade, mais encore charmante... » Et cette Suzanne faisait écrire au même Delaunay par sa fille Madeleine : « Votre *adorée* va bien, mais se désespère parce que les violettes russes ne sont pas belles cette année. »

« C'est bien là Suzanne, ajoute le destinaire de cette lettre : les violettes et les roses, la passion de ses dernières années! Que de fois elle m'en a envoyé de ces fleurs cueillies par elle dans le jardin de Fontenay! »

Suzanne Brohan avait habité précédemment rue des Quatre Vents, 10 (1828), rue de Bucy, 27 (1829) et rue St-Thomas du Louvre (1830).

Mlle Reichenberg, sa filleule, et Jeanne Samary, sa nièce, furent ses élèves.

Voici en quels termes Madeleine Brohan annonçait la mort de sa mère à M. Adrien Bernheim : la lettre est datée de Fontenay-aux-Roses le 16 août 1887 :

« J'ai perdu ma mère, mon ami. Elle est morte, dimanche à six heures. Je suis bien malheureuse. Vous savez qu'elle était malade depuis six mois. Le médecin de Fontenay, le docteur Faure, l'avait ramenée une fois. Il l'a soignée avec tant d'habileté et d'affection! Je ne l'oublierai jamais. Il y a eu une rechute il y a quinze jours, une congestion. Depuis, elle est allée s'affaiblissant. Le dernier cri qu'elle a poussé a été mon nom. Elle m'appelait au secours! Ah! mon ami, quelle épreuve, quel déchirement! Une seule pensée me soulage : j'ai fait mon devoir. Elle est là encore, couverte d'un monceau de fleurs. On en apporte de tout le village... Elle sera enterrée demain à Fresnes, un petit village que nous avons habité longtemps. J'y ai fait faire notre caveau. Moi et mes enfants nous irons rejoindre là ma pauvre mère et ma grand'mère. Que Dieu vous garde d'un pareil malheur!

Au revoir. Je vous embrasse, mon cher enfant.

Votre pauvre vieille amie,
MADELEINE BROHAN. »

Dans son rapport à la Société des artistes dramatiques en date du 18 juin 1888, Eug. Garraud lui consacra une belle oraison funèbre. Elle recevait depuis 1877 une pension de 400 fr.

Biographie : *Galerie Lacauchie.* Notice par J.-T. Merle.

Bibliographie : *Grande Biographie dram.*, supplt 1825. — *Biographie des acteurs* 1831-32-33. — Th. Gautier. *Feuilletons — l'Indiscret des coulisses* 1841. — P. Porel et G. Monval, l'*Odéon — Hist. des th. de Rouen,* t. III.

Iconographie : En pied, cost. de th., lith. par Al. Lacauchie.

BROHAN, Mlle, aînée, Augustine, Joséphine, Félicité, femme Edmond, David de Gheest. — Naquit à Paris le 2 décembre 1824. Elle était la fille aînée de la précédente, de qui elle avait à tenir comme talent. A dix ans, par suite d'un arrêté ministériel, elle était reçue au Conservatoire, et devenait l'élève de Samson, malgré une grande répugnance naturelle contre le théâtre. Fidèle aux principes religieux qu'elle avait reçus de l'abbé Paravey, vicaire de St-Eustache, ses penchants l'attiraient plutôt vers la vie religieuse, si bien que lorsqu'elle eût remporté son deuxième prix de comédie en 1839 et son premier prix en 1840, elle alla se réfugier dans un couvent de la rue du Bac.

Elle n'en débuta pas moins, de gré ou de force, le 19 mai 1841 à la Comédie française dans le rôle de Dorine de *Tartufe* — encore une Dorine de dix-sept ans! à l'instar de sa mère, et celui de Lisette des *Rivaux d'eux-mêmes* — d'autres disent des *Folies amoureuses.* Telle mère, telle fille; même talent, même succès; netteté et charme de l'organe; diction juste et acérée. On la considéra de suite comme l'enfant de la maison, et elle fut engagée à raison de 3000 fr. par an. Deux ans après (1843) elle était reçue sociétaire à 19 ans.

« On n'a pas un rire plus franc, plus sympathique, a dit Eug. Laugier dans une étude remarquable sur les trois Brohan; rire aimable, doux, argentin, rire communicatif qui vous entraîne; oui, c'est la comédie en personne, spirituelle, avenante et pleine d'attraits. La soubrette a le regard vif et mutin, le geste rapide; elle est agaçante, provocante et bien délurée. Sa physionomie ouverte attire la sympathie, et l'on se réjouit rien que de la voir, avant que l'artiste ait dit un mot. »

« Elle a moins de charme que sa mère, disaient d'autres, mais plus de mordant dans la voix. » Et de l'esprit! Trop d'esprit! car s'exerçant sur le dos de tout le monde, la plupart du temps à l'emporte-pièce, les ennemis ne manquaient pas. Est-ce à cause de cet esprit débordant que les soubrettes de Marivaux firent bien mieux son affaire que celles de Molière? Celles de notre grand poète sont de braves filles qui n'ont pour elles que leur bon sens et ne font pas de mots d'esprit.

Mais, au XIXe siècle, les rôles de soubrettes avaient un grand défaut. Ils étaient déjà exclus du théâtre moderne, et Augustine Brohan eut été à tout jamais confinée dans l'ancien répertoire si elle n'avait pu ajouter une corde à sa lyre. Le rôle de Suzanne du *Mariage de Figaro* lui servit de transition pour faire voir une seconde face de son talent. Un de ses biographes, Louis Judicis, va même jusqu'à la mettre, dans ce rôle, au-dessus de Mlle Mars.

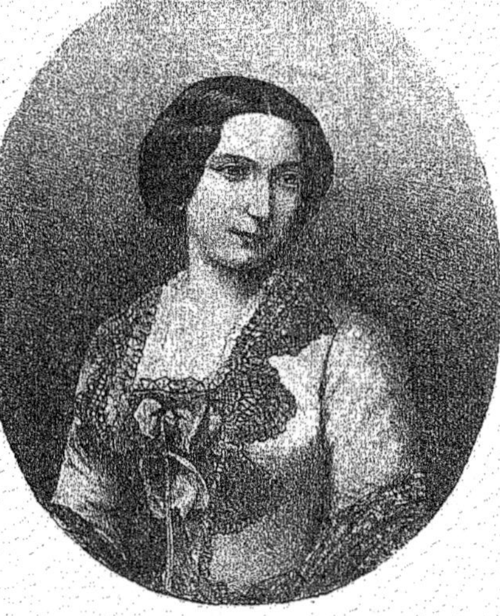

Mlle Augustine BROHAN
(Décaméron dramatique)

Augustine Brohan, en pleine faveur auprès du public, joua dans *Oscar ou le mari qui trompe sa femme*, le *Dernier marquis*, les *Burgraves*, les *Deux ménages*, la *Tutrice ou l'emploi des richesses*, le *Béarnais*, la *Tour de Babel*, l'*Enseignement mutuel*, un *Homme de bien*, la *Famille Poisson*, la *Chasse aux fripons*, *Don Gusman ou la journée d'un séducteur*, l'*Ombre de Molière*, *Scaramouche et Pascariel*, les *Aristocraties*, le *Château de cartes*, la *Marinette de la foire*, le *Roi attend*, prologue de G. Sand, la *Vieillesse de Richelieu*, *Compter sans son hôte*, le *Testament de César*, le *Carrosse*, les *Amoureux sans le savoir*, le *Pour et le contre*, le *Cœur et la Dot*, les *Lundis de Madame*, le *Gâteau des reines*, le *Songe d'une nuit d'hiver*, les *Pièges dorés*, la *Papillonne*, les *Rivaux d'eux-mêmes*, le *Malade imaginaire*, rôle de Toinette qu'elle joua souvent devant Louis-Philippe, l'*Avare*, le *Confident par hasard*, *Il ne faut jurer de rien*, *Mademoiselle de Belle Isle*, où elle ne réussit guère, les *Demoiselles de St-Cyr*, le *Mari de la veuve*, le *Bourgeois gentilhomme*, un *Caprice*, *Don Juan*, la *Marquise de Senneterre*, le *Mariage de Figaro* (rôle de Suzanne, son triomphe), *Amphytrion*.

Elle ne parut qu'une fois dans la tragédie (13 janv. 1844) remplaçant au pied levé Mlle Lesieur, aux côtés de Rachel.

Augustine Brohan, très recherchée dans les salons, se piquait d'écrire quelques proverbes, tel que *Compter sans son hôte*, un acte en prose, joué une seule fois à la Comédie française le 1er mai 1849 dans une représentation à bénéfice. Brindeau lui donnait la réplique. Ce proverbe avait été déjà représenté à l'hôtel du Comte de Forbin-Janson le 13 mars 1849, au profit des orphelins de la ville de Paris.

On cite encore d'elle: *Quitte ou double*, un acte joué à l'hôtel de Castellane, les *Métamorphoses de l'amour*, un acte en prose, joué à l'hôtel de Castellane le 15 janvier 1851 en très petit comité; *Il faut toujours en venir là*, proverbe en un acte, imprimé en 1859; *Qui femme a, guerre a*, proverbe joué par Bressant et Mlle Fix, à Bade, le 24 sept. 1859.

On colporta les mots d'Augustine Brohan, comme on avait fait pour ceux de Sophie Arnould, de Mlle Bourgoin, de Déjazet. Qui sait, si en cherchant bien, l'on ne retrouverait pas les mêmes? Il est vrai qu'on ne prête qu'aux riches. A ceux qui aiment ce genre de divertissement nous recommandons la biographie d'Eug. de Mirecourt, édit. 1867. On parla aussi de *Mémoires inédits*.

Augustine Brohan écrivit dans le *Figaro* sous le nom de Suzanne, mais cette campagne ne fut pas heureuse pour elle: comme elle avait attaqué Victor Hugo exilé, Al. Dumas père écrivit à l'administrateur de la Comédie française de bien vouloir retirer du répertoire *Mlle de Belle Isle* et les *Demoiselles de St-Cyr*, ou de distribuer à une autre actrice les rôles que remplissait Mlle Aug. Brohan, désirant — ajoutait-il — que la personne qui attaquait Victor Hugo au fond de son exil, ne jouât plus dans ses pièces. Le prestige de la femme d'esprit perdit gros dans cette aventure.

Un soir, pendant une représentation du

Cœur et la Dot, elle fut tout à coup aveuglée par l'éclat de la rampe. Depuis ce jour, elle ne reprit jamais complètement l'usage de la vue. Elle obtint sa retraite le 1er janvier 1868, avec 6400 fr. de pension. Elle avait succédé à Rachel comme professeur au Conservatoire.

Ch. Monselet dans ses *Premières représentations célèbres* a écrit un spirituel article sur Aug. Brohan (sept. 1857). Nous y relevons ce passage : « Hélas ! ce qui était prévu arriva. Madame Augustine Brohan tint bureau d'esprit... La femme de lettres se mit en tête de surenchérir sur la comédienne; elle pensa qu'il devait y avoir quelque chose à ajouter à la Dorine de *Tartufe* ou à la Nicole du *Bourgeois gentilhomme;* elle s'imagina que Marivaux n'avait peut-être pas expliqué suffisamment la Lisette des *Jeux de l'amour et du hasard*, et qu'un peu de poivre long réveillerait ces créations assoupies. Dès lors, agaçant travail, elle se mit à ponctuer et à souligner tous ses rôles, imposant sa trop attentive collaboration aux vivants et aux défunts, jouant tour à tour le *Légataire* par Regnard et Aug. Brohan, le *Mariage de Figaro* par Beaumarchais et Aug. Brohan, etc. Sa personnalité se développa outre mesure; ce n'était plus des représentations qu'elle donnait, c'était des séances; en scène, ses mots et ses répliques étaient pour le public; l'interlocuteur ne comptait point. »

Dans une lettre, passée récemment dans une vente d'autographes (20 janv. 1902) l'artiste écrivait à une amie, nommée Clémence, au sujet d'un deuil récent. Après lui avoir promis de prendre soin du garçon qui lui reste, elle ajoutait : « Je suis bien souvent absorbée par mes propres ennuis. Toujours sur le point de perdre la vue, je mène une vie pleine d'anxiété, et dont je me débarrasserais volontiers, si je n'avais pas, Dieu merci, un bel enfant blond, qui me console, quand je suis trop à bas. »

Augustine Brohan mourut à Paris, rue Lord Byron no 5, le 15 février 1893. Depuis sa retraite, elle avait presque complètement rompu avec le monde des théâtres. Ses obsèques furent célébrées à St-Philippe du Roule en présence, cependant, d'une foule d'anciens camarades qui, selon un mot de Garraud, rapporteur à la Société des artistes, « n'ont pas voulu paraître lui garder rancune. »

Biographie : Louis Judicis, notice dans les *Théâtres de Paris* 1854. — Eug. de Mirecourt, *Augustine Brohan*. — Eug. Laugier. — Ch. Monselet, les *Premières représentations célèbres*.

Iconographie : Bibl. nat., Catal. Duplessis, no 6831.

1. A mi-corps, de 3/4 à gauche, cost. de th., imp. Lemercier 1851.

2. A mi-corps, assise de 3/4 à droite, lith. par Benjamin (Roubaud) 1840.

3. A mi-corps, de 3/4 à droite, cost. de th., phot. Vallon de Villeneuve, 1853.

4. A mi-corps de 3/4 à droite, cost. de th., phot. Vallon de Villeneuve.

V. aussi Bibl. nat., portraits V. Hugo.

En pied, lith. par A. Collette 1854, par Eust. Lorsay.

Lith. en buste, de face, collection du *Décaméron dramatique*..

Alfred de Musset avait écrit au dessous de ce portrait :

J'ai vu ton sourire et tes larmes,
J'ai vu ton cœur triste et joyeux ;
Qui des deux a le plus de charmes ?
Dis-moi ce que j'aime le mieux,
Les perles de ta bouche ou celle de tes yeux ?

Musée de la Comédie française : Catalogue G. Monval.

No 39. Foyer du public à la Comédie française, bas-relief de la cheminée en marbre blanc, Cérémonie du *Malade*, Aug. Brohan en costume.

76. Petit salon précédant la baignoire de de l'administrateur; *Comédiens et Comédiennes*, par Faustin Besson (esquisse).

166. Les *Sociétaires de la Comédie française*, par E. Geffroy (1864) peinture, toile. Aug. Brohan en Nicole du *Bourgeois gentilhomme*.

191. Buste en marbre, haut. 0,60, par G.-J. Garraud, exposé au salon de 1853 (no 1357) don de Mme A. Brohan (janv. 1876).

BROHAN, Mlle Madeleine, Emilie. - - Cadette, femme Mario Uchard (7 juin 1853) née à Paris le 21 octobre 1833. Suzanne Brohan, la mère, avait personnifié la verve et la grâce, Augustine Brohan, la fille aînée, l'esprit et le rire; Madeleine Brohan, la cadette, fut le charme, la beauté et la bonté.

Entrée au Conservatoire à l'âge de 15 ans, Madeleine Brohan eut pour professeur Samson. Dix-huit mois après, elle remportait le premier prix de comédie, à 16 ans et demi, le 25 juillet 1850. Arsène Houssaye, alors directeur de la Comédie française, vint lui offrir immédiatement un engagement aux appointements de de 6000 fr. et « comme M. Scribe vous destine le principal rôle d'une pièce que le Comité vient de recevoir, ajoutait-il, je crois pouvoir vous affirmer que le chiffre proposé sera doublé ».

Engagée le 1er septembre 1850, Madeleine Brohan débuta le 15 octobre suivant dans les *Contes de la Reine de Navarre*, et le 15 novembre, ses appointements étaient portés à 12,000.

Th. Gautier la peignait ainsi : « C'est une belle jeune fille, grande, bien faite, à formes d'éphèbe, avec quelque chose d'éclatant, d'agressif dans toute sa personne. Le geste est superbe, l'œil flamboie, la bouche étincelle, la joue brille comme une grenade; nulle timidité, nul embarras; la grâce est âpre, la beauté crue comme un fruit vert ; le charme a quelque chose d'impérieux ; on concevrait ainsi la jeune reine volontaire et fantasque d'une de ces cours impossibles où les poètes ont noué tant d'intrigues et dénoué tant de mariages ».

Paul de St-Victor disait : « Elle a dix-sept ans à peine, mais sa beauté, impatiente d'éclore, a déjà brisé ces vagues ondulations de l'adolescence... Elle est de celles qui n'ont qu'à paraître pour agiter une salle et faire battre aux champs l'applaudissement... »

Tandis que l'administrateur général écrivait au ministre :

16 octobre 1850.

« Le début de Mlle Madeleine Brohan a été une vraie fête dans la Maison de Molière ; c'est la troisième Brohan qu'on saluait comédienne. Elle a la beauté, le timbre d'or, l'esprit et le charme. Comédienne de race, elle est au théâtre comme chez elle ».

Rachel, absente, lui envoya une couronne.

Eug. Laugier, dans son panégyrique, déclare que pour retrouver un début semblable dans l'histoire du Th. français, il faut remonter jusqu'à Mlle Leverd et Mlle Mante.

Madeleine Brohan fut nommée sociétaire le 1er janvier 1852. Elle créa tour à tour des rôles dans les *Caprices de Marianne* (rôle que Rachel devait prendre et qu'elle accepta avec reconnaissance, dit P. de Musset), *Mademoiselle de la Seiglière*, *Une journée d'Agrippa d'Aubigné* (Madame de Briac) ; elle s'esseya dans le *Legs*, les *Jeux de l'amour et du hasard*, la *Surprise de l'Amour ;* elle aborda même résolument le rôle de Célimène dans le *Misanthrope*, épreuve dangereuse où elle triompha, malgré la comparaison écrasante qui s'imposait avec Mme Arnould-Plessy. Sur ces entrefaites, elle épousa le 7 juin 1853, Mario Uchard, alors employé chez un agent de change, et devenu depuis homme de lettres et auteur dramatique. Mais la rupture qui survint entre les deux époux après deux années de mariage — incompatibilité d'humeur — fit partir Madeleine Brohan pour St-Pétersbourg, laissant à Paris son mari qui, pour se consoler, écrivit sa propre histoire dans un drame resté célèbre, la *Fiammina*, qui obtint un succès retentissant à la Comédie française en 1857.

Madeleine Brohan revint à Paris l'année suivante (1858), mais il semble que ses premiers et faciles succès l'aient un peu grisée, car Ed. Thierry écrit dans le *Pays* : « Mlle Madeleine Brohan remplace Mlle Denain ; s'il s'agissait de remplacer Mlle Mars, ce serait plus difficile assurément. Mais Mlle Mad. Brohan a peut-être eu le tort de croire la chose trop facile. Elle est belle personne, elle a de l'enjouement et de la bonne humeur ; c'est presque cela ; il ne faudrait plus que de la finesse, de la coquetterie, et ce genre de voix qui donne de l'esprit même à la conversation familière ».

Le 6 décembre 1858, elle fut jugée faible dans *Oscar* (rôle de Juliette). L'embonpoint était aussi venu. Elle comprit qu'il fallait travailler avec une nouvelle ardeur. Elle parut dans *Par droit de conquête*, les *Deux Veuves*, les *Doigts de Fée*, les *Rêves d'Amour*, la *Loge d'Opéra*, *Une Amie*. Comme elle souffrait d'une laryngite, le docteur Trousseau dût l'envoyer à Nice, avec ordre de garder un silence absolu. Pendant six mois, elle eut la volonté de se condamner à un mutisme complet, écrivant ses ordres sur une ardoise.

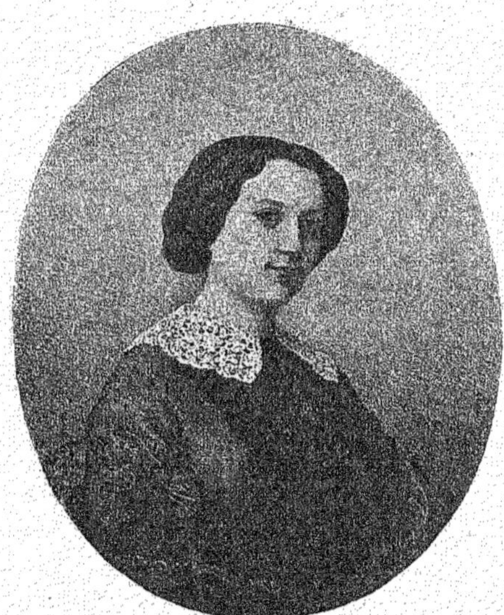

Mlle Madeleine BROHAN
(Décaméron dramatique)

Le rôle de la marquise dans le *Lion amoureux* (18 janv. 1866) fut parmi ses meilleurs, comme celui d'Elmire de *Tartufe*. On écrit d'elle en 1866 : « Belle comme on ne l'est plus, dans Alcmène d'*Amphitryon*, avec le péplum, c'est une statue grecque... De l'esprit à revendre et de l'esprit qui ne vit aux dépens de personne. Excellente camarade, elle a plus d'esprit que de mérite, peut-être, et même plus d'esprit que sa sœur ». — De sa sœur dont on aurait pu dire : « Trop de plumes ! » et qui, à force de vouloir être spirituelle devenait ennuyeuse.

Madeleine Brohan parut encore dans le *Verre d'eau*, le *Cheveu blanc*, *Bataille de Dames*, le *Mariage de Figaro*, et la guerre venue, se transforma en ambulancière du Th. français. A partir de cette époque — elle n'avait cependant pas encore quarante ans — elle aborda, à cause de son embonpoint sans doute, des rôles plus marqués (créations ou reprises) :

1875, 25 fév., la duchesse dans le *Verre d'Eau*.

1875, 27 avril, Adrienne dans *Gabrielle*.

— 17 mai, la comtesse dans la *Grand' Maman*.

1876, 14 fév., la marquise dans l'*Etrangère*.
— 22 fév., la baronne dans *Il ne faut jurer de rien*.
1877, 4 juin, la marquise dans le *Marquis de Villemer*.
1878, 27 fév., Hermia dans les *Caprices de Marianne*.
1879, 14 mars, Philaminte dans les *Femmes savantes* (représ. de retraite de Bressant).
1881, 25 avril, la duchesse dans le *Monde où l'on s'ennuie*.

Ce dernier rôle, dans lequel elle fit valoir toute la distinction de son talent, toute la finesse de son jeu, lui valurent une superbe ovation. Ce fut le couronnement de sa carrière.

Elle était restée 32 ans au théâtre, et avait interprété 59 rôles : « C'est donc fini, écrivait-elle. Je suis heureuse d'avoir pu, grâce à l'adorable rôle de Pailleron, partir sur un succès. A d'autres maintenant. Il faut être philosophe, et je le suis ».

Déjà, elle avait dit, en prenant les emplois marqués : « J'aime mieux être la plus jeune des vieilles que la plus vieille des jeunes », mot profond d'une Célimène qui sait vieillir.

— Je ne lis plus les articles de journaux, ajoutait-elle gaîment. C'est le seul moyen de me dire que j'ai encore trente ans !

Retirée officiellement le 1er mai 1885, elle ne voulut à aucun prix donner sa représentation de retraite :

— Je n'assisterai pas à mon enterrement, avait-elle coutume de dire.

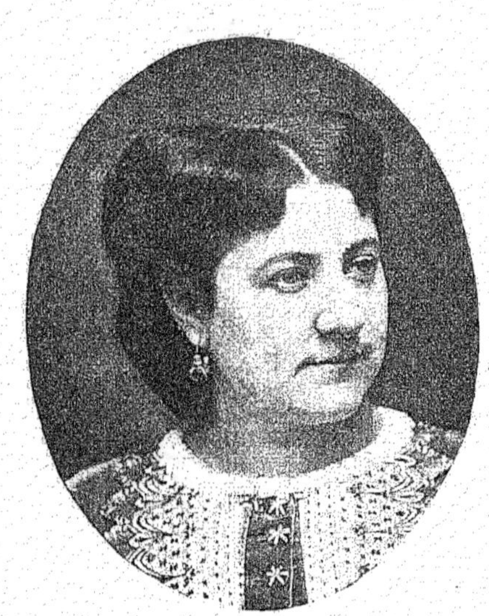

Mlle Madeleine BROHAN
Vers 1878 — Cliché Carjat

Elle tint parole ; elle n'eut même pas de « dernières représentations ». Elle se contenta de recevoir les palmes académiques.

Toute son histoire tient dans ce quatrain de Dumas père :

> Reine de l'éventail, elle a de Célimène
> Les grands airs et l'esprit, sans la méchanceté;
> Mais, oubliant les traits aigus de l'inhumaine,
> S'il eût connu son cœur, Alceste fût resté.

Madeleine Brohan vécut toujours assez retirée dans son petit appartement de la rue de Rivoli, 214, où elle mourut le 24 février 1900. Elle avait donné sa vie à deux affections : sa mère, dont elle disait : « Je lui dois plus que la vie, car elle m'a donné son dévouement et son âme » et un grand fils qui faisait sa joie.

Eug. Mirecourt a raconté d'elle cette anecdote souvent reproduite : Un Anglais, Sir James L. B., ne croyant pas Madeleine mariée, lui avait offert son nom et sa fortune. Naturellement la proposition fut écartée. Il obtient de nouer de simples relations amicales. Mais sa passion lui revient, il s'exalte, rentre chez lui rue Feydeau, et se fait sauter la cervelle. On trouve alors sur sa table une lettre touchante adressée à Madeleine Brohan, et un testament lui laissant toute sa fortune, quatre ou cinq cent mille francs, avec cette clause : « Si Mme Brohan n'accepte pas, je lègue mes biens en totalité à l'Orphelinat impérial ». Dès qu'elle eut connaissance de ce testament, la bonne Madeleine courut chez le commissaire de police et signa son désistement.

Madeleine Brohan ne voulut pas de fleurs sur son cercueil. Elle fut inhumée le 27 février 1900 à Fresnes-les-Rungis (Seine) auprès de sa mère. Malgré un temps affreux, quelques camarades dévoués étaient venus lui dire un dernier adieu.

Ch. Monselet a fait de cette artiste un ravissant portrait, très fidèle : « La grâce et la bonté, voilà en effet cette Madeleine Brohan tout entière; et, pour notre compte, nous estimons que dans son répertoire il n'est guère qu'un rôle dans lequel elle puisse absolument s'incarner : c'est celui d'Elmire, de *Tartufe*. Quoique complètement attrayante, Mme Madeleine Brohan se rattache bien moins à l'aristocratie et à ce que nous appelons l'*artistocratie* qu'à l'opulente et élégante bourgeoisie parisienne. Elle en a la santé, la bonne humeur inaltérable, l'esprit facile ». Autre part, il écrit : « Je cherche la passion sur ce visage heureux, et je n'y trouve que la grâce ».

Biographie : Notice par L. Judicis dans les *Théâtres de Paris*, 1854. *Panthéon*, Album universel, 1863. De Mirecourt, *Mad. Brohan*, 1867. Félix Jahyer, *Paris-Théâtre* n° 137, 5 janv. 1876. Fr. Sarcey, *Comédiens et Comédiennes*, 1878.

Bibliographie : J. Arago, *Foyers et Coulisses*, 1852. — *Feuilletons* de Th. Gautier, de Paul de St-Victor. — Eug. Laugier. — Ed. Thierry, feuilletons du *Pays*. — Em. Abraham, les *Acteurs et les Actrices de Paris*, 1861. — Les *Th. en robe de chambre*, 1866. — Félix Savard, les *Actrices de Paris*, 1867. — *Derrière la toile*, 1868. — *Foyers et Coulisses*, Com. fr.,

t. II, 1875. — Fr. Sarcey, *Quarante ans de Théâtre*. — Ch. Monselet, les *Premières représentations célèbres*, 1857.

Iconographie : Bibl. nat. Catalog. Duplessis n° 6832.

1. En pied, de 3/4 à droite (cost. de th.), lith. par A. Collette, 1854, par Eust. Lorsay.

2. A mi-corps, de 3/4 à droite, lith. par E. Cron, 1862.

3. En buste, de 3/4 à gauche (cost. de th.), lith. par E. Desmaisons, 1851.

4. A mi-corps, de 3/4 à droite (cost. de th.), imp. Lemercier, 1851.

5. A mi-corps, de 3/4 à gauche, dans un ovale, lith. par Léon Noël.

6. En buste, assise, de 3/4 à gauche, dans un ovale, lith. par Pirodon.

7. A mi-corps, de 3/4 à gauche, photographie Richebourg, 1861, d'après P. Baudry.

8. A mi-corps, de 3/4 à gauche (cost. de th.), phot. Vallon de Villeneuve.

9. A mi-corps, assise, de 3/4 à gauche, phot. Vallon de Villeneuve, 1854.

Lettre autographe de Mlle BROHAN
Collection Lyonnet

BROHAN, Marie Barennes, Badimont dite. — Lisbonne 1858, Orléans 1859-60, Sidi-Bel-Abbès 1870-74, Mostaganem 1875-81, Paris 1882-87, Mostaganem 1888, Paris 1889. Habitait Paris en 1902.

BROHAND. — Comique, Verviers 1830.

BROISAT, Emilie, femme Pannetier de Milville. — Née à Turin en 1848, apparut pour la première fois au Vaudeville, dans *Maison neuve*, fin décembre 1866. Delvil, directeur des Galeries St-Hubert, à Bruxelles, l'engagea.

Pendant trois ans — trois rudes années de labeur — la jeune fille parut sur cette scène; l'été, elle allait jouer à Vichy, où elle se retrouvait en contact avec des artistes de Paris. Dans une de ces représentations, elle eut le bonheur de jouer avec Regnier et Febvre qui furent charmés de son talent. Mais elle partit pour l'Italie où elle remplaça Mlle Desclée, dans la troupe Meynadier, puis, au moment où elle allait se rendre au Caire, elle fut rappelée à Paris sur les sollicitations de Regnier qui la fit entrer à l'Odéon. Tour à tour Casilda de *Ruy Blas*, Elecktra des *Erynnies*, Suzanne du *Mariage de Figaro*, elle se montra simple et touchante dans l'*Aïeule*, puis gracieuse, sympathique et douloureuse dans Mimi de la *Vie de Bohême*. Peu de temps après, elle était engagée à la Comédie française (1er septembre 1874). Ses débuts eurent lieu le 29 octobre suivant dans le *Demi Monde*, dans *Philiberte* et le 8 avril 1875 dans *Mlle de Belle-Isle*.

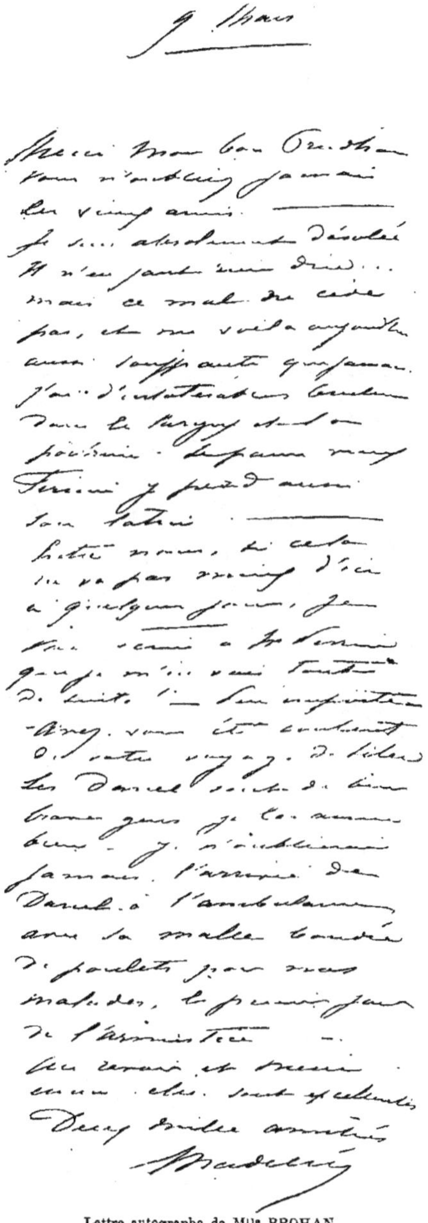

Fr. Sarcey écrivait à propos de cette dernière pièce : « Mme Broisat a beaucoup réussi. Ce personnage élégiaque est un de ceux qui vont le mieux à sa figure et à son talent. Elle a dit les premières scènes avec beaucoup de grâce et de dignité. Elle a eu dans les dernières, d'adorables mouvements de passion et des emportements de douleur qui ont ému toute la salle. Sa voix est une musique délicieuse, et les notes tendres ont un charme pénétrant ».

Voici quelques-uns des rôles créés ou repris par Mme Broisat à la Comédie française :

1875, 2 janvier, Henriette dans les *Femmes savantes*.

1875, 8 avril, Mlle de Belle-Isle dans *Mademoiselle de Belle-Isle*.

1875, 18 août, Mme Bourdeuil dans les *Deux Ménages*.

1875, 4 déc., Jeanne dans *Petite Pluie*.

1876, 8 juin, remplace Mlle Croizette indisposée, dans le rôle de la duchesse de Septmonts de l'*Etrangère*.

Le 18 novembre, Mme Broisat jouait au Grand Th. de Lille *Mlle de la Seiglière*, au profit de la Société de secours mutuels des ouvriers typographes de Lille.

1877, 5 fév., Kitty-Bell dans *Chatterton*, pièce que M. Perrin avait remise à la scène spécialement pour elle et pour les débuts de Volny.

1877, 20 fév., Hélène, *Mlle de la Seiglière*.

— 15 mai, Jeanne, le *Dernier Quartier*.

— 2 juillet, Sylvia, les *Jeux de l'Amour et du Hasard*.

Le 1er septembre 1877, Mme Emilie Broisat fut élue sociétaire.

1877, 12 oct., Blanche dans *Volte-face*.

— 22 oct., Mlle de St-Geneix, le *Marquis de Villemer*.

1878, 14 janv., Eliante, le *Misanthrope*.

— 6 nov., Marie Letellier, les *Fourchambault*.

1879, 20 mars, Isabelle, l'*Ecole des Maris*.

— 17 nov., la comtesse, le *Mariage de Figaro*.

1880, 21 oct., Mlle de Brie, l'*Impromptu de Versailles*.

1880, 23 oct., Clarice, le *Menteur*.

— 28 oct., Dorimène, le *Bourgeois gentilhomme*.

1881, 15 fév., la comtesse, *Bataille de Dames*.

— 25 avr., Lucy, le *Monde où l'on s'ennuie*.

1882, 12 mai, la comtesse, le *Service en campagne*.

1882, 7 oct., la reine, *Ruy-Blas*.

— 19 déc., Mme de Rénat, l'*Etincelle*.

1883, 29 fév., Armande, les *Femmes savantes*.

1883, 28 juin, Mme de Lucenay, le *Bougeoir*.

— 4 oct., Hélène, les *Maucroix*.

1884, 21 oct., Clarisse, les *Pattes de Mouche*.

1885, 15 juin, représentation extraordinaire à la mémoire de Victor Hugo. Mme Broisat récite la *Fiancée du Timbalier*.

1885, 19 juin, Clotilde, *Une Rupture*.

— 28 nov., la marquise, le *Pour et le Contre*.

1886, 30 juin, Orante, les *Fâcheux*.

1887, 24 janv., Mme d'Ivry, l'*Invitation à la Valse*.

1887, 18 nov., Hermine, la *Souris*.

1888, 29 mai, la marquise, *Mlle de Belle-Isle*.

Mme Broisat, nommée officier d'académie en 1889, attendit l'expiration de ses vingt ans de services pour se retirer. Son rôle de Lucy dans le *Monde où l'on s'ennuie* avait marqué l'apogée de sa carrière, et il semblait qu'on obéît à un parti pris en ne lui confiant plus aucun rôle nouveau; son talent un peu froid, un peu guindé, n'avait jamais pu prendre son essor; elle resta toujours la Mimi de Mürger :

Un émail de Boucher! front pur et jolis yeux,
Taille ronde, la main mignonne,
Talent fin, jeune et gracieux;
Total : femme charmante et bonne.
Ah! si j'étais Rodolphe et qu'elle fût Mimi,
Je serais encor son ami
Au joyeux pays de Bohême.
Le papa Durantin
Eût perdu son latin;
J'eusse à tout répondu : « Je l'aime! »
Je suis un étranger, hélas!
Et, de loin, j'applaudis tout bas,
— Sous la couronne ou la marmotte, —
L'artiste aux multiples aspects...
Mais la femme a tous mes respects :
Elle est si gentiment *popote!*

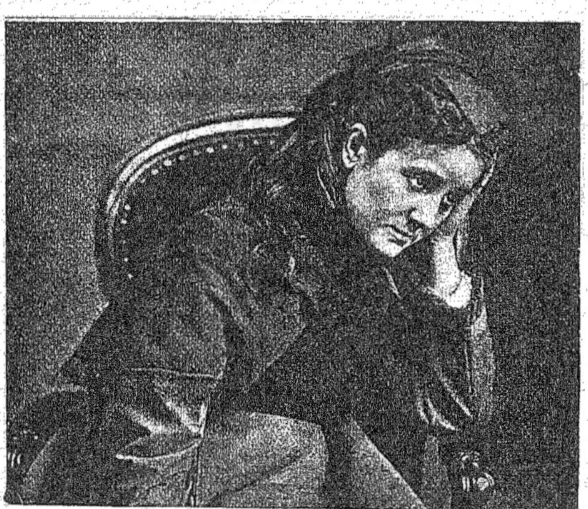

Mme Emilie BROISAT
Rôle de Mimi de la *Vie de Bohême* — Cliché Quinet

Mme Broisat cessa d'appartenir à la Comédie française le 31 décembre 1894, et sa représentation de retraite eut lieu le 22 mai suivant; elle y parut dans Ketty Bell de *Chatterton* (3me acte), la comtesse du *Mariage de Figaro* (4me acte) et Mimi de la *Vie de Bohême* (5me acte). Mme Broisat habitait Paris en 1902.

Biographie : Félix Jahyer dans *Paris-Théâtre*, no 3, 6-12 juin 1873. — G. Monval, *Liste alphabétique des sociétaires*.

Bibliographie : *Almanachs* Soubies. — Laroque, *Acteurs et Actrices*. — P. Mahalin, les *Jolies Actrices de Paris*, t. II.

Iconographie : *Paris-Théâtre*, no 3, phot. cliché Quinet, à mi-corps, rôle de Mimi de la *Vie de Bohême*. Musée de la Comédie française, Catalogue G. Monval no 500, Mme Broisat en costume d'Araminte des *Fausses Confidences*, figure sur la toile de Louis Béroud, les *Sociétaires de la Com. fr.*, tableau qui avait figuré au Salon de 1894, no 162.

BROMEREL, Mme Joséphine, dite aussi *Augusta*, — Duègne et mime aux Funambules.

BRONCHETTE, Mlle Joé, Marie. — Nancy 1891-94.

BRONDELLE, Frédéric, François. — Premier

comique, Brest 1831, Nîmes 1835, 1838, Nancy 1850, Liège 1852-54.

BRONDELLE, Mme Elisa, née Guérin-Constance. — Nancy 1850, Liège 1852-58, Gray 1859, Paris 1860-61, Maubeuge 1862, St-Omer 1863-64, Calais 1865-81, Paris 1882-83. En 1879, Mme Brondelle avait 70 ans et 28 ans de services. Elle obtint de la Société des artistes une pension de 400 fr. Sa mort fut annoncée au Rapport de 1884.

BRONNER, Mme Délia, née Hamburger. — Ile Maurice 1867-83. Sa mort fut annoncée au Rapport de 1884.

BRONŒL. — Ambigu 1793.

BROQUIN. — Débuta à la Comédie française le 18 février 1759 dans l'*Homme à bonnes fortunes*. Il tenait l'emploi des comiques, et parut également dans le rôle de Merlin des *Trois frères rivaux*. Vingt ans plus tard, nous le voyons reparaître. Il choisit pour son nouveau début le rôle de Francaleu de la *Métromanie* (17 sept. 1778) et celui de Sganarelle de l'*Ecole des Maris*. Cette fois il fut reçu comme pensionnaire et alla demeurer rue St-Honoré, près les Jacobins, 1779-81, puis rue de Tournon, vis-à-vis l'hôtel du Nivernais, 1782-83.

Bibliographie : *Almanachs* Duchesne.

BROSSARD. — La Bibl. nat. possède trois portraits d'un acteur de ce nom (n° 6873 du cat. Duplessis). Ne serait-ce pas une erreur et les dates 1856, 1865, 1874 ne s'appliqueraient-elles pas à Brasseur? — Il faudrait pouvoir contrôler.

BROSSAT. — St-Pétersbourg 1842-44.

BROSSAT, Mme veuve Elisabeth, née Undreiner. — Paris 1852-70, Bordeaux 1872, Paris 1873-82. Sa mort fut annoncée au Rapport de 1883.

BROSSON, Mme Louise, Aimée. — Nice 1866-70.

BROUASSIN. — Liège 1840.

BROUET, Mlle. — Th. de la Porte St-Antoine 1838.

BROUIN. — Maëstricht 1673-78.

BROUSSARD, Mme Hélène, Emma. — Liège 1874-77, Bruxelles 1878, Nouveautés 1879-80, Paris 1881-84, Marseille 1885-86, Annecy 1887-91.

BROUSSAU, Léon, Jean. — Bordeaux 1864-74.

BROUSSE, Ferdinand. — Comique au Th. de la Gaîté, né en 1801, mort en janvier 1876.

BROUTIN, Napoléon, Joseph. — Bruxelles 1882-85.

BROUX. — Sous ce nom :

Broux, Th. de la Porte St-Antoine 1838.

Mlle Broux aînée, Namur 1838, rôles de convenance.

Mlle Broux, Amsterdam 1838, utilités.

BROUX, Mlle Adèle ou Adélaïde. — Jeune premier rôle, Th. de l'Odéon 1842-43. Mlle Broux créa différents rôles dans le *Poète, Molière à Chambord, Delphine, Un Tour de roulette*, les *Prétendants*, l'*Hameçon de Phénice*, le *Despote*, les *Moyens dangereux*, la *Réparation*. En janvier 1843, elle eut droit à un bénéfice. Elle passa ensuite à Rouen 1844-45 (Th. des Arts), Toulouse 1852-53, Marseille 1854, Madrid 1855-58, Gand 1859-61, Nantes 1862, Boulogne 1863, Genève 1864-65, Annecy 1867, Paris 1868, Grenoble 1869, Bayonne 1870-72, Angoulême 1873, Dunkerque 1874, Chauny 1875, Guise 1876.

BRUCE, Mlle. — Palais-Royal 1867, rôle de Miss Jenny dans les *Chemins de fer*.

BRUCÉ, Mlle Joséphine. — Th. Comte 1829-31.

BRUCK, Mme. — Bruxelles 1793.

BRUCKER, Mme. — Mère noble, 15me arr. th. 1829.

BRUCKER, Mme. — Jeune première, 18me arr. th., 1832-33.

BRUEL. — Sous ce nom :

Bruel, jeune premier, 1er arr. th. 1828, 5me arr. th. 1830, 3me rôle Limoges 1831-33, grand 3me rôle Melun 1853.

Mme Bruel, rôles marqués, 1er arr. th. 1828, mères nobles, 5me arr. th. 1830, Limoges 1831-33.

Bruel, Antoine, Porte St-Martin 1853-55, Gaîté 1856, Porte St-Martin 1857-67, Paris 1868, Porte St-Martin 1869-78, Ambigu 1879-80, Paris 1881-85. En 1883, Antoine Bruel, âgé de 63 ans, avec 43 ans de services, obtint la pension de 500 fr. de la Société des artistes. Sa mort fut annoncée au Rapport de 1886.

BRUET, Mme Elisabeth. — Lorient 1868-69 Agen 1870, Calais 1872, Beauvais 1873-74, Tournay 1875, Châlons 1876-77, Poitiers 1878, Angoulême 1879-80, Rochefort 1881, Lorient 1882, Roubaix 1883, Rennes 1884, Roubaix 1885-86, Paris 1887. Sa mort fut annoncée au Rapport de 1887.

BRUET, Mme Berthe. — Lorient 1880-83, Boulogne s/Mer 1884, Rouen 1885, Dijon 1886, Alger 1887, Nantes 1888, Reims 1889, Amiens 1890. Sa mort fut annoncée au Rapport de 1891.

BRUGUIEROLLE, Mlle Léonie, Françoise. — Folies dram. 1861-65.

BRUIET, M. et Mme. — Th. patriotique 1792.

BRULÉ. — Sous ce nom :

Mlle Brulé, jeune première, Bruges 1835.

Mme Brulé ou Bruslé, grand 1er rôle, Bruges 1853.

Mme Brulé, Thérèse Noël, Namur 1888-89.

Brulé, Charles, Hippolyte, Lyon 1888-92.

BRULO, Mlle. — Jeune première à 4000 livres d'appointements, Bruxelles 1792, Rouen 1792-96.

BRUN, Abel. — Délassements comiques avant 1862, Th. Déjazet 1862, Th. du Châtelet 1869, Ambigu 1873. Cet acteur était très connu à Belleville, où il tint des rôles importants.

BRUNEAU. — Petits rôles à l'Odéon 1849-50.

BRUNEAU, Alphonse. — Douai 1860-61, Besançon 1862, Odéon 1863, Metz 1864, Nîmes 1865, Alger 1867, Rouen 1868, Paris 1869-70, Bordeaux 1872, Toulon 1873, Paris 1874, Dijon 1875, Paris 1876-86.

BRUNEAU, Mme Elodie, née Vallet. — Perpignan 1860-61, Besançon 1862, St-Quentin 1863 64, Périgueux 1865, Alger 1867, Paris 1868-74, Dijon 1875, Paris 1876-90. En 1891, Mme Vallet, Bruneau, âgée de 60 ans, ayant 38 ans de services, obtint de la Société des artistes la pension de 500 fr., mais sa mort fut annoncée au Rapport de la même année.

BRUNEL. — Sous ce nom :

Mme Brunel, Th. du Gymnase à Lyon 1838.

Brunel, deuxième amoureux, Th. de Grenelle 1852.

Brunel, Porte St-Martin 1853.

Mme Brunel (de), Marie, Alice. Odéon 1857-63, Genève 1864-65, La Haye 1866-70.

BRUNELLY, Alphonse Brunet dit. — Bastia 1881-83, Arles 1884, Bessèges 1885, Orléansville 1886-88, Châlon s/Saône 1889, Elbeuf 1890-91, Paris 1892-93, Verdun 1894-95, Paris 1896. Sa mort fut annoncée au Rapport de 1897.

BRUNET, Jean, Joseph Mira dit. — (1766-1851). Celui qui atteignit le sublime dans la niaiserie et dans la stupidité, le roi des Jocrisses et des Cadet-Roussels, naquit à Paris rue Aubry-le-Boucher, le 17 novembre 1766, et fut baptisé à St-Jacques de la Boucherie. Son père, Jean, Jacques Mira, était alors maître boulanger, et tint plus tard un bureau de loterie rue Mauconseil, à côté de la Comédie italienne. Sa mère, épouse du précédent, s'appelait Marie, Louise Dubois.

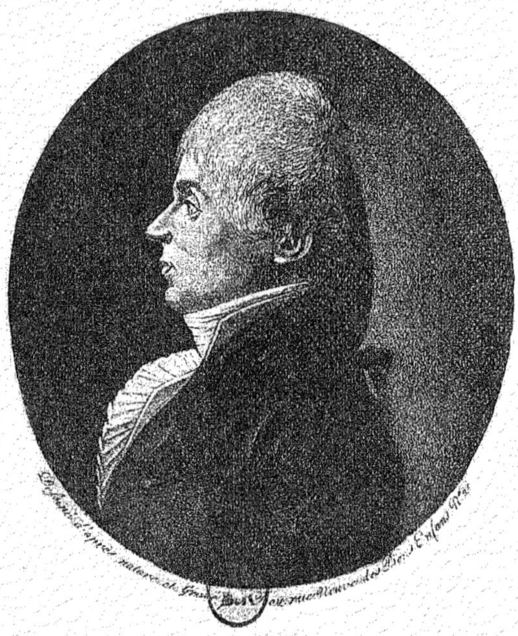

Jean BRUNET
d'après la gavure de Roy (Bibl. nat.)

Le jeune Mira fut mis en classe, et, par un singulier hasard, le futur roi des pitres fut le camarade d'école du futur roi des tragédiens, de Talma. (Cette école était située au fond de l'impasse de la Bouteille, rue Montorgueil.) En 1790, les bureaux de loterie furent supprimés, et il fallait prendre un état. C'est alors que Jean, Joseph Mira, sous le pseudonyme de *Brunet*, aborda résolument le théâtre, malgré l'opposition de son père et de sa mère, et surtout de son oncle, le Carme Dom Mira, celui-là même qui inventa ou perfectionna l'*Eau des Carmes*. Engagé dans une petite troupe ambulante, Brunet alla jouer à Mantes. C'est dans cette ville qu'il s'éprit de la fille de braves gens chez qui il était logé. Brunet avait des goûts simples et des inclinations honnêtes. Un enfant naquit de cette intimité, et il s'en suivit un mariage, constamment heureux, uniquement rompu par la mort de la femme, en 1851. Ce fut à Mantes également qu'un comédien nommé La Rotière, vit jouer Brunet. Il allait au Hâvre ; La Rotière parla de Brunet à son directeur, et le fit engager dans cette ville. Du Hâvre, Brunet passa à Rouen ; il y eut comme directeur Ribié, qui dirigeait le théâtre de la République. Il resta deux ans dans cette ville (1793-94).

Ribié, ce grand aventurier dramatique, vint ensuite à Paris, et Brunet l'y suivit. Il entra au théâtre de la Cité et le 27 avril 1795 y tenait le rôle de Vilain, le portier du Comité révolutionnaire dans la pièce les *Aristides modernes*. Le 3 juillet 1797 il y est encore, et joue dans *Turlututu, empereur de l'île verte*. Au mois d'avril 1798, Mlle Montansier se défit de sa direction (salle actuelle du Palais Royal) et loua son théâtre aux sieurs Foignet père, Simon, Ribié, D... et Mme veuve Nicolet. Les nouveaux directeurs ne pouvaient changer le nom de théâtre Montansier; il leur était permis seulement de faire suivre ce nom du mot *Variétés*. Cette combinaison fut l'origine de la fortune de Brunet qui suivit encore Ribié en cette circonstance. Il osa reprendre sur cette scène, après Baptiste cadet, le rôle de Jocrisse dans le *Désespoir de Jocrisse* et réussit. De ce jour il était classé.

Aude, le créateur des Cadets-Roussels, et Dorvigny, le père des Jocrisses, commencèrent la réputation de Brunet. Le calembour, à cette époque de transition — Directoire, Consulat — était alors en grande faveur. Brunet fit des calembours, et les calembours de Brunet devinrent populaires. Brunet commandait une pièce à ses fournisseurs comme on commande une paire de bottes. Chacun d'eux allait s'enfermer dans un cabaret, faisait venir un poulet et du vin, écrivait *sans ratures* — « j'ai vu leurs manuscrits, affirme A. de Rochefort père *(Mémoires d'un vaudevilliste)*, et le travail était payé deux louis. »

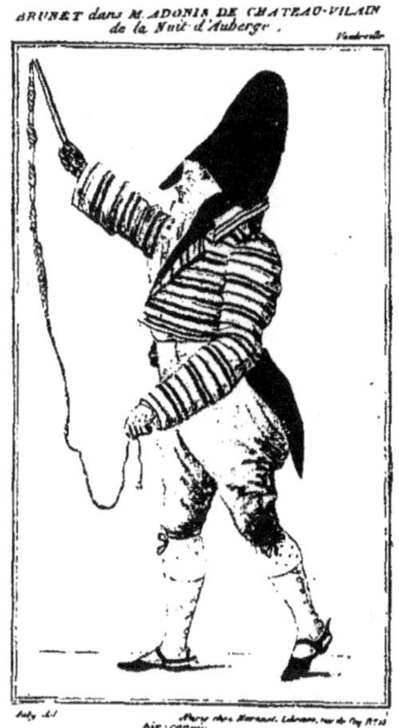

« C'était un comédien d'un naturel parfait, dit le même auteur en parlant de Brunet; la niaiserie l'avait baptisé, le calembour l'avait adopté. Brunet avait une duplicité de finesse dont il cachait tous les avantages sous le masque de la naïveté. C'était, sur la scène, son principal mérite. Désaugiers, qui l'appréciait bien, en a tiré un grand parti dans les rôles qu'il a composés pour lui; du reste, tous les auteurs l'ont employé avec bonheur dans leurs pièces. Dans sa vie particulière, il était d'une ingénuité très comique. »

En 1798, au th. Montansier-Variétés, qu'il ne va plus quitter pendant quarante ans, le suivant dans ses pérégrinations à la salle de la Cité et au boulevard Montmartre, Brunet fit courir tout Paris avec *Cadet-Roussel, Maître de déclamation*. La *Revue des théâtres* de l'an VII constate que « cet acteur est la coqueluche de la bonne compagnie du Perron et des Galeries du Palais Royal, et qu'il a complètement éclipsé Volange qui, cependant, ajoute-t-elle, a mille fois plus de talent que lui. »

Le th. Montansier-Variétés est devenu, en effet, le théâtre à la mode : « La voix enchanteresse de Mme Caroline, le talent original de Brunet, celui de Tiercelin, le zèle des administrateurs, les pièces gaies que l'on donne à ce théâtre en font le lieu le plus fréquenté de Paris. » La série des Cadet-Roussels fut au moins aussi longue que celle des Jocrisses. On publia le *Rousseliana* comme on avait publié le *Jocrissiana*. On fit même des pièces où on mettait Brunet directement en scène, telle *Brunet* et *Caroline*, paroles du citoyen Ségur jeune, musique du citoyen Mengozzi.

Assurément, la plupart des pièces jouées au théâtre Montansier, à partir de l'engagement de Brunet jusqu'en 1805, n'offrent qu'un intéret fort médiocre : « Il suffisait pour aller aux nues, dit Brazier, qu'une pièce fut assaisonnée de calembours et qu'elle ait un rôle pour Brunet. » Celui-ci finit par tout absorber. Le th. Montansier ne fut bientôt plus que le théâtre de Brunet.

Le *Coup de fouet* (1802) lui décoche en passant cette épigramme: « Brunet, la coqueluche de toutes les filles du palais des tribuns, jouant avec une *grande supériorité* les rôles qui n'exigent ni figure, ni voix, ni intelligence, ni goût. »

Voici le nom de quelques-unes des pièces faites à cette époque spécialement pour Brunet :

Zozo ou le *Mal avisé*, de Pixérécourt.

Godard ou le *Portier*, sans nom d'auteur.

Le *Vieux bonhomme* ou *Poulot et Fanchon*, du cousin Jacques, qui le défendit contre les sifflets.

L'Auberge du diable, tombée.

Finot, ancien portier de M. de Bièvre, du citoyen Chazet, réunion des plus mauvais calembours.

Eustache Bastringue, mort-né, malgré les efforts de Brunet.

Le *Duel de Bambin*, aimable ouvrage de Dumaniant et de Foignet.

Jocrisse autre part, vaud. des citoyens Chazet et Armand Gouffé, qui leur valut une dispute avec Dorvigny, le père des Jocrisses.

La *Famille Bamboche*, dont on ne voulut pas connaître le père.

Le succès mérité de Bosquier-Gavaudan dans le *Diable couleur de rose* et les *Chevilles de Maître Adam* (1805), fit pâlir un moment l'étoile de Brunet. Dans la pièce qui suivit, intitulée *Sauvageon* ou le *Jeune Iroquois*, une cabale se monta contre l'acteur populaire. On cria : « A bas Brunet ! A bas le pantin ! » Il resta froid et impassible. On cassa les banquettes ; il ne broncha pas. Ce fut cependant une leçon pour la direction qui chercha désormais à relever un peu le niveau de son répertoire. Mais cet orage ne fut que passager. « Le roi de la bêtise » faisait de si belles recettes à un bout de la galerie que les comédiens de l'autre bout — ces messieurs de la Comédie française — s'en émurent. Après une campagne menée dans la presse contre « la littérature de mauvais goût » et les « pitres sans talent », un décret impérial enjoignit à l'administration du théâtre Montansier-Variétés d'évacuer le Palais Royal pour le 1er janvier 1807. En présence de ce cas de force majeure, le bail des cinq directeurs se trouvait résilié de plein droit. C'est alors que Mlle Montansier fit construire une nouvelle salle boulevard Montmartre (th. des Variétés), et proposa d'aller jouer en attendant au th. de la Cité. Foignet et Simon n'acceptèrent pas la nouvelle combinaison, et furent remplacés par Mlle Montansier et Brunet. Ce dernier, sachant combien il était utile au théâtre, avait posé comme condition de son réengagement ce cinquième de direction.

Les adieux à la salle Montansier eurent lieu le 31 décembre 1806, et Brunet, costumé en M. *Vautour*, un de ses bons rôles, chanta, pour sa part, le premier de tous ses camarades :

A la Cité, de mon tabac
Je vais emporter l'entreprise ;
J'aurai toujours du Macoubac,
Pour moi, n'allez pas lâcher prise.

Il semblait dur d'attirer le public « de l'autre côté de l'eau » quand un simple vaudeville sur lequel on ne comptait pas, la *Famille des Innocents*, fit encaisser à l'administration du Palais-Variétés plus de 300,000 francs en trois mois. Brunet eut une bonne part de ce succès et cette veine permit d'attendre l'ouverture de la salle du boulevard Montmartre, le 24 juin 1807, sous le nom de *Théâtre des Variétés*.

Dumersan, l'un de ses biographes a écrit : « On a beaucoup crié contre le mauvais goût de certaines pièces du théâtre des Variétés ; mais on n'a pas assez songé au prodigieux besoin de rire que l'on éprouvait après avoir vu le théâtre envahi par les drames politiques et par des pièces toutes empreintes de l'esprit révolutionnaire. La société, dont les jouissances avaient été comprimées, se contentait facilement, et goûtait le plaisir sans réflexion. »

Brunet jouait *Cricri*, *Fagotin*, le *Niais de Sologne*, *Nigolo*, *Pommadin*, *Pataqués* ; mais il jouait aussi *Ricco*, de Dumaniant, Jaquinot, dans les *Deux Grenadiers*, et *Monsieur Pourceaugnac* de Molière. Brunet eut une vogue incroyable dans *M. Vautour*, *Maitre André*, l'*Intrigue sur les toits*, le *Pont des arts*, la *Chatte merveilleuse* (rôle de Cendrillon, où à l'âge de 54 ans, il faisait l'illusion la plus complète, 12 nov. 1810), *M. Pépin*, les *Anglaises pour rire*, *Monsieur Calicot*, la *Famille des Innocents*, les *Habitants des Landes*, *Werther*, les *Deux Magots*, la *Grange Chancel*, les *Ouvriers*, *Je fais mes farces*, *M. Dumollet*, l'*Ecole de village*, *Jocrisse corrigé*, *Grand-père*, *Chef de brigands*, l'*Intérieur d'une étude*. Dans toutes ces pièces il prenait une physionomie différente, et il a joué plus de six cents rôles. Naïf dans *Jocrisse*, poltron dans *Tremblin*, vieillard cassé dans *M. Vautour*, ingénuité parfaite dans la *Petite Cendrillon*, plein de rondeur dans le procureur de l'*Intérieur d'une étude*, d'une bêtise ravissante dans *M. Dumollet*, déclamateur burlesque dans *Cadet Roussel*, il mettait dans son jeu une chaleur entraînante.

C'est encore son biographe Dumersan qui raconte qu'un soir que Brunet jouait le *Tyran peu délicat*, Talma, qui se promenait dans les coulisses, s'arrêta tout à coup, surpris de l'entendre faire ses imprécations, et dit avec une bonne foi charmante : « Si ce gaillard-là avait mes moyens, il *m'enfoncerait !* »

L'ouverture du th. des Variétés, boul. Montmartre, eut lieu le 24 juin 1807, et Brunet reçut le titre d'administrateur, à cinquième de part, avec fonds dans l'entreprise. Camarade consciencieux, malgré sa nouvelle position qui eût pu le rendre égoïste, il se sacrifia souvent à côté de Potier. On cite son mot à une personne qui lui demandait des billets pour aller voir le *Sourd*, pièce dans laquelle Potier alternait avec lui : « Pas ce soir, c'est moi qui joue Dasnières. Mais demain ce sera le tour de Potier, vous n'y perdrez pas ».

Il ne faudrait pas croire cependant que Brunet fut seulement connu à Paris : « Je me souviens qu'au 31 mars 1814, raconte Brazier, étant de garde à la Barrière St-Martin, les premiers mots que m'adressa un jeune officier Kalmouk qui parlait à peine français, furent pour me demander le Palais Royal et le Théâtre de Brunet ».

L'on a remarqué à ce propos que le talent de Brunet faisait les délices des Allemands, et l'on a expliqué ce fait parce que ce genre de type se rencontrait alors plus en Allemagne qu'en France.

Brunet avait joué souvent devant Napoléon qui cependant n'aimait pas le théâtre des Variétés. En 1809, invité à venir à Grosbois, chez le prince de Neuchâtel, pour y divertir l'empereur, il lui arriva même une aventure assez fâcheuse. Il s'agissait alors du divorce de Napoléon, mais on n'avait encore agité cette question qu'en petit comité. Brunet qui n'était pas dans le secret, naturellement, et qui jouait *Cadet Roussel, professeur de déclamation*, ne se méfia pas de la scène suivante : Blanchet est amoureux de Manon, femme de Cadet-Roussel, et s'est introduit chez celui-ci sous le prétexte d'apprendre à jouer la comédie. Son père survient et dit à Cadet-Roussel :

— Est-ce que tu crois que c'est pour la déclamance qu'il vient ici? C'est pour t'enlever Manon, et te mettre dans le cas de demander ton divorce.

Et Brunet-Cadet-Roussel répliquait :

— Est-ce que vous croyez que c'est pour le plaisir que je me suis marié? Non, c'est pour le solide, c'est pour ne pas laisser finir la perpétuité de ma race, pour me voir renaître en moi-même et avoir des prédécesseurs.

Le tonnerre, en tombant sur le théâtre, n'aurait pas produit plus d'effet que ces paroles. La pièce se termina dans la plus grande confusion; on fit dire aux acteurs de passer des phrases, des allusions au divorce. Ce fut une cacophonie générale.

Seul l'empereur, dit-on, n'en fut pas trop fâché, car il eut l'esprit de dire : « Je vois que mon secret a été bien gardé, car si ces bonnes gens en avaient eu la moindre idée, ils ne m'auraient certainement pas dit ce que je viens d'entendre ».

Brunet n'avait pas des traits fort accentués, et cette circonstance lui permit de prendre au théâtre, pendant cinquante ans, toute espèce de travestissements; mais il n'est astre si brillant qui ne pâlisse, et c'est ce qu'il arriva pour Brunet parvenu sur le seuil de la soixantaine. Voici ce qu'en dit la *Petite Biographie dramatique* en 1821 : « Il n'y a pas, en France, une bourgade où n'ait retenti le nom de Brunet. Dans les montagnes du Piémont, un cultivateur abandonna ses travaux, vint à Paris pour voir le Palais-Royal et Brunet, et s'en retourna après avoir satisfait sa curiosité. La renommée de cet acteur s'est un peu évanouie depuis quelques années ».

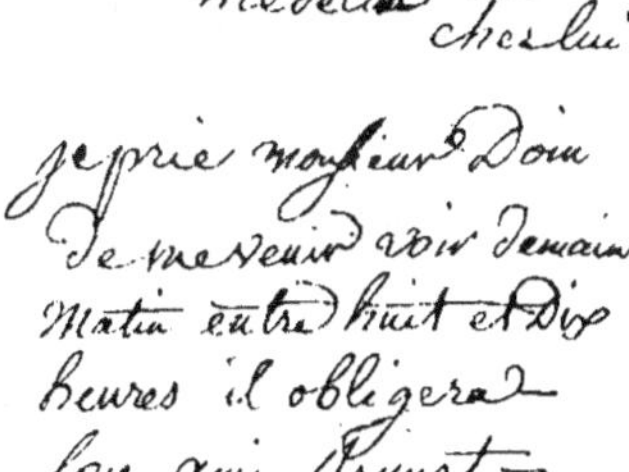
A Monsieur
Monsieur Doin
Medecin

Je prie monsieur Doin de me venir voir demain matin entre huit et dix heures il obligera son ami Brunet des Variétés

Samedi soir 14 juillet

Lettre autographe de Joseph BRUNET (Collection Lyonnet)

La vérité est que Potier avait détrôné Brunet, et que le beau temps du calembour était passé. C'est ce que laisse entendre Harel (1825): « Le doyen des niais, le vétéran de la farce, le patriarche de la bêtise, Brunet a fait fortune en faisant rire. Le hasard, qui parfois se montre juste, a voulu en gratifiant ce comédien sexagénaire de quarante mille livres de rente, transporter à d'autres le privilège d'attirer et d'égayer le public. Brunet, quoique surpassé aujourd'hui dans un emploi où l'on n'est rien, quand on n'y est pas le premier, joue tous les soirs dans deux ou trois pièces, comme au temps de sa vogue exclusive. On ne va guère au spectacle pour le voir, mais on lui fait bon accueil quand on le voit. C'est un bouffon émérite qui jouit d'un succès d'estime ».

En 1830, sa mémoire faiblissant, il céda à Armand Dartois sa part de direction des Variétés. En 1831, il se retira, puis en novembre 1832 vint encore donner un certain nombre de représentations. Le 8 juin 1841, on revit le vieux Brunet remonter sur les planches, qu'il ne quitta que le 21 décembre suivant. Il joua ce soir-là, à son bénéfice, le *Désespoir de Jocrisse*, mais l'impression fut pénible. Ce que l'on ignorait, c'est qu'après avoir eu une grosse fortune pour l'époque, Brunet l'avait perdue dans les dernières années et ne reparaissait que pour améliorer son bien-être et celui de ses proches. Enfin en 1843, il voulut encore paraître une fois à l'Odéon, dans le rôle de *Pourceaugnac*. J. Janin écrivit à ce propos qu'on en rit de pitié. — Le mot pleurer eut été plus charitable. Voir un vieillard presque octogénaire se sauver avec son fauteuil appliqué aux reins, devant un petit garçon armé d'une seringue, n'était pas, en vérité, un spectacle qui prêtait tant à rire.

Brunet alla établir sa résidence à Fontainebleau, auprès de sa fille, Mme Vve Gondeville de Montriché, qui ne cessa de l'entourer des soins les plus pieux. Insensiblement, le pauvre homme avait perdu la raison; l'idée prédominante du *Désespoir de Jocrisse* l'absorbait, et chaque soir, le chef recouvert d'une perruque rousse, il se complaisait à réciter son rôle entre deux bougies, en présence de sa fille, unique spectatrice de ce lamentable épisode.

Brunet perdit sa femme en 1851, et s'éteignit le 21 février 1853, à l'âge de 87 ans.

Brunet avait demeuré successivement :

2, rue Neuve Le Peletier, 1799-1800; 5, rue Villedot, 1806; 35, rue de la Loi, 1807; 161, rue Montmartre, 1808; 47, rue Rochechouart, 1810-19; 21, faubourg Montmartre, 1822-26.

Bouffé, dans ses *Mémoires*, a écrit : « Brunet, malgré ses quatre-vingts ans, venait assez souvent passer quelques heures au foyer du théâtre, témoin de ses succès, tout heureux de retrouver là quelques-uns de ses anciens camarades, entre autres Lepeintre aîné qui lui tenait tête dans un feu roulant de calembours.

« C'est alors que ce bon Brunet témoignait ses regrets de ne plus jouer la comédie; il aurait voulu, disait-il, mourir *dans un quinquet*. Il racontait un jour que lui, Jocrisse, avait donné un conseil à Rachel, pour le rôle de Roxane, dans *Bajazet;* la grande comédienne en avait tenu compte, ce dont il était tout fier.

« Il nous disait encore : « Voyez-vous, mes enfants, tout le secret de la comédie, c'est le naturel. Pourquoi ai-je été si bête en scène? — C'est que je m'identifiais avec les bêtises qu'on me faisait dire ».

Il ne faudrait pas mettre cependant sur son compte tous les mauvais calembours qu'on lui a prêtés, témoin cette lettre citée le 16 juin 1863 par l'*Amateur d'autographes*, n° 36. Elle est signée Brunet et adressée à un journaliste. Il dément le bruit qui court à Paris qu'il a été arrêté pour s'être permis quelques jeux de mots contre le *nouveau gouvernement impérial* (15 Messidor, an XII) : « On ne peut me reprocher, dit-il, d'ajouter dans mes rôles des mots indiscrets. Les auteurs de ces propos ridicules ne mettent sur mon compte leurs pitoyables calembours que pour les faire circuler. Je crois devoir prévenir le public contre cette manœuvre... ».

La carrière de Brunet peut se résumer par cette appréciation du *Tribunal volatile*, an XI : « Brunet, naturellement doué par la nature d'un caractère niais, remplit bien et sans effort cet emploi ».

Biographie : *Galerie Lacauchie*, notice par Dumersan. E.-D. De Manne et C. Ménétrier, *Troupe de Nicolet*.

Bibliographie : *Almanachs Duchesne*. — Le *Tribunal volatile*, an XI. — Le *Coup de Fouet*. — L'*Opinion du Parterre*. — *Petite Biographie dramatique*, 1821. — *Grande Biorgr. dram.*, 1824. — Harel, *Dict. th.*, 1825. — Brazier, *Hist. des petits théâtres*. — Th. Muret, *Histoire par le théâtre*. — A. de Rochefort, *Mémoires d'un Vaudevilliste*. — *Mémoires de Mlle Flore*. — Bouffé, *Mes Mémoires*. — Eug. Hugot, *Hist. du th. du Palais-Royal*.

Iconographie : Bibl. nat. Catal. Duplessis, n° 7038.

1. En pied, de 3/4 à gauche (cost. de th.) gravé à l'eau-forte, anonyme.
2. En pied, de profil à gauche, dans un rond (cost. de th.) gravé au pointillé, anonyme.
3. En pied, de 3/4 à gauche (cost. de th.) gravé à l'eau-forte, anonyme.
4. En pied, de profil à droite (cost. de th.) gravé à l'eau-forte, anonyme. Sur cette planche se trouvent les portraits de Potier, Moreau et Mme Moreau.
5. En pied, assis de 3/4 à droite, dans un rond (cost. de th.) gravé au pointillé, anonyme.
6. En pied, de face, dans un rond (cost. de th.) gravé à l'eau-forte, anonyme.
7. En pied, de profil à gauche, dans un rond (cost. de th.) gravé à l'eau-forte, anonyme. Sur cette planche se trouvent les portraits de Tiercelin, Dugazon et Gavaudan.
8. En pied, de 3/4 à droite (cost. de th.) publié par la veuve Chereau. Sur cette planche se trouve Potier.
9. En pied, de 3/4 à gauche (cost. de th.) publié par la veuve Chereau.
10. En pied, de profil à gauche (cost. de th.) gravure anonyme d'après Joly.
11. En pied, de profil à gauche (cost. de th.) grav. anonyme, d'après Joly.
12. En pied, de profil à gauche (cost. de th.) grav. anonyme, d'après Joly.
13. En pied, de profil à gauche (cost. de th.) grav. anonyme, d'après Joly.
14. En pied, de profil à droite (cost. de th.) grav. anonyme, d'après Joly.
15. En pied, de profil à droite (cost. de th.) grav. anonyme, d'après Joly.
16. En pied, de 3/4 à gauche (cost. de th.) publié par Martinet.
17. En pied, de profil à droite (cost. de th.) publié par Mme Masson.
18. En pied, de profil à droite (cost. de th.) publié par Mme Masson. Sur cette planche se trouve Tiercelin.
19. En pied, de profil à droite (cost. de th.) lith. par Benjamin (Roubaud) 1842.
20. En buste, de profil à gauche, dans un ovale, gravé par Roy.
21. En buste, de 3/4 à droite, dans un ovale, lith. par Rulmann.
22. En buste, de 3/4 à gauche, lith. par Jules Vernet.
23. En buste, de 3/4 à droite, dans un ovale, lith. par Jules Vernet, 2 états.

V. aussi Bibl. nat. portraits de Mme Baroyer, Lepeintre, Potier.

Collection Martinet : N° 6, dans la *Famille Jockey*. — 12, rôle de Maurice dans les *Aveugles mendiants*. — 34, dans l'*Intrigue dans la hotte*. — 70, dans *M. Girafe*. — 75, dans la *Famille des Innocents*. — 105, rôle de M. Pépin dans *Romainville*. — 118, dans *M. et Mme Denis*. — 148, dans *Cadet-Roussel*. — 234, rôle de Flammea des *Baladines*. — 255, 256, dans *Cendrillon*. — 301, rôle de Tremblin dans les *Habitants des Landes*. — 338, dans *Jean de Passy*. — 358, rôle de Moutonnet dans *Une Journée de Garnison*. — 373, dans *Jocrisse corrigé*. — 382, rôle de Nicolas dans la *Matrimoniomanie*. — 391, dans les *Deux Magots de la Chine*.

Collection Masson : N° 2, dans les *Commères*.

Galerie Lacauchie : Brunet dans le *Désespoir de Jocrisse*, de face, en pied (cost. de th.) par Al. Lacauchie, lith. Rigo frères et Cie, 1841. — *Troupe de Nicolet*. En buste, eau-forte par Fr. Hillemacher, 1869.

BRUNET, Mme. — Femme du précédent, actrice au Théâtre de la Cité, parut dans *Turlututu, Empereur de l'Ile verte* (3 juillet 1797), Th. des Variétés 1799. Elle mourut en 1851.

BRUNET, Mme. — Rôles de caractères et mère noble, th. des Arts, à Rouen 1812, Grand théâtre de Lyon 1826-35. En 1845, Mme Brunet qui habitait toujours Lyon, était âgée de 73 ans.

La Société des artistes, alors à ses débuts, lui fit une pension de 200 fr. Dut mourir le 6 sept. 1847, à Lyon.

BRUNET-Arnaud. — Besançon 1835, Constantine 1856-59.

BRUNET, Emile. — Villefranche 1847-50, Dijon 1852, Auch 1853-54, Paris 1855-56, Poitiers 1857-58, Dunkerque 1859-61, Mâcon 1862, Châlon s/S. 1863-64, Mâcon 1865, Châlon s/S. 1867-70, Bourges 1872-75, Châlon s/S. 1876-89, Cherbourg 1886-87, Limoges 1888, Verviers 1889-90, Châlon s/S. 1891-95. Depuis 1882, Emile Brunet âgé de 62 ans, avec 38 ans de th., était pensionnaire de la Société des artistes.

BRUNET, Mme, née Joséphine Gay. — Dijon 1850, Auch 1852-54, Paris 1855-56, Poitiers 1857-58, Dunkerque 1859-61, Mâcon 1862, Châlon s/S. 1863-64, Mâcon 1865, Châlon s/S. 1867-70, Bourges 1872-74, Châlon s/S. 1875-85, Cherbourg 1886-87, Limoges 1888, Verviers 1890, Châlon s/S. 1891-1902. Depuis 1886, Mme Brunet est pensionnaire de la Société des artistes. Elle habitait Châlon s/S. en 1903 et avait 76 ans.

BRUNET. — Deuxième comique à Bourg, 1852. Un Brunet jouait les utilités à Madrid en 1853.

BRUNET, Mme. — Jeune première à Bourg, 1852.

BRUNET, Chéry. — Variétés 1872-74.

BRUNET, Mme Alice. — Odéon 1876-78. Parut dans le *Baiser du jour de l'an* (12 janv. 1878), *Joseph Balsamo* (18 mars), l'*Avocat Patelin* (7 avril), les *Danicheff*, reprise (15 mars).

BRUNETON, Jules. — Premier amoureux, Calais 1852, Le Hâvre 1852-53, Liège 1854-56, Chartres 1857, Troyes 1858-59, Sens 1860, Chambéry 1861, Bar 1862, Lyon 1863-65, La Rochelle 1867, Moulins 1868, Nevers 1869, Moulins 1870-72, Angers 1873, Dunkerque 1874, Angoulême 1875, Roubaix 1876, Dieppe 1877, Poitiers 1878-79, Tours 1880-82, Boulogne s/S. 1883, Douai 1884, Paris 1885-89. Bruneton fut pensionnaire de la Société des artistes depuis 1882.

BRUNETON, Mlle. — Sa mort, survenue à Tours, fut annoncée au Rapport de la Société des artistes en 1885.

BRUNEVAL, Mme. — Odéon 1847.

BRUNIN, Louis, Frédéric. — Liège 1880-83, Concert-Parisien 1884, Paris 1885-92.

BRUNSWICK (ou Brunswich). — Deuxième comique, 3e arr. th. 1832-33, Mons 1835.

BRUS, Oscar, Célestin. — Jeune premier « gauche et laid » dit un critique. Genève 1864, Rouen 1866-67, Versailles 1868-70, Bruxelles 1872-75, Douai 1876-80, Paris 1881-90.

BRUS, Mme Mary ou Mahy. — Reims 1866-1867, Versailles 1868-69, Reims 1870-72.

BRUSCAMBILLE, Deslauriers dit. — Etait Champenois. On croit qu'il débuta sur les tréteaux, avec Jean Farine, un opérateur de la fin du XVIe siècle. Vers 1598, il entra dans une troupe ambulante qui le conduisit à Toulouse. Revenu à Paris en 1606, il fut admis à l'Hôtel de Bourgogne. On ne peut dire d'une façon positive s'il passa ensuite par le théâtre du Marais.

De 1610 à 1617, Bruscambille fit imprimer des ouvrages en province, ce qui laisserait croire qu'il s'y trouvait. En 1629 on ne voit pas son nom dans la liste des comédiens de l'hôtel. Bruscambille, qui était un farceur de bas étage, a donc réuni ses facéties d'un goût douteux dans plusieurs recueils — à moins qu'on ne se soit servi de son nom pour écouler toutes les sottises du temps. Les frères Parfaict ont rapporté longuement le titre de ses ouvrages. Nous citerons : les *Fantaisies, paradoxes, prologues facétieux, plaisantes imaginations* de Bruscambille. Quelques-uns de ces livres furent même imprimés clandestinement à cause de leur trivialité et de leur crudité cynique d'expressions. Un recueil parut, croit-on, à Paris, chez Jean Millot, en 1610. Un autre s'appelait : *Facétieuses paradoxes de Bruscambille et autres discours comiques, le tout nouvellement tiré de l'escarcelle de ses imaginations, jouxte la copie*, imprimé à Rouen chez Thomas Maillard, in-12, 134 pages, 1615.

On connaît encore : *Discours de Bruscambille*, avec la description de Conchino Conchini, *Avertissement du Sieur Bruscambille sur le voyage d'Espagne*.

Le duel du Sieur Mistanguet contre Bruscambille pour un vieux chapeau.

Œuvres de Bruscambille, Paris, Billaine ou Thibaut, 1619, in-12.

Il fit le prologue sur le *Rien* en tête de *Mélisse*, pastorale (1633) que les frères Parfaict semblent croire avoir été jouée au Marais ; mais on perd ses traces à partir de 1634.

Bibliographie : Les frères Parfaict, *Hist. du th. français*, t. IV, p. 137 et suiv.

BRUSSEL (ou Brusser), Pierre, Louis, Joseph. — Nevers 1877, Châlons s/Marne 1878-1882.

BRUYAT, Joanny, Jean, Antoine, Louis. — Marseille 1844, Nice 1849-52, Grasse 1853, Nice 1854-89 (Cité du Parc no 6).

Depuis 1859, Bruyat était pensionnaire de la Société des artistes dramatiques (200 fr.) en vertu de ses 54 ans d'âge (1859) et de ses 35 ans de services en province, à Paris et à l'étranger.

BRUYET, Mme. — Th. patriotique 1792.

BRY. — Père noble, 5e arr. th. 1830.

BRYANT, Emile. — Variétés 1849.

BRYON. — Th. Molière, Bordeaux 1793.

BUCAILLE, Alexandre, Napoléon, d'origine belge. — Troisième comique, débuta à Bruxelles. Il entra au Palais Royal vers 1870 et y remplit de petits rôles pendant plus de dix ans. Bordeaux 1887, Alexandrie 1888.

En 1888, après avoir remporté de bons succès en province dans le rôle de Gaspard, des *Cloches de Corneville*, et dans tous les rôles de Berthelier, il entra aux Menus-Plaisirs, et fit ensuite de nombreuses tournées.

Sa mort fut annoncée au Rapport de 1902.

Biographie : *Foyers et coulisses*, Palais Royal 1874.

BUCAILLE, Mme Joséphine, née Guichard. — St-Etienne 1867, Metz 1868-72.

BUCHER, Henri, Adrien. — Caen 1852-54.

BUDAS, Edouard Dubas dit. — Salle Taitbout 1877, Le Hâvre 1880-81, Tours 1882-83, Nice 1884. Sa mort fut annoncée au Rapport de 1886.

BUÉE, Edme. — Père noble et raisonneur, 1820-32. En 1846, âgé de 78 ans, avec 49 ans de th., Buée obtint de la Société des artistes, alors à ses débuts, une pension de 190 francs. Lorsqu'il mourut, en 1847, un trimestre fut accordé à la veuve.

Bibliographie : Etchevarry, *Hist. des th. de Bordeaux*.

BUER, Jean, Baptiste, Frédéric. — Turin 1856-64, Gaîté 1865, Turin 1867-68, Paris 1869-1872, Palais Royal 1873, Paris 1874-78. Sa mort fut annoncée au Rapport de la Société des artistes en 1880.

BUFFARDIN, Mme. — Actrice du Vaudeville. joua à l'Odéon dans le *Concert à la campagne* (23 oct. 1828). Elle demeurait alors 10, rue du Petit-Lion.

BUGEAUD, Joseph. — Premier comique, 1er arr. th. 1830.

BUGLEL, Mlle. — Jeune première, th. des Arts à Rouen 1809-12 et de Bruxelles, aux appointements de 3,600 francs.

BUGLEL, Mme Héloïse. — St-Pétersbourg 1838.

BUGLEL, Mme Agnès, femme Grognet. — Dont la mort fut annoncée au Rapport de la Société des artistes en 1894. V. Grognet.

BUGUET, Mme. — Jeune première, Brest 1852, Gand 1853.

BUIRE, Louis. — Cherbourg 1887-88, Reims 1889, Alger 1890, Marseille 1891-92, Lille 1893-1895, Rouen 1896.

BUIS (du), Maëstricht, direction Dourde 1742-43.

BUIS, Mlle L. — Jeune première, 15e arr. th. 1829.

BUISSERET, Victor. — Th. du Châtelet 1864-1865, Toulon 1867, Bordeaux 1868-70.

BUISSON. — 3e rôle, Liège 1841.

BUISSON, Antoine, François. — Limoges 1857, Poitiers 1858-59.

BUISSON, Mlle Marthe. — Variétés 1885-88.

BUKLER. — Ambigu 1868.

BULTOS, Alexandre. — Acteur à Bruxelles en 1771 et premier comique en 1773. Il chantait aussi les laruettes. Ses appointements furent successivement de 4,000, 5,000 et 7,000 livres. Il devint co-directeur en 1778, tout en conservant son emploi, et mourut en 1787, en laissant seul son frère Herman Bultos, directeur. F. Faber dit à ce propos : « Sa perte fut vivement sentie par les Bruxellois, qui, non seulement appréciaient son talent d'acteur, mais encore l'estimaient personnellement pour son instruction et l'agrément de son esprit. Il était reçu dans tous les salons de la ville. On lui fit de fort belles funérailles à l'église des Augustins. Tout le personnel du théâtre s'y trouvait en costume de deuil, et l'on exécuta une messe de Gossec. »

Bibliographie : F. Faber, *Hist. du th. français en Belgique*.

BUNEL, Mlle. — Th. de la République, Rouen 1800.

BUNEL. — Jeux forains (salle Montansier) 1812, puis mime au Cirque Olympique 1814-1819 et acteur au même théâtre 1822-23.

BUNEL. — Jeune premier et mime aux Funambules, puis acteur au th. St-Pierre vers 1867. Avait épousé Juliette, qu'on disait fille du père Dechaume, le directeur.

BUNIAUD. — Th. Cluny 1873.

BURANI-Roucoux, Jean, Cas., L. — Décoré de la médaille militaire pendant la guerre de 1870, Athénée 1878-84. Il mourut jeune encore, et sa mort fut annoncée au Rapport de 1886.

BURANI. — D'abord un peu comédien, puis improvisateur (1870), enfin auteur dramatique, mourut à la maison Dubois. Son service funèbre fut célébré à l'église St-Laurent le 12 octobre 1901. Ne figure ici, à titre de comédien, que comme souvenir. Le vaudevilliste est connu.

BURCK. — Acteur au Hâvre 1887, cité par Bouffé dans ses *Mémoires* p. 302, 303.

BURE (de), Amédée, Victor. — Bruxelles 1856-59.

BURE (de), Mme, née Mathilde, Eugénie Goisdey. — Bruxelles 1856-59.

BUREAU, Mme. — Actrice à la Banlieue 1825, Belleville 1830-31.

BUREAU, François. — St-Quentin 1869-72.

BUREAU, Mme Marguerite. — Genève 1875-78, Bruges 1879, Angoulême 1880, Béziers 1881, Perpignan 1882, Brest 1883, Cette 1884, Montauban 1885-86, Limoges 1887-93.

BURETTE. — Père noble, 2e arr. th., 1828.

BUREZ. — V. Belfort.

BURFAIS. — Inprimé par erreur pour *Bursai*. V. ce nom.

BURGER. — Sous ce nom :

Mlle Burger, aînée, jeune première de comédie et dugazon, th. des Arts, Rouen 1800, puis th. de la République, même ville.

Mlle Burger, cadette, amoureuse, th. des Arts Rouen 1800.

Mme Burger. Bruxelles 1817-19.

Mme Burger, mère noble. Strasbourg 1822, Brest 1828, Metz 1829-30, 16e arr. th. 1832-33.

Burger fils, rôles d'enfants. Brest 1828.

Burger, Eugène, père noble. 16e arr. th., 1832-33.

Mlle Burger, utilités. Grand théâtre d'Anvers 1839.

Burger, Eugène. La Haye 1851-58, Genève 1859, Nancy 1860-63, Gand 1864-67, Nouvelle Orléans 1868-70, Le Hâvre 1872-74.

Mme Burger, Henriette Billy. Th. des Nations 1883.

BURGEVIN, Mme Jeanne. — Tournay 1864-65.

BURGUY. — Variétés 1852-53. Il débuta à ce théâtre le 15 novembre 1852 dans *Mignon*. J. Arago, dans *Foyers et Coulisses* en fit le plus grand éloge : « Son début a été un succès, ses autres créations ont été des triomphes. Burguy chante le couplet d'une manière ravissante, il compose ses rôles, il prend son art au sérieux ; je dis sérieusement toutes ces choses, on les répète autour de moi, et l'on ajoute qu'il est fort joli garçon. » Que devint Burguy ?

BURILLON, Mme Marguerite Bertrand. — Folies-Bergères 1878-80, Paris 1881, Verdun 1882, St-Dizier 1883-84, Paris 1885-86.

BURNEL. — Cluny 1873.

BURQUIN. — Th. des Jeunes Elèves 1827.

BURSAI. — L'on a écrit aussi *Bursais*, *Bursay* et *Bursey*. Débuta à la Comédie Française le 16 février 1761 par le rôle de Zamoré, dans *Alzire*, puis les jours suivants dans *Mélanide*, *Mahomet*, le *Duc de Foix*, *Zaïre*. Reçu à l'essai, il préféra se retirer. Il tenta de nouveaux débuts au même théâtre, le 15 janvier 1769, dans la *Métromanie* et l'*Epoux par supercherie*.

Bursai, qualifié jeune premier, roi, raisonneur, fut surtout connu et apprécié à Bruxelles, où il gagnait 4,000 livres, 1784-1793, tenant aussi les rôles de caractère et de convenance. En 1792 il occupe la première place avec sa femme, aux appointements (ensemble) de 9,000 livres, et le 3 mai 1793, il produit sur la scène de Bruxelles une pièce qu'il avait traduite du théâtre allemand. C'est la fameuse comédie de Kotzebüe, *Misanthropie et Repentir*, où il s'était réservé le rôle de Menon, sa femme tenant celui d'Eulalie. Celle-ci, devenue veuve, en vendit plus tard le manuscrit à Mme Julie Molé, de l'Odéon. Le 9 octobre 1793, nouvelle traduction de l'allemand, toujours due à Bursai : le *Perroquet* ou la *Récompense de l'amour filial*. Elle eut peu de succès et ne fut pas imprimée.

Bibliographie : F. Faber, *Histoire du th. français en Belgique*.

BURSAI, Mme, ou Bursay. — Femme du précédent, tenait les grands premiers rôles tragiques et comiques à Bruxelles, d'abord aux appointements de 4,000 livres seule, puis de 9,000 avec son mari. Elle créa à Bruxelles le rôle d'Eulalie dans *Misanthropie et Repentir* (1793), et devint veuve peu de temps après.

BURSAI fils. — Rôles d'enfants, Bruxelles 1784.

BURTON, Mlle. — Bouffes-Parisiens, reprise de *Fleur de thé*, 17 janv. 1880.

BURY, Mlle Clémence. — V. Mme Alexis.

BURY. — Utilités, Gand 1853.

BURY, B. — Ambigu 1873.

BUSCAIL. — Lyon 1879-82.

BUSSAC, Mme. — Caractères, troupe ambulante, 1828.

BUSSIÈRE. — V. La Bussière.

BUSSINÉ, Mme. — Th. de la Banlieue 1828.

BUSSINE. — Ancien artiste de l'Opéra-Comique qui, par suite de la perte de sa voix, passa aux Bouffes-Parisiens vers 1866, où il ne réussit pas dans le *Violoneux*. Doit être rangé parmi les chanteurs.

BUSSON, Julien, Marie. — Nantes 1852, Strasbourg 1853-58, Rouen 1859-60, Nîmes 1861-73, Besançon 1874, St-Etienne 1875, Montpellier 1876-84. En 1873, Busson, âgé de 60 ans, avec 36 ans de théâtre, obtint la pension de 500 francs de la Societé des artistes. Sa mort fut annoncée au Rapport de 1886.

BUSSY, N. — Acteur de la troupe de l'Electeur Palatin, à Schwëtzingen, 1756.

BUSSY, Mme Th. — Actrice de la troupe de l'Electeur Palatin à Schwetzingen, 1756.

BUSSY. — Troupe Galler, Bruxelles 1796.

BUSSY, Mme. — Gaîté 1817-18.

BUSSY. — Porte St-Martin 1820.

BUSSY, Mme d'Hautel. — Cirque Olympique 1830-33.

BUSSY (de) Mlle. — Th. Cluny 1883.

BUTANT, Charles. — Colmar 1850-52, Rouen 1853-55, Cirque Impérial 1856-58. Engagé à Lille comme premier rôle en tous genres 1859-1860, Nouvelle-Orléans 1861, Paris 1862, Lille, aux appointements de 500 francs par mois 1862-63, Nice 1864, Lyon 1865-68, Bordeaux 1869, Lille 1870, Alger 1872-73. Bordeaux 1874, Bruxelles 1875, Lorient 1876-77, La Rochelle 1878; Lorient 1879-89. En 1882, Butant, âgé de 60 ans avec 37 ans de services, obtint de la Société des artistes la pension de 500 fr. Sa mort fut annoncée au Rapport de 1890.

Bibliographie : L. Lefebvre, *Hist. du th. de Lille*, t. IV.

BUTANT, Mme. — Deuxième duègne, Lille 1851-52, Strasbourg 1853.

BUTEL, Mme Eléonore. — V. Guillemet.

BUTHIAU, Louis, Armand. — Odéon 1854-60, Paris 1861-65, Odéon 1866-68.

BUTY. — Jeune premier et troisième rôle, Gand 1789.

BUXO, Joseph, Lucien, Napoléon. — Aix 1853-56.

BUY. — Toulon 1831, premier rôle, 13e arr. th., 1832-33, 5e arr. th. 1835.

BUY, Mlle. — Soubrette, 13e arr. th. 1832-33, 5e arr. th. 1835.

BUYCET. — Grande utilité, grand th. Lyon 1838.

BUYCET, Jean, Antoine. — Lyon 1850-61, Genève 1862, Arras 1863-64, Le Hâvre 1865-67, Paris 1868, Pau 1869, Constantinople 1870, Mont-de-Marsan 1872, Marseille 1873-74. En 1862, âgé de 63 ans avec 42 ans de services, Jean-Antoine Buycet obtint une pension de 300 fr. de la Société des artistes. Son nom disparut de l'Annuaire en 1875.

BUYCET, Mme, née Petibon, femme Buy, dite. — Après une longue carrière à Lyon, Mme Buycet passa à Genève 1862, Arras 1863-64, Le Hâvre 1865-67, Paris 1868, Pau 1869, Constantinople 1870, Mont-de-Marsan 1872, Marseille 1873-74, Avignon 1875, Agen 1876, La Réole 1877, Bordeaux 1878-97. En 1876, Mme Buycet, âgée de 68 ans, avec 55 ans de services, avait obtenu de la Société des artistes la pension de 500 fr. Sa mort fut annoncée au Rapport de 1898 : « Une excellente artiste qui resta pendant vingt ans à Lyon. »

BUYCET, Emile, Louis Buy, dit. — Lyon 1853-59, Arras 1863-64, Rennes 1865, Bruxelles 1867, Versailles 1868, Constantinople 1870.

BUYCET, Eugène, Octave Buy dit. — Paris 1864-65, Versailles 1866-68, Pau 1869, Constantinople 1870-73, Toulon 1874, Mâcon 1875, Agen 1876-77, Bordeaux 1878, Tarbes 1879-80, La Rochelle 1881, Bayonne 1882, Bordeaux 1883. Il habitait Bordeaux en 1903.

BUYCET, Mme Elisabeth, Jeanne, Marie Bory-Buy dite. — Mâcon 1874-75, Agen 1876-77, Bordeaux 1878, Tarbes 1879-80, La Rochelle 1881, Bayonne 1882, Bordeaux 1883. Habitait Bordeaux en 1903.

BUYER, Mme. — Th. Molière 1793.

BUYET, Mme Clarisse. — Porte St-Martin 1867-70.

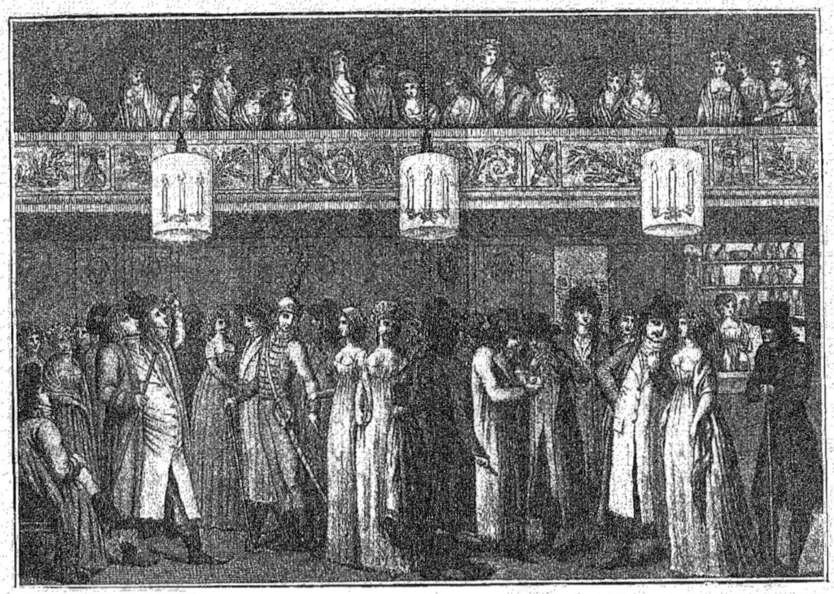

Le foyer du théâtre Montansier, l'an VII, d'après Binet.

Ah! ne vous doit-on pas verser du rêve un peu,
Vous qui fûtes longtemps les échansons du rêve,
Et, charmeurs de nos soirs, quand votre soir s'achève,
Ne doit-on pas, pour vous, mettre la rampe au bleu ?...

Edmond ROSTAND.

C..., Marius. — Troisième rôle Constantine 1851.

C..., Mme Maria. — Soubrette, Constantine 1851.

C..., Mme Anna. — Ingénuité, th. des Variétés, Bordeaux 1852.

CABAN, Mme Joséphine, Aimée, Amandine. — Th. de la Gaîté 1869-70.

CABEL. — Elbeuf 1851.

CABEL, Georges Rouyer dit. — Deuxième accessit puis deuxième prix de tragédie en 1888 et 1889, Cabel entra à l'Odéon. Sa mort fut annoncée en ces termes au Rapport de la Société des artistes en 1893 : « Il devait jouer dans la matinée de jeudi à l'Odéon, lorsqu'au moment de commencer le spectacle on apprit que, quelques heures avant, l'infortuné garçon s'était tiré deux balles au cœur. Les causes de ce suicide étant d'ordre tout à fait intime, nous ne croyons pas devoir insister, ne pouvant que déplorer la fin tragique d'un artiste qui promettait un comédien de valeur. »

CABIROL, François, Xavier. — Nîmes 1876, Alger 1877-78, Montauban 1879, Béziers 1880-1881, Bastia 1882-84, Constantinople 1885-86, Le Caire 1887-88, Alexandrie 1889-90, Port-Saïd 1891-92, Bastia 1893-95, Sidi-Bel-Abbès 1896, Mostaganem 1897-98, Alger 1900. Habitait Alger en 1902.

CABOT, Charles, Antoine. — Fils d'un pître du boulevard, né vers 1807. Fut directeur d'une troupe qui parcourait la province, puis parut sur les théâtres de la Gaîté, des Nouveautés, de l'Ambigu, du Cirque, de la Porte St-Martin. En 1837-40 il était à ce dernier théâtre. En 1842, il jouait à Versailles, où il était fort aimé. En 1847, il entra au Théâtre historique. Une nuit de cette année-là, vers une heure du matin, Charles Cabot entendit des cris poussés par un ouvrier qui venait de tomber dans le canal St-Martin ; coutumier du fait, il n'hésita pas à le sauver au péril de sa vie, et cet acte fut consigné dans le Rapport fait par Samson à la Société des artistes. Entre temps, il écrivait des pièces qui furent jouées sur une foule de petits théâtres.

Régisseur général du Théâtre historique, Charles Cabot devint l'homme de confiance de Hostein, qui l'emmena avec lui à la Gaîté 1850-59. « Charles Cabot, a dit Alph. Lemonnier, avait pour Hostein une admiration sans bornes. Sa vie s'est passée au service de cet *impresario*, qui s'est montré souvent injuste, ingrat même, envers un serviteur qui tentait l'impossible... Il servait de tête de Turc ou d'intermédiaire, suivant les besoins, allant voir les créanciers intraitables, qu'il parvenait, à force de patience et d'adresse, à calmer. Souvent encore, il dénichait le bailleur de fonds toujours bienvenu chez Hostein. »

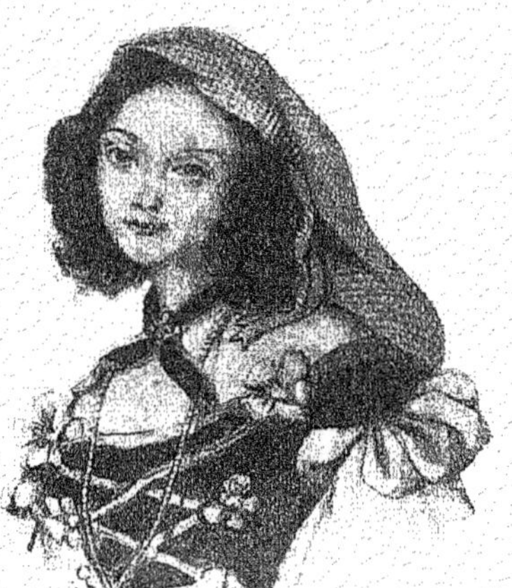

Mme Charles CABOT Ire, rôle de Toniotto

Le fidèle Cabot suivit encore son maître au th. impérial du Cirque 1861-63, au Châtelet 1863-74. Le pauvre homme, pendant sa longue carrière, avait amassé quelque argent, fait bâtir une maisonnette à Nogent-sur-Marne. Il prêta une partie de ses économies à Hostein, quand celui-ci prit le th. de la Renaissance, et ne fut jamais remboursé.

Agé de 68 ans en 1875, avec 43 ans de théâtre, il reçut la pension de 500 fr. des artistes dramatiques, une autre des auteurs, et put se sauver ainsi de la noire misère. Sa mort fut annoncée au Rapport de 1886. Il avait quatre-vingts ans.

On trouvera des anecdotes amusantes sur Ch. Cabot dans les *Petits mystères de la vie théâtrale*, p. 208, 209, 213 et suiv.

Bibliographie : Gallois, le *théâtre de la Gaîté*, 1854. — Abraham, *Acteurs et actrices de Paris*, 1861. — Alph. Lemonnier, *Petits mystères de la vie théâtrale*, 1895.

CABOT, Mme Charles, Augusta, Ire, femme du précédent. — Porte St-Martin 1837-1840. Charles Maurice dans son *Courrier des théâtres*, nº 7694, jeudi 16 janvier 1840, n'est pas précisément tendre à son égard. Parlant du *Tremblement de terre de la Martinique* (13 janv.), il l'appelle « l'effroyable Mme Cabot. » Il est vrai que Mélingue lui-même et Mlle Théodorine ne sont pas mieux traités. Mme Cabot, qui suivait son mari, fit partie de la troupe de la Gaîté de 1852 à 56.

Iconographie : Lith. en pied, publiée par le *Magasin théâtral* s. d., rôle de Toniotto.

CABOT, Mme Caroline, Alexandrine. — Lille 1866, Nîmes 1866-73, Paris 1874, Nîmes 1875, Béziers 1876, Angoulême 1877, Grenoble 1878, Nîmes 1879-91, Paris 1892, Nîmes 1893-1902. Habitait Nîmes à cette dernière date. Mme Caroline Cabot, âgée de 57 ans en 1895, obtint une pension de 300 fr. sur la fondation Cantin.

CABOT, Mme IIme, Joséphine, née Panseron. — Seconde femme de Ch. Cabot. Châtelet 1868-1874, Paris 1875-81, Renaissance 1882, Paris 1883-88, Rouen 1889. Mme Panseron-Cabot, gracieuse et bien faite, créa notamment le rôle du page Théobaldo dans la *Petite Mariée*. Sa mort fut annoncée au Rapport de 1890.

CABOT, Mme Charlotte, Christine, Paris 1881-1887, Lyon 1888, Rouen 1889-90, Reims 1891-1897. Entra alors à l'Opéra-Comique, Angers 1902.

CACAN. — Rôles accessoires, Lille 1792-93. On écrivit aussi *Cachon*.

CACAN, Mme, née Théodore. — Lille 1848. On écrivit aussi *Cacon*.

CACAN, Mme, née Louise Montraisin. — Lille 1852-54, Paris 1855, Sens 1856-64.

CACON. — V. Cacan.

CACHARDY, Charles, Joseph. — Né vers 1813, avait débuté comme deuxième amoureux à Rouen en 1834. Il entra au Gymnase en 1837. « C'est un amoureux d'un physique agréable que M. Cachardy, écrit en 1841 l'*Indiscret des coulisses* ; il est très bien placé au Gymnase. » En 1848, il était aux Variétés, où il resta jusqu'en 1857. Retiré du théâtre jeune encore, Cachardy vécut à Paris. En 1867, âgé de 53 ans, avec 29 ans de services, il obtint de la Société des artistes une pension de 200 fr. Sa mort fut annoncée au Rapport de 1881 en ces termes : « La carrière de Cachardy se passa presque toute entière au Gymnase, où il fit plusieurs créations importantes — le rapporteur oublie les Variétés. — Après avoir entrepris le commerce de tableaux pendant un temps assez long, il s'était retiré à Versailles où il est mort. »

Bibliographie : *L'Indiscret des coulisses*, 1841. — J. Arago, *Foyers et coulisses*, 1852,

CACHEUX, Victor. — Fit partie de la Société des artistes dramatiques de 1845 à 1855.

CACHON. — V. Cacan.

CADET. — V. Grégoire.

CADIC. — V. Cadis.

CADIS, Gustave Cadic dit. — Deuxième amoureux dans les départements de la Somme, de l'Aisne et de l'Oise en 1825.

CADIS, Mme Hélène Aubergas ou Aubergat Cadic dite. — Grenoble 1878-79, Marseille 1880, Béziers 1881, Valence 1882, Bastia 1883, Périgueux 1884, Agen 1885, Bucharest 1886, Le Caire 1887-88, Alexandrie 1889-90, Orléans 1891, Alger 1892-93, Troyes 1894, Anvers 1895, Cherbourg 1896, Caen 1897, Rennes 1898, Dunkerque 1899, Mons 1900, Rennes 1901, Le Mans 1902.

CADORET. — Dont l'anagramme était *Térodac*. — C'est de ce dernier nom qu'il signait ses tragédies. — S'était rendu célèbre par son talent d'imitation. Nous trouvons sa trace à Bruxelles en 1743; il était alors acteur en second, aux appointements de 1,800 florins et se faisait appeler Cadoret et Térodak (avec un k). L'année précédente, il avait fait représenter à Bruxelles les *Fourberies d'Arlequin* ou le *Double dénouement*.

Après la faillite de Ribou de Ricard, Cadoret vint à Paris et se fit engager à la Foire St-Germain (1744). Mais ses imitations des acteurs de la Comédie française étaient si réussies qu'elles furent une des causes principales de l'interdiction faite aux acteurs de l'Opéra-Comique de parler. Trente-deux ans plus tard, en 1776, nous voyons son nom réapparaître à Lille. Il voyageait alors avec sa femme par toute la France, afin de représenter ses tragédies assez faibles.

Bibliographie : Faber, *Hist. du th. français en Belgique*, t. I, p. 114-115. — Gust. Lhotte, le *théâtre à Lille avant la Révolution*.

CADORET, Mme. — Femme du précédent, Lille 1776.

CAEN, Mme Léa. — V. Mme Bartholomin.

CAGNIART, Mme Camilla, Augustine, Marie. — Bruxelles 1888-89, Anvers 1890-91, Valence 1892, Paris 1893, Anvers 1894, Alger 1895-99.

CAHART, Lucien. — Londres 1850-55.

CAILHOL, Henri, Paulin. — Marseille 1850-63. En 1864, Cailhol avait 65 ans et 30 ans de théâtre. Il obtint de la Société des artistes une pension de 200 fr. dont il ne profita guère, car son nom disparut de l'Annuaire l'année suivante.

CAILLARD, Louis, Napoléon, Eugène. — Cherbourg 1881-83.

CAILLARD, Mme Blanche, Marguerite. — Cherbourg 1881-83.

CAILLART, Jacques. — Comédien de la troupe Lepardonneur à Rouen en 1558.

CAILLAT, Pierre, Adolphe. — Metz 1853, Strasbourg 1854-55, Bouffes parisiens 1856-62. Caillat joua notamment aux Bouffes, dans le *Roi boit* (9 avril 1857), une scène d'ivresse dans laquelle il faisait preuve d'une grande vérité. Son nom figure encore le 21 sept. de cette même année, dans la distribution du *Troisième larron*. Passé aux Folies-Marigny, sous la direction Montrouge, Caillat fut de toutes les revues, *Zut au berger* (16 déc. 1864), etc. Nous retrouvons son nom aux Folies dramatiques en 1875, aux Fantaisies parisiennes en 1878. Sa mort fut annoncée au Rapport de 1884 : « Un comédien de valeur et un excellent camarade », dit le rapporteur.

CAILLAUD. — V. Calland.

CAILLAUX, Mme Clémence. — Variétés 1853-1856.

CAILLAVET. — Débuta le 2 mai 1809 au second Théâtre français, par le rôle de Derlange dans le *Parleur éternel*.

CAILLEAUX, Alfred, Hippolyte. — Douai 1859-61.

CAILLET, Mlle. — Débuta à la Gaîté le 20 mai ou juin 1827, dans la *Loge du Portier*.

CAILLET. — V. Anatole.

CAILLIEZ, Hippolyte, Auguste. Ile de la Réunion 1863-64, Batavia 1865, Manille 1867-69, Paris 1870-72.

CAILLOT. — Né en 1732, mort en octobre 1816, jouait à Bourges vers 1758, sous la direction Dumesnil. De 1760 à 1764, il joua aux Italiens avec un certain éclat, puis se retira à Pâques 1772.

CAILLOT, Pierre. — Vaudeville 1854-56, 1868.

CAILLOT, Mlle Alice, Marie, Caroline. — Folies dramatiques 1875, Montpellier 1876-77, Liège 1878, Lyon 1879-80, Montpellier 1881, Alger 1882-85, Alexandrie 1886, Caen 1887, Menus-Plaisirs 1888-90.

Mlle Caillot avait débuté aux Folies dramatiques le 10 novembre 1875, dans *Pompon*, ce qui lui valut ces vers de Georges Duval :

Mademoiselle Caillot chante,
C'est un petit soleil levant.
On s'écrie : « Arrive que plante! »
Elle est jolie assurément.

C'est un petit soleil levant,
Elle a les cheveux des Corrège.
Elle est jolie, assurément.
Son teint est de rose et de neige...

Bibliographie : G. Duval, l'*Année théâtrale*, 1875.

CAIN. — V. Lekain.

CAIRON, Mlle Léontine, Hilaire. — Marseille 1850-53, Lyon 1854-55, Bruxelles 1856-58, Anvers 1859.

CAIRON, Hilaire, Jean. — Gand 1864-68.

CAIZERGUE. – Utilités, Nîmes 1829.

CAZU (du) Alfred. — Bruxelles 1881-83, Clermont-Ferrand 1890-91.

CALAIS. — Financier, manteau, paysan à Bruxelles 1771, 1789-92 (3000 livres d'appointements).

CALAND. — V. Calland.

CALAUT, Mme, ou Calault, ou Callaut. – Sœur de Mad. Ponchard, débuta en sept. 1820 au Th. français, par Agnès de l'*Ecole des Femmes*, Rosine du *Barbier de Séville* et *Iphigénie en Aulide*. Elle ne fut pas reçue. En 1833, son nom apparaît à Versailles. En 1852, il y avait une artiste de ce nom aux Variétés.

CALDERON, Mlle. — Salle Taitbout 1875, Bouffes parisiens 1876.

CALISTE, Louis Pasquet dit. — Th. Montmartre 1851, Porte St-Martin 1857-64. Emile Abraham disait de lui en 1861 : « A fait ses premières armes à la banlieue. C'est un comique amusant qui remplace sans trop de désavantage Colbrun, passé au Cirque. » En 1865, Caliste partit à Bruxelles ; nous le retrouvons à Liège 1867, Caen 1868-69, Roubaix 1870-72, Renaissance 1873-79. Sa mort fut annoncée au Rapport de 1880. Ce fut lui qui créa le rôle de Casteldémoli dans la *Petite Mariée* (21 déc. 1875).

Bibliographie : Em. Abraham, *Acteurs et Actrices*, 1861.

CALISTE, Mme Caroline Brion, femme Pasquet dite. — Epouse du précédent. Liège 1867, Caen 1868-69, Roubaix 1870-72. Mme Caliste vécut ensuite à Paris, et sa mort fut annoncée au Rapport de 1892.

CALIXTE, Gauthier. — Lyon 1888-91.

CALLAIS, Paul, Vincent. — Naquit à Gentilly (Seine). Tour à tour garçon épicier, commis, marchand de bois, voyageur de commerce, Callais prit le théâtre en 1854, joua successivement à Boulogne s/Mer 1855-56, aux Camps de Boulogne, à Hombourg, débuta à Nantes, commença la régie à Troyes 1857-58. Il parcourut alors tout l'est de la France, s'associa à Dupontavisse pendant cinq ans, ouvrit le théâtre du camp de Châlons, revint deux ans à Troyes, puis se fixa à Reims 1864-70, où il fut le régisseur de Blandin. De 1871 à 1873, Callais fut administrateur du Th. du Parc, à Bruxelles, et enfin au mois de juillet 1873, régisseur général de la Renaissance, où pendant près de dix ans, il monta toutes les pièces. Comme artiste, il avait passé par tous les rôles. Paul Callais mourut régisseur au Gymnase, où il avait suivi Koning, et sa mort fut annoncée au Rapport de 1889 :

« Il laisse la réputation d'un brave et digne homme, dit le rapporteur, exact, doux et poli. Il s'était fait aimer de tous les artistes, et considérer par son directeur qui, pour rendre hommage à ses excellents services, a décidé que les frais de ses obsèques seraient à la charge de l'administration du Gymnase. La mort de Callais laisse un deuil cruel dans sa famille et parmi ses nombreuses connaissances ».

Biographie : Henry Buguet, *Foyers et Coulisses*, Renaissance, t. I.

Iconographie : Il existe à la Bibl. nat. un portrait de Callais qu'accompagne un autre de Ferville.

CALLAND, ou Caland. — On écrivit aussi Callaud et Caillaud — tenait l'emploi de grande livrée à l'Odéon en 1797. Il était jeune alors et on lui reconnaissait du talent. Nous retrouvons cet artiste au Th. Louvois la même année, puis au Th. de la République, à Rouen, en 1798, où il débuta par Hector du *Joueur*. A partir de 1800, il se fixe à Bruxelles comme premier comique, aux appointements de 4000 fr. par an. Il y était encore en 1817. A cette époque, on orthographiait son nom *Calland*.

Bibliographie : P. Porel et G. Monval, l'*Odéon*, t. I. — *Hist. des Th. de Rouen*, t. I, II et IV. — Faber, *Hist. du Th. français en Belgique*, t. II et III.

CALLIER. — Ambigu comique 1837.

CALMART, Mme, ou Calmont. — Reine et mère noble à Bruxelles en 1776, avec 6000 fr. d'appointements.

CALMONT, Mme. — V. Mme Calmart.

CALMONT. — Troisième rôle, Lille 1869.

CALMUS. — Grandes utilités à Bruxelles 1774-75, aux appointements de 1500 fr., puis rois, pères nobles, raisonneurs 1775-76, aux appointements de 1800 fr.; financier, paysan, manteaux, troisième rôle à Liège 1783, et enfin petits rôles à Bruxelles en 1795.

Bibliographie : Fr. Faber, *Hist. des Th. français en Belgique*, t. I et II.

CALVEL, Mme Lucie. — Gaîté 1890-92.

CALVIN, Alex.-Ad. Lebrasseur, dit Paul. — Joua pendant longtemps aux Folies dramatiques où il se distingua dans le *Carnaval des Blanchisseuses*. Voici ce qu'en disait en 1861, Em. Abraham : « Calvin, amoureux comique, a commencé au Lazari. Depuis qu'il est aux Folies, il a sans cesse fait de rapides progrès. Il est très goûté du public, et les auteurs lui confient volontiers des rôles ». De là, il émigra en Belgique, où il tint, jusqu'en 1870, l'emploi des premiers comiques, au th. des Galeries St-Hubert.

Le Palais-Royal l'engagea; après une apparition dans le rôle de Colladan de la *Cagnotte*, on le fit débuter le 20 décembre 1872 dans *Doit-on le dire?* D'une nature froide, correcte, Calvin rendit de grands services dans les rôles épisodiques qui exigent la connaissance de la scène; il joua des grimes, des amoureux comiques, de tout enfin.

Voici quelques-unes des pièces où il parut :

1874, 2 avril, *Le Homard*.
— 24 nov., *La Boule*.
1878, 23 avril, *Pour sauver jeune femme du monde*.
1878, 8 nov., *Les Provinciales à Paris*.
1878, 28 déc., *Tant plus ça change*.
1879, 13 sept., *La Revue trop tôt*.
1880, 6 déc., *Divorçons*.
1886, 7 sept., *La Brigue-don-daine*.
1887, 18 mars, *Durand et Durand*.
1888, 7 sept., *Les Joyeusetés de l'année*.
1890, 14 oct., *Les Femmes des amis*.
1891, 18 nov., *M. l'Abbé*.
1892, 26 mars, *Les Maris d'une divorcée*.
— 30 nov., *Le système Ribadier*.
1893, 9 nov., *Leurs Gigolettes*.
1894, 1er sept., *Les Joies du Foyer*.
— 27 déc., *Les Ricochets de l'Amour*.
1895, 3 avril, *Le Paradis*.

Sans parler des nombreuses reprises où il tint des rôles importants, ayant succédé en partie à Gil-Pérez. Voici en quels termes en parle l'auteur de l'*Histoire du Palais-Royal*, M. Eug. Hugot : « Orphelin et privé dès son enfance de ses guides naturels, Calvin sut, à travers les mille difficultés de la vie, se frayer lui-même le chemin qui l'a conduit à une honorable existence ». Reste à savoir pourquoi le jeune Lebrasseur avait choisi au théâtre le nom de l'impitoyable réformateur ?

Marié et père de trois enfants, dont un embrassa la carrière du théâtre — il était récemment directeur du th. Déjazet. — Calvin s'était donc acquis à force de travail, et malgré un tempérament froid qui le faisait souvent ressembler à un Anglais, une situation des plus enviables. Sa mort fut annoncée au Rapport de la Société des artistes en 1897 : « Il jouait la comédie dès son jeune âge; il avait certes plus de cinquante-cinq années de théâtre... Elégant de tournure, soigneux et soigné, il était l'amoureux comique par excellence ». Mais au Palais-Royal, le premier rang était strictement gardé; il lui fallut patienter en maugréant : « La mort de Priston, le départ de Gil-Pérez lui laissèrent enfin une place digne de lui... Calvin laisse à son tour un vide et des regrets ».

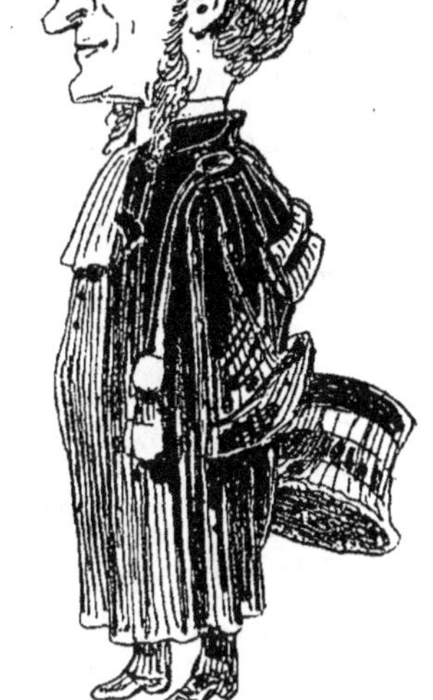
Alexandre-Ad. CALVIN (caricature)

Biographie : Em. Abraham, *Acteurs et Actrices*, 1861. — *Foyers et Coulisses*, Palais-Royal, 1875.

Bibliographie : Eug. Hugot, *Hist. du th. du Palais-Royal*. — Rapport de la Société des artistes, 1897.

Iconographie : *Journal amusant*, 20 déc. 1884 dans les *Petites Godin*, 28 mars 1885 dans *Bijou et Bouvreuil*, 13 mars 1886 dans le *Bigame*, 6 juin 1885 dans les *Petites Voisines*, 26 mars 1887 dans *Durand et Durand*.

CALVO, Frédéric, Léonard. — St-Etienne 1879-82, Paris 1884-93.

CAMAILLE. — V. Cammaille.

CAMBARDI, Mme Jeanne, Mathilde Chambard. — Lyon 1852-61. Sa mort fut annoncée au Rapport de 1862.

CAMÉE, Mme. — Bouffes parisiens 1893.

CAMEL. — Acteur de la Gaîté que le *Tribunal volatile* appréciait ainsi en l'an XI : « Comique, a tout ce qu'il faut pour faire un comédien : jeunesse, gaîté et diction; mais il est un peu paillasse du boulevard dans ses rôles ». Camel resta de longues années à la Gaîté. L'*Opinion du Parterre* de 1809 le signale même comme auteur-acteur. En effet, il fit jouer à son théâtre, le 4 mars 1808, un vaudeville en un acte, *Mademoiselle Bourache*, et le 12 février 1809, le *Lovelace de la Halle*, folie poissarde.

Camel demeura successivement rue de Bondy n° 7 et boulevard St-Martin, 39. A partir de 1813, son nom disparut de l'affiche de la Gaîté. En 1818, nous le retrouvons comme troisième rôle à Namur. Le 23 décembre 1820, le Gymnase ouvrait ses portes. Camel fut engagé dans la nouvelle troupe et se fixa rue Hauteville, 22. Un an plus tard, il regagnait Namur, en 1822. Engagé comme comique à Vienne (Autriche) 1826, il revient tenir l'emploi de financiers à Strasbourg, en 1827.

En 1828, nouvel essai de début à Paris, le 28 avril, aux Variétés, par le rôle de Roberville dans les *Deux Précepteurs*. De 1830 à 1832, il tenait l'emploi des financiers à Lille.

Bibliographie : Le *Tribunal volatile*, an XI. — L'*Opinion du Parterre*, t. V, VI, VII, IX. — *Almanachs des Spectacles*. — F. Faber, *Hist. du Th. français en Belgique*.

CAMELI et sa femme, tragédiens, ne nous sont connus que par ce passage de M. Faber : « dans le genre tragique, nous voyons figurer (à Bruxelles) *Caméli* et sa femme, ainsi que Des Marets. Ceux-ci débutèrent dans *Alzire* le 31 (mars 1761). Ces débuts furent heureux. Toutefois les époux Caméli ne firent qu'une courte apparition au théâtre de Bruxelles. »

Bibliographie : F. Faber, *Hist. du Th. franc. en Belgique*, t. I, p. 202-203.

CAMIADE, Jean, Vincent, tenait l'emploi des jeunes premiers rôles au Th. de la Gaîté à Bordeaux en 1817-18, aux appointements de 3000 francs avant de venir à Paris. Débuta au Panorama dramatique en 1821 ; doué d'infatigables poumons, il faisait trembler les spectateurs. L'année suivante il passa à la Gaîté où il occupa une bonne place. « Il a plus de chaleur que de talent, dit Harel, plus de voix que de savoir-faire. Il plaît assez aux dames de l'arrondissement. »

Camiade quitta la Gaîté vers 1833, et c'est lui, selon toutes probabilités, qui joue alors dans le cinquième arrond. th. (Ille-et-Vilaine), en compagnie de Mme Camiade, soubrette. En 1834, il est de retour à la Gaîté avec sa femme, Mme Dumouchel-Camiade ; mais il quitta de nouveau ce théâtre après 1837 pour entrer au Vaudeville où il resta jusqu'en 1849. A cette époque, la Société des artistes lui accorda une pension de 200 fr. Camiade vécut à Paris jusqu'en 1853.

CAMIADE, Mme. — Femme du précédent. V. Dumouchel.

CAMIER, Jules. — Caen 1885-87.

CAMILLE. — Tragédien nomade. Elève du Conservatoire, Camille, qui donnait des espérances, débuta à l'Odéon le 25 juillet 1822 dans *Œdipe*, puis au Théâtre Français dans la même pièce, le 3 sept. suivant. Il fut reçu à l'essai, et figura parmi les pensionnaires en 1823-24. Il demeurait alors rue de la Monnaie, 8. En novembre 1824, il accompagna Mme Colson à Rouen, puis entra dans la troupe Seveste qui exploitait la banlieue de Paris, 1824-27. Le 26 février 1826, nouveau début à l'Odéon avec Orosmane de *Zaïre*. En 1830, un Camille débuta le 3 février à la Porte St-Martin par le rôle de Wilkin de *Rochester*. En 1833, il y avait un Camille au Cirque Olympique.

CAMILLE. — Sous ce nom :

Camille, deuxième amoureux, départ. de l'Indre et de la Creuse 1827, Tours 1829.

Camille, utilités. Grenoble 1827.

Camille Gentil. Folies dramatiques 1833-34.

Camille Wanderwald. Gaîté 1834.

Camille, rôles accessoires. Nancy 1834.

Camille, deuxième comique. Boulogne 1837, Verviers 1842.

Camille, troisième amoureux. Toulon 1837.

Camille, rôles de convenance. Anvers 1837.

Camille, Louis Donjeu dit, père de Mlle Camille Caroline de la Porte St-Martin, âgé en 1864 de 67 ans avec 43 ans de théâtre. Obtint une pension de 300 fr. de la Société des artistes. Son nom disparut de l'Annuaire en 1869. Faut-il voir dans ce Camille l'ancien pensionnaire des Français ?

Camille-Michel. — V. Michel.

CAMILLE, Mme ou Mlle. — Sous ce nom :

Mme Camille, mère noble à Bruxelles en 1791 et 1792 (3,000 livres d'appointements).

Mlle Camille aînée. Th. patriotique 1791-93.

Mlle Camille la jeune. Th. patriotique 1793.

Mlle Camille. Vaudeville 1792-93.

Mme Camille mère, duègne. Namur 1818.

Mlle Camille, soubrette. Namur 1818.

Mlle Camille aînée, deuxième amoureuse et soubrette. Verviers 1824, Marne, Ardennes 1825.

Mlle Camille jeune, ingénuités. Verviers 1824, Marne, Ardennes 1825.

Mlle Camille. Dijon 1826.

Mlle Camille, travestis. Boulogne 1827.

Mlle Camille, soubrette. Grenoble 1827.

Mlle Camille. Th. de banlieue 1827.

Mlle Camille, amoureuse. Nancy 1827.

Mlle Camille jeune, deuxième amoureuse. Orléans 1828.

Mlle Camille. Nom d'une débutante aux Variétés, le 1er mars 1828, rôle de Nicette dans la *Chercheuse d'esprit.*

Mlle CAMILLE, rôles d'enfants. Cirque Olympique 1829.

Mlle CAMILLE, jeune première, 14e arr. th., 1829-30.

Mlle CAMILLE. Ambigu 1830.

Mlle CAMILLE, ingénuités. Troyes 1830.

Mlle CAMILLE. Nom d'une débutante à l'Ambigu, le 3 août 1830 dans la *France au XVme siècle.*

Mme CAMILLE, Vanderwald. Folies dramatiques 1833.

Mlle CAMILLE. Nom d'une débutante au Vaudeville le 2 juin 1834, rôle de la Duchesse de Chevreuse dans *Un duel.*

Mlle CAMILLE, deuxième amoureuse. Lille 1832. Cette jeune personne mourut dans cette ville, cette année même, du choléra. Trois de ses camarades, les acteurs Paul, Sevin et Victor furent condamnés par le tribunal correctionnel à 25 fr. d'amende pour outrages envers le curé de St-Etienne, qui avait refusé le service religieux.

Bibliographie : L. Lefebvre, *Hist. du th. à Lille*, t. III.

Mlle CAMILLE. Gaîté 1837.

Mlle CAMILLE, utilités à Boulogne 1837.

Mlle CAMILLE Ménard. Débuta au théâtre St-Marcel en septembre 1839 dans *Hermance.*

Mlle CAMILLE Verdun. Débuta le 23 octobre 1839 au th. de la Porte St-Antoine, dans la *Folle de Toulon.* Fut première actrice à ce théâtre en 1840.

Mlle CAMILLE Pivard. Folies dram. 1848-49.

Mlle CAMILLE, Caroline Donjeu dite. Fille de Louis Donjeu dit Camille. Porte St-Martin 1848-52, Marseille 1853-54, Paris 1855.

Mlle CAMILLE. Lazari 1851.

Mme CAMILLE. Namur 1852.

Mlle CAMILLE, jeune première. Dijon 1852.

Mlle CAMILLE. Th. Montmartre 1852.

Mme CAMILLE née Poitevin, femme puis veuve Camille. Avait quatre-vingt-trois ans en 1854 ; elle était infirme depuis 1846, époque à laquelle la Société des artistes, alors à ses débuts, lui avait accordé une petite rente de 136 fr. pour ses 25 ans de théâtre.

Mme CAMILLE, Henriette Comberousse dite Henry. Toulouse 1862-65.

CAMILLE la petite. Créa le rôle de Fanfan Benoiton, dans la *Famille Benoiton* avec un succès retentissant en 1865. Henry Monnier écrivit pour elle deux monologues (1867) : la *Journée de Mlle Liline* et *Philoclès et sa bonne.* Promenée comme phénomène, la petite Camille, de son vrai nom Clermont, passa en Angleterre, puis en Amérique où elle résida longtemps. En 1897, on imprima à Bruxelles, chez A. Berquemann, un livre intitulé les *Mémoires de Fanfan Benoiton* (1re partie). Le *Figaro* du 7 juin 1900 annonça sa collaboration dans une pièce ... à jouer.

Mlle CAMILLE Dortet, fille d'un employé à la poste, qui avait épousé la sœur d'Augustine et de Madeleine Brohan. Elle débuta au Gymnase en 1866 sous le nom de Mlle Camille. Elle était grande, et s'essaya dans les coquettes sans beaucoup de succès.

Mme CAMILLE Lemerle. V. Lemerle.

Mlle CAMILLE. Th. St-Pierre 1869.

Mlle CAMILLE. Iconographie : A la Bibl. nat., il existe (catal. Duplessis no 7872), à la date de 1869, deux portraits d'une demoiselle Camille, actrice :

1. En pied de 3/4 à droite, phot. St-Edme.
2. En pied de face, ph. St-Edme.

Mlle CAMILLE. Troisième Th. Français 1877.

Mlle CAMILLE. Le rapport de la Société des artistes signale en 1877 la mort d'une demoiselle Camille de la Porte St-Martin.

Mlle CAMILLE. Th. Déjazet 1896.

CAMMAILLE, St-Aubin, Nicolas, dont on écrit souvent le nom *Camaille.*— 1770-1832, acteur, auteur, directeur, naquit à Paris, rue de la Cossonnerie, le 25 mars 1770 et fut baptisé à St-Eustache. Son père était bourgeois de Paris. En 1792, son nom figure sur la liste des acteurs de l'Ambigu comique. Peu de temps après, il se révèle comme auteur dramatique, et il écrit une lettre au *Journal des Spectacles* pour annoncer qu'il vient de composer, à l'occasion de la mort de Marat, un drame en trois actes et en vers : *l'Ami du peuple* ou les *Intrigants démasqués.* En 1797 il écrit un mélodrame tiré du roman de Lewis, le *Moine*, où le ciel et l'enfer, les diables et les spectres sont mis à contribution. Comme acteur, son jeu se ressentait des exagérations de son style ; il avait de l'intelligence, du feu, mais de l'emphase et de la boursouflure. Quand Audinot et Arnould Mussot eurent quitté la direction de l'Ambigu comique, Cammaille fut un des quatre ou cinq directeurs qui se succédèrent mais sans résultat. Après le 18 fructidor il fut, pendant quelque temps, employé au ministère de la police.

Sans se décourager, Cammaille oubliant ses déboires dans la direction de l'Ambigu, prit celle du Th. de la Cité (1800-1801). Il ouvrit le 19 prairial (8 juin 1800) avec une pantomime, le *Chinois*, qui fut suivie de reprises. Ses affiches fastueuses et mensongères le faisaient tourner en ridicule. En voici, d'ailleurs, un spécimen : Après-demain on donnera la première représentation de *la Bataille de Marengo*, à laquelle est invitée la famille du premier consul, précédée de *Gilles tout seul.* Un jeune Chinois arrive-t-il à Paris : le spectacle sera honoré de sa présence. Et, comme si cela ne suffisait pas: accompagné de tout l'état-major de la place et des autorités constituées. C'est lui qui disait encore dans un prospectus que son théâtre (de la Cité) serait un lycée où des élèves dans tous les genres lutteraient de gestes et de paroles, où les auteurs, dans des représentations d'essai devaient, au moyen de boîtes où seraient déposés les avis, juger du mérite des pièces qu'il destinaient aux grands théâtres. Il annonçait encore une salle décorée dans le goût oriental, éclairée à l'égyptienne, etc.

Le désir d'être applaudi, a écrit Fabien Pillet, fait qu'il corrompt ses dispositions pour le drame. Il fait trop de contorsions et il manque tous ses effets par une continuité d'éclats hors nature.

D'autres lui reprochent de crier, de prendre une voix de tête, de donner à des rôles une importance qu'il n'ont pas. Malheureux dans sa direction du Th. de la Cité, Cammaille entra à la Gaîté pour jouer le drame, le mélodrame et la pantomime (1804-1805). Il demeurait alors rue Ménilmontant.

« Le *Tribunal volatile* de l'an XI dit de lui : premier rôle jouant les tyrans, la nature semble l'avoir doué de tous ses dons pour cet emploi; ses yeux surtout expriment bien ce que dit son cœur. »

En 1806, il est au Théâtre Molière qui prend le titre de Variétés étrangères, et se fait un peu remarquer dans l'*Epigramme* et la *Famille allemande*. En 1808, Picard, directeur du Th. de l'Impératrice (Odéon) l'engagea pour les rôles de tenue et l'emploi de raisonneur. Il est juste de dire qu'à cette époque le fougueux Cammaille avait modéré sa manière.

En 1809, il fait encore représenter le *Prince de la Néwa* à l'Ambigu, puis en 1811, renonce à la scène en tant qu'acteur. Sa dernière pièce semble avoir été à la Gaîté le *Passage de la Mer rouge* ou la *Délivrance des Hébreux*, en collaboration avec Hapdé. Cammaille un peu désillusionné, revenu de ses incartades révolutionnaires, accepta de la Restauration une place dans l'administration générale des postes. Il mourut le 6 août 1832 à la Maison royale de santé après une longue maladie. Le Dictionnaire Larousse dit qu'il était boiteux. Il serait curieux de savoir où il a pris ce renseignement.

Biographie : E. D. De Manne et C. Ménétrier, *Troupe de Nicolet*, p. 255.

Bibliographie : *Almanach des spectacles*, 1800, p. 143. — Le *Tribunal volatile* an XI. — *L'opinion du parterre*, tomes VI, VII, VIII, IX. — P. Porel et G. Monval, l'*Odéon*, t. I, p. 113.

CAMOIN. — Acteur à Lille en 1811, Liège 1822, Odéon 1825, rôles de paysans à Metz 1826-27. Camoin, acteur sans prétentions, chantait aussi avec rondeur les basses-tailles.

CAMOIN, Mme. — Femme du précédent, duègne à Lille 1811, Liège 1822, Metz 1826-27. En 1825, Mme Camoin passa par l'Odéon. Harel dit : « Duègne actuellement faible, jadis belle, au total très supportable. »

CAMOIN, Janvier, Honoré. — Vraisemblablement fils des précédents. Avait 26 ans en 1831 et venait de Nantes, où il avait chanté avant de jouer la comédie au th. des Nouveautés. En 1837, il y avait un Camoin à Anvers. En 1842, il fut un des premiers à faire partie de l'association des artistes, Marseille 1854-77. En 1875, Camoin avait 72 ans et 20 ans de théâtre ; il reçut une pension de 300 fr. et son nom disparut de l'Annuaire après 1877.

Bibliographie : *Petite biographie*, 1831.

CAMOIN, Mlle Amélie. — Elève du Conservatoire. Débuta dans le chant et dans la comédie au th. des Nouveautés vers 1830; elle avait alors 19 ans. L'Annuaire de 1855 annonce la mort de Mme Miro-Camoin.

Bibliographie : *Petite biographie*, 1831.

CAMOUCHE, Mlle. — Née vers 1742, élève d'Armand, débuta à la Comédie Française le 29 janvier 1759 par le rôle de *Médée*. Admise le 29 mars 1760, elle fut élevée au sociétariat le 1er avril 1761, et mourut à Paris le 22 août suivant, à l'âge de 19 ans. Elle fut enterrée à St-Sulpice le 1er septembre, et ses camarades lui firent faire un service dans la même église.

Bibliographie : *Almanachs Duchesne*, 1760-1762. — G. Monval, *Liste alphabétique des sociétaires*.

CAMPAGNY. — V. Campigny.

CAMPENAUT. — Acteur de l'Odéon en 1825, auquel Harel, dans son *Dictionnaire théâtral*, reproche de chanter chaque phrase : « Pour lui chaque syllabe est une note, et le dialogue le plus simple est transformé dans sa bouche en récitatif obligé. »

CAMPENHOUT. — Bruxelles 1798 et 1817.

CAMPIGLIA, Mlle. — Folies dram. 1877.

CAMPIGNY ou Campagny. — Amoureux, Caen, St-Lô 1825, Bayonne 1826. Mort à la Nouvelle-Orléans 1833.

CAMUS, Mme ou Mlle. — Sous ce nom :

Mme Camus, Mime aux Jeux gymniques (Porte St-Martin) 1812.

Mme Camus. — Excellente duègne au th. des Célestins à Lyon, 1824-30. Maurice Alhoy dans sa *Grande biographie* en fait le plus grand éloge et la donne en modèle aux duègnes de la capitale.

Mlle CAMUS, Louise. Rôles d'enfants au th. des Célestins à Lyon, 1825-28, et jeunes premiers rôles 1829-30.

Mme CAMUS, Anaïs. Utilités, Liège 1833.

Mlle CAMUS, Sophie. Ingénuités, Colmar 1837, première amoureuse Louvain 1842.

Mlle CAMUS. Soubrette, Verviers 1843.

Mme CAMUS, Sophie Prosper. Bordeaux 1867-1868, Bruxelles 1869-99. Sa mort fut annoncée au Rapport de 1900.

CAMUS, Louis, Alexandre. — Né à Paris en 1811. Second et troisième comique au th. du Vaudeville à Bruxelles, 1839-40. Mort en 1842 (12 mars) en cette ville.

CAMUS, Henri Courtois. — Amiens 1884.

CANCALON. — Th. historique, avril 1876.

CANDEILH, François, Ferdinand. — Pensionnaire à la Comédie Française, 1854-56. C'était un élégant jeune premier qui arrivait de l'Odéon ; il effectua son début dans le petit rôle du Chevalier de Riom de *Mlle Aïssé* (25 avril 1854) et réussit. Candeilh créa encore Phaon, de la *Reine de Lesbos* (22 juin), reprit le rôle de Raoul de Vaubert, de *Mlle de la Seiglière* (10 déc.), créa le rôle de Frédéric dans *La dot de ma fille* (13 déc.), remplaça Guichard dans le rôle de Pythias, de *Pythias et Damon* (4 juillet 1855), joua encore le rôle d'Octave de la *Joie fait peur* (reprise, 30 avril 1856), puis passa par les Variétés, 1857-58 et le Vaudeville, 1860-61. A partir de ce moment — sauf une saison à Marseille 1868-69 — Candeilh fit toute sa carrière à Bruxelles comme artiste et comme habile directeur. En 1893, Candeilh avait 66 ans et 38 ans de théâtre. Il obtint la pension de 500 fr. de la Société des artistes. Dans son rapport de 1902 à la Société des artistes, M. Louis Péricaud, en annonçant sa mort, lui fit cette belle oraison funèbre : « Un de ceux-là qui s'intitulent fièrement enfant de leurs œuvres. Je le vis débuter à l'Odéon dans *François le Champi*. Candeilh arrivait de Bordeaux, jargonnant à pleine bouche son accent méridional... Il ne tarda pas à être distingué par le Théâtre Français et y fit d'heureux débuts, à côté des grands amoureux, qui étaient alors Bressant, Maillard, Leroux et Delaunay.

« Puis il s'en fut aux Variétés faire d'importantes créations. Il poussa ensuite une pointe vers le Vaudeville. Enfin, trouvant que la fortune ne venait pas à lui par la vapeur, il courut après elle par l'électricité, et l'attrapa à Bruxelles, où il la saisit par son unique cheveu ; et pendant trente années de direction aux Galeries St-Hubert et au Parc, peigna ce cheveu avec tant de soins et d'ardeur, qu'il parvint à en extraire une fortune des plus respectables.

« Si je vous dis cela, mes chers camarades, c'est que tous nos pauvres s'y trouvent intéressés ; Candeilh ayant conçu et mis à exécution la belle pensée de laisser à notre Société la moitié de cette fortune pour y créer des pensions de 600 francs.

« Je ne puis vous éclairer davantage aujourd'hui, les formalités testamentaires n'étant pas terminées, mais nous pouvons toujours compter, nous a assuré le notaire chargé de liquider la succession, sur une somme de *trois cent mille francs*.

« Nous devons donc nous empresser de bénir la mémoire de cet homme de bien, dont la vie peut se résumer en trois mots : Travail, Probité, Bienfaisance. »

Bibliographie : G. d'Heylli, *Journal intime de la Comédie française*. — Em. Abraham, *Acteurs et actrices*, 1861. — *Annuaire de la Société des artistes dramatiques*, 1902.

CANDEILLE, Mlle Julie, Emilia, femme Laroche, femme Jean Simons, femme Hilaire Henri Périé de Senovert. — Naquit à Paris sur la paroisse St-Sulpice, le 30 juillet 1767. Elle était la fille du compositeur de ce nom (1744-1827), et à l'âge de sept ans, elle avait déjà paru dans un concert devant le Roi. Son père avait longtemps chanté à l'Opéra comme basse-taille dans les chœurs. Il s'en éloigna au bout de 17 ans pour y revenir de nouveau en 1810 comme chef de chant. Fétis, dans sa biographie des musiciens, lui assure un rang honorable parmi les musiciens du XVIIIme siècle.

Julie Candeille débuta à l'Académie royale de musique le 27 décembre 1782 dans *Iphigénie en Aulide*, où elle réussit. Mais elle rentra dans la vie privée pour s'adonner entièrement à la double étude de la composition et du piano. C'est par erreur que l'on prétend qu'elle fut remarquée à Lille par Monvel ; la vérité est que cet artiste vint à Lille y donner une représentation au bénéfice de Mlle Candeille (*Mahomet*, le 29 octobre 1787), déjà pensionnaire du Roi depuis deux ans.

En effet, ayant pris des leçons de Molé, elle débuta le lundi 19 septembre 1785 à la Comédie française, dans Hermione, d'*Andromaque*, et son professeur se plaignit même du peu de cas que l'on faisait de ses recommandations en faveur de son élève sacrifiée à Mlle Vanhove. (Coll. d'autographes Charavay, 1855.) Sa réussite fut médiocre. Elle manquait d'expression tragique : elle était blonde, ses yeux petits, ses traits fins et délicats. Cependant elle fut admise sur l'ordre de Louis XVI, devant qui elle avait joué à la Cour le rôle d'Ariane : « Cette jeune personne est charmante, avait-il dit. Si elle n'est pas reçue, je la reçois. » Le baron de Breteuil, qui lui portait intérêt, lui fit attribuer un quart de part. (25 janvier 1786.)

M. L. Lefebvre, l'auteur de l'*Hist. du th.* à

Lille, signale sa présence en cette ville en octobre et novembre 1787; mais, se sentant peu de vocation pour la tragédie, elle se consacra tout à fait à la comédie. Puis, fatiguée de lutter contre des intrigues de coulisses, elle suivit Monvel au théâtre de la rue Richelieu (alors Variétés amusantes), qui allait devenir th. de la République (th. français actuel). Elle y parut avec succès dans les rôles de coquettes du répertoire de Marivaux, et assura la réussite de la *Jeune hôtesse* (24 sept. 1791). Elle y chantait, en s'accompagnant de la harpe, un morceau dont elle avait composé la musique; même succès dans le rôle de Catherine, de la *Belle fermière*, pièce dont elle était l'auteur (1792). On ne l'appelait plus que la *belle Catherine*.

Se trouvant à Lille en novembre 1792, alors que la nouvelle de la victoire de Jemmapes et la marche triomphale de Dumouriez enflammaient les esprits, elle débita en l'honneur du général un couplet se terminant ainsi:

Moi, sans aller si loin chercher
Matière à connaître la gloire,
Je tourne l'œil vers Dumouriez,
Et tout me parle de Victoire.

Les frères de Goncourt, dans leur *Histoire de la Société française pendant la Révolution*, Victor Fournel, dans un article consacré aux *Comédiens révolutionnaires* (Moniteur du 2 juin 1881), ont dit que Mlle Candeille joua le rôle de la Déesse Raison dans les cérémonies civiques de 1793. Les Goncourt citent même le lieu: l'église St-Gervais. Mlle Candeille nia le fait dans le *Journal des Débats* du 6 ou 7 juin 1817.

Elle déclara, à ce propos « que jamais elle ne s'était chargée d'aucun personnage irreligieux dans les saturnales de 1793; qu'elle n'avait jamais assisté, même comme spectatrice, à la fête du 20 novembre, et qu'elle repoussait cette accusation par tous les moyens. »

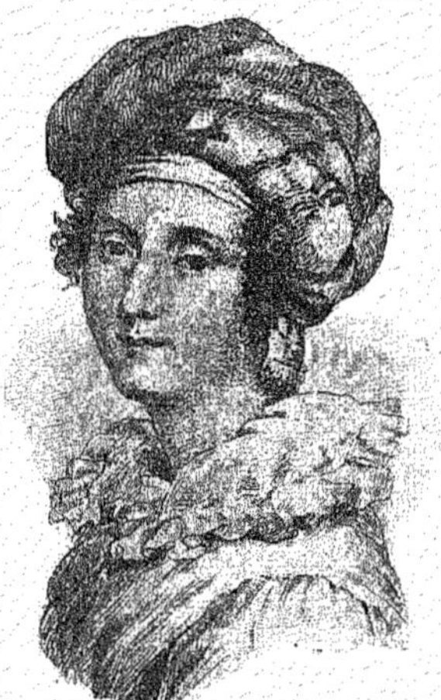
Mlle Julie-Emilia CANDEILLE

On prétend que ce fut pour elle que Fabre d'Eglantine écrivit la jolie romance *Je t'aime tant*, musique de Garat.

Au théâtre, il manquait à cette actrice une sensibilité communicative; malgré toute son intelligence, elle laissait le public indifférent; on ne lui sut même pas gré de savoir écrire — chose assez rare pour une femme à cette époque — et la *Bayadère*, 5 actes en vers (24 février 1795), pièce signée d'elle, et où elle jouait le rôle principal, ne fut même pas écoutée.

Découragée, elle quitta le théâtre, parcourut la Belgique et la Hollande en donnant des concerts, avec le concours de Garat (2 frimaire, 22 nov. 1796, à Lille). Elle s'était mariée une première fois le 8 novembre 1794, à Louis Nicolas Delaroche, officier de santé, né à Paris le 26 juillet 1768. La fiancée avait 27 ans. Ce mariage fut toujours enveloppé d'un certain mystère; Mlle Candeille ne porta jamais le nom de son mari et reprit sa liberté par suite du divorce survenu entre les époux, le 13 décembre 1797.

L'année suivante elle se remaria, le 11 février, à un riche carrossier de Bruxelles nommé Jean Simons, qu'elle captiva en cette ville, dit F. Faber. Le roman est plus amusant. On prétend que le carrossier, venu à Paris pour s'opposer au mariage de son fils avec Mlle Lange, vit Mlle Candeille, s'en éprit, et demanda sa main. Quatre ans plus tard, Jean Simons était ruiné. Une séparation volontaire en résulta, et De Manne affirme que le mari vécut d'une pension que lui faisait sa femme. Il mourut seulement en avril 1821.

Revenue à Paris, Mme Simons-Candeille eut à soutenir son père tombé dans l'infortune. Elle donna des leçons de musique et de langue française, fit jouer en 1807, à l'Opéra comique, *Ida* ou l'*Orpheline de Berlin*, dont elle avait fait le poème et la musique, puis en 1808, la *Réconciliation* à la Comédie française. Ces pièces réussirent peu, et elle se consacra au roman. On connaît d'elle: *Lydie*, roman de mœurs, 1808, *Geneviève*, 1812, *Bathilde*, 1816, un volume de *Souvenirs*, 1816, *Agnès de France*, 1818, *Blanche d'Evreux*, 1822. La véritable cause de sa chute au théâtre avait été, disent ses contemporains, de placer dans la bouche de ses interlocuteurs toutes sortes de louanges fades sur sa beauté, sa grâce et ses talents, tandis qu'elle tenait le principal rôle. Malgré toute son intelligence, la « belle Mademoiselle Candeille » avait manqué du tact le plus courant.

Enfin, sous la Restauration, Mlle Candeille affecta des sentiments très ardents de royalisme, ce qui explique suffisamment la lettre au *Journal des Débats* citée plus haut.

Le gouvernement de Louis XVIII entendit ses plaintes, et lui accorda le brevet d'une pension théâtrale pour elle et son père; le roi lui en fit une autre de 2,000 fr. sur sa propre cassette. Enfin, remariée pour la troisième fois, en 1822, à Hilaire, Henri Périé de Sénovert, né à Castres en 1780, peintre assez médiocre, elle eut encore assez de crédit pour faire nommer celui-ci directeur du Musée et de l'Ecole de dessin, à Nîmes (1826).

On a prétendu que Mlle Candeille resta toujours belle. Grille dans un de ses ouvrages : *Autographes de savants et d'artistes* ne partage pas cet avis : « Je n'ai jamais connu Mme Candeille que dans sa laideur, écrit-il, je veux dire sa vieillesse prétentieuse et grimacière. Quoi ! C'était là cette femme qui avait passé pour si jolie, si spirituelle ! Qui était connue de toute la Gironde, de toute la Convention ! Qui fut la maîtresse adorée de Vergniaud ! Je ne pouvais le croire ! » Mais il y avait quarante ans de cela, M. Grille !

M. Périé mourut en 1833. Ce coup frappa la pauvre femme si cruellement qu'elle en devint paralysée. Il fallut la ramener à Paris et la transporter dans la maison de santé du docteur Marjolin, faub. Poissonnière, 93, où elle mourut le 3 février 1834. Les obsèques eurent lieu le 6. *(Petites affiches* du 8.)

Biographie : E. D. De Manne et C. Ménétrier, *Troupe de Talma*.

Bibliographie : *Almanachs Duchesne*. — De Goncourt, *Hist. de la Société française pendant la Révolution*. — F. Faber, *Hist. du th. français en Belgique*. — V. Fournel, *Moniteur*, 2 juin 1881. — P. Porel et G. Monval, l'*Odéon*, t. I. — *Intermédiaire des chercheurs et des curieux*, XIV, XXII. — L. Lefebvre, *Hist. du th. à Lille*. — Em. Campardon, les *Comédiens du roi de la troupe française*.

Iconographie : Portrait dessiné par Prud'hon. — *Troupe de Talma*, en buste, eau forte de Fr. Hillemacher.

CANDELON, Mme Jeanne, Marie. — Nantes 1885-89, Montpellier 1890-91, Lyon 1892, Reims 1893, Lyon 1894, Nîmes 1895-1896, Bayonne 1897-98, Castelsarrazin 1899. Habitait cette ville en 1903.

CANDIGUE, Mme, née Lacase. — Artiste dramatique 1848-49.

CANDIGUE, Edouard, Benoit. — Constantine 1866-67, Alger 1868-70.

CANDIGUE, Antonin. — Lyon 1883-84, Paris 1885, Bordeaux 1886. Sa mort fut annoncée au Rapport de 1887.

CANEEL. — Rôles accessoires, Bruxelles, aux appointements de 1,500 fr. 1772-73, 1775.

CANNIS, Eug. — Th. des Arts, Rouen 1833. Il y eut un *Cannis*, grande utilité, Bruxelles 1852.

CANON, Eugène, Ernest. — Dijon 1875-77, Bataclan 1878-79.

CANOT. — Financier, Rouen 1790.

CANTEL. — Odéon 1848-49. Il y avait eu un *Cantel* aux Funambules. *Cantel*, Louis, Adolphe, Rouen 1852-54.

CANTIN, François. — Anvers 1867-68, Nantes 1869, Nouvelle-Orléans 1870, Paris 1871-72, Dijon 1873, Paris 1874-80, Toulouse 1881, Paris 1882, Rouen 1883-88, Bouffes-Parisiens 1889-95. Sa mort fut annoncée au Rapport de 1896.

CANTIN, Mme Mariette. — Renaissance 1886-1888, Bouffes-Parisiens 1889-92. Sa mort fut annoncée au Rapport de 1893.

CANTON, Mlle. — Palais-Royal 1883.

CANTON, Charles, Louis. — Bouffes Parisiens 1883-84, Paris 1885-98.

CANTORALLY. — Utilités, Dijon 1837.

CANTRELLE, Mlle. — Châtelet 1869.

CANUEL, Mme veuve Charlotte, Justine, née Louis. — Le Hâvre 1866-69.

CANUT. — Premier comique, Chartres 1829.

CANUT ou Cannut, Paul. — Premier comique, Liège 1842, Anvers 1846.

CANVILLE, Mme. — Th. Louvois 1797. Ne serait-ce pas *Camille* ?

CAPEL, Mlle Léontine. — Bordeaux 1848-53, Paris 1854-55, Bordeaux 1856-65.

CAPELINE, Aug. — Deuxième père, Dijon 1826.

CAPELINE, Emile, fils. — Rôles d'enfants, Caen 1826.

CAPELLY-Decourty, Mme. — Née à Bruxelles le 16 février 1824, seconde amoureuse, Bruxelles 1842.

CAPET, Mme. — Gaîté et Renaissance 1874. Femme d'un régisseur de l'Eldorado. Un artiste actuel du nom de *Capet* se fait appeler *Delapries*.

CAPON, Mlle Virginie. — Ambigu 1839-41. Cette artiste avait débuté à ce théâtre le 4 avril 1839 *(Raphaël)*. *L'Indiscret des Coulisses* écrit en 1841 : « Elle joue les ingénuités ; elle est gentille et gracieuse. » En 1845, il y avait une demoiselle *Capon* au Vaudeville.

CAPON, Gervais, Epiphane. — Porte St-Martin 1863-68.

CARABIN, Lucien, Etienne. — Ile de la Réunion 1863-64, Alger 1865, Bruxelles 1866-69, Marseille 1873, Buenos-Ayres 1874-78. En 1895, le Rapport de la Société des artistes signala la mort d'une Mme Carabin, et l'Annuaire de 1903, enregistre toujours — depuis 1886 — la présence à Buenos-Ayres de Mme Carabin, Rachel, née Trefoglio, dite *Etienne*.

CARAINVILLE, Mlle. — Th. Patriotique 1794.

CARANTE, Mme. — Pau 1850-52.

CARBEN, Mlle Léontine, Caroline, femme Eustache. — Inscrite à l'Association des artistes depuis 1840. Délassements comiques 1848-49, Gaîté 1850-60, Cirque Impérial 1861, Paris 1862-69. Agée de 61 ans en 1870, avec 35 ans de services, elle obtint la pension de 500 fr. de la Société des artistes, et se retira à Mèze. Son nom disparut de l'Annuaire en 1872.

CARBEN, Mlle Clara. — Gaîté 1850-60, Cirque Impérial 1861, Paris 1862, Châtelet 1863-72, Marseille 1873-75, Paris 1876, Bordeaux 1877, Paris 1878, Marseille 1879-81, Cette 1882-84, Versailles 1885. Sa mort fut annoncée au Rapport de 1886.

CARBEN, Mlle Henriette, Jeanne. — Rouen 1869-70, Bruxelles 1872, Bordeaux 1873-76, Paris 1877, Bordeaux 1878.

CARDARELLY, Mme Marie. — Il y eut une chanteuse de ce nom au th. Lyrique en 1853, Nouvelle-Orléans 1860-66. La Haye 1862, Alger 1863-64, Montpellier 1865, Toulon 1866-68, Montpellier 1869-70, Paris 1871-72, Alger 1873-1874, Paris 1875-76, Marseille 1878-80, Aix 1881-82, Paris 1883, Aix 1884-86, Nîmes 1887-1888, Avignon 1889. En 1890, âgée de 62 ans, avec 40 ans de th., Mme Cardarelly obtint la pension de 500 fr. de la Société des artistes. Elle se fixa à Avignon, où elle habitait encore en 1902.

CARDIER, Mme. — Porte St-Martin 1837. Ne serait-ce pas *Cordier?*

CARDINAL. — Ambigu 1793-94.

CARDINAL, Mme. — Actrice de Strasbourg, engagée à Rouen. Fut tuée près de Verdun en avril 1826, par suite de la chute de la diligence dans laquelle elle se trouvait. Tenait l'emploi des jeunes premières. Elle avait joué en 1824 à Avignon, Digne, Gap et Tarascon.

CARDINAL. — St-Quentin 1828.

CARDINAL, Etienne. — Amoureux à Lyon et Genève 1856-57, Genève 1858-60, Dijon 1861-63.

CARDINAL, Mme Louise, née Anselme Baptiste. — De la grande famille dramatique des Baptiste. Genève 1861-66, Brest 1867.

CARDON, François, Gustave. — Beauvais 1872-74.

CARDON, Prosper. — Caen 1891-93, Rouen 1894, Amiens 1895-96.

CAREL-Osmin. — Bayonne 1850-52.

CARIDAD, Mlle. — Folies dramatiques 1886.

CARIEL, Mlle. — Amoureuse, Rouen 1852.

CARINA, Mlle. — Folies dramatiques 1888, Cluny 1888. Nouveautés 1890, Cluny 1893.

CARISTIE. — V. Martel.

CARLE. — Acteur du Vaudeville. Avait débuté le 7 brumaire an XIII dans le rôle d'*Arlequin afficheur*, 1804-1810. Utilités.

Iconographie : Collection Martinet, n° 140, rôle de Bataille dans les *Femmes soldats*, n° 220, rôle de Girard de Nevers, dans l'*Auberge dans les nues*.

CARLE, Etienne. — Gand 1875-79.

CARLI, Mme Anne, Marie ou Maria Levié. — Le Hâvre 1866-70, Paris 1872, Variétés 1873, Nouvelle-Orléans 1874, Lyon 1875, th. de la Renaissance 1875-76, Blois 1878-80, Nantes 1881, Port-Maurice 1882-84, Nice 1885, Paris 1886. Sa mort fut annoncée au Rapport de 1886.

CARLI, Mme Renée. — Moscou 1874-78.

CARLIER. — Rôles de convenance, Caen 1852, Orléans 1852.

CARLIER, Mme. — Utilités, Caen 1852.

CARLIER, Mme veuve, née F.-C. Martinet. — Artiste inscrite à l'Association dramatique depuis 1845, St-Quentin 1854.

CARLIER, Mlle Berthe. — Variétés 1881, Châtelet 1882-86, Paris 1887-96.

CARLIN, Mlle Augustine. — Gaîté 1866-67, Variétés 1868, Salle Taitbout 1875, Châtelet 1881. Habitait Paris en 1903.

CARLING, Mlle. — Athénée 1877.

CARLINI, Mlle, — Utilités, Th. de la République, Rouen 1797.

CARLISLE. — Premier rôle, St.-Quentin 1783-84, Gand 1790.

CARLO. — Gymnase 1883.

CARLOT, Jules, Auguste, Henri. — Bruxelles 1842-52, Paris 1853-55.

CARMAN, Sébastien. — Rouen 1851, Bruxelles 1854-61, Gand 1862-64, Strasbourg 1865-66, Liège 1867, Gand 1868, Bruxelles 1869-72, Liège 1873-89. Carman fut nommé, en 1881, chevalier de l'ordre de Léopold.

CARMAN, Mme, née Irma Dupuis. — Rouen 1851, Bruxelles 1854. En 1855, le Rapport de la Société des artistes annonce la mort d'une dame *Carman*.

CARMOUCHE, Mme. — V. Jenny Vertpré.

CARNAUD, Mme Thérèse, Zéphirine, dite aussi *Alfred*. — Fit partie de l'Association des artistes dramatiques depuis la fondation (1840). Lyon 1852-55, Paris 1856-58, Nérac 1859. En 1858, Mme Carnaud avait 53 ans, dont 30 passés au théâtre. On lui accorda la pension de 200 fr. Elle vécut à Aix jusqu'à l'âge de 92 ans, et sa mort fut annoncée au Rapport de 1898.

CARNET, Mlle Léocadie. — St-Pétersbourg 1866-72.

CARO, Mlle. — Palais-Royal 1879, Variétés 1883.

CAROLINE, Mme ou Mlle. — Sous ce nom :

Mlle Caroline, Th. de la Monnaie, à Bruxelles, 1795.

Mlle **CAROLINE** Rey, qui fit courir tout Paris au théâtre Montansier-Variétés, l'inséparable partenaire de Brunet. « Caroline et Brunet, Brunet et Caroline, voilà tout ce théâtre, écrit-on en 1800. Ils sont comme deux planètes autour desquelles roulent en foule des satellites plus imperceptibles les uns que les autres ». A tel point que M. le comte de Ségur — autrement dit le citoyen Ségur jeune — écrivit une pièce d'à-propos, *Brunet et Caroline*, qui fut jouée par les deux artistes. Tout le monde vantait la voix fraîche, flexible, sonore de Mlle Caroline, dont on plaisantait par contre la maigreur. Mlle Caroline qui figurait en tête de la troupe du th. Montansier-Variétés demeurait alors rue Chabanais, 21. Le *Coup de Fouet* l'appelle « le petit rossignol des Variétés » et la plaint d'être en si mauvaise compagnie.

Mlle Caroline fit merveille dans le *Diable couleur de rose*, dans la *Famille des Innocents* « où elle était si gentille et chantait si bien », accompagna la troupe au th. de la Cité, et mourut prématurément en 1807, laissant un fils qui suivit sa carrière; c'est Paul, qui fut ensuite aux Variétés et joua les amoureux avec succès au Gymnase.

Voici l'article nécrologique que lui consacra l'*Annuaire dramatique* pour 1808 : 11 juin (1807) *Mort de Mlle Caroline :* « Caroline était fille d'un tailleur de St-Germain-en-Laye. Comme avant d'entrer au théâtre elle avait un talent très prononcé pour le chant, on la recevait avec empressement dans toutes les sociétés de St-Germain. M. Q..., propriétaire des environs et fort bon musicien, l'ayant entendu chanter, intéressa vivement en sa faveur les meilleurs artistes de Paris, ses amis, qui donnèrent au bénéfice de Caroline un concert dans une des salles du château... Mlle Montansier la pressa de débuter à son théâtre où elle finit par s'engager. Elle ne voulut jamais quitter le berceau de sa réputation, et c'est après en avoir fait les délices pendant 10 ans, qu'elle termina sa vie, à la suite d'une maladie de poitrine. Elle était douce et bonne, et fut conduite à sa dernière demeure par tous ses camarades... »

Mlle Caroline avait demeuré 110, rue Saint-Lazare en 1805-06, et rue Batave en 1807.

Bibliographie : *Almanachs Duchesne* 1799-1800. — *Almanach pour l'an X*. — Le *Coup de Fouet*. — *Tribunal volatile*. — L'*Opinion du Parterre*, t. III, IV et V. — *Annuaire dramatique*, p. 1808. — *Almanach Duchesne* 1815, p. 58. — *Mémoires de Mlle Flore*, t. I, p. 7.

Mlle Caroline, Gaîté 1800.

Mlle Caroline continue son début aux Variétés le 5 oct. 1809, par le rôle de Colifichet dans le *Diable couleur de rose*.

Mlle Caroline, deuxième amoureuse, Lille 1811.

Mlle Caroline, Vaudeville 1814.

Mlle Caroline, Cirque Olympique 1816.

Mlle Caroline, Variétés 1819.

Mlle Caroline Roger, Ambigu 1820, sortant du Conservatoire.

Mlle Caroline Delarue, Cirque olympique 1821-27, actrice zélée, tenant tous les rôles.

Mlle Caroline, actrice de la Porte St-Martin, 1820-24, à qui Maurice Alhoy reproche son inconstance à tenir ses engagements avec ses directeurs. Le critique s'amuse à donner d'elle un signalement en vers, en cas d'enlèvement ou de disparition.

Bibliographie : *Grande biographie dram.* 1824.

Mlle Caroline, troisième amoureuse, Tours 1826.

Mlle Caroline, troisième amoureuse, Dép^t du Var 1827.

Mlle Caroline, troisième amoureuse, Bruxelles 1827.

Mlle Caroline, actrice qui débuta à l'Ambigu le 30 mai 1827 par le rôle de Babet dans le *Grenier du Poète*.

Mlle Caroline Pougaud, soubrette, Rouen 1828, Lille 1829, débuta aux Variétés le 11 septembre 1830 par le rôle de Toinette dans la *Neige*.

Mlle Caroline, deuxième amoureuse, Vannes 1828.

Mlle Caroline, ingénuité, Valence 1828.

Mlle Caroline, Th. du Luxembourg 1829-30.

Mlle Caroline, deuxième amoureuse, Amiens 1829.

Mlle Caroline débuta à la Porte St-Martin le 22 mai 1829, rôle de Georgette dans la *Servante justifiée*.

Mlle Caroline, Th. Montparnasse 1830.

Mlle Caroline Letellier, deuxième amoureuse, Reims 1830.

Mme Caroline, mère noble, Laon 1830.

Mlle Caroline débuta le 6 juillet 1830 à l'Ambigu, dans le *Retour au Département*.

Mlle Caroline, Gaîté 1833.

Mlle Caroline, Th. de Belleville 1833-34.

Mlle Caroline, rôles de convenance, Metz 1833.

Mlle Caroline, rôles travestis, Rennes 1833.

Mlle Caroline Olivier, née le 13 novembre 1818, troisième amoureuse, Toulouse 1833, Variétés 1842.

Mlle Caroline (la petite), rôles d'enfants, th. du Luxembourg 1833.

Mlle Caroline, Vaudeville 1834.

Mlle Caroline, soubrette, th. des Variétés à Bordeaux 1834.

Mlle Caroline, Ambigu 1835.

Mlle Caroline, Variétés 1835.

Mlle Caroline, th. du Panthéon 1837.

Mlle Caroline, Amsterdam 1837.

Mlle Caroline, Ambigu 1838.

Mlle Caroline, Vaudeville 1840.

Mlle Caroline, th. du Gymnase à Marseille 1840.

Mlle Caroline, Porte St-Martin 1840.

Mlle Caroline, jeune première, Amsterdam 1840.

Mlle Caroline (la petite), Francisque, rôles d'enfants, Namur 1844.

Mlle Caroline, Délass. com. 1844.

Mlle Caroline Boucher, Vaudeville 1846.

Mlle Caroline, amoureuse, Verviers 1846.

Mlle Caroline, Vaudeville 1852.

Mlle Caroline, soubrette, Périgueux 1852.

Mlle Caroline, Délass. com. 1854.

Mlle Caroline, th. Beaumarchais 1861.

Mlle Caroline, th. du Cirque 1862 *(Rothomago)*.

Mlle Caroline (la petite), Château d'Eau 1874.

Mlle Caroline, Odéon 1881-83.

Mlle Caroline. V. aux noms de Amy, Fédé, Jamin, Julien, Jost, Leblanc, Lebrun, Lévy, Melval, Soissons, Wuille.

Mlle Caroline (?) Iconographie : Bibl. nat., Catal. Duplessis n° 8358, en pied, de 3/4 à gauche, lith. par Menut-Alophe.

CAROLY. — V. Karoly.

CARON. — Sous ce nom :

Caron, acteur très faible, Bruxelles 1762. V. Carron.

Caron, Th. comique et lyrique de la rue de Bondy, 1792, peut-être le même que le suivant.

Caron, Pierre, Simon, petit acteur des Variétés (1763-1806) qui serait sans doute parfaitement oublié s'il ne s'était pas signalé par quelques particularités. Amateur et éditeur de livres facétieux, il fut vanté par Ch. Nodier. Quoique fort pauvre, il réunit beaucoup de livres curieux dans le genre rabelaisien, et donna des éditions nouvelles de *Chansons folastres des Comédiens*, le *Jeu du Prince des sots*, joué aux Halles de Paris le mardi gras de l'an 1511, une traduction française des *Noëls bourguignons*, de La Monnoye. La misère le réduisit à se jeter par la fenêtre. En 1804, il y avait un Caron qui tenait de petits rôles au Vaudeville.

Caron, acteur de l'Ambigu 1819-27, doué d'une physionomie ingrate qui nuisit à sa carrière. Après avoir épousé Mlle Lauzet, une des plus jolies figurantes de ce théâtre, Caron partit pour Moscou (1828) où il devint régisseur général, tout en tenant les deuxièmes et troisièmes rôles, puis directeur en 1833.

Caron, premier comique, Amiens 1824, Caen 1826, Angoulême 1827.

Caron, père noble, Rennes, Laval 1825, Le Hâvre 1826.

Caron, jeune premier à Nîmes 1830.

Caron, Charles, Mons 1833.

Caron, premier amoureux, Th. français de Rouen 1833.

Caron, Jean, François, acteur du Cirque olympique 1845, Th. historique 1846-47, Cirque olympique 1848-49. Russie 1852, St-Pétersbourg 1853-60, Le Hâvre 1861. V. Mme Caron Caroline.

Caron, Georges, Alphonse. Calais 1864-69.

Caron, Louis, Emile, Toulouse 1877-83, Marseille 1884, St-Brieuc 1885, Marseille 1886, Montauban 1887-88, Montpellier 1889-90, Paris 1891, Lille 1892. Habitait Lille en 1903.

Caron-Roy, Aug. Artiste inscrit à la Société depuis 1877, mort à l'hospice St-Antoine. Décès annoncé en 1883.

CARON, Mme ou Mlle. — Sous ce nom :

Mme Caron, Besançon 1829.

Mme Caron, Caroline, née Lambert, femme de Caron. Jean-François (v. ci-dessus). Cirque olympique 1848, Russie 1852, St-Pétersbourg 1853-60, Le Hâvre 1861.

Mme Caron, Lucie, Constantinople 1876-79.

Mlle Caron, Léontine, Félicité, Jeanne — qu'il ne faut pas confondre avec Mlles Cécile et Marguerite Caron, les actrices actuelles — Odéon 1877-79, Vaudeville. Tournées en province où elle reprit le rôle de Mlle Legault dans *Tête de Linotte*, Palais-Royal 1884. Habitait Paris en 1895.

CARPAY, Mlle Julie. — Utilités, Lille 1844.

CARPENTIER, François, Antoine. — 1768-1809, naquit à Paris et fut baptisé le 9 mai 1768 à l'église St-Paul-St-Louis. Excellent dans les valets, les niais, les caricatures, Carpentier devint un des meilleurs artistes du Vaudeville dont il fit partie dès la création (1792). Son originalité et la finesse de son jeu faisaient passer son peu de voix. Il fut même sur le point d'entrer à la Comédie française, mais son directeur, Barré, sut le retenir.

Malheureusement Carpentier se livrait à la boisson, et rien ne put arriver à le corriger de ce vice. Il partait de chez lui, rue des Orties-St-Roch, chaque matin à six heures, suivait les rues St-Honoré et de la Ferronnerie, montait la rue St-Denis et le faubourg, puis redescendait par le faubourg St-Martin, en faisant une halte chez les marchands de vin où il absorbait une goutte de deux sous. C'est ainsi qu'il arrivait à son théâtre complètement ivre. Il vendit, pour boire, son mobilier pièce à pièce, jusqu'à son lit, et se jeta par la fenêtre le 11 juillet 1809. L'administration du Vaudeville fit une pension aux deux filles qu'il avait eues d'un premier mariage, car cet incorrigible ivrogne avait trouvé le moyen de se marier deux fois, la seconde, le 31 juillet 1797, avec une cousine germaine de son camarade Chapelle. Barré fit de ces jeunes personnes deux honnêtes femmes qu'il maria. On trouvera quelques anecdotes sur Carpentier dans l'*Hist. des petits théâtres*, de Brazier, t. I, p. 268.

Biographie : E.-D. De Manne et C. Ménétrier, *Troupe de Nicolet*.

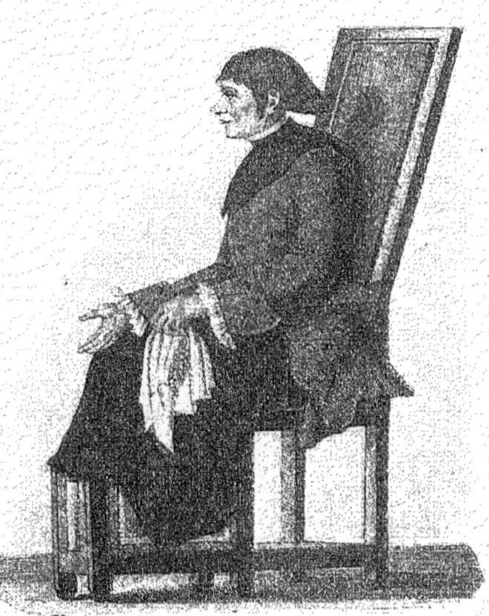

François-Antoine CARPENTIER, dans le *mariage de Scarron*.

Bibliographie : L'*Espion des coulisses*, an VIII. — Le *Coup de fouet*, an X. — Le *Tribunal volatile*, an XI. — *Hist. des petits th.*, par Brazier.

Iconographie : Coll. Martinet, n° 95, costume de Carpentier dans le rôle de l'Affût de *Florian*, n° 157, portrait dans le *Mariage de Scarron*, pièce où il excellait.

CARPENTIER, Mlle Augustine. — Palais-Royal 1866-72. Une demoiselle Carpentier était à la Renaissance en 1873.

CARRAT, Manuel. — Acteur des Variétés 1839-41, dont l'*Indiscret des Coulisses* disait : « Un dix-neuvième premier amoureux; il a du physique; peut-être aura-t-il du talent ».

CARRAT, Louis, Jules. — Paris 1871-72, Abbeville 1873, Paris 1874-81, Batignolles 1882-1884, Paris 1885-87. Sa mort fut annoncée au Rapport de 1888.

CARRÉ. — Sous ce nom :

Carré, rôles accessoires. Lille 1790.

Carré. Bayonne 1826.

Carré, premier comique. Amiens 1827, Reims 1828.

Carré. Nom d'un débutant aux Variétés, le 3 mai 1830, rôle de Toussaint dans les *Chevilles de Maître Adam*.

Carré. Directeur à Mons avec Mme Corrège, 1830. Joue à Namur, même année.

Carré, premier comique. Laon 1833.

Carré, père, premier comique. Lorient 1834.

Carré, fils, troisième amoureux. Lorient 1834.

Carré, Achille, rôles annexés. Rennes 1834, comique marqué Alger 1850, Chartres, Versailles 1851-52. Besançon 1852-1854, Alger 1855, Genève 1856-59, Nancy 1860, Angers 1861-62, Béziers 1863-64, Toulouse 1865-1867, Le Hâvre 1868, Bordeaux 1869. En 1869, Achille Carré, âgé de 65 ans, comptait 41 années de services. Il obtint une pension de 300 fr. de la Société des artistes et se fixa à Agen, 1870-75.

Carré, Louis, Joseph Petit dit. — Marseille 1848-49, Poitiers 1850, jeune premier Constantine 1852, Alger 1852-55, Constantine 1856, Lisbonne 1857, Marseille 1858-68, th. Beaumarchais 1869, Marseille 1870-79. Sa mort fut annoncée au Rapport de 1880.

Carré, comique. Th. du Gymnase, Marseille 1851, th. des Variétés, Toulouse 1852.

Carré, financier, Besançon 1852.

Carré, Jean-Baptiste. Strasbourg 1854-55, Toulouse 1856, Alger 1857-58, Nantes 1859, Lille 1862-64, Rouen 1865-70. En 1872, Jean, Baptiste Carré se fixa à Paris. En 1888, âgé de 64 ans, ayant 23 ans de théâtre, il obtint une pension de 300 fr. de la Société des artistes dramatiques. Il habitait Paris en 1903.

CARRÉ, Hugues, Michel, Albert, né à Strasbourg le 22 juin 1852. — Il ne nous appartient pas de retracer ici la biographie du directeur actuel de l'Opéra-Comique, mais nous rappellerons seulement qu'il commença sa carrière comme comédien. Albert Carré suivit les cours du Conservatoire et remporta un deuxième prix de comédie, en 1874 (classe Bressant), puis débuta au Vaudeville dans les matinées (*La Corde sensible*, rôle de Califourchon et un *Bal du grand monde*, 1875). Albert Carré créa quelques rôles dans les *Dominos roses* (17 avril 1876), les *Mariages riches* (nov.), *Dora* (22 janv. 1877), le *Club* (22 nov. 1877), reprit le rôle de Célestin dans les *Vivacités du Capitaine Tic* (19 sept.), *Chez elle* (matinée du 10 mars 1878), la *Poule et ses poussins* (24 nov. 1878). En 1879, il crée le rôle de Puyjolet dans les *Tapageurs* (19 avril), reprend le rôle de Valentin des *Mémoires du Diable* (matinée du 2 fév.), de Vertillac, des *Faux Bonshommes* (22 février), de Prosper du *Lion empaillé* (4 oct.), de Colline de la *Vie de Bohême* (15 avril 1880). Il joue Bristol du *Voyage d'agrément* (3 juin 1881), Valençon d'*Odette* (17 novembre), reprend le rôle de Marsal dans un *Mariage de Paris* (23 mai 1882). En 1883, il joue encore Agénor, des *Affolés* (8 octobre), le prince d'Axel des *Rois en exil* (1er déc.); en 1884, le Capitaine de la *Flamboyante* (22 fév.), un rôle dans le *15e Hussards*, puis fut directeur à Nancy. La succession d'Ernest Bertrand, associé de Raymond Deslandes, se trouvait alors vacante au th. du Vaudeville. Albert Carré renonçant à son art, se fit directeur et devint l'associé de ce dernier, puis seul directeur en 1890. En 1893, il s'associa avec Porel, et en 1898, laissa définitivement le Vaudeville pour prendre la direction de l'Opéra-Comique, qu'il a toujours (1903).

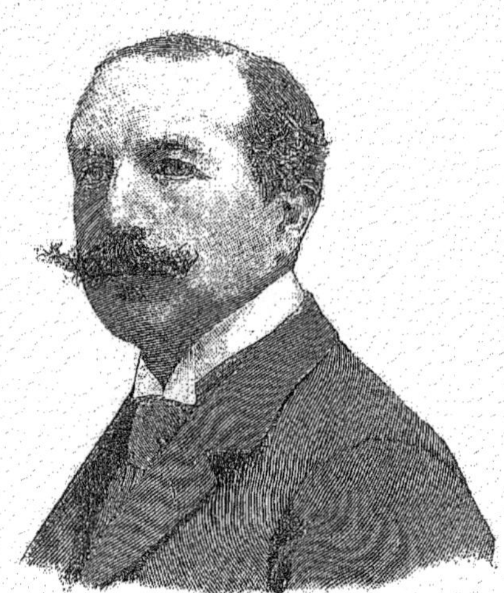

M. Albert CARRÉ
Cliché Paul Boyer

M. Albert Carré, Officier de l'Instruction publique (1891), Chevalier de la Légion d'honneur (1892, 31 déc.), Chevalier de la Couronne d'Italie (oct. 1903), Commandant d'infanterie territoriale, etc., etc., est l'auteur de différents livrets.

CARRÉ, Mme ou Mlle. — Sous ce nom :

Mlle Carré, grande utilité. Douai, Cambrai 1824.

Mme Carré, duègne, 18e arr. th., 1825, Caen 1826.

Mme Carré, née Pauline Dorval. Marseille 1848-49, Poitiers 1850.

Mme Carré, Louise Champagnat. Le Caire 1870-78.

CARREAU, Louis. — Th. des Jeunes acteurs 1829, th. Comte 1830.

CARRÈRE, Claude, Charles, Antoine. — Roanne 1866-69, Montpellier 1870, Marseille 1872, Nîmes 1873, Arles 1874, Mâcon 1875, Nevers 1876, Elbeuf 1877, Beauvais 1878, St-Germain 1879, Chaux-de-Fonds 1880-81, Nevers 1882, Lausanne 1883-84, Troyes 1885, Vienne 1886, Le Puy 1887, Paris 1888, Loches 1889-90. Sa mort fut annoncée au Rapport de 1891.

CARRÈRE, Mme Joséphine, née Favre. — Selon toutes probabilités femme du précédent. Nevers 1876, Elbeuf 1877, Beauvais 1878, St-Germain 1879, Chaux-de-Fonds 1880-81, Nevers 1882, Lausanne 1883-84, Troyes 1885, Vienne 1886, Le Puy 1887, Paris 1888, Loches 1889, Paris 1890-1899. En 1903, Mme Joséphine Carrère, retirée à Libourne, âgée de 55 ans avec 40 ans de th., reçoit la pension « d'attente » de 500 francs de la Société des artistes.

CARRET-Ollivier, Jos., Alph. — St-Etienne 1852, Suisse 1853, St-Etienne 1854, Paris 1855, Dunkerque 1856-57, Poitiers 1858, Valenciennes 1859, Arras 1860, Châlon-sur-Saône 1861-62, Colmar 1863, Arras 1864-65, Châlon s/Saône 1866-68, Orléans 1869, Nîmes 1870-1872, Troyes 1873, Cherbourg 1874, Arles 1875, Nancy 1876, Toulouse 1877-79, Reims 1880, Marseille 1881-82. Sa mort fut annoncée au Rapport de 1883.

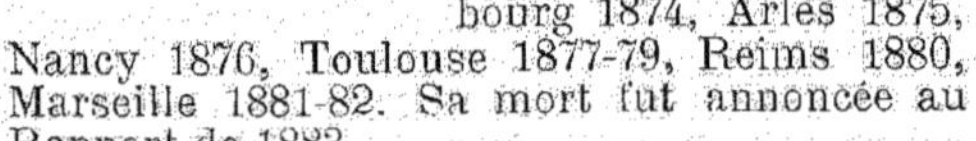

CARRET-Ollivier, Mme Angèle, Louise, née Saltel. — Boulogne-sur-Mer 1879-81, Lille 1882, Nancy 1883. Il existe parmi les artistes contemporaines une Mme Carret-Ollivier, Blanche, Louise, Jeanne.

CARRETIER, Mlle L. — Variétés 1862.

CARRETTE, Mme Jenny. — Rouen 1854-59.

CARRIER. — Premier comique, th. des Variétés, Bordeaux 1852.

CARRIER, Jean. — Bruxelles 1866-69, Marseille 1870-72, Nice 1873-77, Marseille 1878-95. Sa mort fut annoncée au Rapport de 1896.

CARRIÈRE, Mlle. — Premier accessit de comédie au Conservatoire en 1874 (classe Regnier), et deuxième prix en 1876. Mlle Carrière fut engagée au troisième théâtre français, direction Ballande (salle de Déjazet) et créa, entre autres, le premier rôle de la *Dispense* (24 avril 1879).

CARRION, Marie, Joseph. — Th. Beaumarchais 1873-74.

CARRON. — Lille 1767.

CARRON, Mme. — Lille 1767.

CARRON, Mme, mère. — Lille, troupe Raparlier 1772.

CARRON. — Deuxième amoureux, Dijon 1828.

CARROUCHÉ, Pierre. — La Haye 1864-65, Strasbourg 1866-68, Lille 1869, Le Hâvre 1870, Constantinople 1872, Oran 1873, St-Pétersbourg 1874-75, Athènes 1876, Oran 1877, Nîmes 1878, Dijon 1879-84, Nîmes 1885-87, Salon 1888-1897. En 1895, Pierre Carrouché, âgé de 68 ans, avec 36 ans de théâtre, obtint une pension de 500 fr. de la Société des artistes. Sa mort fut annoncée au Rapport de 1898.

CARTEL, Alexis, Marie Le Cornet dit. — St-Quentin 1883, Nancy 1884-85, Avesnes 1886-90. Sa mort fut annoncée au Rapport de 1891.

CARTERON, Mme. — V. Henault.

CARTIER. — Th. Comte 1830.

CARTIER, Mlle Jenny. — Troisième amoureuse au th. du Gymnase à Liège, 1842.

CARTIER. — Vaudeville 1852.

CARTIER, Mlle Léonie. — Th. du Prince Impérial 1866-69.

CARTIER, Jules, Alfred, Auguste. — Châtelet 1885-87, Paris 1888-1902.

CARTIGNY, Claude, Charles, 1782-1852. — Naquit à Dieppe le 6 octobre 1782. De Manne a reproduit son acte de naissance dans la *Troupe de Talma*. Son père, qui était menuisier, mourut assassiné quelques jours avant la naissance de cet enfant qui, à douze ans, perdait sa mère. Jeté presque dans la rue, le jeune Charles devint manœuvre, maçon, commissionnaire, et même ramoneur. En 1801-02, il jouait les comiques à Rouen. Devenu soldat, il gagnait les épaulettes de sous-lieutenant (1er régiment de chevau-légers). A Cassel, il fit partie de la garde du nouveau roi de Westphalie, Jérôme Bonaparte (1809).

Pendant la guerre d'Espagne, se trouvant à la tête d'un petit détachement, il reçut l'ordre d'aller s'emparer du curé de Santivanez, près Burgos, et de le faire pendre. Reçu affablement au presbytère, il ne put conseiller au bonhomme que... de s'enfuir. Ce manque d'obéissance militaire fut cause de sa démission.

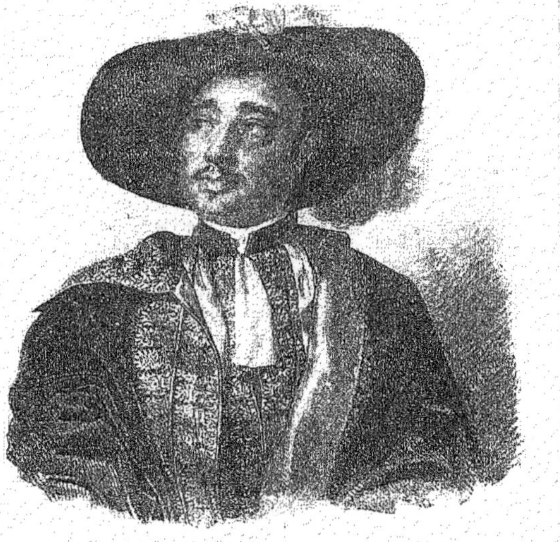

CARTIGNY, d'après JACOB.

Rentré en France, il fallait vivre ; c'est alors qu'il se fit comédien, chanta même l'opéra comique, puis vint à Paris, où il fut protégé par St-Fal. Devenu élève de Baptiste aîné, Cartigny débuta à la Comédie française le 28 mai 1811 par les rôles d'Hector du *Joueur*, et de Labranche de *Crispin rival de son maître*.

« Cartigny, dit le *Journal de l'Empire*, est un enfant gâté de la nature par la taille, la figure et l'organe... Dès à présent, il a un excellent masque, beaucoup d'aplomb, un jeu franc. On peut le croire destiné à la *grande livrée* par la manière dont il a joué Hector et Labranche. »

Le 1er juin 1811, il parut dans le rôle de Figaro, qui ne lui fut pas aussi favorable. Il y manquait de légèreté. Maître Jacques de l'*Avare*, Lafleur de la *Gageure imprévue*, Scapin des *Fourberies*, Crispin du *Légataire universel*, mirent en évidence ses qualités : organe mordant, diction nette, geste facile, figure ouverte. Il ne lui manquait plus que l'art de nuancer — chose assez compréhensible pour un ex-sous-lieutenant de 29 ans. — Il l'apprit.

Ses progrès furent rapides, si bien que reçu comme pensionnaire en 1811, aux appointements de 2,000 francs, il fut nommé sociétaire le 1er avril 1814 (Ordre signé Cte de Rémusat, 25 mars 1814, Arch. nationales). Malheureusement cette situation était plutôt honorifique — ses appointements lui ayant été maintenus — et le pauvre Cartigny se voyait forcé d'écrire au premier gentilhomme de la Chambre, le 11 juin 1815 :

« N'étendrez-vous pas jusqu'à moi la protection que vous daignez accorder à tous les artistes ? Je suis accablé de poursuites, de frais, souvent obligé de me cacher ; mes créanciers ne croient pas qu'au premier théâtre de la capitale, après quatre années de services, on ne puisse faire honneur à ses engagements... Je ne rougis pas de vous le dire, je suis le seul soutien d'une nombreuse famille... Et comment puis-je lui venir en aide, puisque le mois dernier, retenues faites chez le caissier de la Comédie française, j'ai touché 119 francs ? »

Et le commissaire impérial conclut en lui promettant un huitième de part pour le 1er avril suivant. (Arch. Nat.)

Avec le temps, les faveurs vinrent : deux représentations à bénéfice à Versailles, une subvention, un congé annuel de deux mois, une place de professeur au Conservatoire (30 mars 1825), mais il n'exerça jamais cette fonction en titre. En 1828, il obtint l'autorisation d'ouvrir une école dramatique dans l'ancienne salle Louvois.

Au mois d'août 1819, Cartigny demanda à remplir l'emploi de financier. Il sentait que l'embonpoint était venu, et qu'il n'avait plus la légèreté nécessaire à un Scapin ; enfin il visait à la succession de Michot passé à la retraite. D'où cette décision :

« Le Comité, après avoir ouï M. Cartigny, prit l'arrêté qui suit à la majorité de cinq voix contre deux : au 1er avril prochain, M. Cartigny quittera totalement l'emploi des *comiques*, prendra celui des *financiers*, *manteaux* et *grimes*, etc. » 23 déc. 1819, Arch. Nat.

Cartigny fut remarquable dans les rôles de Bernardille de la *Femme juge et partie*, du capitaine Copp de la *Jeunesse d'Henri V*, du marin dans les *Deux frères*, et depuis Michot il fut un des meilleurs Jourdain du *Bourgeois gentilhomme*, rôle qu'il joua pour la première fois le 14 septembre 1826. Le 31 septembre de la même année, il reprit le rôle de Michot de la *Partie de chasse*. Dans le *Mercure galant* il remplissait parfaitement les rôles du procureur Boniface et de l'abbé Beaugénie. Cartigny établit enfin, de 1812 à 1829, vingt-quatre rôles nouveaux, dont E. De Manne a dressé la liste ; ces pièces, pour la plupart, sont fort oubliées aujourd'hui.

En 1830, Cartigny donna sa démission de sociétaire, démission qui ne fut acceptée que le 26 mai 1831, et s'en alla donner des représentations en province. Ces tournées ne profitèrent guère à sa réputation ni à sa bourse, et Cartigny passa en Belgique où il obtint la direction du théâtre de Bruxelles, le 19 novembre 1831 et d'Anvers le 26 février 1832. En 1840, Cartigny revint à Paris pour donner sa représentation de retraite à la Comédie française, le 18 novembre. Rachel parut dans *Andromaque*, et lui-même joua le rôle de Copp de la *Jeunesse de Henri V* avec Mlle Doze, pour la première fois dans le rôle de Bettly. La recette s'éleva à 9257 fr. 50.

Ce fut alors qu'il partit pour Londres, où l'impresario Mitchell lui céda la direction du petit théâtre français de cette ville. Il y resta huit ans, appelant à lui les acteurs français les plus en renom, et jouant aussi le vaudeville, genre où il fut plus apprécié que dans la comédie.

Ruiné par les évènements de 1848, qui eurent leur retentissement dans toute l'Europe, il revint en France, trop âgé pour y exercer sa profession. Après avoir habité Versailles, il se rapprocha de Paris, et mourut dans la médiocrité aux Ternes, le 12 juin 1852.

Cartigny n'avait pas reçu d'instruction, et avait la tête vive. Mais il avait une grande intelligence et le cœur bon. Il parlait couramment l'anglais, l'allemand, l'italien, l'espagnol, langues qu'il avait apprises dans le cours de ses voyages. Après de bons débuts, il était devenu lourd, et le succès éclatant de Monrose, qui lui succéda dans l'emploi des valets, avait achevé de le décourager. Quant à son essai dans *Tartufe*, il fit dire à Charles Maurice : « Il n'est pas jusqu'à Cartigny qui n'ait été frapper contre cet écueil, et y briser un peu de sa réputation de comique. »

Cartigny demeura successivement, 13, rue Rameau, 1813-14, 15, rue Richelieu, 1816, 43, rue Ste-Anne, 1818, 4, rue Richelieu, 1819, 28, rue Richelieu, 1822-24, 18, rue Ste-Anne, 1825-26.

Biographie : E. D. De Manne, *Troupe de Talma*.

Bibliographie : *Hist. des th. de Rouen*, t. II, p. 22. — *Opinion du Parterre*, IX, p. 152, X, p. 205. — *Almanach des spectacles*, 1815. — Le *Rideau levé*, p. 52, 1818. — *Annuaires dramatiques*, 1821-22. — *Grande biographie dram.*, 1824. — *Biogr. th.*, 1829. — Th. Muret, l'*Hist. par le th.*, II, p. 157.

Iconographie : Bibl. nat., catal. Duplessis, n° 8472.

1. En pied de 3/4 à gauche, lith. par A. Colin.
2. En buste de 3/4 à gauche, lith. par N. H. Jacob, 1822, 2 Etats.

V. aussi portraits de Talma.

— Musée de la Comédie française, n° 202, Cartigny figure dans le *groupe d'artistes* au crayon noir, de Et. Bouchardy (vers 1820).

— Collection Martinet, pl. 312, dans le rôle de Labranche de *Crispin rival de son maître*.

CARTIGNY, Mlle. — Que l'on croit être la sœur du précédent, tenait les emplois de soubrette dans la comédie et de deuxième dugazon dans l'opéra comique, à Rouen en 1799-1800, ce qui explique peut-être l'engagement du jeune Cartigny dans cette troupe deux ans plus tard. Nous retrouvons son nom au th. de la Cité, puis au th. Molière, rue St-Martin, vers 1802.

Le 24 septembre 1811, Mlle Cartigny débuta au th. de l'Impératrice dans le rôle de Lisette des *Folies amoureuses*, et joua le 26 Lisette de *Guerre ouverte*.

En 1812, nous la voyons à Milan, dans la troupe de Mlle Raucourt. On lui reproche de n'avoir pas toute la finesse, toute la vivacité nécessaires de son emploi. Le 8 août 1814, grâce à l'appui de son frère, elle obtint un début à la Comédie française, mais renonçant à l'emploi des soubrettes, elle se présentait, bien que jeune encore, dans Mme Pernelle de *Tartufe*, et ne fut pas reçue. « C'est demander des invalides un peu trop tôt » dit l'*Almanach*.

Bibliographie : *Hist. des th. de Rouen*, t. I, p. 457. — P. Porel et G. Monval, l'*Odéon*, t. I, p. 255. — *Opinion du parterre*, IX, 344 et 356. *Almanach Duchesne*, 1815, p. 166. — *Almanach des spectacles*, 1822, p. 52. — H. Lyonnet, *Mlle Raucourt et les Comédiens du Prince Eugène*.

CARTIGNY-Duverger. — Nancy 1834, Verviers 1837.

CARTIGNY, Mme Duverger. — Deuxième duègne, Nancy 1834. Ne serait-ce pas Mlle Cartigny devenue Mme Duverger ?

CARTRAY, Mlle. — Soubrette, Nantes 1852.

CARUEL, Mlle. — Nîmes 1824. Jouait la tragédie avec chaleur et possédait un bel organe. Un sieur Caruel fut directeur à Nîmes en 1828 et à Lille en 1833 et 1837.

CARUEL, Mlle. — Ingénuité. Lille 1864-65.

CASAL, Mlle. — Débuta par le rôle de Julie dans le *Nouveau Don Quichotte* au th. de Monsieur, le 20 nov. 1789.

CASALLE, Mme. — Forte première, Douai 1825.

CASANEUVE, Joseph, Marie, Jean. — Après avoir joué les traîtres à l'Ambigu sous le nom de *Gabriel*, cet artiste donna sa dernière représentation à ce théâtre le 31 août 1820, obtint un début à la Comédie française (rôle de Cléante dans *Tartufe)* et fut engagé comme pensionnaire en 1822 pour doubler St-Fal. En 1821-22, il avait tenu l'emploi des troisièmes rôles à Rouen, aux appointements de 3,500 fr. Maurice Alhoy écrivait alors : « On dit que Casaneuve va revenir à Paris ; nous lui conseillons plutôt de tenter en province les rôles d'un emploi plus élevé. » Casaneuve quitta la Comédie française le 1er octobre 1827, débuta le 28 du même mois aux Nouveautés, rôle de Conrad dans *Faust*, et reparut encore à la Comédie de 1829 à 1831. En 1833, un Casaneuve est directeur à Lausanne ? Casaneuve habita quai de la Mégisserie, 16, 1822-26, place du Palais Royal, 1828, et rue Louvois, 5, 1829.

Bibliographie : *Grande biogr. dram.*, 1824.

CASANEUVE, Mme, née Masson. — Femme du précédent, morte le 23 juillet 1827 ; avait joué les duègnes à l'Odéon et en province, Bruxelles 1821, Toulouse 1825.

CASAVAN, Claude, Achille Buffier dit. — Verviers 1883-86. Chevalier de l'ordre d'Isabelle-la-Catholique.

CASAVAN, Mme Adolphe Semenadisse. — Verviers 1883-86.

CASENAVE, Mme Marie Arhez dite. — Marseille 1848, Brest 1855-56.

CASENEUVE. — Utilités, Toulon 1827.

CASENEUVE. — Verviers 1834.

CASENEUVE, Mme. — Verviers 1834.

CASIMIR. — Sous ce nom :

Casimir, acteur et directeur, St-Quentin 1777-78, Cambrai 1780.

Casimir, Namur 1821.

Casimir, qui débute au Vaudeville le 11 mai 1826, rôle de Valbon dans le *Marin*.

Casimir, deuxième amoureux, Vienne (Autriche) 1826.

Casimir, troupe Seveste, banlieue de Paris, 1826-28.

Casimir, th. Montparnasse 1829.

Casimir, jeune premier, Lille 1829.

Casimir, Vernet, deuxième amoureux, Genève 1829.

Casimir, amoureux dénué d'élégance, mais dont le débit et les gestes convenaient parfaitement au mélodrame. Th. de la Gaîté 1833.

Casimir, th. Montmartre 1834.

Casimir, th. de la Porte St-Antoine, 1840.

Casimir, jeune premier à Reims, 1840.

Casimir, Douai 1840.

Casimir, deuxième comique, Caen 1852.

CASIMIR, Mme ou Mlle. — Sous ce nom :

Mme Casimir, nom d'une actrice qui débuta au Gymnase, 1822.

Mme Casimir, deuxième et troisième amoureuse, Vienne (Autriche), 1826.

Mme Casimir, jeune première, Versailles 1827.

Mme Casimir, troisième amoureuse, Lille 1829.

Mme Casimir, jeune première, Reims 1840.

Mme Casimir, Douai 1840.

CASINI, Mlle. — Nantes 1793-94. Morte en 1827.

CASLANT, Louis, Charles. — Porte St-Martin 1866-70.

CASSAET, Mme Pauline. Boulogne-s/Mer 1873.

CASSAN, Mme Henriette, Rose, Elisabeth, Mathilde, femme Berger. — Jeune première, Blois et Orléans 1824, Versailles 1825, débuta avec succès à la Comédie française le 4 octobre de cette année par les rôles de Junie dans *Britannicus* et d'Isabelle dans l'*Ecole des maris;* elle fut admise. Néanmoins, elle retourna à Versailles, 1827-28. Vers 1832, elle se fit une place au Vaudeville : « Belle personne, écrit-on, qui aspire à remplacer Mme Doche-Dussert, mais qu'il faudrait voir dans un rôle nouveau pour émettre une opinion consciencieuse sur son talent. »

Bibliographie: *Petite biographie des acteurs*, 1833.

CASSAN, Mlle. — Retour du Caire, Mlle Cassan parut à la Porte St-Martin, 1881-82, puis au th. des Nations (Carmen dans *Rocambole*, 4 juin 1885). Elle épousa son camarade Herbert, et se fit alors appeler Mme *Herbert-Cassan*, Ambigu, rôle de Suzanne dans les *Mohicans de Paris*, 20 avril 1888.

CASSARD, Abel. — Gaîté 1848-49, th. National 1850-51, Cirque impérial 1852-62, Châtelet 1863-64.

CASSARD, Mme. — Cirque impérial 1861, Châtelet 1863-65.

CASSARD, Mme. — V. Morelli.

CASSARD, Mme Marie, Julie, née Dehaye. — St-Quentin 1890-93, Nancy 1894-97.

CASSE. — Lorient 1840.

CASSEL. — Comique en Bretagne, 1824. Il y avait à la même époque un chanteur de ce nom à Bordeaux.

CASSEL, Mme. — Limoges 1837.

CASSIN, Mme. — Seconde soubrette, Odéon 1796.

CASTAING, Alfred, Raymond. — Reims 1860-63.

CASTAN, Mme Augustine, Marie. — Duègne à Nantes 1852, 1866-68, La Haye 1869-72, Toulouse 1873, Bordeaux 1874-75. Sa mort fut annoncée au Rapport de 1876.

CASTARÈDE, Mme. — V. Mme Lamy.

CASTEL. — Sous ce nom :

CASTEL, deuxièmes rôles, Anvers 1779.

CASTEL, Liège 1823, 1828.

CASTEL, Cyprien, Pierre Castels dit. — Th. historique 1848-49, Gaîté 1850-52, th. Français 1853-58. — Avait 53 ans et 31 ans de services en 1861. Il reçut de l'Association dramatique la pension de 200 fr. Retiré à Savenay, Pierre Castel y mourut vingt ans plus tard à l'âge de 73 ans. Castel avait tenu à la Comédie française le petit rôle de Marsyas, repr. de *Pythias et Damon*, 28 juin 1853, et parut dans une *Journée d'Agrippa d'Aubigné* (5 nov.), la *Pierre de touche* (23 déc.), le *Double veuvage*, rôle de Julien (17 mai 1854), la *Joconde*, rôle de Bernard (19 nov. 1855), etc. Sa mort fut annoncée au Rapport de 1882. V. Mme Castel Augustine.

CASTEL, financier, Lille 1878.

CASTEL, Vaudeville 1879-81.

CASTEL, Alexis, Marie Le Cornel ou Le Cornet. — V. Cartel.

CASTEL, Mme ou Mlle. — Sous ce nom :

Mme CASTEL, d'abord dugazon à Lille, 1787-1789. Le 16 novembre 1788, soi-disant indisposée, Mlle Castel se refusa à jouer dans le *Tonnelier*. Elle fut condamnée à la prison, où elle resta enfermée de onze heures du matin à trois heures de l'après-midi. Les démêlés de Mlle Castel avec son directeur Rézicourt donnèrent lieu à deux brochures anonymes intitulées *Lettres flamandes* ou *Coup d'œil sur la ville de L...* et *Réflexions d'un jeune étranger de quinze ans sur les lettres flamandes*, et deux mémoires, l'un pour Mlle Castel, l'autre pour Rézicourt. Ces documents ont été longuement analysés dans la brochure de M. L. Lefebvre : le *Théâtre de Lille il y a cent ans*. La Comédie italienne, prise comme arbitre, donna tort à Mlle Castel, et celle-ci, après avoir boudé le public lillois pendant trois mois, refusa de signer son engagement pour l'année suivante. Cet engagement, y compris le concert, était de 10,000 francs. Mlle Castel quitta donc « ses lambris dorés et ses bosquets délicieux » comme disait le Mémoire de Rézicourt, et l'historiographe du théâtre de Lille semble avoir perdu ses traces. Or, elle devint dans la suite, et pendant 15 ans, première duègne au Grand Théâtre de Lyon, et mourut dans cette ville le 21 août 1825, à l'âge de 64 ans.

Bibliographie : L. Lefebvre, *Hist. du Th. de Lille*, t. II. — Le même, *Le théâtre de Lille il y a cent ans*, 1889. — *Almanach des spectacles* Barba, 1826.

Mme CASTEL, duègne à Calais 1824.

Mme CASTEL, duègne à La Haye 1824.

Mlle CASTEL, jeune première, Brest, Quimper, St-Brieuc, 1824.

Mme CASTEL, deuxième duègne, Rennes, Laval 1825.

Mme CASTEL-Thuillier, 1re soubrette Rennes, Laval 1825.

Mme CASTEL, duègne, Anvers 1826, Liège 1827, Montpellier 1830, 1833, Besançon 1837.

Mme CASTEL, deuxième amoureuse, Clermont 1829, Nevers 1830.

Mme CASTEL, Henri, duègne, Douai 1840, Anvers 1841, Verviers 1842, Namur 1846, Metz, Lille 1847-49, Bruxelles 1851, Liège 1852.

Mme CASTEL, Augustine, née Pasquier, femme Castels dite. — Suivit son mari au Th. Historique 1847-48, puis entra au Vaudeville, 1851-55. Vécut à Paris, 1856-60, puis à Savenay, 1861-79. En 1866, âgée de 57 ans, avec 32 ans de services, Mme Castel avait obtenu une pension de 200 francs de la Société des artistes. Elle mourut un an avant son mari, et sa mort fut annoncée aux Rapports de 1880 et de 1881.

Mme CASTEL, Aline, Lille, troisième amoureuse 1850-51, rôles de convenances 1851-1852, première soubrette 1852-1853, aux appointements de 90 fr. par mois.

Mme CASTEL. V. Castelle.

CASTELAIN, Charles. — Lyon 1873, Bruxelles 1874-84, Marseille 1885, Bruxelles 1886-88, Marseille 1889, Bruxelles 1890-91, Anvers 1895, Bruxelles 1896-97. Sa mort, survenue en 1897, ne fut annoncée qu'au Rapport de 1900.

CASTELLAN, Mlle. — Variétés 1848-52.

CASTELLAN. — Financier, Lille 1869.

CASTELLANO, Castel dit. — Inscrit à la Société des artistes sous le prénom de *François*, et que ses biographes appellent *Eugène*. Naquit en Grèce, à Argos. Son père, capitaine de cavalerie, qui fut compagnon d'armes de lord Byron, prenait alors part à la lutte de l'indépendance grecque contre les Turcs. Destiné à l'état ecclésiastique, le jeune Castel fit ses premières études à Venise, puis passa à l'école secondaire de Marine à Toulon (1831). Venu à Paris, il fut placé par ses parents dans une maison de commerce, mais ses goûts le portaient ailleurs. Il alla aux Funambules, vit Deburau, et Deburau le passionna. Ne rêvant plus que théâtre, il s'exerça dans des sociétés privées et, malgré les remontrances de sa mère, entra dans la troupe d'un nommé Durand et courut la banlieue (1842). De là, il part à Boulogne s/Mer, Reims, Bruxelles, Dieppe 1850, Anvers, jeune premier 1851-52, Versailles, grand premier rôle, 1853, Toulouse 1854, Lyon 1855. Il était à Lyon, lorsque Charles Desnoyers, alors directeur de l'Ambigu, entendit parler de lui. Il voulut le voir, lui proposa un sérieux engagement, et Castellano signa un traité qu'il devait renouveler pendant quinze ans, devenant rapidement un des artistes les plus aimés de cette scène.

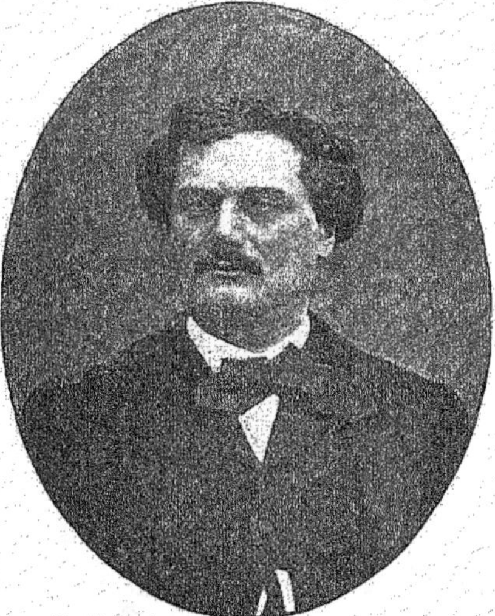

CASTELLANO, cliché Franck

Ses débuts eurent lieu en 1855. Il remporta ses premiers succès dans :

Le *Moulin de l'Ermitage*, rôle d'Alexis.
La *Servante*, » de Dominique.
Le *Paradis perdu*, » d'Adam.
Le *Comte de Navailles*, » du Comte.
Les *Pauvres de Paris*, » d'André.
L'*Espion du grand monde*, » de Bernier.
Les *Fugitifs*, » de Wadton.
La *Case de l'Oncle Tom* (rep.), rôle de Bird.
Jane Gray, rôle de Cornélius Agrippa.

1860 15 juin, Le *Juif errant* (reprise), rôle de Dagobert.
— 22 sept., La *Maison du Pt Notre-Dame*, rôle de Roland.
— 19 nov., La *Dame de Monsoreau* (repr.), rôle d'Henri III.

Il composa ce dernier personnage avec une parfaite entente de l'histoire, et se plaça dès lors au premier rang des artistes de drame. Il fut de toutes les créations :

1860 5 mars, L'*Ange de Minuit*, rôle du baron de Lambech.
— 22 juin, Le *Monstre et le magicien*, rôle de Zanetti.
— 21 août, *Cora et l'Esclavage*, rôle de Curtis.
— 1er octobre, *Le lac de Glenaston*, rôle de Corrigan.
— 11 déc., *La vie de Bohême* (reprise) rôle de Marcel.
1862 26 avril, Les *Beaux messieurs de Bois doré*, rôle d'Alvimar.
— 16 juillet, Les *Filles de marbre* (reprise), rôle de Desgenais.
— 12 août, Les *Mystères du temple*, rôle de Clergeau.
— 27 déc., La *Mère et la fille* (reprise), rôle de Verdier.
1863 31 janv., *François les bas bleus*, rôle du Chevalier de Lorraine.
— 4 avril, L'*Otage*, rôle de Bergerac.
— 24 juin, *Latude* (rep.), rôle de Dalègre.
— 1 août, La *Sorcière*, rôle de Salvignac.
— 17 octobre, *L'aïeule*, rôle du Commandeur.

1864 12 fév., *Les fils de Charles Quint*, rôle de Jean de Hornes.
— 12 mars, *L'homme au masque de fer*, rôle de Daubigné.
— 6 avril, Le *Comte de Saulles*, rôle du docteur Joseph.
— 25 juin, La *Fille du maudit*, rôle de Rochester.
— 26 avril, *Rocambole*, personnage multiple.
1865 6 mai, La *Voleuse d'enfants*, rôle d'Atkins.
— 28 oct., La *Meunière*, rôle de Robert.
1866 16 mars, *Gabriel Lambert*, rôle d'Olivier d'Hormoy.
— 28 avril, Le *Mangeur de fer*, rôle d'Emmanuel.
— 30 juin, La *Bergère d'Ivry*, rôle de Fauvel.
— 11 août, La *Tireuse de cartes* (reprise), rôle de Buccioli.
— 17 oct., Les *Amours de Paris*, rôle d'André Gérard.
— 29 déc., La *Duchesse de Monte-Mayor*, rôle d'Aspinval.
1867 13 fév., *Maxwell*, rôle de Rutten.
— 30 mars, La *Chouanne*, » de Géraud.
— 3 mai, La *Bouquetière des innocents*, rôle de Jacques Bonhomme.
— 14 nov., Les *Chevaliers du brouillard*, rôle de Jonathan.
1868 6 fév., Le *Crime de Faverne*, rôle de Balthazar.
— 29 juill., La *Prise de Pékin*, rôle de Lamoureux.
— 23 oct., Le *Sacrilège*, rôle de Horace Bezuchon.
— 24 déc., La *Princesse rouge*, rôle de Bréan Morton.
1869 12 fév., *Don César de Bazan*, rôle du roi.
— 10 juillet, *Richelieu à Fontainebleau*, rôle d'Henri de Vitry.
— 26 sept., Les *Couteaux d'or*, rôle d'Albert de Rosen.
— 29 oct., Le *Dompteur*, rôle de Lionnel Vauthier.
— 29 oct., L'*Outrage*, Raoul de Brives.
1870 8 mars, *Henri de Lorraine*, rôle de Scipion de Fiesque.

Castellano fut le type de l'acteur sympathique, populaire, consciencieux, de bonne tenue. On lui reprochait seulement d'être trop nerveux, trop épileptique; néanmoins il faisait grande impression sur le public des boulevards.

Avec la direction Billion, l'Ambigu était tombé dans une décadence complète. Castellano ne voulut plus renouveler son engagement et acheta, sur le boulevard St-Martin, en face son théâtre, un café-restaurant qu'il exploitait lorsque la guerre survint. Cependant, une telle situation ne pouvait convenir à un homme aussi remuant. En 1872, Hostein le prit comme directeur de la scène au Châtelet. Il reparut encore en public à la Renaissance, dans la *Belle et la bête*, au Châtelet, dans le rôle de Pierre Malet, de la *Camorra* (1873), puis en août 1874, devint directeur du théâtre lyrique dramatique (ancien théâtre lyrique de la place du Châtelet). Sous sa direction habile, le théâtre prospéra; en 1876 il prit aussi la direction du Châtelet, menant de front les deux affaires, et céda cette dernière, en 1881, à son secrétaire, M. Em. Rochard.

Infatigable, il fonde aussitôt l'*Eden-Concert*, boulevard Sébastopol, local occupé auparavant par un bazar; mais il n'a pas le temps de mener au bout cette entreprise nouvelle, et meurt d'une attaque de goutte en février 1882. Sa veuve, Mme Castellano-Saint-Ange, lui succéda avec bonheur, et y fit fortune. Ce fut elle qui, en février 1901, faillit être assassinée dans son domicile, boulevard St-Michel, par un misérable qu'elle avait diverses fois secouru. Mme veuve Castellano est officier d'académie depuis 1891.

Castellano, en dehors du théâtre, fut le type de l'honnête homme et de l'homme de cœur. Il fut un des membres les plus actifs de l'Association des artistes, à laquelle il se consacra corps et âme. Les Rapports de la Société sont remplis de ses bienfaits. Tantôt ce sont des dons en espèces ou en nature, tantôt c'est une somme de 2,000 francs qu'il envoie pour secourir les artistes du théâtre Bellecour récemment incendié à Lyon (page 23 du Rapport de l'année 1876). Aussi sa mort fut-elle profondément ressentie.

Voici en quels termes Eugène Garraud annonça la triste nouvelle : « Castellano, hélas ! oui, notre vieux camarade et ami Castellano, enlevé en quelques jours par un accès de goutte. Les obsèques de ce vaillant défenseur de l'association ont été célébrées le dimanche 26 février, à midi; une foule d'auteurs dramatiques, de comédiens et d'amis y assistaient, et de l'église St-Germain-l'Auxerrois, où le service religieux fut chanté, au cimetière Montparnasse, tous tinrent à honneur de suivre le convoi. » Des discours furent prononcés sur la tombe par Halanzier et Paul Deshayes (ce dernier lisant une improvisation de M. Jules Claretie).

Cette charité se poursuivit même après sa mort. L'année suivante, sa veuve remettait au nom de son mari 10,000 francs à la Société des artistes, ce qui permit de constituer une pension de 300 francs portant le nom de Castellano, et dont le premier titulaire fut un artiste infirme, Jules Véniat. Deux ans plus tard, Mlle Adrienne Castellano mourait à l'âge de 16 ans, le 24 mars 1884. Elle était fille unique. Tous les camarades de l'artiste rendirent en cette occasion un solennel tribut d'hommages à la mémoire du père, et ces condoléances se renouvelèrent encore l'année suivante, au bout de l'an célébré à l'église de St-Merry.

Biographie : *Paris-Théâtre*, n° 114, 22/28 juillet 1875, notice par F. Jahyer.

Bibliographie : Em. Abraham, *Acteurs et*

actrices, 1861. — Yveling Ram Baud et E. Coulon, les *Th. en robe de chambre*, 1866. — Alb. Vizentini, *Derrière la toile*, 1868. — Rapports de la Société des artistes.

Iconographie : *Paris-Théâtre n° 114*, phot. médaillon, en buste, cliché Franck.

CASTELLE, Mme Astruc. — Tournai 1821 ; une ingénue de ce nom jouait à Besançon et à Epinal en 1825.

CASTELLI. — Sous ce nom :

Castelli, financier, Lille 1820-1824.

Castelli, deuxième amoureux, Bruxelles 1852.

Mlle Castelli, Louise, Valentine, fille du dessinateur Castelli, Déjazet 1879-81, Renaissance 1884, épousa un artiste lyrique de Ba-ta-clan.

CASTELLO, Alfred. — Bouffes parisiens 1868-69.

CASTELLO, Mme Adèle. — Bouffes parisiens 1869-70, Renaissance 1873, Gaîté 1874-75. Jouait le rôle de Minerve dans *Orphée*. « Au physique, c'est un camée ; au moral, c'est une femme distinguée qui possède plus de bon sens à elle seule que toutes ses camarades réunies. »

CASTELS, Edouard, Achille Cornu dit. — Palais-Royal 1877-80, Vaudeville, 1881. Sa mort fut annoncée au Rapport de 1882.

CASTILLON. — Porte St-Martin 1821-22.

CASTILLON, Mme Anna. — Th. Beaumarchais 1855-58.

CASTRES. — Utilités, Montauban 1852.

CASTRO, Mlle. — Premier prix de comédie au Conservatoire en 1818, débuta à l'Odéon le 4 octobre 1820 par le rôle de Lisette des *Folies*.

CASUANI, Mme, née Pfister, Julia, Zoé. — Artiste inscrite à la Société depuis 1847, St-Pétersbourg 1858-79.

CATALA, Mlle Louise ou *Katala*. — Salle Taitbout 1879. Est-ce la même à Troyes 1893-1894 ?

CATELIN, Henri, Louis. — Inscrit à l'Association depuis 1848, th. St-Pierre 1864, Paris 1865-93. Henri Catelin fut récompensé de l'ordre de la Croix rouge en 1877. En 1884, il avait 76 ans et 56 ans de théâtre. On lui accorda la Pension de 500 francs. Sa mort fut annoncée au Rapport de 1894. Il y eut un *Catelin*, deuxième comique à Châlons s/Marne en 1834.

CATELIN, Joseph, François. — Avignon 1855-1857, Batavia 1858-61, Grenoble 1862-64, Nantes 1865-67, Paris 1868-88. Joseph Catelin, âgé de 63 ans avec 32 ans de services en 1886, reçut la pension de 500 fr. de la Société des artistes. Sa mort fut annoncée au Rapport de 1889.

CATELINEAU. — Utilités, Lille 1826.

CATERON, Mme. — V. Henault.

CATHERINE, Mme. — Th. des Funambules, 1821-22.

CATINEAU. — Jeune premier comique, Liège 1843.

CATON, Henri. — Th. Comte 1851-52.

CATRY, Hippolyte. — Lyon 1848-50.

CAUBET. — Chantait l'opéra et jouait le vaudeville à Rouen 1849-50.

CAUBET, Paul, Albert, Michel. — Nantes 1876-79, Anvers 1880, St-Etienne 1881, Perpignan 1882, Amiens 1883, Besançon 1884, Amiens 1885, Grenoble 1886-87, Bordeaux 1888-89, Rennes 1890, Nantes 1891, Rennes 1892, Nantes 1893-96.

CAUCHOIS. — Débuta à la Comédie française le 10 novembre 1759 dans le *Glorieux*.

CAUDIEUX. — Plutôt artiste de café-concert que comédien, XIXe siècle 1882.

CAUDRON, Charles. — Grenoble 1840, St-Etienne 1850-52, Bruges 1853-54, Bayonne 1855-56, Ile-Maurice 1857-64, Batavia 1865.

CAUDRON, Mme, née Elisa Guille. — Grenoble 1840, St-Etienne 1850-52, Bruges 1853-54, Bayonne 1855-56, Paris 1857, Evreux 1858, Paris 1859. Sa mort fut annoncée au Rapport de 1861.

CAUMONT, Thomas, 1749-1811. — Naquit à Rouen le 4 septembre 1749, rue Eau-de-Robec, sur la paroisse St-Vivien. Son père était marchand-teinturier. On prétend qu'il fut d'abord marin. Avant 1781, nous trouvons un *Caumont* à Genève, tenant les premiers rôles et peu goûté. Ce que l'on peut affirmer, c'est qu'en 1785-86, il faisait partie comme financier de la troupe de Rouen, où il se trouvait en compagnie de la famille Baptiste, de Mme Mars, la mère, et de Valville. En 1791-92, nous le voyons à Bordeaux. En 1793, par l'entremise sans doute de ses anciens camarades de Rouen, il fut engagé au théâtre Montansier pour tenir l'emploi des manteaux. Molé et Mlle Contat l'appelèrent alors au théâtre Feydeau en 1794, et c'est ainsi qu'il resta sociétaire à la Réunion générale (1799) à la salle de la rue de Richelieu (Comédie française).

L'*Opinion du parterre*, qui a souvent parlé de lui, a résumé ainsi son talent : « Il seconda Grandmesnil en homme digne d'avoir un tel chef d'emploi, et plus fortement constitué que cet acteur célèbre, qui néanmoins lui survit, se chargea des rôles les plus fatigants, tels qu'Arnolphe, Bartholo, Albert, etc. Caumont fut un acteur distingué. Outre les rôles que je viens d'indiquer, il jouait supérieurement ceux de M. Grichard, dans le *Grondeur*, de M. Serrefort, dans le *Chevalier à la mode*, de M. Mathieu, dans l'*Ecole des bourgeois*, de M. Diafoirus, du *Malade imaginaire*, d'Anselme, des *Fourberies de Scapin*, etc. »

« Très bien dans les rôles à manteau, dit l'*Espion des coulisses :* il a du mordant et de la chaleur ; mais il faut le placer dans les bourgeois. »

Caumont, au dire de ses contemporains, avait un extérieur et des moyens physiques admirables pour son emploi, dont il connaissait supérieurement toutes les traditions. Il disait toujours juste, saisissait à merveille le caractère de ses rôles. C'était un homme modeste, exact, zélé pour les intérêts de la Société, et dont les mérites furent surtout reconnus pendant ses dernières années. Lorsque, atteint d'infirmités incurables, ses camarades voulurent le retenir en lui permettant d'en prendre à son aise : « Je volerais votre argent, leur répondait-il, et si vous me le pardonniez, moi je ne me le pardonnerais pas. » Il fallut lui céder, et Caumont se retira avec sa femme (V. Mme Caumont), au pays habité par Dugazon, à Grand'Cour, commune de Sandillon (Loiret), où il possédait une petite propriété. Mais, retraité le 1er avril 1809, il vit bientôt mourir son voisin Dugazon, le 11 octobre suivant, et s'éteignit lui-même le 25 mars 1811. La Comédie française voulut spontanément donner une représentation au bénéfice de sa veuve, le 11 novembre 1812.

Caumont avait demeuré rue des Petits-Champs, 145, en 1793, rue Helvetius, 676, en 1799, et même rue 33 en 1805-1808. Il avait fait partie du Comité de la Comédie française.

E. D. De Manne a donné la liste des 16 rôles établis par lui dans des pièces assez oubliées.

Biographie : L'*Opinion du parterre*, t. IX, p. 179. E. D. De Manne et C. Ménétrier, *Troupe de Talma*.

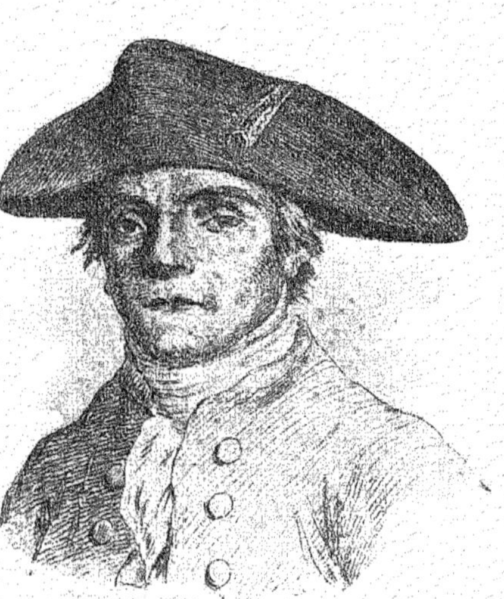

Thomas CAUMONT, d'après Hillemacher

Bibliographie : *Almanachs Duchesne*. — *Almanach pour l'an* IX. — Le *Coup de fouet*. — L'*Espion des coulisses*. — L'*Opinion du parterre*, t. I, II, III, IV, VI, VII.

Iconographie : Bibl. nat., Catal. Duplessis, n° 8752. En buste de 3/4 à droite, gravé par H. Meyer, d'après T. Hull.

En buste, de face, eau forte de Fr. Hillemacher, *Troupe de Talma*.

CAUMONT, Mme. — Epouse du précédent. Se fit d'abord connaître à Versailles sous le nom de *Mlle Thomassin*. En 1799, elle tenait de petits rôles au th. Montansier et demeurait au même domicile que son mari, rue Helvetius, 676. Nous avons vu qu'elle avait suivi son mari dans sa retraite, et qu'une représentation avait été donnée à son bénéfice (V. Caumont). Or, il est permis de se demander si c'est la même personne qu'il faut reconnaître en :

CAUMONT, Mme ou Mlle. — Mère noble qui débuta à la Porte St-Martin, le 1er mars 1828, par le rôle de Milady Tilzé dans l'*Ecole du scandale*, et dont la *Petite biographie* disait en 1831 : « Porte St-Martin. Mlle Caumont s'est avisée quelquefois de doubler Mme Dorval. A part ce petit ridicule, c'est une excellente femme qui peut rendre d'utiles services dans l'emploi des duègnes ; » Cette actrice, qui demeurait alors rue de Bondy, 52, passa au th. Montmartre, 1833-34 et vint habiter rue Meslay, 37.

CAUSSIA. — V. Caussin.

CAUSSIN, Mme. — Débuta à la Porte St-Martin le 16 avril 1820 dans les *Frères invisibles*. En 1824, elle tenait les premiers rôles dans le 16e arrondissement théâtral (Côte-d'Or, -Saône-et-Loire, Ain), en 1726 à Valence, en 1827 à Versailles. En 1833, elle est encore à Versailles, mais a pris l'emploi des duègnes. Brest 1834, Bruxelles 1837, Anvers 1841. En 1847, elle se fait inscrire à l'Association des artistes sous les noms de Mme Chavanne, née E. Parturier, dite *Caussia* ou *Caussin*. Peut-être cette première orthographe n'est-elle qu'une faute d'impression. Besançon 1849-50, St-Quentin 1852-53, Boulogne s/Mer 1854-55, Paris 1856, Douai 1857-58, Versailles 1859-63.

CAUSSIN, Mlle. — Utilités, Colmar 1837.

CAUTRU, Charles. — Th. Beaumarchais 1848-1849, 1862. On lit au Rapport de 1864 : « Un sociétaire dont la vie n'avait été qu'une longue suite de luttes et d'infortunes, M. Charles Cautru mourut, en laissant, orphelin à dix-huit mois, un pauvre petit enfant, déjà privé de sa mère vingt jours après sa naissance. M. Tronchet, de la Comédie française, vieil ami du défunt, fit, à son foyer domestique, une place pour celui qui allait se trouver seul au monde. » Plus tard, l'Association des artistes adopta l'enfant.

CAUVIN. — Modeste acteur au théâtre de l'Impératrice, rue de Louvois, en 1805-1808, où il remplaça Hubert dans les rôles de grimes. Après un séjour à Rouen (1819), Cauvin reparut à Bruxelles en 1821 dans l'emploi des deuxièmes pères. Il était encore dans cette ville en 1824-26.

CAUVIN, Louis, Désiré. — Rouen 1848-50, Lyon 1851-54, Paris 1855, Lyon 1856-62, Hombourg 1863-67, Douai 1868, Berlin 1869-70, St-Pétersbourg 1872-76. Sa mort fut annoncée au Rapport de 1878.

CAVA, Mme. — Actrice de la Gaîté en 1799, dont le *Tribunal volatile* disait en l'an XI : « Cette actrice, qui joue les reines, est remplie de prétentions au talent, sans y parvenir depuis qu'elle joue ; on la dit, cependant, bonne musicienne. »

CAVALIÉ, Mlle Hortense. — Sœur de Mme Gaspari, la directrice de Bobino ; avait débuté avec ses frère et sœur Joseph et Emilie au th. des Jeunes Elèves en 1837 ; elle passa par le th. Beaumarchais, 1852, mais obtint surtout une certaine vogue vers 1861-62 au th. du Luxembourg, où elle jouait des rôles dans les Revues. « C'était une jolie femme, a écrit Ch. Virmaître, une soubrette qui avait le diable au corps ; elle eut un succès extraordinaire en 1861, dans une Revue de Ch. Potier. »

Nous retrouvons son nom dans *Bric à brac et Ce*, rôles : le café, le roman à un sou, Sarah, Landrinette (15 nov. 1862), *Roule ta bosse*, rôles de Mme Grégoire, l'amadou, le sifflet, le patatras, la rigolade (31 déc.), *Cocher, à Bobino ?* rôles : le Petit journal, la musique des rues, Félicité, l'industrie.

V. Koning dit en 1864 : « Le théâtre du Luxembourg vient de reprendre la *Chatte merveilleuse*... une nouvelle féerie de MM. Désaugiers et Gentil. Le personnage de la fée Minette est interprétée par Mlle Hortense Cavalié, qui déploie dans ce rôle une chatterie remarquable. » Par contre Vizentini (1868), qualifie son talent de « poissard » et traite ses allures de « viriles ». Mlle Hortense Cavalié épousa, dit-on, un pharmacien, mais elle eut cette particularité qu'elle fut la mère de *Pipe-en-bois* (Cavalié dit), célèbre au temps de la Commune.

Bibliographie : V. Koning, *Coulisses parisiennes*, 1864. — Vizentini, *Derrière la toile*, 1868. — Ch. Virmaître, *Paris qui s'efface*, 1887.

CAVALIÉ, Mlle Emilie ou Amélie. — V. Mme Gaspari.

CAVALIE, Joseph. — Th. des Jeunes Elèves 1837. Il y eut un *Cavallier*, th. des Batignolles 1851.

CAVE, Mme. — Débuta à la Comédie française par le rôle d'Henriette dans les *Femmes savantes*, le 5 octobre 1784.

CAVÉ, Auguste. — Jeune premier Laon 1833, Bruxelles 1834, Lille 1836, Toulouse 1837, Liège 1841, Bruxelles 1845, Limoges 1851.

CAVÉ. — Jeune premier comique, Lille 1866. Pourrait bien être le même que le suivant :

CAVÉ. — Folies dramatiques 1894-95. On lit dans le *Figaro* du 19 mars 1903 : « Nous apprenons la mort de M. Cavé, un artiste de mérite qui, l'année dernière encore, remplissait les fonctions de régisseur général à Châtel-Guyon, sous la direction de M. Georges Grisier. M. Cavé a succombé ce matin, à Belleville, aux suites d'une maladie de cœur. Le défunt avait joué longtemps aux Nouveautés et aux Folies dramatiques. Il était fort aimé et estimé dans le monde des théâtres. Ses obsèques seront célébrées demain, à midi, à l'église de Belleville. » Le Rapport de 1903, qui annonce sa mort, le qualifie de « bon trial, comique très fin, homme regretté. »

CAVILLON, Louis, Adrien. — Chartres 1851, Oran 1866-67, Douai 1868, Verviers 1869-70, Paris 1872-73, St-Quentin 1874, Grenoble 1875, Menton 1876, Saron 1877, Namur 1878, Mons 1879, Grenoble 1880, Dijon 1881, Paris 1882-1883, Charleville 1884, Gien 1885, Porte St-Martin 1886-87, Paris 1888-94. Sa mort fut annoncée au Rapport de 1895.

CAVILLON, Mme Thérèse, née Moustié. — Connue d'abord sous le nom de Mlle *Moustié*. Oran 1867, Douai 1868, Verviers 1869-72, Paris 1873, St-Quentin 1874, Grenoble 1875, Menton 1876-77. En 1878, prit le nom de *Cavillon*. Namur 1878, Mons 1879, Grenoble 1880, Dijon 1881, Paris 1882-83, Charleville 1884, Gien 1885, Paris 1886, Porte St-Martin 1887, Paris 1888-89.

CAYARD, Louis, Marie, Antoine dit aussi *Ludovic*. — Inscrit à l'Association depuis 1840, passa par le Vaudeville, 1850-52. Vécut à Paris 1853-89. Sa mort fut annoncée au Rapport de 1890 dans les termes suivants : « Louis, Ludovic Cayard, sociétaire de 1840. Il avait le n° 21 au registre matricule. Nous avons dit au chapitre *Dons divers*, que le 26 décembre, il avait envoyé au Président une somme de

300 francs pour être distribuée en secours ; le 4 janvier, à notre grand étonnement et à notre vive douleur, nous recevions une lettre d'invitation à ses obsèques ; sa mort, que rien ne faisait prévoir, avait été causée par une congestion pulmonaire. M. Ludovic Cayard, jadis artiste et régisseur au Vaudeville, avait depuis longtemps renoncé à la profession. Mais, ayant amassé une belle fortune dans les affaires, il était resté mêlé à plusieurs entreprises théâtrales. Homme d'une extrême affabilité, sa société était très recherchée ; bon par excellence, il était toujours prêt à rendre service. »

CAYE, Mme Esther, Armand. — Commença sa carrière comme chanteuse au th. Lyrique, 1857-58, Rouen 1859-61, Limoges 1862, Le Hâvre 1863. En 1877, elle reparaît sous le nom de *Armand* dite Caye. Paris 1877-1903. En 1895, Mme Caye Armand, âgée de 60 ans avec 35 ans de services, obtint une pension de 500 francs de la Société des artistes. Habitait Paris en 1903.

CAYLUS, Mlle Jeanne ou Jane. — Gentille, mignonne, sympathique, cette artiste qui n'avait pas d'histoire parut pour la première fois dans le rôle de Mme Von Vaucanson de *Mme le Diable*, à la Renaissance (2 sept. 1882), Gaîté 1884.

CAYOT, Mlle Joséphine, Céline. — Jeune amoureuse, débuta aux Variétés avec assez de succès dans le rôle d'Agathe des *Deux éducations*. Variétés 1831-33, puis première soubrette à Anvers 1841, Gand 1843, Anvers 1844, Bruxelles 1853-55, Vaudeville 1856-61, Turin 1862-1865, Paris 1867-68.

CAZABON. — Aix 1857, Genève 1858-59.

CAZAL, Mme. — Ambigu 1792-93.

CAZAL, Mme. — Duègne, Lille 1863-64.

CAZALS, Charles, Alexandre, Thomas. — Troisième amoureux, 13e arr. th., 1833, Besançon 1840, Le Hâvre 1852, 1856-61, Gand 1862, Lille 1863-66, Bruxelles 1867-72, Lille 1873-77. Sa mort fut annoncée au Rapport de 1878.

CAZALS, Mme Cl. Marie, née Mouton en 1816. — Le Hâvre 1852, 1856-62, Lille 1863-66, Bruxelles 1867-73, Lille 1874-1902. En 1887, Mme Cazals, âgée de 70 ans avec 40 ans de théâtre, reçut la pension de 500 fr. de la Société des artistes. Habitait Lille en 1903.

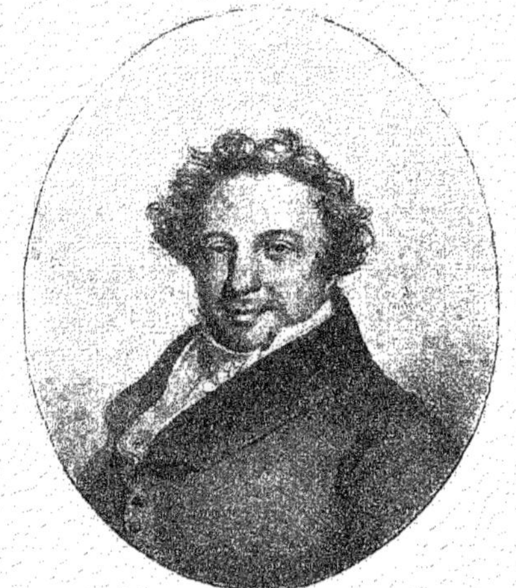

Nicolas, Joseph CAZOT.
d'après Jules Vernet

CAZANEUVE. — V. Casaneuve.

CAZAUBAN. — Deuxième amoureux, Béziers 1837.

CAZAUBON, Jules, Emile. — Toulon 1867-70.

CAZAUBON. — Troisième rôle, Lille 1868.

CAZAUX. — Rôles de convenance, Orléans 1852.

CAZAUX, Mme. — V. Barrière.

CAZEAUX, Mme Mathilde. — Jeune premier rôle, Valence (Vienne) 1852.

CAZELLE, François, né en 1840. — Liège 1875, th. Beaumarchais 1875-78, Rochefort 1879, Bouffes du Nord 1880-81, Paris 1882-98, Beauvais 1899, Créteil 1900. En 1902, Cazelle âgé de 60 ans, avec 40 ans de théâtre, obtint une pension de 500 fr. de la Société des artistes. Habitait Créteil en 1903.

CAZOT, Nicolas, Joseph, 1777-1856. — Etait le fils d'un fabricant de gazes du faubourg St-Denis. Il naquit le 17 janvier 1777, et son acte de baptême, extrait des Registres de la paroisse St-Laurent, a été publié dans le *Complément de la Troupe de Nicolet*. Après avoir navigué dans la marine marchande, Cazot, en revenant de l'Ile de France, débarqua à Bordeaux et fut engagé au th. des Variétés de cette ville pour y tenir les petits rôles d'amoureux. Incarcéré avec ses camarades, il comparut le 17 nivôse, an II (6 janv. 1794) devant la Commission militaire, présidée par le terrible Lacombe. Il était accusé d'avoir fait partie de la troupe dirigée par Antoine Dorfeuille et soupçonné d'avoir assisté à la représentation de la *Vie est un songe*, pièce qui avait servi de prétextes à des troubles. Il fut renvoyé de l'accusation.

Cazot revint à Paris et parut sur le théâtre lyri-comique (ancienne salle des Délassements), en 1800. « J'y ai vu Cazot débuter en arrivant de l'Ile de France, dans la *Laitière prussienne*, petite comédie d'un nommé Gabiot » écrit Brazier. En 1801, il entra à la Gaîté. Il possédait un joli physique, des traits agréables, une voix séduisante, de la chaleur, mais manquait de distinction. En 1804, il entra au théâtre des Variétés qui se trouvait encore dans la salle Montansier, au Palais Royal. En 1811, l'*Opinion du Parterre* dit de lui : « On le trouve comique dans les Gascons et autres caractères-charges. » Il eut un succès très vif dans le *Bénéficiaire* (où il faisait le rôle d'un tragédien boursoufflé, dans lequel on voulut reconnaître Lafon de la Comédie française), dans l'*Amphigouri*, dans *Madame Gibon*.

Cazot passa 38 ans de sa vie aux Variétés, et ne se retira qu'en 1842. Avec l'âge, il avait pris l'emploi des grandes utilités. Il écrivit à cette occasion à Charles Maurice : « Mon bon monsieur, vous avez donné le signal pour annoncer ma représentation, et cela m'a porté bonheur. Je vais vivre en tout petit rentier et conserverai toujours le souvenir agréable de votre obligeance envers un vieux comédien qui regrette de n'avoir pas plutôt *(sic)* cultivé votre connaissance.

Salut et santé,
CAZOT.

9 avril 1842. »

J. Janin, de son côté, semble avoir assez prisé ce modeste artiste, car il déclare en parlant de lui « que son talent était fait pour briller sur une scène plus élevée que celle des Variétés. »

Toutes les biographies recopient à peu de chose près cette note : « Il joua très bien le rôle de Frisac, dans le perruquier gascon des *Trois étages ;* depuis ce temps, il fut un peu ce personnage dans toutes les pièces :

Tout à l'humeur gasconne en un *acteur* gascon,
Gros-Guillot et *Frisac* parlent du même ton.

« Cazot est délicieux aussi dans le rôle d'un Conseiller d'état, du vaudeville de l'*Amphigouri* et dans *Madame Gibon;* très plaisant dans le Czar Paul Ier du vaudeville intitulé le *Mariage par ordre*. »

Le biographe eût pu ajouter que Cazot fut un des « Napoléon » de l'époque, où chaque théâtre mettait en scène un Empereur. Cazot, selon l'expression de l'*Indiscret des coulisses* (1841), servit de trait d'union entre l'ancien et le nouveau théâtre des Variétés. Il resta le seul de la vieille troupe. Il mourut à Paris, chez son gendre, Félix Escalier, coiffeur de Napoléon III, à l'âge de 79 ans, le 15 décembre 1856. Il s'était retiré du théâtre depuis 1842. Cazot avait demeuré rue Montmartre, 182 (1812-17), rue Poissonnière, 21 (1821-23), faubourg Montmartre, 42 (1824-27), faub. Montmartre, 33 (1828), rue Bonne-Nouvelle, 2 (1830), passage des Petites-Ecuries, 18 (1833-1835).

Biographie : E.-D. De Manne et C. Ménétrier, *Galerie historique des comédiens français*. p. 91.

Bibliographie : Le *Tribunal volatile*, an XI. — *Opinion du parterre*. — *Grande biogr. dram.*, 1824. — Harel, *Dict. th.*, 1825. — *Petites biographies*, 1829, 1831, 1833. — L'*Indiscret des coulisses*, 1841. — Th. Muret, l'*Hist. par le th.*, t. III, p. 96 et 232.

Iconographie : Bibl. nat., Catal. Duplessis n° 8537. Sous le nom de Casot : En buste de 3/4 à gauche, dans un ovale. Lith. par Jules Vernet. Collect. Martinet, n° 339, rôle de Bouffi dans *Jean de Passy*, n° 359, rôle de Bataille dans *Une journée de garnison*.

Eau forte de J.-M. Fugère, en buste, de 3/4 à gauche.

CAZOT, Mme. — Chartres 1829. Une dame veuve Cazot, née Marie, Joséphine Armand, mais plutôt chanteuse que comédienne, laissa en mourant une somme de quatre mille francs à la Société des artistes dramatiques (Rapport 1860).

CAZOU. — Troisième amoureux, Lille 1829.

CÈBE, Mlle Ariane. — Jeune amoureuse, Bruxelles 1851-64, passa par les Délassements comiques en 1856, où elle créa le rôle du Jour de l'An dans *Vous allez voir ce que vous allez voir*, revue de l'année. Une demoiselle Henriette Cèbe était première dugazon à Lille en 1863-64.

CECCHI, Thomas, Toussaint, Fortuné. — Nîmes 1872-73, Genève 1874, Alger 1875-76, Marseille 1877, Lyon 1878, St-Etienne 1879, Alger 1880, Dijon 1881, Limoges 1882, Genève 1883, Lyon 1884-86, Bordeaux 1887, Nantes 1888, Montpellier 1889, Genève 1890, Nancy 1891, Reims 1892, Nantes 1893, Reims 1894, Marseille 1895-97, Grenoble 1898, Lyon 1899-1902. En 1903, Cecchi Thomas, âgé de 68 ans avec 30 ans de services, reçut une pension de de 500 fr. de la Société des artistes, et alla se fixer à Tessé-la-Madeleine.

CECCHI, Mme Madeleine. — Nîmes 1872-73, Genève 1874, Alger 1875-76, Marseille 1877, Avignon 1878-79, Alger 1880, Avignon 1881-99. Sa mort fut annoncée au Rapport de 1900.

CÉCILE, Mlle. — Sous ce nom :

Mlle CÉCILE, Variétés 1799.

Mlle CÉCILE (Anselme), ingénue, Toulon 1828. Pourrait bien appartenir à la grande famille des *Baptiste*, dont le véritable nom était Anselme.

Mlle CÉCILE, Baltazar, th. Molière (Paris) 1833.

Mlle CÉCILE, rôles de convenance, Lille 1833 et 1837.

Mlle CÉCILE, Amiens 1840.

Mlle CÉCILE, nom d'une Colombine, Funambules.

Mlle CÉCILE, Variétés 1850. (Toinon de l'*Hôtel de Nantes*).

Mlle CÉCILE, Délassements comiques 1850-54.

Mlle CÉCILE, Ambigu 1852.

Mlle CÉCILE, th. National 1852.

Mlle Cécile, Lazari 1852.

Mlle Cécile, Variétés 1859.

Mlle Cécile (la petite), Déjazet 1874.

Mlle Cécile (Bernier). V. Bernier.

Mlle Cécile, Gymnase 1876.

CÉLESTE, Mme ou Mlle. — Sous ce nom :

Mlle Céleste, Ambigu 1807.

Mme Céleste, Cirque olympique 1816-19.

Mlle Céleste, actrice chantant l'opéra et jouant le vaudeville dans la Banlieue 1825-27.

Mlle Céleste, th. du Luxembourg 1829-30.

Mme Céleste, V. Molé Dalainville.

Mlle Céleste, Genève 1834.

Mlle Céleste, Grenoble 1840.

Mme Céleste, danseuse puis artiste dramatique, née à Paris le 16 août 1814, mais c'est surtout en Angleterre et en Amérique qu'elle donna ses représentations. Après des succès extraordinaires aux Etats-Unis, elle épousa M. Elliot, devint bientôt veuve, et entra en possession d'une fortune considérable. Revenue à Londres, elle joua le drame et la comédie, et réussit. Elle fut longtemps directrice de théâtre, et donna sa représentation d'adieux à l'Adelphi de Londres le 22 oct. 1870.

Mlle Céleste, Folies dram. 1850, Variétés 1851-52, th. du Luxembourg 1852. J. Arago dans ses *Foyers et coulisses* laisse entendre que cette actrice était connue dans un certain monde sous le sobriquet de *Mogador :*

Pomaré, Maria,
Mogador et Clara.

a chanté Gustave Nadaud. Mlle Céleste ou Céleste Mogador créa de petits rôles dans *l'Ile des bêtises* (Fol. dramat. 9 janv. 1850) et la *Course au plaisir* (Variétés 11 déc. 1851).

CÉLESTIN. — Mime jouant aussi le vaudeville, th. des Funambules.

CELESTINE, Mlle. — Banlieue 1830.

CÉLESTINE, Mlle. — Troisième amoureuse, 13e arr. th. 1833.

CELESTINE. — Iconographie : Bibl. nat. Catalogue Duplessis, no 8846. « Mlle Célestine, actrice ? » En pied de profil à droite. Lith. par Heloyse Couché, 1836.

CELICOURT. — Rôles de financiers, manteaux, confidents, Anvers 1789. Chantait aussi les premières basses-tailles, Lille 1792-93.

CELICOURT, Mme. — Femme du précédent, plutôt classée comme chanteuse que comédienne. Lille 1792-93. Une dame Célicourt-Valmy tenait l'emploi des premiers rôles à Chartres en 1834, à Melun 1837 et une dame Célicourt celui des mères nobles à Tournai en 1838-39.

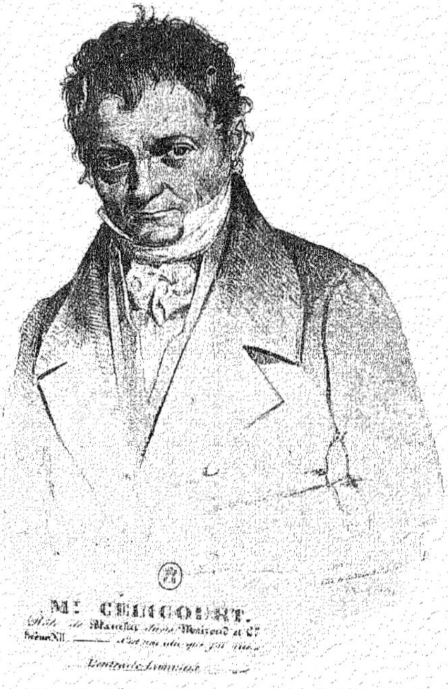

Alex. CÉLICOURT, d'après Gubian (1838)

CÉLICOURT, Alexis, Philippot dit. — Le plus illustre de cette dynastie, fit presque toute sa carrière à Lyon, où il était très estimé. Il était, selon toutes apparences, le fils des précédents, et semble avoir débuté en Belgique. C'est ainsi qu'en 1819-1820, nous trouvons à Liège (salle des Drapiers), un Célicourt « jeune trial. » Le Célicourt de Lyon tenait l'emploi des comiques, des niais, des caricatures au th. des Célestins en 1824-30, puis au th. du Gymnase (Lyon), en 1834, 1837. Nous relevons entre temps la présence d'un Célicourt, comique, à La Rochelle 1827, à Valence 1841. De 1842 à 1845, Célicourt est encore à Lyon, où il tenait aussi une agence dramatique avec sa femme. Armand Victorin nous en précise même l'endroit « à côté du bureau de tabac de l'ancienne place des Célestins. » Le même chroniqueur lyonnais jette pourtant une note triste sur la vieillesse de l'artiste : parlant d'un petit café lyrique « le Messager des Dieux » à Lyon, vers 1860, il écrit : « Le vieux Célicourt, alors doyen des artistes lyonnais, vétéran de la rampe, qui tint, pendant plus de 30 ans, aux Célestins, l'emploi des grimes, pour la plus grande joie de nos pères, presque aveugle, et âgé de 78 ans, y chantait également *Bonhomme !* cette bonne vieille chanson de G. Nadaud. »

Célicourt fut encore à Turin 1852, Arles

1853, Valence 1854, puis se retira à Aubenas 1855 et Annonay 1856, reparaissant à Lyon 1857-63. Il mourut à quatre-vingts ans ; la Société des artistes lui servait une pension de 186 fr. depuis 1854 et de 300 fr. depuis 1856.

Bibliographie : F. Faber, *Hist. du th. fr. en Belgique*, t. III. — *Almanach des Spectacles*. — Armand Victorin, l'*Ancienne place des Célestins*, Lyon.

Iconographie : Bibl. nat. Catalog. Duplessis n° 8849.
1. En buste, de face, dans une bordure ovale, lith. par P. Belle.
2. En buste, de ³/₄ à gauche, lith. Gubian, 1838.

CÉLICOURT, Mme Adélaïde Hoc Philippot dite. — Femme du précédent, morte vers 1854-55. Passa la plus grande partie de sa vie à Lyon, où elle tint avec son mari une agence dramatique.

CÉLICOURT. — Jeune premier, Chartres 1834, Melun 1837.

CÉLICOURT, Mme Dubost née Duperret dite. — Lyon 1855-1887. Sa mort fut annoncée au Rapport de 1888.

CÉLIER. — Bruxelles 1796.

CÊLINA, Mlle. — Délass. com. 1863, Fol. dram. 1867, peut-être la même, Château-d'Eau 1873.

CÉLINE, Mlle. — Sous ce nom :

Mlle CÉLINE, jeune amoureuse, Tournay 1826.

Mlle CÉLINE Fabre, Vaudeville 1828.

Mlle CÉLINE, Th. de Belleville 1829.

Mlle CÉLINE. V. Brochard.

Mlle CÉLINE, qui débuta à la Porte St-Martin le 20 fév. 1830 par le rôle de l'actrice, dans *Rochester*, et dont le nom se retrouve au même théâtre en 1834.

Mlle CÉLINE, emploi des Déjazets à Rouen 1833.

Mlle CÉLINE Voislin, soubrette, Châlons s/Marne 1834.

Mlle CÉLINE Walle, qui débuta le 17 nov. 1836 dans les *Deux Manières*, au Gymnase.

Mlle CÉLINE, th. du Luxembourg 1837.

Mlle CÉLINE, th. du Palais-Royal 1839-40.
1839, 13 juillet, les *Trois Quenouilles*.
— 8 août, *Un cousin du Ministre*.
1840, 5 fév., la *Famille du Fumiste*.
— 2 avril, les *Chanteurs des rues*.
— 5 juin, *Iphigénie*.
— 21 juillet, *Bob*.

Mlle CÉLINE, amoureuse, Mons 1846.

Mlle CÉLINE, deuxième soubrette, Anvers 1851.

Mlle CÉLINE, Gaîté 1851.

Mlle CÉLINE, Elisabeth, E. Mathieu, Lille 1852-55, Strasbourg 1856, Paris 1857-59.

Mlle CÉLINE, Délass. com. 1857-59, th. du Luxembourg 1862, Fol. dram. 1867.

CELLE, Louis. — Gaîté 1866-70.

CELLES. — V. Alexandre.

CELLIÉ, Mlle Liona. — Athénée 1877-81, Palais-Royal 1884.

CELLIER, Mlle Francine, Augustine. — Née à Paris le 2 janvier 1841, fut destinée tout enfant à la danse. A l'Académie impériale de musique, elle resta deux ans dans le corps de ballet et quatre ans parmi les secondes danseuses (1855-60). Suivant les conseils qu'on lui donna, elle entra au Conservatoire : classes de solfège et de comédie (classe Regnier). Elle eut un prix de solfège et un accessit de comédie. Montigny lui offrit alors une place dans son théâtre ; elle refusa. Elle voulut ne sortir du Conservatoire qu'avec un premier prix, et le remporta à l'unanimité en 1859, avec une scène de l'*Amant bourru*, Elle quitta alors l'Opéra et accepta au Gymnase un engagement de 4000 fr. par an.

Elle y débuta le 20 mars 1860, dans le *Paratonnerre*. Ce fut Scribe qui lui conseilla de passer au Vaudeville, bien qu'elle fut alors sollicitée par le Palais-Royal. Elle débuta place de la Bourse le 6 septembre 1861 dans la *Frileuse*, comédie posthume de Scribe, écrite pour elle. Elle se fit applaudir dans les *Ivresses*, le *Télégramme*, la *Volonté de mon Oncle*, les *Femmes qui pleurent*, les *Coups d'Epingle*, les *Diables noirs*, la reprise du *Roman d'un Jeune homme pauvre*, le *Drac*, la *Jeunesse de Mirabeau*, la *Charmeuse*, le *Don Juan de Village*. Pendant huit ans son nom apparut dans la plupart des pièces en vogue à ce théâtre, depuis *Maison Neuve* (3 déc. 1866) jusqu'à l'*Abîme* (2 juin 1868) en passant par les *Brebis galeuses* (27 fév. 1867). On lui reconnaissait de l'esprit, de la rondeur, et surtout une élégance parfaite et des toilettes hors de pair — en dépit de ses 6000 fr. d'appointements. On la disait fort protégée en haut lieu.

« La femme de Paris qui sait le mieux s'habiller, disait-on en 1866 » ; le même critique ajoutait : « L'artiste la plus nulle qu'on puisse rêver, mais elle n'est pas méchante ; elle emploie son argent à acheter des maisons... » C'était le beau temps des expropriations pour les embellissements de Paris, et comme Mlle Cellier recevait d'excellents « tuyaux » de la préfecture de la Seine, on lui prêtait ce mot : « C'est singulier, dès que je loue à long bail dans une maison, on la démolit ».

En 1868, on est un peu plus indulgent : « Cette jeune femme élégante, cette jolie blonde qui fait de la tapisserie est Mlle Cellier, la bonté, l'obligeance en personne. Voulez-vous lui être agréable? Fournissez-lui l'occasion de vous rendre service et vous la verrez se mettre en quatre avec une simplicité, une bonne grâce qui doubleront votre reconnaissance ».

Les grands jours de Mlle Cellier se terminèrent avec l'Empire. Cependant, un jour, l'actrice se fâcha et écrivit une lettre au *Nain jaune* en déclarant qu'elle en avait assez que l'on s'occupât de sa vie privée et de ses soi-disant expropriations : « J'habitais enfant (en 1848) la maison de la rue Chabrol, 4, qui existe encore, puis une maison rue St-Georges, 37, qui n'a pas bougé. De là, je suis allée rue Bleue, 30. Il est vrai que cette maison a été démolie par le passage de la rue Lafayette, mais je l'avais quittée depuis deux ans pour habiter une maison neuve, boulevard de Sébastopol, 79. Lorsque je fus engagée au Vaudeville, je vins demeurer rue Notre-Dame des Victoires, 28 ».

Le *Nain Jaune* répliqua avec malice, en donnant le chiffre de ses appointements depuis 15 ans, en les comparant avec sa fortune et termina la discussion en disant : « Nous convenons volontiers avec Mlle Cellier que le théâtre qui a fait toute sa gloire a fait aussi toute sa fortune; qu'en outre, elle n'a jamais été expropriée pour cause d'utilité publique ». Le silence eût mieux fait l'affaire de part et d'autre.

La mort de Mlle Cellier fut annoncée au Rapport de 1891 ; elle était retirée de la scène déjà depuis plusieurs années; on rappela sa bonté et sa générosité ; ses obsèques eurent lieu au temple de la Rédemption, au milieu d'un concours considérable de parents et d'amis.

Bibliographie : *Les Théâtres en robe de chambre*, 1866. — F. Savard, les *Actrices de Paris*, 1867. — Vizentini, *Derrière la Toile*, 1868. — P. Mahalin, *Les Jolies actrices de Paris*, t. I, p. 143.

CELLIER, Mlle. — Petits rôles aux Délass. Com. (*Le Plat du Jour*, 21 déc. 1861).

CELLINI, Mlle. — Gaîté 1852, Délass. Com. 1859-60.

CELUTA, Mlle. — Palais-Royal 1854, Délass. Com. 1855.

CENAC (ou Senas), Mlles. — Lille 1774-75. L'existence de ces demoiselles qui avaient beaucoup de succès nous est révélée par une lettre d'un nommé Gaillard, citée par M. G. Lhotte dans le *Théâtre à Lille avant la Révolution*, p. 53. Elles étaient âgées de 18 et 17 ans, l'une jouant les ingénuités, l'autre les soubrettes, toutes deux élèves de Prévot; elles avaient été déjà deux ans dans la troupe de Chevillard, à Rouen, et se trouvaient à Lille avec leur mère (première confidente tragique et caractères).

CENAU, Mme. — Le 15 septembre 1839, une dame Cenau ou *Ceneau* débuta à la Porte St-Martin dans la *Tour de Nesle*. En 1849, une artiste de ce nom est à Alger. En 1850, une demoiselle Clémence Cénau entre aux Variétés. Nous retrouvons cette dernière aux Variétés 1852 et aux Fol. dram. 1853.

Iconographie : Bibl. nat. Catalog. Duplessis no 8873. En pied, de 3/4 à droite, lith. par Gavarni, 1841. Le nom est écrit *Céneau*.

CÈNE (de). — Débuta à la Comédie française le 30 avril 1776, par le rôle de Clitandre du *Misanthrope*.

CENEAU. — V. Cenau.

CENDRIER, Mlle Irma, Octavie. — Inscrite à l'Association depuis 1845. Soubrette, Chartres 1851, Nevers 1851-52, Dijon 1852-53, Rennes 1854, Poitiers 1855-56, Dunkerque 1857-59.

CÉRÈS, Mme. — Premiers rôles, Tours 1829. Peut-être bien *Céret*.

CÉRET, Félix. — Artiste et directeur dans l'Indre et la Creuse en 1827.

CÉRET, Mme, née Hyacinthe Fradin (V. Mme Cérès?) veuve en 1849. — Rouen 1850-53, Alger 1854, Nantes 1855-56, Lille 1857, Brest 1858, Amiens 1859, Paris 1860-65, Douai 1866-68. En 1869, Mme veuve Céret, âgée de 73 ans, avec 46 ans de services, reçut une pension de 300 fr. de la Société des artistes et se fixa à St-Germain et à Paris. Son nom disparut de l'annuaire en 1875.

CÉRET, Félix. — Comique, Anvers 1846, Rochefort 1848-50, Gand 1852, Rouen 1852-53, Alger 1854-55, Nantes 1856, Lille 1857, Brest 1858, Amiens 1859-60, Gand 1861-64, Douai 1865, Strasbourg 1867, Rouen 1868, Paris 1869-1870.

CÉRET, Mme Félix, née Victorine Voiron. — Nantes 1854-56, Lille 1857, Brest 1858, Amiens 1859-60, Gand 1861-64, Douai 1865, Strasbourg 1867-68, Paris 1869-73, Perpignan 1874-82, Paris 1883-1901, Rouen 1902. Mme Céret-Voiron, âgée de 60 ans en 1892, avec 41 ans de th., obtint une pension de 500 fr. de la Société des artistes. Habitait Rouen en 1903.

CERF aîné. — Poitiers 1842.

CERF, Mme Rachel. — Moscou 1874-75, Saint-Pétersbourg 1876-77, Rouen 1878-79, Bône 1880-83.

CERISE, Paul. — Amiens 1833.

CERISE, Mme Paul. — Amiens 1833.

CERIZÉ, Alfred, Louis, Gustave. — Porte St-Martin 1891-1901. Sa mort fut annoncée au Rapport de 1902 : « Il avait joué un peu sur tous les théâtres de Paris, sans pouvoir y trouver le bien-être. Sa dernière étape avait été la Porte St-Martin, où il s'était fait très remarquer dans un rôle de jeune soldat de la *Guerre au Dahomey*. Atteint par une épouvantable maladie, l'ataxie locomotrice, il s'est vu tristement mourir, entouré des soins merveilleux d'une sœur dévouée qui lui a fermé les yeux ».

CERNOT, Mlle. — Jeune première, Somme, Aisne, Oise 1825.

CERNOT, Alphonse. — Premier rôle, Lausanne 1833.

CERNY-Levert, Mme. — Th. des Arts, Rouen 1871-73.

CERNY (de) Mlle. — Menus-Plaisirs et Variétés 1877. Ne pas confondre avec Mlle Berthe Cerny, l'actrice contemporaine, née en 1868.

CERNY, Mlle A. — Jeune première, Lille 1879. Même observation que ci-dessus.

CERTAIN, Mlle. — Th. de Versailles 1824. Sémillante et gracieuse. Rouen 1827, 1832-33, Le Hâvre, emploi de Déjazet, 1834, deuxième soubrette, Gand 1843.

CERTAIN. — Rôles de convenance, Avignon 1852.

CERVAUX (le petit). — Rôles d'enfants, Banlieue 1825.

CERVAUX, Mlle Marie, Virginie. — Rouen 1860-63.

CERVELLA, Mme. — V. Cervetta.

CERVELLI, Ange, Joseph, Marie. — Brest 1858-62, comique à Genève 1863-65, Bruxelles 1867, La Haye 1868-70, Mons 1872-73.

CERVETTA, Mme. — Rôles de convenance, Metz 1825, Calais 1833, Verviers 1834.

CESAR. — Chanteur, acteur et co-directeur du Th. Montansier, salle du Palais-Royal, eut d'abord de brillants succès à Versailles dans l'emploi des *Colins* et autres amoureux d'opéra comique. Mlle Montansier lui avait accordé une pension pour ses longs services, et il la suivit au Palais-Royal avant de devenir un de ses associés. C'est là, nous dit l'*Almanach* pour l'an IX, qu'il faisait entendre « les restes de la belle voix de haute-contre qui lui avait valu tant de succès à Versailles ». Le *Coup de Fouet* de l'an X le désigne ainsi : « Jeune premier de 48 ans, également administrateur ». Il mourut de la goutte, vers la fin de décembre 1809, âgé d'environ 60 ans. César demeura passage des Petits-Pères, n° 3, pendant plus de quinze ans.

Bibliographie : le *Coup de Fouet*, 1802. — L'*Opinion du Parterre*, t. VII, p. 342, 1810. — L'*Almanach Duchesne*, p. 84, 1815.

CESAR. — Comique grime, Liège 1822, Vienne (Autriche) 1826, Strasbourg 1828-29.

CESAR, Mlle Modeste, Cora. — Actrice au Th. de Belleville, partit un beau jour pour Rouen, en dépit de son engagement qui stipulait un dédit de 2000 fr., plus 600 fr. d'indemnité, d'où un curieux procès au cours duquel Mlle César déclara que si elle était ainsi partie c'était pour mettre son innocence et sa vertu à l'abri des séductions de son directeur; nomination d'un arbitre. Mais l'*Almanach des Spectacles* de 1834 qui nous fournit ces détails ne nous a pas fait connaître les conclusions.

CESSIA, Mlle. — Coquette, Liège 1852.

CEULEUIL, Mme. — Deuxième rôle, Gand 1789.

CÉZANNE, Mlle. — Délass. com. 1855.

CÉZARD fils, Jules. — Batavia 1850-56.

CÉZARINE, Mlle. — Utilités, Nîmes 1828.

CHABAUD, Marius. — Versailles 1852-53, Strasbourg 1854-58, Bruxelles 1859-61, La Haye 1862-64, Paris 1865, Th. du Prince imp. 1867-68, Paris 1869-89. En 1880, Marius Chabaud âgé de 60 ans obtint une pension de 500 fr. de la Société des artistes. Sa mort fut annoncée en ces termes au Rapport de 1890 : « Marius Chabaud, une bonne nature et un brave et serviable garçon ».

Marius avait beaucoup joué la comédie dans les départements et à l'étranger, avant d'entrer aux Variétés pour y remplir les fonctions de régisseur. Un soir il fut frappé d'une attaque de paralysie partielle dont il ne se releva jamais. Une demoiselle Marguerite Marius Chabaud est actuellement aux Variétés (1901-1903),

CHABAUD, Mlle Anna. — Palais-Royal 1883, Folies dramatiques 1894.

CHABEROT. — Marseille 1842.

CHABERT, Mme. — Th. Montansier 1793, Gaîté 1799, 1805-06.

CHABERT, Mlle. — Premier prix du Conservatoire, débuta le 17 février 1858 aux Bouffes parisiens dans *Mademoiselle Jeanne*, créa Diane d'*Orphée aux enfers* (21 oct.) et parut encore dans le *Carnaval des revues* le 10 février 1860.

CHABOT, Pierre, Léopold, Eugène. — Lyon 1878-80, St-Jean d'Angely 1881, Saintes 1882,

Royan 1883, La Rochelle 1884, Royan 1885, Châteaubriand 1886-87, Rochefort 1888-89, Fécamp 1890-91, Libourne 1892-95, Château Thierry 1896-97, Paris 1898-1902.

CHABOT, Pierre, Henri. — Lyon 1878-80, St-Jean d'Angely 1881, Saintes 1882, Nérac 1883, La Rochelle 1884, Pons 1885-86, St-Jean d'Angely 1887-88, St-Lô 1889-90, Bourges 1891, Lyon 1892-93, Bordeaux 1894, Tunis 1895-96, Marseille 1897-98, Royan 1899-1902.

CHABOT, Mme Marie, Augustine, — Lyon 1878-80, St-Jean-d'Angely 1881, Saintes 1882, Royan 1883, La Rochelle 1884, Royan 1885, Châteaubriand 1886-87, Rochefort 1888-89, Versailles 1890, Angers 1891, Caen 1892, Paris 1893, Caen 1894-98, Montauban 1899, Marmande 1901-1902.

CHABOT, Mme Henriette, Rose. — Lyon 1878-1880, St-Jean d'Angely 1881, Saintes 1882, Royan 1883-85, Châteaubriand 1886-87, St-Brieuc 1888-89, Versailles 1890, Vannes 1891.

CHABRIAT, M. et Mme. — Utilités, Angers 1852.

CHABRILLAT, Antoine, Henerie. — Acteur et directeur, Marseille 1842, Toulouse 1850-52, St-Etienne 1853, Lille 1854-55, Dijon 1856-57, Strasbourg 1858-59, Marseille 1860-61, Nantes 1862, Folies 1863, Nantes 1864-67. Avait épousé Mlle Clotilde Bordat (V. ce nom). Fut le père de Henri, Louis Chabrillat. Sa mort fut annoncée au Rapport de 1868.

CHABRILLAT, Mme. — V. Mme Bordat.

CHABRILLAT, Henri, Louis. — Fils des deux précédents, plus connu comme homme de lettres et comme directeur, avait débuté à Dijon en 1864-65. En 1870, il fut décoré de la Légion d'honneur pour sa belle conduite pendant la guerre franco-allemande. Il quitta le théâtre pour la littérature. Voici en quels termes sa mort fut annoncée au Rapport de 1893 : « Beaucoup ignorent qu'Henri Chabrillat, fils d'un ancien et honorable directeur de province, s'était fait en 1863, sociétaire comme ses parents, qui firent partie de l'Association jusqu'au jour de leur décès, survenu : pour le père, le 26 octobre 1867, pour la mère le 26 septembre 1885. Ecrivain de talent, Chabrillat avait promptement renoncé au théâtre pour faire du journalisme. Au moment de la guerre de 1870, il s'engagea, et fit si brillamment son devoir qu'il fut décoré pendant la campagne pour sa belle conduite. Après la paix, il écrivit dans différents journaux des articles et des romans qui obtinrent de réels succès. Mais, toujours attiré par le théâtre, c'est alors qu'il prit la direction de l'Ambigu. Il commença par y gagner beaucoup d'argent, avec l'*Assommoir*, mais après plusieurs années remplies de chances diverses, il passa la main et retourna à la presse pour ne plus la quitter. Outre ses autres travaux littéraires, il faisait, au *Figaro*, avec infiniment de tact et d'esprit, la « Revue des journaux » sous la signature du Liseur. Tous ceux qui le connurent s'accordent à dire que c'était un homme aimable et courtois, d'un commerce agréable et sûr. Ses obsèques ont eu lieu le 15 janvier, à Courbevoie, devant un nombre considérable d'amis, d'écrivains et d'artistes, venus de Paris pour lui dire le dernier adieu. » H. Chabrillat écrivit, entre autres, pour le théâtre, le *Roi d'Yvelot*, en collaboration avec Hémery, th. Taitbout (avril 1876), et les *Mirlitons*, avec Duru et Blum (Fol. dram., 19 avril 1876).

CHADEPEAU, Clauzade, Marie. — Porte St-Martin 1868-70.

CHAILLOU, père, Joseph. — Acteur et directeur. Orléans 1827, 14e arr. th. 1829-30, Amiens 1833, Poitiers 1852, Genève 1853, Paris 1854, Cherbourg 1855-56. En 1852, Chaillou, âgé de 73 ans, avec 43 ans de th., obtint une pension de 186 fr. de la Société des artistes. Mourut vers 1857.

CHAILLOU, Mme mère. — Duègne, 14e arr. th. 1829-30, Amiens 1833, Avignon 1834.

CHAILLOU, Mlle Elisa ou Liza. — Troisième amoureuse, 14e arr. th. 1829-30, deuxième dugazon, Amiens 1833, Avignon 1834.

CHAILLOU, Mlle Louise. — Ingénuité, Avignon 1834.

CHAILLOU, Mlle Claire, Constance. — Rôles d'enfants, Amiens 1833, Poitiers 1852, Genève 1853-54, Cherbourg 1855-56, Nantes 1857-62.

CHAINE, François, Arthur. — Modeste serviteur au th. Français, 1859-1903. Pensionné de 400 fr. par la Société des artistes depuis 1892. Fr. Chaîne avait alors 64 ans et 27 ans de th.

CHAINEUX, Désiré, Louis, Auguste. — Bruxelles 1872-74.

CHALAIN. — Premier comique, Calais 1825-1826, Pau 1827, 18e arr. th. 1830, Bruges 1833, Namur 1837.

CHALAIN, Mme ou Mlle. — Utilités, Calais 1825-26.

CHALAND, dit aussi Auguste. — Th. sans prétention 1799-1800, et dont on retrouverait peut-être les traces dans les *Auguste* cités plus haut. Il mourut en octobre 1839 à Graville, près le Hâvre, chez M. Elliot, curé de la paroisse qui l'avait recueilli, le soigna, et le fit enterrer à ses frais.

Bibliographie : *Ann. Delhasse* 1840, p. 310.

CHALANDE, Pierre. — Belleville 1874-79. Un Chalande passa par le th. de la République 1894-95 et Déjazet 1897.

CHALANDE, Mme Blanche. — Belleville 1874-1879.

CHALANDE, Mme. — V. Mollivier.

CHALBOS (ou Chalboz). — Gymnase 1821-1823, Vaudeville 1825-27, Variétés 1833.

CHALBOS, Mme (ou Chalboz). — Actrice des Variétés de 1819 à 1827, Ambigu 1833, Folies dram. 1840.

Iconographie : Bibl. nat. Catal. Duplessis nº 8965. En pied, de profil à gauche (Cost. de th.) Lith. Langlumé 1823.

CHALLARD, Alexandre. — Amiens 1858-70.

CHALONT. Mlle. — Première soubrette, Lille 1878, Variétés 1881-84, th. Cluny 1888, Renaissance 1892. Mlle Chalont « brunette et rondelette » avait la spécialité de promener par la province les succès des Variétés : *Niniche*, *Lili*, *Mam'zelle Nitouche*, la *Roussotte*, etc. En somme, une doublure de Judic, assez adroite.

CHAM, Ernest. — Grenoble 1840.

CHAMARANDE, M. et Mme. — St-Pétersbourg 1849-63. Il y eut un Chamarande acteur à La Rochelle en 1834.

CHAMARD, Mme Pauline. — Calais 1849.

CHAMBELLAN, Mlle. — Th. des Troubadours 1799.

CHAMBÉRY, Ernest, Amable. — Né vers 1805. Apparaît comme troisième amoureux à Nancy en 1826-28, puis comme second comique dans la même ville 1830. Il poursuit sa carrière à la Nouvelle-Orléans 1833, à Nantes 1834 et 1837, puis au th. de la Renaissance 1840. C'est alors qu'il fut engagé pour la Russie, St-Pétersbourg 1842, Moscou 1843-44, St-Pétersbourg 1849, Moscou 1850-53, Paris 1854-55, Vaudeville 1856-58. En 1859 Chambéry se retira à Meulan. En 1862, il avait 57 ans, 38 ans de théâtre et une pension de 200 fr. de la Société des artistes. Il vécut à Meulan pendant 20 ans, et sa mort fut annoncée au Rapport de 1883. Il touchait une pension pour ses dix ans de service en Russie, et avait créé à Paris, pendant son passage au Vaudeville, Bassecour des *Faux Bonshommes* et Puygiron du *Mariage d'Olympe*. Bouffé dans ses *Souvenirs*, parle accidentellement (p. 313) de la rencontre qu'il avait faite de Chambéry, à Nantes, en juin 1838.

CHAMBÉRY, Mme, née Louise Stilbé Lesort. — Née le 2 mai 1813, selon Delhasse. Premier rôle à Nantes 1837, th. de la Renaissance 1840, St-Pétersbourg 1842, Moscou 1843-44, St-Pétersbourg 1849, Moscou 1850-53, Paris 1854-1855, Vaudeville 1856-58. Mme Chambéry se retira du théâtre en même temps que son mari (1859) et vécut près de trente ans à Meulan. Agée de 51 ans en 1864, avac 31 ans de théâtre, elle reçut une pension de 200 fr. de la Société des artistes. Sa mort fut annoncée au Rapport de 1890, et l'on rappela à ce propos qu'elle avait débuté brillamment dans l'opéra avant de devenir une comédienne fort estimable. Elle avait été remplacée comme duègne au Vaudeville par Mme Alexis.

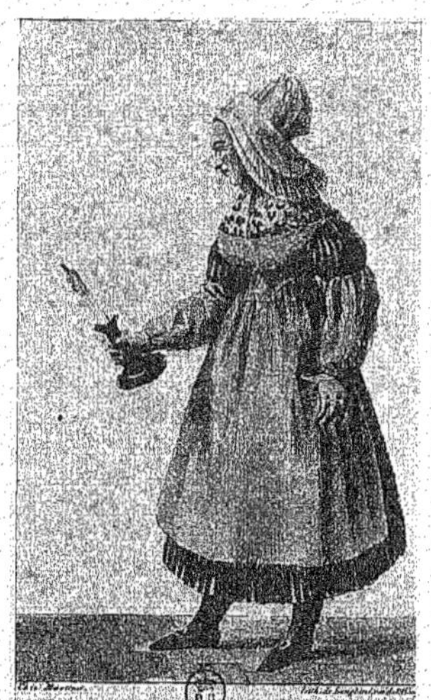

Madame CHALBOS
lith. Langlumé

CHAMBERY, Paul, Amable. — Fils des précédents, comique et grime. Lille 1849-55, Le Hâvre 1856-57, Nîmes 1858, Lille 1859, Turin 1860-61, Lyon 1862, Angers 1863-64, Turin 1865-70, Nice 1872, Bruxelles 1873, Turin 1874, St-Etienne 1875-77, Paris 1878-79, Le Hâvre 1880-81, Lyon 1882-83, Paris 1884-88, Marseille 1889-90, Arcachon 1891-95. En 1889, Paul Chambéry avait 61 ans et 44 ans de théâtre. Il reçut une pension de 500 fr. de la Société des artistes. En 1883 il avait joué aux Bouffes, et en 1885 aux Menus-Plaisirs sous le nom de *Chambéry père*, pour le distinguer de son fils, alors engagé aux mêmes théâtres. Sa mort fut annoncée au Rapport de 1896.

CHAMBÉRY, Mme Augustine, née Brochard. — Nîmes 1858, Lille 1859, Turin 1860-61, Lyon 1862, Angers 1863-64, Turin 1865-69, Rome 1870, Nice 1871-72, Bruxelles 1873, Turin 1874, St-Etienne 1875, Paris 1876-80, Nice 1881-84, Marseille 1885-90, Nice 1891-1902. Habitait Meulan en 1902-03. Mme Aug. Chambéry, âgée de 62 ans avec 36 ans de théâtre en 1890, obtint une pension de 500 fr. de la Société des artistes. M. Ernest, Paul Chambéry, qui fut artiste des Bouffes et continue sa carrière en province, est le fils de Paul, Amable Chambéry et de Mme Augustine Chambéry née Brochard.

CHAMBLARD, Mme Aline, Esther. — Amsterdam 1860-63.

CHAMBLY, Eugène Chabrol dit. — Palais-Royal 1865-1881, Liège 1882, Rouen 1883-84, Paris 1885-88, Saïgon 1889-91, Paris 1892-1900, Lyon 1901, Paris 1902-03. Eugène Chambly, qui fut aussi comique marqué à Lille en 1877, était âgé de 60 ans en 1899. Il reçut à cette époque une pension de 500 fr. pour ses 35 ans de th. et se fixa à Paris.

CHAMBLY, Mme. — Coquette à Lille 1877, Château-d'Eau 1877 et 1881.

CHAMBON, Jean, Louis. — Namur 1852-54, Metz 1855-57, Alger 1858-59, Toulon 1860-61, Gand 1862-63, Alger 1864-65, Dijon 1867, Le Mas-d'Agenay 1868-82. Sa mort fut annoncée au Rapport de 1883.

CHAMBOT. — Premier comique dans la troupe de Lorville « du temps du Maréchal de Saxe ».

CHAMBROU, Mme Elisa. — Porte St-Martin 1822-23.

CHAMERLAT. — Bon comique marqué, Genève 1864-65.

CHAMEROY, Mlle Adrienne, 1779-1802. — Bien plus connue comme danseuse que comme comédienne, et qui ne devint célèbre que le jour de sa mort, par suite du scandale qu'occasionnèrent ses obsèques. Adrienne Chameroy, dont s'est occupé longuement Jal, dans son *Dict. critique*, était née à Paris le 5 mai 1779, rue St-Martin, et avait été baptisée à St-Nicolas-des-Champs. On croit qu'elle prit le théâtre dès les premières années de son adolescence, et qu'elle joua sur une des petites scènes du boulevard du Temple.

Cependant Jal, déjà cité, n'a pu vérifier l'exactitude de cette tradition. On nomme même le théâtre : la salle où fut la Malaga, et une pièce où elle joua le rôle de l'amour, *Télémaque*, 1796. L'*Almanach Duchesne* de 1815, passant en revue les artistes morts depuis 15 ans est plus explicite (bien qu'il l'appelle Louise) : « Elle réunissait, dit-il, la vigueur aux grâces et mettait beaucoup d'expression dans la pantomime ; enfant, elle était déjà vivement applaudie dans les petits rôles d'amour... C'est elle qui créa les rôles de Cupidon dans *Télémaque* et de Pâris, où elle réunissait tous les suffrages. »

Jal nous a retracé sa carrière à l'Opéra, où elle dansait déjà le 28 novembre 1786, dans un groupe d'enfants, puis figurait en 1791, aux appointements de 600 livres, portés à 800 l'année suivante. En 1792, elle se retire, pour ne revenir qu'en 1796 en qualité de « premier double », aux appointements de 5,800 livres, et c'est sans doute dans cet intervalle qu'il faut placer les représentations dont nous avons parlé plus haut.

Décédée à 24 ans, le 15 octobre 1802, rue de Louvois n° 8, Mlle Chameroy devait être enterrée à St-Roch. Le curé de cette église s'opposa formellement à ce que des obsèques chrétiennes fussent célébrées. En vain voulut-on objecter que, malade depuis quelque temps, elle avait songé à son âme, et que le 4 mai précédent une messe avait été dite pour elle. Rien ne prévalut contre l'obstination du curé. Le bruit s'en répandit bien vite, et la foule devint menaçante. Ne voulant pas user de contrainte vis-à-vis le clergé, le gouvernement pria le desservant de l'église des Filles St-Thomas de bénir les restes de la danseuse. Un concours extraordinaire de peuple suivit le corbillard jusqu'à l'église d'abord, puis jusqu'à Montmartre.

Bibliographie : Jal, *Dict. critique*, p. 351. — *Almanach Duchesne*, 1815, nécrologie. — Harel, *Dict. th.*, p. 16.

CHAMONIN, Louis. — Premier comique à Calais 1851, Montparnasse 1858-62, Reims 1863-1864, Rouen 1865, New-York 1867-69, Hambourg 1870, Odessa 1872-75, Varsovie 1876, Paris 1877, New-York 1878, Amsterdam 1879, th. des Arts 1880-81, St-Pétersbourg 1882-83, Bruxelles 1884, Paris 1885-86. En mai 1876, Chamonin (retour de Russie), tenait le rôle de Rémonin de l'*Etrangère*, dans la tournée qu'avait entreprise Léautaud. La mort de Louis Chamonin fut annoncée au Rapport de 1888 : « Après avoir joué dans plusieurs théâtres de banlieue, alors sous la direction de Larochelle, dit le rapporteur, il s'en alla en province, où bientôt sa réputation le fit engager à Paris. Il créa différents rôles avec succès, à Déjazet, au Château-d'Eau, etc. Il se fut certainement fait une place honorable si la mort n'était venue trop tôt l'arracher à l'affection des siens. »

CHAMONIN, Mme Alphonsine, née Madeline. — Nouvelle-Orléans 1869-70, Odessa 1872-75, Varsovie 1876-77, New-York 1878, Amsterdam 1879, th. des Arts 1880-81, St-Pétersbourg 1882-83, Bruxelles 1884, Paris 1885-90, Bordeaux 1891-92, Paris 1893, Caudéran 1894, Fumel 1895, Caudéran 1896, Bordeaux 1897, Caudéran 1898. Habitait Caudéran en 1903. En 1899, Mme Chamonin bénéficia de la pension Castellano (180 fr.) En 1901, âgée de 60 ans, avec 35 ans de théâtre, elle reçut la pension de 500 fr. de la Société des artistes.

CHAMPAGNAT. — Utilités, Dijon 1852. Il y eut un Gabriel Champagnat au Caire, 1869-73.

CHAMPAGNE, Germain. — Paris 1863-64, Dijon 1865, Reims 1867, Versailles 1868-70, Caen 1872-73, Charleville 1874-75, Bourges 1876-78, Dunkerque 1879-80, Boulogne-s/-Mer 1881-82, Vitré 1883, Paris 1884-86, Odéon 1887, Grenoble 1888-89. Sa mort fut annoncée au Rapport de 1890.

CHAMPAIN. — V. Champein.

CHAMPEAU. — Funambules 1851.

CHAMPEAUX, Charles, Alexandre. — Saint-Pierre (Martinique) 1855-56, Le Hâvre 1857, La Martinique 1858-63.

CHAMPEIN ou Champain, ou Champin. — Sous ce nom :

CHAMPEIN, Namur 1821.

CHAMPEIN, Cirque Olympique 1824-26, 1833.

CHAMPEIN, troisième rôle, Bourges 1826, premier rôle Orléans 1827.

CHAMPEIN, Odéon 1829.

CHAMPEIN, premier rôle, Verviers 1834.

CHAMPENOIS, Mme Cath., Adèle, née Rival. — Folies dram. 1851-52, Versailles 1861-64, Paris 1865-67, Odéon 1868-81, Paris 1882-84.

CHAMPENOIS-Armand, Ferd., Hipp. — Châtelet 1884-86, Paris 1887. Habitait Fontenay-aux-Roses en 1903.

CHAMPIN. — V. Champein.

CHAMPION. — Jeune premier Rouen 1809.

CHAMPMESLÉ, Charles Chevillet dit. — Naquit à Paris le 20 octobre 1642. Il était le fils d'un découpeur en draps de soie de la rue St-Honoré (et non d'un rubannier du Pont-au-Change). Soigné de sa personne quoique avec un léger embonpoint, « bel homme, l'air noble et d'une extrême politesse » au dire des frères Parfait, spirituel, il avait tout ce qu'il faut pour plaire. Après avoir tâté du métier paternel, il voulut embrasser le parti de la comédie et se mit à courir la province en dépit des quolibets de ses camarades, dont il se vengea, en 1682, dans sa petite comédie la *Rue Saint-Denis*. Bref, en 1665, après avoir passé par Orléans, il est à Rouen, rue St-Eloi, au Jeu de paume des *Braques*, où jouait aussi la brillante Marie Desmares. Il la demanda en mariage, l'obtint, courut à Paris et en ramena sa mère et des témoins, et se maria le 9 janvier 1666. L'acte de mariage, retrouvé par M. J. Noury, nous apprend que Charles Chevillet (Champmeslé), était fils de Jean et de Françoise Léveillé, de la paroisse de St-Germain-l'Auxerrois de la ville de Paris, et que Marie Desmares (la Champmeslé), était fille de feu Guillaume Desmares et de Marie Marc, de la paroisse de Saint-Paoul *(sic)* lez Rouen, ayant demeuré ci-devant trois mois en cette paroisse de St-Eloy, et étant revenue depuis quinze jours. Tous deux ont déclaré franchement leur profession de comédiens. La mère du fiancé, la mère et le beau-père de la fiancée assistaient à la cérémonie.

Le nouveau ménage se rendit à Paris en juillet 1668, au moment où la peste ravageait les quartiers de Rouen. Mais le mari fut d'abord seul admis au théâtre du Marais pour l'emploi des rois dans la tragédie, et celui des paysans dans la comédie, selon l'usage d'alors. Sa femme n'y fut admise qu'un peu plus tard (V. Mlle Champmeslé). A la rentrée de Pâques, 1670, le couple passa à l'Hôtel de Bourgogne. Le sieur *Chamêlé (sic)* est cité avec Verneuil et Rosimond dans un exploit d'huissier signifié le 22 octobre 1668 aux comédiens du Marais, pour leur interdire les représentations de la *Satire des satires*.

Nous renverrons pour la plupart des détails à l'article suivant, beaucoup plus important, de Mlle Champmeslé, et nous nous contenterons d'enregistrer ici ce qui regarde le seul sieur Champmeslé.

Lagrange écrivit sur son *Registre*, à la date du 12 avril 1679 : « M. et Mlle Champmeslé sont entrez dans notre Société et sont sortis de l'Hostel de Bourgogne. On leur a accordé outre leurs parts 1000 liv. »

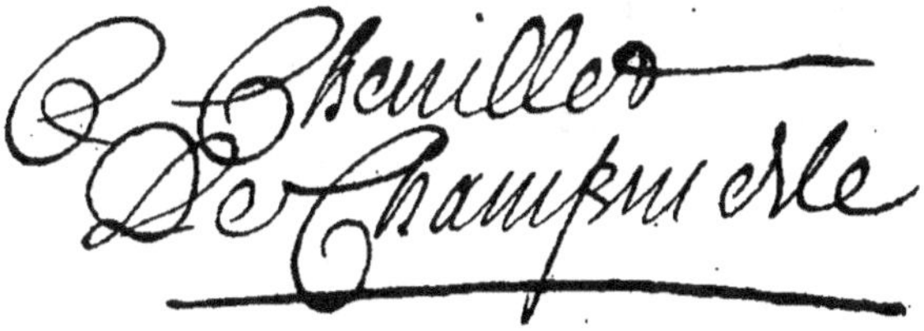

Signature du Sieur de CHAMPMESLÉ.

D'un physique avantageux, l'air noble, Champmeslé avait une diction plus correcte que savante. Au Marais, il établit les rôles de *Policrate* dans la comédie héroïque de ce nom, de Mars dans les *Amours de Vénus et d'Adonis ;* à l'Hôtel de Bourgogne, ceux d'Antiochus dans la *Bérénice* de Racine, Métellus dans le *Régulus* de Pradon, d'Arrace dans le *Tiridate* de Campistron. Palaprat, dans sa préface du *Grondeur*, rend témoignage à ses connaissances. Homme d'esprit et de goût, il ne vit pas sans douleur, assure-t-on, les complaisances de sa femme pour Racine, mais il s'abstint de tout éclat, se consolant sans doute de son infortune conjugale dans la bonne chère, comme semble en faire preuve le passage suivant, tiré d'une lettre de Boileau à Racine. Il s'agissait de l'embarras où se trouvèrent les acteurs du Théâtre français en 1689, lorsqu'ils furent obligés de quitter la rue Mazarine : « De quelque pitoyable manière que vous m'ayiez conté la disgrâce des comédiens, je n'ai pu m'empêcher d'en rire. Mais dites-moi, Monsieur, supposé qu'ils aillent habiter où je vous ai dit (entre la Villette et la porte St-Martin), croyez vous qu'ils boivent du vin du cru? (Il y avait alors des vignes dans le faubourg St-Laurent, et le père de Boileau en possédait quelques-unes dans ce quartier.) Ce ne serait pas une mauvaise pénitence à proposer à M. Champmeslé, pour tant de bouteilles de champagne qu'il a bues : vous savez aux dépens de qui. »

Champmeslé écrivit de nombreuses comédies où il peignait les ridicules des petites sociétés bourgeoises. Les situations en sont neuves, intéressantes, mais le style en est incorrect, quoique badin et enjoué. Ce sont plutôt les œuvres d'un homme de théâtre que d'un littérateur.

Le *Théâtre de Champmeslé* a été publié en 2 vol. in-12, dernière édition 1742. On connait de lui :

Les *Grisettes*, com. 3 actes en vers, hôtel de Bourgogne, 27 mai 1671, réduite plus tard en acte, sous le titre de *Crispin chevalier*.

L'Heure du berger, pastorale en cinq actes, en vers, Hôtel de Bourgogne 30 mars 1672.

Le *Parisien*, com. 5 actes en vers, Comédie française, 7 février 1682. La veuve de Molière, Mlle Guérin, y tenait dans la perfection un rôle italien.

La *Rue St-Denis*, un acte en vers, Comédie française, 17 juin 1682.

Les Joueurs, Com. fr., 5 février 1683.

Les *Fragments de Molière*, deux actes en prose, Comédie française, 6 mai 1684.

La Veuve, un acte en prose, Comédie française, 30 juillet, 1699, non imprimée.

Champmeslé passa, en outre, pour avoir collaboré à diverses comédies de La Fontaine : le *Florentin* 1685, la *Coupe enchantée* 1688, le *Veau perdu* 1689, *Je vous prends sans vert* 1693.

En juin 1693, Champmeslé, à la tête de tous les comédiens, présente au roi le quatrain suivant, paru dans le *Mercure galant*, sans nom d'auteur :

> Grand héros, volez à la gloire,
> Que le ciel, selon vos souhaits,
> Vous conduise avec la victoire,
> Et vous ramène avec la paix !

La Champmeslé mourut le 15 mai 1698, et voici comment les frères Parfait ont raconté la fin du mari : « La nuit du vendredi 19 au 20 août 1701, Champmeslé rêva qu'il voyait sa mère, morte depuis plusieurs années, et sa femme depuis trois, et que cette dernière lui faisait signe avec le doigt de venir la trouver. Frappé de ce songe, il en fit un récit à ses amis, qui n'oublièrent rien pour lui calmer l'esprit. Le lendemain, il joua dans *Iphigénie* le rôle d'Ulysse, et pendant qu'on représentait la petite pièce, il se promenait dans le foyer en chantant :

> « Adieu, paniers, vendanges sont faites. »

et répéta tant de fois ce refrain qu'on lui en fit la guerre. Le lundi matin, Champmeslé alla aux Cordeliers et donna une pièce de 30 sols au sacristain, en le priant de faire dire une messe de *Requiem* pour sa mère, et une autre pour sa femme. Le sacristain voulant lui rendre 10 sols, Champmeslé ajouta : « La troisième sera pour moi, et je vais l'entendre. » Au sortir de la messe, Champmeslé prit le chemin de la Comédie, et comme tous les acteurs n'étaient pas encore arrivés pour l'assemblée, il alla s'asseoir sur un banc à la porte de l'*Alliance*, cabaret qui était alors à côté de l'hôtel des comédiens. Il y causa avec Sallé, Roselis, Beaubourg, Desmares, frère de sa femme, et quelques autres camarades qu'il avait priés à dîner dans le dessein de raccommoder Sallé et le jeune Baron, qui s'étaient brouillés à l'occasion de quelques rôles. Il répéta plusieurs fois : « Sallé, nous dinerons ensemble. » Ensuite, il prit sa tête entre ses deux mains et tomba tout étendu, le visage contre le pavé. On courut chercher le chirurgien, qui demeurait à deux portes de là, mais ce fut inutilement : il le trouva mort. »

Ceci se passait le 22 août 1701. Champmeslé fut enterré dans son jardin d'Asnières, et son héritage passa au frère de sa femme (V. Desmares).

M. G. Monval, qui découvrit le lieu d'inhumation de Champmeslé, écrivit un article sur cette mort dans la *Revue d'art dramatique* du 1er nov. 1892.

M. Campardon a publié (les *Comédiens du roi de la troupe française) :*

1678, 18 janv. Donation mutuelle entre les époux Champmeslé de l'usufruit de leurs biens au dernier vivant d'entre eux.

1694, 22 févr. Plainte rendue par Champmeslé et par plusieurs de ses camarades contre les concierges de la Comédie française.

1697, 26 juillet. Plainte de Champmeslé contre un individu qui avait insulté et menacé Marie Desmares, sa femme (Arc. nat. Y 13182).

Biographie : *Anecdotes dramatiques*, t. III, p. 98. — Lemazurier, *Galerie historique des acteurs du th. français*. — G. Monval, *Liste alphabétique des sociétaires*.

Bibliographie : Les frères Parfait, *Hist. du th. fr.* — Jal, *Dict. critique*, art. Mlle Champmeslé. — J. Noury, *Mlle de Champmeslé*, Rouen, imp. Cagniard, 1892. — G. Monval, *Revue d'art dram.*, 1er nov. 1892. — *Chronologie Molièresque*. — Campardon, *les Comédiens du roi de la troupe française*.

Iconographie : Bibl. nat. Catal. Duplessis n° 9042. En buste, de $^3/_4$ à droite dans une bordure ovale, gravé par S. Dup. d'après Netscher.

CHAMPMESLE, Mlle Marie Desmares, femme Pierre Fleury, femme Chevillet (de). — Naquit à Rouen le 18 février 1642 sur la paroisse de St-Godard. Elle était fille de Guillaume Desmares et de Marie Marc, mariés en cette église le 2 juillet 1636. Son biographe, M. J. Noury, nous avoue qu'il ne sait rien de son enfance ni de sa jeunesse. On suppose que son père mourut vers 1652-53, et sa mère se remaria avec un sieur Laguérault, propriétaire aux environs de Rouen.

M. G. Monval, plus heureux que M. Noury, découvrit vers 1892, à Orléans, un contrat de mariage établissant qu'elle fut d'abord la femme de Pierre Fleury, avant d'avoir épousé à Rouen Charles Chevillet de Champmeslé. Ce détail avait été aussi ignoré de Jal, dont les recherches se portèrent principalement à Paris.

Marie Desmares parut donc, selon toutes probabilités, à Rouen, au Jeu de paume des Braques; elle fut remarquée par son camarade, le sieur de Champmeslé, demandée pour la seconde fois en mariage : elle n'avait pas encore 24 ans. Les deux familles étaient honorables, et nous avons vu à l'article *Champmeslé* que le mariage fut célébré à la paroisse St-Eloi, à Rouen, le 9 janvier 1666. Or, — et c'est là d'où vient l'erreur généralement commise, — cet acte de mariage ne parle nullement de l'état de veuve de la fiancée, et la qualifie simplement de « demoiselle Marie Desmares. » Il est vrai qu'elle garda encore cette dénomination même après son mariage avec Champmeslé, puisque le 22 février 1666, en la même église, nous voyons « demoiselle Marie Desmares » servir de marraine à une enfant.

Le nom de Champmeslé fut écrit de toutes les façons. Racine écrit *Chamellay* ou *Chameslé*; Boileau et La Fontaine *Channeslay*; de vieilles éditions portent *Chammeslé* et *Channeslé*. Son acte de décès la qualifie de *Champellé !* Nous avons adopté l'orthographe des procès-verbaux de police et des minutes notariées des *Archives nationales*.

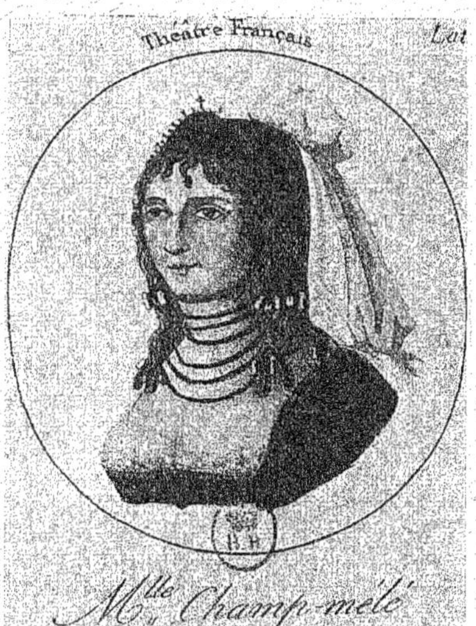

Mlle CHAMPMESLÉ (apocryphe)

Nous avons vu déjà que le nouveau ménage se rendit à Paris en juillet 1668. Nous savons que le 15 février 1669 elle se produisit sur la scène de la rue Vieille du Temple (théâtre du Marais), dans la *Fête de Vénus*, une insipide pastorale, où elle charma le public par sa grâce. Un habile comédien de la troupe Regnault Petit-Jean, sieur de La Rocque, lui donna des leçons et la mit en état de débuter bientôt à l'Hôtel de Bourgogne (rentrée 1670). Elle devait y rencontrer Racine et la gloire.

Le rôle d'Hermione d'*Andromaque* qu'elle reprit, fut pour elle son premier véritable triomphe. On raconte que Mlle des Œillets, l'étoile de ce théâtre, malade quand débuta la nouvelle actrice, voulut assister à la représentation. Tel fut son enthousiasme qu'à la sortie elle disait à plusieurs personnes qui l'interrogeaient : « Il n'y a plus de des Œillets ! Vous n'aurez rien à regretter de moi ! »

Les frères Parfait ont écrit à propos de cette soirée : « Quelques amis de M. Racine voulurent voir la représentation, et lui proposèrent de venir avec eux : M. Racine refusa d'abord la partie, craignant de voir défigurer son ouvrage par la nouvelle débutante ; mais enfin il se rendit à leurs instances. Les deux premiers actes lui parurent joués faiblement, et, à la vérité, ils demandent une grande finesse de jeu ; mais les deux derniers furent si bien rendus que M. Racine, transporté du plaisir qu'ils lui avaient fait ressentir, courut à la loge de Mlle Champmeslé et lui fit, à genoux, des compliments pour elle et des remerciements pour lui. Dès ce moment il destina à la comédienne ses rôles les plus brillants. »

Mlle Champmeslé joua tour à tour à l'Hôtel de Bourgogne dans les pièces suivantes :

1670 2 mars, les *Amours de Vénus et d'Adonis*, de Visé.
— 21 nov., *Berénice*, de Racine, rôle de Bérénice.
1672 5 janv., *Bajazet*, de Racine, rôle de Roxane ou d'Atalide.
— 4 mars, *Ariane*, de Corneille, rôle d'Ariane.
1673 20 jan., *Mithridate*, de Racine, rôle de Monime.
1674 18 août, *Iphigénie*, de Racine, rôle d'Iphigénie.
1677 1er janv., *Phèdre*, de Racine, rôle de Phèdre.

Le rôle de Monime, l'un des plus difficiles au théâtre, suivant le témoignage de Mlle Clairon, fut rendu par elle d'une façon admirable; le fameux :

Seigneur, vous changez de visage,

n'a jamais été si bien dit. Quant à son succès dans *Iphigénie*, il a été immortalisé par les vers de Boileau :

Jamais Iphigénie en Aulide immolée,
Ne coûta tant de pleurs à la Grèce assemblée,
Que dans l'heureux spectacle à nos yeux étalé
En a fait sous son nom verser la Champmeslé.

Mme de Sévigné écrivait à la date du 15 janvier 1672 : « La pièce de Racine *(Bajazet)* m'a paru belle ; nous y avons été. Ma belle-fille (Mlle de Champmeslé passait pour avoir été la maîtresse du Marquis de Sévigné, qui la quitta pour Ninon) m'a paru la plus miraculeusement bonne comédienne que j'aie jamais vue.

Elle surpasse la des Œillets de cent mille piques ; et moi, qu'on croit assez bonne pour le théâtre, je ne suis pas digne d'allumer les chandelles quand elle paraît. » Mme de Sévigné la trouve de plus « laide de près » mais adorable quand elle dit des vers. C'est le seul témoignage de laideur que nous ayons à enregistrer.

Elle écrit encore le 1er avril : « La Champmeslé est quelque chose de si extraordinaire, qu'en votre vie vous n'avez jamais rien vu de pareil ; c'est la comédienne que l'on cherche et non pas la comédie. J'ai vu *Ariane* pour la Champmeslé seule ; cette comédie est fade, les comédiens sont maudits ; mais quand la Champmeslé arrive, on entend un murmure, tout le monde est ravi, et l'on pleure de son désespoir. »

La Fontaine lui adressa son conte de Belphégor. Nous en détacherons ce passage :

De votre nom j'orne le frontispice
Des derniers vers que ma Muse a polis
Puisse le tout, ô charmante Philis,
Aller si loin que notre los franchisse
La nuit des temps...

Qui ne connaît l'inimitable actrice
Représentant ou Phèdre ou Bérénice,
Chimène en pleurs, ou Camille en fureur ?
Est-il quelqu'un que votre voix n'enchante,
S'en trouve-t-il une autre aussi touchante,
Une autre enfin allant si droit au cœur ?

La façon dont il précise leurs relations est assez piquante :

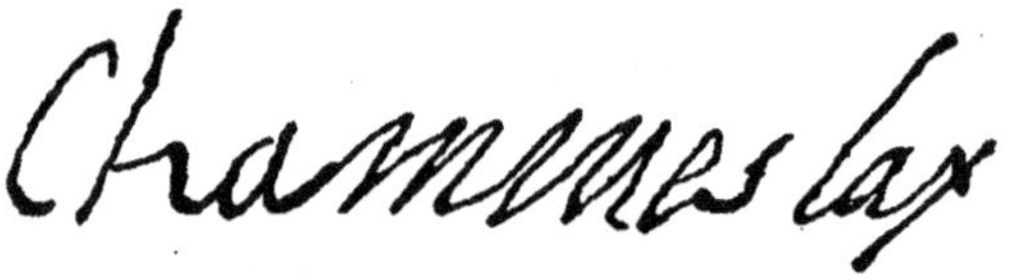

Par des transports n'espérant pas vous plaire,
Je me suis dit seulement votre ami,
De ceux qui sont amants plus qu'à demi,
Et plût à Dieu que j'eusse pu mieux faire !

Une seule lettre du poète à la Champmeslé est parvenue jusqu'à nous : La Fontaine écrit :

1678.

« Comme vous êtes la meilleure amie du monde aussi bien que la plus agréable, et que vous prenez beaucoup de part à ce qui regarde vos amis, il est à propos de vous mander ce que font ceux qui ne vous ont pas suivie. Ils boivent, depuis le matin jusqu'au soir, de l'eau, du vin, de la limonade, etc., rafraîchissements légers à qui est privé de vous voir. La chaleur et votre absence nous jettent tous en d'insupportables langueurs. Quant à vous, Mademoiselle, je n'ai pas besoin que l'on me mande ce que vous faites ; je le vois d'ici. Vous plaisez depuis le matin jusqu'au soir, et accumulez cœurs sur cœurs. Tout sera bientôt au roi de France et à Mlle de Champmeslé. Mais que font vos courtisans ? car pour ceux du roi, je ne m'en mets pas autrement en peine. Charmez-vous l'ennui, le malheur au jeu, et toutes les autres disgrâces de M. de la Fare ? et M. de Tonnerre rapporte-t-il toujours au logis quelque petit gain ? Il ne saurait plus en faire de grands après l'acquisition de vos bonnes grâces. Tout le reste n'est qu'un surcroît de peu d'importance : et quiconque vous a gagnée, ne se doit que médiocrement réjouir de toutes les autres fortunes. Mandez-moi s'il n'a point entièrement oublié le plus fidèle de tous ses serviteurs, et si vous croyez qu'à son retour il continuera à m'honorer de ses niches et de ses brocards. »

Les amours de Racine avec la Champmeslé, bien que niées plus tard par Louis Racine, se trouvent attestées par le témoignage de tous les contemporains, Mme de Sévigné, Boileau, de Valincourt, etc.

« Racine fait des comédies pour la Champmeslé, écrit Mme de Sévigné ; ce n'est pas pour les siècles à venir ; si jamais il n'est plus jeune, et qu'il cesse d'être amoureux, ce ne sera plus la même chose. »

L'abbé d'Allainval atteste que Racine l'aimait passionnément et qu'il en était aimé : « Mais, continue-t-il, l'infidélité qu'elle lui fit dans la suite pour feu M. le Comte de Ton... (Tonnerre) lui causa tant de chagrin qu'elle ne contribua pas peu à le dégoûter du théâtre. » Voici les vers qu'on fit sur cette aventure :

A la plus tendre amour elle fut destinée.
Qui prit assez longtemps *racine* dans son cœur ;
Mais, par un insigne malheur,
Un *tonnerre* est venu qui l'a *déracinée*.

Signature de la Demoiselle de CHAMPMESLÉ.

Dans le deuxième volume des œuvres de Boileau (Paris, chez David l'aîné et Durand, 1747, 5 vol. in-8°); on trouve même cette épigramme :

De six amants contents et non jaloux,
Qui tour à tour servaient Madame Claude,
Le moins volage était Jean son époux.
Un jour pourtant, d'humeur un peu trop chaude,
Serrait de près sa servante aux yeux doux,
Lorsqu'un des six lui dit : Que faites-vous ?
Le jeu n'est sûr avec cette ribaude.
Ah ! Voulez-vous, Jean, Jean, nous gâter tous ?

Jean-Baptiste Rousseau, dans une de ses lettres à Brossette, commentateur de Boileau, dit carrément : « Je connaissais et je savais par cœur la petite épigramme de M. Despréaux, que vous avez eu la bonté de m'envoyer. On prétend que c'est un bon mot de M. Racine au comédien Champmeslé dans le temps qu'il fréquentait la maison de celui-ci. »

Il faut donc accueillir avec une extrême réserve les Mémoires de Louis Racine, qui, par scrupules religieux, commençait par nier des faits qu'il n'avait jamais pu connaître concernant la vie de son père. A l'entendre, la Champmeslé avait si peu d'esprit qu'il fallait lui faire entendre le vers qu'elle avait à dire.

Mais, où il se trompe d'une façon notoire, c'est lorsqu'il dit encore : « Comme il (son père, Racine) avait formé Baron, il avait formé la Champmeslé ». Or, Baron fut l'élève de Molière.

La Champmeslé était d'une taille noble et avantageuse ; l'ensemble de son visage plaisait généralement ; cependant sa peau n'était pas blanche et ses yeux étaient petits et ronds. Mais elle avait par dessus tout, la grâce, le charme, et une voix incomparable, tantôt douce, tantôt énergique, captivante toujours. L'auteur des *Entretiens galants*, publiés par Barbier en 1681, parle de cette *voix touchante* qui était la véritable cause de tous ses succès. Sa sensibilité était naturelle et vraie. Elle ne se fit jamais, par contre, remarquer dans la comédie.

A la rentrée de 1679, Mlle de Champmeslé et son mari, séduits peut-être par l'offre d'une pension supplémentaire de 1000 livres, passèrent dans la troupe du th. Guénégaud, où ils attendirent la réunion de 1680 qui les conserva tous les deux.

Visé, rendant compte de la réunion des deux théâtres, dans le *Mercure galant* (octobre 1680), écrit ce qui suit : « La grande troupe, qui est à présent l'unique, va souvent jouer à Versailles dans l'appartement de Monseigneur le Dauphin, où elle divertit ce jeune prince depuis le retour de sa santé. Mlle Champmeslé, qui n'avait pas eu encore l'occasion de jouer devant Madame La Dauphine, y a paru avec tant d'éclat que, quoique cette princesse en eût entendu dire beaucoup de bien, elle en a trouvé encore davantage, et est demeurée d'accord qu'il n'y eut jamais une manière de jouer plus propre à toucher le cœur. »

Mlle Champmeslé créa encore :

1681 26 janv., *Zaïre*, de La Chapelle.
1688 4 janv., Fulvie, dans le *Régulus*, de Pradon.
1691 Talestin, dans *Tiridate*.
1694 *Médée*.
1695 *Judith*, de l'abbé Boyer.
1697 Iphigénie, d[s] *Oreste et Pylade*.

Sa maladie, qui devait être mortelle, interrompit même les représentations de cet ouvrage, et elle parut pour la dernière fois en public le 5 janvier 1698. Espérant rétablir sa santé, elle se retira à sa petite maison de campagne à Auteuil, où elle vit avec terreur la mort approcher. Longtemps elle fut rebelle aux sollicitations du curé d'Auteuil, qui la suppliait de faire la paix avec l'Eglise. Elle mourut absoute le 15 mai 1698.

Le lendemain, 16 mai, Racine, qui ne connaissait pas encore cette nouvelle, écrivait à son fils cette lettre qui montre l'homme sous un jour peu favorable :

« Paris, 16 mai 1698.

... M. de R... m'a appris que la Champmeslé était à l'extrémité, de quoi il paraît très affligé ; mais ce qui est le plus affligeant, c'est de quoi il ne se soucie guère ; je veux dire l'obstination avec laquelle cette pauvre malheureuse refuse de renoncer à la comédie, ayant déclaré, à ce qu'on m'a dit, qu'elle trouvait très glorieux pour elle de mourir comédienne. Il faut espérer que, quand elle verra la mort de plus près, elle changera de langage, comme le font d'ordinaire la plupart de ces gens qui font tant les fiers quand ils se portent bien. Ce fut Mme de Caylus qui m'apprit hier cette particularité, dont elle était effrayée, et qu'elle a sue de M. le curé de St-Sulpice. »

Deux mois plus tard, le 24 juillet 1698, le même Racine écrivait :

« ... Le pauvre Boyer est mort fort chrétiennement, sur quoi je vous dirai, en passant, que je dois réparation à la mémoire de la Champmeslé, qui mourut avec d'assez bons sentiments, après avoir renoncé à la comédie, très repentante de sa vie passée, mais surtout fort affligée de mourir. Du moins, M. Despréaux me l'a dit ainsi, l'ayant appris du curé d'Auteuil, qui l'assista à la mort : car elle est morte à Auteuil. »

Voilà toute l'oraison funèbre de l'ancien adorateur de celui qui devait à la Champmeslé ses plus beaux triomphes. Racine, après avoir mal agi avec Molière, son protecteur, réhabilitait « en passant » la mémoire de son ancienne maîtresse, de son actrice sublime :

Tant de fiel entre-t-il dans l'âme des dévots !

Le *Mercure galant* (mai 1698), met les choses au point : « Il est assez glorieux, dit-il, pour ceux qui ont embrassé une profession, de s'y distinguer assez pour faire connaître leur nom par toute la terre. C'est ce qui est arrivé à Mlle de Champmeslé, qui vient de mourir. Elle s'est fait admirer à Paris sur les trois théâtres français, où elle a toujours reçu de si grands applaudissements qu'il semble qu'elle ait commencé par où les autres finissent. Elle a joué d'original dans tous les premiers rôles de la plupart des tragédies de l'illustre M. Racine. Aussi l'on ne doit pas s'étonner si ces pièces, qui ont toujours mérité les louanges qu'elles reçoivent du public, ont passé pour des chefs-d'œuvre, puisqu'elles étaient également bonnes et bien jouées. »

La Champmeslé n'eut point d'enfants, et nous avons vu à l'article *Champmeslé* la donation que les époux s'étaient faite entre vifs, au survivant. Jal a retrouvé son acte d'inhumation. Morte à Auteuil, elle fut transportée le 17 mai à St-Sulpice, sa paroisse, où elle fut inhumée. Son mari et son frère assistaient au service. Le domicile des époux Champmeslé était, en 1686, rue Mazarine. Au sujet du frère de la Champmeslé, qui hérita de leurs biens après la mort du mari, V. Desmares. Pour ce qui est relatif aux intrigues amoureuses de la belle tragédienne, on en trouvera tous les détails dans le livre fort documenté de M. Noury.

Biographie : Lemazurier, *Galerie historique*

des acteurs du th. français, t. II. — Bance. *Galerie théâtrale*, 1817, t. II, n° 76. — Gueullette, *Acteurs et actrices du temps passé*, 1881. — Regnier, *Souvenirs et études de théâtre*, 1887. — Alb. Manzi, *Un' attrice francese al secolo XVII°*, Bologne 1890.— Journal l'*Evènement*, Erasme, *Mlle de Champmeslé*, 5 juillet 1891, n° 7041. — J. Noury, *Mlle de Champmeslé*, Rouen 1892. — G. Monval, *Revue d'art dramat.*, 1er nov. 1892, *Documents inédits sur la Champmeslé*.

Bibliographie : Frères Parfait. *Hist. du th. Français*, t. XIV, 1748. — Abbé De Laporte, *Anecdotes dramatiques*, 1775. — Ph. Guilbert, *Mémoires bibliographiques*, t. I, 1812, Rouen. — Ch. Durand, *Soirées littéraires*, cours professé à Rouen, 1828, t. II, p. 66. — Th. Lebreton, *Revue de Rouen et de Normandie*, 1847, 1 sem., p. 714, article reproduit dans le *Journal de Rouen*, 5 janv. 1848. — Th. Lebreton, *Biographies rouennaises*, Rouen 1865. — A. Jal, *Dict. critique*.

Mme Marc de Montifand fit annoncer (1878), un opuscule, *La Champmeslé*, qui ne parut jamais.

Ancelot et Paul Dupart : *La Champmeslé*, com. en 2 actes, mêlée de chant, Vaudeville, 11 février 1837.

Hippolyte Lucas : *Champmeslé*, com. en un acte, en vers, Odéon, 19 mars 1844.

Mme Gabron et Mme de Calonne : *Chez la Champmeslé*, Odéon, 247e anniversaire de Racine, 1887.

Pierre Gauthiez, *Racine et la Champmeslé*, com. un acte en vers, Odéon, 1889.

Iconographie : A vrai dire, on ne connaît pas de portrait authentique de la Champmeslé. La Bibl. nat. en possède deux — un médaillon en buste assez grossier que nous reproduisons, détaché d'une publication du commencement du XIXe siècle, selon toute apparence — et le portrait que Lagrange a gravé sur cuivre. Rien de plus douteux que ce document. M. G. Monval, dans son *Musée de la Comédie française*, nous signale deux portraits *supposés*, et M. J. Noury, son biographe, après nous avoir fait mentionner une foule de portraits *dits* de la Champmeslé, n'ose rien affirmer, avec raison.

CHAMPMESLE-Cussy (de). — Débuta à la Comédie française le 12 septembre 1785 dans le rôle de Montaigu, de *Roméo et Juliette*. En 1786-87, il fut engagé par les frères Bultos à Bruxelles afin d'y tenir l'emploi des rois et des pères nobles. Nous l'y retrouvons les années suivantes. En 1792, ses appointements sont de 5,000 livres, en 1801 de 4,200 et en 1806 de 3,600. M. Faber (*Hist. du th. fr. en Belgique*) mentionne ainsi, à cette date, la mort de cet artiste : « Un triste évènement vint encore frapper la troupe. Cussy de Champmeslé, qui faisait partie du personnel depuis nombre d'années, mourut le 9 juillet. Il était né à Sicqueville-en-Besau, département du Calvados, en 1746. Il avait été avocat au Parlement de Paris. »

CHAMPS. — Vaudeville 1810.

CHAMPVALLON, Mlle Judith, Chabot de la Rinville, fille naturelle de Mlle Valliot, femme de J.-B. de L'Hoste (sieur de), née vers 1667. — Débuta à la Comédie française le 7 décembre 1695 par le rôle de Pauline, dans *Polyeucte*. Elle fut reçue à l'essai le 28 novembre 1695, et sociétaire le 5 février 1697. Mlle Champvallon succéda comme duègne à Mlles Lagrange et Durieu, partagea les rôles dits de caractère avec Mme Desbrosses et joua : Madame La Ressource, du *Joueur*, la Comtesse, du *Double veuvage*, la Marquise, de la *Réconciliation normande*, Junon, dans *Momus fabuliste*, la Présidente, dans le *Mariage fait et rompu*, la *Joueuse*, dans la pièce de ce nom. Elle se retira le 26 mars 1722, avec la pension ordinaire de 1,000 livres, et mourut à Paris, rue Pierre-Sarrasin, le 21 juillet 1742.

Biographie : Lemazurier, *Galerie historique des acteurs du th. Français*. t. II, p. 74. — G. Monval, *Liste alphabétique des sociétaires*.

CHAMPVALLON, Nicolas de l'Hoste, sieur de. — Fils de la précédente, débuta à la Comédie française le 13 mai 1718 par le rôle d'*Œdipe*, dans la tragédie de Corneille, et fut reçu sociétaire le 26 mars 1722, date qui coïncide avec le départ de sa mère. Mais jugé sans doute insuffisant, on exigea de lui un nouveau début, le 16 avril suivant ; il se retira, ou fut congédié le 2 juin. Champvallon mourut après 1742.

Biographie : Lemazurier, *Galerie historique des acteurs du th. Français*, t. I, p. 185. — G. Monval, *Liste alphabétique des sociétaires*.

CHAMPVILLE, Gabriel, Eléonor, *Etienne* Hervé Du Bus de. — Naquit à Lorient le 3 avril 1756. Il débuta à la Comédie française le 7 mai 1783. Jal, dans son *Dict. critique*, a relevé diverses erreurs à son sujet. La vérité est qu'il était fils d'un frère de Préville, sieur Jean Du Bus, qui eut un emploi dans la régie des vivres, et qui fit un long séjour en Bretagne. Sa mère était née Elisabeth Robie ; sa sœur, Elisabeth, Julie, avait épousé en 1777 le célèbre médecin Pelletan. Elle mourut en janvier 1787. Son oncle, Gabriel, Léonard Hervé Du Bus de Champville, autre frère de Préville, par conséquent, jouait les amoureux au théâtre italien depuis 1760. En 1780, il était retiré du théâtre.

Etienne Champville débuta à la Comédie française le 7 mai 1783, et joua d'abord les rôles du Marquis, dans le *Joueur*, de Crispin, dans *Crispin rival de son maître*, Crispin, du *Légataire*, Frontin, dans l'*Impromptu de Campagne*, Crispin, des *Folies amoureuses*. Il fut reçu sociétaire le 29 décembre 1791. Incarcéré en même temps que ses camarades, en 1793, il eut la chance d'être mis en liberté avant beaucoup d'entre eux. Dès lors, il n'eut plus de trêve avant d'avoir obtenu l'élargissement des autres comédiens ; aucune démarche ne le rebuta, et il alla même implorer Collot d'Herbois, ex-comédien, alors membre du Salut public :

— Va-t-en, lui répondit celui-ci ; tes camarades et toi, vous êtes tous des contre-révolutionnaires ; la tête de la Comédie française sera guillotinée, et le reste déporté.

Cette conduite, en de telles circonstances, fait le plus grand honneur à Champville, lequel, comédien plus utile que brillant, resta sans cesse attaché aux intérêts de sa Société. Après avoir reparu au th. Feydeau (1798), il fut conservé à la réunion générale (1799) et mourut le 15 germinal an x (5 avril 1802). Le dernier rôle qu'il joua fut celui du tailleur, à une reprise du *Bourgeois gentilhomme*. Il habitait, au moment de sa mort, rue Guénégaud n° 1623. Il avait habité auparavant(1786), rue des Fossés, vis-à-vis celle de Vaugirard.

Champville fut regretté de tous ses camarades, et une inscription fut placée sur sa tombe aux frais de Mlle Devienne. Malheureusement, il eut à lutter pendant toute sa carrière contre le rapprochement forcé que l'on faisait entre le talent incomparable de son oncle, Préville, et le sien. Il en fut écrasé.

« Hélas ! que n'a-t-il hérité des talents de son oncle ! » telle est la phrase qui se trouve à chaque instant sous la plume des critiques du temps.

« Peu de personnes le croient le neveu de son oncle ; au lieu de succéder à Préville, il remplace Bouret. Il est même très bien dans un emploi pour lequel la nature lui a tout donné : les caricatures. » *M. de Pourceaugnac* fut, dit-on, son meilleur rôle.

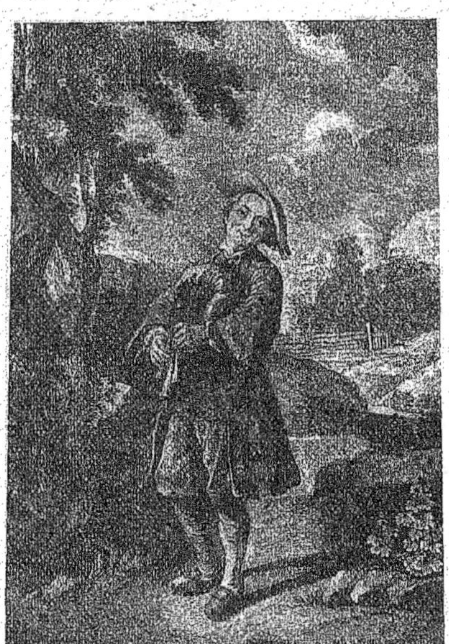

Portrait de « CHANVILLE » d'après de Lorme (Bib. nat.)

Biographie : Lemazurier, *Galerie historique des acteurs du th. français*. — Jal, *Dict. critique*.

Bibliographie : *L'Espion des coulisses*, an VIII. — *Année théâtrale, Almanach pour l'an IX*. — P. Porel et G. Monval, l'*Odéon*, t. I.

Iconographie : Bibl. nat. « Chanville, acteur. » Catal. Duplessis 9074. En pied, de face, grav. par de Lorraine, d'après de Lorme. Reste à savoir si ce portrait, qui représente un joueur de cornemuse, n'est pas celui de son oncle de la Comédie italienne (1749-1769), qui jouait aussi les paysans.

CHAMPVONNEAU, Jean Godard, sieur de. — Acteur au th. du Marais, retiré en 1667.

CHANCY, Mme. — Rouen, th. des Arts, 1839-1840.

CHANDORA. — Folies dramatiques 1861. Une fille de Delannoy joua longtemps à la banlieue vers 1875-80 sous le nom de Mme Chandora.

CHANIÉ. — Utilités, Lille 1788.

CHANTAL, Mlle Céline. — Débuta à l'Odéon le 3 octobre 1822 par le rôle de Célimène, dans le *Misanthrope*.

Iconographie : Bibl. nat. Mlle Chantal, actrice. Catal. Duplessis 9067. En buste, de 3/4 à droite, dans un ovale. Lith. Guffanti.

CHANTELLE, Mlle de. — Athénée 1875-82, rôle de Miss Anna, dans la *Fille du clown* (13 nov. 1876).

CHANTEPIE, Mme. — Jeune première, Varsovie 1830.

CHANTPY, Mme Anne, Marie. — Tournay 1863-65, Avignon 1867, Dieppe 1868, Colmar 1869, Verviers 1870-73.

CHANTRE, Mlle de Moreau, Péroline. — Batavia 1850-55.

CHANTRENNE, Mme Marie. — Strasbourg 1880-81, Le Hâvre 1882-83, Dijon 1884-85.

CHANVALLON. — V. Champvallon.

CHAP. — Mime et maître de ballet. Cirque Olympique 1821-23.

CHAPÉ, Mme Pauline, née Mériel. — Metz 1860-61, Grenoble 1862, Angers 1863-65.

CHAPELAIN, Eugène, Isidore, François (ou Chapelin). — Odessa 1876-79, Alger 1880-82.

CHAPELLE, Jean de la. — Le 10 décembre 1454, la reine Marie d'Anjou, femme de Charles VII, se donna le plaisir de voir représenter des farces par une troupe de comédiens qui couraient le pays, et étaient aller tenter la fortune aux environs du château de Mehun (près de Bourges), où était Sa Majesté. Le chef de la bande, dont la reine paya la peine cent dix sous tournois, était un certain Jean de La Chapelle.

CHAPELLE, Jean, Baptiste, Armand. — Naquit à Rouen le 8 octobre 1755, comme il résulte des Registres de l'église Notre-Dame de la Ronde de cette ville. Gros, gras, court, avec un air stupide, Chapelle avait commencé par être attaché au greffe du Parlement de sa ville natale. A sa suppression, il se trouva sans ressources, et vint à Paris pour chercher fortune. Embauché dans une troupe de comédiens que la Montansier dirigeait à Versailles, il fut remarqué par Barré qui l'engagea au Vaudeville (1792), où il devint le Cassandre légendaire, grâce à sa bonhomie, à sa bêtise, à sa tournure lourde, épaisse, à sa physionomie vulgaire, à ses yeux écarquillés.

Naïf et borné, d'une crédulité excessive, Chapelle fut la victime de nombreuses mystifications qu'ont racontées Brazier et A. de Rochefort. Comme il n'avait pas réussi dans un petit fonds d'épicerie, ses camarades vinrent à son aide et organisèrent à l'Opéra-Comique une représentation à son bénéfice. Elle produisit six mille francs, dont les créanciers prélevèrent la moitié, ce qui faisait dire au pauvre Chapelle, qui se promenait à grands pas sur le théâtre : « Eh bien ! ils ne m'y reprendront plus avec leurs représentations à bénéfice ! »

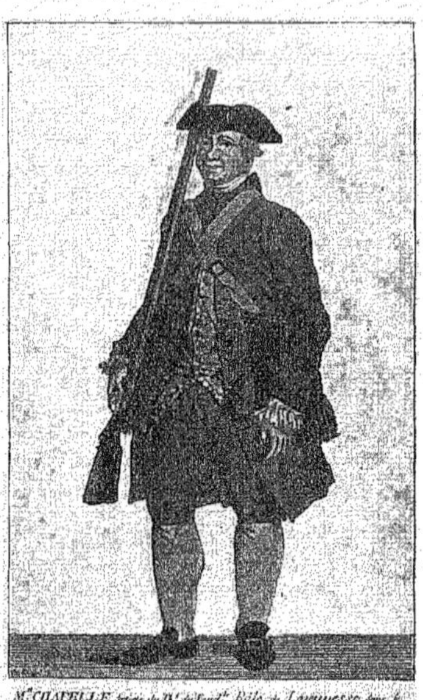

CHAPELLE, rôle de Lajeunesse dans le *Séducteur en voyage*.

Après vingt-sept ans d'exercice, le bonhomme Chapelle parut pour la dernière fois, le 2 mai 1818, dans le rôle de Varner (ou Varnaer), de la *Danse interrompue*. Il se retira à Chartres avec sa femme, Marie, Louise, Elisabeth Charton, qu'il avait épousée le 23 janvier 1794. Il vécut là, d'une pension de retraite que lui servait le Vaudeville, auprès d'un parent, l'abbé Varguin, supérieur au grand séminaire. Il mourut le 22 déc. 1823, d'un accès de goutte remonté.

Un article de la *Petite Presse* voulut faire croire que ce brave homme s'était suicidé. Une de ses nièces démentit ce racontar en écrivant au rédacteur, et en apprenant du même coup que Chapelle avait payé toutes ses dettes.

Chapelle habita tour à tour, 71, rue St-Honoré 1805-1807, rue Croix des Petits-Champs, 1808, rue St-Honoré, 139, 1813, 4, rue de la Bibliothèque, 1814-16, rue des Bourdonnais, 1817-18.

Biographie : E.-D. De Manne et C. Ménétrier, *Troupe de Nicolet*.

Bibliographie : *L'Espion des coulisses*, an VIII. — Brazier, *Hist. des petits théâtres*, t. I, p. 264. — A. de Rochefort, *Mémoires d'un vaudevilliste*.

Iconographie : Bibl. nat., Catal. Duplessis 9084. En pied, de 3/4 à droite (cost. de th.), grav. au burin, anon. 2 états.

Collection Martinet : n° 160, rôle de Lajeunesse dans le *Séducteur en voyage*. 232, dans la *Danse interrompue*. 260, Venture dans *J.-J. Rousseau dans son hermitage*. 385, Mathurin dans *Honorine*.

CHAPELLE, Mlle aînée. — Vaudeville 1809-14.

CHAPELLE, Mlle cadette. — Vaudev. 1809-14.

CHAPELLE, Mlle. — Débuta au Vaudeville le 18 février 1826 dans la batelière, de *Trilby*.

CHAPELLE, Léon. — Jeune premier, Rouen 1827, Gand 1834, Nîmes 1837, Bayonne 1840, rôles de pères, Toulouse 1851.

CHAPELLE, Mme Alfréda, Mar. S. Aug. Versailles 1852, Paris 1853. Sa mort fut annoncée au Rapport de 1854.

CHAPELOUP, Jules — 2me amoureux, Foix 1851.

CHAPERON. — Acteur de la troupe Raparlier, Lille 1772.

CHAPERON, que l'on écrit souvent *Chapron*. — Se fit connaître à Rouen en 1791. En 1794, il est inscrit comme troisième rôle ; en 1796-97 comme amoureux au th. de la République. Il fut remarqué plus tard par Mlle Raucourt, et engagé comme grand premier rôle pour une des troupes qu'elle formait pour l'Italie (1807). Chaperon joua tout le répertoire du th. Français à Milan, passa une saison à Turin, 1808, parut à Venise et à Brescia. Il avait de la force, mais on le trouvait un peu lourd. Il triomphait dans le *Tyran domestique*. Chaperon resta en Italie jusqu'en 1814, puis rentra en France ; en 1820, il était revenu à Rouen, où il tenait l'emploi des pères nobles à raison de 4,200 fr. d'appointements. En 1822, il était à Lyon, au Grand Théâtre, comme père noble et fort premier rôle. Il mourut en juillet 1824.

On trouvera beaucoup de détails concernant cet artiste dans notre étude sur *Mlle Rau-*

court et les Comédiens français du Prince Eugène.

Maurice Alhoy, qui le vit à Lyon, lui reconnait beaucoup de rondeur, une grande aisance, un jeu franc, une physionomie expressive, et en fait le plus grand éloge.

Bibliographie : *Grande biographie dram.*, 1824. — *Hist. des th. de Rouen.* — H. Lyonnet, *Mlle Raucourt et les Comédiens français du Prince Eugène* (Bull. de l'Hist. du théâtre, 1902).

CHAPERON, Mme, femme du précédent. — Confidente dans la troupe de Mlle Raucourt au th. de la Canobiana, à Milan (1807).

CHAPERON, Mlle, aînée, fille des précédents, femme Clairançon ou Clairanson. — Débuta tout enfant, le 19 juin 1809, dans le rôle du petit Joas, d'*Athalie*, au th. Carignan, à Turin. Prit l'emploi des soubrettes et joua au Grand th. de Lyon en 1821-22 et 1826. Maurice Alhoy, qui la vit à cette époque, lui accorde toute l'espièglerie, toute la malignité, toute la finesse d'une soubrette. En 1826-27, elle passa à Rouen, sous le nom de Mme *Clairançon*, comme première soubrette aux appointements de 4,500 fr. Nous la retrouvons sous le nom de *Clairanson* à Lyon en 1830 et 1840. Elle faisait encore partie de la Société des artistes en 1850.

CHAPERON, Mlle, cadette, sœur de la précédente, femme Fleury, femme St-Ange. — Deuxième amoureuse, ingénuité, Grand th. de Lyon 1824-25, puis sous le nom de Mme *Fleury-Chapron* à Rouen, en 1826-27. En 1828-29 elle revient à Rouen, mais sous le nom de *St-Ange Chapron*. Elle tient, en outre, les rôles de travestis. Ce St-Ange nous semble être le « premier Colin » de la troupe. Elle débuta enfin à la Comédie française le 11 mai 1830 par le rôle d'Eugénie, dans la *Femme jalouse*. A partir de ce moment, nous perdons ses traces.

CHAPERON, St-Ange. — Peut être le St-Ange ci-dessus qui avait pris le nom de sa femme, nom plus connu au théâtre ? Débuta le 21 juillet 1830 par le rôle de St-Léon, dans *Matin et soir*, th. des Variétés.

CHAPISEAU. — Sous ce nom :

Chapiseau, roi et père noble, Gand 1782.

Chapiseau, fils d'un régisseur à Rouen, qui se faisait aussi appeler *de Chapisseau*, 1789-1790, direction Molé ; fut engagé comme jeune premier en cette ville pour la saison 1790, sous le nom de *Chapisot*, puis de *Chapiseau*, 1791-92.

Chapiseau ou Chapizeau, deuxième amoureux, Châlons-s/M 1825, Orléans 1826.

Chapiseau ou Chapiseaux, Adolphe, jeune premier, Boulogne 1825, Tours 1826-27, Dieppe 1828, 1830. Directeur à Bourges 1837, Nancy 1841.

Chapiseau père, Limoges 1828.

Chapiseau fils, Limoges 1828.

Chapiseau (peut-être Adolphe), La Guadeloupe 1829.

Chapiseau, Aimé, François, premier comique, Châlons-s/Marne 1833, Bourges 1837. Caricatures, Nancy 1840, financier, Tournay 1843, Rouen 1849-50, Le Hâvre 1852, Rouen 1853-61. Sa mort fut annoncée au Rapport de 1862.

Chapiseau, Joseph, deuxième père, Nancy 1840.

Chapiseau, th. du Vaud., Bruxelles 1846.

Chapiseau, directeur à Versailles 1849.

Chapiseau, Lille 1875.

CHAPISEAU, Mme ou Mlle. — Sous ce nom :

Mme Chapiseau, caractères, Gand 1782.

Mme Chapiseau, deuxième duègne, Chartres 1829.

Mme Chapiseau, rôles de convenance, Dieppe 1830.

Mlle Chapiseau, jeune première, Bourges 1837, Nancy 1840.

Mme Chapiseau, premier rôle, Le Hâvre 1851, Rouen 1852-53, th. des Arts.

CHAPON, Mme Joséphine. — Dieppe 1852-53.

CHAPPUIS, Adolphe, Léon. — Bruxelles 1866-89, Paris 1890, Bruxelles 1891, Officier d'académie, Paris 1892-1900. En 1895, Ad. Chappuis, âgé de 61 ans avec 35 ans de th., obtint une pension de 500 fr. de la Société des artistes. Sa mort fut annoncée au Rapport de 1902.

CHAPPUIS, Mme. — V. Chapuy.

CHAPUIS. — Namur 1818, Lille 1820, Bruxelles 1823.

CHAPUIS. — Deuxième père, Namur 1852.

CHAPUIS, Mme ou Mlle. — Sous ce nom :

Mme Chapuis, deuxième duègne, Caen 1834.

Mme Chapuis, duègne, Maëstricht 1840.

Mme Chapuis. Lille 1840.

Mlle Chapuis, troisième amoureuse, Gand 1842, Anvers 1843.

Mme Chapuis, première duègne, Liège 1843.

CHAPUS. — Rouen 1809-10, premier amoureux, Bruxelles 1810.

CHAPUS, Mme, née Aimable *Lobé*. — Première amoureuse, Rouen 1809-10, Bruxelles 1810. En 1849-52, nous retrouvons Mme veuve Chapus-Lobé à Marseille, et à Paris en 1853-1854. Morte vers 1855.

CHAPUY, Mme. — Duègne, Namur 1837. V. Chapuis.

CHAPUY. — V. René.

CHAPUY, Mlle Henriette, Rosalie. — V. René. Vannes 1852, Valenciennes 1853-55, Paris 1856, Bruxelles 1857-61, Nîmes 1863-64, Valenciennes 1865, Rouen 1867, Valenciennes 1868, Dunkerque 1869, Rouen 1870-74, Montpellier 1875, Gap 1876, Lyon 1877-80, Toulouse 1881, Bordeaux 1882-83, Lyon 1884, Valence 1885-86, Rouen 1887-88, Orléans 1889-1902. En 1895, Mme Rosalie Chapuy, âgée de 61 ans, avec 39 ans de th., obtint la pension de 500 fr. de la Société des artistes. Habitait Orléans en 1903.

CHAPUY, Mme Marie Chopis, née Balothe. — Hombourg 1862-65.

CHAPUY, Mlle Marguerite. — A titre de souvenir : celle qui devint la prima donna de l'Opéra-Comique, débuta en 1869 au nouveau th. du Vaudeville dans la *Soupe aux choux*, un petit acte de Marc Monnier.

CHARDAINE, Mme Jeanne, Marie, Amélie. — Valenciennes 1869-72.

CHARDARD, Mme. — Actrice décédée à Boulogne en 1832.

CHARDON. - Sous ce nom :

CHARDON et sa femme. Troupe Dulin. Maëstricht, 19 juin-25 juillet 1713.

CHARDON, troupe Desroziers, Douai 1773-74, aux appointements de 900 fr.

CHARDON, Rouen 1824.

CHARDON, Troyes 1824.

CHARDON, Achille, jeune premier, Besançon 1825.

CHARDON, premier comique, Dijon 1828, financier, Dijon 1829, Amiens 1830, 13e arr. th. 1833, Lyon et Genève 1834.

CHARDON, financier, St-Pétersbourg 1827-37.

CHARDON, Rutilich, rôles d'enfants, St-Pétersbourg 1829.

CHARDON, Jean, Félix, Rouen 1853-58.

CHARDON, Mme ou Mlle. — Sous ce nom :

Mme CHARDON, duègne, Troyes 1824, Grenoble 1827, Dijon 1828-29, 13e arr. th. 1833.

Mlle CHARDON, rôles accessoires, Troyes 1830.

Mlle CHARDON, deuxième amoureuse, Lyon et Genève 1834.

CHARENTRE. — Th. Montparnasse 1852.

CHARIER. — Artiste du th. des Variétés, 1847-67. Mais, s'il faut en croire Abraham, Charier appartenait aux Variétés depuis une date beaucoup plus ancienne, puisqu'il dit de lui : « Doyen des artistes des Variétés, a donné la réplique à Vernet et à Odry. » Et cependant Charier n'était pas fort âgé à cette époque (1861), puisqu'en 1882 il accusait 67 ans et 30 ans de théâtre. Il obtint une pension de 500 fr. de la Société des artistes. Charier vécut à Bois-Colombes et sa mort fut annoncée au Rapport de 1894.

CHARIÈRE, Mlle. — Débuta à la Comédie française par le rôle de Bélise, dans les *Femmes savantes*, le 4 octobre 1763.

CHARIGNY, Félix. — Le premier qui joua un rôle de Pierrot au th. des Funambules.

CHARLAIT-Clarence. — St-Pétersbourg 1849.

CHARLATTE, Mme Eug., Elisa Bruneton, née Charlat. — Nevers 1869, Moulins 1870-72, Angers 1873, Dunkerque 1874, Angoulême 1875-1876, Dieppe 1877, Poitiers 1878-79, Tours 1880, Cluny 1881, Le Hâvre 1882, Boulogne-s/Seine 1883, Paris 1884. V. Bruneton.

CHARLAY. — Délassements com., 1861.

CHARLEROY. — Ambigu 1851, th. National 1852.

CHARLES. — Sous ce nom :

CHARLES, Ambigu 1792-94.

CHARLES, Anvers 1806.

CHARLES, Namur 1810.

CHARLES, rôles de raisonneurs et de traîtres, Rouen 1811-14.

CHARLES, débuta à l'Odéon le 24 décembre 1815 par le rôle de Dorsan, de la *Cloison*.

CHARLES-Naille, Cirque Olympique 1817-20-1823.

CHARLES, pensionnaire à l'Odéon 1817-18.

CHARLES, Vaudeville, 6 avril 1818, l'amoureux de *Mr Sans-gène*.

CHARLES, nom d'un débutant à l'Odéon le 14 nov. 1819.

CHARLES (Ec. R.), débuta au th. Français le 24 juillet 1820 par les rôles de Frontin, de *Turcaret* et Pedro, des *Projets de mariage*.

CHARLES, th. des Funambules 1821-22.

CHARLES, Aubert, th. des Variétés 1821-22, Liège 1822-23, amoureux au petit th. de Bordeaux 1824. Mort en février 1825.

CHARLES, Vaudeville 1821-22.

CHARLES, Gaîté 1821-22.

CHARLES, débuta à l'Odéon le 23 mai 1822, par le rôle d'Alceste, dans le *Misanthrope*.

CHARLES, premier rôle au th. de Bruxelles 1822-29, 1833.

CHARLES, financier, Nantes 1824.

CHARLES, premier rôle, Genève, 1824-25.

CHARLES, débuta le 23 mars 1824 à l'Ambigu, dans *Cœlina*.

CHARLES, débuta le 17 avril 1825 au th. de Madame, dans une *Visite à Bedlam* et la *Somnambule*, Gymnase 1825-26.

CHARLES, comique, Seine-et-Oise et Seine-et-Marne 1825.

CHARLES, troisième amoureux, Nord et Pas-de-Calais 1825.

CHARLES, financier, Grand th. de Bordeaux 1825-26.

CHARLES, premier et troisième rôle, Haute-Marne, Yonne, Aube 1825.

CHARLES, deuxième comique, Marne, Ardennes 1825.

CHARLES, Ch., utilités, Orléans 1825-26.

CHARLES. On lit dans la 2e partie de la *Grande biogr. dram.* (1825) : « Charles, Londres. C'est sous le nom de Charles que s'est présenté à Londres un jeune artiste connu à l'Ambigu comique de Paris sous le nom de Gustave. » Le dit Charles, ou Gustave, avait rompu son traité par suite du refus d'une avance qu'il avait sollicitée.

CHARLES, nom d'un débutant au Vaudeville le 26 janv. 1826, dans *Frontin mari garçon*.

CHARLES, deuxième amoureux, Libourne 1826.

CHARLES, troisième rôle, Tours 1826, Moulins 1827.

CHARLES, trois. amoureux, Chartres 1826.

CHARLES, financier, Amiens 1826.

CHARLES, jeune premier, Nantes 1826, Laon 1827.

CHARLES, rôles accessoires, Tours 1827-28.

CHARLES, nom d'un débutant le 28 janv. 1827 à l'Ambigu, rôle de Vivaldi dans l'*Homme aux trois visages*.

CHARLES, nom d'un débutant à la Gaîté, le 10 mars 1827 dans *M. Ratine*.

CHARLES, financier, Var 1827.

CHARLES, deuxième rôle, Rouen 1828.

CHARLES, nom d'un débutant à l'Odéon, 13 mai 1828, rôle d'Orgon, de *Tartufe*.

CHARLES ou Charle. Iconographie : Bibl. Nat. Catal. Duplessis 9133. « Charle, acteur » en buste de 3/4 à gauche, lith. par Mulnier 1828.

CHARLES, th. Comte 1828.

CHARLES Jacta, th. Comte 1828,

CHARLES, jeune amoureux, Anvers 1828.

CHARLES, utilités, Londres 1828.

CHARLES, th. de banlieue, 1828.

CHARLES, financier, Nantes 1828-30.

CHARLES, nom d'un débutant à la Gaîté, le 20 décembre 1828, rôle d'Edouard, dans la *Pension de retraite*.

CHARLES, Ernest, jeune premier, Nice 1829.

CHARLES, financier, Verviers 1829.

CHARLES, deuxième comique, Londres 1829.

CHARLES, th. des Nouveautés, 1829.

CHARLES, Clément, th. des Jeunes acteurs 1829.

CHARLES, th. Montparnasse 1829-30.

CHARLES, François, troisième rôle, Rouen 1829-30, 6,500 fr. d'appointements, 1831-33 et 5,000 fr. en 1834-35.

CHARLES Chéron, th. Comte 1830.

CHARLES Mathon, th. Comte 1830.

CHARLES, rôles accessoires, Troyes 1830.

CHARLES Deschanel, grande utilité, Nancy 1830.

CHARLES, deuxième comique, Marseille 1830.

CHARLES, Marc, premier amoureux, Genève 1833.

CHARLES, th. Montmartre 1833-34.

CHARLES, grande utilité, Dieppe 1833.

CHARLES, th. du Temple 1833.

CHARLES, comique, th. du Luxembourg 1833, 1837.

CHARLES, jeune comique, Rennes 1833.

CHARLES, financier, Nantes 1834, 1837.

CHARLES, utilités, La Rochelle 1834.

CHARLES, C., Porte St-Martin 1834-36.

CHARLES d'Egrully, premier rôle, Nantes 1834.

CHARLES (le petit) Gossard, rôles d'enfants, Toulouse 1834,

CHARLES, th. Français 1835.

CHARLES, Gaîté 1837.

CHARLES, utilité, Châteauroux 1837.

CHARLES Deyla, premier amoureux, Namur 1837-1844.

CHARLES, jeune premier comique, Boulogne 1837.

CHARLES, père noble, Béziers 1837.

CHARLES, Folies dram. 1840.

CHARLES, th. de la Porte St-Antoine 1840.

CHARLES, Tournay 1840.

CHARLES, utilités, Nancy 1840.

CHARLES, Cirque Olymp. 1840.

CHARLES, Le Hâvre 1840.

CHARLES, Vaudeville 1840.

CHARLES, père, Gd th. de Bordeaux 1840.

CHARLES, fils, Gd th. de Bordeaux 1840.

CHARLES, Amiens 1840.

CHARLES, utilités, Mons 1842.

CHARLES, deuxième amoureux, Liège 1842.

CHARLES, Firmin, deuxième comique, La Rochelle 1842, s'empoisonna par désespoir d'amour le 31 mai 1843.

CHARLES, utilités, Namur 1844.

CHARLES, amoureux, Tournay 1846.

CHARLES. Vaudeville 1848.

CHARLES, rôles de convenance, Versailles 1851, Evreux 1852.

CHARLES, utilités, Marseille, th. du Gymnase 1851-52.

CHARLES, Clermont 1851.

CHARLES, jeune amoureux, Chartres 1851.

CHARLES, Laurent, troisième amoureux, Versailles 1851.

CHARLES, th. des Batignolles 1851.

CHARLES (le petit) rôles d'enfants, Châteauroux 1851.

CHARLES, deuxième amoureux, Vannes 1852.

CHARLES fils, jeune comiq., Perpignan 1852.

CHARLES, grandes utilités, Auxerre 1852.

CHARLES, utilités, Grenoble 1852.

CHARLES, utilités, Sedan 1852.

CHARLES, financier, Montauban 1852.

CHARLES, Jules, Hipp., Frédéric. — Avignon 1855, Perpignan 1856, Marseille 1857-1858, Nantes 1859-61, Bruxelles 1862, Nantes 1863-1865, Gand 1867, Nantes et Chantenay 1868-1903. Habitait Nantes en 1903. En 1889, Charles, âgé de 60 ans, avec 31 ans de th., obtint la pension de 500 fr. de la Société des artistes.

CHARLES, 3me comique, Lille 1865.

CHARLES, Odéon 1872.

CHARLES, Renaissance 1876.

CHARLES (le petit) rôles d'enfants, Variétés 1878-81. Rôle du groom Bob dans *Petite mère* (mars 1880).

CHARLES, Mme ou Mlle. — Sous ce nom :

Mme CHARLES, th. de l'Impératrice. Débuta le 30 juin 1809 par le rôle d'Eudoxie, du *Menuisier de Livonie ;* demeurait en 1810, 7, rue de Vaugirard, quitta ce théâtre devenu l'Odéon vers 1814-15.

Mme CHARLES, premier rôle, Lille 1811.

Mme CHARLES, Ambigu 6 mars 1817, rôle de Lysitèle, d'*Herminie* 1818-19 ; demeurait 14, rue de Bondy, Porte St-Martin 1821-22.

Mme CHARLES, Bordeaux. Donne la réplique à Talma dans *Andromaque*, rôle d'Hermione, 26 oct. 1817.

Mme CHARLES, grand premier rôle, Bruxelles 1823-29, 1833.

Mme CHARLES, deuxième duègne, Marne, Ardennes 1825.

Mme CHARLES, Eugénie, jeune première, Doubs, Vosges 1825.

Mlle CHARLES, rôles d'enfants, Douai 1825.

Mme CHARLES mère, utilités, Amiens 1826.

Mlle CHARLES, jeune amour., Amiens 1826.

Mlle CHARLES, L. J., rôles d'enfants, Nancy 1826.

Mme CHARLES, mère noble, Var 1827.

Mme CHARLES, duègne, Orléans 1827.

Mme CHARLES Courrier, Avignon 1828.

Mlle CHARLES, caricatures, Grand théâtre de Bordeaux 1828.

Mlle CHARLES, troisième amoureuse, Anvers 1829.

Mme CHARLES, deuxième caractère, Marseille 1830.

Mme CHARLES, duègne, Caen 1834.

Mme CHARLES, C., Cirque Olympique 1834.

Mme CHARLES Fradelle, duègne, Nancy 1834.

Mme CHARLES, deuxième mère, Béziers 1837.

Mme CHARLES, deuxième duègne, Namur 1837.

Mlle CHARLES, Namur 1840.

Mlle CHARLES, utilités, Mons 1842.

Mme veuve CHARLES, née Louise Lachevrière, Gaîté 1850, Paris 1852-53.

Mme CHARLES, soubrette, Evreux 1852.

Mlle CHARLES, Irma, première amoureuse, Perpignan 1852.

Mme CHARLES, née Bonzy Lazardeux, Perpignan 1854-55, Limoges 1856-57, Oran 1858-60.

CHARLET-Neurdin. — Débuta aux Variétés le 25 oct. 1830 par le rôle de Biscotte, dans *Tony*. Il demeurait alors 47, rue des Petites-Ecuries, puis en 1833, 13, rue des Messageries. La *Petite biographie* de cette année est dure à son égard : C'est une mauvaise charge d'Odry ; c'est un genre détestable quand on n'est que médiocre ; qu'est-ce donc quand on est mauvais? Nous retrouvons son nom à l'Ambigu 1833, au Cirque Olympique 1834 ; un Charlet, premier comique, est à Lisbonne 1834, à la Gaîté 1837-40. L'*Indiscret des coulisses* dit de lui : « Le comique de M. Charlet est loin d'être plaisant. Mais en revanche il est ennuyeux. » Charlet fit encore partie de la troupe de la Gaîté, 1848-52, puis partit à San Francisco, 1853-55. Le Rapport de la Société des artistes de 1867, en annonçant sa mort, nous apprend qu'il était devenu photographe, et que s'il n'occupa jamais au théâtre qu'une situation modeste, en revanche il fut un honnête homme et un cœur dévoué.

Bibliographie : *Petite biographie*, 1833. — L'*Indiscret des coulisses*, 1840. — *Annuaire des artistes*, 1867.

CHARLET. — Financier, Nantes 1833.

CHARLET-Martin, Mme. — Variétés 1840, Folies dramatiques 1848.

CHARLEY. — Premier accessit de comédie 1877, deuxième prix de comédie 1878, entra et joua comme second comique au th. Historique, d'une façon très intelligente, le rôle de Gringoire, dans la reprise de *Notre-Dame de Paris*. Mourut prématurément de la poitrine.

CHARLIER, Mme Anna, Justine. — Versailles 1851, Bordeaux 1852-53, Genève 1853-57.

CHARLOT, Fr. M. J. B. — Financier, Nancy 1826.

CHARLOTTE, Mme ou Mlle. — Sous ce nom :

Mlle CHARLOTTE, deuxième soubrette, Grand th. de Bordeaux 1827-28.

Mlle CHARLOTTE, deuxième amoureuse, Gd th. de Bordeaux 1829-30.

Mlle CHARLOTTE, ingénuités. Metz 1833.

Mlle CHARLOTTE Simon, ingénuité, Laon 1833.

Mlle CHARLOTTE, Th. du Parc, Bruxelles 20 oct. 1838, rôle d'Emmeline dans les *Premières Amours*, succès.

Mlle CHARLOTTE, jeune première, Funambules.

Mlle CHARLOTTE, Fol. dram. 1858.

CHARLTOUN, Arthur Chauvin. — Fol. nouv. 1855-59, Déjazet 1860-62.

CHARLY, Gaudé dit. — Naquit à Paris où son père tenait une maison d'éducation, faubourg St-Germain. Refusé d'abord au Conservatoire, puis admis, il devint l'élève de Provost. A son examen de sortie (1848) il concourut dans *Hamlet*, mais le premier prix ayant été décerné à Mlle Siona Lévy, il y eut dans la salle une émeute en sa faveur. Le lendemain il fut engagé à l'Odéon où il débuta dans le *Cid*, sous le nom de *Gaudé*. Il joue encore dans :

Macbeth, 23 octobre 1848.
Jacques Martin, 17 janv. 1849.
Le *Bourgeois des métiers*, 15 mai 1849.
Le *Trembleur*, 8 sept. 1849.
L'*Héritier du Czar*, 26 oct. 1849.
Raymond Varney, 14 nov. 1849.
Le *Martyre de Vivia*, 5 avril 1850.

Bocage, alors directeur, avait pris un jour son pensionnaire à part, et lui avait dit : « Pour jouer les rôles d'amoureux, les rôles sympathiques, vous n'êtes pas assez beau. Ne prenez pas en mauvaise part ce que je vous dis ; mais vous êtes assez intelligent pour réussir dans les rôles les plus ingrats, les troisièmes rôles. » Charly écouta le conseil. Peu payé, bientôt sans engagement par suite de changement de direction, la vie fut dure pour ce jeune homme que le père avait chassé du foyer. Il erra tristement au quartier latin, vivant de misère et de privations, rimant, écrivant, rêvant.

Enfin la Porte St-Martin l'accueillit, et c'est alors qu'il prit le nom de *Charly* (1853-56). Charly fut le Comte de Salluces du *Vol à la duchesse*, Marcel dans le *Diable*. Avec la faillite du théâtre, il fallut revenir à la vie errante. Il rentre enfin à ce même théâtre sous la direction Fournier, joue successivement dans le *Frère tranquille*, *Benvenuto Cellini* (rôle de d'Orbec), la *Jeunesse des Mousquetaires* (rôle du bourreau).

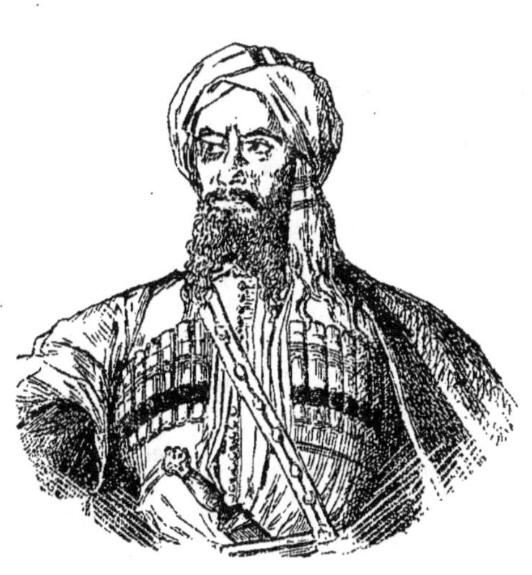

CHARLY, dans *Schamyl* d'après Lorsay.

« C'était encore un jeune homme dont je ne sais pas le nom, écrivait A. Dumas dans son journal le *Mousquetaire*, mais je le saurai à la première pièce que je donnerai à la Porte St-Martin, car il y aura bien certainement un rôle. Il jouait le bourreau de Béthune. Cet acteur doit avoir été peintre ou sculpteur avant de s'être fait comédien. »

Charly fut encore :

Le jeune Horace dans la *Vie d'une comédienne*.
Hamsad dans *Schamyl*.
Le prince d'Orange dans le *Comte de Lavernie*.
Rapso dans les *Noces vénitiennes*.
Emery dans les *Carrières de Montmartre*.
Jules César et Lahire dans *Paris*.
Ramiro dans le *Gentilhomme de la montagne*.
Benito dans le *Roi des iles*.
De Villeslecq dans le *Capitaine Fantôme*.

Le général Guerrero, dans les *Flibustiers de la Sonore*.
Le Comte Hélisand dans *Nos ancêtres*, 1868.
Le délégué dans *Cadio*, 1868.
Gontran dans *Mathilde* (reprise), 1870.

Le 4 juin 1868, il alla créer à la Salle Ventadour le rôle de M. de Chamblay, dans *Mme de Chamblay*, puis reprit le même rôle à la Porte St-Martin, la même année (31 octobre). « Charly, a dit Al. Dumas dans la préface de cette pièce, chargé du rôle réaliste et odieux d'un mari brutal, joueur et épileptique, l'a créé et représenté comme aucun comédien de Paris n'eût pu le faire. »

Dans *Patrie*, ce fut un inoubliable Duc d'Albe. D'un aspect glacial, le visage ingrat, l'œil glauque, Charly avait cet air fatal qui convient au traître de mélodrame. C'est pourquoi il marquait d'un cachet tout particulier certains rôles.

Après la guerre, Charly reparut à l'Ambigu, 1875-79. Il y joua notamment le double rôle de Lechesne-Dubosc, dans le *Fils de Choppard* (5 déc. 1875) et celui du Duc, dans *Belle Rose* (6 janv. 1876). L'abus de l'absinthe hâta sa fin. Poète, écrivain à ses heures, Charly récitait à qui voulait l'entendre sa pièce de vers *Ridere* ou lisait sa comédie la *Laideur*.

Biographie : Lorsay, les *Th. de Paris*, 1854, notice par A. Renault.

Iconographie : Lorsay, les *Th. de Paris*, 1854, en pied, de face, lith. dans *Schamyl*.

CHARLY, Léon Choux dit. — Bordeaux 1861-1863.

CHARLY. — Artiste et régisseur du th. des Arts à Bordeaux en 1902-03. Etant allé en représentation à Biarritz, il fut emporté la nuit par une vague avec deux camarades, Fayol et Vigneau. Il avait environ 50 ans (le *Figaro*, 26 janvier 1903).

CHARLYS. — Débuta le 17 décembre 1806 à la Porte St-Martin, rôle de M. Gerval, dans les *Frères à l'épreuve*, et le 11 octobre 1809 à la Comédie française, rôles d'Hippolyte, de *Phèdre* et de Dormilly, des *Fausses infidélités*, puis le 29 octobre, rôle de *Britannicus*. Il ne fut pas maintenu : « Avec une figure moins avantageuse que celle de Michelot, dit l'*Opinion du parterre*, un organe excessivement vicieux, qu'il parviendra difficilement à maîtriser, et de fort mauvaises habitudes contractées au th. de la Porte St-Martin, M. Charlys a débuté dans l'emploi de Damas, qu'il n'est pas facile de doubler. »

Charlys reparut le 16 août 1811 au th. de l'Impératrice : il choisit le rôle du *Déserteur* puis celui de Beauval, dans les *Voyageurs*, et disparut encore.

Bibliographie : *L'Opinion du parterre*, t. VII, p. 124, t. IX, p. 343.

CHARNOZ. — Financier, Mons 1845.

CHARPENTIER du Vaudeville, 1797. — V. Carpentier.

CHARPENTIER. — Th. Comte 1830.

CHARPENTIER, Mlle Jeanne, Georgette. — Inscrite à l'Association des artistes depuis 1846, était âgée de 52 ans en 1869 et comptait alors 30 ans de théâtre. Elle obtint une pension de 200 francs. Mlle Charpentier avait joué sous le nom de *Jenny* à Melun 1852, Bourges 1853-54, Sedan 1855, Rouen 1856-58, Brest 1859, Caen 1860-61, Paris 1862, Laon 1863-64, Soissons 1865, Compiègne 1867. Elle se retira à Laigle. Sa mort fut annoncée au Rapport de 1891.

CHARPENTIER, Alexis, Louis. — Lauréat du Conservatoire, Charpentier passa par la Gaîté, 1866-69 et débuta à la Comédie française par les rôles les plus importants du drame et de la tragédie. Le 3 avril 1870, il reprenait, pour son premier début, le rôle de Delaunay, dans *Hernani* ; le 12 mai, il jouait Hippolyte, de *Phèdre*, le 23, *Britannicus*, le 6 juin, Sévère, de *Polyeucte*. « La voix est un peu sourde, mais la physionomie est bonne et la tournure distinguée » dit G. d'Heilly. Et cependant Charpentier ne fit que végéter dans les petits rôles rue Richelieu. Après avoir marqué le pas ainsi pendant quatre ans, l'artiste perdit patience et démissionna le 15 janvier 1874. Il se mit à faire des tournées en province. On lit dans le *Figaro* du 14 mai 1900 : « On annonce la mort à Saumur, d'un ancien pensionnaire de la Comédie française : Charpentier. Il jouait vendredi soir (11 mai), le rôle de Napoléon, dans *Plus que reine*, lorsqu'il fut pris d'une indisposition grave qui le força à interrompre la représentation. On le reconduisit à son hôtel, et hier matin on le trouva mort, assis sur un fauteuil. Charpentier, depuis son départ de la maison de Molière, avait erré dans les théâtres secondaires et de province. Il ne faut pas confondre le défunt avec M. Henri Charpentier, qui fut régisseur général de l'Ambigu. »

Et dans le même journal, 23 mai :

« Aujourd'hui, mercredi, à 10 heures précises, auront lieu en l'église Sainte Marie des Batignolles, où l'on se réunira, les obsèques d'Alexis Charpentier, ex-*sociétaire* (pensionnaire) de la Comédie française, décédé le 12 mai à l'âge de 53 ans, à Saumur. L'inhumation aura lieu au cimetière St-Ouen. »

Bibliographie : *Foyers et coulisses*, Comédie franç., t. II, p. 146. — Le *Figaro*, 14 et 23 mai 1900.

CHARPENTIER, Mlle Carolus *Léone*. — Porte St-Martin 1874-75, Th. français 1876-83, Paris 1884-86, Th. français 1887, Paris 1888-89.

CHARPENTIER, Paul-Marie, dit aussi *St-Aignan*. — Paris 1874-76, Mâcon 1877-78, Châlon-s/Saône 1879-82, Châlons-s/Marne 1883-85, Troyes 1886-87, Paris 1888, Châlons-s/Marne 1889-90, Poitiers 1891-95, Rochefort 1896, Paris 1897-99. Officier d'académie, Paris 1900-01, Montpellier 1902.

CHARPENTIER, Mme, femme du précédent, née Marg. Rougié dite *St-Aignan*. — Belleville 1865-68, Versailles 1869, Douai 1870, Tulle 1872, Bruxelles 1873, Châteauroux 1874, Paris 1875, Nevers 1876, Mâcon 1877-78, Châlon-s/Saône 1879-82, Châlons-s/Marne 1883-1885, Troyes 1886, Paris 1888, Châlons-s/Marne 1889-90, Poitiers 1891-95, Rochefort 1896, Paris 1897-1903. En 1898, Mme Charpentier, âgée de 60 ans avec 34 ans de th., obtint la pension de 500 fr. de la Société des artistes.

CHARPENTIER, Mme Marie, Charlotte. — Nantes 1875-79.

CHARPENTIER, Mlle Léontine. — Châtelet 1884-86, Beauvais 1887, Paris 1888-89. Sa mort fut annoncée en ces termes au Rapport de 1890 : « Une jeune fille douée des plus heureuses qualités ; elle pouvait se croire destinée à un bel avenir, lorsque la mort est venue l'enlever à peine âgée de 20 ans. »

CHARPIOT, Louis. — Dont la mort fut annoncée au Rapport de 1890, était décédé à Mons. Ses camarades se cotisèrent pour lui élever un modeste monument. Charpiot avait joué aussi sous le nom de *Frédérick Dervilly* à Clermont 1881, Abbeville 1882-85, Bruxelles 1886, La Capelle 1887-88, Dunkerque 1889, Mons.

CHARRON. — Marseille 1792 (nouveau th.)

CHARTAIT. — Th. Montparnasse 1829.

CHARTIÉE. — V. Monval.

CHARTIER. — Th. des Jeunes élèves 1805-06.

CHARTIER, Mlle. — Ile de la Réunion 1863-67.

CHARTIER, Désiré. — Compiègne 1863-64, Napoléon-Vendée 1865, Compiègne 1866-68, Beauvais 1869-70.

CHARTIER, François, Charles, Albert. — St-Aignan 1863 64, Napoléon-Vendée 1865, Compiègne 1866-72, Beauvais 1873-75, Th. des Arts 1876-78, Beauvais 1879-82, Elbeuf 1883-1886, Beauvais 1887-88, Paris 1889-91, Meaux 1892, Paris 1893-1903. Habitait Paris en 1903.

CHARTIER, Mme Suzanne, Emilie, femme Bohy. — Napoléon-Vendée 1864-65, Compiègne 1866-69, Aire 1874, Denain 1875, Anor 1876, Brest 1877-79, Rouen 1880-86, Constantine 1887, Gap 1888-89, Brest 1890, Miribel 1891, Pierrelatte 1892-1901. Habitait Lunel en 1903.

CHARTIER, Faustine, Suzanne. — Premier accessit de comédie en 1874, puis deuxième prix en 1875, était une élève de Monrose. Elle débuta à l'Odéon, en même temps que Mlle Kolb, par le rôle de Lisette, des *Jeux de l'amour et du hasard* (5 déc. 1875). G. Duval écrit : « Lisette est alerte, vive, pimpante, elle a plu à tous. » Le 3 juin 1876, elle créa un rôle dans la *Corde au cou* et le 1er octobre dans le *Repentir* ; le 22 déc. elle fait encore partie de la distribution de la *Belle Saïnara*.

1877 1 nov., *Madame Dugazon*.

1878 26 janv., *Le nid des autres*.

— 18 mars, *Joseph Balsamo* (Nicollé).

— 18 déc., l'*Ecole des mères*, reprise (Lisette).

1881 Le *Dîner de Pierrot* (Colombine).

— Le *Comte de Boursoufle*, reprise du rôle de Thérèse.

Mlle Chartier entra alors comme pensionnaire à la Comédie française, mais n'y laissa nulle trace de son passage. En 1886-91, elle est à St-Pétersbourg. Depuis 1892 elle habite Paris (1903).

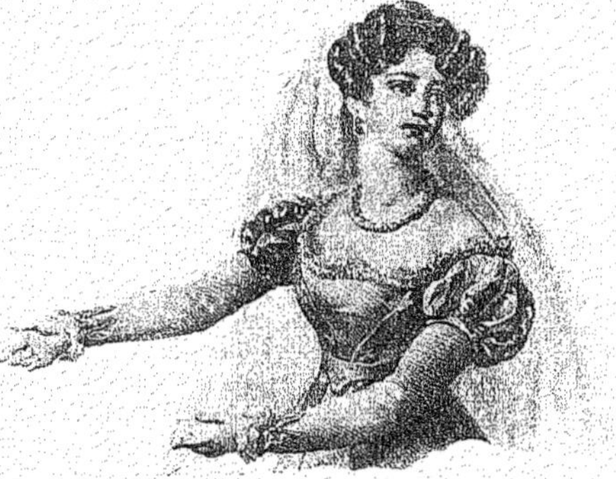

Mlle CHARTON, d'après L. Marin.

CHARTIER, Marie. — Madeleine, Jacques, Joseph Breysse dit. — Tarare 1880-81, Autun 1882-84.

CHARTON, Mlle. — Gaîté 1806, Funambules 1817, mère de Charles Charton.

CHARTON, Mlle Henriette. — Sortait du Conservatoire lorsqu'elle débuta, le 22 juin 1818, au th. Français, par *Iphigénie en Aulide* et *Nanine*. Elle partit en province, Liège 1820, et reparut rue Richelieu le 17 juin 1820 dans *Alzire*. Reçue comme pensionnaire, elle s'en alla le 1er avril 1822. En 1823, elle donna la réplique à Talma à Bruxelles (9 et 11 janv.), *Clytemnestre*. En 1824, elle était à Lille ; puis elle débuta le 17 juin à l'Odéon, rôle de Valérie, dans *Manlius*. La *Grande biographie* de cette année la représente comme une actrice inconstante ayant joué la tragédie, le mélodrame, revenant à son premier genre, réussissant et néanmoins changeant sans cesse de théâtre. Harel la définit ainsi : « (1825) Demi-talent tragique ; vingt-huit ans, une figure charmante et peu de moyens. »

A l'Odéon, on la vit dans les pièces suivantes :

1824 16 juillet, *Arthur de Bretagne*, demi-succès.
— 5 nov., *Fiesque*, succès.
— 22 déc., la *Vestale*.
1825 14 mars, *Jeanne d'Arc*, succès.
1826 8 juin, *Agamemnon*, succès.
— 9 août *Baudouin empereur*, chute.
— 29 » l'*Ecole des veuves*, succès.
1827 15 mars, *Françoise de Rimini*.
— 28 août, *La première affaire*, succès.
1828 13 février, *Amy Robsart*, représentation orageuse. On reprocha à Mlle Charton de jouer trop bourgeoisement le rôle d'Elisabeth.
1828 11 mars, *Charles II*.
— 18 nov., *Marie de Brabant*, succès d'estime.
— 6 déc., *L'Espion*.
1829 31 janv., *Lancastre*.

La même année, son nom paraît sur l'affiche de l'Ambigu. L'on écrit d'elle en 1829 : « Tant qu'elle resta nomade, cette actrice ne fut qu'une très belle et très grande femme ; mais depuis qu'elle s'est fixée au faubourg St-Germain, elle a étudié, s'est animée, et commence à enlaidir et à avoir du talent. »

Mlle Charton débuta pour la troisième fois à la Comédie française, le 4 février 1830, par le rôle d'*Azire*, et fut gardée pour doubler les tragédiennes.

La *Petite biographie* de 1831 publie un très méchant article sur son compte. On la dépeint sous les traits « d'une grande dame brune, au teint brun, à la chevelure noire, à l'œil vif encore », qui jadis parcourait les villes de province à la suite de Victor, et l'on insinue qu'elle n'attire pas le public. Le critique lui donne trente-six ans.

En 1834, elle est à Lisbonne, et donne, le 26 avril, un bénéfice à l'Odéon. En 1837, elle est à Bordeaux, et en 1838-39 à Rouen. Le 5 mai 1839, quatrième apparition à la Comédie française dans *Hamlet*. Elle y joua également *Clytemnestre* et parut avec Ligier dans le *Coriolan*, de La Harpe. Rentrée à l'Odéon :

1841 28 oct., *Mathieu Luc*.
1842 26 fév., *Cédric le Norvégien*.
1843 juin. Bénéfice.
1849 Porte St-Martin.

Mlle Charton, qui avait été défigurée par l'eau forte — vengeance d'un amant — se retira de la scène et vécut pauvre, oubliée, jusqu'au 27 juillet 1872. Mlle Charton habita rue des Moineaux, 18, 1821, rue Richelieu, 60, 1825, rue de Seine, 53, 1827-28.

Bibliographie : *Grande biographie dram.*, 1824. — Harel, *Dict. th.*, 1825. — *Petite biographie dram.*, 1831. — P. Porel et G. Monval, l'*Odéon*, t. II.

Iconographie : Bibl. nat., catal. Duplessis, 9235.

1. En pied, de 3/4 à droite, lith. par Fauconnier.

2. En pied, de 3/4 à droite, lith. par L. Marin, 1825.

CHARTON, Mme. — Forte jeune première, Lorient 1826, Troyes 1828.

CHARTON, Mme. — Duègne, Toulouse 1834.

CHARTON, *Charles*, Paul, fils de Mlle Charton de la Gaîté (V. plus haut). — Né en 1806, membre de la Société des artistes depuis 1844, Funambules jusqu'en 1860, Paris 1861-65, Folies-St-Germain 1866-67, Paris 1868-77. Charton avait 63 ans d'âge et 42 ans de théâtre en 1870. On lui accorda la pension de 300 fr. M. L. Péricaud, dans son livre si documenté le *Théâtre des Funambules*, a laissé d'intéressants souvenirs concernant Charles Charton, acteur, mime, régisseur, auteur, caissier et contrôleur. Le pauvre homme avait 25 fr. par semaine aux Funambules, mais il était, en outre, le grand fournisseur pour les pantomimes, de M. Billion, le directeur de l'endroit. C'est à lui que l'on doit, par exemple, *Arcadius* ou *Pierrot chez les indiens*, pantomime en 11 tableaux, où l'auteur désigne pour demeure du Grand Esprit des Indiens « une espèce de salle gothique allemande dorée. » On voit encore au troisième tableau : « Un palais indien, ouvert sur des jardins asiatiques » toujours en Amérique, du temps de Christophe Colomb, avec des montagnes « baignées par la mer Caspienne » ! ! ! — Ne croyez pas que j'invente ? nous dit M. Péricaud : Tout cela est imprimé. D'un autre que Charles Charton, on pourrait croire à une parodie ; mais Charles Charton était un convaincu. »

Le très modeste auteur, qui bouleversait les mondes et les époques, eut à son tour son existence bouleversée par la démolition de son théâtre. Sa mort fut annoncée au Rapport de 1878. Il avait encore rejoué la pantomime dans quelques petits théâtres et concerts.

Bibliographie : L. Péricaud, le *Th. des Funambules*.

CHARTON-Guille, Mme. — Limoges 1851.

CHARTON, Mlle A. — Folies St-Germain 1866.

CHARTON, Edouard, Elie. — Nouvelle-Orléans 1868-70.

CHARVET. — Amoureux, Puy-de-Dôme, Nièvre, Cantal 1825. Un Charvet était à la Porte St-Martin en 1841.

CHARVET, Mlle Angélique. — Lille 1850-52, Toulouse 1856-58, Paris 1859, Reims 1860, Paris 1861-62, Gand 1863-64, Alger 1865.

CHARVET, Mlle Clotilde. — Reims 1856-63.

CHARVET, Mlle Clotilde, Charlotte. — « Il y a seize ans, écrit Mahalin en 1884, elle jouait à Vichy, dans un petit boui-boui perdu au fond d'une rue voisine du Parc. » Elle vint à Paris, dans un équipage plus que modeste, accompagnée d'une mère qui alla finir à Ste-Anne. Elle entra au Palais-Royal, et eut chevaux et voiture (1875 et années suivantes, avec interruption). Mlle Charvet tint, entre autres, au Palais-Royal, les rôles d'Aglaure, dans la reprise du *Carnaval d'un merle blanc*, 13 juin 1876, et de Rosine, dans l'*Ombrelle*, 7 juillet 1876. Sa mort fut annoncée au Rapport de 1895.

Bibliographie : P. Mahalin, les *Jolies actrices de Paris*, t. IV, p. 245.

CHARVET. — Nouveautés 1884-86.

CHASSAIGNE, Mme. — V. Louise Roland.

CHASSÉ, acteur (?) dont il existe un portrait à la Bibl. nat., catal. Duplessis 9252. En buste, de profil à droite dans un ovale, grav. à l'eau forte, anonyme. Peut-être la basse de l'Opéra (début 1721-1757).

CHASSINET, Mlle. — Th. patriotique 1792.

CHATAIGNERAIE, Mlle de la. — Joua dans l'*Orphelin de la Chine* en janvier 1781, au th. de Rouen, direction Montansier et Neuville.

Voici les vers que l'on fit en son honneur :

A mes yeux, idamé, lorsque tu viens offrir
Le tableau déchirant de tes vives alarmes,
Séduit par tes talents, enchanté par tes charmes,
Je meurs en même temps de peine et de plaisir.
La fureur, la pitié, la tendresse, la haine
A ton gré de mon cœur s'empare tour à tour ;
Mais quand il a brisé le joug de Melpomène,
Il est encor soumis à celui de l'amour.

Cette actrice était très goûtée à Rouen, et lorsqu'elle quittait la ville la presse locale s'occupait encore de ses succès au dehors, comme il arriva lorsqu'elle débuta à Bordeaux dans *Mérope*, en 1777.

Bibliographie : *Hist. des th. de Rouen*, t. I, p. 77.

CHATAIGNIER, Mlle Marie, ou Chataigniez. — Vaudeville 1844, Porte St-Martin 1848, morte vers 1851.

CHATEAU, Mme Minois. — Vaudeville 1799-1800.

CHATEAU, Mme Anne, Joséphine, Michaux dite. — Premier rôle Lille 1858-59, Rouen 1859-60, Th. du Cirque 1861-62, Porte St-Martin 1863-65, Nîmes 1867, Bordeaux 1868-69, Paris 1870-90. La charité de Mme Château envers ses camarades malheureux était inépuisable, et l'on apprit le 12 janvier 1891 qu'elle avait légué en mourant une rente annuelle de mille francs à la Société des artistes pour secourir chaque année une femme artiste. Telle est l'origine de la fondation dite de Mme Michaux-Château.

CHATEAUBRIAND (de), Jean, Marie, Fréd. — Artiste inscrit depuis 1866 à Paris, sans indication de théâtre, et dont la mort fut annoncée en 1880 sous le nom de Henry de Châteaubriand. Il laissa 1500 fr. à la Société des artistes.

CHATEAUFORT (de). — Jouait dans une tragédie-opéra de Lulli, *Phaëton*, à Lille 1718.

CHATEAUFORT. — Ancien acteur du th. Feydeau vers 1800, mourut à St-Pétersbourg le 15 janvier 1811.

CHATEAUFORT. — Deuxième amoureux, Bordeaux 1824-33. Vivait à Bordeaux en 1849.

CHATEAUFORT, Mme. — Le Hâvre 1840.

CHATEAUFORT, Mlle. — Vaudeville 1848-49.

CHATEAUFORT. — Comique marqué, Gand 1851.

CHATEAUNEUF, A. P. P. — Supposé comédien de M. le Prince. Auteur de la *Feinte mort de Pancrace*, com. 1 acte en vers, 1663.

CHATEAUNEUF. — Gagiste de la troupe de Molière. Lorsque la femme de Lagrange entra dans la Société à demi-part (25 avril 1672), ce fut à la charge de payer le gagiste Châteauneuf 3 livres chaque jour de représentation, jusqu'au 11 août.

CHATEAUNEUF, Mlle. — V. Mlle Duclos.

CHATEAUNEUF, Mme. — Tragédienne, Lille 1767, mère noble 1789.

CHATEAUNEUF. — Utilités, Gand 1782.

CHATEAUNEUF. — Acteur du th. de la Cité, an XI. « Ne manque pas de talents » dit le *Tribunal volatile*.

CHATELAIN. — Sous ce nom :

CHATELAIN, Anvers 1826.

CHATELAIN, père noble, régisseur, Brest 1828-29.

CHATELAIN, artiste dramatique. Mort en 1833.

CHATELAIN, Lucien, Charles, né à Paris le 23 novembre 1838, pensionnaire à la Comédie française 1862-63. Avait tenu un petit rôle dans une reprise de *Mérope*, 20 janv. 1863. On le vit ensuite au th. Montmartre. Engagé par l'Ambigu pour la tournée de l'*Assommoir* en province, il jouait le rôle de Poisson qu'il tint encore à la reprise à Paris. Il remplaça, à ce théâtre, Gil-Naza dans *Paillasse*. Dans *Turenne*, il joua le rôle de Louvois. Il faisait encore partie de la troupe en 1879. Un Châtelain était au Châtelet en 1894-95.

Bibliographie : *Foyers et coulisses*, Ambigu 1876.

CHATELAIN, Mme ou Mlle. Sous ce nom :

Mme CHATELAIN, Ambigu 1818.

Mme CHATELAIN, mère, Tournai 1821.

Mlle CHATELAIN, fille, Tournai 1821.

Mlle CHATELAIN, deuxième amoureuse, Nîmes, Arles 1824.

Mme CHATELAIN, soubrette, Perpignan 1825.

Mlle CHATELAIN, première amoureuse, Anvers 1826.

Mme CHATELAIN, rôles de convenance, Brest 1828.

CHATELET, Pierre, Maurice, troisième rôle, la Guadeloupe 1833, premier amoureux, Le Hâvre 1837, th. des Variétés, Bordeaux, rôles de genre 1849-52. Mort vers 1852.

CHATELET, Mme, née Louise May. — Membre de la Société des artistes depuis 1840. Jeune coquette, th. des Variétés, Bordeaux 1851-55, Marseille 1856-64, Bordeaux 1865-72. En 1872, Mme veuve Châtelet avait 60 ans, on lui accorda une pension de 500 fr. Mme veuve Châtelet habitait Bordeaux en 1903 (90 ans d'âge et 51 ans de veuvage).

CHATEY, Mme. — V. Mme Perroud.

CHATILLON. — Sous ce nom :

CHATILLON, confident de tragédie et chanteur, Bruxelles 1766.

CHATILLON, Th. Français de la rue de Richelieu 1791-92, th. de la République 1793.

CHATILLON, mime, Gaîté 1824.

CHATILLON, Adolphe Simonin dit. — Berlin 1849, Jassy 1852-54.

CHATILLON, Jules Serpaud dit. — Reims 1867-1869, Roubaix 1870-72, Valenciennes 1873, Bruges 1874, Tournay 1875-76, Rennes 1877, Besançon 1878, Nîmes 1879-80, Sedan 1881-82. Sa mort fut annoncée au Rapport de 1883.

CHATILLON, Alphonse, Joseph, Simonin dit. Nice 1872, Mulhouse 1873, Lyon 1874, Le Caire 1875, Bruxelles 1876-79. Sa mort fut annoncée au Rapport de 1880.

CHATILLON, Mme ou Mlle. Sous ce nom :

Mlle CHATILLON, Caroline, Fol. dram. 1849.

Mlle CHATILLON, Clélie, Alphonsine Simonin. Odéon 1856-70. On écrit d'elle en 1861 : « Joue convenablement les coquettes et les confidentes. Ce dernier emploi sied moins à sa physionomie éveillée. »

CHATOUST, Mme Antoinette, née Sainti, membre de la Société des artistes depuis 1840, Funambules 1857. — En 1859, Mme Antoinette Chatoust, âgée de 63 ans avec 41 ans de th. en province et à Paris, obtint une pension de 300 fr. de la Société des artistes. Elle vécut à Rueil et mourut vers 1873.

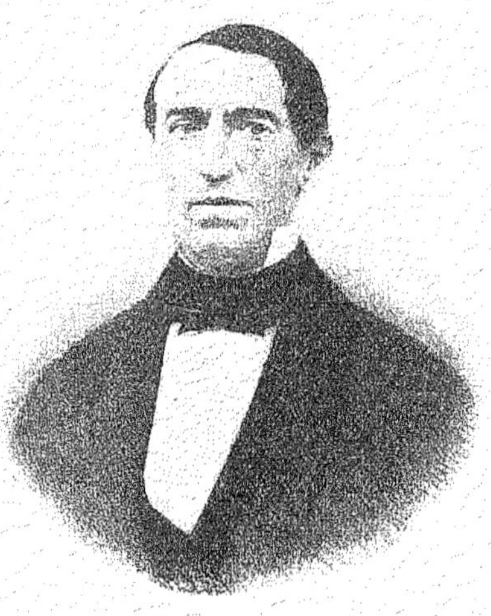

CHAUDESAIGUES, père
d'après J. Gras

CHAUBERT, Mme. — Connue précédemment sous le nom de *Nicety*, joua *Phèdre* à Rouen, au th. de la rue des Charrettes, le 10 septembre 1773. En 1807, il y eut une Mme Chaubert mère au th. du Marais (124, rue vieille du Temple).

CHAUBERT, Mlle, fille. — Th. du Marais 1807. Une demoiselle *Chaubert jeune* remplissait l'emploi de jeune première à Rouen en 1821.

Iconographie : Mlle Victorine Chaubert, actrice, Bibl. nat., catal. Duplessis, nº 9310.

1. En pied, de 3/4 à droite, cost. de th., grav. par Julien.

2. En buste de 3/4 à droite dans un ovale, lith. par Vigneron.

CHAUDESAIGUES, père, Charles, Barthélemy. — Né à Paris le 14 avril 1799, passa par le Conservatoire (1812). Horloger, il débuta dans les concerts vers 1831. Il composait les paroles, la musique, et chantait lui-même ses productions. Ce fut, avec Levassor, un des créateurs de la chansonnette. On a de lui la *Noce de Madame Gibou*, la *Lettre de Dumanet*, la *Valse du petit français*. Il mourut à Paris le 16 janv. 1858.

Iconographie : Bibl. nat., catal. Duplessis nº 9313. En buste de 3/4 à gauche, lith. par Jules Gras.

CHAUDESAIGUES. — Fils du précédent, acteur aux Folies dramatiques en 1866-67. « Une petite voix aiguë en sifflet, pointue et perçante » écrit-on en 1866. « Le sombre Chaudesaigues se promène au café du théâtre, où il passe ses journées, tout seul, sans mot dire » 1868. Il entra par la suite au Châtelet 1874, puis aux Variétés où il tint les petits emplois. François des *Jolies filles* de Grévin, 5 juillet 1876.

CHAUDIER, Mme veuve, née Joséphine Hellequin. — Actrice septuagénaire et infirme en 1844, recommandée par les artistes de l'Odéon, obtint une petite pension de 120 fr. de la Société alors à ses débuts. Vivait encore en 1853.

CHAUDINET-Dumont, Mme Marie Verrière. — Membre de la Société des artistes depuis 1840, retirée du théâtre en 1847 après 42 ans de services, âgée de 68 ans en 1858, obtint une pension de 300 fr.

CHAUDOIN, Charles, Désiré. — Marseille 1849-1885. En 1881, Chaudoin, âgé de 68 ans, avec 26 ans de services, obtint une pension de 400 francs. Sa mort fut annoncée au Rapport de 1886.

CHAUDRINE, Mme. — Bruxelles 1793.

CHAUFFAT. Mme Victorine. — Soubrette, Verviers 1825.

CHAUFFERT de Toulaville, Mme Mathilde, née Loret ou Lauretti. — Nantes 1854-57, Angers 1858-60.

CHAULIEU. — Premier rôle, Gand 1789.

CHAULIEU, Mme. — Premier rôle, Anvers 1789.

CHAULOUX, Mlle. — Jeune première, Foix 1851.

CHAULOUX, Mme Louise, Aurore, née Vivant. — Cherbourg 1864-65, Le Hâvre 1867, Cherbourg, directrice 1868-83. Sa mort fut annoncée au Rapport de 1884. Un Théodore Chauloux avait été directeur de troupe à Autun en 1837. Mme Louise Chauloux, longtemps directrice à Cherbourg, laissa la réputation d'une excellente femme, dévouée et charitable *(Rapport 1884)*.

CHAUMET, Mlle Julia, Félicie. — Variétés 1860-63.

CHAUMETTE, Lucien. — Ile de la Réunion 1863-64, Batavia 1865, Ile Maurice 1867-68, Port-Louis 1869, Porte St-Martin 1870, Port-Louis 1872-73, Ile Maurice 1874-79.

CHAUMONT, Jules de. — Premier comique th. des Variétés, Toulouse 1849-52, Bordeaux 1853, Vaudeville 1854-63, Bruxelles 1864-65. Abraham écrit en 1861 : « Chaumont, l'homme aux lunettes des *Faux Bonshommes*, a commencé aux Funambules. Il joue avec bonhomie les grimes et les ganaches, et il a créé différents types avec une certaine originalité. Chaumont est surtout voué aux maris... malheureux. »

Chaumont « modeste homme de bien » avait fait partie du comité de l'Association des artistes. Sentant sa fin prochaine (elle fut annoncée au Rapport de 1866), il écrivit à la Société pour lui confier la tutelle de son jeune fils. Ses vœux furent exaucés, et l'enfant fut placé au pensionnat Marelle (1866).

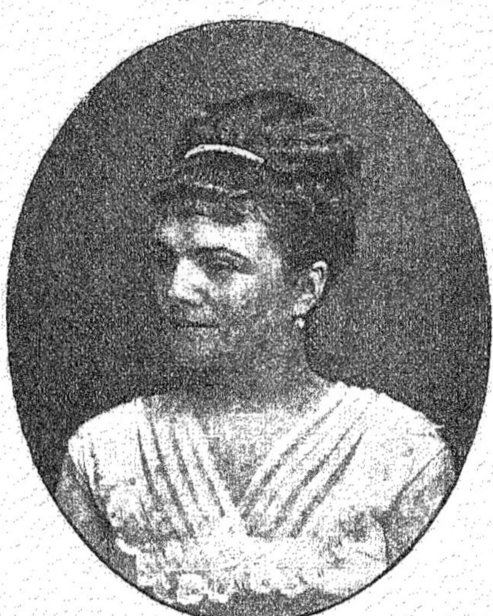

Mme Céline CHAUMONT, cliché Chémar (1876)

CHAUMONT, Mme Céline, femme Lefort, puis femme Mussay. — S'exerça à l'Ecole lyrique et débuta sous le nom de Mlle *Céline*. Abraham écrit en 1861 : « Mlle Céline, élève de Mlle Déjazet, a débuté (au th. Déjazet) dans le *Duel après le bal*. C'est encore une enfant, mais une enfant intelligente. » Soubrette agaçante avec une petite figure chiffonnée, toujours à son aise en scène, et parfois « trop à son aise ».

Dans la préface de son tome quatrième de « l'édition des Comédiens », Alex. Dumas fils a raconté comment il avait découvert Céline Chaumont aux Folies Marigny, en 1863, où elle jouait un petit acte, la *Bonne à tout faire*. Il la conduisit au Gymnase où, séance tenante, elle donna une audition.

« Elle parlait plus du nez que de la bouche, écrit-il, elle riait avec de petits hoquets gutturaux qu'elle prolongeait ou qu'elle suspendait de la façon la plus comique ».

Mlle Céline entra donc chez Montigny où, toute jeune encore, elle épousa son camarade Lefort, fils du chansonnier de ce nom, chansonnier et compositeur lui-même, et filleul de Levassor. Georges Lefort faisait partie, comme sa femme, de la troupe du Gymnase, mais fut enlevé prématurément par une maladie de poitrine. Sa mort fut annoncée au Rapport de 1872.

Mme Céline Chaumont, futée, fine, maligne, avait apparu au Gymnase dans la rosière de *Montjoye*. Après avoir rempli de tout petits rôles dans l'*Ami des Femmes* (Balbine), *Un Mari qui lance sa femme* (Laure), les *Deux Timides* (Cécile), les *Oiseaux en cage* (Marthe), la *Poudre aux yeux* (Emmeline), les *Curieuses* (Francine), etc., on put la juger notamment dans le *Wagon des Dames* (21 juin 1866), *Nos Gens* (23 août) et le rôle de Niquette de *Fanny Lear* (13 août 1868), où elle se montra la plus charmante des soubrettes. Il faut encore citer l'*Autographe* et, au hasard, le *Roman d'une honnête Femme* (Tiennette), 4 nov. 1867, *Miss Suzanne* (Marthe), 3 déc. 1867, les *Grandes Demoiselles* (Rose), 10 mars 1868, etc.

On écrivait d'elle en 1868 : « Un aplomb impertubable; une crânerie irrésistible; enfin, de la race théâtrale. Peut-être appuie-t-elle trop sur ce qu'il faut effleurer, mais en revanche elle vous lancera un mot risqué avec l'esprit le plus amusant. A la ville, simple et bourgeoise; bonne mère de famille, affectionnant la campagne et son mari, M. Lefort ».

En quittant le Gymnase, Céline Chaumont entra aux Folies Marigny où elle débuta dans l'*Alphabet de l'Amour*, puis aux Menus-Plaisirs, où elle créa un rôle dans *Raymond Linday*. Les Bouffes la guettaient : elle y parut dans la *Princesse de Trébizonde*.

Cependant l'année 1870 arriva sans que Céline Chaumont eût trouvé un engagement qui la mit en lumière. C'est alors que les Variétés—peut-être sur le conseil d'Henri Meilhac qui lui avait déjà confié des rôles — songèrent à utiliser aussi la comédienne comme *diva*. Ces débuts eurent lieu dans les *Brigands*, rôle de Fiorella, puis dans le *Trône d'Ecosse*, d'Hervé. Revenue à la comédie, Mme Chaumont créa aux Variétés *Madame attend Monsieur*, les *Sonnettes*, *Toto chez Tata*, la *Petite Marquise*, l'*Ingénue*, toutes pièces signées Meilhac et Halévy et faites à sa taille.

C'étaient des saynètes aimables et piquantes, de petits tableaux parisiens très courts, où la secondaient merveilleusement José Dupuis et Baron, car l'art mièvre de Mme Chaumont n'était pas un art de longue haleine. Cette gaminerie apparente, longuement étudiée, ces effets détaillés, cette minutie plaisent et amusent un instant. Mais la répétition du même procédé fatigue à la longue et c'est l'écueil qu'avaient su si habilement éviter les auteurs. Pour ces raisons, Mme Chaumont fut avant tout une actrice *parisienne*, dont le genre spécial eût été peu compris loin du boulevard. Elle n'en resta pas moins une actrice fort aimée d'une partie de son public.

A part le rôle d'Illyrine, dans les *Merveilleuses* de Sardou, personnage sans portée dramatique, Mme Chaumont ne joua aucun autre ouvrage que ceux cités plus haut pendant son premier séjour aux Variétés. Le théâtre Taitbout qui allait ouvrir ses portes (oct. 1875) l'engagea pour jouer la *Cruche cassée*, musique de Vasseur. Mme Chaumont se méfiait seulement de sa voix. Elle écrivit à son directeur une lettre que l'on rendit publique; elle s'excuse de son enrouement et déclare renoncer au rôle. On la fit revenir sur sa détermination, et la *Cruche cassée* fut donnée avec elle le 27 octobre.

Mme Chaumont fit sa rentrée aux Variétés avec la *Cigale* (6 oct. 1877), puis joua successivement à ce théâtre :

1878, 15 nov., la *Revue des Variétés*, rôle de Mme Chaumont.

1879, 11 janvier, le *Grand Casimir*, rôle d'Angélina.

Au Palais-Royal :

1880, 6 déc., *Divorçons*, Cyprienne.

1881, 21 déc., *Monsieur Garat* (reprise), M. Garat.

Aux Variétés :

1884, 21 nov., *Révisons*.

1885, 23 mars, la *Cigale* (reprise).

1886, 23 fév., le *Fiacre 117*, Anaïs.

P. Mahalin a défini ainsi le talent de Mme Chaumont :

Talent nerveux et plein de chic
Qui fait pâmer le bon public,
Museau futé, grâces mutines,
Chaumont marche dans les bottines
De Déjazet dont elle a pris le tic!
Vive, accorte, coquette, alerte;
Petits moyens, succès très grands;
Tout l'attrait d'une pomme verte
Qui, parfois, fait grincer les dents!

Mme Céline Chaumont s'étant remariée avec M. Mussay, ancien artiste des Variétés, celui-ci prit en 1888 la direction du th. du Palais-Royal avec Briet, auquel succéda Boyer, en 1890. A partir de ce moment, Mme Chaumont fut chez elle, th. du Palais-Royal.

1889, 20 août, *Divorçons* (reprise).

1891, 18 nov., *M. l'Abbé*, rôle de Mme de Closrobin.

1893, réapparition aux Variétés, en janvier, *Toto et Tata* et la *Petite Marquise*.

Palais-Royal :

1894, 16 mai, le *Petit Abbé*.

1897, 30 mars, le *Parfum* (reprise).

M. Mussay quitta la direction du Palais-Royal en 1899. Il est actuellement (1904) administrateur de la Renaissance (direction Guitry) et Mme Chaumont habite Paris.

Biographie : F. Jayer, *Paris-Théâtre*, nº 141, 27 janv.-2 fév. 1876.

Bibliographie : Em. Abraham, *Acteurs et Actrices*. — Félix Savard, les *Petits Mystères de l'Ecole lyrique*, 1862. — *Les Théâtres en robe de chambre*, 1866. — A. Vizentini, *Derrière la Toile*, 1868. — G. Duval, l'*Année théâtrale*, 1875-77. — *Les Soirées parisiennes*, 1875-80. — P. Mahalin, *Au bout de la Lor-*

gnette, 1883. — Id. *Les jolies Actrices de Paris*, t. IV, 1884.

Iconographie : *Paris-Théâtre*, n° 141, cliché Ghémar.

CHAUNET, Mme (ou Chauner). — Th. Molière, Bordeaux 1793.

CHAUNEY, Victor. — Bordeaux 1853-56.

CHAUNIER, Jean. — Lyon 1847-49, La Haye 1850, Bruxelles 1852, Marseille 1853-57.

CHAUSAISE, Mme. — Porte St-Martin 1824.

CHAUVAUX. — Deuxième comique, Toulouse 1837, Bruxelles 1839-40.

CHAUVEAU, Mme Céline Crétiny. — Le Hâvre 1875-77, La Haye 1878, Liège 1879-81, Rouen 1883-85, Paris 1886-89, Rouen 1890, Paris 1891, Rouen 1892-94, Paris 1895, Rouen 1896, Paris 1897, Rouen 1898. Habitait Rouen en 1902.

CHAUVEAUX, Jean, Louis. — Brest 1865-69, Nantes 1870-72, Paris 1873-74, Liège 1875-76.

CHAUVEL, Mme Elisa. — Le Caire 1868-72, Neuchâtel 1873-75.

CHAUVIÈRE, Mme, ou Chauvières, Marie, Mathilde, Eléonore. — Palais-Royal 1851-54. Créa des rôles dans le *Chapeau de paille d'Italie* (14 août 1851) et les *Crapauds immortels* (10 déc.). Faisait encore partie de l'Association des artistes en 1863.

CHAUVIGNÉ, Mme. — Banlieue 1825-26. Sous ce nom : Troisième amoureuse, Moulins 1828. — Caractères, Lisieux 1829.

CHAUVIN. — Troisième amoureux, Loiret 1827.

CHAUVIN, le petit. — Gymnase 1845, Th. Comte 1852.

CHAUVIN, Mme de Bouhelier, Marguerite. — Odéon 1854-55, Ambigu 1856, Bordeaux 1857-1859.

CHAUVIN, Mme, Victorine. — Gaîté 1890-93.

CHAUVREAU. — Folies dram. 1885.

CHAVANNES. — Sous ce nom :

Mme CHAVANNES, deuxième duègne, Avignon 1825.

Mlle CHAVANNES, utilités, Nantes 1826.

CHAVANNES, utilités, Amsterdam 1827.

CHAVANNES. — Etant allé en 1851 régler un petit héritage à Bruxelles, Chavannes fréquenta des comédiens et se fit acteur. Engagé d'abord comme premier amoureux à Bruxelles — un jeune premier de ce nom était à Châlons en 1852 — il passa à Bruges, puis à Reims 1854, Genève 1855-59, ville où il était très apprécié. On le vit aussi à St-Etienne. Est-ce encore lui qu'il faut reconnaître dans Louis-Victor Curton dit *Chavannes*, à Bordeaux 1861-64 ? Bref, Chavannes devint l'administrateur du th. des Variétés, à Paris, et mourut vers 1889.

CHAVANON, Mme Anna, née Senterre. — Commença sa carrière sous le nom de *Senterre*. Genève 1867-68, Amiens 1869-73, Genève 1874-76, Gand 1877, Amiens 1878, sous le nom de *Chavanon*, Anna, née Senterre, Bordeaux 1879, Montpellier 1880, Douai 1881, Béziers 1882, Gand 1883-85, Nice 1886, Besançon 1887. Mourut en cette ville. Sa mort fut annoncée au Rapport de 1888. (V. Chavanon Alfred, V. Senterre).

CHAVANON, Alfred. — Toulouse 1874-75, Genève 1876, Gand 1877, Amiens 1878, Bordeaux 1879, Montpellier 1880, Douai 1881, Béziers 1882, Gand 1883-85, Nice 1886, Besançon 1887, Paris 1888-91, Béziers 1892-98, Toulouse 1899, Béziers 1901. Habitait cette ville en 1902.

CHAVANT, Antoine, dit aussi *Marius*. — Membre de la Société des artistes depuis 1841, né à Ternay (Isère), le 25 juin 1807, passa trente ans au théâtre, à Paris, en province, à l'étranger, Porte-St-Martin 1849. Retiré en 1858, 4, place du Petit-Pont, à Paris, il reçut 200 fr. de pension, et sa mort fut annoncée au Rapport de 1878.

CHAVEL, Mlle. — Première soubrette. Lille 1799.

CHAVENT. — Grande utilité, Rouen 1834.

CHAVENTRÉ, Eugène. — Montparnasse 1860-1863, Rennes 1864-65.

CHAVIGNY, Mlle Rosalie, Victorine. — Variétés 1849-50, Paris 1852-65. Reparaît en 1873 sous le nom de Mme *Alexandre*, Rosalie, Victorine dite *Chavigny*. Villefranche 1873-80, Bar-le-Duc 1881, Paris 1882-84, Bar-le-Duc 1885, Paris 1886, Port-Louis 1887-1900. En 1898, une pension de 300 fr. (sur la fondation Bellon) lui fut accordée. Son nom disparut de l'Annuaire en 1901. Elle avait appartenu 58 ans à l'Association.

CHAVIL, Mme. — Th. Palais Variétés 1793.

CHAYLA, Mlle. — Th. du Panthéon 1840. Vivait en 1849.

CHAZEL, père, — Débuta à la Comédie française le 16 janvier 1786 par le rôle d'Auguste, dans *Cinna*, et celui de Dupuis, dans *Dupuis et Desronais*. Il parut de nouveau dans *Cinna* à Lille, le 31 juillet 1787, et appartint au théâtre de Nantes en 1791, et de Marseille 1792-93. En 1800, il est de retour à Paris et joue les pères au th. Molière. L'année suivante, il joue la tragédie au th. du Marais. En l'an XI, il était attaché comme professeur au th. des Jeunes-Elèves. A partir de ce moment, il est assez difficile de le distinguer de son fils, car on les désigne tous deux de la même façon. Nous croyons cependant retrouver *Chazel père* à Gand (père noble), en 1808, à moins que ce ne soit son fils, le suivant.

CHAZEL, fils. — Marseille 1793, où il devait être encore fort jeune. Chazel, dont on écrivit souvent le nom *Chazelle* ou *Chazelles*, venait de province lorsqu'il débuta à Paris, le 2 avril 1808, au th. de l'Impératrice, par le rôle de Dorval, dans le *Mari intrigué*, et par celui de Dorlange, dans le *Parleur éternel*. Le 6, il continua ses débuts par le rôle de Beauval, dans les *Voyageurs*. La même année, son nom figura sur l'affiche des Variétés étrangères. Le 15 mai 1809, nouveau début au th. de l'Impératrice, par le rôle de Dominique, dans la *Brouette du Vinaigrier*. Nous retrouvons dès lors son nom dans les pièces suivantes :

1810 14 mai, le *Luxembourg*.
— 31 mai, *Jeunesse et folie*.
— 28 août, les *Frères à l'épreuve* (rep.)
1811 21 fév., la *Femme innocente*, etc.
— 25 juin, le *Café du printemps*.
1814 12 avril (Odéon), la *Servante Maîtresse*.
— 19 juillet, la *Partie de chasse*, de Charles Maurice, pièce de circonstance, où Chazel reproduisait les traits de Louis XVI. (V. *Epaves*, p. 112-113).
1815 2 mars, la *Journée des dupes*.

Le 19 avril 1814, Chazel avait signé avec ses camarades Clozel et Armand Dailly, une requête au Ministre de l'Intérieur pour se plaindre de leur triste condition, et obtenir l'autorisation de se réunir en société. Une pétition semblable — ou la même ? — fut remise par ces trois artistes à Monsieur au moment où il passait une revue de la Garde nationale.
1816 1 janv. *Quelques scènes impromptu*.

En juillet de cette année, il y a 12 sociétaires, dont Chazel, à trois quarts de part.

1816 10 août, les *Deux Philibert*, gd succès.
1817 3 juillet, les *Deux Anglais*, succès.
— 31 décembre, *Une Macédoine*.

En 1819, Chazel faisait partie du Comité d'examen pour les débuts, et du Comité de lecture pour la réception des pièces. Il était en plus, secrétaire du théâtre : « plein de rondeur et de zèle dans les financiers et les paysans, écrit-on alors, mais malheureusement sur le retour. »

1823 20 déc., le *Siège de Gênes*.
1824 26 févr., les *Distraits*.

Voici quelques jugements portés sur cet artiste :

1810 : « Chazel tient l'emploi de financiers ; il a bien le physique de ses rôles : il les joue avec beaucoup de naturel et de vivacité. On l'a distingué particulièrement dans la *Brouette du Vinaigrier* et dans le *Fils par hasard*. »

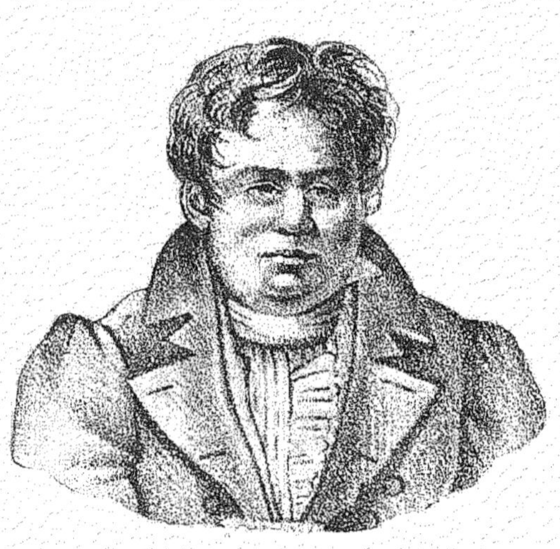

CHAZEL, fils.
d'après P. L. (*Bibl. nat.*)

1811 : « Chazel brille au milieu de la réunion actuelle. Il est fort bien placé dans le rôle de l'*Alcade de Molorido*, très plaisant sous le costume du Tyran, dans le *Retour d'un avisé*, comme sous les traits du bijoutier, dans *Jeunesse et folie* ».

Chazel, acteur, caissier, administrateur, secrétaire de l'Odéon, rue des Fossés M. le prince, 1810, rue de Vaugirard, 15, 1816-24, devait cependant, après un essai au th. de Madame, retourner à la province, d'où il sortait : Bordeaux 1825, Amsterdam 1826-27, Bruxelles 1828, th. des Nouveautés, début, le 4 août 1828, dans le rôle de Jacques, de *Julien*, grand th. de Lyon 1829-34. Il mourut dans cette ville en 1834.

Bibliographie : *Opinion du parterre*, 1808-1813. — *Petite biographie*, 1821. — *Grande biographie*, 1824. — Harel, *Dict. théâtral*, 1825. — P. Porel et G. Monval, l'*Odéon*, t. I et II.

Iconographie : Bibl. nat. Catal. Duplessis n° 9367.

1. En pied, de face, lith. par P. L.
2. En pied, de ¾ à droite, lith. par P. L.
3. En pied de face (cost. de th.) publié par Remonsnet et Bance.

CHAZEL, Mme. — Caractères et premiers rôles, Gand 1808.

CHAZOTTE. — Troisième comique, Gand 1834.

CHEDIVY. — Th. du Luxembourg 1863.

CHELU, Edouard, Félix. — Antilles 1863-65.

CHELU, Mme Caroline, Micheline, née Talichet, dite aussi *Blanche.* (V. Talichet). — Membre de l'Association des artistes depuis 1869. Agée de 62 ans en 1899 avec 33 ans de théâtre, Mme Chelu reçut la pension de 500 fr. Habitait Paris en 1903.

CHEMINADE, Mme Céline. — Anvers 1887-88, Saïgon 1889-90, Angers 1891-94.

CHENAL, Louis. — Castelnaudary 1849, Quimper 1850.

CHÊNE, Mme Alice, Adélaïde, Thérèse, Elina Chalandre dite. — Matinées de Ballande à la Porte-St-Martin. (Marianne, de *Tartufe*), 24 janvier 1875. Tournée Léautaud en France, mai 1876 (rôle de Mme Clarkson, dans l'*Etrangère*). Odéon 1880-85.

CHENEST. — Rôles de convenance, Dieppe 1851, deuxièmes pères, Périgueux 1852.

CHENIAUX-Franville, Laurent, Floridor. — Membre de la Société des artistes depuis 1840. Agé de 66 ans en 1859 avec 43 ans de th. à Lyon. Retiré en 1857, il reçut 300 fr. de pension et vécut à Villeurbanne, près Lyon, mort vers 1860.

CHENIER, Mme. — Th. du Palais Variétés 1793, th. de la Cité 1794.

CHENIER. — Petits emplois, Vaudeville 1801-1802.

CHÈRE. — Folies dram. 1848.

CHÉREAU. — Délassements com. 1856.

CHÉRET, Mme. — Jeune amoureuse, Nouvelle-Orléans 1824-25, Liège 1826, le Hâvre 1828.

CHÉRI, Louis, Antoine. — Acteur de mélodrame, tenait l'emploi de second et troisième amoureux au th. de la Gaîté, à Bordeaux, en 1817-18, aux appointements de 1,900 fr. Il débuta à Paris le 12 mai 1821 à la Porte-St-Martin, dans *La Tante* et le *Bourgmestre.* Il tenait l'emploi de deuxième amoureux, et la *Grande biographie* (1824) en fait le plus grand éloge : un jeu franc et sans afféterie, un organe sonore. Chéri était donc très aimé au boulevard. Le 1er mars 1824, il passa à l'Ambigu et débuta par les rôles de St-Clair, dans le *Mari confident*, et d'Edouard, de *Calas.* « Cet acteur, qu'on avait déjà vu à la Porte-St-Martin et au Gymnase, dit l'*Almanach Barba*, a de l'intelligence, de la noblesse et de la chaleur. » Ce n'est pas l'avis de Harel, qui le qualifie ainsi (1825) : « Comédien nomade, qu'on a vu successivement à la Porte-St-Martin, au Gymnase et à l'Ambigu comique, médiocre acteur de vaudeville, mauvais acteur de mélodrame. » La *Petite biographie* (1829) le reporte aux nues. En 1831-32, il est revenu à la Porte-St-Martin : « Il porte assez bien l'habit brodé, mais il a toujours l'air aviné. Le rôle du Marquis de Dreux-Brézé, dans *Mirabeau*, lui fait beaucoup d'honneur. »

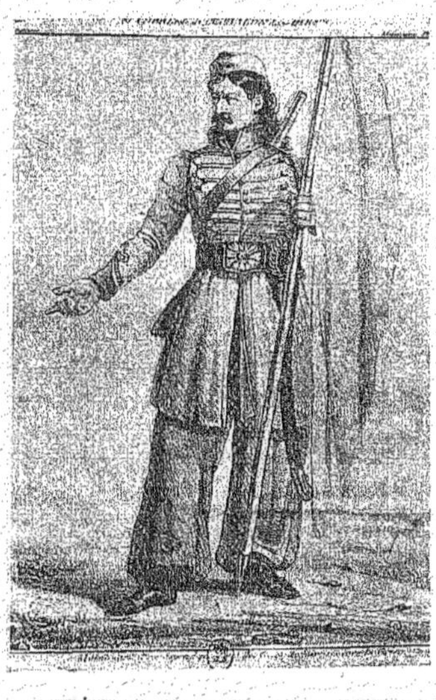

CHÉRI, du Cirque Olympique (1828).

Nous retrouvons ensuite son passage à la Gaîté, 1834 et 1837, au Cirque Olympique, 1845.

« Chéri a joué très convenablement le rôle de l'Empereur, écrit Th. Gautier, à propos de l'*Empire* au Cirque, février 1845, il porte le petit chapeau et la redingote grise, de manière à retracer des silhouettes devenues populaires. » Th. Historique 1849. Pendant dix ans, Chéri, Louis, un des fondateurs de la Société des artistes, fit partie du Comité de cette association. En 1850, il entra comme pensionnaire à la Comédie française, mais ne fit que passer. En 1852, un Chéry (?) est à Rouen. En 1852-53, Louis Chéri, que l'on écrit aussi *Chéry*, est rentré à la Porte-St-Martin.

Devenu vieux, Chéri retourna à Bordeaux, 1856-59. Sa mort fut annoncée au Rapport de 1861. Ses camarades donnèrent une représentation au bénéfice de sa veuve.

Bibliographie : *Grande biogr. dram.*, 1824. — Harel, *Dict. th.*, 1825. — *Petite biogr.*, 1829 et 1831-32. — J. Arago, *Foyers et coulisses*, 1852.

CHÉRI, Mme. — Selon toute apparence, femme du précédent, Porte-St-Martin 1821, même domicile.

CHÉRI, Mme Coriolis. — Jeune première, Calais 1825-26.

CHÉRI-Menau ou Meneau. — Acteur du Cirque Olympique 1826-37. Sa mort, survenue à Paris le 17 février 1845, fut annoncée au Rapport de la même année.

CHÉRI-Cizos, Jean-Baptiste, fils de Thomas Cizos, et père de Rose Chéri. — Etait né vers 1802. Après avoir fait partie pendant trois ans d'une troupe lyrique et dramatique ambulante, en compagnie d'une famille Garcin, il en avait épousé une des filles, du même âge que lui, Sophie-Juliette. C'est ainsi que Rose Chéri naquit, à Etampes, le 27 octobre 1824, alors que la troupe se trouvait de passage en cette ville.

Voici, par curiosité, un tableau du th. de Bourges 1828, et l'on verra que la *troupe* ne se composait que des membres des deux familles :

MM. Garcin père, directeur et chef d'orchestre.
Prosper Garcin, première haute-contre et *Philippe*.
Théophile Garcin, premières basses-tailles et *Laruette*.
Chéri-Cizos, *Martin* et jeunes premières basses-tailles.
Cizos père, *Laruette*.
Mmes Joséphine Garcin, fortes prem., *Dugazon*.
Adèle Garcin, première chanteuse.
Chéri Garcin, *Dugazon*, soubrettes, ingénuités.
Cizos, souffleuse.
Manuel Garcin, rôles d'enfants.
Hippolyte Garcin, rôles d'enfants.
Clarice Garcin, rôles d'enfants.
Rose Chéri, rôles d'enfants.

Nous dirons, à l'article *Rose Chéri*, la façon dont Chéri-Cizos fit de sa fille un petit prodige, et nous rappellerons ici sa triste fin. Lorsqu'il apprit que M. Lemoine-Montigny, directeur du Gymnase, voulait épouser sa pensionnaire, le pauvre homme fut frappé d'aliénation mentale, et dans un accès de fièvre chaude, se jeta par la fenêtre, événement qui recula la date du mariage.

Chéri-Cizos, outre les services énumérés plus haut, avait été jeune premier dans le Loiret et l'Eure-et-Loir, 1825-27, et basse-taille à Bourges, 1828-29, dans l'Yonne, 1830, à Bourges, 1831, Lorient, 1834. Et c'est de cette famille Chéri-Cizos-Garcin où tous les membres se rendaient utiles, selon leur âge, que Mirecourt disait : « Jamais, dans les villes où elle séjournait, la troupe ne causait le moindre scandale. Chacun de ses membres se distinguait par les mœurs les plus régulières et par des allures tout à fait en dehors du cabotinage. » — Cet article est naturellement complété par celui de Rose Chéri.

Chéri. Les portraits suivants se rapportent évidemment à l'un ou à plusieurs des artistes qui précèdent.

Iconographie : Bibl. nat. Catal. Duplessis, 9412.

1. En pied de 3/4 à gauche, cost. de th., lith. par B., 1828.

2. En pied, de 3/4 à gauche, cost. de th., lith. par Fauconnier.

3. En pied, de 3/4 à gauche, cost. de th., lith. par Ochard.

CHÉRI, Mme Sophie, Juliette, née Garcin. — Femme du précédent et mère de Rose Chéri. Née vers 1802. Etampes 1824, Loiret, Eure-et-Loir 1825, Bourges 1828-29, Yonne 1830, Bourges 1831, Lorient 1834. Tenait l'emploi des soubrettes et des deuxièmes dugazons.

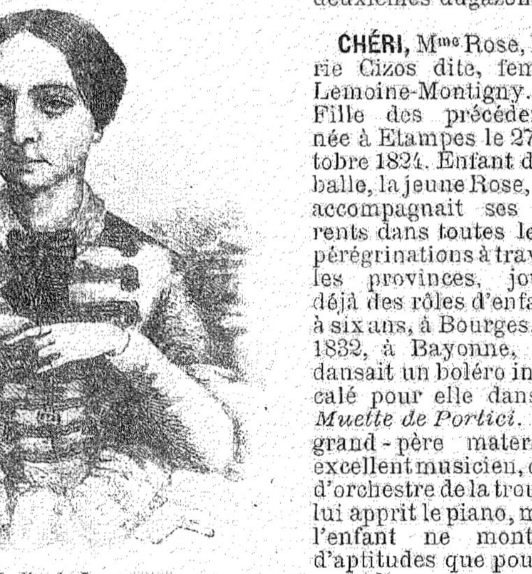

ROSE CHÉRI, d'après Carey (1850).

CHÉRI, Mme Rose, Marie Cizos dite, femme Lemoine-Montigny. — Fille des précédents, née à Etampes le 27 octobre 1824. Enfant de la balle, la jeune Rose, qui accompagnait ses parents dans toutes leurs pérégrinations à travers les provinces, jouait déjà des rôles d'enfants à six ans, à Bourges. En 1832, à Bayonne, elle dansait un boléro intercalé pour elle dans la *Muette de Portici*. Son grand-père maternel, excellent musicien, chef d'orchestre de la troupe, lui apprit le piano, mais l'enfant ne montrait d'aptitudes que pour la comédie.

A Nevers, en 1834, Rose et sa sœur Anna, plus jeune qu'elle d'une année, jouèrent dans le *Mariage enfantin* les rôles créés au Gymnase par Déjazet et Léontine Fay. Cizos, en voyant le succès remporté par ses enfants, sollicita un privilège pour son compte, et parcourut les provinces avec ses deux filles et son fils Victor, le plus jeune des trois enfants. (V. Chéri Victor.) Les *Enfants d'Edouard*, le *Petit-Poucet*, faisaient partie du répertoire à Clermont, Limoges, Périgueux.

Ce fut dans cette dernière ville, en 1841, que Rose eut l'occasion de jouer avec un rare bonheur le rôle de Marie, dans la *Grâce de Dieu*, en présence de Mme Loïsa Puget, l'auteur de la romance si populaire dont s'étaient inspirés les auteurs de la pièce. Frappée de ces heureuses dispositions, Mme L. Puget recommanda Rose au préfet de la Dordogne, qui n'était autre que le célèbre Romieu. Fidèle à son esprit d'autrefois, on prétend même que l'humoriste appelait les deux sœurs « Une jolie paire de Cizos ».

Romieu remit une lettre pour son ex-collaborateur et ami Bayard, et toute la famille prit le chemin de Paris.

Engagée à l'essai au Gymnase, Rose débuta le 30 mars 1842 par le rôle d'*Estelle*, sous le nom de Marie C... Elle parut timide, plus correcte que gracieuse, mais disant bien. Au total, l'effet fut médiocre. M. Trubert, un marchand de rubans, qui dirigeait alors le Vaudeville, et Roqueplan, qui trônait aux Variétés, refusèrent de l'engager. Samson, à qui la jeune fille fut présentée, déclarait qu'il lui fallait dix-huit mois d'études. Les ressources de la famille s'épuisaient.

Chéri-Cizos fit une nouvelle tentative auprès de Monval, régisseur au Gymnase. On consentit à l'engager pour un an, à raison de 75 francs par mois, pour jouer les « en-cas ». Il a été vendu récemment (18 janvier 1902) une curieuse lettre de Monval à Rose Chéri. Cette lettre est du 5 juillet 1842. Le régisseur du Gymnase l'informe que Mlle Nathalie ne peut pas jouer, et il a recours à elle pour la remplacer dans une *Jeunesse orageuse*. « Vous pouvez être sans inquiétude sur la manière dont s'opérera ce remplacement, lui dit-il, nous avons intérêt à vous ménager et vous pouvez vous en rapporter à moi pour faire une annonce qui vous vaudra un bon accueil. »

Le public murmura bien un peu en ne voyant pas son actrice favorite, mais la remplaçante se montra si charmante que l'on réclama son nom à grands cris. Le régisseur Monval vint annoncer qu'elle s'appelait Rose Chéri.

Dès lors, sa carrière théâtrale se dessine, rapide et brillante. Dès août 1842, Th. Gautier salue la nouvelle venue dans le *Premier chapitre :* « Enregistrons seulement les heureux débuts de Mlle Rose Chéri, dont le nom charmant et le talent délicat ont favorablement disposé toute la critique. »

Il écrit encore le 13 septembre, à propos de *Céline :* « Cette jolie débutante (Rose Chéri) réussit beaucoup parce qu'elle est simplement une jeune fille toute naturelle, et n'a pas trop l'air d'une actrice ; c'est le plus rare des talents. »

Mais vous êtes si
bienveillante madame
que vous m'excuserez.
Je vous félicite de
tout mon cœur. de l'état
de votre cher malade
Monsieur Montigny et
moi en sommes bien heureux
je vous jure
Mille remerciements pour
votre bon souvenir
R. L. Montigny

LETTRE AUTOGRAPHE DE ROSE CHÉRI (coll. Lyonnet).

Le 16 décembre 1844, à propos de *Rébecca :* « La pièce est fort bien jouée par Mlle Rose Chéri. »

Nous enregistrons : (les dates sont celles des feuilletons de Th. Gautier).

1845 janvier, *Mlle de Cérigny*.

— juin, *Grande Dame et Grisette*.

(Assaut d'esprit entre Mlles Rose Chéri et Désirée.)

1846 janvier, la *Loi Salique*.

« Mlle Rose Chéri a joué son rôle avec ce naturel, cette intelligence et cette grâce qui lui assignent le premier rang parmi les actrices du vaudeville. »

Car il est à remarquer que ce n'est que plus tard qu'on la jugera comme comédienne.

1846 avril, *Geneviève* ou la *Jalousie paternelle*.

— juin, Voyage à Londres.

— août, *Clarisse Harlowe*.

« Que dire de Rose Chéri ? Cette jeune actrice, quoique nous ayons toujours tenu compte de ses belles qualités, nous déplaisait au fond comme une petite merveille de serre chaude ; nous redoutions en elle une Mars in-32. Elle a, cette fois, dissipé toutes nos préventions. »

1846 décembre, la *Protégée sans le savoir*.

1847 juillet, *Charlotte Corday*.

Ici, le critique fait ses réserves, et comme on avait un peu trop vanté l'actrice et son « merveilleux » talent : « Eh bien, écrit-il, nous avions cru, jusqu'à présent, que Mme Rose Chéri avait un talent, non merveilleux, mais propre, honnête, soigneux, un peu bourgeois, très bien à sa place au Gymnase. Voilà tout. »

1848 avril, le *Marchand de jouets d'enfants* (rôle de la jeune aveugle).

1849 janvier, *Mme Marneffe*.

« Mme Rose Chéri jouant une rouée, tel est le contraste sur lequel on a compté pour le succès... L'intelligente actrice a trouvé plusieurs effets piquants dans ce rôle opposé à sa nature. »

1849 octobre, *Graziella*.

1851 novembre, *Bettine*, d'Alfred de Musset.

Paul de Musset a raconté que son frère Alfred, en voyant jouer *Clarisse Harlowe*, avait été pris d'une telle admiration pour l'actrice, qu'il était allé l'entendre 30 fois de suite. Il avait donc voulu écrire une pièce pour elle; mais l'accueil en fut assez froid.

1852 avril, le *Piano de Berthe*.

« Mme Rose Chéri a joué avec le charme, la distinction, l'élégance d'une femme du monde et d'une maîtresse de grande maison. »

Rose Chéri, admirée, fêtée comme artiste et comme femme, trônait au Gymnase, mais sans pose. Hors du théâtre, elle était d'une grande piété. S'étant vu un jour, elle et sa sœur, refuser la communion par un prêtre intolérant, elle en appela à l'archevêque de Paris, Mgr. Affre, qui donna l'autorisation demandée.

Sur ces entrefaites, Poirson, fatigué de la lutte avec les auteurs dramatiques, avait cédé la direction de son théâtre à Auguste Lemoine, plus connu sous le nom de Montigny, auteur et acteur.

L'habileté de Montigny, d'une part, la vogue ramenée à ce théâtre grâce à Rose Chéri et Bressant d'autre part, relevèrent le Gymnase, et c'est alors, dit Mirecourt, que la jeune actrice reçut un jour la visite de Scribe, qui venait, disait-il, lui offrir un rôle original et nouveau : — Un rôle dramatique ? dit-elle. — Oh ! non, j'espère bien que non. — J'entends : la pièce finit par un mariage. — Point, mon enfant; c'est par un mariage qu'elle doit commencer. Et il lui expliqua qu'il était chargé par Montigny, son directeur, de demander sa main.

Aucune femme n'était plus digne de cette union. De ce jour la fatalité s'attacha sur cette famille : la veille de son mariage, Cizos père, devenu fou — fou de joie sans doute —, se jeta par la fenêtre et alla se briser sur le pavé. Plus tard, on verra de quelle façon terrible finit la pauvre Rose Chéri. Le fils qu'elle sauva devait mourir mordu par un chien enragé. Son frère Victor se pendit rue du Temple. Sa sœur Anna devint à peu près folle après la mort de son mari et de sa fille. Montigny mourut ruiné, mais, continuons :

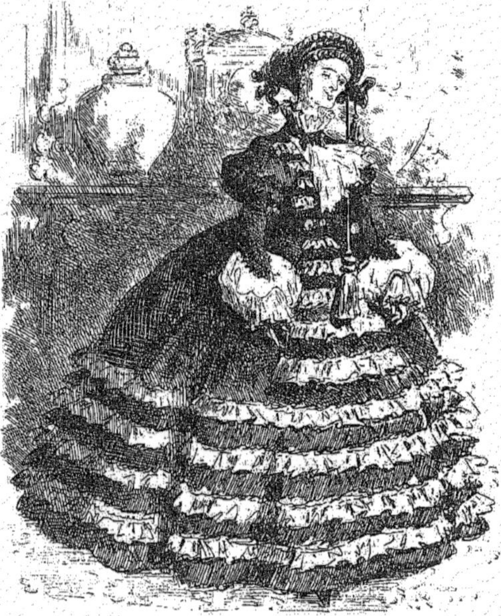

CARICATURE DE ROSE CHÉRI
dans *Le Père Prodigue*, par Marcelin (1860).

Le mariage, retardé par la mort de Chéri-Cizos, eut lieu le 12 mai 1847. Mme Rose Chéri devint, par cette union, la belle-sœur de Loïsa Puget, qui avait épousé Gustave Lemoine, frère du directeur. En 1848, la situation du théâtre fut compromise. Rose Chéri voyant les efforts de son mari pour tenir tête à l'orage, vendit ses diamants, se prodigua comme artiste, fit payer tout le monde, ne toucha pas un centime à la caisse, et poussa le désintéressement jusqu'à aller jouer en province pour faire face aux engagements du Gymnase. En 1848, en juin, elle installa une ambulance au théâtre. Lord Normanby, alors ambassadeur d'Angleterre à Paris, écrivit dans son journal, après l'avoir vue à l'œuvre : « Mme Rose Chéri montrait ainsi qu'elle sait aussi bien compatir aux besoins de l'humanité et adoucir ses peines que charmer ses ennuis. »

La Comédie française, après avoir cherché à l'attirer, essaya de lui nuire. Au Gymnase, elle avait joué le rôle de Victorine, dans le *Philosophe sans le savoir*, de Sedaine, et le succès avait été complet, retentissant. Les sociétaires de la rue Richelieu firent défendre les représentations de cette pièce.

Mme Rose Chéri réalisait les types les plus divers, passant de la chaste Clarisse à Diane de Lys et à la Baronne d'Ange. Elle créa ou reprit des rôles au Gymnase, dans le *Premier*

Chapitre, *Céline ou la famille de l'absent*, *Georges et Thérèse*, les *Deux Favorites*, *Francesca*, *Jean Lenoir*, *Daniel le Tambour*, *Angélique*, *Alberta première*, la *Raison propose*, *Rébecca*, *Mme de Cérigny*, la *Belle et la Bête*, *Dame et Grisette*, *Un changement de main*, les *Couleurs de Marguerite*, *Un droit d'aînesse*, *Noémie*, la *Maîtresse de la maison*, la *Loi Salique*, la *Mère de famille*, *Georges et Maurice*, *Geneviève* ou la *Jalousie paternelle*, la *Protégée sans le savoir*, *Irène* ou le *Magnétisme*, *Charlotte Corday*, la *Déesse*, *Suzanne de Croissy*, *Léonie*, les *Filles de la Liberté*, *Royal Pendard*, le *Marchand de jouets d'enfants*, la *Niaise de St-Flour*, la *Comtesse de Sennecy*, *Madame Marneffe*, *Clélia ou les filles du docteur*, le *Bouquet de violettes*, *Brutus lâche César*, le *Philosophe sans le savoir*, *Quitte pour la peur*, *Mauricette*, *Graziella*, le *Cachemire vert*, la *Bossue*, les *Bijoux indiscrets*, *Faust et Marguerite*, *Un divorce sous l'Empire*, la *Fille du Roi René*, le *Collier de perles*, *Manon Lescaut*, *Bettine*, le *Mariage de Victorine*, *Madame Schlick*, les *Vacances de Pandolphe*, le *Piano de Berthe*, le *Démon du foyer*, la *Pariure de Jules Denis*, *Thérèse ou Ange et Démon*, le *Fils de famille*, *Philiberte*, le *Pour et le Contre*, *Diane de Lys*, la *Crise*, le *Gendre de M. Poirier*, *Flaminio*, *Ceinture dorée*, le *Demi-monde*, *Françoise*, *Une femme qui déteste son mari*, le *Verrou de la reine*, la *Question d'argent*, le *Fils naturel*, le *Cheveu blanc*, *Marguerite de Ste-Gemme*, *Preuve d'amitié*, *Marie*, *Un père prodigue*, *Jeanne qui pleure et Jeanne qui rit*, les *Pattes de mouche*, la *Dame aux Camélias*, la *Vertu de Célimène*.

Mais la mâturité guettait, aussi précoce que le talent l'avait été. A 35 ans, elle paraissait déjà beaucoup plus âgée qu'elle ne l'était en réalité. Et puis elle avait eu trois enfants. L'aîné fut atteint d'une angine. Elle ne voulut pas s'éloigner de son chevet. L'enfant fut sauvé, mais elle mourut victime de son dévouement maternel le 22 septembre 1861. Mlle Victoria, qui devint Mme Lafontaine, avait été son enfant d'adoption et son élève privilégiée. Modeste, chaste, bonne, gracieuse, telle fut Rose Chéri, l'une des plus grandes comédiennes du XIXe siècle, des plus simples, des plus naturelles, et qui avait su être de plus, un modèle d'abnégation, d'honorabilité, de vertu. Ses obsèques, célébrés le 24 septembre, dans la petite église de Passy, furent solennelles. Trois discours furent prononcés sur sa tombe, par le Baron Taylor, Léon Laya et Samson. L'assemblée des artistes décida d'inscrire son nom — « objet de respect et d'émulation » — sur la liste des sociétaires perpétuels.

Un admirateur lui avait dédié une petite brochure de 36 pages, accompagnée d'un frontispice sur bois par Ed. Coppin (répété p. 16), *Histoire de la patronne des comédiens* (ses succès, sa mort, sa canonisation, sa fête), par un ancien acteur (?) Paris, Desloges, 1847. C'est l'histoire présumée de la comédienne d'Antioche (Ve siècle) devenue Ste-Pélagie, et dont la fête est célébrée le 8 octobre.

Ch. Monselet, dans ses *Premières représentations*, écrivit (septembre 1861) un très bel article sur Mme Rose Chéri : « A voir ce point de départ et à deviner les hasards de la vie dramatique, on se demande où Mme Rose Chéri prit cet air de distinction, de réserve, qui est demeuré toujours le caractère dominant de son talent. » Parlant de *Clarisse Harlowe* : « Jusqu'alors Mlle Rose Chéri n'avait pas abordé le drame ; elle s'était contentée de rôles à demi-teintes. Elle fut touchante autant qu'il est possible de l'être ; son agonie du troisième acte est restée célèbre dans l'histoire du théâtre. »

Et plus loin : « Pour comprendre l'étonnante souplesse de son talent, il faut l'avoir vue dans le *Mariage de Victorine* et dans le *Demi-Monde* ; Victorine et la Baronne d'Ange sont les deux figures antipodiques par excellence : une vierge, une courtisane. » Elle fut admirable dans les deux créations. De même pour la grande dame de *Diane de Lys* et la grisette du *Fils naturel*, ou la délicieuse bourgeoise de la *Crise*.

Biographie : Lorsay, les *Th. de Paris*, 1854, notice par Max de Revel. — E.-D. De Manne et C. Ménétrier, *Galerie historique* (ct à la troupe de Nicolet). — Eug. Mirecourt, *Rose Chéri*.

Bibliographie : *Almanach Barba*. — Th. Gautier, *Hist. de l'art dramatique*. — J. Arago, *Foyers et coulisses*, 1852. — Le *Monde illustré*, 28 sept. 1861, art. de Monselet. — Ch. Monselet, les *Premières représentations célèbres*. — Coll. autogr. A. Bovet no 1400.

Iconographie : Bibl. nat. Catal. Duplessis no 9413.

1. En pied, de 3/4 à droite, lith. par H. Colette (1854), d'après Eust. Lorsay.
2. En buste, de face, grav. par Auguste Hussener.
3. A mi-corps, de face (cost. de th.), lith. par Menut-Alophe.
4. A mi-corps, de 3/4 à gauche (cost. de th.), lith. par Menut-Alophe.
5. En buste, de face, lith. par Menut-Alophe. Sur cette planche se trouve le portrait d'Anna Chéri, dame Lesueur.

Complément de la Troupe de Nicolet, eau-forte, en buste, par Fugère.

Biographie Mirecourt, en buste, de face, gr. Carey.

Buste par Dantan jeune, reproduit dans le *Monde illustré*, no 234, 5 octobre 1861.

Journal amusant, no 218, 3 mars 1860, caricature par Marcelin (le *Père Prodigue*).

CHÉRI, Mme Anna, Jos., née Chéri-Cizos, femme Lesueur, sœur cadette de Rose Chéri, née en 1826. — Suivit d'abord les pérégrinations de sa famille et vint avec elle à Paris. Engagée au Gymnase quelque temps après sa sœur, elle tint d'abord l'emploi des soubrettes, puis, à la retraite de Mlle Mélanie, celui des duègnes, auquel la destinait plutôt son physique ingrat. En 1852, elle épousa Lesueur, artiste du même théâtre, et devint veuve le 5 mai 1876. De ce mariage, étaient nées deux filles, dont l'une mourut, âgée de 20 ans, et l'autre épousa un architecte à Paris. Mme Chéri-Lesueur, belle-sœur, par conséquent, de Montigny, directeur du Gymnase, fut de toutes les pièces pendant plus de trente ans. Abraham disait en 1861 : « *Une femme qui se jette par la fenêtre,* le *Pressoir*, la *Femme qui trompe son mari,* sont ses meilleures pièces ».

Mme Chéri-Lesueur était très appréciée de Scribe. M. Buloz voulut l'engager avec sa sœur à la Comédie française. Dans le rôle de Lady Barbara de *Flaminio*, où elle faisait une Anglaise maniaque, elle eut tout le succès de la pièce. Son physique lui nuisit beaucoup pour sa carrière, car le talent ne lui manquait pas. Elle parut pour les dernières fois dans la reprise de *Nos bons Villageois* (23 fév. 1875), rôle de la mère Buisson, reprise des *Grandes Demoiselles*, 6 déc. 1877, rôle de Béatrix, et dans d'autres rôles du répertoire, et cessa de faire partie de la troupe du Gymnase à la mort de M. Montigny (6 mars 1880). Accablée par des chagrins intimes, la mort de son mari et d'une de ses filles, Mme Chéri-Lesueur, qui fut toute sa vie un modèle de vertu et de bonté, très pieuse, se retira tout à fait du théâtre. Elle habitait Paris en 1903.

Iconographie : V. Rose Chéri.

CHERI, Victor. — Frère des précédentes et le dernier des trois enfants de Chéri-Cizos, parut sur la scène à l'âge de quatre ou cinq ans. Dans les tournées organisées par son père, c'est lui qui faisait le rôle du *Petit-Poucet*. A Paris, Victor Chéri renonça au théâtre pour se consacrer à la musique. Le 15 juillet 1846, Rose Chéri sollicitait d'Auber, directeur du Conservatoire, une loge pour le prochain concours de violon, son frère Victor étant parmi les concurrents (coll. autogr. A. Bovet).

Victor Chéri se fit compositeur de musique et devint pendant trente ans le chef d'orchestre du Gymnase. La mort de son beau-frère Montigny l'affola. Il se pendit, rue du Temple, en 1882.

CHÉRI-Meunier, M. et Mme. — Deuxième amoureux et troisième amoureuse, Mons 1844.

CHÉRON, Charles. — Th. des jeunes artistes 1829-30.

CHÉRON, Mlle Marie, Pauline. — Odéon 1872-84, Paris 1887-88, Rouen 1889, Paris 1890-91. Mlle Chéron tint des rôles dans le *Docteur sans pareil* (15 janv. 1875), *Un Drame sous Philippe II* (14 avril), les *Danicheff* (8 janv. 1876), l'*Alerte* (10 oct.), *Deïdamia* (18 nov.), *Joseph Balsamo* (18 mars 1878), le *Célibataire et l'Homme marié* (reprise, 19 oct. 1879), le *Grondeur* (14 déc.), *Charlotte Corday* (30 oct. 1880), *Sganarelle* (10 sept. 1883), *Eugénie* (10 sept.), *Bérénice* (19 mai 1884).

CHÉRUBIN, Louise, Jeanne. — Angers 1861-63, Liège 1864-65.

CHÉRUBINI. — Jeune premier rôle, Alger 1852.

CHÉRY. — Lille 1807.

CHÉRY, Jules. — Né en 1817, débuta à l'Odéon en mai 1846 dans *Tartufe*, sous le nom d'*Etienne*, puis au Th. français, le 5 juin suivant, par le rôle de Marcellus dans la *Vestale*. Le 14 avril 1849, il créa le petit rôle de Quinault dans *Adrienne Lecouvreur* et retourna un moment à l'Odéon, 1851. Voué à la tragédie, il reprit tous les rôles les plus ingrats, tel Cléphon de *Rosemonde*, le 21 nov. 1854 (Th. fr.). Rachel l'attacha un moment à son char, St-Pétersbourg 1854, et pour la tournée d'Amérique 1855, aux appointements de 30,000 fr. comme premier rôle. Il prend alors le nom de *Chéry aîné*.

Dans cette tournée d'Amérique, Chéry aîné jouait les rôles de Thésée dans *Phèdre*, de Michonnet dans *Adrienne Lecouvreur*, de Pyrrhus dans *Andromaque*, du maréchal dans *Lady Tartufe*.

On sait comment ce voyage finit piteusement.

Jules Chéry reprit son service à la Comédie, mais la tragédie était morte avec Rachel. Voici quelques-uns des rôles (créations ou reprises) où il parut :

1857, 13 juillet, *Venceslas*, le duc.
1858, 1er oct., *Rodogune*, Oronte.
1859, 1er août, le *Collatéral*, Rougeau.
1861, 10 janv., les *Effrontés*, le baron.
— 6 juin, *Nicomède*, Flaminius.
1862, 11 août pour les débuts de Mlle Sarah Bernhardt, *Iphigénie en Aulide*, Ulysse.
1862, 19 août, *Psyché*, Jupiter.
— 22 sept., *Dolorès*, le roi.
1863, 29 janv., *Mérope*, Polyphonte.
— 12 mai, *Phèdre*, pour les débuts d'Agar, Théramène.
1863, 29 août, *Eugénie*, Drink.
1864, 3 mai, le *Gendre de M. Poirier*, un créancier.
1864, 6 juin, *Héraclius*, Exupère.
— 27 juin, *Méliceste*, Lycarcis.
1865, Remplace Geffroy (à la retraite) dans Desroncerets de *Maître Guérin*.
1866, 21 juin, *Gringoire*, Olivier le Daim.
— 11 août, Prologue traduit de *Thyeste*, Tantale.
1866, 18 août, *Fantasio*, le roi.
1867, 7 mars, *Galilée*, le président.

1867, 20 juin, *Hernani*, le duc.

1868, 15 janv., la *Valise de Molière*, La Thorillière.

— 22 juin, *Agamemnon*, l'ombre de Thyeste.

— 28 sept., reprend le rôle de Michel Forestier, créé par Got dans *Paul Forestier*.

1868, 4 sept., les *Fâcheux*, Damis.

— 22 oct., *Mercadet*, Pierquin.

1869, 22 août, les *Horaces*, Tulle (pour la première fois).

1870, 2 juin, *Maurice de Saxe*, Beauvau.

— 3 août, *Une Fête de Néron*, Sénèque.

1871, voyage à Londres avec une partie de la Comédie.

Jules Chéry continua ainsi pendant longtemps ses services tragiques, tenant quelques rôles de raisonneurs dans la comédie. En 1877, il était le plus ancien des pensionnaires. Il songea alors à se retirer. En 1882, âgé de 65 ans, il reçut la pension de 500 fr. de la Société des artistes. Habitait Paris en 1903. Très connu à Chilly-Mazarin, près Longjumeau.

Bibliographie : Léon Beauvallet, *Rachel et le Nouveau Monde*. — G. d'Heylli, *Journal intime de la Comédie française*.

CHÉRY, Jean, Pierre. — Frère du précédent, né en 1825. Odéon 1852-53. La même année, un Chéry, deuxième rôle, est à Lille. St-Pétersbourg 1854. Troupe de Rachel et tournée d'Amérique sous le nom de *Chéri jeune* (pour le distinguer de son frère) aux appointements de 12,000 fr. comme troisième rôle. Jouait Valère des *Horaces*. Paris 1856-60, Porte St-Martin 1861 et années suivantes, Paris, matinées du Châtelet 1873, Cluny 1875, Ambigu 1877. En 1886, Jean Chéry avait 61 ans et 30 ans de théâtre. Il reçut la pension de 500 fr. de la Société des artistes. Habitait Paris en 1903.

Bibliographie : Léon Beauvallet, *Rachel et le Nouveau Monde*.

CHÉRY, Mme Jeannette. — Palais-Royal 1852-1861.

CHERY, Mme Julie, Adrienne Trégan. — Toulouse 1879-88, Le Hâvre 1889-91, Caen 1892-93, Amiens 1894-96, Nancy 1897-99, Toulouse 1900-1903.

CHESNEAU, Georges. — Verviers 1887-89.

CHESNEAU, Mme Blanche, née Fondadouze. — Verviers 1887-89.

CHESNY, Mlle. — Th. Déjazet 1887.

CHEVALIER. — Comédien du Marais qui débuta vers 1645, et auteur de diverses pièces. En 1654, il figurait avec Jodelet, Hauteroche et La Roque dans la *Comédie sans comédie* de Quinault. En 1666, il fit jouer les *Aventures de nuit*. Mort avant 1674.

CHEVALIER aîné. — Débuta à la Comédie française par le rôle de Zamore dans *Alzire*, le 15 déc. 1753. Il continua dans *Œdipe*, rôle d'Œdipe, *Didon*, rôle de Yarbas et le *Misanthrope*, Alceste. Ce nom reparaît en 1758 : Chevalier, 100 fr. d'appointements par mois. En 1768, un acteur de province du nom de Chevalier — sans doute le même — affronte de nouveau le parterre de la Comédie (23 déc.) dans le rôle d'Egiste de *Mérope*. Est-ce le même encore que le suivant? En 1772, Chevalier tient les premiers rôles à Bruxelles, aux appointements de 6000 fr. par an, dans une excellente troupe où figurent Larive, Grandmesnil et Dazincourt. En 1773, il prend le nom de *Chevalier aîné*, pour se distinguer de son frère *Chevalier le jeune*. En 1774-75, il tient le premier emploi sans partage. De même en 1776-77. Dix ans plus tard (1786-87) il est à Lille. Enfin nous croyons le retrouver encore dans : *Chevalier*, premier rôle au Th. de Monsieur 1790-91, et Th. Feydeau 1792, puis Nouveau Th. de Marseille, premier rôle, 1792.

Bibliographie : *Alm. Duchesne*. — F. Faber, *Hist. du th. fr. en Belgique*, t. I. — G. Lhotte, le *Th. à Lille avant la Révolution*. — L. Lefebvre, *Hist. du th. de Lille*, t. II.

CHEVALIER le jeune. — Frère du précédent, dit aussi sur un de ses engagements « le libertin », deuxième et troisième rôle, aux appointements de 1000 fr. Bruxelles 1773-74, et de 1200 fr. 1774-75, premier comique Lille 1786-93. Il fut également second chef d'orchestre.

Bibliographie : la même que pour Chevalier aîné.

CHEVALIER, Pierre. — Acteur du th. des Grands Danseurs du Roi, avait un rôle dans la *Grosse Merveilleuse*, ballet où il exécutait la danse du *sabotier* (30 janv. 1780), et dans *Glycère et Alexis*, ballet-pantomime (19 fév. 1780).

Bibliographie : *Journal de Paris* (31 janv. et 19 fév. 1780).

CHEVALIER. — Acteur des Variétés du Palais-Royal, a joué à ce théâtre le rôle de Clairvis dans l'*Inconséquente*, ou le *Fat dupé*, comédie en un acte, en prose, de Monnet, représentée le 20 août 1787.

Bibliographie : L'*Inconséquente*, Paris, Cailleau, 1787.

CHEVALIER. — Célèbre par sa ressemblance avec Napoléon, avait paru au Th. de la Cité en 1794. C'est de lui que le *Tribunal volatile* disait : « Cet artiste ne peut être placé que dans la pantomime où il fait plaisir ». En 1799, il jouait les utilités à la Gaîté, quand une circonstance particulière vint le mettre en évidence. Lors du passage du Mont St-Bernard, on joua au th. de la Porte St-Martin une pantomime dans laquelle Chevalier personnifiait Bonaparte : taille, tournure, gestes, c'était complet.

A. de Rochefort, dans les *Mémoires d'un Vaudevilliste*, place le fait en 1808. Ce tableau militaire de Hapdé eut un succès colossal. Brazier dit même que l'empereur assista dans une loge grillée à la représentation de l'ouvrage. Mais la politique est changeante, et défense fut faite par la suite à Chevalier-Napoléon de s'exhiber dans des copies de ce genre. On le vit alors mime au th. acrobate Saqui 1821-22, puis comparse au Panorama dramatique, où il parut sous le costume d'un brigadier de gendarmerie (1823). Chevalier entra au Cirque olympique. Là, une revanche éclatante l'attendait... en 1830. Le 31 août de cette année, Th. Nézel et H. Villemot donnèrent la *Prise de la Bastille*, suivie du *Passage du Mont St-Bernard*, et Chevalier put reprendre son rôle, le seul événement de sa modeste carrière.

Biographie : Brazier, *Hist. des petits th.* — A. de Rochefort, *Mémoires d'un vaudevilliste*. — Th. Muret, l'*Hist. par le théâtre*, t. III.

CHEVALIER, Séguenot dit. — Qui avait passé par Feydeau vers 1797, devint commissaire des guerres, et mourut en novembre 1827.

CHEVALIER. — Sous ce nom :

CHEVALIER, Namur 1821, Rouen 1824, « comédien beau diseur ».

CHEVALIER, frère du précédent. Engagé à la Martinique, et le théâtre ayant fermé par ordre, il fut forcé de se faire vitrier et peintre en bâtiments pour pouvoir payer son retour, 1823-24.

CHEVALIER, père noble, Ille-et-Vilaine, Mayenne, Sarthe 1824.

CHEVALIER, Joseph, utilités, Côte-d'Or, Saône-et-Loire 1824-26.

CHEVALIER, comique, Amiens, Abbeville, Montdidier 1824-25.

CHEVALIER, Jean, Louis, deuxième financier, Sedan 1826.

CHEVALIER, pères, Amiens 1826.

CHEVALIER, Ch., premier comique, Tours 1826.

CHEVALIER, père noble, Tours 1827.

CHEVALIER, financier, Boulogne 1828-30.

CHEVALIER, comique, Amsterdam 1828.

CHEVALIER, pères, Verviers 1829.

CHEVALIER, financier, Amsterdam 1829.

CHEVALIER, financier, Toulouse 1829.

CHEVALIER, Mons 1833.

CHEVALIER, jeune premier, Amsterdam 1833.

CHEVALIER, Vaudeville 1834.

CHEVALIER, Avignon 1834.

CHEVALIER, utilités, Orléans 1834.

CHEVALIER, jeune premier, Nancy 1840.

CHEVALIER, Jean, Eutrope, artiste inscrit à la Société depuis 1846, Versailles 1849, Avignon 1850, La Rochelle 1852-53, Avignon 1854-55, Th. du Cirque 1856-58, Paris 1859-64, Marseille 1865, Lille 1867, Reims 1868-69, Nantes 1870, Turin 1872, Marseille 1873-74, La Haye 1875, Lyon 1876-80. Régisseur au Th. Déjazet 1881. Sa mort fut annoncée au Rapport de 1882. « C'était un excellent homme... depuis une trentaine d'années il avait appartenu à différents théâtres de Paris, dans lesquels il tint toujours honorablement sa place ».

CHEVALIER, Vaudeville 1848.

CHEVALIER, Alfred, Th. Luxembourg 1849.

CHEVALIER, deuxième amoureux, Metz 1851.

CHEVALIER, Th. Montmartre 1852.

CHEVALIER ou Chevallier-Lopes, Dijon 1852-1853.

CHEVALIER, Délass. com. 1857.

CHEVALIER, Le Hâvre 1864.

CHEVALIER, financier, Lille 1867.

CHEVALIER, Alexandre, Stanislas. Gaîté 1867-80. « Cumule, écrit-on de lui en 1875. Commis en marchandises pour le compte d'une grande maison de soieries ». Th. des Nations 1881-82, Châtelet 1883-86, Paris 1887-93, Ambigu 1894-96, Déjazet 1897-98. Habitait Paris en 1903. En 1898, Stanislas Chevalier, âgé de 60 ans, avec 42 ans de th. obtint la pension de 500 fr. de la Société des artistes.

CHEVALIER, Gustave, Compiègne 1870-72.

CHEVALIER, Th. des Arts, à Rouen 1873-74.

CHEVALIER, Th. du Château-d'Eau 1879, sans doute celui que l'on a vu à la Gaîté.

Iconographie : Son portrait (cost. de th.) dans *Hoche*, dans la publication des *Pièces en vogue*.

CHEVALIER, Eugène, François, Poitiers 1880-81, Belleville 1882-86, Bordeaux 1887.

CHEVALIER, Th. Cluny 1887, 1893-97.

CHEVALIER. Iconographie : « Chevalier acteur ». Bibl. nat., Catalog. Duplessis n° 9442. En pied, de 3/4 à gauche, cost. de th., gravé à l'eau-forte. Anonyme.

CHEVALIER, Mme ou Mlle.

Mme CHEVALIER, jeune première et second rôle, Lille 1786-87. En 1789, une demoiselle Chevalier, sœur du comique de ce nom, débuta à Lille comme chanteuse.

Mme CHEVALIER, Nouveau Th. de Marseille 1791-92.

Mme CHEVALIER, Bruxelles 1795, utilités 1798.

Mme CHEVALIER, Ambigu 1822-26.

Mlle CHEVALIER, rôles accessoires, Nantes 1824.

Mlle CHEVALIER, Louise, troisième amoureuse, Marne, Ardennes 1825-26.

Mlle CHEVALIER, soubrette, Reims 1827, Amsterdam 1828.

Mlle CHEVALIER, Augustine, rôles d'enfants, Reims 1827.

Mlle CHEVALIER, jeune amoureuse, fille de Chevalier laruette, 2200 fr. d'appointements, Rouen 1828, première amoureuse 1833-34.

Mme CHEVALIER, ingénue, Douai 1829-30. Pourrait bien être la précédente.

Mme CHEVALIER, Adèle ou Adelaïde, née Bazile, deuxièmes caractères et utilités, Lyon 1833-58. Sa mort fut annoncée au Rapport de 1859.

Mlle CHEVALIER, rôles d'enfants, Lyon 1840.

Mme CHEVALIER, deuxièmes mères, Mons 1840.

Mlle CHEVALIER, jeune première, Nancy 1840.

Mme CHEVALIER, premier rôle, Namur 1846.

Mme CHEVALIER, Emma, Variétés 1850-52, Vaudeville 1852-59, Gaîté 1860-65. Mme Chevalier avait été engagée à l'Opéra. Un accident de voix l'obligea à renoncer à la carrière lyrique. Diction élégante, manières distinguées. Joua les grandes coquettes et se fit remarquer dans le débardeur de la *Pécheresse*. Paris 1864-84. Sa mort fut annoncée au Rapport de 1885.

Bibliographie : Abraham, *Acteurs et Actrices*, 1861.

Mlle CHEVALIER, Zélie. Lyon 1854, Rouen 1857-58.

Mlle CHEVALIER, Berthe, deuxième amoureuse, Lille 1870.

CHEVALLERET. — Th. Beaumarchais 1875-1876.

CHEVALLIER, Mme. — Amoureuse, Gand 1825.

CHEVALLIER, Fanchon dit. — Artiste âgé de 78 ans en 1844 et pensionné.

CHEVALLIER, Frédéric Ribérac. — Paris 1864-1869.

CHEVALLIER, François, Georges, Bordeaux 1885-92.

CHEVALLIER, Mlle. — Bouffes Parisiens 1879.

CHEVAYE, Henry, Rémy. — Paris 1842-67. Sans désignation de théâtre.

CHEVEILLON, Alphonse (ou Chevrillon). — Th. Montparnasse 1881-84.

CHEVENOT, Augustin. — Rôles de convenances, Dijon 1852-53, Amiens 1854-55, Limoges 1856, Bayonne 1857-62.

CHEVILLON, Mme Mathilde. — Dunkerque 1876-82.

CHEVREUIL. — Artiste sociétaire de l'Odéon 1794-99, rue de Tournon. Faisait partie de la distribution de *Guillaume-Tell* (juillet-août 1794).

CHEVRIER, Mme. — Ambigu 1822.

CHEVRIER. — Troisième rôle, Charleville 1852, grande utilité, th. du Gymnase, Liège 1852. Deuxième premier rôle Lille 1864.

CHEVRIER, Mlle Hélène. — Elève de Duprez, débuta à la salle Favart, puis quitta l'opéra comique pour l'opérette. On la vit à la Renaissance doubler Mme Zulma Bouffar dans la *Camargo*, vers 1875. Jolie fille, jolie voix, peu de talent comme comédienne. Partit pour la Russie.

Bibliographie : *Foyers et Coulisses*, Renaissance 1876. — P. Mahalin, les *Jolies actrices de Paris*, 1884.

CHEYLA, Mlle. — Jeune première, Lisbonne 1834.

CHÉZA. — Mime au th. de la Gaîté. Maurice Alhoy, en 1825, le dépeint comme un homme de haute taille, aux jambes grêles. Fougueux, bondissant, courant, infatigable, Chéza triomphait dans *Cormoran*, « le plus beau rôle de son emploi et du répertoire ». V. Chéziat.

Bibliographie : *Grande Biogr. dram.*, suppl[t] 1825.

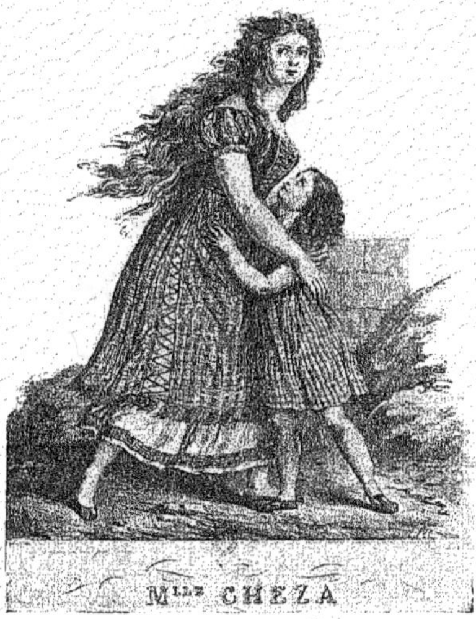

Mme CHÉZA, d'après Colin

CHEZA, Mme Marie, née Fosse. — Femme puis veuve Chéza, née vers 1795, mime et danseuse au th. de la Gaîté et à Bordeaux 1817-18, débuta à la Porte St-Martin le 20 août 1821 dans la *Fille Soldat*, puis passa au Panorama dramatique, où elle parut le 11 mai 1822 dans le ballet-pantomime le *Déserteur*. « Elle n'est plus jeune, disait-on, mais son talent l'empêche de vieillir ». La vérité est qu'elle devait avoir 26 ans, mais qu'on était habitué à la voir depuis douze ans à la Gaîté. L'auteur de ces lignes ne se doutait guère que celle qu'il ne trouvait plus jeune en 1822, devait vivre encore plus de soixante ans.

Maurice Alhoy disait d'elle en 1824 : « Quelle impression déchirante elle met dans la pantomime du *Déserteur* » et plus loin : « Dans le ballet si original de la *Fille mal gardée*, comme elle joue le rôle principal avec esprit ». Dans *Tringolini*, elle se chargea du rôle d'une soubrette maligne et fit ainsi un début très honorable dans la comédie.

La fermeture du Panorama lui fit accepter un engagement pour Amsterdam. En 1825, elle revint à la Gaîté. Harel, en 1825, la qualifie de danseuse de troisième ordre, mais reconnaît son talent dans la pantomime. Mme Chéza resta pendant plus de quinze ans à la Gaîté, où elle prit bientôt l'emploi de duègne : « Bonne duègne, écrit-on en 1831 ; figure de mouton. Elle excelle à rendre les rôles grotesques. On la citait naguère pour le véritable talent de mime qu'elle déployait, il y a plusieurs années, dans la scène d'une mère qui abandonnait son enfant, dans le mélodrame de *St-Vincent de Paul*. »

En 1838, son nom parut sur l'affiche du Palais-Royal : *Un Drame* (1er juillet). Mais l'*Indiscret des Coulisses* nous dit : « Mme Chéza s'est repentie de la petite escapade du Palais-Royal ; elle y végétait. Aussi est-elle bien vite rentrée à la Gaîté ». Elle y resta de nouveau jusqu'en 1849, puis passa au Théâtre national 1850, à l'Ambigu 1851, et enfin au Th. du Cirque 1852-55. Retirée à Paris, Mme veuve Chéza avait 62 ans en 1856 et 49 ans de th. Elle reçut de la Société des artistes une pension viagère de 300 fr., et vécut jusqu'à l'âge de 88 ans. Le rapporteur (1884) en annonçant cette mort, rappela que Mme veuve Chéza, la plus ancienne des pensionnaires (elle avait versé 481 fr. 50 et touché 7600 fr.), avait été la créatrice de la mère Loustalot de la *Grâce de Dieu*. Mme Chéza avait eu la particularité de s'occuper chez elle de travaux manuels et avait converti une de ses chambres en atelier de menuiserie.

Bibliographie : *Opinion du Parterre* 1809. — *Grande biogr. dram.*, 1824 et supplt 1825. — Harel, *Dict. th.* 1825. — *Petite biographie* 1831. — *L'Indiscret des Coulisses* 1840.

Iconographie : Bibl. nat., catal. Duplessis no 9485. En pied, de 3/4 à droite (cost. de th.), lith. par A. Colin.

CHEZIAT (ou Chézat). — Mime aux Funambules 1831-32, rôle du diable dans le prologue de *Le Génie du Pauvre*. Selon toutes probabilités *Chéza*.

CHIARINI. — Nom d'une troupe de mimes d'origine italienne et dont beaucoup furent artistes de cirque. Nous citons ici les Chiarini parce qu'ils ressuscitèrent, à Marseille notamment, vers 1870, la *pantomime à grand spectacle*, telle qu'on la vit jadis au Cirque olympique — art curieux et perdu en France et que les Onofri ont transporté à Barcelone depuis 10 ans (1904).

CHIARINY, Louis, Hyacinthe. — Reims 1864-68, Liège 1869, Alger 1870-72.

CHIDEVILLE, Mme veuve. — Th. du Cirque 1852.

CHIÈVRE, Isidore de. — Caen 1828, Brest 1837, deuxième amoureux.

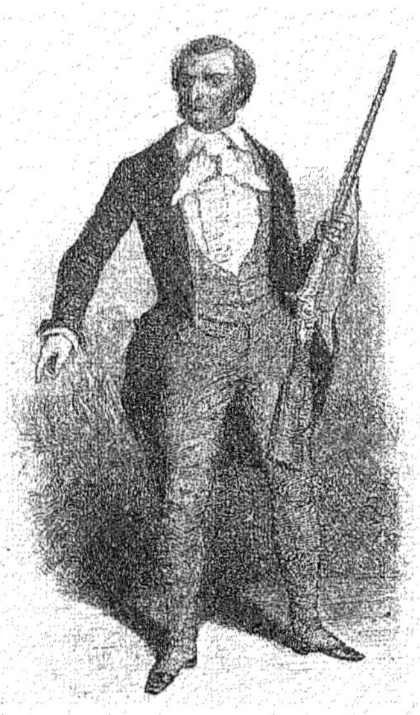

CHILLY, d'après Geoffroy dans *La Case de l'oncle Tom*

CHILLY, Charles, Marie de. — Né le 2 décembre 1804 à Stenay (Meuse), était le fils d'un receveur des contributions. Il perdit de bonne heure son père et fut élevé par le colonel Michau, son oncle maternel. Ses biographes E. De Manne et Ménétrier ont reproduit son acte de naissance. Sa mère était née Reine, Charlotte, Clémentine Mercey de Lenoncourt. Ayant assisté à la Porte-St-Martin à une représentation des *Deux Forçats*, de Chilly résolut d'aborder le théâtre. Il débuta d'abord sur de petites scènes, dans la petite rue St-Pierre (quartier Popincourt), chez Doyen, et prit des conseils de Joanny. Le 19 avril 1827, il parut sur la scène de l'Odéon, dans les rôles d'amoureux de l'ancien répertoire (Valère de *Tartufe*), mais n'y fut que convenable. Il s'engagea alors dans une troupe formée et dirigée par Sabatier et Bocage. Nous retrouvons son passage à Moulins 1827 et Tours 1828. En 1829, il rentra à l'Odéon (emploi de petits amoureux dans la comédie et rôles secondaires dans la tragédie et le drame). Son intelligence, son éducation soignée le faisaient remarquer, mais sans toutefois le placer au premier rang.

De Chilly créa des rôles dans *Une fête de Néron*, *Christine* (ou *Stockholm, Fontainebleau et Rome*), *Manon Lescaut*, *Guillaume-Tell*, *Nobles et Bourgeois*, le *Roi fainéant*, la *Séparation* (1830), *Un changement de Ministère*, les *Secrets de la Cour*, *Kernox le Fou*, le *Jeune Prince*, l'*Homme au Masque de fer* (Louis XIII), *Mirabeau*, le *Clerc de la Basoche* (1831).

Le *Parterre-Journal*, à ses débuts, lui reprochait des frétillements de corps, une prononciation impossible. Lui-même avouait depuis : « Dès qu'on entendait ma voix, même dans la coulisse, le public sifflait ». Cependant, en 1831, on écrit de lui : « Jeune amoureux dont la qualité la plus apparente est la chaleur ».

Harel quitta la direction de l'Odéon et emmena avec lui de Chilly à la Porte St-Martin. On l'y vit dans le *Monomane*, *Pinto*, *Charles III* et dans *Marie Tudor*, où le rôle du Juif attira sur lui l'attention. Cet artiste avait, en effet, un physique anguleux et un nez proéminent qui le rendait peu propre à l'emploi des soupirants. Il remplaça parfois Lockroy sans trop de désavantage. En 1836, il partit avec Delafosse à Amsterdam et y tint l'emploi des premiers rôles pendant une année, et passa par Bruxelles (1837). Revenu à Paris, il entra à l'Ambigu comique pour remplacer St-Firmin qui venait de mourir.

Il débuta à ce théâtre le 29 octobre 1839 dans *Christophe le Suédois*, par le rôle d'Arwed, et se fit applaudir à côté de Bocage. Bientôt il trouva sa véritable voie : l'emploi des traîtres était le seul qui convînt à son physique et à sa diction mordante, railleuse, mesurée. Il créa *un genre* et rajeunit même ce type obligé du drame. Montorgueil des *Bohémiens de Paris*, Mordaunt des *Mousquetaires*, Rodin du *Juif Errant* le placèrent hors de pair.

On écrit de lui en 1840 : « Chilly est de beaucoup le meilleur acteur, non seulement de l'Ambigu, mais encore de toute la ligne des boulevards; il joue avec verve, finesse et esprit tout à la fois ».

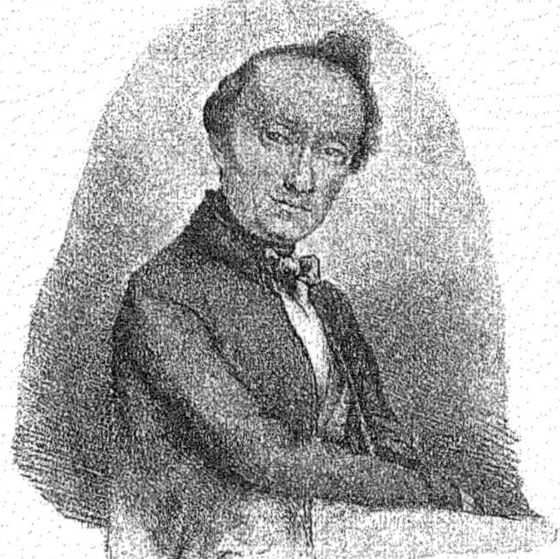
CHOL, d'après E. Debar

En 1842 : « Dans *Christophe le Suédois*, l'*Abbaye de Castro* et *Jacques Cœur*, il a montré sous toutes ses faces son talent incisif, souple et varié ».

En 1845 : « Il obtient la récompense de son assiduité et de ses études : savoir donner aux personnages que l'on est appelé à représenter une expression vraie et historique au besoin ».

Indépendamment des pièces citées plus haut, de Chilly parut encore dans les rôles de Duval de *Montbailly*, Ulric du *Miracle des Roses*, Gabestan des *Talismans*, Lazare des *Péchés capitaux*, Blavigny de la *Jeunesse dorée*, Gringoire de *Notre-Dame de Paris*, Lavieuville de *Marthe et Marie*, Sir John de *Sarah la Créole*, Hudson Lowe, rôle qui lui valut les insultes d'un public fanatique, le plus bel éloge que l'on puisse adresser à un artiste tenant l'emploi des traîtres; Arezzo dans *Jean le Cocher;* le sénateur Bird dans la *Case de l'Oncle Tom;* la *Prière des Naufragés*. Il fut un merveilleux Shylock.

En 1857, il parut à la Gaîté et joua dans le *Père aux Ecus* un rôle d'avare fait à sa taille. Enfin, nommé directeur de l'Ambigu le 3 février 1858, il ramena le public à ce théâtre et devint associé à la direction du théâtre de l'Odéon (1867). En 1872, il monta *Ruy-Blas* avec Lafontaine, Geffroy et Mélingue. Ce fut un triomphe (400,000 fr. de recettes). Le mardi 11 juin de cette année, il se rendit à la fête intime que donnait Victor Hugo aux artistes, chez Brébant. Déjà malade — il avait été frappé de paralysie — il perdit connaissance. Son fils et Artus, son beau-frère, le reconduisirent chez lui. Peu d'instants après il expirait. Gouget prononça quelques paroles sur sa tombe. De Chilly laissait la réputation d'un comédien expert, d'un directeur habile, d'un sociétaire dévoué à l'Association des artistes.

Biographie : Lorsay, les *Th. de Paris*, 1854, notice par A. Rigo. — E.-D. De Manne et Ménétrier, *Galerie historique des Acteurs français*.

Bibliographie : *Petite Biographie*, 1831 et 1833. — L'*Indiscret des Coulisses*, 1840. — J. Arago, *Foyers et Coulisses*, 1852. — P. Porel et G. Monval, l'*Odéon*, t. II. — H. Hostein, *Historiettes et Souvenirs d'un Homme de théâtre*.

Iconographie : Bibl. nat., Catal. Duplessis 9526. En pied, de 3/4 à droite, cost. de th., dans le *Juif de Venise*, d'après Lorsay, lith. A. Collette, 1854.

En pied, de face, cost. de th., gravé par Geoffroy.

Galerie historique déjà citée; eau-forte de Fugère.

CHIQUEZ, Mlle. — Th. du Châtelet 1869.

CHISTEL, J.-Victor. — Deuxième comique, Auxerre 1852, Gymnase 1852.

CHOCHON, Paul, Albert, Renaissance 1873-79, Montparnasse 1880-81, Paris 1882-87, Constantinople 1888, Paris 1889-1901, Montparnasse 1902-1903.

CHOFFART, Mme. — V. Viorron.

CHOL, Joseph, Aimé. — Deuxième comique, Nord et Pas-de-Calais 1825, Ambigu 1826-27, premier comique Cambrai, deuxième régisseur et grandes utilités Douai 1829, rôles annexés Rennes 1833, premier comique Amiens 1837, 1840, Folies dramatiques où il se fit fort apprécier. « Un des artistes les plus recommandables de ce théâtre » a dit Delhasse. Chol mourut à Paris le 13 novembre 1845. Samson, dans son Rapport à la Société en 1846, nous donne des détails à ce sujet : Mme Chol était restée sans ressources ; Mourier, le directeur des Folies dramatiques, lui paya les appointements de son mari jusqu'au mois d'avril. Une représentation fut organisée au Gymnase au bénéfice du jeune Chol, afin de le faire entrer à la maîtrise de Notre-Dame de Paris. Le bénéfice net fut de 1642 fr. Louis-Philippe donna 300 fr. Achard donna 100 fr. Scribe abandonna ses droits d'auteur. Les artistes des Folies se cotisèrent pour payer le service funèbre, le convoi et l'achat d'un terrain — soit 400 fr. — destiné à recevoir leur camarade. Tant de preuves de sympathie nous semblent le meilleur éloge.

Bibliographie : *Rapports de Samson*, 1846.

Iconographie: en buste, lith. d'après E. Debar.

CHOL, Alfred, Etienne. — Deuxième comique, Nouvelle-Orléans 1852, New-York 1853-55, Nouvelle-Orléans 1856-57, Paris 1858-59. Une artiste moderne, Mlle Marcelle Falton, est née Marguerite Chol.

CHOLLET, Mlle. — Exactrice de l'Opéra, débuta à l'Odéon le 24 juin 1824 par le rôle d'Hélène de *Sylvain*.

CHOLLET, Mme. — Duègne, Nouvelle-Orléans 1824-33. Mourut dans cette ville en 1833.

CHOLLET. — Ce nom ne fut pas seulement porté au théâtre par l'illustre créateur du *Postillon de Longjumeau*, dont nous n'avons pas à nous occuper ici comme chanteur (1798-1892) car nous trouvons encore :

Chollet, jeune premier, Calais 1837, Besançon 1840.

Chollet, St-Etienne 1851.

Chollet, jeune premier, Chambéry 1852.

Chollet, Etienne, premier amoureux, Lorient 1852-53, Amiens 1854, Toulouse 1855-56.

Chollet, Mme, premier rôle, La Haye 1851, direction Chollet (le chanteur).

Chollet, Mme, troisième amoureuse, Chambéry 1852.

Chollet, Mme, jeune premier rôle, Rouen 1852.

Chollet, Mme Marie, née Courty, troisième amoureuse, Lorient 1852-53, Amiens 1854, Toulouse 1855-57.

Chollet, Mlle, Palais-Royal 1851-57.

Chollet, Mlle, première soubrette, Lille 1858.

Chollet, Mlle Marie, née Dumay-Francillon, Paris, sans désignation de théâtre, 1867-70.

CHOMÉ, Marius, Edouard, Ch. — Bruxelles 1885-86, Gymnase 1889-92. Jeune premier, élève de Delaunay, Chomé avait été présenté par son professeur à Candeilh, au th. du Parc, à Bruxelles. Il y avait été bien accueilli.

CHOMEL. — Financier et père noble, Pau 1827, Metz 1829, Perpignan 1833, Béziers 1837.

CHOMEL. — Délass. com. 1863.

CHOMELLE, Mlle Henriette, Rose. — Lorient 1852-56.

CHOPIN, Mlle Lise. — Le Caire 1885-87.

CHOPLET. — Rôles d'enfants, Ambigu 1815.

CHOPP. — Athénée 1878.

CHOTEL, Alexandre, Hippolyte, Galien. — Acteur et pendant longtemps directeur des théâtres de Montmartre et de Batignolles où il fit fortune. Le 5 juin 1850, lorsque l'on donna une représentation au bénéfice de Brindeau, à la Porte St-Martin, Chotel joua le rôle de Michonnet, donnant la réplique à Rachel dans *Adrienne Lecouvreur*. Sa mort regrettée fut annoncée en 1873, et sa veuve continua l'exploitation qu'il avait si bien menée.

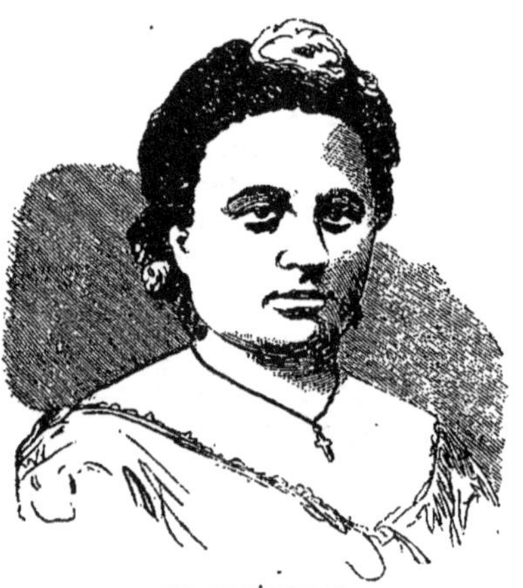

Mlle CHRÉTIENNO

CHOUDENS, Mlle de. — 2me accessit de comédie 1883, 2me prix 1884.

CHOULOU (ou Chouloux). — Grime et raisonneur, Valenciennes 1827, acteur et directeur, Dijon 1834.

CHOUSSAT, Mme. — Duègne et caricature, Bordeaux 1820.

CHOUSSAT, Mlle Emma. — Deuxième amoureuse, Bordeaux 1820.

CHOUSSAT, Mlle Héloïse. — Soubrette Lille 1824-25, Liège 1825, Amiens 1826-27, et sous le nom de Lambert-Choussat, une soubrette, Anvers 1829, et une première amoureuse, Cambrai 1830. Une demoiselle Choussat tient l'emploi de duègne à Anvers, 1846.

CHRÉTIENNO, Mlle Marie, Jos., Euphr. Chrétiennot dite. — Débuta en 1859 au th. de Belleville sous le nom d'*Alexandrine*. Elle fit florès dans la *Rue de la Lune* et le *Théâtre des Zouaves*. Le directeur du Vaudeville l'engagea pour deux ans. Un jour, elle partit pour Lyon avec la troupe d'Offenbach. Elle jouait Junon, d'*Orphée aux Enfers*. Revenue à Paris, elle débuta au Châlet des Iles, direction

Ch. Bridault. Jules Janin la remarqua et en fit l'éloge. Le Paris élégant vint l'entendre dans les *Amours d'un Shah* et *Flamberge au Vent*. E. Déjazet l'engagea : elle joua au boulevard du Temple *Francastor*, la *Rosière de quarante ans*, et reprit sa liberté par un procès qu'elle gagna. Elle entra au Palais Royal pour doubler Mlle Schneider. On la vit dans *Danaé et sa Bonne*, la *Tyrolienne des Perruques*, *Follambo*, *Un Ténor pour tout faire*. Mais le Palais Royal n'était pas un théâtre d'opérette. L'engagement fut résilié. L'Eldorado la guettait, M. Lorge l'engagea, et c'est à Mlle Chrétienno que revient l'honneur d'avoir scellé l'alliance entre le théâtre et le café-concert, dont les genres étaient restés jusque-là parfaitement distincts. Elle débuta au boulevard de Strasbourg en avril 1864, créant un genre et un répertoire.

Son talent était souple, élégant, vigoureux. Elle avait une belle voix et la nuançait avec art; elle finit par épouser son directeur, Renard, successeur de Lorge, et nous perdons ensuite ses traces.

Biographie : *Les Cafés Concerts en 1866*, Paris, Egrot.

Iconographie : En buste, grav. sur bois, même ouvrage.

CHRISTIAN Perrin.— Né à Paris le 1er janvier 1821 — d'autres disent 1825 — était le fils d'un garçon de bureau de la Caisse d'épargne, où on le fit entrer après quelques années d'apprentissage chez un menuisier. Mais le jeune Christian avait d'autres visées ; il se mit à jouer la comédie à la banlieue. En 1845, il était engagé dans la troupe de Stockley qui exploitait alors le privilège des théâtres de Chartres, Nogent-le-Rotrou, Chateaudun et Dreux. Après avoir connu toutes les vicissitudes du *Roman comique*, Christian entra aux Délassements, en avril 1847, mais ce fut seulement l'année suivante, après la mort de Sévin, qu'il prit à ce théâtre une place en vue.

Claude le Riboteur, *Polkette et Bamboche*, rôle de Bamboche, *Sur la Gouttière*, rôle d'Annibal, la *Bouquetière des Innocents*, quelques piécettes assez réussies, des rôles dans les Revues de fin d'année mirent en évidence sa joyeuse humeur, sa verve caustique, sa joyeuse folie. En effet, Christian fut avant tout un fantaisiste, émaillant son rôle de mots à effets, de calembours, de saillies. En 1849, on lui offrit un engagement avantageux aux Folies dramatiques. Il débuta à ce théâtre avec un éclatant succès par le rôle de Bamboche du *Mobilier de Bamboche* et créa une foule de pièces de carnaval : les *Filles en feu*, le *Bal du Sauvage*, la *Courte-Paille*, le *Festin de Balthazar*, le *Postillon de Crèvecœur*. Ce fut le *Chicard* rêvé par le public des petits théâtres du boulevard. Bientôt il joignit à cette spécialité celle des *grognards*, des vieux de la vieille, types qu'il rendit avec fidélité et rondeur : le général Bouchenot, le tambour-maître Mazagran. Il fut encore Bouginier de la *Femme par intérim*, Dickson de *Diana la Créole*, Dumortier de la *Perruque de mon Oncle*, etc.

En 1855, Christian entra au théâtre des Variétés où il fit ses débuts dans *Furnished apartment*. On le vit dans le *Théâtre des Zouaves*, le *Fils du Diable*, les *Compagnons de la Truelle*, *C'est l'amour, l'amour, l'amour*, les *Mousquetaires du Carnaval*, l'*Homme n'est pas parfait*, *Un Hercule et une jolie femme*, *Brouillés depuis Wagram*, sachant émouvoir au besoin, en dépit d'une verve un peu grossière de brûleur de planches, excellent dans les rôles exigeant un ton brusque.

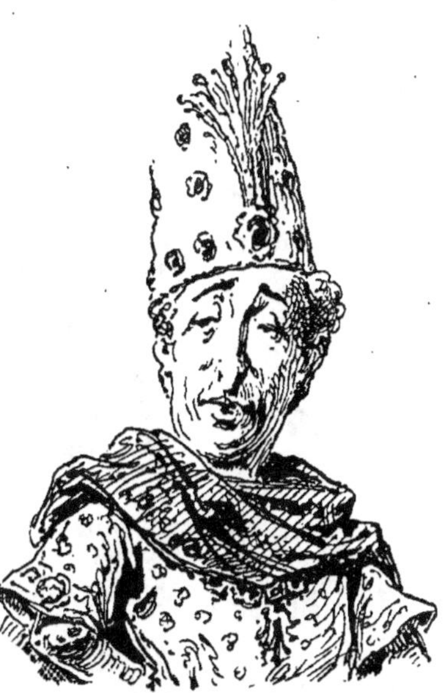
CHRISTIAN, par Stop
(Jupiter dans *Orphée aux enfers*)

Quand vint l'opérette, Christian y trouva sa place; il reprit les rôles du général Boum de la *Grande Duchesse*, de Calchas de la *Belle Hélène*, parut dans les *Brigands*, la *Périchole*, la *Veuve de Malabar*, faisant pleuvoir sur les spectateurs ahuris cascades et calembours.

Après le siège et la Commune, Christian quitta les Variétés pendant deux ans pour entrer... qui le croirait? — à l'Odéon où il créa le rôle de Semblerose dans les *Créanciers du Bonheur*. Mais lorsqu'Offenbach voulut acclimater sur la scène de la Gaîté l'opérette-féerie, il songea à Christian et à son jeu fantaisiste. Le rôle de Jupiter dans la reprise d'*Orphée aux Enfers* (300 fois), celui de Golo dans *Geneviève de Brabant*, le roi V'lan dans le *Voyage dans la Lune* augmentèrent encore sa popularité. Puis, lorsque la Gaîté fut désignée pour une nouvelle exploitation du Th. lyrique, direction Vizentini, on le vit dans l'ancien répertoire bouffe; le *Sourd*, les *Rendez-vous bourgeois*, la *Poupée de Nuremberg*, les *Prés St-Gervais*, pièces où il rendit de grands services.

Maintenu à l'opéra national lyrique, on le

vit encore dans *Giralda*, rôle de Don Japhet (12 oct. 1876) où il réussit. Mais ce fut, croyons-nous, sa dernière excursion dans le domaine lyrique. Il revint à la comédie, aux revues et à la féerie.

1877 Th. du Châtelet, le *Voyage dans la Lune* (reprise).

1878 (22 avril) Variétés, l'*Homme n'est pas parfait* (reprise).

1879 (30 août) Variétés le *Voyage en Suisse*.

— (16 mars) » *Brouillés depuis Wagram* (reprise).

1880 (8 déc.) » *Rataplan*.

1882 (4 déc.) » les *Variétés de Paris*.

1883 (26 janv.) » *Mam'zelle Nitouche*, rôle du commandant.

1883 (30 nov.) Variétés, *Pschult et V'lan*, le compère.

1884 (1 fév.) » la *Cosaque*, Grégoire.

— (21 nov.) » *Révisons !* Blandouillet.

1885 (10 janv.) » *Flagrant Délit*.

— (24 janv.) » *Mam'zelle Gavroche*, Bibochet.

1885 (28 oct.) Gaîté, le *Petit Poucet*, l'ogre.

1886 (20 nov.) Variétés, la *Belle Hélène* (rep.), Agamemnon.

1887 (17 avril) Variétés, les *Folies dramatiques* (rep.).

1887 (3 oct.) Variétés, la *Grande Duchesse* (rep.), général Boum.

1887 (matinée 23 oct.) Variétés, le *Père de la Débutante* (rep.).

1888 (4 janv.) Variétés, les *Brigands* (rep.).

— (15 mai) » la *Princesse de Trébizonde* (rep.), Cabriolo.

1888 (9 oct.) Variétés, *Barbe-Bleue* (rep.), Popolani.

Le 20 nov. 1889, le soir de la première représentation de *Paris-Exposition*, au moment d'entrer en scène, il fut frappé de paralysie. Le médecin déclara que l'attaque était fort grave. Il ne devait pas s'en relever. Sa mort fut annoncée au Rapport de 1890. Après avoir rappelé en quelques mots sa carrière, Eug. Garraud ajoute : « Il y avait deux hommes dans Christian ; en dépit de son apparence systématiquement moqueuse et du scepticisme qu'il affichait, le fond de son caractère était sérieux... Il portait avec une juste fierté la médaille d'honneur qui lui fut un jour décernée pour un acte de sauvetage et rappelait volontiers, avec un certain orgueil, que pendant plusieurs années il avait été maire de sa commune ».

M. Halanzier, président de la Société des artistes, prononça quelques paroles sur sa tombe, et Mme Christian-Perrin, sa veuve, fit informer le Comité par son notaire que son mari laissait la somme nécessaire, quitte de tous frais, pour créer une pension de 500 fr. en faveur d'un camarade malheureux.

Biographie : Lorsay, les *Th. de Paris*, 1854, notice par L. Judicis. — *Paris-Théâtre* n° 182, 9-15 nov. 1876, notice par Félix Jahyer.

Bibliographie : Em. Abraham, *Acteurs et Actrices*, 1861. — Les *Théâtres en robe de chambre*, 1866. — Vizentini, *Derrière la Toile*, 1868. — G. Duval, l'*Année théâtrale*, 1875. — A. Mortier, les *Soirées parisiennes*, 1875 et années suiv. — *Foyers et Coulisses*, Variétés, 1873. — Laroque, *Acteurs et Actrices* 1888.

Iconographie : Bibl. nat. Catalog. Duplessis n° 9622. En buste, de face, lith. par A. Debelle (1846).

Les *Th. de Paris* (1854), cost. de th. dans la *Femme par intérim*.

Paris-Théâtre, n° 182, photographie en buste, médaillon, de ¾ à droite, cliché Pierre Petit.

CHRISTINE, Mme. — Th. des jeunes artistes 1807.

CHRISTMANN (ou Chrisman), Alexis, Jacques. — Acteur de l'Ambigu, 1813-1824, assez joli garçon, ayant un bel organe, mais manquant de chaleur. Brazier le cite parmi les acteurs ayant brillé à ce théâtre de 1800 à 1830. La *Petite Biographie* de 1821, qui l'appelle « l'Endormi », lui consacre un sanglant article. — « C'est l'amoureux le plus froid qu'on ait jamais vu », écrit-on en 1824. Le rôle d'Edouard dans *Calas* fut un de ses meilleurs. Alexis Christmann fut enterré aux frais de la Société des artistes vers 1855.

Bibliographie : *Petite Biographie* 1821.

CHRISTOPHE, Jules. — Liège 1872-73, Bordeaux 1874, Gand 1875, Anvers 1876-77, Paris 1878, Th. lyrique dramatique 1879-81, Béziers 1882, Avignon 1883, Aix 1884, Le Caire 1885-86, Tours 1887, Avignon 1888, Aix 1889, Avignon 1890, Paris 1891, Avignon 1892. Habitait cette ville en 1903. Décoré d'une médaille de sauvetage.

CIBIAL, Simon, Pierre. — Bordeaux 1865-75.

CICILLE, Louis, Touss., Benjamin. — Inscrit à l'association depuis 1846, Gymnase 1849-65. En 1865, Cicille avait 65 ans et 40 ans de th. Il reçut 300 fr. de pension de la Société et vécut à Paris jusqu'en 1870.

CICO, Mlle Pauline. — Qu'il ne faut pas confondre avec sa sœur qui se fit un nom célèbre à l'Opéra comique. Mlle Pauline Cico fit partie de la troupe du Vaudeville en 1849-50, passa au Palais-Royal en 1851, parut dans *J'ai marié ma Fille* (28 oct.), *Tambour battant* (30 oct.), les *Crapauds immortels* (10 déc.), rentra au Vaudeville le 29 mai 1852, puis revint au Palais-Royal le 18 nov. 1853, la *Dame aux Œillets blancs* et l'*Esprit frappeur* (16 déc.). Elle se fit une place à ce théâtre qu'elle ne quitta qu'en 1858 pour les Bouffes, où elle créa la Minerve d'*Orphée aux Enfers* (21 oct.), puis dans la *Revue des Bouffes* (10 fév. 1860), les rôles de la revue des Variétés, Balaklava, la Pénélope normande.

En 1861, elle est revenue au Palais-Royal. On écrit d'elle : « Mlle Cico est une charmante comédienne, douée de précieuses qualités ; son organe est plein, il a du mordant et de la finesse ; son jeu est fin et spirituel. Mlle Cico s'est essayée avec succès dans plusieurs rôles de Mlle Déjazet ». Après un court séjour à l'Ambigu 1864-65, Mlle Pauline Cico se retira à Paris 1867-85, puis à Colombes 1886-93. Son nom disparut de l'annuaire en 1893.

Bibliographie : Em. Abraham, *Acteurs et Actrices*, 1861.

CIFOLELLI. — Pères nobles et rois, Anvers 1789, Milan, troupe de Mlle Raucourt, 1808-09, Turin, 1809. Financier, Rennes, Laval, Le Mans 1825. Financier et premier régisseur, Côtes du Nord, Morbihan, Finistère 1826, Poitiers 1829.

CIFOLELLI, Mme. — Deuxième duègne, Rennes, 1825.

CIFOLELLI, Mlle. — Soubrette, Rennes, Laval, Le Mans 1825, Côtes du Nord, Morbihan, Finistère 1826, Poitiers 1829.

CIFOLELLI, fils, Louis, Abel, né le 11 décembre 1813, selon Delhasse. — Utilités, Poitiers 1829, troisième amoureux, Toulon 1834, second amoureux, Bruxelles 1839-43. Le 9 janvier 1841, un bénéfice eut lieu en son honneur au th. du Parc. Bordeaux 1850-62, Nantes 1863, Dijon et Genève 1864, Lille 1865 comique marqué, Toulon 1867, Rouen 1868-70, Vichy 1872, Rennes 1873-74, Versailles 1875, Brest 1876, Gand 1877. Sa mort fut annoncée au Rapport de 1878.

CIFOLELLI, Mme Françoise, Maria, femme d'Hennezel (V. ce nom). — Nantes 1863-64, Lille 1865, Toulon 1867, Rouen 1868-70, Vichy 1871-72, Rennes 1873-74, Versailles 1875. Devient femme d'Hennezel, mais conserve le nom de *Cifolelli :* Toulouse 1876-78, Genève 1879, Lille 1880, Château-Gaillard 1881, Périgueux 1882, Beauvais 1883-84, Rouen 1885, Grenoble 1886, Lille 1887, Tournai 1888, Verviers 1889, Chaux-de-Fonds 1890-91, Brest 1892, Namur 1893-94, Clermont-Ferrand 1895, Paris 1896, Tours 1897, Paris 1898-99. Sa mort fut annoncée au Rapport de 1900.

CIFOLELLI, Mlle Pauline, Marie. — Ingénue, Dijon et Genève 1864, Lille 1865. Sa mort fut annoncée au Rapport de 1867.

CIFOLELLI, Mme Marie, Joséphine, née *Lemoine.* — Sous le nom de Lemoine : Rouen 1870-75, et de Cifolelli-Lemoine, Anvers 1876-77, Montpellier 1878-80. Sa mort fut annoncée au Rapport de 1882.

CIFOLELLI, Jean, Auguste, Louis. — Nancy, 1875-77, Montpellier 1878-80, St-Etienne 1881, Lille 1882, Gand 1883, Pau 1884, Nancy 1885-1886, Lille 1887, Tournai 1888, Verviers 1889, Chaux-de-Fonds 1890-91, Toulon 1892-93, Le Mans 1894, Brest 1895-96, Dôle 1897, Niort 1898-99, Paris 1900, Viernon 1901, La Rochelle 1902. Se trouvait à Cannes en 1903.

CINIZELLI, Gaëtan. — Th. du Cirque 1849-50.

CINIZELLI, Mme. — Th. du Cirque 1849-50.

CINTI. — V. Mme Moreau-Sainti.

CINTI, Léon dit. — Débuta au Palais-Royal le 21 nov. 1833 dans l'*Amour et la raison* et l'*Alcôve,* et joua dans les *Quatre âges du Palais-Royal* (13 mars 1834).

CINTI, Mlle. — Gaîté 1849.

CIRCOURT, Mme. — Duègne, La Rochelle 1834.

CIRET, Mlle Eugénie. — Th. des Jeunes Elèves 1837.

CIRON, Jean, *Eugène.* — Nancy 1862-64, Marseille 1865-70, Rome 1872-73, Milan 1874, Turin 1875, Milan 1876, Florence 1877-78, Nice 1879-97. Jean Ciron, âgé de 64 ans en 1894, avec 30 ans de th., obtint une pension de 500 fr. de la Société des artistes. Sa mort fut annoncée au Rapport de 1898.

CIRON, Mme Augustine, Bremeng Fernando. — Marseille 1873, Milan 1874, Turin 1875, Milan 1876, Florence 1877-78, Nice 1879-82.

CIZOS, Thomas, père de Jean-Baptiste Cizos, dit Chéri (V. ce nom) et grand'père de Rose Chéri. Né vers 1760, Cizos père jouait à Bruxelles en 1794-95. Il tenait l'emploi des comiques. En 1824, il faisait partie, ainsi que sa femme, son fils et sa bru, de la troupe Garcin, qui parcourait les départements de l'Eure-et-Loir et du Loiret. Il signa, comme témoin, à l'acte de naissance de Rose Chéri, à Etampes, le 27 octobre 1824. En 1829, il tenait encore l'emploi des financiers dans l'Yonne, et en 1830 à Bourges.

CIZOS, Mme. Femme du précédent, grand'-mère paternelle de Rose Chéri. — Deuxième duègne à Chartres, Dreux, Seine et Oise et Seine et Marne, 1824. Finit sa carrière comme souffleuse dans cette troupe de famille.

CIZOS, Jean, Baptiste. — V. Chéri.

CLADÉ, Mlle. — Variétés amusantes 1794.

CLADDIE, Mlle. — Th. du Luxembourg 1862.

CLADY-Petit, Mlle. — Ingénuités, Lille 1879.

CLAES. — Premier amoureux, Rennes 1833.

CLAES. — Jeune premier rôle, Agen 1852.

CLAES, Louis, Joseph, Modeste. — Pau 1854-1856, Orléans 1857-58, Cherbourg 1859, Argentan 1860, Bayeux 1861-62.

CLAES, Mme. — Duègne, Agen 1852.

CLAES, Mme Eugénie, Edmée, Marie, Madeleine. — Poitiers 1856-57, Troyes 1858-59, Poitiers 1860, Le Mans 1861, La Rochelle 1862-65.

CLAEYS, Paul, Léon. — Liège 1885-91.

CLAGNY (de), Mlle. — Deuxième amoureuse aux appointements de 1,800 livres, Bruxelles 1774-75, puis de 2,400, 1775-76 et de 3,000, 1776-77.

CLAINVAL. — Maëstricht 1673-78.

CLAINVAL. — Nom sous lequel débuta, dans les premiers rôles à Arras d'abord, puis à Douai vers 1775, un « garçon de bonne famille » nommé Boursault. Pourrait bien être *Boursault-Malherbe* (V. ce nom).

Bibliographie : G. Lhotte, Le *th. à Douai avant la Révolution.*

CLAIR, Mme Félicie. — Variétés 1858-65.

CLAIR, Mme Marguerite, Fortunée, née Amory. — Tournai 1863-65.

CLAIRANSON, Mlle (ou Clairenson). — V. Mlle Chaperon aînée.

CLAIRE, Mlle. — 2me amoureuse, Colmar 1837.

CLAIRE, Mlle. — Délass. com. 1850-51, Fol. dram. 1858, Délass. com. 1861.

CLAIRE, Mme Emilie Clark. — Artiste inscrite depuis 1848 à Moscou. Habitait cette ville en 1902.

CLAIREMONT, Mme. — Odéon 1852-53.

CLAIRENÇON, Mme. — Avait 91 ans en 1843, lorsqu'elle reçut une petite pension de la Société des artistes, alors à ses débuts. En 1846, elle était la doyenne.

CLAIRET, Mlle Emilie, baronne Ménager. Naquit en 1794. Elle débuta à la Comédie française le 22 août 1816, par Dorine, de *Tartufe*, et Lise, des *Rivaux d'eux-mêmes*, et fut admise comme pensionnaire. Elle habitait alors rue de l'Echelle, 9. Au bout de dix-huit mois, elle partit pour Toulouse (1er avril 1818). En 1819, elle entra comme soubrette à l'Odéon, où elle créa, le 21 mars 1822, un rôle de son emploi dans les *Deux ménages*. En 1824, Maurice Alhoy lui reproche de « prendre le mors aux dents dès les premiers vers d'une tirade » et engage des paris pour savoir si elle arrivera jusqu'au bout. « Il est impossible, ajoute-t-il, de se figurer, si on ne l'a entendu, cette volubilité de sons qui se pressent, se heurtent, passent et repassent avec la rapidité de l'éclair. »

De 1821 à 1824, Mlle Clairet, de l'Odéon, habita rue Dauphine, 32. Nous perdons ses traces vers 1825. L'*Intermédiaire des chercheurs et des curieux* (30 oct. 1903), nous dit qu'elle devait être originaire des environs de Meaux. Elle épousa le baron Ménager, député de Seine et Marne sous la Restauration, et mourut à Germiny-l'Evêque, résidence de son mari. On a souvent confondu cette actrice avec Mlle Claret.

CLAIRETTE, Mlle Félicie Breistroffer. — Ba-ta-clan 1887, Paris 1888-89.

CLAIRMONDE, Mme. — Lille 1791, Bruxelles 1793. Deuxième amoureuse aux appointements de 2,400 fr., 1801.

CLAIRON, Mlle Claire, Joseph Leris dite, Hippolyte Leris de la Tude dite, née à Condé-sur-Escaut, le 25 janvier 1723. — « La providence m'a déposée dans le sein d'une bourgeoisie pauvre, libre, faible et bornée » écrit-elle dans ses *Mémoires*. Voici la vérité sur cette bourgeoisie : Extrait des registres de l'Etat civil de la ville de Condé : « Claire-Joseph Léris, fille illégitime de François-Joseph Désiré, sergeant de la Mestre de camp du régiment de Mally (Mailly), et de Marie-Claire Scana-Piecq, de cette paroisse, etc. » L'acte a été reproduit en entier par E.-D. De Manne. Des membres de la famille Piecq existaient encore en 1877, à Condé, où ils exerçaient le métier de bateliers. La maisonnette où elle naquit — au pied du colossal clocher de St-Wanon — a disparu depuis 1880 environ, nous dit Edmond de Goncourt, et sa mère, le fait est hors de doute, appartenait à la plus basse condition.

L'histoire qu'elle a contée de son baptême — le curé habillé en arlequin la baptisant un jour de carnaval — n'est pas plus véridique, puisqu'elle fut baptisée en janvier.

Tout d'abord la jeune Claire ne reçut aucune instruction. C'est à peine si, à onze ans, elle savait lire. Sa mère voulait en faire une couturière, et l'enfant avait en aversion tout travail manuel. A douze ans, elle suivit sa mère à Valenciennes, puis à Paris. Le hasard l'installa dans une maison située en face de la demeure de la célèbre comédienne, Mlle Dangeville. Souvent enfermée par sa mère dans une chambre donnant sur la rue, elle regardait par la fenêtre. Un jour elle voyait l'actrice prendre une leçon de danse, un autre jour une leçon de déclamation. Elle voulut des explications, se fit conduire à la Comédie française par un familier de la maison, et assista à une représentation du *Comte d'Essex* et des *Folies amoureuses*. Rentrée au logis, elle déclara qu'elle ne prendrait pas d'autre état que celui de comédienne. Les traitements les plus rigoureux, les pires brutalités ne purent la faire renoncer à sa décision. De Hesse, acteur de la Comédie italienne, encouragea la jeune fille, lui donna quelques leçons et la fit débuter à son théâtre le 8 janvier 1736, dans le rôle de la Suivante, de l'*Isle des Esclaves*. Elle n'avait donc pas 13 ans.

« Ma trop grande jeunesse, a-t-elle dit plus

tard, ma petite stature, la crainte qu'eut le fameux Thomassin que mon talent ne nuisît à ses filles, dont le sort n'était pas fait, et le manque de protection, me forcèrent, au bout d'un an, à chercher fortune ailleurs. »

Elle fut engagée à Rouen pour jouer les rôles de son âge, chanter et danser. Elle y resta quatre années. C'est pendant son séjour

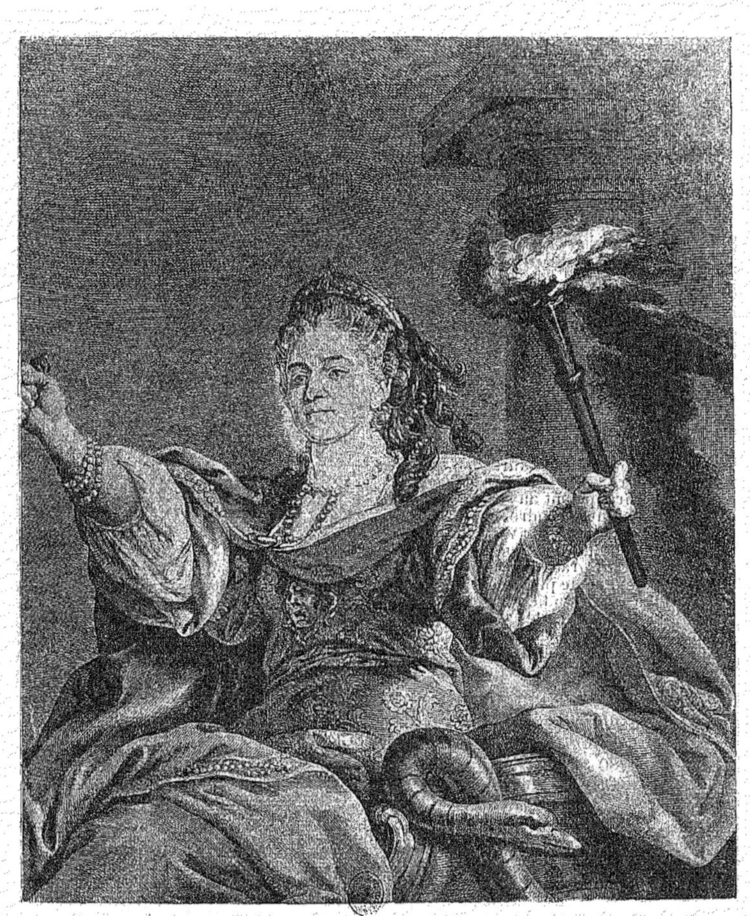

Mlle CLAIRON dans *Médée*, d'après la peinture de Carle Vanloo

dans cette ville que parut un pamphlet dégoûtant intitulé : *Histoire de Mlle Cronel, dite Frétillon,* qu'on attribua injustement au comte de Caylus, et qui n'était l'œuvre que d'un soupirant repoussé, nommé Gaillard. Et l'on vit des littérateurs, tel Edmond de Goncourt, ramasser ces ordures pour en faire la base d'un livre qui, sous une apparence historique, ne vise absolument qu'au scandale *(Mlle Clairon).* — Que Mlle Clairon ait eu des amants, qui le nie ? Mais Edmond de Goncourt, après avoir décalqué quelques pages des *Mémoires* de son héroïne, sans même rectifier l'orthographe de certains noms — tel De Hesse, de la Comédie italienne, qu'il appelle Deshais — se complaît dans la fange ; il s'y vautre ; il ne nous fait grâce d'aucun détail ; tous les libelles lui sont bons ; il accepte comme amants véridiques tous ceux qu'on nomme ; il fait œuvre de portier. Qu'est-ce tout cela peut bien faire à l'histoire du théâtre et de la tragédie au XVIIIme siècle ?

On a prétendu que Mlle Clairon et sa mère, préposée au bureau de location, avaient quitté Rouen à la suite de la publication du pamphlet cité plus haut. Nous croyons bien plutôt que les deux femmes suivirent à Lille la troupe de La Noue, à laquelle Mlle Clairon appartenait depuis quatre ans. C'est à Lille que Garrick la vit jouer pendant le premier voyage qu'il fit en France. Elle chantait bien, elle dansait agréablement et jouait fort bien les soubrettes. Le grand acteur anglais s'imagina qu'elle se perfectionnerait dans cet emploi.

La Noue, complètement ruiné en montant une troupe pour Berlin, troupe que la guerre de 1741 empêcha de jouer, renonça aux directions théâtrales et revint à Paris, où il débuta à la Comédie française. La Clairon, redevenue libre, s'engagea dans une autre troupe, demandée par le quartier général du roi d'Angleterre, pour donner des représentations à Gand où elle se déplut. Elle s'échappa clandestinement et vint à Dunkerque, puis à Paris. La protection de M. de la Popelinière, dit-on, la fit entrer à l'Opéra, où elle ne resta que quatre mois. Le seul succès de la future tragédienne à l'Académie royale de musique fut celui qu'elle remporta dans le rôle de Vénus qu'elle chantait dans *Hésione* (mars 1743). Le *Mercure* (mai), la célébra par les vers suivants :

> Hier, à leur gré, tes sons mélodieux,
> Chère *Cleron*, moissonnaient le suffrage,
> Et tes attraits, toujours victorieux,
> Montraient Vénus et frappaient davantage ;
> Tous les amours venaient te rendre hommage.
> L'âme de tous, quoique d'humeur volage,
> S'est pour jamais établi dans tes yeux.
> Qui l'a fixé ? C'est ton air gracieux :
> Oui, je l'ai vu ; j'étais dans le parterre,
> Lorqu'à sa mère il a fait ses adieux.
> Tant que *Cleron* restera sur la terre,
> Je veux, dit-il, abandonner les cieux.

Malgré l'étendue de sa voix, Mlle Clairon n'était que fort peu musicienne. Elle sollicita et obtint un ordre de début à la Comédie française, où elle devait doubler Mlle Dangeville. Pour expliquer cette chose si simple, Edmond de Goncourt imagine de faire entrer dans son boudoir trois fermiers généraux, « puis, à leur suite, pêle-mêle, la noblesse, le parlement, l'armée, et même les illustres étrangers de passage à Paris. » On voit, par cette courte citation, l'esprit du livre.

Le Duc de Gesvres signa l'ordre de début le 10 sept. 1743, et le 19 du même mois elle débutait, non par un rôle de soubrette, comme on l'aurait pu croire, mais par celui de *Phèdre*, ce qui pouvait passer pour un beau trait d'audace, alors que Mlle Dumesnil était en pleine possession de ce rôle. Son succès y fut éclatant. — « Le 19 de ce mois, écrit le *Mercure*, les comédiens ont remis au théâtre la tragédie de *Phèdre*, de Racine, dans laquelle Mlle Clairon, nouvelle actrice, a débuté pour la première fois. Elle a joué le principal rôle avec un applaudissement général. C'est une jeune personne qui a beaucoup d'intelligence et qui exprime avec une très belle voix les sentiments dont elle a l'art de pénétrer. »

La surprise fut générale. Après *Phèdre*, elle joua *Zénobie* (28 sept.), *Ariane* (14 oct.), *Electre* de Crébillon (26 oct.). Elle interpréta aussi le rôle de Dorine de *Tartufe*. Voici ce que dit une lettre (anonyme) de l'époque : « Mlle Clairon est âgée de 22 ou 23 ans (elle n'en avait pas 20) ; elle est extrêmement blanche ; sa tête est bien placée, ses yeux sont grands, pleins de feu et respirent la volupté. Sa bouche est ornée de belles dents ; sa gorge est bien placée, elle s'élève sans affectation ; on gagne à l'examiner un plaisir que les autres sens seraient jaloux de partager avec la vue. Sa taille est aisée ; elle se présente avec beaucoup de décence. Un air modeste et prévenant intéresse en sa faveur. Sans être une beauté accomplie, il faut lui ressembler pour être charmante. Son esprit est pétillant, sa conversation douce et engageante... »

Mlle Clairon avait l'âme, les entrailles, la force, le pathétique ; un geste aisé, varié ; une mémoire impertubable ; une prononciation nette. Sa voix seule, un peu trop grave dans la colère, était peut-être trop éclatante pour rendre de tendres sentiments. Mais ce qui est certain, c'est qu'aucune actrice — avant elle — n'avait débuté avec autant de talents réunis.

Un poète inconnu écrivit :

> Quelle grâce ! Quel feu ! Quelle aimable peinture !
> Clairon, tu réunis, dans ton jeu séducteur,
> Ce que l'art, joint à la nature,
> Peut former de plus enchanteur.
> Cent fois, te voyant sur la scène
> Ravir les suffrages divers,
> J'ai cru que c'était Melpomène
> Qui récitait ses propres vers.

L'actrice ne fut même pas oubliée dans les couplets comiques (*Mercure*, oct. 1743) : *Vers au sujet du début de Mlle Clairon à la Comédie française*. Sur l'air : V'là c'que c'est qu'd'aller au bois. Nous ne citerons qu'un couplet.

> Débuter en perfection,
> V'là c'que c'est qu'd'être Clairon ;
> Avoir la plus noble action,
> Quand Phèdre elle joue ;
> Le public la loue
> Jusques à l'admiration ;
> V'là c'que c'est qu'd'être Clairon.

Le résultat immédiat ne se fit pas attendre.

Le 29 octobre 1743, Mlle Clairon était reçue à demi-part. Le 26 décembre, avec l'ordre de doubler Mlle Dangeville, la fortunée actrice recevait encore un quart de part, et le 31 décembre 1744, la part entière.

Tant de succès, qui grisaient même celle dont ils étaient l'objet, ne manquèrent pas de susciter contre elle de vives cabales, et le *Mémoire pour le sieur de La Noue, la demoiselle Gaussin et consorts, opposans à la réception de la demoiselle Cléron* est parvenu jusqu'à nous. On ne pouvait cependant lui reprocher son incapacité. On fit alors allusion au fameux libelle. « Frétillon » loin de se fâcher, redoubla de zèle et de persévérance. Elle fréquenta les gens du monde, lut beaucoup, et Voltaire lui-même, oubliant ce qu'il devait au talent de Mlle Dumesnil, allait disant partout: « Je suis Claironien ». C'étaient, pour mieux dire, deux systèmes en présence ; car, tandis que Mlle Dumesnil, plus géniale peut-être, se livrait aux inspirations de la nature, Mlle Clairon ne faisait rien qu'elle n'eût profondément étudié ; la physionomie particulière d'un rôle adopté, elle n'en variait jamais l'exécution.

Mlle Clairon, comme toutes les triomphatrices, ne put se défendre d'une basse jalousie contre son inimitable rivale. Le Kain lui-même ne trouve pas grâce à ses yeux, et devient, dans sa correspondance « Ce beau monsieur ».

Voici la liste de ses rôles créés :

1743 *Mérope*, Isménie (à la rep. seulement).
1745 *Alzaïde*, Alzaïde.
1746 *Venise sauvée*, Belvidera.
1747 *Vanda*, Vanda.
— *Amestris*, Amestris.
1748 *Denys le Tyran*, Arétie.
— *Catilina*, Fulvie.
— *Sémiramis*, Azéma.
1749 *Aristomène*, Léonide.
1750 *Oreste*, de Voltaire, Electre.

L'on sait la lutte littéraire engagée depuis longtemps entre Voltaire et Crébillon. Aussi avec quels soins Voltaire conseilla-t-il celle qui avait déjà fait valoir les vers de son rival. (*Lettre de Voltaire à Mlle Clairon*, 12 janvier au soir, 1750). Il lui écrit de « presser sans déclamer » certains passages, pour réserver ainsi ses moyens et mettre quelques vers en relief ; il lui recommande d'appuyer plus dans son imprécation contre le tyran, et s'excuse de lui donner des avis dans l'excès de son admiration et de sa reconnaissance. Et cependant, quelques années après avoir créé ce rôle, elle eut l'occasion de le reprendre. Elle avait alors changé sa façon de jouer ; elle ne récitait plus comme Voltaire, grand amateur de la pompe tragique, lui avait appris le rôle ; elle le parlait plus naturellement. Aussi, Marmontel raconte-t-il que, lui entendant jouer ainsi à Ferney, le poète « baigné de larmes » et transporté d'admiration s'écriait: « Ce n'est pas moi qui ai fait cela, c'est elle ; elle a créé son rôle. »

Le *Mercure de France* (juillet 1761), est absolument de cet avis, et Voltaire le lui déclare dans sa lettre de Ferney — Auguste — 1761. Il en résulta que Mlle Clairon eut une prédilection marquée pour ce rôle, ce qui lui faisait dire : « Si l'on m'avait obligée à n'en plus jouer qu'un seul sur le théâtre entier, j'aurais choisi celui-là. »

1750 *Cléopâtre*, de Marmontel, Cléopâtre.
— *Aménophis*, Arthésis.
1751 *Zarès*, Calciope.
— *Varon*, Zoraïde.
1752 *Les Héraclides*, Olympie.
— *Rome sauvée*, Amélie.
1753 Voyage à Bordeaux.
1754 *Les Troyennes*, Cassandre.
— *Amalazonte*, Amalazonte.
— *Le Triumvirat*, Tullie.
1755 *L'Orphelin de la Chine*, Idamé.

Mme Denis, la nièce de Voltaire, écrivait au Comte d'Argental : Délices, 9 sept. 1755... « Je me flatte que vous aimez à la folie Mlle Clairon ; je suis sûre que vous et moi nous pensons de même, quand je dis à mon oncle que pour avoir un grand succès, il faut des grands rôles de femme. Il commence à être de mon avis et est bien résolu à faire de beaux rôles à Mlle Clairon... » Ce rôle d'Idamé fut de ceux-là. Mais Voltaire se trouvant en Suisse au moment où l'*Orphelin de la Chine* fut représenté, il ne put ni louer, ni critiquer son interprète. D'où un manque à peu près complet de détails. Nous ne connaissons que les recommandations du poète : — Lettre datée des Délices, 8 oct. 1755 — et les courtes appréciations du *Mercure*, de Grimm, de Collé et de Fréron.

« Ce n'est point une actrice, dit le *Mercure;* c'est une mère, c'est la nature même dans les situations les plus pathétiques et les plus intéressantes. »

« Cette grande actrice, écrit Fréron, y joue (dans l'*Orphelin de la Chine)* supérieurement à elle-même. »

« Mlle Clairon, avoue Collé, m'a paru mériter encore plus de louanges qu'on lui en donne... Cette tragédie est mauvaise... Mais la comédienne est admirable. » Voltaire sut le reconnaître : « On me mande, écrit-il des Délices le 25 octobre, que l'on joue à Paris cette pièce dont vous faites tout le succès. » Il avait déjà dit à d'Argental le 17 : « C'est Mlle Clairon qui établit tout le succès de la pièce. »

Il faut rattacher à cette pièce deux réformes, et non des moindres : celle de la déclamation, et celle du costume.

Depuis longtemps Marmontel trouvait dans le jeu de l'actrice trop d'éclat, trop de fougue, pas assez de variété ; trop d'emportement, pas assez de sensibilité. Il arriva donc — c'est lui qui le raconte — à lui apprendre à se ménager davantage, à rester noble, tragique avec simplicité. Un voyage fait à Bordeaux en 1753 acheva de convaincre l'actrice. Elle n'avait trouvé en cette ville qu'une très petite salle ; elle réduisit son jeu. Le second essai fut tenté sur le petit théâtre de la Cour. Ces épreuves facilitèrent cette « heureuse conversion ».

Quant à la réforme du costume, l'actrice y fut encouragée par Marmontel et Diderot. Voltaire n'y fut pas opposé. Réforme bien timide, il est vrai, mais qui marquait le commencement d'une ère nouvelle. Les robes à paniers, les panaches, les traînes de satin dont on s'affublait pour représenter les héros de l'antiquité furent — non supprimés — mais atténués. « Toute ma riche garde-robe de théâtre est en ce moment réformée ; j'y perds pour dix-mille écus d'habits, écrit-elle, mais le sacrifice est fait... » Dans l'*Orphelin*, par exemple, elle essaya d'être vraiment chinoise. Elle se montra sans manchettes et sans paniers. Nous sommes forcés d'avouer — d'après le dessin de Leclerc — que l'aigrette, les mules à talons élevés, la veste garnie de fourrures, étaient aussi peu chinoises que possible. Passe encore pour les dragons brodés. Voltaire en fut si ravi qu'il abandonna ses droits d'auteur aux comédiens pour payer leurs costumes. L'année suivante, Mme de Guys, une Grecque, femme d'un riche négociant, fit présent à Mlle Clairon, durant son séjour à Marseille, d'une robe orientale pour jouer *Zaïre*, afin de remplacer la robe traditionnelle à paniers. La nouvelle toilette plut à Marseille et à Paris. Mais la réforme en resta là.

1755 *Philoctète*, Sophie.
1757 *Adèle de Ponthieu*, Adèle.
— *Iphigénie en Tauride*, Iphigénie.
1758 *Astarbé*, Astarbé.
— *Hypermnestre*, Hypermnestre.
1759 *Venceslas*, Cassandre.
1760 *Zulica*, Amétis.
— *Spartacus*, Emilie.
— *Tancrède*, Aménaïde.

Un événement venait de changer les conditions de la scène française. Depuis la rentrée de Pâques, 1759, les banquettes avaient été supprimées sur le théâtre. Dès lors, la mise en scène devenait possible, et Voltaire qui souhaitait depuis 20 ans de voir introduire la pompe dans les représentations théâtrales avait enfin écrit une œuvre en rapport avec le nouvel état de choses. Le rôle d'Aménaïde avait été écrit pour Mlle Clairon.

« Ah ! mon cher Maître, écrit Diderot à Voltaire (28 nov. 1760), si vous voyiez la Clairon traversant la scène, à demi-renversée sur les bourreaux qui l'environnent, ses genoux se dérobant sous elle, les yeux fermés, les bras tombant, comme morte ; si vous entendiez le cri qu'elle pousse en apercevant Tancrède... »

« Mlle Clairon, écrit d'Alembert à Voltaire, le 22 septembre 1760, y (dans *Tancrède)* est incomparable et au-dessus de ce qu'elle a jamais été. »

« Mlle Clairon joue à ravir. Il y a un : « Eh ! bien, mon père ! » qui remue l'âme jusqu'à la pointe des cheveux. » Lettre de Mme Du Deffant.

Mme d'Epinay, Favart, le *Mercure*, tous sont unanimes sur ce sujet.

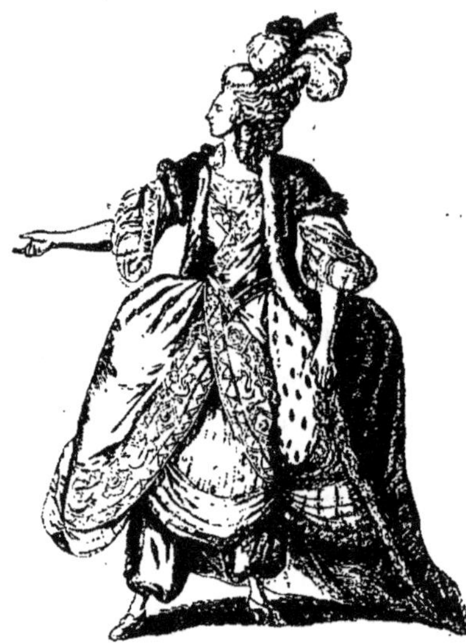

Costume de Mlle CLAIRON, dans l'*Orphelin de la Chine*.

Voltaire seul, retenu à sa campagne des Délices, près Genève, ne pouvait mêler ses applaudissements à ceux de ses amis. Il écrivit l'*Epitre à Daphné :*

. . . .

Je crois vous voir sur ce brillant théâtre
Où tout Paris, de votre art idolâtre,
Porte en tribut son esprit et son cœur.
Vous récitez des vers plats et sans grâce,
Vous leur donnez la force et la douceur ;
D'un froid récit, vous réchauffez la glace... etc.

. . . .

On bat des mains et l'auteur ébaudi
Se remercie et pense être applaudi.

1760 *Caliste*, Caliste.
1761 *Terée*, Progné.
— *Zulime*, Zulime.
1762 *Zaruchma*, Zaruchma.
— *Zelmire*, Zelmire.
— *Irène*, Irène.
— *Eponine*, Eponine.
1763 *Théagéne et Cariclée*, Cariclée.
— *Blanche et Guiscard*, Blanche.
1764 *Idoménée*, Erigone.
— *Olympie*, Olympie.
— *Cromwell*, Sophie.
— *Timoléon*, Eroxime.
1765 *Le siège de Calais*, Aliénor.

Comment Mlle Clairon, après une carrière de 22 ans, au comble de la gloire, encore dans toute sa force, abandonna-t-elle volontairement et par un coup de tête le théâtre de sa renommée ?

Un acteur assez obscur, Dubois, avait été convaincu de faux témoignage dans un procès intenté contre lui par un chirurgien. (V. Dubois.) Ses camarades de la Comédie française refusèrent de jouer avec lui. Le Duc de Richelieu, qui avait la haute main sur la Comédie, n'approuva pas cette exclusion. Le *Siège de Calais*, qui avait obtenu un grand succès, devait être représenté le jour de la rentrée (lundi 15 avril 1765). Dubois remplissait dans cet ouvrage le rôle du Comte de Melun. Le Kain, Bellecour, Brizard, Molé, apprenant que cet acteur y conservait son rôle, quittèrent instantanément le théâtre, et Mlle Clairon dit hautement « qu'elle ne jouerait pas avec un homme déshonoré. » L'irritation du public fut à son comble, et les tragédiens récalcitrants furent envoyés le soir même au For-l'Evêque.

Mlle Clairon, dont le nom ne figurait pas dans l'ordre de M. de Sartines, se crut d'abord épargnée, mais le lendemain elle partageait le sort de ses camarades. Toute cette histoire se trouve racontée tout au long dans la *Bastille des comédiens*, le *For-l'Evêque*, de M. Frantz Funck-Brentano.

Mlle Clairon fit au For-l'Evêque une entrée triomphale dans la voiture même de Mme de Sauvigny, l'intendante de Paris, assise sur ses genoux et l'exempt à côté d'elle. Sa chambre fut meublée par les soins de l'intendante, des duchesses de Villeroy et de Duras. Ce fut un flot de visiteurs. La rue St-Germain-l'Auxerrois fut encombrée de carrosses.

Le 21 avril, Mlle Clairon reçut l'autorisation — étant donné l'état de sa santé — de retourner chez elle. Les comédiens l'emportèrent. L'auteur retira le *Siège de Calais*, Dubois fut mis à la retraite, et les comédiens recouvrèrent leur liberté au bout de trois semaines. Néanmoins, Voltaire et de nombreux amis conseillèrent à Mlle Clairon de se retirer, décision qu'il regretta plus tard, puisqu'elle le privait de sa première actrice.

DE PAR LE ROY.

IL eſt ordonné au Sieur d'arrêter & de l conduire au For-l'Evêque ; enjoint Sa Majeſté au Geolier deſdites Priſons, de l recevoir & garder juſqu'à nouvel Ordre. FAIT à ce mil ſept cent cinquante Signé LOUIS : *Et plus bas,*

Je ſouſſigné

Certifie avoir en mes mains l'Ordre du Roy, dont Copie eſt cy-deſſus. A Paris, ce mil ſept cent cinquante

Formule imprimée d'un ordre d'incarcération au For-l'Évêque (Arch. de la Bastille)

Cependant, un an devait s'écouler avant qu'elle donnât définitivement sa démission ; elle profita de ce laps de temps pour se rendre à Ferney et consulter le fameux Docteur Tronchin, de Genève, sur sa santé fort ébranlée. Depuis longtemps déjà, Voltaire l'avait invitée. Elle partit pour Lyon, puis pour Marseille, se fit applaudir dans ces deux villes, puis prit le chemin de Ferney.

Cailhava d'Estandouz écrivait à ce propos au tragédien anglais Garrick (22 août 1765) : « Il faut que je vous fasse part d'une aventure qu'il lui est arrivée chez M. de Voltaire. Elle entre chez lui ; on lui dit que le doyen des poètes était presque anéanti, entre son médecin, son chirurgien, etc., mais que si elle voulait lui réciter quelques-uns de ses vers, elle le ressusciterait ; elle s'y prête de bonne grâce, et déclame avec tant de force son rôle dans l'*Orphelin de la Chine*, que l'auteur enchanté, ravi, oublie sa maladie. » Une gravure (Desnoiresterres, *Essai d'iconographie voltairienne*) nous a conservé ce tableau ; elle représente la tragédienne à genoux devant le poète chargé d'années, qui s'agenouille, lui aussi, soutenu par Wagnière, son secrétaire. L'auteur et l'interprète se tendent mutuellement les bras comme pour s'embrasser.

Mlle Clairon resta tout un mois à Ferney ; Tronchin, qui vint la voir, constata sa faiblesse de poitrine et lui conseilla de renoncer au théâtre. C'est à peine si on lui permet de jouer « à basse note » sur le petit théâtre du château quelques représentations des pièces de Voltaire, entre Mme Denis, une fort bonne actrice, et Mlle Corneille « qui ne dit pas mal les vers ». Un théâtre de marionnettes, écrit le poète à d'Argental, ne fatigue pas la voix comme la salle de la Comédie française. Les fêtes se succèdent en l'honneur de l'artiste et atteignent le délire la veille de la sainte Claire : pastorale, vers de circonstance, feu d'artifice, souper et chœurs.

Néanmoins, Mlle Clairon crachait le sang. Tronchin jugea que le climat des Alpes ne convenait pas à la malade. Il ordonna le départ pour la Provence, et Voltaire, pour qui cette séparation fut très pénible, lui écrivit des lettres affectueuses dans chacune des villes qu'elle traversa, Aix, Marseille, etc. Le roi, la cour, la ville s'informèrent de sa santé, et c'est à Voltaire qu'on s'adressait pour avoir des nouvelles.

Mlle Clairon revint à Paris le 1er novembre, mais ne s'expliquait pas encore sur sa rentrée. A vrai dire, le théâtre l'attirait, et M. de Valbelle, son amant, prétendait qu'il fallait tout sacrifier plutôt que de s'abaisser à une concession. Bref, le 23 avril 1766, le maréchal duc de Richelieu et le comte de Duras signaient son congé définitif de retraite « à cause de sa mauvaise santé » *(Archives du Th. français)*. Vers la même époque, elle écrivait à Garrick : « Je ne vois pas, j'entends à peine, je ne puis, sans aide, aller d'une chaise à l'autre : la mort me serait mille fois moins cruelle que mon état ». Le 26 mai, les comédiens « ont constitué à la demoiselle Clairon, demeurant rue des Marais, paroisse St-Sulpice, mille livres de pension viagère ». Lekain s'était absolument opposé à la demande de sa camarade qui réclamait 1500 livres pour 21 ans de services.

Parmi les artistes, personne ne la regretta, ce qui est expliqué par cette phrase de ses *Mémoires* : « Je me trouve quelquefois des mouvements de hauteur dont je ne suis pas la maîtresse, et que j'entretiens peut-être avec trop de complaisance ». Les auteurs même n'étaient pour elle que « ces petits messieurs » que, dans sa correspondance privée avec Larive, elle lui recommande de ne pas fréquenter.

Et cependant, en 1766, Mlle Clairon n'a que 44 ans. Elle joue bien en août le rôle d'*Ariane* chez la duchesse de Villeroy, ou encore le 19 février 1767, rue de Vaugirard, à l'hôtel de l'Esclapon *(Zelmire)* au bénéfice de Molé ; elle écrit au prince Repnin pour aller jouer à la cour de Pologne, mais l'avenir est là-bas si incertain que Stanislas-Auguste en est réduit à écrire : « Lorsque le prince Repnin me pressait de lui donner ma réponse pour la Clairon, je lui ai dit : Faites-la, vous, mon prince, vous savez mieux que moi, si dans trois mois d'ici, je serai à même de l'entendre ». L'idée du voyage à Varsovie fut abandonnée : « Maman (Mme Geoffrin), je vous embrasse mille fois, écrivait le roi quelques jours après. Faites mes excuses, pour cette fois, à Mlle Clairon. Mais si le calme revient après l'orage, son arrivée en sera, j'espère, une des plus belles preuves. La colombe apportera le rameau à l'olivier ». Bref, Mlle Clairon était condamnée à jouer en chambre. Mme Riccoboni écrit le 29 janvier 1767 à Garrick : « Cette désolée Clairon fit dire au Roi qu'elle jouerait à Versailles, quand Sa Majesté l'ordonnerait. C'était au commencement de l'hiver. Sa Majesté a répondu qu'elle trouvait les autres actrices fort bonnes. O rage, ô désespoir ». Mme du Barry, se sentant soutenue et appuyée par le public de Paris, protégeait la Dumesnil. Lekain lui-même exulte. Il appelle Mlle Dumesnil sa « chère reine » et parlant de ses « succès pleins et modestes » : « *Cette dernière* (Mlle Clairon) se déchire les bras : plût à Dieu qu'elle se déchirât le cœur, ou qu'elle s'empoisonnât de l'âcreté de son sang! » (lettre autographe du 21 juillet 1770 signée de Lekain, publiée par Dussault dans les *Mémoires de Mlle Dumesnil*).

Cependant Mlle Clairon se morfond loin du théâtre ; elle ouvre une sorte d'école de jeunes élèves, au premier rang desquels il faut placer Larive. Elle complète l'instruction de Mlle Raucourt, élève de Brizard ; au mois d'octobre 1772, chez elle, rue du Bac, habillée en prêtresse, elle couronne le buste de Voltaire et récite une ode de Marmontel, ce qui lui valut des vers de remerciement de la part du patriarche de Ferney.

L'*Intermédiaire*, dans ses numéros de novembre 1884 et mai 1885 a donné quelques actes notariés avec l'aide desquels on peut rétablir à peu près les dix-huit mille livres de rente dont jouissait alors Mlle Clairon, bientôt réduites à quatorze par suite de la banqueroute de l'abbé Terray. Sur ces entrefaites, le comte de Valbelle qui avait hérité de son frère, se lançait dans d'autres folies et abandonnait peu à peu la maison. Mlle Clairon voyait venir l'âge, l'abandon, la fin de sa vie fastueuse. Elle a peur, songe à se retirer en province, même au couvent. Elle parle de vendre son cabinet d'histoire naturelle, ses curiosités, mais le comte lui écrit que cette vente va le déshonorer, qu'il la supplie de chercher un autre moyen de se tirer d'affaire et qu'il n'avait jamais si bien connu l'horreur du désordre que dans ce moment — lui qui avait plus de cent mille livres de rente, et pas vingt-cinq louis à prêter à une amie.

Mlle Clairon lui répond : « Vous êtes dans une position si fâcheuse, mon pauvre comte, que j'en ai réellement pitié. Je ne vous ai rien demandé. Je n'attends rien de vous, je trouverai toujours les moyens de vivre dignement avec ce que le sort me laissera. Je vous offre même de vous envoyer cinquante louis, si vous avez besoin, je les ai, et si je ne les avois pas, je ferois comme autrefois : je vendrai ce que j'ai pour vous l'offrir ». Puis elle s'engageait à prêter au comte de Valbelle l'argent qui lui reviendrait des deux ventes de son cabinet, pour un laps de dix ans, à raison de cinq pour cent. Voici l'annonce de cette vente : *Catalogue du cabinet d'histoire naturelle de Mlle C****, dont la vente se fera, rue du Bac, près le Pont-Royal, dans le mois de février 1773, et dont le jour sera annoncé par des affiches publiques. A Paris, de l'imp. de Michel Lambert, 1773. Ce catalogue, qui coûtait un louis, devint par la substitution d'un nouveau frontispice, celui du cabinet de Paul Demidoff, Moscou 1788. Il avait été payé 65,973 livres, selon l'*Intermédiaire* du 25 avril 1884. Mlle Clairon affirma avoir touché pour les deux ventes, avec les tableaux, estampes, etc., 90,000 livres. Elle prêta, en effet, cet argent à son ancien amant, avec qui décidément tout est rompu.

Au printemps de cette même année 1773, nous retrouvons Mlle Clairon établie chez le margrave d'Anspach.

Christian-Frédéric-Charles-Alexandre, margrave d'Ansbach (ou Anspach), neveu du grand Frédéric, était né en 1736. Il avait été élevé par une Française, Mlle Senry, et préférait notre langue à la sienne. Après avoir étudié deux ans à l'Université d'Utrecht, il visita l'Angleterre, la Suisse et l'Italie, et son père lui fit épouser, à 18 ans, Frédérique-Caroline de Saxe-Cobourg. Mais cette pâle et blonde princesse (on la comparait à un lys fané), souffrant d'un vice de conformation interne, passait ses journées sur une chaise longue à fabriquer du filet. Charles-Alexandre s'empressa de fuir sa cour et vint à Paris. Il fréquenta les salons littéraires, assista aux séances de l'Académie, se lia avec les gens de lettres et les artistes. Naïf et bon, jusqu'à la faiblesse, le margrave attira les regards de Mlle Clairon qui ne rêvait rien autre que de devenir la Maintenon ou la

Pompadour d'une petite cour allemande. Et cependant tous les biographes n'ont jamais pu définir en quelle qualité cette femme de cinquante ans régna pendant treize ans à la petite cour d'Anspach : maîtresse? C'est probable, en dépit de la différence d'âge. Amie? *Bonne maman*, comme elle le prétendait? *La philosophe* du margrave, comme disait Voltaire?

Tout alla bien jusqu'au jour où Mlle Clairon trouva lady Craven sur son chemin. C'était une Anglaise de haute naissance que son mari avait abandonnée. Elle avait parcouru l'Italie, l'Autriche, la Pologne, la Russie, la Grèce et la Turquie. Partout où elle avait passé, aux cours de Vienne, de Varsovie, de Pétersbourg, elle avait séduit par sa grâce et par ses talents. Elle parlait plusieurs langues, peignait, chantait, écrivait. Le margrave l'avait connue lorsqu'elle était enfant. Dans un de ses voyages à Paris, la Clairon, prise de soupçons, fit faire le guet à la porte de l'*Hôtel de l'Empereur*, rue de Tournon. On vint l'avertir que la jeune Anglaise était « belle et bien faite ». Ne doutant plus qu'elle était supplantée par une rivale, elle écrivit dans un mouvement de colère la fameuse lettre de rupture qu'on lit dans ses *Mémoires*. On trouvera, du reste, tous les détails sur ce séjour à Anspach dans *Mlle Clairon*, d'Edm. de Goncourt et dans les *Comédiens français dans les Cours d'Allemagne au XVIIIme siècle* (IIIme série), par M. Jean-Jacques Olivier. Ce dernier ouvrage contient, en outre, les portraits du margrave et de lady Craven.

Devenu veuf en 1791, le margrave abdiqua en faveur de la Prusse, épousa lady Craven à Lisbonne, puis passa en Angleterre et mourut en 1806.

A la fin du mois de septembre 1786, les *Mémoires secrets de la République des Lettres* annoncent donc la réinstallation en France de Mlle Clairon. Une pièce retrouvée par M. Henri Céard aux archives des Quinze-Vingts (nº 6572) nous apprend que le 2 mai 1786, une maison sise à Issy a été vendue à Charles-Alexandre, margrave d'Anspach, et à Claire-Joseph Legris de la Tude (Mlle Clairon), moyennant le prix de 80,000 livres.

Thierry, dans son *Guide des amateurs et des étrangers voyageurs à Paris*, la décrit ainsi : « Le premier objet qui se présente à la vue, en arrivant dans ce village (Issy), situé sur la pente d'un coteau fort élevé, est la belle maison appartenant aujourd'hui à Mlle Clairon. Les murs de clôture du vaste jardin de cette maison s'étendent, sur la gauche de la plaine, percés de grilles en plusieurs endroits ; on en découvre les beautés au-dessus de la route. Ils sont ornés (?) de pièces d'eau, de statues, de treillages et de pavillons. L'entrée de la maison est magnifique... »

M. Louis Baron, dans les *Environs de Paris*, nous apprend que la grille monumentale de cette propriété est celle que l'on voit encore en face de l'hospice des Petits-Ménages.

Pendant ces dernières années silencieuses, Mlle Clairon, accablée d'infirmités, s'est réconciliée avec ses camarades de la Comédie française. Par contre, elle se fâche avec le peintre Doyen, un ami de trente-deux ans, parce que celui-ci tarde à lui faire son portrait. Nous apprenons dans la lettre qu'elle lui adresse le 6 septembre 1790 que la gêne où l'ont réduite les circonstances présentes l'ont obligée d'envoyer son argenterie à la Monnaie. A ce moment, nous savons encore par l'édition *allemande* de ses *Mémoires*, qu'elle méprise profondément le métier auquel elle a dû sa gloire et que vieillie, aigrie, elle déconseille tous ceux qui veulent embrasser cette carrière. Elle gémit sur une séparation cruelle d'une femme qu'elle aime tendrement. — Est-ce sa gouvernante Mme Tessier? Est-ce sa fille adoptive Pauline? — Et enfin elle écrit ses *Mémoires* dont elle remet une copie à Meister, le familier de Diderot, à condition, dit-elle de les faire paraître dix ans après sa mort. Meister quitte la France, la correspondance est interrompue entre l'ex-tragédienne et l'homme de lettres, et un jour de l'année 1798, Mlle Clairon apprend par un article du *Publiciste* la publication de ses *Mémoires* en allemand. — Y eut-il indélicatesse de la part de Meister, ou simple complicité comme le semble croire Edm. de Goncourt? Quoi qu'il en soit, Mlle Clairon prend le parti de publier une édition française : *Mémoires d'Hippolyte Clairon et Réflexions sur la déclamation théâtrale*, à Paris, chez Buisson, rue Hautefeuille, nº 20, an VII de la République.

Clairon De La tude

Signature de Mlle Clairon

Ces *Mémoires* « de l'Envie » furent sévèrement jugés. Outre qu'il y a peu de chose à recueillir de cette lecture, leur publication fut plutôt nuisible qu'utile à celle qui en était l'héroïne. Combien plus digne la réponse de Mlle Dumesnil, alors âgée de 86 ans, déclarant qu'elle pardonne à son ex-rivale qui « depuis cinquante ans s'exerce à ces jeux ».

« Mon état habituel est la souffrance », écrit Mlle Clairon en tête de son agenda. Et, de fait, elle se meurt lentement, en proie aux douleurs les plus aiguës et les plus incessantes. Le 9 octobre 1801, elle écrit son testament à Issy. Elle veut être enterrée simplement ; elle lègue à sa femme de chambre son linge, ses vêtements, sauf ses perses et ses dentelles, et cent écus ; à son cuisinier cent écus ; au laquais cent écus ; au citoyen Alexandre Gay, son ami, une boîte d'écaille et cinquante louis ; à

Mme de Vandeuil, fille de Diderot, son portrait au pastel et deux bagues; elle lègue à la Nation son buste par Lemoine et la médaille d'or que l'on a frappée pour elle; elle insinue que cette médaille peut servir de récompense et d'objet d'émulation. Elle institue pour sa légataire universelle Marie-Pauline Ménard, veuve de la Riandrie, et son exécuteur testamentaire le citoyen Hua, homme de loi, auquel elle laisse une boîte doublée d'or portant le portrait d'une muse qui tient l'urne de Voltaire, et douze cents livres.

Ici se place une énigme. Comment se fait-il que Mlle Clairon, relativement à son aise en 1801, ayant femme de chambre, cuisinier et laquais, en soit réduite, deux ans plus tard, à écrire le billet suivant :

« Citoyen ministre,

« Je cherche en vain, depuis un mois, un protecteur qui m'approche de vous, mais s'il est vrai que l'humanité vous soit chère, c'est à vous seul que je dois m'adresser. Agée de soixante-dix-neuf ans, prête à manquer du nécessaire, célèbre autrefois par quelques talents, j'attends à votre porte que vous daigniez m'accorder un instant.

CLAIRON ».

Et Chaptal écrivit en marge : « Bon pour deux mille francs à payer de suite ».

A la suite de quel mystère Mlle Clairon quitte-t-elle sa maison d'Issy qui tombe en ruines pour venir se réfugier chez sa fille adoptive, Mme Marie-Pauline Ménard, veuve de la Riandrie — car Mlle Clairon l'avait mariée à un officier aux gardes françaises. Les deux femmes prennent ensemble un logement rue de Lille, donnant sur un grand jardin, dépendant de l'hôtel d'Ozembray. La maison portait alors le numéro 512 (73 actuel). C'est là, qu'un peu malade et alitée, elle tomba de son lit pour ne plus se relever, le 29 janvier 1803. Peu de temps avant sa mort, elle avait récité une scène de *Phèdre* en présence de Kemble, le grand acteur tragique de l'Angleterre.

Les restes de Mlle Clairon furent inhumés au cimetière de Vaugirard, où l'on grava sur une pierre :

ICI REPOSE
LE CORPS DE CLAIRE-JOSÈPHE-HIPPOLYTE
LERIS CLAIRON DE LATUDE
NÉE A SAINT-WANON DE CONDÉ
DÉPARTEMENT DU NORD,
LE 25 JANVIER 1723,
DÉCÉDÉE LE 9 PLUVIOSE, AN 11
29 JANVIER 1803.
ELLE TRAÇA AVEC AUTANT DE VÉRITÉ
QUE DE MODESTIE
LES RÈGLES DE L'ART DRAMATIQUE,
DONT ELLE SERA A JAMAIS LE MODÈLE.

La tombe se trouvait placée contre la muraille qui longeait le boulevard, reliant la barrière de Sèvres à la barrière de Vaugirard. Une rectification du boulevard eut lieu ; il fallut procéder à une translation au cimetière de l'Est. Cette cérémonie, à laquelle on fut invité par lettres, eut lieu le 29 août 1837, à 9 heures du matin, réunion au Th. français à 8 heures. Une députation de la Comédie française y assista, et Samson prononça un discours.

En 1856, un habitant de Condé, M. Caille, rechercha cette tombe. Il en trouva la pierre brisée, en avisa M. Ed. Thierry, alors administrateur de la Comédie française, et quelques réparations eurent lieu. En 1877, l'inscription n'était plus lisible. Le dévoué M. Caille revint à la charge, et une somme de mille francs fut enfin votée par la Comédie pour la réparation du tombeau. On peut y voir un médaillon ovale en pierre (h. 0m60, larg. 0m40) par H.-Louis Noël, 1890 (20e division).

Un jugement de première instance de la Seine, en date du 17 vendémiaire, an XI (9 oct. 1803) ordonna une rectification dans l'acte de décès, et changea les noms de Claire-Hippolyte Léris de Latude Clairon en *Claire-Joseph* Léris.

Le monument de la Clairon, à Condé-sur-l'Escaut, fut inauguré le 18 août 1901 (H.-Guillaume, architecte, Gauquié, sculpteur). La Comédie française se fit représenter à l'inauguration du monument. Le buste qui couronne le monument a figuré au Salon de 1898.

M. André Hallays (*Débats*, 23 août 1901) a publié un joli article sur les divers domiciles habités à Paris par Mlle Clairon : rue de Bussy, rue des Marais, rue du Bac, rue de Lille, maison d'Issy. Mais il ignorait qu'elle habita aussi avec le margrave rue de l'Université, en 1777 et 1778, tandis qu'on la croyait toujours en Allemagne. En effet, M. Henri Vial (*Intermédiaire*, 30 août 1901) a retrouvé un document curieux : le registre du tapissier Chapuy, rue du Bac, conservé aux archives de la Seine, 30, quai Henri IV (anc. greffe du tribunal consulaire). On y trouve la note des objets fournis à la Clairon, rue de l'Université, à Paris, le 12 oct. 1777, et au margrave « de Barret », rue de l'Université, le 15 octobre, un lit en location pour quatre mois, le tout réglé par le margrave le 4 mars 1778, dates qui fixent la durée du séjour.

Biographie : *Mémoires de Mlle Clairon*. — Lemazurier, *Galerie historique des acteurs du Th. français*, t. II. — Lémontey, *Notice sur Mlle Clairon*, extrait de la *Revue encyclopédique*, déc. 1823. — E.-D. De Manne, *Troupe de Voltaire*. — Edm. de Goncourt, la *Clairon*, 1890. — Ernest Laut, la *Tragédienne Hippolyte Clairon*, conférence faite au th. de Condé-sur-Escaut, le dimanche 21 mars 1897, Valenciennes 1897.

Bibliographie : *Histoire de Mlle Cronel, dite Frétillon*, actrice de la Comédie de Rouen, écrite par elle-même (pamphlet). Edit. 1739, 1741, 1757. — *Les talents du th. célébrés par les Muses*, etc., à Paris, chez Mesnier, rue St-Séverin, au Soleil d'or, 1745. Musée Carnavalet nº 12710. — *Lettre à Mme la marquise V. de G. sur le début de Mlle Clairon à la Com. fr.*, la Haye 1744, 24 pages in-12. Musée Carnavalet nº 9455. — *Scène tragique entre Mlle Gossin (sic) et Mlle Clairon* (pamphlet). — *Essai sur la connaissance du th. fr.* Paris, chez Prrult père, quai de Gèvres, au Paradis. — *Mémoires pour servir de suite à l'histoire de Mlle Cronel, dite Frétillon*, ci-devant actrice de la Comédie à Rouen, et présentement à la Comédie de Paris, la Haye, aux dépens de la Compagnie, 1750 (pamphlet). — *Mémoire pour le sieur de la Noue, la demoiselle Gaussin et consorts*, opposans à la réception de la demoiselle Cléron (sic), 20 p. in-12. Musée Carnavalet nº 9866. — Le *Mercure de France*. — Grimm, *Correspondance*. — Fréron, l'*Année littéraire*. — Collé, *Journal et Mémoires*. — Voltaire, *Correspondance*. — Diderot, *Correspondance*. — D'Alembert, *Correspondance*. — Marquise du Deffant, *Correspondance*. — Mme d'Épinay, *Correspondance*. — Bachaumont, *Mémoires secrets*. — Favart, *Mémoires et Correspondance*. — *Private Correspondance of Garrick*, London, 1832. — *Correspondance inédite du roi Stanislas-Auguste Poniatowski et de Mme Geoffrin*. — J.-J. Olivier, *Voltaire et les comédiens interprètes de son théâtre*. — Le même, *Les Comédiens français dans les Cours d'Allemagne au XVIIIme siècle* (3me série). Ces deux derniers ouvrages sont particulièrement documentés. — Frantz Funck-Brentano, la *Bastille des Comédiens* (For-l'Evêque). Bulletin de la Sté de l'Histoire du Th., nos 3 et 4, 1902. — *Intermédiaire des chercheurs et curieux*. V. table générale, nombreux articles.

Em. Campardon, les *Comédiens du roi de la Troupe française* : 1743, 10 sept., ordre de début à la Comédie fr. pour Mlle Clairon. (Arch. nat. O'845).

— 1743, 22 oct. — Mlle Clairon est reçue à la Com. fr. à demi-part. (Arch. nat. O'845).

— 1743, 26 déc. — Ordre à Mlle Clairon de doubler Mlle Dangeville et attribution nouvelle d'un quart de part. (Arch. nat. O'845).

— 1780. Le roi accorde une pension de 1000 livres à Mlle Clairon pour lui tenir lieu de la gratification qu'elle recevait annuellement. — Déclaration de Mlle Clairon relativement à la pension. (Arch. nat. O'681).

— Arch. nat. Reg. F. 17. 2. Lettre du Ministre de l'Instruction publique au citoyen Hua, rue Croix des Petits Champs, nº 38, à Paris (7 floréal, an XI 27 avril 1803) : le gouvernement accepte le buste et la médaille d'or frappée en l'honneur de la tragédienne. Le buste sera remis aux comédiens et la médaille à la bibl. nationale.

— L'*Amateur d'autographes*, 16 oct. 1866, nº 116, p. 307. Lettre de Mlle Clairon au peintre Doyen, Paris, 12 nov. 1790.

— Une lettre de Mlle Clairon à Mlle de Pœllnitz, 29 avril 1777, a été vendue 125 fr. le 25 nov. 1902, par les soins de M. Noël Charavay.

— En 1790 (coll. autog. Bovet, nº 1348), Mlle Clairon se servait d'un cachet avec ses initiales C L dans un losange, sur un fond de feuillage, et au-dessous une espèce de couronne tragique.

— Le *Journal* du 18 août 1901 a publié un article sur la Clairon, sous la signature Edouard Santeuil.

Iconographie : Bibl. nat. Catalog. Duplessis 9737. 1. En buste, de 3/4 à gauche, dans une bordure ovale, gravé en couleur, anonyme.

2. En buste, de 3/4 à gauche dans un ovale, gravé à l'eau forte, anonyme.

3. En pied, de profil à gauche, gravé au burin, anonyme.

4. En buste, de profil à droite, dans un ovale, gravé au burin, anon. Sur cette planche se trouve le portrait de Mlle Dumesnil.

5. En buste, de profil à gauche dans une bordure ovale, gravé par G. Benoist, d'après Lumgberger.

6. En buste, de profil à droite, dans un médaillon ovale, gravé par D. Berger, d'après C.-N. Cochin le fils.

7. En buste, de profil à droite, gravé par Bonvoisin, d'après Déveria.

8. En pied, sur un char, dirigé à gauche et traîné par des monstres, gravé par Laurent Cars et Jacq. Beauvarlet, d'ap. Carle Vanloo.

9. En buste, de 3/4 à droite, gravé au burin, an. 1844, d'après J. Gabriel.

10. En buste, de profil à droite, gravé par F. Hillemacher, 1859.

11. En buste, de 3/4 à droite, dans un ovale. Lith. par N.-H. Jacob.

12. En buste, de profil à droite, gravé au trait sous la direction de Landon, d'ap. Cochin le fils.

13. En pied, assise, couronnée par Melpomène, grav. par N. le Mire, d'après H. Gravelot.

14. En buste, de profil à gauche, d'après une médaille avec revers, gravé par C.-A. Littret, 1766.

15. En buste, de 3/4 à droite, dans un médaillon ovale fixé à une pyramide, grav. par Littret, 1766, d'après Schenau.

16. En buste, de 3/4 à droite, dans un médaillon ovale, gravé par J.-B. Michel, d'ap. Pougin de St-Aubin.

17. En buste, de profil à droite, dans une bordure ovale, gravé par Schmidt, d'après C.-N. Cochin le fils.

18. En buste, de profil à gauche, dans un ovale, grav. par Tassaert, d'ap. Bornet.

19. En buste, de face, dans un ovale, lith. par E. Tomaszkiewicz.

Musée de la Comédie française, nº 175. Toile ovale, h. 0,90, l. 0,75, auteur inconnu. C'est le portrait qui a appartenu à La Rive.

179. Buste marbre, h. 0,70, par J.-B. Le Moyne, Salon de 1761, nº 116. « Sous l'idée de Melpomène invoquant Apollon ». Le nez, brisé par le tragédien Beauvallet faisant le moulinet avec sa canne, a été réparé deux fois

par Dantan aîné. La terre cuite est dans le cabinet de l'administrateur (n°322). Ce buste est celui qui fut légué par testament de Mlle Clairon à la nation. Il fut dessiné pour la *Galerie des Contemporains* en 1826 et reproduit dans l'*Illustration* du 31 déc. 1844.

195. Dessin aux crayons noir et blanc sur papier gris, h. 0,50, l. 0,35, par Carle Vanloo. Une esquisse exposée au Salon de 1757 (n° 8) peinte par C. Vanloo, est au musée de Saint-Quentin.

196. Dans *Médée* (cinquième acte) gravure h. 0,68, l. 0,58, par Laurent Cars et J. Beauvarlet (1764). Épreuve avant la lettre. Magnifique cadre bois sculpté avec cette inscription : « Gravure donnée par le Roy à Mlle Clairon », d'après le tableau de C. Vanloo, de 10 pieds de large sur 7 de haut, Salon 1759 (n° 71). Le cadre, offert par le roi, avait coûté 5000 livres ; aujourd'hui à Berlin.

407. Dans Pulchérie d'*Héraclius*. Gouache par Fesch.

433. Avec Molé dans *Didon*, acte III, gouache.

459. Coin en acier de la médaille frappée en 1764 aux galeries du Louvre pour les admirateurs de la tragédienne, par les soins de MM. de Villepinte et de Valbelle.

492. Médaillon plâtre, ovale, h. 0,60, exécuté par Louis Noël pour la restauration du tombeau où il est exécuté en ciment métallique.

Tous les détails complémentaires concernant l'iconographie de Mlle Clairon se trouvent dans le livre d'Edm. de Goncourt, la *Clairon*, et dans l'ouvrage de M. J.-J. Olivier, *Voltaire et les Comédiens*.

CLAIRON. — Sous ce nom :

Clairon, Th. de la banlieue 1828-30.

Clairon, Rolesde, deuxième père noble, Reims 1829, Caen 1834.

Mlle Clairon, rôles accessoires, Caen 1834.

Clairon, Anvers 1840.

Clairon, premier rôle, Liège 1843.

CLAIRVAL. — Douai, troupe Desroziers, aux appointements de 800 livres, 1775.

CLAIRVAL, Mme ou Mlle. — Sous ce nom :

Mlle Clairval, th. de Monbijou, Cour de Prusse, vers 1763-65.

Mme Clairval, soubrette et dugazon, Lille 1807-08.

Mlle Clairval cadette, soubrette, Brest 1833, troisième amoureuse, Brest 1834 et 1840.

Mlle Clairval, bonne recrue de province, jeune, assez jolie, avait été engagée à l'Odéon, mais débuta au pied levé à l'Ambigu le 11 octobre 1878 pour remplacer Léonide Leblanc, le jour même de l'ouverture de ce théâtre, dans la *Jeunesse de Louis XIV*.

CLAIRVILLE l'aîné. — Financier et directeur, Anvers 1773-74, Maëstricht 1774, Liège 1779. Passa par Douai (après Anvers) avec 1800 livres d'appointements.

CLAIRVILLE *abbé* (?). — Haute-contre et second rôle, Maëstricht 1774 et 1786.

CLAIRVILLE cadet. — Premier comique, Maëstricht 1774.

CLAIRVILLE, Mme. — Première chanteuse et second rôle, Maëstricht 1774.

CLAIRVILLE, Mlle. — Lyon 1784.

CLAIRVILLE. — Lille 1788.

CLAIRVILLE père. Comédien assez obscur qui fut le père de l'auteur dramatique de ce nom. En 1793, le Vaudeville comptait dans sa troupe un Clairville qui jouait les petits rôles. En 1794, nous retrouvons ce nom aux Variétés amusantes. En 1829, il est régisseur au th. du Luxembourg dont il devient directeur l'année suivante ; en 1833 un Clairville était second régisseur au th. des Variétés à Bordeaux.

CLAIRVILLE, Mme. — Ce nom fut porté par une première chanteuse d'opéra, aux appointements de 10,000 livres, à Bordeaux, 1790, morte en cette ville le 20 mai 1825 et par une actrice de Toulouse qui fut longtemps suspectée pour son royalisme et menacée de mort. — V. l'*Anti-Terroriste*, prairial an v. — Il y eut une dame Jenny Clairville à la Porte St-Martin en 1816-17 et en 1820 ; bref, nous la trouvons à coup sûr au th. des Acrobates en 1821-22. Mme Clairville, femme du précédent et mère de l'auteur dramatique, avait suivi son mari au th. du Luxembourg, 1829-30. Mais nous ignorons si c'est la même qu'il faut voir dans Mme Clairville, deuxième duègne en tous genres, au th. fr. de Rouen 1834.

CLAIRVILLE aîné, Louis, François, Nicolaïe dit. — Naquit à Lyon le 28 janvier 1811, de parents comédiens. Il passa son enfance dans les coulisses, suivit ses parents au petit théâtre du Luxembourg, débuta comme comédien, mais devint surtout le fournisseur des couplets et des pièces de circonstance (1834-37). Puis il passa à l'Ambigu où il ne fut jamais que médiocre (1838-41). « M. Clairville est auteur, écrit-on de lui en 1841. M. Clairville est acteur. Si nous avions à juger l'auteur, nous crierions bravo, mais nous n'avons à parler que de l'acteur. Il paraît qu'il est impossible de faire bien deux métiers ». Aussi prit-il la résolution de n'en faire qu'un seul. Clairville fut un des plus féconds vaudevillistes du XIXme siècle, et donna environ 400 pièces au théâtre. Sa biographie se trouve partout. Nous n'avons eu à nous en occuper ici que comme comédien. Il mourut le 10 février 1879. Le compositeur Clairville est son fils ; l'auteur dramatique du même nom, son neveu.

CLAIRVILLE jeune, Alexandre, Nicolaïe dit. — Frère du précédent, né vers 1813, passa par le th. du Luxembourg 1834, Gymnase en 1849. En 1873, il avait 26 ans de théâtre et obtint une pension de 400 francs de la Société des artistes. Sa mort fut annoncée au Rapport de 1886.

CLAM, Auguste, Victor. — Rennes 1859, Nancy 1860-61, Bordeaux 1862-64, Pau 1865, Rouen 1867, Aix 1868-70, Mons 1872-73, Genève 1874, Nevers 1875, Rouen 1876, Bordeaux 1877, Clermont 1878, Rouen 1879-81, St-Etienne 1882, Paris 1883-91, Evreux 1892, St-Malo 1893, Paris 1894-1900. En 1898, Auguste Clam âgé de 61 ans, avec 45 ans de théâtre, obtint une pension de 500 fr. de la Société des artistes. Sa mort fut annoncée au Rapport de 1901.

Le « roi des pîtres » comme il s'était si glorieusement intitulé lui-même, trouva son historiographe dans Hugues Le Roux. Né au Hâvre le 5 juin 1837, Clam était fils d'un comédien nommé Chanet. Il passa sa jeunesse à l'hospice, vendit des contremarques à la porte du théâtre, fut saute-ruisseau et lithographe. En 1853, il débutait comme chanteur comique au théâtre des Familles, situé dans une ancienne prison. Choriste au Hâvre, le pauvre diable entreprit une vie nomade. Nous en avons noté plus haut les principales étapes. Il appelait Henri Monnier « son maître ». Il se vantait d'avoir donné la réplique à Mlle Scriwaneck, à Hoffmann, à Darcier. Acteur, saltimbanque, pitre, chanteur de café-concert, Clam parcourut la Hollande, l'Allemagne, la Suisse, la Belgique, l'Espagne, l'Italie. Mais, disait-il encore, « ce que je connais le mieux, c'est la Bohême ». Bref, au théâtre forain de Cocherie, « le dernier des pîtres » gagna jusqu'à 500 fr. par mois, et son départ laissa son patron inconsolable. « Clam, dit le rapporteur qui voulut bien lui consacrer quelques lignes, était un grand honnête homme, un ami solide, que regretteront ceux qui dans la vie lui ont serré la main ».

On oubliait de dire que ce fut aussi un poète :

Elle est morte, la cabotine,
Sans avoir essuyé son blanc,
A la bouche une cavatine,
Son bouquet de fleurs sur le flanc.

Dans sa « caravane » on la garde
Entre un cierge et des litres bus ;
Sa mère l'habille et la farde
Comme elle a fait pour ses débuts.

Elle attend qu'on lève la trappe
Et qu'on frappe au rideau trois coups,
Elle attend... Hélas ! on les frappe,
Mais c'est sur des têtes de clous.

Bibliographie : Hugues Le Roux, *Les Jeux du Cirque et la Vie foraine*, p. 66 et suiv.

CLAPARÈDE. — Th. des Amis de la patrie 1794, Variétés amusantes 1799. Un Claparède était père noble à Colmar 1826 et directeur à Besançon 1827-28 et 1833.

CLARA, Mlle. — Actrice du Vaudeville 1817-1833.

« Mlle Clara, déclare Maurice Alhoy en 1824, est presque la seule, au Vaudeville, qui ne confonde pas l'art avec l'affectation et l'afféterie : sa tournure et sa mise sont celles d'une femme d'une société choisie ».

« De la gentillesse, de la grâce, du naturel et de l'esprit, voilà ce qui distingue cette actrice agréable », écrit Harel en 1825.

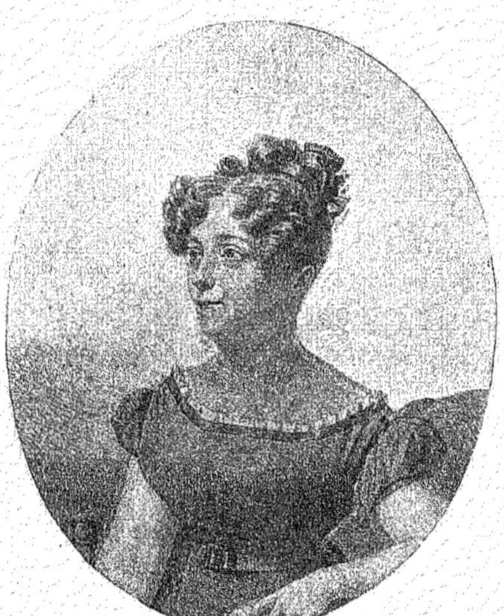

Mlle CLARA, d'après Vigneron.

On la disait fille d'un fileur de coton. L'almanach Barba annonce la mort d'une demoiselle Clara en 1833. Mlle Clara demeurait rue Traversière, 10.

Bibliographie : *Grande biographie dramatique* 1824. — Harel, *Dict. th.* 1825. — *Petite biographie* 1826, 1829, 1833. — *Almanach Barba* 1834, p. 275.

Iconographie : Bibl. nat. Catalog. Duplessis 9752.

1. En pied, assise, de 3/4 à droite, lith. par A. Colin.

2. En pied, de 3/4 à droite (cost. de th.), lith. par A. Leprince, 1822.

3. En pied, de 3/4 à gauche (cost. de th.), lith. de C. Motte, 1823.

4. En buste, de 3/4 à gauche, dans un ovale, lith. par Vigneron.

CLARA, Mme ou Mlle. — Sous ce nom :

Mlle CLARA, Ambigu comique 1824, plutôt mime et danseuse,

Mlle CLARA, Marseille 1824. On lui reproche sa froideur.

Mlle CLARA, deuxième amoureuse, Le Hâvre 1824, Toulouse 1825.

Mlle CLARA, Th. de la banlieue 1825-26.

Mlle CLARA Courier, soubrette, Montpellier 1825, Bayonne 1840.

Mlle CLARA Francia, jeune première, th. des Célestins, Lyon, 1826-30. Débuta aux Variétés, à Paris, le 1er juin 1830, par le rôle de Marie dans la *Famille du Porteur d'eau.*

Mlle CLARA, deuxième amoureuse, troupe du prince Demidoff, Florence 1827.

Mlle CLARA Stéphany. Delhasse la fait naître le 15 juillet 1816, ce qui est peu vraisemblable, puisqu'elle tenait déjà l'emploi de troisième amoureuse au grand th. de Lyon en 1828. Variétés 1833. Porte-St-Martin, début dans la *Chambre ardente* le 23 avril 1837. Jeune première et Déjazet à Bruxelles 1842, où elle se trouvait avec sa sœur Justine Stéphany. (V. Stéphany).

Mlle CLARA, deuxième amoureuse, Versailles 1828.

Mme CLARA Marchand, débuta au Vaudeville le 22 mars 1829 dans *Fanchon la Vielleuse.*

Mlle CLARA Monet, ingénuité, Reims 1829-30.

Mlle CLARA, amoureuse, Dijon 1829.

Mlle CLARA, th. du Luxembourg 1829-30.

Mlle CLARA, premier rôle, th. du Luxembourg 1833.

Mlle CLARA, troisième amoureuse. Dieppe 1833.

Mme CLARA Roucas. Toulon 1834.

Mlle CLARA, th. des Funambules, première ingénuité 1835. Rôle d'Aspasie dans *Jack l'Orang-Outang*, 26 juillet 1836.

Mme CLARA Paul, duègne, Amsterdam 1837 et 1840.

Mlle CLARA, Variétés 1838-42, 1849.

Mlle CLARA, Th. français 1840.

Mlle CLARA, rôles d'enfants, Lorient 1840.

Mlle CLARA, utilités, Tournay 1842, Mons 1845.

Mlle CLARA, Gaîté 1845.

Mlle CLARA, Montparnasse 1845.

Mlle CLARA Poncelet, Gand 1846.

Mlle CLARA, Gaîté 1851.

Mlle CLARA, première amoureuse, Dieppe 1851.

Mlle CLARA, Porte-St-Martin 1852.

Mlle CLARA, Délass. com. 1856, 1861. Une demoiselle Clara Carben des Délassements comiques était sœur de Léontine. (V. ce nom).

CLARCHIES, J.-Isidore. — Alger 1852-56.

CLARENCE, Mlle Alexandrine, Olympe. — Variétés amusantes 1783. — « Jeudi 5 juin 1783, sept heures du soir, Alexandrine-Olympe Clarence, actrice des Variétés, arrêtée par le sieur Turlot, officier, pour être venue à six heures au spectacle. Envoyée à l'hôtel de la Force ».

Bibliographie : *Arch. des comm.* n° 5022, cité par Campardon.

CLARENCE, Mlle. — Rôles accessoires, Agen 1834.

CLARENCE, Charles, Cappua dit. — (1819-1866), naquit à Paris en 1819. Après quelques essais au th. Montmartre, il fut engagé à la Porte-St-Martin : Rochegune de *Mathilde*, Rodolphe des *Mystères de Paris*, Louis XIV de *Mlle de la Vallière*, Ch. Darbel de la *Dame de St-Tropez* (1844), Maurice d'Hervière de la *Prise de Constantine* (1846). C'était le type du jeune premier rôle sympathique.

Doué d'une physionomie distinguée, Clarence avait pour lui une voix touchante, de la sensibilité. Voici ce qu'en disait Th. Gautier au moment de ses débuts en juin 1841 (Porte-St-Martin : les *Deux Serruriers* de Félix Pyat) : « Un jeune homme inconnu, du nom de Clarence, a joué supérieurement le rôle de Georges. Une tête expressive, une diction chaleureuse et profondément sentie, telles sont les qualités de cet acteur inconnu hier ».

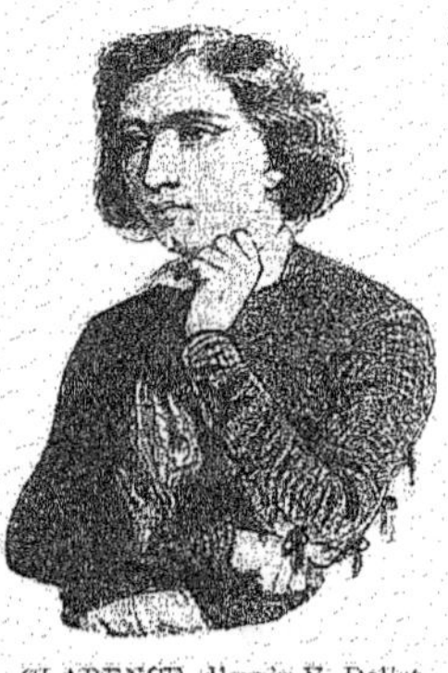

CLARENCE, d'après V. Dollet.

Il écrit encore en octobre 1842 (Porte-St-Martin, *Mathilde*) : Clarence est un Rochegune parfait ; élégance, noblesse, chaleur respectueuse, il ne laisse rien à désirer ».

Après avoir passé par le Théâtre historique, Clarence fut engagé à l'Odéon en 1849. Il y tint avec succès le rôle de *François le Champi* et celui de Georges dans une reprise de l'*Honneur et l'Argent*. Plus tard, on le retrouve à la Porte-St-Martin et à la Gaîté : Dominique des *Mohicans de Paris*, Juvigny du *Marquis caporal*, Adam et Japhet du *Paradis perdu*, De Maillé du *Coup de Jarnac*. Il avait repris aussi avec bonheur les rôles de *Chatterton* et d'Athos dans la *Jeunesse des Mousquetaires*, Cirque impérial 1856-58, Odéon 1859, Cirque 1860, Porte-St-Martin 1861, Gaîté 1862-66.

Lorsque Clarence joua à la Gaîté le rôle de Dominique Sarranti, dans les *Mohicans de Paris*, le 20 août 1864, Al. Dumas père écrivit : « Clarence a été, comme toujours, le charmant acteur à la voix douce, à l'œil humide, qui a dans toute sa personnalité quelque chose de poétique et presque de féminin. Il y a longtemps que nous nous connaissons et que nous nous aimons, Clarence et moi. Lorsqu'il entra au théâtre, avec un nom difficile à idéaliser, j'eus le bonheur d'être, il y a quelque vingt ans, son parrain, et de le baptiser du nom de *Clarence* ».

De son nom Charles *Cappua*, il avait fait tout d'abord *Charlait;* et, à ce propos, rappelons que nous avons signalé un *Charlait-Clarence* à St-Pétersbourg (1849) (?).

Clarence épousa sa camarade Juliette Rose (V. Mme Clarence). Pour quelles raisons devint-il tout à coup triste et morose? La maladie, sans doute. Après avoir créé le rôle de de Mailly à la Gaîté, dans le *Coup de Jarnac* (20 fév. 1866) il mourut, en effet, prématurément la même année (21 sept.). Sa mort fut vivement regrettée. Une délégation du comité de la Société des artistes, dont il faisait partie depuis 1842, accompagna son cercueil. Gouget lui adressa un suprême adieu, et sa veuve s'engagea à payer la cotisation de son mari.

Bibliographie : *Biographie* 1845, p. 136. — Th. Gautier, *Hist. de l'art dramatique.* — Abraham, *Acteurs et Actrices* 1861. — Les *Th. en robe de chambre* 1866.

Iconographie : Bibl. nat. Catal. Duplessis n° 9758.

1. En pied, de 3/4 à gauche (cost. de th.), lith. par V. Dollet, 1841.

2. En pied, de 3/4 à gauche (cost. de th.), lith. par V. Dollet, 1843.

3. En pied, de face (cost. de th.), lith. par J.-J. F. (1841). V. aussi Bibl. nat., portr. Lablache.

CLARENCE, Mme Juliette, Rose, née Pierre, femme Cappua dite. — Mlle Juliette Rose commença sa carrière à la banlieue, chez Chotel. Par son mariage, elle devint Mme *Clarence.* C'était une charmante jeune première, comme lui était un charmant jeune premier. Les vieux amateurs disaient qu'elle rappelait Mme Naptal-Arnault. A la Porte-St-Martin, à la Gaîté (1860-73) elle fut Lucile de la *Closerie des Genêts*, Ginesta du *Gentilhomme de la Montagne*, Hélène de l'*Escamoteur*, Rose de Noël des *Mohicans de Paris*, Claire de Rennepont du *Marquis Caporal*, Abel du *Paradis perdu*, Blanche dans le *Coup de Jarnac* (20 fév. 1866), Ophélie dans *Hamlet*, Arabella Stuart dans le *Testament d'Elisabeth*, Denise dans le *Casseur de pierres* (1867). Al. Dumas père parlant de la façon dont elle interprêta le rôle de Rose de Noël dans les *Mohicans de Paris* (20 août 1864) écrivait : « Je pourrais presque dire de la femme ce que je dis du mari; si j'ai donné à l'un le baptême du nom, j'ai donné à l'autre celui de la scène; autant que je puis me le rappeler, Mme Clarence a débuté dans le rôle de Ginesta du *Gentilhomme de la Montagne*... Mme Clarence est jeune, jolie; elle a de l'originalité dans les rôles de caractère, tout cela à 24 ans ». « Elle a des airs penchés qui n'appartiennent qu'à elle, et entre en scène comme une chatte qui fait le gros dos ». — « Jeune personne d'esprit, dit-on encore, qui devrait avoir celui de se maniérer moins ». — Fleur penchée sur sa tige, écrivent les autres, actrice sympathique, possédant un charmant profil et l'instinct de la scène.

Veuve, jeune encore, Mme Clarence partit pour l'étranger : Turin 1874, Florence 1875, New-York 1876-77, Strasbourg 1878, Rome 1879-80, Nouvelle-Orléans 1880-82. Revenue à Paris 1883-85, on l'avait presque oubliée. Elle repartit : Lille 1886, Bruxelles 1887-90, Saint-Pétersbourg 1891-92. Bordeaux 1893-94, Paris 1895-97, Bordeaux 1898-99, Paris 1900. En 1902, Mme Clarence avait 66 ans et 40 ans de théâtre; elle obtint la pension de 500 fr. de la Société des artistes et se fixa à Paris qu'elle habitait en 1903.

Bibliographie : Abraham, *Acteurs et Actrices*, 1861. — Al. Dumas, Préface des *Mohicans de Paris.* — Les *Th. en robe de chambre*, 1866. — *Derrière la toile*, 1868.

CLARENCE, Gustave. — Buenos-Ayres 1874-1875, St-Pétersbourg 1876-77, Anvers 1878-82.

CLARENDON. — Rôles accessoires, Lille 1788.

CLARENSON, Mlle. — Ingénuité, amoureuse très goûtée du public de Genève, malgré un léger accent tudesque; mine chiffonnée. Genève 1790.

CLARENSON. — Rôles accessoires, 6e arr. th., Meurthe-et-Moselle 1824.

CLARET, Mlle. — Qu'il ne faut pas confondre avec Mlle Clairet. Débuta au th. Français par le rôle de Camille des *Horaces*, le 18 août, et celui de Pauline, de *Polyeucte*, le 20 août 1817. Reçue comme pensionnaire le 1er avril 1818, elle joua le 10 Emilie, de *Cinna*, mais dut cesser son service pour cause de maladie. Elle ne reparut que le 26 mai 1819 dans Eliante, des *Dehors trompeurs.* Le public, qui n'était pas dans le secret, fut barbare et injuste. Plus malade et désespérée que jamais, la pauvre jeune fille revint chez elle pour n'en plus sortir. Elle mourut le 28 juin suivant, à l'âge de 21 ans.

Bibliographie : *Annuaire dramatique* pour 1820.

CLARICE, Mme Rascalon, née le 21 juin 1774 selon Delhasse. — Ex-artiste à Bruxelles, habitant Paris en 1842. (V. Clarisse.) A rapprocher de la suivante.

CLARICE, Mme Liedet. — Première soubrette à Bruxelles aux appointements de 3800 francs, 1814-15, 1818-23. Pourrait bien être la même que la précédente (V. aussi Clarisse).

CLARICE, Mlle. — Th. de banlieue 1828, Montparnasse 1830.

CLARICE, Tony. — Rôles d'enfants, Cambrai 1830.

CLARIGNY, Mlle. — Débuta au Vaudeville le 24 avril 1830 par le rôle de Mme Derval, dans le *Roman par lettres.*

CLARIS, Mme. — Mère noble, Libourne 1826.

CLARISSE, Mme. — Bonne soubrette de comédie, qui donnait la réplique à Monrose à Turin, 1808-09, dans la troupe de Mlle Raucourt, et qui pourrait bien être la même que Mlle *Clarice* soubrette à Bruxelles, 1814 (V. ce nom).

Bibliographie : H. Lyonnet, *Mlle Raucourt et les comédiens français du Prince Eugène.*

CLARISSE, Mlle. — Débuta au Palais-Royal le 7 avril 1834 dans le *Matelot*. Elle habitait alors faub. Montmartre, 33. Elle fut bientôt de toutes les pièces :

1834 10 mai, le *Fils adoptif*.
— 16 juin, la *Salamandre*.
1834 28 oct., la *Filature*.
1835 28 avril, les *Comptes de tutelle* (repr.)
1836 9 févr., les *Chansons de Désaugiers*.
— 5 mai, *Le Cinq mai 1821*.
— 28 juillet, *Georgine*.
— 10 août, le *Conseil de discipline*.
— 20 août, le *Colleur*.
1837 5 juin, *Paul et Pauline*.
— 30 oct., le *Bal champêtre* (reprise).
— 14 nov., *Ma maison du Pecq*.
1838 1er juillet, *Un drame*.
1839 13 juillet, les *Victimes de la clôture*.
1840 5 févr., la *Famille du fumiste*.
— 2 avril, les *Chanteurs des rues*.

« Mlle Clarisse, écrit-on en 1841, a de beaux cheveux noirs et une peau comme ses cheveux. Elle est de petite taille, et se trouve, malgré son intelligence, souvent déplacée dans ses rôles. Elle a quelquefois de la gentillesse. »

Bibliographie : L'*Indiscret des coulisses*, 1841. — Eug. Héros, le *th. du Palais-Royal*.

CLARISSE, Mme ou Mlle. — Sous ce nom :

Mlle Clarisse. V. Miroy.

Mlle Clarisse, Délass. com. 1844.

Mlle Clarisse, th. du Luxembourg 1845.

Mlle Clarisse, Bruxelles 1846.

Mlle Clarisse, Vaudeville 1849.

Mlle Clarisse, soubrette, Versailles 1851-52.

Mlle Clarisse, Montmartre 1852.

Mlle Clarisse, Marie, Ambigu 1852.

CLARY. — Lille 1797-98.

CLARY, Mme ou Mlle. — Sous ce nom :

Mme Clary-Martin, mère noble, La Rochelle 1827, Niort 1829.

Mme Clary, débuta à la Renaissance vers 1840.

Mlle Clary, Octavie Vaucher dite *Tata*. Vaudeville 1848-53, Paris 1854, Vaudeville 1855. J. Arago disait d'elle en 1852 :

Elle a des yeux de feu qui brûleraient une âme,
Des lèvres à damner les saints du paradis,
Un torse rondelet que dix doigts emprisonnent,
Et des dents d'un blanc mat dont l'ivoire est jaloux.

Bibliographie : *Foyers et coulisses*, 1852.

Mlle Clary, Folies dramatiques 1858.

Mlle Clary, Châtelet 1869.

Mlle Clary-Lannes, débuta en province. Elle était au théâtre de Rouen lors de l'incendie, et se jeta du quatrième étage pour échapper à une mort certaine. A Paris, elle parut à l'Eldorado. Engagée aux Bouffes parisiens, elle débuta fort gentiment dans les *Noces d'Olivette*, rôle d'Olivette (12 nov. 1879), puis tint un rôle dans les *Mousquetaires au Couvent* (16 mars 1880). Mlle Clary-Lannes passa ensuite aux Folies dramatiques, 1881-83, puis aux Nouveautés, rôle de Bettly dans le *Premier baiser*, 20 mars 1883.

Bibliographie : les *Jolies actrices de Paris*, t. III. — Les *Soirées parisiennes*, 1879-80. — *Almanach Soubies*, 1883.

CLARYS. — Rôles de convenance, Gand 1767.

CLARYS, Mme. — Premiers et deuxièmes rôles, Gand 1767.

CLARYS, Mlle. — Actrice à Lille, 1772.

CLASIS, Joseph, Aimé Boyer dit. — Caen 1883-87, Liège 1888-89, Caen 1890-98, Grenoble 1899-1900 ; habitait Angers en 1901-1902.

CHASSINET, Mme. — Th. patriotique du sieur Sallé, 1792.

CLAUDE, Louis, Théophile. — Deuxième comique, Saint-Malo 1851, Montmartre 1852-56, Milan 1859-60, St-Etienne 1861, Anvers 1862, Les Antilles 1863-64, Port-au-Prince 1865, Gand 1867, Toulon 1868-69, Bordeaux 1870-1872, Buenos-Ayres 1873-80, Nantes 1881, Paris 1882, Lille 1883-87, Paris 1888-1903. En 1892, Claude Louis, âgé de 62 ans, avec 41 ans de théâtre, obtint la pension de 500 fr. de la Société des artistes. Habitait Paris en 1903.

CLAUDE, Mlle Eugénie. — Ingénuité, Lille 1877.

CLAUDIA, Mme Claudine Paquet, dite. — Caen 1868, Agen 1869-72, Troyes 1873, Grenoble 1874-78, Nantes 1879-1903. En 1898, Mme Claudia, âgée de 63 ans, avec 40 ans de th., obtint la pension de 500 fr. de la Société des artistes. Habitait Nantes en 1903.

CLAUDIA, Mme. — Une transfuge de café-concert ; chanta à l'Eldorado, fut demandée aux Folies dramatiques pour remplacer dans le *Petit Faust* Blanche d'Antigny, et passa par les Bouffes et la Gaîté (rôle de Junon dans la reprise d'*Orphée aux Enfers*, 14 janvier

1878). Mme Claudia parut encore au Palais-Royal, à la Comédie parisienne (1881), au Châtelet (1883-84), notamment dans une reprise de la *Poule aux œufs d'or*, puis passa à la Porte St-Martin, où elle créa le rôle de la baronne de Jordaëns, du *Crocodile* (1886). Elle fut engagée au Vaudeville, revint à la Porte St-Martin pour faire une bonne création dans la *Grande Marnière* et adopta l'emploi des duègnes, se faisant partout apprécier par ses qualités variées :

Vaudeville : *Feu Toupinel* (27 fév. 1890).

Grand-Théâtre : *Lysistrata*, *Sapho* (repr.), le *Malade imaginaire* (Bélise), 1892.

Eden-Théâtre : Les *Faux bonshommes* (reprise), Mme Dufouré, 1893.

Gymnase : *Pension de famille*, Mme Plouff ; *Nos bons villageois* (reprise), la mère Buisson ; la *Question d'argent* (reprise), Mme Durieu, 1894 ; l'*Age difficile*, Gertrude, 1895.

Vaudeville : *Villa Gaby*, Mme Morin, 1896 ; la *Douloureuse*, *Jalouse*, les *Jocrisses de l'amour* (reprise), *Sapho* (reprise), 1897 ; *Zaza*, Nathalie, 1898.

Renaissance : *Stella*, Mme Catrousse, 1902.

Bibliographie : Les *Soirées parisiennes*, 1878. — Laroque, *Acteurs et actrices de Paris*, 1888. — *Almanachs Soubies*.

CLAUDIUS. — Jeune premier, Liège et Verviers 1834.

CLAUDIUS-Dezouède. — Berlin 1849, Poitiers 1852, deuxième comique, Berlin 1853, Brunswick 1854-56, Dieppe 1857, Limoges 1858, Berlin 1859, Gaîté 1860-69.

CLAUZEL, Anatole, Jules, Alcide. — Saint-Malo 1868-69, Angers 1870-74, Lille 1877-78, Caen 1879-80, Le Hâvre 1881-82, Reims 1883-1885, Le Hâvre 1886-87. Sa mort fut annoncée au Rapport de 1888. Décédé au Hâvre.

CLAVANDIER. — Folies dramatiques 1875.

CLAVAREAU, Jean, Augustin, qui signa aussi *Clavaro*. — Naquit en 1686 et débuta à la Comédie française le 15 ou 16 juin 1712, par le rôle d'Achille, dans *Iphigénie en Aulide*. Il fut reçu le 7 ou 8 juillet de la même année et réformé le 20 octobre 1715. Il débuta pour la seconde fois le 21 janvier 1726 dans le rôle du vieil Horace, et sa femme dans celui de Camille. Ni l'un ni l'autre ne furent reçus, mais Clavareau obtint, dit-on, une pension de 500 livres qu'il conserva jusqu'à sa mort.

Lemazurier, qui nous donne ce détail, ajoute qu'il était neveu du Sieur Clavareau, secrétaire de M. Boucher d'Orsay, prévôt des marchands et qu'il appartenait à une bonne famille. Ainsi s'expliquerait peut-être cette pension de 500 livres à un artiste qui n'avait à son actif que deux ans de services à la Comédie.

Le nom de Clavareau parut sur l'état de la Comédie à la Cour de Bayreuth, 1747.

Il mourut à Grigny, près Corbeil, le 17 juillet 1769. M. Campardon a retrouvé une plainte de Jean-Auguste *Clavaro* contre une marchande qui l'accusait d'être un voleur. Le plaignant, à la date du 9 septembre 1712, s'intitule comédien de la troupe du Roi, et fait élection de domicile rue de Bussi, à l'hôtel du Danemark. (Arch. nat. Y, 13198.)

Bibliographie : *Galerie historique*. — G. Monval, *Liste alphabétique des sociétaires*. Em. Campardon, *Les comédiens du roi de la troupe française*.

CLAVAREAU, Mlle, femme du précédent. — Débuta à la Comédie française le 21 janvier 1726 par le rôle de Camille, des *Horaces*, et ne fut pas reçue.

CLAVAREAU de Rochebelle. — Débuta à la Comédie française par le principal rôle de la tragédie d'*Andronic*, le 28 avril 1755 et joua successivement les rôles de Gustave, de Zamore et du Comte d'Essex.

Bibliographie : *Almanach Duchesne*, 1756.

CLAVAREAU. — Nom d'un débutant en octobre 1776, à la Comédie française : rôles d'Arviane dans *Mélanide* et de Lindor dans *Heureusement*.

Bibliographie : *Almanach Duchesne*, 1777.

CLAVAREAU. — Th. Louvois 1791. A rapprocher des précédents.

CLAVE. — Jeune amoureux, Versailles 1825.

CLAVEL, Scipion. — Comédien du XVIIe siècle, dont la femme s'appelait Marie, Henriette, Judith, Simonin, Chevalier.

CLAVEL. — Comédien qui voyageait avec une troupe : séjours à Lille en 1701 et 1703.

CLAVEL, Mme mère. — Troupe Durocher, Cour royale de Prusse 1707-1711.

CLAVEL, fils. — Peut-être celui que nous avons vu à Lille. Troupe Durocher, Cour royale de Prusse 1707-1711.

CLAVEL, Mlle fille. — Troupe Durocher, Cour royale de Prusse 1707-1711.

CLAVEL, Mlle. — V. Fonpré Mlle.

CLAVERIE, Adolphe, Prosper. — Rouen 1886-89, Nantes 1890-93, Paris 1894, Bordeaux 1895-97.

CLAVERY, Mlle Nina. — Th. Déjazet 1865.

CLÉBER, Mlle ou Clébert, ou Kléber. — Artiste de l'Odéon en 1819-22. Les pamphlets de l'époque lui reprochent son goût un peu trop prononcé pour la dive bouteille (style du temps). Demeurait, 16, quai de la Mégisserie. Ex-élève du Conservatoire, Mlle Cléber ou Kleber était chargée de l'emploi des reines. Elle créa un rôle dans les *Vêpres siciliennes* (23 oct. 1819).

Bibliographie : *Petite biographie*, 1821. — P. Porel et G. Monval, l'*Odéon*, t. II.

CLÉJAT, Mlle. — Th. Déjazet 1864.

CLEM, Mlle Marie, Antoinette Clément dite. — Palais-Royal 1886-92, Vaudeville 1892, Nouveautés 1896.

CLÉMENCE, Mme ou Mlle. — Sous ce nom :

Mlle CLÉMENCE, Gaîté 1799.

Mlle CLÉMENCE, Vaudeville 1814.

Mlle CLÉMENCE, th. de banlieue 1824.

Mlle CLÉMENCE-Imbert, débuta à la Porte-St-Martin le 15 janvier 1829 par le rôle de Pauline, dans les *Frères à l'épreuve*.

Mlle CLÉMENCE, Th. de Belleville 1829-30.

Mlle CLÉMENCE-Martin, Palais-Royal 1833, th. Porte-St-Antoine 1834, débuta aux Variétés le 4 avril 1834 dans la *Paysanne demoiselle*.

Mlle CLÉMENCE, première amoureuse, Liège 1837.

Mlle CLÉMENCE, Ambigu comique 1838.

Mlle CLÉMENCE, Ambigu comique 1851-52.

Mlle CLÉMENCE, grande utilité, Dieppe 1851.

Mlle CLÉMENCE, th. National 1852, th. du Cirque. *Rothomago*, 1er mars 1862.

Mlle CLÉMENCE, Variétés 1856.

Mlle CLÉMENCE, Délass. com. 1857-60-61.

Mlle CLÉMENCE, Ecole lyrique 1861.

Mlle CLÉMENCE, th. du Luxembourg 1862.

CLEMENCEAU, Mme Clémence, Henriette Chambard dite. — Odessa 1874-75.

CLEMENCES. — Th. Molière 1792.

CLEMENT. — Sous ce nom :

CLÉMENT, acteur de la troupe de Mlle Raucourt, à Turin, 1808-09. On le trouvait « trop outré ».

CLÉMENT, Gaîté 1815.

CLÉMENT, deuxième comique, Namur 1820.

CLÉMENT, débuta au th. des Jeunes élèves, rue Dauphine, et joua longtemps à Versailles, où il était fort estimé. Maurice Alhoy, qui lui consacra un article *(Grande biographie)* en 1824, fait de lui le plus grand éloge. « C'est un comique très agréable, dit-il, qui passe avec une facilité inconcevable d'un genre à l'autre. » Il tenait les emplois de Baptiste cadet, de Monrose, de Potier, de Brunet. Clément était ainsi devenu la colonne du théâtre de Versailles, 1822-33. Il en devint le régisseur en chef. Delhasse nous apprend sa triste fin à la date du 26 septembre 1844, à Passy : « Clément, écrit-il, ex-artiste et régisseur du théâtre de Versailles, s'est noyé par désespoir. » Malgré tout son talent, le pauvre homme n'avait pu jamais percer à Paris.

CLÉMENT, directeur, premier rôle comédie et tragédie. Rennes, Laval, Le Mans 1824-25, directeur et père noble, Tours 1826-28. Maurice Alhoy affirmait que la place de cet artiste était à l'Odéon. Nous retrouvons ce nom comme directeur à Metz 1829, Nancy 1834.

CLÉMENT, premier et deuxième comique, Calais 1824-26.

CLÉMENT fils, deuxième comique, Haute-Marne, Yonne, Aube, 1824-25, Tours 1827. Un Clément, premier comique, est directeur à Rennes en 1833.

CLÉMENT, St-Firmin, père noble, Marne et Ardennes 1825.

CLÉMENT, Avignon 1828.

CLÉMENT, th. de banlieue 1828-29. Ayant refusé de continuer son service, il fut condamné par défaut à 1,500 fr. d'amende envers son directeur, et son engagement fut résilié le 5 septembre 1829.

CLÉMENT, nom d'un débutant aux Variétés le 21 avril 1828 dans *Rossignol*, Variétés 1829-30. Acteur d'un certain talent, sa fatale passion pour la bouteille le fit renvoyer par tous les directeurs. Il en arriva à tomber aux Funambules vers 1837, où il joua les comiques grimes. Il faisait beaucoup d'effet. Cependant, il avait juré de ne plus s'enivrer. Pendant un an, il tint *presque* son serment, mais on vit alors un spectacle nouveau : celui d'un artiste demandant à résilier son engagement afin de pouvoir se livrer tout entier à son penchant. D'où cet étonnant article additionnel — car les directeurs tenaient à leur pensionnaire : « MM. Bertrand et Cot d'Ordan s'engagent à ne pas faire jouer M. Clément le lundi de chaque semaine, ce jour étant réservé à M. Clément pour se livrer tout à son aise à son irrésistible passion pour la boisson. » *Se non è vero...*

Bibliographie : L. Péricaud, les *Funambules*, p. 185 et suiv.

CLÉMENT, Toulouse 1829-30.

CLÉMENT, premier rôle, Laon 1830-33.

CLÉMENT, th. Molière 1833.

CLÉMENT, th. de Belleville 1834.

CLÉMENT, th. du Luxembourg 1834.

Clément, th. Montmartre 1834-35.

Clément Péguchet, premier comique, Verviers 1834, directeur Calais et Amiens 1840. Ce Clément Péguchet nous semble être le beau-père (ou un beau-frère) d'Henry Monnier, qui avait épousé une demoiselle Péguchet dite Linsel. C'est pourquoi nous rapportons à ce *Clément* le portrait suivant :

Iconographie : Bibl. nat., catal. Duplessis n° 9853. Clément, acteur, en pied, de 3/4 à gauche (cost. de th.), lith. par H. Monnier.

Clément, nom d'un débutant aux Folies dramatiques, le 13 juin 1834.

Clément, Bordeaux 1840.

Clément, Namur, Verviers 1840.

Clément, Beaumarchais 1845 : « C'est un second Lepeintre jeune, comme artiste et comme gastronome. »

Clément, Gymnase 1845. V. Clément-Just.

Clément, Edouard, J.-B. Gabriel, dit aussi *Edouard*. Fol. dram. 1849-56, Paris 1857-65, directeur du th. de la Villette 1867-69. Sa mort fut annoncée au Rapport de 1870.

Clément, amoureux, St-Malo 1851.

Clément, deuxième financier, Anvers 1851.

Clément, troisième comique, Nantes 1851.

Clément, deuxième rôle, th. des Arts, Rouen 1852.

Clément, grande utilité, Nîmes 1852.

Clément, premier rôle marqué, Perpignan 1852.

Clément, Louis Meugnot dit, Nantes 1852-1853, Nîmes 1854-57, Montpellier 1858-59, Nantes 1860-72, Brest 1873, Mons 1874-1875, Liège 1876-77, Lyon 1878-79.

Clément, Délass. com. 1854.

Clément, acteur du Petit Lazari. Excellent physique et très bon musicien. Lorsqu'on ne lui donnait que de petits rôles, il se vengeait en se faisant une tête si drôle que l'assistance éclatait de rire. Ne serait-ce pas celui des Funambules ? V. ci-dessus.

Clément, Montpellier 1859.

Clément, Fol. dram. 1861.

CLÉMENT, Mme ou Mlle. Sous ce nom :

Mlle Clément, th. comique et lyrique de la rue de Bondy, 1791-92. Pourrait bien être la suivante.

Mlle Clément, seconde soubrette au th. Louvois, où elle se fit remarquer dans quelques rôles se rapprochant des caractères :

Odéon, 28 février 1799, les *Deux veuves*. (L'incendie eut lieu le 18 mars.)

Th. Louvois, 8 mai 1801, la *Petite ville*.

« C'est pour Mlle Clément, à laquelle on ne savait quels rôles confier à cause du peu d'expression de ses traits et du son fâcheux de sa voix, que Picard imagina le rôle de la vieille fille Nina Vernon, qui fit à cette actrice une réputation dans cette pièce.

Th. Louvois, 15 oct. 1802, le *Mari ambitieux*.

Mlle Clément fit partie de la troupe de ce théâtre — devenu th. de l'Impératrice — jusqu'en 1806. Elle demeurait alors rue Montmartre, 113.

Bibliographie : *Opinion du parterre*, t. II, p. 260. — Ch. Maurice, *Epaves*, p. 102. — P. Porel et G. Monval, *l'Odéon*, t. I.

Mme Clément, Variétés 1810. Débuta par le rôle de Colette, dans les *Chevilles de Maître Adam* (18 mai), et de la meunière, dans le *Rémouleur et la Meunière* (4 juin), même théâtre 1812-14.

Mlle Clément, Gaîté 1814-18.

Mme Clément, utilités, Namur 1820.

Mme Clément, duègne, Limoges, Angoulême, Périgueux 1824. Une dame Clément, deuxièmes caractères, se trouvait en 1825 dans les départements de la Haute-Marne, de l'Yonne et de l'Aube,

Mme Clément, jeune première, Rennes, Le Mans, Laval, 1824-25, fort premier rôle, Tours 1828, Metz 1829-30.

Mlle Clément, Cécile, rôles d'enfants, 11e ar. th., 1824.

Mme Clément, duègne, Versailles 1824-27.

Mme Clément, utilités, Rouen 1829.

Mlle Clément, th. du Luxembourg 1834.

Mlle Clément, Variétés 1838-40.

Mme Clément, Verviers 1840.

Mme Clément, deuxième duègne, Perpignan 1852.

Mme Clément, Bordeaux 1862-65.

Mlle Clément-Moïna. V. Moïna,

Mme Clément, Thérèse, Charlotte, Antonine Meugnot dite, Nantes 1867-72, Brest 1873, Mons 1874-75, Liège 1876-77, Lyon 1878-79, Nantes 1880-1900. Son nom disparut de l'Annuaire en 1901.

Mme Clément, Fol. dram. 1886-87.

Iconographie : Mme *Clément* (?) Bibl. nat., Catal. 9852. En buste de 3/4 à gauche, lith. par E. Chevalier.

CLÉMENT-JUST, Joseph, Clément Just dit. — Fut tout d'abord destiné par ses parents à l'état de frère ignorantin. Il préféra apprendre un métier, et, pendant son apprentissage, il fréquenta assidûment le théâtre. Il alla jouer à la banlieue, connut toutes les misères, et finit par échouer chez Seveste. Celui-ci trouvant le nom de *Just* un peu court, lui adjoignit un de ses prénoms.

Clément-Just débuta à Montmartre en 1841 dans le *Neveu du Mercier*. Au bout de deux ans et demi, il fut engagé au Gymnase, où il parut dans *Malvina*; là, on le mit à toute espèce d'emploi; au bout de 14 mois, il demanda sa liberté.

Un de ses camarades qui désirait se faire entendre de Bocage, directeur de l'Odéon, donnait à Montmartre une représentation de *Lucrèce*. Clément-Just accepta de tenir le personnage de Brutus. Il le joua si bien que ce fut lui que Bocage engagea.

Odéon 1845 17 nov., le *Véritable St-Genest*.
1846 12 fév., l'*Alcade de Zalaméa*.
— 6 avril, les *Touristes*.
— 24 oct., *Georges d'Alton*.
— 3 nov., l'*Univers et la maison*.
1847 15 janv., *Le 15 janvier*, rôle de Molière.
— 21 janv., *Une année à Paris*.
— 16 mars, *Alceste*.
— 13 avril, le *Syrien*.
— 22 mai, *Egmont*.
1848 20 juillet, *Werner*.
— 8 août, *Van Dyck à Londres*.

CLÉMENT-JUST. Cliché Liébert.

De l'Odéon, Clément-Just passa à l'Ambigu, où il joua avec succès le *Mauvais cœur* et plusieurs autres pièces. En 1851, nous le retrouvons à Belleville. Ce fut alors qu'Hostein l'emmena à la Gaîté, où il le fit débuter dans la *Chambre rouge*. Clément-Just resta 12 ans avec Hostein, tant à la Gaîté, au Cirque qu'au Châtelet. Il fit de très belles créations dans le *Fou par amour*, le *Bataillon de la Moselle*, les *Massacres de la Syrie* (Daoub-Karber), mais il se classa au premier rang après le succès de la *Prise de Pékin*, au th. impérial du Cirque (27 juill. 1861). Il avait créé dans cette pièce le rôle typique d'un reporter anglais qui meurt dans les plus affreuses tortures, victime de son dévouement, pour trois Français faits prisonniers avec lui. Sans tomber dans la charge ni le grotesque, ce qui lui eût valu un succès assuré de la foule, il sut rendre sympathique et distingué cet Anglais de bonne compagnie.

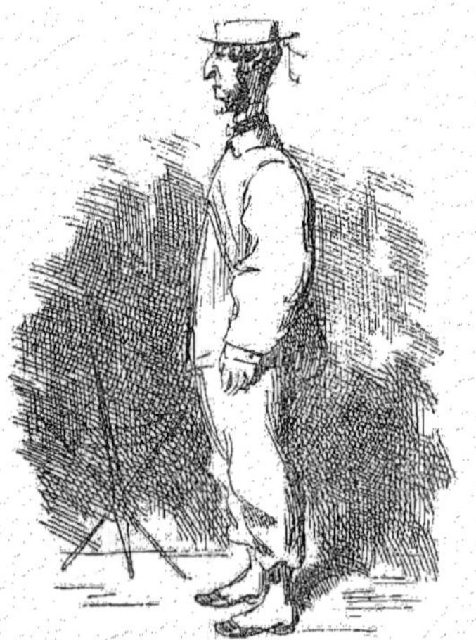

CLÉMENT-JUST, rôle du reporter anglais, dans la *Prise de Pékin*.

Après la démolition du boulevard du Temple, il créa au Châtelet André Meunier dans *Marengo* et un rôle d'idiot dans le *Secret de Miss Aurore* (3 juillet 1863). Il y fut d'un réalisme effrayant.

Le teint cireux, les lèvres minces, la bouche tirée, le menton ferme, les joues creuses, des yeux froids et inquiétants, Clément-Just connaissait au suprême degré l'art de composer un rôle. Aussi son autorité était-elle incontestable dans le drame, malgré sa voix un peu voilée.

Revenu à l'Ambigu, il y fit une création remarquable dans le *Mangeur de Fer* (Phénix Porion) et resta à ce théâtre comme premier rôle pendant les trois directions de Chilly, Faille et Billion jusqu'en 1870. Pendant la Commune, de concert avec Paul Deshayes et Lacressonnière, il prit une direction momentanée au Châtelet, et parut dans le *Courrier de Lyon*.

Depuis lors, il erra; il est vrai que les théâtres de drame se faisaient rares. On le vit à l'Athénée, où il joua un rôle parlant dans *Sylvana* de Weber, ensuite à l'Ambigu, puis à la Gaîté, où Offenbach se l'attacha pour deux ans. Mais il avait peu d'occasions de paraître, ce théâtre étant absorbé par la féerie et l'opérette. Toutefois il fit deux créations dans la *Jeanne d'Arc* de Barbier (7 déc. 1873) et la *Haine*. On le vit aussi dans le *Gascon* (2 sept. 1873). Retiré à la Varenne-St-Hilaire, très économe — la vérité est que cet excellent artiste n'avait jamais gagné de grosses sommes et qu'il mourut pauvre — Clément-Just n'apparaissait plus que rarement. Nous notons son passage à l'Ambigu, dans la *Brésilienne* (rôle de Sergy), 9 avril 1878, à l'Odéon, dans *Charlotte Corday* (rôle de Marat), 30 oct. 1880.

A la Gaîté :

1881, 12 fév. (réouverture) *Lucrèce-Borgia*, Gubetta.
1881, 12 oct., *Monte-Cristo*, reprise, Morel.
— 24 déc., *Quatre-vingt treize*, Lantenac.
1882, 14 avril, la *Closerie des Genêts*, repr., le général.

1882, 22 déc., la *Belle Gabrielle*, reprise, Henri IV.

1883, 15 nov., les *Pirates de la Savane*, rep., Jonathan.

A la Porte St-Martin :

1884, 7 mai, *Henri III et sa Cour*, reprise, Ruggieri.

Clément-Just mourut à Paris le 14 mars 1885, à 68 ans. Une représentation donnée pour couvrir les frais de ses obsèques (19 mars) produisit 10,085 fr. Le surplus de la dépense fut versé dans la caisse de secours des artistes malheureux. Son camarade Latouche prononça quelques paroles sur sa tombe : « C'était un artiste de grand talent, dit-il, vous le savez tous, et de plus un homme d'honneur dans toute l'acception du mot... Il personnifiait la droiture, et de plus, il était aimable et doux. Tous ceux qui l'ont connu l'ont apprécié. ». Clément-Just n'avait péché toute sa vie que par excès de modestie.

Biographie : F. Jahyer, notice dans *Paris-Théâtre*, n° 124, 30 sept.-6 oct. 1875. — *Foyers et Coulisses*, Gaîté, t. II, p. 124.

Bibliographie : Abraham, *Acteurs et Actrices*, 1861. — P. Porel et G. Monval, l'*Odéon*, t. II. — Les *Th. en robe de chambre*, 1866. — *Derrière la Toile*, 1868. — Les *Soirées parisiennes* (un monsieur de l'orchestre), 1880.

Iconographie : *Journal amusant*, 1861. — *Paris-Théâtre*, 1875, n° 124, cliché Liébert.

CLÉMENTINE, Mme ou Mlle. — Sous ce nom :

Mlle CLÉMENTINE, soubrette, Tours 1826.

Mme CLÉMENTINE, Th. de banlieue 1826-27, Montparnasse 1829-30.

Mlle CLÉMENTINE, Boulogne 1827.

Mlle CLÉMENTINE, nom d'une débutante au Vaudeville, 2 mai 1830.

Mlle CLÉMENTINE, jeune première, Versailles 1830-33.

Mlle CLÉMENTINE, Th. des jeunes élèves 1833.

Mlle CLÉMENTINE, Ambigu 1840. Lavergne, son biographe, écrit en 1856 : « Depuis 16 ans, Mlle Clémentine fait partie de l'administration de l'Ambigu comique : c'est la doyenne des choristes de ce théâtre. Elle joue, par ci, par là, quelques rôles, entre autres la servante dans les *Etudiants*, la supérieure dans l'*Elève de St-Cyr*, la nourrice dans les *Rues de Paris*, et tout récemment, pendant une indisposition de Mme Neuville, le rôle de Simonne, dans la *Grisette au vert*. Nous pensons que si Mlle Clémentine avait été poussée dans le genre des duègnes, elle y aurait fait son chemin ».

Mlle CLÉMENTINE commença aux Fol. dram. comme soubrette, Délass. com. 1852-60, Th. Déjazet, Porte St-Martin 1863-65. C'est à ce dernier théâtre qu'elle parut dans le *Pied de Mouton*. « Tout le monde a pu voir qu'elle ne maigrit pas », écrit un critique. En 1869, ce nom se retrouve au th. Déjazet. Succès de jolie femme.

Mme CLÉMENTINE, Gustave, premiers rôles, Chambéry 1852.

CLÉOPHILE, Mlle. — Nom d'une débutante à l'Odéon, le 27 mars 1827.

CLERBOIS. — Clermont 1851.

CLERC, Victor, Jean-Louis Clerc dit. — Artiste inscrit à Paris depuis 1854, sans désignation de théâtre. Agé de 67 ans en 1890, avec 40 ans de services, il reçut une pension de 500 fr. de la Société des artistes. Sa mort fut annoncée au Rapport de 1902.

CLERC, Mlle Julie, Marie, Louise.—Th. Cluny 1874-77.

CLERC-Lafond, Mme Emilie, M. Ecochard. — Lyon 1879-93, Montpellier 1894-98.

CLERGEAUD, Elie, Charles. — La Haye 1873-74, Bordeaux 1875, Liège 1876. Sa mort fut annoncée au Rapport de 1878. Cet artiste mourut à Santiago, et M. Alhaiza prononça sur sa tombe un discours dont il envoya copie à la Société des artistes.

CLERGET, Mme Eugénie Poirier, Lary Astruc. — Renaissance 1879-82, Rouen 1883-84, Mexico 1885, Bruxelles 1886-87, Nice 1888-89, Alger 1890-91, Nantes 1892, Nice 1893, Nantes 1894-97, Nice 1898-1903. Habitait Nice en 1903.

CLERH, Eugène. — Naquit à Argenteuil le 25 septembre 1838. Il appartenait à une excellente famille qui comptait dans ses rangs des magistrats. Après avoir joué en province, où il fut remarqué par George Sand, il fut appelé à son théâtre de campagne puis engagé, sous sa protection, à l'Odéon, en 1863. Il y resta 21 ans, jouant de petits rôles dans les pièces modernes, mais se spécialisant dans les rôles de financiers du vieux répertoire. Il fut excellent dans Géronte du *Légataire universel* et fut acceptable dans l'*Avare*. Tous les Géronte, tous les Argan, voilà la carrière de Clerh, artiste modeste et consciencieux. En 1884, il fut engagé à la Comédie française pour y tenir le même emploi. Il y débuta dans l'*Avare* le 24 juillet. Fr. Sarcey, dans son feuilleton du 20 février 1888, cite l'amusante façon dont Clerh représentait, dans *M. de Pourceaugnac*, l'avocat remuant et sautillant. En 1896, il fut nommé Officier d'Académie. Clerh continua ses services comme pensionnaire jusqu'au 28 ou 29 mai 1900, date à laquelle il jouait encore dans le *Mariage forcé*. Le 30, il succombait à une attaque d'apoplexie foudroyante à son domicile, 16, rue Monsieur le Prince. Très aimé de ses camarades, il fut accompagné le 1er juin par une nombreuse assistance au cimetière du Père-Lachaise, où le cadavre fut brûlé. Mounet-Sully, en qualité de doyen de la Comédie française, adressa les derniers adieux à son camarade. Clerh avait en outre un certain talent comme peintre en éventails. « Clerh, dit le rapporteur de la Société, était de ces artistes que l'on remplace, mais que l'on regrette toujours ».

CLÉRICOURT. — Valets, paysans, pédants, Cour de Prusse, Berlin 1777-78. La signature de cet artiste se trouve au bas de la supplique adressée à Frédéric, qui avait ordonné de licencier sa troupe (2 avril 1778).

CLÉRICOURT, Mme. — Femme du précédent, amoureuse, Cour de Prusse, Berlin 1777-78.

Iconographie : Il existe à la Bibl. nat. Catal. Duplessis 9887, un portrait de Mme *Cléricourt*, actrice, en buste, de ³/₄ à gauche, gravé par Baudran, 1872, d'après *Prudon* (?). Il est peu probable que ce soit celle ci-dessus.

CLÉRIN, Germain. — L'un des premiers camarades de Molière. Le 30 juin 1643, Germain Clérin apposa sa signature au bas du contrat d'association de l'*Illustre Théâtre*. Le 17 sept. 1644, il se fit prêter 100 livres par le paveur Chanteloup ; il se qualifiait alors de « comédien de la troupe de l'Illustre Théâtre, entretenue par S. A. Royale ». En 1645, il joua au Port St-Paul.

CLERIN, Elisabeth, Aimée ou Edmée. — Que l'on suppose sœur ou parente du précédent, était femme d'Henri Cotton. On sait qu'elle se retira de la troupe du Marais par acte notarié du 28 février 1671. Mais elle ne jouait déjà plus depuis 1670, selon les frères Parfaict (*Hist. du Th. français*, t. XI, p. 301).

Bibliographie : Jal, Dict. critique, art. *Comédiens du Marais.*

CLERISSEAU, Henri, Théodore. — Marseille 1852-58.

CLÉRISSEAU, Mme, née C.-B. Curet. — Marseille 1854-58.

CLERMOND, Emile. — Brest 1856-57, Le Hâvre 1858-59. Sa mort fut annoncée au Rapport de 1861.

CLERMONDE, Mlle. — Actrice dont il est fait longuement mention dans les *Mémoires de Fleury*, t. I, p. 107 et suiv. N'ayant pas ici à faire du roman, nous nous contenterons de dire que Mlle Clermonde, « créature parfaite et céleste », faisait les belles soirées de la ville d'Amiens, vers 1772. Mais ce nom de *Clermonde* n'est-il pas un nom supposé?

CLERMONT. — Premier rôle, th. de la Gaîté, à Bordeaux 1817-18, aux appointements de 2300 fr. Est-ce le même financier à Nantes 1826?

CLERMONT. — On lit dans Delhasse, 29 sept. 1844, Paris : « Mort de *Clermont* (C*** dit), un des plus anciens acteurs de province et chef aussi honorable que distingué d'une famille dans laquelle le talent est héréditaire ».

CLERMONT, Mme ou Mlle. — Sous ce nom :

Mme CLERMONT, Odéon 1823. Sans doute la même, premier rôle, Tours 1826, Cherbourg 1827.

Mlle CLERMONT, Adèle, rôles d'enfants, Cherbourg 1827.

Mme CLERMONT, débuta au Vaudeville de la rue de Chartres le 10 juin 1828, par le rôle de la marchande à la toilette dans le *Voile d'Angleterre.*

Mme CLERMONT-Debrou, Françoise, Catherine, Rosine, née Valentin, mère noble, Caen 1833, Orléans 1834, retirée du théâtre en 1838, et fixée à Paris en 1853-56. En 1858, Mme veuve Clermont-Debrou avait 72 ans et 43 ans de th. Elle obtint une pension de 300 fr. de la Société des artistes et voyagea avec sa fille (V. ci-dessous). Bruxelles 1857-61, Paris 1862-64, Brest 1865, Genève 1867, Paris 1868.

Mlle CLERMONT-Debrou, Rose, Euphémie, fille de la précédente, rôles d'enfants, Caen 1833, Orléans 1834, Porte-St-Martin 1853-55, Mons 1856, Bruxelles 1857-62, Paris 1863-64, Brest 1865, Genève 1867-72, Paris 1873-79.

Mlle CLERMONT, C. Variétés 1876.

CLÊRY, Mlle de, Julia. — Jolie femme, éclat de rire enjuponné, froufrous de satin, beaucoup de bagout. L'une des fondatrices du dîner des Rieuses. Beauté brune, Palais-Royal 1875-77, Vaudeville 1878-79, Variétés 1881-82 (rôle de la commère dans la *Revue des Mirlitons*) juin 1882, Vaudeville 1883-1886, Variétés 1889.

CLEURCY de, Gabrielle, Marie Chataux dite. — Palais-Royal 1868-73.

Bibliographie : Charles Diguet, les *Jolies Femmes de Paris.*

Iconographie : Id. En buste, eau-forte par Martial.

CLEVANDIER. — Porte-St-Martin 1893.

CLÈVES, Olympe, Anceau de. — Lemazurier rapporte, d'après le chevalier de la Roque qui rédigeait le *Mercure de France*, que Mlle de Clèves, qui n'avait jamais paru sur aucun théâtre public, débuta à la Comédie française le 16 décembre 1728 par le rôle de Chimène, qu'elle y fut applaudie et reçue sociétaire à demi-part le jeudi 30 du même mois, après avoir joué le même rôle à Versailles.

Pour quel motif, après un si brillant début, cette artiste cessa-t-elle de paraître après le 11 janvier 1730? Ici, les avis diffèrent : M. Monval nous dit que cette date fut celle de sa retraite ; Lemazurier nous la donne comme celle de sa mort. Nous ne savons sur quels documents l'on se base pour dire qu'elle vécut jusqu'en 1747.

Biographie: Lemazurier, *Galerie historique*, t. II. — G. Monval, *Liste alphabétique des sociétaires*.

CLÈVES, Ernest, Joseph, *Paul* Collin dit. — Né à Paris vers 1840. Journaliste au *Courrier de Bruxelles*, au *Béotien*, à la *Publicité* de Marseille,

Paul Clèves apparut au th. Déjazet vers 1860, dans les *Premières armes de Figaro*. Remarqué dans *M. Garat*, il fut engagé à la Porte-St-Martin, mais l'immense succès du *Pied de Mouton* retardant toujours ses débuts, il signa avec l'Ambigu et débuta par le rôle de Karl dans l'*Ange de minuit*. On lui reconnaissait de la sensibilité et de la chaleur. Après une création dans les *Beaux messieurs de Bois-doré* (avril 1862), il passa au Vaudeville, puis à la Gaîté, rôle de Louis XIII dans la *Maison du Baigneur*. Après quelques excursions à Marseille et à Bordeaux, il revient à Paris, entre à l'Odéon, le *Maître de la Maison*, la *Conjuration d'Amboise* (29 oct. 1866, rôle de François II, grand succès personnel), les *Ambitions de M. Fauvelle*, le *Drame de la rue de la Paix* (1868). On le voit ensuite à la Porte-St-Martin, où il crée le rôle de La Trémouille dans *Patrie*, puis il passe à Londres.

Après la guerre, on le revit au Hâvre, à l'Ambigu, l'*Article 47*, le *Portier du n° 15* (30 mars 1872), et à la Renaissance (rôle de Lucien d'Aubier dans la *Femme de feu*, 1873). A partir de cette époque, Paul Clèves sembla renoncer tout à fait à la carrière d'artiste pour devenir directeur de théâtre : Théâtre Cluny, 15 mai 1876-78, céda à Talien — Porte-St-Martin 1878-1883 (9 sept.), céda à Maurice Bernhardt et Derembourg — Eden-Théâtre 1884, céda à Plunkett. M. Paul Clèves, officier d'académie depuis 1881, officier d'instruction publique, 28 mars 1901, a repris la direction de la Porte-St-Martin depuis octobre 1903.

Bibliographie : Em. Abraham, *Acteurs et Actrices*, 1861.

CLEVIL. — Délass. com. 1869.

CLOQUEMAIN. — Th. des jeunes artistes 1805-06.

CLORINDE, Mlle Moline Lebailly. — Commença à la banlieue 1825-27. Elle chantait fort bien le couplet. Elle débuta au Vaudeville le 1er avril 1828 dans la *Demoiselle de boutique* et passa l'année suivante aux Nouveautés. On écrit d'elle en 1831 : « Avec un physique plus avantageux, Mlle Clorinde serait l'une des plus originales et des meilleures actrices de Paris. Elle excelle surtout à singer les actrices à la mode, Léontine Fay, Mme Dussert, Mme Albert. Dans le *Marchand de la rue St-Denis*, elle dut à ce genre de parodie un immense succès ». Et cependant Mlle Clorinde ne gagnait alors que 600 francs par an!

« Le boute-en-train d'une troupe de comédiens, écrit-on en 1833; elle a toujours le mot pour rire ». Pourquoi passa-t-elle à l'Ambigu (1833), où elle n'avait plus l'occasion de se faire valoir?

Le 8 juin 1837, Mlle Clorinde débuta au Gymnase dans l'*Avoué et le Normand*. La même année, elle parut sur la scène du petit th. du Luxembourg. En 1840, elle était au Palais-Royal, en 1842, aux Folies dramatiques. En 1852, elle est au Vaudeville et ne semble pas vieillir : « Elle est svelte, gracieuse, coquette, joyeuse, écrit J. Arago; un seul rôle l'a posée comédienne; c'est une servante maîtresse ». Nous perdons ses traces à Paris, en 1855.

Bibliographie : *Grande biographie dram.*, supplt 1825. — *Petite biographie*, 1831, 1833, 1842. — J. Arago, *Foyers et Coulisses*, 1852.

CLOSEL. — V. Clozel.

CLOSSET, Mlle. — Utilités, Liège 1844.

CLOTALLE. — Comédien de la troupe de Gaudon, 1761.

CLOTILDE, Mlle. — Sous ce nom :

Mlle CLOTILDE. Iconographie : *Annuaire dramatique*, Cavanagh, 1808. Médaillon, en buste, de face.

Mlle CLOTILDE dont l'*Almanach Barba* de 1822 annonce la retraite en 1819.

Mlle CLOTILDE, mime au Cirque olympique, 1829.

Mlle CLOTILDE Beuzeville, ingénuités, Lille 1851.

Mlle CLOTILDE, deuxième soubrette, th. Montmartre 1851-52.

Mlle CLOTILDE, deuxième amoureuse, th. du Gymnase, Marseille 1851-52.

Mlle CLOTILDE, ingénuités, Le Mans 1852.

Mlle CLOTILDE, Fol. dram. 1856.

Mlle CLOTILDE, Délass. com. 1857-58, Vaudeville 1862.

Mlle CLOTILDE, Variétés 1859-60.

CLOUET, Mlle Jeanne. — Toulouse 1880-83.

CLOUP. — Th. des jeunes élèves 1807, père noble, troisième rôle, emploi de *Vertpré*, directeur de la troupe fr. à Londres en déc. 1826 — juillet 1827 — Londres 1828-30, Dublin 1834. Habitait Londres 1850-53. Maurice Alhoy, en 1826, le déclare nul comme artiste.

CLOZEL, Pierre, Jean-Baptiste. — Né en 1772, selon Delhasse, faisait partie de la troupe du th. de la Cité lorsque celle de l'Odéon, chassée du faubourg St-Germain par l'incendie, vint s'établir provisoirement dans cette salle sise dans l'ancienne église St-Barthélemy, en face du Palais de Justice.

Clozel était alors un jeune homme d'une figure charmante, d'un physique avantageux, mais d'une taille un peu grande. Picard le remarqua, l'associa à sa troupe forcément nomade et l'emmena avec lui à Feydeau, puis à Louvois. Ses débuts dans les *Voisins* et dans les *Trois Maris* furent heureux. On trouva son organe flatteur, mais on lui reprocha un débit trop apprêté, trop de laisser-aller dans les manières; il se fit surtout une réputation dans les rôles de fat. Le 19 septembre 1800, il se signala dans le rôle du mylord des *Rivales* et fut bientôt de toutes les pièces du th. Louvois. Nous en citerons quelques-unes :

La *Petite Guerre* (1er oct. 1803), la *Flottille* (2 déc.), pièce dans laquelle il dansait une *allemande;* le *Trésor* (28 janv. 1804). Le *Portrait du Duc* (21 mai 1805), le *Père rival* (9 avril 1806), *M. Beaufils* (16 oct.), le *Mari intrigué* (11 nov.), les *Ricochets* (15 janv. 1807), grand succès; le *Carnaval de Beaugency* (2 fevr.), l'*Influence des perruques* (12 mars), l'*Avide Héritier* (12 avril), l'*Inconnue* (16 mai), le *Mariage de M. Beaufils* (27 août), l'*Amour au régime* (24 nov.), l'*Ami de tout le monde* (22 déc.), *Ordre et Désordre* (26 mars), l'*Ecole des Juges* (20 avril). Le 12 juin 1808, jour de la clôture de Louvois, ce fut lui qui chanta le couplet de circonstance.

Théâtre de l'Impératrice (Odéon) : les *Amours de Bayard*, repr. (16 juillet), représentation à son bénéfice (7 oct.), l'*Argent du Voyage* (1er mai 1809), l'*Alcade de Molorido* (18 janv. 1810). Clozel disparut pendant un an; en septembre 1810, il jouait à Bruxelles; on le revit en 1811, la *Vieille Tante* (28 mai), représentation à son bénéfice (19 nov.), *Célestine et Faldoni* (16 juin 1812). Ici se place un incident. Le 27 oct. on avait représenté un drame en trois actes, *Héloïse et Abeilard* de P.-N.-André de Marville, avec Clozel dans le principal rôle. L'effet en fut assez froid; l'auteur faiblement redemandé, parut et parla au public qui rit beaucoup. Il publia même une curieuse brochure, en 1813, sous le titre de les *Infiniment petits ou Précis anecdotique des évènements qui se sont passés au th. de l'Odéon, les dimanches 22 et 29 novembre 1812 et détails sur les vices d'administration de ce théâtre, qui sont cause de ces désordres* (in-8 de 40 p., Paris, Delaunay, 1813). En attendant, Clozel passa huit jours à l'Abbaye pour avoir « manqué à l'auteur ». L'ouvrage eut onze représentations. V. aussi la lettre adressée par Marville au *Journal de Paris*, et insérée page 461, *Opinion du Parterre*, t. x.

Le *Méfiant* (31 déc. 1813), *Henri IV et d'Aubigné* (28 avril 1814). Le th. de l'Impératrice a repris le nom d'Odéon (5 avril). La *Journée des Dupes* (2 mars 1815) pour son bénéfice; dès le 19 avril 1814, Clozel, Armand Dailly et Chazel ont exposé au Ministre de l'Intérieur la triste situation où ils se trouvent depuis six ans, depuis le départ de Picard. Ils prennent momentanément le théâtre en société avec leurs camarades. Le 27 nov. Clozel donne un bénéfice et fait valoir ses qualités de danseur dans le ballet *Annette et Lubin*. Le 1er nov. 1815, Picard a quitté la direction de l'Opéra et reprend celle de l'Odéon.

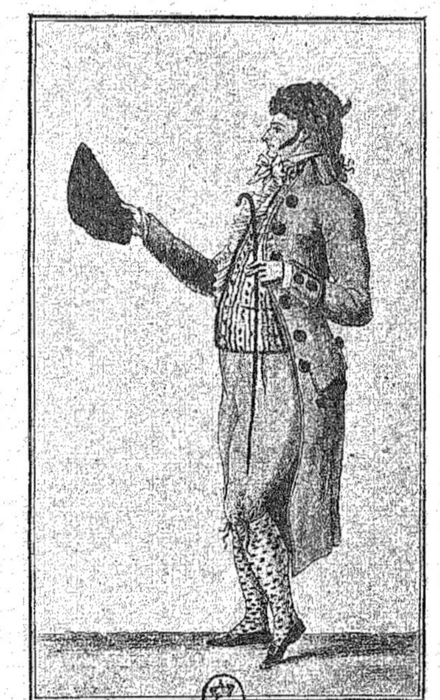
CLOZEL. Rôle de M. Narcisse dans les *Travestissements*

1er janvier 1816, *Quelques scènes impromptu*, prologue d'ouverture par Clozel et toute la troupe; le *Chevalier de Canolle*, grand succès personnel pour Clozel (27 mai). Il est alors sociétaire à part entière. Le 10 août, brillant succès des *Deux Philibert*, pièce où Picard avait tiré parti, pour Philibert le mauvais sujet, du caractère de Clozel que l'on voyait souvent une queue de billard à la main. La pièce fut jouée tous les deux jours, pendant plus de cinq mois.

Le 28 août 1817, *Vauglas*. Le 20 mars 1818, l'Odéon brûle une seconde fois; la troupe passe à la salle Favart (2 avril). En ce moment, Clozel était premier acteur et président du Comité. Il paraît dans *Fiesque et Doria* (11 mai). Mais lorsqu'il fallut réorganiser l'Odéon, sous la direction de Picard, avec quelques artistes associés, Clozel fit trop de difficultés. On recula devant ses prétentions et il accepta une pension annuelle de 2000 fr. pour se retirer.

Ici se termine la première partie de la carrière de Clozel; elle avait duré vingt ans : « Si cet acteur travaillait davantage, écrivait de lui le *Tribunal volatile* de l'an XI, il serait l'espoir du Th. français dans son emploi; il a tout pour y parvenir, organe, physique agréable, mais il paraît qu'il ne se sert de tous ces moyens que pour plaire aux belles, auprès desquelles il parvient bien mieux ». On a vu qu'il avait, depuis ce temps, fait des progrès incontestables.

Le *Coup de Fouet* (1802) est plus mordant : « Clozel joue assez bien les fats et les caricatures; tournure que les uns trouvent élégante et que les autres comparent à celle d'un garçon perruquier ».

L'*Opinion du Parterre* vante son talent pour les originaux, les militaires, les jeunes étourdis ; mais « comme Elleviou, dont on dirait qu'il suit les traces, il ne peut porter ni l'habit brodé, ni l'épée; en revanche, il danse fort bien l'allemande », an XIII.

« Il est fort plaisant dans le Narcisse de Clairfontaine des *Travestissements*. Dans la *Jeune femme colère*, Clozel joue le rôle du mari instituteur et met beaucoup de grâce, de douceur, de finesse dans ses avis », 1806.

« Dans le *Testament de l'Oncle*, il jouait le rôle du poète avec noblesse et chaleur; dans le *Voyageur fataliste*, sous les traits du précepteur *Benoni*... il a offert la copie fidèle d'originaux », 1807.

« Clozel gagne tous les jours de nouveaux suffrages », 1808.

L'année suivante, on annonce qu'il est engagé pour St-Pétersbourg, pour les premiers rôles tragiques et comiques. Nous ne savons si ce voyage eut lieu ; mais le fait est qu'il s'absenta un an (1810-1811). Rentré à l'Odéon le 2 mai 1811, par la reprise du *Faux Stanislas* et celle du *Voyage interrompu*.

Lorsque Clozel eut quitté l'Odéon, il courut la province, parut à Lille du 19 au 23 août 1819 et se fit engager comme premier rôle à Bordeaux (21 avril 1820). De retour à Paris, il alla frapper à la porte du Gymnase qui venait de s'ouvrir. Scribe écrivit pour lui *Philibert marié* qu'il joua avec *M. Beaufils* (26 déc. 1821).

En novembre 1823, nous notons le passage de M. et de Mme Clozel à Rouen. Le répertoire se compose de la *Femme jalouse*, *Michel et Christine*, *Philibert marié* (monsieur et madame), les *Deux Philibert*, *Une journée à Versailles*, *Tartufe*, le *Collatéral* (monsieur), *Une visite à Bedlam*, la *Somnambule* et *Haine aux Femmes* (madame).

En 1824, Maurice Alhoy écrit : « Il s'absenta quelques années de la scène de Paris, son talent resta toujours vrai, son jeu toujours franc. Enfin il se montra sur le théâtre du Gymnase. M. Bonneau de la *Journée à Versailles* fut son triomphe. Les applaudissements qu'il reçut dans les *Jeux de l'Amour et du Hasard*, dans les *Lunettes cassées*, dans la *Famille normande* auraient pu faire croire qu'il prolongerait son séjour à ce théâtre. Cependant il a quitté de nouveau le Gymnase ».

En 1825, Harel nous fait sentir que les années passent : « Il fit les beaux jours de l'Odéon, au commencement de l'Empire. Il a vécu depuis sur la réputation que lui avaient acquise *Rifflard* et le *Menuisier de Livonie*. Clozel a couru la province, où il a obtenu des succès ; il est enfin revenu au Gymnase, où il avait paru déjà. C'est là qu'il a pris ses invalides. Il joue rarement... Clozel est encore un bon comédien ».

Le 9 septembre 1826, Clozel reparut à l'Odéon dans le rôle de Dorsan de la *Femme jalouse;* il joua *Tartufe* et *Philibert* le 13. On trouva qu'il avait perdu sa verve et sa gaîté. 1827, 15 janvier, bénéfice 5400 francs.

1827, 27 mars, le *Généreux par vanité*.
— 30 avril, l'*Oncle Philibert*.
— 15 déc., la *Sœur*.

Il ne fut pas réengagé. On écrivait de lui : « Joli garçon... du temps des assignats; il serait meilleur comédien s'il ne voulait sans cesse faire oublier son âge ». Il était temps de repartir. On le vit « premier rôle marqué » à Berlin 1828, à St-Pétersbourg 1828-29, à Moscou 1834 et 1837.

Sa mort fut annoncée à la date du 1er janvier 1840, à Paris, selon Delhasse. Clozel, très nomade, avait habité rue des Colonnes 1805-06; 2, rue de Louvois, 1807; 5, rue du Hanôvre, 1808; 11, rue de Vaugirard, 1810; 15, même rue, 1813-16; rue de Condé, 1817; 47, fossés M. le Prince, 1818; 37, rue des Bons-Enfants, 1819; 9, rue de Miromesnil, 1821; 32, rue de la Lune, 1823; 52, faubourg Poissonnière, 1824-25; 24 *bis*, rue Montholon, 1826; 6, rue Montparnasse, 1827.

Clozel avait donné des leçons à Mlle Emilie Leverd, V. Mme Clozel. Il y eut un Clozel premier rôle à Rennes en 1833.

Bibliographie : le *Coup de Fouet*, an X; le *Tribunal volatile*, an XI; l'*Opinion du Parterre*, t. II, III, IV, V, VI, VII, IX et X; la *Grande biographie dramatique*, 1824; Harel, *Dict. th.*, 1825; *Petite biographie dram.*, 1826; P. Porel et G. Monval, l'*Odéon*, t. I et II; Etchvarry, *Hist. des th. de Bordeaux; Hist. des th. de Rouen;* Delhasse, *Annuaire pour 1841*.

Iconographie : Bibl. nat. Catalog. Duplessis n° 9982. 1. En pied, de profil à gauche (cost. de th.), grav. anon. d'après Joly.

2. En pied, de profil à gauche (cost. de th.), grav. anon. d'après Joly.

Collection Martinet : n° 7, dans le *Menuisier de Livonie;* n° 8, M. Narcisse dans les *Travestissements;* n° 113, Valmont, dans la *Comédie du Volage;* 121, Bayard dans les *Amours de Bayard;* 436, le *Chevalier de Canolle*; 450, les *Deux Philibert*.

CLOZEL fils. — Débuta à l'Ambigu en 1823, puis partit pour Londres : « Il a l'air de ces pantins qu'on nomme *poupards*, écrit Maurice Alhoy en 1826. Ses joues bouffies ont la couleur vermeille d'une pomme d'api. C'est dommage de le laisser exposer à l'influence des brouillards de la Tamise ». Engagé pour la Nouvelle-Orléans (1825-26), il se fit loueur de voitures dans cette ville où l'on dit qu'il resta avec sa femme.

Bibliographie : *Grande biographie dram.*, supplt 1825.

CLOZEL, Mme ou Mlle. — Ce nom paraît d'abord écrit *Closel* sur la liste des dames choristes au Vaudeville, 1805-11, mais nous ne croyons pas qu'il puisse s'appliquer à Mme Clozel, femme de l'artiste de l'Odéon et du Gymnase, puisque Harel écrit en 1825 : Clozel « a épousé une jeune femme qui n'est remarquable que par le charme de sa figure ». Même remarque pour une demoiselle Clozel, Lille 1814.

Le nom de Mme Clozel apparaît pour la première fois à Bordeaux en 1820, époque où son mari tient les premiers rôles à ce théâtre. Le 31 octobre 1821, début au Vaudeville dans le rôle de la baronne de *Haine aux Femmes*. « Mme Clozel, dit Maurice Alhoy, n'est pas une comédienne achevée ; mais, au Vaudeville... Mme Clozel, à tous égards, tenait dignement sa place ». Un habitué qui avait vu l'actrice vêtue en forgeron dans les *Arrangeuses*, lui adressa même ce quatrain :

Pour égayer notre raison,
A quoi bon prendre tant de peine?
Depuis longtemps, sans être forgeron,
Vous saviez nous forger des chaînes.

Le 22 août 1825, elle joua au th. de Madame le rôle d'Antonine dans le *Plus beau jour de la vie ;* le 18 février 1826, elle rentre au Vaudeville par le rôle de Germaine des *Deux Edmond*. A partir de cette époque, il est difficile de dire s'il faut reconnaître cette actrice ou sa belle-fille — car Clozel fils était marié et sa femme était au théâtre — dans les personnages suivants :

Mlle Clozel, amoureuse, Londres 1827.

Mlle Clozel, soubrette, Boulogne 1829.

Mlle Clozel, accessoires, Rennes 1833.

Mlle Clozel, deuxième amoureuse, Moscou 1834 et 1837.

Mme Clozel, premier rôle, Louvain 1842.

Mme Clozel, Zélie, habitant Paris, 1849, ex-artiste dramatique.

CLUZEL. — Grands accessoires et confidents, Lille 1788-89.

CLUZEL, Mme. — Première et seconde amoureuse, Lille 1788-89.

COANET. — Premier comique, Lille 1837-43, aux appointements de 200 fr. par mois, puis de 250, 1843-44. C'est sur cet acteur, très maigre, que l'on avait fait ce couplet en patois :

Incore un farc' à in' mote
Ch'est un p'tit maiguerlot
Qui n'peut mett' dins ses bottes
Que des bâtons d'fagot.

(La *Troupe de M. Bénard*, jugée par un Filtier, 1842-43).

Coanet tenait un petit commerce de mercerie et de bimbeloterie dans une maison de la Bourse faisant face au théâtre. Le 16 octobre 1842, il avait failli y être asphyxié avec sa femme par les émanations d'un poêle mal éteint.

Bibliographie : L. Lefebvre, *Hist. du Th. de Lille*, t. III.

COBLENTZ, Mme Anna, Stéphanie. — Premier rôle, Brest 1852, St-Quentin 1852-53, Gand 1854-57, Rouen 1858-59, Caen 1860, Nantes 1861, Nice 1862, pensionnaire au Th. français 1862-66, où elle créa le rôle de Léonore dans *Dolorès* (22 sept. 1862) et celui de Mme de la Vieux-Tour dans le *Fils de Giboyer* (1er déc.), Alger 1869-70, Paris 1872-73, Mons 1874, St-Quentin 1875-76, Paris 1877, Douai 1878-79, Troyes 1880, Paris 1881 et années suivantes. En 1893, Mme Coblentz, âgée de 60 ans, avec 32 ans de th., obtint une pension de 500 fr. de la Société des artistes. Habitait Paris en 1903.

COBOURG. — Jeune premier, aux appointements de 3000 fr. Lille 1817-19, Strasbourg 1822. « Cobourg, écrit Maurice Alhoy en 1824, est un des acteurs qui luttent avec le plus de zèle contre la fâcheuse influence jetée sur le th. de Strasbourg ; il joue la comédie et l'opéra-comique avec un talent infatigable. Le public l'accueille, le directeur le remercie ; mais la caisse n'en est pas moins vide... ». Metz 1826, Nancy 1827.

COCHA. — V. Cochet.

COCHE, Mme. — V. Mme Vanhove.

COCHELIN, Louis, Julien Cochet dit. — Th. du prince Eugène 1867, th. Déjazet 1869-72, Buenos-Ayres 1873-82. V. Dharville.

COCHERIE. — Rennes 1824-25.

COCHERIE, Mme. — Deuxième duègne, Ille-et-Vilaine, Mayenne, Sarthe 1824-25.

COCHET, Joseph, Victor, dit aussi Jean, Louis. — Ambigu 1851, Th. national 1852, Th. du Cirque 1853-62, Châtelet 1863-79, St-Ouen 1880-92, Paris 1893 et années suivantes. Cochet, âgé de 66 ans en 1890, avec 27 ans de th., obtint la pension de 400 fr. de la Société des artistes. Habitait Paris en 1902.

COCHÈZE, Mme. — Jouait les duègnes au th. de la Gaîté, à Bordeaux, aux appointements de 1600 fr., en 1817-18. On la retrouve dans le même emploi à Genève 1825, Gand 1826, Nantes 1827-45. En 1844, âgée de 70 ans, Mme Cochèze obtint une petite pension de la Société des artistes alors à ses débuts. Elle mourut à Nantes le 7 juin 1845, selon Delhasse.

COCHOIS père. — Simple acteur forain, faisait partie de la troupe du célèbre Francisque, son beau-frère, et remplissait les rôles de Gilles, personnage de toutes les parades, qui rappelait le « Pierrot ». Il était aussi connu comme sauteur. Un jour, dans l'exercice de ses fonctions, il se cassa le tendon d'Achille et dut renoncer à ses culbutes. Pendant une tournée en Flandre, il avait épousé la fille de son directeur (V. Mme Cochois mère). Tous deux suivirent la troupe de Francisque en province et à l'étranger; il mourut en 1743, laissant une veuve, un fils et deux filles.

Bibliographie : J.-J. Olivier, les *Comédiens français dans les Cours d'Allemagne au XVIIIme siècle*, 2me série.

COCHOIS, Mme, mère. — Connue d'abord sous le nom de *Mlle Molain* ou Molin, sœur de Francisque et piquante soubrette qui détaillait le couplet à ravir et obtint un succès étourdissant à la foire de St-Laurent de 1720 dans la *Statue merveilleuse*. A Lille, elle épousa son camarade Cochois. En 1743, elle était veuve, avec trois enfants appartenant aux théâtres royaux, encore jeune et fort courtisée, comme l'attestent des vers retrouvés par M. J.-J. Olivier dans les manuscrits provenant de la bibliothèque de la reine Sophie-Dorothée. Mme Cochois avait fort bien élevé ses filles, sans rigorisme déplacé, avec beaucoup de tact et de naturel.

Bibliographie : J.-J. Olivier, les *Comédiens français dans les Cours d'Allemagne au XVIIIme siècle*, 2me série.

COCHOIS. — Fils des précédents, premier comique de la Comédie berlinoise (1743). D'Argens qui vante ses talents, ne craint pas de l'égaler aux meilleurs acteurs de Paris. (Lettre de d'Argens à Frédéric, Paris 5 sept. 1747). Il était, parait-il, incomparable dans les arlequins de Lesage et de Marivaux. Séduit par un brillant engagement, il passa en Russie où, malgré d'éclatants succès, il mourut de mélancolie « dans un âge peu avancé et sans héritier ».

Bibliographie : J.-J. Olivier, les *Comédiens français dans les Cours d'Allemagne au XVIIIme siècle*, 2me série.

COCHOIS, Mlle Babet. — Fille et sœur des précédents, qui fut l'étoile de la Comédie française à Berlin, avait passé, fort jeune encore, par Maëstricht (1735). Le *Tableau du Spectacle français* ou *Annales théâtrales de la ville de Mastrigt* en a laissé le portrait suivant : « ...Cette femme était belle et brune, d'une taille fine, jeune, les yeux grands et noirs, la voix sonore et touchante, l'esprit gai et fertile et bonne danseuse... ».

En 1743, elle fut engagée à Berlin, avec son frère et sa sœur, par d'Argens que Frédéric avait chargé de composer sa troupe. Jean-Baptiste Boyer, marquis d'Argens, fils d'un procureur au Parlement d'Aix-en-Provence, officier, peintre, apprenti diplomate, auteur à la solde des libraires hollandais, faiseur de romans libertins, criblé de dettes, léger d'argent, allant de ville en ville, avait séduit Frédéric par sa vive intelligence. Il fut nommé directeur de la classe des belles-lettres à l'Académie et chargé de recruter des acteurs français, tâche assez difficile, car Frédéric ne voulait payer que le moins possible.

Mlle Babet Cochois était une actrice de la race de Mlle Clairon, étudiant savamment ses rôles, ne laissant rien au hasard, dédaignant les effets faciles. Reine de tragédie et soubrette, ce fut cependant dans ce dernier emploi qu'elle excellait.

Pesne l'a peinte dans plusieurs de ses tableaux, le visage chiffonné, éclairé d'un œil malicieux et le nez légèrement retroussé. D'Argens, dont elle avait conquis la considération par son intelligence et par sa vertu, lui donna des leçons de peinture et de musique ; elle apprit l'allemand, l'italien, le grec, le latin, traduisit Properce, Horace et ne s'arrêta qu'à l'hébreu dont l'alphabet l'épouvanta.

Les *Lettres philosophiques et critiques de Mlle C***, avec les réponses de M. le marquis d'Arg****, nous initient à leurs entretiens philosophiques, à leurs discussions littéraires et historiques. Elle composa seule une nouvelle intitulée le *Comte de Ronancourt*, des *Pensées diverses sur l'existence de Dieu* et une piquante dissertation sur l'*Art d'embellir le visage*.

Le professeur avait quarante-cinq ans ; il n'en eut pas moins la tête tournée. Aussi, à la fin de janvier 1749, après un voyage en France, d'Argens offrit son cœur et sa main à la charmante Babet, et le roi philosophe consentit à cette union. Mlle Cochois quitta le théâtre et, de ses costumes de tragédie, fit des robes de chambre à son mari qui avait trouvé en elle « un ami sensé, un homme instruit, un artiste éclairé et une femme complaisante ». En 1756, la Comédie berlinoise cessa ses représentations. En 1761 et 1762, Frédéric, dans ses lettres, demandait à d'Argens des nouvelles de sa femme. En 1752, le comédien Desormes écrivait à Fréron : « Il (le marquis) vit ici avec une épouse charmante qui rassemble en elle toutes les grâces de son sexe, toute la solidité du nôtre et tous les talens du cabinet et de la société... Elle est douce, modeste ; elle se met au niveau de tous les esprits et de tous les tons et les autres femmes la prennent pour leur égale ». Cf. Fréron : *Lettres sur quelques écrits de ce temps*, x, 109 et 110.

Marianne Cochois, sa sœur cadette, danseuse à l'Opéra de Berlin, eut le grand honneur d'être chantée par le roi et épousa le danseur Desplaces.

Bibliographie : J.-J. Olivier, les *Comédiens français dans les Cours d'Allemagne au XVIIIme siècle*, 2me série.

Iconographie : Deux toiles de Pesne au Potsdamer Stadtschloss :

1° Dans la salle de concert, au-dessus du clavecin, au premier plan, la jeune actrice vêtue de bleu est assise et regarde danser sa sœur Marianne.

2° Au-dessus de la cheminée du Theezimmer, Babet et sa sœur sont assises et regardent danser la Barberina (cadre d'argent massif).

La Bildergalerie de Sans-Souci possède un François de Troy représentant une tragédienne dans le rôle de Sophonisbe. En dépit du catalogue qui désigne ce portrait comme celui de Mlle Babet Cochois, le Dr Paul Seidel fait remarquer que la toile est de 1723.

COCQUETEAUX, Mme Amélie *Brière*. — Soubrette, Gand 1852, Rochefort 1863, Auch 1864, Rouen 1865, Beaumarchais 1866-67, Bruxelles 1868-69, Paris 1870-73. V. Brière.

CODÉRAT, Etienne. — Rio-de-Janeiro 1842, Genève 1849-50, Amiens 1851-52, Paris 1853-85. En 1861, Etienne Codérat âgé de 51 ans, avec 31 ans de th. obtint une pension de 200 fr. de la Société des artistes.

CODÉRAT, Mme Marie, Françoise, née Gay. — Gand 1850, Amiens 1852, Paris 1853-89. Mme Codérat, âgée de 51 ans en 1863, avec 35 ans de th., obtint une pension de 200 fr. de la Société des artistes. Sa mort fut annoncée au Rapport de 1890.

COEFFÉ, Mlle Estelle. — Grand Th. Bordeaux 1840.

COEFFÉ. — Amoureux, Gand 1845, th. du Vaudeville, Bruxelles 1846.

CŒLINA, Mlle. — Sous ce nom :

Mlle CŒLINA Fabre, débutante à la Porte St-Martin vers 1825. Maurice Alhoy la représente avec une figure « plus niaise qu'ingénue », une voix assez agréable, mais peu étendue, des minauderies ridicules, une figure chiffonnée qui lui donne un air vieux. Elle tenait l'emploi des troisièmes amoureuses. Le 28 mars 1827, elle se présenta au Vaudeville dans le rôle de Betzi du *Mariage extravagant*.

Mlle CŒLINA, première amoureuse, Cambrai 1830, Limoges 1834.

Mlle CŒLINA, Délass. com. 1850-52.

Mlle CŒLINA, th. du Luxembourg 1851-52.

Mlle CŒLINA, deuxième duègne, Lille 1866-67.

CŒLINE, Mlle. — Th. français, Rouen, forte seconde et soubrette, 1833-35.

CŒLLINI, Mlle. — Après avoir chanté des romances et des chansonnettes dans les concerts, cette artiste joua dans différents th. des boulevards et à l'Ambigu (1861). Tenait agréablement les rôles secondaires.

CŒUILLE, Léon, Benoît, dit aussi *Léon*. — Jouait déjà en 1840. Rennes 1849, Clermont 1850-52, Angers 1853-62.

CŒUILTE, Ferdinand, Laurent. — Rouen 1861, Gand 1862, Nantes 1863, Angers 1864, Toulon 1865, Strasbourg 1866-68, Abbeville 1869, La Martinique 1870-72, New-York 1873-75, Santiago 1876-78, Bourges 1879, Santiago 1880-87, Bourges 1888-93. En 1888, Cœuilte, âgé de 60 ans, obtint une pension de 500 fr. de la Société des artistes. Sa mort fut annoncée au Rapport de 1894.

CŒURIOT, Mme. — Amsterdam 1824, Liège 1826, Anvers 1828, première duègne Lausanne 1833, Amsterdam 1837, Liège 1842. Un Cœuriot fit partie de la troupe lyrique de l'Odéon (1825).

CŒURIOT, Paul. — Jeune premier comique, Liège 1842.

CŒURIOT, Mme. — V. Ismaël.

COGNIARD, Mme Pauline Amand. — Qui pourrait bien être Mme *Amant*, Pauline (V. ce nom), artiste inscrite à l'association depuis 1840, vécut à Paris de 1857 à 1876. En 1877, âgée de 61 ans. avec 20 années de th., elle obtint une pension de 300 fr. de la Société des artistes et mourut la même année.

COGNIARD, Léonard, Auguste. — Bordeaux 1861-63, Boulogne 1864, La Guadeloupe 1865-1867.

COGNO, Mme Laure. — Th. du Palais-Royal 1850-54, Vaudeville 1855-61, Odéon 1862, Vaudeville 1863, Odéon 1864, Paris 1865-1903. Habitait Paris en 1903.

COHEN, Prosper, Isaac. — Bordeaux 1864-69.

COHIN, Mme Marie, Eugénie, née Lard. — Caen 1883-85.

COIFFE, Mme Estelle. — Amsterdam 1850-53.

COIGNY, Emile. — Amoureux, Clermont 1829.

COIN. — Troisième comique, Lille 1855.

COINDE, Gabriel, François. — Lyon 1860-61, Aix 1862-65, Avignon 1866-67.

COINDE, Mme Péroline, Françoise, dite aussi *Blanche*. Aix 1863-65, Avignon 1866-69.

COING, Auguste, Claude. — Mons 1860-62, Perpignan 1863-65, Lyon 1867, Nancy 1868, Brest 1869, Marseille 1870, Tours 1872. Amiens 1873, Besançon 1874, Mons 1875, La Haye 1876-77, Constantine 1878, Lyon 1879, Dunkerque 1880, Lyon 1881, Reims 1882. Limoges 1883, Lyon 1884, Genève 1885, Dijon 1886, Constantinople 1887, Paris 1888, Brest 1889. En 1890, Coing âgé de 61 ans, avec 40 ans de th., obtint de la Société des artistes la pension de 500 fr. Se fixa à Paris 1890-1901, puis à Lyon. Habitait Lyon en 1903.

COINTOT de Provers, Alexis. — Porte-Saint-Martin 1856-60. Sa mort fut annoncée au Rapport de 1861.

COIRD, Gaspard, Jean. — Angers 1854-55, Nancy 1856-58, Gaîté 1859-75. Th. historique 1876, Porte-St-Martin 1877-87, Paris 1888-91. En 1887, Coird âgé de 64 ans, avec 40 ans de th., obtint de la Société des artistes une pension de 500 fr. Sa mort fut annoncée au Rapport de 1892.

COLAS. — Troupe française, Milan 1808.

COLAS. — Utilités, Liège 1834.

COLAS, Mlle Marie, *Stella*, femme Corvin-Krakowsky. — Elève de Samson au Conservatoire, débuta à la Comédie française par le rôle de *Zaïre*, le 6 décembre 1856. Très intelligente, disant bien, Mlle Stella Colas avait contre elle sa petite taille. Elle réussit mieux dans la comédie où elle parut, pour son deuxième début, le 19 décembre suivant, dans *Mlle de Belle-Isle*. Elle trouva encore un meilleur succès dans le rôle du duc d'York, des *Enfants d'Edouard* (21 janvier 1857), personnage qui convenait à sa taille. On la vit encore dans *Venceslas*, rôle de Théodore (13 juillet 1857); elle reprit, après Mme Judith, le rôle de *Philiberte* (10 oct.), parut dans le *Retour du Mari* (1er mars 1858), *Œdipe-roi* (18 sept.), le *Philosophe sans le savoir*, rôle de Victorine (18 juillet 1859), *Iphigénie en Aulide*, rôle d'Iphigénie. Mlle Stella Colas partit alors pour Saint-Pétersbourg, où elle resta quinze ans, 1861-75. Elle revint à Paris où elle se fixa, s'y trouvant encore en 1903. Mlle Stella Colas épousa M. Corvin Krakowsky, dit Pierre Newsky, un des auteurs des *Danicheff*.

Bibliographie : G. d'Heylli, *Journal intime de la Comédie française*.

COLAS, Jules, dit aussi *Adler*. — Ambigu 1862-65.

COLAS. — Grandes utilités, Lille 1867.

COLAS, Mlle Jeanne, Louisa, *Clotilde*. — Odéon 1869 et années suivantes. Nous perdons ses traces vers 1882. Ce fut une aimable et piquante soubrette qui créa notamment le rôle de Toinette dans *Scapin marié* (1869).

COLBERT, Mlle. — Th. français de la rue Richelieu 1791-92.

COLBICHE ou Colbise. — V. Selles.

COLBRUN, Eugène, Auguste. — Naquit à Paris vers 1827 et fut adopté par des concierges de la rue du Jour. A douze ans, il débuta au Gymnase enfantin du passage de l'Opéra, dans le *Pot de Confitures* et la *Grâce de Dieu* (rôle du petit Savoyard). Puis, ce théâtre ayant été incendié en juillet 1844, la petite troupe passa en Angleterre.

Colbrun, devenu le premier sujet de la compagnie, joua au th. St-James le *Gamin de Paris*, les *Enfants de Troupe*, les *Vieux Péchés*. Revenu en France, il parcourt le nord, rentre à Paris, parait à la salle Comte dans la *Poupée de la Reine* et trouve le moyen de se faire engager au Théâtre historique, où il se fit remarquer dans les rôles de Friquet de la *Reine Margot* (1847) et du petit clerc Guillaume du *Chandelier* d'Alfred de Musset (août 1848). Dès lors il devient l'enfant chéri du boulevard « l'acteur-mouche ».

Le Théâtre historique ayant fermé ses portes, Colbrun passa à la Gaîté, où on le vit dans *Paillasse* et dans *Kean*, à la Porte-St-Martin, où il débuta dans la *Poissarde*, rôles de Colibri de la *Faridondaine*, Criquet des *Carrières de Montmartre*, Planchet des *Mousquetaires*, tous rôles appropriés à sa taille. Colbrun était le type du gavroche, fluet, espiègle, narquois. J. Arago écrit de lui en 1852 : « Celui-ci est un comique qui n'a pas l'air d'y toucher et qui atteint toujours son but. Toutes les livrées lui vont bien, tous les idiomes sont à sa taille ; il amuse, il occupe, il fait réfléchir ».

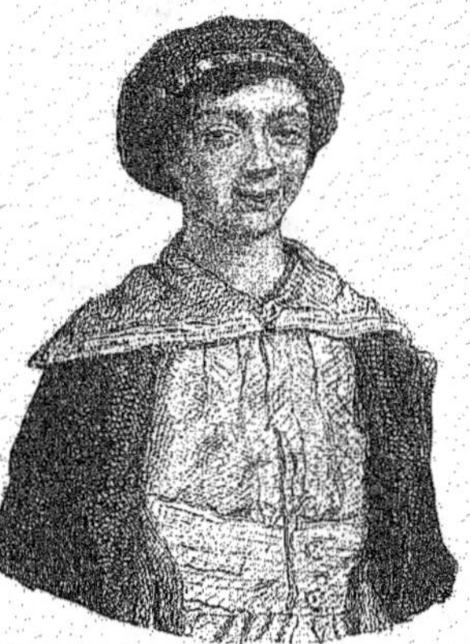

COLBRUN, dans les *Nuits de la Seine* d'ap. Ch. Geoffroy.

Le 10 avril 1852, il crée un rôle à la Porte-St-Martin dans *Benvenuto Cellini* : « J'allais oublier Colbrun, écrit Cornélius Holff. Il remplissait le rôle de Pagolo, l'élève infidèle de l'orfèvre, et, à côté de Mélingue, il a su, dans un tout autre genre, se montrer acteur de style et de talent. Il est impossible d'avoir une verve plus hypocrite, une tenue plus sournoisement perfide, un regard plus insidieusement effronté... De tous ceux qui ont à seconder Mélingue, c'est le seul qui supporte gaillardement la part qui lui incombe dans le fardeau commun.

Le 19 juin, même théâtre, il crée un rôle dans les *Nuits de la Seine ;* puis, à propos de *Richard III :* « Nous ajoutons un post-scriptum en faveur de Colbrun. Quand, conduit en prison avec l'assurance d'être sauvé, il s'écrie en contrefaisant les gestes, la voix et les allures d'un martyr : marchons ! — toute sa personne est une admirable satire de ces gens qui, entre deux petits verres, s'en vont délivrer la Pologne ! »

Il se trompe en entrant aux Variétés (1857), mais il revient vite au boulevard du Temple, où sa popularité est immense. Colbrun ne devait pas sortir des limites comprises entre la Gaîté et la Porte-St-Martin. A ce dernier théâtre, il joue Fridolin dans *Faust* (1859), puis commence une brillante série au Th. impérial du Cirque : la *Prise de Pékin* (27 juillet 1861), *Rothomago* (1er mars 1862). Il est de toutes les féeries, de toutes les pièces militaires ; tantôt gouailleur, cynique, attendri, il excelle à rendre les types pittoresques, aidé de sa petite taille et de son adresse de jeune chat. La démolition du boulevard du Temple le chassa à la place du Châtelet, où il joue Canuche dans une reprise des *Sept châteaux du Diable*, Bengali de la *Case de l'Oncle Tom*, dans *Marengo* (28 fév. 1863), le petit marchand de chiens dans le *Secret de Miss Aurore* (3 juillet) ; il parut une des dernières fois dans *Aladin* (3 oct.). Il mourut en 1866, après deux années de souffrances. Il n'avait pas quarante ans.

« Un vrai gamin de Paris, mais un gamin qui a le génie du théâtre, écrivait Em. Abraham en 1861. Il a créé au Th. historique le rôle de Cicada de *Catilina*. Puis, à la Gaîté, il a joué de la façon la plus originale le vicomte de *Paillasse*. A la Porte-St-Martin, les *Nuits de la Seine*, la *Faridondaine*, la *Jeunesse des Mousquetaires*, les *Bohémiens*, etc. Colbrun fut un des bons comiques des Variétés ; il était charmant dans les *Enfants terribles*. Depuis son entrée au Cirque, il a créé adorablement un soldat de l'*Histoire d'un Drapeau* et a repris Babylas de la *Poule aux Œufs d'or*.

Al. Dumas a raconté la jeunesse artistique de Colbrun dans son journal le *Mousquetaire* (1854). H. Hostein, dans ses *Historiettes et Souvenirs d'un homme de théâtre* (p. 211 et suiv.), a raconté, à propos des *Girondins*, avec quel soin Colbrun recherchait la vérité historique. Il avait trouvé une gravure représentant une légion de tricoteuses se rendant à la section, sous la conduite d'un gamin qui battait du tambour. La gravure servit à mettre en scène le tableau de la section et Colbrun fut le tapin des tricoteuses.

Fort charitable, Colbrun recueillit chez lui le régisseur du th. des Variétés, Eug. Rousseau, qui avait fait une chute terrible dans une trappe et le soigna quarante jours et quarante nuits avec Mme Pélagie Colbrun, sa femme et Clarisse Miroy (juillet 1855). Le fait fut consigné au Rapport de la Société des artistes en 1856 (p. 13). Sa mort fut annoncée au Rapport de 1867.

Biographie : les *Théâtres de Paris* vers 1853, notice fantaisiste.

Bibliographie : Les Goncourt, les *Mystères des théâtres*, 1852. — J. Arago, *Foyers et coulisses*, 1852. — Em. Abraham, *Acteurs et actrices*, 1861. — Les *Th. en robe de chambre*, 1866. — Hostein, *Souvenirs et historiettes d'un homme de théâtre*, p. 211. — *Souvenirs de Laferrière*, p. 4.

Iconographie : Bibl. nat., catalog. Duplessis n° 10116. En pied, de 3/4 à droite (cost. de th.), dans la *Poissarde*, lith. par A. Colette (1854) d'après Eust. Lorsay. — Galerie Ch. Geoffroy, en pied, de face (cost. de th.), dans les *Nuits de la Seine*.

COLBRUN, Mme A. *Pélagie* Colbrun, née Pichot. — Femme du précédent et plus âgée que son mari, faisait déjà partie de l'association des artistes en 1840, se fit surtout connaître comme duègne. Folies dram. 1854-56, Délass. com. 1860, Vaudeville 1861-68, Variétés 1869 et années suivantes, Th. Déjazet 1874. « Toujours gaie, toujours le cœur sur la main » dit un biographe. Sa mort fut annoncée le 19 décembre 1874, dans l'*Année théâtrale* de J.-Georges Duval et au Rapport de 1875 en ces termes : « Pélagie Colbrun, actrice vraie, franche, naturelle..., qui méritait au plus haut point le surnom de sœur de charité qui lui fut donné au bord de la tombe dans le suprême adieu ».

COLHIMAN. — Utilités, Vienne (Autriche) 1826.

COLIMBIER. — Premier rôle, Genève 1853.

COLIN. — Amoureux, Besançon 1833.

COLIN, Alexandre. — Premier comique, Auxerre 1852.

COLIN, Armand. — Débuta à l'Odéon dans le *Cid*, 11 janv. 1852.

COLIN, Mlle. — Deuxième amoureuse, Lille 1861.

COLIN. — Deuxième accessit de tragédie et de comédie 1883, Odéon 1884-85.

COLINET, Mme. — Th. du Marais 1807.

COLINET, Mme mère. — Rôles de convenance, th. des Célestins, Lyon 1826-27.

COLINET, Mlle. — Jeunes rôles, th. des Célestins, Lyon 1826-27.

COLLANGE. — Utilités, Rouen 1814-39.

COLLARD, Eugène. — Lyon 1884-85.

COLLAS, Mme. — Th. du Château-d'Eau 1875-76.

COLLET. — Namur 1811.

COLLET, Mme. — Namur 1811.

COLLET. — Père noble, Rouen 1815-16.

COLLET, Mlle Florentine. — Née en 1827, Th. des jeunes élèves 1837, décédée le 9 mars

1845 à Paris, selon Delhasse. Elle appartenait alors au th. des Folies dramatiques.

COLLET, Jean, Baptiste. — Bruxelles 1852-53, Paris 1854.

COLLET, François, Pierre. — La Haye 1852-1854.

COLLETTE, Mme. — V. Collomb.

COLLEUILLE, Alexis. — Premier rôle en tous genres et chanteur. Nancy 1824, Lille 1825. Directeur privilégié et premier amoureux, La Haye 1828, directeur Orléans 1830, 1833-34. On lit dans l'*Almanach* Barba de cette année : « Le théâtre d'Orléans, sauf deux mois d'été, est sédentaire, et M. Colleuille est subventionné à cet effet. La ville de Tours, pour conserver M. et Mme Colleuille, et surtout le talent si remarquable de Mme Alexis Colleuille, a accordé à ce directeur une allocation de 3000 fr. que n'ont jamais pu obtenir ses prédécesseurs ». Tous deux jouaient alors les premiers rôles.

Alexis Colleuille devint directeur du th. du Luxembourg, à Paris, en mai 1846 et après une gestion prospère repassa cette petite scène à Gaspari. Devenu régisseur à l'Opéra, il mourut en 1872.

Bibliographie : *Grande Biographie dram.*, 1824 et 1825.

COLLEUILLE, Mme Alexis. — Femme du précédent, première amoureuse à Lille (1824), aux appointements de 3400 fr., puis de 4000 fr., était une charmante actrice, dont Maurice Alhoy fit le plus grand éloge. Elle suivit son mari, comme premier rôle, à La Haye 1828, puis vint débuter à la Porte-St-Martin le 8 février 1830, par le rôle de Louise dans la *Fille du Musicien*. On la trouva agréable, mais prétentieuse. Dans le rôle d'Abricotine de *Riquet à la houppe*, elle fut jugée trop maniérée. On la vit alors comme soubrette, Orléans 1830 et premier rôle, Orléans 1833-34. On sait par la note citée dans l'article *Colleuille* qu'elle était très aimée également à Tours.

Bibliographie : *Grande biographie dram.*, 1824 et 1825.

COLLEUILLE. — Fils des précédents, acteur comique, débuta au th. du Luxembourg sous la direction paternelle (1852), passa à Beaumarchais, au Vaudeville 1861, à la Gaîté 1875, aux Menus-Plaisirs 1884, à la Renaissance 1888, à la Porte-St-Martin 1893, à l'Ambigu 1896. Il faut rattacher à cette famille Georges Colleuille fils, né vers 1838, sous-régisseur à l'Opéra en 1868, puis régisseur général, théâtre où il resta près de 50 ans, le modèle des employés et le plus affable des hommes, mort à Garches (*Figaro*, 4 sept. 1902). M. Adrien Bernheim lui consacra un long article (*Figaro*, 16 du même mois).

COLLIET, Mlle Madeleine. — Variétés 1859-62.

COLLIGNON, Mme Désirée, Marie Righiny dite. — Deuxième amoureuse, Lille 1844-49, Rouen 1849, Gand 1850, Amiens 1851-52, Toulouse 1853-54, Versailles 1855, Amiens 1856-58, Rouen 1859, Strasbourg 1860-61, premier rôle, Lille 1862-65, premier rôle, Genève 1864, Mulhouse 1867-78, Belfort 1879-80, Mulhouse 1881-82, Paris 1883-91. Elle mourut à Vichy. En 1887, âgée de 60 ans, avec 34 ans de th., elle avait obtenu une pension de 500 fr. de la Société des artistes. Eugène Garraud, en annonçant sa mort (Rapport 1892), rappela qu'elle avait été une excellente jeune première qui avait su se faire apprécier partout comme femme distinguée et actrice d'un réel talent.

COLLIGNON, Mlle Eugénie Bruneel dite. — Le Caire 1871-74.

COLLIGNON, Mlle. — Folies dram. 1887.

COLLIN, Mlle. — Utilités, Gaîté 1799.

COLLIN, Achille. — Ambigu 1849-50.

COLLIN, Armand. — Débuta à l'Odéon le 15 janvier 1852 par le rôle de Damis, dans *Tartufe*. Odéon 1852-54, Rouen 1855, Liège 1856-59.

COLLIN, Mme. — Th. de la Tour-d'Auvergne 1861.

COLLIN, Mme, née Justine Cresson. — Voyez Cresson.

COLLIN, Olivier, Marie. — Nantes 1867-68, Clermont 1869-70, Nantes 1872-74, Anvers 1875, Nantes 1876-89.

COLLIN, Mlle Blanche, Léonie Collin. — Gymnase 1892-93, Aix 1894-95.

COLLINET, Mlle. — Débuta le 5 janvier 1828, aux Variétés, par le rôle de Nicette dans la *Chercheuse d'Esprit* et figura dans la troupe de ce théâtre en 1828-29.

COLLINET, Octave. — Lorient 1850, Colmar 1852-53, Lorient 1854, Rennes 1855-56, Colmar 1857, Nantes 1858-60, Valenciennes 1861, Douai 1862-64, Soissons 1865, Douai 1867, Soissons 1868, Tournai 1869-72, Valenciennes 1873, Douai 1874, Poitiers 1876-77, Douai 1877-79. Sa mort fut annoncée au Rapport de 1880.

COLLINET. — Financier, deuxième comique, Tournay 1842, Bruges 1844, Bruges 1852.

COLLODION, Mme, dite aussi *Faustine*. — Morte avec son mari dans l'épouvantable catastrophe de la *Ville du Hâvre*, en 1873. Voyez Mlle Faustine.

COLLOMB, Charles. — Avignon 1863-65.

Iconographie : La Bibl. nat., catal. Duplessis 10,216, possède le portrait d'un *Collomb* (?) acteur, en pied, de 3/4 à droite, cost. de th., lith. Gabert, 1872.

COLLOMB, Mme Jeanne, née Ricquier, dite aussi *Collette*. — Avignon 1863-65.

COLLON, François. — Son nom figure dans un acte de société avec les comédiens du Marais, le 12 mars 1667.

COLLOT D'HERBOIS, Jean, Marie. — Naquit à Paris en 1750. Il appartenait à une famille bourgeoise qui lui fit faire ses études chez les Oratoriens. Il embrassa par goût la carrière dramatique, ajouta à son nom de Collot celui de *d'Herbois* et alla jouer la comédie en province. Nous connaissons une partie de son itinéraire par la publication des ouvrages — assez médiocres — qu'il faisait représenter dans les villes où il passait :

1772, Bordeaux, *Lucie* ou les *Parents imprudents*, drame.

1773, Nantes.

1774, Caen. Il écrivait à cette époque à Desroziers, à Douai, et celui-ci, dans un projet de troupe pour 1775, fait figurer d'Herbois comme premier rôle, aux appointements de 2400 fr. Mais il n'y vint que plus tard (1779).

1775, Angers. Le *Bon Angevin* (19 juin).

1777, Avignon. Cette même année il publie le *Paysan magistrat*, comédie en 5 actes et en prose, imitée de Caldéron. La cinquième édition, que les biographes ne mentionnent pas, fut publiée à Lyon, chez Castaud, en 1782.

1777, Avignon. Le *Nouveau Nostradamus* ou les *Fêtes provençales*, comédie.

1777, Paris. Le *Vrai Généreux* ou les *Bons Mariages*, drame.

1777, Amiens. Le *Bon Angevin*, déjà cité.

1778, Paris. Le *Bénéfice*, comédie.

Cette même année, il écrit d'Aix en Provence : « Il est fort aisé de prouver que je ne suis pas bon acteur, parce que je prononce les *a* trop ouverts et les *e* trop fermés ; mais les *a* et les *e* à part, je soutiens et avoue tous mes ouvrages et, comme le pélican, je suis prêt à m'ouvrir les veines pour l'existence de mes enfants.

Aix, le 25 novembre 1778.

COLLOT D'HERBOIS ».

Cette lettre, rapportée par Ch. Maurice (*Hist. anecdotique*, t. I, p. 9), avait été écrite parce qu'on ne l'avait pas nommé à Marseille pour son *Monsieur Rodomont* ou l'*Amant Loup-Garou*.

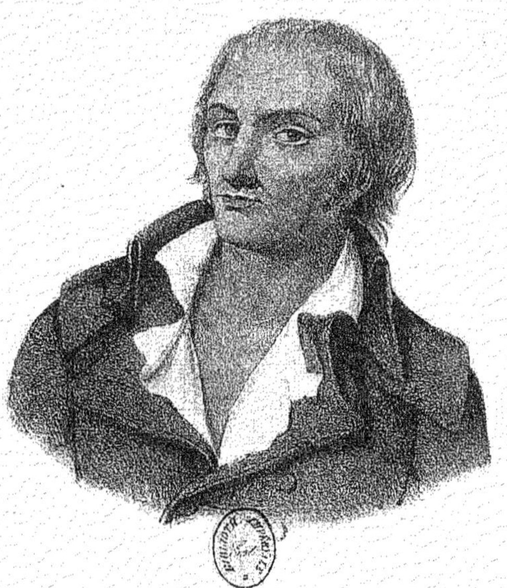

COLLOT D'HERBOIS (Bibl. nat.), lith. de Grégoire et Deneux.

1779, 20 septembre. On représente simultanément, sur les théâtres de Lille et de Douai, une comédie-divertissement intitulée les *Français à la Grenade* ou l'*Impromptu de la Guerre et de l'Amour*. « Collot a eu soin de nous apprendre que cette pièce a été « composée à l'occasion des avantages remportés par les armées de Sa Majesté très chrétienne en Amérique, pendant les campagnes de l'année 1779 ». L'avant-propos nous apprend encore qu'elle a été faite, apprise et jouée par les acteurs de Lille en moins de quatre jours. On y remarque un patriotisme très ardent et des sentiments monarchiques très vifs :

Chantons Bourbons, fêtons [les lys !
Pour tout Français c'est le [cri de la gloire.
Vive Louis ! Vive Louis !

« Le nom d'*Antoinette* est aussi le plus doux à prononcer au milieu des charmes de la victoire ». Cette pièce est conservée à Lille dans le legs Gentil-Descamps. On y voit, sous une couronne royale, deux écussons représentant les portraits de la reine et du roi. Le cachet de Collot d'Herbois que l'on remarque sur ses lettres portait d'ailleurs trois fleurs de lys.

1780, Paris. L'*Amant Loup-Garou* ou *M. Rodomont*.

1781, La Haye.

1781, Paris. La *Fête dauphine* ou le *Monument français*. Le dauphin était né en novembre. En avril 1782, Collot d'Herbois fait son apparition sur la scène de Lyon. Il avait alors 32 ans ; il était de taille moyenne, avait le teint brun, les cheveux noirs et crépus, le regard inquiet; son visage était assez beau, son organe sonore; « une grande force de poumons », a dit son ennemie, Mme Roland. Laissons la parole à M. Vingtrinier, l'auteur du *Théâtre à Lyon au XVIIIme siècle* : « Ces qualités physiques, jointes à un vrai talent d'acteur, lui conquirent bien vite la sympathie du public lyonnais, devant lequel il remplit avec succès l'emploi des *grands premiers rôles comiques* ». — On lit, en effet, dans la *Petite Chronique* : « 10 mai 1782. Collot d'Herbois, nouvel acteur dans les grands rôles comiques, continue à faire plaisir ». — Dans une lettre adressée aux auteurs du *Journal de Paris* (nº du 13 oct. 1782), Collot d'Herbois prend le titre de *premier acteur du th. de Lyon.*

« Il faut rejeter comme inexacte, continue M. Vingtrinier, l'assertion généralement admise et reproduite par tous les biographes, d'après laquelle Collot d'Herbois aurait été sifflé au théâtre de Lyon et « aurait plus tard fait payer cher à cette malheureuse ville un *acte de justice réclamé par le bon goût...* » On n'aurait pas souffert longtemps un premier rôle sifflé dans une des troupes les mieux composées qu'il y eut en province, avec un spectacle tous les jours ».

Cette situation enviée, il va la conserver pendant plusieurs années, et lorsqu'au mois d'avril 1787 il fallut pourvoir au remplacement de Rosambert, ce fut lui qu'on désigna comme directeur, avec un traitement fixe de 6000 livres, non compris son intérêt dans l'entreprise et un logement au théâtre. Sa situation d'homme marié, la modération apparente de son caractère, son prestige de bon acteur, sa facilité pour tourner un couplet ou un madrigal le faisaient rechercher dans les salons. Les archives de Lyon possèdent bon nombre de lettres de Collot d'Herbois et notamment toutes celles par lesquelles il informait le commandant de la ville, M. Tolozan de Montfort, du répertoire de la semaine. Le duc de Villeroy écrit de Paris une lettre aux prévôts des marchands (25 oct. 1787) pour louer « le zèle et l'honnêteté de la nouvelle compagnie » et Collot use, dans chaque circonstance, de procédés courtois envers le public.

L'abbé Guillon de Montléon, écrivain ultraroyaliste, donc nullement suspect d'indulgence pour Collot, écrit dans ses *Mémoires* (t. II, p. 332-333) : « Quoique j'habitasse Lyon au temps où l'on prétend que Collot y fût sifflé, et quoique les évènements de ce genre fussent racontés dans toutes les sociétés... je n'ai jamais ouï dire que Collot eût reçu une pareille mortification dans notre ville, où son espèce de talent plaisait beaucoup ».

Un autre écrivain royaliste, Beaulieu, s'exprime ainsi *(Biogr. univers. art. Collot)* : « Il avait exercé son art dans plusieurs grandes villes, et notamment à Lyon, où il jouissait d'une espèce de considération ; sa conduite n'était pas celle d'un comédien ».

Nous nous sommes étendus sur ces faits pour en finir une bonne fois avec la légende de Collot se vengeant plus tard de la ville de Lyon « où il avait été sifflé ». M. Vingtrinier qui connaissait à fond son histoire locale a fait justice de ce racontar dont il fait remonter l'origine à Grimod de la Reynière, lequel, après avoir écrit : « Le directeur, M. Collot d'Herbois, est votre ami; ce mot renferme son éloge et me dispense de vous répéter combien il est fait pour être celui de tous les gens de lettres, par les qualités de son cœur et de son esprit », écrivit plus tard : « Cet homme féroce, ancien régisseur et acteur du premier de ces théâtres (les Terreaux), s'est vengé sur les Lyonnais des nombreuses huées qu'il en avait reçues, et sur la plupart de ses camarades du juste mépris qu'ils avaient pour son insolence et pour ses vices ». Le *Censeur dramatique*, t. I, 338-339, 30 vendémiaire, an VI (1797). Reste encore l'histoire du vol de la caisse. Nous en parlerons plus loin.

Collot d'Herbois quitta la direction de Lyon le 22 février 1789, pour celle de Genève.

Dans cette ville, il ne laissa que de bons souvenirs. Les affaires furent prospères et il y fit jouer sa pièce *Bonne Justice* ou le *Paysan Magistrat*, dans laquelle il tenait le premier rôle. Là seulement on lui reprocha d'être cagneux, de grasseyer et d'appuyer sur les finales. Mais l'on fut unanime à lui reconnaître une mémoire extraordinaire, de la verve, beaucoup d'âme. Il triomphait dans l'*Habitant de la Guadeloupe*, la *Vie est un Songe*, le *Festin de Pierre*.

Cependant les idées nouvelles l'enflamment ; il accourt à Paris, où, au lieu de vivre tranquillement à Chaillot, d'une modeste aisance acquise par son travail, il se jette à corps perdu dans la politique. Nous trouvons bien ses traces comme critique dramatique — nous avons en notre possession le compte rendu qu'il fit des *Epoux mécontents*, pièce donnée pour l'ouverture du théâtre Montansier (vente d'autographes Noël Charavay, février 1902), mais ses visées sont tout autres.

Le 17 juillet 1790, il fait représenter au th. de Monsieur une pièce nationale en deux actes et en prose, la *Famille patriote* ou la *Fédération*. Le 17 mars 1791, il signe un traité avec ce même théâtre, afin de garantir ses droits d'auteur, donne encore les *Portefeuilles*, le *Procès de Socrate*, l'*Aîné et le Cadet*, contre les préjugés de la noblesse, th. Feydeau, 17 janvier 1792.

Membre du Club des Jacobins, il en devient un des orateurs les plus influents. Sa voix est sonore, son geste tragique, son éloquence est chaude. Il remporte le prix avec son *Almanach du Père Gérard* qui eut un succès prodigieux. Dans la nuit du 9 au 10 août, nommé commissaire de la Commune, il sauve la vie des Suisses enfermés aux Feuillantines; plus tard, il se fait l'apologiste des massacres de septembre.

La vie politique de Collot d'Herbois ayant été partout décrite, nous passerons rapidement sur son élection à la Convention, ses missions en province, ses fonctions au Salut public. Le 21 septembre 1792, il fut de ceux qui firent décréter l'abolition de la royauté. Mme Roland, dont le mari était l'ennemi personnel de Collot, ne connaît plus de mesure lorsqu'elle parle du tribun : « Une grande force de poumons, le jeu d'un farceur, l'intrigue d'un fripon, les écarts d'une mauvaise tête et l'effronterie de l'ignorance, tels furent ses moyens de succès dans les clubs... » (*Mémoires de Mme Roland*, édit. Hachette, p. 224). Et comme si cela ne suffisait pas : « C'était un repris de justice; il avait été condamné, dans le midi, à un an de prison pour une vilaine action, lorsqu'il courut les tréteaux, et pour laquelle plusieurs juges avaient opiné aux galères ». Voilà la calomnie lancée; sur quel fait s'appuie-t-elle? Personne ne saurait le dire. Le 9 thermidor, an II, dans une proclamation de la Commune de Paris, signée Lescot Fleuriot, maire, et Fleury, secrétaire, on accuse Collot d'avoir jadis, étant comédien, volé la caisse de la troupe. Courtois, membre de la Convention nationale (rapport du 16 nivôse, an III, sur les papiers trouvés chez Robespierre) parle d'un an de prison. La satire s'empare de ce bruit, et dans le *Divertissement patriotique*, on chante sur l'*Air des Pendus :*

De deux villes chassé pour vol,
Sur Paris dirigeant son vol,
Collot, qui sous sa redingote
Emportait la vaisselle à l'hôte
Français, à ta confusion,
Préside à la Convention.

Revenons à Lyon : cette ville avait donné le signal de la révolte contre la République, et sa destruction avait été décidée. Lyon ne fut pas démolie, mais Collot et Fouché, délégués par la Convention, firent fusiller et mitrailler en deux jours, dans la plaine des Brotteaux, 294 condamnés (14-15 frimaire, an II — 4 et 5 décembre 1793). Il y eut encore deux fusillades du même genre les 18 et 21 brumaire, et huit guillotinades, en même temps que 1800 acquittements. Collot revient alors à Paris pour rendre compte de sa mission et manque d'être assassiné, comme il résulte du *Rapport sur l'assassinat de Collot d'Herbois*, lu à la Convention nationale, au nom du Comité du Salut public, par Barrère, séance du 4 prairial, an II. Un sieur Ladmiral, âgé de 50 ans, ancien employé à la Loterie royale, demeurant rue Favart, 4, dans la même maison que Collot, après avoir en vain cherché à rencontrer Robespierre, attendit que son voisin rentrât chez lui à onze heures du soir et lui tira, dans son escalier, deux coups de pistolet qui ne l'atteignirent pas, déclarant avoir voulu commettre « un acte de bienfaisance ».

Le 8 messidor, an II (27 juin 1794), poursuivant d'une haine implacable les comédiens emprisonnés, il adresse ce billet doux à l'accusateur public Fouquier-Tinville, billet dont quelques-uns ont cependant contesté l'authenticité :

« Le comité t'envoie, citoyen, les pièces concernant une partie des *ci-devant comédiens français*. Tu sais, ainsi que tous les patriotes, combien ces gens-là sont *contre-révolutionnaires;* tu les mettras en jugement le 13 messidor.

« A l'égard des autres, il y en a quelques-uns parmi eux qui ne méritent que la déportation ; au surplus, nous verrons ce qu'il en faudra faire après que ceux-ci auront été jugés.

COLLOT (D'HERBOIS).

Les comédiens furent sauvés grâce à Fabien Pillet et à Labussière qui, sous divers prétextes, différèrent la remise des pièces jusqu'à la journée libératrice du 9 thermidor (V. Labussière).

On sait comment l'assemblée, entraînée par un courant contraire, fut amenée à frapper ceux-là même qui avaient été les exécuteurs de ses décrets. Collot ne put résister à la loi fatale. Les membres des anciens comités furent poursuivis, et le 12 ventôse, an III (2 mars 1795), Collot fut arrêté et déporté à Cayenne.

Accusé, à tort ou à raison, avec Billaud-Varennes, d'avoir fomenté là-bas un complot des noirs contre les blancs, il fut enfermé au fort de Sannamary. Les détails de sa mort sont assez obscurs : on fit courir le bruit que, frappé d'une fièvre cérébrale, il avala le contenu d'une bouteille de rhum et mourut dans d'atroces souffrances tandis qu'on le transportait à l'hôpital de Cayenne (18 nivôse, an IV, 8 janvier 1796). Il laissait une veuve qui possédait encore quelques revenus amoindris.

Bibliographie : H. Minier, le *Th. à Bordeaux*, p. 51. — G. Lhotte, le *Th. à Lille avant la Révolution*, p. 56. — G. Lhotte, le *Th. à Douai avant la Révolution*, p. 137. — L. Lefebvre, *Un chapitre de l'hist. du Th. de Lille*, p. 15. — Em. Vingtrinier, le *Th. à Lyon au XVIIIme siècle*. — H. Welschinger, le *Th. de la Révolution*. — A. Pougin, la *Comédie française et la Révolution*. — Queruan-Lamerie, *Notice sur le Th. d'Angers*.

Iconographie : Bibl. nat,. catalog. Duplessis 10230.

1. En buste, de 3/4 à gauche, lith. anonyme.
2. En buste, de 3/4 à droite, dans une bordure ovale, gravé au pointillé, anonyme.
3. A mi-corps, de 3/4 à droite, gravé à l'eau forte, anonyme.
4. En buste, de 3/4 à droite, lith. anonyme.
5. En buste, de 3/4 à droite, dans un rond (fragment) gravé à l'eau forte, anonyme.
6. En buste, de 3/4 à gauche, dans une bordure ovale, gravé par F. Bonneville, 2 états.
7. A mi-corps, de 3/4 à gauche, dans un octogone, gravé par Bosselman, d'après Raffet.
8. En buste, de 3/4 à gauche gravé par Delaporte fils.

9. En buste, de ¾ à gauche, lith. Grégoire et Deneur.

10. En pied, de ¾ à droite, gravé par Leguay, d'après A. Lacauchie.

11. En buste, de profil à droite, dans une bordure ronde, gravé par Minatelli.

COLLOT. — Artiste nomade, signalé par Maurice Alhoy, 1825.

COLOMB. - Premier comique. Haute-Loire, Lozère 1824, Puy-de-Dôme, Nièvre, Cantal 1825, débuta le 21 mars 1826 au Vaudeville dans *M. Sans-Gêne* et *Nicolas Remy*. Colmar 1826, Tours 1828, Dieppe 1829, Vannes 1830, directeur à Troyes 1833, Dijon 1840. On retrouve encore un *Colomb*, Agen 1845, troisième rôle St-Malo 1851, et un *Colomb-Bénédict*, Lyon 1853.

COLOMB, Mlle. — Ingénuités, Colmar 1826, Tours 1828, Dieppe 1829, Vannes 1830.

COLOMB, Mlle Henriette, dite aussi *Mathilde*. — Le Hâvre 1860-63, Brest 1864-1865, Genève 1867-68, Béziers 1869, Le Hâvre 1870-1872, Saint-Germain 1873-1874, Calais 1875-76, Orléans 1877-78, Carcassonne 1879, Auch 1880-81, Constantine 1882. Sa mort fut annoncée au Rapport de 1882.

COLOMB, Emile, Séraphin. — Constantine 1873-1882, Folies dram. 1883, Constantine 1884, Constantinople 1885-86, Paris 1887. Sa mort fut annoncée au Rapport de 1888.

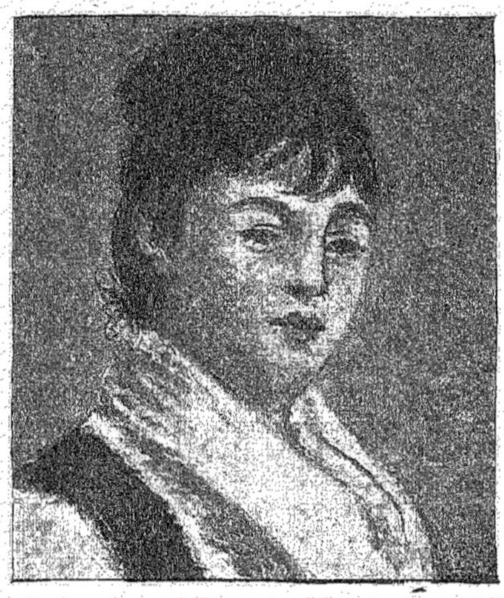

COLOMBA, Mlle Eugénie, ou *Colombat*. — Délass. com. 1861, Ecole lyrique 1862. Plus connue au quartier latin sous le nom de Colombinette. Intelligente, caractère vif, gai, franc, toujours enjoué.

Bibliographie : F. Savard, les *Petits Mystères de l'Ecole lyrique*, p. 111.

Iconographie : Id., photogr. en pied, de face, accoudée sur un piano, cliché Marietti.

COLOMBAT. — Directeur à l'île Bourbon 1834.

COLOMBE, Mlle. — Qu'il ne faut pas confondre avec l'actrice de ce nom de la Comédie italienne, débuta au Vaudeville vers 1800 et au th. Louvois (13 mars 1804). *L'Opinion du Parterre* nous dit qu'elle était assez jolie ; l'année suivante, on écrit : « Mlle Colombe était digne de ce joli nom ; elle pouvait paraître auprès de Mlle Leverd sous le rapport de la figure ; mais comme actrice, elle était bien faible. On la croit retirée ». — Vers 1806.

COLOMBE, Mlle. — Variétés 1859-62.

COLOMBERT. — Gand 1805.

COLOMBERY, Paul, Philippe. — Metz 1854-57.

COLOMBIER, Mlle Julie. — Jeune première, Funambules.

COLOMBIER, Mlle Anne, *Marie*, Thérèse. — Née à Auzances (Creuse) en 1844, passa par le Conservatoire et débuta le 26 mars 1864 par le rôle de Paolo dans la *Jeunesse du roi Henri*, au Châtelet. La même année, on la vit à la Gaîté, rôle de Suzanne, dans les *Mohicans de Paris* (20 août). « Je doute même qu'elle soit majeure », dit Al. Dumas dans sa préface. Malheureusement pour l'art, Mlle Marie Colombier sembla plutôt rechercher des succès de jolie femme. « Un premier prix de Conservatoire et de beauté, écrit-on en 1866. Fait du théâtre par genre. Prend une création, la joue quelquefois, puis la laisse. Mlle Colombier est une Eve brune, merveilleuse de formes et gracieuse... Elle donne des bals charmants... » Le 12 juillet 1865, elle avait fait valoir, en effet, ses avantages physiques sous le maillot d'Eve, du *Paradis perdu* (th. de la Gaîté). Le 20 juin 1866, elle crée un rôle dans *Jean la Poste*. Puis on la vit à l'Ambigu, mais toujours capricieuse, errante, fantasque. En 1872, elle arrive jusqu'à l'Odéon et reprend, dans le *Passant*, le rôle créé par Agar, joue le *Rendez-vous*, de François Coppée, paraît dans les *Femmes savantes*, le *Mariage de Figaro*, *Tartufe*. A la suite d'une brouille survenue avec son directeur, Duquesnel, en 1873, elle revient à l'Ambigu (*Mlle Trente-six Vertus*). Mlle Marie Colombier avait une sœur, Amélie, danseuse à l'Opéra.

Mlle Marie COLOMBIER
Portrait mis en tête des *Voyages en Amérique*

Elle commence alors une vie errante, jouant à Bordeaux, où elle eut pendant quelque temps une direction à son compte, à Marseille, à Naples, à Berlin. En 1878, elle reparaît à l'Ambigu (*Une Cause célèbre*). En 1881, elle joue *Léa* à la Comédie parisienne.

Mais elle se fit surtout connaître par ses démêlés avec Sarah Bernhardt qui l'avait emmenée dans une tournée en Amérique. Revenue en France, elle taille sa plume et commence à lancer son premier volume à scandale : *Voyages de Sarah Bernhardt en Amérique*, 1881, in-12. Viennent ensuite : les *Pistolets de la petite Baronne*, avec préface d'Arm. Silvestre, 1883, in-12, les *Mémoires de Sarah Barnum*, avec préface de Paul Bonnetain, 1883, in-12. Ce dernier pamphlet lui valut une condamnation pour outrages aux bonnes mœurs (mai 1884) : trois mois de prison et mille francs d'amende. Le livre fut saisi. Mme Sarah Bernhardt, accompagnée de son fils et de Jean Richepin était allée, entre temps, tout briser dans l'appartement de Mlle Colombier. D'autres pamphlétaires avaient répondu par : la *Vie de Mlle Marie Pigeonnier*.

En 1884, Mlle Colombier organisa une troupe pour faire représenter un drame d'elle, *Bianca*. La première représentation qui eut lieu à Versailles ne remporta qu'un médiocre succès. Renonçant alors à peu près au théâtre, Mlle Colombier, que menaçait l'obésité, se lança dans le roman : le *Carnet d'une Parisienne*, Paris s. d. in-12, recueil de nouvelles, vers 1882. — *Mères et Filles*, 1885, in-12. — *On en meurt*, 1886, in-12. — *La plus jolie Femme de Paris*, 1887, in 12. — *Courte et Bonne*, 1888, in-12. — Le *Prince Brutus*. — *Mémoires de Marie Colombier*, 1er volume, fin d'empire. — *Mémoires fin de siècle*, 2me volume. — *Fin d'une Vie*, 3me volume, romans à scandales où l'auteur fait étalage de ses amants et raconte cyniquement sa vie galante. Marie Colombier, belle femme, bien douée, aurait pu travailler et devenir une bonne comédienne. Elle préféra à la carrière dramatique une vie de dérèglements dont elle fut la première à connaître les tristes conséquences et qu'elle se plaît aujourd'hui à raconter !

Biographie : *Œuvres de Marie Colombier*.

Bibliographie : *Affaire Marie Colombier Sarah Bernhardt*, in-12, 1884.

Iconographie : Bibl. nat., catalog. Duplessis 10,257. A mi-corps, de 3/4 à droite, lith. par J. Champagne.

En buste, en tête des *Voyages en Amérique*.

COLOMBY, Mlle Angélique, dite *Alice*. — Variétés 1859-64 (V. aussi *Alice*).

COLOMYÈS, Louis, Jules, Dominique. — Montpellier 1855-57, Amiens 1858, Rouen 1859, Bordeaux 1860-61, Marseille 1862, Lyon 1863-1865.

COLON, Jean. — Né vers 1775, Lille 1802, Boulogne-sur-Mer 1808, père d'Eléonore et de Jenny Colon.

COLON, Mme Marie, Anne Dejean-Leroy. — Femme du précédent, Boulogne-sur-Mer 1808, Anvers 1822, emploi des duègnes — mère d'Eléonore et de Jenny Colon — Opéra-comique 1824, Rouen 1825, aux appointements de 4000 fr.

COLON, Mlle Eléonore. — Fille des précédents et sœur aînée de Jenny Colon, née en 1807, fut signalée de Nantes comme un prodige et débuta à l'Opéra-Comique où elle ne réussit que médiocrement (1822-29). Intelligente et sensible, on lui conseillait de prendre la comédie (V. Mme Prévost-Colon).

COLON, Mlle Jenny, Marguerite. — Femme Le Plus, sœur de la précédente, naquit le 5 novembre 1808 à Boulogne-sur-Mer (et non 1810) comme le prouve l'acte de naissance reproduit par E. De Manne et C. Ménétrier. Comme Léontine Fay, alors en vogue, Jenny Colon résista à un développement hâtif, forcé, contre nature. Toute jeune encore, on lui faisait jouer les rôles créés par la merveille du Gymnase, notamment à Nantes. Les parents songèrent alors à exhiber à Paris leur petit prodige, et l'on partit pour la capitale, le père, la mère, la fille aînée et Jenny. Le 1er avril 1822, les enfants débutèrent au théâtre Feydeau, dans les *Deux petits Savoyards*. L'année suivante, le Vaudeville enleva Jenny à l'Opéra-comique. Sa jeunesse, sa figure épanouie, la fraîcheur de sa voix lui valurent les succès les plus flatteurs dans les rôles du petit ramoneur de la *Vallée de la Barcelonnette*, la *Laitière de Montfermeil*, la *Pauvre Fille*, les *Dames volantes*, *Jehan de Saintré*, la *Demoiselle de Boutique*, la *Fleuriste*, et, à la mort de Pauline Geoffroy (commencement de 1828), elle reprit le rôle de Ketty.

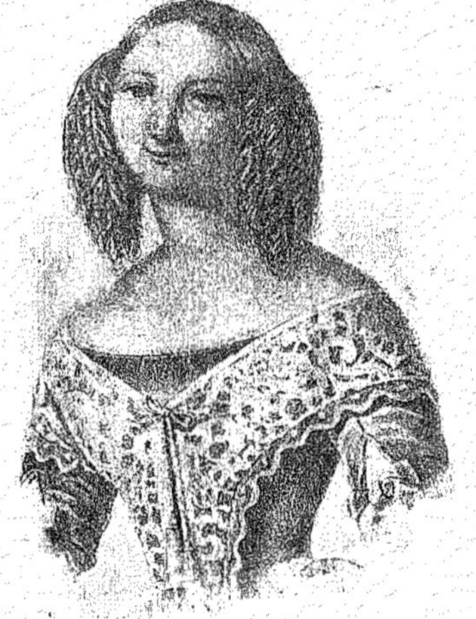

Mlle Jenny, Marguerite COLON, d'ap. Lacauchie

Un beau jour, elle partit furtivement à Londres avec son camarade Lafont, qu'elle épousa de l'autre côté du détroit. Quelques mois plus tard, avant de revenir en France, les deux jeunes époux avaient assez l'un de l'autre. Les Variétés attirèrent la fugitive, et le 27 ou 28 octobre 1828, Jenny Colon débutait à ce théâtre dans la *Semaine des Amours* et reprenait le rôle créé par Jenny Vertpré dans la *Vieille de seize ans*.

Bordeaux (1829, avec Lafont), Bayonne,

Londres virent la fauvette voyageuse. Le Gymnase l'appelle à lui, mais ne peut la garder que dix-huit mois. La voici de nouveau aux Variétés et ce fut là l'époque la plus glorieuse de sa carrière : l'*Espionne russe*, la *Prima Donna, Madame d'Egmont, Madelon Friquet, Une Fille d'Eve* sont autant de succès pour elle. C'est à cette date qu'il faut reporter aussi sa rencontre avec Bressant, dont elle facilita les premiers pas (V. Bressant).

Vers 1830, Gérard de Nerval contracta avec elle une liaison qui exerça sur la vie du poète une grande influence; lorsqu'elle mourut, nous apprend Jules Janin, Gérard de Nerval abandonna le feuilleton dramatique de la *Presse* et se mit à voyager. D'autres prétendent que cette affection ne fut jamais que platonique, et que c'est pour aider au succès de la jolie comédienne qu'il fonda le *Monde dramatique* (1835).

C'est à Jenny Colon que l'on prête le mot suivant : étant allé assister avec son petit garçon à une première représentation au Palais-Royal, elle fut rencontrée par Dupin, le collaborateur de Scribe qui, caressant l'enfant, crut faire un compliment à la mère en lui disant : « Voilà un vaudevilliste en herbe ». — Oh! non, répliqua la charmante femme; je lui ai fait donner trop d'éducation pour cela; nous en ferons un notaire ».

Blonde aux yeux bleus, mais la bouche un peu grande, douée d'une voix fraîche, séduisant partout où elle se montrait, Jenny Colon fut le type de l'oiseau de passage, voltigeant de branche en branche, ne se fixant nulle part. Après avoir étalé sa jeunesse, sa grâce, sa beauté même à côté de Jenny Vertpré et de Léontine Fay, elle disparaissait.

Cependant la jeune actrice travaillait sa voix en secret; elle reparut le 26 mars 1836 à l'Opéra-comique, dans le rôle de *Sarah*, écrit pour elle par Albert Grisard. Chanteuse, comédienne, elle avait pour elle l'avenir. Sa dernière création, la *Reine d'un Jour*, avait été un triomphe, mais toujours poussée par un désir de locomotion — souvenir de ses premières années, peut-être — elle rompit avec son administration. Entre temps, elle avait épousé, le 11 avril 1838, Gabriel Le Plus, flûte-solo de l'Opéra-comique.

Après une tournée à Rouen et à Bordeaux, elle se rendit à Bruxelles, où elle parut pour la dernière fois le 6 juin 1841, dans le rôle de Marguerite des *Huguenots*. Elle revint à Paris, faible, languissante, et succomba le 5 juin 1842.

Jenny Colon avait demeuré 6, rue Feydeau. 1823 ; 5, rue Fromanteau, 1824-25 ; 15, rue Traversière, 1826; 8, rue Richelieu 1827, 2, rue Vivienne, 1829, passage Vero-Dodat; 10, rue Vivienne, 1830; 2, rue Hauteville, 1833; rue Richelieu, 1835.

Biographie : *Annuaire Delhasse*, 1841, notice p. 134. — *Galerie Lacauchie*, t. II, 1842, notice par Et. Arago. — E.-D. De Manne et C. Ménétrier, *Galerie historique des Act. français* (complt troupe de Nicolet).

Bibliographie : *Grande biographie dramat.* 1824. — Harel, *Dict. th.*, 1825. — *Petite biographie*, 1826, 1829, 1831, 1833. — *Hist. des th. de Bordeaux*, p. 214.

Iconographie : *Galerie Lacauchie*, lith. en pied, de face, cost. de th., par A. Lacauchie (dans la *Reine d'un Jour*).

Galerie hist. des act. français, en buste, de face, lith. par Fugère.

COLSON père. — Th. comique et lyrique de la rue de Bondy 1792, troisième rôle à Rouen 1793.

COLSON, Mme mère. — Th. comique et lyrique de la rue de Bondy 1792, duègne au Hâvre 1825.

COLSON fils, Jean, André Cosson dit. — Fils des précédents, né vers 1790, débuta à la Comédie française à l'âge de 19 ans, le 6 ou 7 juillet 1809, par le rôle de Curiace dans les *Horaces*. Il sortait du Conservatoire. Mais on lui reprochait de prendre les intonations et d'imiter les gestes des acteurs en vue. L'*Opinion du Parterre* dit, à propos de ce début : « Elevé à l'ombre des coulisses, il n'a pas cru devoir imiter son père qui se borne aux fonctions modestes de chef des figurants et s'est proposé pour les seconds rôles tragiques. Il est grand, assez bien fait et sa figure n'est point désagréable; quant à son jeu, c'est celui d'un élève qui n'a aucune expérience... » Il fut cependant reçu comme pensionnaire et ne quitta la Comédie que le 1er avril 1816.

L'*Opinion du Parterre* de 1811 lui consacre un assez long article; il avait abandonné l'emploi de jeune premier pour celui de père noble. On lui conseilla d'étudier. L'année suivante, on enregistra ses progrès. En 1813, le même recueil lui consacre six pages : Colson n'a pas encore 25 ans et peut déjà aspirer à la succession de St-Prix et de Baptiste aîné : « Il a joué successivement Pharasmane, le vieil Horace, Agamemnon, D. Diègue, Argire, Coucy; sans réussir également dans tous ces rôles, il n'en est aucun qui ne lui ait fait honneur ».

Et cependant Colson quitta la Comédie française pour Bordeaux où nous le retrouvons comme père noble et régisseur avec 3600 fr. d'appointements, 1817-18. A cette époque, remonte la publication, sous le nom de *J.-B. Colson*, régisseur du grand th. de Bordeaux, des ouvrages suivants :

1° *Le Répertoire du Th. français* ou *Détails essentiels pour 360 tragédies et comédies.*

2° *Manuel dramatique* ou *Détails essentiels*, etc., pour 240 opéras comiques en 1, 2, 3 et 4 actes et pour 100 vaudevilles, 1817.

Le 17 avril 1818, Colson rentre à la Comédie par le rôle de D. Diègue du *Cid*. En 1821, il est engagé comme premier rôle à Bordeaux, où il demeure en 1822. En 1824-25, il est à Gand, en 1825 à Lille. Cependant Paris l'attire toujours. Il entre à l'Odéon et débute le 26 septembre de cette année par le rôle de Dorlange des *Châteaux en Espagne*. Il paraît encore dans le *Tyran domestique* (le 27), les *Marionnettes* (rôle de Marcelin, le 29), *Tartufe* (10 oct.), le *Misanthrope* (le 15), *Don Juan* (le 16). Son succès est très grand. Nous relevons encore son nom dans la distribution des pièces suivantes :

1825, 13 déc., les *Surfaces*.

1826, prologue du *Retour d'un Croisé*, dit par lui.

1826, 20 juin, *Vauban à Charleroi*.

1827, 2 févr. l'*Amant de sa femme*.

On écrit de lui en 1826 : « Joli garçon, qui a plus de chaleur que de talent, plus de voix que de savoir-faire ». En 1827, 1829, 1830, il est retourné tenir l'emploi des premiers rôles à Bordeaux. En 1831, il a 7000 fr. d'appointements à Rouen. L'Odéon rouvre ses portes le 25 oct. 1832 et nous revoyons le nom de Colson sur l'affiche le troisième jour (l'*Abbé de l'Epée*). Enfin il trouve le moyen de rentrer à la Comédie française, et l'on écrit de lui en 1833 : « Il tenait naguère avec distinction l'emploi des premiers rôles en province. Il dit bien la comédie, mais son jeu est uniforme et sans originalité ». En 1834, nous relevons un *Colson*, premier rôle et directeur à Agen. Il le fut aussi à Perpignan. En 1837, il est de retour à la Comédie française et figure dans la représentation du 10 juin donnée à Versailles. A partir de ce moment, il organise des troupes et parcourt la province. En 1843, nous le trouvons à Gand, directeur privilégié, premier rôle et père noble. Colson avait habité à Paris 20, rue Montmartre, 1811-12; 12, rue Lepelletier, 1814 ; 9, rue Richelieu, 1815 ; 15, rue Grenelle-St-Honoré, 1816-18 ; 17, rue de la Jussienne, 1820. Jean-André Colson habitait Paris en 1855 et Toulouse en 1856-57.

Bibliographie : *L'Opinion du Parterre*, t. VII, VIII, IX, X. — *Hist. des th. de Bordeaux*. — *Grande biographie dramatique*, 1824. — *Petite biographie*, 1826-1833. — P. Porel et G. Monval, l'*Odéon*, t. II.

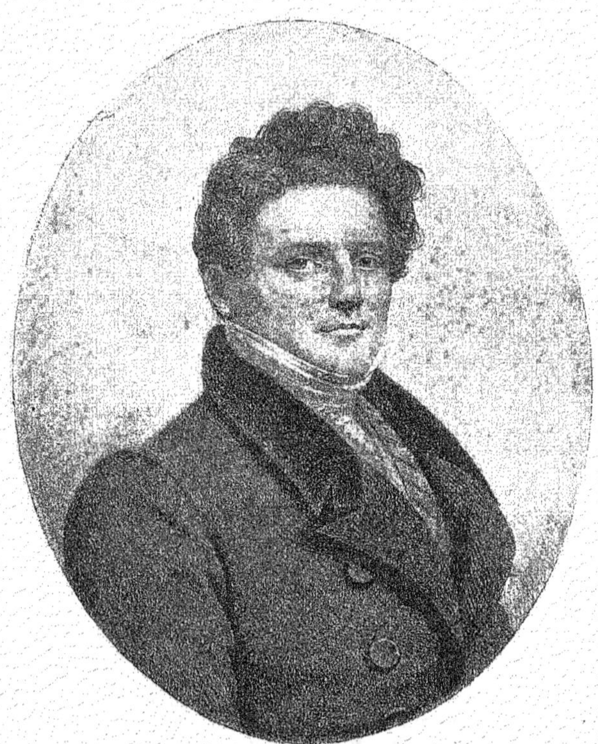

J. A. COLSON, du Th. de l'Odéon. Lith. de Villain

COLSON, Mme. — Femme du précédent, deuxième premier rôle et princesses, Grand th. de Bordeaux 1821, jeunes duègnes, Landes, Hautes et Basses-Pyrénées 1824, Amiens 1826-1827.

COLSON, Charles, Alexandre Cosson dit. — Fils des précédents, débuta dans les troupes de province que dirigeait son père, Agen 1834 ; il y tenait l'emploi de troisième comique, puis de ténor léger et chanteur-bouffe. En 1837 il était secrétaire-comptable de la troupe de la Nouvelle-Orléans. Vers 1850, il est en Hollande comme *Félix* de comédie et ténor léger. Il y épousa sa camarade Pauline Marchand (Pauline-Désirée Dejon), chanteuse de grand talent. Le roi de Hollande leur envoya un service d'argenterie et une ravissante corbeille de mariage.

Les jeunes époux restèrent deux ans à La Haye, puis vinrent à Paris. Adam cherchait une Néméa pour son *Si j'étais Roi*. Mme Colson fut engagée et fit au Th. lyrique une brillante carrière. Colson s'y tailla un succès avec sa chanson de la *Veste* dans la *Promise* (1854). En 1856 et années suivantes, nous retrouvons le couple à la Nouvelle-Orléans. Avant son départ, on l'avait élu membre du comité de la Société des artistes. En Amérique, Colson se prodigua pour la Société à laquelle il envoya en une fois 3491 fr. 50 (Rapport de 1856). De retour à Paris, Colson se fit une petite place au Vaudeville. Il ne réussit pas dans une direction des Fantaisies parisiennes et fut administrateur de l'Office des théâtres dirigé par Sari (1868). Revenu au Vaudeville, il y termina sa carrière. Il mourut en 1877, après une maladie d'une année, pendant laquelle la direction lui conserva ses appointements. Le nom de sa veuve figura à l'annuaire jusqu'en 1882.

Iconographie : Bibl. nat., catalog. Duplessis 10,316, à mi-corps, de ³/₄ à gauche (cost. de th.) lith. par Edme Guichard, 1854.

COLONÈLE. — Troisièmes rôles, Vannes 1852.

COMBAL de Francini-Méran. — Ambigu 1857-1863.

COMBE. — Deuxième comique, Sedan 1852.

COMBES, Mme Alexandrine, Laurence. — Reims 1869-72.

COMBETTES père. — On lit dans l'*Entr'acte de Genève* du 30 avril 1857, l'étrange histoire que voici : Combettes père avait occupé une haute charge à la Cour de Louis XVI ; seul, il avait défendu l'acteur Collot-d'Herbois qui avait déplu. Collot gagna la province et, plus tard, se souvint de son protecteur en lui sauvant la vie. Il le fit entrer au théâtre pour le cacher.

COMBETTES, Auguste. — Fils du précédent, né vers 1796, acteur comique, puis directeur habile. Comique, Verviers 1824, Dijon 1826, Lille 1828, Mons 1830, Namur 1830, régisseur et comique Mons 1833, directeur Limoges 1834, 1837, Le Mans 1842, Angers 1845, Clermont-Ferrand 1849-53, Reims 1854, Nancy 1855, Genève 1856-57, La Haye 1858, Genève 1859, Nancy 1860-64, Angers 1865-72. En 1867, Aug. Combettes âgé de 65 ans, avec 50 ans de théâtre, obtint une pension de 300 fr. de la Société des artistes. Sa mort fut annoncée au Rapport de 1873.

COMBEY. — Th. de banlieue et Montparnasse 1828-29.

COMBOIS, Mme. — Th. Cluny 1885.

COMER. — Utilités, Lille 1793.

COMET, Gustave, ou *Comette* ou *Commette*, — Confidents, le Hâvre 1824, Strasbourg 1829, Brest 1840. Vivait en 1849.

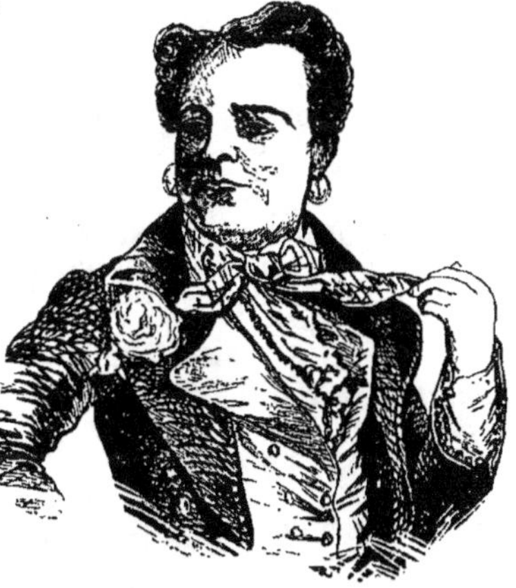

COLSON fils, d'ap. Lalnyé

COMMERSON, Mme. — V. Derval.

COMMUNY, Mme Emilie. — Th. du Châtelet 1867-68.

COMPAIN-Despierrières. — Acteur à Bruxelles depuis 1757. Il avait débuté par le rôle du prince dans *Ninette à la Cour*. Après avoir longtemps chanté les rôles d'amoureux dans les opéras sérieux, comiques et bouffons, il changea d'emploi et prit celui des paysans. Son nom figure à part entière dans l'*Etat des comédiens ordinaires de S. A. R. le prince Charles de Lorraine* établi à Bruxelles (1766). V. Desperrières.

Bibliographie : F. Faber, *Hist. du th. fr. en Belgique*, t. I, p. 201 et 232.

COMPAIN. — Th. Molière, rue St-Martin, 1791 et th. Molière, Bordeaux, 1793. S'étant signalé pendant la Terreur par de nombreuses dénonciations, il fut massacré à Bordeaux, en plein théâtre, au commencement de 1795.

Bibliographie : Ch. Monselet, les *Souliers de Sterne*.

COMPAIN, Mlle. — Th. des Sans-Culottes 1794.

COMPAN, Mlle. — Deuxièmes premiers rôles, Louvain 1842.

COMPÈRE. — Th. des jeunes élèves 1837.

COMTE, Adrien. — La Haye 1852, Toulouse 1853, Le Hâvre 1854-55, Gand 1856, Anvers 1857-60, Nantes 1861-62.

COMTE, Mme, née Maria Borchardt. — Le Hâvre 1854-55, Gand 1856, Anvers 1857-60, Nantes 1861-63, New-York 1864, Paris 1865.

COMTE, Mlle. — Délass. com. 1862.

COMTE. — Jeune premier, Lille 1868.

CONCHINI. — Troupe Raucourt, Milan 1808.

CONGARD, Joseph, Achille. — En 1849-50, il y avait deux Congard, celui-ci et Francisque-Victor qui prit le nom de *Quidet* (v. ce nom). Nous ne suivrons ici les traces que du premier. Lons-le-Saulnier 1853, Châlons-s/Marne 1854-1855, Chatellerault 1856, Th. lyrique 1857-58. En 1862, Congard Joseph, Achille, avait 65 ans et 40 ans de th. La Société des artistes lui accorda une pension de 200 fr. Nous perdons ses traces en 1866.

CONILLAT, Mlle Marie, Thérèse. — Du département de la Seine, deuxième prix de comédie au Conservatoire (rôle d'Agnès) 11 déc. 1812, l'année où Samson eut le premier prix.

CONIO, Joseph, Antoine. — Montauban 1878-79, Béziers 1880, Bayonne 1881. Limoges 1882-85, Marseille 1886-88, Béziers 1889, Nouvelle-Orléans 1890 et années suivantes. Habitait la Nouvelle-Orléans en 1903.

CONNELL, Mlle Marguerite, Marie, Louise Daton dite. — Née à Paris vers 1715, débuta une première fois à la Comédie française le 19 mai 1734, et une seconde le 26 mai 1736. Lemazurier croit qu'elle était d'origine irlandaise et que son père, Hugues Daton, écuyer, accompagna Jacques II dans sa fuite, après la perte de la bataille de la Boyne. Elle joua Junie de *Britannicus, Iphigénie, Andromaque*, Chimène du *Cid* et, dans le genre comique, Agathe des *Folies amoureuses*, Agnès de l'*Ecole des Femmes*, Isabelle de l'*Ecole des Maris*, etc. Elle fut reçue sociétaire le 8 août 1736, pour les rôles de confidentes et de secondes amoureuses.

Lemazurier, son seul biographe, croyons-nous, la représente comme une actrice très froide et peu aimée du public, malgré son désir de plaire en se prêtant à tous les rôles. Il la fait mourir d'une maladie de langueur le 21 mars 1750, compliquée d'un froid gagné en allant à Versailles. M. Monval attribue sa mort aux suites d'un accident de voiture, même date.

Biographie : *Anecdotes dramatiques*, t. III. — Lemazurier, *Galerie historique*. — G. Monval, *Liste alphabétique des sociétaires*.

CONNISSON, Georges. — Deuxième comique, Cambrai 1829.

CONSAUVE, Eugène. — Marseille 1849.

CONSCIENCE. — V. Constant.

CONSEIL, Laurent, seigneur d'Argyl. — Le 10 août 1652, sommation fut faite à « noble homme » Laurent Conseil, comédien de passage à Rouen, de payer au receveur général de l'Hôtel-Dieu les sommes reçues pour l'entrée des personnes qui étaient venues assister à la comédie.

CONSTANCE, Mme ou Mlle. — Sous ce nom :

Mlle Constance, utilités, Rouen 1816-17.

Mlle Constance d'Hailbourg ou d'Haillebourg, fit un bon début à l'Ambigu en 1823 et appartint à ce théâtre jusqu'en 1827. Elle fut alors engagée comme jeune première à Moscou où elle resta dix ans.

Mlle Constance Legaigneur ou Degaigneux, amoureuse, Dijon 1826, Genève 1828-29, Gand 1841.

Mlle Constance Deschanel, Variétés 1826, Nicette de la *Chercheuse d'Esprit* (17 mai), première amoureuse, Varsovie 1828-30.

Mlle Constance, Londres 1826-27.

Mlle Constance, utilités, Amsterdam 1829.

Mlle Constance, troisième amoureuse, Cambrai 1830.

Mlle Constance, Th. des jeunes élèves 1833.

Mme Constance Dengremont, troisième amoureuse, Nancy 1834.

Mlle Constance, deuxième et troisième amoureuse, Marseille 1840.

Mlle Constance Resuche, Variétés 1850-57, dont J. Arago disait : « Elle a de beaux yeux, de très beaux yeux, des yeux magnifiques... Avec cela, on joue le vaudeville et l'on est applaudi ». Est-ce la même, Folies dram. 1858, Délass. com. 1859-61?

CONSTANCE, Félix. — Nîmes 1872-73, Besançon 1874, Nancy 1875-76, Bordeaux 1877, Liège 1878, Genève 1879, Bruxelles 1880, Toulouse 1881-82, Angers 1883-85, Alger 1886, Constantinople 1887, Saïgon 1888, Anvers 1889, Paris 1890-91, Menus-Plaisirs 1892-93, Paris 1894. Sa mort fut annoncée au Rapport de 1895.

CONSTANT, Nicolas, Denis, Auguste. — Né à Paris en 1778, selon Delhasse, mort à Lyon le 13 juillet 1840. Constant avait commencé à Bordeaux en 1797 et joua tour à tour à Bayonne, Toulouse, Nantes, Lyon, Montpellier. Premier comique en tous genres, il devint un des artistes les plus distingués de la province. Il dirigea les scènes de Bordeaux et de Montpellier. Maurice Alhoy écrivait de lui en 1824 : « Après la façade du théâtre et la beauté des jeunes filles de Bordeaux, ce qu'un étranger place immédiatement dans son admiration, c'est le talent si vrai, si naturel de Constant ; Martin n'était ni plus aimé, ni plus fêté à Feydeau que Constant au grand théâtre de cette ville ». En 1817-18, il était régisseur à Bordeaux avec Colson et touchait 7900 fr. comme premier comique, presque autant que la première chanteuse. Il était encore dans cette ville en 1835. En 1837, nous le retrouvons à Lyon où nous avons vu qu'il mourut en 1840.

Bibliographie : *Grande biogr. dram.*, 1824. — *Annuaire Delhasse*, 1844, p. 175-176. — *Hist. des th. de Bordeaux*.

CONSTANT. — Sous ce nom :

Constant, confident, Gand 1782.

Constant, mime aux Jeux gymniques (P. S.-M.) 1812.

Constant, Porte-St-Martin 1818-19.

Constant, débuta à l'Odéon le 13 juillet 1820 par Egiste de *Mérope*.

Constant, Vaudeville 1821. Débuta dans le rôle de Frédéric de la *Somnambule* (26 avril).

Constant, amoureux, Versailles 1822-25.

Constant, troisième amoureux, Rouen 1823.

Constant-Billon. Lyon 1824. Acteur plein de noblesse, mais dont la diction monotone engourdissait les spectateurs. Directeur à Calais 1844.

Bibliographie : *Grande biogr. dram.*, 1824.

Constant, banlieue 1825-29.

Constant Morel, premier comique, Nord, Pas-de-Calais 1825.

Constant, deuxième amoureux, Sedan 1826, Reims 1827-29.

Constant. « Le sieur Constant, de passage à Bruxelles, joua le 7 novembre (1826) le rôle de Delmar de l'*Ecole des Vieillards* ».

Constant, amoureux, th. du Parc, Bruxelles 1829.

Constant, utilités, Amiens 1829.

Constant, débuta à la Porte-St-Martin dans *Rochester*, le 25 avril 1830.

Constant, premier amoureux, Boulogne-sur-Mer 1830.

Constant, rôles d'enfants, Orléans 1830.

Constant, Ambigu 1830-34, puis Délass. com. 1844, pères, rôles marqués. Physique commun, voix chevrotante. Et cependant très soigneux dans tous ses rôles, cet acteur s'efforçait de pallier ses défauts. Il joua fort bien Louis XV dans *Cotillon III*, le cardinal de Rohan dans le *Collier de la Reine*, Frédéric dans le *Watchmann*. On lui attribuait beaucoup de prétention.

Bibliographie : *Petite biogr. dram.*, 1831.

Constant, rôles d'enfants, Strasbourg 1833.

Constant, rôles annexés, Rennes 1833.

Constant, grand premier rôle, Calvados 1833.

Constant, Bruges 1833.

Constant jeune, utilités, Lille 1833.

Constant. V. Coquelin.

Constant, deuxième amoureux, Lyon 1834.

Constant Tiby, directeur, Genève 1834.

Constant, th. du Panthéon 1837.

Constant, jeune amoureux, Bordeaux 1837, Lyon 1840.

Constant Debray, Besançon 1837, 1840.

Constant, comique, Lille 1839-40.

Constant, deuxième financier, Anvers 1841-42, Liège, premier rôle marqué, 1842.

Constant, Henri, deuxième amoureux, Anvers 1841.

Constant, A. Junior dit, né le 9 novembre 1818, selon Delhasse, Bruxelles 1842, 1844.

Constant, petits rôles, Tournay 1842.

Constant, troisième comique, Gand 1843.

Constant, Auguste Conscience dit, né vers 1814, Nancy 1850-55, Hombourg 1856-57, Paris 1858-94. Agé de 66 ans en 1880, Constant Conscience reçut une pension de 500 fr. de la Société des artistes. Il avait 42 ans de services. Sa mort fut annoncée au Rapport de 1895.

Constant, deuxième amoureux, Lorient 1851.

Constant, Folies dramatiques 1851-52.

Constant. V. Théry.

Constant, th. du Luxembourg 1852.

Constant, deuxième comique, Boulogne-sur-Mer 1852.

Constant, jeune premier, Anvers 1852.

Constant, jeune premier, Berlin 1852.

Constant, deuxième comique — venant de Paris — et régisseur, mai-juin 1856, Lille.

Constant, Ambigu 1858.

Constant, th. Déjazet 1866.

Constant, Louis, Jules Coeffe dit. Paris 1871-72, Rochefort 1873, Bruxelles 1874-76, Lille 1877, Lyon 1878, Lille 1879-80, Angers 1881, Besançon 1882, Rouen 1883, Nantes 1884, Amsterdam 1885, Rouen 1886-92. Sa mort fut annoncée au Rapport de 1894.

Constant, Folies Marigny 1874.

Constant, th. des Arts 1875-76.

Constant, Porte-St-Martin 1876.

Constant, th. Cluny 1876.

Constant. V. Larchevêque, Lécuyer, Magne.

CONSTANT, Mme ou Mlle. — Sous ce nom :

Mlle Constant, utilités, Sedan 1826.

Mlle Constant, Augustine, th. Comte 1830.

Mme Constant, premier rôle, Grenoble 1834, Lille 1843.

Mlle Constant, jeune première, Orléans 1834.

Mlle Constant, Brest 1840.

Mlle Constant, utilités, Bruxelles 1846.

Mme Constant, Genève 1852.

Mme Constant, Berthe, troupe Urbain, Moscou 1875-76.

CONSTANT, Mlle Isabelle. — Actrice à la figure pâle et douce, blonde, fine, naquit au jardin du Luxembourg; où son père avait un emploi. Elève de Samson, au Conservatoire, elle débuta au Th. historique par le rôle d'Hélène du *Capitaine Lajonquières* (fin sept. 1850), pièce jouée précédemment à la Comédie française sous le titre de *Une Fille du Régent*. On la disait aussi élève de Mlle George. On lui reconnaissait de l'âme, de la sensibilité, de l'ardeur. Elle n'avait pas vingt ans.

Le Th. historique ayant fermé ses portes, elle passa au th. du Cirque, où elle créa le rôle de France dans la *Barrière de Clichy*. Le 20 septembre 1851, à l'Ambigu, elle joue Mélusine du *Vampire*. A la Porte-St-Martin, elle sert de modèle pour la statue d'Hébé que modelait en scène Mélingue dans *Benvenuto Cellini*. A la Gaîté, elle joue le rôle de Marie dans la reprise du *Comte Hermann*. Elle crée celui de Louise des *Cosaques*. Au Vaudeville, elle débute par le rôle d'Henriette de la *Vie en rose*. Partout elle reçoit le meilleur accueil.

A l'Odéon, où elle avait déjà débuté le 8 février 1852 dans *Andromaque*, elle joue Louise de la *Conscience*, et depuis 1855, elle contribue puissamment à l'Ambigu aux succès de *Kean*, *Frère et Sœur*, *César Borgia*, la *Servante*, le *Fléau des Mers*.

Biographie : les *Th. de Paris*, notice par Louis Judicis (1854). — *Biographie Lavergne* (1856). — Gallois, les *Th. de Paris*.

Iconographie : les *Th. de Paris*, lith. en pied, d'ap. Lorsay (cost. de th.), dans les *Cosaques*.

CONSTANTIN, Etienne, Thomas. — Fut baptisé à l'église Ste-Croix, à Bordeaux, le 2 janvier 1743, jour de sa naissance. Son père, Denis Constantin, était cordonnier. Par quelles suites de circonstances Etienne Constantin fut-il amené à jouer les rôles d'amoureux chez Nicolet, dès les premières années de l'établissement de ce spectacle? Voilà un point difficile à éclaircir. Quoi qu'il en soit, c'est Constantin qui donnait la réplique à Mme Nicolet; il était le Colin de cette Colette, le Dorante de cette Aramine, et comme il tenait les rôles « habillés », l'aboyeur Visage criait devant la porte, pour amasser la foule : « Aujourd'hui, le sieur Constantin, fameux acteur, fera un compliment au public, de sa propre composition, et jouera Don Juan dans le *Festin de Pierre*, avec toute sa garde-robe et ses habits ! »

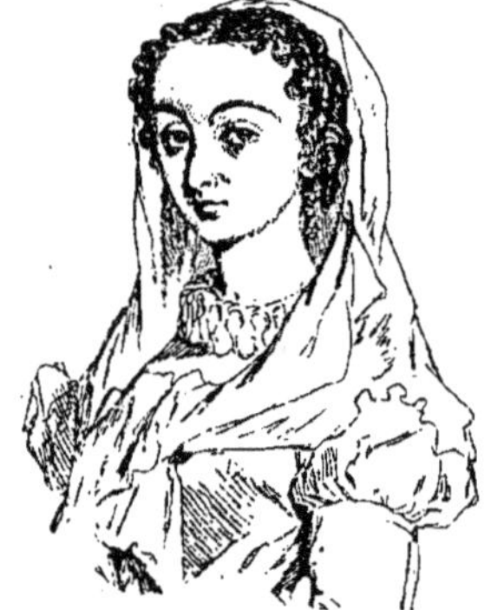

Mlle Isabelle CONSTANT, d'ap. Lorsay

En 1778, Constantin quitta le th. des Grands Danseurs du Roi pour suivre, en province sans doute, la troupe d'un ancien camarade et pensionnaire de Nicolet, un nommé Leclerc. Au bout de trois ans de cette existence errante, il revint chez Nicolet qu'il ne devait plus quitter.

« Il a tout le jeu qui convient à son théâtre, écrit l'auteur du *Chroniqueur désœuvré*. Cependant, le jeu de cet homme et celui de Taconet ont en partie fait, à eux deux, la fortune de ce directeur forain ».

Constantin, devenu l'homme de confiance de Nicolet, fut acteur, auteur, régisseur, secrétaire. Mais de son théâtre manuscrit, il ne nous est rien resté que l'*Entêtement de Cassandre* (1770). En 1792-94, son nom figure en tête de la troupe de la Gaîté. Le 21 messidor, an I (9 juillet 1793), il s'était marié avec une ouvreuse de loges du théâtre. Il mourut peu de temps après, le 15 juillet 1795, au moment même où Nicolet, enrichi, passait la direction à Ribié.

Brazier, dans son *Histoire des petits théâtres*, a représenté Constantin comme un terrible buveur, tenant tête à Taconet, au cabaret de Ramponneau, pour vider à eux deux une pièce de vin. On se demande seulement, si le fait est vrai, comment Nicolet aurait pu avoir confiance pendant trente ans dans un pareil ivrogne?

Biographie : E.-D. De Manne et C. Ménétrier, la *Troupe de Nicolet*, p. 58.

Bibliographie : le *Chroniqueur désœuvré* ou l'*Espion du boulevard du Temple*, Londres 1782. — Brazier, *Hist. des petits théâtres*.

CONTAMIN, Mme Caroline, née Menant. — Rennes 1883-85.

CONTAT, Mlle *Louise*, Françoise, aînée. — Femme du marquis de Parny-Deforges, naquit à Paris le 16 juin 1760, rue Saint-Denis. Son père se qualifia sur l'acte de baptême, à la paroisse St-Germain-l'Auxerrois, « bourgeois de Paris, privilégié du Roy et cavalier de robe courte ». Il avait été soldat de la maréchaussée et marchand de bas privilégié. Elève de Mme Préville, elle débuta toute jeune encore à la Comédie française, le 3 février 1776 : « Mlle Contat, écrit La Harpe, a débuté avec une charmante figure, mais pas de voix et peu de talent ».

A la vérité, elle avait joué Atalide de *Bajazet* (3 fév.) de la façon la plus médiocre, *Zaïre* (le 10) et Junie de *Britannicus* (le 19). Il eût été difficile de prévoir que ces mêmes débuts vaudraient un jour une pension de 500 livres à son professeur, Mme Préville, « pour avoir mis au théâtre Mlle Contat, conformément à un arrêté qui concède cette pension à ceux des comédiens qui auront fourni quelque bon élève. 8 mai 1783 ». *Arch. nat.*

Mlle Contat, dont la physionomie était piquante et le regard plein de malice et de gaîté, avait une autre voie à suivre. Elle fut reçue à l'essai le 26 mars 1777 et sociétaire le 3 avril suivant. Mais le premier rôle où elle se fit remarquer fut celui de Cécile du *Père de Famille*. Dans le *Vieux Garçon* de Dubuisson (16 déc. 1782), dans les *Courtisanes* de Palissot, elle montra de la grâce, de la finesse. La retraite de Mlle Doligny lui laissa bientôt l'emploi des ingénues sans partage. Elle aborda la *Coquette corrigée* avec un plein succès.

C'est alors que Beaumarchais jeta les yeux sur elle pour le rôle de Suzanne dans le *Mariage de Figaro*. Le rôle appartenant à l'emploi des soubrettes, Mlle Faniez se fâcha, écrivit à l'auteur (11 octobre 1781). L'auteur tint bon et il eut une Suzanne idéale. De fait, sa grande réputation data de ce jour-là (1784). Pendant vingt-quatre ans, ce ne fut plus qu'une série de triomphes. En 1784, elle reçut du roi la pension de 1000 livres. Pour se faire une idée de son jeu, au dire des critiques, il fallait l'avoir vue dans Julie du *Dissipateur*, dans Mme de Volmar du *Mariage secret*, dans Mme Evrard du *Vieux Célibataire*, car Mlle Contat remplit successivement ces trois emplois : amoureuses, grandes coquettes, jeunes mères.

Nous passerons rapidement en revue la carrière de Mlle Contat, depuis l'ouverture de la nouvelle salle (Odéon actuel) le 9 avril 1782.

1782, 12 avril, *Molière à la nouvelle salle*, rôle du vaudeville.

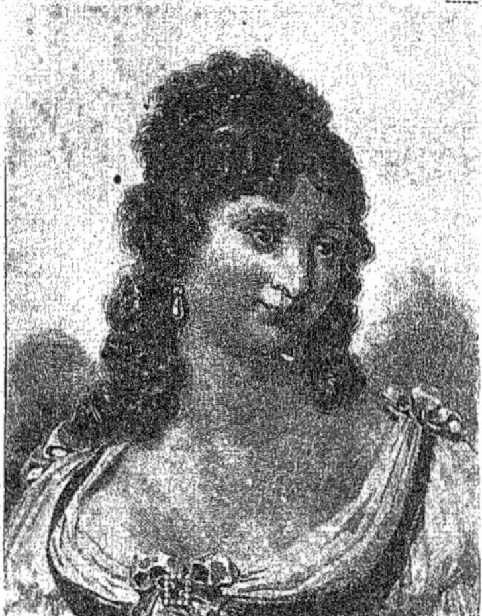

Mlle Louise CONTAT (1re époque), d'après Devéria

1782 26 juill., les *Courtisanes*.

1782 13 nov., les *Rivaux amis*.

1784 27 avril, le *Mariage de Figaro*, Suzanne.

1784 16 nov., la *Fausse Coquette*.

1785 10 février, les *Epreuves*.

1785 8 août, *Melcour et Verseuil*.

1786 10 mars, le *Mariage secret* (rentrée).

1786 24 août, les *Amours de Bayard*.

1788 6 déc. l'*Entrevue*.

1789 6 mars, les *Deux Pages*.

1790 4 janv., l'*Honnête criminel*.

Déjà la dissension est au sein de la Comédie : « Jamais je ne recevrai d'ordre d'un municipal qui est mon chandelier ou mon marchand d'étoffes », s'écriait avec colère Mlle Contat. Sa lettre de démission nous a été conservée :

« Messieurs et chers camarades, les motifs qui m'ont forcée de renoncer au bonheur de consacrer mes faibles talents au public sont connus et subsistent, il est des sentiments avec lesquels on ne compose pas. Les nouveaux chagrins qui vous ont été suscités par M. Talma ne peuvent me paraître un motif pour revenir sur cette résolution et pour consentir à le regarder *jamais* comme mon associé et mon camarade. Son existence à la Comédie française compromet toutes les autres ; ses volontés nuisent à l'intérêt général, ses amis troublent le repos public... Ces motifs sont ceux de ma retraite. En l'imputant à M. Talma, je ne prétends pas appeler contre lui aucun ressentiment. CONTAT. »

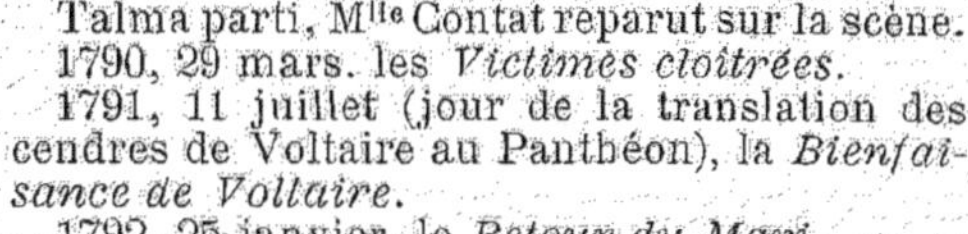

Talma parti, Mlle Contat reparut sur la scène.

1790, 29 mars. les *Victimes cloîtrées*.

1791, 11 juillet (jour de la translation des cendres de Voltaire au Panthéon), la *Bienfaisance de Voltaire*.

1792, 25 janvier, le *Retour du Mari*.

— 24 février, le *Vieux Célibataire*.

— 26 sept., la *Gouvernante* (reprise), trois mois après le retour de Varennes, à la demande expresse du roi, qui y assista avec la reine, leurs enfants et Mme Elisabeth, au milieu d'un enthousiasme indescriptible. Marie-Antoinette ayant fait savoir à Mlle Contat qu'elle désirait la voir dans ce rôle qui n'était pas de son emploi, celle-ci apprit cinq-cents vers en vingt-quatre heures et écrivit à la personne qui avait transmis les ordres de la reine : « J'ignorais où était le siège de la mémoire ; je sais à présent qu'il est dans le cœur ». Cette lettre, publiée par ordre de la reine, faillit coûter la vie, en 1793, à la comédienne.

1792 29 déc., la *Matinée d'une jolie Femme*.

1793 25 mars, la *Soirée d'une vieille Femme* (chute).

1793 19 avril, les *Femmes*.

1793 10 juillet, les *Fausses Confidences* (reprise pour Mlle Contat et triomphe). C'est depuis ce jour que la pièce créée à la Comédie italienne resta au Théâtre français.

Le 5 septembre, Mlle Contat est arrêtée, en même temps que sa sœur Emilie, et toutes deux sont enfermées aux Anglaises. D'autres artistes femmes, arrêtées la veille, avaient été conduites à Sainte-Pélagie ; les hommes étaient aux Magdelonnettes. « Point de causes expliquées », dit l'*Etat des prisons*. Louise Contat comptait parmi les plus suspects de royalisme et son dossier fut un des six, paraît-il, marqué de la lettre *g* (qui voulait dire guillotinée). Champville, Talma ne purent rien pour l'élargissement de leurs camarades dont les derniers retenus, et Mlle Contat était de ceux-là, ne furent vraiment sauvés que par le dévouement de Labussière (v. ce nom) et le 9 thermidor qui amena la chute de Robespierre. La captivité avait donc duré plus de dix mois. On rapporte que Mlle Contat, résignée à son sort, avait eu le courage de composer les vers suivants :

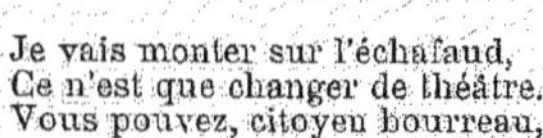

Je vais monter sur l'échafaud,
Ce n'est que changer de théâtre.
Vous pouvez, citoyen bourreau,

M'assassiner, mais non m'abattre.
Ainsi finit la Royauté,
La valeur, la grâce enfantine...
Le niveau de l'égalité
C'est le fer de la guillotine.

Revenue à la liberté — on accusait toujours Talma d'avoir nui à ses camarades — Mlle Contat fit insérer dans les journaux, le 3 germinal, an III (23 mars 1795), la lettre suivante :

« Ce fut à l'époque même de notre persécution que je reçus de Talma, que je ne voyais plus depuis longtemps, des marques d'un véritable intérêt. Je les jugeai si peu équivoques, qu'elles firent disparaître les légers nuages de nos anciennes divisions et nous rapprochèrent. Je m'empresse de rendre hommage à la vérité... »

Lorsque, le 5 avril 1803, une représentation eut lieu à la Porte-St-Martin, au bénéfice de Labussière, Mlle Contat voulut en faire partie et joua dans les *Deux Pages*.

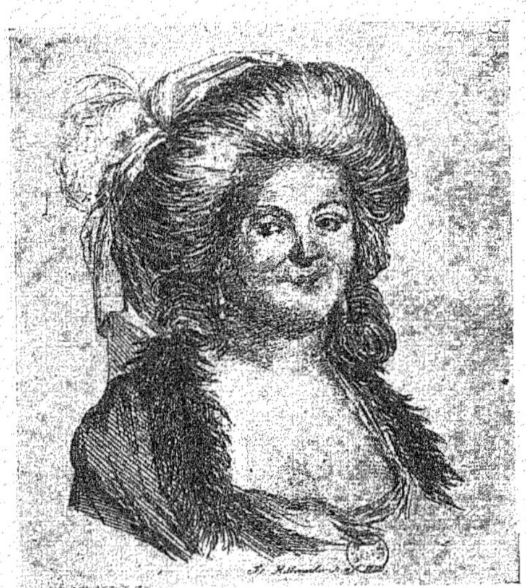

Mlle L. CONTAT (2me époque), d'après Hillemacher (Cabinet de M. Soleirol)

1794, 16 août, rentrée solennelle des comédiens sauvés par la mort de Robespierre, les *Fausses Confidences*. Mlle Contat se trouva mal à la première scène. Le spectacle dura huit heures. Triomphe.

1794, 27 août, la *Gageure imprévue*, les deux Contat, Fleury, Préville et Dazincourt.

1794, 26 sept., le *Bienfait de la Loi*.

1795, 27 janv., début des comédiens de l'ex-théâtre de la Nation Feydeau, la *Surprise de l'Amour*.

Lorsque la Société Le Clerc voulut rouvrir l'Odéon, le 18 janvier 1798, on offrit à Mlle Contat 24,000 livres de pot-de-vin et un engagement de deux ans, avec 36,000 livres d'appointements et deux mois de congé chaque année. Elle n'osa courir l'aventure, resta avec ses anciens camarades qui allaient se réunir rue Richelieu et fit bien. La nouvelle entreprise de l'Odéon sombra, et lorsque cette salle devint la proie des flammes (18 mars 1799), l'incendie ne respecta guère, au premier étage, que le plafond circulaire de l'ex-loge de Mlle Contat, plafond peint et doré, par les soins, dit la légende, de M. le comte d'Artois. Cette pièce devint plus tard le magasin de meubles de l'Odéon. Mlle Contat resta donc à la salle Feydeau, parut dans *Agathine* (4 mars 1795), l'*Original* (30 juillet 1796), des reprises du *Mariage de Figaro* (7 janv. 1797), des *Deux Pages*, de la *Mère coupable* (5 mai). Ce jour-là, le vieux Beaumarchais parut en scène, conduit par Mlle Contat.

1797, 2 juillet, la *Rupture inutile*.

— Voyage à Bordeaux avec Fleury.

— 4 déc., la *Prude*.

1798, 5 déc., réouverture (par les deux troupes réunies) de la salle du th. de la République (rue Richelieu), le spectacle se composait du *Misanthrope* et du *Legs*, par Molé et Mlle Contat.

1801, Voyage à Rouen.

1803, Voyage à Bordeaux et à Toulouse (novembre).

Les jugements portés sur Mlle Contat abondent : « Que nous reste-t-il à dire de cette actrice célèbre? écrit l'*Espion des Coulisses* de l'an VIII. On a épuisé tous les éloges sur cette femme vraiment étonnante par la supériorité de ses talents. Elle joue la comédie et le drame, mais je préfère la voir dans la comédie ». On lui reprochait seulement de n'être pas très bonne camarade. En 1785, lors des débuts de la jeune Caroline Vanhove — depuis Mme Talma — dont les succès portaient ombrage à sa sœur Emilie Contat, elle s'était donnée toutes les peines possibles pour que la nouvelle venue ne parût pas à la Cour.

Le *Coup de Fouet* de l'an X ne peut supporter qu'on lui ait donné le surnom de *Thalie*. « Réputation sinon usurpée, du moins imparfaitement méritée. Elle joue à ravir toutes les pièces de Marivaux et, en général, toutes celles où un subtil papillotage supplée à la consistance d'un dialogue serré et précis. C'est dommage qu'elle vieillisse beaucoup ».

La *Chronique scandaleuse* (4me vol.), nous apprend qu'elle faillit mourir pour avoir bu longtemps, tous les matins, un demi-setier de vinaigre, dans le but de se faire maigrir.

L'*Opinion du Parterre*, an XI, relève le gant en lui appliquant les deux vers de Demoustier :

Non, Madame, du temps les redoutables traces
N'ont pas même altéré vos attraits et vos grâces.

Mais, n'était-ce déjà pas trop que de parler du *temps*? Le critique Geoffroy ne l'avait-il pas surnommée « l'impératrice-reine des théâtres »? Majesté, tournure imposante et noble, air de grandeur et de domination, telles sont les qualités qu'on lui prête. Par contre, on lui reproche des « emportements bourgeois » et un répertoire extrêmement restreint : *Tartufe*, les *Fausses Confidences*, la *Surprise de l'Amour*, les *Femmes*, la *Coquette corrigée*, le *Philosophe sans le savoir*, la *Gageure imprévue*, le *Philosophe marié*, les *Deux Pages*, les *Dehors trompeurs*, la *Femme jalouse*, le *Vieux Célibataire*, les *Mœurs du Jour*, le *Mariage de Figaro*, le *Mariage secret*, le *Jaloux sans amour*, *Nanine*.

L'année suivante : « Son talent est sans doute extrêmement remarquable, mais il se varie peu. » On lui reproche de passer six à sept mois en congé et, le reste de l'année, de jouer une fois par semaine, et toujours la même chose. Il y a, certes, de l'exagération dans cette critique, mais l'on devine que la femme a de la peine à se faire aimer; sa fierté, son intransigeance, ses mots d'esprit ne lui font pas beaucoup d'amis.

Le portrait suivant ne manque pas d'originalité :

« Et j'aperçus une grosse dame dont la fraîcheur faisait plaisir à voir et son charmant visage exprimait tous les sentiments et toutes les sensations avec une étonnante mobilité... Et cette dame parlait comme on parle dans la société, et elle ne déclamait jamais. Et elle me parut être un composé de grâces indéfinissables. Et les gens difficiles disaient qu'avec un degré de noblesse et de sensibilité de plus, elle eût offert le modèle de la perfection. Et je pensai alors que cette dame qui plaisait tant dans les premiers rôles, les mères-nobles et encore jeunes, et les rôles d'un caractère original, était peut-être destinée par la nature à jouer les soubrettes. Et mon voisin, qui l'avait vue il y a 18 ans dans un rôle fameux qu'elle jouait pour la centième fois consécutive, me dit que j'avais raison. »

Mlle Contat avait abordé avec beaucoup de courage des rôles qu'on n'aurait jamais cru de son emploi, tel celui de Mme Patin, du *Chevalier à la mode*, où elle fut parfaite. Mais, dès l'année 1806, on lui faisait sonner le mot de « retraite » à l'oreille. En 1808, elle se fâcha et écrivit la lettre suivante à Salgues, rédacteur du *Courrier de l'Europe et des spectacles :*

« Vous parlez, Monsieur, aujourd'hui, pour la troisième fois, de ma retraite et de celle de ma fille, et vous l'avez toujours fait d'une manière inexacte... Vous n'avez pas le droit d'interpréter les motifs qui peuvent dicter mes démarches... Ma fille quittera le théâtre à l'époque où elle a dû le faire *(sic)*, et si vous aviez été mieux informé, Monsieur, vous auriez sans doute, ainsi que moi, respecté les ordres qui seuls pouvaient m'y retenir.

Louise Contat. »

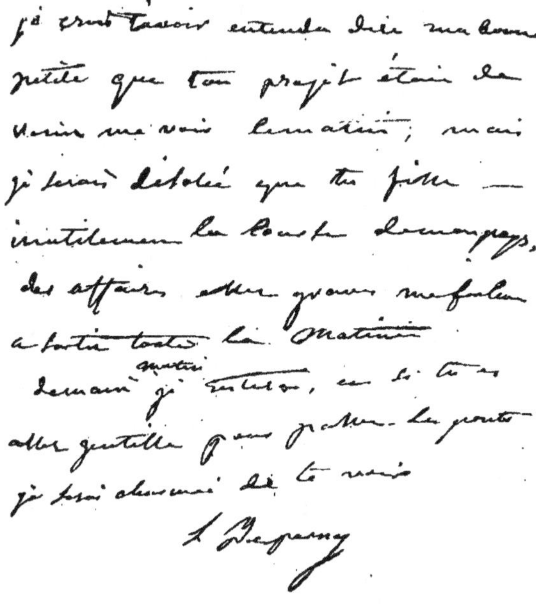

Autographe de Mme Louise CONTAT (Mme de Parny). Coll. Lyonnet.

Cette lettre fut mal interprétée et l'on donna tort à l'artiste. Bref, cette fameuse représentation de retraite eut lieu le 6 mars 1809 avec une reprise d'*Othello* qui ne fut pas heureuse (Talma, Mme Talma) et les *Deux pages* (Mlle Contat, Fleury). Cette dernière pièce fut jouée dans la perfection, et tous les artistes, oubliant leurs griefs envers celle qui s'en allait, voulurent figurer dans l'ouvrage. L'Empereur et l'Impératrice assistaient à la représentation.

Mlle Contat laissait, a dit Geoffroy, « la réputation d'une actrice pleine de finesse et d'agrément, qui avait porté au plus haut point l'art du débit et la magie du jeu théâtral. »

Hors du théâtre, Mlle Contat s'était fait connaître par quelques bruyantes liaisons : d'abord maîtresse du chancelier de Maupeou, elle fut plus tard celle du comte d'Artois. A celui-ci avait succédé le séduisant Louis de Narbonne, qu'elle arrachait à Mme de Staël, et, la Révolution marchant, elle avait pris Legendre, le célèbre boucher conventionnel.

Le 26 janvier 1809, elle avait épousé le Chevalier de Forges de Parny, ancien officier de cavalerie, né à l'Ile Bourbon, le 7 janvier 1767, frère (et non neveu) du poète élégiaque. Son salon devint bientôt le rendez-vous de la meilleure compagnie.

Nous parlons plus loin de sa sœur Emilie et de sa fille Amalric. Mme Louise Abbéma, le peintre célèbre, est, croyons-nous, petite nièce de Mme Louise Contat.

Mme Sophie Gay, dans les *Salons célèbres*, consacra un article à la mort de Mlle Contat. Peu d'années après s'être retirée du théâtre, elle avait été atteinte d'une grave maladie : « Le docteur Corvisart possédait seul la confiance de Mme de Parny. Mais il était goutteux, et il ne faisait plus de visites qu'à l'Empereur. Mme de Parny, après l'avoir consulté plusieurs fois, revint un jour pour chercher la note du régime qu'elle devait suivre. Corvisart avait désiré s'entendre avec le docteur Hallé sur les remèdes à tenter, sinon pour sauver, du moins pour prolonger la vie de la malade.

« Corvisart était encore au lit quand Mme de Parny arriva ; on la fait passer dans le cabinet du docteur, elle s'assied près de sa table où il écrit d'ordinaire ; sur cette table une lettre est commencée, et le nom de Mme de Parny se trouve plusieurs fois dans la page. Elle ne résiste pas au désir de savoir ce que Corvisart dit de son état à M. Hallé... »

C'est ainsi que la pauvre femme, affligée d'un cancer, apprit qu'elle n'avait plus que quatre mois à vivre. Et cependant, elle laissa croire au docteur qu'elle n'avait rien vu. Le soir même, son salon était rempli de monde ; jamais elle n'avait causé avec plus de charme ; de temps à autre, seulement, elle portait sur ses enfants un regard de pitié, et embrassait le plus jeune plus souvent que de coutume. Elle mourut le 9 mars 1813 et fut inhumée au Père-Lachaise.

M. Campardon *(les Comédiens du Roi de la troupe française)* a publié le brevet de la pension de 1,000 livres qui avait été accordé à Mlle Contat le 14 janvier 1785, et un procès-verbal d'un vol d'argenterie commis chez elle le 22 mars 1789. Nous apprenons par cette dernière pièce qu'elle demeurait alors rue des Saints-Pères, près celle Taranne, nº 69, avec sa sœur Emilie, et que la maison se composait d'une femme de chambre, d'une femme de charge, d'une cuisinière, d'un cocher et de deux laquais (*Arch. Nat.* Y 15019).

Mlle Louise Contat avait demeuré rue Basse du Temple, 1777-82, rue des Saints-Pères, près celle de Taranne, nº 69, 1783-91, Grande rue de Chaillot, 3, 1792-93, rue des Filles St-Thomas, 1799, rue de la Rochefoucauld, Barrière Blanche, nº 16, 1800, au Pavillon de Corneille, à l'Odéon, 1805-09, rue de Provence, 56, où elle mourut, 1813. Le *Dict. de Jal* dit rue Corneille. On prétend qu'avant sa mort elle jeta au feu quelques essais littéraires, vers et prose. Quant à son mari, il se remaria le 18 août 1821 — il avait alors 54 ans — à l'Ile Bourbon.

Biographie : E.-D. De Manne, *Galerie historique des Comédiens de la Troupe de Voltaire*. — *Almanach Duchesne*, 1815, notice. — Gaboriau, les *Comédiennes adorées*, 1863, in-12. — *Dict. critique* de Jal, suppl.

Bibliographie : Grimm, *Correspondance littéraire* (édit. Taschereau, t. IX, p. 10). — *L'Espion des coulisses*, an VIII, p. 51. — Le *Coup de fouet*, an X, p. 74. — *L'Opinion du Parterre*, vol. I à VII. — Etienne et Martainville, *Hist. du th. fr. pendant la Révolution*. — A. Copin, *Talma et la Révolution*. — A. Pougin, *La Comédie française et la Révolution*. — Ricord, les *Fastes de la Comédie française*. — P. Porel et G. Monval, *l'Odéon*, t. I. — Th. Muret, *l'Hist. par le théâtre*, t. I. — *L'Intermédiaire des Chercheurs et Curieux*, XXVII, 122, à propos de l'arrestation de Stanislas et d'Alexandre de Girardin.

Iconographie : Bibl. nat., catal. Duplessis 10506.

1. En buste, de profil à gauche dans une bordure ovale, en couleur, anonyme.
2. En buste, de profil à droite, dans une bordure ovale, gravé au pointillé, anonyme.
3. En buste, de profil à gauche, dans une bordure ovale, gravé par Coutellier.
4. En buste, de profil à droite, dans un médaillon ovale, gravé par Dupin fils, d'après Desrais. Sur cette planche se trouve le portrait de P.-A. Caron de Beaumarchais.
5. En buste, de 3/4 à droite, gravé par Fr. Hillemacher, 1859.
6. En buste, de 3/4 à droite, gravé par Fr. Hillemacher, 1860.
7. En pied, de 3/4 à gauche, gravé par F. Janinet, d'après Dutertre.
8. En buste, de 3/4 à droite, dans un ovale, lith. par Rulmann.
9. En buste, de 3/4 à droite, gravé par Tavernier, d'après Devéria.

Musée de la Comédie française, nº 385. — Catal. Monval, Mlle Contat en Thalie, statuette h. 0 m. 36. — Collection Martinet, nº 74, dans *Mme de Sévigné*.

CONTAT, Mlle Marie, *Emilie* cadette, femme B. Chagot Defays, naquit à Paris le 28 décembre 1770, rue de Gèvres, et fut baptisée le 3 janvier 1771. — Elle avait donc dix ans de moins que sa sœur, dont la protection la fit débuter sans être annoncée à la Comédie française, le 5 octobre 1784, par le rôle de Fanchette, à la 51me représentation du *Mariage de Figaro*. Elle fut reçue à l'essai le 1er mars 1785 et nommée sociétaire le 20 novembre de la même année. Elle n'avait donc pas quinze ans !

Mimi, comme on l'appelait, eut le bon esprit de se contenter du succès de sa sœur aînée et de rester à sa place. Effacée, modeste, elle passa ainsi trente-deux ans, se contentant de jouer de son mieux les soubrettes du répertoire. Elle joua notamment dans les *Femmes* (19 avril 1793), mais n'échappa pas aux persécutions ; arrêtée avec sa sœur, elle fut enfermée aux Anglaises de la rue St-Victor et ne recouvra la liberté qu'après la chute de Robespierre. Elle suivit encore sa sœur à Feydeau, puis à la rue Richelieu, lors de la réunion des deux troupes.

« Son histoire est à peu près celle de Champville, écrit l'*Espion des Coulisses*. Ah ! ma sœur, que je vous remercie !... Que dire de cette actrice ? Ma foi, je dirai qu'elle est jolie et qu'elle est la sœur de Thalie-Contat. »

Et le *Coup de Fouet :* « Thalie-Contat, sa sœur, a les talents de toute la famille. »

« Elle respecte le droit d'aînesse, lit-on dans l'*Almanach pour l'an IX*, et ne semble nullement prétendre à partager les suffrages avec sa sœur. Elle est cependant d'un naturel rare dans la Martine, des *Femmes savantes*. » La gouvernante, du *Bourru bienfaisant*, Lisette, du *Légataire*, Dorine, de *Tartufe*, Lisette, de la *Métromanie*, Béatrix, de la *Femme juge et partie*, Babet, du *Jaloux désabusé*, Finette, du *Dissipateur*, comptaient parmi ses bons rôles. Elle fut du voyage de Dresde (1812) et prit sa retraite le 1er ou le 15 avril 1815. Sa représentation eut lieu le 25 janvier 1817. Elle mourut au château de la Mivoye par Nogent-sous-Vernisson (Loiret), le 26 ou 27 avril 1846.

Elle avait épousé, le 11 novembre 1817, Marie-Bernard Chagot de Fays, membre du Conseil du Contentieux au Ministère des finances, né à Paris en 1757, et qui mourut quelques jours après son mariage, le 27 novembre 1817. C'était, comme on le voit, une régularisation de situation *in extremis*.

M. J.-G. Bord, qui s'est occupé d'Emilie Contat à propos d'une question posée dans l'*Intermédiaire des Chercheurs*, nous apprend qu'elle laissa, à sa connaissance, trois enfants :

1° Emile, Philippe, Louis, Alexandre, né à Paris, rue Molière (rue Rotrou actuelle), le 10 décembre 1791. Fils de Joseph, Louis, Philippe de Lichtenstein, ambassadeur d'Autriche ; d'où le colonel de Lichtenstein qui fut attaché à la maison militaire de M. Grévy.

2° Gabrielle, Louise, Bathilde, Augustine, née à Paris, 3, rue de Chaillot (actuellement démolie par la rue François Ier), le 2 octobre 1793, fille de Jean-Gabriel-Maurice Roques, dit Comte de Montgaillard. Gabrielle Contat épousa le colonel baron Hurel et mourut à Perpignan le 8 janvier 1822.

3° Céline, née le 13 août 1797, reconnue le 11 novembre 1817 par Chagot de Fays. Epousa Antoine-Victor-Anne Dijon, comte Amelot, marquis de Chaillou.

Mlle Emilie Contat demeura rue des Saints-Pères, près celle de Taranne, 1784-90 (chez sa sœur), rue de Molière 1791, rue des Colonnes, 1803-07, 91, rue Richelieu, 1808-1810, 93, rue de Richelieu, 1814.

M. Campardon a publié *(Comédiens du Roi de la troupe française)* les ordres de réception à demi-quart et quart de part de Mlle Emilie Contat (*Arch. Nat.* 0,845)

Bibliographie : Le *Journal de Paris*, 6 octobre 1784. — L'*Espion des Coulisses*. — Le *Coup de Fouet*. — L'*Almanach pour l'an IX*. — L'*Opinion du Parterre*, t. I à X. — P. Porel et G. Monval, l'*Odéon*, t. I. — A. Pougin, La *Comédie française et la Révolution*. — L'*Intermédiaire des Chercheurs et Curieux*, XLIXe vol.

CONTAT, Mlle Amalric, fille de Louise Contat, femme J.-F. Abbéma, née à Paris vers 1788. Elle débuta le 4 février 1805 par le rôle de Dorine, de *Tartufe*, et celui de la soubrette du *Cercle* avec succès. La même année, elle était reçue sociétaire à quart de part.

Troisième du nom, fille et nièce de sociétaires, la jeune Amalric Contat suscita bien des jalousies ; nous avons vu plus haut (art. Louise Contat), comment, à partir de ce jour, une partie de la presse ne cessa de réclamer la retraite des Contat. Et cependant la nouvelle venue ne manquait pas de talent : On la vit tour à tour dans Finette, du *Dissipateur*, Théodore, des *Deux pages*, Rosette, de la *Coquette corrigée*, *Théodore*, Lisette, du *Légataire*, Nérine, du *Babillard*. Elle avait le malheur d'arriver quatrième pour l'emploi, et le nom seul de sa mère lui forçait les portes de la Comédie. Il en résulta que pendant l'année 1806, on ne lui laissa jouer que les rôles les plus faibles, les chefs d'emploi n'ayant nulle intention de laisser la place. Alors, on cria qu'elle ne faisait pas de progrès ! Son départ précéda d'un an celui de sa mère. Elle partit le 1er avril 1808, et mourut à Rimini (Italie) en 1865. En 1838, la Comédie française donna une représentation au bénéfice de Mlle Amalric Contat. Le spectacle se composait de la *Mère coupable*, par Mme Dorval, et de la reprise des *Fâcheux*.

Bibliographie : L'*Opinion du parterre*, t. III à VI.

CONTE, Mathieu, Clément, Jean, Gérôme. — Rouen 1874-76, plutôt artiste lyrique. Il habitait Verviers en 1903.

CONTE, Pierre, Antoine. — Douai 1880-81, Nîmes 1882, Paris 1883, Amiens 1884, Paris 1885-86, Verviers 1887, Paris 1888-92, Nice 1893, Paris 1894-96, Nice 1897, Dijon 1898-99, Paris 1900-03.

CONTI, Mlle Maria. — « Jeu anguleux, talent pointu, mais non sans mérite. » Th. de la Tour d'Auvergne 1862.

CONTI, Mlle. — Renaissance 1873, Gaîté 1874-1875, Ambigu 1877.

CONTI, Dominique, Antoine Couteat. — Th. lyr. dramat. 1874-79.

CONTREMOULIN, Mme A. — Troisième amoureuse, Amsterdam 1837-1840, Tournay 1842, Liège 1844, Bruxelles et Liège 1846.

CONTY, Mme Maria, Marguerite. — Bruxelles 1875-76, Paris 1877-78, Nouveautés 1879-83, Paris 1884.

CONTY, Mme. — Odéon 1882.

CONVENIN-Esse, Mme. — Artiste dont on annonce la mort en 1859.

COQUARD, Mlle. — Th. d'application 1894.

COQUEBERT, Mme Savigny de. — Débuta à l'Odéon en 1815, dans l'*Habitant de la Guadeloupe*. En 1825-26, nous la retrouvons comme directrice et premier rôle marqué à Strasbourg, Verviers 1828. Elle joua plus tard les duègnes au th. du Gymnase à Bruxelles, et vivait encore en 1850.

COQUELIN, Louis, Henri dit aussi *Constant*. — Second premier rôle, n'ayant aucun lien de parenté avec l'artiste contemporain Constant Coquelin. Th. franç. de Rouen 1834, fit partie de l'Association des artistes depuis sa fondation (1840), Montauban 1850, Poitiers 1852-53, St-Germain 1854-80. En 1870, Louis Coquelin, âgé de 62 ans, avec 40 ans de théâtre, obtint la pension de 500 fr. de la Société des artistes. Sa mort fut annoncée au Rapport de 1881.

COQUELIN, Mme Louise, née St-Romain. — Selon toute apparence femme du précédent. Fit partie de l'Association des artistes depuis 1845, vécut à St-Germain de 1857 à 1893. En 1883, âgée de 60 ans, avec 32 ans de théâtre, elle obtint la pension de 500 fr. de la Société des artistes. Sa mort fut annoncée au Rapport de 1893.

COQUELIN, Auguste, Théodore. — Fit toute sa carrière à Batavia 1852-85. En 1883, il avait 62 ans et 33 ans de th. Il obtint une pension de 300 fr. de la Société des artistes et sa mort fut annoncée au Rapport de 1886.

COQUEREAU, Mme Jeanne. — Artiste dont la mort fut annoncée au Rapport de 1892.

COQUEREL, Paul. — Odéon 1828.

COQUET, Victor, Louis, Auguste. — Th. du Panthéon 1838, Ambigu 1838-54, membre de l'Association des artistes depuis 1840, Paris 1855-74. En 1867, Victor Coquet était âgé de 52 ans et avait 30 ans de services. Il obtint une pension de 200 fr. de la Société des artistes. En 1841, l'*Indiscret des Coulisses* qui l'appelle *Charles* Coquet, disait de lui : « C'est une espèce de comique qui joue des espèces de rôles ». Fargue écrit en 1842 : « Bon et agréable comique, fort amusant dans son rôle d'enfant de troupe des *Brigands de la Loire* » et la biographie de 1845 : « Enfant de Paris, tour à tour peintre en décors et artiste à la banlieue; il débuta le 10 mars 1838 sur le théâtre du Panthéon et le 4 juin à l'Ambigu où, depuis cette époque, il a créé plus de 60 rôles comiques ».

Bibliographie : l'*Indiscret des Coulisses*, 1841. — *Biographie*, 1842, 1845.

COQUET, Mme Jeanne, née Dagoneau. — Femme du précédent, Ambigu 1839-54, Paris 1855-59.

COR, Charles, Victor. — Jeune premier rôle, Mons 1844, Tours 1850-52, Vienne (Dauphiné) 1853, Valence 1854-55, Bayonne 1856-57, Cahors 1858-61, Carcassonne 1862-64, Auch 1865, Lombes 1866-69, Perpignan 1870, Poitiers 1871-72, Palais-Royal 1873-74, Paris 1875-78, La Ferté sous-Jouarre 1879-1891. En 1880, Charles Cor âgé de 62 ans, avec 41 ans de th., obtint la pension de 500 fr. Sa mort fut annoncée au Rapport de 1892.

COR, Mme, née Vaissière, dite aussi *Lise Tautin*. — Femme du précédent, née en 1810, premier rôle, Mons 1844, Tours 1850-92, Vienne (Dauphiné) 1853, Valence 1854-55, Bayonne 1856, Cahors 1857-61, Carcassonne 1862-64, Auch 1865-67, Lombes 1868-69, Toulouse 1870, Poitiers 1872-78, La Ferté-sous-Jouarre 1879-1903. Habitait Chamigny (La Ferté-sous-Jouarre) 1903. Elle avait donc alors 93 ans. Mme Cor obtint d'abord, en 1872, une pension de 500 fr. de la Société des artistes, laquelle fut convertie en 1898 en 600 fr. (moitié de la fondation Garnier-Berthier).

CORA, Mlle. — Jeune première, Metz et Nantes 1834. Débuta cette même année, le 2 juin, au Vaudeville, dans *Mme Grégoire*. Rouen 1834-35.

CORA, Mlle Pearl, Emma Cruch dite. — Ne figure ici qu'à titre de souvenir. La fameuse courtisane de la fin de l'Empire eut un jour la fantaisie de monter sur un théâtre (1867). Elle profita d'une reprise d'*Orphée aux Enfers* aux Bouffes parisiens, et exhiba ses épaules et ses diamants dans le rôle de Cupidon, qu'elle prononçait à l'anglaise : « Kioupidonne ». Quelques gens de bon goût sifflèrent et cet étalage ne dura pas plus de quinze jours. Elle n'avait même pas su dire les quelques lignes qui lui étaient échues en partage.

CORAIL, Emile, Félix. — Comique, Charleville 1852, Mons 1856-58, Ile Maurice 1859, Nantes 1860, Chambéry 1861-62, Valenciennes 1863-65, Ile Maurice 1867-68, Ile Bourbon 1869-74, Chambéry 1875-76, Bruxelles 1877-78, Belfort 1879-81, Paris 1882-85.

CORAIL, Mme. — Deuxième duègne, Charleville 1852.

CORALY, Mlle. — Débuta aux Variétés le 12 juillet 1825, rôle de Peters du *Baril d'Olives* et le 30 septembre suivant à la Porte-Saint-Martin, rôle de la petite Brésilienne de *Jocko*. Elle fut engagée à ce théâtre comme seconde amoureuse. Une demoiselle *Coraly Sevin* tenait l'emploi de première amoureuse dans le Nord 1826. Nous retrouvons le nom de Coraly à Moulins 1827-28, au Th. des jeunes élèves 1833, Amiens 1834, Avignon et Boulogne 1837.

CORALY, Mlle. — V. Geoffroy.

CORALY, Mlle. — Sous ce nom : Th. Déjazet 1865, Château-d'Eau 1873.

CORBASSON, Mlle. — Schwetzingen 1762.

CORBET, Mme. — Premier rôle de comédie et de pantomime, Bruxelles 1783.

CORBIÈRE. — Renaissance 1890.

CORBIN. — Gand 1750, père noble, Gand 1777.

CORBON, Jules. — Troisième rôle, banlieue 1826, Troyes 1827, utilités, Lille 1830-31. Mourut à Lille en 1832.

CORBY. — Iconographie : Bibl. nat., catalog. Duplessis 10,645, à mi-corps, assis, de 3/4 à droite, lith. par J. Philippe, 1844.

CORCHAMP, Mlle. — Porte-St-Martin 1822-23.

CORCHAND, Mlle Aglaé. — Deuxième amoureuse, Berlin 1830.

CORCHAND, Paul, Amable. — Nantes 1871-72, Le Hâvre 1873-75.

CORCHAND, Marie, Joseph, dit aussi *Bessec*. — Nantes 1871-73, Le Hâvre 1874-75.

CORDELLY, Mme Fanny. — Porte-St-Martin 1849.

CORDIER. — Père noble, Gand 1767.

CORDIER. — Père noble et grime, Allemagne 1827, Moscou 1829, mort en Russie 1831.

CORDIER, Mlle. — Premier rôle, Moscou 1833.

CORDIER, Mme. — Porte-St-Martin 1836, 1840.

CORDIER. — Sous ce nom : Versailles 1833, Th. du Temple 1833, Strasbourg 1834, Anvers 1845.

CORDIER, Jean, Claude, dit *Ferdinand*. — Premier rôle aux Funambules 1849-52, Porte-St-Martin 1853, Cirque impérial 1854-56, Paris 1857-65. Sa mort fut annoncée au Rapport de 1868.

CORDIER, Pierre, Louis, dit *Piquet*. — Rouen 1852-62.

CORDIER, Mlle. — Porte-St-Martin 1852.

CORÈS, Mme Eugénie, Henriette Peychaud dite. — Jeune première, th. des Célestins, Lyon 1851-52, Bruxelles 1853-54, Nîmes 1855-57. En 1858, elle se fait appeler Mme Robillon, née P.-V. Corchant, dite Corès. Nîmes 1858-61. Sa mort fut annoncée au Rapport de 1862.

CORIER, Bernardin. — Le 27 mars 1662 « Convoi de Bernardin Corier, cy-devant comédien, pris devant le Palais-Royal, porté aux Carmes de la place Maubert ».

CORINALDI, Mlle. — Deuxième amoureuse, Dijon 1824, Grand th. de Lyon 1825-27, Th. du Parc, Bruxelles 1829. M. Alhoy vante sa bonne volonté, mais lui reproche de ne pas savoir manier sa voix.

CORINNE, Mlle. — Versailles 1827, banlieue 1828, débuta au Gymnase le 23 mars 1829, rôle de Germaine dans les *Deux Edmond*, et à l'Ambigu le 16 janv. 1830, dans Clarisse. Amsterdam 1828. Une demoiselle Corinne ou Corine passa par les Délassts. com. 1850 et le Vaudeville 1852.

CORINVILLE, Mlle. — Th. patriotique du sieur Sallé, 1793.

CORIOLIS. — Bruxelles 1812-17 et première basse-taille aux appointements de 6000 fr.

CORIOLIS, Mlle. — Rôles d'enfants, aux appointements de 600 f., Bruxelles 1812.

CORMIER. — En 1653 (septembre), la troupe de Molière et de la Béjart se trouvant en Languedoc fut appelée à la Grange des Prés. La troupe rivale était celle de Cormier, mais bien inférieure « soit par la bonté des acteurs, soit par la magnificence des habits ». Le 6 février 1654, Cormier est à Marseille. Le 20 juillet 1665, Léonard Cormier épouse à Rouen Madeleine Fisset.

Bibliographie : G. Monval, *Chronologie moliéresque*.

CORNEIL. — Le 1er juillet 1697, Corneil, comédien, se trouvait à Lyon, tandis qu'on baptisait, à Paris, son fils Charles-Alexis. Sa femme, comédienne également, s'appelait Marie Fardeuil. (Reg. de Ste-Croix en la cité).

Bibliographie : *Dict. critique* de Jal, p. 413, art. : comédiens inconnus.

CORNEILLE, Mlle. — Lorsque Mlle Clairon se rendit à Ferney (1765), où tout le monde aimait et jouait la tragédie avec passion, elle se trouva entre Mme Denis et Mlle Corneille « qui ne dit pas mal les vers ». Voltaire a parlé souvent dans sa correspondance du talent d'actrice de cette demoiselle Corneille, petite-fille d'un oncle du grand Corneille, qui remplissait au théâtre de Ferney l'emploi des soubrettes. L'auteur de *Zaïre* ne craignait pas de l'égaler à la célèbre Dangeville. « Je doute, écrivait-il à Damilaville (le 8 mars 1762), que Mlle Dangeville ait plus de talent ; elle ne peut avoir que plus d'art ».

Bibliographie : J.-J. Olivier, *Voltaire et les comédiens*, etc. Paris 1900.

CORNEILLE, Mlle. — Le 6 juin 1816, l'Opéra donna une représentation extraordinaire au bénéfice de l'arrière petite-fille de P. Corneille, avec le concours du Th. français. Mlle Corneille joua (fort mal) le rôle de Chimène du *Cid*. Le ballet de l'*Epreuve villageoise* termina le spectacle.

En 1819, une demoiselle Corneille débuta sans succès à l'Odéon.

CORNÉLIE, Mlle. — V. Beaumont.

CORNÉLIE, Mme Antoinette, Cornélie Dallez dite, femme Couturier. — Née en Belgique vers 1830, dut sa renommée à Ricourt. Douée de beaucoup d'âme, mais d'un physique ingrat, la pauvre femme avait un nez écrasé, une bouche large, un front avancé, une face vulgaire.

Passionnée pour son art, ne reculant devant aucune difficulté, Mme Cornélie alla jouer la tragédie jusque dans les salles les plus infimes, avec des partenaires de raccroc, devant des publics de hasard. Un instant, elle passa par l'Odéon. Ce fut un séjour de courte durée. Elle reprit alors sa vie d'aventures. M. Ed. Thierry voulant faire un essai, l'engagea comme pensionnaire à la Comédie française (1er juin 1860). Elle débuta le 10 juillet dans le rôle de Stratonice de *Polyeucte*. Mais elle devait végéter au second plan dans des rôles de confidentes. A la vérité, son talent était aussi étrange qu'inégal. « Mme Cornélie, a écrit M. Jules Claretie, m'a souvent rappelé le fameux Rouvière, dont le génie se débattait dans un corps étriqué. La tête, chez Rouvière, était belle pourtant, belle de la beauté qui naît de l'expansion, de la passion, de l'amertume, de la douleur. Chez Mme Cornélie, le visage était terrible et dur. Des yeux enfoncés sous des arcades sourcillières hérissées, un nez retroussé largement, une bouche aux lèvres grosses et qui avançaient, une voix plus volontiers tonnante, souvent rauque, les épaules plantées dans la poitrine, des éclats de fureur que sa physionomie tout entière rendait trop pleins d'épouvante. Mais sous ces traits, il y avait une âme, une intelligence, une flamme. Cette femme croyait et luttait ».

« C'est alors que je la connus, écrivit Sarcey, et que je me laissai charmer à ces vives lueurs de sensibilité ardente qui s'échappaient par intervalles, d'un jeu incorrect et irrégulier ».

Deux ans plus tard, on avait besoin à la Porte-St-Martin d'une actrice qui jouât un rôle assez long et difficile; un rôle de mère pour une pièce de P. Foucher. On alla la chercher. Elle fut superbe aux répétitions. La pièce tomba. En 1862, nous relevons son passage à Lille, les 5 et 8 juin. Elle s'intitule « grand premier rôle du Théâtre français »; elle est accompagnée de Gibeau et de plusieurs artistes de l'Odéon; au programme *Médée* et les *Deux Veuves*. Recettes : 1461 fr. 35.

Un moment, elle quitta le théâtre pour le café-concert. Ne doutant de rien, elle eut l'audace, devant les bocks, de déclamer le *Songe d'Athalie* et les *Imprécations de Camille* à l'Eldorado, avec une conviction si profonde qu'elle soulevait la salle (1867). On vint de très loin pour l'entendre.

Le th. du Châtelet l'engagea alors pour un drame nouveau, le *Comte d'Essex*, d'un presque inconnu, M. Couturier, qui n'était autre que son mari. Elle s'y montra dans le rôle d'Elisabeth — non pas bien distinguée, ni authentique — et y produisit grand effet. Elle se fit plus remarquer encore dans le rôle de la Tison, dans la reprise du *Chevalier de Maison rouge*, à la Porte-St-Martin. Plus tard, on la vit encore au th. du Château-d'Eau dans quelques drames. Mme Cornélie, dont la vie ne fut qu'une suite de déboires, mourut le 14 avril 1876. Sa fille, Mlle Luce Couturier, débuta fort jeune encore aux Bouffes parisiens, dans l'opérette (nov. 1875).

Bibliographie : G. d'Heylli, *Dict. des pseudonymes*, et *Journal intime de la Comédie française*.

CORNÉLIE, Mlle. — Délass. com. 1861-62.

CORNÉLIS. — Deuxième amoureux, Lille 1839-40, rôles de convenance, Brest 1851.

CORNÉLIS, Mme. — Troisième amoureuse, Lille 1839-40.

CORNÉLIS, Mme Eugénie, née Billard. — Bordeaux 1856-59.

CORNETTE. — Folies dram. 1857.

CORNIQUET, Mlle Adeline. — (V. Mlle Adeline). Voici les quelques renseignements que nous pouvons ajouter à la biographie déjà publiée par nous à l'article *Adeline*. Lorsque Mlle Adeline était au Gymnase, chaque année elle accompagnait ses camarades à Dieppe, résidence de la duchesse de Berry. On trouve dans les *Souvenirs de Laferrière*, p. 48 et suivantes une anecdote amusante sur le baron Capelle, chevalier d'honneur de la duchesse, se faisant arracher une dent par amour de la belle Adeline, beaucoup plus citée alors pour sa beauté que pour son talent. La pauvre artiste, malade et sans ressources, devenue folle, fut placée à Charenton par les soins du Comité des artistes dramatiques (1846). Mlle Déjazet, Leménil, Mmes Mengozzi, Guillemin, Juliette, Ozy, Frantz et Sanxais vinrent en aide à leur camarade. On paya la pension et l'on donna des secours à la mère. Le baron Taylor demanda une bourse au ministre.

Bibliographie : *Souvenirs de Laferrière*. — *Rapports de Samson* (1846), p. 91.

CORNU, Marie, Francis. — Châtelet 1864-68, Paris 1869, St-Etienne 1870, Bruxelles 1872, Paris 1873-75, Bruxelles 1876-80, Paris 1881-1884.

CORPAIT, Sébastien Cropait dit. — Nancy 1882-83, Anvers 1884, Lyon 1885-86, Liège 1887, Montpellier 1888-89, Reims 1891-92, Rouen 1893-94, Montpellier 1895, Marseille 1896-99.

CORPORANDI, Joseph, Simon, Stanislas. — Toulon 1858-59, Aix 1860-61, Toulouse 1862, Perpignan 1863-64, Toulouse 1865, Béziers 1867-72, Arles 1873, Béziers 1874-80, Grenoble 1881, Béziers 1882-1902. En 1890, Corporandi, âgé de 69 ans, avec 49 ans de th., obtint une pension de 500 fr. de la Société des artistes. Sa mort fut annoncée en 1903.

CORRADI ou Corrady, Collière dit. — Le Hâvre 1846-47, Lille 1847-48. Le 2 mars 1848, Corrady, en tenue de sous-officier de ligne, chanta trois strophes de la *Marseillaise* devant un public en délire. (*Histoire du th. de Lille*, t. III, p. 325.)

CORRÉARD l'aîné. — Premier comique, débuta à Rouen par les rôles de Mascarille dans l'*Etourdi* et de Sosie dans *Amphytrion* (1789). Le 6 juillet 1791, il créa à Rouen le rôle de Danières dans le *Sourd*. Ayant connu dans cette troupe toute la famille Baptiste, il suivit ceux-ci à Paris au th. du Marais, puis au th. de la Nation, où il débuta avec succès (1793).

CORRÉARD, Mme. — Soubrette, Rouen 1791-92.

CORRÊARD cadet. — Premier comique à Rouen, 1805-13. De 1811 à 1813, il était également directeur. A la date du 19 mai 1827, l'*Almanach Barba* annonce le décès de M. Corréard, ancien artiste dramatique et directeur du th. de Rouen, mort à Vernon, où il s'était retiré. Il avait 60 ans. Atteint de surdité, il avait dû quitter le théâtre au moment où il songeait à entrer à la Comédie française.

CORREE, Mme Agathe, Victoire, femme Laurent. — Avait, en 1859, 61 ans d'âge et 43 ans de théâtre en province et à l'étranger. Elle obtint une pension de 300 fr. de la Société des artistes. Elle se retira à Dieppe, où elle vécut encore un an ou deux.

CORRÈGE, Mme. — Soubrette, Nord, Pas-de-Calais 1825, Moulins 1827, Dieppe 1828, directrice gérante et premier rôle, Dieppe 1829, mère dugazon et directrice, Mons 1830 et Namur 1830-31, Cirque Olympique 1837.

CORRET, Mlle. — Artiste morte avant 1857. Sa mère, Mme Marie, Louise, Romaine Courtois, veuve Corret, rentière, décédée le 11 avril 1857, à l'âge de 71 ans, fit don de 4,000 francs à la Société des artistes en souvenir de cette fille unique qu'elle avait perdue.

CORRIVAU, Jean. — Rouen 1867-73, Nouvelle-Orléans 1874-83.

CORROY, Mlle Héloïse. — Rôles d'enfants, Ambigu 1814-15.

CORROYER. — Accessoires, Lille 1799.

CORSSE, Jean-Baptiste Labenette dit. — Qui fit du type de *Madame Angot* une création vraiment sienne. Naquit le 24 janvier 1759 à Bordeaux, où son père, Pierre Labenette, occupait les modestes fonctions de perruquier. Destiné à la peinture, on l'envoya de bonne heure à Paris pour y entrer dans l'atelier de Vien. Mais livré à lui-même, le jeune homme préféra les planches d'un théâtre à la palette et aux pinceaux. Il débuta donc chez Audinot, où il joua pendant quelques années assez obscurément les rôles d'amoureux. De retour dans sa ville natale, il prit la direction d'un petit théâtre, allées de Tourny, où, pour la première fois il fit paraître Lafon en public. La Révolution vint contrecarrer ses projets, et son entreprise périclita. Découragé, Corsse reprit le chemin de la capitale où l'appelait Ribié, directeur de la Gaîté, qui organisa pour lui une reprise de *Madame Angot* ou la *Poissarde parvenue* (rôle de Mme Angot). C'était la meilleure pièce d'Antoine, François Eve dit Maillot, et Corsse avait joué ce rôle avec succès à Bordeaux. On vit alors des affiches du genre de celle-ci : « Spectacle demandé par le Directoire », ou encore : « La salle est éclairée en bougies », ou bien : « Spectacle demandé par les Ambassadeurs », etc.

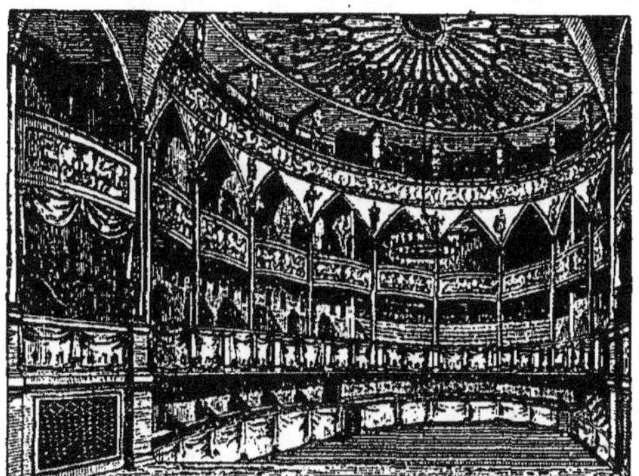
SALLE DE L'AMBIGU (avant 1820)

Le théâtre Montansier, alors dirigé par Crétu, Amiel et César, engagea Corsse et sa femme. Mais ce répertoire présentait peu d'occasions pour lui de se faire valoir. Il fallait chercher une autre voie. L'Ambigu comique venait de fermer ses portes après la malheureuse administration de Picardeaux ; Corsse traita du bail avec Audinot père, appela à lui des acteurs tels que Tautin, Dumont, Raffile, qui venaient du théâtre de la Cité, et ouvrit ses portes le 4 floréal an VIII (24 avril 1800).

Corsse était un excellent metteur en scène, et le public reprit le chemin de l'Ambigu. De plus, il avait commandé à Aude une pièce à laquelle il avait lui-même collaboré : *Madame Angot au sérail de Constantinople*. Entre temps, il avait rencontré le marquis de Puisaye qui, ayant confiance en lui, devint son commanditaire. La nouvelle *Madame Angot* vit le jour, avec Corsse dans le rôle de Mme Angot ; elle eut un succès inouï, colossal, et fut jouée 237 fois de suite, chiffre inconnu pour l'époque. Il faut dire aussi qu'elle venait à son heure, car elle raillait les parvenus.

« Le comédien qui aurait certainement représenté *Il Signor Pulcinella* à visage découvert, a écrit Ch. Maurice, s'était incarné dans son personnage féminin. Ses yeux vifs, son nez en bec de corbin, sa voix canarde, ses gestes énergiques, sa robe à grands ramages et à paniers, le rendaient superbe d'observation populaire. »

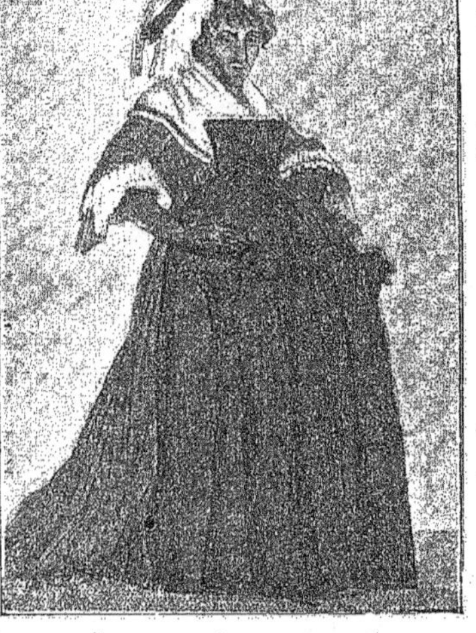

Jean-Baptiste CORSSE, dans le rôle de Mme Angot

« Son talent est connu, écrit le *Tribunal volatile* de l'an XI ; il l'a bien prouvé dans des rôles autres que ceux de Madame Angot. On peut dire, à sa louange, que, malgré qu'il soit directeur, il se charge souvent des plus petits, ce dont on lui sait gré. »

Il monta de grands ouvrages, négligea les pièces à ariettes, présenta des pièces morales et forma une des meilleures troupes du genre. Auteur à ses heures, il signa *Philomèle et Thirée* (1800). Brazier affirme que *Madame Angot* et la *Fille mendiante* avec Cuvélier de Try (1809), *Hariadan Barberousse* avec Lamarque de St-Victor (1809), mélodrames qui suivirent, le *Jugement de Salomon*, la *Forêt d'Hermanstadt*, *Tékéli*, la *Femme à deux maris*, rapportèrent à Corsse 1,100,000 francs en quinze ans. C'était le temps où l'on payait aux auteurs neuf francs pour les droits d'auteur d'une pièce en trois actes, par représentation.

Corsse cessa de jouer en 1808 et se consacra tout entier à son administration. Il avait acquis une grande aisance. G. de Pixérécourt nous dit qu'il était avare avec les auteurs. Grille, Mme de Bawr, dans ses *Souvenirs*, disent le contraire et vantent sa libéralité. Tous, néanmoins, s'accordent sur sa franchise et sur son honnêteté. Il mourut à Paris, dans sa maison de la rue de Bondy, n° 68, le 20 ou 21 décembre 1815, à la suite d'une longue maladie. Il laissait cinq enfants et deux gendres. Le célèbre chanteur Roger, né le 17 sept. 1815, fils de Joseph, Hippolyte Roger, notaire, et de dame Eléonore, Denise Labenette-Corsse, était son petit fils.

Corsse avait eu, le premier, l'idée de fonder une école de danse gratuite pour trente enfants, mais il leur faisait donner en même temps l'instruction qui leur manquait ; les enfants qui figuraient, au besoin, dans les pièces à spectacle y touchaient dix francs par mois. La première femme de Bouffé, Charlotte, avait fait partie de cette école. Le tombeau de Corsse, au Père-Lachaise (20e div.) est surmonté d'un buste en marbre (h. 0 m. 38) placé dans un enfoncement pratiqué dans la face antérieure du tombeau.

Biographie : E.-D. De Manne et C. Ménétrier, *Troupe de Nicolet*.

Bibliographie : *Tribunal volatile*, an XI. — *Almanachs des spectacles*, 1800-01. — Brazier, *Hist. des petits théâtres*. — Th. Muret, l'*Hist. par le th.*, t. I, p. 173. — Bouffé, *Mémoires*, p. 31-32. — Les Goncourt, la *Société française sous le Directoire*, p. 196. — *Foyers et coulisses*, Ambigu, p. 14.

Iconographie : — Eau forte d'Hillemacher, en buste, de ³/₄ à droite (*Troupe de Nicolet*).

— Son buste sur son tombeau au Père-Lachaise.

CORSSE, Mme, femme Labenette dite. — Th. Montansier 1799, Ambigu 1800. « Cette artiste, femme du directeur, joue les duègnes avec intelligence et seconde parfaitement son mari. » *Tribunal volatile*, an XI.

CORTAZZI, Mme Marie, Gabrielle. — Th. de Paris 1887, Paris 1888-89, Limoges 1890-1891, Nancy 1892-93, Le Mans 1894-96.

CORTEMBERG. — Châtelet 1874.

CORTÈS, Mlle. — Gaîté 1857-59.

CORTEZ, Mlle Adelina. — Lyon 1866-69, Bruxelles 1870-72.

CORVEC, Désiré, Louis. — Belleville 1854-56.

CORVEÉ, Mlle. — V. Mlle Flore.

CORVEÉ, Mlle Hortense. — Ingénuités, Nancy 1826-28.

Iconographie : Bibl. nat., catal. Duplessis 10790. En pied, de profil à gauche (cost. de th.), lith. par E. R., imp. lith. C. Labouré, Nancy.

COSMES, Ferdinand. — Montparnasse 1864-1865, Toulouse 1867, Paris 1868-70, Nice 1872, Renaissance 1873-74, Th. lyrique dramatique 1875-76, Th. hist. 1877-78. Le 1er sept. 1876, Cosmes tint le rôle de Galoubet dans la reprise de *Marceau*. Le 14 oct. 1878, il avait joué le rôle de Canuche, dans les *Sept châteaux du Diable*, au Châtelet.

COSSA, Mme. — Funambules 1838-42. La même que Mme Cossard, mais son mari avait exigé qu'elle supprimât deux lettres de son nom parce qu'elle vivait publiquement avec Laurent jeune. V. Mme Cossard Zélie.

COSSARD. — Artiste frêle et débile, mais doué de chaleur et d'intelligence, débuta dans l'emploi des manteaux, au Th. français, le 11 juillet 1818, dans Géronte, du *Dissipateur* et Sganarelle, de l'*Ecole des Maris*. Il fut reçu comme pensionnaire. En 1819, il exerçait en outre l'emploi de répétiteur au Conservatoire. En 1823, il passa au Vaudeville. Ses débuts eurent lieu le 9 juillet dans *Polichinelle aux eaux d'Enghien*. Maurice Alhoy écrit en 1825: « Le talent avait conduit Cossard à la Comédie française ; l'intrigue l'en a fait sortir... Cet artiste est froid, mais il est comédien ; sa voix est agréable et conduite avec goût ; il excelle surtout dans l'art de grimer sa physionomie. Les rôles dans lesquels on l'a vu avec le plus de plaisir sont : M. Dupuis, des *Eaux d'Enghien*, dans lequel il a parodié d'une manière si plaisante Devigny qui, dit-on, n'a pas peu contribué à l'éloigner de la scène française ; Lucas, de la *Chasse au renard* et Robertin, de *Léonide*. »

Harel, qui nous rapporte les mêmes détails, ajoute que les rieurs furent du côté de Cossard. « Cet acteur a un talent un peu prétentieux, il manque de représentation ; il est petit et maigre. Il plaît aux habitants de la rue de Chartres » (th. du Vaudeville.) En 1826-27, il passa par les Nouveautés. En 1833, il rentra à la Comédie française, mais n'y resta pas. Nous relevons ses traces, dans l'emploi des financiers, à Dublin 1834, Lyon 1837. Le 14 mai 1838, il joue à Bruxelles Arnolphe, de l'*Ecole des femmes;* le 17, François Bertrand, des *Deux frères ;* le 1er juin, Géronte, du *Dissipateur*, Rouen 1840, Anvers 1841. En 1849, un Cossard est à Rouen.

Bibliographie : *Petite biographie*, 1821. — *Grande biographie*, suppl^t 1825. — Harel, *Dict. th.*, 1825.

COSSARD, Mme ou Mlle. — Femme ou fille du précédent, ingénuités, Dublin 1834, Lyon 1837, joua à Bruxelles le 14 mai 1838, Agnès, de l'*Ecole des femmes*, le 15, Peblo, de *Don Juan d'Autriche*, le 17, Charlotte, des *Deux frères*, Rouen 1840, Anvers 1841.

COSSARD, Philippe. — Jeune premier rôle, troupe Corrège, Nord-Est 1833, directeur, Toul et Lunéville 1834.

COSSARD, Mme. — Troupe Corrège, Nord-Est 1833, soubrette à Toul 1834.

COSSARD, Mme. — Jeune premier rôle, Stockholm 1849, Lille 1849-50.

COSSARD, Mme Zénon. — Membre de la Société des artistes depuis 1840, Lyon 1849, Rouen 1850-52, Milan 1853, Rome 1854-55, Turin 1856, Passy 1857, Paris 1858-59. En 1859, Mme Zénon-Cossard, âgée de 65 ans, avec 42 ans de th. à la banlieue, à Paris, en province et à l'étranger, obtint une pension de 300 fr. de la Société des artistes. Elle vécut à Paris 1860-63, Toulouse 1864-67, Marseille 1868-72, Nice 1873-76. Sa mort fut annoncée au Rapport de 1877.

COSSARD, Mme Louise née Pallery. — Membre de la Société des artistes depuis 1840, Lyon 1849, Rouen 1850-52, Milan 1853, Rome 1854, Turin 1856, Passy 1857, Paris 1858-60, Marseille 1861, Toulouse 1862-67, Paris 1868, Marseille 1869-70. En 1870, Mme Cossard, âgée de 62 ans, avec 48 ans de th., obtint une pension de 500 fr. de la Société des artistes. Elle vécut à Marseille 1871-72, Nice 1873-83, Paris 1884-88. Sa mort fut annoncée au Rapport de 1889.

COSSARD, Mme. — Iconographie : Bibl. nat., catal. Duplessis 10820. En pied, de ¾ (cost. de th.), lith. Gerente, 1849.

COSSARD. — Artiste funambule et sa troupe, pantomimes et exercices divers, les 8, 10 et 12 janvier 1818 à Lille : *Arlequin avalé par la baleine* ou l'*Ile des Merveilles*, pantomime-féerie en trois actes, etc.

COSSARD. — Cirque Olympique 1825-26, th. du Temple 1830. A rapprocher du précédent.

COSSARD aîné, François. — Ancien porteur à la Halle, beau garçon, taillé en hercule, la coqueluche des grisettes, le front élevé, de grands yeux clairs, très expressifs, la bouche petite. Troisième rôle à Bobino, il fut engagé avec son frère aux Funambules, où trônait déjà sa femme, Mme Cossard (1838). Il y tint les premiers rôles. Aimant à se montrer, Cossard se promenait majestueusement devant le public qui faisait queue à la porte du théâtre. Assez bon mime, il était, en revanche, assez mauvais dans les vaudevilles. Marié, il négligeait sa femme, qui s'en alla vivre avec Laurent jeune. Il l'obligea alors à s'appeler Mme Cossa, supprimant deux lettres de son nom. Vantard, débraillé, buveur, il tomba de chute en chute, et en arriva à se faire « homme sauvage » dans les foires. Il mourut en 1848, fusillé par les gardes mobiles qui le surprirent dans le petit théâtre des Patriotes, situé au coin de la rue Charlot.

Bibliographie : L. Péricaud, les *Funambules*.

COSSARD cadet, Christophe. — Ebéniste et arlequin à Bobino. Tout l'opposé de son frère. Très laid, à ce point qu'ayant égaré un soir son masque, il refusa d'entrer en scène. Le front bas, de gros yeux à fleur de tête, une grande bouche bien meublée, Cossard cadet était sombre, triste, peu loquace. S'il paraissait sans masque, il se grimait de façon à se rendre méconnaissable. Modeste, économe et rangé, Cossard cadet, qui créa l'Arlequin dans *Pierrot valet de la mort*, de Champfleury, rendit d'excellents services aux Funambules de 1838 à 1855, passa aux Folies Nouvelles, 1856-59, devenues th. Déjazet, 1860-61, et s'éteignit paisiblement d'épuisement anémique vers 1862.

Bibliographie : L. Péricaud, les *Funambules*.

COSSARD, Mme Zélie née Jolibois (ou Gambier), femme de Cossard aîné. — Premier rôle Funambules 1837 et années suivantes.

COSSAS, Amédée. — Pau 1833. Peut-être le même, Lille 1838.

COSSE. Tournay 1837.

COSSE, Florimond. — Lyon 1852-59.

COSSES, Emile. — Premier amoureux, Dieppe 1834.

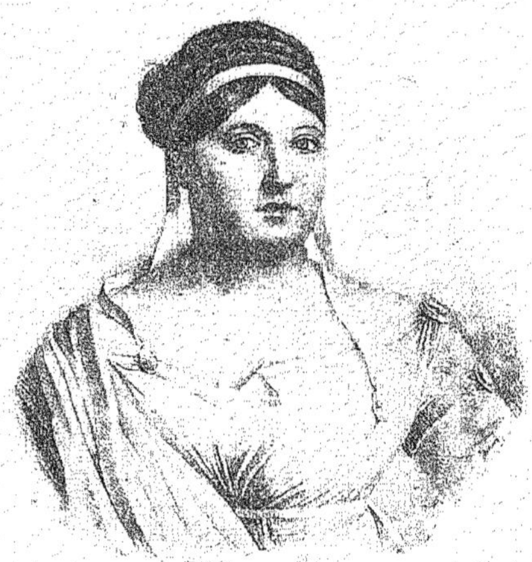

Mme Agathe COSSON, d'après G. de Galard (Bibl. nat.)

COSSERON. — Variétés 1892.

COSSET, Emile, Auguste. — Versailles 1869-1870, Rouen 1872-73, Reims 1874-75, Marseille 1876, Reims 1877-78, th. Historique 1877, Gymnase 1879-81, Ambigu 1881-1883, Odéon 1882-83, Porte-St-Martin 1884, Odéon 1884-86, Porte-St-Martin 1886-87. Il venait de créer à ce théâtre un rôle dans le *Crocodile*, lorsqu'il mourut subitement le 16 janvier 1887. Il n'avait que 40 ans et promettait un bel avenir.

COSSON, Mme Agathe, née Béguin, originaire de Seine-et-Oise. — Naquit vers 1786. Elle était déjà mariée à Cosson lorsqu'elle remporta un premier accessit de tragédie au Conservatoire, en 1812 et débuta le 8 août 1815 dans *Athalie* (th. fr.). Mais ce ne fut que le 1er avril 1818 qu'elle put se faire admettre comme pensionnaire à la Comédie française, où elle se montra, notamment, dans Agrippine, de *Britannicus* (13 mai). Elle partit en 1820, éclipsée par Mlle Paradol, et se mit à courir la province, Rouen 1823, Bordeaux 1824, Rouen 1825, Bordeaux 1826, Anvers 1829. Harel la jugeait ainsi : « Tragédienne nomade, qui s'est fait en province une espèce de réputation que justifient, jusqu'à un certain point, une diction sage et correcte, quelques traditions fidèlement observées, et des avantages extérieurs qui seraient plus appréciés si l'intelligence de l'actrice savait leur donner de la valeur. Mme Cosson est belle, mais elle est uniforme ; sa figure est tragique, mais sa physionomie ne l'est pas. »

Le 12 mai 1830, elle se présenta à l'Odéon par le rôle de Jocaste, dans *Œdipe*. Elle demeurait alors passage du Commerce, 2. En 1833, nous la retrouvons premier rôle à Lyon. Le 4 décembre 1836, elle donne une représentation à bénéfice à l'Odéon, avec le concours de la Comédie française et de Ligier *(Hamlet)*. En 1846, elle accuse 63 ans, 25 ans de th. et obtient une pension de 180 fr. de la Société des artistes. Elle alla se fixer à Rouen, où elle vivait en 1852-53. Elle mourut vers 1855.

Bibliographie : *Petite biogr. dram.*, 1821. — *Grande biogr. dram.*, 1824. — Harel, *Dict. th.*, 1825. — P. Porel et G. Monval, l'*Odéon*, t. II.

Iconographie : Bibl. nat., catal. Duplessis 10825. En buste, de 3/4 à droite, lith. par G. de Galard.

COSSON. — Sous ce nom :

Cosson, acteur et directeur, Pau 1824, Banlieue 1825-28. Débuta le 9 mai 1829 aux Variétés par le rôle de Lecoq, dans le *Duel et le déjeuner*.

Cosson, Dijon 1837.

Cosson, th. des Variétés, Bordeaux 1840, Toulouse 1840.

Cosson, Jean, Pierre, né vers 1798, comique grime à Rouen 1849-52. En 1861, Cosson, Jean-Pierre avait 63 ans et 43 ans de th. Il obtint une pension de 300 fr., vécut à Rouen et disparut vers 1876.

COSTAMBERT, Mme Amélie. — Ambigu 1878-1882.

COSTE. — Troisième rôle, direction Senépart et Luville, St-Quentin.

COSTE, Auguste. — Th. fr. 1792.

COSTE, P. — Acteur, directeur, Perpignan, mort le 31 août 1825.

COSTE. — Acteur, directeur, Perpignan 1825-28.

COSTE-Delacroix. — Jeune premier, Lille 1825.

COSTE. — Gaîté 1840.

COSTE, Maurice. — A dix-sept ans, en sortant du collège, Maurice Coste s'enrôla dans une petite troupe de province, puis vint à Paris prendre des leçons au Conservatoire. Il fut engagé à l'Odéon (1849). Il parut notamment dans le *Trembleur* (8 sept.) et l'*Héritier du Czar* (26 oct.) La pièce qui lui avait servi de début avait été le *Vert-Galant* (23 sept.) Son engagement expiré, il partit pour Metz, et c'est en sortant de cette ville qu'il débuta à l'Ambigu dans *Berthe la Flamande* (1852). C'était alors un jeune premier, un peu froid, mais très consciencieux. Il travailla ; organe, tenue, chaleur, tout enfin chez lui devint irréprochable. Il tenta même le genre gai avec le rôle du Chevalier della Pergola, dans *Caravage,* et se tailla un succès dans le rôle d'Honorius, du *Juif de Venise.*

Maurice Coste fut encore le prisonnier de la *Comtesse de Novailles,* Caïn, du *Paradis perdu,* puis il passa au th. Impérial du Cirque, où il établit d'une façon remarquable le rôle du missionnaire, dans la *Prise de Pékin* (27 juillet 1861). Lorsque la démolition du boulevard du Temple força ce théâtre à émigrer au Châtelet, nous retrouvons Maurice Coste se faisant applaudir dans *Marengo* (1863), le *Secret de Miss Aurore* (1863), la *Jeunesse du Roi Henri* (1864, rôle de Charles IX). On prétend que son dérangement cérébral lui vint du jour où il créa le rôle de Bonaparte dans la pièce citée plus haut *(Marengo).*

Maurice Coste n'ayant plus de grands hommes à représenter, chercha difficilement sa voie. On le vit aux Folies dramatiques, 1867, au th. du Prince Eugène, 1870, à Londres 1872-73, à Bruxelles 1873-76. A Bruxelles, en décembre 1873, il avait repris son rôle de la *Jeunesse du Roi Henri* avec grand succès (th. de l'Alhambra). Le 6 décembre 1875, à l'Ambigu, à Paris, il avait fait jouer une pièce de lui et de Dornay, le *Fils de Choppard,* où il tenait le premier rôle (Choppard fils). Car il écrivit quelques pièces et dirigea même un moment les Délassements comiques, boulevard Voltaire (avant 1870).

Le 6 août 1876, on apprit la mort de Maurice Coste. Comme il circula sur cette mort une foule de bruits, nous reproduisons ici une lettre de M. Mairot, chef de l'atelier de restauration des antiques du musée du Louvre, lequel fut presque témoin de l'évènement :

« J'étais à déjeuner avec ma fille à la taverne anglaise, route d'Argenteuil (Garenne de Colombes), dont le propriétaire est de mes amis, lorsqu'il vint me prier de l'accompagner chez son voisin, M. Coste, auquel un accident grave venait d'arriver.

« Je quittai immédiatement la table pour suivre M. Berteaux chez M. Coste, où nous trouvâmes une femme en pleurs ainsi qu'un petit garçon d'une dizaine d'années.

« Je demandai le sujet de ces pleurs, et la dame me répondit que M. Coste, en tombant de son lit, s'était fait une blessure grave à la tempe droite. »

M. Mairot fit appeler le docteur Gérard qui se trouvait dans le voisinage.

« Je le fis prévenir (le médecin) et il se fit un devoir de se rendre immédiatement à mon appel. Il ne put hélas ! que constater la mort du malheureux Maurice Coste qui, à l'aide d'un revolver, s'était fait deux blessures à la tempe droite. »

L'évènement avait eu lieu le matin, vers 8 h. 1/2 et l'on avait, en vain, envoyé chercher des médecins. Il mourut vers deux heures sans avoir repris connaissance.

Biographie : Lavergne.

Bibliographie : Em. Abraham, *Acteurs et actrices*, 1861. — G. Duval, *L'Année th.*, t. I et III.

COSTE, Jos., Louis, Carante dit. — Caen 1851-55, Montauban 1856-59. V. Barsagol.

COSTE. — Deuxième père, Sedan 1852.

COSTE. — Utilités et deuxième régisseur, premier comique Lille 1865, Variétés 1875-84.

COSTE, Mme ou Mlle. — Sous ce nom :

Mme COSTE, Lille 1767, 1772.

Mlle COSTE, deuxième soubrette, Anvers 1782.

Mme COSTE, Strasbourg 1822.

Mme COSTE, duègne, Nouvelle-Orléans 1834.

Mme COSTE. V. Barsagol.

Mlle COSTE, deuxième amoureuse, Nancy 1840, Bruges 1843.

Mme COSTE, utilités, Sedan 1852.

Mlle COSTE, Marie, Augustine. Artiste de province, se noya par accident à Dieppe, 1873 ; elle avait 20 ans.

COSTÉ. — Fantaisies parisiennes 1866.

COSTEL. — Comédie fr. 1852.

COT, Bernard. — Lille 1874, Liège 1881-84, Guatemala 1885-86, Santiago 1887, Paris 1888-1893. Sa mort fut annoncée au Rapport de 1895.

COTEAU, Louis, Nicolas. — Namur 1884-87.

COTEL, Mlle Jenny. — Utilités, Funambules.

COTELLE, Mlle. — Deuxième duègne, Lille 1840.

COTHENY. — Troisième rôle, Bourges 1834.

COTI, Marie, François, Alphonse. — Porte-St-Martin 1848-58.

COTIGNI. — Troisième rôle, Tours 1829.

COTON, Jérôme (ou Cotton). — Premier rôle, Montauban 1826, Lyon 1850, Nîmes 1853, Lyon 1854-69. En 1866, Jérôme Coton avait 71 ans et 51 ans de th. La Société des artistes lui accorda une pension de 300 fr. Ne figure plus en 1867.

COTTÉ, Paul Coste. — La Rochelle 1889-1891.

COTTENET, Emile. — Comique aux Célestins, Lyon 1828. Elève de Volange père, qui l'emmenait dans ses caravanes. Emile Cottenet jouait tout ce que l'on voulait, taillant, rognant dans les pièces, composant des couplets de circonstance selon les villes où l'on passait. Il joua à la Porte-St-Martin, vers la fin de l'Empire, au Gymnase et au Vaudeville.

Bibliographie : *Mémoires de Mlle Flore*, t. II, p. 35-36-195, t. III, p. 118.

COTTET, Joseph. — Lyon 1863-69.

COTTET, Claude, Marie. — Cette 1885-1886.

COTTET, Mme Cécile, Herminie, née Mathieu. — Cette 1885-86.

COTTIN, Mme Louise. — Lyon 1868-80.

COTTRET, Désiré. — Montpellier 1827. Mort à Genève, 1834.

COUADE, Mme Albertine. — St-Etienne 1863-1865.

COUADOU. — Cluny 1893.

COUANNET. — Deuxième comique, Rouen 1834.

COUANNET jeune. — 1er comique, Lille 1837.

COUDER, Henri. — Naquit le 14 octobre 1833, selon H. Gourdon-de-Genouillac. A dix-sept ans, il s'engagea dans un régiment algérien et y servit sept ans. Lorsqu'il quitta l'uniforme, il vint jouer la comédie au th. des Batignolles. Il débuta, dans *Quatre-vingt-dix-neuf moutons et un Champenois*, d'Emile Van der Burch, dont, quelques années plus tard, il épousa la fille. Nous croyons aussi qu'on le vit à Liège. En 1862, il entra aux Délassements comiques, où il passait pour un « brûleur de planches ». Vers ce moment, le th. des Variétés avait besoin d'un artiste intelligent ; Leclère venait de mourir. Couder quitta les Délassements pour les Variétés. Son début fut une série de succès. Il joua la *Revue au cinquième étage*, les *Médecins*, le *Joueur de flûte*, la *Vieillesse de Brididi*, la *Belle Hélène* (rôle d'Agamemnon, qu'il créa), *Barbe-Bleue* ; mais son rôle du général Boum, dans la la *Grande-Duchesse*, le plaça au premier rang des fantaisistes (12 avril 1867). On renouvela son engagement pour six ans. Il ne devait pas en profiter.

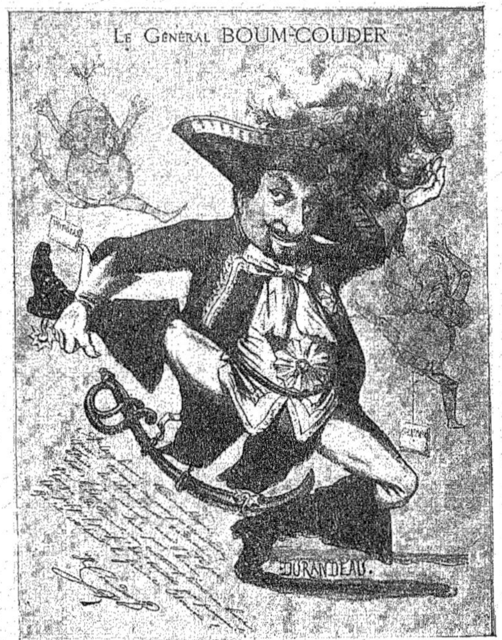

COUDER, rôle du Général Boum, par Durandeau (*le Masque*)

Trapu, les épaules hautes, courageux, bizarre, zouave et titi. Drôle souvent, mais finissant par lasser par sa volubilité ; cascadeur. On disait qu'en Afrique il avait sauvé le drapeau de son régiment.

« Un soi-disant bon garçon, dit Lemonnier, commun d'allures, gros, court, trapu, mais agile et vif comme un singe. Avait de la verve, de l'entrain et un excellent organe. Aux Variétés, où il fut engagé, fit plusieurs belles créations. »

Couder habitait Rueil avec sa femme. Il mourut à trente-cinq ans pendant un voyage dans les Alpes. Cette mort surprit tout le monde ; rien n'avait pu la faire prévoir. Elle fut annoncée à la Société des artistes au Rapport de 1868.

Bibliographie : Les *théâtres en robe de chambre*, 1866. — *Derrière la toile*, 1868.

Iconographie : Sa charge dans le rôle du Général Boum, par Durandeau, le *Masque*, 16 mai 1867.

COUDRAY, Narcisse. — Batavia 1852-55. Sa mort fut annoncée en 1857.

COUDRAY, Hilaire. — Athènes 1890-94.

COUGARD, Achille. — Financier, Eure-et-Loir 1829.

COUGET, Honoré. — Premier amoureux, Pau 1833, directeur du th. de Batavia 1850-54, Nancy 1855, Paris 1856-60. Sa mort fut annoncée au Rapport de 1862. M. van Rees, résident à Batavia — où il n'y avait pas de consul français — écrivait en 1851, à propos d'un acte charitable dont on le remerciait : « Je l'ai fait (mon devoir) avec d'autant plus de sympathie et de cordialité que les artistes, sous la direction du brave et honnête M. Honoré Couget, méritent tous les égards possibles pour leur bonne conduite et la sévère observation de leurs devoirs ».

Honoré Couget avait recueilli 2700 fr. au profit de la Société des artistes et joué *Kean* (rôle de Kean). « Les plus hauts personnages de la colonie, écrivait-il, assistaient à cette soirée mémorable : S. A. R. le prince de Saxe-Weimar, S. E. le ministre d'Etat, gouverneur général des Indes néerlandaises, etc. »

Couget fut vivement félicité de son zèle par Samson dans le Rapport de 1851, où se trouvent de longs détails.

COUILLEAU, Albert, Louis, dit *Bertal*. — Belleville 1863-65, Le Hâvre 1867-68, Lisbonne 1869, Paris 1870-72.

COULEAU, Mme. — Débuta aux Variétés le 7 mai 1825, rôle d'Elvire dans le *Mariage à la hussarde*.

COULEMBIER, Pierre, Joseph. — Bordeaux 1871-79, Bordeaux 1882-95. V. Coulombier, Pierre, Joseph.

COULLEAU. — Délass. com. 1857.

COULOMBIER, Auguste. — Né à Choisy-le-Roi, d'abord sculpteur en nacre de perle, puis acteur pendant trois ans à Montmartre, s'en alla jouer à Bruxelles où son impresario n'oublia que de le payer. Revenu à Paris à pied, « en touriste », il fallut recourir encore à la nacre pour subsister, d'autant plus que l'on sortait à peine de la Révolution de 1848. Engagé au th. du Cirque, il débuta par le rôle de Barbara, dans *Marat*. Coulombier qui avait une belle prestance, la taille haute, l'œil expressif, la voix sonore, devint le héros obligé de toutes les épopées militaires dont ce théâtre s'était fait la spécialité. Il fut Hoche dans l'*Armée de Sambre et Meuse*, Kléber dans *Bonaparte en Egypte*, Murat dans la *Prise de Caprée*, Masséna, La-Tour-d'Auvergne, etc. Un jour qu'il répétait le rôle du préfet dans la *Barrière de Clichy*, Al. Dumas qui ne trouvait pas le costume assez beau, lui fit cadeau de son habit de cour. Même stature, même carrure. Le 13 juin 1852, le Th. national (depuis Cirque impérial) avait donné en sa faveur, un bénéfice. Il passa aussi par l'Ambigu comique (1851), par la Porte-St-Martin (1868), mais son vrai théâtre fut le Cirque impérial, dont il suivit les destinées au Châtelet (1868-74). En 1875, il fit partie de la troupe du Théâtre historique (devenu aussi lyrique dramatique) jusqu'en 1879, revint au Châtelet 1880-84 et habitait Paris en 1885. Sa mort fut annoncée au Rapport de 1886. « Avec le changement de genre dans les théâtres, déclarait Eugène Garraud, Coulombier fut obligé de renoncer à la profession de comédien et, comme il fallait vivre, il s'était mis à travailler la nacre pour la fabrication des manches de couteaux ; malheureusement, dans ces derniers temps, sa santé devenue chancelante l'empêchait de se rendre utile, mais son patron, qui était aussi son ami, le gardait quand même à l'atelier où il était aimé de tous ses camarades qui suivirent son convoi jusqu'au cimetière ».

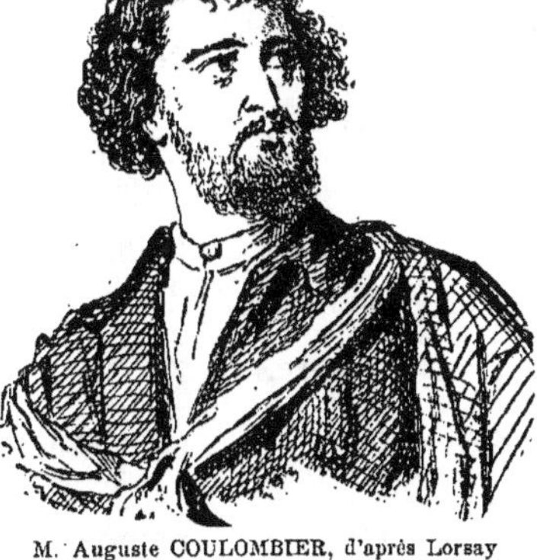
M. Auguste COULOMBIER, d'après Lorsay

Biographie : les *Th. de Paris*, notice par Eug. Moreau, 1854.

COULOMBIER, Pierre, Joseph. — Batignolles 1849-50, Dijon 1852, Mons 1858-60, Paris 1861-65. V. Coulembier.

COULOMB. — Iconographie : « Mme Coulomb actrice ». Bibl. nat., catalog. Duplessis 10,920. En buste, de 3/4 à droite, dans une bordure ovale. Lith. par A. Bonny (1875). Sur cette planche se trouve le portrait de M. Coulomb.

COULON et sa femme. — Troupe de Dulin à Maëstricht, 19 juin-25 juillet 1713.

COULON, Mme. — Mère noble, Strasbourg 1827.

COULON. — Premier rôle, Auxerre 1852.

Iconographie : Bibl. nat., catalog. Duplessis 10,922. En buste, de 3/4 à droite, dans un ovale. Lith. par Vigneron.

COULON, Mme. — Premier rôle, Auxerre 1852.

COULON, Mme Eugénie. — Bruxelles 1852-58. Inscrite à la Société des artistes depuis 1841.

COUPELLE, Louis, Alfred, ou Coupel. — Paris 1845-62, Délass. com. 1857.

COURBIER, Alexis. — Bayonne 1854-56, Paris 1857-59.

COURBOIS, Mlle Caroline, femme Guyon. — Débuta, comme enfant, dans le rôle du petit Gervais des *Misérables*, à la Porte-St-Martin, puis joua dans les *Abandonnés* (mai 1878). Nous la retrouvons à Cluny en 1884-85, et au Château-d'Eau en 1886, sous le nom de Mme Courbois-Guyon. Habitait Paris en 1903.

COURBONT, Mme. — Débuta le 18 février 1827 à la Porte-St-Martin, par le rôle d'Elisabeth de *Marie Stuart*.

COURCELLES, dit aussi *Langlois*. — Etait un acteur réformé de la Comédie italienne — on en réforma six en 1790. — Il fonda alors le th. du Marais, rue Culture Ste-Catherine (rue Sévigné) et en fit l'ouverture le 1er septembre 1791 avec la *Métromanie* et l'*Epreuve nouvelle*. La première année fut assez heureuse ; la seconde médiocre. Vers le milieu de 1793, ruiné, abandonné de son principal soutien, Baptiste aîné, Courcelles ferma sa salle et l'on n'entendit plus parler de lui.

COURCELLES, Mlle, ou Courcelle. — Th. du Marais 1801.

COURCELLES, Alexis, Joseph Pie dit. — Grosse et bonne nature, enfant du peuple, né en 1839, et jusqu'à 20 ans, ouvrier en bronze. Débuta au th. de La Tour-d'Auvergne vers 1860, passa aux Folies Marigny, en province, aux Fantaisies parisiennes (1866), au th. Cluny (1866), à Déjazet (9 janvier 1869), puis, à la fermeture de ce théâtre, accepta un engagement à l'Alcazar. Il revint au théâtre. Après quelques mois passés aux Menus-Plaisirs, il trouva un engagement à la Gaîté où, sans parler des rôles qu'il créa, il rendit de grands services dans les matinées littéraires. Il joua d'une façon remarquable le *Barbier de Séville* et la *Partie de chasse d'Henri IV*, sachant se faire apprécier dans l'emploi des financiers. Nous relevons le nom de Courcelles à la Renaissance et à la Gaîté 1874, aux Bouffes parisiens 1875, aux Variétés (rôle de Carnassac dans les *Jolies Filles de Grévin*, 5 juillet 1876), à la Porte-St-Martin 1881-82, aux Variétés 1884, 1888-89, au Grand Th. 1892, aux Folies dram. 1894, à la Renaissance 1895-96. En 1902, Courcelles âgé de 63 ans, avec 35 années de th., obtint une pension de 500 fr. de la Société des artistes. Habitait Paris en 1902. En 1900, il avait déjà obtenu la fondation Eug. Bertrand de 500 fr. pour deux années.

Biographie : *Foyers et Coulisses, Gaîté*, t. II, 1875, p. 136.

COURCY. — St-Pétersbourg 1849-50.

COURDIER, Antoine, Eugène, Marc. — Odéon 1862-63, Paris 1864, Odéon 1865, Hombourg 1867, Strasbourg 1868, Bruxelles 1869, Nice 1870, Le Caire 1872-78, Rouen 1879, Marseille, Reims 1880-81, Paris 1882-84, Londres 1885-92. Sa mort fut annoncée au Rapport de 1893. Voici en quels termes Eug. Garraud retraça sa carrière : « Ex-élève de Beauvallet, il avait obtenu un prix au Conservatoire et débuté à l'Odéon avec succès, mais comme beaucoup d'autres comédiens, hélas ! il n'avait jamais eu de chance, soit artiste, soit directeur, car il avait aussi fait de l'administration. C'était un brave et honnête homme, qui avait su se concilier de sincères amitiés ».

Administrateur du th. des Variétés, à Marseille, il avait été envoyé à Nice par son directeur, afin d'engager des artistes. Il fut frappé de mort sur la voie publique. Dieudonné et les artistes du th. de Nice firent entre eux les frais des obsèques et de la sépulture.

COURLON, Mme. — Débuta à l'Ambigu comique le 14 juin 1830, par le rôle de Clarisse dans *Clarisse*.

COURNEVAUX, Henri. — Calais 1854-56.

COURONEAU, Pierre, Léon. — Bordeaux 1868-1870.

COURRIER, Mlle Clara. — Jeune soubrette, Montpellier 1827. Vivait en 1849.

COURT, Léon. — Th. des jeunes élèves 1833 et 1837. Vivait en 1849.

COURTADE. — Premier amoureux, Strasbourg 1840.

COURTADE, Mme, née Bardal-Duplessis. — Alger 1852-53, Lille 1854-55, Le Hâvre 1856-69.

COURTAY de, Mlle Victorine, Marie. — Bruxelles 1856-59.

COURTBOIS, Mme Anaïs, née Berenguier ou Bringuier. — Constantinople 1893-94. Sa mort fut annoncée au Rapport de 1895.

COURTÈS-Clément, Mme. — Soubrette, Brest 1833, jeune premier rôle, Amiens 1834.

COURTÈS. — V. Louis-Philippe, qui cachait soigneusement son âge, répondait invariablement qu'il était né le 3 septembre. Nous croyons qu'on aurait pu ajouter 1833 ou 1834. Il débuta à Bercy, au th. dirigé par Husson, puis partit en province avec la troupe Belfort-Devaux. Meaux, Provins, Fontainebleau. A son retour : Batignolles et Montmartre pendant deux ans. Profitant d'un petit coin laissé vacant à l'Ambigu, il s'y faufila sous les traits d'un petit seigneur de la Cour dans la *Sirène de Paris*. Il reprit le rôle créé par Febvre dans la *Maison du pont Notre-Dame*. De l'Ambigu, il passa aux Variétés (1862). Dumas père le demanda au Grand théâtre parisien que l'on venait d'inaugurer, et lui fit créer, dans les *Gardes-Forestiers*, le rôle sympathique de François, où il obtint un légitime succès.

Le th. du Prince impérial (Château-d'Eau) l'engagea. L'entreprise sombra. Courtès entra alors aux Folies dramatiques, où il débuta dans le *Château de Rochefontaine*. Un rôle de rien devait le mettre en évidence : celui du duc d'en face, dans l'*Œil crevé* (1867). De ce jour-là, il fut connu. Après la guerre, on le voit au Châtelet, où il joue dans une reprise de *Cartouche*, puis il rentre à l'Ambigu où il devait faire une belle série de créations, jouant toute espèce de rôles, se montrant sous les aspects les plus variés dans l'*Officier de fortune*, *Belle-Rose*, l'*Affaire Coverley*, l'*Assommoir* (rôle de Bec-Salé, 1879), *Robert Macaire* (le gendarme), *Nana*, le *Petit-Jacques*, *Pot-Bouille*, le *Roi de l'Argent*, *Martyre* (1886).

Il va au Châtelet et joue dans *Germinal;* il passe au Vaudeville. Il est des *Surprises de l'Amour*, du *Conseil judiciaire*, de la *Marquise*, de la *Comtesse Romani*.

Il entre aux Bouffes et crée l'*Enfant prodigue*. « Vous savez tous, a dit M. Leloir dans son dernier adieu à l'artiste, le succès qu'il eut dans cette pantomime qu'il promena à travers le monde. Dans ce rôle de père Pierrot, il fit revivre nos grands mimes par la simplicité des moyens. Quel succès il eut partout! Ce fut la gloire et un peu la fortune. Malheureusement, Courtès fit de mauvaises spéculations ; l'argent amassé avec tant de peine disparut et Courtès resta sans un sou. Que de drames poignants ont dû se passer alors dans l'esprit de cet érudit adorant les livres, les manuscrits, car il fut toujours bibliophile; je me souviens que, jouant la comédie avec lui en province, vers 1876, à peine arrivé dans une ville, il s'informait des marchands de vieux bouquins; sitôt l'adresse connue, nous partions ensemble à la découverte de l'édition rare ».

Heureusemet l'Ambigu, théâtre de ses beaux succès, lui ouvrit ses portes; seulement, ses moyens physiques n'étaient plus les mêmes; il dut se contenter de petits rôles, et joua jusqu'au dernier jour, estimé de tous, aimé de ses camarades et de ses directeurs. Il était d'une santé robuste et d'une constante belle humeur.

Au début de janvier 1903, il avait encore créé le rôle du notaire dans les *Dernières Cartouches*. Il tomba malade d'une pleurésie purulente, s'en alla à Lariboisière et y mourut le 16 février, exprimant le désir d'être enseveli dans le costume du dernier rôle qu'il avait joué. Les directeurs lui avaient assuré ses appointements jusqu'à la fin.

Les obsèques de Courtès furent célébrées le 18 février, à 2 h. 1/2, à St-Vincent de Paul. L'inhumation eut lieu à Montparnasse, où sa camarade Bade lui avait réservé une place dans un caveau de famille. Plus de 800 personnes assistèrent à ces funérailles. Une vieille dame voyant passer ce cortège dit tout haut : « C'est un riche qu'on enterre ». — « Non, madame, répondit M. L. Péricaud qui l'avait entendue, c'est un pauvre qui vient de mourir à l'hôpital ».

Courtès, homme modeste, trop modeste, n'a certes pas occupé toute la place à laquelle il avait droit. C'est ainsi qu'on avait parlé de son entrée à la Comédie française; il fut le premier à remercier ses amis, dès qu'il eût appris le commencement des démarches. Vers la fin de sa carrière (1898), il avait été nommé officier d'Académie; M. Ad. Bernheim, dans une charmante causerie (*Figaro*, 2 mars) a raconté la bonhomie avec laquelle le *papa* Courtès était venu le remercier en lui apportant une vue de l'ancien boulevard du Temple : « Vous accrocherez ces histoires-là dans votre antichambre, et quand je ne serai plus là pour jouer mes rôles, vous penserez de temps à autre au vieux Courtès et vous direz que ce n'était pas un trop mauvais homme! » Ce fut un bon comédien qui disparut. Une partie de sa bibliothèque — ce qu'il en restait — fut vendue au libraire Jorel.

Voici quelques-uns des principaux rôles créés ou repris par Courtès depuis 1875 :

1875, 21 janv., Ambigu, *Rose Michel*, Moulinet.

1878, 11 mai, Ambigu, les *Abandonnés*, Antonin.

1879, 18 janv., Ambigu, l'*Assommoir*, Bec-Salé.

1879, 22 nov., Ambigu, *Paillasse*, Beauménil.

1880, 24 mars, » *Robert Macaire*, Roger.

1881, 29 janv., » *Nana*, le marquis de Chouard.

1881, 10 nov., Ambigu, le *Petit Jacques*, Polyte.

1883, 27 janv., Châtelet, la *Queue du Chat*.

1883, 13 déc., Ambigu, *Pot-Bouille*, A. Vabre.

1884, 30 oct., Ambigu, *Fualdès*, Rémy.

1885, 13 nov., Ambigu, le *Roi de l'Argent*, Jacques.

1885, 17 avril, Ambigu, la *Closerie des Genêts*, Dominique.

1885, 20 mai, Ambigu, *Louis XVI et Marie-Antoinette*, Cléry.

1886, 4 mars, Ambigu, *Martyre!* Malvar.

1887, 19 sept., Vaudeville, *Célimare le bien-aimé*, Colombot.

1887, 20 déc., Vaudeville, l'*Affaire Clémenceau*, Ritz.

1888, 21 avril, Châtelet, *Germinal*, Bonnemort.

1889, 12 février, Vaudeville, *Marquise*, Balivon.

1889, 9 mai, Vaudeville, les *Faux-Bons-Hommes*, Lecardonnel.

1890, 21 janv., Vaudeville, la *Comtesse Romani*, Toffolo.

1890, 21 juin, Bouffes, l'*Enfant prodigue*, Pierrot père.

1892 et années suivantes, tournées à Londres et en Europe.

1897, 2 oct., Renaissance, *Service secret.*
— 27 nov., Ambigu, le *Joueur d'orgue.*
1898, 4 fév., Ambigu, la *Pocharde.*
— 9 avril, Ambigu, la *Corde au Cou.*
— 5 mai, Ambigu, reprise de *Fualdès*, Rémy.
1899, 20 oct., Châtelet, *Robinson Crusoé*, Patrick.
1901, 6 juin, Ambigu, *Roger la Honte*, Bénardet.
1901, 12 déc., Ambigu, la *Marchande de Fleurs*, Rémy.
1902, 8 févr., Ambigu, *Jean la Cocarde*, Jourmier.
1902, 25 sept., Ambigu, le *Drame de la rue Murillo.*
1902, 29 oct., Ambigu, *Amant de Cœur*, Lefranc.
1902, 29 nov., Ambigu, le *Juif-Errant*, Dupont.
1903, janv., Ambigu, les *Dernières Cartouches*, le notaire.

Biographie : *Foyers et Coulisses*, Ambigu, 1875, p. 73 et suivantes.

Bibliographie : *Figaro*, 17, 18, 19 fév., 2 mars 1903. — Rapport de la Société des artistes 1903, p. 57 à 59.

COURTIN. — Th. sans prétention 1799.

COURTIN, Mme Mathilde. — Artiste inscrite depuis 1843, St-Pétersbourg 1849-59.

COURTIOUX, Louis, Auguste. — Dijon 1861-62, Toulouse 1863-65.

COURTIOUX, Mme Anna, née Zittvogel. — Dijon 1861-62, Toulouse 1863-65.

COURTIOUX, Hippolyte, Joanny, dit aussi *Adrien.* — Argentan 1882-83, Elbeuf 1884, Sedan 1885-86. Sa mort fut annoncée au Rapport de 1887.

COURTIOUX, Paul, Adolphe. — Le Hâvre 1883-88, Bel-Abbès 1889, Paris 1890-91. Sa mort fut annoncée au Rapport de 1892.

COURTIOUX, Mme Joséphine, née Bardot. — Le Hâvre 1883-86, Bruxelles 1887, Clermont-Ferrand 1888, Bel-Abbès 1889, Paris 1890-91, Nevers 1892-93, Lausanne 1894, Chaux-de-Fonds 1895.

COURTOIS. — Th. patriotique 1793.

COURTOIS, Mme. — Bruxelles 1795.

COURTOIS. — Bruxelles 1798.

COURTOIS. — Utilités, Gand 1820-26.

COURTOIS, Mme. — Un page dans *Ruy-Blas*, Renaissance 1838.

COURTOIS, Mlle Virginie. — Deuxième amoureuse, Liège et Lille 1840. Vivait en 1849.

COURTOIS. — St-Pétersbourg 1842.

COURTOIS-Hale, Emile. — Bruxelles 1872-74, Paris 1875, Brest 1876-77, Rennes 1878-82.

COURTOIS, Mlle. — Rôles d'enfants, Ambigu 1878.

COURTOT, Mme. — Rouen 1850. Une artiste du nom de Emma-Emilie Courtot habitait Paris 1851-59.

COURTY. — Th. Cluny 1885.

COURVILLE, Edme, François Chollot dit. — Avocat au Parlement, débuta le 6 octobre 1757 par le rôle d'Harpagon dans l'*Avare*, et la seconde fois, le 27 mai 1773, par celui d'Arnolphe de l'*Ecole des Femmes.* Il fut reçu à quart de part en 1779 (12 avril). Il mourut à Paris, rue des Fossés M. le Prince, « Au riche Laboureur », le 14 juin 1789. Il laissait trois enfants, Catherine-Françoise, Christophe qui était marin et Christian-Frédéric qui était chirurgien. En 1773, Courville habitait rue St-Honoré, au coin de la rue Richelieu.

Biographie : Lemazurier, *Galerie historique*, t. I, p. 190. — G. Monval, *Liste alphabétique des sociétaires.*

Bibliographie : Em. Campardon, les *Comédiens du roi de la troupe française*, p. 118.

COUSAU, Mme. — Première duègne, Amiens 1828.

COUSIN-Picard, Mme Annette, née Cousin, femme puis veuve Picard. — Th. de la Gaîté 1791-94, Porte-St-Martin 1805-06. Demeurait alors rue des Billettes. « Mme Cousin-Picard, écrit l'*Opinion du Parterre* en 1808, l'héroïne du mélodrame, est d'une assez jolie figure et joue ses rôles assez passablement ». En 1807, elle revint à la Gaîté ; elle y était encore l'année suivante. En 1857, Mme veuve Picard-Cousin habitait Paris. Sa mort fut annoncée au Rapport de 1859.

COUSIN-Floricourt. — Acteur et directeur, Anvers 1820, Lille 1827, Gand 1828, mort le 10 mars 1830 à Gand, à l'âge de 51 ans. Il avait joué avec succès la comédie en province et remplissait les emplois de *Philippe* et de *Gavaudan.* On trouvera de longs détails sur sa malheureuse gestion à Lille dans l'*Hist. du th. de Lille*, par Lefebvre, t. III.

COUSIN, Mme Jeanne, Constance. — Amiens 1890-93.

COUSIN. — Th. Cluny 1893.

COUSTON, Mlle. — Rôles d'enfants, Bordeaux 1793.

COUSTOU, Mlle. — Soubrette, Lille 1853.

COUSTOULIN, Mlle M. L. Anastasie, dite aussi *Constance*. — Aix 1867-70.

COUTARD ou Coutart, Henri, dit aussi *Bonnet*. — Fol. dram. 1849-57, Paris 1858-65, Bordeaux 1867-82. En 1882, Bonnet-Coutard avait 61 ans et 30 ans de th. Il obtint la pension de 500 fr. de la Société des artistes, mais ne put en profiter, car il mourut la même année.

COUTARD, Mme Elisa Granger ou Grangé. — La même que Mlle *Anouba* (V. ce nom), femme Coutard. Palais-Royal 1848, Vaudeville 1850, Bruxelles 1852, Folies dram. 1853-56, Paris 1857-59.

COUTURE. — Bruxelles 1793.

COUTURE. — Premier père noble, Nantes 1818-19, Lille 1819-20.

COUTURIER, Mlle. — Débuta à la Com. française par le rôle de *Mérope*, 2 mai 1789.

COUTURIER. — Débuta le 6 mai 1828 aux Variétés par le rôle d'Eugène Surville, dans *Jean Pacet*.

COUTURIER, Mme. — Palais-Royal 1831-33. « Actrice dont le physique attire l'attention de tous les amateurs » a dit un critique du temps.

Mme Couturier, dont le nom figurait dans la troupe de ce théâtre depuis le jour de l'ouverture parut successivement dans :

1831 28 oct., Les *Amours de port au blé*, rep.
— 22 déc., *Robert le Diable*.
— 31 déc., la *Salade d'oranges*.
1832 15 mars, *Vert vert*.
— 20 juin, la *Cheminée de 1748*.
— 21 juil., la *Tentation de St-Antoine*.
— 9 oct., le *Mariage impossible*.

COUTURIER, Paul, Martin. — 3e amoureux, Rouen 1830, Versailles 1840, Batignolles 1852, Paris 1852-65, Corbeil 1867-68, Versailles 1869-1881. En 1882, Paul Couturier, âgé de 78 ans avec 21 ans de th., obtint une pension de 300 fr. de la Société des artistes. Il habitait Meudon. Sa mort fut annoncée au Rapport de 1883.

COUTURIER, Mme Antoinette, née Reignier. — Wassy 1862-64, Laon 1865, Le Puy 1867, Toulouse 1868, Chauny 1869, Mulhouse 1870, St-Etienne 1872, Cherbourg 1873-74, Lyon 1875, Evreux 1876-77, Caen 1878-79, Bel-Abbès 1880-81, Bône 1882-83, Alger 1884-85, Mostaganem 1886-87, Mascara 1888-89, Mostaganem 1890-92, Saïda 1893. Sa mort fut annoncée au Rapport de 1894.

COUTURIER, Emilien, Louis, Joseph. — Guise 1857-59, Beauvais 1860-62, Wassy 1863-1864, Compiègne 1865, Roanne 1867, Toulouse 1868, Chauny 1869, Mulhouse 1870, St-Etienne 1872, Cherbourg 1873-74, Lyon 1875, Troyes 1876, Poitiers 1877, Caen 1878-79, Amiens 1880, Alger 1881-82, La Réunion 1883, Mostaganem 1884, Poitiers 1885-86, Oran 1887, Paris 1888-93. En 1893, âgé de 60 ans, avec 43 ans de th., Emilien Couturier obtint la pension de 500 fr. de la Société des artistes et se retira à Paray-le-Monial. Sa mort fut annoncée au Rapport de 1894.

COUTURIER. — V. Mme Cornélie. V. Mlle Luce.

COUTURIEUX, Mme. — Troisième amoureuse, Toulouse 1851.

COUTY, Frédéric. — Gaîté 1854-57.

COUVREUR, Mlle. — Amoureuse, Lille 1863.

COZO. — Arlequin des Funambules.

CRAENE-Abigaïl, Hortense de. — Beaumarchais 1856-58.

CRAMBADE. — Bouffes parisiens 1875, Renaissance 1882. Il y eut au th. Lyrique un chanteur de ce nom, né vers 1828, mort vers 1899.

CRAMER. — Célèbre libraire genevois, comédien de la troupe de Voltaire à Ferney. Lekain en a parlé dans ses *Mémoires*.

CRAMETTE, Mlle Pauline. — Fantaisies parisiennes 1880-83.

CRAMOISAN, Alfred, Edouard. — Comique, Lille 1845-47, th. des Variétés, Bordeaux 1851-1852, Le Hâvre 1852-53, Nantes 1854-57, Lille 1858-60. Sa mort fut annoncée au Rapport de 1861.

CRAMOISAN, Mme. — Duègne, Lille 1858-60.

CRAPELET, Mlle. — Menus-Plaisirs 1874.

CRAZOT, Mlle Claudine, Augustine. — Dijon 1889-91.

CRÉANGE, Charles. — Utilités, Funambules.

CRECI. — Jeune premier rôle tragique, direction Lehr et Créci, Douai 1778-1780, Liège 1783. On écrit aussi *L'Her* et *Crécy* et de *Crissy*.

CRECI, Mme. — Jeune première, Anvers 1779, deuxième rôle Liège 1783.

CRÉCY. — Débuta à la Comédie française et à la Renaissance en 1839, puis passa à l'Odéon, où il parut dans les *Enfants blancs* (27 nov. 1841), *Lallier* (13 mars 1842), les *Ressources de Quinola* (19 mars), le *Comte de Bristol*

(9 avril). Il jouait les raisonneurs et les seconds premiers rôles avec beaucoup de distinction. Servilius, de *Manlius* et le rôle de Cromwell, dans le *Comte de Bristol*, lui avaient assigné une place avantageuse.

Bibliographie : Fargue, *Théâtres, acteurs et actrices*, 1842, p. 53.

Iconographie : Bibl. nat., catal. Duplessis 11,115. 1. En pied, de ¾ à gauche (cost. de th.), lith. par Acarie Baron, 1842. — 2. En pied, de ¾ à gauche (cost. de th.), lith. par V. Dollet, 1842.

CRECY, Mme Anaïs Coffé (ou Alphonsine Caffé Crescy), femme Crécy. — Naquit à Rouen le 22 mars 1820, selon Delhasse. Elle passa par la Comédie française (1838) et débuta à la Renaissance, le 7 juin 1839, dans *Deux jeunes femmes*, puis passa aux Variétés : « Mme Crécy, nous dit l'*Indiscret des coulisses* en 1841, est une charmante petite actrice que le Théâtre français a dédaignée, que la Renaissance n'a pas employée, et que le directeur des Variétés a recueillie. Elle est gracieuse, pleine d'intelligence, mais peut-être un peu affectée. Son jeu respire un peu la mignardise, et le léger défaut qu'elle peut corriger est d'autant plus sensible qu'elle a l'air de vouloir copier Mlle Anaïs... Qu'elle travaille, et le th. de la rue Richelieu lui ouvrira ses portes. »

Mme Crécy fut engagée comme première ingénue à Bruxelles en 1842, puis passa à St-Pétersbourg et à Moscou 1843-53, St-Pétersbourg 1854, ville où elle habitait en 1903.

Bibliographie : *L'Indiscret des coulisses*, 1841.

CRÉMONT, Mme. — Soubrette, Cherbourg 1827, Caen 1828-29, 1833. Première duègne, Poitiers 1852.

CREMONT, Mme Fanny née Meunier. — Tarbes 1858-62, Pau 1863.

CRÉMONT, Joseph, Eugène, Victor. — Tarbes 1858-62, Pau 1863.

CREMONT, Henri, Paul. — St-Germain 1874-1879.

CREMONT, Blanche, Henriette. — Roubaix 1881-84, Versailles 1885-86, Paris 1887, Verviers 1888, Paris 1889.

Le Rapport de la Société des artistes de 1886 a rapporté un trait de désintéressement qui fait le plus grand honneur à cette artiste.

CRÉNISSE, Mlle Adèle Grieneisen dite. — Délass. com. 1858, Palais-Royal 1859 et années suivantes. Son nom disparut de l'Annuaire en 1879.

CREOLES, Mlle. — Variétés 1878.

CRÉPIN, Mme Anna. — Paris 1854-55, Rouen 1856, Strasbourg 1857, Le Hâvre 1858-61.

CRESCENT qu'on écrivit aussi *Cressant* et *Cressent*. — Nom d'une très vieille famille de comédiens dont l'origine remonte au temps de Molière. Au XVIIIe siècle, il y eut deux sœurs Crescent, dont l'une a été la mère de Monrose, l'autre la grand'mère de Mme Albert. Jean Nicolas Vernet, comédien, père de Mme Albert, avait épousé une Angélique Crescent. Nous trouvons une Crescent, actrice à Toulouse en 1792, tandis qu'un sieur Crescent chantait l'opéra et tenait l'emploi de premier amoureux dans cette même ville en 1793. Notons encore : *Cressant*, comédien à Liège, 1779, *Cressent*, Limoges 1837, *Cressant*, comique marqué, Poitiers 1852.

CRESNY, Mme. — Porte-St-Martin 1815.

CRESSON, Léopold. — Débuta à la Gaîté, le 3 avril 1827, par le rôle de Raymond, dans les *Ruines de Babylone ;* 15 juin 1842, Odéon : bénéfice de M. Cresson (?)

CRESSON, Mme Justine, Marie, femme puis veuve Collin. — Prit ensuite le nom de Collin-Santune, née Cresson. Agée de 53 ans en 1858, cette artiste obtint une pension de 200 fr. de la Société. Elle avait alors 33 ans de théâtre et demeurait à Paris. En 1867 et années suivantes, elle est à Troyes ; puis elle revient à Paris. En 1872, le nom de Mme Santune, née Cresson, disparaît de l'Annuaire.

CRÉTÉ. — Lille 1718.

CRETIN, Mme. — Duègne, Amiens 1852.

CRETINY, Mme Céline Chauveau. — Rouen 1875-76, Le Hâvre 1877. V. Chauveau.

CRETOT, Alphège, dit aussi *Philibert*. — La Réunion 1863-64, Batavia 1865-67.

CRÉTOT, Philibert, Léon, Charles, Arnaud. — Le Caire 1880-81, Constantinople 1884-86, Liège 1887-90, Odessa 1891, Constantinople 1892-93, Nîmes 1894-99.

CRETTE ou Cretté, Mme Irma. — Bruxelles 1856-58, engagée comme grande coquette à Lille en 1865, ne se présenta pas.

CRETTÉ. — Débuta à la Comédie française en juillet 1839 par *Mahomet*. Passa par l'Odéon en 1843. (*Gaiffer*, 16 mars.)

CRETU, Anthelme. — Avait été, dit-on, sculpteur à Bordeaux. Il débuta à la Comédie française, le 14 juillet 1781, par le rôle de Saint-Albin, dans le *Père de famille*, ensuite de *Bayard*, le Comte, dans le *Tambour nocturne*, le marquis, dans le *Retour imprévu*, le *Dissi-*

pateur, le comte, dans la *Gageure imprévue*, le milord, dans *Eugénie*, l'amant, dans le *Tuteur*, l'officier français, dans la *Veuve de Malabar*. Nous le retrouvons comme premier amoureux au th. de Monsieur, où il débuta, le 23 juillet 1789 par le rôle de Prométhée, dans *Pandore*. Il demeurait alors, 2, rue Favart. Mais Crétu fut surtout connu comme associé de Mlle Montansier, au th. des Variétés-Montansier d'abord, puis au th. des Variétés, b. Montmartre. Ne pouvant plus porter l'habit brodé, comme jadis, Crétu se contentait alors de paraître de temps à autre sous le masque d'arlequin ou dans quelques travestissements. Le 23 juin 1809, il jouait encore une pièce de circonstance chez l'archi-chancelier Cambacérès. Le 26 juin 1810, il donna sa fille Laure, Henriette, à Bosquier-Gavaudan, son camarade et associé. Mme Crétu, sa femme, qui se fit une grande réputation à l'Opéra-Comique, avait passé aussi par les Variétés-Montansier, où elle jouait dans les *Têtes à la Titus* en 1798. Crétu associa son fils à la direction des Variétés et mourut le 8 septembre 1830. Sa femme l'avait précédé de quelques mois ; elle était morte à 66 ans, le 19 janvier 1829.

CREUSTON. — Mime, Jeux Gymniques (P. St-Martin) 1812.

CRIBELIER, Mlle. — Rôles d'enfants, Salle Montansier, Jeux forains 1812. Un Cribelier était souffleur à l'Ambigu en 1821.

CRINEL, Mme Laure, née Lambert. — Palais-Royal 1852-53, Paris 1854-56, Gymnase 1857-1886, Paris 1887-99.

CRIQUET. — Fol. dram. 1876.

CRISTEL. — Deuxième comique, Melun 1851.

CROISAC. — Gagiste dans la troupe de Molière au Petit-Bourbon 1658, à raison de deux livres par jour. Congédié à Pâques 1659.

CROISETTE ou La Croisette. — Lille 1767.

CROISETTE, Mlle ou La Croisette. — Cour de Prusse 1767. Elle prétendait alors être demandée à Lyon. Le 12 juin 1777, une dame La Croisette débuta à la Comédie française par le rôle d'*Eugénie*.

CROISETTE, Mlle. — Cirque Olympique 1824-1825. Un sieur Armand Croisette fut régisseur général à l'Ambigu 1824 et au Vaudeville 1825.

CROISILLES, de St-Huberty. — Cour de Prusse 1773. Voici ce qu'en dit M. J.-J. Olivier : « La mise en scène était confiée au sieur Croisilles de St-Huberty, qui excellait dans les rôles de valets. C'était un homme de sac et de corde, un chevalier d'industrie. Non content de voler les comédiens qu'il recrutait en sa qualité de régisseur, il *procurait* ses jeunes camarades et se faisait ainsi d'excellents revenus. Ses paroles dorées et ses airs de grand seigneur tournèrent la tête à plus d'une femme. L'une d'elles, qui devint plus tard la première tragédienne lyrique de France, eut la faiblesse de l'épouser, et ne tarda pas à s'en repentir. Il n'est pas de mauvais traitements qu'elle n'eût à souffrir de son mari. »

Ce Croisilles, sur le compte duquel tout le monde est d'accord, était le fils d'un négociant de Metz. Son mariage avec Anne-Antoinette Clavel fut célébré le 10 sept. 1775, dans la paroisse de Sainte-Hedwige, de Berlin. Criblé de dettes, Croisilles s'en fut à Varsovie, à Hambourg. Revenu à Berlin, ses créanciers le font jeter dans les prisons de la « Haute-Forte » d'où il ne fut délivré que par sa femme qui, par son talent, venait de pouvoir parfaire les 12000 livres nécessaires pour mettre en liberté ce vaurien. Enfin, une séparation a lieu à Varsovie, le 17 mars 1777 ; mais il quitta le domicile conjugal en faisant main basse sur tous les objets de valeur. On le retrouve ensuite à Vienne (Autriche), puis à Paris, où il n'a d'autre but que d'exploiter et de dévaliser sa femme devenue la première cantatrice de l'Opéra. C'est ainsi que le 31 août 1778, il fait irruption chez sa femme avec quatre individus au cri de « Messieurs, aux poches, aux poches ! » Bref, le 30 janvier 1781, un arrêt est rendu par lequel il était dit qu'il y avait abus dans le mariage, et il était fait défense au sieur Croisilles et à la demoiselle Clavel *de se hanter et de se fréquenter*.

Selon la *Chronique scandaleuse des théâtres*, ce fut le Ministre Amelot, protecteur de la Saint-Huberty qu'il avait soutenue de son crédit dans son procès en séparation, qui se chargea d'envoyer au fond de la province ce répugnant personnage « gratifié d'une Compagnie de grenadiers royaux ». On sait que la Saint-Huberty, devenue comtesse d'Antraigues, fut assassinée avec le comte par un domestique piémontais, aux environs de Londres, le 22 juillet 1812.

Bibliographie : E. de Goncourt, *La Saint-Huberty*. — J.-J. Olivier, *Les Comédiens français à la Cour royale de Prusse*.

CROISSIER. — Marseille 1791-92. Avait chanté l'opéra.

CROIZETTE, Mlle Sophie, Alexandrine Croisette dite, femme Stern. — Naquit à St-Pétersbourg, le 19 mars 1847, où sa mère, Louise Carbowna Croisette, première danseuse au th. National, laissa d'excellents souvenirs. Elle fut amenée en France à l'âge de six mois, et fut élevée à Paris.

Entrée au Conservatoire en 1867, dans la classe de Bressant, elle obtint un premier accessit de comédie en 1868 et le premier prix en 1869. La même année, le 1er septembre, elle fut engagée à la Comédie française, où son premier début eut lieu, le 7 janvier 1870, dans le rôle de la reine Anne, du *Verre d'eau*, et son second dans Célimène, du *Misanthrope*, le 23 février suivant. Ce fut une entrée triomphale. Et puis une circonstance particulière avait contribué à mettre en relief ses avantages féminins. Carolus Duran, le peintre aux audacieux portraits, qui épousa la sœur de Croizette, avait dessiné pour elle les costumes de ces deux personnages, et le public attribuait à la jeune comédienne le goût merveilleux qui avait présidé à la composition de ces toilettes qu'elle portait avec une rare aisance.

Sa jeunesse étincelante, ses manières distinguées lui rendirent la presse favorable ; on oubliait son inexpérience, et chacun lui faisait crédit. « Tout en elle est étrange et original, écrivait M. G. d'Heylli ; elle n'est pas belle comme tout le monde ; elle a une physionomie enchanteresse et un regard d'une étonnante mobilité, où se mêlent à la fois la candide douceur et l'ironie sanglante ; le son de sa voix est tour à tour caressant ou altier ; elle est en même temps adorable et terrible ; c'est une sirène. » Ce dernier mot est particulièrement juste. Artiste de race, la nature avait plus fait pour elle que l'étude. Dans tous ses rôles, c'était surtout sa personnalité qui s'affirmait.

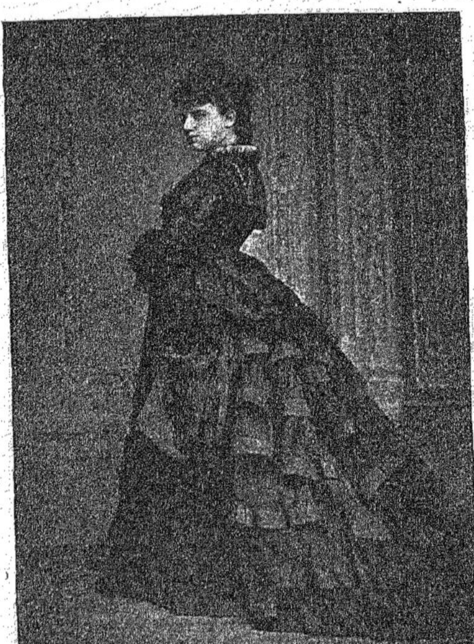
Mlle CROIZETTE (1874). *Cliché Liebert*

Le 26 mars, elle parut dans une reprise de *Dalila*. Octave Feuillet répondit à Sarcey qui avait blâmé le choix des artistes : « Mlle Croizette, c'est moi-même qui l'ai choisie, et qui l'aurais inventée au besoin pour ce rôle de Marthe dont elle est la charmante incarnation. »

Le 4 juillet, elle joua Armande, des *Femmes savantes*, et Mathilde, du *Caprice* ; le 28 août Rosine, du *Barbier de Séville*.

On se souvient qu'au moment de l'insurrection de la Commune, la troupe de la Comédie française s'était volontairement divisée ; tandis que les anciens s'en allaient à Londres pour faire vivre le théâtre, la jeune troupe, Mlle Croizette en tête, restait à Paris. Delaunay a reproduit dans ses *Souvenirs* les lettres que lui écrivait à cette époque cette charmante femme : « J'ai joué le *Malade* et les *Deux ménages* ; nous jouons aussi très souvent les *Femmes savantes*. » La lettre du 30 mai est presque entièrement consacrée aux tristes évènements politiques : « Quant à nous, nous avons passé trois jours et deux nuits d'angoisse horrible. La mort partout. Le feu était sur nos têtes par l'incendie des Tuileries, nous étions sous une pluie d'étincelles, des nuages de flammes nous enveloppaient et de grandes langues de feu léchaient les murs... Nous avions à la hâte fait des paquets et des malles et nous avions lancé tout cela dans la cour. (Mlle Croizette et sa mère habitaient la maison Devinck, rue St-Honoré.) Des maisons de la rue de Rivoli, nous sauvions, par escalades et en leur tendant la main, des familles entières et de pauvres petits enfants que ces forcenés empêchaient de sortir par la rue de Rivoli. Les balles pleuvaient dans la rue St-Honoré ; on a tiré sur ma mère de la maison d'en face ; deux obus ont passé sur ma tête, et je ne sais pas comment je n'ai pas été tuée ; les boîtes à mitrailles éclataient au-dessus de nous, et pour comble de malheur, l'incendie du Palais-Royal ! J'étais toute à ce pauvre théâtre et à ce que nous allions perdre ! »

C'était le temps où Ed. Thierry, resté à Paris, écrivait à Delaunay, à Londres : « Je suis très content de Mlle Croizette et le public aussi. »

Au lendemain même de la paix, nous la revoyons dans Suzanne, du *Mariage de Figaro*, puis Mme de Prie, dans *Mlle de Belle-Isle*. Elle entre dès lors en pleine possession de la faveur publique, et son nom sur l'affiche devient une attraction.

Sarcey, qui ne l'aime guère, est cependant bien forcé de lui reconnaître une « grâce vive et aimable » dans le rôle de Suzanne (feuilleton du 9 oct. 1871) et de déclarer, à propos d'un bout de rôle dans l'*Etourdi*, qu'elle dit « gentiment » et que son costume est « charmant ». Plus elle va, plus son inexpérience disparaît sous le charme de sa beauté caressante. On lui fit reprendre *Un Mariage sous Louis XV*.

Sa première création eut lieu dans *Nany* et sa seconde dans *Part du Roi* (20 juin 1872). Nommée sociétaire, le 1er janvier 1873, elle établit en avril le rôle de Mme de Solis, dans l'*Acrobate*. Le 1er juillet, elle est encore charmante dans l'*Eté de la Saint-Martin*. C'est la séduction en personne.

Dans Antoinette, du *Gendre de M. Poirier*, qu'elle joua pour la première fois le 6 sept. 1873, elle fut exquise comme femme, très belle comme artiste. Au mois d'octobre, dans

Mlle de la Seiglière, elle déploya à nouveau une élégance, une distinction, une grâce adorables. Sarcey lui-même est forcé de désarmer : « Elle y est charmante, écrit-il, elle y est délicieuse » — puis, comme s'il regrettait d'en avoir trop dit, il ajoute : « autant que le faux peut l'être. Mlle Croizette a une grâce personnelle, qu'elle porte également partout, et qui fait qu'elle plaira dans tous les rôles, même dans ceux qu'elle rend le moins bien. Elle plaît donc, et beaucoup, dans celui d'Hélène. Elle y est costumée à ravir, elle y déploie ces chatteries d'allures, ces jeux félins de physionomie dont l'attrait est si singulier et si curieux. Il est impossible de n'être pas séduit, ensorcelé ; mais si on l'était moins, on trouverait que ce n'est pas ça du tout. »

En moins de trois années, elle joue 500 fois dans les ouvrages les plus variés des répertoires classique, ancien et moderne ; enfin elle en arrive à deux créations capitales : Blanche, de *Jean de Thommeray* (29 déc. 1873), et la Comtesse de Chelles, du *Sphinx*, mars 1874. Dans le premier de ces rôles, elle fait accepter un rôle de cocotte — comme on disait alors : étrangeté imposante, verve endiablée, naturel écrasant. Dans le second, elle rêve aussi de séduire dans l'horrible, et ce fut elle qui, la première, osa mettre le réalisme en scène en se verdissant la figure et en truquant l'arrangement de sa chevelure dans l'agonie de la dite comtesse. Cette agonie fit couler des torrents d'encre. En ce temps-là cette « assimilation répugnante » semblait déplacée sur la scène du th. Français. « Que de gens, quand Mlle Croizette, dans le *Sphinx*, se tordait de douleur et écumait, oubliaient de s'émouvoir pour tâcher de deviner comment elle se verdissait le visage ! » Fr. Sarcey, 27 nov. 1882.

Henry Fouquier résume ainsi cette partie de sa carrière : « Avec le *Sphinx*, Sophie Croizette avait trouvé sa voie définitive. Elle devait être une grande coquette *moderne*, c'est-à-dire mêlant à la coquetterie et à l'expression amoureuse une note tantôt douloureuse, tantôt violemment passionnée et tantôt tragique. »

1875 8 juin, *On ne badine pas avec l'amour*, Camille.

1876 1er fév., l'*Etrangère*, la Duchesse de Sept-Monts.

La rencontre des deux étoiles, Sarah Bernhardt et Croizette n'était pas le moindre attrait de cette pièce extra-moderne. Sarah eût voulu jouer le rôle de la Duchesse. Croizette, fort en beauté, comme toujours, y eut de beaux mouvements, des accents vrais.

1876 1er avril, le *Dépit amoureux* (retraite de Mme Nathalie), Lucile.

A ce moment, Mlle Croizette fut éloignée assez longtemps du théâtre par la maladie.

1877 10 avril, rentrée, le *Demi-Monde*.

Sarcey fut obligé de constater qu'elle avait pris, en ce repos forcé, pleine possession d'elle-même, et que, moins tumultueuse, moins frémissante, elle ne jouait plus avec ses seuls dons, mais en grand premier rôle arrivé à la maîtrise de son art.

1877 25 avril, spectacle au Palais de l'Elysée en l'honneur de l'Empereur et de l'Impératrice du Brésil, 1er acte des *Femmes savantes*.

1877 4 juin, le *Marquis de Villemer*, Mlle de St-Geneix.

— 18 sept., le *Chandelier*, Jacqueline.

1878 14 janv., le *Misanthrope*, Célimène.

— 27 févr., les *Caprices de Marianne*, Marianne.

— 8 avril, les *Fourchambault*, Marie Lelettre.

1879 21 févr., le *Legs*, la Comtesse.

— 6 mai, *Mlle de Belle-Isle*, la Marquise.

— 13 mai, l'*Etincelle*, grand succès, bien que Sarcey lui reproche encore des mouvements de brusquerie et des intonations de voix un peu rauques.

1879 juin-juillet, voyage à Londres avec la Comédie. Grand succès personnel dans le *Demi-Monde*, bien que reçue froidement dans les autres pièces.

A Londres, Sarcey écrit : « J'avais noté, et non sans étonnement, la raideur de l'accueil fait à Mlle Croizette, tandis qu'on témoignait pour Mlle Sarah Bernhardt d'un enthousiasme qui allait jusqu'à l'engouement. Il me semblait qu'il y avait excès des deux côtés. »

Le directeur du *Times* lui répondit que les Anglais étaient pour la taille svelte, la grâce, la voix douce. L'article est curieux : « L'ampleur de Mlle Croizette, une certaine rudesse de la voix dans les notes basses, un je ne sais quel air d'indépendance, la certitude où elle semble être qu'elle peut toujours compter sur elle-même, tout cela est pour beaucoup dans la froideur témoignée. »

Le brusque départ de Mme Sarah Bernhardt de la Comédie, mit Sophie Croizette en possession du rôle de l'*Aventurière*, où elle fut d'une allure superbe (8 mai 1880).

1880 21 oct., 2e centenaire de la fondation de la Comédie française, l'*Impromptu de Versailles*, Mlle du Parc.

1881 31 janv., la *Princesse de Bagdad*, Lionnette.

« Faite en vue de Croizette, a dit Delaunay, la pièce offrait à l'artiste en vogue des scènes curieuses, des effets de beauté et de révolte » ; mais le public se choqua du cynisme de la thèse, et ce ne fut qu'un demi-succès. Pour Croizette ce fut le triomphe qui couronna sa carrière.

De santé délicate, malgré son éclatante beauté, occupée à d'autres soins, elle voulut quitter le théâtre en pleine renommée. Elle était à la scène la vie, le mouvement, l'ampleur de la voix et du geste, la joie des yeux ; tout cela disparut du jour au lendemain.

Mlle Croizette prit sa retraite le 1er janvier 1883, puis épousa, en août 1885, Jacques, Salomon, Antoine Stern, riche banquier américain, dont elle avait un fils, Michel. Elle mourut le 19 mars 1901, et ses funérailles furent célébrées le 23, à 11 heures, à St-Pierre-de-Chaillot. Le corps avait été exposé en chapelle ardente dans l'hôtel du rond-point des Champs-Elysées, où elle demeurait avec son mari. Le corbillard disparaissait sous l'amoncellement des couronnes et des gerbes de fleurs. Le deuil était conduit par M. Jacques Stern et M. Michel Stern, mari et fils de la défunte ; MM. Carolus Duran et Georges Halphen, ses beaux-frères ; Pierre, Carolus Duran, Georges Feydeau, Jules Hellmann, Emile et Fernand Halphen, Emile Deutsch de la Meurthe, Raphaël Lévy, Roger Levylier, capitaine-commandant au 4e hussards ; Jean Stern, Charles Stern et le Marquis de Chasseloup-Labuat ses neveux. Dans la foule énorme, la haute finance au complet. L'abbé Ledein, curé de la paroisse, donna l'absoute et l'inhumation eut lieu au cimetière de Passy.

Quelques mois plus tard, le *Figaro* du 15 juillet 1902, racontait sous ce titre : *Un tragique accident*, la mort de son fils. Sportsman passionné, Michel Stern était venu à Elbeuf pour monter une de ses pouliches (Chamarande), et prendre part à une des courses de la journée. Il fut désarçonné par suite d'un écart, et la bête s'abattit sur lui. Il avait la poitrine défoncée. Il mourut le lendemain matin sans avoir repris connaissance. On rappela en cette circonstance que cette passion pour les chevaux et les courses avait été pour sa mère un sujet d'angoisses perpétuelles ; déjà il s'était cassé une jambe et sa mère lui avait fait jurer de ne plus monter en obstacles. Michel Stern n'avait pas trente ans. Le coup fut si terrible pour le père qu'il en mourut quelques semaines après (août). Il n'avait pas fallu un an et demi pour faucher toute cette famille naguère au comble du bonheur et de la fortune.

Biographie : *Paris-Théâtre*, n° 49, notice par F. Jahyer. — *Foyers et coulisses*, Com. fr., t. I.

Bibliographie : G. d'Heylli, *Journal intime de la Comédie française*. — *Souvenirs de Delaunay*. — Sarcey, *Quarante ans de théâtre*. — Les *Soirées parisiennes*. — L'*Année théâtrale*. — Les *Jolies actrices de Paris*. — *Figaro*, 20, 23 mars 1901, 15 juillet 1902. — *Profils de théâtre*.

Iconographie : Bibl. nat., catal. Duplessis 11,231.

En buste, de 3/4 à droite, tête de 3/4 à gauche, gravé par Guillaumot, 1876.

Musée de la Comédie française : un buste en marbre donné par Carolus Duran, 1903.

Salon de 1872 : portrait en costume d'amazone, sur un cheval colossal, seule au bord de la mer, par Carolus Duran.

Paris-Théâtre, n° 49. Photogr. en buste-médaillon, de 3/4 à droite, cliché Liebert.

— n° 49 (autre tirage), photogr. en pied, toilette de ville, à gauche, cliché.

— *Foyers et coulisses*, t. I, photogr. en toilette de bal, assise de face, cliché Reutlinger.

— Les *Contemporains*, n° 25. Grossière caricature par Alf. Le Petit.

CROSAT. — Troisièmes rôles, Nancy 1852.

CROSNIER, Mme. — Ambigu 1792.

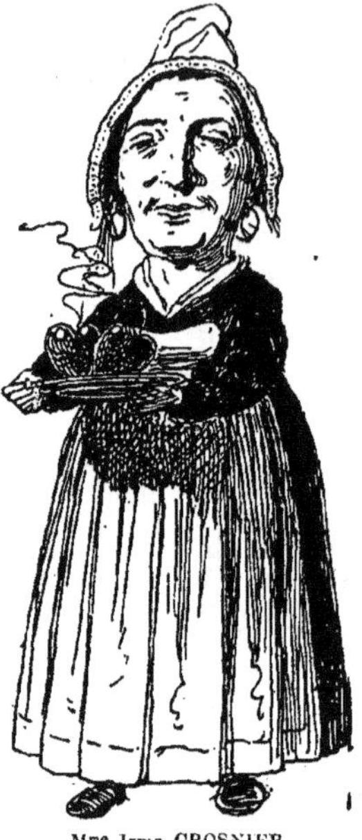

Mme Irma CROSNIER
dans la *Maison des deux Barbeaux*
Caricat. par Stop.

CROSNIER, Mme Irma aînée, femme Gauthier. — Naquit en avril 1820 et débuta à Lisbonne en 1834. On la destinait tout d'abord au chant, mais elle perdit la voix. Après avoir passé par le Conservatoire, elle débuta au Théâtre français, le 24 mai 1846, par le rôle d'Elfride des *Vêpres siciliennes*, puis après avoir rempli quelques rôles sans importance, elle partit pour la province et l'étranger, Angleterre, Allemagne, Portugal, Russie. Nous relevons son passage à Rouen 1846-47, à l'Odéon où elle débuta le 20 nov. 1849 dans le *Conteur* (elle avait paru le 14 dans *Raymond Varney)*, à Brunswick 1851, à Lisbonne 1852. Le 15 août 1853, au Th. français où elle n'est pas encore engagée, elle donne la réplique à Rachel (rôle d'Œnone de *Phèdre*). Elle y rentre le 22 avril 1855, rôle de Mme Pernelle de *Tartufe*, car, entre temps, elle a pris l'emploi des duègnes où elle va se montrer incomparable pendant quarante ans. Puis elle s'éloigne de la scène pendant plusieurs années.

En 1863, elle réapparaît au th. de Belleville, puis au Vaudeville, fait apprécier sa connaissance profonde du répertoire dans les matinées Ballande ; en 1870, elle est en Angleterre ; en 1872, à Toulouse. En 1873, elle entre à l'Odéon pour l'emploi des duègnes, et dès lors elle va se placer au premier rang, après avoir passé par la Gaîté, Beaumarchais et Bobino. Plus tard on la verra même aux Variétés et aux Bouffes. Créations et reprises à l'Odéon :

1875 13 mai, la *Demoiselle à marier*, Mme Dumesnil.

1876 15 janv., *Molière à Auteuil*.

— 21 déc., *Racine sifflé*.

1877 23 avril, *Mauprat*, Mlle Leblanc.

1877 30 nov., *François le Champi*, Catherine.

1878 18 mars, *Joseph Balsamo*, Mme de Béarn.

1878 7 avril (matinée), l'*Avocat Pathelin*, Mme Pathelin.

1878 14 avril, la *Partie de chasse d'Henri IV*, Margot.

1878 7 nov., *M. Chéribois*, Marion.

— 25 nov., la *Mort civile*, Agathe.

— 18 déc., l'*Ecole des Maris*, Mme Argante.

1879 1er janv., le *Mariage de Figaro*, Marceline.

1879 2 mai, le *Voyage de M. Perrichon*, Mme Perrichon, 150 représentations.

1879 23 nov., *Misanthropie et Repentir*, la comtesse.

1881 11 janv., *Jack*, Mme Archambaud.

— 12 avril, *Mme de Maintenon*, Nanon.

— 22 déc., l'*Institution Ste-Catherine*.

C'est dans cette pièce, qui tomba, que figurait au second acte un portrait absolument réussi de Mme Petitbourg-Crosnier, peint par Mme Louise Abbéma.

1882 2 févr., l'*Honneur et l'Argent*, une vieille fille.

1883 *Eugénie*, Mme Murer.

— 15 oct., *Marie Stuart*, Anne.

— 16 octobre, l'*Ecole des Bourgeois*, Mme Abraham.

1884 31 oct., *Macbeth*, dame de la reine.

— 8 déc., les *Ménechmes*, Araminthe.

C'est à propos de cette reprise que Sarcey écrivait :

« Les *Ménechmes* ont été joués avec beaucoup d'entrain par la jeune troupe de l'Odéon. Il faut tout d'abord mettre à part Mme Crosnier qui n'est pas précisément de la jeune troupe, mais elle a fait l'office de capitaine... Elle a joué Araminthe comme Araminthe ne serait joué nulle part, pas même à la Comédie française... Quelle ampleur de geste et de diction! Comme chaque mot sonne dans sa bouche qui est rompue au maniement de l'alexandrin!... Elle a été la joie de cette comédie ». 15 décembre 1884.

1885, la *Maison des deux Barbeaux*, Catherinette.

1885 5 mai, l'*Arlésienne*, la Renaude.

1886 2 fév., *Un Fils de Famille*, Mlle Laroche.

1887 15 fév., *Numa Roumestan*, la tante Portal.

1887 7 mai, *Claudie*, la mère Fauveau.

— 8 déc., *Beaucoup de bruit pour rien*, Ursule.

1888 15 sept., *Crime et Châtiment*.

— 19 déc., *Germinie Lacerteux*, Mlle de Varandeuil, création où elle fut admirable.

1889 7 janv., le *Bourgeois gentilhomme*, Mme Jourdain.

— 21 janv., *Georges Dandin*, Mme de Sottenville.

1889 25 mai, *Charlotte Corday*, Mme de Bretteville.

1890 21 fév., la *Petite Ville*, Mme Guibert.

Bouffes parisiens. *L'Enfant prodigue*, Mme Pierrot.

24 sept., Odéon, la *Maitresse légitime*, Mme Coupry.

27 oct., Variétés, *Ma Cousine*, Mme Berlandet, pièce où elle joua magistralement le rôle de la vieille intrigante, moitié manicure, moitié entremetteuse.

1891, Odéon, 10 janv., les *Faux Bonshommes*, Mme Dufouré.

1892, Odéon, *Fantasio*, la gouvernante.

— » 5 déc., le *Chevalier à la mode*, la baronne.

1893, Odéon, 4 nov., le *Fils naturel*, la marquise.

1894, Odéon, 20 oct., *Fiancée*.

Le 1er décembre 1895 (ou le 12), une représentation de retraite fut organisée au bénéfice de Mme Crosnier, à la Gaîté : *Petit Ménage*, les *Ouvriers*, 1er acte de *Tartufe*, 3e acte du *Bourgeois gentilhomme*. Malheureusement, cette représentation ne donna pas ce que l'on était en droit d'attendre.

— Je n'ai pu que payer mes dettes, disait la pauvre artiste. Heureusement, elles n'étaient pas énormes. En 1896, âgée de 75 ans, avec 46 ans de théâtre, Mme Crosnier obtint la pension de 500 fr. de la Société des artistes. En 1889, elle avait été nommée officier d'académie.

On lit dans le *Figaro* du 16 juin 1904 : « Mme Crosnier vient de subir une grave opération, que son âge pouvait rendre plus grave encore. Elle a quatre-vingt quatre ans et vient d'être opérée de la cataracte. Cet évènement, au reste, n'a point altéré sa belle humeur, et c'est en riant doucement qu'elle nous en parlait hier en évoquant devant nous sa longue carrière dramatique ». Au moment où nous écrivons ces lignes, des amis de la vaillante femme songent à redonner à son bénéfice une seconde représentation de retraite. Aucune artiste n'en fut plus digne.

Iconographie : Journal amusant 21 fév. 1885, dans la *Maison des deux Barbeaux*, caricature par Stop.

Id. 27 fév. 1887, dans *Numa Roumestan*, caric. par Stop.

Id. 6 déc. 1890, dans *Ma Cousine*, caric. par Stop.

CROSNIER, Mlle jeune, Caroline. — Pensionnaire à la Comédie française en 1845, retirée en 1847, vivait à Rouen en 1899.

CROSIER. — Marseille 1793.

CROUZET, Mlle Mary, ou Marie. — Avait débuté à l'Alcazar d'hiver, où elle avait été découverte par Scholl. Elle passa ensuite à l'Ambigu, au Châtelet, au Gymnase, s'arrêta aux Variétés.

1886 23 fév., le *Fiacre 117*, Adèle.

— 20 nov., la *Belle Hélène*, Parthenis.
1887 3 oct., la *Grande Duchesse*, Vanda.
1888 27 janv., *Décoré*, la comtesse.
— 15 mai, la *Princesse de Trébizonde*, Zanetta.
1889 20 nov., *Paris-Exposition*.
1890 27 oct., *Ma Cousine*, Clotilde.
1891 6 mars, *Paris port de mer*.
1893 18 nov., Nouveautés, *Mon Prince*, Prince Antonio.

Ce fut l'apogée de sa carrière. Elle quitta les Nouveautés et Paris et alla mourir deux ans plus tard à Biarritz. M. Ad. Bernheim nous en a laissé le portrait suivant : « Rieuse et folle, gamine et gaie, sans souci du lendemain... Et c'est sans doute parce qu'elle fut tout cela, et si bien cela, qu'elle fut une toute petite mais très parfaite interprète du théâtre de Meilhac et Halévy. Elle en comprenait la grâce extrême, l'irrévérence délicieuse, l'ironie délicate, la poésie suprême ! »

Le Rapport de 1895, en annonçant sa mort, en rappela les tristes circonstances : « Blessée à la jambe, une amputation fut déclarée indispensable. Hélas ! c'était la mort morale... Elle est partie en son printemps, ne laissant peut-être qu'un discret souvenir, mais un souvenir délicat et charmant ».

Bibliographie : le *Figaro*, 9 juin 1902. — *Rapport de la Société des artistes* 1895.

Iconographie : *Journal amusant*, 6 déc. 1890, dans *Ma Cousine*, caricature par Stop.

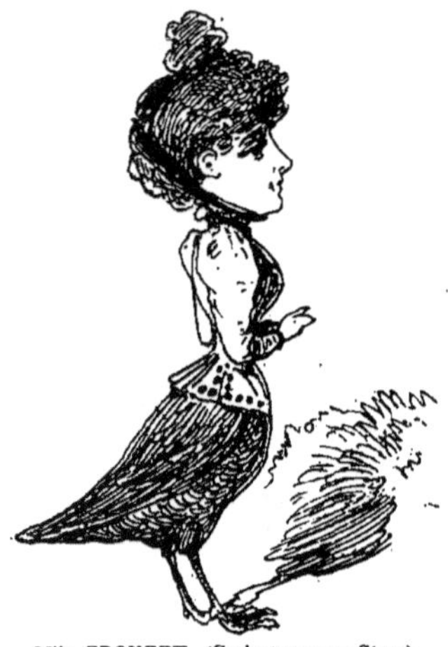
Mlle CROUZET. (Caricature par Stop.)

CROZET, Mlle. — Qu'il ne faut pas confondre avec la précédente. Variétés, petits rôles, 1893-1895-96.

CRUTEL, Edmond.— La Haye 1870, Le Mans 1872, Liège 1873, Bruxelles 1874-75, Tournay 1876, Amiens 1877, Mons 1878-79, Rochefort 1880, Cherbourg 1881, Bruxelles 1882, Marseille 1883, Grenoble 1884, Cherbourg 1885, Besançon 1886, Dijon 1887, Nice 1888, Boulogne-sur-Mer 1889, Montpellier 1890-93, Amiens 1894, Boulogne-sur-mer 1895-97, Paris 1898-1903. Habitait Paris en 1903.

CRUVEILLIER. — Artiste de comédie et de vaudeville, Rouen 1841-44 et 1846-48.

CRUVEILLIÉ, Mlle Félix. — Rouen 1849, Marseille 1850-52.

CRUX. — Metz 1793.

CUBLY, Mme. — Première duègne, Brest 1827.

CUBLY fils. — Utilités, Brest 1827.

CUDOT, Baptiste, Jacques, Jules. — Sortit du Conservatoire en 1819 ; premier rôle Brest 1824-25, Clermont-Ferrand 1825-26, Moulins 1827, Toulouse 1828, Anvers 1829, Ambigu 1830, Gaîté 1833. On lui reproche son peu de chaleur. Père noble Marseille 1837, Rouen 1840-70. En 1860, âgé de 69 ans, avec 41 ans de th., Cudot obtint une pension de 300 fr. de la Société des artistes.

Bibliographie : *Petite biographie* 1833.

CUDOT, Mme. — Femme du précédent, premier rôle, Brest 1824-25, Clermont-Ferrand 1825-26, jouait encore en 1830.

CUEF. — Père noble, grand th. de Bordeaux 1830.

CUFFET, Eugène. — Jeune premier, Dieppe 1830.

CUGNIER, Henri. — Grime, Besançon 1824-25, Amsterdam 1826-27, Troyes 1830.

CUILLER, Emile. — Débuta à l'Odéon, le 19 sept. 1829, par le rôle de Figaro.

CUILLIER. — Souvent écrit *Cullier*, Charles, Louis, jeune premier, un peu exigu pour cet emploi, possédait une certaine chaleur et une bonne diction. Remarqué dans le rôle de lord Belton du *Watchmann*. Ambigu 1830-40. Avait débuté dans les chœurs au th. des Nouveautés, Th. historique 1849. En 1858, Charles, Louis Cuillier, âgé de 58 ans, obtint une pension de 200 fr. de la Société des artistes. Paris 1852-75. Sa mort fut annoncée au Rapport de 1876, et on le désignait alors comme « ancien artiste de l'Ambigu ». En 1869, il y eut un Cuillier comique, petits emplois, à Lille.

Bibliographie : *La Rampe et les Coulisses*, 1832. — *Petite biographie*, 1833.

CUINET, Mme Adèle. — Connue d'abord sous nom d'*Adèle*, avait six ans lorsqu'elle perdit son père. Sa mère se remaria et lui fit donner une bonne éducation. Après quelques débuts timides au th. de la Porte-St-Antoine et à celui de la rue Lesdiguières — th. d'amateurs dirigé par Thierry — elle fut engagée aux Délassements comiques, 1850-57. On vit alors la jeune *Adèle* dans la fée Phosphora du *Ver luisant*, Olivette de *Marion*, Madéleine de la *Chasse au Lion*, Corinne de *Qui paie ses dettes*, Polyphème du *Carton vivant*, Madelon de la *Guerre des Blanchisseuses*. Pendant quelques années, nous perdons les traces de Mme Cuinet, que nous voyons tout à coup reparaître dans l'emploi des duègnes où elle se fit une véritable réputation.

Voici quelques-unes des pièces où parut Mme Cuinet pendant les vingt-cinq dernières années de sa carrière : elle avait passé par les Folies dramatiques 1867 et les Bouffes 1874.

1875, Gaîté, le *Voyage dans la Lune*, Popotte.

1876 13 oct., Bouffes parisiens, *Pierrette et Jacquot*, Mme Patacha.

1878 13 déc., Beaumarchais, le *Droit du Seigneur*, la baronne.

1880 Th. des Arts, les *Boussigneul*, Constance.

1881 9 avril, Fol. dramat., les *Poupées de l'Infante*, Barbara.

Au th. Cluny :

1889 2 avril, les *Pommes du Voisin*, Mlle de Valembrèche.

1890, les *Locataires de M. Blondeau*.

1891 7 mars, *Antonio père et fils*.

— 22 janv., le *Carnaval d'un Merle blanc*, la princesse.

1892 15 octobre, la *Tournée Ernestin*, Mme Francheville.

1892 9 juin, *Brelan de Troupiers*, Mme Portugal.

1893 17 avril, *Corignan contre Corignan*, Mme Laferté.

1893 11 nov., *Ah! la pau... la pau!*

1895 14 mars, la *Cage aux Lions*, Eméraldine.

1895 7 sept., *Mam'zelle Bémol*.

1895 2 déc., *Durand et Durand*, Mme de la Haute-Tourelle.

1896 30 janv., le *Voyage de Corbillon*, Héloïse.

1896 7 juin, le *Premier mari de France*, Mme Malivaud.

1896 9 nov., le *Papa de Francine*, Mme Plumet.

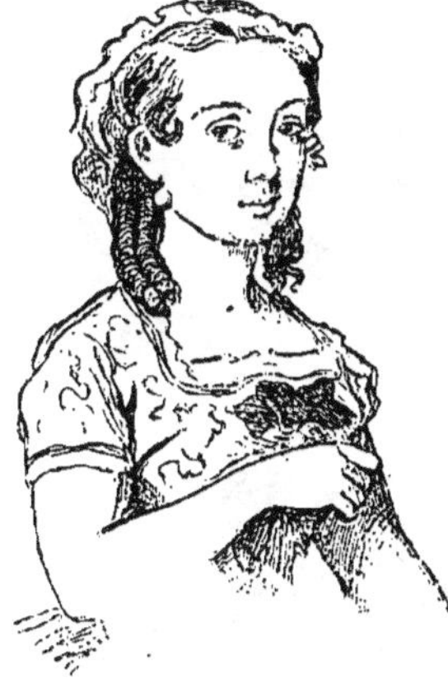

Mme Adèle CUINET, en 1854 d'ap. Eust. Lorsay

1897 2 sept., le *Pigeon*.

1898 9 mai, *Ma belle-mère*.

— 16 juin, les *Trente millions de Gladiator*, Mme Gredane.

1899 13 janv., la *Poule blanche*, Margaret.

— 10 oct., *Plaisirs d'Amour*, la mère Jules.

1900 26 janv., le *Fiancé de Thylda*, Mme Tapis.

1900 21 mars, *Un soir d'Hiver*.

— 1er mai, *Ferdinand le Noceur*.

— 8 août, la *Plantation Thomassin*.

1901, 7 janv., le *Bon Pasteur*.

— 20 avril, la *Dame du Commissaire*, Mme Phalzard.

1901 10 juillet, les *Provinciales à Paris*, Mme de Vieux-Sol.

1901 16 août, les *Joies du Foyer*, Mme de la Thibaudière.

1901 20 sept., le *Fils surnaturel*, Yolande.

— 26 déc., le *Puits d'Amour*.

1902 25 fév., les *Maris joyeux*, Mme Annibal.

1902 17 janv., *Un Chapeau de paille d'Italie*, la baronne.

1902 14 mai, les *Joies de la Paternité*, Mme Cabibol.

1902 12 août, les *Cinq Choux de la Varenne*.

— 27 sept., *Niniche*, veuve Sillery.

— 16 oct., la *Lune de miel*, la mère Tacot.

Le *Figaro* du 19 décembre annonça sa mort en ces termes : « Nous apprenons la mort de Mme Adèle Cuinet, du th. Cluny. Elle est morte hier matin à Nogent-sur-Marne où elle demeurait. Elle était âgée de 70 ans et elle a joué presque jusqu'au dernier moment, puisqu'elle créait encore un rôle dans la *Lune de miel*, le dernier spectacle de Cluny. A la cinquième représentation toutefois, M. Poncet qui la voyait à bout de forces et de mémoire, lui avait conseillé de prendre quelque repos. Elle jouait depuis longtemps les duègnes, un peu partout, dans les théâtres de comédie. Sa silhouette grêle, sa voix à la fois perçante et cassée, ses gestes menus et raides amusaient toujours ».

Ses obsèques furent célébrées le 20 décembre à 9 h. 1/2, à Nogent-sur-Marne et à 11 h. 1/2, à Paris. Réunion à la porte principale du Père-Lachaise.

Biographie : les *Théâtres de Paris*, 1854, notice par Louis Judicis.

Iconographie : Bibl. nat., catalog. Duplessis 220, sous le nom d'*Adèle*. En pied, de 3/4 à droite, lith. par E. Helle, 1854, d'après Eust. Lorsay.

CUISINIER, Mathieu. — Rouen 1859-61, Limoges 1862, Le Hâvre 1863-65, La Haye 1867-1868.

CUISINIER, Mme Esther, née Caye. — Le Hâvre 1864-65, La Haye 1867-68, Paris 1869-76.

CUISOT, Mlle Henriette. — Née à Paris le 3 décembre 1788, était fille d'un musicien qui fut chef d'orchestre au Th. des jeunes élèves de la rue de Thionville. Elève du Conservatoire, c'est aussi sur cette petite scène qu'elle fit ses premiers pas avant de passer au théâtre de la Montansier, en 1804. Mlle Cuisot, nous dit le *Tribunal volatile* de l'an IX « est douée d'un charmant physique et d'une voix fraîche et agréable ; mais elle pèche souvent par le défaut d'habitude de la scène ». Brazier qui la connut beaucoup, nous dit qu'elle enlevait le couplet avec une adresse inconcevable. Elle fut de la distribution de cette fameuse *Famille des Innocents* qui remplit la caisse du théâtre (provisoirement salle de la cité, 1807).

Mlle Flore a raconté dans ses *Mémoires*, t. I, ch. 4, comment Mlle Cuisot plût à l'archi-chancelier Cambacérès. Le secrétaire de ce dernier, Monvel, fils du célèbre acteur, avait organisé une petite soirée dramatique pour la fête de son patron. Mlle Cuisot y parut avec ses camarades des Variétés. Elle jouait un rôle de jeune étudiant en droit, puis paraissait en Apollon. A partir de ce jour, l'archi-chancelier eut sa loge aux Variétés ; mais où nous croyons que les biographes se trompent, c'est lorsqu'ils disent que cette haute protection empêcha la fermeture du théâtre. Cette fête chez Cambacérès eut lieu, selon Muret, le 23 juin 1809, et le décret des théâtres datait de 1807. A moins qu'il n'y eût eu plusieurs fêtes de ce genre. Ce qui n'empêcha pas le mot de faire son chemin : « Voulez-vous donc, sire, me faire perdre mon argent, moi qui ai loué une loge à l'année ». Réponse de Cambacérès à Napoléon qui voulait supprimer les Variétés. « Mlle Cuisot s'élève jusqu'aux grands rôles, tels que celui de *Mme Scarron* », écrit-on en 1811. Bref, Mlle Cuisot fit toute sa carrière aux Variétés, bonne camarade, un tantinet naïve, quelquefois spirituelle.

En 1821, elle était déjà sur son déclin. La *Petite Biographie* ne la ménage guère et fait comprendre que les beaux jours sont passés. En 1824, Maurice Alhoy demande carrément que son nom disparaisse de l'affiche et écrit des choses comme celles-ci : « La coquetterie même devrait lui faire un devoir de battre en retraite » ou « elle semble vouloir tenir tête au temps ». Et cependant l'actrice alors n'avait que trente-six ans, mais elle était, dit-on, devenue fort laide. Celle qui fut la « belle Cuisot » disparut enfin tout à coup — vers 1824. — L'on prétendit qu'une sœur aînée, vouée dans un couvent à la vie religieuse, avait hâté cette décision. Elle mourut dans l'isolement, en 1833, et aucun camarade ne put assister à ses obsèques.

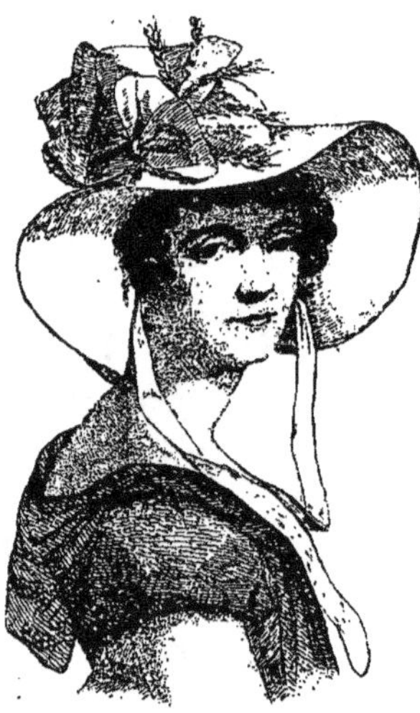
Mlle CUISOT, d'ap. Fugère

Mlle Cuisot avait habité rue Coquillière 1805-1806 ; rue Montmartre, 168, 1808-12 ; rue Feydeau, 3, 1814-17 ; rue de Provence, 12, 1818-19 ; faubourg Montmartre, 17, 1821 ; rue Cadet, 4, 1822-24.

Biographie : Ed. De Manne et C. Ménétrier, *Galerie historique* (complément à la troupe de Nicolet).

Bibliographie : *Mémoires de Mlle Flore*, t. I, p. 105. — Brazier, *Hist. des petits théâtres*. — *Petite biographie*, 1821. — *Grande biographie*, 1824.

Iconographie : Coll. Martinet, no 355, rôle du page dans la *Corbeille d'Oranges*.

No 372, rôle de Sabord dans le *Petit Corsaire*.

Galerie historique (complément à la troupe de Nicolet), eau-forte, en buste, par Fugère.

CULDOT. — Utilités, Reims 1827.

CULLER, Auguste, dit *Gustave*. — Utilités, Angoulême 1827, troisième amoureux, Reims 1833, Paris 1850-53.

CULLERÉ. — Deuxième père, Mons 1851, mort vers 1852.

CULLERÉ, Mme. — Deuxième duègne, Mons 1851.

CULLIER. — V. Cuillier.

CUNGE, Raphaël, Adam. — Rouen 1880-83.

CURET. — Sous ce nom :

Curet, utilités, Montpellier 1824.

Curet fils, utilités, Bergerac 1826.

Curet, Mme, première amoureuse, Narbonne 1827.

Curet, Hyppolite, Narbonne 1827.

Curet, Mme Louise, née Desormes, femme puis veuve Honoré Curet, actrice et directrice, Alger 1850-53.

CUREY. — Th. des jeunes élèves 1833, Ambigu 1852-56.

CUVELIER. — Gand 1805, Anvers 1829.

CUVET. — Aix 1840.

CUVILLIER, Mme Jeanne. — Th. St-Marcel 1840, Montmartre et Batignolles 1852-65, Paris 1867.

CUZENT, Paul. — Cirque Olympique 1842, St-Pétersbourg 1849-50, prête son concours à une fête de bienfaisance, Asnières 1850, Paris 1852-55. Sa mort fut annoncée au Rapport de 1857.

CUZENT, Mme Paul, née Fierville. — St-Pétersbourg 1849-50, Paris 1852-58, Gaité 1859-1860. Sa mort fut annoncée au Rapport de 1862.

CUZENT, Mlle Pauline. — St-Pétersbourg 1849-50, Berlin 1852.

CYPRIEN. — Deuxième comique, th. de banlieue 1828, Tours 1833, Dijon 1834.

CYPRIEN, Mme. — Soubrette, Dijon 1834.

CYRIALI, Laurence, Auguste. — Versailles 1862-64, Lille 1865, La Haye 1867, Anvers 1868-1869, Le Hâvre 1870, Besançon 1872, Rouen 1873, Versailles 1874-76, St-Etienne 1877-78, Fantaisies parisiennes 1878-81, rôle de Bibolais dans le *Droit du Seigneur* (13 déc. 1878), Paris 1882-1903. Depuis 1894, Cyriali figure comme pensionnaire de la Société des artistes, mais sans indication de la somme. Habitait Paris en 1903.

CYRIALI, Mme Virginie, née Poulet. — Versailles 1862-65, La Haye 1867-68, Anvers 1869, Le Hâvre 1870, Besançon 1872, Rouen 1873, Versailles 1874-76, St-Etienne 1877-78, Fantaisies parisiennes 1878-79. Sa mort fut annoncée au Rapport de 1880.

CYRILLE, Mlle Guilleman. — Amoureuse, Douai 1837, utilités, Anvers 1840, Gand 1841.

CYRILLE. — Th. du Prince Eugène 1867.

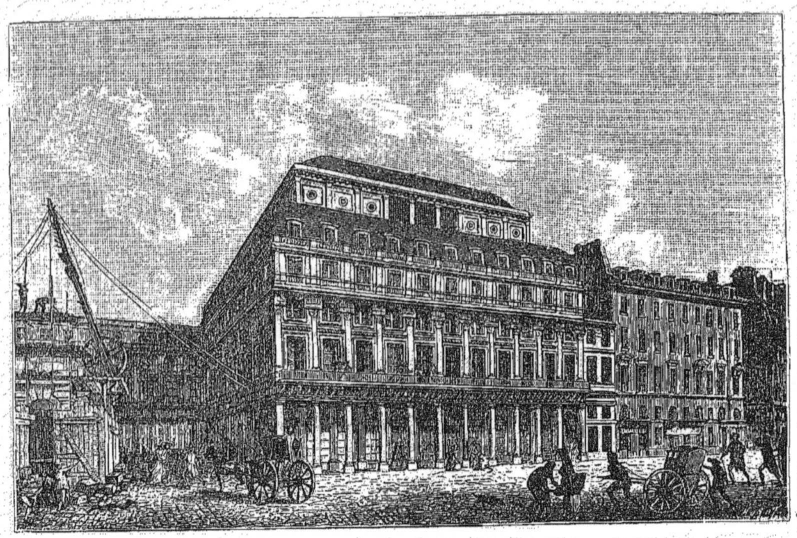

Le Théâtre Français (rue Richelieu) en 1792, construit et ouvert, en 1785, sous le titre de Variétés-Amusantes

« Le génie de l'acteur est une lueur qui s'efface ; il ne laisse qu'un souvenir. L'immortalité qui appartient à Molière poète n'appartient pas à Molière comédien. »

Victor Hugo.

(*Discours prononcé sur la tombe de Frédérick Lemaître, janvier 1876*).

D... — Sous cette initiale :

Mlle Augustine D., Variétés 1839.

Henri D., jeune premier, Dieppe 1851.

Mme Henri D., premier rôle, Dieppe 1851.

Mlle Jenny D., Délass. com. 1855.

Mlle Juliette D., Variétés 1879.

DABADIE. — Calais 1837.

DABADIE jeune. — Nîmes 1837.

DABBAS, Mme Victorine, Julie. — Cirque imp. 1854-60, Porte-St-Martin, 1861-62.

DABRIN père. — Troisième rôle, Toulon 1827-28, deuxième régisseur et rôles de convenance, Montpellier 1829, Mons 1835 et 1837, Lorient (lui ou son fils) 1840. Dabrin mourut à Montauban, et l'Association des artistes paya ses obsèques. (Rapport de 1846.)

DABRIN, Mme. — Mons 1835 et 1837, Lorient 1840.

DABRIN fils, Jules, François, Charles. — Deuxième comique, Toulon 1827-28, Montpellier 1829, Bayonne 1857, Reims 1858-59, Alger 1860-62, Dijon, 1863-65.

DABS, Paul, Louis. — Th. Montparnasse 1859-63, Paris 1864.

DABURON, Mme Ida, née Prendergast-Massy. — Genève 1862-65, Bayonne 1867, Mons 1868-69, Avignon 1870, Namur 1872, Toulouse 1873-74, St-Quentin 1875, Namur 1876, Toulouse 1877-81, Namur 1882-84, Amiens 1885. Sa mort fut annoncée au Rapport de 1886.

DABZAC, Mme de la Douze, Marie, Antoinette, Renée. — Th. Montmartre 1856-57, Th. du Cirque 1858-60, Th. Beaumarchais 1861-62, Bordeaux 1863-65, St-Etienne 1867-68, Caen 1869, Paris 1870-72, Ambigu 1873-74, Bruxelles 1875-80, Paris 1881-86, Argentan 1887-90, Paris 1891-1903. Habitait Paris en 1903. Mme Renée d'Abzac, âgée de 64 ans en 1898, avec 39 ans de th., obtint une pension de 500 fr. de la Société des artistes.

DACHET, Mlle Amélie. — Palais royal 1866, Châtelet 1869, Le Caire 1872-74, Florence 1875-78, Turin 1879-81, Paris 1882-87, Sienne 1888. Sa mort fut annoncée au Rapport de 1889.

DACHEUX, Paul, Alfred Dac dit. — Th. Déjazet 1879, Nouveautés 1882-83, Menus plaisirs 1887, Gaîté 1890, Fol. dram. 1893, Th. de la République 1894, Gaîté 1895 et années suivantes.

DACHEUX, Mme Jane Debary. — Nouveau Théâtre 1896-98, Châtelet 1902.

DACLES. — Th. du Château d'eau 1890.

DACLIN, Mme Jeanne Baptiste ou *D'Alzon*. — Bourges 1876-77, Amiens 1878-79, Limoges 1880, Rochefort 1881, Calais 1882-83, Oran 1884-85, Paris 1886-87, Saïgon 1888, Paris 1889-90, Caen 1891-92, Avignon 1893, St-Quentin 1894, Douai 1895, Dijon 1896-98.

DACONNA, Mme Berta. — Genève 1873-79.

DACORTE. — Th. du Vaudeville 1794.

DACOSTA. — Rôles accessoires, Anvers 1793, Bruxelles 1797-98.

DACOSTA, Mme Victoire Bolzé, femme. — Débuta au Théâtre des jeunes artistes sous le nom de Mlle *Bolzé*, dans l'emploi des soubrettes, puis passa à l'Ambigu. Le *Tribunal volatile* dit, en parlant d'elle, en l'an XI : « Lorsqu'elle était Mlle Bolzé, aux Jeunes artistes, elle annonçait de la finesse et de la gaîté ; le mariage a sans doute rembruni son caractère. » En 1806-07, nous la retrouvons aux Variétés étrangères, rue St-Martin.

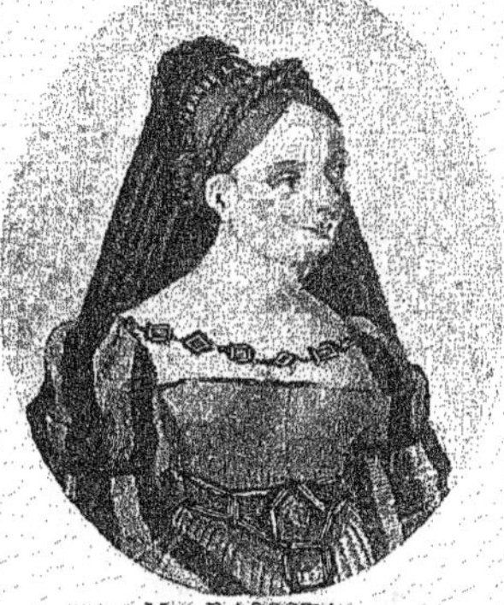
Mme DACOSTA
dans les Amours de Bayard

Le 1er juin 1808, Mme Dacosta débuta aux Th. de l'Impératrice par le rôle d'Araminte dans les *Fausses Confidences*. On l'annonçait comme élève de Monvel. « Mme Dacosta, écrit l'*Opinion du Parterre*, possède le mérite d'une diction sage et pure, mais froide. D'ailleurs elle n'a pas assez de moyens pour remplir l'emploi des premiers rôles de la comédie. » Aussi produisit-elle peu d'effet dans le rôle de Madame de Randan des *Amours de Bayard* (16 juillet).

On écrit en 1809 : « Madame Dacosta (Victoire Bolzé) tranche quelquefois bien singulièrement avec les acteurs dont elle se trouve entourée. Son débit est juste, naturel, plein d'intelligence ; son jeu décent et noble ; un peu plus de chaleur et de force comique ne nuirait pas à cette jeune actrice ; sa santé, qui ne semble pas forte, s'oppose peut-être à l'entier développement de ses moyens. Elle a remporté le second prix de comédie au concours de déclamation ouvert par le Conservatoire en 1809 ; Madame Dacosta prouve, chaque fois qu'elle joue, que ce prix était bien mérité. » Mme Dacosta demeurait rue Hautefeuille, 16, en 1810.

Bibliographie : le *Tribunal volatile*, an XI. — l'*Opinion du Parterre*, t. VI et VII.

Iconographie : Collect. Martinet, no 124, dans les *Amours de Bayard* ; no 198, dans le *Faux Stanislas*.

DACOSTA. — Comique, Brest 1825, Amiens 1826, Lille 1828.

DACOSTA, Mlle. — Lille 1850.

DACOSTAT. — Th. du Vaudeville 1792-93.

DACQUIN, Alphonse. — La Rochelle 1886-87, Bourges 1889-90, Douai 1891, Brest 1892-94.

DAGNELI, Mme, dite aussi *Vatton*. — Bordeaux 1848-49.

DAGORNE, Stanislas. — Gand 1852-55.

DAGUET, Louis. — Libourne 1858-63.

DAGUY, Mlle Marie. — Châtelet 1865-66.

DAHMEN, Mlle Eugénie, dite aussi *Taroni*. — Bruxelles 1857-59, Variétés 1860, Palais royal 1861-65, Turin 1868-70.

DAIGLEMARE, Mme Rose ou *Dainglemare*, ou Daiglemarre. — Débuta à l'Odéon le 6 mars 1824 par le rôle de Clytemnestre dans *Iphigénie en Aulide*. On la disait veuve d'un auteur, mort récemment en Amérique. Ce début ne fut pas heureux. Le 10, elle joua encore *Sémiramis*, et le 22 le rôle de Jocaste dans *Œdipe*. Nous la retrouvons à ce même théâtre en 1841 sous le nom de *Dainglemare*. Maurice Alhoy lui reconnaît de la chaleur et du sentiment, mais aucune méthode. Elle vivait encore en 1848.

DAIGLEMONT, Victor. — Né le 1er juin 1816, selon Delhasse, premier rôle, directeur, mais surtout étrange figure théâtrale, se rattachant par les manières à la grande tribu des Rosambeau, Jérôme Coton, Belfort-Devaux, Jenneval et Bartholy. Alph. Lemonnier en a laissé un portrait amusant : d'une fantaisie invraisemblable. Daiglemont prenait des directions afin de jouer les plus beaux rôles qu'on refusait de lui donner autre part. Toute sa vie, il crut être un rival de Frédérick Lemaître et de Lafont, seuls artistes auxquels il voulait bien reconnaître quelque valeur. Et pourtant ce comédien extraordinaire louchait effroyablement et bredouillait à chaque mot. C'est encore lui qui, pendant « l'acte du bal » se détournait pour souffler deux ou trois bougies — acte de bonne administration. A Paris, où il eut de petites directions, des gens allaient pour rire l'entendre dans *Tartufe* ou le *Mariage de Figaro*.

Daiglemont joua tout, avec sérénité. « C'est comme ça qu'il faut jouer » disait-il. Nous relevons son passage comme premier rôle ou directeur à Colmar 1835 et 37, Toul et le Hâvre 1840, Liège 1842, Le Mans 1848, St-Etienne 1851, Madrid 1852-53, Genève 1857-58.

Daiglemont avait-il été toujours si ridicule? Nous rapprocherons seulement ces deux appréciations tirées du même ouvrage (*Le Th. à Reims*, par Louis Paris) :

1849-50. Daiglemont, directeur actif et qui a bien marché durant sa gestion.

1861-62. Daiglemont, directeur dégénéré (sic) qui a fait preuve de la plus incroyable parcimonie.

DAIGLEMONT, Mme. — Ingénuité, Toul 1840, rôles travestis, St-Etienne 1851.

DAIGUILLON, — Th. du Marais 1794.

DAILEY, Mlle Charlotte Deley — Mons 1853.

DAILLY, Armand. — V. Armand.

DAILLY, Joseph-François, naquit à Paris le 3 août 1839. Ouvrier typographe, il débuta au Th. Molière (passage du Saumon) en 1860, puis fut engagé au Th. Déjazet à raison de 30 fr. d'abord, puis de 40 fr. par mois. Il lui fallait donc, pour vivre, aller donner nuit et jour des coups de main à l'imprimerie des théâtres (Morris). Toujours avec son rire aimable, il n'était content que lorsqu'il pouvait dire à son directeur, Eug. Déjazet, quelque chose de bien désagréable. En revanche, il avait toute la protection de Mme Déjazet à qui il venait offrir timidement des bouquets de violettes de deux sous.

Un jour il remplaça Raynard dans les *Chevaliers du Pince-nez* et s'y fit remarquer. Il joua 200 fois cette pièce à ce théâtre. Ses appointements s'étaient élevés à 250 francs. La guerre interrompit une tournée en province avec Déjazet ; il fit alors son service comme caporal au 57e bataillon de la Garde nationale, puis rentra à son théâtre ; mais après son succès dans l'*Atelier de Coqueluchon*, il fut engagé aux Variétés ; il passa ensuite au théâtre du Château d'Eau, où il resta trois ans, créa dans *Aristophane à Paris* un rôle qui appela sur lui l'attention des critiques, puis joua dans la fameuse *Forte en gueule*, au même théâtre.

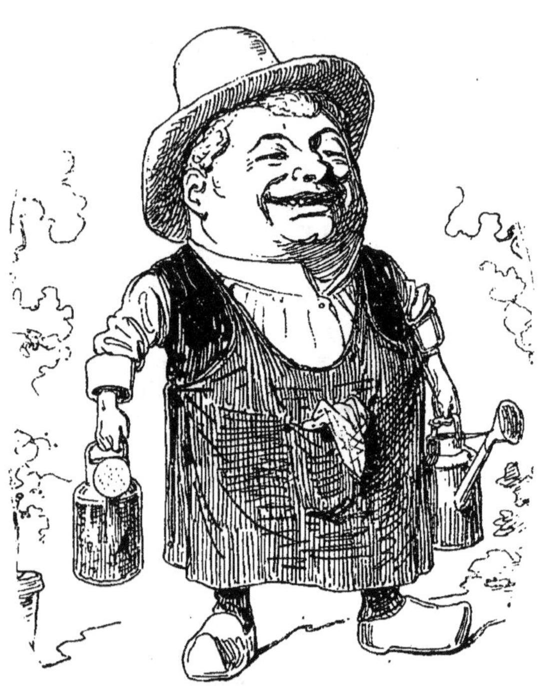

Fr. DAILLY, dans les *Petites Codin*, caricature par Stop.

Dans le rôle de Passe-partout, qu'il tint à Lyon, en 1875, dans le *Tour du monde*, il était charmant de bonne humeur et d'entrain. Il y remporta un très vif succès. Puis il alla créer au Th. de la Renaissance, à Paris, le rôle de Montefiascone de la *Petite mariée* (21 déc.). Il le joua 163 fois. Il avait débuté le 1er septembre à ce théâtre par le rôle de Boléro dans une reprise de *Giroflé-Girofla*.

Aux Variétés, il joue dans les *Jolies filles de Grévin* (5 juillet 1876), reprend le rôle d'Agamemnon de la *Belle Hélène*, paraît dans *Grandeur et Décadence de M. Prud'homme*, (M. Prud'homme 18 janv. 1877), *Paris quand il pleut*, (25 fév., matinée), *La Périchole*, (Don Andrès), la *Poudre d'escampette* (9 mai), le *Docteur Ox* (26 janv. 1877). — Du 30 juin au 1er août, Folies dramatiques, *Cadet Roussel, Gribouille et Cie*. Nous le retrouvons la même année aux Menus plaisirs : la *Boulangère a des écus*, rôle du commissaire (1er oct.), les *Menus plaisirs de l'année* (7 déc.). Le 18 mai 1878, il crée à la Gaité le rôle de Balabreloque dans le *Chat botté*.

Il part pour Bordeaux, joue *Passe-partout*,

revient à Paris, entre au th. des Nouveautés qui vient d'ouvrir, débute par le rôle de Pomerol, dans *Fleur d'oranger* (7 déc. 1878) et enfin passe à l'Ambigu où il fait sa remarquable création de Mes Bottes dans l'*Assommoir* (18 janv. 1879).

1879 22 nov., Ambigu, *Paillasse*, le bailli.
1880 24 mars » *Robert Macaire*, Bertrand.
— 9 juin » les *Mouchards*, Capoulade.
1881 29 janv., Ambigu, *Nana*, Steiner.
1882 23 février, Comédie paris., *Une perle*.
— 25 nov., Porte-St-Martin, *Le voyage à travers l'impossible*, Axell.
1884 2 déc., Palais-Royal, les *Petites Godin*, Godin.
1885 23 déc., Châtelet, la *Guerre*, le Juif.
1886 19 avril, Châtelet, les *Aventures de M. de Crac*.
— 7 sept., Palais-Royal, la *Briguedondaine*.
1887 18 mars, Palais-Royal, *Durand et Durand*, Coquardier.
— 16 nov., Palais-Royal, le *Club des pannés*.
1888 4 sept., Palais-Royal, les *Joyeusetés de l'année*.
— 17 nov., Gaîté, *Tartarin sur les Alpes*.
1889 1er mai, Porte-St-Martin, *Robert Macaire*, Bertrand.
— 15 nov., Nouveautés, *Paris Attraction*.
1890 22 mars, Palais-Royal, les *Miettes de l'année*.
— 14 juin, Palais-Royal, les *Boulinard*, Boulinard.
— 4 déc., Palais-Royal, *Un prix Monthyon*, Veauvardin.
1891 21 nov., Porte-St-Martin, *Voyages dans Paris*, Gobineau.
1892 8 janv., Porte-St-Martin, *Les deux Orphelines*, Picard.
— 21 mars, Porte-St-Martin, le *Voyage dans la lune*, V'lan.
— 9 sept., Porte-St-Martin, *Martyre*, Sire Elie Drack.
1893 29 mars, Porte-St-Martin, la *Maison du baigneur*, La Vienne.
— 14 sept., Porte-St-Martin, la *Dame de Monsoreau*, Gorenflot.
1897 18 fév., Variétés, le *Pompier de service*, Oscar.

Voici en quels termes St-Germain rendit compte de la mort de Dailly dans son Rapport de 1897 : « Le gros Dailly, comme on disait, et qui, bien que ne faisant pas partie de notre Société, ne peut être passé sous silence. L'Association est son obligée : ce bourru bienfaisant lui a toujours prêté son concours, et nous nous en sommes bien trouvés... La majorité du public aimait cette figure épanouie au large rire et cette verve un peu grosse, mais bien parisienne, communicative et sans façon, faite d'humour, de malice et d'esprit. » Dailly avait épousé sa camarade Mlle Bévalet.

Biographie : *Foyers et Coulisses*, Ambigu, 1876.

Bibliographie : Alph. Lemonnier, les *Petits Mystères de la vie théâtrale ;* les *Soirées parisiennes*.

DAINSI ou d'Ainsi, Mlle. — Cour de Prusse 1768-69.

DAINVILLE. — Cour de Prusse, th. de Monbijou avant 1769, Maëstricht 1773, Douai, jeune premier tragique et comique, avec 3000 livres et une représentation, vers 1774 ; Cour de Rheinsberg 1788. Il resta 22 ans attaché à ce théâtre, et se retira avec une pension de 200 thalers. Après la mort du prince Henry, cette pension ne lui fut plus régulièrement payée. Il écrivit alors une lettre à Frédéric-Guillaume III. Le pauvre artiste qui signe *Dinville* est alors paralysé (la lettre fut sans doute signée par un autre que lui) et habite Valenciennes, chez M. Doazan, place St-Jan (4 fév. 1803). On lui envoya aussi cette pension à Dijon.

Bibliographie : J.-J. Olivier, les *Comédiens français à la Cour du prince Henry de Prusse*.

DAINVILLE, Mlle. — Lyon 1764, Cour de Prusse, th. de Monbijou avant 1769.

DAIRE, Mlle Alexandrine. — Roubaix 1868-69, Paris 1878-81, New-York 1882.

DAIX, Mlle. — Château d'eau 1878.

DAJAT, Mlle. — Eden-Th. 1888.

DALAINVAL, Jean-Baptiste Ch., Augustin, Canavas de la Poterne, dit. — Beau-frère de Lekain, débuta à la Comédie franç. le 1er mai 1767, rôle de Polyphonte dans *Mérope*. Il fut reçu sociétaire le 15 mars 1769. Il demeurait alors rue de Condé « Au riche laboureur ». Il se retira le 20 novembre 1776. Larousse qui le fait naître en 1738, le fait aussi mourir en 1784. Cette dernière date est fausse.

Dalainval, acteur de province, et qui avait passé par Bordeaux, était intelligent, zélé, mais possédait une diction empâtée. On l'utilisa dans les rôles secondaires. Après la mort de Lekain, qui le protégeait, il reprit sa vie nomade : nous le retrouvons premier rôle tragique et comique à Gand 1779, puis raisonneur au th. de Monsieur 1791, au th. de la Monnaie, à Bruxelles, 1795 et 1798, au Boudoir des Muses 1805-06, au th. du Marais 1807. M. G. Monval nous dit qu'il mourut à Milan en 1807. Nous n'avons pas trouvé son nom dans la troupe de Mlle Raucourt qui jouait en ce moment dans cette ville.

Biographie : Lemazurier, *Galerie historique*. — G. Monval, *Liste alphabétique des Sociétaires*. — Campardon, les *Comédiens du Roi de la Troupe française*.

DALAINVAL, Mlle. — Premier rôle tragique et comique, Gand 1779.

DALAINVILLE, Louis, François Molé dit. — Frère aîné de Molé, naquit le 4 octobre 1732 (et non en 1728 comme dit Larousse qui l'appelle Jean). Il reçut une certaine éducation, et, après avoir joué les premiers rôles tragiques en province, vint débuter à la Comédie française, le 29 janvier 1758, par le rôle d'Arviane, dans *Mélanide*. Il parut encore dans Olinde, de *Zénéide*, le marquis, des *Dehors trompeurs*, *Andronic*, Nérestan, de *Zaïre*, Gusman, d'*Alzire*, le marquis, de la *Pupille*. Il fut reçu sociétaire à demi-part le 22 juin. Dalainville avait la taille avantageuse, le visage expressif; il possédait, de plus, une grande expérience de la scène. A la suite de tracasseries suscitées, dit-on, par Marmontel, il se retira en juillet 1759 et partit pour la Hollande. En 1764, il était à Lyon. Cependant son frère ayant acquis du crédit à la Comédie, Dalainville rentra comme sociétaire le 3 juillet 1769. Il joua les rôles de Vendôme, d'*Adélaïde Duguesclin*, le *Comte d'Essex*, Arsace, de *Sémiramis*, le *Comte de Warwick*, Ariste, du *Philosophe marié*, Damis, de la *Métromanie*. Bachaumont a raconté, à la date du 27 février 1770, comment une cabale fut organisée contre lui, alors qu'il jouait *Gustave*. La pièce fut interrompue, et l'organisateur de la cabale, l'acteur Chevalier, expulsé de la compagnie. « Quant à Dalainville, ajoute Bachaumont, fortement touché de l'humiliation qu'il avait reçue, il est parti sur le champ en poste pour retourner à Lyon dont il faisait les délices. »

Dalainville joua encore à Marseille, prit la direction de Toulouse (1779-1791), puis celle de Rouen. Mais, la révolution s'en mêlant, il fit de mauvaises affaires en cette ville. Son frère Molé vint à son secours et paya toutes ses dettes. Il mourut en novembre 1801 (et non pas en 1797, comme dit Larousse).

Biographie : Lemazurier, *Galerie historique*. — G. Monval, *Liste alphabétique des sociétaires*.

Bibliographie : *Mémoires secrets de Bachaumont*.

DALAINVILLE, Mme Céleste Molé, petite nièce de Molé, élève de Lafon. — Elle parut sur quelques scènes de province et succomba à une maladie de langueur, en octobre 1829, au moment où elle donnait quelques espérances.

DALANCOURT, Mme. — Vaudeville 1794.

DALANVI, Mlle. — Fol. dram. 1894.

DALBERT, Gabriel. — Anvers 1837.

DALBERT. — Th. Beaumarchais 1861, Châtelet 1869, rôle de Hoche, dans les *Blancs et les Bleus*, Gymnase 1873-75 et 1880. Artiste peintre.

DALBERT, Albert Deleveau. — Rome 1872-1873, Naples 1874, Liège 1875, New-York 1876-77, Bordeaux 1878-79, Metz 1880-81, th. des Nations 1882-83, Paris 1884, Londres 1885-1887, Nice 1888, Londres 1889, Bordeaux 1890-1895, Le Caire 1896-98, Paris 1899-1901. On annonça sa mort en ces termes : « Un brave garçon, un amusant camarade, un artiste excentrique, que, pour le distinguer des autres Dalbert assez nombreux au théâtre, ses amis avaient surnommé « le Galbeux ». Rapport 1901.

DALBERT, Mme Marie *Tholer*-Deleveau. — Londres 1874, Liège 1875, New-York 1876-77, Bordeaux 1878-79, Metz 1880-81, th. des Nations 1882-83, Paris 1884, Londres 1885-87, Nice 1888, Londres 1889, Bordeaux 1890-95, Le Caire 1896-98, Paris 1899-1900. Sa mort fut annoncée au Rapport de 1900.

DALBRAY, Mlle. — Athénée 1897.

DALBRET, Mme Marie, Berthe, Collange. — Angers 1884-86, Paris 1887-91.

DALBRET, Mlle. — Elève de Worms, deuxième prix de comédie en 1888, Odéon 1888-90. A rapprocher de la précédente.

DALBY, Mlle Marie. — Th. Déjazet 1861. Une jeune première de ce nom est à Lille, même année.

DALCOURT. — Maëstricht 1673 à 1678.

DALEY. — Porte-St-Antoine 1837.

DALEY, Mlle Marie. — Th. Déjazet 1861. Une jeune première de ce nom est à Lille, la même année.

DALÈS. — Premier rôle, Lille 1822-23, Rennes 1825, Abbeville 1826, Poitiers 1827, Epernay 1828, Moscou 1829. Mourut en mars 1829, asphyxié par la chaleur d'un poêle.

DALFONSE. — Utilités, Versailles 1826-30.

DALIA ou Dalias, ou Dalhias. — Jeune premier rôle, Aix 1840, Gand 1841, Délass. com. 1854, 1861.

DALIA fils, Louis, Léon. — Marseille 1873-74, Rouen 1875-78, Toulouse 1880-85.

DALIEN. — Ambigu 1890.

DALIER. — Th. Déjazet 1869, Odéon 1884-86-87-90.

DALIGER de Fontenay. — V. Fontenay.

DALIGNY. — Comédien français de la troupe de Maëstricht. Fit imprimer en cette ville le

Mentor de Constantinople, comédie de lui, en vers libres, 1776.

DALILAH, Mlle. — Th. Déjazet 1893.

DALILO, Mme. — Premier rôle, Bruxelles 1762. On lui reprochait de trop déclamer.

DALIS. — V. Foignet-Dalis.

DALLEMAGNE, Mlle. — Deuxième amoureuse, Saintes 1829, Vannes 1830.

DALLEMAGNE, Mme Elisa, Joséphine. — Constantinople 1866-69, Le Caire 1870-73, Constantinople 1874-78.

DALLEN, Jean, François. — Caen 1880-82, Paris 1884.

DALLEVILLE. — Th. de Belleville 1851.

DALLIER, Sylvain, Dominique. — Odéon 1882 et années suivantes.

DALLOCA. — Sous ce nom :

Mlle DALLOCA, deuxième amoureuse, Verviers 1839.

Mlle DALLOCA, Marie, Caroline. — Pensionnaire à la Comédie française 1848, Gymnase 1849, Russie 1852-54, Variétés 1854-57, premier rôle Lille 1860. Morte en 1887.

Mlle DALLOCA jeune, Mélanie, Caroline. — Russie 1852, Moscou 1853-54, Versailles 1855-57.

DALLONGEVILLE, Mme. — Grande coquette, Troyes 1851.

DALLOU, Mme Azélie, Charlotte R. — Bruxelles 1880-83.

DALMAS, Honoré, Hyacinthe. — Reims 1858, Besançon 1858-1859, St-Etienne 1860, Elbeuf 1861, Genève 1862, Arras 1863, Roubaix 1864, Le Hâvre 1865, Bruxelles 1867, St-Germain 1868, Agen 1869, St-Germain 1870-72, Agen 1873, Béziers 1874, Mâçon 1875, Orléans 1876, Douai 1877, Cherbourg 1878, Rouen 1879, Maubeuge 1880, La Rochelle 1881, Nevers 1882, Le Hâvre 1883, Châlon-sur-Saône, 1884, Gien 1885, Lausanne 1886-88, Le Hâvre 1889-90, Agen 1891, Bordeaux 1892-93, Arcachon 1894-1902. Habitait Bordeaux en 1903. En 1893, Hyacinthe Delmas, âgé de 60 ans, avec 39 ans de théâtre, obtint une pension de 500 fr. de la Société des artistes.

DALMAS, Mme Jeanne, Agathe, née Buy, dite aussi Jenny Buycet. — St-Etienne 1860, mêmes étapes que ci-dessus. Bordeaux 1892-98. Son nom disparaît l'année suivante.

DALMEIRA, Mlle Madeleine, Catherine Gatel. — Gymnase 1888-91. Charmante femme, dont le décès fut annoncé en 1892.

DALMONT, Mme Marie, Denise, Victoire. — Bouffes 1858-60, Nouvelle-Orléans 1861.

DALMY. — Th. du Château d'eau 1878-82, 1889-93, Th. de la République 1894.

DALTI, Mlle. — Jeune première, Lille 1835, La Haye 1835 et 1837. V. Masson-Dalti.

DALTONA, Mme Armonde, Eugénie Dalli, dite. — St-Pétersbourg 1877-79, Folies dram. 1878, Buenos-Ayres 1880-84, Gaîté 1885. Ancienne première chanteuse, Mme Daltona avait repris, à Paris, le rôle de Mlle Lange dans la *Fille de Mme Angot*. A la Gaîté, elle se fit remarquer dans la création de Margredele de *Myrtile*. Sa mort fut annoncée au Rapport de 1886. Elle n'avait que trente et un ans.

DALTOUR, Gaston, Louis, H. Dufour, dit. — Gymnase 1888-89, Odéon 1890-96. Passa par le th. de la Porte-St-Martin en 1893.

DALTY, Mlle. — Renaissance 1881.

DALVILLE, Grime. — La Haye 1825-26, Brest 1827.

DALVILLE, Mme. — Duègne, La Haye 1825-26, Brest 1827.

DAMADE, Aîné. — Lille 1839-40, Gand 1845, Bruxelles 1852. Un *Damade*, Hubert, Georges, Joseph, était à Nantes 1852-55.

DAMADE jeune. — Troisième comique, Lille 1845-47.

DAMADE, Mme. — Deuxième duègne, Gand 1843. — Une dame *Damade*, née Marie Moons, était à Nantes 1852-55, Verviers 1856-57, Paris 1858. Mourut vers 1860.

DAMAIN, Mlle Hortense, Antoinette. — Voici en quels termes le Rapporteur de 1884 retraça la carrière de cette artiste : Après avoir pris des leçons particulières de Samson et de Regnier, et s'être fortement imprégnée de l'enseignement de ces deux éminents professeurs, elle débuta avec succès au Gymnase, et passa trois ans après à l'Odéon, où elle resta jusqu'à la guerre ; à ce moment elle partit pour l'Angleterre. Elle y fut promptement adoptée par la haute société, et s'y créa de si puissantes relations que, chaque année depuis lors, pendant la saison où la noblesse quitte ses terres pour venir habiter la capitale, elle était chargée d'organiser des représentations dans le high-life londonien. Pendant et après la Commune, sa maison fut ouverte à un grand nombre de réfugiés.

Mlle Hortense Damain avait créé à l'Odéon plusieurs rôles dans la *Contagion* (17 mars 1866) le *Maître de la maison* (1er sept.) les *Amoureux de Marton*, rôle de Marton (10 janv. 1868), la

Loterie du Mariage (19 mai), le *Drame de la rue de la Paix* (nov.). L'annuaire des artistes la porte comme ayant fait partie de l'Odéon de 1866 à 1878 et de la Comédie française de 1879 à 1883 — ce dont nous n'avons nulle preuve pour les dernières années. C'était, dans les soirées, la partenaire de St-Germain et de Coquelin cadet. Elle mourut le 25 novembre 1883.

DAMAIN, Mlle Elise. — Sœur de la précédente, née à Bar-le-Duc (Meuse), vint de bonne heure à Paris, et ne passa pas par le Conservatoire. C'est Lafont qui la découvrit à Bade où, pendant une saison thermale, elle interprétait le répertoire de la Comédie française, grâce aux leçons qu'elle avait reçues de Samson.

Engagée au Palais royal, vers 1862, elle y fit des créations dans une trentaine de petites pièces. Elle fut charmante et gracieuse dans les *Jocrisses de l'amour*. On la remarqua aussi dans une reprise de la *Mariée du Mardi-gras*. Ayant quitté le Palais royal en 1870, elle alla rejoindre sa sœur à Londres, et toutes deux, aidées de Lafont, inaugurèrent là-bas la comédie de salon. Elle se fit une réputation dans ce genre qu'elle conserva à son retour à Paris.

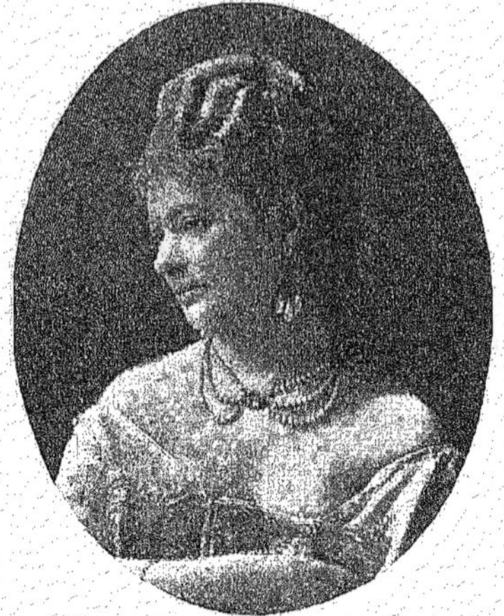

Mme Elise DAMAIN (Cliché Tourtin 1876)

Elise Damain passa par l'Ambigu, puis entra au Vaudeville et l'on écrivit sur elle : « Elle est jolie, elle a la grâce, le bien dire » (1875-81).

Elle était une des habituées des soirées artistiques du Comte d'Osmond. — Il ne lui manqua que la grande occasion de se montrer. Mlle Elise Damain habitait Paris en 1903.

Biographie : *Paris-Théâtre* no 99, 8-14 avril 1875.

Iconographie : *Paris-Théâtre* no 99, médaillon, à droite, cliché J. Tourtin.

DAMALA, Aristide dit Darall Jacques, né en 1854. — Etait, dit-on, d'origine grecque. Sa carrière dramatique se trouve presque en entier résumée dans le Rapport de 1890 : Appartenant à une famille du meilleur monde, il fut, au printemps de la vie, piqué comme tant d'autres, de l'irrésistible désir de jouer la comédie ; ayant une grande admiration pour Delaunay, il vint lui demander des conseils que celui-ci s'empressa de lui donner sans vouloir cependant se charger de son éducation théâtrale. Il se fit alors présenter à Sarah Bernhardt qui se préparait à faire une tournée avec la *Dame aux Camélias*. Le trouvant de bonne mine, d'allures et de manières distinguées, elle consentit à le prendre dans sa troupe pour jouer le rôle d'Armand Duval. C'est pendant cette campagne que, quittant tout à coup Nice, ils s'en allèrent tous deux se marier en Angleterre avant de reprendre leur rang dans la compagnie. De cet instant date la carrière dramatique de Damala.

Le 25 mai 1882, Mme Sarah Bernhardt se chargea de présenter son mari au public parisien. Une représentation extraordinaire fut organisée par le *Figaro* au th. de la Gaîté. La queue pour les petites places commença le matin à sept heures : Au programme la *Dame aux Camélias* avec Sarah Bernhardt, Dumaine (le père Duval), St-Germain (St-Gaudens), Dieudonné (Gaston de Rieux), Jacques Damala (Armand Duval), Laurence Grivot (Prudence), Angèle (Olympe), Mlles Julia de Cléry, Jeanne Bernhardt, Depoix. La recette s'éleva à 59,051 fr. au bénéfice de Mme veuve Chéret. Voici comment le Monsieur de l'orchestre parla de Damala : « M. Jacques Darall est un grand et beau jeune homme, à la voix un peu grave, mais admirablement bien timbrée, élégant et manœuvrant sur les planches comme s'il n'avait jamais fait que cela. Et pourtant il y a seulement six mois que M. Darall est au théâtre. Il est vrai qu'il y apporte beaucoup d'énergie, de sang-froid, de la volonté et, par dessus tout, un grand amour de son art. »

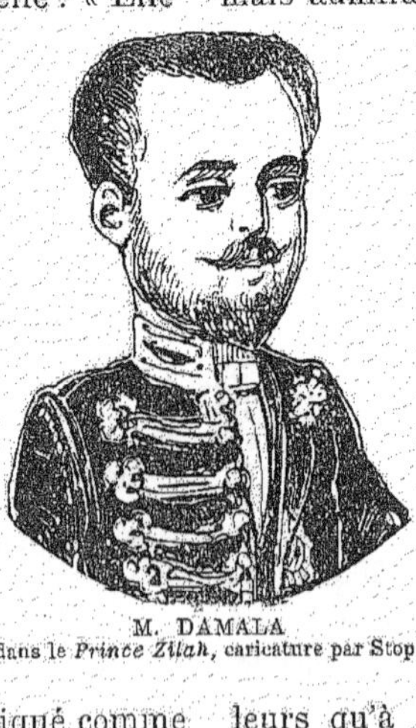

Sur ces entrefaites, Mme Sarah Bernhardt prit l'Ambigu sous le nom de son fils. Catulle Mendès apporta les *Mères ennemies*, et le rôle de Boleski fut confié à Damala (18 nov. 1882). Quel nouveau succès de curiosité : « C'est lui ! Enfin ! Le murmure recommence. Toutes les lorgnettes sont braquées sur l'artiste. Son costume est une vraie merveille. On m'affirme d'ailleurs qu'à lui seul Damala en porte pour quatorze mille francs dans le courant de la soirée. »

M. DAMALA
dans le *Prince Zilah*, caricature par Stop

Mais, la grande réputation de Damala date surtout du *Maître de Forges*, dont la première représentation eut lieu au Gymnase le

15 déc. 1883, rôle de P. Derblay ; la pièce tint l'affiche pendant près d'un an. Puis vint le *Prince Zilah* (rôle du prince), Gymnase, 28 février 1885 ; une reprise des *Mères repenties* (rôle de Régis), 7 oct. ; *Sapho* (rôle de Jean Gaussin), 18 déc.

Damala parut pour la dernière fois devant le public parisien dans une reprise de la *Dame aux Camélias*, avec sa femme, aux Variétés, le 18 mai 1889. Il mourut cette même année des suites de l'abus de la morphine. Mme Sarah Bernhardt se montra en cette occasion admirable de dévouement, refusant de le placer dans une maison de santé, malgré des crises de folie furieuse, et le soignant jusqu'à la dernière heure. Il avait à peine 34 ans. Mort le 18 août, il fut enterré à Athènes le 13 octobre.

DAMAS, Alexandre, Martial, Auguste. — Né à Paris le 11 juin 1772, rue du Roi de Sicile, où son père exerçait les modestes fonctions de maître perruquier ; à douze ans, il faisait partie de la troupe enfantine du th. Beaujolais ; en 1788, son nom figure parmi ceux des acteurs de l'Ambigu et le 18 (ou 30) juin 1791, il débute par le rôle d'Egysthe dans *Mérope*, au th. Montansier qui exploitait alors la tragédie en même temps que la comédie et l'opéra. Remarqué dans la *Mort d'Abel* (rôle d'Abel — Grammont père qui jouait Caïn fut guillotiné peu après) — Damas passa vers la fin de 1792 au th. de la République, où il resta jusqu'en mars 1797, époque à laquelle il entra au th. Feydeau où son début fut très heureux dans *Dupuis et Desronais*.

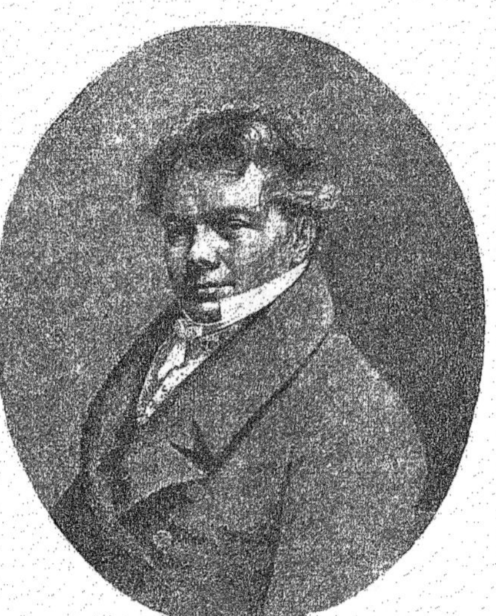

DAMAS, par Vigneron

D'une physionomie vulgaire et de tournure épaisse, Damas rachetait ces défauts par une chaleur communicative, un instinct profond de la scène, un zèle à toute épreuve. Bref, à la réunion de 1799, il fut nommé sociétaire à trois-quarts de part, puis en janvier 1803 à 7/8 et en septembre de la même année à part entière.

Le *Coup de Fouet* de l'an X n'est pas tendre pour lui : « La figure de cet acteur est commune, sa démarche empesée, sa voix glapissante. Pour enlever les applaudissements, il se met dans des fureurs inexprimables qui, selon quelques mauvais plaisants, ne ressemblent pas mal *(sic)* au *Désespoir de Jocrisse* ».

L'*Espion des Coulisses* (an VIII) avait dit à son tour : « Ses gestes, ses organes sont façonnés désormais pour le drame exclusivement. Dans la tragédie, il est desservi par la faiblesse de ses moyens. Je ne lui connais qu'un rôle dans la comédie, c'est Timante dans les *Précepteurs ;* il le joue avec une perfection qui tient peut-être à ses manières : c'est bien le précepteur poupon. On attribue à ce jeune acteur beaucoup d'amour-propre ».

L'*Almanach pour l'an XI* (1802) nous apprend qu'il a trouvé sa route dans l'emploi des raisonneurs. Les rôles de Bégears de la *Mère coupable*, du médecin des *Deux Frères*, le *Philinte de Molière* lui valurent de réels succès. L'année suivante, il a fait de notables progrès ; ce n'est plus l'acteur luttant avec la force de ses poumons ; il fait un usage modéré de la chaleur qu'il possède ; il ne lui reste plus qu'à assouplir son organe *(Almanach pour l'an XII)*.

L'*Opinion du Parterre*, t. VI (1809) en fait le plus grand éloge ; il est de la distribution de toutes les pièces nouvelles ; jamais il ne laisse tomber un rôle. C'est le meilleur soutien des auteurs. On le vit avec plaisir dans Valmont de l'*Assemblée de Famille*, Arbace d'*Artaxerce*, M. de Mersenne de *Louise*, de Saint-Fond de l'*Ecole des Pères*.

Luce de Lancival lui confia le rôle de Patrocle dans *Hector*, et Damas sut s'y faire valoir à côté de Talma ; les rôles de St-Rémy du *Chevalier d'Industrie*, celui de Domitien de *Vitellie* lui firent le plus grand honneur. Damas ne fut pas jugé indigne de faire partie des représentations données à Mayence et à Erfurt en présence des souverains. Pour ce dernier voyage (1808) il toucha 3000 fr. de gratification.

La nouvelle position acquise à la Comédie fit naître en lui la prétention de marcher sur les traces de Fleury, ce qui fit sourire les connaisseurs.

> De son prédécesseur, hélas ! il ne lui reste
> Que le gilet, l'habit, la culotte et la veste.

Damas, comme a fait observer Ricord *(les Fastes de la Comédie française)* ne devait songer à imiter personne. La vérité est qu'il rendit de grands services : « Je suis au Th. français depuis 1792, écrivait-il dans une lettre où il exposait sa situation... Aucun acteur, sans exception, n'a fourni une carrière ni plus laborieuse, ni plus honorable... Les gens de lettres m'ont accordé leur confiance, ce qui se prouve par le grand nombre de rôles que j'ai établis... J'ai fait les voyages de Mayence, d'Erfurt, de Fontainebleau et de Compiègne. Je ne jouais le premier emploi qu'en *double* et j'étais chef des deuxièmes rôles dans les deux genres. Parvenu, à mon tour, au premier emploi, on ne m'en a pas trouvé indigne, et personne, j'ose le dire, n'a rempli son devoir avec plus de conscience et de succès... » *Arch. nat.*

Et, de fait, le nombre de rôles *créés* par Damas — dont M. E.-D. De Manne a donné la liste — s'élève à 99, sans compter les reprises, bien entendu. Aussi, sa retraite laissa un grand vide, bien que les critiques ne lui aient jamais reconnu que des qualités négatives. On ne le remplaça pas dans Siméon d'*Omasis*, Merval de la *Manie des Grandeurs*, le baron de Rosenthal dans la *Fille d'Honneur*, Armand dans l'*Avocat*.

Le 26 mai 1825, Damas mis à la retraite depuis le 1er avril, devait jouer pour la dernière fois dans la *Fille d'Honneur*, mais il y eut relâche par indisposition de Mlle Mars. Le surlendemain, on donna à son bénéfice la première de *Bélisaire*, suivi des *Deux Mousquetaires*, opéra-comique, et d'un ballet par les artistes de l'Opéra. Damas n'avait pu obtenir de paraître dans cette représentation qui n'avait attiré que peu de monde. La Comédie, heureusement pour lui, lui avait assuré 10,000 fr. En septembre 1826, il donna à Lille six représentations.

Damas avait épousé en 1798, Mlle Marie-Anne de Labory, née en Russie en 1773 (morte à Paris en octobre 1853), riche et bien élevée. Lorsqu'il eût quitté le théâtre, il se retira dans sa propriété de Sceaux-les-Chartreux, près Longjumeau, et s'attacha à embellir cette résidence qui était l'ancien presbytère. C'est là que, le 16 ou 17 octobre 1834, une mort foudroyante le surprit au retour d'une promenade qu'il avait faite dans son jardin. Il était âgé de soixante-deux ans. Son corps fut inhumé au cimetière de l'Est, à Paris.

Damas avait habité rue de Bourbon-Villeneuve, maison du sellier, 1792; id., n° 66, 1793; rue Croix-des-Petits-Champs, 48, 1799; rue du Coq-St-Honoré, 76, 1803; id., n° 7, 1807-1811; rue de Lille, 79, 1812-15; rue de Grenelle-St-Honoré, 14, 1816-25.

Ch. Maurice rendit compte de la maison de campagne de Damas, où il dîna le 3 juillet 1811 : « C'est une gentille habitation; tout y respire l'ordre et les soins les mieux entendus ». Le critique y passe en revue jusqu'à la vache et jusqu'au billard.

Garde national, Damas acclama Napoléon à l'Elysée le 22 juin 1815 (Ch. Maurice).

Biographie : E.-D. De Manne, *Troupe de Talma*.

Bibliographie : l'*Espion des Coulisses*, an VIII. — Le *Coup de Fouet*, an X. — L'*Almanach pour l'an XI et l'an XII*. — L'*Opinion du Parterre* t. I, II, III, IV, VI, VII. — *Petite biographie*, 1821. — Ricord, les *Fastes de la Comédie française*, 1822. — *Grande biographie dram.*, 1824. — Harel, *Dict. th.*, 1825. — Th. Muret, l'*Hist. par le Th.*, t. I, p. 347, II, p. 172. Ch. Maurice, Hist. anecd. du Théâtre.

Iconographie : Bibl. nat., catal. Duplessis 11,656.

1. En pied, de 3/4 à droite, cost. de th., lith. par Ch. Chasselat.

2. En pied, assis de face, cost. de th., lith. par A. Colin, 1824.

3. En buste, de 3/4 à gauche, gravé par Frémy, d'après Pinchon.

4. En pied, de profil à gauche, cost. de th., lith. par H. Monnier.

5. En buste, de profil à droite, cost. de th., lith. par C. Motte.

6. A mi-corps, assis, de 3/4 à droite, lith. par Pinchon.

7. En pied, de profil à gauche (scène de *Misanthropie* et *Repentir*), gr. par Tresca. Sur cette planche se trouvent les portraits de Julie Molé et de Mme Talma.

8. En buste, de 3/4 à gauche, dans un ovale, lith. par Vigneron.

V. aussi, Bibl. nat., portraits de Talma.

Coll. Martinet, n° 51, Henri V dans la *Jeunesse d'Henri V*, n° 103, Abdélagis.

Musée de la Comédie française (Catalogue Monval).

202. Figure dans le groupe d'artistes, dessin au crayon noir de Et. Bouchardy, vers 1820.

307. Peinture toile mi-corps, h. 1m, l. 0m90, par J.-A. Pinchon (1823).

331. Peinture toile, h. 1m07, l. 0m83, par J.-A. Pinchon (1812), don de Mme veuve Damas.

346. Peinture toile, h. 1m07, l. 0m83, par J.-A. Pinchon (1793). Exposé au salon de 1798 (n° 339).

DAMAS, Mlle. — Sœur du précédent, débuta le 5 ventôse an VIII (*Almanach pour l'an IX*) à la Comédie française, par le rôle d'Héloïse dans *Fénelon*. Elève de Monvel, elle possédait tous les défauts et toutes les qualités de son frère. On lui reconnaissait de l'intelligence, de l'habitude, mais on lui conseillait de modérer son organe, d'éviter les cris, de débiter d'une manière moins traînante. Elle joua encore le rôle de Cécile dans l'*Honnête Criminel* et reprit le chemin de la province. Premier rôle à Rouen en 1806-07. En 1808, nouveau début, sans plus de chance. Nous la retrouvons à Lille 1809, puis à Milan, troupe Raucourt, en 1812, où on lui reproche sa lourdeur et sa lenteur. En 1823, elle tient avec honneur les premiers emplois à Lille; vers le même temps, elle parcourut la Bourgogne avec une troupe nomade, puis nous perdons tout à fait ses traces.

Bibliographie : *Opinion du Parterre*, t. VI, p. 109. — *Grande biographie dramatique* 1824. — H. Lyonnet, *Mlle Raucourt et les Comédiens français du prince Eugène*.

DAMAS. — Th. Beaumarchais 1861.

DAMASSIS, Mme. — Duègne, Rouen 1787.

DAMAURY, Mme. — Renaissance 1895.

DAMBLY, Mme. — Vaudeville 1794.

DAMBREUIL, Mlle. — Variétés 1889.

DAMBRICOURT, Mlle Julie, Clémence, Marie. — Prix du Conservatoire. Odéon 1862-63, Gymnase 1864, Fantaisies parisiennes 1866, Paris 1867-70, Boulogne 1872, Paris 1873.

DAMESNIL. — Comique marqué, Lisbonne 1852.

DAMIDALLE ou Damivalle. — Manteaux, Lille 1785-87.

DAMIENS, Eugène, *Fernando.* — Montparnasse 1861-65, Gaîté 1867-70, Bordeaux 1872-73, Paris 1874-83, Bar-le-Duc 1884, Paris 1885-93. Sa mort fut annoncée au Rapport de 1895.

DAMIES, Mme Françoise, Francia. — Montparnasse 1862-63, Metz 1864-65, Montparnasse 1867.

DAMIS, Mlle Blanche, Gabrielle Damois dite. — Vaudeville 1866, Palais-Royal 1867-73. Une demoiselle Damis avait débuté comme deuxième amoureuse à Amiens, en 1852.

DAMON. — Cour de Prusse 1776.

DAMOREAU. — Anvers 1816.

DAMOREAU. — Amsterdam 1835 et 1837. En 1848 vivait un Charles Damoreau, artiste dramatique.

DAMOREAU, Mme. — Jeune premier rôle, Liège 1839, premier rôle Brest 1851.

DAMOUR, Charles, Emile, dit aussi *Clavel.* — Nouveautés 1879-80, Athénée 1881-84.

DAMOURETTE, Edouard. — Le Hâvre 1866-67, Gaîté 1874. On écrit de lui : « Chante, peint et joue du violon, le tout avec une agréable médiocrité. Il fut au Gymnase un temps où il débuta comme jeune premier dans des levers de rideau, puis alla cabotiner en province comme chef d'orchestre, et en fin de compte, fut engagé à la Gaîté pour doubler *Orphée.* Comme chanteur, petite voix; comme comédien, petit jeu; comme violoniste, petit son ».

Bibliographie : *Foyers et Coulisses,* la *Gaîté,* t. II.

DAMPIERRE, Mlle Marguerite. — Rôles de genre, Lille 1865.

DAMY, Augustin. — Premier amoureux, Calais 1852, Bruxelles 1859, Gaîté 1861, troisième rôle Lille 1864, Hombourg 1867 ; un *Damy-Forda* est premier rôle marqué à Lille en 1879 ; Paris 1880-87, Alger 1888, Cherbourg 1889. En 1890, âgé de 60 ans, avec 43 ans de th., Augustin Damy obtint une pension de 500 fr. de la Société des artistes; Lorient 1892-93. Habitait Rueil en 1903.

DAMZA, Mme Elisa Clevers dite. — Constantinople 1868, Bordeaux 1869-70, St-Pierre de la Martinique 1871-73.

DANCERAY, Charles, Antoine, *Philippe.* — Né à Brie-Comte-Robert le 28 août 1799, Funambules 1848-62. Agé de 61 ans en 1860, avec 42 ans de théâtre à Paris, Danceray, qui ne gagnait pas 800 fr. par an, obtint une pension de 300 fr. de la Société des artistes. M. L. Péricaud, l'auteur des *Funambules,* nous dit qu'il mourut fou, probablement vers 1865. Il était domicilié à Belleville, impasse du Puits, 17, en 1860.

DANCOURT, Florent Carton, sieur. — 1661-1725, écrivait bien son nom « Dancourt » et non « d'Ancourt ». Jal a retrouvé dans l'*Armorial de Paris* (Bibl. nat. ms. de 1697) : « Florent Carton *de* Dancourt, comédien du Roy, porte parti au premier d'azur à vn rocher mouvant de la pointe, surmonté d'un soleil naissant d'or; au deuxième de gueules à un Lion d'argent et vn chef cousu d'azur, chargé de trois étoiles d'argent ». Ces armes étaient celles de Florent Carton, sieur Dancourt, père du comédien, petit gentilhomme de Fontainebleau qui avait épousé « dame Louise de Londy ». Ces deux personnages, qui avaient abjuré la Réforme, existaient encore en 1680, lorsque Florent fils, épris des grâces de Thérèse Le Noir, fille du comédien La Thorillière, et n'ayant pu obtenir sa main, l'enleva pour l'épouser. Le scandale décida La Thorillière et sa femme à consentir à un mariage qui fut célébré à St-Merry le 15 avril 1680. Le marié avait 18 ans 1/2, étant né à Fontainebleau le 1er novembre 1661. La mariée avait 17 ans et trois mois. On dit que ce mariage ne fut pas étranger à la fin de La Thorillière qui mourut le 28 juillet suivant.

Dancourt avait fait ses études à Paris, chez les Jésuites. Au sortir de la philosophie, il étudia le droit et fut reçu avocat à 18 ans. Son mariage devait l'entraîner vers le théâtre. Après quelques essais en province (Lille 1683), il fut reçu à la Comédie le 24 février 1685, débuta le 11 mai suivant et y donna sa première pièce, le *Notaire obligeant,* le 8 juin.

De taille moyenne et bien prise, avant que l'âge ne lui eût donné de l'embonpoint, Dancourt avait les cheveux et les sourcils bruns, de beaux yeux, le visage agréable, la physionomie noble et spirituelle. Les rôles qu'il jouait le mieux étaient ceux du haut comique, les raisonneurs, les financiers, les manteaux.

Esope était un de ses meilleurs rôles. Dans la tragédie, il était froid et monotone. Aussi la jouait-il le moins souvent possible.

Mais Dancourt fut surtout connu comme auteur fécond, excellant à mettre en scène des notaires, des greffiers, des commissaires, des baillis, des procureurs. Dancourt dialoguait plaisamment; il saisissait à merveille l'anecdote du jour. Le *Chevalier à la Mode*, cinq actes en prose, octobre 1687, passa pour son chef-d'œuvre. On cite encore : la *Maison de Campagne*, un acte en prose, 27 août 1688 ; l'*Eté des Coquettes*, un acte en prose, 12 juillet 1690 ; la *Parisienne*, un acte en prose, 13 juin 1691 ; les *Bourgeoises à la Mode*, cinq actes en prose, 15 nov. 1692 ; le *Tuteur*, un acte en prose, 13 juillet 1695 ; les *Vendanges de Suresnes*, un acte en prose, 15 oct. 1695 ; le *Moulin de Javelle*, un acte en prose, 7 juillet 1696 ; les *Vacances*, un acte en prose, 31 oct. 1696 ; le *Charivari*, un acte en prose, 19 sept. 1697 ; le *Retour des Officiers*, un acte en prose, 19 oct. 1697 ; les *Curieux de Compiègne*, un acte en prose, 4 oct. 1698 ; le *Mari retrouvé*, un acte en prose, 25 oct. 1698 ; la *Fête du Village* (jouée depuis 1724 sous le titre des *Bourgeoises de qualité*), trois actes en prose, 13 juillet 1700 ; les *Trois Cousines*, trois actes en prose, 18 oct. 1700 ; *Colin-Maillard*, un acte en prose, 28 oct. 1701 ; le *Galant Jardinier*, un acte en prose, 10 nov. 1704. Il existe plusieurs éditions du th. de Dancourt, dont la première édition de 1710 en huit volumes et un choix de ses meilleures pièces en quatre volumes in-12. On lui fit seulement le reproche d'emprunter quelquefois ses sujets à des comédies que de jeunes auteurs lui apportaient et qu'il rendait comme injouables, tandis qu'il les refaisait ensuite à sa manière.

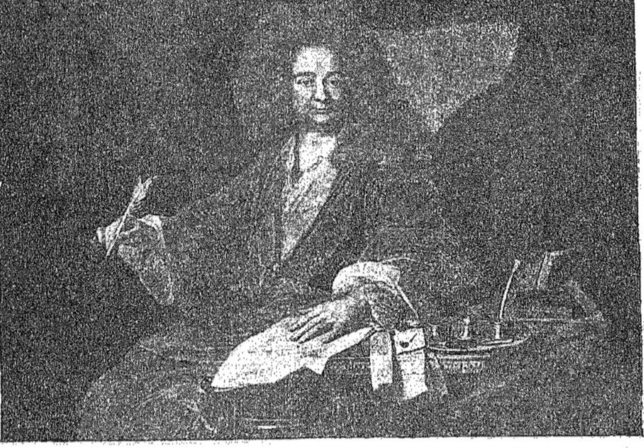

DANCOURT, par Gabriel Gence (1704). — Musée de la Comédie française.

Dancourt, qui lisait parfaitement, était chargé des lectures des pièces nouvelles devant le comité ; parlant avec facilité, et même avec éloquence, ses camarades lui avaient déféré l'honneur de haranguer le public dans toutes les occasions particulières.

On cite toujours l'anecdote suivante : Dancourt attendait Louis XIV au sortir de la messe pour l'entretenir des affaires de la Comédie. Animé par la chaleur qu'il mettait dans son discours, et marchant à reculons, il se trouvait sur le bord d'un escalier qu'il ne voyait pas. Louis XIV le retint par le bras en lui disant : Prenez garde, Dancourt, vous allez tomber. Puis, se retournant vers sa suite : Il faut avouer que cet homme parle bien ! Honoré par ce monarque d'une bienveillance particulière, Dancourt était admis dans le cabinet du roi pour lui lire ses ouvrages avant la représentation. Ayant fait un voyage à Dunkerque pour y voir sa fille aînée, Mme Fontaine, il poussa jusqu'à Bruxelles pour faire sa cour à l'Electeur de Bavière. Ce prince le reçut fort bien, le retint un certain temps auprès de lui, et lui fit présent d'un diamant de mille pistoles. Dancourt composa par son ordre l'*Impromptu de Suresnes*. On trouvera d'autres anecdotes concernant Dancourt dans sa biographie par Lemazurier.

Acteur, Dancourt joua les caractères, les raisonneurs, les manteaux, les paysans. Par exception, il excellait dans *Alceste*.

Auteur, il traça des esquisses légères, des peintures de mœurs de la fin du XVIIme siècle et du commencement du XVIIIme. Sa verve était de bon aloi.

Il se retira du théâtre le 22 avril 1718, avec la pension de 1000 livres, s'occupa désormais du salut de son âme, traduisit les psaumes de David et mourut en son château de Courcelles-le-Roy (Loiret) le 6 décembre 1725. Il y fut inhumé dans la chapelle, dans un tombeau dont il avait lui-même dirigé la construction et qui, depuis longtemps, ne se voit plus. En 1687, Dancourt ne prenait encore que la qualité d'avocat au Parlement. Il fut ainsi qualifié dans le baptistaire d'un fils de Michel Baron (16 oct.). Il se qualifia « officier du Roy » le 10 décembre 1711 à l'enterrement d'Etienne Baron et le 22 février 1716 à celui de Catherine Biancolelli, femme de Pierre Le Noir de La Thorillière.

M. E. Campardon a publié un certain nombre de documents concernant Dancourt :

1692, 20 février. Plainte rendue par Dancourt contre un créancier insolent.

1692, 22 juillet. Dancourt accusé de séduction par une ancienne femme de chambre de Mlle Beauval.

1706, 30 novembre. Plainte rendue par Dancourt contre son camarade Etienne Baron qui l'avait insulté et avait voulu lui donner un coup d'épée.

1718, 31 janvier. Dancourt chasse à coups de poings un huissier priseur venu chez lui pour saisir ses meubles.

(Les Comédiens du Roi de la Troupe française).

Biographie : les frères Parfaict, t. xv, p. 51 et suiv., De Léris, *Dict. des Théâtres, Anecdotes dramatiques*, t. III. — Lemazurier, *Galerie historique*. — G. Monval, *Liste alphabétique des sociétaires*. — *Notice sur Dancourt*, édit. Laplace de son th. choisi. — Notice par A.-F. Potron.

Bibliographie : Jal, *Dict. critique*. — Em. Campardon, les *Comédiens du Roi de la Troupe française*. — *La Comédie en France au XVIIIme siècle*, par C. Lenient, Hachette, 1888, t. I, p. 102 à 121.

Le mariage de Dancourt fut l'objet d'une thèse piquante et spirituelle présentée devant la Faculté des lettres par M. Jules Lemaître, 1883.

Ch. Barthélemy, la *Comédie de Dancourt*, in-12, 1882. — J. Lemaître, la *Comédie après Molière et le Th. de Dancourt*, in-8, 1882. — H. de Curzon, *Un mot pour le Th. de Dancourt*, Bull. de la Soc. du Th., n° 7, 1904.

Iconographie : Bibl. nat., catal. Duplessis 11,706.

1. En buste, de ³/₄ à droite, gravé par Alph. Boilly, d'ap. Devéria.

2. En buste, de ³/₄ à droite, dans un ovale, lith. par H. Grévedon.

Musée de la Comédie française (catalogue Monval) :

54. Buste marbre, h. 0m80, signé : fait par J.-J. Foucou, sculpteur (1782). Image de pure fantaisie. Le plâtre est au musée de Versailles.

98. Peinture toile, h. 1m12, l. 1m45, par Gabriel Gence (1704). Ce portrait fut acheté 1000 fr. le 3 juin 1889, à la vente des tableaux, objets d'art, etc., provenant du château de Chenonceaux (n° 81 du catalogue). Il avait passé entre les mains de la fille aînée de Dancourt, puis de la fille de celle-ci qui avait épousé le fermier général Dupin de Chenonceaux. Mme Dupin transmit, avec le château, le portrait de son aïeul à son petit-neveu, M. de Villeneuve, de la succession duquel ils passèrent l'un et l'autre à Mme Pelouze.

C'est le seul portrait authentique de Dancourt; la gravure qui est en tête des *Œuvres choisies* (1784) était aussi de fantaisie. Une copie en a été faite en 1889 par M. Victor de Bornschlegel, pour être placée dans la salle à manger du château de Courcelles-le-Roy, près-Bonny-sur-Loire, où est mort Dancourt, et qui appartint au maréchal duc de Tarente, et plus tard (1897) à Me P. Huillier, notaire à Paris. M. Monval le reproduisit pour la première fois dans son *Catalogue raisonné*.

DANCOURT, Mlle Thérèse, Marie, Jeanne Lenoir de La Thorillière. — Femme du précédent et fille du comédien La Thorillière, était née au Palais-Royal le 15 juillet 1663 et avait été tenue sur les fonts baptismaux le 8 août suivant à St-Eustache par Molière et Mlle Duparc. Nous avons vu plus haut comment elle fut enlevée par Dancourt qui l'épousa à St-Merry le 15 avril 1680. La tradition prétend qu'elle figura l'une des grâces dans le ballet *Psyché* (1671). Mlle Dancourt débuta à Fontainebleau le 8 novembre 1684 et à Paris, à la Comédie, en 1685. Elle fut reçue le 24 février, en même temps que son mari.

Mlle Dancourt tint pendant 35 ans l'emploi des amoureuses, joua d'original les rôles d'Araminte dans l'*Homme à bonnes Fortunes*, de Lucile de la *Coquette*, d'Angélique dans le *Joueur*, de Clarice dans le *Distrait*, de Criséis dans *Démocrite*, de Glycérie dans l'*Andrienne*. Lorsque ses deux filles parurent sur le théâtre, leur beauté n'éclipsa pas la sienne. Elle se retira le 19 avril 1720 avec la pension de 1000 livres et mourut le vendredi 11 mai 1725, à Paris.

Biographie : Lemazurier, *Galerie historique*. — E.-D. De Manne, la *Troupe de Molière*. — G. Monval, *Liste alphabétique des sociétaires*.

Iconographie : Bibl. nat., catalog. Duplessis 11,707. En buste, de ³/₄ à gauche, gravé par Fr. Hillemacher, 1857.

DANCOURT, Mlle l'aînée, Marie, Anne, Armande Carton, dite *Manon*. — Femme de Guillaume Fontaine, fille des précédents, naquit en 1684 et parut pour la première fois dès l'année 1695 par un petit rôle d'enfant (Espagnolette dans la *Foire de Bezons*, comédie de son père). Elle avait des cheveux superbes, un visage d'une douceur charmante et dansait fort agréablement. Reçue le 13 janvier 1699, elle débuta en forme le 10 décembre suivant. Mais, toujours fort jolie personne, ce ne fut qu'une médiocre actrice. Elle épousa M. Fontaine, commissaire des guerres et contrôleur de marine, quitta le théâtre en mars 1702, habita quelque temps Dunkerque et mourut en 1745.

Biographie : Lemazurier, *Galerie historique*.

DANCOURT, Mlle cadette, Marie, Anne, Michelle Carton, dite *Mimi*. — Sœur de la précédente et femme de Samuel Boutinon Deshayes, gentilhomme, fils d'un lieutenant général d'artillerie et qui, lui-même, avait été employé dans cette arme. Mimi Dancourt naquit en 1685 et parut dans des rôles d'enfant dès 1695 (Chonchette dans la *Foire de Bezons*). Elle était très belle et ressemblait beaucoup à sa mère. A treize ans et demi, le 13 janvier 1699, elle fut reçue pour les rôles d'amoureuses comiques et de soubrettes. Ce fut dans ce dernier emploi qu'elle se fit une réputation, même après Mlle Beauval et à côté de Mlle Desmares. Elle débuta le 7 mars. Outre les rôles du répertoire courant, elle joua ceux d'Ismène de *Démocrite*, Marotte dans les *Trois Cousines*, Zacharie dans *Athalie*, l'hôtesse dans le *Mariage fait et rompu*, Dorine dans l'*Impatient*, Lisette dans la *Belle-Mère*, Euphémie dans l'*Indiscret*, Thalie dans le prologue du *Pastor Fido*, rôles où elle se faisait remarquer par un organe pur, vibrant et mordant au besoin. En 1725, elle avait accepté le rôle de la mère dans l'*Indiscret* de Voltaire, mais elle semble avoir renoncé de jouer les caractères et prit sa retraite le 31 mars 1728, avec la pension de 1000 livres qu'elle conserva jusqu'à sa mort survenue à Paris le 21 mars 1780. Elle avait donc 95 ans.

Biographie: Lemazurier, *Galerie historique.*

DANCOURT, H.-R. — Né à Paris en 1725, se trouvait à la Cour de Prusse en 1755, aux appointements de 1000 thalers. Il devait s'y trouver encore en 1759, puisqu'il lançait de cette ville la meilleure réponse connue à la lettre contre les spectacles : H.-R. Dancourt, *arlequin de Berlin, à J.-J. Rousseau, citoyen de Genève*. Arlequin de talent à Vienne (Autriche) et à Berlin, auteur de tragédies pour rire, de comédies, de divertissements, d'opéras-comiques, Dancourt débuta à la Comédie française le 20 juillet 1761 par Sosie d'*Amphytrion*, Crispin des *Folies amoureuses*, et ensuite dans Strabon de *Démocrite*, l'intimé des *Plaideurs*, Crispin du *Légataire universel*, etc. Il ne fut pas reçu. Comme auteur, il donna au Th. français les *Deux Amis*, comédie, trois actes en prose, 11 août 1762; on cite encore de lui le *Mariage par Capitulation*, 1 acte mêlé d'ariettes, 1764, *Esope à Cythère*, 1 acte. Th. italien 1766, *Diogène fabuliste*. En 1766, à Bordeaux où il était engagé, il donne encore *Scamandre*, divertissement pour la fête du maréchal de Richelieu, *Ali et Besia*, opéra-comique dont Gluck avait fait la musique.

Le 29 avril 1766, lorsque l'on donna à Bruxelles la *Rencontre imprévue* de Gluck, on accompagna cette pièce de la note suivante: « Sujet tiré d'un ancien opéra-comique intitulé les *Pélerins de la Mecque* et qui a été mis en l'état où il est maintenant par M. Dancourt qui, pour lors, était comédien de S. A. I. et R. à Vienne, etc. » D'où il faut conclure que la collaboration de Gluck et de Dancourt n'était pas nouvelle. En 1769, également à Bruxelles, il donna le *Combat nocturne*, opéra bouffe en un acte, musique de Le Petit.

DANCOURT, Mlle. — Débuta à Feydeau en 1792 dans l'*Amour Filial*. Sans doute la même, th. Montansier-Variétés 1799, demeurant rue Neuve-Egalité, près celle Claude, nº 689.

DANCOURT, Mme. — Duègne, Bruges 1822, Dijon 1825, Isère 1826-27, Pau 1828, Sens 1829-30, Niort 1833-34.

DANCOURT, Jules d'Anglars dit. — Elève de Ricourt, débuta à l'Odéon vers 1860. Ses débuts ne furent pas heureux. Il joua à la Gaîté dans les *Trente-deux duels de Jean Gigon*, puis devint directeur du th. d'Orléans (1862). Organe vibrant, jeu plein de chaleur.

DANDOR, Mlle. — Deuxième accessit de comédie 1880 et premier 1881.

DANDREL, Mlle Elisabeth. — Jeune première, Arras 1828.

DANDUREAU, Jean, Jacques. — Odéon 1842. Vivait en 1848.

DANEQUIN. — Porte-St-Martin 1893.

DANGER, Mme Adèle, Marie Deschamps. — St-Pétersbourg 1878-82.

DANGEVEAU, Mme. — Th. de Lyon 1792.

DANGEVILLE, Charles, Claude Botot dit. — Les uns le font naître à Paris le 18 mars 1665 et les autres, s'appuyant sur la déclaration qu'il fit le jour de son mariage, vers 1669. Mais ne se rajeunissait-il pas à dessein de quatre ans, ainsi que sa femme de trois? Il était fils de Jean Botot, ancien procureur au Châtelet et de Charlotte Chantoiseau, de la paroisse St-Eustache. De ses deux frères, Jean mourut inconnu, procureur, peut-être, comme son père, et Antoine-François fut pendant 47 ans danseur à l'Opéra sous le nom de Dangeville. Ce dernier avait épousé Catherine Desmares.

Ch.-Claude Dangeville était attaché en 1697 comme danseur à la Comédie française — son nom figure dans le divertissement le *Retour des Officiers* — mais il aspirait au titre de comédien. Il débuta le 10 juillet par le rôle de Ladislas de *Wenceslas* et fut reçu sociétaire la même année. Le 9 septembre, il épousait à St-Sulpice Marie-Hortense Racot, comédienne sous le nom de *Grandval* et sœur du comédien de ce nom.

Le genre de son talent ne le portant pas au tragique, il se proposa de doubler Beauval, auquel il succéda. Il jouait dans la perfection les rôles de niais, surtout celui de Thomas Diafoirus, ainsi que Chicaneau des *Plaideurs*, le maître de philosophie du *Bourgeois gentilhomme*, etc.

Dangeville, avec le temps, devint le doyen de la Comédie. On le considérait comme un fort honnête homme. Il se retira le dimanche 3 avril 1740, avec la pension de mille livres qu'il conserva jusqu'à sa mort survenue le 18 janvier 1743. Mais c'est par erreur que Lemazurier dit qu'il n'eût point d'enfants de son mariage avec Mlle Grandval, puisque Jal découvrit une fille et quatre garçons :

1º 7 décembre 1703. Elisabeth-Anne, qui eut pour parrain et marraine le maréchal de Noailles et Mme Elisabeth de Lorraine.

2º 4 février 1707. Charles-Daniel. Dans le

baptistaire de cet enfant, Botot Dangeville est qualifié « Officier du Roy à la fruiterie ».

3° 9 février 1708. Hyacinthe.

4° 8 avril 1710. Philippe-Charles. Le père est qualifié « Officier du Roy dans les menus ».

5° 3 juin 1712. François.

Biographie : Lemazurier, *Galerie historique*. — G. Monval, *Liste alphabétique des Sociétaires*.

Bibliograpbie : Jal, *Dict. critique*.

DANGEVILLE, Mlle Marie, Hortense Racot, dite *de Grandval*. — Femme de Ch.-Cl. Botot, sœur de Grandval père, était fille de Daniel Racot, bourgeois de Paris, conseiller du roi et syndic général des ventes de l'Hôtel-de-Ville. Elle était née en janvier 1676 — et non 1682 — bien qu'elle ne se donnât que 23 ans lors de son mariage avec Dangeville le 9 septembre 1702. Plus belle qu'intelligente, nonchalante, distinguée, elle avait pour elle le charme de l'organe. Elle débuta le 3 mai 1700 dans l'emploi des amoureuses et des princesses tragiques et fut reçue le 7 octobre suivant. Voici la teneur de son ordre de réception :

« La demoiselle Hortense Grandval, n'ayant esté admise dans la troupe des comédiens du roy que pour une année et jusqu'à ce qu'il plût à Monseigneur le Dauphin de la voir jouer et agréer, Monseigneur l'ayant veue et agréée, il est ordonné aux comédiens du roy de la recevoir pour toujours, aux charges, clauses et conditions portées par le premier ordre qu'ils ont receu ».

Fait à Fontainebleau le 7 octobre 1700.

Signé : Charles de la Trémouille.

(*Arch. nat.* O'2984).

Elle fut acceptée dans les deux genres, tragique et comique, et doubla Mlle Duclos et Mlle Desmares. Au moment de son mariage, elle s'engagea par contrat, conjointement avec son époux, à servir une rente viagère de 800 livres à Daniel Racot de Grandval et à Marguerite Poirier, sa femme, ses père et mère, pension qui devait être réduite à 500 livres en faveur du survivant (*Arch. nat.* Y 276).

Plus tard, « la belle Hortense », comme on l'appelait, adopta l'emploi des caractères et y réussit. Elle joua d'original les rôles de Ténésis dans la *Sémiramis* de Crébillon (1717), Lucile dans l'*Ecole des Amants* (1718), Salomé dans *Marianne*, Clarice dans le *Babillard*, Mme Fiorelli dans le *Talisman*, et le seul fait de lui avoir confié le rôle de Vénus dans le prologue du *Pastor Fido* (1726) nous prouve qu'elle avait encore conservé sa beauté à cinquante ans. Très fière, fort enviée, généreuse et cœur charitable, telle fut cette actrice qui, après une carrière de 39 ans, prit sa retraite le 20 mai 1739, avec une pension de 1000 livres dont elle profita trente ans encore. Elle mourut à Paris le 4 juillet 1769, à 93 ans.

Biographie : Lemazurier, *Galerie historique*. — G. Monval, *Liste alphabétique des Sociétaires*.

Bibliographie : Campardon, les *Comédiens du Roi de la Troupe française*.

DANGEVILLE, Mlle, mère (ou cadette), Anne, *Catherine*, Desmares cadette dite. — Femme d'Antoine-François Botot-Dangeville, danseur de l'Opéra, sœur cadette de Mlle A.-C. Desmares. Née vers 1685, cette actrice débuta à la Comédie française le 23 décembre 1707, par le rôle de Pauline dans *Polyeucte*. Elle fut reçue le 28 février 1708 et se retira le 21 décembre 1712, avec la pension de 1000 livres qu'on lui servit pendant soixante ans, jusqu'au jour de son décès survenu le 1er juillet 1772. Son unique mérite fut d'avoir été sœur de Mlle Desmares et mère de la célèbre Mlle Dangeville. On la désigna aussi au théâtre sous le nom de « Mme Antoine ». Quant à sa vie privée, elle fut constamment victime des brutalités de son mari, comme nous en avons le triste témoignage dans la plainte qu'elle porta le 16 novembre 1725, devant le commissaire, au Châtelet (*Arch. nat.* Y 11,555).

Biographie : Lemazurier, *Galerie historique*. — G. Monval, *Liste alphabétique des Sociétaires*.

Bibliographie : Campardon, les *Comédiens du Roi de la Troupe française*.

DANGEVILLE cadet, Charles, Etienne Botot dit. — Neveu de Claude-Charles, fils d'A.-F. Botot-Dangeville, le danseur, et de A.-C. Desmares. Naquit à Paris vers 1710. Il débuta à la Comédie française le 17 avril 1730, par le rôle de Polyeucte et par celui du marquis de Polinville dans le *Français à Londres*. Il fut reçu le 5 juin suivant, malgré son insuffisance et grâce à son nom, pour les emplois de niais et de confident tragique. A la retraite de son oncle, il hérita d'une partie de ses rôles. Toutefois, uniquement soutenu par sa sœur, il devint impossible sans elle et prit le parti de se retirer en même temps qu'elle, le 29 mars 1763. On affirme cependant que, d'abord sifflé, il avait fini par se perfectionner sur le tard. Il fut gratifié d'une pension de 1500 livres et mourut le 13 février 1787. Lors de sa retraite, l'on avait fait sur lui le quatrain suivant :

Si, pour un rôle d'imbécille,
Il faut avoir beaucoup d'esprit,
Personne n'a, sans contredit,
Autant d'esprit que Dangeville.

Biographie : Lemazurier, *Galerie historique*. — G. Monval, *Liste alphabétique des Sociétaires*.

DANGEVILLE, Mlle, la jeune — et la plus célèbre — Marie-Anne Botot dite, Mlle. — Fille de Anne-Catherine, sœur de Ch.-Etienne, filleule de Mlle Duclos, naquit à Paris le 29 décembre 1714, rue Fontaine-St-Germain. Enfant de la balle, la petite Anne Dangeville monta sur les planches dès l'âge le plus tendre. A trois ans, elle figurait dans les ballets, et à huit, le 27 avril 1722, elle jouait le rôle de la Jeunesse dans l'*Inconnu*. Son père lui apprenait la danse, sa mère, son oncle, sa tante, la tragédie et la comédie. Sa tante surtout, la célèbre Desmares, qui en fit une soubrette digne de la surpasser.

Le 30 janvier 1730, elle débuta dans le rôle de Lisette du *Médisant*. Elle a quinze ans et un mois, et le 11 mars elle est reçue et admise à partager l'emploi de soubrette avec Mlle Quinault la cadette.

« Si Mlle Dangeville continue comme elle a commencé, consigne la *Lettre du Souffleur* (d'Aigueberre), Paris sans doute voudra toujours la voir dans les rôles de soubrette. Il y a quelque chose d'imparfait dans son jeu, mais on y découvre une finesse, une délicatesse que nous n'avons vues que dans Mlle Desmares ».

Dans la tragédie, Mlle Dangeville avait abordé le rôle d'Hermione, et Voltaire l'avait remarquée. Son jeu et sa diction atteignaient presque la perfection. Voltaire lui confia le rôle de Tullie pour son *Brutus*. Elle refusa d'abord. Le poète insista, la fit travailler. *Brutus* réussit à demi (11 décembre 1730), mais la tragédienne parut insuffisante. Voltaire lui envoya ce madrigal :

Que le public veuille ou non veuille,
De tous les charmes qu'il accueille,
Les tiens sont les plus ravissants.
Mais tu n'as encore que la feuille
Des fruits que promet ton printemps.
O ma Tullie ! Avant le temps
Garde-toi bien qu'on ne te cueille.

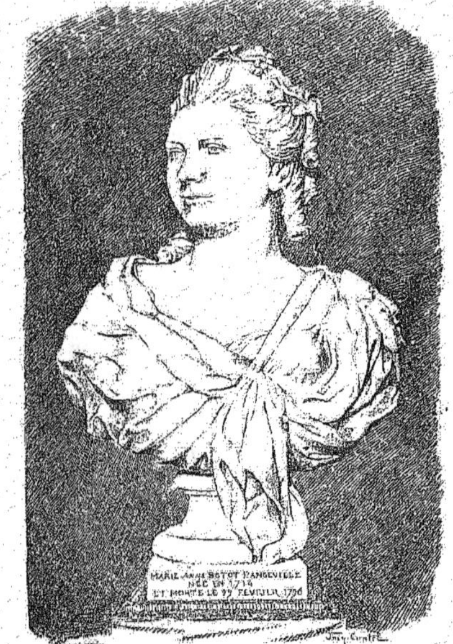

Buste en marbre de Mlle DANGEVILLE, par J.-B. Le Moyne
Musée de la Comédie française

Mlle Dangeville ne dut jouer *Brutus* que deux ou trois fois. La distribution que donne le *Mercure* de décembre 1730 ne mentionne pas son nom. Elle avait renoncé pour toujours à la tragédie, avec raison. Son tempérament ne se prêtait pas aux rôles tragiques. On la regretta cependant :

Mais quelle erreur vient vous livrer
Tout entière à Thalie
Pour n'avoir pu faire admirer
Les défauts de Tullie ?
Quiconque juge sainement
Vous a rendu justice :
C'était le rôle seulement
Qui manquait à l'actrice.

Saisissant avec une merveilleuse aptitude les caractères les plus contrastants, Mlle Dangeville jouait avec une égale supériorité Colette des *Trois Cousines*, la baronne d'Olban de *Nanine*, Mme Orgon dans le *Complaisant*, Martine des *Femmes savantes*, la comtesse des *Mœurs du Temps*, Angélique dans la *Fausse Agnès*.

Douée d'une physionomie charmante et fine, de traits réguliers, vifs et pleins d'expression, d'une taille svelte et gracieuse, Mlle Dangeville offrait dans sa personne l'ensemble le plus flatteur. Garrick disait d'elle « qu'elle avait le vrai génie de son art et qu'elle y joignait tout ce que l'esprit et le goût peuvent ajouter au génie ». Voltaire lui-même, oubliant ses anciens griefs, déclarait dans un discours « qu'elle renfermait en elle de quoi faire la réputation de cinq ou six actrices ». Ajoutez à cela que la femme était d'un caractère très doux et d'humeur conciliante, ne se mêlant jamais à aucune intrigue.

N'est-ce pas elle qui avait inspiré à Dorat les vers suivants :

Il me semble la voir, l'œil brillant de gaîté
Parler, agir, marcher avec légèreté ;
Piquante sans apprêt et vive sans grimace,
A chaque mouvement découvrir une grâce,
Sourire, s'exprimer, se taire avec esprit,
Joindre le jeu muet à l'éclair du débit,
Nuancer tous ses tons, varier sa figure,
Rendre l'art naturel et parer la nature.

Mlle Dangeville créa notamment le rôle de Lisette dans le *Complaisant* (1732) et dans les *Dehors trompeurs* (1739) ; celui de l'Amour dans *Deucalion et Pyrrha* (1741) ; de Gnidie dans *Zénéide* et de l'Amour dans les *Grâces* (1744) ; de Finette dans le *Dissipateur* (1755) ; de la comtesse dans les *Mœurs du Temps* (1760) ; de Marton dans *Heureusement !* (1762) et de la marquise de Floricourt dans l'*Anglais à Bordeaux* (14 mars 1763).

L'auteur des *Essais sur Paris* écrivait quelques années après la retraite de l'actrice : « Ce qui achève de caractériser la personne de génie dans Mlle Dangeville, c'est qu'elle est simple, vraie, modeste, timide même, n'ayant jamais le ton orgueilleux du talent, mais toujours celui d'une personne bien élevée, ignorant d'ailleurs toute cabale ». M. E.-D. De Manne, qui a dressé la liste des rôles créés par cette artiste, en mentionne 53 *(Troupe de Voltaire)* dont quelques-uns travestis, genre dans lequel elle excellait.

Après avoir passé plus de trente ans au théâtre, Mlle Dangeville, en pleine possession de ses moyens, songea à se retirer dans l'habitation modeste qu'elle possédait à Vaugirard. Jouissant d'une pension de 1500 livres, faite par la Comédie, d'un chiffre égal sur la cassette particulière du roi, pension qui fut successivement élevée en 1773 et 1776 à 3500 livres, elle y vécut heureuse. Sa retraite avait eu lieu le 29 mars 1763 et elle ne reparut que trois mois après, pour quelques représentations seulement, dans la pièce de Favart, l'*Anglais à Bordeaux*, qu'elle venait de créer. Cette pièce avait été reprise à l'occasion du rétablissement de la paix. On avait eu soin de faire précéder cette rentrée de ces mots : « Messieurs, la santé de Mlle Dangeville ne lui a pas permis de suivre plus longtemps la carrière théâtrale ; mais elle y reparaît avec transport dès qu'il s'agit de prendre part à la joie publique. C'est un tribut que Mlle Dangeville paie au bonheur général et à la reconnaissance qu'elle conserve des bontés dont vous l'avez honorée ». Son succès fut triomphal encore douze fois. La dernière représentation produisit une recette de 3558 livres.

On lit dans les *Maisons de Paris*, par Lefeuve, que Mlle Dangeville était propriétaire dans la rue Servandoni (ancienne rue des Fossoyeurs), d'une maison sise entre celles du comte de Breteuil et de la famille Godonèche ; cette maison faisait l'angle de la rue de Vaugirard. Bourdelin, docteur en médecine, l'avait vendue, en 1740, à la famille Botot. Elle portait en 1877 le no 26, mais ce n'était là qu'une de ses maisons.

Jal est plus explicite : un acte du 11 août 1792 nous apprend, en effet, que Mlle Dangeville était co-propriétaire d'une grande maison située rue de Vaugirard et que l'autre propriétaire avait été feu Reynauld, César, Louis de Choiseul-Praslin, maréchal de camp, chevalier de St-Louis, ambassadeur de France auprès de LL. MM. siciliennes. Mlle Dangeville avait l'usufruit de cette propriété et ses droits furent rachetés par les héritiers de Praslin moyennant 2000 livres de rente viagère.

Enfin elle avait aussi une part dans une autre maison sise rue des Fossoyeurs, celle dont nous parlions plus haut, avec quatre Botot. Elle vendit cette propriété le 6 février 1793 à Mathieu Laurent, libraire, rue de la Harpe, 18. Elle demeurait alors rue de Bourgogne.

C'est donc, selon toute vraisemblance, dans la grande maison de la rue de Vaugirard que ses camarades allèrent lui donner un signe bien évident de leur amitié et de leur estime, en célébrant sa fête chez elle le 15 août 1773 et en lui offrant, dans son jardin, une représentation de la *Partie de Chasse d'Henri IV*, pièce reçue, mais dont Louis XV avait défendu la représentation en public. Les rôles étaient tenus par Brizard, Dauberval, Desessarts, Dalainval, Ponteuil, Molé, Feulie, Mmes Drouin, Hus et Fanier. Le *Mercure* rendit compte de cette fête qui attira tout ce que Paris renfermait d'illustre. Au nombre des familiers de la maison comptait en première ligne le duc de Praslin. On trouve dans les *Mémoires de Fleury*, t. I, un joli portrait de Mlle Dangeville à cette époque.

Vingt et un an plus tard, Molé, membre du Lycée des Arts, y prononça le 20 fructidor an II (6 septembre 1794) l'éloge de Mlle Dangeville. Ce discours est imprimé dans les nos 48 et 49 du *Journal des Théâtres* de Duchosal, 13 et 14 vendémiaire, an III. On y apprend que l'artiste avait recueilli une petite-fille du grand Baron, tombée dans la misère, et que son camarade Armand avait appliqué à l'artiste le titre d'une comédie de Destouches : la *Force du Naturel*. Dans cette même séance à laquelle assistait Mlle Dangeville, octogénaire, Molé offrit 200 exemplaires de son ouvrage et le buste de la plus grande soubrette du XVIIIme siècle fut couronné par Mlle Joly. Telle que Voltaire, elle avait assisté à son apothéose. Elle mourut à Paris le 29 février 1796. Le *Journal de Paris* du 23 floréal, an V, contient la nomenclature des objets vendus après son décès. Ils se composent principalement d'une riche collection de diamants et de pierres précieuses, en partie dons du duc de Praslin.

M. Campardon a publié les documents suivants :

1741, 17 janvier. Plainte rendue par Mlle Dangeville contre une marchande à la toilette qui avait perdu un très bel éventail qu'elle lui avait confié pour le vendre.

1753, 2 novembre. Vol commis chez Mlle Dangeville.

1780, 1er juin. Le roi accorde une pension de 1680 livres à Mlle Dangeville.

Biographie : Lemazurier, *Galerie historique*. — E.-D. De Manne, *Troupe de Voltaire*. — G. Monval, *Liste alphabétique des Sociétaires*. — Ch. Gueullette, *Acteurs et Actrices du temps passé*.

Bibliographie : Œuvres de Dorat. — Mémoires de Collé. — *Annales dramat.*, t. III, p. 139. — *Mémoires de Fleury*, t. I, p. 148-149. — Jal, *Dict. critique*. — Campardon, les *Comédiens du Roi de la Troupe française*. — J.-J. Olivier, *Voltaire et les Comédiens*.

Iconographie : Bibl. nat., catal. Duplessis 11,738.

1. En buste, de 3/4 à droite, gravé par F. Hillemacher, 1859.

2. En buste, de 3/4 à gauche, dans un médaillon ovale, gravé par J.-B. Michel, d'après Pougin de St-Aubin.

Musée de la Comédie, no 178. (Thalie) buste marbre, h. 0m72, par J.-B. Le Moyne, don de Mlle Devienne, a été photographié par Franck (l'*Art théâtral*, de Samson, 1863, t. I, p. 15).

Un buste de Mlle Dangeville fut exposé au Salon de 1771 (no 276) et un buste par Monod valut au sculpteur des vers que l'on peut lire au *Mercure de France*, déc. 1769, p. 188.

255. Portrait présumé en pélerine. Pastel h. 0,65, l. 0,50, par Vigée père. Désigné comme Colette des *Trois Cousines*, de Dancourt.

383. En pélerine. Statuette, h. 0,35.

DANGEVILLE, Fr. Botot de Montfleury. — Frère cadet de la précédente, avait débuté au

Th. français le 19 avril 1741 par le rôle d'Hippolyte de *Phèdre*. Après un séjour d'un an, il s'était retiré (30 mai 1742) sans avoir été reçu. Il parcourut la province, fit partie de la troupe de l'Electeur Palatin et mourut à Mannheim le 6 février 1754.

DANGEVILLE, Et. de Champmêlé. — Troupe de l'Electeur Palatin vers 1750-56, Maëstricht 1764.

DANGEVILLE père. — Acteur de tragédie et de comédie, Anvers 1793. En l'an VIII, un Dangeville « excellent comédien » est à Angers avec sa femme qui jouait les soubrettes.

DANGEVILLE. — Troisième rôle, Amsterdam 1827.

DANGEVILLE, Mlle Henriette. — Bruxelles 1889.

DANGIS, Mme, née Moigard. — Première duègne, Gand 1821, Nantes 1825, Nancy 1828, Marseille 1829-30. Une dame *Dangis* est à Toulouse 1851. V. aussi Dengis.

DANGLADE, Hedde, Joseph, Edouard. — Gaîté 1839, Porte-St-Martin 1841, Vaudeville 1848, Paris 1852 et années suivantes. En 1859, Danglade, âgé de 52 ans, avec 32 ans de th., domicilié 26, rue Montholon, obtint une pension de 200 fr. de la Société des artistes. Tours 1860-70, Blois 1871.

DANGLADE, Auguste Schneegans dit. — Strasbourg 1869, Le Hâvre 1870, Genève 1872-73, Nancy 1874-75, St-Etienne 1876, Amiens 1877, Alger 1878, Besançon 1879, Genève 1880, Amiens 1881, Liège 1882, Angers 1883, La Haye 1884, Alger 1885, Verviers 1886, Anvers 1887, Gand 1888-90, Toulouse 1891, Toulon 1892, Genève 1893-94. Officier d'académie. Professeur de diction à l'Université de Genève, 1898. Habitait Genève en 1903.

DANGLADE, Mme Augustine Schneegans. — La Haye 1883-84, Alger 1885, Verviers 1886, Amiens 1887, Gand 1888-90, Toulouse 1891, Toulon 1892, Genève 1893. Habitait Genève en 1903.

DANGLARS, Mme. — Ambigu comique 1886.

DANGLEMARE, Mme. — V. Daiglemare.

DANGON, Victor. — Reims 1874-75, Tournay 1875-77, Nantes 1878, Paris 1879.

DANGREMONT. — Jeune premier, Bruxelles 1816, Gymnase 1822, Gand 1825. Un *Dangremont* est premier comique à Lille 1840.

DANGREMONT, Mme. — Soubrette, Aix 1852.

DANGUIN, Joseph, Bernard. — Deuxième amoureux, Strasbourg 1826, Sens 1829, th. des Célestins, Lyon, 1833-34, père noble 1835, Gaîté 1837, Ambigu 1837, premier rôle marqué, Lyon (th. du Gymnase) 1840, directeur à Reims 1845-49. « Habile directeur, lisons-nous dans le *Théâtre à Reims*, et bon acteur. A rempli tous ses engagements, nonobstant les évènements de 1848. Une subvention de 2500 fr. lui a été accordée par la ville. A quitté Reims pour prendre un intérêt dans la direction du th. de Lyon ». Danguin se retira, en effet, à Lyon, où il vécut. Sa mort fut annoncée au Rapport de 1859.

DANGUIN, Mme Jeanne, née Guillot. — Jeune première, Strasbourg 1826-27, Sens 1829, th. des Célestins, Lyon, 1833-34, Ambigu 1835 et th. du Gymnase (Lyon), premier rôle Anvers 1841, Reims 1848, Lyon 1849-65.

DANGUIN, Médéric. — Plus connu comme directeur. Lyon 1863-83. Sa mort fut annoncée au Rapport de 1884.

DANGUIN, Mme Médéric. — Lyon 1863-83.

DANHIEUX, Jean. — Rouen 1886-91.

DANIEL, Mlle Désirée. — Th. Comte 1829-30.

DANIEL. — Troisième rôle, Constantine 1851.

DANIEL, Mme. — Folies dramatiques 1848.

DANIEL, Mme Emma, Nelly. — Douai 1880-81, Paris 1882. Sa mort fut annoncée au Rapport de 1883.

DANIEL, Mlle. — Actrice. Iconographie : Bibl. nat., catal. Duplessis 11,742. En pied, de face, cost. de th., lith. anon.

DANILO, Mlle. — Débuta à la Comédie française le 17 juillet 1752 par *Phèdre*, le 22 par Hermione dans *Andromaque*, le 26 par Zénobie de *Rhadamiste*, le 27, Constance dans le *Préjugé à la Mode*, le 3 août Célimène dans le *Misanthrope*, le 5 Cidalise dans l'*Eté des Coquettes*, le 10 *Mélanide*, et Hortense dans le *Florentin*.

DANIS, André. — Châlon-s-Saône 1874, Calais 1875-77, Granville 1878, Narbonne 1879, St-Remy 1880, Estayel 1881, Pézenas 1882, Annonay 1883, Uzès 1884, Brest 1885, Ajaccio 1886, Paris 1887, Mostaganem 1888, Istres 1889. Sa mort fut annoncée au Rapport de 1890.

DANIS, Mme Marie, Caroline, A.-E. Bérenger. — Mêmes étapes que ci-dessus depuis 1880. Elle mourut trois mois jour pour jour après son mari, laissant trois orphelins.

DANISIS. — Deuxième rôle et jeune premier Gand 1779.

DANISSAN, Mme. — Débuta à l'Odéon le 18 juillet 1811 par le rôle de Mme Dolban dans le *Volage*.

DANIZI. — Débuta le 11 août 1757, à la Comédie française, par le rôle de Valère de *Tartufe*.

DANJOU, Augustin, Edmond Cappe. — San-Francisco 1866, Porte-St-Martin 1870, Châtelet 1872-74, Porte-St-Martin 1875-80, Paris 1881-84, Bruxelles 1885, Paris 1886-93, Lille 1894, Paris 1895-96. En 1896, Danjou bénéficia de la pension de 500 fr. fondée par M. Ritt. L'année suivante, âgé de 68 ans, avec 43 ans de th., il obtint, en remplacement, celle de 500 fr. de la Société des artistes. En 1903, M. Danjou habitait Paris et jouait encore quelquefois en tournées. Il était le doyen des artistes en activité.

DANJOU, Mme Clémence Cappe, née Martin. — Connue aussi sous le nom de Mme *Faron-Dusaule*. Sous le nom de Mme Dusaule : Florence 1849, Madrid 1852, Aix 1853, Turin 1854, Rouen 1855-56, Rochefort 1857, Calais 1858, Amsterdam 1859, Le Mans 1860-61, Montréal 1862, Les Antilles 1863-65, Paris 1867-68, Béziers 1869, Auch 1870-72, Paris 1873-78. En 1879, elle prend le nom de Mme *Cappe-Danjou* et se fixe à Paris. En 1883, âgée de 60 ans, avec 43 ans de th., elle obtint la pension de 500 fr. de la Société des artistes. Sa mort fut annoncée au Rapport de 1885.

DANRÉ, la petite Louise. — Variétés 1892.

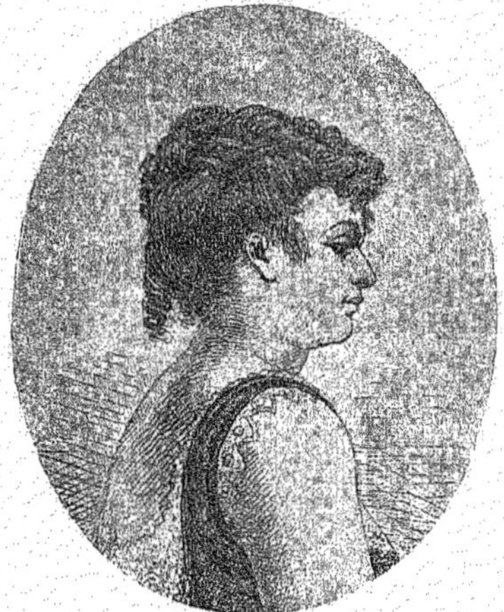

Blanche DANTIGNY, d'après Martial (1870)

DANSERAY. — V. Danceray.

DANTERNY, Jules, Pierre Deliège dit. Variétés 1837, 1849-55, Constantinople 1856-57. J. Arago disait de lui en 1852 : « De la verdeur, de l'entrain, une fougue toute méridionale et une excellente façon de phraser le couplet ».

DANTEUIL, Mme. — Des th. de Bruxelles et d'Amsterdam, donna cinq représentations à Lille du 16 au 24 mai 1814, comédie. Est-ce la même qu'il faut reconnaître dans Mme Danteuil ou Dantheuil, âgée de 68 ans en 1852 et ayant obtenu dès 1846 une pension de 150 fr. de la Société des artistes? V. aussi Dauteuil.

DANTHAIS, Mme. — Jeune première en tous genres, Gand 1791.

DANTHAUT, Edouard, Louis. — Lisbonne 1876-86, Toulouse 1887-90. Sa mort fut annoncée au Rapport de 1891.

DANTIGNY ou d'Antigny, Marie, Ernestine Antigny, dite *Blanche*. — On a beaucoup discuté sur l'origine de cette actrice. Un correspondant de l'*Intermédiaire des Chercheurs* (XLII, 783) déclare qu'elle venait de Tournon-St-Martin, Indre, que son nom était *Antigny* et qu'il existe encore dans ce pays plusieurs de ses parents. Un autre (XLII, 783) nous dit qu'elle était d'Antigny, canton de la Châtaigneraie, Vendée, et que son vrai nom était Blanche Vincent. Paul Baudry qui avait peint Blanche d'Antigny en Madeleine (musée de Nantes) était de ce dernier avis : « Elle est Vendéenne, comme moi », disait-il. Et, néanmoins, une enquête faite à Antigny ne fit rien découvrir. Le nom de Blanche Vincent ne figure pas sur les registres. C'est alors que M. Marcel Baudoin eut l'idée de rechercher l'acte de décès qu'il trouva à la mairie du VIIIme :

«Du vingt-huit juin mil huit-cent soixante quatorze, à deux heures et demie du soir, acte de décès de Marie-Ernestine Antigny, artiste dramatique, âgée de trente-deux ans, née à Martizay (Indre), décédée à Paris en son domicile, boulevard Haussmann, nº 93 (? le second chiffre est écrasé), hier à onze heures et demie du soir, célibataire ; fille de Jean Antigny, menuisier, demeurant à Nogent-sur-Marne (Seine) et de Florine Guillemain, son épouse, décédée, etc. »

Grande, belle fille, bien découplée, point sotte, mais douée d'autant d'aplomb que de belle humeur, telle apparut vers la fin du second Empire Blanche d'Antigny, avec ses cheveux d'or et sa bouche sensuelle. Richesse de formes et de couleur, air superbe, gaîté constante et folle. « La muse des joies faciles », a dit un chroniqueur.

Blanche d'Antigny que le besoin de se produire, plus que la vocation, devait pousser vers le théâtre, trouva une voie inespérée avec les bouffonneries abracadabrantes d'Hervé aux Folies dramatiques, 1868-69. Elle fut l'ingénue (!) excentrique de *Chilpéric* et du *Petit Faust*. Ce fut aussi le comble de sa renommée. Engagée momentanément au Palais-Royal, elle passa presque inaperçue comme actrice : *Photographies dramatiques* (19 mars 1869), *On demande des Ingénues* (21 août), sans oublier une reprise des *Mémoires*.

Louise France, dans les *Ephémères m'as-tu vu*, a écrit quelques pages vraiment vécues (pages 126 et suivantes) sur les amours de

Blanche d'Antigny avec Luce, un jeune artiste qui mourut d'une phtisie galopante entre ses bras, ainsi que sur son arrivée en Egypte, quelque temps après la guerre. On l'y voit suivie d'une amie, une grosse femme qui la suit partout, de sa femme de chambre, fille de cette dernière, et de son cocher, sans voitures et sans chevaux, un beau gars de quarante ans qui vivait admirablement à ses frais. Elle devait vingt mille francs à la femme de chambre et trente-cinq mille au cocher! Ce manque absolu d'ordre devait être fatal à la malheureuse fille. Malgré la générosité du khédive, elle revint en France, traquée par les huissiers. Tout ce qu'elle possédait encore fut... égaré ou perdu en route. Une amie la recueillit et elle mourut d'une phtisie galopante ; huit jours après, le cocher, à son tour. Son père, le menuisier de Nogent-sur-Marne, partit pour l'Amérique avec 10,000 fr. donnés par la femme de chambre, et celle-ci se maria pourvue d'une riche dot.

Blanche d'Antigny avait donc quitté l'Egypte le 2 mai pour venir mourir à Paris le 27 juin 1874. Les funérailles eurent lieu le 29. Elle fut enterrée au Père-Lachaise, concession 851 (au nom de Mlle Caroline Le Tellier). Sa tombe est une chapelle gothique, sans nom, 36me division, à la hauteur de l'intersection du chemin de la guérite.

Bibliographie : Ch. Diguet, les *Jolies Femmes de Paris*. — Louise France, les *Ephémères m'as-tu vu*. — *Intermédiaire des Chercheurs et des Curieux* (1er sem. 1901).

Iconographie : Bibl. nat., catalog. Duplessis 1347.

1. En buste, de profil à droite, imp. Bertauts. Sur cette planche se trouvent les portraits d'Hervé et de Milher.
2. A mi-corps, de profil à droite, par Martial, imp. Cadart et Luce (1870).
3. En buste, de 3/4 à droite, dans une bordure ovale, lith. par Georges St-L. (1870).

L'*Eclipse*, 8 nov. 1868, n° 42, en médaillon.

DANTIN. — Th. Déjazet 1879.

DANTOIR, Louis, dit *Désiré*. — Né à Dié (Drôme) vers 1775. Ancien officier de santé. Th. de Reims an VII. Venait de Marseille.

DANTREMONT, Mme. — Deuxième amoureuse, Nantes 1830.

DANY, Mme Marie. — Ambigu 1874-75, Rio 1876-78, Bouffes du Nord 1879-81, Paris 1882-1883.

DANY, Mme Mélanie Borès. — Tournay 1891-92, Toulouse 1893, Verdun 1894-95, prend le nom de *Francotte*, Tours 1896-98, Paris 1899, Bouffes parisiens 1900-01.

DANZAS, Mme. — Odéon 1894-95.

DANZELLY, Mlle. — Vaudeville 1810.

DAPREVAL, Alphonse. — Montpellier 1827, Nîmes 1828, Brest 1835, Gand 1841, mort en 1845.

DARANCOURT. — Plutôt chanteur que comédien, sociétaire du th. Feydeau avant 1814, débuta aux Variétés le 24 avril 1829 par le rôle de Maître Adam dans les *Chevilles de Maître Adam*.

Iconographie : Bibl. nat., catal. Duplessis 11,774, en pied, de face, cost. de th., lith. par A.-D. Hache, 1824.

DARAY, Mme. — Débuta à l'Odéon en 1842 (12 mars).

DARBAY. — Utilités, Bruxelles 1852.

DARBEL. — Belleville 1835.

DARBEL, Mme. — Ecole lyrique et th. du Luxembourg 1852.

DARBELLI, Mlle Marguerite. — Montpellier 1891-97.

DARBOIS. — Financier, Troyes 1833-34.

DARBOVILLE. — Lyon 1784, régisseur à Angers pour le compte de Mlle Montansier 1785, Toulouse 1794.

DARBOVILLE, Mme. — Lyon 1781.

DARBOVILLE, Jules, Etienne, Jean Clerget dit. — Né à Marseille le 6 décembre 1781, selon Delhasse, plutôt chanteur d'opéra-comique que comédien, fils d'artistes, fit la campagne d'Egypte comme aspirant de marine, quitta l'état militaire en 1804, parut à Feydeau en 1811 et débuta à Lyon vers 1812-13, où il obtint un succès énorme. On le comparait à Elleviou. Jeu plein de vivacité et de naturel, voix souple, mélodieuse, mais peu étendue. Eloigné de Lyon pour ses idées politiques, il débuta par ordre à l'Opéra-comique, mais, au moment d'être reçu, il fut encore jugé trop peu royaliste pour l'époque. Il se réfugia à Bruxelles où il tint la première place pendant cinq ans. Th. du Parc 1821, Anvers 1822, Opéra-comique 1824 ; une maladie du larynx le força alors à prendre l'emploi des premiers comiques. Toulon 1828, Marseille 1833-35, Versailles 1835, 1837, Marseille 1840. Mourut à Marseille le 22 septembre 1842. En ce qui concerne Toulon et Versailles, il est facile de le confondre avec son fils.

Bibliographie : Harel, *Dict. th.*, 1825.

DARBOVILLE, Mme. — Femme du précédent, née le 12 sept. 1799, selon Delhasse ; seconde soubrette à Bruxelles 1818-22.

DARBOVILLE, Edmond, fils. — Débuta au

Palais-Royal le 25 janvier 1837, dans l'*Aumônier du Régiment*. Nous avons relevé en 1827 la présence d'un premier amoureux de ce nom à Montpellier.

DARCELLE, Mlle, Augustine Chaudez. — Folies dramatiques 1887, Nouveautés 1887-89.

DARCEMONT, Mme Emilie, Rosa. — Moscou 1843-44, 1848-49, Paris 1852, Lisbonne 1853, Nîmes 1854-55, Lyon 1858-59, Hombourg 1860-61, Folies dram. 1862-68.

DARCEMONT, Mme Madeleine. — Lisbonne 1853, Nîmes 1854-55, Bruxelles 1858, Hombourg 1859-61, Paris 1862-99. En 1898, Mme Darcemont avait obtenu la pension fondation Delacroix de 311 fr. Sa mort fut annoncée au Rapport de 1900.

DARCEY, Mme. — Débuta à l'Odéon le 22 juin 1824 par le rôle d'Hermione, joua la *Coquette corrigée* et le 22 juil. le *Philosophe marié*. Elle était jolie et promettait d'heureuses dispositions. Retour de Londres, elle passa par le th. de la Porte-St-Martin 1827, débuta le 6 février 1828, au Vaudeville, rôle de la comtesse de Mirval dans la *Mère au Bal*. En 1830, elle était à Nice. Elle partit en Russie. En 1841, elle reparut à l'Ambigu, où on lui reprocha de crier, puis à l'Odéon où elle tint un rôle dans le *Tribun de Palerme* (7 mai 1842). Elle était encore à l'Ambigu en 1851, où Et. Arago qui l'appelle *Darcet* la compare à un saule pleureur se balançant à toute brise, « refusant de marcher comme on marche, de parler comme on parle, de tousser comme on tousse, visant à l'originalité et touchant au ridicule ». On lui reconnaissait cependant des qualités d'élégance et de diction.

Bibliographie : l'*Indiscret des Coulisses*, 1841.

Iconographie : Bibl. nat., 11,781. En pied, de ³/₄ à droite, cost. de th., lith. par V. Dollet, 1842.

DARCEY. — V. Brévannes.

DARCEY, Mlle. — Palais-Royal 1886.

DARCHE, Mme. — Jeune première, Gand 1844.

DARCIER, Joseph Lemaire dit. — Naquit à Paris en 1820 et débuta comme fort jeune premier dans les théâtres de Batignolles et de la banlieue, 1842-46. Delsarte, son professeur, lui indiqua sa vraie voie. Profondément musicien, dans le sens populaire, artiste dans l'âme, Darcier devait laisser là la comédie et se produire dans les chants populaires. C'est ce qu'il advint. Compositeur, on lui doit *Larmes d'Amour*, *Après la Bataille*, *Aux Armes !* Il donnait des leçons de piano pour vivre, lorsque la Révolution de 1848 éclata. Il monte alors sur les planches d'un café-concert et lance ce cri suprême : *Du pain !* Il y est sublime et devient le chanteur à la mode. Il compose encore la musique de : les *Louis d'Or*, la *Vigne*, etc. On l'engage alors aux Bouffes parisiens où il crée la *Nuit blanche* (5 juillet 1855) et le *Violoneux* (31 août) salle des Folies Marigny. « Il fallait entendre Darcier dans les couplets du *Violoneux*, écrit Albert de Lasalle, que de larmes il avait dans la voix au début de ce morceau si touchant, et avec quel art il arrivait à l'explosion pathétique du refrain ! » Mais le voisinage d'Offenbach le gênait aux Bouffes. Il fit des tournées en Belgique, en France, à Marseille, à Lyon. En 1857, il créa au th. Beaumarchais le rôle du compagnon chanteur dans l'*Enfant du Tour de France*, puis parut aux Délassements comiques. En 1860, il chanta au Th. impérial du Cirque la ronde *V'là l'bataillon d'la Moselle en sabots*, dans le *Bataillon de la Moselle*, et la même année, il donna des représentations au café de Paris, à Lyon. C'était un diseur incomparable.

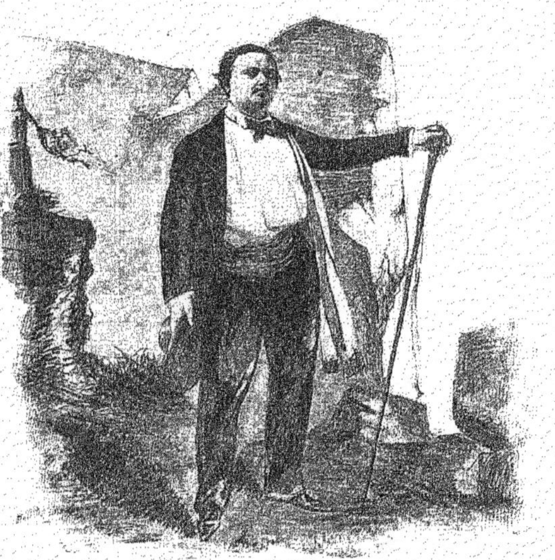

DARCIER dans l'*Enfant du Tour de France* lith. par Pélican

Louise France a raconté dans ses *Ephémères m'as-tu vu* (p. 36 et suiv.) les deux années qu'elle passa avec Darcier (1870-71) dans le petit logis de la rue Lepic et comment l'artiste, qui frisait alors la cinquantaine, s'en allait au bastion avec les guêtres du *Violoneux*. Après la guerre, Darcier parut encore sur quelques petites scènes, à la Tertulia, rue Rochechouart, où il jouait les *Doublons de ma Ceinture* (1876), mais il resta jusqu'à la fin ce qu'il fut toujours, un incorrigible bohême merveilleusement doué. Darcier et Thérésa sont les deux types les plus frappants des chanteurs populaires pendant la seconde moitié du XIXme siècle. Mais Darcier, par son refus absolu de se soumettre aux usages mondains, vécut et mourut pauvre : une âme d'artiste dans le corps d'un fort de la Halle. Il mourut en décembre 1883.

Iconographie : Bibl. nat., 11,783. En pied, de 3/4 à gauche, caricat. lith. par E. Carjat. — Album théâtral, en pied, de face, lith. par Pélican.

DARCIER, Mlle. — Folies Marigny 1864, Athénée 1874.

DARCOURT. — Sous ce nom :

DARCOURT de Galliany, basse taille et comique, les livrées. Paris 17 décembre 1772, Chartres 20 nov. et décembre 1772, janv. 1773. Son cachet portait une couronne de marquis.

DARCOURT, souffleur et second comique, Bruxelles 1781-1784.

Mme DARCOURT, utilités, Bruxelles 1784.

DARCOURT, th. Feydeau 1800, théâtre de la Cité. « Il ne dépare pas ce spectacle ». *Tribunal volatile, an XI.*

DARCOURT, Lille 1808.

DARCOURT, Gaîté 1811-17.

DARCOURT, un des doyens des acteurs français en 1825, régisseur à l'Opéra-Comique. Harel prétend qu'il avait commencé sa carrière en Prusse et qu'il avait été longtemps comique à la cour de Frédéric. M. J.-J. Olivier, si bien documenté sur les acteurs français en Allemagne, ne cite pas de Darcourt, mais seulement un *Galliani*, Berlin 1768. Il faudrait donc admettre que c'est le même que *Darcourt de Galliany*, cité plus haut, et que tous les autres Darcourt ne font peut-être qu'un seul et même personnage.

DARCOURT, rôles de convenance, La Haye 1825-26, Lille 1830-32, 1834, Liège 1839, 1842.

DARCOURT, Cirque olympique 1835-37.

DARCOURT, nom d'un artiste dramatique mort en 1845.

DARCOURT, Justin, Philippe, pensionnaire à la Comédie française 1842, père noble à l'Odéon.
1843 29 sept., l'*Ecole des Princes*.
— 20 oct., *Pierre Landais*.
— 22 déc., la *Duchesse de Châteauroux*.
1844 28 fév., *Lucile*.
— 21 mai, *Antigone*, succès personnel.
— 9 nov., *Héli le Prophète*.
1845 18 janv., le *Lys d'Evreux*.
— 8 avril, les *Pharaons*.
1846 6 janv., *Diogène*.
— 16 mars, *Alceste*.
1847 8 juin, *Spartacus*.
— 30 sept., *Isabelle de Castille*.
1848 9 mars, la *Fille d'Eschyle*.
Ses appointements étaient alors de 300 fr. par mois.
1848 13 mai, les *Pâques véronaises*.
— 23 oct., *Macbeth*.
1849 17 fév., *Rachel*.
— 3 mars, la *Mort de Stafford*.
— 5 oct., *Evelyne* et la *Farnesina*.
1850 5 avril, le *Martyre de Vivia*.
— 13 mai, le *Chariot d'Enfant*.
A rapprocher du suivant.

DARCOURT, Th. national 1852, Th. du Cirque 1859, Châtelet 1863.

DARCOURT, Mlle Blanche Reichmann. — Lyon 1871-77.

DARCOURT, Mme Marie, Rosalie, Caroline Auboin. Clermont 1873, Besançon 1875-79, St-Pétersbourg 1880-82, Montélimart 1883, Bellay 1884-85, Montluçon 1886-88, Moulins 1889-90, Valence 1891, Lyon 1892, Besançon 1893-94. Sa mort fut annoncée au Rapport de 1895.

DARCOURT. V. Prévost.

DARCY, Mme. — Jeune duègne, Lille 1804-05.

DARCY, Mlle Françoise, Marie, Eulalie. — Palais-Royal 1849-58.

DARCY, Mme Josépha Casen. — Th. de la Tour-d'Auvergne 1874, Palais-Royal 1875-77, Château-d'Eau 1878-80, Ambigu 1880-83, Paris 1884-87. Elle avait été engagée au Palais-Royal pour remplacer Mme Thierret. Grande et forte. Elle entra à l'Ambigu pour jouer Mme Gouget dans l'*Assommoir*. Dans *Paillasse*, elle joua Mlle de Vermandois.

Bibliographie : *Foyers et Coulisses*, Ambigu 1880.

DARCY. — V. Brévannes.

DARDENNE, Mlle. — Utilités, Nantes 1830.

DARDENNE, Mlle ou Darlenne, Marie, Amélie. — Anvers 1868-70.

DARDIGNAC, Henri. — Amiens 1869-72.

DAREINE, Mme. — Renaissance 1875-76, th. de la Porte-St-Denis, Gaîté 1878. « Une Minerve plantureuse » dans la reprise d'*Orphée aux Enfers* (14 janv.), Renaissance 1882.

DARENCOURT. — Th. Feydeau 1824, plutôt chanteur.

DARFRANC, Charles, Auguste. — Premier rôle marqué, Montpellier 1852-54, Paris 1855, Lorient 1856-58, Brest 1859-61, Nantes 1862,

Paris 1863-64, Nancy 1865-67, Gand 1868, Boulogne 1869, Montpellier 1870, Amiens 1872, Argentat 1873-76.

DARFRANC, Mme Caroline Barbier, née Végel, dite. — Deuxième duègne, Amiens et Montpellier 1852, mêmes étapes que ci-dessus jusqu'à Gand 1867. En 1864, Mme Darfranc âgée de 64 ans, avec 42 ans de th., avait obtenu une pension de 300 fr. de la Société des artistes.

DARGENT. — Cirque Olympique 1830, Folies dramatiques 1833-35, père noble Lorient 1837. En 1847, Samson, dans son Rapport à la Société, annonça la mort de ce pauvre artiste vieux et infirme, pour qui ses camarades faisaient de petites collectes et qui fut soigné jusqu'à la fin par une dame Couchot. Dargent fut enterré aux frais du Comité.

DARGENT, Mme. — Deuxième amoureuse, Lorient 1837.

DARGENT, Mme Louise, Eugénie. — Lisbonne 1868-70.

DARGENVILLE, Mme. — Deuxième soubrette. Direction Senépart et Luville, St-Quentin 1783-1784.

DARGILLY, Mlle Hélène Toustain dite. — Débuta à l'Odéon le 7 mai 1849, dans l'*Ecole des Maris*, parut dans le *Chariot d'Enfant* (13 mai), l'*Héritier du Czar* (26 oct.), *Vous n'êtes que Marquis!* (17 mars 1850), *Un Valet sans Livrée* (9 oct.). Mlle Dargilly, Hélène, fit partie de la troupe du Th. impérial du Cirque de 1853 à 1855.

DARGILLY, Mlle, jeune. — Débuta au th. du Luxembourg le 30 août 1851 et y resta 1851-52.

DARGIS, Mme. — Caricatures, Montpellier 1829.

DARGIS. — Batignolles 1851, premier rôle Madrid 1851, Lausanne 1852.

DARGIS, Mme Armide, née Reillet ou Reillez. — Soubrette, Madrid 1851, Lausanne 1852, Rouen 1852, Délass. com. 1857, Toulouse 1863-64, Bordeaux 1865-67, New-York 1868-70, Toulouse 1872-73, Athènes 1874, Béziers 1875, Avignon 1876, Béziers 1877, Philippeville 1878, Grenoble 1879-80, Rouen 1881, Paris 1882-83.

DARGONNE, Mme. — Anvers 1779, Liège 1783.

DARIMATE, Mlle, ou d'Arimath. — Débuta à la Comédie française le 5 mai 1741, puis parut à la foire St-Laurent le 11 juillet de la même année, dans la *Fausse ridicule*. Elle y eut du succès et l'on convint que le genre léger convenait plus à son talent. Elle fut la mère de Mlle Du Rancy.

DARINE. — Nom d'un débutant à l'Odéon, 9 nov. 1828.

DARIS-Vialler. — Ambigu 1845.

DARIS, Mlle. — Menus-Plaisirs 1885.

DARISSE. — Nom d'un débutant à la Comédie française 1841.

DARIUS, Jean. — Mort à cent-quatre ans. Sa carrière ne nous est guère connue que depuis 1805, époque où il était à Gand; Marseille 1824, Nîmes « noble en tous genres » 1827, Moulins 1829, Rouen 1849-58. En 1849, âgé de 94 ans, il obtint une pension de 186 fr. de la Société des artistes. Sa mort fut annoncée au Rapport de 1859.

DARLÈS. — Ambigu 1888.

DARLEVILLE. — Jeune premier, Lille 1828, Avignon 1829,

DARLEY, Mlle. — Bouffes parisiens 1883.

DARLY, Mlle. — Vaudeville 1886-88.

DARMAINVILLE, Mlle. — Mime, Porte-Saint-Martin 1811.

DARMAN, Frédéric Colomb. — Folies dram. 1882-84, Nouvelle-Orléans 1887, Menus-Plaisirs 1888-91.

DARMANCE. — Folies dram., la *Cocarde tricolore* (19 mars 1831), Rouen 1834, premier rôle, St-Etienne 1835-37, Nancy 1849, Lorient 1851, Elbeuf 1851, Turin 1852-53, Boulogne-s/Mer 1854. Sa mort fut annoncée au Rapport de 1855. Il fut enterré aux frais de la Société des artistes.

DARMAND, Jean, Benoît Goivanier. — Boulogne 1825, Tours 1828, premier comique, Châteauroux 1833-34, Douai 1837, Verviers 1839, Toulon 1848, Perpignan 1850, Perpignan 1857-59, Aix 1860, Marseille 1861-63, Toulon 1864-76. En 1865, âgé de 68 ans, avec 50 ans de services, Darmand avait obtenu une pension de 300 fr. de la Société des artistes. Mort avant 1877.

DARMAND, Mme Joséphine, Philiberte, née Silvan. — Femme du précédent, jeune première, Tours 1828, Châteauroux 1833, mêmes étapes que ci-dessus. La Rochelle 1852, Amsterdam 1853, Béziers 1854-56, Perpignan 1857-59, Aix 1860, Marseille 1861-63, Toulon 1864-83, Paris 1884, Toulon 1885-92, Paris 1893-96, Toulon 1897-1901. Morte à 90 ans. En 1868, Mme Darmand, âgée de 57 ans, avec 37 ans de services, avait obtenu une pension de 200 fr. de la Société des artistes.

DARMAND, Edouard, Auguste Goivanier. —

Fils des précédents, rôles d'enfants, Verviers 1839, Toulon 1848, Perpignan 1850, La Rochelle 1852, Amsterdam 1853, Béziers 1854-56.

DARMAND, Mlle Fanny, Marie Goivanier. — Née en 1845, Nantes 1869-75, Le Hâvre 1876-79, Genève 1880-83, Gymnase 1884-1901. Retirée à Caen, Mme Darmand a la pension de 500 fr. de la Société des artistes.

DARMANT, Mlle Marie, Céleste, Hélène. — Douai 1858-61.

DARME. — Th. de banlieue 1825, comique, La Haye 1826, débuta au Vaudeville le 19 mars 1827 par le rôle de Lucas de la *Chasse au Renard.* Montparnasse 1830.

DARMIÈRES, Mlle. — Vaudeville 1893-95.

DARMINVILLE, Mlle. — Jeux gymniques 1812.

DARMONT, Mme Léonie. — Débuta à la Gaîté dans la *Grâce de Dieu,* le 21 mai 1845. Elle était fort jolie. Après un séjour à Rouen 1847-48, on la vit à l'Odéon 1849-52, joua dans *Raymond Varney* (14 nov. 1849), puis partit à la Nouvelle-Orléans 1852-56. Mourut vers 1857.

DARMY, Emile, Jean-Baptiste Jouvenel dit. — D'origine belge, naquit le 4 février 1823, selon Delhasse. Premier amoureux, Anvers 1844, Berlin 1846-49. Un *Darmy* débuta au Palais-Royal le 2 novembre 1857.

DARNET, Pol, Louis. — Nancy 1879-82.

DAROUVILLE-Jouault. — Angers 1806.

DAROUX, Mlle Héloïse, Thérèse, Collete. — Brune piquante, intelligente, Porte-St-Martin 1848, débuta à l'Odéon le 6 mai 1849 dans l'*Ecole des Femmes,* Ambigu 1852, Paris 1853-56, Palais-Royal 1859-65, th. Déjazet 1865-66, Porte-St-Martin 1867-69, th. Déjazet 1870.

DARQUIES, Mme Emma, Marie. — Bordeaux 1861-63, Nantes 1864- 65, Lyon 1867-69.

DARQUILLY, Auguste. — Tournay 1835-37.

DARRAS, Mlle. — Soubrette, Lille 1793.

DARRAS, Mme. — Débuta le 4 août 1839 au Th. français dans *Britannicus.* Premier rôle tragique Odéon 1841. *La Sœur de la Reine* (8 oct. 1842), *Gaiffer* (16 mars 1843), *Van Dyck à Londres* (8 août 1848), *Macbeth* (23 oct.), *Rachel* (17 févr. 1849), Florence 1852.

DARRAS, Emile. — Jeune premier, Toulon 1852-53, Verviers 1854, Laval 1855, Paris 1856-57, Rochefort 1858, Paris 1859, Evreux 1860. Sa mort fut annoncée au Rapport de 1862.

DARRAS, Mme. — Porte-Saint-Martin 1881.

DARROIS, Mlle. — Strasbourg 1837, Amiens 1840.

DARROIS, Charles. — Lyon 1863-76, Saint-Etienne 1877, Gand 1878-80, Bordeaux 1881-87. V. aussi Tersant.

DARSONVILLE, Mme. — Duègne, Bordeaux 1837-40.

DARTAUX, Mlle. — Débuta au Th. français le 25 août 1809 par le rôle de Dorine dans *Tartufe* et continua par Finette du *Philosophe marié* et Lisette des *Folies amoureuses* (30 août), puis dans tous les principaux rôles de son emploi (sept.). On lui prédit le plus bel avenir. Jolie, de tournure agréable, elle fut admise à l'essai. Malheureusement la suite ne fut pas à la hauteur du début. Elle fut remerciée le 1er avril 1811. On la revit encore cependant dans Dorine de *Tartufe,* en juillet 1813, puis elle s'éclipsa. Mlle Dartaux demeurait rue du Mont Thabor.

DARTAUX, Mlle Anna. — Fut d'abord danseuse aux Folies Marigny sous le nom d'Anna *Godot,* puis à l'Opéra-comique. Elle débuta aux Bouffes dans le *Moulin joli,* de Varney. Elle joua successivement à Bordeaux, Anvers, Gand, Bruxelles, fut engagée à Paris pour le rôle d'Eurydice d'*Orphée,* mais ne créa à la Renaissance que *Pomme d'Api* et la *Permission de dix heures.* A la 100me d'*Orphée,* elle reprit cependant le rôle (1874). En 1875 (décembre), elle débuta aux Variétés dans la *Vie parisienne.* Voix chaude, pure, excellente, mais pensionnaire difficile. Mlle Dartaux partit ensuite en Russie et mourut vers 1887.

Bibliographie : *Foyers et Coulisses,* Gaîté, t. II, 1875.

DARTENAY. — Bruxelles 1743, aux appointements de 900 florins.

DARTHENAY, Félix, C.-L. Lallement dit. — Nancy 1883-84, Marseille 1885-86, Nancy 1887-88, Paris 1889-91, Ivry 1892-95, Bicêtre 1896-99.

DARTHENAY, Mlle, Louise Picot dite. — Liège 1896-97, Paris 1898-1901.

DARTHÈS, Mlle. — Débuta sans succès le 15 mars 1854, au Th. français, rôle d'Hermione d'*Andromaque.*

DARTHÈS, Félix, Louis Porral dit. — Cherbourg 1883-84, Paris 1885-87, Alger 1888-89, Constantine 1890, Constantinople 1891-94, Dijon 1895, Paris 1896, Reims 1897-1900.

DARTHEZ ou d'Arthez, Mlle Marie Duranton. — Renaissance 1888-92.

DARTIGUES, Mme. — Château-d'Eau 1879.

DARTOIS, Mlle. — Débuta à l'Odéon par

Zaïre, le 5 août 1823 et le rôle d'Isabelle de l'*Ecole des Maris*. Odéon 1825 ; demeurait 34, rue de l'Odéon.

DARTOIS, Mlle. — Bouffes parisiens 1897.

DARTY, Mlle Marie, Pauline, Coquard dite. — Soubrette, Rouen 1855-56, Odéon 1857-58, Porte-St-Martin 1859-63, Paris 1864. A la Porte-St-Martin joua le rôle de Brigitte dans une reprise du *Pied de Mouton*.

DARTY, Mlle Alice, Anatoline Dufour dite. — Soubrette, Variétés 1879 et 1886-92.

DARTY, Mme Paulette. — On lit dans le *Figaro* du 1er novembre 1902 : « Mme Paulette Darty, la sympathique artiste de la Scala, vient d'avoir la douleur de perdre son mari, M. Ferdinand-Gilbert de Bidart, dit Bardy, artiste lyrique, décédé subitement 19, rue Oudinot, à l'âge de 37 ans. La cérémonie religieuse sera célébrée après-demain, lundi 4 novembre, à midi, en l'église St-François Xavier où l'on se réunira ».

DARVEL, Emile Bessière dit. — Paris 1888.

DARVIÈRE, Marius, Antoine. — Lyon 1889-92.

DARVILLE. — Montpellier 1830.

DARVILLE. — Th. de la République 1894.

DARZAC, Mlle. — Th. Déjazet 1888.

DASCO, Léa. — Salle Taitbout 1875. Renaissance 1877-79.

DASCOURT, Mme. — Actrice sexagénaire morte subitement à Romorantin le 24 novembre 1829. L'Eglise lui refusa une sépulture religieuse. Mme Dascourt avait joué à Caen en 1790.

DASFELD, Mlle ou d'Asfeld. — Folies Marigny 1864.

DASSEVILLE. — Th. Montparnasse 1835.

DAUBECOURT, Charles. — Ambigu 1783.

DAUBERIVE, Mme Sophie Duclos. — Bruxelles 1854-56, Lisbonne 1857-58.

DAUBERMONT, Mlle. — Maëstricht 1673 à 1678.

DAUBERVAL père, Etienne, Dominique Bercher dit. — Naquit le 9 janvier 1725 ; il débuta le 11 mai 1760 au Th. français, par le rôle de Nérestan de *Zaïre*, joua le 19 celui de Durval dans le *Préjugé à la Mode* et le 23 celui d'Achille dans *Iphigénie en Aulide*. Il avait un bel organe, de l'intelligence, mais son jeu parut maniéré. Il fut reçu sociétaire le 1er avril 1762 et tint l'emploi des grands confidents tragiques et des raisonneurs dans la comédie, donnant l'exemple du zèle le plus désintéressé. Il prit sa retraite le 30 juin 1780, avec une pension de 1000 livres et mourut à Poinchy, près Châblis (Bourgogne), le 5 août 1800.

Dauberval créa, entre autres rôles, le président dans le *Philosophe sans le savoir*, Albéric dans *Roméo et Juliette*, Hermas dans *Olympe*, Monlac dans *Gabrielle de Vergy*, etc.

M. Campardon a publié les documents suivants : 17 décembre 1780, le roi accorde à Dauberval une pension de 300 livres. — 10 janvier 1725, acte de baptême de Dauberval, né de la veille. Son père était marchand rue Saint-Martin. — Sans date : Dauberval sollicite une pension de la bonté du roi. — 31 mars 1781 : Dauberval demande à un fonctionnaire des Menus-Plaisirs une expédition du brevet par lequel le roi lui a accordé une pension. Il revenait des eaux de Bourbonne et était presque perclus. Son adresse était alors rue de Cléry, vis-à-vis l'ancien hôtel de *Lhuberg* (Lubert), même maison que son fils le célèbre danseur de l'Académie royale de musique, pour lequel on donna une représentation au Panorama dramatique le 12 septembre 1822.

Biographie : Lemazurier, *Galerie historique*. — G. Monval, *Liste alphabétique des Sociétaires*.

Bibliographie : Campardon, les *Comédiens du Roi de la Troupe française*.

DAUBIGNY. — Acteur du boulevard ; th. des Grands-Danseurs du roi et Variétés amusantes. Il joua sur cette dernière scène, le 2 janvier 1782 le rôle de M. Dumont père, ami de Christophe Lerond, dans *Christophe Lerond*. En 1783, il sollicita un ordre de début à la Comédie française. Le *Chroniqueur désœuvré* qui le traite de garçon perruquier et de mauvais horloger, le dépeint comme un coureur de guinguettes et autres mauvais lieux. Il ne peut cependant nier qu'il joue les bas comiques avec un succès étonnant.

Bibliographie : le *Chroniqueur désœuvré*. — Campardon, les *Spectacles de la Foire*.

Iconographie : Daubigny figure sur une gravure représentant une scène des *Battus payant l'amende*.

DAUBIGNY, Mlle ou Mme. — Sous ce nom :

Mlle DAUBIGNY, Marie, née à Charleville, Reims, an VII, venant de Châlons-s/Marne.

Mlle DAUBIGNY, première soubrette, aux appointements de 4000 fr., au th. de la Monnaie, Bruxelles 1807 et de 2700, 1808.

Mlle DAUBIGNY, soubrette, Chartres 1827-28.

Mlle DAUBIGNY, ingénuité, Lisieux 1830.

Mme DAUBIGNY, jeune mère, Gand 1845, Liège 1846.

Mlle DAUBIGNY, née Depy, Anna, femme

de Kerbertin, Angoulême 1860-62, th. du Châtelet, sous le nom d'*Anna Depy*, 1863-66, Angoulême 1867-69, Palais-Royal, sous le nom de *Daubigny*, 1870, Angoulême 1872, sous le nom d'*Anna Depy, veuve Kerbertin*, 1873, Paris 1874-83. Cette dernière année, elle ajoute à son nom celui de veuve *Gaillard*. Paris 1884-1903. En 1903, Mme Depy-Gaillard, âgée de 58 ans, avec 40 ans de th., obtint une pension d'attente de 500 fr. de la Société des artistes. Sa mort fut annoncée au Rapport de 1904, sous le nom de *Depy-Gaillard*. Il n'est pas impossible de retrouver en elle Mlle *Daubigny*, Folies dramatiques 1865 et th. Déjazet 1874.

DAUBONNE. — Rôles accessoires, Lille 1788.

DAUBRAY, Mme. — Odéon 1849 (*l'Héritier du Czar*, 26 octobre). Peut être la même, soubrette à Bruxelles 1851-52, puis Mme *Aline*, *Aspasie Daubray*, Rouen 1854-57, Rochefort 1858-59, Le Hâvre 1860, Bordeaux 1861-65, Marseille 1867-69, Nantes 1870.

DAUBRAY. — Ambigu 1851.

DAUBRAY, Achille. — Lille 1855-56.

DAUBRAY, Michel, René Thibaut dit. — Naquit à Nantes le 7 mai 1837. Ses parents étaient commerçants. A l'âge de 14 ans, il quitta sa famille pour venir à Paris où il prit des leçons de diction de M. Duquesnois. A 19 ans, il se présenta au Conservatoire et fut refusé. N'ayant pas envie de faire une seconde tentative de ce genre, Daubray se lança résolument sur les planches des petits théâtres : Th. Molière, La Tour-d'Auvergne, th. St-Marcel (direction Bocage). Mince et fluet, il jouait alors les amoureux. Mais une opulente santé vint bientôt le forcer à changer d'emploi. Gros, court, le cou dans les épaules, la face pourpre, Daubray prit résolument l'emploi des comiques. Il entra au th. des Champs-Élysées (Folies Marigny) sous la direction de Mme Lionel de Chabrillan (19 avril 1862), créa un rôle dans *Qui crève les yeux les paie*, puis passa dans la troupe de Chotel (Montmartre et Batignolles) où il resta deux ans. Il en sortit pour entrer au th. Déjazet où il commença à se faire connaître dans le rôle d'un vieux général dans une revue intitulée : *l'Evènement*. Ses plus grands succès à ce théâtre, où il gagnait 2400 francs par an, furent dans le *Carnaval vit encore*, les *Bonnes Villageoises* et *Cent mille francs et ma Fille*. Al. Lemonnier en a laissé le portrait suivant à cette époque : « Daubray était bien le plus mauvais pensionnaire qui se puisse voir. Excellent garçon, très aimable avec ses camarades, petits ou grands, insupportable avec son directeur, quoique gardant toujours le plus charmant sourire sur son visage réjoui. Jamais satisfait de ses rôles, inexact aux répétitions, se révoltant souvent sans raison... »

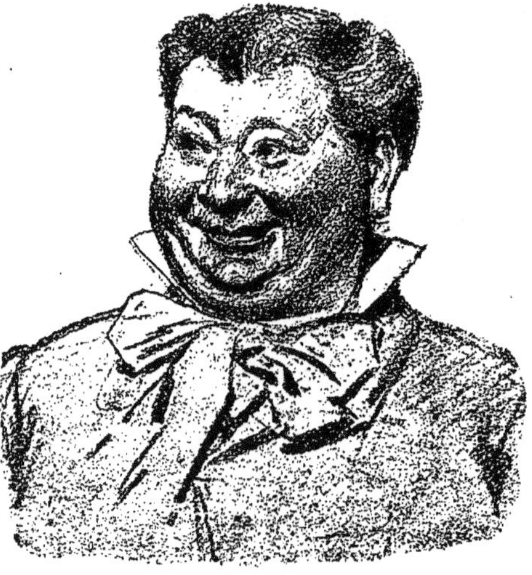

DAUBRAY, par Em. Bayard
Foyer du public au th. du Palais-Royal (1880)

De là, Daubray alla à l'Athénée, où il reprit *Fleur de Thé*, puis il partit à l'étranger : Londres, Bruxelles. Il était devenu premier comique marqué. C'est alors qu'Offenbach, devenu directeur à la fois de la Gaîté et de la Renaissance, l'engagea pour lui faire jouer sur ces deux scènes les rôles que Désiré tenait jadis aux Bouffes.

Il débuta à la Renaissance dans *Pomme d'Api* (1873). Son rire large et franc, ses airs bon enfant, ses poses d'une amusante cocasserie, son sans-gêne, sa gaîté communicative convenaient absolument à ce genre. Son second début dans la *Jolie Parfumeuse* fut un triomphe. Il y prononçait un : « *C'est immense !* » qui passa bientôt dans le jargon populaire.

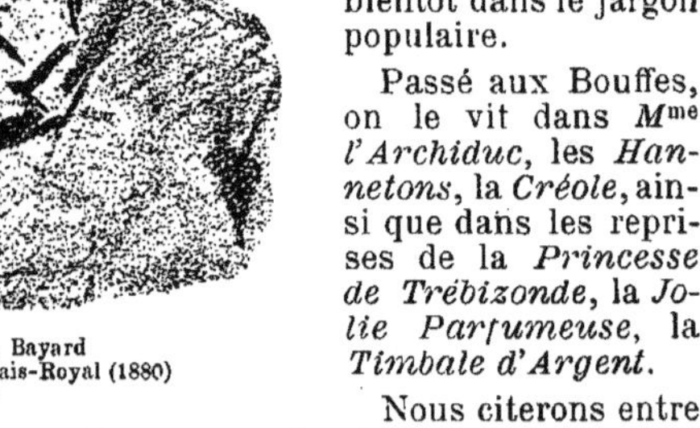

Passé aux Bouffes, on le vit dans *Mme l'Archiduc*, les *Hannetons*, la *Créole*, ainsi que dans les reprises de la *Princesse de Trébizonde*, la *Jolie Parfumeuse*, la *Timbale d'Argent*.

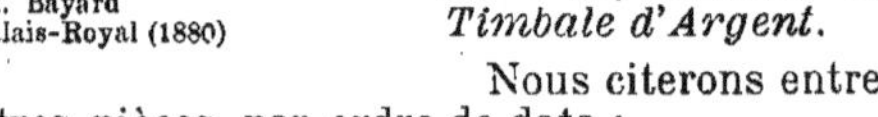

Nous citerons entre autres pièces, par ordre de date :

1875 11 juin, Gaîté, la *Chatte blanche*, le roi.

1875 3 nov., Bouffes, la *Créole*, des Feuilles-Mortes.

1876 15 avril, Bouffes, le *Moulin du Vert galant*.

1876	3 nov.,	Bouffes,	la *Boite au Lait*.
1877	6 janv.,	»	les *Trois Margot*.
—	24 mars,	»	la *Sorrentine*.
—	18 mai,	»	*Mme l'Archiduc*.
—	3 oct.,	»	la *Petite Muette*.
—	28 nov.,	»	*l'Etoile*.
1878	20 janv.,	»	*Babiole*.
—	12 mars,	»	*Maitre Péronilla*.

« Daubray est désopilant dans son pourpoint marron à épaulettes et trousse cerise avec croisillons noirs, le tout agrémenté d'or. Il est coiffé d'un sombrero noir dont les bords immenses encadrent très drôlement sa large face réjouie ».

C'est encore dans la *Créole* que Daubray mit à la mode un autre mot : « Nous bourlinguons ». Bourlinguer, c'est perdre son temps.

En 1879, Daubray quitta les Bouffes et l'opérette pour le Palais-Royal et la comédie. Sa dernière étape fort brillante, à ce théâtre, fut de quatorze ans. Il y débuta le 10 avril.

1879 10 avril, Palais-Royal, le *Bas de Laine*.
— 12 juin, » les *Locataires de M. Blondeau*.

Cette pièce fut le véritable début de Daubray, la première étant tombée. Il y représentait le rôle d'un ténor à la mode, Riffardini et Mlle Louise Abbéma lui avait brossé en trois jours un portrait qui figurait au quatrième acte et qui n'eut pas un mince succès.

1879 13 sept., la *Revue trop tôt*, Ginglet.
— 18 oct., l'*Affaire de la rue de Lourcine*, Langlumé.
1879 7 nov., Daubray remplace Lhéritier dans le *Mari de la Débutante*.

Nous trouvons, cette année, ce portrait assez réussi de Daubray : « En sa qualité d'homme gros, Daubray n'a jamais froid. On le voit venir en décembre, tranquillement, le pardessus flottant, le gilet ouvert, sautillant comme un jeune marié, et s'écriant en voyant grelotter ses camarades : Comment! Vous trouvez qu'il fait froid! Mais j'en suis enchanté; le froid raffermit, vive le froid ».

1880 7 févr., la *Corbeille de Noces*.
— 12 mars, le *Ménage Popincourt*.
— 2 avril, le *Siège de Grenade*.
— 14 sept., les *Diables roses* (reprise), Pavillon.
1880 6 déc., *Divorçons*. Immense succès.

Cette pièce fut jouée pendant près d'une année sans discontinuer.

1882 10 mai, la *Brebis égarée*, Pomerol.
— 14 oct., le *Truc d'Arthur*, Léopold.
1883 1er mai, le *Huis-Clos*, Dubrancard,
— 9 oct., *Ma Camarade*, Cotentin.

C'est à propos de cette pièce que Fr. Sarcey, dans son feuilleton du 15 oct., traita Daubray de « comédien consommé ». — « Daubray n'a jamais été plus naturel et plus fin ».

1884 1er avril, le *Train de Plaisir*, Cassegrain.
1885 21 mai, les *Petites Voisines*, Gargaul.
— 10 déc., le *Baron de Carabasse*.
1886 3 mars, *Bigame*, Colardin.
— 22 avril, la *Perche*.
— 2 déc., *Gotte*, Courtebec.
1887 30 oct., *Tricoche et Cacolet* (reprise), le duc Emile.
1887 16 nov., le *Club des Pannés*.
1888 11 janv., le *Réveillon* (rep.), Gaillardin.
— 4 sept., les *Joyeusetés de l'Année*.
— 20 oct., le *Parfum*, Théodule.
1889 20 août, *Divorçons* (reprise).
— 21 déc., le *Cadenas*.
1890 21 mars, le *Roi Candaule*, Bouscarin.
1891 18 nov., *M. l'Abbé*, l'abbé.
1892 26 mars, les *Maris d'une Divorcée*.

Après une maladie assez sérieuse et au moment où il paraissait hors de danger, Daubray fut emporté cette même année, 1892. Eug. Garraud, en annonçant cette mort, ajouta : « La mort de Daubray fut une perte considérable pour son théâtre dont il était une des forces principales, car le public avait mis l'artiste au nombre de ses comiques favoris, place qu'il méritait à tous égards par son jeu incisif et spirituel, sa gaîté franche et communicative, sa verve et son intarissable bonne humeur ».

Une foule considérable assista à ses obsèques et René Luguet rappela sur la tombe que Daubray n'avait pas été qu'un excellent artiste, mais un cœur vaillant, un ami sûr, loyal et dévoué. Daubray laissa une très nombreuse famille. Eug.-Marius Thibault dit *Daubray*, artiste dramatique, est un de ses fils.

Biographie : *Paris-Théâtre*, notice par F. Jahyer, n° 144, fév. 1876.

Bibliographie : Les *Soirées parisiennes*. — Fr. Sarcey, *Quarante ans de Théâtre*, t. VI, p. 260 et suiv.

Iconographie : Bibl. nat., catal. Duplessis n° 11,832.

1. En buste, de 3/4 à gauche, grav. par Ph. Cattelain, 1887.

2. En buste, de face, phototypie par E. Lævy.

Caricature par l'ami Fritz, l'*Avant-Scène*, n° 3.

Salon de 1875. Le portrait de Daubray, par A. Gill.

Foyer du public, au Palais-Royal. Dans le grand panneau. Son portrait par Em. Bayard, 1880.

Paris-Théâtre, n° 144, fév. 1876. Médaillon, en buste, cliché Franck.

Journal amusant. — 1491. *Bijou et Bouvreuil*. — 1501. Les *Petites Voisines*. — 1541. *Bigame*. — 1580. *Gotte*.

DAUBRAY, Mlle Cécile Delamotte. — Qui n'avait aucun lien de parenté avec le précédent, se fit connaître par des rôles d'enfants. Le 5 déc. 1877, dans une *Cause célèbre*, à l'Ambigu, elle joua le petit rôle d'Adrienne Renaud; elle y fut toute gracieuse et toute mignonne. La Porte-St-Martin l'engagea pour jouer, le 28 mars 1878, le rôle de Cosette des *Misérables*. Le 4 août de la même année, on la vit au Th. français, rôle de Louison du *Malade imaginaire*, puis au th. du Château-d'Eau dans le *Puits des Quatre-Chemins* (avril 1880), à l'Odéon, dans *Charlotte Corday* (octobre 1880). A ce même théâtre, le 10 novembre 1881, elle créait le rôle de *Petit Jacques*. On lit à ce propos : « C'est sa mère, paraît-il, qui lui donne des leçons; c'est elle qui l'aide à composer ses rôles, à trouver les jolis petits gestes et les adorables petites mines qui font pleurer. Cependant, cette mère est loin d'être elle-même une artiste de valeur. Elle fait partie de ces troupes errantes de banlieue...; elle n'y a jamais montré aucune qualité transcendante ; mais l'instinct maternel lui fait trouver pour sa fille tout ce qu'elle n'a jamais su trouver quand il s'agit d'elle ». La petite Daubray, devenue grande, passa plus tard par Cluny (1893 et années suivantes). Elle habitait Paris en 1903.

Biographie : *Paris-Portrait*, n° 265, juin 1878, notice par Félix Jahyer.

Bibliographie : Les *Soirées parisiennes*, 1880-81.

Iconographie : *Paris-Portrait*, n° 265, dans Cosette des *Misérables*, cliché Carjat.

DAUBRÉE, Mlle. — Folies dramatiques 1894.

DAUBREVAL. — Lille 1797.

DAUBRUN, Mme Marie Brunaud dite. — Débuta au th. Montmartre, puis vint au Vaudeville, où elle parut le 19 juillet 1846 dans le rôle de *Mlle Lange*, de la pièce de ce nom, puis dans celui de Mme de Ligny dans les *Fleurs animées*. Elle avait de la grâce, des bonnes manières, une figure agréable. En 1848, elle se fit remarquer à la Porte-St-Martin dans le *Maréchal Ney* et dans le *Livre noir*. En 1849, elle était à l'Ambigu (le *Juif-Errant*). Elle retourna à la Porte-St-Martin *(Claudie)* et Georges Sand écrivait : « La belle Mme Daubrun, à la voix harmonieuse, au jeu digne dans la franchise et la rondeur ».

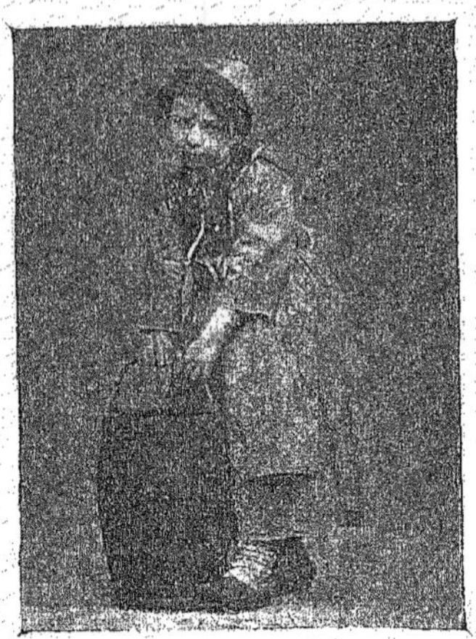

La petite DAUBRAY
rôle de Cosette des *Misérables*, cl. Carjat (1878)

L'année 1850 la trouve au Th. historique ; elle fait ensuite partie de la troupe Dupuis, à Milan ; au commencement de septembre 1852, elle débute à l'Odéon dans Elmire de *Tartufe*. La *Gazette de France* du 18 septembre disait alors : « Mlle Daubrun, qui s'essayait dans Elmire, quoique jeune et jolie, n'a peut-être pas toutes les qualités physiques de l'emploi, mais elle a de bonnes traditions, elle dit juste et si elle n'atteint pas toujours l'idéal du rôle, du moins elle ne le travestit pas ». Elle joua avec beaucoup de talent la comtesse Almaviva de la *Mère coupable* et la duchesse de Chevreuse de *Richelieu*.

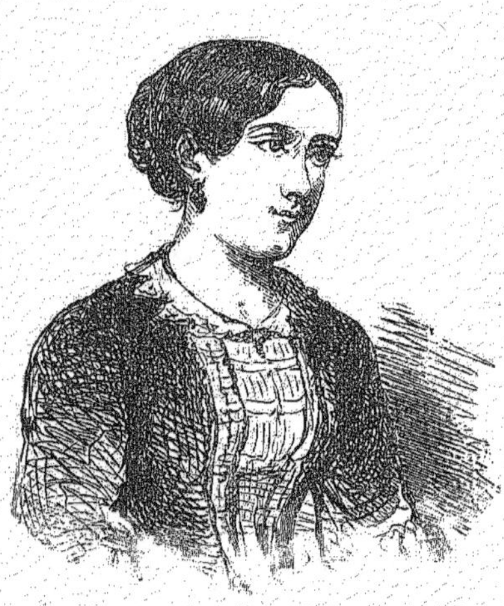

Mme DAUBRUN, par Diolot (1854)

De l'Odéon, Mme Daubrun retourna aux boulevards : Porte-Saint-Martin 1853, Gaîté 1854-56. Elle débuta à ce théâtre en juin 1854, dans la *Closerie des Genêts*, parut dans le *Sanglier des Ardennes* et aborda son premier rôle de duègne avec celui de la Duchesse dans les *Oiseaux de proie*. Entre temps elle se faisait applaudir à Calais. Nous retrouvons ensuite Mme Daubrun, qui peu à peu prendra l'emploi des duègnes, à Marseille 1857-59, th. de la Gaîté 1860, Bruxelles 1861-63, Lille 1864, Marseille 1865, Alger 1867, Reims 1868, Châtelet 1869-74, Porte-St-Martin 1875-83, Liège 1884-85, th. des Nations 1885, Cannes 1887-88, Paris 1889-1901. On la vit encore à l'Ambigu et au Châtelet vers 1895. En 1889, Mme Daubrun âgée de 61 ans, avec 37 ans de th., obtint la pension de 500 fr. de la Société des artistes. Une ancienne artiste de l'Opéra-Comique, Mlle Lemercier, lui servait une pension de 700 fr. et payait son terme. Un camarade lui donnait 15 fr. par mois. Ainsi put vivoter la vieille artiste qui s'éteignit dans son humble logement du Quai Valmy, 29, en février 1901. Les obsèques eurent lieu le 9, et MM. Péricaud, Bouyer, Laty, Vautier et Caron accompagnèrent leur camarade jusqu'à sa dernière demeure. « Sa beauté douce et blonde, dit L. Péricaud en annonçant sa mort, l'avait fait choisir, entre autres, pour créer *la Belle aux cheveux d'or*, à la Porte-St-Martin ; puis à l'Ambigu, Adrienne de Cardoville dans le *Juif errant*... Elle traversa presque tous les théâtres de Paris, les ornant de son réel talent. »

Biographie : Gallois, *Th. de la Gaîté* 1854.

Bibliographie : Ch. Hervey, *The Theatres of Paris*, 1846. Le *Figaro* 9 et 10 fév. 1901.

Iconographie : Gallois, *Th. de la Gaîté*, grav. par Diolot.

DAUDÉ, Edouard. — Anvers 1835-37. Un *Daudé* débuta à la Renaissance dans le *Roi Margot* le 6 février 1839. Un *Daudé* est directeur à Bruxelles en 1848-49. V. Daudel.

DAUDEILH. — Bordeaux 1852.

DAUDEL, Mme. — Grande coquette, jeune mère et mère noble. Toulouse 1826, Bruxelles 1826-

1838. Mourut à Bruxelles le 6 décembre 1838.

DAUDEL. — Arrivait de Tours, lorsqu'il débuta au Vaudeville le 10 avril 1826 dans Frédéric de la *Somnambule*, puis passa à Londres avec l'emploi de jeune premier; il revint aux Variétés, le 3 août 1827 (rôle de Florbel dans *Douvres et Calais*) Il était connu par sa volubilité, ses mots drôles, ses historiettes plaisantes. Il resta attaché à ce théâtre au moins pendant huit ans. On le disait intelligent, zélé, bon pensionnaire, joyeux ami et comédien agréable. Vers 1832, « amoureux un peu suranné », il fonda un journal de spectacles. Il demeurait alors rue du Sentier, nº 1. C'est encore lui qui, en qualité de correspondant dramatique, engagea Bressant à partir pour Londres et facilita ses débuts.

Daudel passa par St-Pétersbourg, 1848-50, prit la direction de la Porte-St-Martin en avril 1851 et fut nommé membre du Comité des artistes. Il habitait Paris en 1855-56 et mourut vers 1857.

Bibliographie : *La Rampe et les Coulisses*. 1832.

Iconographie : Bibl. nat.11837, catalog. Duplessis. En pied, de profil à droite (cost. de th.), lithographie par H. Monnier.

DAUDEL, Mme, Louise, femme du précédent. — Soubrette, Tours 1826, Londres 1827-28, Porte-St-Martin 1829, St-Pétersbourg 1848. Morte à 51 ans en Russie, le 17 juillet 1850 ou 1851. Mme Daudel était pensionnaire de la Cour de Russie.

DAUDENART, Mme. — Jeune première, Le Hâvre 1852, et peut-être la même Nancy 1852, Mons 1853-54.

DAUDOIRD, Mlle, Maria-Anne Giraud, femme Mathieu. — Née en 1831, petite Marseillaise, brune, alerte, chiffonnée, d'une élégance exquise, se fit connaître dans les rôles travestis qu'elle jouait avec esprit : Palais-Royal 1855 *Avait pris femme le sire de Framboisy*, 11 déc., *Garde-toi, je me garde*, spécialement pour ses débuts, 31 janvier 1856, Variétés 1858-61, Paris 1862-65, Déjazet 1866-68. Elle devint une des colonnes de ce théâtre, et fut de la création des *Chevaliers du pince-nez* (rôle de l'officier de marine). En 1869, elle joua aux Délass. com. Après la guerre, elle entra au th. du Château-d'eau 1873-78, fit partie de la combinaison Ballande, troisième Théâtre français, anc. salle de Déjazet 1878-79, et suivit l'entreprise au th. des Nations 1880-81. En 1894, Mme Daudoird avait 62 ans et 32 ans de th. Elle obtint une pension de 500 fr. de la Société des artistes dramatiques. Mme Daudoird habitait le Vésinet en 1904.

DAUDRELLE, Mlle, Hortense. — Duègne, Foix 1851.

DAUJON. — Nom d'un débutant à la Gaîté, 1834.

DAUGER, Emile. — Th. des jeunes acteurs, 1829.

DAUMALE. — V. Aumale.

DAUME, Mlle. — Variétés 1895.

DAUNAY. — V. Fleury, V. Noailles.

DAUNY, Mme. — Th. Molière 1792.

DAUPHIN, Louis, Adolphe, Napoléon. — Angers 1884-87.

DAURAY ou D'Auray, Mlle. — Le Hâvre 1851-52.

DAUSSIN, Mlle. — Débuta à la Porte-St-Martin le 14 juillet 1837 dans *la Duchesse de la Vaubalière*, puis le 9 août suivant au Palais-Royal dans *l'Hôtel des haricots*, et enfin comme soubrette au Th. Français en 1840.

DAUSSY. — V. Audinot.

DAUSSY. — Premier rôle, Calais 1852.

DAUSSY, Mme, Sophie, née Andrieux. — Nantes 1867-69, Alger 1870, Versailles 1872, Douai 1873, Reims 1874, Liège 1875, St-Etienne 1876, Cherbourg 1877, Versailles 1878, Toulouse 1879, Boulogne 1880, Le Hâvre 1881, Lille 1882, Genève 1883, Nancy 1884, Le Mans 1885, Lyon 1886, Brest 1887, Paris 1888, Besançon 1889, Lille 1890, Dijon 1891, St-Germain 1892, St-Etienne 1893, Reims 1894-95, Le Mans 1896-97, La Rochelle 1898, Troyes 1899, Béziers 1900-01, Paris 1902, Liège 1903. On lit dans le *Figaro* du 19 février 1904 : « De Troyes : Une artiste de notre théâtre, Mme Daussy, est morte subitement, hier, en scène, pendant la représentation de *Joseph Balsamo* ». Mme Sophie Daussy, âgée de 60 ans, avec 33 ans de th. en 1899, avait obtenu la pension de 500 fr. de la Société des artistes.

DAUSSY, Aimé, Joseph. — Reims 1873-74, Liège 1875, La Rochelle 1876, Cherbourg 1877, Versailles 1878, Toulouse 1879.

DAUTERIVE ou d'Auterive. — Débuta au Th. français en 1776.

DAUTEUIL, Mme ou Dautheuil. — Née vers 1768. Angers 1800, premier rôle Gand 1807, Bruxelles 1813-14 (4800 fr. d'appointements).

Vieille et infirme, Mme Dauteuil reçut une modeste pension de la Société des artistes alors à ses débuts, 120 fr. en 1844, puis 150 fr. en 1848.

DAUTEUIL, Mme, Emilie Soupplet dite. — Née vers 1784. Soubrette, Epinal 1828, Rennes

1829, troupe nomade de Mlle Duchesnois et Agen 1830. En 1856, Mme Dauteuil-Soupplet, âgée de 72 ans, obtint une pension de 300 fr. de la Société des artistes et mourut vers 1859.

DAUVENAY, Mlle. — Variétés 1892.

DAUVERGNE. — Th. du Luxembourg 1830. Iconographie : Bibl. nat., catal. Duplessis 11,865. En pied, de profil à droite, cost. de th., lith. Langlumé, 1829. Sur cette planche se trouvent les portraits de Mme Clairville, Mme Alexandre et de Aleaume.

DAUVILLIERS, Nicolas Dorné, sieur. — Né vers 1646, époux de Victoire-Françoise Poisson, dite Mlle Dauvilliers. Lemazurier le nomme Nicolas D'Orvay Dauvilliers. Jal nous apprend que son véritable nom était *Dorné*, comme le prouve son acte de mariage, en 1672, cité à l'article Poisson. (*Dict. critique* de Jal). Il signait tantôt *D'Auuilliers*, tantôt *Dauuilliers*, tantôt *Dorné D'Auuilliers*.

Dauvilliers jouait au Marais avant 1673. Quand, le 23 juin de cette année, la troupe fut dissoute, il fut admis dans celle du roi, rue Mazarine. Son nom figure parmi ceux des comédiens de l'hôtel Guénégaud. Lorsque la Comédie prépara la reprise de *Circé*, pièce à machines de Thomas Corneille, dont la mise en scène coûta 10,842 livres tournois, Dauvilliers et Mlle Dupin s'opposèrent au projet. Les discussions devinrent si fortes dans la troupe qu'il fallut faire relâche les 2 et 5 octobre 1674. Enfin les deux récalcitrants furent exclus, ainsi que Mlle Debrie qui s'était rangée de leur avis et refusait de jouer.

Le 12 février, les exilés rentrèrent au bercail. *Circé* fut jouée le dimanche 17 mars, avec 2600 livres 10 sols de recette et, à la septième représentation, l'ouvrage faisait encore 2775 livres.

Le 5 avril 1676, Dauvilliers tint sur les fonts baptismaux de St-Sauveur, avec la veuve de Molière, l'enfant d'un maître brodeur.

Dauvilliers était fort laid, mais sa voix était flexible et touchante. Le 15 novembre 1672, il avait créé le premier rôle dans *Pulchérie* de P. Corneille, au th. du Marais. Il joua d'original les rôles d'Abderamen dans *Zaïde* (1681), d'Oreste dans l'*Oreste* de Boyer et Leclerc, de Mannius dans le *Régulus* de Pradon. Les succès de Baron empêchaient, dit-on, Dauvilliers de dormir, à tel point que sa tête se dérangea. Ayant eu, de plus, le malheur de déplaire à la dauphine, Anne-Christine-Victoire de Bavière, qui ne cessait de se récrier sur sa laideur, il devint fou et fut enfermé à Charenton où il mourut le 15 août 1690.

M. Campardon a publié l'arrêt du Parlement réglant le différend survenu entre les comédiens du th. Guénégaud et les sieurs Dauvilliers et Dupin. Ce document a le mérite de nous donner la liste très complète de la troupe, le 16 janvier 1675. Il s'agissait de l'affaire de *Circé* dont nous avons parlé plus haut et qui se termina à l'amiable.

Biographie : Les frères Parfait, le *Th. français*, t. XI et XIII. — Lemazurier, *Galerie historique*. — G. Monval, *Liste alphabétique des sociétaires*.

Bibliographie : Jal, *Dict. critique*, art. Poisson. — J. Bonassies, la *Comédie française*. — Campardon, les *Comédiens du roi de la troupe française*.

DAUVILLIERS, Mlle Victoire, Françoise Poisson dite. — Femme du précédent, née vers 1657, comédienne au Marais, puis à Guénégaud en 1673. Elle s'était mariée à l'église St-Sauveur le même jour que sa sœur Louise-Catherine, le 27 avril 1672. Elle était donc fille, femme, sœur et belle-sœur de comédiens (Poisson, Dauvilliers, Juvenon). On lit dans le journal de Lagrange : « Vendredi 15 octobre 1677, Mlle Dauvilliers accoucha d'une fille que l'on a nommée Louise ». Le 14 novembre 1686 fut baptisée à St-Sulpice une autre fille, Anne-Françoise. L'on a vu plus haut que son mari devint fou. Sociétaire à demi-part au th. Guénégaud, elle se retira en 1680 avec une pension de 1000 livres, défigurée par un cancer au visage. Elle resta alors comme souffleuse et « tint le cahier » jusqu'au 16 novembre 1718, date où elle alla rejoindre à St-Germain-en-Laye plusieurs de ses parents. Elle y mourut le 12 novembre 1733. On rapporte qu'elle avait une mémoire prodigieuse, savait toutes les pièces et conseillait fort utilement les débutants. Ce fut le cas pour Mlle Duclos qui débuta en 1693.

M. Campardon a publié une plainte de Françoise-Victoire Poisson, veuve du sieur Dauvilliers, contre un huissier qui avait indûment saisi son mobilier (1er déc. 1705). Elle habitait alors rue de Condé, dans la même maison que Dancourt.

Biographie : Lemazurier, *Galerie historique*, t. II. — G. Monval, *Liste alphabétique des sociétaires*.

Bibliographie : Jal, *Dict. critique*, art. Poisson. — Campardon, les *Comédiens du roi de la troupe française*.

DAUVILLIERS, Ernoult. — Bruxelles 1706.

DAVAINE, Mlle Alice. — Genève 1866-72.

DAVELHUY. — Metz 1840. V. Daveluy.

DAVELOUIS, Charles, Bertolio Delahaye, dit aussi Louis. — Né le 29 août 1809, selon Delhasse, premier rôle à Bruxelles en 1843-46, St-Pétersbourg 1850-59. Sa mort fut annoncée au Rapport de 1861.

DAVELUY. — Artiste mort en 1845. V. Davelhuy.

DAVENAY, Mlle. — Débuta le 20 mai 1837 au Gymnase dans le *Lion amoureux*. Ambigu 1838-41. En juin 1841, Th. Gautier écrit à propos de *Fabio le novice* à l'Ambigu : « Mlle Davenay, l'ex-merveille de l'hôtel Castellane, a montré beaucoup de naïveté et de gentillesse dans le petit rôle de Julia; elle est jolie, elle a de magnifiques cheveux blonds ». Puis en juillet, à propos du *Bain à quatre sous :* « Mlle Davenay est une jolie fille blonde, distinguée et vaporeuse comme une vignette anglaise ». En 1845, elle était au Cirque olympique. En 1855-56, une demoiselle *Davenay*, Constance, Eugénie, est à Bruxelles. Mlle Davenay mourut vers 1857.

DAVENAY, Mlle Marie. — Londres 1874, Gaîté 1875, « la femme la mieux faite de Paris », Ambigu 1876, Renaissance 1877-82, « l'étoile des levers de rideau de la Renaissance ». Succès de jolie femme. Gymnase 1884 et années suivantes. Sa mort fut annoncée au Rapport de 1898.

DAVENNE, Théophile, Alexis Davensne dit. — Nice 1870-72.

DAVERNE. — Deuxième comique, Madrid 1852.

DAVESNE, Charles, Hippolyte Dubois dit. — Né le 25 décembre 1800, selon Delhasse, ouvrier bijoutier et premier prix de tragédie, débuta le 29 octobre à l'Odéon, en 1822. Demi-succès. Il alla jouer à la banlieue. Le 18 janvier 1825, il se présenta à l'Ambigu dans le *Fils banni*. On ne lui reprochait que l'exiguïté de sa taille. Ambigu 1826-27, Vaudeville 1828-29, Odéon 1830. Nouveau début le 8 septembre dans Victor des *Comédiens;* puis il parut dans les *Hommes du lendemain* (11 sept.), la *Mère et la Fille* (11 oct.), *Jeanne Vaubernier* (17 janv. 1832), *Mariette* (13 mars), *Dick-Rajah* (19 mars). L'Odéon fermé, Davesne passa à la Porte-St-Martin 1833-34, puis au Gymnase, où il prit les fonctions de directeur de la scène qu'il exerça ensuite aux Variétés. Il avait trouvé sa véritable voie, car artiste médiocre, il excellait à donner d'utiles conseils. Entre temps, il s'était fait connaître comme auteur dramatique. Déjà, en 1830, en collaboration avec Beauvallet, il avait donné à l'Ambigu, un long morceau de littérature sur les *Trois Journées*. Davesne devint le grand pourvoyeur de pièces pour son ami Bouffé. On compte dans son bagage littéraire : le *Muet d'Ingouville, Candinot, roi de Rouen, Mégani*, le *Père Turlututu*, l'*Oncle Baptiste*, au Gymnase; *Aînée et Cadette*, au Vaudeville; l'*Obligeant maladroit, Julien et Justine*, le *Ménage du Maçon*, la *France au XVme siècle*, la *Leçon de Dessin*, à l'Ambigu ; les *Pages et les Brodeuses, Marie, Mina l'Alsacienne, Blanche Lorzy*, aux Folies dramatiques ; *François les Bas bleus*, au th. du Panthéon, et pour Bouffé en représentations à Londres et à Bruxelles, *Garrick;* il eut comme collaborateurs Bayard, Bouffé, Eug. Moreau, Meyer, Rosier, Souvestre, Falkenberg, Ch. Desnoyer, Beauvallet, Lubize, Sauzay, Mourier, etc.

Bouffé a rendu justice à Davesne : « Je forçais mes moyens, écrit-il dans ses *Souvenirs*, et chaque jour je perdais le naturel, la simplicité de mon jeu. Je devenais mauvais sans m'en douter. Ce fut encore à Davesnes que je dus de m'arrêter sur la pente fatale. Cet ami me prouva de nouveau qu'un juge sévère est cent fois préférable pour un artiste aux flatteurs qui l'égarent ».

Davesnes termina sa longue carrière comme régisseur général du Th. français (1850-1873). Fr. Sarcey lui a consacré un bel article (10 août 1885) : « Quel est l'amateur du Th. français qui n'a pas ouï parler du bon, de l'excellent, du judicieux Davesnes? Davesnes était l'homme de la tradition. Il avait vu les grands artistes dans toutes leurs créations, et il en avait gardé un souvenir très fidèle. C'était d'ailleurs un homme très lettré, très intelligent... » Davesnes était consulté par tous les grands artistes, et ses avis, toujours présentés d'un ton modeste, faisaient loi. On disait : Je demanderai à Davesnes. D'ailleurs, M. Ed. Thierry savait quel fond on pouvait faire sur un tel homme. Il faut voir en quels termes il en parle dans son journal pendant les deux sièges : « 12 septembre 1870. Notre bon Davesnes, quoique malade, persiste à ne pas vouloir quitter Paris ». Davesnes est un oracle pour l'administrateur lui-même.

En 1873, Davesnes prit sa retraite avec une pension de 3000 fr. et mourut à Paris le 29 juin 1874. Le 1er juillet, M. Perrin prononça sur sa tombe un touchant discours.

Biographie : *Annuaire Delhasse*, 1844.

Bibliographie : *Biographie dramat.*, 1826. — *La Rampe et les Coulisses*. — *L'Indiscret des Coulisses*, 1841. *Biographie dramat.*, 1845. *Souvenirs de Bouffé*. — Ed. Thierry, la *Comédie française pendant les deux sièges*. — Fr. Sarcey, *Quarante ans de th.*, t. I, p. 301.

Iconographie : Bibl. nat., catalog. Duplessis 11,878. En pied, de 3/4 à gauche, cost. de th., lith. par Fauconnier.

DAVESNE ou Davesnes, Mlle. — Soubrette, Le Hâvre 1825, Toulouse 1826-27.

DAVESNE, Charles. — Troisième comique, Liège 1842.

DAVEZAN, Mlle. — Enfant de sept à huit ans, mime à la Gaîté (1824).

DAVID. — Vaudeville 1792-93.

DAVID, Joseph, Narcisse. — Naquit le 17 mars 1794, marché Boulainvilliers, rue du Bac, où son père était sellier. D'une taille élevée et bien prise, avec un organe légèrement voilé, mais qui prenait une expression touchante, intelligent, plein de chaleur, David fut un des meilleurs élèves de Talma. Premier prix de tragédie au Conservatoire, il débuta le 22 mai 1816 au Th. français, par le rôle d'Egysthe de *Mérope* et celui de Derval des *Rivaux d'eux-mêmes*. Les jours suivants, il joua dans *Gaston et Bayard*, le *Jeu de l'Amour et du Hasard*, les *Horace* et le *Barbier de Séville*. Il fut admis à l'essai pour le 1er avril suivant. Mais David n'était pas patient; las de tenir des rôles secondaires, il avisa le Comité le 16 avril 1818 que « le 1er mai suivant il cesserait de faire partie de la Comédie française ». Blessé par ce billet laconique, le Comité n'en tint aucun compte. David demanda une augmentation; le Comité refusa et accepta la démission pour le 1er avril 1819. Dès lors, l'artiste se montra insupportable et indiscipliné, puis quitta brusquement la Comédie française pour un engagement au Grand théâtre de Lyon.

C'est de là qu'il fut rappelé par Picard, lors de la réouverture de l'Odéon (30 sept. 1819). David y parut le premier soir dans *Venceslas*, puis *Un moment d'imprudence* (1er déc.), les *Comédiens* (6 janv. 1820), *Charles de Navarre* (1er mars), l'*Homme poli* (8 avril), *Conradin et Frédéric* (22 avril), *Oreste* (16 juin 1821), le *Père et le Tuteur* (28 janvier 1822), l'*Ami du Mari* (12 mars), les *Deux Ménages* (21 mars), *Attila* (26 avril), *M. Tourniquet* (8 juillet), *Noirville* (25 nov.), le *Célibataire et l'Homme marié* (16 déc.), *Mathilde* (15 janv. 1823), le *Frère et la Sœur* (24 sept.), *Harald* (4 fév. 1824), les *Trois genres* (27 avril), *Ourika* (11 mars), *Arthur de Bretagne* (16 juillet), *Fiesque* (5 nov.), l'*Officier de Fortune* (23 nov.), la *Vestale* (22 déc.).

Beau diseur, acteur aimé du public, David s'était fait tout particulièrement remarquer dans le rôle de Victor des *Comédiens*. Néanmoins, il regrettait la Comédie française, et le 2 novembre 1820 il manifesta par une lettre le désir d'y rentrer. Ce ne fut pourtant que le 11 juin 1825 que l'on voulut bien consentir à un nouveau début. Il s'agissait de doubler Lafon dans la tragédie, Armand et Michelot dans la comédie. Il y réussit et fut nommé sociétaire le 1er avril 1828.

David créa les rôles de Monaldeschi dans *Christine de Suède* (1829), Cassio du *More de Venise* (1829), Clodovic de *Clovis* (1830), Paolo de *Françoise de Rimini* (1830), Éric de *Bertrand et Raton* (1833). MM. E.-D. De Manne et C. Ménétrier, ses biographes, ont donné une liste très complète de ses rôles créés à la Comédie. En 1829, il obtint, en remplacement d'Harel nommé directeur de l'Odéon, le privilège d'une troupe chargée de desservir les départements non exploités. Cette entreprise n'eut pas de suite.

David transportait à la ville la chaleur qu'il montrait à la scène : en 1841, à Bordeaux, ayant donné publiquement deux soufflets à Solar, journaliste, il fut traduit en police correctionnelle et condamné à trois mois de prison. C'était une tête chaude et un caractère violent.

Après 1830, David fut un des seuls artistes qui conservèrent les traditions de la tragédie ; on lui reprochait seulement son indifférence, son mépris même pour l'exactitude du costume. Toujours en retard, il arrivait en hâte, endossait n'importe quelle défroque et se précipitait en scène. Dans *Zaïre* il donnait à Orosmane l'apparence d'un Turc de Carnaval. A la ville, il portait une perruque frisée ; depuis de longues années, il était borgne; mais il avait un œil factice si bien imité que beaucoup ignorèrent ce détail.

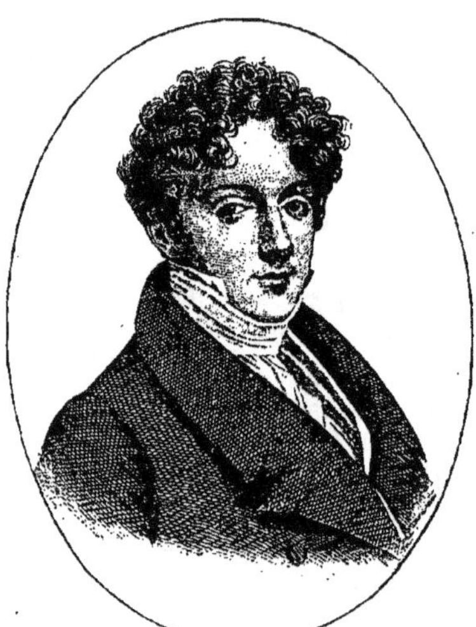

DAVID, d'après Fugère

David se retira en avril 1839, avec une pension de 5000 francs. Sa représentation de retraite eut lieu le 19 oct. 1844, avec le concours de Rachel dans *Andromaque* et des th. de l'Opéra, des Variétés et du Vaudeville. La recette ne fut que de 4349 fr. C'est encore David qui définissait ainsi la disposition de la salle de la Comédie française à cette époque : « Des colonnes en l'air ! ».

David s'occupa ensuite de direction en province ; en 1851, il dirigeait le th. du Vaudeville à Bruxelles, ville où il était connu depuis 1822 (représentation en octobre, th. de la Monnaie). De plus, il donnait des leçons de déclamation à quelques élèves, de préférence aux dames, ayant toujours conservé les habitudes galantes de sa carrière d'amoureux.

Plus tard, des dissentiments étant survenus avec sa femme, celle-ci voulut faire saisir la rente qu'il touchait de la Comédie française ; mais le Tribunal décida que cette rente était insaisissable (juillet 1860). David mourut à Paris, le 21 octobre 1866, et ses obsèques eurent lieu le 23.

David, fort oublié, fut cependant très aimé ; il eut, de son temps, ce qu'on appelle une « bonne presse » et tous ces éloges se résument par : « de la chaleur, de l'entraînement, de la passion, quelquefois de la grâce. » Il fut remplacé par Menjaud. Harel va jusqu'à dire en 1825 : « David est le meilleur jeune premier de Paris, sans en excepter Michelot. » David demeura rue St-Honoré 141 (1818), rue Feydeau 4 (1826), rue de Seine 66 (1827), rue Feydeau 32 (1828.)

Biographie : E. D. De Manne et C. Ménétrier; *Galerie historique de la Comédie française.*

Bibliographie : *Petite biographie dramat.* 1821. Ricord, *Les fastes de la Comédie fr.* t. II, 1822. *Grande Biographie dramat.* 1824. Harel : *Dict.* th. 1825. Petite biographie dramat. 1826-29-33. *La Rampe et les coulisses* 1832. P. Porel et G. Monval, l'*Odéon*, t. II.

Iconographie : Bibl. nat., catalog. Duplessis 11885. 1. En buste de ³/₄ à gauche, lith. par Béraud, 1840.
2. En pied de ³/₄ à gauche, cost. de th., lith. par L. Marin.
3. En buste de ³/₄ à droite, dans un ovale, lith. par Vigneron.
Galerie hist. de la Comédie française. En buste, eau forte par Fugère.

DAVID. — Sous ce nom :

David, th. de la banlieue 1826.

David Viallet, issu d'une famille de protestants espagnols réfugiée en France sous Henri IV, et du côté maternel de ce M. Gautiot d'Ancier dont la mort inspira à Regnard son *Légataire Universel*. Ayant quitté la Franche-Comté pour venir faire ses études médicales à Paris, il entra aux Nouveautés en 1830 comme... choriste. Puis il partit avec Philippe dans une tournée en Bretagne et en Normandie. Nous le retrouvons ensuite premier rôle à Rouen, à Brest (1835), à Lille (1836), à la Porte St-Antoine (1839) où il se fit applaudir dans la *Fiancée de la Mort* et *Céline la Créole*. A la fermeture de ce théâtre (1841) il passa à la Renaissance, puis à l'Ambigu où il débuta dans le rôle du baron Berral des *Brigands de la Loire*.

Tout à coup il quitta le théâtre, et consacra quatre ans à suivre les cours de l'Ecole des Chartes. Ecrivain laborieux, il publia nombre de feuilletons et d'articles dans les journaux, puis rentra à la Porte-St-Martin où il débuta dans un rôle effacé des *Noces Vénitiennes*. Vivait encore en 1854.

Biographie : Gallois, *Th. de la Porte-St-Martin.* 1854.

David, Louis, Noël, Pierre. — Membre de la Société des artistes depuis 1846, Paris 1848-68, La Villette 1869-70, Paris 1872-77.

David Charles. — Membre de la Société des artistes depuis 1842. Besançon 1852-53, Mons 1854-59, Caen 1860-61, Bourges 1862-63, Abbeville 1864-67, Rennes 1868, Lorient 1869-70, St-Germain 1872-93. En 1879, Charles David, âgé de 60 ans, avec 40 ans de th., avait obtenu la pension de 500 fr. de la Société des Artistes.

David, Florence 1852.

David, Genève 1852.

David, Constant, jeune premier rôle, Liège 1852.

David, utilités, th. du Gymnase, Marseille 1852.

David, Variétés 1859.

David, th. Déjazet 1874.

David, th. du Château d'Eau 1875.

David Victor, Gustave. — Th. Montmartre 1876-82. Sa mort fut annoncée au Rapport de 1884.

David Emilio, Ernest. — Fol. Dram. 1886-88, Meudon 1889-90, Paris 1891-94.

DAVID Mme ou Mlle. — Sous ce nom :

Mme David, Petit. — Premier rôle, Toulouse 1825, 1829. Morte vers 1831. V. Petit.

Mlle David, Gymnase 1833-35.

Mme David, Ambigu 1837, Renaissance, 1839.

Mlle David, Esther. — Gaîté 1861.

Mme David, Adèle. — Fol. Dram. 1861-67.

Mme David, Délié, Thérèse. — Port-au-Prince 1865-68.

Mme David, Delphine, Cécilia. — Cherbourg 1887.

Mlle David, Variétés 1895.

DAVOIS, Mme Sarah. — Sedan 1877-80.

DAVOUST, Mlle. — Menus-plaisirs 1877.

DAVRAY, Mlle Lucie, Marie, Marthe. — On la dit née à Bordeaux le 10 mars 1857. Vaudeville 1876-79 (les *Tapageurs*, 19 avril 1879), Palais royal 1879-84 (les *petits Coucous*, 11 oct. 1879). Réputation de jolie femme. Porte-St-Martin 1884, Palais royal 1885-87, St-Pétersbourg 1888-90, Nouveautés 1891 et années suivantes. Habitait Paris en 1903.

Paul Mahalin dans *les Jolies actrices de Paris* la nomme Marguerite Magnon, originaire de Bordeaux, fille d'une modeste fruitière de la rue Crétet (1870).

DAVRICOURT, Alfred Vuadal dit. — Toulouse 1888-89, Reims 1890, Lyon 1891, Angoulême 1892, Paris 1893, Montpellier 1894, St-Etienne 1895. Sa mort fut annoncée au Rapport de 1896.

DAVRIGNY. — Premier rôle, Genève 1864. Bon comédien, mais trop froid dans le drame,

DAVRIGNY, Joseph, Jean, Paul Connotte dit. Amoureux, né à Montmartre le 25 mai 1855. — Deuxième accessit de comédie 1874, Deuxième prix 1875, Premier prix 1876, fut engagé à la Comédie française. Tenu à l'écart par les titulaires de l'emploi, Delaunay, Laroche, Boucher, Prudhon, Baillet, Volny, il végéta dans les petits rôles. Le 29 janvier 1878, joue pour la première fois Octave des *Fourberies*, le 21 mai, Adrien de la *Joie fait peur*, le 30, l'esclave dans *Zaïre*, le 8 août, Geoffroy de la *fille de Roland*; tantôt premier Suisse dans *M. de Pourceaugnac* ou Alcade dans *Ruy Blas*, Pierron de *Daniel Rochat* (16 fév. 1880), Don Alonse du *Cid*, Richard de *Garin*, un nécessaire de *l'Impromptu*, Eurybate d'*Iphigénie*, Gaïac du *Monde où l'on s'ennuie* (25 avril 1881), deuxième courtisan de *Barberine*, d'Aumont de *Mlle de Belle-Isle* (21 mars 1882) Mario du *Jeu de l'amour et du hasard* (10 juillet), M. de Vic dans le *Roi s'amuse*, d'Ollivon de *Philiberte*, Valentin du *Service en campagne*, Montausier de *Mlle de Vigean* (28 juin 1883). Sur ces entrefaites de nouvelles recrues étaient arrivées : Le Bargy, H. Samary. Davrigny se découragea dans l'inaction et partit. Il habitait Paris en 1903.

DAVRIL, Eugène. — Troisième amoureux, Marseille 1826, Beaune 1827, deuxième amoureux, Lyon 1828-29, Angers 1833-34, premier rôle Châteauroux 1837.

DAVRIL, Mme, ingénuités. — Angers 1833-34, deuxième amoureuse Châteauroux 1837. En 1849, il y avait à Clermont deux dames Davril : 1e Georgette Davril, née Bordier, 2e Julie Davril.

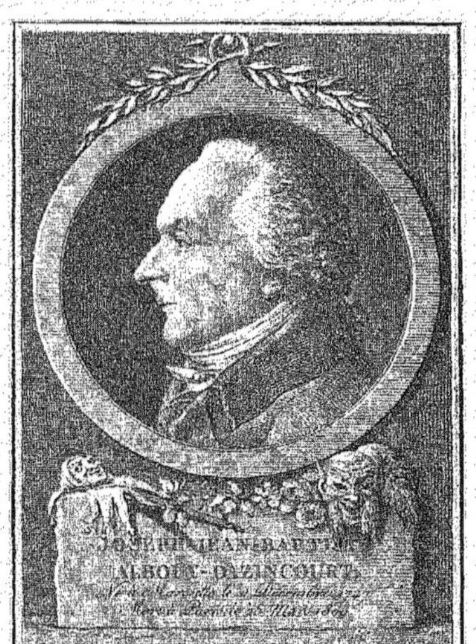

DAZINCOURT, grav. par Robert de Launay

DAVRIL, Mlle. — Vaudeville 1867-68.

DAX, Mme Marie Cayère dite Jane. — Bruxelles 1880-84. Morte à Bruxelles en 1888.

DAYDÉ, Mlle Claire. — Buenos-Ayres 1891-96.

DAYDÉE, Mlle. — Th. Déjazet 1874.

DAYDOU, Mme Pauline née Blum. — Paris 1883-88.

DAYNES, Edmond, Arthur. — Charleville 1862-63, Lille 1864-65, Marseille 1867, Lille 1868, Bordeaux 1869. A rapprocher de Mme Daynes-Grassot l'excellente duègne actuelle du Vaudeville (1904). Il y eut un Daynes-Grassot, chef d'orchestre vers 1872.

DAZÉMARD. — Iconographie. Bibl. nat., catalogue Duplessis 11956. En buste de face, lith. par A. Bonny, 1875.

DAZINCOURT, Joseph J. B. Albouy dit. — Naquit à Marseille le 11 décembre 1747 dans une des plus anciennes maisons du quartier Ferréol. Son père était un honorable commerçant. Elevé chez les Oratoriens, il avait terminé ses humanités à l'âge de seize ans. On le mit alors dans le commerce pour lequel il n'avait aucun goût. Un jour, Mme Elisabeth Furvin-Audibert, sa tante et sa marraine, se fit accompagner par lui à Bordeaux, en 1766. Fort connue du Maréchal de Richelieu, gouverneur de la Province, elle ne manqua de lui présenter son neveu. Le jeune homme plut au Maréchal qui se l'attacha comme secrétaire. Vif, alerte, Albouy qui avait suivi le duc à Paris fut admis dans l'intimité de jeunes seigneurs qui jouaient la comédie de société. Il parut sur la scène, et remporta de suite de si vifs succès que sa détermination fut bientôt prise. Résolu de se faire comédien, mais craignant aussi les remontrances ou même l'autorité du Maréchal, il s'éloigna clandestinement de Paris et gagna Bruxelles.

Il y avait alors en cette ville un comédien, directeur de théâtre, dont les conseils faisaient autorité. C'était d'Hannetaire, alors au faîte de la réputation et de la fortune. Le jeune Albouy alla le trouver. Après avoir cherché à le détourner d'une carrière aussi périlleuse, d'Hannetaire se rendit à ses raisons et lui accorda des débuts. C'est alors que l'aspirant comédien prit le nom de *Dazincourt*. On le vit pour la première fois à Bruxelles, en 1772, dans le rôle de Crispin des *Folies amoureuses* et dans les principaux rôles de cet emploi. Profitant des excellentes leçons de d'Hannetaire, le débutant fit d'énormes progrès en quatre années, tant et si bien qu'il tourna dès lors ses vues vers la Comédie française. Mais ici un grave obstacle se dressait devant lui : celui de qui dépendait l'autorisation pour débuter sur cette scène, était précisément son ancien maître, le Duc de Richelieu.

Le Prince de Ligne qui fréquentait chez d'Hannetaire, attiré par les charmes d'une de ses trois filles, tandis que Dazincourt n'était pas indifférent à la plus belle, se chargea d'arranger l'affaire et d'apaiser le ressentiment du Maréchal, qui eut l'esprit d'écrire de sa propre main : « Ce qu'on m'a dit du talent de Dazincourt, m'a fait oublier l'ingratitude d'Albouy. » A cette réponse, datée du 21 octobre 1776, se trouvait joint l'ordre de début.

Le 21 novembre suivant, Dazincourt parut à la Comédie française, dans ce même rôle de Crispin qui lui avait servi de début à Bruxelles. On le vit ensuite dans Jasmin de l'*Enfant prodigue*, Charlot du *Mari retrouvé*, Sosie d'*Amphytrion*, Lubin de la *Surprise de l'amour*, Crispin dans *Crispin rival de son maître*, Pasquin dans l'*Homme à bonnes fortunes*, Ménechme le bourru dans les *Deux Ménechmes*, et Rustaut dans le *Galant coureur*. Leste, pimpant, de figure distinguée, avec un jeu plein de goût et de finesse, Dazincourt réalisait le type du « Valet de bonne compagnie ».

Reçu, Dazincourt retourna à Bruxelles pour y finir son engagement, qui n'expirait qu'à la clôture de 1777, et était admis à la Comédie (faveur spéciale) comme pensionnaire aux appointements de 3000 livres. Le 23 mars 1778, il était reçu sociétaire à part entière.

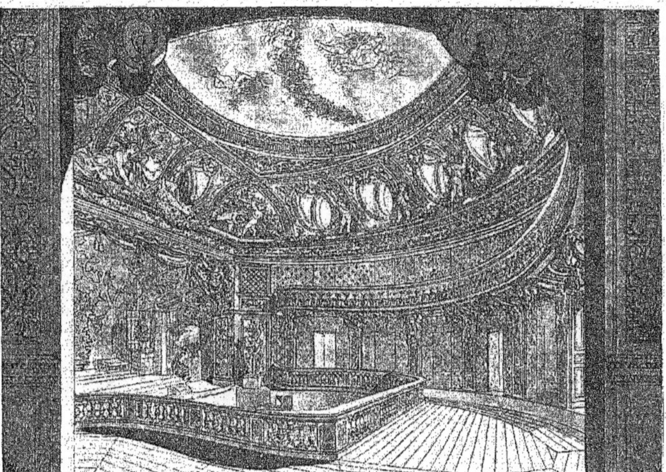

Théâtre de la Reine Marie-Antoinette, à Trianon

Avant de quitter la Belgique, nous rappellerons que les engagements de Dazincourt à Bruxelles ont été retrouvés par M. F. Faber (Arch. gén. du royaume, Conseil privé, carton n° 1092), et le même auteur nous apprend que Dazincourt fit aussi partie de la troupe Clairville l'aîné à Maëstricht (24 février 1774). Cette troupe de Bruxelles était excellente : elle avait dans ses rangs Larive, Grandmesnil, Fargès, Mme Verteuil. Dazincourt touchait 3000 livres, puis 4000 et 5000. Les premiers rôles 8000, 6000 et 5000.

Quelques années plus tard, Dazincourt eut une bonne fortune inespérée : Beaumarchais avait destiné le rôle de Figaro, du *Mariage de Figaro*, à Préville. Mais le grand artiste était vieux, fatigué : il se contenta du rôle de Brid'oison, auquel il donna un cachet inimitable. et Dazincourt, sur les conseils même de Préville, fut chargé de celui de Figaro. On sait avec quel honneur il s'en tira. « Mon cher enfant, lui dit Préville, vous avez joué le rôle comme je l'avais conçu. » Dès ce moment, la réputation de Dazincourt se trouva définitivement établie (1784).

La comédie de société était la folie du temps ; la reine elle-même, au milieu de 1780, avait commencé à jouer la comédie avec ses amis. Mme Campan écrit dans ses *Mémoires*, à propos des spectacles de Trianon : « Caillot, acteur célèbre (de la Comédie italienne), retiré depuis longtemps du théâtre, et Dazincourt, connus l'un et l'autre par des mœurs estimables, furent choisis pour donner des leçons, le premier pour l'opéra-comique, dont le genre plus facile fut préféré, le second pour la comédie. » Dazincourt jouait sur le petit théâtre portatif de la reine et son nom se retrouve dans la distribution d'une pièce jouée ainsi, en petit comité, après un souper que donnait la duchesse de Gontaut au duc d'Orléans : le *Benjamin d' la daronne* ou la *Boëte aux pataquès*, rôle de Coffardet (1784). Enfin, nous savons que Dazincourt fit répéter à sa royale élève le rôle de Gotte de la *Gageure imprévue*, les *Fausses infidélités*, l'*Anglais à Bordeaux*, et surtout le rôle de Rosine dans le *Barbier de Séville* (19 août 1785).

Les autres acteurs de ces représentations étaient : Mme la comtesse Diane de Polignac, Mme Elisabeth, le comte d'Artois ; mais la représentation du *Barbier*, à Trianon, eut ceci de particulier, qu'elle fut donnée peu de temps après l'immense succès du *Mariage de Figaro*, et quatre jours après l'arrestation du cardinal de Rohan pour l'affaire du collier. Le moment pouvait paraître étrangement choisi. La reine elle-même jouait Rosine, le comte d'Artois Figaro, M. de Vaudreuil Almaviva. Le duc de Guiche et M. de Crussol tenaient les rôles de Bartholo et de Basile. Cette tentative dramatique fut la dernière de la reine et de ses amis ; elle faillit coûter cher à Dazincourt aux plus tristes jours de la Révolution.

Dazincourt, indépendamment de tous les rôles de valets du répertoire, fit des créations dans les pièces suivantes, dont la plupart sont oubliées : le *Chevalier français à Londres*, l'*Impatient* (1778), le *Chevalier français à Turin* (1779), *Clémentine et Désormes* (1780), le *Jaloux sans amour* (1781), les *Journalistes anglais*, les *Courtisanes* (1782), le *Jaloux*, le *Mariage de Figaro* (1784), l'*Oncle et les tantes* (1785), la *Physicienne*, le *Mariage secret*, l'*Inconstant* (1786), la *Ressemblance*, la *Belle-mère*, la *Jeune épouse*, l'*Entrevue* (1788), les *Deux pages* (1789), le *Réveil d'Epiménide*, les *Dangers de l'opinion*, le *Philinte de Molière*, le *Présomptueux* (1790), le *Fou par amour* (1791), le *Vieux célibataire* (1792), l'*Ami des lois*, le *Conteur*, le *Bienfait de la loi* (1793).

Dazincourt était sur le point de recevoir un brevet de pension, lorsque la Révolution arrêta la bonne volonté de la reine. En même temps, il perdait ses fonds placés à diverses époques. Il n'en conserva pas moins toute sa gaîté. Dans les derniers jours de juillet 1793, au moment où il allait s'habiller pour jouer le rôle de Carlin du *Distrait*, un inconnu demanda à lui parler dans le plus grand secret. L'artiste le fit monter dans sa loge et congédia son domestique. On venait le prévenir du danger que couraient les comédiens français, et, tout en le suppliant de ne rien dire, on l'engageait à fuir hors de Paris : « Je serais un lâche, répondit-il, si j'abandonnais mes camarades ; mon devoir est de partager leur sort, quel que puisse être l'événement. Ainsi, je resterai ; mais, je conserverai toute ma vie le souvenir de la preuve d'intérêt que vous venez de me donner. »

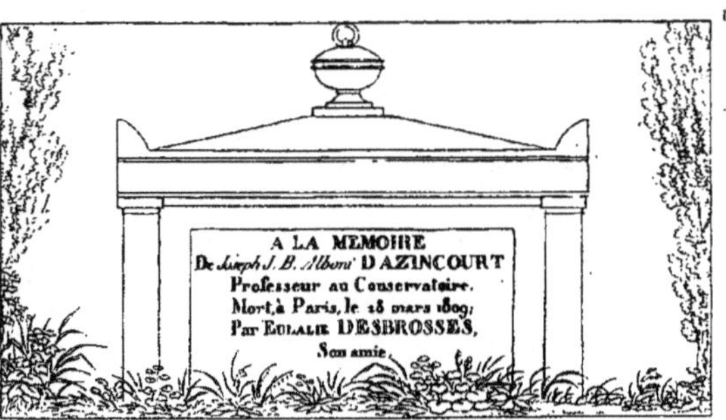

Tombeau de Dazincourt

Le 3 septembre 1793, il était arrêté en même temps que ses camarades, et conduit aux Madelonnettes. Son seul crime était d'avoir été « comédien du roi » et royaliste. Il ne fut sauvé que par le 9 thermidor et le dévouement de Labussière (v. ce nom). Sa détention avait été de onze mois, tant aux Madelonnettes qu'à Picpus.

A peine en liberté, Dazincourt se réunit à ceux de ses anciens camarades enrôlés par Sageret au théâtre Feydeau, jusqu'au 25 janvier 1799, jour où le Théâtre français reconstitué vint prendre possession de la salle de la rue Richelieu (30 mai).

Dazincourt, selon Geoffroy, eut toujours « le mérite de ne rien mettre du sien dans ses rôles ». C'est le plus bel éloge que l'on puisse faire d'un acteur comique, toujours enclin à charger. Il créa de nouveau des rôles dans les *Femmes*, le *Bon fermier*, le *Tolérant*, la *Rupture inutile* (1795), l'*Heureuse erreur*, les *Trois fils de la veuve*, la *Prude* (1797), l'*Epreuve délicate*, *Mathilde*, *Trop de délicatesse*, l'*Amour et la raison*, les *Projets de mariage* (1798), la *Dupe de soi-même*, *Michel Montaigne*, les *Tuteurs vengés* (1799), l'*Abbé de l'Epée*, les *Deux poètes*, les *Mœurs du jour* (1800), le *Buste de Préville*, l'*Aimable vieillard*, le *Mariage supposé*, le *Confident par hasard* (1801), le *Double hommage*, *Edouard en Ecosse*, *Juliette et Belcour* (1802), le *Séducteur amoureux* (1803), *Richelieu*, *Guillaume le Conquérant*, la *Leçon conjugale* (1804), le *Tyran domestique* (1805), le *Parleur contrarié*, la *Politique en défaut* (1806), les *Projets d'enlèvement* (1807), l'*Assemblée de famille*, l'*Homme aux convenances* (1808). Vers la fin de sa carrière, l'embonpoint l'avait forcé de renoncer à l'emploi des valets jeunes pour prendre celui des vieux serviteurs.

Excellent professeur, il eut comme élèves Mlle Carline, actrice de l'Opéra-Comique (1763-1818), Mlles Volnais et Rose Dupuis. Lorsque Napoléon réorganisa le Conservatoire en 1807, il fut un des quatre professeurs nommés. L'empereur lui confia également la direction des spectacles de la Cour Impériale, et c'est en cette qualité qu'il fit le voyage d'Erfurt (1808), déjà malade et en proie à une fièvre continuelle. Il mourut à Paris, 24, rue Richelieu, le 28 mars 1809, âgé de 62 ans, dont 31 passés à la Comédie française. Il institua Mlle Desbrosses sa légataire universelle.

Au commencement de 1791, le bruit ayant couru que Dazincourt était mort d'apoplexie, l'épitaphe suivante avait circulé sous le manteau :

Cy gît ce Dazincourt qu'un insolent bonheur
Sans cesse accompagna tout le temps de sa vie ;
Sans talent pour la comédie
Il passa pour un bon acteur.
Il gagna de l'argent même à la loterie.
(Il y avait gagné 150.000 livres.)
Quoique vieux, jaloux et grondeur,
Il eut pourtant maîtresse et fidèle, et jolie ;
(Mlle Eulalie Desbrosses.)
Le sort, pour dernière faveur,
Lui fit finir ses jours par une apoplexie.

Cette épitaphe ne tua pas Dazincourt, qui survécut dix-huit ans, mais, voici la véritable que l'on peut lire encore, croyons-nous, au cimetière Montmartre :

A LA MÉMOIRE
DE JOSEPH-J.-B. ALBOUI DAZINCOURT
PROFESSEUR AU CONSERVATOIRE
MORT A PARIS, LE 28 MARS 1809
PAR EULALIE DESBROSSES
SON AMIE

Du Théâtre français l'honneur et le soutien.
Digne successeur de Préville,
Homme de goût, homme de bien,
Admirable à la Cour, à la ville,
Ami vrai, délicat, sensible, généreux,
Il réunit sur sa cendre chérie
Et les regrets des enfants de Thalie
Et les larmes des malheureux.

Le tombeau, de forme antique, est surmonté d'une urne et d'une couronne de lauriers, il est presque adossé au mur du sud, entouré d'une grille qui renferme un petit jardin très bien soigné et planté de rosiers, de peupliers et d'arbres verts. La façade du nord est ornée de deux colonnes d'ordre de *Pœstum*. L'éphitaphe ci-dessus est écrite sur un marbre noir en lettres d'or. (Renseignements fournis par M. G. Bertin.)

Voici quelques jugements sur Dazincourt :

« Il joue à merveille les valets petits-maîtres, tels que Dubois des *Fausses confidences*. Il est aussi très bien placé dans les *Figaro*..... Il s'est fait un jeu qui tient beaucoup du marivaudage..... C'est le valet aimable. » *L'Espion des coulisses*, an VIII.

« Charmant dans les ouvrages dont les auteurs ont commis la faute de donner aux valets le jargon et l'esprit de leurs maîtres. Figaro lui doit la vie. » *Almanach pour l'an* IX.

« On ne lui reprochera pas d'outrer ses rôles, comme Dugazon, car il est froid comme du marbre. Dazincourt se flatte d'imiter Préville. Si cela est, c'est du plus loin qu'on s'en souvienne. » Le *Coup de fouet*, an X.

« Dazincourt, propre et méticuleux jusqu'à la manie, mettant un temps infini à s'habiller, portant une brosse sur lui, parfumé des pieds à la tête. » Ch. Maurice, 13 octobre 1806.

Ch. Maurice cite ce mot de Dazincourt : « Nos grands seigneurs prennent la Comédie française pour leurs écuries ; il y mettent leurs juments. » On dit que les engagements d'actrices inutiles se firent plus rares. Dazincourt ressemblait à Préville. Comme Ch. Maurice le lui faisait remarquer, en voyant sa pendule surmontée de l'image de son maître : « Oui, mais j'aimerais mieux l'autre ressemblance », répondit Dazincourt. 5 janvier 1807.

« Quoi qu'en aient dit des censeurs, le jeu de cet acteur est d'un bon comique, toujours naturel et décent. Ils lui ont reproché de n'avoir pas une chaleur assez marquée : ses apologistes ont prétendu, au contraire, que tel devait être le vrai genre d'un valet de bonne compagnie. Entre ces deux opinions, il y a un milieu à prendre..... » L'*Opinion du Parterre*, 1807.

« Dazincourt était homme d'esprit et de goût. Sorti du théâtre, il en oubliait le langage et les habitudes, et ne portait dans la société que celles de la bonne compagnie. Plein d'aversion pour la mauvaise plaisanterie, on ne le vit jamais se constituer bouffon ou mystificateur (allusion à Dugazon) en titre d'office; il savait se respecter lui-même, et fut toujours bien vu par les personnes de haut rang. » L'*Opinion du Parterre*, 1810.

La collection autogr. A. Bovet contenait, sous le n° 1358, deux pièces curieuses relatives à Dazincourt.

1° Lettre autogr. sig. E. Beaumarchais, Paris, 26 novembre 1779. Il prie l'auteur de lui confier le rôle de *Figaro* lorsque Préville y renoncera. Il fera tous ses efforts pour le contenter. « Je vous supplie au nom de tous les *valets* tant parisiens que provinciaux, qui ne me dédiront pas, de nous fournir, dans vos moments de loisir, de nouveaux moyens de plaire, par des rôles aussi parfaits que ceux dont votre *Barbier* et vos autres ouvrages sont remplis ».

2° P. S.; Paris, 24 ventôse an V (13 janvier 1797).

1 p. in-folio. Mémoire des fournitures livrées par le costumier Bourson à Dazincourt, pour son habit de Figaro. Il s'élève à la somme de 120 livres, 14 sous.

Ces deux pièces furent remises en vente le 18 janvier 1902, par les soins de M. Noël Charavay.

Dazincourt demeura successivement : rue St-Louis, quartier St-Honoré 1779-80, rue de l'Echelle 1781-82, rue des Fossés Monsieur le Prince n° 117, 1783-88, rue des Francs-Bourgeois, Porte St-Michel n° 9, 1789-92, qui devient Section de Beaurepaire n° 785 en 1793, rue de Richelieu n° 1223 en 1799, rue de la Loi n° 20, 1800-1807, rue de Richelieu 24, 1808, où il mourut 1809.

Le cachet de Dazincourt à Bruxelles 1773, était : « D'azur à la foi de... vêtue de... supportant un oiseau de... qui tient en son bec un rameau de... le tout surmonté de trois étoiles de... rangées.» Cachet ovale, couronne de comte ; supports, deux lévriers.

Biographie : *Opinion du Parterre*, t. VII, notice. — *Mémoires de Dazincourt*, in-8°, chez Favre, Paris 1809. — *Mémoires de Préville et de Dazincourt, revus, corrigés et augmentés d'une notice sur ces deux comédiens*, par Ourry, in-8°, Paris, 1823. — E.-D. De Manne, *Troupe de Voltaire*. — La même biographie est reproduite dans la *Troupe de Talma*. — Lemazurier, *Galerie historique*.

Bibliographie :

Almanach des spectacles, 1800. — *Opinion du Parterre*, t. I à VII. — *Le Coup de fouet*. — *Annuaire dramatique*, 1810. — *Almanach des spectacles Duchesne*, 1815. — *L'Espion des coulisses*, *Mémoires de Mlle Flore*, t. II, p. 68. — Ch. Maurice, *Hist. anecdot. du théâtre*. — Th. Muret, *l'Hist. par le théâtre*, t. I. — H. Audibert, *Indiscrétions et Confidences*, p. 101 et suiv. — A. Pougin, *la Comédie française et la Révolution*. — G. Capon et R. Yve-Plessis, *Les Théâtres clandestins*.

Iconographie : Bibl. nat., catalog. Duplessis 11957.

1. En buste, de profil à gauche dans un médaillon rond. Gravé par Robert de Launay.

C'est celui qui figure en tête de la 2e édition des *Mémoires*.

2. En buste, de 3/4, à gauche, gravé par Fr. Hillemacher, 1860.

3. En pied, de profil à droite, cost. de th. publié par Martinet.

4. En buste, de profil à droite, gravé par A. Massard, d'après Devéria.

Collection Martinet: N° 18. Dubois, les *Fausses confidences*.

N° 91. Philips, *Auguste et Théodore*.

N° 99, Figaro, le *Barbier de Séville*.

Galerie de Bance 1818. Superbe planche coloriée, dessin de Favart, grav. de Chaponnier, rôle de Dubois des *Fausses confidences*.

En buste de 3/4 à gauche, eau-forte de H. Lefort, d'après le médaillon de Robert de Launay, *Troupe de Voltaire*.

Musée de la Comédie française (Catal. Monval).

136. En Crispin. Peinture toile, ovale, h. 0m65, l. 0m50 par Mlle A. Romance dite Romany.

145. En Crispin. Peinture bois, ovale, h. 0m15, l. 0m12. Offert en juin 1839, par Mlle Desbrosses, sociétaire retraitée, légataire universelle du comédien.

DAZINCOURT, nom d'un débutant à la Porte-St-Martin le 5 novembre 1837.

DEASSY, Bruxelles 1800.

DEBACH, Mme, née Mellitz Bertha. — Cirque Napoléon 1860-66.

DEBAER, Mme Marie. — Santiago 1877-79.

DEBAILLEUL, Léon, Louis. — Plutôt artiste de café-concert, chantait la romance. XIXe siècle 1877, Scala 1884-85.

DEBAR, Remond Mme. — Premier rôle, Boulogne 1830, LeMans 1835.

DEBAR, Eugène. — Comique, Boulogne 1830, LeMans 1835, Amsterdam 1836-37. Vivait en 1849.

DEBAR, Mlle Célestine, Jeanne. — Rio-Janeiro 1867-70.

DEBARME, Mme Mathilde, Nancy, Thérèse. — Membre de la Soc. des artistes depuis 1843. Paris 1850-57, Rouen 1858-60, Paris 1861-66, Lyon 1867, Nîmes 1868-69, Calais 1870-72, Paris 1873-89. En 1876, Mme Debarme avait 62 ans avec 41 ans de th. Elle obtint la pension de 500 fr. de la Société, et en 1886, âgée de 72 ans, le prix Berthier.

DEBARVILLE, Mlle. — Maëstricht 1673.

DEBATTY. — Gand 1779, Bruxelles 1792. Avec 1500 fr. d'app., utilités et chanteur aussi.

DEBAUCHERI, Mme. — Premier rôle marqué, Chartres 1828.

DEBAUDE. — Bouffes 1893.

DEBAY, Mlle Venulie, Elise. — Elève du Conservatoire, classe d'Opéra-comique, avait débuté au Cirque impérial dans la *Tour St-Jacques*. Odéon 1857-68, Ambigu 1869-76. Sa mort fut annoncée au Rapport de 1877. Charmante femme enlevée prématurément, et qui promettait un bel avenir. Elle avait créé Mme de Neuville dans les *Indifférents*, Odéon, 22 octobre 1863. Son rôle de début à ce théâtre avait été celui de la blanchisseuse dans le *Cousin du roi*. Elle se faisait applaudir aussi dans un *Parvenu*. Intelligente et fort jolie.

DEBAY, Mlle Jeanne Béraud. — St-Pétersbourg 1873-77. Chanta l'opérette à Marseille et à Rouen. Th. Cluny 1886, Renaissance 1887, Vaudeville 1888, Palais royal 1888. On écrivait d'elle: « Mignon, tout est mignon dans cette jolie petite personne.»

DE BEAUCHATEAU. — V. Beauchateau.

DEBEAUCORPS, Mlle Marie. — Genève 1887-89, Nice 1890, Marseille 1891-94.

DE BEAUVAL. — V. Beauval.

DEBEER, Mme P. — Palais royal, *Les Ressources de Jonathan* (9 nov. 1842), *La rue de la Lune* (14 fév. 1843). *Parlez au portier* (2 mars 1845). Vivait en 1849.

DE BELLEROSE. — V. Bellerose.

DE BELLOY, Pierre, Laurent Buirette, dit. — Naquit à St-Four, en Picardie, le 17 novembre 1717. Avocat, il ne nous appartient ici que parce qu'il fut comédien en Russie. Auteur dramatique, il voulut surtout puiser ses sujets dans l'histoire nationale: *le Siège de Calais*, *Gaston et Bayard*. etc. La première de ces pièces eut un succès prodigieux (13 fév. 1765). Elle fut donnée à Versailles, le 21 suivant, redemandée le 7 mars. Louis XV ordonna qu'on la donnât gratis au peuple, accepta la dédicace de l'ouvrage, et remit une médaille d'or accompagnée de 1000 écus à l'auteur. Membre de l'Académie française, De Belloy donna encore *Titus*, *Zelmire*, *Gabrielle de Vergy*, *Pierre le Cruel*. La chute de cette dernière pièce l'affecta tellement qu'il mourut de chagrin et de langueur, à Paris, rue Princesse, dans un âge peu avancé. La Comédie française avait donné une représentation à son bénéfice, et le Roi lui avait envoyé 50 louis avant sa mort.

DE BERCY. — V. Bercy.

DEBERG, Mme Marie. — Odéon 1851-52.

DEBERG. — Délass. com. 1868-69, Renaissance 1878-81.

DE BERSAC. — V. Bersac.

DEBEVER. — Utilités, Lille 1870.

DEBIEN, Mlle. — Gymnase 1895.

DEBIÈRE. — Château-d'Eau 1873.

DE BIERNE. — V. Nestor.

DE BLEYE. — V. Bleye.

DEBLIEUX, Mlle. — Deuxième amoureuse, Verviers 1825-26, Brest 1827, Bordeaux 1829-30.

DEBOER. — Utilités, Amsterdam 1837, 1840.

DEBOISSY, Mme Amélie. — Ingénuité, Genève 1851-54, morte vers 1855. Fut enterrée aux frais de la Société des artistes. V. aussi Boissy.

DE BONCOURT. — Troupe des ducs de Brunswick et Lunebourg, 1674.

DE BONCOURT, Mlle. — Dito, dito.

DEBONNAIRE, Claude, Jacques, Gabriel, dit *Auguste*. — Avait débuté chez Doyen. Gymnase 1833, Gand 1837, Gymnase 1849. V. Auguste.

DEBONNAIRE, Mlle Anna. — Odéon 1858-59.

DEBONNE, Mlle Anna. — Ex-danseuse à l'Opéra-Comique. Odéon 1861, ingénue et amoureuse dans la comédie et la tragédie. Créa quelques rôles. On la revit aussi à Beaumarchais.

DEBORAH, Mme Claire, Anne Hamburger dite. — Odéon 1858-59, Ambigu 1860, Marseille 1861-63, Le Hâvre 1864-65. Vers 1865, elle passa par Genève, donnant la réplique à un nègre, Aldridg, lequel jouait en anglais *Othello*. Paris 1867, Rio-de-Janeiro 1868, Porte-Saint-Martin 1868 (*Cadio*, Mlle Duroseray, 4 octobre), Le Caire 1871, Paris 1872-74, Vaudeville 1875-81. Le rapporteur de 1882, en annonçant sa mort, rappela que cette artiste avait occupé une certaine place sur différentes scènes parisiennes.

DEBORD, Benoît Bosquet. — Grenoble 1883.

DE BOULOGNE, Mme. — Premier rôle, Anvers 1783.

DE BOULOGNE, Mlle, fille. — Ingénuité, Anvers 1783.

DEBOURNEUF. — Dunkerque 1772, Douai 1773.

DEBOYER, Mlle Louise. — Utilités, th. de la Gaîté, à Bordeaux, 1817, aux appointements de 300 fr.

DEBRAY. — Ambigu 1811-16. Sous ce nom: utilités, Berlin 1829, premier rôle, Verviers 1843, Anvers 1844. Puis *Debray*, Aug., Jos. Boulain dit, premiers rôles Lille 1851, troisièmes grands rôles La Haye 1851-52, Nîmes 1853-55, Gand 1856, Paris 1857-58. Sa mort fut annoncée au Rapport de 1860.

DEBRAY, Mme. — Duègne, Verviers 1843. En 1849, l'annuaire signale une demoiselle ou dame Juliette Debray. En 1867, une Mme Debray est aux Folies dramatiques.

DEBRAY, Mlle. — Palais-Royal 1885-86.

DEBRAY. — Déjazet 1888.

DE BRÉCOURT. — V. Brécourt.

DEBRENIER, Mlle. — Deuxième amoureuse, Troyes 1833-34.

DE BRET. — Bruxelles 1723.

DEBREUIL, Eugène. — Deuxième amoureux, Melun 1835 et 1837. Peut-être le même : Ambigu 1851-54. Eut la jambe fracassée en voulant sauver sa fille qui allait être écrasée, 1854. Cet accident le força à renoncer à la scène. Fut secrétaire à Belleville, au Vaudeville et à l'Ambigu (1861).

DEBREUIL, Mme. — Variétés 1862.

DEBREUX, Mlle Marguerite. — Châtelet 1869, Bouffes 1874, où elle créa un rôle dans la *Timbale d'argent*, Palais-Royal et Nouveautés 1881.

DE BRIE, Edme Villequin sieur. — Né à Ferrières-en-Brie le 24 octobre 1607, frère du peintre Edme Villequin, qui fut reçu à l'Académie royale de peinture le 7 avril 1663. L'on avait dit jusqu'à ce jour : « Lorsque Molière vint à Lyon, vers la fin de l'année 1652, il y trouva installée la troupe d'Abraham Mitalla. C'est dans cette troupe que se trouvaient De Brie et sa femme ». Ceci est une erreur, puisque des découvertes récentes nous ont prouvé que :

1° Le 10 janvier 1650, Molière est parrain à Narbonne, avec Mlle Catherine du Rozet, devenue Mlle De Brie par son mariage.

2° Le 16 août 1652, Mlle De Brie accouche à Grenoble d'un enfant tenu sur les fonts baptismaux par Molière et Madeleine Béjart.

D'où il faut conclure que le mariage de De Brie avec Mlle Catherine du Rozet eut lieu en 1650-51, et que sa femme faisait déjà partie de la troupe de la Béjart et de Molière en 1650. Le marié avait donc 43 ans.

De Brie qui fut toujours comme « le mari

de la reine » se confina dans les rôles accessoires et suivit le sort de Molière pendant vingt-trois ans, en province et à Paris. Le 2 novembre 1658, jour du début de la troupe en public, dans la grande salle de l'hôtel du Petit-Bourbon, son nom figure dans la distribution de l'*Etourdi*. Il passa au Palais-Royal, avec ses camarades, en 1661.

Nous savons qu'il tenait le rôle de Villebrequin dans la *Jalousie du Barbouillé* (de son nom Villequin ainsi travesti par plaisanterie), celui de la Rapière dans le *Dépit amoureux* en cinq actes, de La Ramée dans *Don Juan*, d'un garde de la maréchaussée dans le *Misanthrope*, de M. Loyal dans *Tartufe*, d'un maître d'armes dans le *Bourgeois gentilhomme*, du dieu d'un fleuve dans *Psyché*, de Sylvestre dans les *Fourberies de Scapin*, de Diafoirus dans le *Malade*. Nous savons qu'il était grand « ce grand escogriffe de maître d'armes », et remarquons que Molière lui confiait de préférence des rôles de spadassin. D'après la *Lettre sur Molière et les Comédiens de son temps* (*Mercure de France*, mai 1740) il aurait succédé à Du Parc dans les rôles de Gros René. Molière disparu, De Brie passa au th. Guénégaud et mourut le 9 mars 1676 : « Le neuvième jour de mars 1676, environ six heures du matin, Edme De Brie, bourgeois de Paris, est décédé en sa maison, rue Guénégaud, et son corps a été inhumé le lendemain ». (*Registres de Saint-André*).

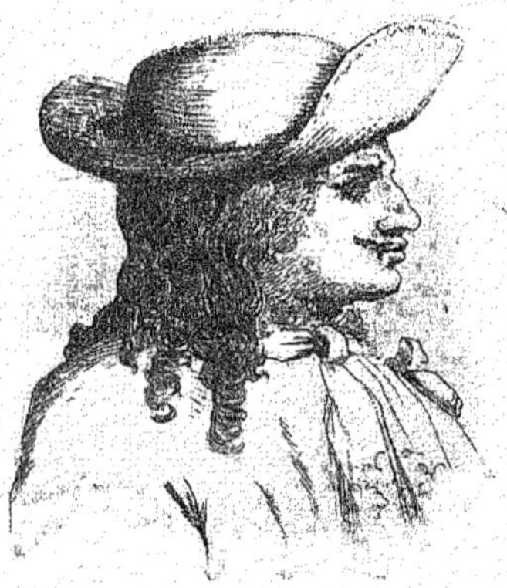

DE BRIE, d'après Fr. Hillemacher

Biographie : Lemazurier, *Galerie historique*. — Fr. Hillemacher, la *Troupe de Molière*. — A. Copin, *Hist. des Comédiens de la Troupe de Molière*.

Iconographie : Bibl. nat., catal. Duplessis 6692. En buste, de profil à droite, gravé par Fr. Hillemacher, 1857.

Cette eau-forte fut établie d'après l'estampe de J. Sauvé, sur le dessin de P. Brissart. Le catalogue Soleirol (1861, nº 131) mentionne le même portrait en buste, peint sur cuivre, dans un cadre noir à cercle. Nous ignorons sur quoi se fonde son authenticité.

DE BRIE, Mlle Catherine Le Clerc du Rozet dite. — Naquit vers 1630. Sa présence dans la troupe de Molière nous est signalée pour la première fois, en 1650, à Narbonne, où elle tint le 10 janvier un enfant sur les fonts baptismaux, à l'église St-Paul de cette ville, avec Molière comme parrain. Elle signa alors « Catherine Du Roset », ce qui pourrait laisser croire qu'elle n'était pas encore mariée avec De Brie, âgé de 23 ans environ de plus qu'elle.

Le 16 août 1652, elle fait baptiser, à Grenoble, le premier enfant issu de son mariage. Le parrain est Molière et la marraine Madeleine Béjart. L'enfant est une fille.

Le 15 août 1656, nous retrouvons son passage à Bordeaux ; elle est marraine avec Molière à l'église St-André.

Le 2 novembre 1658, elle débute à Paris, avec la troupe, dans la grande salle de l'hôtel du Petit-Bourbon et son nom figure dans la distribution de l'*Etourdi*.

Le 17 octobre 1659, elle accouche d'une fille, Catherine-Nicole, baptisée le 10 novembre à St-Germain-l'Auxerrois.

Examinons quelle était, à cette époque, sa situation dans la troupe de Molière : Grande, bien faite, jolie, avec un visage qui restera toujours jeune, chantant et dansant à merveille, Mlle De Brie personnifiait le charme, la douceur et la grâce :

Un air tout engageant, je ne sais quoi de tendre,
Dont il n'est point de cœur qui se puisse défendre.

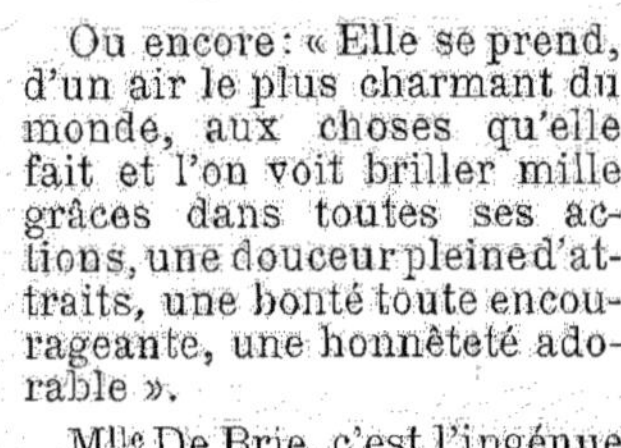

Ou encore : « Elle se prend, d'un air le plus charmant du monde, aux choses qu'elle fait et l'on voit briller mille grâces dans toutes ses actions, une douceur pleine d'attraits, une bonté toute encourageante, une honnêteté adorable ».

Mlle De Brie, c'est l'ingénue du théâtre de Molière. Les années passent et elle est toujours l'ingénue :

1653, l'*Etourdi*, Célie.
1656, le *Dépit amoureux*, Lucile.
1659, les *Précieuses ridicules*, Madelon.
1660, *Sganarelle*, la femme de Sganarelle.
1661, l'*Ecole des Maris*, Isabelle.
1661, les *Fâcheux*, Climène.
1662, l'*Ecole des Femmes*, Agnès.
1663, la *Critique*, Uranie.
1663, l'*Impromptu*, Mlle De Brie.
1664, le *Mariage forcé*, deuxième Egyptienne.
1664, la *Princesse d'Elide*, Cynthie.
1665, *Don Juan*, Mathurine.
1666, le *Misanthrope*, Eliante.
1666, *Mélicerte*, Daphné.
1667, *Pastorale comique*, Iris.
1667, le *Sicilien*, Isidore.
1668, *Tartufe*, Mariane.
1668, l'*Avare*. Mariane.
1668, *Georges Dandin*, Claudine.
1670, le *Bourgeois gentilhomme*, Dorimène.
1671, *Psyché*, Vénus.
1672, les *Femmes savantes*, Armande.

Quelle artiste, dans cet emploi, peut offrir une plus belle carrière ? Ce qui nous remet en mémoire l'anecdote cent fois reproduite : Quelques années avant sa retraite (elle se retira à 55 ans, et non 65 comme on l'a dit), ses camarades l'engagèrent à céder son rôle d'Agnès à une actrice plus jeune, Angélique Ducroisy. Mais le parterre demanda Mlle De Brie avec tant d'insistance qu'elle dut venir jouer le rôle en toilette de ville. D'où ces vers :

Il faut qu'elle ait été charmante,
Puisqu'aujourd'hui, malgré ses ans,
A peine des attraits naissants
Égalent sa beauté mourante.

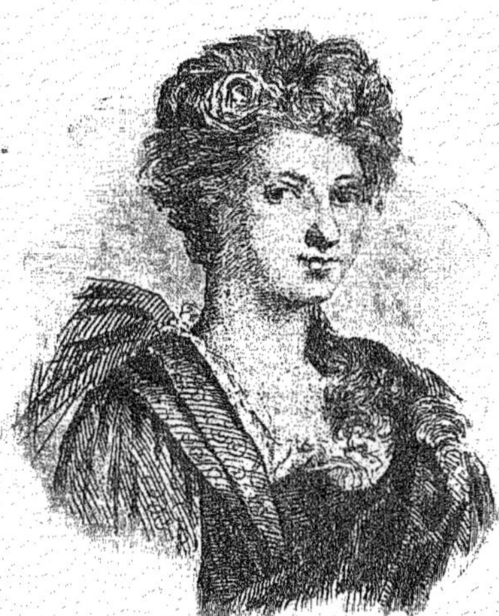

Mlle DE BRIE
d'après Fr. Hillemacher

Voyons, à présent, en quels termes Molière lui adresse la parole dans *l'Impromptu* : « Pour vous, vous faites une de ces femmes qui peuvent être les plus vertueuses personnes du monde, pourvu qu'elles sauvent les apparences ; de ces femmes qui croient que le péché est dans le scandale, qui veulent conduire doucement les affaires qu'elles ont, sur le pied d'attachement honnête, et appellent amis ce que les autres nomment galants. Entrez bien dans ce caractère ».

Dans la vie privée, Mlle De Brie fut la grande consolatrice de Molière — que l'on entende ce mot comme l'on voudra, car bien malin sera celui qui découvrira ce mystère. — Qu'il ait pour maîtresse Madeleine ou qu'il rompe avec elle, qu'il se laisse prendre aux attraits naissants d'Armande, qu'il l'épouse dans un moment de folie amoureuse et qu'il en supporte les tristes conséquences, c'est toujours à Mlle De Brie qu'il reviendra.

Maintenant, si l'on songe qu'avant son mariage Molière vivait sous le même toit — dans la vaste maison qui faisait l'encoignure de la rue St-Honoré et de la rue St-Thomas du Louvre, avec Madeleine, Armande, Geneviève et Louis Béjart, leur mère, et Mlle De Brie — l'on comprendra plus facilement les vers de Chapelle comparant Madeleine, Armande et Mlle De Brie aux trois déesses du mont Ida :

Voilà l'histoire ; que t'en semble ?
Crois-tu pas un homme avisé ?
Vois par là, qu'il n'est pas aisé
D'accorder trois femmes ensemble ?
Fais-en donc ton profit. Surtout
Tiens-toi neutre, et tout plein d'Homère,
Dis-toi bien qu'en vain l'homme espère
Pouvoir jamais venir à bout
De ce qu'un grand Dieu n'a su faire.

Signature de Mlle De Brie

L'auteur anonyme de la *Fameuse Comédienne* nous montre Madeleine poussant Molière à épouser Armande par haine de la De Brie, sa rivale. Qu'en faut-il croire ? Ce qu'il y a de certain, c'est que lorsque le ménage Molière va mal, le poète se rapproche sensiblement de Mlle De Brie et l'on serait tenté de voir une allusion à cette situation dans ces vers du *Misanthrope*. (Rappelons-nous qu'Armande jouait Célimène et Mlle De Brie, Éliante) :

Pour moi, si je n'avais qu'à former des désirs,
La cousine Éliante aurait tous mes soupirs.
Son cœur qui vous estime est solide et sincère,
Et ce choix plus conforme était mieux votre affaire.

On connaît la réponse d'Alceste :

Il est vrai, ma raison me [le dit chaque jour ;
Mais la raison n'est pas ce [qui règle l'amour.

Et le mari, dira-t-on, ce mari âgé de quinze ans de plus que Molière et de vingt-trois ans de plus que sa femme ? Le mari ? Mais il jouait les spadassins... au théâtre.

M. Loiseleur, cet écrivain si érudit et si consciencieux, fait encore cette observation à propos du rapprochement survenu — le dernier — entre Molière et sa femme : « Molière fait jouer les *Femmes savantes* et scelle sa rupture définitive avec Mlle De Brie et sa réconciliation avec sa femme, en confiant à la première le rôle sacrifié d'Armande et à la seconde l'aimable personnage d'Henriette, l'idéal de l'épouse pure, honnête et sérieuse, celui qu'il avait rêvé pour lui-même ». Argument qui serait toutefois discutable, si l'on songe à l'âge des actrices ; il était plus logique de donner le rôle d'Henriette à la plus jeune. Sans aller aussi loin que M. Larroumet (la *Comédie de Molière*) qui ne veut admettre que Molière ait été l'amant d'aucune de ses actrices — y compris Madeleine — nous ferons cependant nos réserves au sujet de Mlle De Brie. Les pamphlets affirment le fait, c'est entendu. Mais que ne disent pas les pamphlets ? Contentons-nous de voir en cette douce figure l'ange gardien du grand homme si tracassé dans ses autres amours.

Le roi, qui faisait présent le même jour (10 juin 1667) de riches mantes à Mlles Molière et De Brie, n'entendait point faire de jalouses. Le 10 septembre 1669, Molière et Mlle De Brie se retrouvent à St-Roch, parrain et marraine de l'enfant d'un marchand et le 28 novembre 1670, Mlle De Brie crée un rôle dans *Tite et Bérénice*, de Corneille. Le 25 avril 1672, elle marie sa sœur utérine, Jeanne, Françoise Brouart avec Jean Baraillon, tailleur ordinaire des ballets du roi (St-Germain-l'Auxerrois); le 3 octobre, elle est encore marraine à Conflans-Ste-Honorine et le 12 novembre elle est marraine à St-Eustache, avec Molière, de l'une des deux jumelles de Lagrange.

Indépendamment de la fille née à Grenoble en 1652, on connaît encore deux enfants au ménage De Brie : une fille nommée Catherine, née le 9 novembre 1659 et baptisée le lendemain à St-Germain-l'Auxerrois ; elle épousa plus tard Jean-Baptiste Vinx, escuyer, sieur des Plantes et capitaine au régiment de Picardie — puis un garçon, Jean-Baptiste, prénom de Molière, ce qui laisse à supposer que celui-ci fut son parrain — lequel se maria à St-Sauveur le 3 avril 1691 ; sa femme était la petite-fille de Montfleury et de Floridor; Mlle De Brie assista au mariage.

M. Jal nous apprend que la mère de Mlle De Brie, Nicolle Ravanne, s'était mariée 1° avec Leclère, d'où Mlle De Brie ; 2° avec Brouart, l'un des vingt-quatre violons du roi, d'où la sœur utérine citée plus haut.

Après la mort de Molière, Mlle De Brie passa avec son mari au th. de Guénégaud (1673) et fut conservée à la réunion (1680) ; mais comme, à ce moment, l'on trouva le mari sans doute trop bien payé pour ses services — chacun des époux avait eu jusqu'alors part entière — on réduisit la part de Mlle De Brie d'une moitié, ce qui fit une part et demie pour les deux. Les méchantes langues voulurent voir dans ce fait une vengeance de Mlle Molière.

Le 19 juin 1684, elle reçut l'ordre de sa retraite — à partir du 24 avril 1685 — avec droit à une pension de 1000 livres. M. Monval indique comme date de sa mort, janvier 1706.

Mlle De Brie, en dehors du théâtre de Molière, créa encore Antigone dans la *Thébaïde* de Racine et Aminte dans le *Triomphe des Dames*.

Nous citerons, pour finir, le curieux document suivant qui nous prouve, une fois de plus, les excellents rapports existant entre le clergé et les comédiens au XVIIme siècle :

1682, 21 décembre : « L'assemblée des comédiens françois a résolu de faire la dépense cy-dessous pour le *pain bény* que la compagnie rend à la paroisse (de St-Sulpice) à la *messe de minuit :*

« Le pain bény de 9 livres ; à l'offrande, deux louis d'or, 22 livres, 16 sols ; à l'œuvre, un louis, 11 livres, 8 sols ; six cierges de demi-livre chacun et un cierge d'une livre à la main ; aux bedeaux, un escu.

« Mademoiselle De Brie rendra le pain bény ».

Biographie : Lemazurier, *Galerie historique*. — Fr. Hillemacher, la *Troupe de Molière*. — A. Copin, *Hist. des Comédiens de la Troupe de Molière*. — G. Monval, *Liste alphabétique des Sociétaires*.

Bibliographie : Jal, *Dict. critique*. — P. Lacroix, *Iconographie molièresque*. — G. Monval, *Chronologie molièresque* et tous les ouvrages concernant l'histoire de Molière et de sa troupe.

Iconographie : Bibl. nat., catalog. Duplessis, en buste, de 3/4 à droite. grav. par Fr. Hillemacher, 1857. Ce portrait fut gravé à l'eau-forte, d'après une miniature du temps, peinte sur cuivre.

Il existe aussi un portrait en pied, debout et de profil, tourné à droite, année 1680, de Mlle De Brie, dans le rôle d'Agnès de l'*Ecole des Femmes*, lith. signée H^te^ L. Lith. de Delpech, in-fol.

N° 50 des *Costumes de théâtre* de 1670 à 1820, par H^te^ Lecomte, mais le dessinateur n'a pas indiqué l'original du portrait.

DEBRIÈGE, Mlle. — Fol. dram. 1887, Nouveautés 1888-89.

DEBRINAY, Constant. — Amoureux, Lille 1848, Dijon 1849.

DEBRINEUX. — Sans doute le même que le précédent. Jeune premier, Nouvelle-Orléans 1852.

DE BRISSON. — V. Brisson.

DEBROIS. — Th. St-Pierre 1867, Déjazet 1869.

DEBROU, Mme mère. — V. Clermont-Debrou.

DEBROU, Mme fille. — V. Clermont-Debrou.

DEBRUNEL. — Jeune premier, Lille 1863, premier rôle 1864.

DEBRUYÈRE, L., Aug., Joseph Delepoulle dit. — Commença sa carrière comme comédien avant de devenir directeur. Odéon 1874-75, Beaumarchais 1876-78. Devenu directeur de cette petite scène, il abandonna le drame pour l'opérette et changea le nom du théâtre qu'il appela Fantaisies parisiennes. Le 1er septembre 1880, il passa la main à M. Denant. Le 26 février 1881, il rouvrit la Gaîté avec Larochelle, mais il avait alors tout à fait renoncé à la scène comme artiste. Débruyère, associé de Larochelle, conserva la direction de la Gaîté jusqu'en 1883, puis seul jusqu'en 1903. Depuis 1886, il avait changé le genre de ce théâtre, en alternant avec le drame l'opérette à grand spectacle. M. Debruyère est officier de l'Instruction publique depuis 1895 et titulaire de l'ordre du Cambodge. Habitait Paris en 1904.

DEBRYAT, Mlle. — Gaîté 1875. On écrivait d'elle : « Cette charmante enfant a toujours l'air d'un bonbon fondant dans lequel on aurait mis trop de sucre ».

DEBURAU, Jean, Gaspard. — Voici l'extrait des actes de l'église paroissiale de Neukolin, en Bohême : « Je, soussigné, certifie qu'en l'an mil sept cent quatre-vingt seize, le trente et un juillet, a été baptisé dans l'église paroissiale de Neukolin, ville royale de Bohême, *Jean-Gaspard*, fils de *Philippe Debro (sic)*, soldat, et de *Catherine Graff*. Le parrain et la marraine ont été Steiner, boulanger, et Barbe, son épouse. En foi de quoi j'ai signé le présent certificat et l'ai muni du sceau ordinaire, au quartier de Neukolin, le 13 octobre 1802 ».

Signé : Fr. GRZANOWSKY,
Aumônier du régiment.

Gaspard Deburau était le sixième enfant de pauvres gens qui prenaient la qualification d'artistes d'agilité. Son père, après avoir été soldat, s'était fait le chef d'une troupe de saltimbanques composée en grande partie des membres de sa famille. A sept ans, Gaspard vint en France, remplissant les fonctions de Paillasse et chargé d'amuser par ses lazzi les spectateurs impressionnés par les exercices de ses frères et sœurs sur la corde roide ou la corde lâche.

De bourgade en bourgade, la caravane arriva à Paris, en 1811, et s'installa au fond d'une cour de la rue St-Maur; le public se pressa aux représentations de la troupe et le père Deburau obtint l'entreprise des spectacles en plein vent dans les fêtes officielles du gouvernement.

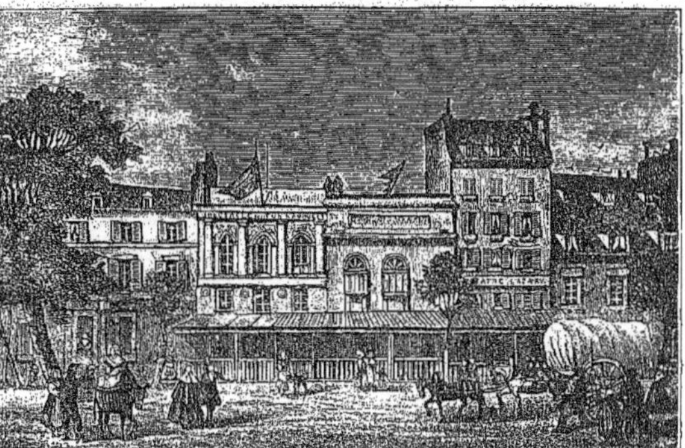

Th. des Funambules Th. Saqui Th. Lazari

En 1816, un nommé Bertrand, ancien marchand de beurre à Vincennes et voiturier, ayant eu une discussion avec Mme Saqui, la célèbre danseuse de corde, résolut de lui faire concurrence en élevant à côté de son théâtre, sur le boulevard du Temple, un autre théâtre. Il fit appel à un ami, M. Fabien, marchand de parapluies, sollicita de Louis XVIII l'autorisation d'ouvrir un théâtre qui s'appellerait *Funambules* et fit construire une petite salle en trente-huit jours, sur la partie droite du terrain touchant le théâtre même de Mme Saqui.

Jules Janin écrivit plus tard à ce propos : « Deburau, fatigué de suivre son père, d'être battu souvent et de ne pas manger toujours, entra, à force de protection, au théâtre des chiens savants pour y jouer la pantomime sautante. Ce théâtre des chiens savants est aujourd'hui le théâtre des Funambules ».

M. L. Péricaud, l'historien des Funambules, nous a donné la composition de la troupe Deburau dans la cour St-Maur. La famille se composait de :

1o Deburau père ;
2o Nievmensek, le fils aîné, dit Frantz ;
3o Etienne, le fils cadet ;
4o Jean-Gaspard-Baptiste, notre héros ;
5o Mlle Dorothée, fille aînée ;
6o Mlle Catherine, fille cadette.

Quant à la protection dont parle J. Janin, elle semble tout simplement se réduire à ceci : Un garçon d'accessoires des Funambules ayant assisté à une représentation de ces saltimbanques, en parla à son patron, M. Bertrand, qui engagea la famille à raison de cent-quinze francs par semaine, sans costumes, avec Gaspard, le pitre, *par dessus le marché*. C'était celui qui devait faire la renommée de ce petit théâtre et la fortune de tous les directeurs qui s'y succédèrent (1817).

En 1819, Deburau remplit pour la première fois un rôle de Pierrot. Jusque là, on ne l'avait encore utilisé que dans les rôles de brigands qu'il jouait sous le nom de *Baptiste*. Il s'agissait de remplacer un nommé Blanchard ; M. Bertrand promit au remplaçant *trois francs de plus par semaine !*

Très ému, Baptiste se blanchit la face ; quand il entra en scène, l'effet de cette longue figure maigre fut irrésistible. Deburau était consacré.

« C'est qu'en effet, nous dit M. L. Péricaud, il y avait transformation complète dans la présentation du personnage. Jusque là, Pierrot n'avait été qu'un rôle secondaire de la pantomime, un cynique, un valet infidèle à qui l'on faisait des farces. Deburau, à son tour, se mit à en faire aux autres. Il choisit Cassandre pour sa victime et, par contre-coup, ce rôle prit également une physionomie nouvelle. D'odieux qu'il était, il devint grotesque. Il écœurait, il fit rire.

En 1819, les deux familles rivales Deburau et Charigni ayant été congédiées du théâtre, Baptiste (Deburau) et Marion (Charigni) seuls restèrent.

Voici les titres de quelques pantomimes dans lesquelles Deburau parut, toujours sous les traits de Pierrot, bien entendu : *Arlequin médecin*, *Arlequin dogue* (1819), *Père barbare* ou *Arlequin au tombeau*, *Arlequin statue* (1820).

« As-tu vu Baptiste? » devient le cri du boulevard. On court, on se presse, on veut voir les longues jambes de Baptiste (Deburau) et son imperturbable sang-froid, son agilité, son adresse étonnantes. D'où, paraît-il, ce dicton populaire : « Il est tranquille comme Baptiste ». Devant cet empressement du public, les directeurs ne reculent devant aucun sacrifice : un plancher et des dessous furent construits afin de pouvoir jouer des féeries ; la façade du théâtre fut reconstruite, les galeries furent repeintes, et tout cela sans un seul jour de fermeture. Les appointements de Deburau, qui gagnait alors quinze francs par semaine, furent élevés à dix-huit francs. Pendant ce temps, sa jeune sœur Dorothée, que Jules Janin a appelé « la perle de la famille », venait de séduire par ses entrechats un lieutenant-colonel polonais, le comte Dobrowski, lequel l'épousa.

M. L. Péricaud, qu'il faut citer sans cesse lorsque l'on parle de Deburau et des Funambules, a retrouvé les titres de quelques pièces de cette époque (1820-21) : ce sont, pour la plupart, des mimodrames qui ne comportaient pas de Pierrot, mais M. Bertrand, en présence de ce succès nouveau, laissa à Deburau le soin d'en introduire un. Alors celui-ci se faisait l'écuyer servant du principal personnage, dévoué jusqu'à la bêtise, jusqu'à l'héroïsme. C'était donc le rôle populaire et sympathique de la pièce. Telle est la tradition conservée par les rares artistes qui jouent encore le mimodrame, tels que les Onofri de nos jours, dans le midi de la France et à Barcelone.

Une lutte s'engagea entre les deux théâtres rivaux, celui des Acrobates, ou de Mme Saqui, et celui des Funambules. Ce dernier triompha grâce à son inimitable Pierrot.

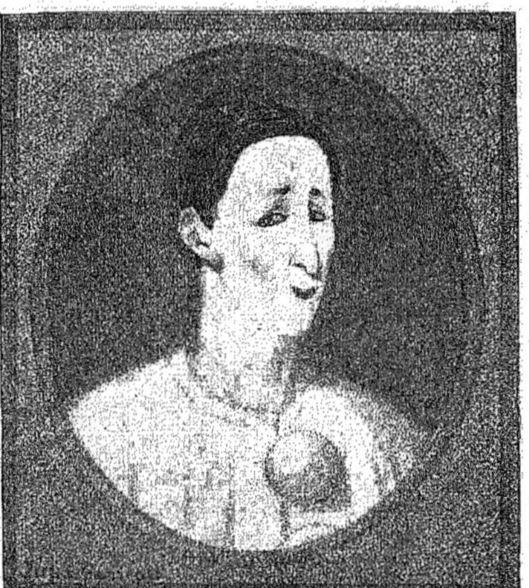

DEBURAU père, d'après Jules Perreau

Les *Gilles*, fait encore remarquer M. L. Péricaud déjà cité, n'avaient été jusqu'alors qu'une ombre, une ombre blanche, si l'on veut. Deburau en fit un corps. Charigny jouait ses rôles en veste de laine blanche, boutonnée de gros boutons, serrée à la taille. Deburau inventa la blouse de calicot blanc, avec les manches larges et longues. Charigny se coiffait d'un chapeau blanc, pointu, et cachait ses cheveux sous un serre-tête blanc ; Deburau supprima le chapeau et créa le serre-tête noir, qui formait contraste avec sa face blafarde ; enfin Deburau se débarrassa de la collerette encombrante et trouva un effet comique dans la longueur de son cou. Un nouveau genre de pantomime était né : celui des Funambules.

Notons au passage : le *Sac à charbon*, *Pierrot somnambule* (1823), la *Forêt de Bondy* ou *Pierrot chef des voleurs*, la *Bouteille d'encre* ou le *Petit blanc* (1824), *Phaëton* ou les *Malheurs que peut occasionner la lumière mal dirigée*, allusion à l'incendie d'un bazar du boulevard des Italiens, qui, éclairé au nouveau gaz, venait de brûler (four complet), la *Tombe et le Poignard* ou la *Vengeance de l'Espagnol* (1825).

L'engagement de Deburau avec Bertrand, en date du 12 décembre 1826, nous est parvenu : le mime, qui demeure alors faubourg du Temple, 28, s'engage à jouer tous les rôles, danser, figurer dans les ballets, divertissements, marches, pantomimes, faire les combats, suivre la troupe, etc. En cas de maladie, le directeur se réserve le droit de ne pas payer l'artiste ; par contre, celui-ci doit se fournir de linge, bas, chaussures, blanc et gants. M. Bertrand s'engage à payer à M. Deburau la somme de *trente-cinq francs par semaine*, et l'engagement est signé pour trois ans — 1828-31 — avec un dédit de 1,000 francs de part et d'autre en cas de résiliation. Bertrand tenait donc sa poule aux œufs d'or pour cinq ans. Que penser de tant de naïveté de la part du pauvre Pierrot ?

Par un article additionnel, tout entier manuscrit, Deburau se charge en outre de l'entretien des armes et des accessoires. Il doit « les garder, les distribuer chaque soir, les renfermer ensuite, et enfin fournir tous ceux nécessaires aux pièces anciennes et nouvelles, et dont la valeur sera supportée, moitié par M. Deburau, et l'autre moitié par M. Bertrand. En considération du présent article additionnel, M. Bertrand s'engage à payer à M. Deburau *dix francs* par semaine, en outre de ses appointements ».

Revenons aux pièces : *Poulailler* ou *Garde à vous*, puis le *Bœuf enragé* (1827), ce colossal succès sur lequel le th. des Funambules vécut pendant vingt ans, pantomime-arlequinade en 12 tableaux, dans le genre anglais, œuvre de Laurent aîné (l'Arlequin) dans laquelle Deburau jouait le rôle de Pierrot, et qui n'est autre qu'un prologue des *Pilules du Diable*, féerie, où Laurent transporta, en les agrandissant, la plupart de ses trucs qu'il avait appris ou créés en Angleterre.

L'Homme-légume, *Kaleb* (1828), Charles Nodier, qui ne signe pas, commence, un des premiers, sinon le premier dans la presse, à s'occuper de Deburau (*Pandore*, 19 juillet). Nous ne citerons que la péroraison : « M. Deburau n'est ni auteur, ni décorateur, ni machiniste (comme son camarade Laurent) ; il n'est que *Gilles :* c'est vous dire quelle est la supériorité de son talent unique ! J'en suis ravi pour moi, et je donnerais cinq de vos comiques réputés, petits acteurs à grandes prétentions, pour celui-ci, simple, modeste et parfait dans ce genre si difficile... Simple comme un enfant, poltron, rusé, paresseux, méchant par instinct, serviable, railleur, gourmand, voleur, bravache, cupide, maladroit, ingénieux dans les inventions qui tendent à la satisfaction de ses goûts, c'est Satan naïf et bouffon... »

Charles Nodier entraîna dans la petite salle Bertrand et Cot d'Ordan, Balzac, Jules Janin, Gérard de Nerval, Théophile Gautier. Il fit plus ; il écrivit sous le voile de l'anonyme le *Songe d'or* ou *Arlequin et l'avare*, que Champfleury qualifiait de « rare et précieux chef-d'œuvre » et Th. Gautier : « la merveille des plus merveilleuses pantomimes qu'enfanta jamais le cerveau humain. » Le succès de Deburau fut immense, et l'on vit des gens dits « comme il faut » se hasarder jusqu'à aller aux Funambules. Les journaux seuls boudèrent. C'eût été assurément se déshonorer que de s'occuper des bouis-bouis.

Amour et désespoir. La *Mauvaise Tête* (1828), le *Retour* ou la *Fille du vieux chasseur*, *Pérette* ou les *Deux braconniers*, le *Marchand de salade*. Cette dernière pantomime était de lui ; c'est encore la seule pièce où il ait parlé, car, lorsqu'il offrait ses chicorées aux clients, d'une petite voix étranglée, il prononçait ces deux mots : « Achetez salade ! » les deux seuls qu'il ait jamais dits en scène. L'effet comique était irrésistible.

Pierrot fiancée (1829). C'est le 12 février de cette année que sa femme — il était marié depuis l'année précédente — lui donna un fils, Charles, dont nous nous occuperons plus loin. Le soir même, dans *Pierrot nourrice* — une pièce de circonstance — le public lui fit une ovation. Le *Figaro* du 22 septembre lui consacra un article que l'on attribue à Jules Janin : « Savez-vous bien ce que c'est que M. Deburau ? Croyez-vous que ce soit le premier venu du monde dramatique ?... M. Deburau est, après Talma et Potier, l'homme le plus complet que nous ayons eu depuis trente ans ; qui peut en douter ? L'amour-propre de tous les acteurs se révolte à cette idée... Et les salons ne se doutent pas qu'il existe ! Et l'on va entendre *Catherine de Médicis, Zelmire* et l'*Illusion !* Et l'on va voir la danse noble. Aristocratie parisienne, que tu es arriérée ! Dans quels tristes préjugés tu es emmaillottée !... Fais-toi peuple un jour, va voir Deburau et tu sauras ce que c'est que le vrai plaisir. »

Et lui, le pauvre mime ? Mais il ignorait à coup sûr sa valeur. Brave cœur, tout de même : en 1830, le *Figaro* organise une souscription « au bénéfice des veuves et des orphelins des braves morts pour la liberté ». Le nom de Deburau figure sur la liste pour cinq francs. Cette année vit encore un succès colossal aux Funambules avec *Ma mère l'Oie* ou *Arlequin et l'Œuf d'or*, dont un des principaux trucs, la maison qui rapetisse et qui grandit, fut encore transporté dans les *Pilules du Diable ;* les *Vingt-six infortunes de Pierrot*, nouveau triomphe pour Deburau ; le *Génie du Pauvre* ou *Songe et Réalité; Pierrot mitron* (1831) ; le *Lutin femelle* (1832).

Le 11 octobre, le Palais-Royal donnait une représentation extraordinaire au bénéfice d'un homme de lettres. Pour attirer la foule, indépendamment du concours des artistes de l'Opéra, du Th. français et du Gymnase, on réclama celui des Funambules avec le *Lutin femelle*. Mais la note funambulesque détonna ; ce fut un désastre complet, irréparable ; question de milieu.

Le *Page de la Marquise* (1832). C'est à cette époque que Jules Janin fit paraître son *Deburau, histoire du théâtre à quatre sous* qui, sous le prétexte de louer le pauvre Pierrot, n'était qu'une satire violente contre la Comédie française et les auteurs, ses fournisseurs. Cédant à la pure fantaisie, Jules Janin arrivait à préférer la pantomime à la tragédie et à placer Deburau au-dessus des sociétaires. La plupart des anecdotes contenues dans cet opuscule sont donc purement imaginaires.

De beaucoup préférable est la prose de Théophile Gautier, nous initiant aux habitudes des Funambules : « Il était de mode, dit-il, parmi les peintres et les gens de lettres, de fréquenter un petit théâtre du boulevard du Temple où un paillasse célèbre attirait la foule. Nous occupions habituellement une baignoire d'avant-scène assez semblable à un tiroir de commode, et Pierrot s'était si bien accoutumé à nous voir qu'il ne se faisait pas un seul festin sur la scène qu'il ne nous en donnât notre part... C'était le beau temps, le temps du *Bœuf enragé*, cette admirable pièce si fort goûtée du bon Charles Nodier et de *Ma Mère l'Oie*, autre chef-d'œuvre dont l'analyse a plus coûté de peine, d'esprit, d'intelligence et de style à Jean-Jacques que les comptes rendus de tous les vaudevilles passés, présents et futurs.

« Quelles pièces !... mais aussi quel théâtre et quels spectacles ! Voilà un public !... Et non pas tous ces ennuyés en gants plus ou moins jaunes, tous ces feuilletonnistes usés, excédés, blasés ; toutes ces marquises de la rue du Helder, occupées seulement de leurs toilettes et de leurs bouquets ; un public en veste, en blouse, en chemise, sans chemise souvent, les bras nus, la casquette sur l'oreille, mais naïf comme un enfant à qui l'on conte la *Barbe-Bleue.* »

Nous passons à l'année 1833 : les *Adieux de Cassandre*, pour le départ de Placide, le Cassandre de l'endroit ; les *Epreuves*, le *Cheveu du Diable*, la *Baleine*, pantomime en un acte, de Deburau. Pierrot, amant repoussé, en pêchant à la ligne, avait été avalé par une baleine. Mais dans l'intérieur de celle-ci, il trouvait une cassette pleine d'or, provenant de quelque naufrage et, sortant par la porte de derrière, il allait gagner sa cause auprès de Cassandre en allant déposer à ses pieds le précieux trésor. On reprit cette même année les *Vingt-six infortunes de Pierrot*, avec nombre de jeux de scène nouveaux ajoutés par le mime infatigable. Enorme succès.

M. L. Péricaud nous a laissé le portrait suivant de Deburau à la ville : le regard torve, la mine endeuillée, Deburau, sans barbe, portait, en avant des oreilles, deux mèches soigneusement roulées en spirale (*vulgo* rouflaquettes). Sur ces deux mèches collées aux tempes, un chapeau en tuyau de poêle, fortement incliné sur l'œil droit. Le cou, très long, enveloppé d'une large cravate de soie noire, de laquelle débordait à peine le liséré d'un col blanc. Ajoutez à ce chapiteau excentrique une longue redingote noire, un pantalon presque toujours noisette et une canne à laquelle on eût pu, sans crainte d'être démenti, décerner l'épithète de gourdin. Affublé de tout autre costume, l'étonnant mime se transformait ».

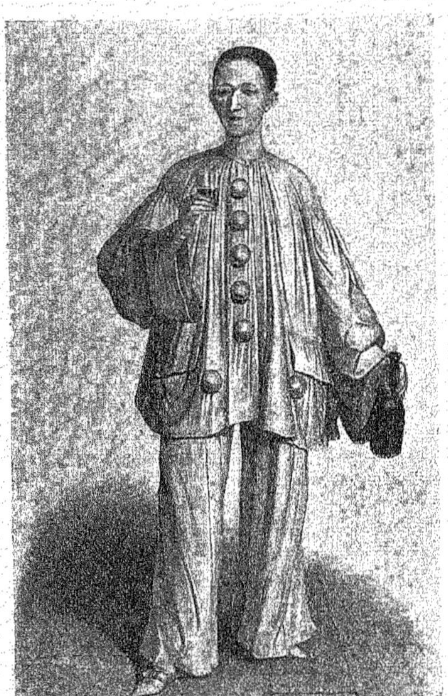

DEBURAU père, d'après Lacauchie

En 1834 : *l'Oracle*, *Pierrot au Moulin;* à partir de cette époque le vaudeville, dans lequel Deburau ne paraissait pas, bien entendu, alternait avec la pantomime. L'année 1836 ne fut pas gaie pour notre Pierrot. On lit, en effet, dans le *Courrier des Théâtres*, le journal de Ch. Maurice, à la date du 22 avril : « Hier, à quatre heures, les agents du service de la sûreté se présentèrent au domicile de Deburau et y mirent à exécution le mandat d'amener décerné contre lui par M. le juge d'instruction Jourdain. Deburau fut conduit à la Préfecture comme inculpé de meurtre... »

Que s'était-il passé? Se promenant à Bagnolet avec sa femme et ses deux enfants, un jeune ouvrier pris de boisson s'était mis à insulter grossièrement le mime et sa femme. A un moment, Deburau perdant patience lève sa canne, et si malheureusement que cinq quarts d'heure après Nicolas-Florent Viélin, son agresseur, était mort d'un épanchement au cerveau, résultat du coup de canne. C'était la ruine du théâtre.

La *Gazette des Tribunaux* du 22 mai 1836 rendit compte du jugement. Deburau parut très ému devant la Cour d'assises. La salle regorgeait d'un public sympathique, parmi lequel on voyait nombre de personnalités féminines. Songez que ce public n'a jamais vu sans farine le masque de son Pierrot; qui l'a entendu parler, Deburau? Le mime raconta simplement l'affaire des Prés-St-Gervais, et comment il avait été insulté, lui et sa femme. Tous les témoins vinrent déposer en faveur de sa douceur, de sa tranquillité, de ses bonnes mœurs, de sa bienveillance, et Me Delangle, son avocat, apprit au tribunal qu'il n'y avait pas de meilleur mari, de meilleur père, de meilleur garde national!

L'acquittement fut prononcé aux applaudissements de l'assemblée.

Le lendemain, Deburau rentrait à son théâtre. Et quelle rentrée! Gérard de Nerval en rendit compte dans le *Monde dramatique*, son journal. Jamais artiste n'eut pareille ovation. Le pauvre Pierrot en pleura de joie.

Viennent ensuite : *Jack l'Orang-Outang* (1836, 26 juillet), *Pierrot et ses Créanciers* (5 déc.), les *Deux Jocrisses*, de Deburau (1837, 14 nov.), le *Joueur*, de Deburau (1er nov.), *Roberto* (1838, 9 fév.), la *Chatte amoureuse* (23 fév.), le *Voile rouge* (23 mai), *En v'là des Bamboches* (18 juin), l'*Eau et le Feu* (19 juillet), l'*Espiègle* (10 août), la *Sorcière* (15 nov.), *Pierrot errant* (24 nov.), le *Tonnelier et la Somnambule* (19 déc.), le *Rêve d'un Conscrit* (1839, 4 avril), pièce dans laquelle Deburau faisait jouer son chien César, les *Cosaques* (15 mai), les *Recruteurs écossais* (2 avril), *Pierrot partout* (30 nov.), l'*Idiot* (1840, 18 janv.), *Souffre-Douleur* (21 fev.), l'*Amour et la Folie* (18 mars), l'*Ame de la Morte* (6 juin), *Pierrot et Croquemitaine* (10 nov.).

C'est à partir de cette époque que l'on vit surgir un nouveau Pierrot, Paul Legrand, dont les succès ne laissèrent pas d'ennuyer quelque peu Deburau, qui n'en fit rien paraître. De cette époque aussi, il devient plus difficile de dire celui des deux artistes qui remplissait le rôle du Pierrot dans les pantomimes. Cependant nous pouvons citer sûrement *Pierrot en Afrique* (29 juin 1842), l'un des plus grands succès de Deburau; le *Marchand d'habits* (1er sept.), dont Th. Gautier rendit compte dans la *Revue de Paris* du 4.

« Deburau existe, s'écriait Th. Gautier, ce n'est pas un paradoxe de Jules Janin. Revu à dix ans d'intervalle, il nous a fait le même plaisir : c'est toujours la même finesse, la même vérité, le même sang-froid ».

Le même critique disait encore : « Deburau, que beaucoup de gens s'obstinent à croire un spirituel paradoxe de Janin, est, en vérité, le plus grand mime de la terre ».

D'autres fois, il le qualifie de glorieux paillasse. « Sans le talent hors ligne et la réputation européenne de Deburau, l'illustre paillasse, la pantomime aurait déjà disparu du boulevard du Temple ».

Le sujet du *Marchand d'habits*, remanié en 1853 par Ch. Bridault et P. Legrand, fut repris de nos jours par M. Catulle Mendès; l'auteur premier était Cot d'Ordan. Deburau n'aimait pas ce rôle et la pièce ne tint pas longtemps l'affiche; *Huluberlu* (31 sept.), le *Mandarin Chi-Han-Li* (5 déc.), les *Jolis soldats* (1843, 14 janv.).

Le 31 décembre de cette année, on avait intercalé dans la revue *1843 aux Enfers* un couplet en l'honneur de Deburau. Chaque soir, l'artiste sortait de sa loge située au fond du théâtre, de plain-pied avec la scène — Deburau étant le seul qui eût le privilège d'avoir une loge à lui — venait dans la coulisse écouter le couplet fort applaudi, et rentrait chez lui se coucher, satisfait de l'effet produit.

1844 : l'*Ile des Marmitons* (13 fév.), *Bamboches et Taloches* (5 déc.). 1845 : Reprise de *Pierrot partout* (18 sept.). Deburau souffrait depuis longtemps d'un asthme; le 16 juin 1846, l'on apprit que le grand mime était mort. Ce fut un deuil, au boulevard, et cependant le théâtre des Funambules ne fit pas relâche; M. Billion, qui avait gagné deux-cent mille francs avec le pauvre paillasse, contraignit les artistes à jouer. On prétendit que cette mort était le résultat d'une chute faite dans une trappe mal assujettie, quelque temps auparavant.

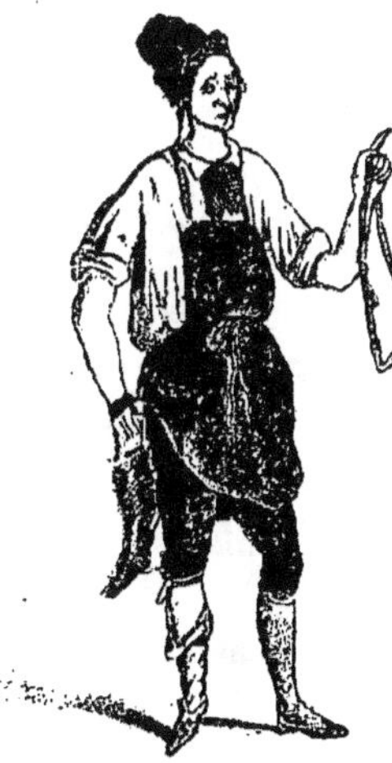
DEBURAU père
dans *Pierrot Savetier*

M. L. Péricaud détruit cette légende. Deburau qui ne pouvait hélas! se reposer, avait voulu lutter jusqu'au bout, d'autant plus qu'il voyait grandir à ses côtés Paul Legrand. A force d'énergie, de volonté, il avait pu jouer trois soirs de suite les *Jolis Soldats*, mais ne tenant plus debout, exténué, il avait dû passer le motif de danse. Le public, comprenant la situation, n'avait pas insisté pour le réclamer.

Champfleury, dans la *Petite Rose*, a décrit l'enterrement du célèbre mime : la foule se pressait autour de sa modeste habitation du faubourg du Temple, 28. Les machinistes du théâtre voulurent porter son cercueil. Du bas de la montée de Belleville jusqu'à l'église, les fenêtres étaient garnies, les trottoirs encombrés. Le corps fut transporté au Père-Lachaise et l'acteur Albert prononça un discours sur sa tombe. Le mime, dit-on, avait écrit ainsi son épitaphe : « Ci-gît qui a tout dit et qui n'a jamais parlé ». Pourquoi ne l'a-t-on pas reproduite sur sa tombe que l'on peut voir au Père-Lachaise dans la 59me division ?

Deburau fut donc toute une révolution; il créa un nouveau type et un nouveau genre. « Acteur sans passion, avait écrit Jules Janin, sans parole et presque sans visage, il dit tout, exprime tout, se moque de tout; il jouerait sans mot dire toutes les comédies de Molière. Il est au niveau de toutes les bêtises de l'époque, il leur donne une vie inimitable. Génie à l'usage de toutes les passions qu'un visage enfariné peut contenir, il va, il vient, il regarde, il ouvre la bouche, il ferme les yeux, il fait rire, il attendrit, il est charmant... C'est un homme qui a beaucoup pensé, beaucoup étudié, beaucoup espéré, beaucoup souffert. C'est l'acteur du peuple, l'ami du peuple, bavard, gourmand, faquin, impassible, révolutionnaire comme est le peuple ».

C'est le même homme dont le maître chanteur Charles Maurice annonçait ainsi la mort dans le *Coureur des Spectacles* du 18 juin : « On le dit regrettable ». En effet, qu'avait-il jamais pu espérer du pauvre artiste qui, après une vie de labeur opiniâtre laissait à peine une dizaine de mille francs d'économies à sa famille. Quant à Billion, son directeur, homme ingrat et rapace, il chercha bien vite à faire oublier ce nom de Deburau en faisant valoir Paul Legrand; mais l'ombre de Deburau le poursuivait, sous la forme d'une chanson qui se vendait dix centimes à la porte des Funambules : *Deburau dans l'Olympe* ou les *Dieux guéris de maladie*, dont le refrain était :

Au Parnasse
Deburau prend place.
Acteur, il s'y voit applaudi,
Et chaque dieu s'y sent guéri.
L'Olympe malade est guéri.

Billion, furieux, porta plainte au commissaire de police; les marchands s'adressèrent au préfet. Bref, ceux-ci eurent gain de cause et l'on continua de s'arracher la chanson. En présence d'un tel succès, Eug. Grangé, l'auteur anonyme, paraît-il, réitéra. Ce fut le tour de *Talma et Deburau*, dialogue des morts à propos des vivants, chanson bien curieuse reproduite dans le livre si documenté de M. L. Péricaud. Billion infligea une amende de *dix sous* à l'un de ses artistes qui avait chanté la dite chanson dans l'intérieur de son théâtre... tout cela jusqu'au jour où, voyant la popularité de Paul Legrand plus assise, il permit de vendre dans la salle la biographie de Deburau, et Paul Legrand reconnaissant, obtint du directeur grincheux l'autorisation de couronner le buste de Deburau, à la fin de *Pierrot récompensé* (29 fév. 1849). Puis, lorsqu'en 1862, il fut question de démolir le petit théâtre, le directeur, Dechaume, eut l'idée de faire faire à Deburau fils une récapitulation des principaux rôles que son père avait joués, faisant réimprimer et vendre dans la salle, pour la circonstance, une chanson que Clairville avait composée sur la *Mort de Pierrot :*

A son convoi, la foule est accourue,
Riant encor de ses nombreux exploits ;
Mais Pierrot mort, en passant dans la rue,
La fit pleurer pour la première fois.
Pleurer Pierrot!... oui, Pierrot, c'est tout dire ;
Lui, que la foule avait vu s'illustrer!...
Lui, qui souvent, la fit mourir de rire,
Devait mourir pour la faire pleurer.

Enfin, on lit dans le *Figaro* du 10 février 1903 : « Mme Deburau, veuve du grand mime, vient de mourir à l'âge de 89 ans. Ses obsèques auront lieu aujourd'hui à midi, en l'église St-Jean-Baptiste de Belleville ».

Nous terminerons cet article par la recette pour faire un Pierrot. En dépit de la légende, Deburau ne fut jamais enfariné. Par contre, Deburau père ne se mettait jamais que du blanc d'Espagne avec une légère couche de suif sur la peau, pour éviter la transpiration. Seulement Deburau père faisait d'abord bouillir son blanc dans l'eau, qu'il changeait plusieurs fois. Il en faisait une pâte, puis des petits pains qu'il faisait sécher sur une planche. Il s'en servait quinze jours après. (Recette transmise par M. Alex. Guyon).

Biographie (très incomplète) : E.-D. De Manne et C. Ménétrier, *Troupe de Nicolet.*

Bibliographie : L. Péricaud, le *Théâtre des Funambules*, ouvrage d'une documentation rare — qui résume tous les autres ouvrages sur ce sujet. — Jules Janin, *Deburau, Histoire du Th. à quatre sous*, Paris 1833, 2 vol. in-12, ouvrage réédité avec une préface d'Ars. Houssaye, Jouaust 1882. — Ch. Hervey, *The Theatres of Paris*, 1846. — Champfleury, *Souvenirs des Funambules*, 1859. — Th. Faucheur, *Hist. du boulevard du Temple*, 1863. — Aug. Challamel, l'*Ancien boulevard du Temple*, sans date. — Paul Hugonnet, *Mimes et Pierrots*, in-8, 1889. — Champfleury, le *Peintre ordinaire de Gaspard Deburau*, 1889. — *Pantomimes de Gaspard et Ch. Deburau*, préface par Champfleury, 1889, in-8, portraits. — *Intermédiaire des Chercheurs et Curieux*, 10 mars 1902. — P. de Musset, *Biographie d'Alfred de Musset*, p. 120 et suiv.

Iconographie : Auguste Bouquet, Deburau dans quatre rôles différents de pantomimes, vers 1833, figures de 0m26 de hauteur, collection de Mme Amari, fille du peintre, à Florence.

Revue des Peintres, 1834, pl. 31. Le *Repas de Pierrot* dans le *Bœuf enragé*. Tiré du cabinet de M. Etienne Arago ; grav. Aug. Bouquet. Lith. Delaunois.

Vers 1833-34. Deburau, tiré du cabinet de J. Janin, par Aug. Bouquet. Lith. Delaunois, h. 0m26, l. 0m20. Deburau, en costume de Pierrot, est représenté de face, à mi-corps, les bras appuyés sur une balustrade de jardin ; une riche étoffe pend à droite. Au fond, paysage. Cadre ovale, avec entourage ornementé de masques antiques, de tambourin et de chalumeau. Cette lithographie, d'après le portrait de Deburau par Bouquet, est reproduite, gravée sur bois, par Chevrier, dans le frontispice du tome Ier du *Deburau*, de Jules Janin.

Deuxième volume du même ouvrage. Frontispice Deburau, par Aug. Bouquet, grav. Chevrier. C'est le portrait de Deburau dans *Pierrot savetier.*

Dans la brochure de Champfleury sur Bouquet, citée plus haut : Deburau dans *Pierrot savetier*. Deburau dans le *Billet de mille francs*. Deburau en robe de chambre et en bonnet de coton.

M. L. Péricaud a raconté comment le beau portrait du mime, propriété de Jules Janin, avait été retrouvé. J. Janin, académicien, s'était pris de haine pour sa gaminerie littéraire, l'*Hist. du Th. à quatre sous*. Il se débarrassa du portrait de Pierrot. Vers 1850, Ch. Deburau et Al. Guyon montaient le faubourg du Temple. Ils entrent chez un marchand de tabac : Tiens ! s'écrie Guyon, regarde-t-on là, dit-il à son camarade en lui montrant l'arrière-boutique. C'était le portrait de Bouquet, acheté 30 fr. par le marchand et revendu 150 fr. à Charles Deburau. En 1889, il était la propriété de Mme veuve Charles Deburau.

Galerie Lacauchie : cost. de Pierrot, en pied, de face, lith Rigo.

En buste, par Jules Perreau, dans un médaillon.

Troupe de Nicolet, en buste, eau-forte par Fr. Hillemacher, 1868.

Bibl. nat. Le catalogue Duplessis commet une grave erreur en confondant le père avec le fils et en indiquant *Charles Deburau*, 11,980.

Il faut attribuer *au père :*

1. A mi-corps, de face, grav. à l'eau-forte, an. 1834.

4. En buste, de 3/4 à droite, sur un socle. Il est, en outre, représenté en pied dans douze de ses créations. Lith. par Vautier, 1846.

DEBURAU, Charles. — Fils du précédent, naquit à Paris le 12 février 1829 et eut pour parrain Charles Charton. Il passa les premières années de sa jeunesse dans le modeste logement du faubourg du Temple et dans l'atelier où son père se faisait tour à tour tapissier, menuisier, horloger et mécanicien. A neuf ans, on le mit en apprentissage chez un bijoutier.

Plus tard, il fut peintre sur porcelaine. Un jour, vers 1845, le jeune Charles manifesta à son père le désir d'entrer au Conservatoire pour devenir tragédien. En vain le mime fit-il entrevoir à son fils tous les dangers de cette profession. Rien ne put entraver cette vocation. Charles entra dans la classe de Samson; le visage était comique, mais l'organe n'était pas très bon. Sur ces entrefaites, son père vint à mourir. Billion, le directeur des Funambules, fut nommé son tuteur et le prit à son théâtre pour les petits rôles (fin 1846).

Cependant la réputation de Paul Legrand, qui avait succédé à Deburau père, s'affermissait de jour en jour et le nouveau Pierrot devenait exigeant. Billion flaira dans Charles un contre-Pierrot étoile : le nom magique de Deburau reparaissant sur l'affiche. Quelle trouvaille! Et l'on vit le 6 octobre 1847, en tête de l'affiche qui annonçait les *Trois Planètes:* « M. CHARLES DEBURAU *remplira le rôle de Pierrot* ». La salle fut pleine. Tout à coup, au milieu du second tableau, un énorme navet éclate par le haut et une tête de Pierrot surgit du navet : tête exangue, fantastique, blâfarde! C'est celle du mort regretté! Même ovale allongé, même œil malicieux, même nez, même bouche narquoise, même sourire. C'est de la frénésie dans le public. Charles dit plus tard à M. L. Péricaud qui rapporte le fait : « Une soirée comme celle-là vaut toute une existence ». A la fin de la soirée, il parla pour la première fois et chanta un couplet de circonstance où nous relevons ce passage :

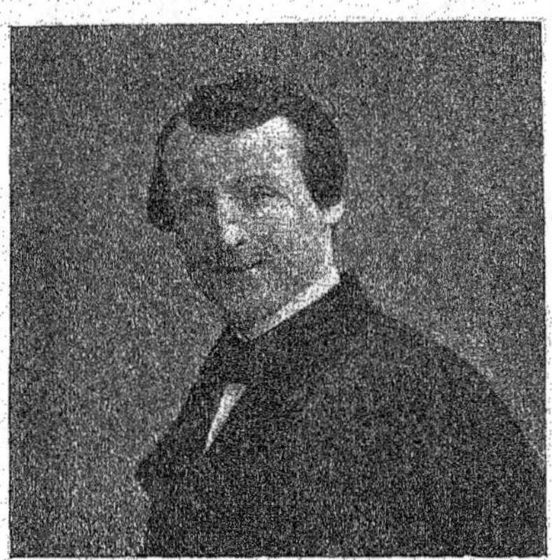
DEBURAU fils, cliché Dalligny

De Deburau qui, longtemps vous fit rire,
Qui, si longtemps, mérita vos bravos,
Pardonnez-moi si, tout nouveau, j'aspire
A réveiller les succès les plus beaux.
C'était mon père!
Messieurs, j'espère
Que mes efforts ne s'ront pas superflus.
Le fils vous prie
Et vous supplie,
Applaudissez pour celui qui n'est plus.

Charles, de ce jour, obtint du rapace Billion la somme de vingt-cinq francs par semaine. Il n'avait pas encore dix-neuf ans. Le récit de cette soirée mémorable dans l'histoire du th. des Funambules fut mis en chanson par Achille, un pensionnaire de l'endroit et vendu dans la salle saus ce titre : la *Romance de Pierrot, compte rendu de Deburau fils,* fait *par un Titi,* ou *rimé par M. Achille,* sur l'air du *Clair de la Lune.* La chanson se terminait par ce couplet :

Qu'on grandiss' la salle,
C'est là mon avis.
Tout s'ra plein, d'la stalle
Jusqu'au paradis.
Nous somm's de ta suite,
Vive Deburau!
T'auras not' visite,
Mon ami Pierrot.

Le 12 février 1848, Charles fait valoir son adresse de boxeur dans le *Voyage de Pierrot à Londres*, pantomime en vingt-huit changements, puis crée le rôle de Pierrot dans la *Reine des Carottes*, de Champfleury (27 sept.). *Pierrot le possédé* (16 oct.), les *Trois Filles de Cassandre* (fin mars 1849).

Charles avait atteint sa majorité. Il réclama à son tuteur ses 10,000 fr. d'héritage et demanda de l'augmentation; puis il joua : la *Gageure* (1er septembre 1849), le *Tonnelier* (1er oct.), les *Deux Pierrots*, avec Paul Legrand (18 oct.), la *Vie militaire de Pierrot* (23 déc.), la *Chasse en Russie* (12 fév. 1850), *Sébastiano le Bandit* (15 avril), *Polichinelle vampire* (25 mai), les *Pirates algériens* (22 juin), les *Trois Pierrots* (7 nov.). Dans cette pantomime, Ch. Deburau faisait le rusé, Paul Legrand le dévoué et Alex. Guyon le naïf. Immense succès. *Fra Diavolo*, pantomime créée par Deburau père en 1844 et reprise (25 déc.). Ayant tiré au sort, Charles amena le no 517 et fut exempt.

En 1851 : *Pierrot à deux faces* (22 janv.), *Pierrot récompensé* (8 février), les *Deux Cuisiniers* (16 mars), les *Pêcheurs napolitains* (22 avril), les *Amours de Pierrot*, reprise (23 mai), la *Veuve du Soldat* (4 août), *Mathilde* (14 août), l'*Enfant révélateur* (8 sept.), les *Enchantements d'Orimane* (4 (oct., le *Tonnelier et la Somnambule* (3 nov.), l'*Homme des Tombeaux* (17 nov.), les *Mille et une tribulations de Pierrot* (8 déc.), *Pierrot et les Bandits* (15 mars 1852), *Pierrot chez les Indiens* (6 mai), *Pierrot à deux faces* (9 juillet), les *Joujoux de Bric-à-Brac* (10 sept.), *Pierrot sorcier* (27 nov.). A cette époque, Ch. Deburau gagnait 50 fr. par semaine. Tous ces pauvres artistes en étaient réduits à faire de petits métiers à côté.

Le *Mirliton enchanté* (20 janv. 1853), *Pierrot chez les Maures* (4 fév.), les *Deux Arlequins* (16 avril), l'*Etoile de Pierrot* (18 janv. 1854), les *Circassiens* (29 mai), les *Deux Polichinelles* (29 juillet), la *Queue de Lapin* (26 août), *Pierrot en Orient* (8 fév. 1855). C'est à cette époque qu'il faut placer les amours de la plus grande chanteuse de l'Opéra, Mme Rosine Stoltz pour le beau Pierrot. Dès lors, Charles négligea son service et ce duo eut les conséquences les plus funestes pour le petit théâtre. Paul Legrand était allé aux Folies Nouvelles et Kalpestri, le nouveau Pierrot n'était pas de taille à doubler Charles. Les relations entre celui-ci et son directeur devinrent de plus en plus tendues. Un beau jour, Ch. Deburau envoya promener son ancien tuteur. Il y avait un dédit de 10,500 fr. à payer; il le paya.

Aussitôt Deburau entra en pourparlers avec M. Hiltbrunner, le directeur du théâtre voisin, les Délassements comiques. Mme Stoltz apporta à celui-ci 110,000 fr., dont 30,000 étaient réservés à la réfection complète de la salle. Charles était engagé comme artiste et directeur de la scène, pour huit ans, à partir du 1er novembre 1855, à raison de 8000 fr. par an.

Rosine Stoltz avait alors 43 ans; Charles n'en avait que 27; elle rompait donc en visière avec tous les préjugés pour satisfaire sa fantaisie: « Et, de fait, Charles Deburau méritait à tous égards d'être la cible de ces dernières flèches », a dit M. L. Péricaud. « Le fils de Deburau, a écrit Maurice Sand, est peut-être le plus joli et le plus élégant Pierrot qui ait existé. C'est par la souplesse, la grâce et la fantaisie charmante qu'il s'est acquis, à bon droit, une grande vogue ».

Les Délassements comiques ouvrirent le 20 février 1856 avec une revue dans laquelle on avait introduit une pantomime: *Petit Pierrot vit encore*. Ce fut le coup de grâce pour Billion qui vendit son petit théâtre. D'autre part, l'entreprise nouvelle des Délassements comiques ne réussit pas davantage. La fauvette reprit son vol et le Pierrot sa destinée. Il organise une troupe de mimes; déjà, dans l'interrègne, il avait parcouru la Belgique, la Hollande, l'Allemagne. Cette fois, il s'en va sur les bords de la Loire, à Orléans, Blois, Angers. A Tours (ou Orléans?) il se marie avec Mlle Goby, d'une famille d'artistes. En 1858, il s'associe avec son beau-frère, Emile Goby, pour fonder les Bouffes-Deburau, dans la petite salle des Champs-Elysées, plus connue sous le nom de Folies-Marigny.

Ce théâtre avait été mis en adjudication le 11 mars, sur une mise à prix de 30,000 fr. Charles Deburau poussa fort loin les enchères: il lui fut adjugé pour 72,500. Et encore ce prix ne comportait que le droit au bail et le privilège de l'exploitation.

L'ouverture en eut lieu le 5 juin, avec un prologue de Samson, un proverbe de Mme Berton, la *Grande Tante*, et une pantomime de Deburau. La presse et le public se montraient satisfaits. C'était le premier essai, à Paris, de la pantomime dans un milieu aristocratique. Deburau résolut de varier le plus souvent son affiche; on le vit dans *Pierrot coiffeur* ou *Arlequin mort et vivant* (24 juin), les *Deux Jocrisses* (22 juillet), le *Duel de Pierrot* (19 août), pantomimes encadrées dans une foule de saynettes, folies musicales, etc. La saison dura du 6 juin au 30 septembre, et l'entreprise laissa un déficit de 50,000 francs.

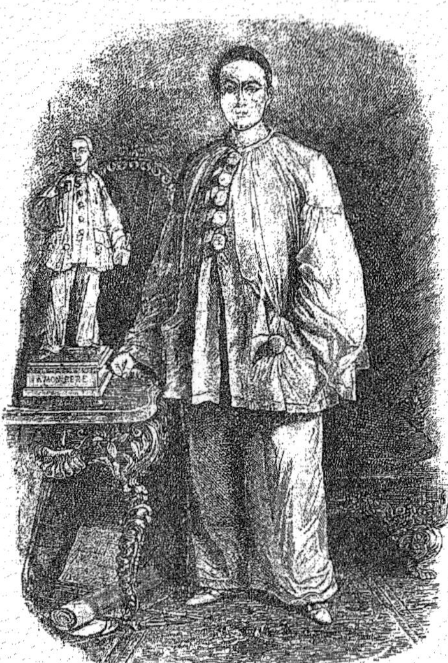

DEBURAU fils, d'après J.-A. Testard

Après quelques représentations données aux Délassements comiques, Deburau reprit sa vie nomade dans le Nord de la France, puis en Egypte. Pendant plus d'une année, il vécut dans le palais du vice-roi Saïd-Pacha, qui combla de prévenances la troupe funambulesque. Vers 1861-62, il revint à Paris. M. Dechaume (mort en 1885) qui depuis longtemps était son ami, venait d'acheter les Funambules. Il eut alors une idée géniale: la rentrée de Deburau. Vite, on nettoya la salle, et le 1er mars 1862, on rouvrait avec le *Père Funambule*, pièce de circonstance, et le *Rameau d'or*, pantomime écrite pour Ch. Deburau, par son camarade Alex. Guyon et Th. Duché.

Th. Faucheur, témoin oculaire, a raconté cette réapparition: « Une porte tournant sur elle-même présenta Deburau au public; décrire la pluie de bouquets, de couronnes, qui, de toutes parts, envahirent la scène; les bravos, les cris, les trépignements enthousiastes qui retentirent de tous côtés, est chose impossible. Deburau, en proie à une vive et bien douce émotion, ne pouvait contenir ses larmes. Ce fut un beau triomphe que cette rentrée. » Tout le public du boulevard accourut voir Deburau jeune, alerte, fringant, pétillant, élégant, étincelant de verve, d'entrain, de souplesse et de fine fantaisie. Détail curieux: sa main gauche était aussi habile que sa droite.

Le 17 mai, l'on joua les *Mémoires de Pierrot;* ce fut la dernière pantomime donnée aux Funambules; le décret de démolition avait paru et les travaux devaient commencer le 14 juillet. Dans les *Mémoires de Pierrot*, Deburau se travestissait 24 fois, passant en revue toutes les principales créations de son père et les siennes. La *Revue et Gazette des Théâtres*, à la date du 19 juin, sous la signature d'Albert Glatigny, rendit compte de cette pantomime. — Glatigny, dont le culte pour Charles Deburau était tel que dans ses vertigineuses périgrinations de cabotinage, il traînait au fond de sa malle un vieux costume de Pierrot, que lui avait donné le mime, jusqu'au jour où cette malle lui fut retenue par quelque logeur impayé. — A cette occasion, Dechaume fit réimprimer et vendre dans la salle la chanson que Clairville avait composée à la mort de Deburau. La dernière représentation eut lieu le 14 juillet, et le premier coup de pioche fut donné le 20. Les dernières années de Ch. Deburau sont moins connues : il erra. D'abord M. Bazas le garda deux ans à l'Alcazar de Bordeaux; puis il revint à Paris en 1865. Un nouveau théâtre venait de s'ouvrir sur l'emplacement actuel des Nouveautés. On l'appelait les Fantaisies parisiennes. Champfleury écrivit une pantomime d'ouverture, dont Th. Gautier rendit compte dans le *Moniteur*. « Deburau, écrivait alors Champfleury, reste sans rival dans le rôle de Pierrot. »

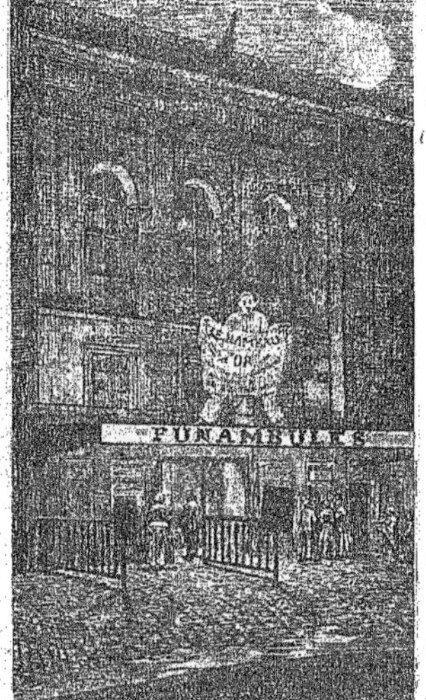

Théâtre des Funambules

On relève encore sa présence à Dôle, Mâcon, Châlons, Melun, Bourg, Belfort, Beaune. En 1866, il est à Lyon, aux Variétés, où il chante dans une folie d'Hervé. Le 25 septembre 1866, il joue au théâtre Saint-Germain (actuellement th. Cluny). A Marseille, à l'Alcazar, il passe en revue tout son répertoire (1869-70). Rouffe lui succéda sans le remplacer. Il prend alors la direction de l'Alcazar de Bordeaux, qu'il garda jusqu'à sa mort, survenue en 1873.

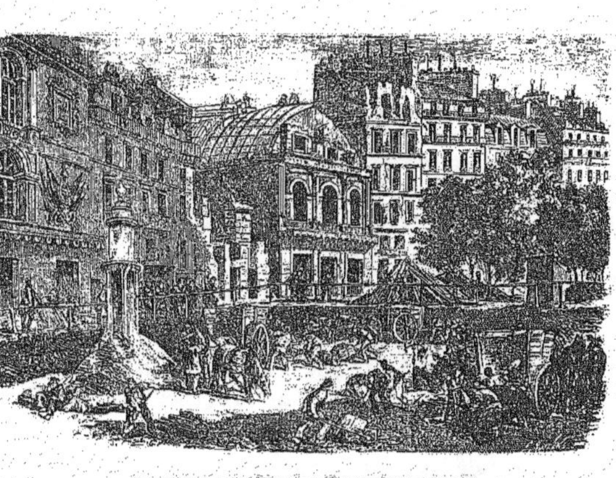
Démolition du Th. des Funambules (1862)

Le 30 novembre 1873, Virginie Déjazet, de passage à Bordeaux, écrivait à son fils : « Charles Deburau, beau-frère de mon directeur, M. Goby, est bien malade. Il a acheté l'Alcazar, il y a deux ans, il en est le drapeau, naturellement, et, à peine rentré depuis quinze jours, voilà que les médecins lui défendent de continuer. Il se désole, car, chaque matin en se levant, il a 650 fr. de frais à payer. Il y a eu une espèce de consultation ce matin : on dit qu'il a la moëlle épinière attaquée ; avant on déclarait une hydropisie du cœur : lequel croire? Ce pauvre homme a deux filles, sa femme et son théâtre! Il est vraiment frappé, d'autant qu'il a l'esprit du geste sans rien de plus !... »

Et le 17 décembre : « Ta dépêche est arrivée juste au moment de l'agonie de ce pauvre Deburau, agonie qui dure encore à l'heure où j'écris. Toute la famille est au pied de son lit : c'est navrant !... Pauvre Deburau, avec lequel il y a trois semaines je dînais encore! Un si fort garçon, fort comme Apollon, quarante-cinq ans, aucun organe attaqué, et il meurt !... Ce n'est pas de la moëlle épinière, comme je te l'avais dit d'abord... » Mais l'auteur de la lettre n'explique pas la maladie.

L'enterrement eut lieu le 19 décembre, et à minuit sa femme, accompagnée de M. Goby, son frère, partit avec le corps pour Anet, sa campagne, dans laquelle il avait désiré être déposé. Enfin Déjazet ajoutait à la date du 20 : « On le regrette généralement; c'était un directeur sévère, mais loyal et juste. »

Quant à l'incomparable cantatrice, qui avait été comtesse, princesse et duchesse, Mme Stoltz, créatrice de la *Favorite*, elle s'éteignit fort obscurément fin juillet 1903. On l'avait presque oubliée.

Biographie : *Deburau*, notice par Salvador vers 1862 (fort incomplète).

Bibliographie : L. Péricaud, le *Théâtre des Funambules*. — Th. Faucheur, *Hist. du Boulevard du Temple*. — P.-L. de Pierrefitte, *Hist. du th. des Folies Marigny*. — Paul Hugounet, *Mimes et Pierrots*. — H. Lyonnet, *Revue d'art dramatique*, année 1903, p. 271. — Alph. Lemonnier,

Petits mystères de la vie théâtrale. — L. Henry, *Pantomimes de Gaspard et Ch. Deburau*, préface par Champfleury, 1889. — Lecomte, *Virginie Déjazet.*

Iconographie : Même observation que pour Deburau père. Le catalogue Duplessis (Bibl. nat.) a confondu les deux mimes.
1. En pied, de ³/₄ à droite. Grav. par J.-Alph. Testard, 1849.
2. En pied, de face, gravé par J.-Alph. Testard, 1854.
— Le *Photographe théâtral.* Phot. à mi-corps, en costume de ville, cliché Dalligny.
— Pantomimes de Gaspard et Ch. Deburau, 1889, portraits.

DEBUSSAL, Mme. — Duègne à Lille, 1813-1815. Peut-être la même que *Mme Debussac*, née Marie Zilgens, entra à la Société en 1844. En 1846, elle avait 68 ans et 51 ans de théâtre. On lui servit une pension de 150 fr. Elle apparut encore au th. des Funambules, 1853. En 1857, Mme *veuve Debussac*, qu'on appelle aussi Mélanie, avait 79 ans. Elle habitait Belleville, et la Société lui avait porté sa pension à 300 fr. Son nom disparaît de l'Annuaire en 1865.

DEBUSSY, Mlle Esther. — Jeune première, Calais 1851.

DECAUX. — Palais-Royal 1879.

DECÈNE. — Débuta à la Comédie française le 30 avril 1776, par Clitandre, du *Misanthrope.*

DECHAMP. — Th. des Jeunes Acteurs, 1831.

DECHAMPS. — Rois et pères nobles, Anvers 1783.

DECHAMPS, Mme Malvina. — St-Pétersbourg 1852-79.

DECHAMPT. — Jeune premier, Porte-St-Martin 1849, Rouen 1852-55, Paris 1856, Rochefort 1857-58, La Haye 1859, Metz 1860-61, Nouvelle-Orléans 1862, Genève 1863-64, Chartres 1865-66, Rochefort 1867.

DÉCHANELLE, Mlle ou Dechanel. — Première amoureuse, Nantes 1830, Berlin 1833-35.

DECHAPPE. — Batignolles 1851.

DECHATEAUVERT. — Acteur de la troupe du Duc de Savoie, 1673.

DECHAUME. — V. Duchaume.

DECHAUMONT, Mme. — Lille 1773-74.

DECHAZELLES. — Gand 1807.

DECHAZELLES, Mme J. J. E. Poussint dite. — Paris 1852-55, Bourges 1856, Bayonne 1857, Bruxelles 1858-61, Paris 1862-67.

DECHESNE. — Nouveautés 1886.

DECHIÈVRE, Mme. — Variétés 1799.

DECHIÈVRE, Isidore. — Deuxième amoureux, Vesoul 1826, Rouen 1840-56. Mort vers 1857.

DECKER. — Utilités, Bruxelles 1833-34.

DÈCLE. — Régisseur et utilités, Cambrai 1827, Laon 1828, troupe de Mme Corrège 1833-34. Mort vers 1845.

DÈCLE, Mme. — Cambrai 1827.

DECLÈRES, Mlle. — Palais-Royal 1884, Variétés 1886.

DECOSTER. — Rôles de convenance, Liège 1839.

DECOURCELLES. — Premier comique, Saint-Brieuc 1851, Vannes 1852, *Decourcelles*, Jean, Philippe, Mâcon 1865-69.

DECOURNOIS. — Marseille 1793.

DECOURTY. — Sous ce nom :

Decourty, Angers 1798.

Decourty, deuxième comique, Versailles 1825-28, Nancy 1829, Nantes et Soissons 1833-1834.

Decourty fils, utilités, Soissons 1833-34.

Decourty, deuxième amoureux, Liège 1842, Anvers 1845, deuxième père, Liège 1852.

Mme Decourty-Capelly, deuxième amoureuse, Bruxelles 1842.

Decourty, premier comique, Boulogne-s/Mer 1852.

Mme Decourty, deuxième amoureuse, Boulogne-s/Mer 1852.

Decourty, Urbain, Adolphe. — Marseille 1864-66, Draguignan 1867, Aix 1868-69, Givors 1870, Périgueux 1871-72, Paris 1873-78, Dunkerque 1879, Le Hâvre 1880, Paris 1881, Beauvais 1882-83, Douai 1884, St-Quentin 1885, Le Hâvre 1886.

Decourty, Mme Marie, née Jaillot, Aix 1868-69 et mêmes étapes que ci-dessus, Toulouse 1887-88, Reims 1889-90, Uriage 1891, Reims 1892, Toulouse 1893-94, Dijon 1895. Sa mort fut annoncée au Rapport de 1896.

Decourty, Philippe, Paul. Rochefort 1882-83, Caen 1884, Paris 1885. Sa mort fut annoncée au Rapport de 1886.

Decourty, th. Déjazet 1895.

DECRE, Joseph, Jean-Baptiste. — Anvers 1868-72, Odessa 1873, Anvers 1874, Toulouse 1875-77, La Havane 1878-80, Paris 1881-82, Bruxelles 1883-91.

DECRESME. — Troisième amoureux, Angers 1827.

DECROIX, Mme ou Mlle. — Sous ce nom :

Mme DECROIX, th. Molière 1792-93, premier rôle, th. de la Cité 1799.

Mme DECROIX, première duègne, Lille 1793, Bruxelles 1797-1803, aux appointements de 3,600 fr. 1804.

Mlle DECROIX, Gaîté 1800. « Ingénuité qui a été bien placée sur un théâtre plus élevé. »

Mme DECROIX. Les *Affiches d'Angers* du 14 déc. 1809 contiennent une pièce de vers signée A. C., adressée à Mme Decroix jouant *Tartufe* et la *Belle fermière*. La presse fait d'elle le plus grand éloge.

Mme DECROIX, duègne au Grand th. de Bordeaux, aux appointements de 4,000 fr. 1817-18.

Mme DECROIX, fort premier rôle, Calais 1825, première duègne, Calais 1826-27, Lille 1828, aux appointements de 2,700 fr., Douai 1829, Besançon et Allemagne 1831, Tournay 1833.

DECUERS, Aristide. — Dijon 1849.

DECUERS, Mme. — Dijon 1849.

DEDECKER. — Artiste mort à Bruxelles vers 1846-47, laissant un enfant qui fut adopté par Daussy, le chef d'orchestre. Très pauvre, il n'avait jamais rien voulu demander, et Lafont, de passage à Bruxelles, lui était venu en aide de la façon la plus discrète. (Rap. 1847.)

DEDECKER la petite Louise. — Agée de dix ans, parut pour la première fois sur la scène au th. du Parc, à Bruxelles, rôle de Jenny, de la *Petite sœur de lait*, 8 février 1845. Il s'agit sans doute ici de l'enfant adopté par Daussy (V. plus haut, Dedecker).

DEDELBAT. — Arras 1835.

DEFERTE, Mlle. — Gaîté 1861.

DEFFARGES. Mlle. — Bouffes parisiens 1875.

DEFITE, Mme Louise, née Bouvaret. — Jeune duègne, Valenciennes 1826, Gand 1829, Strasbourg 1831, Amiens 1840. En 1849, elle est âgée de 58 ans et vit infirme à Amiens. La Société des artistes lui sert une pension de 186 fr., portée à 200 fr. en 1857. En 1858, elle quitte Amiens pour La Rochelle, 1858-59, revient à Amiens, 1860-62, puis à La Rochelle 1863-69.

DEFITE. — V. Romainville.

DEFODON. Mlle Emilie, devenue Mme Chevandier de Valdrôme, vers la fin du deuxième Empire. — Elle avait débuté à 15 ans sur les théâtres de banlieue sous la direction Husson. C'était une gracieuse personne, au doux visage, jouant les ingénues et les amoureuses avec beaucoup de charme ; elle était excessivement blonde. Elle fut engagée à l'Odéon, où elle fit preuve d'un talent honnête, passa à l'Ambigu (1860-62) et à la Porte-St-Martin (1863-64). Paul Mahalin, dans ses *Jolies actrices de Paris*, t. I, p. 57, plaisanta son aspect *clairdelunesque* et saule pleureur, lui faisant chanter le couplet suivant à propos du *Bossu :*

Vous m'demandez en ce moment,
Monsieur de Lagardère,
Si je préfère mon amant
A l'amour de ma mère.
Moi, je m'appelle Defodon,
La faridondaine, la faridondon,
J'aime mieux la poudre de riz
Biribi,
A la façon de Barbari,
Mon ami !

A partir de 1868, nous perdons sa trace. Elle quitta le théâtre pour se marier, et mourut le 15 avril 1902. Elle repose au cimetière d'Auteuil, dans la tombe-chapelle de la famille Chevandier de Valdrôme.

Bibliographie : Em. Abraham, *Acteurs et actrices*, 1861. — Ram Baud et E. Coulon, les *Th. en robe de chambre*, 1866. — P. Mahalin, les *Jolies actrices de Paris*, 1868-78, t. I, p. 57.

DEFOÊ, Mlle. — Utilités. Niort 1835, La Rochelle 1837.

DEFOLLY, Caliste, Céleste. — Batavia 1852-1858.

DEFORGE. — Deuxième comique, Anvers 1779, directeur et acteur, Douai 1780.

DEFOSSEZ. — Père noble, Niort 1835, La Rochelle 1837. V. le suivant.

DEFOSSEZ, Alexandre. — Nancy 1852, Le Hâvre 1853-59, Marseille 1860-61, Strasbourg 1862, Amiens 1863-64, Marseille 1865, médaille d'honneur, Le Hâvre 1866-69, Nantes 1870-73, Le Hâvre 1874-75.

DEFOSSEZ, Mme Sophie, née Siffert. — Nancy 1852, Le Hâvre 1853-62.

DEFOSSEZ, Alexandre, Julien, — Dijon 1876-1879.

DEFOSSEZ. Mme Camille, Léontine, Julien Chesser. — Nantes 1871-1902.

DEFOYE, Nicolas. — Acteur et directeur. Reims 1808-09. Il y avait eu à Bruxelles une chanteuse de ce nom en 1766-72.

DEFOYE, Mlle Sophie. — Amoureuse, Reims 1808-09.

DEFOYE, Louis, Armand, Joseph. — 2me amoureux comique, Nancy 1852, Le Hâvre 1852-53, Boulogne-s/Mer 1854-55, St-Quentin 1856, Metz 1857, St-Quentin 1858, Rennes 1859, Dijon 1860-62, Bayonne 1863, Perpignan 1864, Marseille 1865-66, Laval 1867-68, Colmar 1869-70, Genève 1871-73, Le Hâvre 1874-75, St-Quentin 1876, Rennes 1877-78, Besançon 1879, Carcassonne 1880-81. En 1882, âgé de 63 ans, avec 42 ans de th., il obtint une pension de 500 fr. de la Société des artistes. Le Mans 1882-85, Paris 1886, Verviers 1887, Brest 1888, Paris 1889, Elbeuf 1890, Le Mans 1891, Besançon 1892. Sa mort fut annoncée au Rapport de 1893.

DEFRAMOY. — Ambigu 1792.

DEFRANE ou Defrancq, ou Defranque. — Rôles de convenance, Lille 1851, Anvers 1852-53, Metz 1854-59.

DEFRANCE, Auguste, Pierre, Benoist dit. — Th. de la Villette 1882-84.

DEFRAYE, Mlle. — Maëstricht 1714-1719.

DEFRENNE, Louis, Joseph, Floris. — Dieppe 1853-55, Nantes 1856, Toulouse 1857-68, Genève 1869-73, Aix 1874-76.

DEFRENNE, Mme, née Duruissel. — Dieppe 1854-55, Nantes 1856, Paris 1857-58.

DEFRENNE, Mme Florence, née Méry, Rosa. — Versailles 1862-63, Lille 1864-66, Toulon 1867, Liège 1868, Versailles 1869, Brest 1870, Limoges 1871-73, Montpellier 1874, Toulouse 1875-76, Caen 1877. Sa mort fut annoncée au Rapport de 1878.

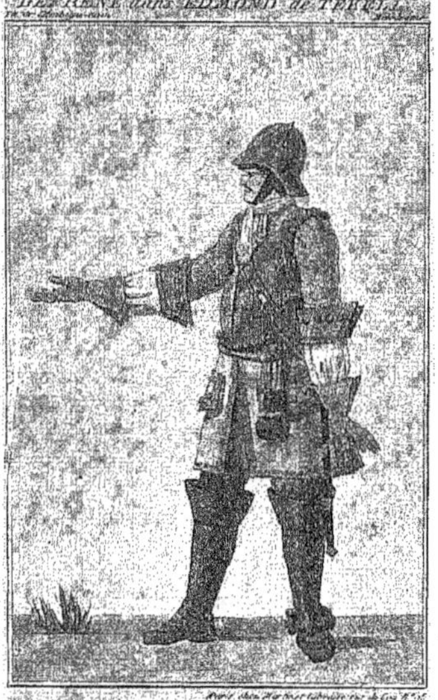
DEFRESNE dans *Tékéli* (coll. Martinet)

DEFRESNE, Fiacre, François. — Naquit le 30 janvier 1782 sur la paroisse Notre-Dame à St-Germain-en-Laye. Son père était limonadier. Il commença sa carrière à l'Odéon 1799, puis au th. de la Cité, où il jouait dans des pantomimes dialoguées, telles que les *Vierges du Soleil*, le *Siège de La Rochelle*, *Rodolphe* ou le *Château des Tourelles*. Puis, il débuta à l'Ambigu par l'emploi d'amoureux dans les vaudevilles, et de confidents dans les mélodrames : « Jeune premier assez agréable, écrit le *Tribunal volatile* de l'an XI, ayant de la chaleur mais peu de moyens, ce qui nuit à ce qu'il exprime aussi bien qu'il sent. »

Le rôle du traître Fritz, dans la *Femme à deux maris* (14 sept. 1802), lui indiqua la route à suivre. Les rôles de traîtres et de tyrans lui échurent sans partage, tenant aussi avec autorité ceux des rois et des princes.

Defresne était un bel homme, d'une belle tenue ; il était fort aimé au boulevard. Doué d'un organe sonore, prononçant bien, sobre de gestes, il occupa une des premières places à l'Ambigu. En 1814, il passa à la Porte-St-Martin qui venait de rouvrir. La pièce des *Deux Forçats*, où il tenait le rôle de l'échappé du bagne, fit courir tout Paris. Plus tard, il prit les rôles de pères et se retira du théâtre. Vers 1830, un de ses derniers rôles fut celui du vieux mendiant, dans *Sept heures*.

Defresne, en dehors du théâtre, tenait une espèce de table d'hôte rue de Bondy, et « découpait, dit une biographie du temps, une volaille avec autant de dextérité qu'il donnait un coup de poignard. » On a dit aussi qu'il faisait le commerce de tableaux. Il avait habité 18, rue d'Angoulême, 1806, 50, boulevard du Temple, 1807, 12, faubourg du Temple, 1809, 2, rue des Marais, 1812-15, 8, faubourg du Temple, 1816-20, 2, rue de Bondy, 1822-24, 2, boulevard Bonne-Nouvelle 1827. Il mourut le 3 mai 1834, rue de Verneuil.

En 1821, un critique lui accorde plus de feu que de naturel. On lui reproche ses manques de mémoire. En 1824, Maurice Alhoy signale son regard farouche, ses roulements d'yeux, son réalisme, comme on dirait aujourd'hui. En 1826, la *Petite biographie* écrivait : « Rue de Bondy, 22, comédien et restaurateur, il dissimule un plat avec autant d'aisance qu'une trahison. Il est, de plus marchand de *seringues* ; c'est un malheur, mais hélas ! auquel il n'y a pas de *remède*. »

Biographie : E.-D. De Manne et Ménétrier, *Galerie historique des acteurs français*.

Bibliographie : *Petite biographie*, 1821 et 1826. — *Grande biographie*, 1824. — Brazier, *Hist. des petits th.*, t. I, p. 22.

Iconographie : Coll. Martinet (cost. de th.)
N° 55. Edmond, dans *Tékéli*.
N° 100. D. Carlos, *Helénor de Portugal*.
N° 132. Montalban, dans *Clara*.
N° 398. Olméric, dans *Palmerin*,
N° 416. Clovis II, dans *Archambaud*.
Eau forte de J.-M. Fugère, en buste, de profil à gauche, cost. de th. dans la *Galerie historique*.

DEFRESNE, — Premier comique, Liège 1842.

DEFRESNE ou Defrenne. — Jeune premier, Gand 1851.

DEGAIGNEUX Mme Constance. — Jeune première, Genève 1830.

DEGARCINS, Mlle Magdelaine Marie Des Garcins dite *Louise* et *Juliette*, née à Montdauphin (Dauphiné), le 23 mai 1769, était fille de Louis, Joseph.Des.Garcins (et non Louis-Antoine), lequel s'intitulait « bourgeois de Paris ». Disons, en passant, que M. De Manne et M. A. Pougin, ainsi que son acte de baptême, l'appellent Des Garcins, tandis que Jal et M. Monval en tiennent pour Degarcins. Nous avons adopté cette dernière orthographe parce que la signature que nous avons sous les yeux porte « De Garcins ».

Son père, officier d'infanterie, chevalier de St-Louis, eut un jour une affaire pour une question de préséance avec un jeune collègue. On alla sur le terrain, et le capitaine Degarcins tua son adversaire. Les lois étaient sévères pour le duel ; il se réfugia en Hollande, s'occupa d'horticulture près de Harlem, et fit venir sa petite famille trois ans plus tard. Les années passent, M. de Malesherbes est appelé au pouvoir, et, sous la protection de cet homme intègre, il lui est permis de rentrer en France. Bien plus, il est nommé colonel d'un régiment. Il se rend à son nouveau poste, chefs et soldats l'attendent sous les armes, et le lieutenant-colonel chargé de lui faire la remise du régiment se trouve être le propre frère de l'officier qu'il avait tué. A cette vue, le vieux soldat chancelle et tombe mort.

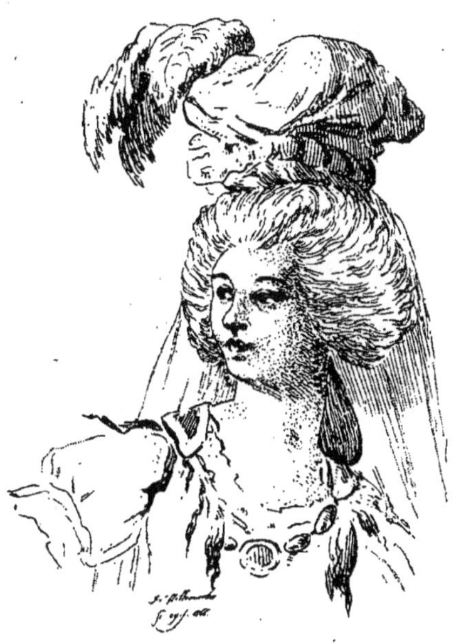
Mlle DEGARCINS, d'après Fr. Hillemacher

M. de Malesherbes prend alors sous sa protection la veuve et la fille de son protégé, les fait venir à Paris, et obtient pour elles un modeste logement dans les dépendances du Jardin du Roi (Jardin des plantes). Nous passerons rapidement sur l'histoire romanesque de Mlle Degarcins, retrouvant parmi les orphelins de l'hôpital voisin de la Pitié un frère inconnu qui, par ignorance de son état civil, faillit l'épouser, et nous arriverons à la rencontre de Talma dans le Jardin du Roi. Le jeune homme avait vingt ans et se destinait au théâtre ; la jeune fille en avait dix-huit ; tous deux se lièrent d'une franche et bonne amitié qui ne se démentit jamais. Sur les conseils de celui-ci, elle se fit recevoir au Conservatoire, alors récemment ouvert, et chercha une voie nouvelle qui pût procurer, à elle et à sa mère, des moyens d'existence.

Mlle Degarcins était d'une santé délicate : frappée d'hémoptysie, elle n'avait été sauvée que par les soins du docteur Maloet. A peine rétablie, elle reçut les leçons de Fleury, de Dugazon, particulièrement de Molé, et débuta à la Comédie française le 24 mai 1788, dans le rôle d'Atalide, sous le nom de *Desgarcins*. Quelques jours plus tard, elle joua *Zaïre* et obtint un succès prodigieux.

« Des dispositions étonnantes, un ardent amour pour son art, écrivit Ducray-Duminil, de l'intelligence, de la grâce, voilà ce qui fit courir tout Paris aux débuts de la citoyenne Degarcins, qui promettait à la scène une actrice célèbre, et qui a tenu parole. Cette jeune actrice eut pourtant à vaincre plus de difficultés que toute autre. D'abord, née dans la plus grande indigence, elle était toujours fort mal mise, et son physique grêle et faible semblait repousser tous ceux à qui elle manifestait son désir de se livrer à l'art du théâtre. »

Malgré les injustices, les rebuffades, les humiliations, Mlle Degarcins ne vit faiblir ni sa volonté, ni son énergie, si bien qu'après un an seulement de séjour à l'Ecole de déclamation, elle avait pu se produire au th. Français dans onze rôles.

« La nature, lit-on dans les *Vérités à l'ordre du jour*, n'a rien fait pour cette actrice ; jamais il n'exista peut-être un physique plus ingrat ; mais elle avait une âme brûlante, sa voix savait trouver le chemin du cœur, et l'on oubliait, en l'écoutant, la laideur de son visage.»

A vrai dire, Mlle Degarcins avait pour elle une voix enchanteresse, d'une douceur, d'une tendresse inouïes; ses yeux noirs ombragés de longs cils laissaient échapper la passion, et si l'immobilité ne lui convenait pas, elle était sublime dans le mouvement et dans les larmes.

Le *Journal de Paris*, le *Mercure*, la *Gazette*, Grimm lui-même ne tarissent pas d'éloges ; les débuts durèrent extraordinairement cinq mois, jusqu'au 24 octobre, et le public accourut en foule. Les rôles d'Atalide, de

Bajazet, de *Zaïre* et de Chimène dans le *Cid*, furent jugés ses meilleurs. La Harpe, si difficile, convint qu'il n'avait jamais entendu une voix plus nette, plus juste, plus flexible. Un amateur écrivit les vers suivants *(Journal de Paris)*, sous la signature de Vacherot :

Qui n'a pas vu Gaussin n'a jamais vu Chimène...
Eh ! qui sauroit mieux qu'elle émouvoir tous les cœurs !
Mes yeux en l'admirant laissent tomber sans peine
Des pleurs qu'ils ne sauroient refuser à ses pleurs...
A plaindre ses malheurs un doux penchant m'entraine ;
Du Cid avec transport je partage l'amour...
Et mon âme étonnée adore tour à tour
Chimène dans Garcins et Garcins dans Chimène.

Les débuts de Mlle Degarcins excitèrent autant d'intérêt que ceux de Talma. Contrairement à la règle, elle fut reçue sociétaire le 1er avril 1789, sans attendre les deux années d'essai. Fontanes, qui fut un de ses amants favorisés, lui adressa une pièce de vers où il la montrait rappelant Mlle Gaussin par son talent :

... Mais ne suis pas en tout cet aimable modèle,
On dit qu'elle était peu cruelle.
. . . .
Pour mieux peindre l'amour, il faut qu'il t'intéresse ;
Et si tu goûtes ses douceurs,
Qu'un seul amour, du moins, inspire à ta jeunesse
Ce que ta voix enchanteresse
Fera sentir à tous les cœurs.

Mlle Degarcins établit dans le répertoire nouveau les rôles de Viviane, dans *Linval et Viviane* (1788), d'Adélaïde, dans le *Comte de Comminges* (1789). En 1790, elle perdit sa mère. Cette année 1790 devait amener la division en deux camps de la Comédie française. Les troubles qui accompagnèrent la représentation de *Charles IX* mirent le feu aux poudres. Dugazon, Talma, Grandmesnil, entraînant avec eux Mlle Degarcins, Mme Vestris, Mlles Lange et Simon, quittèrent leurs camarades à la clôture de Pâques 1791, et s'en allèrent renforcer la troupe des Variétés-Amusantes qui prit alors le nom de Théâtre Français de la rue Richelieu. Talma et Mlle Degarcins en devinrent les deux protagonistes, et l'on vit celle-ci dans *Henri VIII* (27 avril), *Abdélazis et Zuléima* (3 oct.), la *Vengeance* (27 nov.), *Mélanie* (7 déc.). Elle y fut, comme toujours, hors de pair. Tous les critiques, chose rare, sont d'accord sur son compte. A la ville, cette artiste menait l'existence la plus retirée, la plus ignorée, la plus paisible. Le 8 mai 1791, elle fut marraine de l'un des enfants jumeaux de Talma à Notre-Dame de Lorette.

Citons encore : *Caïus Gracchus* (9 fév. 1792), *Virginie* (9 mai), le *Roi Lear* (12 juin), *Othello* (26 nov.) avec Talma comme partenaire. Dans *Othello*, Mlle Degarcins chanta la *Romance du Saule*, dont la musique fut composée spécialement pour elle par Grétry. Chez Talma, Mlle Degarcins avait connu un certain Allard, cavalier élégant, causeur enjoué, d'un extérieur aimable, avec qui elle se lia. Bonne, aimante, désintéressée, elle ne s'aperçut pas de la frivolité de l'homme à qui elle s'abandonnait corps et âme. Elle devint atrocement jalouse. Un jour, elle se rend au domicile de son amant, l'accable de reproches, et, prompte comme l'éclair, se frappe en sa présence de trois coups de poignard. Cette aventure devint la fable de tout Paris. Allard fit soigner sa maîtresse avec un dévouement parfait, mais celle-ci n'en demeura pas moins plusieurs mois entre la vie et la mort. Le poignard avait atteint le poumon. La convalescence fut encore plus longue ; pendant des mois entiers elle dut garder une immobilité complète, un silence absolu. Bref, ce ne fut qu'au bout de deux ans, le 18 Nivôse an III, soit le 8 janvier 1795, qu'elle pût faire sa rentrée au th. de la rue Richelieu, devenu th. de la République, dans son rôle de Hédelmone, d'*Othello*. Elle avait cru, ce jour même, devoir s'expliquer auprès du public dans une lettre envoyée au *Journal de Paris :* « Ce n'est point l'exaltation qui a produit mon désespoir, disait-elle, c'est la méchanceté et la bassesse de deux individus que je ne nommerai point, pour ne pas être obligée de rappeler tous les maux qu'ils m'ont fait souffrir. »

Le 12 avril, elle créa le rôle de Suléma, dans *Abufar*, mais elle avait compté sans ses forces. Les crachements de sang la reprirent, et elle résolut d'aller se reposer à la campagne, aux portes de Sceaux, non loin du château, dans une petite habitation bien modeste, où l'attendait le plus tragique des évènements. Elle vivait dans cette retraite depuis plus d'une année et songeait déjà à reprendre ses travaux, lorsque, dans la soirée du 28 novembre 1796, se trouvant chez la gardienne de la Porte d'Antony, au parc de Sceaux, où elle était allé chercher du lait, la maison fut entourée par une bande de brigands. Les quatre personnes qui s'y trouvaient, Mlle Degarcins, la gardienne, un ouvrier et la domestique, furent enfermés dans la cave, ainsi plus tard que deux passants qui auraient pu donner l'éveil. Puis les voleurs tinrent conseil pour savoir s'ils ne devaient pas massacrer ces infortunés. La voix de Mlle Degarcins finit seule par apitoyer ces misérables descendus en armes à la cave, et ce ne fut qu'au petit jour, après leur départ, que l'un des hommes se hissant jusqu'à un soupirail, put appeler l'attention d'un ouvrier qui vint délivrer les captifs. La frayeur, le saisissement éprouvés ne provoquèrent pas chez Mlle Degarcins une crise immédiate : elle vint à Paris, informa ses camarades de ce qui s'était passé, fit une collecte en faveur de la malheureuse gardienne dévalisée. Elle recueillit 300 livres pour la veuve Guillier (c'était son nom) et 100 livres pour la domestique. Mais sa raison avait sombré dans cette aventure, et la maladie de poitrine dont elle souffrait avait fait de réels progrès. Il fallut la ramener à Paris et la loger dans un hôtel garni de la rue Neuve-Egalité, 306, où elle tomba bientôt dans le dénuement le plus complet. Il est juste de dire qu'à cette époque le th. de la République avait fermé ses portes, que la troupe était désorganisée, qu'Allard lui-même, devenu agent militaire en Italie, s'amusait à jouer la *Mort de César* sur le grand théâtre d'Udine avec une troupe d'amateurs (sept. 1797). Beaucoup des camarades de Mlle Degarcins pouvaient donc ignorer que celle-ci, seule, oubliée, délaissée, privée de raison, s'éteignait sur un grabat, le 6 Brumaire an VI (27 oct. 1797) à 28 ans, juste onze mois (moins un jour) après la nuit de Sceaux. Seul le *Courrier des Spectacles* annonça sa mort. Elle laissait une fille en bas âge, dont nous nous occupons plus loin.

Biographie : E.-D. De Manne, *Troupe de Talma*. — A. Pougin, la *Comédie Française et la Révolution, vie et mort tragiques d'une tragédienne*, Paris, sans date (1903).

Bibliographie : *Journal de Paris*, 2 juin 1788. — *Chronique de Paris*, 21 avril 1791. — Le *Courrier des Spectacles*, 13 nov. 1797. — Jal, *Dict. critique*.

Iconographie : En buste, cost. de th., eau forte par Fr. Hillemacher, *Troupe de Talma*.

DEGARCINS, Mlle ou *Mondran-Desgarcins*, fille de la précédente. — Devait être encore bien jeune au moment de la mort de sa mère, puisque, sous la protection de Mme Talma-Vanhove, elle débuta à la Comédie Française le 26 avril 1808, avant d'avoir accompli sa quinzième année. On lui avait choisi ce même rôle d'Atalide de *Bajazet*, où sa mère avait laissé de si brillants souvenirs : « Je n'ai presque rien à dire de la débutante, écrit le *Journal de Paris* ; c'est une enfant ; son âge sollicite la plus extrême indulgence. La mère demande grâce pour la fille... » On n'entendit plus jamais parler d'elle.

DEGARRON. — Premier rôle et directeur, Chartres 1828, peut-être le même que Degarron, Auguste, Louis, Joseph, Toulon 1856-58, Besançon 1859, St-Etienne 1860-61, Boulogne 1862, Genève 1863, Grenoble 1864, Oran 1865-1866, St-Quentin 1867, Dijon 1868.

DEGARRON, Mme, née Lemery. — Première amoureuse, Chartres 1827-28, morte vers 1832.

DEGASPARIS, Mme Esther. — Buenos-Ayres 1889-92.

DEGÈNE, Mme. — Gap 1827.

DEGENNE. — Funambules 1857.

DEGESME, Mme. — Deuxième amoureuse, th. Molière, Bordeaux 1829.

DEGLIGNY. — Commença par étudier la médecine. Devenu comédien, il joua en Italie, passa à Orléans, et débuta à Lille le 6 avril 1788, dans le *Barbier de Séville*, rôle d'Almaviva. On lui reconnaissait un bel organe, de l'intelligence, mais on lui reprochait sa froideur. En 1792, il quitta Lille et passa à Nantes 1794, puis à Marseille 1795, d'où, d'après Grimod de la Reynière, Fleury le fit venir à Paris pour faire pièce à Naudet. Le *Censeur dramatique* le trouve gauche, provincial, mais lui reconnaît l'art de phraser, et un bel organe. Dégligny joua les pères — notamment le rôle de Chrysale où il fut bien — fut régisseur du théâtre de la République et en octobre 1798, à la fermeture, fut engagé à l'Odéon dans la troupe de Picard. Il donna avec succès une pièce de lui, les *Hâbleurs* (23 nov. 1799), où il tenait un rôle. Cette pièce qui faisait suite à une pièce de Colin d'Harleville, *M. de Crac dans son petit castel*, avait déjà été jouée au bénéfice de l'auteur, le 5 déc. 1791, à Lille, où il avait encore donné le *Secret gardé*, et le *Soldat national*.

Dégligny quitta le th. Feydeau (où l'Odéon avait été transporté, après l'incendie du 19 mars 1799) pour St-Pétersbourg. La *Lorgnette des spectacles* (1801) le désigne comme un bon raisonneur, mais sans chaleur affectueuse. Puis Dégligny quitta la scène et reprit une étude d'huissier. En 1799, il demeurait rue Notre-Dame-des-Victoires.

Biographie : L. Lefebvre, *Hist. du th. de Lille*, t. II, p. 50, note.

DÉGLIGNY, Mme. — Caractères, Lille 1790-92, Nantes 1794.

DÉGLIGNY, la petite. — Rôles d'enfants, Lille 1790-91.

DÉGLIGNY. — Débuta au Vaudeville le 12 sept. 1827, rôle de Grimardeau, dans le *Château de mon oncle*.

DÉGLIGNY, Mme. — Duègne, Londres 1827, Boulogne 1828, Douai 1830-31, Béziers 1835-38.

DÉGOTTY, Mlle. — Elève de M. Dupuis des Hets, s'essaya d'abord à Versailles, dans le rôle de *Monime*, puis débuta à la Comédie Française, le 8 oct. 1807, dans *Adelaïde Duguesclin*, rôle d'Adelaïde. Elle n'avait, dit-on, que vingt-deux ans, mais elle en paraissait trente. Sa figure était agréable, sa taille convenable ; elle manquait seulement de force. Abordant alors l'emploi des grandes coquettes, elle débuta à l'Odéon (th. de l'Impératrice), le 6 février 1809, dans l'*Entrée dans le monde* et les *Jeux de l'amour*. Elle demeurait alors rue de l'Odéon 13. En 1810, nous la revoyons au th. Français dans le rôle d'Œnone. Elle partit en province et fit applaudir « la sagesse de sa diction et la justesse de son débit » à Caen (mai 1811). En 1812, elle publia un roman, *Marie de Valmont*, in-12, chez Maradan, dont la *Gazette de France* fit l'éloge le

30 déc. Le 8 sept. 1814, elle donna à l'Odéon un drame en cinq actes, en prose, *Mathilde*, mais sans succès.

Bibliographie : *Opinion du Parterre*, t. v, VIII, IX, X. P. Porel et G. Monval, l'*Odéon*, t. I.

DEGRAEVE, Eugène. — Lille 1883-84. Plutôt chanteur. Opéra-Comique 1885-87, Monaco 1888-89, Lille 1890-92, Alger 1893, Reims 1894, Nancy 1895, Nîmes 1896-97, Valenciennes 1898. Sa mort fut annoncée au Rapport de 1899.

DEGRAINE, Henri, Alexandre. — Odéon 1856-59.

DEGRANDI, Mlle Marie. — Plutôt chanteuse que comédienne, d'origine provençale, élève d'une demoiselle Rovello, avec laquelle elle fut en procès, chanta d'abord l'opéra à Marseille. M. Casamayer-Sallenave s'éprit d'elle et l'épousa. Jolie femme, elle débuta aux Bouffes dans *Coquelicot*, 1er mars 1882. Peu de temps après, pour raison d'ordre privé, le mari voulut se suicider. On le sauva. Il poursuivit sa femme et la menaça de mort *(Gazette des tribunaux)*. Mme Degrandi entra ensuite à l'Opéra-Comique, où elle fit une très longue carrière. Habitait Paris en 1903.

DEGRANGE, Léon, Edouard. — Le Hâvre 1881-83.

DEGRANGES, Mlle. — Marseille 1793.

DEGREEF, Alphonse, François. — Né en 1828, Dijon 1862-63, Angers 1864-66, Batavia 1867-69, Boulogne-sur-mer 1870-74, Mons 1875, Batavia 1876-81, Paris 1882-88, Saïgon 1889-91, Hanoï 1892. En 1893, âgé de 64 ans, avec 34 ans de th., Degreef obtint une pension de 500 fr. de la Société des artistes. Habitait le Vésinet 1893-1903.

DEGREEF, Mlle. — Menus plaisirs 1885.

DEGREMONT. — Troisième amoureux, Lille 1790. Peut-être le même : th. Molière 1793.

DEGREVILLE. — Bruxelles 1780, aux appointements de 2000 livres. En 1792, Degreville, comédien de la troupe de Liège, fit imprimer en cette ville un à propos très rare, cité par Faber : l'*Impromptu du cœur* ou la *Nomination du Prince de Liège*.

DEGRIS. — Th. Comte 1851.

DEGROOTE, Mme Eveline, Mathilde, femme Guary. — Paris 1879-82, Alby 1883, Tours 1884, Paris 1885-1903. Habitait Paris en 1903.

DEGROOTE-Briet, Mme. — V. Briet.

DEGRUITTE, Mme. — Palais-Royal 1853.

DEGRULLY, Charles. — Premier rôle, Niort 1835-37, Lille 1844, débuta à l'Odéon en août 1848, dans la *Famille Renneville*.

DEGUERVILLE, Mlle. — Châtelet 1888.

DEHARME. — Th. Patriotique 1794. Il prit ensuite la direction des Délassements comiques, où il jouait un peu tous les rôles, sans être déplacé dans aucun. Brazier, qui le vit vers 1799, rapporte qu'il paraissait dans la même soirée dans *Abel*, les *Fausses infidélités* et le *Devin du village*. Il compta dans sa troupe Joanni, Potier, Joly, Mlle Flore, et passa la main à un sieur Bellavoine.

Bibliographie : Brazier, *Hist. des petits th.*, *Mémoires de Mlle Flore*, t. I, p. 166, *Hist. des Délass. comiques*.

DEHARME, Mme, épouse du précédent. — Premier rôle, th. Patriotique 1794, Délass. com. 1799.

DEHOULES, Mme, ou Deshoulles, Olympe, Louise, Eugénie. — Née en 1847. Rouen 1872-1902. En 1903, Mme Dehoules, âgée de 55 ans, avec 30 ans de th., obtint une pension de 500 fr. de la Société des artistes. Habitait Paris en 1904.

DEILLES, Mlle. — Th. Déjazet 1874.

DEJAISNE, Hyacinthe. — Mons 1852-56.

DEJARDIN, Mme. — Cirque olympique 1824.

DEJARNY, Mme. — (Du Vaudeville ?) Grande coquette, Lille, mai et juin 1856.

DEJESNE, Mme. — Chartres 1833-34.

DÉJAZET, Mlle Hippolyte, Pauline. — Actrice et chanteuse de talent, l'une des sœurs aînées de Virginie Déjazet, et avantageusement connue à Bordeaux. Elle mourut à 29 ans — avant 1820 — d'une maladie de poitrine.

DÉJAZET, Mlle Pauline, *Virginie*, (1798-1875). — Tout a été dit sur Déjazet, ou à peu près. Nous ne pouvons donc que résumer ici les différents travaux existants, indiquer les sources, et suivre l'ordre chronologique. L'extrait du registre des naissances de la municipalité du XIe arr. pour l'an VI, porte : « Du 15 fructidor de l'an VI (1er septembre 1798) de la République Française, acte de naissance de *Pauline*, *Virginie*, née le jour d'avant-hier, treize fructidor, à quatre heures du matin, rue St-André des Arts, n° 115, fille de Jean Déjazet, tailleur, âgé de cinquante-trois ans, natif de Villefranche (Saône-et-Loire) et de Charlotte-Aldégonde Leconte, âgée de quarante ans, native de Royon, département du Pas-de-Calais, mariés à Paris, paroisse cy-devant St-Joseph, en 1777. »

Treizième et dernière enfant d'une modeste famille d'artisans, elle débuta à l'âge de cinq ans, comme danseuse, sur un petit théâtre élevé en 1802, dans le jardin de l'ancien couvent des Capucines. Une de ses sœurs, Thérèse, attachée au corps de ballet de l'Opéra, lui donna quelques leçons de comédie et la fit engager au th. des Jeunes Artistes, situé à l'angle des rues de Bondy et de Lancry. Elle y débuta dans *Fanchon toute seule*. Un soir, un spectateur à cheveux blancs l'arrêta au passage, la prit sur ses genoux, l'embrassa et lui dit : « Souviens-toi plus tard de ce que le vieux bonhomme te prédit : tu seras un jour une artiste remarquable. » Ce prophète était Monvel, le père de Mlle Mars.

M. L. Henry Lecomte, à qui il faut toujours revenir quand il s'agit de Déjazet, a donné la liste des rôles que celle-ci créa sur le th. des Jeunes Artistes, de mars 1806 à janvier 1807. La jeune artiste n'avait donc pas dix ans ! Thérèse, devenue le Mentor de sa sœur, la fit entrer au th. des Jeunes Elèves, rue de Thionville (rue Dauphine). On y reprit pour elle, le 16 avril 1807, *Fanchon toute seule*, et la véritable Fanchon, Mme Belmont, venue pour la voir, la fit engager au Vaudeville pour tenir des rôles d'enfants.

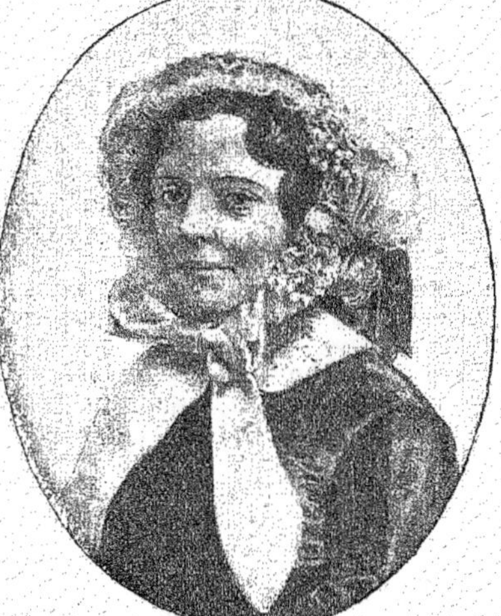

DÉJAZET, d'après Lacauchie (1855)

Elle parut à ce théâtre le 5 novembre 1807 dans le *Fond du sac*, puis végéta jusqu'à sa création de la fée Nabotte, dans la *Belle au Bois dormant*, 20 fév. 1811. Mais, que pouvait faire une enfant de treize ans dans une troupe aussi aguerrie que celle du Vaudeville à cette époque. Un jour, vers 1815, elle remplaça sa camarade Minette dans une excursion à Orléans.

Le 2 janvier 1817, elle débuta aux Variétés par le rôle de Suzette, dans *Quinze ans d'absence*; puis elle joua Félix dans les *Petits braconniers* (13 février). Mais Pauline, qui avait créé ce rôle, fut jalouse du succès de la jeune Virginie, et Brunet, pour ne pas irriter sa maîtresse, ne fit plus jouer la jeune Virginie. Potier fut presque seul à dire à Brunet qu'il faisait une grande sottise.

Seveste, l'ex-acteur du Vaudeville, dirigeait une agence dramatique. Il lui trouva un engagement à Lyon. Cet engagement, reproduit par M. L.-H. Lecomte, et daté du 12 octobre 1817, nous apprend que la jeune artiste devait jouer les soubrettes, les rôles de Minette et d'Aldégonde, les travestis, fournir ses costumes et ses brochures, paraître dans toutes les pièces, etc., le tout moyennant 2,400 francs par année.

Le directeur Charasson avait les deux théâtres : celui des Terreaux et celui des Célestins. Virginie fut attachée à ce dernier ; l'engagement fut renouvelé pour 1819-20, aux conditions de 2,600 fr., plus le droit à une demi-représentation d'hiver.

En avril 1820, fuyant, dit-on, des obsessions amoureuses, nous la retrouvons au th. français de Bordeaux. C'est alors que, pour rappeler le souvenir de sa sœur Hippolyte-Pauline Déjazet, ex-actrice de Bordeaux, décédée à 29 ans d'une maladie de poitrine, elle quitta le nom *Virginie* pour adopter résolument celui de *Déjazet* déjà connu en cette ville.

Déjazet réussit pleinement à Bordeaux dans les rôles de Mlle Minette, malgré les intrigues d'une rivale, Mlle Elisa Jacobs. Mais la lutte prit fin avec la faillite de l'entreprise (24 janv. 1821). Par bonheur, la jeune Virginie avait en poche un engagement avec le Gymnase, ouvert depuis le 23 déc. 1820. Elle choisit pour début le rôle de Marianne, dans *Caroline*, créé par Minette au Vaudeville (10 mai). On lui reconnut de l'aisance, une voix juste et des manières de son modèle. Tour à tour suivante, collégien, grisette, paysanne, elle parut un peu dans toutes les pièces. Mais, que penser de cette note de Ch. Maurice (25 février 1824) : « Nous prévenons les mères de famille et les dames... qu'elles ne doivent plus se présenter au Gymnase, ni surtout y conduire leurs filles, les jours où Mlle *Virginie Déjazet* étale le scandale de sa présence, etc. »

Rien, sinon que l'artiste avait sans doute refusé un abonnement au pamphlétaire, assez coutumier de ces faits. Ce qui n'empêcha pas l'artiste, après un voyage dans les Pays-Bas, de contracter un nouvel engagement dans ce théâtre (8 sept. 1824), devenu th. de Madame.

L'engagement de Jenny Vertpré vint lui porter un coup cruel ; après sept ans d'un travail assidu au boulevard Bonne-Nouvelle, elle voyait donner la première place à une autre. Elle rompit son engagement et en signa un autre pour cinq ans au th. des Nouveautés : 8000 fr. pour les quatre premières années, 10,000 fr. pour la dernière, plus, à titre de feux, dix francs pour une pièce, cinq francs pour chacune des autres. Ces conditions étaient fort belles pour l'époque. Virginie Déjazet fit ses débuts place de la Bourse, le 5 juin 1828, par le rôle de Catherine du *Mariage impossible*, et comme Scribe avait écrit pour le Gymnase et Jenny Vertpré le rôle de Mme Périchon dans le *Mariage de raison*, elle pria Dartois, Brunswick et Lhérie de lui faire jouer une Mme Périchon dans les *Suites d'un Mariage de raison*. Grand succès.

Nous passons sur les trente et une pièces jouées à ce théâtre et citées par M. L. Henry-Lecomte et nous arrivons à une date mémorable dans la carrière de l'artiste : la première représentation de *Bonaparte à Brienne* ou le *Petit Caporal*, rôle de Bonaparte (9 oct. 1830). C'est le commencement des pièces bonapartistes qui signalèrent le règne de Louis-Philippe. Puis, le 28 décembre de la même année, le rôle du duc de Reichstadt dans le *Fils de l'Homme*, par Paul de Lussan, pseudonyme qui cachait la collaboration d'Eug. Sue et de De Forges. Hélas! Les appointements promis étaient payés très irrégulièrement; l'entreprise allait à la ruine. Déjazet le comprit et accepta les propositions de MM. Dormeuil et Ch. Poirson, autorisés à rouvrir l'ancien Th. Montansier (Palais-Royal). La convention signée le 6 avril 1831, pour deux ans, assurait à l'artiste 8000 fr. d'appointements, 10 fr. de feux pour chaque pièce et deux mois de congé par an. Le nouveau théâtre ouvrit le 6 juin et dans deux pièces : *Ils n'ouvriront pas* et l'*Audience du Prince*, Déjazet se montra grisette et gentilhomme. En mai 1832, l'engagement fut renouvelé comme suit : 10,000 fr. d'appointements fixes, 10 fr. de feux pour chaque pièce de un ou deux actes, 15 fr. pour les autres; deux mois de congé la première année, trois mois chacune des deux autres et une représentation à bénéfice sur laquelle l'administration prélèverait 1200 fr. Elle était dès lors posée en première étoile. Voici quelques-uns des premiers jugements portés sur elle :

1825. « C'est un des sujets les plus distingués et les plus utiles du Gymnase. Elle s'est acquis une réputation dans l'emploi créé d'une manière si originale par Minette du Vaudeville. Mlle Déjazet a de l'aplomb, du mordant et de la finesse; quelquefois même elle pousse trop loin ces qualités... Mlle Déjazet est adorée du public qu'elle fait rire tous les soirs ». *Grande Biographie dram.*, supplément.

1825. « Les Variétés la réclament; son jeu grivois et criard y serait plus à l'aise que sur la scène tant soit peu musquée du boulevard Bonne-Nouvelle ». Harel, *Dict. théâtral.*

1826. « Mlle Déjazet, Gymnase, rue St-Denis, 374. Elle n'a qu'une dent, elle la garde au rédacteur du *Courrier des Théâtres* ». — Allusion à Ch. Maurice. *Petite Biographie dram.*

1829. « Mlle Déjazet, Nouveautés, rue Bergère, no 7. — Petite actrice active, éveillée, toujours en scène, remplissant avec originalité l'emploi créé par Mlle Minette au Vaudeville; portant avec aplomb et finesse le jupon court de la petite fille égrillarde et le léger pantalon du bambin tapageur... » Après lui avoir reproché trop de sans-gêne, le chroniqueur ajoute : « Elle n'est point jolie, mais elle a une petite mine espiègle qui provoque le désir et un organe grivois et criard... » *Biogr. théâtrale.*

1831-32. « Elle commença sa réputation au Gymnase, dans le *Plus beau Jour de la Vie*, qu'elle joua avec un naturel exempt de pruderie, que l'on n'était pas habitué à rencontrer sur nos théâtres. L'*Ambassadeur*, les *Couturières* et une foule d'autres jolis ouvrages la mirent à la mode et lui valurent, au th. des Nouveautés, un engagement qu'elle a rompu un peu lestement et sans le consentement de la partie intéressée pour le th. du Palais-Royal... Son jeu spirituel et piquant a puissamment contribué au succès du *Philtre champenois*, des *Chansons de Béranger*, des *Jeunes Bonnes et les vieux Garçons*. Les rôles de grisettes conviennent surtout à cette actrice; elle en a tout à fait le laisser-aller et le ton équivoque, 38 ans ». — Ce qui est inexact, elle n'en avait que 34. *Petite Biographie.*

Citons, au hasard, quelques-unes de ses créations de la belle époque :

1832 13 janv., la *Chanteuse et l'Ouvrière*, Manette.

1832 15 mars, *Vert-Vert*, Ververt,
— 5 mai, la *Ferme de Bondy*, Charlotte.
— 26 juin, *Follet*, Follet.
— 19 nov., le *Dernier Chapitre*, Joséphine.

1832 31 déc., *Paris malade*, divers rôles.
1833 7 janv., les *Trois Assiettes*, Madeleine.
— 23 fév., le *Cadet de Famille*, Célestin.
— 11 avril, *Sophie Arnould*, Sophie.
— 22 mai, *Sous-Clef*, Atala.
— 22 juin, la *Fille de Dominique*, Catherine.

1833 août, représentations à Rouen.
— sept., représentations à Bruxelles.
— 5 déc., la *Danseuse de Venise*, Zerbi.
1834 18 janv., *Un Scandale*, Me Fromageot.
— 5 avril, les *Charmettes*, J.-J. Rousseau.
— 15 mai, le *Triolet bleu*, Charles Welstein.

1834 10 juillet, le *Commis et la Grisette*, Fifine.

1834 26 août, *Judith et Holopherne*, Thérésina.

1834 31 oct., l'*Idiote*, l'idiote.
— 13 déc., *Frétillon*, Frétillon.

1835 25 mars, les *Beignets à la Cour*, Louis XV.

1835 27 avril, *Un Raoût chez M. Lupot*, Ascagne.

1835 2 mai, la *Croix d'Or*, Christine.
— 21 oct., la *Périchole*, la Périchole.
— 23 déc., la *Fiole de Cagliostro*, la baronne et sa petite fille.

1836 9 fév., les *Chansons de Désaugiers*, sept rôles.

1836 23 août, la *Marquise de Prétintaille*, la marquise.

1836 8 juin, l'*Oiseau bleu*, Arthur.

— 21 juin, *Voltaire en Vacances*, Arouet.

— juillet, représentations à Bruxelles.

— 19 oct., *Marion Carmélite*, Marion.

— 26 déc., *Madame Favart*, Mârie Duronceray.

1837 1er janv., l'*Année sur la Sellette*, le postillon de Longjumeau.

1837 25 fév., l'*Outrage*, Agathe.

— 13 avril, la *Comtesse du Tonneau*, Jeanneton.

1837 4 nov., le *Café des Comédiens*, Mimie.

— 28 nov., *Suzanne*, Suzanne.

1838 1er janv., l'*Ile de la Folie*, deux rôles.

— 21 fév., la *Maîtresse de Langues*, Léonide.

1838 10 avril, *Mlle Dangeville*, quatre rôles.

— 5 juin, les *Deux Pigeons*, Emmanuel.

— 29 déc., *Françoise et Francesca*, deux rôles.

1839 1er janv., *Rothomago*, la Gitana.

— 22 mars, *Nanon, Ninon et Maintenon*, Nanon.

1839 23 sept., *Argentine*, Flora.

— 3 déc., les *Premières Armes de Richelieu*, Richelieu.

Dormeuil, directeur du Palais-Royal, hésitait à lui confier ce rôle. Ce fut un succès retentissant.

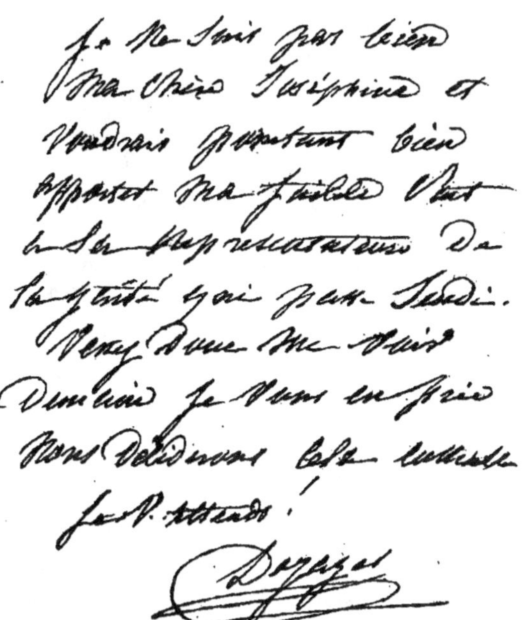
Je ne suis pas bien ma chère Joséphine et voudrais pourtant bien apporter ma faible part à la représentation de la petite qui passe Jeudi. Venez donc me voir demain je vous en prie nous déciderons cette [illegible] fort attendue !

Déjazet

Lettre autographe de Mlle DÉJAZET

— Ce pauvre Dormeuil, lui dit-elle après la pièce, le voilà forcé de gagner encore trois ou quatre cent mille francs avec sa vieille actrice!

— « C'est gai, vif, égrillard, leste de mots, leste d'idée, mais c'est amusant, écrivait Th. Gautier. Depuis longtemps Mlle Déjazet n'avait aussi bien joué ». *Hist. de l'art dramatique*, t. I.

1840 26 février, *Indiana et Charlemagne*, Indiana, nouveau succès.

Le th. du Palais-Royal ne veut pas laisser partir son étoile. Il lui fait un pont d'or — du 7 avril 1841 au 7 avril 1844 : 20,000 fr. par an, 20 fr. de feux pour chaque acte, quatre mois de congé par an, trois représentations à bénéfice. Le contraste piquant entre le rôle du jeune duc et celui d'Indiana la grisette, qu'elle se plaisait à jouer le même soir, faisait courir tout Paris. Malheureusement, partie en congé le 15 mai 1840 pour Caen, Lyon et Marseille, elle fut atteinte dans cette dernière ville d'une maladie de larynx et ne put reprendre son service à Paris que le 26 novembre.

Chose curieuse ! Déjà à cette époque, on s'obstinait à lui donner plus qu'elle n'avait.

On écrit en 1842 : « Comme feu M. le comte de St-Germain de magique mémoire, Mlle Déjazet n'a pas d'âge. Mon grand-père m'a assuré que tout jeune il l'avait vu débuter au carré des Capucines... Mon père prétend l'avoir vu apparaître pour la première fois au Gymnase dramatique, en 1822... Virginie Déjazet, comme talent, est une vieille comédienne ; elle est jeune de physique, et son nom rappelle souvent l'esprit fin et pointilleux du Gymnase ». *L'Indiscret des Coulisses.*

1841 29 juin, *Mlle Sallé*, Mlle Sallé.

— 1er déc., le *Vicomte de Létorières*, Létorières.

1842 26 mars, *Une Femme sous les Scellés*, Coraline

1842 juin, représentations à Bruxelles.

— 3 déc., le *Capitaine Charlotte*, Charlotte.

On écrit en 1842: « Tout ce qui est jeune, et même ce qui l'a été, applaudit au jeu fin, spirituel, un peu décolleté peut-être, mais rempli de charme de cette statuette si bien découpée, si svelte, si agaçante... Les plus grands hommes lui sont familiers : Voltaire, Bonaparte, Louis XV, Richelieu, J.-J. Rousseau. Déjazet a tout osé, et elle n'était pas plus mal à l'aise avec eux qu'avec l'élégant habit du marquis de Létorières. Déjazet est la Sophie Arnould de notre époque plus avancée, et ses bons mots, ses bonnes actions même, car elle est libérale en tout, feront un joli livre de boudoir que nos enfants liront un jour quand ils ne seront plus des enfants ». Fargue. *Acteurs et Actrices.*

1843, 28 janv. La *Lisette de Béranger*,

Lisette — monologue qu'elle devait interpréter plus de trente ans et qui avait fini par faire croire qu'elle avait été elle-même la Lisette du chansonnier — qui fut, comme on sait, Mme Judith Frère.

1843 5 fév., les *Deux ânes*, Raphaël.
— 28 mars, *Mlle Déjazet au sérail*, Mlle Déjazet.
— 5-15 août, représentations à Lille.
— 21 nov., la *Marquise de Carabas*, Suzon.
— 31 déc,, la *Cour de Gérolstein*, le Génie.
1844 28 fév., *Carlo et Carlin*, Carlo.

Le 30 avril 1844, Déjazet donna sa dernière représentation au th. du Palais-Royal. Que s'était-il passé? Au moment de renouveler l'engagement, il n'y avait pas eu moyen de s'entendre. L'artiste partit pour Lyon, Bordeaux, Orléans, Lille, Nantes, Bruxelles, Londres. Pendant ce temps, les recettes baissaient chez Dormeuil. Le 26 octobre, il essayait de renouer, offrant 20,000 fr. pour six mois seulement, et les feux du dernier engagement. Mais Déjazet avait déjà accepté les conditions de Nestor Roqueplan, aux Variétés, pour cinq ans.

1845 29 avril, *Un conte de fées*, la marquise.
— 14 juin, la *Gardeuse de dindons*, Gothe.
1846 16 mars, *Gentil-Bernard*, Gentil-Bernard.
1847 20 mars, l'*Enfant de l'amour*, Jacques.
— 8 juin, le *Moulin à paroles*, Mlle Caillette.
1848 17 janv., le *Marquis de Lauzun*, Lauzun.
— 3 avril, *Mlle de Choisy*, Mlle de Choisy.
1850 14 janv., *Lulli*, Lulli.
— 12 mars, *Colombine*, Thérésa.

Th. Gautier écrit, à propos de la *Gardeuse de dindons :* « Vous savez quelle finesse et quel esprit Mlle Déjazet déploie dans ses moindres créations ; elle est charmante dans Gothe comme dans tout; sa verve est toujours la même ; un long usage du théâtre ne l'a pas amortie. »

A propos de *Gentil-Bernard :* « La pièce est charmante ; Mlle Déjazet y pétille, d'un bout à l'autre, d'esprit et de grâce. Quelle étonnante actrice ! Que de souplesse, que de légèreté ! Quelle voix nette, ferme, incisive ! Comme elle jette le mot, comme elle décoche le coup-d'œil ! Que de choses elle met dans un sourire ! Comme elle sait s'arrêter à temps dans ses plus vives pétulances et conserver de la distinction dans les gaudrioles les plus décolletées ; et avec quel joli petit filet de voix elle chante tous ces airs charmants que son fils lui arrange ! »

Tout le talent de Déjazet est dépeint dans ces quelques lignes. On écrit encore (1845) : » Quelqu'un a dit : « Si j'étais femme et actrice, je voudrais m'appeler Déjazet ; étant homme, si j'étais jeune, je voudrais être aimé d'elle. »

Cependant Nestor Roqueplan avait quitté les Variétés après fortune faite. Déjazet traita avec Paul-Ernest, directeur du Vaudeville. Elle y parut le 16 oct. 1850 dans le *Vicomte de Létorières*, puis créa :

1850 5 nov., la *Douairière de Brionne*, rôles de la douairière et de son petit-fils.
— 22 déc., *Jean le postillon*, Jean.

L'entreprise sombra, et le th. du Vaudeville ne rouvrit ses portes qu'en octobre 1851. Le nouveau directeur, Lecourt, engageait Déjazet pour quatre mois à raison d'un jeton de 100 à 375 fr. par soirée, selon l'importance de la recette, 1,000 fr. par mois, une représentation à bénéfice, une indemnité pour les répétitions, etc. L'engagement fut renouvelé.

1851 1er octob., *Ouistiti*, Hector.
— 14 nov., *Quand on va cueillir la noisette*, Cloud.
1852 8 janv., les *Rêves de Mathéus*, Mathéus.
— 12 sept., *Scapin*, Scapin.
— 27 nov., les *Paniers de la Comtesse*, la Comtesse.

Le succès de la *Dame aux Camélias* (2 fév. 1852) vint inutiliser pour longtemps les talents de l'actrice. Un co-associé de Lecourt, certain Bouffé — qu'il ne faut pas confondre avec le comédien de ce nom — se mit en tête de rompre un traité aussi onéreux. A force de vexations, il y parvint. La comédienne demanda sa résiliation. C'est ce que l'on voulait, et Déjazet, alors âgée de 54 ans, à l'âge où tant d'autres aspirent à se reposer, commença cette vie errante qu'elle devait mener plus de vingt ans encore, ne réapparaissant que par intervalles à Paris.

1853 22 nov., Variétés, les *Trois gamins*, Fanfan.
1855 21 juin, Gaîté, le *Sergent Frédéric*, Frédéric.
1857 15 mai, 15 juin, représentations à Lille.
— 17 oct., Variétés, les *Chants de Béranger*, deux rôles.
1859 9 avril, Variétés, *Chérubin*, Chérubin.

En 1857, elle avait reparu dans *Gentil-Bernard* aux Variétés, et en janvier 1859, dans les *Premières armes de Richelieu*, au Palais-Royal.

Le 24 novembre 1840, Déjazet avait acheté, par devant Me Guyon, notaire, moyennant 40,000 fr. payables en quatre annuités, une propriété située sur la place publique de Seine-Port, près Corbeil. Là, mourut le 20 avril 1844, la mère de Déjazet, âgée de 87 ans ; dans le même caveau fut déposée, en 1850, la fidèle Lise, que Déjazet appelait sa seconde mère. A Seine-Port, donc, au mois d'octobre 1857, elle reçut la visite d'un jeune inconnu, recommandé par une petite actrice de l'Odéon, Mme Laurentine Léon. L'inconnu s'appelait Victorien Sardou et apportait une pièce, *Candide*, écrite en vue de la comédienne. L'ouvrage plut, et Déjazet se résolut à le jouer. Vers le même temps il y avait sur le boulevard du Temple une petite salle, les Folies Nouvelles, dont les directeurs ne demandaient qu'à passer la main... moyennant 120,000 fr. C'était à peu près le chiffre des économies de l'actrice, qui crut s'affranchir ainsi de son existence vagabonde. La salle fut réparée, rajeunie et mise sous la direction effective du fils de Déjazet. Mais, on avait compté sans la censure : *Candide* fut interdit. C'est alors que surgit la collaboration V. Sardou et Vanderburch, et tous deux écrivirent les *Premières armes de Figaro*, pièce qui servit d'inauguration. Le succès alla surtout à l'interprète qui jamais ne se montra si merveilleuse de brio, d'esprit et de souplesse.

Une fois chez elle, Déjazet reprit tout son répertoire, *Lauzun*, *Richelieu*, les *Trois gamins*, la *Lisette*, la *Douairière de Brionne*. Parmi les créations :

1859 27 sept., les *Premières armes de Figaro*, Figaro.
1860 17 fév., *P'tit fils, p'tit mignon*, deux rôles.
— 30 avril, *Monsieur Garat*, Garat, grand succès.
1862 24 avril, les *Prés St-Gervais*, le Prince de Conti, grand succès.
1863 5 fév., *L'argent et l'amour*, trois rôles.
— 12 avril, *Le dégel*, Hector.
1865 15 mars, *Lantara*, Lantara.
— 25 oct., *Monsieur de Belle-Isle*, le Chevalier.
1870 18 janv., les *Pistolets de mon père*, trois rôles.

Les quatre premières années, l'on put payer les artistes en hypothéquant la maison de Seine-Port. A partir de 1864, la situation devint particulièrement difficile. Déjazet avait alors 66 ans, et perdait insensiblement l'action qu'elle avait eue sur le public. La pauvre femme en arrivait à écrire à son fils : « Ne me réduis pas à ma simple valeur. Mets-moi des grelots, des sonnettes, des tambours aux pieds, aux mains, partout enfin ; à force de bruit, on saura peut-être que j'existe encore. »

En 1866, elle abandonne son théâtre à son fils seul et reprend sa vie errante, ne paraissant plus à Paris qu'à de rares intervalles, et n'ayant plus qu'un but unique : gagner des cachets pour ses enfants. « Demain, 30 août 1868, écrivait-elle de Lyon à une amie, j'aurai 70 ans : jolie fête ! Je voulais jouer *Richelieu* à Paris ce jour-là ; je le joue ici ce soir. N'importe, représenter un duc de quinze ans à soixante-dix ans moins un jour, c'est drôle ! »

Le 2 septembre suivant, elle tombe gravement malade à Lyon et ne peut rentrer à Paris que le 14 octobre. C'est alors qu'elle communia pour la première fois et reçut la confirmation. Elle ne put reparaître en public, à son théâtre, que le 3 mai 1869. L'expropriation si attendue n'était pas venue, le chiffre des dettes augmentait, et il fallait vendre avec quarante mille francs de perte. Déjazet fit ses adieux au public le 3 juin 1870, avec les *Prés St-Gervais* et Glatigny écrivit en vers un à-propos. Les 79,000 fr. du preneur permettaient de donner 50 % aux créanciers.

Pendant ce temps son fils, sa fille, tous deux chargés de famille, n'arrivaient à se suffire ! Alors on vit cette femme de 72 ans se mettre en quête d'engagements : à Vichy, aux Folies Marigny. La guerre déclarée, le théâtre fermé, elle partit pour Dieppe, puis pour Londres (th. de l'Opéra-Comique, *Charing-Cross*), se prodiguant et donnant des représentations pour les blessés. Un jour, elle ne fut plus payée. Un Américain, M. Alfred-C. Clarck et Lord Dudley apprenant la triste situation de l'artiste, lui remirent, avec une délicatesse infinie, l'un 625 fr., l'autre 2,000 fr. Elle put payer ce qu'elle devait et partir. En Belgique — Liège, Spa, Ostende, avril et août 1871 — nouvelles vicissitudes. Elle fait vivre cinq personnes, et sa fille est en détresse à Beaulieu. Le 4 septembre 1871, elle est à Lille ; ses créanciers la sachant de retour en France la traquent de ville en ville, et les frais montent toujours. C'est une odyssée épouvantable racontée dans des lettres navrantes. Nous notons son passage à Bayonne (4 nov.), Pau, Toulouse, Turin (5 fév. 1872). Milan, Nice, Gênes, Nice, Marseille, Spa, Bruxelles. Lyon, Saint-Etienne, Mâcon (17 janv. 1873), Lyon, Laval, Rennes, Caen, Bordeaux, Tours (2 fév. 1874), Reims. Elle revient à Paris, et le 30 août Paris apprend par un article d'Albéric Second, publié dans *Paris-Journal*, la maladie de Déjazet et sa détresse. Un comité se forme

V. Déjazet

FRENCH PLAYS.

MAD^LLE DEJAZET

Has the honor to acquaint the Nobility, Gentry, Subscribers to the French Plays, and the Public, that

HER BENEFIT,

And the Last Night but Three of her Engagement,

Will take place at the St. James's Theatre,

On WEDNESDAY NEXT, JUNE 24,

On which occasion will be produced, for the First Time in this Country,

AN ENTIRELY NEW COMÉDIE-VAUDEVILLE, IN THREE ACTS,

Entitled

UN CONTE DE FÉES,

Interspersed with New Music,

Produced last year at the Théâtre des Variétés, Paris, with very great Success,

AND IN WHICH

MADEMOISELLE DEJAZET

AND

MONSIEUR LAFONT

Will support the Characters,

AS ORIGINALLY PERFORMED BY THEM IN PARIS.

WITH OTHER ENTERTAINMENTS.

BOXES and STALLS may be secured at the Residence of Madlle. DEJAZET, 23 A, King Street, St James's ;
Mr MITCHELL'S ROYAL LIBRARY, 33, OLD BOND STREET ;
And at the Box Office of the Theatre.

Programme d'une représentation de Mlle Déjazet, à Londres.

avec MM. Halanzier, Vict. Sardou, Ismaël et Em. Blavet du *Gaulois*. L'Opéra, chassé de la rue Le Peletier par l'incendie, occupait alors la salle Ventadour. C'est là que devait avoir lieu l'inoubliable solennité artistique organisée par le *Gaulois* en l'honneur de Déjazet, le dimanche 27 septembre 1874. Au programme: 1er acte de *Monsieur Garat* avec Déjazet. Des artistes comme Dumaine et Laferrière jouaient des bouts de rôle: Chollet, Henri Monnier, Frédérick Lemaître Mme Ugalde, Marie Cabel, Schneider, Rousseil, etc., figuraient!

3me acte de *Tartufe* avec Got et les artistes de la Comédie-Française.

Trio du 2me acte de *Guillaume-Tell*, par Tamberlick, Faure et Belval.

Duo du 4me acte des *Huguenots*, intermèdes, chanson par Judic, 2me acte du ballet *Coppélia* par les artistes de l'Opéra, les *Jurons de Cadillac* et la *Lisette de Béranger*, chantée par Déjazet, entourée de tout ce que Paris renfermait alors de plus illustre dans le monde artiste. Un *hommage de la chanson à Déjazet*, cérémonie dans laquelle défilaient tous les théâtres de Paris, terminait la représentation, qui, avec la tombola, produisit 79,279 fr. 50. Les organisateurs remirent, défalcation faite des frais, 7,521 fr. 34 à l'artiste, achetèrent pour 35,016 fr. 75 un titre de 1,750 fr. de rente 5 %, et déposèrent 30,000 fr. à la Cie l'*Atlas* en échange d'une rente annuelle de 4,038 fr. à servir à Déjazet. On avait craint, en agissant ainsi, qu'elle ne fût encore dépossédée par ses enfants. Elle s'en plaignit amèrement. Et cependant? Sans compter que les créanciers, réveillés au bruit de cette représentation, étaient tous accourus comme à la curée. « Je suis mille fois plus tourmentée qu'avant » écrivait-elle. Qui pouvait, d'autre part, blâmer cet acte raisonnable? Qui pouvait prévoir aussi que la Compagnie n'aurait eu à verser que 14 mois d'intérêts?

Quelques jours après cette représentation mémorable, Déjazet était reçue solennellement, le 2 octobre, au Caveau, où on lui décerna la présidence honoraire. Quelques villes voulurent organiser des représentations à son bénéfice. On la vit encore à Nantes, à Soissons; le Vaudeville l'engagea pour une série de représentations qui commencèrent le 24 décembre et finirent en février 1875, puis, malgré son grand âge, elle repartit pour la province. Néanmoins ses forces s'épuisent: « Je crois que mes représentations au Vaudeville ont été le chant du cygne, écrit-elle... l'idée que j'en ai fini avec le théâtre est une seconde maladie qui aidera la première à me faire mourir. C'est celle qui a emporté Mlle Mars et notre cher Mélingue. Je ferai le trio. »

En réalité, Déjazet touchait alors 5,788 fr. provenant de son bénéfice, 2,000 fr. de l'Etat, 1,200 fr. du *Figaro*, 500 fr. de M. Sardou, 500 fr. de l'Association des artistes, soit au total 9,988 fr. Elle eût pu, sans se dépouiller pour ses enfants, rester enfin tranquille. Elle ne le voulait pas. Le 28 septembre 1875, elle prit part, au th. des Variétés, à une représentation au bénéfice de Mme Grenier mère; elle y chanta la *Lisette* et dut s'aliter en rentrant. Elle était atteinte d'une pleurésie. M. L. Henry Lecomte raconte ainsi la mort de Déjazet:

« Déjazet demeurait avec son fils, rue Clavel, 23, à Belleville. Une nuit que, trouvant la patiente en meilleur état, ses gardiens harassés prenaient quelque repos, Déjazet eut besoin de se lever, ne voulut déranger personne, et tomba de son lit sur le parquet, où elle resta plusieurs heures. »

Cas identique à celui de Mlle Clairon. — Ce fut la fin. Le 30 novembre, elle fit demander un prêtre, l'abbé Carré; le lendemain, 1er décembre, l'agonie commença. Elle mourut à neuf heures du matin, ayant près d'elle son fils Eugène, sa belle-fille Claire, Mme Joséphine Benderitter, sa fidèle amie, et M. L. d'Anthoine.

Le *Gaulois* se chargea d'organiser les funérailles à la Trinité; l'on imprima et distribua 4500 cartes. Le cortège, parti de Belleville, se composait de 30,000 personnes en arrivant à la Chaussée-d'Antin. Au premier rang marchait l'abbé Petit qui, blâmé plus tard en haut lieu et persécuté pour avoir assisté à l'enterrement d'une comédienne, sut rester grand devant ces petitesses, mais dut quitter sa cure de Belleville. Au cimetière du Père-Lachaise des discours furent prononcés par Emile Blavet, au nom du *Gaulois* et Eug. Moreau, au nom de la Société des artistes (samedi 4 décembre). Malheureusement, cette apothéose eut un épilogue: vingt mois après ses restes attendaient encore un tombeau définitif, un entrepreneur des pompes funèbres réclamait, et personne — sauf la Cie d'assurances l'*Atlas* — ne voulait payer sa part de la note. A qui, maintenant, la pauvre Déjazet pouvait-elle servir de réclame? Il y eut procès et M. Tarbé, directeur du *Gaulois*, fut condamné à verser le solde au réclamant.

Au mois de février 1877, une souscription fut ouverte par les *Nouvelles de Paris*, afin d'élever un tombeau à l'artiste. La construction en fut lente, si bien que les enfants de Déjazet[1] disparurent eux-mêmes avant de l'avoir vu terminé et, au mois d'avril 1880, le monument fut inauguré sans éclat (81me division).

Déjazet eut beaucoup d'esprit, c'est incontestable, mais comme il arrive toujours en ce cas, on lui en prêta davantage. Déjà, en 1837, l'acteur Raucourt publiait sous le voile de l'anonymat le *Perroquet de Déjazet, recueil authentique de bons mots, etc., de cette actrice*. Les mots, les anecdotes sur son compte abondent. A l'occasion, elle rimait aussi, souvent en offrant son portrait. Pourtant elle refusa toujours d'écrire ou de faire écrire ses *Mémoires*. Par contre, ses lettres sont nom-

[1] Eugène-Joseph Déjazet mourut à 61 ans, en février 1880. On lui doit la musique de quelques opérettes et aussi des chansons. — 2° Herminie-Virginie Déjazet.

breuses, très nombreuses ; elles sont charmantes et toujours très vécues. Dans le recueil très fourni qu'en a publié M. L.-Henry Lecomte, nous en trouvons aux directeurs, aux hommes de lettres, à ses enfants, à ses adorateurs, à son amie, Mme Benderitter, etc., dont quelques-unes fort curieuses, comme celle repoussant à 63 ans les... hommages de Victor Koning, dont elle eût pu facilement être la grand-mère. Fort intéressante également la correspondance échangée entre elle et M. V. Sardou, au moment des débuts de celui-ci.

L'amour de la probité, l'horreur de l'injustice, une bonté inépuisable, voilà le fond de toutes ces lettres — et aussi une indulgence coupable envers ses enfants à qui il sembla très naturel de vivre indolemment des subsides de leur mère. En vain écrit-elle à son fils qui vient de se marier à cinquante ans passés : « Il faut penser que je ne suis pas immortelle et que, si je venais à te manquer, soit par la mort, soit par la maladie, tu te trouverais avec ta femme devant rien ! » Elle ajoute aussitôt: « Tant que je pourrai travailler, vous ne manquerez que de ce que je n'aurai pas ». Elle a 75 ans (7 sept. 1873).

Exploitée, méconnue par son fils, elle était encore plus malheureuse avec sa fille qui ne voyait en elle qu'une poule aux œufs d'or. Dans quatre cents lettres de la fille à la mère, recueillies par M. H. Lecomte, pas une qui ne se terminât par une demande d'argent.

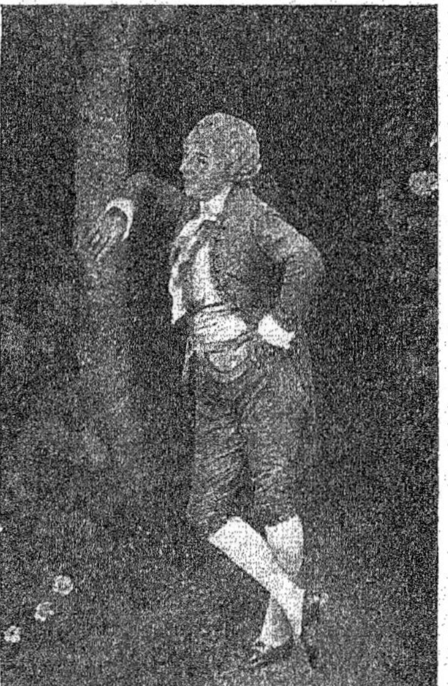

Mlle DÉJAZET, phot. Tourtin (1862)

De sa liaison avec le baron Frédéric de Bazancourt, sa fille Herminie avait eu : le 6 mars 1850, Jeanne ; le 20 juillet 1860, Maxime ; le 8 janvier 1863, Stéphan. M. de Bazancourt mort (1865), ces enfants avec leur mère tombèrent à la charge de Déjazet. Quelques lettres de la mère à la fille, comme celle du 7 décembre 1866, sont navrantes : « J'ai soixante-huit ans, je travaille comme si j'en avais vingt ; je suis privée de tout ce qui soutient la vie, mal couchée, mal nourrie, pas le plus petit confortable... eh ! bien, tu ne vois, tu ne dis qu'une chose : « De l'argent, de l'argent, pour que je recommence » — et sans t'inquiéter de ce qui sera, tu me mets le couteau sur la gorge ».

Que dire à présent de la femme ? Sinon qu'elle fut la plus désintéressée des maîtresses. Le père de sa fille, Adolphe Charpentier, qu'elle recueillera plus tard et qui paiera son hospitalité en vilains tours, mort en novembre 1869, Hector Bossange, qui fut directeur du Vaudeville, le comte Louis German, Laferrière, Arthur Bertrand, le fils du général, Charles Fechter en surent quelque chose. Sans compter tous les autres à qui la seule vue de l'actrice tournait littéralement la tête, tel ce jeune musicien du Palais-Royal, Hector Franchomme, qui s'empoisonna avec de la potasse après lui avoir écrit une lettre passionnée. Désolée de cet acte de folie, Déjazet s'installa à son chevet et le soigna. Mais le pauvre garçon alla mourir à Lille, dans sa famille. Quelques années après, passant par là, l'actrice fit nettoyer la tombe abandonnée et inscrire ces mots : *A Franchomme, une amie est venue là.* La famille porta plainte, mais les tribunaux donnèrent gain de cause à l'artiste.

Pour la dernière liaison, nous renverrons le lecteur à la correspondance publiée par M. L.-Henry Lecomte : Déjazet comptait alors 52 ans et le créateur d'Armand Duval, dans la *Dame aux Camélias*, 25 seulement. De plus il était marié, père de famille, bien décidé à ne pas sacrifier ses devoirs à sa fantaisie. Il est impossible de trouver des lettres plus délicieuses de jeunesse, de sentiment, de sincérité, que ces lettres de Déjazet !

Derniers détails : Déjazet avait 1 m. 54 centimètres de taille, des cheveux châtain foncé, des yeux bleu clair, le nez aquilin, la bouche moyenne, le menton rond, le visage ovale, le teint clair.

« Une joie, une gaieté, un délire, une raillerie, une chanson, vingt ans éternels », a écrit Th. de Banville.

Déjazet habita successivement : rue de Cléry, 100 (1821) ; rue du Croissant, hôtel du Rhône (1822) ; rue Montmartre, 35 (1823) ; rue St-Denis, 374 (1824-25) ; boulevard Bonne-Nouvelle, 31 (1826-28) ; rue Bergère, 7 *bis* (1829) ; rue des Pyramides, 7 (1833-37).

De nombreux autographes de Déjazet passèrent dans les ventes publiques. Nous relèverons :

Collection Bovot, 1374, à Fréd. Bérat (Londres 26 mai 1843).

1375, à M. Lefebvre (St-Etienne, jeudi, août 1864).

1375 *bis*, à Mme May (Paris, 10 mai 1869). Elle ne peut payer un billet.

La lettre à Fréd. Bérat fut remise en vente le 25 nov. 1902 et adjugée 90 fr.

Une lettre à Rose Chéri, vente du 8 janv. 1902.

Une lettre à un chansonnier, vente du 17 fév. 1902.

Une lettre à M. Cuchetet. Elle veut se marier et demande conseil. Vente du 29 mai 1902.

Une lettre à Mme May (1869), détails sur ses représentations à Bordeaux et embarras d'argent. Vendue 12 fr.

L'Intermédiaire des Chercheurs et Curieux a publié une de ses lettres le 10 mai 1897 c. 614, et une très curieuse lettre à Arthur Bertrand, le 30 déc. 1903, 999-1000. Nous en possédons nous-mêmes quelques-unes; l'encre dont elle se servait dans la seconde période de sa vie est presque toujours bleue.

Enfin il a été vendu le 17 avril 1880, à l'hôtel Drouot, 20 lettres autographes à Arthur Bertrand et une miniature de Berny représentant Déjazet. Elle est enfermée dans un médaillon, dans l'intérieur duquel sont gravés ces mots : « Quand tu ne m'aimeras plus, n'oublie pas que je t'aime. 1834, 4 février 1841 ».

Biographie : Eug. Guinot, notice, *Galerie Lacauchie*, 1841. — Th. Nézel, deux notices, *Galerie Lorsay*, 1854. — Eug. Pierron, *Virginie Déjazet*, in-12, 1856. — Alexis Faure, *Déjazet*, brochure in-16, 1859. — L.-Henry Lecomte, *Virginie Déjazet*, in-12, 1866. — Jahyer, notice, *Paris-Théâtre*, n° 72, 1875. — Georges Duval, *Virginie Déjazet*, in-12, 1876. — E.-D. De Manne et C. Ménétrier, *Galerie historique des Acteurs français*, 1877, — L.-Henry Lecomte, *Virginie Déjazet, l'artiste, la femme*.

Bibliographie : *Grande Biogr. dram.*, 1824. — *Dict. th.*, 1825. — *Biogr. dram.*, 1826, 1829, 1831, 1833. — *L'Indiscret des Coulisses*, 1841. — *Biogr. th.*, 1842, 1845. — Hervey, *The Theatres of Paris*. — Le *Perroquet de Déjazet*, anon. (Raucourt) 1837. — Brazier, *Hist. des petits Th.* — La *Rampe et les Coulisses*. — Th. Gautier, *Hist. de l'Art dramatique*. 1re série. — Th. Muret, *Hist. par le Théâtre*, t. III. — Villemot, la *Vie à Paris*, t. I. — Ch. Maurice, *Hist. anecdotique du Th.*, t. I. — Barbey d'Aurevilly, les *Vieilles Actrices*, 1889. *Souvenirs de Bouffé*. — *Souvenirs de Delaunay*. — *Mémoires de Laferrière*, t. II. — Eug. Hugot, *Hist. du th. du Palais-Royal*. — Koning, les *Coulisses parisiennes*. — *Hist. des Folies Marigny*. — *Hist. des Th. à Rouen*. — Etchevarry, le *Th. à Bordeaux*. — L. Lefebvre, *Hist. du Th. à Lille*, t. III. — G. Duval, l'*Année théâtrale*, t. I à III. — Les *Soirées parisiennes*, 1875-76. — Alph. Lemonnier, les *Petits Mystères de la Vie théâtrale*. — Félix Savard, les *Actrices de Paris*. — J. Claretie, *Profils de Théâtre*. — *Intermédiaire des Chercheurs et Curieux*, t. IX et XIX et deuxième semestre 1903.

Iconographie : Bibl. nat., catalog. Duplessis 12,064.

1. A mi-corps, assise, de face, imp. Aubert et Cie, 1839.
2. A mi-corps, assise, de face, lith. Béraud, 1840.
3. En pied, de 3/4 à gauche, grav. par A. Colette (1854), d'ap. Lorsay.
4. En pied, de 3/4 à droite, grav. par A. Colette (1854), cost. de th., d'ap. Lorsay.
5. A mi-corps, de profil à droite, lith. par A. Giordano, 1875.
6. En pied, de 3/4 à droite, cost. de th., lith. par A. Lacauchie.
7. A mi-corps, assise, de face, lith. par Léon Noël.
8. En pied, de 3/4 à gauche, cost. de th., lith. par J. Philippe, 1848.
9. A mi-corps, assise, de face, grav. par Richter, 1839.
10. En pied, de 3/4 à droite, cost. de th., lith. Saget, 1854.
11. En pied, de 3/4 à droite, cost. de th., lith. par Théo, 1859.
12. En pied, de profil à gauche, cost. de th., phot. Tourtin, 1862.
13. En pied, de profil à gauche, cost. de th., phot. Tourtin.
14. En pied, de 3/4 à gauche, cost de th., phot. Tourtin, 1862.
15. En pied, de profil à gauche, cost. de th., phot. Tourtin.
16. En buste, de 3/4 à gauche, cost. de th., lith. par D. Vincens.

V. aussi Bibl. nat., Hugo (Victor), Volnys et Mme L. Fay.

Eau-forte de Gonzague-Privat, en buste, à droite, *Virginie Déjazet*, par G. Duval.

A mi-corps, en pied, lith. par Lacauchie, 1855, *Virginie Déjazet*, par E. Pierron.

En pied, cost. de th., grav. par Gérard, *Déjazet*, par Al. Fame.

En buste, à droite, cost. de th., eau-forte par Fugère, *Galerie historique*.

A mi-corps, à droite, lith. par Lacauchie, *The Theatres of Paris*, par Ch. Hervey, 1842.

Cinq portraits dans *Virginie Déjazet*, par L.-Henry Lecomte.

Le *Panthéon grotesque*, caricature.

Le *Bouffon*, par E. Pescheux, 30 juin 1867, caricature.

Collection Martinet n° 722, costume dans le rôle du duc d'Orléans (l'*Enfance de Louis XII*).

N° 1572. Costume de Charlotte Clapier dans le *Capitaine Charlotte*.

Dict. du Th., par A. Pougin, cost. de th., p. 743.

Foyer du public au Palais-Royal.

DEJOING, Mme. — Marseille 1852.

DEJON. — V. Marchand.

DEKAN. — Père noble, troupe de Mme Corrège, 1833-34.

DEKEGHEL, Mme Caroline, née Mezeray. — Reims 1891, Angers 1892. Faisait partie de la Société des artistes depuis 1874. Sa mort fut annoncée au Rapport de 1893.

DELABRANCHE, Audoin, Charles. — Lyon 1869-70. Un Delabranche jouait à Bruxelles en décembre 1869.

DELABRE, Hip. — Deuxième amoureux, Toulon 1826, Versailles 1829, Clermont 1830, Amiens 1835. Un César Delabre vivait en 1849.

DELABRE, Mme. — Premiers rôles, Cambrai 1830.

DELABRE, Mlle Euphrosine. — Travestis, Dieppe 1835, troisième amoureuse, Verviers 1839.

DELABRE, César, Hyacinthe, Désiré. — Lille 1866-81, Paris 1882, St-Germain 1883, Lille 1884-92. Sa mort fut annoncée au Rapport de 1893.

DELABRIÈRE. — Premier comique, Maëstricht 1784, Liège 1786. V. le suivant.

DELABRUIÈRE. — Troisième amoureux, Maëstricht 1777-83. A rapprocher du précédent.

DELABRUYÈRE. — Versailles 1833-34.

DELACOUR, Albert, Eugène Wünsch dit. — Th. du Châtelet 1868-69. Le *Figaro* du 4 mars 1900 annonça sa mort survenue le 2. Ses obsèques eurent lieu le dimanche 4, avenue Casimir, 4, à Asnières.

Iconographie : Dans le *Vengeur*, rôle du capitaine Richard, avec cette légende : « Premier prix de grande tenue ». *L'Éclipse*, n° 10, mars 1868.

DELACOURT. — Délass. com., 1859-60.

DELACROIX. — Sous ce nom :

Delacroix, acteur et directeur, St-Quentin 1775-76, Soissons 1778.

Delacroix, deuxième roi, troisième rôle, Gand 1784.

Delacroix, Marseille 1824, troisième rôle, Avignon 1825, pères, Nîmes 1827.

Delacroix, troisième et deuxième amoureux, Rouen 1826-28. Sans doute le même, premier rôle Lille 1829, Lyon 1832-33, grand succès dans la *Tour de Nesle* et *Antony*, Bordeaux 1833-34, premier rôle et directeur, Gand 1835, Rouen 1836, Gand 1837, Louvain 1838, th. du Panthéon 1839 (25 sept., *Sujet et Duchesse)*, Bruxelles 1841-42, directeur du th. des Nouveautés en cette ville, 12 juin 1844, Anvers 1845, Bruxelles 1846, pères à Verviers 1846, Bruxelles 1849, premier rôle Liège 1852, directeur du th. du Vaudeville à Bruxelles, 9 mai 1857. Ne put s'y soutenir.

Iconographie : Bibl. nat., Catal. Duplessis 12,079, à mi-corps, assis, de 3/4 à droite, cost. de th., lith. Berdalle, Rouen 1836.

De la Croix, Auguste, Edmond, Urbain. — Débuta à l'Odéon le 21 octobre 1847 dans *Clotilde*, et le 16 mars 1851 dans les *Contes d'Hoffmann*, puis joua dans le *Cachemire vert* (19 déc.), Odéon 1853, Paris 1854, Palais-Royal 1855-61, Paris 1862-82. Sa mort fut annoncée au Rapport de 1883. Il laissa 400 fr. de rente à la Société des artistes, après le décès de Mlle Godreuil, usufruitière.

Delacroix, Georges, Adams. Th. Cluny 1877-80, Montmartre 1881-85, Paris 1886-88.

DELACROIX, Mme ou Mlle. — Sous ce nom :

Mme Delacroix, ingénuités, Avignon 1825, deuxième amoureuse, Nîmes 1827-28.

Mme Delacroix. V. Mme Belfort.

DELAFOSSE, Isidore, Félix Lemonier ou Lemonnier dit. — Accessit de tragédie en 1820, puis premier prix. Débuta à la Comédie française le 3 septembre 1823 par Alceste, du *Misanthrope* et Déticulette, de la *Gageure imprévue*, mais ne fut reçu pensionnaire que l'année suivante. En 1829, on écrivait de lui : « Delafosse François (?) rue Traversière St-Honoré n° 15. Taille de M. Ligier, moyens factices, tenue idem. Il a débuté dans les premiers rôles ; il joue maintenant les amoureux quand la chaleur fait désespérer d'avoir du monde. » D'autres vantaient sa tenue et sa sensibilité. En 1829, il passa à l'Odéon, 14 sept., le *Frère et l'Amant*, 13 oct., *Christine à Fontainebleau*, 29 déc., *Une fête de héros*, 1830, 19 janvier, *L'articte de journal*, 13 fév., le *Pamphlet*, 12 mars, *Adrienne Lecouvreur*, 30 mars, *Stockholm, Fontainebleau et Rome*, 17 avril, l'*Ecole du Pauvre*, 30 avril, *Ma femme et ma place*, 14 juillet, le *Mari de ma femme*, 13 août, l'*Entrée en vacances*, 19 août, le *Gentilhomme de la Chambre*, 11 sept., les *Hommes du lendemain*, 20 sept., *Nobles et bourgeois*, 11 oct., la *Mère et la fille*, 1er nov., la *Séparation*, 6 nov., l'*Abbesse des Ursulines*, 1er déc., la *Nuit Vénitienne*.

1831, 31 mars, les *Secrets de Cour*, 28 mars, le *Moine*, où il manque d'éborgner Frédérick Lemaître dans une passe d'armes, 29 sept., *Catherine II*, 20 oct., *Charles VII chez ses grands vassaux*, 14 nov., le *Clerc de la basoche*.

Harel l'emmena à la Porte-St-Martin où il créa encore des rôles importants. Parmi ses meilleurs, à ces deux théâtres, on citait Monbray, dans *Richard Darlington*, Charles VI, dans *Périnet Leclerc*, Alphonse, dans le *Barbier du roi d'Aragon*, Potemkin, dans *Catherine II*, Louis XV, dans *Jeanne Vaubernier*. Il doublait avec succès Frédérick Lemaître dans le *Joueur*. Certains le trouvaient prétentieux et maniéré. Il fut encore le Fabiano de *Marie Tudor*, Henri VIII de *Catherine Ho-*

ward, puis il quitta la Porte-St-Martin pour Rouen, 1830-42.

En 1842-43, il figure en tête de la troupe de Bruxelles. Il avait débuté par Don Juan, du *Festin de pierre* (10 mai), Richelieu, de *Mlle de Belle Isle* (19 mai), Valmont, du *Tyran domestique* (27 mai). De retour à Paris, il fut appelé au Gymnase pour jouer l'emploi de Ferville et de Gontier. Il s'y trouvait encore en 1845. Nous le retrouvons premier rôle à Rouen, 1846-50, puis 1852-53, et à l'Ambigu, 1854, Paris 1855-56, Strasbourg 1857, Le Hâvre 1858-59, Strasbourg 1860-64, Paris, 1865, Ambigu 1867-70, Odéon 1872-75. En 1874, âgé de 76 ans, avec 50 ans de th., il avait obtenu la pension de 500 fr. de la Société des artistes, Paris 1876-82. Il mourut à Crèvecœur à l'âge de 85 ans, et le Rapporteur de 1883 rappela ses succès à Paris, en province et à l'étranger. Revenu à Paris, il s'était occupé d'administration jusqu'au moment où il lui avait fallu quitter tout à fait le théâtre.

Bibliographie : *Biogr. th.*, 1829, 1833, 1845. — La *Rampe et les coulisses*, 1832.

DELAFOSSE, Hippolyte Compagnon dit. — De la Société des artistes depuis 1844, Gaîté 1849-50, Bruges 1852, Paris 1853, Bukarest 1854, Paris 1855-56, Nantes 1857-58, Limoges 1859, Aix 1860, Montmartre 1861, Toulon 1862, Bédarieux 1863, Lille 1864, Nîmes 1865, Alexandrie 1867-69, Suez 1870, Paris 1872, Roubaix 1873-74, Agen 1875, Menton 1876-77, Béziers 1878, Arles 1879-82. En 1882, âgé de 60 ans, avec 40 ans de théâtre, Delafosse-Compagnon obtint une pension de 500 fr. de la Société des artistes. Paris 1883-84, Grenoble 1885-88. Sa mort fut annoncée au Rapport de 1889. Un *Delafosse* tint l'emploi des jeunes premiers à Clermont en 1852, et une *Mme Delafosse* l'emploi des mères, même ville, même année.

DELAFOSSE, Mme Compagnon, née Fy, Dupont dite. — Paris 1856-57 et mêmes étapes que ci-dessus. Grenoble 1889-93, Paris 1894-95. En 1887, âgée de 74 ans, avec 40 ans de th., Mme Delafosse Compagnon obtint la pension de 500 fr. de la Société des artistes. Une dame *Delafosse* jouait les soubrettes à Namur en 1844.

DELAFOSSE, Mme Valentine Compagnon dite. — Ingénues, Lille 1864, Alexandrie 1867-69 et mêmes étapes que ci-dessus. Marseille 1875-1877, Béziers 1878, Arles 1879, Marseille 1880-1882, Paris 1883-86, Grenoble 1887-91, Dijon 1892, Paris 1893-96, La Rochelle 1897-1902.

DE LA GARDE. — Famille de comédiens français. Gand, novembre et décembre 1697, composée de :

Jean Bouillart De la Garde,
Marie Le Charton, sa femme,
Marie-Françoise De la Garde,
Ulric et Anne-Christine De la Garde,

leurs trois filles (en dépit de ce nom d'Ulric).

Bibliographie : F. Faber, *Hist. du th. fr. en Belgique*, t. IV, pages 6 et 7.

DE LA GARENNE. — Premier rôle, Anvers 1792.

DE LA GARENNE, Mlle. — Deuxième rôle, Anvers 1792.

DELAGRANGE, Mme Mariette. — Besançon 1874, Genève 1875, Clermont-Ferrand 1876, Châlons-s/Marne 1877-78, Troyes 1879-80, Sedan 1881-82, Nevers 1883, Châlon-s/Saône 1885, Paris 1886-95, La Chaux-de-Fonds 1896, Paris 1897-98, Lille 1899-1901, Paris 1902-1904. En 1904, Mme Delagrange, âgée de 59 ans, avec 36 ans de th., obtint une pension de 500 fr. de la Société des artistes. Habitait Paris en 1904.

DELAHAIE, Mme Marie, Clarisse, Sophie, Joséphine. — Annecy 1867-69.

DELAHAYE. — Premier rôle, th. fr. Rouen 1796.

DELAHAYE. — Ambigu 1809, Cirque Olymp. 1813-14.

DELAHAYE, Mme. — Ambigu 1809.

DELAHAYE. — Nom d'un artiste mort en 1844.

DELAHAYE, Mlle E. — Délass. com. 1856.

DELAHAYE, Ernest. — Reims 1860-62, Arras 1863-64, Besançon 1865-67, Roubaix 1868, Boulogne-s/Mer 1869, Cherbourg 1870, St-Germain 1871-72, Poitiers 1873-74, St-Germain 1875-76, Versailles 1877-79.

DELAHAYE, Mme Camille, Léonie Borelli. — Odéon 1861-70. Créa le rôle de Colombine dans *Pierrot héritier* (2 oct. 1865). St-Pétersbourg 1872-1901, Paris 1902-04. En 1901, Mme Delahaye, âgée de 59 ans, obtint une pension de 500 fr. de la Société des artistes. Habitait St-Michel par Bougival en 1904.

DELAHAYE, Mlle. — Soubrette, Lille 1865.

DELAHAYE, Mme Berthe, J.-J. Stickolhaut. — Clermont-Ferrand 1868-70.

DELAHAYE, Mme Bathilde. — Nice 1875-79.

DELAHAYE, Mme Céline Drouin dite Blanche. — Bataclan 1886-87.

DELAHARPE. — Comique et chanteur, Maëstricht 1737.

DELAHOURDE, E. — Premier comique, Tournai 1826, Douai 1827, Limoges 1829, Perpignan 1830-31, Bruges 1835 et 37. Vivait en 1849.

DELAHOURDE, Mme. — Ingénuités, Tournai 1826, amoureuses, Bruges 1835 et 37, Strasbourg 1840. Vivait en 1849. Une dame Delahourde, Marie, Antoinette, Elisabeth, artiste, habitait Limoges en 1862-66.

DELAIGLE-Dharcourt, Mme Clémence Cochet. — Buenos-Ayres 1873-77.

DELAINVILLE, Mlle Célestine. — Département de l'Aude 1826.

DELAISTRE, Jean, Alexandre, François. — Né à Paris le 6 janvier 1801, fit ses études au Collège Bourbon ; ses parents voulaient en faire un bijoutier. Il entra au Conservatoire où il ne resta que huit mois, joua à la banlieue et accompagna Talma à Caen, au Hâvre et à Rouen (avril 1826). Il débuta au th. Français le 17 sept. suivant par le rôle de *Tancrède*, de Pyrrhus, d'*Andromaque* et d'Hippolyte, de *Phèdre*. Il fut reçu comme pensionnaire et créa le dauphin, dans *Marcel*, *Artaxerce* et Dunois dans Louis XI. Au bout de quinze mois, il quitta la Comédie française (31 déc. 1827) et partit dans une tournée avec Mlle Georges, en qualité de grand rôle tragique, et comme il s'était rendu acquéreur, à la mort de Talma, des costumes du grand tragédien, il faisait valoir sa garde-robe. « Ainsi, quand Harel donnait en province *Sylla*, *Hamlet* ou *Manlius*, raconte Jouslin de la Salle, il avait soin de mettre sur l'affiche, en lettres d'un pied de long : *M. Delaistre jouera ce soir avec les costumes de Talma*. Et il était rare que la salle ne fût pas comble. »

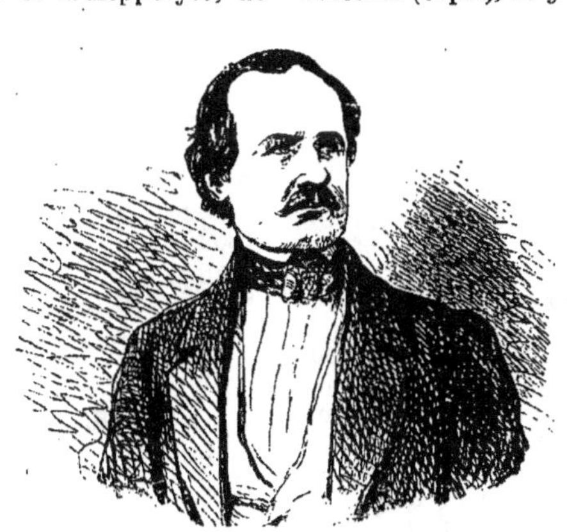

DELAISTRE, grav. par Diolot

Revenu à Paris, Delaistre entra à l'Odéon. C'était un comédien intelligent et souple.

1829, 14 sept., le *Frère et l'amant*, 1830, 30 mars, *Christine*, 22 juillet, *Guillaume-Tell*. Il est nommé lieutenant de chasseurs dans la Garde nationale. 1er déc., la *Nuit vénitienne*. 1831, 6 mai, *1783* ou le *Retour d'Amérique*, 17 mai, *Kernox le fou*, 3 nov., *Mirabeau*. 1832, 17 janv., *Jeanne Vaubernier*, 19 mars, *Dick-Rajah*. Il s'était en outre distingué dans le Caligula, d'*Une révolution d'autrefois*, Satan, du *Moine*, St-Marc, du *Masque de fer*.

L'Odéon fermé, Delaistre passa à la Porte-St-Martin. Voici comment on le jugeait : « Excellent traître de mélodrame ; un organe caverneux, une physionomie de chef de *Condottieri*, de la rudesse dans le geste et dans l'expression du visage. » On lui reproché de ne pas varier assez ses personnages. Grand, bien fait, bien taillé, il avait ce qu'il faut pour réussir au boulevard. On lit aussi dans le *Cabinet de lecture* en 1835 : « M. Delaistre, l'ambitieux Richard d'Arlington, vend à juste prix rubans, blondes et chapeaux de paille, rue St-Denis, 381, à l'*Etoile d'or*. » Porte-St-Martin, rôles et créations : *Richard d'Arlington*, l'*Auberge des Adrets*, *Périnet Leclerc* (le Connétable), la *Tour de Nesle* (Buridan), les *Malcontents* (Fargus), *Charles III* (Diégo), la *Duchesse de Lavaubalière* (Morisseau), *Trente ans* (Georges), la *Vénitienne* (le Bravo), *Dix ans de la vie d'une femme* (Valdeja), *Oscar*.

En 1836, il passa à l'Ambigu : le *Curé Mérino* (10 juillet), *Pierre le Grand*, *Tout ou rien*, *Gaspardo le pêcheur* (le duc Visconti), l'*Honneur de ma mère*, le *Rosaire*, le *Corsaire noir*.

En 1837, il débuta à la Gaité : l'*Ombre de Nicolet* (sept.), *Il y a seize ans* (reprise), *Glenarvon* (reprise, rôle de Georges), *Dussombray*, *David Rizzio*, la *Fille du tapissier* (reprise), l'*Ordre du jour*, la *Croix de fer*, le *Sonneur de St-Paul*, *Farruck le Maure*, le *Marché de St-Pierre*, les *Chevaux du Carrousel*, les *Prussiens en Lorraine*, etc. On écrit de lui en 1841 : « M. Delaistre rappelle les beaux jours de Tautin de mélodramatique mémoire. Il est grand, bien fait, taillé en hercule, mais il a les traits durs et le parler trivial. » Et en 1845 : « C'est une monnaie de Bocage mélangée de Frédérick Lemaître. » Il voyagea pendant plusieurs années, puis revint à la Gaité. On le revit dans le rôle de Kérouan de la *Closerie des Genêts*, et ceux de Cromwell, des *Mousquetaires* et de Boriloff, du *Masque de poix*. On le trouva alors moins compassé.

Delaistre quitta la Gaité vers 1857, parut à l'Ambigu, puis entra au th. Impérial du Cirque (1860), en qualité de régisseur général, puis à la Porte-St-Martin 1862-80, où il tint encore quelques rôles dans *Nos ancêtres* (4 avril 1868) et *Cadio* (4 oct.). En 1871, âgé de 70 ans, avec 35 ans de th., il avait obtenu une pension de 500 fr. de la Société des artistes, dont il fut un des fondateurs (1840). Il mourut à Belleville, en mars 1881, laissant le souvenir d'un homme d'initiative, et d'un caractère conciliant et droit.

Biographie : Gallois, *Th. de la Gaité*, 1854.

Bibliographie : *Petite Biogr.*, 1833. — L'*In-*

discret des Coulisses, 1841. — Ch. Hervey, *The Theatres of Paris*, 1842. — *Biographie*, 1845. — Abraham, *Acteurs et Actrices*, 1861.

Iconographie : Gallois, *Th. de la Gaîté*, mi-corps, de face, grav. par Diolot.

DELAISTRE, Mlle Marie ou Maria Etienne. — Fille du précédent, élève de Provost, premier accessit de comédie et deuxième prix de tragédie (1853), débuta à la Gaîté dans les *Oiseaux de Proie* (oct. 1854). Gaîté 1855-57, Ambigu 1858-61, Gaîté 1862-64. Abandonna de bonne heure le théâtre, malgré de sérieuses qualités.

Biographie : Gallois, *Th. de la Gaîté*, 1854.

Iconographie : Gallois, *Th. de la Gaîté*, mi-corps, de face, grav. par Diolot.

DELAISTRE. — Fils et frère des précédents, comique aux Folies dram. 1861 et au Th. impérial du Cirque. Se retira de bonne heure du théâtre.

DELAIT, Mlle Louise. — Troisième amoureuse, Liège 1843-44.

DELAITRE. — Jeune premier, Seine-et-Marne 1852.

DELAITRE, Mme. — Deuxième soubrette, Seine-et-Marne 1852.

DELALAIN, Pierre, Charles. — Madrid 1853-1854, Paris 1855-59, Mulhouse 1860-64, Bayonne 1865-66, Lyon 1867-68, Paris 1879-99. M. Ch. Delalain quitta le théâtre pour se faire chirurgien-dentiste. Lauréat de la Société de médecine, officier d'Académie, il fut nommé chevalier de la Légion d'honneur pour services exceptionnels en 1882. En 1896, âgé de 67 ans, avec 22 ans de th., il obtint une pension de 300 fr. de la Société des artistes. Sa mort fut annoncée au Rapport de 1900. Il y eut un Charles Delalain, directeur des Variétés amusantes, à Bruxelles, en 1862.

DELALAIN, Mme Augustine, née Grisel. — Calais 1867-69.

DELALONDE. — Deuxième comique, th. du Luxembourg 1845.

DE LA MARCHE, Pierre. — Figure sur un acte de société entre les comédiens français, passé à Gand en novembre et décembre 1697. Devait jouer les rôles comiques et quelques rôles sérieux, mais une rature nous apprend que ni lui, ni sa femme ne comparurent.

Bibliographie : F. Faber, *Hist. du Th. français en Belgique*, t. IV, p. 6 et 7.

DELAMARRE. — Sous ce nom :

Delamarre, th. de la République, Rouen 1801.

Delamarre, Cirque Olympique 1829-31.

Delamarre, Alexandre, financier, Dieppe 1833-34, père noble, Verviers 1846, Metz 1851, Bruxelles 1852.

Delamarre, Félicien, premier comique, th. des Variétés, Bordeaux 1840.

Delamarre, Joseph ou Jean-Baptiste, Ferdinand. — Comique, Gand 1844, Lille 1848-49, Alger 1852-53, Nîmes 1854-55, Strasbourg 1856-57, Hombourg 1858-59, Nancy 1860-61, Amsterdam 1862-64, Nice 1865, Mons 1867-70, Caen 1872-73, Paris 1874, Lille 1875, Paris 1876-80. En 1880, âgé de 61 ans, avec 39 ans de th., Ferdinand Delamarre obtint une pension de 500 fr. de la Société des artistes. Paris 1880-96. Sa mort fut annoncée au Rapport de 1897.

Delamarre, Jean-Baptiste Petit, dit, — Rennes 1848-49, Rouen 1852-53, Nîmes 1854-55, Palais-Royal 1855-57, Barcelone 1858, Strasbourg 1859-60, Nouvelle-Orléans 1861, Rennes 1862, Bruxelles 1863-64, Mons 1865-68, Besançon 1869-70, Caen 1872-75, Abbeville 1876, Caen 1877. En 1876, âgé de 70 ans, avec 40 ans de th., Delamarre-Petit avait obtenu une pension de 500 fr. de la Société des artistes. Mourut vers 1878.

Delamarre, Edouard, Lille 1848-49, Montereau 1852.

Delamarre, Alexis, jeune premier, Nantes 1852.

Delamarre, Edmond, troisième rôle, Toulon et Avignon 1852.

Delamarre, Louis, Alger 1866-68, Besançon 1869-70, Alger 1871-76.

DELAMARRE. Mme ou Mlle. — Sous ce nom :

Mlle Delamarre, Cécile, ingénuités, Lille 1842.

Mlle Delamarre, Porte-St-Martin 1850-51.

Mlle Delamarre, Céline, ingénuités, th. du Gymnase, Marseille 1852-53, Nîmes 1854, Marseille 1855-56. Ces trois personnes n'en doivent faire qu'une.

Mlle Delamarre, Adèle, Marie, Fol. dram. 1850.

Mme Delamarre, née Peychaud, dite aussi *Corès*. Gaîté 1857-58, Hombourg 1859, Nantes 1860, Hombourg 1861, Amsterdam 1862-63, Nice 1864-66, Mons 1867-70, Caen 1871-73, Lille 1875, Paris 1876-80. Sa mort fut annoncée au Rapport de 1881.

Mlle Delamarre, Ida, th. de la Tour-d'Auvergne 1874.

DE LA MÊTERIE, Mlle. — Troupe des ducs de Brunswick et Lunebourg 1674.

DELAMOTHE ou Delamotte, Mme Cécile. — Soubrette marquée, Bayonne et Marseille 1852.

DELAMOTHE ou Delamotte, Mlle Augusta. — Ingénue, Bayonne 1852, Gaîté 1855-58, Gymnase 1859-60.

DELAMOTTE, Mlle Sophie. — Jeune première, Toulon 1840.

DELAN, Mlle Françoise. — Comédienne de Mlle d'Orléans, Bruxelles, 27 fév. 1662, troupe du duc de Savoie, 1674.

DELAND, Mme Cécile Dufour dite. — Brest 1893-94, Dunkerque 1895, Besançon 1896, Rouen 1897-98.

DELANGLAY. — Ambigu 1868.

DELANGLE de la Villegaudin. — Comédie parisienne 1882-84.

DELANGRE, Mme. — V. St-Léger.

DELANNOY, Léopold, Emile, Edmond. — Né à Arras le 7 février 1817, était fils d'un lieutenant-colonel en retraite. Destiné à l'état militaire, il avait même obtenu une bourse au prytanée de La Flèche; mais toute autre était sa vocation. A la mort de ses parents, il se lança dans la carrière dramatique. Répudié par son frère aîné, très bien placé dans la société d'Arras — ce qui ne l'empêcha pas à la mort de ce dernier qui laissa sa famille dans le dénûment, de prendre à sa charge ses trois enfants, de les élever et de les soutenir pendant près de quinze ans, — Delannoy fit ses débuts à Elbeuf, puis à Niort 1835, La Rochelle 1837, Maëstricht 1840. Il était alors classé comme premier comique, mais tenait indirectement tous les emplois. En 1840, il entra au th. Montmartre où il resta trois ans. Il avait du naturel, de la finesse, le talent de tout dire, un esprit créateur sachant donner une tournure bizarre et piquante même aux rôles les plus médiocres. Il s'y fit remarquer et passa à Lille, comme premier comique marqué, aux appointements de 250 francs par mois, 1843-44. Il donna la réplique à Déjazet. L'année 1845, il est à Anvers, où le 2 mars il récite un monologue en vers de sa composition : *Un Soldat de l'Empereur, souvenir du 5 mai 1821*, imp. Anvers, L.-G. de Cort, 1845, in-8° de 8 p. p. On le vit encore à Amsterdam, à Liège, à Bruxelles, tour à tour au Vaudeville ou aux Nouveautés, dont il fut quelque temps le directeur. Mais il ne se bornait pas alors à jouer des ganaches, des excentriques. Son répertoire beaucoup plus large embrassait les créations de Bouffé, d'Odry, de Frédérick Lemaître et d'Arnal. Aussi fût-ce plus tard un grand chagrin pour l'artiste de ne se faire connaître à Paris que dans des créations comiques, au Palais-Royal et au Vaudeville. Dans ses tournées en province, il se plaisait à jouer le *Chiffonnier de Paris*, le *Vieux Caporal*, *Latude*, *Toby le Sorcier*, etc. Hostein avait failli l'engager pour cet emploi.

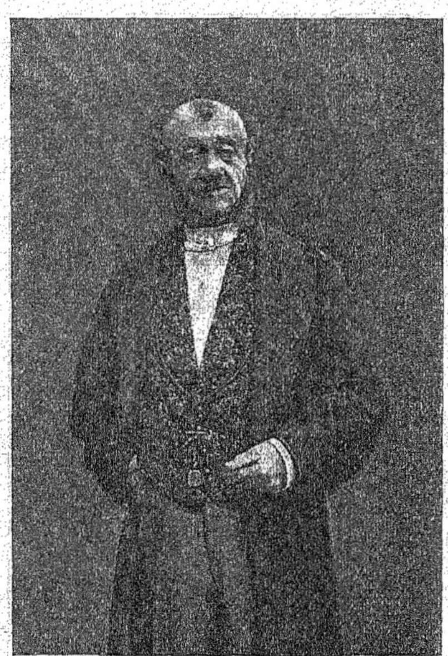
DELANNOY, Léopold. (Cliché Nadar)

En 1848, il fut engagé au Vaudeville, où il débuta dans *Un coup de Pinceau* (Bianchon), 26 oct., puis parut dans *Madame Cartouche*, la *Propriété c'est le Vol*, *Pompée*, les *Représentants en Vacances*, la *Foire aux Idées*, *Daphnis et Chloé* (le dieu Pan), *Un vieil Innocent*, les *Trois Dondons*, *Un Dieu du Jour*, le *Père nourricier*, *Un Mari en cent cinquante* (Job), *On demande un Gouverneur*, la *Foire de Lorient* (Fier-à-bras), *Un Banquier comme il y en a peu* (Durand), le *Fauconnier* (de Barbezieux), *Eva* (Clarinde), le *Cabaret du Pot cassé* (de Boissec), les *Maris me font toujours rire* (Chamouillat), les *Marquises de la Fourchette* (Saturnin), *Monsieur votre Fille* (Doucenet), les *Parisiens* (Martin), les *Exploits de César* (César Miroton), l'*Hiver d'un Homme marié* (Manchon), le *Chevalier du Guet* (le baron), le *Joli mois de Mai* (Poulot), *Pénicault le Somnambule* (Moutonnet), *Montre perdue* (Chambourdon), *Lucie Didier*, *Madame Lovelace*, *Un Homme de rien*, *Aux Crochets d'un Gendre*, etc.

En vain rugissait-il de voir déclasser son talent; avoir joué *Pauvre Jacques* et la *Fille de l'Avare* en émule de Bouffé, et se voir réduit à la farce. Le public parisien qui l'adorait ne voulait voir en lui qu'un grotesque. S'agissait-il cependant de sauver un rôle redoutable, de faire passer un personnage mal tracé, c'est à Delannoy que l'on s'adressait : tel le père Duval de la *Dame aux Camélias*, que Delannoy créa, après le refus d'Ambroise (1852). Voici en quels termes J. Arago en parlait à cette époque : « Celui-ci n'est jamais satisfait que lorsqu'il ajoute quelque chose du sien à l'esprit de l'auteur. Ce n'est pas de la charge, gardez-vous de le croire, mais c'est presque de l'exagération ». Frapper fort et juste, telle fut, en effet, sa méthode, mais qui, dans le comique, frisait souvent la caricature.

Le 1er mai 1858, Delannoy débuta au Palais-Royal dans l'*Avare en gants jaunes*, puis le 12 juin dans *Un Dîner et des Egards*. On le vit encore dans Marteau des *Gens nerveux*, Gibassier père de *Je suis mon Fils*, Cadet-Roussel des *Trois Fils de Cadet-Roussel*, *Madame est aux Eaux*, *Colombe et Pinson*, les *Erreurs du bel Age*, *Si Pontoise le savait*, etc. Il ne tarda pas à revenir au Vaudeville. Dès lors, il est pour ainsi dire de toutes les pièces, les *Parisiens*, les *Intimes*, les *Ganaches*, le *Choix d'un Gendre*. Il resta surtout l'immortel Péponnet des *Faux-Bonshommes*, mais avec ce comique un peu gros qui ne plaît pas aux délicats. Que de fois ses gestes excentriques, ses jeux de physionomie détonnaient à côté d'artistes plus fins, comme St-Germain ! Quant aux directeurs, ils lui mettaient sur le dos tous les rôles dont ils ne trouvaient pas le placement, ainsi dans la *Révolte*, le *Candidat*, *Fromont jeune et Risler aîné* (Delobelle). Homme de devoir, Delannoy se chargeait de tout. Pour citer ses rôles, il faudrait reproduire le répertoire entier de ce théâtre.

Excellent homme chez lui, Delannoy passait cependant pour un grincheux, hargneux, rageur. C'est pour cela sans doute qu'il s'était lié avec Félix, un autre grincheux, qui le fit son exécuteur testamentaire. A la ville, un taciturne, le cou invariablement enveloppé dans un long cache-nez d'un autre âge. N'eut qu'un faible : celui des excellents vins, dont il usait, mais n'abusait jamais, agrémentant sa table d'une foule de petites fioles de Mâcon, de Beaune ou d'autres crus.

Un jour, l'on apprit que Delannoy était ruiné. Ses économies assez rondelettes, péniblement amassées, avaient disparu dans une banque. Une représentation fut organisée à son bénéfice à l'Opéra, le premier dimanche d'avril 1875, avec le concours de Mmes Miolan-Carvalho, Krauss, Favart, Croizette, Sarah-Bernhardt, Arnould-Plessy, Jouassain, etc., MM. Faure, Mounet-Sully, Febvre, Delaunay, Coquelin. La Comédie française joua le second acte du *Mariage de Figaro*, avec Got (Figaro) et Mme Miolan Carvalho (Chérubin), Delannoy tenait le rôle de Basile. A la fin de cet acte, tous les artistes parisiens ayant à leur tête Frédérick Lemaître, Bouffé, Laferrière, Mmes Fargueil et Marie Laurent défilèrent, et l'on termina par les *Sonnettes*, jouées par José Dupuis et Mme Chaumont. La musique de la Garde Républicaine joua quatre morceaux de son répertoire. Le succès fut complet.

En 1875, Delannoy avait paru encore au Vaudeville dans *Manon Lescaut* (4 fév.), *Une Pêche miraculeuse* (11 mars), la *Revue des deux Mondes* (28 mars), quand il quitta ce théâtre où l'attachaient tant de souvenirs. M. Sardou, voulant reprendre *Don Quichotte* à la Gaîté, avait songé à Delannoy pour ce rôle. Mais Offenbach dut lâcher les rênes de la Gaîté, et Delannoy qui avait refusé un réengagement au Vaudeville resta sans emploi. La question se compliquait par le refus d'Offenbach de payer au comédien inutilisé six mois acquis par son traité. Il y eut procès gagné par Delannoy, qui reparut au Vaudeville après quinze mois d'absence. Nous noterons dans cette dernière période :

1876 18 sept., *Fromont jeune et Risler aîné* (Delobelle).
1876 21 nov., les *Mariages riches*.
1877 5 sept., *Pierre*.
1878 1er mars, les *Bourgeois de Pontarcy*.
— 9 sept., le *Mari d'Ida*.
— 13 nov., *Montjoye* (reprise).
1879 2 fév., les *Mémoires du Diable*.
— 22 fév., les *Faux-Bonshommes* (reprise).
1879 13 juin, les *Petits Oiseaux* (reprise).
— 7 nov., les *Marquises de la Fourchette* (reprise).
1881 15 mars, la *Princesse Georges* (reprise).

En 1883, l'Ambigu monta *Pot-Bouille*. Zola cherchait un type de bourgeois pour son héros. Ce fut Delannoy qu'il choisit. Cette création dramatique flattait les goûts de l'artiste qui avait toujours rêvé jouer le drame ; il y fut admirable (13 déc.). Après avoir joué encore à ce théâtre l'*Homme de Peine* (24 fév. 1885), Delannoy passa à la Renaissance devenu théâtre de comédie.

1886 8 janv., *Une Mission délicate*.
— 8 avril, les *Dominos roses* (reprise).
— 13 nov., *Gavaut, Minard et Cie* (reprise).
1886 17 déc., le *Choix d'un Gendre* (reprise).
1887 10 fév., *Ma Gouvernante*.
— 4 oct., *Paris sans paris*.

Delannoy mourut le 29 décembre 1888 et ses obsèques eurent lieu le 31 décembre. Grivot, remplaçant le président Halanzier retenu au Ministère, rappela les précieuses qualités du comédien, sa longue carrière, ses nombreux succès. Il laissa le souvenir d'un homme comme il faut, délicat. Cinq cents personnes — malgré cette fin d'année — accompagnèrent son cercueil jusqu'au cimetière. Delannoy eut un fils soldat qui fit brillamment son service en 1870, et une fille connue au th. sous le nom de Mme Chandora.

Biographie : Gallois, *Th. du Vaudeville*. — Lorsay, *Galerie théâtrale*. — *Paris-Théâtre*, no 184, notice par F. Jahyer, 1876.

Bibliographie : Delhasse, *Ann. dram.*, 1845. — Goncourt, les *Mystères du th.*, 1852. — J. Arago, *Foyers et Coulisses*, 1852. — Darthenay, *Acteurs et Actrices*, 1853. — Abraham, *Acteurs et Actrices*, 1861. — Les *Th. en robe de chambre*, 1866. — *Foyers et Coulisses*, th. du Vaudeville, 1874. — *Paris-Théâtre* (repr. à l'Opéra), no 99, 1875. — G. Duval, l'*Année théâtrale*, t. II. — Les *Soirées parisiennes*.

Iconographie : Bibl. nat., catalog. Duplessis, 12,103.

1. En pied, de ³/₄ à droite, cost. de th., lith. par A. Colette, 1854, d'après Eust. Lorsay.

2. En buste, de ³/₄ à gauche, lith. par Loire. *Paris-Théâtre*, n° 184, en buste, de face, phot. Liebert

Les *Premières illustrées*, 1885-86, p. 76. Cliché Nadar, en pied, mi-corps, de face, cost. de th.

DELANNOY, Mme. — Deuxième amoureuse, Niort 1835, La Rochelle 1837, Maëstricht 1840, grande utilité, Lille 1843, Anvers 1845, th. du Vaudeville, Bruxelles 1846.

DELANOUE. — V. Lanoüe.

DELANOUE, Mme. — Lille 1811. Anvers 1816. Une Mme *Delanoue* tient les premiers rôles en tous genres à Lille en 1827.

DELANOY-Herman (ou Harmant), Mme. — Caractères, Bayonne 1827, Pau 1828.

DELAPERRIÈRE. — Loiret 1826, Bruges 1835 et 1837.

DELAPIERRE, Mme Stéphanie, Claire, Marguerite. — Avignon 1856-58.

DELAPLACE, Antoine. — Acteur forain et entrepreneur de spectacles, était fils d'un limonadier. Il étudia d'abord la peinture et fit partie en 1701, comme décorateur, de la troupe provinciale de Pascariel, où il jouait les *pierrots*. Revenu à Paris vers 1704, il s'engagea en 1705 au jeu d'Alard et de la veuve Maurice pour remplir l'emploi de *Scaramouche*. En 1707, il s'associa avec un autre acteur forain, Charles Dolet, et attira la foule avec *Arlequin écolier ignorant* et *Scaramouche pédant scrupuleux*, où il tenait le rôle de Scaramouche. A la foire St-Laurent suivante, il prit un troisième associé, Alexandre Bertrand; l'association persista jusqu'en 1712. Ce fut pendant cette période que les impresarios eurent à soutenir de nombreux procès avec la Comédie française qui les réduisit à ne plus jouer que des pièces à la muette ou par écriteaux.

A partir de 1712, Delaplace fut attaché aux troupes du chevalier Pellegrin, d'Octave et de St-Edme, en 1722, avec Dolet, à la foire St-Germain, il servait de prête-nom à Lesage, Fuzelier et Dorneval et dirigeait sous leurs ordres des marionnettes. Vers 1724, renonçant au théâtre, il reprit son premier métier de brocanteur de tableaux et mourut vers 1743. M. Campardon a publié divers documents le concernant.

Bibliographie : *Mémoires sur les spectacles de la Foire*, 1, 54. — *Dict. des th.*, II, 19, 152. V. 92. — Magnin, *Hist. des Marionnettes*, 155, 157. — Campardon, les *Spectacles de la Foire*, t. I, p. 232.

DE LA PLESSE. — De son vrai nom Nicolas Ozou, dirigeait une troupe de campagne en 1664, à Arras. Il avait épousé Marie de Sallary, comédienne ; son fils, François Ozou, était aussi comédien. Jal s'est demandé dans son *Dictionnaire* (note p. III) si cet Ozou n'avait aucun lien de parenté avec Jeanne Ausoult, mère du grand Baron.

DELAPORTE. — Né vers 1769, Vaudeville et Palais Variétés 1793, th. de la Cité et Vaudeville 1794, Cité-Variétés 1799. Un *Delaporte* est à Gand 1803, Ambigu 1805-1814, régisseur à l'Opéra-Comique. Mort à Paris en juin 1839.

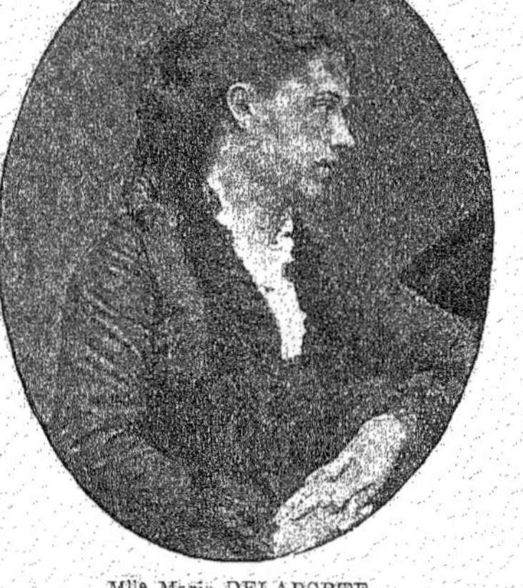

Mlle Marie DELAPORTE
(Photogr. du *Paris-Théâtre*)

DELAPORTE, Mme Anne, Charlotte Férod. — Vaudeville 1793-94, Feydeau, th. des Troubadours 1800, th. des Jeunes artistes, Ambigu 1805-1808. Décédée en octobre 1829. L'*Almanach Barba* lui consacra un petit article (1830, p. 362). Elle avait débuté comme « chanteuse » à la Comédie française et joué avec cette troupe le rôle de Fanchette dans le *Mariage de Figaro*, dans une représentation à Genevilliers. Barré l'avait engagée au Vaudeville, ainsi qu'on le vit ci-dessus. Elle ne laissa que des regrets.

DELAPORTE fils. — Débuta à l'Odéon le 6 mai 1816, rôle de Gabriel des *Ricochets*.

DELAPORTE, Mlle. — Th. St-Marcel 1839.

DELAPORTE, Mlle Marie. — Née à Paris le 27 septembre 1838, de parents commerçants, selon Savard, entra au Conservatoire en 1853, dans la classe de Samson, obtint le premier accessit en 1854, eut aussi Regnier pour professeur, et débuta au Gymnase le 6 mai 1855. Intelligente, gaie, sentimentale, Mlle Delaporte fit valoir pendant treize ans sur cette scène sa naïveté piquante, sa grâce et sa décence. Elle fut l'ingénue rêvée et créa ou reprit successivement :

1855 6 mai, le *Mariage de Victorine,* Victorine (création).
1855 10 juin, le *Collier de Perles.*
— 7 déc., le *Temps perdu* (création).
1856 16 fév., le *Chaperon.*
— 3 avril, *Françoise* (création).
— 14 mai, le *Demi-Monde.*
— 3 sept., *Un Feu de Paille* (création).
— 6 sept., l'*Anneau de Fer* (création).
— 5 oct., les *Toilettes tapageuses* (création).
1857 12 janv., les *Malheurs d'un Amant heureux.*
— 31 janv., la *Question d'Argent* (création).
— 11 mai, les *Comédiennes* (création).
— 16 juin, le *Bourgeois gentilhomme* (création).
1857 4 août, l'*Invitation à la Valse* (création).
1857 15 oct., l'*Article 213.*
— 15 nov., *J'enlève ma Femme* (création).
1858 16 janv., le *Fils naturel* (création).
— 12 avril, les *Femmes qui pleurent* (création).
1858 2 août, la *Balançoire* (création).
— 23 oct., les *Trois Marquis* (création).
1859 5 mars, *Un beau Mariage* (création).
— 15 sept., *Marie ou les trois Epoques.*
— 30 nov., *Un Père prodigue* (création).
1860 2 avril, les *Philosophes de vingt ans* (création).
1860 11 juillet, les *Faux-Bonshommes.*
— 22 août, la *Folle du Logis* (création).
— 27 oct., *Un Tyran en Sabots* (création).
1861 16 janv., la *Famille de Puimené* (création).
1861 18 juin, la *Vie indépendante* (création).
— 10 oct., *Une Dette de Jeunesse* (créat.).
— 29 nov., *Chassé-Croisé* (création).
— 16 déc., les *Mariages d'aujourd'hui* (création).
1862 15 janv., le *Mari à Système* (création).
— 20 janv., les *Invalides du Mariage* (création).
1862 18 mars, le *Pavé* (création).
1863 21 fév., le *Défaut de Jeanne* (création).
— 21 fév., *Sortie seule* (création).
— 20 mai, *Nos Alliés* (création).
— 24 oct., *Montjoye* (création).
1864 5 mars, l'*Ami des Femmes* (création).
— 17 oct., les *Curieuses* (création).
1865 21 janv., les *Vieux Garçons* (création).
— 26 juin, le *Code des Femmes.*
— 1er sept., *Fabienne* (création).
— 17 oct., la *Marieuse* (création).
— 30 nov., les *Révoltées* (création).
1866 20 janv., *Héloïse Paranquet* (création).
— 3 oct., *Nos bons Villageois* (création).
1867 16 mars, les *Idées de Mme Aubray* (création).
1867 16 nov., le *Roman d'une honnête Femme* (création).

Mlle Delaporte fut ainsi l'ingénue du théâtre de George Sand, de Scribe, d'Al. Dumas fils, d'Octave Feuillet, de V. Sardou et de Th. Barrière, pendant toute la durée du second empire. En 1867, la Comédie française voulut lui ouvrir ses portes avec le titre de sociétaire. Elle ne voulut pas accepter le sociétariat, mais ne repoussa pas les propositions qui lui furent faites en qualité de pensionnaire (1er janv. 1868). M. Montigny ne voulant pas la laisser partir lui proposa de renouveler son engagement à des conditions exceptionnelles, ce qui fut fait. Sur ces entrefaites, elle tomba malade et dut rester éloignée du théâtre pendant un an. Elle demanda alors à résilier pour accepter les propositions magnifiques de la Russie, 55,000 fr. par an, avec cinq mois de congé. Le directeur du Gymnase déchira le dédit qui était de 30,000 fr. et lui donna sa liberté.

Mlle Delaporte retrouva à St-Pétersbourg ses camarades Dupuis et Dieudonné. Comme à Paris, elle fut adoptée dès le premier jour par le public et ne reparut au Gymnase que le 22 septembre 1874, où elle créa le rôle de *Gilberte.* Après une année passée encore en Russie, elle revint prendre la première place au boulevard Bonne-Nouvelle. Elle y fit sa rentrée le 25 août 1875 dans une reprise de *Froufrou,* rôle qui, dès l'origine, avait été écrit pour elle et fut créé par Mlle Desclée. Elle créa ensuite le rôle de Roberte dans *Ferréol* (17 nov.) et joua dans les *Pattes de Mouche* (reprise, 6 janv. 1876), les *Curieuses* (12 fév.), les *Vieux Amis* (6 avril), *Froufrou* (22 avril).

Mlle Delaporte habite Paris depuis 1884-1904. En 1884, elle fut nommée Officier d'Académie et en 1899, âgée de 60 ans, avec 42 ans de th., obtint une pension de 500 fr. de la Société des artistes. Mlle Delaporte parut en public à Paris, pour la dernière fois, croyons-nous, au Vaudeville, dans *Une Séparation* (23 et 30 déc. 1877) et les *Bourgeois de Pont-Arcy* (1er mars 1878).

Mlle Delaporte fut des rares artistes détestant le bruit autour de son nom ; sa modestie était proverbiale. Aussi ne faut-il pas s'étonner si, malgré la place considérable qu'elle occupa au théâtre, on trouve fort peu de documents la concernant. Elle passa sa vie fort honorablement entre le Gymnase, à Paris, et le théâtre Michel, à St-Pétersbourg, partout aimée, acclamée, et réalisant ce type peu banal au théâtre : tout l'opposé d'une cabotine.

Biographie : Félix Savard, les *Actrices de Paris.* — F. Jahyer, notice dans *Paris-Théâtre,* no 79, nov. 1874.

Bibliographie : Em. Abraham, *Acteurs et Actrices,* 1861. — Villemot, la *Vie à Paris,* t. II, p. 243. — G. Duval, l'*Année théâtrale,* t. I et II. — P. Mahalin, les *Jolies Actrices de Paris,* t. II.

Iconographie : *Paris-Théâtre,* no 79, photographie en buste, à droite.

DELAQUIS, Charles. — Th. Lazari 1851-52, Funambules 1857.

DELARBRE. — Troupe de Buisson, Maëstricht, débuta le 14 janvier 1714 par l'*Avare*.

DELARIVIÈRE. — Premiers rôles, Gand 1788.

DELAROCHE, Mme Marguerite, Clara, Stéphany. — Moulins 1852, Paris 1855-59, Morlaix 1860.

DELAROCHE, Mlle. — Délass. com. 1874. En 1878, on signalait une demoiselle *Ida Delaroche* comme ayant joué la *Dame aux Camélias* au th. Molière du passage du Saumon. La même parut dans la revue *Madeleine Bastille*, aux Fantaisies parisiennes, 12 nov. 1880.

DELARUE. — Sous ce nom :

DELARUE, Angers 1805.

DELARUE, Mme Caroline. — Cirque olympique 1823, 1828, 1830.

DELARUE, Mlle Esther. — Th. des jeunes élèves 1837.

DELARUE, Emile, René. — Th. Montmartre 1892-93, Paris 1894-1900.

DELASABLONNE, Mme. — Premiers rôles, Maëstricht 1783-84, St-Quentin 1784-88, Liège 1786.

DELASALLE. — Deuxième amoureuse, Bruxelles 1806, à 1000 fr. d'appointements.

DELASSAN ou Delassau, Mlle Julie. — Eldorado 1877-82.

DELATOUR. — Nom d'un débutant à la Com. fr. 1771.

DELATOUR, Félix, Martin, — Cirque impérial 1853.

DELATRE ou **DELATTRE.** — Ce nom étant écrit, par les mêmes personnes, tantôt d'une façon, tantôt d'une autre, nous mettrons tout la même rubrique : *Delattre*.

DELATTRE, Mlle. — Soubrette, débuta au th. de l'Impératrice (Odéon), le 6 août 1812 dans *Guerre ouverte* et les *Folies amoureuses*. Elle fut bien accueillie. Le 24 octobre 1815, elle se présenta au Th. français dans Lisette du *Légataire*. Admise à l'essai, elle figura quelque temps parmi les pensionnaires, 1817-18, alla donner des représentations à Bruxelles (août 1820) et rentra à l'Odéon (1821-30).

1822 16 janvier, le *Roman d'une Heure*.
— 12 mars, l'*Ami du Mari*.
— 21 mars, les *Deux Ménages*.
— 1er août, nouveau début dans *Tartufe* et les *Jeux de l'Amour*.
1825 15 janv., la *Fête de Molière*.
— 27 juin, les *Nouveaux Adelphes*.
— 16 juillet, les *Deux Annettes*.
1825 13 août, les *Deux Ecoles*.
1826 20 juin, *Vauban à Charleroi*.
1830 22 fév., la *Sœur cadette*.
— 12 mars, *Adrienne Lecouvreur*.
— 13 août, l'*Entrée en Vacances*.

En 1825, Harel la qualifie : « la plus jolie et la plus triste de toutes les soubrettes de Paris » et la petite biographie de 1826 : « froide et triste comme un verrou de prison ». On lui reconnait seulement la qualité de jouer assez bien le répertoire, avec une diction juste et un organe agréable.

Biographie : Ricord, les *Fastes de la Com. fr.*, t. II, p. 321.

Bibliographie : *Annuaire dramat.* 1821-22, p. 321. — Harel, *Dict. th.* 1825. — *Petite biographie* 1826, 1831-33.

Iconographie : Bibl. nat., catalog. Duplessis 12,118. En buste, de 3/4 à gauche, dans un ovale, lith. par Jules Vernet.

DELATTRE. — Calais 1828.

DELATTRE, Mlle. — Ingénue, Nancy 1831, Tournay 1839.

DELATTRE, Mme Euphrasie. — Moscou 1852-53, St-Pétersbourg 1854, Metz 1855-57, La Martinique 1858-66, Paris 1867, St-Pierre-les-Calais 1868-85, La Varenne 1886, Paris 1887-90. En 1885, Mme Euphrasie Delattre avait 80 ans et 40 ans de th. Elle obtint une pension de 500 fr. de la Société des artistes. Sa mort fut annoncée au Rapport de 1891.

DELATTRE, Henri, Alexandre. — Amsterdam 1855-57, Bruxelles 1858, Hombourg 1859, Rochefort 1860, Toulon 1861-63, Paris 1872-88. Sa mort fut annoncée au Rapport de 1889.

DELATTRE, Mme Elisabeth Bloemendal dite. — Paris 1870. En 1900, Mme Delattre Elisabeth âgée de 73 ans, avec 48 ans de th., obtint une pension de 500 fr. de la Société des artistes.

DELAUNAY. — Sous ce nom :

DELAUNAY, nom d'un comédien qui figure sur un tableau de troupe pour Douai 1772-73, aux appointements de 2400 fr.

Mme DELAUNAY, Elisabeth, femme le Senéchal. Son mari était acteur, auteur et poète patriote, Angers 1793.

DELAUNAY-Rayer, Anvers 1816, Lille 1817, aux appointements de 4800 fr., Anvers 1818, Odéon (début 20 déc. 1822 et 3 mai 1823, confident de tragédie), Le Hâvre 1827, Strasbourg 1829, Gand 1833, père noble, Amiens 1835-37, Ambigu 1837-39.

Mme DELAUNAY, première duègne, Le Hâvre 1827, Nantes 1828, Nîmes 1829, Lyon 1835, Strasbourg 1837, Anvers 1843-44.

DELAUNAY, premier comique, Toulouse 1830, Soissons 1835.

DELAUNAY, deuxième amoureux, Maëstricht 1840.

DELAUNAY, Louis, Arsène. — Naquit à Paris le 21 mars 1826; il était fils d'un marchand de vin. A dix-huit ans, il s'en allait doucement frapper à la porte du Gymnase pour s'engager comme figurant. Le bon Monval, régisseur de ce théâtre, voyant devant lui un jeune homme de bonne mine lui fit comprendre qu'il faisait fausse route. Delaunay entra alors dans la classe de Provost, au Conservatoire, puis se présenta de nouveau au Gymnase où il obtint un début dans un vaudeville, les *Deux Césars*, sous le nom d'*Ernest*. Il joua son rôle les 3, 4 et 5 mars et dut y renoncer pour cause d'insuccès.

Il reprit ses études, s'exerçant à Montmartre sous le nom de *Dannay* et, le 8 août suivant, obtint un accessit, après avoir concouru dans le *Menteur*. Le 24 septembre Bocage lui fit contracter un engagement de trois ans à l'Odéon, aux prix de 80, 100 et 120 fr. par mois. Encore devait-il fournir ses costumes ! Il y entrait en bonne compagnie et ce fut pour lui une excellente école.

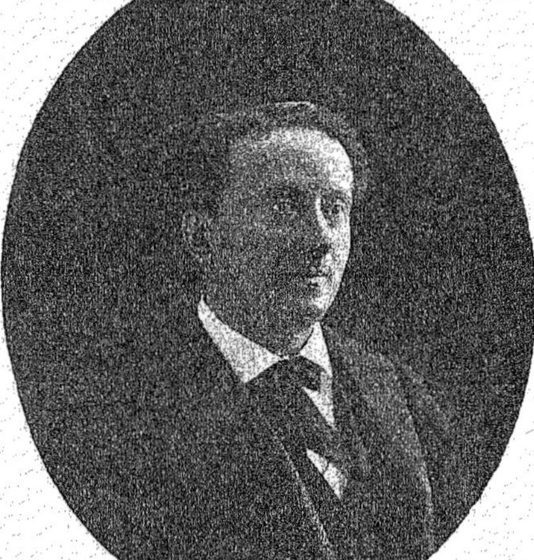

Louis-Arsène DELAUNAY
(Cliché Quinet)

Le 26 novembre 1845, Delaunay débuta par le petit rôle de Damis dans *Tartufe*. Il passa près d'un an inaperçu, jouant dans les *Plaideurs*, le *Jeu de l'Amour et du Hasard*, l'*Ecole des Femmes*, l'*Etourdi*, le *Menteur*, etc. Il n'avait alors pour lui que le charme de son extrême jeunesse et de sa voix si pleine de douceur. Le 3 novembre 1846, une comédie, l'*Univers et la maison* le met tout à fait en évidence et Th. Gautier écrit : « Un jeune homme inconnu, nommé Delaunay, s'est révélé subitement dans le rôle de Ludovic, le jeune premier le plus accompli de Paris ». Cette prédiction devait se réaliser pendant près de quarante ans !

La Comédie française lui proposa dès lors un engagement qu'il souscrivit deux ans avant de pouvoir le remplir. Voici du reste, en dehors du répertoire courant, ses créations :

1846 12 février, l'*Alcade de Zalaméa*, Don Juan.

1846 3 mars, l'*Oncle de Normandie*, Henri.

— 3 nov., l'*Univers et la Maison*, Ludovic.

1847 15 janv., le *15 Janvier*, Baron.

1847 23 mars, le *Manchon*, Jules.

— 4 avril, le *Paquebot*, Marcel.

Th. Gautier déclare, à propos de cette pièce, « qu'il manque à la Comédie française et que nul jeune premier ne l'égale aujourd'hui ».

1847 7 avril, la *Loge de l'Opéra*, Paul.

— 29 avril, la *Course à l'Héritage*, Alfred.

— 22 mai, *Egmont*, Fernando.

— 29 mai *Pythias et Damon*, Damon.

Cette pièce fut reprise par Delaunay à la Comédie française : « Delaunay, dit Gautier, a conquis sur la rive gauche une célébrité dont s'est émue la rive droite... il a produit dans Damon un effet de jeunesse, de fraîcheur et de grâce qu'on n'a pas oublié ».

1847 6 juin, *Corneille chez Poussin*, Poussin.

1847 7 juin, *Nouvelles d'Espagne*, Ferdinand.

1847 30 septembre, le *Passé et l'Avenir*, Henry.

1847 30 novemb., les *Geais*, Ludovic.

1847 30 déc., *Cécile Lebrun*, de Torigny.

1847 30 déc., le *Dernier Banquet de 1847*, le dimanche.

1848 10 janv., *Amour et Bergerie*.

1848 15 janvier, le *Protégé de Molière*, Racine.

1848 8 fév., le *Dernier Figaro*, Fernand.

En vain Lockroy cherche-t-il à retenir le jeune premier idéal à l'Odéon ; en vain la Russie cherche-t-elle à l'attirer pour dix ans. Delaunay a la sagesse d'entrer à la Comédie française qu'il ne quittera plus. Aucun artiste n'a moins d'histoire que Delaunay ; aucun artiste ayant souci de son art n'eut une carrière plus belle, plus heureuse, plus digne.

Le début de Delaunay à la Comédie française eut lieu le 25 avril 1848, dans le rôle de Valère de l'*Ecole des Maris*. Les temps troublés où l'on vivait le firent passer, dès l'abord, assez inaperçu. Rachel et la *Marseillaise* avaient seuls le pouvoir d'attirer la foule. Il reprit dans l'*Aventurière* le rôle que venait de créer Raphaël Félix, parut dans les pièces du répertoire et créa :

1848 30 mai, la *Rue Quincampois*, De Horn.

— 19 août, le *Vrai Club des Femmes*, Albert.

1848 2 nov., la *Vieillesse de Richelieu*, René.

1849 24 janv., *Une double Leçon*, Prangé.

— 22 mars, le *Moineau de Lesbie*, Lesbie, avec Rachel.

1849 18 août, la *Ligue des Amants*, Don Arsénio.
1850 5 janv., les *Deux Célibats*, Charles.
— 15 janv., *Trois Entr'actes*, l'abbé.
— 9 fév., l'*Avoué par Amour*, Albin.
— 23 mars, *Charlotte Corday*, Louvet.
— 29 mai, la *Queue du Chien d'Alcibiade*, Ferrières.

Le 30 mai 1850, Delaunay qui avait paru dans 45 pièces en moins de deux ans, n'était encore que pensionnaire. Après avoir joué le 7 juin dans la *Migraine*, le rôle de Courville, il affirma sa personnalité le 29 juin dans le *Chandelier*. Ce rôle de Fortunio était enfin la consécration de son talent.

La pièce, jouée d'abord au Th. historique, n'avait eu aucun succès (10 août 1848). La réussite de Delaunay y fut immense. On le trouva jeune, charmant, délicieux; ce fut le point de départ de la série des personnages d'Alfred de Musset, dans l'interprétation desquels personne ne l'égala. Le 1er juillet, Delaunay était sociétaire.

1850 15 octobre, les *Contes de la Reine de Navarre*, Henri.
1851 1er mai, *C'est la Faute du Mari*, Fernand.
1851 31 mai, la *Fin du Roman*, Anatole.
1851 14 juin, les *Caprices de Marianne*, Cœlio.
1851 4 nov., *Mlle de la Seiglière*, Raoul.
1852 19 fév., *Diane*, Paul (avec Rachel).
1852 21 avril, le *Bonhomme Jadis*, Octave.
1852 18 juin, *Ulysse*, Télémaque.
1852 24 déc., le *Cœur et la Dot*, Henri.
1853 16 mars, *Souvenirs de Voyage*, Ernest.
1854 25 fév., la *Joie fait Peur*, Adrien.
— 17 mai, le *Double Veuvage*, Armand.
— 16 nov., la *Niaise*, de Bréchetanne.
1855 10 mars, les *Jeunes Gens*, Max.
— 19 avril, *Péril en la Demeure*, Albert.
— 31 août, le *Gâteau des Reines*, d'Estrées.
1855 15 sept., l'*Amour et son Train*, Gabriel.

C'est le 5 déc. de cette année qu'il reprend le rôle de Valentin créé par Brindeau dans *Il ne faut jurer de rien*.

1856 12 avril, *Comme il vous plaira*, Roland.
— 20 juin, le *Pied d'Argile*, Gaston.
1857 14 fév., *Un Vers de Virgile*, Henri.
— 12 mars, la *Fiammina*, Henri.
1857 7 oct., le *Pamphlet*, Don Henrique.
— 23 nov., le *Fruit défendu*, Léon.
1858 23 janv., *Feu Lionel*, Lionel.
— 29 mars, les *Doigts de Fée*, Tristan.
— 14 déc., *Héro et Léandre*, Léandre.
1859 1er mars, *Rêves d'Amour*, Henri.
— 2 mai, *Souvent homme varie*, Beppo.
— 8 oct., les *Projets de ma Tante*, Ernest.
1860 13 mars, le *Feu au Couvent*, de Mériel.
— 6 nov., la *Considération*, Lucien.
1861 10 janv., les *Effrontés*, Henri Charrier.
— 18 nov., *On ne badine pas avec l'Amour*, Perdican.

En 1862 (21 janv.), il reprend dans l'*Honneur et l'Argent* le rôle créé par Laferrière en 1853.

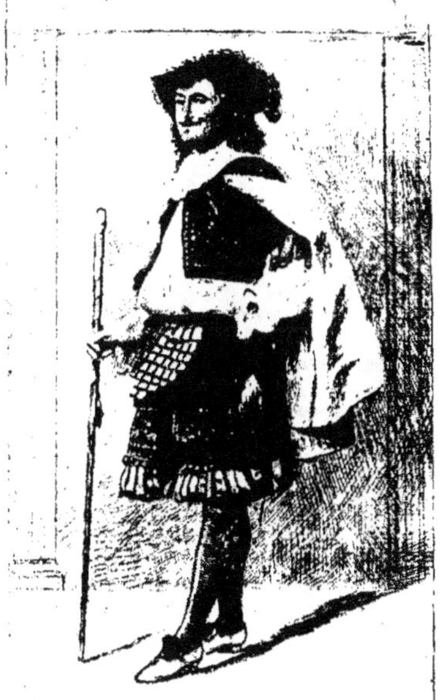
Louis-Arsène DELAUNAY, dans *Le Menteur* (Eau-forte par Gaucherel)

1862 1er déc., le *Fils de Giboyer*, Maximilien Gérard.
1862 19 oct., *Jean Baudry*, Olivier.
1864 16 mars, *Voltaire au Foyer*, Lagrange.
1864 29 oct., *Maître Guérin*, Arthur.
1865 5 déc., *Henriette Maréchal*, Paul de Bréville.
1866 18 janv., le *Lion amoureux*, de Vaugris.
1866 18 août, *Fantasio*, Fantasio.
1866 30 oct., le *Fils*, Louis Bertreau.
1867 7 mars, *Galilée*, Taddeo.

Cette année, le 20 juin, Delaunay aborda le rôle de *Hernani*.

1868 25 janv., *Paul Forestier*, Paul.
1868 2 mai, *Une Nuit d'Octobre*, le poète.
1869 7 janv., les *Faux Ménages*, Armand.
1869 9 juin, *Juan Strenner*, Juan.
1869 6 déc., *Lions et Renards*, Pierre.
1870 6 août. Dans une soirée au bénéfice des blessés, Delaunay récite le *Rhin allemand* et le *Départ*.

Le 17 septembre, Delaunay partit pour Périgueux avec sa femme et son jeune fils. Il y rencontra pour la première fois Mounet-Sully, officier payeur des mobiles de la Gironde. Rentré le 16 mars 1871, dans la *Nuit d'octobre*, il arriva pour la Commune. C'est alors qu'il fit partie du voyage de la Comédie à Londres (26 avril). Il fallait aller chercher au dehors l'argent nécessaire pour faire vivre la jeune troupe restée à Paris. Cette année fut marquée par la reprise à la Comédie de l'*Etourdi*, avec Delaunay et Coquelin, tous deux étourdissants de jeunesse et de verve.

1871 20 déc., *Christiane*, de Noja.

1872 12 avril, *Nany*, Pierre.

— 14 nov., *Hélène*, Jean.

L'année 1873 vit la reprise de *Marion Delorme*, avec Delaunay dans le rôle de Saverny.

1874 23 mars, le *Sphinx*, De Savigny.

Le 26 octobre Delaunay reprit le rôle d'Olivier de Jalin, dans le *Demi-Monde*, et le 8 avril suivant, celui de Richelieu dans *Mlle de Belle-Isle;* le 6 déc., le marquis de Presle dans le *Gendre de M. Poirier*.

Ces deux derniers rôles lui venaient de l'héritage de Bressant. Le 8 mai 1876, il se charge du terrible rôle de *Don Juan*.

1876, 23 mai, la *Cigale chez les Fourmis*, Paul.

Il aborde dès lors tous les grands emplois : Valère du *Joueur*, le duc d'Aléria du *Marquis de Villemer*, Alceste du *Misanthrope*, Octave des *Caprices de Marianne*, le marquis du *Legs*, Almaviva du *Mariage de Figaro*. Mais les deux rôles où il excelle sans partage, ce sont Dorante du *Menteur* et Lélie de l'*Etourdi*. Dans Horace de l'*Ecole des Femmes*, il ne fut jamais surpassé.

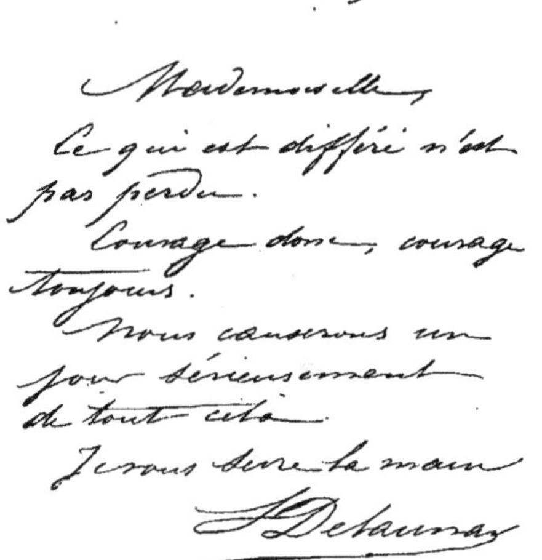

Paris 1er Mai 1870

Mademoiselle

Ce qui est différé n'est pas perdu.

Courage donc, courage toujours.

Nous causerons un peu sérieusement de tout cela.

Je vous serre la main

L Delaunay

Autographe de L. Delaunay

« C'est un plaisir délicieux, écrivait F. Sarcey en 1876, — l'artiste avait donc 50 ans — que d'entendre la musique de cette voix jeune et caressante... On peut dire sans crainte de se tromper qu'à cet égard Delaunay est un virtuose à qui personne ne saurait être comparé dans le temps présent, et qui ne trouverait sans doute que peu d'égaux dans le passé ». Oui, ce fut un virtuose, un charmeur incomparable; on fermait les yeux et sa voix semblait une musique. Il avait alors rencontré une partenaire digne de lui, Mlle Favart. Parlant de l'époque 1861-68, Sarcey disait : « Delaunay et Mlle Favart jouaient presque toujours ensemble. Cette association, ou plutôt cette fusion des deux talents a beaucoup contribué à rendre parfaite l'exécution de certaines œuvres ». Il les comparait à deux instruments merveilleusement accordés.

Mais Delaunay, rougeaud et sans grâce à la ville, n'avait pas que la voix au théâtre : il avait l'entrain, la tournure jeune, l'allure vive, et ce pince-sans-rire, très froid, réservé, dévoué pour son peu d'amis, devenait tout à coup à la rampe le plus joli, le plus ravissant des jouvenceaux.

Lorsqu'en 1872, il reprit son rôle de Fortunio du *Chandelier*, c'était une grande inquiétude dans le public des connaisseurs qui l'avait vu dans ce même rôle vingt-deux ans auparavant. Jouer Fortunio à 46 ans, l'entreprise est hardie ! « Le miracle a eu lieu, s'écrie Sarcey. Le succès a été immense et tel que j'ai peu vu de pareils à la Comédie française ». 20 mai 1872.

Et à propos de *On ne badine pas avec l'Amour :* « Pour Delaunay, c'est la perfection même... Delaunay est un artiste incomparable ». 28 nov. 1881.

En 1880, il crée encore le rôle de Daniel dans *Daniel Rochat* (16 fév.), joue le rôle de Lagrange dans l'*Impromptu de Versailles*, pour le deuxième centenaire de la fondation de la Comédie française (21 oct.), puis, le 25 avril 1881, établit le rôle de Roger dans le *Monde où l'on s'ennuie*. En 1882, Delaunay parla sérieusement de se retirer. Got, doyen de la Comédie, avait été décoré de la Légion d'honneur comme professeur au Conservatoire. Delaunay, vice-doyen et professeur aussi, ne l'était pas. Peut-être y avait-il un peu de dépit dans cette annonce de départ, et il écrivait le 13 avril 1883 à son biographe : « Si je pars ? Oui. Quand ? Avant le 15 mai... J'ai donné ma démission le 31 mars 1882, je l'ai renouvelée fin septembre. »

Le décret du 4 mai mit un peu de baume sur cette blessure : « M. Delaunay (Louis, Arsène), sociétaire de la Comédie française, professeur au Conservatoire, vice-président de l'Association des artistes dramatiques (trente-six ans de services) est nommé chevalier de la légion d'honneur ». On remarquera que *pour la première fois* un comédien était nommé comme *sociétaire* de la Comédie française. Samson, Regnier, Got avaient été nommés comme *professeurs*.

Delaunay retira sa démission et répondit aux artistes qui le félicitaient : « Oui, vous avez raison, l'honneur dont je viens d'être l'objet, cet honneur rejaillit sur toute la corporation ; nous avions eu bien des étapes à franchir, nous sommes arrivés au but ». V. le Rapport 1883, p. 31. Depuis 1881, il était officier de Roumanie ; en 1891, il fut nommé officier de l'Instruction publique.

Le 28 juin 1883, il créa encore le rôle de Condé dans *Mlle du Vigean;* le 4 nov., il lut un hommage à Al. Dumas, à l'occasion de l'inauguration de sa statue, puis établit ses derniers rôles :

1885 19 juin, *Une Rupture*, Raymond.

— 1er sept., *Don Juan d'Autriche* (reprise) Don Juan.

1886 26 fév., anniversaire de Victor Hugo, *1802*, rôle de Racine.

Le 1er avril 1886, il parut pour la dernière fois dans le *Demi-Monde*. Sa représentation de retraite eut lieu le 16 mai 1887. Il joua le premier acte du *Menteur*, le premier acte du *Misanthrope*, le troisième acte du *Chandelier* et figura le comte dans la cérémonie du *Mariage de Figaro*, entouré de tous les artistes de la Comédie. La recette dépassa 42,000 fr., chiffre qui n'avait jamais été atteint. Dans la salle, il y avait des gens plus émus encore que le bénéficiaire : « Les larmes allaient couler », a écrit Vitu.

« La Providence, écrivit plus tard Delaunay, m'a permis de vivre une vieillesse honorée avec la dévouée compagne de ma vie, environné de sympathies et d'amitiés, et ces sourires d'automne, avec l'avenir de mon fils, sont la plus belle récompense de la carrière de Fortunio ». Ce fils est aujourd'hui M. Delaunay, sociétaire de la Comédie française.

Delaunay, qui avait habité longtemps 24, rue de Luxembourg, s'était fixé à Versailles, 23, rue des Missionnaires, et lorsque le czar Nicolas II fut reçu dans le palais de Louis XIV, on alla chercher dans sa retraite le vieux sociétaire, on le força à vaincre hésitations et scrupules et il vint réciter *Une Soirée perdue*, d'Alfred de Musset. C'est aussi à Versailles qu'il mourut. « Les obsèques de M. Delaunay, lit-on dans le *Figaro* du 23 sept. 1903, seront célébrées demain jeudi (24), à onze heures, en l'église Notre-Dame de Versailles. L'inhumation aura lieu au cimetière Montmartre, à 2 h. 1/2. Selon le désir exprimé par le défunt, il ne sera pas prononcé de discours. On est prié de n'envoyer ni fleurs, ni couronnes. Il ne sera pas non plus envoyé de faire part. On se réunira à la maison mortuaire, 35, rue des Missionnaires, à Versailles ». M. Louis Delaunay, son fils, conduisit le deuil. M. Roujon, directeur des Beaux-Arts, M. J. Claretie, administrateur de la Comédie française, tous les sociétaires et pensionnaires de la maison, de nombreuses personnalités des lettres et du théâtre accompagnèrent le corps jusqu'au caveau de famille (Montmartre, XIIIme division). Suivant son désir, également, les honneurs militaires auxquels il avait droit comme légionnaire, ne furent pas rendus.

Les articles nécrologiques abondèrent : « Delaunay ne pouvait perdre la jeunesse qu'en mourant. Il n'est plus ! Le voilà vieux ! » écrit l'un. — « Delaunay ne fut pas seulement un des grands comédiens de notre temps, déclarait M. Mounet-Sully. Le professeur ne le céda en rien à l'artiste... Un maître merveilleux de diction, certes, mais avant tout un *professeur de style* ». Lui-même avait écrit à M. J. Claretie : « J'ai été heureux, très heureux », résumant ainsi toute sa vie.

Delaunay servit noblement, fidèlement la maison de Molière pour laquelle il vécut, dédaignant les fugues, les tournées. Ses élèves l'adoraient et le professeur, en retour, qui venait de Versailles à pied — par dilettantisme — leur apportait des fleurs de son jardin.

Biographie : Les *Th. de Paris*, Lorsay, 1854, notice par Max de Revel. — Gallois, la *Comédie française*, 1854. — *Paris-Théâtre*, n° 17, sept. 1873, notice par F. Jahyer. — *Foyers et Coulisses*, Th. fr., t. II, p. 107. — Fr. Sarcey, *Delaunay*, comédiens et comédiennes, 1880. — G. d'Heylli, *Delaunay*, 1883. — Comte Fleury, *Souvenirs de M. Delaunay*, sans date, vers 1900.

Bibliographie : Th. Gautier, *Hist. de l'art dramatique*. P. Porel et G. Monval, l'*Odéon* t. II. — G. d'Heylli, le *Journal intime de la Comédie française*, 1852-71 — Ed. Thierry, La *Comédie française pendant deux sièges*. Fr. Sarcey, La *Comédie française à Londres*. Les *Soirées parisiennes*. Fr. Sarcey, *Quarante ans de théâtre*. Le *Figaro* 23 et 25 sept. et 6 oct. 1903. — *Revue d'art dramatique*, H. Lyonnet, Le *Théâtre*, Ad. Aderer, *Delaunay*, octobre I, 1903.

Iconographie : Bibl. nat. Catalogue Duplessis 12124, 1 à mi-corps, de 3/4 à gauche, cost. de th. photo. 1853, 2 à mi-corps, de 3/4 à gauche, cost. de th., phot. Vallon de Villeneuve 1853.

Les *Th. de Paris*, Lorsay, 1854 — cost. de th. *(la Joie fait peur)*.

Delaunay dans le rôle de Fortunio *(Souvenirs de M. Delaunay)*.

Paris-Théâtre n° 17, 1873. photo, cliché Quinet. — Eau-forte de Lalauze, en buste (*Delaunay* par d'Heilly).

Musée de la Comédie française, Catal. Monval, 166. *Les sociétaires de la Comédie française en 1864* par Geoffroy, Delaunay, rôle d'Horace de l'*Ecole des femmes*.

Un grand portrait offert par Mme Ve Delaunay à la Comédie en 1903.

Caricature, avec Mlle Favart, dans les *Faux ménages*, par A Lemot, le *Monde pour rire*, 16 janv. 1869.

Journal *le Théâtre*, oct. I. 1903. Un superbe cliché Pénabert, Delaunay (âgé) en buste, de face.

Journal amusant — n° 283, 1er juin 1861. Caricature, en buste, dans les *Effrontés*. — N° 634, 22 fév. 1868, caricature, en buste, dans *Paul Forestier*. — N° 847, 23 nov. 1872, caricature, en pied, dans *Hélène*.

Eau-forte, en pied, dans le *Menteur* par Gaucherel.

DELAUNAY. — Sous ce nom.

DELAUNAY. — Moulins 1850-55.

DELAUNAY, François, Pierre. — Rouen 1852-1856.

Delaunay, Jean, Dominique. — Anvers 1852, Strasbourg 1853-55, Lille 1856, Versailles 1857-60, Paris 1861, Versailles 1862, Paris 1863.

Mlle Delaunay, Marguerite. — Ecole lyrique 1862.

Mlle Delaunay, Alphonsine, Julie, Camille. Châtelet 1864-66, Constantinople 1867-69.

Delaunay, Edmond, Victor, François. — Nancy 1875-76, Clermont-Ferrand 1877-82.

Mlle Delaunay, Blanche. — Athénée 1877-79.

DELAURE, Mlle. — Variétés 1875.

DELAUSNAY. — Violoniste en Belgique, puis acteur aux Bouffes 1883, Folies dram. 1885, Nouveautés 1886, Châtelet 1887, Gaîté 1888-90.

DELAVAL. — Deuxièmes et troisièmes rôles, Gand 1767.

DELAVARINIÈRE et sa femme, — Reims 1809.

DELAVAUX, Mlle. — Jeune premier rôle, Lille 1865.

DELAVIGNE. — Premiers rôles, Maëstricht 1780-81.

DELAVIGNE, Mlle. — Château d'Eau 1871.

DELAVILLE. — Financier, Seine-et-Marne 1826. Sa femme et sa fille jouaient les duègnes et les ingénuités dans la même troupe.

DELBARD, Mme Amélie. — Ile de la Réunion 1863-66.

DELBECCHI, Louis, J.-B. — Alger 1877-78, Bordeaux 1879-80, Amiens 1881-82, Alger 1883, Dijon 1884-85, Constantine 1886, Constantinople 1887-88, Brest 1889-90, Toulon 1891-96.

DELBERNARDI, Mlle Lucie. — Palais-Royal 1889-95.

DELBOVEN. — Utilité, Lille 1864.

DELBRY, Mlle. — Palais-Royal 1884.

DELBY. — Palais-Royal 1833, *Sophie Arnould* (11 avril).

DELCORDE. — V. Duchâteau.

DELCORDES. — Troisième comique, Anvers 1851, Bruxelles 1852.

DELCORE, Mlle. — Rouen 1835.

DELCOUR ou **DELCOURT.** — Sous ce nom.

Delcourt. Th. de Banlieue 1827.

Delcourt-Lévêque. — Premier comique, Douai 1829-31.

Delcourt, premier rôle et directeur, Berlin 1829-37.

Delcourt, Orléans 1835-37.

Delcourt, jeune premier, Calais 1837, Liège 1843.

Delcourt, Porte-St-Antoine 1839. *Le plus court chemin*, (27 avril).

Delcourt, Rouen 1842.

Delcourt, Anvers 1845, premier rôle, Tournay 1846, Bruxelles 1846. Sans doute le même que le suivant.

Delcourt, A.-J. Benefand dit. — Premier rôle, Troyes 1851, père noble, St-Etienne 1852-54, mort vers 1854-55.

Delcourt, Mme, soubrette, Brest 1828-29, Laon 1830.

Delcourt, Mme. Th. du Panthéon 1835-37.

Delcourt, Mme, née Lecomte, femme Bénéfand dite. — Soubrette, Troyes 1851, St-Etienne 1853-54.

Delcourt, Mlle Emilie. — Jeune coquette, St-Etienne 1852.

Delcourt, Mlle Justine, Eléonore. — Odéon 1852-56, ainsi définie par les Goncourt : « proprette et fraîche, et preste à porter la cornette et le tablier, et le sourire aux lèvres, Mlle Delcourt, à ce que dit l'affiche, la jolie marionnette. » *Gabrielle* (12 janvier 1852). *Mystères des théâtres*, p. 26.

DELCROIX. — Sous ce nom.

Delcroix, Mlle Rosine. — 2e amoureuse Genève 1829.

Delcroix, Nouvelle-Orléans 1833.

Delcroix, Gand 1846.

Delcroix, Auguste, Ernest, Roger. — Liège 1876-82.

DELDEBAT. — Amoureux, Le Hâvre 1837, Nancy 1840. Vivait en 1849.

DELDIGNE ou Deldignes, ou Deldick Léopold. — Jeune premier, Metz 1826, Nancy 1831, Gand 1833-34, Strasbourg 1840.

DELECHAUX, Mme Fanny. — De la Société depuis 1846, Lyon 1852-55, Marseille 1856-60, Bruxelles 1861-66.

DELEHEL. — Versailles 1833-34, Lille 1834.

DELENTE, Louis, Léon, Martel. — Châlon s/Saône 1881-84.

DELER, Lucien. — Toulouse 1890-92, Anvers 1893.

DELÉROT. — Jeune premier, Rouen 1852,

1849 18 août, la *Ligue des Amants*, Don Arsénio.
1850 5 janv., les *Deux Célibats*, Charles.
— 15 janv., *Trois Entr'actes*, l'abbé.
— 9 fév., l'*Avoué par Amour*, Albin.
— 23 mars, *Charlotte Corday*, Louvet.
— 29 mai, la *Queue du Chien d'Alcibiade*, Ferrières.

Le 30 mai 1850, Delaunay qui avait paru dans 45 pièces en moins de deux ans, n'était encore que pensionnaire. Après avoir joué le 7 juin dans la *Migraine*, le rôle de Courville, il affirma sa personnalité le 29 juin dans le *Chandelier*. Ce rôle de Fortunio était enfin la consécration de son talent.

La pièce, jouée d'abord au Th. historique, n'avait eu aucun succès (10 août 1848). La réussite de Delaunay y fut immense. On le trouva jeune, charmant, délicieux; ce fut le point de départ de la série des personnages d'Alfred de Musset, dans l'interprétation desquels personne ne l'égala. Le 1er juillet, Delaunay était sociétaire.

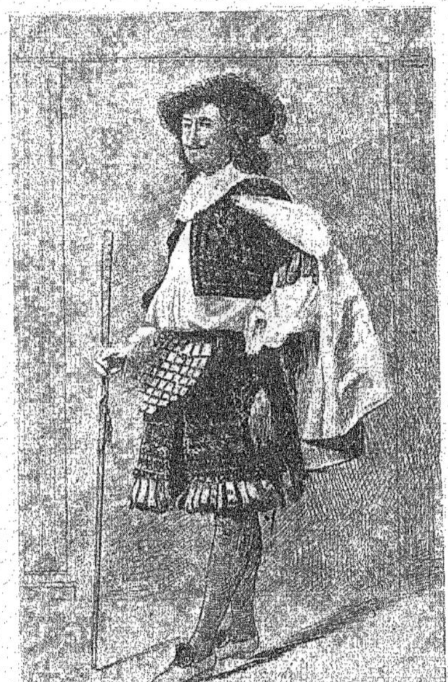

Louis-Arsène DELAUNAY, dans *Le Menteur*
(Eau-forte par Gaucherel)

1850 15 octobre, les *Contes de la Reine de Navarre*, Henri.
1851 1er mai, *C'est la Faute du Mari*, Fernand.
1851 31 mai, la *Fin du Roman*, Anatole.
1851 14 juin, les *Caprices de Marianne*, Cœlio.
1851 4 nov., *Mlle de la Seiglière*, Raoul.
1852 19 fév., *Diane*, Paul (avec Rachel).
1852 21 avril, le *Bonhomme Jadis*, Octave.
1852 18 juin, *Ulysse*, Télémaque.
1852 24 déc., le *Cœur et la Dot*, Henri.
1853 16 mars, *Souvenirs de Voyage*, Ernest.
1854 25 fév., la *Joie fait Peur*, Adrien.
— 17 mai, le *Double Veuvage*, Armand.
— 16 nov., la *Niaise*, de Bréchetanne.
1855 10 mars, les *Jeunes Gens*, Max.
— 19 avril, *Péril en la Demeure*, Albert.
— 31 août, le *Gâteau des Reines*, d'Estrées.
1855 15 sept., l'*Amour et son Train*, Gabriel.

C'est le 5 déc. de cette année qu'il reprend le rôle de Valentin créé par Brindeau dans *Il ne faut jurer de rien*.

1856 12 avril, *Comme il vous plaira*, Roland.
— 20 juin, le *Pied d'Argile*, Gaston.
1857 14 fév., *Un Vers de Virgile*, Henri.
— 12 mars, la *Fiammina*, Henri.
1857 7 oct., le *Pamphlet*, Don Henrique.
— 23 nov., le *Fruit défendu*, Léon.
1858 23 janv., *Feu Lionel*, Lionel.
— 29 mars, les *Doigts de Fée*, Tristan.
— 14 déc., *Héro et Léandre*, Léandre.
1859 1er mars, *Rêves d'Amour*, Henri.
— 2 mai, *Souvent homme varie*, Beppo.
— 8 oct., les *Projets de ma Tante*, Ernest.
1860 13 mars, le *Feu au Couvent*, de Mériel.
— 6 nov., la *Considération*, Lucien.
1861 10 janv., les *Effrontés*, Henri Charrier.
— 18 nov., *On ne badine pas avec l'Amour*, Perdican.

En 1862 (21 janv.), il reprend dans l'*Honneur et l'Argent* le rôle créé par Laferrière en 1853.

1862 1er déc., le *Fils de Giboyer*, Maximilien Gérard.
1862 19 oct., *Jean Baudry*, Olivier.
1864 16 mars, *Voltaire au Foyer*, Lagrange.
1864 29 oct., *Maître Guérin*, Arthur.
1865 5 déc., *Henriette Maréchal*, Paul de Bréville.
1866 18 janv., le *Lion amoureux*, de Vaugris.
1866 18 août, *Fantasio*, Fantasio.
1866 30 oct., le *Fils*, Louis Bertreau.
1867 7 mars, *Galilée*, Taddeo.

Cette année, le 20 juin, Delaunay aborda le rôle de *Hernani*.

1868 25 janv., *Paul Forestier*, Paul.
1868 2 mai, *Une Nuit d'Octobre*, le poète.
1869 7 janv., les *Faux Ménages*, Armand.
1869 9 juin, *Juan Strenner*, Juan.
1869 6 déc., *Lions et Renards*, Pierre.
1870 6 août. Dans une soirée au bénéfice des blessés, Delaunay récite le *Rhin allemand* et le *Départ*.

Le 17 septembre, Delaunay partit pour Périgueux avec sa femme et son jeune fils. Il y rencontra pour la première fois Mounet-Sully, officier payeur des mobiles de la Gironde. Rentré le 16 mars 1871, dans la *Nuit d'octobre*, il arriva pour la Commune. C'est alors qu'il fit partie du voyage de la Comédie à Londres (26 avril). Il fallait aller chercher au dehors l'argent nécessaire pour faire vivre la jeune troupe restée à Paris. Cette année fut marquée par la reprise à la Comédie de l'*Etourdi*, avec Delaunay et Coquelin, tous deux étourdissants de jeunesse et de verve.

1871 20 déc., *Christiane*, de Noja.

Dieppe 1853, Gand 1854-55, Amsterdam 1856-59, Liège 1860, Charleroy 1861-62, Charleville 1863-64, Cherbourg 1865-66, Rouen 1867, Paris 1868-85. En 1876, Delérot âgé de 60 ans avec 40 ans de th., obtint une pension de 500 fr. de la Société des artistes.

DELERS. — Gand 1803, Lille 1804-06, Anvers 1818. Un amateur de Lille a laissé de cet artiste cette appréciation originale : « Bâtiment de haut bord, d'une belle charpente. Sa marche est trop égale, il ne sait point varier ses signaux. »

DELERNE. — V. Thibault.

DELESSART, Louis, Ernest Ipynx dit. — Venait de Bordeaux où il était le type accompli des jeunes premiers, lorsqu'il fut admis d'emblée à la Comédie Française. Il y débuta le 30 juin 1866 dans une reprise de *Péril en la demeure*, puis joua Valère, de *Tartufe* et Lucien, du *Bourgeois*. On lui trouva de l'intelligence, une bonne tenue — il était surtout fort joli garçon — mais il lui manquait une direction. Il ne fut pas engagé ; aussitôt le directeur du Vaudeville se l'attacha. Son premier début sur cette scène se fit par une création : Henry Gérard, dans les *Brebis galeuses* (27 fév. 1867), et pendant cinq années il fut le jeune premier de cette excellente troupe, où il remplaça Febvre dans la *Famille Benoiton* (reprise juillet 1867) et Lagrange dans les *Faux-Bonshommes* (repr. 8 nov.). Il avait l'élégance, la diction simple, la voix jeune. On le trouva donc parfait dans le *Frère aîné* (18 déc.) et une reprise de *Nos intimes* (28 déc.).

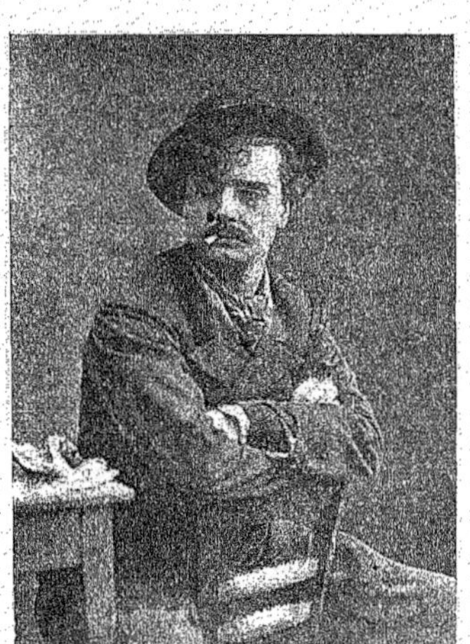

Louis DELESSART, dans *L'Assommoir*
(Cliché Nadar)

Delessart joua successivement dans *Où l'on va* (16 oct. 1868), le *Sacrifice*, le *Ménage en ville* (9 août 1869), *Tamara* (30 sept.), les *Femmes terribles* (reprise 21 déc.), les *Curiosités de Jeanne* (24 janv. 1870), *Une femme est comme votre ombre*.

Après la guerre, on le revit encore au Vaudeville : reprise des *Faux-Bonshommes*, la *Poule et ses poussins*, reprise du *Roman d'un jeune homme pauvre*, rôle de Carle dans *Rabagas* (1er fév. 1872). Il part ensuite pour la Russie, pour l'Egypte, revient à Paris, à l'Ambigu, pour créer Lantier, de l'*Assommoir* (18 janv. 1879).

A la ville, un garçon froid, boutonné, haut monté sur faux-col, parlant peu. Le type du « trop bel homme ». Il avait épousé au Caire, en avril 1875, sa camarade Mlle Worms, veuve Priston.

L'*Assommoir* fut joué 251 fois en 1879. Delessart parut encore à ce théâtre dans une reprise de *Paillasse* (22 nov.), *Turenne* (27 janvier 1880), *Diana* (15 oct.), *Nana* (29 janv. 1881) et alla créer un rôle au th. des Nations dans la *Grande Iza*, le 18 février 1882. Une fluxion de poitrine l'emporta, à peine âgé de 42 ans, le 3 février 1883.

Biographie : F. Jahyer, *Paris-Portrait*, no 315, mai-juin 1879. Notice reproduite dans *Foyers et Coulisses*, *Ambigu* 1880.

Bibliographie : P. Mahalin, *Au bout de la lorgnette*. — G. d'Heylli, *Dict. des pseudonymes*. — Les *Soirées parisiennes*, 1882.

Iconographie : *Paris-Portrait*, no 315, photocliché Nadar (dans l'*Assommoir*).

DELESTANG, Mme Marie Guillot, femme puis veuve. — Lyon 1867-83. En 1880, Mme Delestang, âgée de 73 ans avec 40 ans de th., obtint la pension de 500 fr. de la Société des artistes. Sa mort, survenue à Lyon, fut annoncée au Rapport de 1884.

DELESY ou Delézy, Mlle. — Nouveautés 1879, *Paris en action* (13 déc.)

DELÊTRE, Mlle. — Ingénuité, th. Molière 1801. On lui reprochait sa prétention : « Sa figure a de la naïveté, et elle pourrait réussir dans ce genre, mais elle doit apprendre pour cela à se tenir en scène, à dire ses rôles et à parler correctement. » Th. des Arts, Rouen 1802.

DELEU, Mlle. — Athénée 1874.

DELEUIL. — Utilités, Aix 1840.

DELEUTRE ou Deleurre, ou Delheur. — Th. patriotique 1792-93.

DELEUZE. — Bruxelles 1795.

DELEY, Mme ou Dailey. — Deuxième soubrette, Mons 1851.

DELEYRE, Désiré. — Jeune premier, Anvers 1842.

DELEYRE, Mme Désiré. — Deuxième amoureuse, Anvers 1842.

1851, Fol. dram. 1852, Variétés 1852-64. Se fit remarquer dans les types populaires.

DELIGNE, Hippolyte. — Troisième amoureux, Alger 1852-56.

DELIGNOLLES, Mme Emilie. — Palais-Royal 1833, la *Révolte des femmes* (31 déc.)

DELIGNY, Mme. — Délass. com. 1860.

DELIGNY, Mlle. — Palais-Royal 1875, Variétés 1878.

DELILLE. — Sous ce nom :

Delille ou Delisle, troupe française de Cassel, 1779-85. Second amoureux, puis premiers rôles de comédie et d'opéra comique, Rheinsberg 1788-1803, où il avait 900 thalers d'appointements, le logement gratis, le bois, une bougie et une chandelle par jour. Son engagement finissait le 1er avril 1803, et il avait droit à 50 frédérics d'or pour ses frais de voyage.

Bibliographie : J.-J. Olivier, les *Comédiens français dans les Cours d'Allemagne au XVIIIe siècle*, 3e série.

Delille ou Delisle cadet. Rheinsberg, engagé jusqu'au 1er avril 1803 : 800 thalers, logis gratuit, 7 voies de bois, 7975 morceaux de tourbe, une bougie et une chandelle par jour, 50 frédérics d'or pour ses frais de voyage.

Bibliographie : Comme ci-dessus.

Delille, Gand 1791.

Mlle Delille. Une artiste de ce nom (on la disait du Vaudeville), condamnée à mort par le tribunal révolutionnaire en 1793, ne dut son salut qu'à Saint-Romain qui la fit échapper de prison.

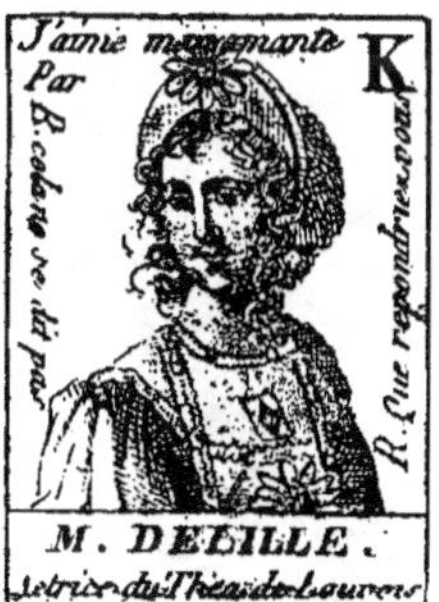

Mlle DELILLE
(Oracle des Dames)

Mlle Delille, th. Patriotique 1794.

Mlle Delille, ingénuités, secondes amoureuses, Odéon 1796 et 1798, excellent début par Mélite, du *Philosophe marié* (18 déc.), le *Mari ambitieux*, 15 oct. 1802, *Molière chez Ninon* (8 nov.), la *Petite école des pères* (29 déc.), le *Dépit amoureux* en 5 actes (13 mai 1803), le *Trésor* (28 janv. 1804). Mlle Delille prit alors l'emploi des jeunes mères et des grandes coquettes. Les *Consolateurs* (13 juillet 1805), la *Comédie aux Champs-Elysées*, rôle de Thalie (16 avril 1806), les *Marionnettes* (14 mai), le *Mari intrigué* (11 nov.), l'*Etourdie* (8 juin 1808), les *Voyages de Scarmantade en cinq pays* (20 sept.), *Monval et Sophie* (12 juin 1809), la *Servante de qualité* (11 déc. 1810). Le 12 février de cette année, elle avait joué le *Premier venu* à son bénéfice ; elle occupait alors le second rang sur le tableau de la troupe. L'*Irrésolution* (3 oct. 1811). Le *Coup de fouet* de l'an x en parle en ces termes : « Très jolie personne, en faveur de laquelle le public se montre plus galant que juste. »

L'*Année théâtrale* de l'an x lui trouve beaucoup à désirer pour le ton, le débit et l'expression ; on lui reproche de forcer son organe, de multiplier les gestes, d'outrer la mode. Les mêmes observations se reproduisent les années suivantes : trop peu de dignité dans les manières, trop peu de force dans l'expression. L'*Opinion du Parterre* de 1811 la félicite d'être restée sous la direction Picard : « les grandes coquettes et plusieurs autres rôles conviennent à cette actrice qui est belle et qui connaît bien son emploi. »

On annonça la mort d'une actrice du nom de Delille en 1831.

Bibliographie : *Année théâtrale*, 1801-1803. — Le *Coup de fouet*, 1802. — L'*Opinion du Parterre*, t. v et viii. — P. Porel et G. Monval, l'*Odéon*, t. i.

Iconographie : Coll. Martinet. N° 113, Mme Dolban dans la *Comédie du Volage*. N° 212, Doña Antonia dans l'*Alcade de Molorido*.

Mlle Delille, Marguerite, Elisabeth, Eulalie Pinguet. Débuta à Rouen, joua pendant un an avec succès à la Comédie italienne et acquit une réputation aux Troubadours, rue de Louvois. Intelligente, naturelle et gaie, elle tenait l'emploi des soubrettes, des travestis, des caractères. On la vit avec plaisir dans *Rancune*, le *Rémouleur et la Meunière*, *Vadé à la Grenouillère* et se fit remarquer dans la création de la jeune allemande de *Il ne faut pas condamner sans entendre*.

Entrée au Vaudeville de la rue de Chartres, elle tenait six rôles dans *Frosine* ou la *Deuxième venue*. Elle laissa des souvenirs dans *Colombine philosophe*, le *Jardinier de Pauline*, *Ida* (rôle de Mme Gouthman), la *Nouvelle Nouveauté* (Marianne), le *Peintre français à Londres*, *Cassandre-Agamemnon*. Tous les critiques du temps la qualifient de spirituelle et bonne. Elle se disposait à reprendre le *Rémouleur et la Meunière*, quand elle mourut à l'âge de 32 ans, après une maladie de trois mois, le 10 septembre 1805. Elle fut vivement regrettée.

Biographie : *Opinion du Parterre*, iii, p. 356 et suivantes.

Bibliographie : Le *Coup de Fouet*, an. x. — L'*Almanach Duchesne*, 1815, p. 44.

Mme DELILLE-Bosset, Odéon, 1817-19. Avait débuté le 10 janvier 1817.

DELILLE, jeune premier, Lille 1819. Peut-être le même, *Delille* Théodore, jeune premier et directeur, Perpignan 1831.

DELILLE, deuxième comique, Mons 1822.

Mlle DELILLE, ingénuités, Mons 1822.

Mme DELILLE-Lointier, Vaudeville 1826. Début le 18 mars dans *Haine aux Femmes*.

DELILLE, Variétés 1828, les *Deux Matelots* (3 mai).

Mme DELILLE, Louise, Eléonore Mignan, femme puis veuve. Une dame *Delille*, que nous croyons celle-ci — elle aurait eu déjà 27 ans — débuta au Palais-Royal en 1833. La *Gageure des trois Commères* (8 fév.), *Un Matelot* (6 mars), la *Femme du Voisin* (1er août), les *Baigneuses* (27 août), les *Quatre Ages du Palais-Royal* (13 mars 1834), *Camerani* (5 mai), l'*Idiote* (31 oct.). On disait d'elle alors : « Belle personne, un excellent ton de comédie ». Puis elle fit partie de la troupe des Folies Dramatiques de 1834 à 37. Elle y débuta dans *Un Combat d'Eléphants* et obtint un grand succès dans l'*Histoire d'un Gilet* et dans *Jacquot Renchéri*. En 1839, Mme Eléonore Delille était au Cirque Olympique (les *Pilules du Diable*). Elle entra dans l'Association des artistes dès sa fondation (1840) et parut au th. Beaumarchais en 1845 et au Vaudeville en 1848-49, Porte-St-Martin 1852. J. Arago écrivait d'elle : « Voilà un physique parfaitement taillé pour l'emploi ; voilà une mère qui sait ses planches par cœur et que le public ne voit jamais assez près de la rampe ».

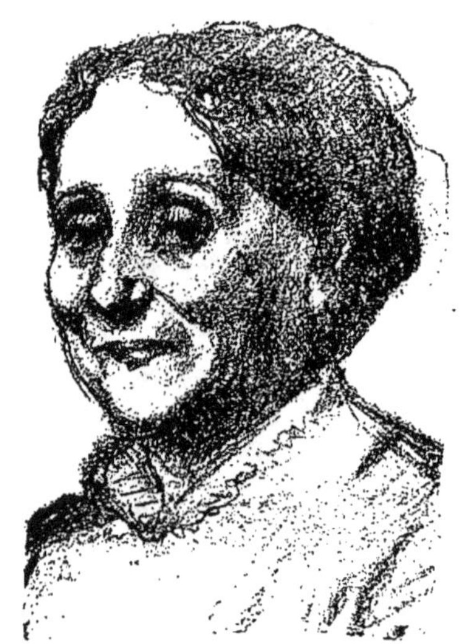

Mme Louise DELILLE
par Em. Bayard

Mme Delille partit pour Rouen 1855-56, revint au Th. impérial du Cirque 1857, puis débuta comme duègne au Palais-Royal le 16 octobre 1858, dans les *Erreurs du bel Age*. Le 24 déc. 1859, elle jouait dans l'*Omelette du Niagara*. Elle devait rester à ce théâtre pendant vingt ans. Franchement comique, sans charge, elle fut de toutes les pièces. Elle y était fort aimée. Dans certaines pièces comme la *Cagnotte*, le *Roi Candaule*, la *Pièce de Chambertin*, elle avait établi des types inoubliables. Elle parut pour les dernières fois dans *Célimare le bien-aimé* (reprise, 1er août 1876), les *Trente-sept sous de M. Montaudoin* (reprise, 17 juillet 1877), le *Mari de la Dame de chœurs* (reprise, 12 janvier 1878), *Madame Camus et sa Demoiselle* (reprise, 27 oct.), le *Mari de la Débutante* (5 fév. 1879), sans parler de tout le répertoire courant. Son nom figura sur le tableau de la troupe du théâtre jusqu'à sa mort annoncée au Rapport de 1882 : On rappela qu'elle fit plus de cinquante créations, laissant le souvenir d'une femme de cœur, d'esprit et charitable. En 1880, âgée de 74 ans, avec 42 ans de th., elle avait obtenu une pension de 500 fr. de la Société des artistes.

Bibliographie : J. Arago, *Foyers et Coulisses*, 1852. — Abraham, *Acteurs et Actrices*, 1861.

Iconographie : Foyer du public au Palais-Royal. Son portrait par Em. Bayard.

DELILLE, Antoine, deuxième comique, Genève 1849-52, Aix 1852-54, Marseille 1855-57.

Mlle DELILLE, Variétés 1850.

DELILLE, Hector, Henri, Clément Brame dit, beau-frère et élève de Ricourt, débuta le 14 juin 1857 à la Comédie française, dans Damis de *Tartufe*, Cirque 1861, Odéon 1862-65. Quitta le théâtre pour l'industrie.

Mlle DELILLE, Emma Brame, sœur du précédent, Odéon vers 1859, élève préférée de Ricourt, son beau-frère, qu'elle remplaçait quelquefois dans ses fonctions de professeur à l'Ecole lyrique, où elle jouait par complaisance tous les rôles, depuis celui de Mme Pernelle jusqu'à celui d'Iphigénie (1862).

DELILLE, Th. du Luxembourg 1862.

DELILLE, Léon, Abbeville 1863-67, Mons 1868-69.

Mme DELILLE, Etiennette, née Chaunez, Abbeville 1863-67, Mons 1868-69.

Mlle DELILLE, Vaudeville 1878.

DELIMBRE, Prosper, Pierre. — Débuta à la Porte-St-Martin dans le *Caissier*, le 9 juillet 1826, père noble, Bordeaux 1851, Brest 1852, Metz 1853, Alger 1854, Nîmes 1855.

DELINANT. — V. Jolivet.

DELIS ou Delisse. — Bruxelles 1798-1800.

DELIS père. — Nîmes 1835.

DELIS, Mme. — Elbeuf 1851.

DELISSE. — Premier rôle marqué, Troyes 1852. Peut-être le même, Variétés 1860-61.

DELISLE. — Sous ce nom :

Mlle DELISLE, célèbre actrice de la foire, née vers 1684, chanta d'abord l'opéra à Lyon, où elle resta jusqu'en 1715. Elle fit partie à Paris de la troupe de la dame Baron et joua avec grand succès les Colombines — foire St-Germain et St-Laurent 1716 — troupe St-Edme 1718. Province. Spectacle de Francisque 1721, Opéra comique 1725. Retirée en 1740, morte vers 1758.

Biographie : Campardon, les *Spectacles de la Foire*, t. I.

DELISLE aîné et cadet. V. Delille.

Mlle DELISLE, utilités, Liège 1783.

Mlle DELISLE, utilités, Rouen 1808.

Mme DELISLE, Julie, Désirée, née Laneau, entra dans la Société des artistes en 1844. Paris 1852-58, Bruges 1859, Constantine 1860-64, Philippeville 1865-66, Lorient 1867, Paris 1868-81, Athis 1882, Paris 1883-89. En 1870, âgée de 61 ans, avec 41 ans de th., elle avait obtenu une pension de 300 fr. de la Société. Sa mort fut annoncée au Rapport de 1890.

Mlle DELISLE, coryphée, Th. français 1852 et 1858.

Mlle DELISLE, Fol. dramat. 1852-53 et 1857.

DELISLE, Porte-St-Martin 1870, 1876-77, 1880.

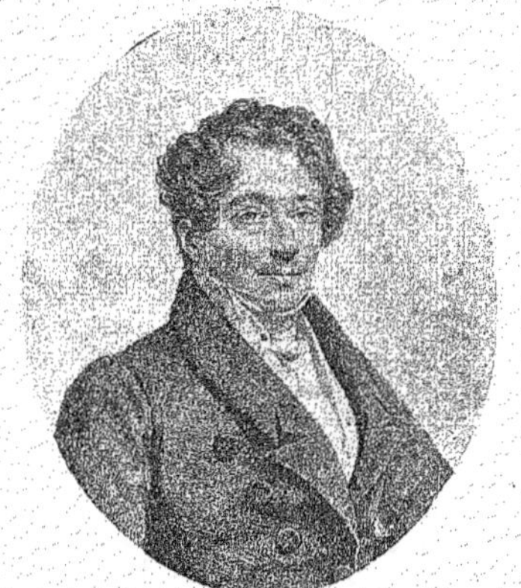
DELLEMANCE

Mlle C. DELISLE, th. des Nations 1880.

Mlle DELISLE, Variétés 1895.

DELLEMANCE ou Dellemence, Navailles, baron de. — Acteur de manières fort distinguées, débuta à l'Odéon le 20 juin 1822 par le *Glorieux*. On lui reconnut de grandes qualités dramatiques. Il joua ensuite Clitandre des *Femmes savantes* avec un bon ton et une aisance peu communs. Certains le trouvaient froid et maniéré, mais tous s'accordaient à dire qu'il portait fort bien l'habit. Il doubla Perrier et resta à l'Odéon de 1822 à 25. En 1828 il était directeur d'une troupe ambulante dans le Nord. Ch. Maurice en parle comme ayant dirigé une troupe d'amateurs à St-Germain-en-Laye. Sa mort fut annoncée en 1833.

Bibliographie : *Grande biogr. dram.*, 1824. — Harel, *Dict. th.*, 1825. — Ch. Maurice, *Epaves*, p. 58. — P. Porel et G. Monval, l'*Odéon*, t. II.

Iconographie : Bibl. nat., catalogue Duplessis 12184. En pied, de profil à gauche, cost. de th.

DELLEROT. — Deuxième amoureux, Lorient 1837.

DELLEUR. — Th. patriotique 1794.

DELLOYE, Henry, Joseph. — Né vers 1753, à Huy, près Liège, fut apothicaire, professeur de prosodie et de chant, acteur, directeur et journaliste. Il vint en France en 1785, eut une direction à Douai en 1788, passa par Reims 1792, puis partit à Londres. A son retour d'Angleterre, il revint faire partie de la troupe de Reims, vers 1797.

Bibliographie : Louis Paris, le *Th. à Reims*, appendice, p. 288.

DELMANCY, Mlle Emilie. — Débuta à l'Odéon le 23 février 1810, par le rôle de Rose de la *Jeune Femme colère*.

DELMARY, Xavier. — Deuxième amoureux, Gand 1833-34, Rouen 1835, jeune premier, Amsterdam 1835 et 1837, Bruxelles 1839, th. du Vaudeville, Bruxelles 1846.

DELMARY, Victor Boireaux. — Artiste fixé en Moldavie 1852-55, Jassy 1856-83, Vassy 1884, Jassy 1885-86. En 1875, âgé de 64 ans, avec 32 ans de services, il obtint une pension de 500 fr. de la Société des artistes. Sa mort, survenue à Jassy, fut annoncée en 1888.

DELMARY, Mme Marie, Félicité Boireaux. — Elève de Samson, jeune première, Odéon 1852-53, Vaudeville 1854, Ambigu 1855-56, Paris 1857-62.

DELMARY, Mlle Marie Bordeaux dite. — Née à Bruxelles le 18 mars 1848, élève de Regnier, débuta au Th. français le 9 mai 1869, dans Aricie de *Phèdre* et réussit. Elle joua encore le 12 juin, Marianne de *Tartufe* et le 19, Marianne de l'*Avare*. Lauréate du Conservatoire, intelligente, distinguée, elle dut se retirer pour cause de maladie et mourut de la poitrine peu d'années après.

DELMAS. – Sous ce nom :

Delmas, premier comique, Sens 1829-30, Arras 1831. Voir plus loin. Peut-être le même.

Delmas, Mme Clémence, soubrette, Sens 1829-30, Arras 1831.

Delmas, issu d'une famille distinguée, se destinait au barreau ; s'engagea dans une troupe de province vers 1829 et joua avec Mlle Mars. A Bordeaux, il eut de vrais succès. Engagé pour l'outre-mer, il partit avec son jeune enfant, mais l'entreprise n'ayant pas réussi, il eut à souffrir mille tribulations avant de regagner la France. Pendant ce temps, sa famille l'avait deshérité. Il s'arma de courage, entra au th. du Luxembourg, puis à celui du Panthéon. Enfin, il débuta au Gymnase pour doubler Bouffé, et l'on écrivit de lui : « Delmas n'est pas Bouffé, il ne le sera peut-être jamais... mais il sera Delmas, et c'est déjà quelque chose ». Il se fit apprécier dans *Daniel le Tambour*, la *Tante Bazu*, *Pascal et Chambord*. Est-ce lui qu'il faut reconnaître dans le suivant : Louis-N.-Henry Leduc, dit *Delmas*, Pau 1852, Agen 1853-54, Bordeaux 1855-59, Marseille 1860-62?

Biographie : *Annuaire dramatique*, 1845. — Ch. Hervey, *The Theatres of Paris*, 1846. — Bouffé, *Mes Souvenirs*, p. 227.

Delmas, Mlle Emeline, Marseille 1860-65.

DELME, Mme. — Renaissance 1839.

DELMOTTE, François, Martin Poultier. — Né le 31 décembre 1753, à Montreuil-s/Mer, fut soldat, employé d'administration, auteur dramatique et acteur du spectacle des Elèves de l'Opéra 1779-80. Donna à ce théâtre l'*Anti-Pygmalion* (juin 1780). Ensuite Delmotte-Poultier se fit moine et fut nommé plus tard membre de la Convention nationale. Elu en 1792, il siégea parmi les plus exaltés et vota la mort de Louis XVI. Sous le Directoire, il se fit journaliste et pamphlétaire, reprit du service dans l'armée, reçut en 1802 le commandement de la place de Montreuil-s/Mer et la décoration de la Légion d'honneur. Banni comme régicide par la seconde Restauration, il mourut à Tournay le 16 février 1826. Les *Rapsodies du Jour*, 10 janvier 1797, ont donné de lui un portrait en vers assez piquant.

Biographie : E.-D. De Manne et Ménétrier, *Troupe de Nicolet*, note, p. 108. – Campardon, les *Spectacles de la Foire*, t. I, p. 240.

DELMOTTE, Mme. — Utilités, Bruges 1839.

DELNOR, Mme, ou *Nordel*. — Poseuse dans les ateliers, notamment chez Dubufe et chez la princesse Mathilde, elle voulut essayer du théâtre sous les auspices de Boudeville. Elle est née Borgewiska (Sophie).

DELOBEL, Mme Appoline, Octavie. — Calais 1873-75.

DELOCHE, Toussaint, Simon, Florentin. — Châlon-s/Saône 1862-63, Sedan 1864, Elbeuf 1865-66.

DELŒUVRE, F.-Xavier. — Né vers 1762, joua à Bordeaux pendant cinq ou six ans les comiques, puis les financiers. En 1793, il quitta cette ville où il faillit périr sur l'échafaud. Il vint à Paris, fit partie de la troupe de l'Odéon 1797, puis joua à la Cité et au th. Louvois, direction Ribié. En 1807, il était à Milan, dans la troupe de Mlle Raucourt. Partout il laissa un bon souvenir. Il écrivit quelques pièces : les *Deux Epouses*, comédie en 5 actes, jouée au th. de la Cité; le *Jeune Homme enlevé*, comédie en 1 acte, Ambigu 1805; *Sophronie d'Alphonse*, comédie représentée à Lyon et le *Mari incognito*, comédie qui ne parait pas avoir été jouée. Delœuvre fut assassiné le 24 avril 1817, au moulin d'Ivré, près d'Angers; il avait environ 55 ans. Les journaux des 14 et 16 décembre de la même année parlèrent de ce crime.

Biographie : *Annuaire dramatique*, 1818.

Bibliographie : P. Porel et G. Monval, l'*Odéon*, t. I. — H. Lyonnet, les *Comédiens français du Prince Eugène*.

DELOMÉ. — V. Delhommé.

DELONCLE, Mme Hélène. – Marseille 1880-81, Bordeaux 1882, Lille 1883, Nantes 1884-86, Paris 1887, Genève 1888, Marseille 1889-91, Alger 1892.

DELONGUE, Prosper, Félix. – Neuchâtel 1868-69, Genève 1870, St-Germain 1871-72, Brest 1873, Verviers 1874-75, Paris 1876, Dieppe 1877, Sedan 1878-82.

DELOR, Jean-Baptiste, dit aussi *Merseille*. — Acteur chez Nicolet 1779-80, fut envoyé au For-l'Evêque, le 4 juin 1779, pour avoir manqué la veille l'heure du spectacle et le 21 juillet, une seconde fois, pour s'être présenté ivre au dit spectacle.

Bibliographie : Campardon, les *Spectacles de la Foire*, t. I.

DELORGE. — Angers 1795, jeune premier, th. des Jeunes artistes 1796, th. de la République, Rouen 1801, th. des Jeunes artistes 1806. Mourut fou.

DELORIS, Jules, Victor. — Porte-St-Antoine 1837, Th. du Panthéon 1839, Porte-St-Martin 1848, Rouen 1852, pensionnaire à la Comédie française où il débuta par le rôle de Cléante le 12 juin 1852 — créa le rôle de l'architecte dans *Lady Tartufe* (10 fév. 1853) — Gaîté 1858-61, Paris 1862-64.

DELORME. — Sous ce nom :

DELORME, acteur à Bruxelles 1795, Liège 1798 et auteur de l'*Amour de la Paix*, comédie en 3 actes (Liège 22 janv.). Il avait aussi remanié le *Roi de Cocagne* (17 mars).

DELORME, comique, Vannes 1825.

Mme DELORME, jeune première, Vannes 1825.

DELORME, H., acteur et régisseur, Cambrai 1828, directeur 1831.

Iconographie : Il existe un portrait de Delorme (?) en pied, de 3/4 à droite, cost. de th., lith. V. Doutreleau, 1836.

Mme DELORME, Joséphine Chevalier ou Chevallier, élève de M. Morin. Variétés 1849-53, Paris 1854-55, Variétés 1856-62, Paris 1863. Ce fut pour la produire que M. Bans, millionnaire anglais, qui l'épousa plus tard, acheta le th. des Variétés à Nestor Roqueplan.

Mme DELORME, Maria, grande coquette, Foix 1851, Montpellier 1852.

DELORME, Paul, Montmartre 1854-56.

DELORME, Antoine, Philippe, Isabel. Mons 1854-56, Gand 1857-58. Mort vers 1859. Sa mort fut annoncée au Rapport de 1860.

Mme DELORME, Félicie. Délass. com. 1861-63, Déjazet 1865-66, Gaîté 1872-73, Fol. dram. 1876. Morte vers 1877.

DELORME, Eugène, Léon Blisseth-Delosme dit. Gaîté 1873-74, Le Caire 1875-77, Caen 1878-79. Un *Delorme* passa par la Comédie parisienne 1881.

Mme DELORME, Château-d'Eau 1882.

Mme DELORME, J., Porte-St-Martin 1886. Le Rapport de 1887 annonce le décès d'une dame *Delorme*.

Mlle DELORME, Fol. dram. 1894-95.

DELORT. — Paysan, Anvers 1787.

DELORT, Mlle Françoise. — Bruxelles 1861, Lille 1862. V. Potel.

DELOS, Narcisse. — Deuxième amoureux, Bordeaux 1817, aux appointements de 3000 fr. Th. des Jeunes artistes 1801, Gand 1833-35.

DELOSTE. — Funambules 1822.

DELPECH. — Troubadours 1799-1801, th. des Jeunes artistes 1802-1806. Le *Coup de Fouet* (an x) l'appelle le *Petit Poucet*, à cause de sa taille exigue et lui prête beaucoup de prétention.

DELPECH, Mme. — Troubadours 1800.

DELPECH. — Toulouse 1854-56.

DELPHINE, Mme ou Mlle. — Sous ce nom :

Mme DELPHINE, Théodore, troisième amoureuse, Lille 1826.

Mlle DELPHINE, th. Montparnasse 1830.

Mme DELPHINE, premiers rôles, Caen 1833-34.

Mme DELPHINE, Palais-Royal 1834-36. *Voltaire en Vacances* (21 juin 1836).

Mme DELPHINE, Funambules 1850-52.

Mlle DELPHINE, th. Comte 1852.

Mlle DELPHINE, Délass. com. 1854-56.

DELPIERRE, Alexandre, Parfait. — Premier comique, Seine-Inférieure 1827, Cambrai 1830, Niort 1835, Marseille 1837, Bayonne 1840, Mons 1844, Stockholm 1849, Angers 1852-53, Béziers 1854, Angers 1855, Nancy 1856, Angers 1857-59. En 1859, âgé de 54 ans, avec 33 ans de services, Delpierre se fixa à Angers 1859-73, puis à Olivet 1874-75, avec une pension de 200 fr. de la Société des artistes.

DELPIERRE, Mme Anne, Françoise, née Richard. — Femme du précédent, ingénuité, Seine-Inférieure 1827, soubrette, Cambrai 1830, duègne, Beauvais 1831 Besançon 1835, Niort 1835, Marseille 1837, Liège 1844, Stockholm 1849, Angers 1852-55, Nancy 1856, Angers 1857-73, Olivet 1874-83. Agée de 54 ans en 1859, avec 33 ans de services, elle avait obtenu une pension de 200 fr. de la Société des artistes.

DELPIERRE. — Fol. dram. 1887.

DELPOUX. — Le Hâvre 1833-34. Un artiste du nom d'Alfred *Delpoux* mourut en 1835.

DELPOUX, Mme. — Amoureuse, Le Hâvre 1834-35.

DELPY, Mme. — Th. Cluny 1881.

DELRAT, Michel. — Marseille 1880-84, Genève 1885-87, officier d'Académie, Toulouse 1888-92, Paris 1893, Toulouse 1894-99.

DELROT, Laurent. — Le Rapport de la Société des artistes de 1886 nous apprend que cet artiste avait été admis, sur sa demande, et grâce à la protection de la Société, à l'hospice Lenoir-Jousseran, où il mourut.

DELSART. — Bruxelles 1726. Chantait aussi l'opéra.

DELSARTE, Camille, Auguste. — Besançon 1849, Batavia 1852-62.

DELTA, Mlle. — Vaudeville 1874-78.

DELTOMBE, Auguste, Philippe. — Artiste peintre, élève de Jadin, s'exerça à l'Ecole lyrique, puis commença sa carrière à Montmartre et à Batignolles 1852, Toulon 1856, Paris 1857-58, Rouen 1859-61. Engagé aux Variétés, il débuta dans *Brouillés depuis Wagram*. Artiste modeste, mais consciencieux, Deltombe resta trente ans aux Variétés. Il n'en sortit que pour diriger en province des tournées pour le compte de son directeur et faire trois saisons au th. Michel, à St-Pétersbourg, en qualité de premier régisseur et administrateur (1881-85). Il reçut l'ordre de Stanislas de Russie, médaille d'or. Revenu aux Variétés (1886), il termina sa carrière aux Folies dram. 1892 et à l'Ambigu 1893. En 1893, Deltombe avait 65 ans et 30 ans de th. Il obtint une pension de 500 fr. de la Société des artistes, pension qu'il ajouta à quelques petites rentes qu'il possédait déjà. Sa mort fut annoncée au Rapport de 1895. Deltombe avait été depuis 1875 administrateur et metteur en scène aux Variétés.

Bibliographie : *Foyers et Coulisses*, Variétés. — A. Laroque, *Acteurs et Actrices*, 1888.

DELTOMBE, Mme, 1re, Adèle, née Diruy. — Fol. dram. 1857, Rouen 1860-66, Variétés 1867.

DELTOMBE, Mme, 2me, Agathe, Blanche, née Lepetit. — Variétés 1887-98. Sa mort fut annoncée au Rapport de 1900.

DELVAL. — Sous ce nom :

Delval, grande utilité, Rouen 1792.

Delval, deuxièmes rôles, Lille 1793.

Mme Delval, débuta au Vaudeville le 13 novembre 1835, rôle de Mme Duchâtelet.

Mlle Delval, Goret dite, surtout renommée comme belle femme, Variétés 1858, Gymnase 1861, Châtelet 1866. Avait la spécialité de représenter les princesses de féeries à ce théâtre et à la Porte-St-Martin (la princesse Aïka de la *Biche au Bois*, la Pieuvre du *Diable boiteux*). Elle était sœur de Mlle Silly. Une demoiselle *Delval* parut à la Porte-Saint-Martin en 1881, aux Variétés en 1891, aux Menus-Plaisirs en 1893.

Bibliographie : G. d'Heylli, *Dict. des pseudonymes*.

DELVALLÉE, Mme Célina Chéri. — Bruxelles 1852-62, Lille 1856, emploi de soubrette, Versailles 1863-64, Metz 1865-66, Châtelet 1867-73.

DELVALLÉE, Mme. — V. Rey-Delvallée.

DELVALLÉE, Mme Marie Oresty. — Fol. dram. 1888-89.

DELVARS, Mlle. — Th. Cluny 1878. V. la suivante.

DELVART, Mlle. — Th. lyrique dramatique 1875, Odéon 1881.

DELVIL, Joseph, Edouard, Piton dit. — Pensionnaire à la Comédie française 1837, épousa sa camarade, Mlle Bonnaire, puis fut engagé au Vaudeville avec sa femme (1845). Nous le retrouvons premier comique à Rouen 1852-54, directeur du th. du Parc, à Bruxelles, 1854, Lille 1856-59. Le 1er octobre de cette année, il reprit la direction du th. du Parc, engagea de bons artistes, soigna la mise en scène et conserva la vogue jusqu'en 1867. Il avait pris en même temps le th. des Galeries, depuis août 1862. Il ne garda définitivement que cette direction qu'il mena à bien jusqu'en 1879. « Honnête et rosse », le qualifiait son pensionnaire Montlouis. Ce fut un très habile directeur. Il mourut en décembre 1886.

Bibliographie : F. Faber, le *Th. français en Belgique*, t. v. p. 30. — Louise France, les *Ephémères M'as-tu vu*, p. 206.

DELVIL, Mme, 1re, Angélique, née Bonnaire, femme Piton dite. — Ingénuités, pensionnaire à la Comédie française 1839, débuta au Gymnase dans la *Pensionnaire mariée* le 11 nov. suivant, puis passa quelques années à Berlin. Revenue à Paris, elle débuta de nouveau à la Comédie française dans *Mlle de Belle-Isle* (1843) et au Vaudeville dans *Pierre le Millionnaire* (1844). Un contemporain la qualifie de « Télégraphe dramatique ». On la vit dans le *Client*, les *Deux Perles;* en octobre 1846, elle apparaît à l'Odéon dans *Echec et Mat*, rôle de la duchesse.

1846 24 oct., *George d'Alton*.
1847 21 janv., *Une Année à Paris*.
— 23 mars, le *Manchon*.
— 4 avril, le *Paquebot*.
— 7 avril, la *Loge d'Opéra*.
— 10 juin, *Une Provinciale*.

En 1851, elle tenait encore les jeunes premiers rôles à La Haye, puis, en 1852, au th. du Gymnase, à Marseille. Sa mort fut annoncée au Rapport de 1859.

Biographie : Ch. Hervey, *The Theatres of Paris*, 1846.

DELVIL, Mme, 2me, Flore, Louise Caufriez,

femme Piton dite. — Bruxelles 1863-72. Avait chanté avec talent l'opérette. Un jour, elle voulut reparaître dans un rôle travesti de la *Timbale d'Argent*. Elle avait engraissé. Le public le lui fit voir. La pauvre Flore pleura : « Qu'est-ce que ça te fait, lui dit Delvil, son directeur ; on t'a sifflée, je t'épouse ». — Louise France.

DELVILLE. — Maëstricht 1775.

DELVILLE, Mme. — Débuta le 7 sept. 1825 aux Variétés, rôle de Mme St-Léon dans le *Duel et le Déjeuner*. Elle avait déjà paru au Gymnase. — Assez bon accueil. — Nouveau début aux Variétés le 22 janv. 1828, rôle de Justine dans les *Compagnons du Devoir*. Une actrice de ce nom tenait l'emploi de jeune première à Limoges en 1831.

DELVILLE. — Rôles de convenance, Vannes 1829.

DELVOIS. — Utilités, Gand 1845.

D'ELY, Mme Lucie, Mary Ducos dite. — Amiens 1892-94, Belleville 1895-98.

DELYRE, Désiré, Jean, Pierre Chéri. — Agen 1851-52, Lille 1853-75.

DELYRE, Mme Angelina, née Aupy, femme puis veuve. — Agen 1852, Lille 1853-56, Marseille 1857, Lille 1858-93. En 1878, Mme veuve Delyre, âgée de 64 ans, avec 20 ans de th., obtint une pension de 300 fr. de la Société des artistes; sa mort fut annoncée au Rapport de 1894.

DELYS. — Lille 1793. Il est question de cet acteur dans *Un Chapitre de l'Hist. du Th. de Lille* (Lefebvre). p. 42 et 44.

DELYS, Mlle Angèle. — Th. des Variétés 1889-1895-1901. En décembre 1901, cette actrice fut une des victimes de l'accident qui survint pendant une répétition à ce théâtre, par suite de la rupture d'un praticable (4 déc.); elle eut la jambe gauche brisée (*Figaro*, 8 déc. 1901),

DEMAESMAECKER. — Utilités, th. du Vaudeville, à Bruxelles, 1851. V. Mæsmæcker.

DEMAILLOT, Antoine, François Eve dit. — Né le 21 mai 1747 à Dôle, où son père était avocat. Volontaire, puis déserteur, il passa en Hollande où il se fit comédien, sous le nom de *Démaillot*. Revenu en France au bout de sept années, il composa de petites pièces pour les scènes de bas étage, tel *Figaro directeur de Marionnettes*. En 1785, il fit représenter l'opéra de *Tancrède* qui lui valut une gratification du roi. La révolution l'envoie comme commissaire dans le Loiret. Il s'y montra fort modéré et plus tard, il se vanta d'avoir sauvé la ville d'Orléans des pires excès. Ses biographes ont cité la plupart de ses ouvrages. Ce fut lui l'auteur de *Madame Angot* ou la *Poissarde parvenue* (ou la *Nouvelle parvenue,* Gaîté 1795), le point de départ de toutes les pièces dont Mme Angot fut le type. Souvent aussi il se faisait appeler *Maillot*. Arrêté sous l'Empire comme suspect, il fut détenu dix ans et finit sa misérable carrière à l'hospice Dubois, vers 1814.

Biographie : De Manne et Ménétrier, *Galerie historique, Complément de la Troupe de Nicolet*.

DEMANGISE, Mme. — Th. Montparnasse 1845.

DEMANNE, Félix, Marie, Ernest. — Artiste du Gymnase 1880-81, St-Pétersbourg 1884-1902; décoré de l'ordre de Stanislas de Russie et de Ste-Anne, Demanne était aussi officier d'Académie. Très estimé, il ne laissa que des regrets. Il mourut d'une maladie de foie, à l'âge de 53 ans, et le *Figaro* du 7 avril 1902 annonça que ses cendres seraient rapportées de St-Pétersbourg au Père-Lachaise.

DEMARCHI, Mlle Clémentine Jammes. — Jeune première, Marseille 1850-58, Reims 1859, St-Etienne 1860, Besançon 1861-62, Troyes 1862-64, Montpellier 1865, Roubaix 1867-68, Boulogne 1869, Marseille 1870-72, Verviers 1873-74, Mons 1875, Paris 1876.

DEMARDY, Mlle. — Nîmes 1835.

DEMARQUE, Mme Jeanne Digney ou de Marck. — Saïgon 1886-87, Paris 1888-90.

DEMARSAY. — Premiers rôles jeunes, Rouen 1852.

DEMARSY. — Délass. com. 1854-55. Odéon 1856. Porte-St-Martin 1868.

DEMARSY, Mlle Jane. — Sœur, dit-on, de Mlle Darlaud. Gaîté 1887, Porte-St-Martin et Châtelet 1888, Eden-Théâtre 1889, Gymnase 1890-96, Nouveautés 1897 et années suivantes.

DEMARTELAERE, Mlle. — Délass. com. 1874.

DEMARTHE. — Bruxelles 1796, Rouen 1798.

DEMARTHE, Mlle Louise, née Huard-Chrysianne. — Rouen 1899-1900.

DEMARTINI, Mme Clémentine. — Porte-Saint-Martin 1863.

DEMASURE, Mlle. — Fille de la souffleuse du th. de Gand et utilité à ce théâtre, 1815.

DEMATTY, Mlle Adeline Ladroy, femme de l'auteur dramatique Victor Joly, née en 1813. — Jeune première, Rouen 1833-34, aux appointements de 4200 fr. Bruxelles 1835, morte en cette ville, le 14 avril 1838.

DEMAY, Mlle Alphonsine. — Ingénuité, Lille 1869. Actrice blonde, très élégante. Variétés 1872-78, rôle de la Coquetterie dans les *Bêtises d'Hier* (déc. 1875). Avait la spécialité de se faire voir à toutes les premières.

DEMAY. — Déjazet 1869, Château-d'Eau 1878-81. Un Demay est au Gymnase 1883 et 1886.

DEMAY, Mme Marthe, Léontine. — St-Pétersbourg 1893-97.

DEMAZURE, Mlle. — Deuxièmes rôles, Gand 1790.

DEMAZURES. — Th. Louvois 1792.

DEMELLE, Mme. — Angers 1806.

DEMENGEOT, Mme. — Amiens 1833-34.

DEMENGIE, Henri, André. — Bordeaux 1853-1856.

DEMERSON, Mlle Anne, femme Bonnard. — Fille d'un laboureur, elle naquit à Marbéville (Haute-Marne) le 17 avril 1786. Orpheline à trois ans de père et de mère, elle fut recueillie par une sœur de son père qui habitait Chaumont. Douée d'une voix agréable, elle vint à Paris et fut recommandée à Picard. Celui-ci, lui reconnaissant des dispositions, lui facilita l'occasion de jouer sur le th. des Victoires Nationales, puis à la Cité. Le directeur du Th. d'élèves, rue Thionville, voulut l'attirer, mais elle accepta un engagement pour Hambourg. Elle jouait à cette époque le répertoire du th. du Vaudeville. Deux ans plus tard, elle revint à Paris, mais ne trouva pas à se caser. C'est alors qu'on lui conseilla de se présenter au Conservatoire. Elle y fut admise le 29 octobre 1809, dans la classe de Baptiste aîné, et remporta le premier prix de comédie en 1810. Le 9 juillet suivant, elle débuta au Th. français dans Nérine du *Joueur* et Toinon du *Malade imaginaire*. Elle abordait donc l'emploi des soubrettes, où elle réussit. *L'Opinion du Parterre*, t. VIII (1811) lui consacre un long article. On reconnut de suite que l'on avait à faire à une actrice déjà consommée dans son art. On vanta son intelligence, sa vivacité, sa gaîté, son enjouement. On s'étonna même de son aplomb : « Il faut avoir pratiqué dans la province cet art si difficile pour l'exercer à Paris avec un succès aussi marquant ». Sans être jolie, on lui trouvait la figure agréable. Du 9 juillet au 8 août, elle parut 19 fois et, en attendant son admission promise pour Pâques, elle partit pour Lyon avec un bel engagement. Elle y débuta le 12 novembre avec succès.

Mlle Demerson

Admise d'abord à la Comédie française à 2400 fr. d'appointements, son traitement fut porté en 1812 à 3000 fr. Nommée le 8 avril 1813 sociétaire, elle joua les soubrettes et les travestis et, indépendamment des rôles du répertoire, elle créa Rosette des *Pères Créanciers* (1811), Juliette de la *Méprise* (1815), Rose du *Médisant* (1816), la baronne du *Manteau* (1818), Justine du *Folliculaire* et Lisette du *Paresseux* (1820). Le 15 janvier 1821, on célèbre pour la première fois l'anniversaire de Molière et Mlle Demerson est chargée de réciter la poésie de circonstance. Cette même année, elle épousa M. Bonnard, officier en retraite, dont elle ne porta jamais le nom au théâtre, mais l'union ne fut pas heureuse. Son état de santé la forçait à prendre des ménagements. Souvent même elle allait aux eaux, et chaque année elle demandait au Comité l'autorisation de jouer dans les villes qu'elle traversait. La demande était invariablement refusée. Un jour, elle enfreignit la prohibition et dut payer une amende assez forte. La Comédie d'alors n'avait pas les complaisances d'aujourd'hui.

Le 11 octobre 1819, elle était tombée d'un char des montagnes russes, divertissement fort en vogue. Un poète improvisa ce quatrain :

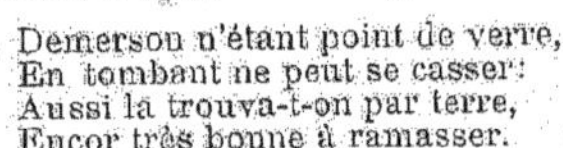

Demerson n'étant point de verre,
En tombant ne peut se casser :
Aussi la trouva-t-on par terre,
Encor très bonne à ramasser.

Les biographes de 1821 à 1824 signalent un ralentissement dans sa verve. Mais Harel écrit l'année suivante : « De la jeunesse, une jolie figure, de la grâce sans manière, de la gaîté sans audace, la taille fine et l'air sémillant ». En 1826, on écrit : « La meilleure des soubrettes ; elle a épousé un commissaire des guerres, avec qui elle n'a pas fait ses premières campagnes ». Ricord la déclare supérieure dans le rôle de Cléanthis de *Démocrite*. Mlle Demerson créa des rôles dans le *Mari et l'Amant*, la *Mère rivale*, le *Retour* (1821), les *Quatre Ages* (1822), l'*Homme aux Scrupules*, l'*Education*, le *Tardif* (1823), le *Méchant malgré lui*, *Marié* (1824), le *Fantasque*, la *Princesse des Ursins* (1825), *Une Aventure de Charles V* (1826), l'*Ami de tout le Monde* (1827), *Une Journée d'Elections* (1828), les *Inconsolables* (1829), *Un An* (1830). Au bout de 20 ans de services, elle quitta la scène, jour pour jour, le 9 juillet 1830. Sa représentation de retraite eut lieu le 10 décembre 1833, par des temps troublés et dans de mauvaises conditions. Malgré le concours de Mlle Mars et de Baptiste aîné, malgré la réapparition de la bénéficiaire dans Toinette, la recette fut des plus faibles. Elle partait avec une pension de 5000 fr. et le droit à une représentation extraordinaire.

Mlle Demerson s'établit à Villiers, près Vendôme, dans une petite ferme où, entourée d'animaux domestiques, elle devait passer 42 ans. Elle ne revint qu'une seule fois à Paris : ce fut pour jouer, le 8 août 1855, le rôle de Dorine dans *Tartufe*. Elle avait donc volontairement attendu 25 ans la représentation à laquelle elle avait droit. Mme Ristori joua *Maria Stuarda* avec Rossi ; Offenbach exécuta un solo de violoncelle et Mlle Demerson reprit le chemin de Villiers où elle mourut le 20 novembre 1872, à 86 ans et sept mois.

Mlle Demerson habita : rue de Richelieu, 15, 1812-1820 ; rue des Bons-Enfants, 25, 1821 et années suivantes.

Biographie : Ricord, les *Fastes de la Comédie française,* t. II, p. 250. — E. D. De Manne et C. Ménétrier, *Galerie historique*, longue notice, p. 15.

Bibliographie : *Opinion du Parterre*. — *Petite Biogr. dram.*, 1821. — *Grande Biogr. dram.*, 1824. — Harel, *Dict. th.*, 1825. — *Biographie*, 1826 et 1829. — G. d'Heylli, *Journal intime de la Comédie fr.*, p. 104.

Iconographie : Bibl. nat., catal. Duplessis, 12,241.

1. En pied, de 3/4 à droite, cost. de th., lith. par A. Colin, deux états.

2. En buste, de 3/4 à gauche, gravé par Paul-L. Legrand, d'après Colin.

V. aussi Bibl. nat. Talma.

Musée de la Comédie française, catal. Monval, no 103, peinture toile, h. 1m10, l. 0m80, par Célina Lefébure.

DEMION, Adolphe. — Né en 1814, fut élève peintre de Ingres. En 1835, il aborda le théâtre, second comique au th. Molière, th. Doyen, th. du Luxembourg, Porte-St-Antoine, Vaudeville (1840-45). C'était un travailleur qui créa avec bonheur le rôle de Valentin dans les *Mémoires du Diable*, à ce dernier théâtre. Il mourut à Paris le 24 mai 1845. Le comité de la Société des artistes paya les frais de ses obsèques et Mme Doche assura 25 fr. par mois à sa mère, jusqu'à l'entrée de celle-ci dans une maison de retraite.

DEMIRECOURT, Charles, Edouard. — Troupe Pirault, Bernay et Laigle, an VII ; avait été dénoncé le 5 fructidor comme faisant partie des conscrits d'Yvetot.

DEMOILE, Georges. — Acteur des Délass. com. en 1785, arrêté puis relâché un soir pour ivresse (28 juin).

DEMOLIÈRE. — Ambigu 1793.

DEMONCHY. — Sous ce nom :

Mme Demonchy, Orléans 1828, Agen 1829, deuxième duègne, Nancy 1829, Le Mans 1833, Boulogne 1834.

Mlle Demonchy, Victorine, jeune amoureuse, Orléans 1825-27, Strasbourg 1831, Le Mans 1833, Boulogne 1834. Une duègne de ce nom est à Boulogne 1852.

Mlle Demonchy, Virginie, th. Jeunes élèves 1837.

Mlle Demonchy, Marie, Odéon 1849, Cirque imp. 1850-53.

DEMONGEOTTE, Mlle. — Débuta à l'Odéon le 3 oct. 1850 dans l'*Ecole des Femmes*.

DEMONPIERRE. — Ecole lyrique 1862, passa en Amérique.

DEMONTFORT. — Deuxième comique, Ostende et Cambrai 1786.

DEMORAN. — Grandes utilités, Chartres 1833-1834.

DEMORANGE, Mlle. — Variétés 1810, Palais-Royal 1811, peut-être la même, mère noble, Bruges 1835-37, Douai 1837. En 1850, une Mme Demorange (Beck, née Rodrigues) est à Jassy, puis à Paris 1852-63. En 1850, elle reçoit une pension de 186 fr. de la Société des artistes. En 1856, elle a 70 ans. Sa pension est portée à 300 fr.

DEMORCY, Mlle. — Odéon 1881.

DEMORTAIN, Camille, Louis. — Deuxième amoureux, Douai 1840, Paris 1858, Gymnase 1859, Turin 1860-61, premier rôle à Genève 1863, jeu vrai, diction correcte.

DEMORTAIN, Mme Camille, Alph., Stéphanie. — Anvers 1845, Nancy 1850, Clermont 1852, Nancy 1853-54, Paris 1855-59, Belleyme 1860-69, Paris 1870, Belleyme 1872-80, Paris 1881. Sa mort fut annoncée au Rapport de 1882. Elle avait alors 60 ans, 32 ans de th. et venait d'obtenir une pension de 500 fr. de la Société des artistes.

DEMORY, Mme Julienne. — Châlon-s/Saône 1850, Clamecy 1852, Châlon-s/Saône 1853-56, Dijon 1857-58, Le Hâvre 1859-63, Rouen 1864, Strasbourg 1865-67, Grenoble 1868, Neuchâtel 1869, Genève 1870-72, Lausanne 1873.

DEMOUCHY, M. et Mme. — Angers 1810.

DEMOUGEOT, Mme Pauline, née Bernhard. — Montparnasse 1861-67.

DEMOUY ou De Moüy, Auguste. — Elève de

Fusil, débuta le 7 janv. 1822 au Th. français, par le rôle de *Cinna*. Il avait un organe plein et sonore, la taille élevée, une figure noble. On ne lui reprochait que sa précipitation, défaut excusable chez un débutant. Le 15 oct. 1826, il débuta à l'Odéon dans le rôle de Vendôme d'*Adélaïde Duguesclin*. On le revit au Cirque olympique 1828-34 (rôle de Lafayette dans la *Prise de la Bastille*, 31 août 1830).

DEMPIERRE. — Premier rôle, Gand 1791.

DENABELL ou Denabelle Mme Marie, Aug., Ant., — Paris 1884-86.

DENAIN, Mlle Pauline, Léontine, *Elisabeth*, Désirée Mesnage dite. — Née à Paris le 6 décembre 1823. Le journal l'*Artiste*, appréciant les exercices du Conservatoire en sept. 1839, ne lui reconnaissait guère que la jeunesse. Premier prix en 1840 (classe de Samson), elle débuta fort brillamment à la Comédie française, le 8 juin, par le rôle d'Agnès de l'*Ecole des Femmes*. Elle avait une grâce pleine de naïveté et de naturel. Quelques jours auparavant, elle avait joué à l'hôtel Castellane. Jolie, timide, sans expérience, elle plaisait. La jeune artiste travailla et l'on put reconnaître, dans les *Burgraves*, qu'elle avait fait de réels progrès. Mlle Plessy partie, elle devint indispensable. On la nomma sociétaire le 1er avril 1846. « L'actrice de tous les théâtres de Paris qui s'habille le mieux », disait-on alors. — Darthenay écrivait en 1853 : « Avec un peu plus de feu dans le jeu, plus d'animation dans le regard, plus de spontanéité dans le débit, avec un je ne sais quoi qui lui manque encore, Mlle Denain serait une comédienne de premier ordre. Elle possède les qualités extérieures de son emploi ; elle est élégante, distinguée, elle dit bien ». Dans Elmire et Célimène, elle fut parfaite ; dans Silvia des *Jeux de l'Amour et du Hasard*, elle fut supérieure. Outre les ingénues et les coquettes de l'ancien répertoire, Mlle Denain parut dans le *Second Mari*, les *Burgraves* (Régine), *Arbogaste*, *Oscar*, *Un Veuvage*, le *Dernier Marquis*, le *Château de Cartes*, les *Trois Quartiers*, la *Rue Quincampoix*, le *Fils de Cromwell*, l'*Art et le Métier*, les *Grands et les Petits*, *Un Ménage parisien*, le *Mari à la Campagne*, Fanny de la *Mère et la Fille*, Agathe, puis Césarine de la *Camaraderie*, Guillemette de *Josselin et Guillemette*, Mme Bourdeuil des *Deux Ménages*, Abigaïl, et plus tard la reine du *Verre d'Eau*, Cécile de *Louise de Lignerolles*, Caroline de *Valérie*, *Mme de Lucenne*, *Une Soirée à la Bastille*, Hortense de l'*Ecole des Vieillards*, la *Tour de Babel*, la *Diplomatie du Ménage*, *Une Discrétion*, le *Pour et le Contre*, *Une Confidence*, l'*Enseignement mutuel*, le *Tisserand de Ségovie*, etc. En 1849 (14 avril) elle créa le rôle d'Athénaïs dans *Adrienne Lecouvreur*. On la vit encore dans l'*Agiotage*, la *Suite d'un Bal masqué*, *Corneille et Rotrou*, *Une Chaîne*, le *Mari à bonnes Fortunes*, le *Spéculateur*, *Mme de Tencin*, *Don Gusman*, *Un Coup de Lansquenet*, *Il faut qu'une porte soit ouverte ou fermée*, le *Mari à la Campagne*, les *Trois Epoques*, Délie des *Trois Amours de Tibulle*. Ses dernières créations furent Lady Arabelle du *Lys dans la Vallée* (14 juin 1853) et Lavinia de l'*Essai du Mariage* (6 mars 1855).

Mlle Denain se retira le 1er avril 1856 et mourut à Clichy-la-Garenne (Seine), le 5 octobre 1892. Sa fille épousa le compositeur Léo Delibes. Elle avait passé ses loisirs à faire le bien, encourageant les arts, secourant les malheureux, et elle légua sa belle propriété de Clichy à l'Assistance publique pour y élever les enfants pauvres.

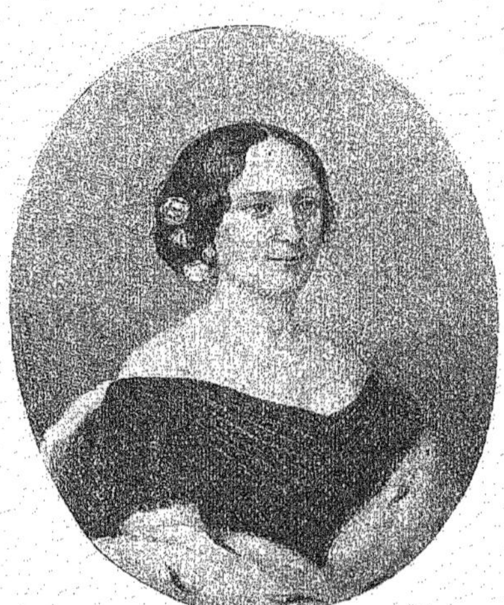

Mlle DENAIN
(*Décaméron dramatique*)

Bibliographie : Fargue, *Acteurs et Actrices*, 1842. — *Annuaire dramatique*, 1845. — Darthenay, *Acteurs et Actrcies*, 1853. — Gallois, *Comédie française*, 1854. — G. d'Heylli, *Journal intime de la Comédie française*, 1852-71. — V. Hugo, note des *Burgraves*. — Rapport de la Société des artistes, 1893.

Iconographie : Bibl. nat., catalog. Duplessis 12,277.

A mi-corps, assise, de ¾ à gauche, phot. Vallon de Villeneuve, 1853.

Gallois, *Comédie française*, à mi-corps, grav. sur bois.

Le *Décaméron dramatique*, en médaillon, lith.

Musée de la Comédie franç., catalog. Monval, 239. Peinture toile par Ed. Geffroy, h. 0,50, l. 0,32, exposée au Salon de 1848 sous le nº 1911, léguée par Mme Denain.

DENAIN, Mlle. — Palais-Royal 1874, Salle Taitbout 1877, Menus-Plaisirs 1884-85.

DENANGIS. — Th. Cluny 1874, jeune premier, Lille 1879.

DENANT, Mlle Elisa. — Jeune amoureuse, Namur 1841.

DENANT, Joseph. — Bruxelles 1864-65.

DENANTEUIL. — Troupe des ducs de Brunswick et Lunebourg 1675.

DENARELLE, Mme. — Premiers rôles, Gand 1787-88 et co-directrice; mais ayant cru desservir le th. de Gand avec des artistes qui ne plaisaient pas à Lille, elle s'attira de graves ennuis et dut démissionner. Elle paya tout le monde et opta pour Lille. Une demoiselle *Denarelle* qui pourrait bien être la fille de celle-ci était au th. Louvois en 1792.

DENÈFLE, ou *Deneste*, M. et Mme. — Metz 1793.

DENESLE, Mlle. — V. Nesle.

DENESTE. — V. Denèfle.

DENEUX, Victor. — Amiens 1831.

DENGHIEN, Mlle. — Débuta à l'Ambigu dans *Lisbeth*, le 10 juillet 1829.

DENGIS, Mme Jeanne, Nicole, née Moirard ou Moizard, femme puis veuve, dite aussi *Marchepin*. — Première duègne, Nancy 1827, Toulouse 1833-37, Toulouse 1849-60. Agée de 75 ans en 1855, obtint une pension de 300 fr. de la Société des artistes. Sa mort fut annoncée au Rapport de 1862.

DENGIS, Mme Cécile, Julie, née Durand, femme puis veuve. — Toulouse 1849-80. Agée de 64 ans, avec 25 ans de services en 1880, elle obtint une pension de 400 fr. de la Société des artistes. Sa mort fut annoncée au Rapport de 1881.

DENGLEM. — V. Anatole.

DENGREMONT. — A rapprocher de Dangremont (v. ce nom). Amoureux, Gymnase 1821, th. des Célestins, Lyon 1824, Marseille 1831. Un *Dengremont* passa par Gand 1824.

DENGREMONT. — Premier comique, Palais-Royal 1831, Lille 1838, directeur 1839, comique marqué Gand 1841. Un *Charles* Dengremont vécut à Paris de 1850 à 55.

DENGREMONT, Mlle Charlotte, Constance. — Travestis et soubrettes. Amiens 1848, Lille et Nantes 1849, Brest 1850-53, Marseille 1854, Pau 1855, Toulon 1856, Grasse 1857.

DENGUI, Antoine. — Bordeaux 1867-70.

DENIS. — Acteur forain, troupe Delamain, foire St-Laurent 1738 et Grande troupe étrangère 1741-42.

DENISE, Mme. — Deuxième duègne, Tours 1827.

DENIZOT. — Premier comique, Dijon 1852.

DENNEBAULT, Mlle, fille de Montfleury (Jacob dit). — Naquit à Paris et fut baptisée à Saint-Sauveur le 3 nov. 1642. Elle eut pour parrain André Baron (Boyron dit), comédien du roi, et pour marraine Françoise Chauveau *(sic)* veuve de Michel La Chappe, en son vivant comédien du roi. Elle épousa le 28 fév. 1661 Mathieu Dennebault, commis de la ferme générale en Guyenne.

Les frères Parfait racontent, à propos de ce mariage, que Montfleury y consentit avec beaucoup de peine, parce que Dennebault n'était pas riche; les jeunes époux partirent en province pour s'y établir; mais n'y restèrent pas. C'est alors qu'elle entra à l'Hôtel de Bourgogne. Quant à Dennebault, c'était un honnête homme, bien que joueur enragé. Hauteroche lui dédia sa pièce : le *Cocher supposé*. Dennebault ne fut jamais comédien. Les époux Dennebault eurent au moins deux enfants : Alix (3 juin 1669) et Charlotte qui, le 1er mars 1688, épousa le fils de Duparc. Mlle Dennebault était sœur de Mlle Dupin et fut grand-mère maternelle de Mlle Desmares. A l'Hôtel de Bourgogne, elle créa :

1664 13 fév., les *Amours déguisés*, ballet, Vénus.

1665 22 oct., la *Mère coquette*, l'amoureuse.

1669 2 mars, la *Femme juge et partie*.

— 13 déc., *Britannicus*, Julie.

On sait par quatre vers satiriques de Mme Des Houlières qu'elle joua le rôle d'Aricie dans *Phèdre*. Elle avait aussi la spécialité des travestissements, comme dans la *Fille Capitaine*, la *Femme juge et partie*, deux comédies de son frère. Dans les *Lettres au Mercure sur Molière*, on lit : « C'étoit une grande personne, fort puissante et de bonne mine. Elle chantoit dans les intermèdes du *Malade imaginaire* ».

Le 17 mars 1669, Robinet avait écrit :

> J'ajouterai donc seulement,
> Qu'enfin je vis dernièrement
> La fort plaisante comédie
> De la *Femme juge et partie*.
> L'on s'y divertit comme il faut,
> Et la charmante d'Ennebault
> Y fait des mieux son personnage.

Mlle Dennebault se retira le 14 avril 1685, avec une pension de 1000 livres qu'elle conserva jusqu'à sa mort, arrivée le 27 mars 1708. Son mari était mort le 12 nov. 1697, vieille rue du Temple, et avait été inhumé le lendemain à St-Gervais.

Biographie : Les frères Parfait, *Hist. du th. français*, t. XII, p. 474 et suiv.

Bibliographie : *Lettres au Mercure sur Molière* (août 1735). — Jal, *Dict. critique*, art. Montfleury.

DENNETERRE. — V. D'Hannetaire.

DENONVILLE, Mlle, — Lille 1718.

DENOYERS. — Th. Beaumarchais 1877, Fant. parisiennes 1880.

DENTREMONT, Mme. — Premiers rôles, Gand 1787-88.

DENTREMONT, Mlle. — Amoureuse, Vannes 1825, Lille 1830-31.

DENZLINGER, Paul, Oscar. — Bayonne 1849-52, Mons 1854-56.

DEPAS, Mme Amélie. — Ambigu 1808-15.

DEPAS, Mme Ernest. — Premiers rôles, Chartres 1833-34.

DEPAUVO, Mlle Jeanne. — Deuxième amoureuse, Lille 1870.

DEPERPIGNAN. — Venait de Vitry-le-François quand il parut à Douai vers 1773. Appointements 3000 livres. Chantait aussi l'opéra.

DEPESSEVILLE, Pierre, Clément. — Paris 1849-57. Sa mort fut annoncée au Rapport de 1859.

DÉPINAY, Mlle, ou Dépinai, ou Dépiné. — Débuta à la Comédie fr. le 21 janv. 1751 par le rôle de *Cénie*. Reçue à l'essai. Demeurait rue du Sépulcre.

DEPIRE, Mlle Angèle. — Nouveautés 1882-86.

DEPIREUX. — Deuxième financier, Lille 1855-57.

DEPIT, Mme Anne. — Artiste dont la mort est annoncée au Rapport de 1891.

DEPLANCK. — Deuxième comique, Lille 1842-48.

DE PLANTE. — Troupe Dulin, Maëstricht juin-juillet 1713.

DEPOITIER, Pierre. — Bruxelles 1854-61, Liège 1862-63, La Haye 1864, Anvers 1865, Bruxelles 1867, Gand 1868, Rouen 1869, Gand 1870-72, Rennes 1873, Brest 1874, Verviers 1875-76, Lyon 1877-78, Toulon 1879, Marseille 1880-99. En 1892, Depoitier, âgé de 60 ans, avec 34 ans de th., obtint une pension de 500 fr. de la Société des artistes. Il mourut à Marseille en octobre 1899, professeur au Conservatoire de cette ville.

DEPOITIER, Mme Marie, Marguerite, née Arquier. — Gand 1865-68, Rouen 1869, Gand 1870-72, Rennes 1873, Brest 1874, Verviers 1875-76, Lyon 1877-78, Toulon 1879, Marseille 1880-93, Narbonne 1894-96, Bruxelles 1897-98. Marseille 1899-1901, Moyenmoutier 1902. Habitait cette ville en 1903. En 1902, âgée de 57 ans, avec 30 ans de services, Mme Depoitier reçut de la Société des artistes une pension d'attente de 300 fr.

DEPOIX père. — Marquis ridicules, Maëstricht 1775-79, directeur 1780-81.

DEPOIX, Mme. — Soubrette, Lille 1772.

DEPOIX fils. — Utilités, Maëstricht 1779-80, niais, Anvers 1782. Peut-être le même, Lille 1807.

DEPOIX, Mme. — Première amoureuse, Bruxelles 1811, appointements 4200 fr.

DEPOIX, Mlle Désirée. — Amoureuse, Toulouse 1825, 1833-34, 1837.

DEPOIX, Mlle Julia. — Naquit à Genève le 11 nov. 1861. Sortie en 1878 du Conservatoire avec un premier accessit de comédie, elle débuta au Gymnase en 1880 dans les *Enfants*, passa au Vaudeville où elle créa *Tête de Linotte*, *Fédora* (1882), les *Rois en exil* (1883). Elle entra ensuite au th. des Nations (1885), revint au Gymnase (1887) et y créa la *Comtesse Sarah;* puis, au Palais-Royal, les *Ricochets de l'Amour* (déc. 1894). Elle va ensuite à Bruxelles et y joue le drame, au th. de l'Alhambra. De retour à Paris, elle entra à l'Odéon (1896) où elle créa le *Capitaine Fracasse* et joua le répertoire.

D'un caractère enjoué, d'une nature aimable et charmante, elle plaisait. On la voyait souvent aux courses, aux premières. Un jour, se trouvant souffrante, elle envoya chercher le docteur Ducros qui diagnostiqua un abcès interne. Une consultation eut lieu et l'opération déclarée indispensable. On la transporta à la maison des Augustines, rue de la Santé. La malade se trouva soulagée. Mais un engourdissement général se déclara et elle mourut chrétiennement (7 mai 1898). Le corps fut ramené au domicile, rue Alphonse de Neuville, 8, et les obsèques eurent lieu le mardi 10 mai, à l'église St-François de Sales.

Paul Mahalin la définit ainsi : « l'air d'un enfant, une tête mignonne et expressive, avec de grands yeux longs comme les litanies de la vierge... » — « Son incomparable beauté, dit un autre, l'avait fait appeler la *Joie des Lorgnettes* ».

Bibliographie : Paul Mahalin, les *Jolies Actrices de Paris*, t. IV. — Le *Figaro*, 9 mai 1898.

DEPRÉ. — Rôles de convenances, Amiens 1828.

DEPRÉ, Mlle, cadette. — Troisième amoureuse, Nantes 1830.

DEPRELLE, Victor, ou De Prelle, ou De Presle. — Naquit à Paris vers 1815, ou le

17 déc. 1818, selon Lavergne; il était le fils d'un mécanicien. Après avoir servi dans l'intendance, en Afrique, il revint à Paris, étudia au Conservatoire, débuta à la banlieue chez les frères Seveste, puis fut engagé comme jeune premier rôle à Brest, Morlaix, Bordeaux, Marseille, Bayonne, Châlons et Calais. Revenu à Paris en 1848, il accepta momentanément une place infime à l'Ambigu, repartit un an en province et rentra à l'Ambigu. Acteur utile, il était doué d'une mémoire extraordinaire et remplaçait n'importe qui au pied levé. Il créa le rôle du juif dans la *Peau de Chagrin* (1851), Ambigu 1851-57, Bruges 185-859, Constantine 1860-64, Philippeville 1865, Lorient 1867, Ile Bourbon 1868-69, Paris 1870-81, Athis 1882, Paris 1883-88. En 1884, âgé de 69 ans, avec 39 ans de services, il obtint une pension de 500 fr. de la Société des artistes. Sa mort fut annoncée au Rapport de 1889.

Biographie : J. Lavergne, *Acteurs et Actrices de l'Ambigu*, 1856.

DEPRES, M. et Mme. — St-Quentin 1788.

DEPRES, Mme Eléonore, Marie, Alexandrine. — Paris 1856, Funambules 1857-59.

DEPRESSOIR. — Bruxelles 1706.

DEPREZ, Mlle. — Strasbourg 1837.

DEPY, Gabriel. — Premier comique et directeur, Bourges 1848-49, Châlon-s/Saône 1850, Châteauroux 1852, Châlon-s/Saône 1853-56, Angoulême 1857-58, Poitiers 1859-62, Châtelet 1863-64, Folies 1865, Châtelet 1867-70.

DEPY, Mme Joséphine, née Gislain. — Premiers rôles, mêmes étapes que ci-dessus, jusqu'à Poitiers 1862.

DEPY, Louis. — Angoulême 1860-62, Châtelet 1863-65, th. du prince Eugène 1867, Angoulême 1867-79, St-Etienne 1880-81. Sa mort fut annoncée au Rapport de 1882.

DEPY, Mme Anna. — V. Daubigny.

DEPY. — V. Fanolliet. V. Gaillard.

DEQUERCI. — Maëstricht 1673.

DEQUERCY. — Bouffes parisiens 1880, 1883, 1886-88.

DEQUERS. — Lille 1788.

DERAME. — Artiste de café-concert et pendant plusieurs années compère des revues du Nouveau Cirque. S'était spécialisé dans les imitations. Sa mort, à l'âge de 61 ans, fut annoncée dans le *Figaro* du 21 août 1902, lequel ajoute : « Il n'était pas sans talent ».

DERANCOURT, Mlle Marie, née Camoin. — Marseille 1854-84. En 1884, âgée de 76 ans, avec 51 ans de th., elle obtint une pension de 500 fr. de la Société des artistes, mais mourut la même année.

DERAU. — Troisièmes rôles, Toulouse 1851.

DERBELL, Mlle. — Th. Déjazet 1896.

DERBILLY, Alexandre, Joseph Castiau dit. — Th. Montmartre 1875-78, Porte-St-Martin 1879-81, Paris 1882-90, Rouen 1891-92, Paris 1893-96. Officier d'Académie. Habitait Paris en 1902.

DERBY, Mlle. — Débuta à l'Odéon dans *Horace*, 2 nov. 1851.

DERBLAY. — Jeune premier, Liège 1852.

DERBLAY. — Porte-St-Martin 1893.

DERCOURT, Mlle Henriette. — Ingénuités, Nantes 1826.

DERCOURT, Adolphe. — Jeune premier, Tournai 1839.

DERCY, Jean, Pierre, Adrien Dérissart dit. — Spectacle des Associés 1787-88. Arrêté puis relaxé un jour pour avoir dit des injures à son directeur Sallé (16 oct. 1788).

DERDIER. — Marseille 1793.

DEREMIVAL, Mme. — Première duègne, Bruxelles 1811-12, 4500 fr. d'appointements.

DERFEUILLE, Mlle. — Débuta à l'Odéon le 19 avril 1826, par le rôle de *Jeanne d'Arc*, puis joua Emilie de *Cinna* le 29. Le 23 août 1827, elle créa un rôle dans la *Prison de Pompéia*. Elle figura encore comme « premier rôle » en 1828-29. Elle habitait alors 8, rue d'Enfer.

DERIAZ, François, Louis. — Th. des jeunes Elèves 1837, Calais 1850, deuxième comique, Liège et th. Comte 1852, Calais 1853, Paris 1854-62.

DERIBEAUCOURT, Mme. — Ambigu, 1874.

DERICOURT ou d'Héricourt. — Débuta le 9 octobre 1820, à l'Odéon, dans Hippolyte de *Phèdre*. Ayant remplacé un jour Victor dans *Coriolan*, il fut sifflé et eut toutes les peines à se faire accepter. Odéon 1821-22, premier rôle, Toulouse 1825, nouveaux débuts à l'Odéon, le 16 sept. 1826 et le 20 avril 1827. Toulouse 1827, Odéon 1828.

DÉRICOURT, Mlle. — Palais royal 1877-78.

DERIEUX, Maurice-Edouard, Chazy dit. — Nouveautés 1878-82.

DERIEUX, Mlle Elise. — Palais royal 1886, même année, même théâtre, Mlle *Francine* Derieux.

DERIGNIER. — Deuxièmes rôles en chef, Bruxelles 1753.

DERIGNY, Mlle Valentine Schumacher dite. — Vaudeville 1883, Lyon 1884, Marseille 1885-86, Odéon 1886-93, Ambigu 1894-96, Bruxelles 1897-98, Paris 1899. Habitait Paris en 1904.

DERLY, Charles. — Premier rôle, Genève 1853.

DERLY, Mme Scholastique, Marie, née Leméteyer ou Lemettayer, femme puis veuve Charles Derly. — Cambrai 1829, Bruges 1837, Lorient 1848-49, Genève 1850, St-Quentin 1852, Genève 1853-54, Lyon 1855, Anvers 1856, Montauban 1857. Morte vers 1857.

DERMILLY. — Sous ce nom :

Mme DERMILLY ou Dhermilly. — Reines, St-Quentin 1788, Marseille et Toulouse 1792.

DERMILLY. — Deuxième financier, Anvers 1843.

DERMILLY. — Premier amoureux, Lille, 1848.

Mlle DERMILLY. — Soubrette, Moulins, 1851.

DERMILLY. — Débute aux Variétés, 16 août 1852.

DERMILLY. — Nom d'un artiste décédé en 1852.

DERMILLY, Maurice Blot dit. — Nantes 1852-59, Calais, 1860-62, Colmar 1863-65.

DERMOND. — Deuxième comique, Toulouse 1852.

DERMY, Jules. — Jeune premier, Porte-St-Antoine 1835, Variétés 1836, Lyon 1837, Rouen 1840. Vivait en 1848.

DERNESTY, Ch.-Alex. de Monfumat dit, né en 1839. —Constantine 1873, Elbeuf 1874-75, Th. Cluny 1877-79, Carcassonne 1880-81, Le Hâvre 1882, Paris 1883-90, Roubaix 1891 et années suivantes. En 1903, Dernesty âgé de 63 ans, avec 32 ans de th., obtint une pension 500 fr. de la Société des Artistes.

DERNEVAL. — Marseille 1792.

DERNEVILLE, Mlle. — Vaudeville 1808, peut-être la même que celle qui débuta le 26 août 1824 dans Marinette du *Dépit*, à l'Odéon. En 1828 elle parut encore avec succès à ce théâtre. Mlle Flore raconte dans ses *Mémoires*, t. III p. 179, qu'une demoiselle Derneville de la Porte-St-Martin épousa un ancien acteur du Vaudeville, nommé St-Estève, lequel se fit prêtre selon le culte créé par Châtel, un ex-aumonier en 1823, aux grenadiers à cheval de la garde. Mais l'église qui abritait ce nouveau rite fut vendue par autorité de justice.

DEROCHE, Marius. — Le Hâvre 1894-96, Toulouse 1897-99.

DEROCHEMORE. — Troupe du duc de Savoie 1674.

DEROCLE, Joseph. — Odessa 1873-74, Constantinople 1875, Odessa 1876, Nîmes 1877, Bayonne 1878-80, Renaissance 1881-83, Paris 1884-86, Tlemcen 1887, Paris 1888-1902. Sa mort fut annoncée au Rapport de 1903.

DEROCLE, Mme Charlotte, Léontine, née Bardin. V. *Bardin* pour la première partie de sa carrière. — Constantinople 1875, Odessa 1876, Nîmes 1877, Bayonne 1878-80, Paris 1881-86, Tlemcen 1887. Sa mort, survenue à Tlemcen, fut annoncée au Rapport de 1888.

DEROCHE. — Ambigu 1808.

DERON ou Derond. — Deuxième comique, Marseille 1825-29.

DERONDEAU. — Cirque Olymp. 1837.

DEROSÈS, Mlle. — Soubrette, Rouen 1790.

DEROSIER, Mlle Sophie, âgée de 10 ans. — Liège 1781.

DEROSIÈRES. — V. Desrosières.

DEROSIÈRES, Mme. — Rouen 1795. V. Desrosières.

DEROSNAY, Mlle Emma, née Julie, Adolphine, Pelée. — Elève de Ricourt, Variétés 1859, Ecole Lyrique 1862, Palais royal.

DEROSSELLE. — Th. Molière 1833, Palais royal 1834, Odéon, l'*Actionnaire* (1841), Un *deshonneur posthume*, les *Ressources de Quinola*, le *Voyage à Pontoise*, le *Poète*, le *Bourgeois grand seigneur*, la *Main droite et la main gauche* (1842), l'*Ecole des Princes*, *Tôt ou tard*, le *Despote*, les *Moyens dangereux*, la *Duchesse de Châteauroux* (1843), *Karel Dujardin*, la *famille Cochois* (1844), *Diogène* (1846). Derosselle était encore à l'Odéon, et fort apprécié, en 1847-48. « Il joue les pères et les grimes et rappelle souvent Duparai dont il a la vérité et l'aisance, écrit-on en 1842. C'est plus qu'un homme de talent, c'est un artiste de conscience ». On le disait fabricant de poids et mesures, rue des Prouvaires.

Bibliographie : *Acteurs et actrices* 1842. — *Annuaire dramatique* 1845. — P. Porel et G. Monval, l'*Odéon*, t. II.

DEROUET. — Sous ce nom :

Mme Derouet. Odéon 1847-49. Premiers rôles à Nantes 1852.

La Petite Derouet. Gymnase, les *Idées de Mme Aubray* (16 mars 1866), le *Roman d'une honnête femme* (4 nov. 1867).

Mlle Derouet. Th. Déjazet 1876, Th. Cluny 1878, Ambigu 1879-81.

DEROUVÈRE, Emile. — Jeune premier, Ambigu 1823. Maurice Alhoy le traite de « grimacier ». Porte-St-Martin 1824, Orléans 1825-26, Amsterdam 1827, Vaudeville 1827-35.

DEROUVILLE, Mlle. — Jouait avec Potier à Angers (nov. 1805), débuta à l'Odéon le 15 sept. 1816.

DEROUVRAY, Mme. — Porte-St-Martin 1818-19.

DEROY. — Th. des Nations 1885.

DEROZET, Mme. — Th. du Marais 1792, Marseille 1793.

DEROZIERS, Mme. — Odéon 1799.

DERSON, Mlle Mathilde Guilhem dite. — Pal. royal 1874, Vaudeville 1875-78, Renaissance 1879-80, Vaudeville 1881-84, Paris 1885-93.

DERUBELLE. — Th. Feydeau 1800, Lyon 1824, on lui reproche de charger, Marseille 1835-37.

DERUDDER, Mme. — Débuta le 20 sept. 1819 au Th. franç. dans Cléopâtre de *Rodogune* et le 20 mai 1820 à l'Odéon par le rôle d'Agrippine dans *Britannicus*.

DERUDDER. — Mime aux Funambules, à raison de 20 fr. par semaine (1848) ; avait la spécialité des arlequins. Engagé aux Bouffes (salle des Folies Marigny), il en fit l'ouverture le 5 juillet 1855 avec *Arlequin Barbier*, s'y montrant d'un disloqué « à faire dresser les cheveux ». Le 30 juillet, il joua *Pierrot clown*.

DERUEL. — Cour Palatine 1750-64.

DERUELLE. — Anvers 1818.

DERUFOSSE. — Amoureux, Gand 1767.

DERRUIT, Mlle Marie, Joséphine, Hélène. — Palais royal 1850-65.

DERVAL, Mlle. — Deuxième soubrette, Lille 1799.

DERVAL. — Débuta au Vaudeville le 14 juin 1810 par le rôle de Dorval dans les *Deux pères*. Un Derval est à Lille en 1812.

DERVAL, Hyacinthe Dobigny de Ferrières, dit, était fils d'un commerçant. — Il naquit le 14 juillet 1801, selon Delhasse, et fut attaché au Ministère de la guerre. L'un de ses oncles était général et l'autre capitaine de vaisseau. Admis aux soirées dramatiques de l'Hôtel d'Uzès, il se révéla comme comédien amateur et sacrifia sa position à ce qu'il croyait être sa vocation. Le voilà donc débutant obscurément au Vaudeville dans l'été de 1825 (*Alfred ou la bonne tête*) : « Il était encore un peu gauche, raconte un témoin, un peu inexpérimenté, et bien intimidé ; mais il avait une voix fraîche et bien timbrée. Il était bien fait de sa personne et son début fut heureux ».

Derval passa en Angleterre, puis fut engagé au th. des Nouveautés de la place de la Bourse où il remplaça Lafont dans le rôle de *Jean* (1828). Entré provisoirement au th. du Palais royal qui venait de s'ouvrir, il y resta vingt-sept ans. De haute taille, de fière mine, beau cavalier, homme du monde, Derval fut l'acteur de bon ton. Il y créa cent cinquante rôles, notamment dans *Scaramouche*, les *Deux novices*, le *Collaborateur*, *Hog, le charpentier*, *Sophie Arnould* (Lauraguais), le *Fils de Dominique*, *Farinelli* (le roi d'Espagne), etc., longue nomenclature qu'ont reproduite en partie Gallois et Eug. Héros.

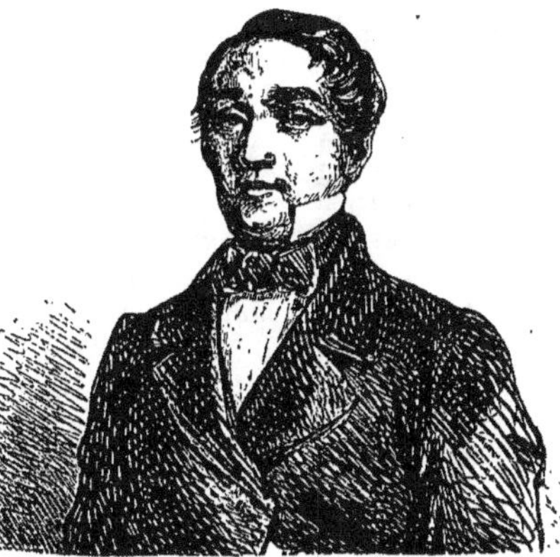
H. DERVAL

La biographie de 1829 n'est pas tendre pour le débutant : « C'est un honnête jeune homme, dit-elle, mais un bien mauvais acteur, » On écrit en 1832 : « Il a grande envie de bien faire, il étudie beaucoup ». Et en 1833 : « Il compose bien un rôle, chante agréablement et a une bonne tenue ». En 1841 : « M. Derval est le seul au Th. du Palais royal qui porte la poudre et l'habit français d'une manière convenable... il a du gentilhomme dans la tournure ». En 1842 : « Derval est le premier rôle du th. du Palais royal, c'est un reflet de Menjaud... Derval a de l'âme, de la sensibilité, de l'entraînement... ».

Après une représentation de la *Savonnette impériale* devant Napoléon III, celui-ci lui offrit une épingle en diamants, en lui disant « M. Derval, vous m'avez ému comme je ne l'ai jamais été au théâtre, veuillez garder ceci en souvenir de moi. » En 1857, il entra au Gymnase et le rôle du père dans le *Fils naturel*, rôle qu'il créa, fut le plus grand succès de sa longue carrière (janvier 1858). Puis, peu à peu, Derval devint le bras droit de M. Montigny, son directeur, se chargeant de l'administration du théâtre, et ne se réservant plus que quelques rôles secondaires. Pendant ses congés, il allait en province pour tenir les rôles de Lafont.

P. Mahalin nous a laissé un portrait assez réussi de Derval vieilli : « En passant devant le Gymnase, vous avez sans doute remarqué, pendant ces dix dernières années, un quidam qui se promenait, avec des allures d'ours en cage, sous le péristyle du théâtre et devant le bureau de location : Maigre comme un vendredi saint et long comme un jour sans tabac, avec des jambes d'échassier et une figure de coupe aquiline, qui avait été belle jadis, mais qui déparait plus que l'âge, une expression de sempiternelle mauvaise humeur ».

Derval mourut à quatre-vingt-trois ans, et ses obsèques eurent lieu le 24 janvier 1885 à l'église St-Pierre de Montmartre. Les cordons du poële étaient tenus par Alex. Dumas, Halanzier, Frédéric Febvre et St-Germain. Sur la tombe Halanzier, président de la Société des Artistes dramatiques, rappela que depuis 40 ans cet honnête homme avait été membre du Comité, et que toute sa carrière n'avait été remplie que par de bonnes actions. St-Germain parla ensuite au nom des artistes du Gymnase.

Derval, officier d'académie depuis 1881, avait, en effet, secondé puissamment le baron Taylor, fondateur de la Société ; il en avait été l'un des agents les plus actifs. Il s'éteignit au milieu des siens. Il avait épousé une Anglaise et sa fille débuta assez brillamment dans la carrière du chant.

Biographie : Gallois, le *Th. du Palais royal* 1854, notice.

Bibliographie : *Biograph. dram.* 1829, 1833. — *La Rampe et les Coulisses* 1832. — *L'Indiscret des Coulisses* 1841. — Ch. Hervey. The Theatres of Paris 1842. — *Annuaire dramatique* 1845. — J. Arago, *Foyers et coulisses* 1852. — Danthenay, *Acteurs et actrices* 1853. — *Foyer et coulisses*, Gymnase 1857. — Les *Soirées parisiennes*. — P. Mahalin, *Au bout de la lorgnette* 1883. — Eug. Héros, le *Th. du Palais-royal*.

Iconographie : Bibl. Nat., catalogue Duplessis 12392.

1. En pied, de 3/4 à droite (cost. de th.), lith. par A. Colette 1855, d'ap. Lorsay.

2. En pied, de 3/4 à droite (cost. de th.), lith. par Fauconnier (avec le portrait de Bouffé).

3. En pied, de 3/4 à droite (cost. de th.), lith. Frey 1829.

Gallois, *Th. du Palais-royal* 1854, mi-corps, grav. par Diolot, d'après Pottin.

DERVAL. — Sous ce nom :

Mlle Derval, Vaudeville 1844.

Mme Derval, Porte-St-Martin 1848.

Mlle Derval, amoureuse, Bruxelles 1851.

Derval, amoureux, Alger 1851.

Mlle Derval, Cécile Barbée, dite Barbe, dite Belval. — Th. du Luxembourg 1852, resta longtemps au Cirque imp. où elle jouait dans les pièces militaires. Elle passa aux Délassements où elle fit preuve d'un certain entrain et fut engagée au Palais-Royal 1856-59. A la Gaîté, elle parut dans les vaudevilles. En 1864, elle créa à ce théâtre le rôle de Babolin dans les *Mohicans de Paris* (20 août). Dumas en fait un grand éloge dans sa préface. Gaîté 1860-69, Châtelet 1872-80, Paris 1881-97.

Bibliographie : Em. Abraham, *Acteurs et Actrices*, 1861.

Mlle Derval, th. Déjazet 1866, à rapprocher de la précédente.

Derval, Julien, Renaissance 1875.

Mlle Derval, Charlotte, Ursule, soubrette, Rouen 1877-78, Nantes 1879, Lille 1880-81, Nice 1882, Nouveautés 1883-87. Une demoiselle *Derval* est aux Variétés 1891, Menus-Plaisirs 1893, Variétés 1897.

DERVILLE. — Sous ce nom :

Derville, Angers 1786-87 et régisseur pour le compte de Mlle Montansier.

Mme Derville, premier rôle, Rouen 1791-92, Marseille 1793, Bruxelles 1795.

Derville, Bruxelles 1800.

Derville, amoureux, Lille 1823. Un *Derville* débuta aux Variétés le 4 avril 1826.

Derville, banlieue 1829.

Derville, Adolphe, jeune premier, Arras 1830.

Derville, premier comique, Châlon-s/S. 1833-34.

Mme Derville, soubrette, Châlon-s/S. 1833.

Derville, troisième rôle, Bourges 1835-37.

Derville, deuxième comique, Reims 1837, où il doublait Nestor. Fut remplacé par Geoffroy.

Mme Derville, duègne, Reims 1837.

Derville, jeune premier, Amiens 1840.

Derville, jeune premier comique, Grenoble 1840.

Derville, premier rôle et régisseur, Rouen 1847-53, directeur 1866-67.

Derville, Rochefort 1848.

Derville, Adolphe Soleveau dit, Lille 1850, premier comique, Nantes 1851, Orléans 1852.

Mme Derville, Emma, soubrette, Lille 1850, Orléans 1852.

Derville, deuxième amoureux, Lille 1852.

Mlle Derville, Olympe, séduisante actrice des Fol. dram. 1859-65. Avait commencé en province. Elle débuta dans les *Masques de Velours*. Possédait une jolie voix.

Derville, Gaîté 1862. Venait de province. Débuta dans le rôle de l'usurier des *Crochets du père Martin*,

DERVILLIER, ou *Dervilliers*, ou *Dervilliez*. — Sous ce nom :

Mme Dervillier, Délass. com. 1796.

Dervillier, amoureux, Var 1833-34, Metz 1855, premier rôle, Boulogne 1837. Un *Derviltié* Alexandre est à Rennes 1848-49, un *Dervillers* ou *Dervilliers*, Toulon 1851, avec une *demoiselle* du même nom.

DERVILLY. — Sous ce nom :

Dervilly, utilités, Limoges 1835-37.

Mme Dervilly, jeune première, Limoges 1835-37.

Dervilly, Louis Charpiot, dit Frédérick. Abbeville 1880-85. Bruxelles 1886, La Capelle 1887-88, Dunkerque 1889.

DESAIGLES, Mlle. — Foire St-Laurent 1733.

DESALLES, Mme. — Marseille 1792.

DESAMAISON. — Lille 1875.

DESANDRE, Vincent, Théodore. — De la Société des artistes depuis 1842, Marseille 1863-72, Bandol 1873-78. En 1875, Desandre, âgé de 65 ans, avec 38 ans de services, avait reçu une pension de 500 fr. de la Société. Titulaire d'une médaille d'honneur.

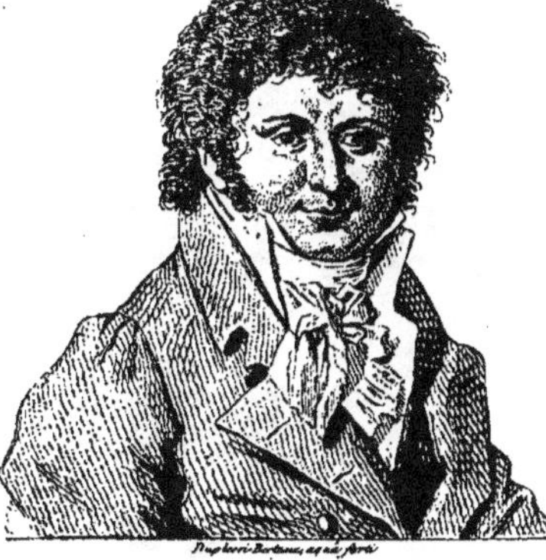

DÉSAUGIERS

DESARNAUD, Mme, ou *Desarnoult*. — Th. de la Cité 1799, Gaîté 1805-06. « Faisait plaisir dans la pantomime ».

DESAUGIERS, Marc, Antoine. - Le bon chansonnier, né à Fréjus en 1772, fut comédien vers 1804 ou 1805. Le peintre Aîné, voyant que le th. des Jeunes artistes allait mal, partit avec quelques camarades, sous la tutelle d'un nommé Petit qui enseignait la déclamation. Désaugiers fut du voyage. On alla à Marseille, à Avignon. En passant par cette ville, jouant le père Thomas dans le *Club des bonnes Gens*, il chantait une espèce de ronde en deux couplets. Comme le public en réclamait un troisième, Désaugiers en improvisa un séance tenante. Quelque temps après il revenait à pied à Paris, en jouant du violon pour faire marcher ses camarades. Vers 1805, il avait écrit un rôle d'arlequin pour Monrose père qui débutait au th. Montansier. Le soir du début, Monrose tomba malade; Désaugiers le remplaça. Comme il était masqué, le public ne s'aperçut pas du changement. Désaugiers a, du reste, raconté ses premières caravanes dans la première édition de son chansonnier.

La vie de Désaugiers comme auteur et chansonnier est trop connue pour la rapporter ici, où il ne figure que comme comédien. Nommé directeur du Vaudeville en 1815-22, puis en 1825, il mourut de la pierre le 9 août 1827. Il s'était composé par avance cette épitaphe :

Ci-gît, hélas ! sous cette pierre,
Un bon vivant mort de la pierre.
Passant, que tu sois Paul ou Pierre,
Ne va pas lui jeter la pierre.

Bibliographie : *Mémoires de Flore*, t. I, p. 58. — *Foyers et Coulisses*. Vaudeville, p. 37.

Iconographie : Bibl. nat., 12,406. 1. En buste, de 3/4 à droite, lith. Delpech, 1835.

2. En buste, de face, gravé par Duplessis-Berteaux.

3. En buste, de 3/4 à gauche, lith. Feillet.

4. En buste, de 3/4 à droite, lith. par Mourlan, d'après Riesner.

DESBAN, Ferdinand, Jean, François. — Père noble, Boulogne-s/M. 1850-54, Rennes 1855-57.

DESBANCHERIES, Mlle Florestine. — Jeune première, Vesoul 1826.

DESBARREAUX. — Comique, Toulouse 1792-1793.

DESBIRONS, Barbe dit. — « Jeune premier, doué d'un agréable physique, de quelque talent et plein de bonne volonté », dit Hervey dans *The Theatres of Paris*. Vaudeville 1844-53.

DESBOIS, Isidore, Sylvestre, Pierre. — Nice 1861-62, Aix 1863-64, Dax 1865, Lyon 1867-68, Marseille 1869-70.

DESBOIS, Alfred. — Dax 1863-64.

DESBORDES-Valmore, Mme, Marceline, Félicité, Josèphe Desbordes, femme Lanchantin dite Valmore. — Naquit à Douai, rue de Valenciennes, le 20 juin 1786 ; elle était fille d'un peintre en armoiries et ornements d'église qui fut ruiné par la Révolution. Deux oncles presque centenaires et célibataires, habitant Amsterdam, où ils avaient fondé une librairie, offrirent leur fortune à Desbordes père s'il voulait changer de religion. Celui-ci, refusa. Mme Desbordes-Valmore a raconté une partie de sa malheureuse jeunesse dans *l'Atelier d'un peintre*. A l'âge de 14 ans partie à la

Guadeloupe avec sa mère, qui espérait y retrouver une riche cousine, elle n'arrive que pour voir sa parente chassée de son habitation par les nègres révoltés. Sa mère meurt de la fièvre jaune, et la voici sans appui. Mlle Desbordes revient alors en France au prix de mille périls : son frère Félix s'était engagé ; son père et ses deux sœurs manquaient de tout. La troupe de Lille donnait alors des représentations à Douai ; bien que ne ressentant que de l'éloignement pour cette vie aventureuse, elle s'y engage et débute sur la scène de son pays natal le 21 nov. 1802 ; accompagnée de ses deux sœurs, elle partit l'année suivante pour Rouen où elle figure sur le tableau de la troupe en qualité de jeune première, forte seconde ingénuité, seconde et troisième amoureuse d'opéra (17 mai 1803). Elle s'essaie même dans la *Jeune Prude*, opéra, et vient débuter à Paris, au th. Feydeau, le 29 décembre 1804. Grétry la remarqua et voulut compléter son éducation musicale. Le théâtre fermé en juin 1805, la jeune Marceline se fit entendre à Lille (du 22 au 30 juillet), puis revint à Paris qu'elle quitta au commencement de 1806. En mai, elle fait partie de la troupe de Jolly qui desservait le théâtre de Lille, puis elle se rend à Rouen. Le 4 mai 1807, nous la retrouvons à Bruxelles, comme jeune première, aux appointements de 4800 fr. A la suite de peines profondes de cœur, elle avait contracté une maladie nerveuse qui l'obligea à renoncer à la carrière du chant, et sa lettre du 3 mars 1813, adressée à son frère Félix, prisonnier de guerre en Ecosse, nous apprend qu'elle est restée seule avec un enfant de deux ans, son fils Eugène. Ses deux sœurs se sont alors retirées dans deux villages fort tristes. A Paris, Mlle Desbordes prit des leçons de Damas, et débuta au th. de l'Impératrice au mois d'avril 1813. Elle y resta deux ans, puis quitta Paris pour Bruxelles (15 août 1815). Là, un coup funeste vint l'accabler ; après avoir disputé pendant deux mois son fils à la mort, elle le perdit (1816) :

> J'ai tout perdu ! mon enfant par la mort.
> Et... dans quel temps ! mon ami par l'absence
> Je n'ose dire, hélas ! par l'inconstance
> Ce doute est le seul bien que m'ait laissé le sort.

Elle travaille uniquement pour soutenir son père qui vit à Douai. Au mois d'avril 1817, arriva dans la troupe de Lille un artiste du nom de Valmore. Il avait vingt-quatre ans, était grand et bien fait, et avait connu tout enfant Mlle Desbordes à Bordeaux. Un mariage survenu le 4 sept. 1817, fut le résultat de cette rencontre ; mais l'année suivante (1818) tous deux perdirent Junie, leur première fille, âgée d'un mois. Ce fut cette même année que parut son premier recueil de poésies ; dès lors la comédienne va peu à peu disparaître pour faire place à la femme de lettres.

Bientôt les époux quittent Bruxelles pour Paris, où naît leur fils Hippolyte. Cependant le th. français, l'idéal de Valmore, refuse impitoyablement son entrée à l'époux. Il faut reprendre la vie errante, Lyon, Bordeaux.

Hyacinthe, surnommée Ondine, naît en 1821, et Inès leur dernier enfant, en 1825.

En 1834, nous retrouvons leurs traces à Rouen ; en 1838 ils sont en détresse à Milan où un impresario les abandonne, lui, sa femme et ses deux filles. Entre deux engagements, Valmore accourt toujours à Paris où son idée fixe est de rentrer à la Comédie ; en 1839, il revient à Lyon, mais cette fois il a laissé à Paris sa femme qui passe son temps à solliciter pour l'absent. Hélas elle n'a plus ni la jeunesse ni la beauté ; elle est modestement vêtue, et cependant son charme est si pénétrant, que Lamartine compose pour elle une de ses plus belles harmonies, que Victor Hugo s'oublie lui-même un instant, que Sainte-Beuve rassemble les éléments d'un volume qu'il écrira plus tard. Ses idylles, romances, élégies, contes, fables lui ont mis une auréole ; mais la poésie ne fait pas vivre. Aussi, lorsque le duc de Montmorency fut appelé à l'académie, voulant couper court aux quolibets, il offrit spontanément la moitié de son traitement à Mme Desbordes-Valmore qui ne l'accepta que sous conditions que cette pension serait payée au nom du roi.

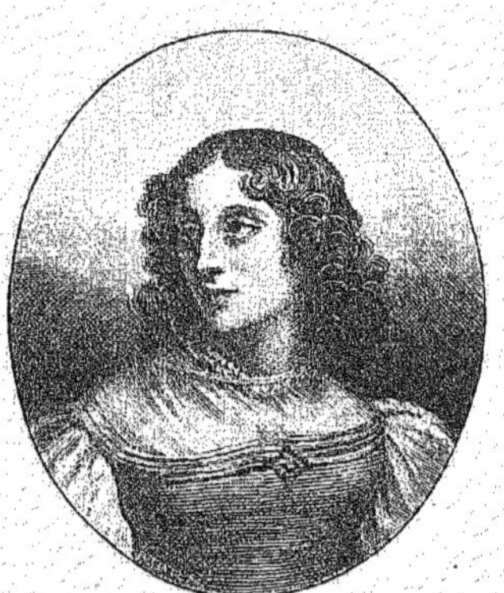

Mme DESBORDES-VALMORE
d'ap. DEVERIA

Dès lors, les époux vivent séparés ; le mari jouant en province, elle cherchant à vendre ses œuvres aux libraires ; parfois la misère est à son comble, comme il résulte du billet adressé à M. Félix Delhasse (3 déc. 1851). Son fils Hippolyte tente seul de la consoler. Pour comble de malheur sa fille Inès vint à mourir, Valmore, qui était à Bruxelles, est brisé à cette nouvelle ; il revient à Paris vivre avec sa femme et son fils ; Ondine se marie, Valmore trouve une humble place à la Bibliothèque impériale. Mais ce n'est qu'un moment de répit : elle perd son frère, ses sœurs, sa fidèle amie Caroline Branchu, Ondine elle même :

« Ecoute, écrit-elle à une amie ; je suis allée à l'église où j'ai fait allumer huit cierges humbles comme moi. C'était huit âmes de mon âme : père, mère, frère, sœurs, enfants ! Je les ai regardé brûler, et j'ai cru mourir ».

Mme Desbordes-Valmore termina cette vie

de souffrance à Paris, dans la nuit du 22 au 23 juillet 1859. Elle habitait en dernier lieu rue de Rivoli, 73, au coin de la rue Etienne. Elle venait d'avoir 73 ans, et s'éteignait l'année même ou l'académie venait de lui décerner le prix Lambert. Elle fut enterrée au cimetière du Nord (Montmartre). Sa tombe encore visitée, est située 26e division, 4e ligne n° 12, avenue de la Cloche.

Prosper Valmore décéda à Clamart le 25 octobre 1881.

De leurs enfants : *Junie*, née le 22 juillet 1818, à Bauxelles, mourut à Careghem, commune de Anderlecht, le 11 août 1818.

Hippolyte, né à Paris le 2 janvier 1820, mourut dans cette ville le 9 janvier 1892. Il fut employé supérieur au ministère de l'instruction publique, et linguiste distingué, connaissant, entre autres, le hongrois, le polonais le hollandais, etc.

Ondine ou Hyacinthe, née à Lyon le 2 nov. 1821, sous-maîtresse, puis inspectrice des écoles en 1848, épousa le 16 janvier 1851, M. Langlais, avocat et représentant du peuple. Elle mourut à Passy le 12 févr. 1853.

Inès, née à Bordeaux, le 29 nov. 1825, morte à Paris le 4 décembre 1846.

Mme Desbordes-Valmore, célèbre comme poète, est aujourd'hui complètement oubliée comme actrice. Mais la biographie de la femme de lettres ne nous appartient pas, et l'on trouve partout la liste détaillée de tous ses ouvrages. Au théâtre elle apporta une diction parfaite, un son de voix ravissant, une grande sensibilité. Mais elle n'aimait pas cette carrière :

> Je n'ai pu supporter ce bizarre mélange.
> De triomphe et d'obscurité,
> Où l'orgueil insultant nous punit et se venge
> D'un éclair de célébrité.

Une plaque commémorative a été posée sur la maison où elle naquit à Douai.

Biographie : A. Pougin, la *Jeunesse de Mme Desbordes-Valmore*. — Sainte-Beuve, Mme *Desbordes-Valmore, Sa vie et sa correspondance*, 1870, in-18. — Benjamin Rivière, *Correspondance intime de Marceline Desbordes Valmore*, 2 vol. Paris 1896.

Bibliographie : *Annuaire théâtral* 1803. *Histoire du th. de Lille*. — F. Faber, *Hist. du th. en Belgique*, t. II. p. 238 et t. III. p. 18. — P. Porel et G. Monval, *l'Odéon* t, I. — *Hist. du th. de Rouen*, 1834.

DESBORDES. — Sous ce nom :

DESBORDES, Jules, élève du Conservatoire, premier rôle, Lille 1821, débuta à l'Odéon le 12 avril 1822 par le rôle d'Alceste du *Misanthrope*, Nantes 1823, Lyon 1825, Lille 1826, (4200 fr. d'appointements.), Strasbourg 1829.

DESBORDES, Alfred, père noble et directeur, Bourges 1830, Nevers 1831. Sa femme dite *Moulina* mourut en 1832.

DESBORDES, Julien, artiste âgé de 65 ans en 1877 avec 47 ans de théâtre, pensionné à Paris de 500 fr. par la Société des Artistes.

Mlle DESBORDES, soubrette, th. du Vaud. Bruxelles 1845-46.

Mlle DESBORDES, Elisa, ingénuité, Lille 1847.

Mlle DESBORDES, ingénuité, Périgueux 1852.

Mme DESBORDES, Hortense, Clémence, Valentine, Lisbonne 1868-70, Paris 1874-79. Sa mort fut annoncée au rapport de 1880.

DESBRÉ, Joseph, Albert. — Bordeaux 1879-1889.

DESBRIÈRES. — Deuxième comique, Laon 1830.

DESBRIÈRES. Mme Louvet. — Grand premier rôle, Rouen 1835, Lyon 1835-37, 1840.

DESBROSSES, Mlle Jeanne de la Rüe dite. — Femme de J. Le Blond, Sieur des Brosses et ensuite de Michel Jumel, née vers 1657, débuta à la Comédie française le 13 sept. 1684 par le rôle de Clytemnestre dans l'*Agamemnon* de Boyer. Elle fut reçue à Pâques 1685, puis abandonna les rôles tragiques pour s'attacher aux *caractères*. Dans cet emploi, elle réussit pleinement. Elle établit les rôles de la Comtesse du *Joueur*, de Mad. Grognac dans le *Distrait*, de la veuve dans le *Double veuvage*. Elle jouait parfaitement celui de Madame Patu du *Chevalier à la mode*. Elle demanda sa retraite et l'obtint le 23 avril 1718, avec la pension de 1000 livres. Elle mourut à St-Germain, près Giz-les Nonnains, diocèse de Sens, dans une terre qu'elle avait achetée (1er déc. 1722).

Biographie : Lemazurier, *Galerie historique*, t. II. — Ricord, les *Fastes de la Comédie française*, t. II., p. 361.

DESBROSSES, Jean de Brie dit. — Comédien que Lemazurier n'a pas connu, ou a négligé. Mari de Catherine, Charlotte Boyron dite Baron, dite Mlle Desbrosses, fille d'Etienne Baron et petite fille de Michel Baron. — A rapprocher de *Desbrosses père et fils*, Bruxelles 1685.

DESBROSSES, Mlle Louise, Charlotte, Catherine. — Femme du précédent. V. Baron.

DESBROSSES, Mme. — Lille 1767.

DESBROSSES, Mlle *Eulalie*, Marie, née vers 1766, th. du Marais 1793, th. de la République 1794, sociétaire à la réunion de 1799. « Quelque talent, écrit-on l'an VIII, mais pas assez pour le th. français. Il existe plus d'une soubrette qui pourrait tenir sa place avec plus de distinction : nous engageons Dazincourt à lui donner souvent leçon. » — L'intimité des deux artistes était un fait notoire, et dura jusqu'à la mort de l'un d'eux. « Sa tenue toujours agréable au théâtre, rend le public très indulgent pour elle » écrit-on l'année suivante. Bref, Mlle Eulalie Desbrosses, agréable à voir, mais parlant souvent avec trop de volubilité, fut tolérée à cause de Dazincourt. Troisième soubrette, elle n'eut d'autre ambition que de finir tranquillement sa carrière.

Dazincourt, qu'elle avait soigné avec dévouement, mourut le 28 mars 1809 et l'institua sa légataire universelle. « Elle justifia sa confiance de la façon la plus méritoire, écrit Ricord. Elle employa avec une exacte équité le peu de fortune que laissait cet acteur au paiement des dettes qu'il avait contractées, et elle en retira la récompense la plus douce, celle d'honorer la mémoire de son ami. »

Mlle Eulalie Desbrosses se retira le 1er janvier 1814, décéda le 19 avril 1853. et fut inhumée au cimetière Montmartre. Sa sœur, Mme Desbrosses, l'excellente actrice de l'Opéra Comique, mourut en mars 1856, à 92 ans.

Biographie : G. Monval, *Liste alphabétique des Sociétaires.*

Bibliographie : *L'Espion des coulisses*, an VIII, *Almanach pour l'an IX et l'an X. L'Opinion du Parterre.* — Ricord, les *Fastes de la Comédie française, t.* II.

Iconographie : Musée de la Com. fr. n° 139, Catal. Monval, portrait présumé, h. 0.22, l. 0.17.

DESCAMPS. — Sous ce nom :

DESCAMPS, utilités, Strasbourg 1831-34, Lille 1834-35.

Mme DESCAMPS, deuxième duègne, Strasbourg 1833-34.

DESCAMPS, utilités, Lille 1867.

Mme DESCAMPS, soubrette, Lille 1876-77.

Mlle DESCAMPS, Porte-St-Martin et Salle Ventadour 1868.

DESCHAMPS, Claude. — Sieur de Villers, « comédien du roy », âgé de 40 ans, demeurant rue de La Marche, signe comme témoin au mariage d'*André Boiron,* le père du grand Baron, le 22 avril 1641.

DESCHAMPS, Pierre Langlois dit. — Né vers 1706. Il débuta à la Comédie franç. le 30 août 1742 par les rôles d'Hector dans le *Joueur* et de Merlin dans les *Trois frères rivaux*. Il fut reçu le 17 décembre et mourut « âgé de 48 ans » le 20 ou 22 novembre 1754 (St-Sulpice). Il avait épousé en province Marie, Thérèse, Françoise Patonart, qui ne joua pas la comédie, à Paris, du moins. Elle était née en 1714. Elle resta veuve 16 ans, et le 10 mai 1770, âgée de 55 ans passés, elle devint la seconde femme du graveur J.-F. Beauvarlet. Elle mourut le 14 mars 1779. Deschamps n'eut jamais que trois quarts de part. Il avait de la chaleur, de la finesse, de l'intelligence. On lui reprochait d'être grimacier. Il joua avec succès le rôle de *Tartufe*, et la Comédie donna une représentation au bénéfice de sa veuve et de ses enfants.

Biographie : Lemazurier, *Galerie historique*, t. I. — Jal, *Dict. critique.*

DESCHAMPS. Sous ce nom :

Mlle DESCHAMPS, deuxième amoureuse, Bruxelles 1753.

Mlle DESCHAMPS, Ambigu 1772. Jouait les agnès, les paysannes et les poissardes.

DESCHAMPS, th. des Grands danseurs du roi, 1772.

DESCHAMPS de Bellegarde, St-Omer, 5 nov. 1772. En annonçant ses débuts, il veut qu'on garde le secret sur son état et sur le lieu où il est. Son cachet est « de gueules au chevron d'argent accompagné de trois coqs » avec des lions comme supports.

DESCHAMPS, comique, fils d'un acteur de quelque mérite connu à Arras-Douai 1773, (appointements 1800 fr.).

Mme DESCHAMPS, troisième amoureuse, Maëstricht 1774.

Mme DESCHAMPS, Marseille 1792.

DESCHAMPS, Toulouse 1792.

Mme DESCHAMPS, soubrette, Toulouse 1792-1793.

Mme DESCHAMPS, actrice et directrice, Angers 1792.

DESCHAMPS, François, Jean, Baptiste, fils de la précédente, acteur et directeur, Angers 1793. Exploitait aussi Saumur, La Flèche, St-Malo, Laval, Le Mans, Tours. Fit construire un théâtre à Angers sur la place du Ralliement. Au mois de nivôse an VI, une artiste de la troupe de Rochefort-s/Mer, nommée Adélaïde Médier, déposa une plainte en bigamie contre Deschamps, son époux, qui aurait épousé une citoyenne Thierry. Deschamps ne reparut plus à Angers.

Biographie : E. Quernau-Lamerie, *Notice sur le théâtre d'Angers*, 1889.

Mme DESCHAMPS, née Thierry, femme du précédent, Angers 1797-99, Nancy.

DESCHAMPS, Odéon 1797.

DESCHAMPS, th. des Jeunes artistes 1805-07, th. du Marais 1807.

DESCHAMPS, Lille 1816.

Mme DESCHAMPS, soubrette, Lille 1816-20.

DESCHAMPS, Banlieue 1825-26.

DESCHAMPS, premier amoureux, Nîmes 1825, peut-être le même, Nouvelle-Orléans 1829-30.

Mme DESCHAMPS, utilités, Nouvelle-Orléans 1829-30.

DESCHAMPS, rôles de convenance, Lille 1835.

DESCHAMPS, grandes utilités, Kieff 1835-37.

DESCHAMPS, Jean, Julien, débuta à l'Odéon le 29 nov. 1842. Il fut engagé au Gymnase : « C'est un amoureux fort remarquable, écrivait-on. Jeune et doué de bonnes manières, le th. du Gymnase est pour lui un salon où il entre avec aisance et tient sa place avec distinction ». Et en 1845 : « C'était autrefois la coqueluche de Belleville ; comme amoureux, il ne manque pas de chaleur ». Il excellait dans les rôles de Frédéric de *Rébecca* et de Félix du *Tuteur de vingt ans*. Vers 1849, Julien Deschamps quitta le Gymnase pour St-Pétersbourg où il resta quinze ans. Il revint à Paris vers 1867, entra à la Porte-St-Martin, puis passa au Vaudeville 1876. En 1878, âgé de 60 ans, avec 38 ans de théâtre, il obtint la pension de 500 fr. de la Société des artistes. Sa mort, survenue à Soissons, où il vivait en gentilhomme campagnard, retraité par la Cour de Russie, fut annoncée au Rapport de 1890.

Bibliographie : *Biogr. dram.* 1842, 1845. — Ch. Hervey, *The Theatres of Paris*, p. 261.

DESCHAMPS, Funambules 1848.

DESCHAMPS, Rouen 1849, 1852.

DESCHAMPS, Mme Jeanne, Elisa, femme Ravel. Ambigu 1850-53, Fol. dram. 1857-58, Palais-Royal 1858-74. Charmante et jolie blonde, personne gracieuse et sympathique, distinguée, s'habillant avec goût. Se fit remarquer dans *Chez une petite Dame*, la *Sensitive*, le *Serment d'Horace*. Ayant épousé Ravel, son camarade, elle fit de longues tournées avec lui en province et à l'étranger. Paris 1875-84, Monaco 1885-93, Paris 1894-96, Monte-Carlo 1897-1901. En 1896, elle avait 65 ans et 31 ans de th. Elle obtint une pension de 500 fr. de la Société des artistes et sa mort fut annoncée au Rapport de 1902.

DESCHAMPS, Mme Mila, St-Pétersbourg 1859.

DESCHAMPS, Mlle Céleste, Rose Beauregard, née en 1845, Variétés 1859-61 et pensionnaire à la Com. fr. Blonde, jolie, d'une physionomie un peu douce et peut-être trop placide, elle avait débuté à la Comédie sans grand éclat, le 17 février 1862, dans le rôle d'Angélique de l'*Epreuve*. Elle créa le rôle de la soubrette du *Dernier Quartier* (10 nov. 1863), la baronne dans les *Faux Ménages* (7 janv. 1869), mais ne fit guère que passer. Le Caire 1875, Paris 1876, 1882, Metz 1883, Paris 1884.

DESCHAMPS, premier prix du Conservatoire, premier rôle à Genève 1861-62, jugé médiocre.

DESCHAMPS, Mlle, élève de Delsarte, Ecole lyrique avant 1862, chanta aussi sous le nom de *Candelli*. A rapprocher d'un artiste de l'Opéra Comique de ce nom à Bruxelles 1882-1885.

DESCHAMPS, Ernest, Augustin dit. Nantes 1862-65, Rouen 1867-72, Liège 1873-74, Paris 1875, Villers-Cotterets 1876. Mort à la maison de refuge de cette ville. (Rapport 1888.)

Mme DESCHAMPS, Louise, née Hody, Brest 1863-64, Rouen 1865, Mons 1867, St-Etienne 1868, Namur 1869-70, Grenoble 1872-74, Douai 1875-76, Marseille 1877, Tarbes 1878-79, Mons 1880, Calais 1881-82, Namur 1883, Bruges 1884, Tournay 1885, Brest 1886, Avignon 1887-88, Liège 1889-90, Angers 1891-92 — ajoute à son nom celui de *Vienne* — Rennes 1893, Champigny 1894, Paris 1895. En 1894, Mme Deschamps-Hody-Vienne-*Boissel*, âgée de 61 ans, avec 30 ans de th., obtint une pension de 500 fr. de la Société des artistes. Habitait Paris en 1904.

DESCHAMPS, Mme, deuxième amoureuse, Lille 1864.

DESCHAMPS, Gustave, St-Pétersbourg 1864-1872, Nouvelle-Orléans 1873-80, Bruxelles 1881-82.

DESCHAMPS, Adolphe, Ernest, Dieppe 1869-1872, Paris 1873-74, Bordeaux 1875-76, Paris 1877-81.

Mme DESCHAMPS, Mathilde, Emma, Marie Hermann dite, Marseille 1878, Toulouse 1879, Reims 1880, La Rochelle 1881, Rochefort 1882, Toulouse 1883-85, Bordeaux 1886.

DESCHANEL. — Sous ce nom :

Mlle DESCHANEL, ingénuité, amoureuse, travestis, Strasbourg 1825-26, Lille 1827, 4200 fr. d'appointements, et 1828, 5000 fr. d'appointements, Liège 1828, Lille 1831.

Mlle DESCHANEL, Constance, Variétés 1826, première amoureuse, Varsovie 1830-31.

DESCHANEL, utilités, Nancy 1831.

Mlle DESCHANEL, Anne, Antoinette-C., Saint-Pétersbourg 1854-55. Peut-être la même que les deux précédentes.

DESCHARS, M. et Mlle. — Bruxelles 1685. Un pamphlet de 1705-06 représente Deschars comme petit, mal fait, grand conteur de nouvelles, mauvais railleur, médisant et fourbe, et Mlle Deschars grande, bien faite, maigre, les yeux tendres, fière jusqu'à l'insolence.

Bibliographie : F. Faber, *Hist. du th. en Belgique*, t. I, p. 85 et 87.

DESCHAZELLES. — Sous ce nom :

DESCHAZELLES, M. et Mme, Bruxelles 1805, 8000 fr. d'appointements pour eux deux, Lille 1807.

DESCHAZELLES, Le Hâvre 1826, jeune premier, Marseille 1827-28.

Mlle DESCHAZELLES, utilités, Le Hâvre 1827-1828, Calais 1829.

Mme Deschazelles, jeune première, Marseille 1828.

Mme Deschazelles mère, Calais 1829.

Deschazelles, Ponsint dit, Marseille 1840, 1848.

DESCHENET. — Utilités, Dijon 1852.

DESCLÉE, Mlle Aimée, Olympe. — Naquit à Paris, 17, rue de l'Ancienne Comédie, le 16 novembre 1836. Son père, M. Desclée, mort le 21 juin 1873, était originaire de Valenciennes; avocat, il jouissait d'une fortune relativement considérable. Aimée Desclée reçut une éducation supérieure, apprit le dessin, la musique, la danse, l'équitation. Son père s'étant livré à des entreprises industrielles, fut ruiné. La jeune fille avait deux frères plus jeunes qu'elle. On décida qu'Aimée entrerait au Conservatoire, dans la classe de Beauvallet. La première année elle obtint une pension de 600 fr., puis un prix. Montigny l'engagea au Gymnase pour 1200 fr. Elle débuta à ce théâtre le 17 juin 1855 dans *Gardée à vue* et le 17 juillet suivant joua le *Gendre de M. Poirier*. Elle paraissait alors un peu gauche; pendant une maladie de Rose Chéri, elle reprit le rôle de la baronne d'Ange dans le *Demi-Monde*. Elle n'avait pas vingt ans.

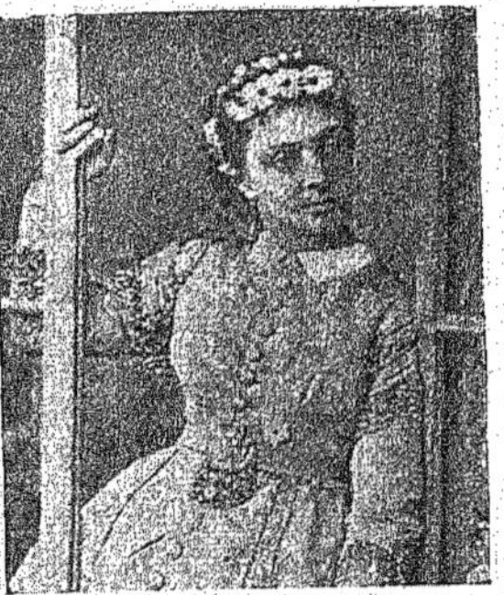
Mlle AIMÉE DESCLÉE
(Cliché Liebert)

Puis elle créa le rôle de Mme Bruck dans le *Temps perdu*, Mme Durosel dans *Un Feu de Paille* (3 sept. 1856), Aglaé dans l'*Anneau de Fer*, Lucie des *Toilettes tapageuses*. Les appointements avaient été portés à 3000 fr. En butte à une hostilité sourde, elle quitta le Gymnase en avril 1857 et passa au Vaudeville. Nature franche et fière, elle se sent humiliée; elle semble comprendre tous les déboires de la carrière qu'elle vient d'embrasser et prend en dégoût tout ce qui touche au théâtre. Elle s'en va figurer sous un travestissement, dans une sorte de féerie, aux Variétés (1859) et elle abandonne la scène. Elle se lance pendant quatre ans dans une vie d'étourdissement; elle est libre, indépendante, un certain luxe l'environne; sa maison, rue des Petits-Hôtels, s'ouvre sur un frais jardin. Elle monte à cheval, se montre au Bois, à Bade, à Hombourg, à Spa. Elle séduit par son esprit; la famille a été abandonnée. Revenue à Paris, elle s'installe 77, boulevard Magenta, au premier, mais le dégoût la reprend. Un moment, elle accepte un protectorat princier et s'en va vivre dans un château, aux environs de Moscou. Elle s'y ennuie à mourir et revient à Paris; elle écrit à sa mère qu'elle veut se faire religieuse. Quelques jours plus tard, elle signe un engagement avec M. Meynadier qui allait exploiter les scènes de l'Italie, inaugurant le théâtre Scribe, à Turin (1866).

L'indolente pensionnaire de M. Montigny s'est transformée. Sa vie accidentée a donné à son caractère une âpreté, une énergie, une fougue qu'on ne lui connaissait pas. A Naples, à Florence, à Turin, à Milan, elle est rappelée, couverte de fleurs. Elle triomphe surtout dans le répertoire de Dumas fils. Elle crée un genre à elle : ce n'est plus une actrice, c'est une femme qui révèle les commotions de son âme, les luttes, les passions. Elle écrit à sa mère, de Florence : « Je te remercie, chère mère, de m'avoir fait belle et intelligente; je t'en remercie bien, va. Vois-tu, depuis quelques années, j'ai pleuré, j'ai souffert. La femme a perdu ses illusions et la jeunesse, mais l'actrice a pris de l'aplomb et, à mon grand étonnement, il se trouve que j'ai du talent ». A Turin, Victor-Emmanuel lui fait transmettre ses félicitations par un membre de sa famille.

En septembre 1867, elle débute au th. des Galeries St-Hubert, à Bruxelles. Le succès y fut retentissant. L'éditeur Lacroix parla de l'actrice à Al. Dumas fils, de passage en cette ville. Il y eut un froid; Dumas se rappelait de la Desclée de 1855. Pourtant il consentit à aller lui voir jouer *Diane de Lys*. Ce fut une révélation. Immédiatement il lui promit de la faire entrer au Gymnase, où Montigny se montrait toujours très méfiant. Elle signa son engagement, rentra à Bruxelles, puis alla passer l'été dans une petite villa proche du bois de la Cambre.

Cependant elle était encore verbalement engagée avec M. Meynadier pour jouer à Florence, Rome et Turin, pendant l'hiver 1868-69. Elle repartit, puis vint s'installer définitivement dans son appartement du boulevard Magenta. Mais elle avait peur de ce Paris où elle avait été si malheureuse, ce Paris « qui dévore ceux qui travaillent pour lui », disait-elle.

Le nouveau début au Gymnase eut lieu dans *Diane de Lys*. Dans l'automne de 1869, M. Jules Claretie écrivait dans l'*Opinion nationale* : « C'est bien vraiment une femme du monde des pieds à la tête; il n'est pas jusqu'à sa voix un peu chevrotante à la Déjazet, qui n'ait son charme. »

Accueillie avec une faveur marquée, elle fut immédiatement réclamée par Meilhac et Halévy pour créer *Froufrou*, pièce où l'artiste devait se révéler entièrement et sous toutes ses faces. La première représentation eut lieu en novembre. Ce fut un triomphe : Mlle Desclée, avec les ressources d'un art infini, avait su rendre avec une verve adorable la folle ivresse de la jeune fille, composer avec une science profonde la coquetterie savante de la femme mondaine ; faire éclater avec énergie la révolte furieuse de l'épouse jalouse.

« Elle est tout simplement la plus étonnante des femmes, écrit Jules Janin... Ombre, et fantôme, et femme, et si peu semblable aux joueuses de comédie ! Essayez de la suivre, elle échappe, elle se dérobe, elle irrite, elle plaît, elle charme, elle inquiète. Elle a les yeux très grands, pleins de feu, les plus brillants, les plus perçants du monde. Elle n'est pas grande, elle n'est pas petite ; on n'en voudrait pas davantage. Sa taille est aisée et bien prise. Nonchalante dans son parler, provoquante dans son silence, active dans ses actions, d'un geste élégant qui dit toutes choses... Qu'importe qu'elle soit la première ou la dernière de nos comédiennes ? Elle est la seule ! »

Pierre Véron (le *Charivari*), Emile Blavet (le *Figaro*), Fr. Sarcey (le *Gaulois*), Xavier Aubryet (le *Journal officiel*), Jouvin (la *Presse*), Nector Roqueplan (le *Constitutionnel*), sont unanimes. Ce succès est un coup de tonnerre. C'est un prodige de naturel. L'Empereur lui fit remettre un bracelet enrichi de diamants.

Du Gymnase, Mlle Desclée va au théâtre du Parc à Bruxelles : succès inouï. Elle fait des épargnes, achète des rentes. Elle est heureuse. Elle crée à ce théâtre le rôle de Clotilde de *Fernande* (avril 1870). La guerre la trouve encore à Bruxelles où elle refuse de jouer ; elle veut partir dans une ambulance et cède devant la fatigue. Elle est rappelée au Gymnase qui fait sa réouverture, et la voici en pleine Commune. Le 24 mai, un obus traverse son salon et éclate dans sa salle à manger. Elle venait, cinq minutes auparavant, de se réfugier dans la cave.

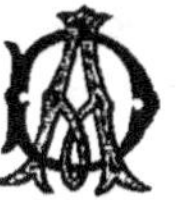

Cher monsieur. Je vous adresse mon jeune frère élève du conservatoire classe de Bressant. Il me serait bien bien agréable de le voir faire sa partie dans vos matinées. Si vous pouvez l'utiliser, je vous en serai très reconnaissante.

Bien à vous, cher monsieur,

A. Desclée.

AUTOGRAPHE DE Mlle DESCLÉE
(Coll. H. Lyonnet)

Le 20 octobre 1871, première de la *Visite de noces*. Elle s'y montre ferme, ironique, spirituelle, toujours juste. Puis c'est la *Princesse Georges*, mais Naples, Milan, Florence, Turin, Bruxelles réclament leur tour. Elle se surmène. Avril et mai 1872 sont aux Bruxellois ; elle se plaint déjà d'une douleur au côté ; un repos à Spa ne la guérit pas. Au retour à Paris la *Gueule du loup*, puis au début de 1873, la *Femme de Claude*, sa dernière création. L'artiste était effrayée de cette somme de travail à fournir au fur et à mesure que ses forces diminuaient. Elle aspirait au repos et, à propos de son dernier engagement, écrivait à Dumas fils : « Je ne signerai que si vous l'ordonnez absolument, et encore faudra-t-il me tenir la main. Je finirai par entrer au couvent, voyez-vous cela est sûr, c'est mon idée fixe. Que fais-je ici ? Pourquoi ce mouvement, ces combinaisons, ces études inutiles, ce métier de saltimbanque, cette existence tout à la fois vide, monotone et bruyante ! » On sait que la comédienne eut seule l'honneur de la pièce. Mlle Desclée fut incomparable. Mais au Gymnase ses appointements soldaient juste ses toilettes.

En avril 1873, pressée par des besoins d'argent (30.000 fr. pour 30 représentations), elle est à Londres ; elle en revient moulue, brisée par ce mal implacable qui la ronge. Il est déjà trop tard pour la sauver ; elle loue une petite maison à Maisons-Laffitte ; on lui ordonne les eaux de Salins, dans les Basses-Pyrénées ; elle y court. Elle revient à Paris, entourée de ses parents, on consulte un médecin de Strasbourg, un autre de Nice. Péan juge l'opération de la tumeur désormais inutile. « Je sombre au port », écrit-elle, et dans le délire de sa fièvre, elle supplie qu'on la tue. — « C'est une belle âme », a dit le prêtre en se retirant. Le 8 mars 1874, on apprit la mort de Desclée. Depuis l'enterrement de Rachel, l'on n'avait vu une cérémonie plus touchante. Plus de deux mille personnes ne purent entrer dans l'église Saint-Laurent. Tous les directeurs de Paris, tous les artistes étaient présents. Elle fut inhumée au Père-Lachaise, et Al. Dumas fils prononça un remarquable discours sur sa tombe. Le Gymnase fit relâche. Un critique résuma ainsi son talent : « Elle ne jouait pas un rôle, elle le vivait ». Voilà pourquoi Desclée fut une artiste unique en son genre. Enfin, l'année suivante, une cérémonie réunit plus de 1200 personnes pour son bout de l'an à l'église St-Laurent, et Landrol lut au cimetière une poésie de Ch. Joliet.

Quiconque veut connaitre une Desclée plus intime n'a qu'à lire les *Lettres à Fanfan*, un bel officier d'état-major, Belge, qu'elle connut au commencement de l'année 1868, et qui mourut, lui aussi, prématurément. Qu'elles sont vécues ces lettres écrites d'Italie, où la comédienne se montre telle qu'elle est, raconte toutes ses petites misères, nous initie à sa vie avec sa dévouée Césarine et son chien Boulot, et signe simplement: le bon môme ! L'influence de Desclée produisit une révolution en art: L'interprétation fut transformée; Madame Duse, la grande actrice italienne, est peut-être la seule sous ce rapport, la seule continuatrice de Desclée, qu'elle ne put connaître.

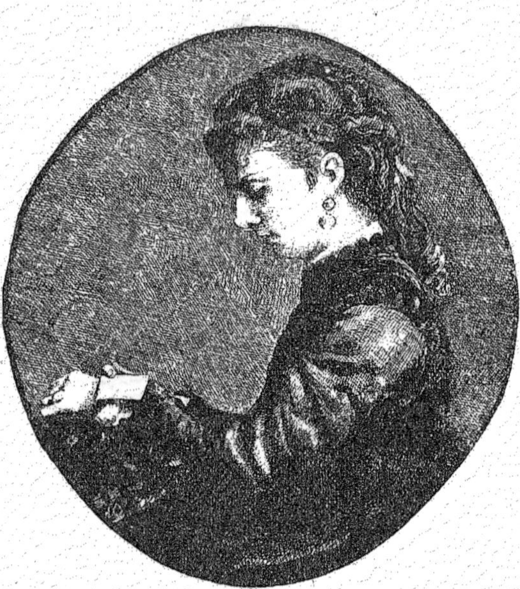

Mlle DESCLÉE, par H. Gard.

Les ventes d'autographes renferment assez souvent des lettres de cette actrice. Celle cataloguée sous le no 1410 de la collection Bovet est relative à son père, employé dans les Bureaux du Comptoir d'Escompte, au sujet d'une recommandation.

Biographie : *Paris-Théâtre*, no 38, février 1874. — Aimée Desclée, notice par Jahyer, Emile de Molènes, *Desclée*, Paris 1874. — Paul Duplan, *Lettres d'Aimée Desclée à Fanfan*, Paris 1895. — De Manne et Ménétrier, *Galerie historique*, notice.

Bibliographie : Fr. Sarcey, *Quarante ans de théâtre*, t. v. — G. Duval, *l'Année théâtrale* t. I. — J. Claretie, *Profils de Théâtre, A propos d'Aimée Desclée*, p. 220 et suivantes. — Marie Colombier, *Mémoires fin de siècle*, p. 69 et suivantes.

Iconographie : *Paris-Théâtre*, no 38, photo-cliché Liebert, en pied. — *Desclée*, par Em. de Molènes, eau forte par H. Gard. Mi-corps, de profil à gauche. — *Lettres à Fanfan*. Un portrait mi-corps de face. — *Galerie historique*. Eau forte de Fugère. En buste. — *Monde illustré*. Mars 1874, mi-corps, gravure sur bois. — *Chronique illustrée*. 19 novembre 1869, portrait par E. Penauille. — *Journal amusant*, *Froufrou*. 27 nov. 1869.

DESCLEE, Paul, frère de la précédente, élève de Bressant, au Conservatoire 1870, amoureux au troisième Th. français 1876-79, Th. d. Nations 1882. Quitta le théâtre pour la librairie.

DESCLOS, Renaissance 1877.

DESCOINS, Mlle, Rouen 1784.

DESCOMBES, Maurice, Louis, de la Société des artistes depuis 1844, Paris 1850-59, âgé de 70 ans en 1850 et pensionné, d'abord de 186 fr. puis de 300 fr. Mort vers 1860. Une dame Descombes, née Antoinette Wagner, vivait en 1849. Une dame Henri-Maurice Descombes mourut vers 1889.

DESCOMBES, Gustave, Victor, Désiré Boisgontier dit. — Montparnasse 1879-84.

DESCOSSES, M. Alex., Pierre ou Décos.— Brest 1883-84, Angers 1885-87.

DESCOT, Mlle. — Bouffes-Paris. 1877-78.

DESCOTTES, Mme. — Porte-Saint-Martin 1821-24. Une jeune première de ce nom est en Allemagne 1828. Une actrice de ce nom vivait en 1848.

DESCOURNOIS, Calan dit. — Né à Soissons, débuta à la Comédie française le 20 mai 1791.

DESCOURS, Mlle Paul ou Descourt. — Deuxième amoureuse, Bruxelles 1815. 2600 fr. d'appointements. Anvers 1818-20, Lausanne

1823, premiers rôles, Perpignan 1825, Nîmes 1827-28, fortes mères, Avignon 1829.

DESCOURTIS. — Deuxième comique et troisième amoureux, Namur 1817.

DESCUILLÉS ou Descuiller, ou Descuyer, Mme. — Mère, Porte-Saint-Martin 1805-08, Odéon 1809-18, Porte-Saint-Martin 1820.

DESCUILLÉS, Mlles, aînée et cadette. — Chez Mme leur mère, dit l'Almanach Duchesne. Porte-Saint-Martin 1808, Odéon 1810-18, Porte-Saint-Martin 1819, L'aînée jouait les soubrettes.

DESEINE, Mlle Catherine, Marie, Jeanne Dupré, épouse de Quinault Dufresne (1727), naquit le 5 sept. 1705 et débuta à Fontainebleau le 7 nov. 1724, par le rôle d'Hermione. Louis XV lui donna un costume magnifique qu'on évalua 8000 livres et Mlle Deseine se para de cet habit pour débuter devant les Parisiens le 5 janvier 1725. Elle était déjà reçue depuis le 17 novembre précédent. Elle partit le 24 décembre 1732, rentra en mai 1733, quitta définitivement à cause de sa santé en mai 1735, fut retraitée en avril 1736, et mourut à Saint-Germain-en-Laye le 15 juillet 1767.

Mlle Deseine avait un maintien qui respirait la noblesse. Sans être précisément jolie, elle avait de fort beaux yeux. Il lui manquait seulement de la force dans l'organe. Elle joua avec succès Emilie de *Cinna*, Léodice de *Nicomède*, Justine de *Géta*, Agathe des *Folies amoureuses*, rôle pour lequel la marquise de Prie lui avait offert l'habit d'homme qu'elle portait au 3me acte, et repris avec succès le rôle de Tullie de *Brutus*. Ce fut elle qui créa la *Didon* de Lefranc de Pompignan.

Le peintre Aved la peignit dans ce rôle et la gravure de ce tableau fut faite par Lépicié. On lit au bas ces quatre vers :

L'art ne vous prête point sa frivole imposture ;
Dufresne, vos attraits, vos talents enchanteurs
N'ont jamais dû qu'à la nature
Le don de plaire aux yeux et d'attendrir les cœurs.

Mlle Deseine nous est connue surtout par ce qu'en dit Mlle Clairon dans ses *Mémoires*. C'est la seule actrice dont elle ait vanté les talents. Ayant envie de connaître la comédienne retirée du théâtre, et surtout de l'entendre réciter des vers d'*Electre*, elle se rendit chez elle et lui exprima son désir. Tout d'abord elle ne vit qu'une femme sur le retour, mal coiffée, mesquinément mise, refusant de dire les vers qu'on lui demandait. L'orgueilleuse Clairon prenait déjà ce refus pour un aveu d'insuffisance, lorsque Mlle Deseine consentit enfin à se lever. Son air, son maintien, son désespoir, la douleur de son visage, son abandon même la transfigurèrent. Mlle Clairon tranportée se jeta à ses pieds à la fin du morceau. Il est vrai que le plus grand titre de gloire de Mlle Deseine, pour sa jeune émule, consistait peut-être en ce qu'elle était « retirée ». La Clairon n'était pas coutumière de ces gestes-là.

Biographie : Lemazurier, *Galerie historique*, t. II., art. Mad. Quinault-Dufresne. G. Monval, *Liste alphabétique des sociétaires*.

Bibliographie : *Mémoires de Mlle Clairon.*

Iconographie : Musée de la Comédie franç. Catal. Monval n° 96. Peinture toile ovale, h. 1 m 10, l. 0 m 80, par Ch. Chaplin (1853) d'après un portrait du temps. — Aved avait exposé au salon de 1737 un portrait de Mlle Deseine dans *Didon*. C'est celui qui fut gravé par B. Lépicié.

DESEJAMPE. — Nouvelle-Orléans 1833.

DESELVES, Anvers 1818-19,

DESERIGNY, rois et raisonneurs, Maëstricht 1783.

DESESSART. — Ancien officier supérieur. Gymnase 1822, passa à l'Opéra-Comique comme basse-taille.

DÉSERT. — V. Arthur.

DESESCHALLIERS et sa femme, — Lille 1797-99, protégés par le maréchal de Boufflers.

DES ESSARTS, Denis Déchanet ou Deschanet, dit. — Naquit à Langres le 23 nov. 1737. Son père était musicien à la Cathédrale. Après avoir exercé dans sa ville natale la charge de procureur, il s'éprit tout à coup du théâtre, à la suite, dit-on, d'une représentation à laquelle il avait assisté à la Comédie française. De retour à Langres, il se démit de son étude, et s'engagea dans une troupe de province sous le nom de *Des Essarts*. Il était attaché au théâtre de Marseille lorsque Bellecour, chargé de trouver un successeur à Bonneval, le découvrit, et lui fit envoyer un ordre de début.

Des Essarts avait donc déjà 35 ans lorsqu'il se présenta à Paris le 4 octobre 1772 dans les rôles de Lisimon du *Glorieux* et de Lucas du *Tuteur*. Grimm écrit dans la *Correspondance littéraire* : « Le th. de la Comédie française vient de faire une bonne acquisition pour les rôles de financiers, de paysans et autres de ce genre qualifiés de bas comiques. Un acteur appelé Des Essarts a débuté avec succès dans ces rôles. Il a une bonne mine, un gros ventre, une voix excellente, il paraît avoir de la chaleur et de l'intelligence ». Il ne fut cependant reçu que l'année suivante. On le jugea gai, bonhomme, mordant au besoin, et surtout d'une corpulence monstrueuse.

Le rôle du comte de Bruxhall dans les *Amants généreux*, celui du Commandeur dans le *Père de famille* le mirent dans les bonnes grâces du parterre : « Monsieur Des Essarts, vous faites merveille dans ce rôle du

Commandeur, lui écrivait Diderot en 1777. L'embonpoint de Des Essarts prêta à une foule de plaisanteries. Quand il jouait Orgon de *Tartufe*, il lui fallait une table spéciale pour qu'il pût se cacher dessous. Dugazon l'ayant emmené chez le Ministre et présenté « pour prendre la place de l'éléphant de la ménagerie », Des Essarts se fâcha et provoqua en duel son camarade. Arrivé sur le terrain, Dugazon lui dit gravement : « Mon ami, la partie n'est pas égale, tu présentes une surface décuple de la mienne; je vais tracer avec du blanc d'Espagne un rond sur ton ventre, et tous les coups qui porteront hors de ce rond ne compteront pas ». Cette plaisanterie mit fin au combat. Une autre fois, Fréron fils ayant dit dans l'*Année littéraire* que si le *Jaloux sans amour* n'avait pas réussi, c'était la faute du gros *ventriloque* qui l'avait défigurée », l'artiste porta plainte contre le folliculaire et lui fit retirer son épée.

M. E.-D. De Manne, son biographe, a donné la liste des rôles établis par Des Essarts. Nous y relevons ceux de Bartholo du *Barbier de Séville* (1775) et du *Mariage de Figaro* (1784) et 24 autres bien oubliés. Instruit, Des Essarts avait étudié les sciences et les lettres. Son appétit, proportionné à sa taille, était légendaire. Mais sa mémoire était surtout extraordinaire, et si l'on avait le malheur de se tromper devant lui en racontant un fait d'histoire ou quelque aventure, il reprenait aussitôt le narrateur en citant les dates, les noms des personnages et les moindres particularités.

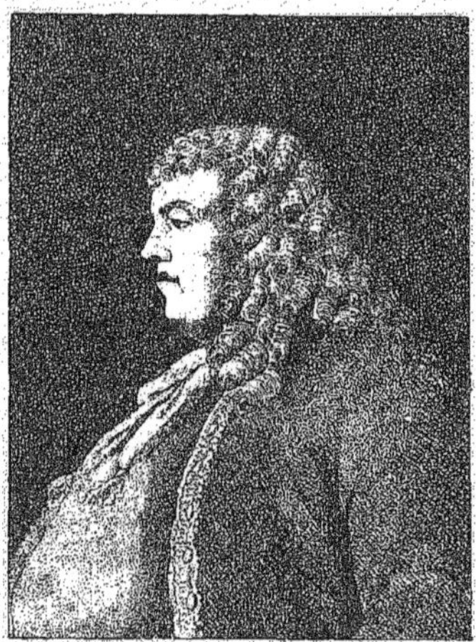
DES ESSARTS

Malade depuis trois ans, il fut très affecté par les évènements de la Révolution. Il partit pour Barèges, et c'est là qu'il apprit l'incarcération de ses camarades et les succès politiques de son ennemi Fréron. Il en eut une si forte secousse qu'il mourut en cette ville suffoqué le 8 octobre 1793, à l'âge de 56 ans.

M. Campardon a publié quelques documents relatifs à Des Essarts : 1° 1778, 9 avril. Dispute entre Des Essarts et un particulier, au sujet d'une voiture de place qu'ils prétendaient avoir arrêtée chacun le premier. L'artiste demeurait alors rue des Petits-Augustins, faubourg Saint-Germain. 2° 1786, 7 juillet. Des Essarts, mandataire des comédiens Français, fait enlever par la police du magasin du théâtre les effets appartenant au sieur Servandoni, peintre en décors, dont la Comédie n'agréait plus les services.

Biographie : *Almanach Duchesne*, 1794, longue notice, p. 148. — Lemazurier, *Galerie historique*. — Ricord, *les Fastes de la comédie*. — De Manne, *Troupe de Voltaire*, notice, t. II, p. 96.

Bibliographie : Grimm, *Correspondance littéraire*, édition Taschereau, t. VIII, p. 98. — *Mémoires de Flore*, t. III, p. 51. — Campardon, *Les Comédiens du Roi*. — G. Maugras, *Les Comédiens hors la loi*, p. 387.

Iconographie : Bibl. nat., catalog. Duplessis 12,450. 1. En buste, de profil à gauche, gravé au pointillé, anonyme.

2. A mi-corps, de ³/₄ à gauche, publié par Bligny, 3 états.

3. En pied, de profil à droite, grav. par Duplessis-Bertaux.

4. En buste, de ³/₄ à droite, grav. par Fr. Hillemacher, 1860.

5. En pied, de profil à droite, gravé par Nitot-Dufresne, 2 états, avec cette curieuse légende : « Le Républicain Desessarts ! »

— Musée de la Comédie française, catal. Monval n° 95. Peinture toile, ovale, h. 0m90, l. 0m70, par Appert, d'après une gravure du temps éditée chez Bligny.

On avait mis au bas du portrait de Des Essarts : « J'aime mieux faire rire les hommes que de les ruiner ».

DESESSARTS. — Sous ce nom :

Desessarts, Eugène Ordinaire dit, né vers 1776, comédien nomade qui tenait les rôles de financiers à Bruxelles et à Amsterdam 1833-34, Bruges 1835, et qui, âgé de 70 ans, en 1846, reçut une pension de 186 fr. de la Société des artistes alors à ses débuts. Il vivait à Bruxelles où il mourut vers 1849.

Desessarts, Alfred, né le 9 août 1811, premiers rôles, Bruges 1837. Peut-être le même, Strasbourg 1837, Lille 1838-39. Il y eut aussi un *Desessarts* à Toulon, en 1835.

Desessarts, Mme, premiers rôles, Lille 1840.

DESFONTAINES, Nicolas. — Acteur et auteur, composa vers 1637 une tragédie-comédie, *Eurymédon*, suivie de plusieurs autres. En 1642, il fit imprimer à Avignon les *Galantes vertueuses*, et le 8 février 1643, faisant partie de la troupe de Ch. Dufresne, il assistait à un mariage à Lyon. Venu à Paris, il se mit en relations avec les Béjart et Molière, et lorsque l'*Illustre-Théâtre* situé aux Fossés de Nesles fit son ouverture, le 1er janvier 1644, la pièce que l'on donnait, *Alcidiane*, était de lui.

Nicolas Desfontaines fut ainsi l'un des premiers camarades de Molière. Cependant, lorsque les affaires s'embrouillent, il est le seul de la troupe, avec Beys, à ne pas fournir de caution. Nos comédiens se reforment, mais l'obligation du 13 août 1645 nous apprend que Nicolas Desfontaines ne les a pas suivis au Port-St-Paul. Nous connaissons encore de Desfontaines *Perside* (1644), *l'Illustre Comédien* (1645), *Sémiramis* (1647) et nous savons qu'il a repris à cette époque sa vie de comédien nomade. Le 20 décembre 1649, il est parrain à Carcassonne, se trouvant par conséquent en Languedoc en même temps que Ch. Dufresne, les Béjart et Molière. Desfontaines mourut à Angers le 4 février 1652.

Bibliographie : Eud. Soulié, *Recherches sur Molière*. — G. Monval, *Chronologie moliéresque*.

DESFONTAINES, Mme. — Th. du Marais 1807.

DESFOREST, Mlle Eugénie. — On la disait du th. Déjazet. École lyrique avant 1862.

DESFORGES et sa femme. — Jeune premier accompli, et duègne, Cour de Prusse 1743.

DESFORGES, Pierre, Jean-Baptiste Choudard dit. — Naquit à Paris le 15 sept. 1746. Il avait pour père, selon la loi, un riche marchand de porcelaine, mais se disait fils, en réalité, d'un médecin nommé Petit. Il fut élevé au collège Mazarin et au collège de Beauvais, étudia la médecine, la peinture, et finalement se trouva, à dix-neuf ans et demi, sans ressources et réduit à traduire des ariettes italiennes à 12 livres la pièce.

En 1768, il donna chez Nicolet *A bon Chat, bon Rat*, mais ne pouvant vivre de sa plume, il se fit comédien. Il débuta à la Cour, puis à la Comédie italienne le 25 janvier 1769. Mais, bien que reçu à l'essai, il préféra partir pour la province : Amiens, Versailles, Caen, Guibray, Tours, Nantes, Rennes, Marseille et Bordeaux. Il s'intitulait alors « Comédien du roi dans la troupe du maréchal de Richelieu, gouverneur de Guyenne ». Indépendamment de sa pièce, les *Deux Portraits,* comédie en vers qui remonte à 1773, on a de lui, à cette époque, *Richard et Isabelle*, com. 5 actes, *l'Arbre parlant*, op. com., la *Voix du Cœur*, à propos (1777), *Richard et d'Erlet*, com. 5 actes, vers, le *Temple de l'Hymen*, com. 3 actes.

En 1779, Desforges partit avec sa femme pour St-Pétersbourg, mais, quoique gagnant à eux deux 4000 roubles, ils ne jouaient pas plus de dix fois par an. Pour charmer ses loisirs, il écrivit un grand nombre de pièces ; malheureusement ses manuscrits lui furent volés lorsqu'il revint en France, en 1782. A partir de ce moment, il renonça au théâtre comme comédien.

Sa première femme, qu'il avait épousée en 1775, fut reçue en 1783 à la Comédie italienne, où elle se fit aussi connaître sous le nom de Mme *Philippe*, nom de son second mari.

La *Biographie universelle* de 1814 a donné une longue liste des ouvrages de Desforges, dont les plus connus sont : *Tom Jones à Londres*, 1782, la *Femme jalouse*, 1785, *Tom Jones et Fellamar*, 1787, *Joconde* 1790 et la pièce qui fit le plus pour sa mémoire, le *Sourd* ou *l'Auberge pleine*, 1790. Desforges publia encore le *Poète* ou *Mémoires d'un homme de lettres écrits par lui-même*, 1798, 4 vol. in-12, mémoires de sa vie jusqu'en 1782, suite d'aventures galantes, vraies ou fictives. Il mourut à Paris le 13 août 1806, d'une fièvre biliaire, et sa seconde femme lui survécut jusqu'en mars 1814. Nous n'avons voulu nous occuper ici que de Desforges comédien. La biographie de l'auteur se trouve partout.

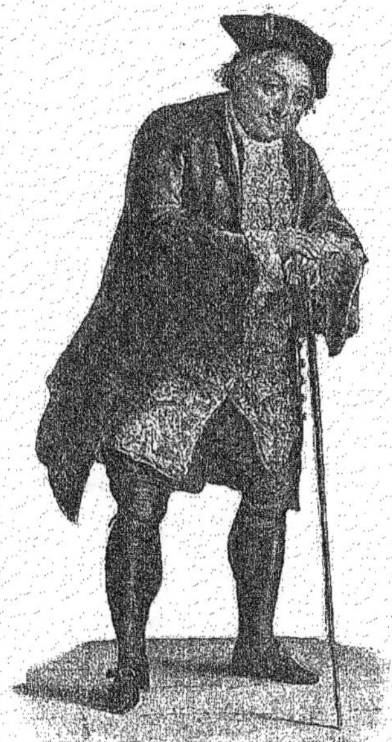

DESFORGES, rôle d'Argante dans les *Fourberies de Scapin*, d'ap. G. de Galard.

Biographie : *Opinion du Parterre*, t. IV, p. 126, notice. — *Almanach Duchesne*, 1815, notice.

DESFORGES, Mme. — Femme du précédent, Choudard dite, en 1775, puis femme Philippe, avait suivi son premier mari en province et en Russie. En 1784, elle entra à la Comédie italienne sous le nom de Mme *Desforges*. Elle demeurait alors faubourg Montmartre et l'année suivante rue d'Amboise. En 1787-88, elle alla jouer à Lille. Voici en quels termes *l'Almanach Duchesne* annonce sa mort : « Mme Desforges (depuis Philippe). Cette ancienne actrice de la Comédie italienne a joué dans sa jeunesse le drame et la comédie avec beaucoup de succès. Passée de là à l'Op. com., elle a tenu l'emploi des mères, où elle a cueilli *(sic)* des applaudissements à côté de Mmes Dugazon et Gonthier. Elle joignait à un physique imposant une diction sage et naturelle ; une voix faible la rendait presque nulle pour le chant. Mariée en secondes noces à Philippe (le chanteur de la Com. ital.), elle fut mère de Mme Quinebault jeune, artiste recommandable comme actrice et cantatrice ». Mme Desforges-Philippe mourut en 1804.

Biographie : Notice dans *l'Almanach Duchesne*, 1815.

DESFORGES. — Sous ce nom :

DESFORGES, acteur et directeur, Douai 1780.

DESFORGES, Bordeaux 1793.

DESFORGES, financier-grime, Bordeaux 1817-1821. 6000 fr. d'appointements.

Mme DESFORGES, th. de banlieue 1827.

DESFORGES, utilités, Boulogne 1837.

DESFORGES. V. Mériel.

DESFOSSSÉ, Lefèvre dit. — Rouen 1787-88, aux appointements de 1200 et 1800 fr..

DESFOSSÉS. — Bordeaux 1793.

DESFOSSÉS. — Rouen 1794, aux appointements de 3000 fr.

DESFOSSÉS, Mme. — Rouen 1794, jeune première aux appointements de 4600 fr. (avec sa fille).

DESFOSSÉS, Augustin. — Né à Roye (Somme) le 29 août 1771, débuta comme chanteur à Bruxelles le 9 février 1801. Il tint 25 ans l'emploi de ténor, mais possédait en outre un beau talent de comédien. Il se fit naturaliser belge et mourut à Bruxelles le 22 nov. 1839.

DESFOSSEZ. — Troisième rôle Troyes 1835.

DESFOSSEZ, Louis, Adolphe. — Rouen 1855.

DESFOSSEZ, Mme Marie, Madeleine, née Collet. — Constantine 1855-59.

DESFOURNAUX, Mme. — Palais-Royal 1840 (mai).

DESFRESNES, le citoyen et la citoyenne. — Th. Patriotique 1794.

DESGARCINS, Mlle. — V. Degarcins.

DESGARCINS-Mondran, Mlle. — V. Degarcins-Mondran.

DESGENETS, Mlle. — Bouffes-Parisiens 1887.

DESGONTHIER. — Premier amoureux, Boulogne 1837.

DESGORIA. — Rouen 1873.

DESGRAND. — Cirque Olymp., 1835.

DESGRANGES. — Sous ce nom :

DESGRANGES. — Acteur forain excellent dans les *Scaramouches*. Avait commencé en province, Foire Saint-Germain 1710, Foire Saint-Laurent 1717-18. Il se rendit à Rouen pour diriger une troupe française et italienne 1718 et mourut dans cette ville vers 1722.

Biographie : Campardon, les *Spectacles de la foire,* t. I.

DESGRANGES, Alfred. — Devenu régisseur général à la Porte-Saint-Martin 1849-53, th. Lyrique 1854, Paris 1855-56.

Mme DESGRANGES. — Saint-Pétersbourg 1848-55.

Mme DESGRANGES, Gilberte, Mélanie, Puiplat. — Versailles 1848, jeune première, Metz 1851-62.

DESHAIES, Mlle. — V. Beaubour.

DESHAIES. — Père noble, Douai 1835, Reims 1840.

DESHAYES, Mlle. — V. Dancourt, Mimi.

DESHAYES. — Acteur forain, amoureux, Foire Saint-Germain 1718.

DESHAYES. — Débuta au Th. français le 21 juillet 1731, Cour électorale Palatine 1742-43.

DESHAYES, Jean, Baptiste, François, né à Paris en 1818. — Était le fils d'un tabletier de Paris. Il commença par exercer l'art de son père, joua la comédie en amateur, rue des Guillemites, et se fit engager au Petit Lazari, à 14 fr. par semaine. C'est là que vint le chercher le directeur de la Gaîté, où il débuta le 14 avril 1838 dans l'*Ordre du jour* — d'autre disent dans *Port Mahon* — mais ce fut dans le rôle d'Yorick du *Sonneur de Saint-Paul* qu'il se fit remarquer. Ses directeurs lui accordèrent une représentation à bénéfice lorsqu'il tomba au sort, et complétèrent de leurs deniers la somme qui manquait.

Deshayes passa onze ans à la Gaîté : Gallois son biographe, a donné la liste des rôles créés ou repris par lui pendant ce laps de temps. Puis en octobre 1849, il abandonna le boulevard pour l'Odéon où il entra comme premier rôle. C'était alors un artiste un peu bourgeois, un peu petit pour cet emploi, mais en revanche, excellent de naturel et de bonhomie dans les rôles de genre, les *bénisseurs*, comme on dit en argot de coulisses. Il débuta le 27 sept. 1849 dans l'*Eclat de rire*. Le 26 octobre il joua le rôle de Pierre-le-Grand dans l'*Héritier du Czar*, et le 23 novembre celui de Jean Bonin dans *François-le-Champi*. Le 13 avril 1850, il joua encore *Diogène* (reprise) et le 25, à son bénéfice, le *Vagabond*. Rachel lui prêta son concours avec le *Moineau de Lesbie*. Le 13 mai il donna la réplique à Marie Laurent dans le *Chariot d'enfant*. Bientôt il revint à la Gaîté (1851-53) : la *Paysanne pervertie*, le *Château de Grantier*, les *Mystères du Carnaval* (Routier), les *Barrières de Paris* (Martel), la *Mendiante*, *Paillasse* qu'il ne joua qu'une fois, la *Bergère des Alpes* (Jean Maurice), l'*Oncle Tom* (l'oncle Tom), *Marie Rose* (le mercier marseillais).

Deshayes avait épousé une actrice de talent,

Mlle Max, qui avait déjà joué en même temps que lui à l'Odéon. Ils passèrent tous deux aux Variétés où il débuta le 5 nov. 1853 par le rôle de Christophe dans le *Cousin du roi*. Il joua encore Loriot de l'*Argent du diable*, mais vit qu'il s'était fourvoyé.

Acteur du boulevard, tous les genres lui étaient bons : le sérieux, le comique, le dramatique, le burlesque. Mais sa place était au boulevard, et non autre part. Il le comprit et entra à la Porte Saint-Martin : la *Bête du bon Dieu* (Jean Rémy), la *Chambre ardente* (Desgran), le *Comte de Lavernie* (Jaspin), *Jane Osborne* (Georges Lamballe), *Paris* (Jacques Bonhomme). En 1855, Deshayes débute à l'Ambigu par le rôle de Marcel du *Sorcier de la montagne*. Le journal l'*Orchestre* disait de lui, à propos de sa création du rôle de Mauroy dans l'*Espion du grand monde* : « M. Deshayes a montré de grandes qualités de tenue et de diction : son jeu est simple et vigoureux ». On le vit ensuite dans Paolo de *César Borgia*, Lucien de la *Rentrée à Paris*, l'ange Gabriel du *Paradis perdu*, Souvré de la *Comtesse de Novailles*, Momonoff du *Dernier favori*. Peu à peu le jeune premier devint gros et rond. Il aborda l'emploi des financiers, quitta la Porte-Saint-Martin pour le Gymnase (1863) où il créa un rôle dans le *Démon du jeu* puis revint à la Gaîté où on le vit dans une reprise de *Paris la nuit* et dans le rôle de Kérouan de la *Closerie des genêts*. Pêcheur à la ligne endurci, calme et doux, Jean-Baptiste Deshayes ne se mettait en fureur que lorsqu'il jouait au boston. Mourut vers 1870, pendant la guerre.

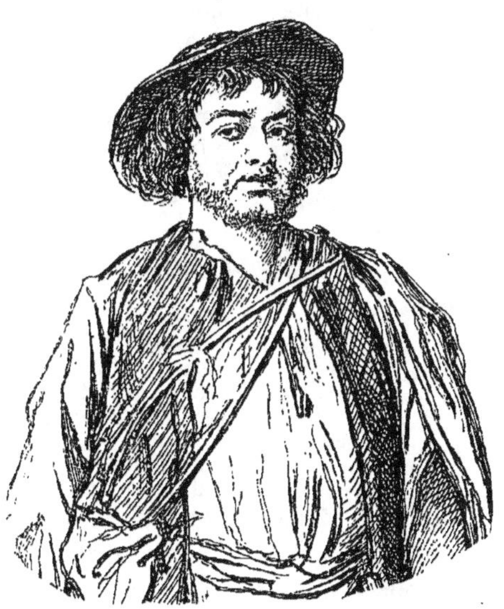

DESHAYES, Jean-Baptiste
dans la *Bête du Bon Dieu*, d'ap. E. Lorsay.

Biographie : Gallois, *Th. de la Porte-Saint-Martin* vers 1854. — Les *Th. de Paris*, par Lorsay, notice par Eug. Moreau, 1854. — J. Lavergne, *Biogr. des acteurs de l'Ambigu*, 1856.

Bibliographie : *Biogr. Dram.*, 1842 et 1845 — J. Arago, *Foyers et coulisses*, 1852. — Les *Th. en robe de chambre*, 1866. — *Derrière la toile*, 1868.

Iconographie : Gallois, *Th. de la Porte Saint-Martin*, grav. sur bois par Diolot d'après Potin, mi-corps, de face cost. de th. — En pied, cost. de th., lith. Collette, d'après Lorsay, de face. — Le catal. Duplessis de la Bibl. nat. indique par erreur ces deux portraits comme étant ceux de Paul Deshayes.

DESHAYES, Mme Céline, née Schweich, dite Mlle *Max*, puis femme de Jean-Baptiste Deshayes. — Appartenait à une famille israélite. Elle débuta le 5 oct. 1849 à l'Odéon ; c'était une touchante jeune première, venant comme son mari des théâtres de drame. Elle joua dans *Evelyne* et la *Farnesina* (5 oct.), puis dans l'*Héritier du Czar* (26 oct.). Gaîté 1850-53, Variétés 1854-55, Porte-St-Martin 1856-61, Paris 1862-65, Porte-St-Martin 1866-67, Odéon 1868, Porte-St-Martin 1869-70, Châtelet 1872-80, Paris 1881-88. Actrice sympathique, elle laissa la réputation d'une femme bonne et généreuse et elle mourut tout à coup, sans que rien put faire prévoir sa fin, au moment où elle venait d'obtenir sa pension de la Société des artistes. Le rapporteur de 1889, en apprenant sa mort, informa en même temps ses camarades que l'excellente femme laissait par testament une somme de 7000 fr. pour fonder une pension au nom de son mari, en faveur d'un artiste malade ou paralysé.

Bibliographie : P. Porel et G. Monval, l'*Odéon*, t. II.

DESHAYES, Théophile. — Financier, Reims 1848, Délass. com. 1849, Auxerre 1850, Délassements 1852, Auxerre 1853-54, Angers 1855, Paris 1856-57.

DESHAYES, Mme Th. — Soubrette, Auxerre 1852.

DESHAYES jeune, Etienne, Achille, dit *Henri*. — Né vers 1800, ex-artiste de l'Opéra comique 1848, Paris 1850, St-Quentin 1851-52, Paris 1853-55. Atteint d'une cystite chronique et de rhumatismes articulaires, il se retira à Rochecorbon (Indre-et-Loire) et la Société lui fit une pension de 200 fr. jusqu'à sa mort survenue vers 1869.

DESHAYES, Mme Arsène, Joséphine, Raymonde. — St-Pétersbourg 1855-61.

DESHAYES, *Paul,* Léon. — Confondu avec son homonyme Jean-Baptiste ; il était le fils d'un choriste aux Italiens et se destinait lui-même à la carrière lyrique ; il débuta à Montmartre, courut la banlieue, joua le classique à l'Odéon (Damis, Valère, Clitandre) puis trouva sa véritable place au boulevard. Gaîté 1859-60, th. du Cirque 1861-62 *(La Prise de Pékin)*, Châtelet 1863 *(Marengo)*. « Un beau physique, une taille avantageuse, une belle voix ». Gymnase 1864 *(L'Ami des Femmes*, rôle de de Ryons), Porte-St-Martin 1865, Vaudeville 1866, Odéon 1867 *(Les beaux Messieurs de Bois-Doré)*, Gaîté 1869-70, Châtelet 1872-73. Associé avec Lacressonnière pour la direction de ce théâtre, il s'y ruina. Le Caire 1874, Ambigu 1875. Voici quelques-uns des rôles créés ou repris par Deshayes dans la seconde période de sa carrière :

1875, Ambigu, l'*Affaire Coverley*, rôles de Coverley et de Gordon. — La *Vénus de Gordes*, Furbice.

1876, Porte-St-Martin, l'*Espion du Roi*, de Breuil. — Le *Bâtard*, Armand. — *Coq Hardy*, Haldroni. — Les *Bohémiens de Paris*, Montorgueil. — La *Reine Margot*, Henri.

1877, Porte-St-Martin, les *Exilés*, Waldimir. — Le *Juif-Errant*, Couche-tout-nu. — Le *Bossu*, Lagardère. — Ambigu, la *Case de l'Oncle Tom*, Georges.

1878, Ambigu, la *Brésilienne*, le docteur Robert. — Les *Abandonnés*, Guillaume. — Porte-St-Martin, les *Enfants du Capitaine Grant*, Glénarvan.

1879, Porte-St-Martin, la *Dame de Montsoreau*, Bussy.

1880, Châtelet, *Michel Strogoff*, Ivan.

1882, Ambigu, les *Mères ennemies*, Rodztko. — *Cartouche*, Cartouche.

1884, Ambigu, *Fualdès*, Bastide.

1885, Châtelet, la *Guerre*, le Polonais.

A partir de ce moment, Deshayes organisa des tournées en province où son nom était fort aimé. Voici en quels termes sa mort fut annoncée au Rapport de 1891 : « Encore un vaillant parti avant l'heure ; la carrière inachevée de Deshayes, car elle pouvait durer quinze ans de plus, fut pourtant des mieux remplies. Depuis le fumeur d'opium dans la *Prise de Pékin*, jusqu'à *Michel Strogoff*, nous pourrions citer vingt créations et autant de reprises, dans lesquelles il se fit constamment applaudir. Il était considéré avec justice comme un de nos meilleurs acteurs de drame, ce qui ne l'empêcha pas d'avoir la bonne fortune de créer avec succès le principal rôle dans la comédie de Dumas fils, l'*Ami des Femmes*. Tout le monde des théâtres connaissait Paul Deshayes comme comédien, mais beaucoup de personnes ignoraient qu'il était également bon musicien, compositeur, auteur dramatique et qu'il laisse des partitions d'opérettes et les manuscrits de plusieurs pièces. Dans ses dernières années, il avait fait en province deux ou trois tournées fructueuses et s'apprêtait à en entreprendre une nouvelle, lorsqu'il fut frappé d'une attaque de paralysie qui l'emporta quelques semaines après ».

Ses obsèques eurent lieu le 15 avril 1891, en présence d'une foule nombreuse qui tint à accompagner cet homme de talent et de cœur jusqu'à sa dernière demeure.

Deshayes avait un frère aîné qui avait embrassé la carrière lyrique et mourut à Nancy d'une maladie de poitrine. Il avait épousé Mlle Worms, sa camarade, devenue par conséquent Mme Paul Deshayes. Propriétaire à La Varenne d'un lopin de terre, ce gros garçon menacé par l'embonpoint était le plus accueillant des hommes. On le qualifia : « Le dernier mousquetaire du drame, Porthos plutôt qu'Athos, Aramis et d'Artagnan ».

Bibliographie : Paul Mahalin, *Au bout de la lorgnette*, p. 59. Les *Soirées parisiennes*, 1875, 1880, 1882.

Iconographie : Le catalogue Duplessis de la Bibl. nat. indique divers portraits de Jean-Baptiste Deshayes comme étant de cet artiste (Paul Deshayes).

DESHAYES, Mme Paul, Eugénie née Worms, femme du précédent, Cluny et Ambigu 1868, Gaîté 1869-70, Châtelet 1872-73, Le Caire 1874, Ambigu 1875-78, Th. historique 1879-80, Châtelet 1881-82, Paris 1883-93, Saint-Pétersbourg 1894-95, Paris 1896. Jolie femme, épouse respectée, Mme Paul Deshayes était la sœur de Mme Priston-Delessart. Agée de 56 ans en 1904, avec 37 ans de théâtre, elle obtint la pension de 500 fr. de la Société des artistes. Habitait Paris.

Bibliographie : P. Mahalin, les *Jolies actrices de Paris*, t. IV.

Iconographie : Bibl. nat., catal. Duplessis, n° 12476, en buste de profil à droite. S'assurer s'il ne s'agit pas de Mme Max-Deshayes ?

DESHAYS. — Deuxième comique, Anvers 1792.

DESHOULIÈRES, Mlle Anne, Victorine Disrael dite, actrice du spectacle de Lécluse 1778.

DESIENNE. — Odéon 1866-70.

DESIR. — Premier rôle Limoges 1851-52.

DÉSIR, Mme. — Premier rôle, Limoges 1851-52.

DÉSIRAT. — Comique, Cahors 1827, Vienne 1829, Eure-et-Loir 1830.

DÉSIRE. — Sous ce nom :

DÉSIRÉ. — Amoureux, Rouen 1805.

Mlle DÉSIRÉ. — Lille 1815.

DÉSIRÉ. — Rochefort 1825.

DÉSIRÉ. — Premier amoureux, Châlons-s/-Marne 1826.

Mme DÉSIRÉ. — Premier rôle, Châlons-s/-Marne 1826.

DÉSIRÉ. — Troisième amoureux, Tours 1826.

DÉSIRÉ. — Jeune premier, Calais 1827, Amiens 1828, Calais 1829-30.

DÉSIRÉ. — Besançon 1828.

Mme DÉSIRÉ. — Besançon 1828.

DÉSIRÉ. — Premier rôle, Tours 1828-29.

DÉSIRÉ, Fromont. — Dijon 1829.

DÉSIRÉ.—Niort 1830.

DÉSIRÉ, Bazile.— Genève 1830.

DÉSIRÉ. — Rouen 1835.

DÉSIRÉ. — Bayonne 1837.

DÉSIRÉ, Amable, Désiré Courtecuisse dit.— Né à Lille en 1823, suivit au Conservatoire de cette ville le cours de basson professé par Baumann ; il quitta Lille et se rendit à Paris, entraîné vers le théâtre, s'essaya sur les petites scènes de la banlieue sous le nom de *Désiré*. Le 4 mars 1847, s'annonçant comme premier comique des Folies dramatiques, il vint jouer à Lille les *Enragés*. En 1848, il passa à Bruxelles et, en 1850, à La Haye. En 1851, il était premier comique au th. des Galeries à Bruxelles. Offenbach le remarqua à Marseille et l'engagea à son théâtre des Bouffes. Désiré faisait fureur à Marseille depuis quatre ans. Il se présenta devant le public parisien le 16 mai 1857 dans *Vent du soir*. Son jeu parut violent, incohérent. Le 19 novembre il parut dans les *Petits prodiges* où il exécutait un solo de basson ; Léonce jouait du violoncelle, Mlle Maréchal du piano, Guyot du cornet à piston, et Tayau du violon. Lorsque Désiré sut mettre quelque modération à sa verve excessive, il fut agréé, et mit le sceau à son succès avec sa création de Jupiter dans *Orphée aux enfers* (21 octobre 1858). Devenu premier acteur du théâtre des Bouffes parisiens, il établit encore le rôle de Golo, de *Geneviève de Brabant* (19 novembre 1859), de Mardi gras, Sidi Mouffetard, Gémea et Grétry dans le *Carnaval des Revues* (10 fév. 1860). Un jour, Désiré voulut quitter les Bouffes pour le Palais-Royal où il débuta le 26 juillet 1867 dans la *Puce à l'oreille*. Il n'y resta que peu de temps, alla créer à l'Athénée le rôle du mandarin Tien-Tien dans *Fleur de Thé* où il se livrait à toute espèce de cascades avec Léonce, puis revint au bercail, c'est-à-dire aux Bouffes, où son plus beau succès fut dans la *Timbale d'argent* (16 avril 1872). Sa dernière création fut dans la *Petite Reine* (9 janvier 1873). Désiré mourut en septembre 1873, à Asnières, après une longue maladie et une agonie de huit jours, pendant laquelle son camarade Poirier l'entoura des soins les plus assidus. On attribua cette fin à l'abus de la bière, dont il ingurgitait des quantités énormes. Une affluence considérable assista à ses obsèques, et son éloge fut prononcé par son directeur, M. Ch. Comte, qui se chargea des funérailles.

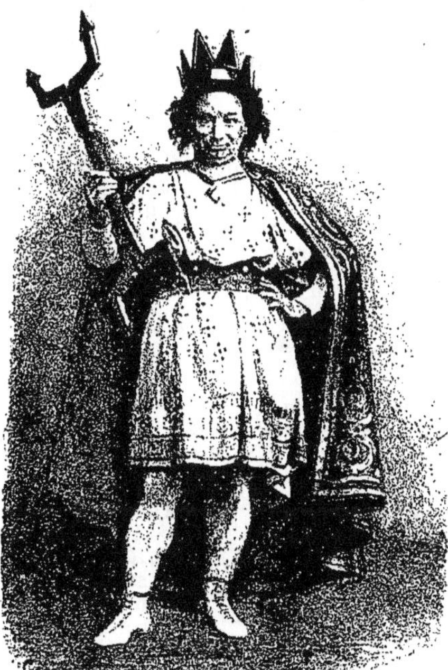

DÉSIRÉ, rôle de Jupiter dans *Orphée aux enfers*.

Désiré, l'homme des facéties, comme Christian fut l'homme des calembours, avait été marié, mais vivait séparé de sa femme depuis longtemps. Propriétaire à Champigny — il avait joué un à propos de lui : *Désiré, Sire de Champigny* — il vit la guerre détruire son petit immeuble. Il en acheta un autre à Asnières, et le meubla artistiquement — il peignait lui-même un peu — et c'est là qu'il mourut. Désiré avait eu jusqu'à la fin deux amis absolument dévoués : Edouard Georges et Poirier déjà cité.

Biographie : *Foyers et Coulisses*, Bouffes parisiens, notice.

Bibliographie : Alb. de Lasalle, *Histoire des Bouffes parisiens*.

Iconographie : Bibl. nat., catalog. Duplessis 12481. En pied, de 3/4 à gauche, cost. de th., lith. par Ed. B. (Baldoduc). Sur cette planche se trouvent les portraits de Mlle Taffanel, et de Bruno, V. aussi Bibl. nat. Berthelier.

Journal amusant. — N° 817. 27 avril 1872, la *Timbale d'argent*. — N° 857. 1er fév. 1873, la *Petite Reine*.

Partition d'*Orphée aux enfers*, rôle de Jupiter, lith.

Les *principaux comiques de Paris*, lith. P. Bedeau.

DÉSIRÉ, Mlle Meyer. — Soubrette. La Haye 1851. Pourrait bien être la femme du précédent qui jouait à La Haye à la même époque, et dont il vécut séparé par la suite.

DÉSIRÉE. — Sous ce nom :

Mlle Désirée, Cour de Prusse 1707.

Mlle Désirée, Variétés, 1808.

Mlle Désirée, débuta à l'Odéon le 16 août 1814 dans le rôle d'Honorine de *Claudine*.

Mlle Désirée, Dubuisson, soubrette, Deux-Sèvres 1826.

Mlle Désirée, jeune première, Lisbonne 1827.

Mlle Désirée, Julienne, Calais 1829.

Mlle Désirée, th. du Luxembourg 1830.

Désirée, la petite, rôles d'enfants, th. du Luxembourg 1833 et 1837.

Mlle Désirée, deuxième amoureuse 1833-34.

Mlle Désirée, Funambules 1834 et 1840.

Mlle Désirée, ingénue, Châteauroux 1837.

Mlle Désirée, Fol. dram. 1839.

Désirée, la petite, Mons 1843.

DÉSIREE, Mlle Pochonnet. — Elève de Mlle Jenny Vertpré, débuta sous ses auspices à Passy vers 1842 dans la *Demoiselle à marier*, et fut engagée au Gymnase où elle parut dans la *Marquise de Rantzau* et dans *Daniel le Tambour*. Scribe ne dédaigna pas de lui donner des rôles. « Soubrette de dix-huit ans, écrivait-on en 1846, qui ne manque ni de finesse, ni d'esprit ». Tantôt ingénue, coquette ou simple, Mlle Désirée se fit remarquer dans *Rebecca*, les *Trois péchés du Diable*, *Babiole et Joblot*. Tout le monde s'accorde sur sa grâce, sur sa gentillesse, et il était déjà question pour elle d'un engagement à la Comédie française, lorsque les circonstances lui firent partager le sort de son camarade Achard, le suivant au th. du Palais-Royal et en tournées (20 juin 1849, Bruxelles).

Mlle Désirée débuta au Palais-Royal le 28 janvier 1851 dans le *Vol à la fleur d'orange*, parut dans la *Vie en partie double* (15 mars), une *Poule mouillée* (6 nov. 1852), l'*Esprit frappeur* (16 déc. 1853). Achard mourut subitement en 1856 et Mlle Désirée se retira du théâtre. Sa mort fut annoncée au Rapport de 1861. Elle fut la mère de M. Frédéric Achard (Pochonnet dit), né à Paris le 4 octobre 1848.

Biographie : Hervey, *The Theatres of Paris* 1846.

Iconographie : Bibl. nat., catal. Duplessis 12,482, à mi-corps, assise de 3/4 à droite, imp. Chanoine, Lyon, 1850.

DESIREE. — Sous ce nom :

Mlle Désirée, Porte-St-Martin 1846-48, jolie brunette.

Mlle Désirée, Gaîté 1852.

Mlle Désirée, nom d'une artiste morte en 1852.

Mlle Désirée, Goddé, sœur de Mlle Laurentine du Gymnase, Cirque impérial 1852, Palais Royal, soubrettes 1853-54.

Mme Désirée, A., Beaumarchais 1861.

Mlle Désirée, Adèle, th. du Cirque 1862.

Mme Désirée, Fieux, th. du Cirque 1862.

Désirée, la petite, Déjazet 1864.

DESJARDINS. — Sous ce nom :

Desjardins, acteur de la foire St-Germain 1736.

Desjardins, Alexis, compagnon horloger, s'était fait connaître à la foire St-Laurent, 1757. Acteur chez Nicolet cadet, il s'enivrait souvent et faisait manquer le spectacle. Il fut envoyé au For-l'Evêque le 20 mars 1765, et relâché le 31 sur la demande de son directeur.

Mme Desjardins, s'était fait connaître à Paris sous le nom de Mme *de Montfort* ; déjà sur le retour en 1824 ; Cirque Olympique 1825-26, Gaîté 1826-29.

Mlle Desjardins, Léonie, Fol. dram. 1852-53, fort agréable dans les rôles d'amoureuses.

Desjardins, Louis-Emile, Dijon 1860-64, Bayonne 1865, Paris 1866-70, Elbeuf 1872-73, Paris 1874, Dijon 1875, Paris 1876-77, Bar-sur-Aube 1878, Paris 1879, Nantes 1880, Paris 1881-93, Toulouse 1894-95, Paris 1896-1903. En 1895, Louis Desjardins, âgé de 61 ans, avec 27 ans de théâtre, obtint une pension de 400 francs de la Société des Artistes. Habitait Paris en 1903.

DESLANDES, Mme. — Ambigu 1845. Une artiste de ce nom mourut en 1846.

DESLAURIERS. — V. Bruscambille.

DESLIARRIAUX. — Premier comique et régisseur, th. de la Liberté, Toulouse 1794.

DESLOUIS, Claudius-Désiré. — Le Mans 1875-76, Besançon 1877, Reims 1878, St-Etienne 1879-81, Besançon 1882, Lausanne 1883-86.

DESLOUIS, Aug. — Bordeaux 1896-98. Sa mort fut annoncée au Rapport de 1899.

DESLYS, Charles. — Né à Rouen le 1er mars 1821 selon Delhasse. Jeune premier Liège 1841, premier rôle Anvers 1842, deuxième rôle Bruxelles 1843-44. Odéon, début dans le *Fils de la folle* (février 1846). Se fit connaître comme romancier.

DESMARAIS ou Desmarets. — Débuta à Paris le 3 fév. 1741 par Crispin du *Légataire* et ne fut pas reçu. M. J.-J. Olivier se demande si c'est lui qui fit partie de la troupe à la Cour Palatine vers 1750-64.

DESMARAIS, Mlle. — Débuta à la Comédie française le 10 déc. 1756 dans Dorine de *Tartufe* et Claudine de *Colin-Maillard*. Une demoiselle M. Desmarais figure dans la troupe de la Cour Palatine avant 1764.

DESMARES, Mlle Marie. — V. Champmeslé (Mlle).

DESMARES, Nicolas. — Frère cadet de la Champmeslé, époux d'Anne Dennebault, né à Rouen vers 1645, comédien à la cour de Danemark, puis directeur de cette troupe en 1682. Grâce à l'appui de sa sœur, Mlle Champmeslé, Nicolas Desmares fut reçu sans débuts à la Comédie française le 28 mars 1685. Il excellait dans les rôles de paysans, et ce fut pour lui que Dancourt écrivit la majeure partie de ceux qu'il fit entrer dans ses pièces. Desmares joua d'original les rôles de M. Martin dans l'*Homme à bonnes fortunes*, Simon dans le *Muet*, Ambroise dans le *Flatteur*, Tout-à-bas dans le *Joueur*, Thaler dans *Démocrite*, le Suisse dans le *Double veuvage*, Delorme dans les *Trois cousines*, Thibault dans les *Vendanges de Suresnes*, etc. Il se retira le 27 juin 1712 avec une pension de 1000 livres, et mourut le 3 nov. 1714.

Biographie : Lemazurier, *Galerie historique*, t. I. — G. Monval, *Liste alphabétique des sociétaires*.

DESMARES, Mlle aînée, Christine, Antoinette, *Charlotte*. — Fille du précédent et nièce de la Champmeslé, née à Copenhague où son père était directeur des Comédiens français, et tenue sur les fonts baptismaux par le roi et la reine de Danemark, fin 1682.

Venue à Paris avec ses parents, elle débuta sous le nom de Lolotte dans les rôles d'enfants le 21 août 1690.

La Champmeslé, sa tante, mourut en 1698 après avoir créé le rôle d'Iphigénie dans *l'Oreste et Pylade* de la Grange Chancel, dont sa mort interrompit les représentations, et Mlle Desmares eut le courage de débuter dans ce même rôle le 30 janvier 1699. Elle y réussit. Reçue le 26 mai suivant pour l'emploi de sa tante, on la chargea aussi de quelques amoureuses dans la comédie, telle Rodolphe dans *Esope à la cour*. Les rôles de *Psyché* dans une reprise de cette pièce (juin 1703), Thérèse du *Double veuvage* la mirent tout à fait en évidence. Naturelle et gaie, on la jugea même capable de remplacer dans les soubrettes Mlle Beauval, et nous avons rapporté à l'article de cette actrice comment celle-ci, sur le retour, avait pris cette décision pour un ordre de congé. Il est à noter cependant, ainsi que le fait remarquer M. Campardon, que Mlle Desmares doublait déjà officiellement Mlle Beauval depuis quatre ans lorsque celle-ci se retira. Quoi qu'il en soit, on vit alors la même actrice, en possession de tous les premiers rôles tragiques, déployer une verve folle dans les soubrettes du répertoire. Mlle Desmares créa, entre autres rôles, dans la tragédie : Arténice dans *Amasis* (1701), *Electre* (1708), Emilie dans *Cornélie Vestale* et *Ino* (1713), *Athalie* (1716), *Sémiramis* (1717), Jocaste dans *Œdipe* (1718), Antigone dans les *Macchabées* (1721).

Dans la comédie : Lisette du *Légataire*, Nérine du *Curieux impertinent*, Lisette dans l'*Ecole des Amants*, Nérine dans la *Réconciliation normande*, Colette des *Trois cousines*. « Le beau naturel, s'écrie Lesage dans le portrait anonyme qu'il en trace dans le *Gil Blas*. Avec quelle grâce elle occupe la scène ! A-t-elle quelque bon mot à débiter ? Elle l'assaisonne d'un sourire malin et plein de charmes qui lui donne un nouveau prix. » Un jour, sacrifiant à la mode, on la vit un bilboquet à la main dans l'*Amour vengé*, au grand contentement du parterre (1712).

Jeune encore — elle n'avait pas quarante ans — elle sollicita sa retraite, et l'obtint le 21 mai 1721. Elle forma plus tard une élève digne d'elle : Mlle Dangeville la jeune, sa propre nièce. Depuis le jour de sa retraite, elle ne parut sur aucun théâtre, jouant seulement quelquefois avec des seigneurs et des dames de la cour dans des représentations privées. Elle avait obtenu la pension de mille livres, et mourut à St-Germain-en-Laye le 12 sept. 1753.

M. Campardon a publié différentes pièces relatives à cette actrice :

1700, 17 avril. — Le duc de la Trémoille, premier gentilhomme de la chambre, attribue en premier à Mlle Desmares certains rôles désignés de Mlles Beauval et Duclos, et en second tous les rôles de cette dernière actrice lorsqu'elle ne pourra plus les jouer.

1700, 21 déc. — Ordre de donner à Mlle Desmares la moitié de la première part qui viendra à vaquer.

1746, 7 sept. — Donation faite par Mlle Desmares à Alexandre Sallé. Nous apprenons, dans cet acte, que Mlle Desmares demeurait à St-Germain-en-Laye rue du Vieux-Abreuvoir, et que cet Alexandre Sallé était premier secrétaire du ministre comte de Maurepas. — (D'Argenson le disait fils d'un médecin et de Mlle Desmares, et il passe pour avoir rédigé les trois volumes intitulés *Mémoires du comte de Maurepas*). — Il s'agissait d'une somme de 108,000 livres due à Mlle Desmares par le baron Hogger, et qu'elle léguait au dit Sallé, à condition de remplir certaines charges et conditions.

1746, 25 sept. — Donation faite par Mlle Desmares à Charlotte Damour, surnommée Lefèvre. Cette demoiselle, qui demeurait avec elle et qui porte le même prénom *Charlotte*, a tout l'air d'être aussi sa fille. Elle lui lègue 10,000 livres comptant, plus l'usufruit et jouissance, sa vie durant, d'une somme de 20,000 livres, et enfin tous ses meubles et effets. Le très long et très détaillé inventaire annexé à ce document a le grand avantage de nous faire pénétrer dans l'intérieur d'une des plus charmantes comédiennes du XVIIIe siècle. Rien ne nous y est épargné, mais nous n'y trouvons qu'un seul portrait de la maîtresse de la maison.

Biographie : Lemazurier, *Galerie historique*, t. II. — G. Monval, *Liste alphabétique des Sociétaires*.

Iconographie : *Musée de la Comédie française*, catal. Monval.

N° 188. Tenant un masque et un poignard. Peinture toile ovale, h. 0 m. 80, l. 0 m. 65, par Ch. Coypel. Cédé par M. Bergeret, peintre, 1827. Gravé par B. Lépicié en 1733, avec quatrain, chez Surugue.

Ce portrait est à rapprocher de celui signalé dans l'inventaire dressé chez Mlle Desmares en 1746 : « Un tableau peint en pastel par Coypel, représentant Mlle Desmares sous les habillements de Thalie et de Melpomène, de la hauteur de deux pieds et demi sur deux pieds de large, non compris la bordure. »

DESMARES, Mlle cadette, Catherine. — V. Dangeville, Mlle, mère.

DESMARES, Mlle, ou Desmars, ou Desmarets, ou Desmarts. — Débuta à la Comédie française le 9 févr. 1769 dans les rôles de caractères. Elle fut reçue à pension, mais son nom disparaît l'année 1771. Elle demeurait rue du Cimetière St-André. A rapprocher de Desmarets, même époque.

DESMARES, Mlle Thérèse, Nicole. — Etait fille d'un serrurier en renom à qui l'on doit la magnifique grille du Palais de Justice de Paris. Elle naquit le 10 avril 1780, à Vaugirard. Elle commença sa carrière théâtrale au Vaudeville (1794), passa par l'Opéra comique, revint rue de Chartres et devint l'une des plus charmantes actrices de ce théâtre. On écrivait d'elle en 1802 : « Elle était autrefois à Feydeau ; on se souvient de lui avoir vu jouer avec succès le rôle du page dans *Aurore de Guzman*. Cette actrice est, sans contredit, la première du Vaudeville... On désirerait seulement l'entendre chanter avec moins d'art et plus de simplicité. » Au physique, c'était une figure chiffonnée, dont l'expression était fort agréable ; son organe était doux, sa voix flexible. On ne lui reprochait qu'une certaine propension à l'afféterie.

Mlle Desmares avait épousé Denis, François Domilier de Thésigny, homme de lettres, auteur de diverses pièces de théâtre. A la suite d'une agression de son mari qui la souffleta aux Champs-Elysées, elle divorça. Elle laissa deux fils qui s'occupèrent de beaux-arts et de lettres, et une fille qui épousa Théaulon, l'auteur dramatique. Le fameux restaurateur légitimiste, au coin des rues de l'Université et du Bac, était son frère.

Le nom de Mlle Desmares se retrouve à intervalles dans les principales pièces du répertoire du Vaudeville de 1801 à 1819. Mlle Desmares demeura rue du Lycée 1805-1806, rue St-Honoré 1810-1811, place du Palais-Royal 1814-19. Elle se retira vers cette époque avec une demi-pension.

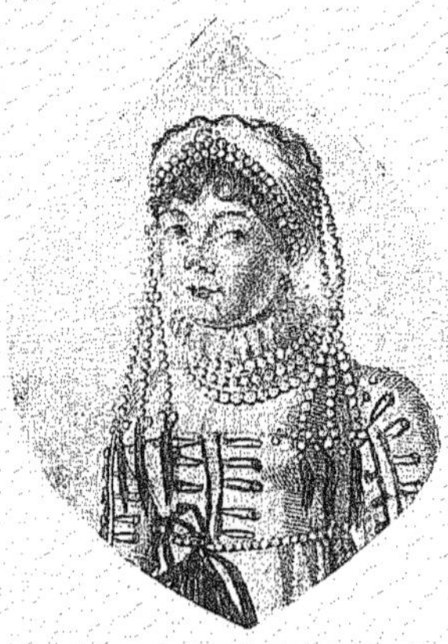

Mlle DESMARES dans la *Chaumière moscovite*.

Biographie : E.-D. De Manne et C. Ménétrier, *Galerie historique, Complément à la troupe de Nicolet*. — Note p. 102 (art. Belmont).

Bibliographie : Le *Coup de Fouet*, an X. — Muret, l'*Histoire par le Théâtre*, t. II, p. 48.

Iconographie : Collection Martinet. — 41, le page d'*Agnès Sorel*. — 43, Georgette dans la *Vallée de la Barcelonette*. — 127, Eudoxie dans la *Chaumière moscovite*. — 239. Théodore dans le *Petit Pêcheur*. — 370, Agathe dans le *Piège*. — 457-458, Isolier, page, dans le *Comte Ory*.

DESMARES, Mlle. — Débuta à la Gaité le 25 juillet 1829 par le rôle de Liska dans le *Sabre de bois*.

DESMARES, Mlle. — Jeune première, Angers 1835, Dijon 1840.

DESMARES, Mlle Hélène. — Th. de la Rhétorique, Gand 1835-37.

DESMARES. — Funambules 1855.

DESMARETS, Mlle Angélique. — Comédienne, femme de Filandre, sieur de Monchaingre, comédien de province. Molière cautionna Baron vis-à-vis de Monchaingre et de sa femme au sujet d'une vente de costumes (31 août 1670).

DESMARETS. — Acteur tragique, Bruxelles 1761. Un acteur de ce nom passa par la Comédie française 1771.

DESMARTHES. — Lille 1800-1802.

DESMARTHES, Mme. — Lille 1802.

DESMASURE, Mme. — Deuxième duègne, Lille 1813.

DESMASURE, Mlle. — Troisième amoureuse, Lille 1817.

DESMAZURES. — Variétés amusantes 1782, rôle d'un abbé dans *Esope à la foire* (30 juillet).

DESMET, la petite Berthe. — Rôles d'enfants, Gaîté 1881, *Quatre-vingt-treize*. Porte-Saint-Martin 1883, Th. de Paris 1886, Ambigu 1888.

DESMONTS, Charles. — Débuta enfant chez Comte père, puis entra au Conservatoire en 1840. Toulouse, Montpellier, Caen, théâtre du Luxembourg 1849-50, deuxième comique à Dieppe 1851, premier comique à Lille 1857-59. C'est à Lille qu'il se maria avec sa camarade Mlle St-Albin. Début aux Bouffes le 16 avril 1859 dans *Mesdames de Cœur volant*. Devenu régisseur, Desmonts doubla tous les rôles, remplit tous les emplois. Zélé, actif, empressé. Bouffes 1859-65, th. Lafayette 1867-68, Gaîté 1869, Bouffes 1870, Londres 1872-73, Bataclan 1873, Bouffes 1874-1886, Paris 1887, Menus-plaisirs 1888-89. En 1877, il reçut une médaille de la société des sauveteurs. En 1884, le Gouvernement lui accorda une médaille d'argent, et on put lire au *Journal officiel*: « Belle conduite en diverses circonstances ; a notamment arrêté des chevaux emportés attelés à des voitures. » En 1890, il avait 63 ans, dont 53 passés au théâtre. La Société des artistes lui accorda une pension de 500 francs. Sa mort fut annoncée au Rapport de 1892.

Biographie : *Foyers et Coulisses, Bouffes parisiens*, 1873.

DESMONTS, Mme Caroline, Alexandrine. — Commença sa carrière sous le nom de *Saint-Albin*, Lille 1856, où elle jouait les ingénuités. Elle épousa son camarade Desmonts le 2 juin 1857, et le mariage fut célébré à Lille dans la chapelle des Pères Jésuites, rue Négrier. Le 26 mars 1858, une représentation eut lieu au bénéfice des jeunes époux. En 1860-61, nous la retrouvons à Paris, à la Gaîté (travesti dans *Christophe Colomb*, 30 août 1861). Gentille actrice, toute fluette, elle jouait volontiers les travestis ; elle avait du succès, notamment dans *Prêteur sur gages*. Variétés 1862-63, Gaîté 1864-67, Porte-St-Martin 1868 (*Cadio*, *Mme de Chamblay*), Londres 1872-1874, Paris 1875-80, Poitiers 1881, Tours 1882-84, Paris 1885-86, Tours 1887-95, Paris 1896 et années suivantes. Mme Desmonts habitait Paris en 1904.

DESMOTTE, Mlle. — V. La Motte.

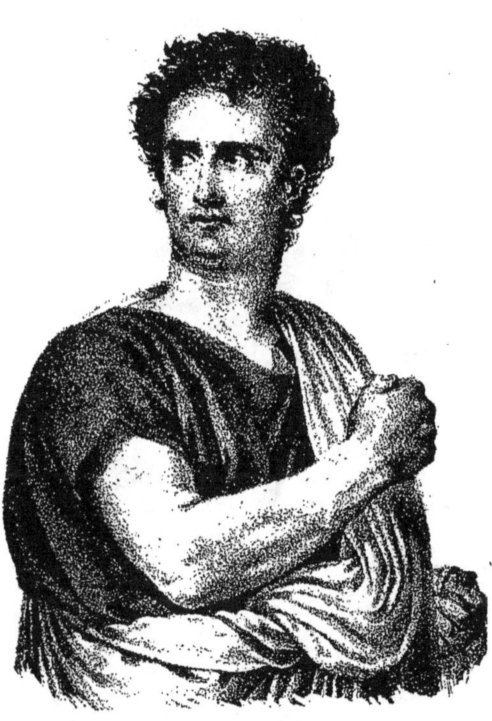
DESMOUSSEAUX

DESMOUSSEAUX, Félicité, Auguste Saillot dit. — Naquit à Dormans (Marne) le 18 novembre 1785. Son père, qui était marchand à Paris, devint plus tard maître de poste à Fossard (S.-et-M.). Maître clerc chez maître Serigé, titulaire d'une des bonnes études de Paris, élève de Florence, Desmousseaux débuta avec fracas le 18 août 1812. On l'annonçait comme un successeur de Lekain et un rival de Talma. Le débutant qui fit accourir la foule au th. français avait la taille avantageuse, un organe bien posé, quelques heureuses inspirations. Il avait choisi le rôle de *Tancrède*. Il réussit. Mais ce triomphe ne fut que de courte durée. Le 20 août, il parut dans le *Cid*. On le jugea sage, raisonnable, mais froid et sans couleur.

« Il se donne beaucoup de mouvement dans les endroits passionnés, écrit-on ; est-ce de la chaleur? Il prend un ton sententieux dans les couplets réfléchis ; est-ce du flegme, de l'aplomb ? Il dit raisonnablement le petit nombre de rôles dans lesquels il a paru ; est-ce de l'intelligence ou le fruit des leçons ? »

Le 16 septembre, Demousseaux reconnu déjà comme artiste utile, fut admis à l'essai pour un an, aux appointements de 2000 francs, pour tenir les confidents ; cet engagement fut prolongé de deux ans. Le 8 mars 1815, il fut remercié puis rappelé le 11 sept. suivant. Le

9 octobre 1816, il demanda à être admis comme sociétaire. Le comité remit sa décision au 11 avril 1818. En attendant, son traitement fut porté à 3000 puis à 3500. Sur ces entrefaites un événement s'était produit dans la vie de Desmousseaux ; il avait demandé en mariage Mlle Baptiste, sa camarade, fille de Baptiste aîné, alors tout puissant à la Comédie, et obtenu sa main. C'était la route aplanie : tous les obtacles se levaient devant Desmousseaux par la volonté de son beau-père. Reçu à quart de part en 1818 pour jouer les rois, les pères nobles, les tyrans, il succéda à St-Prix, puis à St-Phal pour les rôles de raisonneurs qu'il partageait avec St-Aulaire, ce qui faisait dire :

A Saint-Aulaire,
Moi, je préfère Desmousseaux,
Mais lorsque que je vois Desmousseaux,
Je crois bien que c'est St-Aulaire
Que je préfère.

Desmousseaux tint ces emplois ingrats pendant vingt-huit ans. MM. E.-D. De Manne et C. Ménétrier, ses biographes, donnent la liste des 83 rôles qu'il créa pendant cette longue période. Ils présentent bien peu d'intérêt.

Les critiques s'accordent à lui reconnaître une belle voix, mais se désespèrent de sa monotonie et l'appellent la *toupie d'Allemagne*. « Dans sa bouche, les alexandrins ont vingt-quatre pieds », dit un autre. On le traite de froid, emphatique, ampoulé, raide dans ses gestes, sans vie, sans chaleur. Un de ses camarades le définissait: « Un homme, par son intelligence, apte à toutes les professions, hors à celle qu'il avait eu la malheureuse idée d'embrasser. »

Desmousseaux prit sa retraite le 1er avril 1840, et donna son bénéfice le 28 décembre 1844 avec le concours de Rachel *(Bajazet)*, Duprez, Baroilhet, Mlle Dorus de l'Opéra, et Arnal *(Passé minuit)*. La recette s'éleva à 7357.50. Desmousseaux, qui avait habité rue St-Sauveur (1814-15), place de l'Ecole, 6 (1817), rue Rameau, 8 (1820), rue de la Jussienne, 15 (1822-25), se retira à Passy. C'est là qu'il mourut le 30 mai 1854, à soixante-huit ans et huit mois, à la suite d'une attaque de choléra.

Biographie : E.-D. De Manne et C. Ménétrier, *Galerie historique de la Comédie française*.

Bibliographie : l'*Opinion du Parterre*, t. x, p. 214. — *Petite Biographie*, 1821. — Ricord, les *Fastes de la Comédie*, t. II. — *Grande Biographie*, 1824. — *Dict. th.*, 1825. — La *Rampe et les Coulisses*, 1832. – Muret, l'*Hist. par le th.*, t. II.

Iconographie : Bibl. nat., catalog. Duplessis 12518. 1. En pied, de 3/4 à gauche, cost. de th., lith. par A. Colin, 1837.

2. En buste, de 3/4 à gauche, cost. de th., lith. par G. Engelmann.

Musée de la Comédie franç., catal. Monval, n° 202. Desmousseaux figure en buste dans le groupe d'artistes au crayon noir, par Et. Bouchardy, vers 1820.

DESMOUSSEAUX, Mme Françoise, Joséphine, Anselme, dite *Baptiste*, femme Saillot dite. — Naquit le 10 mars 1790 à Rouen où son père était alors acteur au Grand Théâtre. Elle appartenait donc à toute cette tribu artistique des Baptiste dont nous avons conté l'histoire ; elle fit ses études au Conservatoire de Paris, dont son père était devenu professeur, et débuta à la Comédie française le 21 septembre 1815 par les rôles de Finette du *Dissipateur* et de Toinette dans le *Malade imaginaire*. On lui trouva le défaut de surcharger d'intentions le débit de son rôle, et une figure sévère qui ne s'accordait guère avec la malice de la soubrette. Les débuts continuèrent en septembre et octobre, toujours dans l'emploi des soubrettes. Force fut bien à Baptiste aîné de reconnaître qu'il s'était complètement fourvoyé sur les dispositions de sa fille. Il lui fit recommencer ses études, et le 13 mai 1817, elle reparaissait dans les confidentes tragiques et les caractères, Œnone de *Phèdre*, et la marquise d'Olban de *Nanine*. Elle termina ses débuts par Mme Pernelle, Mme Patin, Mme Argante, Mme Turcaret. Cette fois, elle avait trouvé sa voie. Le 23 novembre, elle fut admise à 2000 fr. d'appointements, puis, à la retraite de Mme Thénard, elle entra en pleine possession de son emploi. Dans l'intervalle, *Mlle Baptiste* était devenue Mme Desmousseaux, par suite de son mariage avec son camarade, dont elle prit le nom à partir de 1819.

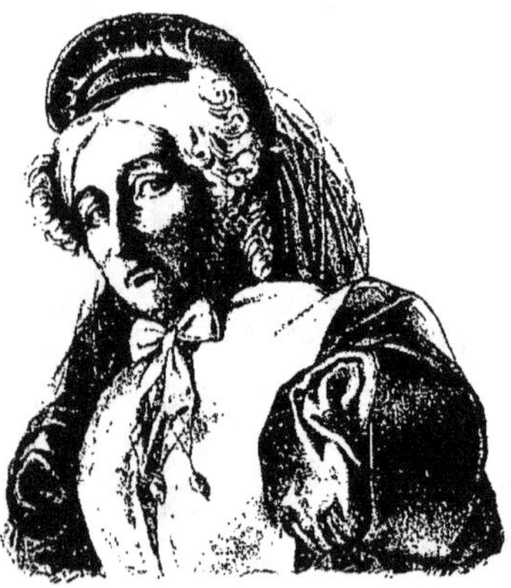

Mme DESMOUSSEAUX
d'après Lacauchie.

A force de travail et de persévérance, Mme Desmousseaux arriva à surpasser ses devancières dans un emploi difficile ; elle fut la duègne idéale, pleine de verve, de rondeur, de naturel. Son débit était ferme, son articulation impeccable. Dans le *Jeune mari* (1826), elle créa d'une manière supérieure le rôle de Madame de Beaufort. Reçue sociétaire le 1er avril 1824, Mme Desmousseaux joua toutes les duègnes du répertoire et créa des rôles dans 49 pièces nouvelles, dont M. E.-D. De Manne, son biographe, a publié la liste. Nous y relevons la *Mère rivale* (1821), les *Quatre âges* (1822), le *Mari à bonnes fortunes* (1824), la *Jeune femme colère* (1825), le *Jeune mari* (1826), les *Trois quartiers* (1827), *Don Juan d'Autriche* (1835), la *Calomnie* (1840), le *Mari à la campagne* (1844).

Mme Desmousseaux prit sa retraite le 1er avril 1852 et donna sa représentation à bénéfice le 24 ou 27 du même mois avec le concours de Rachel dans *Phèdre*. La bénéficiaire jouait elle-même le rôle de Mme Pernelle de *Tartufe*. La recette s'éleva à 9581 francs. Elle reparut encore le 12 avril 1853, dans la représentation de retraite de Samson. Elle y tint le rôle de Mme Argante dans les *Fausses confidences* à côté de Mme Arnould-Plessy qui faisait sa réapparition. Elle mourut à Paris, après une courte maladie, rue Blanche, 69, le 30 mai 1857.

Voici quelques jugements portés sur elle : En 1821, on se lamente de sa réception. On crie contre l'invasion des Baptiste, et l'on lui fait chanter sur l'air du *Bailleur éternel* :

Ah ! Ah ! Ah ! Ah !
Comment faire, hélas !
Pous s'amuser dans ma famille ?
Ah ! Ah ! Ah ! Ah !
Comment faire, hélas !
Pour que chacun n'y baille pas ?

Chez nous, qu'on gèle ou qu'on grille,
On baille au nez du mari ;
Papa fait bailler aussi,
On baille au nez de la fille,
Ah ! Ah ! etc.

Dès 1825, on lui conseille de ne plus sortir de l'emploi des *caractères* qu'elle joue bien. En 1832, on la consacre « une des meilleures duègnes ». En 1841, « la première ». En 1845, la « reine des duègnes, et l'idole des marchands de tabac », dont elle faisait un usage immodéré, en prisant.

Biographie : E.-D. De Manne, *Troupe de Talma*. Galerie Lacauchie, notice par Couailhac.

Bibliographie : *Grande Biographie*, 1824. — *La Rampe et les Coulisses*, 1832. — *Petite Biographie*, 1833. — *L'Indiscret des Coulisses*, 1841. — *Biographie Fargue*, 1842. — *Biographie dramatique*, 1845.

Iconographie : Musée de la Comédie fr. Catal. Monval, n° 165. Les sociétaires en 1840, par Ed. Geffroy : rôle de Mme Argante, des *Fausses Confidences*.

— Galerie Lacauchie. En pied, rôle de Mme Pernelle.

— Troupe de Talma. En buste, eau-forte de Fr. Hillemacher.

DESNOS, Mlle. — Amoureuse, Verviers 1846. Peut-être la même, *Gabrielle* Desnos, Paris 1852-58.

DESNOY. — Th. Déjazet 1866.

DESNOYELLES, Mlle. — Gaîté 1874.

DESNOYER, Louis, François, Charles. — Auteur-acteur, débuta à l'Odéon le 14 février 1827 dans les *Comédiens*. On le vit tour à tour dans la *Prison de Pompéia* (23 août), *Perkins Warbeck* (6 mai 1828), *Marie de Brabant* (18 nov.) et le 27 nov. suivant dans le rôle d'Alfred, de l'*Homme entre deux âges*, pièce qu'il avait signée en collaboration de St-Ange et Fontan. Le 31 janv. 1829, il joue dans *Lancastre*, puis signe avec Duparai, Lockroy, etc., une protestation aux journaux : sur dix mois d'exercice, il était dû six mois aux malheureux comédiens de l'Odéon, et deux lettres adressées à l'intendant général de la maison du roi étaient restées sans réponse. En 1830, ce fut lui qui, avec Bouffé, le comédien, eut le plaisir de porter à son collaborateur Fontan son ordre d'élargissement. Ce malheureux, soumis aux pires vexations, avait été condamné à cinq ans de prison pour un article dans lequel il attaquait Charles X. Le 6 nov., sa pièce, l'*Abbesse des Ursulines*, malgré Frédérick et Mlle George, tombe lourdement à l'Odéon. Sur ces entrefaites, il trouva un engagement aux Nouveautés, pour l'emploi des amoureux : « Son physique, écrit-on en 1831, convient à cet emploi, mais un organe rauque nuira toujours au succès de cet acteur qui ne manque pas de chaleur et dont la diction est, généralement, spirituelle. » On le citait déjà comme auteur du *Voyage de la Liberté* (Nouveautés, 14 juillet 1831). Trois ans plus tard, il passa au Vaudeville (juin 1834).

Le 12 novembre 1832, il se passa un fait à peu près unique dans l'histoire théâtrale : Ch. Desnoyer et J.-B.-P. Lafitte firent représenter au Th. français une comédie en trois actes, *Voltaire et Mme de Pompadour*, qui fut applaudie. Mais comme à cette époque le personnel de la Comédie française se transportait deux fois par semaine à l'Odéon, la même pièce jouée sur la rive gauche par les mêmes acteurs, et le même soir, fut sifflée. Le 23 déc. Ch. Desnoyer avec Eug. Labat fit jouer à l'Odéon la *Vie d'un comédien* (vie et mort de Molière), qui réussit. Au même théâtre, le 4 janv. 1851, avec Eug. Nus, le *Testament d'un garçon*. Succès.

Ch. Desnoyer renonçant à être comédien, devint régisseur général au Gymnase et à la Comédie française (1841-47), puis directeur de l'Ambigu (1852-58). Il écrivit un grand nombre de pièces, seul ou en collaboration, dont les plus connues sont : *Je serai comédien* (1827), le *Séducteur et son élève* (1829), *Casimir*, le *Polonais*, le *Puits de Champvert*, le *Petit chapeau*, le *Général et le jésuite* (1831). Sous le nom d'*Anatole*, il est un des auteurs de *Zazezizozu* (Cirque, 1835), puis il donne : le *Naufrage de la Méduse*, la *Mère de la débutante*, une *Jeunesse orageuse* (1839), la *Caisse d'épargne*, *Montbailly*, *Ralph le bandit*, *Jeanne-d'Arc* (1841-42), les *Trois étages*, le *Faubourien*, la *Femme du voisin*, le *Bouquet de bal*, le *Débutant*, le *Congrès de la paix* (1849), le *Roi de Rome* (Ambigu 1850), le *Testament d'un garçon* (Odéon 1851), la *Ber-*

gère des Alpes (Gaité 1852), *Rentrée à Paris* (1855). Sa direction de l'Ambigu lui attira de grands embarras financiers, et il mourut sans fortune, laissant la réputation d'un honnête homme. Sa mort fut annoncée au Rapport de 1859.

Bibliographie : P. Porel et G. Monval, *l'Odéon*, t. II. — *Petite biogr.*, 1831.

Iconographie : Bibl. nat., catalog. Duplessis, 12522.

1. En buste, $^3/_4$ à droite, imp. Aubert 1839, avec Dumas, Janin, Soulié.
2. En pied, assis, de profil à droite, lith. Laroche 1840.
3. A mi-corps, assis de $^3/_4$ à gauche, lith. par Menut-Alolphe 1838.

V. aussi Hugo, Bibl. nat.

DESNOYER, Mlle. — Tournai 1886-88, Mons 1889, Paris 1890-93.

DESNOYERS, Ernest Delinotte dit. — Bataclan 1873, Beaumarchais 1875, Bouffes 1878, Fantaisies parisiennes 1879-83, Paris 1884.

DESŒILLETS, Mlle Alix Faviole ou Faviot, femme de Des Œillets, dite. — Naquit vers 1621 et épousa un certain Nicolas Devintz Des Œillets, dont elle garda le nom au théâtre. Il semble qu'elle n'ait débuté que fort tard, vers 1658. Nous savons qu'elle joua à l'Hôtel de Bourgogne *Sophonisbe* de P. Corneille, le 18 janvier 1663, qu'elle figura dans le ballet royal des *Amours déguisez*, au Palais Royal, le 13 février 1664. Charles Robinet écrit le 3 janvier 1666 :

A l'hostel j'ai vu l'*Alexandre*...
Et l'Axiane sa maîtresse
S'y rend admirable sans cesse,
En l'excellente Des Œillets
Dont l'habit fut fait à grands frais.

Le 27 juin 1666, il dit :

Je veis mardy l'*Antiochus* (Th. Corneille)
La Des Œillets, sur ma parole,
D'Arsinoé fait bien le role.

En nov. 1667, Robinet rendant compte de la représentation d'*Andromaque*, s'exprime ainsi :

Pyrrhus est mis à mort
Par ordre de cette Hermione,
Qu'on voit agir en la personne
De l'excellente Des Œillets.

A propos de *Laodice*, de Th. Corneille (18 fév. 1668) :

Des Œillets, cette rare actrice,
Qui représente Laodice,
Contraignit chacun d'avouer
Que l'on ne sçauroit mieux jouer.

Le 13 décembre 1669, Mlle Des Œillets créa le rôle d'Agrippine, dans *Britannicus*.

Mlle Des Œillets mourut le 25 octobre 1670 et fut inhumée en l'église St-Leu-St-Gilles le 26. Robinet écrivit le 1er novembre :

Mais quoi ! la scène de l'Hostel
Se voit, par un destin cruel,
Dont elle est toute désolée
De la Des Œillets dépouillée...

Il nous apprend en même temps qu'elle n'avait pas quarante-neuf ans, et qu'elle mourut d'une façon très chrétienne.

Raymond Poisson, un de ses camarades, écrivait à un comédien de ses amis qui était à Chambord :

Et justement on dira d'elle
Qu'elle n'étoit pas belle au jour,
Comme elle étoit à la chandelle ;
Mais sans auoir donné d'amour
Et sans être jeune ni belle,
Elle charmoit toute la cour.

On lit dans les *Lettres au Mercure :* « C'était une très excellente, et même gracieuse comédienne, quoique laide, point jeune et fort maigre, mais, malgré cela, fort pleine d'agrément. Le tragique était son fort. »

Mlle Des Œillets eut, au moins, de son mariage, un fils et une fille. Le fils eut un emploi de commissaire des guerres, et la fille, morte célibataire à 49 ans, fut enterrée à St-Eustache. M. Campardon a publié un document relatif à la donation des biens de Michel de Moronia à Mlle Des Œillets (25 janvier 1670).

Biographie : Les frères Parfait, *Hist. du th. français*, t. XI, p. 52. — *Annales dramatiques*, t. III, p. 151. — Jal, *Dict. critique*, p. 489. — Lemazurier, *Galerie historique*, t. II.

Bibliographie : *Lettres au Mercure de France*, p. 81. — Ricord, les *Fastes de la comédie*, t. II. — Campardon, *Les Comédiens du Roi*. — G. Monval, *Chronologie Moliéresque*.

DÉSORMEAUX, Mme Coste, femme Désormeaux. — Lille 1772. V. Mme Coste. Il y eut un artiste de ce nom à la Comédie italienne en 1779 et au th. Patriotique, 1792.

DÉSORMES. — « Homme d'esprit et faisant joliment les vers », a dit Fréron. Fit partie de la troupe que Monnet emmena à Londres et qui débuta à Haymarket, le 13 nov. 1749. L'entreprise ne réussit pas, et Désormes raconta ces « chaudes journées » dans une lettre que Fréron, à qui elle avait été adressée, reproduisit dans ses *Lettres critiques*. Non payé par Monnet, il devint dès lors un de ses plus intraitables persécuteurs. En 1755-56, nous le retrouvons à la Cour de Prusse, comme arlequin, aux appointements de mille thalers. Ami de La Mettrie, il composa les cinq vers qui furent mis au bas du portrait du philosophe gravé par Schmidt.

Désormes, qui prenait le titre de « premier comédien du roi de Prusse », débuta à la Comédie française le 4 sept. 1756, par le rôle d'Arnolphe, dans l'*Ecole des femmes*, parut encore dans *Esope à la Cour* et l'*Ecole des maris*. Le 22 mars 1757, il continua ses débuts par le *Misanthrope* et le *Méchant* ; en 1758, il fit représenter à Mannheim l'*Amour réfugié*, comédie en un acte en prose, pour l'anniversaire de la naissance de l'Electrice Palatine.

Bibliographie : A. Heulhard, *Jean Monnet*. — J.-J. Olivier, les *Comédiens français dans les Cours d'Allemagne* (2e série).

DESORMES, Mme Françoise, Despierre-Lalonde, femme Désormes. — Née à Amiens vers 1779, demeurant à Lorient, chez ses parents, th. de Reims 1800.

DÉSORMES, Louis, Auguste. — Né vers 1795. Comique à Vannes 1825 et 1829, Narbonne 1828, Boulogne 1833-34, Limoges 1835-36, Le Mans 1837, comique marqué, Verviers 1839, Mons 1845, Bruges 1846, Agen 1849-53, Madrid 1854, Perpignan 1855, Montauban 1856, Castelnaudary 1857-58; Montauban 1859-62, Orléans 1863-65. En 1863, Désormes avait 68 ans, 48 ans de théâtre, et obtint une pension de 300 fr. de la Société des artistes.

DÉSORMES, Mme Louise, née Van Geen. — Soubrette, Vannes 1825, Saumur 1826, Narbonne 1828 ; duègne, Calais 1833-34, Besançon 1835, Verviers 1839, Mons 1845, Bruges 1846, Agen 1849, Alais 1850, Agen 1851-52, Alais 1853-54, Perpignan 1855, Montauban 1856, Paris 1857, Moulins 1858.

DÉSORMES, Mlle.— Ingénuités, Besançon 1835.

DÉSORMES, Léon, Victor, Louis. — Banlieue, Panthéon, Beaumarchais. Grime, Délass. com. 1845-47, Folies dram. 1848-49, Alger 1850, Folies dram. 1852, Alger 1853, Vaudeville 1854, Paris 1855-57, Odéon 1858-59, Ambigu 1860-1873, Paris 1874-85. En 1872, Léon Désormes, âgé de 61 ans, obtint une pension de 500 fr. de la Société des artistes. Sa mort fut annoncée au Rapport de 1886.

DÉSORMES, Mme Louise, née Lalande. — Paris 1852, Colmar 1853-54, Paris 1855-70.

DÉSOSSÉE, Mme. — Jeune première, Rouen 1794.

DESOUVILLE. — Avignon 1825, Valenciennes 1826, Seine-Inférieure 1827, Laon 1828.

DESPANT, Jean-Baptiste, souvent appelé *Despas*. — Né vers 1755. Grands danseurs du roi, 1772, puis Ambigu comique. Fut arrêté le 21 août 1784 et le 1er février 1787 pour tapage et mauvais propos.

DESPÉRAMON ou Despéramons, ou Despéramont. — Toulouse 1824-26, Tournay 1843 et 1846, Bruges 1852. Fut longtemps professeur de chant. Chanteur agréable et comédien habile.

DESPERRIÈRES, Mlle. — Débuta à la Comédie Française le 17 décembre 1776, rôle d'Electre dans *Oreste*.

DESPERRIÈRES ou *Despierrières*, Louis Compain. — Comédien, co-directeur à Bruxelles en 1771. V. Compain.

DESPERRIEUX. — Marseille 1792-93.

DESPINAY. — V. Epinay d' et Mme Molé.

DESPLACES, Mme. — Marseille 1793. V. aussi Desplasses.

DESPLACES, Mlle. — Metz 1793.

DESPLACES. — Ambigu 1808.

DESPLACES, Pierre, Barthélemy. — Vaudeville 1849-52. Un amoureux de ce nom est à Clermont 1852, Paris 1853-54, Moulins 1855-58, Clermont 1859-61, Mâcon 1862, Bourges 1863-65, Angoulême 1867-68, Cherbourg 1869-73, Alençon 1874, Cherbourg 1875-76, Calais 1877-80, Clermont 1881-84, Paris 1885-86, Clermont 1887, Paris 1888, Bruxelles 1889-90, Cette 1891-92, Paris 1895 et années suivantes. Habitait Paris en 1903. En 1889, âgé de 63 ans, avec 37 ans de th., Desplaces Barthélemy obtint une pension de 500 fr. de la Société des artistes.

DESPLACES, Mlle. — Soubrette, Bruxelles 1851.

DESPLASSES, Mme. — 1ers rôles, Rouen 1791, Lille 1793. V. aussi Desplaces.

DESPLASSES. — Financiers, Lille 1792. Il s'agit sans doute de René-Sevin Desplasses qui reprit la direction en cette ville après Rezicourt et dans des moments difficiles. Arrêté comme suspect le 28 vendémiaire an II (19 octobre 1793) il eut toutes les peines du monde à prouver son civisme en montant des pièces ultra-révolutionnaires. M. Lefebvre a raconté longuement toutes ces péripéties dans un *Chapitre de l'Histoire du théâtre de Lille*. L'administration de Desplasses dura jusqu'en 1798. V. aussi Sevin.

Bibliographie : *Un Chapitre de l'Histoire du théâtre de Lille*, Lille 1890.

DESPLASSES. — Père noble, Bordeaux 1825-1826. Deuxième régisseur, père noble, Cambrai 1827.

DESPORTES, James, J.-B.-Alex. — Comique, th. du Vaudeville, Bruxelles 1851, Rouen 1854-57, Toulon 1858, Madrid 1859, Turin 1860-62, Genève 1863-64, Vienne 1865, Constantinople 1867-68, Genève 1869, Angers 1870, Buenos-Ayres 1872-73, Constantinople 1874-1875, Dourdan 1876, Genève 1877-78, Bruxelles 1879-80, Toulouse 1881, Lyon 1882-87, Dourdan 1888 et années suivantes. En 1890, Desportes, âgé de 60 ans, avec 38 ans de th. obtint une pension de 500 fr. de la Société des artistes. Sa mort fut annoncée au Rapport de 1901.

DESPREAUX, Mlle. — V. Mme Allan-Despréaux.

DESPREAUX. — Comique, Limoges 1828, 14e arrondt. Th., 1830.

DESPRÉAUX, Mlle. — Jeune et jolie jeune première, qui passa par le th. du Panthéon 1837, Folies dram. 1839, qu'il ne faut pas confondre avec Mme Allan-Despréaux.

DESPRÉS. — « Ci-devant *Pressac* », débuta à la Comédie française par le rôle d'Egyste de *Mérope* en juin 1758, et le marquis de Polinville dans le *Français à Londres*. Il fut reçu à l'essai. Un *Després* tint les premiers rôles à St-Quentin, direction Naudet.

DESPRES, Mlle Marie-Antoinette. — Variétés amusantes 1780.

DESPRÉS. — Troisième amoureux, Maëstricht 1782-83.

DESPRÉS, Mlle. — Th. des jeunes élèves 1805-06. Nom d'une soubrette à Reims 1809 et d'une actrice à l'Ambigu 1833-35. Mais comme on écrit souvent *Després* ou *Desprez*. V. Desprez.

DESPREZ, Nicolas, Gabriel Poullot dit. — Né en 1759. Th. de la République 1792-93, conservé à la réunion 1799, sociétaire 1807, retiré le 1er avril 1816, directeur à Strasbourg, mort à Paris, 32 rue St-Benoit, le 10 octobre 1829. Le *Coup de fouet* de l'an X le qualifie d'« extrêmement mauvais. » L'*Almanach* de 1800 : « Son physique est beau ; son talent est nul. » L'*Opinion du Parterre* de l'an XI le trouve froid, mais très bien dans les grands confidents ; d'une haute stature, mais lourd ; il porte bien l'épée et l'habit brodé. Artiste très utile. Desprez faisait admirer la beauté de ses formes dans le maître d'armes du *Bourgeois Gentilhomme*, détaillait avec art le récit de Théramène, jouait convenablement Clitandre du *Conciliateur*, Cléante de l'*Avare*, Don Carlos du *Festin de pierre*, Nogaret des *Templiers*. Un critique, rappelant que cet artiste n'a pas de bons rôles dans son emploi, dit qu'il serait injuste de le juger avec trop de sévérité. La vérité est que ses services étaient très appréciés, et que le public l'acceptait. Peut-être l'ambition de l'artiste n'allait-elle pas plus haut. Parmi ses bons rôles, on cite encore Soliman, des *Trois Sultanes*, le Grand Prêtre, dans *Œdipe*, où il était servi par sa taille élevée et son bel organe. Desprez demeura rue de la Michodière, 4 (1800) et rue du Hasard, 15 (1815). Il avait fait partie du voyage de la Comédie à Erfurt (1808) et touché de ce fait une gratification de 2,500 fr.

Bibliographie : Le *Coup de Fouet*, an x. — L'*Almanach des Spectacles*, 1800 et 1802. — L'*Opinion du Parterre*, notices, t. I à x.

DESPREZ, Mme. — Th. de la République, 1793-94.

DESPREZ. — Fils du sociétaire de la Comédie Française. Th. des Jeunes Elèves 1805-06. Peut-être le même qu'un des suivants.

DESPREZ, Mlle Alexandrine, Mélanie, fille du sociétaire de la Comédie Française. — Parut dans des rôles d'enfants à ce théâtre vers 1805, remporta un premier prix de tragédie au Conservatoire en 1820 ; intelligente et sensible, elle se présenta à la Comédie-Française dans les *Horaces* (7 sept.), puis dans *Adelaïde Duguesclin* (14 mai 1822) et enfin dans les *Horaces*, le 6 juillet 1823. Cette fois, elle fut reçue pensionnaire, mais, en butte à des intrigues, ne put rester. On trouvera une anecdote sur Mlle Desprez récitant des vers chez Mlle Duchesnois, *Mém. de Mlle Flore*, t. III, p. 239. V. plus loin encore.

DESPREZ. — Sous ce nom :

DESPREZ, Dijon 1825, père noble Strasbourg 1831.

DESPREZ le petit, rôles d'enfants, Metz 1825.

DESPREZ, Amiens 1827, La Haye 1829, Tournay 1833, peut-être le même, Lorient 1840.

DESPREZ, Mme ou Mlle. — Sous ce nom :

Mme DESPREZ-Walmont, auteur et actrice, décédée le 4 mars 1812.

Mlle DESPREZ cadette, ingénue, Brest 1827.

Mlle DESPREZ, Fifine, troisième amoureuse, Brest 1828.

Mme DESPREZ, Nouveautés 1828-30.

Mlle DESPREZ, Sophie, Olympe. Débuta au Gymnase le 20 juin 1839 dans une *Visite nocturne*. Rouen 1849, Paris 1850-58.

DESQUELS, Jean, Louis. — Fol. dram. 1839-1854. Fut enterré aux frais de la Société (Rapport 1855).

DESQUINTAINE Brice. — Premier amoureux, Lille 1832. V. Brice.

DESRAUCHES. — Lille 1807. Peut-être Desroches.

DESRIEUX, Maurice, Benite dit. — Bruxelles 1854-55, débuta à l'Odéon en 1856 et partit pour Lyon. Revenu à Paris, il fut engagé à la Porte St-Martin, où il créa le rôle de La Ramée, dans la *Belle Gabrielle*. Il jouait alors les troisièmes rôles (1857-60). Passé au Gymnase comme jeune premier (1861-62), il se fit remarquer dans la *Folle du logis*. L'année

1863 le trouve au Châtelet, *Marengo* (28 fév.), le *Secret de Miss Aurore* (3 juillet). C'est à ce théâtre qu'il créa d'une façon remarquable le rôle de Henri de Navarre, dans la *Jeunesse du roi Henri*. Hors du théâtre, Desrieux se montrait très dévoué, très obligeant. C'est ainsi qu'une médaille lui fut décernée en 1867 pour « soins incessants prodigués aux malades de St-Denis pendant la dernière épidémie cholérique », dit le *Moniteur*. Des sujets espagnols se trouvant au nombre des malades, il reçut la croix d'Isabelle-la-Catholique. (Rapport 1870.)

Desrieux entra au Vaudeville, où il fournit une longue carrière. Entre temps, il avait épousé Mme Marie Laurent, la grande actrice de drame. Desrieux joua le rôle de De Marsille, dans *Maison Neuve* (3 déc. 1866), de Maurice, dans les *Souvenirs* (10 avril 1867), de Ponthus, dans les *Rivales* (27 fév. 1868), de Georges, dans l'*Abîme* (2 juin). La critique le représente comme un acteur de bonne volonté, ne manquant pas de feu, mais peut-être de modestie ; un homme droit, loyal et brave, grand collectionneur de faïences, par dessus le marché. En 1873, à la Renaissance, il fut de la création de la *Femme de feu* et de *Thérèse Raquin*. Puis Boulet l'engagea à la Gaité pour le *Fils de la Nuit ;* Offenbach le conserva ; il joua dans *Jeanne d'Arc* et dans le *Gascon*.

En juin 1874, Mme Marie Laurent avait obtenu, devant la deuxième Chambre du Tribunal civil, sa séparation de biens d'avec Desrieux, son mari. Dans l'intérêt de sa carrière artistique, disait-elle, et dans celui de sa fille, âgée alors de 16 ans, elle demandait que le fruit de son talent cessât d'être exposé par suite de l'administration d'un mari, excellent époux, mais détestable comptable. Desrieux ne se fit même pas représenter.

Tombé gravement malade vers cette époque, on le dit atteint d'aliénation mentale. Des soins énergiques le rappelèrent pour quelque temps à la raison, mais pour peu de temps. Il mourut au début de juin 1876.

Bibliographie : Abraham, *Acteurs et Actrices*, 1861. — Les *th. en robe de chambre*, 1866. — *Derrière la toile*, 1868. — *Foyers et Coulisses*, Gaité, t. II, 1875. — G. Duval, l'*Année théâtrale*, 1874 et 1876.

DESRIEUX, Mme née Manry, femme de Constant Coquelin. — Fille d'un employé du ministère des Travaux publics et pendant peu de temps, actrice au Vaudeville (vers 1864). Renonça au théâtre après son mariage. Mère de M. Jean Coquelin.

Bibliographie : G. d'Heylli, *Dict. des pseudonymes*.

DESROCHÈRES. — Jeune premier, Moulins 1827. Pourrait bien être *Desrochers*.

DESROCHERS. — Sous ce nom, souvent confondu avec *Desroches :*

DESROCHERS, débutant à la Comédie fr. dans le rôle d'Egiste de *Mérope*, 2 juillet 1826. V. Desroches.

Mme DESROCHERS. Jeune première, Auxerre 1828, Besançon 1829. V. Desroches.

DESROCHERS, Saintes 1828, jeune premier, 13e arr. théâtral 1833-34. V. Desroches.

Mme DESROCHERS, deuxième duègne, th. des Célestins, Lyon 1851-52. Peut-être la même, *Marie, Joséphine*, Le Hâvre 1855-58. V. Desroches.

DESROCHES. — Sous ce nom :

Mme DES ROCHES, soubrette, Maëstricht 1737.

DESROCHES, élève du Conservatoire, débuta à l'Odéon le 20 janvier 1818 dans Valcour du *Déserteur*, puis partit comme jeune premier à Rouen aux appointements de 3000 fr. en 1819 et Lyon 1822-24. « Figurez-vous un petit amoureux qui tourne, pirouette, gesticule, parle avec autant de vivacité que d'intelligence ». Un *Desroches*, jeune premier, est dans la Nièvre 1826, Lyon 1826, Amsterdam 1827, Lyon 1828-29, Besançon 1829. Un sieur *Desroches* Etienne, mourut à Bruxelles le 23 août 1832.

Mme DESROCHES, duègne, Loiret 1826, Bruxelles 1832-44. Une artiste du nom de Vve Desroches vivait en 1848.

DESROCHES, Taunus. Odéon 1847-48, aux appointements de 50 fr. par mois, devenu officier d'habillement.

DESROCHES, Georges, Eugène. Strasbourg 1875-76.

Mlle DESROCHES. Variétés 1891-92.

DESROLLES, Edouard, Justin, dit aussi *Derolus*. — Bataclan 1877-82.

DES RONES, Mme mère. — Première actrice, Maëstricht 1762.

DESROSETS. — Premier rôle, Gand 1767.

DESROSIÈRES, Sébastien, Gabriel Hitier, dit. — *L'opinion du Parterre* t. VI (1809) annonce sa mort en ces termes : « Inspecteur général du Th. français. Il est mort dans le mois de janvier 1808, âgé d'à-peu près 60 ans. Il avait rempli pendant plusieurs années, au th. de la République (1792-93), l'emploi des pères nobles, et je me rappelle qu'il y mérita des succès. Son organe était ingrat, emporté, mais son débit animé d'une vive chaleur ». Regretté comme acteur, il le fut aussi, ajoute le critique, comme citoyen.

Nous relevons à Rouen la présence de M. et Mme *Desrosières* aux appointements de 7900 fr. en 1787-88, le premier comme père noble, la seconde comme soubrette, puis de *Desrosières* seul, père noble 1789-90. S'agit-il de Desroziers-Duval, père noble à Rouen en

1799, nous ne le croyons pas. Leur nom de famille et la date de leur mort indiquent que ce sont deux individualités bien distinctes. Desrosières avait signé le 3 novembre 1792, l'acte d'association avec Dugazon, Talma, Grandmesnil, Michot, Baptiste cadet et Devigny, pour l'exploitation du Th. de la République (rue de Richelieu).

DESROSIERS. — Th. de Luxembourg 1862.

DESROZIERS, Nicolas, Duval dit Armand. — Appartenait à une honorable famille qui possédait quelques biens à Rueil et à St-Germain-en-Laye. Il s'engagea dans des troupes de campagne, où il fut le camarade de Collot d'Herbois. « Lorsque vous parlerez de notre ancienne connaissance, je crois inutile de parler des six mois que nous avons passés dans la troupe de Bellement, lui écrivait plus tard Collot. Nous ne devons pas avoir beaucoup de plaisir à rappeler ces époques ». Aventureux et ambitieux, Desroziers prit la direction d'une troupe d'artistes, et vint échouer à St-Germain où les biens de sa famille furent compromis dans une certaine mesure. Il prit la fuite. — En 1767, il est à Nantes ; en 1768, il est en discussion d'affaires à St-Malo; en 1769, à Reims; en 1770, à Charleville, puis à Amiens. Il entre au th. de Lille pour la saison 71-72 et n'en sort qu'en juin 1773 pour prendre la direction d'Amiens. Il passa aussi par Gand avant 1771. Hélas ! partout où il va, il laisse sa traînée de billets, d'emprunts, de documents judiciaires, et les charges du début l'écrasent.

A Amiens, dans les premiers mois de 1770, Desroziers était devenu amoureux de la fille du perruquier Warenghien, Marie-Françoise, courageuse, active et aimante ! Il l'épousa, s'installa à Lille, rue des Fossés, loua un jardin au faubourg de Fives, et sa femme se mit à travailler comme coiffeuse. Cependant, il cherche des associés, des capitaux, de bons acteurs, et obtient le privilège d'Amiens, malgré les conseils de son beau-père qui lui écrivait que depuis 33 ans, il avait vu tous les directeurs d'Amiens faire de mauvaises affaires. Mais l'idée de devenir directeur lui tourne la tête. En vue d'une séparation de biens avec sa femme, il fait estimer à Lille ses effets et meubles à 1263 francs ; il en doit 1000 au tailleur et 400 au peintre — sans doute comme fournitures de théâtre. — Enfin il s'associe avec un sieur Rozely, ex-directeur de Reims, mais la brouille survient bien vite et l'affaire n'a pas de suite.

Desroziers dresse enfin un tableau de troupe qu'il devait produire sur les scènes d'Amiens, d'Abbeville, de Douai, de Cambrai et d'Arras : coût 41.400 fr. pour l'année; sans parler des frais de costumes, loyers, décors, affiches, déplacements, éclairage, etc. Le 20 avril 1773, Desroziers ouvrit le th. d'Amiens, accablé de charges; au mois d'août, la lutte était devenue impossible ; les créanciers, de concert avec les acteurs impayés, saisissaient tout ce qu'on pouvait saisir. Enfin la catastrophe finale fut évitée par le prêt d'une somme de 6000 francs. Une partie des artistes s'en alla ; Mme Desroziers renouvela en son nom l'engagement des autres, et la troupe s'en fut jouer à Douai du 20 septembre au 12 novembre. Elle eut beaucoup de succès, grâce aux artistes jugés excellents. Redemandé à Douai, Desroziers obtient le privilège de cette ville du carême 1774 au carême 1775. Et l'on assiste sans cesse à ce spectacle : une troupe dont le directeur est toujours à deux pas de la faillite, goûtée et applaudie tous les soirs. Le répertoire est de premier ordre, mais les recettes quelles qu'elles soient ne peuvent balancer les dépenses. Toutes les entreprises de Desroziers, sont mort-nées. Le 23 novembre 1774, tout est vendu à la requête des créanciers.

M. Gustave Lhotte qui retrouva dans les archives de Douai tous les papiers de Desroziers, et put ainsi reconstituer la curieuse odyssée d'un directeur de province au XVIIIe siècle, s'arrête là, se demandant si son héros quitta la scène, changea de nom, ou retourna dans sa famille ? Mais Desroziers n'était pas homme à s'avouer vaincu : nous le retrouvons, sauf erreur, directeur à Anvers 1782, à Ostende 1784, père noble à Marseille 1793, à Rouen 1799, directeur à Rouen avec Granger et Borme 1801-1806. On apprit à Rouen, le samedi 18 janvier 1806, que Desroziers venait de mourir à Paris où il était allé rétablir sa santé. On fit relâche le mardi 21, en signe de deuil. Il fut le père de Mlle Desroziers-Duval.

Bibliographie : G. Lhotte, le *Th. à Douai avant la Révolution*, G. Lhotte, le *Th. à Lille avant la Révolution*. *Histoire du Th. de Rouen*, t. I et II.

DESROZIERS, Mlle, Angéline, Duval dite. — Fille du précédent, née en 1776, Marseille 1793, débuta à l'Odéon le 21 avril 1798 dans *Andromaque*, et parut le 31 octobre dans la *Vengeance*. On la jugeait ainsi : « Belle femme et du talent ». En 1799, elle alla donner trois représentations à Rouen, dont l'une au bénéfice de son père artiste au th. des Arts. Après l'incendie de l'Odéon, nous la retrouvons au th. Feydeau, sous la direction Picard. On lui reconnaît de la décence, une diction raisonnable, mais on constate qu'elle fait peu d'effet. En 1801, son père ayant pris la direction de Rouen, elle passa en cette ville comme premier rôle. C'est là qu'elle reçut un ordre de début à la Comédie française, où elle parut le 4 fructidor an X (22 août 1802) sans avoir voulu être annoncée sur l'affiche, dans Clarice du *Menteur*. On la reçut sociétaire le 23 mars 1804. A la reprise de la *Maison de Molière*, chargée du rôle de la Béjart, elle contribua au succès de cette pièce. Sa figure était distinguée, mais son air triste et douloureux ; sa taille au dessus de la moyenne ; on l'applaudit beaucoup dans le rôle de Mme Gercourt du *Tartufe des mœurs*. Toujours souffrante, elle cessa de paraître pour suivre un régime sévère. De plus, affectée par la perte d'un enfant, elle se consola dans la pratique de la religion, et mourut à Paris le 8 août 1807, à 31 ans. Elle voulut être ensevelie à côté de son père, mort depuis peu, et demanda à ce que l'on fit son autopsie. Ch. Maurice raconte qu'on lui trouva dans la poitrine une poche remplie de cailloux brillants dont l'un, touché par le scalpel, produisit des étincelles. Mlle Desroziers demeura 45, rue Croix des Petits-Champs 1806, et 14, rue de la Sourdière 1807. Très sympathique personne, elle ne laissa que des regrets.

Biographie : Ricord, les *Fastes de la Comédie*, t. II.

Bibliographie : *L'Opinion du Parterre*, t. I, II, III, IV. — Ch. Maurice, *Epaves*, p. 65.

Iconographie : Musée de la Com. fr., catal. Monval n° 305, peinture toile h. 1 m. l. 0.79 m. attribuée à Vestier. Une copie de ce tableau, brossé par le décorateur Jambon, figurait au 3e acte de *Grosse fortune*.

DESROSSELLE. — Palais Royal 1834.

DESRUISSEAUX. — Pères en tous genres, Nîmes 1825-26, Aude 1827, Perpignan 1829.

DESSAINS, Mme Louise Collinet, Frison. — Premiers rôles et grandes coquettes, Rouen 1840 et 1846, Toulouse, Lorient, Grenoble 1853-54, Paris 1855, Liège 1856, Odéon 1857-60, où elle débuta dans le *Vicaire de Wakefield*, joua des confidentes de tragédie, et des rôles de caractère dans le vieux répertoire. Elle créa le rôle de Mme Ruhberg dans la *Conscience*. Sa mort fut annoncée au Rapport de 1861.

DESSAULES, Mme. — Marseille 1792. Un *Dessaules* est au Th. Feydeau, 1800.

DESSAUX. — Bordeaux et Lille 1772.

DESSE, Mme Clara Besse dite. — Paris 1881-88, décédée en 1888.

DESSERRE, Mme Louise. — Dijon 1862-65.

DESSONVILLE. — Comique, Nantes 1829-30, Genève 1833-34, Rouen 1840.

DESTER. — Marseille 1792.

DESTERBECQ. — Lille 1852.

DESTERBECQ, Mlle Léontine. — Toulouse 1860-62, Lyon 1863-65, Nouvelle Orléans 1867-68.

DESTIEUX. — Famille de comédiens à Lille, à laquelle se rattachent ;

Destieux père, choriste Lille.

— *Françoise, Virginie Destieux*, née à Lille en 1811, actrice à Lille en 1832-33, qui épousa le ténor Annet, lequel, au bout d'un mois de direction malheureuse à Douai, se suicida sur un banc du cimetière de cette ville, vers 1848-49. Veuve, elle se remaria avec l'acteur Gillon et tous deux exploitèrent le th. de Troyes. Nous avons conté la fin de cette artiste. V. Annet et Mme Annet-Gillon.

— *Cécile Destieux*, qui joua à Lille les petites amoureuses en 1827, aux appointements de 600 francs et qu'en 1833 épousa Warot, deuxième chef d'orchestre en cette ville. De cette union, naquit Warot, le ténor connu de l'Opéra.

— *Adèle Destieux*, rôles d'enfants, Lille 1828-29 et jeune amoureuse 1831-32.

— *Destieux, fils*, utilités, Lille 1837-38.

DESTILLAC, Mlle Alice. — Th. Molière et Ecole lyrique 1862.

DESTINVAL. — Marseille 1792. Peut-être Destival ?

DESTIVAL. — Gaité 1792-94.

DESTIVAL, Mme. — Tragédienne, Th. du Marais 1792, Bruxelles 1797-98, Rouen 1801, Angers 1802.

DESTOFFÉS. — Bordeaux 1793.

DESTOUCHES, Mlle Angéline, femme Lobreau. — Débuta fort jeune à la Foire St-Laurent 1731, partit pour la province, revint à la Foire St-Germain 1736-40 où elle créa le rôle de la statue animée dans *Pygmalion*, puis repartit pour la province. Femme de tête et femme d'affaires, elle se lance dans les directions (Bordeaux, mars 1748 à août 1750), et se retire après de mauvaises affaires. Directrice d'un spectacle à Valence, elle encourage Brizard dans la voie qu'il doit suivre, puis elle vient à Lyon où elle se charge de la direction du th. en avril 1764, sous le nom de Mme Destouches-Lobreau. Sa correspondance administrative avec M. de la Verpillière, prévôt des marchands est conservée aux arch. des manuscrits de la ville de Lyon, série DD, Théâtre. Le début fut triste, les acteurs jugés détestables. Mme Lobreau ne quittait plus le théâtre matin et soir. A force d'énergie, elle parvint cependant à composer une troupe convenable où figurait son mari (dans l'opéra), Dalainville, frère de Molé ; Brizard et Bellecour vinrent aussi. Elle-même jouait les caractères et les confidentes. Tant de zèle fut récompensé par l'appui de l'autorité ; elle profita de la salle nouvelle, et les jeux dans les cafés ainsi que d'autres divertissements en ville furent supprimés à son profit. Enfin elle devait voir se développer sous ses yeux, dans sa troupe, trois talents de premier ordre : Fleury, Larive et Mlle Sainval. Le 19 février 1776, un arrêt du Conseil du Roi dépouillait Mme Lobreau du privilège des spectacles de Lyon, en faveur d'une compagnie de négociants lyonnais qui s'engageaient à payer pour 30 ans, 30.000 livres de loyer par an. Le procureur général prit la défense de la directrice et s'indigna. Mais celle-ci dut faire soumission, et payer à la ville pour conserver son privilège. Dès lors, commença pour elle une série de déboires ; un nouvel arrêt mit un sieur Sordo en possession du théâtre, mais l'active directrice parvint à se procurer une expédition du traité secret par lequel les nouveaux entrepreneurs assuraient 18.000 livres par année à un chef de bureau, et un pot de vin considérable. Aussitôt elle saute dans une chaise de poste, se rend à Versailles, remet un placet à la reine, avec les pièces justificatives ; le roi fait appeler Turgot. Celui-ci, ignorant cette affaire, répond qu'il s'en informerait. Le chef de bureau nie effrontément, et lorsque Turgot retourne chez le roi pour se disculper, Louis XVI l'écoute patiemment, puis, jetant sur la table les papierss relatifs à cette affaire :

— « Je n'aime ni les fripons, ni ceux qui les soutiennent », dit-il.

Le lendemain, Turgot quittait le ministère.

Un nouvel arrêt du Conseil confirma le privilège à Mme Lobreau, mais il n'en fallait pas moins, désormais, payer 30.000 livres de loyer. En 1779, la situation empirait, et lorsqu'elle quitta la direction avec les deux associés qu'on lui avait adjoints, elle laissait 80.000 livres de dettes (1783). L'autorité qui reconnaissait ses mérites, la remplaça par sa sœur, Mlle Destouches, à laquelle on la priait de donner des conseils. Mme Destouches-Lobreau mourut à Lyon le 5 septembre 1784, et il y eut relâche au théâtre ; « les comédiens crurent devoir cette marque de respect à une ancienne et bonne directrice, qui fut regrettée de tous et plus particulièrement des pauvres de la paroisse de St-Pierre ».

St-Aubin, régisseur du nouveau petit théâtre, *l'Ambigu comique* lui composa cette épitaphe :

Ci-gît, dont les vertus honorèrent Thalie,
Qui pour plaire au public ne sut rien négliger,
Et de tous les plaisirs qu'on perd avec la vie,
Ne regretta que celui d'obliger.

La bonne madame Lobreau avait sa maison de campagne au chemin des Etroits, sur la rive droite de la Saône. La maison, sur le coteau, qui appartenait en 1879 à M. Fougasse, renfermait encore à cette époque, dans le salon, l'inscription suivante :

Certain proverbe dit qu'il nous est défendu
De parler corde au logis d'un pendu.
Vous qui lisez ces vers, la dame vous en prie,
Ne parlez point ici de comédie.

Larive, Fleury se sont fait entendre dans cette maison, où l'on a conservé, paraît-il, certain nombre de portraits de ces artistes.

Bibliographie : Campardon, les *Spectacles de la foire*, t. I, Detcheverry, *Hist. des th. de Bordeaux*, E. Vingtrinier, le *Th. à Lyon au XVIIIe siècle*.

DESTOUCHES, Mlle Jeanneton. — Sœur de la précédente, Foire St-Germain 1739, sans doute la même : appelée à Lyon pour y remplacer sa sœur, en 1773, elle prit la direction du théâtre avec un sieur Hachette de Villiers. Nous avons dit plus haut combien cette affaire était tombée ; aussi, dès la première année, dut-elle recourir à des emprunts. Sa sœur qui lui servait de conseil étant morte, elle obtint alors l'autorisation d'émettre un nombre d'actions déterminé de 500 livres chaque, le porteur ayant droit à l'entrée gratuite, 5 % par an, et une part dans les bénéfices. Mais au mois d'août 1785, devant les frais toujours croissants, Mlle Destouches dut se retirer, laissant un déficit considérable. Elle partit pour Paris.

Bibliographie : Campardon les *Spectacles de la foire*, t. I, E. Vingtrinier, le *Th. à Lyon au XVIIIe siècle*.

DESTOUCHES. — Premier rôle, Vannes 1825.

DESTRÉES, Mlle. — Variétés amusantes 1782-83.

DESTRÉES, Mme Eugénie Bellet, dite Marg. — Béziers 1874, Arles 1875, Perpignan 1876, Toulon 1877, Angoulême 1878, Pau 1879-80, St-Quentin 1881, Bordeaux 1882-98, Sedan 1899, Bordeaux 1900. En 1904, Mme Eug. Bellet dite Destrées, âgée de 68 ans, avec 21 ans de th., obtint une pension de 300 fr. de la Société des artistes.

DESTRÉES, Mlle. — Athénée 1877, Folies dram. 1883, Menus Plaisirs 1884, Châtelet 1885, Gaîté 1887.

DESTREL, Mlle Thérèse. — Sortait de l'Opéra comique 1738-39, quand elle partit pour Lyon. Peut-être la même : *Mlle Destrelle*, premier rôle, Bruxelles 1753-56. On écrit aussi *Détrel*.

DESTREMONT. — Fol. Marigny 1873-74.

DESTRIEUX. — Acteur réputé en province, parut à l'Odéon vers 1822. On lui reconnut une diction pure, une sensibilité vraie, un organe sympathique.

DESTRIEUX, Mme Ribou. – Très connue en province, apparemment femme du précédent, débuta à l'Odéon le 12 juin 1822, rôle de la comtesse de la *Mère coupable*. On écrivait d'elle : « Elle paraît avoir gagné en expérience tout ce que le vol du temps lui a fait perdre des charmes de sa figure ». Troupe Harel, province 1829. V. Mme Ribou.

DESTROGES ou Détroges. — Th. Montmartre 1851, Th. du Luxembourg 1861-63.

DESUITEN, Lucien, Gustave Vanswieten dit. — Grenoble 1864, Anvers 1865, Brest 1867, Metz 1868, Boulogne 1869-70, Verviers 1872-73, Avignon 1874, La Haye 1875, Boulogne 1876, Port-Louis 1877-78, Béziers 1879-80, Dunkerque 1881-84, Verviers 1885, La Haye 1886-92, Verviers 1893. Habitait Verviers en 1904. M. Lucien Desuiten, âgé de 60 ans en 1901, avec 31 ans de th., obtint une pension de 500 fr. de la Société des artistes.

DESURLIS, Mlle Catherine, sœur d'Etiennette Desurlis devenue Mlle Brécourt (V. ce nom) toutes deux actrices du th. du Marais :

Les deux belles sœurs des Urlies
L'une et l'autre assez accomplies.

dit Robinet (1670). Il y eut encore une autre sœur, Madeleine, qui épousa le comédien Rochefort, et dont l'enfant fut tenu sur les fonds baptismaux par Molière, à N. D. d'Auteuil, le 30 mars 1671, — et un frère *Jean* dont nous nous occupons plus loin. Catherine Desurlis fut une des dix signataires du contrat d'association de l'Illustre Théâtre le 30 juin 1643. Morte en 1679. V. son duel avec la Beaupré, art. *Beaupré*.

Bibliographie : Jal, *Dict. critique*.

DESURLIS, Mlle Etiennette. — V. Mlle Brécourt.

DESURLIS, Jean, fils d'Etienne Desurlis et de Françoise Lesguillon, frère des précédentes, épousa le 21 avril 1661, en l'église St-Sauveur, Jeanne Bresson, veuve de Pierre Hazard, comédien du roi, en l'hôtel de Bourgogne. Il était alors lui-même comédien de son Altesse Electorale et Prince de Liège. En 1663, il est à Gand, et passe un acte d'association avec des comédiens parmi lesquels se trouve son beau-frère Rochefort. En 1672, son nom reparaît au th. du Marais — deuxièmes rôles tragiques et grands amoureux comiques — *Pulchérie* 15 novembre 1672. La demoiselle Desurlis qui joue dans la même pièce pourrait bien être sa femme.

Bibliographie : Jal, *Dict. critique*. F. Faber, *Le Th. fr. en Belgique*, t. IV, p. 233.

DESURY. V. Ravel.

DESVARENNES, Mme. — Caractères et confidentes, Gand 1787.

DESVERGERS, Mme. — Renaissance 1797.

DESVERRIÈRE. — Ambigu 1848.

DESVIGNES, père. — Financier et régisseur, Metz 1825-29-31. Vivait à Metz en 1848.

DESVIGNES. — Comique, Amiens 1826, Moulins 1827, Lyon 1828. En 1842 meurt un artiste du nom de *Desvignes*.

DESVIGNES, Mme Marie, née Detraur. — Caractères, Lyon 1837; 1840, 1850 58, décédée vers 1859.

DESVIGNES, Mme Laure, du th. de Pau. — Fut atteinte d'une cécité soudaine à l'âge de 29 ans ; M. le Dr Baron Yvan ne se contenta pas de la soigner, il ouvrit une souscription en faveur de cette infortunée, la recommanda au Dr Gondret, et l'on parvint à lui sauver un œil. La Société des artistes, alors à ses débuts, lui fit une rente de 150 francs et ces faits furent consignés au Rapport de 1845. Mlle Laure Desvignes vivait en 1852.

DESY, Emile, Marie Ghislain Désirant dit. — Bruxelles 1884-88, Paris 1899.

DETERVILLE. — Charleville 1791. Briguait la direction de Reims.

DETEUVE, Alfred. — Th. Comte 1829-31.

DÉTHOUL, Mlle. — Délass. com. 1852.

DETHURENS, Georges, Joseph. — Bordeaux 1884-86, Lille 1887, Alger 1888-89, Toulouse 1891-92, Nouvelle-Orléans 1893-94, Bayonne 1895-97, Lyon 1898. Sa mort fut annoncée au Rapport de 1899.

DETRASS, Mme Thérèse, Justine, femme Fétis, née en 1844. - Béziers 1875, Constantine 1876, Paris 1877, Oran 1878, Ile Maurice 1879, Bône 1880, Pointe-à-Pitre 1881, Bône 1882-84, Strasbourg 1885-86, Béziers 1887. Prend le nom de *Fétis-Detrass*, Rennes 1888, Pau 1889-90, Paris 1891-94, Montréal 1895, Rennes 1896, Nice 1897. Agée de 53 ans, Mme Fétis-Detrass obtint cette année la fondation Deshayes, soit 191 fr. de rente. Paris 1898-1903. Son nom disparut de l'Annuaire en 1904.

DETREL, Mlle. — V. Destrel.

DETROGES. — V. Destroges.

DEURÉ, Mlle. — Débuta à la Comédie fr. le 5 mai 1773, par Junie, de *Britannicus ;* elle joua encore Betti, de la *Jeune Indienne*, *Eugénie*, Victorine, du *Philosophe sans le savoir*, etc.

DEUTRICHE. — V. Estriché (d').

DEVAL. — Th. de la Porte-St-Antoine 1837 (*Diane de Poitiers*, 5 août).

DEVAL, Mme. — Deuxièmes rôles, Rouen 1852.

DEVAL, Marie, Francisque. — Pau 1862-65.

DEVALBRAY. — Acteur d'origine française, auteur de l'*Heureuse nouvelle*, com. en un acte représentée à Liège le 21 déc. 1782, en présence de Grétry.

DEVALOIS ou Valois, ou Vallois, Laurent Boyval et sa femme. — Tous deux comédiens des Ducs de Savoie 1671, 1672, 1675, 1688 et 1698; avaient chacun une pension de cinq cents livres. La demoiselle de Valois reçut du Duc, en avril 1675, une gratification particulière de 400 livres. En 1698, il semble que Devalois était directeur à Turin de la troupe française. M. F. Mugnier, l'auteur du *Th. en Savoie*, nous apprend que le nom de ce comédien a été souvent mal lu. On a cru voir *Laurent Bonneval* de *Valenois*.

DEVALY, Mlle. — Nouveautés 1897.

DEVANCHOTTE, Bordeaux 1830. V. Devauchelle.

DEVANCY. — Financier, Douai 1786-87.

DEVANLAY, Hector. — Alger 1852-64.

DEVANT, Mme. — Utilités, Grenoble 1852.

DEVAREINE, Mlle. — Variétés 1889.

DEVAUCHELLE. — Deuxièmes confidents, Bordeaux 1828-33, Liège 1839-46.

DEVAUD, Mlle. — Fol. Marigny, la *Vie brûlée*, 17 nov. 1872.

DEVAURE, Mlle. — Fantaisies paris. 1880.

DEVAUX. — Niais, paysans, Anvers 1783.

DEVAUX. — Directeur Verviers 1846, premier rôle Grenelle 1851. V. Belfort-Devaux.

DEVAUX, Mme. — Verviers 1846. V. Mme Belfort-Devaux.

DEVAUX, Joseph. — Haute-Savoie 1833-34, Angers 1835, Le Mans 1837, Versailles 1850, financier, Nantes 1852-58, Rouen 1858-75, Paris 1876-83. En 1876, Joseph Devaux, âgé de 60 ans, avec 30 ans de th., obtint une pension de 500 fr. de la Société des artistes. Sa mort fut annoncée au Rapport de 1884.

DEVAUX, Mme. — V. Fanolliet.

DEVAUX, Hippolyte, Paul Jacoillot dit, né en 1824. — Fils d'un médecin, suivit à 17 ans une troupe nomade. Deux ans après il s'engagea dans les chasseurs d'Orléans et passa sept ans en Afrique. Congédié après le 10 décembre 1849, il reprend le théâtre, d'abord à Montparnasse, ensuite aux Variétés, où il débuta dans les *Enfers de Paris*. Variétés 1855-56, Rennes 1857, Le Hâvre 1858-59, Strasbourg 1860-61. Nous ne savons à quelle époque se place sa campagne à Constantinople, où il fonda le premier théâtre français qui ait existé en cette ville, ni ses excursions en Espagne. A la Gaîté, il joua dans les *Ménages de Paris* et les *Pirates de la Savane*. Ce fut pendant une saison d'été à Londres, à St-James, que le directeur du th. Impérial de St-Pétersbourg le remarqua dans les *Pattes de mouche*. Il l'engagea pour remplacer Berton père (1862). Paul Devaux ne revint à Paris qu'en 1886. Tous les artistes français et étrangers présents à St-Pétersbourg avaient voulu prendre part à sa soirée d'adieux. L'Empereur lui fit annoncer qu'il recevrait exceptionnellement une pension de 3,000 francs, et l'ambassadeur de France lui remit les palmes d'Officier d'académie. Deux ans auparavant, l'artiste avait reçu du gouvernement russe l'Ordre du Mérite, grande médaille qui se porte au cou sur le ruban de St-Stanislas. En 1887, âgé de 62 ans, avec 45 ans de th., il obtint la pension de 500 fr. de la Société des artistes.

Paul Devaux rentra au Gymnase dans le rôle de Kraft, de *Dora* (5 avril 1888), joua le rôle de Montaiglin dans *Monsieur Alphonse* (6 fév. 1889), celui de Daniel Lambert dans la *Fiammina* (8 déc. 1890). M. P. Devaux habitait Paris en 1904.

Biographie : A. Laroque, *Acteurs et actrices*, 1888.

DEVAUX, Paul, Mme Charlotte, Louise, née Marchal, en 1833, femme Jacoillot dite. — Vaudeville 1855-56, Marseille 1857-58, Lyon 1859-61, Marseille 1862, St-Pétersbourg 1863-1904. Officier d'académie, Officier d'instruction publique, médaille d'or de Nicolas II avec ruban de Stanislas (1903). Pensionnée de 500 fr. par la Société des artistes depuis 1893. Habitait St-Pétersbourg en 1904.

DEVAUX, Mlle Lætitia. — Th. Déjazet 1869, Fol. dram. 1873, Fol. Marigny 1874. Une artiste du nom de Mlle *Devaux* Anna, Françoise, était à Paris en 1886-88, et une demoiselle *Devaux* aux Fol. dram. en 1886.

DEVENAY, Mme. — Jeune première, Bruxelles 1852.

DÉVÉRIA. — Premier rôle, Rouen 1837-38. Débuta à la Comédie Française le 29 août 1839 dans le *Misanthrope*. Du 1er mai 1843 au 10 juin 1844, il est directeur à Bordeaux, avec 90,000 fr. de subvention, 1,000 fr. de traitement par mois, 30,000 fr. de cautionnement. Il se retira avec un déficit de 82,000 fr. Porte-St-Martin 1850, Moscou 1852-55, Paris 1856.

DÉVÉRIA, Mlle. — Venait de Russie lorsqu'elle débuta avec succès dans les *Turcs* aux Fol. dram. Eloignée de la scène pendant près de trois ans par la maladie, elle reparut aux Variétés dans le rôle de Métella, de la *Vie Parisienne* (1873), mais ne réussit pas. Très jolie femme. Odéon 1876.

Biographie : *Foyers et Coulisses*, *Variétés* 1873.

DEVERSEY. — Troisième amoureux, Gand 1779.

DEVERSY. — Th. franç. com. et lyrique, 1792.

DEVERSY, Mlle. — Rôles d'enfants, th. Louvois 1792, Ambigu comique 1799, th. de la République, Rouen 1800-01, Caen 1825, Boulogne 1826-27, duègne, Gand et La Haye 1829, Marseille 1830, Toulouse 1837.

DEVIENNE, Mlle Jeanne, Françoise, *Sophie* Thévenin, dite, femme Gévaudan (1809). — Naquit à Lyon le 21 juin 1763, rue Pizay ; son père était maître charpentier. Elle se fit connaître à Bruxelles dès 1782 et débuta à la Comédie Française le 7 avril 1785 par le rôle de Dorine, de *Tartufe* et celui de Claudine, de *Colin-Maillard*. Elle fut reçue le 12 novembre de la même année. Emule de Mlle Joly qui personnifiait les soubrettes de Molière, Mlle Devienne fut plutôt la soubrette de Marivaux. Le *Mercure de France* en fit le plus grand éloge ; le *Journal de Paris*, tout en reconnaissant ses mérites, fut moins élogieux ; La Harpe, toujours si difficile, déclare que son jeu est facile, sa prononciation nette, et qu'elle montre de l'intelligence.

Mlle Devienne arrivait au bon moment : Mme Bellecour, après de longs services, allait prendre sa retraite ; Mlle Faniez voulait s'en aller à cause de sa santé ; restait donc Mlle Joly dont le talent était bien établi ; mais si Mlle Devienne avait moins de franchise et de rondeur dans son jeu, elle était plus jolie, plus fine, plus piquante, chantait même à l'occasion avec une très jolie voix, bref pouvait soutenir la comparaison avec sa rivale, enlevée prématurément, ce qui donna lieu à ce quatrain de Delrieux :

Une élève
Jolly n'est plus ! J'ai perdu tout espoir.
Sur ses leçons je fondois mon espoir.
Que faudra-t-il hélas ! que je devienne ?
L'écho
Devienne.

Mlle Devienne excella dans la suivante du *Conciliateur*, dans celle de *Minuit*, dans Finette, du *Philosophe marié*, dans Finette, du *Dissipateur*, dans Lisette, des *Folies amoureuses*, dans la soubrette, de l'*Homme à bonnes fortunes*, dans la gouvernante, des *Deux Précepteurs*. Ricord a dit : « Comique, finesse, gaieté, grâce, enjouement, vérité, rien ne manquait à cette aimable actrice ! » Incarcérée avec ses camarades, en 1793, elle fut redevable de la liberté à la haute protection de Vouland, un des membres les plus influents du Comité de sûreté générale, qui s'intéressa à elle sur les vives instances de Gévaudan — son futur mari — alors entrepreneur de charrois pour les armées.

Mlle Devienne reparut avec Molé sur le th. dirigé par la Montansier, et qui, depuis, devint l'Opéra (square Louvois actuel). En 1794, elle se réunit aux comédiens français qui jouaient alors au th. Feydeau.

L'*Espion des Coulisses* de l'an VIII la définit ainsi : « Jolie femme de chambre, des dents superbes, des yeux fripons et malins. Cette actrice a tout pour séduire ; beaucoup de talent, une grande intelligence de la scène, mais parfois triviale. Elle ne remplace pas Mlle Joly dans les servantes de Molière : c'est, comme nous l'avons dit, une jolie femme de chambre. »

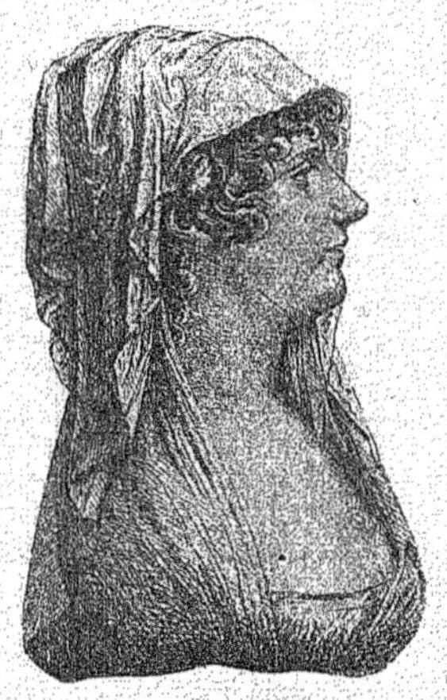

Mlle DEVIENNE
d'après Fr. Hillemacher

Le *Coup de fouet* de l'an X est du même avis : « Son débit est plein de volubilité, mais affecté et peu naturel. »

Les appréciations contenues dans les dix vol. de l'*Opinion du Parterre* sont toujours les mêmes : « Jolie femme de chambre, de la beauté, de l'esprit, de petites mines, de petites manières, mais un jeu dont ne s'accommodent guère Molière, Destouches et Regnard. M. E.-D. De Manne, son biographe, a donné la liste des 43 rôles qu'elle créa de 1785 à 1812, mais il est à remarquer que de 1808 à 1812, on n'utilise plus guère ses talents. Cela tient peut-être à ce que l'actrice, qui avait épousé le 10 mai 1809 Antoine Gévaudan, riche banquier et l'un des administrateurs des Messageries impériales, ne tenait plus beaucoup à se produire. Elle avait sa campagne à Rungis, et l'habitation, nous apprend Ch. Maurice (11 juillet 1811), était partagée en maison très riche et très agreste. Elle fit venir près d'elle ses vieux parents, prit sa retraite définitive le 1er avril 1813, et ne voulut pas de représentation à bénéfice, comme elle y avait droit. Elle fit cadeau à la Comédie du beau buste de Mlle Dangeville.

L'union de Mlle Devienne fut heureuse, troublée seulement par la perte d'un fils chéri, mort en 1816. Son mari, ancien député, mourut en 1826, et elle-même mourut à Paris le 20 nov. 1841, à 78 ans.

Mlle Devienne demeura — entre autres adresses — rue de Condé, vis-à-vis celle de Regnard, 1792-95 ; rue de la Liberté, 8, 1799 ; rue du Faub.-Poissonnière, 145, 1800-1806 ; même rue, n° 21, 1807-12.

M. Campardon, dans ses *Comédiens du Roi de la troupe française* a publié son ordre de début à la Comédie, 7 avril 1785, et la promesse de réception signée Duc de Duras, pour Pâques 1786, en date du 15 avril 1785.

Biographie : E.-D. De Manne, *Troupe de Voltaire*, p. 410. Ricord, les *Fastes de la Comédie fr.*, t. I. Delhasse, *Annuaire 1842* (nombreuses erreurs), p. 189.

Bibliographie : Vingtrinier, le *Th. à Lyon au XVIIIe siècle*, p. 115. F. Faber, *Th. fr. en Belgique*, t. I, p. 306. *L'Espion des coulisses*, an VIII, p. 56. *L'almanach pour l'an IX*. Le *Coup de fouet*, an X, p. 76. *L'opinion du parterre*, t. I à X. Muret, l'*Histoire par le Th.*, t. I, p. 346.

Iconographie : Bibl. nat., cat. Duplessis 12632.

1. En buste de profil, à droite, gravé par Fr. Hillemacher 1860 (pour *la Troupe de Voltaire*).

2. En buste de profil à droite gravé par C.-V. Normand 1853.

Musée de la Com. fr., catal. Monval.

N° 100, peinture toile, h. 1,15 m., l. 0,75 m. par Faustin-Besson 1854. Exposée au salon de 1859 (n° 260). En mai 1876, on proposa à la Comédie l'achat d'un portrait de Mlle Devienne par Siccardi (1793).

DEVIENNE. — Premier amoureux, Lille 1868. Fut congédié après ses débuts.

DEVIGNE, Mlle. — Troisième amoureuse, Brest 1825.

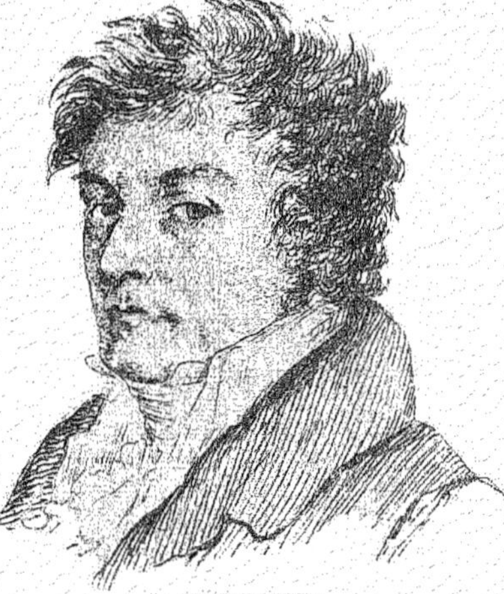

DEVIGNY
d'après Fr. Hillemacher

DEVIGNY, Augustin, Gervais Le Chauve dit. — Né à Paris, rue du Paon, paroisse St-Côme, le 25 décembre 1761. Son père était procureur au Châtelet, et sa mère née Maubert de Neuilly. Il fit ses études et entra comme employé de la comptabilité dans les bureaux de son oncle maternel, M. de Neuilly, fermier général. La Révolution lui ferma cette carrière, et c'est alors qu'il débuta, à 29 ans, à la Comédie française par le rôle de Dorante du *Menteur* (14 novembre 1790). Il joua Valère de l'*Ecole des Maris*, Almaviva du *Barbier de Séville*, Damon de l'*Impatient*, Clarendon d'*Eugénie*, mais fut jugé médiocre. En 1791, il passa par le Th. Feydeau, puis alla tenir l'emploi des amoureux au Th. de la République où il se fit remarquer dans la *Belle Fermière* et le *Sot orgueilleux*. Le 3 novembre 1792 il s'associa pour cette entreprise avec Dugazon, Talma, Grandmesnil, Michot, Baptiste cadet et Desrozières, mais il quitta plus tard cette société, pour se joindre à la fraction de l'ancienne Comédie française rassemblée par les soins de Mlle Raucourt, d'abord rue de Louvois, 25 décembre 1796, puis salle de l'Odéon 18 janvier 1798. Dans le premier de ces théâtres Devigny joua *Médiocre et Rampant* 19 juillet 1797, et au faub. St-Germain l'*Homme sans façon* 10 février 1798. Après l'incendie, il s'associa au sort de Picard dont il devint le bras droit : th. de la Cité, *Séraphine et Mendoce*, 17 septembre 1799 ; th. du Marais, le *Juge bienfaisant* 1er octobre ; th. Feydeau et enfin th. Louvois 5 mai 1801, étant de presque toutes les distributions : on lui vit jouer les jeunes premiers, les comiques, les premiers rôles, les pères nobles, la souplesse de son talent se prêtant à tout : Marcellin des *Marionnettes*, Durival dans *Médiocre et Rampant*, M. *Musard* dans la pièce de ce nom.

16 juin 1802, *Helvétius*, grand succès personnel.

16 mars 1803, la *suite du Menteur*, échec.

4 juin 1803, le *Vieillard et les jeunes gens*.

19 sept. 1803, le *Vieux comédien*.

23 nov. 1803, M. *Musard*.

6 déc. 1803, les *Trois jumeaux Vénitiens*, succès personnel.

28 janv. 1803, le *Trésor*.

17 mars 1804, *Monsieur Girouette*.

A cette époque Devigny tenait le premier rang dans la troupe après Picard.

11 déc. 1805, les *Filles à marier*.

9 avril 1806, le *Père rival*.

16 avril 1806, la *Comédie aux Champs Elysées*.

14 mai 1806, les *Marionnettes*.
22 — — id. immense succès à St-Cloud, devant l'Empereur qui honora de sa magnificence (?) Picard et Devigny.
5 sept. — M. *De Garoufignac*.
23 — — la *Manie de briller*.
15 janv. 1807, les *Ricochets*.
12 mars — l'*Influence des perruques*.
22 déc. — l'*Ami de tout le monde*.

Vers cette époque Picard quitta l'Odéon pour prendre la direction de l'Opéra. Très aimé du public, Devigny était l'acteur indispensable. La Comédie française jeta les yeux sur lui, mais là, il fallait se restreindre à un emploi déterminé : Grandmesnil était vieux, Caumont invalide ; on le classa dans les financiers. Devigny débuta pour la deuxième fois à la Comédie française le 10 oct. 1808 ; sa taille médiocre, son maintien un peu lourd, son visage plein, sa rondeur, son âge même, car il avait alors 47 ans, le désignaient pour cet emploi. Il joua Lisimon du *Glorieux*, Francaleu de la *Métromanie* (un de ses meilleurs rôles), Rémi des *Fausses confidences*, Orgon de *Tartufe* etc. Il fut admis aux appointements de 3000 fr. La vérité est que cet acteur intelligent, zélé, était dépourvu d'originalité, son débit était devenu pâteux. On lui pardonnait tout eu égard aux services qu'il rendait. Nommé sociétaire le 11 avril 1811, il demanda que les neuf années 1791-99 passées par lui avec les diverses fractions de la Comédie française, lui fussent comptées à l'époque de sa retraite. Le Comité y accéda (1816). Bref, Devigny fournit encore une carrière de vingt années et ne donna sa représentation de retraite que le 4 mars 1829, avec *Henri III* et le *Malade imaginaire*, pièce dans laquelle, bien que paralysé, il voulut remplir le rôle d'Argan. La recette fut de 7300 fr. Il avait été pendant plusieurs années membre du Comité et avait travaillé puissamment à l'amélioration du sort de ses collègues.

M. E.-D. De Manne, son biographe, a donné la liste des 28 rôles qu'il créa à la Comédie de 1808 à 1826. Nous y relevons Dervière des *Deux gendres* 1810, Bonnard de l'*Ecole des vieillards* 1823. Les autres pièces sont bien oubliées.

L'Opinion du parterre qui lui consacrait chaque année un article de 1809 à 1813, n'apprend guère autre chose que ce que nous venons de dire. La *Métromanie*, *Turcaret* étaient les pièces où l'on pouvait apprécier son talent. Le rôle de Forlis des *Dehors trompeurs* le mettait aussi en évidence. Mais tous les critiques n'ont qu'une voix pour vanter la souplesse de son talent, son zèle à toute épreuve, et son entente des affaires mise au service de sa compagnie.

Devigny avait épousé le 31 mars 1800 sa cousine germaine, Antoinette, Marie, Victoire, Emilie Maubert de Neuilly, et possédait une jolie propriété près de Jargeau (Loiret). C'est là qu'il succomba, accablé d'infirmités, le 12 août 1830.

A Paris, Devigny avait habité rue Notre Dame des Victoires 1809, et rue du Hasard 15 1818-1826. Ch. Maurice a rapporté quelques anectodes concernant Devigny, mais elles n'ont pas grand intérêt.

Biographie : Ricord, les *Fastes de la Comédie*, t. II, p. 214. E.-D. De Manne, la *Troupe de Talma*.

— Bibliographie : P. Porel et G. Monval, l'*Odéon* t. I. — *Almanach des spectacles* 1800. — Le *Tribunal volatile* an XI. — L'*Opinion du parterre*, t. VI à X. — *Petite biographie*, 1821. — *Grande biographie*, 1824. — Harel, *Dict. th.*, 1825. — Le *Rideau levé*. — Ch. Maurice, *Hist. anecdot. du th.*, t. I, p. 82, 321, 415.

Iconographie : Musée de la Comédie fr., catal. Monval, n° 202. Dans un groupe d'artistes, dessin d'Et. Bouchardy vers 1820.

N° 213. Scène XII de l'acte II des *Deux cousines* (10 mai 1823) peinture sur toile, h. 0,25 m. l. 0,33 m. — *Troupe de Talma*, eau-forte, en buste, grav. par Fr. Hillemacher.

DEVIGNY. — Ancien acteur du th. du Luxembourg, qui se suicida en mars 1838.

DEVIL. — V. Piton.

DEVILLARD, Jousset. — V. Jousset.

DEVILLAS, Etienne. — Bruges 1845, Poitiers 1848-50, St-Etienne 1851, Avignon 1852-53, Alger 1854-55, Paris 1856-58, Lyon 1859, Béziers 1860-61, Versailles 1862-1900. En 1883, Et. Devillas, âgé de 62 ans, avec 35 ans de th., avait obtenu une pension de 500 fr. de la Soc. des artistes. Sa mort fut annoncée au Rapport de 1901.

DEVILLE ou Devillé. — Sous ce nom :

DEVILLE, Mme, Marseille 1792-93.

DEVILLE, Mlle, rôles d'enfants, Marseille 1794.

DEVILLE, Angers 1798-99.

DEVILLE, Mlle, débuta à l'Odéon le 6 août 1806 par les rôles d'Angélique et de Fanfan dans l'*Epreuve nouvelle* et *Fanfan et Colas*, sans grand succès. Peut-être la même : Vaudeville 1809-1816. Une Mlle *Deville* débuta le 12 mars 1817 à l'Ambigu, et à l'Odéon le 2 mai 1825 dans Dorine de *Tartufe*. Une dame Deville mourut en 1830.

DEVILLE. Montpellier 1825.

DEVILLE, Blaise, François, premier rôle, Strasbourg 1825-26, Nancy 1827. Peut-être le même : Nîmes 1828, Amiens 1829, Strasbourg 1840.

DEVILLE, Louis, François. Comique. Dijon 1830, VIIIe arr. th. 1831, Dijon 1835, Grenoble 1840. Comique marqué, Chambéry 1852, financier Dijon 1852-59. Sa mort fut annoncée au Rapport de 1861.

DEVILLE, Mme M. C., Prestat. VIIIe arr. th. 1831, jeune première, Grenoble 1840, deuxième duègne, Chambéry et Dijon 1852, Dijon 1853-59.

DEVILLE, Bruges 1845.

DEVILLE, Olympe, Constant, Marie, David dit. Variétés 1867-69, Gymnase 1870-73.

DEVILLEBECORS, Mme Marie. — Lisbonne 1869-70.

DEVILLEBREUIL. — Troyes 1787, Bernay 1788.

DEVILLENEUVE. — Rois, pères nobles, troupe Valville, St-Quentin 1783, Th. de la Cité an XI.

Le *Tribunal volatile* écrit : « Sa diction est pure, son jeu noble et facile ».

DEVILLEPRÉ. — Premier rôle, Lille 1786.

DEVILLERS, F. — Amoureux, Lyon 1852.

DEVILLIERS. — V. Villiers (de).

DEVILLIERS. — Artiste et directeur à Saumur, Angers et Tours vers 1799. Il avait épousé une Angevine, Mlle Marie Barbe Chevallier. Est-ce le même *Devilliers* qui le 21 juin 1783, acteur à Lille, composa et fit réciter une poésie à la louange des princes de Condé ? En 1805-06, un *Devilliers* est comédien au Boudoir des Muses (aux Filles du Calvaire) et donne des leçons de déclamation. Le même sans doute est à Rouen en 1807, et donne des séances de déclamation au Th. du Parc à Bruxelles en août et novembre 1816. Un *Devilliers* tient l'emploi des financiers à Mons en 1822.

DEVILLY. — Th. des jeunes élèves 1805.

DEVIN, Mlle, aînée. — Th. de l'Impératrice 1805-1809. Elle demeurait alors avec sa sœur cadette, rue Chabannais, 18 ; mais comme toutes deux faisaient partie en même temps de la même troupe, nous ne savons à laquelle des deux s'adressent les compliments suivants en 1805 : « Mlle Devin a le plus joli minois possible et joue déjà fort joliment pour son âge. Le rôle de Thérèse, des *Filles à marier*, lui fait honneur. » Et en 1807 : « On aime la mine espiègle de Mlle Devin. » En 1808, il n'y a plus de doute : « Mlle *Devin aînée*, double de Mlle Adeline. Jolie figure, des intentions assez fines ; il y a de l'espoir. » Le 18 oct. 1816, réapparition à l'Odéon sous le nom de Mme Henry Devin. En 1818, nouvelle éclipse.

Bibliographie : L'*Opinion du Parterre*, t. III à VI.

DEVIN, Mlle, cadette, Armantine, *Emilie*, femme Menjaud (1822), née à Paris, rue de l'Arbre sec, 15, le 8 octobre 1794. Son père, sur l'acte de baptême, est désigné comme rentier. Nous avons vu plus haut (V. Mlle Devin aînée), qu'elle débuta fort jeune au th. de l'Impératrice. En 1810, elle entra au Conservatoire, devint l'élève de Fleury, et obtint un troisième prix de comédie. Rouen 1811-1813, Nantes, où elle était fort goûtée. Ayant connu Mlle Mars à Rouen (8 juillet-17 août 1812), Mlle Devin sollicita un ordre de début pour la Comédie française (1815). En vain le directeur de Nantes voulut-il conserver sa pensionnaire jusqu'à la fin de la saison ; le 15 juillet Mlle Devin débutait au Th. Français par le rôle d'Eugénie, de la *Femme jalouse* et celui de Charlotte, des *Deux frères*. On lui reconnut de l'intelligence, de la grâce et de la gentillesse. De plus, ses campagnes en province lui avaient fait acquérir l'habitude de la scène. Elle fut admise à l'essai pour l'emploi des jeunes premières à dater du 1er avril 1816, aux appointements de 3,000 fr. par an. Elle devait, en outre, remplir l'emploi de confidentes tragiques, qu'elle refusa bientôt de tenir. On la menaça d'un renvoi. Il fallut bien se résigner.

En 1819, elle demanda à être reçue sociétaire. On augmenta ses appointements de 500 fr. mais on ne l'écouta pas. De nature modeste, Mlle Devin semble avoir été abreuvée de vexations. Elle trouva un appui dans le mariage, car le 27 mars 1822, elle épousa son jeune camarade Menjaud. Bref, ce ne fut qu'après un stage de treize années que cette actrice parvint au sociétariat (1er avril 1828). Intelligente, sensible, il lui manqua pourtant un charme extérieur pour rendre son talent sympathique. Son nez, trop accusé, fut peut-être la cause de ce défaut.

Mlle Devin créa 35 rôles de 1816 à 1834. Ses meilleurs furent Marpha, du *Czar Démétrius*, 1829, et Edouard, des *Enfants d'Edouard*, 1823. Ce fut elle encore qui créa le rôle du Dauphin, dans *Louis XI*, 1832. MM. E. De Manne et C. Ménétrier ont donné la liste complète de ses rôles.

Mme Menjaud quitta la scène le 1er avril 1836 et donna sa représentation à bénéfice en 1841 : elle produisit 9,700 fr. Une maladie longue et douloureuse l'enleva le 13 avril 1844. Elle avait demeuré, entre autres adresses, 10, rue des Moineaux, 1817-20 ; rue St-Anne, 5, 1821-22.

Biographie : E.-D. De Manne et C. Ménétrier, *Complément à la troupe de Talma*.

DEVIN. — Funambules 1858.

DEVIN, Mlle Anna. — Choriste à la Gaîté, actrice à Belleville, puis à la Gaîté (1854) : Mme Baligand, de la *Pêche aux corsets*, Dolorès, dans les *Inconvénients de la sympathie*, Mme Gervais, dans la *Pie voleuse*, Rosalba, dans les *Cosaques*, une hôtesse, dans les *Mousquetaires*, Mme Berhard, dans les *Oiseaux de proie*, le Feu de bataille, dans les *Cinq cents diables*, Mme Blanchard, dans les *Cosaques*, etc. Troisième th. français 1877-79.

Biographie : Gallois, *Th. de la Gaîté*, 1854.

DEVINCK. — Acteur à Lille, 1792-93. Nommé sous-lieutenant lors de la réquisition.

DEVINS, Alfred. — Premier comique, département du Nord, 1833-34.

DEVOLMÉRANGES, Mlle. — Deuxième soubrette, Gand 1788.

DEVOS. — V. Vos (de).

DEVOUX, Mlle. — Vaudeville 1884.

DEVOYOD, Mlle Pierrette, Louise, dite *Elise*. — Née à Lyon le 10 juillet 1838, élève du Conservatoire le 28 juin 1853 (classe Samson), obtint en 1855 les premiers accessits de tragédie et de comédie, et les seconds prix l'année suivante. Engagée à l'Odéon, elle y débuta le 20 octobre 1856 dans le rôle de Célimène, du *Misanthrope*. Grande, douée d'une voix sonore, puissante, on ne la jugea pas comme une débutante ordinaire. Le 22 janvier 1859, elle parut à la Comédie Française dans la *Fiammina*. Elle savait fort bien s'habiller et avait grand air. Elle continua ses débuts le 25 fév. dans *Rodogune* et le 7 avril dans le *Verre d'eau* (rôle de la Duchesse). Mlle Devoyod joua encore dans *Athalie* (Josabeth), 8 avril; *Iphigénie en Aulide* (Clytemnestre), 9 sept.; *Andromaque* (Hermione), 13 sept. 1860; *Cinna* (Emilie), 24 oct. Personne n'avait joué ce rôle depuis Rachel. *Phèdre* (Phèdre), 21 déc., rôle qui lui valut des compliments sans bornes de Th. Gautier dans le *Moniteur* du 24 déc. Le 14 avril 1861, reprise d'*Adrienne Lecouvreur* pour Mlle Devoyod. On la jugea moins bonne que dans la tragédie; puis *Nicomède* (Laodice), 6 juin; *Œdipe roi* (Jocaste), 2 août; *Tartufe* (Elmire), 13 août, sans autorité et avec des grands airs ne convenant pas au personnage; les *Horaces* (Camille), 6 juin 1862; *Psyché* (Vénus), 19 août; *Dolorès* (Laura), 22 sept.; la *Mère confidente* (Mme Argante), 14 sept. 1863, insuccès: *Voltaire au foyer* (Mlle Clairon) 16 mars 1864; *Héraclius* (Pulchérie), 6 juin; *Esther* (Zarès), 5 juillet; *Atrée et Thyeste* (Mégère dans le prologue), 11 août 1866; la *Fête de la France*, stances, 15 août 1867; *Agamemnon* (Clytemnestre), 22 juin 1868; Stances, 15 août 1869; la *Parvenue* (Mme Calendel), 30 août; *Une fête de Néron* (Locuste), 3 août 1870. Elle prenait alors des allures masculines et un duvet était venu orner sa lèvre.

« Elle avait bien des défauts, écrivait Fr. Sarcey, mais elle était belle, de taille imposante, avec l'allure magnifique d'une reine. Le diadème allait bien à cette tête superbe, où étincelaient des yeux profonds et noirs. »

Presque inutilisable dans la comédie, Mlle Devoyod en fut réduite à ne jouer qu'à de rares intervalles la tragédie. Peu connue du grand public, elle ne parvint jamais au sociétariat et se retira le 15 avril 1872. Le souvenir de Rachel était encore trop vivace. Ses efforts, son port altier, son ardeur, rien n'y fit. Il lui fallut rentrer dans l'ombre. En 1899, âgée de 61 ans, elle obtint une pension de 500 fr. de la Société des artistes et habitait Paris en 1904. Mère de Mlle Marthe Devoyod.

Bibliographie: G. d'Heilly: *Journal intime de la Comédie française*. — P. Mahalin, les *Jolies actrices de Paris*, t. I, p. 123. — Fr. Sarcey, *Quarante ans de th.*, t. II, p. 177-178, t. III, p. 221.

DEVOYOD, Mlle *Marthe*, Caroline, Célestine, fille de Mme Devoyod de la Comédie française. — Profil hautain, air impassible. Odéon 1880-1881, Gymnase 1882-84, Paris 1885-90. Un hôtel rue Jouffroy, 67. Ne pas confondre avec Mlle Suzanne Devoyod, l'artiste contemporaine.

Bibliographie: P. Mahalin, les *Jolies actrices de Paris*, t. IV, p. 141.

DEVRAINE, Mme Marie, Hyacinthe. — Alger 1881-84, Agen 1885-86, Toulouse 1887, Toulon 1888, Alger 1889-91, Grenoble 1892, Dijon 1893-94, Amiens 1895. Sa mort fut annoncée au Rapport de 1897.

DEVREMONT. — Marseille 1792.

DEVREMONT, Mme. — Angers 1802.

DEWINNE, Henri. — Bruxelles 1856-59.

DEWINTRE, Mlle Octavie, Léontine, Victorine, née à Calais le 22 juin 1845. — Elève de Samson, premier accessit de comédie 1866, deuxième prix 1867, débuta à la Comédie Fr. le 8 sept. 1867 dans Lisette, des *Folies amoureuses*; le 15 dans le *Légataire universel*; le 22 dans Dorine, de *Tartufe*. On la jugea insuffisante. Le 13 oct. 1869, elle créa le rôle de Thérèse, dans le *Mari qui pleure* et quitta la Comédie après la guerre. On la revit au Th. Historique avec un certain succès dans le rôle de Marco, des *Filles de marbre*, puis elle disparut.

DEWOLF. — Versailles 1833-34.

DEYLA, Ernest, Ch. Tschaggeny. — Namur 1837, puis correspondant dramatique à Paris, 1850-70. En 1866, âgé de 62 ans, avec 46 ans de services, il obtint une pension de 300 fr. de la Société des artistes.

DEYNE, Mme Pauline de. — Bordeaux 1889-1891, Nice 1892-93.

DEYRIS. — Bruxelles 1895-98.

DEZAIS, Mme Céline. — Besançon 1863-67, Rouen 1868, Paris 1869-73.

DEZANDRE, Théodore. — Marseille 1850-62.

DEZODER, Mme Suzanne Jeandounenc, dite. — Palais-Royal 1877-83, Vaudeville 1884-85, Palais-Royal 1886-88, Renaissance 1890, Fol. dram 1894, Palais-Royal jusqu'en 1901. Habitait Paris en 1904. « Fine mouche intelligente, » la qualifie un biographe.

DEZOUÈDE. — V. Claudius. Un Dézouède, *Gabriel* (et non Claudius), âgé de 70 ans en 1902, avec 41 ans de th., obtint une pension de 500 fr. de la Société des artistes.

DHAILLBOURG, Mme Constante. — Ambigu 1828.

DHALYLE, Mme Suzanne. — Namur 1884-87, Paris 1888-93.

DHANNETAIRE, Jean, Nicolas Servandoni, dit. — Naquit à Grenoble en 1718. Il descendait du fameux Servandoni, peintre-décorateur de Louis XIV. Ses parents lui firent donner une excellente éducation et le destinaient à l'état ecclésiastique, quand il se fit comédien. Son nom nous apparaît pour la première fois dans les Pays-Bas vers 1744. En effet, l'*Observateur des Spectacles* cité par J. Faber, rapporte que Dhannetaire s'étant rendu à Gand pendant l'occupation de cette ville par le Maréchal de Saxe, chercha à enrôler quelques acteurs de la troupe de ce général. Celui-ci, en ayant eu connaissance, le fit emprisonner. Mais, ajoute le pamphlet, « sa femme était aimable et jolie, on le délivra. ». Réel ou faux, le fait est à noter. Ce qui est plus certain est ce qui suit :

Bruxelles était sans spectacle, lorsque Dhannetaire venant de Liège, nov. 1744, y arriva en 1745. Il venait alors d'Aix-la-Chapelle avec sa troupe. Mais le Maréchal de Saxe étant entré dans Bruxelles fit brusquement fermer le théâtre. Sa troupe se fondit avec celle du Maréchal, et lui-même y tint les premiers emplois et les rôles tragiques jusqu'en 1746.

En 1752, revenant de Bordeaux, il débuta à la Comédie Française, mais dans un tout autre emploi : Orgon, de *Tartufe*, 27 avril ; Orgon, du *Consentement forcé*, le 3 mai ; Arnolphe, de l'*Ecole des femmes*, le 4 mai ; Harpagon, de l'*Avare*, le 5 mai. L'*Almanach Duchesne* de 1753 l'appelle *Denneterre*, et le *Mercure de France* de juin nous apprend qu'il a réussi. Il reprend le chemin des Pays-Bas, où nous le trouvons directeur en 1754, pour trois ans, avec un loyer de trois cents pistoles par an. Il donne de suite à cette entreprise une grande impulsion. Pour une cause indéterminée, Dhannetaire quitte Bruxelles en 1755, passe par Anvers et s'en va à Gand, où l'on donna le 30 janvier 1756 la première représentation du *Caprice amoureux*, de Favart. A Pâques 1758, il eut son privilège renouvelé pour un an à Bruxelles, et s'adjoignit un nommé Gourville qui continua seul l'année suivante, Dhannetaire restant attaché au théâtre comme rôle à manteau et financier (et peut-être associé dans la coulisse).

En 1766, les acteurs se constituèrent en société sous le titre de *Comédiens ordinaires de S. A. R. le Prince Charles de Lorraine*, et débutèrent le 20 avril 1767. Dhannetaire prononça le discours d'ouverture que Faber nous a conservé. A cette époque, Dhannetaire tenait à Bruxelles salon ouvert et réunissait l'élite de la société. Le prince de Ligne, surtout, était un des hôtes les plus assidus de cette maison où l'on jouait des comédies improvisées, avec des sujets donnés séance tenante. Les honneurs étaient faits par les filles de Dhannetaire, Eugénie et Angélique et une autre personne (sans doute Mlle Rosalide), surnommées les *Trois grâces*. Dazincourt a rapporté dans ses *Mémoires* que Dhannetaire jouissait alors d'une fortune personnelle de 80,000 livres de rente, chiffre considérable pour l'époque. Ce fut encore lui qui, en 1771, facilita les débuts de Dazincourt dont il fut le conseiller.

Vers 1772, Dhannetaire voyant la gestion péricliter, voulut se retirer de la scène. A la vérité, la famille Dhannetaire avait tout accaparé ; de crainte de porter ombrage aux demoiselles Dhannetaire ou à Mlle Rosalide, on n'engageait plus aucune femme de talent. Dhannetaire tranchait du monarque absolu ; les comédiens se liguèrent et protestèrent. M. F. Faber a publié tous ces documents : réclamations des comédiens et défense de Dhannetaire. Celui-ci s'en alla donc, laissant ses deux filles et Mlle Rosalide (la troisième grâce) dans l'exploitation. Cette dernière passait pour sa cousine. Dhannetaire, depuis longtemps, ne faisait du théâtre qu'en amateur. Il possédait au petit village de Haeren, près Vilvorde, un château dans lequel il recevait les plus grands seigneurs de l'époque. Lui-même s'intitulait *baron*. Les pamphlets de ce temps ne le ménagent guère :

« L'histrion d'Hennetaire *(sic)* dit le *Colporteur*, eut une *manière* de femme : créature vraiment aimable et faite pour plaire à un galant homme. Le mari acheta du patrimoine de cette jolie personne une baronnie sous le titre d'*Haren*, située entre Malines et Bruxelles. D'Hennetaire, devenu baron, n'en est pas plus fier, et il continue à divertir le peuple pour deux *escalins*. »

Dans le parc de Haeren, Dhannetaire avait fait élever une statue en pierre, de 15 pieds de haut, représentant le prince Charles de Lorraine en cóstume romain. Sur les quatre faces, se trouvaient des inscriptions en vers où le « Protecteur chéri » était comparé à Auguste, Antonin, Marc-Aurèle et Titus. Enfin l'on prétend que Dhannetaire avait fait sculpter quatre statues destinées à être placées aux quatre coins du piédestal, représentant quatre muses sous les traits de Rosalide, Melpomène ; Eugénie, Thalie ; Victoire (fille de Rosalide), Euterpe et Angélique, Therpsicore. Toute sa famille y avait passé. D'où une pluie d'épigrammes où les mots ne sont guère gazés. Les « compagnes inséparables » de S. A. R., à commencer par Rosalide « nymphe poulinière », n'y sont pas ménagées.

Dhannetaire mourut le 1er janvier 1780, ainsi que le constate l'acte dressé à la paroisse Sainte Gudule, à Bruxelles. Nous y apprenons qu'il fut marié deux fois, et que sa seconde femme, qui n'appartenait sans doute pas au théâtre, s'appelait Catherine Janssens. Il laissait un ouvrage : *Observations sur l'art du comédien et sur d'autres objets concernant cette profession en général*, etc. L'ouvrage eut quatre éditions de 1764 à 1801. On connait encore de lui : *Exposition d'un divertisse-*

ment nouveau de chants et de danses pour célébrer l'Evêque Jean-Théodore de Bavière (brochure rarissime), Liège, nov. 1744.

Bibliographie: F. Faber, le *Th. français en Belgique*, tomes I, II et IV. — Dazincourt, *Mémoires*.

D'HARBOVILLE, Mlle. — Jeune première à Rouen, 1810-11. V. d'Herbouville.

D'HARCOURT. — Th. Patriotique, 1792.

D'HARCOURT, Mlle, ou Darcourt, Cécile, née Daine. — Jolie personne appartenant aux Délassements comiques et âgée de 27 ans en 1845. Elle fut appelée en témoignage dans l'affaire Jémot.

D'HARME. — Th. Patriotique, 1793.

DHARMEVILLE. — Sous ce nom:

DHARMEVILLE, directeur et premier rôle, Auxerre 1825, département de la Nièvre 1826, Moulins 1828, Clermont 1830-31.

Mme DHARMEVILLE, premier rôle, Auxerre 1825, Nièvre 1826, Moulins 1828.

Mlle DHARMEVILLE, Aimée, jeune première, Auxerre 1825, Moulins 1828.

Mlle DHARMEVILLE, Renée Depresle, Poitiers 1887-90.

DHARTY, Mlle Jeanne, Alphonsine Devau. — Lille 1891-92, Alger 1893-95.

DHARVILLE. — Sous ce nom:

Mlle DHARVILLE, Rose Moulin, Porte-Saint-Martin 1846-48, Gaîté 1853-54, Ambigu 1855. Très belle personne prenant son art au sérieux.

Mme DHARVILLE, Clémentine, Fr. Cochet-Cochelin, dite. Renaissance 1878-79, Fol. dramatiques 1880, Château-d'Eau 1882, Fol. dramatiques 1883, Menus-Plaisirs 1884-85, St-Pétersbourg 1890-98. Très appréciée au th. Michel de cette ville. Sa mort fut annoncée au Rapport de 1899.

Mlle DHARVILLE, Eugénie, Louise, Claude dite, Avranches 1888-90, Alger 1891, Le Hâvre 1892, Paris 1893-95.

DHAUSSY. — Sous ce nom:

DHAUSSY, Belleville 1833-34.

Mlle DHAUSSY, grande utilité, Langres 1831.

DHAUSSY, Joseph, mort vers 1880.

DHAUTEL, Mme, femme Bussy. — Cirque Olympique 1828-31. Vivait en 1849 sous le nom de veuve Bussy-Dhautel.

DHAUTEVILLE. — Douai 1786-87. Souffleur et peintre.

DHAUTERIVE. — Délass. com. 1794.

D'HENNEZEL, Léopold, Henri. — Comique, Turin 1864, Liège 1867, Poitiers 1868, Bruxelles 1870-72, Le Hâvre 1873, Tours 1874, Nantes 1875, Gand 1876-77, Lille 1878-80, Château-Gaillard 1881, Périgueux 1882, Beauvais 1883-1884, Rouen 1885, Grenoble 1886, Lille 1887, Tournai 1888, Verviers 1889, Chaux-de-Fonds 1890-91, Brest 1892, Namur 1893-94, Clermont 1895, Paris 1896, Tours 1897, Paris 1898-1900. Epoux de Françoise, Maria Cifolelli. (V. ce nom.)

D'HENNEZEL, Mme. — V. Cifolelli.

D'HENNEZEL, Mlle Augusta, Charlotte, dite aussi *Colas*. — Constantinople 1873-77.

DHERBOUVILLE. — Porte-St-Martin 1805-07. On écrit de lui en 1806: « D'Herbouville joue les scélérats, les brigands, les voleurs de grand chemin... Il n'est point sans talent; sa stature élevée, sa figure sauvage et sa diction dure et pénible sont d'autant d'avantages réels pour ces rôles. »

DHERBOUVILLE, Mme. — Gaîté 1807-08, Gand 1809, Rouen 1810-11.

DHERCOURT. — Cour de Bayreuth 1761.

DHERCOURT, Jean, Pierre Porte dit. — Constantine 1867, Aix 1868, Marseille 1869, Béziers 1870, Chambéry 1872, Marseille 1873-74, Lyon 1875-76, Marseille 1877-81, Arles 1882-83, Marseille 1884 et années suivantes. En 1899, Dhercourt, âgé de 60 ans, avec 41 ans de th., obtint une pension de 500 fr. de la Société des artistes. Sa mort fut annoncée en ces termes au Rapport de 1904: « Un de nos meilleurs souvenirs de Marseille. Porte Dhercourt était le Marseillais marseillant dans toute la puissance de son accent et de sa verve outrancière. »

DHERDS. — Athénée 1874.

D'HERDT, Léon. — Grenoble 1880-81, Saint-Quentin 1882-85, Paris 1886-88.

DHERICOURT. — Nom d'un débutant à la Comédie française le 15 novembre 1771 et d'un autre débutant au même théâtre, le 23 août 1819, dans *Tancrède*.

DHERIGNY, Mme. — Banlieue 1826.

DHERMILLY. — Deuxième comique et souffleur, Gand 1784 et 1790.

DHERMILLY, Mme. — Reines et caractères, Gand 1784, Toulouse 1792, Marseille 1793.

DHERMILLY. — V. Blot-Dermilly.

DHEROU, Louis, Gustave ou Hérou. — Membre de la Société des artistes depuis 1840, fit toute sa carrière à Lyon ; pensionné en 1876, il devint professeur au Conservatoire de cette ville, 1882-85.

DHERVIEUX. — Cour de Prusse 1751.

DHERVILLY. — Namur 1812.

DHERVILLY, Mme. — V. Bourdeau.

DHEURS, Mme Anna, Paula. — Premier accessit de comédie, 1886, Odéon 1887-89, Paris 1889-94.

DHOOGHE, Philippe. — Lille 1849, Strasbourg 1850, Toulouse 1852-53, Strasbourg 1854-55, Genève 1856, La Haye 1857-61, Nancy 1862, Avignon 1863-64, Besançon 1865, Lyon 1867-72, Montpellier 1873-81. En 1882, âgé de 66 ans, avec 37 ans de théâtre, Dhooghe obtint la pension de 500 fr. de la Société des artistes.

DHUEZ. — Premier rôle, Le Mans 1828, Bourges 1835 et 1837, Namur et Liège 1839.

D'HUMAINBOURG, Mlle cadette. — Deuxième soubrette, aux appointements de 1,500 livres, Bruxelles 1776-77 et confidente 1781. Sa sœur était première danseuse.

DIANCOUR, Mlle Marie, Jeanne, *Julie*, femme Delorge, naquit rue du Cherche-Midi et fut baptisée à St-Sulpice le 20 janvier 1765. — Elle débuta dans la troupe d'enfants d'Audinot, dès 1772, et sauf une éclipse de deux ans, y demeura jusqu'en 1791. A cette époque on la retrouve à Marseille. au th. National, comme premier emploi dans la comédie et la pantomime ; en 1797 elle est revenue à Paris, à l'Ambigu. Dès ce jour, elle n'a pas de rivale pour représenter les héroïnes malheureuses et persécutées ; au théâtre de la Cité, elle triomphe dans l'*Enfant du malheur* et *Adeline de Tracy*. En 1802, elle entra au th. des Jeunes-Artistes, où elle retrouva son mari, Delorge (V. ce nom), artiste médiocre qui mourut fou. Elle créa sur ce théâtre le *Petit Poucet*, déjà aux approches de la quarantaine, entourée de tous jeunes gens, et la *Chronique scandaleuse* de 1800 lui chantait :

L'âge lui vient enlever
Les projets qu'elle forge,
N'ayant rien su réserver,
Trop heureuse de trouver...
De l'orge.

Ce Delorge était, en effet, plus jeune qu'elle de sept ans. Julie Diancour, retirée du théâtre, vécut des produits de sa couture dans un modeste réduit de la rue de Sèvres, où elle mourut le 3 janvier 1821.

Biographie : E.-D. De Manne et C. Ménétrier, la *Troupe de Nicolet*, p. 201. — Em. Campardon, les *Spectacles de la foire*, t. I, p. 253.

Bibliographie : *Journal de Paris*, 29 juin, 30 août 1782, 21 sept. 1783. — Le *Chroniqueur désœuvré*, I, 100. — *Mémoires secrets*, XXX, 76. — *Catalogue Soleinne*, III.

DIANCOURT, Philippe, Arthur Rivière dit. — Comédien de la ville de Reims, époux de Marie, Madeleine Leroux, arrêté comme suspect avec sa femme, en l'an II.

DIANY-AUGIER. — Lille 1882.

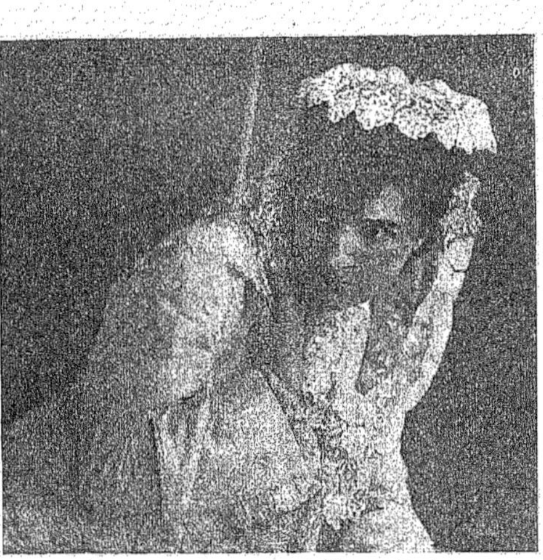

Mlle DICA-PETIT
Cliché Quinet

DICA-PETIT, Mlle Marie, Joséphine, Déodica Petit dite, née vers 1841. — Etait la fille d'un employé supérieur de la Préfecture de police. Après la mort du père, la famille vivait modestement, au fond du faubourg St-Germain, de la pension de la veuve. Got, ami de la famille, conseilla à la jeune fille d'entrer au théâtre et lui donna des leçons avec autant de désintéressement que de zèle. Mlle Dica-Petit débuta à l'Odéon dans le *Célibataire marié*, puis dans le *Marquis de Villemer*, travailla la musique pendant quelques mois, et parut à la Porte-St-Martin en mars 1868 dans une reprise de *Glenarvon*, puis dans *Nos Ancêtres*. Elle avait tenu aussi le personnage d'Anne d'Autriche dans une reprise des *Mousquetaires*. On trouva la jeune débutante distinguée, aristocratique même. Elle était blonde et élancée. Il lui manquait seulement la force et l'ampleur.

Le théâtre fermé, Mlle Dica-Petit alla créer *Mme de Chamblay* à la Salle Ventadour (4 juin 1868). Dumas père écrivit à ce propos : « Le rôle de Mme de Chamblay, doux, jeune, poétique comme elle, trouva en elle une interprète pleine de grâce et de dignité. Plus poétique que passionnée, elle était la femme qu'il fallait... Son succès fut immense, et elle en recueillit les fruits par un prompt engagement à l'Ambigu. »

Elle y créa le *Sacrilège* (25 oct. 1868), la *Princesse rouge* (24 déc.), la *Famille des*

Gueux (26 fév. 1869), les *Quatre Henri* (5 juin), *Richelieu à Fontainebleau* (1er juillet), l'*Héritage fatal* (30 sept.), la *Charmeuse* (29 janv. 1870). Sa diction avait pris alors de la chaleur et du coloris, sa passion était plus ardente. C'était l'actrice sympathique de drame.

Pendant le siège, elle fait accepter à l'Ambigu les *Paysans lorrains* et le *Forgeron de Châteaudun* ; pendant la Commune elle s'associe avec son camarade Régnier pour exploiter le th. du Château-d'Eau. Après une tournée à Bruxelles, elle revient au Châtelet où elle joue dans le *Miracle des roses* (1872), puis à la Salle Ventadour (les *Deux Reines*, de Legouvé). Hostein l'engage alors pour créer *Thérèse Raquin* à la Renaissance. Elle y fut admirable.

Rentrée à la Porte-St-Martin reconstruite, elle fut Jane, de *Marie Tudor*, Milady, des *Mousquetaires* (grand succès), la Duchesse, de *Coq-Hardi*. Ce fut alors qu'elle accepta un engagement pour St-Pétersbourg, où elle finit sa carrière. Sa mort fut aussi extraordinaire qu'imprévue : la pauvre femme était venu passer quelques semaines en France pour se soigner d'une assez grave indisposition. Croyant sa santé suffisamment rétablie, elle retournait finir la saison théâtrale à St-Pétersbourg, le 5 avril 1885, lorsque, entre Pont-St-Maxence et Compiègne, elle fut prise tout à coup d'une violente suffocation qui l'enleva. Elle expira dans le compartiment qu'elle occupait avec sa dame de compagnie, avant d'atteindre la station de Compiègne. Mlle Dica-Petit ne laissa que des regrets ; bonne et secourable, elle poussait la charité jusqu'à abriter dans sa maison, pendant son absence, d'intéressantes infortunes. Quant à sa mémoire, elle était prodigieuse, et nous avons entendu citer ce trait : Mlle Dica-Petit partant pour Bruxelles sans savoir un mot du rôle de l'*Aventurière*, l'apprenant en wagon, le répétant à l'arrivée, et le jouant le lendemain.

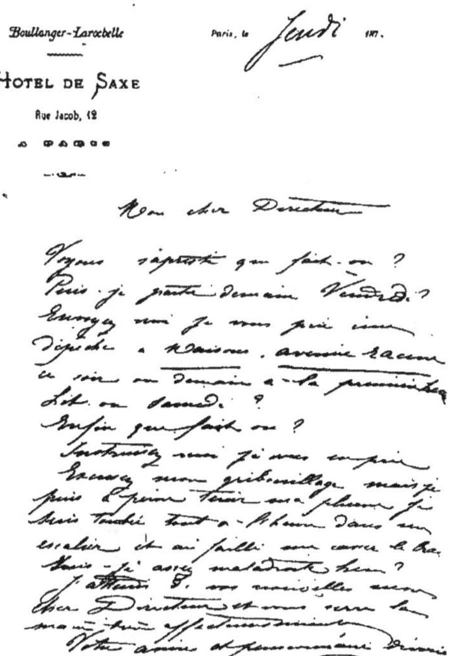

Boullanger-Larochelle

Paris, le Jeudi 187.

Hotel de Saxe
Rue Jacob, 12

Mon cher Directeur

Voyons répète-t-on que fait-on ?
Puis-je partir demain Vendredi ?
Envoyez-moi je vous prie une
dépêche à la maison. [illegible]
ce soir ou demain à la première heure
Est-ce samedi ?
Enfin que fait-on ?
[illegible]
Excusez mon gribouillage mais je
puis à peine tenir ma plume je
suis tombée tout à l'heure dans un
escalier et ai failli me casser la [illegible]
[illegible] maladroite hein ?
J'attends [illegible] vos nouvelles mon
cher Directeur et vous serre la
main bien affectueusement
Votre amie [illegible]
Dica Petit

Autographe de Mlle DICA-PETIT
(Collection H. Lyonnet)

Biographie : *Paris-Théâtre*, no 13, août 1873, notice par F. Jahyer. — *Foyers et Coulisses*, Porte-Saint-Martin, 1875. — P. Mahalin, les *Jolies actrices de Paris*, t. III, p. 95.

Bibliographie : les *Soirées parisiennes*, 1875, 1876.

Iconographie : Bibl. nat., catal. Duplessis 12692. A mi-corps assise, de face, photogr. *Paris-Théâtre*, no 13, cliché Quinet.

DICKENS, Mlle. — Ingénue, Lille 1889. Jeune première 1892.

DIDELOT le petit. — Fol. dram. 1887.

DIDIER. — Sous ce nom :

DIDIER, Quimper 1826.

DIDIER, Cirque Olymp. 1833-34.

Mme DIDIER, Odéon 1841.

DIDIER, Ambigu 1845.

DIDIER, Hyacinthe, Louis, Nicolas, né en 1815. De la Société des artistes depuis 1846. Abbeville 1849-50, Versailles 1852-53, Bourges 1854, Versailles 1855, Paris 1856, Lyon 1857-1879, Montpellier 1880, Lyon 1881-91, Paris 1892-1903. Sa mort fut annoncée au Rapport de 1904. Depuis 1881, L.-N. Didier recevait la pension de 500 fr. pour ses 45 ans de th.

DIDIER, Désiré, Constant, Joseph. Artiste faisant partie de la Société depuis 1847. Paris 1852-61.

DIDIER, Alexis. Personnalité fort étrange. Acteur aux Variétés 1849, aux Folies Dram. 1850-53. Alexis Didier fut surtout connu comme possédant une double vue ; avec l'aide d'un magnétiseur, il ouvrit un cabinet qui devint célèbre, rue St-Lazare. Il avait aussi la spécialité de diagnostiquer les maladies. Alexandre Dumas père s'est occupé de lui, et Céleste Mogador en parle dans ses *Mémoires*, t. III.

DIDIER, Edouard, François, premier rôle à Lille 1850, puis à Brest 1851. Débuta au th. Français le 15 juin de cette année par le rôle de Julien, dans *Gabrielle* et doubla quelques premiers rôles. Pensionnaire en 1853.

Mlle DIDIER *Rosa*, Marie, Rose Colin dite. Elève de Louis Monrose, était une fort agréable personne qui débuta au Gymnase vers 1857 et se fit remarquer dans l'*Autographe* et *Risette*.

Elle débuta à la Comédie française le 26 janvier 1860 par les rôles de Lisette. des *Folies Amoureuses* et de Dorine, de *Tartufe*. Elle continua par Lisette, des *Jeux de l'Amour* et Chérubin, du *Mariage de Figaro* (13 mai). On lui trouva beaucoup d'inexpérience. Possédant une mine très éveillée, une physionomie pleine de malice, elle réussit honorablement, mais ne perça jamais. Elle quitta la Comédie Française pour le Vaudeville (1866), passa par le Palais Royal (1868), et mourut prématurément vers 1870. (Rapport 1871.)

Biographie : G. d'Heylli, *Journal intime de la Comédie française*, p. 279.

DIDIER, Mme Clara, Lyon 1858-59.

DIDIER, Eugène, Chardon dit. Agen 1864-68. Nantes 1869, Lille 1870, Moulins 1872-73, Londres (directeur) 1874-76, Egypte 1877, Variétés 1878-94, Palais royal 1895-96. Avait épousé Mlle Jeanne May. Aux Variétés, il doubla quelquefois Dupuis. Il laissa par son testament 1200 fr. de rente à revenir à la Société des artistes au décès des usufruitiers (1896).

DIDIER, Paul, Huber dit. Comique, Lille 1868-70.

DIDIER, Mme, jeune première, Lille 1870.

DIDIER, René, Richard, jeune premier, Ambigu et Th. Cluny 1873, Porte-St-Martin 1875, Vaudeville 1876-79, Th. des Nations 1879. Sa mort fut annoncée au Rapport de 1884.

DIDIER, Mme Joséphine Dismier dite. Santiago 1876-78, Paris 1879-91.

DIDIER, Lucien, Ladislas Filanowicz dit. Reims 1878-79, Rouen 1880, Toulouse 1881-82, Bordeaux 1883. Frappé d'apoplexie sur le théâtre de Vichy. (Rapport 1884).

DIDIER, Mlle, Th. Déjazet 1886-88.

DIDIER. V. Perrin.

DIDIER. V. Mme Palmérine.

DIDOLLET, Hugues. — Chambéry 1789.

DIDOS. — Gymnase 1857. V. Didot.

DIDOT. — Sous ce nom :

DIDOT, Alfred, Toulouse 1849, Marseille 1850, Paris 1852-59.

DIDOT, Mme, née Miro-Camoin, Cécile, Toulouse 1852-53.

DIEL, Mme, Mélanie. — Tour d'Auvergne 1874.

DIENNE, Mme, Thérèse, née Mélis, Alida Roubry. — Lausanne 1883-84, Le Hâvre 1885-87, Mirecourt 1888, Paris 1889-92. Sa mort fut annoncée au Rapport de 1893.

DIESSER. — Belleville 1851.

DIETRICH. — Utilités, Brest 1852.

DIETRICK, Raphaël Cailloux, dit. — Toulon 1897-98, Constantine 1899-1900, Grenoble 1901-1902.

DIEU. — V. Amy.

DIEU, Félix, Michel. — Lille 1876-82.

DIEUDONNE, Mme, St-Amand. — Caractères, Vesoul 1826.

DIEUDONNÉ, Mme, E. V., fille de comédiens, née Blancan Savigny. — Gymnase 1861, St-Pétersbourg 1865-74, Palais Royal 1875, Vaudeville 1876; une dame Dieudonné est à Lille 1885-86. Son nom disparut de l'annuaire en 1896. Elle avait épousé en 1857, à Montreuil s/Bois, Dieudonné, l'artiste contemporain, dont elle porta toujours le nom.

DIEUDONNÉ, Mlle, Déa, fille de Dieudonné, l'artiste contemporain. — Deuxième prix de comédie en 1889, Mlle Déa Dieudonné entra à l'Odéon la même année. Dumas fils qui s'intéressait à cette charmante et poétique jeune fille, écrivait à son père, à la veille des concours du Conservatoire : « Ne vous dérangez pas, à quoi bon ! Mlle Déa est votre fille. Elle peut compter sur moi ». A l'Odéon, elle parut dans la *Famille Benoiton*, rôle de Jeanne (20 septembre), créa le rôle de Jessica dans *Shylock* (18 novembre), reprit celui de Geneviève dans la *Maîtresse légitime* (24 septembre 1890), puis passa au Vaudeville, rôle de Benjamine dans nos *Intimes* (22 octobre 1891), Gabrielle de la *Famille Pont-Biquet* (12 janvier 1892).

Mlle Déa Dieudonné mourut à Luchon, en 1892, dans des conditions extraordinaires. Elle jouait avec son père au Casino et y remportait de brillants succès. Rentrée joyeuse, après la représentation, elle s'endormit. Le lendemain on la trouva froide dans son lit. Le corps fut ramené à Paris, et les obsèques célébrées à l'Eglise russe, trop petite pour contenir deux mille personnes accourues pour lui rendre les derniers devoirs.

DIEUDONNÉ. — V. Gouré.

DIEUL, Mlle, Dioune dite. — Variétés 1876-1877.

DIGARD. — Délass. com. 1851.

DIGUET, Louis, Alfred. — La Haye 1849, Bruxelles 1850, Nouv. Orléans 1852-55.

DIJON, Isidore. — Grande utilité, Lille 1826.

DILLMANN, Hermann Schnepf dit. — De la Société des artistes depuis 1843, Cirque olymp. puis impérial 1849-65.

DINAH, Mlle, Brissac. — Débuta chez Comte, puis au Gymnase (avril 1848). Petite et toute jolie personne au type israëlite, soubrette avenante à la mine éveillée. Fol. dram. 1848-53. *Une passion*, le *Bonhomme Richard*, *Une vie de Polichinelle*. Débuta au Palais royal en juillet 1854 dans la *Mort de Pompée* et habitait Paris en 1863.

Biographie : N. Gallois, *Th. du Palais royal* 1854.

DINAH, Mlle, Félix. — V. Félix.

DINAH, Mlle, Esther, Eugénie Petit dite. — Th. des Nations 1882-83. Sa mort fut annoncée au Rapport de 1884.

DINAUX. — Deuxième comique, Moulins 1851, Délass. com. 1854-56.

DINELLI, Mlle, Mathilde Domenech dite. — De beaux yeux, des cheveux noirs et des dents blanches ; arrivait de province lorsqu'elle fut engagée au Gymnase en juillet 1876. Elle débuta avec succès dans la *Comtesse Romani* (16 novembre), puis parut dans le *Père* (17 février 77), *Bébé* (10 mars), les *Petites marmites* (25 octobre), la *Cigarette* (20 avril 78), l'*Age ingrat* (10 décembre), *Nounou* (21 mars 79), l'*Amiral* (13 avril 1880). Voulant aborder l'opérette, Mlle Dinelli s'essaya alors aux Bouffes parisiens où elle créa le rôle de Fiametta de la *Mascotte* (29 décembre). Abandonnant ce genre, elle entra au Palais royal où elle joua Hermosa dans le *Truc d'Arthur* (14 octobre 1882), Amarante dans une reprise de *Monsieur Garat* (21 décembre), Ophélie du *Train de plaisir* (1 avril 84), Mme de Trégène des *Petites voisines* (21 mai 85), les *Noces d'un réserviste* (21 octobre), Julia de *Bigame* (3 mars 86). Cherchant toujours sa voie, elle passa au Vaudeville : *Gerfaut* (20 septembre), la *Sécurité des familles* (17 décembre 1888), la *Comtesse Romani* (reprise, 21 janvier 1889). Malgré des qualités incontestables, une voix sonore, une grande aisance en scène, celle qui fut l'héroïne de la *Navette* de Becque et la *Nounou* d'Hennequin n'arriva pas à percer. Elle se retira du théâtre, et sa mort fut annoncée au Rapport de 1894.

DIODET, Louis, Justin, Augustin. — Constantine 1893-96.

DIONI, Mlle. — Menus plaisirs 1877, Athénée 1878. V. Diony.

DIONNET, Poilvé dit. — Troisième rôle, Dijon 1840, devint aveugle ; en 1849, il était âgé de 42 ans et vivait à Auch où la Société des artistes lui servait une petite pension de 186 fr. Mourut vers 1854.

DIONY, Mlle. — Th. Cluny 1890, Menus plaisirs et Châtelet 1895.

DIOUL, Mlle. — Menus plaisirs 1879. Voir Diony.

DIRON, Mlle, Florentine. — Montévidéo 1853-59.

DISKA, Mlle, Jenny. — Ingénue, Lille 1885 et 1895.

DISPOT, Mme, Jeanne, Pierrette, femme Laignier. — De la Société des artistes depuis 1840, était âgée de 57 ans en 1858, avec 38 ans de th. Comme elle ne gagnait pas 800 fr. par an, elle obtint à Paris la pension de 200 fr.

DIVERSSEIN, Mme. — Caractères, Th. de la liberté, Toulouse 1794.

DIVOIRE, Mme, Eulalie, Pauline, née Foignet. — De la Société des artistes depuis 1845. Toulouse 1865. Bayonne 1867, Paris 1868-70, Toulouse 1872-90. V. Foignet.

DIVOOR, Charles, Edouard. — La Villette 1868-69, Th. lyrique dramat. 1875-78. Jeune premier rôle. Lille 1879-80, Strasbourg 1881, Lille 1882, Grenoble 1883, Lille 1884-86, Le Hâvre 1887-88, Valence 1889, Béziers 1890, Lille 1891. Sa mort fut annoncée au Rapport de 1892.

DIVRY, Paul, Denuelle St-Leu dit. — Montparnasse 1860-62, Calais 1863, Laon 1864-65, Mâcon 1867, Paris 1868.

DJALLY, Mme, Marie, Augustine Charpentier dite. — Bouff. par. 1891-96.

DJINA, Mlle. — Menus plaisirs 1884.

DOBBELS, Augustinus. — Aix 1852-54, Angers 1855, La Haye 1856, Nantes 1857-59.

DOBEL, Louis. — Colmar 1861-63, Vannes 1864-65, Rouen 1867, Rennes 1868, Besançon 1869-70, Auxonne 1872-87.

DOBELANDE. — V. Frédéric.

DOBERIO, Mlle. — Gaîté 1897.

D'OBERNI, Marc ou Doberny. — Directeur Anvers 1791, Gand 1797, Anvers 1798.

DOBERVAL. — Pères, Lille 1793. V. Dobreval.

DOBRÉ, Mlle, Claire, Marie, Rosalie. - Paris 1852-54, Bruxelles 1855, Paris 1856-99. De la Société depuis 1840.

DOVREVAL, M. et Mme. — Lille 1788. V. Doberval.

DOBRONELLE, Mlle, Argentine. — Bruxelles 1864-69, Caen 1870-72.

DOCHE, Jean, Pierre. — Th. de banlieue 1827, Belleville 1830-31, deuxième comique Panthéon 1832. Agé de 70 ans, en 1876, avec 50 ans de th., Doche obtint la pension de 500 fr. de la Société des artistes. Sa mort fut annoncée au Rapport de 1892.

DOCHE, Mme, Ire. — V. Dussert.

DOCHE, Mme, IIme, Charlotte, Marie dite aussi *Eugénie Fleury*, née de Plunkett, le 19 novembre 1821 ou le 4 novembre 1823. — Reçut une excellente éducation ; passionnée pour l'art dramatique, elle débuta à Versailles en octobre 1837, puis au Vaudeville pour doubler Mlle Mayer. La débutante qui prenait sur l'affiche le nom d'Eugénie puis de *Fleury*, passa presque inaperçue. Le *Corsaire* du 10 janvier 1838 lui reproche de se pincer les lèvres à toute minute et d'avoir les bras rouges. Un seul critique semblait fonder sur son avenir quelques espérances.

Issue d'une noble famille irlandaise établie en Belgique, Mlle de Plunkett avait vu le jour à Bruxelles, puis avait été élevée à Paris. Elle joua au Vaudeville le 8 janvier 1858, le rôle de Suzette (reprise) dans *Renaudin de Caen*, puis créa Stella dans un *Serment de collège*.

Après l'incendie du th. de la rue de Chartres, Mlle Eugénie Fleury (comme on l'appelait alors) alla avec ses camarades donner des représentations à Abbeville, Châlons, Soissons, etc., puis elle rentra à son théâtre lorsque celui-ci fut rouvert provisoirement dans la salle de l'ancien *Café-spectacle* du Boulevard Bonne-nouvelle. En janvier 1839, elle épousa M. Doche, chef d'orchestre du Vaudeville, veuf en premières noces de Mlle Dussert. (V. ce nom).

« Mme Doche, écrit M. Rolle dans le *National* en 1840, a toujours la taille la plus fine, l'œil le plus aimable, le sourire le plus piquant et les plus jolies robes du monde ». Tous s'accordent à lui trouver du goût, de la gentillesse, mais on lui reproche de ne pas savoir chanter, ni valser. D'autres la trouvent trop « pensionnaire », de manquer de force et d'intelligence, mais on vante sa grande chevelure blonde, ses dents qui sont des perles, sa voix une harmonie. Dans le *Diable à Paris* on la trouvait ravissante sous six costumes différents, tantôt en femme, tantôt en homme.

Jeune, Madame Doche était assez jolie pour se passer de talent. Au mois de mars 1845, on apprit que la mignonne enfant, devenue alors lionne à la mode, et depuis quelque temps déjà séparée volontairement de son mari parti en Russie en 1842, allait quitter le Vaudeville pour le Gymnase. — A ce propos, disons que son biographe Gallois a donné la liste des pièces jouées par Mme Doche à ce premier théâtre.

Les débuts au Gymnase eurent lieu le 17 avril par le rôle de Madeleine dans l'*Image*. Elle ne se trouvait pas là sur son terrain, le comprit et rompit brusquement. Un soir, qu'elle était allée jouer au Vaudeville, au bénéfice de Bardou, on lui fit très poliment, quand elle rentra au Gymnase, la proposition de doubler Mlle Désirée dans les *Couleurs de Marguerite*. Elle demanda en souriant si on se moquait d'elle, et déchira son engagement qui lui assurait 20.000 fr. par an.

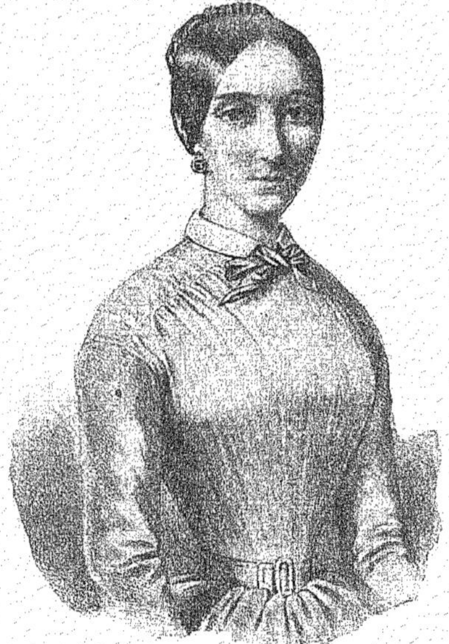

Mme DOCHE, vers 1845, d'après Lacauchie

Avant de quitter le Vaudeville, Mme Doche s'y était trouvée en rivalité avec Mlle Page. Elle y rentra cependant en décembre 1845 dans l'*Ile de Robinson*, les *Trois loges* (Colombine) et *Renaudin de Caen*, se faisant applaudir dans la mazurka. Après la fermeture de ce théâtre, au commencement de 1848, Mme Doche se rendit en Suisse, puis à Londres. Bruxelles qui l'avait déjà vue en juin 1844, l'applaudit dans son répertoire. Rouen lui vit aborder *Adrienne Lecouvreur*.

Puis elle rentra au Vaudeville qu'elle quitta encore à la fin de 1848. Ce qui lui fait écrire au *Siècle* le 26 octobre : « J'espère et j'attends un peu consolée par l'idée que je succombe devant l'enthousiasme bien naturel d'un associé pour son associé, et d'un mari pour madame son épouse».

A cette époque, Madame Doche est une des meilleures nageuses de l'école de natation, monte à cheval comme la première écuyère du Cirque, sait s'habiller, choisir ses étoffes, distribuer ses dentelles. Sa bibliothèque contient les Elzévirs les plus rares, elle possède les fameuses éditions des fermiers généraux, des tableaux de maîtres, des objets d'art, une demeure quasi-princière. Elle va aux courses, au bois, joue à la bourse, donne des soirées dansantes, secourt ses camarades malheureux.

Mme Doche avait déjà fait preuve d'un réel talent de comédienne dans *Louise de Nanteuil*, lorsqu'elle créa la *Dame aux Camélias* le 2 février 1852. Cette création suffirait seule à illustrer une carrière. Mme Doche y déploya toutes les séductions de la femme, et personnifia si bien Marguerite Gautier que son nom est resté inséparable de celui de cette héroïne. Cinq cents fois Mme Doche joua la *Dame aux Camélias* — une dernière fois au Vaudeville en 1867, croyons-nous. Puis, après une création importante dans le *Diable à Paris*, *Contrat* (21 avril 1869) pour l'ouverture du Th. de la Chaussée d'Antin.

Le 10 juin elle reprend le rôle de la *Fiammina*. Elle est alors belle encore, distinguée d'allure et de visage, portant admirablement la toilette. Dans ses dernières années théâtrales, Mme Doche joua principalement à l'Odéon : le *Petit marquis* (1873), *Cendrillon* (reprise), le *Marquis de Villemer* (reprise),

Lettre autographe de Mme DOCHE (collection H. Lyonnet)

Mme Doche quitta une autre fois le Vaudeville pour jouer momentanément à la Gaîté.

Nous relevons ensuite : Vaudeville 1860, la *Pénélope normande*, même théâtre 1864, la *Jeunesse de Mirabeau*, Odéon 1865, les *Parasites*, et le rôle de Navarette dans la *Contagion* 1866. Elle rentra au Vaudeville (1867) : les *Brebis galeuses* (27 février), les *Rivales* (27 février 1868), *Où l'on va* (16 octobre), le *Tartufe*, rôle d'Elmire, avec Geffroy (15 janvier 1874). Engagée à la Porte-St-Martin, elle créa le rôle de la Comtesse dans les *Deux orphelines*.

Mme Doche, qui n'avait plus d'engagement régulier, parut encore au Vaudeville, dans *Pierre* (5 septembre 1877). La pièce n'eut que 14 représentations ; elle revenait de faire une saison à Londres, et était allée se reposer à Etretat. Mais elle craignait alors de manquer de mémoire, malgré son fétiche qui ne la quittait jamais : c'était un simple portrait au crayon, signé Edwin Smith, daté de 1841, représentant Rachel à 17 ans, et portant cette dédicace : Rachel à Doche. C'est au lendemain de la *Dame aux Camélias* que Phèdre avait fait ce présent à Marguerite. Elle l'emportait dans tous ses voyages, et l'accrochait dans toutes ses loges dans les théâtres où elle jouait.

Mme Doche se montra encore pendant longtemps aux premières, puis se retira tout à fait. Elle mourut 13 rue Picot, et ses obsèques furent célébrés le samedi 14 juillet 1900 à St-Honoré d'Eylau. Son mari, qui ne fut pas un compositeur sans talent, était mort du choléra à St-Pétersbourg en 1849. Mme Doche était apparentée aux familles Audbourg, Dalloz, Desfossés. Sa sœur avait épousé Paul Dalloz, et son frère, de Plunkett, fut longtemps co-directeur du Palais royal.

Al. Dumas fils a écrit d'elle, à propos de la *Dame aux Camélias* : « Gaieté fine, élégante, nerveuse ; abandon familier, gaminerie mélancolique, dévouement, passion, résignation, douleur, extase, sérénité, pudeur dans la mort, rien ne lui a manqué, sans compter la jeunesse, l'éclat, la beauté, le brio qui devait compléter le rôle et qui en sont le corps et la plastique indispensables. Il n'y a pas eu de conseil à lui donner, pas une observation à lui faire, c'est au point qu'en jouant le rôle de cette façon, elle avait l'air de l'avoir écrit. Une pareille artiste n'est plus une interprète, c'est un collaborateur. »

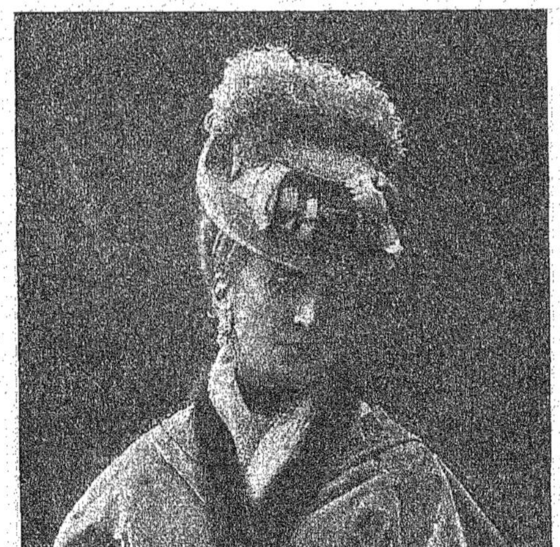

Mme DOCHE vers 1878 (cliché Tourtin)

Biographie : Gallois, les *th. de Paris*, le Vaudeville 1853. — *Paris-Théâtre* n° 55, notice par Félix Jahyer. — P. Mahalin, les *Jolies actrices de Paris*, t. III. p. 83 et suiv. — Le *Figaro*, 14 juillet 1900, notice par A. Delilia.

Bibliographie : L'*Indiscret des coulisses* 1841. — *Biogr. dram.* 1842, 1845. — Ch. Hervey, *The Theatres of Paris* 1846.

Iconographie : Bibl. nat., catalog. Duplessis, 12906.

1. A mi-corps de 3/4 à droite, lith. an.
2. En buste de 3/4 à droite, grav. par Aug. Hussenet.
3. A mi-corps, de face (cost. de th.) lith. par Regnier (1843), d'ap. Th. Sentis.

The Theatres of Paris, à mi-corps, de face, lith. Lacauchie.

Paris-Théâtre, n° 55. — Photogr., cliché Tourtin aîné.

D'OCQUERRE. — Sous ce nom : Angers 1785, Mme D'OCQUERRE, reines. Cour de Rheinsberg et Lyon 1788. — Mlle Marie-Barbe Duclos dite D'OCQUERRE, 33 ans, Angers 1794.

DODEE, Mlle. — Angers 1823.

DODELANDE. — Montpellier 1829.

DODETTE, Mlle. — V. Bordat.

DODINET. — Variétés amusantes 1783.

DOGÉ, Mme Henriette Bernard dite. — Lyon 1881-83.

DOGEMONOT, Augustin. — Montansier 1850, Palais-Royal 1852-54. De la Société des Artistes depuis 1840. Palais-Royal 1855-56.

DOISEMONT. — Nom d'un débutant à la Comédie fr. le 2 déc. 1772 (D. Diègue du *Cid*) et en avril 1776.

DOISY, Charles-François. — Vaudeville 1809, Gymnase 1849-64. Agé de 80 ans en 1865, avec 54 ans de th., Doisy reçut une pension de 300 francs de la Société des artistes.

DOISE, J. — Vaudeville 1793.

DOISE, L. — Vaudeville 1793.

DOL. — Mime, Porte-St-Martin 1811.

DOLAINVILLE. — Th. du Marais 1800-1801, de petite stature, mais d'une tenue et d'un jeu corrects. Jouait avec succès dans l'*Orpheline polonais*.

DOLBEAU, Benoît, Léon. — Jeune premier, St-Malo 1851, St-Brieuc 1861-62, Mâcon 1863-65, Lyon 1867-86. Mort à la maison municipale de santé, à Paris, vers 1888.

DOLBEAU, Mme Louise, née Collin. — Lyon 1881. Morte vers 1882.

DOLBEL, Arnbruster dit. — Cirque olymp. 1845, Nouvelle-Orléans 1849, Rio-Janeiro 1850.

DOLCI, Mlle. — Soubrette, Vaudeville 1887-1888.

DOLCY, Mlles Andrée et Eugénie. — Ecole lyrique 1862. Passèrent par les Variétés. On disait la première née Gabrielle, Andrée Messenach, et la seconde née Eugénie Legendre. Andrée fut surtout connue à Bruxelles.

DOLET, Charles. — Acteur forain et entrepreneur de spectacles, né à Paris vers 1683, province, troupe Alexandre Bertrand, Paris 1704, troupe veuve Maurice 1705. S'associe pour ouvrir un jeu à la foire St-Germain 1707, puis à la foire St-Laurent jusqu'en 1712. Ce fut l'époque du procès à soutenir contre la Comédie française qui réduisit les forains à ne jouer qu'à la muette. En 1708, il passa par Lille. En 1713, Dolet s'engagea dans la troupe d'Octave, en 1714, dans celle de St-Edme, en 1719, dans celle de Pierre Alard. En 1722, il dirige aux foires un jeu de marionnettes. En 1723, il s'associe pour fonder un spectacle d'opéra comique. Il se retira vers 1727 et exerça la profession de limonadier jusqu'à sa mort arrivée en 1738.

Biographie : Campardon, les *Spectacles de la Foire*, t. I, longue notice avec de nombreux documents.

DOLET, Mlle Lambert femme. — Femme du précédent, province, spectacles de la foire, troupe Delaplace et Dolet 1712, Opéra comique, jouait les amoureuses.

DOLET. — Th. St-Marcel 1839.

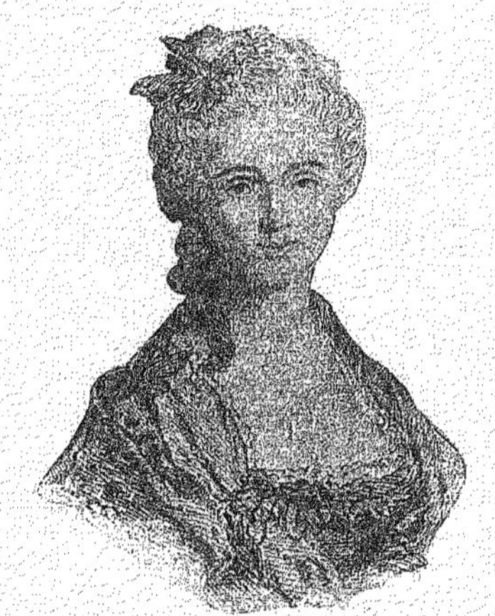

Mlle DOLIGNY

d'après l'eau-forte de H. Lefort

DOLIGNY, Mlle Louise, Adélaïde Berton, Maisonneuve dite. — Filleule de Mlle Gaussin, femme de Dudoyer de Gastels, puis de Joseph-Charles Leverrier. Naquit le 30 octobre 1746 place du Vieux-Louvre et fut baptisée à Saint-Germain-l'Auxerrois le 1er novembre suivant. Son père était marchand orfèvre-joaillier et Bachaumont prétend que sa mère avait été la femme de chambre de Mlle Gaussin qui fut sa protectrice. Après quelques essais à Rouen, elle venait d'accepter un engagement pour Manheim, lorsque l'abbé de Voisenon qui avait eu l'occasion de l'entendre obtint pour elle, par le crédit de la marquise de Pompadour, la nullité de cet engagement et un ordre de début pour la Comédie française. Elle y parut le 3 mai 1763, dans les rôles d'Angélique de la *Gouvernante* et de *Zénéïde*, après avoir reçu des leçons de Molé. Elle réussit malgré un incident comique ; au moment de quitter la scène, la jeune actrice fit une chute si malencontreuse qu'il fallut toute la prestesse de Mlle Bellecour pour dérober sa camarade aux regards du public qui se divertit fort.

Mlle Doligny était de moyenne stature, d'une taille élégante et bien prise, gracieuse et simple. Collé, qui ne passe pas pour indulgent, en fait le plus grand éloge, et on peut lire dans le *Mercure* : « La simplicité qui fait le caractère dominant de son jeu, n'est jamais niaiserie ni stupidité ; c'est la primeur de la nature... »

Mlle Doligny fut reçue à l'essai aux appointements de 2000 livres, puis sociétaire le 10 avril 1764. Mlle Gaussin s'était retirée depuis deux ans.

En dépit des tracasseries qu'on lui suscita dès le début, Mlle Doligny conserva pendant vingt ans la faveur du public, rendant avec intelligence les caractères de fille dévouée, amante ingénue, tendre épouse. Elle fut Victorine du *Philosophe sans le savoir* (1765), *Eugénie* de Beaumarchais (1767), Angélique du *Bourru bienfaisant* (1771), Catau de la *Partie de Chasse* (1774), Rosine du *Barbier de Séville* (1775), rôles qu'elle créa. Dans la Lisette du *Glorieux*, elle y fut incomparable.

La première, elle osa quitter l'éventail et les gants blancs qui, jusque là, avaient été l'apanage de toutes les amoureuses du répertoire. Beaumarchais lui réservait le rôle de la comtesse du *Mariage de Figaro*, mais l'actrice prit sa retraite le 25 avril 1783. Elle se retira avec une pension de 1500 livres de la Comédie et une autre de 500 livres sur la cassette particulière du roi qui, au bout de deux ans, la porta à 1000 livres. Elle parut pour la dernière fois, le 23 avril, dans le rôle de Betty de la *Jeune Indienne*.

En dehors du théâtre, Mlle Doligny fut surtout célèbre par sa vertu. Grimm reconnaît lui-même qu'elle fut reçue sans qu'elle ait été forcée de payer à MM. les gentilshommes de la Chambre aucun des droits d'usage et que cette vertu se conserva pure au milieu de toutes les séductions de la jeunesse et du théâtre. On connaît sa réponse au marquis de Gouffin qui, éperduement épris d'elle et voulant la posséder à tout prix, la demanda en mariage et lui envoya le contrat à signer. Mlle Doligny répondit qu'elle était pénétrée de reconnaissance, mais « qu'elle s'estimait trop pour être sa maîtresse et trop peu pour être sa femme ».

« Elle s'est retirée assez riche, dit La Harpe, et sa fortune est venue, non seulement de ses épargnes et de son économie modeste, qui contrastaient avec le luxe de ses compagnes, mais encore des présents considérables qu'elle recevait des femmes de la Cour qui, pour récompenser sa sagesse, lui donnaient des habits pour ses rôles ». Fréron fut envoyé un jour au For-l'Evêque pour avoir opposé un peu la sagesse de Mlle Doligny aux légèretés de Mlle Clairon. Lorsqu'il fut question de sa retraite, on lut dans les *Adieux des Français aux Tuileries :*

> Doligni dit d'un ton naïf
> Adieu la comédie,
> Je veux faire un plaisir très vif,
> Et je me congédie.
> Mon air de candeur
> M'a fait trop d'honneur,
> Car ma vertu me pèse,
> Je mettrais du moins
> Tout le monde à son aise.

Dans une notice très complète parue dans l'*Intermédiaire des Chercheurs et des Curieux* (10 décembre 1897), MM. H. Vial et C. Capon se demandent pourquoi Mlle Doligny consentit enfin à se marier le 3 février 1795, à l'âge de 47 ans? A l'époque de la Révolution, Mlle Doligny perdit la plus grande partie de sa fortune; ses pensions furent suspendues. Elle habitait alors une jolie maison de campagne, à Picpus, avec son père et sa mère. A la mort de celle-ci, la maison fut vendue; son père alla se fixer à Hesdin, en Flandre, et Mlle Doligny vint demeurer rue du Jardinet. C'est alors qu'elle consentit à épouser le marquis Dudoyer de Gastels qui, depuis vingt ans, la poursuivait de ses hommages en vers et en prose et avait même composé à son intention *Adélaïde* ou l'*Antipathie pour l'Amour*, comédie en deux actes et en vers, représentée le 10 juillet 1780.

Dudoyer, âgé de 65 ans au moment de son mariage, mourut le 10 avril 1798, et l'an XIII (1805), sa veuve, âgée de plus de 58 ans, épousa en secondes noces un sieur Leverrier, chef de bataillon.

Devenue veuve de nouveau, elle vécut loin du monde, très retirée, à tel point qu'elle avouait n'avoir jamais vu jouer Mlle Mars qui la remplaça, et mourut à Paris, rue Meslay, le 14 mai 1823.

M. Ed. de Manne, son biographe, a donné la liste détaillée des 56 rôles créés par cette actrice à la Comédie française et dont nous n'avons cité que les plus connus.

Les autographes de Mlle Doligny sont très rares. L'un d'eux — lettre à Beaumarchais — a été vendu par M. Charavay le 29 mai 1902, et un autre — 31 janvier 1779, au sujet d'un habit de taffetas blanc — le 11 juin suivant. Em. Campardon a publié le brevet de pension de 1,000 livres (6 avril 1783) et l'acte de baptême de l'actrice, et l'*Intermédiaire* (10 déc. 1897) des extraits du *Journal de Collé*, des *Mémoires secrets*, du *Gazetier cuirassé*, du *Journal de Métra*, du *Journal de Paris*, ainsi que l'acte de décès.

Biographie : Ricord, les *Fastes de la Comédie*, t. II, p. 166. — De Manne, la *Troupe de Voltaire*. — *Intermédiaire*, 10 déc. 1897. Col. 746 et suivantes.

Bibliographie : Ouvrages cités plus haut. — Dorat, la *Déclamation théâtrale*. — *Mémoires de Beaumarchais*, par Loménie.

Iconographie : M. Emile Dacier *(Musée de la Comédie française)*, signale le portrait de Michel Van Loo comme *perdu*. On n'en connaît que la reproduction, gr. de J.-J. Huber, avec ce quatrain composé par Dudoyer :

> Pour rendre plus touchants l'amour et la nature,
> Doligny leur prêta ses accents enchanteurs ;
> Elle fut toujours vraie, intéressante et pure,
> Et mérita l'estime en gagnant tous les cœurs.

C'est ce portrait que M. H. Lefort essaya de reproduire en eau-forte dans la *Troupe de Voltaire*.

DOLIGNY. — Sous ce nom, une confusion est facile à établir. En effet, nous trouvons un *Hippolyte* Doligny qui débute à l'Odéon par le rôle de Daranville, de la *Femme jalouse*, le 24 octobre 1821, puis le 21 octobre 1822. Vers le même temps un *Doligny* figure dans la troupe lyrique de l'Odéon donnant la réplique à Duprez, et comme premier comique à Rouen 1822.

En 1826, *Alcide* Doligny est premier comique à Lyon, débute à l'Odéon le 24 avril 1827, et *Alexandre* (sans doute le même qu'Alcide), est comique à Nantes, 1827. Le 13 fév. 1828, un *Doligny* figure dans la distribution d'*Amy Robsart*, à l'Odéon, qui possède encore un chanteur de ce nom (4 mai). Un *Doligny* est à Toulouse, 1830 — sans doute le comique. — Un *Doligny* débute le 5 mai 1831 à l'Odéon. Il y joue le *Jeune prince* (7 juillet), *Catherine II* (29 sept.), *Mirabeau* (3 nov.), *Manette* (13 mars 1832). Puis nous trouvons : *Doligny*, Lyon 1833-34, Bordeaux 1835, Rouen 1836, Vaudeville 1839. Un *Doligny jeune* débute à l'Odéon au commencement d'octobre 1842. Est-ce le même qui apparaît à l'Odéon dans le *Mariage de Figaro*, en février 1846, puis en mai? Nous inclinerions à croire qu'il y eut deux (ou trois) Doligny : Hippolyte, l'aîné, genre sérieux, directeur du th. du Vaudeville à Bruxelles 1845 et Alcide *le jeune*, le comique, mari de la suivante.

DOLIGNY, Mme jeune, née Cousin. — Débuta sous le nom de *Mlle Pougaud*. On la disait fille de comédiens, née à Montauban vers 1806. Encore enfant elle parut à Nantes, entra au couvent des Ursulines à Nîmes, le quitta malgré elle, puis obtint un premier prix au Conservatoire de Paris. Elève de Mlle Mars, elle parut au Théâtre Français (emploi d'ingénues) dans la *Fille d'honneur*, les *Femmes savantes*, la *Jeunesse de Henri V*, les *Deux frères*, *Iphigénie*, etc. Engagée par Cartigny, elle partit comme premier rôle à Bruxelles. Elle y réussit. Devenue *Madame Doligny*, elle parcourut le midi, passa par Rouen 1833-1834, débuta à la Porte-St-Martin le 10 octobre 1835 dans *Catherine Howard*, puis à l'Ambigu, le 4 décembre suivant. Avec son mari elle visite l'Italie et l'Allemagne, passe par Rouen 1836, la Renaissance et le Vaudeville 1839. Le 19 mars de cette année elle perd sa sœur, Rose Pougaud, chanteuse de talent, et reprend le chemin de Bruxelles, premier rôle et mère noble; talent remarquable, manières distinguées, goût parfait, Bruxelles 1841, Odéon, *Une charge à payer*, 27 déc., la *Double preuve*, 21 janvier 1842, le *Voyage à Pontoise*, 14 avril, Bruxelles 1842-46, 1865, Bordeaux 1867. Morte vers 1868.

Biographie: *Annuaire Delhasse*, 1842.

DOLLY, Mme. — Salle Taibout 1877, Château-d'Eau 1879, Ambigu 1881. Sa mort fut annoncée au Rapport de 1892. Une demoiselle *Dolly* parut à la Renaissance, 1897.

DOLME, Mlle Marie. — Rouen 1881-82.

DOLNAY, Mlle Blanche, Léo dite. — Fol. dram. 1882-87.

DOLNE, Philippe. — Tournai 1890-93.

DOLNY, Mlle. — Th. de Cluny 1878.

DOLVILLE, Mme. — Duègne, Clermont 1831.

DOMAGNE. — Utilités, Châteauroux 1851.

DOMERGUE. — Né en 1782 à Auxerre, descendant du grammairien de ce nom, artiste, auteur, régisseur en France et à l'étranger, mort à Paris, le 15 janvier 1841.

DOMERGUE, Mme Marie, née en 1829. — Une artiste de ce nom est à Arras en 1849, époque à laquelle il existe un *Domergue*, directeur à Agen, et un *Domergue* (peut-être le même), correspondant dramatique. Dès 1862, nous pouvons suivre Marie, Françoise Domergue, née Gay, Châlons-s/Marne 1862-64, Le Hâvre 1865-67, Perpignan 1868-69, Le Hâvre 1870, Sidi-Bel-Abbès 1872, Toulon 1873, Besançon 1874, Montpellier 1875, Toulon 1876-77, Dijon 1878-79, Boulogne 1880, Rennes 1881, St-Maur 1882, Genève 1883, Besançon 1884-85, Nimes 1886-90, Anvers 1891-94. En 1894, Mme Marie Domergue, âgée de 64 ans, avec 41 ans de th., obtint une pension de 500 fr. de la Société des artistes. Elle se retira aux Sables d'Olonne, 1894-1903, puis à Lyon 1904. Elle avait épousé Joseph Domergue, chef d'orchestre, dont on annonça la mort vers 1895.

DOMERGUE, Armand, Philippe. — De la Société des artistes depuis 1843. Chambéry 1853, Genève 1854, Bourges 1855-59. Directeur à Chambéry 1863.

DOMERGUE, Mme Césarine. — Genève 1852-1854, Bourges 1855-57, Chambéry 1862.

DOMERGUE, Mme de la Chaussée, femme de Domergue de la Chaussée, directeur de théâtre. Reims 1877-81, St-Maur 1882, Cherbourg 1883-1886, Anvers 1887-88. Sa mort fut annoncée au Rapport de 1888.

DOMERGUE, Mlle. — Jeune et charmante ingénue, Ambigu 1888.

DOMINIQUE. — Qu'il ne faut pas confondre avec les célèbres Biancolelli, dits Dominique, les arlequins de la Compagnie italienne. Etait un acteur forain qui parut à la Foire St-Germain en 1742.

DOMINIQUE. — Rouen 1802-04.

DOMINIQUE. — Comique, Le Hâvre 1822-23, Dijon 1825, Tournai 1826, Douai 1827-28, Marseille 1829, rôles de Lepeintre, Toulouse 1831, Troupe Belfort 1833-34, Metz 1837, Vaudeville 1848-50. La *Grande Biographie* de 1824 en signale *deux*. Chambéry 1850.

DOMINIQUE, Mme Eléonore. — Troisième amoureuse, Limoges 1829, Loir-et-Cher et Marseille 1830, Toulouse 1831, deuxième mère Douai 1835, premiers rôles, Metz 1837, Dieppe 1850, deuxième duègne, Clermont-Ferrand 1854-55, Avignon 1856-60, Nice 1861-67, Turin 1868, Florence 1869, Rome 1870, Le Caire 1872, Rome 1873, Odessa 1874, Marseille 1875, Arles 1876-77, Tarbes 1878. En 1879, Mme Eléonore Dominique, âgée de 66 ans, avec 46 ans de th., obtint la pension de 500 fr. de la Société des artistes. Sidi-Bel-Abbès 1879-80, Vauvert 1881-1882.

DOMINIQUE, Mlle Emma, Armandine. — Soubrette, Caen et Anvers 1852, Limoges 1856-57.

DOMINIQUE, Mme. — V. Bérardier.

DOMINIQUE, Mlle Virginie, Jeanne. — Saint-Etienne 1852-54.

DOMINIQUE, Mlle Mathilde, Adèle, Désirée.— Bordeaux 1855-60, Mons 1861.

DOMMANGE, Jean, Marcellus, Albert. — De la Société des artistes depuis 1840. Gand 1854-1856, Paris 1857-67, Gaîté 1868-72, Paris 1873.

Agé de 70 ans en 1870, il avait obtenu la pension de 500 fr. de la Société des artistes.

DOMONT, Mlle. — Th. Déjazet 1896.

DONAT. — Sergent au 1er zouaves. Avait joué au Th. des Zouaves en Crimée. Devint directeur à Perpignan. Le Rapport de 1895 annonce la mort de Ernest, Jacques Donat.

DONAT, Mlle. — Palais-Royal et Châtelet 1890.

DONATI, Mlle Irma, Paul. — Aix 1852-56.

DONATIEN, Adolphe Donnadieu dit. — Elève du Conservatoire. Comique et grime, Délass. com. 1850-59, Beaumarchais 1860-61, Caen 1862-63, New-York 1864, Alger 1865, Nîmes 1867, Bordeaux 1868-69, Angers 1870, Rouen 1872-73, Paris 1874, Orléans 1875, Lille 1876-1877, Angoulême 1878-80, Paris 1881, Vincennes 1882-86, Paris 1887-90. En 1890, Donatien, âgé de 60 ans, avec 30 ans de th., obtint la pension de 500 fr. de la Société des artistes. Paris 1891-92. Sa mort fut annoncée au Rapport de 1894.

DONATIEN, Mme Delphine, Alice, née Limousin (1836), femme Donnadieu, dite. — Angers 1869-70. Rouen 1872-73, Paris 1874, Orléans 1875, Lille 1876-77, Angoulême 1878-80. Paris 1881, Vincennes 1882-86. Paris 1887-96. Asnières 1897-1904. En 1899, Mme Donatien obtint la pension Surville de 300 fr., remplacée par celle de 500 fr. de la Société des artistes en 1902. Habitait Paris en 1904.

DONATO, Charles, Jacques, Georges, d'origine suisse, né vers 1835. — Apparut au th. du Cirque Impérial, où il se fit remarquer par sa haute stature (1862). Il venait de Beaumarchais et de l'Ambigu, où il avait fait un bon début dans les *Fugitifs*. Au Cirque on lui donna le rôle du chef sauvage, du *Cheval fantôme*.

Possédant une large carrure, un organe sonore, malgré un défaut de prononciation. Donato fut confiné dans les rôles de traîtres. Dans les féeries, il personnifiait le génie du mal. On le vit dans la *Prise de Pékin* (1861), dans toutes les pièces militaires, dans les drames. Après la démolition de son théâtre, il passa place du Châtelet où il resta vingt ans dans l'un ou l'autre théâtre (Châtelet, Nations, etc.). En 1885 il entre à l'Ambigu. Enfin, vers 1891, le « beau Donato », comme on disait au boulevard, se faisant déjà vieux, obtint la place de chef de figuration au Th. Français. Mais l'ambition de ce brave artiste était d'obtenir les palmes académiques. Après dix ans de loyaux services, il s'en ouvrit à M. J. Claretie. On découvrit alors que sa nationalité suisse s'opposait à l'obtention du ruban violet si désiré. Qu'à cela ne tienne ! répondit Donato ; je me ferai naturaliser. Et il fit comme il avait dit. Mais le pauvre homme mourut d'une maladie de cœur, rue Berthe, à Montmartre, sans avoir eu les palmes, et au moment où la Société des artistes lui accordait la pension de 500 fr. pour ses 45 ans de théâtre. Ses obsèques eurent lieu le 5 février 1901.

DONCIEUX, François. — Brest 1882-83.

DONCIEUX, Mme Jeanne, née Pardon. — Brest 1882-83.

DONGNY. — Premiers rôles tragiques et comiques et directeur, Anvers 1783.

DONJEL, Mlle. — Rôles d'enfants, Bruxelles 1811-15.

DONJEU. — V. Camille.

DONJON, Mlle. — Th. National, Marseille 1793. Une Mme Donjon est à Langres 1831 et Calais 1837.

DONJON. — Calais 1835.

DONNAY. — Rôles annexés, Dieppe 1835.

DONVAL, Alfred, né en 1830. — Béziers 1862-63, Nancy 1864, Orléans 1865, Nîmes 1867, Toulon 1868, Genève 1869, Nîmes 1870, Brest 1872-74, Perpignan 1875, Carcassonne 1876-78, St-Etienne 1879-80, Lille 1881, Toulon 1882-83, Narbonne 1884, Perpignan 1885, La Haye 1886, Genève 1887-88, Liège 1889-90, Nantes 1891, Boulogne s/ mer 1892-94. En 1895, Alfred Donval, âgé de 64 ans, avec 32 ans de th., obtint une pension de 500 fr. de la Soc. des artistes. Habitait Paris 1895-1904.

DONVAL, Charlemagne, Auguste Pernet dit. — Clermont 1869. Calais 1870, St-Etienne 1872-74, Nouvelle Orléans 1875, La Haye 1876-83, Nantes 1884, Genève 1885-86, La Haye 1887-92, Lyon 1893-94, Cannes 1895-97, Gand 1898, Paris 1899-1901. Sa mort fut annoncée au Rapport de 1902.

DONVAL, Raoul ou Arthur Théobald Guilloreau, dit, né à Nouailles (Oise) le 19 février 1852, mari de la chanteuse populaire Thérésa. — Athénée 1877-79, Château-d'Eau 1880, Athénée 1881, Gaîté 1882. Directeur de l'Alcazar d'hiver, de la Piscine Rochechouart, du Nouveau Cirque et du Casino de St-Valery en Caux. Sa mort fut annoncée au Rapport de 1898. Un *Donval* tint les troisièmes rôles à Lille en 1880.

DONVÉ, Mlle, Marguerite Dumont (un de ses biographes l'appelle Lecointe), naquit à Paris le 31 octobre 1852. — Elle prit au théâtre le nom de son grand-père Donvé, le chansonnier populaire, et débuta le 5 déc. 1874 aux Folies Marigny dans *As-tu vu Vénus*. On remarqua de suite sa gentille figure encadrée de cheveux blonds cendrés, ses yeux pétillants de malice, et sa tournure avenante. Elle fut engagée aux Variétés. Le fait d'avoir quitté son premier directeur, Gaspari, qui ne la payait pas, lui valut une condamnation à 300 fr. d'amende, qu'elle paya.

Ses débuts eurent lieu aux Variétés le 5 janv. 1875 dans les *Brigands* (Fiammetta). Indépendamment de diverses reprises, elle créa : Eve dans la *Revue à la vapeur*, Emilie dans le *Manoir de Pictordu*, Aménaïde dans la *Guigne*, la jeune Anglaise dans les *Bêtises d'hier*.

Elle aborda même les travestis avec le rôle du jeune crevé dans les *Jolies filles de Grévin*. On la vit aux Bouffes dans la *Princesse de Trébizonde* (reprise) et au Châtelet dans les *Sept châteaux du diable* (rôle d'Azélie). En 1880, elle passa par les Nouveautés, la *Beauté du diable*, puis fit partie de la troupe de la Porte-St-Martin. Mais dès 1884, son nom disparaît des affiches. Mme Donvé habitait Paris en 1904.

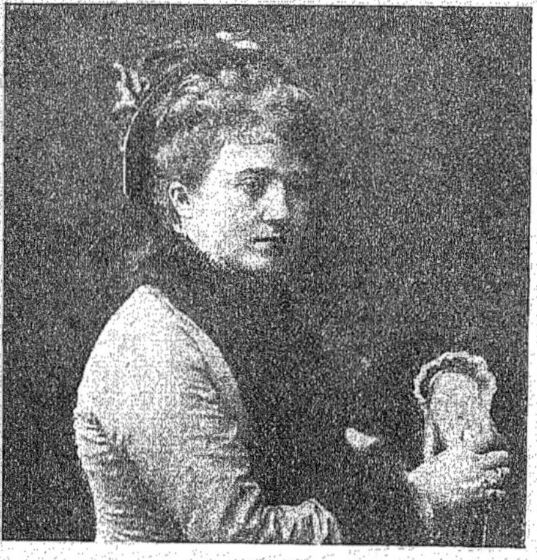

Biographie : *Paris-Théâtre*, n° 190. Notice par Fél. Jahyer.

Bibliographie : Les *Soirées parisiennes* 1875 à 1879. — Paul Mahalin, les *Jolies actrices de Paris*, t. II.

Iconographie : *Paris-Théâtre*, n° 190. Cliché Liebert.

Mlle DONVÉ (cliché Liebert).

DOPPET. — Le futur général Doppet avait été comédien en province pendant sa jeunesse (1777). Il prétend avoir écrit vers 1780, une pièce appelée le *Courrier de l'hymen* et fait imprimer à Chambéry en 1788, les *Rivalités villageoises*.

DORADE, Mme, Sophie Faveret. — Anvers 1852, enterrée aux frais de la Société des artistes, Rapport 1855.

DORAISE. — Th. du Marais 1807.

D'ORANGE, Mlle Suzanne. — Châtelet 1884. Une blonde, figure aquiline. Venait d'Italie en passant par Amiens.

DORBACH, Mme Bathilde, Mélanie Doré. — Nice 1869, Strasbourg 1870-73, Bruxelles 1874-75, Moscou 1876-77, Rouen 1878, Amsterdam 1879-80, Le Caire 1881. Une demoiselle *Dorbach* passa par la Comédie parisienne 1881.

DORBE. — Premier amoureux. Seine-inférieure 1827, Orléans 1828, Brest 1829, Perpignan 1830, Toulon 1831, premier rôle Bruxelles 1833-34, Anvers 1839, financiers Liège 1842.

DORBE, Mlle. — Jeune première, Auxerre 1825, Seine-inférieure 1827, Orléans 1828, La Haye 1829, Strasbourg 1830, Toulon 1831.

DORBEL. — V. Rivière.

DORBIGNY, Mme. — Débuta à la Comédie Française le 4 mai 1776.

DORCEVILLE. — Débuta à la Comédie Française le 28 août 1770. Un *D'Orseville* débute à nouveau en 1774.

DORCEY, Mlle. — Soubrette, Tulle 1827.

DORCELLY, Louis, Dayet dit. — Bruges 1845, Paris 1852, Francfort 1853, Paris 1854, Londres 1855, Paris 1856-1858, Brest 1859-1860, Constantine 1861-63.

DORDAN, Mlle. — Folies Dramatiques 1872.

DERELLY, Mme Louise, Victorine Herluisson, femme Danièle. — Versailles 1867, Milan 1868, Paris 1869-1873, Lyon 1874-77, Paris 1878-93. Décédée vers 1894.

DORET. — Strasbourg 1837.

DORFAY, Mlle. — Débuta le 5 janv. 1763 à la Com. Française par le rôle de Médée.

DORFER. - Grands premiers rôles, Lille 1894.

DORFER, Mme Louise, Cadet, Grégoire Dubendorffer dite. — Charleville 1874-75, Amiens 1876-77, Toulouse 1878, Marseille 1879, Nancy 1880, Le Mans 1881, Belleville 1882-86, Limoges 1887, Cherbourg 1888-89, Lille 1894.

DORFEUIL, C. — Père noble, Genève 1825, Isère 1826, Vienne 1827, Grenoble 1828, Genève 1829-30. Un *Dorfeuil* était régisseur à Perpignan en 1826.

DORFEUIL-Pellegrin. — Pères et financiers — peut-être le même : Nancy 1828-29, Toulon 1831.

DORFEUIL, Mme Pellegrin. — Ingénuités, Nancy 1828.

DORFEUILLE, Pierre Poupart Gobet dit. Né

en 1745, mort en 1806. — Comédien à Bruxelles 1775-76, aux appointements de 6000 livres, à Gand 1777 et à Maëstricht 1779, il s'associa avec Hus et Gaillard pour la direction du th. de Bordeaux, moyennant une caution de 600,000 livres (1781 à 1783). Ils se retirèrent avec une perte de 42,931 livres. Dorfeuille vint alors débuter à la Comédie française dans les rôles tragiques (13 août 1783), mais n'y fut pas reçu. En 1784, il retrouva son ancien associé Gaillard, et tous deux obtinrent le privilège de l'Ambigu comique et des Variétés amusantes de la rue de Bondy qu'ils transportèrent bientôt après au Palais-Royal (emplacement de la cour actuelle du Palais). L'inauguration de ces Nouvelles Variétés amusantes eut lieu le 1er janvier 1785. Chargé de la partie artistique, Dorfeuille acquit toutes les sympathies et la confiance du duc d'Orléans. Aussi, lorsque celui-ci fit construire le théâtre de la rue Richelieu (Comédie Française actuelle) ne voulut-il pas d'autres locataires que Dorfeuille et Gaillard. La nouvelle salle leur fut louée 24.000 livres avec un bail de 30 ans, et l'inauguration en eut lieu le 15 mai 1790, sous le nom de th. du Palais-Royal. Lors de la scission des comédiens français, Dorfeuille qui avait tenté un nouveau début à la Comédie Française, rôle de *Cinna*, 5 février 1789, appela Talma, Dugazon, Grandménil, Mmes Vestris, Degarcin et Lange. — Bientôt dépossédés de leur salle, Gaillard et Dorfeuille en appelèrent aux tribunaux, et ce fut une source de procès.

Rappelé à Bordeaux en 1792, Dorfeuille y restaura l'Opéra. Mais suspecté d'aristocratie, il fut emprisonné avec toute la troupe, puis élargi. Il était ruiné. L'auteur de l'histoire des théâtres de Bordeaux, trompé sans doute par la direction Vve Dorfeuille (an III) le fait mourir vers 1794. Il n'en fut rien. Il se mit professeur de déclamation et réunit les *Eléments de l'art du comédien* qu'il publiait en 1800, huit cahiers in-12, Paris, Prudhomme, sous le titre de l'*Art de la représentation théâtrale*, etc. (on avait annoncé 30 cahiers). En juin 1795, Dorfeuille demanda la permission d'établir un *Odéon national* sur l'emplacement de l'ancien Théâtre Français du faubourg St-Germain (Odéon actuel). Il trouva des capitalistes, et un arrêté du directoire exécutif du 25 messidor an IV (13 juillet 1796) concédait le ci-devant Th. Français aux entrepreneurs Poupart-Dorfeuillle et Cie. Infatigable, Dorfeuille veut créer une école de déclamation, tout transformer, tout réformer. Il fallut fermer au bout de vingt jours.

Le 20 mai 1799, Dorfeuille ouvre le *Théâtre des jeunes élèves de la rue de Thionville* (ou Dauphine). — En janvier 1804, il ouvrit encore un cours de déclamation dans les salons du restaurateur Léda, rue Helvétius. Entre temps, après l'incendie de l'Odéon, il avait demandé à réédifier à ses frais la salle incendiée, puis écrit au Consul Lebrun pour le même objet (Arch. nat., F. 13. 876).

Dans sa jeunesse Dorfeuille (Gobet P. P. A. dit) avait fait jouer en novembre 1777, sur le th. de Gand, et sur celui de Nancy l'*Illustre voyageur*, puis le 27 décembre 1779, le *Protecteur ridicule* à Maëstricht, et composé une pièce *Ariste*, pour le th. italien, 1784.

Bibliographie : F. Faber, le *Théâtre français en Belgique*, t. I, II, IV. — M. Campardon, les *Spectacles de la foire*, t. I. — *Hist. des th. de Bordeaux*. — P. Porel et G. Monval, l'*Odéon*, t. I.

DORFEUILLE, Mme. — Soubrette, Odéon 1797.

DORFEUILLE, Antoine que l'on a souvent confondu avec le précédent, avait été acteur à Clermont, et fait jouer dans cette ville le 5 juin 1782 une pièce très médiocre intitulée *Mathurin d'Acher* ou la *Naissance du Dauphin*. C'est le même, selon toute probabilité qui se trouve premier rôle à Ostende et Cambrai 1786, directeur de troupe à La Haye en 1787 et sollicite la direction de St-Quentin en se rendant à Reims « sa patrie ». Sans doute le même aussi qui joue au Th. patriotique en 1792. A partir de cette époque, il nous est mieux connu : Commissaire des représentants du peuple à Roanne, il fut nommé président de la Commission de justice à Lyon le 12 octobre 1793 ; on prétend qu'il fit employer des canons à mitraille pour mettre à mort en deux jours 273 condamnés. Il fut lui-même massacré à Lyon après le 9 thermidor 1795. La dame Dorfeuille, directrice à Bordeaux, en l'an III, pourrait donc bien avoir été sa veuve.

DORFEUILLE, Mme. — Premiers rôles, Ostende et Cambrai 1786, Anvers 1787.

DORFEUILLE, Mlle. — Premières, confidentes et travestis, Ostende et Cambrai 1786, jeune première, Anvers 1787.

DORGAT, Henri, Eugène, Anatole Godard, dit. — Fol. Dram. 1867-75, th. Déjazet 1876-1881, Paris 1882, th. Cluny 1886-93, Fol. Dramatiques 1894, th. Cluny 1897. En 1902, Dorgat âgé de 61 ans, avec 40 ans de th. obtint la pension de 500 fr. de la Société des artistes. Habitait Paris en 1904.

DORGEBRAY, Mlle, Amélie. — Avait débuté aux Jeunes artistes. — V. Amélie. — Puis à Rouen 1820-21, reparut le 29 mai 1827 à l'Odéon, et fit partie de la création de *Amy Robsart*. Sa fille, cantatrice distinguée, avait débuté dans la troupe lyrique de l'Odéon, le 22 avril 1825, mais mourut prématurément, à peine âgée de 18 ans, le 27 janvier 1827. — En 1833-37 un *Dorgebret* jouait les premiers comiques au th. du Luxembourg.

DORGEBET. — V. Dorgebray.

DORGEMONT, Adrien des Barres, dit. — Acteur du Marais (1634), avait succédé comme orateur de la troupe au fameux Mondory (1637). Il s'acquittait à merveille des annonces et des compliments. Nous savons que le 11 janvier 1638 il épousa à St-Sauveur, Marie Durand, veuve de Henri Legrand (dit Belleville et Turlupin). En janvier 1639 il était à l'Hôtel de Bourgogne. On croit qu'il créa Don Diègue, du *Cid*. En 1664, il s'intitulait comédien de M. de Vendôme. Il était mort avant 1673.

DORGEMONT, Mlle, Marie Durand ou Durant, femme du précédent. — Etait née vers 1610. Elle avait épousé le 3 août 1629, Henri Legrand (dit Belleville et Turlupin) âgé de 23 ans de plus qu'elle, mais celui-ci s'était toujours opposé qu'elle montât sur le théâtre. Devenue veuve en 1637, elle se remaria le 11 janvier 1638 avec Adrien des Barres dit Dorgemont, et put alors satisfaire sa vocation à ce que nous assure Tallemant.

DORGEVAL. — V. Brion.

DORGEVILLE, Mlle. — Gand 1782-84.

DORGIVAL. — Nom d'un débutant à la Comédie française en 1776. Jeune premier, Anvers 1779, Lille 1786, Gand 1788, Lille 1789, Anvers 1791, th. Molière, th. Patriotique et Louvois 1792.

DORGIVAL, Mme. — Caractères, Anvers 1782.

DORI, Mlle. — Renaissance 1893.

DORIA, Jules, Braconnier, dit. — Commença par faire de la peinture. Hombourg et th. du Vaudeville où il créa un des deux amoureux de *Rabagas*. Quitta le théâtre vers 1875 et se fit coulissier à la bourse. Doria épousa en premières noces Mlle Hortense Neveux, et en secondes noces la sœur de M. Maurice Hennequin, l'auteur contemporain.

DORIA, Roman, Etienne. — Anvers 1876-77, Nantes 1878, Dijon 1879-81, Béziers 1882, Montpellier 1883, Valence 1884, Paris 1885.

DORIA. — Grand premier rôle, Lille 1893 et 1896.

DORIANA, Mlle. — Ecole lyrique 1862.

DORIANI, Mlle. — Folies-Marigny et Athénée 1877-78, Renaissance 1879-80. Une soubrette de ce nom est à Lille en 1893.

DORIGNY. — Th. Molière 1792.

DORIGNY, Mlle, Marie. — Débuta à l'Odéon le 27 octobre 1852 dans le *Dépit amoureux*.

DORIGNY, Mme, née Maria Desmet. — Limoges 1882-87, Paris 1888.

DORIMOND, Nicolas, Drouin, dit. — Né à Paris vers 1628. Comédien, auteur, directeur, dirigeait la troupe dite de Mademoiselle, à Lyon, en 1658, où il fit représenter son *Festin de pierre*. Il passa à Chambéry, où il ajouta à son titre celui de « Comédien de S. A. R. le Duc de Savoie ». Sa compagnie se composait alors (1659) de dix personnes, parmi lesquelles sa femme, Marie Dumont, dont nous nous sommes occupés à l'article Auzillon (nom de son second mari), de Louis, son frère, dit Dorimond jeune, et même de Pierre Oysillon ou Auzillon, son successeur. A la fin de l'année, la troupe est à Turin, où elle resta pour le mariage de la princesse Marguerite avec le duc de Parme. Elle était alors connue sous le nom de *Comici Parisieni*. Licenciée, elle rentra en France où nous la retrouvons à Dijon le 28 mai 1660, puis à Paris dans un jeu de paume de la rue des Quatre-Vents :

« Une troupe toute nouvelle
Qui se dit de Mademoiselle
Qu'on attendait de longue main
Joue au Faubourg de St-Germain. »

nous apprend Loret dans sa *Muse historique*, à la date du 1er janvier 1661. Mais, comme le dit Viollet-le-Duc, dans l'introduction du ive volume de l'*Ancien Th. français*, Dorimond qui ne jouait guère que ses propres ouvrages ne pouvait guère soutenir la concurrence de l'Hôtel de Bourgogne, de Molière, du théâtre du Marais, sans parler des Italiens. Il se rendit dans les Pays-Bas, en 1662 et 1663, à La Haye et à Bruxelles, et sans doute à Anvers, où il fit imprimer une de ses pièces. M. F. Faber a reproduit des documents relatifs à la location du Jeu de Paume situé sur le Gracht, à Bruxelles, 7 janvier 1662, à la construction d'un théâtre en cet endroit, même date, à l'engagement d'une musicienne, 3 février, d'une comédienne, 27 février, etc., etc. Les comédiens s'intitulent « Comédiens de Mademoiselle ». Cependant nous remarquons que, tandis que les noms des autres comédiens figurent encore sur ces documents, celui de Nicolas Drouin, dit Dorimond, y apparait pour la dernière fois le 16 janvier 1664. M. F. Mugnier, qui fut si heureux dans ses découvertes relatives à ce comédien, semble croire qu'il mourut vers cette époque. Dans les *Lettres au Mercure sur Molière*, Paris 1887, p. 40 et 68, on trouvera la liste de ses ouvrages, aujourd'hui bien oubliés.

Biographie : Lemazurier, *Galerie historique*, t. i, p. 253.

Bibliographie : F. Mugnier, le *Th. en Savoie*. — F. Faber, le *Th. en Belgique*, t. iv.

DORIMOND, Mlle. — Femme du précédent. V. Auzillon.

DORIMOND jeune, Louis Drouin dit. — Frère cadet de Nicolas Dorimond, Lyon 1658, Chambéry et Turin 1659-60, Dijon 1660, Paris 1661, Bruxelles 1662-64.

DORIVAL, Jean, Louis Thierriet dit. — Acteur en Hollande et à la Cour de Prusse 1773, avec 1100 thalers d'appointements, débuta au Th. français le 8 juin 1776. Revenu à Berlin, il y était encore le 2 avril 1778. Son nouveau début au Th. français eut lieu le 4 mai de la même année; reçu sociétaire le 12 avril 1779, il tint les troisièmes rôles tragiques jusqu'en 1791. On lui prêtait de l'intelligence et de la chaleur, mais son organe était mauvais et sa tournure mesquine. Est-ce le même Dorival qui passa par le Th. patriotique en 1792? Toujours est-il qu'il mourut aux colonies (peut-être St-Domingue) en 1793.

Biographie: Lemazurier, *Galerie historique*, t. I, p. 236.

DORIVAL, Etienne. — Financier, Valenciennes 1826, Bergues 1827.

DORIVAL, Mme. — Sous ce nom: Alexandrine *Dorival*, Vaudeville 1828, jeune première, Bayeux 1828.

Louise *Dorival*, Amiens 1849.

DORLANGES- Polliard ou Polliart dit. — Th. Montmartre 1830-39, acteur, puis régisseur général des Folies dramatiques 1849 et années suivantes, avait 66 ans en 1870 et 37 ans de théâtre, lorsque la Société lui accorda la pension de 500 fr. Sa mort, survenue à Neuilly-s/Seine, fut annoncée au Rapport de 1883 : « C'était un brave et excellent homme, aimé et estimé de tous ceux qu'il avait obligés ». On le disait père de Mlle Priola, la chanteuse, morte prématurément.

DORLÊ, Mme Françoise, Dorothée, dite *Aline*. — (V. ce nom). Habitait Paris en 1846, avait 73 ans et 50 ans de th. en 1881, obtenait la pension de 500 fr. Sa mort fut annoncée au Rapport de 1891.

DORLÉANS, Mlle Françoise. — Sœur de Jacques Dorléans, sauteur à la Foire St-Germain en 1721 et comédienne foraine, même date.

DORLÉANS, Mme. — Délass. com. 1852, Délass. com. 1857-58, Variétés 1859. Connue par sa maigreur.

D'ORLÉANS, Mlle. — Palais-Royal, avant 1878.

DORLIA, Mlle L. — Châtelet 1869.

DORLIN, Auguste. — La Haye 1874.

DORMAL. — Confidents et pères, Gand 1767.

DORMAN. — Menus-Plaisirs 1887-88.

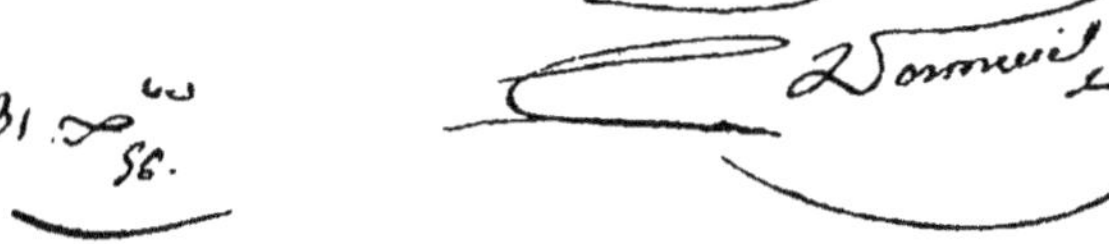
Monsieur

Lorsqu'un Pensionnaire se présente dans notre salle, muni d'un billet payant, il n'est plus pensionnaire, il est public et l'entrée ne saurait lui être interdite, c'est un droit qu'il achète.

Il va sans dire que s'il n'en jouit pas paisiblement on peut le déposséder, mais alors ceci devient l'affaire de l'autorité et non pas celle du Directeur.

Mille Compliments.

Dormeuil

31 Xbre 56.

Autographe de DORMEUIL (Coll. Lyonnet)

DORMESSON, Mlle. — Actrice chez Nicolet, vers 1770.

DORMEUIL, Joseph, Jean Contat, Desfontaines. — Né en 1791; après avoir été destiné à l'état ecclésiastique, débuta à la banlieue, puis se fit connaître au th. de Madame (1820), dans l'emploi des pères nobles; il était, en outre régisseur général. Sa placide physionomie, sa taille élégante, sa démarche pleine de noblesse le désignaient pour l'emploi des vertueux personnages. La *Biographie* de 1824, jouant sur son nom, laisse entendre qu'il est toujours plongé et plonge les autres dans une douce léthargie; Harel le traite d'acteur médiocre et la *Petite Biographie* de 1826, en nous donnant son adresse, faubourg Poissonnière, 102, nous rappelle qu'il obtint, dans la Garde Nationale, le grade d'aide de camp du duc de Reggio. D'autres disent qu'il fut secrétaire à l'état-major de cette même Garde, en 1814.

Exact, d'un zèle à toute épreuve, administrateur, Dormeuil était précieux pour un directeur de théâtre. Aussi chercha-t-il à faire de la direction pour son compte et ouvrit le Palais-Royal avec Charles Poirson, le 6 juin 1831. On l'y vit dans toutes les pièces ; la liste des principales en a été donnée par Eug. Héros. Dormeuil, mauvais acteur, se montra un directeur habile, plein d'esprit, de tact et de goût. L'histoire de cette direction se trouve racontée tout au long dans le petit volume *Foyers et Coulisses*, le *Palais-Royal*, Paris, Tresse 1874. En 1845, Benou, ex-commissaire-priseur, avait remplacé Charles Poirson comme associé de Dormeuil. En 1860, Dormeuil se trouva quelque peu dérouté par la mort du vieux vaudeville à couplets. Il lui sembla que ses fonctions de juge au Tribunal de commerce devaient suffire à son activité. Il avait, d'autre part, comme maire de sa commune, des prétentions à la Légion d'honneur. Bref, il voulut se retirer. La raison sociale Dormeuil et Benou devint alors Léon Dormeuil fils et Plunkett — ce dernier, frère de Mme Doche — auxquels s'adjoignit plus tard Ad. Choler, le vaudevilliste. Dormeuil fit encore partie d'une combinaison au Vaudeville 1861-63, puis mourut vers 1867.

Iconographie : Bibl. nat., catalog. Duplessis 13,087. En pied, de profil à droite, cost. de th., lith. par H. Monnier.

DORMEUIL, Mme. — D'abord connue sous le nom de *Mlle Esther*, était choriste au Vaudeville, lorsqu'elle fut engagée au Gymnase pour doubler Mme Perrin. Sa gentillesse, son intelligence, sa voix agréable la firent bien accueillir du public. Ce fut alors qu'elle épousa Dormeuil dont elle prit le nom, avant de le suivre au Palais-Royal. Mme Dormeuil parut avec avantage dans les *Grisettes*, le *Tailleur et la Fée*, *Rabelais* (1831), la *Chanteuse et l'Ouvrière*, la *Belle Fille*, le *Mariage impossible*, la *Sentinelle*, *Walter Scott* (1832), la *Femme du Voisin*, l'*Alcove* (1833), *Farinelli*, *Une Heure à la Malmaison* (1835). Puis son nom disparut du tableau de la troupe vers 1837-38.

DORMEUIL. — Deuxième amoureux, Lille 1892.

DORMEVAL, Mme. — Angers 1775.

DORMILLY. — Débuta au Th. Français, dans les *Fausses Infidélités*, en 1805.

DORMOIS, Mlle. — Folies-Marigny, 1872.

DORN, Félix, Edmond Dornberger dit. — Genève 1877, Brest 1878, Rochefort 1879, Metz 1880, Caen 1881, Tours 1882, Toulouse 1883, Reims 1884-85, Paris 1886-89, Dijon 1890-91, Toulouse 1892-93, Le Hâvre 1894. Sa mort fut annoncée au Rapport de 1895.

DORNANS, Edmond. — Abbeville 1865-69, Bordeaux 1870, Constantinople 1872, Mulhouse 1873-74.

DORNAY. — Emile Husson dit — Auteur-acteur, surnommé le « Dennery de Belleville ». Odéon 1845, créa un rôle dans les *Touristes* (6 avril 1846), Odéon 1852, Ambigu 1861, jouait avec beaucoup d'intelligence les rôles de tenue et les troisièmes rôles. Un de ses principaux ouvrages, représenté à Belleville, fut la *Lionne de la place Maubert*. Fut directeur du th. du Château-d'Eau en 1876.

DOROS, Mlle Aimée. — Marseille 1829-30.

DORSAI. — V. Dorsay.

DORSAIMPRÉ. — Père noble, Lille 1789, 1797-1804, Gand 1809. Mlle Dorsaimpré jouait les utilités à Lille en 1799.

DORSAN. — Sous ce nom :

Dorsan, confident, deuxième père, Saint-Quentin 1783.

Dorsan, Nantes 1792 et 1794, Bruxelles 1796, Lille 1797.

Dorsan, premier rôle, jeune, beau physique, du talent, troupe Dorfeuille, avait commencé au th. Mareux ; Odéon 1797. *Geneviève de Brabant* (4 nov.), la *Vengeance* (31 oct. 1798), *Misanthropie et Repentir* (28 déc.), premier rôle, les *Parents* (9 sept. 1800), le *Mari ambitieux* (15 oct. 1802), le *Trésor* (28 janv. 1804). Le 5 mai, il fait jouer *Vincent de Paul*, sous le nom de Dumollard, et tandis que Picard va jouer avec onze artistes à Aix-la-Chapelle, à l'occasion du voyage de l'impératrice, il dirige le reste de la troupe restée à Paris. Les *Consolateurs* (13 juillet 1805), l'*Avare fastueux* (27 nov.), la *Comédie aux Champs-Elysées* (16 avril 1806).

L'*Almanach pour l'An IX* constate ses premiers succès, mais nous dit que son peu de variété dans son jeu fait oublier son intelligence et sa diction raisonnable. Dans les rôles tragiques, on lui reproche d'imiter trop Talma. L'année suivante, le même ouvrage le félicite d'avoir pris l'emploi des pères, où il peut montrer de la chaleur, mais on lui reproche toujours (1803) de la raideur dans la tenue. L'*Opinion du Parterre*, t. II, reconnaît qu'il joue passablement le ministre de *Médiocre*, le gouverneur de la *Prison militaire*, qu'il prêche avec onction dans *Vincent de Paul* et qu'au total c'est un acteur utile et estimable. L'année suivante, on lit : « tout en lui rappelle l'acteur ambulant ». L'auteur a voulu dire « de province ». Le *Coup de Fouet* (1802) avoue qu'après un brillant début il est resté au-dessous de lui-même.

Vers le même temps, un *Dorsan* chantait les hautes-contres à Bruxelles (1802), aux appointements de 4800 fr. On le retrouve à Lille de 1804 à 1808. Un *Dorsan* est directeur à Gand 1812-13, et ce nom est porté par un deuxième amoureux, à Rouen, en 1813-14.

Dorsan, Jules, J.-B. Ferrand dit, premier rôle, Genève 1835-1847, 1850, Saintes 1852.

DORSAN, Alphonse, rôles de convenance, Amsterdam 1840, Gand 1841.

DORSAN, Mme ou Mlle. — Sous ce nom :

Mme DORSAN, soubrette, Lille 1792, deuxièmes rôles de comédie, Anvers 1793.

Mme DORSAN, théâtre du Vaudeville 1801, où elle remplaçait Mlle Lescot ; avantages physiques, voix agréable ; elle appartint à ce théâtre jusqu'en 1806. En 1808, elle passa par Bruxelles (6 mai). En 1809, il y a deux dames *Dorsan* à Namur : l'une s'intitule Mme *Dorsan mère*, l'autre Mlle *Caroline Dorsan*. L'une d'entre elles, la fille, selon toutes probabilités, fit partie de la troupe de Mlle Raucourt, à Milan, 1811-12, puis débuta le 13 sept. 1814 à la Comédie Française, dans Lisette des *Folies amoureuses*. Nous découvrons ensuite :

Mme DORSAN, Porte-St-Martin 1815.

Mme DORSAN, Anvers et Bruxelles 1816-17.

Mme DORSAN, deuxième confidente, Odéon 1825-26.

Mme DORSAN, soubrette à Nantes 1825, Le Hâvre 1827.

Mme DORSAN, premier rôle à Verviers 1825, morte d'apoplexie foudroyante à La Haye en mars 1826.

Mme DORSAN, duègne, Grenoble 1825, Lot-et-Garonne et Aude 1826, Mons 1833, Limoges 1835-37, Tournai 1842.

Mme DORSAN, jeune première, Amsterdam 1830, Anvers 1837.

Mme DORSAN, Sophie, Lorient 1840. Morte en 1844.

Mme DORSAN, Clara, Caen 1849.

Mme DORSAN, Caroline, Sophie Hachin, Toulon 1851, grande coquette, Alger 1852, Turin 1855-62, Sens 1863, Turin 1864-65, Hombourg 1867, Nice 1868-72, Paris 1873-81, Nice 1882-84. Sa mort fut annoncée au Rapport de 1885.

Mme DORSAN, Claire, Wilhelmine Hachin, Brest 1864, Le Mans 1865-73, Grenoble 1874-93. Sa mort fut annoncée au Rapport de 1894.

DORSAY. — Sous ce nom :

DORSAY, Roux dit, né le 1er avril 1794, ancien acteur du th. Molière et mauvais acteur, racheta le privilège de Mme Saqui et appela son théâtre : théâtre du Temple. Celui-ci ferma ses portes le 30 juin 1841. En 1854, âgé de 60 ans, Dorsay obtint une pension de 186 fr. de la Société des artistes et mourut quelques jours plus tard.

DORSAY, premier amoureux, Reims 1831, Boulogne 1837, Lille 1839-40, Chambéry 1846. V. plus loin.

DORSAY fils, th. du Temple 1833-34.

DORSAY, A., Fol. dram. 1851.

DORSAY, Louis, premier rôle, Lyon 1851-60. Sans doute le même, âgé de 54 ans en 1869, avec 35 ans de théâtre, reçut une pension de 200 fr. et mourut la même année à Lyon.

DORSAY, Louis, Alexandre, Ernest, Florence 1873-75, Paris 1876, Lille 1877-78, Rouen 1879-81, St-Pétersbourg 1882, Paris 1883-85, Montmartre 1886, Paris 1887-1900. Sa mort fut annoncée au Rapport de 1901.

DORSAY, Mme ou Mlle. — Sous ce nom :

Mlle DORSAY, débutante à la Comédie Française 1763.

Mlle DORSAY, Odéon 1824.

Mme DORSAY, premier rôle, Rennes 1837.

Mme DORSAY, Alexandrine, Iménie Legros, Florence 1873-75, Paris 1876-77, Lille 1878-79, Rouen 1880, Paris 1881-88.

Mlle DORSAY, Blanche Bernard, Constantinople 1876 et années suivantes.

DORSEVILLE. — Nom d'un débutant au Th. français le 3 août 1774.

DORSON- Sauvan. — Premier rôle, Quimper 1827, Lorient 1828, Toulon 1840.

DORSONVILLE, Mlle. — Larive écrivait de Paris le 14 nov. 1785 : « Je viens enfin de découvrir une charmante soubrette. C'est Mme Dorsonville, qui a été trois ans à la Comédie italienne et qui est actuellement à Naples, dans la troupe du roi. Mme Tessier, sa mère, m'a assuré qu'elle pourrait s'engager à Bordeaux pour l'année prochaine. ». Sans doute la même à Marseille 1792-93, Odéon 1797.

DORSONVILLE, Mme. — Premiers rôles, Douai 1788, Tournai 1790.

DORSONVILLE, Mlle. — Nom d'une débutante au Vaudeville le 10 juillet 1819, rôle d'Henriette dans le *Pauvre Diable*. Créa le rôle du jeune Eloi dans le *Chien de Montargis*, à la Gaîté, le 6 août 1814. Sans doute la même, jeune première, Bordeaux 1825, premier rôle 1826-28, duègne 1831-35.

DORSY, Mlle Camille. — Débuta au Palais-Royal, toute jeune encore, dans la *Servante du Curé* (23 mai 1840) et *Mlle Montansier* (29 janvier 1841). Nous perdons sa trace à Paris en 1858.

Iconographie : Bibl. nat., catal. Duplessis 13,119. En buste, de 3/4 à gauche, dans une bordure octogone. Lith. par C. Valette, 1841.

DORTET, Mme Fernande, Camille. — Le Caire 1874-76.

DORTEZ, Mlle Blanche Dondot dite. — Lyon 1871-74, Toulouse 1875-77.

D'ORVAL. — Lorsque le maréchal de Lowendahl fut nommé gouverneur de Maëstricht (1748), il y installa une troupe de comédiens français sous la direction de D'Orval qui avait déjà donné des représentations au camp français situé au château de Petersheim. Mme D'Orval mère et Mlle D'Orval fille faisaient partie de cette troupe qui resta à Maëstricht même après l'entrée des Hollandais (1749).

DORVAL, André, Pierre Goulard dit. — Né vers 1764, Lille 1786, Toulouse, troisième amoureux, 1793-94, Angers 1794, rôles de convenance, Lille 1821, Bourges 1822, Lille 1823, Nîmes 1825-27, Tours 1827, Lyon 1828 et 1831, Calais 1833-34. Agé de 82 ans en 1846, il obtint une pension de 120 fr. de la Société des artistes. Sa mort, survenue à Rouen, fut annoncée au Rapport de 1849.

DORVAL, Mme Goulard dite. — Femme du précédent, rôles de convenance, Nîmes 1825, Lyon 1829-31, Calais 1833-34.

DORVAL, Mme Marie Thomase, Amélie Delaunay, femme Allan-Dorval, puis femme Merle dite. — La plus grande actrice de l'époque romantique. Naquit le 7 janvier 1798, rue de la Comédie, à Lorient. Elle était fille de Marie Bourdais, artiste dramatique, originaire de St-Saturnin, Saône-et-Loire, et de Joseph-Charles Delaunay, artiste dramatique, originaire de la Ronde, près Rouen. Le père, qui avait reconnu l'enfant, avait 27 ans; la mère 17 ans et 9 mois.

Destinée au théâtre, elle monta sur les planches dès qu'elle put parler. Se trouvant à Lille avec sa grand-mère et sa mère (Mme et Mlle Bourdais), vers 1806-1807, elle remplit de petits rôles d'enfants dans *Camille* ou le *Souterrain* et dans les *Deux petits Savoyards*. Quelques années plus tard, à Bayonne, elle se risquait dans des rôles d'ingénues. « Je suis venue au monde sur les grands chemins, disait-elle un jour à Henri Monnier; j'ai été bercée aux durs cahots de la charrette de Ragotin et n'ai connu ni les jeux, ni les joies de l'enfance ». Pour elle, le drame avait commencé presque au début de la vie. Orpheline à quinze ans, on la maria à un pauvre maître de ballets, nommé Allan, qui avait pris au théâtre le nom de Dorval.

Pourtant, Mme Dorval avait débuté dans l'opéra comique. Un jour, à Strasbourg, elle eut à remplacer au pied levé une actrice de drame dans la *Mère coupable*. C'est ainsi que sa véritable voie fut trouvée. Potier, de passage en cette ville, s'intéressa à cette jeune femme, lui conseilla de venir à Paris et la présenta à Lafon, de la Comédie Française, qui lui prédit qu'elle ne réussirait jamais dans le drame et lui conseilla l'emploi des soubrettes — qu'elle ne prit pas. Engagée à la Porte-St-Martin, grâce à Potier, Mme Dorval débuta à ce théâtre le 12 mai 1818 dans *Paméla mariée*, le surlendemain dans les *Frères à l'Epreuve* et le 14 juin dans *Malek-Adhel*. Sa première création eut lieu le 26 septembre dans la *Cabane de Montainard*. L'année suivante, elle perdait son mari, mort à Smolensk, en se rendant à St-Pétersbourg où il avait accepté un engagement. Elle restait veuve avec deux jeunes enfants, n'ayant que des appointements plus que modestes. Le rôle de Thérèse dans les *Deux Forçats* (octobre 1822) la mit un peu en évidence. Harel, en 1825, hasarde le premier, timidement : « Le charme ressemble tant au talent, la grâce ressemble tant à la beauté, que nous sommes presque tentés de dire que Mme Dorval est une bonne et belle actrice. »

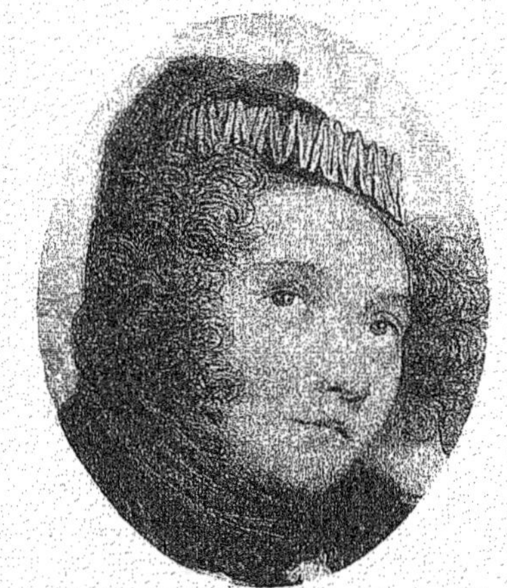

Mme DORVAL

Le 19 juin 1827, sa véritable célébrité commença avec *Trente ans ou la Vie d'un Joueur*, où elle tint le rôle d'Amélie à côté de Frédérick. Elle y eut des cris déchirants, de la douleur vraie, des angoisses sans artifice. Elle devint la partenaire du grand acteur, lui donnant la réplique dans la *Fiancée de Lamermoor*, *Faust*, *Rochester*, *Sept Heures*. En 1829, elle créa *Marino Faliero*. Cette année même, on la consacre « la première actrice du boulevard ». Mais la *Petite Biographie*, qui n'est pas tendre, ajoute aussitôt: « Quel dommage que cette actrice ait le teint jaune et hâlé, les poumons si peu robustes, la veine lacrymale abondante, de la sensibilité et des dettes ».

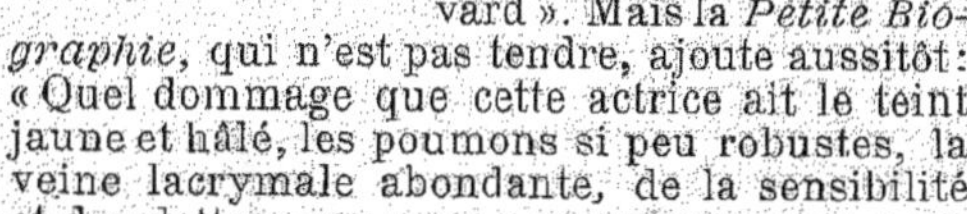

Le 17 octobre (1829) elle avait épousé, en secondes noces, Merle, un homme d'esprit, ex-secrétaire du maréchal de Bourmont, auteur dramatique, qui tomba en paralysie peu d'années après son mariage, devint une charge pour le pauvre ménage et survécut même à sa femme.

En 1830, Mme Dorval débutait à l'Ambigu dans *Pablo*, puis y créait un rôle dans les *Serfs polonais*. En 1831, elle retournait à la Porte-St-Martin, où elle se montrait admirable dans le personnage d'Adèle Hervey d'*Antony*. Mme Dorval et Bocage! N'est-ce pas l'expression la plus pure du romantisme (3 mai)?

Quelques mois plus tard (18 août), *Marion de Lorme* réunit encore les deux artistes.

Voici le jugement porté sur Mme Dorval par Théophile Gautier qui la suivit dans ses principales créations : « Quoiqu'elle ne fût pas régulièrement belle, elle possédait un charme suprême, un charme irrésistible, et avec sa voix émue qui semblait vibrer dans les larmes, elle s'insinuait doucement au cœur... Elle avait des accents de nature, des cris de l'âme qui bouleversaient la salle... »

Dès ce moment, Mme Dorval fut la souveraine sans rivale du drame moderne ; puis ce sont *Jeanne Vaubernier*, Odéon et Porte-St-Martin, direction Harel, 1832 ; *Dix ans de la vie d'une Femme, Quitte pour la Peur*, d'Alfred de Vigny, proverbe écrit pour elle et joué dans une représentation extraordinaire à l'Opéra le 30 mai 1833. Ce fut dans cette représentation, à son bénéfice, qu'elle joua la *Phèdre*, de Pradon, en costume de cour Louis XIV, jupe de damas vert pomme ramagée d'argent, coiffure haute et corsage à pointe. « Ah ! quels vers, que ceux de ce M. Pradon, écrivait-elle ; pour les retenir, je fus obligée de les mettre sur l'air : *Vive, vive à jamais M. de Catinat* ».

Au mois de février de l'année suivante, Mme Dorval entrait à la Comédie Française, comme pensionnaire. Elle y débuta le 21 avril 1834 dans *Une Liaison*, reprit quelques rôles de drame créés par Mlle Mars, comme Doña Sol, jusqu'au jour où Alfred de Vigny écrivit à son intention *Chatterton* (12 février 1835). Elle y fut adorable dans le rôle de Ketty Bell, caractère presque muet, tout concentré et qui n'a qu'un seul cri à la fin. « Mais quel cri ! » s'exclamait Th. Gautier qui jugeait ce rôle impossible pour toute autre actrice. Le 25 avril suivant, elle fut encore la Catarina dans *Angelo*, de Victor Hugo. Dans cette pièce, elle se trouvait en présence de Mlle Mars, le talent le plus correct et le plus parfait ; les bravos et les succès se partagèrent.

Cependant son talent primesautier n'avait guère le don de plaire aux comédiens de la rue Richelieu. La séparation eut lieu sans regret, de part et d'autre, et Mme Dorval alla créer à l'Odéon le *Camp des Croisés* et les *Suites d'une Faute*, avant d'entrer au Gymnase (1er nov. 1837). Les conditions de son engagement, exhumé par M. L.-Henry Lecomte, étaient les suivantes : quatre-vingts francs par chacune des pièces en plus de deux actes, quarante francs par chacune des pièces de un ou deux actes, un minimum assuré de deux mille francs par mois, une allocation de deux-cents francs de toilette par rôle, un dédit de *cinquante mille francs !*

Cette entrée au Gymnase — refuge de la comédie bourgeoise — causa un étonnement général. Mme Dorval y débuta le 3 juillet 1838 dans la *Belle-Sœur*, l'*Orage* (3 août), *Henri Hamelin* (18 août), la *Maîtresse et la Fiancée* (18 mai 1839), *Un Ménage parisien* (12 juin), le *Mexicain* (24 juillet). On compara alors le Gymnase à une sorte de cage où la fougueuse actrice ne pouvait développer sa passion. L'engagement du 1er nov. 1837 fut résilié d'un commun accord le 5 juillet 1839, et les directeurs s'engagèrent à payer à Mme Dorval dix mille six-cents francs à titre d'indemnité, à raison de 200 fr. par mois.

Autographe de Mme DORVAL (coll. Lyonnet)

Mme Dorval donna le 29 août 1839 sa dernière représentation au boulevard Bonne-Nouvelle, et créa le 7 novembre suivant, à la Renaissance, le *Proscrit*, ce qui faisait écrire à Jules Janin : « Allez la voir, cette femme délivrée de ses liens, cette lionne lâchée dans son domaine, cette affranchie de la petite comédie du Gymnase, et vous comprendrez sa puissance ! »

En avril 1840, elle fut imposée à la Comédie Française par George Sand, pour jouer *Cosima*, pièce qui ne réussit pas : « Mme Dorval a joué *Cosima* avec une grâce parfaite, un grand naturel et une délicatesse de nuances qui auraient mérité un public moins turbulent », écrivit Gautier. Elle partit alors pour la province, allant de ville en ville, attendant une situation stable à Paris. En octobre 1842, l'Opéra Comique annonça une représentation au bénéfice de Mme Dorval, avec *Phèdre*. Cette grande artiste de drame se préoccupait surtout de devenir classique. On la jugea timide, presque froide. La tragédie n'était pas sa vocation.

Engagée de nouveau à l'Odéon, elle parut dans les *Deux Impératrices* (4 nov.), la *Main droite et la Main gauche* (24 déc.), *Lucrèce*, de Ponsard (22 avril 1843). A la quarantième représentation, elle laissa le rôle de Lucrèce à Mlle Maxime et prit le rôle de Tullie qui convenait mieux à son talent (28 sept.), la *Duchesse de Châteauroux* (22 déc.). Entre temps, elle jouait *Phèdre*, *Antony*, *Andromaque*, *Agrippine*, de M. de La Rochefoucauld, le *Mariage de Figaro* (la comtesse), *Clotilde*, la *Mère coupable*, *Henri III et sa Cour* (la duchesse de Guise). En janvier 1844, elle parut dans *Marie Tudor*, à côté de Mlle George; en février, pour son bénéfice, elle joua *Trente ans ou la Vie d'un Joueur*, avec Frédérick. Le 11 mars, elle créa avec un grand succès la *Comtesse d'Altemberg*.

L'année suivante, elle revient au boulevard, où elle remporte dans *Marie-Jeanne* un dernier, mais éclatant triomphe. Elle joua ce rôle avec son âme, avec les souvenirs de sa vie de misère, avec cette ardeur de tendresse maternelle qu'elle avait pour ses enfants. Elle en compromit sa santé; et, comme Alex. Dumas lui disait que jamais artiste n'avait été acclamée comme elle : « Je le crois bien ! répondit-elle; les autres ne donnent au public que leur talent; moi, je lui donne ma vie. »

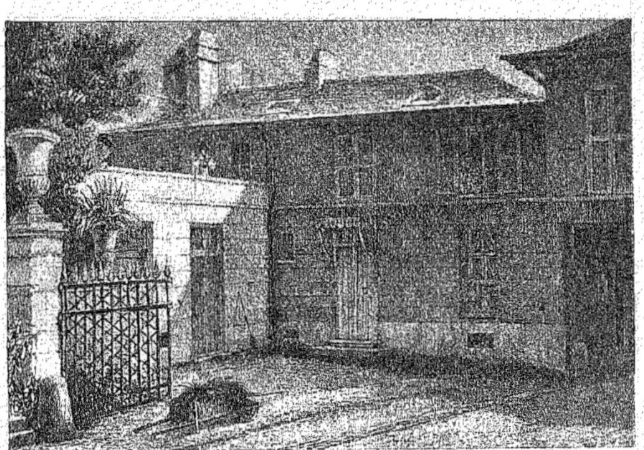

Maison de Mme DORVAL, rue St-Lazare

Le 22 décembre 1846, on la revoit à l'Odéon dans *Agnès de Méramé*, où elle produit peu d'effet; puis le 13 avril 1847 dans le *Syrien*, sa dernière création à ce théâtre. Le 14 mars, elle avait joué *Marie-Jeanne* à son bénéfice.

Vieillie, brisée, découragée, ayant une lourde famille à soutenir et un mari paralysé, Mme Dorval ne trouvait plus d'engagement. Au mois de mai 1848, elle perdit son petit-fils, Georges, un enfant de quatre ans qu'elle adorait. On lui retira le rôle de la *Marâtre*, de Balzac, qui lui avait été promis. Elle s'offrit pour entrer comme simple pensionnaire à la Comédie Française; le comité refusa, lui offrant un secours mensuel; l'artiste, justement blessée, refusa. Repoussée, humiliée, elle reprit le chemin de la province. Al. Dumas a raconté dans un petit livre la *Dernière année de Marie Dorval, 50 centimes pour son tombeau*, Paris, Librairie Nouvelle, 1855, le calvaire de cette malheureuse femme.

Marie Dorval avait trois filles; l'une, Caroline, épousa le comédien René Luguet; de cette union, naquit le petit Georges qui mourut le 16 mai 1848, d'une fièvre cérébrale. La grand'mère faillit devenir folle; elle allait passer ses journées au cimetière, sur la tombe de l'enfant. Luguet imagina une tournée. Dans chaque ville, elle allait prier sur les tombes des enfants. Il fallait vivre cependant; elle reprit *Marie-Jeanne*. La pièce, comme elle disait elle-même, c'est « une mère qui a perdu son enfant ». Elle souhaitait mourir en scène. Luguet partit pour Caen, afin d'y préparer des représentations, mais la pauvre femme n'était déjà plus qu'un fantôme. Elle arriva pour se mettre au lit. L'agonie dura trente-sept jours et trente-sept nuits, que Luguet passa au chevet de la mourante. On engageait, on vendait, pour faire face aux besoins les plus pressants. Lorsqu'elle se vit près de la fin, elle ordonna à son gendre de la ramener à Paris. La diligence versa au milieu de la nuit. Enfin, l'on arriva rue de Varennes. Elle fit appeler Alex. Dumas, qui ignorait alors tous ces détails, et lui fit promettre de ne pas laisser aller son cadavre à la fosse commune. Ainsi s'éteignit cette grande artiste, le 20 mars 1849, un an et quatre jours après la mort de l'enfant qu'elle n'avait cessé de pleurer. Le 22 mai, les obsèques eurent lieu à Saint-Thomas-d'Aquin. Ce furent des funérailles d'une tristesse sans pareille. Camille Doucet prononça quelques paroles au cimetière Montparnasse. A la maison, le dénuement était absolu. On sollicita une représentation au Théâtre Français, et Rachel promit son concours. Seulement les délais furent longs, la représentation eut lieu le 13 octobre (*Phèdre* et le *Moineau de Lesbie*) et rapporta 9422 fr. qui devaient servir en partie à l'achat d'un terrain et à l'érection d'un monument. Mais les saisies s'abattaient de toutes parts. Merle apaisa un instant les huissiers. Trois mois après, on vendit le mobilier. La bible de Dorval, cette bible où la grande artiste inscrivait à chaque page ses pensées douloureuses,

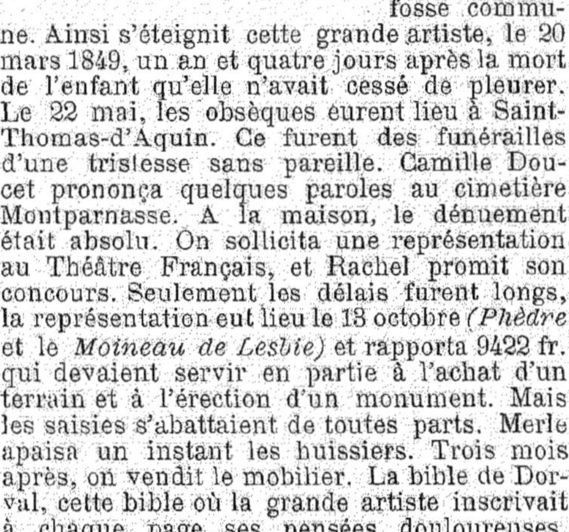

derrière chaque image, fut envoyée à Rachel et rapportée par sa dame de compagnie, sous prétexte que la tragédienne aurait préféré un autre souvenir. L'inhumation eut lieu le 14 juillet 1855, au cimetière Montparnasse, et l'on en trouvera le récit écrit par René Luguet, dans le petit livre d'Al. Dumas cité plus haut. Merle mourut le 27 février 1852, à l'âge de 67 ans. La Comédie Française lui faisait une petite pension.

Les lettres de Mme Dorval sont assez recherchées, et s'il prenait la fantaisie à quelque curieux des choses du théâtre de les réunir, on pourrait composer un recueil qui nous montrerait une Mme Dorval intime et passionnée. Quelques-unes ont passé en vente publique : de Caen, en septembre 1837, elle expose les difficultés qu'elle a pour rembourser ce qu'elle doit à Dumas. Ses amis et ses parents l'assaillent de demandes d'argent : « Voici que je reçois aujourd'hui une lettre de ce pauvre Piccinni, une lettre désolante. Je n'ai pas hésité à partager ce que j'avais et j'ai envoyé ce soir même à Caroline le peu que j'ai pu pour lui faire parvenir. Je regarde cela comme un devoir. Piccinni est le seul homme qui m'ait aimée et en qui a été la volonté de me rendre heureuse. Enfin, je lui dois Caroline, quand ce ne serait que cela ! » Elle raconte ensuite les tribulations que lui cause le mariage de sa fille Louise : « Toutes les tracasseries des affaires de la maison et des enfans me tombent dessus ». — (Vente du 11 juin 1902). Ce sont encore six lettres relatives à sa liaison avec Jules Sandeau, vers 1838 — nº 46 du catalogue Beyle, 1883. — Quatre autres en vente du 29 mai 1902, à de Thou. Deux de ces lettres sont relatives à la maladie et à la mort du père de Jules Sandeau. Dans une troisième, elle prie de Thou de déposer 40 fr. sur la cheminée de Sandeau : « C'est de l'argent à lui et la moitié de ce qui m'en reste ». La lettre du 24 octobre 1839 indique bien l'ardeur de son amour : « Depuis votre départ, j'ai été d'une jalousie féroce et, en vérité, je ne sais pas trop pourquoi. Ma tête se monte d'une façon incroyable et me jette toujours au delà du vrai. Cependant, je crois que c'est fini ; je suis calme et Jules aussi. Je suis décidée à ne plus le tourmenter par des querelles qui me tuent, *moi*, véritablement ». Sandeau travaille au *Docteur Herbeau ;* elle voudrait l'entourer de soins qui lui enlèveraient tout souci : « Je l'aime tant ! et toujours davantage. »

Sa liaison avec De Vigny remonte à 1833-35. Dans un article de la *Revue politique et littéraire, Revue bleue*, 6 janv. 1904, M. Léon Séché laisse entendre que le successeur de De Vigny pourrait bien avoir été Mélingue. Enfin, dans le catalogue d'autographes A. Bovet, sous le nº 1377, nous trouvons une lettre de Mme Dorval au baron James de Rothschild, en date du 19 juillet 1843, dans laquelle elle lui demande l'autorisation d'aller voir dans sa galerie le tableau d'Ary Scheffer, représentant Lénore, avant de jouer dans un drame nouveau dont la ballade de Burger avait fourni le sujet. Disons, à ce propos, que le cachet de Mme Dorval représentait une levrette courant à droite dans un carré.

Mme Dorval habita 34, rue Meslée (1822), 63, même rue (1824), 6, boulevard St-Martin (1826), 15, même boulevard (1827), 44, rue St-Lazare (1835). Elle mourut rue de Varennes (1849).

On trouvera d'intéressants anecdotes concernant Mme Dorval, dans les *Historiettes et Souvenirs d'un Homme de Théâtre*, par Hostein, pages 147 et suiv., et un poignant récit d'une représentation de Mme Dorval mourante au th. St-Marcel, dans les *Pauvres Saltimbanques*, de Th. de Banville.

Biographie : *Galerie Lacauchie*, notice par Hipp. Rolle. — E.-D. De Manne et C. Ménétrier, *Complément à la Troupe de Nicolet*. — L.-H. Lecomte, *Marie Dorval au Gymnase*. — Al. Dumas, *La Dernière année de Marie Dorval*.

Bibliographie : *Grande Biogr. dram.*, 1824. — *Dict. th.*, 1826. — *Petite Biographie*, 1833. — *Rampes et Coulisses*, 1832. — *Indiscret des Coulisses*, 1841. — *Biogr. théâtrale*, 1845. — Th. Gautier, *Hist. de l'Art dramatique*. — *Souvenirs de Jousselin de la Salle*. — Hostein, *Historiettes et Souvenirs d'un Homme de Théâtre*. — P. Porel et G. Monval, l'*Odéon*, t. II. — Th. Muret, l'*Hist. par le Théâtre*. — *Souvenirs* de Laferrière, t. II. — *Souvenirs* de Delaunay, etc., etc.

Iconographie : Bibl. nat., catal. Duplessis 13,124.

1. A mi-corps, de face (cost. de th.), lith. anonyme.

2. En buste, de 3/4 à gauche, dans un ovale, lith. anonyme.

3. En pied, de face, lith. anonyme.

4. A mi-corps, assise, de 3/4 à droite, lith. Beroud, 1840.

5. A mi-corps, assise, de 3/4 à droite, lith. par Bernard, 1837.

6. En pied, de 3/4 à gauche (cost. de th.), lith. par A. Dévéria, 1833.

7. En pied, de 3/4 à droite (cost. de th.), lith. par Fauconnier.

8. A mi-corps, de 3/4 à gauche, lith. par J. P., 1839.

9. En pied, de face (cost. de th.), lith. par L. Marin.

10. A mi-corps, assise, de 3/4 à gauche, lith. par Menut-Alophe.

11. A mi-corps, assise, de 3/4 à droite, lith. par Léon Noël, deux états.

12. En pied, assise, de face, lith. par Léon Noël.

13. En pied, de 3/4 à droite (cost. de th.), lith. par Pruche.

14. En buste, de 3/4 à gauche, dans un ovale, lith. par Vigneron.

15. A mi-corps, de 3/4 à droite, lith. par Vigneron, 1829.

Dorval, Mme. Voyez Hugo, Victor et Volnys, L. Fay Mme.

— Musée de la Comédie fr., catal. Monval 484, médaille (1834) figurant dans un cadre de huit médailles.

— Assise, cost. de th., de face, lith. par Lacauchie *(Galerie d°)*.

— Le *Théâtre*, n° 78, dans *Angelo* et *Marion Delorme*.

DORVAL. — Sous ce nom :

DORVAL, Lucas, Angers 1820. Vivait en 1849. Un *Dorval* est à Lille 1821-22.

DORVAL, Belleville 1833-34.

DORVAL, Mme, deuxième duègne, Bruxelles 1841.

DORVAL, Mme Caroline, duègne, Rouen 1850, Lyon 1852-57. Sa mort fut annoncée au Rapport de 1859.

DORVAL, M. et Mme, premier rôle et duègne, Troyes 1852.

DORVAL, Mme, jeune première, Namur 1852.

DORVAL, Mlle, Fol. Marigny 1871.

DORVIGNY, Louis, François Archambaut ou Archambault dit. — Fut baptisé à St-Germain-l'Auxerrois le 30 mars 1742, et déclaré fils de François Archambaut, piqueur de M. le prince Charles, et de Marie-Antoinette Petit, aux Tuileries. Il était né le même jour. Tous ses biographes laissent entendre qu'il était fils de Louis XV, auquel il ressemblait étonnamment, et lui même ne s'en défendait pas.

On sait peu de choses de ses premières années ; embarqué de bonne heure, capturé par un corsaire et, grâce à sa belle écriture, racheté par le consul de France à Surate (prov. de Bombay), Dorvigny aurait passé dix années loin de France. Revenu dans sa patrie, mais sans ressources, nous le trouvons acteur et auteur à La Haye, vers 1773, où il écrit une pièce pour la fête de la princesse d'Orange ; à Lunéville, où il dédie un ouvrage « à messieurs de la gendarmerie » ; à Lyon, « pour le passage de Madame ». En 1775-76, il est acteur à Bordeaux. Nous trouvons sa trace au Raincy, chez monseigneur le duc d'Orléans, à Versailles, à Fontainebleau, à Compiègne, à Nemours, aux petits appartements, car Dorvigny débuta par la poésie officielle, écrivant des à-propos pour l'inoculation de Sa Majesté, pour le mariage du comte d'Artois, pour la grossesse de la reine, pour l'arrivée de l'empereur, jusqu'au jour où il devient acteur et auteur populaire.

Dorvigny débuta à Paris, sur le théâtre des Variétés amusantes, le 2 mars 1780, dans *Chacun son Métier*, proverbe dont il était l'auteur et que l'on jouait depuis un mois déjà. Il tenait de préférence l'emploi des pères et des paysans. On le vit dans Champagne, des *Folies à la Mode ;* le garde-chasse, le paysan, l'opérateur du *Gage touché* (6 mars 1780) ; dans les *Fausses Consultations*, autre pièce de lui ; il tenait quatre rôles.

Au mois de janvier 1782, Dorvigny était engagé à l'Ambigu comique, où il joua Christophe, dans *Christophe Lerond* (2 janvier) et Roger Bontemps, dans *Aujourd'hui*, comédies composées par lui. Au mois d'octobre, il passa dans la troupe des grands danseurs du roi, ce qui fait dire à Mayeur, dans son pamphlet immonde (qui n'est pas une autorité), le *Chroniqueur désœuvré* ou l'*Espion du boulevard du Temple* (1782) : « Dorvigny se borne à boire et boit beaucoup ; sale, dégoûtant même, il n'est pas une seule pièce où, comme acteur, il n'ait forcé le public de reconnaître une espèce de charretier. Nicolet vient d'en faire l'acquisition, comme comédien et comme auteur destiné à orner son théâtre de charmantes productions ». Chez Nicolet, Dorvigny joua le peintre dans le *Déménagement du Peintre* (29 octobre), Blaise dans *Blaise le Hargneux* (7 nov.), le savetier dans *Qui court deux lièvres n'en prend aucun* (7 mars 1783), le fermier dans l'*Amant Turc* (8 mars), le père de Janot dans le *Mariage de Jeannette* (9 mars). Plus tard, il joua aussi au théâtre des Délassements comiques, à celui des Associés et au Théâtre sans prétention. En 1787-88, un *Dorvigny*, financier, grime et régisseur, était à Lille.

Qu'il ait été froid et mauvais acteur, c'est possible ; qu'il ait été un buveur incorrigible, c'est incontestable. Mais, ce qu'on ne peut lui refuser, c'est sa fécondité prodigieuse, car on lui attribue de 300 à 400 pièces de théâtre, excessivement rares à trouver et dont un bon tiers, du reste, ne fut jamais imprimé. Dorvigny travailla non seulement pour le boulevard, mais pour la Comédie française, et jusque pour les ombres chinoises de Séraphin, pour lesquelles il composa *Madelon Friquet*, *Colin Tampon*, le *Pont cassé*, etc.

Mais l'ouvrage qui rendit le nom de Dorvigny à jamais célèbre, ce fut *Janot* ou les *Battus paient l'amende*, proverbe joué en 1779, aux Variétés amusantes et qui rapporta deux cent mille livres aux entrepreneurs. L'acteur Volange, qui jouait Janot, y eut un succès si prodigieux, que tout fut à la *Janot :* modes, coiffures, potages. Janot, modelé en biscuit de Sèvres, fut placé sur la cheminée du cabinet du roi. Désormais, Dorvigny devint « le père des Janots », avant de devenir celui des « Jocrisses ». Mais, de tous ces Jocrisses, le *Désespoir de Jocrisse* (1802), seul survécut. Il finit sa carrière en écrivant des romans.

De nos jours, avec sa plume, Dorvigny eût pu se procurer une honnête aisance ; en ce temps-là, les ouvrages représentés sur les scènes secondaires étaient à peine rétribués. Dégradé par l'ivrognerie, l'infortuné Dorvigny en était réduit à trafiquer de ses pièces, moyennant la rémunération la plus infime. On raconte que peu de mois avant sa mort, il vendit quarante manuscrits de ses pièces, moyennant cinquante francs, à une administration théâtrale qu'il avait enrichie et qui refusa de lui faire une pension de vingt sols par jour.

Après avoir passé les dernières années de sa vie dans une détresse absolue, Dorvigny — dont on ignora jusqu'à nos jours le véritable nom d'Archambaut — mourut le 4 janvier 1812, dans un galetas de la rue Frépillon, n° 4 (partie de la rue Volta comprise, entre la rue au Maire et la rue Réaumur). Il avait 69 ans, et non 78, comme le dit Monselet. La bienfaisance publique le fit enterrer au bout de quatre jours. Dorat-Cubières, l'année suivante, consacra quelques lignes à son ami : *Epitre aux Mânes de Dorvigni, ou l'apologie des Buveurs*, Paris 1813. *L'Opinion du Parterre* (t. x, p. 496-498) publia également une notice mais l'on ne connaissait guère de sa vie que ses habitudes d'ivrognerie. Monselet, De Manne, Campardon s'occupèrent en détail de ce très curieux personnage.

Biographie : Ch. Monselet, *Oubliés et Dédaignés*, nouv. édition, Paris 1876, notice très complète, bien que renfermant quelques erreurs biographiques rectifiées plus haut. — Ed. De Manne et C. Ménétrier, *Troupe de Nicolet*, longue notice. — Em. Campardon, les *Spectacles de la Foire*, t. I, p. 267.

Bibliographie : *Journal de Paris*, 1780, 1782, 1783. — Le *Chroniqueur désœuvré*. — *Mémoires secrets*, xv, 44. — *Mémoires de Fleury*. — Brazier, *Histoire des petits Théâtres de Paris*. — *Mémoires de Mlle Flore*. — *Souvenirs de J.-N. Barba*, Paris 1846.

Iconographie : Ch. Monselet, qui fouilla à fond le personnage, a écrit : « Je ne connais pas de portrait de Dorvigny ».

DORVILLE, Mlle. — Nom d'une débutante au Th. français, le 2 mars 1763.

DORVILLE. — Emploi des pères, chez Nicolet 1772-74.

DORVILLE. — Chambéry, août 1783.

DORVILLE. — Nantes 1794.

DORVILLE. — Vienne (Autriche) 1827. Peut-être le même Amiens 1829, Belleville 1835. *Dorville-Alan*, Lorient 1840, chef de figuration Porte-St-Martin 1852-54. En 1849-50, un artiste est inscrit à Paris sous le nom de *Dorville-Carquin*.

DORVILLE, Mlle Marie, Clémence Dupont dite, — Palais-Royal 1868-70, Rennes 1872.

DORVILLIER ou *Dorvilliers*. — Th. patriotique 1794.

DORVILLIER ou *Dorvilliers*, Mme. — Th. patriotique 1794. Jolie actrice. Une dame Sophie Dorvilliers est à Angers 1805.

DORVILLIERS, Mlle Elisabeth. — Jeune premier rôle, Calais 1825, Valenciennes 1826, Calais 1830, Amiens 1831. Une dame Dorvilliers tient l'emploi des jeunes mères à Saintes, 1828.

DOSSONVILLE, Mlle. — Rouen 1798.

DOSSION. — Vaudeville 1794.

DOSSION, Henri, François. — Né vers 1799. Moscou 1843-55, Paris 1856-63. En 1864, âgé de 65 ans, Dossion obtint une pension de 200 fr. de la Société des artistes. Sa mort fut annoncée au Rapport de 1886.

DOSSION, Mlle Laure. — Ambigu 1833-34.

DOTO, Georges. — Nantes 1868-70.

DOTTEL, Mlle Laurence. — Née vers 1775, actrice du spectacle des Petits-Comédiens du comte de Beaujolais, en 1789. M. Em. Campardon a publié une plainte de la mère de cette actrice contre un sieur Blainville qui avait maltraité sa fille.

DOUARD. — Beaumarchais 1877.

DOUAT, Antoine. – Toulouse 1876-79.

DOUAT, Ernest, Jacques. — Toulouse 1877-84, Carcassonne 1885-87, Bordeaux 1888, Carcassonne 1889-91, Roanne 1892, Paris 1893-94.

DOUAU, Mlle Madeleine. — Toulouse 1867-69.

DOUAY, Gustave, Albert. — Th. Déjazet 1865-69.

DOUBLEAU. — Porte-St-Martin 1897.

DOUBLET, Mlle Anaïs. — Délass. com. 1849, Bordeaux 1854-56.

DOUBLIER, Mlle Eléonore, femme Duplanty. — Ambigu 1815, 1825, 1829-30, morte vers 1846.

DOUCE. — Utilités, Limoges 1831-34.

DOUCE, Marcelin. — Anvers 1858-59, Ile de la Réunion 1863-64, Batavia 1865-68.

DOUCHET, Jules. — San Francisco 1855-57, Fol. nouv. 1858-62, Paris 1863-65. Un *Douchet* est premier comique, Lille 1876.

DOUESGUE, Mme Bouzon. — Artiste âgée de 83 ans, avec 33 ans de théâtre en 1892 ; pensionnée de 500 fr. par la Société des artistes, elle mourut vers 1902.

DOUGLAD. — Fol. dram, 1845.

DOUGLAS, Mlle Amélie, Colette. — Jeune première à Bruxelles 1833-34, débuta à la Comédie Française le 29 avril 1835, dans *Cinna*, puis le 1er juillet 1837, dans la *Fausse Agnès*. Elle fut reçue comme pensionnaire.

DOUGLAS. — St-Pétersbourg 1861-69.

DOUGLAS, Mlle Hortense. — Ecole lyrique 1862.

DOUGNY. — Angers 1779.

DOUIN, Eugène ou Edouard. — Fils d'une actrice, apprenti papetier, puis lithographe, Douin débuta chez Thierry, qui tenait un théâtre de société impasse Guéménée. Il joua à l'école lyrique, où on lui donna le nom de *Montauciel;* choriste aux Variétés, soldat au 34me de ligne, acteur au Petit-Lazari, Douin se fit enfin une place à l'Odéon où on lui confia quelques petits rôles, 1850-56, Th. Français 1857-62.

Biographie : Gallois, *Théâtre impérial de l'Odéon.*

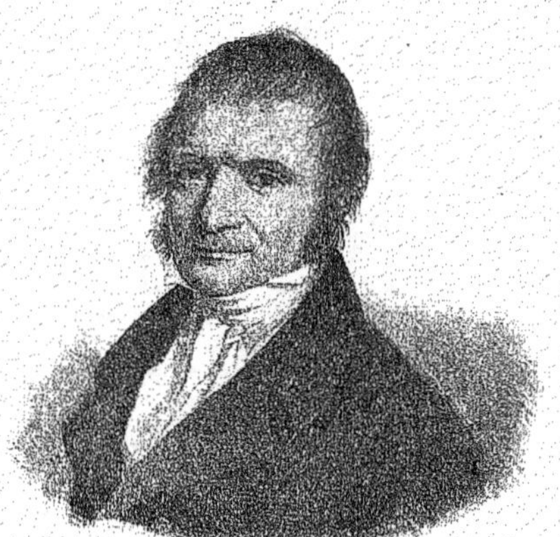

DEZAINVILLE

DOUJON, Mlle. — Rôles d'enfants, Laon 1829.

DOURDÉ, Mme. — Bruxelles 1796, ingénuités, Odéon 1797. On signale à Gand, le 24 nov. 1800, la mort d'une actrice de talent, Mlle *Dourdi.*

DOURNES, Jean, Pierre. — Perpignan 1852, Mons 1859, Douai 1860-61, Boulogne 1862, Ile-Maurice 1863-64, Paris 1865-70, Mâcon 1872.

DOUSSE, Adolphe. — Bastia 1881-82, Nîmes 1883, Amiens 1884, Limoges 1885-86, Dunkerque 1887-90, Mons 1891-92.

DOUTÉ, Mme. — Amoureuse, th. Feydeau 1792, Ambigu 1794.

DOUTREVILLE, Mlle. — Rôles d'enfants, Porte-St-Martin 1829-30.

DOUVILLE, Mme. — Gaîté 1799.

DOUVILLE. — Beaumarchais 1861.

DOUVILLIER, Louis, Antoine. — Variétés amusantes 1784.

DOUVRY. — Th. des jeunes élèves 1806-07, Vaudeville 1808, Ambigu 1809-14, mort le 27 septembre 1814.

DOUVRY, Mlle Aglaé. — Jeune première, Strasbourg 1825.

DOUVRY, Jacques, Jean-Baptiste. — Paris 1852-53, Aix 1854-56, Paris 1857, Grenoble 1858, Paris 1859-65.

DOUVRY, Mme Barbot. — Th. Taitbout 1876, âgée de 61 ans, avec 32 ans de th. en 1891, reçut à cette date une pension de 500 fr. de la Société des artistes.

DOUX, Emile. — Lisbonne 1849-54, Paris 1855-62, Bordeaux 1863-65, Rio-Janeiro 1867, Bordeaux 1868. Agé de 71 ans, avec 45 ans de services en 1869, à Lisbonne, reçut une pension de 300 fr. de la Société des artistes. Lisbonne 1869-74.

DOYAT. — Gand 1805.

DOYEN. — Curieuse personnalité. Ancien peintre en bâtiments, ami de Lekain, le père Doyen était le directeur d'un petit théâtre sur lequel se produisirent à leurs débuts la plupart des artistes célèbres à la fin du XVIIIme siècle, ou au commencement du XIXe. Avant de s'établir, en 1795, à la rue Notre-Dame de Nazareth, et plus tard à la rue Transnonain, où il est mort, Doyen tint longtemps son théâtre à la Boule-Rouge. Le père Doyen était un ori-

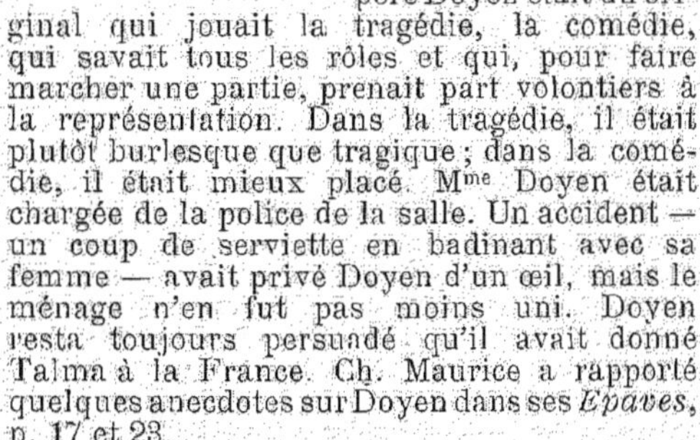

ginal qui jouait la tragédie, la comédie, qui savait tous les rôles et qui, pour faire marcher une partie, prenait part volontiers à la représentation. Dans la tragédie, il était plutôt burlesque que tragique ; dans la comédie, il était mieux placé. Mme Doyen était chargée de la police de la salle. Un accident — un coup de serviette en badinant avec sa femme — avait privé Doyen d'un œil, mais le ménage n'en fut pas moins uni. Doyen resta toujours persuadé qu'il avait donné Talma à la France. Ch. Maurice a rapporté quelques anecdotes sur Doyen dans ses *Epaves*, p. 17 et 23.

Bibliographie : Brazier, *Hist. des petits Théâtres*, t. II, p. 146 et suiv.

DOYON, Mlle. — Athénée 1878.

DOZAINVILLE. — Acteur à Rouen 1786, 1788-91. Cette biographie ne nous appartient qu'à moitié, car ce fut plutôt un chanteur d'opéra-comique qu'un comédien. Néanmoins, Dozainville avait passé par le th. Montansier, où il ne fut guère remarqué. Ennuyé de cette obscurité, il était allé au th. de l'Opéra Comique de Louvois. La perte de Trial, mort de peur en 1794, lui ouvrit les portes de l'Opéra Comique, sans débuts, pour l'emploi des niais (bien qu'il fut fort spirituel et fort instruit, nous dit une nécrologie). C'est à propos de Dozainville qu'Henry Monnier faisait le récit sans queue ni tête qui assura un succès de fou rire à la *Famille improvisée*. Dozainville mourut de la poitrine le 23 décembre 1809.

Iconographie : Bibl. nat., catal. Duplessis 13,191. — En buste, de ¾ à gauche, lith. H. Garnier.

DOZE, Mlle Léocadie, Aimée, femme Roger de Beauvoir. — Naquit le 20 octobre 1823, dans une verrerie, au château de Pont-Kallek, près de Hennebon. Entrée au Conservatoire pour prendre des leçons de harpe, sa santé s'altéra. C'est alors que Samson lui donna les premières leçons de comédie et que Mlle Mars en fit son élève. Elle débuta à la Comédie Française par Agnès de l'*Ecole des Femmes* et l'*Epreuve nouvelle*, le 26 octobre 1839 : « Elle a seize ans ! écrit Th. Gautier. Elève de Mlle Mars, même voix, mêmes intonations, mêmes gestes, mêmes attitudes ». Un an plus tard, du même critique, à propos du *Verre d'Eau* : « Mlle Doze a promené son innocence de petite fille et ses beaux grands yeux étonnés à travers toutes les complications de ces intrigues de cour, avec une naïveté et une pétulance de jeunesse tout à fait adorables ». Après le *Gladiateur* (mai 1841) : « Mlle Doze, qui faisait Néodémie, a montré de la grâce, de la sensibilité et de l'intelligence dans ce rôle, un des plus importants de la pièce. Le costume antique lui sied à ravir ».

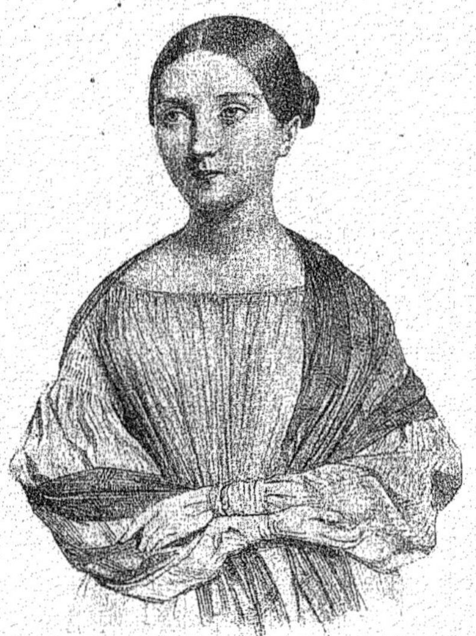

Mlle DOZE

Fanchette de la *Belle Fermière*, Charlotte des *Deux Frères*, un rôle nouveau dans *Un Cas de Conscience*, mirent tout à fait en relief les qualités de gentillesse et de sensibilité de l'élève préférée de Mlle Mars. Malheureusement pour la jeune fille, on voulait trop la comparer au modèle. Nous détachons d'une *Revue (Je m'en moque comme de l'An quarante)* ce couplet qui signala aussi son apparition :

Remercions notre célèbre actrice
De nous laisser son image à seize ans.
Applaudissons la gentille novice
Dont les débuts sont si brillants...
Si nulle intrigue ne s'oppose
A son noble et rapide élan,
Les Français en fait de talent
En auront une bonne *Dose*.

Devenue Mme Roger de Beauvoir, par son mariage avec le romancier de ce nom, Mlle Doze quitta la Comédie Française et se fit auteur. Elle donna au Th. Français un acte, *L'Un et l'Autre* (5 avril 1852) et publia, entre autres, les *Confidences de Mlle Mars*, œuvre dépourvue d'intérêt. Mlle Doze mourut le 30 octobre 1859.

Biographie : *Galerie Lacauchie*, notice par Eug. Briffault.

Iconographie : Biblioth. nat., catalogue Duplessis 13,192.

1. Burin anonyme.
2. A mi-corps, de face, lith. anonyme.
3. A mi-corps, de ¾ à gauche, imp. Aubert et Cie.
4. En pied, de face, gravé par Faxardo, d'après A. H.
5. A mi-corps, de face, cost. de théâtre, lith. par A. Grèvedon, 1841.

— *Gal. Lacauchie*, en pied, de face, costume de théâtre.

— L'*Artiste*, à la manière noire, à mi-corps, ¾ à droite, grav. par Desmadry.

DRANCOURT, Mlle Julie, femme Delorge. — Angers 1802.

DRAPEAU, Louis, Pierre, dit *Prudent*. — Artiste faisant partie de la Société depuis 1840, Paris 1852-60. Entré dans une maison de retraite et âgé de 65 ans en 1857, il reçut une pension de 120 fr., portée à 300 fr. en 1858. Sa mort fut annoncée au Rapport de 1862. V. Prudent.

DRAPEAU, Mme Madeleine, Françoise, née Petitpas, dite *Dumouchel*, dite *Prudent*. — Paris 1852-61, pensionnaire de la Société depuis 1859. Sa mort fut annoncée au Rapport de 1862.

DRAPIER ou Drappier. — Comique, Anvers 1839, Vaudeville, Bruxelles 1845, 1852-53, Lille 1854-55, Bruxelles 1856-57. Il existait, en 1849, une artiste du nom de Caroline, Henriette Drapier.

Iconographie : Bibl. nat., catal. Duplessis

13,211. En pied, de profil à droite, caricature, lith. par Gustave Droz.

DRAVEIL, Mlle. — Porte-St-Martin 1893.

DRÈGE, Mlle Amélie, Brided ou Bridet dite. — Variétés 1866-70, Constantinople 1872-75, Gymnase 1876, Le Havre 1876-77, Nice 1878, Metz 1879, Amsterdam 1880, Rouen 1881, Lille 1882, Reims 1883, Lille 1884-85, Paris 1886-87, Liège 1888, Alger 1889-91, Paris 1892-93, Rennes 1894, Reims 1895-96, Brest 1897, Le Mans 1898-99, Paris 1900-01. Sa mort fut annoncée au Rapport de 1902.

DRÉMONT, Mlle Marie. — Palais-Royal 1863-67.

DREÜE, Mme, née Virginie Lecoq. — Montmartre 1851-61. Sa mort fut annoncée au Rapport de 1862.

DREULETTE, Louis, Samson Narcisse, né en 1775. — Nantes 1825, Lille 1825, Liège 1829, Vivait en 1849.

DREUX. — Saint-Amand, Porte-St-Martin 1848.

DREUX, Mme. — Duègne, Montmartre 1851. V. Dreüe.

DREUX, Alfred, Pottier né à Dreux, dit. — Nice 1863-65, Gaîté 1867, Ambigu 1868-70. Mort en 1876.

DREYFUS, Simon, Ferdinand. — Nouveautés 1894-96.

DREYFUS, Mlle. — Théâtre de la République 1895.

DRION. — Amiens 1840.

DROBET. — Th. sans prétentions 1807.

DROIT, Jules. — Cherbourg 1899-1900.

DROT. — Bruxelles 1705.

DROUARD, Mlle. — Th. de la Renaissance, en représentation à Bruxelles 1841.

DROUART, Mlle. — Foire St-Laurent 1737 et 1743.

DROUET, Mlle. — V. Mlle Juliette.

DROUET, Mlle Joséphine Julien. — Nimes 1853-57.

DROUET, Auguste. — Paris, *Lescluzes* ou *Lescluse*. Porte-St-Martin 1876-79. Sa mort fut annoncée au Rapport de 1881.

DROUILLON. — Acteur forain, tenait les emplois d'arlequins. Retour de province, il se présenta à la Comédie Française le 21 déc. 1731, mais ne fut pas reçu. M. Em. Campardon a donné la liste des pièces où il parut à la foire St-Laurent de 1733 à 43. Il prononça également quelques compliments de clôture.

Bibliographie : Em. Campardon, les *Spectacles de la foire*, t. I.

DROUILLON. — Financier et valet. Maëstricht 1762.

DROUIN. — Sous ce nom :

Drouin, Louis, comédien de Mlle d'Orléans, Bruxelles 1662 et 1664. Il y eut aussi à cette époque et dans cette troupe un Nicolas *Druin*.

Drouin, Troupe d'Alard 1697.

Drouin, acteur forain 1731, foire St-Germain 1736.

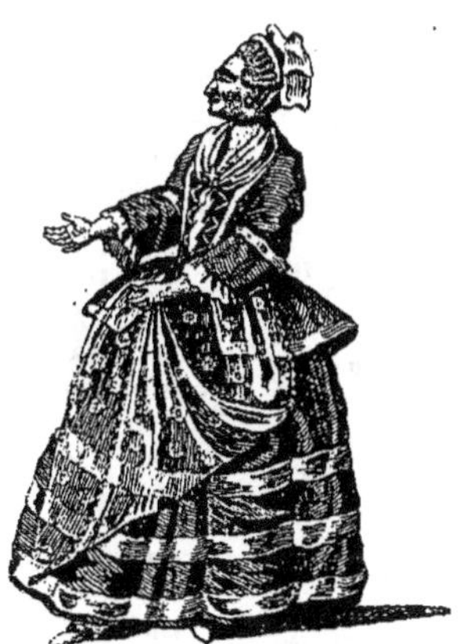

Mme DROUIN, née Gaultier

Drouin, Jean, Jacques, François, fils aîné du précédent, neveu de Drouin de Bercy (V. Bercy) et frère de Mme Préville, naquit à Paris le 1er octobre 1716 et épousa Mlle Gaultier en 1750. (V. Mme Drouin). Il fut acteur à Lyon et à l'Opéra Comique. Retour de province, il débuta à la Comédie Française le 20 mai 1744 par le rôle d'Azor dans *Amour pour amour* et dansa dans le divertissement. On le disait bien fait, d'une belle figure, mais sans talent. Reçu sociétaire le 27 avril 1745, on le chargea surtout de la composition des ballets. Mais s'étant démis le tendon d'Achille en jouant à Fontainebleau, il obtint sa retraite le 12 décembre 1754 avec une pension de 1000 livres de la Comédie, et une de 1200 accordée par le roi. Il mourut en 1791. Drouin avait donné en 1742, à l'Opéra Comique, une pièce de sa façon intitulée *la Meunière de qualité*. Emile Campardon a publié son brevet de pension et son acte de baptême.

Biographie : Lemazurier, *Galerie historique*, t. I. — G. Monval, *Liste alphabétique des sociétaires*. — Em. Campardon, les *Comédiens du Roi*.

Iconographie : *Musée de la Comédie française*. — Catal. Monval n° 396. Portrait présumé en costume de livrée, peinture sur toile h. 0.53, l. 0.45.

Drouin, Antony, frère du précédent, acteur forain 1735.

DROUIN, Mme Françoise, Marie, Jeanne, Elisabeth *Gaultier*, femme Martel, puis femme Drouin. — Naquit à Rouen le 25 sept. 1720, et fut baptisée à St-Eloi. Son père était qualifié sur l'acte « Maître directeur de l'Académie royale de musique ». En 1737, elle est l'associée et la maîtresse de l'auteur-acteur La Noue, et tous deux dirigent le théâtre de Rouen, (sans doute dans la salle de la rue des Charrettes). Ce fut à cette époque qu'elle connut dans sa troupe Mlle Clairon, âgée de 16 ans. Mlle Gaultier avait de l'éducation et du talent, et les relations entre la directrice et la débutante furent les débuts d'une amitié qui devait durer autant qu'elles, ainsi que le témoigne cette pièce de vers de la tragédienne Clairon, publiée en novembre 1787 (*Correspondance littéraire* de Grimm, vol. xv). Nous n'en citerons qu'un couplet :

L'amitié depuis cinquante ans
Fait de nos cœurs un doux usage ;
Elle a réglé nos sentiments,
Ils s'accroissent avec notre âge.
De notre lien
Sentons tout le bien.
Et serrons-le encore davantage (*bis*)

La troupe La Noue alla au Hâvre, puis à Lille. C'est dans cette ville que Voltaire vit jouer *Mahomet* par Mlle Gaultier en avril 1741. On lit dans l'avertissement en tête de l'édition de 1742, qu'il y avait à Lille « la meilleure troupe qui ait jamais été en province ». On y voyait Mlle Gaultier, la maîtresse de La Noue, qui avait récompensé en son amant « la vertu, car ce n'était pas à la figure qu'elle s'était donnée ». — La Noue avait l'air rabougri et la figure d'un singe. — (*Lettre d'un comédien de Lille*, Paris, chez Prrult père, au Paradis, 1742).

Chargé d'engager une troupe de comédiens français pour la Cour de Prusse, La Noue avait proposé Mlle Gaultier comme premier rôle. La guerre de Silésie vint faire échouer ce projet qui ruina le malheureux impresario forcé de payer les comédiens qu'il avait recrutés, et auxquels il n'avait pas d'engagement à offrir. La Noue et Mlle Gaultier furent réclamés à Paris, et tous deux débutèrent à quelques jours d'intervalle, Mlle Gaultier le 30 mai 1742 dans le *Cid*. Le *Mercure de France*, juin 1742, nous apprend qu'elle joua « le rôle de Chimène avec beaucoup d'applaudissements », et qu'elle chanta dans la petite pièce. Elle fut reçue sociétaire le 11 juin de la même année.

En 1744, Mlle Gaultier épousa un sieur Charles Martel. Collé, qui n'aimait pas cette actrice lui a consacré ce paragraphe dans son *Journal*, à la date de 1750 : Mlle Gaultiér, qui se croit un mérite supérieur et qui sourit sans cesse à ses talents, veut faire les rôles de suivantes et y met des grâces insupportables quoiqu'elle les ait rapportées de la province dont elle a pris et conservé les bons airs. Elle a sur sa physionomie un air de satisfaction qui ne contente personne. Elle est abominable dans le tragique ». Ce n'était pas, on le sait, l'opinion de Voltaire qui écrivait : « Elle est faite pour être le charme du théâtre comme celui de la société ».

Devenue veuve, elle se maria en secondes noces avec J.-J. François Drouin (V. plus haut) et Collé, qui la poursuivait de sa haine, lui prête un rôle infâme dans l'affaire du duel qui eut lieu en décembre de cette année entre Ribou et Rozelli, duel qui se termina par la mort de ce dernier et la fuite de l'autre. Collé laisse supposer qu'elle excita ces deux hommes à s'entregorger entre eux, à propos de quelques paroles échangées, seulement dans la crainte qu'on ne chassât Drouin qu'elle venait d'épouser.

Ce ne fut qu'après la mort de Mlle Camouche (1761) que Mme Drouin aborda l'emploi des caractères. Elle avait de l'esprit, une diction juste, l'art de bien établir un rôle ; elle réussit complètement après avoir végété vingt années. Nulle actrice ne fut plus obligeante, plus serviable, et lorsqu'elle se retira le 31 mars 1780, après 38 ans de services, elle fut vivement regrettée. Les auteurs mettaient à profit sa longue expérience, et elle dirigeait les spectacles de Mme Montesson à qui elle donnait des leçons. Elle fut la première femme qui réclama — mais sans succès — l'honneur de prononcer le compliment de la rentrée (1763). L'autorité décida qu'il en fut autrement, et Dauberval resta le maître, à condition de prononcer la harangue de sa camarade. M. Emile Campardon a publié le décret de pension de 1000 livres que le roi lui accorda (1er juin 1780) laquelle vint se joindre aux 1500 livres de pension de la Comédie. L'acte du baptême est joint au brevet. Mme Drouin mourut à Verrières le 2 août 1803. Elle avait habité plus de quarante ans (depuis 1742) rue des Fossés-M. le Prince.

Biographie : Lemazurier, *Galerie historique* t. II.

Bibliographie : Em. Campardon, les *Comédiens du roi*. — Edm. de Goncourt, *La Clairon*. — J.-J. Olivier, *Voltaire et les Comédiens. L'opinion du Parterre*, t. III. p. 43-44.

DROUIN, Mlle, sœur des Drouin cités plus haut. — Foire St-Laurent 1735.

DROUIN, Mlle Madeleine, Angelique, Michelle née Drouin, femme Dubus dit Préville. — Fille de Jacques Drouin et de Michelle Sallée, née au Mans (paroisse St-Benoit) le 17 mars 1731. Lorsque d'Argens fut chargé, en 1747, par le roi de Prusse, de recruter en France une troupe de comédiens, il déclara avoir trouvé trois sujets à Marseille : « le troisième sujet écrit-il, est une grande fille de dix-sept ans, appelée Drouin, sœur d'un comédien qui joue les premiers rôles à Paris (ceci n'est pas tout à fait exact. V. plus haut). Elle est faite au tour, elle a les yeux remplis de feux, la bouche gracieuse, le tour du visage bien fait ; elle a au théâtre beaucoup d'intelligence, joue les amoureuses avec esprit et les soubrettes en cas de besoin.....» Mlle Drouin fut engagée à la Cour de Prusse, aux appointements de 600 thalers (1748). En 1750, elle passa au théâtre de Lyon où elle rencontra Préville. Leur liaison fut légitimée par un mariage qui eut lieu le 31 octobre à St-Laurent, pendant un voyage que fit Préville à Paris pour voir sa mère. Ils retournèrent ensuite à Lyon jusqu'en 1753. V. pour la suite *Mme Préville*.

DROUIN. — Cour de Bayreuth 1756, Lyon après 1765.

DROUIN, Mlle. — Cour de Bayreuth 1756.

DROUIN, Mme. — Soubrette et travesti, s'était fait connaître au th. de Toulouse, et avait habité une maison de campagne, appelée Mon Plaisir, aux environs de cette ville. En 1774, elle fut engagée au th. de Bruxelles, aux appointements de 5000 francs et un sieur de La Louptière lui consacra des vers qui furent publiés par le *Mercure de France*, février 1774.

DROUIN. — Bordeaux 1793. Jeune, possédant un beau physique et du talent, Drouin entra à l'Odéon en 1797-98. Vers 1801, il est à Angers où on le juge « acteur estimable ». En 1814, s'intitulant « ex-artiste du Théâtre Français », il est engagé à Lille, comme premier rôle. Sans doute le même, père noble à Lille 1822-23, et Tournay 1823.

DROUIN, Mme, femme du précédent. — Angers vers 1801, « actrice de talent ».

DROUIN, Désiré. — Variétés 1877-83. Sa mort fut annoncée au Rapport de 1884.

DROUVILLE. — Comique à Brest, puis à Rouen 1802-04. Ce nom, ou celui de sa femme se retrouve à Venise en 1808, dans la troupe des Comédiens du Prince Eugène dirigée par Mme Raucourt. Premier comique, Versailles 1825-34, Lille 1837.

DROUVILLE, Mme. — Soubrette, Brest, puis Rouen 1802. Engagée au Th. Montansier (salle du Palais-Royal) elle s'y fit remarquer dans *Manon, la Ravaudeuse*, puis dans la *Famille des innocents* (salle de la Cité, 1807). En 1810 on écrit : « Mme Drouville n'abandonne point les poissardes ». Une dame Drouville fut engagée comme première amoureuse à Bruxelles aux appointements de 4500 fr. en 1813 et 5200 en 1814. Mme Drouville débuta à l'Odéon le 15 septembre 1816 dans le rôle de Madame Malfilard de la *Grande ville*, Ch. Maurice dans son *Histoire anecdotique*, t. I, p. 268, a raconté la façon plaisante avec laquelle Désaugiers rompit ses relations avec cette actrice (1821). Mme Drouville mourut en 1833.

DROUVILLE, Mlle Jenny. — Rôles d'enfants, Versailles 1825.

DROUVILLE, Mlle Héléna. — Rôles d'enfants, Versailles 1831. Vivait en 1848. L'une des deux sœurs tenait l'emploi de jeune amoureuse à Lille en 1837.

DROUVILLE, Robert. — Débuta à la Comédie Française en 1841 et tint un rôle dans les *Burgraves*, 1843. « M. Drouville s'est particulièrement distingué dans le rôle de Hatto », écrivit Victor Hugo. En août 1848, il débuta à l'Odéon dans la *Métromanie*, on le vit dans *Macbeth* (23 octobre), la *Reine d'Espagne* (4 décembre), les *Convenances d'argent* (16 décembre), la *Mort de Strafford* (3 mars 1849), la *Guérilla* (19 avril). Robert Drouville entra à la Porte-St-Martin la même année, puis au Cirque impérial en 1853. Entre temps, il avait passé par Rouen. La mort de Robert Drouville fut annoncée au Rapport de 1860.

DROUVILLE. — On trouve encore sous ce nom :

DROUVILLE, deuxième comique, Metz 1851.

DROUVILLE, deuxième amoureux, Moulins 1851.

DROUVILLE, M. et Mme, Orléans 1852.

DROUVILLE, acteur et directeur, Chambéry 1862.

DRUART. — Gand 1805.

DRUAU, Mlle. — Deuxième accessit de comédie 1884, Renaissance 1884.

DRUNZER, Mlle. — Deuxième accessit de comédie 1892. Gymnase 1893, 1895, 1897.

DRUTEL, Mlle. — Soubrette, Nancy 1852.

DRY, Mlle Amélie dite *Jeanne d'Albe*. — St-Pétersbourg 1882-84, Paris 1885-88.

DUBACQ, Hyacinthe. — Marseille 1852-57.

DUBAINE. — Maëstricht 1728.

DUBAINE, Mlle. — Maëstricht 1728.

DUBAR, Jean, Alexandre Dubarry dit. — De la Société des artistes depuis 1840. Colmar 1849-50, Beauvais 1852, Mons 1853, Bruges 1854-55, Paris 1856, Nantes 1857, Brest 1858-59, Le Havre 1860, Bordeaux 1862-63, Nancy 1864, Metz 1865. Sa mort fut annoncée au Rapport de 1868. Il y eut aussi une dame Amélie Dubar en 1848.

DUBAR, Franco, Pierre, Henri Delangle de Lavillegaudin dit. — Nouveautés 1879, Variétés 1882. Se fit surtout connaître par ses imitations de comédiens, gens de lettres, hommes politiques. Avait passé aussi par le Châtelet. Mourut le 19 août 1888, à 26 ans.

Iconographie : Bibl. nat., catal. Duplessis 13315, sous le nom d'*Edouard* Dubar : En buste, de 3/4 à gauche, gravé par Burney 1879.

DUBARET. – Deuxième amoureux. Troupe Valville, St-Quentin.

DUBARRY. — Dép^t de la Marne 1833-34, jeune premier Bruges 1835-37, Tournay 1843, Mons 1844, peut-être le même Grenoble 1851. Un *Dubarry* est au Th. Comte 1851-52.

DUBARRY, Armand, Ernest. — De la Société des artistes depuis 1855. Troyes 1855, Dijon 1856, Boulogne 1857, Montparnasse 1858-60, Odéon 1861-64 où il débuta par Curiace des *Horaces* et dans les *Vertueux de province* avec assez de succès ; Marseille 1865, Florence 1867, Paris 1868-72.

DUBARRY, Mme. — Rouen 1855-56.

DUBARRY, Louis, Gustave Benner dit. — Hambourg 1862, Nantes 1863-65, Rouen 1867-68, Anvers 1869-70.

DUBAS. — Utilités, Lille 1837.

DUBAS, Paul, Raoul. — Montparnasse 1866-69.

DUBAS, Edmond. — V. Budas.

DUBAS, Paul. — Porte-St-Martin 1883-86, Paris 1887-88, Londres 1889-92, Paris 1893-94.

DUBASQUE, Alexandre. — Poitiers 1852. Mons 1861.

DUBASQUE, Mme. — Chambéry 1862.

DUBELLAY. — Débuta à la Gaîté le 30 avril 1837. Vivait en 1848.

DUBELLET. — Jeune amoureux, Marseille 1840.

DUBETTIER. — Premier comique, Dieppe 1852.

DUBICOURT, Mlle. — Soubrette, Namur 1820.

DUBIEF, Louis, Ferdinand d'Allery dit. — De la Société des artistes depuis 1840. Paris 1850-1901. En 1882, Dubief Dallery âgé de 61 ans, avec 41 ans de services, obtient la pension de 500 fr. Sa mort fut annoncée au Rapport de 1901.

DUBIEF, Alfred. – Jeune premier, Namur 1844.

DUBIEF, Ferdinand. — Délass. com. 1848, Turin 1849, Paris 1852-56.

DUBIEZ. — Amoureux comique aux Variétés 1822, passa au Panorama dramatique 1823. Zélé, plein de verve et de naturel, il se fit remarquer dans les *Deux sergents* et les *Deux fermiers*. Reims 1824, Ambigu 1825-30. Bâti en hercule. On lui reproche, en 1829, ses « frisures et le luisant de ses bottes ». Plus tard, on le revit à Reims, comme financier ; il mourut à Nancy, où il était engagé, le 25 février 1840.

DUBLAISE, Pierre. — Acteur dont on signale la mort au Rapport de 1892. (V. le suivant).

DUBLAIX, Pierre, Théodore. — Th. St-Marcel, Palais-Royal 1845. Jugé comme mauvais comique, Paris 1845-90.

Iconographie : Bibl. nat., catal. Duplessis 13,329. En pied, de 3/4, costume de th., lith. Constant.

DUBLAIX, Mlle Ernestine. — Th. du Panthéon 1839. Morte vers 1846.

DUBLAY, Gaston Cohendos dit. — Lausanne 1887-90.

DUBLIEUX, Mlle. — Troisième amoureuse, Lille 1825-26.

DUBLIN, Tournelle dit. — Débuta au Th. italien le 3 septembre 1791 par Deschamps des *Etourdis*. Il entra au Th. Français (alors Th. Feydeau) et y resta jusqu'en 1814, époque où il prit sa retraite comme pensionnaire. Il jouait les Frontins avec intelligence. Mais c'est surtout comme dessinateur de costumes qu'il laissa des regrets. Excellent dans cette partie, très érudit, Dublin dessinait les costumes du Th. Français, et, depuis 1805, ceux de l'Opéra. En 1815, il devint dessinateur en chef de l'Opéra, et conserva cet emploi jusqu'à sa mort survenue le 26 mai 1820. Gros, court, massif, il fut plutôt utile comme comédien : Gros-René, du *Cocu imaginaire*, Ligournois du *Mariage fait et rompu*, Dubois de la *Gageure imprévue*, Ergaste de *l'Homme à bonnes fortunes*, etc. Dans le *Barbier de Séville* où il jouait un des deux laquais, il avait une façon d'éternuer fort plaisante. Mais dans toutes les notices qu'on lui a dédiées, c'est toujours le dessinateur que l'on vante.

Bibliographie : *Opinion du Parterre*, t. I à X. — *Annuaire dramatique*, 1820, p. 228.

DUBOCCAGE, Antoine Chantrelle dit. — Né à Strasbourg en 1674, débuta au Th. Français le 29 mai 1702 dans *Polyeucte*. Il tint l'emploi des confidents tragiques et les utilités dans la comédie. Il joua d'original Mercure dans *Momus fabuliste* 1719. Nommé sociétaire en mars 1704, il se retira par ordre de la Cour le 21 octobre 1723, avec la pension de 1000 livres. Il mourut à Strasbourg le 21 janvier 1757.

Biographie : Lemazurier, *Galerie historique*, t. I.

DUBOCCAGE, Mlle Jeanne, Laurence Chantrelle dite. — Fille du précédent et de Louisa Charlotte Dorné d'Auvilliers, femme de M. J. Romancan, caissier de la Comédie Française, naquit à Paris en 1702, débuta au Th. Français le 9 avril 1723 par le rôle de Dorine de *Tartufe* et fut reçue sociétaire le 26 mai suivant ; créa Nérine de l'*Indiscret* le 1er août 1725 et tint pendant vingt ans l'emploi des soubrettes. Elle prit sa retraite le 31 mars 1743 avec la pension de 1000 livres, et mourut à St-Germain-en-Laye, le 24 septembre 1779. M. Emile Campardon a publié son brevet de pension en date du 30 juin 1743.

Biographie : Lemazurier, *Galerie historique*, t. II. — G. Monval, *Liste alphabétique des sociétaires*.

DUBOCCAGE. — Acteur et directeur, Liège et Namur 1811, Spa 1819.

DUBOIS. — Comédien du Duc d'Orléans, Albi 10 septembre 1657, Castres, Château de Séverac.

DUBOIS. — Lille 1718.

DUBOIS, Louis Blouin dit. — Né en 1706 (De Manne dit en 1716) ; sa mère se remaria avec l'acteur retraité Sarrazin alors âgé de 71 ans (1759). Dubois débuta au Théâtre Français le 19 octobre 1736 par le rôle d'*Andronic*. Il fut reçu le 29 novembre suivant pour les confidents tragiques et les troisièmes comiques. Mais les espérances qu'il donnait ne se réalisèrent guère. Avec l'âge il n'acquit que du métier. Lekain n'en laissa pas un beau portrait, faisant entendre qu'il est absurde qu'un confident soit maniéré, gourmé et familier, élève la voix plus haut que celle de son maître, alors qu'il devrait soulager ses camarades, afficher moins de prétentions et, en ce qui concernait Dubois personnellement, celui-ci pourrait, ajoute-t-il, « apporter plus de politesse et de décence dans la société ».

Dubois fut cause d'un curieux incident à la Comédie française et du départ de Mlle Clairon (V. ce nom). Maltraité par l'amour, Dubois avait eu recours aux offices du sieur Benoît, son chirurgien. Trouvant le mémoire trop enflé, il prétendit avoir donné deux acomptes et deux feuillettes de vin en paiement. Le chirurgien continuant à réclamer son dû, le comédien demanda à affirmer par serment qu'il ne devait rien. Le sieur Benoît riposta en lui prouvant que sa profession de comédien lui empêchait de prêter serment. Tous les comédiens s'indignèrent, portèrent plainte à leurs supérieurs, et demandèrent l'autorisation de juger eux-mêmes Dubois. Celui-ci convaincu, en présence du Duc de Duras, fut chassé de la Compagnie à l'unanimité, et la Compagnie paya le chirurgien.

L'affaire aurait pu en rester là ; mais il fallait compter sans la fille de Dubois, une des plus jolies actrices de Paris, dont nous nous occupons plus loin. Celle-ci fit si bien auprès de MM. les gentilshommes de la Chambre que le lundi 15 avril 1765, les comédiens reçurent l'injonction de faire jouer à Dubois le rôle de Manny dans le *Siège de Calais*. Mlle Clairon se mit à la tête des rebelles ; Lekain, Molé, Brizard, Dauberval refusèrent de jouer avec Dubois. — Emeute dans la salle. — Vociférations. — Mlle Clairon au For-l'Evêque. — Enfin le 15 mai, Mme Riccoboni écrivait à Garrick : « On vous aura sans doute écrit que les Comédiens français l'ont emporté sur le Maréchal Richelieu. Dubois est retiré, mais avec les honneurs de la guerre. Le plaisant c'est qu'il a demandé son congé, ne pouvant, dit-il, vivre avec un tas de maroufles comme ses camarades. » Nous avons dit à l'article Clairon comment Mlle Clairon avait saisi cette occasion pour quitter, elle aussi, la Comédie.

Dubois, avec la pension de 1,500 livres, fut engagé pour Bordeaux, grâce à la protection du Maréchal de Richelieu. Il mourut en 1775.

Biographie : Lemazurier, *Galerie Historique*, t. I. — Ricord, les *Fastes de la Comédie*, t. II.

Bibliographie : Edm. de Goncourt, *La Clairon*. — J.-J. Olivier, *Voltaire et les Comédiens*. — Funck-Brentano, *La Bastille des Comédiens*.

DUBOIS. — Sous ce nom :

Dubois, neveu de Sarrazin, débuta en octobre 1736.

Dubois, rôles accessoires, Maëstricht 1737. Venait de Normandie.

Dubois, débuta à Bruxelles en 1745 par le rôle de *Tartufe*. Il joua plus tard les rois et les pères nobles. Bruxelles 1766. 3,000 fr. d'appointements en 1772 et 2,400 en 1776.

Dubois, qui fut directeur à Arras du 21 décembre 1772 au 24 mars 1773. Il devait faire partie, comme artiste, de la troupe Desroziers (nord de la France). Vers cette époque, il figurait sur le projet avec les appointts de 1,200 fr. Son cachet était ovale, « cartouche à petites guirlandes, couronne de comte. D'argent au chevron de gueules, accompagné de trois arbres arrachés. »

Dubois, débuta au Th. Français le 13 nov. 1780 par Vendôme, dans *Adelaïde Duguesclin*, ensuite par *Mahomet*, *Rhadamiste*, etc. Le même sans doute : *Alexis* Dubois, premier rôle à Lille 1788, où il fut l'associé de Mme Denarelle pour la direction. Nouveau début au Th. Français le 21 mars 1789, par le rôle d'Edouard, dans *Pierre le Cruel ;* continua par Vendôme, dans *Adelaïde Duguesclin*, etc. Premier rôle Anvers 1789, Lyon 1792, Th.

Français lyrique 1792, Marseille 1793, Gand 1803-05. Un sieur Dubois fut directeur de la Porte-St-Martin 1809, et de la Gaîté 1809.

DUBOIS, premier comique, Anvers 1783.

DUBOIS, acteur au petit théâtre des Beaujolais, puis chez Lazari, passa comme basse-taille à l'opéra du th. Louvois, où il se fit remarquer dans Stésichore, de *Sapho*. Entré aux Variétés vers 1799, il y resta vingt ans, fut de presque toutes les pièces, se faisant applaudir dans des rôles en tous genres, et notamment dans le Tailleur, du *Bouffe*. Devenu fou, au printemps de 1820, il mourut à Charenton en décembre. Les administrateurs des Variétés lui avaient fait servir une pension. Excellait dans les paysans et les rôles de petits bourgeois.

Bibliographie : *La Lorgnette de spectacle*, an VII. — *Annuaire dramatique* 1821-22, page 413, courte notice.

Iconographie : Collect. Martinet nº 4, dans le rôle de M. Spit, de la *Jolie parfumeuse* ; — nº 10, dans le rôle de Maître Adam, les *Chevilles de Maître Adam*.

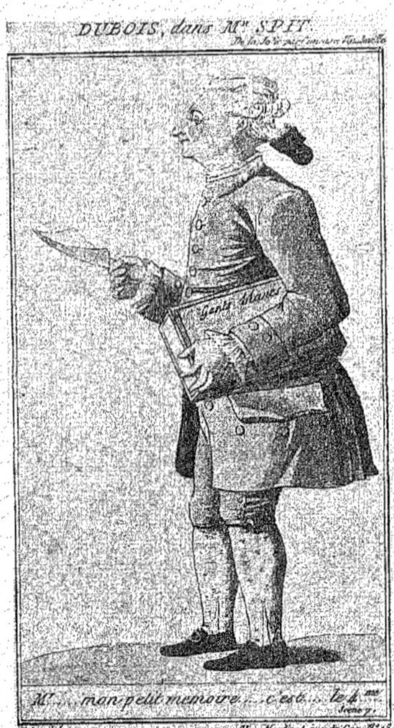

DUBOIS (des Variétés). Coll. Martinet

DUBOIS. — Sous ce nom :

DUBOIS, accessoires, Anvers 1815.

DUBOIS, Hippolyte, 2me prix de tragédie 1821. Débuta à l'Odéon par le rôle d'Egyste, de *Mérope*, en 1822.

DUBOIS, Cirque Olympique 1827-28.

DUBOIS, nom d'un débutant aux Variétés le 11 sept. 1830.

DUBOIS, Louis, Philippe, Auguste, né le 21 octobre 1798. Comique à Versailles 1830-37, où il était fort aimé. Engagé à la Porte-St-Martin vers 1841, il était ainsi jugé : « C'est un comique un peu lourd, et néanmoins fort potable. » Il resta à la Porte-St-Martin jusqu'en 1853, puis habita Paris, 106, rue de Rivoli, jusqu'en 1875. Il recevait une pension de 200 fr. de la Société des artistes depuis 1860. Sa mort fut annoncée au Rapport de 1876. V. le suivant.

Bibliographie : *Annuaire dramatique*, 1845.

DUBOIS, acteur de la Gaîté en 1832. Pourrait bien être le même que le précédent. On lui reconnaît de l'intelligence et de la gaîté, mais on lui reproche de manquer de verve et d'entraînement.

Bibliographie : *La Rampe et les Coulisses*, 1832.

DUBOIS, premier amoureux, Moulins 1851, Perpignan 1852.

DUBOIS, utilités, Anvers 1852.

DUBOIS, Odéon, un *Bal d'avoués*, 16 janv. 1852.

DUBOIS, Jules, François, Ernest, Funambules 1857. Mort en 1858.

DUBOIS, Délass. comiques 1857, th. Déjazet 1863-65.

DUBOIS, Alexandre, Charles, Marie Mignon dit. De la Société des artistes depuis 1858. Libourne 1859-1860, Rouen 1861, Reims 1862-1863, Tourcoing 1864, Verviers 1865, Sarrebourg 1867, Arlon 1868, Landrecies 1869, Lequesnay 1870.

DUBOIS, Auguste. Sarreguemines 1868, Vervins 1869-70.

DUBOIS, François, Augustin. Bouffes-Parisiens 1876-78, Nouveautés 1879-1885.

DUBOIS, Mme Marie, Savinienne Cezar, femme Louis Blouin, dit Dubois, née vers 1720. — Débuta au Théâtre Français le 26 mars 1745 par les rôles de Cléanthis, dans *Démocrite amoureux*, et de Marine, de la *Sérénade*. Elle quitta le théâtre en 1746 sans avoir été reçue.

DUBOIS, Mlle aînée Marie, Madeleine Blouin dite, fille des comédiens de ce nom (v. plus haut). Naquit à Paris en 1746. — Elève de son père et de Mlle Clairon, elle avait peu de talent, mais une jolie voix et un physique agréable. Elle débuta le 30 mai 1759 par le rôle de *Didon*, fut admise le 16 avril 1760, et nommée sociétaire le 30 mars 1761.

Mlle Clairon, à vrai dire, n'en parle pas en termes fort aimables dans ses *Mémoires*. Elle laisse entendre que Mlle Dubois « était bête et pour le moins aussi coquine ; qu'elle avait l'avantage de rendre tous les gentilshommes de la chambre heureux, » etc. Du reste, englobant toutes ses élèves en un seul bloc, l'irascible tragédienne déclare qu'elle « n'a jamais pu en faire que des singes. »

Mlle Dubois débuta, et Marmontel qui était alors au mieux avec Mlle Clairon, ne tarit pas sur les belles dispositions de l'élève dans le *Mercure de France* de juillet 1759. Garrick, cependant, ne s'y laissa pas prendre; ayant eu l'occasion de voir jouer Mlle Dubois dans un rôle tragique, il avait remarqué qu'elle reprenait sa sérénité aussitôt après les plus fortes tirades : « C'est une bien bonne enfant, ne put-il s'empêcher de dire; elle n'a point de rancune. » Ce qui est incontestable, c'est que la beauté de cette actrice lui fit une sorte de réputation. Dorat, qui fut longtemps dans ses bonnes grâces, ne manqua de la citer dans son poème de la *Déclamation :*

O toi, dont les attraits embellissent la scène,
Toi, que l'amour jaloux dispute à Melpomène,
Séduisante Dubois, réponds à nos désirs, etc.

Un rapport de police du 7 décembre 1759 — publié dans la *Revue anecdotique* de 1860 — nous la décrit comme d'une très jolie figure, grande, bien faite, bien élevée par ses parents qui la surveillaient de fort près, mais nous fait voir aussi le duc de Fronsac, s'introduisant chez les père et mère sous le travestissement d'un garçon limonadier, pour porter à la belle le chocolat tous les matins. Plus tard, le marquis de Villeroy lui fit présent de tous ses habits de théâtre. Bachaumont, dans ses *Mémoires secrets*, nous dit qu'elle n'a pas assez d'âme pour jouer certains rôles. Il reconnaît qu'elle est « bien bâtie » mais lui trouve des « bras ignobles et trop grands pour avoir un beau geste. » (19 mars 1763).

Au moment de l'affaire du siège de Calais (V. Dubois), la belle actrice mit tout en œuvre pour faire réintégrer son père : « Mlle Dubois, fille de l'expulsé, écrit Bachaumont, prend la chose fortement à cœur; elle met en œuvre tous ses charmes auprès de M. le duc de Fronsac. » On sait qu'elle n'obtint pour son père que la retraite de 1,000 livres pour ses 29 ans de service (il en fallait 30), auxquelles on ajouta 500 livres pour avoir été le professeur de sa fille.

La réclame faite autour des débuts de Mlle Dubois s'éteignit promptement en présence des succès de Mlle Saint-Val l'aînée et de Mme Vestris. Pendant la clôture de 1763, elle avait chanté avec succès au concert spirituel. Bientôt on ne s'occupa plus du tout d'elle. A toute extrémité, en 1771, elle fit appeler un confesseur et prit l'engagement ordinaire. Dès qu'elle fut rétablie, elle reparut jusqu'au 31 mars 1773. Elle mourut à Paris, de la petite vérole, rue St-Marc, le 16 novembre 1779. On prétendit qu'elle laissait 20,000 ou 25,000 fr. de rente. Em. Campardon a reproduit divers documents concernant cette actrice, au sujet d'un vol commis chez elle le 9 nov. 1771. Nous y apprenons qu'elle demeurait alors rue Neuve-des-Petits-Champs, vis-à-vis la Compagnie des Indes, et que sa mère lui tenait lieu de lingère.

Biographie : Lemazurier, *Galerie historique*, t. II. — Ricord, *Les fastes de la Comédie.*

Bibliographie : *Mémoires de Bachaumont. — Mémoires de Mlle Clairon.* — De Goncourt, *La Clairon.* — Maugras, Les *Comédiens hors la loi.* — J.-J. Olivier, *Voltaire et les Comédiens.*

Iconographie : Musée de la Comédie française, catalogue Monval, nº 216, peinture toile h. 0 m. 65, larg. 0 m. 55, auteur inconnu : « Mlle Dubois en Diane Chasseresse », datée de 1761.

DUBOIS, Mlle cadette. — Sœur de la précédente. — Débuta à la Comédie Française le 14 juillet 1760 par les rôles de suivantes, dans *Esope à la Cour* et les *Folies amoureuses.* En 1761-62, elle figura sur la liste des pensionnaires.

DUBOIS, Mme ou Mlle. — Sous ce nom :

Mlle Dubois, ingénuité, St-Quentin 1784-87. Peut-être la même : débuts remarquables à Lille, novembre 1788, soubrette, Lille 1789-90, Th. Français, rue Richelieu 1792, devenu th. de la République 1793, débuts à l'Odéon (salle de la Cité), dans Dorine, de *Tartufe* 1799.

Mme Dubois, Gaîté 1792-94.

Mme Dubois, th. Molière 1792-93.

Mme Dubois, Marseille 1792.

Mme Dubois, th. des Troubadours 1799.

Mlle Dubois, deuxième jeune première, Rouen 1799.

Mlle Dubois, th. Molière, Bordeaux (sous le premier Empire).

Mlle Dubois, mime, Porte-St-Martin 1811.

Mme Dubois, Cirque Olympique 1827-28.

Mme Dubois, Elisabeth, Charles, femme Dubois, duègne, Versailles 1829-37. La même sans doute, née Elisabeth Charles, Porte-St-Martin 1841-52, Paris 1853-61, âgée de 68 ans en 1857, pensionnée de 200 francs.

Mlle Dubois, Marie, Victorine, débuta au Th. Français le 12 juin 1839 dans *Œdipe* et fut reçue pensionnaire le 1er septembre suivant. *L'Indiscret des Coulisses* 1841, ne reconnaît à cette tragédienne ni physique, ni organe. Nous la retrouvons à l'Odéon 1841, *Ivan de Russie* (31 déc.), bénéfice en sa faveur (17 mars 1842), le *Comte de Bristol* (9 avril), autre bénéfice en janvier 1845, *Clotilde.*

Iconographie : Bibl. nat., catal. Duplessis nº 13,339, en pied de face, cost. de th., lith. par Acarie-Baron, 1842.

DUBOIS, Mlle *Emilie*, Désirée, née le 8 mai 1837, faub. St-Denis, 59, d'un père commis-négociant. — Elève de Samson au Conservatoire, au sortir de la classe de solfège, et second prix de comédie en 1852, à l'unanimité. Débuta de la façon la plus brillante à la Comédie Française le 10 février 1853. C'était une jolie blonde aux yeux bleus, sur laquelle Mme Emile de Girardin venait de jeter son dévolu pour représenter une jeune fille, presque une enfant, dans sa pièce de *Lady Tartuffe*. Le succès dépassa l'attente. « Cette soirée, écrivit Hippolyte Rolle, est pour Mlle Dubois la première page charmante d'un charmant début ». — « Mlle Dubois est tout simplement la première ingénue que j'aie vue au th. Français depuis 20 ans », écrit A. Villemot.

Le deuxième début de Mlle Dubois eut lieu le 9 juillet 1853 ; on la trouva trop innocente. Agnès est une fine mouche. Puis on la vit dans la *Pierre de touche* (Dorothée, 23 déc.), la *Joie fait peur* (Blanche, 25 fév. 1854), les *Ennemis de la maison* (Hélène, 29 nov), les *Jeunes gens* (10 mars 1855). Le 1er juillet de cette année, Mlle Dubois fut sociétaire. Le *Gâteau des reines* (31 août), les *Pauvres d'esprit*, l'*Amour et son train* (1855), les *Muses de Molière*, *Comme il vous plaira* (1856), un *Vers de Virgile*, le *Fruit défendu* (1857), les *Doigts de fée* (1858), *Souvent homme varie*, le *Duc Job* (1859), un *Jeune homme qui ne fait rien* (1861), *Moi !* (1863), les *Roses jaunes*, *Mme Desroches* (1867), le *Coq de Mycille* (1868), un *Mari qui pleure* (1869). Parmi les rôles repris avec succès, il faut citer Peblo, de *Don Juan d'Autriche*, le duc d'York, des *Enfants d'Edouard*, Chérubin, du *Mariage de Figaro*. Et pourtant, toujours accueillie avec faveur, elle ne retrouva jamais la surprise d'enchantement qu'elle avait excitée dans ses deux premières créations de *Lady Tartuffe* et de la *Joie fait peur*.

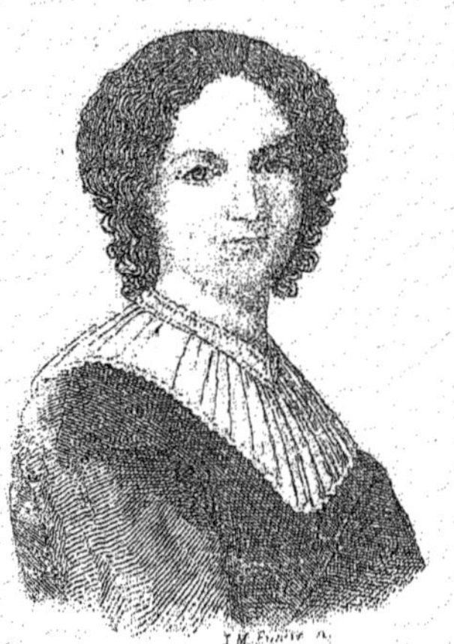

Mlle Emilie DUBOIS, d'après Fugère

Pendant le siège, Mlle Em. Dubois avait donné un lit à l'ambulance du Th. Français (9 sept.), où elle ne cessa de prodiguer ses soins, tandis que son frère était officier de la garde nationale ; un jour, le 7 janvier, on la vit avec une religieuse et Mme Favart, conduire le deuil du lieutenant Ruel, décédé des suites de ses blessures, au Th. Français. L'ex-loge impériale servait de chambre mortuaire. Mlle Dubois fut du voyage de la Comédie française à Londres (mai-juin 1871), et c'est chez elle, 30, quai du Louvre, que Got, en mission à Paris, abrita ses parents enfuis de Passy, pendant la bataille des rues. Bientôt frappée par une maladie implacable, Mlle Emilie Dubois mourut à Paris, 16, rue de l'Université, le 22 octobre 1871.

Biographie : E.-D. De Manne et C. Ménétrier, *Galerie hist. de la Comédie française*.

Bibliographie : G. d'Heylli, *Journal intime de la Comédie française*. — Ed. Thierry, la *Comédie pendant les deux sièges*. — G. d'Heylli, la *Comédie française à Londres*. — Edmond Got, *Souvenirs d'un comédien pendant la Commune*, publiés dans le Bulletin de la Société du th., no 1, janvier 1902.

Iconographie : Eau-forte de J. M. Fugère, *Galerie historique* citée plus haut.

DUBOIS. — Sous ce nom :

Mme Dubois-Bailly, coquette, Lille 1860.

Mme Dubois, Délass. com. 1860, Beaumarchais 1861. Peut-être la même, Châtelet 1866. Dubois *Julie*, Délass. com. 1869.

Dubois, nom d'un acteur de Beaumarchais, sous-lieutenant de la Commune, qui fit obtenir à Got un sauve-conduit le 24 mai 1871.

Mlle Dubois, Marie, Variétés 1876, Menus-Plaisirs 1877, Variétés 1882-84, Folies dramatiques 1886.

DUBORD, Mlle Stella. — Renaissance 1877.

DUBOS, René. — Th. Cluny 1886-89, Bruxelles 1890-91, Menus-Plaisirs 1895, Th. Déjazet 1896.

DUBOS, Mme. — Menus-Plaisirs et Cluny 1890.

DUBOSC, Eugène, Edouard, Victor. — Liège 1848, Nouvelle-Orléans 1849, Lyon 1852-53, La Martinique 1854-57, Lyon 1858-61, Lille 1870, Nantes 1879, Mons 1880, Nancy 1881, Paris 1882-84, Sannois 1885, Paris 1886-89. En 1881, âgé de 64 ans, avec 39 ans de théâtre, Dubosc obtint une pension de 600 francs de la Société des artistes. Sa mort fut annoncée au Rapport de 1890.

DUBOST, Mme. — V. Célicourt.

DUBOUCHET, Mlle. — Soubrette, Gand 1767.

DUBOUCHET, Victor, Jacques. — Chartres 1848, La Haye 1861-62, Anvers 1863, Bruxelles 1864, Anvers 1865, Strasbourg 1867-68, Bordeaux 1869, Toulouse 1870, Bruxelles 1872, Anvers 1873, Menus-Plaisirs 1874, New-York

1875-77, Paris 1878-79, Bruxelles 1880, Genève 1881-82. Sa mort fut annoncée au Rapport de 1883.

DUBOUCHEL ou Dubouchet, Mlle. — Palais Royal 1858.

DUBOUCHET, Louis. — Cette 1868-69, Toulouse 1870-72, Montpellier 1873-90. Sa mort fut annoncée au Rapport de 1892.

DUBOULAY. — Nom d'une famille de comédiens à la Cour Palatine. *Duboulay* 1754, *Mlle Duboulay* 1756, *Duboulay père*, *Mme Duboulay*, *Duboulay fils*, *Manon Duboulay*, *Suson Duboulay*, *Emilie Duboulay* 1772-76. En 1772-73, nous relevons sur le tableau de troupe de Bruxelles un *Duboulois*, financier, manteaux, aux appointements de 5000 livres, et *Duboulois* à Lille 1774-75. Le nom de *Duboulays* reparaît à Liège en 1778. Un *Duboulay* joue les utilités à Mons en 1882.

DUBOURG, Charles, Félix dit aussi *Neuville*. — Variétés 1849, Paris 1852, St-Pétersbourg 1853-1861, Paris 1862-80. Sa mort fut annoncée au Rapport de 1880. Agé de 60 ans en 1870, avec 40 ans de théâtre, il recevait une pension de 500 francs de la Société.

DUBOURG, *Neuville* fils. — Lyon 1856.

DUBOURG, Mlle Augustine, Antonia Brullé dite. — St-Pétersbourg 1877-84.

DUBOURJAL, Isidore, Pierre. — Commença par jouer les premiers comiques à la banlieue, puis passa à l'Ambigu où il porta « ses grimaces, ses contorsions et ses genoux cagneux », écrit-on en 1825. — Il avait débuté à ce théâtre vers 1823-24, et reprit le rôle de *Mme Angot* créé par Corsse. Engagé au Th. des Nouveautés pour l'emploi des Cassandre, il fut « sifflé plus d'une fois, ce qui ne veut pas dire pour cela qu'il fut détestable et dénué de toute intelligence ». Il le prouva du reste, en se faisant applaudir dans le rôle du garçon de bureau dans le *Marchand de la rue St-Denis*. Dubourjal quitta la place de la Bourse pour les Variétés 1832-34, et débuta à la Gaîté le 20 février 1834. Il fut ensuite acteur et régisseur au Th. du Panthéon 1837, Gaîté 1844-49. Dubourjal avait été nommé secrétaire perpétuel de la Société des artistes, où l'on apprécia sa grande probité. Il vivait séparé de sa femme (V. Mme Dubourjal) depuis 1830 environ. Sa mort fut annoncée au Rapport de 1853.

Bibliographie : *Grande Biogr. dram.*, supplément 1825. — *Biogr. th.* 1829. — *Rampe et Coulisse* 1832. — *Biographie* 1845. — *Mémoires* de Bouffé, p. 119.

Iconographie : En pied, 3/4 à droite, rôle de Mathurin dans *Thérèse*, Th. du Panthéon 1837.

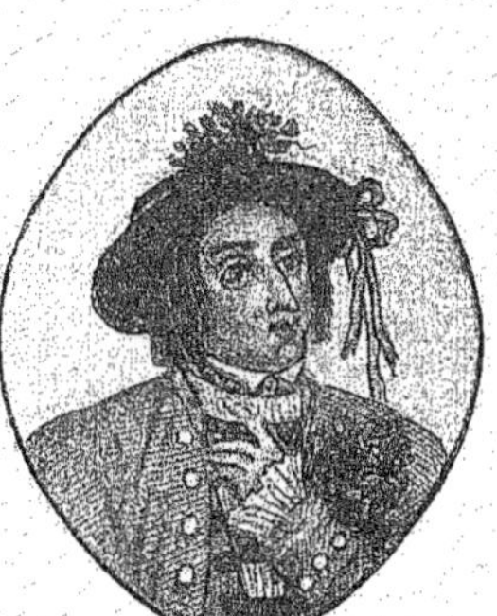

DUBOURJAL
Rôle de Mathurin dans *Thérèse*

DUBOURJAL, Mme, femme du précédent, sœur aînée de Mlle Javureck de l'Opéra. — Ambigu 1828-29, Nouveautés, soubrette, Th. Molière 1831, première amoureuse, Lille 1835. Elle passa aussi par la Porte-St-Martin. Peu jolie, possédant une voix dure, Mme Dubourjal fit plutôt parler d'elle par sa conduite un peu légère, ce qui causa une rupture complète avec son mari. « Mme Dubourjal, écrivait-on en 1832, semble avoir pris pour modèle Mlle Déjazet ; mais elle n'a guère de cette dernière que les défauts ».

DUBOURNEUF. — Premiers rôles en tous genres, Gand 1767.

DUBOURNEUF, Mlle. — Soubrette, Gand 1767.

DUBOURNIER, Mlle Elise. — Cirque Olympique 1826.

DUBREUIL, Pierre, Jean Guichon dit. — Né à Paris en 1693, débuta au Th. français le 15 avril 1723 par le rôle de Xipharès dans *Mithridate*, et fut reçu sociétaire le 6 mars 1725 pour l'emploi de confidents. Il ne fut jamais que médiocre : Idamas dans *Mariamne* (reprise 10 avril 1725), Proculus dans *Brutus* (12 décembre 1731), Idamore dans *Zulime* (8 juin 1740), Décimus dans la *Mort de César* (29 avril 1745), etc. Retraité en mars 1758, avec la pension de 1500 livres, il mourut le 3 novembre suivant à St-Germain-en-Laye. Il avait épousé sa camarade Marie Taitte (Voir Mlle Dubreuil).

Biographie : Lemazurier, *Galerie historique*, t. I.

DUBREUIL, Mlle, Marie, Elisabeth Taitte, femme du précédent. — Débuta au Th. français le 6 novembre 1721 par le rôle de Clytemnestre dans *Iphigénie en Aulide*. Le 17, elle joua Agrippine. Cette actrice était grande, avait une voix forte, et une belle prestance. Elle venait de province, et avait déjà l'habitude du théâtre. Elle fut nommée sociétaire le 4 mai 1722, tint l'emploi des caractères, prit sa retraite avec la pension de 1000 livres, le 3 avril 1745, et mourut à Paris le 16 mai 1758.

Biographie : Lemazurier, *Galerie historique*, t. II.

DUBREUIL, François, Louis Denis ou Dedenys dit. — Né vers 1751, officier de génie, puis comédien — peut-être Th. du Marais et Th. Feydeau 1792, — jeune premier à Rouen 1792-94, Bruxelles 1801-1828. Mourut dans cette ville (1er ou 3 juin 1828) où il avait tenu pendant 21 ans l'emploi des financiers et des manteaux, se conciliant l'estime générale. Il avait eu sa représentation de retraite le 22 juillet 1822, et la Société des Beaux-Arts donna le 1er mai 1824, dans son théâtre, une représentation en sa faveur. Elle produisit 550 fr. et le bénéficiaire parut dans l'*Impromptu de campagne*. Ses appointements à Bruxelles avaient été de 4000 francs en 1814 et de 4200 en 1815.

Bibliographie : *Almanach des spectacles* 1829, p. 361. — F. Faber, le *Th. français en Belgique*, t. II, p. 89.

DUBREUIL. — Sous ce nom :

Mme Dubreuil, Bruxelles 1800.

Mme Dubreuil, née Lacroix, Lille 1801.

Dubreuil, raisonneur, Lille 1810.

Mlle Dubreuil, jeune première, Bruxelles 1810, aux appointements de 2400 fr.

Mlle Dubreuil, utilités, Anvers 1815-18.

Dubreuil, Anvers 1816.

Mlle Dubreuil, jeune première, Besançon 1826.

Dubreuil, Th. Montmartre, 1830-35.

Dubreuil, Variétés 1831.

Dubreuil, Th. de Belleville 1833-34.

Mme Dubreuil, Eliz., jeune première, Bruges 1835-37.

Dubreuil, raisonneur, Rouen 1835-36, 3600 francs d'appointements.

Dubreuil, premier rôle, Caen 1837.

Dubreuil, jeune premier, Bordeaux 1840.

Mlle Dubreuil, Palais Royal 1858.

Dubreuil, Th. Cluny 1880, Porte-St-Martin 1881-83.

DU BRION, Mlle. — Maëstricht 1742.

DUBROCA, Georges, Raymond. — Gymnase 1884-85, Palais Royal 1895, Variétés 1900. Georges Dubroca était arrivé au prix de grandes fatigues. Il venait de se faire remarquer dans une reprise de *Niniche*, lorsque les docteurs Faisant et Decori signalèrent au directeur des Variétés le triste état de son pensionnaire. M. Samuel l'obligea d'autorité à prendre du repos. Mais la phtisie avait fait son œuvre, et le *Figaro* du 14 février 1901 annonçait sa mort, à l'âge de 37 ans. Ses obsèques furent célébrées à l'église de la Trinité le 15, et l'inhumation eut lieu au cimetière de Pantin. Dubroca qui habitait 33 *bis*, Bd de Clichy, laissait une veuve et deux fillettes de sept et quatre ans. Le *Figaro* et les Variétés firent un appel au public en faveur de ses enfants.

Bibliographie : Le *Figaro* 14, 15, 21 février 1901.

DUBROCQ, Corneille, fils d'un sauteur de corde et danseur de corde lui-même, né vers 1713. — Jouait le rôle de Pierrot dans les pantomimes du Th. de la foire en 1740.

DUBROCQ, cadet, frère du précédent, danseur de corde. — Jouait les rôles de Silvio dans les pantomimes du Th. de la foire en 1740.

DUBUFFE. — Acteur des grands danseurs du Roi en 1772-74. Jouait les valets.

DUBUCHE. — Délassements comiques 1854, 1857.

DU BUIS, Mlle. — Maëstricht 1742.

DUBUISSON. — Sous ce nom :

Mlle Dubuisson, Turin 1688.

Mme Dubuisson, mère, Maëstricht 1714-1718, troupe Dubuisson.

Mlle Dubuisson, fille, comédienne et danseuse accomplie, troupe Dubuisson, Maëstricht 14 janvier 1714, 18 avril 1718. Voir la suivante.

Mlle Dubuisson, actrice foraine, mariée au comédien Drouin de Bercy (V. Bercy), débuta à la Comédie Française le 27 septembre 1723 par le rôle d'*Andromaque*, et ne fut pas reçue. Elle partit pour la province et reparut en 1729 sur le th. de l'Opéra Comique à la foire St-Laurent.

Mme Dubuisson, caractères, Maëstricht 1762.

Dubuisson, acteur à Spa (?) 1772. Jouait tous les rôles, sauf les amoureux. Financier, Maëstricht 1774, utilités 1778.

Mlle Dubuisson, Julie, Variétés amusantes 1782-84.

Mlle Dubuisson, Milan septembre 1809. Gracieuse, intelligente mais inexpérimentée.

Mlle Dubuisson, Désirée, troisième amoureuse aux appointements de 500 fr., Bordeaux 1817. Morte en 1831.

Mme Dubuisson, grande utilité, Bruxelles 1823.

Dubuisson, financier, Metz 1828.

Mme Dubuisson, Jenny, premier rôle, Laon 1831.

Mlle Dubuisson, Strasbourg 1833-34, Dijon 1835, 1837.

Dubuisson, Dijon 1835.

Dubuisson, père noble, Brest 1840. Sans doute le même, mort directeur à Morlaix 1845.

Mme Dubuisson, jeune première, Brest 1840.

Dubuisson, grand premier rôle, Limoges 1851, St-Quentin 1852.

Mme Dubuisson, soubrette, St-Quentin 1852.

Dubuisson, Alfred, comique, Saint-Quentin 1852.

Mlle Dubuisson, Fanny, Désirée, Fol. Dram. 1852-53, Vaudeville 1854-55, Variétés 1856-61, Paris 1864-65. Jouait les travestis. Morte vers 1882.

DUBUS. — Sous ce nom :

Dubus, Denis, utilités, Bruxelles 1772 avec 1600 fr. d'appointements.

Dubus, amoureux, Bruxelles 1773-74 avec 2000 fr. d'appointements.

Dubus, Rouen 1787-88. On lui reproche sa mauvaise tenue.

Dubus, jeune premier, Lyon 1788.

Mme Dubus, rôle de convenance, Bruxelles 1802-03 avec 4000 francs d'appointements. Son mari, Joseph, Auguste Dubus fut gérant de la Société des actionnaires à Bruxelles de 1801 à 1810, et directeur à Liège en 1821-22.

Dubus, utilités, Lille 1837-38, 1850.

DUBUSSAC, Mme veuve, nom d'une artiste âgée de 70 ans avec 51 ans de th. en 1848, et pensionnée de 150 francs de la Société des artistes.

DUBUT, Laurent. — Mime chez Nicolet 1764.

DUBUY. — Figure sur une liste de la troupe Desroziers, nord de la France 1772, 800 francs d'appointements.

DUC, Auxence. — Marseille 1848.

DUC, Mme Léonie, Anne, Florentine. — Bordeaux 1852-54.

DUC, Mlle Jeanne. — Th. Déjazet 1874, Concert du xixme siècle 1882.

DUCAIRE, M. et Mme. — Débutèrent le 6 mai 1790 au Th. de Monsieur dans l'*Ile enchantée*. Ducaire se retrouve comme premier amoureux à Gand en 1808. Mme Ducaire comme premier rôle au Th. de Monsieur 1791, première duègne, Bruxelles 1807-08 aux appointements de 4000 francs, Marseille 1824-27. La *Grande Biographie th.* de 1824 en fait le plus grand éloge dans l'ancien répertoire et dans l'opéra comique : « C'est madame Gonthier ellemême ».

DUCAIRE, Mlle, nièce. — Th. Louvois 1792.

DUCAMIN, Mme Pauline, Clémence, Barbe. — Lorient 1879-82, Verviers 1884, Namur 1885, Bayonne 1886-90.

DUCAMP, Mme. — Théâtre Montparnasse 1833-34.

DUCASE. — Rôles de convenance, Béziers 1835-37.

DUCELLIER, Ezélie ou Zélia. — Passa par l'Ecole lyrique et le Palais-Royal 1860-67, Fol. Dram. 1865, Paris 1866-90.

DUCERF de Croze, Jean, Antoine. — Anvers 1867-68, Londres 1869, Lille 1870-75, Le Hâvre 1876-77, Anvers 1878-79, Amiens 1880-81, Dijon 1882-83, Lyon 1884, Paris 1885, Lyon 1886-88, Genève 1889-90, Paris 1891-92, Lyon 1893, Grenoble 1894. En 1895, J. Ducerf de Croze, âgé de 64 ans, avec 32 ans de théâtre, reçut une pension de 500 fr. de la Société des artistes. Lyon 1895-1901. Sa mort fut annoncée au Rapport de 1903.

DUCERRE. — Variétés amusantes 1794.

DUCOIN, Ch. — Cour Palatine 1754.

DUCOIN, Mlle. — Cour Palatine 1754.

DUCHAINE. — Bordeaux 1793.

DUCHAMP, Marie. — Bordeaux 1852-57.

DUCHAMPT, Louis Soumis dit. — Né vers 1842, commis d'agent de change, artiste amateur au Cercle Pigalle, acteur et directeur au Théâtre de la Tour d'Auvergne 1876, Châtelet 1877, Grenoble, directeur Namur, Béziers, Deauville, tournées F. Achard, régisseur aux Bouffes. Frappé de paralysie, on organisa une représentation à son bénéfice ainsi qu'à celui de Mme Noémie Vernon. Duchampt, admis à la maison de retraite Rossini, y mourut fin juin 1905. Frère cadet de Soumis qui fut longtemps chef de chant à l'Opéra Comique.

DUCHAMPY, né le 30 mars 1805. — Amoureux, Bruxelles 1833-34, Anvers 1835, Toulouse 1835, Anvers 1837, Metz 1840.

DUCHAMPY, Mme, femme du précédent, née à Metz le 12 octobre 1812. — Première amoureuse, Metz 1840.

DUCHANGE. — Vaudeville 1793.

DUCHARME, Mme. — Th. de la Nation (début) 1792, Délass. com. 1794, Rouen 1795, Reims 1797, sous le nom de Marie Elisabeth *D'Ombre-Ducharme*, née à Villefranche (Aveyron) domiciliée à Paris, rue du Bac no 843, demeurant antérieurement à Paris, Théâtre de la République.

DUCHATEAU. — Sous ce nom :

Duchateau, Th. Molière 1793.

Duchateau, Antoine Veizau dit. Né vers 1764, Angers 1798 et 1805.

DUCHATEAU, utilités, puis second comique, Bruxelles 1825-46. Voir plus bas, Charles, Adolphe.

DUCHATEAU, aîné, Bordeaux 1832-35, Nantes 1840.

DUCHATEAU, jeune, Bordeaux 1830-35, Nantes 1840.

DUCHATEAU, Charles, Adolphe, né le 15 mai 1806, peut-être celui de Bruxelles. Barcelone 1852-55, Porte-St-Martin 1856, Paris 1857, mort vers cette époque.

Mme DUCHATEAU, Augustine, née Falik Rouède. De la Société des artistes depuis 1854. Gand 1860, Alger 1861, Montpellier 1862-65, Anvers 1867.

DUCHATEAU, Théophile dit aussi Gontran. Montparnasse 1866-69, Pithiviers 1870, Périgueux 1872, Nantes 1873, La Haye 1874, Besançon 1875, Gand 1876-78, Bouffes du Nord 1879-1880, Paris 1881-82.

DUCHATEL, Mlle. — Gand 1805.

DUCHATEL. — Vaudeville 1849.

DUCHATELET, Mme, Mathilde Durand dite. — Fol. Dram. 1857-1860, Variétés 1861. Sa mort fut annoncée au Rapport de 1862.

DUCHATENET, Charles Destez dit. — Gaîté 1872-74.

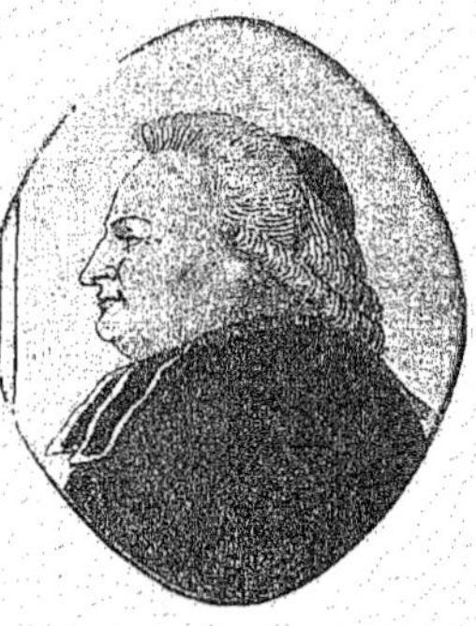

DUCHAUME
Rôle de l'abbé L'Attaignant

DUCHAUME, Vrain, Antoine Vée dit. — Deuxième fils d'un marchand de vin du Marais, naquit le 1er janvier 1766. Doué d'une voix de basse-taille, d'un beau physique, il se présenta pour la troisième fois au Conservatoire de musique le 14 mai 1789. Malheureusement le nouvel élève n'avait presque aucune notion de musique, chantait de la gorge et grasseyait. Duchaume partit pour la province. Deux ans plus tard, le Th. du Vaudeville ouvrait ses portes. Il y fut admis et sa figure joyeuse lui fit donner de suite l'emploi des Pères-la-Joie et des paysans, à moins qu'il ne représentât avec un ventre énorme les fournisseurs parvenus.

L'*Espion des coulisses* an VIII, n'est pas tendre à son égard : « Acteur très pâle, malgré sa figure rubiconde. Sa voix est désagréable, il aboie plus souvent qu'il ne chante, aussi n'entend-t-on pas la moitié de ses paroles ».

J.-F. Reichart qui l'a vu dans *Fanchon la Vielleuse* (un *Hiver à Paris sous le Consulat* 1802-03) n'est pas de cet avis. Il a remarqué « surtout un joyeux abbé qui anime la pièce par ses chansons et ses saillies; Deschaumes (*sic*) remplit merveilleusement ce rôle d'abbé de L'Attaignant; sa verve et sa gaîté sont intarissables, mais il reste fin et délicat dans ses folies comme dans ses couplets. » — Aussi est-ce pour lui qu'on avait mis ces mots dans la pièce : « Quand je vois cette figure-là le matin, je suis sûr de rire toute la journée ». Ce rôle paraît avoir été l'apogée de la carrière de cet artiste. Après une escapade rue Chantereine, au Th. Olympique, entreprise qui sombra en 1804, Duchaume chercha à rentrer au bercail. On retrouve son nom sur les tableaux de troupe du Vaudeville de 1807 à 1808. Il demeure alors rue de l'Echelle, puis rue Neuve St-Roch. En 1811, nous le retrouvons à Milan, dans la troupe de Mlle Raucourt. En 1815, à la Porte-St-Martin. Il demeure alors rue de Bondy, 34. Entre temps il avait été directeur malheureux à Toulon. — Tantôt à Lausanne 1823, à Perpignan 1825, à Nantes 1825-26, Duchaume fut frappé d'apoplexie en traversant le pont d'Iéna par un soleil ardent pour se rendre à une revue qui avait lieu au Champ-de-Mars. Transporté à l'Hôtel-Dieu, il y mourut le jour même, 31 mars 1827 (et non 1826 comme on l'a quelquefois imprimé). Duchaume avait épousé le 19 février 1794 Anne, Marguerite Barral qui se fit un certain nom au théâtre, mais dont il vécut longtemps séparé.

Biographie : Ed. de Manne et C. Ménétrier, *Troupe de Nicolet*, notice.

Bibliographie : L'*Espion des coulisses*, le *Coup de fouet;* H. Lyonnet, *Mlle Raucourt* et les *Comédiens français du Prince Eugène*.

Iconographie : V. notre article Mme Belmont. Collection Martinet, nº 38, l'abbé de L'Attaignant dans *Fanchon la Vielleuse;* nº 88 dans *La famille des lurons*.

DUCHAUME, Mme Anne, Marguerite Barral, femme Vée dite. — Baptisée à Paris en l'église Bonne-Nouvelle le 9 mars 1765, épousa Duchaume le 19 février 1794 et se voua de bonne heure à l'emploi des duègnes. Elle avait beaucoup de talent et un naturel parfait, et fit partie de la troupe du Vaudeville de 1794 à 1818, époque à laquelle elle fut remplacée par Mme Bras. Séparée de son mari, elle se retira alors du théâtre. Elle était inimitable dans *Pauline*, la *Danse interrompue*, le *Vieux chasseur*, la *Vallée de Montmorency*. Dans la vie privée, une excellente femme très spirituelle. Elle mourut à Clichy, le 4 déc. 1842.

Elle avait habité rue Nicaise, 1799, rue du Doyenné, 1805, rue Neuve-St-Roch, 1809, rue du Lycée, 1811, rue d'Argenteuil 1815.

Biographie : E.-D. De Manne et C. Ménétrier, la *Troupe de Nicolet*, p. 209.

Iconographie : Collection Martinet, nº 325. La mère d'Arc dans *Jeanne d'Arc*.

DUCHAUME. — Financier et paysan, Brest 1827, Dijon 1828-30, Lausanne 1833-34.

DUCHAUME, Mme, Veuve, née Oudard. — Ancienne artiste, âgée de 80 ans en 1848, à Dijon, à laquelle la Société fit une pension de 126 puis de 186 francs.

DUCHAUMONT. — Sous ce nom :

Mme DUCHAUMONT, la déesse de la Raison bordelaise, avait été engagée à Bordeaux en 1788, comme amoureuse, pour la tragédie et la comédie. En 1789, elle figura comme jeune première ingénuité et deuxième amoureuse; en 1792, étant passée dans la troupe d'opéra, elle y tint l'emploi de deuxième chanteuse. Le manuscrit de Lecouvreur, conservé à la Bibliothèque de Bordeaux (no 1015) s'arrête au 29 novembre 1793 avec cette note : « Arrestation de toute la troupe, par mesure de sûreté générale ». La fête de la Raison, où parut cette actrice, fut célébrée le 20 frimaire an II, (10 décembre 1793). Il ne faut pas oublier que paraître ou ne pas paraître dans cette saturnale équivalait à une question de vie ou de mort pour cette actrice arrêtée depuis onze jours.

DUCHAUMONT, utilités, Bordeaux 1817, appointements 600 francs, troisième comique 1820.

DUCHAUMONT, deuxième amoureux, Lille 1823-24, appointements 2400 francs, Marseille 1825, Strasbourg 1827, jeune premier, Calais 1831.

DUCHAUMONT, Département du Nord 1833-34. Ce nom se retrouve à Orléans 1835, Le Mans 1835, Orléans 1837, Toulouse 1840, Lille 1848.

DUCHAUMONT, Frédéric. De la Société des artistes depuis 1844, Bordeaux 1849, Dijon 1852, Metz 1853-57, Perpignan 1858-60, Mons 1861, Rio-Janeiro 1862-65, Bourges 1867, Perpignan 1868-69.

Mme DUCHAUMONT, née H. Humbert. Soubrette, Dijon 1852, Metz 1853-57, Perpignan 1858-60, Orléans 1861.

Mme DUCHAUMONT, Mathilde, née Dominique, de la Société depuis 1855. Rio-de-Janeiro 1862-65, Bourges 1867-69.

DUCHAUMONT, Georges, Verviers 1858-61, Lorient 1862-65.

Mme DUCHAUMONT, Betzy, née Kesnel, Verviers 1858-61, Lorient 1862.

Mme DUCHAUMONT, Chambéry 1866.

DUCHÉ, Mme, Cloride. — Vaudeville 1852-57.

DUCHEMIN, père, Jean, *Pierre*, Chemin dit. — Né en Bretagne vers 1674, acteur en Suède 1699-1705, notaire à Rennes. La Comédie Française qui avait perdu Guérin d'Estriché cherchait un bon financier. Duchemin se présenta et débuta le 27 décembre 1717 par le rôle d'Harpagon dans l'*Avare* où il fut reconnu excellent. Sociétaire le 20 juillet 1718, Guérin remplit dignement son emploi pendant vingt-trois ans, établissant les rôles du Comte dans la *Réconciliation normande*, M. Mathieu de l'*Ecole des bourgeois*, Hortensius dans la *Surprise de l'amour*, Lisimon du *Glorieux*, Orgon dans la *Pupille*, Géronte dans le *Philosophe marié*, Francaleu dans la *Métromanie*, Orgon dans le *Consentement forcé*, le Baron du *Somnambule*, Forlis des *Dehors trompeurs*. Il parut pour la dernière fois dans le rôle de l'Intendant du *Double veuvage* et se retira le 19 mars 1741 avec la pension de 1000 livres. Il mourut à Paris, sur la paroisse St-Sulpice, le 15 novembre 1754. De son mariage avec Gillette Boutelvier, il avait eu Jacques Duchemin, dont nous nous occupons plus loin.

Biographie : Lemazurier, *Galerie historique*, t. I. — G. Monval, *Liste alphabétique des sociétaires*.

DUCHEMIN, Mlle, Gillette Boutelvier dite. — Femme du précédent, entra sans débuts, par la protection de son mari, à la Comédie Française le 9 février 1719. On sait qu'elle tint ce soir-là le rôle de Céphise dans *Andromaque* et qu'elle fut reçue sociétaire par ordre de la Cour le 27 décembre suivant. Renvoyée sans pension le 2 juin 1722, elle rentra le 17 décembre 1723 pour jouer les confidentes tragiques, et se retira définitivement le 28 janvier 1726 avec la pension de 1000 livres qu'elle toucha jusqu'à sa mort survenue à Paris, rue des Boucheries, en mai 1765.

Biographie : Lemazurier, *Galerie historique*, t. II. — G. Monval, *Liste alphabétique des sociétaires*.

DUCHEMIN, fils aîné, Pierre, *Jacques* Chemin dit. — Fils des précédents, né en 1708, débuta à la Comédie Française à l'âge de seize ans, le 3 juillet 1724, par le rôle d'Achille dans *Iphigénie en Aulide*, joua Pompée, de *Sertorius*, Xipharès de *Mithridate*, fut admis le 25 décembre suivant et nommé sociétaire le 28 janvier 1726. Dans l'intervalle, il avait fait la folie d'épouser Mlle Duclos, âgée de 38 ans de plus que lui. D'après les plaintes de celle-ci (V. Mlle Duclos), ce ménage fut... ce qu'il devait être : un enfer. Le jeune Duchemin s'adonna à la débauche, et fut contraint de quitter la Comédie Française le 17 fév. 1730 avec une pension de 500 livres.

Jacques Duchemin devint directeur de troupe à Munich 1735, Strasbourg 1736, Toulouse 1741 et mourut à fou à Montrouge le 3 février 1753.

DUCHEMIN, Mlle, femme du précédent. — V. Mlle Duclos.

DUCHEMIN, Antoine, Joseph. — Acteur du spectacle des élèves de l'Opéra en 1779, arrêté le 10 mai pour mauvaise conduite au théâtre.

DUCHEMIN, Mlle. — Variétés amusantes 1784.

DUCHEMIN, Mme. — Vaudeville 1794.

DUCHEMIN, Mlle. — Deuxième amoureuse, Londres 1827, Opéra Comique, Palais-Royal. Les *Gens mariés et les garçons* (3 nov. 1832), la *Révolte des femmes* (30 décembre 1833). La *Rampe et les Coulisses* la traitent de « mauvaise actrice ». *La Petite Biographie* de 1833 la qualifie de « bonne actrice et excellente chanteuse ». Mais tous s'accordent à la trouver jolie femme.

Iconographie : Bibl. nat., catal. Duplessis, n° 13447. A mi-corps, assise de face, lith. par L. Noël 1833.

DUCHEMIN, Mlle. — Anvers 1851, Gand 1852.

DUCHEMIN. — Th. Déjazet 1863.

DUCHENAY, Mlle. — Odéon 1861.

DUCHÊNE ou **DUCHESNE.** — Sous ce nom :

Duchesne, Maëstricht 1673-1678.

Duchesne, Jean, Baptiste, Pougin dit. Ce comédien nous est connu parce qu'il fut écroué au For-l'Évêque le 11 avril 1736. Après avoir signé un engagement comme second et troisième rôle pour Valenciennes, et reçu 150 francs d'acompte, il ne s'était pas rendu à destination. Arrêté sur la plainte des comédiens établis à Valenciennes, il restitua la somme et obtint la résiliation de son contrat.

Bibliographie : *Archives de la Bastille*, (Bibl. de l'Arsenal), 11335, f. 64-79.

Duchesne, Hippolyte. Salle des Jeux Gymniques 1812, Vaudeville 1824. Belle voix de bassetaille et physique convenable à l'emploi des premiers comiques. Sans doute le même financier au Hâvre 1827-28.

Duchesne, Alfred, Joseph, René, Prudent. Premier amoureux, Lille 1852, Bruxelles 1852-55, Palais-Royal 1856-61, Rouen 1862-64, Marseille 1865, Rouen 1867, Bouffes 1868, Paris 1869-75, Th. historique 1876-77, Berlin 1878-81, Paris 1882-89. En 1884, âgé de 60 ans, avec 37 ans de théâtre, Joseph Duchesne obtint une pension de 500 francs. Sa mort fut annoncée au Rapport de 1890.

Mlle Duchesne, Adrienne. Troisième amoureuse, Liège 1852.

Mlle Duchesne. Gymnase 1881.

Duchesne, Olivier, Félix. Gaîté 1885-87.

DUCHESNOIS, Mlle, Catherine, *Joséphine* Rafuin, nom changé plus tard en celui de *Rafin*, dite. — Née à St-Saulves, près Valenciennes, le 5 juin 1777. L'acte de baptême reproduit par M. E.-D. De Manne, nous apprend que son père était marchand de chevaux. La famille, très pauvre, tenait une petite auberge au hameau du Marquis, sur la route de Mons. Une dame du village lui apprit à lire et à écrire, et la fillette fut mise à seize ans en apprentissage à Valenciennes d'où elle partit un jour pour aller rejoindre une sœur aînée à Paris. Elle y arriva aux plus tristes jours de la Révolution. Revenue à Valenciennes, elle entra en service, puis se mit à travailler à la couture dans sa chambre. C'est à cette époque, paraît-il, qu'elle prit goût à la comédie en jouant dans une société d'amateurs. Le 10 janvier 1797, elle paraissait pour la première fois sur le théâtre public, et y obtenait un double succès dans la tragédie et dans la comédie.

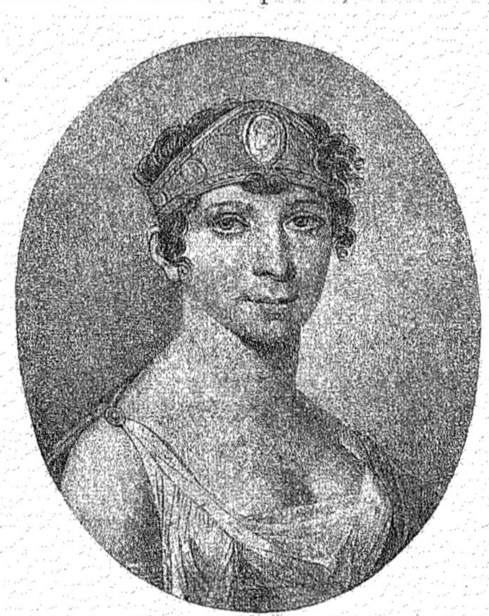

Mlle DUCHESNOIS
(Première époque), d'après Mouial

Entraînée vers Paris, la jeune Rafuin se fit admettre au cours de déclamation professé alors par Florence (v. ce nom). C'est là que le poète Vigée et Legouvé père l'entendirent et résolurent de lui faire obtenir un ordre de début. Malheureusement la débutante était laide, et sa mesquine toilette ne parlait guère en sa faveur. Sa présentation en public eut lieu, non à Paris, mais à Versailles, selon l'ancien usage, le 12 juillet 1802, mais l'actrice fut tellement troublée qu'elle eut peine à finir son rôle. Il ne fallut rien moins que la protection de Madame de Montesson (1737-1816), amie intime de Madame de Beauharnais, pour obtenir un nouveau début à Paris, le 3 août, au Théâtre Français, dans *Phèdre*. Sa protectrice lui avait envoyé un riche manteau pour relever son costume.

« Elle n'apporte sur la scène, écrit un contemporain, aucun des avantages physiques trop recherchés, trop admirés dans les années qui précédèrent la Révolution. Sa taille est avantageuse et non pas extraordinaire, ses proportions sont heureuses, mais n'ont rien de séduisant et sa figure a besoin d'être animée par l'expression de la passion pour paraître, non pas belle, mais soutenable à la scène ».

Mlle Duchesnois n'avait donc pour elle que la verve, la chaleur, l'instinct, une voix flexible et pénétrante, un accent passionné qui la transfigurait. « On est entraîné par l'illusion, dit encore un critique, au point de trouver de la grâce ou de la noblesse dans ces traits, qui d'abord avaient presque offusqué les yeux ». Et, à propos de ce début dans *Phèdre*, on raconte que Talma, électrisé par le ton et l'accent de sa nouvelle partenaire, se surpassa lui-même et ne fut jamais si effrayant dans le rôle d'Oreste.

Le 6 août, elle joua *Sémiramis*, puis ses débuts se prolongèrent pendant cinq mois, attirant une affluence extraordinaire. A chaque représentation, elle était redemandée après la pièce — ce qui n'était pas encore entré dans les usages — et le 8 novembre une ovation lui fut faite sur la scène malgré l'opposition manifeste de ses camarades. C'est alors que l'on vit Naudet, qui jouait Thésée, forcé de céder aux injonctions du public, et placer une couronne sur le front de Mlle Duchesnois.

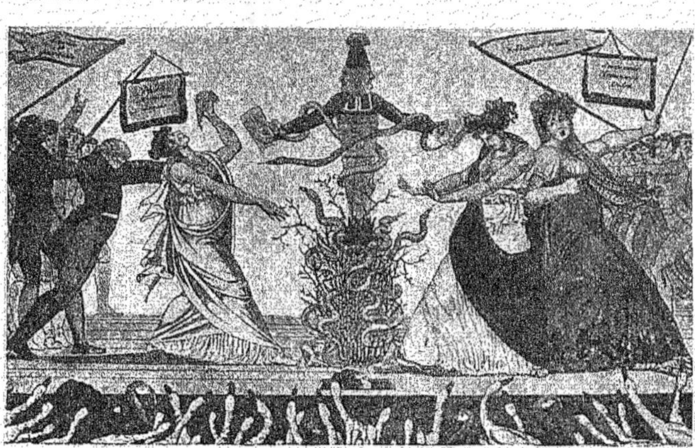

Gravure de l'époque représentant la lutte engagée entre Mlle Duchesnois et Mlle George

Les comédiens ne pardonnèrent pas ce triomphe à la nouvelle venue que l'on tint systématiquement à l'écart pendant trois mois, réservés aux débuts de Mlle George, l'actrice idéalement belle, douée de toutes les qualités physiques qui manquaient à Mlle Duchesnois, mais loin de posséder une sensibilité aussi vraie.

La lutte qui s'engagea dès lors fut épique : Mlle George avait pour elle Mlle Raucourt, son professeur, l'abbé Geoffroy, le célèbre critique, l'extrême jeunesse, la beauté sculpturale, et, disait-on tout bas, la bienveillance du Premier Consul. Mlle Duchesnois n'avait que son talent, la protection de la femme du Premier Consul, l'admiration des vieux habitués de la Comédie. Des amis d'un zèle indiscret embrouillèrent les choses de part et d'autre. On reprocha à Mlle George d'imiter les inflexions et les gestes de Mlle Raucourt, de garder sur sa physionomie un calme parfait. On ne tarit sur la laideur de Mlle Duchesnois. Le *Journal des Débats*, les *Petites affiches* déchirèrent cette dernière; le *Journal de Paris*, le *Publiciste* la défendirent avec tiédeur; deux journalistes seulement, Salgues, dans l'*Observateur* et Le Pan, dans le *Courrier des spectacles*, rompirent des lances en sa faveur. La lutte fut des plus violentes, et il fallut la protection de Joséphine pour faire admettre au sociétariat Mlle Duchesnois le même jour que Mlle George (17 mars 1804). Mais ce ne fut vraiment qu'après la fuite de celle-ci en Russie avec le danseur Duport (30 avril 1808) qu'elle occupa à la Comédie la place qui était due à la vigueur, aux beaux élans de son talent qui firent un jour s'écrier à Lafon qui se trouvait en scène avec elle : « Ah ! mon amie, c'est sublime ! ».

M. De Manne a donné la liste des rôles créés par Mlle Duchesnois de 1804 à 1829, au nombre de 36. Les moins oubliés sont Andromaque dans *Hector* (1809), Jane de *Jane Gray* (1815), Agrippine de *Germanicus* (1817), *Marie Stuart* (1820), Valérie de *Sylla*, Attilie de *Régulus*, *Clytemnestre* (1822). Quant aux opinions portées sur son compte, elles ne diffèrent guère de celles que nous avons données en commençant. On constate seulement que vers les derniers temps elle était devenue inférieure à elle-même et que son extérieur avait subi de graves altérations.

Aucune actrice n'usa plus de congés que Mlle Duchesnois, en dépit des prostestations du Comité, si bien que son départ le 1er novembre 1829 et sa représentation de retraite, survenue le 9 janvier 1832, ne causèrent aucun regret. Elle y parut dans *Jeanne d'Arc*. On la revit encore à l'Opéra, dans une représentation au bénéfice de Mme Dorval, le 30 mai 1833, mais l'effet de cette dernière soirée fut désastreux. Minée par une maladie chronique, la pauvre femme ne fit plus que dépérir, pour s'éteindre dans son petit hôtel de la rue de la Tour-des-Dames (n° 5 actuel) le 8 janvier 1835, assistée à ses derniers moments par Mgr de Quélen, archevêque de Paris.

Nous rappellerons à ce propos, que cette partie de la rue de la Tour-des-Dames où habitaient Mlle Mars (n° 1 actuel) et Talma (n° 9 actuel) était alors désignée tantôt par 54 rue St-Lazare, tantôt par 7 rue La Rochefoucauld. L'hôtel de Mlle Duchesnois, qui existe encore, fut habité plus tard par Horace Vernet; Mme de Lavalette y mourut en 1855 et Paul Delaroche en 1856.

Mlle Duchesnois était morte dans un état voisin de la gêne. Aucun enterrement ne fut plus triste. Il semblait qu'on l'eût oubliée. Le corps fut transporté au Père-Lachaise, avenue des Acacias, où plus tard un monument (v. iconographie) lui fut élevé. Plusieurs discours, où l'on voulut faire intervenir la politique, furent prononcés. Seul, son camarade Lafon, parla avec une convenance parfaite.

A Valenciennes, de grands honneurs lui furent rendus; son buste fut couronné au théâtre, une poésie mise au concours, une médaille frappée à son effigie. Au bas de son portrait, gravé par M. Momal, professeur à l'Académie de peinture de cette ville, lors de son premier triomphe, on inscrivit ces quatre vers :

Clairon et Dumesnil
illustrèrent la scène;
L'une frappait l'esprit,
l'autre parlait au cœur;
De leur perte aujourd'hui
consolons Melpomène,
Duchesnois, tour à tour,
les rend au spectateur.

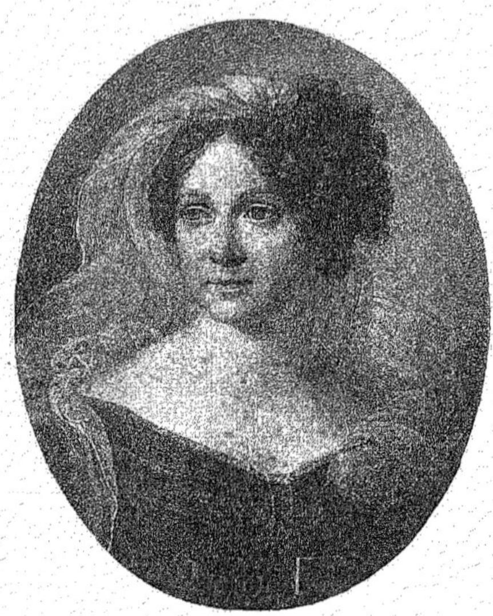
Mlle DUCHESNOIS
(Deuxième époque)

Femme privée, Mlle Duchesnois fut bonne et charitable; ayant obtenu un congé en 1806, elle se rendit à Valenciennes, joua *Didon*, *Phèdre* et *Ariane* et abandonna le produit très fructueux de ces représentations à sa mère et à une jeune sœur. Quatre fois elle renouvela cette excursion artistique. Partout les pauvres recevaient des marques de son passage. La ville de Lille l'accueillait aussi avec transport. Nous y relevons sa trace en juillet 1807, décembre 1816 (avec Bernard), juin 1820 (avec Cudot), août 1825, mars 1830 (avec Erreviou), septembre 1832. Cette dernière fois les recettes tombèrent à 547.51 fr. avec *Mérope*, et 873.60 avec *Phèdre* et le deuxième acte d'*Athalie*. L'artiste affaiblie n'attirait déjà plus la foule. Un monument lui fut érigé vers 1895, croyons-nous, à St-Saulves, son pays natal.

En 1831, elle avait passé par Genève, faisant recette, et jouant aussi au profit des pauvres.

Mlle Duchesnois laissa une fille mariée et deux fils. Al. Dumas dit, dans ses *Mémoires* (t. IV, p. 28): « Mlle Duchesnois avait un fils, bon et brave garçon auquel, après la Révolution de juillet, Bixio et moi avons attaché les épaulettes de sous-lieutenant sur les épaules et qui s'est fait tuer, je crois, en Algérie ».

Henri Achille Rafin était né le 2 janvier 1810 à Paris; fort peu zélé pour son service, mais très protégé, il partit pour l'Afrique au 4e régiment de ligne; plus tard, en juillet 1839, il permuta comme lieutenant avec un officier du 61e. Sa belle conduite devant Bougie le 12 octobre 1833, où il avait été blessé, l'avait fait proposer pour la légion d'honneur. Il fut enlevé par les fièvres, le 18 octob. 1839, à Philippeville.

Le second fils, Anatole, Charles, Cyrus Rafin-Duchesnois, né le 6 août 1812, s'engagea et fit aussi partie de l'armée d'Afrique. Il mourut le 27 octobre 1850, à Bône, sergent aux grenadiers du 43e de ligne.

Ayant posé une question sur l'origine de ces enfants, dans l'*Intermédiaire des chercheurs et des curieux*, M. Henry Lapauze, possesseur d'une partie des papiers de famille de Mme de Genlis, voulut bien nous répondre dans le numéro du 20 janvier 1906. Selon lui, Henri, Achille Rafin eut pour père Casimir Baecker, fils adoptif de Mme de Genlis; Anatole, Charles, Cyrus est, *vraisemblablement*, le fils de Charles Anatole, Alexis de Lawoestine, petit-fils de Mme de Genlis, et Rosamonde, Joséphine, née le 28 mai 1815, fut reconnue par son père, Charles Gelinet, major au 88e d'infanterie, le 27 juin de la même année.

Un autre correspondant, M. E. Grave, dans l'*Intermédiaire* du 20 février 1906, nous apprend que ce Casimir Baecker était un harpiste distingué, qui vint, sous la Restauration, s'établir à Mantes, où Mme de Genlis vint le voir plusieurs fois. Il avait fini par quitter cette ville après y avoir vécu fort médiocrement.

Mlle Duchesnois demeura rue St-Maur, 14 (1805), rue de la Jussienne, 16 (1808), rue de la Ferme des Mathurins, 6 (1814), rue de la Tour des Dames (1823), entre l'hôtel de Talma et celui de Mlle Mars. (L'adresse rue St-Lazare, 54 ou 7 rue de La Rochefoucauld est la même, cette partie de la rue de la Tour des Dames n'ayant pas encore de numéro).

Une main de Mlle Duchesnois, préparation anatomique, fut offerte en 1894 par M. Eug. Tallon, président de la Cour de Lyon, à la Comédie Française qui la refusa.

Biographie : *Notice sur Mlle Duchesnois* par Dinaux, Valenciennes, in-8°, 1836. — Ricord, les *Fastes de la Comédie Française*, t. I, p. 154. — E.-D. De Manne, la *Troupe de Talma*.

Bibliographie : Feuilletons de Geoffroy. L'*Almanach des spectacles*, 1802-03. *Opinion du parterre* I à X. — Vers de Legouvé adressés à Mlle Duchesnois, *Mercure de France*, 30 mars 1811. — Le *Rideau levé*, 1818. — Toutes les biographies théâtrales, 1821 à 33. — Ch. Maurice, *Histoire anecdotique du théâtre*, t. I et II. — Th. Muret, l'*Histoire par le théâtre*, t. I et II. — *Souvenirs* de Jousselin de la Salle.

Iconographie : Bibl. nationale, catal. Duplessis, 13460.

1. A mi-corps de face, dans un ovale (C. T.), gravé par Aubert, d'après Hollier.
2. En buste, de 3/4 à droite, gravé par Bertonnier, d'après Devéria.
3. A mi-corps, de 3/4 à droite dans un ovale (C. T.), publié par Blaisot.
4. En buste de 3/4 à gauche, lithographié par L. Brand.
5. A mi-corps, de 3/4 à gauche dans une bordure ovale (C. T.), gravé par C. et publié par Levachez.
6. En pied, de 3/4 à gauche (C. T.), gravé par Chaponnier, d'après Chaumont.
7. En pied, de 3/4 à gauche (C. T.), lithographié par Ch. Chasselat.
8. En pied, de face (C. T.), lithographié par Ch. Chasselat.
9. En buste, de face (C. T.), lithographié par L. Chery.
10. En pied, de face (C. T.), lithographié par A. Colin, 2 états.
11. En buste, de 3/4 à droite, lithographié par par Mlle Formentin, 1826.
12. En buste de 3/4 à gauche, gravé par Frémy, d'après Flatters.
13. A mi-corps, de profil à gauche, caricature, lithographié par G. Engelmann.
14. En buste, de face (C. T.), lithographié par H. Grevedon, d'après Berthon.
15. En buste, de 3/4 à gauche, lithographié par H. G.
16. En buste, de face dans un médaillon ovale, gravé par Henry, 2 états.
17. En buste, de face dans un médaillon ovale, gravé par R. de Launay, 2 états.
18. En buste, de 3/4 à droite, lithographié par (Lecler).
19. En buste, de 3/4 à droite, gravé par Lefèvre Jeune, d'après Devéria.
20. En buste, de face, gravé par Paul Legrand.
21. En buste, de 3/4 à droite, lithographié par Amélie M. R., 1823.
22. En buste, de profil à droite dans une bordure ronde, gravé par Mécou, d'après Genty, 2 états.
23. En buste, de profil à droite, dans une bordure ovale, gravé par W. Nettling, 1804.
24. En buste, de face dans une bordure ovale, gravé par Pointeau, d'après Bouchardy.
25. En buste, de 3/4 à droite dans un ovale, lithographié par Rulmann.

Coll. Martinet : 31, dans *Phèdre* ; 185, dans *Hector* ; 194, dans *Rodogune* ; 277, Rôle de Gertrude dans *Hamlet* ; 285, dans *Mahomet* II.

Musée de la Comédie Française, catalogue Monval : 199, portrait supposé, attribué à Paul Delaroche, peinture toile, h. 0.45, l. 3.60.

400. Buste en marbre, h. 0.65, par J.-J. Flatters. (Salon de 1817, n° 834.)

439. La *Couronne théâtrale disputée*, gr. par N. P., h. 0.20, l. 0.28.

502. Un des 46 portraits de la *Lecture à la Comédie Française* en 1830, peinture toile par Gaston Thys, copie du tableau de Heim.

Autographe de Mlle Duchesnois (Collection H. Lyonnet)

(Salon 1847). Conservé au musée de Versailles.

Cimetière du Père-Lachaise : haut relief en marbre, par P.-J.-H. Lemaire.

Un buste par Milhomme fut exposé au Salon de 1812, (nº 1127).

Musée de Valenciennes : portrait par Mlle A. Romance dite Romany. Portrait par Mme Tripier-Lefranc (Salon de 1834). Portrait dans *Jeanne d'Arc*, par N. Berthon (Salon de 1819). Buste en plâtre, par J.-J. Flatters. Idem par Cadet de Beaupré.

Collection Rothan : un portrait par F. Gérard.

Portrait dans *Electre*, par Mlle Inès d'Esménard (Salon de 1819), pour le Comte Demidoff.

On connaît encore : dans *Didon*, une miniature par Hollier (Salon de 1806) — un dessin lavé d'encre de Chine par L. Boilly, vendu en 1814, d'après le catalogue Harisse ; etc.

Troupe de Talma : eau forte, en buste par F. Hillemacher.

DUCHESNOIS, Mme Marie, Louise, Juliette *Horsin*, dite Augusta Farvy, puis femme Léa dite. — Folies Dramatiques 1867-69, Amiens 1870, Limoges 1872, Genève 1873, Rouen 1874-75, prend le nom de *Duchesnois*, Reims 1876, Château-d'Eau 1877, Marseille 1878-82, St-Pétersbourg 1883-84, Marseille 1885-87, Tournay 1888, Marseille 1889-90, Valenciennes 1891-92, Lyon 1893, Marseille 1894, St-Etienne 1895, Rouen 1896-97, Paris 1898-99, Genève 1900-01. Habitait Paris en 1905.

DUCHESNOIS, Henri Léa dit. — Reims 1876, Château-d'Eau 1877, Marseille 1878-82, St-Pétersbourg 1883-84, Marseille 1885-87, Tournay 1888, Marseille 1889, Valenciennes 1891-92, Lyon 1893, Marseille 1894, St-Etienne 1895, Rouen 1896-97, Paris 1898. Sa mort fut annoncée au Rapport de 1899.

DUCHET, Claude, Henri. — Alger 1853, Lyon 1854-56.

DUCHEVREUIL, Henry, Camille. — Douai 1879-82.

DUCHOSAL. — Th. de la Renaissance 1879-82, chanta d'une fort jolie voix le rôle de Montlandry dans le *Petit Duc*. Très timide en scène. Avait été porté à l'ordre du jour sur le champ de bataille en 1870.

DUCIS. — Bordeaux 1793.

DUCLAY, Mlle Virginie. — Actrice intelligente, Variétés 1851-55. Se fit remarquer dès ses débuts dans l'ingénue des *Premières Conquêtes*, Palais-Royal 1856-57, Gymnase 1858-61, Paris 1862-63.

DUCLERC, Mlle Marguerite. — Plutôt chanteuse de café-concert qui, après une vie joyeuse, mourut dans l'isolement le plus complet, accompagnée seulement à sa dernière demeure par un journaliste. (*Figaro* 22 août 1902.)

DUCLOS, Mlle. — Excellente dans le tragique, troupe du Marais. Morte vers 1673, et grand'mère de la suivante.

DUCLOS, Mlle Marie-Anne de Chasteauneuf (ou Chateauneuf) dite Mlle. — Femme de Duchemin fils (1725), naquit à Paris vers 1668. Lemazurier écrit que son aïeul fut acteur au Marais, sans nous dire son nom, et que la fille de celui-ci épousa un obscur comédien de province. Mlle Duclos, fruit de cette union, débuta tout d'abord à l'Opéra, et n'y obtint qu'un médiocre succès. Elle tourna ses études vers la Comédie Française où elle parut pour la première fois le 27 octobre 1693 dans le rôle de Justine de *Géta*. Reçue sociétaire le 27 novembre suivant, elle obtint le 3 mai 1696, un ordre de doubler Mlle de Champmeslé dans les premiers rôles tragiques. Em. Campardon a reproduit le document, conservé aux Archives Nationales (O^1 2984), par lequel part entière lui est accordée en date du 28 avril 1700.

Cette situation, Mlle Duclos devait la maintenir quarante ans, créant *Zénobie* en 1711, Tharès dans *Absalon* (1712), Arisbe dans *Marius* (1715), Josabeth dans *Athalie* (1716,) Salmonée dans les *Machabées* et *Esther* (1721,) Hersilie dans *Romulus* (1722), *Inès* (1723), Salomé dans la *Mariamne* de Voltaire (1724), *Mariamne* de l'abbé Nadal (1725), Jocaste dans l'*Œdipe* de Lamotte 1726.

Mlle Duclos passe pour avoir outré la déclamation ampoulée et chantante de Mlle de Champmeslé, contrastant ainsi avec la manière de Baron, dont le débit était simple et naturel. Ce qu'on ne peut nier, c'est qu'elle avait le don de toucher les spectateurs de son temps dans les rôles pathétiques au goût du jour, témoin les vers de Lamotte :

Ah ! que j'aime te voir en amante abusée
Le visage noyé de pleurs,
Hors l'inflexible cœur du parjure Thésée,
Toucher, emporter tous les cœurs !
Mais quel nouveau spectacle! ah ! c'est Phèdre elle-même
Livrée aux plus ardents transports...

Le jeune Voltaire cède lui-même à l'enthousiasme général :

Belle Duclos,
Vous charmez toute la nature !
Belle Duclos,
Vous avez les dieux pour rivaux,
Et Mars tenterait l'aventure
S'il ne craignait le dieu Mercure,
Belle Duclos.

Le véritable portrait de Mlle Duclos, semble avoir été tracé de main de maître par Lesage dans son *Gil Blas* : « Ne conviendrez-vous pas que l'actrice qui a joué le rôle de *Didon* est admirable ? N'a-t-elle pas représenté cette reine avec toute la noblesse et l'agrément convenables à l'idée que nous en avons ? Et n'avez-vous pas admiré avec quel art elle attache un spectateur, et lui fait sentir les mouvements de toutes les passions qu'elle exprime ? On peut dire qu'elle est consommée dans les raffinements de la déclamation. — Je demeure d'accord, dit Pompeyo, qu'elle sait émouvoir et toucher ; jamais comédienne n'eut plus d'entrailles, et c'est une belle représentation ; mais ce n'est point une actrice sans défaut. Deux ou trois choses m'ont choqué dans son jeu : veut-elle marquer de la surprise, elle roule les yeux d'une manière outrée, ce qui sied mal à une princesse. Ajoutez à cela qu'en grossissant le son de sa voix, qui est naturellement doux, elle en corrompt la douceur, et forme un son assez désagréable... ».

Grande et forte, d'une taille bien proportionnée, elle avait un visage d'un parfait ovale et de superbe yeux noirs. Il y avait en elle quelque chose de majestueux et d'imposant. C'était, pour tout dire, le type idéal des reines de tragédie, à jamais fixé par le pinceau de Largillière. Par contre, peu d'instruction, une ignorance proverbiale : on disait « bête comme la Duclos ». Bref, sa voix fit sa réputation, et elle en abusa. Voltaire lui-même la qualifia de « Mélopée théâtrale » (*Dictionnaire philosophique*, article *Mélopée*).

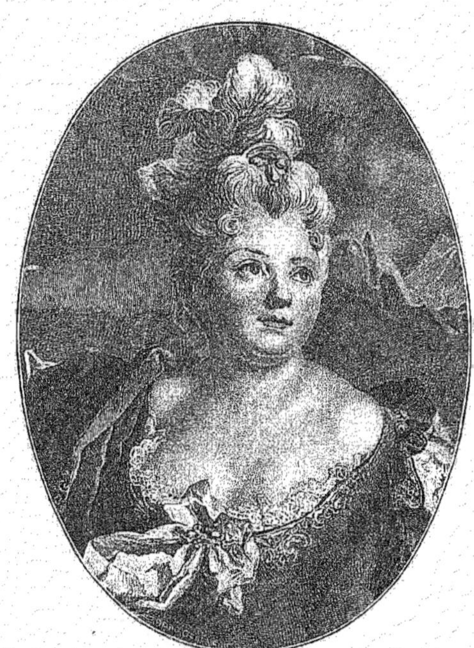

Mlle DUCLOS
(D'après Largillière)

Avec ce système, Mlle Duclos joua tous les rôles de la même façon ; aucun ne fut composé. Elle lançait ses morceaux à panache comme un chanteur lance un air de bravoure. Elle faisait pleurer — car on pleurait facilement alors — mais elle était surtout l'actrice à la mode... jusqu'au jour où Adrienne Lecouvreur vint partager avec elle l'emploi des princesses de tragédie. M. J.-J. Olivier a fort bien défini ce genre : « Quinault et la Duclos, nous dit-il, furent toujours les mêmes, qu'ils jouassent Orosmane ou Pyrrhus, Hermione ou Salomé. Ils firent de leurs personnages des marionnettes conventionnelles, aux habits somptueux, aux gestes compassés, rappelant davantage les élégants de Versailles que les héros de l'antiquité. Ils récitèrent leurs rôles plutôt qu'ils ne les jouèrent. Ils ne furent pas « agissant » ; ils n'animèrent pas une tragédie par des passades, par des jeux de scène, mais ils la réduisirent à une sorte de conversation. »

D'un tempérament fougueux, Mlle Duclos n'avait pas manqué d'adorateurs pendant sa longue carrière ; mais elle commit l'insigne folie, à cinquante-cinq ans, d'épouser le 18 avril 1725 le fils de son camarade Duchemin, un assez mauvais sujet de dix-sept ans, qui venait de débuter au Th. français. Durant cinq années, la Duclos endura les pires injures, se laissant ruiner, battre, tromper et « avarier » par ce misérable, ainsi que le témoignent ses plaintes à la police, conservées aux archives nationales et mises au jour par M. Em. Campardon.

Nous ne pouvons entrer ici dans tous ces détails que l'on trouvera dans les documents cités, mais nous y voyons le 5 novembre 1727, Mlle Duclos s'enfuyant de sa demeure rue Mazarine, et allant faire constater les coups qu'elle a reçus au commissaire du Châtelet : le 17 août 1729, elle demeure rue des Cordeliers, et pendant l'été à sa campagne de Fontenay-aux-Roses ; elle est forcée d'aller faire soigner son « avarie » chez le chirurgien Petit, et elle va raconter au même commissaire le dit état où l'a mise son mari et les scènes qui ont éclaté chez elle à cette découverte. Le 31 décembre, la mesure est à son comble et le 14 février 1730, elle est contrainte de se réfugier dans sa loge du théâtre, ne voulant plus rester chez elle « sans crainte pour sa vie et pour ses effets ».

Un jugement sépara les époux, à la grande joie de la galerie qui prenait plaisir à voir étaler toutes ces turpitudes, et Avisse fit jouer au théâtre italien la *Réunion forcée*, dont le sujet n'était autre que les querelles de ménage de la Duclos. Seule l'autorité religieuse ne voulut pas rompre le mariage. Nous avons dit à l'article Duchemin fils ce que devint ce misérable.

Cependant, en 1730, la manière de Mlle Duclos, âgée de 60 ans, était passée de mode, si nous en croyons un contemporain, Mas d'Aigueberre *(Seconde lettre au souffleur)*: « Mlle Duclos, disent nos anciens, fut dans son temps une actrice parfaite. Je veux le croire; mais on me permettra d'en juger au goût du nôtre et d'examiner, non pas ce qu'elle a été dans sa jeunesse, mais ce qu'elle est aujourd'hui. J'avoue qu'elle apporte encore beaucoup d'action et de grâce sur le théâtre : elle s'élève, s'irrite, s'enflamme, se plaint et gémit fort à propos. Mais elle pèche dans ce qu'il y a de principal : elle ne produit pas les mêmes effets dans les cœurs de ceux qui sont présents. C'est que son feu n'a point de vraisemblance... » Le spectateur de 1730 ne se contentait plus de l'art seul ; il voulait voir agir la nature ; Mlles Adrienne Lecouvreur et Deseine lui avaient montré déjà la route à suivre.

De l'avis général, Mlle Duclos quitta trop tard la scène, en octobre 1733, bien que sa part entière lui fut conservée, eu égard à ses longs services, jusqu'au 17 mars 1736, et au jour de sa mort, survenue à Paris, sur la paroisse St-Sulpice, le 18 juin 1748, elle jouissait d'une pension de mille livres de la Comédie, et d'une autre de même somme sur la cassette royale.

Mlle Duclos avait fait son testament le 27 avril 1747. Elle habitait alors rue des Fossés-St-Germain-des-Prés, paroisse St-Sulpice, dans une maison appartenant au sieur Procope, et nous savons que sa chambre, sise au deuxième étage, avait vue sur une petite cour, ce qui indiquerait une situation plus que modeste pour l'ancienne reine de tragédie.

Biographie : Lemazurier, *Galerie historique*, t. II. — Ricord, les *Fastes de la Comédie fr.*, t. II, p. 363. — Gueulette, *Acteurs et actrices du temps passé.* — J.-J. Olivier, *Voltaire et les comédiens.*

Bibliographie : Em. Campardon, les *Comédiens du Roi et la troupe française.*

Iconographie : Bibliothèque nat., catalogue Duplessis 9289.

1. A mi-corps, de ³/₄ à droite, grav. par L. Desplaces, 1714, d'après N. de Largillière (avec des vers de Houdard de la Motte).

2. En buste, de ³/₄ à gauche, dans une bordure ovale, grav. par E. Desrochers, avec sixain, d'après Largillière, deux états.

3. En buste, de ³/₄ à gauche, gravé par A. Lalauze.

4. En buste, de ³/₄ à gauche, dans une bordure ovale, gravé par Pinssio, d'après Largillière, trois états.

Musée de la Comédie française. Catalogue Monval, 133. Peinture toile, haut. 1 m. 55, larg. 1 m. 27, par Nicolas de Largillière. Ce portrait avait été légué par testament au sieur Saintard, directeur de la Cie des Indes. Il passa dans le cabinet de Titon du Tillet, et fut acquis par la Comédie, en août 1815, pour la somme de 80 fr., de M. Adam, marchand de tableaux.

L'original, de dimensions plus petites, est au musée Condé, de Chantilly.

Une réplique de ce portrait, provenant de la Galerie du Régent, au Palais-Royal, est conservée au Château de Ferrières, chez M. le Baron Alph. de Rothschild (collection Lalive de Jully, vendu 500 livres en mars 1770).

N° 204 du catalogue de la vente du baron Brunet-Denon (février 1846).

Photogravé d'après Desplaces *(Gazette des Beaux-Arts*, 1er août 1893).

M. Robert Dumesnil a possédé à Marlotte un portrait de Mlle Duclos, qui fut vendu 200 fr. après sa mort (1889).

M. Al. Dumas fils en a possédé un autre qui passa en vente publique (attribué à Nattier).

Un portrait par A. Grimou, musée Carnavalet.

Musée du Louvre : dessin par un inconnu.

Miniature, vente Mame, 1904, n° 365.

Catalogue raisonné Monval, grav., reproduction du portrait de Largillière (Com. fr.)

Gravure en couleur par Bonnet, de profil, coiffure poudrée.

DUCLOS, Jean-Baptiste, époux de H. M. Sirois de Beauvais. — Débuta à la Comédie française le 3 juin 1719, fut nommé sociétaire le 10 juillet suivant, quitta en avril 1722 et partit pour Strasbourg, où il se trouvait le 5 juin suivant. Mourut en octobre 1747.

DUCLOS, M. et Mme. — Anvers 1783.

DUCLOS. — Th. des jeunes artistes 1807, Porte-St-Martin 1815.

DUCLOS, Jean. — Bordeaux 1853-80. Sa mort fut annoncée au Rapport de 1881.

DUCLOS. — V. Serret.

DUCLOT, Mlle. — Bouffes Parisiens 1873.

DUCOIN, Ch. — Comédien français à Schwetzingen, Cour électorale palatine vers 1750-64.

DUCOIN, Mlle. — Id., id.

DUCONET. — Cirque Olympique 1827-28. V. Ducouret.

DUCORMIER et sa femme. — Troupe Fompré, Bruxelles 1706.

DUCORS, Mme. — Lille 1793.

DUCORS, Bernard. — Dijon 1848-49, Paris 1852-54.

DUCOS. — Montpellier 1827.

DUCOS, Joseph, Léon, né vers 1832. — Agé de 64 ans avec 37 ans de th. en 1896, et pensionné de 500 fr. par la Société des artistes.

DUCOS, Victor. — Mons 1860-61.

DUCOS, Mme Marie, Henriette. — La Haye 1893-98.

DUCOUDRAI. — Deuxièmes rôles, Maëstricht 1774-75.

DUCOUDRAI. — Th. des Troubadours, 1799.

DUCOURET, Mme. — Gand 1833.

DUCOURET, Joseph. — Premier comique, Avignon 1835 et 1837, financier, Le Hâvre 1851, Rouen 1852, Le Hâvre 1853-56, Lille 1857, Le Hâvre 1858-63.

DUCOURET-Thiery. — Premier comique, St-Etienne 1852.

DUCOURET-Thiery, Mme. — Duègne, St-Etienne 1852.

DUCOURET, Mlle. — Jolie femme, emploi de reines et de génies dans les féeries, Renaissance 1876, Nouveautés 1883-84, Bouffes 1885.

DUCOURNOIS. — Marseille 1792-93.

DUCRÉ, Joseph. — Artiste dont la mort est signalée en 1892.

DUCRET, Etienne. — Lyon 1852-56, Paris 1857-64.

DUCREUX, Mme. — Ambigu et Gaîté 1792-94.

DUCROCQ, Mme Maria. — Porte-St-Antoine 1839, Délass. com. 1848. Agée de 65 ans en 1853, elle reçut une pension de 186 fr. de la Société des artistes.

DUCROCQ, Emmanuel, Nicolas. — De la Société des artistes depuis 1846. Th. National, Paris 1852-69. Agé de 69 ans en 1857, il obtint une pension de 200 fr. de la Société.

DUCROISY, Philibert Gassot, sieur, né à Paris en 1626. — Fut d'abord comédien en province. Nous savons qu'en 1653, il était à Poitiers, où il se maria à St-Cybar, et en 1659 à Mâcon. Nous ne saurions dire en quel endroit Molière et Ducroisy se rencontrèrent... M. Bouquet dit à Rouen en 1658 ??? Quoi qu'il en soit, Lagrange nous apprend par son *Registre* que Ducroisy et sa femme entrèrent dans la troupe du Petit-Bourbon en 1659 (25 avril). D'un talent très souple, bel homme, Ducroisy devait rendre de grands services, suivant la troupe au Palais-Royal en 1661.

A vrai dire, il serait assez difficile d'assigner un emploi à Ducroisy, mais n'est-ce pas à un talent consommé que Molière confia la création du personnage de Tartufe ? Les rôles si distincts de Marphurius, du *Mariage forcé*, de M. Dimanche, d'Oronte, du *Misanthrope*, de Géronte, des *Fourberies de Scapin*, ne nous montrent-ils pas la variété de composition de cet artiste ? Ducroisy, dans le répertoire de Molière, établit les rôles suivants :

Ducroisy, des *Précieuses*, Lysidas, de la *Critique*, Ducroisy, dans l'*Impromptu*, Marphurius, dans le *Mariage forcé*, Aristomène, dans la *Princesse d'Elide*, M. Dimanche, dans *Don Juan*, Oronte, dans le *Misanthrope*, Tyrène, dans *Mélicerte*, un sénateur, dans le *Sicilien*, Tartufe, dans *Tartufe*, Mercure, dans *Amphytrion*, Valère, dans l'*Avare*, M. de Sotenville, dans *Georges Dandin*, Sbrigani, dans *M. de Pourceaugnac*, Timoclès, dans les *Amants magnifiques*, le maître de philosophie, dans le *Bourgeois gentilhomme*, Jupiter, dans *Psyché*, Géronte, dans les *Fourberies de Scapin*, M. Harpin, dans la *Comtesse d'Escarbagnas*, Vadius, dans les *Femmes savantes*, Béralde, dans le *Malade imaginaire*.

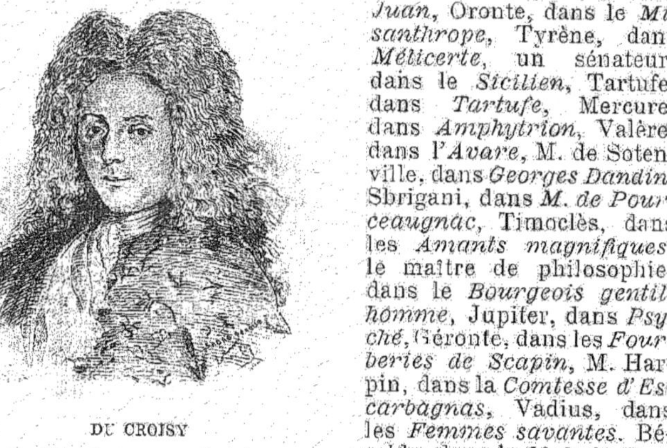

DU CROISY

D'après Fr. Hillemacher

Il avait, en outre, repris le rôle d'Eraste, des *Fâcheux*, pendant la maladie de Lagrange.

« Du Croisy, écrit un de ses biographes, avec des façons de gentilhomme, devait posséder une certaine instruction, et peut-être même, un air quelque peu pédant, et ce qui nous fait parler ainsi, c'est que Molière, qui ne faisait rien à la légère, se plaît et se complaît à lui donner des rôles de la sorte : c'est Lysidas, poète ; c'est Marphurius, docteur ; c'est Oronte, l'homme au sonnet ; c'est le maître de philosophie ; c'est Vadius, l'homme qui sait du grec autant qu'homme de France. » Dans l'*Impromptu*, il est encore qualifié de poète : « Vous faites le poète, et vous devez vous remplir de ce personnage, marquer cet air pédant qui se conserve parmi le commerce du beau monde, ce ton de voix sentencieux, et cette exactitude de prononciation qui appuie sur toutes les syllabes et ne laisse échapper aucune lettre de la plus sévère orthographe. »

Ainsi se trouvent expliqués les rôles échus à Ducroisy, qui, selon l'usage, savait tenir aussi son emploi dans la tragédie, créant un des rôles de *Tite et Bérénice* le 28 novembre 1670.

Après la mort de Molière, Ducroisy passa au Th. de Guénégaud, où il fut conservé à la réunion de 1680, avec demi-part seulement. Il prit sa retraite le 18 avril 1689 avec la pension de 1,000 livres, et alla finir ses jours à Chennevière, hameau de Conflans-Ste-Honorine, où il vivait auprès de sa sœur, veuve du comédien Bellerose. M. de Trallage raconte qu'à sa mort, survenue le 3 mai 1695, par l'effet d'une goutte remontée, son curé, qui était de ses amis, en fut tellement affecté, qu'il n'eut pas le courage de présider la cérémonie des obsèques. Sa veuve, dont nous nous occupons plus loin, lui survécut huit ans.

Dans ses *Pièces nouvelles sur Molière*, M. Em. Campardon a publié :

1661, 11 nov. Plainte de Ducroisy contre le père d'un de ses domestiques qui l'avait injurié et menacé. (Arch. nat. Y 13857.)

1666, 12 janv. Requête de Ducroisy et de sa femme adressée au lieutenant criminel contre un individu qui avait enlevé Marie de Lécole, leur belle-fille et fille. (Arch. nat. Y 13866.)

1673, 23 février. Plainte de Ducroisy contre une servante voleuse. (Arch. nat. Y 14734.)

A Paris, les époux Ducroisy habitèrent rue Fromanteau ; à Chennevière, ils étaient propriétaires de la maison où mourut Ducroisy.

Biographie : Lemazurier, *Galerie historique* t. I. — Fr. Hillemacher, la *Troupe de Molière*. — Soleirol, *Molière et sa troupe*. — A. Copin, les *Comédiens de la troupe* de *Molière*. — G. Monval, *Chronologie moliéresque*. *Liste alphabétique des sociétaires*. — P. Lacroix, *Iconographie moliéresque*.

Iconographie : *Troupe de Molière*, eau forte, en buste, par Fr. Hillemacher. « D'après un portrait du temps ». Quel portrait ? Selon toute apparence celui qui faisait partie de la collection Soleirol (catalogue 1861, n° 188), devenu propriété de M. Hillemacher, ayant figuré au musée Molière en 1873 (n° 27) et légué à la Comédie Française (n° 214, catalogue Monval) en 1884.

Dans le rôle de Tartufe, en pied, debout et de face, lith. par H. Lecomte, n° 58 des *Costumes de théâtre* (portrait de pure fantaisie).

DUCROISY, Mlle Marie Claveau dite. — Femme de Nicolas de l'Ecole, Sr de St-Maurice, puis du précédent, naquit à St-Hermine en Bas-Poitou, vers 1630, et épousa Du Croisy à Poitiers en 1652. Elle était alliée par sa famille à M. Du Landas, lieutenant général de La Rochelle, parent de Joseph Du Landas, sieur Du Pin, comédien de la troupe du Roi. Après avoir suivi son mari pendant ses pérégrinations en province, Mlle Ducroisy entra avec lui au Petit-Bourbon à Pâques en 1659 et au Palais-Royal en 1661. Tout le monde s'accorde à dire qu'elle fut au-dessous du médiocre. Aussi dans tout le répertoire de Molière ne peut-on citer qu'un seul rôle créé par elle ; celui de Mlle Ducroisy « peste doucereuse » dans l'*Impomptu :* « Pour vous, lui dit Molière, vous représentez une de ces personnes, qui prêtent doucement des charités à tout le monde ; de ces femmes qui donnent toujours le petit coup de langue en passant, et seraient bien fâchées d'avoir souffert qu'on eût dit du bien du prochain. Je crois que vous ne vous acquitterez pas mal de ce rôle ».

Encore cette observation s'adresse-t-elle plutôt à son caractère qu'à son talent :

Mlle Hervé — Pour moi, je n'ai pas grand chose à dire.

Mlle Ducroisy — Ni moi non plus, mais avec cela je ne répondrais pas de ne pas manquer.

Cette situation, maintenue en égard des services rendus par le mari, ne pouvait cependant toujours durer. Déjà, en 1662, elle avait dû abandonner la moitié de sa part aux mécontents de la troupe qui demandaient son renvoi ; elle dut renoncer totalement au théâtre en 1664, et mourut près Dourdan en septembre 1703.

De son union avec Ducroisy étaient nées deux filles : Marie Angélique et Angélique dont nous nous occuperons plus loin.

Biographie : Lemazurier, *Galerie historique*, t. II et mêmes ouvrages que ceux cités à l'article Ducroisy.

DUCROISY, Mlle Marie, Angélique. — Voir Mlle Poisson.

DUCROISY, la petite Angélique. — Fille et sœur des précédents, jouait à l'âge de cinq ans dans la troupe du Dauphin. Elle mourut à l'âge de neuf ans, le 20 janvier 1670. Le lendemain de ce jour, Ducroisy perdait encore son beau-frère, le comédien Bellerose. Nous avons rapporté à l'article Bellerose les vers que Robinet écrivit sur ces deux morts survenues à vingt-quatre heures d'intervalle.

DUCROISSY. — Marseille 1792-93.

DUCROS. — Sous ce nom :

Ducros, Henry, Toulon 1826.

Ducros, L., premier comique, Albi 1829.

Mlle Ducros, Aimée, Albi 1829.

Ducros, Besançon 1830.

Mme Ducros, Cahors 1830.

Mme Ducros, Richard. Morte à Lille 1831.

Ducros, Délass. Com. 1848.

DUCROT. — Th. du Luxembourg 1862.

DUCROW, Andrew. — Ecuyer et mime, Cirque Franconi 1819, faisait merveille dans le *Tombeau magique*.

DUCY, Mlle. — Vaudeville 1842. « Agaçante et gentille personne » se faisant remarquer dans le rôle d'Estelle du *Secret de mon oncle* et à laquelle on reprochait d'imiter Mlle Plessy.

DUDOIT, Mlle. — Délass. Com. 1862.

DUDOT. — Père noble, Rouen 1852.

DUFACTY, Mlle, Clotilde Duffut dite. — Lyon 1878-80, Th. du Châtelet 1881-83.

DUFAU, Mlle Philomène. — Rouen 1868-70, Besançon 1872-73, Verviers 1874.

DUFAU, Mlle Andrée. — Lille 1874.

DUFAUD. — Premier comique, St-Pétersbourg 1835, 1837.

DUFAUT, Mlle. — Fol. Dram. 1839.

DUFAY, Pierre, Louis Villot, sieur. — Comédien, frère de Marianne Villot, femme de Pierre Urlot, comédien cité par Jal, à propos d'un acte en date de 1700.

DUFAY, Antoine. — Angers, 27 ans en 1793.

DUFAY, Mme. — Lille 1793.

DUFAY, Mlle Marie, Clarisse. — Petite-fille de Mme Desbrosses de l'Opéra-Comique, élève du Conservatoire pour la musique, débuta à quinze ans à la Gaîté dans *Georges et Thérèse* (décembre 1846) et resta à ce théâtre jusqu'en 1850. En janvier 1851, elle entra à l'Ambigu, parut dans un *Mystère*, les *Vengeurs*, le *Mémorial de St-Hélène*, rentra à la Gaîté en 1852 par la *Grâce de Dieu* où elle reprit le rôle de Clarisse Miroy, puis joua dans le *Moulin joli*. Elle s'était mariée en 1848 à un jeune artiste de la Gaîté, Eugène Pépin. Nous citerons parmi ses rôles : Julie du *Courrier de Lyon*, le page Etienne du *Sanglier des Ardennes*, Sathaniel des *Cinq cents diables*, Blanchette de *Jacqueline Doucette*. Vers 1862, Mlle Dufay — ou Mme Pépin — se retira avec son mari à Bessy et son nom disparut de l'annuaire en 1867.

Biographie : Gallois, le *Th. de la Gaîté*.

DUFAYEL, Mlles. — Appartiennent à l'histoire de la Comédie Italienne (1779).

DUFAYEL. — Acteur de la troupe Deschamps, puis Devilliers, directeur à Angers vers 1801.

DUFERNAY, Duferney, Dufernex ou Dufrenex. — Th. Cluny 1875, Gymnase 1878-81.

DUFEY ou Du Feÿ, Pierre, Louis Villot Sr. — Né en 1664, débuta le 2 mai 1694 au Théâtre Français par le rôle de *Nicomède* et fut reçu sociétaire le 28 novembre 1695. Troisième rôle tragique, utilité de comédie, il joua Agénor de *Démocrite*, et après dix-huit ans de services sans éclat, il se retira le 21 décembre 1712 et mourut le 19 août 1736, âgé de 72 ans. Il avait épousé Marie-Anne Deschamps, fille du comédien Villiers le jeune. Le 15 juillet et le 26 août 1781, il assista aux enterrements de son beau-père et de sa belle-mère, et signa, une première fois P.-L. Villot-Dufey, et la seconde fois : Villot. Son frère Marc, Antoine, intendant du Duc de Bouillon.

DUFEY ou du Feÿ Mlle Marie, Anne Deschamps de Villiers, dite. — Fille de Villiers le jeune et femme du précédent (1695), née à Rouen le 27 avril 1675. Elle débuta au Th. Français le 22 novembre 1691, par le rôle de Junie dans *Britannicus*, bien qu'elle eût été reçue pour l'emploi des soubrettes. Elle épousa son camarade Dufey, et se retira en même temps que lui le 21 décembre 1712 avec la pension de 1000 livres. Elle mourut le 12 août 1719 (selon Lemazurier) ou 1729 (selon G. Monval).

DUFEY, Mme. — Vaudeville 1794.

DUFFAUD, Mme Edith. — Th. du Panthéon 1837, Odéon 1845.

DUFFER, Mme Jeanne. — Oran 1883-84, Constantinople 1885, Strasbourg 1886, Amiens 1887, Reims 1888, Namur 1889, Liège 1890, Toulouse 1891, Le Mans 1892, Valenciennes 1893, Constantinople 1894, Caen 1895, Brest 1896.

DUFLONCE. — Versailles 1825.

DUFLOST. — Palais-Royal 1874, Porte-St-Martin 1881. Pourrait bien appartenir à la famille du comique *Hyacinthe* dont le véritable nom était Duflost. V. Hyacinthe.

DUFLOST, Mme Maillard, Hortense. — Paris 1854-57. Sa mort fut annoncée au Rapport de 1859.

DUFOREST. — Sous ce nom :

Duforest, Th. lyrique et comique 1792.

Duforest, père. Th. Molière 1793.

Duforest, Lille 1802.

Mme Duforest, Lille 1802.

DUFORÊT. — Acteur et directeur, un mois à Douai 1781.

DUFOSSÉ. — Comédien à Gand, financier, paysan, grime. M.-G. Lhotte, dans son *Th. à Lille avant la Révolution*, a reproduit un engagement fort curieux de ce comédien avec Desroziers, sans date — (probablement vers 1771-72), p. 67. — En 1797, nous relevons à Reims la présence d'un sieur Jean-Baptiste Levaillant *Dufossé*, âgé de 50 ans, né à Rouen, artiste depuis 1766, demeurant à Rouen.

DUFOSSÉ, Mlle *Adèle*, Eugénie. — Débuta à l'Odéon le 6 avril 1845 — et à la Comédie Française le 26 septembre 1852, rôle de la reine dans les *Enfants d'Edouard*. — Entre temps elle avait passé par l'Ambigu (1851), Paris 1852-55, Cirque impérial 1856, Barcelone 1857, Paris 1858-59, Lille, premiers rôles 1861-62, Paris 1863-84. En 1883, Mlle ou Mme Adèle Dufossé, âgée de 60 ans, avec 33 ans de théâtre, obtint la pension de 500 francs de la Société des artistes ; sa mort fut annoncée au Rapport de 1885.

DUFOTTE. — Caen 1835.

DUFOUR. — Sous ce nom :

Mlle DUFOUR. Première amoureuse, Bruxelles 1776-77 aux appointements de 4000 livres, Anvers 1772.

Mme DUFOUR, Madeleine, Renée, femme Bernard. Angers 1797.

DUFOUR. — Comique qui avait débuté à l'Odéon par le rôle de l'Intimé, des *Plaideurs*, le 17 octobre 1820. Premier comique St-Pétersbourg 1827-34. Peut-être un des suivants.

Mme DUFOUR, Th. Molière 1833.

DUFOUR, troisième comique, Lille 1836. Un *Eugène Dufour* vivait en 1848.

DUFOUR, Emery, Reims 1848-49.

Mme DUFOUR, premier rôle, Alais 1851.

DUFOUR, rôles de convenance, St-Quentin 1851.

DUFOUR, troisième amoureux, Orléans 1852.

Mme DUFOUR, jeune premier rôle, Orléans 1852.

DUFOUR, premier rôle marqué, Reims 1852.

DUFOUR, Lille 1856.

Mme DUFOUR, Juliette, née Bourgeois, Borghèse. De la Société des artistes depuis 1856, Nantes 1860-61, Lyon 1862.

DUFOUR, Claude, Charles, Marcel, Rochefort 1859-60, Amiens 1861, St-Omer 1862-64, Angers 1865-68, Marseille 1869.

DUFOUR, Albert, Antoine, Rennes 1867-68, Marseille 1869-70, Turin 1872, Liège 1873, Bordeaux 1874-80, Lille 1881-82, Pompignac 1883, Lyon 1884-86, Bordeaux 1887-88, Paris 1889-91, Marseille 1892-95, Rouen 1896-99.

Mme DUFOUR, Louise, née Gautier, Rennes 1868-70, Turin 1872, Liège 1873, Bordeaux 1874-80, Lille 1881-82, Lyon 1883-86, Bordeaux 1887-88, Paris 1889. Le Rapport de 1890 signale la mort, à Marseille, d'une dame Louise Dufour, née *Gontier (sic)*. Par contre le nom de celle qui fait l'objet de cet article figura à l'Annuaire jusqu'en 1893.

DUFRÈNE, Mme Marthe. — On lit dans le *Figaro* du 23 décembre 1904 : « Nous apprenons avec regret la mort de Mme Marthe Dufrène, qui parut avec succès à l'Odéon. Elle était la mère de Mlle Blanche Dufrène, la brillante artiste du th. Sarah-Bernhardt. Les obsèques auront lieu demain à dix heures et demie du matin. Rendez-vous à la maison mortuaire, 1, rue Largillière, Passy. » D'autre part, l'Annuaire enregistre une dame Daguet, *Marie, Louise*, dite *Dufrène*, Odéon 1879-82, et l'*Almanach Soubies* une dame *Defresne*, artiste à l'Odéon, 1875-82.

DUFRÈNE, DUFRÉNEL, DUFRÉNOY, DUFRÉNY. — V. Dufresne, Dufresnel, Dufresnoy, Dufresny.

DUFRESNE, Charles de Postel, fils de Claude Dufresne, peintre du roi, naquit à Argentan vers 1611. — On a coutume de dire que Dufresne entra dans la troupe de Molière. Il serait plus juste de dire que Molière entra dans sa troupe. Dufresne avait dirigé déjà plusieurs entreprises théâtrales lorsqu'il connut les Béjart. C'est ainsi que l'on constate son passage à Lyon en 1643, où il assista, en l'église Sainte-Croix, au mariage de Madeleine Dufresne. En octobre 1647, sa présence est signalée à Carcassonne.

Lorsque Molière et les Béjart reprirent le chemin de la province, à Pâques 1648, c'est à Nantes, sous la direction de Ch. Dufresne, que nous les trouvons. Ils sont à Toulouse en mai 1649, et le 26 décembre de cette année Dufresne est parrain avec Madeleine Béjart, en l'église St-Paul, de Narbonne. Le 10 janvier suivant, il assiste encore dans la même église, à un baptême où Molière est parrain.

En qualité de directeur, Dufresne adressait aux Municipalités des demandes pour avoir l'autorisation de représenter la comédie. On a retrouvé une requête signée par lui à Fontenay-le-Comte. A Agen, il est appelé par le Gouverneur. Son passage marque les étapes de Molière. La troupe est, il est vrai, connue dans le Midi sous le nom de troupe de la Béjart ; mais si Dufresne n'en demeure pas le directeur, cédant peu à peu ses pouvoirs à Molière, il n'en reste pas moins l'administrateur ; en 1653, à Lyon, il assiste au contrat de mariage de son camarade Duparc ; il est le seul comédien qui resta attaché à Molière et aux Béjart depuis le départ de Paris jusqu'au retour, soit pendant douze années.

Dufresne jouait les seconds rôles tragiques, mais ces longues courses en province l'avaient lassé. Il avait amassé quelque argent et ne songeait qu'à se retirer du théâtre. Aussi, après avoir fait, à Paris, l'ouverture du Petit-Bourbon avec Molière, il préféra quitter la troupe à Pâques 1659. Compagnon des années de lutte, il ne fut pas associé aux années de gloire. Il s'en fut vivre à Argentan, son pays natal, et s'y maria (ou remaria) le 17 juillet 1664 avec une demoiselle Grimblot, en prenant le titre, sur les registres de la paroisse, de valet de chambre officier du Roi. On croit qu'il mourut vers 1684, ayant ainsi survécu de onze ans à Molière.

Biographie : A. Copin, les *Comédiens de la troupe de Molière*. — G. Monval, *Chronologie Molièresque*.

DUFRESNE. — V. Quinault et Deseine.

DUFRESNE. — Troisième amoureux, Bruxelles 1753.

DUFRESNE, Mlle, femme puis veuve Bérard (v. Bérard). — Premier rôle à Rouen 1785-87, 1789, 1792-93, aux appointements de 3,600 puis de 5,300 livres, perdit son mari après 1796 et reparut à Rouen du 15 au 24 prairial, an XIII. Elle donna quatre représentations avec *Fénelon*, la *Mère coupable*, le *Vieux célibataire* et, à son bénéfice, la *Femme jalouse*. Peu à peu, réduite à la misère, elle en arriva à être habilleuse au th. des Arts, à Rouen. On donna une seconde représentation à son bénéfice en février 1825, et elle mourut un ou deux ans après, laissant comme héritage vingt-six francs à ses camarades Morel et St-Elme, qui donnèrent cet argent à la veuve du régisseur Collé.

Bibliographie : *Hist. des th. de Rouen*, t. II et III.

DUFRESNE, Mlle ou Dufrêne, ou Dufrenne. — Peut-être la même que la précédente. Th. français lyrique et comique 1792, Th. patriotique 1793.

DUFRESNE, Mme, deuxième duègne, Metz 1825-30.

DUFRESNE. — Deuxième père et sous-régisseur, Metz 1825-31.

DUFRESNE, M. et Mme. — Beaumarchais 1861.

DUFRESNEL. — Débuta le 11 juin 1777 au Th. français par le rôle de Joad, dans *Athalie*, roi et père noble, Liège 1783, Bruxelles 1784, Gand 1787.

DUFRESNEY, Charles, Albert. — Dunkerque 1892-93.

DUFRESNOY. — Avait passé par presque tous les théâtres, depuis les Italiens jusqu'à l'Ambigu 1792-93, sans parler du th. Molière, lorsqu'il fut engagé aux Variétés, 1799-1807. Gros, court, doué d'une voix superbe, Dufresnoy avait surtout un cœur excellent. Malheureusement ses faibles appointements ne lui suffisaient guère pour nourrir une fille de quinze ans, et envoyer des subsides à son fils, soldat, bien qu'il travaillât l'or dans ses moments perdus. Dans un moment de désespoir, il se brûla la cervelle dans sa chambre, le 21 septembre 1807. L'*Annuaire dramatique* de 1808 lui consacra une courte notice.

DUFRESNOY, Mme. — Actrice à Rouen, 1798. Mme Dufresnoy revenait de Venise en 1810, lorsqu'elle fut engagée de nouveau comme premier rôle à Rouen à raison de 6,000 livres, le droit à une demi-représentation garantie 500 livres, frais de voyage 600 livres payés. Elle resta quatre ans en cette ville et se présenta au Th. Français le 15 oct. 1816, par le rôle d'Iménie, de *Mérope*. Refusée, elle débuta à l'Odéon le 26 novembre, rôle de Mathurine, dans la *Bonne mère*. En 1819, elle tenait à ce théâtre l'emploi de grandes confidentes. Entre temps, elle faisait des excursions en province, Angers, sept. 1816 et mai 1818. En 1824, nous la retrouvons à Lyon, un peu mûre pour l'emploi des grandes coquettes. On lui reconnaît du talent, malgré des airs un peu trop bourgeois. Devenue directrice en province, nous croyons la retrouver mère noble à Laon, 1833-35 et directrice à Cambrai, 1837 et 1842. En janvier 1843, on annonçait la mort de Mme Dufresnoy « une des plus anciennes directrices et actrices de province ». Elle fut la mère de M. Dufresnoy-Halanzier. Se trouvant en congé en 1826, pendant la construction du th. de Lyon, il lui était arrivé une assez plaisante aventure à Nantua, où elle fut prise pour l'évêque.

DUFRESNOY-Halanzier, le petit-fils de la précédente et d'un capitaine de cavalerie. — Commença sa carrière à cinq ans en jouant les rôles d'enfants à côté de sa mère. Celle-ci voulait en faire un notaire. Il s'associa avec elle pour ses entreprises théâtrales, puis devint un des directeurs les plus estimés de province, Rouen 1858, Lille, Bordeaux, Strasbourg, Lyon, Marseille. Après la guerre, le Ministre lui confia la direction de l'Opéra. Halanzier quitta ce théâtre en 1879, riche, honoré, et fut nommé président de l'Association des artistes dramatiques, à laquelle il laissa 20,000 fr. Sa veuve, Mme Fabre, sa fille, les enfants de Mme Lachausse, autre fille décédée, exaucèrent ce vœu. Halanzier était Officier de la Légion d'honneur et laissa la réputation d'un grand honnête homme. MM. Ritt et Gailhard prononcèrent des discours sur sa tombe. (Rapport 1897.)

Iconographie : l'*Eclipse*, n° 160, en buste, 19 nov. 1871.

DUFRESNY. — Débuta à la Comédie Française le 26 avril 1762 par le rôle d'Oreste, dans *Iphigénie en Tauride*. A la date du 3 mai suivant, Bachaumont félicite cet acteur d'avoir joué Charles XII, dans *Gustave*, avec un costume approprié au rôle, ce qui était alors une innovation assez hardie.

DUFRESNY. — Père noble, Grenoble 1825, Département de l'Aude 1826, Cahors 1827.

DUFRESSE, Simon, Camille, devenu le baron Dufresse, naquit à La Rochelle le 2 mars 1762 (ou 1763). — Acteur chez la Montansier, et demeurant alors (1792) rue des Fossés Montmartre, 93, il rejoignit l'armée de Sambre-et-Meuse, soldat au 8me bataillon des fédérés nationaux, 8 sept. 1792, capitaine, adjudant-général en 1793, commandant de l'armée révolutionnaire du département du Nord ; arrêté pour ses excès le 23 juillet 1793 ; décrété d'accusation, emprisonné au Luxembourg, mis en jugement et acquitté. Général de brigade, côtes de Brest, le Rhin, les Alpes, belle conduite en Italie ; disgrâcié en l'an VII avec Championnet ; déféré au Conseil de guerre et délivré par la chute des directeurs Merlin-de-Douai et La Revellière ; commandant de la XIIe division militaire à Nantes. Gouverneur de Valladolid pendant trois ans ; gouverneur de Stettin le 6 février 1813 ; le 15 mars, il repousse les sommations du général Bulow, résiste cinq mois avec 1,200 hommes et capitule honorablement. Chevalier de St-Louis en 1814 ; commandant de la 12me division militaire pendant les cent jours. Il avait été nommé baron et commandeur de la Légion d'honneur par l'Empire.

Biographie : l'*Intermédiaire des Chercheurs et des Curieux*, notice par H. Baguenier - Desormeaux, 22 août 1900.

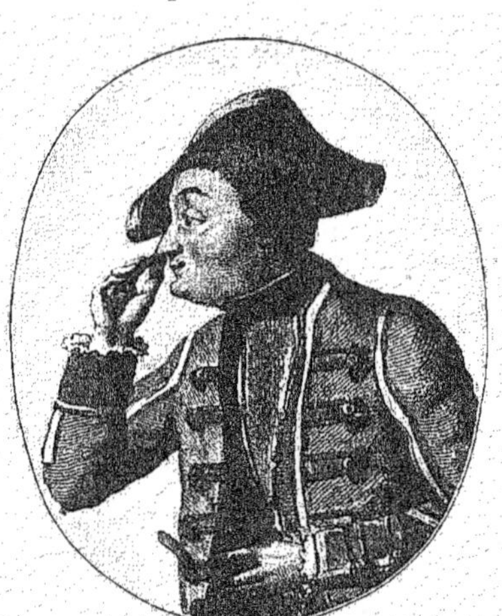

DUGAZON dans le rôle de Sganarelle du *Festin de pierre*, Coll. Martinet.

DUFROSY, Mlle. — Fol. dram. 1894.

DUGACHIS. — Utilités, Perpignan 1852.

DUGAI. — Marseille 1793.

DUGARDIN, George ou *Dujardin*. — Comédien à Lille en 1590.

DUGAREL. — Odéon 1868.

DUGAS, Paul. — Nice 1873-74.

DUGATEL, Mlle. — Th. Molière 1793.

DUGAY, René. — Troisième rôle, Alais 1851.

DUGAZON, J. B. Henri Gourgaud, dit. — Naquit à Marseille le 15 novembre 1746, sur la paroisse de St-Ferréol (d'autres documents disent Saint-Severt). Son père, Pierre, Antoine Gourgaud, avait épousé à Lille, le 18 novembre 1734, Marie, Catherine Dumay, fille d'un receveur des finances. Il exerçait en 1747 l'emploi de directeur des hôpitaux militaires de Marseille. On suppose que des revers de fortune avaient bouleversé la position de cette famille, puisque l'on en retrouve, quelques années plus tard, presque tous les membres au théâtre. Nous croyons qu'il n'en fut pas ainsi. Pierre-Antoine Gourgaud père, né à Paris en 1706 et mort en cette même ville en 1774, avait lui-même débuté en 1739 à la Comédie Française, où il n'avait pas été reçu, puis avait joué pendant quelques années en province, avant d'entrer dans l'administration. Il est donc fort probable qu'avec ses penchants pour le théâtre, Gourgaud père ne découragea nullement ses trois enfants d'embrasser cette carrière.

Dugazon débuta en province, puis, profitant du crédit de l'une de ses sœurs, Mme Vestris, actrice à la Comédie Française, il se présenta à ce théâtre le 29 avril 1771 dans les rôles de Crispin, du *Légataire universel*, lord Houzey, dans le *Français à Londres*. Il joua encore Frontin, du *Muet*, Crispin, des *Folies amoureuses*, un des frères des *Ménechmes*, Sosie, Frontin, de l'*Epreuve réciproque*, Pasquin, de l'*Homme à bonnes fortunes*. Son masque comique et spirituel, sa répartie prompte et incisive, son agilité, lui concilièrent la faveur du public, et Dugazon fut reçu sociétaire le 10 avril 1772. Deux ans plus tard, la mort enleva Feulie, un jeune comique plein d'espérances ; Augé se retira en 1782, et le vieux Préville en 1786. Dugazon n'avait donc plus comme émule que Dazincourt, mais les valets musqués du répertoire — spécialité de Dazincourt — n'avaient rien à voir avec les Crispin et les Mascarille. Ainsi Dugazon était même déplacé dans Figaro, et dans le *Bourru bienfaisant*, rôle créé par Préville, il échoua totalement.

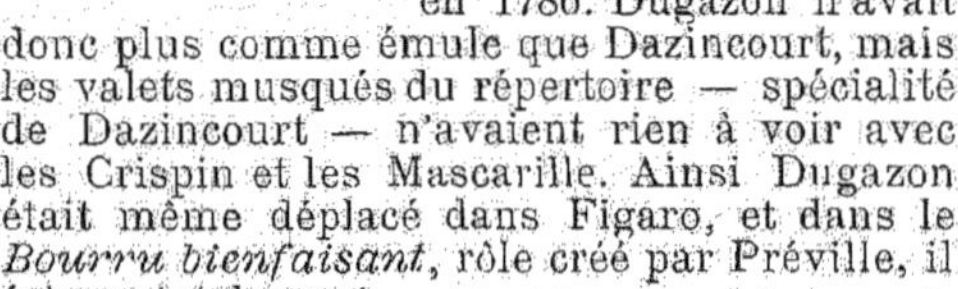

Dugazon excellait dans la charge — quand il ne dépassait pas trop la mesure — dans le *Roi de Cocagne*, Fougères, de l'*Intrigue épistolaire*, le maître de danse et le maître d'italien, des *Originaux*, Bernardille, de la *Femme juge et partie*. Le public aimait à le voir dans ces caricatures, et l'on inscrivait au bas de son portrait, en 1779 :

En fait de comédie,
Le talent de Monsieur est la bouffonnerie ;
Et le style comique est si fort de son goût
Qu'il ne peut s'empêcher de bouffonner partout.

Aussi, lors de la représentation de retraite de Mlle Dumesnil, en 1776, le parterre fut-il désolé quand il apprit que son acteur favori n'avait pas trouvé sa place dans cette solennité, et lorsque, dans les *Fausses infidélités*, on reconnut les traits de Dugazon sous la livrée du laquais — personnage muet qui vient chercher une lettre — toute la salle éclata en applaudissements.

Ce fut cette même année qu'il épousa, le 20 août, Louise, Rosalie Lefèvre, née à Berlin en 1755, la célèbre actrice de la Comédie italienne, qui laissa son nom à son emploi « les *Dugazon* » et dont la biographie ne nous appartient pas, comme chanteuse. Mais cette union fut bientôt troublée. Les 5 et 7 mai 1779, nous savons qu'une plainte est déjà déposée par Mme Dugazon contre son mari, qui l'avait injuriée et menacée ; qu'une séparation entre les époux avait eu lieu depuis le 12 mars précédent (acte passé devant Me Boutet, notaire au Châtelet) ; et que la plaignante reproche surtout la turbulence de son mari, qui avait trouvé mauvais qu'elle se fit accompagner par M. de Langeac, auquel il administra, quelques jours plus tard, au Waux-hall, une magistrale paire de gifles. Déjà il avait donné des coups de canne à M. Cazes, un autre adorateur de sa femme. Mme Dugazon mourut en 1821, après avoir défendu à son fils, Gustave Dugazon, d'accompagner son convoi. Elle avait fait prononcer son divorce dès que la loi le lui avait permis (13 nov. 1794).

M. E.-D. De Manne a donné la liste des rôles créés par Dugazon. Nous y relevons l'auteur, de l'*Assemblée* et Momus, du *Centenaire de Molière* (1773), Justin, des *Amants généreux* (1774), La Jeunesse, du *Barbier de Séville* et Lafleur, du *Célibataire* (1775), etc. Très facétieux, Dugazon avait, en outre, la réputation de mystificateur, et les anecdotes, vraies ou fausses, affluent sur son compte. Elles n'ont rien à faire ici. En 1789, lorsque des troubles éclatèrent au sein de la Comédie à propos de la représentation de *Charles IX*, il se plaça résolument dans le camp des rebelles, du côté de Talma (v. Talma), qu'il suivit au th. de la République, lors de la scission. Révolutionnaire enragé, il se fit l'aide de camp volontaire de Santerre, mais cependant l'assertion de Mercier dans son *Nouveau Paris* (ch. LXXXII) n'est nullement prouvée : « On prétend, dit cet auteur, que ce fut le comédien Dugazon qui prévint le commandement de Santerre, et ordonna, comme émané du chef, le roulement de tambour », le jour de l'exécution de Louis XVI. Or, les royalistes eux-mêmes ont cherché à justifier le fameux brasseur (V. l'*Amateur d'autographes*, 1er oct. 1863, no 43, p. 291.)

Lorsque après le 9 thermidor Dugazon reparut en scène, il fut accueilli par des huées. De guerre lasse, profitant d'un moment de silence, il s'avança vers la rampe : « Je ne suis plus que citoyen, dit-il, et j'attends chez moi, de pied ferme, tous ceux qui ont quelque reproche à me faire ; ils trouveront à qui parler. » Le silence se rétablit. Puis, lorsque le th. de la République cessa ses représentations, ses anciens camarades réunis au th. Feydeau consentirent à le recevoir. Il fit sa rentrée parmi eux le 7 avril 1797, par le rôle de Dubois, des *Fausses confidences*, mais au moment où Lubin dit à Dubois : « Nous nous soucions bien de toi et de ta race de canaille », il lui fallut encore subir les applaudissements ironiques du parterre.

Conservé à la réunion générale de 1799, Dugazon avait établi et établit encore les rôles de Victor, des *Châteaux en Espagne* (1789), De Crac, dans *M. De Crac*, Fougère, de l'*Intrigue épistolaire*, le marquis, de l'*Hôtellerie de Worms*, Edouard, de la *Jeune hôtesse* (1791), Jacques, dans les *Trois cousins*, Villac, dans l'*Obligeant maladroit* (1792), le Pape, dans le *Jugement dernier des rois*, Figeac, dans la *Moitié du chemin*, Modérantin, dans le *Modéré* (1793), le limonadier, dans les *Contre-révolutionnaires* (1794), Boneliac, dans les *Amis de collège*, Boneliac, dans l'*Agioteur* (1795), Sans Quartier, dans le *Chanoine de Milan* (1796), Kerlebon, des *Héritiers*, Picard, de *Rose et Picard*, Palmier, de *la Paix* (1797), Frontin, de *Caroline*, l'archevêque, de *Pinto*, rôle supprimé à la troisième représentation (1800), Deschamps, de *Caroline* (1801), Beaulieu, de *Mme de Sévigné* (1803), Véronne, de *Richelieu* (1804).

En 1786, à la fondation du Conservatoire, il avait été nommé professeur, et, chose étrange, ce bouffon ne forma guère que des tragédiens : Talma et Lafon furent ses élèves. Plus tard, Samson, un comique, devait former également Rachel.

Un mois après son divorce, Dugazon s'était remarié, le 12 décembre 1794, à Céline, Geneviève Aubert, âgée de 28 ans, fille d'un architecte, et sœur de l'acteur Frogères. Mais son mauvais état de santé l'obligea à prendre un congé au moment où il succédait à Monvel comme doyen de la Comédie française. Ce congé devait être définitif. Retiré au village de Sandillon (Loiret), il y passa deux années dans un état presque complet d'aliénation mentale, et y mourut le 11 octobre 1809, à l'âge de 63 ans. Une représentation eut lieu au bénéfice de sa seconde femme — sa veuve — le 15 avril 1812, avec *Œdipe chez Admète*. La plupart des interprètes étaient ses élèves.

Comme auteur, Dugazon donna : l'*Avènement de Mustafa* ou le *Bonnet de vérité*, comédie en trois actes, en vers, avec Riouffe, 1792, non imprimée ; l'*Emigrant* ou le *Père Jacobin*, comédie en trois actes et en vers, 1792, non imprimée ; le *Modéré*, comédie en trois actes et en vers, 1794.

A Paris, Dugazon avait habité : rue du Dauphin, 1772, rue Neuve-St-Roch, 1773, rue Neuve-St-Eustache, 1777, rue du Mail, 1780, quai des Théâtins, à l'Hôtel de Bouillon, 1783-1800, quai Malaquais, 15 et 17, rue des Fossés-Montmartre, passage du Vigan, 1805-1809.

Voici quelques jugements portés sur Dugazon vers la fin de sa carrière :

« Les avis sont partagés sur son compte.

Les uns vantent son aisance, sa verve comique, sa parfaite intelligence, l'avantage qu'il a toujours d'être en scène..., les autres trouvent qu'il descend trop souvent au genre *inférieur* du comique; qu'il n'économise pas assez la ressource des grimaces; qu'il n'est pas toujours assez décent dans son ton et dans ses manières... » An VII.

« Il est malheureux que cet acteur, dans son jeu, se soit écarté du bon goût... On ne peut s'empêcher de lui reconnaître un vrai talent lorsqu'il veut s'observer et se mettre au ton de la bonne comédie. » An VIII. On vante surtout sa façon d'enseigner, et l'on rappelle que Talma et Lafon sont ses élèves. « Parfait comique. Quel malheur qu'il s'abandonne à la charge ! » An X.

Tous les autres avis sont unanimes.

M. Em. Campardon a publié, outre la plainte de sa première femme, document cité plus haut :

1781, 1er janvier. Brevet d'une pension de 600 livres accordée par le roi à Dugazon.

L'état civil de Dugazon et de sa famille.

Dugazon eut de nombreux duels, avec Fleury (plusieurs fois), avec Dazincourt (1782), avec Desessart. Ce dernier duel est resté légendaire. (V. les *Comédiens hors la loi*, p. 386 et suiv.)

En province, nous avons relevé son passage à Rouen, août 1786, à Lille, où il se foula le pied, en mars 1790, à Bruxelles, en février 1803, etc.

Les autographes de Dugazon sont assez rares. Il en fut vendu un le 11 juin 1902 par M. Noël Charavay. Il s'agissait d'une lettre écrite à Brongniart père, le 13 mai 1786, à propos d'une indemnité à donner à des comédiens qui avaient joué dans une soirée chez cet architecte.

Dugazon était l'oncle du général Gourgaud, qui sauva deux fois la vie à Napoléon Ier et l'accompagna dans son exil de Sainte-Hélène.

En ce qui concerne la période révolutionnaire, on trouvera de curieux détails sur Dugazon dans le *Théâtre de la Révolution*, par H. Welschinger, Paris, Charavay, 1881. — *Talma et la Révolution*, par A. Copin, Paris, Frinzine, 1887. — La *Comédie française et la Révolution*, Paris, Gaultier-Magnier, sans date (vers 1904).

Biographie : Ricord, les *Fastes de la Comédie*, t. I, p. 266. — E.-D. De Manne, la *Troupe de Voltaire*. — *Opinion du parterre*, t. VII, p. 139, notice. — *Annuaire dram.*, 1810, notice. — *Almanach* de 1815, p. 20, notice.

Bibliographie : *Almanachs Duchesne*. — L'*Espion des Coulisses*, an VII. — La *Lorgnette des spectacles*, an VIII. — Le *Coup de fouet*, an X. — L'*Almanach des spectacles*. — L'*Opinion du parterre*, I à VII. — Em. Campardon, les *Comédiens du Roi de la troupe française*. — *Mémoires de Flore*, t. III, p. 51. — Ch. Maurice, *Histoire anecdotique du théâtre*, t. I, p. 38, 48, 73, 78. — *Epaves*, p. 71. — Th. Muret, l'*Histoire par le théâtre*, t. I. — *Mémoires de Fleury*, t. I, p. 319.

Iconographie : Bibl. nat., catal. Duplessis :

1. En pied, de profil à gauche, dans un rond (C. T.). Gravé à l'eau forte. Anonyme.

2. En buste, de profil à gauche. Gravé par Duplessis-Bertaux.

3. En buste, de 3/4 à gauche. Gravé par Fr. Hillemacher.

4. En pied, de profil à gauche (C. T.), publié aussi par Martinet.

Dugazon (V. Bibl. nat. Brunet).

Collection Martinet, no 16, Sganarelle, dans le *Festin de Pierre*. — 28, le Sénéchal, dans les *Originaux*. — 109, Ménechme, dans les *Ménechmes*. — 210, le Père Bonard, dans les *Amis de Collège*. — 213, M. Fougère, dans l'*Intrigue épistolaire*.

Musée de la Comédie française, catal. Monval, no 124, peinture toile, ovale, h. 0 m. 57, l. 0 m. 42, auteur inconnu. — 235, Peinture toile, ovale, h. 0 m. 70, l. 0 m. 60, par H.-P. Danloux (1787), original qui remplaça en 1887 la copie faite en 1843 par Mlle A. Romance, dite Romany, ou Mlle Marguerite de la Rounat, et qui a été cédée à M. Coquelin cadet. Appartenait en 1843 à la veuve de Dugazon et à son fils Théodore.

Peinture par Desmarets-de-Beaurain, salon de 1808.

Miniature attribuée à D. Saint, musée de Quimper.

En buste, dans Scapin, gr. de Duplessis-Bertaux.

DUGAZON, Mlle Marie, Marguerite, Anne, Sophie Gourgaud dite. — Femme J.-L. Galinié, sœur aînée du précédent, née à Marseille le 3 février 1742, débuta à la Comédie Française le 12 novembre 1767 par le rôle de Dorine, de *Tartufe*. Nommée sociétaire le 4 février 1768, elle se retira le 6 mars 1788 avec une pension de 2,000 livres. Elle mourut le 18 février 1789 (et non 1799). Actrice intelligente, au jeu un peu froid et de faible santé. Demeura rue de la Comédie-Française (1768) et rue de la Sourdière.

DUGAZON, Mme Rose. — V. Mme Vestris. Il ne faut pas confondre ces deux sœurs de Dugazon avec Mme Dugazon Ire, la célèbre actrice de l'Opéra-Comique.

DUGOURE, Théophile. — Montparnasse 1848, premier rôle Périgueux et Angoulême 1852, Toulouse 1861-65.

DUGRAND. — Th. du Marais 1791-92, th. de la République 1794, père noble à l'Odéon 1797, *Manlius Torquatus* (27 décembre 1797), acteur et directeur, Rouen 1798, parut sur le th. de l'ancien Opéra vers 1803. Le *Tribunal volatile* de l'an XI écrit : « Premier rôle ; cet acteur a de la réputation en province et le mérite à tous égards. » Porte-St-Martin 1805-07. L'*Opinion du Parterre* est plus sévère en 1806 : « Dugrand, qui a débuté au th. de la République en 1793, dans le rôle de Léandre, du *Glorieux*, n'en vaut pas mieux pour cela. C'est un fort mauvais acteur ; il ne peut être applaudi qu'aux boulevards. » En attendant, les habitués le trouvaient bon. Du 29 mars au 15 avril 1808, il s'en alla donner des représentations à Lille avec Adnet. En janvier 1809, l'*Opinion du Parterre* se rétracte en le retrouvant à la Porte-St-Martin : « Je me souviens de l'avoir jugé rigoureusement il y a quelques années ; après lui avoir vu jouer Germain, dans les *Querelles des deux frères*, j'aime à convenir qu'il n'est pas sans mérite, et qu'il a surtout une chaleur peu commune. » La même année, le 21 mai, Dugrand débuta à l'Odéon et alla demeurer, 24, rue des Canettes.

Dugrand passait pour avoir un beau physique ; il fut toujours l'acteur utile. On le vit dans les *Deux Francs-Maçons* (25 mai), les *Querelles des deux frères* (14 nov.), *Monval et Sophie* (12 juin 1809), la *Servante de qualité* (11 déc. 1810). Nous perdons ses traces en 1814.

DUGRÉNET. — Chambéry, août 1783. En 1824, nous le retrouvons très vieux, tenant l'emploi des financiers à Lyon, où le public lui porte une sorte de vénération. Il y était encore en 1826.

DUGREY, Pierre, Maurice. — Agé de 44 ans en 1796, né à Gand, fit sa carrière en France. Reims 1796.

DUGUAY. — Jeune premier, Rouen 1794, avec 3,600 livres d'appointements.

DUGUÉ, Mme mère. — Mère noble, Tournai 1790.

DUGUÉ. — Premier comique et directeur, Tournai 1790.

DUGUÉRET, Mlle Elisa, Catherine dite Elise. — Naquit à Moulins en 1841, entra au Conservatoire dans la classe de Regnier en 1858, et en sortit en 1859. Chotel, directeur des th. des Batignolles et de Montmartre, l'engagea à raison de 80 fr. par mois. Elle y débuta par le rôle de Julia Favely, dans le *Fils de la nuit* et joua tous les grands rôles de drame. Engagée à Lille pour la saison 1859-60, elle y fit apprécier ses grandes qualités dramatiques. L'année suivante, elle est au Hâvre. Revenue à Paris, elle se produisit d'abord au th. de Belleville, puis fut engagée à l'Odéon. Elle s'y montra dans le répertoire classique et dans d'importantes créations : l'Etrangère, de *Niobé*, Malcolm, de *Macbecth*, Diane, de *Diane au bois*, Mme de Castejac, des *Ouvrières de qualité*, Electre, de *Clytemnestre*, *Andromaque*. Louis Bouilhet la demanda à la Porte-St-Martin pour jouer Daphné, dans *Faustine*. Puis ce sont, à ce théâtre, les rôles de Justine, des *Chanteurs ambulants*, Blanche de Caylus, du *Bossu* (21 mars 1867), Denizet, dans l'*Usurier du village*. Entre temps, à la Gaîté, elle avait fait une création remarquable dans le *Testament d'Elisabeth*. La beauté de son organe, l'ampleur de ses sentiments faisaient oublier ses traits ingrats.

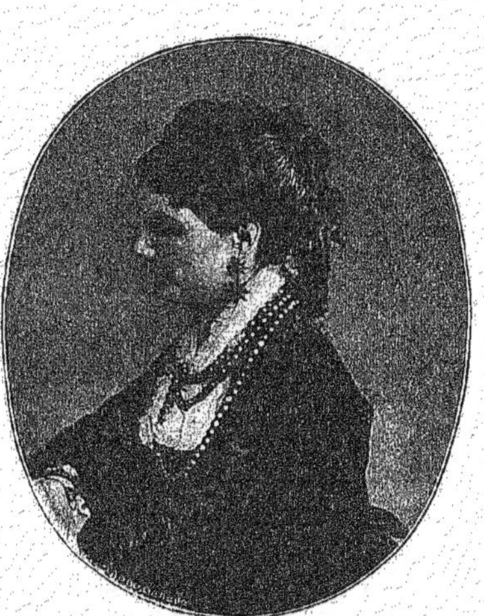

Mlle DUGUÉRET
Cliché Quinet

De la Porte-St-Martin, Mlle Duguéret passa au Vaudeville, reprise des *Parisiens*, puis à Cluny, reprise des *Mères repenties*. En 1868, elle rentre à la Gaîté avec la *Madone des roses*, et reprend en 1869 le rôle de Louise, dans la *Closerie des Genêts*. Suivent : la *Vierge noire*, le *Moulin rouge*, deux insuccès. Au moment de la guerre, Mlle Duguéret demeura à Paris, se prodiguant dans toutes les représentations au bénéfice des ambulances, récitant plus de 200 fois une pièce de vers populaire intitulée *La Liberté*. Le 4 septembre, jour de la proclamation de la République, la trouve au Cirque, donnant un Festival pour la fonte d'un canon, *La Liberté*. Pendant la Commune, en dépit des calomnies, elle met son talent à la disposition de toutes les œuvres de charité. Sans engagement après la guerre, elle se fit conférencière à la salle des Capucines, lisant et interprétant les poésies des meilleurs auteurs ; puis, les matinées de Ballande lui permirent de mettre en relief son talent de tragédienne avec Camille, des *Horaces*, Pauline, de *Polyeucte*, Hermione, d'*Andromaque*, le rôle du muet, dans l'*Abbé de l'Epée*, créant le rôle de la Reine dans *Ulm le parricide*. Au Châtelet, elle reprit le rôle de Dolorès, dans *Patrie*. Le 2 mars 1875, Mlle Duguéret, qui demeure 83, rue Lafayette, écrit une lettre aux journaux pour les informer qu'elle donnera une représentation le 13, à la salle Taitbout, en faveur des orphelins d'un camarade, Stryffler, qui s'était suicidé. Au jubilé de Molière, organisé par Ballande, salle Ventadour, Mlle Duguéret récita les stances. Enfin la tragédienne errante donna des représentations chez Ballande, au troisième Théâtre Français (Déjazet), 1877-78.

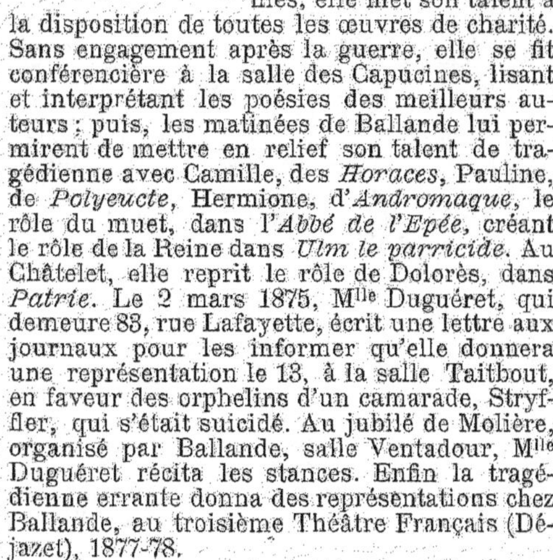

Paul Mahalin *(Au bout de la lorgnette)*, la définit ainsi : « Ni ridicule, ni sublime... Nomade au premier chef. Courant les troupes d'été, les représentations à bénéfice, les départements, la banlieue. Des qualités ? De la conviction, de l'expérience, de l'énergie. Du succès ? Quelquefois. » La vérité est que Mlle Duguéret ne trouvait que fort difficilement des engagements à cause de son physique, et que, malgré un talent dramatique incontestable, elle fut bientôt réduite, avec l'âge, à traîner une vie de misère. On la revoit encore au Châtelet, rôle d'Atwine, dans la *Guerre* (23 déc. 1885), à la Porte-St-Martin, Mistress Sheppard, dans les *Chevaliers du Brouillard* (7 juillet 1888), la femme Tison, dans le *Chevalier de Maison-Rouge* (28 déc.), au Château-d'Eau, dans *Jack l'Eventreur* (30 août 1889). En 1894, âgée de 53 ans, avec 33 ans de th., Mlle Elise Duguéret obtint la pension de 500 fr. de la Société des artistes. Plus tard on organisa une représentation à son bénéfice, mais elle ne sut pas profiter de l'argent qu'elle en retira. Atteinte par la maladie, elle se réfugia à l'Hospice Lenoir-Jousserand, à St-Mandé, où elle passa ses dernières années, et où elle mourut en janvier 1899.

Biographie : *Paris-Théâtre*, n° 16. Notice par F. Jahyer, 4-11 sept. 1873.

Iconographie : *Paris-Théâtre*, cliché Quinet, de profil à gauche.

DUGUET, Mlle Thérèse, Prudence. — Th. des jeunes élèves 1837, Funambules 1862-63, Paris 1864-65.

DUGY, Pierre, Alexandre. — Théâtre sans prétention, avant 1805, Porte-St-Martin : « Dugy n'a nulle noblesse, sa figure est triviale, et son jeu commun ; néanmoins, il n'a pas joué sans succès le Comte de Gormas dans le *Cid*. Dugy, dans l'*Ermite de Saverne* joue assez bien le rôle d'un brigand honnête homme. Il joue les grimes dans la comédie. » — *Opinion du Parterre* 1806. — Porte-St-Martin 1805-1828. On écrit en 1824 : « Artiste utile ; il n'a jamais courtisé la gloire, il pouvait vivre sans elle, et s'occupe assez bien de son petit emploi. » — En 1843, Dugy avait 70 ans. Il obtint une petite pension de la Société, alors à ses débuts (120 fr.). En 1848, il était infirme. Il mourut le 26 juillet 1852 et fut enterré aux frais de la Société.

DUHAMEL. — Sous ce nom :

DUHAMEL, Jehan. Lille 1590.

Mlle DUHAMEL, Marie, Catherine, actrice foraine, et mime, troupe de Nicolet cadet 1757. Troupe de Nicolet aîné. Em. Campardon a publié (*les Spectacles de la foire)*, une plainte de cette artiste contre Nicolet aîné qui l'avait insultée, 13 novembre 1762. Elle est l'auteur d'un divertissement, l'*Agnès* 1763.

Mlle DUHAMEL, Fanchon. Née vers 1745, actrice chez Nicolet 1764. Em. Campardon a publié des documents *(Spectacles de la foire)* concernant cette actrice : Un ordre pour la conduire au For-l'Evêque, pour une infraction légère aux ordonnances de police, et une plainte de sa marchande de vin à qui elle ne pouvait payer 48 livres.

DUHAMEL. Vaudeville 1849.

DUHAMEL, Ernest, René. Délassements comiques 1862, Fol. Marigny 1867-72, Théâtre Déjazet 1874, Fantaisies Oller 1876, Athénée 1876-82, Folies Dramatiques 1885-90, où il se fit surtout remarquer dans sa création du major de *Surcouf*. On disait que Duhamel avait été danseur à l'Opéra, puis souffleur aux Folies Marigny, chez Montrouge, dont il devint un des plus zélés lieutenants et qu'il suivit à l'Athénée. Excellent dans les types de grimes. Un *Duhamel* est à la Porte-St-Martin en 1893.

DUHAMEL, Eugène, Joseph. Montparnasse 1862-65.

Mme DUHAMEL, Bibiane, Augustine, dite aussi *Biana*, mère des deux actrices contemporaines, Mlles Biana et Sarah Duhamel. Bourges 1873-74, Le Mans 1875, St-Etienne 1876-77, St-Quentin 1878-80, Rouen 1881-86, Paris 1887-90, Bouffes parisiens, en même temps que sa fille (la créatrice de *miss Helyett*) 1891-93, Paris 1894-1900. Sa mort fut annoncée au Rapport de 1901.

DUHAMEL. Jeune premier comique, Lille 1877 et 1882.

DUHAN. — Vaudeville 1806.

DUHANTOIRE, Mme Marie, Flor, née Chollet. — Rouen 1853, Bordeaux 1854-56, Bruxelles 1857, Lille 1858-60, Angers 1861, La Haye 1862-65, Paris 1867-68, Bruxelles 1869-85. En 1883, Mme Duhantoire, âgée de 66 ans, avec 32 ans de théâtre obtint une pension de 500 fr. de la Société des artistes.

DUHEZ. — Premier rôle, Angers 1823, Orléans 1825, Nevers 1833-34. On écrit aussi *Duhey*.

DUHIN, Mlle Julie, Renée, Françoise, née à Valenciennes le 11 mars 1780. — Epousa St-Romain à Boulogne-sur-mer le 4 janvier 1809, lui donna cinq enfants, et le suivit à la Porte-St-Martin dont il fut nommé directeur. Son nom figure sur l'affiche d'ouverture, 26 décembre 1814. Elle mourut le 9 janvier 1819.

DUJARDIN. — Sous ce nom :

DUJARDIN. V. Dugardin.

DUJARDIN Lafaloye dit. Domestique chez le musicien Destouches, puis acteur forain et choriste à l'Opéra. Troupe d'Octave 1714,

Spectacles St-Edme, Dame Baron et Francisque. Finit sa carrière à l'Opéra Comique 1724. Mourut vers 1735.

DUJONCEL. — Acteur ou actrice, troupe Monnet, Londres 1749.

DULAC, Mme. — Lille 1767.

DULAC, Mlle. — Jeune amoureuse, Liège 1786. Sans doute la même, assez aimée à Genève 1792, fut forcée de quitter cette ville à la suite d'une intrigue avec le fils de l'auditeur Audéoud.

DULAC, Mlle. — Jeune première, Caen 1835. On trouve encore : *Céline Dulac*, coquette, Agen 1852.

DULAC, Mlle. — Variétés 1856, Porte-St-Martin 1868.

DULAIRE. — Rouen 1798.

DULAU, Mlle Jeanne, Augustine. — Lyon 1854-56. V. France.

DULAUZET, Jean, Alexandre. — Bayonne 1849, jeune premier rôle, Vannes 1852, Morlaix 1852-54.

DULIERRE, Mme Rosine. — Th. des Troubadours.

DULIN. — Sous ce nom :

Dulin, famille. Le père était régisseur, la mère et la fille jouaient la comédie : Maëstricht 19 juin-25 juillet 1713. Tous les comédiens avaient été obligés de s'incorporer dans le régiment des Dragons Wallons du baron de Matha. Les jours de représentation, ils parcouraient la ville en costume de théâtre, précédés par la musique du régiment.

Dulin, P. Débuta à l'Odéon le 12 juillet 1824, La Haye 1825, jeune premier, Lille 1826, aux appointements de 4200 fr., Dijon 1828. V. Paul Ernest.

DULION, Mme. — Duègne, Varsovie 1830-31.

DULIOUST. — Th. des Jeunes élèves 1837.

DULLÉ, Mlle Adèle, Louise. — Bruxelles 1861-63.

DULONDEL. — Acteur en province, puis à la foire. Troupe St-Edme 1714, rôles d'*amants*. Troupe dame Baron 1716, province. Revint à Paris et échoua, 1721.

DULONDEL. — Premier comique, financiers, manteaux, Douai 1774. Sa femme tenait l'emploi des soubrettes.

DULORIER. — Deuxième comique, Lille 1792.

DULUC. — V. Sauvajol.

DUMAGNY. — Beaumarchais 1852, comique, Lille 1864-65, Variétés 1875.

DUMAINE, Louis, François Person dit. — Naquit le 18 juin 1831, à Lieusaint (Seine-et-Marne), petit village rendu célèbre par l'assassinat du courrier de Lyon. Ses parents, cultivateurs, le mirent à douze ans au collège Chaptal. Il en sortit pour entrer dans le commerce et fut placé par sa sœur, Mlle Person, artiste dramatique assez distinguée, chez un mercier. Mlle Person était intimement liée avec Al. Dumas père. Elle le fit entrer comme scribe chez l'écrivain qui, peu de temps après, lui facilita son accès à la Comédie française pour jouer les petits rôles, notamment dans le *Moineau de Lesbie*. Mais il lui fallait apprendre son métier.

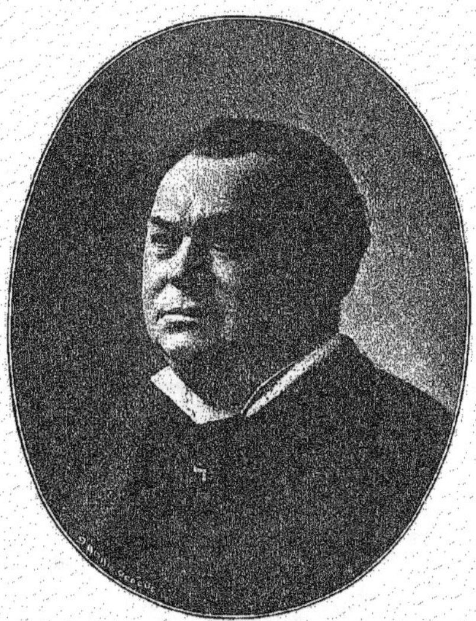

DUMAINE
Cliché Nadar

Engagé au Hâvre, il y resta dix-huit mois en qualité de jeune premier. A Marseille, il devint l'enfant chéri du public ; lorsqu'il tira au sort, une représentation fut organisée pour le racheter du service. De retour à Paris, il se fit entendre au th. Montmartre, dans le *Chef-d'œuvre inconnu*, et, refusé à l'Ambigu, il débuta à la Gaîté dans les *Chevaliers du Carrousel* (15 août 1852). Il tint encore des rôles secondaires dans les reprises de la *Mendiante* et de *Sarah la Créole*, puis entra à l'Ambigu, poussé par Salvador qui n'avait cessé de le désigner à Desnoyers comme le type voulu pour créer le rôle de Georges dans la *Case de l'Oncle Tom*. En attendant, il fit ses premières armes dans ce théâtre, dans *Gaspardo le Pêcheur*, le 9 nov. 1852. Dès cette époque à 1858, Dumaine, devenu à vingt-quatre ans grand premier rôle du boulevard, créa successivement des rôles importants dans la *Case de l'Oncle Tom*, le *Château des Tilleuls*, le *Juif de Venise*, le *Paradis perdu*, *César Borgia*, la *Tour de Londres*, *Frère et Sœur*, le *Fléau des Mers*, la *Légende de l'Homme sans tête*, les *Viveurs de Paris*, l'*Homme au Masque de fer*, les *Amants maudits*, le *Pendu*, *Elvire*, reprenant *Lazare le Pâtre*, le *Sonneur de St-Paul*, etc. Un nouveau genre était créé : on devait jouer au boulevard les « Dumaine », comme autre part on jouait les « Bressant » ou les « Déjazet ».

Dumaine avait pour lui un physique imposant, un organe viril. V. Darthenay écrit de lui en 1853 : « Physionomie expressive, organe plein et sonore, débit plein de chaleur et d'énergie, sensibilité profonde ». Comme plus tard Sarcey dira : « A la voix ronde, chaude et puissante». Pour Dumas père, c'est « l'artiste sympathique, la réunion du talent et du cœur».

Desnoyers mourut en 1858 ; rendu libre, Dumaine passa à la Porte-St-Martin, créa les *Mères repenties*, reprit le rôle de Crèvecœur dans les *Bohémiens de Paris*, puis joua le *Faust* de d'Ennery. Cependant, son ancien théâtre, la Gaîté, le réclamait ; ce sont alors les créations de *Cartouche*, *Michaël l'Esclave*, la *Veille de Marengo* 1859, les *Pirates de la Savane*, *Une Pécheresse* 1860. Il est prêté au Cirque pour le rôle d'Abd-el-Kader dans les *Massacres de la Syrie*, puis il revient à la Gaîté pour les *Trente-deux duels de Jean Gigon*, *Christophe Colomb* 1861.

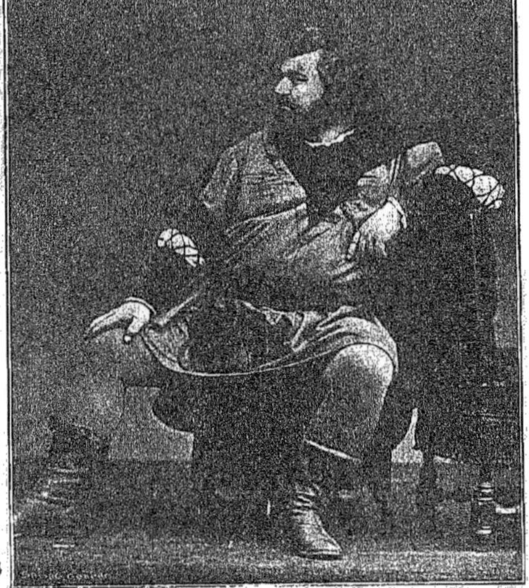

DUMAINE
Rôle de Gilbert dans *Marie Tudor*, Cliché Carjat

Le boulevard « du crime », tombé sous la pioche des démolisseurs, Dumaine passa au nouveau théâtre de la Gaîté du square des Arts et Métiers. Il reprend alors *Cartouche*, le *Fils du Diable*, *Monte-Cristo*, la *Belle Gabrielle*, la *Maison du Baigneur*. En 1863, il quitte un instant la scène pour se marier, revient à la Gaîté et reprend la suite de M. Harmant (1er juin 1865-30 mai 1868). Reprise du *Paradis perdu*, *Jean la Poste*, *Bas de Cuir* (1866), les *Treize*, la *Reine Margot* (29 février 1868), où il se tailla un énorme succès dans le rôle de Coconnas. C'est alors qu'il passa la main à Koning, en restant comme premier acteur : les *Bohémiens* (reprise), *Léonard* (reprise), la *Madone des Roses* (5 déc. 1868), les *Orphelins de Venise*. Pendant une maladie de Lacressonnière, il reprit le rôle de celui-ci dans le *Courrier de Lyon*. Vers cette époque, Koning quitta la Gaîté. Dumaine passa à la Porte-St-Martin, où il fit, en mars 1869, l'une des plus belles créations de sa carrière, dans *Patrie*.

Peu de temps avant la guerre, Dumaine s'était associé avec Billion pour la direction de l'Ambigu. Il y joua le *Dompteur*, la *Charmeuse*, et pendant le siège, les *Paysans lorrains* et le *Forgeron de Châteaudun*. Engagé à la Porte-St-Martin, il avait commencé à répéter les *Misérables*, lorsque les répétitions furent interrompues par la Commune. Retiré à Genève, il donna dans cette ville des matinées littéraires et quelques représentations. Le th. de la Porte-St-Martin brûlé, il ne fallait pas songer à rentrer à Paris. Il parcourt alors la province et rentre à l'Odéon pour remplacer Beauvallet dans *Fais ce que dois*.

Engagé au Châtelet, il y reprend le *Juif-Errant*, *Patrie*, la *Maison du Baigneur*, puis passe au th. de la Porte-St-Martin (reconstruit) pour jouer Triboulet du *Roi s'amuse*. La pièce est interdite, et il doit se contenter du rôle de Gilbert de *Marie Tudor*. Viennent ensuite *Libres !*, une reprise d'*Henri III et sa Cour*, le *Tour du Monde en 80 jours*, pièce où Dumaine donna un des plus beaux exemples de résistance connus au théâtre, puisqu'il joua le rôle de Corsican, sans se faire remplacer un seul jour, 415 fois de suite, jusqu'au 20 décembre 1875. Nous citerons encore, à la Porte-St-Martin : une reprise des *Mousquetaires* (D'Artagnan), 23 déc., *Vingt ans après*, 25 fév. 1876, *Jean-la-Poste*, 12 avril, *Coq-Hardy*, 5 octobre, les *Bohémiens de Paris*, 4 nov., la *Reine Margot*, 23 déc., les *Exilés*, 31 mars 1877. A ce moment, Ritt et Larochelle dirigeaient à la fois la Porte-St-Martin et l'Ambigu. On revit donc Dumaine sur cette seconde scène : la *Tour de Nesle*, 22 sept., *Une Cause célèbre*, 4 déc. Cette dernière pièce passa le 27 déc. à la Porte-St-Martin. A ce théâtre, les *Misérables*, 21 mars 1878 ; au th. des Nations : les *Pirates de la Savane* : au Châtelet : *Salvator Rosa*, 28 mars 1879, la *Vénus noire*, 5 sept. ; à l'Odéon, les *Noces d'Attila*, 23 mars 1880, *Charlotte Corday* (Danton) 30 octobre. Le 18 de ce mois, il avait abordé la tragédie avec le rôle du vieil Horace. A la Gaîté : *Lucrèce Borgia*, 26 février 1881, *Monte-Cristo*, 12 octobre, *Quatre-vingt-treize*, 24 décembre, la *Closerie des Genêts*, 14 avril 1882, la *Tour de Nesle*, 5 oct., la *Belle Gabrielle*, 22 déc. Ce fut cette année, le 25 mai, à ce théâtre, que Dumaine tint le rôle de M. Duval, de la *Dame aux Camélias*, dans la représentation au bénéfice de Mme veuve Chéret. L'année suivante, à part *Kéraban le Têtu*, 3 sept. 1883, ce ne sont que reprises à la Gaîté, *Léonard*, *Henri III et sa Cour*, les *Pirates de la Savane*, etc. Le 31 janvier 1884, une création dans la *Charbonnière*, mais l'opérette envahit aussi ce théâtre. Les nouveaux drames deviennent rares ; le 30 déc. 1885, il tient le rôle de Nangis dans la reprise de *Marion Delorme*, à la Porte-Saint-Martin, et celui de Rysoor dans une reprise de *Patrie*, 21 avril 1886, en attendant la *Tour de Nesle*, 8 octobre. En 1887, Porte-St-Martin : les *Beaux Messieurs de Bois-Doré*, 29 avril, à l'Ambigu : *Mathias Sandorf* (26 nov.). En 1888, à la Porte-St-Martin : la *Tour de Nesle* et le *Chevalier de Maison rouge*.

Les dernières années furent tristes. Cet homme qui avait occupé la première place parmi les acteurs de drame, pendant plus de trente ans, voyait tous les théâtres de drame se fermer les uns après les autres. Sans se soucier du lendemain, il avait vécu bon et charitable. Il en était réduit aux tournées en province, aux représentations dans les théâtres suburbains. Puis l'on apprit un jour, le 13 janvier 1893, que Dumaine avait succombé à Paris, à la maison Dubois, soit d'une attaque d'apoplexie, soit d'une paralysie du larynx.

« Un gros homme sympathique, franc et honnête, écrit-on de lui en 1866. A travaillé toute sa vie comme un forçat, par métier d'abord et ensuite par goût... Le seul congé qu'il a pris a été pour se marier ; il a épousé la fille d'un médecin ».

« Grand, fort, carré, franc et rond, dit un autre en 1868, la nature l'a doué pour son emploi d'une prestance remarquable, d'un organe sonore, d'une énergie rare et d'une physionomie ouverte, souriante, sympathique. On l'a surnommé le terre-neuve des premiers rôles ».

Quant à Sarcey, il admirait en lui « son ton de bonhomie simple, grande et émue, avec cette voix douce et profonde qui remue les plus secrètes fibres du cœur ».

Dumaine faisait la charité sans bruit ; aussi l'on ne saura jamais le nombre de ses bienfaits. Le Rapport de 1878 signale, par exemple, qu'il s'est chargé d'assurer le sort des jeunes orphelines Striffler. Ce n'est là qu'un de ces cas dont il était coutumier. En 1884, Dumaine fut nommé officier d'Académie. En 1885, il reçut une médaille pour services rendus à l'Association des artistes, dont il était membre du comité.

Ses obsèques eurent lieu à Ste-Elisabeth, devant une affluence considérable d'amis et de comédiens qui, malgré le mauvais temps, voulurent suivre le convoi jusqu'au Père-Lachaise, où MM. Halanzier et José Dupuis prononcèrent des allocutions sincèrement émues.

Il figure au catalogue Noël Charavay n° 356, avril 1906, une curieuse lettre de Dumaine, datée du Hâvre, 8 février 1885. Refusant un cachet trop minime qu'on lui offre, le vieil artiste prouve à son correspondant que le drame n'est pas encore mort et qu'il reçoit partout très bon accueil.

Biographie : les *Th. de Paris*, par Lorsay, notice par Salvador. — J. Lavergne, *Biogr. compl. des acteurs et actrices de l'Ambigu*, 1856. — *Foyers et Coulisses*, Porte-St-Martin, 1875. — *Paris-Théâtre*, n° 42, 1874. — *Paris-Artiste*, n° 66, notice par Maurice Predel.

Bibliographie : V. Darthenay, les *Acteurs et Actrices de Paris*, 1853. — Aug. Villemot, la *Vie à Paris*, t. II. — Les *Théâtres en robe de chambre*, 1866. — *Derrière la Toile*, 1868. — P. Mahalin, *Au bout de la Lorgnette*, 1883. — Fr. Sarcey, *Quarante ans de Th.*, t. VI. — Ch. Monselet, les *Premières représentations célèbres*. — Les *Soirées parisiennes*, 1875-82.

Iconographie : Bibl. nat., catalog. Duplessis, 13,627.

1. En pied, de 3/4 à droite (cost. de th.), phot. Carjat.
2. En pied, de 3/4 à gauche (caricature), lith. par E. Carjat.
3. En buste, de profil à droite, grav. par Ph. Cattelain, 1887.
4. En buste, de 3/4 à gauche, phot. Lemercier.
5. En pied, de 3/4 à gauche (cost. de th.), lith. par R., 1868.
6. En pied, de 3/4 à gauche (cost. de th.), lith. par Théo, 1868.
7. En pied, de 3/4 à gauche (cost. de th.), lith. par Théo, 1868.
8. En pied, de 3/4 à droite, lith. par Théo. Sur cette planche, se trouvent les portraits de Pierre Berton et de Mlles Fargueil et Leblanc.

— Les *Th. de Paris*, par Lorsay, en pied, de face, dans le *Pendu*.

Paris-Théâtre, n° 42, dans *Marie Tudor*, cliché Carjat.

— *Paris-Artiste*, n° 66, en buste, cost. de ville, cliché Nadar.

— L'*Avant-Scène*, n° 6, caricature par Punch.

— L'*Eclipse*, n° 261, 26 oct. 1873.

DUMANIANT, Antoine, Jean Bourlin dit. — Naquit à Clermont-Ferrand le 11 avril 1752, l'aîné de quatre garçons. Son père était avocat. Tour à tour surnuméraire à St-Denis, chez un fermier général, novice dans un couvent de Bernardins, puis acteur en province, il prit le nom de Dumaniant qui était celui d'une de ses tantes. En 1778, il commença à écrire aussi pour le théâtre. Nous retrouvons son passage à Douai, en 1783, à St-Quentin, comme deuxième comique, en 1783-84, et enfin à Paris, en 1785, époque à laquelle il se fit engager aux Variétés du Palais-Royal, pour l'emploi des pères et des raisonneurs. Il y parut le 4 octobre 1786 dans *Guerre ouverte*, puis dans *Ricco*. Son jeu était froid, mais intelligent. Mais il devait surtout s'y faire connaître comme auteur, donnant sur ce théâtre le *Français en Huronie*, la *Nuit aux Aventures*, le *Médecin malgré tout le Monde* et *Guerre ouverte*, sa meilleure comédie, mise plus tard en musique par Jadin, et dont le sujet fut repris en opéra comique par MM. V. Sardou et Karl Daclin, en 1869, sous ce titre : *Bataille d'Amour*, musique de Vaucorbeil.

Acteur au th. de la rue de Richelieu, 1791-92, puis au th. de la Cité, 1792, Dumaniant renonça définitivement à paraître sur la scène, devint un des administrateurs de ce théâtre, puis directeur de la Porte-St-Martin 1803-05 et auteur applaudi à l'Odéon. Nous le voyons encore secrétaire général de ce théâtre 1808-19, et directeur de troupe à Clermont-Ferrand, son pays natal. Tombé malade pendant un voyage qu'il fit à Paris, il y succomba le 24 septembre 1828, laissant une veuve sans fortune, Sophie Liger, qu'il avait épousée le 31 octobre 1798. Le gouvernement lui fit une pension.

Son œuvre, pièces de théâtre et romans, est trop considérable pour être rapportée ici. Ses biographes en ont cité une partie. On connaît aussi de lui un opuscule sur la mort de son camarade Bordier. (V. ce nom).

Biographie : E.-D. De Manne et C. Ménétrier, *Complément de la Troupe de Nicolet*.

DUMANIANT, Mme. — Jeune forte première, St-Quentin 1783-84, premier rôle, Douai 1786-1787.

DUMANOIR. — Sous ce nom :

DUMANOIR, père noble, Ostende et Cambrai 1786.

Mlle DUMANOIR, Rouen 1800.

DUMANOIR, premier rôle et directeur, Valenciennes 1826, Bergues 1827, Bayeux 1828.

Mme DUMANOIR, Jeanne, duègne, Valenciennes 1826, Bergues 1827, Bayeux 1828.

Mlle DUMANOIR, Louise, jeune première, Valenciennes 1826, Cambrai 1827.

DUMANOIR, Louis, troisième amoureux, Cambrai 1827.

DUMAS. — Sous ce nom :

DUMAS, rôles d'enfants, th. de la Cité 1794.

DUMAS, Gaîté et Ambigu 1799, Rouen 1799-1801.

Mme DUMAS, Variétés 1799.

DUMAS, th. sans prétention 1807.

DUMAS, amoureux, Amiens 1825.

DUMAS, th. de banlieue 1826.

Mme DUMAS, th. de banlieue 1826.

DUMAS, acteur et régisseur, Brest 1827.

DUMAS, Liège 1829.

DUMAS, P., jeune premier, Boulogne 1830-31.

DUMAS, deuxième comique, Boulogne 1831, Tournay 1835-37.

DUMAS, premier rôle, troupe de Mme Corrège 1833-34.

Mme DUMAS, Fol. Dram. 1833-35.

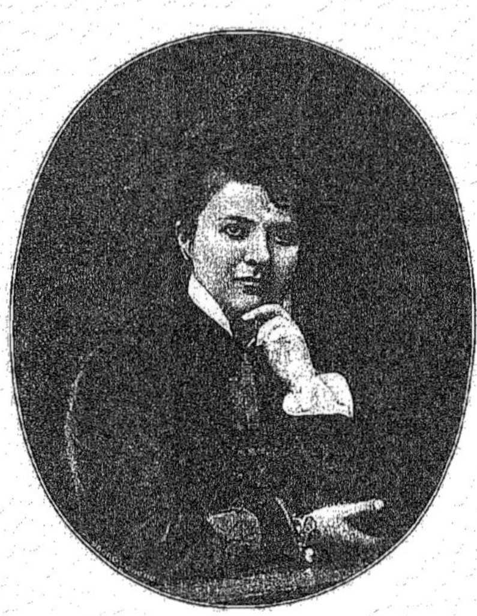

Marie DUMAS
Cliché F. Mulnier

Mme DUMAS, Porte-St-Martin 1837.

DUMAS, Th. des jeunes élèves, 1837.

Mme DUMAS, deuxième soubrette, Mons 1844.

DUMAS, rôles des financiers et directeur, Calais 1851.

Mme DUMAS, duègne, Calais 1851-52.

DUMAS, premier amoureux, Dieppe 1851.

Mlle DUMAS, Le Hâvre 1851-52.

DUMAS, deuxième amoureux, Liège 1852.

Mme DUMAS, jeune première, Liège 1852.

Mme DUMAS, Thérèse, Flore, née Genevois, dite aussi *Lacourt-Dumas*, Angers 1852, Reims 1853, Amiens 1854-55, Genève 1856-57, Nîmes 1858-59, Gand 1860-61, Paris 1862. En 1863, cette artiste âgée de 67 ans, avec 41 ans de théâtre, reçut une pension de 300 francs de la Société des artistes. Batavia 1865, Paris 1867-1875.

DUMAS, Jean, vieil artiste (V. plus haut) qui vécut à Paris de 1852 à 1887. En 1882, âgé alors de 85 ans, avec 41 ans de théâtre, il avait obtenu la pension de 500 fr. de la Société des artistes. Le Rapport de 1888, qui annonce sa mort, rappelle que M. Halanzier avait obtenu son admission dans une maison de retraite, mais que son propriétaire qui le logeait pour rien, et ses voisins, ne voulurent pas le laisser partir, et subvinrent jusqu'à la fin à ses besoins.

Mme DUMAS, Anastasie, Mélanie, Didier, née Castro, artiste dont le nom figure sur les livres de la Société de 1852 à 1878, à Paris. Sa mort fut annoncée en 1879.

DUMAS, Pierre, Marie, Nap. Dieudonné, Calais 1852-59, Boulogne 1860, Calais 1861-67, Nancy 1868, Cambrai 1869, Boulogne 1870-72, Paris 1873-75.

Mme DUMAS, Emilie, Nancy 1859-61, Besançon 1862, Genève 1863-65, Paris 1867-68, Versailles 1869-86, Paris 1887, St-Maurice 1888-90, Versailles 1891, St-Maurice 1892, Versailles 1893-1900.

DUMAS, Jules, J.-B. dit aussi *Didier*, Th. Montparnasse 1861-64, Th. de Belleville 1865-68.

DUMAS, Léon, Bordeaux 1864-65.

Mlle DUMAS-Perreti, Renaissance 1878.

DUMAS, Mlle, Marie. — Née à Lyon le 9 mars 1846, dans une famille de négociants, perdit son père fort jeune encore et vint à Paris avec sa mère. Très instruite, possédant une imagination ardente, elle prit des leçons d'Augustine Brohan et de Déjazet, créa au Th. Déjazet le rôle de Mme Bischoff dans *Trottmann*, le *Touriste*, vers 1861, et débuta à la Gaîté sous la direction de Dumaine, avant de passer à l'Odéon pour y tenir l'emploi des soubrettes dans le répertoire.

Engagée dans la troupe Meynadier, qui parcourait l'Italie, elle devint dès ce jour une artiste internationale, ayant un répertoire gai, bien à elle, qu'elle mit en évidence plus tard à Bade, Ems, etc. La guerre de 1870 la ramena à Paris, auprès de sa mère restée seule par suite du départ de deux fils engagés sous les drapeaux. Sans ressources, elle partit à Londres chercher la fortune, se fit présenter dans les salons aristocratiques par Mme Viardot, et poursuivit ses pérégrinations à l'étranger, principalement en Angleterre et en Russie. Revenue à Paris, elle créa des *matinées caractéristiques*, d'abord chez elle, rue La Bruyère 21, puis dans un cercle, puis à l'Institut musical, et enfin à la Porte-St-Martin, pour les adaptations du théâtre étranger. Conférencière, monologuiste, elle avait créé un type : *Madame de Turlure* ; elle débitait des scènes comiques comme la *Conférence pour rire* sur l'*Émancipation des femmes*. Dans *l'Ecole du scandale* elle faisait preuve d'un talent souple, d'un goût très sûr. En 1879, à partir du 12 octobre, ces matinées furent, du Th. Italien, transportées au Th. des Nations de la place du Châtelet ; on y vit de curieuses reprises, et notamment une représentation de *Tartufe* avec Mme Doche (Elmire) et Dumaine (Tartufe). Cette même année, fin mars, au même théâtre et sous la direction Gustave Bertrand, Mlle Marie Dumas avait paru dans le rôle d'Olympe de Gouges dans un *Camille Desmoulins*. L'entreprise périclita, Gustave Bertrand, un journaliste sympathique, l'ami de Mlle Marie Dumas, se suicida, et celle-ci disparut peu de temps après. Mlle Marie Dumas fut du nombre de ces gens si nombreux qui, malgré leur intelligence, ne peuvent cependant jamais percer.

Vous qui m'avez paru sourire aux originalités, aux nouveautés, ma proposition je l'espère vous paraîtra digne d'intérêt et vous me ferez la meilleure réponse, n'est-ce pas ?
En l'attendant, je vous prie d'agréer, Monsieur, mes civilités empressées.
Marie Dumas

21 rue La Bruyère
Paris

Autographe de Mlle Marie Dumas (Collect. Lyonnet)

Biographie : F. Jahyer, *Paris-Théâtre*, n° 197, février 1877.

Bibliographie : les *Soirées Parisiennes* 1878 et 1879.

Iconographie : Bibl. nat., catalog. Duplessis, 13,639, à mi-corps de $^3/_4$ à gauche, lith. par Alf. Lemoine.
Paris-Théâtre n° 197, en médaillon de face, photo. Cliché F. Mulnier.

DUMAUR. — Versailles 1833-34.

DUMAY. — Bruxelles 1705-06.

DUMAY, Mlle. — Vaudeville 1793-94.

DUMAY, Prudent, Demoëtte dit. — Th. du Luxembourg 1852, Délass. Com. 1857, Montparnasse 1858-62, Le Mans 1863-64, Reims 1865, Dijon 1867, Versailles 1868-70. Le Hâvre 1872, Versailles 1873-74, Nantes 1875, Versailles 1876, Marseille 1877-80, Boulogne-sur-Mer 1881-82, Vitré 1883, Caen 1884, Lille 1885, Limoges 1886. Sa mort fut annoncée au Rapport de 1887.

DUMAY, Mme, Olympe Ruffin, femme Demoëtte dite. — Th. Montparnasse 1859-62, Le Mans 1863-64, Reims 1865, Dijon 1867, Versailles 1868-70, Le Hâvre 1872, Versailles-1873-80, Boulogne 1881-82, Vitré 1883, Caen 1884, Lille 1885. Sa mort fut annoncée au Rapport de 1886.

DUMAY, Mme, Joséphine, Marie Contée. — Paris 1871-72, Châlon-sur-Saône 1873-75.

DUMÈGE. — Bordeaux 1793.

DUMÉNIE, Mme. — Rouen 1800.

DUMÉNIE, Mlle. — Enfant de neuf ans, Rouen 1801.

DUMÉNIL, Mme, Françoise, Bourette dite. — Actrice foraine et directrice de spectacles, foire St-Germain 1760. En 1762, elle reprit son nom de *Bourette* et perdit son matériel théâtral dans l'incendie de la foire St-Germain, pour lequel elle n'eut droit qu'à une indemnité de 500 livres, alors qu'elle en demandait 2500.

Mlle Duménil, jeune première, Gand, 1779.

Mme Duménil, caractères, Tournai 1790.

DUMÉNIL. (Peut-être le suivant?) Th. Patriotique 1793.

DUMÉNIS, François, Abel Desbois dit. — Fils d'un marchand confiseur, naquit à Paris sur la paroisse des Quinze-Vingts le 17 août 1773. Après avoir commencé à jouer la comédie à Bordeaux, Duménis revint à Paris et entra au th. de la Gaîté pour y jouer les seconds comiques et les niais. Dès 1803, il remplit dans la *Forêt enchantée* un rôle de Gascon, mais c'est surtout le personnage de Nigaudinos, dans le fameux *Pied de Mouton*, qui le mit tout à fait en évidence, ainsi que le rôle de Droguignard, dans la *Queue du Diable*. Dans le *Pied de Mouton*, écrit Brazier « le niais Dumesnil *(sic)* était ravissant, délirant de bêtise. Tout Paris a répété pendant vingt ans : Demandez plutôt à Lazarille ».

Tantôt garçon naïf, amoureux berné, serviteur dévoué, Duménis resta pendant plus de trente ans attaché au th. de la Gaîté, faisant preuve souvent d'un talent de composition qui le classe au-dessus des queues rouges. On le compara plus d'une fois à Brunet. Avec l'âge, il dut se résigner à d'autres rôles, tels que vieux serviteurs, curé de campagne, vieux médecin, etc. Malheureusement ses appointements qui avaient été de 3,500 fr., chiffre considérable pour l'époque, à un tel théâtre, furent réduits à 1,350, et encore, a-t-on découvert une déclaration rédigée par cet acteur reconnaissant que ce chiffre était pour la forme, dans son intérêt, mais qu'il n'avait pas droit, en réalité à plus de 1,200 fr. Marié en 1808, Duménis eut de ce mariage deux filles qui furent danseuses à la Gaîté. Il mourut, dans un état misérable, à Paris, le 25 avril 1834.

Biographie : E.-D. De Manne et C. Ménétrier, *Complément de la Troupe de Nicolet.*

Bibliographie : *Grande biographie*, 1824. — Brazier, *Hist. des petits théâtres*, t. I, p. 14.

Iconographie : Coll. Martinet n° 82, dans la *Queue du Diable*. — 197, Briolet, dans l'*Ile des Mariages*. — 219, dans M. Delahure. — 376, dans *Malborough*.

DUMERCY, Mlle Ernestine. — Ecole lyrique 1862.

DUMÉRY. — Sous ce nom :

M. et Mme Duméry, Chambéry 1844.

Duméry, premier comique, Le Hâvre 1851-52.

Duméry, troisième amoureux, Le Hâvre 1852.

Duméry, Gustave, Alphonse, Alais 1864-65.

Mme Duméry, Eugénie, née Jault, Nîmes 1864, Alais 1865.

Mlle Duméry, fille d'un des Duméry ci-dessus, jeune artiste qui périt dans le naufrage de l'*Evening Star* (1866). Une messe fut célébrée à St-Roch, le 6 novembre, en souvenir des victimes. De semblables cérémonies eurent lieu à Genève, Toulon, Bordeaux et au Hâvre.

DUMESNIL, Mlle. — Lille 1676.

DUMESNIL, Mlle Marie, Françoise Marchand dite. — La plupart des biographes de Mlle Dumesnil se sont trompés sur la date de sa naissance, la confondant même avec une Marie, Anne, Françoise Du Mesnil née quinze mois plus tôt, jusqu'au jour où M. Campardon découvrit l'acte de baptême authentique *annexé par Mlle Dumesnil elle-même au brevet de sa pension* (Arch. nat. O¹682).

« Extrait des registres des baptêmes de l'Eglise paroissiale de St-Sulpice de Paris :

« Le 2 du mois de janvier de l'année 1713 a été baptisée Marie-Françoise, née le dit jour, fille de François-Robert Marchand et de Marie-Catherine Pétré, son épouse, demeurant rue des Marais, au Cheval-Pie, etc. » Le parrain est un loueur de chevaux, et la marraine, grand-mère paternelle de l'enfant, est l'épouse d'un autre loueur de chevaux. Cet acte, que ne connut pas M. De Manne, est de plus, absolument conforme à la dénomination prise par Mlle Dumesnil elle-même dans les actes passés chez son notaire, Me Trutat, actes retrouvés par Jal, et dans lesquels elle se qualifie : « Marie-Françoise *Marchand* Dumesnil, pensionnaire du Roy, demeurant rue Blanche, etc. » En réalité, on ne sait que peu de choses des premières années de Mlle Dumesnil. M. De Manne qui n'admet pas pour Mlle Dumesnil une origine roturière, veut qu'elle ait été élevée dans « le modeste manoir paternel, situé à Fontenay-les-Louvets, au milieu de la forêt d'Ecouves, près d'Alençon ». Mais alors comment expliquer tout-à-coup sa présence dans des troupes de comédiens à Strasbourg et à Compiègne (1733 à 1736) ? Bref, le 6 août 1737, elle paraissait pour la première fois sur la scène française, dans le rôle de Clytemnestre, d'*Iphigénie en Aulide*, continuant ses débuts par *Phèdre* et le rôle d'Elisabeth, dans le *Comte d'Essex*.

« Mlle Du Mesnil avait joué à Strasbourg, écrit le Duc de Luynes dans ses *Mémoires*, t. I, p. 371, et l'on prétend qu'elle n'avait pas réussi ; mais elle a eu du succès ici. »

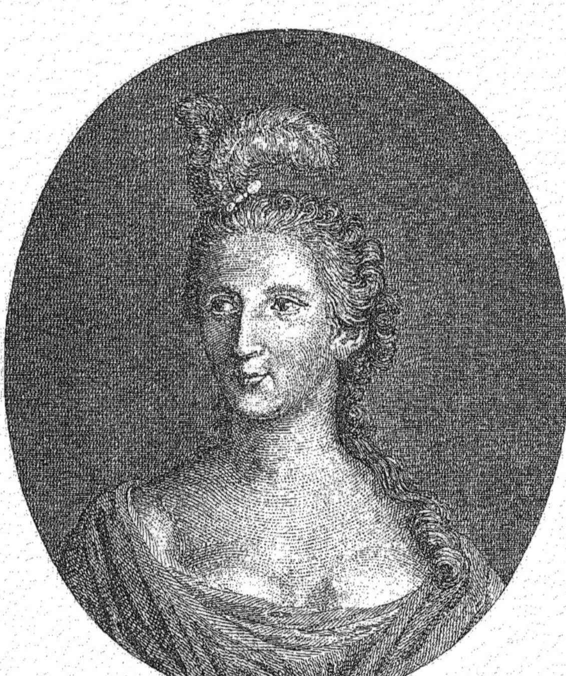

Mlle DUMESNIL

« Nous, duc de Rochechouart, lisons-nous en date du 8 octobre 1737..., ayant reconnu le mérite distingué des talents de Mlle Du Mesnil pour la déclamation, etc., l'avons reçue et recevons dans la troupe des comédiens français de Sa Majesté, pour y jouer en second tous les rôles de *Reines*, que la demoiselle Balicourt y joue en premier, — y jouer de plus en troisième les rôles de soubrettes, qui sont actuellement remplis par les demoiselles Quinault et Dangeville. Lui accordons cent livres par mois, ses feux, ses jetons à l'ordinaire, que nous ordonnons aux comédiens de lui payer sur la recette de la comédie, à partir du six août dernier. »

Devant plus à la nature qu'à l'étude, Mlle Dumesnil, inégale comme tous les artistes qui se livrent à l'inspiration, n'était vraiment supérieure que dans les rôles de passion. Débitant avec volubilité les passages les moins intéressants de ses tirades, — c'est le système du *déblayage*, si fort à la mode aujourd'hui, — elle reportait tout son feu sur les vers à effet pour les mettre en valeur. Dans les scènes de fureur, son geste, sa voix, son regard devenaient si éminemment tragiques que l'on raconte que le parterre, alors debout, recula d'effroi pendant la scène des imprécations de Cléopâtre, dans *Rodogune*. Dans *Médée* (1739), dans *Mérope* (1743), elle était admirable.

« Mlle Lecouvreur, écrit Voltaire, avait la grâce, la justesse, la simplicité, la vérité, la bienséance ; mais pour le grand pathétique de l'action, nous le vîmes pour la première fois chez Mlle Du Mesnil ».

Voltaire écrit encore en 1748 : « Notre *Mérope* n'est pas encore imprimée ; je doute qu'elle réussisse à la lecture autant qu'à la représentation. *Ce n'est pas moi qui ai fait la pièce, c'est Mlle Du Mesnil*. Que dites-vous d'une actrice qui fait pleurer le parterre pendant deux actes de suite ? » Ces spectateurs du XVIIIe siècle avaient évidemment l'âme bien sensible.

On rapporte maintes fois le mot de Garrick. Le grand tragédien anglais étant venu à Paris, alla voir jouer Mlles Clairon et Dumesnil. — Eh bien ! lui demanda-t-on, comment avez-vous trouvé le jeu des deux rivales ? — Il est impossible, répondit-il, de rencontrer une plus parfaite actrice que Mlle Clairon. — Et Mlle Dumesnil, qu'en pensez-vous ? — En la voyant, je n'ai pu songer à l'actrice ; c'est Agrippine, c'est Sémiramis, c'est Athalie que j'ai vues ! »

M. E.-D. De Manne a donné la liste des 42 rôles établis par Mlle Dumesnil, en dehors de ceux repris dans le répertoire (1737-1775). Nous y relevons dans le théâtre de Voltaire *Zulinie* (1740), *Mérope* (1743), *Sémiramis* (1748), la Baronne, de *Nanine* (1749), Clytemnestre, d'*Oreste* (1750), Aurélie, de *Rome sauvée* (1752), Statira, d'*Olympie* (1764).

Mlle Dumesnil interpréta Tullie, de *Catilina*, œuvre de Crebillon (1748), Déjanire, dans les *Héraclides*, de Marmontel (1752), Mme Vanderk, du *Philosophe sans le savoir* (1765), Gertrude, dans l'*Hamlet*, de Ducis (1769), etc., etc.

En 1753, ayant obtenu un congé de trois mois, elle se rendit à Marseille. Mais le duc de Villars, gouverneur de Provence, ayant fait augmenter le prix des places, il s'en suivit quelque agitation qui se termina par la victoire du public et le succès de Mlle Dumesnil.

Conformément aux usages de la Comédie, Mlle Dumesnil avait tenu aussi l'emploi des *soubrettes* et plus tard celui des *mères*, créant, par exemple, la *Gouvernante*, de La Chaussée (1742); mais douée d'une taille au-dessus de la moyenne, avec une tête imposante, dont l'expression devenait facilement tragique, c'était bien dans la tragédie qu'elle excellait. Sociétaire depuis le 2 février 1738, Mlle Dumesnil prit sa retraite le 31 mars 1776, avec 1,500 livres de pension de la Comédie, 1,500 livres sur la cassette royale et 2,000 livres dont elle avait été gratifiée successivement par munificence royale en 1761 et 1773. Grimm nous fait comprendre que l'actrice aurait dû se retirer déjà depuis longtemps, tout en déclarant que son souvenir restera impérissable sur cette scène. Le 28 février 1777, la Comédie avait donné à son bénéfice *Tancrède* et les *Fausses infidélités* avec une grande affluence de public.

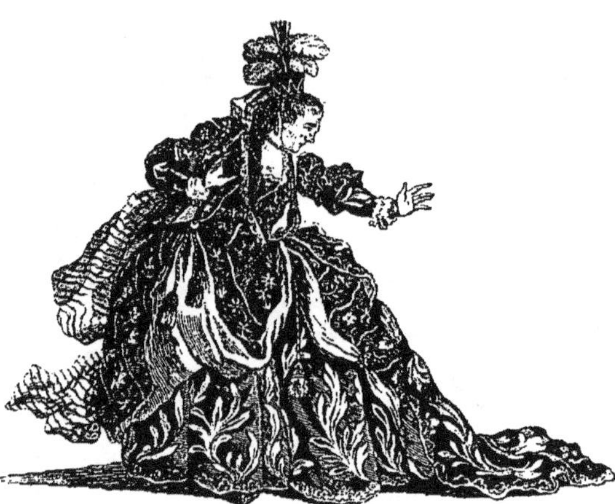

Mlle DUMESNIL. Rôle d'*Athalie*

Dans sa vie privée, Mlle Dumesnil avait été d'une simplicité extrême, faisant elle-même sa cuisine, et tricotant ses bas auprès d'une traduction de Tacite, ce qui faisait dire à La Harpe (lettre au sculpteur Antoine) : « Inégale ou sublime, elle a un très grand mérite : celui de n'être comédienne qu'au théâtre. » Ses ennemis lui reprochaient, à ses débuts, d'absorber le contenu d'une bouteille de vin avant d'entrer en scène ; d'autres ont parlé de bouillon de poulet et de vin. Que signifie tout cela ? On n'a jamais parlé d'ivresse ; et puisqu'ils connaissaient la recette, que ne faisaient-ils la même chose pour avoir au moins son talent !

Mlle Dumesnil avait été, de plus, le modèle des sociétaires, se prêtant à toutes les exigences, acceptant tous les rôles, ne réclamant jamais, différant en cela de sa rivale, Mlle Clairon, laquelle ne cessa jamais de la jalouser, comme le prouvent assez les *Mémoires* de cette dernière. Un jour, Sophie Arnould parlait à Mlle Dumesnil de ce livre : « Hélas ! répondit la tragédienne, je savais bien qu'elle me tourmenterait jusqu'à la mort ; j'ai pris le parti d'oublier mes ennemis ; je n'ai jamais fait de mal à personne ; cela me console de tout. »

A une autre personne qui lui demandait des anecdotes contre la Clairon elle écrivait : « Je suis bien sensible à l'intérêt que vous et vos respectables amis prenez aux atrocités que la demoiselle Clairon décoche contre moi. Il y a quarante ans qu'elle s'exerce à ce jeu qui quelquefois m'a fait répandre bien des larmes... Vous me demandez des anecdotes contre elle ? Je m'en garderai bien ; cela sentirait la vengeance ; elle n'a jamais trouvé de place dans mon cœur. »

Les évènements de la Révolution, en lui enlevant ses pensions, exposèrent tout-à-coup sa vieillesse à toutes les horreurs de la misère. En 1794, la Convention lui accorda un secours de 3,000 fr. « Bons et généreux amis, écrivait-elle, je suis pénétrée de reconnaissance pour les soins que vous prenez de me procurer un asile. Je le demande au Faubourg-St-Germain pour me rapprocher de mes amis... »

Mlle Bourgoin, élève de Mlle Dumesnil, et la protégée du Ministre Chaptal, plaida fort heureusement près de celui-ci la cause de son professeur ; Chaptal écrivit à Mlle Dumesnil une lettre (reproduite par De Manne), pour la féliciter d'avoir « formé un sujet digne d'elle et de l'art dramatique » et lui fit remettre cinq mille francs au nom du Gouvernement. Nous savons par le *Journal des affiches* (p. 2022 et 2172), en date du 28 janvier 1797, que Mlle Raucourt, alors directrice du th. Louvois, voulait donner une représentation au bénéfice d'une petite-nièce de Corneille et de Mlle Dumesnil ; un logement lui fut assigné dans les galeries du Louvre. Tous les contemporains affirment que, malgré son grand âge, elle avait conservé toute sa mémoire et sa présence d'esprit.

« J'ai entendu, écrivait Lafon à un ami, j'ai entendu Mademoiselle Bourgoin répéter Junie chez Mlle Dumesnil qui faisait le rôle d'Agrippine, assise devant une table. Je disais celui de Néron. Mlle Dumesnil (qui avait alors près de 90 ans) récita le sien de manière à me causer la plus grande surprise et la plus vive admiration. Ce n'étaient que des débris ; mais ils étaient superbes. Je n'avais aucune idée de cette manière de déclamer, et dans cette séance que je me rappellerai toujours avec bonheur, Mlle Dumesnil donna à la jeune Bourgoin les conseils les plus lumineux. »

Et cependant on voulut disputer encore à Mlle Bourgoin le titre de son élève, comme le prouve une lettre à Ducis, datée de Paris, 5 brumaire an III (vente d'autographes du 27 avril 1903). Mlle Dumesnil s'empresse de rendre hommage à la vérité. Elle a cru reconnaître en son élève des dispositions très heureuses, et il y a dix-huit mois que, de deux jours l'un, elle n'a cessé de veiller à ses études.

Mlle Dumesnil, que certains biographes font décéder à Boulogne-s/Mer, nous ne savons pour quelles raisons, mourut à Paris, 24, rue et Barrière-Blanche, le 1 ventôse an X, où elle avait demeuré depuis 1762. Nous savons aussi qu'elle avait loué une maison, jardin et dépendances, située rue Royale, *près la Barrière Blanche*, à Mlle Colombe, de la Comédie italienne.

La publication intitulée *Mémoires de Mlle Dumesnil en réponse aux Mémoires d'Hippolyte Clairon*, Paris, in-8°, chez Dentu et Carteret, an VII (1799), rédigée par Coste d'Arnobat, ne contient aucune particularité sur la vie de Mlle Dumesnil.

M. Em. Campardon a publié :

Le Brevet d'une pension de 3,500 livres, suivant les décisions des 6 décembre 1773 et 1er octobre 1775.

Une déclaration de Mlle Dumesnil relative à cette pension.

L'acte de baptême cité plus haut. (Arch. nat. O¹682.)

Biographie : Lemazurier, *Gal. historique*, t. II. — Ricord, les *Fastes de la comédie*, t. I. — E.-D. De Manne, *Troupe de Voltaire*. — *Almanach des spectacles*, 1803, p. 284. — *Almanach Duchesne*, 1815, p. 5.

Bibliographie : *Journal de Paris*, 1776, *Mémoires de Bachaumont*, *Querelles littéraires*, par l'abbé Irail, t. II. — *Almanach des spectacles*, 1777. — *Mercure de France : Correspondance littéraire* de Grimm, de La Harpe, de Voltaire. — *Mémoires* de Lekain, de Marmontel, de Mlle Clairon. — *Souvenirs* de Mme Vigée-Lebrun, id. de Labouisse-Rochefort. — *Journal historique* de Barbier. — *Moniteur universel*, an XI. — *Journal des Débats : Feuilletons* de Geoffroy. — *L'Amateur d'autographes*, nos 51 et 53, février et avril 1864. — *Collection d'autographes*, A. Bovet, no 1344. — Audibert : *Indiscrétions et Confidences*. — Jal, *Dict. critique*, p. 515. — Les *Comédiens hors la loi*, p. 311. — J.-J. Olivier, *Voltaire et les Comédiens*. — Campardon, les *Comédiens de la troupe française*. — *Mémoires* de Fleury, t. I, p. 172-173.

Iconographie : Bibl. nat., catalogue Duplessis 13,655 :

1. En buste, de ³/₄ à gauche, dans un ovale, gravé à l'eau forte, an.

2. En pied, de profil à droite (cost. de th.), gravé à l'eau-forte, an.

3. En buste, de ³/₄ à gauche, dans un médaillon ovale, publié par Elluin, 2 états.

4. En buste, de profil à gauche, gravé par Fr. Hillemacher, 1860.

5. En buste, de ³/₄ à gauche, gravé au trait sous la direction de Landon, d'après B.

Voir aussi *Clairon*, Bibl. nat.

Musée de la Comédie française, catalogue Monval :

91. Buste marbre h. 0 m. 67, par L.-V. Bougron (1841), d'après un portrait de famille, offert par l'artiste, petit-gendre de la tragédienne, en 1842. — Médiocre reproduction dans l'*Illustration* du 21 décembre 1844.

203. Phèdre (Mlle Dumesnil). Gouache h. 0 m. 09, l. 0 m. 07, par Fesch, 1776.

310. Dans Agrippine. Peinture toile, en pied, h. 1 m. 35, l. 1 m. 04, par Donat Nonnotte (1754). En robe rouge, à paniers. A appartenu à Dugazon. Le buste a été gravé par H. Lefort pour la *Troupe de Voltaire* (1877).

430 *bis*. Dans *Mérope*. Gouache de la suite Fesch-Whirsker, h. 0 m. 10, l. 0 m. 12.

DUMESNIL. — Sous ce nom :

Dumesnil et sa femme, Cour de Prusse 1707.

Mlle Dumesnil, utilités, Maëstricht 1777-78.

Mme Dumesnil, premier rôle, Rouen 1800.

Dumesnil. V. Duménis.

Dumesnil, premier comique, Lille 1807, 1809, Gand 1820, 1825. Peut-être le même : Evreux 1826, Besançon 1829-31.

Dumesnil-Hartemann, comédien amateur, Gand 1823.

Dumesnil, premier comique, Bordeaux 1837, Marseille et Toulouse 1840, Variétés 1842 — remarquable par sa laideur — Toulouse 1848.

Mme Dumesnil, amoureuse, Lisbonne 1852. Une dame Massard prit aussi le nom de *Dumesnil* vers cette époque.

Dumesnil, th. Déjazet et Châtelet 1869, Château-d'eau 1871.

Dumesnil-le-Petit, Ch. d'eau 1871. A rapprocher du suivant.

Dumesnil, Variétés 1882-92. Un *Dumesnil* est nommé officier d'académie en 1898.

DUMESTRE. — Nom d'un artiste mort en 1894.

DUMETZ-FLEURY, Mme. — Ingénuité et amoureuse. Brest 1827, Rouen 1829, Laon 1833-34.

DUMIGE. — « Pères sensibles », Toulouse 1794.

DUMILATRE, Marie, Michel, né dans le département de la Seine, élève de Talma et deuxième prix de tragédie en 1810. — Cet artiste débuta, le 17 janvier 1811, à la Comédie française par le rôle d'Achille dans *Iphigénie en Aulide*, puis par ceux de Cinna, du jeune Horace, de Tancrède, de Ninias, etc. Il fut admis comme pensionnaire le 1er avril.

« Dumilâtre est grand, écrit-on en 1811, assez bien fait, d'une belle figure ; il dit bien, règle convenablement son geste et n'est point trop embarrassé de sa contenance au théâtre... Mais il est froid, et c'est un défaut que le meilleur maître ne corrigera jamais... D'ailleurs, on peut soupçonner qu'il n'a pas une mémoire heureuse. »

Telles sont les raisons, sans doute, pour lesquelles il devint bientôt indifférent au public. Chargé des rôles de Tullus et de Jason aux reprises de *Coriolan* et de *Médée*, il y parut glacial. Il se releva en jouant le rôle d'Abner pendant l'absence de son chef d'emploi. Bref, Dumilâtre trouva sa véritable place dans les troisièmes rôles et les confidents. Il y excella pendant plus de 25 ans. « L'emploi de cet acteur, écrit-on en 1821, est un des plus ingrats et des plus difficiles au théâtre... Peu chéri du public qui ne lui rend jamais justice, Dumilâtre n'en est pas moins le meilleur confident qu'il y ait, et peut-être qu'il y ait eu aux Français. » — « Il est impossible de donner mieux la réplique à Talma », a dit Harel. On raille un peu sa haute taille : « Confident qui a toujours l'air de manger des petits pâtés sur la tête d'Oreste, d'Hamlet, voire même de Sylla ». Talma avait une vive affection pour Dumilâtre. Dans la vie privée, un fort honnête homme. Son nom disparut de l'affiche après 1835.

Dumilâtre eut deux filles, Adèle et Sophie, qui firent partie du ballet de l'Opéra, de 1835 à 1848. Très maigres, elles avaient reçu du *Charivari* le nom de *Sœurs Demi-Lattes*. Adèle acquit une grande réputation comme danseuse et mime. Th. Gautier, l'auteur du ballet de *Giselle*, en fit le plus grand éloge. A la ville, une personne bien élevée et spirituelle. Elle parut à Milan (1846), à Londres (1847), et se retira de l'Opéra, en 1848, pour épouser M. Drake del Castillo qui la laissa veuve de bonne heure. Elle habita longtemps à Pau, une très belle propriété, ayant auprès d'elle sa sœur Sophie, ses deux fils et sa fille, qui épousa M. S. Basterriche, fils de l'ancien receveur général des Basses-Pyrénées. Elle vit actuellement (1906) dans son château de Touraine, alerte et vaillante, âgée d'environ 85 ans.

Dumilâtre habita 12, rue Lepeletier (1814-15), 3, rue du Clos-Georgeot (1817-18), 3, rue Lévêque (1819), 196, rue St-Honoré (1823-35).

Bibliographie : *Opinion du Parterre*, VIII, IX, X. — Ricord, les *Fastes de la Comédie*, II, 257. — *Rumpe et Coulisses*, 80. — *Biographies*, 1821, 1824, 1829, 1833.

DUMILIEN. — Acteur et directeur, Gymnase Olympique, St-Sever 1832.

DUMILLY. — Nantes 1792.

DUMIRAIL, Vincent-Charles de Lestoille dit. — Né à Paris, débuta une première fois à la Comédie française, le 31 mai 1708, et une seconde fois, le 29 décembre 1711. Reçu le 25 juin 1712, il quitta ce théâtre le 17 juin 1717 pour l'Opéra où nous le retrouvons comme danseur, en 1722. Rentré à la Comédie le 21 mars 1724, il prit sa retraite avec une pension de 1000 livres, le 11 janvier 1730, et termina sa carrière comme danseur, à Bordeaux 1746, Toulouse 1747, Rouen 1749. Il mourut le 5 novembre 1754.

Biographie : Lemazurier, *Galerie historique*, t. I, p. 251. — Monval, *Liste alphabétique des sociétaires*.

Bibliographie : *Almanach des Spectacles*, 1754, p. 79.

DUMON. — V. Dumont.

DUMONEY, Mme. — Bruxelles 1797.

DUMONT, Mlle Marie, femme de Nicolas Dorimont. — V. Auzillon.

DUMONT, Mme. — Maëstricht 1673 à 1678.

DUMONT, Jacques, Antoine Mussard dit. — D'origine genevoise, faisait partie, en 1781, de la troupe du Spectacle des Associés. Lorsque parut, en 1782, le premier volume du fameux pamphlet attribué à Mayeur et intitulé le *Chroniqueur désœuvré*, libelle scandaleux, Dumont, bien qu'il n'eût pas son portrait dans cette galerie, crut devoir prendre la défense de ses camarades dans une brochure intitulée le *Désœuvré mis en œuvre* ou le *Revers de la Médaille*, ce qui lui valut de terribles injures dans le second volume du *Chroniqueur désœuvré*, édition de 1783. Bien plus, dans une perquisition faite pour saisir ce dernier ouvrage, c'est la brochure de l'honnête Dumont qui fut saisie! (Arch. des Comm. no 704).

Après des excursions en province, Gand 1784, Lille 1790-93, Dumont reparut au th. de la Cité-Variétés 1799, et à l'Ambigu 1800-1814. Le *Tribunal volatile* de l'an XI nous dit qu'il jouait les « pères sensibles » avec vérité et intelligence, et les contemporains s'accordent à dire qu'il ne manquait pas de talent. Sa diction juste et naturelle l'avait fait surnommer le « Molé des boulevards ». Il mourut d'hydropisie en septembre 1813.

Bibliographie : Campardon, *Les Spectacles*

de la Foire, t. I. – *Almanach des Spectacles*, 1815, p. 54.

DUMONT, Mlle, devenue femme Jadin. — Rôles d'enfants à la Comédie française 1785, débuta le 1er mars 1787 comme soubrette ; Th. de Monsieur (Feydeau) 1790-92, Th. Molière 1793, Th. de la République 1793-94, Bruxelles 1796, première soubrette, Bruxelles 1802, 3600 francs d'appointements. Ricord nous a laissé les renseignements suivants sur cette artiste : « Après avoir joué le rôle de Joas dans *Athalie*, étant enfant, cette actrice fut admise au Th. Français comme pensionnaire pour succéder à Mlle Joly dans l'emploi des soubrettes. Mlle Candeille lui confia le rôle de Fanchette dans la *Belle Fermière*, en 1793, et personne ne l'a rendu avec plus de grâce et de vérité. Mlle Dumont était petite, mais très bien faite, et sa figure était charmante et animée. Son organe, très agréable, avait du mordant, et sa diction de la vérité et de la chaleur. Ayant éprouvé une injustice de la part de MM. les sociétaires, cette actrice s'en fut tenir son emploi en province avec agrément. »

Mlle Dumont épousa M. Jadin, gouverneur des pages de la Chapelle du Roi. Une demoiselle Dumont *Joséphine* avait cherché à débuter à la Comédie française et à l'Odéon en 1809 et 1811.

Biographie : Ricord, les *Fastes de la Comédie*, t. I, 193.

DUMONT. — Sous ce nom :

Mlle DUMONT, Vaudeville 1820 et 1823.

Mme DUMONT, duègne, Nancy et Londres 1830, Th. Molière 1831.

Mme DUMONT, Cirque olympique 1835-37, 1845. Une dame *Françoise* Dumont, Rosy Peghaire, entra dans la Société des artistes en 1845. Paris 1846-48, Clermont 1852, Paris 1853-61, Belleyne 1862-67 ; et une dame *Vve Dumont*, âgée de 61 ans en 1850, reçut une pension de 186 fr. de la même société.

Mme DUMONT, Marie Chaudinet, dite — de la Société des artistes depuis 1840. Paris 1850-62, pensionnaire en 1859. A rapprocher des précédentes.

DUMONT Jean, Victor, décoré de Juillet, de la Société des artistes depuis 1844, Dieppe 1849. Nous relevons encore : *Dumont*, Lorient 1840, second rôle, Tournay 1845, Gand 1846, financier, Lille 1847. Jean Victor Dumont vécut à Paris 1852-1884 ; âgé de 69 ans en 1878, il obtint une pension de 500 fr. de la Société des artistes. Sa mort fut annoncée au Rapport de 1885.

Mlle DUMONT, Victorine. — Th. du Cirque 1861-62, Châtelet 1863.

DUMONT, J.-B. Eugène, dit aussi *Brestois*. — Th. Montparnasse 1862-65.

DUMONT, Palais-Royal 1876-77.

Mlle DUMONT, Berthe, Sarah. — Montparnasse 1880-82, Rennes 1886, Dijon 1887-88, Paris 1889-93.

Mlle DUMONT, Marie, Célestine, B. — Alcazar 1880-82.

Mlle DUMONT, utilités, Lille 1893.

Mlle DUMONT, Châtelet 1893, Th. Déjazet 1895.

DUMONTHIER. — Sous ce nom :

Mlle DUMONTHIER, Rouen 1802-04.

DUMONTHIER. — Rôles de convenance, Lille 1820, Rouen 1822, Lille 1823-24, 1600 fr. d'appointements, Gand 1825, à rapprocher des suivants :

DUMONTHIER, raisonneur, Nancy 1827, Orléans 1828, Nancy 1829.

DUMONTHIER, père noble, Genève 1833-34, Lille 1835, Metz 1837-40.

DUMONTHIER, amoureux, Moulins 1833-34.

DUMONTHIER, Edouard, mort du choléra à Avignon 1835.

DUMONTHIER, financier, Mons 1844, seconds rôles, Reims 1852, financier, Montpellier 1852.

DUMONTHIER, Elie, André, Caen 1848, Dieppe 1849, Th. Lyrique 1852, Alger 1853-54, Aix 1855-59, Marseille 1860, Arles 1861, Avignon 1862. Agé de 63 ans en 1863, avec 43 ans de th., Elie Dumonthier obtint une pension de 300 fr. de la Société des artistes. Bayonne 1863-65, Bourges 1867, Boulogne 1868-69, Charleville 1870.

Mme DUMONTHIER, Agathe, — Caen 1847-48, Dieppe 1849, Genève 1852, Alger 1853-54, Aix 1855-59, Marseille 1860, Arles 1861, Avignon 1862, Bayonne 1863-64, Orléans 1865-67, St-André 1868, Boulogne 1869, Charleville 1870-72, Rodez 1873-74, Arles 1875, Montpellier 1876-77, Castres 1878, Narbonne 1879, St-Remy 1880, Menton 1881, Avignon 1882, Narbonne 1883-84. Agée de 60 ans en 1884, avec 40 ans de th., Mme Agathe Dumonthier reçut une pension de 500 fr. de la Société des artistes. Ferrals 1885-90, Salerne 1890, Istres 1892-99, Alger 1900-03.

DUMONTHIER, Elie, Henry. — Caen 1848, Dieppe 1849, Genève 1852-53.

Mme DUMONTHIER, Rose. — Caen 1848, Dieppe 1849.

Mme DUMONTHIER, Thérèse, née Douillet. — Dieppe 1849-50, Genève 1852, Alger 1853-54, Aix 1855-59, Marseille 1860, Arles 1861, Avignon 1862, Bayonne 1863-64, Orléans 1865-66, Bourges 1867, Boulogne 1868-69, Charleville 1870-93. En 1882, Mme Vve Dumonthier, âgée de 89 ans, avec 41 ans de th., obtint une pension de 500 fr. de la Société des artistes. Le Rapport de 1894 annonce la mort de Mme *Amélie Lalande*, Vve Dumonthier.

Mme DUMONTHIER, jeune premier rôle, Brest 1851, premier rôle, Montpellier 1852, à rapprocher des précédentes.

DUMONTHIER, Helis (pour Elie ?), Henri fils. — Paris 1871-73, Angers 1874-75, Valenciennes 1876-77, Besançon 1878, Rennes 1879-80, Le Mans 1881-83, St-Germain 1884, Dijon 1885-87, Amiens 1888, Mons 1889, Lille, premier rôle marqué, 1890-91, Toulon 1892-93, Rennes 1894, St-Quentin 1895-96, Brest 1897, Gand 1898, Douai 1899-1900, Paris 1901-03. Agé de 76 ans en 1903, avec 30 ans de th., Dumonthier reçut 500 fr. de pension de la Société des artistes.

DUMORAND ou Dumarand Mlle. — Premier rôle, Bruxelles 1772-73 et 1774-75 aux appointements de 3300 et 3500 livres.

DUMOUCHEL. — Sous ce nom :

DUMOUCHEL, deuxième amoureux, Gand 1791, Bruxelles 1795, Ambigu 1800, Porte-Saint-Martin 1811, Gaîté 1816.

Mme DUMOUCHEL, femme du précédent, avait joué les premiers rôles tragiques à Bruxelles. — Ambigu 1799-1800, Gaîté 1812-15. « Talent nerveux, expressif, fort admiré » a écrit A. de Rochefort. Excella aussi dans la pantomime. Cette actrice mourut en 1823.

Mlle DUMOUCHEL, fille des précédents, femme Camiade (V. ce nom), joua les rôles d'enfants à la salle des Jeux Gymniques 1812. Elle débuta au Cirque olympique dans le rôle d'Aglaure de *Barbe-Bleue* le 27 mai 1817, Gaîté 1823-26. C'est à ce théâtre qu'elle connut son camarade Camiade qu'elle épousa. Associée aux entreprises théâtrales de celui-ci, elle courut la province, tint l'emploi des soubrettes à Rennes en 1833 ; puis reparut à la Gaîté sous le nom de Dumouchel-Camiade en 1834 et 1839.

Iconographie : Bibl. nat., catalogue Duplessis 13691. En buste, de 3/4 à gauche, dans un ovale, par Vigneron.

DUMOUCHEL, frère de la précédente, avait tenu également les rôles d'enfants à la salle des Jeux Gymniques en 1812. Il débuta à la Gaîté, dans les rôles d'amoureux vers 1824, et fut jugé trop lourd. Gaîté 1826-28, deuxième comique, Boulogne 1829, Mons 1830, Dijon et Limoges 1835 et 1837. En 1848, il existait un artiste du nom de Dumouchel, Louis Pompée.

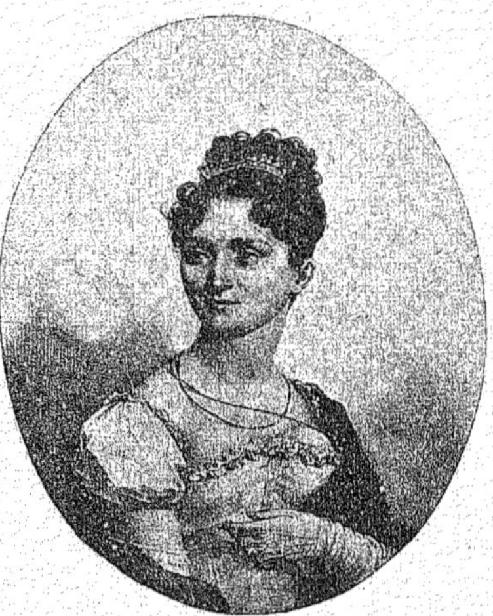

Mlle DUMOUCHEL, par Vigneron

DUMOULIN. — Sous ce nom :

DUMOULIN, Ambigu et Th. de la République à Rouen 1799-1801.

DUMOULIN, Th. des jeunes comédiens 1807.

DUMOULIN, Joseph, Jean, Franç., Guénépin dit, né vers 1810, acteur des Folies dram. 1831-34, débuta le 14 avril 1834 à l'Ambigu, et le 11 février 1835 aux Variétés dans *Au clair de lune*. Il créa un rôle dans *Kean*. Après avoir passé par Rouen 1837, il revint aux Folies dram. 1839, dont il devint une des colonnes. En 1846, Dumoulin qui avait été récompensé de deux médailles de sauvetage, fut nommé membre du Comité de la Société des artistes dramatiques. Garde national, il reçut une balle dans l'épaule, pendant les journées de 1848. Il était encore à cette époque aux Folies dram. Agé de 63 ans en 1873, Dumoulin obtint une pension de 300 fr. de la Société des artistes.

St-Germain, en annonçant la mort de cet acteur, au Rapport de 1895, rappela sa carrière en ces termes : « Il avait 23 ans quand il créa *Mon oncle Thomas*, de Michel Masson ; adroit, verveux, doué d'une jolie voix, il fut un de mes préférés, soit qu'il jouât le *Secret du soldat*, la *Courte-paille*, le *Premier ténor*, *Gig-gig*, la *Cocarde tricolore*, *Sans Cravate*, la *Veuve de la grande armée*, *Vingt francs par jour*, etc. » Rentré dans la vie privée, peu après les événements de 1848, Dumoulin reprit son nom de Guénépin, fut nommé receveur de l'octroi de Paris, puis Chevalier de la Légion d'honneur. Il mourut dans sa quatre-vingt-septième année.

Mme DUMOULIN, Marie, Anne, née Paillet. Fol. dram. 1833. Habitait Paris en 1856.

DUMOULIN, Délass. com. 1869, Ch. d'eau 1873-75, Fol. dram. 1875-76, Th. Taitbout 1876-77.

Mme DUMOULIN, Léonie, Marie. Grenoble 1872-75, Besançon 1876-78, Béziers 1879, Perpignan 1880, Béziers 1881, Paris 1882, Verviers 1883, Lorient 1884-88, Castres 1889-90, La Martinique 1891-92, Pau 1893, Brest 1894, Clermont-Ferrand 1895-96, Tournai 1897, Gand 1898-99, Paris 1900, St-Quentin 1902, Brest 1903. En 1904, Mme Léonie Dumoulin, âgée de 59 ans, avec 32 ans de th., obtint une pension de 500 fr. de la Société des artistes.

Iconographie : Il existe à la Bibl. nat., catal.

Duplessis n° 13697, le portrait d'une dame Dumoulin, actrice, en pied de 3/4 à gauche (cost. de th.), lith. par Masprounvis, 1872.

DUMOUSTIER, Mlle Charlotte. — Actrice chez Alex. Bertrand, à la Foire St-Laurent de 1700, femme d'un sieur Michel de Lannoy, maître de musique.

DUMOUSTIER, Mme. — Premiers rôles, Lille 1810-11.

DUMOUY. — V. Demouy.

DUNAND, Musard dit. — V. *Dumont*, Mussard dit.

DUNANT, François, Nicolas. — Débuta à la Comédie Française le 9 août 1780, rôles d'Arsame, dans *Rhadamiste* ; d'Euphemon fils, dans l'*Enfant prodigue ;* de Lisidor, dans le *Cocher supposé;* Nérestan; dans *Zaïre;* le chevalier, dans le *Distrait*. Reçu à pension en 1782, puis sociétaire le 14 avril 1787, il fit partie de la distribution de l'*Ami des lois* le 2 janvier 1793. Incarcéré avec ses camarades en septembre suivant, aux Magdelonnettes, il reparut au th. Feydeau en 1795, passa au th. Louvois en 1797 et mourut cette même année.

Biographie : Lemazurier, *Galerie historique*, t. I, p. 252. — Monval, *Liste alphabétique des sociétaires*.

DUNET, Auguste Parenti. — Gaité 1892.

DUNON. — Russie 1852.

DUNOYER. — Sous ce nom :

DUNOYER, Charles, débuta à l'Ambigu le 23 mars 1824 dans *Cœlina*. Ambigu 1825-26. Peut-être *Desnoyer*. V. ce nom.

Mlle DUNOYER, Caroline, soubrette, débuta à l'Odéon en décembre 1845, Porte-St-Martin 1853-54.

DUNOYER, Lambert, Lyon 1848-49, Jassy 1852, les Vertus 1853-59, Paris 1860, Beauvais 1861-62, Moulins 1863, Lisieux 1864, Roanne 1865-69, Cognac 1870.

Mme DUNOYER, née Dom. A. Bonnard, les Vertus 1852-55, Lodève 1856-57, Arles 1858-59, Beauvais 1860-61.

Mme DUNOYER, Victorine, née Urbain, Mâcon 1863-64, Bourges 1865.

Mlle DUNOYER, Blanche, Jeanne Cresson dite. Fol. dram. 1866-69, Gymnase 1870-72, Renaissance 1873-74, St-Pétersbourg 1875-79, Renaissance 1884-86, Palais Royal 1888-90, Odéon 1892-95, th. Déjazet 1895. Une des créatrices de *Thérèse Raquin*.

DUNY. — Premier rôle, troupe du maréchal de Lowendahl, Maëstricht 1748-49.

DUON, François, Alexis ou *Alix*. — Londres 1827, St-Pétersbourg 1852-59, Brunswick 1860-64, Hanovre 1865-68, Paris 1869, Minden 1870-73, Hanovre 1874-84. En 1865, âgé de 65 ans, avec 36 ans de théâtre, Duon obtint une pension de 300 fr. de la Société des artistes. Sa mort, survenue à Hanovre, fut annoncée au Rapport de 1885.

DUPALAIS, Mlle. — Actrice foraine, foire St-Germain 1724.

DUPARAI, Philippe, Etienne, Louis dit, que l'on écrivit souvent *Duparay*, *Duparrai* ou *Duparray*. — Naquit à Bruxelles le 28 décembre 1768. Il était le fils d'un nommé Louis, dont la femme légitime s'appelait Séraphine, Joséphine Dollé. Son acte de baptême, paroisse du Finistère, à Bruxelles, a été cité par MM. E.-D. De Manne et C. Ménétrier, ses biographes, qui avouent manquer de renseignements pour les premières années de sa carrière. Or, nous trouvons dans le tableau de troupe du th. de Douai, pour 1786-87 :

Duparai *père*, directeur, rois et pères nobles.

Duparai *fils aîné*, confidents, troisième amoureux des seconds.

Duparai *fils cadet*, seconds comiques, crispins.

D'où il résulterait que son père n'était pas mercier, comme le crurent ses biographes, mais comédien, ou peut-être fut-il les deux. Enfin l'acte de baptême reproduit est-il bien celui de notre comédien ? Que devint son frère aîné ? Car nous aimons mieux reconnaître notre Duparai dans le cadet, second comique. En 1790, il reparaît à Reims, th. du Marais, rôles accessoires, 1791-93, Amiens, où il est cité comme remplissant avec talent les rôles de valets, th. du Marais 1796 et 1798, th. Feydeau 1799, Ambigu comique et Gaité. En 1801, il reprend son vol, peut-être en Danemark, à coup sûr de longues années en Russie (il l'a écrit lui-même) et en France.

Bref, de retour à Paris, il demanda le 8 sept. 1814 à être entendu à la Comédie Française dans les rôles de comiques ; mais il fut déclaré le 22 du même mois qu'il n'était pas « jugé en état de débuter ». A Rouen, vers 1816, il essuya un échec. Le 21 juin, Picard l'appela à l'Odéon où il débuta par les rôles du Baron, de *Guerre ouverte* et de Durivage, dans la *Cloison*. Le 31 décembre 1817, il crée un rôle dans une *Macédoine*.

A cette époque de sa vie, Duparai, âgé de cinquante ans, est un homme naturellement bon, spirituellement naïf, un acteur d'un naturel admirable, un peu trivial. Mais personne ne comprend comme lui Argante, des *Fourberies de Scapin*, Chrysalde, Argan, Orgon, Harpagon. C'était le type parfait du bourgeois du XVIIe siècle. Son accentuation est comique, son parler traînant, sa physionomie ouverte. Au physique : grand, sec et maigre. Voici quelques-unes des pièces créées ou reprises à l'Odéon par Duparai ; 1820, les *Comédiens*, l'*Homme poli.* — 1821, le *Voyage à Dieppe.* — 1822, *M. Tourniquet.* — 1823, le *Séducteur amoureux*, l'*Innocence de la campagne*, les *Français en Espagne*, la *Maison à deux portes*, une *Journée de Vendôme.* — 1824, *Molière au théâtre*, *Léonie*, le *Déménagement de La Fontaine* (grand succès personnel), *Ourika*, le *Veuvage et les fiançailles*, l'*Officier de fortune*, l'*Enfant trouvé.* — 1825, la *Fête de Molière*, *Roman à vendre*, le *Dernier jour de folie*, les *Nouveaux Adelphes*, les *Deux écoles*, *Preciosa*, les *Surfaces.* — 1826, *Amour et intrigue*, la *Belle-mère et le gendre*, *Héritage et mariage*, l'*Ecole des veuves*, le *Cachemire.* — 1827, le *Généreux par vanité*, la *Première affaire*, l'*Homme du monde*, la *Sœur.* — 1828, les *Ephémères*, le *Concert à la campagne*, l'*Espion*, le *Contrariant.* — 1829, la *Bossue*, la *Vieille fille et la jeune veuve*, *Catherine aux Etats de Blois*, le *Frère et l'amant.* — 1830, l'*Article de journal*, le *Pamphlet*, la *Sœur cadette*, *Christine*, *Ma femme et ma place*, les *Hommes du lendemain*, la *Séparation*, *Napoléon Bonaparte*, le *Jeune prince* (grand succès personnel dans un rôle de vieux courtisan). — 1832, *Jeanne Vaubernier*, *Dick-Razah*, le *Temps et l'Odéon.*

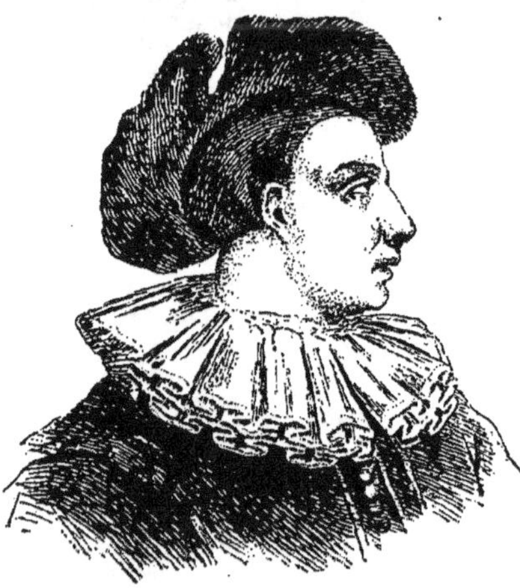
DUPARC (Gros-René), d'après Fr. Hillemacher

En 1832, la Comédie Française cherchait un « financier » ; elle lui fit des propositions. Le bonhomme Duparai, qui n'était point sot, hésita : « J'ai soixante-quatre ans, écrivait-il à un ami, et à cet âge on tremble de quitter une position, même médiocre, mais où l'on trouve la sécurité, pour courir, de nouvelles chances ». Il refusa. M. Védel, l'administrateur de la Comédie, fit valoir de si bonnes raisons, qu'il finit par le décider.

Signature de Duparc

Le 14 avril 1832, Duparai débuta, non sans émotion, par le rôle d'Orgon, de *Tartufe*, joua le lendemain Chrysalde, des *Femmes savantes*, Remi, des *Fausses confidences.* Son succès fut complet. Puis il créa : 1832, le *Barbouillé* (Gorgibus), le *Roi s'amuse* (De Cossé), la *Fête de Molière* (La Fontaine). — 1833, le *Sophiste* (Dujour), le *Médecin volant* (Gorgibus), la *Mort de Figaro* (Basile), l'*Alibi* (le Maréchal de Saxe).

Une circonstance fortuite le mit tout à coup en évidence. La première représentation de *Bertrand et Raton* avait eu lieu le 14 novembre 1833. Monrose père échoua dans le rôle de Raton, et rendit le rôle. Scribe n'hésita pas alors à le donner à Duparai qui lui imprima un caractère si vrai de bonhomie que le succès de l'ouvrage fut assuré. Néanmoins il dut volontairement renoncer au titre de sociétaire, moyennant certaines compensations de nature à assurer le sort de sa vieillesse.

Duparai créa encore des rôles dans *Ma place et ma femme*, le *Mari de ma femme*, *Mme de Montmorency*, *Chatterton* (Lord Beckfort), *Richelieu*, les *Deux Mahométans*, la *Belle-mère et le gendre*, *Lavater* et le *Procès criminel*, puis se retira le 30 mars 1838, à 70 ans, après avoir joué une dernière fois ce rôle de Raton qui avait couronné sa carrière. La Comédie lui servit une pension de 2,000 fr., et Duparai, retiré à Versailles, s'y éteignit le 30 juillet 1852, à 82 ans. — A Paris, Duparai avait habité carrefour de l'Odéon, 1817; rue d'Enfer, 14, 1820; rue St-Germain-des-Prés, 9, 1821-26 ; rue des Bourdonnais, 9, 1834-37.

Biographie : E.-D. De Manne et C. Ménétrier, *Galerie historique de la Comédie française.*

Bibliographie : le *th. à Douai.* — Le *th. à Reims.* — *Biographies* diverses. — *Dict. théâtral.* — *Souvenirs du Jouslin de la Salle.*

DUPARC, René Berthelot dit *Gros-René*, dit. — Né à Nantes vers 1630, était donc fort jeune encore quand il se trouvait comme comédien de campagne à Carcassonne avec Dufresne, en octobre 1647. Entré dans la troupe de la Béjart à une date que l'on n'a pu encore préciser, nous savons seulement que Duparc se maria à Lyon, le 23 février 1653, et que Molière avait apposé sa signature sur le contrat en date du 19 précédent.

Fort gros, malgré sa jeunesse, Duparc adopta l'emploi des valets sous le nom typique de *Gros-René* (on sait qu'il s'appelait René), et reçut des mains de Molière le fameux rôle du *Dépit amoureux*, écrit pour lui :

> Je suis homme fort rond de toutes les manières,

lui faisait dire l'auteur ; et le parterre de s'esclaffer de rire. A la mode italienne, dont s'inspirait alors Molière, dans toutes les pièces, dans tous les canevas débités à travers les provinces, les personnages typiques ne changent guère de noms. Dès lors, le valet gros et gras, sans souci, sorte de Sancho Pança raisonneur, ce sera toujours *Gros-René* représenté par Duparc. Gros-René suit la troupe à Montpellier, Pézenas et Lyon 1653-54, Lyon 1655, Pézenas et Béziers 1656, Nîmes 1657, Lyon, janvier 1658, où il enterre un petit garçon le 10 janvier; Grenoble, février 1658, Rouen, été 1658, Petit-Bourbon, première de l'*Etourdi*, Paris, 2 novembre, rôle d'Ergaste.

L'on a pu se demander comment, après onze ou douze ans de luttes en province, parvenu au terme du voyage, à Paris, Duparc avait pu quitter Molière. Il faudrait, pour ne pas le comprendre, oublier l'engouement des deux Corneille pour la Duparc lors de son récent passage à Rouen. (V. Mlle Duparc.) Au Marais, les Corneille sont tout puissants ; Pierre, sortant de sa retraite, va écrire des rôles pour la belle actrice, et Gros-René, mari bien dressé, va suivre sa femme en permutant avec Jodelet :

> Car Gros-René vient à sa place,
> Homme tiré sur le rôlet
> Et qui vaut trois fois Jodelet,
>
> (*Muse historique*, 31 mai 1659).

Mais ce passage au Marais ne devait être qu'une déception pour les deux transfuges. De plus, sa femme s'était trouvé enceinte. Le 12 mars de l'année suivante, le couple réintégrait au bercail, et Molière s'empressait de lui distribuer le rôle de Gros-René dans *Sganarelle* (28 mai), puis celui d'Ergaste, dans l'*Ecole des maris*. Nous savons qu'il n'a pas maigri :

> Peste soit du gros bœuf, qui, [pour me faire choir,
> Se vient devant mes pas plan- [ter comme une perche !

Duparc établit encore, dans le répertoire du maître, La Montagne, dans les *Fâcheux*, mais la mort le guettait. Celle-ci est implacable pour les gros jeunes hommes. Il avait paru une des dernières fois dans les « fêtes galantes et magnifiques » données par le roi à Versailles sous le nom des *Plaisirs de l'Ile enchantée*. Il représentait l'Eté, monté sur un éléphant recouvert d'une riche housse. Le 4 novembre, le théâtre faisait relâche pour la mort de Duparc. Et, à ce propos, disons que cette date du 4, adoptée par Lagrange sur son *Registre* et par M. Monval, est en contradiction avec le Registre de St-Germain-l'Auxerrois qui fait remonter cette mort au mardi précédent 28 octobre et fixe les obsèques au lendemain : « Convoi de 20 prêtres, vêpres de feu René Du Parc, vivant comédien de M. le duc d'Orléans, pris rue St-Thomas du Louvre ». Ce qui demeure certain, c'est que Du Parc mourut un mardi (28 oct. ou 4 nov.) et que l'on fit relâche ce jour-là qui se trouvait être un des trois jours de représentations (dimanche, mardi, vendredi). Or, on fit relâche aussi le 28 octobre.

Biographie : Lemazurier, *Galerie historique*, t. I. — Fr. Hillemacher, *Galerie historique des portraits des comédiens de la troupe de Molière*. — A. Copin, *Histoire des comédiens de la troupe de Molière*.

Bibliographie : *Registre* de Lagrange. — Jal, *Dict. critique*, p. 936. — G. Monval, *Chronologie Molièresque*.

Iconographie : Bibl. nat., catal. Duplessis 13,747, en buste, de profil à droite, grav. par Fr. Hillemacher, 1857.

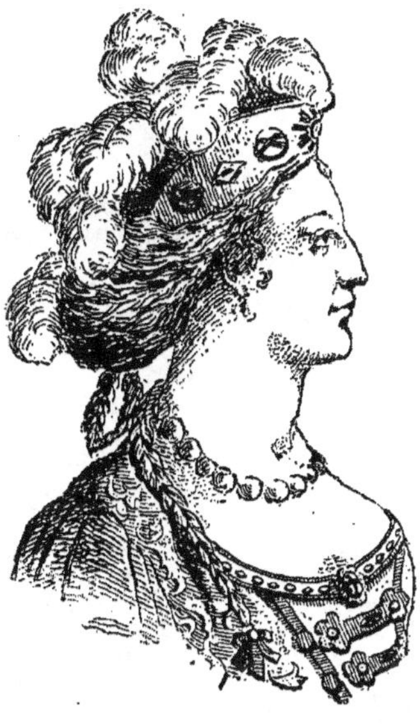

Mlle DUPARC, d'après Hillemacher

DUPARC, Mlle, Marquise, Thérèse de Gorle. — Femme du précédent, dite, née en 1633, était fille de Jacques de Gorla ou de Gorle, originaire des Grisons et fixé à Lyon depuis 1635. Il s'intitulait « opérateur ». La jeune Marquise — dont le prénom original fut souvent confondu avec un titre — était fort belle et faisait partie, croit-on, d'une troupe de campagne, lorsqu'elle rencontra, à Lyon, Duparc attaché à la troupe de Molière. Nous avons vu plus haut que Duparc épousa Marquise à Lyon le 23 février 1653, et que Molière, Dufresne, Joseph Béjart et Pierre Reveillon avaient signé le 19 au contrat.

Associée désormais au sort des Béjart, de Molière et de toute la troupe, nous retrouvons Mlle Duparc avec son mari en septembre de cette année, à la Grange des Prés (Pézenas), où Sarrasin, secrétaire du prince de Conti, en est amoureux sans espoir — espérons-le du moins pour Duparc —. Puis elle accouche, à Lyon, d'un garçon, le 8 mars 1654, ce qui ne l'empêche pas d'être marraine le 26 suivant. Ce petit garçon meurt à Lyon, où on l'enterre le 10 janvier 1658 ; puis, après avoir suivi les étapes de la troupe, nous retrouvons Mlle Duparc à Rouen, au mois de mai.

Les deux Corneille habitaient Rouen à cette époque ; Pierre avait 52 ans, Thomas 32. L'arrivée de la troupe de Molière fut un véritable évènement pour les deux frères. Le 19 mai, Pierre écrit à un de ses amis, parlant de l'excellence de la troupe : « Je voudrais qu'elle voulût faire alliance avec celle du Marais ; elle en pourrait changer la destinée ». On sait que c'est au Marais que les deux Corneille faisaient représenter leurs ouvrages.

La beauté de Mlle Duparc fit impression sur Pierre et sur Thomas. Selon l'usage de l'époque, ils adressent des vers à l'actrice, à laquelle ils donnent poétiquement le nom d'Iris. C'est le *Sonnet perdu au jeu*, de Pierre, et se terminant par :

Je vous en rends, Iris, un juste et prompt hommage.
Hélas! Contentez-vous de me l'avoir gagné,
Sans me dérober davantage.

C'est une élégie de 136 vers de Thomas, où nous trouvons des passages comme ceux-ci :

Je vous estime, Iris, et crois pouvoir, sans crime,
Permettre à mon respect un aveu si charmant;
Il est vrai qu'à chaque moment,
Je songe que je vous estime.

Les adieux de Pierre Corneille à Marquise, alors que celle-ci allait regagner Paris avec la troupe de Molière, sont classiques :

Allez, belle Marquise, allez en d'autres lieux
Semer les doux périls qui naissent de vos yeux...
. . . .
Marquise, apprenez-moi l'art de vous oublier.

On se rappelle que le grand Corneille ajouta au bas de cette pièce, quelques années plus tard :

Ainsi parla Cléandre, et ses maux se passèrent,
Son feu s'évanouit, ses déplaisirs cessèrent ;
Il vécut sans la dame, et vécut sans ennui,
Comme la dame, ailleurs, se divertit sans lui.

marquise gorle

Signature de Mlle Duparc

Mlle Duparc débuta devant le roi, au Louvre, le 24 octobre, dans l'*Etourdi*, puis au Petit-Bourbon, devant le public, le 13 novembre. Mais cette visite à Rouen avait eu une grande influence sur Pierre Corneille qui ne songeait plus qu'à écrire des pièces nouvelles pour l'actrice, et qui déterminait celle-ci, ainsi que son mari, à quitter la troupe de Molière, à Pâques 1659, pour entrer au Marais.

Nous avons dit à l'article Duparc combien mal avait réussi cette escapade. Mlle Duparc, enceinte, ne put rendre que peu de services ; le 13 octobre, elle accoucha d'une fille, Catherine, qui fut baptisée à St-Germain-l'Auxerrois le 16, et tenue sur les fonts baptismaux par François de Rebé, archidiacre, comte de Lyon, et par Catherine de Neuville, fille de Nicolas de Neuville, maréchal de France, gouverneur de Lyon, ce qui suffirait à nous prouver que le couple comique avait laissé d'excellents souvenirs dans cette ville.

A Pâques 1660, Mlle Duparc et son mari sont revenus chez Molière. Elle y crée le rôle de Célie, dans *Sganarelle* ou le *Cocu imaginaire*, remplit celui de la Nuit, dans les *Amours de Diane* et d'*Endymion*, tragédie de Gilbert, crée ceux de Done Elvire, dans *Don Garcie de Navarre* (4 fév. 1661), Orante dans les *Fâcheux*, mais quitte encore le théâtre pour des couches nouvelles ; le 27 janvier 1663, Molière et sa femme tiennent sur les fonts baptismaux de Saint-Eustache Jean-Baptiste-René, fils des Duparc, demeurant alors rue de Grenelle.

Le 8 août de cette même année — les baptêmes sont fréquents dans la troupe de Molière — la voici encore marraine avec Molière, à St-Eustache, de la fille de la Thorillière, laquelle sera la future Mlle Dancourt. Dans l'intervalle (1er juin 1663) elle avait établi le rôle de Climène dans la *Critique de l'Ecole des Femmes*, sur le th. du Palais-Royal.

Dans l'*Impromptu de Versailles* (1663), Molière nous donne un aperçu de ce qu'il pensait de sa pensionnaire :

MOLIÈRE. — Pour vous, Mademoiselle...

Mlle DUPARC. — Mon Dieu, pour moi, je m'acquitterai fort mal de mon personnage, et je ne sais pourquoi vous m'avez donné ce rôle de façonnière.

MOLIÈRE. — Mon Dieu, Mademoiselle, voilà comme vous disiez lorsque l'on vous donna celui de la *Critique de l'Ecole des Femmes ;* cependant, vous vous en êtes acquittée à merveille, et tout le monde est demeuré d'accord qu'on ne peut pas mieux faire que vous n'avez fait. Croyez-moi, celui-ci sera de même, et vous le jouerez mieux que vous ne pensez.

Mlle DUPARC. — Comment cela se pourrait-il faire ? Car il n'y a pas de personne au monde qui soit moins façonnière que moi.

MOLIÈRE. — C'est vrai, et c'est en quoi vous faites mieux voir que vous êtes une excellente comédienne, de bien représenter un personnage qui est si contraire à votre humeur.

En 1664, elle créa Dorimène du *Mariage forcé*, puis Aglante de la *Princesse d'Elide*, ce dernier rôle quelques jours après la mort de son mari — la profession d'artiste a de ces tristes obligations.

Veuve, Mlle Duparc reste encore attachée à cette troupe de Molière où elle est entrée il y a douze ans. De figure noble, de talent distingué, elle y a conquis une des premières places. Dans les ballets, si fort à la mode, elle s'acquitte aussi à merveille de sa tâche : « Elle faisait, nous dit une contemporaine, certaines cabrioles remarquables, car on voyait ses jambes et partie de ses cuisses, par le moyen de sa jupe fendue des deux côtés, avec des bas de soye attachés au haut d'une petite culotte ». — *Lettres au Mercure de France*, mai et juin 1740.

Dans *Don Juan*, elle est Elvire ; dans le *Misanthrope*, Arsinoé ; dans *Méliceste*, Méliceste. Quant à ses talents de ballerine, il suffit de lire la relation des *Plaisirs de l'île enchantée* pour se rendre compte de la place qu'elle occupait dans le ballet.

Aucune situation au théâtre ne pouvait être alors plus enviable que celle de cette jolie femme de 34 ans. Et cependant on apprend tout à coup que Mlle Duparc quitte une seconde fois la troupe de Molière pour entrer dans le temple de la tragédie : à l'hôtel de Bourgogne.

Nous arrivons ici à la brouille légendaire qui désunit Molière et Racine. Molière avait dix-huit ans de plus que Racine ; il l'avait protégé à ses débuts, recevant ses pièces, lui donnant, outre l'appui de son talent personnel, celui de ses meilleurs comédiens. Pour le récompenser de ses services, Racine fit, en secret, apprendre la pièce d'*Alexandre* que jouait Molière, aux comédiens de l'hôtel de Bourgogne, ses concurrents. Ce n'est pas tout : Racine était jeune, la Duparc était veuve et belle. Il écrivit pour son idole le rôle d'*Andromaque* et souffla à son ancien protecteur sa première actrice. On comprend que Molière n'eût pas trop à se louer du procédé. Mlle Duparc créa *Andromaque* à l'hôtel de Bourgogne, et cet évènement littéraire fit autant de bruit qu'en avait fait la représentation du *Cid*, trente ans auparavant.

Les amours de Racine et de la Duparc, bien que niées par son fils, Louis Racine, qui, du reste, nie les choses les plus évidentes, furent des amours folles et d'autre part, Mme de Montmorency écrit en date du 10 juillet 1668 : « Le chevalier de Rohan veut épouser la Duparc, fameuse comédienne; la famille du chevalier s'y oppose ». Et Bussy répond de Chaseu, le 17 du même mois : « J'admire l'étoile de la Duparc qui a donné mille passions à mille gens, et jamais une médiocre. Si le chevalier de Rohan l'épouse, ce sera un grand triomphe pour l'amour ».

Au faîte de la renommée et de la gloire, voici que l'on apprend que la Duparc est décédée presque subitement, rue Richelieu, le 11 décembre (1668), et l'opinion publique s'alarme. Citons un de ses biographes : « Mais pour quelles raisons Jean Racine aurait-il empoisonné sa maîtresse ? Ce n'est que l'année suivante qu'il deviendra l'amant en titre de la Champmeslé. Au moment de la mort de Mlle Duparc un autre bruit court et celui-ci parait beaucoup plus fondé, Mlle Duparc était devenue enceinte. Veuve, elle craignit le scandale ».

C'est du reste, l'opinion adoptée par Ravaisson, *Archives de la Bastille*, t. VI, tandis que Mathieu Marais *(Mémoires touchant la vie de Boileau-Despréaux)* déclare nettement :

« La Duparc mourut bientôt en couches. Elle était veuve ».

Robinet rima aussitôt :

L'Hôtel de Bourgogne est en deüil
Depuis peu voyant au cercueil,
Son Andromaque si brillante,
Si charmante et si triomphante,
Autrement la belle Duparc....

Dont chacun était enchanté,
Alors qu'avec un port de reyne,
Elle paraissoit sur la scène.

Suit le compte rendu de l'enterrement où figurent les comédiens,

Tant les François qu'Italiens,

les peintres, les adorateurs, les poètes de théatre,

Dont l'un, le plus intéressé,
Etoit à demy trépassé.

Voici la copie de l'acte mortuaire :

« Du 13 décembre 1668, Marquise, Thérèse de Gorla, veuve de feu René Berthelot, vivant sieur Du Parc, l'une des comédiennes de la troupe royale, âgée d'environ 25 ans (c'est 35 qu'il eût fallu dire) décédée le onzième du présent mois, rue de Richelieu ; son corps porté et inhumé aux religieux carmes des Billettes de cette ville de Paris, présents au convoi Rault Régnier, marchand apothicaire, demeurant paroisse St-Germain, et Spencer, juré crieur, témoins. » *Registres de St-Roch.*

Quant au jeune Jean-Baptiste René, le filleul de Molière, resté par conséquent orphelin à cinq ans, nous savons qu'il fut plus tard embarqué sur un navire de commerce et partit pour les colonies. Revenu à Paris, il épousa le 1er mars 1688, une demoiselle Dennebault, petite fille de Montfleury, fille elle-même de comédienne. V. Mlle Dennebault.

Biographie : les frères Parfait, t. x, p. 367. — Lemazurier, *Galerie historique*, t. II. — Fr. Hillemacher, *Galerie historique des portraits des Comédiens de la Troupe de Molière.* — A. Copin, *Histoire des Comédiens de la Troupe de Molière.*

Bibliographie : *Registre* de Lagrange. — *Lettres au Mercure.* — Jal, *Dict. critique.* — Ricord, les *Fastes de la Comédie*, t. II. — G. Monval, *Chronologie Molièresque.*

Iconographie : Bibl. nat., cat. Duplessis 13748, en buste, de profil à gauche, grav. par Fr. Hillemacher, 1857.

DUPARC. — Sous ce nom :

DUPARC, Lyon 1764.

Mlle DUPARC, Troupe d'Audinot 1769.

DUPARC, raisonneurs et utilités, Lille 1788-1811.

Mlle DUPARC, Gymnase 1821, Variétés 1825.

Mme DUPARC, Augustine. — Montparnasse 1835.

Mlle DUPARC, ingénue, puis jeune première, Moscou 1833-42. Sa mort fut annoncée au Rapport de 1901.

Mlle DUPARC, Ecole lyrique 1862.

Mlle DUPARC, Th. du Luxembourg 1863.

DUPARC, Paul, Joseph Aye dit. — Toulouse 1874-75, Bordeaux 1876, Paris 1877-78, Marseille 1879, Alger 1880, St-Etienne 1881, Paris 1882-84, Odéon 1885-97, Ambigu 1898, Odéon 1899-1904. Officier d'académie en 1903.

Mme DUPARC, Bouffes parisiens 1878.

DUPARD, Mlle, Angélique, Antoinette Amable, femme Lepeintre née le 28 Juillet 1782. — Jeunes artistes, Vaudeville, Variétés. Mourut le 5 janvier 1826, après une longue maladie pendant laquelle son mari lui prodigua les plus tendres soins. Fort jolie femme. Ses obsèques eurent lieu à l'église Bonne-Nouvelle. V. Lepeintre.

DUPARÉ. — Utilités, Marseille 1852.

DUPARGNE, Mlle Louise dite Virginie. — Florence 1855, Paris 1856-69.

DUPART. — 3e rôle, Lille 1786. V. Duparc.

DUPAS, Mlle Mathilde. — Gand 1848.

DUPERCHE. — Jeune premier 1796-98, Bruxelles, financier Gand 1820.

DUPERCHE, Mme. — Liège 1796.

DUPÉRÉ, Mlle. — Utilités, Bordeaux 1820.

DUPÉRIER, François Du Mouriez Du Périer dit. — Appartenait à une ancienne famille noble parlementaire de Provence, à laquelle se rattachent François Du Périer connu par les stances de Malherbe, son fils Scipion, jurisconsulte éminent, et le poète Charles Du Périer, petit fils de François et neveu de Scipion. Un ascendant, Claude Du Périer, avait épousé une demoiselle Anne de Morier ou Mouriés, dont on fit Du Mouriez.

Signature de Dupérier

François, celui qui nous occupe, naquit probablement à Aix, vers 1650. Par quel hasard devint-il laquais de Molière, sous le nom de « Provençal » ? C'est ce que son érudit biographe, M. Monval n'a pu découvrir. Toujours est-il que « Provençal » semble avoir figuré à Chambord dans le *Bourgeois gentilhomme* selon l'usage qui faisait tenir alors les bouts de rôles par les domestiques des comédiens.

Quelques mois après la mort de Molière, Du Périer, qui a repris son nom, est comédien à Rouen, marié et père d'un enfant de deux ans. Sa femme, Madelaine Jannequin, est l'une des filles du comédien Rochefort dont Molière avait tenu un autre enfant sur les fonts de Notre-Dame d'Auteuil le 30 mars 1671.

Le 2 décembre 1673, Du Périer fait baptiser à St-Eloi de Rouen son second fils, Pierre François, né le 25 septembre précédent, et c'est à lui et à Longueil, comédien de la troupe de la marine représentant au Jeu de Paume des Deux-Mores que l'on signifie la défense de représenter le *Malade imaginaire* avant que la pièce soit imprimée.

La même année, le 25 octobre, Madelaine Jannequin lui donne un troisième fils, baptisé le 12 novembre 1674 à la même paroisse que son frère.

Le 15 février 1679, Du Périer assiste, à Paris au mariage de Jean Bouillard de Lagarde, comédien de campagne, avec Marie Le Charton, cousine germaine de Champmeslé.

En 1681-82, Du Périer est en Hollande, dans la troupe française du Prince d'Orange que Brécourt, oncle de sa femme, dirigea jusqu'à la fin de de 1681. Le *Mercure burlesque* qui relate volontiers les petits scandales ne le ménage guère :

> Et sans Du Périer et La Salle
> Qui rebutent les auditeurs,
> La troupe serait sans égale... (11 mars 1682)

ou encore :

> Le comédien Du Périer
> Où l'on jouoit à la bassette,
> Vend jusqu'à sa derniere assiette
> Et cesse d'estre gargotier.
> La raison que chacun en donne,
> C'est qu'ayant l'âme trop friponne
> Pour exercer un tel métier,
> Il ne luy venoit plus personne :
> Car voulant amasser du bien,
> Il se servoit de cartes fauces
> Avec d'aussy méchantes sauces
> Qu'il est mauvais comédien...

Plus loin le gazetier raconte que le comédien pour se venger, a voulu le faire assommer.

Le 29 mars 1685, Du Périer figure à Paris, à l'enterrement de Brécourt, et le 6 avril il s'engage pour jouer les premiers rôles dans la troupe de Rosélis ; la même année, il « assiste » dans *Polyeucte*, à la Comédie Française. L'année suivante, la mort de Rosimond (1er nov. 1686) lui fait une place au théâtre de Guénégaud, où il est reçu à quart de part. Il y double Raisin cadet, joue pour la première fois, le 19 novembre, devant la Cour, à Versailles, et adopte l'emploi des manteaux. En avril 1689, il suit la Comédie dans la nouvelle salle de la rue des Fossés ; il a demi-part. Le 1er mars 1692, il a part entière.

Comédien de second plan, acteur utile, sociétaire dévoué, il est ainsi décrit par une note de M. de Trallage : « Le bon homme Du Périer, avec son air doucet, a joué pendant quelque temps le rôle de Georges Dandin et d'autres rôles comiques de Molière ; mais le parterre l'a tant sifflé qu'il a été obligé de quitter la partie et de laisser faire cela à La Thorillière ».

Homme d'affaires avant tout, Du Périer songeait déjà à d'autres choses qu'à la comédie ; ayant quitté la scène en juillet 1705, il obtint sa retraite le 19 octobre, au bout de vingt ans de services, avec la pension de 1000 livres. Mais il appartenait à M. G. Monval, non seulement d'établir que la personnalité du laquais de Molière « Provençal » et celle de Du Périer, comédien, se confondaient, mais surtout de nous démontrer que Du Périer possédait le génie des affaires sous des formes multiples.

Veuf, avec sept enfants, depuis le 27 novembre 1690, Du Périer qui habitait alors, en face de son théâtre, les trois derniers étages d'une maison appartenant à Procope, avait à cœur de faire vivre les siens et de les élever. Dès 1699, il s'intéresse aux jaugeages et courtages des élections d'Angers, Laval, Mayenne et Château-Gontier, soutient des procès, cautionne son fils et des amis, s'associe dans différentes affaires, crée des sociétés et se trouve en mesure, quelques années plus tard, de donner à l'une de ses filles 25,000 livres de dot, en mariage. Il est devenu actionnaire de la Compagnie des Indes, intéressé dans la ferme de Montreuil-Bellay, procureur d'un grand nombre d'amis et de camarades, comédiens en province ou à l'étranger, et avant tout entrepreneur des pompes à incendie.

Du Périer qui avait vu fonctionner des pompes en Hollande, en Flandres, à Landau, à Strasbourg, demanda au roi le privilège de « faire construire et fabriquer une pompe propre à éteindre le feu » et de vendre cette pompe dans tout le royaume pendant un laps de trente ans.

Ce privilège lui fut accordé le 12 octobre 1699 par lettres patentes, enregistrées au Parlement le 1er février 1700. La carrière de Du Périer étant finie comme comédien, nous ne le suivrons pas comme «premier pompier de France». Tous ces détails sont consignés dans le livre de M. G. Monval. Qu'il nous suffise de dire que l'ex-laquais de Molière, chargé officiellement d'établir, de garder, et d'entretenir les pompes du roi, nommé directeur général, honoré d'un brevet public de dévouement et de courage à l'occasion du terrible incendie du Petit Pont (nuit du 27 au 28 avril 1718), fabricant patenté de toutes les pompes du royaume, mourut riche et honoré, le 21 juin 1723, à l'Hôtel des Pompes, rue Mazarine, en face la porte des Quatre-Nations, dans une maison appartenant à sa seconde femme, Anne Vaugé.

De ses deux lits, s'il en faut croire les *Mémoires de Dumouriez*, son petit-fils, Du Périer aurait eu 24 garçons et 8 filles, dont M. G. Monval a retrouvé quinze. L'inventaire établi après sa mort constata la présence chez lui d'une peinture sur toile « représentant le sieur de Molière ».

On trouvera dans le livre de M. Monval «*Le Laquais de Molière*» : le testament de Du Périer, l'inventaire établi après sa mort, la liste de ses enfants, la biographie d'Antoine-François, père du général Dumouriez, nombre de pièces justificatives, l'énumération des pièces où Du Périer créa un rôle (1686-1705), l'état de ses dettes en 1692 et jusqu'aux blasons des familles Du Périer et Du Mourier.

Biographie : G. Monval, le *Laquais de Molière*, Paris, Tresse et Stock, in-8°, 1887.

DUPERRÉ, Hippolyte, Louis. — Vaudeville 1884-86, Paris 1887-94.

DUPERRON, Mme. — Soubrette, Douai 1786-87.

DUPEYRON, Mme Edith. — De la Société des artistes depuis 1848, jeune première, Berlin 1852.

DUPEYRON. — Gymnase 1851-52.

DUPIN, Joseph Du Landas, sieur du Bignon dit. — Fils de Guillaume Du Landas, né à Nantes (ou La Rochelle) vers 1639, se fit comédien lorsqu'il eut dissipé son bien. Il joue à Chambéry en 1659, à Turin, à Hanovre, à Rouen, puis épouse, le 8 avril 1665, Louise Jacob, fille de Montfleury. Il se qualifiait alors écuyer, sieur du Bignon. Acteur assez médiocre au Marais (1672), il passa au th. Guénégaud en 1673. En 1676, il y joue, le 7 avril, le rôle de Perrette, mère du marié, dans le *Triomphe des Dames*, tandis que sa femme, travestie en homme sous le nom d'Oronte, y tient celui de Clarice, et leur fille, la petite Dupin, joue Fanchon. Mis à la retraite en 1680, avec une pension de 500 livres, il mourut à Paris, rue de Sèvres, le 25 juillet 1696.

Bibliographie : *Lettres au Mercure*, p. 67. — Jal, *Dict. critique*, art. Montfleury, p. 889. — *Th. en Savoie*, p. 17 et 130.

DUPIN, Mlle Louise Jacob de Montfleury, dite. — Femme du précédent (1665), sœur de Mlle Dennebault, naquit à Paris le 30 mars 1649. Elle était belle, bien faite et galante. Ce fut une bonne actrice au Marais 1672, puis au th. Guénégaud 1673, où, plus heureuse que son mari, elle fut maintenue à la réunion générale de 1680. Un procès qu'elle perdit, en 1679, fut cause que l'on suspendit les représentations du *Germanicus*, de Boursault. Elle se retira le 14 avril 1685, avec une pension de 1,000 livres, et mourut le 8 avril 1709.

Bibliographie : les frères Parfait, *Hist. du th. fr.*, XI et XII. — Lemazurier, *Galerie historique*, t. II.

DUPIN. — Sous ce nom :

Mlle DUPIN, accessoires, Maëstricht 1737.

DUPIN, Ambigu 1786.

Mlle DUPIN, Elisabeth. V. Mme Grassau.

Mlle DUPIN, Adèle, Gaîté 1823-24.

DUPIN, Porte-St-Martin 1837.

DUPIN. V. Aurèle.

DUPIN, Joseph, Philibert. Nantes 1865-67, Nouvelle-Orléans 1868, Mons 1869-70, Douai 1872, Bayonne 1873-74, Tournai 1875-76, Namur 1877, Mons 1878, Grenoble 1879, Perpignan 1880, Lorient 1881, Perpignan 1882, Paris 1883-90, Bruxelles 1891, Paris 1892-98, Saulieu 1899-1903. En 1895, Joseph Dupin, âgé de 68 ans, avec 31 ans de th., reçut une pension de 500 fr. de la Société des artistes. Sa mort fut annoncée au Rapport de 1904.

DUPIN, P., Fol. dram. 1871.

DUPIRÉ, Mme. — Chambéry 1863. Une dame Marguerite Dupiré fut nommée Officier d'académie en 1904.

DUPLAN. — Sous ce nom :

Mlle DUPLAN, belle actrice, Versailles 1777. Mlle Montansier, sa directrice, ayant voulu l'éliminer de sa troupe en 1782, celle-ci en appela au Prévôt de l'Hôtel, qui soumit le cas à la Comédie française. Mlle Montansier perdit son procès, et Mlle Duplan fut maintenue dans son emploi.

Mme DUPLAN, caractères, Maëstricht 1786.

DUPLAN, th. de la République 1793, Rouen 1798-99, peut-être *Sornier-Duplan*, Reims deux années, directeur Angers 1805 et 1807, Tours 1808, candidat à la direction de Reims, 1808.

DUPLAN, Julien, Nouveautés 1831.

DUPLAN, premier comique, Lille 1862.

Mlle DUPLAN, deuxième amoureuse, Lille 1862.

DUPLAN, Eugène, Nicolas Tribouillard dit. — Rochefort 1862-64, Strasbourg 1865, Toulouse 1867, Anvers 1868-69, Le Caire 1870-72, Nouvelle-Orléans 1873-85, New-York 1886, Officier de l'Ordre du Vénézuéla, Paris 1887-1890. Artiste de valeur, chanteur comique d'opérette, Duplan mourut dans un dénuement complet. Le *Rapporteur* de 1891, en annonçant cette mort, fit remarquer avec regret que Duplan, qui avait droit à une pension, ne l'avait jamais demandée pas plus que des secours, alors qu'il avait lui-même donné pendant 30 ans.

DUPLAN, Mme Sophie, Joséphine *Jouard*, femme Tribouillard, dite. Marseille, Alger, Marseille, prend le nom de *Duplan*, Rochefort 1862-64, Strasbourg 1865.

DUPLANTY, Morain, dit. — Deuxième comique, Avignon 1825, débuta le 15 avril 1826 au Vaudeville, par le rôle de l'Invalide, dans *Encore une folie*. Après une saison passée à Amiens, il se représenta à Paris, le 17 mai 1827, aux Variétés, dans les *Cancans*, et le 28 juin suivant à la Gaîté, dans une *Mauvaise langue*. Premier comique à Angers, 1827, Duplanty ne se découragea pas. On le vit encore à l'Ambigu, puis il partit pour l'Allemagne (1831). Th. Molière, Ambigu. On dit de lui : « Sa présence seule suffit pour mettre en gaîté le public. » Ou encore : « Ce comique, qui a la prétention d'imiter Samson, ne ressemble jamais à personne ; il est d'un mauvais à faire plaisir. » Ambigu 1833-34, Porte-St-Martin 1835. En 1846, on signale la mort d'une dame Duplanty. Morain, dit Duplanty, mourut vers 1851.

Bibliographie : La *Rampe et les Coulisses*, 1832.

DUPLATRE, Mlle Marie, dite, ou *Leblanc*. — Rennes 1862-64.

DUPLAY, Dupuis, dit (on écrivit aussi *Dupleix*). — Variétés 1889-91, Fol. dram. 1895.

DUPLESSIS. — Sous ce nom :

DUPLESSIS, seconds rôles et souffleur, Douai vers 1774.

DUPLESSIS, premier comique, St-Quentin 1783-84, Rouen 1787, anc. th. de l'Opéra, an XI : « Mince talent qu'on peut encore supporter. »

Mme DUPLESSIS, confidente, St-Quentin 1783-84, jeune première Anvers 1789, anc. th. de l'Opéra an XI : « Peut fort bien jouer le grand répertoire, et non le mélodrame. »

DUPLESSIS, Robert Asselineau, dit, né à Cosne-sur-Loire. — Reims 1797, 34 ans.

DUPLESSIS, financier, Marseille 1829-31, Verviers 1837, Montpellier 1840.

DUPLESSIS, premier rôle, Alger 1851-52, deuxième rôle, Lille 1854.

Mlle DUPLESSIS, premier rôle, Alger 1851-52, Lille 1854.

DUPLESSIS (ou Duplessy), Mme Virginie Duhamel, dite. Débuta dans les chœurs au Gymnase. Fol. dram. 1851-52, Vaudeville 1853-55, Cirque Olympique 1857 (le *Diable d'argent*), Vaudeville 1857-65, Châtelet 1865 (la *Lanterne magique)*, Marseille 1867-68, Strasbourg 1869-70, Buenos-Ayres 1872-73, Montevideo 1874-83, Vaudeville 1884-93, Paris 1895-1900. Fort jolie personne, elle tenait les premiers rôles dans les vaudevilles et ceux de second plan dans les grandes pièces. Elle créa avec esprit le personnage de Rosette, dans *Rédemption*. En 1889, âgée de 60 ans, avec 34 ans de th., elle obtint une pension de 500 fr. de la Société des artistes. Sa mort fut annoncée au Rapport de 1901. Est-ce la même, salle Taitbout 1876 ?

Bibliographie : *Galerie Lorsay* 1854.

Iconographie : Bibl. nat., cat. Duplessis 13,804. En pied de 3/4 à droite, lith. par E. Helle, 1854, d'après Eust. Lorsay.

DUPLESSY. — Sous ce nom : V. aussi Duplessis.

Mme DUPLESSY, Marie Simon, Rennes 1862.

Mme DUPLESSY, Marie, née Bourdonneau, Angers 1863, Montpellier 1864-65, Dijon 1867, Nancy 1868, Metz 1869-70, Paris 1871-72, Lyon 1873, Bruxelles 1874-75, Nice 1876, Troyes 1877, Lisbonne 1878, Caen 1879-80. Le Rapport de 1881 annonce la mort d'une dame Eppel Duplessy.

DUPLESSY, Fol. dram. 1875.

DUPOISA, Mlle Augustine. — Th. Comte 1829.

DUPONT. — Amoureux, Bruxelles 1776-77.

DUPONT, Mlle. — Première soubrette, Gand 1779 et 1787, Lille 1787-88, Reims 1791.

DUPONT. — Douai 1787.

DUPONT, Denis Boudy, dit. — Elève de Mlle Raucourt, naquit vers 1767 et débuta à la Comédie Française les 17 et 19 mars 1791. Il fut reçu sociétaire le 28 mars l'année suivante. On estimait alors qu'il pourrait remplacer Talma passé au th. de la rue Richelieu.

La justesse des intonations du débutant, la vérité, la chaleur de son débit, la souplesse de ses mouvements, le naturel de son jeu, étonnèrent, et son triomphe fut complet dans le rôle d'Arsâme, de *Rhadamiste et Zénobie*. Le 6 mars 1792, il avait créé fort heureusement le rôle d'Abel, dans la *Mort d'Abel*, bien servi par une figure simple et douce.

Dupont fut encore de la distribution de l'*Ami des lois* (2 janv. 1793), de *Paméla* (1er août). Quelques jours plus tard, il était incarcéré avec ses camarades aux Magdelonnettes (5 sept.), d'où il ne sortit que sous condition d'entrer au th. de la République, où il reparut le 4 février suivant dans St-Albin, du *Père de famille*, rôle dans lequel il excellait, ainsi que dans tous ceux qui exigent une sensibilité communicative; Dupuis, de *Dupuis et Desronais*, Dormilli, des *Fausses infidélités*, Sir Ernold, de *Paméla*, Lindor, du *Retour du mari*. Dans la tragédie, où il était moins bien placé : le jeune Bramine, de la *Veuve de Malabar*, Egysthe, de *Mérope*, *Britannicus*, etc. Après avoir joué au th. Feydeau, Dupont parut à l'ouverture du th. Louvois (25 déc. 1796), dans les *Deux sœurs*, puis, après la fermeture de ce th. (10 sept. 1797), passa à l'Odéon où on le vit encore dans l'*Homme sans façon*, une *Journée du jeune Néron*, etc. A la réunion de la Comédie française (1799), il fut conservé. Malheureusement une maladie grave, dont il avait, dit-on, contracté le germe dans les prisons de la Terreur, vint tout à coup le tenir pendant 14 mois éloigné de la scène. Il n'est plus que l'ombre de lui-même ; on le trouve pesant, monotone *(Espion des coulisses)*; son organe s'est altéré, sa santé est devenue chancelante, tous ses moyens se sont affaiblis *(Almanach pour l'an IX)*. Bref, il fut décidé, au nom du premier Consul, qu'il ne faisait plus partie du Th. Français et qu'on lui accordait sa pension de retraite, bien qu'il n'eût pas accompli ses 20 ans de service. Une lettre collective de regrets lui fut écrite par tous ses camarades (Ricord, les *Fastes*, t. I, p. 154) et Dupont rentra dans la vie privée avec une pension de 4,000 fr. et une place de sous-chef au bureau des Beaux-Arts (30 mars 1803). Très estimé de tous, il se retira à Morsang, près Corbeil, fut nommé maire, et y mourut le 18 mai 1856. Il fut le professeur de Mlle Dupont, sa belle-fille. (V. Mlle Dupont.)

Bibliographie : Le *Coup de fouet*, l'*Espion des coulisses*. — La *Lorgnette des spectacles*. — *Almanach des spectacles*, 1800, 1801, 1803. — L'*Opinion du parterre*, t. I. — Ricord, les *Fastes de la Comédie*, t. I. — Porel et Monval, l'*Odéon*, t. I. — Monval, *Liste alphabétique des sociétaires*.

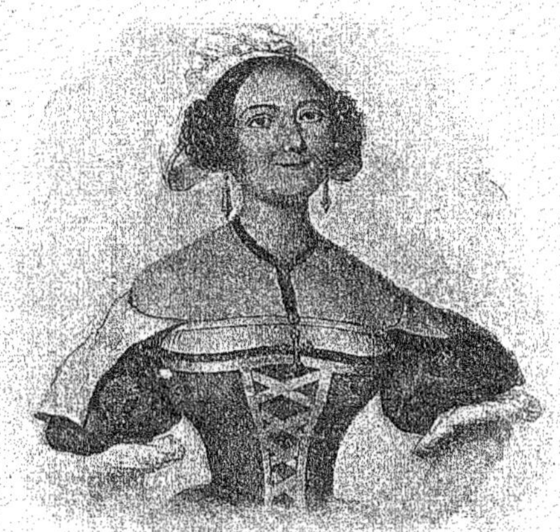
Mlle DUPONT, d'ap. Lacauchie

DUPONT, Mlle Charlotte, Louise, Valentine Rougeault de la Fosse, dite. — Belle-fille et élève du précédent, naquit à Valenciennes le 31 mai 1791 (église St-Géry), où son père était entreposeur de la ferme des tabacs. Veuve de bonne heure, sa mère née Dupoux, native de Sébourg, vint avec sa fille à Paris, où elle se rencontra avec Dupont, lequel se chargea de l'éducation dramatique de la jeune fille qui débuta à la Comédie Française dans l'emploi des soubrettes, le 15 mai 1810, Finette, du *Dissipateur* et Lisette, des *Folies amoureuses*.

C'était une brune piquante, au minois provoquant, à l'œil vif et décidé ; on lui reprocha son manque d'expérience et la volubilité de son débit ainsi que des minauderies inutiles. Dupont fit agir les influences dont il disposait ; Esménard, chef de la division des théâtres au Ministère de la police fut également d'un grand secours. Bref, la débutante fut admise à l'essai aux appointements de 2,400 fr. portés à 2,800 en 1812. Mais la société, qui avait eu un peu la main forcée, lui opposa Mlle Demerson, et la tint résolument dans l'ombre.

Fatiguée de cette position fausse, Mlle Dupont voulut se lancer dans les premiers rôles tragiques. Le 7 mars 1811, elle parut dans le rôle de Didon, soirée sans lendemain. Il fallut reprendre le tablier. En attendant, une pièce conservée aux Archives nat. prouve que le Comité était bien résolu à la remercier à partir du 1er avril 1814. La débutante opposa la force d'inertie à ses adversaires. Après un noviciat long et pénible, elle fut nommée sociétaire à ³/₈ de part, le 1er avril 1815. La critique cependant ne désarme pas : « Feignons de ne pas apercevoir le nom de Mlle Dupont, écrit-on en 1821 ; elle nous saura gré de la faiblesse de notre vue. » En 1824 : « C'est une femme de bon ton, dans toute l'étendue du mot, sur la scène comme dans le monde. » En 1826 : « Elle a, du moins, l'extérieur d'une soubrette. »

La *Rampe et les coulisses* (1832), ne dissimulent pas qu'elle doit en partie la place qu'elle occupe à la faveur : « Il faut à Mlle Dupont des princes, des ducs, ou pour le moins des marquis ; c'est là son amour-propre, c'est presque une passion chez elle. » « En femme prudente et sage, avant de s'attacher, elle a toujours eu soin d'étudier la capacité et la position sociale des aspirants. » A part ce petit travers, Mlle Dupont est la meilleure femme du monde.

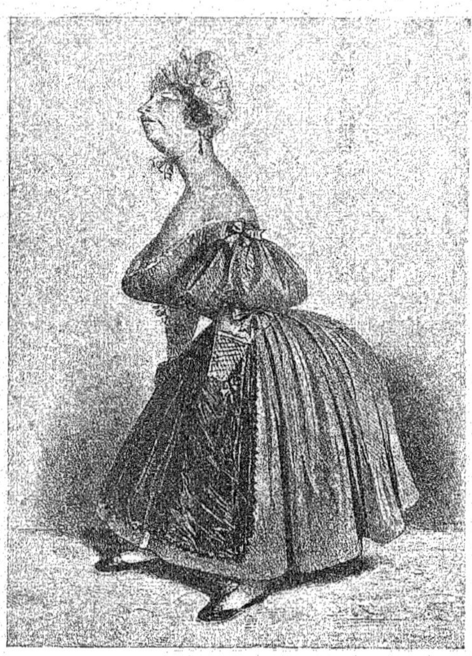

Caricature de Mlle DUPONT

Placée dans des conditions peu favorables pour s'attirer les sympathies du public, Mlle Dupont créa peu de rôles saillants dans le répertoire moderne. M. E.-D. De Manne en a donné la liste. On peut citer Florine, dans l'*Education*, Mme Lambert, dans les *Droits de la femme*. Dans le répertoire, elle était surtout la soubrette de Marivaux, la convention lui seyant mieux que la nature.

Le 1er avril 1840, Mlle Dupont reçut inopinément son congé. L'actrice se regimba, assaillit la direction des Beaux-Arts et le Ministre lui-même de ses doléances. L'arrêt était irrévocable, et elle s'occupa dès lors de sa représentation de retraite qui fut donnée le 20 mai suivant. Elle se composa de *Polyeucte*, d'un intermède musical et de *Tartufe*, et produisit 12,268 fr.

Devenue libre, Mlle Dupont contracta un engagement de plusieurs années avec le Th. Français de St-Pétersbourg, oubliant qu'elle avait alors cinquante ans. Il fallut résilier au bout d'un an. Quelques mois après, la voici en Italie ; nouvel échec. Elle comprit dès lors que le mieux pour elle était encore de se fixer à Paris, où elle jouissait d'une pension de retraite dont le chiffre dépassait 7,000 fr., et où elle était très recherchée dans les salons où elle récitait des vers. Elle s'éteignit le 25 octobre 1864, à Paris, 27, rue Lamartine, à 73 ans.

Mlle Dupont avait habité rue Lepeletier, 16, 1814 ; rue St-Lazare, 1815 ; rue Ste-Anne, 17, 1819 ; rue de Rivoli, 12, 1825. A la campagne, à Morsang, près Corbeil.

Biographie : E.-D. De Manne, la *Troupe de Talma*.

Bibliographie : L'*Opinion du parterre*, VIII, IX, X. — *Biographies* diverses, 1821 à 1833. — *Dict. th.* — Le *Rideau levé*. — *Rampe et coulisses*. — Ricord, les *Fastes de la comédie*, t. II. — *Souvenirs* de Jousselin de la Salle.

Iconographie : Bibl. nat., catal. Duplessis 13,806.

1. En buste, de face, lith. par Baugé, 1833.

2. A mi-corps, de ³/₄ à droite, lith. Engelmann.

3. En buste, de face, lith. par H. Grevedon, 1829.

4. En buste, de ³/₄ à droite, dans une bordure ovale, photog. d'après de Lafayette.

5. En pied, de face, lith. par (Lassable).

6. En buste, de face, lith. Lemercier.

7. A mi-corps, assise, de face, lith. par Léon Noël, 1833.

8. En pied, de face, lith. par Léon Noël, 1833.

V. aussi Bibl. nat., Talma.

— Musée de la Com. franç., catal. Monval :

165. Les sociétaires de la Comédie en 1840, par Ed. Geffroy. Marinette, du *Dépit amoureux*.

200. Dessin au pastel, h. 0 m. 18, l. 0 m. 14, par L.-L. Boilly.

281. Sur miniature parchemin, h. 0 m. 21, l. 0 m. 19, par Mlle Elisabeth Pfenninger, en buste, assise, turban bleu. Exposé au Salon de 1810 (no 650).

311. Peinture toile, en buste, h. 0 m. 90, l. 0 m. 65, par Alexis Pérignon fils, 1861.

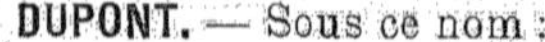

DUPONT. — Sous ce nom :

Dupont, raisonneur, Gand 1808.

Mlle Dupont, née en 1801, débuta le 10 juillet 1823 à l'Odéon, dans *Phèdre*. On lui reprochait de crier ses rôles (*Grande biogr.*, 1824). Elle parut dans le *Tribunal secret*, *Harald*,

Cléopatre. Harel écrit : « Elle s'agite en tous sens pour produire de l'effet, imite tantôt Mlle George, tantôt Mlle Duchesnois, et malheureusement reste toujours Mlle Dupont. » En 1827, elle débute de nouveau dans *Phèdre*, fait partie de la troupe Harel en province. 1829, s'essaie dans *Tartufe* en 1832, fait encore partie de l'Odéon en 1834. Sans doute la même, premier rôle en province, Reims 1831, Porte-St-Martin 1835 et 1837, Sens 1837, Ambigu 1842, Odéon, le *Véritable St-Genest*, 1845. En 1848, elle a 150 fr. par mois.

Mlle Dupont, fille de la précédente, Odéon 1845-49, 100 fr. par mois.

Dupont (de la Rochelle), directeur et père noble, Niort 1826-27, Vendée 1828.

Mme Dupont, premier rôle, Niort 1826-27, Vendée 1828.

Mme Dupont, th. de banlieue, 1827.

Dupont, Odéon 1829, artilleur en 1830.

Mlle Dupont, Hortense, jeune première, Strasbourg 1829, Yonne 1830.

Dupont, premier rôle, Yonne 1830.

Dupont, rôles de convenance, Reims 1831.

Mlle Dupont, Variétés 1833 et 1835.

Dupont, amoureux, Gand 1846.

Mlle Dupont, Juliette, Joséphine, Anastique. St-Pétersbourg 1847, Moscou 1848-56, Ile-Maurice 1857-83, Paris 1884-1905. Habitait Paris en 1905. En 1889, Mlle Dupont, âgée de 60 ans, avec 40 ans de th., obtint une pension de 500 fr. de la Société des artistes.

Mlle Dupont, Blanche, Lyon 1848.

Dupont, deuxième rôle, Dijon 1852.

Mlle Dupont, Marie, Caroline Langlois, jeune première, joli minois chiffonné, débuta le 19 août 1851 à la Comédie Française dans le rôle d'Angélique, de l'*Epreuve*. Disparut vers 1856.

Mme Dupont, Th. National 1852.

Mlle Dupont, Th. Montmartre 1852.

Mme Dupont, Chambéry 1853.

Mlle Dupont, soubrette, Lille 1855.

Mme Dupont-Vaillant, premier rôle, Lille 1858.

Dupont, Joseph de Cauvigny, Bordeaux 1858, Paris 1859-65.

Dupont, troisième rôle, Lille 1859-60.

Dupont, J.-B. Hipp. Louis, La Haye 1859-63, Versailles 1864, Metz 1865, Versailles 1867-68, Nîmes 1869-72, Montpellier 1873.

Mlle Dupont, Jeanne, Joséphine, Turin 1866-72.

Mlle Dupont, Pauline, Batignolles 1867.

Dupont, Claude, Variétés 1874-85, Toulouse 1886-87, Alger 1888-91, Toulouse 1892-95, Bordeaux 1896, Toulouse 1897-1903.

Mlle Dupont, Emilie, J.-M. Chapoutot, Paris 1883-87, Rouen 1888-89.

Mme Dupont, Eloïse, Elisabeth, Nouvelle-Orléans 1886-88, Liège 1889, Rouen 1890-93.

Dupont, Arthur, Alexandre, Lille 1888-90, mort vers 1892.

DUPONT-VERNON, Henri Dupont dit. — Naquit à Puiseaux (Loiret), le 8 avril 1844. Il fit d'excellentes études, puis abandonna le droit pour entrer au Conservatoire dans la classe de Regnier, où il resta trois ans. Il avait un visage lugubre, un organe inharmonieux, mais brûlait d'un amour profond pour son art. A force de travail, de patience, deuxième prix de comédie et deuxième prix de tragédie en 1872, la carrière s'ouvrait à lui difficile. Il s'essaya dans les matinées Ballande, puis au Th. Italien dans les *Deux reines*. Bref, il se fit ouvrir les portes de la Comédie Française où l'attendaient tous les rôles ingrats, les seuls convenant à son physique : Aman, dans *Esther ;* Laffemas, dans *Marion Delorme ; Polyeucte, Tartufe :* Dorante, de la *Critique des femmes ;* Ganelon, de la *Fille de Roland ;* Ennius, de *Rome vaincue ;* Bourdon, de *Jean Dacier ;* Créon, de *Œdipe roi*, le premier comédien dans *Hamlet*. Depuis longtemps, Dupont-Vernon, l'exemple le plus frappant d'un comédien intelligent, instruit, luttant en vain contre ses dehors physiques, se consacrait avec passion à l'enseignement. Il publia *Quelques réflexions sur l'art de bien dire*, 1879 ; *Principes de diction*, 1882 ; *L'Art de bien dire*, principes et applications, 1888. Le 17 juillet 1888, il fut nommé professeur agrégé au Conservatoire. Il était chargé des cours de déclamation de la ville de Paris et du collège Stanislas. Il avait ouvert un autre cours chez lui. En 1886, il fut nommé Officier d'académie ; en 1887, Officier de l'Instruction publique.

Médiocrement pathétique dans la tragédie, lugubre dans la comédie, ce méchant acteur était tout simplement un merveilleux pédagogue. Les heures qu'il passait avec ses disciples étaient les plus douces de sa vie. Il ne professait pas, il officiait ! Il avait la parole fleurie, éloquente. Et si convaincu, si pénétré de l'importance de son sacerdoce ! Sa mort fut annoncée au Rapport de 1898. Il n'avait pu parvenir au sociétariat, malgré ses 23 années de services. Dupont-Vernon, qui laissa la réputation d'un galant homme, avait épousé en 1873 sa camarade, Mlle Anna Blanc (v. ce nom).

Bibliographie : Fr. Sarcey, *Quarante ans de th.*, t. II, 135-153, t. VI, 342. — *Foyers et coulisses*, th. fr., t. II, 152. — *Souvenirs de Delaunay*.

Iconographie : Peinture par L.-E. Fournier, Salon 1891.

DUPONTAVISSE, Henri, Julien, Jos. Subra, dit. — Jeune premier rôle, Périgueux 1852, Poitiers 1853-56, Mâcon 1857, Bar-le-Duc 1858-59, Clermont 1860, directeur Cambrai 1863, Clermont 1865, Beaumarchais 1867, Bouffes 1868-69, directeur Beaumarchais 1870-75, Paris 1876-82. Sa mort fut annoncée au Rapport de 1883.

DUPONTAVISSE, Mme H. Marie, Rose, Eugénie, femme Subra, dite. — Premiers rôles Périgueux 1852, Poitiers 1854-56, Mâcon 1857, Bar-le-Duc 1858-59, Clermont 1860-63.

DUPORT. — Acteur, auteur, directeur, musicien, maître de danse et d'escrime, était fort connu à Genève, au jeu de paume St-Gervais, salle provisoire, en 1782. Il jouait tous les rôles et excellait dans un pas appelé « l'Allemande de Duport ». Malgré les faveurs du public, il partit avant la fin de la saison avec Mme Caumont, dont le mari était un acteur peu goûté à Genève. Celle-ci abandonnait du même coup trois jeunes enfants.

DUPORT. — Comique, Montpellier 1827, Nîmes 1828, grand th. de Marseille. Mort en mai 1828.

DUPORT, Mlle Lia. — Iconographie : Bibl. nat., catal. Duplessis 13,828, à mi-corps, de face, lith. par Menut-Alophe, 1842.

DUPORTAIL. — Cour de Prusse 1751.

DUPOUY, Mme Hortense. — Vichy 1886-87, Reims 1888, La Haye 1889-90, Le Mans 1891, Paris 1892-96.

DUPRAS. — Raisonneur, Rouen 1814. (V. Duprat.)

DUPRAS. — Th. Montmartre 1845.

DUPRAT. — Sous ce nom :

DUPRAT, Gand 1803.

DUPRAT, Angers 1816.

DUPRAT, troisième rôle Grenoble 1825, pères Marseille 1826, Lille 1828, Saintes 1829, Agen 1830, tournée de Mlle Duchesnois 1830, père noble Allemagne 1831, peut-être le même, Nantes 1833-34. Mort à Nancy 1836.

Mlle DUPRAT aînée, troisième amoureuse, Nîmes 1827. (V. Duprato.)

DUPRAT, Jean, Lyon 1849-52, Nantes 1853-55, Toulouse 1856, Dijon 1857, Nantes 1858-61, Bayonne 1862-65, Besançon 1867-68, Bordeaux 1869, Avignon 1870-72.

Mme DUPRAT, Porte-St-Martin 1850.

Mme DUPRAT, premier rôle, Alger 1851.

DUPRAT, Joseph, André, Amédée, Alger 1853-65.

DUPRATO. — Sous ce nom :

DUPRATO, accessoires, Anvers 1815.

Mlle DUPRATO aînée, Nîmes 1825-26.

Mlle DUPRATO cadette, Mons 1822.

DUPRÉ. — Sous ce nom :

Mlle DUPRÉ, tragédienne, Lille 1718.

DUPRÉ, Cour Palatine 1750-64.

Mlle DUPRÉ. — V. Mlle Grandval.

DUPRÉ, rôles accessoires et peintre en décors, Lille 1774.

DUPRÉ, financiers, Brest 1829, Boulogne 1833-34, père noble, Rouen 1835, Arras 1837, Dijon 1840.

DUPRÉ, Napoléon, premier rôle, Lorient 1837, Bordeaux 1840.

Mme DUPRÉ-Trutin, jeune premier rôle, Lorient 1837.

DUPRÉ, acteur à la voix de basse-taille, Délass. com. 1845. V. Ch. Dupré.

DUPRÉ, Eugène, Claudius, troisième rôle, Célestins, Lyon 1851-63.

DUPRÉ, Charles, th. du Luxembourg 1858-62, Paris 1863-67, th. Lafayette 1868-82, Paris 1883-92. En 1881, Ch. Dupré reçut 300 francs de rente sur la fondation Cantin, et, en 1892, âgé de 82 ans, avec 41 ans de th., 500 francs de la Société des Artistes. Sa mort fut annoncée au Rapport de 1893. Brave et excellent homme qui n'avait pas fait fortune, comme tant d'autres.

Mme DUPRÉ, Marie, Amélie Bernard, Turin 1858-59, Toulouse 1860-61, Grenoble 1862-65, Mexico 1867-68.

DUPRE-NYON. — Sous ce nom :

DUPRÉ-NYON, acteur et directeur, s'était sauvé, en 1781, du petit séminaire de Beauvais. En 1793, il obtenait la direction du th. d'Arras. Mais ayant joué « sans coupures » *Robert, chef de brigands*, il fut arrêté de ce fait le 21 septembre et incarcéré pendant quatre mois « aux Baudets » d'où on le relâchait chaque soir pour aller tenir son emploi au théâtre ; on le ramenait coucher en prison. C'est là qu'il connut son futur beau-père, un sieur Boucher, de Bapaume, accusé de propos séditieux. Neuf mois plus tard, transféré à Cambrai, Boucher fut condamné à mort et exécuté sur la grande place (20 juin 1794). Dupré tint sa parole en épousant sa fille.

Le 8 mai, Dupré-Nyon avait été requis de se rendre à Cambrai, avec sa troupe, « pour propager les principes républicains », sous peine d'être réincarcéré. Il devait donner, par décade, trois spectacles gratis « de pour et par le peuple », moyennant une indemnité de 400 francs par représentation, promise par Lebon, et qui ne fut jamais payée. Plus tard, vers 1803-04, nous retrouvons Dupré à Gand, à la tête d'une troupe qui attire la foule. Des voleurs s'étant introduits dans son domicile lui volèrent 325 louis d'or, ce qui indiquerait qu'il faisait alors ses affaires. En 1808, il reprit la direction de Cambrai ; en 1812, celle d'Angers ; il passe en Belgique, revient à Cambrai en 1817-1820-1825. Mais voici que cet honnête Dupré-Nyon est tout à coup dénoncé et destitué « pour avoir joué un rôle sous la Terreur ! » Il ne résiste pas au besoin de se défendre et publie : *Le Directeur de spectacle destitué, Manifeste de Dupré-Nyon, doyen des directeurs et breveté pour le premier arrondissement départemental du Nord et du Pas-de-Calais* (15 sept. 1826), Mons, imp. de Piérart. Le seul rôle qu'il avait joué en 1793 avait été assurément celui de victime des fantaisies du farouche Lebon.

Dupré-Nyon mourut le 3 octobre 1829. Il avait 70 ans.

Bibliographie : *Le Th. à Cambrai. — Le Th. français en Belgique*, t. II.

DUPRÉ-NYON fils, acteur et directeur, jeune premier Mons 1822, Verviers et Amiens 1829. Forma une troupe pour l'Allemagne et la Pologne, 1831.

Mlle DUPRÉ-NYON, jeune première, Abbeville 1826, Saintes 1828, Besançon 1829-30.

Mme DUPRÉ-NYON, Fanny Chevalier, Avignon 1853, Lille 1854, Lyon 1856-68, Valence 1869-74.

DUPRÊS. — Sous ce nom :

DUPRÉS, premier comique, Liège 1783.

DUPRÉS, Liège 1829.

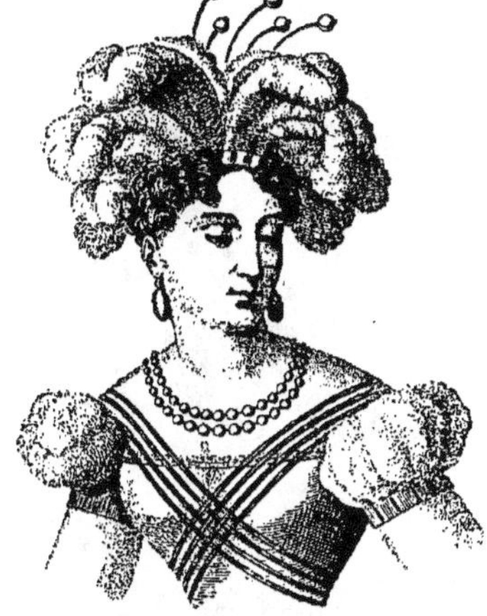

Mlle Adèle DUPUIS, d'après Fugère

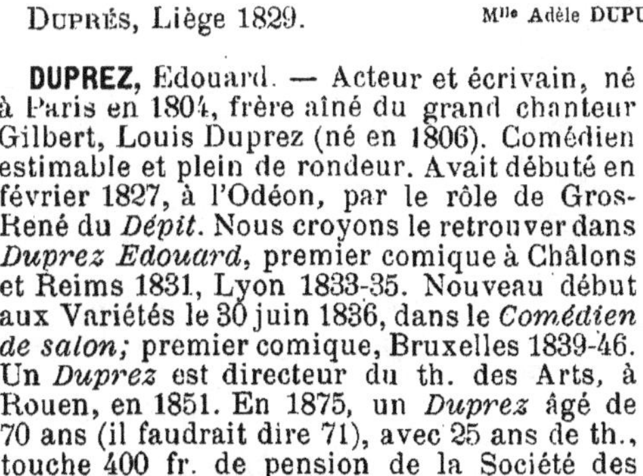

DUPREZ, Edouard. — Acteur et écrivain, né à Paris en 1804, frère aîné du grand chanteur Gilbert, Louis Duprez (né en 1806). Comédien estimable et plein de rondeur. Avait débuté en février 1827, à l'Odéon, par le rôle de Gros-René du *Dépit*. Nous croyons le retrouver dans *Duprez Edouard*, premier comique à Châlons et Reims 1831, Lyon 1833-35. Nouveau début aux Variétés le 30 juin 1836, dans le *Comédien de salon;* premier comique, Bruxelles 1839-46. Un *Duprez* est directeur du th. des Arts, à Rouen, en 1851. En 1875, un *Duprez* âgé de 70 ans (il faudrait dire 71), avec 25 ans de th., touche 400 fr. de pension de la Société des artistes. Ed. Duprez, frère du chanteur, mourut à Paris le 31 octobre 1879.

DUPREZ-Delcourt. — Financier, Brest 1828.

DUPREZ. — Amoureux, Verviers 1829.

DUPREZ. — Utilités, Laon 1830 et 1835.

DUPREZ, Alphonse Audevaux dit. — Aix 1861, Arles 1862-68, Valence 1869-70, Salon 1872, Boulogne s/Mer 1873-74, Orléans 1875-91. En 1892, âgé de 61 ans, avec 41 ans de th., Duprez-Audevaux obtint une pension de 500 fr. de la Société des artistes. Sa mort fut annoncée au Rapport de la même année.

DUPRIN. — Th. patriotique 1794, Th. sans prétention 1800. Ex-comédien des jeunes artistes. Jouait la comédie au café de la Victoire, an XI.

DUPUIS. — Sous ce nom :

DUPUIS, Francesco Possi, dit François. Spectacle de Gaudon 1762.

DUPUIS, Mathieu, surnommé le *Beau Dupuis*. Né vers 1750. Troupe de Nicolet 1767-1776, 1780. Sauteur et danseur. Sautait par dessus un cheval et son cavalier. Mourut à Ménilmontant en 1802. Avait fait entrer son fils dans la troupe.

DUPUIS, Cour de Prusse 1768 et 1776.

DUPUIS, Cour de Rheinsberg 1788.

DUPUIS, C., Metz 1793.

Mme DUPUIS, Jeanne, femme François Grandvalet, née à Nancy, demeurant à Lyon, Reims 1797, 26 ans.

DUPUIS, Ambigu 1800.

DUPUIS, Mlle Adèle, Antoinette, Nicole. — Naquit à Paris, sur la paroisse Saint-Médard, le 6 déc. 1789. Jolie, distinguée, elle commença sa carrière aux Elèves de la rue St-Antoine (ancien th. Mareux). Engagée à l'Ambigu vers 1810, on lui confia les rôles des héroïnes tendres et sentimentales de tous les mélodrames de l'endroit : *Amélabis*, *Elvérine*, *Amour, Honneur et Devoir*, l'*Enfant de l'Amour*, la *Mendiante*, etc. Sa réputation au boulevard fut immense. Le 12 avril 1817, elle passa à la Gaîté et y débuta dans le *Mouchoir*. Ce fut la belle époque de la *Fille de l'Exilé*, *Valentine*, *Polder*, le *Château de Loch-Leven*, la *Tête de mort*, l'*Aigle des Pyrénées*, *Bouton de Rose*, *Paoli*. Adèle Dupuis fut l'actrice de prédilection de Pixérécourt, « la fille du sentiment », actrice consciencieuse, soigneuse, toujours à la scène. On la surnomma « la Mars du boulevard ».

Retirée du théâtre le 1er avril 1830, Adèle Dupuis put encore assister à l'écroulement du vieux genre dont elle avait été une des interprètes les plus applaudies, tour à tour séduite, enlevée, noyée... Elle mourut à Paris le 16 mai 1847, après une longue et douloureuse maladie.

Mlle Dupuis avait habité 9, boul. St-Martin, 1812; 34, rue de Bondy, 1815; 62, Fossés du Temple, 1823 et 34, même rue, 1825-29.

Biographie : E.-D. de Manne et C. Ménétrier, *Complément à la troupe de Nicolet.*

Bibliographie : *Biographies* diverses. — *Dict. th.*, 1826. — *Souvenirs* de Ch. Maurice, t. II, p. 295.

Iconographie : E.-D. de Manne et Ménétrier, *Complément à la troupe de Nicolet*, eau-forte, en buste, cost. de th., par J.-M. Fugère.

DUPUIS, Mlle *Rose*, Françoise, Gabrielle, Désirée. — Naquit à Poissy le 7 mars 1791. Son père est qualifié marchand sur son acte de baptême. Son parrain, Portier-Pagnon, fut le père de St-Aulaire. Elle débuta toute jeune au th. des Jeunes élèves, rue de Thionville, supprimé en 1807. Elle reçut alors des offres du Vaudeville, qu'elle refusa, pour accepter d'entrer à la Porte-St-Martin où elle créa avec succès le principal rôle des *Frères à l'épreuve*. En même temps, elle prenait des leçons de Dazincourt.

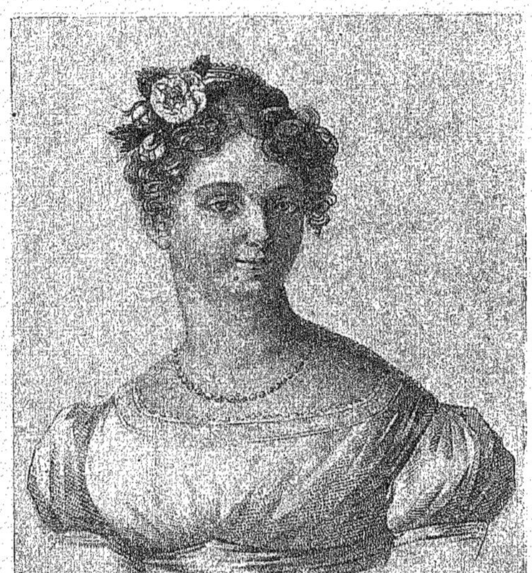

Mlle Rose DUPUIS

Mlle *Rose*, comme on l'appelait alors, parut charmante. On trouva son organe très agréable, son jeu plein de décence. Son maître lui fit obtenir un début à la Comédie-Française, où elle parut le 16 février 1808, dans les deux genres, par les rôles d'*Andromaque*, et d'Isabelle de l'*Ecole des Maris*, en présence de l'empereur. Dans le rôle d'Agathe des *Folies amoureuses*, elle enleva tous les suffrages. Reçue pensionnaire deux mois après ses débuts, elle fut désignée pour faire partie à Erfurt des représentations données « devant un parterre de rois ». Elle obtint pour sa part 3000 fr. de gratification, bien qu'elle n'eût pu jouer qu'une fois (Palmyre de *Mahomet*), à cause des exigences de Mlle Bourgoin, son chef d'emploi. « Jamais pensionnaire ne fut plus utile, écrit-on en 1810 ; il est peu de pièces dans lesquelles Mlle Dupuis n'ait un rôle ; aussi la Comédie lui a-t-elle accordé 4000 fr. d'appointements ». Le 1er juin 1812, elle fut nommée sociétaire. On l'obligea toutefois à joindre aux rôles d'amoureuses et de jeunes premières de la comédie, l'emploi des grandes confidentes de la tragédie, qu'elle tint avec un succès soutenu, grâce à son jeu sage et réglé, sa diction irréprochable et son extérieur avantageux.

Indépendamment de tous les rôles du répertoire, Mlle Rose Dupuis ne créa pas moins de 52 rôles, de 1815 à 1835. La liste en a été donnée par ses biographes. La plupart de ces noms sont profondément oubliés. Mais elle n'en fut pas moins une des dernières expressions de la haute comédie, comme le reflet un peu pâle de Mlle Louise Contat. Dans les dix dernières années de sa carrière, elle prit l'emploi des « jeunes veuves ».

« C'est en jouant souvent d'une manière admirable des rôles secondaires, écrit-on en 1824, qu'elle s'est consolée d'être mise dans l'impossibilité de jouer les premiers ».

C'est que Mlle Rose Dupuis, souvent en butte aux intrigues et aux cabales, avait eu le grand malheur de venir pour doubler Mlle Mars et Mlle Leverd. Lorsqu'elle fut de taille à les remplacer, on lui opposa Mlle Mante, beaucoup plus jeune, qui entrait dans la carrière. D'où il résulta qu'elle fut toujours contrariée dans sa vraie voie. Les rôles de Mme Courval dans l'*Ecole des Pères* et celui de la *Belle Fermière* passaient pour être ses meilleurs.

Modeste, zélée, dévouée pour la Compagnie, Mlle Rose Dupuis prit sa retraite le 1er avril 1835. Sa représentation d'adieu se composa de la *Coquette corrigée* et du *Bourgeois gentilhomme*. Elle se retira à St-Pierre-les-Nemours, près Fontainebleau, avec une pension de 6400 fr. et y vécut, entourée de la vénération de ses enfants, jusqu'au 1er décembre 1878. Elle fut la mère d'Eulalie Dupuis (Mme Geffroy) et d'Adolphe Dupuis.

A Paris, Mme Rose Dupuis avait habité 8, rue Richelieu, 1810, 3, rue de l'Echelle, 1812, 19, rue Richelieu, 1825.

Biographie : E.-D. de Manne et C. Ménétrier, *Complément à la troupe de Talma.* — Ricord, les *Fastes de la Comédie*, t. II.

Bibliographie : *Opinion du Parterre*, 1808-1812. — *Biographies dram.* diverses. — *Rampe et Coulisses.*

Iconographie : Lith. en buste, à Paris, chez

Legrand. Reproduit en eau-forte par M. Fugère.

— Musée de la Comédie, n° 85, un buste plâtre, h. 0m60, par J.-J. Flatters, Salon de 1819 (n° 1298).

— Peinture par Pinchon (Salon 1810).

— Musée Carnavalet, miniature, 1819.

— Miniature par N. Jacques (Salon 1812).

DUPUIS, Mlle Ad., Caroline, *Eulalie* Duval. — Fille de Rose Dupuis, dame Geffroy, débuta à l'Odéon le 29 mars 1827, dans le rôle de Dorine de *Tartufe*, expérience renouvelée le 13 octobre 1828. Jolie figure et peu de moyens. Le 28 avril 1829, autre début à l'Odéon, rôle de Madeleine dans le *Poletais*. En 1831, elle entra à la Comédie-Française pour jouer les soubrettes et les ingénues. On s'accorde à la qualifier de « jeune et jolie personne, excessivement timide, mais intelligente ». Peu de temps après, elle épousa son camarade Geffroy et quitta la scène. Vécut longtemps avec son mari à Nemours.

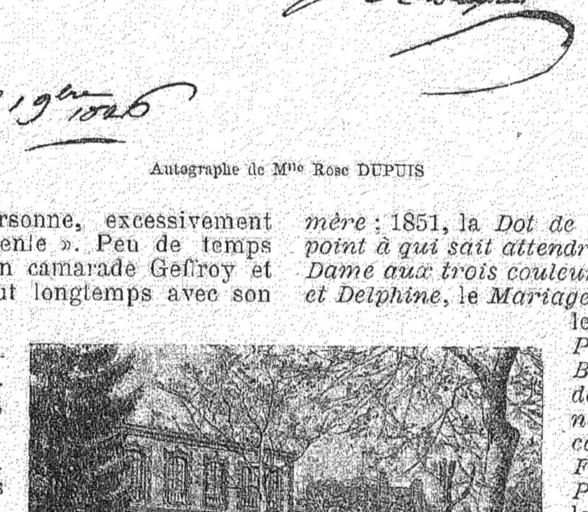

Autographe de Mlle Rose DUPUIS

Bibliographie : *Rampe et Coulisses*. — P. Porel et G. Monval, l'*Odéon*, t. II.

Iconographie : Bibl. nat., catal. Duplessis 13,859.

1. En pied, de 3/4 à droite (cost. de th.), lith. par A. Colin.

2. En buste, de 3/4 à droite, publié par P. Legrand.

3. En buste, de 3/4 à droite, publié par P. Legrand et Gautier.

4. A mi-corps, assise de face, lith. par Léon Noël, 1833.

Plusieurs de ces estampes ne se rapportent-elles pas à Mlle *Rose* Dupuis ?

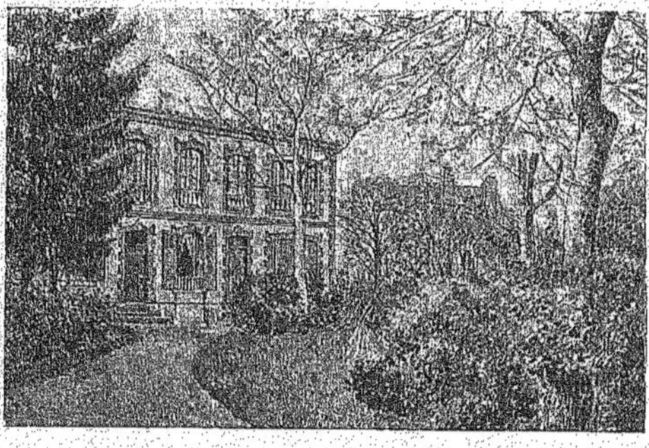

Habitation de Mlle Rose DUPUIS, à St-Pierre-les-Nemours

DUPUIS, Adolphe, Charles. — Fils de Rose Dupuis, né à Paris le 16 avril 1824, rue Richelieu. Il fit à Nemours sa première communion, entra au pensionnat Goubault, à Paris, et fut placé en 1842 chez un architecte, d'où il sortit pour entrer au Conservatoire, classe de Samson.

A vingt ans, Dupuis débuta à la Comédie-Française dans les *Femmes savantes* et le *Jeune Mari*. Reçu comme pensionnaire, 1846, on ne lui donna rien à créer. Il partit pour Berlin (oct. 1847). Frappé de la facilité de transformation de l'acteur allemand During, Dupuis lui demanda des conseils. La Révolution de 1848 ricocha sur Berlin. Dupuis revint à Paris.

Après un court séjour aux Variétés, puis au Th. historique, Dupuis fut présenté à Montigny qui l'engagea au Gymnase. Il devait s'y maintenir dix ans. Ce fut une belle série : 1850, les *Mémoires du Gymnase*, la *Grand-mère* ; 1851, la *Dot de Marie*, *Tout vient à point à qui sait attendre*, *Manon Lescaut*, la *Dame aux trois couleurs*, *Mercadet*, *Laure et Delphine*, le *Mariage de Victorine* ; 1852, le *Mari trop aimé*, les *Premières armes de Blaveau*, les *Vacances de Pandolphe*, *Donnant donnant*, les *Avocats*, le *Démon du Foyer* ; 1853, *Thérèse*, *Philiberte*, le *Pressoir*, le *Pour et le Contre*, *Diane de Lys* ; 1854, la *Crise*, le *Gendre de M. Poirier*, les *Cœurs d'or*, l'*Ecole des Agneaux*, le *Chapeau d'un Horloger* ; 1855, *Ceinture dorée*, le *Demi-Monde*, le *Camp des Bourgeoises*, *Je dîne chez ma mère* ; 1856, *Lucie*, *Françoise* ; 1857, les *Fanfarons du Vice*, *Une Femme qui déteste son Mari*, la *Question d'Argent*, l'*Invitation à la Valse*, le *Beau-Père*, *Un petit bout d'oreille* ; 1858, le *Fils naturel*, la *Boîte d'argent*, l'*Héritage de M. Plumet*, l'*Autographe*, l'*Avocat du Diable*, *Cendrillon* ; 1859,

Un beau Mariage, *Marguerite de Sainte-Gemme*, *Une Preuve d'amitié*, *Rosalinde*; 1859, le *Petit-fils de Mascarille*, le *Père prodigue*, le *Cheveu blanc*.

En 1860, Dupuis passe au Vaudeville pour y créer un rôle dans l'*Envers d'une Conspiration*. En septembre de la même année, il accepte un brillant engagement au th. Michel de St-Pétersbourg.

Il y débuta par sa création d'Olivier de Jalin, dans le *Demi-Monde*, et ne tarda pas à s'acquérir la sympathie du czar, des grands-ducs et de toute l'aristocratie. C'est, qu'à vrai dire, Dupuis était un type à part. C'était une espèce de gentilhomme, d'ancien officier, de propriétaire foncier; rien en lui ne rappelait l'acteur. Sa politesse, sa discrétion, sa haute honorabilité séduisirent. L'impératrice l'attacha à ses fils en qualité de professeur de diction française; il devint le lecteur des grands-ducs, des grandes-duchesses, le conseiller-organisateur des fêtes littéraires données à la Cour.

Cette merveilleuse carrière en Russie se poursuivit dix-sept ans.

En 1870-71, quand vint l'année terrible, Dupuis, membre du Comité de bienfaisance, recueillit à lui seul 40,000 fr. pour les blessés. Le 3 avril 1877, eut lieu, en présence de l'Empereur et de la Cour, sa représentation de retraite, et la femme du bénéficiaire eut la touchante idée de convertir encore cette fête en fête de bienfaisance: les bouquets innombrables dont on avait comblé l'artiste furent vendus au profit des indigents russes.

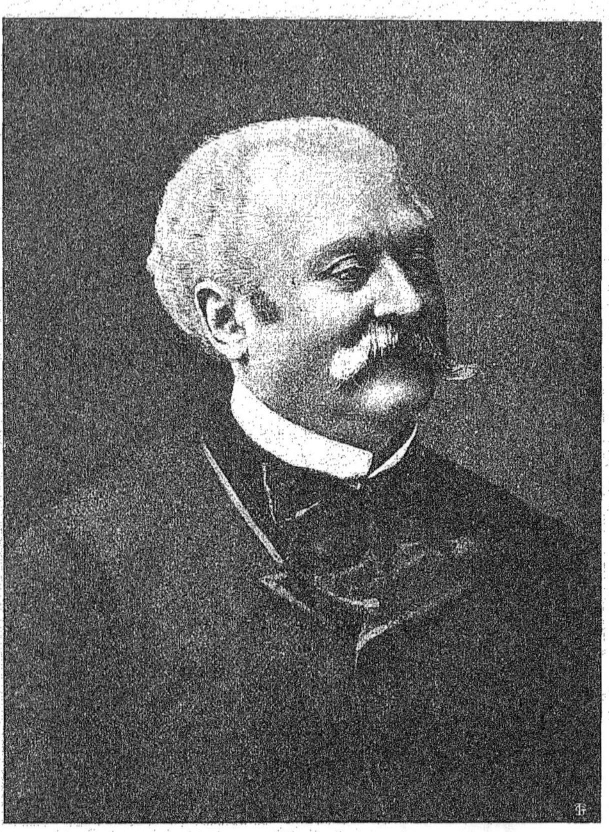

C'est à l'intervention de Dupuis que la Société des auteurs doit de toucher des droits sur les œuvres françaises jouées au th. Michel. C'est sur sa demande que bon nombre de nos dramaturges furent nommés chevaliers de l'ordre de St-Stanislas.

Adolphe DUPUIS

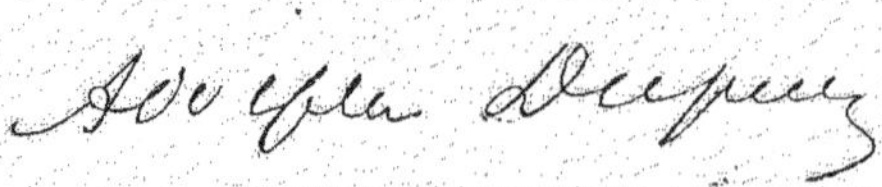

Signature d'Adolphe DUPUIS

Rentré au Vaudeville, en septembre 1878, Dupuis, artiste épris de vérité, et dont la marotte, a dit un critique « était de parler, de marcher et de se mouvoir sur le théâtre, exactement comme on fait dans la vie », fit stipuler par la direction qu'il ne jouerait que dans les ouvrages qui lui conviendraient.

Il fit sa réapparition dans *Montjoie*. Le succès des créations suivit celle des reprises: le *Nabab* (1880), le *Voyage d'agrément* (1881), *Odette*, le *15e Hussard*, l'*Amour* (1884), *Clara Soleil*, *Georgette* (1885), le *Club*, reprise (1886), le *Père* (1887).

En février 1883, il avait été jouer le *Nom* à l'Odéon.

Mais le meilleur de son temps, c'est encore à Nemours qu'il le passait. Sa mère y vécut jusqu'à l'âge de 87 ans; il s'y était marié avec sa cousine, âgée de 17 ans, Mlle Bourgeois, fille d'un capitaine de l'Empire retiré dans cette petite ville. Toute cette colonie vivait « au Bourdon », à St-Pierre-les-Nemours, où Dupuis venait passer ses vacances russes. Sa sœur Eulalie, qui avait épousé Geffroy, vivait aussi à Nemours avec son mari ; à Nemours s'éteignit Bressant. On voyait « au Bourdon » tous les cadeaux rapportés de Russie, un véritable musée ; une bibliothèque choisie ; le portrait de Mme Rose Dupuis par Dubufe, ceux au pastel de M. et Mme Ad. Dupuis, d'O'Connell, des œuvres d'art en quantité.

Une des dernières tentatives artistiques d'Ad. Dupuis eut lieu dans *Tartufe*, à l'Odéon. Le grand artiste voulait présenter le rôle à sa manière, avec un vêtement sévèrement élégant, avec port de l'épée, éloignant ainsi toute idée du prêtre. Il comprenait Tartufe sans airs doucereux exagérés, sans caricature. Il tenta l'entreprise, à 62 ans, mais il ne put lutter contre le courant. Il ne fut pas compris.

Atteint d'anémie cérébrale progressive, puis de la folie de la persécution, Ad. Dupuis succomba à Nemours, au milieu de ses souvenirs de famille et d'amitié en octobre 1891, et fut inhumé le 24. M. Albert Carré, directeur du Vaudeville, lui adressa un dernier adieu.

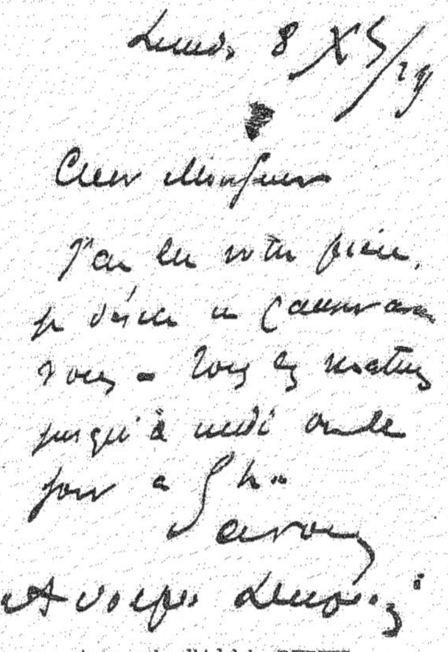
Lundi 8 Xbre/79

Cher Monsieur

J'ai lu votre pièce, je désire en causer avec vous – venez ce matin jusqu'à midi ou le soir à 6h.

à vous

Adolphe Dupuis

Autographe d'Adolphe DUPUIS

En 1877, Ad. Dupuis avait reçu de l'Empereur de Russie son portrait entouré de 15 brillants, destiné à être porté avec le ruban de l'Ordre de St-André ; en 1883, il fut nommé Chevalier de l'Ordre de St-Stanislas, à l'occasion du traité signé avec les auteurs et dont il avait été le promoteur ; en 1887, avec 41 ans de th., il avait obtenu la pension de 500 fr. de la Société des artistes. Ad. Dupuis avait été membre du Comité. En dehors Paris, Berlin et St-Pétersbourg, il n'avait jamais joué qu'à Lyon (1855), à Bruxelles et en Angleterre.

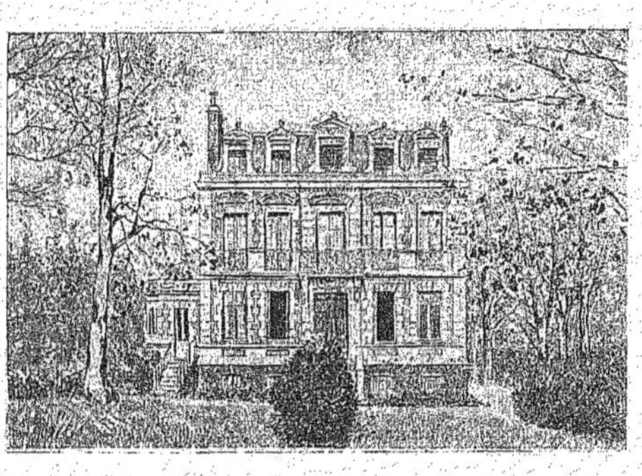
« Le Bourdon », propriété d'Ad. DUPUIS, à St-Pierre-les-Nemours

Biographie : *Galerie théâtrale*, Lorsay 1854. — *Paris-Théâtre*, notice par F. Jahyer, n° 73. — *Adolphe Dupuis*, 1824-1891, étude biographique, Paris 1894, in-8°, portrait et vignettes.

Bibliographie : Fr. Sarcey, *Quarante ans de th.* — Les *Soirées parisiennes*, 1878-80. — P. Mahalin, *Au bout de la lorgnette.* — Laroque, *Acteurs et actrices*, 1888.

Iconographie : Bibl. nat., catal. Duplessis 13.857 : En pied, de 3/4 à droite, lith. par A. Collette, 1854, d'après Eust. Lorsay. — Paris-Théâtre n° 73. En buste, cliché Liébert. — *Adolphe Dupuis*. En buste, héliogravure Dujardin ; trois vues de la maison de Nemours.

DUPUIS, Mme *Charlotte*, Cath., née Bordes, femme Dupuis, sœur de Fanfette Bordes (v. ce nom), naquit à Paris en 1813. — Elle joua tout enfant aux Variétés, dans *Voltaire chez les Capucins* ; à huit ans, au th. d'enfants du peintre Allot ; à neuf ans, des rôles dans *Pauvre Berger*, *Jenny*, le *Petit Poucet*, au Panorama dramatique. Engagée à la Porte-St-Martin, elle paraît dans *Jocko*. Le 2 mars 1827, elle entre à l'Opéra-Comique pour tenir le rôle d'Adolphe, dans *Camille* ou le *Souterrain* ; on la voit encore aux Nouveautés, aux Variétés, 6 avril 1830, Nicette, de la *Chercheuse d'esprit*, au Gymnase, 15 mai 1830, rôle de Zoé, dans *Philippe*, au Palais-Royal, 1831 « pleine de gentillesse, mais un peu maniérée », soubrette et mime aux Funambules, 1832. Enfin, elle trouve sa voie comme soubrette au Palais-Royal, et y commence une longue carrière. Entre temps, elle avait épousé un peintre, du nom de Dupuis, qui fut, avec Hue, directeur de la salle du th. Bonne-Nouvelle vers 1838.

Pleine de talent, de goût, de tact exquis, accorte, remplie de verve, de naturel, Mme Charlotte Dupuis, petite soubrette inimitable, eut une longue carrière au Palais-Royal : la *Savonnette impériale*, débuts, 23 nov. 1835 ; la *Ferme de Bondy*, la *Marquise de Prétintaille*, l'*Oiseau bleu*, 1836 ; *Riquiqui*, le *Mémoire de la blanchisseuse*, 1837 ; *Frascati*, les *Enfants du délire*, les *Coulisses*, 1838 ; la *Femme de ménage*, les *Victimes de la clôture*, *Chantre et choriste*, 1839 ; *Bob*, la *Fille de Jacqueline*, 1840 ; les *Secondes noces*, la *Sœur de Jocrisse*, où les auteurs écrivirent pour elle le rôle de Charlotte, le *Vicomte de Létorières*, 1841 ; la *Dragonne*, 1842.

« Elle a de la finesse et de l'esprit dans son jeu, écrit-on à cette époque ; elle a créé avec bonheur plusieurs rôles au Palais-Royal. Avec de la bonne volonté, de l'esprit et le désir de bien faire, on arrive à tout. »

Qu'espérait-elle en allant débuter à l'Odéon, le 29 mai 1848, dans les *Notables de l'endroit?* L'entreprise fut de courte durée; elle rentra au Palais-Royal où on la revit avec plaisir. Les *Lampions de la veille et les lanternes du lendemain*, 1848; les *Marraines de l'an III*, 1849; la *Fille bien gardée*, 1850; *Mam'selle fait ses dents*, 1851; le *Misanthrope et l'Auvergnat*, 1852; les *Binettes contemporaines*, 1854, etc., etc.

Mme Dupuis s'adonna à l'enseignement; elle eut des disciples et sut leur donner de très sages conseils. L'âge venait. Elle écrivit quelques pièces: *Où l'on va*, trois actes, 1869; le *Petit frère*, un acte, 1870. Mlle Tallandiera, Mlle Persoons, Mlles Marguerite et Geneviève Dupuis, ses petites-filles, comptèrent parmi ses bonnes élèves. Pendant ce temps, Montigny avait fait au Gymnase une petite place à la vieille comédienne; on l'y revit aux côtés de Bouffé, un ancien camarade d'il y avait 55 ans, au Panorama! Elle lui donna la réplique dans la *Fille de l'avare* (1875-76). Montigny lui paya ses appointements jusqu'à la dernière heure; jamais elle ne réclama le secours de l'Association. Mme Charlotte Dupuis, qui fut toute sa vie une femme de grand esprit, s'éteignit à Paris le 5 avril 1879.

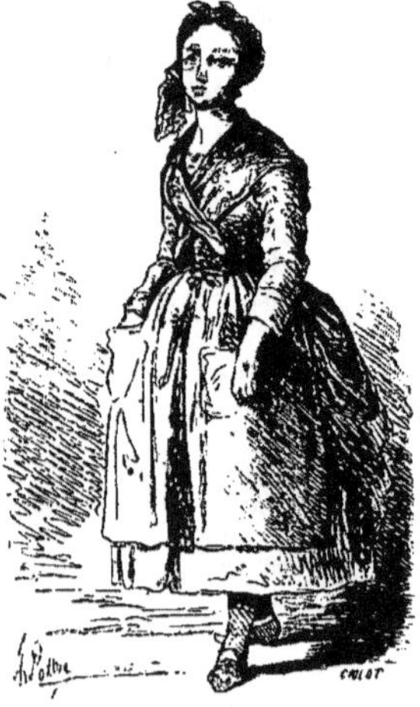
Mme Charlotte DUPUIS
d'après H. Pottin

Biographie: Gallois, le *th. du Palais-Royal*, 1854.

Bibliographie: *Grande biogr.*, 1824 (Bordes). — L'*Indiscret des Coulisses*, 1841. — *Biogr. dram.*, 1842 et 1845. — *Acteurs et actrices*, 1853. — *Foyers et coulisses*, Gymnase, t. II.

Iconographie: Gallois, le *th. du Palais-Royal*, un portrait en pied, cost. de th., par H. Pottin, grav. par Diolot.

DUPUIS, Mlle Marie, fille de Mme Charlotte Dupuis, née le 16 janvier 1838. — Débuta au Vaudeville, le 14 août 1852, dans la *Grand'-mère* (rôle d'Adine), puis au Palais-Royal dans le même rôle. C'était, a dit Janin dans les *Débats*, une élégante fillette, d'une belle taille, d'un beau regard, très fraîche et très mignonne. » Puis elle revint au Vaudeville, où elle joua dans un *Mari en cent cinquante ans* (avril 1853). Après de courtes apparitions au Vaudeville, 1856-58, aux Délass. com., 1863, Mlle Dupuis rentra dans la vie privée. Habitait Asnières vers 1876.

DUPUIS, René, Auguste, naquit à Paris en 1809. — Élève du séminaire, ses goûts le poussaient vers le théâtre, mais la destinée le fit batteur d'or. Figurant à la Gaîté en 1831, il se signala dans un bout de rôle du *Petit homme rouge*. Devenu régisseur général, puis acteur du th. Dorsay (th. du Temple), on le vit en 1836 acteur et directeur-gérant du Luxembourg. En 1838, il débuta à la Porte-St-Martin dans le rôle du Bailli, de la *Pie voleuse*, et le soir même de ce début il signa un engagement avec le Cirque Olympique où différents rôles tels que Clicot, de la *Vivandière et le Bossu*, Seringuinos, des *Pilules du diable*, *Don Quichotte*, Piqueprune, de la *Corde de pendu*, le mirent tout à fait en évidence.

Capitaine de la Garde nationale, Dupuis se distingua tout particulièrement aux journées de juin 1848. La République le nomma à ce titre Chevalier de la Légion d'honneur, le 25 juin 1849. Cette distinction lui valut une place tout à fait spéciale parmi les artistes; il fut membre du Comité, et ne cessa de se dévouer pour la Société.

Dupuis parut une des dernières fois au Cirque Impérial dans le *Diable d'argent* (10 fév. 1857), puis mourut en 1859. Le Comité des artistes vint en aide à sa veuve et se chargea de son fils qui fut placé, en mars 1860, à l'Institution Marelle, à Villiers-le-Bel. Albert et Valnay s'improvisèrent ses tuteurs. Les loges maçonniques donnèrent 180 fr. Dupuis avait collaboré à une *Emeute au Paradis*, rôle de St-Pierre, au th. du Temple, 18 juillet 1834.

Biographie: Bréant de Fontenay et de Champeaux, *Hist. des th.*, 1845.

DUPUIS, Joseph, Lambert, Edouard, dit *José*, né à Liège vers 1831, selon les uns, ou le 18 mars 1833, selon Vapereau. — Talent fantaisiste par excellence, apparut au th. du Luxembourg (Bobino), dans l'*Apprenti*, le 28 avril 1854, jouant en un an dans 27 pièces différentes. Engagé aux Folies Nouvelles (Déjazet), il y débuta le 9 octobre 1855 dans *Jean et Jeanne*. On remarqua sa gaîté, sa franchise et sa jolie voix de chanteur d'opérette, alors que ce genre n'était encore qu'à son commencement.

José Dupuis créa sur cette petite scène du boulevard du Temple un rôle dans 43 opérettes ou saynètes musicales, d'octobre 1855 à juin 1859. Qui se souvient encore de *Bel-Boul*, *Toinette et son carabinier*, la *Devinette*, la *Revanche de Vulcain*, *Achille à Scyros*, l'*Ile de Calypso*, le *Loup-garou*, le *Page de Mme Malborough*, le *Jugement de Paris*, *M. Deschalumeau*, etc.?

Le théâtre changea de nom et de direction,

mais Dupuis resta engagé, faisant l'ouverture de la nouvelle salle avec Déjazet elle-même, le 27 sept. 1859, dans les *Premières armes de Figaro*, rôle de Carasco.

De ce jour, Dupuis vit l'horizon s'élargir devant lui, et lorsqu'il parut le 30 avril 1860 dans *Monsieur Garat*, son succès dans le rôle de Vestris fut considérable. Sa grande taille, ses grands bras, ses grandes jambes, sa naïveté comique, sa finesse, son habileté musicale attirèrent sur lui l'attention des directeurs des Variétés, qui l'engagèrent pour 6,000 fr. Il débuta sur cette scène le 18 mai 1861, dans une reprise du *Sylphe* et ne tarda pas à y occuper la première place.

A côté de charmants petits actes où il étalait sa grâce fantaisiste, comme dans un *Mari dans du coton*, *Deux chiens de faïence*, le *Joueur de flûte*, il se préparait à partager avec Mlle Schneider les succès de l'opérette-bouffe parvenue à son apogée. Le petit acteur du boulevard du Temple, qui touchait naguère 400 fr. par mois, allait gagner 60,000 fr. par an. Dupuis allait devenir l'acteur type d'Offenbach, avant de devenir l'aimable fantaisiste de Meilhac et d'Halévy. Ce fut une série peu banale : 1861 : les *Danses nationales de la France*, le *Beau Narcisse*, *Bobèche et Galimafré*, les *Mille et un songes*. — 1862 : les *Moulins à vent*, un *Mari dans du coton*, *Deux chiens de faïence*, *Allez donc, turlurette !* — 1863 : les *Mousquetaires du Carnaval*, le *Ménage de Césarine*, les *Farces dramatiques*, les *Voyages de la vérité*, *Caroline*, la *Revue au 5me étage*, un *Bal d'Alsaciennes*. — 1864 : le *Joueur de flûte*, une *Femme qui ne vient pas*, le *Chevreuil*, les *Pinceaux d'Héloïse*, la *Liberté des théâtres*, la *Belle Hélène* (17 décembre). Immense succès personnel. — 1865 : la *Légende du Canard* (chansonnette), l'*Homme qui manque le coche*. — 1866 : *Barbe-Bleue*, grand succès, les *Thugs à Paris*. — 1867 : la *Grande-Duchesse*. Ce fut l'âge d'or du théâtre. Fritz devint légendaire comme Pâris et Barbe-Bleue. — 1868 : le *Pont des soupirs*, la *Périchole*. — 1869 : l'*Astronome du Pont-Neuf*, les *Brigands*. — 1870 : le *Beau Dunois*. — 1871 : le *Trône d'Ecosse*. — 1872 : les *Sonnettes*. — 1873 : les *Braconniers*, la *Veuve du Malabar*, la *Vie Parisienne* (reprise), les *Merveilleuses*. — 1874 : la *Petite Marquise*, *Mam'zelle Rose*, l'*Ingénue*, les *Prés St-Gervais*. — 1875 : les *30 Millions de Gladiator*, le *Passage de Vénus*, la *Boulangère a des écus*. — 1876 : le *Dada*, le *Roi d'or*, le *Jeu de l'amour et du houzard*. — 1877 : le *Docteur Ox*, les *Charbonniers*, la *Balourde*, la *Cigale*. — 1878 : *Niniche*. — 1879 : le *Grand Casimir*, la *Femme à papa*. — 1880 : la *Petite Mère*, *Rataplan*. — 1881 : la *Roussotte*, une *Soirée parisienne*. — 1882, *Lili*. — 1883 : *Pschutt et vl'an*. — 1884 : la *Cosaque*, *Révisons*. — 1885 : *Mam'zelle Gavroche*, *M. le Député*. — 1886 : les *Demoiselles Clochard*. — 1888 : *Décoré*. — 1889 : les *Jocrisses de l'amour* (reprise). — 1890 : *Monsieur Betsy*, les *Grandes manœuvres*, le *Petit duc* (reprise). — 1892 : la *Souricière*. — 1893 : les *Brigands* (reprise). — 1894 : l'*Héroïque Lecardunois*.

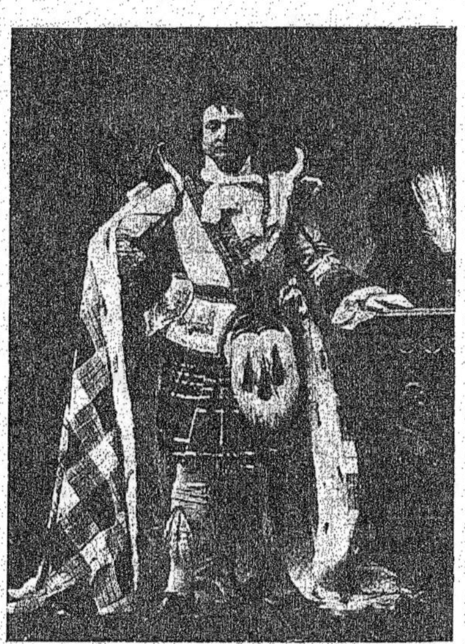

José DUPUIS, dans le *Trône d'Ecosse*
Cliché Gaston et Mathieu

Dupuis poussa alors une pointe au Vaudeville, où il créa la *Famille Pontbiquet*, reprit les *Surprises du divorce*, puis revint aux Variétés où il passa en revue quelques pièces de son répertoire. Se sentant fatigué, il se retira à Nogent-sur-Marne, où il mourut en mai 1900. Ses obsèques eurent lieu en cette ville le 11 mai. Aucun des auteurs auxquels il avait fait gagner tant d'argent, n'avait cru pouvoir se déranger. Seuls les camarades étaient venus. M. Adrien Bernheim adressa un adieu à ce parfait comédien.

Dupuis qui créa un genre — les Dupuis — fut un fantaisiste, mais toujours très fin, jamais exagéré. Assurément, avant d'être un personnage, il fut avant tout et surtout *Dupuis*. Mais ne savait-il pas, avec son sens très approfondi du théâtre, que ses moyens les plus sûrs étaient précisément ces tics et cette prononciation amusante qu'on lui reprochait.

Veuf en premières noces de Mlle Dantès, actrice de l'Ancien Cirque, Dupuis avait épousé Mlle Marie Dubois, fille de Dubois des Nouveautés, laquelle mourut elle-même des suites d'une hémorragie interne, à l'âge de 42 ans, en juin 1902. *(Figaro*, 10 juin.) Leur fils, âgé de 17 ans en 1901, avait manifesté le désir de débuter aux Variétés. *(Figaro*, 12 juin 1901.)

José Dupuis avait été nommé Officier d'académie en 1889 et Officier de l'instruction publique en 1898.

Biographie : *Paris-Théâtre*, no 81, déc. 1879. Notice par F. Jabyer. *Figaro* 10, 11 et 12 mai 1900.

Bibliographie : *Acteurs et actrices*, Abraham 1861. *Soirées parisiennes*, 1875-81. — Sarcey, *Quarante ans de th.*, t. VI.

Iconographie : Bibl. nat., catal. Duplessis, 13,864.

1. En pied, de face (cost. de th.), imp. Bertauts.

2. En pied, de profil à gauche, caricature, lith. par E. Carjat, 1862.

3. A mi-corps, de 3/4 à gauche, photogr. Mandar, 1876.

— *Paris-Théâtre*, n° 81, photo, en pied, de face, dans le *Trône d'Ecosse*. Cliché Gaston et Mathieu.

— *L'Eclipse*, n° 1, 26 janv. 1868 et 24 janv. 1869, par Gill.

— *L'Avant-scène*, n° 7. Caricature par Punch.

DUPUIS, Mlle Ant. Jeanne, *Marguerite*, femme Bachimont, dite Brémont. — Petite-fille de Mme Charlotte Dupuis et fille de Mme Marie Dupuis, deuxième accessit de comédie en 1875, débuta au Cercle Pigalle, Cité du Midi, 48, boul. de Clichy, puis fut engagée au Gymnase, où l'on reprit pour elle le *Collier de perles* (30 sept. 1876). Ce fut vers cette époque qu'elle épousa son camarade Brémont, et prit le nom de Mme *Marg. Brémont*, Gymnase 1877-81, Odéon 1882-88, Châtelet 1893-1897. Actrice gracieuse et sympathique. Habitait Paris en 1904.

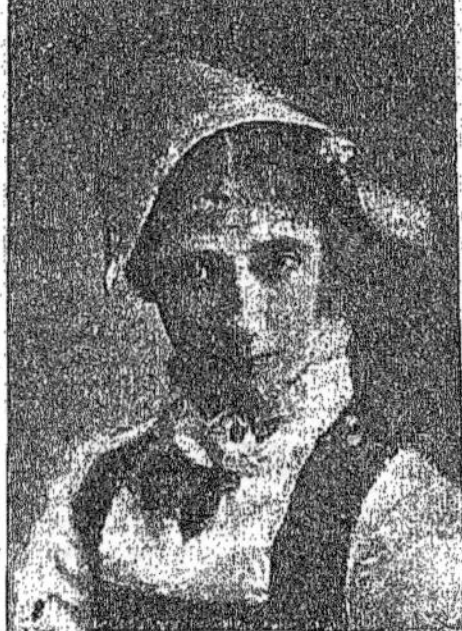

Mlle Geneviève DUPUIS
Cliché Nadar

DUPUIS, Mlle Ant., Aug., *Geneviève*, femme Jourdan, sœur cadette de la précédente. — Elève de sa grand'mère, Mme Charlotte Dupuis. S'essaya toute jeune encore sur la scène d'amateurs du Cercle Pigalle, puis fut engagée au Gymnase, où elle se produisit dans le *Gamin de Paris* (rôle du Gamin). Elle était vive, espiègle, très intelligente. Montigny se l'attacha. Lorsque mourut sa grand'mère, une représentation fut organisée en sa faveur, en matinée, à la Gaîté, le 27 avril 1879. (*Figaro*, 26 avril.) Ayant épousé son camarade Jourdan, Geneviève Dupuis parut encore au Gymnase jusqu'en 1882, puis au Palais-Royal, 1883-85.

Biographie : *Paris-Portrait* n° 333. Notice par F. Jahyer.

Iconographie : *Paris-Portrait* n° 333, photo en buste, de face, cliché Nadar.

DUPUIS. — Sous ce nom :

Dupuis, Ambigu 1800.

Mme Dupuis, Lille 1808.

Dupuis, premier comique, Tournai 1822.

Dupuis, rôles de convenance, Bruxelles 1823-27, Anvers 1829.

Dupuis, Troyes 1824.

Dupuis, père noble, Bayonne 1825.

Dupuis, paysans, Amiens 1826.

Mlle Dupuis, Pauline, soubrette, Rouen 1827-1831.

Mme Dupuis, duègne, Alençon. Peut-être la même, Agen 1829-30. Cette dernière voyageait avec Mlle Duchesnois, 1829-30. Une duègne de ce nom est à Bruges, 1833-37, à La Martinique, 1830 et 1834, à Perpignan, 1834.

Dupuis, deuxième comique, Lille 1830-31.

Dupuis, La Martinique 1830, La Guadeloupe 1833.

Mlle Dupuis, Eugénie, débuta au Palais-Royal le 26 sept. 1836 dans la *Prova*, puis aux Variétés le 18 fév. 1837 dans la *Prima donna*. Travestis, Liège 1839.

Dupuis, Emile, Porte-St-Martin 1839.

Mlle Dupuis, Porte-St-Antoine 1839.

Mme Dupuis, duègne, Besançon 1840.

Dupuis, deuxième comique, Lille 1850.

Dupuis, Elbeuf 1851, Rouen 1852.

Dupuis, jeune premier rôle, Le Mans 1852.

Dupuis, Genève 1852.

Dupuis, acteur et directeur, Chambéry 1853.

Mme Dupuis, Chambéry 1853.

Dupuis, Jacques, Alfred, th. St-Martin (?) 1858-59, Montpellier 1860-63, Ile-de-la-Réunion 1873-1877.

Dupuis, acteur et directeur, Cambrai 1866.

Dupuis, Auguste, Nice 1873.

Mlle Dupuis, utilités, Lille 1887.

Dupuis, Gaston, Rouen 1896-98.

DUPUY. — Sous ce nom :

Dupuy-Richard, Lille 1793-96, « artiste dramatique et marchand de modes ». Alla se fixer à Dunkerque.

Mme Dupuy-Richard, Lille 1793-96.

Dupuy, Namur 1825.

Dupuy, 1er régisseur et rôles annexés, Quimper 1827.

Mlle Dupuy, ingénuités, Quimper 1827, Lorient 1828.

Dupuy, Olivier, se noya à Tours, à 67 ans, avril 1828.

Mlle Dupuy, soubrette, Rouen 1829-30.

Dupuy, utilités, Nice 1830.

Mlle Dupuy, Mimi. Iconographie: Bibl. nat.,

n° 13,868. En buste, de 3/4 à droite, dans un ovale, lith. par Dupuy, 1830.

Mlle DUPUY, Marie, dite aussi *Nelly*. Vaudeville 1854-55, Variétés 1856-57, th. St-Martin (?) 1858-62. V. aussi Marie Dupuis.

DUPUY, Bruxelles 1862.

Mme DUPUY, Mathilde, Bruxelles 1862-64, Lyon 1865, Toulouse 1867, Nantes 1868, Strasbourg 1869-70, Nouvelle-Orléans 1872-74.

DUPUY, Jules, Benjamin, Montpellier 1876-78, Alger 1879, Lille 1880, Marseille 1881-82, Lille 1883-86, Genève 1887, Lyon 1888, Opéra Comique 1889.

DUPUY, Louis, Joseph, Théodore, Bruxelles 1884-85.

DUPUY, Louis, Ludo-Marty, Nancy 1888-92, Rennes 1893-96.

DUPUY, th. Cluny 1888.

DUQUAINCY. — Premier comique, Gand 1784.

DUQUERRIER, Mme. — Bruxelles 1796. Sans doute la même que Dorothée Gention, veuve Pinot dit *Duquérier*, née à Gand, artiste depuis son enfance, ayant demeuré à Paris, Reims 1797, âgée de 24 ans.

DUQUESNE, Amédée, Louis, Raymond. — Paris 1864-65, mort à Tours en juillet 1899, à l'âge de 60 ans, directeur de l'Alcazar.

DUQUESNOIS ou Duquesnoy. — Sous ce nom :

DUQUESNOIS, Cour de Prusse, th. de Monbijou XVIIIe siècle.

Mme DUQUESNOIS, Lille 1788.

Mlle DUQUESNOIS (Duquesnoy), Bruxelles 1787, ingénuités en 1792. 2,000 fr. d'appointements.

DUQUESNOIS (Duquesnoy), Bruxelles 1792, 8,000 fr. d'appointements, Gand 1805.

DUQUESNOIS, fils, Gand 1805.

Mme DUQUESNOIS, Gand 1805.

Mlle DUQUESNOIS, rôles d'enfants, Bruxelles 1814, rôles jeunes, 1815-16, 900 fr. d'appointements.

Mme DUQUESNOIS, Thérèse, duègne, Lille 1825, 3,600 fr. d'appointements, Dijon 1829-30, Liège 1833, Versailles 1835-37.

DUQUESNOIS, Jules, débuta à la Gaîté le 18 juillet 1830, rôle de Victor, de la *Partie fine*.

Mme DUQUESNOIS, mère noble, Nîmes 1831, Marseille 1835 et 1840.

Mme DUQUESNOIS, Zoé. Samson, dans son Rapport de 1844, annonce la mort de cette actrice à l'âge de 72 ans. Elle recevait une petite pension de la Société alors à ses débuts.

Mlle DUQUESNOIS (la petite) Marguerite, rôles d'enfants, Comédie-Fr. 1866. Est-ce la même, Vaudeville 1875 ?

DUR-Laborde. — Du th. de la Renaissance, en représentation à Bruxelles, 20 mai 1840.

DURAINVAL. — Bordeaux 1792.

DURAN, Mme Zélo. — Fol. dram. 1890.

DURANCY, Jean, François Fieuzal dit. — Débuta en 1746. Il faisait partie de la troupe du Maréchal de Saxe, chantant alors les amoureux dans l'opéra comique. Plus tard, il prit l'emploi des valets. Directeur, premier comique à Bruxelles en 1753, il vint débuter à Paris, à la Com.-Fr., le 7 nov. 1759, par le rôle de Pasquin, de la *Coquette*. On le retrouve à Bruxelles en 1762. « Comique en chef, excellent acteur et d'un caractère honnête » ; il y est encore à part entière en 1766, puis il passe à Londres où lui et sa fille ont 8,265 livres d'appointements. (V. Mlle Darimate.)

DURANCY, Mlle Françoise, Marine Dessuslefour, dite Mlle *Darimate*. — Epouse du précédent, mère de Mlle Durancy (v. Mlle Darimate), rôles de caractères, Bruxelles 1753, Versailles 1760.

DURANCY, Mlle Magdelaine, Céleste Fieuzal de Frossac, dite, fille des précédents. — Naquit à Paris le 21 mai 1746, sur la paroisse St-Laurent, et fut destinée au théâtre dès son enfance. Elle débuta toute jeune à Bruxelles (1753), y obtint du succès, et se présenta à la Comédie-Française, à peine âgée de 13 ans, le 19 juillet 1759, par le rôle de Dorine, de *Tartufe* et celui de Lisette, des *Folies amoureuses*. Elle continua même ses débuts, mais sa jeunesse fut un obstacle à son admission, bien qu'on la trouvât vive, aisée, naturelle. Elle tourna alors ses vues vers l'Opéra, et après une saison à Versailles, avec sa mère, y parut le 17 juin 1762 ; elle fut jugée suffisante.

Quelques années plus tard, Mlle Clairon quittait la Comédie. Cette retraite encouragea Mlle Durancy à y rentrer, non plus pour tenir les rôles de soubrettes, mais les premiers rôles tragiques. Elle y reparut par le rôle de Pulchérie, dans *Héraclius*, les 13 et 15 oct. 1766, joua *Tancrède*, l'*Electre*, de Voltaire, toute la gamme, et le succès qu'elle obtint engagea Voltaire à la placer sous sa protection. Il lui confia aussitôt le rôle d'Obéïde, dans sa tragédie des *Scythes*, 26 mars 1767, le seul rôle qu'elle créa à la Comédie. Le « patriarche » avait écrit de Ferney : « Mlle Durancy, qui joue Obéïde, pleure-t-elle suffisamment ? Elle doit pleurer à tout prix. Si elle n'y peut réussir, il faut employer les grands moyens et la fouetter au besoin. »

Voltaire avait connu Mlle Durancy tout enfant sur des « tréteaux » en Savoie, et lui avait prédit un bel avenir. La pièce tomba, et Voltaire s'en prit à tout le monde, sans épargner même Lekain. Pendant ce temps, on intriguait fort à la Comédie contre Mlle Durancy, rivale de Mlle Dubois. Le Duc de Richelieu prit parti pour Mlle Dubois, dont il était l'amant. D'Argental et Damilaville plaidèrent la cause de Mlle Durancy. Mais le duc persuada à Voltaire, au fond de sa retraite, que Mlle Durancy déplaisait au parterre, et cette actrice intelligente et consciencieuse comprit alors qu'elle n'avait plus qu'à s'en aller. C'était pourtant, a dit Lekain, la seule actrice qui eût été capable de remplacer Mlle Clairon et le Duc d'Orléans, selon le *Journal de Collé*, la mettait lui-même « à deux cent mille piques » au dessus de sa devancière. Il ne lui manquait, paraît-il, que la véritable beauté du visage, et c'est à quoi il faut sans doute rapporter cet excès de sévérité pour cette actrice. Reçue le 24 avril 1767, elle quitta encore une fois la Comédie le 3 octobre suivant pour rentrer à l'Opéra, où elle occupa une des premières places, jusqu'à sa mort survenue le 28 décembre 1780, à l'âge de 34 ans.

Bachaumont donna sur cette mort des détails intimes. Le public l'attribua à des efforts qu'elle aurait faits en chantant le rôle de Médée, dans *Persée*.

Biographie : Lemazurier, *Gal. hist.*, t. II. — E.-D. de Manne, *Troupe de Voltaire*.

Bibliographie : *Almanach Duchesne*, 1782. — Ricord, les *Fastes de la comédie*, t. II. — J.-J. Olivier, *Voltaire et les comédiens*.

Iconographie : Bibl. nat., catal. Duplessis 13,887. En buste, de profil à gauche, gravé par Fr. Hillemacher, 1859.

— Musée de la Com. fr., n° 180. M. Monval croit reconnaître (peut-être) Mlle Durancy dans une tragédienne tenant une urne funéraire, peinture attribuée à Vien.

DURANCY, Bernard. — Acteur des boulevards, troupe des Elèves de l'Opéra et des Grands danseurs du roi, 1782. Ce Durancy, dont le service paraît avoir été très irrégulier, fut envoyé diverses fois au For-l'Evêque, 1780, et à l'Hôtel de la Force, 1785, 1787, pour refus de service.

DURANCY, th. Molière 1793.

DURAND. — Sous ce nom :

Mlle DURAND, actrice foraine, Foire-St-Germain 1746.

Mlle DURAND, rôles de caractère, débuta à la Com.-Fr. le 1er déc. 1767.

Mlles DURAND, Ambigu 1772. L'aînée avait 14 ans, la cadette 6 ans.

Mlle DURAND, Marie, Madeleine, Antoinette, née en 1760, th. des Grands danseurs du roi, 1777.

Mlle DURAND, Joséphine, née vers 1770, th. des Grands danseurs du roi, 1784.

DURAND, financier et directeur, Gand 1787-1788, th. Montansier 1792.

Mme DURAND, premier rôle, Gand 1787.

DURAND, fils, jeune premier rôle et comique, Gand 1787-88, th. Montansier 1792-93, Marseille 1793. Peut-être le même : Bruxelles 1797-98.

Mme DURAND, Variétés amusantes 1794.

Mme DURAND, jeune première, Lille 1799.

DURAND, premier rôle, Bruxelles 1804, 6,000 fr. d'appointements.

Mme DURAND, Turin 1809.

Mlle DURAND, mime, Porte-St-Martin 1811.

Mlle DURAND, deuxième soubrette, Rouen 1822.

DURAND, grande utilité, Calais 1825.

DURAND, utilité, dép. de la Vienne 1825.

Mme DURAND, Elisa, duègne, Quimper 1825-1827, Lorient 1828, Vannes 1829-30, Le Hâvre 1833-34, Nantes 1825.

Mlle DURAND, deuxième amoureuse, Calais 1825.

DURAND, Grande utilité, Mons 1826.

Mme DURAND, grande utilité, Mons 1826.

DURAND, premier rôle, Marseille 1826, Amsterdam 1827, Nantes 1829, Célestins, Lyon 1830-31.

Mme DURAND, troisième amoureuse, Lille 1827, 1,800 fr. d'appointements.

DURAND, père, deuxième comique et régisseur, Perpignan 1827-28, Arles 1831.

DURAND, acteur et régisseur en chef, Lille 1828.

Mlle DURAND, soubrette, Lille 1828-29.

DURAND, Aix 1830.

DURAND, financier, Laon 1830.

Mlle DURAND, Cécile, Toulouse 1830.

DURAND, père noble, Marseille 1833-34.

Mme DURAND-Pujas, premier rôle, Marseille 1833-34.

Mme DURAND, utilités, Lille 1834.

Mlle DURAND, ingénue, Lorient 1835, Niort 1837.

Mme DURAND, premier rôle, Versailles 1835 et 1837.

DURAND, artiste mort en 1837.

DURAND, deuxième amoureux, Namur et Liège 1839.

Mlle DURAND, Marseille 1840.

Mlle DURAND, Lucile, Antoinette, originaire de Rouen, parut au Gymnase-enfantin, dansa au Vaudeville, puis entra aux Variétés comme figurante. On remarqua son petit air innocent fort agréable, et on l'engagea comme ingénue au Palais-Royal, où elle débuta en sept. 1844 en doublant Mlle Scriwaneck, dans *Frère Galfâtre*. On la vit successivement dans l'*Etourneau*, le *Roi des Frontins*, un *Cœur de grand'mère*, la *Poudre coton* (1846), *Croquignole*, un *Banc d'huîtres* (1847), les *Lampions* (1848), les *Marraines de l'an III* (1849), *Deux aigles* (1850), les *Crapauds immortels* (1851). Pendant ses congés, elle jouait à Londres, mais ne cessait d'appartenir à la troupe de Dormeuil. Tout le monde vantait sa gentillesse. Le Rapport de 1850 signale d'elle des traits de bienfaisance et de charité. Elle rentra aux Variétés dans la revue *As-tu vu la comète*, et s'y maintint de longues années. Habitait Paris en 1887.

Biographie : Gallois, le *th. du Palais-Royal*, 1854.

Iconographie : Même ouvrage, ½ corps, d'ap. H. Pottin, grav. par Diolot.

DURAND, artiste devenu aveugle et touchant une petite pension de 120 fr. de la Société des artistes en 1846. Mort vers 1849.

DURAND, Eugène, Alexis, Pierre. De la Société depuis 1846, Lyon 1849, New-York 1852, Bordeaux 1853-55, Lisbonne 1856-57, Paris 1858-62, Trieste 1863-64, Turin 1865-67, Bordeaux 1868-70.

DURAND, Maximilien, Batignolles 1848.

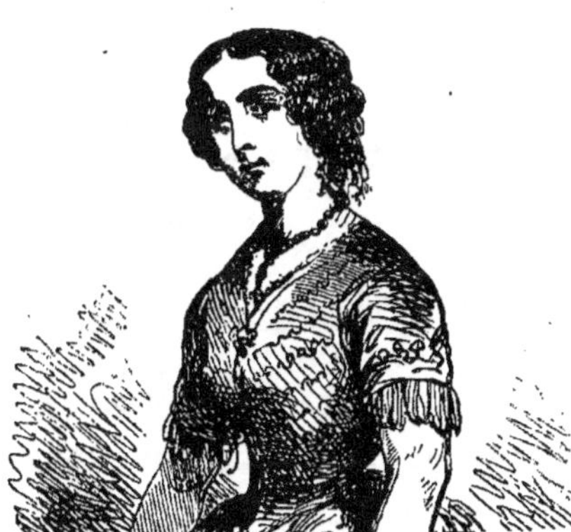

Mlle Lucile DURAND, d'ap. H. Pottin

Mme DURAND, Fanny, Vaudeville 1848.

Mme DURAND, veuve, duègne, Caen 1848-56. En 1854, âgée de 50 ans, elle obtint une pension de 186 fr. de la Société des artistes.

DURAND, deuxième amoureux, Bruxelles 1851-52, Nantes 1852.

DURAND, père noble, St-Brieux 1851.

DURAND, utilités, Reims 1852.

Mlle DURAND, amoureuse, Metz 1852.

Mlle DURAND, Marie, soubrette, Toulon 1852.

DURAND, Ambroise, Dunkerque 1854-57, Valenciennes 1858-60.

Mme DURAND-Fleury, artiste décédée en 1857.

Mme DURAND, Anne, Aimée Eperche dite. Anvers 1858, Le Hâvre 1859-61, Liège 1862-63.

Mme DURAND-Bazin, Marie, Lyon 1861, Mascara 1862, Alger 1863-67, Sidi-Bel-Abbès 1868-73, Alger 1874-76, Le Hâvre 1877-78, Limoges 1879, St-Quentin 1880, Paris 1881, Mascara 1882-87. En 1887, Mme Marie Durand-Bazin, âgée de 60 ans, avec 37 ans de th., obtint une pension de 500 fr. de la Société des artistes. Sa mort fut annoncée au Rapport de l'année suivante.

DURAND, Henri, Athanase, né en 1823, Genève 1857-59, Metz 1860-61, La Haye 1862. Besançon 1863, Rennes 1864-65, Rouen 1867, Limoges 1868, Vichy 1869, Hombourg 1870-72, Paris 1873-81, Montmartre 1882, Bouffes 1883-86, Paris 1887. En 1888, âgé de 64 ans, avec 40 ans de th., obtint une pension de 500 fr. de la Société des artistes, laquelle pension fut portée plus tard à 600 fr. (fondation veuve Albert Thiry). Habitait Paris en 1905.

Mlle DURAND, Louise, ingénue au Palais-Royal, laquelle, à la suite d'un petit scandale, en mars 1858, écrivit une lettre au *Figaro*. V. aussi Mlle Lucile Durand.

DURAND, Max, th. du Cirque et Châtelet 1861-1863.

DURAND, Eugène, Louis, Montmartre 1861-65, St-Etienne 1867-68, Montmartre 1878, Rouen 1880-1881, Montmartre 1882, Saint-Pétersbourg 1883-84, Bruxelles 1885-86, Marseille 1887, Toulouse 1888-89, Lyon 1890-94, Paris 1895. Habitait Paris en 1905.

Mlle DURAND. V. Eva Rose.

DURAND-Poujet, Jean, Victor, Limoges 1867-69.

Mme DURAND, Anna, Castres 1868-72.

DURAND, Bouffes 1875, 1880, 1890. V. aussi *Durand*, Henri, Athanase.

Mme DURAND. V. Sen.

Mlle DURAND, Victoria Prello, Fantaisies 1879-82.

DURAND, Mlle de la Valfère, Marguerite, Charlotte, dame Laguerre. — Premier accessit de comédie en 1880, premier prix en 1881, pensionnaire à la Comédie-Française en 1881-1888. Femme de lettres, Mme Marguerite Durand quitta momentanément le théâtre pour devenir directrice du journal la *Fronde*. On la revit encore dans des tournées avec Coquelin aîné (1901), puis conférencière à Berlin (janv. 1902). Mme Durand, femme d'un esprit supérieur, est Officier d'académie depuis 1903.

DURAND, Mlle Marie. — Ingénue, Porte-St-Martin 1881-88, Variétés 1889 et 1893, Ambigu 1895.

DURANDIN. — V. Verner.

DURANT, Jean Le Roux dit. — Débuta le 9 juillet 1712 à la Com.-Fr. et fut reçu le 22 déc. suivant. Il partit le 20 oct. 1715, rentra le 20 août 1724, et mourut le 1er mai 1733.

DURANT. — V. Durand.

DURANTY. — Deuxième amoureux, Verviers 1825, jeune premier, Tours 1826, Dijon 1830, rôles de convenance, Lille 1833-34. Agé de 62 ans en 1849, il entra dans une maison de retraite; la Société lui allouait une petite pension de 60 fr. par an. Il mourut vers 1854-1855.

DURANVILLE, Mme. — Lille 1788, soubrette, Rouen 1796.

DURANVILLE. — Rouen 1796.

DURARD. — Duègne, Douai 1774-75, 2,400 fr. d'appointements.

DURASQUE, Alexandre. — Mons 1862-63.

DURAT, Jacques, Philippe, Eugène. — Anvers 1883-85, Nantes 1886-90.

DURAY. — Porte-St-Martin 1883-84.

DURAY, Eugène. — Versailles 1888-89, Paris 1890-97.

DURBEC. — Cambrai 1831.

DUREC ou Durécu. — Plutôt directeur. Mort vers 1887.

DUREL, Paul. — Odéon 1890-93, Paris 1894-1895.

DURET, Mme. — Nantes et Angers 1812, premier rôle marqué, dép. de la Vienne 1825, Limoges 1826, Cambrai 1829.

DURET. — Utilités, Gand 1842-44.

DURET, Mlle. — Jeune première, Grenelle 1851.

DURET, Charles. — Bordeaux 1853-63.

DUREUX, — Premier amoureux, Aix 1852.

DUREY, Mlle Marie, Charlotte. — Débuta à l'Odéon le 3 mai 1847 dans *Andromaque*, Odéon 1848, Gaîté 1851, première confidente, troupe de Rachel en Amérique, Odéon 1859, Elbeuf 1863-64, Le Mans 1865-67, Ambigu 1868-80, Paris 1881-89.

DURFÉ, Mlle. — Débuta à la Com.-Fr. le 5 janv. 1780, par les rôles d'Alzire et d'Hypermnestre, puis le 23 fév. 1781.

DURGET, Mme Jeanne. — St-Etienne 1887-90.

DURIEU, Michel. — Comédien de province, mari de la suivante ; accompagna sa femme à Paris en 1685, fut employé à l'ancienne Comédie et mourut en 1701, huissier du Cabinet de M. le Prince.

DURIEU, Mlle Anne Pitel de Longchamps. — Femme du précédent, née à Rouen en 1651, filleule du Grand Condé, sœur aînée de Mlle Raisin, mère de Mlle Godefroy, débuta à la Com.-Fr. le 7 mai 1785, fut reçue la même année pour les confidentes dans la tragédie et les mères dans la comédie, et se retira le 27 mars 1700 avec la pension de 1,000 livres. Elle mourut à la Davoisière, près Falaise (Calvados), le 6 janv. 1737.

Bibliographie : Lemazurier, *Galerie hist.*, t. II, p. 221. — Campardon, les *Comédiens du roi*, p. 103, 104.

DURIEU. — Maëstricht 1714-19.

DURIEU. — Troisième comique, Dieppe 1851.

DURIEU, Mlle Henriette, Amélie Durand dite. — Gaîté 1874-79. Avait épousé un médecin.

DURIEU ou Durieux. — Comique, Lille 1884.

DURIEZ. — Mime, Palais-Royal 1811.

DURIEZ, Mme Marie. — Gaîté 1850-55, Lyon 1856, Bordeaux 1857-91. Sa mort fut annoncée au Rapport de 1892.

DURIEZ, Félix. — Deuxième amoureux, Rouen 1852-56, Lille 1864, acteur et directeur Reims 1882-83.

DUROCHER. — Cour de Prusse 1706-1707.

DUROCHER. — Porte-St-Martin 1835-36.

DUROCHER, Mme. — Menus-Plaisirs 1889.

DUROSIER, Mlle. — Jeune première, Rouen 1796. (V. Desroziers.)

DUROSOIR, Mlle. — Débuta au Vaudeville le 28 déc. 1807 dans le rôle de *Fanchon*.

DUROSOY, Mlle Marie. — Caen 1881-82, Paris 1883, Boulogne-sur-Mer 1884-87.

DUROSSEL. — Deuxième père, th. Molière 1831. (V. Duruissel.)

DUROT, Mlle Louise, Sophie. — Soubrette, Variétés 1825, Boulogne 1828, morte à Dreux vers 1832.

DUROUEIX, Mme Marie Barbe, femme Josne. — Angers 1793.

DUROYAU. — Grande utilité, Toulouse 1793.

DUROZEL. — V. Gobert.

DUROZELLE. — Deuxième comique, Maëstricht 1783.

DURUEL. — Cour Palatine 1756.

DURUISSEL père, Louis, Etienne, Pie. — Né à Douchy (Loiret) vers 1753, embrassa la carrière théâtrale vers la fin de ses études et fit partie du th. du Marais en 1792. L'année suivante il fut employé aux bureaux de la guerre et nommé secrétaire général de l'administration des équipages militaires de Paris. En messidor, an v, il rentra au théâtre comme régisseur de la troupe de Reims (1797-99). Il venait de Beauvais et faisait élection de domicile à Paris, rue St-Dominique. En 1806, lui ou son fils dirige la *Correspondance centrale*, 28, rue Mazarine. On lit dans l'*Annuaire Cavanagh* pour 1806, p. 29 : « *Correspondance des spectacles*, rue du Th. fr., près l'Odéon : Ce bureau doit sa naissance à M. Perlet, directeur du th. des Terreaux, à Lyon, depuis trois ans. En partant, il transmit son établissement à M. Duruissel, sous condition de le reprendre lorsqu'il reviendrait à Paris où il doit être de retour vers le mois d'avril prochain ».

A partir de cette époque, il devient fort difficile de faire une distinction entre le père et le fils, tous deux tenant le même emploi. Exemple : 1806, Duruissel (?) père noble, Rouen. Nous attribuerons tout ce qui suit, sauf erreur, à Duruissel fils.

DURUISSEL, Mme, mère, Marguerite, Agathe Compagnon-Desmarest, femme Duruissel. — Artiste depuis 1775, th. du Marais 1792, Reims 1797-99.

DURUISSEL fils, Louis, Joseph, Pie. — Né à Laflèche (Sarthe) vers 1773, fils des précédents, artiste depuis son enfance, Beauvais, Reims 1797-99. Peut-être à Rouen (ou son père?) 1806, Turin mai 1807, th. Carignan, troupe Raucourt; Milan 1807-09 et 1811-14. Début à la Comédie-Française dans l'*Abbé de l'Epée*, 6 juin 1818, Com.-Fr. 1819, demeure 3, rue Pagevin, père noble, Rouen 1820-23, 5500 fr. d'appointements. Varsovie 1825-26, Berlin été 1826, Varsovie 1826-27, Berlin, directeur, 1829-30, père noble, Berlin 1831-33-35. En 1843, Pie Duruissel avait 70 ans et la Société des artistes, alors à ses débuts, lui faisait une petite pension. Sa mort fut annoncée au Rapport de 1845.

DURUISSEL, Mme. — Femme du précédent, excellente confidente de tragédie, Milan 1807-09 et 1811-12, deuxième caractère, Rouen 1820-23, 1500 fr. d'appointements, Porte-St-Martin 1825, première duègne, Berlin 1829-35.

DURUISSEL, Mlle. — Deuxième soubrette, Rouen 1823.

DURUISSEL, Mlle. — Rôles d'enfants, Bruxelles 1845.

DURUPTY, Eugène, dit aussi *Vignet*. — Genève 1884-86, La Haye 1887-91. Sa mort fut annoncée au Rapport de 1892.

DURVAL, Mme. — Soubrette et duègne, Anvers 1782.

DURY, Désiré Daumerie dit. — Th. Comte 1851-52, passa par l'Op. com. et mourut vers 1886.

DUSART, Arthur, Philippe, dit *François*. — Besançon 1875-79, Nice 1880-81, Rennes 1882-83, Paris 1884 et années suivantes.

DUSAULE. — V. Faron.

DUSAULT. — Débuta à la Com.-Fr. le 23 avril 1774, rôle d'Omar dans *Mahomet*. V. Dussault.

DUSAUZIN. — Troisième rôle, Bruxelles 1792-93. 5500 fr. d'appointements.

DUSEUIL, Mme Léonide. — Brest 1854-56.

DUSIMETIÈRE, Mlle Marie, Antoinette. — Actrice du th. des Associés 1784.

DUSSARGUES, Henri, Louis. — Lille 1862-63, Anvers 1864, La Haye 1865, Anvers 1867, Nantes 1868-70, Montpellier 1872-74, Marseille 1875-76, Montpellier 1877-79, Genève 1880-81, Marseille 1882-1902. En 1896, âgé de 64 ans, avec 40 ans de th., Dussargues obtint la pension de 500 fr. de la Société. Sa mort fut annoncée au Rapport de 1903.

DUSSAULT, Jean, François. — V. aussi Dusault. Rouen 1785, th. Molière 1792, Angers 1794. Le *Coup de Fouet* signale en l'an x, au th. de la Cité, un *Dussault* « bouffi des plus ridicules prétentions ». Est-ce le même?

DUSSER, Mme Adelaïde, née Labbé. — Premier rôle, Lorient 1851, Avignon 1855-58, Reims 1859-60, Brest 1861, Bordeaux 1862, Grenoble 1863, Anvers 1864, Boulogne 1865-66, St-Quentin 1867-68, Dunkerque 1869-70, Saint-Quentin 1872, Amiens 1873, Elbeuf 1874.

DUSSERT, Mlle Anne, femme Doche I. — Naquit à Saulieu (Côte-d'Or) le 8 juin 1798. Son père était vigneron. Venue à Paris, elle fut fille de salle aux bains Chantereine. Jolie, blonde, elle fut tirée de cette position subalterne par quelqu'un qui lui fit apprendre à lire et à écrire. Pour se délasser, elle jouait la comédie de société chez Doyen. En 1823, elle débuta au Vaudeville par le rôle d'Amélie dans la *Visite à Bedlam*.

D'une intelligence médiocre, d'une grande timidité, fort ignorante, il fallait que Fontenay, dont elle recevait des conseils, lui analysât chaque rôle, lui en expliquât le caractère; alors, la beauté et la toilette aidant, elle devint passable, se faisant même remarquer dans *Marie Mignot*, *Madame Dubarry* et la *Mère au Bal*. Bonne et serviable, charitable même, elle obligeait beaucoup de gens.

Doche, le chef d'orchestre du Vaudeville, en était devenu fort épris, mais ne pouvait la fléchir. Un jour vint cependant où le banquier hollandais, son protecteur, M. Hoppe, la délaissa pour Jenny Colon et, dans son dépit, elle épousa Doche, le 17 mars 1830. Elle prit alors au théâtre le nom de *Mme Doche* — ce qui fit qu'on la confondit souvent avec *Mme Doche*, deuxième du nom. – (V. Mme Doche II). Cette union fut heureuse. Quoique séparée de biens de son mari, Mme Doche I, qui mourut le 21 oct. 1836, après une longue maladie, laissa tout ce qu'elle possédait à son mari, à charge de servir une pension viagère à ses vieux parents, paysans bourguignons, et d'élever deux nièces jusqu'à 18 ans. Ces obligations furent religieusement remplies.

Voici quelques opinions sur son compte : « 1826, rue des Petits-Champs, 39. A été engagée pour remplacer Mme Perrin. C'est une véritable mystification ». — « 1829, rue Neuve St-Augustin, 5. Femme de bon ton qui a une jolie taille, une jolie figure, une jolie toilette, mais qui n'a point un joli talent ». – 1833. « Elle réunit à un physique charmant un excellent ton de comédie et un organe enchanteur qui porte à l'âme ». Mais son embonpoint la força à quitter les jeunes premiers rôles pour les grandes coquettes.

Biographie : E.-D. de Manne et C. Ménétrier, *Complément à la troupe de Nicolet*.

Bibliographie : *Biogr. dram.* 1824, 1826, 1829, 1833. – *La Rampe et les Coulisses*, p. 181.

Iconographie : Eau-forte, en buste, cost. de th., par Fugère, dans le *Complément à la troupe de Nicolet*.

DUSSERT, Antoine, Charles. — Bon gros garçon qui, après les journées de juillet, parut au petit Lazari et aux Fol. dram. 1833-35. Rempli de bonne volonté, la direction des Variétés songea à lui pour remplacer Bosquier-Gavaudan. Mais Dussert passa inaperçu au boulevard Montmartre : « Trop pour un choriste, pas assez pour acteur », disait-on. En 1842, on écrit : « Acteur consciencieux qui n'aspire pas au premier rang, mais qui brille au second ». En 1849, nous perdons ses traces aux Variétés; en 1852, un premier comique nommé *Dussert*, venant de province, est fort applaudi aux Délass. com. De 1852 à 1859, ce nom figure à St-Pétersbourg. Sa mort fut annoncée au Rapport de 1861.

Bibliographie : *L'Indiscret des Coulisses*, 1841. — *Biogr. dram.*, 1842, 1845. — Darthenay, *Acteurs et Actrices*, 1853.

DUTACQ. — Sous ce nom :

Dutacq, troupe Restier II, 1753.

Dutacq, comique, valets, crispins, Gand 1767, Douai 1774.

Dutacq (les frères), mimes chez Nicolet, 1772-74.

Dutacq (les sœurs), actrices chez Nicolet, 1772-74. L'aînée jouait les amoureuses; la cadette, Manon, était plus connue comme danseuse.

Dutacq jeune (Jean Beauvilliers), troupe Nicolet 1785.

Mlle Dutacq, Marie, née vers 1768, troupe Nicolet 1791.

Dutacq ou Dutact, François, né à Paris vers 1765, Beauvais, Reims 1797-99.

DUTAILLOUX, Henri Lesgallery. — Lyon 1852-67, St-Etienne 1868-70, Lyon 1872-73, St-Etienne 1874, Lyon 1875-76, Marseille 1877, Lyon 1878-85. Agé de 76 ans en 1882, avec 50 ans de th., Dutailloux obtint une pension de 500 fr. de la Société des artistes. Sa mort fut annoncée au Rapport de 1887.

DUTASTA, Joseph. – Dijon 1849, Versailles 1852-53, La Haye 1854-56, New-Orléans 1857-61, Lyon 1862, Strasbourg 1863-70, Bordeaux 1872-84, Salles 1885-89. Sa mort, survenue à Toulouse, fut annoncée au Rapport de 1890. Depuis 1880, Dutasta, âgé alors de 62 ans, avec 26 ans de th., touchait 400 fr. de pension de la Société des artistes.

DUTEIL, Mme. – Montparnasse 1852.

DUTERTRE, Mlle. — Elève du Conservatoire, s'essaya dans les soubrettes chez Doyen, rue Transnonain ; le rôle de Lisette du *Glorieux* était son triomphe. Après avoir joué à Londres et à Rouen 1817-19, avec 3600 fr. d'appointements, elle débuta à l'Odéon le 5 oct. 1820, dans le rôle d'Elvire de *Tartufe* et celui de la *Fausse Agnès*. Engagée à l'Odéon, nous lui trouvons la critique fort hostile. En 1825, elle tient l'emploi des premières coquettes. « Elle n'est pas mal à la scène quand on s'est accoutumé à son petit nez, écrit-on en 1829; mais elle n'a ni grâce, ni chaleur, ni charme dans la voix ». On lui reproche aussi de grimacer. Ricord constate un ton mignard, une diction précieuse, une prononciation affectée, un mauvais maquillage. Mlle Dutertre passa à Anvers 1829-30, puis comme premier rôle à Bordeaux 1832-34.

Bibliographie : *Grande biogr.* 1824. — *Dict. th.* 1826. — *Biogr. dram.* 1829. — Ricord, les *Fastes de la Comédie*, t. II, p. 348.

DUTHÉ. — Jeune premier rôle, Anvers 1789.

DUTHÉ, Mlle. — Châtelet 1866.

DUTHEIL. — Gaîté 1808.

DUTHEIL. — Débuta au Vaudeville le 19 juin 1839, dans *Un Dimanche à St-Mandé.*

DUTILLEUL. — Com.-Fr. 1764.

DUTILLIER. — Premier comique, Gand 1782.

DUTOIS. — Troisième comique, Lille 1884.

DUTRIAUX, Emile. — Cherbourg 1882-83.

DUTRIEUX, Mlle Sophie, Euphrosine, femme Lemoigne. — Née à Dunkerque le 26 mai 1805, débuta à l'âge de 14 ans à Bruxelles. Elle venait alors de Lorient. Elle tint l'emploi de troisième amoureuse, 1819-22, et épousa le 18 mai 1822, à Bruxelles, Lemoigne, du th. de la Monnaie. Elle mourut à Paris au mois de février 1844.

DUTRIEUX. — Grande utilité, th. du Parc, Bruxelles, 1820-21, Gand 1829.

DUVAL. — Comique et financier, Anvers 1782, Gand 1787.

DUVAL, Mlle Marguerite. — Mime, Ambigu 1782.

DUVAL. — Variétés amusantes, puis Variétés du Palais-Royal 1783-88, Palais-Variétés 1793, th. de la Cité 1797. Fut le créateur du rôle de « M. Duval » dans toutes les pièces de la série des Jocrisses et des Roussels. Jocrisse causait familièrement avec M. Duval, prenait du tabac dans la tabatière de « ce bon M. Duval ». C'était le type du compère. Th. des Variétés jusqu'en 1818. Duval mourut subitement le 12 juillet 1826, à l'âge de 70 ans, laissant la réputation d'un homme doux et de parfaite éducation.

DUVAL, Alexandre, Vincent Pineu. — Fils d'Alexandre-René Pineu, sieur Duval, commis au greffe des Etats, ancien trésorier de la paroisse de St-Jean de Rennes, et de demoiselle Anne Boré, son épouse, naquit à Rennes, près la rue St-Georges, le 6 avril 1767. Il fut le frère d'Amaury Duval, avocat et auteur (1760-1838) et d'Henri, Charles Duval (1770-1847), auteur et gendre du sculpteur Houdon.

Elève du collège de Rennes, Alexandre interrompit ses études à l'âge de 14 ans et s'enrôla comme volontaire pour l'Amérique. Dix-huit mois plus tard, la paix étant signée, il revenait à Rennes comme sous-officier, après avoir longuement voyagé, s'être bien battu et attrappé quelques blessures. La famille s'occupa de lui trouver une situation. Mais Alexandre Duval, camarade de collège d'Elleviou, n'avait guère, comme son ami, qu'une seule passion : le théâtre.

Elève ingénieur des ponts et chaussées, puis secrétaire de la députation des Etats de Bretagne, le jeune homme partit en cette qualité pour Versailles en 1787. Ce rapprochement de Paris comblait ses désirs. En attendant, il cumule pour vivre : ingénieur géographe attaché aux travaux du canal de Dieppe, architecte des domaines du roi, il est envoyé par ses chefs au château de Limours, chez la comtesse de Brionne, pour y tracer les plans d'une partie du parc. Il y esquissait déjà un drame en vers, lorsque la nouvelle de la prise de la Bastille vint disperser la brillante société où il vivait. Du même coup, la Révolution supprimait tous ses emplois.

Après avoir inspecté quelques mois les travaux du château de Nointel, toujours en ébauchant des pièces de théâtre, le voici portraitiste chez Massard — la Bibl. nat. possède de ces originaux — mais les pièces qu'il s'obstine à composer ne se placent pas. C'est alors qu'il s'engage comme acteur dans la troupe des Variétés amusantes, dont le théâtre venait d'ouvrir — 15 mai 1790. — Jugé comme intelligent et plein de bonne volonté, il arrive à débuter à la Com.-Fr. le 3 nov. 1791.

Bientôt la vie publique est suspendue ; il s'engage comme volontaire dans la « Compagnie des Arts », fait la campagne de l'Argonne, puis revient à Paris reprendre ses modestes fonctions au th. de la Nation. Il demeurait alors cul de sac du Jardinet. Le 3 septembre 1793, il est incarcéré avec ses camarades aux Madelonnettes. A vrai dire, son arrestation surprit un peu, et Dazincourt, qui ne voyait partout que « complots », crut pouvoir lui dire avec ironie « qu'un héros qui revenait de l'armée républicaine ne pouvait se trouver en prison que volontairement ». L'obscur Duval n'en avait pas moins été englobé avec tous les autres, et il partageait maintenant sa cellule avec le tragédien St-Prix.

Par une lettre du 23 sept., reproduite par M. Bellier-Dumaine, Alex. Duval proteste de son innocence ; il fait remarquer qu'il n'est pas de la Société des comédiens français, qu'il est pensionnaire (nous sommes quatre dans ce cas, ajoute-t-il), qu'il n'a jamais pris part aux délibérations, enfin qu'il est républicain. Le 26 sept. il était libre. Le 4 décembre suivant, il faisait représenter une comédie en un acte, la *Vraie Bravoure*, en collaboration avec Picard.

Nous ne suivrons pas Alex. Duval comme auteur ; sa carrière littaire a été partout tracée. Mais nous dirons ce que devint le comédien.

Rendu à la liberté, il a trouvé une place — très modeste toujours — au th. de la République. Il tient l'emploi des confidents, se faisant applaudir dans le rôle du vieillard de *Marius à Minturne (Courrier des Spectacles)*, 4 vendémiaire an VII, ou dans le rôle de Catane de *Tancrède (Courrier des Spectacles)*, 11 frimaire an IX. Déjà l'on lui sait gré d'écrire des pièces fort agréables, et l'on veut bien fermer les yeux sur son talent très faible de comédien *(Année théâtrale)* an IX. Acteur consciencieux, Al. Duval le fut sans aucun doute. L'*Année théâtrale* pour l'an X constate qu'il « s'est fait souvent applaudir dans quelques récits ». Un petit pamphlet, la *Troupe en Egypte*, qui supposait les comédiens français transportés sur les bords du Nil, attribue comme rôles à Baptiste aîné, les obélisques, à Vanhove, le bœuf Apis, à Talma, les crocodiles, et à Duval... les catacombes.

Au fond, Duval ne songea jamais qu'à écrire pour le théâtre. Il mande à son frère, dès la fin de 1796 : « Je n'adore pas mon état », et bien que conservé à la réunion de 1799, il se retire le 22 nov. 1802. Puis, souffrant momentanément de troubles nerveux assez graves, il demande en 1805 la liquidation de sa pension. Al. Duval s'était marié à une Rennaise sans fortune, Adelaïde Bureau de l'Ecotay, le 22 octobre 1794, et dont il eut deux filles, Malvina, née en 179..., et Adèle, née en 1796. Malvina, mariée à F. Mazois, architecte, officier de la Légion d'honneur, survécut à son mari, mort en 1826, et mourut en 1866. Adèle, morte en 1868, épousa Clément, chef d'escadron d'état-major, mort en 1850. Leur fille, Clémence, fut mère d'Henri Regnault tué à Buzenval le 19 janvier 1871.

Après avoir parlé de Duval acteur, nous renverrons le lecteur aux biographies de Duval auteur dramatique, auteur fécond, puisque dans sa carrière qui va de 1791, date de sa première pièce, à 1836, date de sa dernière, il ne fit pas représenter moins de 60 ouvrages, dont la plus grande partie au Th. français et à l'Opéra comique. A peine quelques titres comme les *Héritiers*, *Maison à vendre*, le *Tyran domestique*, le *Menuisier de Livonie*, la *Jeunesse de Henri V*, *Joseph*, la *Manie des Grandeurs*, le *Jeune homme en Loterie*, ont-ils survécu. Mais qui a lu les pièces? L'œuvre d'Al. Duval, souvent plate et banale, fut plus souvent encore variée et ingénieuse. Prédécesseur de Scribe, qu'il n'égala jamais, il fut de ces auteurs qui veulent avant tout amuser, intéresser, plaire au public de leur temps. Tel Sardou. « Il vaut beaucoup mieux, écrivait-il à Victor Hugo, une vérité de convention et d'artifice qu'une réalité de la nature ». Comme Scribe, encore, Al. Duval ne se piqua jamais de bien écrire. Il ne jugeait un ouvrage dramatique que sur les combinaisons qu'on pouvait en tirer, ne se préoccupant jamais du style, et il l'avouait. Aussi ne comprit-il rien au théâtre de Victor Hugo, contre lequel il fulminait. Al. Duval, auteur ingénieux, fut de son temps. Le jour où le romantisme apparut, son théâtre avait vécu.

Directeur du th. de l'Impératrice en 1808, membre de l'Institut en 1812, académicien en 1816, administrateur de la Bibl. de l'Arsenal en 1831, Al. Duval cessa, vers 1840, tout travail. Il était devenu presque aveugle. Il mourut, entre sa femme et ses deux filles, le 9 janvier 1842, et fut inhumé le 12 au cimetière de Montparnasse.

Biographie : *Annuaire dramatique Delhasse*, 1843, longue notice. — La Borderie, *Alex. Duval et son théâtre*, Rennes, Caillière, 1893. — Ch. Bellier-Dumaine, *Alex. Duval et son œuvre dramatique*, Paris, Hachette, 1905.

Bibliographie : *Année théâtrale*, an IX et X. — Al. Duval, *Œuvres complètes*, 9 vol. — P. Porel et G. Monval, l'*Odéon*, 2 vol.

Iconographie : Bibl. nat., catal. Duplessis 14006 :

1. En buste, de 3/4 à droite, lith. par Jules Boilly, 1820.
2. En buste, de 3/4 à gauche, dans un ovale, gravé par A. Delvaux, d'après L. Boilly.
3. En buste, de 3/4 à droite, lith. de Mlle Formentin.
4. En buste, de 3/4 à droite, lith. par Lecler.

Sous le n° 14,008, la Bibl. nat. possède aussi le buste de face de Anne Boré, veuve Duval, mère d'Al. Duval, lith. par Léon Noel, 1825, d'après Rose Duval.

— Musée de la Comédie fr., catal. Monval :

— 20. Buste marbre, h. 0 m. 75, par J.-A. Barre (1845). Le modèle fut exposé au Salon de 1840 (n° 1,669). La répétition de ce buste est à l'Institut.

— 397. Peinture toile, h. 0 m. 21, l. 0 m. 15, par L.-L. Boilly père, gravé par Boilly.

— 484. Médaillon en bronze dirigé par Barre, 1834.

— 502. *Une lecture à la Comédie-Française* en 1830, peinture toile par Gaston Thys. Copie du tableau de Heim, Salon 1847, Musée de Versailles. On y voit Al. Duval.

— Collection Perron (de Passy), en buste, de profil à droite, crayon non signé ; à l'âge de 35 ans environ.

— Collection en buste, de 3/4 à droite, miniature non signée ; à l'âge de 35 à 40 ans.

— Cabinet des Estampes : *Une soirée chez la princesse Constance de Salms* en 1806, lith. anonyme.

— Collection Perron (du Mans). Grande peinture toile, à mi-jambe, attribuée à Ingres ; à l'âge de 70 ans environ.

— Cabinet des Estampes : *Napoléon entouré des personnages les plus illustres de son temps*. Al. Duval est placé en arrière de Joséphine.

— Collection de Salms : en buste, de 3/4 à gauche, lith. d'après Deveria ; à l'âge de 40 ans environ.

— Œuvres complètes, buste de 3/4 à gauche, lith. L. Bailly, grav. Al. Tardieu, 1822.

— Salon de 1840, n° 6. Peinture toile par Amaury Duval (son neveu). Destination inconnue.

— Cimetière Montparnasse, concession perpétuelle, 9e div., 1re ligne Est, n° 2 Nord. Médaillon de profil à gauche, en marbre, d'après Barre.

DUVAL. — Sous ce nom :

DUVAL, Angers 1797-98.

DUVAL (les sœurs aînée et cadette), Lille 1799-1801.

Mlle DUVAL, Rouen 1803.

DUVAL-Desroziers. V. Desroziers.

Mlle DUVAL, sans doute fille de Duval des Variétés, th. Montansier 1806, Variétés 1809-1810.

Mlle DUVAL, Vaudeville 1809-1810.

DUVAL, financier, débuta à la Comédie-Fr. le 7 avril 1818 dans Orgon de *Tartufe*, Rouen 1821, Bruxelles 1822, nouveau début à la Com.-Fr. 1822, Bruxelles 1825-30.

Mme DUVAL, caractères, Bruxelles 1822.

Mme DUVAL, rôles de convenance, th. des Célestins, Lyon 1825-26.

Mme DUVAL, caractères, Le Mans 1828.

Mme DUVAL, Perpignan 1830-31.

DUVAL, jeune premier, Douai 1831.

DUVAL, jeune premier, 13e arr. théâtral, 1833-34.

Mme DUVAL, jeune première, 13e arr. théâtral, 1833-1834.

DUVAL, père, comique, Toulouse 1833-34.

DUVAL, 3e amoureux, dép. du Var, 1833-34.

Mme DUVAL, Montparnasse 1835.

Mme DUVAL, première amoureuse, Amiens 1835.

DUVAL, jeune premier, Amiens 1835.

Mme DUVAL, Avignon 1837.

DUVAL, acteur et directeur du th. des Arts, Rouen 1837-39.

DUVAL, Porte-St-Antoine 1839.

Mlle DUVAL, Jeanne, créole qui hanta toute la vie de Beaudelaire. Belle, très grande, assez forte, elle s'était essayée sur la scène du Panthéon, en s'appliquant force blanc pour dissimuler son teint. Elle débuta dans les soubrettes, emploi contradictoire à sa nature, et se contenta de ce demi-succès *(Cahiers de Nadar)*. A rapprocher de Mlle *Amélie* Duval, qui débuta au Panthéon, le 13 avril 1839, dans *Héberard* ou l'*Aliéné*, sans oublier qu'Aline Duval (v. l'article suivant), passa aussi par le th. du Panthéon.

DUVAL, Mlle Aline, Louise, née vers 1824. — Avait d'abord fait partie de la troupe d'enfants organisée par Comte. Puis on l'avait vue aux Jeunes-Elèves, à la Porte-St-Antoine, au th. du Panthéon, où elle eut beaucoup de succès dans la *Poudre de Perlimpinpin*, *Micromegas*, *C'est ma chambrette*. Fraîche, accorte, spirituelle, la petite Aline attira l'attention de Dormeuil, qui l'engagea au Palais-Royal. Ses débuts y eurent lieu le 29 juillet 1842 dans *Francine la gantière*. Puis ce fut le tour de la *Rue de la lune*, les *Huresgraves*, 1843 ; le *Major Cravachon*, 1844 ; *Une nuit terrible*, les *Pommes de terre malades*, 1845 ; la *Poudre coton*, 1846 ; le *Trottin de la modiste*, *Jocrisse maître* et *Jocrisse valet*, un *Banc d'huîtres*, 1847 ; les *Lampions de la veille*, 1848 ; *Une femme qui perd ses jarretières*, *En manches de chemise*, les *Crapauds immortels*, 1851 ; *Edgard et sa bonne*, 1852 ; les *Folies dramatiques*, l'*Esprit frappeur*, 1853 ; les *Binettes contemporaines*, 1854 ; *Avait pris femme le sire de Framboisy*, 1855. Pour sa rentrée : la *Veuve au camélia*, 1857. Allure éveillée, mine espiègle, jeu franchement comique, telle était Aline Duval, qui fut la grisette idéale du Palais-Royal, la partenaire tout indiquée de Ravel à Paris et dans la province.

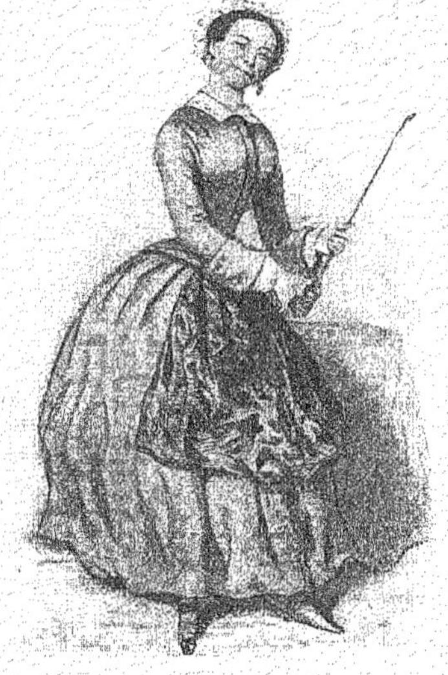

Mlle Aline DUVAL, dans *Tambour battant*, d'après Geoffroy

Avec l'âge, il fallut changer d'emploi. En 1864, elle fut engagée aux Variétés pour remplir les rôles de duègnes. Elle créa, dans la *Liberté des théâtres*, le rôle de Mme Dubrochet, puis dans *Barbe-Bleue* celui de la reine Clémentine. L'embonpoint l'avait transformée.

Nous notons son passage, avec Ravel, à Lille — 16 représentations —, 31 mai, 30 juin 1857 ; Variétés 1869 et 1876, le *Dada* (19 février), les *Farces dramatiques* ; 1877, le *Docteur Ox*, la *Cigale*, *Grandeur et décadence de M. Prud'homme* (reprise) ; 1879, th. des Arts, le *Petit Ludovic* (17 mars) ; Porte-St-Martin, *Cendrillon*, rôle de Uranie (20 sept.)

Aline Duval se retira du théâtre pour jouir d'une petite fortune amassée pendant 46 ans. Agée de 60 ans, en 1883, elle obtint la pension de 500 fr. de la Société des artistes. Elle mourut dans sa 80me année, Cité Trévise, 11 ; ses obsèques furent célébrées à St-Eugène, le 22 juillet 1903, et l'inhumation eut lieu au Père-Lachaise. Elle s'en alla presque souriante, réglant elle-même les menus détails de son enterrement : « C'est ma dernière coquetterie » disait-elle. Et, bonne comme toujours, charitable, elle laissa 6,000 fr. à la caisse de retraite de la Société.

Biographie : Gallois, le *th. du Palais-Royal*,

1854. — *Paris-Théâtre* n° 226, notice par F. Jahyer, 1878.

Bibliographie : les *Soirées parisiennes*, 1876-81. — *Figaro*, 21 juillet 1903. — *Rapport de la Société*, 1904.

Iconographie : Gallois, le *th. du Palais-Royal*, mi-corps, de face, grav. par Diolot.
Galerie Geoffroy en pied, de face, dans *Tambour battant*.
Paris-Théâtre, n° 226. Photographie.

DUVAL. — Sous ce nom :

Mme Duval, utilités, Brest 1840.

Mme Duval, Lille 1840.

Mme Duval, jeune première, Aix 1840.

Mlle Duval, Verviers 1843.

Mme Duval, duègne, Tournai 1845.

Duval, Pierre, Perpignan 1849, Grenoble 1852, Angers 1853-56, Toulon 1857-58, th. Ital. 1859-61. En 1862, âgé de 60 ans, avec 34 ans de th., Pierre Duval obtint une pension de 200 fr. de la Société. Paris 1862-82. Sa mort, survenue à Versailles, fut annoncée au Rapport de 1883.

Mlle Duval, ingénue, Marseille 1851.

Mlle Duval, Adèle, Agen 1851.

Mme Duval, premier rôle, Lille 1851.

Mme Duval, Charlotte, née Baillette, Grenoble 1852, Angers 1853-56, Toulon 1857-58, Délass. com. 1859-67, Paris 1868-80. En 1869, âgée de 62 ans, avec 54 ans de th., Mme Duval obtint une pension de 300 fr. de la Société des artistes. Sa mort fut annoncée au Rapport de 1882.

Duval, th. Comte 1852.

Mme Duval, duègne, Orléans 1852.

Duval, comique marqué, Orléans 1852.

Mme Duval, grande coquette, Limoges 1852.

Mme Duval, premier rôle, Toulon 1852.

Mme Duval, Fernand, D., travestis, Bayonne 1852.

Mme Duval, C. Lamy D., jeune première, Nîmes 1852.

Mme Duval, grande coquette, Liège 1852.

Mme Duval, duègne, Nîmes 1852.

Mme Duval, premier rôle, Nancy 1852.

Mme Duval, première duègne, Lille 1869.

Duval, Henri, Charles, Variétés 1870-76, Ambigu 1877-80, Paris 1881-1903. En 1903, H. Duval, âgé de 70 ans, avec 32 ans de th., obtint une pension de 500 fr. de la Société des artistes. Sa mort fut annoncée au Rapport de 1905.

DUVALLON. — Financier et valet, Maëstricht 1737.

DUVALLON, Mlle. — Gaîté 1893, Variétés 1895.

DUVALLON, Mme. — V. Parade.

DUVAR. — Bruxelles 1797.

DUVAR, Mlle. — Fol. dram. 1856.

DUVAUX, Mme Victorine, Françoise. — Montparnasse 1858-62.

DUVELLEROY. — Vaudeville 1895, Athénée 1897.

DUVERGER. — Sous ce nom :

Mme Duverger, confidente, Douai 1786-87.

Duverger, financier, Rouen 1786-88, 2,400 livres d'appointements.

Duverger, deuxième amoureux, Gand 1791.

Duverger, th. Molière 1792.

Duverger, acteur et directeur, Cambrai 1807, Lille 1808-09, Gand 1809, premier rôle Lille 1814. Peut-être le même, régisseur, th. Feydeau 1824 ?

Duverger (la petite) Adèle, rôles d'enfants, Lille 1812.

Duverger, financier, Douai 1833-34.

Mme Duverger, duègne, Douai 1833-34.

Duverger, deuxièmes rôles, Melun 1835 et 1837.

DUVERGER, Mlle Julie, Joséphine, Augusta (dite Augustine) Vaultrain de St-Urbain, d'une famille de robe, née en 1816. — Sans doute la même troisième amoureuse à Verviers et Boulogne, 1837. Se fit remarquer par sa beauté à Toulon, 1840 et Marseille 1841-44. Arrivée à Paris en 1844, elle débuta au Palais-Royal dans *Fiorina* et dans le rôle de Julie, de l'*Oncle rival* (reprise). Ses jolis yeux firent oublier la faiblesse de son jeu, En 1845, elle assistait en invitée à la soirée où s'engagea la querelle qui amena le duel entre Beauvallon et Dujarrier, et la mort de celui-ci. Quelque temps après, conduisant elle-même son cabriolet sur la route de St-Germain, elle versa et faillit se tuer.

Reine de la mode, la scène du Palais-Royal lui parut trop étroite pour exhiber ses toilettes fastueuses et ses rivières de diamants. En janvier 1848, elle paya 10,000 fr. de dédit à Dormeuil, et partit à Londres, où elle avait déjà paru en 1847. En 1849, elle est revenue à Paris, où elle étale à Longchamp son équipage princier. En 1850, elle fait une courte apparition au Gymnase.

Après une éclipse de trois ans, nous la retrouvons au Palais-Royal en 1854. Sa taille est majestueuse, son visage sérieux ; elle émigre alors vers le drame, après avoir pris des leçons de Boudeville — un comique, soit dit en passant —; elle débute à la Gaîté en 1859 : le *Pont rouge*, les *Ménages de Paris;* elle reprend *Antony*, joue *Perrinet Leclerc* à la

Porte-St-Martin, puis en mai 1863, avec Laferrière, joue la *Dame aux Camélias* aux Folies-Dramatiques. Henri de Pène, qui signe Dorante, écrit : « On estime décidément à sept ou huit cent mille francs la toilette toute de dentelles et de diamants que porte Mlle Duverger dans la *Dame aux Camélias*, à l'acte du bal ». C'est ce que Barbey d'Aurevilly lui reprochera plus tard dans ses *Vieilles actrices* : « Elle ne fit qu'exhiber des diamants toute sa vie. » Reste à savoir si les diamants lui appartenaient ou lui étaient *prêtés* par le prince Demidoff. Mlle Duverger parut encore à la Porte-St-Martin dans les *Drames du cabaret*, aux Menus-Plaisirs dans le *Talion*; 1869, au th. Cluny. Elle courut ensuite les provinces avec Laferrière, jouant *Antony* et la *Dame aux Camélias*. Les deux partenaires avaient bien 125 ans à eux deux ! Avec l'âge, l'embonpoint était venu. Le 10 avril 1878, à 62 ans, elle joue *Charlotte Corday* à Chambéry. La mort de Mlle Duverger, survenue à Nice, fut annoncée au Rapport de 1896.

Bibliographie : Barbey d'Aurevilly, les *Vieilles actrices*, Paris 1889, Bibl. Chacornac. Cet article avait paru d'abord dans la *Veilleuse*. Villemot, t. I, p. 185.

Iconographie : Bibl. nat., catal. Duplessis 14,033 :

1. En pied, de 3/4 à gauche, lith. par Hadol, 1863.
2. En pied, de 3/4 à gauche (cost. de th.), lith. par L. Loire.
3. A mi-corps, de 3/4 à droite, lith. par Ch. Vogt, 1858.

— *Le Diogène*, 19 oct. 1867. Caricature par H. Meyer.

Mlle DUVERGER, caricature par H. Meyer

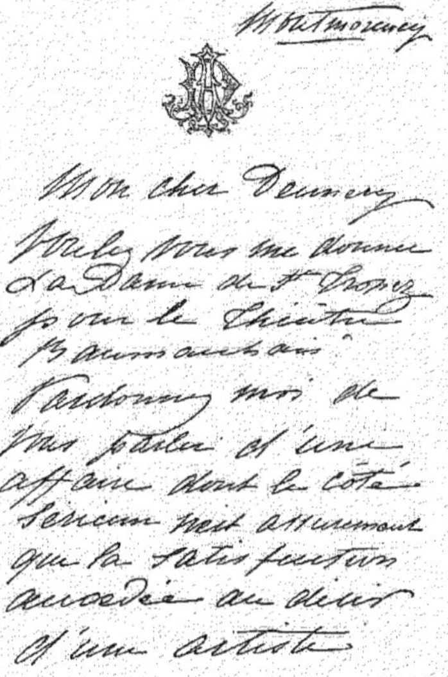

Montmorency

Mon cher Dennery
Voulez vous me donner la Dame de St Tropez pour le Théâtre Beaumarchais
Pardonnez moi de vous parler d'une affaire dont le côté sérieux n'est assurément que la satisfaction accordée au désir d'une artiste

Autographe de Mlle DUVERGER

DUVERGER. — Sous ce nom :

Mlle DUVERGER, 2me amoureuse, Lille 1869.

Mlle DUVERGER, Diane, Menus-Plaisirs 1874.

Mme DUVERGER, premier rôle jeune, Lille 1893.

DUVERNAY et Duvernet. (On écrit souvent l'un pour l'autre.) — Sous ce nom :

DUVERNAY (Duvernet), de St-Carlis dit, financier, Douai 1773, 3,000 fr. d'appointements, Anvers 1779, Liège 1783.

Mme DUVERNAY (Duvernet), soubrette, Douai 1773, 1,500 fr. d'appointements.

DUVERNAY, 1er rôle, La Haye 1835.

Mme DUVERNAY, La Haye 1835.

Mme DUVERNAY, duègne, Toulon 1835.

Mme DUVERNAY, duègne, Verviers 1839.

DUVERNAY fils, rôles d'enfants, Verviers 1839.

Mme DUVERNAY, née Pellegrin, Marseille 1848.

Mme DUVERNAY, Pauline. Iconographie : Bibl. nat., catal. Duplessis 14035. En pied, de profil à gauche, lith. par Madeley.

Mlle DUVERNAY, th. Saint-Pierre 1867.

Mlle DUVERNAY, Rosalie, Fol.-Dram. 1872-75, doublait Paola Marié dans la *Fille de Mme Angot*.

DUVERNEUIL. — Débuta à la Com.-Franç. le 17 mars 1781 par *Tancrède*.

DUVERNIER, Marion, qui s'intitulait « comédien du Roy ». — Donna avec sa troupe quelques représentations à Cambrai, 30 juillet 1777. Il venait de la Cour de Prusse et avait adressé une supplique à Frédéric pour se plaindre d'une escroquerie de St-Huberty, Berlin, 12 nov. 1775.

DUVERNOY ou Duvernois. — Sous ce nom :

DUVERNOY, Gaîté avant 1819, Odéon 1820, Gymnase 1821-22. Nouveau début 1er juillet 1826, dans *Simple histoire* et une *Visite à Bedlam*. Gymnase 1826-27, Le Hâvre 1828, Dieppe 1830, Le Hâvre 1831.

Mme DUVERNOY, première amoureuse, La Haye 1837 et 1840.

DUVERNOY, jeune premier et jeune comique, Variétés 1849-52.

DUVERNOY. Iconographie : Bibl. nat., catal. Duplessis 14038. A mi-corps, assis, de face, lith. par Menut-Alophe.

DUVERNOY, Charles, François, Guillaume, qu'il ne faut pas confondre avec Duvernoy, Charles, François, artiste de l'Opéra-Comique. Bouffes 1861-65, Versailles 1867-69, Le Hâvre 1870-77.

Mme DUVERNOY, Mathea, née Fournier. Bouffes 1862-64, Paris 1865-70, Le Hâvre 1872-1875.

DUVERSIN, Mme. — Th. Molière 1792-93, Montpellier 1801, mère noble, Rouen 1802-1825, 4.000 fr. d'appointements en 1819, Marseille 1826, Rouen 1828. Mme Duversin mourut à Rouen, le 1er mai 1833. Ses obsèques eurent lieu le 2, et comme le clergé de la cathédrale refusait son ministère, la foule qui accompagnait le convoi exigea qu'on ouvrît la porte et introduisit le corps dans l'église.

Bibliographie : *Hist. des th. de Rouen*, t. IV, p. 5.

Iconographie : Bibl. nat., catal. Duplessis 14,039. A mi-corps, de 3/4 à droite, dans un ovale, lith. A. de Malecy, 1828.

DUVIGNAUX. — Deuxième premier rôle, Bayonne 1852.

DUVIGNAUX, Mme. — Deuxième coquette, Bayonne 1852.

DUVILLARDS, Mme. — Deuxième rôle, Evreux 1852.

DUVILLÉ, Mme. — Besançon 1833-34.

DUVILLIERS. — Débuta le 29 nov. 1764 à la Com.-Fr., rôle de Polyphonte, dans *Mérope*.

DUVIVIER, Mlle Marie, Madeleine (ou Adélaïde) Wohr, 3e prix de tragédie 1810, 1er prix 1812.

DUVIVIER, Modeste, Jean, âgé de 70 ans en 1846, avec 54 ans de th., obtint à Avignon une pension de 100 fr. de la Société des artistes. Vivait à Paris en 1857.

DUVIVIER, Mme Modeste, née Beaupré de la Roue. — Agée de 66 ans en 1846. Obtint à Avignon une pension de 100 fr. de la Société des artistes. Avignon 1849, Paris 1852, Alais 1853, Cette 1854-55, Marseille 1856, Paris 1857-1862.

DUVIVIER, Mlle Henriette. — Toulouse 1860-1863.

DUZAS. — 3e comique, Aix 1835.

DUZIL, Mlle Eva. — Montpellier 1889-90, Dijon 1891, Reims 1892-95.

D'VINS, Mlle. — Variétés 1889.

DYONNE, Mme Marcelle, Marie, Louise Doyen dite. — Odéon 1880-1892.

www.ingramcontent.com/pod-product-compliance
Lightning Source LLC
LaVergne TN
LVHW010516100826
845148LV00001B/19

9782012537811